A REPRESENTAÇÃO VOLUNTÁRIA EM DIREITO CIVIL
(ENSAIO DE RECONSTRUÇÃO DOGMÁTICA)

PEDRO DE ALBUQUERQUE

A REPRESENTAÇÃO VOLUNTÁRIA EM DIREITO CIVIL
(ENSAIO DE RECONSTRUÇÃO DOGMÁTICA)

DISSERTAÇÃO DE DOUTORAMENTO EM
CIÊNCIAS JURÍDICAS NA FACULDADE
DE DIREITO DA UNIVERSIDADE DE LISBOA

ALMEDINA

TÍTULO:	A REPRESENTAÇÃO VOLUNTÁRIA EM DIREITO CIVIL
AUTOR:	PEDRO DE ALBUQUERQUE
EDITOR:	LIVRARIA ALMEDINA – COIMBRA www.almedina.net
LIVRARIAS:	LIVRARIA ALMEDINA ARCO DE ALMEDINA, 15 TELEF.239 851900 FAX. 239 851901 3004-509 COIMBRA – PORTUGAL livraria@almedina.net
	LIVRARIA ALMEDINA ARRÁBIDA SHOPPING, LOJA 158 PRACETA HENRIQUE MOREIRA AFURADA 4400-475 V. N. GAIA – PORTUGAL arrabida@almedina.net
	LIVRARIA ALMEDINA – PORTO R. DE CEUTA, 79 TELEF. 22 2059773 FAX. 22 2039497 4050-191 PORTO – PORTUGAL porto@almedina.net
	EDIÇÕES GLOBO, LDA. RUA S. FILIPE NERY, 37-A (AO RATO) TELEF. 21 3857619 FAX: 21 3844661 1250-225 LISBOA – PORTUGAL globo@almedina.net
	LIVRARIA ALMEDINA ATRIUM SALDANHA LOJAS 71 A 74 PRAÇA DUQUE DE SALDANHA, 1 TELEF. 21 3712690 atrium@almedina.net
	LIVRARIA ALMEDINA – BRAGA CAMPUS DE GUALTAR UNIVERSIDADE DO MINHO 4700-320 BRAGA TELEF. 253 678 822 braga@almedina.net
EXECUÇÃO GRÁFICA:	G.C. – GRÁFICA DE COIMBRA, LDA. PALHEIRA – ASSAFARGE 3001-453 COIMBRA Email: producao@graficadecoimbra.pt
	ABRIL, 2004
DEPÓSITO LEGAL:	203652/03

À Ana, ao Lourenço e à Maria

A Meu Pai

NOTA INTRODUTÓRIA

O texto agora publicado corresponde à nossa Dissertação de Doutoramento – de que foi orientador o Professor Doutor José Dias Marques – entregue na Faculdade de Direito de Lisboa em Maio de 2002 e defendida em provas públicas no dia 17 de Julho de 2003. A bibliografia e jurisprudência tomadas em consideração têm naturalmente como limite cronológico a primeira das duas datas. Procedeu-se, apenas, no texto oferecido à estampa, à correcção de algumas gralhas, à apresentação de conclusões finais, à elaboração de um índice analítico e ao desenvolvimento do índice final.

Uma palavra de agradecimento é devida ao Senhor Professor Claus Wilhelm Canaris pelo acolhimento que nos dispensou na Universidade de Munique.

Idêntico agradecimento se presta ao *DAAD (Deutscher Akademischer Austauschdienst)*, à Fundação Kalouste Gulbenkian e à Fundação Amélia Silva de Mello pelas Bolsas de Estudo concedidas.

A todas estas gentilezas se impõe juntar, com penhor, a do Senhor Dr. Miguel Pinto Menezes pelo esclarecimento de textos várias vezes solicitado. Idêntica menção se justifica à Senhora Dr.ª Marina Azevedo, pela clarificação de diversos textos e dúvidas, assim como ao Senhor Luís Milheiro, pelo laborioso e paciente trabalho de revisão de provas.

Com reconhecimento se consigna o nome da Senhora Dr.ª Ana Maria Martinho pela rapidez e empenho com que, na fase final de elaboração da Dissertação, obteve, através dos serviços interbibliotecários, vários livros e artigos por nós solicitados.

Não pode ainda o autor deixar de evocar a memória do Senhor Professor Raúl Ventura para quem esta tese era um desejo.

I – INTRODUÇÃO

1. – O problema

I – A reconstrução da figura da representação voluntária pela dogmática oitocentista – com o ponto de partida dado por SAVIGNY[1], a sequência de BUCHKA[2], o impulso de JHERING[3], a reacção de SCHEURL[4] e o remate de WINDSCHEID[5] e LABAND[6] –

---

[1] Savigny ocupou-se da figura da representação em vários dos seus escritos, designadamente no tratado de direito romano e no direito da obrigações. V. *System des heutigen römischen Recht*, 2.ª reimpressão da edição de 1840, Aalen, 1981, vol. III, pp. 90 e ss.; e *Obligationenrecht als Teil des heutigen römischen Rechts*, reimpressão da edição de Berlim, 1853, Aalen, 1973, II, pp. 21 e ss.. Refira-se ainda, do mesmo autor, a obra de juventude, *Das Recht des Besits*, 7.ª ed., com o contributo de Friedrich Rudorff, 1865, *passim*, maxime pp. 304 e ss..

[2] *Die Lehre von der Stellvertretung bei Eingehung von Verträgen (historisch und dogmatisch dargestellt)*, Rostock e Schwerin, 1852, *per totum* Este trabalho corresponde, no essencial, a uma *Dogmengeschichte*, e representa um carrear minucioso de material histórico que se revelaria em muitos aspectos importante para reelaboração da figura da representação levada a cabo pela ciência jurídica germânica. Na verdade, as posições de Buchka mereceriam, de imediato, reacções por parte da doutrina de que se pode referir, designadamente, uma crítica de Alois Brinz, *Die Lehre von der Stellvertretung bei Eingehung von Verträgen. Historisch und dogmatisch dargestellt von Dr. Herrmann Buchka*, in *Kritische Blätter civilistischen Inhalts*, II, Erlangen, 1852, pp. 1 e ss., na qual o autor procuraria, por um lado, desmontar, argumento a argumento, as teses de Buchka acerca da representação no direito romano e, por outro, manifestaria, no essencial, a respectiva concordância com o estudo efectuado a partir da glosa e até ao momento da aparição do livro de Buchka.

[3] À semelhança de Savigny, também Rudolf von Jhering expôs e desenvolveu a sua teoria da representação em mais de um escrito. V. *Mitwirkung für fremde Rechstgecháfte (Erster Band 1857)* in *Gesammelte Aufsätze aus den Jahrbücher für die Dogmatik des heutigen römischen und deutschen Privatrechts*, reimpressão da edição de 1881, Estugarda, 1969, I, pp. 122 e ss.; Id., *Mitwirkung für fremde Rechstgecháfte (Fortsetzung) (Zweiter Band 1858)*, in *Idem*, I, pp. 189 e ss.. Cfr., igualmente, *Zwei Urtheile mit Entscheidungsgründen. Der Lucca-Bisstoja-Actienstreit. Ein Beitrag zu mehreren Fragen des Obligationenrechts, insbesondere der Theorie des Dolus und der Lehre von der Stellvertretung*, in *Vermischte Schriften. Juristichen Inhalts*, reimpressão da edição de Lípsia, 1879, Aalen, 1968, pp. 241 e ss.; Id., *Geist des römischen Rechts auf den verschiedenen Stufen seiner Entwicklung*, I, 6.ª ed., Lípsia, 1907, p. 352; IV, 5.ª ed., Lípsia, 1906, pp. 176, 252 e ss., 319 e ss..

[4] Aos trabalhos de Jhering, Scheurl responde com um artigo intitulado *Zur Verhandlung über die Mitwirkung für fremde Rechtsgeschäfte*, in *Jahrbücher für die Dogmatik des heutigen römischen und deutschen Privatrechts*, 1858, II, pp. 1 e ss.. Scheurl havia já publicado, alguns anos antes, um estudo sobre a representação (cfr., *Stellvertretung, insbesondere bei Begründung von Obligationen*, in *Kritische Überschau der deutschen Gesetzgebung und Rechtswissenschaft*, 1853, I, pp. 315 e ss.) no qual o autor

atingiu o seu momento mais alto com a elaboração da, hoje clássica, *Repräsentationstheorie* («teoria da representação») assim como com o

---

germânico colocava frente a frente a *Cessionstheorie* de Mühlenbruch (cfr. *Infra*, Parte I, Cap. IV, parágrafo 1) e a *Geschäftsherrntheorie* do grande corifeu da escola histórica do direito (v. *infra*, Parte I, Cap. IV, parágrafo 1).

⁵ Windscheid, *Lehrbuch des Pandektenrechts*, 1.ª ed., Düsseldorf, 1874, I, § 73, pp. 155 e ss., e § 74, pp. 160 e ss., maxime nota (1); 7.ª ed., I, § 73; 9.ª ed. por Theodor Kipp, 2.ª reimpressão da edição de Frankfurt do Meno de 1906, Aalen, 1984, I, pp. 344 e ss.

⁶ O contributo de Laband, *Die Stellvertretung bei dem Abschluß von Rechtsgeschäft nach dem allegem. Deutsch. Handelsgesetzbuch*, in *Zeitschrift für das gesammte Handelsrecht*, 1866, X, pp. 183 e ss., tem sido considerado o momento decisivo da doutrina da abstracção do poder de representação (cfr., *infra*, Parte I, Cap. IV, parágrafos 2 e 3). Assim, e como expressão da *communis opinio*, v., designadamente Hans J. Wolff, *Organschaft und juristische Person*, II, *Theorie der Vertretung, Stellvertretung, Organschaft und Repräsentation als soziale und juristische Vertretungsformen*, reimpressão da edição de Berlim, 1934, Aalen, 1968, pp. 180 e ss., autor que enaltece, igualmente, a contribuição dada, nesta matéria, por Jhering; à semelhança, aliás, de Hans Dölle, *Juristische Entdeckungen*, in *Verhandlungen des zweiundvierzigsten deutschen Juristentages. Düsseldorf 1957*, Tubinga, 1959, II, pp. B 3 e ss., para quem o triunfo da tese de Laband ficou, em grande parte, a dever-se aos esforços anteriormente levados a cabo por Jhering e, na perspectiva de Dölle, talvez ainda com mais propriedade, pelos redactores do *Allgemeinen Handelsgesetzbuch*, devendo – sempre segundo Dölle – eventualmente, incluir-se hoje, ao lado de figuras como a *culpa in contrahendo*, no núcleo das chamadas descobertas jurídicas; e Hans-Martin Pawlowski, *Die gewillkürte Stellvertretung. Eine juristische Entdeckung der deutschen Rechtswissenschaft*, in *Juristen Zeitung*, ano 51, 3, 1996, pp. 125 e ss., maxime p. 126. É, todavia, justo salientar a circunstância, aliás reconhecida, pela quase generalidade dos autores, entre os quais se conta, por exemplo, Hans Dölle, de a distinção entre mandato e procuração, encetada por Jhering e Laband, não ter surgido de um momento para o outro. Ao contrário, ela resulta de um processo de formação progressiva para o qual contribuíram influxos e autores diversos. Assim, a distinção entre o lado externo e o lado interno do mandato – em termos a apresentar já algumas afinidades (e porventura a deixar antevê-la) com separação entre procuração e relação subjacente – ou, de forma mais acentuada ainda, entre mandato como acto unilateral de concessão de poderes de representação e mandato como contrato, aparece, por exemplo, e de modo mais ou menos explícito, na literatura jurídica francesa – e ainda antes de Jhering e Laband – em autores como Boileux, *Commentaire sur le Code Civil, contenant l'explication de chaque article séparément. L' énonciation, au bas du commentaire, des questions qu'il a fait naître. Les principales raisons de décider pour et contre. L'indication des passages des divers ouvrages où les questions sont agitées et le renvoi aux arrêts*, 4.ª ed. aumentada, revista, *Precedée d'un précis de l'histoire du droit civil*, por M.F.F. Poncelet, Paris, 1839, III, p. 458, para quem: «pode considerar-se o mandato ou como simples acto de vontade do mandante: ele confunde-se então com a procuração; ou como contrato, o que necessita o concurso de duas vontades»; e Troplong, *Commentaire du mandat*, edição aumentada na Bélgica com a verificação das obras de M.M. Duranton, Toullier, Merlin, Rolland, Zacharie, Demante, Deleurie, Favard, Dalloz, Leclerq, Delvincourt, Malleville, etc., por A. Delebeque, Bruxelas, Livorno, Lípsia, 1847, p. 20 e nota (13). Na literatura jurídica de língua portuguesa, também parecem ter intuído a distinção, mais tarde estabelecida com maior nitidez, entre mandato, *tout court*, por um lado, e concessão de poderes representativos, por outro, Coelho da Rocha, *Instituições de direito civil portuguez*, 1.ª ed., Coimbra, 1844, II, p. 527; 2.ª ed., reformada e muito aumentada, Coimbra, 1848, I, pp. 619 e 620; e Teixeira de Freitas, *Código Civil. Esboço*, Rio de Janeiro, 1864, artigos 2853.º e 2857.º; num fenómeno posto a descoberto, entre nós, designadamente, por Pessoa Jorge, *O mandato sem representação*, Lisboa, 1961, p. 73, nota (96). Na doutrina alemã, Curtius, *Die Stellvertretung bei Eingehung von Verträgen*, in *Archiv für die civilistiche Praxis*, 1875, LVIII, p. 85, sustenta, um pouco contra a corrente dominante, que «(...) O H.G.B (diploma no qual sabidamente Laband se

aparecimento da doutrina da abstracção da procuração. De acordo com a primeira, o negócio representativo seria o resultado exclusivo da vontade do representado, seu único agente, e porventura mesmo autor[7], com tudo quanto isso possa implicar ao nível da falta ou vícios da vontade ou estados subjectivos relevantes para esse mesmo negócio. Em função da segunda, o poder de representação teria simples natureza jurídico-formal e mostrar-se-ia totalmente insensível às vicissitudes do mandato (ou relação jurídica gestória ou causal) subjacente à outorga do referido poder. Defendidas ambas, desde os respectivos primórdios, por uma esmagadora *communis opinio*, que não só não tem parado de engrossar, como também, *et pour cause*, não cessa de lhes emprestar novos desenvolvimentos, elas redundariam, para muitos, na incontroversa e inquestionável «*construção moderna*» do fenómeno representativo.

Mas, se é verdade merecerem, quer a teoria da representação (*Repräsentationstheorie*) quer o dogma da autonomia integral da *procuratio*, larga aceitação por parte da doutrina e jurisprudência de tradição romano-germânica, não deixa de ser menos verdadeira a circunstância de ambas permanecerem alvo de distintos e apaixonados ataques – alguns bem recentes – por parte de autores de vulto – muitas vezes

---

inspirou para formular a respectiva teoria da representação) *não introduziu um instituto jurídico novo. Ele apenas desenvolveu a distinção, já contida no direito romano, entre efeitos para o terceiro e para os contraentes* (...)» decorrentes do mandato. Não obstante, esta afirmação de *Curtius*, ou a expressa comprovação da germinação, em autores anteriores à construção labandiana, da distinção entre mandato e procuração, continuam a não faltar autores para quem o quase exclusivo mérito de semelhante separação deve ser reconhecido, tão-só, a Laband. É, entre tantos outros, essa a opinião de Flume, *Allgemeiner Teil des Bürgerlichen Rechts*, II, *Das Rechtsgeschäft*, 3.ª ed. (existe uma 4.ª edição, a qual, todavia, não contém alterações relativamente à anterior), Berlim, Heidelberga, Nova Iorque, pp. 786 e 787 (embora com referência também ao contributo dado neste domínio por *Hugo Grotius*. V. para mais detalhes a este respeito. *Infra*, Parte I, Cap., II, parágrafo 8); Larenz, *Allgemeiner Teil des deutschen Bürgerlichen Rechts. Ein Lehrbuch*, 7.ª ed., Munique, 1989, p. 614. Para uma apreciação mais aprofundada da questão relativa à maior ou menor originalidade de Laband pode, porém, ver-se, e para além do trabalho de Hans Dölle, citado *supra* nesta nota, Müller-Freienfels, *Zum heutigen Stand des Stellvertretungsrechts*, in *Stellvertretungsregelungen in Einheit und Vielfalt (rechtsvergleichende Studien zur Stellvertretung)*, Frankfurt do Meno, 1982, pp. 9 e ss.; Id., *Die Abstraktion der Vollmachtserteilung im 19. Jahrhundert*, in *Wissenschaft und Kodifikation des Privatrechts im 19. Jahrhundert*, II, *Die rechtliche Verselbständigung der Austauschverhältnisse vor dem Hintergrund der wirtschaftlichen Entwicklung und Doktrin*, 1977, in pp. 144 e ss. (= in *Stellvertrtungsregelegungen in Einheit...*, pp. 60 e ss., *passim*, maxime pp. 75 e ss. [com destaque, não só para os predecessores de Laband na Alemanha, mas também para os esforços conduzidos de forma autónoma noutros países como a Dinamarca – em particular por Orstedt conhecido como o fundador da ciência jurídica dinamarquesa e norueguesa independente – ou a Holanda, por Diephuis], e 80 e 81. Cita-se por este último local). Cfr., por fim, quanto se escreve *infra*, Parte, Cap., IV, parágrafos 2 e 3.

[7] O *dominus* ficaria degradado à qualidade de parte do negócio representativo, e em cuja esfera se produziriam os efeitos do dito negócio.

ímpar – sobretudo alemães e italianos[8, 9]. Contra a construção clássica da representação, ergue-se, com efeito, sob distintas variantes, a teoria

---

[8] Na literatura jurídica de língua alemã cumpre destacar, no combate à *Repräsentationstheorie*, e consequente impugnação da atribuição do negócio representativo à exclusiva vontade do representante, em diversas vertentes e com diversas perspectivas de abordagem: Hellmann, *Die Stellvertretung im Rechtsgeschäft*, Munique, 1882, pp. 3 e ss.; Ludwig Mitteis, *Die Lehre von der Stellvertretung nach römischem Recht mit Berücksichtigung des österreichischen Rechts*, reimpressão da edição de 1885, 1962, *per totum* (a circunstância de a obra de Mitteis se encontrar parcialmente dirigida para o direito austríaco não nos impede de a referir juntamente com a bibliografia alemã contrária «à teoria da representação». Não só a trave mestra na qual esta obra assenta é o direito romano e o *ius commune*, como além disso, faz parte integrante da herança jurídico cultural tudesca); Otto Lenel, *Stellvertretung und Vollmacht*, in *Jherings Jahrbücher für die Dogmatik des heutigen römischen und deutschen Privatrechts*, XXIV, 1896, pp. 1 e ss., autor que, apesar de aceitar a teoria da autonomia da procuração relativamente ao mandato, defende a tese segundo a qual o negócio representativo seria o fruto da cooperação entre a vontade do representante e a *voluntas* do representado expressa na procuração, de tal modo que esta faria parte do negócio representativo; e, bem mais recentemente, Müller-Freienfels, *Die Vertretung beim Rechtsgeschäft*, Tubinga, 1955, *per totum*; Id., *Stellvertretungsregelungen in Einheit...*, *per totum*; obra na qual se reúnem diversos estudos e artigos publicados e escritos por Müller-Freienfels, em diferentes ocasiões ou lugares, e nos quais se contêm também importantes desenvolvimentos no combate à ideia labandiana da abstracção do negócio de concessão dos poderes de representação; Thiele, *Die Zustimmungen in der Lehre vom Rechtsgeschäft*, Colónia, Berlim, Bona e Munique, 1966, *passim* e pp. 54 e ss., maxime p. 58 e nota (163) (onde o autor considera ultrapassada a teoria da representação, atendendo à circunstância de ela ser tributária da jurisprudência dos conceitos), e pp. 246 e ss.; Klang, Gschnitzer e Stanzl, *Kommentar zum Allgemeinen bürgerlichen Gesetzbuch*, 2.ª ed., IV, I, comentário aos §§ 871 a 873, p. 121, § 1002, p. 770, § 1018, pp. 860 e 861. No tocante à censura ou crítica à tese da autonomia da procuração, tal como encarada pela doutrina dominante a partir do estudo de Laband sobre o fenómeno representativo, ela foi assumida, embora a partir de pontos de vista muito diversos, designadamente por Schlossmann, *Die Lehre von der Stellvertretung insbesondere bei obligatorischen Verträgen. Kritik und wissenschaftliche Grundlegung*, I, *Kritik der herrschenden Lehren*, Lípsia, 1900, e II, *Versuch einer wissenschaftlichen Grundlegung*, Lípsia, 1902, *per totum*; Dniestrzanski, *Die Aufträge zugunsten Dritter*, Lípsia, 1904, I, pp. 26 e ss, e 77 e ss., e 87 e ss.; Wellspacher, *Das Vertrauen auf äussere Tatbestände im bürgerlichen Rechte*, Viena, 1906, pp. 80 e ss. (a doutrina da procuração proposta por Wellspacher seria objecto de recensões críticas positivas por parte dos mais significativos autores da época, num fenómeno devidamente ilustrado por Heinrich Demelius, *M. Wellspacher Vollmachtslehre. Zur 30. Wiederkehr seines Todestages (21. 2. 1923)*, in *Archiv für die civilistische Praxis*, 1954, 153, pp. 1 e ss.); Seeler, *Vollmacht und Scheinvollmacht*, in *Archiv für bürgerliches Recht*, 1906, 28, pp. 1 e ss.; Goldberger, *Der Schutz gutgläubiger Dritter im Verkehr mit nicht Bevollmächtigten nach BGB*, Dissertação, Berlim, 1908, *passim*, e designadamente, pp. 24 e ss.; Rosenberg, *Stellvertretung im Prozess. Auf der Grundlage und eingehender, vergleichender Darstellung der Stellvertretung des bürgerlichen Rechts nebst einer Geschichte der prozessualischen Stellvertretung*, Berlim, 1908, *passim*, e por exemplo, pp. 753 e ss., onde o autor considera a utilização – a propósito da procuração – de conceitos como «abstracto» ou «causal» como indutora de erros; Erich Dittmar, *Mißbrauch der Vollmacht (Kollusion und Quasikollusion)*, Dissertação, Gotinga, 1931, pp. 35 a 38; Flume, *Allgemeiner...*, II, *Das Rechtsgeschäft...*, pp. 572, 839 e ss., e 859 e 860 (apontado por Helena Brito, *A representação nos contratos internacionais. Um contributo para o estudo do princípio da coerência em direito internacional privado*, Lisboa, 1999, p. 106, nota (69), como um exemplo de claro reconhecimento da abstracção da procuração, Flume – sem deixar de se integrar nos autores favoráveis à independência da *procuratio*, e destarte, de fazer parte do quadro de defensores de quanto se poderia qualificar, num sentido mais amplo, ainda, como visão labandiana do fenómeno

representativo – coloca, na verdade, algumas reservas à autonomia do poder de representação. Designadamente, o autor germânico não admite, apesar de um discurso algo contraditório, a possibilidade de se conceder uma procuração sem mais ou para valer sempre de forma isolada [a respeito desta figura cfr., *infra*, Parte II, Cap. I, parágrafo 2]; considera a procuração geral conferida sem uma actual previsão acerca do modo como em concreto irá ser exercida como correspondente a um mandato eventual; sustenta, como regra e apesar de admitir não constituírem a *procuratio* e a relação gestória uma única unidade, a ligação da procuração interna [a distinção entre uma procuração interna e uma procuração externa é específica do direito alemão. O § 167 do *BGB* admite a possibilidade de a concessão de poderes de representação se fazer ora mediante declaração perante o representante ora através de declaração frente ao terceiro com o qual se irá celebrar o negócio representativo. No primeiro caso a doutrina fala em procuração interna. No segundo em procuração externa. A distinção não tem, em nossa opinião, qualquer correspondência ou relevância no direito português assim também Januário Gomes, *Em tema de revogação do mandato civil*, Coimbra, 1989, p. 234, para quem, face ao ordenamento jurídico nacional, e perante a inexistência de um dispositivo semelhante ao do § 167 do *BGB*, o destinatário da *procuratio* deve ser encontrado ou no procurador ou no terceiro não sendo de admitir ambas as possibilidades; e Paulo Mota Pinto, *Aparência de poderes de representação e tutela de terceiros, reflexão a propósito do artigo 23.° do Decreto-Lei n.° 178/86, de 3 de Julho*, in *Boletim da Faculdade de Direito*, Coimbra, 1993, vol. LXIX, p. 606, nota (32), afirmando não ser de admitir entre nós a procuração interna. Para mais detalhes acerca desta distinção própria do direito alemão entre *procuratio* interna e externa cfr. *infra*, Parte II, Cap. I, parágrafo 2. Já para a análise acerca de quem deve ser, à luz do nosso direito, o destinatário da procuração v. *infra*, Parte II, Cap. I, parágrafo 2, *passim*] do direito alemão à relação jurídica subjacente; afirma a existência de uma clara ligação entre a procuração irrevogável e o negócio subjacente sem o qual a procuração irrevogável não pode subsistir, e admite, por último, a existência de algum tipo de relação, a determinar caso a caso, entre a procuração e o negócio representativo celebrado pelo procurador. Tudo isto, apesar, diga-se, de uma parte das críticas dirigidas, por Flume, à construção labandiana do fenómeno representativo se destinar a salvar alguns dos resultados por ela postulados); Gerhard Frotz, *Verkehrsschutz im Vertretungsrecht*, Frankfurt, 1972, pp. 263 e ss.; 328 e ss., e 397 e ss.; Hermann Siebenhaar, *Vertreter des Vertreters?*, in *Archiv für die civilistische Praxis*, 1963, 162, pp. 354 e ss.; Joost, *HGB, Staub Großkommentar*, 4.ª ed., Berlim, Nova Iorque, 1991, fascículo 14, comentário aos §§ 38-58, § 48, pp. 322 a 324; Medicus, *Allgemeiner Teil des BGB. Ein Lehrbuch*, 6.ª ed., Heidelberga, 1994, pp. 357 e 358, Id., 7.ª ed., Heidelberga, 1997, p. 364; embora aparentemente com restrição à procuração interna e à extinção da mesma. Confira-se, por último, Hans Dölle, *Neutrales Handeln im Privatrecht, Ein Beitrag zur Lehre von der Stellvertretung*, in *Festschrift Fritz Schulz*, Weimar, 1951, pp. 268 e ss.; Id., *Juristische...*, in *Verhandlungen...*, p. B 7, o qual, embora numa direcção um pouco diferente da dos autores anteriormente citados, considera *«que a alternativa entre uma actuação em nome próprio e uma actuação em nome de outrem não é de modo algum exclusiva, existindo, um* tertium, *uma actuação neutral»*. A tese deste autor oferece, porém, menos do que o prometido. Dölle não explica por conta de quem é realizado o comportamento neutro. Planck, *Kommentar zum Bürgerlichen Gesetzbuch nebst Einführungsgesetz*, com a colaboração de A. Achilles, F. André, M. Greiss, F. Ritgen, K. Unzner, 1.ª ed., Berlim, 1897, I, comentário § 167, pp. 215, nota (1), e 216 nota (3), começou por considerar que, em regra, a procuração seria um negócio causal. Ela representaria, de facto, um negócio independente relativamente ao mandato mas aderiria à relação subjacente, formando um quadro unitário ao ponto de a validade do poder de representação depender de igual validade do vínculo internamente estabelecido entre representante e representado. Apenas excepcionalmente, e quando a vontade das partes apontasse nesse sentido, se poderia admitir, no dizer de Planck, o carácter abstracto da *procuratio*, e dessa forma, a respectiva independência perante o *mandatum*. O autor continuaria a sustentar semelhante posição logo após a entrada em vigor do *BGB*, vendo no respectivo § 168 um apoio para ela (para uma apreciação crítica à orientação primeiramente expressa por Planck, v., designadamente, Isay, *Geschäftsführung nach dem BGB*, Jena, 1900, p. 223 e ss.; e Ennecerus-Nipperdey, *Allgemeiner Teil des Bürgerlichen Rechts. Ein Lehrbuch*, 15.ª ed., Tubinga, 1960, I, II, pp. 1136 e 1137 [adiante, e ao longo do presente trabalho, citar-se-á também a edição de 1931 desta obra, mas sempre com expressa indicação disso mesmo]). Mais tarde, porém (cfr., Planck *Kommentar...*, 4.ª ed., por Strohal, F. André, E. Brodmann, F. Flad, M. Greiss, P. Knoke, Mendelssohn Bartholdy, H. Siber, O. Streker, K. Anzer, Berlim, 1913, I, comentário ao § 167, pp. 442 e ss.), ele deixaria de considerar a *procuratio abstracta* como uma excepção, admitindo-a em termos mais amplos de quanto até aí fizera. Sempre, porém, sem deixar de defender a existência de procurações causais. Em Itália não podem deixar de se referir as críticas dirigidas ora à «teoria da representação» ora à tese da abstracção da procuração, ora a ambas, pelos seguintes autores: Luigi Tartufari, *Della rappresentanza nella conclusione dei contrati*, in *Archivio Giuridico*, Pisa, 1889, XLIII, pp. 61 e ss., 1890, XLIV, pp. 67 e ss., 1890, XLV, pp. 421 e ss., e particularmente, 1890, XLVI, pp. 107 e ss., maxime, 112 a 123; Vivante, *Trattato di Diritto Commerciale*, 5.ª ed., Milão, 1922, I, p. 264 nota (4); Saggese, *La rappresentanza nella teoria e nella pratica del diritto privato italiano*, Nápoles, 1933, *passim* maxime pp. 42 e ss., e pp. 48 e ss.; Graziani, *La reppresentanza sensa procura*, in *Annali dell'Istituto Guiridico dell'Università di Perugia*, 1927, (= *Studi di Diritto civile e commerciale*, Nápoles, 1953, pp. 1 e ss., maxime 24 e ss. [cita-se por este último local]); e Pugliatti, considerado, em Itália, como o *caput scholae* da tese segundo a qual se deve negar autonomia à procuração e exaltar a relação de gestão (ou negócio-base) como negócio ao qual se encontra ligada a representação voluntária. De entre a quase infindável lista de trabalhos dedicados pelo autor italiano ao tema da representação v., a título exemplificativo, *La vendita forzata*, in *Esecuzione Forzata e Diritto Sostanziale*, Milão, 1935, pp. 270 e ss.; *L'atto disposizione e il transferimento dei diritti*, in *Studi sulla di Rappresentanza*, Milão, 1965, pp. 21 e ss.; *Il conflitto d'interessi fra principale e rappresentante* in *Ibidem*, pp. 37 e ss., *Il rapporto di gestione sottostante alla rappresentanza*, in *Ibidem*, pp. 157 e ss.; *Idee e spunti sulla rappresentanza*, in *Ibidem*, pp. 213 e ss.; *Abuso di rappresentanza e conflitto di interessi*, in *Ibidem*, pp. 263 e ss., *Contratto con se medesimo rappresentanza e conflitto di interessi*, in *Ibidem*, pp. 315 e ss.; *Vendita forzata e rappresentanza legale*, in *Ibidem*, pp. 325 e ss.; *Ancora sulla rappresentanza nella vendita forzata*, in *Ibidem*, pp. 335; *Sulla rappresentanza indirecta*, in *Ibidem*, pp. 397 e ss.; *Rilevanza del rapporto interno nella rappresentanza indiretta* in *Ibidem*, pp. 453; *Programma introduttivo di un corso sulla rappresentanza in diritto privato* in *Ibidem*, pp. 501 e ss.. Mais próximo de nós, pode ver-se, na mesma linha de Pugliatti, Ferrari, *Gestione di affari altrui e rappresentanza*, Milão, 1962, *passim*, maxime 69 e ss., 86, 119, 123 e ss.; Bavetta, *Mandato (diritto privatto)*, in *Enciclopedia del Diritto*, 1975, XXV, pp. 331 e 332; Ugo Natoli, *La rappresentanza*, Milão, 1977, *passim*, maxime 39 e ss. e 51 e ss.; Id. *Rappresentanza (diritto privatto)*, in *Enciclopedia del Diritto*, XXXVIII, 1987, pp. 463 e ss.; Carmine Donisi, *Il contratto con se stesso*, 1.ª reimpressão Nápoles, 1992, pp. 161 e ss. e 178 e ss.; Paolo Papanti-Pelletier, *Rappresentanza e cooperazione rappresentativa*, Milão, 1984, *per totum*; autores estes que elevam o interesse subjacente à relação representativa e o negócio gestório a verdadeira pedra angular do fenómeno da representação voluntária; Valeria de Lorenzi, *La rappresentanza nel diritto tedesco. Excursus storico sulla dottrina*, in *Rappresentanza e Gestione*, Pádua, 1992, pp. 72 e ss.; Lina Bigliazzi Geri, *Procura (diritto privato)*, in *Enciclopedia del Diritto*, 1987, XXXVI, pp. 995 e ss.; Id., *Abuso dei poteri di rappresentanza e conflitto di interessi*, in *Rappresentanza e gestione*, Pádua, 1992, pp. 154 e ss.. Mas não foi apenas na Alemanha ou em Itália a esboçar-se, com maior ou menor força, uma reacção contra a *Repräsentationstheorie* e a ideia de abstracção da procuração. O mesmo sucedeu, por exemplo, em Espanha, em particular quanto à visão labandiana da independência do poder de representação relativamente à relação gestória, pela mão de António Gordillo, *La representación aparente. Una aplicación del principio general de protección de la aparencia jurídica*, Sevilha,

da cooperação representativa. Teoria, por um lado, assente na ideia de que entre a procuração e o negócio de gestão (seja ele um mandato ou uma figura *iuris* de diversa natureza) existe uma real ligação insusceptível de ser ignorada – e que, de forma mais ou menos acentuada, leva a *procuratio* e a relação a ela subjacente a condicionarem-se mutuamente – e, por outro, alicerçada no pressuposto segundo o qual o negócio representativo é o fruto da colaboração de vontades entre o representante e o representado[10, 11]. Tudo com importantes implicações e consequências; a bulir não apenas e de forma directa com os dogmas da abstracção da procuração e da exclusiva relevância da vontade do representante na conclusão do negócio representativo, mas igualmente, e do mesmo passo, com os restantes axiomas delas decorrentes. A simples título de exemplo, o interesse do representado, considerado pelos prosélitos da tese clássica da representação como perfeitamente irrelevante, é elevado, pelos mentores e sequazes da corrente segundo a qual o fenómeno representativo encontra a sua essência na noção de cooperação, a posição de destaque.

1978, *passim,* maxime pp. 58 e ss.; Díez Picazo, *La representación en el derecho privado*, Madrid, 1979, *passim;* Jose Manuel Ruiz-Rico Ruiz, *La representación en el interés del representante*, Santander, 1985, *passim*, maxime pp. 207 e 229 e ss. e 242 e 246, o qual, com ulteriores referências bibliográficas, aponta mesmo no sentido da doutrina abstracção da *procuratio* se encontrar, no país vizinho, completamente superada.

[9] Refira-se também o facto de, sobretudo na sequência do estudo de Müller-Freienfels, *Die Vertretung...*, per totum, muitos dos próprios autores alemães, tradicionalmente apontados como favoráveis à *Repräsentationstheorie,* terem atenuado e relativizado as respectivas posições, no confronto com quanto era anteriormente sustentado. Assim, e a título ilustrativo, pode ver-se, por todos, Larenz, *Allgemeiner...*, 7.ª ed., pp. 599, 600 e 616.

[10] A posição sustentada por Savigny e subscrita, entre outros, por Dernburg, *Pandekten,* 7.ª ed., com a colaboração Johanes Biermann, Berlim, 1902, I, p. 274; e Scheurl, *Stellvertretung...*, in *Kritische...*, I, pp. 22 e ss., segundo a qual o negócio representativo seria de imputar exclusivamente à vontade do representado (a chamada *Geschäftsherrntheorie* ou teoria do dono do negócio) tem hoje, e depois das críticas que lhe foram movidas, designadamente, por Thöl, *Das Handelsrecht in Verbindung mit dem allgemeinen deutschen Handelsgesetzbuch,* 4.ª ed., Gotinga, 1862, I, pp. 143; Mitteis (*Die Lehre...*, pp. 89 e ss.); Curtius (*Die Stellvertretung...*, in *Archiv...*, LVIII, pp. 72 e ss.; e Hupka (*Die Vollmacht, eine civilistische Untersuchung mit Besonderer Berücksichtigung des deutschen Bürgerlichen Gesetzbuchs,* Lípsia 1900, pp. 30 e ss.) mero interesse histórico (cfr., no entanto, Siebenhaar, *Vertreter...*, in *Archiv...*, 162, pp. 354 e ss., maxime pp. 369 e ss., autor que, apesar de alicerçado em bases e pressupostos muito diversos dos sustentados por Savigny e seus sequazes, defende a ideia, dotada de algumas afinidades com a *Geschäftsherrntheorie,* segundo a qual a vontade do negócio representativo é exclusivamente do representado). Para uma melhor compreensão da construção savignyana v. *infra*, Parte I, Cap. IV, parágrafo 1.

[11] A teoria da cooperação é, no entanto, susceptível de assumir a veste de algumas fórmulas intermédias, nas quais se aceita, por exemplo, corresponder o negócio representativo ao fruto da actuação conjunta das vontades do dono do negócio e do representado mas se não chega a colocar em questão a ideia de autonomia da procuração.

II – Na sequência do debate de Oitocentos levado a cabo na Alemanha, a doutrina portuguesa aderiu, sobretudo ao longo do século XX, de forma largamente maioritária e convicta, quer à *Repräsentationstheorie* quer à ideia de cariz labandiano da autonomia integral entre poder de representação e autorização ou negócio gestório. Para trás, esmagadas, ficaram, designadamente, anteriores posições que, apoiadas, em preceitos legislativos do anterior Código Civil português (consabidamente inspirado no Código Civil de Napoleão), sustentavam estar a procuração indissociavelmente ligada ao mandato[12].

---

[12] Entre os adeptos ora da «teoria da representação» ou *Repräsentationstheorie* ora de teses que envolvem, relativamente a ela, concessões capitais em vários dos seus postulados, contam-se na nossa doutrina autores como: Penha Gonçalves, *Autoria material do negócio representativo*, in *Gazeta dos Advogados da Relação de Luanda*, 1943 (Setembro), ano XIII, n.º 9, pp. 129 e ss., 1944 (Maio), Ano XIV, n.º 5, pp. 65 e ss., maxime p. 67; Ferrer Correia, *A procuração na teoria da representação voluntária*, in *Boletim da Faculdade de Direito de Coimbra*, 1948, XXIV (= in *Estudos Jurídicos*, II, *Direito Civil e Comercial. Direito Comercial*, Coimbra, 1969, pp. 30 e 31 [cita-se por este último local]), e não obstante conceder que o representante pode actuar como um núncio do representado na transmissão da procuração ao terceiro; Pessoa Jorge, *O mandato...*, pp. 172 e 173; Rui de Alarcão, *Breve motivação do anteprojecto sobre o negócio jurídico na parte relativa ao erro, dolo, coacção, representação, condição e objecto negocial*, in *Boletim do Ministério da Justiça*, 1964, 138; pp. 103 e ss., maxime p. 105, onde se afirma que é o representante quem conclui o negócio representativo, embora, depois, se acabe por conceder na ideia segundo a qual naqueles casos nos quais estão em jogo elementos predeterminados pelo *dominus* o representante funciona como simples núncio; Inocêncio Galvão Telles, *Manual dos contratos em geral*, 3.ª ed. *Dos contratos em geral*, Lisboa, 1965, p. 309; Durval Ferreira, *Do mandato civil e comercial. O gerente de sociedades. Na lei (novo Código Civil). Na jurisprudência. No direito comparado*, Vila Nova de Famalicão, 1967, pp. 175 e ss.; Helena Brito, *A representação sem poderes – um caso de efeito reflexo das obrigações*, in *Revista Jurídica*, 1987, 9/10, p. 26; Carlos Ferreira de Almeida, *Texto e enunciado na teoria do negócio jurídico*, Lisboa, 1990, I, p. 92, III, p. 765; Maria de Lurdes Marques Pereira, *Os estados subjectivos na representação voluntária. Em especial o conhecimento ou desconhecimento juridicamente relevante*, in *Revista da Faculdade de Direito da Universidade de Lisboa*, 1998, XXXIX, 1, pp. 135 e ss. *per totum*, maxime pp. 140 e 142, 151 e ss. [mas v., porém, quanto se escreve *infra*, Parte II, Cap. V, designadamente sob o parágrafo 4, acerca do modo como a autora procura interpretar o artigo 259.º à luz da ideia de uma justa distribuição de riscos entre o representante e o representado]. Insusceptíveis de uma recondução, pura e simples, à *Repräsentationstheorie* afiguram-se as posições expressas por Almeida Costa, *A vontade e a declaração na teoria do negócio jurídico representativo*, in *Boletim do Ministério da Justiça*, 1963, 127, pp. 145 e ss. (Id., *Vontade e estados subjectivos relevantes na representação jurídica*, Rio de Janeiro, 1976, *per totum*, artigo que representa a adaptação ao direito brasileiro das conclusões obtidas no estudo anteriormente efectuado sobre a matéria a propósito do direito português), o qual (apesar de ver no § 166 do *BGB* a consagração da *Repräsentationstheorie* e de considerar que o artigo 229.º do projecto do Código Civil – donde emergiu posteriormente, com ligeiras alterações, o actual artigo 259.º do Código – adere a soluções legislativas cujas amarras se encontram no *BGB*) mais do que procurar, como tradicionalmente se procura fazer, derivar – como puros corolários das várias doutrinas que pretendem explicar a actuação representativa – as soluções para os vários aspectos do fenómeno jurídico representativo, considera ser o problema da representação fundamentalmente uma questão de avaliação e protecção de interesses, a transcender a simples controvérsia lógica de conceitos. Também em sentido não compatível com a teoria da representação pode ver-se Castro Mendes, *Teoria geral do direito civil*, Lisboa, 1979 (revista em

1985), II, pp. 275, para quem na representação voluntária o comum é «(...) *que a pessoa actue em certa medida como núncio (na medida em que cumpre instruções do representante* [leia-se: representado] *e se limita a ser – como o seria, por exemplo, um gravador de som – veículo da vontade deste».* Oliveira Ascensão, *Direito Civil. Teoria geral,* Coimbra, 1999, II, pp. 250 e 251, considera o representante como agente do negócio representativo mas defende a participação do representado nele, para além da outorga da procuração, ao ponto de o considerar como o seu autor. Já antes Oliveira Ascensão, *Teoria geral do direito civil,* Lisboa, 1992, III, p. 299 e 300, afirmava ser o representante o agente do acto, mas mesmo assim apenas no espaço de autonomia a ele reservado, e o representado o respectivo autor (para uma possível interpretação do sentido a atribuir a esta afirmação do Ilustre Mestre, cfr. Maria de Lurdes Marques Pereira, *Os estados subjectivos relevantes...,* in *Revista...,* XXXIX, 1, p. 139, nota (12) em termos que, todavia, nos escapam em parte); finalmente, Menezes Cordeiro, *Manual de direito comercial,* Coimbra, 2001, I, p. 470, considera que o artigo 259.° do Código Civil, embora partindo da primeira, consagra uma combinação da teoria da representação e da tese do dono do negócio. A favor da tese labandiana da independência da procuração cfr. a título meramente indicativo, e de entre a multiplicidade de autores nesse sentido, se bem nos parece, Isabel Maria de Magalhães Collaço, *Da legitimidade no acto jurídico,* Lisboa, 1947-1948, pp. 196 e ss., 202 e ss., maxime, 214, quando defende que onde há representação há gestão, isso não significa fundar-se «*a representação (...) na gestão, porque se é verdade que sempre que há representação há um fenómeno de gestão, não é da mesma forma verdade que sempre que há gestão deva necessariamente existir o negócio de gestão. Com efeito, há representação em casos em que o mandato não preexiste ao acto representativo aí, se há gestão, não existe uma relação de gestão, um encargo conferido ao representante, cujo cumprimento represente a celebração do acto representativo»,* e p. 225; Pessoa Jorge, *O mandato...,* passim, e por exemplo pp. 173 e ss.; Vaz Serra, *Anotação ao Acórdão do Supremo Tribunal de Justiça de 8 de Fevereiro de 1979,* in *Revista de Legislação e Jurisprudência,* 1979-1980, 112, p. 222; Carlos Mota Pinto, *Teoria geral do direito civil,* 3.ª ed. actualizada, Coimbra, 1995, pp. 535, ao considerar poder o negócio representativo não ser celebrado no interesse do representado e ao afirmar a existência de uma perfeita autonomia entre mandato e representação; Helena Brito, *A representação nos contratos internacionais...,* passim, pp. 83 e ss., maxime, pp. 94 e ss. e 117 e ss. e 121 e ss., 159 (cfr., todavia, da mesma autora, o já citado estudo *A representação...,* in *Revista...,* 9/10, pp. 17 e ss., onde, apesar de se defender a autonomia da procuração [*passim* e pp. 20 e 28 e s.], ainda assim, não deixa de se sustentar a instrumentalidade da mesma relativamente ao negócio de gestão, ao ponto de se afirmar como a relação de representação se insere na gestória; se contestar a possibilidade da procuração conferida para valer de *per se* [mas v. quanto escreve Maria Helena Brito, *A representação nos contratos internacionais...,* 117 e ss. e p. 180]; e se procurar explicar a oponibilidade, ao terceiro, da extinção da procuração ou da falta de poderes do representante em função da teoria do efeito reflexo das obrigações (sobre este último assunto v., *infra,* Parte II, Cap. II, parágrafo 2); Januário Gomes, *Em tema...,* pp. 239 e ss., em especial p. 242, com algumas concessões às teses segundo as quais existe uma ligação ou dependência entre a procuração ou poderes de representação, de uma banda, e a relação-base ou gestória subjacente, da outra; Heinrich Ewald Hörster, *A parte geral do Código Civil português. Teoria geral do direito civil,* Coimbra, 1992, pp. 486 e ss.; Helena Mota, *Do abuso de representação. Uma análise da problemática subjacente ao artigo 269.° do Código Civil de 1966,* Coimbra, 2001, *passim,* e por exemplo, pp. 106 e 95 nota (204). Contra a ideia de abstracção da *procuratio,* ou pelo menos admitindo brechas na tese labandiana do fenómeno representativo, podem referir-se: Castro Mendes, *Teoria...,* II, pp. 275 e 276, ao considerar o interesse do *dominus* como um dos elementos da própria noção de representação; António Pinto Monteiro, *Contrato de agência (Anteprojecto),* in *Boletim do Ministério da Justiça,* 360, 1986, pp. 64 e 65, quando afirma dever reconhecer-se no contrato de agência, por inerência, poderes de representação, ainda que limitados (são do ilustre Mestre as seguintes palavras: «*as necessidades práticas mostram dever reconhecer-se ao agente um poder de representação limitado. Poder esse, inerente, de certo modo, às funções de intermediário entre a pessoa para quem trabalha e os clientes* (...)» V., porém, face ao novo regime do contrato de agência, o que o autor viria a escrever no seu estudo, *Contrato de Agência. Anotação ao Decreto-Lei n.º 178/86*, 2.ª ed., actualizada, pp. 41 e ss.; 3.ª ed., actualizada, Coimbra, 1998, pp. 44 e ss.; e 4.ª ed., Coimbra 2000, p. 47; Id., *Contrato ou Distribuição comercial, Relatório*, Coimbra, 2002, p. 86 e ss.); enquanto Oliveira Ascensão, *Teoria...*, Lisboa 1991/ /1992, III, pp. 295 e ss., em especial p. 298 (v., igualmente, Oliveira Ascensão, *Direito...*, II, pp. 224 e ss.; Oliveira Ascensão e Carneiro da Frada, *Contrato celebrado por agente de pessoa colectiva. Representação, responsabilidade e enriquecimento sem causa*, separata da *Revista de Direito e Economia*, 1990 a 1993, 16 a 19, pp. 47 e 48, onde se admite poder uma procuração ser extraída de factos a partir dos quais ela se revele com toda a probabilidade; se destaca de entre estes aqueles constituídos pela atribuição de uma posição tipicamente ligada à atribuição de poderes representativos; e se reconhece, no campo do direito das empresas, que se alguém se encontra legitimado para o exercício de determinada função no âmbito da unidade empresarial, essa legitimação abrange poderes de representação para os negócios e actos jurídicos próprios dessa função); e, na sua esteira, Pedro Pais de Vasconcelos, *Contratos atípicos*, Lisboa, 1994, pp. 301 e ss., consideram não ser a procuração nem um negócio abstracto nem um negócio completo mas sim um negócio incompleto – embora este facto não impeça Pedro Pais de Vasconcelos de, contra Oliveira Ascensão, *Teoria...*, III, p. 306 (cfr., porém, *Direito Civil...*, II, pp. 242 e ss.), admitir a possibilidade de existência de representação no exclusivo interesse do próprio representado (a respeito desta última questão cfr. na nossa literatura jurídica, também, Carvalho Fernandes, *Teoria geral do negócio jurídico*, 3.ª ed., Lisboa, 2001, II, p. 207, autor para quem é possível a concessão de poderes de representação também outorgados no interesse do representante mas não julga conforme com a lei a procuração no exclusivo interesse do *procurator*. Adiante dedicaremos a nossa atenção a este problema, quando procedermos ao estudo da procuração irrevogável). Cfr., igualmente Raúl Guichard, *O problema dos estados subjectivos relevantes no contexto da representação. Uma análise do artigo 259.º do Código Civil*, Coimbra, 1991, p. 19, nota (59), o qual escreve a propósito da abstracção da procuração: «*Para o direito português* (...) *observar-se-á apenas que o recurso à ideia de abstracção, com as implicações que daí resultam, parece vir sobrecarregar a discussão do problema das relações e o negócio subjacente com a carga de um conceito cunhado para um sistema de direito civil que não é o nosso. Por outro lado, a utilização de tal conceito não nos parece imprescindível para alcançar os resultados mais adequados nem para explicar as soluções legalmente consagradas.*» Por último, sempre contra a teoria da abstracção da procuração, cfr. Menezes Cordeiro, *Manual..*, I, pp. 471 e ss. (cfr., porém, do autor, *Da responsabilidade civil dos administradores das sociedades comerciais*, Lisboa, 1996, pp. 337 e ss., onde se afirma designadamente: «*Resta acrescentar que o Código Civil, de 1966, acolheu, em termos indubitáveis, a dissociação entre mandato e representação.*» Fica a dúvida se as considerações proferidas no *Manual de Direito Comercial* significam uma modificação da posição do autor relativamente a quanto sustenta na respectiva tese de agregação, ou se, pelo contrário, as palavras aí escritas, e susceptíveis de serem tomadas como reflexões favoráveis à tese labandiana da abstracção da *procuratio*, não devem ser temperadas e vistas à luz do que o Mestre escreve no seu *Manual*). Referência totalmente à parte merecem, no tocante à questão da separação da procuração relativamente ao mandato, Inocêncio Galvão Telles, *Dos Contratos em geral*, Coimbra, 1947, pp. 261 e ss.; Id., *Mandato (Anteprojecto de um capítulo do futuro Código Civil Português)*, in *Boletim do Ministério da Justiça*, 1950, 16, pp. 38 e ss., maxime 44 e ss.; Id., *Contratos Civis (Projecto completo de um título do futuro Código Civil Português e respectiva Exposição de Motivos)*, separata da *Revista da Faculdade de Direito da Universidade de Lisboa*, Lisboa, 1953, IX e X, 1954, pp. 71 e ss. (cfr. também separata do *Boletim do Ministério da Justiça*, 1959, 83, pp. 66 e ss.); Id., *Dos contratos em geral*, Lisboa, 1962, 2.ª ed. revista, actualizada e aumentada, Lisboa, 1962, pp. 299 e ss.; Id. *Manual dos contratos em geral*, 3.ª ed., *Dos contratos em geral*, Lisboa, 1965, pp. 301 e ss. (existe reimpressão datada de

Uma vez aceites pela *communis opinio* nacional as novas coordenadas dogmáticas acerca do fenómeno representativo, a representação voluntária em direito civil não voltou, entre nós, a ser repensada de forma sistemática. Nem sequer com a entrada em vigor do Código Civil de 1966 inspirado, em larga escala, no *BGB* alemão: no entender generalizado da doutrina o novo Código Civil português não veio senão confirmar a validade quer da *Repräsentationstheorie* quer da visão labandiana do fenómeno representativo. Alguns autores, mais ou menos isolados – sobretudo em recentes obras de carácter didáctico – fornecem, todavia, nas páginas por eles dedicadas à figura da representação, indicação de alguns dados potencialmente contrários à tese tradicional, acompanhados de breves considerações inconciliáveis com as posições clássicas acerca do fenómeno representativo. Não existe, porém, uma monografia ou ensaio, posterior ao Código Civil de 1966, destinada a proceder, de forma abrangente, ao relançamento do debate sobre a representação ou qualquer tentativa de reconstrução sistemática global, agora, à luz das novas regras sobre a matéria[13]. Todavia, tais regras oferecem um rico campo de investigação a merecer aprofundamento.

1995, embora a numeração das páginas não coincida inteiramente com a da versão reproduzida); Id., *O mandato sem representação*, in *Colectânea de Jurisprudência*, Ano VII, Tomo III, 1983, pp. 7 e ss., maxime, pp. 9 e 10, (onde o autor afirma expressamente: *«Julgo ter sido eu o jurista ou um dos juristas que, em Portugal, ainda na vigência do C. Civil de 1867, primeiro admitiram em termos genéricos, a figura do mandato sem representação, dissociando as duas ideias – a de mandato e a de representação – e sustentando poder haver mandato desacompanhado de representação, e representação (mesmo voluntária) desacompanhada de mandato. Defendia essa possibilidade em abstracto, e inclusive em concreto; à face do direito então vigente através da sua adequada interpelação»* – leia-se interpretação); e Ferrer Correia, *A procuração...*, in *Estudos...*, II, pp. 1 e ss., por terem sido os primeiros a fazer eco, entre nós, de forma clara, às posições favoráveis à separação entre procuração e mandato. Para ulteriores desenvolvimentos acerca da evolução registada na doutrina portuguesa, a propósito das relações entre o *mandatum* ou negócio-base e a *procuratio*, durante a vigência do Código de Seabra cfr., *infra*, Parte I, Cap. VII. Na jurisprudência v., a título exemplificativo, e sempre a favor da autonomia da procuração relativamente ao negócio gestório, *Acórdão do Supremo Tribunal de Justiça de 8 de Fevereiro de 1979* (Octávio Dias Garcia), in *Revista de Legislação e Jurisprudência*, 112, 1980, n.º 3647, pp. 219 e ss.; *Acórdão da Relação do Porto, 4-11-1982* (Gama Prazeres), in *Colectânea de Jurisprudência*, pp. 207 e ss., maxime p. 209 (distinção entre procuração e mandato – efeitos da inobservância de cláusulas não insertas na procuração); *Acórdão da Relação de Lisboa de 11 de Setembro de 1990* (Lopes Pinto), in *Colectânea de Jurisprudência*, 1990, IV, pp. 145 e ss. (interesse do representado, caducidade do mandato); *Acórdão da Relação de Évora de 27 de Fevereiro de 1992* (Mateus da Silva), in *Colectânea de Jurisprudência*, 1992, I, p. 284 e ss. (falta de poderes de representação).

[13] Depois dos escritos de Ferrer Correia, *A procuração...*, in *Estudos...*, II, pp. 1 e ss.; de Pessoa Jorge, *O mandato...*, *passim*; Almeida Costa, *A vontade e a declaração na teoria do negócio jurídico...*, in *Boletim..*, 172, pp. 145 e ss.; e de Rui de Alarcão, *Breve motivação...*, in *Boletim...*, 138, pp. 103 e ss.; todos eles anteriores ao actual Código Civil, surgiram, é certo, vários estudos

Por um lado, vários dos preceitos relativos à representação, e figuras afins ou conexas, têm sido considerados como conformes à teoria clássica de raiz labandiana. A começar pela aparentemente incontestável e incontornável circunstância de o Código Civil, na linha de evolução pandectística com origem em JHERING, ter vindo a separar a *procuratio* do mandato[14]: a primeira encontra-se virada para a concessão de poderes de representação; o segundo dá, ou dará, primordialmente, lugar a uma prestação de serviço[15].

Por outro, diversas normas directa ou indirectamente relacionadas com o fenómeno da representação voluntária apresentam aspectos dificilmente conciliáveis com a tese labandiana da abstracção do poder de representação, e apenas se tornam compreensíveis quando consideradas na perspectiva da cooperação entre representante e representado, dando origem a possíveis aporias ou contradições. Tudo a sugerir, afinal, a possibilidade de a cisão entre poder de representação e negócio-base não ter sido total ou tão completa quanto parece à primeira vista[16].

---

parcelares sobre a figura da representação voluntária de que se podem consignar, aqui e agora, a título exemplificativo, os trabalhos e esforços de Schwartz, *Sobre o mandato aparente nos direitos romanísticos. Seu significado para o direito português*, tradução de Alberto Pimenta, in *Revista de Direito e Estudos Sociais*, XIX, 1972, pp. 92 e ss.; Maria Helena Brito, *A representação sem poderes...*, in *Revista...*, 1987, 9/10, pp. 17 e ss.; Paulo Mota Pinto, *Aparência...*, in *Boletim...*, vol. LXIX, pp. 479 e ss.; Rui Pinto, *Falta e abuso de poderes na representação voluntária*, Lisboa, 1994, *per totum*; Raúl Guichard Alves, *Sobre a distinção entre núncio e representante*, in *Scientia Iuridica*, 1995, XLIV, n.ºs 265/268, pp. 317 e ss.; Id., *Notas sobre a falta e limites do poder de representação*, in *Revista de Direito e Estudos Sociais*, XXXVII, 1995, pp. 3 e ss.. Por seu turno, Helena Brito, *A representação...*, *per totum*, levou a cabo um tratamento alargado acerca da representação voluntária no contexto dos contratos internacionais e do direito internacional privado. Continua, no entanto, a faltar um estudo de idêntica natureza relativamente à representação voluntária em direito civil, não obstante as amplas considerações igualmente proferidas a este respeito por Helena Brito (v. *A representação...*, pp. 89 e ss.). Alguns estudos, uns de carácter inédito outros dados à estampa, foram, ainda, realizados, designadamente, no contexto do Curso de Mestrado da Faculdade de Direito da Universidade de Lisboa, e de que se podem mencionar: Rui Ataíde, *Mandato. Mandato com representação*, pol., Lisboa, 1993-1994; Id., *A responsabilidade do «representado» na representação tolerada*, pol., Lisboa, 1998; Pedro Ferreira Múrias, *Representação legal e culpa in contrahendo*, pol., 1995/96; Elsa Santos, *A representação aparente*, pol., Lisboa, 1996; Maria Alexandra Rebelo, *O negócio consigo mesmo na representação legal e voluntária*, pol., Lisboa, 1996; Manuel Botelho da Silva, *Negócio consigo mesmo na actuação orgânica*, pol., Lisboa, 1996; José Varela, *O regime jurídico da representação sem poderes no âmbito da representação voluntária*, pol., Lisboa, 1996; Maria de Lurdes Marques Pereira, *Os estados subjectivos...*, in *Revista...*, XXXIX, 1, pp. 135 e ss.. Cfr., ainda, mas agora no quadro da Faculdade de Direito da Universidade de Coimbra, Raúl Guichard, *O problema..., cit.*; e Helena Mota, *Do abuso de representação... per totum*.

[14] Cfr. Menezes Cordeiro, *Manual...*, I, p. 471.

[15] *Idem*.

[16] V., Menezes Cordeiro, *Manual...*, I, p. 471.

A tudo isto, e, no tocante agora à estrutura do negócio representativo, acresce o facto de o artigo 259.º do Código Civil português estabelecer, ao regular a falta ou vícios da vontade e estados subjectivos relevantes em sede de representação – numa interpretação que até se poderia julgar de meridiana clareza – dever atender-se à *voluntas* do representado em todas as situações nas quais ela tenha sido decisiva para determinado elemento do negócio realizado em seu nome. Isto numa solução que parece claramente incompatível com a *Repräsentationstheorie*. E, todavia, importante sector da doutrina nacional, seguindo, sem grandes complexos, a impressionante *communis opinio* estrangeira, adere, desprovido de particulares reservas ou limitações, à teoria da representação ou a fórmulas dela derivadas.

Deparamos, assim, numa matéria de indiscutível relevo, quer teórico quer prático, com uma zona cinzenta a carecer de clarificação. Torna-se, por isso, conveniente um esforço de aprofundamento no sentido de se procurar apurar quais os exactos contornos que o fenómeno da representação voluntária assume no direito civil português.

2. – Coordenadas metodológicas – Plano de pesquisa

I – Identificado o problema cumpre explicitar o modo como se pretende proceder à respectiva análise e tratamento.

A investigação iniciar-se-á com um estudo histórico-crítico acerca da evolução dogmática do fenómeno representativo, por forma a permitir identificar o milenar processo conducente à elaboração da «moderna construção» e compreensão dominante do fenómeno representativo voluntário. Seguir-se-á uma análise acerca da origem, extensão e sorte dos poderes representativos, destinada a pôr à prova a tese da abstracção da *procuratio*. Dedicaremos, igualmente, a nossa atenção à temática da representação aparente, enquanto perspectiva de abordagem alternativa à tese labandiana da autonomia integral da *procuratio*, assim como ao problema da falta e vícios da vontade e estados subjectivos relevantes em sede de representação voluntária. Feito isto, estaremos, finalmente, quer em condições de tomar uma posição acerca do tipo de ligação porventura existente entre o poder de representação e a relação a ele subjacente quer, ainda, acerca da estrutura do negócio representativo. Noutros termos, avançaremos com a nossa proposta de compreensão dogmática do fenómeno representativo.

II – O percurso esboçado percorrer-se-á tomando sempre como referência a realidade jurídica, o direito na sua concreta manifestação[17]. O nosso objecto será considerado tal como se encontra na lei, e

---

[17] Trata-se de um pressuposto metodológico devidamente salientado pela doutrina nacional como base de uma adequada dogmática jurídica, e assumido, de forma expressa, como critério orientador das respectivas investigações (neste sentido v., designadamente, Castanheira Neves, *Questão-de-facto – Questão-de-direito ou o problema metodológico da juridicidade (Ensaio de uma reposição crítica)*, I, *A crise*, Coimbra, 1967, quando, ainda antes de entrar no estudo ou análise do tema que se propõe tratar, o autor explica, em jeito de prefácio, as condições de emergência do problema da distinção entre questão-de-facto e questão-de-direito; e Carlos Mota Pinto, *Da cessão da posição contratual*, Coimbra, 1970, pp. XVII e ss., e pp. 5 e ss.): um fenómeno reportável às conquistas da escola histórica contra o jusracionalismo antecedente, o Direito pertence a uma categoria de realidades dadas por uma evolução paulatina das sociedades. No momento actual do conhecimento humano, a sua configuração apresenta-se com uma complexidade causal, insusceptível de total abarcamento. Complexidade que inviabiliza, em definitivo, explicações puramente lógicas ou racionais da realidade jurídica. Nestas condições o direito deve ser conhecido de modo directo, tal como se nos apresenta (assim, e designadamente, cfr. Menezes Cordeiro, *Ciência do direito e metodologia jurídica nos finais do século XX*, separata da *Revista da Ordem dos Advogados*, Lisboa, 1989, pp. 11 e 12). Recordem-se, a este propósito, os contributos dados tanto pela chamada jurisprudência problemática, cujas bases modernas foram lançadas por Viehweg, *Topik und Jurisprudenz / Ein Beitrag zur rechtswissenschaftlichen Grundlagenforschung*, 5.ª ed., Munique, 1974, *per totum* (escapando à prisão kantiana e estribado no pensamento aristotélico e ciceriano, com a sua *atitude deliberativa*, o *saber prudencial*, a *paideia,* em suma, com a respectiva teoria da deliberação e da escolha, com a distinção entre a fundamentação dedutiva e a meramente persuasiva [a este respeito v., Aristóteles, *Ética Eudimiana*, VIII, 1246b, in *Obras,* tradução para o espanhol de Francisco Samaranch, Madrid, 1967; *Retórica*, tradução e notas de Manuel Alexandre Júnior, Paulo Farmhouse Alberto, Abel de Nascimento Pena, introdução de Manuel Alexandre Júnior, Lisboa, 1998, 1357a, pp. 51 e ss., 1355b, pp. 56 e ss. 1359a, pp. 57 e ss.; *Ética a Nicómaco*, tradução de Julián Marias, Madrid, 1985, 1094b, 1095a, 1098a e *Tópicos, Tratados de lógica (Órganon)*, tradução para o espanhol de Miguel Sanmartin, Madrid, 1982, I], Viehweg defende a necessidade de o raciocínio jurídico se dever realizar, não através de axiomas, mas com base em tópicos, entendidos de modo funcional, como possibilidades de orientação e fios condutores do pensamento. A tópica surge, assim, como uma técnica de pensar por problemas, com origem na retórica, e contraposta ao pensamento sistemático-dedutivo), assim como pela teoria da argumentação que tem em Perelman, *Logique Juridique. Nouvelle réthorique*, Paris, 1976, *per totum,* o respectivo *caput scholae*; e mais remotamente, a metodologia analítico-problemática dos glosadores e pós-glosadores, bem como o carácter prudencial do direito romano (a respeito destes últimos aspectos v. as importantes considerações e desenvolvimentos de Ruy de Albuquerque e Martim de Albuquerque, *História do Direito Português*, 8.ª ed., Lisboa, 1993, I, pp. 191 e ss., maxime pp. 237 e ss.; *Idem*, 10.ª ed., Lisboa, 1999, pp. 239 e ss., maxime 285 e ss.). Lembre-se, ainda, e de passagem, a importância, neste ponto, do ensinamento filosófico de São Tomás de Aquino, ao considerar o *ius* como algo de objectivo e concreto, como um *medium rei* entre as operações ou coisas exteriores e uma pessoa (cfr., a título meramente indicativo, Michel Villey, *La promotion de la loi et du droit subjectif dans la seconde scolastique,* in *La Seconda Scolastica nella Formazione del Diritto Privato Moderno. Incontro di studio*, Florença, 16-19 de Outubro de 1972, a cargo de Paolo Grossi, Milão, 1973, pp. 53 e ss.). A propósito da recente hipótese de quebra da insolubilidade da relação entre o conceito abstracto e o caso real v. Menezes Cordeiro, *Ciência do direito e metodologia jurídica...*, pp. 35 e ss., 41 e ss., 67 e ss.. Esta quebra resulta da compreensão da realização do direito como algo de unitário e da consequente aceitação da relação comunicativa entre o caso e

encarado pelas decisões dos tribunais ou pela opinião dos prudentes, como se desenvolve materialmente.

Rejeitam-se as atitudes *metodológicas* de tipo ockanmista ou seus desenvolvimentos subsequentes, das teorizações voluntaristas do direito bem como o logicismo puro e axiomático, o conceptualismo, a exegese e a subsunção. A afirmação pode parecer despropositada. As posições referenciadas parecem definitivamente comprometidas. Designada-mente, a falência do conceptualismo – com a redução do direito a um sistema de conceitos, baseado na simples lógica formal –, o malogro do positivismo legalista e exegético –, apoiado na resolução dos casos concretos com apelo à lei como texto, e as dificuldades e inconve-

---

a norma (mas também do reconhecimento da natureza constituinte da decisão). Apenas em análise abstracta – e porque *non datur scientia de individuo* – é possível decompor a referida realização em várias fases as quais, porém, só funcionam em conjunto. O caso é hoje entendido como parte de um todo vivo, que vai desde a localização da fonte à delimitação dos factores relevantes ao ponto, por exemplo, de a própria ontologia do direito ser fixada por Arthur Kaufmann, *Vorüberlegung zu einer juristischen Logik und Ontologie der Relationen. Grundlegend einer personalen Rechtstheorie*, in *Rechtstheorie. Zeitschrift für Logik, Methodenlehre Kybernetik und Soziologie des Rechts*, Berlim, 1986, 17, pp. 257 e ss., na relação entre o caso e a norma. Lembrem-se, ainda, entre nós, os escritos e investigações autónomas de Gomes da Silva, *O dever de prestar e o dever de indemnizar*, Lisboa, 1944, I, pp. 27 e ss.; Id., *Esboço de uma concepção personalista do direito. Reflexões em torno da utilização do cadáver humano para fins terapêuticos e científicos*, separata da *Revista da Faculdade de Direito da Universidade de Lisboa*, Lisboa, 1965, pp. 113 e ss., e particularmente, p. 145, na qual se pode ler: «(...) a realidade jurídica em si mesma é concreta», ou p. 150, onde se escreve «(...) é ao conjunto destes três elementos – a ordem jurídica objectiva, que contém as formas do direito, a subjectiva, que é a matéria onde tais formas se hão-de actuar, e a vida jurídica, expressão do dinamismo por que se opera tal actuação – que propriamente se dá o nome de direito»; e – para além da obra de Menezes Cordeiro a que se faz referência *supra* na presente nota – José Lamego, *Hermenêutica e jurisprudência*, Viseu, 1990, *passim,* maxime pp. 94 e 204 e ss.. Sobre este assunto, embora em termos capazes de apresentar matizes e influências nem sempre coincidentes, ainda, referência obrigatória, na literatura jurídica portuguesa, para Baptista Machado, *Prefácio a Engisch – Introdução ao pensamento jurídico*, 1964, *passim,* e designadamente p. XXIII nota (35), pp. XXV e ss.; Id., *Introdução ao direito e ao discurso legitimador*, Coimbra, 1983, *passim;* Castanheira Neves, *Questão-de-facto – Questão-de-direito...*, I, *passim,* e por exemplo 69 e ss.; Id., *O instituto dos assentos» e a função jurídica dos supremos tribunais*, Coimbra 1983, *passim;* Id., *O papel do jurista no nosso tempo*, in *Digesta. Escritos acerca do Direito, do Pensamento Jurídico, da sua Metodologia e outros*, Coimbra 1995, I, *passim,* e pp. 37 e 38, 41 e 42, 47 e ss.; Id., *Método jurídico*, in *Idem*; II, pp. 283 e ss.; Id., *Interpretação jurídica*, in *Idem* II, pp. 337 e ss., e em particular pp. 368 e ss. (= *Pólis, Enciclopédia Verbo da Sociedade e do Estado*, Lisboa-São Paulo, III, 1985, cols. 651 e ss.); Menezes Cordeiro, *Lei (Aplicação da)*, in *Pólis, Enciclopédia Verbo da Sociedade e do Estado*, Lisboa-São Paulo, III, 1985, col. 1046 e ss., e em especial col. 1049 e ss.; Id., *Tendências actuais da interpretação da lei / Do juiz autómato aos modelos de decisão jurídica*, in *Revista jurídica*, 1987, n.os 9 e 10, pp. 7 e ss.; Miguel Machado, *Circunstâncias das infracções e sistema do direito penal português*, separata do *Boletim do Ministério da Justiça*, 1989, p. 13 e ss.; José Lamego, *Hermenêutica...*, *passim;* Fernando José Bronze, *Breves Considerações sobre o estado actual da questão metodonomológica*, separata do *Boletim da Faculdade de Direito*, Coimbra, 1993, pp. 177 e ss.; Id., *A metodonomologia entre a semelhança e a diferença (reflexão problematizante dos pólos da radical matriz analógica do discurso jurídico)*, Coimbra, 1994, *passim.*

nientes da subsunção parecem de há muito adquiridos[18]. A crítica ao pensamento baseado nos pressupostos acabados de enunciar apresentar-se-á fácil e está concluída há mais de meio século[19, 20]. Não nos parece, todavia, sem embargo de opiniões contrárias, estarmos, ao consignarmos aqui estas breves ressalvas de carácter metodológico, a lutar contra moinhos de vento[21, 22].

[18] Menezes Cordeiro, *Da boa fé no direito civil*, Lisboa, 1984, I, p. 33.

[19] *Idem*.

[20] A análise, enquadramento e crítica do positivismo – designadamente na sua vertente conceptualista –, e seus momentos epigonais, encontra-se realizada por parte do pensamento jurídico português. Podemos, por isso, limitarmo-nos a remeter para as seguintes obras de leitura imprescindível: Cabral Moncada, *Filosofia do direito e do estado*, 2.ª ed., revista e acrescentada, Coimbra, 1955, I, *passim*.; Francisco José Velozo, *A superação do positivismo no direito*, separata da *Revista Rumo*, Março, 1961, pp. 3 e ss.; Baptista Machado, *Prefácio...*, *passim*; Id., *Introdução...*, *passim*; Castanheira Neves, *Questão-de-facto – Questão-de-direito...*, I, *passim* e, relativamente ao método da subsunção, pp. 128 e ss. e 422 e ss.; Id., *O papel do jurista...*, in *Digesta...*, I, pp. 9 e ss., estudo onde se faz a demonstração e apologia da necessidade de regresso aos valores e fundamentos axiológicos, «valores» que reaparecem, com maior ou menor força, em crítica às extrapolações cientistas, naturalistas, voluntaristas, materialistas e deterministas, em vários outros escritos do autor, como sejam *A revolução e o direito*, in *Idem*, I, pp. 51 e ss.; *Justiça e direito*, in *Idem*, I, pp. 242 e ss.; *O direito como alternativa humana*, in *Idem*, I, pp. 285 e ss.; *Imagem do homem no universo prático*, in *Idem*, I, pp. 311 e ss.); Id., *Unidade do sistema jurídico: o seu problema e o seu sentido (Diálogo com Kelsen)*, in *Idem*, II, pp. 94 e ss.; Id., *Escola histórica do direito*, in *Idem*, II, pp. 203 e ss.; Id., *Jurisprudência dos interesses*, in *Idem*, II, pp. 215 e ss.; Id., *O actual problema metodológico da realização*, in *Idem*, II, pp. 249 e ss.; Id., *Método...*, in *Idem*, II, pp. 283 e ss.; Menezes Cordeiro, *Da boa fé...*, I e II, *passim*; Id., *Lei...*, in *Pólis...*, III, col. 1046 e ss. Id., *Ciência do direito e metodologia jurídica...*, *passim*; Fernando José Bronze, *Breves Considerações...*, pp. 179 e ss.; Id., *A metodonomologia entre a semelhança e a diferença...*, *passim*; Miguel Teixeira de Sousa, *Da crítica da dogmática à dogmática crítica*, separata de *O Direito*, 1989, pp. 729 e ss.; Nuno Espinosa Gomes da Silva, *Jurisprudência dos conceitos*, in *Pólis, Enciclopédia Verbo da Sociedade e do Estado*, III, col. 850 e ss.; Mário Bigotte Chorão, *Prólogo*, in *Temas Fundamentais de Direito*, Coimbra, 1986, pp. 9 e ss.; Id., *Direito*, in *Idem*, pp. 29 e ss.; Id., *Natureza das coisas*, in *Idem*, pp. 111 e ss.; Id., *Positivismo jurídico*, in *Idem*, pp. 150 e ss.; Id., *Lei*, in *Idem*, pp. 173 e ss.; Pedro Soares Martinez, *Filosofia do direito*, Coimbra, 1991, *passim*; Paulo Ferreira da Cunha, *Princípios de direito, introdução à filosofia e metodologia jurídicas*, Porto, sem data, mas de 1993, *passim*; Oliveira Ascensão, *O direito. Introdução e teoria geral*, Coimbra, 11.ª ed., 2001, *passim*.

[21] Trata-se de uma crítica feita por Uwe Diederichsen, *Topisches und systematisches Denken in der Jurisprudenz*, in *Neue Juristische Wochenschrift*, Ano 19, 1966, pp. 697 e ss., maxime p. 700, a Viehweg, quando este, para chegar à tópica jurídica, recupera, na sua *Topik und Jurisprudenz...*, *passim*, os reparos ao axiomatismo e ao pensamento de tipo matemático; e subscrita por Menezes Cordeiro, *Da boa fé...*, I, pp. 33 e 34, o qual para além de parecer fazer seu o pensamento de Diederichsen, ao considerar surpreendente o retomar, sem intenções históricas, da argumentação contra teses há tanto derrotadas escreve: «sem razões válidas, o discurso metodológico comum parte de críticas a concepções indefensíveis – e, a bom ver, nunca assumidas, com clareza, por ninguém.» A crítica de Diederichsen é também referida, e perfilhada, por Canaris, *Pensamento sistemático e conceito de sistema na ciência do direito*, introdução e tradução da 2.ª ed., por Menezes Cordeiro, Lisboa, 1989, p. 7.

[22] Não será talvez despiciendo notar o facto ou circunstância de os modernos positivismo, relativismo e cepticismo serem bem pouco originais, numa manifestação do carácter «recessivo e circular» de que, em muitos aspectos, se revestiu e reveste o pensamento jurídico ao longo da história. Na verdade, as referidas correntes filosóficas e metodológicas podem, facilmente, fazer-se

III – LABAND surge como um dos expoentes máximos do método jurídico natural. De acordo com a sua *reine juristische Methode*, o conhecimento jurídico deve apenas consistir numa simples dedução técnica a partir de conceitos jurídicos de carácter geral, e a finalidade social das instituições jurídicas desligada da sua correcta compreensão. A única função, ou tarefa, da ciência jurídica é, no entender de LABAND, o pensamento puro, método através do qual se extraem resultados a partir de inferências lógicas obtidas sobre conceitos jurídicos, com abstracção da respectiva função social ou bases axiológicas[23, 24]. As categorias formais são tomadas como dados absolutos e a dedução

remontar ao *pirronismo* do século III a. C. e aos filósofos da *Nova Academia*. Na história da filosofia grega, desde os tempos mais remotos até ao princípio da nossa era, durante cerca de seis séculos, encontram-se representadas todas as principais direcções e fundamentais atitudes do pensamento especulativo. Como lembra a propósito Cabral Moncada, *Filosofia...*, I, pp. 43 e 44, a filosofia grega dá-nos, num breve escorço, uma imagem antecipada do pensamento filosófico europeu, nas suas alternativas, com idênticos sincronismos e quase o mesmo ritmo na sucessão dos sistemas. Por isso, e ainda segundo o Ilustre Mestre, o espírito europeu mais moderno pode rever-se nela como no seu melhor espelho. Mas se é assim para a filosofia em geral, as coisas não se passam de modo diferente para as grandes tentativas de solução construídas pelo homem europeu para os problemas do direito e do estado, cuja origem é igualmente helénica. Por isso, Cabral Moncada pôde escrever: *«todas as concepções acerca de um direito natural, de base cosmológica, antropológico-racional ou teológico-trancendente; o conceito de* logos *nas suas duas faces de* lei eterna *e* lei natural; *o idealismo metafísico nas suas duas direcções transcendentalista e imanentista; o totalitarismo e o individualismo das nossas visualizações da realidade; os conceitos de* matéria *e* forma; *o realismo dogmático; o idealismo crítico, e a relatividade de todo o conhecimento até ao cepticismo mais negativista, o experimentalismo e o empirismo na base de todo o conhecimento científico da natureza; e por outro lado, o positivismo jurídico, o contratualismo como origem e essência do Estado e as diferentes formas deste, desde a monarquia até à democracia, tudo isso, ou completamente desabrochado ou só em gérmen, está já na Grécia.»* Cfr., novamente, Cabral Moncada, *Filosofia do direito...*I, pp. 44 e 45. Recentemente a «aplicação» do direito nos moldes de um método pré-escrito, garante da *«científica objectividade, da teorética neutralidade e da dessorada racionalidade»* do esquema silogístico-subsuntivo volta a insinuar-se – para empregar as palavras de Fernando José Bronze, *Breves Considerações...*, pp. 182 e 183 – nas propostas da filosofia analítica e da teoria da linguagem, bem como nalgumas outras correntes defensoras da redução política e científico tecnológica da «metodonomologia» (*sic*).

[23] Cfr., Laband, *Das Staatsrecht des Deutschen Reiches*, Tubinga, 1876, I, pp. V e ss., maxime VI e VII, e de forma ainda mais expressiva, 2.ª ed., 1888, p. XI, à qual não tivemos, todavia acesso, na versão original. Consultámos, por isso, a tradução francesa desta edição: *Le droit publique de l'empire allemand*, tradução de C. Gandilhon, com prefácio de M. F. Larnaude, Tomo I, Paris, 1900, pp. 9 e 10). V., igualmente, W. Wilhelm, *Zur juristischen Methodenlehre im 19. Jahrhundert. Die Herkunft der Methode Paul Labands aus der Privatrechtswissenschaft*, Frankfurt do Meno, 1958, *passim*, maxime pp. 7 e ss. e 157 e ss., no tocante à argumentação a partir da natureza das coisas; e Carlo Roehrssen, *Apologia di Paul Laband nel sessantesimo anniversario della morte: le origine e il significato del metodo «giuridico» nella scienza del diritto pubblico*, in *Materiali per una Storia della Cultura Juridica*, VII, 1978, pp. 99 e ss..

[24] É este *dépérissement* do direito que conduz ao desaparecimento dos resíduos «metafísicos» das ideias de justiça, da liberdade, da culpa, etc., com um naturalismo jurídico eticamente exangue na origem de uma das mais graves crises que o direito já alguma vez atingiu. V., por todos, Castanheira Neves, *O papel do jurista...*, in *Digesta...*, I, pp. 27 e ss..

lógica a partir de conceitos o único fundamento da dogmática e do pensamento jurídico-científico. Numa palavra, a *reine juristische Staatslehre* de LABAND encontra-se toda ela dominada pelo desejo de reduzir os fenómenos sociais a meras abstracções com o fim de proceder ao respectivo isolamento, e, de seguida, daí extrair axiomaticamente verdades científicas.

IV – A concepção ou compreensão do fenómeno representativo nos moldes da *Repräsentationstheorie* de inspiração labandiana entroncou na sua formulação, como não poderia deixar de ser, nos quadros mais vastos do pensamento de LABAND ou de correntes com ele mais ou menos próximas ou afins[25]. A categórica separação entre procuração e mandato iniciou a sua marcha triunfal num contexto histórico-jurídico dominado por um conceptualismo e formalismo extremamente favoráveis, que a catapultariam magistralmente até ao presente[26]. Este circunstancialismo em torno do nascimento da tese da abstracção da procuração aliado à enorme pujança com que a doutrina de LABAND, seus pressupostos e momentos epigonais atingiram os nossos dias, numa altura de aparente descrédito dos postulados filosóficos, científicos e metodológicos nos quais, ao menos inicialmente, assentaram, permite, no mínimo, o suscitar de dúvidas sobre se – não obstante os discursos contrários ao positivismo, dedutivismo

---

[25] Sobre a estreita ligação entre a metodologia proposta por Laband e a forma como o autor acabaria por fundamentar aquilo que viria a ser designado como a doutrina da abstracção da procuração pode ver-se *infra*, Parte I, Cap. IV, parágrafo 3. Para já remete-se, com vista a uma primeira aproximação, para Ballerstedt, *Zur Haftung für culpa in contrahendo bei Geschäftsabschluß durch Stellvertreter*, in *Archiv für die civilistische Praxis*, 1951, 151, pp. 515 e ss., autor que, no entanto, e salvo algumas reservas, enaltece o procedimento seguido para fundar a moderna doutrina da representação. Entre nós, a fundamentação da abstracção da procuração com base na natureza das coisas é assumida, por exemplo, por Helena Mota, *Do abuso de representação...*, p. 95, nota (192).

[26] A aderência e adequação da autonomia e separação entre mandato, por um lado, e representação, por outro, aos esquemas da *Begriffsjurisprudenz*, da sistemática e da doutrina da «*Techniesierung*» através da «*Isolierungsmethode*» – ao ponto de como sublinha Dniestrzanski, *Die Aufträge...*, 1904, I, pp. 29, tal separação ter sido elevada a um dogma inquestionável, a um verdadeiro credo, dado como garantido em virtude de uma *opinio necessitatis*, sem requerer qualquer exame, e de os opositores de Laband terem sido designados como «*harte Köpfe*» (cabeças duras) – foi particularmente evidenciada por Müller-Freienfels, *Die Vertretung...*, p. 1 e ss., maxime p. 4 e, também, pp. 74 e ss.; Id., *Zum heutigen Stand des Stellvertretungsrechts...*, in *Stellvertretungsregelegungen in Einheit...*, p. 8 e nota (4); Id., *Die Abstraktion der Vollmachtserteilung...*, in *Ibidem*, pp. 60 e ss., maxime pp. 90 e 91. Talvez por isso Jose Manuel Ruiz-Rico Ruiz, *La representación en el interés...*, pp. 207, considere a tese da abstracção da causa do poder de representação como uma posição absolutamente caduca. Para mais referências bibliográficas, no sentido do carácter historicamente datado e ultrapassado da doutrina da independência ou autonomia integral da *procuratio* relativamente ao negócio gestório, pode ver-se *infra*, Parte I, Cap. IV, parágrafo 3.

e logicismo legalista – as teorias em referência não sobreviveram à custa de, muitas vezes, mal assumidos ou inconscientes resquícios próprios da época e contexto nos quais se procedeu à separação definitiva entre representação e mandato. Se a resposta for no sentido de a tese labandiana da abstracção da *procuratio* apenas significar o prolongar de esquemas julgados abandonados, então, também ela deverá ser abandonada[27]. Se, pelo contrário, a teoria se afigurar e revelar compatível com as novas coordenadas juscientíficas e jusmetodológicas semelhante fenómeno deve ser posto em evidência, por forma a afastar qualquer eventual véu de suspeição susceptível de recair sobre as construções de cariz labandiano e seus desenvolvimentos lógicos. E o mesmo vale para a *Repräsentationstheorie* também ela nascida num contexto fortemente marcado pela jurisprudência dos conceitos[28]. Por tudo isto, a análise sobre a validade da *Repräsentationstheorie* e da tese de cariz labandiano da autonomia do poder de representação – e do mesmo passo das correntes que com ela se defrontam – não pode prescindir de uma referência, por mais breve, quer aos postulados ou pressupostos jusmetodológicos e juscientíficos subjacentes ao nascimento da «teoria da representação» e à génese da ideia de autonomia integral da procuração, quer aos assumidos pelo

---

[27] Ao contrário do que se poderia, eventualmente, pensar é, ainda, profunda a implantação dos esquemas mentais próprios do positivismo e formalismo jurídico, tal como o demonstra a tendência de difundir exposições jurídicas abundantemente povoadas de definições abstractas e de conexões amparadas apenas nos conceitos definidores. Neste sentido, v. Menezes Cordeiro, *Ciência do direito e metodologia jurídica...*, pp. 8, 15 e ss.; Id. *Da boa fé...*, *passim* em especial, I, pp. 371 e ss.. O mesmo reparo era já feito por Orlando de Carvalho na primeira edição da sua obra, *A Teoria geral da relação jurídica. Seu sentido e limites*, Coimbra, 1970, pp. 37 e 38, ao escrever «(...) *é indiscutível que "o método da inversão" – o método característico da "jurisprudência dos conceito", de extrair dos conceitos as soluções jurídicas – permanece mais firme na jurisprudência e na doutrina do que auguravam as revoluções metodológicas*».

[28] No sentido segundo o qual a teoria da representação traz, ainda, consigo a marca da dogmática do século XIX e do conceptualismo pronunciam-se, por exemplo, Müller-Freienfels, *Die Vertretung...*, pp. 1 e ss.; e Siebenhar, *Vertreter...*, in *Archiv...*, 162, p. 356. De um modo geral no sentido segundo o qual as várias teses desenvolvidas no século XIX a propósito do fenómeno representativo se encontram praticamente todas elas marcadas pela jurisprudência dos conceitos, e destarte ultrapassadas, pronuncia-se Thiele, *Die Zustimmungen...*, p. 58. Na literatura jurídica italiana v., Valeria de Lorenzi, *La rappresentanza...*, in *Rappresentanza...*, p. 74, que em estreita adesão às afirmações de Müller-Freinfels – o qual, todavia, não cita de modo directo – considera «(...) *a teoria da representação (...) a maior criação da jurisprudência dos conceitos da segunda metade do século passado (...)*» no âmbito do fenómeno representativo. Para mais referências bibliográficas no sentido segundo o qual as alterações pelas quais passou o fenómeno representativo no espaço juscultural tudesco durante o século XIX, pode ver-se *infra*, Parte I, Cap. IV, parágrafos 2 e 3, quer quando procedermos ao estudo das *Repräsentationstheorien* quer ainda quando dedicarmos a nossa atenção ao estudo, em concreto, da construção de Laband.

autor ou responsável pela referida análise – isto, sublinhe-se novamente, atenta a forma impressiva e marcante como escolas ou correntes, positivistas, conceptualistas, formalistas e logicistas estiveram na
origem da *Repräsentationstheorie* e das teses, relativas ao fenómeno
representativo de cariz labandiano.

3. – A representação no Código Civil português e no direito privado

I – O direito civil português é um direito codificado. A representação tem uma presença variada no Código Civil que, sem constituir
um dado único, definitivo ou exclusivo, assume importância fundamental para um primeiro reconhecimento da *fattispecie* representativa[29].

Numa panorâmica geral o Código menciona ou trata a representação nas seguintes disposições:

> Parte geral – Livro I – Título II – Subtítulo – III – Capítulo I – Secção I
> – Subsecção VI – [Ao contrário de quanto sucedia com o Código de Seabra,
> o actual Código Civil oferece ao intérprete, e à semelhança do verificado, por
> exemplo, com o BGB (§§ 164-181) ou o Código Civil italiano (artigos 1387-
> -1400) uma base textual, a qual apesar de ter de ser integrada e articulada
> com disposições diversas, disseminadas um pouco pelos vários livros do
> Código Civil, parece, à primeira vista, oferecer um seguro alicerce na constru-
> ção e análise da figura da representação voluntária] art. 258.º o negócio jurí-
> dico realizado pelo representante em nome do representado, nos limites que
> lhe competem produz, os seus efeitos na esfera jurídica deste último; art. 259.º
> 1) à excepção dos elementos em que tenha sido decisiva a vontade do repre-
> sentado, é na pessoa do representante que deve verificar-se, para efeitos de
> nulidade ou anulabilidade da declaração, a falta ou vício da vontade bem
> como o conhecimento ou ignorância dos factos que possam influir nos efeitos
> do negócio, 2) mas ao representado de má fé não aproveita a boa fé do
> representante; art. 260.º 1) se uma pessoa dirigir em nome de outrem uma
> declaração a terceiro, pode este exigir que o representante faça prova dos seus
> poderes, 2) se os poderes de representação constarem de documento pode o
> terceiro exigir cópia dele assinada pelo representante; art. 261.º 1) é anulável o
> negócio que o representante celebre consigo mesmo, a não ser que o repre-
> sentado tenha especificadamente consentido na celebração, ou que o negócio
> exclua por sua natureza a possibilidade de conflito de interesses, 2) consi-
> dera-se celebrado pelo representante o negócio realizado por aquele a quem
> tiverem sido substabelecidos poderes de representação; art. 262.º 1) diz-se

---

[29] Cfr., no mesmo sentido, mas a propósito da boa fé, Menezes Cordeiro, *Da boa fé...*, I,
pp. 18 e ss..

procuração o acto pelo qual alguém atribui a outrem, voluntariamente, poderes representativos, 2) a procuração revestirá, em princípio, a forma para o negócio que o procurador deva realizar; art. 263.° o procurador não necessita de ter mais do que a capacidade de entender e querer exigida pela natureza do negócio que haja de efectuar; art. 264.° 1) o procurador só pode fazer-se substituir por outrem se o representado o permitir ou se a faculdade de substituição resultar do conteúdo da procuração ou da relação jurídica que a determina, 2) a substituição não envolve, salvo declaração em contrário, exclusão do procurador primitivo, 3) sendo autorizada a substituição, o procurador só é responsável para com o representado se tiver agido com culpa na escolha do substituto ou nas instruções que lhe deu, 4) o procurador pode servir-se de auxiliares na execução da procuração se outra coisa não resultar do negócio ou da natureza do acto que haja de praticar; art. 265.° 1) a procuração extingue-se quando o procurador a ela renuncia, ou quando cessa a relação jurídica que lhe serve de base, excepto se outra for, nesse caso, a vontade do representado, 2) a procuração é livremente revogável pelo representado, não obstante convenção em contrário ou renúncia ao direito de revogação, 3) mas, se a procuração tiver sido concedida também no interesse do procurador ou de terceiro, não pode ser revogada sem acordo do interessado, salvo ocorrendo justa causa; art. 266.° 1) as modificações da procuração devem ser levadas ao conhecimento de terceiros por meios idóneos, sob pena de lhes não serem oponíveis quando se mostre que delas tinham conhecimento no momento da conclusão do negócio, 2) as restantes causas extintivas da procuração não podem ser opostas a terceiro que, sem culpa, as tenha ignorado; art. 267.° 1) o representante deve restituir o documento donde constem os seus poderes, logo que a procuração tiver caducado, 2) o representante não goza do direito de retenção do documento; art. 268.° 1) o negócio que uma pessoa, sem poderes de representação, celebre em nome de outrem é ineficaz, se não for ratificado, 2) a ratificação está sujeita à forma exigida para a procuração e tem eficácia retroactiva, sem prejuízo dos direitos de terceiro, 3) considera-se negada a ratificação, se não for feita dentro do prazo que a outra parte fixar para o efeito, 4) enquanto o negócio não for ratificado, tem a outra parte a faculdade de o revogar ou rejeitar, salvo se, no momento da conclusão, conhecia a falta de poderes do representante; o disposto no art. 269.° é aplicável ao caso de o representado ter abusado dos seus poderes, se a outra parte conhecia ou devia conhecer o abuso.

Ainda na parte geral, mas de forma dispersa, e tanto relativamente à representação voluntária como à representação legal e orgânica: art.° 37.° a representação legal está sujeita à lei reguladora da relação jurídica de que nasce o poder representativo; art. 38.° a representação da pessoa colectiva por intermédio dos seus órgãos é regulada pela respectiva lei pessoal; art. 39.° 1) a representação voluntária é regulada, quanto à existência, extensão, modificação, efeitos e extinção dos poderes representativos, pela lei do estado em que os poderes são exercidos, 2) porém, se o representante exercer os poderes representativos em país diferente daquele que o representado indicou e o facto for conhecido do terceiro com quem contrate, é aplicável a lei do país de residência habitual do representado, 3) se o representante exercer profissionalmente a representação e o facto for conhecido do terceiro contratante, é aplicável a lei do domicílio profissional, 4) quando a representação se refira à disposição ou administração de bens imóveis, é aplicável a lei do país de situação desses bens; art. 89.º 1) quando haja necessidade de prover acerca da administração dos bens de quem desapareceu sem que dele se saiba parte e sem ter deixado representante legal ou procurador, deve o tribunal nomear-lhe curador provisório, 2) deve igualmente ser nomeado curador ao ausente, se o procurador não quiser ou não puder exercer as suas funções; art. 98.º c) a curadoria termina pela presença de pessoa que legalmente represente o ausente ou de procurador bastante; art. 99.º decorridos dois anos sem se saber do ausente, se este não tiver deixado representante legal nem procurador bastante, ou cinco anos, no caso contrário, pode o Ministério Público ou algum dos interessados requerer a justificação da ausência; art. 125.º 2) a anulabilidade dos actos dos menores é sanável mediante confirmação do menor depois de atingir a maioridade ou ser emancipado, ou por confirmação do progenitor que exerça o poder paternal, tutor ou administrador de bens, tratando-se de acto que algum deles pudesse celebrar como representante; art. 163.º 1) a representação da pessoa colectiva cabe a quem os estatutos determinarem ou, na falta de disposição estatutária, à administração ou a quem por ela for designado, 2) a designação de representantes por parte da administração só é oponível a terceiros quando se prove que estes a conheciam; art. 165.º as pessoas colectivas respondem civilmente pelos actos ou omissões dos seus representantes, agentes ou mandatários nos mesmos termos em que os comitentes respondem pelos actos ou omissões dos seus comissários; art. 176.º o associado não pode votar, por si ou como representante de outrem, nas matérias em que haja conflito de interesses entre a associação e ele, seu cônjuge, ascendentes ou descendentes; art. 198.º 3) a representação em juízo do fundo comum cabe àqueles que tiverem assumido a obrigação; art. 303.º o tribunal não pode suprir, de ofício, a prescrição; esta necessita de ser invocada, judicial ou extrajudicialmente, por aquele a quem aproveita, pelo seu representante ou, tratando-se de incapaz, pelo Ministério Público; art. 320.º 1) a prescrição não começa nem corre contra menores enquanto não tiverem quem os represente ou administre os seus bens, e, ainda, que o menor tenha representante legal ou quem administre os seus bens, a prescrição contra ele não se completa sem ter decorrido um ano a partir do termo da incapacidade.

No direito das obrigações: art. 452.º 2) a reserva de nomeação de terceiro, no contrato para pessoa a nomear, não é possível nos casos em que não é admitida a representação ou é indispensável a determinação dos contraentes; art. 471.º sem prejuízo do que preceituam os artigos do Código imediatamente anteriores, quanto às relações entre o gestor e o dono do negócio, é aplicável aos negócios celebrados por aquele em nome deste o disposto no artigo 268.º, se o gestor os realizar em seu próprio nome, são extensivas a esses negócios, na parte aplicável, as disposições relativas ao mandato sem representação; art. 501.º o Estado e demais pessoas colectivas públicas, quando haja danos causados pelos seus órgãos, agentes ou representantes no exercício de actividade de gestão privada, respondem civilmente por esses danos nos termos em que os comitentes respondem pelos danos causados pelos seus comissários; art. 571.º ao facto culposo do lesado é equiparado o facto culposo dos

seus representantes legais e das pessoas de quem ele se tenha utilizado; art.
764.° 2) o credor deve ter capacidade para receber a prestação; mas se esta
chegar ao poder do representante legal do incapaz ou o património deste tiver
enriquecido, pode o devedor opor-se ao pedido de anulação da prestação
realizada e de novo cumprimento da obrigação, na medida do que tiver sido
recebido pelo representante ou do enriquecimento do incapaz; art. 769.° a
prestação deve ser feita ao credor ou ao seu representante; art. 771.° o devedor
não é obrigado a satisfazer a prestação ao representante voluntário do credor
nem à pessoa por este autorizada a recebê-la, se não houver convenção nesse
sentido; art. 800.° o devedor é responsável perante o credor pelos actos dos
seus representantes legais ou das pessoas que utilize para o cumprimento da
obrigação, como se tais actos fossem praticados pelo devedor; art. 949.° 2) os
representantes legais dos incapazes não podem fazer doações em nome destes;
art. 951.° 1) as pessoas que não têm capacidade para contratar não podem
aceitar doações com encargos senão por intermédio dos seus representantes
legais; art. 996.° 1) a sociedade é representada em juízo e fora dele pelos seus
administradores; art. 998.° 1) a sociedade responde civilmente pelos actos ou
omissões dos seus representantes, agentes ou mandatários, nos mesmos termos
em que os comitentes respondem pelos actos ou omissões dos seus comissários, 2) não podendo o lesado ressarcir-se completamente, nem pelos bens da
sociedade, nem pelo património do representante, agente ou mandatário, ser-
-lhe-á lícito exigir dos sócios o que faltar, nos mesmos termos em que o
poderia fazer qualquer credor social; art. 1178.° 1) se o mandatário for representante, por ter recebido poderes para agir em nome do mandante, é também
aplicável ao mandato o disposto nos artigos 258.° e seguintes; 2) o mandatário
a quem sejam conferidos poderes de representação tem o dever de agir não só
por conta, mas em nome do mandante; a não ser que outra coisa tenha sido
estipulada.

No direito das coisas: art. 1253.° os representantes ou mandatários do possuidor e, de um modo geral, todos os que possuem em nome de outrem são
havidos como detentores ou possuidores precários; art. 1419.° 2) o administrador pode outorgar, em representação do condomínio a escritura pública
modificativa do título constitutivo da propriedade horizontal, desde que o
acordo entre os condóminos conste de acta assinada por todos; art. 1433.° 6) a
representação judiciária dos condóminos, contra quem são propostas as acções
de impugnação das deliberações da assembleia, compete ao administrador ou à
pessoa que a assembleia designar para o efeito.

No direito da família: art. 1594.° 2) quando o casamento se não realize
por motivo de incapacidade de algum dos contraentes, se ele ou os seus representantes houverem procedido com dolo deve indemnizar-se o esposo inocente, bem como os pais deste ou terceiros que tenham agido em nome dos
pais [art. 1594.° 1)], quer das despesas feitas, quer das obrigações contraídas na
previsão do casamento; art. 1708.° 2) aos menores, bem como aos interditos
ou inabilitados, só é permitido celebrar convenções antenupciais com
autorização dos respectivos representantes legais; art. 1785.° só tem legitimidade para intentar acção de divórcio litigioso o cônjuge ofendido, ou estando

este interdito, o seu representante legal, com autorização do conselho de família; quando o representante legal seja o outro cônjuge, a acção pode ser intentada em nome do ofendido, por qualquer parente deste na linha recta ou até ao terceiro grau da linha colateral, se for igualmente autorizado pelo conselho de família; 1786.º 1) o direito ao divórcio caduca no prazo de dois anos, a contar da data em que o cônjuge ofendido ou o seu representante legal teve conhecimento do facto susceptível de fundamentar o pedido; art. 1857.º a perfilhação de maior emancipado, ou de filho pré-defunto de que vivam descendentes maiores emancipados, só produz efeitos se aquele ou estes, ou tratando-se de interditos, os respectivos representantes, derem o seu assentimento; art. 1889.º como representantes do filho não podem os pais, sem autorização do tribunal: a) alienar ou onerar bens, salvo tratando-se de alienação onerosa de coisas susceptíveis de perda ou deterioração, b) votar, nas assembleias gerais das sociedades, deliberações que importem a sua dissolução, c) adquirir estabelecimento comercial ou industrial ou continuar a exploração do que o filho haja recebido por sucessão ou doação, d) entrar em sociedade em nome colectivo ou em comandita simples por acções, e) contrair obrigações cambiárias ou resultantes de qualquer título transmissível por endosso; f) garantir ou assumir dívidas alheias; g) contrair empréstimos, h) contrair obrigações cujo cumprimento se deva verificar depois da maioridade, i) repudiar herança ou legado, j) aceitar herança, doação ou legado com encargos, l) locar bens, por prazo superior a seis anos, m) convencionar ou requerer em juízo a divisão de coisa comum ou a liquidação e partilha de patrimónios sociais, n) negociar transacção ou comprometer-se em árbitros relativamente aos actos antes referidos, ou negociar concordata com os credores; art. 1900.º 1) quando por qualquer motivo, que não seja a maioridade ou emancipação, cesse o poder paternal ou a administração, devem os bens ser entregues ao representante legal do filho; art. 1938.º o tutor como representante do menor necessita de autorização do tribunal de menores: a) para praticar qualquer dos actos mencionados no n.º 1 do artigo 1889.º, b) para adquirir bens, móveis ou imóveis, como aplicação de capitais do menor, c) para aceitar herança, doação ou legado, d) para contrair ou solver obrigações, salvo quando respeitem a alimentos do menor ou se mostrem necessárias à administração do seu património, e) para intentar acções, salvas as destinadas à cobrança de prestações periódicas e aquelas cuja demora possa causar prejuízo, f) para continuar exploração do estabelecimento comercial ou industrial que o menor haja recebido por sucessão ou doação; 1971.º n.º 3 o administrador é o representante legal do menor nos actos relativos aos bens cuja administração lhe pertença.

No direito das sucessões: art. 2082.º 1) se o cônjuge, o herdeiro ou o legatário que tiver preferência for incapaz, exercerá as funções de cabeça-de-casal o seu representante legal, 2) o curador é tido como representante do inabilitado para o efeito do número anterior; art. 2106.º a obrigação de conferir recai sobre o donatário, se vier a suceder ao doador, ou sobre os seus representantes, ainda que estes não hajam tirado benefício da liberalidade; art. 2182.º 1) o testamento é um acto pessoal, insusceptível de ser feito por meio de representante ou de ficar dependente do arbítrio de outrem, quer pelo que toca à instituição de herdeiros ou nomeação de legatários, quer pelo que respeita ao objecto da herança ou do legado, quer pelo que pertence ao cumprimento ou não cumprimento das suas disposições; art. 2240.° as regras relativas à administração de herança ou legado sob condição suspensiva são aplicáveis à herança deixada a nascituro não concebido, filho de pessoa viva, mas a esta pessoa ou se ela for incapaz, ao seu representante legal pertence a representação do nascituro em tudo o que não seja inerente à administração da herança ou do legado [30].

O Código Civil trata, ainda, da procuração numa série de artigos. Para além dos já referidos onde eventualmente aparece uma simultânea referência expressa à representação e à procuração ou procurador, estes dois últimos termos aparecem nos seguintes preceitos[31]:

Na parte geral: art. 262.° 2) salvo disposição legal em contrário, a procuração revestirá a forma exigida para o negócio que o procurador realizar; art. 356.° n.° 1 a confissão judicial espontânea pode ser feita nos articulados, segundo as prescrições da lei processual, ou em qualquer outro acto do processo firmado pela parte pessoalmente ou por procurador especialmente autorizado.

No direito das obrigações: art. 1039.° se a renda ou aluguer houver de ser pago no domicílio, geral ou particular, do locatário ou de procurador seu, e o pagamento não tiver sido efectuado, presume-se que o locador não veio nem mandou receber a prestação no dia do vencimento; art. 1165.° o mandatário pode, na execução do mandato, fazer-se substituir por outrem ou servir-se de auxiliares, nos mesmos termos em que o procurador o pode fazer; art.° 1179.° a revogação e renúncia da procuração implicam a revogação do mandato com representação.

No direito das coisas: art. 1431° 3) os condóminos podem fazer-se representar por procurador.

No direito da família: art. 1616.° a) é indispensável para a celebração do casamento a presença dos contraentes, ou de um deles e do procurador do outro; art. 1620.° 1) é lícito a um dos nubentes fazer-se representar por procurador na celebração do casamento, 2) a procuração deve conter poderes especiais para o acto, a designação expressa do outro nubente e a indicação da modalidade do casamento; art. 1621.° cessam os efeitos da procuração pela

---

[30] O termo representação aparece ainda referido em vários artigos do Livro V do Código Civil relativos à representação sucessória ou direito de representação. É o caso, por exemplo, dos artigos 2039.° e seguintes. Esta forma de representação tem sido distinguida da representação na prática de actos jurídicos por dois motivos: por um lado, ela não pressupõe a realização, por parte do sucessor *iure repraesentationis*, de qualquer acto para que a herança lhe seja devolvida; por outro, o acto de aceitação corresponde ao exercício de um direito próprio, realizado no interesse e nome do respectivo titular. A este respeito v., por todos, Inocêncio Galvão Telles, *Direito de representação, substituição vulgar e direito de acrescer*, Lisboa, 1943, p. 17.

[31] Referem-se apenas as normas ainda não citadas anteriormente.

revogação dela, pela morte do constituinte ou procurador, ou pela interdição ou inabilitação de qualquer deles por anomalia psíquica, 2) o constituinte pode revogar a todo o tempo a procuração, mas é responsável pelo prejuízo que causar se, por culpa sua, o não fizer a tempo de evitar a celebração do casamento; art. 1628.º é juridicamente inexistente: c) o casamento em cuja celebração tenha faltado a declaração de vontade de um ou ambos os nubentes, ou do procurador de um deles, d) o casamento contraído por intermédio de procuração, quando celebrado depois de terem cessado os efeitos da procuração, ou quando esta não tenha sido outorgada por quem nela figure como constituinte, ou quando seja nula por falta de concessão de poderes especiais para o acto ou de designação expressa do outro contraente; art. 1805.º no caso de declaração de nascimento ocorrido há um ano ou mais, a maternidade indicada considera-se estabelecida se a mãe for o declarante, estiver presente no acto ou nele se achar representada por procurador com poderes especiais; art. 1840.º 1 b) independentemente da prova a que se refere o n.º 2 do artigo 1839.º podem a mãe ou o marido impugnar a paternidade do filho nascido dentro dos cento e oitenta dias posteriores à celebração do casamento excepto, se entre outras circunstâncias, estando pessoalmente presente ou representado por procurador com poderes especiais, o marido consentiu que o filho fosse declarado seu no registo do nascimento; art. 1849.º a perfilhação é um acto pessoal e livre, pode contudo ser feita por intermédio de procurador com poderes especiais.

II – As normas acabadas de referir articulam-se, finalmente, como uma série de outras constantes do Código Civil, e relativas a diferentes *fattispecies*, *Tatsbestände* ou *figurae iuris*, as quais assumem, ou podem assumir, uma função integrativa relativamente às disposições directamente relacionadas com a representação. É o caso dos preceitos relativos ao mandato ou à gestão de negócios. Designadamente o mandato aparece mencionado ou tratado nos seguintes artigos:

Na parte geral: art. 95.º o curador provisório deve prestar contas do seu mandato perante o tribunal, anualmente ou quando este o exigir; art. 164.º 1) as obrigações e a responsabilidade dos titulares das pessoas colectivas para com estas são definidas nos respectivos estatutos, aplicando-se, na falta de disposições estatutárias, as regras do mandato com as necessárias adaptações.

No direito das obrigações: art. 471.º[32] sem prejuízo do que preceituam os artigos anteriores quanto às relações entre o dono do negócio e o gestor, aos negócios jurídicos celebrados por aquele em nome próprio, na parte aplicável, são extensivas a esses negócios as disposições relativas ao mandato sem representação; 629.º 1) aquele que encarrega outrem de dar crédito a terceiro, em

---

[32] Como é fácil de compreender, atenta a proximidade entre a representação e o mandato, algumas das disposições já citadas a propósito da figura da representação reaparecerão agora a propósito do mandato.

nome e por conta do encarregado, responde como fiador se o encargo for aceito, 2) o autor do encargo tem a faculdade de revogar o mandato enquanto o crédito não for concedido, assim como a todo o momento o pode denunciar, sem prejuízo da responsabilidade pelos danos que haja causado; art. 755.° 1 c) o mandatário goza do direito de retenção, sobre as coisas que lhe tiverem sido entregues para execução do mandato, pelo crédito resultante da sua actividade; art. 949.° 1) não é permitido atribuir a outrem, por mandato, a faculdade de designar a pessoa do donatário ou determinar o objecto da doação, salvo nos casos previstos no n.° 2 do artigo 2182.°; art. 986.° 3) a designação dos administradores feita em acto posterior ao contrato de sociedade pode ser revogada por deliberação da maioria dos sócios, sendo em tudo o mais aplicável à revogação as regras do mandato; art. 987.° 1) aos direitos e obrigações dos administradores são aplicáveis as normas do mandato; art. 1155.° o mandato, o depósito e a empreitada são modalidades do contrato de prestação de serviço; art. 1156.° as disposições sobre o mandato são extensivas, com as necessárias adaptações, às modalidades do contrato de prestação de serviço que a lei não regule especialmente; art. 1157.° mandato é o contrato pelo qual uma das partes se obriga a praticar um ou mais actos jurídicos por conta da outra; 1158.° 1) o mandato presume-se gratuito, excepto se tiver por objecto actos que o mandatário pratique por profissão, neste caso, presume-se oneroso, 2) se o mandato for oneroso, a medida de retribuição, não havendo ajuste entre as partes, é determinada por tarifas profissionais, na falta destas pelos usos, e na falta de umas e outros, por juízos de equidade; art. 1159.° o mandato geral só compreende actos de gestão ordinária, 2) o mandato especial abrange, além dos actos nele referidos, todos os demais necessários à sua execução; art. 1160.° se alguém incumbir duas ou mais pessoas da prática dos mesmos actos jurídicos, haverá tantos mandatos quantas as pessoas designadas, salvo se o mandante declarar que devem agir conjuntamente; art. 1161.° o mandatário é obrigado: a) a praticar os actos compreendidos no mandato, segundo as instruções do mandante, b) a prestar as informações que este lhe peça, relativas ao estado da gestão, c) a comunicar ao mandante, com prontidão a execução do mandato ou se, o não tiver executado, a razão por que assim procedeu, d) a prestar contas, findo o mandato ou quando o mandante as exigir, e) a entregar ao mandante o que recebeu em execução do mandato ou no exercício deste, se o despendeu normalmente no cumprimento do contrato; art. 1162.° o mandatário pode deixar de executar o mandato ou afastar-se das instruções recebidas quando seja razoável supor que o mandante aprovaria a sua conduta, se conhecesse certas circunstâncias que não foi possível comunicar-lhe em tempo útil; art. 1163.° comunicada a execução ou inexecução do mandato, o silêncio do mandante por tempo superior àquele em que teria de pronunciar-se, segundo os usos ou, na falta destes, de acordo com a natureza do assunto, vale como aprovação da conduta do mandatário, ainda que este haja excedido os limites ou desrespeitado as instruções do mandante, salvo acordo contrário; art. 1164.° o mandatário deve pagar ao mandante os juros legais correspondentes às quantias que recebeu dele ou por conta dele, a partir do momento em que devia entregar-lhas, ou remeter-lhas, ou aplicá-las segundo as instruções; art. 1165.° o mandatário pode, na execução do mandato, fazer-se substituir por outrem ou servir-se de auxiliares, nos mesmos termos em que o procurador o pode fazer; art. 1166.° havendo dois ou mais mandatários com o dever de agirem conjuntamente, responderá cada um deles pelos seus actos, se outro regime não tiver sido convencionado; art. 1167.º o mandante é obrigado: a) a fornecer ao mandatário os meios necessários à execução do mandato se outra coisa não for convencionada, b) a pagar-lhe a retribuição que ao caso competir, e fazer-lhe provisão por conta dela segundo os usos, c) a reembolsar o mandatário das despesas que este fundadamente tenha considerado indispensáveis, com juros legais desde que forem efectuadas, d) a indemnizá-lo do prejuízo sofrido em consequência do mandato, ainda que o mandante tenha procedido sem culpa; art. 1168.º o mandatário pode abster-se da execução do mandato enquanto o mandante estiver em mora quanto à obrigação de fornecer os meios necessários para a execução do mandato; art. 1169.º sendo dois ou mais os mandantes, as suas obrigações para com o mandatário são solidárias, se o mandato tiver sido conferido para assunto de interesse comum; art. 1170.º 1) o mandato é livremente revogável por qualquer das partes, não obstante convenção em contrário ou renúncia ao direito de revogação, 2) se, porém, o mandato tiver sido conferido também no interesse do mandatário ou de terceiro, não pode ser revogado pelo mandante sem acordo do interessado, salvo ocorrendo justa causa; art. 1171.º a designação de outra pessoa por parte do mandante, para a prática dos mesmos actos implica a revogação do mandato, mas só produz efeito depois de ser conhecida pelo mandatário; art. 1172.º a parte que revogar o contrato deve indemnizar a outra do prejuízo que esta sofrer: a) se assim tiver sido convencionado, b) se tiver sido estipulada a irrevogabilidade ou tiver havido renúncia ao direito de revogação, c) se a revogação proceder do mandante e versar sobre mandato oneroso, sempre que o mandato tenha sido conferido por certo tempo ou para determinado assunto, ou que o mandante revogue sem a antecedência conveniente, d) se a revogação proceder do mandatário e não tiver sido realizada com a antecedência conveniente; art. 1173.º sendo o mandato conferido por várias pessoas e para assunto de interesse comum, a revogação só produz efeito se for realizada por todos os mandantes; art. 1174.º o mandato caduca: a) por morte ou interdição do mandante ou do mandatário, b) por inabilitação do mandante, se o mandato tiver por objecto actos que não possam ser praticados sem intervenção do curador; a morte, interdição ou inabilitação do mandante não faz caducar o mandato, quando este tenha sido conferido também no interesse do mandatário ou de terceiro, nos outros casos, só faz caducar a partir do momento em que seja conhecida do mandatário, ou quando da caducidade não possam resultar prejuízos para o mandante ou seus herdeiros; art. 1175.º a morte, interdição ou inabilitação do mandante não faz caducar o mandato, quando este tenha sido conferido também no interesse do mandatário ou de terceiro, nos outros casos, só faz caducar a partir do momento em que seja conhecida do mandatário, ou seja quando da caducidade não possam resultar prejuízos para o mandante ou seus herdeiros; art. 1176.º 1) caducando o mandato por morte ou interdição do mandatário, os seus herdeiros devem prevenir o mandante e tomar todas as providências adequadas, até que ele próprio esteja em condições de providenciar, 2) idêntica obrigação recai sobre as pessoas que convivam com o mandatário, no caso de incapacidade natural deste; art. 1177.º se houver vários mandatários com a obrigação de agir conjuntamente, o mandato caduca em relação a todos, embora a causa de caducidade respeite apenas a um deles, salvo convenção em contrário; art. 1180.°[33] o mandatário, se agir em nome próprio, adquire os direitos e assume as obrigações decorrentes dos actos que celebra, embora o mandato seja conhecido dos terceiros que participem nos actos ou sejam destinatários destes; art.° 1181.° 1) o mandatário é obrigado a transferir para o mandante os direitos adquiridos em execução do mandato, 2) relativamente aos créditos, o mandante pode substituir-se ao mandatário no exercício dos respectivos direitos; art. 1182.° o mandante deve assumir, por qualquer das formas indicadas no n.° 1 do artigo 595.°, as obrigações contraídas pelo mandatário em execução do mandato, se não puder fazê-lo, deve entregar ao mandatário os meios necessários para as cumprir ou reembolsá-lo do que este houver despendido nesse cumprimento; art. 1183.° salvo estipulação em contrário, o mandatário não é responsável pela falta de cumprimento das obrigações assumidas pelas pessoas com quem haja contratado, a não ser que no momento da celebração do contrato conhecesse ou devesse conhecer a insolvência delas; art. 1184.° os bens que o mandatário haja adquirido em execução do mandato e devam ser transferidos para o mandante nos termos do n.° 1 do artigo 1181.° não respondem pelas obrigações daquele, desde que o mandato conste de documento anterior à data da penhora desses bens e não tenha sido feito o registo da aquisição, quando esta esteja sujeita a registo.

No direito da família: art. 1678.° 2) f) cada um dos cônjuges tem a administração dos bens próprios do outro cônjuge se este lhe conferir por mandato esse poder; art.° 1681.° 2) quando a administração, por um dos cônjuges, dos bens comuns ou próprios do outro se fundar em mandato, são aplicáveis as regras deste contrato, mas salvo se outra tiver sido estipulada, o cônjuge administrador só tem de prestar contas e entregar o respectivo saldo, se o houver relativamente a actos praticados durante os últimos cinco anos, 3) se um dos cônjuges entrar na administração dos bens próprios do outro ou de bens comuns cuja administração lhe não caiba, sem mandato escrito mas com conhecimento e sem oposição expressa do outro cônjuge, é aplicável o disposto no preceito anteriormente referido; havendo oposição, o outro cônjuge administrador responde como possuidor de má fé.

Quanto à gestão de negócios, ela surge mencionada nos artigos seguintes:

Na parte geral: art. 43.° à gestão de negócios é aplicável a lei do lugar onde decorre a principal actividade do gestor; art. 317.° b) prescrevem no prazo de dois anos os créditos daqueles que exerçam profissionalmente uma indústria, pelo fornecimento de mercadorias ou produtos, execução de trabalhos ou gestão de negócios alheios, incluindo as despesas que hajam efectuado, a menos que a prestação se destine ao exercício industrial do devedor.

---

[33] A propósito dos artigos 1178.° e 1179.° v. *infra*, Parte II, Cap. I, sob o parágrafo 2, *passim*, Cap. II, sob o parágrafo 2, e Cap. III, sob o parágrafo 1.

No direito das obrigações: art. 464.º dá-se gestão de negócios, quando uma pessoa assume a direcção de negócio alheio no interesse e por conta do respectivo dono, sem para tal estar autorizada; art. 465.º o gestor deve: a) conformar-se com o interesse e a vontade real ou presumível, do dono do negócio, sempre que esta não seja contrária à lei ou ordem pública, ou ofensiva dos bons costumes, b) avisar o dono do negócio, logo que seja possível, de que assumiu a gestão, c) prestar contas, findo o negócio ou interrompida a gestão, ou quando o dono as exigir, d) prestar a este todas as informações relativas à gestão, e) entregar-lhe tudo o que tenha recebido de terceiros no exercício da gestão ou o saldo das respectivas contas, com os juros legais, relativamente às quantias em dinheiro, a partir do momento em que a entrega haja de ser feita; art. 466.º 1) o gestor responde perante o dono do negócio, tanto pelos danos a que der causa, por culpa sua, no exercício da gestão, como por aqueles que causar com a injustificada interrupção dela, 2) considera-se culposa a actuação do gestor, quando ele agir em desconformidade com o interesse ou a vontade real ou presumível, do dono do negócio; art. 467.º havendo dois ou mais gestores que tenham agido conjuntamente, são solidárias as obrigações deles para com o dono do negócio; art. 468.º 1) se a gestão tiver sido exercida em conformidade com o interesse e a vontade real ou presumível, do dono do negócio, é este obrigado a reembolsar o gestor das despesas que ele fundadamente tenha considerado indispensáveis, com juros legais a contar do momento em que foram feitas, e a indemnizá-lo do prejuízo que haja sofrido, 2) se a gestão não foi exercida em conformidade com o interesse e a vontade real ou presumível do dono do negócio, este responde apenas segundo as regras do enriquecimento sem causa, com ressalva do disposto no artigo 469.º; art. 469.º a aprovação da gestão implica a renúncia ao direito de indemnização pelos danos devidos a culpa do gestor e vale como reconhecimento dos direitos que a este são conferidos no n.º 1 do artigo 468.º; art. 470.º 1) a gestão não dá direito a qualquer remuneração, salvo se corresponder ao exercício da actividade profissional do gestor, 2) à fixação da remuneração é aplicável, neste caso, o disposto no n.º 2 do artigo 1158.º; art. 472.º 1) se alguém gerir negócio alheio, convencido de que ele lhe pertence, só é aplicável o disposto na Secção III do Livro II, Título I, Capítulo II se houver aprovação da gestão, em quaisquer outras circunstâncias, são aplicáveis à gestão as regras do enriquecimento sem causa, sem prejuízo de outras que ao caso couberem, 2) se houver culpa do gestor na violação do direito alheio, são aplicáveis ao caso as regras da responsabilidade civil; art. 755.º 1) a) o gestor de negócios goza do direito de retenção, sobre as coisas que tenha em seu poder para execução da gestão, pelo crédito proveniente desta.

Refira-se, por último, e dos preceitos do Código Civil, o disposto a propósito da transmissão da declaração negocial por terceiro:

art. 250.º 1) a declaração negocial inexactamente transmitida por quem seja incumbido da transmissão pode ser anulada nos termos do artigo 247.º; 2) quando, porém, a inexactidão for devida a dolo do intermediário a declaração é sempre anulável.

III – Para além das normas anteriormente referidas, podem assumir ainda relevo para a compreensão do problema ou fenómeno da representação voluntária, inúmeros outros preceitos situados em diversos diplomas, entre os quais se contam, designadamente, os aplicáveis ao mandato judicial ou ao mandato comercial; às figuras de gerente, auxiliar e caixeiro; à comissão; corretagem; agência; concessão; etc.

I
PARTE HISTÓRICO-CRÍTICA

CAPÍTULO I

O FENÓMENO REPRESENTATIVO À LUZ DO DIREITO ROMANO. A GESTÃO DE INTERESSES ALHEIOS OU POR CONTA DE OUTREM, MANDATO, REPRESENTAÇÃO E *PROCURATIO*, FORMAS DE SUBSTITUIÇÃO E COLABORAÇÃO

1. – Da proibição de *agere alieno* às primeiras formas de representação

I – A representação e demais figuras com ela conexas não terão sofrido, no direito romano, um desenvolvimento uniforme e linear. Ao contrário, e para empregar as palavras de SCHLOSSMANN[1], a representação assumiu, ao longo do tempo, uma configuração de carácter compósito ou fragmentário, resultado de um moroso e complexo desenvolvimento histórico, que os próprios textos do direito justinianeu evidenciam[2], e cuja pista ou traça não se deixa reconstituir com facilidade. A acriticamente apregoada afirmação segundo a qual o direito romano desconheceu a representação merece atenta reflexão[3].

---

[1] Schlossmann, *Die Lehre von der Stellvertretung...*, II, p. 153.

[2] *Idem*, p. 153.

[3] Assim e se, por exemplo, Ourliac e Malafosse, *Droit Ancien et ancien droit*, I, *Les obligations*, Paris, 1957, p. 129, começam por referir a «*hostilidade a toda a forma de representação*» no direito romano arcaico, acrescentam, logo de seguida, a necessidade que os juristas sentiram, desde o final do período arcaico, de atenuar a regra da inadmissibilidade da representação, e de introduzir, na época clássica diversas formas de representação «imperfeita» e mesmo «perfeita» «*sic*»; enquanto Gábor Hamza, *Die gewillkürte Vertretung, Theoretische und dogmatische Untersuchungen von den antiken Rechten bis zu den modernen Rechten*, Budapeste, 1982, p. 221, afirma pura e simplesmente, a completa falta de fundamento das teses que acentuam a exclusão das formas de representação directa no direito romano. Uma interessante, embora nalguns aspectos incompleta (e quando o dizemos não o fazemos em consideração à data de publicação da obra), panorâmica ou recensão das diferentes posições básicas assumidas pela doutrina mais significativa e relevante, a propósito da admissibilidade da figura da representação directa no direito romano, encontra-se em Hupka, *Die Haftung des Vertreters ohne Vertretungsmacht. Ein Beitrag zur Lehre von der Vertretung in Rechtsgeschäften*, Lípsia, 1903, p. 2; e, mais modernamente, em Axel Claus, *Gewillkürte Stellvertretung im römischen*

Os problemas práticos que se encontram na medula do fenómeno representativo não foram certamente ignorados pelos romanos. A própria insusceptibilidade de produção de efeitos jurídicos directos entre um *dominus negotii* e um terceiro, com quem um gestor tenha contratado, deve ser questionada se entendida em termos categóricos ou absolutos.

II – A análise das fontes relativas aos primórdios da história de Roma indicia, no entender da *communis opinio*, a inexistência de uma verdadeira ou significativa necessidade de alguém se fazer ajudar ou suprir, por outrem, na administração dos seus bens ou na conclusão de negócios jurídicos[4]. O pastor ou agricultor romano providenciava à satisfação das suas necessidades individuais, ou da respectiva família, com as próprias forças pessoais, bem como com as da mulher, dos filhos e dos irmãos com ele unidos em consórcio doméstico[5]. Eram

---

Privatrecht, Berlim, 1973, pp. 1 e ss., e 5 e ss.. Surgidos em momento posterior ao estudo de Axel Claus, e dignos de particular menção, são, por exemplo, os contributos de Horst Heinrich Jakobs, *Delegation und Durchgangserwerb*, in *Zeitschrift der Savigny-Stiftung für Rechtsgeschichte, romanistische Abteilung*, XCI, 1974, pp. 205 e ss.; Max Kaser, *Stellvertretung und «Notwendige Entgeltlichkeit»*, in *Ibidem*, XCI, pp. 147 e ss.; Id., *Durchgangserwerb*, in *Labeo. Rassegna di Diritto Romano*, 1980, XXVI, pp. 24 e ss.; Hamza, *Aspetti della rappresentanza negoziale in diritto romano*, in *Index. Quaderni Camerti di Sudi Romanistici. International Survey of Roman Law*, Nápoles, 1981, IX, pp. 193 e ss.; Renato Quadrato, *Rappresentanza (dir. rom.)*, in *Enciclopedia del Diritto*, 1987, XXXVIII, pp. 417 e ss.; Josef Hofstetter, *Direkte Wirkungen indirekter Stellvertretung*, in *Mélanges Felix Wubbe*, Friburgo, 1993, pp. 160 e ss.

[4] Por todos, Vicenzo Arangio-Ruiz, *Il mandato in diritto romano*, Nápoles, 1949, p. 3; e Michel Storck, *Essai sur le mécanisme de la représentation dans les actes juridiques*, Paris, 1982, pp. 70 e ss.. Acerca da natureza, ordenação e essência da família romana v., de entre os autores por nós considerados, Bonfante, *Corso di diritto di diritto Romano*, I, *Diritto di famiglia*, reimpressão corrigida da 1.ª edição a cargo de Giuliano Bonfante e Giuliano Grifò, Milão, 1963, I, pp. 3 e ss.; Giuseppe Grosso, *Problemi generali del diritto attraverso il diritto romano*, 2.ª ed., Turim, 1967, pp. 33 e ss.; Juan Iglesias, *Derecho romano. Institutiones de derecho privado*, 6.ª ed., Barcelona, 1972, pp. 529 e ss., com indicações; Armando Torrente, *Derecho publico romano y sistemas de fuentes*, Oviedo, 1982, pp. 58 e ss..

[5] Este consórcio, designado de *ercto non cito*, encontrava-se previsto na Lei das XII Tábuas como uma comunhão persistente entre irmãos na sequência da morte do pai. Os novos fragmentos de *Gaius* (3, 154, a), encontrados no Egipto em 1993 (uma panorâmica da evolução verificada ao longo dos tempos na reconstituição e reconstrução dos Textos de *Gaius* – e respectiva influência no desenvolvimento dos estudos romanísticos – é-nos oferecida por Julien Reinach na sua *Introduction* às *Gaius Institutes*, Paris, 1950, pp. XI e XII. Com mais detalhe pode ver-se, Arangio--Ruiz, *La società in diritto romano*, Nápoles, 1950, pp. 3 e ss.; Id., *Les nouveaux fragments des Institutes de Gaius*, in *Scritti di Diritto Romano*, III, 1977, pp. 65 e ss.; ou a análise geral e comentário às Institutas de *Gaius*, de Francis de Zuletta, *The Institutes of Gaius*, II, *Commentary*, Oxford, 1967, *per totum*) permitiram alguns esclarecimentos adicionais sobre esta figura. A promoção da publicação do manuscrito, guardado e conservado na biblioteca da Universidade de Florença, foi levada a cabo por Arangio-Ruiz, *Pubblicazioni della Società Italiana per la Ricerca dei Papiri Greci e Latini in*

estes últimos quem substituía o chefe de família quando, impossibilitado ou em campanha militar, se tornava necessário vender o resultado ou os frutos da produção agrícola ou adquirir as primeiras máquinas.

O decorrer do tempo não parece ter vindo contrariar, de forma categórica e fácil, esta prática. Ao contrário, o recurso e utilização pelo *pater familias* romano de filhos e escravos (estes últimos abrangidos pela expressão *servus actor*) sujeitos à sua *potestas*, na condução, administração e celebração dos negócios pertencentes ao primeiro, surge como uma constante em Roma[6]. Carecidos de capacidade jurídica, no sentido de não lhes ser reconhecida a susceptibilidade de direitos de natureza patrimonial[7], estes *alieni iuris* não podiam adquirir para si mesmos. Todavia, era-lhes permitida a realização de negócios jurídicos na qualidade de instrumentos do *pater* ou *dominus*, como se de extensões da

---

Egipto, Florença, 1935, XI, pp. 1 e ss.; maxime 6 e ss. e 34 e ss.. Especificamente a propósito das relações entre o consórcio *ercto non cito* e a figura da representação voluntária no direito romano v., Axel Claus, *Gewillkürte Stellvertretung...*, pp. 62 a 64.

[6] V., por todos, e a título ilustrativo, na doutrina alemã, Buchka, *Die Lehre von der Stellvertretung...*, pp. 8 e ss., e 118 e ss.; Laband, *Die Stellvertretung...*, in *Zeitschrift...*, X, p. 199, autor segundo o qual a aquisição através dos filhos e escravos era um sucedâneo da representação jurídica directa e terá contribuído mais do que nenhum outro para tornar desnecessário o recurso a este última; Jhering, *Geist...*, II, 1, 5.ª ed., 1894, pp. 166 e ss., 183 e ss., III, 1, p. 253; Dniestrzanski, *Die Aufträge...*, I, p. 237, para quem os escravos e filhos eram os factores da economia de aquisição em Roma; Jörs, Kunkel e Wenger, *Römisches Recht*, 3.ª ed., Berlim, Gotinga, Heidelberga, 1949, p. 102; e Honsell, Mayer-Maly, Selb, *Römisches Recht*, 4.ª ed. do trabalho de Jörs, Kunkel e Wenger (mas que na realidade e em muitos aspectos se pode considerar e é tratada como uma obra distinta – designadamente com contributos de Honsell §§ 28-36, 39-49, 87-187, Mayer-Maly §§ 25-27, §§ 37-38 e §§ 50-86, Selb §§ 1-24 – razão pela qual continuaremos a citar frequentemente a 3.ª ed. de Jörs, Kunkel e Wenger, a par com a 4.ª ed. agora referida), Berlim, Heidelberga, Nova Iorque, Tóquio, 1987, Mayer-Maly, § 49, pp. 113 e ss. (daqui por diante passaremos a citar este livro pelo nome dos autores dos respectivos parágrafos); Staudinger-Shilken, *Kommentar...*, I, comentário ao § 164, p. 6. Em Itália v., sempre com carácter exemplificativo, Riccobono, *Corso di diritto romano. Formazione e sviluppo del diritto romano dalle XII tavole a Giustiniano*, Milão, II, 1933-34, p. 257; Vicenzo Arangio-Ruiz, *Il mandato...*, p. 7; Edoardo Volterra, *Istituzioni di diritto privato romano*, Roma, 1961, pp. 52 e ss.; Bonfante, *Corso di diritto...*, I, p. 189; Luigi Capogrossi Colognesi, *Patria potestà (dir. rom.)*, in *Enciclopedia del Diritto*, XXXII, 1982, pp. 242 e ss., maxime pp. 246 e ss.. Finalmente, entre nós, cfr., António dos Santos Justo, *A situação jurídica dos escravos em Roma*, in *Boletim da Faculdade de Direito da Universidade de Coimbra*, 1983, LIX, pp. 130 e ss., *passim*.

[7] V., designadamente, *Gaius*, 2, 86 a 96; 3, 163 a 167; I.J., *De Heredibus Instituendis*, 2, 14, § 2; *De Stipulatione Servorum*, 3, 17; *Gaius, Libro I. de testamentis ad Edictum provinciale* – D., 38, 5, 31; *Ulpianus, Libro II. ad legem Iuliam et Papiam* – D, 29, 2, 79; Rub. *De Acquirendo Rerum Domino* – D., 41, 1, *passim*, maxime 10 e 53; *Ulpianus, Libro I. Disputationum* – D., 44, 7, 14; Id., *Libro L. Sabinum* – D., 45, 1, 45, 4. Na doutrina cfr., entre outros, as obras fundamentais, e bem distanciadas no tempo, de Buchka, *Die Lehre von der Stellvertretung...*, pp. 8 e ss.; Ulrich Müller, *Die Entwicklung der direkten Stellvertretung und des Vertrages zugunsten Dritter. Ein dogmengeschichtlicher Beitrag zur Lehre von der unmittelbaren Drittberechtigung und Drittverpflichtung*, Estugarda, Berlim, Colónia, Mogúncia, 1969, pp. 20 e ss.; e, entre nós, António dos Santos Justo, *A situação jurídica dos escravos...*, in *Boletim...*, LIX, pp. 130 e ss., maxime 135, 137 e 143.

sua personalidade se tratasse[8, 9]. Isto, com a limitação de os negócios assim realizados beneficiarem o património do *pater familias* – enriquecendo-o com os direitos resultantes dos negócios celebrados pelos escravos ou filhos – mas se afigurarem insusceptíveis de o prejudicarem. As obrigações ou deveres contraídos pelos servos ou *filius familias* geravam apenas obrigações naturais a cargo deles próprios e eram insusceptíveis de vincular o chefe de família[10].

Por tudo isto encontrava-se, pelo menos até há relativamente pouco tempo, largamente difundida – quase susceptível de redução a um lugar-comum[11] – a opinião segundo a qual os romanos não teriam conhecido o conceito de representação directa ou, na versão de alguns autores, a figura geral da representação[12]. Isto nem mesmo na prática,

---

[8] A imagem é utilizada, entre outros, por Pessoa Jorge, *O mandato...*, p. 49. Na literatura jurídica francesa recorre igualmente a ela Michel Storck, *Essai sur le mécanisme de la représentation...*, p. 72, para explicar um fenómeno da maior importância: na medida em que eram considerados como simples veículos de aquisição do *pater familias*, os filhos e escravos encontravam-se sujeitos a uma incapacidade de exprimir qualquer vontade própria ou pessoal. Destarte, do ponto de vista jurídico, as suas acções limitavam-se a estender a personalidade do *pater*.

[9] Para mais pormenores acerca da relação de imediação existente entre o *pater* ou *dominus* e o *filius* ou substituto cfr., *infra*, *passim* e designadamente quanto se escreve no presente parágrafo sob o n.º III.

[10] Cfr. *Ulpianus, Libro I. Disputationum* D., 44, 7, 14; Id., *Libro XLVIII. ad Sabinum* – D., 46, 4, 8, § 4; *Gaius, Libro VIII. ad Edictum provinciale* – D., 50, 17, 133; e C, 2, 3, 3 *(Impp. Severus et Antoninus AA. Claudio)*. V. ainda, e designadamente, Buchka, *Die Lehre von der Stellvertretung...*, pp. 8 e ss., e 22 e ss.; Savigny, *System des heutigen römischen...*, III, pp. 92; Id., *Obligationenrech, op. cit.*, maxime pp. 22 e ss.; Schlossmann, *Per liberam personam adquiri nobis nihil potest (Kritische Bemerkungen zum (V) Kritischen Beiträgen»*, separata de *Hofrath Grünhut's herausgegebenen Zeitschrift für das Privat– und öffentlich Recht der Gegenwart*, XXX, Viena, 1903, *passim*; Vicenzo Arangio-Ruiz, *Il mandato...*, p. 7; Fritz Schulz, *Classical roman law*, reimpressão da edição de 1951, Oxford, 1954, pp. 487 e 488; Pessoa Jorge, *O mandato...*, pp. 48 e 49; Ulrich Müller, *Die Entwicklung der direkten Stellvertretung...*, pp. 20 e 21; António dos Santos Justo, *A situação jurídica dos escravos...*, in *Boletim...*, LIX, pp. 145; Santos Justo, *Direito privado romano*, I, *Parte geral, Introdução. Relação jurídica. Defesa dos direitos*, Coimbra, 2000, pp. 135 e 200 e ss.. Cfr., igualmente, a bibliografia adicional referida *infra* ao longo desta obra e em particular na Parte I, Cap. I.

[11] É essa a expressão utilizada por Gordon, *Agency and roman law*, in *Studi in Onore di C. Sanfilippo*, Milão, 1983, p. 341 *(Apud* Renato Quadrato, *Rappresentanza...*, in *Enciclopedia...*, XXXVIII, p. 417); e retomada de forma extremamente impressiva por Quadrato, *Rappresentanza...*, in *Enciclopedia...*, XXXVIII, p. 417. Ainda hoje, quando se abre um qualquer livro ou estudo no qual se dedicam algumas páginas ao fenómeno representativo no direito romano, a primeira, e mais frequente, afirmação é a de que Roma não conheceu a representação directa. E é tal a frequência com a qual semelhante posição é defendida que se torna desnecessária qualquer indicação bibliográfica nesse sentido. Qualquer tentativa de apresentar um quadro ainda quando simplesmente ilustrativo ficaria sempre a enorme distância da realidade.

[12] Os casos documentados pela história de Roma de produção, por acto da vontade, de efeitos jurídicos directos em esfera jurídica alheia, corresponderiam a verdadeiras excepções – apenas desenvolvidas no contexto do direito justinianeu – índices de um esporádico pensamento radicalmente antitético aos princípios do direito clássico. É designadamente essa a opinião de Bonfante, *Corso di diritto...*, IV, *Le obbligazioni*, 1979, pp. 345, 371 e 373, autor para quem o

como, em tons qualificados já de manifesto cepticismo[13], certa doutrina não deixa de sublinhar[14]. As fontes seriam absolutamente categó-
ricas ao mostrar, de modo mais ou menos descoberto, e com tonalidades várias[15], a tendência do pensamento romano mais antigo para
considerar natural a circunstância de a actividade jurídica ser levada a
cabo pelo próprio interessado[16].

De acordo com uma multissecular *communis opinio* a representação directa
teria sido proscrita pelos romanos em qualquer altura ou época da sua história, com a consequente vigência, quer no direito clássico quer no direito
justinianeu, de um princípio quiritário ou arcaico. As diversas figuras de substituição ou cooperação negocial admitidas pelos romanos corresponderiam,
tão-só, do princípio ao fim do império, a casos de representação indirecta
baseados na *cessio*, nada mais. A produção, por acto de vontade – ou melhor,
de substituição – de efeitos jurídicos directos numa esfera jurídica alheia, explicar-se-ia, simplesmente, e a verificar-se, através de relações baseadas na
fidúcia ou organicidade. Esta última asseguraria a aquisição e o nascimento de
direitos directamente a favor do *pater familias*, na base da peculiar estrutura da
família romana, e em consequência da actuação de pessoas incapazes de exprimir uma vontade negocial própria[17]. Enquanto isso, a chamada teoria da

---

fenómeno da inadmissibilidade da representação no direito romano pode ser eventualmente tomado
como uma maravilha. «*Maravilha essa que induziu ao forçar a inteligência das fontes e a deduzir o reconhecimento da representação no direito romano, ao menos na última fase do seu desenvolvimento clássico:
tentativas (...) privadas de base.*»

[13] Assim, Quadrato, *Rappresentanza...*, in *Enciclopedia...*, XXXVIII, p. 418.

[14] Cfr., Axel Claus, *Gewillkürte Stellvertretung...*, p. 375 para quem «*Mist man mit modern
Mass, so haben die Römer eine direkte Stellvertretung nicht gehabt, weder auf dem Papier noch auch in der
Praxis. Sie waren zu einer solchen Konzeption noch nicht reif; die weiter Entwicklung der direkten
Stellvertretung zeigt, wie weit der Weg noch war, bis der Grundlage für unsere heutigen Vorstellungen gelegt
war*». Cfr., porém, e para além das referências *infra* em nota, Hamza, *Aspetti della rappresentanza
negoziale...*, in *Index...*, IX, pp. 195 e ss..

[15] As próprias Institutas de Justiniano, 4, 10, pr. – ao retomarem com o título *De his, per
quos agere possumus*, e com a mesma traça histórica, o discurso de *GAIUS*, enriquecendo-o de
particularidades extremamente interessantes – conservam ainda, no entender de Quadrato, e não
obstante a circunstância de apontarem justamente no sentido da quebra do princípio do *nemo
agere alieno potest*, este dado da vida social arcaica.

[16] Neste sentido v., por exemplo, Pacchioni, *I contratti a favore di terzi, Studio di diritto
romano, civile e commerciale*, Milão, sem data (mas de 1898), p. 14, autor para o qual, ao impor a
necessidade de os contratos circunscreverem os respectivos efeitos às partes que o concluíram, o
direito romano acolheu um princípio de ética social não apenas antigo e próprio de Roma, mas
também moderno e universal, segundo o qual o indivíduo é o verdadeiro e único representante
natural dos seus próprios interesses. V., também, sobre o assunto, Quadrato, *Rappresentanza...*, in
Enciclopedia..., XXXVIII, p. 418; e Antonio Guarino, *Diritto privato romano*, 9.ª ed., 1992, Nápoles,
p. 418.

[17] Numa construção algo diversa da expressa no texto, mas marcada igualmente pela preocupação de encontrar um esquema explicativo alternativo ao eventualmente proporcionado pela
figura da representação, Bussi, *La formazione dei dogmi di diritto privato nel diritto comune*, Pádua,

«*fidúcia*» exprimiria, em determinados casos específicos, a possibilidade de actuações relativamente a direitos ao serviço de interesses próprios: assim, e designadamente, o incapaz que dispõe do consentimento do tutor, ou do curador, encontrar-se-ia relativamente a estes numa situação de fidúcia. Fora do campo de aplicação destas duas figuras – organicidade e fidúcia – a produção de efeitos directos em virtude de um fenómeno de substituição ou cooperação não se teria jamais verificado.

Na origem do desenvolvimento de semelhante entendimento esteve e está uma abundante e delicada casuística contrária à admissibilidade da representação directa no direito romano. Casuística que se pode resumir nas fórmulas «*per extraneam personam nobis adquiri non posse*»; «*conditio nostra per alterum deterior fieri non potest*»; e «*per liberam personam adquiri nobis nihil potest*»[18].

É grande a polémica quanto ao exacto alcance e sentido das regras acabadas de enunciar. Discute-se igualmente qual o motivo ou motivos na origem da resistência romana à possibilidade de produção, através de acto da vontade, de efeitos jurídicos directos numa esfera jurídica diferente da pertencente ao declarante[19]. Polémica agravada, ainda, em razão da estranheza sentida, ao

---

1937, I, p. 303 – depois seguido por Pessoa Jorge, *O mandato*..., p. 49 – considera que a produção, na esfera do *pater*, de efeitos jurídicos decorrentes de actos praticados pelo *filius* ou servo resultaria de um mecanismo análogo ao da acessão.

[18] Referem-se, a título meramente indicativo, os seguintes fragmentos: *Gaius*, 2, 95; 3, 103; 3, 163; I. J., 3, 19, 19; *Modestinus, Libro XIV. ad Quintum Mucium* – D., 41, 1, 53; *Paulus, Libro XII, ad Sabinum* – D. 44, 7, 11 (Schlossmann, *Die Lehre von der Stellvertretung*..., II, p. 184, nota (2), considera este fragmento interpolado, numa posição aparentemente seguida também por Axel Claus, *Gewillkürte Stellvertretung*..., p. 234, apesar de a opinião dominante ser a favor da respectiva autenticidade. V. Dniestrzanski, *Die Aufträge*..., p. 25; e Ulrich Müller, *Die Entwicklung der direkten Stellvertretung*..., p. 16, nota (6); Id., *Libro LXXII. ad Edictum* – D., 45, 1, 83, pr.; Id., *Libro III. Questionarum* – D., 45, 1, 126, § 2; *Mucius Scaevola – Libro singulari* – D., 50, 17, 73, § 4 (para uma exegese deste trecho conferir, entre outros, Axel Claus, *Gewillkürte Stellvertretung*..., pp. 87 e ss.; e Quadrato, *Rappresentanza*..., in *Enciclopedia*..., XXXVIII, p. 419); *Ulpianus, Libro XLIX ad Sabinum* – D., 45, 1, 38, § 17 (esta passagem do Digesto é também, considerada como interpolada por Pacchioni, *I contratti a favore di terzi*..., pp. 20 e 21; e Schlossmann, *Idem*, pp. 185 e 186, nota (2); Dniestrzanski, *Die Aufträge*..., p. 258 e ss., toma-a por verdadeira); Id., *Libro XIV. ad Edictum* – D., 50, 17, 123; *Modestinus, Libro XIV ad. Quintum Mucium* – D., 41, 1, 53; C. 4, 27, 1 [existem também aqui algumas suspeitas de interpolação, em grande medida combatidas por Savigny, *Obligationenrecht*..., II, pp. 42 e ss., e dúvidas, igualmente combatidas pelo grande corifeu da escola histórica do direito, quanto à própria autoria do trecho original] (*Impp. Diocletianus et Maximianus AA. Marcello*); C. 5, 12, 26 (*Impp. Diocletianus et Maximianus AA et CC. Demonestheni*); C. 8, 38, 3 (*Impp. Diocletianus et Maximianus*). Ulteriores referências ao nível das fontes podem obter-se, designadamente, em Buchka, *Die Lehre von der Stellvertretung*..., pp. 1 e ss.; e Mitteis, *Die Lehre*..., *passim*, maxime pp. 32 e ss.; Schlossmann, *Der Besitzerwerb durch Dritte nach römischen und heutigen Rechte. Ein Beitrag zur Lehre von der Stellvertretung*, Lípsia, 1881, pp. 42 e ss.; Luigi Tartufari, *Dei contratti a favori dei terzi*, Verona, 1889, pp. 7 e ss., maxime nota (1); Pacchioni, *I contratti*... (*Appendice I*), pp. 375 e ss..

[19] Polémica que começa imediatamente com a determinação da ordem de precedência cronológica das *regulae iuris* enunciadas [Schlossmann atribuiu a prioridade temporal à expressão «*per liberam personam adquiri nobis nihil potest*». Pacchioni considera como original a afirmação de *GAIUS* «*per extraneam personam nobis adquiri non potest*» ou «*per extraneam personam adquiri non posse*» [v. *Gaius*, 2, 102]. A questão levou os dois autores a acesa, viva e interessante confrontação

directa. A exposição inicial de Schlossmann surgiu com o seu estudo *Der Besitzerwerb...*, pp. 42 e ss.. Na sequência, Pacchioni publicou dois escritos *I contratti...*, I, pp. 2 e ss., e 375 e ss.; e, *«Per extraneam personam nobis adquiri non potest» Kritischen Beiträgen*, in *Grünhut's Zeitschrift für das Privat– und Öffentliche Recht der Gegenwart*, XXX, Viena, 1903, pp. 226 e ss., e XXXI, 1904, pp. 257 e ss., em oposição ao autor germânico. Não foi apenas, é certo, este autor italiano o único a pronunciar-se negativamente sobre as propostas e teses avançadas por Schlossmann. Na realidade a tentativa de Schlossmann, para explicar a regra romana da inadmissibilidade de produção de efeitos jurídicos em favor de terceiro, mereceu reparos e críticas, quanto a diversos dos seus pontos capitais, por parte de juristas como Krüger, *Schlossmann, der Besitzerweb durch Dritte nach römischen und heutigen Rechte, Leipzig 1881*, in *Archiv für die civilistische Praxis*, 1883, LXVI, Friburgo e Tubinga, pp. 150 e ss.; Lenel, *Bespr., Schlossmann, Dr. Siegm., Prof., der Besitzerwerb durch Dritte nach römischen u. heutigen Rechte. Ein Beitrag zur Lehre der Stellvretretung, Leipzig, 1881, Beitkopf & Hartel. (X, 175, S. Lex. – 8)*, in *Gesammelte Schriften*, Nápoles, 1994 (mas de 1882) pp. 773 e 774; Czyhlarz, *Der Besitzerwerb durch Dritte nach römischen und heutigen Rechte. Ein Beitrag zu Lehre von der Stellvertretung. Von Dr. Sigmund Schlossmann, a ö. Professor der Rechte an der Universität Bonn. Lípsia, Druck und Verlag von Breitkopf und Härtel 1881. VII und 175 Seiten*, in *Grünhut Zeitschrift für das Privat– und Öffentliche Recht der Gegenwart*, Viena, 1883, X, pp. 145 e ss.; Eck, *S. Schlossmann, Der Bestitzerwerb durch Dritte nach römischem und heutigen Rechts. Ein Beitrage zum Lehre von der Stellvertretung*, in *Zeitschrift für das gesammte Handelsrecht*, 1884, XXX, pp. 289 e ss.; Isay, *Die Geschäftsführung...*, pp. 331 e ss.; Scialoja, *L'aquisto del possesso per mezzo dei terzi secondo il diritto romano e l'attuale (Di S. Schlossmann)*, in *Studi Giuridici (Diritto Romano)*, Roma, 1933, I, pp. 97 e ss.; Fadda, *Recensione, Der Besitzerwerb durch Dritte nach röm. und heut. Rechte. Ein Beitrag zur Lehre der Stellvertretung von D. Siegmund Schlossmann a. o. Prof. an der Uni. Bonn. Leipzig, Beitkopf & Hartel, 1881. X, pag. 175*, in, *Archivio Giuridico*, Pisa, 1881, XXVII, pp. 316 e ss.. Não obstante, Schlossmann apenas dirige a sua resposta contra Pacchioni e Isay [v. *Die Lehre von der Stellvertretung...*, II, pp. 180 e ss., maxime 188 e ss.], acabando mesmo, mais tarde, num estudo a isso inteiramente dedicado [cfr., *Per liberam personam adquiri nobis nihil..., per totum*] por se concentrar exclusivamente, na refutação das observações – que considera, aliás, desastrosas – de Pacchioni. Actualmente a *communis opinio doctorum* manifesta-se no sentido de considerar genuína a fórmula gaiana, atribuindo, por conseguinte, razão a Pacchioni em detrimento das posições sustentadas por Schlossmann – cfr., por todos, Antonio Guarino, *Diritto privato...*, p. 419, nota (34.2.1)] e se estende à questão de saber qual o seu exacto alcance material – em particular discute-se o modo como as referidas regras se articulavam com a proibição de estipulação de um contrato a favor de terceiro e o facto de saber se elas correspondiam ou não a uma orientação de carácter geral que compreendesse directamente todas as relações jurídicas obrigacionais. Sobre assunto v., em sentidos nem sempre coincidentes, de entre a bibliografia por nós considerada – e para além naturalmente, de Schlossmann (e, por exemplo, Schlossmann, *Die Lehre von der Stellvertretung...*, I, pp. 68 e ss., e II pp. 160, 164 e 183 e ss.; Id., *Per liberam personam...*, p. 2) e Pacchioni – designadamente, Hellmann, *Die Stellvertretung...*, pp. 43 e ss. e 66 e ss., autor para quem a representação era admitida de forma muito ampla pelo direito romano; Luigi Tartufari, *Dei contratti...*, pp. 16 e ss.; Bonfante, *Un contratto a favore dei terzi nell' era clássica*, in *Scritti Giuridici Varii*, reimpressão, Turim, 1926, III, pp. 243 e ss., maxime p. 248, nota (1); Jörs, Kunkel e Wenger, *Römisches...*, p. 101, nota (3); Wesenberg, *Verträge zugunsten Dritter*, Weimar, 1949, pp. 6 e ss.; Fritz Schulz, *Classical roman...*, p. 488; Ulrich Müller, *Die Entwicklung der direkten Stellvertretung...*, pp. 14 a 16; Ankum, *Une nouvelle hypothèse sur l'origine de la règle alteri stipulari nemo potest*, in *Études Offertes à J. Macqueron*, Aix–en–Provence, 1970, pp. 21 e ss., p. 22; Renato Quadrato, *Rappresentanza...*, in *Enciclopedia...*, XXXVIII, p. 418. Referência à parte merecem, neste ponto, as posições de Savigny, *System des heutigen römischen...*, III, pp. 92 e ss., e *Obligationenrecht...*, II, pp. 21 e ss., maxime p. 23, nota (e) e pp. 57 e ss., para quem se deve limitar o âmbito de

menos parcialmente, pela doutrina romanista[20], perante a existência de cenários divergentes e aparentemente contraditórios: por um lado, e no âmbito do direito romano, constata-se – ao menos durante os primeiros tempos, e enquanto se não assistiu a um atenuar do rigor do direito civil, em função do novo espírito do *ius gentium*, da equidade pretoriana, da interpretação dos jurisconsultos e das constituições imperiais – a ausência do fenómeno da representação directa; por outro, e no domínio da aplicação do direito próprio de povos com quem os romanos estiveram em contacto e cuja cultura assimilaram, comprova-se a atribuição de significativa importância às formas de actuação representativa [21].

Segundo uma corrente de opinião, liderada por autores como THÖL, MÜHLENBRUCH e PUCHTA[22], a rejeição ou afastamento da figura da repre-

---

aplicação e de validade das normas romanas acerca da inadmissibilidade da representação directa, com base no argumento segundo o qual não existiriam diferenças entre a figura do núncio e a do representante. Nestes termos, a possibilidade consagrada pelo direito romano de recurso a um *nuntius* terá implicado uma ampla aceitação da representação voluntária (acerca da concepção de Savigny v. *supra*, introdução, e *infra*, Parte I, Cap. IV, parágrafo 1). Sem parecerem ir tão longe quanto o foi Savigny, mas igualmente favoráveis a uma clara aceitação da representação jurídica por parte do direito romano, cfr., designadamente, Salvatore Riccobono, *Liniamenti della dottrina della rappresentanza diretta in diritto romano*, in *Annali del Seminario Giuridico della Real Università di Palermo*, 1930, 14, pp. 390 e ss., *passim*, e maxime p. 393; Bretone, *Adquisitio per procuratorem*, in *Labeo. Rassegna di Diritto Romano*, 1955, I, pp. 280; Quadrato, *Rappresentanza...*, in *Enciclopedia...*, XXXVIII, pp. 417. Cfr., ainda *infra*, Parte I, Cap. I, passim, e parágrafos 8 e 9, assim como sob o Cap. II, os parágrafos 1. 4, 4 (as referências à construção de *Hotomanus*) e 7 (em particular as menções à posição de Schilter e Böhmer).

[20] Assim, e por exemplo, Jörs, Kunkel e Wenger, *Römisches...*, p. 102; e Ulrich Müller, *Die Entwicklung der direkten Stellvertretung...*, p. 16.

[21] A representação directa parece ter sido conhecida e admitida designadamente pelo direito babilónico, egípcio, judaico, ptolemaico e grego. Em termos gerais v. Hans Wolff, *Organschaft...*, II, *Theorie...* p. 110; e Gábor Hamza, *Die gewillkürte Stellvertretung...*, pp. 226 e ss.. Para mais e específicos pormenores, cfr., Wenger, *Die Stellvertretung im Recht der Papyri*, Lípsia, 1906, *passim*; maxime pp. 157 e ss.; Richard Fränkel, *Die Grundsätze der Stellvertretung bei den Scholastikern*, separata de *Zeitschrift für vergleichende Rechtswissenschaft*, XXVII, 3, Estugarda, sem data, pp. 291 e ss.; Mitteis, *Römisches Privatrecht bis auf die Zeit Diokletians*, Lípsia, I, *Grundbegriffe und Lehre von den juristischen Personen*, 1908, p. 214 e nota (36); Ernst Rabel, *Die Stellvertretung in den Hellenistischen Rechten und in Rom*, in *Atti del Congresso International di Diritto Romano (Bologna e Roma XVII-XVIII Aprile MCMXXXIII)*, Roma, Pavia, 1934, I, pp. 235 e ss., mas com algumas reservas e procurando marcar a diferença entre a representação grega e romana, de um lado, e a actual representação, do outro; Wesenberg, *Verträge zugunsten...*, pp. 93 e ss.; Jörs, Kunkel e Wenger, *Römisches...*, p. 102; Rudolf Düll, *Über Ansätze direkter Stellvertretung im frührepublikanischen Recht*, in *Zeitschrift der Savigny-Stiftung für Rechtsgeschichte, romanistische Abteilung*, 1950, LXVII, pp. 162 e ss., *passim*, maxime p. 179; Hans Wolff, *Die Praxisklausel in Pyrusverträgen*, in *Beiträge zur Rechtsgeschichte Altgriechlands und des Hellenistisch-Römischen Ägypten*, Colónia-Graz, 1961, pp. 123 e ss.; Axel Claus, *Gewillkürte Stellvertretung...*, p. 7 e ss. e 21 e ss..

[22] Cfr., Thöl, *Das Handelsrecht...*, 1.ª ed., I, 1862, pp. 75 e ss. (embora com importantes modificações nas edições seguintes, que se tornariam, de resto, particularmente marcantes depois da 4.ª); Mühlenbruch, *Die Lehre von der Session der Forderung Rechts nach den Grundsätzen des römischen Recht*, 3.ª ed., Greifswald, 1836, pp. 41 e ss.; Id., *Lehrbuch des Pandekten nach der Doctrina Pandectarum*, 3.ª ed., Halle, 1839, I, pp. 243 e ss.; e Puchta, *Pandekten*, com a colaboração de

sentação directa não corresponderia a um simples e ultrapassado fenómeno histórico, próprio do direito romano. A inadmissibilidade da adstrição ou atribuição imediata de direitos a um terceiro, encontraria, antes, a respectiva força num princípio lógico e jurídico de validade absolutamente imperiosa, incontestável e atemporal, fundamentalmente ligado ao conceito de obrigação. A posição destes autores não mereceu, porém, acolhimento por parte da *communis opinio doctorum*[23], e encontra-se definitivamente prejudicada pelo decurso do tempo. Não nos deteremos, por isso, e para já, na sua análise[24].

De acordo com LABBÉ[25], os romanos teriam afastado a admissibilidade da representação directa devido ao facto de semelhante figura corresponder a uma ficção, a um inverso da realidade, a uma subtileza e apuramento contrários à rudeza dos primeiros tempos, ou ainda – e designadamente[26] – segundo HAESERT[27], ao resultado de um pensamento jurídico evoluído, cujos limites se encontrariam na passagem da realidade à ficção. Contudo, semelhante tentativa de explicação também não colhe[28]. A *fictio iuris* era bem conhecida em Roma[29, 30]. Além disso, e não obstante a apontada subtileza e apuramento da

---

Rudorff, 8.ª ed., Lípsia, 1856, p. 413; Id., *Vorlesung über das heutige römische Recht*, com a colaboração de Rudorff, 5.ª ed., I, p. 119 e II, p. 113, que escreve: «*Die Ausschließung der Obligationen von der vollkommene Repräsentation beruht nicht auf einem besonderen historischen Grund, sondern auf der Natur dieses Rechtsverhältnisses, und diese gilt auch für das heutige Recht*» para acrescentar: «*Viele glauben diese, Ausschließung sei eine Eigentümlichkeit des Jus Civile und seiner formen (...) Dies ist eine durchaus unrichtige und für die rechte Beurtheilung der Verhältnisse sehr gefährliche Theorie.*»

[23] Cfr., Mitteis, *Die Lehre...*, p. 9; Jhering, *Geist...*, 4.ª ed., III, 1, pp. 311 e ss., maxime, pp. 318 e ss., na sua crítica à tentativa levada a cabo por alguns autores de, em nome de um culto à lógica, reduzirem a jurisprudência à matemática do direito e de confundir a vida com os conceitos, quando, na realidade, estes apenas são meros instrumentos ao serviço dos homens; e, mais recentemente, Ulrich Müller, *Die Entwicklung der direkten Stellvertretung...*, p. 17, para quem a explicação proposta, designadamente, por Mühlenbruch e Puchta corresponde a uma simples afirmação arbitrária insusceptível de ser objecto de prova; argumento compartilhado por Axel Claus, *Gewillkürte Stellvertretung...*, p. 9. Veja-se, ainda assim, Menezes Cordeiro, *Da responsabilidade...*, p. 337 e nota (14). Destaque-se, também, a circunstância de a tese da incompatibilidade entre a essência da obrigação e a representação estar presente em vários autores do *ius commune*.

[24] Será, todavia, dado um tratamento mais desenvolvido à construção de Mühlenbruch, Puchta e Thöl adiante (v. *infra*, Parte I, Cap. I, parágrafo 1) quando procurarmos explicitar as diversas formas como o fenómeno representativo foi abordado durante o século XIX.

[25] *Traité de droit Romain d'Ortolon*, 12.ª ed., App. IX, III, p. 865 e ss. (*Apud*, Popesco--Rammiceano, *De la représentation dans les actes juridiques en droit comparé*, Paris, 1927, p. 28).

[26] As características próprias do pensamento romano, e nomeadamente a sua alegada incapacidade de abstracção, têm estado na base de diversas tentativas de explicação do fundamento da regra *alteri stipulari nemo potest*. Cfr., entre outros, Riccobono, *Liniamenti della dottrina della rappresentanza diretta...*, in *Annali del Seminario Giuridico...*, 14, p. 392; Axel Claus, *Gewillkürte Stellvertretung...*, p. 9 e ss.

[27] *Théorie générale du droit*, Bruxelas, 1948, p. 419.

[28] Assim, também, Hans Wolff, *Organschaft...*, II, *Theorie...* p. 111; Ulrich Müller, *Die Entwicklung der direkten Stellvertretung...*, p. 18; Renato Quadrato, *Rappresentanza...*, in *Enciclopedia...*, XXXVIII, p. 420.

[29] Além disso, a afirmação segundo a qual a representação corresponde a uma *fictio* traduz--se numa afirmação dogmaticamente comprometida ou com uma particular orientação sustentada pela doutrina francesa (cfr. *infra*, Parte I, Cap. III, parágrafo 3) – na esteira de Pothier (v. *infra*,

representação directa, povos culturalmente inferiores aos romanos familiariza-ram-se e recorreram com frequência a esta figura[31].

ENDEMANN, LABAND e UNGER[32], por seu turno, sustentam residir o fundamento da regra «*alteri stipulari nemo potest*», assim como das outras suas congéneres, na circunstância de os romanos se preocuparem, de forma exage-rada, com a preservação da autonomia do indivíduo e atribuírem carácter soberano à vontade individual e subjectiva, com a consequente rejeição de actos susceptíveis de degradar ou transformar a vontade de pessoas livres num instrumento, de carácter transitório, ao serviço de interesses alheios. Esta orien-tação esbarra, todavia, e no entender da *communis opinio*, com o reconheci-mento e utilização, pelos romanos, da figura do *nuntius*[33]. *Nuntius* cuja evidên-cia se ergue, igualmente, contra a posição defendida por SCHLOSSMANN, autor segundo o qual a inadmissibilidade da produção – através de um acto da vontade – de efeitos jurídicos directos na esfera de terceiro se prendia com a necessidade de se construir «(...) *uma fortaleza para proteger a liberdade individual contra a exploração económica*» e evitar que um possível apagamento das fronteiras

---

Parte, I, Cap. II, parágrafo 9) – acerca da estrutura do negócio representativo, ou com uma deter-minada variante da *Repräsentationstheorie*, que, apesar de beneficiar de audiências importantíssimas está, a nosso ver, por demonstrar. No sentido, expresso, segundo o qual a ideia de ficção é tão estranha ao actual modelo representativo como o era em Roma, cfr., *Curtius, Die Stellvertretung...*, in *Archiv...*, LVIII, p. 86.

[30] V., a este respeito, a obra fundamental de António dos Santos Justo, *A «fictio iuris» no direito romano («Actio ficticia»). Época clássica*, I, *Etimologia, natureza, tipologia, factores determinantes e figuras afins (nos expedientes do pretor, no comércio jurídico e na jurisprudência)*, separata do vol. XXXII do *Suplemento ao Boletim da Faculdade de Direito da Universidade de Coimbra*, Coimbra, 1988, *per totum*, e maxime pp. 394 e ss., e 425 e ss.. Cfr., igualmente, do mesmo autor, *A situação jurídica dos escravos...*, in *Boletim...*, LIX, pp. 145, nota (46), 170.

[31] Cfr. bibliografia citada *supra*, sob este parágrafo, nota (21).

[32] Endemann, *Das deutsche Handelsrecht*, 2.ª ed., Heidelberga, 1868, p. 131 e 132, nota (4); Id., *Idem*, 4.ª ed., Lípsia, 1887, pp. 94 e 95; Laband, *Die Stellvertretung bei dem Abschluss...*, in *Zeitschrift...*, 10, p. 186; Unger, *Die Verträge zugunsten Dritter*, in *Jherings Jahrbücher für die Dogmatik des heutigen römischen und deutschen Privatrechts*, Iena, 1871, 10, p. 12 e ss.

[33] Cfr., designadamente, *Paulus, Libro III. ad Edictum* – D., 2, 14, 2; *Paulus, Libro XXXIII. ad Edictum* – D., 18, 1, 1, § 2; *Ulpianus, Libro VI. ad Edictum* – D., 23, 1, 18; D., 36, 1, 38; *Gaius, Libro III Institutionum* – D., 44, 7, 2, § 2. V., ainda, Luigi Tartufari, *Dei contratti...*, pp. 13 a 15, nota (10), autor para quem a justificação do preceito jurídico da aquisição exclusivamente pessoal (*Selbsterwerb*) com base no dever ético de cada pessoa assegurar a própria conservação, enquanto indivíduo livre e fim de si mesmo, encerra um defeito capital: o de assentar sobre um preconceito filosófico baseado em elementos puramente subjectivos; Mitteis, *Die Lehre...*, p. 11; Dernburg, *Pandekten, op. cit.*, I, p. 272 e ss., maxime p. 276, nota (6); e Ulrich Müller, *Die Entwicklung der direkten Stellvertretung...*, p. 17. Em geral acerca da figura do núncio no direito romano, e desig-nadamente a propósito da distinção entre esta figura e a do representante, v. Savigny, *Obligatio-nenrecht...*, II, pp. 56 e ss.; Jhering, *Mitwirkung...*, I, in *Gesammelte Aufssätze...*, I, pp. 122 e ss., maxime pp. 127 e ss.; Schliemann, *Beiträge zur Lehre von der Stellvertretung beim Abschluß obliga-torischer Verträge*, in *Zeitschrift für das gesammte Handelsrecht*, 1871, XVI, pp. 1 e ss.; Laband, *Die Stellvertretung...*, in *Zeitschrift...*, X, pp. 189 e ss.; *Curtius, Die Stellvertretung...*, in *Archiv...*, LVII, pp. 70 e ss.; Mitteis, *Die Lehre...*, pp. 128 e ss.; Schlossmann, *Die Lehre...*, I, pp. 304 e ss.; Bonfante, *Corso di diritto...*, IV, pp. 349 e ss.; e Giannetto Longo, *Nuncius (diritto romano)*, in *Novissimo Digesto Italiano*, 1965, XI, pp. 514 e 515.

entre homens livres e escravos pudesse empurrar os cidadãos romanos para uma autêntica situação de escravatura[34].

Finalmente, JHERING[35], e para referir apenas uma posição mais, considera a exclusão da representação directa como uma consequência da regra romana da indivisibilidade do acto jurídico: a representação directa baseia-se na separação entre *Ursache* (causa) e *Wirkung* (efeito), colidindo, assim, frontalmente, com a ideia de unidade subjacente ao acto jurídico. Era, pois, esta a barrar o caminho à admissibilidade desta forma de cooperação negocial[36].

O verdadeiro fundamento da apregoada inadmissibilidade da representação directa no direito romano não parece, porém, e ao contrário do tentado ou pretendido pelas teses acima enunciadas, susceptível de se deixar reconduzir ou apreender num único princípio.

De facto, os aforismos *«alteri stipulari nemo potest»* ou *«per liberam personam adquiri nobis nihil potest»* apenas se afiguram susceptíveis de compreensão quando tomados ou encarados à luz de uma multiplicidade de factores[37]. De entre eles, ressalta, desde logo, o apertado formalismo que dominou o direito romano durante os períodos arcaico e clássico[38]. Por força dele, a prática dos actos

---

[34] Schlossmann, *Der Besitzerwerb...*, pp. 47 e ss.; Id., *Per liberam personam...*, p. 4. Cfr., porém, do mesmo autor, *Die Lehre von der Stellvertretung...*, II, pp. 158 e 159.

[35] Jhering, *Geist...*, III, 1, p. 174 e ss., maxime p. 176.

[36] A prova da necessária identidade na mesma pessoa da produção da causa e da verificação do efeito seria dada segundo Jhering, *Geist...*, III, 1, p. 176, notas (224) e (225), por várias fontes e, designadamente, por *Paulus, Libro XII. ad Sabinum* – D., 44, 7, 11.

[37] Uma referência de conjunto a vários dos factores que poderão estar na base da fórmula *alteri stipulari nemo potest* pode ver-se em Axel Claus, *Gewillkürte Stellvertretung...*, pp. 9 e ss., autor que sustenta, ainda, a tese segundo a qual o princípio romano da *notwendige Entgeltichkeit* – por força do qual quem adquirisse algo com dinheiro alheio adquiria para o titular desse dinheiro, independentemente de qualquer vontade expressa nesse sentido – teria igualmente impedido a formação de uma doutrina da representação. Para mais pormenores sobre o tipo de construção que se apoia no referido princípio da *notwendige Entgeltichkeit*, cfr., Ulrich Müller, *Die Entwicklung der direkten Stellvertretung...*, p. 27; e Kaser, *Stellvertretung... in Zeitschrift...*, XCI, pp. 147 e ss..

[38] Luigi Tartufari, *Dei contratti...*, pp. 10 e ss.; Cabral Moncada, *Elementos de história do direito romano*, I, *Fontes e instituições*, Coimbra, 1923, II, p. 286; Pessoa Jorge, *O mandato...*, p. 47; Michel Storck, *Essai sur le mécanisme de la représentation...*, pp. 74 e 75; Renato Quadrato, *Rappresentanza...*, in *Enciclopedia...*, XXXVIII, p. 418; Jean-Louis Gazzaniga, *Mandat et représentation dans l'ancien droit*, in *Droits*, 6, *La Représentation*, Paris, 1987, p. 28; Reinhard Zimmermann, *The law of obligations. Roman foundations of the civilian tradition*, reimpressão da ed. de 1990, Cidade do Cabo, 1992, p. 48; e, em certo sentido, também, Santos Justo, *Direito...*, I, *Parte geral...*, p. 202. Diferentemente, e na direcção segundo a qual a solenidade ou formalidade dos actos jurídicos em Roma não esteve necessariamente na origem do afastamento da representação directa, v., a título exemplificativo, Popesco-Ramniceano, *De la représentation...*, pp. 32 e ss.; Bonfante, *Corso di diritto...*, IV, p. 346. Cfr., também, Mitteis, autor que, apesar de considerar a solenidade do direito romano como o principal factor da inadmissibilidade da representação directa, começa por sustentar (*Die Lehre...*, p. 14) a insuficiência, do ponto de vista do respectivo carácter explicativo, da simples referência ao formalismo do direito em Roma. De acordo com este jurista austríaco seria necessário demonstrar e provar, negócio a negócio, o efeito dos rituais e formalidades observadas no Império Romano. Posteriormente, Mitteis, *Römisches Privatrecht...*. I, nota (1), p. 204, não hesita, porém, em considerar que se, por um lado, é tempo perdido o gasto na busca de uma especial ou particular explicação para a ausência de representação directa, por outro, semelhante exclusão nasce, ou tem origem, no

jurídicos ficou sujeita à realização de um complexo cerimonial, o qual pressupunha a observância de determinadas fórmulas verbais ou de determinados comportamentos. Em particular, a *stipulatio* pressupunha o respeito de determinados elementos sacramentais a obrigar à intervenção directa tanto do credor como do devedor. Sem esta, a aprovação divina não seria alcançada pelos respectivos intervenientes[39], destarte, obrigados a renunciar à possibilidade de fazer apelo a terceiros. A concepção romana acerca da natureza do vínculo obrigacional jogou igualmente o seu papel[40]. Os jurisconsultos romanos viam na obrigação jurídica um dever de carácter pessoal[41], cuja natureza seria destruída se se admitisse a sua transmissão, tornando, desse modo, inadmissível a representação directa[42]. O sistema das acções romanas, com os seus expedientes e esquemas alternativos, terá, também, contribuído fortemente para a rigorosa atitude dos romanos acerca da impossibilidade de produção – através de acto

---

essencial, no formalismo dos antigos, do qual os clássicos nunca se emanciparam, como o mostra o seu parcial reconhecimento pelo direito pretório. No sentido segundo o qual Mitteis se inclui entre os autores para os quais o formalismo corresponde à causa da proibição de representação directa no direito romano, pode ver-se Popesco-Ramniceano, *De la représentation...*, pp. 33 e ss..

[39] Ulrich Müller, *Die Entwicklung der direkten Stellvertretung...*, p. 19. Cfr., ainda, Luigi Tartufari, *Dei contratti...*, pp. 10 e ss.; Mitteis, *Die Lehre...*, p. 17.

[40] Assim, e de entre a inúmera literatura jurídica por nós considerada, pode ver-se Popesco-Ramniceano, *De la représentation...*, pp. 36 e ss.. Contra refira-se, com natureza ilustrativa, Mitteis, *Die Lehre...*, p. 10.

[41] Acerca da concepção romana do vínculo obrigacional v., a título exemplificativo, de entre a interminável bibliografia existente sobre o tema, Savigny, *System des heutigen römischen...*, II, pp. 338 e 339; Id., *Ueber das altrömische Schuldrecht*, in *Vermischte Schriften*, II, Berlim, 1850, pp. 396 e ss.; Brinz, *Der Begriff obligatio*, in *Grünhut's Zeitschriften für das privat– und öffentlich Recht der Gegenwart*, Viena, 1884, I, pp. 10 e ss.; Luigi Tartufari, *Dei contratti...*, pp. 12; e Schlossmann, *Nexum. Nachträglihes zum altrömisches Schuldrecht*, Lípsia, 1904, *passim*; Georges Cornil, *Explication historique de la règle «Ateri stipulari nemo potest»*, in *Studi in Onore di Salvatore Riccobono nel XL del suo Insegnamento*, Palermo, 1936, IV, pp. 243 e ss., *passim*, maxime, p. 244; Betti, *Instituzioni di diritto romano*, Pádua, 1960, II, 1, pp. 2 e ss.; Ugo Brasielo, *Obbligazione (diritto romano)*, in *Novissimo Digesto Italiano*, 1965, XI, pp. 555 e ss.; Mario Talamanca, *Obbligazioni, (diritto romano)*, in *Enciclopedia del Diritto*, 1979, XXIX, pp. 1 e ss., Bonfante, *Corso di diritto...*, IV, pp. 17 e ss.; Zimmermann, *The law of obligations. Roman foundations...*, pp. 1 e ss.. Na literatura jurídica portuguesa cfr., designadamente, Cabral Moncada, *Elementos de História do Direito...*, II, *Parte geral – teoria geral da relação jurídica*, Coimbra, 1924, pp. 86 e ss.; Gomes da Silva, *Conceito e estrutura da obrigação*, Lisboa, 1943, pp. 89 e ss.; Menezes Cordeiro, *Direito das obrigações*, I, reimpressão, 1988, Lisboa, pp. 155 e ss.. V. ainda, com interesse nesta matéria, António dos Santos Justo, *A execução: pessoal e patrimonial (direito romano)*, separata da revista *O Direito*, Ano 125, 1993, III-IV, pp. 227.

[42] V., com carácter ilustrativo, Buchka, *Die Lehre von der Stellvertretung...*, p. 2; Hans Wolff, *Organschaft...*, II, *Theorie...* p. 112; Ulrich Müller, *Die Entwicklung der direkten Stellvertretung...*, p. 19; Pessoa Jorge, *O mandato...*, p. 48; Ankum, *Une nouvelle hypothèse...*, in *Études...*, p. 22 e ss.; Joseph Plescia, *The development of agency in roman law*, in *Labeo, Rassegna di Diritto Romano*, 1984, XXX, pp. 171, 175 e 176; Renato Quadrato, *Rappresentanza...*, in *Enciclopedia...*, XXXVIII, p. 418; Jean-Louis Gazzaniga, *Mandat et représentation..*, in *Droits...*, 6, p. 28; António dos Santos Justo, *A «fictio iuris» ...*, I, p. 396; Paulo Otero, *O poder de substituição em direito administrativo. Enquadramento Dogmático-Constitucional*, Lisboa, 1995; I, pp. 142 e 143. Em sentido divergente manifesta-se Scheurl, *Stellvertretung...*, in *Kritische...*, 1, pp. 330 e ss..

da vontade – de efeitos jurídicos imediatos em esfera jurídica alheia[43], ao tornar, em grande parte, os referidos efeitos desnecessários. Finalmente, a compacta unidade do ordenamento económico familiar – no entender dos romanistas, um dos factos mais notáveis e persistentes que nos oferece o direito romano[44] – com as suas relações de *potestas patria* e *herilis* dá-nos a nota que faltava para compreender a regra do *alteri stipulari nemo potest*[45].

A proibição de um *agere alterius nomine* entrado, através de *ULPIANUS*, no âmbito das *regulae iuris antiqui* do Digesto[46] (*ULPIANUS, Libro XIV. ad Edictum*, D., 50, 17, 123, pr.) não parece, no entender da doutrina, limitada ao campo processual. Ao contrário ela estender-se-ia a todos os momentos e aspectos da actividade negocial[47]. Recorda-o *QUINTUS MUCIUS SCAEVOLA, Libri Singulari*, D., 50, 17, 73, § 4, num texto compreendido, segundo alguns romanistas não por acaso, também no D., 50, 17, e cujo teor, nos parece reportar, profundamente dentro do tempo, a uma idade impossível de determinar com absoluto rigor, mas apontada como sendo, sem dúvida, extremamente remota[48]:

---

[43] Assim, v., por exemplo, Luigi Tartufari, *Dei contratti...*, p. 11; Cabral Moncada, *Elementos de História do Direito...*, II, p. 287; Ulrich Müller, *Die Entwicklung der direkten Stellvertretung...*, p. 19; Zimmermann, *The law of obligations. Roman foundations...*, pp. 48 e 49; Staudinger, *Kommentar zum Bürgerlichen Gesetzbuch mit Einführungsgesetz und Nebengesetzen*, I, *Allgemeiner Teil*, 13.ª ed. por Gurski, Peters, Schilken e Werner, Berlim, 1995, comentário prévio ao § 164 por Schilken, p. 6 (adiante citado Staudinger-Schilken, *Kommentar...*, I, seguido da indicação dos §§ comentados e das páginas em questão). Acerca do sistema das acções relativas ao esquema romano da representação v., António dos Santos Justo, *A fictio...*, I, pp. 394 e ss.. Cfr., igualmente, bibliografia citada *infra* a respeito ao longo do presente Capítulo.

[44] Assim, e expressamente, Bonfante, *Corso di diritto...*, IV, p. 347.

[45] A importância da estrutura familiar romana (a que se fez já alusão *supra*, neste parágrafo) para explicar o facto de os romanos ignorarem a possibilidade de produção de efeitos jurídicos, por acto da vontade em esfera jurídica alheia é referida pela doutrina desde longa data (Pacchioni, *I contratti...*, p. 6; Id., *Per extraneam...*, in *Grünhut...*, XXX, pp. 227-240; XXXI, pp. 257-272. Todavia, parece ter surgido nos últimos anos um certo consenso, entre os romanistas, no sentido de se considerar e acentuar o significado da organização familiar romana, elevada a aspecto decisivo – de entre todos os apontados – na explicação do facto de os romanos não terem conhecido, ao menos na fase inicial, nem a representação directa nem a figura do contrato a favor de terceiro. Neste sentido, v., por todos, Bonfante, *Corso di diritto...*, IV, p. 347.

[46] Quadrato, *Rappresentanza...*, in *Enciclopedia...*, XXXVIII, p. 420.

[47] Assim, Quadrato, *Rappresentanza...*, in *Enciclopedia...*, XXXVIII, p. 419. Cfr., porém, Leo Rosenberg, *Stellvertretung im Prozess...*, p. 305, o qual, sem afirmar propriamente a necessidade de se considerar o fragmento de *Ulpianus* como dizendo apenas respeito ao campo do processo civil, sustenta dever relacionar-se este trecho plena e totalmente com a problemática processual e com as considerações formuladas por *Gaius*, 4, 82. V., também, Georges Cornil, *Explication historique de la règle...*, in *Studi in Onore...*, IV, pp. 244 e ss., para quem a impossibilidade de produção, através de acto da vontade, de efeitos a favor ou na esfera jurídica de terceiro resulta da impossibilidade de uma estipulação poder proporcionar uma acção a pessoa diferente do próprio estipulante: *neque stipulari, neque emere, vendere, contrahere, ut alter suo nomine recte agat, possumus* (conforme se lê em *Paulus, Libro, XII. ad Sabinus* – D., 44, 7, 11). Isto, na opinião do romanista francês, atenta a circunstância, de numa primeira fase, a força vinculativa da *stipulatio* se encontrar ligada aos *verba* e não tanto à *voluntas contrahendo*.

[48] Quadrato, *Rappresentanza...*, in *Enciclopedia...*, XXXVIII, p. 420.

Nec paciscendo, nec legem dicendo, nec stipulando quisquam alteri cavere potest[49, 50]. Num trecho, de *PAULUS, Libro LXXII. ad Edictum*, D., 45, 1, 83, pr., lê-se, ainda, e para empregar as palavras de um romanista, de forma seca e precisa a frase[51] : *de se quemque promittere opportet*. Norma esta, segundo RENATO QUA-DRATO[52] a não circunscrever, à *stipulatio*[53], porquanto dotada de um alcance mais amplo, como se pode deduzir – ao menos na configuração por ela apresentada no Digesto[54] – através do confronto com outro texto também ele de origem pauliana[55]: *PAULUS, Libro XII. ad Sabinus* – D., 44, 7, 11. Por sua vez,

---

[49] A prova da antiguidade deste passo, parece resultar, no entender da doutrina, designadamente da circunstância do termo *pacisci* aparecer já no código decenviral. Assim, e por exemplo, Axel Claus, *Gewillkürte Stellvertretung...*, pp. 85 e ss., e 88; e Quadrato, *Rappresentanza...*, in *Enciclopedia...*, XXXVIII, p. 419. Para mais pormenores a propósito da expressão em referência cfr., ainda, e designadamente, Fritz Schulz, *Classical roman...*, p. 470. No sentido segundo o qual o trecho de *Quintus Mucius Scaevola* se encontra interpolado pode ver-se, porém, e entre outros, Georges Cornil, *Explication historique de la règle...*, in *Studi in Onore...*, IV, p. 251.

[50] Sobre a extensão e possibilidade de alargamento da proibição acima transcrita remetemos, a título indicativo, para Wesenberg, *Verträge zugunsten...*, p. 8; e Axel Claus, *Gewillkürte Stellvertretung...*, pp. 96 e ss.. Na defesa da ideia segunda a qual a regra enunciada por *Quintus Mucius Scaevola* tinha – à semelhança de todas as suas congéneres – na sua origem um carácter circunscrito à *stipulatio*, v., contudo, Georges Cornil, *Explication historique de la règle...*, in *Studi in Onore...*, IV, p. 245 e ss., e maxime, p. 251.

[51] Quadrato, *Rappresentanza...*, in *Enciclopedia...*, XXXVIII, p. 419.

[52] Quadrato, *Rappresentanza...*, in *Enciclopedia...*, XXXVIII, p. 419. Cfr., todavia, Georges Cornil, *Explication historique de la règle...*, in *Studi in Onore...*, IV, pp. 244 e ss., e designadamente, pp. 251 e 258, autor segundo o qual a regra da impossibilidade de produção, por acto de vontade, de efeitos em esfera jurídica alheia é própria da *stipulatio* e resulta do mecanismo específico desta operação. Apenas um obscurecer da razão de ser e dos aspectos técnicos da regra *alteri nemo stipulari potest* permitiu, no entender de Cornil, o alargar do princípio da nulidade de toda a cláusula em proveito ou favor de outrem.

[53] Não obstante a eventual tendência – a que fazem menção os autores citados nas notas anteriores – para o alargamento da regra da proibição de recurso a substitutos ou auxiliares negociais, nascida no contexto da *stipulatio*, deve referir-se o facto de importante sector da doutrina defender a tese segundo a qual o direito romano acabou por admitir a intervenção dos referidos auxiliares e substitutos mesmo quando em causa estava uma estipulação. A tal propósito cfr.., *v.g.*, Rudolf Düll, *Stellvertretung im Bereich von Stipulationen?*, in *Studi in Onore di Vicenzo Arangio--Ruiz nel XLV del suo Insegnamento*, Nápoles, 1953, I, pp. 310 e ss.; e Hamza, *Aspetti della rappresentanza negoziale...*, in *Index...*, IX, pp. 197 e ss., autores favoráveis à tese segundo a qual a própria *stipulatio* seria compatível com o recurso a intermediários ou pessoas interpostas. V., também, embora numa abordagem ligeiramente diversa, Solazzi, *Errore e rappresentanza*, in *Scritti di Diritto Romano*, I (1899-1913), Nápoles, 1955, pp. 288 e ss.. Contra v., contudo, Axel Claus, *Gewillkürte Stellvertretung...*, pp. 97 e ss. Para mais pormenores v., *infra* quanto se escreve no presente Capítulo.

[54] A propósito das reservas suscitadas acerca da originalidade e autenticidade do fragmento contido em D., 45, 1, 83, pr., e atribuído a *Paulus*, cfr., por todos, Schlossmann, *Die Lehre von der Stellvertretung...*, II, p. 184, nota (2); Georges Cornil, *Explication historique de la règle...*, in *Studi in Onore...*, IV, p. 250; e Axel Claus, *Gewillkürte Stellvertretung...*, p. 234 e nota (145).

[55] Acerca do sentido a atribuir aos trechos do Digesto por nós referidos no texto, em particular aos de – suposta ou autêntica – origem pauliana referimos, de entre a bibliografia por nós considerada, com carácter meramente exemplificativo, Schlossmann, *Die Lehre von der Stellvertretung...*, II, pp. 184 e 185 nota (2); Georges Cornil, *Explication historique de la règle...*, in

num texto plautino[56] – *O gorgulho* –, *Licão* dirige a quem se apresenta como encarregado de uma aquisição[57] – em substituição de outrem –, uma interrogação, aparentemente situada entre a surpresa total e o desapontamento: «*Onde está o teu patrão? Porque não veio ele?*»[58] Surpresa e desapontamento dos quais parece transparecer, na opinião de QUADRATO[59], a necessidade de uma intervenção directa do *dominus* na realização e execução dos actos a ele respeitantes. Tudo a deixar no ar a, já antes expressa, ideia segundo a qual o princípio de que cada indivíduo é o único e exclusivo representante dos seus próprios interesses tem, no direito romano, uma tradição largamente consolidada.

III – Além disso, parece faltar no panorama terminológico da cultura jurídica romana um termo idóneo para descrever com rigor

---

Studi in Onore..., IV, pp. 244 e 245, 250 e 251; Axel Claus, *Gewillkürte Stellvertretung...*, pp. 96 e 97, 233 e ss.; e Quadrato, *Rappresentanza...*, in *Enciclopedia...*, XXXVIII, p. 418; e Guarino, *Diritto privatto...*, pp. 418 e 419.

[56] A tendência de alguns romanistas para se fecharem e circunscreverem à mera análise de textos com exclusivo cariz jurídico tem merecido sérios reparos por parte de vários dos mais prestigiados historiadores e cultores da filosofia do direito. Assim, e designadamente Michel Villey, *La promotion de la loi et du droit subjectif...*, in *La Seconda Scolastica...*, pp. 53 e 54, para quem «(...) *alguns romanistas procedem de modo errado ao fechar-se (...) sobre textos somente jurídicos, quando na constituição da nossa linguagem jurídica interferem o costume vulgar e a influência dos filósofos e teólogos, e os quais nós devemos ter em conta sob pena de nada compreendermos*». No tocante especificamente às questões relacionadas com o mandato e representação seguem a prática de procurar extrair ensinamentos de obras e fontes de natureza literária – em particular dos escritos de *Plautus*, maxime *O gorgulho* (consultámos a tradução de Walter de Medeiros, Lisboa) – designadamente, Rudolf Düll, *Über Ansätze direkter Sellvertretung...*, in *Zeitschrift...*, LXVII, pp. 164 e ss.; Alan Watson, *Contract of mandate in roman law*, Oxford, 1961, pp. 11 e ss.; Nicosia, *Gestione di affari altrui (premesse storica)*, in *Enciclopedia del Diritto*, 1969, XVIII, p. 630 e ss.; Hamza, *Aspetti della rappresentanza negoziale...*, in *Index...*, IX, pp. 197 e ss.; Quadrato, *Rappresentanza...*, in *Enciclopedia...*, XXXVIII, pp. 419, 421, 422, 423. A nota de dissonância é-nos fornecida, entre outros, por Axel Claus, *Gewillkürte Stellvertretung...*, pp. 45 e 46, autor segundo o qual se deve revelar alguma prudência na utilização de textos não jurídicos ou literários, especialmente os *plautinus*. Isto, segundo Claus, devido à circunstância de *Plautus* se mostrar particularmente marcado por influências helénicas e não poder, por isso, ser tomado como paradigma do estado de coisas existente num contexto puramente romano.

[57] Encargo ora descrito como *mandatum* ([cfr. Quadrato, *Rappresentanza...*, in *Encicopledia...*, XXXVIII, p. 419 nota (30)]; *Plautus*, *O gorgulho*, *cit.*, 411 [na tradução portuguesa referido como encargo: «*Gorgulho mostrando: Engarregaram-me de lhe levar estas tabuinhas*»]), ora como *iussum* ([Quadrato, *Rappresentanza...*, in *Encicopledia...*, XXXVIII, p. 419 nota (30)]; *Plautus*, *O gorgulho*, *cit.*, 422 [na tradução portuguesa utiliza-se a expressão mandou]) – numa, de resto aparente fungibilidade, ao menos parcial, entre mandato e *iussum* como parece, no entender de Axel Claus, *Gewillkürte Stellvertretung...*, p. 304, transparecer do passo de *Africanus, Libro VII, Quaestionum*, D., 46, 3, 38, § 1, ou do confronto entre *Ulpianus, Libro XLI. ad. Sabinum*, D., 46, 3, 18, por um lado, e *Marcianus, Libro singulari ad hypotecarium Formulam*, D., 46, 3, 49, por outro –, conforme é, entre outros, sublinhado por Hamza, *Aspetti della rappresentanza negoziale...*, in *Index...*, IX, pp. 206 e ss.; Quadrato, *Rappresentanza...*, in *Enciclopedia...*, XXXVIII, p. 419. V., ainda, e a este respeito Hellmann, *Die Stellvertretung...*, p. 111; Schlossmann, *Die Lehre von der Stellvertretung...*, II, p. 248; e Ulrich Müller, *Die Entwicklung der direkten Stellvertretung...*, p. 24, nota (84).

[58] *Plautus*, *O gorgulho*, *cit.*, 437.

[59] Quadrato, *Rappresentanza...*, in *Enciclopedia...*, XXXVIII, p. 419.

técnico, e em toda a sua plenitude, o fenómeno da substituição ou cooperação na actividade negocial, e, por maioria de razão, a realidade hoje subjacente à moderna figura da representação directa[60].

A palavra *«vicarius»*, usada para indicar aquele que faz a vez de uma outra pessoa, tomando o lugar desta, tem sido considerada como indubitavelmente significativa e expressiva[61]. Ela corresponde ao termo escolhido por CÍCERO[62] para exprimir, em toda a sua plenitude, a função de substituto[63] atribuída ao procurador (*alieni iuris uicarius*); para, no dizer de QUADRATO[64], reforçar com *hoc est* a intensidade da locução *quasi quidam paene dominus*[65]. Mas mais.

---

[60] Assim, expressamente, Jhering, *Mitwirkung für Fremde...*, in *Gesammelte...*, I, pp. 192 e ss. (autor que passa em revista o significado de palavras como *opera, adjutor, intervenire, interponere* e se manifesta contra as posições assumidas por Scheurl, *Zur Verhandlung...*, in *Jahrbücher...*, II, pp. 2 e 19, jurista segundo o qual o termo *ministerium* designaria os auxiliares encarregados de levar a cabo simples prestações de facto e a expressão *interposita persona* os substitutos encarregados de colaborarem na produção de efeitos jurídicos. Refira-se, não obstante, a circunstância de Jhering reconhecer um carácter mais ou menos técnico às palavras *nuntius, internuntius* e *procurator,* embora afirmando sempre que os vocábulos utilizados pelos romanos para referir a figura do intermediário – independentemente das respectivas funções serem jurídicas ou simplesmente materiais – eram *agere, contrahere, emere,* etc., *per alium,* em contraste com a fórmula *per se*); Schlossmann, *Der Besitzerwerb...*, p. 48 e nota (1); Lenel, *Stellvertretung...*, in *Jherings...*, XXXVI, pp. 81 e ss. (onde o escritor combate a tese que chegou a ter alguma divulgação segundo a qual a palavra *procurator* das fontes romanas designaria o representante directo dotado de *animus rem dominos*); Hupka, *Die Vollmacht...*, pp. 7 e 8; Hasso Hofmann, *Repräsentation. Studien zur Wort– und Begriffsgeschichte von der Antike bis ins 19. Jahrhundert,* 2.ª ed., reimpressão da de 1974, Berlim, 1990, p. 151; Müller--Freienfels, *Die Abstraktion der Vollmachtserteilung...,* in *Stellvertretungsregelungen in Einheit...,* p. 73, autor segundo o qual a ausência de terminologia adequada, por parte do direito romano, para exprimir o fenómeno da representação estaria, ainda, na origem de parte das dificuldades sentidas pela doutrina alemã da primeira metade do século XIX no tratamento da representação; e Hamza, *Bemerkungen zu den verschiedenen konstruktionsmodellen der gewillkürten Stellvertretung auf historische-rechtsvergleichender Grundlagen,* in *Zeitschrift für Rechtsvergleichung,* 1985, Ano 26, 2, p. 81. V., também, mas numa linha diferente, Hellmann, *Die Stellvertretung...,* p. 113, para quem a palavra *mandatum* romano tanto podia significar o mandato propriamente dito como a procuração. Mas *mandatum* não era, no entender de Hellmann, a única designação para qualquer dos dois conceitos. Eles podiam, no dizer do autor, encontrar-se, igualmente, contidos nas expressões *iussus, permittere, voluntas velle,* e inclusivamente no termo *procurator.* Mas v. quanto escreve a este respeito Brinz, *Die Lehre...,* in *Kritische...,* II, pp. 1 e ss., maxime, pp. 3, 4 e 9, autor para quem, se é verdade não terem tido os romanos nenhuma palavra específica na qual se contivesse uma alusão directa à representação, o essencial era o facto de possuírem várias expressões donde a ideia de representação emergia.

[61] Quadrato, *Rappresentanza...,* in *Enciclopedia...,* XXXVIII, p. 421. Cfr., também, Brinz, *Die Lehre...,* in *Kritishe...,* II, p. 9.

[62] Cfr., Cícero, *Pro A. Caecina Oratio,* 20, 57, in *Defensa de Aulo Cecina,* texto latino, com introdução e comentários de Alvaro D'Ors, Madrid, 1943, p. 113. V., também, os autores citados na nota anterior.

[63] Na definição de Adolf Berger, V.º, *Vicarius,* in *Encyclopedic Dictionary of Roman Law,* Filadélfia, 1953, p. 763, *vicarius* é aquele que age no lugar de outro enquanto seu substituto. Para mais detalhes a este respeito cfr., ainda, Rudolf Düll, *Über Ansatze...,* in *Zeitschrift...,* LXVII, pp. 172 e ss..

[64] Quadrato, *Rappresentanza...,* in *Enciclopedia...,* XXXVIII, p. 421.

[65] Cícero, *Pro A. Caecina Oratio,* 20, 57, in *Defensa...,* p. 113.

A expressão «*vicarius*» aparece na própria linguagem dos jurisconsultos romanos – frequentemente para designar os *servus servi*[66]. Em dois trechos do Digesto – um de *PAPINIANUS*, D., 50, 7, 14 (13), e outro de *MARCIANUS*, D., 50, 7, 5 (4), § 4 – a figura é referida, no contexto próprio do direito público[67], para indicar o substituto de um legado municipal, *vicarius alieni muneris*[68]. Contudo, *vicarius* não parece corresponder a uma expressão técnica[69].

Um outro vocábulo eventualmente capaz de exprimir, no quadro dos seus vários sentidos possíveis, o fenómeno da substituição ou cooperação negocial é o verbo *repraesentare*. A afirmação de uma proximidade entre ele e a moderna figura *iuris* da representação não se afigura, contudo, isenta de dificuldades nem se mostra pacífica.

Numa ala, detectam-se vozes de acordo com as quais a expressão ou termo *repraesentare*[70] corresponderia ao antecedente ou antepassado histórico do nosso representar[71]. Semelhante conclusão resultaria da analogia existente, não no plano conceptual, mas antes no material ou dos efeitos, entre a realidade traduzida pela expressão latina e a problemática subjacente à moderna doutrina da representação.

Noutra fileira, encontra-se, porém, numa manifestação de surpreendente tranquilidade e absolutismo dogmático, uma multidão de autores para os quais se revela impossível estabelecer qualquer paralelismo entre a realidade expressa pelo *repraesentare* romano e a representação jurídica dos nossos dias[72]. Nesta perspectiva, mais do que detectar quaisquer semelhanças substantivas, interessaria saber se ao tempo dos romanos era já possível proceder à individualização dos diversos aspectos que, aos olhos da actual *communis opinio*[73], constituem os

---

[66] Cfr., Adolf Berger, V.º, *Servus vicarius* in *Encyclopedic*..., p. 706; Quadrato, *Rappresentanza*..., in *Enciclopedia*..., XXXVIII, p. 421.

[67] Para uma ilustração de vários dos significados e conotações que o termo *vicarius* podia assumir no domínio do direito público romano cfr., designadamente, Raymond Monier, V.º *Vicarius praefectorum praetorio*, in *Vocabulaire de Droit Romain*, Montchrestien, 1949, p. 315; Adolf Berger, V.º, *Vicarius*, in *Encyclopedic Dictionary of Roman Law*, cit., p. 763; Id., V.º *Vicarius in urbe*, in *Idem*, p. 764; Id., V.º *Vicarius Italiae*, in *Idem*, p. 764; Id., V.º, *Vicarius Iudex*, in *Idem*, p. 764; Id., *Vicarius praefecti praetorio*, in *Idem*, p. 764.

[68] Além das fontes referidas no texto v. Quadrato, *Rappresentanza*..., in *Enciclopedia*..., XXXVIII, p. 421.

[69] Assim, e entre outros, Schlossmann, *Der Besitzerwerb*..., pp. 48 nota (1); e Quadrato, *Rappresentanza*..., in *Enciclopedia*..., XXXVIII, p. 421.

[70] Quadrato, *Rappresentanza*..., in *Enciclopedia*..., XXXVIII, p. 421.

[71] *Idem.*

[72] Para uma interessante panorâmica acerca da evolução da palavra e conceito amplo de representação, desde a Antiguidade até ao século passado, cfr., Schnorr v. Carolsfeld, *Repraesentatio und Institutio. Zwei Untersuchungen über den Gebrauch dieser Ausdrücke in den römischen Literatur*, in *Festschrift für Koschaker*, Weimar, 1933, 1, pp. 103 e ss.; Hofmann, *Repräsentation*..., per totum, maxime, 38 e ss., 116 e ss., e 148 e ss., e p. 152 (note-se a circunstância de a propósito da representação jurídica directa no direito romano o autor afirmar a necessidade de se sublinhar como nesse domínio problemático não se encontrar nunca a palavra *repraesentare* ou uma sua qualquer derivação»). Para uma panorâmica genérica de natureza histórica sociológica e teológica do vasto campo semântico constituído pelo termo representar v. as já clássicas contribuições de Hans Wolff, *Organschaft*..., II, *Theorie*... pp. 16 e ss..

[73] Claramente marcada pela *Repräsentationstheorie*.

traços formais identificadores da figura da representação. Um desses traços corresponderia, precisamente, a uma clara separação entre a pessoa do representante e a do representado, sem a qual não se poderia falar em representação jurídica directa[74]. Ora o vocábulo *repraesentare* era utilizado, em Roma, para exprimir «*uma equivalência ou fungibilidade entre objectos distintos*»; para traduzir a ideia de «*tornar presente*» ou «*de materializar mentalmente*»[75]. Tudo manifestações ou significados que longe de se excluírem, se integravam e completavam na explicitação de uma mesma e única compreensão da realidade, fenómenos, comportamentos e atitudes humanas. No fundo, e como o demonstram algumas fontes particularmente sugestivas[76], através do termo *repraesentare*, evocava-se um processo psicológico ou interno, um mecanismo simbólico capaz de permitir, através de ficções ou imagens de coisas ou pessoas ausentes, chegar a essas mesmas pessoas ou coisas – de forma a ter delas uma percepção quase sensorial (*oculis*) como se elas se encontrassem fisicamente presentes (*ac praesentes habere videamur*)[77]. Ideia esta igualmente subjacente aos substantivos *representatio* (*persona*) e *representator*, utilizados, por exemplo, para referir o papel do filho, administrador do pai (*vicarius patri*)[78]. Através da actuação do filho estava presente o pai, ambos unidos numa só identidade, ao ponto de formarem uma única pessoa («(...) *fecit duaram personarum conjunctionem* (...)») e de ser possível ao «representado», apesar de *invisibilis*, comparecer, em virtude da mediação do *filius* «*repraesentator*», e tornar-se «*quasi visibilis in conspectu*»[79, 80].

---

[74] A este dado acrescia a cicunstância de, frequentemente, não se assistir a uma vinculação directa do *dominus* ou – nos casos em que era facultado ao terceiro contraente a possibilidade de agir imediatamente contra o principal – a uma total desvinculação do substituto ou intermediário.

[75] Quadrato, *Rappresentanza...*, in *Enciclopedia...*, XXXVIII, p. 421

[76] Cfr., Quadrato, *Rappresentanza...*, in *Enciclopedia...*, XXXVIII, p. 421.

[77] Quadrato, *Rappresentanza...*, in *Enciclopedia...*, XXXVIII, p. 422. Isto, e como recorda o jurista italiano, numa compreensão ou visão da realidade igualmente presente em vários pontos das comédias de *Plautus*, aí onde o autor recorda a utilização do *symbulum*, imagem do interessado ausente impressa na epístola (v., por exemplo, *O gorgulho, cit.*, pp. 346-347, 422-423) que o encarregado do negócio exibia ao outro contraente, num processo para, através do substituto ou auxiliar, se chegar directamente a uma pessoa não presente.

[78] V., por todos, Quadrato, *Rappresentanza...*, in *Enciclopedia...*, XXXVIII, p. 422, com ulteriores indicações ao nível das fontes.

[79] Nas I.J., 3, 19, 4, num passo relativo à *stipulatio*, acto, no qual, e para empregar a expressão de Quadrato, o princípio *alteri stipulari nemo potest* é inoperante (somente) no caso de *o servus domino, filius patri stipuletur* (*Ulpianus, Libro XLVIII. ad Sabinum* – D., 45, 1, 1, pr.; e *Ulpianus, Libro XLVIII. ad Sabinum*, D., 45, 1, 38, § 17. Cfr., porém, quanto refere Hamza, *Aspetti della rappresentanza negoziale...*, in *Index...*, IX, pp. 198 e ss., e, ainda, *infra*), a frase «*Ei, qui iuri tuo subiectus est, si stipulatus sis, tibi acquiris*» surge acompanhada das palavras «*quia vox tua tamquam filii sit, sicuti filii vox tamquam tua intellegitur*». Tudo numa clara manifestação – de resto não isolada como se comprova, sempre segundo Quadrato, em particular através da frase «*pater et filius eadem persona paene intelleguntur*» – da ideia, subjacente ao pensamento bizantino, segundo a qual existe uma espécie de identidade entre o pai e o filho (v., Böhmer, *Exercitationes ad pandectas*, Lib. II, Tit. XIV, *Exercitatio*, XXVIII, § 271 (Hanôver – Gotinga, 1738, T. II, p. 271); Lévy-Bruhl, *Recherches sur les actions de la loi*, Paris, 1962, p. 122, nota (3), para quem o *filius* era, de algum modo, o prolongamento do pai; Pessoa Jorge, *O mandato...*, pp. 48 e 49; e Quadrato, *Rappresentanza...*, in *Enciclopedia...*, XXXVIII, p. 421). Identidade detectável, no dizer do romanista italiano Quadrato, e

IV – A doutrina romanista mais moderna não se tem, todavia, deixado impressionar pelas aparências proporcionadas em virtude dos fenómenos ou aspectos acabados de referir[81]. Na verdade, nos últimos anos a abordagem do fenómeno da substituição ou cooperação entre sujeitos – com produção de efeitos jurídicos directos em esfera jurídica alheia – tem vindo a mudar e a tornar-se mais problemática. Ao lado de autores como SAVIGNY[82], HELLMANN[83] ou SCHLOSSMANN[84] – os quais sustentaram, há já longo tempo e contra uma esmagadora opinião dominante, a ampla aceitação pelos romanos do fenómeno da representação directa – ergueu-se, entre

---

numa abordagem situada no plano exclusivamente patrimonial, na circunstância de o *filius* ser considerado (*existimatur*), durante a vida do *pater*, *quodammodo dominus*, que de herdeiro se transforma num continuador natural do seu progenitor – com todas as implicações, reflexos e carga evocativa pressuposta por semelhante forma de encarar a representação ou substituição levada a cabo pelo filho. Este quase se personificava no pai, se identificava com ele, usava a sua voz, reproduzindo como um *medium* (a imagem é originariamente de Schlossmann sendo retomada, posteriormente, por Quadrato), as suas palavras. Através do filho era possível e natural chegar ou tocar no pai. Por isso, no negócio realizada pelo *filius* sente-se a presença do próprio pai e a impressão da participação pessoal deste no acto realizado pelo seu sucessor: «*ac si ipse esset stipulatus*» (cfr., *Ulpianus, Libro ad Sabinum* – D., 45, 1, 45, pr.). Uma ficção tanto mais significativa quanto num negócio com a particular estrutura da estipulação a presença dos sujeitos interessados é tida como um elemento indispensável (assim Quadrato, *Rappresentanza...*, in *Enciclopedia...*, XXXVIII, p. 421). Aliás, já *Vinnius, In Quator Libros Institutionum Commentarius*, Lib. III, Tit. XX, § 4, *De eo in quem consertur obligatio, vel solutio*, notae 4 («Someren», 1692, p. 579), jurisprudente elegante holandês, reportando-se a Aristóteles, I. *Magna Moralia*, 34, afirmava: «*Est enim filius veluti portio patris.*»

[80] Cfr., porém, quanto escreve Hupka, *Die Vollmacht...*, pp. 49 e ss., o qual, afirmando claramente que a «*A representação necessária dos escravos e filhos de família romanos não é nenhuma representação*», acrescenta depois: «*Parte no contrato não é ele (...)*» (o pater) «*(...) mas sim o próprio subordinado ao seu poder. Este é não apenas o sujeito da actuação negocial mas também sujeito do seu conteúdo jurídico, ele não é mero actor, mas também, e ao mesmo tempo, parte. E de facto isto tanto vale em consideração às vantagens como em consideração às desvantagens do negócio. Também estas últimas são destinadas não ao dominus, mas sim ao familiar contraente, e se todavia apenas alcançam a sua existência jurídica na pessoa do dominus, porém radicam do ponto de vista mental na pessoa do subordinado ao poder, através de quem foram adquiridas. O pai não adquire os direitos contratuais ex sua persona, mas sim ex persona servi vel filii, através do seu poder doméstico, o qual não permite que os direitos adquiridos pelos familiares se radiquem na pessoa destes, antes os recolhe através de uma pressão jurídica e os transporta para a esfera jurídica dos subordinados ao poder.*»

[81] De resto, e como lembra a propósito Bussi, *La formazione...*, I, p. 295, a discussão acerca da questão que consiste em saber se o direito romano conhecia ou não um termo técnico para designar o representante anda em grande medida ligada a um outro problema: o de saber quais são na verdade os poderes do *nuntius*, do *cognitor*, do *institor*, do *procurator mandatarius*. No sentido segundo o qual o núncio não é senão uma espécie do género representante, pode ver-se, Mitteis, *Die Lehre...*, pp. 131 e ss..

[82] Cfr., *supra* introdução e *infra* Parte I, Cap. IV, parágrafo 1.

[83] Hellmann, *Die Stellvertretung...*, pp. 43 e ss..

[84] Schlossmann, *Die Lehre von der Stellvertretung...*, I, p. 153 e ss., maxime. Cfr., todavia, *infra* Parte I, Cap. V, parágrafo 3.1, a especial posição defendida por este autor acerca do fenómeno representativo.

outras, num passado mais recente, a voz de RICCOBONO[85], para quem o direito romano clássico conhecia e praticava já a representação directa[86], apesar de a explícita teorização desta figura ter sido apenas obra dos compiladores pós-clássicos. Isto, numa tendência acentuada nos dias de hoje, com o multiplicar de vozes segundo as quais as posições favoráveis a uma absoluta proscrição, pelo direito romano, da representação directa – com a consequente redução dos casos documentados pelas fontes a simples excepções – são o resultado de uma evidente unilateralidade de visão por parte dos investigadores[87]; o artificial prolongar de esquemas próprios do período arcaico

---

[85] Cfr., Riccobono, *Lineamenti della dottrina della rappresentanza...*, in *Annali del Seminario Giuridico...*, 14, pp. 389 e ss.; Id., *Corso...*, II, pp. 253 e ss.; autor precedido, na doutrina italiana, por juristas como Contardo Ferrini, *Manuale di Pandette*, 4.ª ed., cuidada e integrada por Giuseppe Grosso, Milão, 1953 (mas cuja 1.ª ed. data de 1900), pp. 249, 250 e 730; ou Solazzi, *Errore...*, in *Scritti...*, I, pp. 277 e ss., maxime, 294; Id., *Di alcuni punti controversi...*, in *Idem*, I, pp. 296 e ss., *passim*; Id., *Le azioni dell pupillo e contro il pupillo per il negozi conclusi dal tutore, Contributo alla storia della rappresentanza nel diritto romano*, separata do *Bulletino dell' Isttituto di Diritto Romano*, Roma, 1910, *passim*, para quem o facto essencial é o pleno reconhecimento em Roma, e não obstante todas as contradições, da representação (v. também, Feliciano Serrao, *Il Procurator*, Milão, 1947, p. 100). Deve, porém, notar-se a circunstância de nem Ferrini, nem Solazzi (e o mesmo se dirá de Serrao) irem tão longe, quanto Riccobono, na defesa da representação directa. Na verdade, e apesar de reconhecer que o instituto da representação directa lança, de algum modo, as suas raízes no período clássico do direito romano, Ferrini parece circunscrever a divulgação desta figura ao direito de Justiniano. Por seu turno, Solazzi afirma expressamente ter Justiniano um conceito do fenómeno representativo diverso daquele próprio do direito clássico, mostrando-se, de resto, confuso quanto à possibilidade de o direito clássico já admitir uma actuação representativa por parte do tutor na aquisição da posse (na verdade, e se em alguns dos seus escritos Solazzi se pronuncia a favor do carácter clássico da aquisição da posse, por parte do tutor, para o pupilo, noutros rejeita semelhante possibilidade). Além disso, Solazzi, *Le azioni del pupillo e contro il pupillo per i negozi conclusi dal tutor. Contributo alla storia della rappresentanza...*, pp. 47 e ss., rejeita a tese avançada por Mitteis, *Die Lehre...*, pp. 34 e 69 e ss.; Id., *Römisches Privatrecht...*, I, pp. 204, 218, 220 e ss. (e aceite por uma multiplicidade de autores, de entre os quais se podem, designadamente, referir Max Rümelin, *Das Selbstcontrahiren des Stellvertreters nach gemeinem Recht*, Friburgo, 1888; Schlossmann, *Die Lehre von der Stellvertretung...*, II, pp. 160, 203; e Joseph Plescia, *The development of agency...*, in *Labeo...*, XXX, p. 177) segundo a qual o direito pretório tendesse para o princípio da admissibilidade da representação directa.

[86] Opinião igualmente sustentada, entre nós, por Cabral Moncada, *Elementos de História do Direito...*, II, pp. 153 e 288, a propósito da tutela representativa. Cfr. *infra*, quanto se escreve e a este respeito sob o presente parágrafo. Contra a admissibilidade da representação directa no período clássico v., também na doutrina nacional, António dos Santos Justo, *A fictio...*, I, pp. 395 e nota (4), 398, 425 e 426. Acerca da figura do contrato a favor de terceiro, em muitos aspectos, paralela à representação voluntária, cfr., a título exemplificativo Pacchioni, *I contratti...*, p. 16; e Jan Vàzný, *Appunti alla dottrina classica dei contratti a favore di terzi*, in *Studi in Onore di Salvatore Riccobono nel XL del suo Insegnamento*, IV, p. 262, ambos contrários a uma admissibilidade genérica, por parte da jurisprudência clássica, da validade da *stipulatio in favore tertium*.

[87] Hamza, *Aspetti della rappresentanza negoziale...*, in *Index...*, IX, pp. 193 e 194. Cfr., igualmente, deste autor, *Gewillkürte...*, pp. 221, 223, 229 e ss., onde se defende a admissibilidade, no direito romano, da figura da representação directa.

ou quiritário[88, 89]; ou, ainda, simples consequência de abordagens apriorísticas[90]. Tudo a impor, no entender da dogmática moderna, a necessidade de se retornar ao estudo das fontes[91], para uma nova leitura, porventura, menos comprometida dos factos e documentos históricos[92]. Como ponto de partida rejeita-se a possibilidade de a simples ausência de um tipo, noção, conceito ou categoria dogmática específica, apta a exprimir o fenómeno da representação jurídica e seus momentos paralelos, poder ser tomada como um índice de negação ou rejeição[93], pelo direito romano, de semelhante figura *iuris*. O discurso, ou polémica, é todo ele transferido para um outro nível: o material[94]. Mas caminhemos por partes.

V – No âmbito militar, desenhou-se desde bem cedo, e de forma compreensível, um conjunto de situações nas quais se desenvolvia

---

[88] Joseph Plescia, *The development of agency...*, in *Labeo...*, XXX, p. 171, autor que começa por acentuar a circunstância, tantas vezes sublinhada mas não menos esquecida, de o desenvolvimento do direito romano cobrir um espaço temporal de 1500 anos, razão pela qual não se pode nem deve abordar a temática da representação no direito romano como se se tratasse de um instituto cujos contornos permaneceram imutáveis e intocados do princípio ao fim de Roma.

[89] Entre os romanistas modernos menos recentes, cfr., em sentido idêntico ao indicado no texto, e de forma mais ou menos explícita, designadamente, Solazzi, *Errore...*, in *Scritti...*, I, pp. 277 e ss., maxime p. 290; Riccobono, *Lineamenti della dotrinna della rappresentanza...*, in *Annali del Seminario Giuridico...*, 14, pp. 389 e ss., *passim*; e Georges Cornil, *Explication historique de la règle...*, in *Studi in Onore...*, IV, pp. 252 e ss., maxime pp. 254 e 255.

[90] Renato Quadrato, *Rappresentanza...*, in *Enciclopedia...*, XXXVIII, p. 418.

[91] Riccobono, *Lineamenti della dottrina della rappresentanza...*, in *Annali del Seminario Giuridico...*, 14, p. 411; Renato Quadrato, *Rappresentanza...*, in *Enciclopedia...*, XXXVIII, p. 418; e, de forma mais categórica ainda, Guarino, *Diritto privato...*, pp. 417 e 418, nota (34.1), ao considerar como totalmente insatisfatória a doutrina relativa à substituição negocial na experiência jurídica romana, e ao tentar uma redução *ad unum*, não do instituto da representação, mas sim da história da substituição na actividade negocial. Isto por se afigurar, no entender de Guarino, anti-histórico um tratamento das fontes romanas na perspectiva da moderna figura da representação. Procurar encontrar nos documentos históricos, deixados pelo direito romano, manifestações do instituto da representação directa constitui, na opinião do autor italiano, um sério erro de fundo, cometido pela historiografia romana. É que, segundo Guarino, o direito romano fazia assentar o fenómeno da substituição negocial sobre bases completamente distintas. Vem, todavia, a propósito, lembrar as observações de Michel Villey, *La promotion de la loi et du droit subjectif...*, in *La Seconda Scolastica...*, p. 56, quando este reputado jurista francês chama a atenção para o facto de, contrariamente a quanto alguns romanistas parecem julgar, o direito não viver encerrado dentro de um vaso ou de um circuito fechado. Não basta, diz Villey, ser-se um especialista da época romana, pois, nós somos modernos, e quando, ainda assim falamos, da regra jurídica romana nós não podemos subtrairmo-nos à sua utilização moderna: o romanista deveria disso primeiro tomar consciência.

[92] Renato Quadrato, *Rappresentanza...*, in *Enciclopedia...*, XXXVIII, p. 418.

[93] Ou, talvez, mais correctamente, ignorância.

[94] A título exemplificativo, cfr., Hamza, *Die Gewillkürte...*, pp. 221 e ss., *passim*.

uma actuação não em benefício próprio mas sim em proveito de Roma, e no lugar ou em substituição de terceiros[95]. Os deveres e funções compreendidos no âmbito de tais situações cabiam, contudo, na esfera do direito público, e a doutrina, nem sempre, tem considerado fácil determinar qual a influência exercida, neste ponto, por semelhante sector da enciclopédia jurídica, sobre o direito privado, apesar do evidente paralelismo entre algumas das expressões utilizadas em ambos os ramos.

Uma ordem dada a um soldado podia receber a designação de *mandatum*[96]. Contudo, os direitos e obrigações emergentes de semelhante ordem encontravam-se bem longe dos resultantes da celebração do contrato de direito civil designado pela mesma expressão: a) a ordem militar inseria-se numa complexa e abrangente teia de relações que podia incluir outras ordens; b) o soldado devia acatá-las a todas; c) se o não fizesse a responsabilidade por incumprimento era bem diversa da do mandatário; d) finalmente a actividade militar era remunerada [97, 98].

Bem mais interessantes, para o nosso estudo, afiguram-se os casos de representação, através da promagistratura militar, a qual podia ocorrer quer em caso de cessação de funções do general ou comandante-em-chefe quer em virtude do respectivo desaparecimento ou ausência[99].

No campo militar, ao contrário do verificado no domínio civil, o exercício das funções compreendidas na magistratura continuava, para além do respectivo termo ou limite temporal, sob a forma de uma promagistratura[100], e até à efectiva chegada de um sucessor. Este último, iniciava a sua magistratura imediatamente a partir da verificação do termo fixado para o cargo do predecessor. Todavia, não lhe era dado exercer o poder que lhe fora conferido antes de penetrar, de facto, no território militar. Nestes termos, o comandante cessante continuava a ocupar o respectivo posto, sob a forma de uma promagistratura, cujo *terminus* apenas ocorria no momento da chegada do novo chefe militar[101].

---

[95] Alan Watson, *Contract...*, 1961, p. 2.

[96] *Caesar, De Bell. Ci.*, I, 10, I (cita-se através da edição bilingue, *The Civil wars*, com tradução para o inglês, por A. G., Peskett, reimpressão da edição de 1914, Londres, Cambridge, Massachusetts, 1961).

[97] A propósito das características e configuração própria do contrato de mandato no direito romano cfr. *infra*, Parte I, Cap. I, parágrafo 2.

[98] Alan Watson, *Contract of mandate...*, p. 2.

[99] Cfr., Mommsen, *Römisches Staatsrecht,* 3.ª ed., Lípsia, I, pp. 667 e ss. e 680 e ss.. Considerava-se ausente do respectivo comando, pelo menos a partir da diferença de natureza desenvolvida, desde a república, entre administração da cidade e administração militar, todo o magistrado superior que se encontrasse na cidade e que ainda não tivesse ocupado de facto a chefia.

[100] Conforme explica Mommsen, *Römisches...*, I, pp. 11 e 12, a expressão *pro magistratu* era utilizada para designar ou indicar todos quantos, sem serem magistrados, estavam autorizados a fazer ou desempenhar as funções de magistrado, e a agir no respectivo lugar.

[101] Mommsen, *Römisches...*, I, p. 678.

Menos vulgares seriam, pelo menos de início, os casos de representação do comandante na sequência de vacatura motivada por qualquer facto acidental, designadamente, morte, captura pelo inimigo, ou afastamento do detentor ou titular do poder militar, sem válida nomeação de um representante[102]. De acordo com a prática dos primeiros tempos da república o comando militar era exercido regularmente por dois magistrados dotados de direitos iguais. A simples palavra de um deles bastava para proceder à nomeação de um terceiro, facto que permitirá compreender como os primeiros autores da constituição romana souberam restringir a possibilidade de uma vacatura acidental[103]. Mais tarde, e nomeadamente após a criação de departamentos ultramarinos, abriu-se, todavia, um largo campo à possibilidade de vacatura em virtude de acidente. Segundo MOMMSEN[104], semelhante vacatura terá mesmo ocorrido frequentemente durante os dois últimos séculos da república[105].

Perante a efectiva ocorrência de vacatura do comando militar superior, a doutrina tem procedido à distinção entre o respectivo preenchimento de direito e o seu preenchimento de facto[106]. Do ponto de vista de direito, a ocupação do lugar superior deixado vago fundava-se, simplesmente, no princípio segundo o qual a magistratura superior urbana compreendia todo o comando militar superior, sempre que o posto não se encontrasse especialmente ocupado por um magistrado ou promagistrado. Por conseguinte, quando um governador viesse a morrer o comando passava para os cônsules em funções[107]. Se os dois cônsules se encontrassem em campanha e perdessem ambos a vida, o respectivo comando era, do ponto de vista jurídico, compreendido na competência do *interrex*[108], transitando posteriormente para quem viesse a ser eleito para o cargo de cônsul. A esta extensão jurídica do comando ou magistratura superior urbana, por forma a compreender todos os cargos militares não ocupados, opunha-se, porém, de facto, a regra prática segundo a qual o exercício pessoal dos direitos do general não era compatível com a sua presença em Roma: antes de chegar ao campo, os magistrados, chamados a preencher o vazio deixado pela vacatura, apenas podiam fazer uso do poder do qual eram detentores para nomear um representante[109]. Até à chegada deste, ou do próprio

---

[102] A nomeação de um representante do general, em caso de afastamento deste, tornava-se necessária na medida em que os poderes militares só podiam ser exercidos enquanto o caudilho se encontrasse dentro do respectivo departamento. Cfr., Mommsen, *Römisches...*, I, p. 678.

[103] Mommsen, *Römisches...*, I, p. 360, nota (2), autor que lembra o facto histórico, ocorrido no ano 546 a. C., quando da morte em campanha dos dois cônsules a vacatura foi evitada graças à nomeação de um ditador, feita por um dos cônsules, a partir do respectivo leito de morte.

[104] *Römisches...*, I, p. 678.

[105] Com a constituição de Augusto, a vacatura do comandante-em-chefe foi, de novo, profundamente limitada para as províncias senatoriais. Isso não significou, no entanto, o desaparecimento ou cessação da utilização de mecanismos de substituição. A *potestas* propretoriana conferida a todos os *quaestores provincialis* ou *legati*, a qual se encontrava subordinada à *potestas* proconsular do governador provincial, transformava-se em comando quando este último morria ou deixava a província sujeita à sua jurisdição.

[106] Mommsen, *Römisches...*, I, p. 679.

[107] *Idem*, I, p. 679.

[108] A propósito da figura do *interrex* v. *infra*, nota (129).

[109] Mommsen, *Römisches...*, I, p. 679.

general-em-chefe, não existia outro remédio prático, para obviar à vacatura, senão o exercício do comando em virtude de caso de força maior[110].

Com o império a competência do magistrado superior para nomear no território militar, e durante a respectiva ausência, um representante, com os poderes de um promagistrado, desapareceu. A transformação ocorreu provavelmente com a modificação da constituição levada a cabo por Augusto[111]. O princípio segundo o qual o magistrado superior não pode exercer o comando quando se encontra ausente é afastado relativamente ao imperador. Da mesma forma, é posta de lado, para todos os outros chefes ou comandantes superiores, a regra segundo a qual o magistrado ausente tem o direito e o dever de nomear um representante, de tal modo que a instituição acabou por ser completamente abandonada[112, 113].

VI – Fora do domínio militar, e no simples contexto das respectivas atribuições de natureza política ou administrativa, os magistrados romanos desempenhavam funções e estavam adstritos a deveres claramente diferentes de quaisquer outros de natureza privada. Todavia, a actuação dos cônsules e de outros magistrados desenrolava-se, frequentemente, através de formas e meios que, no domínio do direito privado, dariam lugar a obrigações contratuais imputáveis a um terceiro[114].

A semelhança entre a posição do magistrado romano, por um lado, e a do mandatário, por outro, tem sido devidamente assinalada pela da doutrina[115].

---

[110] Acerca do episódio verificado quando Aníbal se aproximou das portas de Roma v., designadamente, Jean Bodin, *Les six livres de la république*, reimpressão da edição de Paris, 1583, Aalen, 1961, Livro III, Cap. III, p. 402; e Mommsen, *Römisches...*, I, pp. 688 e ss..

[111] Mommsen, *Römisches...*, I, p. 685.

[112] *Idem.*

[113] Não abordaremos aqui a substituição ou representação, em caso de vacatura, das magistraturas inferiores. Sobre o assunto pode ver-se, todavia, Mommsen, *Römisches...*, I, p. 12, nota (2) – o qual fala mesmo em *pro milite*, por oposição a *miles*, para designar o voluntário que faz o serviço de soldado – e mais rigorosamente, pp. 686 e ss..

[114] Alan Watson, *Contract of mandate...*, p. 2. Acerca da representação jurídico-privada do *populus romanus*, cfr., Wilhelm Alois Baron v. Ledersteger-Falkenegg, *Die Entwicklung der Stellvertretung im römischen Recht nach den lateinischen Quellen*, Erlagen, 1902, pp. 66 e ss.; e *infra*, sob o presente parágrafo.

[115] Cfr., Alan Watson, *Contract of mandate...*, p. 2. O emprego de expressões *mandati* ou *mandare*, como forma de conferir um encargo a um magistrado (acerca dos *mandata principis* v., por todos, Kunkel, *An introduction to roman legal and constitutional history*, trad. de J.M. Kelly, Oxford, 1966, p. 120) aparece, aliás, documentada ao nível das fontes. V. *Ulpianus, Libro I. de officio Proconsulis* – D., 1, 16, 6. A analogia não pode, porém, ser levada às suas últimas consequências, particularmente no caso da magistratura suprema, a qual parece afastar-se claramente da figura do mandato. Para uma panorâmica geral da figura do mandato no direito público romano v. Laurens Winkel, *Mandatum im römischen öffentlichen Recht*, in *Mandatum und Verwandtes. Beiträge zum römischen und modernen Recht*, Berlin, Heidelberga, Nova Iorque, Londres, Paris, Tóquio, Hong Kong, Barcelona, Budapeste, 1993, pp. 53 e ss..

Ao menos teoricamente os políticos romanos não eram pagos pelo desempenho das suas funções. Esta circunstância ligava-se, no entender dos romanistas, à ideia, frequentemente afirmada, segundo a qual o desempenho de cargos públicos correspondia a um dever[116], não a um privilégio. Semelhante visão surgia, num aparente paradoxo, como consequência da concepção romana do cargo público como algo de verdadeiramente nobre. Nobreza não destruída pelo facto de a procura de um lugar público ser, muitas vezes, motivada por razões perfeitamente comuns ou mesmo desprezíveis e aviltantes[117].

O desempenho, pelos magistrados romanos, de funções compreendidas dentro dos limites estabelecidos por lei, concedia o direito ao reembolso das despesas efectuadas, não obstante, na generalidade dos casos, e por dificuldades várias, designadamente de contabilidade e escrituração, semelhante reembolso corresponder apenas a uma pequena parte dos encargos realmente sùportados.

A responsabilidade pelo desempenho de cargos públicos circunscrevia-se ao *dolus* e às ofensas criminais[118]. Apenas na eventualidade de os magistrados ultrapassarem o âmbito dos respectivos poderes, e do acto por eles realizado não merecer ratificação, se assistia a uma vinculação pessoal pela respectiva prática, numa solução que contrastava claramente com quanto se passava no âmbito do direito privado. De facto, fora do direito público, a regra era a da adstrição pessoal do gestor, designadamente do mandatário pelos actos por ele realizados[119]. Além disso, e de acordo com as regras de direito privado, a vinculação do gestor traduzia-se numa responsabilidade de primeira linha, mesmo na hipótese de a sua actuação caber dentro dos limites do mandato ou encargo conferido pelo principal. Diversamente, a adstrição do magistrado consistia apenas numa garantia de segunda linha, dada a quem tivesse uma pretensão contra o estado e no caso de o titular de um cargo público ter ultrapassado as fronteiras da respectiva autoridade. Tudo isto, a justificar a conclusão segundo a qual o conceito de representação se encontraria bem mais desenvolvido na área do direito público do que na área do direito privado[120].

---

[116] Para uma referência acerca da concepção romana do exercício de cargos públicos e políticos, entendidos como um poder ou poder dever, v. Cícero, *Dos deveres (De Officiis)*, e por exemplo, 1, 26, 28 (tradução de Carlos Humberto Gomes, Lisboa, 2001, pp. 26 e ss.) o qual, para além de recensear posições correspondentes a orientações várias, avança, também, com opiniões e pensamentos próprios. Refira-se como Platão (*A República*, tradução de Maria Helena Percios, Lisboa, 1972, *347c*, p. 38, *485a-486c*, pp. 268 e ss., *520 d*, p. 326) manifestava já a sua decepção perante os sábios e filósofos que, presos ou dependentes de quezílias ou outros interesses, não participavam no governo do estado senão constrangidos. Para ulteriores desenvolvimentos sobre esta questão, designadamente ao nível das fontes históricas, v., por todos, Filippo Cancelli, *Ufficio (dir. rom.)*, in *Enciclopedia del Diritto*, 1992, XLV, pp. 629 e ss..

[117] Para um estudo de síntese acerca dos preceitos ético-jurídicos subjacentes ao desempenho de cargos políticos, seu respeito ou violação, v. Filippo Cancelli, *Ufficio...*, in *Enciclopedia...*, XLV, maxime pp. 631 a 633.

[118] A propósito da responsabilidade dos magistrados romanos v., por exemplo, Mommsen, *Römisches...*, I, pp. 678 e ss..

[119] V., contudo, *infra*, quer quanto se escreve no presente Capítulo quer o referido no próximo Capítulo.

[120] Assim, e segundo Schlossmann, *Die Lehre von der Stellvertretung...*, II, p. 163, o direito público romano conheceu e admitiu de forma ampla a representação directa. Na mesma direcção,

Na verdade, e de acordo com SCHLOSSMANN[121] : a) os magistrados romanos recorriam à representação em assuntos externos e internos, e os actos por

pronuncia-se Alan Watson, *Contract of mandate...*, p. 3, para quem: «*... o conceito de representação directa no direito público encontra-se bem trabalhado e é apenas quando o funcionário ultrapassa os seus poderes que pode ser responsabilizado se o acto não vier a ser ratificado.*» Em sentido aparentemente divergente v., entre nós, Paulo Otero, *O poder de substituição...*, p. 143, ao considerar que os postulados jurídico--privados na base da inadmissibilidade da representação dos actos jurídicos, «(...) *permitem compreender que igualmente o direito público romano tenha estabelecido a regra geral segundo a qual os magistrados deveriam praticar pessoalmente todos os actos da respectiva competência, encontrando-se excluída, em princípio, a delegação de poderes e a representação voluntária*» (ideia, esta expressa, de resto, no próprio Digesto. Cfr., *Ulpianus, Libro I. de officio Proconsulis* – D., 1, 16, 6; e *Idem*, D., 50, 17, 70). O autor refere-se, todavia, a uma representação diversa da mencionada por Alan Watson. Na verdade a representação aludida por Paulo Otero é apenas a representação voluntária dos magistrados romanos. Na literatura jurídica de língua alemã, cfr., Buchka, *Die Lehre von der Stellvertretung...*, pp. 71 e 72, autor que equipara a situação dos magistrados encarregados de administrar o património do estado à dos tutores de menores no direito privado romano; e, de forma aparentemente mais rigorosa, Mommsen, *Römisches...* I, p. 661, ao afirmar, por um lado, não terem nem o direito privado nem o direito público conhecido a representação estabelecida por lei e independente da vontade do representado e, por outro, que se o direito privado romano foi avaro na admissibilidade da representação em caso de supressão ou suspensão da capacidade, o direito público ainda o foi mais. Contudo, e logo de seguida, Mommsen, afirma, em nota de roda-pé (1), como todos os actos do estado se fundam, de algum modo, sobre uma representação. No tocante, especificamente, à representação voluntária, Mommsen admite, no próprio volume I da obra *Römisches...*, p. 646, a possibilidade de se qualificarem os auxiliares dos magistrados como seus representantes e considera, além disso, poder ver-se uma representação em todos os casos nos quais um magistrado fazia realizar por outrem actos susceptíveis de serem levados a cabo por si próprio. O alcance de semelhante afirmação é, reconheça-se, limitado de imediato, por Mommsen, ao considerar condição, da representação em causa, a ausência do magistrado, e ao afirmar como, neste sentido, o exercício da magistratura e a representação se excluem (v. ainda nota (1) à p. 646). Antes disso, porém, e sempre em *Römisches...*, I, p. 225 e ss., Mommsen admitira já a possibilidade de, pelo menos no período final da república, terem existido delegações de poderes, apesar de o delegante não se encontrar fora da cidade. Da mesma forma, e tanto a propósito da noção de promagistratura como a respeito da nomeação de auxiliares dos magistrados o autor fala expressa e claramente em representação e poderes de representação (vol. I, pp. 11 e ss., e pp. 221 e ss. e por exemplo p. 225). Finalmente, no tocante à representação jurídica do estado (vol. I, p. 235), Mommsen afirma actuar o estado, em regra, através de representação, e serem os actos dos magistrados legalmente reputados como daquele. V., por último, Ulrich Müller, *Die Entwicklung der direkten Stellvertretung...*, p. 27, para quem os exemplos de actuação representativa, detectados pela doutrina, no âmbito do direito público romano, não corresponderiam a nenhum princípio geral, mas a simples excepções, insusceptíveis de serem tomadas como padrão de comportamento. Além disso, a qualificação de tais excepções como casos de representação directa – em detrimento da respectiva tentativa de explicação como relações de organicidade decorrentes da personalidade jurídica colectiva – nem sempre se afigurará, aos olhos de Ulrich Müller, isenta de dificuldades. Sobre esta última questão, sobre a qual não parece possível encontrar unanimidade de opiniões, cfr., ainda, Wilhelm Alois, Baron v. Ledersteger-Falkenegg, *Die Entwicklung der Stellvertretung im römischen...*, pp. 66 e ss., autor que, apesar de referir a circunstância de a representação do *populus romanus* caber frequentemente no âmbito do doutrina das pessoas jurídicas colectivas, acaba por considerar como verdadeiro representante, por actuar em nome do povo romano, quem negocia géneros alimentícios destinados a Roma; e Hans Wolff, *Organschaft...*, II, *Theorie...* p. 112, nota (4), e pp. 114 e ss..

[121] Schlossmann, *Die Lehre von der Stellvertretung...*, II, pp. 163 e 164.

eles realizados, designadamente os de alienação, concediam direitos à colectividade e vinculavam-na perante terceiros[122]; b) o *foedus* e a *sponsio* celebrados entre um general ou comandante romano, por um lado, e um inimigo, por outro, vinculavam directamente Roma[123]; c) a *deditio* concluída por um magistrado submetia, ao domínio romano, povos exteriores ao império; d) o *votum* de um magistrado obrigava e adstringia o estado perante os deuses[124]; e) na eventualidade de se encontrar ausente, o general ou comandante romano tinha o direito de se fazer representar – aquando da interpretação dos *auspicia*[125] – perante os *augures*, valendo ao representante a *spectio* do próprio caudilho; f) o cidadão ausente podia fazer-se representar por outros no *census*; g) os *curiales*, uma vez alcançado o respectivo título honorífico, podiam transmitir ou encarregar um terceiro do cumprimento dos seus deveres perante a comunidade; h) finalmente, e em determinados casos, tornava-se possível intentar uma acção criminal através de terceiro.

Bastante mais incisivo na ilustração da importância assumida pela figura da representação no âmbito do direito público romano é, porém, BONFANTE[126], ao considerar como, nos primórdios de Roma, «(...) *todos os funcionários do Estado*[127] *e os sacerdotes não são outra coisa senão representantes do rei diante dos homens e dos deuses e nomeados por ele*[128]; *o* praefectus urbi, *que exerce na sua ausência a autoridade real*[129]; *os* tribuni militum, *que comandam os contingentes de*

---

[122] Para maiores desenvolvimentos a respeito dos contratos celebrados pelo estado cfr., Mommsen, *Die Römischen Anfänge von Kauf und Miethe*, in *Zeitschrift der Savigny-Stiftung für Rechtgeschichte, romanistische Abteilung*, 1885, VI, pp. 260 e ss.; e Id., *Römisches...*, I, pp. 236 e ss., relativamente às relações de natureza pecuniária entre o estado e os cidadãos.

[123] A este respeito, assim como das relações entre o estado romano e um estado estrangeiro, cfr. a título exemplificativo, Mommsen, *Römisches...*, I, pp. 246 e ss.. Especificamente sobre a *sponsio* v., *v. g.*, Adolf Berger, V.º, *Sponsio (in international relations)*, in *Encyclopedic Dictionary of Roman Law, cit.*, p. 713; Giuseppe Ignazio Luzzatto, *Sponsio*, in *Novissmo Digesto Italiano*, 1971, XVIII, p. 41.

[124] Uma análise dos contornos específicos do *votum* formulado por um magistrado pode ver-se, designadamente, em Mommsen, *Römisches...*, I, pp. 243 e ss.; e Jhering, *Geist...*, IV, p. 323.

[125] Acerca do significado e importância do *auspicium* dos magistrados na organização política de Roma v., por todos, Mommsen, *Römisches...*, I, pp. 76 e ss.; e Jhering, *Geist...*, IV, pp. 353 e ss..

[126] Pietro Bonfante, *Storia del diritto romano*, reimpressão da 4.ª edição revista pelo autor, a cargo de Giuliano Bonfante e Giuliano Grifò, Milão, I, 1959, p. 88. Entre nós v., na mesma direcção de Bonfante, Castro Mendes, *História do direito romano*, Lisboa, 1965, I, p. 123.

[127] Sobre a organização da magistratura romana e respectivas atribuições v., a título meramente ilustrativo, Jean Bodin, *Les six livres...*, *passim*, e maxime Livro III, Cap. I e ss., pp. 342 e ss. e 392 e ss.; Mommsen, *Römisches...*, *passim*, em particular no que respeita aos poderes de representação dos diferentes auxiliares ou magistrados romanos por nós não referidos no texto, com vista a não alargarmos demasiado a nossa exposição, como por exemplo os do *praefectus praetorio*; Castro Mendes, *História...*, I, *passim*; e, com carácter mais sintético, Antonio de Dominicis, *Magistrati (diritto romano)*, in *Novissimo Digesto Italiano*, 1964, X, pp. 32 e ss.; e Alberto Burdese, *Magistrato (diritto romano)*, in *Enciclopedia del Diritto*, 1975, XXV, pp. 187 e ss..

[128] Assim v., também, Jean Bodin, *Les six livres...*, Livro III, Cap. III, pp. 393, 409. Cfr., porém, Livro, III, Cap. IIII, pp. 432 e ss.. Cfr., ainda, Mommsen, *Römisches...*, I, p. 221, que a propósito da figura dos auxiliares dos magistrados – bem distinta da destes últimos ou mesmo da dos promagistrados – escreve: «*É necessário, para funcionar, a todas as magistraturas, auxiliares e agentes que actuam em virtude de mandato do magistrado do qual eles dependem, e, na medida em que não excedam*

cada tribo; o tribunus e os tribuni celerum, *que mandam na cavalaria e têm a seu*
cargo a vigilância das muralhas, das corvées *relativas e o comando supremo do exército*
na ausência do rei; os duoviri perduellionis, *juízes extraordinários para os delitos de*
alta traição; talvez os questores parricidii, *para os homicídios, (...) os pontífices*[130]*, que*

os respectivos poderes, os actos têm o mesmo efeito que os seus próprios. É neste círculo que entravam
primitivamente os actos dos questores bem como os dos tribunos, e dos outros oficiais militares; que entravam
também os officiales, (...) viatores, escribas e outros empregados; que entravam ainda os jurados, os cen-
turiões ou os soldados. O organismo político tem por condição fundamental a existência e encadeamento destes
mecanismos de que se compõe o poder público, e a nomeação de todos estes agentes, mesmo de agentes de
agentes, pertence por essência ao magistrado mais elevado; é apenas do magistrado superior que todos recebem,
de direito, o respectivo mandato, mesmo se, de facto, ele lhes chega do seu superior imediato»; e Popesco-
-Ramniceano, De la représentation..., pp. 28 e 29, o qual afirma: «De acordo com um uso antigo (...) os
magistrados romanos podiam, quando se encontravam impedidos, encarregar um colega de preencher as suas
funções. É assim que o pretor peregrino podia confiar a sua iurisdictio ao pretor urbano, quando era forçado
a ausentar-se de Roma, o pretor urbano aos praefecti juri dicundo; nas províncias, o procônsul escolhia
para seu mandatário o questor ou o seu legatus. (...) Os romanos empregavam, nestes casos, não a palavra
mandare, mas delegare. Tratava-se, no entanto, no sentido amplo do termo, de um caso de representação (...).»

[129] Durante a monarquia, e como consequência da sua natureza não hereditária, a morte
do rei originava necessariamente um processo de vacatura do trono (*interregnum*), até à designação
de um novo rei. O poder passava para o Senado, o qual sorteava um senador (*interrex*) para
exercer, por cinco dias, a autoridade real, devendo este propor um cidadão para *rex*. Na eventualidade de o sucessor apontado não ser escolhido, o Senado voltaria a designar um novo *interrex*,
num processo capaz de se prolongar quase indefinidamente – terá sido de um ano o intervalo
entre a morte de Rómulo e o advento de Numa, episódio que, segundo as fontes, se encontrará,
de resto, na origem histórica do *interregnum*. Marcado por uma origem claramente compromis-
sória, o *interregnum* viria a tornar-se numa instituição típica dos momentos de vacatura da magistratura suprema. Institucionalização que explica a respectiva recepção pela república, embora com
carácter excepcional, para os casos de falta absoluta dos cônsules (não obstante as posições mais ou
menos isoladas segundo as quais este *interregnum* seria uma invenção dos publicistas republicanos).
Visto como um anacronismo ao tempo de Cícero, o *interregnum* seria substituído por uma promagistratura (a respeito do *interregnum* v., de entre a bibliografia estrangeira existente, Jean Bodin, *Les*
six livres..., Livro III, Cap. III, p. 403; Mommsen, *Römisches...*, I, pp. 212 e 213, e maxime pp. 647
e ss.; Ugo Coli, *Interregnum*, in *Novíssimo Digesto Italiano*, 1962, vol. VIII, pp. 909 e ss.; e Alberto
Burdese, *Magistrato...*, in *Enciclopedia...*, XXV, pp. 187 e ss., maxime pp. 190 e 191. Entre nós,
referência, a título exemplificativo, para Arthur Montenegro, *O antigo direito de Roma*, Coimbra,
1898, I, p. 123; Castro Mendes, *História...*, I, pp. 124 e 125; e Paulo Otero, *O poder de substituição...*,
I, pp. 140 e ss.). Ao lado dos casos de vacatura do poder subjacentes ao *interregnum*, surgiram,
também, situações de ausência de Roma do detentor do poder supremo, quer por motivo de
guerra quer por razões de outra natureza, daí resultando naturais problemas de substituição. Durante a monarquia a ausência do rei era suprida pelo *praefectus urbi*, de que fala Bonfante, cujas
funções se prolongaram durante a república – perante a ausência dos cônsules – e o império –
diante do afastamento do imperador (cfr. Mommsen, *Römisches...*, I, pp. 661 e ss.). Mas não são
estas as únicas manifestações de substituição oferecidas pela estrutura das magistraturas romanas.
Recorde-se a figura genérica do *pro magistratu* – designação que, como se referiu já, era utilizada,
para indicar todos quantos, sem serem magistrados, estavam autorizados a exercer as funções de
magistrado, e a agir no lugar deste último – e num grau e perspectiva diferentes o *ius prohibendi* e
a *intercessio* (direito de veto concedido a um magistrado sobre as decisões de outras magistraturas)
assim como a própria ditadura ou o exercício do poder imperial (cfr., por todos, Paulo Otero, *O*
poder de substituição..., I, pp. 144 e ss.).

[130] Para uma panorâmica dos contornos da representação do estado romano nas suas relações com os deuses v., por todos, Mommsen, *Römisches...*, I, pp. 243 e ss.. Cfr., igualmente, e para

vigiavam os sacra *e se ocupavam do calendário; os* augures, *para interrogar os deuses mediante os auspícios, os* fetiales[131] *para a declaração de guerra e a observância do cerimonial internacional; as vestais, para a conservação do fogo sagrado e o culto da deusa Vesta; o* flamen dialis[132], martialis *e* quirinalis, *para o culto de Jove, de Marte e Quirino»*[133].

Os exemplos apontados – por força dos quais se verifica a divulgação, no direito público romano, de figuras como a representação, o mandato, ou institutos delas próximos – afiguram-se, no entender da doutrina romanista[134], poderosos instrumentos para a compreensão e fixação das origens de figuras como o mandato civil, a procuração, ou, em termos mais amplos, a representação de direito privado. Sobretudo se se tiver presente, por um lado, a circunstância de os deveres de lealdade e fidúcia subjacentes ao exercício de cargos públicos[135] impregnarem, de modo muito claro, o contrato de man-

---

uma apreciação genérica da influência exercida pelo princípios religiosos sobre o direito e o estado romano Jhering, *Geist...*, I, pp. 245 e ss..

[131] A respeito do formalismo a observar pelos *fetiales* na declaração de hostilidades e modo como, através do recurso a expedientes, se acabou por defraudar o cerimonial inicialmente requerido, cfr., a título meramente ilustrativo, Jhering, *Geist...*, IV, p. 351.

[132] As fontes dão-nos mesmo notícia da utilização, ao menos num caso, de representantes por parte de um *flamen dialis*, como forma de alcançar determinados resultados ou praticar actos a ele vedados. Na verdade, o *flamen dialis* estava impedido de prestar juramento, enquanto o magistrado devia, para ser investido no respectivo cargo, prestá-lo, razão pela qual as duas funções ou cargos eram inconciliáveis. Não obstante esta incompatibilidade acabou, de facto, por eleger-se como edil um *flamem dialis*. O obstáculo, levantado, por um lado, pela necessidade de o edil declarar juramento e, por outro, pela impossibilidade de o *flamen dialis* o fazer, acabou por ser ultrapassado, através da intervenção na prestação do juramento de um representante. Cfr., Jhering, *Geist...*, III, 1, p. 352.

[133] Os exemplos de representação, substituição ou delegação de poderes, no âmbito do direito público romano, referidos por Schlossmann ou Bonfante não são naturalmente exaustivos, como resulta do seu simples cotejo com quanto se escreveu já *supra* em nota no presente parágrafo. Eles são, no entanto, suficientes para demonstrar como os problemas práticos que se encontram na medula do fenómeno representativo ou da cooperação jurídica eram já conhecidos e tratados pelo direito público romano. A título ilustrativo referimos, ainda, um caso mais e de particular importância: o das delegações prescritas legalmente em favor de determinados tribunais locais. Originariamente nenhum cidadão romano podia ser julgado civilmente fora de Roma e perante um tribunal que não fosse o do pretor. Leis especiais estabeleceram, em diversos locais de Itália, *praefecti iure dicundo*, os quais exerciam uma jurisdição limitada no espaço, e provavelmente também quanto à matéria, mas, em tudo o resto, semelhante à dos pretores romanos. Aparentemente estes tribunais foram considerados como delegados dos chefes da administração judiciária, ou seja, e em primeira linha, do pretor urbano. Processo idêntico terá estado também na origem da jurisdição militar. Ulteriores detalhes sobre a representação no direito público romano podem, ainda, para além das referências que fazemos a Mommsen, ver-se através da consulta de Rudolf Düll, *Über Ansätze direkter Sellvertretung...*, in *Zeitschrift...*, LXVII, pp 179 e ss..

[134] Assim e no tocante à determinação das origens do contrato de mandato v., expressamente, Alan Watson, *Contract of mandate...*, pp. 3 e 17.

[135] Filippo Cancelli, *Ufficio...*, in *Enciclopedia...*, XLV, p. 631. (O relevo assumido no contexto do mandato, ou no de outras figuras abrangidas pelo conceito mais amplo de *officium*, pelo dever de amizade encontra-se bem documentado na fontes romanas v. *Paulus, Libro XXIX. ad Edictum* – D. 13, 6, 17, 6; *Idem, Libro XXXII. ad Edictum* – D., 17, 1, 1, 4); a outro nível, mas sempre a respeito da relevância da amizade v. *Ulpianus, Libro XXXI. ad Edictum* – D., 17, 1, 10, 4.

dato[136] – posteriormente fundido com a procuração[137] – e por outro, o facto de o referido contrato ter começado por ser celebrado, justamente, entre pessoas susceptíveis de ocuparem cargos públicos [138]. De resto, muitos dos casos ou fenómenos de representação jurídica de direito privado documentados pelas fontes surgem, precisamente, no contexto do desempenho por titulares de órgãos do estado, de actividades que, sem serem públicas, eram levadas a cabo ao serviço da *civitas* e do *populus romanus*[139]. Assim, e segundo BUCHKA, para tomar apenas um autor como exemplo[140]: a) a conclusão ou celebração de uma *stipulatio* através de um *actor municipum* concedia ao *administrator rerum civitatis* uma *utilis actio*[141]; b) a realização ou promessa de um *constitutum debitum* perante um *actor municipum* proporcionava ao município uma *actio de pecunia constituta*[142]; c) após o abandono do respectivo cargo ou função, o administrador do património municipal ficava responsável pelos vínculos resultantes de contratos celebrados ou aceites na sua própria pessoa[143]; o mesmo não sucedia, porém, com os actos realizados no exercício da função de administrador, e em exclusiva representação da cidade, os quais se repercutiam directamente sobre esta; d) o mútuo contraído em proveito do município tornava a cidade responsável pela restituição das quantias recebidas[144, 145]. Tudo isto com o consequente

---

Modernamente cfr., sempre no mesmo sentido, L. R. Taylor, *Party politics in the age of Caeser,* Berkeley, 1949, pp. 7 e ss. (*Apud*, Alan Watson, *Contract of mandate...*, p. 3 nota (3)); e Alan Watson, *Contract of mandate...*, p. 3.

[136] Cfr. *infra*, por exemplo, nota (139)

[137] V. *infra* quanto se escreve a este respeito no presente Capítulo.

[138] Alan Watson, *Contract of mandate...*, p. 3.

[139] Wilhelm Alois Baron v. Ledersteger-Falkenegg, *Die Entwicklung der Stellvertretung im römischen...*, p. 66, que considera como verdadeiro *Stellvertreter* (representante) do *populus romanus* as pessoas encarregadas de comprar mercadorias em nome do povo.

[140] Buchka, *Die Lehre von der Stellvertretung...*, pp. 71 e 72.

[141] V. *Paulus, Libro I. Manualium* – D. 3, 4, 10.

[142] *Ulpianus, Libro XXVII. ad Edictum* – D., 13, 5, 5, § 9.

[143] *Papinianus, Libro I. Responsorum* – D., 50, 8, 3, § 2.

[144] A causa em virtude da qual o devedor ficava obrigado não se encontrava, neste caso, e segundo a concepção romana, na convenção celebrada entre as partes. Semelhante causa residia, antes, na entrega efectiva de dinheiro, pelo que, conforme lembra a propósito Mommsen *Römisches...*, I, p. 238, apenas se pode falar de representação legal do estado a propósito, da recepção desse dinheiro pelos magistrados do *Aerarium*.

[145] Somente na eventualidade de o dinheiro não reverter em proveito da cidade se assistia à vinculação do representante municipal, na qualidade de contraente originário. Cfr., *Ulpianus, Libro X. ad Edictum* – D., 12, 1, 27; e Nov., 116 (120), 6, 3, do imperador Justiniano, que alarga o princípio, expresso no fragmento do Digesto acabado de citar, aos mútuos concedidos em benefício da Igreja. Na literatura jurídica cfr., sobre a problemática da representação dos municípios, entre outros, Savigny, *System des heutigen römischen...*, II, pp. 294, para quem se encontrava vigente – ao tempo em que escrevia – a regra de direito romano segundo a qual as pessoas jurídicas apenas ficavam vinculadas pelos actos capazes de effectivamente lhes aproveitarem; Jhering, *Mitwirkung...*, in *Gesammelte...*, I, p. 181; Solazzi, *Di alcuni punti controversi nella dottrina dell'acquisto del possesso per mezzo di rappresentanti*, in *Scritti di Diritto Romano*, I, pp. 296 e ss., pp. 331 e ss.; Paul Ramadier, *La représentation judiciaire des cités*, in *Études d'Histoire juridique Offertes à Paul Frédéric Girard*, Paris, 1912, I, pp. 259 e ss.; Ulrich Müller, *Die Entwicklung der direkten Stellvertretung...*, pp. 27; Hasso Hofmann, *Repräsentation...*, p. 149.

aumento da probabilidade de intromissão, no domínio do direito privado, dos figurinos próprios do *ius publicum* [146].

VII – Também no âmbito da actividade particular e individual de direito privado, a exigência de se fazer intervir um terceiro, com o fim de suprir outrem na administração de um património, acabou por se apresentar, bem cedo, designadamente, como corolário da necessidade de se encontrar um tutor[147] para o impúbere impossibilitado de, morto o pai, praticar validamente actos jurídicos[148].

---

[146] Merece particular realce a influência exercida pelas excepções, situadas no âmbito da actividade privada do estado romano, à regra do *alteri stipulari nemo potest*, quer sobre direito estatutário italiano, quer sobre a *praxis* do *Usus Modernus Pandectarum*. A este respeito, destaque na literatura jurídica, para Ulrich Müller, *Die Entwicklung der direkten Stellvertretung...*, pp. 27, 55 e ss., e 111 e ss.. Cfr., ainda *infra*, o referido no Cap. II, *passim*.

[147] Acerca desta figura da tutela e suas semelhanças e diferenças com outras figuras ao serviço da gestão de interesses alheios como são o mandato e a *negotiorum gestio*, v. por todos, Pasquale Voci, *La dottrina romana del contratto*, Milão, 1946, pp. 174 e ss., e 180 e ss., para quem: «*Existem notáveis analogias entre o regime do mandato e aquele da* negotiorum gestio; *uma vez que sobre a* neg. gestio *é moldada a tutela, podem relevar-se princípios comuns a todos os três institutos. A semelhança fundamental dos institutos que têm por objecto a gestão de negócios, ou de negócios alheios, tem sido diversamente apreciada (...). Quanto à tutela, o problema tornou-se mais complexo pelo facto de a gestão do tutor ser (...) senhorial.*»

[148] Vicenzo Arangio-Ruiz, *Il mandato...*, pp. 3 e 4. Acerca das incapacidades dos impúberes e modo como se acabou por proceder à respectiva divisão em *infantes* e *infantiae maiores*, e a respeito destes últimos em *infantiae proximi* e *pubertati proximi*, conforme estivessem mais próximos da infância ou da puberdade, v., entre nós, Cabral Moncada, *Elementos...*, II, pp. 135 e ss.; e Raúl Ventura, *História do direito romano*, Parte II, *Doutrinas gerais do direito privado*, 1949-1950, pp. 377 e ss.; em Itália merece menção Rotondi, «*Tutore e curatore*» *da testi extragiuridici e la controversia sulla pubertà*, in *Scritti Giuridici*, III, 1922, p. 483 e ss.; e Solazzi, *L'Età dell «infans»*, in *Scritti di Diritto Romano*, Nápoles, 1963, IV, pp. 653 e ss.; enquanto na literatura jurídica de língua alemã destacamos: Savigny, *System des heutigen römischen...*, III, pp. 23 e ss. Referência, também, para o estudo de Gensler, *Ist nach den römischen Gesetzen das Stufenalter eines Unmündigen ein Maßstab bei der Frage: ob die vom ihm verübte schädliche Handlung für dolos, culpos, oder für nicht imputabelm zu achten sein*, in *Archiv für die civilistische Praxis*, IV, pp. 216 e ss., maxime pp. 227 e ss. Ulteriores desenvolvimentos podem, ainda, obter-se através da consulta dos autores citados *supra* nota (10). Merece desde já, e face às divergências verificadas na doutrina, a propósito da tutela dos impúberes, mencionar a apontada insuficiência das fontes clássicas relativas a este instituto (assim, e designadamente, Fritz Schulz, *Classical roman...*, p. 163) as quais se revelam, no entender dos romanistas, frequentemente inexactas, mutiladas e interpoladas, com o consequente acréscimo de dificuldade dos trabalhos destinados a operar a respectiva reconstrução histórica – saliente-se, de resto, a existência, nesta matéria, de divergências e controvérsias entre Sabinianos e Proculeanos cujas teses vieram a prevalecer no direito de Justiniano. Isto, não obstante o facto de as Institutas de *Gaius* serem, neste ponto, relativamente detalhadas e se afigurarem, aos olhos da doutrina, bem preservadas (cfr., *Gaius* – 1, 142 a 189,196 a 199; 2, 112 e 113; v., ainda, I. J. – *De Tutelis* 1, 13; *Qui Testamento Tutores Dari Possunt*, I, 14; *De Legitima Agnatorum Tutela*, 1, 15; *De Capitis Deminutione*, 1, 16; *De legitima Patronorum Tutela*, 1, 17; *De Legitima parentum Tutelam*, 1, 18; *De Fiduciaria Tutela*, 1, 19; *De Atiliano Tutore et eo, Qui ex Lege Iula et Titia Dabatu*, 1, 20; *De Auctoritate Tutorum*, 1, 21; *Quibus Tutela Finitur*, 1, 22; *De Satisdatione Tutorum et Curatorum*; 1, 24; *De Excusationibus Tutorum et Curatorum*, 1,

O tutor, fosse o parente mais próximo da linha masculina (*adgnatus proximus*) fosse alguém indicado ou designado pelo testador, começou por ser ele próprio considerado como titular dos bens deixados pelo pai[149, 150]. Esta

25; *De Suspectis Tutoribus et Curatoribus*, 1, 26; D. – *De Tutelis*, 26, 1; *De Testamentaria Tutela*, 26, 2; *De Confirmando Tutore vel Curatore*, 26,3; *De Legitimus Tutoribus*, 26, 4; *De Tutoris et Curatoribus Datis ab is, Qui Ius dandi causis Specialiter dari Possuont*, 26, 5; *De Administratione et Periculo Tutorum et Cutatorum, Qui Gesserint vel non et de Agentibus, vel Conveniendis uno vel Pluribus*, 26, 7; *Qui Petant tutores vel Curatores et Ubi Petantur*, 26, 6; *De Auctoritate et Consensu Tutorum et Curatorum*, 26, 8; *Quando ex facto Tutoris Minores Agere vel Conveniri Possuont*, 26, 9; *De Suspectis Tutoribus et Curatoribus*; 26, 10; *De Excusationibus*, 27, I; *Ubi Pupilus Educari vel Morari Debeat, et de Alimentis ei Praestandis*, 27, 2; *De Tutelae et Rationibus Distrahendis, et Utili Curatoris Causa Actione*, 27, 3, *De Contraria tutelae et Utili Actione*, 27, 4; *De eo, Qui Pro Tutore Prove Curatore Negotia Gessit*, 27, 5; *Quod Falso Tutore Auctore Gestum Esse Dicatur*, 27, 6; *De Fideiussoribus, et Nominatoribus, et Heredibus tutorum et Curatorum*, 27, 7; *De Magistratibus Conveniendis*, 27, 8; *De Rebus, Qui Sub Tutela vel Cura Sunt Sine Decreto non Alienandis vel Supponendis*; 27, 9; C. – *De Testamentaria Tutela*, 5, 28; *De Confirmando Tutore*, 5, 29; *De Legitima Tutela*, 5, 30; *Qui petant Tutores vel Curatores*, 5, 31; *Ubi Petantur Tutores vel Curatores*, 5, 32; *De Tutoribus vel Curatoribus Illustrium vel Clarissimarum Personarum*, 6, 32; *Qui Dare tutores vel Curatores et Qui Dare non Possuont*, 5, 34; *Quando Mulier Tutlae Officio Fungi Potest*, 5, 35; *In Quibus Casibus Tutorem Habenti Tutor vel Curator Dari Potest*, 5, 36; *De Administratione Tutorum et Curatorum et de Pecunia Pupillari Foeneranda vel Deponenda*, 5, 37; *De Periculum Tutorum et Curatorum*, 5, 38; *Quando ex facto Tutoris vel Curatoris Minores Agere vel Conveniri Possuont*, 5, 39; *Si Ex Pluribus Tutoribus vel Curatoribus Omnes vel unus Agere pro Minore vel Curatoribus Omnes vel Agere pro Minore vel Conveniri*, 5, 40; *Ne Tutor, vel Curator Vectigal Conducat*, 5, 41; *De Tutore vel curatore, Qui Satis non Debit*, 5, 42; *De Suspectis Tutoribus vel Curatoribus*, 5, 43; *De im Litem Dando Tutore vel Curatore*, 5, 44; *De eo, Qui pro Tutor Negotia Gessit*, 5, 45; *Si Mater Indemnitatem Promiserit*, 5, 46; *Si Contra Matre Voluntatem Tutor Datus Sit*, 5, 47; *Ut Causae Post Pubertatem Adsit Tutorum*, 5, 48; *Ubi Pupili Educentur*, 5, 49; *De Alimentis Pupillo Praestandis*; 5, 50; *Arbitrium Tutelae*, 5, 51; *De Dividenda Tutela, et Pro Qua Parte Quisque Tutorum Conveniatur*, 5, 52; *De in Litem Iurando*, 5, 53;, *De Heredibus Tutorum*, 5, 54; *Si Tutor non Gesserit*, 5, 55; *De Usuris Pupillaribus*, 5, 56; *De Fedeiussoribus vel Curatorum*, 5, 57; *De Contrario Iudicio Tutelae*, 5, 58; *De Auctoritate Preastanda*, 5, 59; *Quando Tutores vel Curatores Esse Desinant*, 5, 60; *De Actore a Tutore seu Curatore Dando*, 5, 61; *De Excusationibus et Temporibus Earum*, 5, 62; *Si Tutor vel Curator Falsis Allegationibus Excusatus Sit*; 5, 63; *Si Tutor Reipublicae Causa Aberit*, 5, 64; *De Excusatione Veterarum*, 5, 65; *Qui Numero Liberorum se Escusant*, 5, 66; *Qui Morbo*, 5, 67; *Qui Aetate*; 5, 68; *Qui Numero Tutelarum*, 5, 69; *De Praedis et Alibis Rebus Minorum sine Decreto non Alienandi vel Obligandis*, 5, 71; *Quando decreto Opus non Est*, 5, 72; *Si Quis Ignorans, Rem Minoris Esse, sine Decreto Comparaverit*, 5, 73; *Si Maior Factus Alienationem factam Sine Decreto Ratam Habuerit*, 5, 74; *De Magistratus Conveniendis*, 5, 75). Uma apreciação mais detalhada de algumas destas fontes é feita *infra* em nota. De qualquer forma é possível confrontar o tratamento dado pela doutrina aos vários textos e fragmentos de direito romano através da consulta dos autores por nós citados, a propósito da problemática relativa à tutela, maxime nesta nota e *supra* na nota (10).

[149] As fontes dão-nos uma noção unitária de tutela, atribuída a Sérvio Sulpício, jurista dos fins da república, através do fragmento de *Paulus, Libro XXXVIII. ad Edictum* – D., 26, 1, 1). A tutela aparece definida, aí, como um poder (*vis ac potestas*), dado e permitido pelo direito civil, sobre um homem livre para o proteger nas coisas em que pela sua idade não podia defender-se. Raúl Ventura, *História do Direito...*, Parte II, p. 377, considera a qualificação da tutela como *vis ac potestas*, de direito arcaico (o vocábulo *vis* desaparece, segundo parte da doutrina romanista, do texto paralelo das Institutas de Justiniano [I. J. *De Tutelis*. I, 13, § 1]; numa opinião não sufragada por Garcia Del Corral, *Cuerpo del Derecho Civil Romano*, Barcelona, 1889, para quem a palavra *vis* se terá mantido também nas Institutas); enquanto Vicenzo Arangio-Ruiz, *Istituzioni di diritto roma-*

situação, acompanhada da existência de um poder não apenas sobre o património mas, também, sobre a pessoa do pupilo, levou a doutrina a estabelecer um paralelo entre o tutor e o *pater familias*[151, 152, 153]. Tutor que, para além de ter

---

no, 9.ª ed., revista, Nápoles, 1947, pp. 495 e 496, nota (3), julga tratar-se de definição clássica apenas respeitante à tutela legítima e mal adaptada pelos bizantinos à nova concepção segundo a qual a tutela seria um *munus* em benefício ou vantagem do pupilo. Por isso, acrescenta ou aumenta a definição de Sérvio Sulpício, iniciando-a com a palavra *Legitima*. Para além disso, Arangio-Ruiz considera toda a frase *ad tuendum eum – nequit* como não clássica. As teses de Arangio-Ruiz não mereceram o melhor acolhimento por parte de Pietro Bonfante, *Corso di diritto...*, I, p. 554, nota (I). Jörs, Kunkel e Wenger, *Römisches...*, p. 296, nota (2), sustentam o carácter carácter duvidoso da circunscrição, da definição de *Servius*, à tutela legítima, e negam a existência de quaisquer interpolações.

[150] Assim, e expressamente, Vicenzo Arangio-Ruiz, *Il mandato...*, p. 4. Cfr., também, e a título meramente exemplificativo, Pasquale Voci, *La dottrina romana...*, pp. 180.

[151] Esse paralelismo é, entre outros, estabelecido por Raúl Ventura, *História do Direito Romano...*, Parte II, p. 378. A ideia aflora no fragmento de *Paulus, Libro XXIV. ad Edictum* – D., 26, 7, 27. Afiguram-se, no entanto, necessários alguns esclarecimentos adicionais. É que, se em muitos aspectos as faculdades do tutor se assemelhavam às do *pater familias*, noutros, elas eram claramente mais limitadas. Assim, e por exemplo, o tutor carecia do *ius vitae necisque* ou do *ius vendendi*, e, apesar da tutela, o pupilo era considerado como *homo sui iuris* não se encontrando *in potestate*. Para um enquadramento de quanto se acaba de referir v. Kübler, *Die vormundschaftliche Gewalt im römischen Recht*, in *Studi in Onore di Enrico Besta per il XL Anno del suo insegnamento*, Milão, 1939, I, pp. 75 e ss.; Jörs, Kunkel e Wenger, *Römisches...*, 297; e Kunkel/Honsell, *Römisches...*, § 151, p. 420; Fritz Schulz, *Classical roman...*, p. 173.

[152] Sobre a temática relativa à tutela dos incapazes cumpre destacar a detalhada monografia de direito comum – recenseada por Jörs, Kunkel e Wenger, *Römisches...*, p. 296, nota (1); e Kunkel/Honsell, *Römisches...*, § 151, p. 420 – de Rudorff, *Der Recht des Vormundschaft*, 1832/3/4, vols. I, II e III e considerada por Bonfante, *Corso di diritto...*, I, p. 552, nota (I) (agora com o título, *Das Vormundschafsrecht*, Berlim, I, 1821-1834, I-III, edição a que, ao contrário da primeira, não tivemos acesso) como o mais amplo estudo sobre o assunto. Bonfante que levou, também ele, a cabo uma das mais aturadas e completas exposições de conjunto sobre a tutela e a curatela (v. *Corso di diritto...*, I, pp. 551 e ss.). Fica, de resto, a dever-se à escola italiana o principal contributo na revisão histórica da doutrina da tutela e curatela. Neste contexto não podem deixar de se referir nem os inúmeros estudos de Solazzi, em grande parte reunidos nos respectivos *Scritti...*, I, 1955, II, 1957, III, 1960, IV 1963 e, em muito menor menor grau, de Perozzi, *Il tutore impubere*, in *Scritti Giuridici*, a cargo de Ugo Braseilo, Vol., III, Milão, 1948, pp. 127 e ss.; Id., *Sull'abdicatio tutela*, in *Idem*, III, pp. 217 e ss., por um lado, nem, por outro, as obras de Giorgio la Pira, *La sostituzione pupillare, Riconstruzione Storico dogmatica*, in *Studi in Onore di Pietro Bonfante*, Milão, 1930, III, pp. 273 e ss.; Solazzi e Francesco Sitzia, *Tutela e Curatela (diritto romano)*, in *Novissimo Digesto Italiano*, com a colaboração de Daniela Piatelli, 1973, XIX, pp. 912 e ss.; e de Pierluigi Zannini, *Tutela (dir. rom.)*, in *Enciclopedia del Diritto*, 1992, XLV, pp. 305 e ss.; Lucetta Desanti, *De Confirmando tutore vel curatore*, Milão, 1995, *passim*. De entre as obras de língua alemã mais recentes v. Andrea Markus, *Tutela impuberis, Einfluss des Volkrrechts auf das klassische römische Vormundschaftsrecht unter besondere Berücksichtigung der gräko-ägyptischen Papyri*, Marburgo, 1989, *passim*.

[153] No direito clássico, para além da administração do respectivo património, o tutor devia ainda cuidar da pessoa do tutelado, mas não no sentido de lhe ser imposta uma obrigação de dirigir pessoalmente essa educação. As suas funções consistiam em determinar a instrução do pupilo, fixando as quantias necessárias para o efeito, de acordo com a dignidade do nascimento e faculdades do património, designadamente as retribuições dos preceptores. Em última instância caberia ao magistrado providenciar tanto sobre a educação como sobre a quantia dos alimentos.

um interesse directo e pessoal no exercício dos poderes compreendidos na tutela, era inicialmente visto, também, como um defensor dos interesses da família do impúbere[154], numa situação não desconfigurada pela obrigação de restituição – uma vez atingida pelo pupilo a puberdade – dos bens abrangidos pela tutela. A *fides* desde os primeiros tempos presente na relação entre tutor e pupilo levou, porém, e no entender dos romanistas, a generalidade dos tutores a ter constantemente presente no seu espírito e a atribuir significativa relevância ao interesse do tutelado[155]. Interesse que viria, ao longo dos séculos, a desempenhar um papel cada vez mais relevante: de ética, a necessidade de preservação e protecção da situação do pupilo, passou a jurídica[156].

Assim, e logo no âmbito do direito arcaico, começaram por surgir meios de defesa do tutelado, com carácter penal: através da *actio rationibus distrahendis* o tutor podia ser condenado a restituir o dobro dos bens por si desviados[157], enquanto pela *accusatio suspecti tutoris* era possível obter a sua destituição[158].

Sobre o assunto cfr., na literatura alemã, e a título de exemplo, Brinz, *Lehrbuch der Pandekten*, Erlangen, II, 1860, pp. 1313; Jörs, Kunkel e Wenger, *Römisches...*, p. 300; Kunkel/Honsell, *Römisches...*, § 153, p. 424; e Bonfante, *Corso di diritto...*, I, pp. 599 e 600. Ao nível das fontes cfr. *Paulus, Libro XXXVIII. ad Edictum* – D., 26, 12, 3; D., *Ubi Pup.*, 27, 2, *passim*; *De Auctoricta Prestandae* – C. 5, 49, 1 e 2.

[154] A concepção do tutor como *loco domini*, não parece ser exclusiva do direito romano arcaico, encontrando-se, segundo a doutrina romanística, vestígios desta orientação também no direito clássico. Ao nível das fontes v. *Paulus Libro VII. ad Plautium* – D., 26, 7, 27. Cfr., ainda, e designadamente, *Marcelus, Libro I. Digestorum* – D., 27, 10, 12; D. 12, 2, 17, § 2; *Paulus, Libro XXXVIII. ad Edictum* – D., 26, 7, 12, § 1; *Paulus Libro LXXII. ad Edictum* – D., 46, 2, 20, § 1; *Iulianus Libro XXII. Digestorum* – D., 47, 2, 56 (58), § 4; *Paulus, Libro XXIX. ad Edictum* – D., 13, 7, 16. Na doutrina recente, destaque para Bonfante, *Corso di diritto...*, I, pp. 603 e 604 e 607, autor que acaba por considerar as declarações clássicas, segundo as quais o tutor seria um *paene dominus* ou *loco domini*, como praticamente carecidas de significado e de conteúdo substancial, atentas as limitações e restrições aos poderes do tutor entretanto desenvolvidas pelo direito romano.

[155] O facto de o dever de tutela não encontrar, nos primeiros tempos, expressão jurídica não deve surpreender. Trata-se, no entender da doutrina romanista, de uma consequência dos ordenamentos primitivos para evidenciar, unilateralmente, o aspecto do poder e das faculdades. Isso não significa que em todas as etapas históricas se não tenha reconhecido a existência de um dever de lealdade do tutor, de carácter ético e cujo cumprimento era exigível no seio da família. O próprio sentido da expressão tutela («cuidado», «protecção») tem sido entendido como susceptível de, por si só, evidenciar a existência de uma, maior ou menor, equivalência entre, por um lado, o interesse pessoal do tutor e da família do tutelado, e por outro, o interesse do pupilo (assim, e por exemplo, Jörs, Kunkel e Wenger, *Römisches...*, 296 e 297; e Kunkel/Honsell, *Römisches...*, § 151, p. 420; Bonfante, *Corso di diritto...*, I, p. 552). De qualquer forma, as fontes retratam a importância assumida pela *fides*, desde os tempos mais antigos, no desempenho do *oficium tutelae*. V., designadamente, *Marcellus, Libro XXI Digestorum* – D., 26, 7, 30.

[156] A propósito da natureza jurídica da tutela e da evolução sofrida pela referida figura ao longo dos tempos v. Solazzi, *Istituti tutelari*, Nápoles, 1929, pp. 1 e ss., e *passim*.

[157] A respeito deste meio de protecção do impúbere v. *De Tutelae et Rationibus Distrahendis, et utili curationis Causa Actione* – D., 27, 3; *Arbitrium Tutelae* – C., 5, 51; *De Litem Iurando* – C., 5, 53. Na doutrina cfr., por todos, Rudorff, *Das Recht...*, III, pp. 1 e ss.; Solazzi, *Istituti...*, *passim*, maxime pp. 10 e 11, 254 e ss.; Id., *Sull'actio rationibus distrahendis*, in *Scritti...*, II, pp. 201 e ss.; De Robertis, Tutor et actio furti, in *Scritti Vari di Diritto Romano*, III, *Diritto Penale*, Bari, 1987; pp. 347 e ss..

[158] Acerca do sentido e alcance desta acção v. *De Suspectis Tutoribus et Curatoribus* – I. J., 1, 26; *De Suspectis Tutoribus et Curatoribus* – D., 26, 10; *De Suspectis Tutoribus vel Curatoribus* – C., 5,

A partir da república a tendência desenhada, no sentido de limitar os poderes do tutor, acentua-se. Ao lado das primitivas formas de tutela surge, em época relativamente antiga, uma nova classe: a tutela oficial. De acordo com a *Lex Atilia* (ano 186 a. C.), na falta de tutor legítimo ou testamentário, devia proceder-se à sua nomeação oficiosamente, num processo que culminaria com a consagração de um magistrado especial para o exercício destas funções oficiosas: *o praetor tutelarius*[159, 160]. Este tutor, também designado atiliano, não podia, ao contrário do permitido pelo direito arcaico ao tutor legítimo, transmitir o respectivo cargo, nem deixar de o aceitar, excepto se verificadas determinadas circunstâncias[161], numa demonstração de como na base desta nova forma de tutela estava a consideração ou princípio segundo o qual a preservação e defesa do bem-estar do pupilo correspondia a um dever[162].

---

43. De entre a bibliografia que tomámos em consideração, especificamente sobre a *accusatio suspecti tutoris*, destacamos, Solazzi, *La minore età nel diritto romano, Appendici*, I, Roma, 1912, pp. 259 e ss.; Id., *Instituti...*, pp. 207 e ss.; Id., *Tutor suspectus*, in *Scritti*,... II, pp. 101 e ss.; R. Taubenschlag, *Vormunschaftsrechtliche Studien. Beiträge zur Geschichte des römischen und griechischen Vormundschaftsrecht*, Lípsia-Berlim, 1913, pp. 27 e ss.; Berger, *Zur Lehre vom Tutor suspectus*, in *Zeitschrift der Savigny-Stiftung für Rechtgeschichte, romanistische Abteilung*, XXXV, 1914, pp. 39 e ss.; Henrich-Hans Kaden, *Recensão a Laprat, René, Le crimem suspecti tutoris*, *Nancy, Imprimerie M. Colin, 1929 – 339 seiten*, in *Zeitschrift der Savigny-Stiftung für Rechtgeschite, romanistische Abteilung*, LXVIII, p. 699 e ss.; René Laprat, *Le crimen suspecti tutoris*, Nancy, 1926, *per totum*. Para um estudo das variadas acções derivadas da tutela, e designadamente da *actio tutelae*, cuja análise não empreenderemos aqui por não caber no nosso objecto, pode, ainda, ver-se, a título meramente exemplificativo, e em termos genéricos, para além da já referida obra fundamental de Rudorff, *Das Recht...*, III, pp. 1 e ss.; Gaston François Marie de Caqueray, *Explication des passages de droit privé contenus dans les oeuvres de Cicéron*, reimpressão da edição de Paris, 1857, Aalen, 1969, pp. 79, 163, 420 e 421, 488; Wilhelm Alois Baron v. Ledersteger-Falkenegg, *Die Entwicklung der Stellvertretung im römischen...*, *passim*, maxime pp. 21 e ss., pp. 35 e ss.; Jörs, Kunkel e Wenger, *Römisches...*, pp. 300 e ss.; e Kunkel/Honsell, *Römisches...*, § 153, p. 424 e ss.; Bonfante, *Corso di diritto...*, I, pp. 612 e ss.; Solazzi, *Tutore e «periculum culpae»*, in *Scritti...*, IV, pp. 1 e ss.; Pierluigi Zannini, *Tutela...*, in *Enciclopedia...*, p. 309 e ss..

[159] V., *Gaius*, 1, 185, que refere, ainda, a *Lege Iulia et Titia*, cujo conteúdo material seria semelhante ao da *Lex Atilia*, mas com um *âmbito de aplicação territorial limitado às províncias*; I.J. *De Atiliano Tutore et eo, Qui ex Lege Iula et Titia Dabatu*, I, 20. Para mais pormenores acerca do conteúdo desta lei v. Siro Solazzi, *La «Lex Atilia» nel Digesto*, in *Studi sulla Tutela*, Módena 1925, pp. 29 e ss. (= *Scritti...*, III, pp. 103 e ss.).

[160] A doutrina considera como pouco provável que a *Lex Atilia* tenha vindo consagrar o tutor oficioso como inovação. O seu objecto terá possivelmente sido o de limitar o poder dos pretores na nomeação dos novos tutores. Assim, refiram-se, por exemplo, Mitteis, *Römisches Privatrecht...*, I, 41, nota (4); Fritz Schulz, *Classical roman...*, pp. 167 e ss.; e Bonfante, *Corso di diritto...*, I, pp. 577 (v., porém, em sentido aparentemente contraditório, do mesmo Bonfante, *Istituzioni di diritto romano*, reimpressão da 10.ª ed., Turim, 1966, p. 225). Para uma panorâmica geral acerca da figura do tutor oficioso e das entidades com competência para proceder à respectiva nomeação cfr., a título meramente indicativo, e para além das obras já referidas nesta nota, Solazzi, *Istituti...* pp. 1 e ss.; Jörs, Kunkel e Wenger, *Römisches...*, p. 299 nota (1); e Kunkel/Honsell, *Römisches...*, § 152, p. 423.

[161] Jörs, Kunkel e Wenger, *Römisches...*, p. 300, e Kunkel/Honsell, *Römisches...*, § 152, p. 424; Bonfante, *Corso di diritto...*, I, p. 566 e 567.

[162] Jörs, Kunkel e Wenger, *Römisches...*, p. 300; e Kunkel/Honsell, *Römisches...*, § 152, p. 424.

Com o início do período clássico as restrições, aos poderes do tutor, tornaram-se cada vez maiores e mais significativas. Proibiu-se a doação ou validação, através da *auctoritas* do tutor, de qualquer doação de bens do pupilo[163]. Por Senatus Consulto, emanado sob os imperadores Severo e Caracala no ano de 195 d. C. (*Oratio Severi*), vedou-se a alienação dos *praedia rustica* ou *suburbana* abrangidos pelo regime da tutela, sem a autorização de um magistrado ou do príncipe, a qual só seria dada em caso de necessidade grave[164]. Com Constantino impediu-se, igualmente, o tutor de alienar os *praedia urbana*. O mesmo aconteceu, mais tarde, com os objectos preciosos. Sétimo Severo deu início à fiscalização da tutela pelos órgãos do estado, tudo numa evolução que culminaria no direito justinianeu, altura a partir da qual se estabeleceu, por um lado, a necessidade de o tutor pedir autorização judicial para receber pagamentos importantes, e por outro, a obrigatoriedade de justificar o emprego das quantias recebidas[165, 166].

Do ponto de vista da actuação, ou exercício das respectivas funções, eram dois os meios jurídicos ao dispor do tutor: a *gestio* ou *negotiorum gestio* e a *auctoritas* ou *auctoritas interpositio*.

---

[163] Proibição resultante, no entender de Bonfante, *Corso di diritto...*, I, p. 604, da própria jurisprudência clássica.

[164] *Ulpianus, Libro XXXV. ad Edictum* – D., 27, 9, 1, § 2. Na literatura jurídica a propósito deste Sénatus-Consulto de Severo e Caracala (*Oratio Severi*), v., por todos, Solazzi, *Curator impuberis*, Roma, 1917, pp. 118 e ss.; Norbert Ogris, *Guter Glaube an die Vertretungsmacht – eine dogmengeschichtliche Untersuchung zu § 366 Abs. 1 HGB*, Bochum, 1987, pp. 32 e 33.

[165] Para um maior desenvolvimento acerca das limitações e restrições que os poderes do tutor foram sofrendo ao longo dos séculos, não apenas no tocante aos actos de alienação ou oneração dos bens do pupilo, mas, também, relativamente, aos actos de gestão, pode consultar-se, designadamente, Raúl Ventura, *História do Direito Romano. Direito...*, parte II, pp. 389 e 390; Jörs, Kunkel e Wenger, *Römisches...*, p. 298; e Kunkel/Honsell, *Römisches...*, § 151, p. 422; Fritz Schulz, *Classical roman...*, pp. 163 e ss.; Bonfante, *Corso di diritto...*, I, pp. 603 e ss.. Deve referir-se a circunstância de, ao lado das acções conferidas pelo direito arcaico – e cujo âmbito se alargou durante o período clássico ou pós-clássico – ter surgido no período republicano uma nova acção: a *actio tutelae*, já conhecida por *Quintus Mucius* como *iudicum bonae fidei* (cfr., Cícero, *Dos deveres...*, 3, 70 [edição citada, p. 140]). Esta acção, que em função da confiança subjacente à relação entre tutor e pupilo, atribuía a nota de infâmia (*Iulianus, Libro I. ad Edictum*, D., 3, 2, 1), assumiu, no entender da doutrina, a maior importância no desenvolvimento e configuração posterior do instituto da tutela, designadamente na construção pelo direito clássico da responsabilidade do tutor (sobre este último assunto confira-se, a título exemplificativo, Jörs, Kunkel e Wenger, *Römisches...*, p. 302; e Kunkel/Honsell, *Römisches...*, § 154, p. 427. Em termos genéricos, sobre a responsabilidade do tutor destacamos, entre outros, De Robertis, *La responsabilità del tutores nel diritto romano*, Bari, 1960, *per totum*). V., também a bibliografia citada *infra* a propósito dos mecanismos previstos pelo direito romano como forma de evitar abuso dos poderes representativos.

[166] A doutrina discute a questão de saber se o procurador romano não estaria sujeito a restrições equivalentes às desenvolvidas a propósito da tutela. Sobre o assunto refira-se, a título incidental, Bonfante, *Facoltà e decadenza del procuratore romano*, in *Scritti Giuridici Varii*, reimpressão, Turim, 1926, III, pp. 250 e ss., autor que duvida do carácter clássico das limitações que impediam o *procurator omnium bonorum* de praticar, sem mandato especial, actos que ultrapassassem a gestão ordinária, particularmente os actos de alienação – numa posição expressamente sufragada e desenvolvida, por Feliciano Serrao, *Il Procurator, cit.*, pp. 22 e ss.. Para mais pormenores e referências bibliográficas a propósito da figura do *procurator*, cfr., *infra*, o presente Capítulo, designadamente, parágrafo 6.

A *auctoritas tutoris* consistia na cooperação ou colaboração, por parte do tutor, na realização de um acto levado a cabo pelo pupilo. Noutros termos, de um complemento ao acto deste último. A sua essência não se afigura, aos olhos dos romanistas, susceptível de verdadeira apreensão sem o estabelecimento de uma ligação com análogas funções de direito público. A *auctoritas* do tutor parece, no dizer de BONFANTE, configurar-se, como uma figura simétrica ou paralela à *auctoritas senatus* sobre as deliberações do povo. A hipótese de ambas se revelarem ou surgirem como atenuadas relíquias de uma originária *potestas* – os senadores originários eram, com probabilidade, *patres gentium* – afigura-se plausível, permitindo conceber a *auctoritas tutoris* como um instituto com origem num poder enfraquecido.

A interposição da *auctoritas* apenas era admissível ou possível se o impúbere tivesse já ultrapassado a fase da infância[167] por pressupor a existência de uma declaração de vontade, por parte do pupilo, dada na presença do tutor e com o respectivo consentimento[168]. O pupilo *infantia maior* podia melhorar a sua condição sem intervenção tutelar, mas não lhe era dado vincular-se nem diminuir o património que lhe pertencia[169]. Apenas a jurisprudência, ao que parece, terá reconhecido, a partir de António Pio, a responsabilidade do pupilo na medida do enriquecimento verificado na sua esfera jurídica[170]. Os actos relativamente aos quais não era possível cindir o lado passivo ficavam-lhe, sem a intervenção do tutor, vedados. Todavia, com a intervenção da *auctoritas tutoris* o pupilo passava a poder realizar qualquer acto patrimonial[171].

Através da *negotiorum gestio* o tutor realizava uma gestão senhorial, não uma gestão representativa. Ele podia alienar – e de início alienava livremente – os bens do pupilo, mas não podia contrair obrigações nem adquirir quaisquer bens em nome do tutelado. Os contratos, os actos de obtenção de crédito, ou quaisquer outros de natureza análoga, obrigavam, apenas, o próprio tutor. Só com o termo da tutela se assistia ao surgimento de uma obrigação de

---

[167] Acerca da idade limite fixada para a infância cfr., designadamente, os autores referidos *supra* nota (148).

[168] A necessidade de semelhante declaração de vontade tem permitido à doutrina afastar e distinguir a hipótese descrita no texto da figura da representação. Assim, e por todos, Raúl Ventura, *História do Direito Romano...*, parte II, p. 388.

[169] Nestes termos, o pupilo não ficava nunca obrigado pelo lado passivo. V., entre muitos outros, a título simplesmente indicativo, Savigny, *System des heutigen römischen...*, III, pp. 26 a 28, 39 e ss..

[170] A questão da vinculação e responsabilidade do tutelado pelo respectivo enriquecimento tem sido considerada como uma questão ainda em aberto pelo facto de as fontes disponíveis se encontrarem fortemente interpoladas. Sobre este assunto, v., a título meramente ilustrativo, H. Siber, *Römisches Recht, in Grundzügen für die Vorlesung*, II, *Römisches Privatrecht*, 1928, pp. 45, 222, 316; Id., *Das angebliche rescriptum divi Pii über Bereicherungsklagen gegen Mündel*, in *Zeitschrift der Savigny-Stiftung für Rechtsgeschichte, germanistische Abteilung*, LIII, 1933, p. 471; G. H. Maier, *Praetorische Bereiche ungsklagen*, 1932, pp. 3 e ss.; Albertario, *Responsabilità del pupillo fino al suo arricchimento per il dolo del tutor,* in *Studi di diritto romano*, Milão, 1946, IV, p. 321 e ss.. Id., *Responsabilità dell pupillo derivante dal sua arricchimento per gli atti compiuti senza l' «auctorictas tutoris»*, in *Idem*, pp. 339 e ss.; Fritz Schulz, *Classical roman...* p. 177.

[171] Para ulteriores desenvolvimentos, e para além da bibliografia já citada nas notas anteriores, cfr., Solazzi, *La prestazione dell' «auctoritas» e la pluralità dei tutori*, sep. *de Atti dell' Academia di scienze Morali e Politiche della Società Reale di Napoli*, vol. LVII, Nápoles, 1935.

transferir para o pupilo os activos adquiridos durante a gestão tutelar. Nesta altura nascia, igualmente, para o tutelado, o dever de exonerar o tutor das obrigações assumidas. Perante semelhante configuração da *gestio* compreende-se o facto de o tutor estar impedido de realizar aqueles actos – como a aceitação ou renúncia de uma herança, a *optio*, a constituição de um procurador *ad litem*[172] – que pressupusessem uma intervenção pessoal do pupilo[173]. Nestas hipóteses, e se o pupilo era ainda infante, ou se interpunha um escravo seu ou um servo público, que adquiria necessariamente para o impúbere[174], ou se esperava pela idade da infância.

O estado de coisas acabado de descrever não se manteve, todavia, permanentemente inalterado. A limitação da *gestio* livre e originária – correspondente, no dizer da doutrina ao conceito romano da *administratio* – surgiu acompanhada pelo aparecimento e desenvolvimento da *gestio* representativa[175]. Ela foi reconhecida pelo pretor na *bonorum possessio*[176]. Valentino e Teodósio admitiram-na, por Constituição imperial datada de 426 d. C., como forma de aceitação de herança civil[177]. Justiniano consagrou-a genericamente como modo de aquisição da posse e, por conseguinte, da propriedade[178]. Expedientes vários na

---

[172] Sobre esta figura conferir *infra*, designadamente notas (265) e (623).

[173] A impossibilidade de tais actos serem realizados pelo tutor também já tem sido explicada em função do carácter solene dos mesmos ou em razão da respectiva gravidade. Esta tentativa de aclaração é rejeitada por Bonfante, *Corso di diritto*..., I, p. 603, atenta a circunstância, referida pelo autor, de o tutor poder praticar outros actos solenes e civis em ordem ao património do pupilo.

[174] *Gaius, Libro XXVII. ad Edictum provinciale* – D., 26, 6, 6. Veja-se, também, a título exemplificativo, a hipótese referida por Jhering, *Geist*..., III, 1, p. 253.

[175] Cabral Moncada, *Elementos de História do Direito*..., II, pp. 153 e 288, considera de direito clássico a admissibilidade de representação directa por parte do tutor. Ao nível das fontes v. sobre este assunto, *Ulpianus, Libro XXXVI. ad Edictum* – D., 26, 7, 9; e *Ulpianus, Opiniones, libro I* – D., 26, 7, 2. Relativamente ao direito antigo, e no sentido da inadmissibilidade de representação no contexto da tutela v., Jhering, *Geist*..., II, 1, pp. 106 e 107; enquanto Fritz Schulz, *Classical roman*..., pp. 175 e 438 e 439, defende a tese segundo a qual no período clássico, ainda, não existiriam, salvo um único caso relacionado com o *procurator ommium bonorum*, quaisquer excepções à regra da proibição da representação directa, e os casos documentados pelas fontes corresponderiam a interpolações pós-clássicas; opinião partilhada por Joseph Plescia, *The development of agency*..., in *Labeo*..., XXX, pp. 181 e 182, defensor da tese segundo a qual no direito clássico o tutor não poderia, ainda, *agir alieno nomine*, excepto como *nuncius*.

[176] Fora do âmbito de acção do pretor, as dificuldades para aceitação de uma herança por parte de um impúbere, sobretudo se fosse *infante*, eram significativamente acrescidas e deram origem a expedientes vários, cuja análise e estudo se remete, a título ilustrativo, e de entre a bibliografia que consultámos, para Savigny, *System des heutigen römischen*..., III, pp. 46 e ss..

[177] Bonfante, *Corso di diritto*..., I, p. 607.

[178] Existe uma bibliografia interminável sobre a problemática da aquisição da posse no direito romano, e designadamente sobre a intervenção de terceiros na sua obtenção. Limitamo-nos a remeter, por ora – e para além das obras, com carácter mais ou menos genérico, já citadas, nas quais é tratada tanto a problemática da posse como da representação em Roma – para Savigny, *Der Recht*..., *passim*; Id., *System des heutigen römischen*..., III, *passim*, maxime pp. 49 e ss., p. 94. Referência à parte, pelas características das obras, merecem Lorenz Hauser, *Stellvertretung in Besitze*, Lípsia, 1870, pp. 7 e ss., Schlossmann, *Der Besitzerwerb*..., p. 1 e ss.; Solazzi, *Di alcuni punti controversi nella dottrina romana dell'acquisto*..., in *Scritti*..., I, pp. 296 e ss.. Mais recentemente pode ver-se com

assunção de obrigações e obtenção de direitos de crédito permitiram a repercussão directa, de umas e outros, na esfera do pupilo[179, 180].

VIII – O mesmo fenómeno que esteve na base da consagração e desenvolvimento da figura da tutela levou os romanos a conceberem, desde bem cedo, o instituto da curatela[181], como forma, também aqui, de, mediante a intervenção de um terceiro, se assegurar a administração de determinados bens.

---

ampla indicação bibliográfica, Bonfante, *Corso di diritto...*, III, pp. 166 e ss., maxime, p. 360 e ss.; e Jörs, Kunkel e Wenger, *Römisches...*, p. 101 notas (4) e (5), e pp. 111 e ss., igualmente com indicações literárias; Kunkel/Mayer-Maly, *Römisches...*, § 55 pp. 131 e ss.. Ulteriores referências acerca da aquisição da posse através de terceiros, no direito romano, encontram-se *infra*, se bem que, sempre, com carácter fragmentário.

[179] Cfr., Solazzi, *Le azioni dell pupillo e contro il pupillo per il negozi conclusi dal tutore*, *Contributo alla storia della rappresentanza...*, *passim*; Popesco-Ramniceano, *De la représentation...*, pp. 88 e ss., autor que após uma detalhada análise do mecanismo de funcionamento da tutela à luz do direito romano afirma (p. 116): «*Podemos concluir (...) que se chegou, de facto, nesta matéria, a uma verdadeira representação (...). Pois, que as acções dadas ao pupilo ou contra ele, tenham sido úteis em vez de serem directas, não havia, no fundo, nenhuma diferença. O resultado era sempre o mesmo. A nova ideia, não obstante o princípio antigo da não representação, abriu assim um novo caminho neste direito romano que, como nenhum outro, sabia conciliar as regras tradicionais com os princípios novos que se vinham juntar a elas, para as tornar mais justas, mais equitativas, mais conformes às necessidades inesperadas que a vida jurídica de um povo cria a cada passo*»; Bonfante, *Corso di diritto...*, I, p. 607; Ascoli, L'actio negotiorum directa contro il pupilo, in *Studi...*, IV, II, pp. 684 e ss.. Acerca da representação processual do pupilo e processos relativos a menores v., Solazzi, *La minore...*, pp. 196 e ss.; Id., *Diritto officiale e diritto popolare nella rappresentanza dei pupilli*, in *Scritti di Diritto Romano*, II, pp. 167 e ss..

[180] A esta tutela haveria que juntar a tutela feminina (*tutela mulierum*) a que se encontravam sujeitas, no direito romano antigo e clássico, e com excepção das vestais, todas as mulheres. A figura acabou, porém, por ser afectada por uma forte decadência que conduziria ao respectivo desaparecimento. Assim, e segundo os romanistas, a *tutela mulierum* não seria sequer mencionada no Código Teodosiano e, ao tempo de Justiniano, teriam sido interpolados os textos de literatura clássica, com vista a justificar a supressão da tutela em razão do sexo. Desta forma, fragmentos que respeitavam à tutela feminina passaram a referir-se à tutela dos impúberes e a menção ao tutor *mulierum* foi substituída por uma menção ao tutor *pupilar*. Cfr., por todos, Solazzi, *Sulle tracce del tutor mulieres*, in *Studi...*, pp. 16 e ss.; e Solazzi e Francesco Sitzia, *Tutela e Curatela...*, in *Novissimo...*, XIX, pp. 917 e 918.

[181] A respeito desta figura e suas diversas formas, v., na doutrina, designadamente, e em termos genéricos, Wilhelm Alois, Baron v. Ledersterger-Falkenegg, *Die Entwicklung der Stellvertretung im römischen Recht...*, pp. 33 e ss., 70 e ss.; Cabral Moncada, *Elementos de História do Direito...*, II, pp. 140 e ss., 168 e ss.; Jörs, Kunkel e Wenger, *Römisches...*, p. 305 e ss.; e Kunkel//Honsell, *Römisches...*, § 156, p. 430; Raúl Ventura, *História do Direito Romano. Direito...*, Parte II, pp. 395 e ss.; Alan Watson, *Contract of mandate...*, p. 9; Gian Gualberto Archi, *Curatela (dir. rom.)*, in *Enciclopedia del Diritto*, 1962, XI, pp. 489 e ss.; Bonfante, *Corso di diritto...*, I, pp. 642; Castro Mendes, *História...*, II, pp. 83 e 84; Solazzi e Francesco Sitzia, *Tutela e curatela...*, in *Novissimo...*, XIX, pp. 918 e 919.

A curatela (*cura*) consistia numa instituição semelhante à tutela e era exercida sobre pessoas livres. A sua evolução histórica foi em tudo semelhante à da tutela[182]. Nas suas formas mais antigas aparecia como uma *potestas*, pertencente ao curador[183] (*curator*) tanto no interesse da família do sujeito à curatela, como no interesse próprio deste[184]. Posteriormente, ainda antes da tutela e de forma mais decisiva, tomou o carácter de uma instituição em que o aspecto predominante era o dever do curador, cuja função se converteu num cargo público sujeito à inspecção das autoridades romanas[185].

As formas mais antigas de curatela foram a *cura furiosi* e a *cura prodigi*. Analisaremos cada uma delas de forma separada.

Segundo a Lei das XII Tábuas, os dementes ou *furiosi* [186] eram protegidos e encontravam-se debaixo da *potestas* dos agnados ou *gentiles* (*cura legitima*)[187]. Mais tarde, quando o interesse do incapaz triunfou sobre o do grupo familiar, a curatela legítima foi suplantada por uma curatela de instituição ou nomeação realizada pelo magistrado, espécie de curatela dativa[188] (*curator honorarius*).

Os princípios que regiam a *cura furiosi* eram em grande medida os mesmos que vigoravam para a tutela dos impúberes. Assim sucedia, designadamente, com a doutrina das *excusationes*, as restrições impostas aos poderes dos tutores

---

[182] A título meramente ilustrativo refira-se Solazzi, *La minore...*, *passim*; Id., *Curator...*, *passim*; Vicenzo Arangio-Ruiz, *Il mandato...*, p. 4. Particularmente significativa parece ser a circunstância de nos textos de direito justinianeu ambas as figuras obedecerem, frequentemente, e do ponto de vista sistemático, a uma regulamentação uniforme.

[183] Cfr., XII Tábuas, 5, 7, a; *Ulpianus, Libro I. ad Sabinum* – D., 27, 10, 1 (mas segundo alguns autores de autenticidade duvidosa); *Ulpianus, Libro III. de officio proconsulis* – D., 26, 5, 12, § 2. Ao nível da doutrina v., entre outros, Solazzi, *Curator...*, pp. 98 e ss. e 120 e ss.; Cabral Moncada, *Elementos de História do Direito...*, II, p. 168; Jörs, Kunkel e Wenger, *Römisches...*, 305; Kunkel/Honsell, *Römisches...*, § 156, p. 430; e Bonfante, *Corso di diritto...*, I, pp. 650 e 651 ss., e 653 nota (1).

[184] Jörs, Kunkel e Wenger, *Römisches...*, p. 305; Kunkel/Honsell, *Römisches...*, § 156, p. 430. Em direcção parcialmente diversa, e considerando que a *cura furiosi* consistia num poder organizado mais no interesse da família do que no do próprio incapaz, cfr., Cabral Moncada, *Elementos de História do Direito...*, II, p. 168.

[185] Jörs, Kunkel e Wenger, *Römisches...*, p. 305; e Kunkel/Honsell, *Römisches...*, § 156, p. 430.

[186] Acerca da distinção entre dementes e *furiosi*, v., com carácter ilustrativo, Bonfante, *Corso di diritto...*, I, pp. 643 e ss..

[187] Tal como na tutela, eram primeiro chamados os agnados mais próximos e na sua falta os *gentiles*.

[188] Não parece ter existido uma curatela testamentária ao lado da deferida por lei ou da pertencente ao *curator honorarius* (*Gaius, Libro III. ad edictum provinciale* – D., 27, 10, 13, e na bibliografia moderna, com carácter ilustrativo, Solazzi e Francesco Sitzia, *Tutela e Curatela...*, in *Novissimo...*, XIX, p. 918; e Bonfante, *Corso di diritto...*, I, p. 643 [em sentido aparentemente contrário, Cabral Moncada, *Elementos de História do Direito...*, II, p. 168]. Todavia, o pretor costumava, segundo a doutrina romanista, ter em conta a última vontade do pai para a escolha do curador. Cfr., ao nível das fontes, *Tryphoninus, Libro XIII. Disputationum* – D., 27, 10, 16, pr.; e *Iulianus, Libro XXI. Digestorum* – D., 26, 3, 1, 3. Modernamente v., Jörs, Kunkel e Wenger, *Römisches...*, p. 305). No tocante, especificamente, à polémica travada em torno da evolução das diversas formas de *cura furiosi*, seu culminar no direito justinianeu, e necessidade de confirmação pelo magistrado v., por todos, Bonfante, *Corso di diritto...*, I, pp. 651 e ss.. Como manifestações clássicas da importância do interesse na configuração da curatela *furiosi* v., *Marcellus, Libro I. Digestorum* – D., 27, 10, 12; *Gaius, Libro I. de Manumissionibus* – D., 27, 10, 17.

e a responsabilidade destes em virtude de má administração. Se não houve uma acção semelhante à *actio tutela* e tão eficaz como ela para a prestação de contas, existiu, no entanto, a *actio negotiorum gestorum* útil, não muito distinta da prevista para os menores de 25 anos contra os seus curadores[189, 190].

Do ponto de vista dos respectivos poderes, o *curator furiosi* teria inicialmente a guarda da pessoa do incapaz[191]. Na época clássica a sua intervenção ficou restringida à gestão do património do *furiosus* ou *mente captus*[192]. Como o sujeito à curatela era absolutamente incapaz, o curador não gozava da possibilidade de recurso à *auctoritas*, mas apenas se podia socorrer da *negotiorum gestio*, nos mesmos termos em que o fazia o tutor do *infans*. Os actos e negócios jurídicos do alienado eram realizados pelo curador, através de um processo de substituição da pessoa daquele, primeiro como seu representante social e indirecto, depois, como seu representante legal e directo, quando a ideia de representação foi lentamente abrindo caminho através do direito romano[193].

Quanto à *cura prodigi* ela exercia-se sobre pessoas as quais, apesar de não terem as respectivas faculdades intelectuais afectadas, corriam o grave risco de colocar em perigo os seus interesses patrimoniais, pessoais e familiares, em razão de uma manifesta tendência para a prática de actos de dissipação ou alienação injustificável[194]. À semelhança do verificado com a *cura furiosi*, também aqui, a Lei das XII Tábuas ordenava que se desse ao pródigo um curador[195]. O sujeito à curatela era privado da administração dos seus bens, confiados aos agnados e *gentiles*, num fenómeno considerado pela doutrina como prova segundo a qual, também aqui, se tinha em vista, antes de tudo, o

---

[189] Para uma referência à *cura minorum* v. *infra*, neste parágrafo.

[190] *Paulus, Libro VIII. ad Sabinum* – D., 27, 3, 4, § 3; e *Ulpianus, Libro XXXV. ad Edictum* – D., 27, 3, 13. Na doutrina limitamo-nos a remeter para Cabral Moncada, *Elementos...*, II, pp. 168 e 169.

[191] V., XII Tábuas, 5, 7, a. Na doutrina v., por todos, as considerações tecidas sobre a natureza da *potestas* do curador do *furiosus* e sua evolução, Gian Gualberto Archi, *Curatela...*, in *Enciclopedia...*, XI, pp. 490 e ss..

[192] V., a este respeito, *Iulianus, Libro XXI. Digestorum* – D., 27, 10, 7, pr.. A autenticidade deste fragmento é, todavia, contestada. V., *Index interp.*, assim como Jörs, Kunkel e Wenger, *Römisches...*, p. 305 nota (3); Kunkel/Honsell, *Römisches...*, § 156, p. 431, nota (7); Ernst Rabel, *Grundzüge des römischen Privatrechts*, 2.ª ed., Basileia, 1955, p. 41, nota (3), segundo o qual a expressão *tueri* só seria utilizada nos textos interpolados; no que é secundado por Bonfante, *Corso di diritto...*, I, p. 650 nota (3).

[193] Assim, e expressamente, Cabral Moncada, *Elementos...*, II, p. 169.

[194] Acerca da *cura prodigi* v., de entre a múltipla literatura sobre o tema, e com carácter exemplificativo, de entre a que tomámos em consideração, Ivo Pfaff, *Zur Geschichte der Prodigalitätserklärung*, Viena, 1911, *per totum*; Cabral Moncada, *Elementos...*, II, pp. 171 e ss.; P. Collinet, *L'origine du décrét d'interdiction des prodigues*, in *Mélanges...*, I, pp. 147 e ss.; Fernand de Visscher, *La curatelle et l'interdiction des prodigues*, in *Mélanges...*, II, pp. 539 e ss.; Solazzi, *Interdizione e cura del prodigo nella legge delle XII tavole*, in *Studi...*, I, pp. 47 e ss (= *Scritti di Diritto...*, III, p. 245 e ss., cita-se por este último local); Solazzi e Francesco Sitzia, *Tutela e curatela...*, in *Novissimo...*, XIX, p. 918; Gian Gualberto Archi, *Curatela...*, in *Enciclopedia...*, XI, pp. 490 e ss.; Bonfante, *Corso di diritto...*, I, pp. 655 e ss..

[195] XII Tábuas, 7, b; *Ulpianus, Libro III. de officio proconsulis* – D., 26, 5, 12, § 2; Id., *Libro I. ad Sabinum* – D. 27, 10, 1; e *Pomponius, Libro XXXIV. ad Sabinum* – D., 50, 17, 40, onde se equipara, embora de forma considerada excessiva pela doutrina romanista, os pródigos aos *furiosi*.

interesse da família. Tanto mais quanto a interdição recaía, de início, apenas sobre os bens herdados dos pais e avós. Relativamente a estes, o pródigo viria a encontrar-se possivelmente numa situação idêntica à do *furiosus* e à do *infans*, sem qualquer capacidade para a prática de actos jurídicos. Posteriormente, e também no período clássico, com a transformação do conceito e função do instituto em análise, o qual passou a servir novos fins sociais de protecção dos incapazes, a regra modificou-se: a incapacidade do pródigo alargou-se no tocante aos bens por ela abrangidos, mas restringiu-se do ponto de vista do respectivo conteúdo. Por um lado, e para além dos bens herdados da família, foram retirados à administração do pródigo, e sujeitos à curatela, todos os bens do seu património; por outro, o pródigo deixou de ser considerado como absolutamente incapaz e passou a ser tratado em moldes semelhantes aos dos *infantia maiores*. A partir de então ele passou a poder praticar livremente todos os actos de aquisição que melhorassem a sua condição, embora não pudesse praticar actos de alienação ou assumir obrigações, susceptíveis de piorarem a respectiva situação patrimonial.

A qualidade das pessoas a quem a *cura prodigi* podia ser deferida era a requerida para a curatela dos *furiosi*; os poderes dos curadores eram também, e em ambas as formas de curatela, os mesmos; as acções contra e a favor dos curatelados afiguravam-se iguais nos dois institutos[196].

Mais recente do que a *cura furiosi* ou a *cura prodigi*, a *cura minorum* teve, desde o início, o carácter de uma função instituída exclusivamente no interesse do menor de 25 anos, num fenómeno a explicar a circunstância de as pessoas chamadas para o desempenho de semelhante curatela não serem nem os agnados nem os *gentiles* mas sim curadores nomeados pelos magistrados[197].

A origem desta curatela pode, segundo a doutrina romanista, reportar-se à *Lex Plaetoria* (ou *Laetoria*)[198]. Por força da referida lei, estabeleceu-se a possibilidade de todo o púbere *minorum XXV annorum* enganado, por inexperiência

---

[196] Existiam, é certo, algumas divergências entre as duas formas de curatela. Não abordaremos, porém, e por não interessar ao nosso estudo, esse problema. Sobre o assunto pode, todavia, ver-se, por todos, e na literatura nacional, Cabral Moncada, *Elementos de História do Direito...*, II, pp. 171 e 172. Na doutrina estrangeira destacamos, designadamente, Gian Gualberto Archi, *Curatela...*, in *Enciclopedia...*, XI, pp. 490 e ss., o qual reporta a existência, no período arcaico, de profundas divergências entre a *cura furiosi* e *cura prodigi*, e retrata a subsequente evolução de ambas as figuras.

[197] Ao nível das fontes romanas v., em termos genéricos, e para além das obras ou trechos referidos *infra*, De Minoribus vigintique annis – D., 4, 4; C. 21 (22) – 45 (46). Na literatura jurídica, cfr., por exemplo, Solazzi, *Curator...*, *passim*.

[198] A data de publicação desta lei andará perto do ano 200 a. C.. Cfr., a título exemplificativo, e de entre as obras de carácter genérico que vimos referindo, Cabral Moncada, *Elementos de História do Direito...*, II, p. 141; e Jörs, Kunkel e Wenger, *Römisches...*, p. 305 e Kunkel/Honsell, *Römisches...*, § 156, p. 431. V., também, Gaston François Marie de Caqueray, *Explications des passages de droit privé...*, p. 474, que situa a *Lex Plaetoria* no ano 568 da história de Roma. Especificamente sobre a referida lei v., Savigny, *Schutz der Minderjähringen in römischen Recht, und insbesonders von der lex Plaetoria*, in *Vermisschte...*, II, pp. 321 e ss., maxime 330 e ss.; Debray, *Contribution à l'étude de la loi Plaetoria*, in *Mélanges Girard; Études de Droit Romain Dédiées à Mr. P. F. Girard à l'occasion du 60e anniversaire de sa naissance (26 de Octobre 1912)*, Paris, 1912, I, pp. 265 e ss.; Duquesne, *L'action de la loi Plaetoria*, in *Mélanges de Droit Romain Dédiés à Georges Cornil*, Gand-Paris, 1926, I, pp. 217 e ss.; Giannetto Longo, *«Lex Plaetoria» (o «Laetoria»)*, in *Novissimo Digesto Italiano*, 1963, IX; p. 815.

ou falta de premeditação, na prática de quaisquer negócios jurídicos, por pessoa com mais de 25 anos, promover, contra ela, um *iudicum publicum*, com o fim de lhe impor uma penalidade e obter a restituição de tudo quanto lhe tivesse dado[199]. Esta primeira garantia dada a favor do púberes menores de 25 anos foi, mais tarde, reforçada com a orientação, estabelecida pela jurisprudência, segundo a qual todo o menor prejudicado por um maior podia afastar, com uma excepção (*exceptio legis Plaetoria*[200]), a acção e o direito do *circumscriptor adolescentis* que o demandasse. Partia-se do princípio da existência de dolo por parte de quem ludibriava o menor ao pedir-lhe depois quanto seria obrigado a restituir-lhe no *iudicum publicum* contra o *circumscriptor*[201]. Além disso, e na mesma linha, o pretor veio, em finais da república, e através do seu édito, conceder ao menor uma *restitutio in integrum propter minorem aetatem*, para rescindir todos os negócios jurídicos nos quais se viesse a demonstrar ter sido prejudicado por um maior de 25 anos[202]. A consagração destes expedientes concebidos no interesse dos menores oferecia, porém, e paralelamente um sério inconveniente para eles: os adultos abstinham-se frequentemente de entrar em relações com os menores de 25 anos, por temor da rescisão, em momento ulterior, das obrigações assumidas pelo *minorum XXV annorum*. Para obviar a este estorvo foi criada a *curatela minorum*, inicialmente apenas como instituição de facto. Nem o menor era obrigado a solicitar um curador ao magistrado, nem o curador designado adquiria poderes gerais de administração. Tratava-se, antes, de um curador *ad hoc* para cada negócio a realizar pelo menor. A intervenção, ou *consensus* do *curator*, não estava sujeita a condições de forma e, segundo parece, também não impedia o menor de recorrer ao benefício da *Lex Plaetoria*. A interferência do curador aparecia como um expediente sugerido pela prática[203], e não daria ao contraente adulto senão uma garantia de facto contra as veleidades ou devaneios do menor. As respectivas atribuições eram de natureza social e moral. Elas passavam por aconselhar o incapaz e oferecer ao terceiro um elemento de confiança na celebração de contratos ou outros negócios com um *minorum XXV annorum*[204].

---

[199] Cícero, *Dos deveres...*, 3, 60 e ss. ([edição citada, pp. 136 e ss.] e os esclarecimentos e observações de Gaston François Marie de Caqueray, *Explications des passages de droit privé...*, pp. 474 e ss., 488, e, ainda p. 379). Na doutrina mais recente v. Cabral Moncada, *Elementos de História do Direito...*, II, p. 140 e ss.; Jörs, Kunkel e Wenger, *Römisches...*, pp. 305 e 306; Kunkel/Honsell, *Römisches...*, § 156, pp. 431 e 432; Bonfante, *Corso di diritto...*, I, pp. 667 e ss..

[200] *Paulus, Libro III. ad Edictum* – D., 44, 1, 7. 1.

[201] Por todos, Cabral Moncada, *Elementos de História do Direito...*, II, pp. 140 e 141.

[202] *Ulpianus, Libro XI. ad Edictum* – D., 4, 4, 1 e § 1; Id., *ibidem* – D., 4, 4, 11, § 4; Id., *ibidem* – D., 4, 4, 13, § 1; *Paulus, Libro I, Sententiarum* – D., 4.4. 24, § 1. Esta acção era concedida não apenas em caso de engano intencional como, também, na hipótese de se verificar objectivamente uma desvantagem para o menor, em resultado da sua inexperiência. Na doutrina limitamo-nos a remeter para Bonfante, *Corso di diritto...*, I, p. 669.

[203] Jörs, Kunkel e Wenger, *Römisches...*, 306, nota (8), e Kunkel/Honsell, *Römisches...*, § 156, p. 432, nota (13), afirmam não se saber ao certo se o curador foi introduzido pela lei ou pelo pretor em execução da mesma, embora a última hipótese seja para eles a mais provável. Decididamente no sentido segundo o qual o curador resultou de um expediente prático cfr., designadamente, Cabral Moncada, *Elementos de História do Direito...*, II, p. 158.

[204] Acerca dos poderes do curador *minorum* durante o período clássico e com a reforma de Marco Aurélio v. as considerações e explanações de Bonfante, *Corso di diritto...*, I, pp. 669 e ss..

Perante os bons resultados proporcionados, desde a *Lex Plaetoria*, com a curatela dos menores, a instituição não demorou a transformar-se de social em jurídica. O seu desenvolvimento, coincidiu, nas palavras de Cabral de Moncada[205], com o reconhecimento progressivo da incapacidade dos menores na vida social, a par com uma tendência para assimilar a curatela à tutela: de especial e facultativa passou, no período pós-clássico, para geral e, segundo alguns autores, obrigatória. Provavelmente na época clássica haveria já um grande número de casos nos quais o terceiro podia exigir que o menor se fizesse assistir de um curador[206]. Posteriormente, e de forma progressiva, os curadores passaram a exercer as suas funções junto do menor de modo permanente, não se limitando a dar ou conferir o respectivo *consensus*. Eles administravam, também, o património dos pupilos[207]. Esta administração seria realizada nos mesmos termos em que o tutor geria os bens do tutelado mediante a interposição da *auctoritas*. O púbere menor de 25 anos, tal como o impúbere, tinha apenas uma capacidade limitada. Podia praticar por si os actos susceptíveis de melhorarem a sua condição. Contudo, e sem o *consensus* do curador, não lhe era consentida a realização de actos susceptíveis de afectarem o respectivo estado patrimonial[208].

Com a evolução dos tempos a aproximação da curatela dos menores de 25 anos à tutela sedimentou-se[209]: foram tornadas extensivas à curatela as *excusationes* ou razões de escusa legítima específicas da tutela; os poderes dos curadores ficaram sujeitos aos limites próprios dos tutores na administração dos bens

---

[205] Cabral Moncada, *Elementos de História do Direito...*, II, pp. 158 e 159.

[206] Como manifestação do carácter facultativo da curatela dada aos menores v. I. J., 1, 23, 2; *Papinianus, Libro XI. Quaestionum* – D., 26, 5, 13, § 2. Como indicação da sua posterior obrigatoriedade cfr. *Ulpianus, Libro XI. ad Edictum* – D., 4, 4, 1, 3; D., 23, 3, 61, pr. e, segundo Heinrich Siber, *Römisches...*, II, p. 326; C. 5, 31, 7 (*Imp. Gordianus A. Dionysio*). Em sentido divergente, considerando que a constituição em referência não impunha ao tutor *impuberis* o dever de avisar o pupilo que, alcançada a puberdade, devia pedir a nomeação de um curador, Jörs, Kunkel e Wenger, *Römisches...*, p. 306, nota (9), autores segundo os quais o objecto da constituição não devia ser senão o de indicar ao tutor o procedimento a seguir para entregar rapidamente as contas da tutela e, do mesmo passo, ver-se livre de responsabilidades, sem temer os efeitos da *Lex Plaetoria*.

[207] Cfr., Cabral Moncada, *Elementos de História do Direito...*, II, p. 159. Deve referir-se a circunstância de a doutrina se ter envolvido numa polémica acerca da existência, ou não, de um poder legal de administração por parte do curador clássico. A tese segundo a qual o curador clássico teria semelhante poder foi designadamente defendida por Lenel, *Die cura minorum die Klassischen Zeit*, in *Zeitschrift der Savigny-Stiftung für Rechtsgeschite*, XXXV, pp. 129 e ss.; Id., *Das Edictum perpetuum*, reimpressão da 3.ª ed., 1927, Aalen, 1956, pp. 16 e ss.. A generalidade da doutrina, numa orientação que parece assente (v., apesar de tudo, as afirmações de Gian Gualberto Archi, *Curatela...*, in *Enciclopedia...*, XI, p. 493), considera, porém, como espúrios e interpolados os textos clássicos onde se concede ao administrador a faculdade de administrar os bens do menor. Neste último sentido v. Fritz Schulz, *Classical roman...*, pp. 194 e 195; e Bonfante, *Corso di diritto...*, I, pp. 669 e ss., que faz suas as observações e teses desenvolvidas a este respeito por Partsch, Solazzi e Albertario.

[208] Cabral Moncada, *Elementos de História do Direito...*, II, p. 159.

[209] No mesmo sentido v. Vicenzo Arangio-Ruiz, *Il mandato...*, p. 4, mas a propósito da *cura furiosi* e da *cura prodigi*. Quanto a *cura minorum* v., por todos, Cabral Moncada, *Elementos de História do Direito...*, II, p. 159.

dos impúberes; o curador foi obrigado a prestar caução[210]; a acção do menor contra o curador – a *actio negotiorum utilis* – foi equiparada à *actio tutelae*, não apenas para obtenção de contas por parte do curador que tivesse administrado o património do menor como, igualmente, por parte do curador que o não tivesse feito. Em suma, a *cura minorum* aparece como uma continuação da tutela: surge onde esta acaba, e continua a respectiva função de suprir a incapacidade das pessoas na gestão dos seus negócios em razão da idade até aos 25 anos. Todavia, esta assimilação, iniciada com o direito clássico e acentuada durante o período pós-clássico, não chegou nunca, nem mesmo com o direito justinianeu, a proporcionar ou provocar uma fusão entre as duas instituições[211, 212].

IX – Os casos de incapacidade ou os fenómenos oriundos da estrutura própria da família romana ou da *civitas* não foram, porém, os únicos a motivar o recurso, no contexto do direito privado, à ajuda de terceiros na condução dos próprios negócios. Na verdade, e no campo da actividade contratual dos particulares, cedo ou tarde, acabaram por surgir formas jurídicas capazes de permitir, a quem disso necessitasse, o recurso, no próprio interesse, a serviços alheios[213]. Tais formas não deixaram de influenciar figuras como o mandato e a procuração no direito romano, intimamente conexas com a noção de representação.

Entre os contratos referenciados pela doutrina romanista, quando se procura ou tenta fixar a origem romana do mandato e representação, encontra-se, desde logo, a *locatio conductio operarum* – acordo por força do qual alguém se obrigava, perante outrem e mediante o pagamento de uma comissão, à prestação dos seus próprios serviços.

Segundo ALAN WATSON[214], até finais da república era uma única a concepção da *locatio conductio*, e pequena a diferença entre a *locatio conductio operis*

---

[210] *Gaius*, I, 199.

[211] Assim, e por exemplo, Cabral Moncada, *Elementos de História do Direito...*, II, p. 159.

[212] Para além das formas de curatela referidas no texto, outras existiram de menor importância ou divulgação. A este respeito, e para uma referência muito breve, destacamos, Jörs, Kunkel e Wenger, *Römisches...*, pp. 306 e 307; e Kunkel/Honsell, *Römisches...*, § 156, pp. 432 e 433. Em particular sobre a *cura impuberis*, e com carácter bastante mais detalhado, pode ver-se Taubenschlag, *Vormundschaftsrechtliche...*, pp. 47 e ss.; Solazzi, *La minore...*, *passim*; Id., *Curator...*, *per totum*, e mais recentemente, Bonfante, *Corso di diritto...*, I, pp. 661 e ss..

[213] Neste sentido, pode ver-se, entre outros, Vicenzo Arangio-Ruiz, *Il mandato...*, p. 4 (obra frequentemente apontada como a mais completa sobre o mandato e suas origens); Alan Watson, *Contract of mandate...*, p. 9 e ss.. Para uma extensa panorâmica sobre as várias formas de intervenção de terceiros na condução dos negócios alheios em Roma, cfr., Jean-Jacques Aubert, *Business managers in ancient Rome (200 B.C.-A.D. 250)*, Columbia, 1991, *passim*. Com carácter mais circunscrito, remetemos para Ulrich Müller, *Die Entwicklung der direkten Stellvertretung...*, pp. 20 e ss.. Outras referências podem encontrar-se ao longo deste estudo.

[214] Alan Watson, *Contract of mandate...*, p. 9. Em diferente direcção, cfr., Jörs, Kunkel e Wenger, *Römisches...*, p. 236, e Kunkel/Honsell, *Römisches...*, § 118, p. 322, para quem o tipo

faciendi, locatio conductio operarum e *locatio conductio rei.* Todavia, a primeira forma de *locatio* a autonomizar-se parece ter sido a *locatio operis faciendi*, seguida da *locatio operarum*[215]. Os antecedentes próximos da *locatio operarum* seriam os contratos de origem estatal. De facto, e de acordo com MOMMSEN, a figura da *locatio operarum* ter-se-ia desenvolvido a partir da prática levada a cabo pelo estado romano de deixar os respectivos trabalhos serem realizados por outrem. O aparecimento e consagração da *locatio operarum* será possivelmente tão antiga como a do mandato ou mesmo anterior[216]. O reconhecimento de semelhante comissão terá, na opinião de certa doutrina, oferecido ao pretor um poderoso exemplo no desenvolvimento de figuras que acabariam por levar à representação directa ou a expedientes dela próximos. De significativa importância, é a circunstância de – com a abertura e desenvolvimento do comércio romano – a necessidade de se conferir funções de *institor*[217] a um estranho liberto ou a um

---

contratual da *locatio conductio* compreendia uma série de contratos que para nós são completamente diferentes entre si. Esta nossa e actual visão das coisas teria sido trasladada para o direito romano e, em consequência disso, distinguem-se hoje tipos de *locatio conductio* como a *locatio conductio rei*, a *locatio conductio operis* e a *locatio conductio operarum*, apesar de semelhante divisão se afigurar completamente estranha aos romanos. A questão da eventual distinção entre os vários tipos de *locatio*, pelos romanos, envolveu a doutrina numa alargada polémica. Arangio-Ruiz terá liderado a posição – depois aprofundada por outros autores, entre os quais ocupa lugar de destaque Luigi Amirante, *Locazione (in generale) (diritto romano)*, in *Novissimo Digesto Italiano*, 1963, IX, pp. 992 e ss. – segundo a qual apenas existiria um conceito unitário de *locatio*. Posição diversa foi particularmente defendida por Betti, *Istituzioni...* II, I, p. 220. Quanto às tentativas de resolução do problema levadas a cabo por Kaufmann, *Die altrömische Miete. Ihre zusammenhänge mit Gesellschaft, Wirtschaft und staatlicher Vermögensverwaltung*, Colónia-Graz, 1964, *passim*, elas foram consideradas pela doutrina como baseadas em dados conjecturais e, destarte, infrutíferas. Para uma visão de conjunto v. António Masi, *Locazione (storia)*, in *Enciclopedia del Diritto*, 1974, XXIV, pp. 908 e ss..

[215] Mommsen, *Die römischen Anfänge...*, in *Zeitschrift der Savigny-Stiftung für Rechtsgeschichte...*, VI, pp. 260 e ss.; e Alan Watson, *Contract of mandate...*, p. 9.

[216] Alan Watson, *Contract of mandate...*, p. 10.

[217] Acerca da figura do *institor* e da *actio institoria*, v. *infra*, Parte I, Cap. I, parágrafos 4 e 5. Por agora, refira-se apenas a circunstância de o *institor* (pessoa – inicialmente um *filius* ou um *servus actor*, e posteriormente, também um *extraneus* – colocada por um sujeito jurídico à frente de uma *taberna* ou de uma qualquer empresa comercial, fora do âmbito da actividade marítima [ao nível da fontes, e para uma primeira aproximação a este respeito, cfr., *Gaius*, 4, 71; *Ulpianus, Libro XXVII. ad Edictum* – D., 14, 3, 3; e *Paulus, Libro singulari de variis lectionibus* – D. 14, 3, 18]) e a *actio institoria* corresponderem precisamente a um dos momentos decisivos e fundamentais no virar de página da história romana da substituição negocial em geral e da representação em particular. Isto, ao ponto de a divulgação, em Roma, do *institor* ter levado já os glosadores a perguntarem se com este instituto não se teria assistido à generalização da representação directa no direito romano clássico, e transformado a regra, contida no *Corpus iuris*, da proibição de actuação em nome de outrem num simples resíduo arqueológico. Cfr. *Glosa, Nihil agit*, I, § *Si qui alii*, Rub. *De inutilibus stipulationibus*, que refere, por um lado, a opinião de *Martinus* de Gosia e, por outro, a opinião dominante, na doutrina de então, segundo a qual, e não obstante o grande número de excepções reconhecidas, a proibição de produção de efeitos jurídicos para outrem, através de acto da vontade, se manteve. Ainda acerca da polémica em que se envolveram os glosadores na determinação do âmbito da representação directa, destaque para Buchka, *Die Lehre von der Stellvertretung...*, pp. 121 e ss.. Na literatura jurídica moderna, referimos, a título exemplificativo, e com carácter mais ou menos sintético, Riccobono, *Lineamenti della dottrina della rappresentanza...*, in *Annali del Seminario*

servo alheio ter levado a que esta figura *iuris* deixasse de se regular exclusivamente pelas regras próprias das relações de âmbito familiar e passasse, também,
a regular-se pelas normas da *locatio operis* ou *operarum*[218]. Não obstante quanto
se acaba de referir, a influência da *locatio* sobre o contrato de mandato – em
parte bem diferente daquela – e sobre a procuração, respectivos desenvolvimentos ou momentos paralelos, não se afigura fácil de estabelecer e não falta
mesmo quem afirme ser ela escassa ou até inexistente[219].

Igualmente considerada pelos romanistas, quando se procura fixar os
primórdios do mandato e da actuação por conta de outrem no direito romano,
é a *societas*[220].

A origem do contrato consensual de *societas* parece resultar do consórcio
ercto non cito[221], e haverá poucas dúvidas quanto ao facto de, desde bem cedo,
ter assumido carácter vinculativo. A partir de então a sua história andará, segundo a doutrina romanista, em grande parte, ligada à do mandato e à da
representação[222]. Particularmente digna de menção será a circunstância de, na
sociedade, a actuação em proveito próprio redundar igualmente numa
actuação em benefício dos outros sócios[223].

Giuridico..., 14, pp. 419 e ss., Riccardo Orestano, *Rappresentanza (diritto romano)*, in *Novissimo
Digesto Italiano*, 1968, XIV, p. 800; e Feliciano Serrao, *Institore (storia)*, in *Enciclopedia del Diritto*,
1971, XXI, p. 832. De entre as obras que oferecem mais pormenores sobre este assunto limitamo-
-nos, por ora, a remeter para Ulrich Müller, *Die Entwicklung der direkten Stellvertretung...*, pp. 29 e ss..

[218] Cfr., Feliciano Serrao, *Institore...*, in *Enciclopedia...*, XXI, pp. 827 e 832.

[219] Sobre a questão das relações entre a *locatio operarum* e o mandato cfr., a título exemplificativo, Alan Watson, *Contract of mandate...*, pp. 9 e 10; e António Masi, *Locazione...*, in *Enciclopedia...*,
XXIV, p. 914. Acerca do âmbito de aplicação da *locatio conductio operarum* v., por todos, e de entre
a bibliografia por nós considerada, Reinhard Zimmermann, *The law of obligations. Roman
foundations...*, pp. 387 e ss.. Quanto à problemática das ligações entre a *locatio* e o *institor* v., por
todos e com carácter ilustrativo, a já citada obra de Feliciano Serrao, *Institore...*, in *Enciclopedia...*,
XXI, pp. 827 e 832.

[220] V., por todos, Zimmermann, *The law of obligations. Roman foundations...*, p. 469.

[221] Assim, e expressamente, Alan Watson, *Contract of mandate...*, p. 10. Para ulteriores desenvolvimentos cfr., de entre a numerosa literatura existente sobre o tema, Carlo Arnò, *Il contratto di
società*, lições recolhidas por Palier e Berto, Turim, 1938, *per totum*, Arangio-Ruiz, *La società...*, *per
totum*; Francis Delhay, *La nature juridique de l'indivision. Contribution à l'étude des rapports de la notion
d'indivision avec les notions de société civile et de personalité morale*, Paris, 1968, pp. 21 e ss.; Talamanca,
Società (dir. rom.), in *Enciclopedia del Diritto*, 1990, LXV, pp. 814 e ss.. Referência à parte para
Pasquale Voci, *La dottrina romana...*, pp. 207 e ss., autor que se debruça com algum detalhe, não
apenas sobre o problema da ligação da *societas* romana ao consórcio *ercto non cito*, mas, também,
sobre a problemática das ligações entre a *societas* e a comunhão; e Giuseppe Grosso, *Il sistema
romano dei contratti*, 2.ª ed., Turim, 1949, pp. 114 e ss.; Arangio-Ruiz, «*Societas re contracta*» e
«*comunio incidens*», in *Scritti di Diritto Romano*, III, pp. 359 e ss.; Reinhard Zimmermann, *The law of
obligations. Roman foundations...*, pp. 451 e ss..

[222] Cfr., Alan Watson, *Contract of mandate...*, p. 10; Helmut Coing, *Europäisches Privatrecht*, I,
Älteres Gemeines Recht (1500 bis 1800), Munique, 1985, pp. 466 e ss.; e Zimmermann, *The law of
obligations. Roman foundations...*, p. 469.

[223] Alan Watson, *Contract of mandate...*, p. 10. O primeiro passo terá consistido no reconhecimento segundo o qual os *socii* podiam autorizar qualquer um deles, através de um mandato
expresso ou implícito, a levar a cabo actos compreendidos dentro do respectivo objectivo comum.
A partir daqui, foi um pequeno caminho até que, o detentor de um mandato implícito para gerir

Ainda no âmbito negocial, a prática de actos de gestão a favor de terceiro, podia resultar do chamado contrato de *fiducia*[224]. Por força de semelhante contrato, uma das partes transferia para outrem, mediante *mancipatio* ou *iure in cessio*, a propriedade de determinado objecto, a ser restituído verificadas determinadas circunstâncias. Deixaremos de lado, por não interessar ao nosso estudo, a designada *fiducia cum creditore*, figura que determinava a transmissão de uma coisa para o credor – como forma de garantia dos direitos deste – a ser devolvida uma vez cumprida a obrigação por ela assegurada. Quanto nos interessa é a qualificada pelos romanos como *fiducia cum amico*. O recurso a este instituto ou *figura iuris* fazia-se, particularmente, em períodos de perseguição política, quando o partido no poder tivesse ordenado o confisco dos bens dos adversários[225]. Assim terá designadamente sucedido com as *vendetas* de Mário e Sila no segundo triunvirato: quem se encontrasse sob a ameaça de perder o respectivo património transferia os seus bens para amigos não expostos a idêntico perigo. A restituição operava-se quando terminasse a *vendeta*. Nesta atribuição subjacente à *fiducia cum amico*, designadamente de casas ou propriedades

---

os negócios sociais, passasse a ser visto como um *institor* (cfr., Helmut Coing, *Europäisches...*, I, pp. 466 e ss., e Zimmermann, *The law of obligations. Roman foundations...*, p. 469, os quais remetem, a este respeito, para os comentadores). Na sequência, os sócios ficavam responsáveis, de acordo com a *actio institoriai* (a propósito desta *actio* cfr. *Infra*, Parte I, Cap. I, parágrafos 4 e 5) na condição de a actuação ter sido *nomine communi* e não em nome próprio (v., os já citados, Helmut Coing, *Europäisches...*, I, p. 468; e Zimmermann, *The law of obligations. Roman foundations...*, p. 469). Ainda em aberto estará a questão de saber se a responsabilidade dos outros sócios seria *in solidum* ou apenas *pro rata*. De acordo com Coing e Zimmermann, a última hipótese seria a mais provável, embora ela fosse seriamente afectada pelo número e importância das excepções.

[224] A fidúcia romana tem merecido particular atenção, quer por parte dos romanistas, quer por parte da doutrina em geral. Discutida é, designadamente, a questão de saber se a *fiducia* corresponde, ou não, a um contrato e – embora de forma bem mais atenuada – o modo como os negócios *fiduciae causa* permitiram tutelar interesses que *«o duro e insensível ius civile»* não acautelava. Sobre estes e outros assuntos relacionados com a *fiducia* no direito romano, destacamos: Heck, *Die Fiducia cum amico contrata, ein Pfandgeschichte mit Salmann*, in *Zeitschrift der Savigny-Stiftung für Rechtsgeschichte, romanistische Abteilung*, X, 1889, pp. 82 e ss.; Oertmann, *Die fiducia in römischen Privatrecht*, Berlin, 1890, *per totum*; Niemeyer, *Zur fiducia cum amico und depositum*, in *Zeitschrift der Savigny-Stiftung für Rechtsgeschichte, romanistische Abteilung*, XII, 1892, pp. 297 e ss.; Georg Hengstberger, *Stellvertretung und Treuhand im bürgerlichen Gesetzbuch, vorzüglich mit Rücksicht auf den § 1189 BGB*, Estugarda, 1912, pp. 27 e ss.; Erbe, *Die Fiducia im römischen Recht*, Weimar, 1940, *per totum*; Alberto Burdese, *Fiducia (diritto romano)*, in *Novissimo Digesto Italiano*, VII, 1961, pp. 295 e ss.; Otto de Souza Lima, *Negócio fiduciário*, São Paulo, 1962, pp. 10 e ss.; Roccangelo Nitti, *Negozio fiduciario*, in *Novissimo Digesto Italiano*, XI, 1965, p. 203; Giuseppe Grosso, *Fiducia (dir. rom.)*, in *Enciclopedia del Diritto*, 1968, XVII, pp. 385 e ss.; António dos Santos Justo, *A fictio...*, I, pp. 453 e ss.; Id., *As acções do pretor (actiones Praetoriae)*, separata do vol. LXV (1989) do *Boletim da Faculdade de Direito* [da Universidade de Coimbra], Coimbra, 1989, pp. 28 e 29; António Alberto Vieira Cura, *Fiducia cum creditore (aspectos gerais)*, separata do vol. XXXIV do *Suplemento ao Boletim da Faculdade de Direito da Universidade de Coimbra*, Coimbra, 1990, pp. 12 e ss.; e maxime pp. 40 e ss.. Especificamente sobre as relações da *fiducia* com o sistema contratual, e para além das obras já citadas onde o problema é igualmente abordado v., por Pasquale Voci, *La dottrina romana...*, pp. 74 e 75, e 121 e 122; e Giuseppe Grosso, *Il sistema romano...*, pp. 125 e ss..

[225] Cfr., Vicenzo Arangio-Ruiz, *Il mandato...*, p. 5; Alan Watson, *Contract of mandate...*, p. 11; e, também, Giuseppe Grosso, *Fiducia...*, in *Enciclopedia...*, XVII, p. 385.

rurais, ia compreendido, igualmente, e nas palavras de ARANGIO-RUIZ, um encargo de reparar, cultivar, empregar o dinheiro resultante de arrendamentos eventualmente celebrados, vender os frutos, etc.[226]. É certo que, nestas hipóteses de *fiducia cum amico*, se socialmente, e na prática, se podia falar de gestão por conta de outrem, de um estrito ponto de vista do direito fiduciário, o novo titular dos bens agia no seu próprio interesse[227].

Apesar de tudo, é precisamente a propósito de uma hipótese situada no vasto conceito de *fiducia*, segundo ARANGIO-RUIZ[228], a ser utilizada pela primeira vez uma palavra onde se faz apelo à ideia de *mandare*, ou, noutros termos, de dar um encargo. Trata-se do caso da *mancipatio familiae*[229], um dos institutos através dos quais se foi envolvendo o do testamento. Aquele que súbita *morte urguebatur*[230] podia transferir o respectivo património para um *amicus familiam* (ou seja, pessoa de *fiducia* designada *familiae emptor*) – servindo-se do instituto da *mancipatio* – a quem dava instruções acerca do modo como pretendia ver distribuídos os bens pertencentes à herança. Conforme resulta da leitura das Institutas de *GAIUS*[231] a *mancipatio familiae*, ao contrário do verificado nas outras formas de *mancipatio*, não implicava a transferência de propriedade para o *familiae emptor*. Ao contrário adverte-se, expressamente, não adquirir, o pretenso comprador, qualquer direito: o património do testador ficava sujeito a um encargo (*mandatela*), dado pelo disponente, e a um correspondente dever de custódia fiel (*custodela*), por parte do *emptor*. Não se trata, é certo, de um verdadeiro mandato – não apenas porque este contrato parece ter nascido mais tarde mas, também, porque não se afigura pacífica a validade de um mandato *post mortem mandatoris*. De qualquer forma a ideia de uma actuação no interesse de outrem parece, neste caso, bem presente no pensamento dos antigos[232].

---

[226] Vicenzo Arangio-Ruiz, *Il mandato...*, p. 6.

[227] Vicenzo Arangio-Ruiz, *Il mandato...*, p. 6. V., porém, e para mais desenvolvimentos, Giuseppe Grosso, *Fiducia...*, in *Enciclopedia...*, XVII, p. 385; e Zimmermann, *The law of obligations. Roman foundations...*, p. 50. Cfr., também Jhering, *Mitwirkung...*, in *Gesammelte...*, I, p. 158, onde se recorda como a constituição de uma servidão predial através de um auxiliar ou intermediário pressupôs, durante algum tempo, e atenta a impossibilidade de produção de efeitos jurídicos directos em esfera alheia por acto de vontade de um homem livre, a passagem da propriedade para o auxiliar através de uma *mancipatio*. Uma vez realizado o acto voltava-se a devolver o bem ao proprietário inicial – tudo num esquema propiciado pelo modelo da *fiducia cum amico*.

[228] Vicenzo Arangio-Ruiz, *Il mandato...*, p. 6 (enquanto num plano mais genérico, e ainda a propósito das relações entre *fiducia* e *mandatum* o destaque vai para Franz von Bossowski, *Die Abgrenzung des* mandatum *und der* negotiurum gestio *im klassischen und justinianischen Recht (Ein Beitrag zur Lehre von der Konkurrenz der Klagen)*, sep. *Archivum Towarzistwa Naukowego We Lowie*, II, T. III, 2, 1937, pp. 15 e 16); ou, ainda, e de forma não menos importante, Serrao, *Il procurator, cit.*, pp. 4 e 5, onde se exalta o papel decisivo da fidúcia e amizade no desenvolvimento e formação da figura do procurador romano.

[229] A respeito desta forma de fidúcia cfr., designadamente, António Alberto Vieira Cura, *Fiducia...*, pp. 77 e ss. Para uma referência a outros casos de recursos à fidúcia como forma de transferir poderes situados no âmbito do direito da família v. Jhering, *Mitwirkung...*, in *Gesammelte...*, I, p. 159.

[230] *Gaius*, 2, 102.

[231] *Gaius*, 2, 104.

[232] Assim, e expressamente, Vicenzo Arangio-Ruiz, *Il mandato...*, p. 6. Para uma referência

X – A existência de casos de intervenção de terceiros na condução de negócios alheios, e consequente derrogação do princípio segundo o qual cada um devia gerir pessoalmente os seus próprios interesses, não sofre dúvidas. Demonstra-o desde logo, a simples constatação das várias figuras jurídicas por nós já analisadas e nas quais se contemplam diversas formas de cooperação ou substituição, designadamente negocial. É, todavia, possível ir-se mais longe – quer pela respectiva extensão quer pelo seu significado ou importância prática ou dogmática – na referência ao leque de situações em que o direito romano admitia a intervenção em esfera jurídica alheia.

Na verdade, a doutrina tem apontado a existência de outros casos, alguns situados bem remotamente no tempo, de derrogação (*praeterquam*) ao princípio da necessária intervenção dos próprios titulares de direitos, ou partes em negócios jurídicos, no exercício e condução desses mesmos direitos ou negócios[233]. Derrogações cujo registo, embora circunscrito, é considerado, por muitos, como extremamente elucidativo[234]. A título de exemplo pode, entre outros, apontar-se a formulação genérica (*ex certis causa*) contida nas Institutas de *GAIUS*, 4, 82, ou, ainda, a previsão das Institutas de Justiniano, 4, 10, pr.. O teor destas últimas – com a inclusão de uma sequência cerrada de hipóteses: *pro populo, pro libertate, pro tutela*, seguidas de uma, eventualmente inesperada[235], abertura com a utilização do termo *praeterea*, para introduzir o caso ou situação contemplada pela *Lex Hostilia*[236], e dar lugar a um novo campo ou espaços – parece, aliás, não se afigurar sequer taxativo ou vinculante [237].

---

genérica aos interesses subjacentes a diversas formas de *fiducia* v., por exemplo, António dos Santos Justo, *A fictio...*, I, pp. 457 e ss.; e António Alberto Vieira Cura, *Fiducia...*, *passim*, e maxime pp. 38 e ss.

[233] Cfr., a bibliografia citada na nota (337).

[234] Quadrato, *Rappresentanza...*, in *Enciclopedia...*, XXXVIII, p. 420.

[235] É esse o atributo utilizado por Quadrato, *Rappresentanza...*, in *Enciclopedia...*, XXXVIII, p. 420.

[236] Para uma referência mais ou menos detalhada não apenas ao conteúdo da *Lex Hostilia* (a qual facultava a qualquer um o exercício da *actio furti* contra quem tivesse espoliado um cidadão romano prisioneiro de guerra ou ausente *rei publicae causa*) como também ao alcance das acções *pro populo, pro libertate, pro tutela* – situadas todas no âmbito da actividade processual – e presumível desvio por elas provocado na ideia expressa, pelo direito romano, segundo a qual cada um devia encarregar-se pessoalmente dos seus próprios interesses cfr., a título exemplificativo, Wilhelm Alois, Baron v. Ledersteger-Falkenegg, *Die Entwicklung der Stellvertretung im römischen...*, pp. 1 e ss.; Leo Rosenberg, *Stellvertretung im Prozess...*, p. 306; Orestano, *Rappresentanza...*, in *Novissimo...*, XIV, p. 797, numa clara rejeição das teses de acordo com as quais o *alieno nomine agere,* próprio da actuação *pro populo, pro libertate* e *pro tutela*, não teria nada a ver com a figura da representação, porquanto não se detectaria nelas uma distinção entre o sujeito agente e aquele por conta de quem se agia. Na literatura jurídica portuguesa, sempre a propósito deste tema, António dos Santos Justo, *A fictio...*, I, pp. 425 e 426. Especificamente sobre as acções surgidas em torno do instituto da tutela cfr. *supra* o já referido neste parágrafo.

[237] Nesta direcção manifesta-se expressamente Quadrato, *Rappresentanza...*, in *Enciclopedia...*, XXXVIII, p. 420. V., porém, em sentido diferente, Leo Rosenberg, *Stellvertretung im Prozess...*,

É a própria evolução da sociedade romana a impor aos poucos[238], com avanços e recuos, a quebra do chamado princípio do exclusivismo negocial, numa manifestação da complicada transformação sofrida, durante séculos, pelo direito romano[239]. Transformação que as próprias Institutas de Justiniano, 4, 10, pr., retratam[240].

A referência à «*peregrinatio*»[241], «*itemque aliae multae causae*» susceptíveis, no dizer dos bizantinos, de, frequentemente, impedir os homens de realizarem eles mesmos os seus negócios (*saepe hominibus impedimento sunt, quo minus rem suam ipsi exequi possint*), pressupõe e ilustra uma vida de relações e de trocas comerciais inseridas numa teia de grandes dimensões[242]. Tudo a acarretar uma nova mentalidade e a transportar-nos para bem longe da realidade económica primitiva – fechada dentro de restritos limites territoriais e imune ao fenómeno da comercialização e da organização de patrimónios fundiários – que tinha dado origem ao princípio do *agere alieno nemo potest*[243]. O aparecimento de novos

---

p. 308, autor segundo o qual não é possível dar uma resposta segura à questão que consiste em saber se as Institutas de Justiniano, 4, 10, pr., contêm uma enunciação meramente exemplificativa ou se, ao contrário, tal enunciação ou enumeração se deve ter por taxativa.

[238] A circunstância referida no texto, segundo a qual as alterações sociais e económicas sofridas por Roma exerceram uma influência directa no modo como os romanos encaravam o fenómeno da cooperação e substituição negocial, tem merecido o consenso da doutrina, como o ilustram, entre outros, os seguintes autores: Savigny, *System*..., III, pp. 90 e ss.; Id., *Obligationenrecht*..., II, pp. 22 e ss. e 40 e ss.; Solazzi, *Errore*..., in *Scritti*..., I, p. 294; Riccobono, *Liniamenti della dottrina della rappresentanza diretta*..., in *Annali del Seminario Giuridico*..., 14, *passim*, maxime pp. 392 e ss., 403 e ss.; Serrao, *Il procurator*, *cit.*, p. 4; Orestano, *Rappresentanza*..., in *Novissimo*..., XIV, pp. 796 e 797; Ulrich Müller, *Die Entwicklung der direkten Stellvertretung*..., pp. 20 e ss.; Joseph Plescia, *The development of agency*..., in *Labeo*..., XXX, p. 171; Quadrato, *Rappresentanza*..., in *Enciclopedia*..., XXXVIII, *passim*, e pp. 422 e ss., 433 e 434.

[239] Afiguram-se-nos particularmente sugestivas as palavras de Riccobono, *Liniamenti della dottrina della rappresentanza diretta*..., in *Annali del Seminario Giuridico*..., 14, p. 415, autor segundo o qual: «*A representação directa constitui (...) um belo campo de observação para entender o desenvolvimento do direito romano*», designadamente, nas suas contradições e conflitos internos.

[240] No dizer de Quadrato, *Rappresentanza*..., in *Enciclopedia*..., XXXVIII, p. 422, é o novo horizonte, a linha de transição do pequeno velho mundo para o novo, que se encontra plasmado nas I.J. 4, 10, pr..

[241] Cfr., Quadrato, *Rappresentanza*..., in *Enciclopedia*..., XXXVIII, p. 422.

[242] Assim, e expressamente, Quadrato, *Rappresentanza*..., in *Enciclopedia*..., XXXVIII, p. 422. Em sentido algo próximo pode também ver-se Serrao, *Il procurator*, *cit.*, p. 4, para quem existem significativos indícios de dispersão dos membros da família romana – devido a negócios ou *rei publicae causa* – fazendo referência à *Lex Atilia* (*Gaius*, 1, 185), à tutela dativa e à *Lex Hostilia* (I.J., 4, 10, pr.). A respeito do sentido destas figuras cfr., *supra*, *passim*, o escrito sob o presente parágrafo.

[243] Cfr., *supra*, quanto se escreveu a este respeito no presente parágrafo. V., ainda, a este respeito Riccobono, *Liniamenti della dottrina della rappresentanza diretta*..., in *Annali del Seminario Giuridico*..., 14, pp. 392 e 393; Orestano, *Rappresentanza*..., in *Novissimo*..., XIV, pp. 796 e 797, o qual considera como, a partir das guerras púnicas, o princípio da exclusiva actuação do interessado na condução dos respectivos negócios deixou de ser compatível com o desenvolvimento da economia romana; Ulrich Müller, *Die Entwicklung der direkten Stellvertretung*..., pp. 20 e ss., autor segundo o qual a história económica de Roma se divide em três períodos directamente ligados às

modelos de gestão impõe-se como necessidade[244]. Necessidade tornada, de resto, particularmente clara pelos próprios compiladores. São estes que, ao recordarem nas Institutas de Justiniano, 4, 10, pr., as razões do abandono do antigo costume, subjacente ao *agere alieno nemo potest*, sublinham os não pequenos inconvenientes (*non minimam incomoditatem habebat*) com os quais se deparavam os indivíduos em virtude da obrigatoriedade de actuação pessoal do interessado na condução dos respectivos negócios[245]. São também eles a justificarem a introdução de procuradores face à absoluta imperatividade de se pôr termo a tais incómodos ou inconvenientes[246]. Tudo a registar, de um modo descritivo profundamente simples, a ocorrência de uma transformação extremamente relevante na mentalidade romana[247]. O termo *coeperunt*, empregue pelos compiladores, afigura-se, ao menos aos olhos de alguma doutrina[248], particularmente significativo. Ele exprime de forma bastante clara o carácter gradual da evolução sociocultural verificada em Roma[249]. Evolução que tem como corolário a, longamente amadurecida, tomada de consciência acerca das limitações do indivíduo, confinado às exclusivas possibilidades da sua personalidade, e consequente necessidade de se ultrapassar o isolamento no qual, deste ponto de vista, se encontrava[250, 251].

A mudança não parece circunscrever-se ao âmbito da previsão das Institutas de Justiniano, 4, 10, pr., e à actividade judiciária. Conforme sublinha QUADRATO[252], do originário ângulo de observação a perspectiva alarga-se para abranger toda a área negocial[253]. É a múltipla utilização – com toda a sua

---

três formas de manifestação do processo civil romano (o período das *legis actiones*, o do processo formulário e o do processo cognitório). Nos dois primeiros períodos não se sentiria grande necessidade de recurso a formas como a representação ou o contrato a favor de terceiro. No último período a ampla divulgação da actuação através de escravos terá dificultado a introdução da representação directa, sem todavia a impedir; Quadrato, *Rappresentanza...*, in *Enciclopedia...*, XXXVIII, p. 422.

[244] Riccobono, *Liniamenti della dottrina della rappresentanza diretta...*, in *Annali del Seminario Giuridico...*, 14, pp. 392 e 393; Ulrich Müller, *Die Entwicklung der direkten Stellvertretung...*, pp. Joseph Plescia, *The development of agency...*, in *Labeo...*, XXX, p. 171; Quadrato, *Rappresentanza...*, in *Enciclopedia...*, XXXVIII, p. 422.

[245] Assim, e expressamente, Quadrato, *Rappresentanza...*, in *Enciclopedia...*, XXXVIII, p. 422.

[246] A respeito dos contornos desta figura cfr., *infra*, Parte I, Cap. I, parágrafo 6.

[247] Quadrato, *Rappresentanza...*, in *Enciclopedia...*, XXXVIII, p. 422.

[248] Assim, Quadrato, *Rappresentanza...*, in *Enciclopedia...*, XXXVIII, p. 422.

[249] *Idem.*

[250] Cfr., Savigny, *Obligationenrecht...*, II, pp. 40 e ss., autor que sublinha expressamente o facto de o caminho que levou à admissão da representação directa no direito romano não se ter formado de um jacto. Um exemplo notável de reconhecimento da modificação operada em Roma seria no entender do *Caput* da escola histórica proporcionado pelo fragmento de *Modestinus, Libro XIV. ad Quintum Mucium* – D., 41, 1, 53.

[251] Quadrato, *Rappresentanza...*, in *Enciclopedia...*, XXXVIII, p. 422.

[252] *Idem.*

[253] Entre os casos situados no âmbito do direito das obrigações, de inequívoca admissibilidade da figura da representação directa pelo direito romano, Popesco-Ramniceano, *De la représentation...*, pp. 119 e ss., refere: a) os de pagamento do indevido por parte de procurador o qual, de acordo com Labeo (cfr. *Paulus, Libro III. ad Sabinum* – D., 12, 6, 6, pr.. V., ainda, *Papinianus*, D., 12,

indeterminação semântica – do verbo *exsequi* unido, em contextos não processuais, a *negotia, res mandata, mandatum*, etc., a indicá-lo[254].

No termo da idade republicana, quando a progressiva complexidade da vida social implicava dificuldades, cada vez mais acrescidas, para cada um providenciar ou responder, por si só, a todas as solicitações de natureza material ou jurídica, CÍCERO exalta a função e papel dos amigos, afirmando: «*non* (...) *possumus omnia per nos agere: alius in alia est re magis utilis*»[255, 256].

XI – Resta, todavia, saber se mais estes casos detectados, e detectáveis, podem, ou, não reconduzir-se ao figurino da representação directa.

São extremamente profundas as dúvidas acerca dos contornos jurídicos de várias das formas de *agere alieno nomine* no direito romano. Dúvidas particularmente significativas, designadamente, nos casos de actuação *pro populo, pro libertate, pro tutela*[257] e *ex lege Hostilia*[258]. Não obstante, parece possível caracteri-

---

6, 57, § 1), fazia nascer, na esfera jurídica do *dominus* o direito à repetição; b) o de celebração de mútuo por intermédio de representante (v. *Paulus, Libro III. Quaestionum* – D., 45, 1, 126, § 2 [embora, na verdade, o passo não nos pareça significativo]; *Ulpianus, Libro XXVI. ad Edictum* – D., 12, 1, 9, 8, não obstante algumas suspeitas de interpolação); c) os de realização de contratos de penhor, depósito e comodato, apesar de rejeitar a tese de Jhering, *Mitwirkung...*, in *Gesammelte...*, I, p. 131, segundo a qual a representação seria já admitida em todos os contratos reais pelo direito clássico.

[254] Quadrato, *Rappresentanza...*, in *Enciclopedia...*, XXXVIII, p. 422.

[255] Cícero, *Pro Roscio*, 38, 111 (*Apud*, Quadrato, *Rappresentanza...*, in *Enciclopedia...*, XXXVIII, p., 422). A nível estritamente jurídico cfr., *Ulpianus, Libro X. ad Edictum* – D., 3, 5, 3, pr., fonte onde, segundo Serrao, *Il procurator, cit.*, pp. 5 e 6, se conserva a traça do reconhecimento jurídico, pelo direito romano, da figura do procurador – até então baseada exclusivamente na fidúcia e honestidade recíproca – através da intervenção do pretor com o *edictum «de negotia gestis»*.

[256] Exaltação que, de acordo com Quadrato, *Rappresentanza...*, in *Enciclopedia...*, XXXVIII, p., 422, representa uma manifestação de lúcida aderência à realidade por parte do autor romano.

[257] Isto ao ponto de Lévy-Bruhl, *Recherches...*, p. 125, e a propósito de uma das situações contempladas nas fontes agora em referência, acabar mesmo por afirmar, de uma forma já considerada como agnóstica (assim, Quadrato, *Rappresentanza...*, in *Enciclopedia...*, XXXVIII, p. 420), ser, pura e simplesmente, preferível a qualquer outra atitude, a afirmação da nossa ignorância a propósito daquilo que era a representação *pro tutela*. Isto numa atitude cujas raízes poderão estar nas, já antes referidas, dificuldades de manejo do conjunto das fontes relativas ao instituto da tutela (v., *supra*, o escrito a propósito desta figura no presente parágrafo).

[258] Cfr., Quadrato, *Rappresentanza...*, in *Enciclopedia...*, XXXVIII, p. 420. Dúvidas que, no entanto, não impedem António dos Santos Justo, *A fictio...*, I, pp. 425 e 426, autor francamente contrário à admissibilidade da representação jurídica directa (mas v. Santos Justo, *Direito...*, I, *Parte geral...*, pp. 201 e ss., numa posição de algum modo, e com o devido respeito, conflituante, com quanto afirma na p. 280, da mesma obra) – ao menos no período clássico – de considerar como autênticos casos de representação as hipóteses agora referidas. Na verdade segundo Santos Justo: «*Também em matéria mais perspectivável sob a óptica processual, Roma não foi muito sensível, na época clássica, à representação directa, visto que a aplicou somente em casos excepcionais*: pro tutela, pro libertate, ex lege Hostilia *e* pro populo.» No mesmo sentido da qualificação destas acções como casos de representação v., ainda, Santos Justo, *Direito...*, I, *Parte geral...*, p. 202, nota (998).

zar-se o *agere alieno nomine*, a elas subjacente, «*quase sempre através da ausência de uma verdadeira distinção entre o agente e o sujeito por conta do qual se actuava*»[259]. Ideia, de resto, igualmente informadora e presente noutros modelos susceptíveis de serem incluídos no grupo das excepções à proibição de *agere alieno nomine*, como o ilustra, por exemplo, o figurino proporcionado pelo *cognitor*[260, 261] (substituto processual[262] nomeado [*datus*] por quem se encontrava impossibilitado de litigar pessoalmente, devido à idade[263] ou doença[264], e cujos traços arcaicos são, na opinião de QUADRATO, indiscutíveis[265]). A sua nomeação

---

[259] Quadrato, *Rappresentanza...*, in *Enciclopedia...*, XXXVIII, p. 420. Cfr., no entanto, quanto escreve Orestano, *Rappresentanza...*, in *Novissimo...*, XIV, p. 797, para quem a ausência de distinção entre o agente e o sujeito por quem se actuava apenas informava ou caracterizava a actuação *pro populo, pro libertate* e *pro tutela*. Na hipótese considerada pela *Lex Hostilia* já se vislumbraria uma separação entre representante e representado.

[260] Quadrato, *Rappresentanza...*, in *Enciclopedia...*, XXXVIII, p. 420. Em sentido divergente v., todavia, Orestano, *Rappresentanza...*, in *Novissimo...*, XIV, p. 797, segundo o qual a figura do *cognitor* corresponde, precisamente, a um dos casos nos quais a distinção entre agente e *dominus* se encontra bem presente. Na nossa literatura jurídica v., para uma caracterização da figura do *cognitor*, Santos Justo, *Direito...*, I, *Parte geral...*, p. 281.

[261] Cfr., *Gaius*, 4, 82.

[262] A doutrina tem discutido a questão que consiste em saber se o *cognitor* correspondia, ou não, a um verdadeiro representante. Assim, e na defesa da tese segundo a qual o *cognitor* era um autêntico representante directo, pode ver-se, designadamente, Koschaker, *Translatio iudicii, Eine Studie zum römischen Zivilprosess*, Graz, 1905, pp. 117 e ss., e 143 e ss., o qual sublinha a circunstância de o *cognitor* não ser designado nunca *dominus liti* além de sustentar ser a fórmula da *condemnatio* proferida em nome do representado e a sentença proferida em seu nome; Orestano, *Rappresentanza...*, in *Novissimo...*, XIV, p. 797, para quem «*si ammise in fatti che ultrasessentane ed il malato potessero dare un cognitur, solenne e specifico rappresentante costituito certis verbis per il giudizio. Questo caso fornisce dunque un esempio sicuro di rappresentanza processuale voluntaria*»; e ainda, se bem interpretamos, Savigny, *Obligationenrecht...*, II, pp. 38 e ss.. Contra semelhante orientação manifestam-se, no entanto, e designadamente, Eisele, *Cognitur und Prokurator, Untersuchung zur Geschichte der processualen Stellvertretung*, Friburgo, Tubinga, 1881, pp. 78 e ss.; Leo Rosenberg, *Stellvertretung im Prozess...*, p. 356 e ss.; maxime p. 358; Hupka, *Die Haftung...*, p. 7, nota (1), e p. 10; Solazzi, *Le azioni del pupilo e contro il pupilo per i negozi conclusi dal tutor. Contributo alla storia della rappresentanza...*, p. 59, autor segundo o qual: «*Ninguém deseja estender a aversão pela representação para além de quanto resulta das fontes: mas estas contêm declarações tais de molde a vetar que se aceite o conceito de representação directa do* cognitor *onde não ocorram boas provas*»; Axel Claus, *Gewillkürte Stellvertretung...*, pp. 60 e ss.; e António dos Santos Justo, *A fictio...*, I, p. 426. No sentido mais amplo segundo o qual o novo direito romano admitiu, até certo grau, no campo da aquisição da propriedade e no domínio contratual uma autêntica representação jurídica directa, designadamente, no campo processual v. Jhering, *Mitwirkung...*, in *Gesammelte...*, I, p. 159.

[263] Mais de sessenta anos.

[264] As Institutas de Justiniano, 4, 10, mencionam estas duas formas de impedimento – as quais parecem ter tido do ponto de vista dos antigos costumes particular importância – ao lado da *necessaria peregrinatio* e de uma multiplicidade de outras causas não especificadas. A este respeito cfr., a título meramente ilustrativo, Vicenzo Arangio-Ruiz, *Il mandato...*, p. 4, o qual refere, por exemplo, a possibilidade de o *cognitor* actuar no lugar de alguém perfeitamente capaz, chamado às armas no momento de iniciar um processo como autor ou demandado.

[265] Quadrato, *Rappresentanza...*, in *Enciclopedia...*, XXXVIII, p. 420. Assim, também, e entre outros, Lévy-Bruhl, *Recherches...*, p. 126. Grande parte da doutrina não se afigura, todavia, tão categórica na determinação da época de introdução da figura do *cognitor*, tanto mais quanto muitos

verifica-se no respeito pelo mais rigoroso formalismo, num cerimonial que pressuponha a pronúncia, por parte do *dominus*, na presença do adversário, *de verba certa et quasi sollemnia*[266]. Tudo com o objectivo de transformar o *cognitor*

---

dos textos que originalmente se refeririam ao *cognitor* terão sido interpolados para se passarem a referir ao *procurator ad litem* (segundo Lenel, *Das Edictum*..., pp. 86, o título do Digesto *De procuratoris et defensoribus* teria correspondido no *Edictum* de *Julianus* a *De Cognitoribus et procuratoribus et defensoribus*). Por exemplo, Vicenzo Arangio-Ruiz, *Il mandato*..., p. 4, nota (1), considera o assunto discutível; enquanto outros autores, de entre os quais destacamos, como paradigma, Leo Rosenberg, *Stellvertretung im Prozess*..., pp. 330, 331 e ss., e 325 e ss., e António dos Santos Justo, *A fictio*..., I, p. 426, se limitam, praticamente, a afirmar ser o *cognitor* anterior ao *procurator*. Veja-se, porém, Axel Claus, *Gewillkürte Stellvertretung*..., p. 55, o qual reporta a figura do *cognitor* cerca do século III a. C..

[266] Cfr., ao nível das fontes, *Gaius*, 4, 83 e 4, 97. Na doutrina, e para mais detalhes acerca da figura do *cognitor*, designadamente suas relações, ligações e diferenças com modelo proporcionado pelo *procurator*, cfr., *v.g.*, Savigny, *Obligationenrecht*..., II, pp. 38 e ss.; Eisele, *Cognitor*..., *per totum*; Wilhelm Alois, Baron v. Ledersteger-Falkenegg, *Die Entwicklung der Stellvertretung im römischen*..., pp. 42 e ss.; Leo Rosenberg, *Stellvertretung im Prozess*..., pp. 306 e ss.; Lenel, *Das Edictum*..., pp. 86 e ss., e 404 e ss.; Solazzi, *Le azioni del pupilo e contro il pupilo per i negozi conclusi dal tutor. Contributo alla storia della rappresentanza*..., pp. 59; Frese, *Prokurator und negotiorum gestio im Römischen Recht*, in *Mélanges de Droit Romain Dédiés à Georges Cornil*, Gand-Paris, 1926, I, pp. 330; Serrao, *Il procurator*, *cit.*, pp. 78 e 79; Enrico de Simone, *Rappresentanza in giudizio (diritto romano)*, in *Novissimo Digesto Italiano*, 1968, XIV, pp. 589 e 590; Axel Claus, *Gewillkürte Stellvertretung*..., pp. 52 e ss.; Quadrato, *Rappresentanza*..., in *Enciclopedia*..., XXXVIII, p. 420; António dos Santos Justo, *A fictio*..., I, pp. 426 e ss.. Particular referência para o nosso tema, embora não seja nosso propósito, por nos levar longe de mais, desenvolver o tratamento da representação processual, merecem as figuras do *cognitor* e *procurator in rem suam*. A personagem subjacente a este «representante» judicial apresentava-se, segundo parece (são enormes as dúvidas acerca dos contornos exactos destas figuras motivadas pelas sérias interrogações acerca da genuinidade dos trechos nos quais aparecem referidas, conforme demonstrado por Serrao, *Il procurator*, *cit.*, pp. 68 e ss.), processualmente, como um *cognitor* ou procurador legitimado a exercer um direito alheio, mas que, na realidade, como a própria expressão indica, agia por sua própria conta e interesse. O direito romano não admitia a cessão de créditos senão na forma de uma novação subjectiva, ou seja de uma nova *verborum obligatio*, na qual o cessionário intervinha como estipulante no lugar e em vez do credor originário. Quem não pretendesse recorrer a este meio complexo (o qual entre outros aspectos requeria a colaboração do devedor) concedia a outro a disponibilidade do próprio direito (quer na sequência de uma contrapartida em dinheiro quer em virtude do facto de a isso se encontrar obrigado por força de outra convenção) designando-o, ou deixando a possibilidade de intervir, como *procurator* no processo contra o devedor (cfr., *Gaius*, 2, 38, 39). A qualificação ou a equiparação destas figuras aos restantes casos de intervenção de um *procurator* ou auxiliar poderia ter importantes consequências na compreensão do mecanismo da representação no direito romano. A verdade, porém, é que a valoração feita pela moderna doutrina romanista acerca desta figura do *procurator in rem suam* leva a considerar a existência de meras proximidades aparentes com o *procurator unius rei*. De facto, segundo os historiadores, tal como é apresentado pela compilação justinianeia, o *procurator in rem suam* aparece como o cessionário de um crédito e utiliza, contra o devedor, a acção, não em seu nome, mas no do cedente, embora actue para sua própria vantagem. Assim, Serrao, *Il procurator*, *cit.*, p. 69; e Vicenzo Arangio-Ruiz, *Il mandato*..., p. 15, o qual fala a este respeito de representante fictício. Não deixa de ser curioso notar a circunstância de – antes de abertas as inúmeras brechas que permitiram ao *dominus* adquirir directamente os direitos e obrigações resultantes dos actos praticados pelos respectivos auxiliares – o recurso ao *cognitor in rem suam*, mediante a assunção, pelo principal, da veste de procurador consistir, precisamente, numa das formas de transferência

num *alter ego* do *dominus*[267]. Ou seja, e noutros termos, num actor ou agente posto no lugar de outra pessoa, de quem faz as vezes, ao ponto de ser considerado como um *dominus in loco*[268, 269]. Uma situação que consentia ao representante estar presente em todo o processo, ao ponto de se personificar nele – *quam si ipse egerit*[270] – numa clara manifestação da ideia de imediação subjacente à relação *dominus-cognitor*[271]. Imediação esta, sublinhe-se novamente, em grande medida, na base da discórdia verificada na doutrina acerca da existência, ou não, no direito romano, de casos de representação. Na visão de grande número de autores a representação jurídica pressuporia, repita-se, uma clara separação entre representante e representado. Ora, no direito romano frequentemente semelhante separação ou diferenciação não só não existia como, ao contrário, se apontava – ao menos em grande número de hipóteses – no sentido de uma evidente identificação entre *dominus* e substituto. Por isso, não nos restaria outra alternativa senão negar o conhecimento ou divulgação do fenómeno representativo ao tempo dos romanos. Contra semelhante tese é, porém, possível apontar a voz de vários autores segundo os quais a relação de contiguidade principal-substituto não só não nos transportaria para fora do fenómeno representativo como, ao contrário, nos forneceria a nota característica e essencial da representação na reflexão jurídica romana[272]. Representação

---

para o dono do negócio dos efeitos dos actos celebrados pelo principal. Para mais pormenores acerca desta figura, aparentemente desfuncionalizada, v., de entre a bibliografia por nós consultada, Betti, *Instituzioni...*, II, I, pp. 30, 205, 416, 438; e Jose Manuel Ruiz-Rico, *La representación en el interés...*, pp. 108 e ss., onde, entre outros aspectos, se sublinha como a expressão *procurator in rem suam* é usada à saciedade pela moderna doutrina como forma de dar credibilidade a certas soluções por ela propostas, apesar de semelhante termo ser utilizado pelos romanos para referir realidades as quais pouco ou nada têm a ver com a utilização moderna do termo, e se acentua, ainda, com referência ao ensinamento de Alvaro d'Ors, como a *procuratio in rem suam* romana tinha o conteúdo de uma cessão simulada de créditos pois destinava-se a iludir a exigência do consentimento do devedor, e se refere, finalmente, como o mandato *in rem suam*, apesar das aparências, não interessava exclusivamente ao mandatário, continuando-se a ver nele um interesse do mandante.

[267] Quadrato, *Rappresentanza...*, in *Enciclopedia...*, XXXVIII, p. 420.

[268] *Gaius*, 4, 97: «*cum enim certis et quasi sollemnibus verbis in locum domini substituatur cognitor, merito domini loco habetur.*»

[269] Assim, veja-se a título exemplificativo, Quadrato, *Rappresentanza...*, in *Enciclopedia...*, XXXVIII, p. 420; e António dos Santos Justo, *A fictio...*, I, p. 426.

[270] *Gaius*, 4, 98.

[271] De acordo com Quadrato, *Rappresentanza...*, in *Enciclopedia...*, XXXVIII, pp. 420 e 421, depararíamos aqui com um fenómeno próximo daquele próprio da actuação do *filius* ou do escravo em lugar do *pater familias*. Isto, com as diferenças impostas pelas características da relação potestativa – dominada pela presença absorvente e aglutinadora do pai, titular único e exclusivo do património e pela redução dos servos e *filii in potestate*, privados de capacidade patrimonial, a meros instrumentos de aquisição ou peças ao serviço de uma qualquer actividade negocial.

[272] É, designadamente, essa a opinião de Quadrato, *Rappresentanza...*, in *Enciclopedia...*, XXXVIII, p. 420. Na verdade o autor afirma expressamente corresponder a imediação entre principal e substituto ao «(...) *carácter essencial da representação*» jurídica romana. Não podemos, todavia, acompanhar, totalmente, a posição de Quadrato, por se afigurar na sua forma – embora, reconheça-se, talvez não no conteúdo – demasiado seco e categórico o modo como o autor italiano apresenta a respectiva tese. A afirmação de Quadrato deve ser temperada, e só poderá ser aceite quando enquadrada no contexto mais amplo das considerações por ele desenvolvidas a

cuja qualificação enquanto tal não depende de quaisquer considerações dogmáticas. É antes a verificação da existência de uma série de similitudes substanciais entre, por um lado, as diversas formas de substituição ou cooperação admitidas pelo direito romano e a moderna figura da representação jurídica, por outro, a ditar o enquadramento das primeiras na segunda. Similitudes que, numa abordagem fundamentalmente pragmática e desprovida de prurios conceptuais, se podem, eventualmente, detectar quer ao nível dos efeitos prático-jurídicos quer ao nível dos interesses subjacentes às diversas formas de substituição e cooperação jurídica em análise – as concebidas pelos romanos, de um canto, e as subsumíveis no actual figurino da representação jurídica do outro. É este um aspecto a merecer um tratamento mais pormenorizado.

---

propósito da máxima de *Gaius*, 2, 95, «*vulgo dicitur per extraneam personam nobis adquiri non posse*» e ao princípio da proibição de aquisição através de *liberam persona*. A este último propósito cfr. *infra* Parte I, Cap. I, parágrafo 9. Parece-nos, em qualquer caso, mais próxima da verdade a posição adoptada por Hamza, *Aspetti della rappresentanza negoziale...*, in *Index...*, IX, pp. 197, e 200, para quem «É (...) *a tutela dos interesses o princípio guia da substituição negocial romana, o que explica, também nas fontes, a prevalência dos interesses de maior relevo sobre outros. É sob tal ângulo que a moderna dogmática da representação pode ser utilizada: ou seja, quando, se toma em consideração os interesses das partes, e tendo em conta a atitude pragmática dos Romanos, atentos sobretudo aos efeitos*», ou ainda «(...) *no direito romano a base da actividade não é reconhecível num negócio jurídico, mas sim na relação de subordinação/preposição* entre dominus e procurador que, *de um lado, (através do iussum) garante o interesse do* dominus, *e do outro garante os efeitos hoje produzidos pela representação directa*». Uma tomada de posição mais peremptória acerca da essência da substituição negocial em Roma só poderá, todavia, ser tomada mais adiante. Rejeitamos no entanto, e desde já, as posições que – baseadas num confronto directo com a visão moderna da figura da representação – negam a admissibilidade do fenómeno representativo em Roma por considerarem com ele incompatível a ligação ou imediação, entre agente e principal, própria de grande parte dos casos de cooperação ou substituição proporcionados pelo direito romano. Em nosso entender, não existe qualquer incompatibilidade entre tal imediação e qualificação dos exemplos de intervenção de alguém na condução de negócios jurídicos alheios. E não existe porquanto, como se procurará demonstrar mais tarde, a ideia ou noção de continuidade, identidade ou fusão entre representado e representante (ou talvez melhor entre vontade do representado e do representante) impregnar ainda hoje a figura da representação jurídica. A afirmação segundo a qual o direito romano não teria conhecido a representação directa assenta assim, e em nossa opinião, numa pluralidade de vícios. O primeiro consiste numa grosseira inversão de perspectiva: procura-se analisar e compreender as manifestações de substituição ou cooperação negocial em Roma à luz de desenvolvimentos jurídicos actuais, quando a inteligência de tais desenvolvimentos pressupõe o estudo prévio da evolução histórica a eles conducentes. O segundo resulta da deficiente percepção da representação jurídica moderna – provavelmente ditado pela inversão da perspectiva agora mencionada. Percepção a qual ao servir, depois, como padrão modelar dos estudos de natureza histórica acaba, forçosamente, por provocar enormes desvios nas conclusões obtidas. Se quiséssemos recorrer a uma imagem diríamos ser o objecto utilizado como lupa e esta convertida em objecto, com uma consequente e inevitável perturbação da visão alcançada.

2. – Um caso particular de gestão por conta de outrem: o mandato

I – Com o chamado *ius civile novum*, o sistema económico romano sofreu significativas alterações[273]. O hábito ou necessidade de concluir negócios entre partes que não se encontravam em contacto directo e pessoal, mas sim à distância (*inter absentis*), esteve na origem de um amplo envio e utilização de substitutos materiais *per epistulam* ou *per nuntium*. Mas isso não se afigurava suficiente. Na verdade, e conforme é sublinhado pela doutrina romanista, tais negociações pressupunham, por parte do intermediário, a existência de alguma latitude de poderes e de iniciativa. Nasceu, assim, a prática de se conferir a um amigo ou pessoa de confiança o encargo (*mandatum*) de realizar um ou mais negócios por conta do *mandator*, o qual se obrigava a tomar para si os efeitos dos actos realizados pelo *mandatarius* e a indemnizar este último pelas despesas e custos suportados[274].

As Institutas de *GAIUS* incluem o mandato, juntamente com o contrato de compra e venda, a *locatio*, e a *societas* na categoria dos contratos consensuais em virtude dos quais, e como simples efeito do acordo *alter alteri obligatur de eo quod alterum ex bono et aequo praestare oportet*[275]. Na sua génese estarão influências múltiplas. Todavia, um dos seus principais paradigmas parece encontrar-se na ideia de dever público, circunstância sugerida, no entender de alguma doutrina, designadamente, pelo facto de muitas das dificuldades sentidas a propósito do contrato de mandato surgirem, precisamente, aí onde o estado e a posição dos magistrados romanos não puderam servir de exemplo[276].

A *communis opinio*, motivada pela constatação segundo a qual os demais contratos consensuais encontraram a respectiva tutela e reconhecimento no âmbito do *ius gentium*, considera ter o mandato igualmente nascido sob a égide do direito das gentes[277]. Ele ligar-se-ia, assim, às exigências da actividade comercial desenvolvida, a partir do século III a. C., nos mercados do Mediterrâneo, entre romanos e peregrinos[278]. A explícita referência à *bona fides* (*dare*

---

[273] Cfr., a título exemplificativo, Guarino, *Diritto privatto*..., p. 421.

[274] *Gaius*, 3, 155, o qual considerava as partes envolvidas no contrato de mandato obrigadas reciprocamente, uma para com a outra, à realização de todas as prestações impostas pela boa fé.

[275] *Gaius*, 3, 135; Id., 3., 137.

[276] Assim, Alan Watson, *Contract of mandate*..., p. 17.

[277] Expoente máximo dessa *communis opinio* é, sem dúvida, Vicenzo Arangio-Ruiz, *Il mandato*..., pp. 44 e ss.. Sobre o assunto v., ainda, Pessoa Jorge, *O mandato*..., pp. 33 e ss.; Giuseppe Provera, *Mandato (storia)*, in *Enciclopedia del Diritto*, XXV, 1975, pp. 312 e ss.. Dieter Nörr, *Mandatum, fides, amicitia*, in *Mandatum und Verwandtes. Beiträge zum römischen*..., pp. 13 e ss.; Luisa Arcos, *El mandato de crédito*, Pamplona, 1996, pp. 22 e ss..

[278] Neste sentido, cfr., com carácter exemplificativo, Voci, *La dottrina romana*..., p. 165, e Vicenzo Arangio-Ruiz, *Il mandato*..., p. 45.

facere oportere ex fide bona) – na opinião de ARANGIO-RUIZ bem longínqua do *dare facere oportere*, puro e simples, expressão de um direito reconhecido pelo *ius civile* – invariavelmente contida tanto nas fórmulas processuais da *actio mandati*[279], como nas fórmulas relativas aos outros contratos consensuais, não deixaria quaisquer dúvidas quanto ao facto de as partes não se vincularem segundo o *ius civile*, mas sim em função de exigências de lealdade e correcção mercantil [280]. Noutros termos, em função daquela *fides bona* sem a qual as relações entre homens pertencentes a povos diferentes não se tornariam concebíveis ou compreensíveis[281]. Por outro lado, seria esta referência à *fides bona* a permitir – num sistema contratual onde normalmente se exigia, para o nascimento de uma obrigação, o uso de formas sacramentais determinadas – o surgimento de vínculos recíprocos em virtude de um simples acordo[282, 283]; designadamente, e como é aliás afirmado ao nível das próprias fontes[284], a celebração de contratos entre ausentes, através de mandato[285]. Ter-se-á, assim, tornado natural conferir a um mercador, ocasionalmente encontrado em determinada praça, um encargo a levar a cabo noutro mercado ou mesmo a celebração de contratos de compra e venda ou de transporte através de conhecidos, nos quais se depositava confiança e com quem se mantinha, nos portos e locais visitados, uma estreita relação[286]. Tudo dependia da simples vontade das partes[287]: recorria-se ao mandato, entendido como a forma jurídica da mútua prestação de serviços ditados por razões de amizade[288], e sempre que tais serviços não coubessem no âmbito estritamente social do *officium*[289].

---

[279] Acerca da *actio mandati* – e em particular a propósito das respectivas origens, características e forma de relacionamento com a *actio gestiorum* – cfr., entre outros, e a título simplesmente ilustrativo, Lenel, *Das Edictum...*, pp. 101 e ss., e 295 e ss.; Donatuti, *Contributi alla teoria del mandato in diritto romano*, I, *L'actio mandati dell' adpromissor*, Perugia, 1927, II, *La volontà del mandante*, Perugia 1929, *passim*; Franz von Bossowski, *Die Abgrenzung des mandatum und der negotiurum gestio im Klassischen und junstinianischen Recht*,... *per totum*; Arangio-Ruiz, *Il mandato...*, pp. 62; Pessoa Jorge, *O mandato...*, p. 45.

[280] Vicenzo Arangio-Ruiz, *Il mandato...*, pp. 45 e 46.

[281] Giuseppe Provera, *Mandato...*, in *Enciclopedia...*, XXV, p. 312.

[282] *Idem.*

[283] Ao nível das fontes v. I.J., 22 (23), pr..

[284] I.J., 22 (23),§ 1; *Paulus, Libro XXXII. ad Edictum* – D., 17, 1,1, § 1.

[285] Giuseppe Provera, *Mandato...*, in *Enciclopedia...*, XXV, p. 312.

[286] Vicenzo Arangio-Ruiz, *Il mandato...*, pp. 46 e 47.

[287] Giuseppe Provera, *Mandato...*, in *Enciclopedia...*, XXV, p. 313.

[288] A importância da amizade no mandato levou a que se chegasse a sustentar a impossibilidade de celebração deste contrato entre pessoas não ligadas por laços de amizade (cfr., Vicenzo Arangio-Ruiz, *Il mandato...*, pp. 46 e 47). De resto, a própria expressão «mandato» parece fazer eco do significado atribuído às relações de amizade a ele subjacentes, porquanto, e no entender da doutrina, retiraria o seu nome da circunstância de os contraentes (mandante e mandatário) darem, reciprocamente, a mão direita (*manum dare*) como forma de assegurarem a *fides* em redor do negócio jurídico (v., por todos, Alfonso Nasali Rocca, *Il mandato. Studio di diritto romano*, reimpressão da edição de Campobasso, 1902, Roma, 1972, p. 23). Para maiores desenvolvimentos v., ainda, com carácter exemplificativo, Alan Watson, *Contract of mandate...*, p. 3; Cancelli, *Ufficio...*, in *Enciclopedia...*, XLV, pp. 612 e 613; Guarino, *Diritto privatto...*, p. 932, para quem a crise social e económica dos séculos II e I a. C. provocou a dissolução dos velhos valores da amizade e da *fides*, e

Contra semelhante visão, acerca das origens do mandato, foi, todavia, afirmado ser com ela incompatível[290] a essencialidade do carácter gratuito[291] deste contrato consensual[292]. De facto, e segundo uma corrente de opinião defendida por alguns romanistas, seria difícil admitir, para satisfazer as exigências do comércio, a circunstância de alguém se vincular, perante outrem, à realização de uma prestação (eventualmente gravosa) sem retirar daí qualquer benefício ou utilidade. Verdadeiramente importantes ou decisivos, para se compreender o processo histórico de desenvolvimento do mandato, seriam, apenas, os deveres de amizade entre as partes – não quaisquer necessidades ou imposições do tráfego mercantil. O instituto teria origem perfeitamente romana, e a sua tutela e protecção, concedida no pressuposto da existência entre as partes de obrigações particulares, caberia no âmbito do *ius civile*. Esta tarefa ou resultado corresponderá ao esforço da actividade do *praetor urbanus* e não do *praetor peregrinus*. Quanto se acaba de referir, significará que, ainda antes do respectivo reconhecimento jurídico, o vínculo entre mandante e mandatário – por força do qual este último se obrigava graciosamente a levar a cabo uma prestação em benefício do primeiro – se manifestou e operou como conceito de natureza social. O surgimento do mandato, como figura jurídica, corresponderia ao momento, concomitante ou imediatamente subsequente à sua atracção para a esfera do *ius civile*, da transformação dos deveres a ele subjacentes – a saber o dever do mandatário de gratuitamente executar o encargo a ele confiado e a obrigação do mandante de pagar todas as despesas e de ressarcir os danos directamente resultantes do cumprimento do contrato – de sociais e morais em jurídicos. Semelhante fenómeno, seria de ocorrência bastante tardia e, em qualquer caso, um pouco anterior ao ano de 123 a. C. e, provavelmente, posterior à *Lex Aebutia*.

II – Na sua configuração inicial o mandato de direito romano encontrava-se bem distante da figura da representação voluntária

---

levarem o *mandatarius* a considerar-se obrigado estritamente no plano jurídico, e não já no da cortesia. Não obstante, o nexo mandato e amizade era ainda considerado como fundamental por Cícero, em pleno século I a. C.. O próprio carácter gratuito do mandato é deduzido da amizade. Cfr., *Paulus, Libro XXXII. ad Edictum* – D., 17, 1, 1, § 4. Ao nível das fontes, mas em diferentes contextos, v., ainda *Ulpianus, Libro XXXII. ad Edictum* – D., 17, 1, 10, § 7; *Paulus, Libro LX. ad Edictum* – D., 42, 5, 23.

[289] Vicenzo Arangio-Ruiz, *Il mandato...*, p. 47.

[290] Alan Watson, *Contract of mandate...*, p. 18 e ss.; e na sua sequência Giuseppe Provera, *Mandato...*, in *Enciclopedia...*, XXV, p. 313.

[291] Acerca da importância do carácter gratuito do mandato – elevado por uma multiplicidade de autores (ao ponto de formar uma verdadeira *communis opinio*) a elemento essencial deste contrato, a par com a respectiva consensualidade e com necessária presença ou concorrência de um interesse do mandante ou de um terceiro – v., a título exemplificativo, Arangio-Ruiz, *Il mandato...*, pp. 114 e ss.; Alan Watson, *Contract of mandate...*, pp. 102 e ss.; Pessoa Jorge, *O mandato...*, pp. 36 e ss..

[292] Essencialidade resultante, segundo a doutrina, designadamente, do já citado fragmento de *Paulus, Libro XXXII. ad Edictum* – D., 17, 1, 1, § 4.

directa para se situar nos quadros próprios da representação indirecta. Contudo, a posterior fusão deste com a procuração[293] acabaria por fazer dele, durante séculos e séculos, a peça central do fenómeno representativo mesmo no caso da imputação directa dos efeitos do acto praticado pelo representante. Importa por isso, e antes de avançarmos para a análise das várias razões conducentes ao abraçar da *procuratio* pelo mandato, dedicarmos alguma atenção a este último. Em concreto irá procurar acertar-se qual ou quais os interesses (do mandante, de terceiro, ou do mandatário) subjacentes a esta figura contratual para, na perspectiva dos romanos, ela ser considerada válida[294].

2.1. – O interesse subjacente ao mandato. A construção de WATSON, a tese de ARANGIO-RUIZ e a posição de BORTOLUCCI[295] – três diferentes expressões de uma mesma *communis opinio* acerca da inadmissibilidade do mandato *tua gratia*

I – Quer as Institutas de *GAIUS*, quer as de Justiniano, quer o próprio Digesto iniciam o tratamento das matérias relacionadas com o contrato de mandato através da determinação do interesse que se deveria encontrar subjacente a este pacto. Não obstante a aparente convergência de pontos de vista inicialmente verificada ao nível destes três documentos históricos, a interpretação das fontes disponíveis não se afigura tarefa simples. Ao contrário, a conciliação dos diversos elementos existentes revela-se extremamente complicada e insusceptível de concitar a unanimidade ou, sequer, a convergência de opiniões, por parte dos romanistas.

As Institutas de *GAIUS* mencionam três tipos de mandato, consoante o interesse perseguido por este contrato: *mandatum mea gratia*; *mandatum aliena gratia*; e *mandatum tua gratia*. As Institutas de Justiniano e o Digesto dividem – sempre em função do interesse pretendido alcançar – o mandato em seis categorias: *mandatum mea gratia; man-*

---

[293] V., *infra*, Parte I, Cap. I, parágrafo 6.

[294] Interessante será verificar qual o resultado alcançado na compilação de Justiniano, altura em que, por um lado, se havia já procedido à junção entre a *procuratio* e o *mandatum*, e do outro, a doutrina, mesmo aquela mais renitente, reconhece, de forma mais ou menos ampla, mas incontestável, a existência de diversas manifestações jurídicas capazes de serem reconduzidas à representação directa.

[295] A ordem por que são citados os três autores é, exactamente, inversa ao do aparecimento cronológico das respectivas obras e obedece apenas a um critério metodológico.

datum mea et tua gratia; mandatum aliena gratia; mea et aliena gratia; tua et aliena gratia; e *tua gratia.*

Na sua configuração normal, o mandato era um contrato estipulado no interesse do mandante (*mandatum mea gratia*), o qual tinha, através da *actio mandati*, o direito de exigir do mandatário a fiel execução do encargo a este confiado, e o dever de reembolsar as despesas realizadas no cumprimento do dito encargo.

O quadro ou esquema abstracto do mandato era suficientemente elástico para consentir extensões progressivas. Surgiu, assim, a hipótese de celebração de um mandato concluído no interesse directo de um terceiro, variavelmente combinado com o do mandante (*mandatum aliena gratia*).

A amplitude ou maleabilidade da moldura genérica do contrato de mandato não era porém suficiente para compreender, de forma pacífica, o *mandatum tua gratia*. Na verdade, a admissibilidade e os contornos deste tipo de mandato terão dividido de forma profunda os jurisconsultos romanos, numa polémica cujos efeitos, pode dizer-se, se arrastam até aos dias de hoje.

Depois de explicitar a sua qualificação tripartida do contrato de mandato (*mea, aliena* e *tua*), GAIUS declara o mandato *tua gratia* inválido. A razão de semelhante invalidade residia, de acordo com o jurisconsulto romano, na circunstância de o *mandatum tua gratia* ser considerado *supervacuum*. A vacuidade desta modalidade de *mandatum* era explicada através da ideia segundo a qual o cumprimento, por uma pessoa, de um encargo que só a ela respeitava e interessava, resultaria de *sua sententia* e não do pretenso mandato[296]. Não obstante esta explicação, e logo depois de a apresentar, GAIUS aborda e discute a possibilidade de se conferir a alguém um encargo para celebração de um empréstimo ou mútuo a pessoa determinada (*Titius*) — ou, para empregar a expressão latina, a possibilidade de se dar um *mandatum pecuniae credendae*. Segundo GAIUS, o jurista republicano SERVIUS considerava tal mandato

---

[296] Os juristas pós-clássicos desenvolveram esta ideia através da distinção entre conselho (*consilium*) e mandato. Segundo eles, o *consilium* dado a alguém não vinculava o aconselhado a cumprir o conselho, nem o respectivo autor a indemnizar eventuais prejuízos ocasionados pela prática do acto ou conduta, excepto em caso de dolo do autor do conselho. Sobre o estado da questão v., a título de mera referência, Vangerow, *Lehrbuch der Pandekten*, 7.ª ed., Marburgo e Lípsia, 1869, III, pp. 493 e 494; Gino Segrè, *Studi sul concetto del negozio giuridico secondo il diritto romano e il nouvo diritto germanico*, in *Rivista Italiana per le Scienze Giuridiche*, XXVIII, 1, 1899, pp. 225 e ss.; Bortolucci, *Il mandato di credito*, in *Bulletino dell'Istituto di Diritto Romano*, 27, 1914, pp. 135 e ss.. Mais recentemente a discussão foi considerada por Arangio-Ruiz, *Il mandato...*, p. 121, como irrelevante por julgar existir no trecho de *Gaius,* contido no D., 17, 1, 2, § 6, uma elaboração pós-clássica. Acerca dos contornos modernos da responsabilidade por conselhos, recomendações ou informações limitamo-nos a referir, por ora, a obra fundamental de Jorge Sinde Monteiro, *Responsabilidade por conselhos, recomendações e informações*, Coimbra, 189, *per totum.*

sem qualquer valor jurídico, à semelhança do verificado com o conselho, dado a outrem, para mutuar onerosamente o respectivo dinheiro[297]. Em contrapartida, e sempre no dizer de *GAIUS*, a opinião do jurisconsulto *SABINUS* seria, justamente, a inversa; porquanto, numa hipótese como a descrita, o mútuo, em favor de uma determinada pessoa, não se concretizaria se não existisse mandato.

As fontes não nos fornecem nenhuma indicação segura e inequívoca sobre se *SABINUS* considerava este mandato como *tua gratia* ou *mea gratia*. Na opinião de ALAN WATSON[298], *SABINUS* veria no contrato de mandato para mutuar a pessoa determinada um *mandatum tua gratia*. *SERVIUS* defendia a posição segundo a qual o mandato para concessão de crédito a uma pessoa especificamente individualizada seria um *mandatum tua gratia*, e não encontrava diferenças entre este e o mandato para mutuar a pessoa indeterminada – unanimemente considerado inválido. Porém, *SABINUS*, apesar de, nas palavras de WATSON, dever ter reconhecido que o mandato em referência era tanto *tua gratia* como *aliena*, terá insistido não só em mantê-lo na categoria do *mandatum tua gratia* como em considerá-lo válido[299].

A divergência entre *SERVIUS E SABINUS*, ter-se-á comunicado às respectivas escolas, *proculianos*, por um lado, e *sabinianos*, por outro, e são hoje múltiplas as tentativas, baseadas num aturado processo de reconstituição e determinação das interpolações levadas a cabo sobre as fontes, para determinar o exacto alcance da polémica na qual se envolveram os juristas romanos. Este último aspecto não levou, todavia, WATSON a deixar de propor, como absolutamente clara, uma proposta de reconstrução histórica da figura do contrato em referência, assente na ideia – partilhada pela *communis opinio* – de que o *mandatum tua gratia* não teria tido no direito romano qualquer cabimento[300]. Mais. O romanista britânico não se coíbe sequer de afirmar não ser necessário gastar muito tempo com esta modalidade de *mandatum* para estabelecer o princípio da sua rejeição em Roma[301]. A leitura de três textos seria para o efeito suficiente: as Institutas de *GAIUS*, 3, 155 e 3, 156; as Institutas de Justiniano, 3, 26; e o Digesto, 17, 1, 2 (*Gaius, Libro II. Rerum quotidianorum*).

O primeiro dos três fragmentos acabados de citar é, justamente, o já referido trecho no qual *GAIUS* procede à distinção entre *mandatum mea* e *aliena*. O segundo é o passo onde este jurista romano sustenta o, também já mencionado, carácter *supervacuum* do *mandatum tua gratia* e refere a divergência de opinião entre *SERVIUS* e *SABINUS*, relativamente ao valor jurídico do *mandatum pecuniae credendae*. Mas mais. É igualmente este o local onde *GAIUS* manifesta a sua posição pessoal sobre a validade ou invalidade de um mandato

---

[297] A diferença entre este mandato para celebrar um empréstimo ou mútuo no interesse de determinada pessoa (*Titius*) relativamente ao *mandatum tua gratia*, considerado inválido por *Gaius*, está na circunstância de este último pacto não envolver a determinação ou concretização do terceiro com quem o mandatário deveria celebrar o mandato. Cfr., *Gaius*, 3, 156.

[298] Alan Watson, *Contract of mandate...*, p. 113.

[299] Alan Watson, *Contract of mandate...*, p. 114.

[300] Alan Watson, *Contract of mandate...*, p. 119.

[301] *Idem*.

para mutuar a pessoa determinada. Na verdade, nesta fonte *GAIUS* pronuncia-se a favor de *SABINUS*, e julga o mandato de crédito válido. Apesar disso, e segundo ALAN WATSON[302], *GAIUS* não seguirá *SABINUS*, quando este parece querer ver no *mandatum* para mutuar a pessoa determinada um *mandatum tua gratia*. Ao contrário, WATSON considera que – não obstante a circunstância de aceitar o veredicto final de *SABINUS* – o modo como *GAIUS* trata o assunto indica não existir, por parte deste, qualquer intenção ou propósito de qualificar o *mandatum pecuniae credendae* como *tua gratia*: *GAIUS* encara o *mandatum tua gratia* como *supervacuum* e, no entender de ALAN WATSON, não estará disposto a ver no *mandatum pecuniae credendae* uma excepção, pois, se isso sucedesse, o jurista romano tê-lo-ia dito expressamente. Da mesma forma, WATSON, considera não existir, por parte de *GAIUS*, qualquer propósito de qualificar o *mandatum pecuniae credendae* como um mandato *aliena gratia*: também este enquadramento justificaria uma clara referência ou tomada de posição por parte do jurisconsulto romano. Na realidade, e sempre de acordo com a tese de WATSON, para *GAIUS* o mencionado mandato não seria nem *tua* nem *aliena gratia*, facto que se encontraria na base das dificuldades encontradas pelos romanistas para explicar a posição de *SABINUS*.

Ao proceder à distinção entre as diversas formas de mandato, *GAIUS* terá tido, segundo a doutrina de WATSON[303], presente um seu anterior trabalho – as *Res Cottidianae*[304] – o qual hesitaria em abandonar ou que, pelo menos, o levou a prender-se a conceitos antigos, com consequentes dificuldades de sistematização e de manutenção de distinções previamente elaboradas: ele necessita de novas categorias e sente-se a sua necessidade em 3, 155 e 156[305]. Quando nos voltamos para o D., 17.1.2 verifica-se como os problemas de ordenação dos vários tipos de mandato foram ultrapassados por *GAIUS*[306], ao considerar o mandato para emprestar a *Titius* ora como um *mandatum tua et aliena* ora como um *mandatum aliena tantum gratia* – conforme fossem ou não estipulados juros – e ao afirmar de forma inequívoca a invalidade e inadmissibilidade do mandato *tua gratia*[307]. Mais. Para WATSON[308] afigura-se de grande plausibili-

---

[302] *Idem*, p. 114.

[303] *Idem*.

[304] Acerca desta fonte de direito romano, discussões e controvérsias a que tem dado origem, cfr., entre outros, Franz von Bossowski, *Die Abgrenzung des* mandatum *und der* negotiurum gestio *im Klassischen und justinianischen Recht...*, p. 15, nota (1); Fritz Schulz, *Roman legal science*, Oxford, 1953, pp. 159 e ss.; Arangio-Ruiz, *Il mandato...*, p. 120, em particular quanto ao tratamento aí dado ao mandato; Id., *Ancora sulle «res cottidianae». Studio di giurisprudenza postclassica*, in *Scritti di diritto romano*, II, pp. 219 e ss., maxime 229 e ss.; Hans Julius Wolff, *Zur Geschichte des Gaiustextes*, in *Studi in Onore di Vicenzo Arangio-Ruiz nel XLV del suo Insegnamento*, IV, pp. 171 e ss.; e Zuletta, *The Institutes...*, II, pp. 182.

[305] Alan Watson, *Contract of mandate...*, p. 114.

[306] *Idem*.

[307] Não será despiciendo notar a circunstância de alguma doutrina considerar ser o *mandatum aliena gratia* sempre susceptível de redução a um mandato *mea gratia* e de a inclusão no esquema romano do *mandatum* da forma *aliena gratia* se afigurar sistematicamente insustentável e se explicar apenas historicamente. Cfr., Donatuti, *Contributi...*, II, p. 29.

[308] Alan Watson, *Contract of mandate...*, p. 114.

dade o facto de ter sido a dificuldade, ou impossibilidade, de subsumir o mandato para emprestar a *Titius* nas categorias existentes a gerar as subdivisões contidas no trecho do Digesto. A circunstância do passo de *GAIUS* contido neste último corresponder a um fragmento das *Res Cottidianae* não consistiria numa simples coincidência[309]. Ela evidenciaria a existência de fortes laços entre as *Res Cottidianae* e as Institutas de *GAIUS*[310], sugerindo terem sido as primeiras objecto de uma revisão em tempos pós-clássicos, mas escritas pelo próprio *GAIUS* ou por um seu sequaz perfeitamente a par da forma de pensamento do seu mestre[311]. Nestes termos, as seis distinções, ou tipos de mandato, contidas ou mencionadas tanto nas Institutas de Justiniano como no Digesto, teriam um significado prático e não corresponderiam ao mero resultado de *differentiae* académicas[312].

O único texto capaz de lançar alguma dúvida acerca da invalidade ou inadmissibilidade do *mandatum tua gratia* seria, no entender de WATSON, o D., 17, 1, 6, § 5 (*Ulpianus, Libro XXXI. ad Edictum*). Todavia, a afirmação ali contida, segundo a qual o mandatário não teria actuado não fora a intervenção do mandante, é vista como o resultado de uma interpolação, por se encontrar designadamente em contradição com o D., 17, 1, 2 (*Gaius, Libro II. Rerum quotidianorum*)[313].

Outros trechos por vezes invocados para justificar a admissibilidade de um mandato *tua gratia* seriam referidos abusivamente, porquanto, no dizer de WATSON, lidam com situações que nada têm a ver com o mandato conferido no interesse do próprio mandatário[314]. É o caso do passo de *Ulpianus, Libro XXI. ad Edictum* – D., 17, 1, 6, ou da passagem de *IULIANUS, Libro III. ad Urseium Ferocem* – D., 17, 1, 32[315]. O mandato referido na primeira das duas fontes, aliás tida por glosada por alguns autores[316], é dado no interesse do próprio mandante, pois é *Aurelius Quietus* quem pretende usar o *sphaeristerium et hypocausta*[317]. Quanto ao mandato de aceitação de herança, mencionado no trecho de *IULIANUS*, trata-se, no entender do jurista anglo-saxónico, de um mandato normalmente dado por um credor na expectativa de encontrar no

---

[309] *Idem.*

[310] *Idem.*

[311] *Idem.*

[312] *Idem.*

[313] Na verdade, Alan Watson, *Contract of mandate...*, p. 120, considera o trecho de *Ulpianus*, contido no D., 17, 1, 6, § 5, sujeito a uma interpolação porquanto, e nas próprias palavras do autor britânico, ele se encontraria em contradição com os três textos ou fontes nos quais se procede à distinção – em função do interesse – dos vários tipos de mandato. Todavia, Watson não deixa de lembrar, em nota, como a alusão à intervenção do mandante, enquanto factor determinante da actuação do mandatário, aparece também em *Gaius*, 3, 156. Mas mais: semelhante referência surge igualmente em I.J., 3, 23, § 6. Pela nossa parte, não julgamos a questão de grande relevância. A aceitação da posição sufragada por Watson, segundo a qual o mandato para emprestar a *Titius* não corresponde a um *mandatum tua gratia* será suficiente para se poder concluir no sentido de o D., 17, 1, 6, § 5, não vir consagrar a validade do *mandatum tua gratia*.

[314] Alan Watson, *Contract of mandate...*, p. 120.

[315] *Idem*, pp. 120 e 121.

[316] *Idem*, p. 120.

património algo a aceitar susceptível de ser usado com o fim de satisfazer o direito de crédito do qual é titular[318]. Nestes termos, deve qualificar-se como *mea et tua gratia*. A passagem *et in summa – consistere puto* não é tomada ou interpretada, por WATSON, no sentido de implicar a aceitação da posição segundo a qual *IULIANUS* sustentava ou defendia a concessão de uma *actio mandati* sempre que as palavras utilizadas e a intenção exteriorizada fossem no sentido de o mandante aparecer como um garante – do mandatário e aceitante da herança – independentemente de o mandato em questão ser, ou não, *tua gratia*. No entender de WATSON, *IULIANUS* estava apenas preocupado com duas questões: a existência de perdas por parte do mandatário e a forma do mandato. Ele não se ocupou, por isso, de quaisquer outros assuntos ou requisitos deste contrato, nem sentiu a necessidade de mencionar a exigência da presença, em qualquer mandato, de um interesse por parte do mandante ou terceiro[319].

Igualmente significativa, no sentido da inadmissibilidade do *mandatum tua gratia*, afigura-se a construção de ARANGIO-RUIZ [320, 321]. De acordo com o autor italiano, não existe qualquer dificuldade em compreender a explicação e exemplificação de *GAIUS*, contida na primeira parte do trecho 3, 156, das respectivas Institutas[322]. Em contrapartida, o leitor sente, para empregar as palavras de ARANGIO-RUIZ[323], fugir-lhe o terreno debaixo dos pés quando se encara a hipótese do mandato para emprestar dinheiro especificamente a *Titius* – não a qualquer outro. Neste último caso, ARANGIO-RUIZ[324] considera perfeitamente lógico o ponto de vista expresso nas *Res Cottidianae* – D., 17, 1, 2 – e nas Institutas de Justiniano: semelhante mandato seria *aliena gratia* (na eventualidade de *Titius* não ter de pagar juros) ou *tua et aliena gratia* (quando fossem estipulados juros em favor do mandatário)[325]. Esta distinção não foi feita nem por *SERVIUS* nem por *SABINUS*, os quais se viram, por isso, e segundo o romanista italiano[326], apanhados numa teia sem saída.

---

[317] *Idem.* Cfr., ainda, a respeito do trecho citado no texto, *infra,* nota (352). Por ora, limitamo-nos, a remeter, com vista a um esboço das diferentes opiniões a este respeito, para Mancaleoni, *Mandatum tua gratia e consilium,* in *Rivista Italiana per le Scienze Giuridiche,* 1899, 27, pp. 376 e ss.; Segrè, *Studi sul concetto del negozio giuridico...,* in *Rivista italiana...,* 1899, 28, pp. 223 (mas v. também as considerações gerais acerca do *mandatum tua gratia* aí feitas, pp. 223 e ss.); Ernst Rabel, *Negotium alienum und animus,* in *Studi in Onore di Pietro Bonfante,* IV, p. 285.

[318] Alan Watson, *Contract of mandate...,* p. 121.

[319] *Idem.*

[320] Arangio-Ruiz, *Il mandato...,* p. 123.

[321] Numa asserção, de resto, parcialmente, e não obstante as críticas que move ao autor italiano, partilhada por Alan Watson, *Contract of mandate...,* p. 113.

[322] Vicenzo Arangio-Ruiz, *Il mandato...,* p. 121.

[323] *Idem.*

[324] *Idem,* p. 122.

[325] *Idem.*

[326] *Idem;* e, ainda sobre as reflexões de Arangio-Ruiz a propósito das opiniões de *Servius* e *Sabinus* – tal como nos são reportadas por *Gaius* –, Alberto Burdese, *Mandatum mea aliena tua gratia,* in *Studi in Onore di Vicenzo Arangio-Ruiz nel LXV Anno del suo Insegnamento,* Nápoles, 1965, I, pp. 219 e ss..

Para o jurista republicano, o facto de se mencionar um determinado mutuário não alterava em nada a solução segundo a qual exortar alguém a empregar o próprio dinheiro na celebração de contratos de mútuo não envolvia qualquer mandato[327]. E de facto assim deveria ser, na perspectiva de ARANGIO--RUIZ[328], se concentrássemos toda a atenção na hipótese de a referida exortação ser feita, de boa fé, no exclusivo interesse do presumível mutuante – como sucederia, por exemplo, se, depois de ter transmitido a outro a impressão de ser melhor empregar o dinheiro a deixá-lo sem qualquer utilização, Mevius fizesse referência a um comerciante ou industrial de comprovada habilidade e idoneidade necessitado de capitais; ou, como, nos dias de hoje acontece igualmente, quando se aconselha um amigo ou conhecido a comprar obrigações ou acções de uma importante sociedade[329]. Na eventualidade de as operações sugeridas se revelarem infrutuosas, perniciosas ou aquém do especulado, nada autorizará o titular das quantias pecuniárias investidas a agir contra quem lhe deu sugestão para colocar os respectivos fundos[330]. Ao lado destas hipóteses existe, porém, uma outra perfeitamente possível e plausível: a de o responsável pelo conselho actuar de acordo com o futuro mutuário, eventualidade em que o autor da recomendação pode adoptar uma de duas condutas. Ou se comporta como se não tomasse em consideração o interesse do mutuário e se preocupasse apenas com a situação do mutuante, ou intervém, de forma clara, em favor e no interesse de *Titius*[331]. No primeiro caso, ou situação, *SERVIUS* não devia, na perspectiva de ARANGIO-RUIZ[332], ter hesitado em conceder, ao mutuante, na falta de outro remédio, uma *actio doli*, dirigida contra o autor do conselho. No segundo, *SERVIUS* tinha de reconhecer a validade do mandato, afigurando-se, aos olhos, de ARANGIO-RUIZ[333], estranho não ter o jurista republicano previsto esta situação. Tanto mais quanto neste ponto *GAIUS* abandona a terminologia da exortação para referir expressamente *«an mandati teneatur qui mandavit tibi ut Titio pecuniam faenerares»*[334].

Mas se *SERVIUS* se esqueceu dos casos nos quais o mandante tem em vista o interesse de um terceiro, *SABINUS* parece, no entender de ARANGIO-RUIZ[335], não se ter lembrado dos conselhos amigáveis dados ao presumível mandatário. Além disso, o argumento invocado pelo jurisconsulto romano, segundo o qual a obrigação do mandante nasceria da circunstância de o mandatário não ter actuado não fora a exortação do primeiro, afigura-se, ao olhos de ARANGIO-RUIZ, perfeitamente arbitrário e equívoco[336]. Arbitrário, por dar como demonstrado um factor que poderá não corresponder à realidade

---

[327] *Idem.*

[328] *Idem.*

[329] *Idem.*

[330] Em apoio desta afirmação Vicenzo Arangio-Ruiz, *Il mandato...*, p. 122, nota (1), recorda o texto de *Ulpianus, Libro XXI. ad Edictum* – D., 50, 14, 2.

[331] Vicenzo Arangio-Ruiz, *Il mandato...*, p. 122.

[332] *Idem.*

[333] *Idem*, p. 123.

[334] *Idem.*

[335] *Idem.*

[336] *Idem.*

do caso concreto. Equívoco porquanto, mesmo na eventualidade de a exortação ter o valor de um simples conselho ou recomendação, o mutuário poder ter agido simplesmente com base nela e emprestado dinheiro a *Titius*[337]. No fundo, e segundo *SABINUS*, um conselho, ou sugestão, não deveria nunca ser demasiado concreto, sob pena de fazer recair sobre o conselheiro a responsabilidade pelas consequências da referida sugestão ou conselho[338].

Nestas condições, ARANGIO-RUIZ considera necessário abordar a questão de saber se, no entender de *SABINUS*, o mandato para emprestar dinheiro a uma pessoa determinada deixava de ser *tua gratia* para passar a *aliena gratia*, conforme foi entendido pelos juristas «pós-clássicos justinianeus»[339]. O autor italiano não encontra, porém, nas Institutas de *GAIUS*, qualquer indício no sentido de se poder sustentar a tese segundo a qual *SABINUS* se mostrava favorável à qualificação do mandato de crédito como um *mandatum aliena gratia*. Por isso, ARANGIO-RUIZ não hesita em imputar a *SABINUS* a qualificação do mandato para emprestar a *Titius* como um *mandatum tua gratia* excepcionalmente válido[340]. Conclusão susceptível, de resto, e no entender de ARANGIO-RUIZ, de plena confirmação no plano racional[341]. Bastaria, para o efeito, tomar em consideração o objectivo ou fim do mandato em Roma: quando se afirma, sem mais, corresponder o mandato *aliena gratia* a um encargo dado no interesse de terceiro, está-se, no entender de ARANGIO-RUIZ[342], a calar a exigência, intuitiva para um cérebro romano, por força da qual semelhante encargo devia corresponder a algo que o beneficiário poderia ter dado a si mesmo[343]. Assim, considerar como *Titii gratia* o mandato para emprestar dinheiro a *Titius* equivaleria a um absurdo tão grande como qualificar como um *mandatum mea gratia* o pedido feito por alguém para lhe ser emprestado dinheiro a si próprio e por sua inteira conta[344]. Para se encarar a exortação para emprestar dinheiro sob o ângulo visual do mandato não pode, na perspectiva de ARANGIO-RUIZ[345], deixar de se pensar na indicação feita ao futuro credor para gerir os negócios a ele pertencentes através de uma aplicação monetária. Desta forma, caía-se, na maior parte das vezes, perante um conselho do qual não podiam nascer obrigações[346]. Todavia, quando através de uma interpretação suficientemente habilidosa se pudesse evitar a subsunção da exortação na figura do conselho era possível descobrir, do mesmo passo, os elementos característicos do mandato[347] *tua gratia*.

---

[337] *Idem.*

[338] *Idem.*

[339] A expressão é de Vicenzo Arangio-Ruiz, *Il mandato...*, p. 123.

[340] Vicenzo Arangio-Ruiz, *Il mandato...*, p. 123.

[341] *Idem.*

[342] *Idem*, p. 124.

[343] Para uma referência crítica a esta posição de Arangio-Ruiz, cfr., Alan Watson, *Contract of mandate...*, p. 113, autor para quem ela seria rebuscada e sem fundamento.

[344] Vicenzo Arangio-Ruiz, *Il mandato...*, p. 124.

[345] *Idem.*

[346] *Idem.*

[347] *Idem.*

Esta ideia – segundo a qual, para ser *aliena gratia*, o mandato devia ter por objecto um encargo que o próprio terceiro interessado podia dar ao mandatário – não se manteve e acabou por ser abandonada. De facto, e segundo ARANGIO-RUIZ[348], aparece já bem claro no pensamento pós-clássico um outro critério de qualificação do *mandatum:* não interessa mais saber se o mandato poderia, ou não, ser dado pelo próprio interessado para se proceder à sua qualificação como *aliena gratia.* Decisiva passa a ser apenas a determinação da pessoa beneficiada pela execução do encargo, como se constata no D., 17, 1, 2, 5, e nas I.J., 3, 26, 5: o mandato de crédito era considerado como *tua et aliena* ou *aliena,* conforme fossem, ou não, estipulados juros a pagar pelo beneficiário do encargo[349]. A simples passagem da idade de *SABINUS* (c. 20-50 d. C.) para a de *CELSUS* (c. 100-130 d. C.), jurista um pouco anterior às Institutas de *GAIUS,* permite, no entender de ARANGIO-RUIZ[350], encontrar uma distinção extremamente interessante, a apontar para a solução que viria a merecer consagração definitiva[351]. *CELSUS, Libro VII. Digestorum* – D., 17, 1, 48, §§ 1 e 2, examina duas hipóteses. Na primeira, eu dou encargo a outrem para emprestar dinheiro por minha conta, por forma a tornar-me eu próprio credor e assumir todos os riscos e vantagens decorrentes da celebração do contrato de mútuo (nomeadamente através da percepção dos juros) – nesta eventualidade o mandato seria plenamente válido. Na segunda, eu convido-te ou exorto-te a emprestares dinheiro por tua própria conta, de modo a pertencer-te a titularidade do crédito e o direito aos juros, e caber-me a mim tão-só o risco do negócio, com a consequente obrigação de te pagar se o devedor o não fizer – situação, segundo *CELSUS, contra* ou *extra mandati formam*[352].

Em suma, e segundo ARANGIO-RUIZ, a controvérsia acerca da validade do mandato *ut Titius credas* poderá resumir-se da seguinte forma[353]:

a) num primeiro momento, *SERVIUS* não vê nenhuma diferença entre o mandato *pecuniae credendae* e o mandato conferido a alguém para empregar o próprio dinheiro em contratos de mútuo – ambos consistem num *mandatum tua gratia* e correspondem, por isso, a simples estímulos sem valor jurídico;

b) posteriormente, *SABINUS* considera a sugestão do nome do mutuário como uma forma de criação, em prejuízo do destinatário da exortação, de um risco que ele não correria por sua própria iniciativa. Nestes termos, quem indica a outrem determinada pessoa para ser contraparte num contrato de mútuo – como mutuário – não pode deixar de ser responsável, perante o mutuante, pelas eventuais consequências negativas do negócio celebrado: entre

---

[348] *Idem.*

[349] *Idem.*

[350] *Idem.*

[351] Apesar de, conforme refere Vicenzo Arangio-Ruiz, *Il mandato...,* p. 124, os problemas relativos ao *mandatum tua gratia* e ao mandato de crédito parecerem ser ainda objecto de discussão.

[352] As dificuldades suscitadas por *Ulpianus, Libro XXI. ad Edictum,* D., 17, 1, 6 §§ 4 e 5 – onde se atribuem a *Celsus* opiniões conflituantes com as conclusões obtidas por Arangio-Ruiz através da exegese do D., 17, 1, 48 – são ultrapassadas pelo autor italiano ao considerar como não genuíno este fragmento do Digesto e ao ver nele uma contradição gerada pelos compiladores, sem dela se terem apercebido. Cfr., Vicenzo Arangio-Ruiz, *Il mandato...,* pp. 125 e 126.

[353] Vicenzo Arangio-Ruiz, *Il mandato...,* pp. 126 e 127.

o responsável pelo conselho e quem o recebe nasce, excepcionalmente, um vínculo contratual com a correspondente acção, apesar de continuarmos no domínio do *mandatum tua gratia;*

c) enquanto a escola proculiana segue o ensinamento de *SERVIUS* – substancialmente reproduzido por *CELSUS* – uma outra corrente de jurisprudentes segue *SABINUS;*

d) o ensinamento de *SABINUS* é, no respeitante à validade do mandato para emprestar a pessoa determinada, plenamente adoptado pelos pós-clássicos e pelos compiladores. Semelhante resultado é, porém, alcançado através da inclusão da figura em referência na categoria do *mandatum mea et aliena gratia* (se não tiverem sido estipulados juros) ou na do *mandatum tua et aliena gratia* (se existir convenção de juros). O *mandatum tua gratia* esse não é admitido pelos compiladores.

Aparentemente mais radical, no sentido da inadmissibilidade do *mandatum tua gratia* e da impossibilidade de se proceder à respectiva justificação através da figura do *mandatum ut Titius credas,* afigura-se a construção de BORTO-LUCCI[354]. Vejamos.

Depois de abordar o problema da natureza do mandato de crédito e do mandato *tua gratia,* tal como ele surge na doutrina alemã dos finais do século XIX e princípios do século xx – designadamente em autores como GIRTANNER[355], STAMMLER[356], SOKOLOWSKI[357], GEIB[358], ECCIUS[359], BENDIX[360], FÖRSTER[361], LIPMANN[362] e WEIDEMANN[363] – e nalguma literatura jurídica italiana, de que cita como exemplo COVIELLO – BORTOLUCCI preocupa-se, seguindo os passos de SOKOLOWSKI, em fixar a estrutura romana do *mandatum* em benefício de terceiro[364]. Para isso começa, à semelhança de outros escritores, por averiguar e questionar a existência, ao nível das fontes, de uma possível identidade conceptual entre o *mandatum tua gratia* e o *consilium*[365]. Os objectivos prosseguidos por BORTOLUCCI através

---

[354] Bortolucci, *Il mandato di crédito,* in *Bulletino dell'Istituto di Diritto Romano,* 1914, 27, p. 133.

[355] *Die Bürgschaft nach gemeinem Civilrecht, historische-dogmatisch dargestellt,* Iena, 1850, pp. 60 e ss..

[356] *Der Garantievertrag. Eine civilistische Abhandlung,* in *Archiv für die civilistiche Praxis,* 1886, XIX, pp. 1 e ss., maxime pp. 69 e ss..

[357] *Die Mandatsbürgschaft nach römischem und gemeinem Recht,* Halle, 1891, *passim (Apud,* Bortolucci, *Il mandato...,* in *Bulletino,* 27, p. 130 e ss.).

[358] *Zur Dogmatik des römischen Bürgschaftsrechts,* Tubinga, 1894, pp. 149 e ss..

[359] *Verbürgung für eine künftige Schuld und Kreditmandat,* in *Beiträge zur Erläuterung des preussischens Recht durch und Praxis,* Gruchot, 1902, 46, pp. 55 e ss. *(Apud,* Bortolucci, *Il mandato...,* in *Bulletino,* 27, p. 131).

[360] *Der Kreditauftrag nach dem bürgerlichen Gesetzbuche,* in *Archiv für bürgerliches Recht,* Berlim, 1902, XX, pp. 155 e ss..

[361] *Der Kreditauftrag,* Lípsia, 1903, pp. 167 e ss., *Apud,* Bortolucci, *Il mandato di crédito,* in *Bulletino dell'Istituto di Diritto Romano,* 1914, 27, p. 130 e 131.

[362] *Der Kreditauftrag des bürgerlichen Gesetzbuchs,* in *Jhering's Jarhbücher für die Dogmatik des Bürgerlichen Rechts,* 1904, XLVIII, pp. 314 e ss..

[363] *Der Kreditauftrag,* in *Zeitschrift für das gesammte Handelsrecht,* 1903, 53, pp. 429 e ss..

[364] *Il mandato...,* in *Bulletino...,* 27, pp. 133 e ss..

[365] *Idem,* pp. 135 e ss..

deste procedimento são, porém, bem diversos ou mesmo opostos aos visados pela generalidade da restante doutrina que o adoptou:

a) de acordo com o entendimento comum, o interesse em se proceder ao confronto entre o mandato em benefício de *Titius* e o conselho estaria na circunstância de, por esta via, se poder estabelecer uma linha de oposição ou, ao invés, de paralelismo entre as duas figuras. Linha esta capaz de servir de alicerce à resposta para a interrogação que consiste em saber se de acordo com o direito romano: 1) o *consilium* obriga quando o seu autor tenha assumido a responsabilidade pelos danos derivados da execução do conselho; 2) apenas o *mandatum tua gratia* acompanhado de garantia dada pelo mandatário se afigura susceptível de vincular o mandante; 3) nem um nem outro têm qualquer valor jurídico. Assim, e afirmada a identidade conceptual entre *consilium* e *mandatum tua gratia*, logo aparece quem sustente que, se este último – quando acompanhado da garantia de sucesso do negócio – responsabiliza o mandante pelas consequências negativas da sua efectiva concretização, então, o mero conselho, aparelhado com igual garantia[366], também responsabiliza o seu autor[367]. Da mesma forma, uma vez apregoada ou defendida a existência de uma diferença de natureza entre mandato em benefício de terceiro e conselho surgem, de imediato, vozes a propor a tese segundo a qual, apesar de o *mandatum tua gratia*, assistido de caução pelo risco, ser fonte de obrigações para o mandante, o mesmo não sucede com o *consilium*. Neste, a caução ou garantia, prestada pelo autor respectivo seria irrelevante;

b) segundo BORTOLUCCI[368], o cotejo entre o tratamento dado pelos jurisconsultos romanos ao *mandatum tua gratia*, por um lado, e as fontes históricas relativas ao conselho, por outro, afigura-se improdutiva e insusceptível de

---

[366] Requisitos essenciais para a obrigatoriedade tanto do *mandatum tua gratia* como do *consilium* parecem ser, na perspectiva dos autores favoráveis à validade destas figuras: a) promessa de garantia; b) a demonstração de que o mandatário ou aconselhado não teria agido não fora o mandato ou conselho. No sentido segundo o qual no conselho devem necessariamente concorrer os dois referidos momentos cfr., a título exemplificativo,Thibaut, *Versuche über einzelne Theile der Theorie des Rechts*, 10.ª ed., Iena, 1817, I, pp. 116 e ss.; e Dernburg, *Pandekten, cit.*, II, p. 319, nota (9). Contentando-se com a promessa de garantia ou de sucesso do *consilium*, como elemento de responsabilização do respectivo autor, v. Sokolowski, *Die Mandatsbürgschaft...*, p. 53; enquanto, de acordo com alguma doutrina mais moderna, Sintenis se basta com a demonstração segundo a qual o mandatário ou aconselhado não teria agido não fora o mandato ou conselho, para considerar o mandante responsável pelas eventuais consequências negativas da recomendação ou *mandatum*. Cfr., contudo, Sintenis, *Das praktische gemeine Civilrecht*, II, *Das Obligationenrecht*, 2.ª ed., Lípsia, 1861, p. 566, e em particular a nota (16), na qual o autor expõe de forma mais ou menos demorada os contornos da controvérsia existente, relativamente à matéria em análise, entre os escritores seus contemporâneos.

[367] A expressão lógica de semelhante raciocínio é extremamente simples e pode traduzir-se, com Bortolucci, *Il mandato...*, in *Bullettino...*, 27, p. 136, da seguinte forma: por um lado, as fontes reconhecem no *mandatum tua gratia* a natureza de um *consilium* e declaram a ineficácia – genérica – das respectivas obrigações; por outro, verificados determinados requisitos, as mesmas fontes admitem a validade de obrigações decorrentes de um mandato *tua gratia*. Donde, preenchidas as condições das quais depende a sobrevivência jurídica do referido mandato, deve concluir-se pela relevância e eficácia do conselho.

[368] Bortolucci, *Il mandato...*, in *Bullettino...*, 27, p. 138.

alicerçar quaisquer conclusões. Ao proceder e assumir semelhante cotejo, o autor italiano apenas procura demonstrar a referida insuficiência e o consequente erro de que partiu grande parte da doutrina a ele anterior, ao servir-se – como via para obter conclusões – de um procedimento estéril. Mesmo aceitando-se uma hipotética e controversa identidade entre *mandatum tua gratia* e *consilium* pode-se, no entender de BORTOLUCCI, fazer valer a equiparação em sentido inverso ao normalmente invocado. Se um *mandatum tua gratia* é conceptualmente idêntico a um conselho, e se o conselho é inválido mesmo quando acompanhado de garantia de cumprimento ou risco, então um *mandatum tua gratia* com idêntica caução também sofre de invalidade. Por outro lado, se se partir de uma possível diversidade substancial entre ambas as figuras, mandato em favor de terceiro e conselho, é necessário verificar se os poucos casos nos quais as fontes supostamente admitem o *mandatum tua gratia* correspondem a verdadeiros e próprios *mandati in gratiam mandatarii*[369]. É justamente a esta tarefa a que BORTOLUCCI lança mãos.

Como ponto de partida, para ulteriores desenvolvimentos, o autor italiano procura desmontar as construções[370] segundo as quais a validade do *mandatum tua gratia* deveria ser determinada, não em função dos elementos internos e ordinários do mandato, mas, sim, em razão da presença de determinadas circunstâncias externas, a saber: a) a vontade de o mandante se obrigar, através da assunção do risco do encargo; b) a circunstância de a acção do mandatário ser determinada pelo mandato, no sentido de ele não ter agido não fora o mandato. Elas sofrem antes de mais, e aos olhos de BORTOLUCCI, de um vício de raciocínio[371]. Em seu entender, a consideração de certos requisitos ou aspectos como elementos exteriores do *mandatum tua gratia* pressupõe, necessariamente, a prévia resolução da controvérsia acerca da validade do referido tipo de mandato. Não é, por conseguinte, possível tomar tais elementos como argumentos para defender a validade do contrato de mandato no interesse de terceiro. Na verdade, afirmar a validade do *mandato tua gratia* quando e porque acompanhado de uma caução pelo risco – dada pelo mandante – sem a qual o mandatário não teria agido, equivale, de acordo com BORTOLUCCI[372], precisamente, em dar por demonstrada a tese a demonstrar.

Uma vez que o consenso prestado e declarado indica a vontade do mandatário de executar os actos mandatados, a vontade manifestada deveria ser eficaz ou ineficaz, por si só, sem necessidade de ulteriores demonstrações acerca do estado psíquico do mandatário, antes e depois do mandato[373]. Outro enten-

---

[369] Bortolucci, *Il mandato...*, in *Bullettino...*, 27, p. 141, considera mesmo que a questão consistente em saber se o *consilium* e *mandatum tua gratia* são institutos conceptualmente idênticos nunca foi abordada ou colocada pelos clássicos. Da mesma forma, estes jamais teriam afirmado a necessária diversidade entre as duas figuras, no sentido de a primeira não se afigurar susceptível de produzir obrigações jurídicas e a segunda poder, verificadas determinadas condições, originar efeitos juridicamente relevantes.

[370] Defendidas, porventura com diferentes tonalidades, por autores como Sokolowski, Manacaleoni ou Segrè.

[371] Bortolucci, *Il mandato...*, in *Bullettino...*, 27, pp. 141 e ss..

[372] Bortolucci, *Il mandato...*, in *Bullettino...*, 27, p. 143.

[373] Bortolucci, *Il mandato...*, in *Bullettino...*, 27, p. 143.

dimento leva a atribuir valor jurídico a um estado subjectivo psicológico irrelevante para o direito[374]. Tudo com consequências capazes de roçar o absurdo[375]. Deverá demonstrar-se, para provar a validade do mandato, um estado mental de indiferença, por parte do mandatário, relativamente ao mandato? Será antes preciso demonstrar uma atitude de recusa, ou não querer, em relação ao objecto do *mandatum?* Se a configuração objectiva do negócio ou encargo é de molde a poder ser realizado pelo mandatário, por si só, como provar que o não teria feito se não fosse o mandato?

A tudo isto acresce a circunstância de a defesa da validade do *mandatum tua gratia* através da adição, aos normais requisitos do *mandatum*, de ulteriores momentos obrigatórios não encontrarem, no dizer de BORTOLUCCI, qualquer apoio ao nível das fontes históricas. A base normalmente invocada por quem se mostra favorável à aceitação de determinadas formas de *mandatum tua gratia* encontra-se na regra *«quia non esses facturus nisi ego mandassem»*, ela própria uma generalização do argumento invocado por *SABINUS* para justificar a eficácia do *mandatum ut Titius credas*[376]. Segundo o jurisconsulto romano semelhante *mandatum* seria vinculativo porquanto *«quia non aliter (...) credisses quam si tibi mandatum esset»*[377], numa explicação qualificada, por BORTO-LUCCI, como incolor e susceptível de ser interpretada dos mais variados modos[378], conforme as perspectivas ou ângulos de abordagem. Porém, se nos centrarmos – como parece aos olhos de BORTOLUCCI[379] correcto – exclusivamente no texto das Institutas de *GAIUS*, a norma de *SABINUS* adquire um valor extremamente restrito e diverso do daquele que lhe é, por vezes, erradamente atribuído. Restrito, porquanto circunscrita ao caso particular do *mandatum pecuniae credendae*[380]. Diverso, por não mencionar, sequer, qualquer especial garantia, nem a deixar presumir[381].

Dizer não ter o mandatário realizado de *per se*, e de outro modo, o encargo a ele atribuído significaria apenas uma coisa: pelas suas características o acto ou contrato não é absolutamente seguro[382]. Quando o mandatário apenas age em função de um determinado mandato é porque, objectivamente, o negócio não tem, por não oferecer uma vantagem certa, ou pelo menos a ausência de um perigo, uma configuração capaz de provocar um comportamento espontâneo. Noutros termos, ele comporta, para quem o leva a cabo, um risco[383]. Isto exclui, todavia, e no entender de BORTOLUCCI[384], a existência, em tais casos, de um qualquer *mandatum tua gratia*, razão pela qual se pode aceitar a validade do encargo e o carácter vinculativo do mandato: o *mandatum* dado ao

---

[374] *Idem.*
[375] *Idem.*
[376] *Idem*, p. 145.
[377] *Gaius*, 3, 156.
[378] Bortolucci, *Il mandato...*, in *Bullettino...*, 27, p. 145.
[379] *Idem*, p. 146.
[380] *Idem.*
[381] *Idem.*
[382] *Idem.*
[383] *Idem.*
[384] *Idem.*

herdeiro para aceitar uma herança é válido porquanto a *hereditas* pode ser danosa; o *mandatum* para se aceitar um legado não é válido pois, pela sua natureza jurídica, um *legatum* não pode nunca ser «*damnosum*».

No fundo, tanto o pensamento de BORTOLUCCI[385] como o raciocínio dos juristas a quem, no dizer do autor italiano, cabe a prevalência pode sintetizar-se ou esquematizar-se da seguinte forma [386]:

– Cada um é árbitro dos seus próprios interesses e livre de realizar todos os actos que julga serem para si vantajosos[387]. Ninguém pode obrigar-se, ou vincular outro, a realizar o seu próprio interesse, por se afigurar perfeitamente absurda a circunstância de alguém se adstringir em benefício próprio[388]: a obrigação na sua simplicidade analítica pressupõe um sujeito passivo e um sujeito activo – com as consequências daí emergentes – não um devedor, em grande medida, e ao fim e ao cabo, a ocupar ambos os lados do mesmo vínculo obrigacional – entendido este na sua mais pura simplicidade[389]. O perigo conexo à natureza objectiva do acto objecto do mandato – resultante de circunstâncias de facto ou jurídicas – pode, contudo, excluir a qualificação do *mandatum* como *tua gratia*, mesmo na eventualidade de o encargo se apresentar como *negotium* do mandatário[390].

O entendimento acabado de expor encontra, no dizer de BORTO-LUCCI, perfeito acolhimento ao nível das fontes. Para tal basta que os poucos textos relativos a esta matéria sejam objecto de uma exegese adequada[391].

Tomemos, por exemplo, em consideração o trecho de *IULIANUS, Libro III. ad Urseium Ferocem* – D., 17, 1, 32. Nesta passagem do Digesto encontram--se previstas duas hipóteses de mandato para aderir a uma herança e uma outra para aceitação de um legado[392]. Quanto ao *mandatum* dado ao herdeiro, pelos respectivos credores, para receber uma herança, não pode haver dúvidas sobre a sua validade. Trata-se de um mandato *in gratiam mandatis*, por conseguinte vinculativo[393]. O *mandatum* para aceitar um legado também não parece, aos olhos de *IULIANUS*, levantar problemas. Ele é inconsistente «(...) *nam*

---

[385] *Idem.*

[386] Esquematização que é, de resto, assumida pelo próprio Bortolucci, *Il mandato...*, in *Bullettino...*, 27, p. 146.

[387] Bortolucci, *Il mandato...*, in *Bullettino...*, 27, p. 146.

[388] *Idem.*

[389] Não se ignoram, obviamente, as teses – que nós próprios temos sufragado e procurado levar às suas últimas consequências (cfr., Pedro de Albuquerque, *A aplicação do prazo prescricional do n.° 1 do Artigo 498.° do Código Civil à responsabilidade contratual*, separata da *Revista da Ordem dos Advogados*, Ano 49, III, Lisboa, 1989, pp. 807 e ss.; Id., *Direito de preferência dos sócios em aumentos de capital nas sociedades anónimas e por quotas*, Coimbra, 1993, pp. 406 e ss.) – segundo as quais a obrigação não compreende no seu seio um simples dever de prestar, correlativo e simétrico a uma pretensão creditícia, mas, antes, vários elementos constitutivos de uma realidade composta. Tais teses ou teorias não parecem, contudo, vir retirar qualquer valor ao argumento invocado por Bortolucci, por se situarem num plano diferente daquele em que se coloca o romanista italiano.

[390] Bortolucci, *Il mandato...*, in *Bullettino...*, 27, p. 149.

[391] *Idem*, pp. 147 e ss..

[392] *Idem*, p. 148.

[393] *Idem*, p. 148. Ao nível das fontes cfr. o passo em análise de *Iulianus, Libro III. ad Urseium Ferocem* – D., 17, 1, 32.

legatum adquisitum nunquam illi damno esse potuit (...)[394]». Resta determinar o valor do primeiro dos mandatos a que se refere *IULIANUS* no passo do Digesto agora citado: o *mandatum* para aceitar uma herança que o herdeiro não teria querido não fora a intervenção de um mandante. A sentença do jurisconsulto romano é a favor da consistência de semelhante mandato. E a razão é simples: em função da sua própria condição de herdeiro, o mandatário pode ser chamado a responder pelo passivo hereditário e, por conseguinte, a recepção da massa hereditária afigura-se susceptível de se revelar prejudicial ou danosa. Logo, semelhante *mandatum* não é, na perspectiva de BORTO-LUCCI[395], *tua gratia*. É que, a simples consideração das vantagens e riscos apresentados pelo negócio nunca conduziria o herdeiro a uma actuação espontânea[396], ao contrário do verificado com o *mandatum* dado a «(...) *alicui, ne legatum se repellat*» – este sim um mandato *tua gratia* e, destarte, inválido, como declara *IULIANUS*. Os autores a quem este aspecto escapou, e insistem em qualificar o contrato em referência como um mandato em benefício do próprio mandatário – excepcionalmente válido em função da intervenção de uma promessa de garantia – ficam, aos olhos de BORTOLUCCI, num beco sem saída[397]. Eles não conseguem explicar a diversidade de tratamento dada pelo jurisconsulto romano ao mandato para aceitação de um legado, por um lado, e ao encargo para aderir a uma herança, por outro[398].

Se do passo de *IULIANUS* passarmos para *ULPIANUS, Libro XXI. ad Edictum* – D., 17, 1, 6, §§ 4 e 5, as conclusões propostas por BORTOLUCCI, não só não se alteram, como, aos olhos do romanista italiano, ainda saem mais reforçadas.

A segunda parte do § 5 «*aut si non esses facturus, nisi ego mandassem, etsi mea non interfuit, tamem erit mandati actio*» é geralmente referida ao *mandatum tua gratia*. BORTOLUCCI não vê, porém, como este trecho do Digesto deva, necessariamente, reportar-se a semelhante mandato. No § 5 do D., 17, 1, 6, *ULPIANUS* começaria justamente por negar a consistência do *mandatum tua gratia*. Em seguida admite a validade do *mandatum tua et mea gratia*. Finalmente, defende a pertinência de um contrato de mandato no qual o mandante não tem um interesse próprio (*etsi mea non interfuit*), quando, em razão da configuração do respectivo objecto, o mandatário não teria espontaneamente realizado o acto ou negócio ordenado. Este último mandato[399] não tem, contudo, e no dizer de BORTOLUCCI, nada a ver com o *mandatum tua gratia*. Uma coisa é um *mandatum* no qual se verifica um interesse exclusivo do mandatário

---

[394] E acrescenta: «(...) *hereditas interdictum damnosa est.*»
[395] Bortolucci, *Il mandato...*, in *Bullettino...*, 27, p. 148.
[396] *Idem*, p. 150.
[397] *Idem*, p. 149.
[398] Para uma apreciação crítica das tentativas levadas a cabo por Stammler, *Der Garantievertrag...*, in *Archiv...*, XIX, pp. 70, para ultrapassar as dificuldades colocadas por *Iulianus, Libro III. ad Urseium Ferocem* – D., 17, 1, 32, às teses que defendem ser o *mandatum* para aceitar uma herança *tua gratia*, excepcionalmente, válido quando acompanhado de garantia pelo risco; cfr., uma vez mais, Bortolucci, *Il mandato...*, in *Bullettino...*, 27, pp. 149 e 150.
[399] Justamente aquele a que se faz referência na passagem de *Ulpianus* contida na segunda parte do § 5 do D., 17, 1, 6.

(*mandatum tua gratia*). Outra, bem diversa, é um mandato no qual não existe um interesse estritamente pessoal por parte do mandante (*mandatum quod mea non interessat*). A validade deste último contrato de mandato é admitida, por *ULPIANUS*, na passagem contida no § 4, do D., 17, 1, 6. A parte final do § 5 não faz, no juízo de BORTOLUCCI, mais do que justificar a posição expressa, no parágrafo precedente, pelo jurisconsulto romano, a propósito do *mandatum quod mea non intererat*, sem nunca se referir ao mandato *tua gratia*[400].

BORTOLUCCI[401] reconhece ser a sistematização fornecida por *ULPIA-NUS* para os diversos contratos de mandato, na sua forma, diversa da gaiana, seja nas Institutas (3, 155, *mea, tua, aliena gratia*), seja nas *Res Cottidianae* (D. 17, 1, 2, *mea, mea tua, mea aliena, tua, tua aliena, aliena*). A proposta de *ULPIANUS* não deixa, porém, e no entender do autor italiano, de abranger a classificação de *GAIUS*. Os *mandati quod mea interest* compreendem as três primeiras categorias da segunda partição gaiana. A expressão *quod mea non interest* abrange as duas últimas formas avançadas por *GAIUS* nas *Res Cottidianae*. As palavras «(...) *si te mandavero, quod tua intererat* (...)» servem para expressar uma realidade que não é senão o *mandatum tua gratia*, e surgem acompanhadas da inequívoca afirmação «(...) *nulla erit mandati actio* (...)»[402].

Mas se tudo isto não bastasse para demonstrar a improcedência das teses segundo as quais *ULPIANUS* aceitaria a validade do *mandatum tua gratia*, BORTOLUCCI[403] considera, ainda, e à semelhança de uma multiplicidade de outros autores, a segunda parte do texto de *ULPIANUS*, contido no D., 17, 1, 6, § 5 (*aut-actio*), interpolada e manipulada pelos juristas bizantinos. De facto, a regra sabiniana[404] parece, ao romanista italiano, aplicada de uma forma tão precisa que dificilmente se compaginaria com a generalização ulpianianeia.

A abordagem e tratamento de textos como o de *ULPIANUS, Libro XXX. ad Edictum* – D., 16, 3, 1, § 14, ou de *CELSUS, Libro VII. Digestorum* – D., 17, 1, 48, § 2 – elementos-chave no esclarecimento da querela sobre a validade ou invalidade, em Roma, do *mandatum aliena gratia* – não só não parecem demover BORTOLUCCI das respectivas posições como, ao contrário, ainda reforçam a convicção posta pelo autor na defesa dos pontos de vista por ele expressos[405]. A saber:

a) o direito romano ignorou a figura do mandato de garantia – o *mandatum* que não fosse válido em função dos elementos próprios desta figura

---

[400] Bortolucci, *Il mandato...*, in *Bullettino...*, 27, p. 152.

[401] *Idem*.

[402] *Ulpianus, Libro XXI. ad Edictum* – D., 17, 1, 6, § 5.

[403] Bortolucci, *Il mandato...*, in *Bullettino...*, 27, p. 153.

[404] Regra que, de resto, e insista-se, Bortolucci considera não ter sido ditada para declarar válido o *mandatum tua gratia*, porquanto ela surge, e entre outros aspectos, associada ao mandato para emprestar dinheiro a *Titius*, o qual é incluído por *Gaius* entre os mandatos *tua* e *aliena gratia* ou *aliena gratia* (cfr., *Gaius, Libro II. Rerum quotidianarum* – D., 17, 1, 2, §§ 4 e 5, e ainda as I.J., 3, 26, 5).

[405] Não entraremos na análise da exegese proposta por Bortolucci para as fontes mencionadas no texto por não querermos alongar demasiado a já extensa exposição da tese deste autor, a qual se encontra, de resto, enunciada nos seus pontos capitais. De qualquer forma e para uma apreciação detalhada das interessantes observações e posições expressas pelo romanista italiano a este respeito cfr., Bortolucci, *Il mandato...*, in *Bullettino...*, 27, pp. 150 e ss., e 157 e ss..

negocial não passava a produzir efeitos jurídicos em função da junção de uma simples promessa de sucesso ou cobertura de risco;

b) era possível, e pela sua própria estrutura, um *mandatum* produzir o efeito económico de uma garantia. Isso dependia, porém, da simples circunstância de, válido o mandato, surgirem obrigações a cargo do mandante;

c) em tais casos os romanos não viam, porém, um *mandatum tua gratia*, mas sim, e, eventualmente, figuras de *mandatum quod mea non interest;*

d) do texto das Institutas de *GAIUS*, não se pode inferir que quer este quer *SABINUS* se pronunciassem a favor da consistência do *mandatum tua gratia*. Para determinar o sentido da legitimação sabiniana *«quia non aliter credisses quam si tibi mandatum esset»* [406] é necessário ter presente uma dupla circunstância ou aspecto. Por um lado, *SERVIUS* recusava-se a reconhecer validade ao *mandatum* para emprestar dinheiro a *Titius* porque o considerava, incontestavelmente, como *tua gratia*. Por outro, *SABINUS*, para declarar válido o mandato *ut Titius credas*, devia, precisamente, negar o afirmado por *SERVIUS*. Ou seja: recusar-se a ver no caso em análise um *mandatum tua gratia*. Esta hipótese adquire, no entender de BORTOLUCCI, valor de certeza quando se constata não existir, no passo de *GAIUS*, o mais leve indício no sentido de sermos levados a pensar que *SABINUS* considerava, com *SER-VIUS*, o *mandatum* de crédito como *tua gratia*, divergindo apenas no tocante à respectiva validade. Outro entendimento apenas seria, na perspectiva do autor italiano, explicável em função de um culpável e pernicioso impressionismo exegético, marcado pelo facto – na realidade irrelevante e insuficiente para demonstrar qualquer ponto de vista ou alicerçar teses – de *GAIUS* começar a discorrer sobre o *mandatum ut Titius credas* depois de ter afirmado, generica-mente, a invalidade do *mandatum tua gratia*. O único sentido da regra sabiniana seria o de afastar a qualificação do *mandatum pecuniae credendae* como *tua gratia* e, do mesmo passo, fixar um princípio, diverso do usualmente apontado pela doutrina, para determinar se um mandato é ou não conferido no exclusivo interesse do mandatário.

3. – A representação encarada à luz dos efeitos jurídicos dos actos ou negócios. A doutrina de KRELLER e HAMZA

I – Partindo de uma constatação feita, há já alguns anos por MITTEIS[407], e numa atitude de louvável desprendimento conceptual KRELLER[408] – depois seguido por HAMZA[409] – procura enquadrar

---

[406] *Gaius*, 3, 156.

[407] Mitteis, *Römisches Privatrecht...*, I, pp. 203 e ss., autor que demonstrou como o reconhe-cimento da representação podia variar em relação aos efeitos dos vários negócios.

[408] Hans Kreller, *Das Rechtsinstitut der Stellvertretung. Historische und theoretische Gedanken*, in *Juristische Blätter*, 1948, 70, pp. 221 a 226.

[409] Hamza, *Aspetti della rappresentanza negoziale...*, in *Index...*, IX, pp. 195 e ss., onde se pode, ainda, encontrar uma análise da construção de Kreller; Id., *Gewillkürte...*, pp. 221 e ss., *passim*.

o estudo da representação em função dos efeitos dos vários negócios jurídicos[410]. Negócios divididos pelo autor consoante: a) tenham natureza positiva ou negativa; b) as respectivas consequências se repercutam sobre os direitos ou sobre os deveres das partes[411].

Na verdade, segundo KRELLER, os efeitos jurídicos de determinado negócio jurídico tanto podem ser de tendência positiva como negativa, ou num outro plano, referir-se a direitos ou a deveres das partes.

Após um reagrupamento das diversas *fattispecies* negociais em razão dos dois critérios de classificação agora enunciados – e, por conseguinte, em virtude do tipo de efeitos gerados[412] – KRELLER conclui como nas hipóteses de produção de efeitos jurídicos positivos, seja no confronto com «direitos» ou com «deveres», era admitido o recurso a figuras enquadráveis nos moldes da substituição ou, talvez melhor, cooperação negocial[413].

Assim, e na esfera dos negócios não formais, reconhecia-se possibilidade de recurso a um representante na *possessio*, com vista à aquisição de um direito[414].

---

[410] Refira-se, também, o exemplo proporcionado por Ulrich Müller, *Die Entwicklung der direkten Stellvertretung...*, pp. 23 e ss., autor que, apesar de não ir tão longe quanto o fazem Kreller ou Hamza, não deixa de mencionar como algumas das figuras jurídicas romanas sem se deixarem reconduzir, na sua plenitude, à representação directa, tal como a configura alguma dogmática moderna, não deixam de com ela apresentar traços comuns.

[411] H. Kreller, *Das Rechtsinstitut...*, in *Juristische...*, 70, p. 222. Cfr., igualmente, Hamza, *Aspetti della rappresentanza negoziale...*, in *Index...*, IX, p. 195.

[412] Efeitos, os quais levam o autor a considerar a existência de negócios positivos traduzidos: a) em aquisições; b) na libertação de deveres; e c) negativos consistentes em actos de disposição; na assunção de vinculações.

[413] Numa construção com algumas afinidades, Popesco-Ramniceano, *De la représentation...*, pp. 48 e ss., defende a admissão, por parte do direito romano, da figura da representação directa na prática de actos de conservação. Já em tempos recuados da história de Roma era, na verdade, admitida a possibilidade da prática deste tipo de actos por intermédio de terceiros: *«per procuratorem non semper adquirimus actiones sed retinemus»* (Paulus, *Libro, I. Manualium* – D., 3, 3, 72). Mas se era assim para as acções era assim, também, de acordo com Popesco-Ramniceano, para os próprios direitos: admitia-se a continuação da posse através de representante, o qual podia ser um *colonus, inquilinus,* comodatário, *usufructuarius, usuarius, procurator, hospes* ou *amicus*; a interpelação do devedor podia ser igualmente feita por intermédio de um terceiro (Paulus, *Libro XXXVII. ad Edictum* – D., 22, 1, 24, § 2); o representante podia proceder à *prohibitio* dando lugar, em proveito do proprietário lesado, à *interdictum quod vi aut clam* (Ulpianus, *Libro LII. ad Edictum* – D., 43, 24, 2, pr.); a *operis novi nuntiatio* podia, também, fazer-se através de representante: *«Item nuntiationem et nostro, et alieno nomine facere possumus»*; Ulpianus, *Libro LII. ad Edictum* – D., 39, 1, 1, 3; e Paulus, *Libro I. Sententiarum* – D., 3, 3, 72).

[414] Neste sentido v., por exemplo, e de entre a inúmera bibliografia existente sobre a matéria, Jhering, *Mitwirkung...*, in *Gesammelte...*, I, p. 159 e, também, pp. 166 e ss.; Popesco-Ramniceano, *De la représentation...*, pp. 48 e ss., e 58 e ss., onde o autor sustenta, ainda, e contra

Na verdade, e conforme ilustram as fontes, na posse exercida pelo procurador – e através de uma combinação do negócio realizado com o terceiro (por exemplo a *emptio-venditio*) e a autorização do representado (encargo) – verificava-se a aquisição do direito de propriedade a favor do representado. Semelhante tipo de efeitos, afins da construção «*Geschäft für den, den es angeht*»[415],

---

Schlossmann, a tese segundo a qual os textos em que se refere a possibilidade de aquisição da posse por intermédio de *procurator* aplicam-se a todas as pessoas livres e não apenas ao procurador, porquanto a utilização desta expressão se explicaria apenas por corresponder ao *quod plerumque sit*; Bonfante, *Facoltà...*, in *Scritti...*, III, pp. 250 e ss., maxime pp. 258 e 259; Riccobono, *Liniamenti della dottrina della rappresentanza diretta...*, in *Annali del Seminario Giuridico...*, 14, p. 408; Orestano, *Rappresentanza...*, in *Novissimo...*, XIV, p. 798; Hamza, *Aspetti della rappresentanza negoziale...*, in *Index...*, IX, p. 195; Quadrato, *Rappresentanza...*, in *Enciclopedia...*, XXXVIII, p. 426. Ao nível das fontes pode ver-se, *v.g.*, *Neratius, Libro VII. Membranarum* – D., 41, 3, 41; *Ulpianus, Libro XXIX. ad Sabinum* – D., 41, 1, 20, § 2; *Celsus, Libro XXXIII. Digestorum* – D., 41, 2, 18, pr.; *Iavolenus, Libro V. ex Posterioribus Labeonis* – D., 41, 2, 51; *Impp. Severus et Antoninus AA. Attico* – C. 7, 32, 1, onde se resolve definitivamente a questão da possibilidade de aquisição da posse por intermédio de terceiro, já admitida pela prática como ressalta do texto imperial «*iuris pridem receptum est*». Em termos gerais pode, ainda, ver-se, de entre uma inumerável bibliografia sobre o tema, e para além dos autores citados *supra*, Hellmann, *Die Stellvertretung...*, pp. 99 e ss.; Solazzi, *Di alcuni punti controversi...*, in *Scritti...*, I, pp. 295 e ss., jurista segundo o qual a possibilidade de aquisição por parte de intermediário abrangeria igualmente o mandatário; Vicenzo Arangio-Ruiz, *Il mandato...*, pp. 49 e ss., autor que admite a aquisição da posse por intermédio de procurador, prefere deixar em aberto a questão de saber se o *procurator* podia, também, adquirir a propriedade para o principal, mas considera, em oposição a Solazzi, como não clássicos os passos do Digesto nos quais se estende ao mandatário e ao gestor de negócios a faculdade para adquirir para terceiro; Ulrich Müller, *Die Entwicklung der direkten Stellvertretung...*, p. 26; Axel Claus, *Gewillkürte Stellvertretung...*, passim, e, designadamente, pp. 115 e ss., 168 e ss., 207 e ss. e 326 e ss..

[415] Assim, Hamza, *Aspetti...*, in *Index...*, IX, p. 195. Acerca do sentido a atribuir à expressão *Geschäft für den, den es angeht*, usada pela doutrina alemã para exprimir uma série de casos – entre os quais se encontra o de celebração de um negócio para uma pessoa ainda por nomear (§ 179) ou cuja determinação se fará em função de determinadas circunstâncias – cfr., na literatura jurídica, Rümelin, *Das Handeln in fremden Namen im bürgerlichen Gesetzbuch*, in *Archiv für das civilistiche Praxis*, 1902, 39, pp. 218 e ss.; Flume, *Allgemeiner...*, II, *Das Rechtsgeschäft*, pp. 765 e ss., autor segundo o qual a construção *Geschäft für den, den es angeht* não apresenta nenhuma especialidade ou particularidade relativamente à representação jurídica em geral; Müller, *Das Geschäft für den, den es angeht*, in *Juristen Zeitung*, 1982, pp. 777 e ss., com indicações jurisprudenciais; K. Schmidt, *Offene Stellvertretung – Der «Offekundigkeitsgrundsatz» als Teil der allgemeiner Rechtsgeschäftslehre*, in *Juristische Schulung*, 1987, 27, pp. 425 e ss., maxime pp. 428 e ss.; Martina Schwonke, *Verkehrsschutz bei der Stellvertretung im deutschen Recht und in den lateinamerikanischen Rechten. Unter besonderer Berücksichtigung des positiven Vertrauensschutzes*, Baden-Baden, 1990, pp. 69 e ss.; Staudinger-Schilken, *Kommentar...*, I, comentário ao § 164. Na jurisprudência germânica assume particular valor ilustrativo a *Bundesgerichtshof, 13. März 1952*, in *Entscheidungen des Bundesgerichtshofes*, 1952, 5, pp. 279 e ss., embora a decisão não apareça caracterizada através da referência à locução «*Geschäft für den, den es angeht*». No caso um funcionário administrativo tinha colocado um veículo à disposição do representante do *Landrat*, do círculo em que o autor era funcionário, para uma viagem de serviço, tendo o representante do *Landrat* prometido preceder à imediata devolução do automóvel uma vez terminada a deslocação. O veículo não é imediatamente devolvido. Entretanto começa a invasão americana da Alemanha e ele seria destruído. O proprietário responsabilizou o *Landrat* pelo prejuízo sofrido porquanto o seu representante teria quebrado a promessa de devolver o carro quando dele já não precisasse. O problema colocado era o de saber se o representante

permitia compreender a irrelevância da pessoa do adquirente para quem contratou com o procurador[416]. O efeito positivo verificado a favor do *dominus negotii* não coincide, ainda, com os pressupostos da figura da representação na dogmática jurídica moderna mais exacerbada – fundada na individualização do poder de representação e na *contemplatio domini*. Contudo os resultados parecem já deixar antever a teoria da representação[417]. E o mesmo se dirá se nos detivermos, por exemplo, na hipótese, admitida durante o período clássico[418], por força da qual se reconhecia a qualquer cidadão livre a possibilidade de, substituindo-se ao devedor originário – e mesmo na eventualidade de este nada saber ou se manifestar contra – solver um débito e extinguir a *obligatio*[419]. Também aqui a solução final apela já para a representação[420]. Porém, e uma vez mais, não são quaisquer considerações dogmáticas a justificá-lo[421].

Os negócios com efeitos positivos não correspondiam, porém, ao único domínio no qual se assistia à aceitação da produção de algum tipo de efeitos

do *Landrat* responsabilizava por perdas e danos, com esse seu comportamento, o círculo administrativo ou ao invés o Estado. Isto, dado o tribunal ter partido do princípio segundo o qual o *Regierungsrat*, enquanto representante do *Landrat* ocupa a posição do próprio *Landrat*, podendo ser tomado quer como representante deste quer como administrador do país. Perante a dúvida acerca de quem deveria responder pela perda do automóvel, atendendo à duplicidade de funções do *Landrat*, a decisão passou por saber em que funções tinha ele realmente actuado.

[416] Hamza, *Aspetti della rappresentanza negoziale...*, in *Index...*, IX, pp. 195 e 196.

[417] Assim, e expressamente, Hamza, *Aspetti della rappresentanza negoziale...*, in *Index...*, IX, pp. 196; Id., *Gewillkürte...*, pp. 229 e ss. De forma menos categórica mas igualmente elucidativa no sentido de que várias figuras jurídicas admitidas pelos romanos apelavam já, do ponto de vista dos respectivos efeitos, para a ideia de representação directa pode, ainda, ver-se, entre outros, Ulrich Müller, *Die Entwicklung der direkten Stellvertretung...*, p. 23; e Serrao, *Institore...*, in *Enciclopedia...*, XXI, pp. 828.

[418] Cfr., *Gaius, Libro III. de Verborum Obligationibus* – D., 3, 5, 39 (38); Id., *Libro V. ad Edictum* 46, 3, 53. Cfr., também, Hamza, *Aspetti della rappresentanza...*, in *Index...*, IX, p. 196.

[419] A este propósito refira-se, porém, *Ulpianus, Libro L. ad Sabinum* – D., 46, 4, 13, § 10, jurisconsulto que nega a admissibilidade do cumprimento através da prestação de um sujeito independente do *dominus*, nos casos de necessária liberação do devedor através da *acceptilatio* (forma de extinção oral das obrigações, de acordo com a regra segundo a qual as obrigações contraídas *verbis* deviam ser dissolvidas do mesmo modo [cfr., *Gaius*, 2, 196]). Para mais pormenores acerca do pagamento de um débito por um procurador ou a um procurador em resultado de um acto de terceiro v., por todos, Ulrich Müller, *Die Entwicklung der direkten Stellvertretung...*, p. 22; Serrao, *Il procurator, cit.*, p. 98, o qual considera os textos onde se atribui ao mandato uma função produtiva de representação directa como uma das maiores falsificações do pensamento jurídico-romano clássico; e Axel Claus, *Gewillkürte Stellvertretung...*, *passim*, e, designadamente, pp. 155 e ss..

[420] Assim, mas com referência a fontes diversas das tomadas por nós em consideração, Orestano, *Rappresentanza...*, in *Novissimo...*, XIV, p. 798.

[421] Cfr., por todos, Hamza, *Aspetti della rappresentanza negoziale...*, in *Index...*, IX, p. 196. V. também, mas a propósito das acções adjectícias, Ulrich Müller, *Die Entwicklung der direkten Stellvertretung...*, p. 23 (não obstante as diferenças por ele assinaladas entre o esquema das acções adjectícias e o modelo da representação, Müller acaba por reconhecer a equivalência dos efeitos jurídicos provocados por ambas as figuras); e Serrao, *Institore...*, in *Enciclopedia...*, XXI, p. 828 (numa linha não muito distante da defendida por Müller, mas, eventualmente, mais favorável à aproximação entre o modelo das acções adjectícias e o esquema da moderna representação directa, quando encaradas as respectivas figuras do ponto de vista, exclusivo, dos respectivos interesses e efeitos).

jurídicos directos em esfera jurídica alheia. Tais efeitos eram igualmente possíveis na sequência de actos ou negócios, de carácter não formal[422], capazes de influenciarem negativamente a esfera jurídica do *dominus*. Para isso, e enquanto a dogmática jurídica actual exige a existência de poderes de representação e a *contemplatio domini*, o direito romano contentava-se com a circunstância de o *dominus* ter autorizado ou aposto o selo da respectiva concordância no acto para ele desfavorável[423, 424]. Nestes termos, por exemplo, as *Res Cottidianae* confirmam o poder do procurador para dispor, no exercício da *libera negotiorum administratio*, e com base na simples vontade do principal[425]. De tal modo que o comprador, numa manifestação de prevalência da realidade material, adquiria a propriedade mesmo na eventualidade de o representante não revelar essa sua qualidade[426]. Realidade material a ditar, igualmente, a disciplina aplicável aos casos de cumprimento de obrigações perante procurador: mesmo na hipótese de o representante ou substituto não indicar a veste na qual actuava, o direito romano libertava o devedor na base da simples autorização do principal para receber[427]. Num caso como noutro, o decisivo não era o comportamento formal do procurador. Importava, isso sim, a constatação segundo a qual a concessão, a um substituto ou auxiliar, de poderes ou legitimidade para aceitar pagamentos ou praticar actos de administração era feita com o fim de assegurar a prossecução e manutenção de determinados interesses do principal. Por isso, e independentemente da atitude aparente do procurador, se o acto por ele praticado fosse, por um lado, apto à realização dos referidos interesses e, por outro, se se mantivesse dentro dos limites do mandato ou encargo confiado pelo *dominus* – ou viesse a ser posteriormente ratificado – não havia razão para denegar a produção de efeitos jurídicos directos na esfera jurídica deste último. Alcançavam-se assim, na esfera dos negócios dispositivos, resultados muito próximos ou vizinhos dos característicos da moderna figura da representação directa: a produção, através de acto voluntário, de efeitos jurídicos no património de terceiro. Com uma diferença. Enquanto a dogmática jurídica

---

[422] Como é o caso da *traditio*. Cfr., Mitteis, *Römisches Privatrecht*..., I, pp. 211 e ss., maxime 213; Popesco-Ramniceano, *De la représentation*..., pp. 58 e ss., embora esta autor aborde a figura apenas do lado do adquirente; e Hamza, *Aspetti della rappresentanza negoziale*..., in *Index*..., IX, pp. 196, e nota (34).

[423] Cfr., *Gaius*, 2, 64; Id., *Libro II. Rerum quotianorum* – D., 41, 1, 9, § 4; I.J. 2, 1, §§ 42 e 43, numa manifestação, que segundo Hamza, *Aspetti della rappresentanza negoziale*..., in *Index*..., IX, pp. 219, nota (35), demonstraria como nestes casos o acto disposição se baseava na vontade do *dominus* e não numa qualquer relação hierárquica. Em sentido contrário cfr., porém, Burdese, *Autorizzazione ad alienare in diritto romano*, Turim, 1950, p. 49.

[424] Estamos uma vez mais num domínio muito próximo daquele que caracteriza as construções subjacentes à fórmula «*Geschäft für den, den es angeht*».

[425] *Gaius*, *Libro II rerum quotidianorum* – D., 41, 1, 9, § 4.

[426] Hamza, *Aspetti della rappresentanza negoziale*..., in *Index*..., IX, pp. 196.

[427] Numa manifestação do reconhecimento de um princípio igualmente recorrente na moderna dogmática da representação. Cfr., Hamza, *Aspetti della rappresentanza negoziale*..., in *Index*..., IX, p. 196. V., igualmente, Popesco-Ramniceano, *De la représentation*..., p. 49, autor que sublinha como a *interpellatio* no sentido de se colocar o devedor em mora podia ser feita por intermédio do representante. Ao nível das fontes, cfr., *Paulus*, *Libro XXXVII ad Edictum* – D., 22, 1, 24, § 2, *in fine*.

actual – particularmente influenciada pela *Repräsentationstheorie* – exige, para fundar a aquisição de direitos e deveres por parte do *dominus negotii*, o preenchimento e verificação de alguns requisitos de natureza peremptória[428], o direito romano prescindia, conforme refere HAMZA, de tais requisitos ou pressupostos e procurava, na expressiva terminologia empregue pela doutrina germânica, *Umgehungskonstruktionen*[429, 430]. Construções, porém, as quais se encaradas exclusivamente à luz dos efeitos produzidos pelas figuras por elas originadas não permitem sustentar ou falar em exclusão da representação directa[431]. Na verdade, os casos já recordados, de aquisição ou alienação de direitos por um procurador, testemunham, para empregar as palavras de HAMZA, a existência de práticas de representação na forma jurídica específica dos romanos[432].

As fontes documentam, é certo, e de forma muito significativa, casos nos quais se assistia à impossibilidade de intervenção de substitutos ou auxiliares negociais e se exigia a intervenção directa do dono do negócio[433]. Semelhante exigência, e consequente afastamento da possibilidade de recurso à representação,

---

[428] A saber, e conforme se referiu já por diversas vezes, a existência de um poder de representação e a *contemplatio domini*. Cfr., a título meramente exemplificativo, e para referir apenas literatura histórica, Kreller, *Das Rechtsinstitut...*, in *Juristische...*, 70, p. 226; e Hamza, *Aspetti della rappresentanza negoziale...*, in *Index...*, IX, p 196.

[429] Cfr., por todos, Ulrich Müller, *Die Entwicklung der direkten Stellvertretung...*, p. 19, e Axel Claus, *Gewillkürte Stellvertretung...*, p. 84. V., também, embora de forma muito menos clara, Laband, *Die Stellvertretung bei dem Abschluss*, in *Zeitschrift...*, 10, p. 199.

[430] V., designadamente, quanto se escreve *infra*, Parte I, Cap. I, parágrafos 4 e 5, a propósito das *actiones adiecticiae qualitatis*.

[431] É curioso notar como mesmo os autores que se mostram contrários à admissibilidade da existência de representação directa no direito romano acabam por ter de reconhecer um paralelismo, do ponto de vista dos efeitos práticos, entre, por um lado, as formas de vinculação jurídica através de acto de terceiro, admitidas em Roma, e, por outro, a moderna figura da representação, baseando as respectivas conclusões em simples considerações dogmáticas. A título de exemplo pode, designadamente, referir-se quanto escreve Axel Claus, *Gewillkürte Stellvertretung...*, p. 83, autor que, depois de considerar as acções pretorianas como medidas na direcção da representação directa, afirma não existir, do ponto de vista prático, diferença entre o efeito proporcionado pelas acções criadas pelo pretor – com o fim de permitir a vinculação através de um terceiro – e a vinculação directa e imediata proporcionada pela representação. Porém, do ponto de vista dogmático existiria uma significativa diferença a qual nunca seria por demais acentuar.

[432] Expressamente neste sentido veja-se, Hamza, *Aspetti della rappresentanza negoziale...*, in *Index...*, IX, pp. 196 e 197, cujo raciocínio transcrevemos: «*Se, portanto se têm em conta os efeitos – e não se procede a confrontos com a moderna construção teórica (...) – o negócio dispositivo romano afigura-se vizinho do instituto da representação. Mas se nesta devem ocorrer, com vista à aquisição de direito e de deveres por parte do* dominus negotii*, os dois requisitos da existência do poder de representação e da declaração do nome do representado (...), o direito romano – na falta dos requisitos dogmáticos – alcançava tal escopo por outra via. (...) Quanto se disse (...) sobre a possibilidade de reagrupar no direito romano os casos de representação na base dos efeitos, leva pois à conclusão de que não se pode falar de exclusão do princípio da representação directa*». Antes de Hamza, manifestavam-se já a favor da consideração dos procuradores como autênticos representantes, *v. g.*, e para referir apenas alguns dos autores por nós tomados em consideração, Bonfante, *Facoltà...*, in *Scritti...*, III, p. 261 nota (1); Vicenzo Arangio-Ruiz, *Il mandato...*, p. 9; e Rudolf Düll, *Stellvertretung...*, in *Studi..*, I, pp. 309 e ss., e designadamente, p. 314.

[433] Cfr., *supra, passim*, e designadamente Parte I, Cap. I, parágrafo 1, II.

fosse qual fosse a sua configuração, não assentava, porém, e na visão de KRELLER ou HAMZA, em quaisquer princípios de natureza teórica[434, 435]. Tudo dependia da ponderação dos interesses em jogo os quais constituíam o princípio guia da substituição ou cooperação negocial no direito romano[436]. De facto, quando a tutela de interesses particularmente prementes apenas fosse alcançável através do recurso à intermediação, substituição ou cooperação, o direito romano admitia a intervenção de terceiros, cuja actuação se repercutia na esfera do *dominus negotii*. Nos outros casos, exigia-se a intervenção pessoal do dono do negócio.

Semelhante constatação tem sido ignorada pela generalidade da doutrina que se dedicou ao estudo do fenómeno da substituição ou cooperação negocial no tempo dos romanos. Um número muito significativo, senão mesmo esmagador, de autores limita-se a estabelecer um confronto entre os exemplos de cooperação negocial proporcionados pela história do direito romano, por um lado, e a moderna doutrina da representação, por outro, na base de considerações exclusiva ou predominantemente dogmáticas. Trata-se, contudo, de uma atitude metodológica errada. Se, como o demonstraram KRELLER e HAMZA, não se atender, em primeira linha, aos efeitos jurídicos essenciais das diversas figuras e ao pragmatismo posto pelos romanos na tutela dos interesses das partes, não se compreenderá o modo como estes encaravam a possibilidade de intervenção de terceiros na realização, celebração ou condução de negócios alheios. Em contrapartida, se se chamar para o primeiro plano efeitos e interesses conseguir-se-á, de acordo com HAMZA, uma visão bastante clara do modo como, em Roma, se encarava a substituição, interposição ou cooperação, não apenas no domínio dos negócios informais, como, também, no campo próprio dos negócios formais[437].

Visão que nos traz para muito perto do fenómeno da representação e seus momentos paralelos. Demonstram-no, designadamente, duas epístolas de

---

[434] Assim, Hamza, *Aspetti della rappresentanza negoziale...*, in *Index...*, IX, p. 197; Id., *Gewillkürte...*, pp. 221 e ss..

[435] A afirmação deve ser entendida nos seus devidos termos. Ela não implica a ausência de uma base teórica susceptível de explicar a necessidade de intervenção das próprias partes na prática dos actos a elas relativos. Essa base poderá existir e é efectivamente procurada pela doutrina conforme se refere ao longo destas páginas. Quanto se pretende explicar e exprimir é a inexistência de um modelo de substituição, cooperação ou representação negocial, predefinido pela dogmática jurídica, e cujos contornos formais pudessem levar à negação ou aceitação – consoante os casos – da possibilidade de recurso à representação.

[436] Veja-se, por exemplo, quanto se passou no domínio das relações *magister navis – exercitor navis* – terceiros contraentes a que alude *Ulpianus, Libro XXVIII. ad Edictum* – D., 14, 1, 1, 18. Tais relações encontravam-se, normalmente, sujeitas à regra da representação indirecta. Todavia, quando se tornou necessário satisfazer a exigência política de assegurar o fornecimento de grão à população o *praefectus annonae* – ou o *praefectus provinciarum* – passou a conceder ao *exercitor navis* uma acção contra quem tivesse contratado com o *magister navis*. Cfr., a este respeito e para mais desenvolvimentos, Axel Claus, *Gewillkürte Stellvertretung...*, pp. 231 e ss..

[437] Assim, Rudolf Düll, *Stellvertretung...*, in *Studi..*, I, pp. 310 e ss., para quem ao tempo de Cícero seriam já detectáveis casos de representação directa no domínio da *stipulatio*; e, no mesmo sentido, Hamza, *Aspetti della rappresentanza negoziale...*, in *Index...*, IX, pp.197 e ss.; e Id., *Gewillkürte...*, p. 229. Contra v., porém, Axel Claus, *Gewillkürte Stellvertretung...*, pp. 97 e ss..

CÍCERO[438], as quais contêm, no entender da doutrina, considerações de importante conteúdo ou significado jurídico[439], e parecem apontar decididamente, se correctamente interpretadas, no sentido da admissibilidade de recurso à representação mesmo no âmbito dos negócios formais. Trata-se de duas cartas enviadas a *Servius Sulpicius Rufus*, ao tempo procônsul em Acaia, a solicitar uma intervenção em favor de *Mescinius*, amigo e sócio de Arpinate. *Mescinius* havia recebido de seu irmão, o comerciante *Marcus Mindius*, uma herança. Em volta dela nasceu, porém, uma disputa a opor a viúva de *Marcus Mindius* – *Oppia* – a *Mescinius*. CÍCERO pede a *Servius* para transferir a causa para Roma o mais rapidamente possível. Entretanto, e na medida em que devesse oferecer garantias a favor de *Mescinius*, CÍCERO pretende prestá-las por intermédio dos respectivos procuradores.

Este empenho de CÍCERO, para oferecer garantias, não directamente, mas, antes, através da interposição de procuradores, suscita várias questões relativamente complexas.

Cumpre em primeiro lugar levantar o problema de saber qual o tipo de *satisdatio* a dar por CÍCERO.

Numa primeira análise, ela tanto poderia consistir numa *sponsio*[440] como numa *fidepromissio*[441] ou *fideiussio*[442]. Todavia, e tanto segundo DÜLL[443] como

---

[438] Para uma leitura destas cartas v., Rudolf Düll, *Stellvertretung...*, in *Studi...*, I, pp. 309 e ss..

[439] Assim, e designadamente, Rudolf Düll, *Stellvertretung...*, in *Studi..*, I, pp. 309 e ss., maxime pp. 309 e 311, onde a propósito de várias epístolas de Cícero o autor afirma de modo muito claro «*Hier sind vor allem zu nennen Briefe, die Cicero an seinen Freund, der gefeierten Juristen Servius Sulpicius im Jahre 47 v. Chr. richtete, als dieser die Jurisdiktion in der Provinz Achaia, in Griechenland als römischer Statthalter ausübte. Zwei dieser Briefe (ep. ad div. 13, 26 und 13, 28) sind hier für die Erforschung der Prokuratorentätigkeit und namentlich ihrer Mitwirkung bei Stellvertretungsgeschäften von ganz besonderer Wichtigkeit*» para escrever depois «*Der dargestellte Sachverhalt enthält eine Reihe juristisch bedeutsamer Momente*»; Behrends, *Die Prokurator des klassischen römischen Zivilrechts*, in *Zeitschrift der Savigny-Stiftung für Rechtsgeschichte, romanistische Abteilung*, LXXXVIII, 1971, p. 249, nota (137); e Hamza, *Aspetti della rappresentanza negoziale...*, in *Index...*, IX, p. 197. Trata-se de uma opinião que não é, contudo, sufragada pela generalidade da doutrina. Assim, e expressamente no sentido segundo o qual não é possível atribuir qualquer significado jurídico a estas duas epístolas ciceronianas, manifesta-se Axel Claus, *Gewillkürte Stellvertretung...*, pp. 97 e ss., maxime p. 100, numa crítica às posições de Düll.

[440] *Sponsio* esta que no dizer de Adolf Berger, V.° *Sponsio (from spondere)*, in *Encyclopedic Dictionary of Roman Law, cit.*, p. 713, correspondia à «(...) *mais primitiva forma de obrigação de acordo com o ius civile assumida através de uma resposta oral* («spondeo») *à questão do futuro credor* («spondesne?»)». Para mais detalhes acerca desta figura cfr., designadamente, Kaser, *Das römische Privatrecht*, Munique, 1955, I, pp. 553 e ss., e 13.ª ed., Munique, 1983, pp. 45, 150, 252 e 253; Francesco de Martino, *Fideiussione (diritto romano)*, in *Novissimo Digesto Italiano*, VII, 1961, p. 271; Mario Talamanca, *Fideiussione (storia)*, in *Enciclopedia del Diritto*, 1968, XVII, pp. 326 e ss.; Giuseppe Ignazio Luzzatto, *Sponsio, cit.*, in *Novissmo...*, XVIII, pp. 39 e ss.. Ao nível das fontes v., *Gaius*, 3, 116.

[441] *Gaius*, 3, 115 e ss..

[442] *Gaius, Idem*. Na doutrina cfr., para mais detalhes, Bortollucci, *Il mandato...*, in *Bullettino...*, 27, *passim*, maxime, pp. 227 e ss., Kaser, *Das römische...*, I (ed. de 1955), pp. 553 e ss., 13.ª ed., pp. 252 e ss.; Adolf Berger, V.° *Adpromissio*, in *Encyclopedic Dictionary of Roman Law, cit.*, pp. 50 e 351; Francesco de Martino, *Fideiussione...*, in *Novissimo...*, VII, pp. 271 e ss.; Mario Talamanca, *Fideiussione...*, in *Enciclopedia...*, XVII, pp. 323; Giuseppe Ignazio Luzzatto, *Sponsio, cit.*, in

de acordo com HAMZA[444], é extremamente provável o facto de CÍCERO se ter oferecido como *reus promittendi* de uma *fideiussio*[445]. Isso mesmo é sugerido pela circunstância, apontada pelos referidos autores, de em causa estar um *iussum*[446] dado a um «representante»[447] – escravo do *reus promittendi*. A *actio quod iussu*[448] poderia ser tomada como modelo e tornar possível a prestação, por meio de procurador, da garantia exigida. *Actio quod iussu* a qual, segundo importante sector da doutrina, era com toda a probabilidade já conhecida no último século da república[449] – numa conclusão não refutada ou desmentida por uma eventual maior antiguidade da *actio exercitoria* e da *actio institoria* [450]. Na verdade, a *actio quod iussu* fazia, juntamente com as *actiones de peculio* e *in rem verso*[451], parte do chamado *edictum triplex* referido por *ULPIANUS*[452]. Ora, a *actio de peculio*, e, por conseguinte, também o *edictum triplex*, era já conhecida por *SERVIUS*, em meados do século i a. C.[453]. Além disso, a *actio*

Novissimo..., XVIII, p. 39; Sebastião Cruz, *Direito romano (Ius Romano)*, I, *Introdução. Fontes*, 4.ª ed. revista e actualizada, Coimbra, 1984, p. 242.

[443] Rudolf Düll, *Stellvertretung...*, in *Studi..*, I, pp. 311, 312 e 314.

[444] Hamza, *Aspetti della rappresentanza negoziale...*, in *Index...*, IX, pp. 197.

[445] De acordo com a doutrina dominante (de que se pode citar o título de Hamza, *Aspetti della rappresentanza negoziale...*, in *Index...*, IX, pp. 197; Sebastião Cruz, *Direito...*, I, p. 242) a *fideiussio* seria já conhecida no final do período clássico. Refere-se a ela o passo – por vezes apontado como interpolado – contido no D., 17, 1, 48, pr., onde *Celsus, Libro VII. Digestorum*, cita *Quintus Mucius Scaevola* o qual alude várias vezes à *fideiussio*. Em sentido divergente v., porém, Valiño, *Las «actiones adecticiae qualitatis» y sus relaciones básicas en derecho romano*, in *Anuario de Historia del Derecho Español*, 1967, 37, p. 415, para quem a *fideiussio* seria de reportar a *Labeo*. Ao fazê-lo incorre, porém, na censura de Hamza. De acordo com este último autor, Valiño ignora pura e simplesmente as duas epístolas de Cícero antes referidas. O reparo de Hamza já não valerá para Axel Claus, *Gewillkürte Stellvertretung...*, pp. 99 e 100. Conforme anteriormente notado, segundo este autor germânico as epístolas de Cícero, em referência, carecem de valor jurídico, razão pela qual seria incorrecta qualquer tentativa para considerar a *fideiussio* em uso no século I a. C..

[446] Acerca do sentido desta figura cfr. *infra* o presente parágrafo assim como o parágrafo 5.

[447] A expressão surge de forma descomprometida, para designar a circunstância de no caso em apreço no texto estar presente um substituto, auxiliar ou pessoa interposta.

[448] Para uma ilustração dos contornos deste tipo de acção v. *infra*, sob o presente parágrafo, e Parte I, Cap. I, parágrafo 5.

[449] É *Labeo* quem a recorda pela primeira vez. Cfr., *Ulpianus, Libro XXIX. ad Edictum* – D., 15, 4, 1, 9. Para mais detalhes a este respeito cfr., *v. g.*, Valiño, *Las «actiones adecticiae qualitatis»...*, in *Anuario...*, 37, p. 408, que reporta o estudo do *iussum* como instituição do *ius civile*, sobretudo, a Pernice; Axel Claus, *Gewillkürte Stellvertretung...*, p. 100; Hamza, *Aspetti della rappresentanza negoziale...*, in *Index...*, IX, pp. 197 e 198; Guarino, *Actiones adiecticiae qualitatis*, in *Novissimo Digesto Italiano*, 1957, I1, p. 272; António dos Santos Justo, *A fictio...*, I, pp. 406 e 407. Contra a posição referida no texto veja-se, ao nível das fontes, *Alfenus, Libro II. Digestorum* – D., 15, 3, 16.

[450] Os vestígios destas duas acções são, de facto, anteriores a *Labeo*. A *actio institoria* parece ser recordada pela primeira vez por *Servius* (cfr., *Ulpianus, Libro XXVIII. ad Edictum* – D., 14, 3, 5, 1) e a *exercitoria* por *Ofilius* (v., *Ulpianus, Libro XXVIII. ad Edictum* – D., 14, 1, 1, 9). Isso não implica, porém, a inexistência da *actio quod iussu* no século I a. C.. Para uma primeira abordagem à questão da ordem de prioridade das *actiones adiecticiae* cfr., por todos, Guarino, *Actiones...*, in *Novissimo...*, I1, p. 271.

[451] Para mais detalhes acerca desta acção cfr., *infra*, Parte I, Cap. I, parágrafo 5.

[452] *Ulpianus, Libro XXIX. ad Edictum*, D, 15, 1, 1, 1.

[453] *Ulpianus, Libro XXIX ad Edictum*, D., 15, 1, 9, 3. Na doutrina v., por ora, Popesco-Ramniceano, *De la représentation...*, pp. 149 e 150; Hamza, *Aspetti della rappresentanza negoziale...*, in *Index...*, IX, pp. 198; e António dos Santos Justo, *A fictio...*, I, pp. 413 e 415.

quod iussu apresentava-se, na sua configuração, como muito próxima da _actio de peculio_, uma vez que a _concessio peculii_ pode ser substancialmente considerada como um _iussum_[454]. Destarte, e também pela sua importância e difusão, parece ter sido a _actio quod iussu_ excogitada contemporaneamente, ou pouco depois, da _actio de peculio_ [455, 456].

Mas a ser como julgam DÜLL e HAMZA – e a estar em causa, nos exemplos proporcionados por CÍCERO, uma _fideiussio_ servida por uma _actio quod iussu_ – então estamos uma vez mais muito próximos do fenómeno da representação[457]. É que, do ponto de vista dos respectivos efeitos, a _actio quod iussu_ permitia a quem tivesse contratado com um _alieni iuris_, dentro dos limites do _iussum_[458] concedido pelo _pater_, demandar o próprio _dominus_ (através de

---

[454] Apesar de semelhante às acções _institoria_ e _exercitoria_ a _actio quod iussu_ comportava uma condenação _in solidum_ e não se afigura reagrupável com as duas primeiras. Assim, cfr., _v. g._, Hamza, _Aspetti della rappresentanza negoziale..._, in _Index..._, IX, p. 198. Para mais detalhes v., _infra_, Parte I, Cap. I, parágrafo 5.

[455] Hamza, _Aspetti della rappresentanza negoziale..._, in _Index..._, IX, p. 198.

[456] Refira-se, ainda, a circunstância de no início do tratamento das _actiones adiecticiae qualitatis_ tanto as Institutas de _Gaius_, 4, 70, como as de Justiniano, 4, 7, 1, começarem por referir a _actio quod iussu_, elemento que – de acordo com Hamza, _Aspetti della rappresentanza negoziale..._, in _Index..._, IX, p. 198 – se é, por um lado altamente significativo do ponto de vista teórico, não deixa, por outro, de se afigurar extremamente elucidativo na revelação das prioridades históricas subjacentes às fontes em análise.

[457] Assim e neste sentido cfr., _v. g._, Riccobono, _Liniamenti della dottrina della rappresentanza diretta..._, in _Annali del Seminario Giuridico..._, 14, p. 396; Rudolf Düll, _Über ansätze direkter Stellvertrung..._, in _Zeitschrift..._, LXVII, pp. 164 e ss., e pp. 170 e ss., autor segundo o qual os romanos conseguiam alcançar a produção de efeitos jurídicos em esfera alheia, de forma directa e imediata, através de um complexo esquema de mandato duplo; Id., _Stellvertretung..._, in _Studi.._, I, pp. 309 e ss., maxime 309, 314, 315 e 316, enquanto a figura do procurador traduziria os primeiros acenos ou prolegómenos a representação directa em Roma – são suas as seguintes palavras «_Wie sich die Frage der Stellvertretung durch Prokuratoren in Rom gezeigt hat, bietet sich ein hybrides Bild: neben der grundsätzlich gegebenen indirekten Stellvertretung ist die direkte Stellvertretung nicht ausgeschlossen_» às quais acrescenta, em referência à hipótese mencionada _supra_ no texto «_Durch die Zulassung dieser Entwicklung war dann praktisch bei Stipulationsakten die Möglichkeit gegebenen, eine Verbalobligationen in Abwesenheit des in der Urkunde benannten Schuldners gültig in Kraft zu setzen und damit eine Art Stellvertretung in Sinn zu Schafen, daß Prokuratoren die nötigen Schritte beim Jurisdiktionsmagistrat Unternehmen Konten_» para concluir «(...) _es besteht ein hoher Grad von Wahrscheinlichkeit, daß mittels der Stipulationsurkunde, derer man sich Schon am Ende der republikanischen Zeit bediente, im römischen Rechtsverkehr praktische Wege beschritten wurden, die einer Stellvertretungsmöglichkeit bei Stipulationsgeschäften praktische den Weg ebneten und damit einem dringenden Bedürfnis des Rechtslebens entgegenkamen_» – e Orestano, _Rappresentanza..._, in _Novissimo..._, XIV, p. 798, segundo o qual o _procurator_ implicava um parcial acolhimento da representação directa no ambiente jurídico romano, devendo, ainda, admitir-se outras manifestações do fenómeno representativo no ordenamento jurídico de Roma.

[458] _Iussum_, o qual de acordo com a _communis opinio_ não dizia apenas respeito ao subordinado ou destinatário do encargo. Ele dirigia-se, igualmente, ao terceiro contraente e fundamentava a possibilidade de este responsabilizar o _pater_ ou _dominus_. Cfr., de entre a doutrina por nós considerada, Rabel, _Ein Ruhmesblatt Papinians (Die sogenannte Actio quasi institoria)_, in _Festschrift für Ernst Zitelmann_, Munique, 1913, p. 24, autor que abriria, justamente, caminho à compreensão segundo a qual o _iussum_ era um convite dirigido a um terceiro contraente: um poder externo e não uma

uma *intentio* na qual formalmente se chamava o procurador)[459]. A validade do *iussum* não se encontrava ligada a formas determinadas[460]. Era assim, e designadamente, possível a sua comunicação *per epistulam*, razão pela qual a carta escrita por CÍCERO a *SERVIUS* se afigura perfeitamente idónea para conceder aos procuradores poderes para oferecerem garantias em favor de *Mescinius*, por conta de CÍCERO. Com um problema, porém. A declaração de CÍCERO, ausente do local onde o processo corria os respectivos termos, era feita na forma de uma *stipulatio* e para responder à questão *«idem fide tua esse iubes?»*[461] com um *«iubeo fide mea»*[462]. Mas como admitir a possibilidade de os procuradores obrigarem CÍCERO através de uma *stipulatio*? Contra ela parece levantar-se de forma categórica e intransponível *ULPIANUS, Libro XLVIII. ad Sabinum* – D. 45, 1, 1, num fragmento onde consta a regra segundo a qual não se podia celebrar uma *stipulatio* senão falando uma e outra parte; e, por isso, nem o mudo, nem o surdo, nem o *infans*, nem o ausente podiam celebrar uma estipulação, excepto por intermédio de escravo presente[463]. A exacta compreensão do fenómeno de que dão testemunho as cartas escritas por CÍCERO – e, por conseguinte, nos moldes da possível intervenção de um *procurator* na conclusão de uma *stipulatio* – obriga a tecer algumas considerações a propósito da figura do procurador romano[464]. É o que se fará de seguida[465].

---

ordem interna; Valiño, *Las «actiones adiecticiae qualitatis»...*, in *Anuario...*, 37, pp. 414 e ss.; Hamza, *Aspetti della rappresentanza negoziale...*, in *Index...*, IX, p. 198; e António dos Santos Justo, *A fictio...*, I, pp. 406 e 407. Ao nível das fontes v., *Gaius*, 4, 70, onde se lê: *«In primis itaque, si iussu patris dominiue negotium gestum erit, in solidum praetor actionem in patrem dominumue comparuit; et recte, qua, qui ita negotium gerit, magis patris (patros) dominiue quam filii seruiuee fidem sequitur»*; e *Ulpianus, Libro XXIX. ad Edictum* – D., 15, 4, 1.

[459] A doutrina tem considerado o *iussum* como uma autorização. Assim e na literatura jurídica de língua portuguesa podem ver-se, Sebastião Cruz, *Direito...*, I, p. 242; e António dos Santos Justo, *A fictio...*, I, p. 406. Em Itália, podem ver-se, sempre no mesmo sentido, Vicenzo Arangio-Ruiz, *Il mandato...*, p. 53; e Guarino, *Actiones...*, in *Novissimo...*, I1, p. 272; Valiño, *Las «actiones...»* in *Anuario...*, pp. 410 e ss.. Finalmente, na Alemanha, Kreller, *Formula ad exemplum institoriae actionis*, in *Festschrift für Leopold Wenger zu seinem Geburtstag dargebracht von Frenden, Fachgenossen und Schülern*, Munique, 1945, II, pp. 96 e 97, usa a expressão *iussum* a propósito do *mandatum* (para uma referência às relações entre o *iussum* e o *mandatum* cfr. *supra*) que serviria de base à *actio quasi institoria* (acerca desta acção e importância por ela assumida no desenvolvimento da figura da representação em Roma v. *infra*, Parte, I, Cap. I, parágrafo 5).

[460] Cfr., *v. g.*, Valiño, *Las «actiones adiecticiae qualitatis»...*, in *Anuario...*, 37, p. 409, segundo o qual o *iussum* puramente civil devia expressar-se com palavras especiais na época antiga, apesar de não se conservarem os *verba* utilizados para esse fim. Em princípio, todavia, não deviam ter aqui aplicação as regras relativas à *stipulatio*; Hamza, *Aspetti della rappresentanza negoziale...*, in *Index...*, IX, p. 198. Ao nível das fontes v., *Ulpianus, libro XXIX. ad Edictum* – D., 15, 4, 1, 1.

[461] *Gaius*, 3, 116; e na doutrina moderna Rudolf Düll, *Stellvertretung...*, in *Studi..*, I, p. 312.

[462] Rudolf Düll, *Stellvertretung...*, in *Studi..*, I, p. 312.

[463] *Idem*, pp. 312 e ss.

[464] A determinação dos contornos específicos da figura do procurador surge, em grande parte, como resultado das investigações levadas a cabo no último período de retoma dos estudos de história de direito romano, na qual tiveram – como é sabido – um papel preponderante os romanistas que ocuparam em Roma a cátedra das Pandectas. O primeiro passo foi, ainda assim, dado por Schlossmann, *Der Besitzerwerb...*, *passim*, e designadamente, pp. 12 e ss., 89 e ss.. Aceitando a maior parte das teses até então defendidas pelos historiadores do direito, Schlossmann procura,

todavia, demonstrar e pôr em evidência a importância da figura do procurador na vida social, bem como a circunstância de o procurador ser alguém que cuida de negócios alheios, um *factotum*, na maior parte das vezes um liberto portador ou beneficiário da confiança do *dominus* mas sem se encontrar a ele ligado por qualquer vínculo jurídico. A tese do autor alemão foi qualificada como audaciosa por Scialoja, *L'aquisto...*, in *Studi...*, pp. 97 e ss., face à multiplicidade de textos e fontes do Digesto entre si contraditórias. Contudo, também, Scialoja acaba por ver no procurador romano uma pessoa que cuida de negócios alheios de forma prolongada e não isolada. A tese de Schlossmann veio mais tarde a ser desenvolvida e clarificada por Bonfante, *Facoltà...*, in *Scritti...*, III, pp. 250 e ss., num estudo tornado clássico. Bonfante começa por colocar em evidência as largas faculdades do *procurator* e as múltiplas alterações levadas a cabo pelos juristas de Justiniano sobre as fontes históricas, com o fim de restringir as referidas faculdades. Além disso, Bonfante procura demonstrar consistir o *mandatum*, apesar de não ter sido criado especificamente para o procurador, na veste susceptível de permitir ao procurador fazer a sua entrada no mundo do direito – ao ponto de se poder dizer ser o mandato justinianeu fusão de dois institutos clássicos: o mandato propriamente dito e a procuração. Alguns anos depois do aparecimento do escrito de Bonfante, as investigações acerca do mandato foram retomadas por Albertario (cfr., deste autor, designadamente, *Procurator unius rei*, in *Studi di Diritto Romano*, Milão, III, 1936, pp. 497 e ss.). Albertario sustenta a teoria segundo a qual a fusão entre mandato e procuração, nos termos detectados por Bonfante, acaba por conduzir à distinção entre mandato geral e mandato especial, numa terminologia pós-clássica. É também, e no entender deste, a mencionada fusão a fazer surgir ao lado da figura do procurador *ommium bonorum* ou *ad res administrandas datus* a do *procurator unius rei*. Finalmente, e ainda segundo Albertario, a relação entre *procurator* e *dominus* seria – tanto na época clássica como na pós-clássica – regulada pela *actio negotiorum gestorum* e não pela *actio mandati*. Quase contemporaneamente a Albertario, é Frese, *Prokurator...*, in *Mélanges de Droit Romain...*, I, pp. 327 e ss., a dedicar-se ao estudo da figura do procurador. O autor germânico não difere, no essencial, das posições sustentadas por Albertario. Defende, no entanto, a ideia de acordo com a qual os romanos utilizavam o termo *mandatum* também para indicar a *Vollmacht* (ou seja os plenos poderes [não se afigura fácil estabelecer uma correspondência absolutamente simétrica entre a expressão germânica *Vollmacht* e o correspondente português. Na verdade o termo *Vollmacht* foi empregue pelos juristas do direito comum com os mais diversos significados. No sentido mais amplo indicava qualquer forma de poder jurídico de disposição sobre o património alheio – cfr., Windscheid-Kipp, *Lehrbuch...*, I, p. 357 nota (1a). Usualmente, todavia, limita-se o conceito ao campo da representação sem, por isso, adquirir um significado fixo. Umas vezes designa o poder de representar outrem sem referência à sua causa originária – assim, por exemplo, *Curtius, Die Stellvertretung...*, in *Archiv...*, LVIII, pp. 78; Mitteis, *Die Lehre...*, p. 182. Outras vezes, designa apenas a faculdade de representação fundada na vontade das partes, ou a declaração emitida pelo principal e constitutiva do poder de representação, ou, ainda, o documento no qual consta o referido poder. Mais recentemente assiste-se a uma tendência para limitar a expressão *Vollmacht* à declaração dirigida a terceiros acerca da existência de poderes de representação – v. Lenel, *Stellvertretung...*, in *Jherings...*, pp. 3 e ss.. Perante tão oscilante linguagem o *BGB* esforçou-se por introduzir uma terminologia precisa nesta matéria. Para a designação genérica do poder de representação utiliza-se o termo *Vertretungsmacht. Vollmacht* é apenas empregue para designar o poder de representação fundado na vontade das partes. O acto de vontade por força do qual se confere o poder de representação é apelidado de *Bevollmächtigung* – para mais pormenores a este respeito cfr., Isay, *Geschäftsführung...*, p. 188; Hupka, *Die Vollmacht...*, pp. 1 e 2, nota (1); Flume, *Allgemeiner...*, II, *Das Rechtsgeschäft...*, p. 823; e, na nossa literatura jurídica, Heinrich Ewald Hörster, *A parte...*, p. 484; Paulo Mota Pinto, *Aparência de poderes de representação...*, in *Boletim...*, vol. LXIX, p. 609, nota (35); Helena Brito, *A representação...*, p. 106 e respectiva nota (70), os quais traduzem, todavia, *Vollmacht* por procuração. Não obstante, a literatura histórico-jurídica alemã continua a utilizar

São diversas as hipóteses apresentadas pela historiografia jurídica acerca das origens da *procuratio*. Na verdade, se parece haver alguma convergência de opiniões no sentido de se afirmar ser a figura do procurador já reconhecida ao tempo de *PLAUTUS*[466], as vozes dos autores dividem-se quando se tenta fixar o modo como semelhante personagem se impôs na vida social e jurídica romana.

No entender de uma primeira corrente de opinião, o *procurator* corresponderia a um meio, primeiro social depois jurídico, surgido no seio da família romana[467], capaz de permitir a cada indivíduo em caso de necessidade ultrapassar os limites impostos por uma actuação isolada das respectivas forças. No fundo, a *procuratio* permitia ao *dominus* socorrer-se – na conclusão dos negócios – de mecanismos novos e actualizados; lançar mão de colaboradores mais aptos – do que os simples *servus* ou subordinados presos numa teia de restrições, entre as quais se contava a impossibilidade de tornar *deterior* a *conditio* do *pater familias*[468] – para enfrentarem a complexidade da vida económica[469]. Tudo numa evolução reclamada pela própria etimologia da palavra *procurator*, muito próxima da imagem do curador[470]: aquele que administra – «*cura*» – interesses

com frequência a expressão *Vollmacht* para referir a *procuratio* de direito comum. Assim, e por todos, Coing, *Europäisches...*, II, *19 Jahrhundert. Überblick über die Entwicklung des Privatrechts in den ehemals gemeinrechtlichen Ländern*, Munique, 1989, p. 455]) e não apenas o *Auftrag* (mandato). Os estudos de todos estes autores proporcionaram passos extremamente importantes aos romanistas mas não ofereciam, ainda, uma visão de conjunto sobre a figura do procurador. Coube a Serrao, *Il procurator, cit.*, *per totum*, tentar realizar, numa obra monográfica, semelhante tarefa, apesar de não faltarem vozes acusando, de algum modo, o autor italiano de ter falhado nos seus propósitos (como é, por exemplo, o caso de Alan Watson, *Contract of mandate...*, p. 36). A Serrao seguiram-se, naturalmente vários outros estudos de diversos autores, cuja indicação aparece, de forma dispersa, e meramente, exemplificativa, *infra* nas notas que se seguem.

[465] Para uma primeira abordagem acerca de uma possível conciliação entre o trecho de *Ulpianus*, referido no texto e uma eventual intervenção de procuradores na conclusão de uma *stipulatio* v., contudo, Rudolf, *Stellvertretung...*, in *Studi...*, I, pp. 312 e ss..

[466] Acerca das origens desta figura, cfr., *v. g.*, Frese, *Prokurator...*, in *Mélanges...*, I, p. 329; Behrends, *Die Prokurator...*, in *Zeitschrift...*, LXXXVIII, pp. 215 e ss.; Alan Watson, *Contract of mandate...*, pp. 36 e ss.; Quadrato, *Dal procurator al mandatario*, in *Annali Bari*, 1963, 18, pp. 3 e ss. (a obra não é, todavia, de fácil consulta, pois, de acordo com a informação dada pelo próprio Quadrato, *D., 3, 3 I pr. e la definizione di procurator*, in *Labeo*, 1974, p. 1, nota (2), o volume dos *Annali* da Faculdade de *Giurispurdenza de Bari* no qual deveria aparecer não foi nunca publicado. O estudo circula, assim, apenas, em extractos aos quais não conseguimos ter acesso); Id., *Rappresentanza...*, in *Enciclopedia...*, XXXVIII, p. 423; e Axel Claus, *Gewillkürte Stellvertretung...*, p. 51.

[467] A ligação da *procuratio* à estrutura familiar romana não oferece dúvidas mostrando-se a doutrina unânime neste ponto. A título meramente exemplificativo podem referir-se, de entre uma multidão de autores, e por ora, Popesco-Ramniceano, *De la représentation...*, pp. 63 e ss.; Vicenzo Arangio-Ruiz, *Il mandato...*, pp. 52 e 53; Orestano, *Rappresentanza...*, in *Novissimo...*, XIV, pp. 798 e 799; e Quadrato, *Rappresentanza...*, in *Enciclopedia...*, XXXVIII, pp. 423 e ss.. Indícios desta ligação do procurador à família romana encontram-se, designadamente, no facto de o procurador ser frequentemente um antigo escravo manumitido *procuratoris habendo gratiam* o qual continuava vinculado ao *pater* por uma complexa teia de relações. Cfr., *infra*, Parte I, Cap. I, parágrafo 6.

[468] Princípio que se conserva entre as *regulae iuris antiquae* no D., 50, 17, 133 (*Gaius, Libro VII. ad Edictum*): «*Melior conditio nostra per servos fieri potest, deterior fieri non potest.*»

[469] V., por todos, Quadrato, *Rappresentanza...*, in *Enciclopedia...*, XXXVIII, p. 423.

[470] Na doutrina v., no sentido referido no texto e com simples carácter exemplificativo,

alheios[471]. De uma acepção marcada por uma genérica ambiguidade inicial[472] – presente, designadamente, nos testemunhos plautinos[473] – o procurador assume, nesta visão, um carácter cada vez mais técnico[474, 475].

Diversamente, de acordo com uma segunda orientação, o procurador não corresponderia a qualquer conceito jurídico mas antes a uma mera praxe ou prática social[476].

Ambas as teorias parecem, porém, e segundo HAMZA[477], encerrar um importante defeito. Nenhuma delas contém, na visão deste autor, uma abordagem correcta da relação existente entre a *procuratio*, de um lado, e o *status* social do procurador, do outro. Elas estabelecem uma ligação mais ou menos linear entre a função ou ofício de procurador e o extracto social donde ele emergia. Assim, e por exemplo, QUADRATO – defensor do carácter técnico-jurídico da *procuratio*[478] – considera ainda perfeitamente operante no fim do período republicano a tendência para se ver no liberto senão a única pessoa, pelo menos, a mais adaptada para desempenhar a tarefa de procurador[479]. Por

---

Pernice, *Labeo, Römisches Privatrecht im ersten Jahrhundert der Kaiserzeit*, Halle, 1873, I, pp. 490 e 491, o qual refere «*die mehrfache Vertauschung der Ausdrücke "procurare und curare"*»; Bonfante, *Facoltà...*, in *Scritti...*, III, p. 257; e Quadrato, *Rappresentanza...*, in *Enciclopedia...*, XXXVIII, p. 423.

[471] Segundo Quadrato, *Rappresentanza...*, in *Enciclopedia...*, XXXVIII, p. 423, nota (71), a primeira fonte detectável a este respeito seria a *lex agraria* do ano 111 a. C., relativa aos fundos agrícolas.

[472] Behrends, *Die Prokurator...*, in *Zeitschrift...*, LXXXVIII, p. 232; e Quadrato, *Rappresentanza...*, in *Enciclopedia...*, XXXVIII, p. 423.

[473] V., Quadrato, *Rappresentanza...*, in *Enciclopedia...*, XXXVIII, p. 423.

[474] Como sucede em Cícero, *Pro A. Caecinia Oratio*, 20, 57-58, in *Defensa...*, p. 113. Ao nível da doutrina, refiram-se, entre outros, Vicenzo Arangio-Ruiz, *Il mandato...*, pp. 9 e 10; e Quadrato, *Rappresentanza...*, in *Enciclopedia...*, XXXVIII, p. 423.

[475] Assim, e no sentido segundo o qual a *procuratio* tinha natureza jurídica, embora pudesse, eventualmente, ter correspondido a uma figura social antes de ganhar relevância para o direito romano, v., a título de simples referência, e de entre os autores que vimos tomando em consideração, Lenel, *Stellvertretung...*, in *Jherings...*, XXXVI, p. 83; Nicosia, *Gestione...*, in *Enciclopedia...*, XVIII, p. 630; e Quadrato, *Rappresentanza...*, in *Enciclopedia...*, XXXVIII, p. 423.

[476] É essa a posição avançada por Schlossmann, *Der Besitzerwerb...*, pp. 89 e 104 e ss. (o qual apenas admite o conceito jurídico de procurador processual) e partilhada em graus diversos por vários autores. Assim, e por exemplo, Mitteis, *Römisches Privatrecht...* I, p. 232 e ss., e Vicenzo Arangio-Ruiz, *Il mandato...*, p. 12, nota (1), parecem aderir a ela sem grandes reservas. Enquanto isso, Alan Watson, *Contract of mandate...*, p. 11, considera que ao tempo de *Plautus* o *procurator* não seria ainda considerado como um instituto jurídico; e Angelini, *Il «procurator»*, Milão, 1971, pp. 103 e ss., 195 e ss., e 255 e ss., julgando embora exagerada a tese proposta por Schlossmann, sustenta que a *procuratio* só teria tido relevância jurídica no direito justinianeu.

[477] Hamza, *Aspetti della rappresentanza negoziale...*, in *Index...*, IX, pp. 198 e 199.

[478] Nestes termos, e de entre os vários estudos nos quais o autor italiano se ocupa da figura do procurador, pode ver-se, a título exemplificativo, *Rappresentanza...*, in *Enciclopedia...*, XXXVIII, pp. 423 e 424, onde afirma expressamente o carácter técnico do termo *procurator* e a existência de vínculos variados subjacentes ao *officium* de procurador.

[479] Cfr., Quadrato, *Dal procurator...*, in *Annali...*, 18, pp. 3 e ss. (*Apud*, Quadrato, *Rappresentanza*, in *Enciclopedia....*, XXXVIII, pp. 233 e 424); Id., *Rappresentanza...*, in *Enciclopedia...*, XXXVIII, pp. 423 e 424. Em sentido não muito diverso pode ainda ver-se, de entre uma variedade de outros autores, Lenel, *Stellvertretung...*, in *Jherings...*, XXXVI, p. 83; Albertario, *Procurator*, in

seu turno, SCHLOSSMANN – paladino da ideia segundo a qual a *procuratio* corresponderia a uma simples figura social[480] – exprime praticamente a mesma ideia: em regra o procurador era um liberto, sem excluir, todavia, nem a possibilidade de ele ser um *servus*[481], nem, e em linha de princípio, a de pertencer à mesma categoria social do *dominus*[482]. Contudo, e aos olhos de HAMZA, não parece possível estabelecer uma ligação tão directa entre a *procuratio* e a situação social do *procurator*. A famosa definição de CÍCERO[483], na qual o autor elenca os casos de *procuratio*, não dá nenhuma indicação ou notícia atendível sobre a situação socioeconómica do procurador cujas funções se desenvolvessem em Itália[484]. Além disso parece poder concluir-se da leitura de várias fontes não estar a *procuratio* limitada a determinadas e específicas categorias sociais.

A *lex agraria*[485], por exemplo, indicava a possibilidade de os cidadãos romanos, que obtinham ou adquiriam uma propriedade em África, constituírem um procurador para defesa dos seus interesses[486]. Destarte, e por não se afigurar plausível isso suceder na base da *amicitia* é possível concluir-se no sentido de o procurador pertencer a um nível baixo na hierarquia social[487]. Em contrapartida, porém, vários passos de CÍCERO tanto recordam o *procurator* como uma pessoa do mesmo nível social do *vilicus* ou do liberto[488] como, ao

---

Studi..., pp. 497 e ss.; Serrao, *Il procurator, cit.*, pp. 1 e ss.; Düll, *Über Ansätze direkter Stellvertretung...*, in *Zeitschrift...*, LXVII, p. 175; Betti, *Istituzioni...*, II, I, p. 286; Ulrich Müller, *Die Entwicklung der direkten Stellvertretung...*, pp. 24 e 25; Alan Watson, *Contract of mandat...*, p. 52.

[480] Cfr., *Der Besitzerwerb...*, designadamente, p. 89.

[481] Nesta direcção, e para além de Schlossmann, *Der Besitzerwerb...*, p. 104, cfr., também, Pernice, *Labeo...*, I, pp. 492 e ss., no qual se apoia, de resto, Schlossmann para fundar a opinião segundo a qual os procuradores podiam ser escravos; e Bonfante, *Facoltà...*, in *Scritti...*, III, p. 260. Contra manifesta-se, peremptoriamente, Hamza, *Aspetti della rappresentanza negoziale...*, in *Index...*, IX, pp. 199 e 200. Para este autor, tudo assenta numa equívoca referência plautina ao *servus procurator*. Referência aparentemente confirmada, no fim do período republicano, numa carta de Cícero a *Aticus*. Porém, e ao contrário do que é, designadamente, sustentado por Bonfante, Hamza considera a epístola ciceroniana perfeitamente inconclusiva: em seu entender ela não contém qualquer referência directa ou alusão à categoria *servus procurator* nem existem quaisquer elementos de apoio capazes de permitir individualizar semelhante categoria. Apenas na época pós-clássica poderia falar-se, de forma indiscutível, num procurador servo.

[482] Segundo alguma doutrina o *procurator* podia ser de facto, nas origens do instituto, um *civis* dotado de alguma autoridade e prestígio, o qual, na base da *amicitia*, administrava o património do *dominus* ausente ou distante.

[483] Cícero, *Pro A. Caecinia Oratio*, 20, 57, in *Defensa...*, p. 113. A respeito deste trecho de Cícero e seu confronto com a *lex agraria* cfr., por todos, Axel Claus, *Gewillkürte Stellvertretung...*, pp. 50 e 51.

[484] Hamza, *Aspetti della rappresentanza negoziale...*, in *Index...*, IX, p. 199. Para mais detalhes v., ainda, Axel Claus, *Gewillkürte Stellvertretung...*, pp. 49 e ss..

[485] Cuja data é de 111 a. C..

[486] Hamza, *Aspetti della rappresentanza negoziale...*, in *Index...*, IX, p. 199.

[487] Hamza, *Aspetti della rappresentanza negoziale...*, in *Index...*, IX, p. 199.

[488] Assim, e por exemplo, *Pro A. Caecinia Oratio*, 20, 57; 19, 55, in *Defensa...*, pp. 111 e ss.. Para ulteriores referências ao nível das fontes ciceronianas v., entre outros, Hamza, *Aspetti della rappresentanza negoziale...*, in *Index...*, IX, pp. 199 e 221 nota (72). Cfr., também, Quadrato, *Rappresentanza...*, in *Enciclopedia...*, XXXVIII, p. 423. De passagem mencione-se apenas a circuns-

contrário[489], o mencionam como pessoa livre, ao menos legal e formalmente da mesma classe social do *dominus*[490, 491].

Perante semelhante cenário proporcionado pelas fontes, e após a respectiva análise, HAMZA[492] conclui no sentido segundo o qual a pertença do procurador a um ou outro tipo social dependia da área geográfica onde era desempenhada a actividade. Assim, e enquanto o liberto representava o *dominus* essencialmente na província[493], o procurador formalmente independente, dotado de maior prestígio social, actuava exclusivamente em Itália, no caso de o principal se encontrar ausente[494]. Quer isto dizer, na opinião de HAMZA[495], que os procuradores de CÍCERO, por actuarem na Grécia, província distante de Roma, seriam com alguma margem de certeza libertos, ainda ligados ao patrono através de uma relação de dependência[496]. Embora não fossem *servi*[497], a posição social destes procuradores era muito distinta da dos *procuratores* livres. A sua condição jurídica afigurava-se híbrida e, em muitos aspectos, semelhante à dos escravos[498], designadamente, no tocante à possibilidade, mencionada por

---

tância de a atribuição da qualidade de procurador ser considerada como uma *iusta manumissionis causa*. Cfr., I. J., 1, 6, 5; *Ulpianus, Libro de Officio Proconsulis* – D., 40, 2, 13. Na literatura jurídica moderna v., a respeito deste última questão e a título ilustrativo, Vicenzo Arangio-Ruiz, *Il mandato...*, p. 11.

[489] Behrends, *Die Prokurator...*, in *Zeitschrift...*, LXXXVIII, pp. 220 e ss., e 226 e ss.; Hamza, *Aspetti della rappresentanza negoziale...*, in *Index...*, IX, p. 199 e 221, nota (73); Quadrato, *Rappresentanza...*, in *Enciclopedia...*, XXXVIII, pp. 423 e 424. Veja-se também quanto escreve *Scaevola, Libro I. responsorum* – D., 17, 1, 60, 4, trecho no qual um cidadão romano, estabelecido no estrangeiro, constitui seu procurador um sobrinho, *ex frate*, com uma epístola escrita em grego mas que o jurisconsulto não deixa de valorar segundo princípios romanos (cfr., Vicenzo Arangio-Ruiz, *Il mandato...*, p. 11).

[490] Semelhança formal que, conforme refere, a propósito, Behrends, *Die Prokurator...*, in *Zeitschrift...*, LXXXVIII, p. 224, não exclui uma dependência de carácter económico.

[491] Existiam, segundo Behrends, *Die Prokurator...*, in *Zeitschrift...*, LXXXVIII, pp. 224 e ss., dois tipos sociais de procuradores; numa visão retomada por Hamza, *Aspetti della rappresentanza negoziale...*, in *Index...*, IX, p. 199.

[492] Hamza, *Aspetti della rappresentanza negoziale...*, in *Index...*, IX, p. 199.

[493] Sobre a importância económica e necessidade sentida em Roma de criar procuradores com poderes gerais para actuarem na província, cfr. entre outros, Wilhelm Alois, Baron v. Ledersteger-Falkenegg, *Die Entwickelung der Stellvertretung im römischen...*, p. 49.

[494] Axel Claus, *Gewillkürte Stellvertretung...*, pp. 49 e ss.; e Hamza, *Aspetti della rappresentanza negoziale...*, in *Index...*, IX, p. 199.

[495] Hamza, *Aspetti della rappresentanza negoziale...*, in *Index...*, IX, p. 220.

[496] A propósito da condição do liberto e modo como este permaneceu ligado à comunidade doméstica através de laços muito estreitos até se tornar eventualmente num representante v., a título exemplificativo, Popesco-Ramniceano, *De la représentation...*, pp. 64 e ss.; Bonfante, *Facoltà...*, in *Scritti...*, III, p. 260; Vicenzo Arangio-Ruiz, *Il mandato...*, p. 9; Watson, *Contract...*, p. 6; Axel Claus, *Gewillkürte Stellvertretung...*, pp. 49 e ss.; António dos Santos Justo, *A situação jurídica dos escravos...*, in *Boletim...*, LIX, p. 141; Quadrato, *Rappresentanza...*, in *Enciclopedia...*, XXXVIII, pp. 427 e ss..

[497] Possibilidade que, não obstante ser defendida por autores como Pernice, Schlossmann e Bonfante, Hamza considera de rejeitar no tocante ao período republicano.

[498] Assim, e por exemplo, Bonfante, *Facoltà...*, in *Scritti...*, III, p. 260, afirma categoricamente: *«Devoto liberto onde era já escravo obediente, ele continua as mesmas funções de antes (...) nem se considera absolutamente estranho à família, a quem o ligavam os vínculos, também esses familiares antes de serem*

CÍCERO, de dar vida a uma *stipulatio*. Nestes termos, era possível ao antigo servo – quase só formalmente um liberto – empenhar o *dominus* numa *fideiussio*, tornando-se, do mesmo passo, credível a circunstância de, também no domínio dos negócios formais, o representante fazer cair directamente na esfera do representado os efeitos do negócio representativo[499].

Quanto se acaba de referir não significa, obviamente, a defesa ou aceitação da existência, ao tempo dos romanos, da representação em toda a plenitude actual[500]. Porém, não pode deixar de se referir como a relação subordinação//iussum/praepositio entre *dominus* e procurador garantia, pelo menos no entender de alguma doutrina romanista, não apenas o interesse do *dominus* como, na prática, os efeitos produzidos pela representação directa[501].

---

jurídicos, do patronato da clientela: e se o direito a propósito regulava para certos aspectos os seus actos como se fosse ainda efectivamente membro da família, não leva assim a cabo uma ficção absoluta», para concluir, depois, em nota de pé de página, no sentido de os tutores, curadores e procuradores romanos corresponderem a figuras nas quais se assistia já à representação; e Vicenzo Arangio-Ruiz, *Il mandato...*, p. 9, por seu turno, afirma como os vínculos entre o chefe de família *«(...) (patronus) e o escravo por ele libertado, era de facto, originalmente, de tal forma tenaz, que o liberto permanecia de algum modo como parte da família, e, como ele próprio não podia recusar os serviços que o»* (...) *patronus* «(...) *lhe pedia, os estranhos tinham a impressão de continuar a lidar com uma longa* manus (...)» do chefe de família. *«Mas com o decorrer do tempo, e à medida que a personalidade independente do novo cidadão é reconhecida pelas leis e pelo costume, as coisas mudam: as relações entre (...)»* patronus *«(...) e liberto tornam-se relações jurídicas (...): este não é mais para todos os efeitos um órgão da comunidade doméstica, mas um representante».* Para mais pormenores v. *infra* e cfr., *v. g.* Solazzi, *Errore...*, in *Scritti...*, I, p. 294; Arangio-Ruiz, *Istituzioni...*, pp. 48 e ss.; Axel Claus, *Gewillkürte Stellvertretung...*, pp. 49 e ss.; Quadrato, *Rappresentanza...*, in *Enciclopedia...*, XXXVIII, pp. 427 e ss.; e António dos Santos Justo, *A situação jurídica dos escravos...*, in *Boletim...*, LIX, p. 141 (autor que destaca o facto de com a manumissão nascer uma nova relação jurídica, entre patrono e liberto, extremamente complexa e marcada pela dependência do segundo relativamente ao primeiro: o *patronatus*. *Patronatus* caracterizado por uma série de deveres por parte do liberto, entre os quais se contavam o *obsequium* ou *reverentia* e as *operae* – traduzidos, designadamente, na prestação do serviço de administração dos bens do patrono); e Id., *Direito...*, I, *Parte geral...*, pp. 109 e 110.

[499] No sentido expresso no texto, pode ver-se, por exemplo, Rudolf Düll, *Über Ansätze direkter Sellvertretung...*, in *Zeitschrift...*, LXVII, pp. 181 e ss.; Id., *Stellvertretung...*, in *Studi..*, I, p. 183 (de acordo com Düll os romanos teriam admitido a celebração de estipulações através de intermediários – procuradores – quando o nome do estipulante constasse de um documento [*instrumentum*]. Valeria então a ficção segundo a qual a forma da estipulação teria sido observada, apesar de, na realidade, assim não ter, talvez, acontecido. A tese encontra, segundo o autor alemão, o seu apoio primeiro em geral nas I.J., 3, 19, 17; e depois em dois trechos nos quais se refere especificamente a *fideiussio*. São eles as I.J., 3, 20, 8; e *Ulpianus, Libro XLVII. ad Sabinum* – D., 45, 1, 30); e admitindo a possibilidade de na *actio ad exemplum institoriae actionis* se prestar garantia ao vendedor através de procurador, Angelini, *«Il procurator»*, *cit.*, pp. 26 e ss.; Id., *Osservazione in tema di creazione dell'«actio ad exemplum institoriae»*, in *Bullettino dell Istituto di Diritto Romano Vittorio Scialoja*, 1968, 71, pp. 230 e ss., pp. 240 e ss.; e, muito particularmente, Hamza, *Aspetti della rappresentanza negoziale...*, in *Index...*, IX, pp. 197 e ss., maxime p. 200, cujo ensinamento, nesta matéria, se segue de perto em diversos dos seus aspectos.

[500] Cfr., por todos, Hamza, *Aspetti della rappresentanza negoziale...*, in *Index...*, IX, p. 200.

[501] Hamza, *Aspetti della rappresentanza...*, in *Index...*, IX, p. 200.

4. – A relação *verba-voluntas*-representação

I – O direito romano conheceu diversas figuras jurídicas destinadas a permitir a vinculação ou responsabilização do *dominus negotii* pelos actos praticados pelos seus substitutos, auxiliares e intermediários. Assim sucedeu, por exemplo, e no tocante aos negócios obrigatórios, com a *actio exercitoria*[502] e a *actio institoria*[503]. Do mesmo modo, também, com a *actio ad exemplum institoriae*[504], destinada a permitir a imputação ao principal dos efeitos dos negócios realizados pelo procurador[505]. Resta, porém, saber se o *exercitor*, o *institor* ou o *procurator*, correspondiam, do ponto de vista da vontade, a verdadeiros representantes dotados de alguma autonomia, ou, ao contrário, a simples núncios.

Viu-se já como um importante sector da doutrina considera várias das figuras de substituição ou cooperação negocial romana por nós analisadas, designadamente o procurador, como autênticos representantes. Importa, todavia, saber quais as bases, se é que existem, nas quais semelhante posição se alicerça. Resultará ela, tão-só, e exclusivamente, da constatação, da existência de casos de produção, na esfera jurídica do *dominus*, de determinado tipo de efeitos jurídicos directos, imputáveis à actuação do substituto ou auxiliar? Ou será que, para além disso, é ainda possível encontrar outras bases de apoio para a qualificação dos substitutos, intermediários e auxiliares romanos como representantes?

Tem-se entendido que a figura do representante jurídico, capaz de participar na formação do processo volitivo, pressupõe o desenvolvimento da teoria da vontade[506]. Na verdade, apenas o reconhecimento da vontade negocial teria o condão de permitir a atribuição ao *exercitor*, *institor* e *procurator* de capacidade autónoma para vincular o *dominus negotii*.

Semelhante capacidade começou a desenhar-se, é facto, e desde logo, com a atenuação da subordinação económica, ao principal[507], do substituto ou auxiliar e com o desenvolvimento do mandato[508, 509]. Não parece, todavia, possí-

---

[502] V., *infra*, Parte I, Cap. I, parágrafo 5.

[503] Para mais pormenores a propósito desta acção veja-se *infra*, Parte I, Cap. I, parágrafo 5.

[504] Cfr., *infra*, Parte I, Cap. I, parágrafo 5.

[505] Hamza, *Aspetti della rappresentanza...*, in *Index...*, IX, pp. 200 e 201.

[506] É, por exemplo, esse o caso de Axel Claus, *Gewillkürte Stellvertretung...*, pp. 37 e ss., e 111, autor de acordo com o qual os prováveis desenvolvimentos verificados em Roma – e na eventualidade de eles conduzirem a uma possível representação directa – dependem do papel desempenhado pela vontade na vida jurídica dos romanos; e Hamza, *Aspetti della rappresentanza...*, in *Index...*, IX, p. 201.

[507] A este respeito cfr., *infra*, Parte I, Cap. I, parágrafo 6.

[508] V., *infra*, Parte I, Cap. I, parágrafo 6

[509] Hamza, *Aspetti della rappresentanza negoziale...*, in *Index...*, IX, p. 201. Veja-se, também, quanto escreve a este respeito Axel Claus, *Gewillkürte Stellvertretung...*, pp. 42 e 111, jurista que recorda como a polémica em torno da relação *verba-voluntas* ainda não se acalmou, e sublinha, do

vel afirmar sem mais a existência de uma teoria da vontade no direito roma-no[510]: ainda hoje se discute o papel da *voluntas* na sua relação com os *verba*[511].

As contrastantes posições da pandectística, a qual distinguiu, por um lado, as teorias objectivas do negócio jurídico, e por outro, as subjectivistas, não fizeram mais do que favorecer uma rígida distinção *verba-voluntas*, reflectida numa lite-

___

mesmo passo, a variedade das tentativas de solução do problema bem como a disformidade de natureza das posições tomadas nesta matéria.

[510] Ao contrário a doutrina tem afirmado a inexistência, em Roma, de uma doutrina do negócio jurídico e a necessidade de se completarem os desenvolvimentos particulares obtidos pelo direito romano neste domínio, e posteriores desenvolvimentos bizantinos, com a doutrina medieval e moderna. Neste sentido v., entre outros, Arangio-Ruiz, *Istituzioni...*, p. 77. Cfr., igualmente, quanto se escreve *infra*, e por exemplo, Parte I, Cap. II, parágrafo 5, a propósito do desenvolvimento histórico das figuras do negócio jurídico e do contrato bem como a literatura jurídica aí referida.

[511] Sobre o assunto pode ver-se, entre outros, a título ilustrativo, para além da bibliografia referida de forma dispersa nas notas seguintes, e com carácter circunscrito à literatura romanística mais destacada, Salvatore Riccobono, *Prefazione* a Scialoja, *Dei negozi giuridici*, 3.ª reimpressão, Roma, 1933, pp. III, e ss.; Id., *Liniamenti della dottrina della rappresentanza diretta...*, in *Annali del Seminario Giuridico...*, 14, pp. 391 e ss., maxime 405 e ss.; Id., *L'exceptio doli, mezzo di formazione di nuovo diritto e attuazione del domma della volontà*, in *Annali del Seminario Giuridico della Real Università di Palermo*, 1930, 14, pp. 438 e ss.; Id., *Animus aliena negotia gerendi*, in *Scritti di Diritto Romano*, II, *Dal Diritto Romano Classico al Diritto Moderno. A proposito di D. 10, 3, 14 [Paul. ad Plautium]*, Palermo, 1964, pp. 71 e ss.; Georges Cornil, *Explication historique de la règle...*, in *Studi in Onore...*, IV, pp. 246 e ss.; Fabio Lanfranchi, *Il diritto nei retori romani. Contributo alla storia dello sviluppo del diritto romano*, Milão, 1938, pp. 113 e ss., maxime 130 e ss., e 136 e ss.; Arangio-Ruiz, *Istituzioni...*, pp. 79 e ss.; Hamza, *Aspetti della rappresentanza negoziale...*, in *Index...*, IX, pp. 200 e ss.. Numa outra direcção merecem destaque, designadamente, Jhering, *Geist...*, 7.ª ed., II, pp. 470 e ss.; Pernice, *Labeo...*, I, pp. 404 e ss.; Mitteis, *Römisches Privatrecht...*, I, pp. 255 e ss.; Betti, *Istituzioni...*, II, 1, *passim*, maxime 186 e 187; Seidl, *Besprechung Gandolfi. Sulla interpretazione degli atti negoziale nel diritto romano*, in *Labeo*, 1967, 13, pp. 288 e ss., maxime 291 e ss. (embora se reconheça eventualmente duvidosa a inclusão de Seidl neste segundo grupo de escritores. Este autor, no fundo, vê o problema da doutrina da vontade, na sua ligação com a temática da representação, à luz do princípio da *«notwendigen Entgeltlichkeit»*. Ele coloca a questão do reconhecimento da vontade na perspectiva do método de interpretação dos juristas e conclui no sentido segundo o qual os clássicos não terão conhecido nenhum critério geral nesta matéria. Seidl considera, na verdade, que os romanos, para além da interpretação típica ou individual da vontade, possuíram e utilizaram uma série de critérios interpretativos de carácter dogmático. Na sequência de semelhante conclusão, Seidl procura determinar, caso a caso, quando é que um jurista operava com uma vontade típica; com uma vontade individual; exclusivamente com os *verba* deixando de lado a *voluntas*; ou favorecia, antes, um outro método de solução do caso. Com base em semelhante trabalho, Seidl acaba por se decidir a favor da tese segundo a qual os romanos não se terão verdadeiramente preocupado com a interpretação da vontade contratual das partes durante o período pré-clássico e cedo-clássico. Apenas no período clássico tardio se teria atribuído relevo à *voluntas*); Axel Claus, *Gewillkürte Stellvertretung...*, pp. 37 e ss., 111 e ss., maxime pp. 113 e 166 e 167. Com carácter mais geral, mas ainda com uma preocupação histórica mais ou menos acentuada, Pugliatti, *Animus*, in *Enciclopedia del Diritto*, 1958, II, pp. 437 e ss.. Na literatura jurídica nacional pode ver-se a este respeito, Santos Justo, *A fictio...*, I, pp. 477 e ss.; Paulo Mota Pinto, *Declaração tácita e comportamento concludente*, Coimbra, 1995, pp. 73 e ss. – agora para uma qualificação de efeitos tácitos nas fontes romanas e sua posterior evolução ao longo dos séculos, autores estes favoráveis à relevância da *voluntas* já ao tempo dos juristas clássicos.

ratura romanística estritamente ligada à civilística do século passado[512]. Num breve escorço, é possível caracterizar-se a teoria objectivista – cuja fundação tem sido atribuída à crítica interpolacionista aberta por GRADENWITZ[513, 514] e que dominou o século XIX e princípios do século XX – pelo facto de considerar o princípio «*voluntas mater contractuum*» apenas vigente ao tempo de Justiniano[515]. Na idade clássica não se atribuiria, ao menos de forma geral, qualquer relevância ao *animus*[516]. As fontes onde se reconhece importância à *voluntas* não passariam de trechos interpolados[517]. Tudo numa conclusão claramente refutada pelas correntes subjectivistas – essencialmente ligadas à autoridade de RICCOBONO[518] – as quais defendem o papel e carácter decisivo do *animus* já no período clássico. Assim, e por exemplo, segundo PRINGSHEIM[519], as doutrinas do principado traduziriam já o peso e importância da vontade na formação dos negócios jurídicos. E a prová-lo parece estar a categoria do «*id quod actum est*»[520] – referida pela primeira vez por

---

[512] Hamza, *Aspetti della rappresentanza negoziale...*, in *Index...*, IX, p. 201.

[513] Cfr., *v.g.* Gradenwitz, *Interpolationen in den Pandekten*, in *Zeitschrift der Savigny-Stiftung für Rechtsgeschichte, romanistische Abteilung*, 1886, VII, pp. 45 e ss..

[514] Em bom rigor terão sido Partsch, Jhering, *Geist...*, 7.ª ed., II, pp. 470 e ss.; Pernice, *Labeo...*, I, pp. 404 e ss.; e Mitteis, *Römisches Privatrecht...*. I, pp. 255 e ss., os autores a quem se deve a doutrina segundo a qual, na idade pré-clássica, a forma seria o único requisito importante na formação dos actos jurídicos, enquanto o reconhecimento da vontade seria o produto de sistemas jurídicos mais evoluídos. Foi, porém, sobre a tentativa, levada a cabo por Gradenwitz, de expurgar vários dos textos de Justiniano, de eventuais interpolações, que a maioria dos autores modernos se inspirou para defender a tese segundo a qual no direito clássico os *verba* teriam prevalecido sobre o *animus*. Sobre tudo isto pode ver-se, a título ilustrativo, e na nossa doutrina, Santos Justo, *A fictio...*, I, pp. 472 e ss..

[515] E. Rabel, *Negotium alienus...*, in *Studi in Onore...*, IV, pp. 281 e 282; e Hamza, *Aspetti della rappresentanza negoziale...*, in *Index...*, IX, p. 201.

[516] De acordo com Alan Watson, *Contract of mandate...*, p. 49, esta tese corresponde mesmo à *communis opinio*. V., também, quanto escreve a propósito, Hamza, *Aspetti della rappresentanza...*, in *Index...*, IX, p. 201.

[517] Cfr., Axel Claus, *Gewillkürte Stellvertretung...*, p. 111; e Hamza, *Aspetti della rappresentanza negoziale...*, in *Index...*, IX, p. 201.

[518] V., por exemplo, e de entre a bibliografia já anteriormente citada, Salvatore Riccobono, *Liniamenti della dottrina della rappresentanza diretta...*, in *Annali del Seminario Giuridico...*, 14, p. 406; Id., *L'exceptio doli mezzo di formazione di nuovo diritto...*, in *Annali del Seminario Giuridico...*, 14, pp. 437 e ss., escritos nos quais o autor imputa à *exceptio doli* uma enorme importância na descoberta do reconhecimento jurídico da relevância da vontade na idade clássica.

[519] Pringsheim começou por sustentar, num estudo intitulado *Animus in roman law*, in *Law Quarterly Rewiev*, 1933, pp. 43 e ss., 48 e ss., e ao qual não tivemos acesso, a tese segundo a qual a relevância da vontade na formação dos negócios jurídicos seria uma criação bizantina, para, uns anos mais tarde, num outro trabalho, *Id quod actum est*, in *Zeitschrift der Savigny-Stiftung für Rechtsgeschichte, romanistische Abteilung*, 1961, LXXVIII, pp. 1 e ss. – já considerado como fundamental e decisivo por demonstrar a impossibilidade de separar rigidamente *verba* e *voluntas* – fazer remontar as primeiras manifestações de importância do *animus* ao período clássico. A este respeito v. as considerações de Hamza, *Aspetti della rappresentanza...*, in *Index...*, IX, p. 201.

[520] «*Id quod actum est*» que Betti, *Istituzioni...*, II, 1, p. 186, considera, todavia, como destinado a alcançar uma interpretação típica e não a vontade conjuntural das partes.

SERVIUS[521] – verdadeiro trâmite no desenvolvimento da relação *verba--voluntas*. Se ao tempo de Justiniano a vontade assume papel decisivo, o «*id quod actum est*» agia, em momentos históricos precedentes, como uma forma sub-rogatória, ou aspecto, da *voluntas*[522]. «*Id quod actum est*» que parece dever ser entendido como uma figura na qual a forma e a vontade são consideradas de forma inseparável, constituindo dois elementos de uma mesma unidade[523].

II – O percurso acabado de percorrer permite-nos responder agora à interrogação, antes formulada, se era possível encontrar um campo ou zona de desenvolvimento da vontade supostamente própria da representação. No desenvolvimento do direito e das doutrinas jurídicas romanas a relação entre *verba* e *voluntas* foi certamente mutável. Mas se não é verosímil ou sustentável a circunstância de o *animus* ter alguma vez aparecido como exclusivo requisito de validade – nem sequer nos momentos de afirmação das doutrinas subjectivistas – também não parece, em contrapartida, e mesmo no âmbito dos negócios formais[524], que os *verba* pudessem, por si só, gerar e justificar a produção de efeitos jurídicos[525]. Nestes termos, e designadamente através da categoria do «*id quod actum est*» estavam já criadas as bases doutrinais para a vontade do representante começar a aparecer como autónoma relativamente ao *dominus*[526, 527].

---

[521] De acordo com Riccobono, *Liniamenti della dottrina della rappresentanza diretta...*, in *Annali del Seminario Giuridico...*, 14, p. 406, o desenvolvimento da nova dogmática jurídica que retira a respectiva força da *voluntas* e não dos *verba* foi assinalada em primeiro lugar pela *exceptio doli*, e encontra-se na actualidade totalmente a descoberto: «*Sabino e Cássio figuram como epígonos na afirmação mais ampla e mais ousada do novo dogma no campo das convenções. Papiniano, como sempre, acérrimo defensor do princípio da equidade em contraposição ao rigor do formalismo quiritário, é o seu mais feliz propagador.*»

[522] Hamza, *Aspetti della rappresentanza negoziale...*, in *Index...*, IX, p. 201.

[523] Hamza, *Aspetti della rappresentanza negoziale...*, in *Index...*, IX, p. 202.

[524] Neste sentido, Riccobono, *Liniamenti della dottrina della rappresentanza diretta...*, in *Annali del Seminario Giuridico...*, 14, p. 406, considera, expressamente, que nos negócios solenes, a *conventio*, surge já no século II (*Ulpianus, Libro IV. ad Edictum* – D., 2, 14, 1, § 3) como elemento essencial, ao ponto de a validade do acto depender, não apenas da respectiva forma, mas também da regularidade da referida *conventio*, numa conclusão, depois partilhada, designadamente, por Georges Cornil, *Explication historique de la règle...*, in *Studi in Onore...*, IV, p. 252.

[525] Neste direcção pode ver-se, por exemplo, *Ulpianus, Libro IV. ad Edictum* – D., 2, 14, 1, § 3. Na doutrina moderna refira-se, a título ilustrativo, e de forma mais ou menos clara, Riccobono, *Liniamenti della dottrina della rappresentanza diretta...*, in *Annali del Seminario Giuridico...*, 14, p. 406; e Georges Cornil, *Explication historique de la règle...*, in *Studi in Onore...*, IV, pp. 237 e ss..

[526] Hamza, *Aspetti della rappresentanza negoziale...*, in *Index...*, IX, p. 202, autor de acordo com o qual a «(...) *actio quod actum est – na qual a* voluntas *possuía um papel significativo – tinha já no século I a. C. conferido um peso teórico à vontade, criando as bases doutrinais para que a vontade contratual do representante aparecesse como autónoma relativamente ao* dominus negotii».

[527] Contra pode ver-se, todavia, Axel Claus, *Gewillkürte Stellvertretung...*, pp. 111 e ss., maxime 113 e 166 e 167.

III – Mas se isto não bastasse, e antecipando desenvolvimentos, deve sublinhar-se a circunstância de a existência de representação ser, mesmo nos dias de hoje, adaptável e existir em casos nos quais se não pode, ou só limitadamente se pode fazê-lo, falar em vontade autónoma e livre do representante. Isso mesmo parece claramente ilustrado pelo n.º 1 do artigo 259.º do Código Civil português, onde, conforme procuraremos demonstrar, se encontra consagrada a teoria da cooperação de vontades entre o representante e o representado na celebração do negócio representativo.

5. – O desenvolvimento das *actiones exercitoria* e *institoria* e as suas relações com a doutrina da representação negocial

I – A conjectura, segundo a qual o fenómeno da representação jurídica voluntária moderna encontra precedentes e começou a lançar as suas raízes profundas no direito romano, é ainda confirmada pelas acções que o pretor[528], sempre vigilante na colaboração da renovação e crescimento do *ius civile*, e com vista a obviar aos enormes inconvenientes que um sistema acabado de proibição de imputação a determinada pessoa de efeitos jurídicos resultantes de actos realizados por outrem[529] criaria[530].

Acções essas – e para empregar a terminologia consagrada pelos juristas medievais – designadas como *actiones adiecticiae qualitatis*[531, 532], e

---

[528] A criação das *actiones adiecticiae qualitatis* ficou de facto, e no entender da doutrina romanista, a dever-se à intervenção pretoriana. Neste sentido refira-se, por todos, Lenel, *Handeln in fremdem namen und die* actiones adiecticiae qualitatis, in *Gesammelte Schriften*, II (1982-1902), Nápoles, 1994, p. 133; Santos Justo, *As acções...*, pp. 32 e 33. Cfr., igualmente, a literatura citada *infra* sob este parágrafo.

[529] Trata-se de um fenómeno devidamente assinalado pela doutrina romanista de que se podem referir a título meramente exemplificativo, e entre muitos outros, Savigny, *System...*, III, pp. 92 e ss.; Id., *Obligationenrecht...*, II, p. 23; Orestano, *Rappresentanza...*, in *Novissimo...*, XIV, p. 796; e Quadrato, *Rappresentanza...*, in *Enciclopedia...*, XXXVIII, p. 432; Santos Justo, *As acções...*, pp. 32 e 33; Id., *Direito...*, I, *Parte geral...*, p. 200, nota (987), com indicações.

[530] Hamza, *Aspetti della rappresentanza...*, in *Index...*, IX, p. 202.

[531] De acordo com Quadrato, *Rappresentanza...*, in *Enciclopedia...*, XXXVIII, p. 432, nota (167), a designação tem um apoio, embora frágil, em *Paulus, Libro XXIX. ad Edictum* – D., 14, 1, 5, 1. Confessamos a nossa incapacidade para descobrir semelhante apoio.

[532] Existe uma bibliografia praticamente interminável sobre este tipo de acções. Limitamo-nos a referir, por ora, e com simples carácter exemplificativo, de entre a bibliografia por nós recenseada, as obras nas quais as acções *adiecticiae* são referidas de forma mais ou menos abrangente: Savigny, *Obligationenrecht...*, II, pp. 24 e ss.; Hellmann, *Die Stellvertretung...*, pp. 80 e ss.; Windscheid-Kipp, *Lehrbuch...*, II, pp. 1107 e ss.; Hupka, *Die Vollmacht...*, *passim*, maxime p. 15, nota (1); Id., *Haftung...*,

capazes de permitir o chamamento a juízo do titular da *potestas* por parte de quem tivesse contratado com um servo ou *filius familias*, e, do mesmo passo, a imputação àquele das obrigações assumidas por estes[533]. Para tanto, bastava a presença de certos requisitos ou pressupostos: a autorização explícita do *pater* ou *dominus* (*actio quod iussu*); a *praepositio* do filho ou servo (e posteriormente também de um *extraneus*) ao comando de um navio (*actio exercitoria*[534]) ou à frente da gestão de uma *taberna* ou qualquer outra empresa terrestre (*actio institoria*); a atribuição ao subordinado de um *peculium* (*actio de peculio*; *actio tributoria*); o enriquecimento do titular da *potestas* (*actio de in rem verso*)[535, 536].

II – Na sequência da actuação pretoriana, a actividade dos servos e filhos deixou assim de gerar apenas *commoda* para originar também *incommoda*, como afirmam em perfeita sintonia *ULPIANUS, Libro XXVIII (XXIX). ad Edictum* – D., 14, 3, 1, e *PAULUS, Sent.*, 2, 8, 1[537]. *PAULUS* cujas palavras surgem, no entender de QUADRATO[538], com um som, com uma cadência tal, até pelo recurso à correlação *sicut... ita*, que parece transcender o tema específico, os efeitos do *actus institorius*, e assumir um valor mais amplo, ou, se se quiser, geral, assim

---

pp. 11 e ss.; Popesco-Ramniceano, *De la représentation...*, pp. 148 e ss.; Saggese, *La rappresentanza...*, pp. 5 e ss.; Solazzi, *Errore...*, in *Scritti...*, I, pp. 288 e ss.; Axel Claus, *Gewillkürte Stellvertretung...*, *passim*, e por exemplo, pp. 64 e ss.; Hamza, *Aspetti della rappresentanza negoziale...*, in *Index...*, IX, pp. 193 e ss., *passim*, maxime pp. 202 e ss.; Quadrato, *Rappresentanza...*, in *Enciclopedia...*, XXXVIII, pp. 417 e ss., *passim*, maxime pp. 431 e ss.; António dos Santos Justo, *A fictio...*, I, pp. 396 e ss.. Poderão encontrar-se indicações literárias adicionais, designadamente exclusivas de determinados tipos específicos de acções, nas notas que se seguem.

[533] Sublinhe-se o facto de estas acções *adiecticiae qualitatis* apenas permitirem ao terceiro demandar o *dominus* e não já o contrário. Na verdade a possibilidade de o principal se dirigir directamente contra a outra parte apenas era concedida em caso de necessidade e através de uma *actio quasi cessicia* – *si aliter rem suam servare non potest*. Cfr., Curtius, *Die Stellvertretung...*, in *Archiv...*, LVIII, pp. 76.

[534] Solazzi, *L'età dell' «actio exercitoria»*, in *Scritti di diritto Romano*, 1960, Nápoles, IV, pp. 243 e ss.; Pugliese, *In tema di «actio exercitoria»*, in *Labeo. Rassegna di Diritto Romano*, 1957, III, pp. 308 e ss.; Martino, *Ancora sull'«actio exercitoria»*, in *Idem*, 1958, IV, pp. 277.

[535] Lenel, *Zur sog.* actio de in rem verso utilis, in *Gesammelte Schriften*, Nápoles, 1990..., II, pp. 354 e ss..

[536] V., sobre tudo isto Quadrato, *Rappresentanza...*, in *Enciclopedia...*, XXXVIII, p. 432. Cfr., também, e entre nós, Santos Justo, *As acções...*, pp. 33 e ss..

[537] Sobre o tema v., em último lugar, Quadrato, *Rappresentanza...*, in *Enciclopedia...*, XXXVIII, p. 432, sendo por intermédio do autor italiano que se cita e se acedeu ao trecho de *Paulus* agora referido no texto.

[538] Quadrato, *Rappresentanza...*, in *Enciclopedia...*, XXXVIII, p. 432.

como uma explícita intenção ético-social. Já patente em *GAIUS*[539], quando este procede ao tratamento da *actio exercitoria* (*aequissimum esse uisum est*), a exigência ou fundamentação equitativa da vinculação do *pater* reaparece em *ULPIANUS* (*aequum praetori visum est*). Tudo a dar lugar a uma nova fase, a uma nova arquitectura na disciplina da substituição negocial em Roma[540]; um espaço no qual a jurisprudência entrevê e experimenta novas possibilidades organizativas, e no qual a *praepositio* ocupa um lugar central[541] como parece resultar, sempre no dizer de QUADRATTO[542], do itinerário argumentativo expresso em D., 17. 1, 10, § 5 (*ULPIANUS, Libro XXXII. ad Edictum*).

Afigura-se particularmente importante o significado assumido quer pela *actio exercitoria* quer pela *actio institoria* devido à circunstância de elas terem permitido a vinculação do principal ou do terceiro não apenas em resultado da actuação de um *alieni iuris* mas, igualmente, como consequência da actividade de um estranho[543]. O papel central e inovador – no campo da assunção de obrigações através de um terceiro – terá começado a ser desempenhado pela *actio exercitoria*. Papel não diminuído em consequência da importância que a *actio institoria* acabou por desempenhar[544] no desenvolvimento teórico da representação directa[545]. Na verdade, e de acordo com a opinião

---

[539] *Gaius*, 4, 71.

[540] Hamza, *Aspetti della rappresentanza negoziale...*, in *Index...*, IX, p. 202; e Quadrato, *Rappresentanza...*, in *Enciclopedia...*, XXXVIII, p. 432. Cfr., igualmente, Savigny, *Obligationenrecht...*, II, p. 24, autor que expressamente qualifica as acções pretorianas como desvios ou excepções à antiga regra da proibição de celebração de contratos com efeitos em esfera jurídica alheia.

[541] Hamza, *Aspetti della rappresentanza negoziale...*, in *Index...*, IX, pp. 205 e ss.; e Quadrato, *Rappresentanza...*, in *Enciclopedia...*, XXXVIII, p. 432.

[542] Quadrato, *Rappresentanza...*, in *Enciclopedia...*, XXXVIII, p. 432.

[543] Assim v., por todos, Savigny, *Obligationenrecht...*, II, p. 25; e Axel Claus, *Gewillkürte Stellvertretung...*, p. 83. Cfr., ainda, *infra*,

[544] Cfr., *infra*, sob o presente parágrafo e Parte I, Cap. I, parágrafos 6 e 7.

[545] V., Serrao, *Institore...*, in *Enciclopedia...*, XXI, p. 828, autor segundo o qual a figura do *institor* terá conduzido, por vias travessas e em surdina à admissão, no ordenamento jurídico romano, do instituto da representação; e Hamza, *Aspetti della rappresentanza negoziale...*, in *Index...*, IX, p. 205. Em termos genéricos em defesa da tese segundo a qual as acções *adiecticiae qualitatis* fornecem os primeiros elementos sobre os quais se começaria séculos mais tarde a construir uma teoria geral – ainda inexistente em Roma – da representação, pode ver-se Popesco-Ramniceano, *De la représentation...*, p. 177. Em sentido absolutamente contrário, sustentando a ideia segundo a qual as acções adjectícias nada tinham a ver com o fenómeno da representação directa, até porque esta seria amplamente admitida por outras vias, consulte-se, Hellmann, *Die Stellvertretung...*, pp. 80 e ss.. Parece indiscutível – num fenómeno posto a nu por uma multidão de autores, e por exemplo por Hamza, *Aspetti della rappresentanza negoziale...*, in *Index...*, IX, p. 203 – o facto de a possibilidade de o terceiro contraente chamar a juízo o *exercitor* e o *institor* demonstrar a inexistência, do ponto de vista teórico, de uma correspondência imediata entre a representação jurídica moderna e as acções *adiecticiae*. Não obstante, e conforme sublinhado ainda por Hamza, é importante atermo-nos na estrutura instrumental da *actio institoria* e da *actio exercitoria*, porquanto a análise da relação de

dominante entre os romanistas, de que podem citar-se, a título de exemplo, as vozes de autores como, SAVIGNY [546], SOLAZZI[547], PUGLIESE[548], VALIÑO[549], SERRAO[550], CLAUS[551], HAMZA[552], etc., a *actio exercitoria* seria mais antiga do que a *institoria*[553]. A favor de semelhante possibilidade começa por depor a circunstância de, quer nas Institutas gaianas[554] quer nos *Digesta*[555], quer, ainda, na reconstrução leneliana do *Edictum*[556], a *actio exercitoria* preceder a *institoria*[557]. Além disso, as fontes parecem fornecer indicações várias no sentido de a *actio institoria* não representar senão o desenvolvimento da *actio exercitoria*[558]. Refiram-se, a título de exemplo, duas passagens de *ULPIANUS, Libro XXVIII. ad Edictum*, a primeira contida no D., 14, 3, 7, § 1 e a segunda no D., 14, 3, 13, § 2, nas quais o jurisconsulto romano justifica a concessão de uma *actio institoria* invocando o exemplo proporcionado pelo comércio marítimo e

---

preposição na qual se funda a capacidade do negócio para comprometer quer os auxiliares – que sejam cidadãos livres – quer os terceiros ajuda não só a compreender as raízes do mandato moderno como, para além disso, fornece indicações sobre o carácter contratual, e, portanto, não hierárquico da relação interna entre representante e representado.

[546] Savigny, *Obligationenrecht...*, II, pp. 26 e 27, embora de forma apenas implícita.

[547] Solazzi, *L'età...*, in *Scritti...*, IV, pp. 243 e ss..

[548] Pugliese, *In tema di actio...* in *Labeo...*, III, pp. 308 e ss..

[549] Valiño, *Las «actiones adecticiae qualitatis»...*, in *Anuario...*, 37, pp. 345 e ss..

[550] Serrao, *Institore...*, in *Enciclopedia...*, XXI, p. 831.

[551] Axel Claus, *Gewillkürte Stellvertretung...*, pp. 76 e ss..

[552] Hamza, *Aspetti della rappresentanza negoziale...*, in *Index...*, IX, pp. 203 e ss.. Veja-se, ainda, no mesmo sentido Popesco-Ramniceano, *De la représentation...*, p. 155.

[553] *Communis opinio* que não esconde, todavia, a existência de dúvidas muito sérias quer na datação das *actiones exercitoria* e *institoria* quer no próprio estabelecimento da ordem de precedência entre ambas as acções. V., por exemplo, Mitteis, *Die Lehre...*, pp. 24 e ss., e nota (40); Paul Huvelin, *Études d'histoire du droit commercial romain (histoire externe – droit maritime)*, Paris, 1929, pp. 177 e ss.. Na nossa doutrina v., ainda, com vista a uma situação no tempo das *actiones adecticiae qualitatis*, Santos Justo, *As acções...*, pp. 33 e ss..

[554] *Gaius*, 4, 71 «*Eadem ratione / comparuit duas alias actiones, exercitoriam et institoriam. Tunc autem exercitoria locum habet, cum pater dominusue filium seruumue magistrum naui praeposuerit, et quid cum eo eius rei gratia cui praepositus fuerit negotium gestum erit. Cum enim ea res ex uoluntate patris dominiue contrahi uideatur, aequissimum esse uisum est in solidum actionem dari. quin etiam, licit extraneum quisque magistrum naui praeposuerit, siue seruum siue liberum, tamen ea praetoria actio in eum redditur, ideo autem exercitoria actio appellatur, quia exercitor uocatur is ad quem cottidianus nauis quaestus peruenit. institoria uero formula tum locum habet, cum quis tabernae aut cuilibet negotiationi seruumue aut quemlibet extraneum, siue seruum siue liberum, praeposuerit, et quid cum eo eius rei gratia cui praepositus est contractum fuerit. ideo autem institoria uocatur, quia qui tabernae praeponitur institor appellatur. quae et ipsa formula in solidum est.*»

[555] A *actio exercitoria* aparece tratada no D., 14, 1, enquanto a *actio institoria* é referida e disciplinada apenas no D., 14, 3.

[556] Lenel, *Das Edictum...*, p. 40.

[557] Acerca do sentido a atribuir à ordenação das fontes referidas no texto cfr., com carácter exemplificativo, Solazzi, *L'età...*, in *Scritti...*, IV, pp. 243 e 244 e ss.; Axel Claus, *Gewillkürte Stellvertretung...*, p. 81; e Hamza, *Aspetti della rappresentanza negoziale...*, in *Index...*, IX, p. 204.

[558] Neste sentido pode ver-se, Huvelin, *Études...*, p. 178; Solazzi, *L'età...*, in *Scritti...*, IV, pp. 249 e ss.; Axel Claus, *Gewillkürte Stellvertretung...*, p. 81; e Hamza, *Aspetti della rappresentanza negoziale...*, in *Index...*, IX, p. 204.

pela *actio exercitoria*[559]. De acordo com o ensinamento da *communis opinio*, o pretor poderia mesmo ter-se poupado ao esforço de criar a *actio exercitoria* se a acção *institoria* fosse a ela anterior. Isto pelo simples facto de, na substância, o capitão ser apenas um *institor*[560]. Mas mais. A própria denominação da *actio institoria* parece não ser casual e apontar para a prioridade da *actio exercitoria*[561]. É que, enquanto a segunda se refere ao proponente, a primeira recebe a sua designação em função do nome dado ao *praepositus*. Porém, e tanto num caso como noutro, o proponente era o mesmo: um *exercitor*[562] – *exercitor navis*, na hipótese da *actio exercitoria; exercitor tabernae*, na situação regulada pela *actio institoria*. Tudo a indicar o carácter anómalo[563] da designação dada à *actio institoria*. Carácter cuja razão de ser poderá muito bem residir no facto de o pretor se ter visto coagido[564] a recorrer ao nome do *praepositus* para indicar a *actio institoria*, porquanto a designação *actio exercitoria* já existia no domínio do comércio marítimo. E já existiria pelo facto de as grandes distâncias cobertas pelo mercantilismo naval obrigarem à criação de um sistema de garantias adequadas entre as partes, sob pena de a contratação se ressentir por falta de confiança[565], dando, assim, e do mesmo passo, origem a um provável nascimento precoce da *actio exercitoria*[566].

Em conclusão, a *actio exercitoria* terá tido uma forte função de guia na disciplina da actividade comercial, e a *actio institoria* pode ser tomada, relativamente a ela, como formação subsequente. Pelas suas características, os negócios desenvolvidos em terra não deveriam ter criado a exigência de uma vinculação em *solidum* do auxiliar e do principal. Semelhante exigência pressuporia que o intermediário ou substituto fosse um liberto, enquanto os *institores* eram, nesta fase inicial, de um modo geral, escravos ou membros da família, *alieni iuris*[567].

---

[559] No segundo trecho acima referido, *Ulpianus* procura fundamentar a concessão da *actio institoria ad exemplum actionis exercitoriae* através da invocação da autoridade de *Iulianus*.

[560] É designadamente essa a opinião de Solazzi, *L'età...*, in *Scritti...*, IV, p. 249; Axel Claus, *Gewillkürte Stellvertretung...*, p. 81; e Hamza, *Aspetti della rappresentanza negoziale...*, in *Index...*, IX, p. 204, para referir apenas o nome de alguns autores.

[561] A tese ficou a dever-se a Costa, *Le azioni exercitoria e institoria nel diritto romano*, Parma, 1891, pp. 31 e ss. (obra à qual não tivemos, contudo, acesso); depois seguido por vários autores, entre os quais se contam, designadamente, Bonfante, Solazzi, *L'età...*, in *Scritti...*, IV, pp. 250 e 251; Axel Claus, *Gewillkürte Stellvertretung...*, p. 82; e Hamza, *Aspetti della rappresentanza negoziale...*, in *Index...*, IX, p. 204.

[562] Cfr., por todos, Axel Claus, *Gewillkürte Stellvertretung...*, p. 82.

[563] Hamza, *Aspetti della rappresentanza negoziale...*, in *Index...*, IX, p. 204.

[564] Axel Claus, *Gewillkürte Stellvertretung...*, p. 82.

[565] Neste sentido pode ver-se, expressamente, *Ulpianus, Libro XXVIII. ad Edictum*, D. 14, 1, 1, pr. e § 5.

[566] Hamza, *Aspetti della rappresentanza negoziale...*, in *Index...*, IX, p. 204.

[567] Conforme sublinha a propósito, Axel Claus, *Gewillkürte Stellvertretung...*, p. 67, não existe nenhuma indicação clara no sentido de se dever limitar a proveniência ou ligação do *institor*, e – não obstante a circunstância de *Gaius*, 4, 71, admitir a aplicação da *formula institoria* tanto no caso de à frente da taberna estar um *extraneus* como um *filius* ou *servus* – tudo leva a crer que o *institor* não era, em termos gerais, grandemente considerado, numa conclusão já defendida entre outros, por Rabel, *Ein Ruhmesblatt...*, in *Festschrift...*, pp. 7 e 8. Para mais detalhes e referências ao modo como a figura do *institor* foi evoluindo ao ponto de se tornar normal ser ele um cidadão livre, cfr., Serrao, *Institore...*, in *Enciclopedia...*, pp. 827 e ss., e 832 e 833. V., também *infra*.

Por isso, o pretor teve de criar, para disciplinar as relações entre principal e *institor*, uma acção que, embora semelhante, não podia ser, totalmente, análoga à *actio exercitoria*[568]. E não o podia ser devido ao facto de o *magister navis* não depender tão estritamente do *exercitor* como o *institor* dependia do dono da taberna ou empresa terrestre[569]. As possibilidades de controlo, pelo *dominus* armador, sobre as actividades do *magister*, já de si menores do que as faculdades de fiscalização do *exercitor taberna* relativamente ao desempenho do *institor* – como resultado de a subordinação do *magister navis* ser menos abrangente comparativamente com a daquele – reduziam-se ainda mais em consequência das grandes distâncias percorridas[570]. A liberdade reconhecida ao *magister* – e em regra negada ao *institor* – de se servir ele próprio de um substituto[571] era o reflexo da maior independência do comandante do navio, a qual se encontrava ligada quer ao respectivo *status* social[572] quer à *utilitas navigantium. Status libertatis* este do *magister* que estava na base da não aquisição directa por parte do *exercitor* dos direitos e obrigações emergentes da actividade daquele, e obriga-va, perante os particulares interesses em jogo, à adopção de medidas específi-cas[573]. Medidas não justificadas, porém, na sua plenitude, na hipótese da actuação através de um *institor*. Este assumiu, durante largos anos, a figura de uma *persona alieni iuris* a qual adquiria automaticamente para o *dominus* os efeitos positivos dos actos praticados e o pretor limitava-se a sancionar a im-putação das obrigações. Por tudo isto, parece poder concluir-se no sentido segundo o qual foi a *actio exercitoria* a desempenhar um papel central e inovador no domínio da assunção de obrigações através de terceiros sujeitos livres[574].

É a *praepositio* a assinalar os limites da responsabilidade do *dominus* relativamente à actividade levada a cabo pelo *magister* ou

---

[568] Hamza, *Aspetti della rappresentanza negoziale...*, in *Index...*, IX, p. 205.

[569] Cfr., no entanto, o fragmento acima transcrito (*supra* nota (554)) das Institutas de *Gaius*, 4, 71, onde se refere expressamente a aplicação da *actio exercitoria* aos casos nos quais o pai colocou o seu filho ou escravo à frente de um navio: «*tunc aut exercitoria locum habet, cum pater dominusue seruumue maistrum naui preaposuerit...*» Para mais detalhes acerca da condição social do *magister* v., na literatura jurídica moderna, por todos, Axel Claus, *Gewillkürte Stellvertretung...*, pp. 66 e 67.

[570] Axel Claus, *Gewillkürte Stellvertretung...*, p. 67; Hamza, *Aspetti della rappresentanza negoziale...*, in *Index...*, IX, p. 205.

[571] *Ulpianus, Libro XXVIII. ad Edictum* – D., 14, 1, 1, 5, invocando a autoridade de *Iulianus*. Na doutrina moderna v., por todos, Serrao, *Institore...*, in *Enciclopedia...*, XXI, p. 829; e Hamza, *Aspetti della rappresentanza negoziale...*, in *Index...*, IX, p. 205.

[572] O que, no dizer de Hamza, *Aspetti della rappresentanza negoziale...*, in *Index...*, IX, p. 205, e não obstante a existência de vozes em sentido contrário, não exclui a possibilidade – já anterior-mente mencionada e documentada por *Gaius*, 4, 71 – de pessoas *alieni iuris* operarem também no domínio do comércio marítimo e de, por conseguinte, ficarem sujeitas ao regime da *actio exercitoria*.

[573] Conforme se referiu já *supra* as relações entre *exercitor, magister* e terceiro encontravam--se, normalmente, sujeitas à regra da representação indirecta. Todavia, quando se tornou necessário satisfazer a exigência política de assegurar o fornecimento de grão à população o *praefectus annonae* – ou o *praefectus provinciarum* – passou a conceder ao *exercitor navis* uma acção contra quem tivesse contratado com o *magister navis.* V., *Ulpianus, Libro XXVIII. ad Edictum* – D., 14, 1, 1, 18.

[574] Expressamente neste sentido v., Hamza, *Aspetti della rappresentanza negoziale...*, in *Index...*, IX, p. 205.

institor. Isto numa conclusão partilhada pela generalidade da doutrina[575], não obstante o facto de as fontes não fornecerem nenhuma indicação clara a propósito da relação de preposição[576]. No fundo, é o acto de *praeponere* a fundar as funções do *magister* e do *institor*, assumindo, por isso, reflexos decisivos na análise do fenómeno da substituição e cooperação negocial em Roma assim como no desenvolvimento de uma autêntica representação directa[577].

Os textos romanos afirmam, caso a caso, a possibilidade de o terceiro, que, na sequência de uma *praepositio*, contratou com o *magister* ou com o *institor*, chamar a juízo o *dominus*. *Praepositio* que correspondia a um acto informal[578], dirigido não ao próprio *propositus* mas aos terceiros contraentes[579]. Trata-se, pois, de uma figura afim do *iussum*, e, no entender da doutrina dominante[580], insusceptível de ser qualificado como um acto meramente interno entre preponente e agente[581]. E de tal modo que a crítica da *Bevollmächtigungsvertrag* de LABAND[582], operada por HELLMANN[583] no século XIX com base na estrutura da *praepositio* e do *iussum* não parece ter sido fruto do acaso[584].

Afinidade não significa, porém, similitude total. As relações entre *iussum* e *praepositio* reconhecidas pelas próprias fontes («*quasi iussu eius contrahitur, a quo praepositus est*»[585]) não escondem, na verdade, a existência de algumas divergên-

---

[575] Assim pode ver-se, a título meramente exemplificativo, Serrao, *Institore...*, in *Enciclopedia...*, XXI, p. 829; Axel Claus, *Gewillkürte Stellvertretung...*, *passim,* maxime, pp. 66 e 71; Quadrato, *Rappresentanza...*, in *Enciclopedia...*, XXXVIII, p. 432.

[576] Cfr., Hamza, *Aspetti della rappresentanza negoziale...*, in *Index...*, IX, p. 206. V., todavia, *Gaius*, 4, 71; *Ulpianus, Libro XXVIII ad Edictum* – D., 14, 1, 1, §§ 7 e 8; Id., *idem* – D., 14, 3, 5 § 11.

[577] Neste sentido v., expressamente, Hamza, *Aspetti della rappresentanza negoziale...*, in *Index...*, IX, p. 205.

[578] Betti, *Istituzioni...*, II, I, p. 291; Axel Claus, *Gewillkürte Stellvertretung...*, p. 71, autor segundo o qual o acto de *praeponere* não necessitava de ser sequer expresso; e Hamza, *Aspetti della rappresentanza negoziale...*, in *Index...*, IX, p. 71.

[579] Hupka, *Die Vollmacht...*, p. 205; Betti, *Istituzioni...*,II, I, p. 291; Hamza, *Aspetti della rappresentanza negoziale...*, in *Index...*, IX, p. 206.

[580] Assim, Pugliese, *In Tema...*, in *Labeo...*, III, p. 311; Francesco de Martino, *Ancora...*, in *Idem,* IV, pp. 277, para quem a *lex praepositionis* não tinha outro alcance senão o de dar a conhecer aos terceiros a vontade do *exercitor;* Valiño, *Las «actiones adiecticiae qualitatis»...*, in *Anuario...*, 37, p. 357; e Hamza, *Aspetti della rappresentanza negoziale...*, in *Index...*, IX, p. 206.

[581] Hamza, *Aspetti della rappresentanza negoziale...*, in *Index...*, IX, p. 2006. Cfr., *supra* e *infra*. Por último, para mais pormenores acerca das relações entre *iussum* e *praepositio* v., Valiño, *Las «actiones adiecticiae qualitatis»...*, in *Anuario...*, 37, p. 428; Id., *Las relaciones basicas de las relaciones adjecticias*, in *Idem,* 1968, 38, p. 422 e ss.; e Axel Claus, *Gewillkürte Stellvertretung...*, pp. 71 e 72, autor que distingue *iussum* e *praepositio*, designadamente, pelo facto de a *praepositio*, ao contrário do que parece ter acontecido com o *iussum*, não se dirigir a ninguém em particular.

[582] Laband, *Die Stellvertretung bei dem Abschluss*, in *Zeitscrift...*, 10, p. 208.

[583] Hellmann, *Die Stellvertretung...*, pp. 109 e ss..

[584] Assim, Hamza, *Aspetti della rappresentanza negoziale...*, in *Index...*, IX, p. 206.

[585] A este respeito v., na literatura jurídica moderna, Valiño, *Las «actiones adiecticiae qualitatis»...*, in *Anuario...*, 37, p. 428 e ss.; Id., *Las relaciones basicas...*, in *Idem,* 38, p. 422 e ss.; e

cias importantes entre as duas figuras[586]. O *praeponere* constitui a concreta justificação jurídica da pretensão[587] a favor, ou contra[588], o principal[589] e reveste-se de um sentido impessoal. Ele não se dirige a ninguém individualmente mas antes a um *Personenkreis* (círculo de pessoas) que se movimenta no âmbito de um *Kontrahentenkreis* (círculo ou esfera contratual)[590], ou, se se preferir, a um mero objecto dotado de certa amplitude[591]. Diversamente o *iussum* surge como uma instrução[592] dada a uma pessoa determinada para celebrar um contrato[593], e assume, por isso, um carácter marcadamente mais pessoal. O *iussum* tem, segundo a doutrina romanista, a natureza de uma declaração[594], enquanto o *praeponere* surge como um *factum concludens*[595, 596], distinguindo-se, por isso, do mandato.

Hamza, *Aspetti della rappresentanza negoziale...*, in *Index...*, IX, p. 206. Ao nível das fontes, cfr., *Paulus, Libro IV. ad Plautium* – D., 12, 1, 29, trecho no qual o jurisconsulto romano, apoiado no ensinamento de *Iulianus*, profere as palavras transcritas *supra* no trecho.

[586] Hamza, *Aspetti della rappresentanza negoziale...*, in *Index...*, IX, p. 206.

[587] Ulrich Müller, *Die Entwicklung der direkten Stellvertretung...*, p. 24, o qual não deixa de chamar a atenção como esta característica da *praepositio* – e porventura também do *iussum* – apelar já para a ideia de representação.

[588] A referência à possibilidade de o *praeponere* fundar uma pretensão contra o principal justifica-se perfeitamente, pois, conforme refere Schlossmann, *Die Lehre von der Stellvertretung...*, II, p. 233, quando se diz que, verificados determinados pressupostos, o principal ou o incapaz podem fazer valer, contra terceiro, uma pretensão baseada no negócio celebrado pelo *institor*, pelo *procurator*, pelo tutor, etc., isso quer dizer que os terceiros, verificados os mesmos pressupostos, também têm essa faculdade.

[589] Axel Claus, *Gewillkürte Stellvertretung...*, p. 71, o qual, fazendo suas as palavras de Wunner, escreve: «*Das* praeponere *– "der konkrete innere Rechtfertigungsgrund für die Inansprunchnahme des Prinzipals"...*»

[590] Assim, Schlossmann, *Die Lehre von der Stellvertretung...*, II, pp. 248 e 249; e Axel Claus, *Gewillkürte Stellvertretung...*, p. 71.

[591] Cfr., porém, quanto escreve Schlossmann, *Die Lehre von der Stellvertretung...*, II, p. 249, autor que chama a atenção para o facto de, a partir de determinada altura, com a criação da *actio quasi institoria*, o *praeponere* passar a dizer também respeito a um único negócio.

[592] Schlossmann, *Die Lehre von der Stellvertretung...*, II, p. 249; e Hamza, *Aspetti della rappresentanza negoziale...*, in *Index...*, IX, p. 206.

[593] Assim pode ver-se, com carácter ilustrativo, Axel Claus, *Gewillkürte Stellvertretung...*, p. 71; depois seguido por Hamza, *Aspetti della rappresentanza negoziale...*, in *Index...*, IX, p. 206.

[594] Axel Claus, *Gewillkürte Stellvertretung...*, p. 71; e Hamza, *Aspetti della rappresentanza negoziale...*, in *Index...*, IX, p. 206.

[595] Neste sentido cfr., por todos, Axel Claus, *Gewillkürte Stellvertretung...*, pp. 71, 83 e 84; e Hamza, *Aspetti della rappresentanza negoziale...*, in *Index...*, IX, p. 206. Na direcção segundo a qual o acto de *praeponere* constituía um negócio unilateral v., Betti, *Instituzioni...*, II, I, p. 291.

[596] Rabel, *Ein Ruhmesblatt...*, in *Festschrift...*, p. 9, considera a *praepositio* como uma «*begrenzete offene Vollmacht*», numa posição com algum acolhimento por parte da doutrina (v., também, Hamza, *Aspetti della rappresentanza negoziale...*, in *Index...*, IX, p. 204, o qual se refere à posição de Rabel mas não toma posição). Veja-se, todavia, quanto escreve Axel Claus, *Gewillkürte Stellvertretung...*, pp. 71, 83 e 84, autor que tanto afirma, por um lado, a existência de um certo paralelismo entre o acto de *praeponere* e a moderna procuração como considera, por outro – e sem prejuízo de reconhecer o facto de poder assistir a Rabel alguma razão na analogia por ele estabelecida – preferível rejeitar a expressão moderna *Vollmacht* (procuração ou poderes voluntários de representação); e, de forma ainda mais radical, Schlossmann, *Die Lehre von der Stellvertretung...*,

Conforme sublinhado por HAMZA[597], afiguram-se, particularmente importantes para a compreensão da figura da *praepositio*, dois textos, bastante discutidos, e relativos à *actio exercitoria*. São eles o passo de *ULPIANUS, Libro XXVIII. ad Edictum* – D., 14, 1, 1, § 9, e o trecho de *AFRICANUS, Libro VIII. Quaestianonum* – D., 14, 1, 7, pr..

Na primeira das duas fontes *ULPIANUS* cita a opinião de *OFILIUS* acerca de um caso no qual o *magister navis* defrauda um terceiro, ao obter um mútuo com o alegado fundamento de o dinheiro, objecto do contrato, se destinar a ser utilizado na reparação da nave à frente da qual o capitão se encontrava (*ad reficiendam navem*). *OFILIUS* pergunta-se se, neste caso, o credor poderá lançar mão de uma *actio* contra o *dominus*. Em resposta à sua própria interrogação, e invocando a autoridade de *PEDIUS, OFILIUS* considera – numa opinião seguida, depois, por *ULPIANUS* – poder o terceiro actuar contra o *exercitor* se o *magister* tiver celebrado o mútuo com a real intenção de utilizar o dinheiro no navio e apenas posteriormente mudar de opinião[598]. Na eventualidade de o *magister* ter tido, desde o início, o propósito de defraudar o terceiro, e não expressar sequer o facto de pretender a soma monetária por causa do navio, então deverá ser negada ao mutuante a possibilidade de se dirigir contra o *dominus*. No fundo, o terceiro, que quiser dispor da faculdade de demandar o *exercitor*, é chamado a colaborar na própria realização do interesse do *dominus* através da recolha da declaração do *magister* na qual se faz referência à nave[599]. Isto num ónus tornado, mais tarde, por *IULIANUS* – a quem provavelmente se referia *AFRICANUS*[600] na segunda das fontes por nós acima referidas – ainda mais pesado para o terceiro: ao mutuante que contrata com o *magister navis* deixa de ser suficiente a declaração deste último na qual se expressa a necessidade de reparar o navio. O terceiro fica obrigado a controlar se a nave tem realmente necessidade de ser restaurada e se a soma de dinheiro é ajustada à *refectio*. *IULIANUS* mostra-nos assim como, de acordo com o pensamento jurídico romano, a realização do interesse do *dominus* não era exclusivamente

---

II, pp. 248, jurista de acordo com o qual os romanos não conheceram o conceito de procuração. De acordo com o ensinamento de Schlossmann, nem o termo *mandare*, nem a expressão *praeponere*, nem, finalmente o termo *iubere*, tinham certamente o significado de uma *Vollmacht*.

[597] Hamza, *Aspetti della rappresentanza negoziale...*, in *Index...*, IX, p. 206.

[598] O trecho de *Ulpianus* referido no texto tem sido acusado de se encontrar interpolado. Não obstante, a suspeição, e a confirmar-se, não parece afectar as referências feitas *supra* e *infra* no texto a respeito deste fragmento (assim, também, Hamza, *Aspetti della rappresentanza negoziale...*, in *Index...*, IX, p. 206). Para mais pormenores acerca do sentido a atribuir a esta fonte v., a título indicativo, de entre os vários autores que vimos tomando como referência, Pugliese, *In Tema...*, in *Labeo...*, III, pp. 317 e ss.; Francesco de Martino, *Ancora...*, in *Idem*, IV, pp. 283 e ss.; Axel Claus, *Gewillkürte Stellvertretung...*, p. 76.

[599] Cfr., Axel Claus, *Gewillkürte Stellvertretung...*, p. 77; e Hamza, *Aspetti della rappresentanza negoziale...*, in *Index...*, IX, p. 206. No sentido segundo o qual o terceiro deve informar-se acerca do conteúdo dos poderes do *magister* mas já não se deve preocupar em saber se o contrato é oportuno ou se o negócio foi lealmente conduzido v., Savigny, *Obligationenrecht...*, II, pp. 25 e 26. Cfr., também, Pugliese *In tema...*, in *Labeo...*, III, p. 311 e 312.

[600] Assim, pode ver-se, designadamente, Axel Claus, *Gewillkürte Stellvertretung...*, pp. 255 e 256; e Hamza, *Aspetti della rappresentanza negoziale...*, in *Index...*, IX, p. 206.

assegurada através da actuação do substituto ou auxiliar[601]. Embora o jurisconsulto romano não exigisse a efectiva fiscalização da correcta utilização dos fundos[602], *IULIANUS* apenas considerava ser de conceder a *actio exercitoria* quando, depois de verificada qual a situação material do navio, o credor pudesse, de boa fé[603], e dentro dos limites impostos pela respectiva capacidade de averiguação[604], confiar na circunstância de o dinheiro por ele avançado ir reverter em proveito do *exercitor*. Ou seja, e no entender de *IULIANUS*, a *actio exercitoria* só deveria ser concedida quando o mutuante se tivesse, de facto, ocupado em assegurar a realização do interesse do *dominus* [605].

Verifica-se, assim, como nos dois textos referenciados, apesar de em termos algo diversos, aparece pressuposta, como condição de concessão de uma *actio* contra o *dominus*, uma ligação com o próprio lado interno da *praepositio*[606]. Isto porquanto o credor deve contribuir para a utilização das quantias mutuadas na satisfação de fins reais do *dominus*. Ao fazê-lo, porém, o terceiro como que se torna também parte da relação entre o preponente e o proposto[607, 608]. Tudo numa preocupação a qual, segundo AXEL CLAUS, se pode explicar em função do princípio do *suum cuique tribuere*[609] e se encontraria, por isso, subjacente a todas as acções adjectícias[610, 611].

O dever que recai sobre o terceiro de se informar constitui, no fundo, um processo de reconhecimento da vontade do *dominus*[612]. Conclusão que se alicerça no relevo assumido por semelhante vontade no acto de *praeponere*[613]:

---

[601] Neste sentido v., expressamente, Axel Claus, *Gewillkürte Stellvertretung...*, p. 256.

[602] Cfr. o fragmento de *Africanus, Libro VIII. Quaestionum* – D., 14, 1, 7, pr., em análise, e onde, expressamente, se considera exagerado pedir ao credor que faça uma pormenorizada indagação acerca do destino dos fundos.

[603] Assim, Axel Claus, *Gewillkürte Stellvertretung...*, p. 256.

[604] Claus, *Gewillkürte Stellvertretung...*, p. 256, fala em *Erkennungsvermögen*.

[605] Axel Claus, *Gewillkürte Stellvertretung...*, p. 256. No sentido segundo o qual os contratos que têm por objecto a reparação de um navio se encontram sempre compreendidos no conteúdo dos poderes do representante pode, no entanto, ver-se, Savigny, *Obligationenrecht...*, II, p. 26, nota (i).

[606] Hamza, *Aspetti della rappresentanza negoziale...*, in *Index...*, IX, p. 207.

[607] Hamza, *Aspetti della rappresentanza negoziale...*, in *Index...*, IX, p. 207.

[608] Esta circunstância tem levado alguns autores (entre os quais se conta Axel Claus, *Gewillkürte Stellvertretung...*, p. 84, autor que qualifica a obrigatoriedade de o terceiro – que queira garantir para si a faculdade de actuar directamente contra o principal – de cuidar dos interesses do preponente com um desvio relativamente à *Vollmachtsidee*) a considerarem a *praepositio* como uma figura distinta da procuração, a qual seria independente relativamente à relação interna entre mandatário e mandante. Julgamos, todavia, que ela se baseia, nalguma medida, numa errada compreensão da noção de procuração. A este respeito cfr., *infra*. Noutra perspectiva, mas pelos mesmos motivos (ou seja o facto de a *praepositio* acabar por envolver o terceiro na realização do próprio interesse do representado, Hamza, *Aspetti della rappresentanza...*, in *Index...*, IX, p. 207), afasta a aproximação da preposição ao mandato moderno. Uma vez mais parece existir aqui uma deficiente compreensão do moderno fenómeno representativo actual..

[609] Axel Claus, *Gewillkürte Stellvertretung...*, p. 257.

[610] Axel Claus, *Gewillkürte Stellvertretung...*, p. 257.

[611] V., ainda, quanto se escreve *infra*, Parte II, Cap. II, parágrafo 2, a propósito da evolução histórica da figura do abuso de representação.

[612] Hamza, *Aspetti della rappresentanza negoziale...*, in *Index...*, IX, p. 207.

[613] Hamza, *Aspetti della rappresentanza negoziale...*, in *Index...*, IX, p. 207.

um exame pormenorizado e minucioso da *praescriptio* («*denuntiatio*»), traduz-se, na realidade num processo, de interpretação da *voluntas* do *dominus*[614, 615, 616].

Em conclusão, ainda quando se entendesse que nas acções adjectícias de direito comercial a dogmática da representação negocial não encontra ainda aplicação na preposição, mesmo se o *magister* ou o *institor* não sejam *alieni iuris* mas cidadãos livres[617] a crescente especificação da vontade condutora da *praepositio*, cujo primeiro degrau de desenvolvimento parece encontrar-se na substituição do *institor* e do *magister* pelo procurador[618], cria a possibilidade de

---

[614] Hamza, *Aspetti della rappresentanza negoziale...*, in *Index...*, IX, p. 207.

[615] *Voluntas* a qual, por ser geral, por contemplar a possibilidade de realização de uma multiplicidade de negócios, é considerada por alguns romanistas (assim, e designadamente, Hamza, *Aspetti della rappresentanza negoziale...*, in *Index...*, IX, pp. 207 e 208) como não contratual. A vontade negocial seria apenas do *praepositus* que estipula com o terceiro (neste sentido, pode ver--se, a título ilustrativo, Axel Claus, *Gewillkürte Stellvertretung...*, p. 83; Hamza, *Aspetti della rappresentanza negoziale...*, in *Index...*, IX, p. 208; autores contrários à posição proposta por Erik Wunner, *Contractus. Sein Wortgebrauch und Willensgehalt im klassischen römischen Rechts*, Colónia, Graz, 1964, pp. 114 e ss., segundo o qual seria a vontade do *dominus* a fundar a sua vinculação [para uma recensão à obra de Wunner v., Pierre Cornioley, *Contractus*, in *Labeo, rassegna di diritto romano*, 1967, 30, pp. 400 e ss.]). O proposto manifestava a sua própria vontade, não a do *dominus*. Isto numa orientação supostamente confirmada por *Paulus, Libro I. Decretorum* – D., 14, 5, 8. Neste fragmento do Digesto refere-se como o *praefectus annonae* – assumindo uma decisão imperial – concede, a um terceiro que contratou com um escravo, uma *actio institoria contra dominum*. Isto, não obstante, a circunstância de o escravo se encontrar fugido e não ter sido destinado para a prática dos actos celebrados com o terceiro. Porém, e como se veio a provar, as circunstâncias tornavam lícito supor substituir o escravo o *dominus* em vários negócios, entre os quais se incluíam os celebrados com o terceiro em causa. Destarte, na base da aparência, os efeitos destes últimos foram imputados ao principal (*Nec videtur, hoc dominum mandasse, sed quia videbatur in omnibus eum suo nomine substituisse, sententiam conservavit Imperator*). Nestes termos, poder-se-ia concluir no sentido segundo o qual a vontade do *dominus* era irrelevante. A sua responsabilidade pelos actos praticados pelo escravo ultrapassa os limites da *praepositio*, e, por conseguinte, ultrapassaria também os limites da vontade do principal. A explicação para a responsabilidade do *dominus*, sancionada por *Paulus, Libro I. Decretorum* – D., 14, 5, 8, de outra forma julgada inadmissível, mesmo na base de uma decisão imperial, seria, então, procurada no carácter objectivo da *praepositio*, na qual a aparência teria valor determinante, excluindo, assim, qualquer possibilidade de representação.

Não podemos seguir, na totalidade, o raciocínio acabado de expor. Não nos deteremos, todavia, e para já na sua análise. Para os fins que nos interessam basta referir a circunstância de, mesmo admitindo-se a tese agora exposta, não ficar excluída a possibilidade de, num momento histórico posterior – e à medida que o *institor* e o *magister* foram sendo substituídos pelo *procurator* – vir a admitir-se um aumento da importância da vontade subjacente à *praepositio*. Por outro lado, sublinhe-se, se a actual doutrina da representação ou mandato aparente não traz consigo o desaparecimento, em todos os outros casos a ela não subsumíveis, da relevância da vontade do representado, também a disciplina contida nas fontes romanas o não faz, por si só, e necessariamente.

[616] Sobre a oponibilidade a terceiros das instruções internamente conferidas ao *praepositus* cfr., *infra*.

[617] A razão de fundo para a negação da representação, em hipóteses como essas, estaria, no dizer de Hamza, *Aspetti della rappresentanza...*, in *Index...*, IX, p. 208, numa primitiva ausência de uma específica vontade negocial do *praeponere*, cujo fundamento se encontraria fundamentalmente numa relação hierárquica – ainda quando susceptível de graduações diversas – existente, do ponto de vista social, entre o *dominus* e os seus substitutos, com a consequência principal de, na sua peculiaridade, a *actio* se dirigir sobretudo contra o *magister* ou *institor*.

[618] Assim, Hamza, *Aspetti della rappresentanza...*, in *Index...*, IX, p. 208.

uma representação, numa vontade dirigida à criação de negócios específicos, e, destarte, a possibilidade de aceitar a dogmática da representação negocial[619].

Por tudo isto torna-se oportuno examinar, uma vez mais, o *status* jurídico e social do procurador e seus desenvolvimentos[620].

6. – O procurador – uma figura emblemática. O desenvolvimento da *procuratio* e os seus efeitos sobre a representação negocial

I – No *excursus* histórico de *Gaius*, 4, 10, pr., o *procurator* ocupa um lugar central[621]. O recurso a esta forma de intermediação ou cooperação assinala, nas palavras de QUADRATO, um momento de passagem na organização da vida social, a transição de uma cultura para outra: um elemento de trânsito entre tradição e modernidade[622].

Segundo a *communis opinio* romanista, e conforme houve já oportunidade de se verificar, eram dois os tipos de *procuratio:* a concedida a um procurador dotado de algum prestígio e par do *dominus* na hierarquia social, por um lado, e a conferida a um liberto ou servo, por outro. O *procurator* de posição social idêntica à do principal parece ocupar menos espaço[623] que o procurador *omnium bonorum*, dependente do *dominus*[624].

---

[619] *Idem.*

[620] Assim também, em termos semelhantes, Hamza, *Aspetti della rappresentanza...*, in *Index...*, IX, p. 208.

[621] Neste sentido veja-se, Quadrato, *Rappresentanza...*, in *Enciclopedia...*, XXXVIII, p. 423. Cfr., todavia, Behrends, *Die Prokurator...*, in *Zeitschrift...*, LXXXVIII, p. 244, nota (117), o qual pensa numa referência originária à figura do *cognitor*.

[622] Quadrato, *Rappresentanza...*, in *Enciclopedia...*, XXXVIII, p. 423.

[623] Hamza, *Aspetti della rappresentanza negoziale...*, in *Index...*, IX, p. 208.

[624] O *procurator omnium bonorum* (*Gaius, Libro singulari ad formulam hypotecariam* – D., 20, 6, 7, § 1) correspondia a um procurador dotado de amplos e gerais poderes de administração (como refere *Scaevola, Libro I. Responsorum* – D., 17, 1, 60, § 4, num trecho particularmente significativo por se utilizar apenas a expressão *procurator* sem qualquer qualificativo ou adjectivação, transmitindo assim a ideia, aceite pela doutrina, segundo a qual no passo de *Scaevola* se tratava de um caso modelar, dotado de poderes para negociar todos os bens do *dominus*, nos termos «*em que quiser, quer queira vender, pactuar, comprar, ou fazer qualquer outra coisa como se fosse o senhor de todos os bens*») e terá, no entender da *communis opinio* correspondido à primeira manifestação da figura do *procurator* não processual (mas v. quanto escreve a este respeito Santos Justo, *Direito...*, I, *Parte geral...*, p. 281, onde o autor sublinha a possibilidade de o *procurator omnium bonorum* poder intervir num litígio em virtude de um *mandatum* genérico). Cfr., por exemplo, e numa simples referência a alguns dos autores mais significativos: Schlossmann, *Der Besitzerwerb...*, pp. 89 e ss.; Lenel, *Stellvertretung...*, in *Jherings...*, XXXVI, p. 83 (cfr., porém, p. 82); Popesco-Ramniceano, *De la représentation...*, pp. 65 e ss.; Bonfante, *Facoltà...*, in *Scritti...*, III, pp. 250 e ss., maxime 258; Albertario, *Procurator...*, *Studi...*, III, pp. 497 e ss.; Frese, *Prokurator...*, in *Mélanges de Droit Romain...*, I, pp. 327 e ss.; Serrao, *Il*

Na verdade, e de acordo com a doutrina romanista, o procurador de igual nível do *dominus* limitava-se a substituir ou a cooperar, excepcionalmente, com o principal ausente de Itália ou com o responsável de alguma província[625]. As suas faculdades circunscreviam-se, destarte, à resolução de assuntos urgentes. Estava-se longe dos genéricos poderes de administração que caracterizavam o *procurator omnium bonorum*[626]. Isto não quebrava, no entanto, a unidade fundamental da *procuratio*, instituto fundado sobre o estatuto jurídico das pessoas *libertas*[627].

Originariamente a base da celebração do negócio por parte do procurador liberto (*omnium bonorum*) encontrava-se na ordem do *patronus* [628]. A relação interna entre ambos baseava-se, sublinhe-se de novo, numa ligação hierárquica não num qualquer vínculo contratual.

---

procurator, cit., pp. 21 e ss.; e Vicenzo Arangio-Ruiz, *Il mandato...*, pp. 8 e ss.; Betti, *Istituzioni...*, II, I, pp. 286 e ss.. Para além da utilização das expressões *«procurator omnium bonorum»*, ou simplesmente *procurator* (para uma rica e eficaz exemplificação da utilização, por parte dos jurisconsultos romanos, desta terminologia simplificada pode ver-se, Frese, *Prokurator...*, in *Mélanges de Droit Romain...*, I, pp. 334 e ss.) as múltiplas fontes nas quais se refere o nosso procurador designam-no, ainda, como *procurator omnium rerum* (Cícero, *Pro A. Caecinia Oratio*, 20, 57, in *Defensa...*, p. 113); *procurator rerum suarum* (*Paulus, libro III. ad Sabinum* – D., 12, 6, 6, pr.); *procurator totorom bonorum* (*Modestinus, Libro VI. Differentiarum* – D., 3, 3, 63), sempre com o mesmo sentido: o de um substituto ou auxiliar dotado de poderes gerais de administração. Depois dos estudos de Albertario e Frese e dos posteriores desenvolvimentos levados a cabo pela doutrina, designadamente por Bonfante e Serrao, parece ser de considerar o *procurator unius rei* (ou seja aquele que é encarregado da prática de um único negócio) como uma figura exclusivamente pós-clássica. A ideia não é desfeita por alguma crítica movida contra o esforço realizado por Albertario e Frese. Semelhante crítica passa, frequentemente, por uma censura à reconstrução, tentada quer por Albertario quer por Frese, de vários dos fragmentos do Digesto nos quais a nova terminologia – *«procurator unius rei»* – foi inserida. Na verdade, à consideração formulada pelos autores em referência, segundo a qual, onde os compiladores de Justiniano teriam incluído a expressão *«procurator unius rei»*, se falaria, primitivamente, em *procurator omnium rerum* ou *bonorum* tem sido oposto, por alguma doutrina (v., entre outros, Vicenzo Arangio-Ruiz, *Il mandato...*, p. 17), a ideia de que a expressão originalmente usada nos textos interpolados era, na realidade, *procurator ad litem*. Mais profundos são, no entanto, os reparos dirigidos por Alan Watson, *Contract of mandate...*, p. 51 e ss., contra o carácter exclusivamente pós-clássico do *procurator unius rei*. O autor britânico procede a uma reprovação da crítica interpolacionista levada a cabo por autores como Albertario, Bonfante e Serrao. Na sequência, Watson avança com a sua própria interpretação das fontes relevantes e considera-as, estejam elas interpoladas ou não, como expressão, mais ou menos idónea, do pensamento dos autores originais.

[625] V., por todos, Hamza, *Aspetti della rappresentanza negoziale...*, in *Index...*, IX, p. 209.

[626] Como forma de traduzir a amplitude dos poderes inicialmente conferidos ao *procurator omnium bonorum,* a doutrina alemã, de que se pode citar como exemplo Ulrich Müller, *Die Entwicklung der direckkten Stellvertretung...*, p. 24, fala em *«Generalmandat»* (mandato geral). A expressão não nos parece, todavia, e por razões que se prendem com a inicial configuração histórica do mandato e seus posteriores momentos epigonais – designadamente com a forma como o mandato se ligou à *procuratio* e configurou, restringindo-a – correcta. Conforme demonstrou Albertario, *Procurator...*, in *Studi...*, III, pp. 497 e ss., a distinção entre mandato geral e mandato especial corresponde a uma terminologia pós-clássica; enquanto o *procurator ad res administrandas datus* ou *omnium bonorum* é obviamente muito mais antigo.

[627] Hamza, *Aspetti della rappresentanza negoziale...*, in *Index...*, IX, p. 209.

[628] *Idem.*

A *Lex Aelia Sentia* previa como *iusta causa manumissionis* a libertação de um servo *procuratoris habendi gratia*[629]. O *procurator* continuava a fazer parte do ambiente familiar e permanecia sujeito às relações domésticas[630] – como é ilustrado, embora de forma eventualmente descolorida e alterada pelo tempo[631], no elenco que *ULPIANUS, Libro IX ad Edictum* – D., 3, 3, 35, pr., nos dá acerca das *personae procuratorum*. Em particular o *procurator invitus*[632] era nomeado independentemente de qualquer manifestação de consenso da sua parte, e até contra a respectiva vontade. No *procurator invitus* – ao qual é, por vezes, contraposto o *procurator voluntarius* ou ainda *voluntarius amicus*, numa terminologia nem sempre pacífica ou clara [633] – descobre-se, na verdade, o liberto obrigado a administrar o património do *patronus*, sob pena de, em caso de rejeição do encargo que lhe era conferido, se tornar ingrato[634], com a consequente sujeição às sanções correspondentes ao estatuto da ingratidão[635].

II – O primeiro reconhecimento da natureza negocial da relação entre *patronus* e *procurator* consiste na aplicação da *actio negotiorum gestio*[636, 637] para regular e disciplinar os vínculos internos que entre

---

[629] Cfr., designadamente Quadrato, *Rappresentanza...*, in *Enciclopedia...*, XXXVIII, p. 424. Mas v., *Gaius*, 1, 119, onde o jurisconsulto refere o caso no qual um conjunto de testemunhas chamadas a assistir o pretor urbano, reconhece a existência de *iusta causa* na manumissão de um escravo de menos de trinta anos, em derrogação da *Lex Aelia Sentia, procuratoris habendi gratia*; I. J., 1, 6, 5; *Ulpianus, Libro de Officio Proconsulis* – D., 40, 2, 13, fontes estas igualmente referidas por Quadrato.

[630] Cfr. a biliografia citada a este respeito *supra*, no presente Capítulo. *Ulpianus* menciona entre as *personae procuratorum* os filhos, os ascendentes, os irmãos, afins e libertos.

[631] A expressão é de Quadrato, *Rappresentanza...*, in *Enciclopedia...*, XXXVIII, p. 423.

[632] V., *Ulpinanus, Libro VIII ad. Edictum* – D., 3, 3, 8, § 1, onde se considera não ser costume a nomeação do procurador contra a respectiva vontade. Noutras fontes refere-se a não aceitação do cargo de *procurator* como motivo de ingratidão, v., *supra*, Parte I, Cap. I, parágrafo 6. Na doutrina jurídica moderna pode consultar-se, e para a obtenção de mais pormenores a propósito da figura do *procurator invitus*, designadamente, Orestano, *Rappresentanza...*, in *Novissimo...*, XIV, p. 798; Nicosia, *Gestione...*, in *Enciclopedia...*, XVIII, p. 630, nota (10); e Quadrato, *Rappresentanza...*, in *Idem*, XXXVIII, pp. 424 e 425.

[633] A este respeito v., por todos, Solazzi, *La definizione del procuratore*, in *Scritti di Diritto Romano*, Nápoles, 1957, II, p. 560, autor segundo o qual a expressão *procurator voluntarius* não exprimiria bem (*sic*) a espontaneidade da intervenção, referindo-se, antes ao procurador dotado de mandato, e diversamente do *procurator invitus*, livre de aceitar ou não o encargo; e Quadrato, *Rappresentanza...*, in *Enciclopedia...*, XXXVIII, p. 424 e nota (85).

[634] Assim, *Paulus, libro I. Sententiarum* – D., 37, 14, 19.

[635] Quadrato, *Rappresentanza...*, in *Enciclopedia...*, XXXVIII, pp. 424 e 425.

[636] A doutrina revela algum consenso ao considerar que, uma vez alcançada a autonomia do procurador relativamente ao *dominus*, a primeira acção a regular as relações entre ambos terá sido a *actio negotiurum gestio*. Para uma análise detalhada do assunto v., entre uma multidão de autores, e com simples carácter exemplificativo ou fragmentário, Frese, *Prokurator und negotiorum...*, *Mélanges...*, I, pp. 327 e ss.; Albertario, *Procurator...*, in *Studi...*, III, p. 497; Serrao, *Il procurator, cit.*, pp. 107 e ss.; Vicenzo Arangio-Ruiz, *Il mandato...*, pp. 19 e ss., e 62 e ss., o qual vê, tanto nos escritos de Cícero (embora não faltem vozes como a de Hamza, *Aspetti della rappresentanza negoziale...*, in *Index...*, IX, p. 225, nota (191), no sentido de os textos ciceronianos invocados por

eles se estabeleciam, como reflexo das modificações verificadas na condição jurídica e social da figura do procurador.

No início da idade imperial o peso socioeconómico dos *procuratores* aumentou significativamente. Até porque os príncipes da dinastia *Iulia-Claudia* confiavam a administração dos imóveis integrados no respectivo património a procuradores libertos, os quais beneficiavam de enorme importância na província[638]. Paradoxalmente este acréscimo da influência e prestígio do *procurator* não tardou em tornar-se a primeira causa da decadência da função desempenhada pelo *procurator*. De facto, o acréscimo de procuradores individuais a operarem nas propriedades imperiais acabou por conduzir a uma divisão de tarefas e por tornar, progressivamente, desnecessária a *procuratio omnium rerum*[639]. As amplas faculdades de administração ordinária e extraordinária vão-se degradando[640].

A pouco e pouco, e como consequência das alterações verificadas no estatuto socioeconómico do *procurator*, vai-se admitindo a possibilidade de, para além de um liberto, também um *extraneus* ocupar o lugar de procurador[641]. A relação de fidúcia – nos termos até então concebida – entre *patronus* e *libertinus*, entre *dominus* e *procurator* começa a quebrar-se. O *obsequium* no qual se fundava a *procuratio omnium bonorum* deixa de poder servir de alicerce para a *procuratio*. Afectado nos respectivos poderes, quebrado o vínculo que ligava o procurador à família do *dominus*, o procurador vê desaparecer a base que lhe permitia actuar. A concessão de um mandato ao procurador torna-se necessária[642].

_____

Arangio-Ruiz não serem suficientemente convincentes) como nos de Séneca, a prova segundo a qual a inicial distinção entre mandato e procuração era, no ambiente romano, tão espontânea que encontrava expressão mesmo em textos de cariz não jurídico (Arangio-Ruiz admite, todavia, e ao contrário dos autores anteriores, a tese segundo a qual a *actio mandati*, enquanto acção destinada a regular as acções entre procurador e *dominus*, teria sido introduzida durante o período clássico em concurso com a *actio negotiorum gestio*). Veja-se, contudo, Solazzi, *La definizione...*, in *Scritti...*, II, pp. 557 e ss., autor segundo o qual a *actio mandati* teria sido usada, contra o procurador, durante todo o período clássico; e Alan Watson, *Contract of mandate...*, pp. 36 e ss., maxime p. 60, que admite mesmo a possibilidade de a *actio mandati* poder ter precedido a *actio negotiorum gestio* na disciplina de certas relações entre principal e *procurator*.

[637] Hamza, *Aspetti della rappresentanza negoziale...*, in *Index...*, IX, p. 209.

[638] Hamza, *Aspetti della rappresentanza negoziale...*, in *Index...*, IX, p. 210.

[639] *Idem*.

[640] Cfr., por todos, Bonfante, *Facoltà...*, in *Scritti...*, III, pp. 251 e ss.; e Serrao, *Il procurator, cit.*, pp. 21 e ss..

[641] V., com simples carácter ilustrativo, Vicenzo Arangio-Ruiz, *Il mandato...*, p. 53; Orestano, *Rappresentanza...*, in *Novissimo...*, XIV, p. 798; e Quadrato, *Rappresentanza...*, in *Enciclopedia...*, XXXVIII, p. 425.

[642] Hamza, *Aspetti della rappresentanza negoziale...*, in *Index...*, IX, p. 210. Cfr., também, Serrao, *Il Procurator, cit.*, pp. 107 e ss., maxime, p. 172.

Eram, de facto, muitos os motivos lógicos e sistemáticos capazes de empurrar uma jurisprudência tão activa e produtiva como a romana no sentido de estabelecer uma aproximação entre a *procuratio* e o esquema contratual do *mandatum*[643]. O *mandatum* surgiu como um contrato *iuris gentium*[644], enquanto a *procuratio* aparece como resposta à necessidade de as famílias romanas mais abastadas assegurarem a administração dos respectivos bens[645]. Contudo, se o *mandatum* surgia como um contrato em virtude do qual alguém encarregava outrem de fazer algo, como evitar a atracção para o seu âmbito do dever de administrar todo um património? Criada no contexto da rígida estrutura familiar romana, a *procuratio omnium rerum* pôde, originalmente, apresentar-se como o resultado de um processo interno à própria família[646]. Porém, quando o procurador passou a ser também um cidadão livre, um homem estranho, o velho conceito de procuração teve de ser abandonado. A *procuratio* passa a apresentar-se, aos olhos do jurista que a considerasse pelo respectivo lado de dentro, como um contrato. Contrato com todas as características do *mandatum*[647], o qual passa por isso, e como refere a propósito ARANGIO-RUIZ, a ser a causa da procuração, a relação subjacente a ela ou, noutros termos, o lado interno do qual a *procuratio* era a explicação externa[648]. Refere-o ULPIANUS, *Libro IX. ad Edictum* – D., 3, 3, 1, pr.[649], ao afirmar «*procurator est, qui aliena negotia mandatu domini administrat*». Na arquitectura desenhada pelos compiladores, o passo colocado a abrir o título «*De procuratoribus et Defensoribus*» parece surgir com uma função introdutória, em certo sentido programática[650]. *Procurator*, ou *verus procurator* – por contraposição a *falsus procurator*[651, 652] – é aquele que aceita livremente um encargo que lhe é conferido. O esquema contratual passa a ser o modelo típico no qual se situa a relação de procuração, mesmo se não faltam, misturando-se e sobrepondo-se, dados de natureza textual de proveniência diversa, anomalias, discordâncias e aporias[653]. Entre elas, e no dizer de QUADRATO, encontra-se, por exemplo, a referência à *voluntas*, ao lado do *mandatum*, ou em alternativa a ele[654], como forma de legitimar a actuação do procurador. Quase como se o *mandatum* não fosse acto de vontade

---

[643] Vicenzo Arangio-Ruiz, *Il mandato...*, pp. 52.

[644] Cfr., *supra*, Parte I, Cap. I, parágrafo 2.

[645] V., *supra*, o escrito a este respeito no presente Capítulo.

[646] Vicenzo Arangio-Ruiz, *Il mandato...*, p. 52.

[647] Vicenzo Arangio-Ruiz, *Il mandato...*, pp. 52 e 53.

[648] Vicenzo Arangio-Ruiz, *Il mandato...*, pp. 53.

[649] Albertario, *Procurator...*, in *Studi...*, III, pp. 501 e ss., considera o trecho interpolado. A tese tem, todavia, sentido alguma dificuldade em impor-se. Sobre o assunto e para mais detalhes v., por exemplo, Solazzi, *La definizione...*, in *Scritti...*, II, pp. 557 e ss.; e Quadrato, *D., 3, 3, pr...*, in *Labeo*, 1974, pp. 210 e ss., o qual defende a origem ulpiana do trecho.

[650] Quadrato, *D., 3, 3,...*, in *Labeo*, 1974, pp. 211 e 223; e Id., *Rappresentanza...*, in *Enciclopedia...*, XXXVIII, p. 425.

[651] Quadrato, *Rappresentanza...*, in *Enciclopedia...*, XXXVIII, p. 425.

[652] A este respeito cfr., Solazzi, *Procuratori...*, in *Scritti...*, II, pp. 569 e ss.; Id., *Ancora...*, in *Idem*, II, pp. 609 e ss.; e Serrao, *Il procurator, cit.*, pp. 33 e 172.

[653] Quadrato, *Rappresentanza...*, in *Enciclopedia...*, XXXVIII, p. 425.

[654] V., *Ulpianus, Libro IX. ad Edictum* – D., 3., 3, 40, 4; e Id., *Libro XXIX. ad Edictum* D., 15, 3, 3, 4.

do *dominus*[655]. Trata-se de um elemento pouco claro, de difícil compreensão, razão pela qual SOLAZZI[656] considera suspeito o fragmento de *Ulpianus, Libro IX. ad Edictum* contido no D., 3., 3, 40, 4, e interpolado o *Libro XXIX. ad Edictum* – D., 15, 3, 3, 4 desde *nisi forte* até *habuit*, enquanto QUADRATO[657] vê os referidos passos do Digesto, talvez, como o resíduo da construção antiga em que a relação de procuração se fundava num acto unilateral do *dominus*: o *iussum* e a *praepositio*, a reclamarem a ideia de um vínculo de natureza potestativa, agnatícia, de patronato, como nos exemplos proporcionados por *Ulpianus, Libro IX. ad Edictum* – D., 3, 3, 35, pr.. Tudo, sem dúvida, ligado à complexa história da *procuratio*, cujos contornos se foram, a pouco e pouco, mudando, ao ponto de vir a admitir-se como procurador um homem totalmente estranho à família, num desenvolvimento institucional complexo.

III – As faculdades administrativas deste novo procurador mandatário não ultrapassavam a administração ordinária. O *procurator unius rei*[658], no fundo, não era mais do que um mandatário com poderes especiais[659]. A expressão de *GAIUS*, 3, 155, «*mea negotia geres*» tornará aceitável a tese segundo a qual o mandato poderia ter carácter geral[660]. Porém, um *mandatum* deste tipo apenas autorizava o procurador a desenvolver actividades ordinárias[661]. De fora ficavam os poderes de alienação que não se referissem a coisas perecíveis, excepto se o *dominus* concedesse ao procurador um *specialis mandatus*[662].

Na procuração e no *procurator* acabaram, assim, por se encontrar, como na tela de um tecido[663], presenças, *status*, contribuições diversas, internas e externas à família. Esta variedade manifestou-se na diferente relevância jurídica que a actividade desempenhada pelo *procurator* produziu; na distinta disciplina dos respectivos actos, assinalada por linhas e tendências normativas não homogéneas, por vezes contrastantes[664]: a figura oscila entre os estreitos limites de quem só limitadamente pode alienar e dar em penhor, por um lado, e o

---

[655] Solazzi, *Procuratori...*, in *Scritti...*, II, p. 574, nota (16); e Quadrato, *Rappresentanza...*, in *Enciclopedia...*, XXXVIII, p. 425.

[656] Solazzi, *Procuratori...*, in *Scritti...*, II, p. 574, nota (16).

[657] Quadrato, *Rappresentanza...*, in *Enciclopedia...*, XXXVIII, p. 425.

[658] Cujo nascimento seria, segundo Albertario, *Procurator...*, in *Studi...*, III, p. 500, uma consequência directa da fusão entre *procuratio* e *mandatum*.

[659] Por todos, Serrao, *Il procurator, cit.*, p. 188.

[660] Assim, e designadamente, Vicenzo Arangio-Ruiz, *Il mandato...*, pp. 57 e ss.; Alan Watson, *Contract of mandate...*, pp. 37 e ss.; e Hamza, *Aspetti della rappresentanza negoziale...*, in *Index...*, IX, p. 210. Contra manifesta-se, naturalmente, Albertario, *Procurator...*, in *Studi...*, III, pp. 497 e ss..

[661] V., Hamza, *Aspetti della rappresentanza negoziale...*, in *Index...*, IX, p. 210.

[662] *Idem.*

[663] A imagem é de Quadrato, *Rappresentanza...*, in *Enciclopedia...*, XXXVIII, p. 425.

[664] Quadrato, *Rappresentanza...*, in *Enciclopedia...*, XXXVIII, p. 425.

quadro proporcionado por *SCAEVOLA, Libro I. Responsorum* – D., 17, 1, 60, § 4[665], de um procurador quase senhor de todas as coisas.

IV – O mandato no qual passou a estar submersa a *procuratio* [666] traduzia, desde logo o encargo que recaía sobre o procurador. Mas mais. Ele implicava igualmente a autorização unilateralmente concedida ao *procurator* para actuar[667].

A expressão de *MODESTINUS, Libro VI. Differentiarum* – D., 3, 3, 63, «*cui res administrandae sunt*» compreende, no entender de HAMZA[668], a ideia de autorização unilateral dirigida a um terceiro, precisamente como sucedia como as diversas expressões constantes do fragmento de *Scaevola, Libro I. Responsorum* – D., 17, 3, 1, 60, § 4.

O *mandatum* tinha assim um valor extremamente próximo do da *praepositio*. Todavia, enquanto esta pela sua própria natureza e configuração servia de suporte à actividade negocial do substituto ou auxiliar na base de relações internas particulares[669], o mandato podia não apenas autenticar, no confronto com terceiros, uma relação interna de preposição/subordinação, como aplicar-se entre partes livres[670]. O *procurator*, que operava na base do *iussum* do principal, passa a ser considerado também como um mandatário[671], tal como o era o procurador livre. A estrutura da relação interna é indiferente: o *mandatum*, instrumento válido para a constituição do *procurator libertus*, e dotado de alguns elementos da *praepositio*, permite que a *actio institoria,* ou mais

---

[665] A respeito deste fragmento v., *supra*, Parte, I, Cap. I, parágrafo 3, em nota, assim como no presente parágrafo igualmente em nota.

[666] V., a título meramente, exemplificativo, Serrao, *Il procurator, cit.*, pp. 107 e ss., maxime 172.

[667] Assim v., a título ilustrativo, de entre a bibliografia por nós tomada em consideração, Vicenzo Arangio-Ruiz, *Il mandato...*, p. 53. V., também, Serrao, *Il procurator, cit.*, p. 172. Cfr., na literatura jurídica de língua alemã, sempre a título exemplificativo, *Curtius, Die Stellvertretung...*, in *Archiv...*, LVIII, pp. 83 e ss., o qual afirma expressamente como no direito romano o âmbito do poder de representação se determinava em função do *mandatum* numa casuística amplamente documentada pelas fontes. Isto não significava, porém, e em toda e qualquer circunstância, a necessidade de o terceiro contraente proceder a uma análise minuciosa do *mandatum* dado pelo principal e correlativos deveres do mandatário. O principal ficava também vinculado em hipóteses de ausência de mandato, ou de violação dos limites deste, quando tivesse dado motivos ao terceiro para acreditar que o mandatário agia dentro dos limites do mandato.

[668] Hamza, *Aspetti della rappresentanza negoziale...*, in *Index...*, IX, p. 211.

[669] Cfr., *supra*.

[670] Hamza, *Aspetti della rappresentanza negoziale...*, in *Index...*, IX, p. 211.

[671] Hamza, *Aspetti della rappresentanza negoziale...*, in *Index...*, IX, p. 211. Ao nível das fontes v., *Ulpianus, Libro XXXI. ad Edictum* – D., 17, 1, 6, § 6.

correctamente a *actio quasi institoria* (*actio ad exemplum institoriae actionis*) pudesse ser intentada contra o *dominus* quando o *procurator* fosse um cidadão livre[672]. Nestes termos, e no contexto da evolução verificada na sociedade imperial, a capacidade de produção de efeitos jurídicos directos em esfera jurídica alheia, reconhecido o *procurator libertus*, é gradualmente adaptada à actividade de pessoas livres e estranhas[673].

7. – A *actio ad exemplum institoriae*, um passo decisivo

I – Não obstante alguma insuficiência das informações directas sobre a situação jurídica e social do *institor* a doutrina tem chamado a atenção para a existência de um certo paralelismo entre o nível social por este ocupado e o do *procurator*[674].

Em sentido técnico o *institor* era para os romanos aquele que se encontrava à frente (proposto) de um estabelecimento comercial terrestre, ou, eventualmente, de um ramo de actividade ainda quando essa não fosse executada numa sede fixa[675]. O encargo começou por ser conferido pelo *pater*, e proprietário do estabelecimento, a um seu subordinado: filho ou servo. Nestes termos, a relação interna desenvolvia-se no contexto da *familia* e encontrava-se regulada pelas normas relativas relativas à *patria* ou *dominica potestas* – mesmo no âmbito das aquisições resultantes dos negócios celebrados pelo *institor* [676]. Porém, bem cedo se advertiu a necessidade de se conferir as funções de *institor* igualmente a um estranho livre ou servo alheio[677]. Destarte, as relações jurídicas internas entre *dominus* e *institor* deixaram de encontrar solução na base

---

[672] Hamza, *Aspetti della rappresentanza negoziale...*, in *Index...*, IX, p. 211.

[673] Orestano, *Rappresentanza...*, in *Novissimo...*, XIV, p. 798. V., também, Serrao, *Il procurator*, cit., p. 100, o qual, sem ir tão longe quanto Orestano no tocante à antiguidade das origens do fenómeno representativo em Roma, escreve: «*Assim o princípio da representação directa, mesmo se não estabelecido por uma norma geral na compilação do grande imperador do Oriente, substancialmente encontra--se em vigor porquanto, ainda se sob formas particulares, insere-se em cada "contrahere" ou "agere alieno nomine" e o procurador mandatário justinianeu pode ser com razão considerado substancialmente um representante do* dominus.»

[674] V., por todos e com carácter exemplificativo, Ulrich Müller, *Die Entwicklung der direkten Stellvertretung...*, pp. 24 e 25; e Hamza, *Aspetti della rappresentanza negoziale...*, in *Index...*, IX, pp. 211 e 212.

[675] V., ao nível das fontes históricas, *Ulpianus, Libro XXVII. ad Edictum* – D., 14, 3, 3; e *Paulus, Libro singulari de variis lectionibus* – D., 14, 3, 18. Na literatura jurídica moderna cfr., por todos, Serrao, *Institore...*, in *Enciclopedia...*, XXI, p. 827.

[676] Assim, e designadamente, Serrao, *Institore...*, in *Enciclopedia...*, XXI, p. 827.

[677] Para um levantamento das fontes relevantes a este nível cfr., Hamza, *Aspetti della rappresentanza...*, in *Index...*, IX, p. 211, e nota (224), p. 226.

da disciplina familiar para passarem a ser reguladas pelo contrato de locação ou de *mandatum* celebrado com um homem livre. Tudo à semelhança do verificado com o *procurator*.

Esta similitude entre a posição do *institor* e a do procurador, não quebrada por algumas diferenças de grau entre eles porventura existentes, permitiu a extensão da *actio institoria* ao *procurator*[678].

Na verdade, a progressiva extensão, a diversos níveis, dos limites originários da figura do *institor* verifica-se, também, a propósito do campo de acção do instituto[679]. Começa a ver-se um *institor* não apenas no proposto à frente de uma actividade estritamente comercial, mas, igualmente, naquele que é chamado a desempenhar funções de natureza não comercial[680]. Nos fragmentos conservados no Digesto encontra-se, nas palavras de SERRAO[681], uma ampla casuística da qual resulta como, ao menos a partir de *SERVIUS SULPICIUS* (e, por conseguinte, da primeira metade do último século da República), as *fattispecies* às quais se aplicavam as regras da *praepositio* não paravam de aumentar e de se estender[682].

No seu esforço de alargar a aplicação das regras relativas ao *institor* a figuras dele diversas a jurisprudência romana acabou por criar a *actio ad exemplum institoria* ou *quasi institoria*[683].

A introdução da *actio ad exemplum institoria* é considerada quase unanimemente um mérito de *PAPINIANUS*[684]. E de facto, a maior parte das fontes

---

[678] Rabel, *Ein Ruhmensblatt...*, in *Festschrift...*, pp. 6 e ss.; Ulrich Müller, *Die Entwicklung der direkten Stellvertretung...*, pp. 24 e 25; Hamza, *Aspetti della rappresentanza negoziale...*, in *Index...*, IX, p. 212.

[679] Serrao, *Institore...*, in *Enciclopedia...*, XXI, p. 827.

[680] Serrao, *Institore...*, in *Enciclopedia...*, XXI, p. 827.

[681] Serrao, *Institore...*, in *Enciclopedia...*, XXI, p. 827.

[682] Cfr., a variedade de casos propostos por *Ulpianus, Libro XXVIII ad Edictum* – D., 14, 3, 5, pr., §§ 1-5, e §§ 9 e 10.

[683] Ulrich Müller, *Die Entwicklung der direkten Stellvertretung...*, pp. 24 e 25; Serrao, *Institore...*, in *Enciclopedia...*, XXI, p. 831; Hamza, *Aspetti della rappresentanza negoziale...*, in *Index...*, IX, pp. 211 e ss..

[684] Neste sentido pode ver-se, com carácter exemplificativo e fragmentário, de entre os vários autores por nós recenseados, Rabel, *Ein Ruhmesblatt...*, in *Festschrift...*, pp. 3 e ss., autor segundo o qual o contributo de *Papinianus* corresponderia a uma página gloriosa; Serrao, *Institore...*, in *Enciclopedia...*, XXI, pp. 830 e 831, embora o romanista italiano expresse algumas ressalvas quanto à originalidade de *Papinianus* (v., as sérias dúvidas já antes expressas pelo autor italiano na sua obra, *Il procurator, cit.*, pp. 97 e 98, maxime nota (10), acerca da originalidade dos textos nos quais se fala da *actio ad exemplo institoria*, os quais são qualificados não como uma invenção de *Papinianus* mas sim dos compiladores e do Grande Imperador do Oriente); Axel Claus, *Gewillkürte Stellvertretung...*, pp. 262 e ss.; Hamza, *Aspetti della rappresentanza negoziale...*, in *Index...*, IX, pp. 212 e ss.; Quadrato, *Rappresentanza...*, in *Enciclopedia...*, XXXVIII, p. 431; e, mode-

nas quais se refere a *actio quasi institoria*, ora lhe são directamente imputáveis[685] ora se encontram nele inspirados [686, 687, 688]. Não será, de resto, e no entender da doutrina[689], por acaso que esta acção é atribuída a *PAPINIANUS*, jurista aberto à inovação [690]. Provavelmente o jurisconsulto romano terá encontrado o espaço necessário para a criação da *actio quasi institoria* na liberdade oferecida pela *cognitio extra ordinem*[691].

Embora o estado actual das fontes não consinta, segundo a historiografia romana[692], encontrar de forma explícita e categórica outras prováveis contribuições, a solução papiniana parece representar o estádio mais avançado de um processo no qual confluíram contributos de diversos juristas[693], entre os quais

---

radamente, Santos Justo, *Direito...*, I, *Parte geral...*, p. 339, o qual se limita aí a afirmar ser esta acção *v.g.* admitida por *Papinianus*.

[685] Assim, *Papinianus, Libro II. Responsorum* – D., 3, 5, 30 (31-32), pr.; Id., *Libro III. Responsorum* – D., 14, 3, 19, pr.. A respeito destes dois trechos de *Papinianus* v., a título exemplificativo, e de entre a múltipla bibliografia por nós considerada, Axel Claus, *Gewillkürte Stellvertretung...*, pp. 259 e ss..

[686] *Ulpianus, Libro XXXI. ad Edictum* – D., 17, 1, 10, § 5; Id., *Libro XXXII. ad Edictum* – D., 19, 1, 13, § 25. Para uma análise detalhada destes dois fragmentos do Digesto pode ver-se, na literatura jurídica moderna, Axel Claus, *Gewillkürte Stellvertretung...*, pp. 259 e ss.

[687] O trecho de *Ulpianus, Libro XXVIII. ad Edictum* – D., 14, 3, 5, 8, referido, designadamente, por Serrao, *Institore...*, in *Enciclopedia...*, XXI, p. 831, para demonstrar que *Papinianus* teria encontrado um predecessor em *Labeo* é considerado por Hamza, *Aspetti della rappresentanza negoziale...*, in *Index...*, IX, p. 227, nota (238), como interpolado e, por conseguinte, insusceptível de ser tomado em consideração na controvérsia acerca da autoria ou paternidade da *actio quasi institoria*.

[688] Expressamente no sentido do texto, Hamza, *Aspetti della rappresentanza negoziale...*, in *Index...*, IX, p. 212.

[689] Assim, Axel Claus, *Gewillkürte Stellvertretung...*, p. 263, autor que realça, como factor importante na criação da *actio ad exemplum institoriae*, a estreita proximidade existente entre o imperador *Septimus Severus* e *Papinianus*; e Hamza, *Aspetti della rappresentanza negoziale...*, in *Index...*, IX, p. 212.

[690] A *Papinianus* atribui-se, ainda, e designadamente, o reconhecimento da chamada *actio incerti ex stipulatu*. A este respeito v., Ankum, *Une nouvelle hypothèse...*, in *Études...*, p. 27. Para uma referência genérica à figura de *Papinianus* remetemos, por todos, para Orestano, *Papiniano Emilio (Aemilius Papinianus)*, in *Novissimo Digesto Italiano*, 1965, XII, pp. 364 e 365. Ao nível das fontes históricas e a propósito da referida *actio incerti ex stipulatu* cfr., *Papinianus, Libro XXVII. Quaestionum* – D., 45, 1, 118, 2.

[691] Valiño, *Las «actiones adiecticiae qualitatis...»*, in *Anuario...*, 37, p. 387, o qual considera ainda que o propósito de *Papinianus* era o de criar uma forma que tornasse possível a representação directa por qualquer administrador de um património alheio; Alan Watson, *Contract of mandate...*, pp. 80 e ss.; e Hamza, *Aspetti della rappresentanza negoziale...*, in *Index...*, IX, p. 212. Cfr., porém, quanto escreve Axel Claus, *Gewillkürte Stellvertretung...*, p. 267, autor segundo o qual a vinculação do *dominus*, através da *actio quasi institoria*, terá dependido muito menos das possibilidades de solução à disposição dos jurisconsultos romanos do que da alteração das relações sociais, designadamente, no tocante às ligações a pouco e pouco estabelecidas entre *institor* e *procurator*. Acerca da *cognitio extra ordinem* v., entre nós, Santos Justo, *Direito...*, I, *Parte geral...*, p. 266.

[692] Nestes termos v. Quadrato, *Rappresentanza...*, in *Enciclopedia...*, XXXVIII, p. 431.

[693] No sentido referido no texto pode, designadamente, ver-se Serrao, *Institore...*, in *Enciclopedia...*, XXI, p. 831; Axel Claus, *Gewillkürte Stellvertretung...*, p. 263; Hamza, *Aspetti della*

se encontrará, provavelmente, *IULIANUS*. Segundo o relato de *ULPIANUS, Libro XXVIII. ad Edictum* – D., 14, 3, 13, pr., *IULIANUS*, terá sido confrontado com a hipótese de um escravo *institor*, proposto para a condução do comércio de óleo em *Arelate* e, além disso, autorizado a «*accipere mutuas pecunias*». O *institor* recebe dinheiro em mútuo, julgando o credor destinar-se a soma mutuada à *merx olearia*. Por não conseguir provar que a causa do mútuo era, realmente, para o comércio do óleo, o credor perde a acção por ele intentada com referência ao contrato de mútuo em análise. Não obstante, *IULIANUS* concede, ainda, ao credor uma *actio utilis*. Isto atendendo à circunstância de o escravo ser, quanto ao mútuo, um *quasi praepositus*. Mas mais. Segundo HAMZA, o *servus* seria mesmo um duplo *institor*[694]: *praepositus* no tocante ao exercício da *merx olearia* e *praepositus* para receber quantias de dinheiro em resultado de contratos de mútuo. Nestes termos, HAMZA, admite como plausível a suposição segundo a qual, ao proceder à criação da *actio utilis ad exemplum institoriae actionis*, *PAPINIANUS* se teria inspirado nas posições de *IULIANUS* [695].

No passo de *PAPINIANUS, Libro III. Responsorum*, refere-se, é certo, um caso relativo a um *procurator* livre dotado de poderes limitados[696], enquanto no de *ULPIANUS, Libro XXVIII. ad Edictum* – D., 14, 3, 13, pr., se alude a um *servus*[697]. Não obstante, o jurista adriano concede ao credor uma *actio utilis* na base de uma *praepositio* especial do *institor servus* e, portanto, com um fundamento parcialmente idêntico ao tomado em consideração por *PAPINIANUS* na criação da *actio quasi institoria*. Tudo a parecer apontar no sentido segundo o qual *IULIANUS* seria de facto, e dentro de certos limites, predecessor intelectual de *PAPINIANUS* [698].

II – A criação da nova *actio* afigurou-se decisiva. Através dela quem contratava com um *procurator* livre passava a poder demandar directamente, ainda quando de forma meramente adjectícia, o *dominus* pelos actos praticados pelo procurador[699]. A ideia de representação directa, de certo modo, já afirmada em determinados sectores bem

---

rappresentanza negoziale..., in *Index*..., IX, p., 212 e 213; e Quadrato, *Rappresentanza*..., in *Enciclopedia*..., XXXVIII, p. 431.

[694] Hamza, *Aspetti della rappresentanza negoziale*..., in *Index*..., IX, p. 213.

[695] Cfr., também, no mesmo sentido, e designadamente, Rabel, *Ein Ruhmesblatt*..., in *Festschrift*..., p. 19; Quadrato, *Rappresentanza*..., in *Enciclopedia*..., XXXVIII, p. 432.

[696] Tratava-se, curiosamente, e à semelhança do que acontecia com o *servus* referido por *Ulpianus, Libro XXVIII. ad Edictum* – D., 14, 3, 13, pr., de um *procurator* dotado de poderes para celebrar contratos de mútuo.

[697] A este espeito v. Hamza, *Aspetti della rappresentanza negoziale*..., in *Index*..., IX, p. 213.

[698] Assim, Hamza, *Aspetti della rappresentanza negoziale*..., in *Index*..., IX, p. 213; e, embora de forma menos categórica, Quadrato, *Rappresentanza*..., in *Enciclopedia*..., XXXVIII, p. 431.

[699] Para uma referência à evolução protagonizada no campo das acções do preponente contra os terceiros contraentes v., a título exemplificativo, Alan Watson, *Contract of mandate*..., pp. 79 e ss.; Serrao, *Institore*..., in *Enciclopedia*..., XXI, pp. 831 e 832.

delimitados da vida romana, através da *actio exercitoria* e da *actio institoria*, alarga-se, desta forma, muito significativamente[700].

A doutrina tem discutido qual o exacto alcance da extensão da *actio institoria* operada pela criação de *PAPINIANUS:* a *actio ad exemplum institoria*. Em confronto encontram-se basicamente duas teorias[701]. Uma, dita objectiva, baseada na ideia de *praepositio* e da autoria de RABEL[702]. A outra, apelidada de subjectiva, e surgida pela pena de KRELLER[703], na qual a relação interna gerada pelo contrato de mandato assume carácter decisivo.

De acordo com RABEL, a *actio ad exemplum institoriae actionis* teria sido criada por *PAPINIANUS* apenas para o *procurator praepositus* a uma determinada actividade negocial[704]. No fundo, o autor, pressupondo a necessidade de uma *praepositio* quer para o *institor* quer para o *procurator*, não considera possível superar, com recurso à ideia de mandato, algumas diferenças existentes entre as duas figuras: *institor* de um lado e procurador do outro. Nestes termos, RABEL considera não ser de reconhecer o fundamento da responsabilidade do *dominus* perante terceiros na relação interna mas na preposição, acto dirigido ao exterior, ao público, sem o qual o principal não seria conhecido.

Não obstante algumas adesões, rodeadas de maiores ou menores reservas[705], a tese de RABEL parece, no entender de HAMZA, não tomar em devida consideração a figura do *procurator mandatarius* – com resultados já qualificados de inaceitáveis[706].

Segundo KRELLER, os jurisconsultos romanos distinguiriam consoante o procurador actuasse na base de uma *praepositio*, ou lhe fosse conferido um simples mandato com vista a uma transacção isolada[707]. No primeiro caso seria

---

[700] Nestes termos cfr., expressamente, Serrao, *Institore...*, in *Enciclopedia...*, XXI, p. 828. Enquanto isso na doutrina tudesca, Berger, *Zur Frage der Missbrauch der Vertretungsmacht*, Dissertação, 1936, p. 14, fala, a propósito das acções adjectícias, e em particular da *actio quasi institoria*, em *«stellvertretungsänlichen Rechtsverhältnis»* (relações jurídicas semelhantes à representação).

[701] Um resumo de ambas pode encontrar-se, por exemplo, em Hamza, *Aspetti della rappresentanza negoziale...*, in *Index...*, IX, pp. 213 e 214, ou, de forma mais desenvolvida, em Axel Claus, *Die Gewillkürte...*, pp. 262 e ss..

[702] Rabel, *Ein Ruhmesblatt...*, in *Festschrift...*, pp. 13 e ss..

[703] Kreller, *Formula ad exemplum...*, in *Festschrift...*, II, pp. 73 e ss..

[704] Rabel, *Ein Ruhmesblatt...*, in *Festschrift...*, pp. 23 e ss..

[705] Cfr., Serrao, *Institore...*, in *Enciclopedia...*, XXI, pp. 831 e 832 (o qual apesar de, no actual estádio de conhecimentos e da crítica, considerar as posições de Rabel como as mais próximas da verdade, não deixa de referir a existência de casos nos quais a *actio ad exemplum* era concedida na base de actos – entre os quais estava o *mandatum* – que nada tinham a ver com a *praepositio* do *procurator*. São suas, entre outras, as seguintes palavras: «*Ter-se-á tratado de um remédio que tendo tido aplicação predominante por obra de Papiniano a propósito do procurador praepositus, teria sido aplicado também a outros caos no esforço de estender, sem todavia os generalizar, os princípios da representação.*»), e bibliografia aí citada.

[706] Hamza, *Aspetti della rappresentanza negoziale...*, in *Index...*, IX, p. 213.

[707] Mandato que Kreller, *Formula...*, in *Festschrift...*, II, 97, qualifica de «*interne Ermächtigung*» (autorização interna). No mesmo sentido de Kreller, segundo o qual a *actio quasi institoria* se aplicaria tão-só a um mandato para a prática de um acto isolado, pode, ainda, ver-se, a título exemplificativo, Alan Watson, *Contract of mandate...*, p. 81.

estendida em via útil uma *actio institoria*, para o segundo foi criada por *PAPI-NIANUS* a *actio ad exemplum institoriae actionis*. Esta acção surgiria, na visão de KRELLER, como uma forma de tutela do terceiro que tivesse contratado com um procurador, exclusivamente na base da relação interna[708]. O substituto era autorizado a celebrar um negócio com terceiro, através do contrato de *mandatum*, dirigido à prática de um único negócio. A *praepositio*, destinada a um *Geschäftskreis* (área de negócios ou actividade), deixava de ser essencial para fundar a acção contra o *dominus*.

Tal como a construção de RABEL também a tese de KRELLER concitou adesões diversas ao nível da doutrina[709]. No essencial, a implícita assunção por parte do autor germânico da figura da procuração não baseada em qualquer relação hierárquica mereceu aplauso[710]. A rígida separação entre *mandatum* e *praepositio* enquanto momento fundamental da responsabilidade do *dominus* foi, todavia, criticada por quem tinha aplaudido alguns outros dos aspectos da tese de KRELLER: é que seria de facto a *praepositio* a criar a ligação entre a *actio institoria* e a *actio ad exemplum institoriae*[711]. Assim, e segundo AXEL CLAUS[712], o fundamento da decisão de *PAPINIANUS*, de alargar a responsabilidade do *dominus*, encontrar-se-ia na ideia de tutela a confiança do terceiro credor na sua *Erkennungsvermögen* (capacidade de reconhecimento). É que, no caso de um *procurator* proposto com instruções para aceitar dinheiro em mútuo, a *Anstellung* (colocação) do procurador afigura-se, de alguma maneira, objectivamente determinável[713]. O terceiro credor pode reconhecer a existência da *praepositio* – acto do próprio *dominus* e a ele directamente imputável – quando o *procurator* lhe faz uma oferta, a qual lhe merecerá, por isso, certamente toda a confiança. Confiança que por ser gerada pelo principal – mediante a *praepositio* – terá, segundo CLAUS[714], permitido a *PAPINIANUS* a concessão ao credor de uma acção baseada no modelo proporcionado pela *actio institoria*, e destinada a responsabilizar o *dominus* pelos actos do *procurator*. A mesma ideia transpareceria nas hipóteses nas quais o *procurator* não se encontrava, de facto, proposto[715] para a celebração de contratos de mútuo mas, não obstante, se apresentava junto do mutuante com um documento escrito do qual constava

---

[708] Cfr., Kreller, *Formula...*, in *Festschrift...*, II, pp. 96 e ss.

[709] Assim, pode ver-se, por exemplo, Axel Claus, *Gewillkürte Stellvertretung...*, pp. 265 e ss.; e Hamza, *Aspetti della rappresentanza negoziale...*, in *Index...*, IX, pp. 213 e 214.

[710] Assim, Hamza, *Aspetti della rappresentanza negoziale...*, in *Index...*, IX, p. 214.

[711] *Idem.*

[712] Axel Claus, *Gewillkürte Stellvertretung...*, p. 268.

[713] *Idem.*

[714] *Idem.*

[715] Claus utiliza a expressão *angestellt*. No contexto em que surge a palavra não é de fácil tradução. Nos dicionários o verbo *anstellen* aparece, entre outros, com os seguintes significados: *colocar; pôr a trabalhar; instalar; arranjar; realizar.* Por seu turno, o substantivo *Anstellung* é traduzido por: *emprego; cargo; colocação.* Julgamos que a única forma de exprimir correctamente a carga significativa subjacente ao *angestellt* utilizado por Claus Axel não cabe, no entanto, em nenhuma das expressões propostas. O termo mais adequado será, eventualmente, «proposto». Menezes Cordeiro, *Da responsabilidade...*, pp. 351 e ss., traduz o termo *Anstellung*, mas utilizado em referência a figuras mais recentes das por nós agora analisadas, para aludir à celebração de um contrato de emprego.

um mandato. Isto, porquanto o instrumento epistolar teria um significado equivalente à *praepositio*. A tutela da confiança posta pelo credor nas *litterae* justificava a concessão da possibilidade de responsabilizar o *dominus* pelos actos do seu *procurator* – tudo conforme o modelo proporcionado pela *actio institoria*. A equiparação social entre *procurator* e *institor* terá, assim, representado a razão do alargamento da *actio institoria* a casos situados para além dos por ela inicialmente abrangidos. Em contrapartida, a ideia de tutela da confiança subjacente às acções adjectícias terá consistido no meio, ou fundamento dogmático, do qual se terá servido *PAPINIANUS* para introduzir a sua nova acção[716]. Nestes termos, e ao contrário do sustentado por KRELLER, CLAUS julga improvável a circunstância de o jurisconsulto romano considerar suficiente, para fundar uma acção contra o *dominus*, o mandato interno, não documentado, conferido a um procurador não proposto [717]. Semelhante mandato, e tal como KRELLER o concebe, não se mostra de modo nenhum idóneo para assegurar a tutela da confiança na qual *PAPINIANUS* terá alicerçado a sua invenção. E a razão é, no dizer de CLAUS, evidente. Caso o mandato permanecesse como algo de meramente interno entre o *dominus* e o *procurator*, e não fosse tornado público – através de um documento ou outra forma igualmente clara[718] – seria impossível ao terceiro vincular o *dominus* na sequência do acto praticado pelo procurador[719, 720].

Assim sendo, a diferença entre a *actio institoria* e a *actio quasi institoria* manifestava-se exclusivamente no interior da *praepositio* e no modo como ela era feita. A *actio* intentada contra o *dominus* em virtude de um negócio estipulado pelo procurador na sequência de uma *praepositio* em sentido técnico era, com toda a probabilidade, uma simples *utilis actio*[721]. Já a *actio ad exemplum institoriae actionis* seria em princípio aplicada quando se tratasse de tutelar interesses de terceiros nascidos de negócios celebrados com base não numa *praepositio stricto sensu* mas, antes, em instrumentos diversos, porém, com funções análogas à *praepositio*[722].

---

[716] Axel Claus, *Gewillkürte Stellvertretung...*, pp. 266 e ss.. Cfr., igualmente, Hamza, *Aspetti della rappresentanza negoziale...*, in *Index...*, IX, pp. 214 e 215, autor que faz suas as conclusões alcançadas por Claus na matéria em análise.

[717] Axel Claus, *Gewillkürte Stellvertretung...*, p. 268.

[718] A par do mandato escrito, Hamza, *Aspetti della rappresentanza negoziale...*, in *Index...*, IX, p. 214, admite igualmente como apto a fundar a *actio quasi institoria* por assumir os elementos de uma *praepositio* um mandato dirigido – enquanto *iussum* – aos terceiros.

[719] Na sequência da respectiva concepção de representação como uma *Stellvertretung im Willen* (representação na vontade), Axel Claus, *Gewillkürte Stellvertretung...*, p. 269, fala em vinculação da vontade do *dominus* e não em vinculação do próprio principal, como parece, pelo menos, mais próximo da realidade.

[720] De acordo com Axel Claus, *Gewillkürte Stellvertretung...*, p. 266, a solução por ele proposta, e segundo a qual o mandato que fundaria a *actio quasi institoria* deveria constar de um documento escrito encontraria, entre outros aspectos, apoio no trecho de *Papinianus, Libro II. Responsorum* – D., 3, 5, 30 (31-32) pr.. Na medida em que são compatíveis com a ideia de que o *mandatum* deveria conter-se num documento escrito os fragmentos de *Ulpianus, Libro XXXI ad Edictum* – D., 17, 1, 10, § 5; e Id., *Libro XXXII ad Edictum* D., 19, 1, 13, § 25, devem ter-se por não interpolados no que toca à referência feita a *mandare*.

[721] Assim, Hamza, *Aspetti della rappresentanza negoziale...*, in *Index...*, IX, p. 214.

[722] Cfr., Axel Claus, *Gewillkürte Stellvertretung...*, pp. 265 e ss.; e Hamza, *Aspetti della rappresentanza negoziale...*, in *Index...*, IX, pp. 214 e 215.

Aos poucos a contradição ou contraste entre a *praepositio* – por natureza abstracta, porquanto comportava uma autorização para a celebração de uma pluralidade de negócios – e o *mandatum*, apto a determinar a celebração de um único negócio, vai-se sanando. A figura do procurador mandatário – resultado da evolução económica e jurídica verificada no Império Romano e que acabou por ditar a absorção da *procuratio* pelos modelos proporcionados pelo *mandatum*[723] – emerge de forma decisiva[724]. Na *intentio* da *actio ad exemplum*, e tal como na da *actio institoria*, virá ainda referido o *procurator praepositus* [725]. Só que esta *praepositio* não deve ser entendida em sentido técnico ou restrito. A figura do *procurator praepositus* está a significar como o mandato, que rege a relação interna, não confere de *per se* – e se não for verificável por terceiro – a possibilidade de intentar uma acção[726].

Aos poucos, e com base na evolução que conduziu à criação e desenvolvimento da *actio quasi institoria*, o carácter objectivo da *praepositio*, base da responsabilidade do *dominus,* diminui. O peso da relação interna fundada sobre o mandato acentua-se do mesmo passo, com o consequente afundamento da relação hierárquica existente entre *dominus* e auxiliar, e o abrir das portas à representação directa[727].

Abertura de tal modo significativa que tornou legítima a questão colocada pelos glosadores, muito antes da doutrina moderna, sobre se, na sequência das inúmeras excepções que se foram afirmando ao longo dos tempos, algumas das quais já no direito clássico, a representação directa não devia ser considerada como regra, e a antiga proibição de direito civil expressa no aforismo «*alteri stipulari nemo potest*» um simples resíduo arqueológico contido no *Corpus Iuris*[728]. Ia neste último sentido a opinião de *MARTINUS DE GOSIA*[729], a

---

[723] Cfr., *supra*, quanto se escreve a este respeito no presente Capítulo.

[724] V., neste sentido, Hamza, *Aspetti della rappresentanza negoziale...*, in *Index...*, IX, p. 214.

[725] V., por todos, Lenel, *Das Edictum...*, p. 264; e Hamza, *Aspetti della rappresentanza negoziale...*, in *Index...*, IX, p. 215.

[726] Hamza, *Aspetti della rappresentanza negoziale...*, in *Index...*, IX, p. 215.

[727] Neste sentido pode ver-se, a título meramente ilustrativo e com óbvio carácter fragmentário, de entre as obras por nós consideradas, Riccobono, *Liniamenti della dottrina della rappresentanza diretta...*, in *Annali del Seminario Giuridico...*, 14, *passim*, maxime p. 422; Orestano, *Rappresentanza...*, in *Novissimo...*, XIV, pp. 796 e ss., maxime pp. 798 e 800; Serrao, *Institore...*, in *Enciclopedia...*, XXI, pp. 832 e 833; Hamza, *Aspetti della rappresentanza negoziale...*, in *Index...*, IX, *passim* e maxime p. 215, embora circunscrevendo a admissibilidade da representação directa em Roma a um período muito limitado (segundo este autor ao tempo de *Papinianus* a *actio quasi institoria* ainda não se encontraria generalizada; enquanto já no século III d. C. se teria iniciado uma decadência na condição do procurador social que acabaria por atraí-lo, novamente, para a órbita do *dominus*); Quadrato, *Rappresentanza...*, in *Enciclopedia...*, XXXVIII, pp. 417 e ss.. Estas referências bibliográficas poderão ser completadas através do compulsar de outras indicações dadas no mesmo sentido, e de forma dispersa, noutras notas.

[728] Para mais pormenores acerca da posição dos glosadores cfr., Parte I, Cap. II, parágrafos 1 e ss.. No tocante ao modo como a doutrina mais moderna tem encarado a articulação entre o

qual não logrou, todavia, fazer escola entre os seus contemporâneos. Ia também nessa direcção, e agora de forma mais acentuada, a posição de vários comentadores, numa tendência, depois, especificada com os jurisprudentes elegantes. Ia, por último, igualmente no sentido da admissão pelo direito romano do fenómeno da representação directa, a opinião, expressa muitos séculos mais tarde, por SAVIGNY[730] e HELLMANN[731]. Porém, e para empregar as palavras de ORESTANO[732], este justo entendimento não logrou até há bem pouco tempo fazer vencimento. A pandectística afasta-se, de facto, dele e transmite aos estudos romanísticos a ideia segundo a qual no direito justinianeu ainda vigorava a antiga regra de direito civil contrária à representação directa[733]. As últimas investigações sobre o direito do Baixo Império desmentem semelhante resultado[734]. Na verdade, elas vieram demonstrar, conforme refere a propósito ORESTANO[735], como, através das transformações próprias da época,

---

inegável reconhecimento de casos, ao menos do ponto de vista dos efeitos produzidos, muito próximos da representação directa e o princípio do *alteri stipulari nemo potest*, v., *infra,* sob o presente parágrafo e até ao parágrafo 9 incluído. Para já, e a propósito de quanto se refere no texto, consulte-se quanto escrevem Riccobono, *Liniamenti della dottrina della rappresentanza diretta...*, in *Annali del Seminario Giuridico...*, 14, pp. 418 e ss.; Orestano, *Rappresentanza...*, in *Novissimo...*, XIV, p. 800; e Serrao, *Institore...*, in *Enciclopedia...*, XXI, p. 832.

[729] V., *infra,* Parte I, Cap. II, parágrafo 1. 4.

[730] V., Savigny, *System...*, vol. III, pp. 90 e ss.; e *Obligationenrecht...*, II, pp. 21 e ss..

[731] Hellmann, *Die Stellvertretung...*, pp. 43 e ss..

[732] Orestano, *Rappresentanza...*, in *Novissimo...*, XIV, p. 800, autor que não deixa, todavia, de lembrar a circunstância de, apesar de apontar alguns bons caminhos, a argumentação de Savigny não se afigurar totalmente feliz – como também não é, de resto, a construção de Hellmann – tendo sido objecto de críticas designadamente por Mitteis, *Die Lehre...*, pp. 89 e ss. (para mais referências acerca da construção de Savigny e seus prosélitos v., *infra,* Parte I, Cap. IV, parágrafo 1).

[733] Cfr., Orestano, *Rappresentanza...*, in *Novissimo...*, XIV, p. 800.

[734] Orestano, *Rappresentanza...*, in *Novissimo...*, XIV, p. 800. Merecem especial referência as afirmações de Hamza, *Die Gewillkürte...*, pp. 223 e ss., autor segundo o qual a análise histórica da representação permite concluir no sentido de que a relação entre representado ou representante se apoiou ora numa relação objectiva (de subordinação) ora subjectiva (a vontade). A essência do fenómeno jurídico-representativo reside, segundo Hamza, na circunstância de se produzirem, de forma imediata, efeitos jurídicos na esfera jurídica do principal. As variantes dogmáticas através das quais se opera essa entrada podem ser diversas, embora nenhuma das construções conhecidas se possa caracterizar como a melhor ou a mais apurada. O direito romano admitiu a vinculação directa do *dominus* quando os interesses em causa assim o impunham. E esse foi o domínio a partir do qual a representação da moderna dogmática jurídica se desenvolveu quer do ponto de vista material quer na sua vertente formal.

[735] Orestano, *Rappresentanza...*, in *Novissimo...*, p. 800, considera na verdade que os novos estudos sobre o Baixo Império demonstraram como, através de transformações próprias da época, novos esquemas reportáveis ao moderno instituto da representação directa foram sendo admitidos no plano da aplicação, ainda quando não elaborados dogmaticamente, numa constante evolução, a qual precede do direito clássico. Frente a estes testemunhos, continua Orestano, torna-se inaceitável a tendência para interpretar a legislação justinianeia como um local de conservação da proibição civilística da representação directa. No dizer do autor, já no direito clássico, e mais ainda no pós-clássico, a regra perdeu qualquer valor prático e a sua recordação na compilação de Justiniano apenas tem valor histórico sem relevância para a elaboração dogmática do direito justinianeu. V., também, e como exemplo da tendência que se vem desenhando, Serrao, *Il procurator, cit.*, p. 100.

novos esquemas jurídicos reportáveis ao moderno instituto da representação directa foram sendo objecto de aplicação prática – denunciando-se apenas uma falta de elaboração dogmática – e cujos elementos constitutivos viriam já certamente do direito clássico [736].

8. – A representação jurídica directa no direito justinianeu através da *actio directa* e a *condictio, tamquam si principaliter cum ipso negotium gestum esset*

I – O processo de transformação, operado tanto através de um paciente esforço da jurisprudência romana como mediante intervenções imperiais[737], que conduziu, de uma situação de proibição da representação directa, a um cenário mais ou menos amplo de admissibilidade da referida figura, é, conforme resulta, aliás, de quanto até agora se avançou, acolhido, codificado e desenvolvido na compilação justinianeia[738].

De acordo com SOLAZZI[739], um dos traços característicos da obra levada a cabo pelos compiladores ao serviço de Justiniano é o multiplicar das acções concedidas contra o *dominus*. A *actio quasi institoria* duplica-se com a *actio directa*[740] e, porventura, triplica-se com a *actio in rem verso utilis*. A delimitação dos limites de cada uma destas acções pressupõe um esforço bastante significativo. Não surpreende, por isso, e no dizer do autor italiano[741], ter-se visto no

---

[736] Mesmo Santos Justo, *Direito...*, I, *Parte geral...*, p. 202, autor que apesar de colocar sérias reservas à admissibilidade da representação imediata em Roma (v., por exemplo p. 280, da obra citada nesta nota) afirma: «*Mais tarde, provavelmente na época dos Severos e por obra da iurisprudentia, esta representação indirecta transformou-se numa verdadeira representação, agindo o representante* (procurator, tutor, ou curator) *em nome e no interesse do representado, a quem pertencia a legitimidade (activa e passiva) da correspondente* actio (...).» Isto não sem antes ter já reconhecido a existência de fórmulas de representação directa no antigo processo das *legis actiones*.

[737] Recordem-se, entre outras, as constituições de *Diocletianus et Maximianus AA. et CC. Antigonae* – C., 4, 25, 5; Id., *AA et CC. Onesimae* – C., 4, 25, 6; Id., *AA. Marcello* – C., 4, 27, 1.

[738] Nesta direcção pode, por exemplo, ver-se, Solazzi, *Errore...*, in *Scritti..*, I, pp. 292 e 293; Riccobono, *Liniamenti della dottrina della rappresentanza diretta...*, in *Annali del Seminario Giuridico...*, 14, p. 422; Orestano, *Rappresentanza...*, in *Novissimo...*, XIV, p. 800; Serrao, *Institore...*, in *Enciclopedia...*, XXI, pp. 830 e 833, autor que considera prova suficiente da admissibilidade pelo direito justinianeu da figura da representação directa o recurso a D., 14, 3 – *De institoria actione*; C., 4, 25 – *De exercitoria et institoria actione*; e I.J., 4, 7 – *Quod cum eo, qui in alia potestate est negotium gestum esse dicatur*.

[739] Solazzi, *Errore...*, in *Scritti..*, I, p. 292.

[740] Acerca de um possível alargamento da ideia de acção ou pretensão directa contra o *dominus*, em virtude dos actos praticados pelo respectivo auxiliar, a toda a *cognitio extra ordinem* cfr., Mitteis, *Römisches Privatrecht....* I, p. 228.

[741] Solazzi, *Errore...*, in *Scritti...*, I, p. 292.

trecho de *PAPINIANUS, Libro XXVIII. Quaestionum* – D., 21, 2, 66, 3, e de *ULPIANUS, Libro XXXII. ad Edictum* – D., 19, 1, 13, 27, uma *actio quasi institoria*, não obstante não aparecer nos citados fragmentos qualquer referência a semelhante acção. A explicação evita a concessão de uma duplicidade de meios (*actio* directa e *actio quasi institoria*) pouco justificável, tendo feito, por isso, escola[742].

Particularmente importante é, nesta perspectiva, a inovação introduzida por Justiniano, ao admitir que, para além das possibilidades conferidas pelas *actiones adiecticiae qualitatis*, fundadas nos expedientes do direito pretoriano, os terceiros pudessem agir directamente contra o principal (*iubens* ou preponente) com a *condictio, tamquam si principaliter um ipso negotium gestum esset* (I.J., 4, 7, 8; *Labeo, Libro VI. Posteriorum a Iavoleno epitomatorum* – D., 17, 2, 84; *Paulus, Libro IV. ad Plautium* – D., 12, 1, 29[743]). A responsabilidade do *dominus* tende, assim, com o desaparecimento do direito pretoriano a passar de adjectícia a principal, com o consequente afirmar de forma ainda mais vincada dos moldes da representação directa[744].

Na opinião de SERRAO podem ser recordadas como expressão do mundo pós-clássico as *Sententiae* de *PAULUS*, 2, 8, 1-3, onde, no meio da confusão de conceitos de direito vulgar, se institui a vinculação do *institor* pelos contratos celebrados pelos respectivos auxiliares[745]. Confusão igualmente presente na compilação bizantina que não nos fornece pistas unívocas – designadamente quanto a saber como a *condictio* se articulava com a *actio quasi institoria* – e cuja reconstituição se não afigure complicada. Nada disso esconde, porém, o aspecto essencial: o reconhecimento da representação ao tempo de Justinano[746].

---

[742] Já no tocante ao modo como a *actio in rem verso* se articulava com a *actio exercitoria* a doutrina mostra-se significativamente dividida. Sobre o assunto pode ver-se, entre outros, e em sentidos não coincidentes, Jhering, *Mitwirkung...*, in *Gesammelte...*, I, pp. 179 e ss.; Solazzi, *Errore...*, in *Scritti...*, pp. 292 e 293; Id., *Le azione del pupilo e contro il pupilo...*, pp. 111 e ss..

[743] Para mais pormenores acerca da *condictio* e designadamente do concurso de semelhante acção com as acções adjectícias v., entre outros, Solazzi, *«Condictio» e azioni adiettizie*, in *Scritti di diritto romano*, I, pp. 269 e ss.; Id., *Errore...*, in *Idem..*, I, p. 293.

[744] Cfr., designadamente, Solazzi, *Errore...*, in *Scritti..*, I, p. 293, autor segundo o qual, não obstante algumas contradições apresentadas pelas fontes de direito justinianeu, o facto essencial é o pleno reconhecimento da representação directa pelo *Corpus Iuris*; e Serrao, *Institore...*, in *Enciclopedia...*, XXI, p. 833.

[745] Serrao, *Institore...*, in *Enciclopedia...*, XXI, p. 833.

[746] Assim, e expressamente, Solazzi, *Errore...*, in *Scritti...*, I, p. 293.

9. – A máxima de *GAIUS*, 2, 95

I – Não obstante toda a evolução por que passou o direito romano mantiveram-se, até ao final, as proibições e fórmulas contrárias à admissibilidade de produção de efeitos jurídicos directos em esfera jurídica alheia e na sequência de acto voluntário de um eventual auxiliar ou intermediário. Designadamente o princípio expresso por *GAIUS*, 2, 95, «(...) *vulgo dicitur, per extraneam personam nobis adquiri non posse*» encontra uma reprodução quase perfeita nas I.J., 2, 9, 5: «(...) *vulgo dicitur, per extraneam personam nihil acquiri posse* (...)». Ao referir a máxima – considerada pela doutrina romanista como extremamente antiga – *GAIUS* evita, porém, e porventura não ao acaso, falar em *regula* e utiliza, em seu lugar, a expressão *vulgo dicitur*[747]. A escolha desta locução, empregue, conforme demonstrado pela doutrina romanista[748], em tantas outras ocasiões para recordar frases características e adágios imperfeitos; modos de falar atécnicos, aproximativos, imprecisos, aconselha alguma meditação sobre o sentido a atribuir à norma de *GAIUS*.

O ponto crucial da leitura do texto do jurisconsulto romano é, no dizer de QUADRATO, a expressão equívoca[749] – tornada ainda mais indefinida pelo uso da forma singular – *extranea persona*. Na sua acepção corrente, *extraneus* indicará aquele que não se encontra sujeito à *potestas* do *pater familias*[750]. Trata-se, porém, de uma acepção restrita do termo toda ela ancorada num vínculo potestativo de tipo tradicional[751]. Nesta perspectiva ficarão fora do conceito de *domesticus* – que se contrapõe ao de *extraneus*[752] – muitas das figuras presentes no ambiente familiar, as quais, apesar de se encontrarem ligadas ao *pater familias* por vínculos de natureza e intensidade variada, não são *personae in potestate, alieno iuri subiectae*[753]. Entre elas encontra-se, designadamente, o caso emblemático do liberto, ainda vinculado ao *patronus* por uma relação de dependência pessoal, marcada pelo *obsequium*, e com resíduos de evidente sujeição[754], mas que possui o estatuto de um sujeito jurídico autónomo. Numa

---

[747] Assim, e expressamente, Quadrato, *Rappresentanza...*, in *Enciclopedia...*, XXXVIII, p. 426.

[748] Quadrato, *Rappresentanza...*, in *Enciclopedia...*, XXXVIII, p. 426, com indicações bibliográficas.

[749] Assim, também, Quadrato, *Rappresentanza...*, in *Enciclopedia...*, XXXVIII, p. 427. Acerca do sentido a atribuir à palavra *extraneus* pode ainda ver-se Isay, *Die Geschäftsführung...*, pp. 331 e ss., o qual chama a atenção para a circunstância de o termo *extraneus* não poder ser tomado em sentido jurídico mas, tão-só, económico, indicando, por isso, todos os que se encontram em relação com *pater* e sua casa; Schlossmann, *Die Lehre von der Stellvertretung...*, II, pp. 193 e ss.

[750] Quadrato, *Rappresentanza...*, in *Enciclopedia...*, XXXVIII, p. 427.

[751] *Idem.*

[752] A contraposição expressa entre *domesticus* e *extraneus* é, designadamente, assumida por Isay, *Die Geschäftsführung...*, p. 331.

[753] Quadrato, *Rappresentanza...*, in *Enciclopedia...*, XXXVIII, p. 427.

[754] A generalidade da doutrina não tem, conforme sublinhado e documentado já, tido dúvidas ao considerar o liberto como um autêntico membro da família.

interpretação rigorosa da fórmula gaiana – ou outras suas congéneres – seria impossível adquirir através do antigo escravo. Porém, e como refere a propósito QUADRATO[755], o liberto aparece a adquirir, como substituto ou auxiliar do *dominus*, mais de uma vez, e em documentos de autenticidade insuspeitável[756]. O caso mais paradigmático de uma aparente contradição com o princípio formulado por *GAIUS*, 2, 95, é o atestado por uma tábua herculaneia (87, II 9-11[757]), de cerca do ano 70 d. C., na qual é descrita a *mancipatio* de um fundo dotal que um liberto adquire em nome e por conta de GIUNIA CLETA[758]. Numa *responsa* de *SERVIUS* relatada por *PAULUS, Libro XIV. ad Edictum* – D., 34, 2, 4, refere-se um outro caso semelhante, no qual um liberto é encarregado de adquirir lã púrpura que o *patronus* deixa validamente em legado à sua mulher. Também nesta hipótese, o liberto parece actuar como um verdadeiro agente e não apenas como um instrumento[759].

A identificação da pessoa estranha com uma pessoa não sujeita à *potestas* do *pater* revela-se um critério demasiado esquemático, uma representação rígida e fechada, inadequada a apreender a complexidade e variedade das situações particulares ou mesmo ambíguas[760] como sucede, por exemplo, com a hipótese dos filhos dados em adopção os quais *non in totum extranei sunt*[761]. Tanto mais que não falta nas fontes um uso variado e plurissignificativo do termo *extraneus*.

---

[755] Quadrato, *Rappresentanza...*, in *Enciclopedia...*, XXXVIII, p. 427.

[756] *Idem.*

[757] *Apud* Quadrato, *Rappresentanza...*, in *Enciclopedia...*, XXXVIII, p. 427. Cfr., também, e a propósito do significado da fonte, citada no texto, Orestano, *Rappresentanza...*, in *Novissimo...*, XIV, p. 798, nota (1).

[758] Parece assim infundada a posição de Mitteis, *Römisches Privatrecht....* I, p. 208, autor segundo o qual a representação seria simplesmente inadmissível em caso de *mancipatio*. Isto quer se tratasse de representação voluntária quer se tratasse de representação legal.

[759] Neste sentido v., Quadrato, *Rappresentanza...*, in *Enciclopedia...*, XXXVIII, p. 427, com ulteriores indicações bibliográficas. Alguma doutrina, de entre a qual se pode mencionar a título exemplificativo, e com diferente intensidade de posições, Buchka, *Die Lehre von der Stellvertretung...*, pp. 119 e 120; Jhering, *Mitwirkung für fremde...*, in *Gesammelte...*, I, p. 212; Laband, *Die Stellvertretung...*, in *Zeitschrift...*, X, p. 200, refere ainda um outro caso de verdadeira consagração da figura da representação em consequência do alargamento das faculdades de aquisição concedidas aos escravos. Tendo surgido frequentemente dúvidas quanto a saber qual a eficácia de um negócio celebrado por alguém que, erradamente, se julgava escravo de outrem, Justiniano ordenou a manutenção dos efeitos dos negócios celebrados em nome de quem figurasse no documento como *dominus* do escravo outorgante, independentemente de este não lhe pertencer ou ser inclusivamente um homem livre. A partir daqui ter-se-á, então, tornado possível utilizar terceiros na celebração de negócios jurídicos num fenómeno em tudo paralelo à representação. Apenas o outorgante não se podia comportar formalmente como um representante. Ele aparecia antes como *servus* do *dominus*, embora o não fosse na realidade.

[760] Cfr., Quadrato, *Rappresentanza...*, in *Enciclopedia...*, XXXVIII, pp. 427 e 428.

[761] V., *Ulpianus, Libro LX. ad Edictum* – D., 37, 4, 8, § 11; e na literatura jurídica moderna, Quadrato, *Rappresentanza...*, in *Enciclopedia...*, XXXVIII, pp. 427 e 428, autor que mostra ainda como vários dos textos e escritos do próprio *Gaius* revelam uma significativa tensão com a regra

O realce vai desde logo para os diversos textos de GAIUS, nos quais o termo *extraneus* aparece com distintos significados. A título de exemplo refiram-se deste jurisconsulto romano as Institutas, 2, 218 e 222; *Libro XXIV. ad Edictum provinciale* – D., 42, 5, 16; e, sobretudo, *Libro III. ad Edictum Provinciale* – D., 3, 4, 1, § 3 no qual um «(...) *extraneus defendere velit universitatem* (...)». Ao lado destas passagens de *GAIUS*, e de entre múltiplas outras de variados autores [762], destaca-se um trecho de *SCAEVOLA, Libro XIX. Digestorum* – D., 32, 38 (37-36), § 3, no qual o critério de classificação não é já a *potestas* mas uma realidade diferente, mais ampla: a comunidade familiar, a *domus* na qual confluem relações da mais diversa natureza [763].

II – O recurso ao liberto como possível intermediário não é, nem deve ser, um facto surpreendente. Isto pela razão simples de que o liberto, e quer de acordo com a análise dos juristas romanos, quer, ainda, em função da visão social que os romanos dele tinham não podia ser considerado como um *extraneus*[764]. O paralelismo frequentemente estabelecido, ao nível das fontes históricas entre, por um lado, o *filius* ou *servus* e, por outro, o liberto, seria disso prova suficiente se a aposição entre o antigo escravo e o *extraneus*, verificada nalguns textos, não indiciasse já de forma suficientemente sólida o facto de aquele se encontrar ligado à família, à *domus*, ao *patronus*[765]. A modificação de condição social subsequente à manumissão não cancelava, conforme se referiu já por mais de uma vez, o antigo vínculo.

Mas mais. O caso do liberto nem sequer corresponde a uma hipótese única ou isolada[766]. Ao lado do antigo *servus* aparecem ainda expressamente mencionados como incluídos na cerca familiar, e entre outros, os amigos[767].

O *amicus* ocupava uma posição muito particular. A *fides* que o ligava ao *dominus* faz dele um substituto do *pater* ou principal na condução dos *nego-*

---

por ele enunciada nas suas Institutas, 2, 95. É o caso por exemplo da *praepositio* de um *extraneus* recordada por *Gaius*, 4, 71, a propósito da *actio exercitoria* e da *actio institoria*.

[762] Para uma referência, rica em indicações, a outras fontes históricas onde o termo *extraneus* aparece nos contextos mais variados v., por todos, Quadrato, *Rappresentanza...*, in *Enciclopedia...*, XXXVIII, p. 429.

[763] Quadrato, *Rappresentanza...*, in *Enciclopedia...*, XXXVIII, p. 429.

[764] *Idem.*

[765] *Idem*, p. 429.

[766] Quadrato, *Rappresentanza...*, in *Enciclopedia...*, XXXVIII, p. 429.

[767] Assim, *Ulpianus, Libro XXII. ad Sabinum* – D., 33, 9, 3, 6, o qual considera que aquilo que se encontra «(...) *"usus sui gratia paratum", accipiendum erit, et amicorum eius, et clientium et universorum* (...)» ou a todos quantos (...) «*qui circa patremfamilias sunt*»; ou ainda *Paulus, Libro IV. ad Sabinum* – D., 33, 9, 4, § 2, que coloca em plano idêntico às necessidades do *pater* as dos seus *servus* e daqueles que *circa sunt.*

tia[768]. Quer de acordo com a valoração social quer em função da apreciação levada a cabo pelos juristas o *amicus* não era um *extraneus*. Demonstra-o, entre outros, *PAULUS* – D., 50, 16, 223, 1, ao sublinhar a intensidade da *coniunctio*, a *familiaritas* que ligava o amigo ao *pater familias*, num passo que tornará, segundo QUADRATO[769], explicável ou inteligível a circunstância de *PAPINIANUS*[770] considerar o *dominus* responsável pelos negócios concluídos por sua conta por um liberto ou amigo.

III – Apesar de continuar a existir, e de ser objecto de aparentes reafirmações, o princípio de direito romano que vedava a aquisição de direitos ou imputação de obrigações através de um intermediário livre é na, verdade, por diversas vezes desmentido[771]. De facto, a tendência contrária à regra da impossibilidade de aquisição *per liberam persona* acaba por se ver consagrada num texto fundamental para a temática da intervenção de substitutos ou auxiliares à luz do direito romano[772]: *ULPIANUS, Libro XXXII. ad Sabinum* – D. 24, 1, 3, § 12[773], onde claramente se afirma não ser novo nem novidade que se receba quanto se recebe por intermédio de outrem.

A evolução verificada não foi, sem dúvida, objecto de uma reforma radical. Tratou-se antes de um processo extremamente lento, gradual, de conversão e adaptação às novas realidades sociais de esquemas compatíveis com os novos desenvolvimentos. Apesar de formalmente consagrada, pelos compiladores de

---

[768] Cfr., Giuseppe Provera, *Mandato...*, in *Enciclopedia...*, XXV, p. 313; Quadrato, *Rappresentanza...*, in *Enciclopedia...*, XXXVIII, p. 430, com ampla indicação de fontes históricas nas quais o papel do *amicus* é documentado; Dieter Nörrund, *Mandatum, fides...*, in *Mandatum Verwandtes...*, pp. 13 e ss., autor que começa por referir a importância das relações de amizade na configuração da vida social dos vários povos antigos, e não apenas dos romanos; e Teresa Gimenez-Candela, *Mandatum und Bürgenregress*, in *Idem*, p. 169. Para mais pormenores acerca do relevo atribuído pela doutrina à amizade, designadamente na determinação dos contornos da figura do contrato de mandato e *procurator* cfr., *supra*, Parte I, Cap. I, parágrafo 2.

[769] Quadrato, *Rappresentanza...*, in *Enciclopedia...*, XXXVIII, p. 430.

[770] *Papinianus, Libro II. Responsorum* – D., 3, 5, 30 (31-32), pr.. A autenticidade deste trecho tem originado algumas dúvidas por parte da doutrina que ensaia vários tipos de reconstruções. V., por exemplo, Mitteis, *Römisches Privatrecht....* I, p. 227, nota (83), o qual suspeita da genuinidade da parte final do passo imputado a *Papinianus*. Uma abordagem mais tolerante pode, todavia, encontrar-se em Hamza, *Aspetti della rappresentanza negoziale...*, in *Index...*, IX, p. 212, nota (236) e p. 227, de forma implícita; e Quadrato, *Rappresentanza...*, in *Enciclopedia...*, XXXVIII, p. 431. Por último, e para uma apreciação um pouco mais detalhada a dar ao fragmento agora em referência v., de entre a bibliografia por nós referenciada, Axel Claus, *Gewillkürte Stellvertretung...*, pp. 259 e ss..

[771] Assim, e entre outros susceptíveis de referência, Quadrato, *Rappresentanza...*, in *Enciclopedia...*, XXXVIII, p. 432.

[772] *Idem*, p. 433.

[773] Também este texto foi, a par com o passo contido no D. 24, 1, 3, 11, sujeito a uma apertada crítica interpolacionista por se encontrar, segundo algumas vozes, em contradição com o

Justiniano, como regra geral, a ideia expressa através do aforismo *per extraneam* (ou *liberam*) *personam adquiri non potest* coexiste numa relação difícil, porventura mesmo contraditória, com outros dados culturais, aos quais o próprio Justinano não deixa de dar expressão através de uma constituição imperial datada do ano 530[774, 775]. E se, tal como sublinhado por QUADRATO, esta constituição aparece incluída no mesmo título do Codex («*Per quas personas nobis adquiritur*») no qual se encontra inserida a formulação de Diocleciano, ainda não totalmente desligada do velho princípio contrário à inadmissibilidade da representação, isso não representará tanto uma imperfeição da compilação de Justiniano mas, antes, a manifestação de uma tensão – entre as novas escolhas e desenvolvimento de novos modelos organizativos, por um lado, e a memória do passado, por outro – bem presente no desenho compilatório traçado pelos mestres bizantinos[776].

As dificuldades e pontos obscuros gerados pela convivência, num mesmo ordenamento jurídico, de elementos tão profundamente contrastantes, eram, no dizer de SOLAZZI[777], ultrapassados com genial desenvoltura pelos intérpretes bizantinos. Atesta-o a reflexão de um autor anónimo segundo o qual, ao dizer-se que não se pode adquirir por intermédio de *liberam personam*, está-se a referir aquele que não se encontra ligado ao *dominus* por nenhum tipo de relação; não se encontra sujeito à sua *potestas*, não é seu mandatário, não é nem gestor de negócios, nem tutor, curador nem outra espécie de representante. Quem é representante não é livre e adquire para o *dominus*[778, 779]. Um pensamento já qualificado de praticamente ingénuo e capaz de fazer sorrir mas que «*abrange em síntese a história da representação no direito romano*»[780, 781].

---

princípio do *alteri stipulari nemo potest*. Não faltam, não obstante, importantes defensores do carácter clássico desta fonte. Para mais pormenores, Horst Heinrich Jakobs, *Delegation...*, in *Zeitschrift...*, CXC, pp. 205 e ss., maxime pp. 220, 230 e ss. e 241; Kaser, *Durchgangserwerb*, in *Labeo...*, 26, pp. 24 e ss., maxime pp. 27 e 28, com amplas indicações bibliográficas; e Quadrato, *Rappresentanza...*, in *Enciclopedia...*, XXXVIII, p. 433 e nota (180), onde se afirma também ter sido, ainda, a frase, na qual se sustenta a falta de novidade da aquisição *per alium*, objecto de uma insidiosa tentativa de desvalorização, no sentido de demonstrar não ter nada a ver com a representação.

[774] C. 4, 27, 3 (*Imp. Iustinianus A. Ioanni*).

[775] Sobre tudo isto v., Quadrato, *Rappresentanza...*, in *Enciclopedia...*, XXXVIII, p. 433.

[776] Quadrato, *Rappresentanza...*, in *Enciclopedia...*, XXXVIII, p. 434. V., também, José Manuel Ruiz-Rico, *La representación en el interés...*, pp. 132 e ss..

[777] Solazzi, *Errore...*, in *Scritti...*, I, p. 293.

[778] Solazzi, *Errore...*, in *Scritti...*, I, p. 294.

[779] Reportando-se ao mesmo autor bizantino ao qual alude Solazzi, Quadrato, *Rappresentanza...*, in *Enciclopedia...*, XXXVIII, p. 434, sintetiza assim o seu pensamento: «*Na reflexão daquele intérprete*, per libera persona, *e como tal incapaz de adquirir para outros deve entender-se aquele que é totalmente livre* (...): *pelo facto de não ter vínculo algum, de nenhuma natureza, potestativa, contratual, ou de outro tipo, com o* dominus.»

[780] Solazzi, *Errore...*, in *Scritti...*, I, p. 294.

[781] Contra a existência de uma categoria geral da representação depõe assim, em termos decisivos, a natureza do *ius romanum* contrária a teorizações gerais e abstracções. Uma concepção da representação como figura ampla expressa em princípios de alcance genérico, pressupõe adquirido pela ciência do direito o pensamento sistemático moderno. Isso ocorreria, todavia, e apenas

10. – A falta ou vícios da vontade e estados subjectivos relevantes para o negócio representativo à luz do direito romano

I – De acordo com os partidários e sequazes da «teoria da representação» apenas a vontade do representante seria constitutiva do negócio representativo[782]. Nestes termos, apenas os vícios na formação do processo volitivo desenvolvido por este último se repercutiriam sobre o negócio representativo. Os obstáculos à livre formação do alvedrio negocial por parte do *dominus* esses seriam irrelevantes[783].

De acordo com a *communis opinio* emergente da reconstrução do fenómeno representativo, pela pandectística, esta tese teria claro apoio no direito romano[784]. A título de exemplo cita-se um trecho de *POMPONIUS, Libro XXXI. ad Quintum Mucium* – D., 18, 1, 12, no qual se afirma: «*In huiusmodi autem quaestionibus personae ementium et vendentium spectari debent, non eorum, quibus, adquiritur ex eo contractu actio: nam si servus meus vel filius, qui mea potestate est, me praesente suo nomine emat, nonest quaerendum, quid ego existimem, sed qui ille qui contrahit.*»

Não é nosso propósito encetar aqui uma análise acerca da questão da relevância dos vícios da vontade no contexto do fenómeno representativo tal como concebido pelos romanos[785]. Sempre se dirá, todavia, o seguinte.

---

no século XVII. A investigação de institutos parcelares onde, com carácter casuístico, transparecia a representação é todavia elucidativa, desde que com adequada perspectivação histórica. Em qualquer caso sempre se deverão recordar as palavras proferidas a este respeito por Scialoja, *Negozi giuridici, Corso di diritto romano nella R. Università di roma nell'anno Accademico de 1892-1893*, recolhido pelos Doutores Mapei e Nannini, 3.ª reimpressão, com prefácio de Salvatore Riccobono, Roma, 1913, pp. 220 e ss.: *«A esta regra rigorosa "per extraneam personam nihil adquiri posse" fizeram-se ao longo do tempo tais e tantas excepções, que apesar de formalmente consagrada como regra geral, mesmo no direito justinianeu, todavia as excepções práticas abrangem quase todo o campo de aplicação de modo que não se pode dizer excluída do próprio último direito romano.»* V., também Solazzi, *Errore...*, in *Scritti...*, I, p. 293, para quem o facto essencial é o pleno reconhecimento da representação.

[782] Cfr., *supra*, Introdução, e *infra*, Parte I, Cap. IV, parágrafo 2.

[783] Para uma análise da regulamentação dos vícios da vontade na formação dos negócios jurídicos à luz do direito romano v., por último, e por todos, António dos Santos Justo, *Direito...*, I, *Parte geral...*, pp. 204 e ss..

[784] V., por exemplo, e a título meramente exemplificativo, de entre uma multidão de autores nesse sentido, Laband, *Die Stellvertretung...*, in *Zeitschrift...*, X, p. 226, e nota (62).

[785] A este respeito v., a título meramente indicativo, para além da obra fundamental de Fritz Schulz, *Scientia, dolus und Error bei Stellvertretung nach klassischen Recht*, in *Zeitschrift der Savigny-Stiftung für Rechtsgeschichte, romanistische Abteilung*, XXXIII, 1912, pp. 37 e ss.; e Solazzi, *Errore...*, in *Scritti...*, I, pp. e ss..

II – Num primeiro momento, HUPKA[786, 787] procuraria, nalguma medida, travar os ímpetos dos prosélitos e sequazes da *Repräsentationstheorie*, ao afirmarem a consagração por parte do direito romano dos respectivos pontos de vista, recordando a circunstância de o escravo, o filho, até certo ponto o *procurator*, etc., carecerem de autonomia perante o *dominus*, num fenómeno que, como se viu, esteve na base da recusa, por parte da doutrina dominante, em aceitar a existência da representação no ordenamento jurídico romano. Ora, não seria possível afirmar a ausência do fenómeno representativo directo em Roma, para ao mesmo tempo, se ir beber inspiração às soluções – real ou aparentemente – proporcionadas pelos romanos, em sede de vícios da vontade e estados subjectivos relevantes no âmbito da representação. E a verdade é que se há ponto no qual a actual dogmática não pode, sob pena de insanável contradição, socorrer-se do ensinamento do direito romano, é o oferecido em sede das deficiências do processo de formação da vontade e estados subjectivos relevantes no quadro do fenómeno representativo. Se a representação jurídica dos escravos, dos filhos nada tem, como se pretende, a ver com a moderna representação porquanto não se fundava na vontade destes, o natural seria a aceitação das respectivas consequências, com a consequente não aplicação à dogmática do fenómeno representativo, tal como decorrente da pandectística, de princípios específicos do direito romano.

III – Mas mais importante do que assinalar as contradições nas quais incorrem todos quantos negam, por um lado, a existência de representação em Roma, e procuram, por outro, fundar e ligar a *Repräsentationstheorie* ao direito romano é – sobretudo para quem como nós sustenta a presença, no ordenamento jurídico romano, de figuras material ou substancialmente recondutíveis ao fenómeno representativo directo – recordar como, após o estudo de FRITZ SCHULZ acerca dos vícios da vontade e estados subjectivos relevantes na representação jurídica romana[788], a tese segundo a qual a *Repräsentationstheorie* encontraria em Roma plena e total consagração, não mais poder ser aceite.

---

[786] Cfr., Hupka, *Die Vollmacht*..., pp. 49 e ss..

[787] Isto, note-se, apesar de Hupka ser ele próprio responsável por quanto se considera o expoente máximo da teoria da representação. V., *infra*, Parte I, Cap. I, parágrafo 6, parágrafo 3 e Parte I, Cap. VI.

[788] Fritz Schulz, *Scientia, dolus und Error bei Stellvertretung*..., in *Zeitschrift*..., XXXIII, 1912, pp. 37 e ss.

SCHULZ começa por sublinhar a circunstância de mesmo WINDSCHEID, um dos mais acérrimos defensores da tese segundo a qual a *Repräsentations-theorie* – tal como viria a ser, numa interpretação literal, posteriormente consagrada no *BGB* – ter sido forçado a reconhecer o facto de as fontes não apresentarem um resultado claro. Na verdade, e de acordo com SCHULZ, afigura-se impossível negar as contradições existentes entre as distintas fontes relevantes nesta matéria. Contradições que os romanistas têm desde os tempos da glosa e até à cessação da vigência do *ius commune* procurado resolver. Todos os esforços levados a cabo nesse sentido, antes do estudo de SCHULZ, foram, porém, e como o autor cuida de salientar[789], realizados sem a utilização do método da crítica interpolacionsita. O autor considera, contudo, evidente a circunstância de as dificuldades e contradições apresentadas pelas fontes serem o fruto do trabalho dos compiladores[790]. Por isso, sem o recurso ao método da crítica interpolacionista o problema de saber qual a solução encontrada pelos romanos, em particular no período clássico, para as deficiências na formação do negócio representativo não se deixa resolver.

Por tudo isto, SCHULZ analisa e estuda, designadamente, as seguintes fontes, procurando detectar, sempre que necessário, interpolações: a) no tocante ao conhecimento da ilicitude ou proibição de um negócio (compra de uma *res* litigiosa ou celebração de um negócio *in fraudem creditorum*), *Ulpianus, Libro VI. Fideicommissorum* – D., 44, 6, 2; Novela 112 C., 2, § 1; *IULIANUS* – D., 21, 1, 51; *ULPIANUS, Libro LXVI. ad Edictum* – D., 42, 6, 6, § 12; b) conhecimento dos vícios da coisa comprada, *Africanus, Libro VIII. Quaestionum* – D., 21, 1, 51; *Pomponius, Libro IX. ad Sabinum* – D., 18, 1, 13; c) compra de um falso escravo, *Ulpianus, Libro LV. ad Edictum* – D., 40, 12, 16; *Paulus, Libro LI. ad Edictum* – D., 40, 12, 17; *Ulpianus, Libro LV. ad Edictum* – D., 40, 12, 22, § 1, § 4 e § 5; d) conhecimento na aquisição da posse do usucapião, *Paulus, Libro III. ad Neratium* – D., 41, 3, 47; *Papinianus, Libro XXIII. Quaestionum* – D., 41, 3, 44, 7; *Paulus, Libro LIV. ad Edictum* – D., 41, 4, 2, 10-13; *Papinianus, Libro XXII. Quaestionum* – D., 41, 3, 43, 1; *Ulpianus, Libro XVI. ad Edictum* – D., 6, 2, 7, 13; e) conhecimento na legitimação passiva para a *interdictum quod vi aut clam* – *Pomponius, Libro XXIX. ad Sabinum* – D., 43, 24, 21, § 1; f) conhecimento na aquisição da qualidade de herdeiro, *Ulpianus, Libro VII. ad Sabinum* – D., 29, 2, 30, § 7; *Paulus, Libro XLIV. ad Edictum* – D., 38, 15, 3; g) dolo na representação processual e não processual – *Neratius, Libro IV. Membranarum* – D., 44, 4, 11; D., 46, 3, 95, § 1; *Ulpianus, Libro LXXVI. ad Edictum* – D., 44, 4, 17-19; C., 2, 12, 10; *Paulus, Libro XXXII. ad Edictum* – D., 44, 4, 9; h) erro na compra – *POMPONIUS, Libro XXXI ad Quintum Mucium* – D., 18, 1, 12[791]; i) erro na aquisição da posse – *Ulpianus, Libro VII. Disputationum* – D., 41, 2, 34, §§ 1 e 2.

---

[789] V. Fritz Schulz, *Scientia, dolus und Error bei Stellvertretung...*, in *Zeitschrift...*, XXXIII, 1912, pp. 38 e 39.

[790] *Idem*, p. 39.

[791] Trata-se do fragmento antes citado e no qual alguma doutrina pretende apoiar a consagração pelos romanos da «teoria da representação». Schulz, *Scientia...*, in *Zeitschrift...*, XXXIII, pp. 77 e 78, considera que a decisão corresponde, no essencial, aos princípios clássicos. Deve, contudo, sublinhar-se o facto de esta decisão não ter, nem de perto nem de longe, a importância atribuída pelos defensores da *Repräsentationstheorie* na qual o *servus* ou *filius* actua *suo nomine*.

Conforme demonstrado por SCHULZ os clássicos distinguiam primeiro entre as situações de representação directa e de representação indirecta[792].

Na representação indirecta, como acontecia normalmente através de pessoas livres, apenas se considerava, para efeitos do negócio, a pessoa do representante[793]. No que à *scientia* diz respeito isso quer dizer: na relação jurídica entre o representante e o terceiro decide exclusivamente o conhecimento do representante[794].

Na representação directa, predominantemente realizada por sujeitos subordinados à *potestas* do *pater*, os clássicos continuavam as distinções[795]. De facto, no dizer de SCHULZ, as fontes apontam para uma pluralidade de diferenciações: considerava-se a pessoa do subordinado quando, na conclusão do negócio, lhe era concedida uma certa autonomia, embora não existisse uma uniformidade de critérios para determinar a existência de semelhante independência[796].

1. A principal distinção estabelecida pelos clássicos, nos casos de representação directa, verificava-se entre os negócios concluídos *peculiari nomine* e *domini* ou *patris nomine*[797].

Tratando-se de actos executados *peculiari nomine* as coisas passavam-se, no essencial, como na representação indirecta. Apenas a pessoa do representante relevava. O seu conhecimento prejudicava o representado. Já o desconhecimento do representante beneficiava o *dominus* independentemente da sua própria *scientia*. Este último princípio sofreu no entanto, rapidamente, algumas correcções. Várias decisões declaram relevante o conhecimento do representado apesar do desconhecimento do representante, umas vezes sem mais, outras vezes com restrições[798].

Caso o negócio tivesse sido realizado *domini vel patris nomine*, então, a solução já era a contrária. Apenas a pessoa do representado relevava[799].

2. Ao lado desta distinção fundamental encontra-se, todavia, e no dizer de SCHULZ, uma segunda: a diferenciação entre negócios *mandatu domini vel patris* e negócios *sine mandatu*. O alcance jurídico

---

[792] Schulz, *Scientia...*, in *Zeitschrift...*, XXXIII, pp. 37 e ss., maxime p. 39.
[793] *Idem*.
[794] *Idem*.
[795] *Idem*.
[796] *Idem*, p. 40.
[797] *Idem*.
[798] *Idem*.
[799] *Idem*, pp. 40 e 41.

desta separação é semelhante ao da primeira. Os negócios *mandatu domini vel patris* eram tratados como um acto *domini nomine*. Os realizados *sine mandatu* ficavam sujeitos ao tratamento dado aos negócios *peculiari nomine*[800]. Isso não implica, no entanto, a coincidência da primeira e segundo distinção. Os negócios *peculiari nomime* eram realizados sem mandato mas nem todos os actos realizados sem mandato eram *peculiari nomine*[801].

3. Uma terceira distinção é apenas detectável através de uma pequena pista: os negócios realizados, pelos subordinados, *certum mandante patre vel domino* são contrapostos a todos os demais. Os primeiros eram tratados como *domini nomine*. Os restantes como *peculiari nomine*[802].

O comum a todas estas distinções, sublinha novamente SCHULZ, reside no facto de, em todas, a pessoa do representante assumir relevância quando ele se encontra dotado de alguma autonomia na realização do negócio: ora se atribui relevância à independência económica do negócio *peculiari nomine*, ora se considera a iniciativa do representante (*sine mandatu*), ora à participação do representante na formação da vontade negocial (*sine certo mandatu*)[803].

Os compiladores parece terem tomado em consideração esta doutrina clássica, ainda incompleta, mas com vista a uma simplificação: decisiva passou a ser, em todos os casos, tanto a pessoa do representante como a do representado[804].

---

[800] *Idem*, p. 40.
[801] *Idem*.
[802] *Idem*.
[803] *Idem*.
[804] *Idem*.V., igualmente, Müller-Freienfels, *Die Vertretung...*, p. 390, nota (9).

CAPÍTULO II

DA GLOSA À PRIMEIRA CODIFICAÇÃO

1. – O desenvolvimento das diversas formas de vinculação directa na glosa e escola dos comentadores[805]

1.1. – O contexto histórico

I – O resultado de uma investigação histórica deve, tanto quanto possível, procurar ir ao encontro das ideias básicas, das correntes de pensamento correspondentes à época analisada. O estudo do desenvolvimento das formas de vinculação ou aquisição directa de direitos, tal como verificado ou operado pelas escolas dos glosadores e comentadores, terá, por isso, de ocupar-se, mesmo se sumariamente, com as tendências próprias desses tempos[806].

---

[805] Para uma abordagem do fenómeno da representação à luz do direito dos povos bárbaros, francos e germanos v., com diferentes enquadramentos e perspectivas de abordagem, Andreas Heusler, *Institutionen des deutschen Privatrechts*, Lípsia, 1885, I, pp. 203 e ss.; Freundt, *Wertpapier im Antiken und frühmittelalterlichen Rechte*, Lípsia, 1910, II, pp. 121 e ss.; Francesco Schupfer, *Il diritto privatto dei popoli germanici*, I, *Le persone. La rappresentanza. I titoli all'ordine e al portatore*, Città di Castello, Roma, 1913, pp. 313 e ss.; Heinrich Mitteis, *Lehnrecht und Staatsgewalt. Untersuchungen zur mittelalterlichen Verfassungsgeschichte*, Weimar, 1933, pp. 41, 516, e notas (205) e ss.; Gierke, *Deutsches Privatrecht*, reimpressão da edição de Lípsia, I, Munique, Lípsia, 1936, baseada na 1.ª edição de 1895, pp. 296 e ss., III, Munique, Lípsia, 1917, pp. 383 e ss., maxime 386 (agora no tocante ao contrato a favor de terceiro); Besta, *Le obbligazioni nella storia del diritto italiano*, Pádua, 1937, p. 982; Fränkel, *Die Grundsätze...*, pp. 293 e ss.; Wesenberg, *Verträge zugunsten...*, pp. 102 e ss.; Saggese, *La rappresentanza...*, pp. 8 e ss.; Calasso, *Introduzioni al diritto comune*, Milão, 1951, pp. 149 e ss.; Everding, *Die dogmengeschichtliche Entwicklung der Stellvertretung im 19. Jahrhundert*, Dissertação, 1951, Erlangen, pp. 16 e ss.; Planitz, *Principios de derecho privado germanico*, tradução de Carlos Melon Infante, Barcelona, 1957, pp. 40 e ss.; Michel Storck, *Essai...*, pp. 77 e 78; e Jean Louis Gazzaniga, *Mandat et représentation..*, in *Droits...*, 6, pp. 23 e 24. Cfr., igualmente *infra*, *passim*, e em particular, as considerações tecidas, no presente Cap., parágrafo 1. 4, acerca da eventual influência exercida pelo direito germânico sobre o ensinamento e doutrina da representação defendida por *Martinus de Gosia*. Quanto à representação processual no direito germânico anterior à recepção do direito romano cfr., Rosenberg, *Stellvertretung...*, pp. 434 e ss..

[806] Assim, também, Ulrich Müller, *Die Entwicklung...*, p. 29.

Neste cenário, o primeiro aspecto a referir consiste na circunstância de o contexto histórico no qual se movimentaram os glosadores se encontrar marcado pela respectiva congruência com a «ideia de Roma» e pelo apoio às pretensões políticas do império sálico e dos Hohenstauffen[807]. A consequência jurídica primordial desta ideia[808] consistiu na elevação – por força da tradição e autoridade a ele associadas – do direito romano a um autêntico direito natural[809]. Tudo a marcar claramente o compasso dos desenvolvimentos verificados no âmbito da vinculação ou aquisição directa de direitos em virtude de acto de terceiro, e, designadamente, uma muito estreita adesão por parte dos glosadores ao *Corpus Iuris*, numa atitude em grande parte submissa e carecida de sentido histórico[810].

O quadro vigente durante o período da glosa caracterizou igualmente a época dos comentadores. Também eles se mantiveram, em termos genéricos, muito próximos da ordem jurídica de Justiniano, embora, no dizer da doutrina, de forma menos acentuada do que os glosadores[811]. Isto quer pela razão de a «ideia de Roma» ter, a partir

---

[807] Wieacker, *História do direito privado moderno*, tradução de A.M. Hespanha da 2.ª ed. de 1967, Lisboa, 1980, p. 44; e Ulrich Müller, *Die Entwicklung der direkten Stellvertretung...*, p. 29.

[808] Para ulteriores pormenores acerca da formação do direito comum v., designadamente, e com simples carácter indicativo, Besta, *L'Opera d'Irnerio*, vol. I, *La vita, gli scritti, il metodo*, reimpressão da edição de Turim de 1896, 1980, *passim*, maxime pp. 32 e ss.; Bussi, *La rappresentanza negli atti «inter vivos» dei nascituri non concepiti e delle persone assente secondo il diritto comune*, in *Rivista di Diritto Privato*, 1933, III, II, pp. 11 e ss.; Engelmann, *Wiedergeburt der Rechtskultur in Italien durch die wissenschaftlichen Lehre*, Lípsia, 1933, *passim*; Calasso, *Introduzione...*, pp. 33 e ss.; Koschaker, *Europa und das Römische Recht*, 4.ª ed., Berlim, 1966, *passim*, maxime pp. 141 e ss.; Wieacker, *História...*, pp. 15 e ss.; Coing, *Europäisches...*, I, pp. 7 e ss.; Ruy de Albuquerque e Martim de Albuquerque, *História...*, I, pp. 193; Id., *Idem*, 10.ª ed., pp. 241 e ss..

[809] Wieacker, *História...*, p. 45; Ulrich Müller, *Die Entwicklung der direkten Stellvertretung...*, p. 29. Cfr., também, quanto escreve Lange, *Ius aequum und ius strictum bei den Glossatoren*, in *Zeitschrift der Savigny-Stiftung für Rechtsgeschichte, romanistische Abteilung*, 1954, LXXI, pp. 319 e ss., pp. 323 e 328.

[810] Para uma análise detalhada acerca da escola dos glosadores e respectivo método de trabalho pode ver-se, com carácter exemplificativo, e de entre a bibliografia por nós considerada, a obra de Savigny, *Storia del diritto romano nel medio evo*, tradução por Emmanuele Bollati, reimpressão da edição de Turim 1854-1857, Roma, 1972, II pp. 19 e ss. e III, pp. 371 e ss., mas em grande parte ultrapassada pelos novos desenvolvimentos verificados na matéria; Ernst Landsberg, *Die Glosse des Accursius und ihre Lehre vom Eigentum. Rechts– und dogmengeschichtliche Untersuchung*, Lípsia, 1883, pp. 11 e ss.; Besta, *L'opera...*, I, *passim*; Kantorowicz, *Studies in the Glossators of the roman law, newly discovered writings of the twelfth century*, com a colaboração de Buckland, reimpressão da edição de Cambridge de 1938, com adenda e corrigenda de Peter Weimar, Aalen, 1969, pp. 39 e ss.; Koschaker, *Europa...*, pp. 87 e ss.; Guido Rossi, *Glossatori*, in *Novissimo Digesto Italiano*, 1961, VII, 1963, pp. 1139 e ss.; Calasso, *Medio...*, I, pp. 345 e ss., 503 e ss.; Piano Mortari, *Glossatori*, in *Enciclopedia del Diritto*, 1970, XIX, pp. 625 e ss.; Ruy de Albuquerque e Martim de Albuquerque, *História...*, I, pp. 230 e ss.; Id., *Idem*, 10.ª ed., pp. 278 e ss.; Nuno Espinosa Gomes da Silva, *História do pensamento jurídico*, Lisboa, 1996/1997, pp. 24 e ss., maxime 28 e ss.; e 54 e ss..

[811] Para uma análise do trabalho de fundo levado a cabo pelos comentadores ou consiliadores, quer do ponto dos métodos utilizados quer ainda na preparação do caminho que

do declínio dos Hohenstauffen, começado a perder actualidade quer, ainda, em virtude da circunstância de os comentadores se verem a eles próprios como árbitros de grandes controvérsias[812].

II – No panorama cultural, político e jurídico acabado de mencionar não surpreenderá o facto de o encontro entre o direito romano e os novos tempos não ter provocado, no domínio da vinculação e aquisição directa de direitos em virtude de acto voluntário de um terceiro, uma ruptura radical com o princípio do *alteri stipulari nemo potest* [813].

Na verdade, se abstrairmos da doutrina de MARTINUS DE GOSIA – e seus prosélitos[814] – hoje bastante mais acreditada do que em tempos anteriores[815], permanecerá, no entender de muitos[816], como índice da atitude dos

---

conduziria à formação da moderna ciência do direito, Wieacker, *História...*, pp. 79 e ss.; Ruy de Albuquerque e Martim de Albuquerque, *História...*, I, pp. 235 e ss.; Id., *Idem*, 10.ª ed., pp. 284 e 285; Nuno Espinosa Gomes da Silva, *História do pensamento...*, pp. 33 e ss.. V., também, as considerações, formuladas por Richard Fränkel, *Die Grundsätze der Stellvertretung...*, pp. 289 e 299, autor que justifica a necessidade de se retomar e rever o tratamento dado por Buchka, *Die Lehre von der Stellvertretung...*, pp. 121 e ss. (escritor este que era, de resto, já acusado por Mitteis, *Die Lehre...*, p. 78, de não ter destapado as raízes da formação e desenvolvimento do fenómeno representativo) à problemática da representação ao tempo dos glosadores e comentadores devido ao facto de já não ser possível – como era na época de Buchka – ver os glosadores e pós-glosadores como simples cultores do direito romano, devendo-se, antes, reconhecer neles os fundadores do actual método jurídico-científico.

[812] Wieacker, *História...*, p. 81; e Ulrich Müller, *Die Entwicklung der direkten Stellvertretung...*, p. 29.

[813] Assim, também, Ulrich Müller, *Die Entwicklung der direkten Stellvertretung...*, p. 30, o qual mesmo assim não deixa de falar da função quase criptolegislativa dos comentadores associada à circunstância referida no texto de os consiliadores se tomarem a eles próprios como autoridades. Note-se, ainda, a circunstância de alguma doutrina (cfr., por exemplo, Paolo Cappellini, *Rappresentanza (diritto intermedio)*, in *Enciclopedia del Diritto*, XXXVIII, p. 443) defender a ideia segundo a qual o respeito manifestado, por parte dos glosadores e comentadores, perante as fontes romanas ser, na maioria dos casos, meramente formal e intencionalmente dirigido ao iludir dos fundamentos conceptuais e desvirtuar dos pressupostos nos quais o direito romano assenta. Isto ao ponto de se chegar a falar, a propósito da doutrina dominante na Glosa – e designadamente no tocante ao modo como era interpretada a regra do *alteri stipulari nemo potest* – de uma verdadeira *Vergewaltigung* das fontes de Justiniano. Esta opinião não é, todavia, sufragada por todos os historiadores, não faltando quem, como Dniestrzanski, *Die Aufträge...*, I, p. 12, afirme não terem os juristas do século XII ao século XVI prestado qualquer atenção aos desenvolvimentos históricos sofridos pelo direito romano e pela realidade a que se aplicava, preocupados que estavam com a simples exegese do *Corpus Iuris* (para uma crítica a esta forma de encarar a actuação dos juristas medievais v., por todos, Ruy de Albuquerque e Martim de Albuquerque, *História...*, I, pp. 191 e ss.; Id., *Idem*, 10.ª ed., pp. 278 e ss.).

[814] Cfr., *infra*, quanto se escreve a propósito da doutrina de *Hotomanus* e Schilter.

[815] São disso sintoma extremamente elucidativo as palavras proferidas por Riccobono, *Liniamenti della dottrina della rappresentanza diretta...*, in *Annali del Seminario Giuridico...*, 14, p. 421, o qual a, propósito das diferentes opiniões expressas por *Martinus de Gosia*, por um lado, e *Accursius*,

glosadores e consiliadores, perante o fenómeno da representação, a frase de *IRNERIUS* «*generale est, ex alterius stipulatione alteri actionem non quaeri*»[817]. Por conseguinte, apenas a outra parte ou estipulante num contrato, e não alguém exterior ao negócio, poderia beneficiar, em virtude dele, de um *ius directum*[818]. A vinculação directa de um terceiro, ou através de um terceiro, surgiria, tão-só, como consequência da utilização dos mecanismos próprios para a cessão de acções[819]. A fundamentação para semelhante entendimento dos glosadores e comentadores residia, no dizer da doutrina[820], na circunstância de os efeitos jurídicos não se afigurarem separáveis da respectiva causa. O contraente era visto simultaneamente como a fonte e o fim ou objectivo da actuação jurídica e subsequente relação. Tudo quanto era por ele adquirido através de um *actus civilis* respeitava à sua própria pessoa e permanecia a ela circunscrita[821]. Expressou-o *BALDUS*, de forma bem ilustrativa, ao afirmar que tal como uma planta não pode ser transplantada sem a colaboração dos homens também a *translatio actionum utilium* suponha um *factum hominis*[822].

A afirmação da unidade existente entre o representante e o representado não significava nenhum dado novo relativamente ao direito romano[823]. As categorias jurídicas romanas continuaram a servir de recurso e expediente para ultrapassar a afirmação de princípio da proibição de se estipular para outrem.

---

por outro, acerca da admissibilidade do fenómeno representativo, escreve: «*Existe hoje no século* XX *alguém que sinta vontade de dar razão a Accursio contra Martino? Seria um belo espectáculo, no século da crítica histórica luminosa.*»

[816] Cfr., Fränkel, *Die Grundsätze...*, p. 360; Dniestrzanski, *Die Aufträge...*, p. 12; Hofmann, *Repräsentation...*, p. 153; e, embora de forma não totalmente explícita, Helmut Coing, *Europäisches...*, I, p. 425.

[817] *Glosa erit danda* (D., 3, 3, 27, 1), impressa por Besta, *L'Opera...*, II, *Glose inedite d'Irnerio al Digestum Vetus*, p. 42. V., também, *Glosa Nihil agit*, I., § *Si qui alii*, Rub. *De inutilibus stipulationibus*. Por último, cfr., Ulrich Müller, *Die Entwicklung...*, p. 30; e já antes dele Fränkel, *Die Grundsätze...*, p. 360.

[818] Ao nível das fontes históricas relativas a esta época cfr., designadamente, no sentido da afirmação da regra da proibição de estipular para outrem, para além das referências constantes já da nota anterior, *Glosa fieri*, D., § *Si stipuler*, l. *Stipulatio ista*, Rub. *De verborum obligationibus*; *Bartolus, In secundam Digesti Novi partem praelectiones*, Rub. *De Verborum Obligationibus*, l. *Stipulatio ista*, § *Alteri stipulari* (Lião, 1546, n.º 1, fol. 18 r. e v.); *Baldus, In Digestum Novum comment.*, Rub. *De verborum obligationibus*, l. *Stipulatio ista* (Lião, 1562, fols. 142 r. e ss.).

[819] Assim, Dniestrzanski, *Die Aufträge...*, p. 14; Fränkel, *Die Grundsätze...*, p. 361; e Ulrich Müller, *Die Entwicklung der direkten Stellvertretung...*, p. 31. Para além, da possibilidade de cessão da *actio utilis* era, ainda, possível a aquisição directa de direitos mediante a investidura do *dominus* na veste de *procurator in rem suam*. A este respeito v., no direito romano, Serrao, *Il procurator, cit.*, p. 105, enquanto para uma análise do problema ao tempo dos escolásticos se pode cfr., Fränkel, *Die Grundsätze...*, p. 361. V., porém, quanto escreve a este respeito Bartolus, *In Secundum Digesti Novi...*, Rub., *De damno infecto*, L. *Qui bona fide*, § *Si alieno* (ed. citada, fol. 32 r.) onde se considera representar o *procurator*, tal como um núncio, directamente a pessoa do *dominus*, e portanto tornando dispensável a *cessio*.

[820] V., por todos, Fränkel, *Die Grundsätze...*, p. 360.

[821] *Idem*.

[822] *Idem*, p. 361.

[823] Cfr., *supra*, Parte I, Cap. I. V., também, Fränkel, *Die Grundsätze...*, p. 375; e Ulrich Müller, *Die Entwicklung der direkten Stellvertretung...*, p. 31.

Consoante os casos, o *dominus* era demandado através de uma *actio quod iussu*, *exercitoria* ou *institoria* – em especial através da *actio quasi institoria*[824]. A afirmação por parte de *BALDUS* do carácter adjectício destas acções representava, também ela, uma herança directa do direito romano[825, 826].

1.2. – O catálogo das excepções

I – A tendência genérica dos glosadores e comentadores de não romperem com os textos de Justiniano levou-os a recuar perante a possibilidade de realizarem alterações ao catálogo das excepções admitidas pelo *Corpus Iuris* à regra do *alteri stipulari nemo potest*[827]. Na eventualidade de pretenderem alcançar um resultado que não se coadunasse facilmente com a referida regra, nem por isso se caía de imediato no âmbito de uma situação considerada excepcional. Na verdade, os glosadores e consiliadores recorriam frequentemente a artifícios de dialéctica e a construções caracterizadas por pequenas subtilezas as quais permitiam garantir a harmonia com o *Corpus Iuris*[828].

A mais completa lista[829] das excepções à regra do *alteri stipulari nemo potest* elaborada por glosadores e comentadores encontra-se na Glosa de *ACCURSIUS*, *Nihil agit*, I, § *Si qui alii*, Rub. *De inutilibus stipulationibus*, onde se escre-

---

[824] De acordo com Fränkel, *Die Grundsätze...*, p. 375, para justificar a concessão de uma pretensão directa apenas ao *procurator*, e destarte uma mera *actio utilis* ao *dominus*, Baldus invocaria a sentença de *Paulus, Libro XII. ad Sabinum* – D., 45, 7, 11, na qual se afirma o princípio de que a obrigação e o efeito obrigacional devem coincidir na mesma pessoa. Em apoio desta sua afirmação o autor germânico cita «Baldus, Commentaria, D., 2, 11, 15, n.º 5». Se bem vimos, e salvo erro nosso, este passo deficientemente citado pelo autor germânico, corresponde a *Baldus, Commentaria in primam Digesti Veteris partem*, Rub., *Si Quis Cautionibus*, l., *Si tutor* («Auguste Tuarinorum», 1576, fol. 123 v.), onde, todavia, não se vislumbra qualquer consideração semelhante à imputada por Fränkel a *Baldus*.

[825] Assim, Ulrich Müller, *Die Entwicklung der direkten Stellvertretung...*, p. 31.

[826] Para referência detalhada à representação processual ao tempo dos glosadores e consiliadores v., Leo Rosenberg, *Stellvertretung...*, pp. 391 e ss., enquanto para a representação legal se pode cfr., mas de forma bastante mais sintética, Fränkel, *Die Grundsätze...*, pp. 375 e 376. A respeito dos desenvolvimentos operados pelos juristas medievais no tocante à representação dos incapazes merece, ainda, referência na doutrina jurídica alemã, Gerhard Wesenberg, *Zur Behandlung des Satzes Alteri stipulari nemo potest durch die Glossatoren*, in *Festschrift Fritz Schulz*, Weimar, 1951, II, p. 265; enquanto entre os autores italianos o destaque vai, sem dúvida, para as considerações tecidas, neste domínio, por Bussi, *La formazione...*, I, pp. 303.

[827] Ulrich Müller, *Die Entwicklung der direkten Stellvertretung...*, p. 31.

[828] *Idem*, p. 32.

[829] A este respeito cfr., Buchka, *Die Lehre von der Stellvertretung...*, p. 125; Wesenberg, *Zur Behandlung...*, in *Festschrift...*, II, p. 265; Lange, *«Alteri stipulari nemo potest» bei Legisten und Kanonisten*, in *Zeitschrift der Savigny-Stiftung für Rechtsgeschichte, romanistische Abteilung*, 1956, LXXIII, pp. 281; e Ulrich Müller, *Die Entwicklung der direkten Stellvertretung...*, p. 32.

ve, em referência ao princípio segundo o qual se alguém estipula para outrem, que não seja aquele a cujo direito ou poder está sujeito, nada faz (*nihil agit*): «*Et est ratio: quia inventae sunt, etc., ut infra eodem. §. Alteri et ff. de verborum obligation. l. stipulatio ista. § alteri. Fallit tamen in casibus. XVI. In primis: ut si stipulantis intersit: quia si tutor eius, cui stipulator, rem pupilli salvam fore. Secundo, quia stipuletur procuratori dominus. Tèrtio, si stipuletur creditori: ut infra eodem. § Sed si quis stipuletur. ver. et si creditori. et ff. de verb. obl. l. stipulatio ista. Quarto fallit in omnibus praetoris stipulationibus. ut ff de pret. stip. l. in omnibus. ut est damni infecti ff. de dam. infec. l. damni. §. si. Item iudicatum solvi et similes: ut ff. de procu. l. in causa. §. fi. Item fallit in procuratore praesentis: ut ff. de verb. obli. l. procurator. Item fallit in actore municipum: ex cuius pacto quaeritur municipibus. Item in curatore furiosi, et consimilium personarum, et tutoribus, ut ff., de consti. pec. l. eum, qui. §. si actori. Item fallit in institore: nam sibi actio ex pacto instituti quaeritur: ut ff. de inst. l. in i et l. ii. Item fallit in iudice uel [et] notario vel simili persona publica: ut ff. quorũ pactis, et stipulationibus alteri quaeritur: ut ff rem pupillum salvam fore. l. 2. et 3. et 4. j. responso et in Authentica de executio, et his, qui contr. §. primo. coll. VII. et in Authen. de haeredibus ab intestato. § ex is coll. IX. Item fallit in creditore, ex cuius facto quaeritur debitori: ut ff. de pign. act. l. si cum uenderet. j. respon. Item fallit, si avus paciscatur dotem reddi nepti, quam iam in potestatem non habet: ut ff. soluto mat. l. Caius Seius. Item fallit in procuratoris vendentis, ut ff. de actio empti l. Iulianus. § Si procurator. Item fallit in deponente, si paciscetur alii, rem restitui. Item fallit in commodante faciente simile pactum, ut ff. deposi. l. Publia. etc. ad exhib. l. Si res. Item fallit in donante, simile pactum faciente in eventum alicuius conditionis, ut C. de do. quae sub modo l. quoties. Item fallit, si pater stipuletur filio, vel alii posito sub sua potestate post mortem suam scilicet, patris, nam et filio quaeritur, licet haeres non sit: ut ff. de uerb. oblig. l. quocunque. § Si quis ita. Si vero pure, et non post mortem: ipsi stipulanti quaeritur (...). His enim casibus ex pacto, vel stipulatione alterius quaeritur (...)*»

Os exemplos proporcionados por esta fonte afiguram-se suficientemente elucidativos. Conforme sublinha a propósito WESENBERG, as restantes glosas praticamente não contêm qualquer outra contribuição[830]. Aqui encontram-se os meios auxiliares e sucedâneos quer da actuação em nome alheio quer da actuação para outrem, concebidas pelo direito romano – para a aquisição da posse, da propriedade e de créditos – por forma a satisfazer as necessidades do tráfego jurídico sem, com isso, provocar, ao menos formalmente, a destruição da regra do *alteri stipulari nemo potest*[831]. Na sistematização de *ACCURSIUS* encontram-se: a) todas as estipulações de carácter pretoriano mencionadas por *PAULUS, Libro XLVIII. ad Edictum* – D., 46, 5, 5; b) o contrato do *procurator praesentis* conforme o disposto por D., 45, 1, 79 e D., 3, 3, 68, assim como no procurador do vendedor; c) os contratos celebrados pelo *actor municipum*, o *curator furiosi* e outras categorias semelhantes, como, por exemplo, o tutor (D., 13, 5, 5 § 9); d) os contratos concluídos pelos juízes, notários e outras figuras públicas, etc., etc.. [832, 833, 834].

---

[830] Wesenberg, *Zur Behandlung...*, in *Festschrift...*, II, p. 265.

[831] Assim, v., Wesenberg, *Zur Behandlung*, in *Festschrift...*, II, p. 265.

[832] Cfr., Buchka, *Die Lehre von der Stellvertrtung...*, p. 125.

[833] *Accursius* via no *servus publicus* das fontes, nomeadamente, a figura do notário. Cfr., *infra*, nota (840), ao presente Capítulo.

[834] A circunstância de no catálogo das excepções não ser dado destaque à aquisição da

II – Quanto antes se referiu não deve, contudo, levar à conclusão segundo a qual os glosadores e comentadores não teriam operado alterações dogmáticas e modificações de fundo relativamente à regra ou princípio do *alteri stipulari nemo potest*[835]. Na verdade, os truques dialécticos e as construções oblíquas operadas pela escolástica acabaram por significar um importante passo mais na atenuação, e milenar esvaziamento, do primitivo rigor da proibição de *agere alieno nomine*[836]. Isto ao ponto de não faltar quem considere os contributos dos consiliadores e seus antecessores como a preparação do caminho de viragem e da nova configuração da doutrina da vinculação e aquisição directa de direitos por acto de vontade de terceiro[837].

1.3. – As construções de contorno ao princípio da proibição do *agere alieno nomine*. O esquema das formas de estipulação

I – De entre as várias excepções contidas no catálogo elaborado por *ACCURSIUS* destaca-se, designadamente[838], aquela relativa aos contratos celebrados – *rem pupilli salvam fore* – pelos juízes, notários e outras *personae publicae*[839], com particular realce para a figura dos notários[840]. Na verdade, e segundo BUSSI[841], não fora designadamente o

---

posse através de outrem – considerada, por muitos, como uma das mais importantes excepções admitidas pelo direito romano à regra do *alteri stipulari nemo potest* – não deve, no entender de Ulrich Müller, *Die Entwicklung der direkten Stellvertretung...*, pp. 32 e 33, surpreender nem significa qualquer alteração da posição dos glosadores relativamente à dos romanos. A verdade é que as excepções mencionadas na glosa se encontram subjacentes a quase todos os restantes desvios à regra entre as quais se pode contar a aquisição da posse. Para mais pormenores a respeito do modo como os juristas medievais tratavam o fenómeno da aquisição da posse por intermédio de outrem v. as considerações detalhadas de Fränkel, *Die Grundsätze...*, pp. 311 e ss..

[835] Neste sentido, também, Ulrich Müller, *Die Entwicklung...*, p. 33. Mas v., Paolo Cappellini, *Rappresentanza...*, in *Enciclopedia...*, XXXVIII, o qual considera não se poder falar, a propósito das referidas modificações de fundo, de um projecto intencional de refundação dogmática.

[836] Cfr., Paolo Cappellini, *Rappresentanza...*, in *Enciclopedia...*, XXXVIII, pp. 443 e ss., com destaque para a *interpretatio* criativa medieval.

[837] Assim pode ver-se, por exemplo, Bussi, *La formazione...*, I, p. 303; Wesenberg, *Zur Behandlung*, in *Festschrift...*, II, p. 267; e Paolo Cappellini, *Rappresentanza...*, in *Enciclopedia...*, XXXVIII, pp. 443 e 444.

[838] Para uma análise dos contornos de várias outras das excepções referidas no catálogo de *Accursius* cfr., designadamente, Lange, «*Alteri stipulari...*, *Zeitschrift...*, 1956, LXXIII, pp. 281 e ss..

[839] Relativamente a estas outras *personae publicae* v., por todos, Lange, «*Alteri stipulari...*, *Zeitschrift...*, LXXIII,1956, pp. 286 e ss..

[840] Na verdade, no *servus publicus* das fontes (cfr., Ulpianus, *Libro LXXIX. ad Edictum* – D., 46, 6, 2) *Accursius* via, designadamente, o notário. Cfr. *Glosa publicum* – D., l. *Si pupillus*, Rub. *De*

facto de a função dos notários se ter ampliado até aos limites do incrível[842], grande parte da evolução à qual foram submetidas as figuras da representação directa e do contrato a favor de terceiro durante o período de vigência das escolas dos glosadores e comentadores, teria sido pura e simplesmente impossível[843, 844].

A expressão «notário» foi, num primeiro momento, utilizada para designar o escrivão que assistia aos *tabelliones* na realização material dos actos[845]. A pouco e pouco, porém, os notários foram-se confundindo com o *tabellio*[846]. Contemporaneamente a este aumento da sua importância desenvolveu-se, para servir

---

verborum obligationibus. Cfr., também, *Glosa Nihil agit*, I., § *Si qui alii*, Rub. *De inutilibus stipulationibus*, em particular a nona das 16 excepções reconhecidas pela magna glosa ao princípio segundo o qual se alguém estipula para outrem nada faz.

[841] *La formazione...*, I, pp. 302 e 303.

[842] Para mais pormenores acerca da figura do notário e da importância assumida pelo direito notarial v., para além dos autores citados *infra*, nas notas que se seguem e na nota (859) ao presente Capítulo, na nossa literatura jurídica, e a título ilustrativo, Ruy de Albuquerque e Martim de Albuquerque, *História...*, I, pp. 301 e ss.; Id., *Idem*, 10.ª ed., pp. 351 e ss.; e José Artur Duarte Nogueira, *Sociedade e direito em Portugal na Idade Média. Dos primórdios ao século da universidade (contribuição para o seu estudo)*, Lisboa, 1994, pp. 21 e ss.. Para uma panorâmica sobre a influência da função notarial no desenvolvimento da figura do negócio jurídico v., por todos, Calasso, *Il negozio giuridico. Lezioni di storia del diritto italiano*, 2.ª ed., reimpressão, Milão, 1967, *passim*.

[843] A figura da representação notarial serviu, designadamente, como um dos modelos nos quais se apoiou a jurisprudência elegante holandesa – e em menor proporção também a alemã e francesa – para abrir importantes brechas no princípio do *alteri stipulari nemo potest*. Cfr., *infra*, os parágrafos dedicados ao estudo do modo como estas escolas de pensamento encaravam a possibilidade de se estipular ou pactuar para outrem.

[844] A respeito desta forma de representação pode ver-se, entre nós, não obstante a escassez da análise histórica a ela dedicada – Pessoa Jorge, *O mandato...*, p. 61. Na literatura jurídica de língua alemã, mas com carácter mais ou menos sintético, refira-se Buchka, *Die Lehre von der Stellvertretung...*, pp. 125, 133, 138; Fränkel, *Die Grundsätze...*, *passim*, e, por exemplo, p. 297; Wesenberg, *Zur Behandlung*, in *Festschrift...*, II, p. 265; e Hofmann, *Repräsentation...*, pp. 154 e 155; Coing, *Europäisches...*, I, p. 425; Staudinger-Schilken, *Kommentar...*, I, comentário § 164, p. 6. Com mais pormenor pode cfr., ainda, na literatura jurídica tudesca, Lange, *«Alteri stipulari...»*, in *Zeitschrift...*, 1956, LXXIII, pp. 283 e ss.. Em Itália o destaque vai para os estudos fundamentais de Bussi, *La rappresentanza...*, in *Rivista...*,1933, III, Parte II, pp. 3 e ss.; Id., *La rappresentanza notarile del diritto intermedio*, in *Idem*, pp. 315 e ss.; Id., *La formazione...*, I, pp. 303 e ss.; Paolo Cappellini, *Rappresentanza...*, in *Enciclopedia...*, XXXVIII, p. 444. Para uma referência à importância da figura, mais ampla – e na qual se enquadrará a representação notarial – da *Stellvretretung kraft Amt* (cuja pertinência é liminarmente descartada por Ulrich Müller, *Die Entwicklung der direkten Stellvertretung...*, p. 58) – no desenvolvimento da representação v., Fränkel, *Die Grundsätze...*, *passim*, p. 363 e ss.; Wesenberg, *Zur Behandlung*, in *Festschrift...*, II, pp. 266 e 267; e Paolo Cappellini, *Rappresentanza...*, in *Enciclopedia...*, XXXVIII, pp. 444 e 445. Veja-se também, mas apenas para uma breve análise da problemática da alienação de bens pertencentes a um feudo com hipotética produção de efeitos jurídicos na esfera do senhor feudal, Wesenberg, *Verträge zugunsten...*, pp. 109 e 110.

[845] Bussi, *La formazione...*, I, p. 303.

[846] V., por todos, Ruy de Albuquerque e Martim de Albuquerque, *História...*, I, pp. 301 e ss.. Id., *Idem*, 10.ª ed., pp. 351 e ss..

as necessidades da época, pela mão dos juristas, uma particular e engenhosa doutrina acerca da figura do notário. O seu fim era precisamente o de consentir, em determinadas circunstâncias, a afirmação da regra do *alteri stipulari potest*. Vejamos.

A proibição de *agere alieno nomine*[847], característica do direito romano, aplicava-se, conforme vimos já detalhadamente, aos homens livres. No tocante aos escravos eles não podiam ser sujeitos de relações jurídicas[848]. Nestes termos, os efeitos dos seus actos repercutiam-se na esfera jurídica do *dominus*[849], não na própria. No caso, por exemplo, de uma herança jacente, o servo adquiria não para si mas para a herança ou futuro herdeiro[850]. Herdeiro este que podia não ser sequer indicado «*nominatus*»[851].

Partindo desta base, glosadores e escolásticos encontraram apoio suficiente para construir a figura da representação notarial. Eles começaram por observar o facto de os notários realizarem um «*munus publicum*», porquanto lhes era pedido para redigirem documentos – ora públicos ora privados – dotando de valor *erga omnes* os factos por eles atestados[852]. Como os notários não podiam recusar quanto lhes era solicitado[853] foram rapidamente designados como servos públicos[854], numa terminologia que acabou por ser acolhida pela própria lei[855]. Daqui até se afirmar a ideia segundo a qual o notário era um *servus publicus* daquele a quem, presente ou ausente, se deixava um determinado direito foi apenas um passo – com o consequente e imediato reconhecimento da possibilidade de o notário praticar actos em representação de um *dominus*.

Na pesada e fechada concepção romana da escravatura a aquisição do servo valia como obtida pelo *dominus* na medida em que o negócio realizado por aquele era, pura e simplesmente, uma acessão da coisa constituída pelo escravo. Contudo, para os juristas medievais, os quais viam no *servus* não uma coisa mas antes uma pessoa, o negócio por ele celebrado era apenas um acto voluntário, cujos efeitos se produziam em esfera jurídica diversa da pertencente àquele que o executou[856]. Por isso, perante regras como as contidas nos trechos de ULPIANUS, *Libro XXXVI. ad Edictum* – D., 46, 6, 2; *Libro XXXV. ad*

---

[847] Para uma referência às várias fórmulas e fontes nas quais a referida proibição se deixava encerrar cfr., *supra*, Parte I, Cap. I, parágrafo 1, II.

[848] Bussi, *La formazione...*, I, p. 304. Ao nível da fontes v., a título exemplificativo, *Ulpianus, Libro XXVIII – ad Sabinum* – D., 50, 17, 22. Ulteriores referências podem ver-se *supra*, Parte I, Cap. I, parágrafo 1.

[849] Bussi, *La formazione...*, I, p. 304. Mais pormenor pode ser obtido *supra*, Parte I, Cap. I, parágrafo 1.

[850] Conforme referia a propósito, *Modestinus, Libro VII. Regularum* – D., 45, 3, 35, *«Servus hereditarius et hereditate futuro, et heredi recte stipulatur»*.

[851] Bussi, *La formazione...*, I, p. 304.

[852] Lange, «*Alteri stipulari...*, *Zeitschrift...*, 1956, LXXIII, pp. 288 e 289.

[853] Lange, «*Alteri stipulari...*, *Zeitschrift...*, 1956, LXXIII, p. 285.

[854] Cfr., Bussi, *La formazione...*, I, p. 304 e bibliografia citada *supra* nota (840) e *infra* parágrafo 1. 3 do presente capítulo assim como a nota (1086), também do presente Capítulo.

[855] Bussi, *La formazione...*, I, p. 304.

[856] Bussi, *La formazione...*, I, p. 306.

Edictum – D., 46, 6, 3; *Libro LXXIX. ad Edictum* – D., 46, 6, 4,[857, 858] ou, de forma mais impressiva ainda, nas I.J., 11, 3, *BARTOLUS*[859, 860] não terá tido grande dificuldade em afirmar que: «*actio utilis nobis quaeritur sine cessione in stipulationibus per notarium vel alium officialem publicum*»[861].

Característico na doutrina de *BARTOLUS* é o facto de, em todos os casos, o notário, ou oficial público, dever utilizar a fórmula própria da *stipulatio* romana sem o que o terceiro não poderia adquirir nenhum direito[862]:

---

[857] Estes fragmentos respeitam à «*satisdatio rem pupilli salvam fore*», cuja estipulação é consentida ao próprio pupilo se ele for *infantia maior*. Caso não o fosse, então, as fontes romanas estabelecem a seguinte ordem de preferência: a) se o menor possuísse um servo, deveria ser este a estipular em lugar do incapaz; b) se o menor não tivesse no seu património nenhum escravo deveria ser comprado um com o fim de celebrar a *stipulatio*; c) não existindo a possibilidade de compra deveria estipular, pelo menor, um escravo público.

[858] As suspeitas de interpolação que recaem sobre os fragmentos referidos no texto são, para a questão que nos ocupa, irrelevantes.

[859] A doutrina tem, na verdade, atribuído a *Bartolus* o surgir da representação notarial, ou, melhor, a sua justificação com base nas fontes romanas. Assim, v., por todos, Bussi, *La formazione...*, I, p. 305; e Wesenberg, *Zur Behandlung*, in *Festschrift...*, II, p. 265. Para além de constar já do catálogo de excepções de *Accursius* a possibilidade de estipulação para terceiro, através de notário foi ainda, e designadamente, reconhecida por uma multidão de autores dos diferentes períodos do *ius commune* e de que se pode referir, por exemplo, *Joannes Udalricus Zasius, Enarrationes*, Tit. *De Verborum Obligationis*, § *Alteri Stipulari* (Lião, 1548, fol. 57 v., n.º 17, 18 [mas referindo apenas a possibilidade de o advogado estipular para outrem se existir um costume pelo qual se adquire para outro estipulando]); Id., *Idem*, Tit. *De Actionibus et obligationibus*, L. *Quaecunque* (edição citada, f. 60r); *Paulus de Castro, Consilia*, Cons. CXCV (Francoforte, 1582, vol. II, n.º 2 fol. 93 v.); e *Andreas Fachineus, Controversiarum Iuris tomi tres*, Lib. VIII, Cap. XCI (Lião, 1605, Tomo I, cols. 1356 e 1357). Das várias justificações apresentadas para fundar a validade da estipulação notarial ressalta a menção à existência de um costume *contra legem* que afastaria, no âmbito de actividade do notário, a vigência do princípio do *stipulari alteri nemo potest*. Esta referência ao costume estaria presente por exemplo, entre os juristas humanistas (cfr., *Zasius, op. loc. cit.*, nesta nota; Joachim Mysinger von Frundeck, *Responsorum Iuris sive Consiliorum decades decem, sive centuria integra, Responsum* L., *argumentum* n.º 31, *Alteri stipulari nemo potest*, e *argumentum* 32, *Fallit, ut num*, 33 e 34 [Basileia, 1626, cols. 448 e 449. V., também a edição de Basileia, 1680, *argumenta* 32 e ss., col. 406]) segundo os quais os *mores hodierni*, mesmo os regionais (v. *infra* o parágrafo dedicado ao estudo da estipulação para outrem no humanismo), o costume, em geral, admitiam o princípio da estipulação em benefício de terceiro. Sobre esta projecção do ensinamento dos juristas medievais e pré-humanistas – acerca da relevância do costume como forma de afastar a relevância do princípio do *alteri stipulari nemo potest* – na doutrina humanista v., Paolo Cappellini, *Rappresentanza...*, in *Enciclopedia...*, XXXVIII, p. 449 e nota (68). Entre os jurisprudentes elegantes holandeses v., a propósito das dúvidas colocadas pela estipulação para outrem através de notário, *Vinnius, In Quator Libros...*, Lib. III, Tit. XX, § 4, *De eo in quem consertur obligatio, vel solutio, commentarius* (edição citada, p. 579).

[860] No tocante à influência, sem paralelo exercida, pelo ensinamento de *Bartolus* na ordem jurídica interna portuguesa v., Martim de Albuquerque, *Bártolo e Bartolismo na história do direito português*, separata do *Boletim do Ministério da Justiça*, n.º 304, 1981, pp. 9 e ss..

[861] A desnecessidade de uma cessão para a aquisição por parte do representado de um direito emergente do contrato (*actio utilis*) celebrado pelo notário, consiste num aspecto que deve ser realçado. Para mais pormenores v., Lange, «*Alteri stipulari...*», in *Zeitschrift...*, 1956, LXXIII, pp. 294 e 295, o qual lembra, ainda, como a *actio directa* ficava reservada para o próprio notário.

[862] Bussi, *La formazione...*, I, p. 307.

«*Quaero, quando notarius stipulatur utrum est necesse quod dicat promittis mihi notario tanquam publicae personae recipienti nomine omnium quorum interest etc.. Fateor quod, si non stipularetur tanquam publica persona, non posset alii quaerere.*»[863, 864]

II – Especial relevo merece, também, o esforço levado a cabo, fundamentalmente, por *BARTOLUS*[865] e *BALDUS*[866] no sentido de elevarem a geral (quando o *auxiliar* estivesse, por determinadas razões impossibilitado de ceder a *actio directa*) a regra excepcional do direito romano de acordo com a qual ao *dominus* deverá ser concedida, com base no contrato concluído pelo procurador, uma *actio utilis* subsidiariamente se «*aliter res domini salva esse non posset*»[867].

A concessão pelo direito romano de uma *actio utilis*, se «*aliter res domini salva esse non posset*», destinava-se, fundamentalmente, a proteger o *dominus* nos casos de insolvência do intermediário ou de ausência prolongada deste[868]. Através de uma interpretação, considerada habilidosa, na qual se faz apelo a quanto viria a ser chamado de princípio da subsidiaridade, *BARTOLUS* e *BALDUS* alargam a concessão desta *actio utilis* a todos os casos nos quais o intermediário se viesse a encontrar impossibilitado de transmitir os efeitos resultantes do acto por ele praticado. A ideia era a de permitir a produção de efeitos entre o *dominus* e o terceiro em todas aquelas hipóteses nas quais, por circunstâncias várias, o representante estivesse impossibilitado de ceder a *actio directa*. Mas, no fundo, as extensões operadas terão sido, fundamentalmente, realizadas a pensar nos direitos de carácter estritamente pessoal, insusceptíveis

---

[863] Bartolus, *In Secundam Digesti Novi...*, Rub. *Rem pupilli vel adolescentis salvam fore*, l. *Si pupillus* (edição citada, fol. 106 v.)

[864] Para uma análise mais detalhada da forma como a doutrina de *Bartolus* foi interpretada pelos doutores medievais a ele posteriores bem como acerca da utilização da representação notarial feita pela jurisprudência da época v., por todos, Bussi, *La formazione...*, I, pp. 307 e ss..

[865] Bartolus, *In Secundam Digesti Novi...*, Rub., *De damno infecto*, L. *Damni*, § *Si procurator* (edição citada, fol. 41 v.).

[866] Baldus, *Commentaria in Digestum Vetus*, Rub., *De actionibus empti et venditi*, l. *Iulianus*, § *Si procurator* (*Servianus*, Lião, 1562, fol. 425 r.).

[867] Cfr., entre outros, Fränkel, *Die Grundsätze...*, pp. 365 e ss.; e Paolo Cappellini, *Rappresentanza...*, in *Enciclopedia...*, XXXVIII, p. 446, autor que sublinha a circunstância de esta aparente inversão do sentido da regra romana, por forma a passar de excepcional a geral, confirmar e testemunhar a tendência doutrinal de toda a ciência jurídica medieval de atribuir ao *dominus* a possibilidade de se socorrer, na medida mais ampla possível, de uma *actio utilis*. Além disso ela demonstra, ainda segundo o autor italiano, a capacidade dos juristas e doutores de então para influírem sobre as relações conceptuais entre *procurator* e parceiro contratual. Finalmente, continua Cappellini – e conforme se verá *infra* – a intervenção de *Bartolus* e *Baldus* assinala uma alteração, ou volta, no plano da utilização dos termos técnicos, devendo ser valorada à luz desta última circunstância.

[868] V., a propósito, Curtius, *Die Stellvertretung...*, *Archiv...*, LVII, p. 76; e Fränkel, *Die Grundsätze...*, pp. 365; Hofmann, *Repräsentation...*, p. 155. Ao nível das fontes históricas de direito romano refira-se *Ulpianus, Libro XLVIII. ad Edictum* – D., 46, 5, 5.

de serem cedidos[869] e a solução não se terá afigurado fácil. Se *BARTOLUS* e *BALDUS* tivessem, pura e simplesmente, defendido a tese segundo a qual o *dominus* adquiria directamente os direitos que o procurador não podia ceder – ou que o terceiro beneficiava de uma *actio utilis* porquanto os direitos de carácter pessoal eram intransmissíveis – eles teriam entrado em contradição declarada com a regra romana formal do *alteri stipulari nemo potest* [870]. Para evitar semelhante resultado, os dois comentadores caracterizam o representante como se de um *nuncius* se tratasse[871, 872]. Na medida em que o direito romano admitia a celebração de contratos através de um núncio – com a imediata produção de efeitos na esfera do *dominus* – expressamente equiparado pelas fontes a uma carta[873], o processo encontrado por *BARTOLUS* e *BALDUS* garantia o respeito pelas exigências formais impostas pelo *Corpus Iuris* [874]. Contudo, no momento no qual a *conceptio verborum* da intermediação procuratoria é explicitamente relacionada e combinada com o *modus adquisitionis* do núncio, *BARTOLUS* introduz, como forma de exprimir o carácter imediato do efeito representativo na esfera do dono do negócio (exemplificando com o casamento por procuração), a noção linguística de representação: «(...) *in his, quae adeo sunt personalia, quae ex persona procuratoris non possunt transire in dominum: procurator repraesentat personam dominii directi sicut nuncius (...). Et ideo, si aliquis desponsat uxorem procuratio nomine meo, non est dubium, quod illa non est*

---

[869] Assim v., por todos, Ulrich Müller, *Die Entwicklung der direkten Stellvertretung...*, p. 34; e Hofmann, *Repräsentation...*, pp. 155 e 156.

[870] Ulrich Müller, *Die Entwicklung der direkten Stellvertretung...*, p. 34. Mas v. Böhmer, *Exercitationes...*, Lib. II, Tit. XIV, *De iure ex pacto tertii quesito*, Cap. I, § 28 (edição citada, pp. 287 e ss.) que considerava valer já o princípio da subsidiariedade, por força da equidade pretoriana, ao tempo dos romanos, designadamente quando o representante estipulasse de *damnum infecto*.

[871] Cfr., designadamente, *Bartolus, In Secundum Digesti Novi...*, Rub., *De damno infecto*, L. *Qui bona fide*, § *Si alieno* (edição citada, fol. 32 r.).

[872] Acerca do processo mental – e dos princípios da subsidiariedade, reciprocidade e conexão a ele subjacentes (de acordo com *Baldus* [designadamente, e entre outras fontes relevantes, *Commentaria...*, Rub., *De actionibus empti et venditi*, l. *Iulianus*, § *Si procurator* (edição citada de *Servianus*, fol. 425 r.]) naqueles casos em que por aplicação das regras relativas às acções *adiecticiae qualitatis* o *dominus* ficasse directamente vinculado ele deveria também, e em obediência à ideia de reciprocidade, poder adquirir directamente direitos) – que terá permitido e apontado o caminho aos glosadores, até chegarem ao resultado da equiparação do representante a um núncio, como forma de aumentar a tutela conferida ao *dominus* v., os contributos de Fränkel, *Die Grundsätze...*, pp. 366 e ss.; e a crítica que lhe é, em parte, movida por Ulrich Müller, *Die Entwicklung der direkten Stellvertretung...*, p. 35 e nota (49).

[873] Cfr., *Paulus, Libro III. ad Edictum* – D., 2, 14, 2.

[874] Neste sentido pode ver-se, expressamente, Ulrich Müller, *Die Entwicklung der direkten Stellvertretung...*, p. 34; e, de forma menos aberta, Paolo Cappellini, *Rappresentanza...*, in *Enciclopedia...*, XXXVIII, p. 446. Em direcção diversa v., porém, Buchka, *Die Lehre von der Stellvertretung...*, p. 142, para quem a equiparação, operada por *Bartolus*, do procurador ao núncio fere o direito romano e demonstra, além disso, de forma clara, como para o jurista medieval o princípio romano do *alteri stipulari nemo potest* não correspondia a nenhuma realidade palpável mas, tão-só, a preceitos formais cuja observância apenas seria de manter na medida em que não implicasse uma restrição prática da representação do principal através do procurador.

uxor procuratoris, et non est opus, quod per procuratorem cedatur mihi, sed mea directa uxor efficitur.»[875]

Como emerge deste, ou doutros contextos igualmente relevantes, a figura da representação surge associada à ideia de *persona* e ter-se-á desenvolvido em conjunto com esta[876]. A locução *personam repraesentare*, e em especial a expressão *personam alicuius repraesentare* – com a associação, particularmente visível na linguagem teológica, eclesiástica e litúrgica, da noção de representação ao conceito de pessoa[877] – transmitem claramente a ideia de uma *personarum identitas*, de uma unidade na pluralidade[878] – resultante não já de forças mágicas mas cumprida, antes, com plena consciência jurídica – de duas pessoas numa só[879]. A utilização do termo *repraesentare* no tratamento de um caso especial de aquisição de direitos de carácter estritamente pessoal é disso bem elucidativo: atendendo à particular natureza dos direitos em causa a respectiva aquisição só se poderia fazer no pressuposto da existência de uma identidade entre procurador e *dominus*[880].

Quando, no cenário descrito, *BARTOLUS DE SAXOFERRATO* evita as tradicionais fórmulas *vicem alicuius gerere* ou *personam alicuius gerere, suscipere, sustinere* e no seu lugar coloca *«personam alicuius gerere»* fá-lo por esta locução ser bastante mais abrangente[881]. O *personam alicuius repraesentare* do jurista bolonhês parece, assim, aproximar-se da expressão – própria do direito proces-

---

[875] *Bartolus, In secundam Digesti Novi...*, Rub., *De damno infecto*, L. *Qui bona, § Si alieno* (edição citada, fol. 32 r.). Cfr., quanto escrevem a respeito deste passo, Hofmann, *Repräsentation...*, pp. 155 e 156; Hamza, *Bemerkungen...*, in *Zeitschrift...*, Ano 26, 2, p. 81; e Paolo Cappellini, *Rappresentanza...*, in *Enciclopedia...*, XXXVIII, p. 446.

[876] V., as importantes considerações formuladas por Hofmann, *Repräsentation...*, pp. 156 e ss., maxime p. 165; e Hamza, *Bemerkungen...*, in *Zeitschrift...*, Ano 26, 2, p. 81 e nota (3).

[877] Cfr., *infra*. Para já limitamo-nos a remeter, na literatura estrangeira, para Pierre Michaud-Quantin, *Universitas. Expressions du mouvement communautaire dans le Moyen-Age latin*, Paris, 1970, pp. 11 e ss., 201 e ss., 271 e ss., 305 e ss.; Hofmann, *Repräsentation...*, pp. 118 e ss. e 156 e ss.; Santiago Panizo Orallo, *Persona jurídica y ficción*, Pamplona, 1975, *per totum*, maxime, pp. 151 e ss., 241 e ss., 305 e ss., enquanto, entre nós, e a propósito da doutrina do *Corpus Christi* – tão importante para a compreensão dos desenvolvimentos operados pelo direito canónico em matéria de representação – o destaque vai para Ruy de Albuquerque, *As represálias. Estudo de história do direito português (sécs. XV e XVI)*, Lisboa, 1972, vol. I, pp. 398 e ss..

[878] Acerca da importância do princípio da unidade, elevado pelo mundo medieval a coordenada fundamental do pensamento especulativo cfr., Gierke, *Das deutsche Genossenschaftsrecht*, III, *Die Staats– und Korporationslehre des Alterthums und des Mittelalters und ihre Aufnahme in Deutschland*, reimpressão fotográfica da edição de Berlim, 1881, Graz, 1954, pp. 514 e ss.; Ruy de Albuquerque, *As represálias...*, I, pp. 392 e ss.; e Hofmann, *Repräsentation...*, pp. 122 e ss., com destaque para a equação: *corpus (ecclesia) = Christus, caput = Christus e corpus + caput = Christus*.

[879] Isto numa orientação que, segundo Hofmann, *Repräsentation...*, p. 165, se teria mantido na doutrina de *Grotius*, Pufendorf e Wolff (a respeito do modo como estes pensadores encararam o fenómeno da representação jurídica v. *infra*, o parágrafo dedicado ao estudo da representação no jusracionalismo), até chegar aos nossos dias – como o comprovaria, entre outras, a definição de representação apresentada por Jellinek, *Allgemeine Staatslehre*, 3.ª ed., 7.ª reimpressão, Darmstadt, 1960, p. 566.

[880] Paolo Cappellini, *Rappresentanza...*, in *Enciclopedia...*, XXXVIII, p. 446.

[881] Hofmann, *Repräsentation...*, p. 159.

sual e usada já na Antiguidade tardia e princípio da Idade Média – *«aliquem repraesentare»*[882]. A locução torna-se no termo técnico[883] que indica a figura da representação no sentido de «tornar alguém presente enquanto sujeito de direito», «de agir ou actuar com produção de efeitos directos para um terceiro» ou, também, «a aquisição directa de direitos por parte de terceiro», «a atribuição de uma *actio utilis* sem necessidade de cessão»[884, 885] – expressão, portanto, técnico-jurídica indiciadora da unidade existente, nos casos (ainda qualificados de excepcionais pela generalidade dos autores) de produção de efeitos jurídicos directos, entre representante e representado[886]. Efeitos directos esses que entravam na esfera do representado na base da *personarum identitas*, cujo alcance não se circunscrevia de modo nenhum à representação voluntária [887]. A *representatio* medieval era, na verdade, uma categoria essencialmente objectiva, baseada sobre relações de natureza hierárquica, num fenómeno semelhante ao verificado em Roma[888, 889]. Ela não se encontrava ainda em necessária relação com o elemento subjectivo do consenso[890]. Este aspecto não deve, no entanto, e no dizer da doutrina, retirar valor ao campo semântico definitivamente conquistado pela jurisprudência medieval, com os desenvolvimentos agora descritos e já apelidados de milagre teológico-jurídico[891].

Igualmente importante e significativa afigura-se a utilização e manejo, por parte dos escolásticos, do princípio da reciprocidade, com vista a proceder ao alargamento das hipóteses de produção de efeitos directos entre o *dominus* e o terceiro[892].

As acções *adiecticiae qualitatis* tinham por fim vincular o *dominus*, perante o terceiro, pelos actos praticados pelos respectivos intermediários – *institor, procurator, magister navis*, etc. – aumentando assim a protecção concedida a quem tivesse contratado com um auxiliar [893]. Através do chamado princípio da reciprocidade, *BALDUS* procurou, também, alargar a protecção concedida ao principal. A ideia era a de conseguir um equilíbrio, entre terceiro e principal, no tocante aos direitos e deveres emergentes das acções *adiecticiae qualitatis*. Para isso, sustentou *BALDUS* dever reconhecer-se, em todos aqueles casos nos quais o *dominus* podia ser demandado directamente pelo terceiro, igualmente, ao principal a possibilidade ou direito de proceder directamente contra quem tivesse celebrado um negócio com o seu mandatário ou auxiliar [894, 895].

---

[882] *Idem*, pp. 102 e ss., e 159.

[883] Contra v., todavia, Dniestrzanski, *Die Aufträge...*, p. 15, autor segundo o qual nem os glosadores nem os pós-glosadores terão conhecido um termo técnico para a figura da representação.

[884] Hofmann, *Repräsentation...*, pp. 159 e 160. Convém realçar a circunstância de este esforço, desenvolvido pelos glosadores e comentadores, no sentido de se permitir a produção de efeitos directos entre o *dominus* e o representante, ter sido acompanhado de todo um trabalho no sentido de se libertar o intermediário de qualquer vinculação pelos actos por ele praticados na qualidade de auxiliar. Esta posição surgiu como consequência do reconhecimento da ideia de que o *procurator*, o *magister navis*, ou o *institor* eram meros representantes ao serviço do *dominus* ou da tese segundo a qual a adstrição destes auxiliares se apagava com o desempenho da respectiva função porquanto eles terão querido que o credor se pagasse à custa do património do principal. Para

Depois de desenvolvida esta posição por *BALDUS, PAULUS DE CAS-TRO*[896] acabaria por retirar uma conclusão da maior importância: naqueles casos em que o *dominus* podia, não apenas, ficar imediatamente vinculado como adquirir, ainda, de forma directa, a possibilidade de agir contra o terceiro, o representante deixava de necessitar de uma *actio directa* contra o terceiro a qual devia, por isso, ser-lhe negada[897]. Mas mais. Já ao tempo de *BARTO-*

ulteriores desenvolvimentos sobre esta questão pode ver-se, de entre a bibliografia por nós consultada, Buchka, *Die Lehre von der Stellvertretung...*, pp. 131, 214 e ss., e 221 e ss.; Brinz, *Die Lehre..., Kristische...*, II, p. 36; Fränkel, *Die Grundsätze...*, pp. 376 e ss.; e Ulrich Müller, *Die Entwicklung der direkten Stellvertretung...*, pp. 35 e ss.. Para uma panorâmica do cenário oferecido pelas fontes históricas da época consulte-se, a título exemplificativo, *Glosa Non levabitur*, D., l. *procurator*, Rub. *De procuratoribus; Glosa Emptori esse*, D., l. *Servum Titii*, Rub. *Mandati vel contra; Glosa Iuliana*, C., *Iuliana*, Rub. *Quando ex facto tutoris vel curatoris minores agere vel convenire possunt*; e *Baldus, Commentaria in primam Digesti Veteris partem*, Rub. *Si quis cautionibus*, L. *Si tutor* (edição citada, fol. 123 r., n.º 2).

[885] Não é por demais insistir como nas palavras de *Bartolus, In secundam Digesti Novi...*, Rub., *De damno infecto*, L. *Qui bona*, § *Si alieno* (edição citada, fol. 32 r.) esta equiparação entre núncio e procurador dispensava a *cessio*.

[886] Hofmann, *Repräsentation...*, pp. 159 e ss., maxime 164; e Hamza, *Bemerkungen...*, in *Zeitschrift...*, ano 26, 2, p. 81. Cfr., igualmente, Paolo Cappellini, *Rappresentanza...*, in *Enciclopedia...*, XXXVIII, pp. 446 e 447.

[887] Acerca da ideia de unidade existente entre servo e *dominus* tal como era vista por *Baldus* cfr., Hofmann, *Repräsentation...*, pp. 161 e 162.

[888] Cfr., *supra*, Parte I, Cap. I, *passim*.

[889] Paolo Cappellini, *Rappresentanza...*, in *Enciclopedia...*, XXXVIII, p. 447.

[890] Hamza, *Bemerkungen...*, in *Zeitschrift...*, ano 26, 2, p. 81.

[891] Paolo Cappellini, *Rappresentanza...*, in *Enciclopedia...*, XXXVIII, p. 447. Em sentido contrário v., todavia, Hamza, *Bemerkungen...*, in *Zeitschrift...*, ano 26, 2, p. 81, autor segundo o qual a impossibilidade de se descortinar na doutrina dos autores medievais um elemento subjectivo a servir de alicerce à figura da representação retira grande parte do significado às construções dos doutores de então e, designadamente, à de *Martinus*. As razões que nos levaram a discordar do entendimento proposto pela *sententia communis* acerca do fenómeno representativo em Roma levam-nos, também, a rejeitar a visão de Hamza agora referida.

[892] V., Ulrich Müller, *Die Entwicklung der direkten Stellvertretung...*, p. 35 e ss.. Cfr., também, a este respeito entre os autores do *usus modernus pandectarum*, Böhmer, *Exercitationes...*,, Lib. II, Tit. XIV, *De iure ex pacto tertii quaesito*, Cap. I, § XVIII (edição citada p. 287 e ss.).

[893] Cfr., *supra*, Parte I, Cap. I, maxime parágrafo 5.

[894] *Baldus, Commentaria in Digestum Vetus*, Rub., *De actionibus empti et venditi*, l. *Iulianus*, § *Si procurator* (edição citada de *Servianus*, Lião, 1562, fol. 425 r.).

[895] Sobre tudo isto pode ver-se, na literatura jurídica actual, Ulrich Müller, *Die Entwicklung...*, pp. 35 e ss..

[896] Curiosamente para chegar às conclusões a seguir referidas no texto, *Paulus de Castro* reporta-se não ao ensinamento de *Baldus* mas sim ao de *Bartolus, Consilia, Consilium* CXCII (Lião, 1546, fol. 57 v.), quando este afirma que o *dominus* pode libertar o devedor, mesmo antes da cessão a operar pelo procurador. Na verdade, Castro é claro ao utilizar de forma repetida a abreviatura *Bar.*, que significa *Bartolus* e não *Baldus*.

[897] *Paulus de Castro, In primam Digesti Veteris partem Commentaria*, Rub. *De pactis*, § *Sed si inter dominum* (Veneza, 1582, p. 60), local onde *Paulus de Castro* pergunta se, depois de celebrado um contrato através de *procurator*, e antes da cessão, o *dominus* pode perdoar a dívida contra a vontade do procurador. À primeira vista a resposta seria negativa por faltar nesse caso ao principal

LUS[898] era defendida a tese segundo a qual – mesmo antes da *cessio* – ao *dominus* devia ser consentido libertar o terceiro dos deveres resultantes do contrato celebrado com o mandatário ou auxiliar[899] por ser o senhor, afinal, quem controlava a processo judicial destinado a fazer valer os direitos emergentes do acto realizado pelo procurador[900].

A estes denodos, no sentido de se alargar a protecção concedida ao *dominus*, no âmbito das acções *adiecticiae qualitatis*, e portanto de lhe conceder uma, tão ampla quanto possível, faculdade de influenciar a relação jurídica estabelecida entre o procurador e o terceiro, correspondeu todo um trabalho para libertar o auxiliar, perante o terceiro, dos vínculos resultantes do acto de intermediação[901].

Foram variadas as posições apresentadas pelos juristas medievais para justificar a libertação do procurador ou intermediário[902]. Entre elas destaca-se a

---

qualquer acção. Todavia, escreve *Paulus de Castro, Bartolus* chamava já a atenção para a circunstância de uma vez que a acção me podia ser cedida e eu podia compelir o procurador a isso e fazer da acção o que me aprouvesse. Por isso posso remitir a dívida assim como compelir o procurador a remiti-la. São as seguintes as palavras de *Paulus de Castro,* logo a abrir o § *Sed si inter dominum*: «*Praemitte si procurator meus de mandato meo vendat tibi rem meam, acquireretur mihi utilis actio ex vendito ad praetium, et sine cessione (...) sibi non remanet directa.*»

[898] *Bartolus, Consilia, Consilium* CXCII (edição citada, fol. 57 v.).

[899] Acerca das implicações desta doutrina na história do fenómeno representativo v., Fränkel, *Die Grundsätze...,* p. 372.

[900] De acordo com Fränkel, *Die Grundsätze...,* p. 372, este aspecto da construção de *Bartolus* representa a consequência última da doutrina medieval da representação. Quer o representante seja mediato quer imediato a verdade é que, afirmada a doutrina preconizada por Castro, no fundo a sua actuação passa a repercutir-se na esfera patrimonial do *dominus*, enquanto o representante apenas fica investido numa posição formal. Por sua vez, Ulrich Müller, *Die Entwicklung...,* pp. 35 e 36, considera que a tese de Castro poderia ter conduzido a um reconhecimento generalizado da possibilidade de se vincular e adquirir directamente para outrem. Contudo, segundo Müller, Castro não se teria apercebido da circunstância de a sua conclusão, no sentido de se negar a *actio directa* ao representante e de introduzir o *dominus* imediatamente no contrato, permitir substituir o procurador pelo principal, com o consequente abandono da sua posição acessória, e abertura de uma nova orientação na doutrina da vinculação e aquisição de direito para terceiro. Apesar disso, e reportando-se à construção de *Bartolus*, bem mais simples do que a de Castro, Müller acaba por reproduzir, quase sem tirar nem pôr, a avaliação feita a esse respeito por Fränkel no sentido segundo o qual já na apreciação de casos situados no domínio das acções *adiecticiae qualitatis* chamavam para o centro do problema a esfera patrimonial do dono do negócio e, do mesmo passo, reduziam a posição do representante a situação puramente formal.

[901] Ulrich Müller, *Die Entwicklung...,* p. 36.

[902] Para uma apreciação panorâmica das posições defendidas pelos juristas da época pode-se cfr., Buchka, *Die Lehre von der Stellvertretung...,* pp. 214 e ss., o qual salienta como tudo foi feito em consonância e em estreita adesão ao direito romano. Ao nível das fontes v., *Glosa Non levabitur,* D., l. *procurator*, Rub. *De procuratoribus; Glosa Iuliana,* l. *Iuliana,* C., Rub. *Quando ex facto tutoris vel curatoris minores agere vel convenire possunt; Glosa Emptori esse,* D., l. *Servum Titii,* Rub. *Mandati vel contra.*

tese segundo a qual a vinculação do *procurator*, do *magister navis* ou do *institor*, do curador, etc., se extinguia com o termo da função[903], uma vez que eles actuavam apenas para o respectivo *dominus*[904].

III – Sem prejuízo do esforço levado a cabo no sentido de contornarem indirectamente a proibição formal do *agere alieno nomine* ou *alteri stipulari* – em particular através de intervenções operadas no campo da acções *adiecticiae qualitatis* – glosadores e comentadores procuraram também lidar frontalmente com o problema, sujeitando a regra do *alteri stipulari nemo potest* a uma ampla análise[905]. O resultado traduziu-se na elaboração de um esquema abstracto – já caracterizado como um dos pontos altos da ciência jurídica ao tempo dos homens da glosa e dos comentadores[906] – baseado numa subtil diferenciação da *conceptio verborum*, de todas as formas possíveis de *stipulatio*[907]. O processo foi seguido por todos os juristas da glosa e consiliadores de renome e conduziu à distinção entre os *verba formalia promissiva* ou *substantiva* e os *verba obligativa*, de um lado, e os *verba executiva*, do outro[908]. Enquanto os *verba promissiva* e *obligativa* se afiguravam idênticos na medida em que eram atinentes a uma promessa e fundavam o correlativo dever ou obrigação, os *verba executiva* constituíam o instru-

---

[903] Numa orientação que viria depois a ser retomada pelos humanistas. Cfr., *infra*, o parágrafo dedicado ao contributo do humanismo para a estipulação em nome de outrem e para o fenómeno representativo.

[904] A este respeito v., Buchka, *Die Lehre von der Stellvertretung...*, pp. 214 e ss., maxime pp. 221; Fränkel, *Die Grundsätze...*, pp. 379 e ss., ambos com amplas indicações bibliográficas e referências acerca das diferenças de aproximação ao problema por parte de cada autor, mas que, no caso de Buchka, se não limitam ao período agora em análise.

[905] Assim, também, Ulrich Müller, *Die Entwicklung...*, p. 37.

[906] *Idem*.

[907] Paolo Cappellini, *Rappresentanza...*, in *Enciclopedia...*, XXXVIII, p. 445.

[908] A respeito desta distinção, da maior importância no desenvolvimento da doutrina da representação, pode ver-se, Buchka, *Die Lehre von der Stellvertretung...*, pp. 125 e ss., com importantes indicações; Dniestrzanski, *Die Aufträge...*, pp. 12 e ss.; Luigi Tartufari, *Dei contratti...*, pp. 51 a 53; Fränkel, *Die Grundsätze...*, pp. 350 e ss.; Everding, *Die dogmengeschichtliche...*, pp. 15 e 16; Lange, «*Alteri stipulari...*», *Zeitschrift...*, 1956, LXXIII, pp. 304 e 305; Bauer, *Die Entwicklung des Rechtsinstituts der freien gewillkürten Stellvertretung seit dem Abschluß der Rezeption in Deutschland bis zur Kodifikation des BGB*, Dissertação, Erlangen, 1963, pp. 10 e ss.; Ulrich Müller, *Die Entwicklung der direkten Stellvertretung...*, pp. 37 e ss.; e Paolo Cappellini, *Rappresentanza...*, in *Enciclopedia...*, XXXVIII, pp. 445 e 446. Ao nível das fontes v. *Glosa ut supra dictum*, I., § *Alteri*, Rub. *De inutilibus stipulationibus* v., também, *Glosa fieri*, D., § *Si stipuler*, l. *Stipulatio ista*, Rub. *De Verborum obligationibus*; Bartolus, *In Digestum Vetus*, Rub. *De pactis*, l. *Huius* (Lião, 1544, n.º 2, fol 76 r.); Id. *In secundum Digesti Novi...*, Rub. *De verborum obligationibus*, l. *Stipulatio ista*, § *Si stipuler alicui* (edição citada, fol., 19, r.); Baldus, *In Instituta comment.*, *Inutilibus stipulationibus*, § *Si quis alii* (Lião, 1562, fol. 198 v.).

mento destinado a regular a pergunta sobre quem deveria ser o destinatário da prestação[909].

A partir da distinção – de cariz marcadamente escolástico – dos *verba* em *promissiva*, *obligativa* e *executiva* desenvolve-se uma espécie de análise combinatória das várias formulações que em abstracto a *stipulatio* podia revestir[910]. De acordo com *BALDUS*[911] eram seis as formas susceptíveis de serem empregues:

Se tanto os *verba promissiva* como os *executiva* concebidos de forma imediata relativamente ao terceiro – *extraneus* – de modo a estipulação rezar «*Promittis Titio quod dabis ei x*», tratar-se-ia de uma hipótese de *alteri stipulari nemo potest*. O negócio carecia, por conseguinte, de efeitos[912].

Na eventualidade de apenas os *verba executiva* se dirigirem a um terceiro e os *verba promissiva* respeitarem ao estipulante de modo a afirmar-se na *stipulatio* «*Promittis mihi quod dabis Titio x*», teríamos, também, um caso que poderia sujeitar-se à aplicação da regra do *alteri stipulari nemo potest*. Todavia, a *stipulatio* era considerada válida quando fosse possível descobrir a presença de um interesse do terceiro[913].

No caso de os *verba executiva* se dirigirem a um terceiro e os *verba obligativa* a ninguém estipulando-se «*Promittis quod dabis Titio x*» não surgia nenhuma obrigação válida, e a estipulação era, em qualquer circunstância, inválida[914].

Se nem os *verba executiva* nem os *verba obligativa* se direccionassem directamente para ninguém, e se dissesse na *stipulatio* «*Promittis quod dabis x*», então os

---

[909] V. os autores citados na nota anterior e, designadamente, Paolo Cappellini, *Rappresentanza...*, in *Enciclopedia...*, XXXVIII, p. 445.

[910] Paolo Cappellini, *Rappresentanza...*, in *Enciclopedia...*, XXXVIII, p. 445.

[911] *Baldus, In Instituta...*, *Inutilibus stipulationes*, § *Si quis alii* (edição citada, fol. 198 v.), reportando-se, todavia, à *Glosa est est ratio*. V., também, antes de *Baldus, Bartolus, In secundum Digesti Novi...*, Rub. *De verborum obligationibus*, l. *Stipulatio ista*, § *Si stipuler alicui* (edição citada, fol. 19 r.). Cfr., igualmente, as fontes históricas referidas na antepenúltima nota.

[912] Cfr., na literatura jurídica mais recente, por exemplo, Fränkel, *Die Grundsätze...*, p. 351.

[913] Esta *stipulatio* corresponderia, ao menos na visão de alguma doutrina (assim, e segundo nos parece, Laband, *Die Stellvertretung...*, in *Zeitschrift...*, X, pp. 194 e 195; e, de forma mais categórica, Fränkel, *Die Grundsätze...*, p. 351; e Wesenberg, *Verträge zugunsten...*, p. 113) a um contrato a favor de terceiro. A título de exemplo poder-se-ia indicar como constituindo um caso subsumível nesta hipótese a estipulação feita por parte do *dominus* no sentido de se proceder ao pagamento na pessoa do respectivo credor, assim *Baldus, Digestum novum Comment.*, Rub., *De verborum obligationibus*, l. *Stipulatio ista*, § *Si stipuler* (edição citada, fol. 143, r.). Mas o representante também poderia fazer uso desta forma de estipulação. Neste último caso existiria, segundo Fränkel, *Die Grundsätze...*, p. 351, uma verdadeira actuação representativa quando o intermediário puxasse a si os *verba stipulationis* e *executiva*, mas os concebesse *pro domino* ou *nomine domini*, de tal modo que a fórmula rezasse «*stipulor a te mihi recipienti pro ill*» ou «*nomine illius*». Antes de Fränkel já Buchka, *Die Lehre von der Stellvertretung...*, p. 132, chamava a atenção para a circunstância de a teoria de *Bartolus* conduzir à aceitação das formas de estipulação «*Promittis mihi pro illo*» e «*promittis mihi X nomine talis*». Quando o estipulante, na qualidade de *procurator*, dirigisse a si próprio os *verba obligativa* mas direccionasse para o *dominus* os *verba executiva* a estipulação era válida: «*nam ex quo procurator, negotium pertinet ad eum cura et sollicitudine et sic interest sua.*»

[914] Cfr., por todos, Laband, *Die Stellvertretung...*, in *Zeitschrift...*, X, p. 194.

destinatários ainda poderiam ser escolhidos em momento posterior e a *stipulatio* era considerada válida[915].

Estivessem tanto os *verba promissiva* como os *executiva* direccionados para o estipulante, de molde a estipulação conter as seguintes palavras *«promittis mihi quod dabis mihi x»*, não existiam nenhumas dúvidas quanto à validade do negócio, porquanto não se tratava de um caso de *alteri stipulari*.

Se os *verba executiva* e *promissiva* se dirigissem ambos à pessoa do estipulante, mas em contemplação de um terceiro, dizendo-se na estipulação *«Promittis mihi recipienti nomine Titii quod dabis mihi ei nomine x»*, assistia-se à produção de efeitos plenamente válidos nos casos de intervenção de um gestor de negócios ou procurador[916].

Com este esquema, os juristas da glosa e consiliadores abriram, no entender da *communis opinio*, novas perspectivas no tocante à doutrina da representação voluntária[917]. E por dois motivos.

Em primeiro lugar, com a clara distinção entre *verba promissiva* e *obligativa*, de um lado, e *verba executiva*, do outro, foi introduzida uma nova fundamentação para uma igualmente nova limitação, de carácter geral, ao dogma negativo romano subjacente à afirmação do princípio do *alteri stipulari nemo potest*[918].

Em segundo lugar, no plano específico da estrutura técnica dos institutos, as combinações resultantes do jogo conceptual com elas estabelecido criou, pela primeira vez – e ainda que apenas nos seus primórdios – os pressupostos dogmáticos susceptíveis de permitirem a distinção entre o contrato a favor de terceiro e representação jurídica[919]. No caso de os *verba promissiva* se dirigirem ao próprio estipulante e os

---

[915] Para uma análise mais pormenorizada desta *stipulatio* pode, designadamente, ver-se Lange, *«Alteri stipulari...*, *Zeitschrift...*, 1956, LXXIII, pp. 296 e ss..

[916] Ulrich Müller, *Die Entwicklung der direkten Stellvertretung...*, pp. 38 e 39. Destaque, também, para quanto escreve o autor a propósito das outras formas de estipulação atenta a clareza da exposição e da sistematização adoptada, nomeadamente ao nível visual. Cfr., também, Paolo Cappellini, *Rappresentanza...*, in *Enciclopedia...*, XXXVIII, p. 445, para quem neste caso emerge uma estrutura na qual são notáveis os apontamentos em direcção a uma mais clara concepção dos contornos da figura da representação.

[917] V., expressamente neste sentido, por exemplo, Paolo Cappellini, *Rappresentanza...*, in *Enciclopedia...*, XXXVIII, p. 445.

[918] Assim v., designadamente, Buchka, *Die Lehre von der Stellvertretung...*, p. 141, o qual recorda, todavia, a circunstância de a tese de *Bartolus* (ao considerar os contratos realizados pelo *Tutor*, *Curator* e *Actor* como excepções ao princípio segundo o qual os *verba obligativa* de uma estipulação não podiam ser dirigidos a terceiros) não ter recebido aceitação geral. Contudo, os seus opositores admitiam que o *Tutor*, *Curator* e o *Actor* podiam, na celebração de contratos para aqueles que representavam, dirigir a estes os *verba executiva*; e Paolo Cappellini, *Rappresentanza...*, in *Enciclopedia...*, XXXVIII, p. 445.

[919] Paolo Cappellini, *Rappresentanza...*, in *Enciclopedia...*, XXXVIII, p. 445. Mas a doutrina, da qual se pode destacar, a título exemplificativo, Wesenberg, *Verträge zugunsten...*, pp. 112 e 113;

verba executiva serem pronunciados com referência a outrem, de modo à *stipulatio* rezar «*Promittis mihi quod dabis Titio x*», deixava-se antever a figura do contrato a favor de terceiro, sujeito à proibição geral, mas aproveitável quando se demonstrasse a existência de um interesse do estipulante. Na eventualidade de os *verba promissiva* e os *verba executiva* se encontrarem ambos dirigidos para a pessoa do estipulante mas com referência ou em contemplação de uma pessoa estranha às partes contraentes, de modo a ser utilizada uma fórmula como «*Promittis mihi recipienti nomine Titii quod dabis mihi ei nomine x*», emergia uma estrutura na qual são já notáveis, para não dizer mais, os elementos ou pontos de apoio no sentido de uma mais rigorosa delimitação da figura da representação[920], e, uma vez mais, a caminho da moderna dogmática do fenómeno representativo. A expressão «*nomine Titii*» apelava para o chamado *Offenheitsprinzip* ou *contemplatio domini*. Além disso, as fórmulas dos juristas medievais[921] levantavam a questão – emergente não apenas das construções de *MARTINUS DE GOSIA*[922], mas corolário, também, dos esforços dos restantes doutores da glosa e comentadores ao concederem ou permitirem, no domínio das *actiones adiecticiae qualitatis*, a produção de efeitos jurídicos directos na esfera jurídica do *dominus* – que consiste em saber se nas hipóteses abrangidas pelas *stipulationes* agora em referência, os efeitos jurídicos não se produziam de forma directa na esfera do senhor (razão que MÜLLER considera estar na base da limitação da validade destas estipulações aos casos de intervenção de um *procurator* ou *negotiorum gestio*[923]) sem necessidade de uma *cessio*, e com a negação ao procurador do uso de uma *actio directa*[924].

Dniestrzanski, *Die Aufträge*..., p. 15; Saggese, *La rappresentanza*..., p. 15; Lange, «*Alteri stipulari*..., *Zeitschrift*..., 1956, LXXIII, pp. 280 e 281; e Bauer, *Die Entwicklung*..., p. 12, tem chamado a atenção para a circunstância de os glosadores e consiliadores não distinguirem, de forma clara ou consciente, o contrato a favor de terceiro e a representação jurídica, porquanto ambas as figuras eram tocadas pela proibição de estipular para outro. A dificuldade em estabelecer uma separação ou fronteira entre as duas figuras parece mesmo ter-se prolongado até ao século XIX, como o comprovam os desenvolvimentos e estudos realizados por Buchka, *Die Lehre von der Stellvertretung*..., *passim*; acusado por Brinz, *Die Lehre*..., in *Kritische*..., II, p. 9, de ver um caso de representação em todas as hipóteses de produção de efeitos directos em esfera jurídica alheia, e de ter, por isso, caracterizado como manifestações do fenómeno representativo situações a ele totalmente alheias.

[920] V., por todos, Paolo Cappellini, *Rappresentanza*..., in *Enciclopedia*..., XXXVIII, p. 445.

[921] Cfr., por exemplo, *Accursius, Glosa inanem nostrum actum*, D., 1. *Quaecunque*, Rub. *De obligationibus et actionibus; Glosa fieri*, D., § *Si stipuler*, 1. *Stipulatio ista*, Rub. *De Verborum obligationibus*.

[922] Cfr., *infra*, quanto se escreve no parágrafo dedicado à construção deste autor.

[923] Ulrich Müller, *Die Entwicklung der direkten Stellvertretung*..., pp. 39 e 40.

[924] Paolo Cappellini, *Rappresentanza*..., in *Enciclopedia*..., XXXVIII, p. 445.

Expressões indiciadoras da circunstância de o representante actuar *pro alterius utilitate* como, por exemplo, *pro domino, procuratorio nomine, talis procurator,* eram usuais[925]. Elas não indicavam ou dirigiam, todavia, os efeitos jurídicos do acto praticado pelo intermediário ou auxiliar mas apenas o seu sentido. Além disso, não representavam no entender da *communis opinio* a *causa formalis* do negócio, mas limitavam-se a pôr a nu a respectiva *causa finalis* [926, 927].

O conceito de poder de representação não se encontrava ainda, ao tempo dos doutores da glosa e comentadores, completamente elaborado. MÜLLER considera, no entanto, possível encontrar em *BARTOLUS* os primeiros pontos de partida ou apoio para se proceder, no caso do *procurator*, a uma especificação ou apuramento dogmático do mesmo. O jurista medieval distinguia, na verdade, entre a concessão de um mandato *respectu mandantis et mandatarii*, de um lado, e mandato *respectu illius, contra quem agit, seu respectu illius, contra quem quis est factus procurator*[928]. Não obstante a existência de algumas vozes no sentido de esta distinção permitir sustentar a tese segundo a qual os glosadores e comentadores estabeleciam já, a propósito do fenómeno representativo, uma separação entre relação jurídica interna, de um lado, e relação jurídica externa, do outro – e apesar de desconhecerem, ainda, o poder de representação, já se encontrarem familiarizados com a respectiva função –, a verdade parece residir na impossibilidade ou dificuldade de se afirmar semelhante separação ou diferenciação[929].

1.4. – **A doutrina de *MARTINUS DE GOSIA***

I – Merecedora de especial referência afigura-se a tese desenvolvida por *MARTINUS DE GOSIA* – um dos quatro doutores bolonheses[930] –, autor que se mostrava amplamente favorável à possibilidade

---

[925] Fränkel, *Die Grundsätze...*, p. 350.

[926] *Idem.*

[927] Não assim quando se tratasse de uma excepção à regra do *alteri stipulari nemo potest*. Cfr., Ulrich Müller, *Die Entwicklung der direkten Stellvertretung...*, p. 41, nota (82).

[928] *Bartolus, Digestum Vetus*, Rub., *Mandati vel contra.*, l. *Obligatio mandati*, § *mandatum* (edição citada, n.os 2 e 3, fol. 96).

[929] Para uma análise mais aprofundada acerca desta problemática v., Fränkel, *Die Grundsätze...*, pp. 325 e ss.; Ulrich Müller, *Die Entwicklung der direkten Stellvertretung...*, p. 42; e Jean Louis Gazzaniga, *Mandat et représentation..*, in *Droits...*, 6, p. 29.

[930] *Martinus de Gosia* foi contemporâneo de *Bulgarus, Ugo* e *Jacobus*. Aparentemente mais novo do que *Bulgarus* – seu adversário científico – era mais velho do que *Ugo* e *Jacobus*, tendo alcançado enorme projecção como jurista, num fenómeno ao qual estarão, porventura, associados alguns aspectos lendários, mas, de qualquer forma, bem retratada pelas fontes e confirmada pela historiografia dos séculos XIX e XX, da qual se pode destacar, a título exemplificativo, Savigny, *Storia...*, II pp. 73 e ss.; e 94 e ss.; Landsberg, *Die Glosse...*, pp. 14; Kantorowicz, *Studies in the glossators...*, pp. 86 e ss.; Calasso, *Medio Evo...*, I, pp. 368 e 511 e ss.; Krestschmann, *Gosia Martino*, in *Novissimo Digesto Italiano*, VII, pp. 1159; Wieacker, *História...*, pp. 57, 58 e 66; Ruy de Albuquerque e Martim de Albuquerque, *História...*, I, pp. 203 e ss.; Id., *Idem*, 10.ª ed., pp. 250 e ss..

de se estipular para outrem e defendia, em consonância, a conformidade entre as regras *Corpus Iuris* e a produção de efeitos jurídicos directos em esfera alheia.

Segundo *ACCURSIUS* «*sed M dicebat, hos casus facere regulam, et si quis casus esset contra illud, speciale esset: et quod hic regulariter dicitur* (...) *dicebat, iure directo non valere, sed utiliter acquiri posse; et sic secundum eum semper ex pacto alterius quaeritur* (...)» [931]. Ou, ainda, e de acordo com a glosa, à afirmação contida nas Institutas de Justiniano segundo a qual se o procurador pactuou, não para si, mas para aquele cujos negócios administrava, a reivindicação da coisa reintegrada, e a este pacto se seguiu também uma estipulação, *nulla domino obligatio acquisita est*: «*Nulla. de stricto iure, sed de aequitate sic, scdm M quod Jo non placet.*» [932, 933]

A análise das fontes permite a reconstrução do pensamento de *MARTINUS DE GOSIA*. A partir do relato da glosa constata-se como *DE GOSIA* se fundava numa antítese entre *ius civile* e *ius honorarium*, entre *directo* e *utiliter*[934]. Apoiado na *aequitas*[935] – cujo sentido era com toda a probabilidade o do *ius aequum scriptum*[936] – *MARTINUS DE GOSIA* interpreta (numa orientação depois também presente em SAVIGNY e HELMANN[937]) o conjunto das excepções ao princípio do *alteri stipulari nemo potest* como correspondentes na realidade a uma regra genérica do direito romano, obtida mediante os desenvolvimentos operados pelo direito pretório[938]. *MARTINUS* considerava ser sempre possível conceder a um

---

[931] *Glosa Nihil agit*, I., § *Si qui alii*, Rub. *De inutilibus stipulationibus*.

[932] *Glosa nulla*, C., *Excepta possessionis*, Rub. *Per quas personas nobis acquiritur*.

[933] A abreviatura *M* serve para referir precisamente *Martinus de Gosia*. Já onde se escreve, também de forma, abreviada *Jo* deve ler-se *Johanni*. As letras *scdm* significam *secundum*.

[934] Assim v., por todos, Riccobono, *Lineamenti della dottrina della rappresentanza...*, in *Annali del Seminario Giuridico...*, 14, p. 419; e Paolo Cappellini, *Rappresentanza...*, in *Enciclopedia...*, XXXVIII, p. 443.

[935] Na verdade, e conforme sublinhado por Buchka, *Die Lehre von der Stellvertretung...*, pp. 120 e 121 – autor que pode ser tomado como expressão da *communis opinio* nesta matéria –, *Martinus* via, nos casos individuais nos quais as fontes romanas admitiam a possibilidade de actuação em favor de um terceiro, uma manifestação ou expressão da regra da *aequitas*. Na doutrina mais moderna, mas de forma sintética, cfr., Staudinger-Schilken, *Kommentar...*, I, comentário ao § 164, p. 6.

[936] Cfr. quanto se escreve *infra* a este respeito no presente parágrafo.

[937] Cfr., Hellmann, *Die Stellvertretung...*, pp. 43 e ss., 63 e ss. e 103 e ss.

[938] *Glosa Nihil agit*, I., § *Si qui alii* [*in fine*], Rub. *De inutilibus stipulationibus*. Cfr., igualmente, Riccobono, *Lineamenti della dottrina della rappresentanza...*, in *Annali del Seminario Giuridico...*, 14, pp. 419 e 420; e Paolo Cappellini, *Rappresentanza...*, in *Enciclopedia...*, XXXVIII, p. 443.

terceiro uma *actio utilis*, com base num contrato celebrado por um intermediário[939], desde que o acordo em questão fosse dirigido ou relacionado com a pessoa do referido terceiro ou *dominus*[940]. A razão decisiva para semelhante entendimento residia na circunstância de *MARTINUS DE GOSIA* considerar o princípio do *alteri stipulari nemo potest* como circunscrito à aquisição da *actio directa*[941]. Semelhante limitação da proibição de se estipular para terceiro aos casos *ius directum* permitia a *MARTINUS* manter-se em consonância com os textos romanos e, ao mesmo tempo, admitir de forma generosa a produção – por acto de vontade – de efeitos em esfera jurídica alheia[942].

A doutrina de *MARTINUS DE GOSIA* mereceu, desde cedo, profundos ataques e foi objecto de sucessivas tentativas de desvalorização. Na verdade, contra ela estiveram, de imediato, os outros três Doutores bolonheses *BULGARUS*, *HUGO* e *JACOBUS*, assim como *AZO*[943], *ACCURSIUS*[944], *BARTOLUS*[945] e *BALDUS* – para nomear

---

[939] Fränkel, *Die Grundsätze...*, p. 362. V., também, *Glosa Nihil agit*, I., § *Si qui alii* [*in fine*], Rub. *De inutilibus stipulationibus*.

[940] A reacção da moderna historiografia perante o modo como a construção de *Martinus de Gosia* se articulava com o *Corpus Iuris* não deixa de ser curiosa. Assim, e se por exemplo, Ulrich Müller, *Die Entwicklung der direkten Stellvertretung...*, pp. 44 e ss. e 53 e 54, sustenta a possibilidade de se falar de uma praticamente nova doutrina do fenómeno da produção, por acto de vontade, de efeitos jurídicos directos em esfera jurídica alheia; já Wesenberg, *Verträge zugunsten...*, p. 104, considera que a orientação de *Martinus*, embora pudesse surgir como especialmente surpreendente, não colidiu ou afrontou de forma alguma a autoridade das fontes porquanto elas próprias não se afiguravam isentas de contradições; numa visão já antes sustentada em grande parte por Riccobono, *Lineamenti della dottrina della rappresentanza...*, in *Annali del Seminario Giuridico...*, 14, pp. 421 e ss.. A diferença entre o autor italiano e Wesenberg reside na circunstância de o primeiro ver – perante as aporias do *Corpus Iuris* – na tese de *Martinus* a correcta interpretação das fontes romanas, enquanto o segundo (v., Wesenberg-Wesener, *Neure deutsche Privatrechtsgeschicht*, Viena, Colónia, Graz, 1985, p. 40) acaba por sustentar a ideia genérica segundo a qual os glosadores teriam, no seu conjunto, e em particular no tocante à representação, provocado uma *Vergewaltigung* do *Corpus Iuris*.

[941] Wesenberg, *Zur Behandlung...*, in *Festschrift...*, II, p. 263; «*Alteri stipulari...*», *Zeitschrift...*, LXXIII, p. 282; Ulrich Müller, *Die Entwicklung der direkten Stellvertretung...*, p. 45; Zimmermann, *The law of obligations...*, pp. 55 e 56. V., ainda, *Glosa, Nihil agit*, I., § *Si qui alii*, [*in fine*], Rub. *De inutilibus stipulationibus*.

[942] Ulrich Müller, *Die Entwicklung der direkten Stellvertretung...*, p. 46, embora o autor considere que a concordância entre a posição de *Martinus* e as fontes romanas fosse meramente formal. Para uma análise dos possíveis sentidos da *aequitas* e do *ius aequum*, no direito romano, desde o período clássico v. Lange, *Ius aequum...*, in *Zeitschrift...*, LXXI, pp. 319 e ss., maxime pp. 323 e ss..

[943] V., *infra*, a terceira nota a seguir a esta.

[944] *Glosa, Nihil agit*, I., § *Si qui alii* [*in fine*], Rub. *De inutilibus stipulationibus*.

[945] *In secundum Digesti Novi...*, Rub. *De verborum obligationibus*, l. *Stipulatio ista*, § *Si stipuler alicui* (edição citada, fol., 19, r.).

apenas alguns nomes – num fenómeno que se prolongou ao longo do tempo[946]. Assim, enquanto no século XIX, BUCHKA[947] lembrava como a tese de *MARTINUS* se encontraria em contradição com a orientação manifestada pelos restantes juristas medievais[948], MÜLLER não hesitou em defender – já bem próximo dos nossos dias e num contexto, apesar de tudo, caracterizado por uma progressiva reabilitação da orientação defendida por *DE GOSIA*[949] – a ideia segundo a qual o próprio *MARTINUS* estaria consciente do carácter extremamente duvidoso dos seus pontos de vista[950, 951].

Os ataques lançados contra *MARTINUS DE GOSIA* situam-se, desde logo, ao nível da aptidão e idoneidade do insigne Doutor bolonhês para lidar com o *Corpus Iuris*. Isto num fenómeno susceptível de levantar profundas dúvidas acerca do sentido a atribuir a um texto como o contido no já citado passo da Glosa: «*Nulla. de stricto iure, sed de aequitate sic, scdm M quod Jo non placet.*»[952] De acordo com o relato contido neste trecho, *MARTINUS* procurou assentar a sua construção, acerca do sentido a atribuir à regra do *alteri stipulari nemo potest*, na *aequitas*. A ideia de equidade havia sido, durante a centúria que ante-

---

[946] Para uma referência às várias posições e construções erguidas pelos autores medievais em sentido divergente do percorrido por *Martinus* v., a título ilustrativo, e de entre a bibliografia por nós tomada em consideração, Buchka, *Die Lehre von der Stellvertretung...*, pp. 122 e ss., com importantes indicações ao nível das fontes. V., igualmente, e para além da *Glosa Nihil agit*, § *Si qui alii*, [*in fine*], Rub. *De inutilibus stipulationibus*, onde se qualifica a tese de *Martinus* como, pura e simplesmente, falsa; *Glosa nulla*, C., *Excepta possessionis*, Rub. *Per quas personas nobis adquiritur*; Azo, *Lectura super codicem*, in Lib. III, Tit. XLII, *Ad exhibendum*, L, 8; in Lib. IIII, Tit. XXVII, *Per quas personas nobis adquiritur*, l. 1; in Lib. V, Tit. XII, *De iure dotium*, l. 2 (Paris, 1577, pp. 251 e 306 n.ᵒˢ 4, 5, e 8, e p. 387 n.º 1 = a edição anastática de Turim, Bottega de Erasmo, 1956. Cita-se por este local), onde o autor afirma o princípio do *alteri stipulari nemo potest*, em particular do ponto de vista do direito estrito, embora admita, designadamente, que, no caso do procurador, se possa, com recurso a uma ficção, conceder-se uma *actio utilis*.

[947] Buchka, *Die Lehre von der Stellvertretung...*, p. 121.

[948] Não obstante a afirmação de Buchka, a verdade é que a doutrina de *Martinus de Gosia* não deixou de merecer importantes adesões, entre as quais parece poderem contar-se as de *Rogerius*, *Placentinus*, *Hotomanus*, Schilter, etc., e de ter, com toda a probabilidade, influenciado o direito estatutário do Norte de Itália. Cfr., *infra*, quanto se escreve no parágrafo dedicado ao direito estatutário. Por ora mencione-se apenas a respeito da influência exercida por *Martinus* sobre o direito das cidades italianas, Wesenberg, *Verträge...*, p. 112; e as importantes referências de Paolo Cappellini, *Rappresentanza...*, in *Enciclopedia...*, XXXVIII, pp. 443 e 444.

[949] Demonstram-no, designadamente, as posições de Riccobono, *Liniamenti della dottrina della rappresentanza diretta...*, in *Annali del Seminario Giuridico...*, 14, pp. 418 e ss.; Orestano, *Rappresentanza...*, in *Novissimo...*, XIV, p. 800; e Serrao, *Institor...*, in *Enciclopedia...*, XXI, p. 832.

[950] Ulrich Müller, *Die Entwicklung der direkten Stellvertretung...*, p. 46.

[951] Isto para não mencionar sequer a posição de Staudinger e Schilken, *Kommentar...*, I, comentário ao § 164, p. 6, autores segundo os quais a tese de *Martinus* estaria pura e simplesmente em contradição com as fontes romanas, facto que explicaria, aliás, a circunstância de supostamente não ter feito escola.

[952] *Glosa nulla*, C., *Excepta possessionis*, Rub. *Per quas personas nobis acquiritur*.

cedeu a *MARTINUS*, viva e profundamente discutida[953], e feita objecto de uma ampla análise. Enquanto o *ius honorarium* e *ius civile* tinham subjacente a ideia de ordenamento jurídico como *aequitas* realizada ou concretizada[954] e, por isso, não admitiam nenhuma outra forma de equidade[955], começou – sobretudo na sequência de influências recebidas a partir da filosofia aristotélica[956] – a partir de Constantino, *o Grande*[957], a verificar-se uma modificação na caracterização do conceito de *aequitas*. Semelhante modificação acabaria com o tempo por conduzir a uma distinção tripartida entre *ius strictum scriptum, ius aequum scriptum* e *aequitas non scripta* ou *aequitas rudis*. Esta última forma de equidade encontrava-se reservada ao imperador, de modo que ela não poderia ser usada pelos juristas para justificar a produção de determinado tipo de efeitos jurídicos[958]. O seu relevo resultava do incitamento à busca da concreta justiça intrínseca aos negócios e relações humanas o qual se deveria traduzir em *praeceptum*: é o ensinamento irneriano acerca da *aequitas rudis*, que o legislador humano tem a função de descobrir e extrair[959].

Não obstante a referida limitação no manejo da *aequitas non scripta*, *MARTINUS* é acusado por uma grande parte dos juristas seus contemporâneos de se servir da *aequitas rudis* como instrumento para corrigir as soluções e resultados que se lhe afigurassem injustos. E de tal forma que *DE GOSIA* teria acabado por apoiar em semelhante forma de equidade opiniões próprias baseadas numa justiça puramente imaginada, com total abstracção das verdadeiras regras jurídicas. Principalmente *ROGERIUS*[960], *AZO*[961] e *ODOFREDUS* censuram-lhe a circunstância de com a ajuda de uma *aequitas ficta*, *aequitas*

---

[953] Cfr., Kantorowicz, *Studies...*, pp. 88, 90 e 91, 98 e 99; Lange, *Ius aequum und ius...*, in *Zeitschrift...*, 1954, LXXI, pp. 319 e ss.; Meijers, *Le conflit entre l'équité et la loi chez les premiers glossateurs*, in *Études d'Histoire du Droit*, IV, *Le Droit romain*, II pt., Leiden, 1966, pp. 142 e ss.; Calasso, *Equità (Storia)*, in *Enciclopedia del Diritto*, 1966, XV, pp. 67 e ss.; Ulrich Müller, *Die Entwicklung...*, p. 50. V., também, Antonio Guarino, *Equità (diritto romano)*, in *Novissimo Digesto Italiano*, 1960, VI, pp. 619 e ss.; Pier G. Caron, «*Aequitas*» *romana*, «*misericordia*» *patristica e* «*Epicheia*» *arsitotelica nella dottrina della* «*aequitas*» *canonica (dalle origine al Rinascimento)*, Milão, 1971, pp. 66 e ss..

[954] Cfr., designadamente, Meijers, *Le conflit...*, in *Études...*, IV, pt. II, p. 142.

[955] Ulrich Müller, *Die Entwicklung der direkten Stellvertretung...*, p. 50.

[956] Meijers, *Le conflit...*, in *Études...*, IV, pt. II, pp. 143, nota 143, refere contudo que parte da definição de equidade apresentada por *Martinus* vai o autor buscá-la à *Tópica* de Cícero. Cfr., também, Caron, «*Aequitas*»..., pp. 52 e ss..

[957] Pringsheim, *Ius aequum und ius strictum*, in *Zeitschrift der Savigny-Stiftung für Rechtsgeschichte, romanistische Abteilung*, XLII, pp. 643 e ss., e 645; Coing, *Zum Einfluß der Philosophie des Aristoteles auf die Entwicklung des Römischen Rechts*, in *Zeitschrift der Savigny-Stiftung für Rechtsgeschichte, romanistische Abteilung*, LXIX, pp. 24 e ss., e 43 e ss.; Lange, *Ius aequum...*, in *Zeitschrift...*, LXXI, pp. 319 e ss., 325 e ss., e 330 e ss..

[958] Cfr., Lange, *Ius aequum und ius und ius strictum...*, in *Zeitschrift...*, LXXI, p. 331; Meijers, *Le conflit...*, in *Études...*, IV, pt., II, p.146; Calasso, *Equità...*, in *Enciclopedia...*, p. 67; e Ulrich Müller, *Die Entwicklung der direkten Stellvertretung...*, p. 50.

[959] Calasso, *Equità...*, in *Enciclopedia...*, p. 67. Mas v., Lange, *Ius aequum...*, in *Zeitschrift...*, LXXI, pp. 328, 331 e 332.

[960] Meijers, *Le conflit...*, in *Études...*, IV, pt. II, pp. 143 e 144.

[961] V., Lange, *Ius aequum...*, in *Zeitschrift...*, LXXI, p. 329, e nota (52).

cordis sui ou de uma *aequitas bursalis* alcançar resultados em clara contradição com as regras do *ius*[962].

No cenário acabado de descrever não surpreenderá, talvez, a circunstância de, ainda hoje, alguns historiadores defenderem a ideia segundo a qual, ao elevar a regra os casos formalmente tratados pelo *Corpus Iuris* como excepções ao princípio do *alteri stipulari nemo potest, MARTINUS DE GOSIA* se teria – para o efeito – servido da *aequitas rudis*[963]. A verdade parece estar, porém, e segundo a *communis opinio*, no facto de as censuras dirigidas a *MARTINUS,* por *AZO* e *ODOFREDUS*, não terem simples carácter científico mas se basearem, ao menos em grande parte, em razões pessoais[964]. Isso mesmo parece resultar, entre outras circunstâncias, do carácter insistentemente negativo com que *AZO* e *ODOFREDUS* se referem a *MARTINUS,* ao ponto de – em total contradição com quanto afirmavam noutros locais – chegarem a acusar *DE GOSIA* de se subordinar em demasia à letra da lei[965]. Além disso, o julgamento de *AZO* e *ODOFREDUS* acerca das qualidades científicas de *MARTINUS* não deixará – mesmo se abstrairmos dos rasgados elogios que *HOSTIENSIS* tece a propósito deste Doutor bolonhês[966] – de causar alguma perplexidade perante a enorme projecção e renome alcançados por *DE GOSIA*. E se, em face das fontes disponíveis não parece, porventura, possível afirmar com segurança se, na generalidade dos casos nos quais *MARTINUS* se referia à equidade, ele tinha em vista o *ius scriptum aequum* ou a *aequitas rudis*[967], no passo relatado por *ACCURSIUS* a doutrina afigura-se mais categó-

---

[962] Cfr., Savigny, *Storia...,* p. II, p. 76, e nota (g), onde o jurista germânico sublinha como o entendimento proposto por Sarti, no sentido de se considerarem as palavras *aequitas bursalis* como indiciadoras de uma avidez de dinheiro, não colhe. Na realidade, a *aequitas bursalis* parece corresponder àquela equidade que não se apoia ou baseia exclusivamente na lei, fundando-se nas opiniões individuais e derivada de *bursa* dos próprios sentimentos. V., também, Kantorowicz, *Studies...,* p. 88. Cfr., ainda Ruy de Albuquerque e Martim de Albuquerque, *História...,* I, 10.ª ed., p. 281, onde se refere a crítica de *Martinus* a *Azo* no tocante à *aequitas bursalis.*

[963] V., por exemplo, quanto escreve Landsberg, *Die Glosse...,* p. 15, o qual acusa *Martinus* de, com base na *aequitas,* se afastar de quanto é estabelecido pelas fontes; Meijers, *Le conflit...,* in *Études...,* IV, pt. II, pp. 142 e ss.. V., ainda, as referências fornecidas por Lange, *Ius aequum...,* in *Zeitschrift...,* LXXI, p. 329, sem que todavia o autor as tenha por correctas ou acertadas.

[964] Assim, Savigny, *Storia...,* II, p. 76, autor segundo o qual é notável, e até de certo modo inexplicável, quer na censura quer no louvor, a atitude dos jurisconsultos e legistas medievais relativamente a *Martinus;* e Ulrich Müller, *Die Entwicklung der direkten Stellvertretung...,* p. 52. Cfr., também, Lange, *Ius aequum...,* in *Zeitschrift...,* LXXI, p. 330, autor que considera as críticas de *Azo* e *Rogerius* provenientes da boca de opositores científicos e procede à sua desvalorização.

[965] Cfr., Savigny, *Storia...,* II, p. 76; Lange, *Ius aequum...,* in *Zeitschrift...,* LXXI, p. 330; e Ulrich Müller, *Die Entwicklung der direkten Stellvertretung...,* p. 52.

[966] Ao contrário de *Azo* e *Odofredus, Hostiensis* exalta *Martinus* como um homem de consciência religiosa que adere à equidade das leis divinas mais do que ao rigor do *ius civile,* enquanto outros, não poucos, eram extremamente rigorosos nos seus juízos. Não é, todavia, e no entender de Savigny, *Storia...,* II, pp. 76 e 77, claro se este louvor se refere à inclinação de *Martinus* para a *aequitas* ou à sua inclinação para o direito canónico.

[967] De acordo com Lange, *Ius aequum und ius und ius strictum...,* in *Zeitschrift...,* LXXI, pp. 329 e ss., *Martinus* referir-se-ia sempre ao *ius aequum scriptum,* numa orientação que, todavia, não merecerá uma adesão categórica por parte da generalidade da doutrina. Para mais pormenores v., Meijers, *Le conflit...,* in *Études...,* IV, pt. II, pp. 142 e ss.; e Ulrich Müller, *Die Entwicklung...,* pp. 50 e ss..

rica: em causa estava o *ius aequum scriptum*[968]. Na verdade – e apesar de *MAR-TINUS* parecer não fornecer nenhum indício capaz de proporcionar uma resposta inequívoca à questão que consistia em saber como seria por ele encarada a relação entre a *aequitas* e o princípio do *alteri stipulari nemo potest* – não faltarão, segundo vários autores, dados de proveniência diversa capazes de alicerçar a conclusão segundo a qual a *aequitas* mencionada no trecho accursiano, agora em referência, corresponderia ao *ius aequum scriptum*.

Em primeiro lugar, a circunscrição da proibição contida no aforismo *per liberam personam adquiri nobis nihil potest* aos casos de aquisição de um *ius directum* traduz uma perfeita congruência, quanto mais não fosse formal, com o *Corpus Iuris*. Se, para fundar a tese da admissibilidade de produção de efeitos jurídicos directos em esfera jurídica alheia (através da concessão de uma *actio utilis*), MARTINUS se tivesse servido da *aequitas rudis*, então, o jurista medieval não necessitaria de proceder a qualquer interpretação restritiva do princípio do *alteri stipulari nemo potest*. A essência da *aequitas rudis* – repise-se – tal como esta era entendida na época, residia na circunstância de ela permitir uma *Rechtsfindung* livre. Todavia, se algum jurista se pretendesse abertamente servir dela, para alicerçar posições contrárias aos preceitos da lei, ele não necessitaria de qualquer outra justificação para os respectivos pontos de vista[969].

Em segundo lugar, as preferências, opções e escolhas políticas de *MARTI-NUS* apontam, em termos importantes, contra qualquer tentativa de defender a ideia segundo a qual a equidade mencionada na *Glosa nulla*, C., *Excepta possessionis*, Rub. *Per quas personas nobis acquiritur*, seria a *aequitas rudis et bursalis*. *MARTINUS* nasceu e viveu em Bolonha[970], durante o século XII, e provinha da família nobre dos *GOSIA*, profundamente gibelina – simpatia que acabou, de resto, por ditar a expulsão dos *DE GOSIA* da cidade à qual pertenciam[971]. Juntamente com os outros três Doutores bolonheses – *BULGARUS*, *JACO-BUS* e *HUGO*[972] – *MARTINUS* tomou parte, no ano de 1158, na dieta de Roncalia na sequência da qual as cidades do Norte de Itália – que não tivessem merecido uma concessão real especial – se viram obrigadas a abdicar, em favor de Frederico Barba Ruiva, dos *regalia* por elas detidos durante o período de maior debilidade do império[973]. Semelhante participação mereceu aos quatro doutores as mais severas críticas e reparos. *PLACENTINUS* acusou os «*miseráveis bolonheses*» de terem traído a liberdade itálica. Séculos mais tarde, *SISMONDI*

---

[968] Neste sentido pode ver-se, Ulrich Müller, *Die Entwicklung der direkten Stellvertretung...*, pp. 50 e ss.; e Paolo Cappellini, *Rappresentanza...*, in *Enciclopedia...*, XXXVIII, p. 443.

[969] Assim, também, Ulrich Müller, *Die Entwicklung der direkten Stellvertretung...*, pp. 50 e ss., numa visão apesar de tudo marcada pela apreciação, em grande medida, negativa que o autor alemão faz acerca das posições de *Martinus* e da qual se não consegue desligar.

[970] Alguns escritores e historiadores fazem de *Martinus* um nativo de Cremona, Ancona ou Florença, orientações que não são, todavia, compartilhadas pela *comunnis opinio* e parecem apresentar pontos fracos. Para mais pormenores v., de entre a bibliografia por nós considerada, Savigny, *Storia...*, II pp. 74 e 75.

[971] Savigny, *Storia...*, II, p. 74.

[972] Aos quais se juntaram vinte e oito outros juristas escolhidos pelo imperador (cfr., Savigny, *Storia...*, II, pp. 94 e ss.).

[973] Savigny, *Storia...*, II, pp. 94 e ss..

imputa-lhes sentimentos de subserviência relativamente ao direito romano. Sentimentos os quais teriam levado *MARTINUS, BULGARUS, JACOBUS* e *HUGO* a aplicar aos lombardos tudo quanto existe de mais baixo na jurisprudência romana[974].

Estes factores – a pertença ao partido gibelino, a fidelidade aos Hohenstauffen e a participação na dieta de Roncalia – permitem, de algum modo, assentar a ideia segundo a qual *MARTINUS* se encontraria preso à «ideia de Roma»[975, 976]. Nestes termos, *MARTINUS* teria, com toda a probabilidade, sido contrário aos princípios por ele perfilhados se se pretendesse sobrepor à ordem jurídica emergente quer da sanção imperial quer do direito romano, recorrendo ele próprio à *aequitas rudis*.

Tudo ponderado, e embora se não possa afirmar com certeza absoluta, a conclusão parece impor-se com um significativo grau de plausibilidade ou razoabilidade: no passo de *MARTINUS*, relatado por *ACCURSIUS*, quanto estava em causa era o *ius aequum scriptum*. De outro modo o autor teria sido infiel aos seus próprios princípios e atitudes[977].

A simpatia pelo partido gibelino e as proximidade aos Hohenstauffen contribuiu, todavia, para lançar, sobre *MARTINUS* [978], a suspeita segundo a qual a posição sustentada por este doutor da Glosa, perante o princípio do *alteri stipulari nemo potest*, teria sido determinada pela influência exercida sobre ele pelo direito germânico[979].

De acordo com GIERKE, originariamente o princípio da livre representação tanto seria alheio ao direito germânico como ao direito romano[980]. Todavia, o direito germânico ter-se-ia mostrado, desde muito cedo, rico em relações representativas, baseadas em vínculos de natureza associativa ou senhorial. E se, de início, não era possível distinguir ou diferenciar a representação de uma comu-

---

[974] Savigny, *Storia...*, II, pp. 94 e 95.

[975] Cfr., *supra*, Parte I, Cap. II, parágrafo 1, 1.1.

[976] Assim, também, Ulrich Müller, *Die Entwicklung der direkten Stellvertretung...*, pp. 47 e 48; numa conclusão que não sairá prejudicada pelo facto de Savigny, *Storia...*, II, pp. 95, ter demonstrado o facto de o fundamento de grande parte das matérias tratadas na dieta de Roncalia não ser o direito romano.

[977] Ulrich Müller, *Die Entwicklung der direkten Stellvertretung...*, p. 53. V., também, quanto escreve Lange, *Ius aequum...*, in *Zeitschrift...*, LXXI, pp. 337 e ss..

[978] V., Wesenberg, *Verträge...*, p. 102.

[979] *Martinus* parece, na verdade, apresentar algumas tendências germânicas que se terão revelado em várias das soluções por ele propostas. A título exemplificativo pode ver-se, Kantorowicz, *Studies...*, pp. 98 e 99.

[980] Gierke, *Deutsches...*, I, pp. 296 e ss., e III, pp. 386 e ss. Cfr., igualmente, Heusler, *Institutionen...*, I, pp. 203 e 207; Vangerow, *Lehrbuch...*, III, pp. 292 e ss.; Paul Albermann, *Der Mißbrauch der Vertretungsmacht*, Dissertação, Colónia, 1935, pp. 2 e ss.; Berger, *Zur Frage...*, p. 14; e Friedrich Hezel, *Der Mißbrauch der Vertretungsmacht*, Dissertação, Urach, 1937, p. 10. No que toca à representação processual no direito germânico anterior à recepção do *ius romano* cfr., Rosenberg, *Stellvertretung...*, pp. 434 e ss., o qual refere como este último ordenamento começou por se mostrar bem mais restritivo do que as fontes romanas quanto à admissibilidade de alguém se fazer substituir por um representante no âmbito de um processo judicial. V., também, a bibliografia na nota (805) do presente Capítulo, e relativa à representação jurídica no direito dos povos bárbaros.

nidade[981] através do seu chefe ou senhor – por um lado – da substituição de pessoas individuais – por outro – com o decurso do tempo desenvolveu-se, segundo GIERKE, uma representação baseada numa procuração negocial. E de tal modo que já no direito germânico antigo o princípio da livre representação seria – e embora semelhante afirmação não possa, eventualmente, fazer objecto de prova – com toda a verosimilhança genericamente reconhecido[982]. Nestes termos, ter-se-ia admitido, desde muito cedo, a produção de efeitos jurídicos directos quer a favor quer contra o representado. A chamada representação indirecta não foi, certamente, e nas palavras de GIERKE, excluída. Todavia, ela não seria considerada pelos povos germânicos como uma verdadeira *Stellvertretung* e não foi, no dizer de OTTO VON GIERKE, chamada a desempenhar as funções ou a substituir esta última. Entre a representação germânica e a representação romana ter-se-ia, aliás, sempre de acordo com GIERKE, desencadeado uma luta cujo resultado acabou, após algumas oscilações, por se traduzir num claro triunfo do direito germânico[983].

Neste cenário não seria, para alguns, totalmente surpreendente se *MARTINUS DE GOSIA* – ao formular a sua tese acerca do sentido do princípio do *alteri stipulari nemo potest* – se tivesse deixado influenciar pelos figurinos proporcionados pelo direito germânico.

Porém – e como nota a propósito WESENBERG[984] – se olharmos com atenção para as várias fontes nas quais *MARTINUS* justifica a concessão genérica de um *ius* a um terceiro – em consequência de uma actuação alheia – verifica-se que o jurista bolonhês se mantém, perfeitamente, dentro dos quadros proporcionados pelos métodos característicos da escolástica[985].

---

[981] Acerca dos desenvolvimentos operados pela jurisprudência medieval a propósito da ideia de representação directa das colectividades e da problemática relativa à *universitas* e *Corpus Mysticum* v., designadamente, e de entre a multidão de estudos dedicados ao tema, Gierke, *Das Deutsche Genossenschaftsrecht*, II, *Geschichte des deutschen Köperschaftsbegriff*, reimpressão fotográfica, Graz, 1954, *passim*, maxime pp. 224 e ss.; Id., *Giovanni Althusius e lo sviluppo storico delle politiche giusnaturalistiche*, a cargo de Antonio Giolitti, reimpressão da edição de 1943, Turim, 1974, *passim*, maxime pp. 167 e ss., onde o autor trata as questões relativas ao princípio representativo nas doutrinas publicistas medievais particularmente influenciadas ou inspiradas pelo modelo romano-canonista; Dniestrzanski, *Zur Grundlegung des modernen Privatrechts,* in *Jherings Jahrbücher für die Dogmatik des heutigen römischen und deutschen Privatrechts*, LXXIX, pp. 1 e ss., 65, e com destaque, por um lado, para a origem germânica do conceito de *Genossenchaft* e, por outro, para a raiz escolástica da noção de pessoa colectiva enquanto tal; Merlchiorre Roberti, *Il corpus mysticum nella storia della persona giuridica*, in *Studi di Storia e Diritto in Onore di Enrico Besta per il XL anno del suo insegnamento*, Milão, 1939, IV, pp. 37 e ss.; Jeanine Quillet, *Universitas populi et représentation au XIVᵉ siècle*, in *Der Begriff der repraesentatio im Mittelalter, Stellvertretung, Symbol, Zeichen, Bild*, Berlim, Nova Iorque, 1971, pp. 186 e ss.; Ruy de Albuquerque, *As represálias...*, I, pp. 398 e ss.; Emille Lousse, *Organização e representação corporativa*, tradução portuguesa sem indicação de tradutor, Lisboa, sem data, *passim*, maxime pp. 167 e ss.; Pierre Michaud-Quantin, *Universitas...*, *v.g.* pp. 305 e ss.; Hasso Hofmann, *Repräsentation...*, pp. 121 e ss.; Panizo Orallo, *Persona juridica...*, pp. 305 e ss..

[982] Gierke, *Deutsches...*, I, p. 297 e nota (63), com indicações bibliográficas.

[983] Gierke, *Deutsches...*, I, p. 298, e III, p. 386.

[984] Wesenberg, *Verträge zugunsten...*, pp. 103 e 104.

[985] *Idem*, p. 104.

Além disso, e em franca oposição a quanto resulta das posições assumidas por GIERKE, a *communis opinio* sustenta a ideia segundo a qual, no século XII, nem a figura da representação nem a do contrato a favor de terceiro se encontrariam mais desenvolvidas no direito germânico do que no direito romano[986]. Na verdade, apesar de o primeiro não se encontrar, como o segundo, submetido a um princípio genérico de proibição de actuação para outrem, também não existiria nenhuma regra geral capaz de permitir autorizar o «*agere alieno nomine*» com eficácia directa. Nos primeiros tempos faltou, segundo FRÄNKEL[987], um autêntico direito ou teoria contratual susceptível de permitir um maior desenvolvimento da figura jurídica da representação directa. Mais tarde, figuras como, por exemplo, o *Salmann*, o *Lehnrecht*[988] ou outras de origem igualmente germânica[989] terão proporcionado pontos de apoio quer para a construção do contrato a favor de terceiro quer para o desenvolvimento da representação directa[990]. Daí a dizer-se, com GIERKE[991], ter o direito germânico conhecido de forma genérica a figura do contrato com efeitos para terceiros vai, todavia, e no entender da *communis opinio*, um passo.

Se às considerações acabadas de tecer juntarmos, agora, a importância que a ideia de Roma terá tido para *MARTINUS*, então, afigura-se como extremamente plausível a tese defendida neste ponto por WESENBERG[992], autor segundo o qual as construções de *DE GOSIA* não apenas não terão recebido

---

[986] A este respeito pode ver-se, designadamente, Heusler, *Institutionen...*, I, pp. 203 e ss.; Wesenberg, *Verträge zugunsten...*, pp. 101 e ss.; Bauer, *Die Entwicklung...*, pp. 12 e 13; Ulrich Müller, *Die Entwicklung der direkten Stellvertretung...*, p. 48; Planitz, *Principios...*, pp. 40 e ss.; Soergel, *Bürgerliches Gesetzbuch mit Einführungsgesetz und Nebengesetzen, Kommentar*, I, *Allgemeiner Teil*, 12.ª ed., com a colaboração de Leptien, comentário prévio ao § 164, 1987, p. 1252 (daqui para a frente citado através da referência a Soergel e ao responsável pelo comentário ao parágrafo indicado na citação); Soergel-Leptien, *Idem*, 13.ª ed., Berlim, Colónia, Mogúncia, 1999, comentário prévio ao § 164, p. 532; e Staudinger e Schilken, *Kommentar...*, I, comentário ao § 164, p. 6. Em sentido próximo ao defendido por Gierke v., todavia, Hans Wolff, *Organschaft...*, II, *Theorie...*, pp. 114 e ss.. Recorde-se, também, como alguns juristas humanistas e mentores do *usus modernus pandectarum* procuraram explicar a existência de um costume contrário ao princípio do *usus modernus pandectarum* com base em figuras tipicamente germânicas como a *Treue*, os *more germanorum*, os hábitos e práticas dos comerciantes e o *Lehnrecht*.

[987] Fränkel, *Die Grundsätze...*, p. 293.

[988] A respeito desta figura e sua relação com o fenómeno representativo pode ver-se, entre outros, a obra fundamental de Heinrich Mitteis, *Lehnrecht...*, pp. 516 e ss. (v., também, pp. 41 e 42, 196, nota (75), 329, 565, acerca da representação dos vassalos e senhores); bem como Coing, *Europäisches...*, I, *passim*, maxime 352 e ss..

[989] Para uma diversificada referência a algumas dessas figuras pode ver-se, entre outros, Fränkel, *Die Grundsätze...*, p. 294; Wesenberg, *Verträge zugunsten...*, pp. 105 e ss.; Everding, *Die dogmengeschichtliche...*, pp. 16 e ss.; Staudinger e Schilken, *Kommentar...*, I, comentário ao § 164, p. 6.

[990] Assim, cfr., Paul Albermann, *Der Mißbrauch...*, pp. 2 e ss.; Ulrich Müller, *Die Entwicklung der direkten Stellvertretung...*, p. 49; e relativamente à *Treuhand*, Heinrich Mitteis e Heinz Lieberich, *Deutsches Privatrecht*, 9.ª ed., Munique, 1981, pp. 30 e ss., com indicações, autores de que apesar de se recusarem a ver nesta figura jurídica uma forma de representação a consideram como um seu substituto; e Staudinger e Schilken, *Kommentar...*, I, comentário ao § 164, p. 6. Cfr., igualmente, *infra*.

[991] Gierke, *Deutsches...*, III, p. 383.

[992] Wesenberg, *Verträge zugunsten...*, p. 111.

qualquer influência determinante por parte do direito germânico como, ao contrário, terão sido os ensinamentos do Doutor bolonhês a projectar-se na composição e configuração de vários dos ordenamentos que, ao tempo, coexistiam com o direito romano[993]. Na verdade, a concepção de *MARTINUS*, acerca da figura da representação directa e contrato a favor de terceiro, revela--se, com toda a certeza nos estatutos de Pisa, na *Summa Trecensis*[994], na *Summa Provincialis* e terá, ainda merecido, a adesão de *ROGERIUS* e *PLACENTINUS*[995] e, mais tarde, em *HOTOMANUS* [996] e SCHILTER[997].

Mas a ser assim qual a razão para os desenvolvimentos operados por *MARTINUS DE GOSIA* em matéria de vinculação directa?

De acordo com RICCOBONO[998], *MARTINUS* mostrou-se, pura e simplesmente, sensível ao contraste entre *ius civile* e *ius honorarium* ainda bem patente no *Corpus Iuris*. *ACCURSIUS* negava semelhante contradição e, por conseguinte, considerava ter cada uma das disposições, definições e regras da compilação levada a cabo por Justiniano força absoluta. Destarte elas deviam ser tomadas tal qual como formuladas. O autor da *Magna Glosa* não admitia quaisquer contrastes ou graduações, determinados por elementos históricos, acerca do valor dos textos. O único modo de conciliar decisões opostas residia, aos seus olhos, no reconhecimento de um princípio directivo acompanhado de sucessivas excepções – por mais extensas que semelhantes excepções se pudessem afigurar. A interpretação dominante, ensinada por *ACCURSIUS*, não conhecia, nem reconhecia, a existência de desenvolvimentos históricos na matéria[999].

Diversamente, *MARTINUS* encontra-se todo ele compenetrado do contraste resultante da evolução ocorrida em torno do fenómeno da actuação para outrem. Por isso, e no entender de RICCOBONO, *MARTINUS* consegue, como nenhum outro, alcançar uma síntese do conteúdo do *Corpus Iuris*, ao ponto de poder ser considerado como o intérprete mais sapiente da compilação de Justiniano, o mais profundo, ou, ainda, um dos poucos capaz de retirar da massa dos textos e da variedade de elementos um produto harmónico[1000].

---

[993] E, designadamente, o direito germânico.

[994] *Summa Trecensis* que no dizer de Meijers, *Le Conflit...*, in *Études...*, IV, p. 143, trai, de resto, uma estreita ligação à escola de *Martinus*. É certo que Kantorowicz, *Studies...*, pp. 146 e ss., atribui a *Summa* a *Rogerius*, todavia, a tese já tem sido qualificada como de pouco razoável.

[995] Para mais pormenores acerca da influência exercida pela doutrina de *Martinus* sobre a representação na restante escolástica pode conferir-se, designadamente, Buchka, *Die Lehre von der Stellvertretung...*, p. 122, autor que sustenta, todavia, a tese segundo a qual *Placentinus* se teria afastado das posições de *Martinus*; Fränkel, *Die Grundsätze...*, pp. 362 e 363; e Paolo Cappellini, *Rappresentanza...*, in *Enciclopedia...*, XXXVIII, pp. 443 e ss.. Cfr., ainda, *infra*.

[996] Cfr., *infra*, Parte I, Cap. II, parágrafo 2, III.

[997] Para mais pormenores acerca da influência de *Martinus* sobre direito italiano v., Paolo Cappellini, *Rappresentanza...*, in *Enciclopedia...*, XXXVIII, pp. 443 e ss..

[998] Riccobono, *Liniamenti della dottrina della rappresentanza diretta...*, in *Annali del Seminario Giuridico...*, 14, pp. 419 e ss..

[999] *Idem*.

[1000] *Idem*.

Aceitar como válida a posição de *ACCURSIUS*, em detrimento da de *MARTINUS*, significaria pura e simplesmente – nas palavras de RICCO-BONO[1001] – a negação das novas experiências e conclusões adquiridas com a análise interpolacionista.

Aos olhos do romanista italiano, afigura-se inegável que a actividade dos compiladores trouxesse consigo uma modificação do posicionamento existente entre os vários ordenamentos do direito clássico. Semelhante modificação é uma consequência directa do sistema unitário, da concentração das matérias, actuada mediante interpolações geradoras, na matéria por nós analisada, de *«vastas categorias de casos nos quais a representação directa foi admitida como regra; como por exemplo: no campo da tutela, da curatela, da procuração e em geral do processo, como a própria Glosa pôs em relevo»*[1002].

Ao ensinamento de RICCOBONO pode juntar-se, no mesmo sentido, a tese de WESENBERG[1003]. Segundo este, *DE GOSIA* limitava-se a elevar as excepções do *Corpus Iuris* a regra e a inverter, assim, o aparente sentido da proibição do *alteri cavere*. Ao adoptar semelhante procedimento *MARTINUS* não afrontava, porém, e nas palavras do historiador tudesco, a autoridade do *Corpus Iuris* [1004]. E se é certo terem a generalidade dos doutores da Glosa e comentadores condenado a doutrina de *MARTINUS* nem por isso se deve – no entender de WESENBERG – ter a doutrina do *Copia legum* como particularmente surpreendente. E isto pela simples razão de não ser fácil a interpretação das fontes trabalhadas pelos compiladores, aliás, marcadas por importantes contradições entre elas[1005].

II – Bem vistas as coisas a doutrina de *MARTINUS DE GOSIA* apresentará fundamentos mais sólidos de quanto lhe tem sido frequentemente imputado. Ela encontra-se, é verdade, e em vários aspectos, distante da moderna doutrina da representação[1006]. Não obstante, as considerações de *MARTINUS* não deixarão – quanto mais não

---

[1001] *Idem*, pp. 420 e 421.

[1002] Riccobono, *Liniamenti della dottrina della rappresentanza diretta...*, in *Annali del Seminario Giuridico...*, 14, p. 421, com amplas demonstrações ao nível das fontes. V., também, Paolo Cappellini, *Rappresentanza...*, in *Enciclopedia...*, XXXVIII, p. 443, para quem a possibilidade de se estipular para outrem reconhecida por *Martinus* se mostra de tal maneira ampla, que não pretendia circunscrever-se ao caso do *procurator*, ultrapassando, largamente, o campo das acções *adiecticiae qualitatis*, único terreno no qual a maioria dos glosadores e comentadores procurava assegurar uma mais forte protecção jurídica do *dominus*.

[1003] Wesenberg, *Verträge zugunsten...*, p. 104.

[1004] *Idem*, p. 104.

[1005] Wesenberg, *Verträge zugunsten...*, p. 104.

[1006] É designadamente essa a opinião sustentada por Hamza, *Bermerkungen...*, in *Zeitschrift...*, 26, 2, pp. 81 e 82, segundo o qual faltaria à tese de *Martinus* um elemento subjectivo que fundamentasse a admissibilidade da representação directa. Além disso, e ainda de acordo com Hamza, *Martinus* não distinguiu a representação resultante de uma relação hierárquica da representação que não tivesse semelhante origem. A *personarum identitatis* não seria para este doutor medieval de separar da identidade subjectiva.

seja pela influência exercida sobre alguns dos seus pares e legislado-res[1007] – de representar um importante marco na doutrina da representação directa.

2. – O direito estatutário italiano

I – Os esforços desenvolvidos pelos glosadores e consiliadores no sentido de se afastarem da regra romana – formalmente consagrada no *Corpus Iuris* – do *alteri stipulari nemo potest* ter-se-ão afigurado de extrema importância para as soluções consagradas nos estatutos das cidades setentrionais italianas[1008]. Estes centros urbanos tornaram-se, durante a Alta Idade Média, pólos de desenvolvimento de uma florescente vida comercial, e não tardaram, por isso, em sentir a necessidade de admitirem a vinculação e produção directa de efeitos jurídicos em esfera jurídica alheia, em virtude de actos jurídicos voluntários[1009].

Particularmente ilustrativos afiguram-se, no entender da doutrina, os estatutos da cidade de Florença[1010]. A par deles, podem, todavia, e ainda, referir-se, com carácter exemplificativo, os estatutos das cidades de Pisa, Bérgamo, Trieste, Perugia, Bolonha, Como, Bréscia e Castellarquarto, todos favoráveis à produção de efeitos jurídicos directos em esfera jurídica alheia[1011, 1012, 1013].

[1007] Cfr. quanto se escreve *supra* no presente parágrafo e *infra* no próximo.

[1008] A doutrina tem, de facto, considerado os contributos dos glosadores e comentadores – e em especial os desenvolvimentos operados por *Martinus* – como de particular importância para as soluções consagradas pelos estatutos das cidades italianas medievais. Para mais pormenores cfr. *infra* e, igualmente, *supra*, em particular as várias referências a este respeito, feitas no parágrafo anterior.

[1009] Numa atitude considerada, Fränkel, *Die Grundsätze...*, p. 296, como um autêntico protesto contra o preceito romano do *alteri stipulari nemo potest*.

[1010] V., por todos, Fränkel, *Die Grundsätze...*, p. 296.

[1011] Não se procedeu a uma investigação específica acerca dos vários passos dos estatutos das cidades italianas onde o problema da estipulação para outrem é tratado. Os textos relevantes encontram-se normalmente disponíveis, de forma fácil e imediata, através de transcrições contidas nas obras citadas ao longo do presente parágrafo. Referem-se agora, e apenas, a título exemplificativo, Pertile, *Storia del diritto italiano*, 1893, Roma, Nápoles, Milão, IV, pp. 453, nota (14), 455 e ss., e nota (29); e na literatura jurídica germânica, Holtzendorff-Kohler, *Encyclopädie der Rechtswissenschaft*, 6.ª ed., Lípsia, Berlim, 1904, p. 598; Fränkel, *Grundsätze...*, pp. 296 e ss.; Lange, «*Alteri stipulari...*», *Zeitschrift...*, 1956, LXXIII, pp. 291 e 292 e notas (61) a (64), p. 295 e nota (81) (com destaque para a referência ao facto de os estatutos de várias cidades, designadamente o de Ferrara, dispensarem a necessidade de uma *cessio*. Do mesmo modo deve mencionar-se a circunstância de nalguns casos, como o de Florença, se afirmar expressamente o carácter supérfluo da *ratihabitio*), e pp. 296 e 297; Ulrich Müller, *Die Entwicklung...*, p. 55; e Paolo Cappellini, *Rappresentanza...*, in *Enciclopedia...*, XXXVIII, p. 443, nota (45). De um a modo geral acerca da importância do direito estatutário italiano v., Enrico Besta, *Fonti del diritto Italiano, dalla scadauta*

No fundo, as codificações elaboradas pelas cidades italianas representaram apenas, e em grande medida, a consagração legal de um progresso milenar no sentido de um cada vez mais acentuado afastamento relativamente ao princípio da proibição do *agere alieno nomine*[1014] e constituirão, também – no dizer de alguma doutrina – o culminar de uma época que se estendeu de meados do século XI até ao século XV[1015].

A consideração e análise dos estatutos de cidades como, por exemplo, Florença revelam – no tocante à temática da actuação para outrem – uma estreita proximidade entre as respectivas disposições e o esquema das fórmulas das estipulações criado pelos glosadores e comentadores [1016, 1017]. Como refere a propósito WESENBERG[1018], se para a pandectística do século XIX a problemática da representação e do contrato a favor de terceiro surgia como uma questão em movimento, outro tanto sucedia já para os juristas medievais. Também os glosadores, comentadores e redactores dos estatutos das cidades italianas terão sido confrontados com casos concretos de representação ou de contrato a favor de terceiro cuja resolução terá certamente influenciado as propostas por eles formuladas na matéria[1019]. Não causará, por conseguinte, surpresa a circunstância de, ao contrário de quanto sucedia com a maioria dos doutores da Glosa e consiliadores, o direito estatutário ter reconhecido, de forma mais ou menos categórica, a eficácia genérica do *stipulari alteri*, na simples condição de a vontade dos estipulantes assim o prever[1020, 1021]. Assim, enquanto

---

dell'Impero Romano fino ai tempi nostri, Milão, 1944, pp. 126 e ss., com amplas referências acerca da bibliografia relevante para a história do referido direito.

[1012] Relativamente à forma como os estatutos das várias cidades italianas regulavam a representação processual v. as amplas considerações preferidas por Rosenberg, *Stellvertretung...*, pp. 394 e ss., e 411 e ss., com inúmeras referências quer ao nível das fontes quer ao nível da doutrina constituída por canonistas e comentadores.

[1013] Isto ao ponto de não faltar quem (cfr., Besta, *Le Obbligazioni...*, p. 90) afirmasse como a partir de então valia a regra: «*extraneus extraneo recte pacisci*», mesmo sem juramento.

[1014] A importância do direito estatutário italiano no caminho conducente à quebra do princípio do *alteri stipulari nemo potest* e formação de uma completa teoria da representação jurídica é reconhecida pela *communis opinio* de que constitui, designadamente, exemplo o ensinamento de Besta, *Le Obbligazioni...*, pp. 82 e 90; Staudinger-Schilken, *Kommentar...*, I, comentário ao § 164, p. 6.

[1015] Ulrich Müller, *Die Entwicklung der direkten Stellvertretung...*, p. 57.

[1016] *Idem*.

[1017] Cfr., *supra*.

[1018] Wesenberg, *Zur Behandlung...*, in *Festschrift...*, II, p. 266.

[1019] *Idem*.

[1020] A este respeito pode ver-se, de entre a literatura jurídica por nós considerada, Besta, *Le Obbligazioni...*, p. 90; Wesenberg, *Zur Behandlung...*, in *Festschrift...*, II, p. 266; Paolo Cappellini, *Rappresentanza...*, in *Enciclopedia...*, XXXVIII, p. 444.

[1021] Aliás, os estatutos da cidades italianas não terão sido, como parece óbvio, apenas influenciados pelos ensinamentos dos glosadores e dos comentadores. A precisa ou exacta indicação do contributo dos doutores da Glosa e consiliadores na codificação do direito estatutário italiano revela-se, sem dúvida, uma tarefa difícil e árdua conforme foi posto a nu por Ulrich Müller, *Die*

os estatutos de Bréscia e Castellarquarto sancionavam, de modo genérico, a admissibilidade de celebração de contratos para terceiros, e através de terceiros, os estatutos de Florença afirmavam, expressamente, a possibilidade de aquisição – por terceiro – de um direito sem cessão, não apenas nos casos de *dominium*, de *possessio* e de *usucapiendi* e *praescribendi conditio*, mas, antes, em termos gerais; mesmo na eventualidade de no momento da celebração do contrato o terceiro nada saber[1022].

Apesar da sua generosidade na admissão da produção, por acto voluntário, de efeitos jurídicos na esfera de um *dominus* ou principal, os estatutos das cidades italianas não esclareceram a questão de saber se ao representado deveria ser concedida, para defesa dos seus direitos, uma *actio directa* ou tão-só uma *actio utilis*. Perante semelhante cenário, a doutrina e os jurisprudentes dividiram-se quanto à tutela a dar ao representado. A opinião dominante ter-se-á, no entanto, manifestado a favor da ideia segundo a qual ao terceiro ou *dominus* apenas seria concedida uma *actio utilis* com o mesmo conteúdo de uma *actio directa*, ficando esta, apenas, ao dispor do representante[1023]. A problemática da vinculação por contrato celebrado através de representante, também, não terá merecido, num primeiro momento, especiais desenvolvimentos a nível estatutário[1024]. Numa aparente contradição com o reconhecimento e afirmação da ideia segundo a qual o representado entrava em relações jurídicas directas com quem tivesse celebrado um contrato com o respectivo representante, os estatutos das cidades italianas bastavam-se com os meios proporcionados pelas

Entwicklung..., p. 58. O direito estatutário representa um conglomerado de correntes e opiniões, as quais terão encontrado eco variado nas suas diferentes disposições. Em particular os redactores dos estatutos das cidades italianas terão sentido a pressão do direito romano; da *podestà-Verfassung* (cfr., Engelmann, *Die Wiedergeburt...*, p. 59); das estipulações notariais (cfr., *supra* quanto se escreveu, na Parte I, Cap. II, parágrafo 1, a este respeito bem como a literatura aí citada, maxime Lange, «*Alteri stipulari...*», in *Zeitschrift...*, LXXIII, pp. 290 e ss., o qual recorda como os estatutos da cidade de Florença dispunham «*Ex quolibet actu etiam sine scriptura facto per quemlibet privatum etiam non notarium (...)*», enquanto nos de Trieste se podia ler: «*Statuimus, quod alter alteri, et alteri per alterum etiam privatum (...)*»); do direito público (numa conclusão que ganha maior corpo na sequência dos estudos de Mitteis, *Lehnrecht...*, pp. 516 e ss., autor cujas conclusões seriam exaltadas por Wesenberg, *Zur Behandlung...*, in *Festschrift...*, II, p. 266; e Paolo Cappellini, *Rappresentanza...*, in *Enciclopedia...*, 1987, XXXVIII, pp. 444 e 445; mas contestadas por Lange, «*Alteri stipulari...*», in *Zeitschrift...*, 1956, LXXIII, p. 290; e Ulrich Müller, *Die Entwicklung der direkten Stellvertretung...*, pp. 59 e 60, o qual além de colocar, à semelhança de Lange, e de forma genérica, em causa a importância do direito público para o desenvolvimento da representação medieval de direito privado chama ainda a atenção para o facto de quer nos estatutos de Florença quer nos de Trieste – para apenas referir dois exemplos – a problemática da produção de efeitos jurídicos na esfera de terceiro vir exclusivamente tratada na perspectiva dos privados [de passagem refira-se, ainda, a circunstância de não faltar quem, como Damiano Nocilla e Luigi Ciaurro, *Rappresentanza politica*, in *Enciclopedia del Diritto*, XXXVIII, p. 552, chame a atenção para o facto de ser a representação política a parecer caracterizada pelas notas específicas da representação de direito privado]); e das acrescidas necessidades do tráfego e circulação de bens.

[1022] Ulrich Müller, *Die Entwicklung der direkten Stellvertretung...*, p. 56.

[1023] *Idem*, pp. 56 e 57. Cfr., também, Paolo Cappellini, *Rappresentanza...*, in *Enciclopedia...*, XXXVIII, p. 444 e nota (48).

[1024] Assim, e por todos, Fränkel, *Die Grundsätze...*, p. 298.

acções *adiecticiae qualitatis* romanas[1025]. Semelhante solução não terá, todavia, deixado, nalguns casos, de conduzir a soluções injustas, particularmente naquelas hipóteses nas quais o património do representante se afigurava insuficiente para satisfazer os direitos do outro contraente. Por isso, numa manifestação de preocupação por um fenómeno que chamou também a atenção dos glosadores e comentadores, e perante as acrescidas necessidades do comércio e tráfego de bens, a cidade de Florença acabou, no ano de 1393, por suprimir a responsabilidade pessoal do *factor* ou *discipulus* cuja actuação se tivesse desenrolado em substituição de outrem num determinado contrato ou negócio. Concluía-se, assim, com a referida disposição, mais um passo na caminhada iniciada no direito romano e continuada, com avanços e recuos, pelos comentadores e glosadores[1026], mas a qual, pelo menos até *PAULUS DE CASTRO*, estes não tinham tido a coragem de assumir em toda a sua extensão: a libertação do representante dos vínculos emergentes dos contratos por ele celebrados[1027].

II – Na base dos resultados e projecções alcançados pelo direito estatutário das cidades setentrionais italianas não deixará de estar – repise-se – em grande medida, presente a doutrina sustentada por *MARTINUS DE GOSIA*[1028], a qual se projectou, assim, de forma significativa no desenvolvimento da figura da representação directa. Conforme recorda a propósito SAVIGNY[1029], as soluções e teses defendidas por *MARTINUS* – apesar de não terem merecido sempre o melhor acolhimento por parte dos seus pares – parece terem, não raras vezes, alcançado o privilégio da sua especial confirmação e consagração legislativa; num fenómeno, porventura, e designadamente, concretizado a propósito da problemática da representação directa[1030].

A influência da doutrina de *MARTINUS DE GOSIA* na configuração dos estatutos da cidade de Pisa parece merecer o consenso da moderna doutrina, como o comprova, designadamente, o ensinamento de WESENBERG[1031], LANGE[1032], MÜLLER[1033] e CAPPELLINI[1034]. Na base de semelhante enten-

---

[1025] *Idem*, p. 298.

[1026] Cfr., *supra*, o parágrafo precedente.

[1027] Ulrich Müller, *Die Entwicklung der direkten Stellvertretung...*, p. 57.

[1028] Cfr., a título exemplificativo, de entre os autores por nós considerados, Wesenberg, *Verträge zugunsten...*, pp. 111 e 112.

[1029] Savigny, *Storia...*, II, pp. 75 e ss., e 97 e ss..

[1030] Acerca da concreta projecção da tese de *MARTINUS* a propósito da possibilidade de produção, por acto de vontade, de efeitos jurídicos directos em esfera jurídica alheia na doutrina e legislação que lhe sucedeu v., *supra* e bibliografia aí citada.

[1031] Wesenberg, *Verträge zugunsten...*, pp. 111.

[1032] Lange, «*Alteri stipulari...*», in *Zeitschrift...*, 1956, LXXIII, p. 291, nota (64).

[1033] Ulrich Müller, *Die Entwicklung der direkten Stellvertretung...*, p. 58.

[1034] Paolo Cappellini, *Rappresentanza...*, in *Enciclopedia...*, XXXVIII, pp. 443 e 444.

dimento encontra-se o facto de o referido estatuto se referir à *aequitas* através de uma fórmula característica do tipo de argumentação utilizada por *MARTINUS*: «*Placuit in omnibus causis praecipuam esse aequitatem quam stricti usus rationem.*»

Menos pacífica revela-se, porém, a determinação do contributo prestado por *DE GOSIA* na formação e conformação dos estatutos da cidade de Bolonha. SARTI e SAVIGNY[1035] fazem remontar os referidos estatutos ao Doutor bolonhês. MÜLLER considera, todavia, a tese insusceptível de determinação[1036].

3. – A representação à luz do direito canónico e da canonística medieval

I – A influência do direito canónico ao nível da cultura jurídica ocidental mostrou-se e mostra-se especialmente activa na relação existente entre o direito e a noção de justiça e, designadamente, em todos os corolários e consequências do reconhecimento da dignidade da pessoa humana[1037]. Não estranhará, por isso, a afirmação veiculada pela *communis opinio* – constituída por canonistas, historiadores e legistas – segundo a qual o direito canónico terá contribuído de forma extremamente importante para o desenvolvimento da figura da representação directa e seus momentos paralelos ou epigonais[1038]: toda a organi-

---

[1035] Savigny, *Storia...*, II, p. 76.

[1036] Ulrich Müller, *Die Entwicklung der direkten Stellvertretung...*, p. 58.

[1037] Assim, v., por todos, Paulo Otero, *O poder de substituição...*, p. 154; e Paolo Grossi, *L'ordine giuridico medievale*, 2.ª ed., Bari, 1996, pp. 109 e ss.. Cfr., também, Wieacker, *História...*, pp. 67 e ss., autor que sublinha a circunstância de o impacto do direito da Igreja sobre o direito profano ser tão grande que sem o seu conhecimento seria impossível uma plena compreensão da história do direito privado.

[1038] A título exemplificativo, e no sentido expresso no texto, pode ver-se, Buchka, *Die Lehre von der Stellvertretung...*, pp. 145 e ss.; Luigi Tartufari, *Dei contratti...*, pp. 53 e ss.; Savigny, *Obligationenrecht...*, II, p. 51; Popesco-Ramniceano, *De la représentation...*, pp. 184 e 185; Bauer, *Die Entwicklung...*, pp. 36 e ss.; Saggese, *La rappresentanza...*, p. 13; Bussi, *La formazione...*, I, pp. 296 e ss.; Pessoa Jorge, *O mandato...*, pp. 59 e 60; Calasso, *Il negozio...*, p. 319; Marty e Raynaud, *Droit civil. Introduction générale à l'étude du droit*, 2.ª ed., Paris, 1972, I, p. 283; Müller-Freienfels, *Die Vertretung...*, p. 107; Id., *Zum heutigen...*, in *Stellvertretung in Einheit...*, p. 7; Id., *Legal replations in the law of agency: power of agency and commercial certainty*, in *Idem*, pp. 238 e 239 (cfr., no entanto, e em divergência com quanto refere nos estudos acabados de citar, do mesmo autor, *Die Abstraktion der Vollmachtserteilung...*, in *Stellvertretungsregelungen in Einheit...*, p. 97, onde Müller-Freienfels considera que a doutrina da Igreja, segundo a qual o Papa é o *Vicarium Petri*, não pode ter servido de modelo à representação voluntária); Michel Storck, *Essai sur le mécanisme de la représentation...*, p. 78; Coing, *Europäisches...*, I, p. 424; e Staudinger-Schilken, *Kommentar...*, I, comentário prévio ao § 164, p. 6. Para uma referência ao contributo do direito canónico para história da representação processual v., Rosenberg, *Stellvertretung...*, pp. 391 e ss., 398, 407, 408 e ss..

zação da Igreja se baseia na ideia de representação; Cristo deixou na terra o seu representante[1039].

Conforme refere a propósito PAULO OTERO, em adesão à *communis opinio*, concebido Cristo como cabeça invisível da Igreja – seu Chefe Supremo que a assiste e dirige do céu – foi a Pedro e seus sucessores conferido, pelo próprio Jesus, o governo e autoridade sobre a Igreja[1040]. Por isso, o Papa, enquanto sucessor de Pedro, representa a Cabeça visível da Igreja[1041], e surge como detentor da própria autoridade de Cristo[1042].

O Papa é designado Vigário de Cristo ou *vicarius Petri*[1043], querendo isso dizer que o Sumo Pontífice representa ou faz as vezes de Cristo na condução da Igreja: o Papa exerce o poder em nome e no lugar de Cristo[1044].

Além disso, o direito canónico partia do pressuposto da igual dignidade de todos os homens – consequência da natureza espiritual da pessoa, da sua criação divina e do seu destino transcendente. Todos os homens eram considerados livres perante os outros, pelo que o direito canónico não encontrou qualquer obstáculo no sentido de tornar admissível a aquisição de direitos ou a assunção de obrigações por intermédio de outrem[1045].

Assim e já no ano 325 d. C. nos surge a notícia segundo a qual o Papa Silvestre teria enviado ao Concílio de Nicósia dois padres romanos, Vítor e Vicente, na qualidade de seus representantes[1046], enquanto no Decreto de *BURCHARDUS DE WORMS* se constata a referência a um bispo que,

---

[1039] Assim, e expressamente, Bussi, *La formazione...*, I, p. 296; Ballerstedt, *Zur Haftung...*, in *Archiv...*, 151, p. 514; Lange, «*Alteri stipulari...*», in *Zeitschrift...*, 1956, LXXIII, pp. 286 e 287; e Pessoa Jorge, *O mandato...*, p. 59. Cfr., ainda, Hofmann, *Repräsentation...*, p. 122.

[1040] V., A. J. Carlyle e R. W. Carylile, *Mediaeval political theory in the west*, Edimburgo, 1903, pp. 151 e ss; Jean Leclercq, *L'idée de la Royauté du Christ au Moyen Age*, Paris, 1959, pp. 56 e ss.; 74 e ss., 180 e ss.; e Paulo Otero, *O poder de substituição...*, I, pp. 154 e 155. Cfr., igualmente, os autores citados na nota anterior.

[1041] Ruy de Albuquerque, *As represálias...*, I, pp. 414 e ss..

[1042] Paulo Otero, *O poder de substituição...*, pp. 154 e 155.

[1043] Ballerstedt, *Zur Haftung...*, in *Archiv...*, 151, p. 514. Na doutrina histórica v., por exemplo, *Gulielmus Durandus*, *Speculum iuris*, Lib. I, partic. I, *De legato*, § *Nunc ostendendum est* (Veneza, 1627, Pars I, n.º 51, p. 51).

[1044] Paulo Otero, *O poder de substituição...*, pp. 154 e 155.

[1045] Bussi, *La formazione...*, I, p. 298; e Pessoa Jorge, *O mandato...*, p. 59. V., também, Paolo Grossi, *L'ordine...*, pp. 113 e ss., autor que coloca em relevo a circunstância de, aos olhos da Igreja, o problema religioso da salvação não se resolver, ou apenas se resolver com extrema dificuldade, a nível individual.

[1046] Hefele (Bispo de Rottenborg), *Histoire des conciles*, tradução da segunda edição alemã, Paris, 1907, I, I, p. 411. Em termos genéricos acerca das especificidades das diversas formas de representação papal v., Richard A. Schmutz, *Medieval Papal representatives: Legates, nuncios, and judges-delegate*, in *Studia Gratiana. Post Octava decreti Saecularia*, Roma, 1972, XV, pp. 441 e ss..

doente, se vê forçado a fazer-se representar num sínodo através de um outro sacerdote[1047]. Por seu turno, o cap. 24 X, *De Praebend*, 3, 5, estabelecia que «*Clericus absens per alium vel alius magis pro ipso poterit de beneficio ecclesiastico investire*»[1048].

KRADEPOHL[1049] vê num escrito de GREGÓRIO, o GRANDE (590--604)[1050], no qual se estabelecia que ninguém poderia actuar como representante de outrem sem um mandato conferido na forma legal, o primeiro e indubitável caso de autêntica representação. A afirmação definitiva e precisa do princípio da admissibilidade de aquisição de direitos e assunção de obrigações para terceiro acabaria, no dizer de autores como BUSSI[1051], BAUER[1052], CALASSO[1053] ou CARIDI[1054], por constar do *Liber Sextus. De regulis iuris* de BONIFÁCIO VIII (1294-1303)[1055]. Aí se estabeleceu de forma categórica: «*Potest quis per alium quod potest facere per se ipsum*»[1056] e «*Qui facit per alium, est perinde, ac si faciat per se ipsum*»[1057, 1058, 1059]. Isto a indiciar, no entender de

---

[1047] Para um estudo detalhado acerca de Buchardus de Worms v. Koeniger, *Buchard von Forms*, Munique, 1905.

[1048] V., Buchka, *Die Lehre...*, p. 145.

[1049] Kradepohl, *Stellvertretung und Kanonishes Eherecht*, reimpressão da edição de Bona de 1939, Amesterdão, 1964, p. 29.

[1050] Para uma análise do contributo deste Pontífice para a história da Igreja v., por todos, Hans Erich Feine, *Kirchliche Rechtsgeschichte die Katholische Kirche*, 4.ª ed., Colónia, Graz, 1964, *passim*, maxime p. 116, com indicações bibliográficas.

[1051] Bussi, *La formazione...*, I, p. 296.

[1052] Bauer, *Die Entwicklung...*, p. 37.

[1053] Calasso, *Il negozio...*, p. 319.

[1054] Settimio Carmignani Caridi, *Rappresentanza (dir. can.)*, in *Enciclopedia del Diritto*, 1987, XXXVIII, p. 486, autor segundo o qual a conceptualização do instituto da representação, mutuado pela tradição romanística, encontra-se já claramente delineada e expressa em duas das *Regulae iuris* anexas ao *Liber Sextus*, a saber a regra LXVIII «*Potest quis per alium quod potest facere per seipsum*» e a regra LXXII «*Qui facit per alium, est perinde, ac si faciat per se ipsum*» – apesar de acrescentar, depois, como a generalidade dos tratados de direito canónico se referiram a estes dois princípios em termos excessivamente gerais e sem uma adequada sistematização da matéria.

[1055] Acerca da vida e obra de Bonifácio VIII limitamo-nos a remeter, a título meramente exemplificativo, para Hergenroether, *Histoire de l'Église*, tradução francesa de Bélet, Paris, Bruxelas, Genebra, 1886, III, pp. 646, 714, e 733; Hans Erich Feine, *Kirchliche Rechtsgeschichte...*, *passim* (e, em particular no tocante ao *Liber Sextus* e razões da respectiva denominação), pp. 288 e 289; Giuseppe Leziroli, *Relazione fra Chiesa cattolica e potere politico. Cenni storici sulla religione como limite del potere*, Turim, 1992, pp. 51 e 57 e ss.; Grossi, *L'ordine...*, pp. 208 e 209.

[1056] *Regula 68 de regulis iuris*, VI, 5, 12.

[1057] *Liber Sextus, Regula 72 de reg. iuris*, VI, 5, 12.

[1058] Para uma análise histórica do *Liber Sextus* de Bonifácio VIII v., para além de Feine, *Kirchliche...*, pp. 288 e 289; D. Manuel do M. Rodrigues de Araujo, *Elementos de direito eclesiástico público e particular em relação à disciplina geral da Igreja*, Rio de Janeiro, 1856, I, pp. 35 e 36; Schulte, *Geschichte der Quellen und Literatur des Kanonischen Rechts*, reimpressão da edição de Estugarda de 1877, Graz, 1956, II, *Von Papst Gregor IX. bis zum Concil von Trient*, pp. 34 e ss.; G. Le Bras – Ch. Lefebvre – J. Rambaud, *Sources et théorie du droit. L'âge classique*, in *Histoire du droit et des institutions de l'église en Occident*, Paris, 1956, V, pp. 247 e ss..

[1059] Acerca da aplicação destas duas regras ao direito canónico processual v., por todos, Rosenberg, *Stellvertretung...*, pp. 393 e ss., com amplas indicações bibliográficas, pp. 393 e 394.

BUSSI, a ideia segundo a qual o princípio da representação já teria sido recebido pelo sistema canonístico muito antes da compilação de BONIFÁ-
CIO VIII. Na verdade, e ordinariamente, um princípio jurídico só merece
consagração depois de se ter radicado na consciência do ambiente particular a
que corresponde. No caso em apreço a ideia de representação parece ter sido
objecto de uma dicção de tal forma explícita que pouco espaço ficaria para se
poder duvidar da respectiva divulgação e utilização antes dos finais do século XIII[1060].
E na verdade, já nas Decretais[1061] de GREGÓRIO IX (1227-1241) o título
Liber I, Tit. XXXVIII. *De Procuratoribus* dá corpo a esta matéria[1062]. Mas o
próprio *Decretum* de Graciano[1063] afirma (*C.V, qu.* III, cap. III) a necessidade de
cada eclesiástico que «*ad solam laudem Dei bonorumque operum actiones cons-
tituuntur*» nomear um procurador que o represente[1064, 1065]. Tudo a demonstrar,
nas palavras de BUSSI, a tese segundo a qual o princípio da representação
directa era largamente admitido no direito canónico[1066].

II – Algumas vozes, mais ou menos isoladas, procuram, é certo,
desvalorizar o papel do direito canónico na formação e desenvolvimento do fenómeno representativo, com especial destaque, na doutrina
moderna, para MÜLLER[1067].

[1060] Assim, e expressamente, Bussi, *La formazione...*, I, p. 296.

[1061] Uma referência detalhada acerca de vários dos aspectos das Decretais de Gregório IX
(1234) pode obter-se através a consulta de Schulte, *Die Geschichte der Quellen...*, II, *Gregor IX...*, pp.
3 e ss.; Hans Erich Feine, *Kirchliche Rechtsgeschichte...*, pp. 287 e 288; Nuno Espinosa Gomes da
Silva, *História do pensamento...*, pp. 44 e ss.; e embora de forma mais sintética, Grossi, *L'ordine...*, pp.
207 e 208.

[1062] Assim e para além da própria *Decretalium Gregorii Papae IX* v., Bussi, *La formazione...*, I,
p. 297.

[1063] Graciano foi o fundador do direito canónico da Idade Média e «pai dos canonistas».
Para uma referência acerca da sua importância no desenvolvimento do direito canónico v.,
Schulte, *Die Geschichte der Quellen...*, I, *Vom Gratian bis auf Papst Gregor IX*, p. 95; Hans Erich
Feine, *Kirchliche Rechtsgeschichte...*, pp. 276 e ss.; Wieacker, *História...*, pp. 71 e ss.; Stanley
Chodorow, *Christian political theory and church politics in the mid-twelfth century. The eccleosiology of
Gratian Decretum*, Berkeley, Los Angeles, Londres, 1972, *passim*, maxime p. 1; Giuseppe Leziroli,
Relazione..., pp. 50 e ss.; e Grossi, *L'ordine...*, pp. 103 e ss.; Nuno Espinosa Gomes da Silva, *História
do pensamento...*, pp. 39 e ss..

[1064] Isto, portanto, na primeira metade do século XII.

[1065] Cfr., a este respeito, Bussi, *La formazione...*, I, p. 297.

[1066] Bussi, *La formazione...*, I, p. 297. Para uma referência a vários outros casos concretos de
admissibilidade de representação à luz do direito canónico medieval cfr., designadamente, Buchka,
Die Lehre von der Stellvertretung..., pp. 145 e ss.. Acerca da polémica existente entre os juristas
medievais a propósito da validade, à luz do direito canónico, do contrato a favor de terceiro v.,
igualmente, os autores citados nesta nota.

[1067] Ulrich Müller, *Die Entwicklung der direkten Stellvertretung...*, pp. 61 e ss.; e, ainda no
mesmo sentido mas de forma muito menos elaborada e detalhada, Ballerstedt, *Zur Haftung...*, in
Archiv..., 151, p. 514; e Müller-Freienfels, *Die Abstraktion der Vollmachtserteilung...*, in *Stellvertretungsregelungen in Einheit...*, p. 97, nota (160) (deste autor, e em sentido diverso daquele sustentado no escrito agora referido, vejam-se, porém, as obras citadas *supra*, I, do presente parágrafo).

A raiz do engano no qual a *communis opinio* assenta as suas posições, acerca do modo como o direito canónico encarava o fenómeno da representação, residiria, segundo o autor, na afirmação de que as disposições do *Corpus Iuris Canonici* teriam natureza especial e derrogariam por isso as restantes normas[1068]. E por dois motivos.

O primeiro, porque em matéria de representação o direito canónico não teria formulado ou originado quaisquer preceitos especiais.

O segundo, porque não seria possível afirmar sem mais a existência de uma relação de especialidade entre o direito canónico e as demais normas jurídicas designadamente as contidas no *Corpus Iuris Civilis*[1069]. A Igreja reconheceria, antes, o direito romano na totalidade, como o seu direito[1070], de forma que a não validade de uma norma jurídica romana devia ser tomada como uma excepção à regra. Valiam os aforismos: «*Ecclesia utitur iure romano*»; «*Ecclesia vivit lege Romana*»; «*Lex Justiniani imperatoris quam probat et servat catholica ecclesia*»; «*Jus canonicum et civile sunt adeo connexa, ut unum sine altero non intellegi potest*» – dos quais a igreja se não teria afastado demasiadamente com o decorrer dos tempos. *GRATIANUS* foi não apenas contemporâneo de *IRNERIUS* como viveu com este na cidade de Bolonha pelo que, no entender de MÜLLER, não se afigurará despropositada a suposição segundo a qual os dois juristas teriam trocado, entre si, ideias, influenciando-se mutuamente e criando uma sólida base para a manutenção da identidade de pontos de vista entre canonistas e legistas[1071].

Mas mesmo que assim não tivesse sido, e o direito canónico se apresentasse, na verdade, como um direito totalmente especial relativamente ao direito romano, nem por isso se deveriam, no entender de LANGE ou MÜLLER, aceitar, ao menos na plenitude, as teses que destacam a importância do contributo da Igreja para o desenvolvimento da figura da representação. Isto pela simples razão de o direito canónico – num fenómeno constatado já por *FACHINEUS* ao escrever, «*sed nullibi iure canonico est expressum, alteri stipulationem factam valere contra iuris regulas. Ergo non valet*»[1072] – não se ter afastado

---

[1068] Para uma análise acerca das relações entre direito canónico e direito romano cfr., por todos, e de entre a enorme multidão de estudos a este respeito a tornar estulta qualquer pretensão de se ser exaustivo, Fr. Rosshirt, *Canonisches Recht*, Schaffhausen, 1857, passim, e por exemplo, 221 e ss., Schulte, *Die Geschichte der Quellen...*, I, *Vom Gratian...*, pp. 92 e ss. e *passim*, e II, *Von Papst Gregor IX...*, pp. 25 e 25, onde se sublinha a circunstância de a partir do século XIII o direito romano apenas valer como fonte no âmbito das relações da Igreja quando o Papa assim o reconhecesse expressamente; Kradepohl, *Stellvertretung...*, pp. 29 e ss.; Hans Erich Feine, *Kirchliche Rechtsgeschichte...*, pp. 271 e ss., maxime p. 273; Wieacker, *História...*, pp. 78 e ss..

[1069] Ulrich Müller, *Die Entwicklung der direkten Stellvertretung...*, pp. 61 e 62.

[1070] Contra v., no entanto, Schulte, *Die Geschichte der Quellen...*, II, *Von Papst Gregor IX...*, p. 25, autor que sublinha a circunstância, por nós já referida, de a partir do século XIII a vigência do direito romano valer apenas na medida do seu reconhecimento pelo Papa.

[1071] Naqueles casos especiais de colisão entre as normas de direito romano e de direito canónico prevaleciam as últimas que, por serem de formulação mais recente, derrogavam o direito mais antigo.

[1072] *Fachineus, Controversiarum...*, Lib. III, Cap. XIX (edição citada, Tomo I, cols. 361 e ss.) com ulteriores referências bibliográficas no sentido segundo o qual o direito canónico não admitiria

nunca, de forma expressa, do princípio romano do *alteri stipulari nemo potest*. A bem dizer as tão propaladas regras especiais do direito canónico sobre a temática da representação seriam o fruto de um mero equívoco.

Os aforismos «*Potest quis per alium quod potest facere per seipsum*» e «*Qui facit per alium est perinde, ac si faciat per seipsum*», tantas vezes invocados para demonstrar a importância assumida pelo fenómeno da representação no âmbito do direito canónico[1073] não passariam de simples princípios directivos[1074] incapazes, por isso, de provocar a derrogação de preceitos específicos de direito romano[1075]. Além disso, eles reportar-se-iam ao *facere*[1076] e separar-se-iam, por conseguinte, da *Vertretung im Willen* (representação na vontade)[1077, 1078].

A distinção entre *ius* e *factum*, entre *ratio civilis* e *naturalis*, encontrava-se, no dizer de MÜLLER, já presente no direito romano, o qual admitia amplamente a figura da representação quando em causa estivesse a mera execução de uma simples actividade material para outrem[1079] – num fenómeno que se prolongou e estendeu aos doutores da Glosa e comentadores[1080]. Também estes reconheciam a existência de uma representação fáctica[1081], objecto de ampla difusão, em contraste com quanto se teria verificado com a representação jurídica.

a estipulação para outrem, e menção detalhada dos argumentos que suportariam a doutrina por ele sustentada.

[1073] Cfr., *supra*, quanto se escreveu a este respeito no presente parágrafo e bibliografia aí citada.

[1074] Assim v., designadamente, Hofmann, *Repräsentation*..., p. 153.

[1075] Lange, «*Alteri stipulari*...», in *Zeitschrift*..., 1956, LXXIII, pp. 287 e ss., autor que sublinha a circunstância de em lugar nenhum surgir a afirmação segundo a qual as regras do *Liber Sextus* teriam conduzido ao total afastamento das regras de direito civil no âmbito da jurisdição da Igreja.

[1076] Nesta direcção parece pronunciar-se, também, Settimio Carmignani Caridi, *Rappresentanza*..., in *Enciclopedia*..., XXXVIII, pp. 486 e ss., embora sem tomar uma posição categórica. Cfr., também, Hofmann, *Repräsentation*..., pp. 153 e 154.

[1077] No dizer de Lange, «*Alteri stipulari*...», in *Zeitschrift*..., 1956, LXXIII, p. 287, as regras do *Liber Sextus* aplicar-se-iam apenas a casos especiais de representação.

[1078] Mas não parece que a *Vertretung im Willen* ofereça virtualidades indiscutíveis ou seja a única forma de encarar a a representação. A este respeito v., Maria de Lurdes Pereira, *Os estados*..., in *Revista*..., XXXIX, 1, pp. 137 e 138; enquanto na doutrina tudesca se pode cfr. Flume, *Allgemeiner*..., II, *Das Rechtsgeschäft*..., pp. 754 e 755; e Volker Beuthien, *Zur Theorie der Stellvertretung im Bürgerlichen Recht*, in *Festschrift für Medicus zum 70. Geburtstag*, Colónia, 1999, pp. 1 e ss., autor que procura operar uma síntese entre a *Stellvertretung im Willen* (representação na vontade) e a *Stellvertretung in der Erklärung* (representação na declaração).

[1079] Na verdade, a possibilidade de celebração de contratos através de núncio era inequivocamente admitida e encontrava-se claramente documentada pelas fontes. Cfr., *supra*, *passim*, Parte II, Cap. I.

[1080] Ulrich Müller, *Die Entwicklung*..., pp. 62 e 63.

[1081] Na verdade, também os escolásticos com particular destaque para *Martinus* (cfr., Savigny, *Storia*..., III, p. 391 n.º 17, e p. 395, n.º 31) tomaram emprestada do direito romano a distinção entre *ius* e *factum*, entre *ratio civilis* e *naturalis*. Fizeram-no sentido, no entanto, sempre profundas dificuldades na concretização do conceito de *ius* e *factum*. Assim e se, por exemplo, *Petrus de Bellapertica* afirmava que por *actus naturales* se deveria entender aquele que é executado por instrumento natural, ou melhor por apreensão corporal – caso no qual o acto realizado pelo ministro se deveria ter como praticado pelo principal – já *Bartolus* punha em evidência a contradição subjacente às posições de *Bellapertica* ao lembrar como o *factum* de um não poderia ser o *factum* de outro. V., ainda, a este respeito, Fränkel, *Die Grundsätze*..., pp. 301 e ss..

Mas mais. Ao considerar o contributo do direito canónico como de extrema importância para o desenvolvimento do fenómeno da representação jurídica a *communis opinio* estaria, na perspectiva de MÜLLER, a esquecer a circunstância, evidenciada entre outros por HANS WOLFF[1082], de a palavra «representação» apresentar uma multiplicidade de sentidos a par de uma enorme fluidez de fronteiras. Muitos dos casos apontados para justificar o contributo da Igreja no desenvolvimento da figura da representação directa relevariam pura e simplesmente do campo da liturgia, teologia ou fé. Quanto à tentativa de documentação da existência de hipóteses de autêntica representação jurídica no contexto da experiência jurídica da Igreja e do direito canónico, através da referência aos casos de envio pelo Papa de representantes seus a um consílio[1083]; de substituição num sínodo de um bispo por outro[1084]; ou, ainda, à regra «*clericus absens per alium vel alius magis pro ipso poterit de beneficio ecclesiastico investire*», ela seria, simplesmente, improcedente pela singela razão de nenhum dos exemplos apontados operar na sequência da celebração de um negócio jurídico entre representante e representado. Nas três hipóteses referidas estavam em causa formas de representação muito distintas das hoje admitidas pelo direito civil. Elas não se situavam no plano da cooperação mas antes da necessidade institucional[1085] e afiguram-se, por conseguinte, aos olhos de MÜLLER, insusceptíveis de recondução ao *Tatbestand* do § 164 do *BGB*[1086, 1087]. E o mesmo aconteceria com o exemplo referido por KRADEPOHL, ao sustentar a tese segundo a qual o primeiro caso de verdadeira e autêntica representação jurídica constaria de um escrito de GREGÓRIO, o GRANDE[1088]. Semelhante escrito deixa, no dizer de MÜLLER, por decidir a questão relativa à imediata entrada, ou não, na esfera do representado dos efeitos jurídicos do acto praticado pelo representante pelo que não se afiguraria possível falar de um caso de representação tal como ela se encontra definida pelo § 164 do *BGB*.

[1082] Hans Wolff, *Organschaft...*, II, *Theorie... passim*, maxime pp. 26 e ss. (onde o autor afirma expressamente que a *Stellvertretung Christi* [*Satisfactio Vicaria*] não corresponde à representação no seu sentido comum e actual), e pp. 125 e ss.

[1083] V. quanto se escreve *supra* no presente parágrafo.

[1084] Cfr. o referido a este respeito *supra* no presente parágrafo.

[1085] Neste sentido v., também, Ballerstedt, *Zur Haftung...*, in *Archiv...*, 151, p. 514.

[1086] Até porque no dizer de Ulrich Müller, *Die Entwicklung der direkten Stellvertretung...*, p. 65, os casos de representação referidos no texto se situariam no âmbito do direito público, o que lhes retiraria qualquer interesse ou importância no delinear da história da representação voluntária de direito civil. Ausência de interesse ou significado que, segundo o autor germânico, caracterizaria também muitas outras das hipóteses referidas pela doutrina, entre a qual se pode indicar a título ilustrativo, Fränkel, *Die Grundsätze...*, p. 363, para demonstrar a existência, à luz do direito canónico, de casos de aquisição imediata de direitos e adstrição a vinculações em virtude de acto de terceiro. É que, na perspectiva de Müller, mesmo se não é líquido que os casos de aquisição directa e imediata de uma *actio utilis* através de um *praelatus*, de um *procurator militis* ou *ecclesia militans*, de um *servus publicus* – entre os quais se encontrará, para além do notário e tabelião (de resto na origem frequentemente um homem da Igreja), também o *sacerdos* – se possam qualificar como pertencentes ao direito público, a verdade estaria, segundo o escritor tudesco, no facto de os actos praticados pelos sacerdotes se não reconduzirem à hipótese regulada pelo § 164 do *BGB*.

[1087] No nosso ordenamento seria o artigo 262.º do Código Civil.

[1088] Cfr. a referência feita *supra* neste parágrafo a este respeito.

A verdade, porém, e sem descartar a eventual necessidade de se proceder à correcção de alguns dos pontos de vista expressos pela *communis opinio*, parece residir na impossibilidade de se afirmar a menor relevância, ou escassez, do contributo proporcionado pelo direito canónico para o desenvolvimento da figura da representação voluntária de direito privado.

Não contribuirá, desde logo, para diminuir o papel do direito canónico na definição dos contornos da figura da representação directa a tão propalada multiplicidade de sentidos com que o termo era encarada pelos homens e textos da Igreja. O facto de em muitos casos aparecerem misturados aspectos religiosos, teológicos, litúrgicos, hierárquicos e jurídicos afigura-se, a bem dizer, irrelevante para demonstrar a improcedência das teses que pretendem sustentar a ausência de um significativo contributo do direito canónico na evolução do fenómeno jurídico representativo. O direito não surge numa lógica fechada. Ele tem natureza histórico-cultural[1089]. Numa conquista da escola histórica[1090] sabe-se que o direito pertence a um conjunto de realidades dadas por paulatina evolução das sociedades[1091]. A respectiva configuração surge como o produto de uma imensa complexidade causal[1092] da qual não é, designadamente, possível descartar os contributos proporcionados pela percepção religiosa ou teológica da realidade ou pelos modelos resultantes da organização da Igreja Católica. O ensinamento da doutrina vai mesmo no sentido inverso: da importância da presença da Igreja na civilização medieval, ou de um modo genérico, no património cultural ocidental, ninguém duvida. Semelhante civilização ou património são mesmo, e em grande parte, criaturas suas[1093]. E um dos primeiros significados da presença específica da Igreja consiste, justamente, no enorme influxo do seu património religioso e moral sobre a vida do direito, sobre a configuração de tantos activos jurídicos da convivência quotidiana[1094]. Tanto mais quanto é certo o facto de a Revelação e Tradição, enquanto manifestação da Divindade na sua função legislativa, serem fontes do direito divino, e ocuparem no período de assentamento do direito canónico um importante protagonismo[1095] – primeiro ainda que a actividade normativa

---

[1089] Assim v., por todos, Menezes Cordeiro, *Ciência do direito e metodologia jurídica...*, p. 11 e *passim*.

[1090] A fixação dos particulares quadros da escola histórica do direito coube, como é consabido, a Savigny. Para uma apreciação dos seus pressupostos específicos v., entre outros, a título exemplificativo e de entre a interminável bibliografia sobre o assunto, Walter Wilhelm, *Zur juristischen Methodenlehre im 19. Jahrhundert...*, pp. 17 e ss.; Koschaker, *Europa...*, pp. 254 e ss.; Wieacker, *História...*, pp. 397 e ss.; Menezes Cordeiro, *Da boa fé...*, I, pp. 285 e ss.; Id., *Ciência do direito e metodologia jurídica...*, pp. 54 e 55; Castanheira Neves, *Escola histórica do direito*, in *Enciclopédia Pólis*, II, 1984, 1046 e ss.; Coing, *Europäisches...*, II, pp. 39 e ss..

[1091] Menezes Cordeiro, *Ciência do direito e metodologia jurídica...*, p. 12.

[1092] *Idem*, p. 12.

[1093] Grossi, *L'ordine...*, p. 109.

[1094] *Idem*, p. 109.

[1095] *Idem*, pp. 114 e 115.

dos Pontífices, Consílios e «Padres da Igreja»[1096]. Nesta fase histórica o teológico e o jurídico misturam-se com nítida prevalência do primeiro[1097].

Quanto se acaba de dizer permite, igualmente, afastar a objecção segundo a qual grande parte dos casos da chamada representação de direito canónico configurariam situações mais próximas do direito público que do direito canónico. Se o direito não se apresenta fechado a contribuições provenientes do exterior muito menos surgirão os respectivos ramos como vasos não comunicantes. É dado assente o facto de os aspectos publicistas terem, em determinados períodos da vida da Igreja, prevalecido sobre os demais[1098]. Não obstante, isso não significa que a juridicidade da Igreja não tenha tido uma preocupação, motivação e função requintadamente unitária, traduzida num direito global[1099].

Não merece melhor sorte a tentativa de desvalorizar a visão da *communis opinio* – favorável à ideia segundo o qual o direito canónico teria contribuído decisivamente para a quebra do princípio do *alteri stipulari nemo potest* – com base no argumento de que os casos de substituição ou intermediação detectados, e detectáveis, no âmbito do ordenamento da Igreja não se deixam reconduzir com facilidade ao esquema definido no § 164 do *BGB* ou no artigo 262.º do nosso Código Civil. Na verdade, semelhante conclusão baseia-se numa inadmissível inversão metodológica[1100]: ela procura encontrar uma explicação para o passado usando como lupa a realidade actual quando, ao invés, é esta que carece de ser explicada com recurso às experiências pretéritas.

Resta a afirmação segundo a qual algumas das hipóteses apontadas como exemplo da admissão, pelo direito canónico, de um *agere alieno nomine* se reportariam exclusivamente ao *facere* não ao *ius*. Trata-se, todavia, de um argumento que perderá, porventura, algum do seu valor perante a dificuldade evidenciada pelos escolásticos[1101] no sentido de procederem a uma, absoluta e categórica, separação entre *actus naturales* e *actus civile*. Além disso – e mesmo a aceitar-se como dotada de um intocável alcance a ideia de acordo com a qual as frases «*Potest quis per alium quod potest facere per seipsum*» e «*Qui facit per alium est perinde ac si faciat per seipsum*» consistiriam em simples princípios referentes à prática de *actus naturales* – outros casos há, no âmbito do direito canónico,

---

[1096] Com a expressão «Padres da Igreja» referem-se os mestres da fé cristã, caracterizados pela ortodoxia doutrinal e santidade da vida, que foram os sucessores da Tradição apostólica ao nível da doutrina. Cfr., Grossi, *L'ordine...*, p. 115, nota (10).

[1097] Recorde-se como, para além do direito canónico, os próprios ensinamentos cristãos e a respectiva moral actuaram desde muito cedo sobre o direito romano. A família (com inclusão do casamento), os contratos, o direito penal, o direito público e o direito das gentes são alguns dos exemplos de grandes áreas jurídicas em que a influência do cristianismo e do seu direito próprio foi definitiva para a transformação do direito europeu (cfr., Ruy de Albuquerque e Martim de Albuquerque, *História...*, I, p. 366; Id., *Idem*, 10.ª ed., pp. 445 e 446).

[1098] Grossi, *L'ordine...*, p. 115.

[1099] *Idem*, p. 115.

[1100] Inversão metodológica que Quadrato, *Rappresentanza...*, in *Enciclopedia...*, XXXVIII, p. 418, apelida de confronto «*improponibile*» entre uma experiência antiga, complexa e particular, e as modernas construções.

[1101] Cfr., Fränkel, *Die Grundsätze...*, pp. 301 e 302.

considerados pela doutrina como de extrema importância para a quebra do princípio do *alteri stipulari nemo potest* e relativamente aos quais não faz qualquer sentido falar em actuações meramente fácticas[1102].

III – A própria doutrina que sustenta a escassez do contributo do direito canónico, para o desenvolvimento da figura da representação directa – e sublinha, ao mesmo tempo, a circunstância de o princípio romano da proibição de *agere alieno nomine* ter tido, em virtude do princípio da vigência subsidiária do direito mundano na esfera da Igreja, ampla aplicação no contexto do direito canónico – acaba por ter de admitir o facto de os desenvolvimentos operados nesta matéria pelos juristas da escola do direito natural[1103] se afigurarem impossíveis sem os contributos do ordenamento jurídico da Igreja[1104]. Isto atento o modo como a Igreja e canonistas lidavam com o fenómeno da prestação de juramento através de terceiro ou para terceiro.

A simples consideração do ensinamento de SÃO MATEUS[1105] acerca do juramento como chamamento de Deus torna evidente como, para os canonistas, esta questão levantava problemas específicos[1106]. Conforme refere a propósito PIO FEDELE nenhum ordenamento jurídico, histórico ou vigente, põe, como o canónico, o acento sobre o carácter eminentemente religioso do juramento[1107] – o qual se encontra incluído entre os actos relativos ao culto divino[1108] e se traduz numa «*invocatio nominis divini in testem veritatis*».

[1102] V., *infra*, quanto se escreve, no presente parágrafo, a propósito das hipóteses de prestação do juramento. V., igualmente, os parágrafos 4, III, e 5 do presente capítulo.

[1103] A este respeito cfr. as considerações proferidas *infra*.

[1104] Assim, e expressamente, Ulrich Müller, *Die Entwicklung der direkten Stellvertretung...*, p. 73.

[1105] São Mateus, Capítulo V, Versículos 33-37, onde se afirma a regra geral segundo a qual se não deve sequer proceder a qualquer juramento.

[1106] Para um enquadramento da problemática provocada pela prestação de juramento, pode ver-se, com diferente profundidade, de entre a bibliografia por nós considerada, Buchka, *Die Lehre von der Stellvertretung...*, pp. 147 e ss.; Tartufari, *Dei contratti...*, pp. 54 e 55; Bussi, *La formazione...*, I, p. 219 e ss.; Lange, «*Alteri stipulari...*», in *Zeitschrift...*, 1956, LXXIII, pp. 299 e ss.; Dilcher, *Der Typenzwang im mittelalterlichen Vertragsrecht*, in *Zeitschrift der Savigny-Stiftung für Rechtsgeschichte, romanistische Abteilung*, LXXVII, 1960, pp. 281 e ss.; Luigi Amirante, *Giuramento (diritto intermedio)*, in *Novissimo Digesto Italiano*, 1961, VII, pp. 942 e 943; Bauer, *Die Entwicklung...*, pp. 36 e ss., 39 e ss., 48; Calasso, *Il negozio...*, pp. 265 e ss.; Ulrich Müller, *Die Entwicklung der direkten Stellvertretung...*, pp. 67 e ss.; Pio Fedele, *Giuramento (dir. can.)*, in *Enciclopedia del Diritto*, 1970, XIX, pp. 167 e ss.; Hofmann, *Repräsentation...*, p. 154; Coing, *Europäisches...*, I, p. 405; Staudinger-Schilken, *Kommentar...*, I, comentário ao § 164, p. 6. Cfr., ainda, *infra* os parágrafos 4, III, e 5 do presente capítulo.

[1107] Mas v., Diego Covarruvias, *Relectio de pactis*, Cap. *quanvis.*, Tit., *De pactis*, Lib. VI, § 4 *De Iuramento confirmatorio pactrum et stipulationum* (in *Opera omnia*, Antuérpia, 1610, n.º 17, p. 298), o qual recorda como, mesmo ao tempo da Glosa ou de *Bartolus, Baldus*, etc., numa opinião qualificada pelo jurista peninsular de comum, a circunstância de, inclusivamente no âmbito do direito

Não obstante as disputas entre os glosadores sobre o valor do juramento promissório[1109, 1110] – segundo alguns a respectiva violação não acarretava nenhuma pena temporal, enquanto, de acordo com outros, o seu desrespeito implicava designadamente a infâmia[1111] – Frederico I (Barba Ruiva) publicou a *Authentica sacramenta puberum* na qual era atribuída plena eficácia ao contrato nulo quando acompanhado de juramento.

Semelhante princípio quadrava plenamente com as disposições canónicas sobre a matéria[1112]. Assim, quer as Decretais de GREGÓRIO IX quer o *Liber Sextus* de BONIFÁCIO VIII[1113] pretendiam que todo o compromisso, quando lícito, devesse ser respeitado se acompanhado, na sua génese, de um juramento. Valia o adágio *juramentum praevalet legis*[1114]. Toda a obrigação, ou vínculo, não contrária aos preceitos da fé e da moral cristã tornava-se válida em consequência do juramento. E isto mesmo contra as excepções provenientes do direito civil. O juramento era considerado em si mesmo como causa de direitos e deveres[1115] e, por conseguinte, sanava os vícios de que eventualmente padecessem os contratos ou negócios donde esses direitos e deveres emergissem[1116]. Mais. Estabeleceu-se que não fosse sequer necessário jurar pessoalmente[1117]. Nalguns casos consentia-se, na verdade, o juramento por outra pessoa,

---

civil, a estipulação feita por terceiro para outrem ser válida desde que lhe fosse aposto o juramento. Cfr., igualmente, e justamente para uma ilustração de quanto refere Covarruvias, entre os consiliadores, *Bartolus, In Secundum Digesti Novi...,* Rub., *De damno infecto, L. Qui bona fide, § Si alieno* (edição citada, fol. 32 r); e *Baldus, In Instituta..., Inutilibus stipulationes, § Si quis alii* (edição citada, fol. 198 v.), *Durandus, Speculum...,* Lib. I, partic. I, *De legato § Nunc ostendendum est* in verb. *Hoc quoque notandum est* (edição citada, maxime n.° 30, p. 48).

[1108] Pio Fedele, *Giuramento...,* in *Enciclopedia...,* XIX, pp. 167.

[1109] A este respeito cfr., Savigny, *Storia...,* II, pp. 105 e ss.; Bussi, *La formazione...,* I, pp. 219 e ss.; e Lange, *«Alteri stipulari...»,* in *Zeitschrift...,* 1956, LXXIII, p. 298. Basicamente a questão colocou-se em torno da interpretação de um trecho contido em C., 2, 28, 1, *Nova Constitutio Friderici,* no qual é denegada a um menor a possibilidade de impugnar um contrato de compra e venda pelo facto de o ter acompanhado de juramento. Enquanto *Bulgarus* sustentava a tese segundo a qual, no caso referido no Código de Justiniano, se tratava de um contrato válido *ipso iure* que se pretendia impugnar mediante a *restitutio in integrum, Martinus* via neste juramento uma forma de dotar de eficácia os contratos inválidos.

[1110] Ou talvez melhor, e conforme documenta Savigny, *Storia...,* II, p. 99, por causa das referidas disputas.

[1111] Cfr., Luigi Amirante, *Giuramento...,* in *Novissimo...,*VII, p. 943.

[1112] *Idem.*

[1113] Deste modo, e a título de exemplo, o contrato de mútuo com juros usurários não era válido, pelo que o devedor não se encontrava vinculado a cumprir a obrigação. Todavia, quando o mútuo tivesse sido acompanhado de juramento o contrato mantinha-se, surgindo apenas o direito à restituição dos juros usurários. Cfr., Pio Fedele, *Giuramento...,* in *Enciclopedia...,* XIX, p. 169.

[1114] Luigi Amirante, *Giuramento...,* in *Novissimo...,*VII, p. 943.

[1115] Buchka, *Die Lehre von der Stellvertretung...,* p. 151; e Lange, *«Alteri stipulari...»,* in *Zeitschrift...,* 1956, LXXIII, pp. 296 e 297.

[1116] A este respeito v., Lange, *«Alteri stipulari...»,* in *Zeitschrift...,* 1956, LXXIII, pp. 296 e ss.; e Luigi Amirante, *Giuramento...,* in *Novissimo...,*VII, p. 943.

[1117] Cfr., designadamente, *Liber Sextus, Regula 68 de regulis iuris,* VI, 5, 12. Cfr., também, *Bartolus, In Secundum Digesti Novi...,* Rub., *De damno infecto, L. Qui bona fide, § Si alieno* (edição

com efeitos plenamente vinculativos para aquele em cujo nome era prestado o juramento. A conclusão era a mesma: quando o promissor tivesse reforçado a respectiva promessa com um juramento então ele vinculava directamente o terceiro, tudo com importantes consequências em matéria de *alteri stipulari*[1118, 1119]. Perante a alternativa que consistia em permitir a quem tivesse jurado, em favor ou em nome de outrem, o incumprimento da promessa – abrindo as portas ao pecado[1120] – ou considerar o juramento como vinculativo – em aparente colisão com a regra formal do *alteri stipulari nemo potest* – a escolha dos canonistas[1121, 1122] foi inequivocamente neste último sentido. Conforme recorda LANGE *«Juramentum est servandum ubi servari potest sine interitu salutis aeternae»*[1123, 1124].

Digno de menção à parte é, neste contexto, *c. 9 C. I qu. 7* do *Decretum* de *Gratiano* – no dizer de LANGE[1125] certamente influenciado pela *Authentica sacramenta puberum* – o qual se ocupou em especial com a promessa com efeitos face a terceiros. Aí se estabelecia para os bispos infiéis à Igreja de Roma durante o cisma, e posteriormente a ela regressados, o dever de jurarem

---

citada, fol., 32 r.) o qual admite que o juramento por alma do *dominus* feito pelo *procurator* obrigava o respectivo senhor.

[1118] Lange, *«Alteri stipulari...»*, in *Zeitschrift...*, 1956, LXXIII, pp. 297 e 296.

[1119] Tanto mais quanto é certo o facto referido, entre muitos outros, por Luigi Amirante, *Giuramento...*, in *Novissimo...*, VII, p. 943, de os tribunais eclesiásticos terem avocado as causas relativas aos contratos jurados como *causae spiritualibus annexae*. Isto a dar origem a complicados problemas de determinação do âmbito de aplicação do direito canónico e de articulação entre a jurisdição eclesiástica e a jurisdição civil. A título ilustrativo pode ver-se, sobre este assunto, Ruy de Albuquerque e Martim de Albuquerque, *História...*, I, pp. 93 e ss. e 325 e ss.; Id., *Idem*, 10.ª ed., pp. 135 e ss., 401 e ss..

[1120] Numa sociedade que atribuiu valor e projecção metafísica às mais simples acções, actuando o homem em função da vida para além da morte, o *critério de pecado* teve enorme extensão. V., uma vez mais por todos, Ruy de Albuquerque e Martim de Albuquerque, *História...*, I, pp. 112 e 133, e 329; Id., *Idem*, 10.ª ed., pp. 156 e ss., p. 401 e ss..

[1121] Entre outros aspectos a justificação da validade do contrato com efeitos para terceiro acompanhado de juramento podia ser justificada através de um argumento lógico *a minore ad maius*. Cfr., *Fachineus, Controversiarum...*, Lib., III, Cap. XIX (edição citada, Tomo I, col. 363), o qual, apesar de defender a opinião segundo a qual o direito canónico não permitia a estipulação para outrem, escreve em referência à posição de quantos sustentavam uma posição diversa da dele: *«Stipulatio alteri facta valet, si poena adjicitur. Ergo multo magis, si iuramento accesserit.»*

[1122] Num fenómeno, aliás, reconhecido pelo próprio Ulrich Müller, *Die Entwicklung der direkten Stellvertretung...*, pp. 69 e 70, o qual refere, no entanto, a escassez do contributo prestado pela doutrina do juramento para quebrar com o princípio do *alteri stipulari nemo potest*. A nosso ver a perspectiva de abordagem de Müller afigura-se deficiente. Não se trata de saber se o ensinamento do direito canónico, e designadamente no tocante à problemática do juramento, quebrou, ou não, a proibição do *agere alieno nomine*. O que se procura assentar é se o ordenamento jurídico da Igreja forneceu ou não dados susceptíveis de contribuírem para a doutrina da representação e do contrato a favor de terceiro.

[1123] Lange, *«Alteri stipulari...»*, in *Zeitschrift...*, 1956, LXXIII, p. 299.

[1124] Para uma análise acerca das discussões travadas pelos legistas da época consiliar a propósito do efeito do juramento sobre as estipulações das partes v., por todos, Lange, *«Alteri stipulari...»*, in *Zeitschrift...*, 1956, LXXIII, pp. 301 e ss..

[1125] Lange, *«Alteri stipulari...»*, in *Zeitschrift...*, 1956, LXXIII, pp. 298 e 299.

a sua fidelidade à doutrina da Igreja romana através da seguinte fórmula *«atque promitto tibi N. et per te sancto Petro, apostolorum principi, atque eius uicario N. beatissimo vel sucessoribus».*

A importância e valor histórico que por si só se deve reconhecer a esta fonte aumentou consideravelmente em razão da *Glosa et per te* que lhe foi aposta e na qual se estabelecia: *«Argum. contra Instit. de inutil Stip. § Si quis alii quia ibi dicitur, quod alteri stipulari vel pacisci nemo potest, nisi sit servuus eius, ut ibi: vel procurator praesentis (...). Dic ergo ideo hoc fieri, quia Papa servus est B. Petri. unde dicit de se in epistolis suis, servus servorum Dei; unde versus: Servi erant tibi, Roma prius domini dominorum: Servorum servi nunc tibi sunt domini.*

Vel hoc fit favore religionis: sed credo iure canonico me teneri, si ergo promitto tibi, me daturum Titio 10. arg. 22. q. 5 iuramenti. maxime si intervenerit sacramentum.» O teor deste passo sugere a ideia segundo a qual, de acordo com o direito canónico, a estipulação com efeitos para terceiros seria genericamente válida, mesmo quando não acompanhada de juramento, numa orientação defendida por uma importante parte da doutrina medieval a alcançar quer os próprios juristas humanistas quer os jurisprudentes do século XVII[1126]. É que de outra forma não se compreenderia a última frase *«maxime si intervenerit sacramentum».* Por isso, perante a questão que consistia em saber *«Quando duo vel plures cum iuramento se obligant ad aliquid dandum vel faciendum, utrum possint se invicem remittere et liberare ab observantia illius iuramenti»* os canonistas respondiam, desde *DURANDUS* (1237-1296)[1127]: *«(...) aut illud quod in conventione iurata deducitur concernit commodum contrahentium tantum, aut tertiis puta tibi: aut deo qui etiam potest dici tertius. primo casu possunt sibi remittere (...) secundo et tertio casu non possunt (...) quod si iuro tibi dare Titio mille obligor illi Titio dare propter talem promissionem et tamen lege cavetur quod alteri stipulari vel pacisci nemo potest ut (...) D., 45, 1, 38, 17. sed de iure civili illud verum in stipulatione vel promissione alias secus de iure canonico ut no (...)»*[1128].

De acordo com o relato de *ANCHARANUS* (1330-1416) entre os seguidores desta doutrina contar-se-iam designadamente *PETRUCCIUS DE SENIS* e *LAURENTINUS DE PINO* (ambos do século XIV), e sempre com referência à Glosa a c. 9 C. 1 q. VII, enquanto meio de prova das respectivas posições[1129, 1130, 1131].

[1126] Cfr., designadamente, Covarruvias, *Relectio...*, Cap. *quanvis.*, Tit., *De pactis*, Lib. VI, § 4 *De Iuramento confirmatorio pactrum et stipulationum* (in *Opera...*, n.º 2, p. 294).

[1127] *Durandus, Speculum...*, Lib. I, partic. I, *De legato* § *Nunc ostendendum est* in verb. *Hoc quoque notandum est* (edição citada, maxime n.º 30, p. 48). A respeito deste autor v., Ruy de Albuquerque e Martim de Albuquerque, *História...*, I, 10.ª ed., p. 253.

[1128] Estas palavras pertencem a *Petrus de Ancharanus.* Cfr., Lange, *«Alteri stipulari...»*, in *Zeitschrift...*, 1956, LXXIII, pp. 300 e 301.

[1129] Lange, *«Alteri stipulari...»*, in *Zeitschrift...*, 1956, LXXIII, pp. 300 e 301.

[1130] É certo ser esta glosa considerada por alguns autores modernos como infeliz (assim, por exemplo, Ulrich Müller, *Die Entwicklung der direkten Stellvertretung...*, pp. 71 e 72 e 93 e ss.). A verdade, porém, é que, independentemente de ela traduzir, ou não, uma correcta interpretação das fontes, o seu teor influenciou de modo decisivo o ensinamento de parte da doutrina e terá constituído, por isso, um elemento mais no sentido do esvaziar do rigor formal do princípio *alteri stipulari nemo potest.*

[1131] Cfr., todavia, para um estudo acerca da perda de influência do direito canónico, durante

4. – O princípio do *alteri stipulari nemo potest* e a doutrina humanista

I – A fama generalizada e projecção alcançada pelos glosadores e consiliadores baseava-se, entre outros aspectos, na consonância entre as respectivas concepções e os métodos e espírito medieval [1132]. O humanismo veio pôr em causa esse espírito. Extraiu da literatura e arte da Antiguidade uma nova imagem do homem[1133] e um novo ideal educativo[1134]. O confronto com a jurisprudência anterior era, assim, para os humanistas, inevitável: o combate contra as autoridades medievais e contra as formas de conhecimento da escolástica foi perfeitamente assumido[1135]. O facto de os humanistas se reverem na imagem de CÍCERO[1136] não faz senão reforçar um cenário que se começa a vincar no século XV. Juristas como o milanês *ALCIATUS* e o francês *DUARENUS* lideraram, sob influência crescente do humanismo sobre a cultura no seu conjunto[1137], esta reforma dos jurisprudentes cultos contra o modo da visão escolástica do direito, num fenómeno que se estendeu a países como a Alemanha – através de *ZASIUS* – e Portugal[1138] – com relevo para a personalidade ANTÓNIO DE GOUVEIA – até atingir, através da figura de *CUIACIUS* (1522-1590) o seu ponto mais alto. A permanente polémica gerada pelo mais perfeito *amor intellectualis* pela Antiguidade manifestada pelos juristas cultos marca uma nova relação com o direito romano[1139].

---

os séculos XVI e XVII, na modificação do princípio romano do *alteri stipulari nemo potest*, Bauer, *Die Entwicklung...*, pp. 36 e ss..

[1132] Assim, Wieacker, *História...*, p. 88.

[1133] Cfr., Nuno Espinosa Gomes da Silva, *Humanismo e direito em Portugal no século XVI*, 1964, *passim* e, designadamente, pp. 25, 27 e 28; Wieacker, *História...*, p. 88; Menezes Cordeiro, *Da boa fé...*, I, pp. 188 e ss.; Id., *Ciência do direito e metodologia jurídica...*, p. 50.

[1134] V., a título ilustrativo, Wieacker, *História...*, pp. 88 e ss., maxime 91 e 92; e Menezes Cordeiro, *Da boa fé...*, I, p. 193.

[1135] Ainda que semelhante combate acabasse por se revelar, em muitos aspectos, mais no plano teórico do que na prática.

[1136] É conhecida a posição polémica dos retóricos contra a jurisprudência técnica dos juristas romanos. Para uma apreciação da filosofia do humanismo cfr., a título ilustrativo, Michel Villey, *La formation de la pensée juridique moderne. Cours d'histoire de la philosophie du droit*, Paris, 1961-1962, pp. 410 e ss..

[1137] Acerca dos princípios subjacentes ao humanismo jurídico v., por todos, Domenico Maffei, *Gli inizi dell'umanesimo giuridico*, reimpressão inalterada da edição original de 1956, Milão, 1972, *per totum*.

[1138] A este respeito v., por todos, Nuno Espinosa Gomes da Silva, *Humanismo...*, *passim*.

[1139] Wieacker, *História...*, p. 90.

II – O impulso íntimo do humanismo foi, para utilizar a expressão de WIEACKER[1140], constituído por uma nova e directa experiência da Antiguidade na qual se descobre a vontade, de cunho religioso, de renovação do homem e uma nova ideia do mundo. Para além disso, esteve na génese do empenhamento e método do humanismo um renascimento de PLATÃO e do respectivo idealismo[1141].

Este ressurgimento dos ideais e filosofia platónica apareceu, no plano puramente espiritual, acompanhado por um movimento de renovação religiosa e das formas cristãs de existência. Em particular, buscou-se o sentido literal e puro das fontes hebraicas e gregas sem a mediação da *vulgata* e do ensinamento da Igreja – tudo com efeitos directos e indirectos na ocorrência da Reforma[1142].

No direito o humanismo encontra-se marcado por uma pretensão de regresso da jurisprudência à pureza dos textos romanos. Recusa-se a mediação do direito romano da Antiguidade através dos juristas medievais, da glosa e do comentarismo. O *absynthius Accursianus* e o culto de *BARTOLUS* e *BALDUS* são objecto de troça[1143]. A sensibilidade dos juristas cultos sente-se revoltada e ferida pela ignorância filológica e antiquarista dos juristas técnicos e pelo latim bárbaro. Mas sobretudo a decadência da literatura jurídica dos pós-glosadores, desaparecidos os vultos espirituais mais vivazes, é objecto de profundas reacções. À medida que, com o tempo, as questões polémicas se acumulavam e as figuras lógicas se reproduziam à saciedade os consiliadores foram caindo numa rotina desprovida de originalidade e elevação. Jurisconsultos de menor valor ou dimensão limitavam-se a coleccionar nas respectivas obras e estudos uma série infinita de problemas, questões, distinções e subdistinções acompanhados de cansativas referências à autoridade dos grandes jurisconsultos cegamente respeitados. Enquanto isso, o ensino do direito é lento, moroso e, em muitos aspectos, inútil. Os humanistas reclamam o despertar nos alunos da ideia inata de

---

[1140] Wieacker, *História...*, p. 90.

[1141] Cfr., Menezes Cordeiro, *Ciência do direito e metodologia jurídica...*, o qual procura clarificar a complexidade do humanismo através das seguintes proposições: a) o homem apresenta-se como o centro do universo, sendo a Antiguidade o modelo a seguir; b) a linguística e a crítica da linguagem adquirem um estatuto importante; tratando-se de um aspecto directamente relevante para o estudo das fontes; c) a filosofia redescobre Platão e o estoicismo. V., igualmente, Michel Villey, *La formation...*, pp. 416 e ss..

[1142] Menezes Cordeiro, *Da boa fé...*, I, p. 193.

[1143] Cfr., a título ilustrativo, a recolha de epítetos e acusações que os homens do humanismo dirigiam contra os juristas seus antecessores efectuada por Koschaker, *Europa...*, pp. 109 e 110. V., também, Wieacker, *História...*, pp. 90 e 91.

direito e suas implicações mais imediatas: o estudante devia ser orientado do acidental-especial para o ideal-geral. A exigência ciceroniana de criação do direito *ex intima philosophia* é assumida com entusiasmo. Procura-se uma concatenação dos princípios jurídicos sistemática quanto ao conteúdo. O modelo de CÍCERO, *De iure civili in artem redigendo*, com a pretensão de ordenar a matéria jurídica numa *ars*, num saber material metodicamente ordenado, constitui – para empregar uma vez mais as palavras de WIEACKER[1144] – a contra-senha e o grito de batalha do humanismo jurídico. Desenvolve-se a primeira sistemática ou sistemática periférica[1145].

Apesar da lógica interior que o penetrava, o *Corpus Iuris Civilis*, repositório de proposições prudenciais e tópicas, apresentava-se caracterizado pela falta de ordenação[1146]. Ao pretender fazer, através de formulações ideais, corresponder a situações iguais saídas idênticas e a questões diferentes respostas diversas que tivessem em conta a medida da variação, o direito romano surgiu já dotado de um sistema interno[1147]. O sistema externo manteve-se, contudo, em grande insipiência num fenómeno que se prolongou com a escola dos glosadores e consiliadores[1148].

Pelo contrário, os jurisprudentes cultos, na procura de ideias gerais imutáveis, na preocupação de inverter e subverter a tradição medieval, na tentativa de contrapor à lógica e subtileza pontuais uma nova pedagogia consonante com os progressos das ciências exactas, deram ao direito uma arrumação própria[1149], capaz de permitir evitar as repeti-

---

[1144] Wieacker, *História...*, pp. 91 e 92.

[1145] Menezes Cordeiro, *Da boa fé...*, I, p. 193; Id., *Ciência do direito e metodologia jurídica...*, pp. 50 e ss.; Luís Menezes Leitão, *O enriquecimento sem causa no direito civil* (Cadernos de Ciência e Técnica Fiscal, 176), Lisboa, 1996, p. 205. V., também, Wieacker, *História...*, p. 180.

[1146] Menezes Cordeiro, *Ciência do direito e metodologia jurídica...*, pp. 50 e 51. Cfr., igualmente, as amplas considerações proferidas a respeito da sistemática do direito romano e medieval por Michel Villey, *La formation...*, pp. 526 e ss..

[1147] Helmut Coing, *Geschichte und Bedeutung des Systemsgedanks in der Rechtwissenschaft*, Francoforte do Meno, 1956, pp. 33 e ss., o qual sublinha como a ideia de sistema presente na filosofia grega começou a estar presente em Roma e no direito romano a partir dos tempos de Cícero; e Menezes Cordeiro, *Da boa fé...*, I, p. 195.

[1148] Assim, Menezes Cordeiro, *Da boa fé...*, I, p. 195; Id., *Ciência do direito e metodologia jurídica...*, p. 51. Para mais pormenores v., ainda, Jean Gaudemet, *Tentatives de sistématisation du droit à Rome*, in *Archives de Philosophie du Droit*, Tomo 31, *Le système juridique*, 1986, pp. 11 e ss..

[1149] Menezes Cordeiro, *Da boa fé...*, I, p. 195; Id., *Teoria geral do direito civil*, 2.ª ed. revista e actualizada, I, Lisboa, 1989, pp. 39 e ss.; Id., *Tratado de direito civil português*, I, *Parte geral*, Tomo I, Coimbra, 1999, pp. 38 e ss.; Id., *Idem*, 2.ª ed., Coimbra, 2000, I, I, p. 44. Cfr., igualmente, Nuno Espinosa Gomes da Silva, *História do pensamento...*, p. 148.

ções, lacunas e contradições[1150]. As matérias são ordenadas em função de certos factores de similitude exterior: equivalências linguísticas, proximidades de objecto, etc.. As aproximações de carácter periféricos são as dominantes[1151].

III – Tudo a dar, porém, em muitos casos, e – no dizer dos respectivos críticos – mais flores do que frutos[1152]. Não obstante o enorme prestígio associado ao nome de *CUIACIUS* e a qualidade dos métodos empregues pelos juristas cultos, a verdade é que o humanismo jurídico sentiu inesperadas dificuldades na sua afirmação. Em Itália foi o *mos italicus* e a sua poderosa tradição a prevalecer[1153]. Na Alemanha o peso do ensino tradicional e as tarefas práticas da recepção reprimiram o programa humanista[1154]. Em Portugal as correntes humanistas não conseguem vencer *BARTOLUS* e a *communis opinio*[1155]. A escola dos consiliadores apresentava a seu favor a circunstância de possuir um objectivo ou finalidade mais acessível e sobretudo de carácter mais prático. As obras e trabalhos dos bartolistas encontravam-se submetidas à preocupação de encontrar soluções para questões concretas e situavam-se num plano estritamente jurídico. Os trabalhos dos humanistas, esses, afastavam-se com frequência das exigências da prática quotidiana para se dedicarem a manifestações de erudição e a preocupações de natureza estética nas quais se perdiam, com o consequente precipitar da decadência humanista em virtude de resultados que não corresponderam muitas vezes aos desejados ou esperados[1156].

[1150] Aspectos que, atendendo ao respectivo método, eram possibilitados pelas escolas dos glosadores e comentadores. Cfr., Menezes Cordeiro, *Ciência do direito e metodologia jurídica...*, p. 51.

[1151] Menezes Cordeiro, *Ciência do direito e metodologia jurídica...*, p. 51; Id., *Teoria...*, I, p. 41; Id., *Tratado...*, I, I, p. 39; Id., *Idem*, 2.ª ed., I, I, p. 45. V., ainda, Michel Villey, *La formation...*, p. 524.

[1152] Cfr., Almeida Costa, *Apontamentos de história do direito*, Parte III, *Elementos de história do direito português*, Lisboa, 1979, p. 531.

[1153] O mais acérrimo defensor do *mos italicus* foi sem dúvida Alberico Gentili. Famosa ficou também a luta travada em Lípsia por Melchior v. Ossa que defendeu, frente ao seu colega humanista Pierre Lorioz, o *mos italicus*, ou, ainda, as revoltas estudantis ocorridas na Alemanha e Itália, num protesto contra o ensino humanista e propugnando o restauro do *bartolismo*. A este respeito v., por todos, Koschaker, *Europa...*, pp. 110 e ss..

[1154] Wieacker, *História...*, pp. 93 e 177 e ss..

[1155] Nuno Espinosa Gomes da Silva, *Humanismo em Portugal...*, pp. 353 e ss., maxime pp. 360 e ss.; Id., Nuno Espinosa Gomes da Silva, *História do pensamento...*, pp. 164 e ss..

[1156] Note-se como a separação operada pelos humanistas entre teoria e prática levou, inclusivamente, a excluir esta última das universidades.

Particulamente em matéria de *agere alieno* os progressos proporcionados pelo humanismo foram desapontadores. Pouco faltará para, retomando as palavras de NUNO ESPINOSA GOMES DA SILVA, se falar, a este respeito, do mito de Ícaro[1157, 1158]. Os desenvolvimentos operados pela sistemática permitiriam supor a reabilitação e desenvolvimento de construções como a de *MARTINUS*[1159]. A sistematização encontrada não terá, todavia, sido, nesta matéria – e ao contrário do eventualmente verificado noutros domínios[1160] –, porventura, suficientemente poderosa para o permitir[1161]. Ela obedecia, ainda, a lugares-comuns da Antiguidade, a correspondências linguísticas e a conexões curtas e elementares[1162]. Além disso, a preocupação de regresso às fontes clássicas e procura da descoberta das interpolações tribunianas por forma a garantir a pureza das fontes e a verdadeira ciência jurídica romana aconselhavam a manutenção do princípio do *alteri stipulari nemo potest*[1163].

[1157] Nuno Espinosa Gomes da Silva, *Humanismo em Portugal...*, p. 363.

[1158] Na visão de autores como Paolo Cappellini, *Rappresentanza...*, in *Enciclopedia...*, XXXVIII, pp. 447 e ss., talvez não falte mesmo nada para se trazer o mito de Ícaro à colação. Julgamos, todavia, que a posição deste autor se caracteriza por uma subvalorização de alguns dos contributos e contribuições operadas pelos jurisprudentes elegantes, designadamente, em matéria de interesse dos estipulantes. A este respeito v., *infra*, quanto se escreve no presente parágrafo. Em qualquer caso para uma apreciação de conjunto do contributo, ou falta dele, dos jurisconsultos humanistas, em tom algo crítico mas ainda assim menos severo do adoptado por Cappellini, cfr., Müller, *Die Entwicklung...*, pp. 84 e ss., onde se sublinha justamente a forma generosa como eles tratavam o interesse dos contraentes de modo a obviar ao princípio do *alteri stipulari nemo potest*.

[1159] V., *supra*, Parte I, Cap. II, parágrafo 1.4.

[1160] A propósito das implicações da primeira sistemática sobre a figura da boa fé v., Menezes Cordeiro, *Da boa fé...*, I, pp. 196 e ss.; enquanto em sede de enriquecimento sem causa se pode cfr., Luís Menezes Leitão, *O enriquecimento...*, pp. 206 e ss..

[1161] Em sentido contrário v., porém, Buchka, *Die Lehre von der Stellvertretung...*, pp. 157 e 158, autor segundo o qual tanto *Cuiacius* como *Donellus*, dois grandes corifeus do movimento jurídico do humanismo, deram um contributo decisivo para o correcto conhecimento do direito romano. Particularmente *Donellus* ocupou-se, no dizer de Buchka, com toda a clareza, dos nexos sistemáticos existentes na matéria que nos ocupa. A razão pela qual estes dois juristas defenderam uma rigorosa e radical interpretação do princípio do *alteri stipulari nemo potest* não só não terá estado, assim, numa pretensão de regresso à pureza das fontes acompanhada de uma insuficiente sistematização como, ao contrário, terá residido justamente no facto de se ter assistido a uma melhoria da referida sistematização. A posição de Buchka não tem todavia merecido o favor da doutrina, embora se possa reportar, como não muito distante dela, a visão de Dniestrzanski, *Die Aufträge...*, I, p. 16.

[1162] Menezes Cordeiro, *Da Boa fé...*, I, p. 196.

[1163] A este aspecto haveria ainda que juntar, segundo Buchka, *Die Lehre von der Stellvertretung...*, p. 159; e Everding, *Die dogmengeschichtliche...*, p. 15, como factor explicativo da atitude dos humanistas perante o princípio do *alteri stipulari nemo potest* a já mencionada indiferença dos teóricos desta época pela *Rechtslebens*, a qual impossibilitava o exercício de influência sobre a prática, sendo que, nalguns casos, as posições dos juristas cultos se encontravam, de forma consciente, em directa reacção de oposição dialéctica com a *praxis*.

Na verdade, quer *ALCIATUS* (1497-1550)[1164], *DUARENUS* (1509-1559) e *ZASIUS* (1461-1535)[1165]; quer *CUIACIUS* (1522-1590)[1166], o maior historiador e exegeta da jurisprudência elegante; *DIONYSIUS GOTHOFREDUS* – ou o VELHO – (1549-1622)[1167], o editor do *Corpus Iuris* e – juntamente com *JACOBUS GOTHOFREDUS* (1587-1652) – um dos mais significativos «críticos conjunturais»; *FABER* (1557-1624)[1168], conselheiro do Duque de Sabóia, crítico das

---

[1164] *Andreas Alciatus, In Pandectarum, seu Digestorum iuris civilis septimae partis aliquot commentaria continens*, Tit. *De verborum obligationibus*, L. XXXVIII, *passim*, maxime § *Alteri* (in *Opera Omnia*, Basileia, 1582, Tomo II, e designadamente n.º 1 e ss., col. 499, onde o autor escreve: «*Quae civiliter adquiruntur alteri per alterum adquiri non possunt.*»).

[1165] *Zasius, Enarrationes, cit.*, Tit. *De verborum obligationibus*, § *Qui sibi* (edição citada, n.º 4, fol. 75 r.); Id., *Idem*, § *Si homo* (edição citada n.º 4, fol. 88 v., onde se afirma que a estipulação para outrem não vale apesar de valer a cláusula penal a ela aposta, pois o próprio estipulante tem interesse na pena mas já não haveria nenhum interesse em estipular para outro); Id., *Idem*, § *Possum* (edição citada, n.º 5, fol. 114 v., implicitamente); Id., *Idem*, Tit. *De Actionibus et obligationibus*, L. *Quaecunque* (edição citada, n.ºs 1, 2, 4, fol. 60).

[1166] *Iacobus Cuiacius, Commentarius ad titulos Digestorum*, Tit. *De verborum obligationibus*, L. *Stipulatio ista 38.*, (in *Opera omnia*, Veneza, 1758, Tomo I, col. 1031); Id., *Idem*, Tit. *De verborum obligationibus*, L. *Stipulatio ista 38.*, *Alteri* § 17 (in *Ibidem*, col. 1035); Id., *Idem*, Tit. *De verborum obligationibus*, L. *Stipulatio ista 38.*, *In Stipulationibus* § 18 (in *Ibidem*, cols. 1035 e 1036); Id., *Commentaria in responsorum Aemil. Papinia.*, Lib. XII, *Ad* § *Species* (in *Ibidem*, Tomo IV, col. 1233 [o autor afirma aqui o princípio segundo o qual ninguém pode estipular utilmente para outrem se ele estiver ausente mas não já se estiver presente]); Id., *In Pauli ad Edictum commentaria*, Lib. III, *Ad* § *nos Autem* (in *Ibidem*, Tomo V, cols. 62); Id., *Recitationes Solemnes, Ad Libros XC. Digestorum Salvii Juliani*, Lib. XXXIII, L. *De legat. I.* (in *Ibidem*, Tomo VI, col. 222; *Recitationes Solemnes, in librum II. Codicis*, Lib. IV, Tit, II, *Ad L. II* (in *Ibidem*, Tomo IX, col. 188); Id., *Idem*, Lib. VIII, Tit. XXXVIII, *De inutilibus stipulationibus* (in *Ibidem*, Tomo IX, cols. 1196 e 1197 [o autor admite, no entanto, algumas excepções à proibição de estipular para outrem que se encontra ausente, e entre elas, o caso no qual se assiste à intervenção do procurador que gere os meus negócios, ou estipula que se dê ao meu credor a quem devo dinheiro, até certo dia, sob cláusula penal]). Neste cenário de afirmação da regra do *alteri stipulati nemo potest* não deixa todavia de ser curioso notar a seguinte afirmação produzida por *Cuiacius, Ad Africanum tractatus IX*, Tract. VIII, ad l. 51 *de aedil. edict.* (in *Opera...*, I, edição citada, cols. 1307 e 1308) «*Quid autem si dominus certum hominem emi mandaverit, qui non ignorabat hominis morbum aut vitium? Et hoc quoque casu placet ignorantiam servi domino scienti non prodesse: quia ipse contraxisse intelligitur non servus (...). Sed et pro principali habetur qui emit nomine domini vel patris, si non ex mandato emit vel si ex mandato emendi hominis incerti; quia collato in eum arbitrio emendi hominis quem vellet factus is est quasi auctor et princeps emptionis. (...) Dominus autem habetur pro principali si mandavit certum hominem emi*», numa orientação que tem afinidades com aquela que viria a ser defendida séculos mais tarde por Mitteis. V., *infra*, Parte I, Cap. IV, parágrafo 2.2.

[1167] *Dionysius Gothofredus, Corpus Iuris Civilis «cum notis integris»*, Dig. Lib. XLV, Tit. I, l. XXXVIII, *Ulpianus, Libro 49. ad Sabinum* («Colonia Munatianae» 1781, Tomo I, p. 857) que repete, no essencial, em favor da proibição da possibilidade de estipular para outrem quanto constava já das Institutas de Justiniano e na Glosa.

[1168] *Antonius Faber, Codex Fabrianus, Definitionum forensium*, Lib. IV, *Definitio* I, e *Lib.* VII, Tit. XXXII, *Definitio* XIII (Lião, ?, pp. 427 e 428, p. 874, n.º 4) apesar de neste último local as considerações do autor não serem completamente explícitas); Id., *Rationalia in tertiam partem Pandectarum*, Lib. XII, Tit. VI, *67. Scaevola, Libro 5. Digestorum*, Lib. XIII, Tit. V, *5. Item, si mihi*

interpolações tribunianas que avançou da «crítica conjuntural» para a crítica decorrente da investigação do conteúdo dos textos; ou *DONELLUS* (1527-1591)[1169, 1170], o mais acabado dogmático e sistemático da época[1171, 1172] – para apenas citar alguns nomes – todos eles defenderam a manutenção e vigência do princípio do *alteri stipulari nemo potest*. A fundamentação é, com algumas excepções, a mesma de sempre: a essência da obrigação não permite a estipulação para terceiro; em virtude da sua natureza a estipulação apenas pode produzir efeitos entre as partes; a ninguém é permitido piorar a situação jurídica alheia[1173]. Tudo numa argumentação recorrente do princípio ao fim do humanismo, como o comprova a leitura quer dos respectivos pre-

---

constituas te soluturum, teneberis. Quod si mihi constitueris, Sempronio te soluturum, non teneberis, Ad § 5. item si mihi (onde o autor considera que se alguém estipular que se há-de pagar a Semprónio esse alguém não fica obrigado perante este mas, sim, para com a parte com a qual estipulou. Isto porquanto *«nec enim per liberam acquiri alii potest obligatio constituti, ut nec alia quaelibet»* a não ser quando a pessoa livre presta um serviço banal. Cfr., também, as referências feitas pelo autor nas últimas linhas do seu comentário à *Lex* agora citada, embora não nos pareça claro, em função de quanto aí escreve, se a referência por ele feita ao procurador, administrador legítimo, tutor, curador, síndico, servo e filho *familias* é tomada, ou não, por Faber como uma excepção à regra da proibição de criar por acto voluntário efeitos em esfera jurídica alheia), Lib. XIII, Tit. V *8 sed et ipsi constituentes tenebuntur, Ad §. 8. Sed et ipsi* (são extremamente interessantes as considerações proferidas por Faber neste local, pois, o autor considera expressamente que o tutor, o curador e o síndico actuam em nome do pupilo, do furioso e dos munícipes. O autor acaba todavia afirmando que uma pessoa só pode ser obrigada pelo seu próprio consenso e não pela vontade de outrem, facto a ponderar aquando da concessão da *actio* para o exercício dos direitos emergentes do contrato), («Aurelianae», 1626, Tomo I, p. 441 e 442, p. 557 e 558 p. 559); Lib. VII., Tit. XXXII, *Definitio* XIII, nota 4 (edição citada, Tomo V, p. 875).

[1169] *Hugus Donellus, Commentarius ad Titulum Digestorum Verborum Obligationibus*, L. XXXVIII, § *Alteri stipulari* (in *Comentarii Ad II. III. IV.VI et VIII libros Codicis Justinianei, Tit. V. Lib. XIX Dig. De prescript. Verbis, et Tit. l., Lib. XLV. Did de Verb. Obligat.* (Francoforte, 1622, pp. 90 e ss., n.ºs 2, 3, 5, 6, 7, 8, 10 [nestes dois últimos números *Donellus* duvida inclusivamente da interpretação dada pela glosa à regra da proibição de estipulação para outrem. Isto ao ponto de colocar em causa o elenco das excepções contidas no catálogo elaborado por *Accursius* e seguido pelo vulgo dos autores], pp. 96 e 97, n.ºs 30, 33 [local onde o autor recusa a possibilidade de os notários estipularem e de adquirirem estipulando para outrem], pp. 106 e ss., n.ºs 62 e 68); Id., *Commentarius de Iure Civilis, Lib.* IX, Cap. VII (in *Opera omnia*, «Luca», 1673, T. II, col. 1189 e ss.); Lib. XII, Caps. XVI, XVII e XVIII (in *Opera...*, T. III, col. 553 e ss., col. 559 e ss., col. 575 e ss.).

[1170] Acerca da caracterização deste e dos demais juristas agora referidos no texto v., por todos, Wieacker, *História...*, p. 179.

[1171] Ao lado de *Donellus* podem ainda, e designadamente, referir-se como grandes mentores de uma ordenação sistemática das matérias *Duarenus, Hotomanus* e *Connanus*.

[1172] Para uma análise das implicações fundamentais da sistematização levada a cabo por *Donellus* v., por todos, Michel Villey, *La formation...*, pp. 525 e 543 e 544.

[1173] *Donellus, Commentarius ad Titulum...*, L. XXXVIII, § *Alteri stipulari* (in *Commentarii...*, n.º 5 e ss., pp. 91 e ss.).

cursores quer dos seus representantes tardios. E em termos que abrangiam não apenas as estipulações mas todos os pactos[1174].

VULTEJUS (1557-1648) ensaia é certo, conforme sublinhado por CAPPELLINI, algumas afirmações que teriam, porventura, possibilitado desenvolvimentos na matéria[1175]. O jurisconsulto humanista não se coíbe, na verdade, de afirmar como em virtude de um contrato podem ser adquiridos direitos e obrigações de forma mediata ou de forma imediata. A aquisição será imediata quando se tenha concluído pessoalmente um contrato, e mediata quando tenha havido intervenção de uma interposta pessoa. Neste último caso existirá um *contractus alienus* se se considerar a celebração do acto mas *proprius* se se tiver em atenção os efeitos do contrato. Esta distinção, entre conclusão e efeitos, permanece, todavia, fechada sobre ela mesma. Apesar de criada a estrutura dogmática capaz de ajudar na compreensão e desenvolvimento da figura da representação directa, a aquisição por intermédio de outrem permanece dentro dos normais quadros do princípio do *alteri stipulari nemo potest* [1176], e continua a não poder acontecer de forma imediata[1177].

O próprio *ALTHUSIUS* (1557-1638), pós-humanista ou humanista tardio[1178], não evidencia nesta matéria desenvolvimentos particulares[1179]. E, no entanto, *ALTHUSIUS* é, no contexto da teoria política, autor de uma doutrina da representação – mais elaborada e sistematizada do que a de qualquer dos seus antecessores[1180] – cujos contornos lhe teriam porventura permitido alguns

---

[1174] Assim pode ver-se, designadamente, *Zasius, Enarrationes*, cit., Tit. *De verborum obligationibus* § *Alteri Stipulari* (edição citada, n.º 4); *Cuiacius, In Pauli ad Edictum commentaria*, Lib. III, *Ad* § *nos autem* (in *Opera...*, Tomo V, col. 62, de forma implícita); Id., *Recitationes...*, Lib.VIII, Tit. XXXVIII (in *Opera...*, Tomo IX, cols. 1196 e 1197, embora o autor refira, neste local, um número significativo de excepções ao princípio da proibição de pactuar para outrem); *Donellus, Commentarius ad Titulum Digestorum...*, L. XXXVIII, § *Alteri stipulari* (in *Comentarii...*, n.ᵒˢ 5 e 6, p. 92, n.º 10, p. 93, n.º 68, p. 107); Id., *Commentarius de Iure...*, Lib. XII, Cap. XVI (in *Opera...*, col. 554 e ss., col. 575 e ss.).

[1175] Paolo Cappellini, *Rappresentanza...*, in *Enciclopedia...*, XXXVIII, p. 448.

[1176] Assim, também, Paolo Cappellini, *Rappresentanza...*, in *Enciclopedia...*, XXXVIII, p. 448.

[1177] Cfr., *Vultejus, Jurisprudentia Romana a Justiniano Compositae, Libri II*, Lib. I, Cap. XLIII, *De Contratis mediatis* («Marpurgi», 1630, fol. 196 v., e ss.).

[1178] Não é fácil enquadrar *Althusius* nas grandes escolas ou correntes de pensamento que foram do século XVI ao século XVII. *Althusius* participa do humanismo à maneira alemã. Ele será obnubilado pela lógica de *Ramus*; cita todos os seus predecessores da jurisprudência humanista Budé, Bodin, *Donellus, Hotomanus*, mas, sobretudo, os autores antigos, Virgílio, Séneca, Cícero e Aristóteles. Não escreve apenas sobre o direito e a política mas, também, sobre a moral numa perspectiva estóica e ciceroniana. É calvinista. Todas as grandes influências culturais do século XVI parecem, assim, convergir nele. Todavia, as suas principais obras datam do século XVII e não falta quem, por isso, o considere um precursor do direito natural. Cfr., Michel Villey, *La formation...*, p. 581. V., igualmente, a obra fundamental – mas, também, severamente criticada por alguma doutrina a ela posterior – de Gierke, *Giovanni Althusius...*, *passim*, maxime pp. 24 e ss..

[1179] V., a este propósito, Ulrich Müller, *Die Entwicklung...*, p. 92.

[1180] De resto, o próprio *Althusius* confessa ter tido como principal ambição a de continuar e alcançar a sistematização do direito e política iniciada pelos humanistas. Cfr., Michel Villey, *La formation...*, p. 583.

avanços no âmbito do direito privado. Na verdade, _ALTHUSIUS_ defendia a ideia segundo a qual imperador, rei ou magistrados são representantes da colectividade popular e a sua autoridade emana de um mandato conferido por essa mesma colectividade[1181]. A comunidade constituída pelo povo tem a capacidade para nomear procuradores e lhes conferir poderes, impor condições ao seu exercício e ligar os respectivos titulares através de um juramento. Estes procuradores representam o povo e têm direitos e deveres semelhantes aos do tutor. Como eles existem apenas em função do pupilo, são os seus «_famuli et ministri_», seus mandatários investidos de um direito alheio, não de um poder próprio[1182]. A sua actuação cumpre-se em nome da colectividade, em cuja esfera se produzem directamente os efeitos dos comportamentos efectivamente realizados[1183]. Tudo a apelar de forma muito mais decidida para a representação directa do que para a representação indirecta. Não obstante, e fora do âmbito da doutrina política, _ALTHUSIUS_ não deixa de reafirmar o princípio romano do _alteri stipulari nemo potest_ [1184].

A nota de excepção é dada pelo francês _FRANCISCUS HOTOMANUS_ (1524-1590)[1185], único jurisprudente humanista a reportar-se ao ensinamento de _DE GOSIA_. São suas as seguintes palavras: «_Regula iuris est, ut alterius conventio alteri non prosit, quae regula in extraneis adeo vera est, ut ne procurator quidem suo contractu adquirere domino actionem possit (...); quanquam adversari multa videntur. Nam Bulgarus quidem, et Johannes, et Accursius eosque secuti ceteri existimant, eius regulae tantum exceptiones esse. Sed ego Martini sententiam probabiliorem esse arbitror, ut regula de stricto iure, directisque actionibus: loci autem multi alii de bono et aequo, utilibusque actionibus intelligantur. (...). Ubi autem iure communi deficiente succedit aequitas, ibi utilem actionem concedi patet (...)_», numa formulação que tanto respeitava à estipulação como à imposição de obrigações a outrem[1186].

[1181] _Althusius, Politica Metodicamente concebida e ilustrada con ejemplos sagrados e profanos, passim_, Cap., maxime IX, n.º 22 (tradução do latim, introdução e notas por Primitivo Mariño, apresentação de Truyol y Serra, Madrid, 1990).

[1182] _Idem._

[1183] Cfr., Gierke, _Giovanni Althusius..., passim_, maxime pp. 43 e 167 e ss. (com destaque, também, para as doutrinas representativas medievais). Ainda a propósito da doutrina althusiana da representação, v., Hofmann, _Repräsentation..._, pp. 358 e ss.; e Luca Calderini, _La «politica» di Althusius tra rappresentanza e diritto di resistenza_, Milão, 1995, _passim_, maxime pp. 109 e ss..

[1184] V. _Johannes Althusius, Dicaeologica_, Lib. I, Cap. LXXXV, _De generalibus adfectionibus Stipulationis_ (Francoforte, 1649, n.º 22), onde o autor escreve: «_Facta hic intellego, propria, non aliena, L. 2. l. 75. de verb. obligat. siquidem alteri stipulari nemo potest, nisi per aliam stipulationem, poenamve adjectam, l. 38. § 1,. 2 ubi Donell. de Verb. oblig. § 4, Si quis. Inst. de inutilibus. stip. nisi versatur interesse stipulantis, d. d.l.38. § 12 ubi Cujac. de verb. oblig. vel nisi se curatorum, promissor in se recepisset, d.l. 38. § 2 E seqq. l. 118 in fin. h. t. Manticam lib. 14. tit. 34 E seqq_».

[1185] Sobre _Hotomanus_ e respectiva visão acerca do fenómeno representativo ou seus momentos paralelos cfr., com diferente profundidade, Buchka, _Die Lehre von der Stellvertretung..._, pp. 156 e 157; Bauer, _Die Entwicklung..._, p. 20; Ulrich Müller, _Die Entwicklung der direkten Stellvertretung..._, pp. 96 e 97; Hamza, _Bemerkungen..._, in _Zeitschrift..._, Ano 26, 2, pp. 81 e 82; e Paolo Cappellini, _Rappresentanza..._, in _Enciclopedia..._, XXXVIII, p. 448. Em termos gerais para mais pormenores acerca deste jurisconsulto v., Werner Vogel, _Franz Hotmann und die Privatrechtswissenchat seiner Zeit_, Münster, 1960, Dissertação, _per totum_.

[1186] _Hotomanus, Observationes et Emendationes in Ius civile Libri XIII._, Lib. IV, Cap. VIII: _Ex negoti alteri_ («Excudebandt» 1599, cols. 113 e ss.), referindo uma multiplicidade enorme de leis do

Ou seja: *HOTOMANUS* eleva as excepções a regra servindo-se da *aequitas martiniana*; e circunscreve o princípio do *alteri stipulari nemo potest* à *actio directa* também com base na equidade. A surpresa está no facto de ser precisamente *HOTOMANUS*, severo crítico da codificação realizada por *TRIBUNIANUS*, a recuperar uma tese que, no dizer da historiografia moderna, é o resultado de uma perfeita síntese do conteúdo do *Corpus Iuris*.

Na prática, e numa manifestação de incapacidade para assegurarem o cumprimento do respectivo programa, os humanistas acabaram por recorrer, a propósito da questão da estipulação para outrem, frequentemente, às mesmas explicações e argumentos que se encontravam já na Glosa e nos consiliadores[1187].

Os humanistas retomam o esquema das excepções ao princípio do *alteri stipulari nemo potest* presentes na Magna Glosa[1188]. O esquema das formas de estipulação usado pelos comentadores é, igualmente, aproveitado pelos homens do humanismo[1189]. Os esforços feitos pelos escolásticos[1190], no âmbito das acções *adiecticiae qualitatis,* para aumentarem a protecção do *dominus* ou libertarem o intermediário de obrigações resultantes da sua intervenção são, também eles, assumidos pelos jurisprudentes elegantes[1191]. Também aqui surgem afir-

---

Corpus Iuris Civilis nas quais se alicerça a sua posição e também, ao fim e ao cabo, a defendida por *Martinus.*

[1187] Cfr., Ulrich Müller, *Die Entwicklung der direkten Stellvertretung...*, pp. 79 e ss., onde se contém uma análise abrangente acerca da forma como os humanistas procederam ao tratamento da representação directa e do contrato a favor de direito; e Paolo Cappellini, *Rappresentanza...*, in *Enciclopedia...*, XXXVIII, p. 449.

[1188] Cfr., Zasius, *Enarrationes*, cit., Tit. *De verborum obligationibus*, § *Alteri Stipulari* (edição citada, n.º 17 e ss., fols. 57 v., e ss.); Faber, *In Institutiones Iustinianeas commentarii,* Tit. *De inutilibus stipulationibus*, § *Si quis alii*, e § *Ei Vero qui* (Lião, 1565, fols. 89 a 90 r. e ss., e fols. 90 r. a 91 r.), os quais procedem, de resto, e tal como *Accursius,* a uma sistematização das referidas excepções, contra quanto acontecia com outros juristas cultos que – na aparentemente única inovação operada neste ponto – apresentam as situações excepcionais com referência aos casos individuais. Na literatura jurídica moderna v. a este respeito, por todos, Müller, *Die Entwicklung...*, pp. 78 e ss..

[1189] Note-se como *Alciatus, In pandectarum...*, Tit. *De verborum obligationibus*, L. XXXVIII, § *Alteri* (in *Opera...*, Tomo II, n.º 14 e ss., e n.º 27, cols. 498 a 502), e § *Si Stipuler* (n.º 1 e ss., cols. 508 a 509); e Zasius, *Enarrationes*, cit., Tit., *Si certum petatur*, § *Si nummos* (edição citada, n.ºs 3 e ss. fol. 20 v. e ss.); e Id., *Idem*, Tit. *De Actionibus et obligationibus*, L. *Quaecunque* (edição citada, f. 60 r.), ainda procuram conservar, de um modo ou de outro, algo da linear separação das formas de estipulação em vários grupos (para uma apreciação mais detalhada da posição destes dois jurisprudentes cfr., Buchka, *Die Lehre von der Stellvertretung...*, pp. 151 e ss.; e Bauer, *Die Entwiclung...*, pp. 14 e ss.). Mais tarde continua-se, tal como na época consiliar, a distinguir entre *verba executiva* e *obligativa* e a fazer depender a validade da estipulação da forma como os *verba* são concebidos. Começa-se, contudo, a esfumar a clara separação e agrupamento operados pelos escolásticos (assim v., Müller, *Die Entwicklung...*, p. 82. Cfr., também, Buchka, *Die Lehre...*, pp. 151 e ss.).

[1190] Cfr., *supra*, Parte I, Cap. I, parágrafo 1.3.

[1191] Tudo isto é particularmente evidente na obra de *Alciatus* (cfr., designadamente, *In pandectarum...*, Tit. *De verborum obligationibus*, L. XXXVIII, § *Si quis insulam* [in *Opera...*, Tomo II,

mações já recorrentes[1192] nos apelos, feitos pelos homens da época consiliar, ao princípio da subsidiariedade e da reciprocidade[1193], ou a ideia segundo a qual o representante não vinculava o terceiro com o seu próprio património alcançando o seu dever apenas a obrigatoriedade de conseguir que o seu parceiro contratual conseguisse satisfazer-se através do património do *dominus* [1194]. Dever que se extinguiria, salvo nalguns casos excepcionais[1195], com o termo ou extinção do cargo de representante.

A *aequitas* ressurge como fundamento da atribuição ou produção de efeitos directos entre o *dominus* e o terceiro. O apelo que a ela fazem os juristas humanistas fica, porém, aquém dos esforços realizados por *MARTINUS*. Os resultados alcançados são, em grande medida, e face às plataformas por vezes alcançadas, frustrantes[1196].

Nalguns casos o apelo ao *ius aequum scriptum* acontecia apenas para justificar ou fundamentar um resultado por outra via já desejado.

A escolástica havia já proposto, de acordo, aliás, com o direito romano, a vinculação directa do terceiro perante o principal se *aliter res domini salva esse non posset*, numa orientação à qual os humanistas aderiram[1197]. Os jurispruden-

---

n.° 2, col. 511] «*Quid si procurator domino aliquod ius personale, quod sibi quaerere non possit, fuerit stipulatus? transibit enim eo casu directa in dominum actio*»), numa orientação que se afirma, por conseguinte, logo nos primórdios do humanismo, e que abre depois o seu caminho no contexto desta escola. Para mais pormenores v., Buchka, *Die Lehre von der Stellvertretung...*, pp. 219 e ss.; e Müller, *Die Entwicklung...*, pp. 83 e ss..

[1192] V., a título exemplificativo, Bauer, *Die Entwicklung...*, pp. 20 e 21.

[1193] Cfr., Müller, *Die Entwicklung...*, p. 83.

[1194] Assim, Buchka, *Die Lehre...*, pp. 219 e ss.; na literatura jurídica mais recente, Müller, *Die Entwicklung...*, p. 83.

[1195] Cfr., *Alciatus, In Digestum seu pandectas*, Tit. *De rebus creditis, Si certum petatur et de certi condictione*, L. XXIX (in *Opera omnia*, Tomo I, Basileia, 1582, n.° 9 e ss., cols. 386 e ss.), que refere ser essa a *communis sententia*. Em qualquer caso a responsabilidade do representante – no caso referido por *Alciatus* um *institor* – baseava-se no dever de proceder ao pagamento não através da sua fazenda mas do pecúlio do seu senhor.

[1196] Assim, Ulrich Müller, *Die Entwicklung der direkten Stellvertretung...*, pp. 88 e ss..

[1197] *Cuiacius, Recitationes...*, Lib. VIII, Tit. XXXVIII, *De inutilibus stipulationibus* (*Opera...*, Tomo IX, col. 1197).

[1198] *Alciatus, In Pandectarum...*, Tit. *De verborum obligationibus*, L. XXXVIII, § *Si quis insulam* (in *Opera...*,, Tomo II, n.° 1, col. 511, *Quid enim, si is, qui cedere debet, non repetitur? ut quia latitat, vel sit absens, vel mortuus absque haerede? Suadet enim aequitas, ut saltem utilis actio dominum contemplat*»); e numa linha de raciocínio diversa, Donellus, *Commentarius ad Titulum Digestorum...*, L. XXXVIII, § *Alteri stipulari* (n.° 3 e ss., pp. 90 e ss., e por exemplo, n.° 5, p. 91 [numa atitude que começa por parecer particularmente ilustrativa mas, apesar disso, acaba por conduzir a um resultado decepcionante, traduzido, afinal, numa radical afirmação do princípio de *alteri stipulari nemo potest*] e n.° 62, p. 106 [onde o autor admite que da actuação do procurador possa emergir uma acção útil para o *dominus*, mesmo contra a vontade do *procurator*, por utilidade ou necessidade, se a coisa não puder de outro modo ser salva]). Referência à parte merece a já referida construção de *Franciscus Hotomanus, Observationes et Emendationes...*, Lib. IV, Cap. VIII: *Ex negoti alteri* (edição citada, cols. 613 e ss.) o qual apela directamente para o ensinamento de *Martinus*.

tes elegantes não deixaram, todavia, e simultaneamente, de procurar alargar o respectivo enquadramento. Para isso fizeram apelo à noção de equidade[1198]. Não aparece, contudo, especificado por que motivo a *aequitas* justificaria o resultado proposto.

Noutras hipóteses lidava-se com a equidade, justamente, enquanto figura situada no âmbito do campo de aplicação do princípio do *alteri stipulari nemo potest*. São disso particularmente sintomáticas as considerações desenvolvidas por *DONELLUS* [1199], as quais pelo seu teor criam, de resto, no leitor a expectativa de um eventual superar da proibição de estipular para terceiro, embora depois, e afinal, o autor venha a cair num radicalismo notável e surpreendente, ao ponto de colocar em causa um número muito significativo de excepções ao princípio do *alteri stipulari nemo potest* já admitidas pelo vulgo dos autores e de se impugnar a qualificação dos notários como servos públicos e, destarte, a possibilidade de estipularem para outrem.

DONELLUS começa por chamar a atenção para o facto de quando alguém pretende adquirir um bem ou objecto ter de o fazer a um terceiro através de um contrato. De seguida *DONELLUS* verifica poder alguém, contudo, desejar adquirir sem ser participante no contrato, numa situação acompanhada pela vontade do representante de não adquirir para si[1200]. O jurisconsulto humanista fica, todavia, por aqui e não retira destas suas considerações todas as consequências possíveis. Na verdade, ele manifesta-se a favor do princípio do *alteri stipulari nemo potest*. Perante a questão que consiste em saber por que razão não é permitido a uma pessoa estipular para outrem e melhorar a sua posição *DONELLUS* responde: «(...) *Nihil magis, nec quidquam etiam aequius, aut magis secundum naturam* (...)[1201] *Alteri stipulari non possumus: non qui stipulemur alteri, inquam, et illi consultum velimus, nec nostra intresit id fieri; quod est iniquum: sed quia hoc facto promissorem obligare velimus alteri sine ullo commodo nostro: quod ius non permittit. Hoc vero nihil potuit fieri aequius, estque omnino ex eadem lege et aequitate naturae. Naturalis et civilis, inquit Caius, ratio suadet alienam conditionem meliorem facere nos posse, deteriorem non posse.*»[1202]

Quer dizer, *DONELLUS* esclarece o princípio do *alteri stipulari nemo potest* com base na ideia segundo a qual, embora se deva considerar como normal e natural a possibilidade de se melhorar a condição alheia, não deve ser lícito piorá-la. Trata-se, em seu entender, de uma consequência da equidade e da natureza das coisas[1203, 1204].

[1199] *Donellus, Commentarius ad Titulum Digestorum...,* L. XXXVIII, § *Alteri stipulari* (in *Commentarii...,* n.° 3 e ss., pp. 90 e ss.).

[1200] Cfr., a este respeito, na literatura jurídica recente, Ulrich Müller, *Die Entwicklung...,* p. 90.

[1201] *Donellus, Commentarius ad Titulum Digestorum...,* L. XXXVIII, § *Alteri stipulari* (in *Commentarii...,* n.° 3, p. 90).

[1202] *Idem,* n.° 5, pp. 91 e 92.

[1203] *Idem,* n.° 5, pp. 91 e 92.

[1204] *Donellus* não atende, todavia, à relação contratual entre o *representante* e o *dominus* que se encontra na génese dos direitos e deveres de um perante outro (cfr., Ulrich Müller, *Die Entwicklung der direkten Stellvertretung...,* p. 90). A par das considerações de *Donellus* poderão ainda referir-se as de *Oldendorp* (1480-1567), jurista elegante (à semelhança do verificado com *Althusius* – v. *supra* quanto se escreve neste parágrafo a propósito deste autor – não parece fácil proceder ao exacto enquadramento de *Oldendrop* nas várias escolas que foram do humanismo ao jusraciona-

O reconhecimento segundo o qual os *mores hodierni*, mesmo regionais, ou os costumes em geral, admitem o princípio do *alteri stipulari* não constitui propriamente uma novidade[1205].

BALDUS havia já justificado a validade da estipulação notarial para terceiro através da afirmação «*haec opinio approbatur per quotidianum usum*». *JASON DE MAYNUS* falava de uma «*communis conclusio et observantia*». *ZASIUS* admite a existência de um costume *contra legem* quando se trata de justificar a validade da actuação para outrem levada a cabo pelo notário[1206].

De resto − e numa demonstração de como, neste ponto, o caminho se preparava de há longa data sem ter havido qualquer ruptura provocada pela doutrina humanista − as fontes romanas apelavam já, e com frequência, para o direito consuetudinário. Não obstante algumas aporias, o trecho de *IULIANUS, Libro XCIV. Digestorum* − D., 1, 3, 32, § 1[1207], tem sido considerado decisivo no sentido do reconhecimento de natureza derrogatória ao costume *contra legem*[1208]. Glosadores e consiliadores canonistas ou civilistas todos eles distinguem, em termos gerais, entre costume *secundum legem*, *praeter legem* e *contra legem*, e concedem de há muito a prevalência deste último sobre o direito legislado[1209]. Por

lismo. Wieacker, *História*..., p. 318, na esteira de Erik Wolf, integra-o entre os precursores do jusracionalismo) a quem coube o mérito de se ter ocupado com o princípio da *aequitas*. Neste seu tratamento da equidade *Oldendorp* não hesitou em pronunciar-se expressamente contra o direito escrito quando contrário à *aequitas* cristã resultante das palavras de Deus (nesse sentido se manifestou na obra em baixo-alemão *Wat byllich unn recht ys*, 1529, e publicada em alto-alemão por Erik Wolf, *Quellenbuch zur Geschichte der Deutschen Rechtswissenschaft*, Francoforte, 1949, pp. 51 e ss., maxime p. 59, com o título *Was billig und Recht ist, eine kurze erklärung, allen Ständen dienstlich*). Não obstante, quando procede ao tratamento das questões relacionadas com a produção de efeitos em esfera jurídica alheia, *Oldendrop* não retira desta sua atitude perante a *aequitas* quaisquer conclusões susceptíveis de proporcionar novos resultados. Para mais pormenores v., Ulrich Müller, *Die Entwicklung*..., p. 89.

[1205] Assim, e expressamente, pode ver-se Ulrich Müller, *Die Entwicklung der direkten Stellvertretung*..., pp. 102 e ss.; e Paolo Cappellini, *Rappresentanza*..., in *Enciclopedia*..., XXXVIII, p. 449, numa posição caracterizada, todavia, por sérios, mas infundados reparos à posição de Müller, a qual, afinal, não diverge neste ponto da do autor italiano.

[1206] Cfr., quanto se escreve a propósito da relevância do costume no respeitante à estipulação notarial e as citações de obras de jurisconsultos humanistas feitas *supra*, Parte I, Cap. II, parágrafo 1.3.

[1207] É o seguinte o teor deste fragmento do Digesto: «*Inveterata consuetudo pro lege non immerito custoditur, et hoc est ius, quod dicitur moribus constitutum. Nam quum ipsae leges nulla alia ex causa nos teneant, quam quod iudicio populi receptae sunt, merito et ea, quae sine ullo scripto populus probavit, tenebunt omnes; nam quid interest, suffragio populus voluntatem suam declaret, an rebus ipsis et factis? Quare rectissime etiam illud receptum est, ut leges non solum suffragio legislatoris, sed etiam tacito consensu omnium per desuetudinem abrogentur.*»

[1208] A este respeito pode ver-se, com simples carácter ilustrativo, Gaetano Scherillo, *Consuetudine (diritto romano)*, in *Novissimo Digesto Italiano*, IV, 1959, pp. 301 e ss.; Guido Astuti, *Consuetudine (diritto intermedio)*, in *Idem*, pp. 315 e 316; e Norberto Bobbio, *Consuetudine (teoria gen.)*, in *Enciclopedia del Diritto*, IX, 1961, p. 439.

[1209] Para uma panorâmica acerca do desenvolvimento do costume e direito consuetudinário no direito intermédio v., por todos, Guido Astuti, *Consuetudine*..., in *Novissimo*..., IV, pp. 301 e

isso, quando *FABER*[1210, 1211] coloca face à regra «*ut sibi tantum emere quis possit, non etiam alteri, in cuius non sit potestate*» a existência de um costume nacional divergente, de acordo com o qual se pode celebrar um contrato de compra para si próprio ou para outrem, ainda indeterminado no momento da celebração do negócio, está, apenas, a situar-se no prolongamento de uma linha – a ser desenvolvida, designadamente, pelos jurisprudentes elegantes holandeses – que lançava as suas raízes num passado bem remoto, sem se poder falar, destarte, a este respeito, de um progresso significativo[1212].

O direito canónico provocou, ao tempo dos jurisprudentes elegantes alguns desenvolvimentos. Todavia, também aqui, os progressos alcançados não foram decisivos. Aceita-se o juramento como uma excepção mais ao princípio do *alteri stipulari nemo potest* e procura-se reagir contra o ensinamento da glosa ao c. 9, C. I, q. VII[1213].

No fundo, os juristas cultos continuaram a utilizar os conceitos de mandato e de *praepositio* no âmbito das acções adjectícias, tal como estes provinham do direito romano e, na sua sequência, da glosa.

IV – De verdadeiramente novo apareceu um mais insistente apelo aos motivos do amor cristão para com o próximo; a uma *charitas* que não procura o interesse próprio, ou o descobre justamente no facto de se dar algo a outro[1214]. Tudo referências que poderiam ter ampliado

ss.. Relativamente à problemática do costume em Portugal, durante a Idade Média, cfr., Ruy de Albuquerque e Martim de Albuquerque, *História...*, I, pp., 167 e ss.; Id., *Idem*, 10.ª ed., pp. 215 e ss..

[1210] *Faber, Codex...*, Lib., IV, Tit. XXXIV, Def. I (edição citada, p. 427), que escreve: «*Etsi iure ita comparatum, ut sibi tantum emere quis possit, non etiam alteri, in cuius potestate non sit, moribus tamen nostris receptum est, ut quisque sibi emere potest, possit etiam alii adeoque incertae personae, amico scil., ut vocant, aut electo aut eligendo. Cuius inducendi iuris ratio ex iis primum venditionibus originem habuisse videtur, quae publice sub hasta fiunt, proptera quod non facile honesti plerique viri ad emptionem accedentes nomina sua publicis eiusmodi actis inseri patiantur, veriti ne ambitiosum id invidiosum existimetur, malintque per alios rem agere, ex quorum persona non minus iuris habituri sint, quam si illi ipsi comparessent. Postea vero ad privatas quoque venditiones id ius tractum est, usuque apud nos frequentissimo comprobatum. Ita ut licet non continenti, sed distinctis temporibus contractuque separato ea fiat lectio, unus tamen contractus, una emptio esse intelligatur, emptorisque iure non tam qui elegit, quam qui electus est, censeatur, quamvis non eo magis liberetur, qui cum venditore contraxit, ne pretii nomine conveniri possit, si id venditor malit, quam ob causam indemnitatem eligenti repromittere electus solet, cum fieri potuerit, ut qui eligenti vendidit, non item electo fuerit venditurus (...) Cum quis emit sibi amico aut electo aut eligendo, ac postea eligit, una tantum venditio est, dummodo fiat electio inter 40 dies eodem pretio.*»

[1211] Na literatura jurídica mais recente, cfr., por todos, a este respeito, Bauer, *Die Entwicklung...*, pp. 18 e 19.

[1212] Mesmo assim, Heinrich Hahn, *Observata Theorico-Practica, Digestorum Pars VII*, Lib. XLV, Tit. I, *De verborum obligationibus, Observata IV* («Coloniae Aggrippinae», 1675, *Pars Posterior*, p. 363), um homem do *usus modernus pandectarum* ainda afirmaria categoricamente a inexistência de quaisquer costumes contrários à regra do *alteri stipulari nemo potest*.

[1213] A respeito desta glosa v. as considerações formuladas *supra*, Parte I, Cap. II, parágrafo 3.

[1214] V., Ulrich Müller, *Die Entwicklung der direkten Stellvertretung...*, pp. 88 e ss..

significativamente a noção de interesse do estipulante à qual os escolásticos apelavam já como forma de justificar a validade de uma *stipulatio* concebida em favor de um terceiro. Contudo, os humanistas acabaram, em muitos aspectos, por afirmar a ausência de juridicidade de semelhante interesse – confinando-o, destarte, e em grande parte, ao simples campo da teologia[1215], com a consequente limitação dos progressos alcançados.

Os jurisprudentes elegantes começaram por se apoiar no trecho de *Ulpianus Libro XLIX – ad Sabinum –* D., 45, 1, 38, § 17[1216, 1217] e na constituição de *Diocletianus et Maximianus* C., 8, 38 (39), 3[1218, 1219]. Os romanos faziam, assim, depender a validade de uma *stipulatio alteri* tanto da existência um interesse por parte de quem estipulava como da convenção de uma cláusula penal[1220]. Ao mesmo tempo, afirmavam a ausência de um interesse em dar-se, sem mais, algo a outro.

Os humanistas aperceberam-se da mecânica subjacente ao raciocínio dos romanos e quais as possibilidades que ele abria para contornar o princípio do *alteri stipulari nemo potest* [1221]. Na verdade, de acordo com os juristas cultos se a regra era a de que ninguém podia estipular para terceiro por não ter nisso qualquer interesse, então se e quando existisse um interesse a estipulação seria válida[1222].

[1215] Cfr., Paolo Cappellini, *Rappresentanza...*, in *Enciclopedia...*, XXXVIII, p. 449.

[1216] Transcreve-se o teor deste passo do Digesto: «*Alteri stipulari nemo potest, praeterquam si servus domino, filius patri stipuletur; inventae sunt enim huiusmodi obligationes ad hoc, ut unusquisque sibi acquirat, quo sua interest, ceterum, ut alii detur, nihil interest mea. Plane si velim hoc facere, poenam stipulaturi conveniet, ut, si ita factum non sit, ut comprehensum est, committatur stipulatio etiam ei, cuius nihil interest, poenam enim quum stipulatur quis, non illud inspicitur, quid intersit, sed quae sit quantitas, quaeque conditio stipulationis.*»

[1217] Esta passagem do Digesto é apontada como interpolada, entre outros, por Pacchioni, *I contratti...*, pp. 20 e 21; Schlossmann, *Die Lehre von der Stellvertretung...*, II, pp. 185 e 186, nota (2); e Wesenberg, *Verträge zugunsten...*, p. 11. Dniestrzanski, *Die Aufträge...*, pp. 258 e ss., toma-a por verdadeira.

[1218] É o seguinte o teor desta constituição imperial: «*Ut inter absentes verborum obligatio contrahi non potestt, ita alteri, ciuis iuri subiectus non est, aliquid dari vel restitui, nisi sua intersit, nemo stipulari potest. Quum igitur, defuncta in matrimonio filia tua, superstitis filii nomine partem dimidiam dotis marito detineri, alteram vero partem nepoti tuo vel, si is in rebus humanis non esset, Iuliano restitui, per pactum convenisse proponas, praeventoque morte nepote, etiam stipulationem ad Iulianum factam ob absentiam eius non valuisse significes, ac propterea ex persona ac stipulatione tua, qua restitui cuncta iuxta pactorum tenorem provideras, reddi tibi desideres; super stipulatione tua adi praesidem provinciae, ut examinatis partium allegationibus, quantum constiterit interesse tua, iuxta placiti fidem dotis portionem Iuliano restitutam fuisse, ob incertae actionis effectum concludat condemnationem taxatae quantitatis.*»

[1219] Também aqui existe suspeita de interpolação claramente defendida por Wesenberg, *Verträge zugunsten...*, p. 11.

[1220] Pendente, obviamente, sobre o promitente que seria o representante ou intermediário.

[1221] Acerca do modo como os humanistas procuraram servir-se do interesse dos estipulantes para alcançarem alguns progressos na estipulação para terceiros v., Müller, *Die Entwicklung...*, pp. 84 e ss., onde se sublinham precisamente alguns dos aspectos referidos no texto.

[1222] Assim pode ver-se, *Alciatus, In Pandectarum...*, Tit. *De verborum obligationibus*, L. LXXIX,

Segundo *ALCIATUS* o referido interesse existiria em todos os casos de constituição de procurador ou de constituição de mandatário[1223]. *ALCIATUS* partia, para chegar a semelhante conclusão, da constatação dos casos normais nos quais o *dominus* mandata o seu representante para lhe conseguir uma determinada coisa. Na sequência do mandato, o representante celebrava com outrem um contrato ou acordo segundo o qual a prestação devida pela outra parte contratual devia beneficiar directamente o principal. Como o mandatário estava vinculado, perante o mandante, a proporcionar-lhe uma coisa o seu interesse neste caso residia no cumprimento do mandato.

A tese de *ALCIATUS*, que foi de imediato seguida por *DUARENUS* e *ZASIUS*, abrindo caminho até *DONELLUS*[1224], constitui o mais significativo contributo do humanismo para a evolução da doutrina da representação. Ela representaria mesmo, segundo certa opinião, um ponto de ruptura[1225]. Esta conclusão não é, todavia, aceite por todos.

Em particular CAPPELLINI[1226] considera ter havido um maior e mais eficaz sublinhar do carácter imediato da transposição de efeitos do representante para o representado. Porém, como ponto de ruptura seria algo de insuficiente. Por um lado, os humanistas – e entre eles *ALCIATUS, DUARENUS* e *ZASIUS* – limitaram os casos de existência de um interesse capaz de determinar a validade de uma *stipulatio alteri* às hipóteses nas quais estava em causa um interesse pecuniário, e, numa manifestação de algum modo contrária às tendências gerais da época a qual apelava com frequência ao amor ao próximo, consideraram que o dever moral ou cristão de praticar o bem permanecia juridicamente irrelevante, sem bulir, por conseguinte, com o princípio do *alteri stipulari nemo potest*. Actos praticados na base da amizade, por exemplo, continuavam a permanecer inválidos[1227]. Por outro lado, os autores humanistas – entre os quais se conta também *HOTOMANUS* – não foram, de acordo com CAPELLINI[1228], capazes de basear a produção dos efeitos jurídicos directos

---

§ *Si procuratori* (*Opera...*, Tomo II, n.º 1, col. 672), e *Donellus, Commentarius ad Titulum Digestorum...*, L. XXXVIII, § *Si Alteri stipulari* (in *Commentarii...*, n.º 7, p. 91), embora este autor tome o interesse em sentido pecuniário.

[1223] *Alciatus, In Pandectarum...*, *De verborum Obligationibus*, Tit.. XXXXVIII, § *Si Alteri* (*Opera...*, Tomo II, n.º 14 e ss., col. 499, maxime n.º 15, onde o autor escreve: «*mea enim interest, ut mandatum exequar, si constitutus sim procurator*»); § *Si stipuler* (*Opera...*, Tomo II, n.º 16 e ss., cols. 510 e ss.); L. LXXXIX, § *Si Procuratori* (*Opera...*, Tomo II, col. 672, n.º 1 e ss. «*Supra vidimus generaliter posse quemlibet procuratorem domino suo stipulari, quia eius semper interest propter mandatum quod suscepit*»).

[1224] *Donellus, Commentarius ad Titulum Digestorum...*, L. XXXVIII, § *Alteri Stipulari* (in *Commentarii...*, n.º 3 e ss., n.ᵒˢ 5 e 6, pp. 91 e ss., de forma implícita [embora nestes locais se considere o *quod interest* em sentido pecuniário] e n.º 7, p. 92 [onde o autor associa a existência de um interesse pecuniário à circunstância de em presença estar o meu gestor ou mandatário]). Mas v. *op. loc. cit.* (n.º 62, p. 106 [o autor afirma, aí, não conduzir a actuação do procurador, em nome do *dominus*, à concessão de qualquer acção ao *dominus*. Apenas o comportamento do *procurator* realizado em nome próprio seria válido]).

[1225] Assim, Müller, *Die Entwicklung...*, p. 86.

[1226] Paolo Cappellini, *Rappresentanza...*, in *Enciclopedia...*, XXXVIII, p. 449.

[1227] Müller, *Die Entwicklung...*, p. 86.

[1228] A afirmação havia já sido feita, antes de Cappellini, por Hamza, *Bemerkungen...*, in *Zeitschrift...*, Ano 26, 2, p. 82, autor segundo o qual os jurisprudentes elegantes não separaram a

numa relação jurídica interna de tipo subjectivo ou não hierárquico pelo que os contributos dos humanistas em sede de representação e seus momentos paralelos se afiguram – mesmo nesta sede dos interesses – francamente escassos.

As posições de CAPPELLINI parecem pecar por excesso. A irrelevância da estipulação celebrada na base do simples amor ao próximo relevará mais no campo do contrato a favor de terceiro do que no da representação. No âmbito desta última, figuras como a representação no interesse do representante ficam, é certo, sem qualquer dúvida em causa. Contudo, ainda hoje se discute a admissibilidade deste modelo de representação[1229]. Por conseguinte, nem se pode sustentar sequer, e sem mais, a tese segundo a qual os humanistas estivessem, neste particular, a remeter-se – com a delimitação que davam ao interesse susceptível de tornar válida uma estipulação para terceiro – para um campo forçosamente mais estreito do que o apresentado pela doutrina moderna. A referência à base objectiva da representação tal como era concebida pelos homens do humanismo traduz-se numa sobrevalorização das consequências a atribuir a essa mesma base. O próprio HAMZA, cujo ensinamento CAPPEL-LINI procura seguir, acaba por reconhecer como a representação pode, sem deixar de o ser, assentar em dois tipos de relações internas distintas[1230]: uma objectiva, a outra subjectiva. De resto, e conforme refere a propósito HAMZA, ainda hoje o fenómeno representativo próprio do direito comercial continua a basear-se, frequentemente, numa relação de natureza objectiva[1231]. A própria configuração moderna da *Repräsentationstheorie* e da visão labandiana do fenómeno representativo é apenas o resultado de uma quebra entre a procuração e a relação interna – seja ela objectiva ou subjectiva – baseada na ideia de *personarum identitas* decorrente da relação de natureza hierárquica, historicamente existente, entre representante e representado[1232] – e cuja dissolução haveria de ser em grande parte provocada por um metadiscurso.

5. – A segunda escolástica e os juristas e teólogos juristas peninsulares

I – No espaço da Contra-Reforma os teólogos morais e juristas peninsulares vieram preparar o caminho ao jusracionalismo, ao aplicarem a tradição predominantemente tomista da escolástica anterior ao conjunto das questões jurídicas do seu tempo[1233]. Isto, ao ponto de se

_____

personarum identitas objectiva da identidade subjectiva. Para mais pormenores a respeito destas duas noções v., para além quanto se referiu já antes, Hamza, *Die Gewillkürte...*, pp. 221 e ss.; e também Hofmann, *Repräsentation...*, pp. 156 e ss., autor que evidencia a já referida ligação da história da representação à ideia de *persona representata*.

[1229] Cfr., *infra*, Parte II, Cap. III, parágrafo 1.1.
[1230] Hamza, *Die Gewillkürte...*, pp. 222 e ss..
[1231] *Idem*, p. 224.
[1232] Hamza, *Bemerkungen...*, in *Zeitschrift...*, Ano 26, 2, p. 85.
[1233] Wieacker, *História...*, p. 320.

poder sustentar a ideia segundo a qual, em muitos aspectos, *GROTIUS* terá sido um autêntico mediador dos ensinamentos dos juristas peninsulares[1234]. A influência exercida pelos teólogos, canonistas e juristas do *Siglo d'oro*, na criação do moderno direito internacional é hoje aceite. A historiografia mais autorizada reconhece, igualmente, o carácter fundamental da contribuição da segunda escolástica para a evolução, em geral, do direito privado[1235]. A influência dos juristas peninsulares ter-se-á verificado em domínios tão distintos como no direito das sociedades, no conceito de lei, de direito subjectivo, de contrato, na doutrina do erro, do enriquecimento sem causa[1236] e, também, da

---

[1234] Assim, expressamente, v., Nuno Espinosa Gomes da Silva, *História do pensamento...*, p. 175. De resto segundo o testemunho do próprio *Grotius, De iure Belli ac Pacis*, prólogo (Amesterdão, 1642, pp. 40 e ss. e 55), são autoridades importantes na formação do seu pensamento os escolásticos e os juristas espanhóis mais modernos ou seus contemporâneos, entre os quais ele aconselha continuamente Vitoria, Covarruvias, Ayala e Fernando Vasquez. A este respeito cfr., ainda, Wieacker, *História...*, p. 326.

[1235] Para um pequeno *tour d'horizon* a este respeito v., Hans Thieme, *Qu'est ce-que nous, les juristes devons à la Seconde Scolastique espagnole*, in *La Seconda Scolastica nella Formazione del Diritto Privato Moderno, Incontro di studio*, pp. 7 e ss..

[1236] Em síntese, sobre estas questões, cfr., Nuno Espinosa Gomes da Silva, *História do pensamento...*, p. 175. De forma mais pormenorizada e com diferentes enquadramentos e objectos pode ver-se, de entre a bibliografia por nós considerada, e para um enquadramento do contributo da segunda escolástica para o desenvolvimento da ciência do direito, ainda no contexto dos *Incontro di Studio* realizados em Florença entre 16 e 19 de Outubro de 1972, designadamente, e para além da já citada obra de Hans Thieme, *Qu'est ce-que nous, les juristes...*, in *La Seconda Scolastica...*, pp. 7 e ss.; Giovanni Ambrosetti, *Diritto privato ed economia nella Seconda Scolastica*, in *Idem*, pp. 3 e ss.; Michel Villey, *La promotion de la loi et du droit subjectif dans la Seconde Scolastique*, in *Idem*, pp. 53 e ss.; Dieter Schwab, *Ehe und Familie nach den Lehren der Spätscholastik*, in *Idem*, pp. 73 e ss.; Paolo Grossi, *La proprietà nel sistema privatistico della Seconda Scolastica*, in *Idem*, pp. 117 e ss.; Franz Wieacker, *Contractus und Obligatio im Naturrecht zwischen Spätscolastik und Aufklärung*, in *Idem*, pp. 223 e ss.; José Perez Prendes, *Los princípios fundamentales del derecho de sucession 'mortis causa' en la tardia escolastica española*, in *Idem*, pp. 241 e ss.; Robert Feenstra *L'influence de la Scolastique espagnole sur Grotius em droit privé: quelques expériences dans les questions de fond et de forme, concernant notamment les doctrines de l'erreur et de l'enrichissement sans cause*, in *Idem*, pp. 377 e ss. Referência à parte merece, sempre no âmbito dos trabalhos apresentados em Florença, a comunicação de Jesus Lalinde Abadia, *Anotaciones historicistas al jusprivativismo de la seconda escolastica*, in *Idem*, pp. 303 e ss., em virtude do carácter francamente sectário, num sentido anti-religioso e anticastelhano que – nas palavras de Nuno Espinosa Gomes da Silva, *História do pensamento...*, p. 176, nota (10) – a caracteriza. Na restante literatura, referência, ainda, e a título meramente ilustrativo para Avelino Folgado, *Evolución del concepto del derecho subjectivo. Estudio especial en los teologos-juristas españoles del siglo XVI*, I, Madrid, 1960, *per totum*; Martin Lipp, *Die Bedeutung des Naturrechts für die Ausbildung der allgemeinen Lehren des deutschen Privatrechts*, Berlim, 1980, pp. 108 e ss.; Paolo Cappellini, *Sulla formazione del moderno concetto di «dottrina generale del diritto» (A proposito di Martin Lipp, Die Bedeutung des Naturrechts für die Ausbildung der allgemeinen Lehren des deutschen Privatrechts, Schriften zur Rechtstheorie, Heft 88, Berlin, Duncker und Humbolt)*, in *Quaderni Fiorentini per la Storia del Pensiero Giuridico Moderno*, 1981, X, 338 e ss., maxime pp. 333 e 334 e 339 e ss.; Id., *Rappresentanza...*, in *Enciclopedia...*, XXXVIII, pp. 447 e ss..

representação directa[1237] com o claro assumir do combate à validade do princípio do *alteri stipulari nemo potest*[1238].

Autores como GOMEZ ou COVARRUVIAS (1512-1577), tomam por válido o ensinamento que parece extrair-se da glosa c. 9, C. I, q. VII[1239], no sentido da admissão pelo direito canónico da estipulação para terceiros. Em particular COVARRUVIAS[1240], cujos ensinamentos se afiguram – atenta a frequência com que *GROTIUS* se apoia na respectiva doutrina[1241, 1242] – extremamente significativos, afirma claramente: «*Promissio facta alteri per alterum Iure Canonico valida est*» ou (...) «*Iure Canonico stipulatio alteri per alterum facta valida est et ius stipulanti acquirit*». Mas mais importante, uma Lei de Afonso XI datada de 1348 – o *Estatuto Alfonsino* do ordenamento de Alcalá, L. III, Tit., III, L. 3[1243] – depois retomada, na *Nueva Recopilación* de 1567, L. II, Tit. XVI, L. V, ordenada pelos reis de Espanha[1244] – primeiro a Pedro López de Alcocer, depois a Guevara, Escudero e mais tarde a Bartolomeu de Atienza – estabelecia expressamente: «*Pareciendo que alguno se quiso obligar à otro por promissión o por algún*

[1237] Cfr., Buchka, *Die Lehre von der Stellvertretung...*, pp. 156 e 157; Coing, *Europäisches...*, I, p. 425; e Paolo Cappellini, *Rappresentanza...*, in *Enciclopedia...*, XXXVIII, pp. 447 e ss..

[1238] Assim, Coing, *Europäisches...*, I, p. 425.

[1239] V., *supra*, Parte II, Cap. II, parágrafo 3.

[1240] Covarruvias, *Relectio...*, Cap. *quamvis.*, Tit., *De pactis*, Lib. VI, § 4 *De Iuramento confirmatorio pactorum et stipulationum* (in *Opera...*, n.º 2, p. 294).

[1241] É justamente Covarruvias que *Grotius, De iure Belli...*, Lib. II, Cap. XI, § XVIII (edição citada, p. 206, cita quando introduz as seguintes considerações de importância fundamental para o desenvolvimento da nossa matéria: «*Solent et controversiae incidere de acceptatione pro altero facta: in quibus distinguendum est inter promissionem mihi factam de re danda alteri, et inter promissionem in ipsius nomen collatam, cui res est. Si mihi facta est promissio, omissa inspectione an mea privatim intersit, quam introduxit jus Romanum, naturaliter videtur mihi acceptandi jus dari efficiendi, ut alterum jus perveniat, si et acceptet: ita ut medio tempore a promissore promissio revocari non possit; sed ego cui facta est promissio eam promissio remittere*» (para um estudo acerca da vida, obra e método de Covarruvias, o *amigo* do Papa Gregório XIII, elevado por Filipe II de Espanha a Presidente do Conselho de Castela – posto-chave da monarquia – e ponte de passagem entre duas épocas da ciência jurídica europeia, no dizer de alguns, o jurista mais famoso da Espanha do século XVI – e a quem *Cuiacius* chama «*vir numquam laudatus satis*» – v., por todos, o interessante estudo de Fraga Iribarne, *Prólogo* a Diego de Covarruvias y Leiva, *Textos jurídico-políticos*, traduzidos por Atilano Rico Seco, Madrid, 1957, pp. IX e ss.; e Luís Jimenez de Asua, *El pensamiento jurídico español y su influencia en Europa*, Madrid, 1958, pp. 77 e ss., com destaque para a influência de Covarruvias não apenas sobre *Grotius*, enquanto precursor, mas também na construção do direito alemão dos tempos do direito comum, especialmente em *Carpzovius* e *Theodosius*) depois seguido, entre outros por Molina.

[1242] No sentido, porém, segundo o qual parte das referências ao nome Covarruvias, constantes da obra de *Grotius*, correspondem, na verdade, em parte, ao ensinamento de outros autores espanhóis da época e são, talvez, o fruto de possíveis erros de tipografia, pode ver-se Robert Feenstra, *L'influence de la Scolastique...*, in *La Scolastica...*, pp. 377 e ss..

[1243] A respeito das circunstâncias históricas do aparecimento deste ordenamento v., Jesus Lalinde Abadia, *Iniciación historica al derecho español*, Barcelona, 1970, p. 137; e Rafael Gibert, *Historia general del derecho español,* Madrid, 1958, pp. 52 e 53, 61 e 62.

[1244] Acerca da *Nueva Recopilación* pode ver-se Jesus Lalinde Abadia, *Iniciación...*, p. 191; e Gibert, *Historia...*, pp. 215 e 216.

contrato en otra manera, sea tenudo de cumplir aquello que se obligò, y no pueda poner excepción, que no fué hecha estipulatión, que quiere dezir prometimiento con cierta solemnidad de Derecho, o que fué hecho el contrato u obligación entre ausentes, o que no fué hecho ante escrivan publico, o que fué hecha a otra persona privada en nombre de otros entre ausentes, o que se obligó alguno que daría a otro, o haría alguna cosa: mandamos que todavia valga la dicha obligación y contrato que fuere hecho, en cualquier manera que parezca que uno se quiso obligar à otro.»[1245] Perante semelhante preceito os juristas e teólogos juristas peninsulares – e entre eles GOMEZ e COVARRUVIAS, para quem o princípio do *alteri stipulari nemo potest* deixava subsistir um *pacto nudum*[1246] – afirmavam claramente como a estipulação para outrem conduzia à concessão de uma *actio* destinada a garantir o cumprimento e exequibilidade do pacto no qual ela assentava[1247]. Desta forma, e com o reconhecimento do princípio *pacta sunt servanda*, a proibição de estipular para terceiro caiu em termos categóricos[1248, 1249]. É este um ponto que merece, todavia, e ainda, alguns esclarecimentos.

[1245] Cfr., Luís de Molina, *Los seis libros de la justicia y del derecho*, Lib. II, disputa. 254 (tradução, estudo preliminar e notas de Manuel Fraga Iribarne, e prólogo de Esteban de Bilbao, Madrid, 1943, Tomo II, vol. I, n.ºs 7 e 8, p. 218), onde se afirma, face ao teor do texto da *Nueva Recopilación*, muito claramente como no reino de Castela será válida a estipulação entre ausentes. V., também, Coing, *Europäisches...*, I, p. 400; e Paolo Cappellini, *Rappresentanza...*, in *Enciclopedia...*, XXXVIII, p. 451, nota (76).

[1246] Este pacto era, conforme recorda Coing, *Europäisches...*, I, p. 425, quer segundo o direito canónico quer segundo o direito castelhano, válido e fundava a concessão de uma *actio* destinada a garantir o respectivo cumprimento e exequibilidade. Cfr., ainda, *Bartolus, In secundam Digesti Novi...*, Rub. *De verborum obligationibus*, l. *Stipulatio ista*, § *Alteri stipulari* (edição citada, n.º 8, fol. 18 v.); Covarruvias, *Relectio...*, Cap. *quanvis.*, Tit., *De pactis*, Lib.VI, § 4 *De Iuramento confirmatorio pacturum et stipulationum* (*Opera...*, n.º 2, p. 294, n.º 17, p. 298 [neste último local o autor, numa alusão ao ensinamento de *Bartolus*, refere que, embora pelo direito civil a estipulação para outrem não produzisse em regra obrigações, se fosse acompanhada de um juramento dava lugar a um pacto e, destarte, a uma acção] e n.º 24, p. 299 [referindo a circunstância de pelo direito canónico o pacto nu conceder uma acção conquanto com causa expressa]); Azevedo, *Commentarium Iuris Civilis in Hispaniae regias constitutiones tomi 6*, Lib. 5, Tit. XIV, L. 2 («Duaci», 1612, III, n.º 1, pp. 422 e ss.); Gomez, *Variae resolutiones iuris civilis, communis et regii*, II, *Contractactibus*, Cap. IX *De contractu verborum* (Genebra, 1681, n.º 2, p. 261).

[1247] Covarruvias, *Relectio...*, Cap. *quanvis.*, Tit., *De pactis*, Lib. VI, § 4 *De Iuramento confirmatorio pacturum et stipulationum* (in *Opera...*, n.º 2, p. 294).

[1248] V., Azevedo, *Commentarium Iuris Civilis in Hispaniae...*, Lib. 5, Tit. XIV, L. 2 (edição citada n.º 32, p. 430, que escreve «(...) *hodie tamen lege nostra attenta alteri per alterum stipulari permitente* (...)»).V., também, Molina, *Los seis libros de la justicia...*, Lib. II, disputa., 257 (II, I, pp. 236 e ss.), Tract. II, disputa. 258 (II, I, pp. 245 e ss.), Tract. II, disputa., 264 (II, I, maxime, n.º 18, pp. 321). Acerca do pacto nu v., ainda, Gomez, *Variae resolutiones...*, II, *Contractactibus*, Cap. IX *De contractu verborum* (edição citada, n.º 2, p. 261), onde se admite expressamente a eficácia à luz do direito canónico deste pacto (é certo afirmar Gomez, *op. cit.*, II, *Contractactibus*, Cap. XI [n.º 18, pp. 302 a 304] a validade de princípio da proibição de estipular para outrem, ressalvadas as excepções normalmente apontadas pela *communis opinio doctorum* e em grande parte já presentes no catálogo da glosa. Porém, acrescenta, no mesmo local, que, de acordo com o direito régio se pode adquirir acção directa por estipulação para terceiro ausente e, inclusivamente, por promessa simples e nua feita a um não presente, assim se corrigindo neste ponto o *ius commune*). Em sentido contrário à validade do pacto nu v., Fachineus, *Controversiarum...*, Lib. II., Cap. C, *Utrum secundum Ius Cano-*

II – A doutrina moderna tem considerado a época do jusracionalismo de *GROTIUS*, PUFENDORF, *THOMASIUS*, WOLFF, dos irmãos BECMANN, WERNHER, NETTELBLADT e ZEILLER como o momento teórico-técnico no qual se dá o passo decisivo em direcção à moderna figura da representação[1250]. Não parece, todavia, reinar a necessária clareza acerca do referido passo nem quais as suas condições históricas prévias[1251].

O mérito da doutrina jusracionalista não foi certamente, e como o comprova o percurso histórico por nós já traçado, o de ter proporcionado, pela primeira vez, a produção de efeitos jurídicos directos entre *dominus* e terceiro. Semelhantes efeitos directos eram já admitidos pelo direito romano[1252], e conservaram-se – em maior ou menor escala – durante o período da Glosa, época consiliar e humanismo. O grande significado da doutrina jusnaturalista reside no facto de ter colocado e assente pela primeira vez, de forma decidida, a construção do instituto da representação jurídica sobre o princípio da autonomia

---

nicum pactum nudum actionem producat, et quid in pacto iurato (edição citada, Tomo I, cols. 341 e ss.), para quem aquele pacto não produz nenhuma acção e se não deve, destarte, estabelecer, a este respeito, nenhuma distinção entre o direito canónico e o direito civil. *Fachineus* nega inclusivamente que o pacto jurado possa produzir efeitos. Cfr., também, sobre quanto se refere no texto, na doutrina moderna, Coing, *Europäisches...*, I, pp. 399, 400 e 425.

[1249] Refira-se, todavia, a circunstância de alguns autores sustentarem a ideia segundo a qual o sentido do *Estatuto Alfonsino* era apenas o de permitir a aquisição imediata de um direito por parte do terceiro quando os *verba promissiva* fossem a ele dirigidos. Na eventualidade de a promessa do contraente ter sido feita *contemplatione tertii* então seria necessária uma *cessio*. Cfr., Ferdinandez de Retes, *Repetita Praelectio ad Titulum Dig. de Verborum Obligationibus, Pars. I., Tract. II Consectarium VI,* § XLVI, *De Conventione extraneo facta secundum jus regni* (in *Novus Thesaurus Iuris Civilis et Canonici*, edição por Gerdard Meermann, «Hagae – Comitum», 1753, T. VII, p. 397), o qual todavia, escrevia: «*Vindo toda a razão da proibição de se não poder pactuar para outros do direito quiritário e da cultura romana como disse acima no parágrafo VI, segue-se que apenas deve vigorar onde vigora aquele direito, porque é contrária ao direito e razão natural segundo a qual interessa indistintamente ao homem fazer bem ao outro homem (...). Daqui se vê quão conforme é à predita razão a constituição do nosso Afonso na l. 2, título 16. lib. V, da Compilação, a qual no velho ordenamento é a lei 3 título 8, lib. 3, onde se determina que é válido o contrato ou promessa ainda que tenha sido feita a outrem em nome de outro (...). Por isso hoje entre nós pode-se adquirir a acção para um estranho por intermédio de um estranho quer por pacto, quer por contrato civil, ou por modo natural, ou qualquer maneira ab-rogando o direito romano, conforme a opinião comum prefere, a qual opinião é verdadeira (...), o que se deve entender quando o promissor dirige palavras de promessa a um terceiro mesmo ausente, é diferente quando ele promete por contemplação de um ausente a esse estranho que estipula ou contrata por ele; então efectivamente adquire-se acção para o estipulador podendo ele cedê-la ao ausente*», referindo depois, no mesmo sentido Gomez e Olea. V., igualmente, a respeito da tese de Retes, Buchka, *Die Lehre von der Stellvertretung...*, p. 157.

[1250] Para mais pormenores v., *infra*, Parte I, Cap. II, parágrafo 8.

[1251] A este respeito cfr., Paolo Cappellini, *Rappresentanza...*, in *Enciclopedia...*, XXXVIII, p. 450.

[1252] V., *supra*, Parte I, Cap. I, parágrafo 1 e ss..

privada[1253, 1254]. Este resultado – o acolhimento no interior da reflexão técnica sobre a representação do conceito de autonomia da vontade – não pode todavia considerar-se o fruto do acaso ou mesmo de uma influência político-ideológica ou filosófica sem mediações[1255]. A questão que consiste em saber por que razão o primeiro *GROTIUS* da *Inleiding* não manifesta, ainda, qualquer indício no sentido de ultrapassar a compreensão do contrato como um simples esquema de promessa-aceitação e de proceder ao respectivo enquadramento como um paradigma geral – como sucede de forma declarada no *Iure Belli ac Pacis* – permanece por responder[1256]. O primeiro esforço no sentido de individualizar a figura do contrato como figura genérica capaz de permitir a individualização e determinação de elementos comuns e constantes em todos os contratos havia já sido levado a cabo pela tradição teológico-jurídica da segunda escolástica peninsular[1257].

O sistema contratual moderno é o resultado de um desenvolvimento milenar, caracterizável nas suas grandes linhas através de uma constante tendência para um maior reconhecimento da relevância jurídica da vontade individual e autonomia dos contraentes enquanto elemento essencial e fundamental de todos os contratos. O ponto de partida é constituído pelo antigo direito contratual romano no qual a *obligatio ex contractu* apenas podia nascer como resultado de uma série limitada de figuras típicas, reagrupadas em torno das quatro categorias do *obligari re, verbis, litteris, consensu*. A fonte do vínculo era fundamentalmente o *negotium contractum* na substância dos seus requisitos formais ou materiais e não tanto o *consensus* das partes[1258]. O local de chegada é o princípio estabelecido nos códigos civis actuais, e na sequência do acolhimento da moderna teoria geral do negócio jurídico, de acordo com o qual os contratos repousam na autonomia da vontade[1259].

[1253] Hamza, *Bemerkungen...*, in *Zeitschrift...*, Ano 26, 2, p. 82; Paolo Cappellini, *Rappresentanza...*, in *Enciclopedia...*, XXXVIII, p. 451.

[1254] Parece-nos exagerada a afirmação de alguns autores segundo os quais apenas o jusnaturalismo teria vindo a admitir manifestações do fenómeno representativo fora do âmbito das relações hierárquicas. Também o direito romano apresenta alguns exemplos de produção de efeitos jurídicos directos de base subjectiva. Cfr., *supra*, Parte I, Cap. I, parágrafo 1 e ss..

[1255] Assim, Paolo Cappellini, *Rappresentanza...*, in *Enciclopedia...*, XXXVIII, p. 451. No sentido segundo o qual, se por um lado, a segunda escolástica contribuiu, de facto, para a formação da moderna figura do contrato, mas, por outro, não é ainda possível encontrar nela o ponto de partida para uma doutrina geral v., Martin Lipp, *Die Bedeutung...*, 126 e ss..

[1256] Paolo Cappellini, *Rappresentanza...*, in *Enciclopedia...*, XXXVIII, p. 452.

[1257] V., por todos, Paolo Cappellini, *Sulla formazione...*, in *Quaderni...*, X, pp. 339 e ss.; Id., *Rappresentanza...*, in *Enciclopedia...*, XXXVIII, pp. 452 e ss..

[1258] Para uma análise mais detalhada acerca do modo como o *consensus* foi encarado no direito romano bem como para um enquadramento da querela doutrinal nascida em torno deste tema v. quanto se escreveu *supra*, Parte I, Cap. I, parágrafo 4.

[1259] Guido Astuti, *Contratto (dir. interm.)*, in *Enciclopedia del Diritto*, IX, 1961, pp. 759 e ss.. Para mais pormenores acerca da evolução da figura jurídica do contrato (e também do negócio

Este triunfo do princípio da autonomia privada surge como consequência de motivos e factores diversos. O direito romano não consentia a individualização de uma qualquer concepção teórica de contrato. Era assim com o esquema assente nas Institutas gaianas, era assim igualmente, e não obstante as modificações verificadas ao nível da relevância do *consensus*, ao tempo de Justiniano. De facto, no pensamento dos bizantinos pode verificar-se um acentuar do peso teórico da *conventio* a par de uma extensão da terminologia própria dos contratos aos negócios jurídicos bilaterais, mas a noção de contrato permanece a mesma – assim como não se altera a abordagem sistemática da noção. A referência à causa oferece a possibilidade de um direito contratual. Porém, tal direito não viria nunca a surgir com carácter geral. Os legistas medievais – glosadores, comentadores e pós-comentadores – reconstruíram no essencial o sistema de Justiniano dos contratos. Ao *consensus* juntam os *vestimenta* sem os quais apenas existiriam *nuda pacta* insusceptíveis de serem impostos coercivamente.

A viragem no sentido de um direito contratual unitário começa a desenhar-se com a doutrina canonista e o direito canónico[1260]. Na verdade, estes apelam claramente para o princípio *pacta sunt servanda* e consideram com isso todos os pactos como accionáveis[1261]. Com base em ensinamentos extraídos de

jurídico), de entre a bibliografia por nós considerada, e para além dos já citados estudos de Cappellini, v., entre outros, Savigny, *System...*, III, pp. 307 e ss.; Id., Savigny, *Obligationenrecht...*, II, pp. 7 e ss.; C. Karsten, *Die Lehre von Vertrage bei den italienischen Juristen des Mittelalters. Ein Beitrag zur inneren Geschichte der Rezeption des römischen Rechtes in Deutschland*, Rostock, 1882, *per totum*; Bussi, *La formazione...*, I, pp. 231 e ss.; Giuseppe Osti, *Contratto*, in *Novissimo Digesto Italiano*, 1959, IV, pp. 464 e ss.; Calasso, *Il negozio...*, *passim*, e por exemplo pp. 37 e ss.; Alberto Burdese, *Patto (diritto romano)*, in *Novissimo Digesto Italiano*, XII, 1965, pp. 708 e ss.; Wieacker, *Contractus...*, in *La Seconda...*, pp. 223 e ss.; Manlio Bellomo, *Negozio giuridico (dir intermedio)*, in *Enciclopedia del Diritto*, 1977, XXVII, p. 922; Generos Melillo, *Patti (storia)*, in *Enciclopedia del Diritto*, XXXII, 1982, pp. 479 e ss.; Coing, *Europäisches...*, I, pp. 398 e ss., com expressa referência ao ordenamento *alfonsino* de Alcalá; e Staudinger-Reinhard Bork, *Kommentar...*, I, comentário ao § 145, pp. 468 e 469. Na nossa doutrina v., para um contraposição entre *verba/voluntas* no direito romano, Santos Justo, *A fictio...*, I, pp. 470 e ss., especialmente pp. 477, 486 e 505. Cfr., também e sempre entre nós, para uma qualificação de efeitos tácitos nas fontes romanas e sua posterior evolução ao longo dos séculos, Paulo Mota Pinto, *Declaração...*, pp. 73 e ss.; autor que se mostra favorável à relevância da *voluntas* já ao tempo dos juristas clássicos. V., finalmente, Antunes Varela, *Das obrigações em geral*, 10.ª ed., Coimbra, I, p. 200; Ferreira de Almeida, *Texto...*, I, 14 e ss.; E. Santos Júnior, *Acordos intermédios: entre o início e o termo das negociações para a celebração de um contrato*, in *Revista da Ordem dos Advogados*, Ano 57, Abril de 1997, pp. 578 e 579; e, ainda, quanto se escreve acerca da relação *verba/voluntas*, supra, Parte I, Cap. I, parágrafo 4.

[1260] É de facto essa a opinião da *communis opinio*. Em sentido contrário pode, todavia, ver-se mas em termos que não parecerão convincentes, Guido Astuti, *Contratto...*, in *Enciclopedia...*, IX, pp. 774 e ss., sobretudo se se aceitar a ideia segundo a qual o *Estatuto Alfonsino* de Alcalá é uma consequência directa da doutrina dos canonistas (no sentido de que se trata de uma reacção contra o direito romano apenas mais tarde considerada como resultado do ensinamento dos cultores do direito canónico v., Coing, *Europäisches...*, I, p. 400). Na verdade, segundo Astuti, o factor que vem em consideração na doutrina contratual de direito canónico seria apenas o pecado e não o *consensus*. Porém, o *Estatuto Alfonsino* remete claramente para a vontade e sua relevância como factor de vinculação das partes.

[1261] Isto não obstante a existência de algumas vozes em sentido contrário mesmo entre os

SANTO AGOSTINHO e da patrística, é enunciado na *Summa Theologica* o princípio segundo o qual faltar ao cumprimento de uma promessa assumida perante terceiro, e mesmo se desprovida de forma, é um engano face ao próximo, é *mendacium* e, portanto, pecado. Aparece, assim, de forma mais ou menos explícita, a ideia segundo a qual a vontade chega para produzir efeitos juridicamente vinculativos[1262]. Também o *pactum nudum* do direito romano originava, de acordo com a *aequitas canonica,* uma obrigação susceptível de ser imposta através de uma acção: «*Ex pacto nudo oritur actio et obligatio.*»[1263]

O *pactum* é assim equiparado à *stipulatio.* Começa a desenvolver-se uma doutrina geral dos *pacta* assente: na doutrina da causa; em novas regras sobre a celebração dos contratos; na tese segundo a qual todos os contratos são *bonae fidei*; e numa maior reflexão sobre a figura dos contratos inominados[1264].

Os humanistas do século XVI permanecem, contudo, fiéis à doutrina do direito romano em matéria de contratos[1265]. Herdeiros da tradição predominantemente tomista da escolástica e sensíveis à experiência directa, muitas vezes própria do seu tempo (como em AYALA, FERNANDO VASQUEZ e COVARRUVIAS)[1266] serão os teólogos e teólogos juristas peninsulares a retomarem os ensinamentos da canonística medieval. Os juristas e teólogos juristas do *Siglo d'Oro* elevam, na verdade, a figura do contrato e dão-lhe, para empregar as palavras de CAPPELLINI[1267], cidadania como categoria geral, como esquema abstracto e estrutural independentemente do seu conteúdo: é o contrato por antonomásia. «*Prius autem dicemus de contractibus in genere, sumpto latissime vocabulo contractus: deinevro ad singulos descendemus*» (MOLINA[1268]), «*Antequam ad species contractuum particularium, per quos dominium, vel ius aliquod acquiritur et in alium transfertur, visum nobis fuit (...) notitiam praemittere de contractibus in genere, ut hoc veluti fundamento nixi, rem altius indagemus et firmius veritatem inquiramus (...)*» (FAGUNDEZ[1269]), «*(...) et ubicumque potest communia collegi, ne postea in singulis repetere cogar (...)*» (OÑATE[1270]).

---

canonistas – de que se pode referir a título de exemplo Sinebaldo de Fieschi – as quais continuaram a considerar como única sanção para o incumprimento de um *pacto nudo* a *denuntiatio* evangélica.

[1262] Neste sentido, por todos, Coing, *Europäisches...,* I, pp. 399 e 400.

[1263] *Idem.* Cfr., contudo, *Fachineus, Controversiarum...,* Lib. II., Cap. C, *Utrum secundum Ius Canonicum pactum nudum actionem producat, et quid in pacto iurato* (edição citada, Tomo I, cols. 341 e ss.). Por último, v., Ruy de Albuquerque e Martim de Albuquerque, *História...,* 10.ª ed., p. 266.

[1264] Coing, *Europäisches...,* I, p. 400.

[1265] *Idem*, p. 401.

[1266] A respeito deste aspecto ou característica da vivência dos teólogos peninsulares cfr., Wieacker, *História...,* pp. 320 e 321.

[1267] Paolo Cappellini, *Rappresentanza...,* in *Enciclopedia...,* XXXVIII, p. 452.

[1268] Molina, *De justitia et jure,* Tract. II, disputa. 252 (in *Opera omnia,* «Coloniae Allobrogum», 1733, Tomo II, n.º 1, p. 3 = *Los seis libros de la justicia...,* II, I, Lib. II, disputa., 252, n.º 1, p. 198).

[1269] Fagundez, *De justitia et contratibus et de acquisitione et translatione dominii,* Lib. I, Lião, 1641, I (*Apud* Cappellini, *Rappresentanza...,* in *Enciclopedia...,* XXXVIII, p. 452).

[1270] De Oñate, *De contratibus tomi tres,* T. 1, n.º 6 (*Apud* Cappellini, *Rappresentanza...,* in *Enciclopedia...,* XXXVIII, p. 452). Cfr., Paolo Cappellini, *Rappresentanza...,* in *Enciclopedia...,* XXXVIII, p. 457, autor que chama, ainda, a atenção para o facto de em todos estes autores – aos

Constata-se, pois, conforme evidenciado por CAPPELLINI, um alargar do espaço de tratamento dedicado ao contrato em geral, na sua característica de paradigma lógico necessariamente antecedente às singulares categorias contratuais, e no qual se encontrarão as «doutrinas gerais». Alargar que – num fenómeno em certa medida circular – contribui, também, para um inserir, ao nível de teoria geral, no âmbito contratual da tradição teológica de discussão dos temas implícitos no conceito de promessa[1271].

São pois os juristas e teólogos juristas peninsulares quem torna disponível o conceito de contrato como esquema estrutural para o dogma da autonomia da vontade dos jusnaturalistas – e em particular de *GROTIUS*[1272] – em cujo contexto se vai desenvolver parte importante da história da representação voluntária[1273].

6. – **O desenvolvimento da vinculação e aquisição directa de direitos em virtude de acto de terceiro na jurisprudência elegante holandesa**

I – O século XVI correspondeu à época de maior projecção do humanismo jurídico francês. No século XVII o ponto de gravitação da escola deslocar-se-ia para a Holanda[1274]. E por dois motivos. De um lado, os Países Baixos atravessam um período de grande pujança e florescimento económico. Do outro, na sequência das sangrentas guerras religiosas ocorridas em França, grande parte dos huguenotes eruditos fixam-se na Holanda – primeiro território cultural do alto barroco – e província central dos Países Baixos, dando berço à escola dos jurisprudentes elegantes holandeses. A jurisprudência, à semelhança do verificado, aliás, com muitas outras ciências, atravessa um novo florescimento para além do círculo do direito romano e do direito privado, num fenómeno cuja projecção se manteve ainda dentro do século XVIII. Num clima de brilhante e luminosa erudição teológica e filológica e na defesa de uma, maior ou menor, liberdade de crenças, o

___

quais junta, também, De Lugo, *Disputationes de justitia et jure. T. II, De Contractibus in genere*, Veneza, 1715, disp. XXII, *sectio* I n.° 1 («*prius tamen dicendum erit de contractibus in genere, et eorum praecipuis divisionibus, ac de iis quae omnibus contractibus communia esse possunt, ut postea ad ea quae singulorum sunt propria, descendamus*») – jogar ao nível da estrutura mental o paralelo secularizado com os *trattazione* teológico-escolásticos quinhentistas *De sacramentis in genere*.

[1271] Paolo Cappellini, *Rappresentanza...*, in *Enciclopedia...*, XXXVIII, p. 452.

[1272] Assim. v., Paolo Cappellini, *Rappresentanza...*, in *Enciclopedia...*, XXXVIII, p. 452.

[1273] Cfr., *infra*, Parte, I, Cap. II, parágrafo 8.

[1274] Assim, expressamente, Almeida Costa, *História do direito português*, Coimbra, 1989, p. 349.

direito internacional, a teoria constitucional e a teoria geral do direito germinam aqui as formas em que se hão-de desenvolver na época do direito racionalista. Homens como *VINNIUS*, VOET, NOODT e WESTENBERG, entre outros, continuaram a estudar o direito romano de acordo com o método histórico-crítico[1275]. Não deixam, todavia, de assumir uma posição bastante mais prática do que a do humanismo de cunho francês, e que procura combinar as finalidades e propósitos do *usus modernus pandectarum* com as puras tendências do humanismo[1276].

II – Os desenvolvimentos operados ao nível da jurisprudência tiveram os seus efeitos sobre o princípio do *alteri stipulari nemo potest*, ou, talvez melhor, na forma como eram encarada e compreendida a teia de efeitos que, ultrapassando o âmbito de aplicação do referido princípio, se produziam, simultaneamente, entre o *dominus*, o representante e o terceiro que concluía com este um negócio[1277]. O progresso foi paulatino. De posições iniciais marcadas por uma total adesão ao princípio do *alteri stipulari nemo potest* caminhou-se, principalmente com apelo ao costume e aos *usus hodierni*, no sentido de se libertar totalmente o representante das consequências e efeitos jurídicos dos negócios por ele celebrados na sua qualidade de intermediário.

Juristas como *VINNIUS* (1558-1657)[1278], NOODT (1647-1725)[1279] e WESTENBERG (1667-1737) aderem, pura e simplesmente, ao princípio

---

[1275] Sobre quanto se disse a propósito da escola dos jurisconsultos elegantes holandeses v., Wieacker, *História...*, pp. 180 e 181.

[1276] Almeida Costa, *História do direito...*, pp. 349 e 351.

[1277] Cfr. a este respeito as posições – nem sempre coincidentes e marcadas por uma diferente profundidade de abordagem – de Buchka, *Die Lehre von der Stellvertretung...*, pp. 158 e ss., com destaque para as referências à possibilidade – hoje rejeitada pela historiografia – de terem sido as instituições germânicas – designadamente a *Treue* – a proporcionar aos jurisprudentes da época os modelos para um progressivo abandono do princípio do *alteri stipulari nemo potest*; Bauer, *Die Entwicklung...*, pp. 20 e ss.; Ulrich Müller, *Die Entwicklung der direkten Stellvertretung...*, pp. 98 e ss., maxime p. 107, onde o autor, ao referir-se à circunstância de Simon van Groenewegen – um dos grandes práticos da jurisprudência elegante – procurar dobrar o princípio do *alteri stipulari nemo potest*, designadamente, através da referência à *Treue* germânica, afirma tratar-se de uma abordagem deslocada; Paolo Cappellini, *Rappresentanza...*, in *Enciclopedia...*, XXXVIII, pp. 449 e ss.; Staudinger-Schilken, *Kommentar...*, I, comentário ao § 164, p. 7.

[1278] *Arnoldus Vinnius, Jurisprudentiae Contractae Sive Partitionum Juris Civilis*, Lib. I, Cap. LXVII *qua persona sibi, vel aliis acquirere possunt* (Lião, 1748, p. 108, onde se considera «*Per extraneam personam nihil acquiri potest*», excepto, verificadas certas condições, aquilo cuja posse se adquire por meio de homens livres [o procurador por exemplo]); Id., *Idem*, Lib. II, Cap. LVI, *Qui ex alterius persona actionem habeant* (edição citada, p. 241, local no qual este jurisprudente admite a

romano do *alteri stipulari nemo potest*, sem parecerem mostrar contributos particularmente relevantes na matéria. Outros, como, por exemplo, WISSENBACH, começam por se manifestar favoráveis à regra romana da proibição formal de estipulação para outrem afastando-se, depois, quanto mais não seja parcialmente, dela. WISSENBACH[1280] iria mesmo ao ponto de afirmar, categoricamente: «*Et moribus hodiernis vel paciscendo, vel legem dicendo, vel stipulando, alteri caveri potest Guid. Pap. decis. Gratianapol. 49. 222. Hotom. 4. observ. 25. Christinae. decis. Cur. Bel. vol. 3. decis. 34. n. II ibi, sublatam illam romanae Iurisprudentiae subtilitatem.*»

A referência ao costume e aos *mores hodierni* não constituem, em si, nenhum dado novo[1281]. Não obstante, os resultados alcançados afiguraram-se da maior importância e significado, ao ponto de terem já sido qualificados de revolucionários[1282]. É que, as construções dos jurisprudentes elegantes holandeses conduzem à desnecessidade da *cessio* como forma de transmissão para o *dominus* de direitos e obrigações emergentes do negócio celebrado pelo seu auxiliar e à total libertação do intermediário da responsabilidade pelo cumprimento dos vínculos que irão competir ao principal[1283]. Tudo a deslocar o

---

possibilidade de se adquirir acção através da pessoa de terceiro); Id., *In quator...*, Lib., II, Tit., IX, § 6, *De reliquis personis* (edição citada, p. 252. Neste local o autor considera que não se pode adquir por nós por pessoa estranha livre ou servo alheio exceptuando-se, apenas, a aquisição da posse por intermédio do procurador [por procurador *Vinnius*, entendia, à semelhança de *Bartolus* e *Zasius*, não só aquele que tem especial mandato como, também, o administrador-geral]. A *ratio* apontada no sentido da validade da regra da proibição da estipulação para outrem residiria na circunstância de o direito civil se ter organizado de forma a cada um fazer aquilo que é do seu interesse e não o de outrem. Nos locais citados a seguir nesta nota o autor procuraria, todavia, acrescentar razões adicionais para justificar o princípio segundo o qual se não pode praticar actos com efeitos para terceiros); Id., *Idem*, Lib. III, Tit. XX, § 3, *De facto vel datione alterius*, § 4, *De eo in quem consertur obligatio, vel solutio* (edição citada, pp. 578 e ss., e § 18, p. 591 [embora *Vinnius* admita a validade da pena em caso de estipulação inútil, num passo com largas raízes na *communis opinio doctorum* do *ius commune*, e que era normalmente tratada como uma excepção]).

[1279] Gerard Noodt, *Ad aedictum praetoris de pactis et transactionibus, liber singularis*, Cap. XXI (in *Opera omnia*, edição de Vander Linden, «Lugduni Batavorum», 1713, p. 724 e ss.); Id., *Idem*, cap. XXI (in *Opera omnia*, edição de Theodorus Haak, «Lugduni Batavorum», 1767, p. 446 e ss.).

[1280] Cfr., Johann Jacob Wissenbach, *Exercitationum Ad L Libros Pandectarum Partes Duae, editio secunda, Disputatio IX*, Tit., XIV, Lib. 2, n.º 18, p. 71, col. II («Frankerae», 1661, *Pars* I). Como é sabido Wissenbach, apesar de alemão, ensinava na Holanda.

[1281] Cfr. quanto se escreve *supra*, designadamente no parágrafo precedente.

[1282] Assim, Bauer, *Die Entwicklung...*, p. 22, numa afirmação que se afigura, todavia, e sem dúvida, exagerada (é também essa a opinião de Ulrich Müller, *Die Entwicklung...*, pp. 106 e ss., mas invocando outros argumentos, cuja pertinência parece não se poder, de resto, negar) a quem tiver presente quer a disciplina contida nalguns dos estatutos das cidades italianas medievais – as quais eliminaram a responsabilidade do *fattore* – quer no ordenamento *alfonsino* de Alcalá. Cfr., *supra*, Parte I, Cap. II, parágrafos 2 e 5.

[1283] Voet, *Commentarius ad Pandectas*, Lib. XLV, Tit. I («Hagae-Commitum», 1736, Tomo II, p. 741, n.º 3).

centro de gravidade do fenómeno representativo – e momentos paralelos – de então da relação intermediário-terceiro contraente para a relação *dominus*-terceiro.

Particularmente elucidativa da evolução proporcionada pelos jurisprudentes elegantes afiguram-se as palavras transcritas por SIMON VON LEEUWEN. Segundo ele: «*Quomodo per liberos nostros aliosque quos in potestate habemus, item per ministros, negotiorom gestores, madatarios, aliosque nobis obligatio et actio acquiritur, rursumque ex eorundem conventione aliis obligari nos constat* (...) *Ita etiam ex tacita quasi voluntate mutua obligatio nascitur, inter exercitorem navis, et eum qui cum navis magistro, sive praeposito ejus* (...) *modo institorem, sive praepositum, tanquam instrumentum consideres. Alias enim qui institorio nomine egit, ex eo contractu proprio nomine convenire nequit, sufficitque si se talem praestet.*»[1284] Ao que acrescenta, depois: «*Sed et inter plures exercitores navis, aut plures mercatores praeponentes simul negociantes, quisue eorum in solidum tenetur, ne in plures adversarios distringeretur qui cum contraxit. A quibus tamen moribus nostris in tantum receditur ut non in institores aut praepositos directa detur actio, sed adversus ipsos dominos praeponentes agit debeat qui institorum nomine tenentur, nisi cum iis sit actum quos institores aut praepositos suos negant* (...)»[1285]. «*Alteri stipulando efficax obligatio et actio acquiritur*»[1286].

No tocante às posições de WISSENBACH, elas não foram imediatamente acolhidas por todos os seus contemporâneos, os quais discutiram, ainda, durante algum tempo a admissibilidade de aquisição de uma *actio* em virtude da actuação negocial de um terceiro. Elas não deixam, contudo, e por isso, de ser extremamente significativas e importantes.

Mas, o panorama representativo do final da época característica da jurisprudência elegante holandesa haveria de nos ser oferecido por VOET (1647--1714). Na verdade, este jurisconsulto procurou reunir o conjunto dos argumentos favoráveis ao abandono do princípio do *alteri stipulari nemo potest* e submetê-los a um trabalho científico[1287]. VOET discute a questão que consiste em saber se o representante ou intermediário deveria, ou não, ser libertado de toda a responsabilidade pelos deveres emergentes da sua intermediação ou colaboração[1288]; apela aos *mores hodierni* para permitir a produção de efeitos para outrem[1289] e introduz aspectos económicos em jogo[1290, 1291].

[1284] Simon von Leeuwen, *Censura forensis theorico-practica*, Lib. IV, Cap. III («Lugd. Batav.», 1678, *Pars* I, n.os 4 a 6, p. 314).

[1285] *Idem, ibidem* (n.º 10, p. 313).

[1286] Cfr., Ulrich Müller, *Die Entwicklung...*, pp. 106 e 107. Sublinhe-se ainda a circunstância de Von Leuwen afirmar que nas regiões holandesas e vizinhas, principalmente entre os mercadores, nada mais frequente do que estipular validamente nas obrigações das letras não só para si ou para outrem, mas também em qualquer género de letras para o respectivo *lator*.

[1287] Ulrich Müller, *Die Entwicklung...*, pp. 10 e 109.

[1288] Voet, *Commentarius...*, Lib. XIV, Tit. III (edição citada, Tomo I, p. 562, n.º 6), considerando que enquanto o *institor* exercer o seu ofício compete contra ele uma *actio directa*, além da *institoria*, excepto se ele se tiver obrigado como fiador. Terminadas as suas funções ele continua ligado a não vir contra facto próprio nem reivindicar a coisa por si vendida e entregue.

[1289] Voet, *Commentarius...*, Lib. XIV, Tit. III (edição citada, Tomo I, p. 562 n.º 7); Id., *Idem*, Lib. XLV, Tit. I (Tomo II, p. 741, n.º 3 [o autor começa por considerar que ninguém pode

7. – O *«usus modernus pandectarum»* na Alemanha

I – O *«usus modernus pandectarum»* – ou «prática actualizada do direito romano»[1292] – encontra-se marcado por uma nova relação com a tradição romanística[1293]. A refundamentação da validade do direito romano, operada numa sequência histórica acentuada com a

___

estipular para outrem, excepto no caso de o fazer através de alguém sujeito à sua *potestas*; acrescentar uma pena à estipulação; interessar ao estipulante dar uma coisa a terceiro; ou ainda, o curador pelo furioso, o tutor pelo pupilo, o síndico pelo município. Tudo para acrescentar, de seguida, que pelos costumes modernos é possível a cada um estipular igualmente para outro e para si, de tal maneira que é lícito ao *dominus* mover acção por estipulação do procurador ainda quando esta não tenha sido cedida] e p. 742, n.º 5 [também aqui Voet começa por referir a impossibilidade de se estipular para outrem de acordo com o *ius civile*. Contudo, afirma Voet – logo de imediato – pelos nossos costumes em geral agradou que na eventualidade de alguém prometer fazer ou dar um outro certa coisa a alguém o estipulante fique com isso obrigado. Neste caso concreto estamos, porém, diante de situação bem distante da representação pois quem fica vinculado não é o terceiro mas sim o próprio contraente. No fundo as referências de Voet reportam-se apenas, neste passo, à promessa de facto alheio]); Id., *Idem*, Lib. XVII, Tit. I (edição citada, Tomo I, n.º 9, p. 599).

[1290] Voet, *Commentarius...*, Lib. XIV, Tit. III, n.º 7, p. 562; Lib. XVII, Tit. 1 (edição citada, Tomo I, p. 618, n.º 9); Lib. XLV, Tit. I (edição citada, Tomo II, p. 741, n.º 3).

[1291] A doutrina não se tem entendido quanto ao exacto significado das contribuições de Voet em matéria de representação. Assim, enquanto Ulrich Müller, *Die Entwicklung der direkten Stellvertretung...*, pp. 108 e 109, vê nas afirmações de Voet uma simples repetição, porventura objecto de melhor enquadramento, de quanto haviam já sustentado os outros autores pertencentes à escola dos jurisprudentes elegantes holandeses, não falta quem considere corresponderem as posições de Voet a significativa inovação nesta matéria. Bauer, *Die Entwicklung...*, p. 24, por exemplo, sustenta não haver dúvidas de que Voet, *Commentarius...*, Lib. XVII, Tit. I (edição citada, Tomo I, pp. 598 e 599, n.º 9), se referia já à representação jurídica. A razão parece assistir a Bauer. Na verdade, Voet, condicionado ainda pelas limitações linguísticas e conceptuais da época, afirmaria claramente como, de acordo com «os nossos costumes» não era necessário proceder a uma cessão para transferir os direitos resultantes da execução do mandato em todos aqueles casos nos quais estivesse expresso que o mandatário contratou, não em seu nome, mas em nome do mandante. Isto, explica Voet, atendendo ao facto de «actualmente» os procuradores se considerarem mais como núncios e, além disso, qualquer pessoa tanto pode adquirir acção para si como para outro.

[1292] A designação desta escola através de expressão *«usus modernus pandectarum»* é atribuída em função da obra homónima de *Strykius*. Os contemporâneos designaram este período por *«mores hodierni»* ou *«nova practica»*. Para mais pormenores cfr., com carácter meramente ilustrativo, e de entre as obras por nós consideradas, Dias Marques, *História do direito português*, apontamentos das Lições ao 1.º Ano Jurídico, 1955/56, Lisboa, 1955, pp. 464 e ss.; Koschaker, *Europa...*, pp. 245 e ss.; Wieacker, *História...*, pp. 225 e ss.; Almeida Costa, *História...*, pp. 548 e 549; Id., *História do direito...*, pp. 348 e 349; Nuno Espinosa Gomes da Silva, *História do pensamento...*, pp. 187 e 188.

[1293] De acordo com Wieacker, *História...*, p. 227, essa nova relação traduz-se numa superação da «recepção teórica» do direito romano assente na convicção segundo a qual o ordenamento jurídico de «Roma» teria vigência geral em virtude da *translatio imperii* para o império germânico medieval. Contra v. porém, Ruy de Albuquerque e Martim de Albuquerque, *História...*, I, 10.ª ed., pp. 246, 335 e 489 e ss., para quem a ideia de *translatio imperii* é medieval, como medieval é a ideia de que o direito romano vigorava não *ratione imperii* mas *imperi ratione*, frase aliás tardia.

obra de HERMAN CONRING[1294] e pelas alterações provocadas ao nível da consciência jurídica pela Guerra dos Trinta Anos, levou a considerar a recepção como um acontecimento histórico devido à vontade de quem recebia o ordenamento romano. Com isto, tornou--se possível uma postura mais aberta perante as fontes romanas e as autoridades do *ius commune*. Não só a validade de cada texto passa a poder ser posta em questão como, também, se torna possível atribuir--lhe um sentido ou significado divergente daquele que lhe é imputado pelas autoridades. A vigência do direito pátrio ou do direito novo é susceptível de ser reivindicada mesmo nas hipóteses de não redução a escrito e nas quais, de acordo com a antiga prática estatutária, ele não devesse ser tomado em consideração[1295].

II – As alterações acabadas de referir tiveram, naturalmente, um maior ou menor impacto ao nível do fenómeno representativo e seus momentos paralelos e epigonais[1296]. Com as concessões operadas no tratamento do direito romano[1297] – apenas aplicável na medida em que conservasse actualidade – permitia-se a criação de novas instituições sem recurso ao *ius comune*. Por isso, os juristas da época puderam seguir, em matéria de representação e contrato a favor de terceiro, duas pistas distintas[1298]. De um lado, continuaram a procurar interpretar as fontes jurídicas romanas e a tentar apurar qual o alcance, perante elas, do princípio do *alteri stipulari nemo potest*. Do outro, buscaram no direito particular de cada região pontos de apoio para contornar o rigor formal da proibição de actuação para outrem.

Encarada a problemática da actuação para terceiro do ponto de vista do direito romano era, ainda, a proibição do *agere alieno nomine* a

---

[1294] Para um estudo acerca da importância e significado do contributo prestado por Conrig para o desenvolvimento da ciência jurídica v., Erik Wolf, *Grosse Rechtsdenker der deutschen Geistesgeschichte*, 4.ª ed., Tubinga, 1963, pp. 220 e ss..

[1295] Cfr., Wieacker, *História...*, pp. 227 e ss..

[1296] Para um enquadramento dos desenvolvimentos operados na nossa matéria pela «*nova practica*» pode ver-se, com diferente profundidade, Buchka, *Die Lehre von der Stellvertretung...*, pp. 157 e ss.; Hupka, *Die Haftung...*, p. 20; e, mais recentemente, Everding, *Die dogmengeschichtliche...*, pp. 21 e ss.; Bauer, *Die Entwicklung...*, pp. 26 e ss.; Ulrich Müller, *Die Entwicklung der direkten Stellvertretung...*, pp. 111e ss. e 144 e ss.; Coing, *Europäisches...*, I, pp. 428 e 429; Paolo Cappellini, *Rappresentanza...*, in *Enciclopedia...*, XXXVIII, p. 453; Staudinger-Schilken, *Kommentar...*, I, comentário ao § 164, p. 7.

[1297] Isso mesmo era, entre nós, afirmado pelo direito pombalino.

[1298] De acordo com Ulrich Müller, *Die Entwicklung...*, pp. 112 e 144 e ss., os homens do *usus modernus pandectarum* beneficiaram, ainda, de uma outra pista: o contributo do direito natural.

fornecer aos homens do *usus modernus pandectarum* o ponto de partida e, em muitos aspectos, também o de chegada[1299, 1300].

Na verdade, muitos foram os autores que continuaram a defender a proibição, à luz do direito romano, da produção, por acto de vontade, de efeitos em esfera jurídica alheia. De entre eles, cumpre destacar, designadamente, *CARPZOVIUS* (1595-1666)[1301], LAUTERBACH[1302], *STRUVIUS* (1619-

---

[1299] Cfr., a título exemplificativo, *Iacobus Menochius, De Praesumptionibus, Coniecturis, Signis et Indiciis Commentaria,* Lib. III, *Praesumptio,* XLVIII («Colonia Agrippinae», ?, n.º 4), o qual escreve de forma categórica: «*nemo alteri stipulari potest*»; *Carpzovius, Definitiones forenses ad constitutiones electorales saxonicas, Pars* II, *Constitutio* VI, Def. XVIII (Francoforte e Lípsia, 1658, n.º 8, p. 427, cols. I e II); Id., *Idem, Pars* II, *Constitutio* XV, Def. XXXVIII (edição citada, n.º 3, p. 545, col. II); Id., *Idem, Pars* II, *Constitutio* XXXIII, Def. XXVI (edição citada, n.º 1, p. 719, col. II); Id., *Idem, Pars* II, *Constitutio,* XXXIII, Def. XXVII (edição citada, n. 1 e ss., pp. 719, col. II, p. 720, cols. I e II); Hahn, *Observata...,* Digestorum *Pars* VII, Lib. XLV, Tit. I, *De verborum obligationibus, Observata* IV (edição citada, p. 363); Johann Brunnemann, *Commentarius in quinquaginta libros Pandectarum,* Lib. XLV, Tit. I, *Ad L. Stipulatio Ista.* 38. («Colonia Allabrogum», 1752, Tomo II, n.º 8 e ss., p. 335) mas v. do mesmo autor, *Commentarius in Codicem Justinianaeum* («Collanie Allbrogum», 1754, C., 8, 54, L. 9, p. 849) [*Apud* Bussi, La *formazione...,* I, p. 301, nota (4)] onde considerava que a proibição romana de atribuir os efeitos jurídicos realizados pelo representante directamente à pessoa do representado «*in mera iuris civilis subtilitate consistit*»); *Jacubus Zoesius, Commentarius ad Digestorum seu Pandectarum Iuris Civilis, Pars* II, *Libros L.,* Lib. XLV, Tit. I, *C. 8. 38.* (Veneza, 1757, p. 447, n.ᵒˢ 67 e 68); Lauterbach, *Collegium theoretico-praticum,* Lib. XIV, Tit. III, *De institoria actione,* XII e ss. (Tubinga, 1763, Tomo I, pp. 662 e ss.); *Georgius Struvius, Syntagma Iurisprudentiae secundum ordinem pandectarum, Pars tertia, Exercitatio* XX, Lib., XIV, Tit. 1, §§ 3 e 4 (3.ª ed., Francoforte e Lípsia, 1738, pp. 1280 e ss.); *Samuel Strykius, Specimen usus moderni pandectarum,* Lib. II, Tit. XIV, § 12 («Halae Magdeburgicae», 1780, p. 280), o qual logo a abrir o parágrafo em referência pergunta se se pode pactuar para terceiro respondendo haver dúvidas a este respeito pelo facto de não ser permitido estipular para outrem (v., porém, as referências à opinião deste autor feitas um pouco mais adiante); *Ioannes Heineccius, Elementa Iuris naturae et gentium,* Lib. I, Cap. XIV, § CCCIII («Halae», 1738, cols. 334 e 335); Id., *Idem,* § 403 (Veneza, 1791, cols. 319 e 320), o qual apenas admite a possibilidade de o gestor de negócios estipular para outrem e considera conforme com a equidade natural a regra de direito romano segundo a qual «*neminem posse alteri, nisi cujus juri subjectus sit, stipulari*»; Id., *Antiquitatum Romanarum jurisprudentiam illustratium Syntagma secundum ordinem Institutionum Justiniani Digestum,* Lib. II, Tit. IX, V (Veneza, 1782, *Pars prima,* col. 501); Id., *Academische Reden über desselben elementa iuris civilis secundum ordinem Institutionem,* Lib. II, Tit. IX, § 482 (4.ª ed., Francoforte do Meno, 1774 p. 457) embora o autor não deixe de afirmar que «*per procuratorem nostrum et mandato nostro, et dominium et possessio nobis adquiritur*» (na verdade, o mandato tem, no dizer do autor, por consequência que tudo quanto foi feito por aquele a quem demos um encargo ser visto como se nós próprios o tivéssemos feito), Lib. III, Tit. XX, § 865 e 866 (edição citada, p. 665); Höpfner, *Commentar über die Heineccishen Institutionen nach deren neusten Ausgabe,* Lib. III, Tit. XXVIII, § 932 (7.ª ed., com anotações de Dieterich Weber, Francoforte do Meno, 1803, p. 978), apesar de acabar depois por admitir a possibilidade de, em caso de mandato, o *dominus* demandar directamente o terceiro sem necessidade de uma *cessio.* Mas v., admitindo a aquisição por intermédio de terceiros, Ulrich von Cramer, *Anfangs-Gründe des Bürgerlichen Rechts,* Livro II, Tit. XI, § 3 (Ulm, Francoforte, 1766, n.º 7, p. 232) Id., *Idem,* Livro III, Tit. XV, § 9 (edição citada, n.ᵒˢ 25 e 26, pp. 513 e 514).

[1300] Assim, também, Ülrich Müller, *Die Entwicklung...,* pp. 111 e 112.

[1301] *Carpzovius, Definitiones forenses...,* Pars II, maxime *Constitutio* XXIX, Def. XX, n. 1 e ss. (edição citada, p. 674, col. I). Note-se, no entanto, e num fenómeno igualmente evidenciado por

-1692)[1303], *ZOESIUS*[1304], *HEINECCIUS* (1681-1741)[1305] e *COCCEJI* (1679--1755)[1306, 1307, 1308].

Bauer, *Die Entwicklung*..., p. 31, como, perante o rigor do direito romano, *Carpzovius* admitia que uma *«stipulatio sibi nomine alterius facta»* seria válida se *«ne videlicet contrahentes ignari subtilitatem iuris in contrahendo decipiantur»*. Os casos de existência de um interesse próprio do estipulante eram tratados por *Carpzovius* como hipóteses de estipulação para si próprio (v., *Definitiones forenses*..., *Pars* II, *Constitutio* XXXIII, Def. XXVII [edição citada, pp. 719]). Mas não era esta a única excepção admitida pelo jurista setecentista (cfr., *Definitiones forenses*..., *Constitutio* XXIX, Def. XX [edição citada, n.ºs 18 e 19, p. 674, col. II]) onde afirmava, e entre outras considerações dispersas pela sua obra, expressamente: *«Multis itaque casibus ex paciscentium conventione alteri obligatio acquiritur, ut non male forsan quis arbitrari possit cum Martino allegato ab Accursio in § si quis alii 4 Inst. de inutil stipul. Semper ex alterius pacto dari utilem actionem in quam sententiam etiam videtur inclinare Hotoman. 4. observat. 8.. Sed reprehenditur Martini opinio ab Acc.»*

[1302] De acordo com Buchka, *Die Lehre von der Stellvertretung*..., pp. 159 e 160, nota (17), Lauterbach faria parte do número de autores que, com base na existência de um direito particular contrário à validade do princípio *alteri stipulari nemo potest*, afirmaria, designadamente, a validade do contrato a favor de terceiro. A interpretação de Buchka é, no entanto, criticada por Bauer, *Die Entwicklung*..., p. 32, a qual inclui Lauterbach entre os autores favoráveis à manutenção da validade do princípio romano da proibição de estipulação para terceiro. Na verdade, de acordo com Bauer, não existiria nenhuma indicação que permitisse defender a ideia segundo a qual quando Lauterbach afirma *«Moribus nostris ex quocumque pacto datur actio, vel etiam condictio ex moribus»* esteja em causa um contrato a favor de terceiro. Tudo apontaria, antes, a favor da posição que vê no *pactum* um contraste com a rígida figura do negócio jurídico romano. Expressamente a favor da regra da proibição de negociação para outrem por intermédio de pessoa livre v., Lauterbach, *Collegium*..., Lib. XIV, Tit. III, *De institoria actione*, XII e ss. (edição citada, Tomo I, pp. 662 e ss.), apesar de o autor não deixar de afirmar (*op. loc. cit.*, XIV, Tit. III, [p. 663]) a ideia segundo a qual aquele que contrata a título de administrador parece prometer o pagamento e a ele ser obrigado não do seu dinheiro mas da pecúnia daquele em cujo nome contrata. Entre os administradores Lauterbach inclui, designadamente, os procuradores voluntários.

[1303] *Struvius, Syntagma*..., *Pars tertia, Exercitatio* XX, Lib., XIV, Tit. 1, §§ 3 e 4 (edição citada, p. 1280), o qual afirma: *«Per liberam et personam extraneam (...) obligatio et actio nobis non acquiritur nemoque alteri potest stipulari (...). Debet enim initium obligationis esse a personis contrahentium (...) Et ne quidem per procuratorem negotiorumve gestorem regulariter obligatio acquiritur etiamsi is non sibi, sed dominus stipulatus.»*

[1304] *Zoesius, Commentarius*..., *Pars* II, Lib. XLV, Tit., I, *C. 8. 38.* (edição citada, p. 447, n.º 69), para quem *«Ex stipulatione alteri facta, non tantum non civilem produci obligationem, quippe legi resistentem, sed ne quidem naturalem rectius dicitur, quod stipulatio sit species contractus, qui requirit consensum duorum, cum hic tantum sit alterius, scilicet promittentis, non etiam eius, cui sit promissio, ut proinde sit liber promissor donec acceptetur promissio»*. O autor afirma valerem estas considerações também para o direito canónico. Não se compreende, todavia, o exacto alcance desta sua posição. Por um lado *Zoesius* pode pretender significar que de acordo com o direito canónico é necessária não apenas uma vontade mas duas para se formar um contrato. Contudo, poderá, igualmente, entender não valer, de acordo com as leis canónicas, a possibilidade de se estipular para outrem. Se for esse o caso não nos parece ter razão (cfr., quanto se escreve *supra*, Parte I, Cap. II, parágrafo 3. Isto mesmo sem esquecer que o entendimento acerca da importância do direito canónico para o abandono do princípio do *alteri stipulari nemo potest* ter variado ao longo dos tempos). Como também não tem razão ao considerar não ter o pacto nu o valor de acordo com o direito eclesiástico. Aliás as remissões, logo a seguir ao trecho transcrito nesta nota, para as opiniões de Gomez, Jasão e *Fachineus*, nas quais se procura louvar, contêm indicações incorrectas. Na verdade, se *Fachineus* põe em dúvida a validade, no dito direito, do pacto nu, o mesmo já não sucede com Gomez (v., *supra*, Parte I, Cap. II, parágrafo 5).

[1305] *Heineccius, Recitationes in elementa juris civilis secundum ordinem Institutionum*, Lib. II, Tit. X, § CCCCLXXXII (Coimbra, 1791, p. 338), começa por afirmar impossibilidade de se adquirir por intermédio de outrem que não seja o servo ou filho para acrescentar de seguida: «*como um pode mandar noutro que faça isto ou aquilo, com razão se deve aceitar a regra segundo a qual o domínio e a posse pode ser adquirida por meio do nosso procurador a mandado nosso*», e acrescenta: «*efectivamente o mandato faz com que aquilo que fizemos por meio de terceiro pareça feito por nós.*» Refiram-se, também, deste autor as *Institutiones juris civilis*, Lib. II, IX, obra esta adoptada, na edição refundida por João Pedro Waldeck, como compêndio escolar da cadeira de direito romano na Universidade de Coimbra a partir de 1805 (v., Paulo Merêa, *Lance de olhos sobre o ensino do direito (leis e cânones)*, in *Boletim da Faculdade de Direito da Universidade de Coimbra*, XXXIII, 1957, p. 203, nota (42); e Pessoa Jorge, *O mandato...*, pp. 80 e 81).

[1306] Samuel *Cocceji, Juris Civilis Controversiae*, Lib. 45, Tit. I, *De Verborum obligatione*, Qu. V, *An alius pro alio stipulari vel pacisci possit?* (Francoforte e Lípsia, 1740, Tomo II, pp. 560 e 561), segundo o qual não se pode prometer que outrem dará ou estipular ou pactuar para outrem. A razão da primeira regra estaria à vista quanto à segunda: «(...) *ratio est:* (...) *naturalis, quia unusquisque suo facto sibi acquirit, et ex dispositione jus tantum est inter disponentes.* (...) *Juris Gentium, quia negotia a gentibus distincta confunduntur: si enim Cajus tibi mandet, ut ei aliquid stipularis a Seio, et tu ita contrahis: Caie, Titio dare spondes? hic negotium stipulationis est inter te et Caium, nihilque cum Titio* (...)» A *dispositio* consistia, segundo *Cocceji*, numa *ratihabitio* – figura que tornava o autor da ratificação parte ou participante no contrato, e lhe permitia, por conseguinte, a aquisição de um direito com base nele, como decorre aliás das posteriores considerações do autor. *Cocceji* reconhece, contudo, um número relativo de excepções ao princípio da não aquisição para outrem.

[1307] Para um estudo mais ou menos detalhado acerca dos juristas do *usus modernus pandectarum* v., a título ilustrativo, Stintzing, *Geschichte der deutschen Rechtswissenchaft*, Munique, Lípsia, I, 1880 *passim*, e por exemplo, pp. 652 e ss., II, Munique, Lípsia, 1 e ss.; Stintzing--Landsberg, *Geschichte der deutschen Rechtswissenchaft*, I, Munique e Lípsia, 1898, e Munique e Berlim, 1910, II, *passim,* e por exemplo, pp. 54 e ss., 179 e ss., 215 e ss., 417 e ss. (obras nas quais se contêm, aliás, uma análise e investigação bastante abrangente acerca de inúmeros juristas pertencentes às mais diversas escolas jurídicas que, ao longo da história do direito, se foram desenvolvendo, e, designadamente, aos mais destacados defensores do direito natural e jurisprudência elegante); e Wieacker, *História...*, pp. 239 e ss.. *Carpzovius* constituiu, depois de alguns precursores importantes como Berlich, dos primeiros grandes nomes que a ciência jurídica do Saxe – um dos centros da cultura jurídica europeia – produziu. Na sua geração incluem-se, ainda nomes como Brunnemann (1608-1678); *Mevius* (1609-1670) e *Struvius*. Já na geração seguinte, na qual aparecem as primeiras influências jusracionalistas, contam-se nomes como *Strykius* (1640-1710) e Böhmer (1674-1749). Inteiramente incluído no pré-iluminismo pode referir-se Leyser (1683--1752), enquanto *Heineccius* constitui um dos mais famosos expoentes da corrente da *nova practica* alemã influenciada pela intelectualidade holandesa, numa atitude que constituiu o elo de ligação entre a jurisprudência elegante europeia e a escola histórica de Savigny e Hugo e em cujas vésperas se podem referir, ainda como representantes da «nova praxe», Höpfner (1743-1797) e Glück (1755-1831).

[1308] À semelhança de quanto verificamos suceder já com outros autores não é fácil enquadrar *Cocceji* nas várias correntes de pensamento que rasgaram a época na qual viveu. Não falta quem refira o ensinamento e nome deste autor quando procede ao tratamento da problemática suscitada pela escola do direito natural. Wieacker, *História...*, p. 372, sem deixar de mencionar *Cocceji* a propósito das codificações jusracionalistas, considera-o como um discípulo do *usus modernus* tardio. Em contrapartida, Koschaker, *Europa...*, p. 251, não hesita ao qualificar Samuel v., *Cocceji*, aliás à semelhança de seu pai Heinrich, como um jusnaturalista. Segue-se a qualificação proposta por Wieacker.

No fundamental o *usus modernus* procedeu a uma reapresentação e descrição das construções já desenvolvidas pelos autores pertencentes às grandes escolas jurídicas que o precederam [1309]. A referência à essência da estipulação como forma de justificar o princípio do *alteri stipulari nemo potest* – o qual, à semelhança do verificado já durante o período do humanismo era visto como abrangendo todos os contratos e não apenas a *stipulatio* – é retomada pela pena dos juristas do *usus modernus pandectarum*[1310]. O representante continua a poder demandar a outra parte através da *actio directa* enquanto o *dominus* apenas adquiria uma acção, em virtude do contrato para ele celebrado, na sequência de uma *cessio*[1311, 1312].

No tocante à vinculação do representante, pelos deveres emergentes do contrato por ele posto, parece reinar unanimidade no sentido segundo o qual o substituto ou auxiliar deveria, tanto quanto possível, ficar livre dos deveres resultantes do contrato no qual interveio [1313, 1314]. Os argumentos, justificações

---

[1309] Assim, Ulrich Müller, *Die Entwicklung...*, pp. 113 e ss..

[1310] Nesta direcção conferir, entre os autores modernos, Ulrich Müller, *Die Entwicklung...*, pp. 113 e 114; e ao nível das fontes históricas, por exemplo, *Carpzovius, Definitiones forenses ad constitutiones electorales saxonicas*, Pars II, *Constitutio* XV, Def. XXXVIII (edição citada, n.º 3, p. 545, col. II); Id., *Idem, Constitutio* XXIX, Def. XX, n.os 1, 4, p. 674, col. I; Lauterbach, *Collegium...*, Lib. XIV, Tit. III, *De institoria actione*, XII e ss. (edição citada, Tomo I, pp. 662 e ss.); *Georgius Struvius, Syntagma...*, Pars tertia, Exercitatio XX, Lib., XIV, Tit. 1, §§ 3 e 4, nota (a) assim como nota (h) (edição citada, pp. 1280 e 1281); *Heineccius, Antiquitatum Romanarum Jurisprudentia Syntagma...*, Lib. II, Tit. IX, V (edição citada, col. 501), onde se afirma como por pessoa estranha nada podia ser adquirido se se prescindisse dos procuradores, os quais – escreve – o próprio imperador exceptua nas Institutas (antes, porém, o autor reconhece a circunstância de as pessoas livres poderem estar de servidão embora não fossem de condição servil e estas pessoas também adquiriam com o seu serviço durante o tempo em que os senhores as tinham em servidão de boa fé); *Heineccius, Academische Reden...*, Lib. III, Tit. XX, §§ 865 e 866 (edição citada, p. 665), mas agora invocando a essência do vínculo obrigacional.

[1311] V., a título meramente exemplificativo, *Struvius, Syntagma...*, Pars tertia, Exercitatio XX, Lib., XIV, Tit. 1, § 4 (edição citada, pp. 1280 e 1281), o qual refere, todavia, a possibilidade de em certos casos, mesmo sem cessão, competir acção útil ao *dominus*. Na jurisprudência elegante holandesa v., apelando para a natureza da obrigação como forma de justificar a impossibilidade de se estipular para outrem, *Vinnius, In Quator...*, Lib. III, Tit. XX, § 4, *De eo in quem confertur obligatio, vel solutio* (edição citada, nota 4, p. 578); Id., *Idem*, Lib. III, Tit., XXX, § *commentarius* (edição citada, p. 579, n.º 1).

[1312] O *dominus* ou terceiro (no caso do contrato a favor de terceiro) adquiria, todavia, imediatamente uma *actio utilis*, em via adjectícia, nos casos correspondentes às excepções ao princípio do *alteri stipulari nemo potest*. Cfr., com carácter indicativo, *Struvius, Syntagma...*, Pars tertia, Exercitatio XX, Lib., XIV, Tit. 1, § 4 (edição citada, p. 1280), o qual referia designadamente a hipótese de pela equidade, e subsidiariamente, ser necessário evitar que a fazenda do senhor seja lesada.

[1313] Na literatura jurídica hodierna cfr., a este respeito, Ulrich Müller, *Die Entwicklung...*, p. 114.

[1314] Lauterbach, *Collegium...*, Lib. XIV, Tit. III, *De institoria actione*, XII e ss. (edição citada, Tomo I, pp. 662 e ss., *maxime*, n.º 15, p. 664), onde o autor procura alicerçar esta opinião no Digesto e cita, além disso, um número significativo de vozes no mesmo sentido, entre as quais se contam: Salicet, Sacchia, Marchiselli, *Felicius, Mevius, Carpzovius*, Hahn, *Strykius*. Isto só não seria assim se o representante contratasse em nome próprio sem fazer menção nenhuma do ofício ou se vincular a sua fé em especial. Além disso, Lauterbach, afirma que se o *institor* utilizar o seu

e soluções são, aqui também, as já provenientes de escolas anteriores sem qualquer novo contributo. Na verdade, ora se defende a ideia segundo a qual uma vez terminada a função do representante este deve ficar livre dos vínculos resultantes dos contratos celebrados na qualidade de auxiliar ou intermediário[1315], ora se afirma que o dever do representante é apenas o de procurar assegurar que o seu parceiro de contrato obtenha a satisfação dos respectivos direitos[1316].

O esquema das formas de estipulação elaborado pelos comentadores[1317] permanece na sua essência[1318] assim como a referência aos *verba obligativa* e *executiva*[1319]. O mesmo sucede com o catálogo das excepções ao princípio do *alteri stipulari nemo potest* já presente na glosa[1320, 1321].

---

dinheiro não o pode repetir e *contra proprium suum factum venire* perante o terceiro mesmo se o *dominus* deixar de ser solvente.

[1315] *Zoesius, Commentarius...*, Lib. XIV, Tit. III, *C. 4. 25* (edição citada, p. 403, n.º 4, a propósito dos mestres dos navios e do *institor*, referindo importante bibliografia, em sentidos divergentes, e que remonta aos tempos dos consiliadores, onde se discute se estes negociantes ficavam ou não obrigados pelas obrigações contraídas no exercício do seu ofício); *Mevius, Commentarius in Jus Lubecense Libri Quinqui*, Lib. III, Tit. VI, Art. V, n.º 5 – 7 (Francoforte e Lípsia, 1744, p. 560). V., na literatura jurídica moderna, também, sobre o assunto, Ulrich Müller, *Die Entwicklung...*, 114.

[1316] Era por exemplo essa a posição defendida por *Struvius, Syntagma...*, Pars III, *Exercitatio* XX, Lib. XIV, Tit. III, § 38 (edição citada, pp. 1318 e 1319 [o autor distingue, todavia, dois grupos de situações consoante o *institor* ou outro procurador empenha a respectiva palavra a favor do senhor em contemplação dele e como negociante ou curador em nome daquele, de um lado, ou se ou age em nome próprio. No segundo caso o *institor* fica obrigado a pagar do seu bolso mesmo depois de terminado o ofício. No primeiro, porém, ele deve apenas procurar o pagamento enquanto duram as suas funções através dos bens ou do dinheiro do *dominus* em razão da sua administração. Contudo, terminadas elas, escreve *Struvius*, cessa também a obrigação recebida em nome do principal. *Struvius* refere nesse mesmo sentido a voz de uma multiplicidade de juristas, entre os quais se conta designadamente o nome de *Baldus, Capzovius*, Hahn, *Mevius*, etc.. Além disso, *Struvius* considera que se o procurador decidir pagar do seu próprio bolso constituirá um *venire contra factum proprium* ir reclamar o dinheiro desembolsado, mesmo se o senhor se tornar insolvente num ensinamento que parece recorrente em vários autores]); Höpfner, *Commentar über die Heinescishen Institutionen...*, Lib. III, Tit. XXVIII, § 932, 4 (edição citada, pp. 978 e 979), o qual considera poder, todavia, o mandatário ser demandado em alguns casos e designadamente: a) quando tem nas suas mãos um objecto pertencente ao principal; b) quando contratou em seu nome próprio e não disse ser procurador; c) quando ultrapassou os limites do respectivo mandato.

[1317] Cfr., *supra* o parágrafo dedicado à Glosa e aos comentadores.

[1318] Isto apesar de, conforme notado por Ulrich Müller, *Die Entwicklung der direkten Stellvertretung...*, p. 115, por vezes apenas aparecerem referidos alguns dos seis esquemas desenvolvidos pelos comentadores.

[1319] V., Brunnemann, *Commentarius...*, Tomo II, Lib. XLV, Tit. I, *Ad L. Stipulatio ista 38.* (ed. citada, Tomo II, n.º 8 e ss., p. 335), o qual refere como excepções ao princípio da proibição de estipular para outrem, também e designadamente, as situações já contempladas pela escolástica, quer na Glosa quer nos comentários, entre as quais se conta a estipulação de uma pena para o caso de incumprimento da promessa. Nesse caso, e num argumento recorrente, entre os glosadores e consiliadores, não se teria em consideração a estipulação em si mesma mas sim, e apenas, a quantidade da pena e o medo por ela inspirado.

[1320] Compravam-no, entre outras, as posições de Hahn, *Observata...*, *Digestorum. Pars* VII, Lib. XLV, Tit. I, *De verborum obligationibus*, *Observata* IV (edição citada, p. 363), o qual admite a

Transposta a análise para o âmbito do direito particular ou regional os defensores do *usus modernus pandectarum* reconhecem, em termos gerais, a existência de um direito consuetudinário contrário ao princípio do *alteri stipulari nemo potest*[1322]. Uma análise aprofundada do contributo operado neste âmbito pelos mentores da «nova prática» revela como ainda muito estava por fazer no sentido de se chegar às modernas figuras da representação directa e do contrato a favor de terceiro.

A maioria dos defensores e sequazes alemães do *usus modernus* não parece manifestar qualquer tipo de preocupação no sentido de aprofundar quais as origens e o caminho que conduziu à formação do direito consuetudinário favorável à admissibilidade de representação directa. Simples referências às posições manifestadas na matéria pelos jurisprudentes elegantes holandeses parecem em muitos casos ser tomadas como justificação mais do que suficiente. Argumentos já recorrentes entre os humanistas são retomados. As alusões à *Treue*, ao *Lehnrecht*, aos *mores germanorum* reaparecem sem, no entanto, parecerem constituir pistas válidas[1323]. Em muitos casos estas figuras não apresenta-

---

eficácia de uma estipulação para terceiro naqueles casos nos quais era possível ficcionar uma identidade entre o principal e o estipulante (pertencem a Hahn as seguintes palavras: «*Alteri tamen stipulari possumus* (...) *ubi eadem personae figuntur (veluti in patre et filio, dominio et servo*»); quando está subjacente uma necessidade do dever (como entre o tutor e o pupilo, o curador e o menor); ou, ainda, quando intercede uma autoridade do estipulante como no tabelião ou notário; *Zoesius, Commentarius...*, *Pars* II, Lib. XLV, Tit. I, C. *8. 38.* (edição citada, pp. 447 e ss., n.ᵒˢ 70 a 77, embora recuse, por exemplo, a possibilidade admitida pela glosa de o notário estipular para outrem).

[1321] Sobre tudo isto v., Ulrich Müller, *Die Entwicklung...*, pp. 114 e 115.

[1322] Neste sentido pode ver-se, a título meramente ilustrativo, *Mevius, Decisiones super casibus praecipuis ad praedictum tribunal regium*, *Pars* IV, *Decisio* CXII (Francoforte do Meno, 1740, p. 416) referindo a existência de um costume vulgar no sentido de se não observar a regra da proibição de vincular outrem através de estipulação de terceiro; Brunnemann, *Commentarius...*, Lib. II, Tit. XIV, *Ad L. Idem in doubos. 25 et L. Videlicet. 26.* (edição citada, Tomo I, n.ᵒˢ 1-3, p. 88), onde o autor começa por referir como por pacto de um não se adquire direito para outro, mas, pelo costume vulgar, esta regra deixa de ser observada. E acrescenta: «*É de interesse do homem que outro homem seja por ele beneficiado. Deus queira que eu possa ser útil a todos, é o voto das melhores pessoas*»; *Strykius, Specimem usus modernus...*, Lib. II, Tit. XIV, §§ 12 e 21 (edição citada, pp. 280 e 287), para quem se pode adquirir, por força do costume, para outrem por pacto de outrem, referindo no mesmo sentido, e entre outros, Brunnemann, *Carpzovius* e Wissenbach; Höpfner, *Commentar über die Heinesccishen Institutionen...*, Lib. III, Tit. XXVIII, § 932 (edição citada, p. 978), mas de forma meramente implícita; *Heineccius, Academische Reden...*, Lib. III, Tit. XXVI; § 932 (edição citada, p. 978) mas, também, de modo simplesmente implícito.

[1323] Referência à parte merece a tese de Johann Schilter, *Praxis iuris Romani in foro germanico juxta ordinem Edicti perpetui et Pandectarum Justiniani, Exercitatio ad Pandectas IIX De pactis*, §§ XXVII, XXVIII e XIX (4.ª ed., Francoforte do Meno, 1713, Tomo I, p. 174). Este autor apresenta, na verdade, uma tentativa própria – e do maior interesse – de justificação do surgimento dos *mores hodierni* contrários ao princípio do *alteri stipulari nemo potest*. O autor refere, a propósito, a posição de *Martinus de Gosia* (que qualifica como um dos primeiros doutores da jurisprudência romana restaurada na Europa) considerando-a como um ensaio de moderar o

vam, ainda, no entender da *communis opinio* uma elaboração suficiente para
permitir ultrapassar ou substituir o princípio do *alteri stipulari nemo potest*, noutros

direito civil e de adaptá-lo aos nossos costumes olhando à equidade. De seguida rejeita as críticas
movidas a *De Gosia* por *Accursius* e *Azo*, para lembrar a circunstância de *Hotomanus* ter assumido a
defesa da posição de *Martinus*. Acrescenta a possibilidade, introduzida pelo direito canónico, de o
juiz e o notário poderem pactuar para outro e afirma, num passo a sublinhar, o facto de a maior
parte dos doutores ter acrescentado tantas excepções à regra do direito civil que todas juntas nada
resta da referida regra, tal como advertido pelo «louvado» *Martinus*. Schilter refere-se, depois, à
opinião de Covarruvias, tecendo comentários vários a esse respeito, para terminar com a afirmação segundo a qual de acordo com o testemunho daquele autor espanhol, assim como segundo o
de Gomez e de Parladorio, no direito hispânico régio se derrogou expressamente a regra do *ius*
romano, assim se tendo, oportunamente, resolvido a confusão verificada entre o direito romano,
visigótico, germânico e o costume. Donde, aqueles que se esforçam por indagar solidamente os
princípios de ambos os direitos depreenderão que pelos doutores do direito civil foi incutida
demasiada superstição no direito e na fé germânica. De acordo com Ulrich Müller, *Die
Entwicklung der direkten Stellvertretung...*, p. 119 (o qual cita uma edição da obra de Schilter datada
de 1698), ao referir-se ao direito da Península Ibérica, Schilter teria certamente em vista o
ordenamento *alfonsino* de Alcalá cujas raízes se encontrariam para aquele autor, e de acordo com
Müller, no direito visigótico. Levada ao seu extremo esta tese situaria, sempre segundo Müller, a
origem do fenómeno representativo no direito visigótico. Tudo numa orientação, no dizer de
Müller, não só insusceptível de se provar com facilidade e sem qualquer apoio nas *Leges
Visigothorum* ou na *Lex Romana Visigothorum*. Enquanto a *Lex Romana Visigothorum* promulgada
por Alarico II em 506 consiste numa selecção de fontes romanas – *iura* (parte esta constituída,
principalmente por duas obras de carácter elementar: o Epítome de *Gaius* e as sentenças atribuídas a *Paulus*) e *leges* (representadas essencialmente pelo Código Teodosiano [438] e por novelas
pós-teodosianas), as *Leges Visigothorum* apenas operavam com um conceito imperfeito de representação (cfr., *Lex Visigothorum*, II, 3, 1 [referindo-se à representação processual dos príncipes e bispos:
*Ceterum et si rex voluerit de re qualibet propositionem adsumere, quis erit, qui ei audeat ullatenus resultare?
Itaque ne magnitudo culminis eius evacuet veritatis, non per se, sed per subditos agant negotium actionis*]; II,
3, 6, [«*Ne causam suscipiat femina per mandatum, licite vero proprium exequatur*», donde resulta, não
poder a mulher receber mandato]; V, 4, 13, [onde se diz não se admitir a alienação de coisa de
direito alheio por aquele que não tem competência para tal sem a vontade do *dominus*, e portanto
parece admitida implicitamente a possibilidade de se pactuar para outrem desde que esse outrem
tenha nisso consentido. Porém, a afirmação refere-se, apenas, aos actos praticados pelos servos e
escravos com prejuízo para o senhor]; V, 4, 16 [local no qual se estipula que se um escravo for
comprado com dinheiro do seu pecúlio e o senhor disso não souber, não sai esse escravo do
poder do seu dono porque recebeu sem disso ter consciência não o preço mas a coisa do seu
servo. Isto a indicar a clara imediação entre *dominus* e *servus*]); V, 4, 17 (numa referência a uma
situação curiosa, mas descrita como usual, de os servos, num acto fraudulento, se refugiarem numa
igreja, a pedido de outrem, e intervindo os clérigos estes extorquem com pretextos religiosos a
necessidade da venda. O *dominus* cai, então, num erro. O clérigo interpunha-se como comprador
disposto a entregar preço alheio e, sob a argumentação deste conluio, o servo é vendido a um
inimigo, e colocado num local vizinho vindo a ser possuído por uma pessoa que de maneira
nenhuma entrou no contrato de venda. Decreta, por isso, a legislação visigótica, a necessidade de
restituição do escravo, livre de toda a responsabilidade, mas com perda do preço, por parte de
quem adquiriu por suposta pessoa. Descontada a circunstância de neste caso se estar a lidar com
uma situação de fraude, parece implícita a possibilidade de, em termos gerais, se adquirir e vender
por intermédio de outrem. Não se trata, todavia, se bem vimos, ainda, de representação mas de
uma mera interposição); V, 4, 19 (aí onde se afirma a necessidade de, em princípio os curiais e
particulares com funções de administração de coisa alheia não deverem nunca vender, doar ou

mostravam-se inadequadas ou inservíveis como alicerces para o desenvolvimento de uma nova doutrina.

Além disso, a determinação de quais os pressupostos que, de acordo com direito particular, regional ou consuetudinário, realmente vigente, implicavam a possibilidade de se estipular ou pactuar para outrem não parece ter sido nunca alcançada. Tentativas de explicação como a de *STRUVIUS*[1324] ou *STRYKIUS*[1325, 1326] são apenas o inconsciente retomar dos caminhos já trilhados por *MARTINUS DE GOSIA* e *HOTOMANUS*. Os *mores hodierni* invocados e postos a nu pelos juristas do *usus modernus pandectarum* negavam, de facto, a validade do princípio do *alteri stipulari nemo potest*. Contudo, os homens da *«nova practica»* não foram nunca capazes de formular um autêntico preceito ou regra jurídica que conduzisse, sem mais, à substituição do referido princípio[1327, 1328].

---

alienar a sua *facultatem*. Porém, se por necessidade ou vontade acontecer que eles dêem toda a sua *facultatem* a alguém por venda, doação ou comutação aquele que a receber procurará pagar o mesmo censo daquele de quem recebeu e fará constar a quantia do censo em escritura. Porém, aquele que receber metade da fazenda de tais pessoas ou uma parte em propriedades, terras, vinhas e casas cumprirá a função pública segundo a quantidade da coisa recebida), edição crítica de Paulo Merêa, in *Colecção de Textos de Direito Peninsular e Português. Textos de Direito Visigótico*, Coimbra, 1923. Nada, porém, na edição da obra de Schilter, por nós consultada, justifica as críticas de Müller. E não justifica porquanto não se vislumbra um único passo no qual se estabeleça uma ligação entre a quebra do princípio do *alteri stipulari nemo potest* e o direito visigótico. Schilter limita-se, conforme se via *supra* nesta nota, a afirmar como no direito régio hispânico se eliminou a confusão existente entre o direito romano, visigótico, germânico e o costume.

[1324] *Struvius, Syntagma..., Pars tertia, Exercitatio XX*, Lib., XIV, Tit. 1 § 4 (edição citada p. 1280), ao referir a possibilidade de se conceder ao *dominus* uma acção útil sem necessidade de uma *cessio*, de acordo com a equidade, para evitar que a fazenda do *dominus* sofra dano, e ainda, designadamente, nota (e) e nota (z), ao mencionar a circunstância de o pretor conceder acção ao *dominus* por força e pela estipulação de dano iminente por ser esta uma acção pretória (*op. loc. cit.*, edição citada, p. 1281).

[1325] *Strykius, Specimen usus modernus...*, Lib. II, Tit. XIV, § XII (edição citada, pp. 280 *in fine* e 281).

[1326] Bauer, *Die Entwicklung...*, p. 30, cita, ainda, um passo de Hahn, supostamente contido na *Observata*, Lib. III, Tit. III, n.º 8, no qual apareceriam referências a uma verdadeira representação. De acordo com o relato de Bauer seria o seguinte o teor deste fragmento de Hahn: «*nec procurator, alteri pacisci potest, nisi mandatum habeat (...) Aequius et verius est utiles saltem actiones domino contra tertium suppeditari. quando in rem eius contractum sit et ipse quodammodo contraxit videatur qui per alium contraxerit.*»

[1327] Cfr., para uma análise na literatura jurídica mais recente, acerca de tudo quanto se disse a propósito da relevância do costume ao tempo do *usus modernus pandectarum*, e no sentido do texto, Ulrich Müller, *Die Entwicklung der direkten Stellvertretung...*, pp. 118 e ss. e 144 e ss., o qual mesmo assim sublinha como de acordo com o *usus modernus* as teses e argumentos do direito natural a propósito da representação directa acabariam por chegar de forma simplificada à *praxis*, e depois, constituíram as bases para as diversas decisões jurisprudenciais.

[1328] V., porém, quanto escreve Böhmer, *Exercitationes...*, Lib. II, Tit. XIV, *De iure ex pacto tertii quaesito*, Cap. I, §§ 4 e ss. (edição citada, pp. 259 e ss.), segundo o qual quem percorrer as regras antigas achará a proibição de aquisição de um *ius perfectum* por pacto de outrem áspero, duro, triste e afastado da equidade. Porém, se percorremos o direito pretório vemos como a possibilidade de estipular para outrem foi admitida em muitos sentidos embora limitada no seu

Não obstante alguma insuficiência de elaboração, o insistente apelo e referência a um direito particular e consuetudinário contrário ao rigor formal do princípio *alteri stipulari nemo potest* acabaria por representar um importante passo mais na milenar erosão do referido princípio e por contribuir para o seu quase total descrédito. Tudo a abrir – juntamente com uma multiplicidade de outros factores – as portas ao definitivo reconhecimento, por parte dos jusracionalistas, quer da representação directa quer do contrato a favor de terceiro e à irremovível afirmação da conclusão segundo a qual a proibição romana de actuação para outrem não gozava de validade universal e eterna. Mas mais. Os juristas do *usus modernus* aderiram de forma mais ou menos acrítica às teses e posições jusnaturalistas acerca da promessa e do contrato, contexto este no qual *GROTIUS* e seus sequazes haviam centrado parte importante dos desenvolvimentos operados pela escola do direito natural em matéria de representação e contrato a favor de terceiro. Ao adoptar semelhante atitude – e por mais que fossem as simplificações, por vezes, operadas pelos juristas alemães do *mores hodierni* relativamente às elaborações dos jusnaturalistas – e atendendo

âmbito. Finalmente se olharmos para a interpretação dos jurisconsultos romanos veremos que a regra do direito antigo quase se estiolou a ponto de o seu uso se tornar quase nulo. E de tal forma assim foi que se pode praticamente dizer terem eles invertido a regra de modo a dizer-se «*quilibet valide pasciscitur*» ou ainda «*ex pacto tertii regulariter ius perfectum acquirere potest*». Isto ao ponto de aquele que quissesse desatar a palavra dada, mesmo na hipótese de o contrato para terceiro gerar apenas um *ius imperfectum*, havia de ser obrigado a dizer ter desfeito os vínculos ou nós da honradez visto ter prometido dar dez a *Titius*, colocado numa situação difícil ou até na iminência da cadeia. Por tudo isto, Böhmer, reportando-se ainda ao período de vigência directa do direito romano ao tempo do império, afirmava claramente pecar contra as regras da honestidade aquele que revogava uma promessa. A discussão situava-se apenas em saber se o infractor pecava também contra a justiça. E a razão da discussão resultava, no dizer de Böhmer, da circunstância de alguns dos homens do foro se refugiarem numa jurisprudência muite triste, lidando unicamente com as antigas regras forenses, e separando a equidade do direito civil. Estes jurisconsultos romanos tão fervorosamente observaram o *ius civile* antigo e tinham-no em tanto apreço que em parte nenhuma abandonavam as suas regras, mas tinham-no sempre na boca, limitando-o, no entanto de tal maneira que no foro restou um exíguo uso dessas regras. Mas ninguém duvidava que aquela doutrina antiga, áspera e azeda carecia de emenda. Por isso, no dizer de Böhmer, os pretores que aplicavam todos os nervos do seu engenho em corrigir o direito civil antigo, embora gozassem de poder limitado e restrito, entenderam que se devia aplicar um remédio quando isso fosse necessário e limitar o alcance da regra segundo a qual ninguém pode ficar obrigado por contrato de outrem. Já a regra segundo a qual ninguém podia adquirir um *ius perfectum* em virtude de acto de outrem os pretores não intervieram. Dito isto o autor alemão admite, ao tempo em que escreve, com base no apelo ao amor mútuo, aos ensinamentos divinos, à equidade e justiça, à solidariedade entre os homens, a firmeza na palavra e nas coisas que se diz e convenciona, e nos ensinamentos de Cícero, a possibilidade de se estipular para outrem e por intermédio de outrem através de qualquer pacto ou convenção donde resulta um direito eficaz e perfeito para terceiro.

à respectiva postura e preocupações eminentemente pragmáticas, a «*nova practica*» terá, porventura, contribuído de forma muito significativa para a afirmação das posições do pensamento jusnaturalista em matéria de representação e contrato a favor de terceiro[1329].

Além disso, e num fenómeno sublinhado já pela doutrina, foi mérito dos juristas do *usus modernus pandectarum* – e não dos jusracionalistas – o de terem introduzido o conceito de *Vollmacht*, embora ainda desprovido do significado que viria posteriormente a adquirir[1330].

8. – A representação directa e o contrato a favor de terceiro no jusracionalismo

I – O jusnaturalismo europeu moderno constituiu – para empregar as palavras de WIEACKER – uma revolução cultural[1331]. Do ponto de vista da sua influência particular sobre a história do direito são os traços metodológico-sistemáticos do jusracionalismo que o caracterizam[1332]. Como teoria, o jusnaturalismo moderno liberta a jurisprudência técnica das autoridades medievais e dá-lhe um sistema interno e um método dogmático próprio[1333]. No campo do direito privado, o jusracionalismo insurge-se contra as realidades do direito positivado consideradas como não conformes com a razão jurídica geral. A ciência jurídica privatística é libertada da sua submissão e subordinação de princípio às fontes romanas. A visão de conjunto que proporciona abre as portas a uma construção sistemática autónoma, naquilo que será, porventura, o mais importante contributo do racionalismo para o direito privado europeu. De acordo com o jusracionalismo, desde HOBBES e PUFENDORF, a demonstração lógica de um sistema

---

[1329] No sentido de uma clara valorização da aportação do *usus modernus pandectarum* na divulgação do contributo prestado pela escola do direito natural a propósito da representação directa e contrato a favor de terceiro pode ver-se, Ulrich Müller, *Die Entwicklung der direkten Stellvertretung...*, pp. 144 e ss..

[1330] Cfr., *Carpzovius, Definitiones...*, Pars II, *Constitutio* XV, Def. XXXVIII (edição citada, maxime n.° 6, p. 545, col. II); Höpfner, *Commentar...*, Lib. III, Tit. XXVII, § 932, n.° 4, p. 979, o qual fala, para se referir ao procurador ou mandatário, em *Bevollmächtiger*.

[1331] Embora, e retomando uma vez mais as palavras do historiador germânico, traçada, passo a passo, por uma tradição coesa que, através das teorias sociais da Idade Média, remonta à filosofia greco-romana. Cfr., Wieacker, *História...*, p. 290.

[1332] Wieacker, *História...*, p. 306.

[1333] Wieacker, *História...*, p. 306.

fechado tornou-se − em contraste com quanto antes se verificava, e em particular com o fracasso do humanismo − no alicerce de todos os seus axiomas metodológicos. A ordenação das exposições de direito positivo, operada a partir do século XVIII, de acordo com esta mesma lógica, haveria de perdurar até hoje[1334].

II − Com as contribuições do jusracionalismo, a ciência do direito adopta a construção conceptual. A teoria tinha de se comprovar perante o tribunal da razão através da exactidão e precisão matemática das suas premissas, dando ao conceito geral uma nova dignidade metodológica.

O ponto de partida do sistema jurídico jusracionalista foi constituído pelas antigas figuras da antropologia moral. Com elas o jusnaturalismo alicerçou a possibilidade lógica da obrigação de natureza contratual e favoreceu, do mesmo passo, a doutrina privatística da declaração de vontade, ainda não desenvolvidas totalmente como teorias gerais[1335, 1336]. Este quadro permitiu e originou um decisivo voltar de página na doutrina da representação.

Na verdade, o definitivo desacreditar da intrínseca autoridade do direito romano e a busca de novas soluções conformes às exigências da razão levou a que os jusracionalistas não se preocupassem mais em interpretar ou contornar o princípio do *alteri stipulari nemo potest* mas, tão-só, em saber se o referido princípio era ou não conciliável com a ordem jurídico-natural. O primeiro a colocar o problema nesta perspectiva foi *GROTIUS*. Na verdade de acordo com o autor holandês «*Solent et controversiae incidere de acceptatione pro altero facta: in quibus distinguendum est inter promissionem mihi factam de re danda alteri, et inter promissionem in ipsius nomen collatam, cui res est. Si mihi facta est promissio, omissa inspectione an mea privatim intersit, quam introduxit jus Romanum, naturaliter videtur mihi acceptandi jus dari efficiendi, ut alterum jus perveniat,*

[1334] Para mais detalhes v., por todos, Menezes Cordeiro, *Da boa fé...*, I, pp. 216 e ss.; Id. *Teoria...*I, pp. 43 e ss.; Id., *Ciência do direito e metodologia jurídica...*, pp. 52 e ss.; Id., *Tratado...*, I, I, 2.ª ed., pp. 45 e ss.. Para uma análise do contributo do direito natural na formação do direito privado germânico v., Martin Lipp, *Die Bedeutung...*, *per totum*.

[1335] Sobre tudo isto v., Wieacker, *História...*, pp. 309 e ss.. Para um estudo pormenorizado da doutrina jusracionalista e de toda a história do direito natural por um autor do século XVIII v., *Essai sur l'histoire du droit naturel* (obra anónima), Londres 1758, vols. I e II, maxime vol. II, pp. 11 a 136, relativamente ao sistema de *Grotius*, pp. 232 e 265, no tocante ao sistema de Pufendorf.

[1336] A propósito do desenvolvimento histórico destas figuras, e em particular, acerca do contributo dado neste domínio pela escolástica peninsular v., *supra*, Parte I, Cap. II, parágrafo 5. Cfr., também, para mais pormenores quanto se escreve *infra* nas páginas que se seguem.

si et acceptatet: ita ut medio tempore à promissore promissio revocari non possit; sed ego cui facta est promissio eam promiffio remittere. Nam is sensus juri naturae non repugnat, et verbis talis promissionis maxime congruit. neque nihil mea interest si per me alter beneficium acquirat»[1337, 1338]. Não obstante a aparente simplicidade de que se revestem, as afirmações de GROTIUS – sobretudo quando conjugadas com os desenvolvimentos igualmente proporcionados pelo autor a propósito da figura geral do contrato[1339] – abriram novos e importantes horizontes em sede de representação e contrato a favor de terceiro. Tudo a apontar para o definitivo abandono do princípio do *alteri stipulari nemo potest* e respectivas excepções e a afirmação categórica e genérica da figura da representação voluntária[1340] e do contrato a favor e terceiro[1341].

Conforme houve já oportunidade de realçar, a doutrina medieval e humanista não se tinha afastado demasiadamente da casuística romana dos contratos[1342]. Não obstante, algumas manifestações de relevância do *consensus*, o contrato permanece como figura essencialmente objectiva cuja relevância se encontra predominantemente ligada a aspectos ou momentos formais. Os primeiros passos no sentido de autonomização de um elemento subjectivo foram, em termos já referidos, dados pelos teólogos-juristas peninsulares[1343]. O fechar da cúpula caberia a *GROTIUS*[1344]. O jurista holandês eleva a compreensão estóico-

---

[1337] *Grotius, De iure belli...*, Lib. II, cap. XI, § XVIII (edição citada, p. 206).

[1338] Para uma apreciação acerca da importância e significado do contributo de *Grotius* no desenvolvimento da figura da representação directa pode ver-se, de entre a bibliografia por nós considerada, Böhmer, *Exercitationes...*, Lib. II, Tit. XIV, *Exercitatio XXVIII*, § VI (edição citada, T. II, pp. 263 e ss.); Buchka, *Die Lehre von der Stellvertretung...*, pp. 163 e ss.; Dniestrzanski, *Aufträge...*, I, pp. 17 e ss.; Wesenberg, *Verträge zugunsten...*, pp. 115 e ss.; Everding, *Die dogmengeschichtliche...*, pp. 19 e ss.; Bauer, *Die Entwicklung...*, pp. 48 e ss.; Ulrich Müller, *Die Entwicklung der direkten Stellvertretung...*, pp. 123 e ss.; Horst Hammen, *Die Bedeutung Friederich Carl v. Savignys für die allgemeinen dogmatischen Grundlagen des Deutschen Bürgerlichen Gesetzbuches*, Berlim, 1983, pp. 133 e 134; Müller-Freienfels, *Die Abstraktion...*, in *Stellvertretungsregelungen in Einheit...*, pp. 63 e 64; Id., *Legal replations...*, in *Idem*, p. 239; Hamza, *Bemerkungen...*, in *Zeitschrift...*, Ano 26, 2, p. 82; Coing, *Europäisches...*, I, pp. 426 e ss.; Staudinger-Schilken, *Kommentar...*, I, comentário prévio ao § 164, pp. 6 e 7.

[1339] Cfr., *Grotius, De iure belli...*, Lib. II, cap. XI *per totum* (edição citada, pp. 199 e ss.).

[1340] Cfr., a título ilustrativo, e para além da bibliografia referida nas notas que se seguem *infra*, Diesselhorst, *Die Lehre des Hugo Grotius...*, pp. 125 e 126.

[1341] V., a título ilustrativo, Horst Hammen, *Die Bedeutung Friederich Carl v. Savignys...*, p. 133.

[1342] Cfr., *supra*. Destaque mesmo assim para Ulrich Müller, *Die Entwicklung...*, p. 126.

[1343] V., *supra*, Parte I, Cap. II, parágrafo 5.

[1344] Acerca da significado da doutrina de *Grotius* no desenvolvimento da figura moderna do contrato consulte-se a obra fundamental de Diesselhorst, *Die Lehre des Hugo Grotius vom Versprechen*, Colónia-Graz, 1959, *per totum*, maxime pp. 34 e ss.. Referências importantes podem ainda colher-se, por exemplo, em Calasso, *Il negozio...*, pp. 333 e ss.; Ulrich Müller, *Die Entwicklung...*, pp. 123 e ss.; Wieacker, *Contractus und Obligatio im Naturrecht...*, in *La Seconda Scolastica...*, pp. 223 e ss.; Martin Lipp, *Die Bedeutung...*, pp. 129 e 133 e ss.; Horst Hammen, *Die*

-cristã da autonomia da pessoa, figura central da sua ordem jurídico-natural, a ponto de referência de toda a vinculação negocial e transfigura, com isso, toda a doutrina contratual a qual de objectiva passa a subjectiva, com o reconhecimento do papel decisivo da vontade na formação e justificação dos direitos e deveres assumidos pelas partes de um contrato[1345, 1346]. Na verdade, as suas afirmações acerca da relevância jurídica da vontade e da declaração de vontade trazem à tona de água, e numa perspectiva completamente diversa daquela que até então havia marcado a análise jurídica, novos campos de investigação[1347]. Problemas – que *GROTIUS* encara de frente – como o da invalidade, revogação, acesso e integração de terceiros nos direitos e deveres resultantes da conclusão de um contrato fornecem as bases para o desenvolvimento de um novo sistema contratual o qual – com o acentuar da esfera subjectiva por ele provocado – se mostrou decisivo [1348], por um lado, no estabelecimento de uma distinção entre contrato a favor de terceiro e representação e, por outro, no trazer desta última figura para o campo da autonomia da vontade[1349].

GROTIUS separa claramente[1350] o núncio e representante ao afirmar: «*Distinguendum quoque inter ministrum qui electus est, ut promissionem significet, et inter eum qui electus est ut ipse promittat*»[1351].

Além disso, *GROTIUS* demarca, também, de forma nítida, o contrato a favor de terceiro da representação activa, quando escreve[1352, 1353] «*Solent et con-*

Bedeutung Friederich Carl von Savignys..., pp. 108 e ss.; e Coing, *Europäisches...*, I, pp. 405 e 406. Cfr., também, entre nós, Ferreira de Almeida, *Texto...*, I, pp. 14 e 15, 259 nota (1), onde se sublinha todavia como a escola do direito natural se orientou para uma teoria geral do contrato na qual a declaração de vontade, adoptada depois, por *Tomasius* e *Wolf*, não constitui ainda uma noção autónoma.

[1345] V., de entre os autores citados na nota anterior designadamente Diesselhorst e Müller, este último sublinhando a importância dos escolásticos peninsulares do século de ouro para o desenvolvimento das posições de *Grotius*.

[1346] Cfr., *Grotius, De iure belli...*, Lib. II, Cap. XI, *passim*, maxime § I, e § IV (edição citada, pp. 199 e ss.).

[1347] Ulrich Müller, *Die Entwicklung...*, p. 126.

[1348] *Idem*, p. 127.

[1349] Hamza, *Bemerkungen...*, in *Zeitschrift...*, Ano 26, 2, p. 82, autor segundo o qual o grande mérito do jusnaturalismo não terá estado tanto na afirmação da possibilidade de aquisição directa de direitos e obrigações resultantes de uma actuação alheia mas, antes, em ter aberto as portas a uma representação situada no contexto da autonomia da vontade e, portanto, para além do âmbito das relações de natureza hierárquica porventura existentes entre o *dominus* e o representante. Em sentido equivalente mas menos explícito pode ver-se, também, Horst Hammen, *Die Bedeutung Friederich Carl v. Savignys...*, p. 133.

[1350] Assim, também, v., Bauer, *Die Entwicklung...*, p. 49; e Horst Hammen, *Die Bedeutung Friederich Carl v. Savignys...*, p. 133.

[1351] *Grotius, De Iure...*, Lib. II, Cap. XVII (edição citada, p. 205).

[1352] No sentido de que uma clara distinção entre representação e contrato a favor de terceiro se ficou a dever a *Grotius* pode ver-se, por todos, e a título exemplificativo, Staudinger--Schilken, *Kommentar...*, I, comentário prévio ao § 164, p. 7. Isto apesar de, ainda depois de *Grotius*, não terem faltado autores de acordo com os quais as duas figuras não seriam susceptíveis de diferenciação.

[1353] Mas também a representação passiva é claramente afirmada por *Grotius, De iure belli...*, Lib. II, Cap. XI, § XII (edição citada, p. 204).

troversiae incidere de acceptatione pro altero facta: in quibus distinguendum est inter promissionem mihi factam de re danda alteri, et inter promissionem in ipsius nomen collatam, cui res est[1354]. A distinção lança claramente as suas raízes nos esquemas dos glosadores e comentadores[1355, 1356]. Porém, enquanto o esquema dos escolásticos procurava dar resposta à questão que consistia em determinar quando se deveria ter por válida a *stipulatio alteri*, *GROTIUS* ocupa-se fundamentalmente com o problema de saber qual a relevância de uma manifestação de vontade no sentido de consentir a um acto de alguém produzir efeitos jurídicos directos em esfera jurídica alheia[1357]. Ao fazê-lo, *GROTIUS* marca claramente, por um lado, a distinção entre contrato a favor de terceiro e, por outro, representação e cunha, ao menos em parte, a função do princípio da *contemplatio domini*[1358].

Através da aceitação de uma promessa feita em nome próprio para outrem o aceitante adquire – na construção de *GROTIUS* – o direito de exigir que se cumpra a prestação perante o terceiro, independentemente de ele ter ou não um interesse pecuniário próprio na realização da referida prestação. Por sua vez, o terceiro, beneficiário da promessa, vê surgir na sua esfera jurídica, de forma imediata, o direito de exigir o cumprimento da promessa, conquanto manifeste também ele a sua aceitação. Durante o período que medeia entre a formulação da promessa e a aceitação do terceiro o promitente não pode retirar ou revogar a respectiva promessa ficando vinculado à palavra dada[1359], embora o promissário possa libertá-lo do vínculo assumido. Tudo a transportar-nos, com pequenas diferenças[1360], para o âmbito do contrato a favor de terceiro tal como se encontra concebido na generalidade dos códigos actuais[1361, 1362].

[1354] *Idem*, Lib. II., Cap. XI, § XVII (edição citada p. 206).

[1355] A respeito desses esquemas v., *supra*, Parte I, Cap. II, parágrafo 1. 3.

[1356] Destacaram-no, por exemplo, Dniestrzanski, *Aufträge*..., I, p. 18; e Wesenberg, *Verträge zugunsten*..., p. 116; e Ulrich Müller, *Die Entwicklung*..., p. 128.

[1357] Ulrich Müller, *Die Entwicklung*..., p. 128.

[1358] Ulrich Müller, *Die Entwicklung der direkten Stellvertretung*..., p. 128.

[1359] Vale aqui o ensinamento de Salomão – ao qual *Grotius, De iure belli*..., Lib. II, Cap. XI, § IV (edição citada, p. 201), faz expressa referência – «*Fili mi, siquid spopondisti alteri, desixisti externo volas tuas: illaqueatus es verbis oris tui: captus es enunciationibus oris tui*». A propósito da importância deste mote na doutrina contratual dos canonistas do *ius commune* v., Ulrich Müller, *Die Entwicklung*..., p. 126.

[1360] Entre essas diferenças conta-se a necessidade de aceitação por parte do terceiro, a qual é expressamente dispensada no *Tatbestand* do artigo 444.º, n.º 1, do Código Civil português.

[1361] Nesta direcção pode ver-se, de entre os autores por nós consultados, Dniestrzanski, *Aufträge*..., I, p. 19; Bauer, *Die Entwicklung*..., pp. 48 e 49; Ulrich Müller, *Die Entwicklung*..., pp. 128 e 129; Quadrato, *Rappresentanza*..., in *Enciclopedia*..., XXXVIII, p. 453; Horst Hammen, *Die Bedeutung Friederich Carl v. Savignys*..., p. 133 e nota (1); Staudinger-Schilken, *Kommentar*..., I, comentário prévio ao § 164, p. 7. Em sentido divergente cfr., todavia, Wesenberg, *Verträge zugunsten*..., p. 116, para quem as considerações de *Grotius* nos levariam para o campo da representação sem poderes (isto numa orientação que merece, todavia, pesados reparos por parte de Ulrich Müller, *Die Entwicklung*..., p. 129).

[1362] Contrato a favor de terceiro que se encontra igualmente presente no § 19 do Cap. XI do Lib. II da obra *De iure belli*..., p. 205, quando *Grotius* procura definir as situações nas quais é possível ao promitente introduzir condições na promessa por ele feita.

Quando a promessa é feita em nome de outrem haverá que distinguir, de acordo com GROTIUS, consoante o aceitante recebeu, ou não, um *mandatum* (*Quod si promissio in nomen eius collata est cui danda res est, distinguendum est, an qui acceptat, aut speciale mandatum habeat acceptandi, aut ita generale, ut talis acceptatio ei inclusa censeri debeat: an vero non habeat*[1363]).

A) Na eventualidade de semelhante *mandatum* ter sido conferido deixa de fazer sentido distinguir, como faziam os romanos, consoante o mandatário era ou não pessoa *sui juris*[1364]. A promessa manifestada pelo procurador goza de toda a força e eficácia atendendo ao consentimento do *dominus*: «(...) *sed plane ex tali acceptatione promissionem perfici: quia consensus potest et per ministrum interponi ac significari. Velle enim censeor quod in alterius voluntate posui, si et ille velit.*» Trata-se, porventura, e na visão de múltiplos autores, da maior quebra, até então, verificada nesta matéria relativamente ao princípio romano do *alteri stipulari nemo potest* e da actuação através de escravos e subordinados. Para a produção imediata, por acto de vontade, de efeitos jurídicos em esfera jurídica alheia basta o *consensus* expresso no *mandatum*, independentemente da inexistência de qualquer outro tipo de relações entre o *dominus* e o mandatário[1365], sendo certo que este último, ao contrário do núncio, manifesta também ele uma vontade própria[1366]. Com esta construção – na qual aparecem presentes quer a referência à *contemplatio domini* quer ao *mandatum* (este último como figura de que resulta a possibilidade de produção de efeitos jurídicos em esfera jurídica alheia[1367]) – GROTIUS fornece a base da moderna figura da representação jurídica voluntária[1368]: a eficácia directa de uma promessa em nome de outrem acontecia em todos os casos nos quais o *dominus* tivesse conferido um *mandatum* geral ou especial[1369].

A distinção, já aflorada pelos glosadores, entre o lado externo e o lado interno do mandato não estava, no entender da *communis opinio*[1370], presente no ensinamento de GROTIUS. Não obstante, o jurista holandês não deixou de afirmar: «*Et in generali praepositione accidere potest, ut nos obliget qui praepositus*

[1363] Grotius, *De iure belli...*, Lib. II, Cap. XI, § XVIII (edição citada, p. 206).

[1364] V., para além de Grotius, *De iure belli...*, Lib., II, Cap. XI, § XVIII (edição citada, p. 206), por exemplo, Ulrich Müller, *Die Entwicklung...*, p. 130.

[1365] Relativamente à representação passiva, ou talvez melhor, ao lado passivo do fenómeno representativo v., o passo de Grotius citado *supra* na nota (1353).

[1366] Cfr., Grotius, *De iure belli...*, Lib. II, Cap. XI, § XII e § 17 (edição citada, pp. 204, 205).

[1367] Na verdade Grotius não considera a representação como uma figura jurídica abstracta mas sim e tão-só um momento ou parte da relação subjacente constituída pelo mandato. Neste mesmo sentido pode cfr., a titulo ilustrativo, Dniestrzanski, *Aufträge...*, I, p. 22. V., porém, quanto se escreve *infra* a propósito da ausência de distinção, na construção de Grotius, entre lado interno e externo do mandato.

[1368] Assim também, e a título ilustrativo, Ulrich Müller, *Die Entwicklung...*, p. 131.

[1369] Grotius, *De iure belli...*, Lib. II, Cap. XI, § XVII (edição citada, p. 205). Na literatura jurídica moderna v., por todos, Horst Hammen, *Die Bedeutung Friederich Carl v. Savignys...*, p. 134; e Flume, *Allgemeiner...*, II, *Das Rechtsgeschäft...*, p. 786, nota (17).

[1370] Neste sentido pode ver-se, por exemplo, Müller-Freienfels, *Die Abstraktion der Vollmachtserteilung...*, in *Stellvertretungsregelungen in Einheit...*, pp. 64 e 65; Horst Hammen, *Die Bedeutung Friederich Carl v. Savignys...*, p. 134; e Staudinger-Schilken, *Kommentar...*, I, comentário prévio ao § 164, p. 7. Cfr., porém, Flume, *Allgemeiner...*, II, *Das Rechtsgeschäft...*, p. 786, nota (17).

est agendo contra voluntatem nostram sibi soli significatam: quia hic distincti sunt actus volendi. unus quo nos obligamus ratum quicquid ille in tali negotiorum genere fecerit; alter, quo illum nobis obligamus, ut non agat nisi ex praescripto, sibi non aliis cognito. Quod notandum est ad ea, quae legati promittunt pro regibus ex vi instrumenti procuratorii excedendo arcana mandata.»[1371].

B) O exacto enquadramento da explicação dada por *GROTIUS* para os casos nos quais o representante actua sem mandato afigura-se um pouco mais complicada. De acordo com o jurista holandês, no caso de ser feita uma promessa, em proveito de outrem e perante alguém desprovido de mandato para a aceitar, o promitente não poderá retirar a referida promessa enquanto o terceiro beneficiário não manifestar a sua aceitação ou rejeição. Por seu turno, o promissário carecido de mandato também não poderá libertar o promitente do vínculo por ele assumido[1372]. A situação permanecerá assim, no entender de *GROTIUS*, suspensa até à intervenção do terceiro.

Considerando a hipótese, contemplada pelo jurista holandês, como referente a um caso de contrato a favor de terceiro tanto BUCHKA[1373] como DNIESTRZANSKI[1374] qualificam a solução defendida, a este propósito, pelo grande corifeu do jusracionalismo, como «*unverkennbar schwankendes*» (evidentemente vacilante). Por seu turno, GAREIS[1375] prefere falar, a este respeito em teoria da oferta colectiva. A melhor doutrina inclina-se, todavia, no sentido segundo o qual os casos de aceitação de uma promessa, em proveito de um terceiro, por parte de quem não dispõe de *mandatum* para o efeito seriam considerados por *GROTIUS* como hipóteses de representação sem poderes[1376, 1377].

III – Os esforços levados a cabo por *GROTIUS*, no sentido de proceder a uma redefinição da doutrina da representação bem como de se estabelecer a respectiva separação relativamente à figura do contrato a favor de terceiro, exerceram enorme influência sobre a generalidade dos estudiosos da época ou que se lhe sucederam no tempo[1378]. Na verdade, através da mediação de nomes como os de SAMUEL

[1371] *Grotius, De iure belli...*, Lib. II, Cap. XI, § XII (edição citada, p. 204).

[1372] *Grotius, De iure belli...*, Lib. II, Cap. XI, § XVIII (edição citada, p. 206).

[1373] *Die Lehre von der Stellvertretung...*, pp. 164 e ss..

[1374] *Aufträge...*, I, pp. 20 e 21.

[1375] *Die Verträge zu Gunsten Dritter*, Vurtzburgo, 1873, p. 71 (*Apud* Ulrich Müller, *Die Entwicklung...*, p. 132).

[1376] Assim, e designadamente, Everding, *Die dogmengeschichtliche...*, p. 22; Diesselhorst, *Die Lehre des Hugo Grotius...*, p. 125; Bauer, *Die Entwicklung...*, p. 52; e Ulrich Müller, *Die Entwicklung...*, pp. 131 e 132. Deve sublinhar-se a circunstância de *Grotius* na tradição que remontava ao momento da fusão, no direito romano, do mandato com a procuração, ver naquele o fundamento do poder de representação.

[1377] Isto apesar de a solução consagrada actualmente quer pelo *BGB* quer pelo artigo 268.º do Código Civil para as hipóteses de representação sem poderes ir em sentido bem diverso daquele propugnado por *Grotius*.

[1378] Em sentido aproximado cfr., Ulrich Müller, *Die Entwicklung...*, p. 132.

PUFENDORF (1632-1694), *THOMASIUS* (1655-1728)[1379] e CHRISTIAN WOLFF (1679-1754), *GROTIUS* influenciou até ao pormenor as codificações jusnaturalistas dos vários países até à pandectística e inclusivamente o direito privado da actualidade[1380]. Em particular, PUFENDORF[1381] adere, de forma estreita, às teses de *GROTIUS* em matéria de representação e contrato a favor de terceiro, aproveitando o ensejo para as desenvolver[1382].

Conforme refere a propósito WIEACKER[1383], a partir de *GROTIUS* não existia ainda uma via directa para a renovação metodológica da sistemática da ciência jurídica positiva no espírito do naturalismo moderno. As novas intenções do direito das gentes já tinham muito certamente rebentado. Contudo a relação da nova ética do jusracionalismo com as disciplinas tradicionais não se afigurava definitiva e os princípios do direito não haviam sido ordenados num sistema de premissas não contraditórias. Estas duas tarefas seriam realizadas pela segunda fase, matemática ou sistemática, do jusracionalismo, num esforço assente no método naturalista e gnoseológico de GALILEU e DESCARTES (1596--1650)[1384]. A PUFENDORF deve-se a tarefa de ter tornado útil para a ciência do direito estas descobertas – embora a sua aplicação só se tenha tornado

---

[1379] A propósito da posição de *Thomasius* relativamente ao fenómeno representativo e influência sobre ele exercida por *Grotius* cfr., Böhmer, *Exercitationes...*, Lib. II, Tit. XIV, *Exercitatio* XXVIII, § VIII (edição citada, T. II, pp. 269 e ss.).

[1380] Assim, expressamente, Wieacker, *História...*, p. 326. Cfr., igualmente, Martin Lipp, *Die Bedeutung...*, pp. 141 e ss.; e Ulrich Müller, *Die Entwicklung...*, p. 132.

[1381] Embora revelando diversos níveis de elaboração e qualidade, e com a apresentação de algumas variantes, juristas como *Thomasius*, *Vitrarius*, os irmãos Becmann e Wernher, contentaram--se com pouco mais do que reproduzir a doutrina de *Grotius* em sede de representação. A este respeito v., Everding, *Die Dogmengeschtliche...*, p. 21; Ulrich Müller, *Die Entwicklung...*, pp. 132 e 134 e ss.; Cappellini, *Rappresentanza...*, in *Enciclopedia...*, XXXVIII, pp. 450 e 451 e ss..

[1382] Cfr., Samuel Pufendorf, *De Iure Naturae et Gentium. Libri Octo*, L. III, Cap. IX, §§ 1 e ss.., maxime 4 e 5 (vol. I, reprodução fotográfica da edição de 1688, com introdução de Walter Simons, Londres, 1934, pp. 305 e ss.; e Vol. II, tradução para o Inglês da edição de 1668 de C. H. e W. A. Oldfather e Walter Simons (prefácio), pp. 449 e ss.), onde o autor refere expressamente o nome de *Grotius*; Id., *Les devoirs de l'hommme et du citoyen tels qu'ils sont prescrits par la loi naturelle*, L. I, Cap. IX § XXI (trad. de J. Barbereyrac, nova edição com as observações de Leibnitz sobre a obra, Paris, 1822, p. 324).

[1383] Wieacker, *História...*, p. 340.

[1384] A base das ciências modernas encontra-se precisamente nas regras de progressão científica de Descartes. Transposto para as ciências humanas por Hobbes, o *cartesianismo* haveria de dar lugar a uma sistematização muito diferenciada daquela que vinha sendo seguida até então. Em termos metodológicos ele propunha e assentava num processo perfeitamente inverso ao postulado tanto pela escolástica como pelo humanismo. Os elementos de natureza histórico-cultural não eram aceites como predefinidos. A isso opunha-se o *cogito*, válido pela clareza da sua asserção e incompatível com falhas, lacunas, contradições ou outras desconexões. Toda a construção das ciências humanas passaria a alicerçar-se, nesta nova configuração, em certos postulados, dos quais por dedução, seria possível obter os demais conceitos e elementos. Na visão de Hobbes, a sociedade, o Estado e o poder articulam-se em virtude de determinados postulados como: a aspiração à sobre-vivência dos homens; a guerra como estado natural da vivência humana; a insegurança originada;

possível através de HOBBES e ESPINOSA, dois nomes pertencentes fundamentalmente ao século XVII[1385]. Não obstante as enormes implicações do pensamento e escritos de PUFENDORF sobre o direito, no tocante ao respectivo contributo para a doutrina da representação ele pouco se afastaria do ensinamento de *GROTIUS*, que «utiliza diligentemente ou mesmo, uma vez ou outra, copia»[1386]. É assim com o conteúdo do respectivo direito natural[1387], é assim também, e em certa medida, com a figura da representação[1388]. No entanto, e ao contrário de *GROTIUS*, PUFENDORF não concedia, sem mais, ao terceiro um direito decorrente do contrato celebrado entre o promissário e promitente: era a relação de cobertura − ou seja o contrato celebrado pelo auxiliar ou intermediário − a ditar se o *dominus* adquiria um *ius perfectum* ou, tão-só, um *ius imperfectum*[1389]. Com esta referência à relação de topo ou cúpula, PUFENDORF dá um passo mais no sentido de se proceder à definitiva formação da figura do contrato a favor de terceiro[1390].

---

a necessidade de a resolver com recurso ao Estado e à sociedade, etc.. O pensamento ideal de Hobbes teve como contraponto o jusnaturalismo ideal de *Grotius* o qual veio possibilitar uma sistemática de tipo central. Sobre tudo quanto se acaba de escrever v., Menezes Cordeiro, *Ciência do direito e metodologia jurídica...*, pp. 52 e 53, cujo ensinamento se segue.

[1385] Wieacker, *História...*, p. 340; e Martin Lipp, *Die Bedeutung...*, pp. 141 e ss.. Cfr., igualmente, entre nós, Paulo Merêa, *Escolástica e jusnaturalismo. O problema do poder civil em Suárez e em Pufendorf*, in *Boletim da Faculdade de Direito da Universidade de Coimbra*, Vol. XIX, p. 289; e Menezes Cordeiro, *Ciência do direito e metodologia jurídica...*, pp. 53 e 54, autor que escreve: «*As grandes construções, sabiamente concatenadas, encontram, no direito, particulares dificuldades: a natureza histórico--cultural das realidades jurídicas desafia, por vezes, as tentativas de redução lógica. Quando isso suceda − e tem sucedido sempre, pelo menos no actual estado de limitação dos conhecimentos humanos − verifica-se uma inoperacionalidade das construções em causa para reduzir a realidade do Direito. Esta, sempre necessária em sociedade, terá de prosseguir o seu caminho sem amparo das construções oferecidas.*

O jusracionalismo estaria, a essa luz, destinado ao fracasso: a pretensão de intuição racionalista da coisa social e de dedução logicista subsequente desconhece, por definição, assumida, toda a riqueza histórico-cultural pré-dada, que não se pode escamotear.

Outro foi, porém, o caminho seguido pelos jusracionalistas. Abdicando duma sequência perfeita no seu modo de pensar, e graças a autores como PUFENDORF (...), o jusracionalismo soube fazer uma captação subtil de realidades culturais subjacentes: os desenvolvimentos lógicos eram apoiados no direito romano.»

[1386] A expressão é usada por Wieacker, *História...*, p. 351, a propósito do conteúdo do direito natural de Pufendorf. Não nos parece, no entanto, totalmente acertado o juízo de Ulrich Müller, *Die Entwicklung...*, pp. 133 e 134, o qual, apesar de reconhecer pequenas diferenças entre os dois, praticamente reconduz os ensinamentos de Pufendorf aos de *Grotius*. Ver-se-á adiante como, nomeadamente, do ponto de vista terminológico o contributo de Pufendorf merece atenta consideração. Em qualquer caso para uma comparação ou confrontação, em termos genéricos, entre a obra de *Grotius* e a de Pufendorf v., ainda no século XVIII, *Essai sur l'histoire...*, II, pp. 290 e ss. (escrito anónimo).

[1387] Wieacker, *História...*, p. 351.

[1388] Neste sentido v., por todos, Bauer, *Die Entwicklung...*, pp. 52 e ss.; e Ulrich Müller, *Die Entwicklung der direkten Stellvertretung...*, p. 133. Cfr., porém, Wieacker, *História...*, p. 350, nota (28), autor segundo o qual é Pufendorf quem pela primeira vez dá realce ao conceito geral de representação.

[1389] Na doutrina moderna v. acerca deste aspecto da construção de Pufendorf, Ulrich Müller, *Die Entwicklung...*, p. 135.

[1390] Assim, também, Ulrich Müller, *Die Entwicklung der direkten Stellvertretung...*, p. 133. Cfr., ainda, Pufendorf, *De Iure Naturae...*, Lib. III, Cap. IX, § 5 (edição citada, Vol. I, p. 307).

No campo da representação jurídica propriamente dita, e tal como GROTIUS, PUFENDORF faz depender a produção de efeitos imediatos em esfera jurídica alheia da simultânea existência de um *mandatum* e da *contemplatio domini*. Além disso, admite de forma muito clara quer a representação activa quer a representação passiva[1391].

Designadamente pela clareza com a qual expõe os fundamentos da admissibilidade da representação jurídica directa, muitos dos passos ou trechos escritos por PUFENDORF afiguram-se da maior importância para a exacta compreensão da figura objecto da nossa análise. Antes de mais, o autor começa por caracterizar o representante como um *internuncius, instrumentum, testis, arbitrium* ou intérprete da vontade do *dominus*[1392]. Tudo a significar a ideia segundo a qual o representante, ao contrário de alguém que celebra um pacto ou acordo em seu próprio nome e por sua conta, não pode decidir-se apenas em função da sua própria vontade, devendo, antes, considerar-se o caminho, tendente à celebração do contrato com um terceiro, como co-determinado pelas vontades do representante e do representado. Além disso, PUFENDORF não hesita ao afirmar como aquilo que é aceite pelo mandatário, no cumprimento do seu encargo, produz efeitos jurídicos imediatos na esfera jurídica do mandante por se fundar na vontade deste. Noutras palavras, PUFENDORF defende a ideia segundo a qual quanto alguém encarrega outrem de executar, através de um mandato, deve ser visto como se realizado pelo próprio *dominus* e, por conseguinte, como imputável à respectiva vontade[1393]: em consequência da *auctoritas* concedida pelo principal ao mandatário os actos por ele levados a cabo são como que queridos pelo próprio mandante. Isto numa alusão, porventura ainda não clara, e muitas vezes mal compreendida, à ideia de existência de algum tipo de colaboração ou cooperação de vontades entre o *dominus* e o agente, a qual seria, no fundo, o fundamento da representação jurídica directa[1394, 1395].

[1391] Cfr., Pufendorf, *De Iure Naturae...*, Lib. III, Cap. IX, § 1 (edição citada, Vol. I, p. 305).

[1392] V., por exemplo, *De Iure Naturae...*, Lib. III, Cap., IX, § 1 (edição citada, Vol. I, p. 305). V., também, *Les devoirs...*, L. I, Cap. IX, § XXI (edição citada, p. 324).

[1393] Cfr., *De Iure Naturae...*, Lib. III, Cap., IX, § 5 (edição citada, Vol. I, p. 307): «*Caeterum uti per internuncium alteri consensum nostrum, possumus declarare; ita ulterius quaeritur: an tertius possit promissionem alteri factam ipsius loco acceptare? Ubi non est fermo de illo, qui super acceptatione nostro nomine facienda est à nobis mandato instructus. Nam per alem quod facimus, ipsi judicamur fecisse: et velle censemur, quod in alterius voluntate possuimus, si ile velit. Sed de illis quaeritur, qui eius rei mandatum à nobis non acceperunt.*»

[1394] Para uma mais clara percepção de quanto se acaba de referir v. todo o Cap. IX, Lib. III, e ss., da obra de Pufendorf, *De Iure Naturae et Gentium...*, e, maxime, § 1, § 2 § 3 (edição citada, vol. I, pp. 305 e 306).

No tocante à possibilidade de o mandatário ficar vinculado por um acto que ultrapassa os limites do mandato, PUFENDORF[1396] afirma que se alguém conceder, a outrem, *duplicia mandata* — por forma a que um dos mandatos, mais amplo, seja apresentado ao terceiro contraente enquanto, outro, mais restrito, fica a reger as relações entre o *dominus* e o agente — pode bem suceder ficar o mandante vinculado pelos actos do mandatário, contrários às instruções dadas a este último, mas, não obstante, contidas dentro dos limites dos poderes constantes do documento destinado a ser apresentado a possíveis contraentes. Isto, não em virtude de qualquer abstracção dos poderes de representação ou do respectivo acto criador, mas, pura e simplesmente, em consequência da circunstância de através do mandato externo (*mandata manifesta*) o mandante se vincular pessoalmente pelos actos praticados pelo mandatário como forma de salvaguardar a segurança da contratação através de representantes. Ou seja, e noutros termos, segundo PUFENDORF, através do mandato a vontade do *dominus* expressa externamente entra em contacto directo com a vontade do terceiro. O representante, esse é um simples *internuncius* ou intérprete[1397] da vontade do principal.

[1395] Uma leitura completa dos vários trechos nos quais Pufendorf se refere à representação não nos parece conduzir no sentido segundo o qual, quando o autor afirma que os actos do representante devem ser vistos como se do próprio representado, ele assentaria as suas asserções numa qualquer forma de ficção. Antes a vinculação do *dominus* assenta no facto de ele ter declarado reconhecer a eficácia dos actos realizados pelo representante. Para uma apreciação ao contributo de Pufendorf acerca do fenómeno representativo ou se se preferir a propósito da estipulação para outrem v., desigadamente, Böhmer, *Exercitationes...*, Lib. II, Tit. XIV, *Exercitatio* XXVIII, § VII (edição citada, T. II, pp. 267 e ss.).

[1396] Pufendorf, *De Iure Naturae...*, Lib. III, Cap. IX, § 2 (edição citada, Vol. I, p. 306). Interessantes são também algumas considerações proferidas por Pufendorf no mesmo parágrafo do qual extraímos o trecho citado no texto (v. *op. loc cit.* [edição citada, pp. 305 e 306]) num tom que nos aproxima daquilo que viria a ser designado como abuso de representação e que, de algum modo, confirma a conclusão, por nós avançada *infra*, Parte II, Cap. II, parágrafo 2, como para se chegar aos resultados proporcionados pela referida figura do abuso de representação não é necessário autonomizar qualquer poder formal de representação. De acordo com Pufendorf quando se encarrega alguém para realizar contratos em nosso lugar isso pode ser feito de duas formas. A primeira, dando-lhe a possibilidade de fazer tudo quanto considere mais vantajoso para mim. A segunda, com a indicação acerca do modo como deve contratar. Se se escolhe o primeiro termo da alternativa, então, afirma Pufendorf, o *dominus* ficará vinculado por qualquer acordo concluído *bona fide*. *Bona fide* — diz Pufendorf — pois o dono do negócio não pode, de modo algum, ficar ligado por quanto o representante fez, de má fé ou por qualquer fraude, para com principal, por ele cometida. Ao conceder ao representante autoridade para contratar, o representado pressupõe a boa fé daquele como condição.

[1397] Reconhecido o carácter criativo do processo hermenêutico bem se compreende como a equiparação do representante a um intérprete não equivale a degradar o respectivo papel a um nível de simples intervenção mecânica.

A utilização, por parte de PUFENDORF, de expressões como «*consensum per alium significare*» e «*Is in isto negotio se habet ad modum instrumentalis causae*»[1398] podem sugerir, é certo, a ideia segundo a qual o autor se referiria apenas à figura do núncio e não à do representante[1399] ou de que ele não teria procedido à separação e distinção das duas noções. A verdade, porém, é bem diversa. Conforme demonstrado por BAUER[1400], várias são as passagens susceptíveis de alicerçarem a tese segundo a qual PUFENDORF, ao tratar «*De ministris obligationum contrahendarum in genere*»[1401], tinha, na realidade, em vista, a representação jurídica directa. A título exemplificativo pode, designadamente, referir-se, um trecho do próprio passo com que PUFENDORF inicia o Capítulo IX, do Livro III da obra *De Iure Naturae ad Gentium* ao escrever: «*Illae quippe actiones alterius in nobis quoque obligationem producunt, nobisque jus pariunt, adeoque pro nostris censentur, ad quas gerendas alium autoritate instruximus, easque pro nostribus nos agnituros palam prosesi sumus.* (...) *Et ex hisce fundamentis deducenda sunt pleraque, quae in legibus Romanis super actione exercitoria, et inftitoria traduntur. Huc etiam fpecat titulus D.* quod iuffu.»

A referência ao *institor* e ao *magister navis*, dois agentes ou intermediários dotados de autonomia, bem como a expressão «*actiones* (...) *pro nostris censentur, ad quas gerendas alium autoritate instruximus*» não deixam margens para dúvidas: a realidade considerada por PUFENDORF não era senão, e exclusivamente, a constituída pela figura da representação jurídica directa[1402, 1403].

IV – Com WOLFF e seus prosélitos a doutrina da promessa formulada por *GROTIUS* sofre importantes desenvolvimentos. Na verdade, a matematização do direito operada pela escola wolffiana significou um agudizar e aprofundamento lógico do contributo dado

---

[1398] *De Iure Naturae...*, Lib. III, Cap., IX, § 1 (edição citada, Vol. I, p. 305).

[1399] É esse o entendimento sustentado por Everding, *Die dogmengeschichtliche...*, p. 23, nota (28).

[1400] Bauer, *Die Entwicklung...*, pp. 53 e 54.

[1401] É este o título do Cap. IX, Lib. III, da obra *De Iure Naturae ad Gentium* (edição citada, Vol. I).

[1402] Bauer, *Die Entwicklung...*, pp. 53 e 54. Para uma posição intermédia, situada entre a interpretação de Everding e a de Bauer, pode ver-se Ulrich Müller, *Die Entwicklung...*, p. 134.

[1403] Cfr., também, as distinções muito claramente operadas por Pufendorf no § 4, Cap. III, Lib. IX de *De Iure Naturae...*, (edição citada, Vol. I, pp. 306 e 307) onde aparece, aí sim, bem distintamente referida a figura do núncio, por seu turno, perfeitamente separada daquela outra constituída pelo representante.

nesta matéria por *GROTIUS*, acompanhado de uma mais exacta formulação dos respectivos pontos de vista[1404].

O método de WOLFF quanto à aquisição de princípios do direito natural constituiu, por certo, um dos momentos altos do jusracionalismo. A exposição sistemática de WOLFF através de uma dedução exaustiva dos princípios de direito natural a partir de axiomas superiores até aos mais ínfimos detalhes, exclui todos os elementos ou bases indutivas ou impressionistas e aspira ao rigor e exactidão da geometria[1405]. O único fundamento ou alicerce do valor dos princípios parece ser constituído pela ausência de contradições das expressões lógicas – num sistema que se tornaria completamente vazio não fora o trabalho da ética material do jusnaturalismo antecedente[1406]. Na sua estrutura formal o «método demonstrativo» de WOLFF corresponde à *Ethica more geometrico demonstrata* de ESPINOSA.

Fiel ao seu modo de pensar e ao seu raciocínio, WOLFF começa por colocar no topo das respectivas considerações a definição de mandato, vista como uma premissa superior através da qual são, depois, derivadas uma série de consequências jurídicas[1407]. Em seu entender, o *mandatum* ou *Auftrag* consiste no contrato por força do qual alguém (*mandatarius, procurator*) se obriga perante outrem (*mandans*) a executar, em seu nome, determinada incumbência[1408]. Noutros termos, *Auftrag* ou *commitere* indica o dever de uma pessoa realizar um contrato ou negócio em nome alheio[1409]. Em consequência, e seguindo, ainda, o raciocínio lógico de WOLFF, o mandatário deve actuar em nome de outrem[1410] e não ultrapassar os limites que lhe são impostos[1411]. Verifi-

---

[1404] Assim v., Ulrich Müller, *Die Entwicklung der direkten Stellvertretung...*, p. 139.

[1405] Wieacker, *História...*, p. 362.

[1406] *Idem.*

[1407] Assim, Ulrich Müller, *Die Entwicklung...*, p. 139.

[1408] Christian Wolff, *Grundsätze des Natur– und Völckerrechts, worrin alle Verbindlichkeiten und alle Rechte aus der Natur des Menschen in einem bestandigen zusammenhange hergeleitet werden*, reprodução fotográfica de edição de 1754, com prefácio de Marcel Thomann, Hildesheim, Nova Iorque, 1980, § 551, p. 345.

[1409] V., Christian Wolff, *Grundsätze des Natur– und Völckerrechts...*, § 551 (edição citada, p. 344), que escreve: «*Die Vollmacht (mandatum) nennt man den wohltätigen contract, in welchem man einem anderen etwas in unsern Nahmen zu thun Aufträgt, und er solches zu verrichten ohne Entgelt übernnimt. (...) Auftragen (commitere) aber nicht anders, als sich den anderen anzeigen, etwas in seinem Nahmen zu thun, vollkommen verbindlich machen.*»

[1410] Christian Wolff, *Grundsätze des Natur– und Völckerrechts...*, § 551 e, entre outros, 553 e 555 (edição citada, pp. 344 e ss.).

[1411] Christian Wolff, *Grundsätze des Natur– und Völckerrechts...*, § 551 (edição citada, p. 345), para quem «(...) *verbindet sich der Bevollmächtigte dem, welcher ihm die Vollmacht ertheilet, was ihm aufgetragen Worden, mit allem Fleiße auszurichten. Und da er nicht in seinem, sondern in Nahmen des anderen, von dem er Vollmacht hat, handelt; folgendes sein Recht also nicht nach seinem eigenen Willen,*

cados estes pressupostos, então, e nas palavras de CHRISTIAN WOLFF, na medida em que o procurador actua em nosso nome, aquilo que ele faz em cumprimento da procuração deve ser visto como se nós próprios o tivéssemos realizado[1412]. A diferença entre WOLFF e PUFENDORF[1413] é, neste ponto, extremamente pequena. Porém, e enquanto o segundo parece apontar para a ideia de unidade e colaboração entre representante e representado, o primeiro trabalha com um argumento próximo da ficção[1414], e o qual – ainda sem negar a identidade e unificação entre o *dominus* e o agente – haveria de servir de base à *Fiktions–* e *Repräsentationstheorie* do século XIX[1415], ao ponto de os defensores destas últimas correntes de opinião acabarem por fazer seu grande parte do discurso wolffiano[1416, 1417], num fenómeno que, de resto e de forma consabida, ultrapassou largamente as fronteiras do fenómeno representativo e se estendeu a praticamente todo o direito.

O sistema lógico de WOLFF – *more geometrico* – forneceu as bases e alicerces de diversos códigos jusracionalistas, e através dos seus sequazes juristas e da pandectística, do *BGB* e das codificações nele filiadas ou aparentadas. Ao mesmo tempo – e sobretudo a partir da obra *Grundsätze des Natur– und Völckerrechts, worrin alle Verbindlichkeiten und alle Rechte aus der Natur des Menschen in einem bestandigen zusammenhange hergeleitet werden*[1418] – ele constitui, igualmente, o programa de uma dedução lógica da decisão jurídica apoiada em princípios

---

sondern nach dem Willen dessen, der ihm Vollmacht giebt, zu bestimmen ist; so darf er nichts thun, als wozu er Vollmacht hat (...)».

[1412] Christian Wolff, *Grundsätze des Natur– und Völckerrechts...*, § 553 (edição citada, p. 347). São suas as seguintes palavras: «*Weil der Bevollmächtigte in unserem Nahmen handelt (§ 551); so ist, was er nach der gehabten Vollmacht thut, eben so anzusehen, als ob wir es selbst gethan hätten.*»

[1413] V., *supra*, quanto se escreveu a respeito deste último autor no presente parágrafo.

[1414] No sentido segundo o qual o ensinamento de Wolff assentaria numa ficção cfr., Ulrich Müller, *Die Entwicklung...*, p. 139.

[1415] Antes de estender as suas raízes por forma a alcançar e, em certa medida, fundar a *Repräsentationstheorie* a construção wolffiana haveria de influenciar grandes nomes como os de Daries, Nettelbladt, Friedrich Esaias Pufendorf entre outros. Cfr., por todos, Ulrich Müller, *Die Entwicklung...*, pp. 138, 140 e 141.

[1416] Ulrich Müller, *Die Entwicklung der direkten Stellvertretung...*, p. 139.

[1417] Não será, todavia, despiciendo sublinhar o facto de Christian Wolff, *Grundsätze des Natur– und Völckerrechts...*, § 553, p. 347, ainda assim, afirmar claramente a ideia de acordo com a qual a procuração transmite ao terceiro que contrata com o procurador a vontade do respectivo autor. Nestes termos, o terceiro deve poder considerar como querido ou consentido pelo *dominus* tudo quando o representante faz dentro do conteúdo da procuração: «(...) *ein anderer von unserem Willen nichts wissen Kann, als in der offenbaren Vollmacht enthalten (§ 552), so nimmt er mit Recht an, als von uns geschehen, was der Bevollmächtigte nach der Inhalt der offenbahren Vollmacht thut* (...).»

[1418] O subtítulo desta obra de Wolff fala por si só: «*todas as obrigações e todos os direitos são extraídos com base numa dedução permanentemente contínua a partir da natureza dos homens.*»

gerais com um valor construtivo previamente fixado o qual nunca mais abandonou a ciência do direito especializada. O instrumento metódico da ciência jurídica anterior era constituído pela dedução de cariz analítico a partir de textos isolados de valor autoritário. Agora, o conceito jurídico recondutível aos últimos princípios superiores, de acordo com as regras e preceitos de dedução do sistema, tornou-se no fundamento último da decisão científica. CHRISTIAN WOLFF constitui-se, assim, como o verdadeiro pai da jurisprudência dos conceitos ou construtiva que dominou a pandectística do século XIX[1419].

Ao mesmo tempo, porém, WOLFF trouxe consigo um empobrecimento do direito e da ciência do direito ao nível axiológico e do ponto de vista de uma ética social viva, intuitiva e prática[1420]. No campo específico da figura da representação directa e do contrato a favor de terceiro, WOLFF não contribuiu com qualquer particular enriquecimento da respectiva doutrina. O seu mérito circunscreve-se, em certa medida, a uma maior delimitação e especificação conceptual de ambos os institutos que acabaria por culminar na formulação de normas como as contidas nos §§ 164, 328 e seguintes, respectivamente, do *BGB* [1421].

V – Na Áustria caberia a FRANZ VON ZEILLER, um dos grandes responsáveis pelo *ABGB*[1422], dar um passo mais no sentido do desenvolvimento da figura da representação directa. ZEILLER terá tido, inclusivamente, e na opinião de ULRICH MÜLLER[1423], o mérito de pela primeira vez ter utilizado a expressão *Stellvertretung*[1424]. Além disso, não falta quem considere estar, e em grande medida, preparada neste autor a separação, que se viria a consumar mais tarde, entre lado interno e lado externo da relação jurídica representativa[1425]. A afirmação parece porém exagerada[1426].

Para chegar à representação, ZEILLER não parte directamente da noção de *Auftrag* (mandato) mas sim da ideia de *Bevollmächtigungsvertrag* (contrato de

---

[1419] Sobre tudo isto v., Wieacker, *História...*, p. 363.

[1420] Wieacker, *História...*, p. 363.

[1421] Ulrich Müller, *Die Entwicklung der direkten Stellvertretung...*, p. 140.

[1422] A este respeito v., por todos, Wieacker, *História...*, pp. 381 e ss..

[1423] Ulrich Müller, *Die Entwicklung...*, p. 141, autor que rejeita a tese sugerida por Wenger segundo a qual o termo teria sido pela primeira vez utilizado por Mühlenbruch.

[1424] Cfr., Franz Edlen von Zeiller, *Commentar über das allgemeine bürgerliche Gesetzbuch für die gesammten Deutschen Erbländer der Oesterreichischen Monarchie*, Viena e Trieste, 1812, III, I, § 1002, p. 269, nota (2), § 1009, p. 283, nota (5); Id., *Das natürliche Privatrecht*, Viena, 1819, § 136, p. 166.

[1425] É essa a tese de Ulrich Müller, *Die Entwicklung der direkten Stellvertretung...*, p. 141.

[1426] Na verdade, Zeiller, *Commentar...*, III, I, § 1002, p. 269, nota (2), afirma claramente que o *Bevollmächtigungsvertrag* compreende um mandato para levar a cabo certas actividades em nome de outrem.

procuração ou de concessão de plenos poderes) [1427]. Na verdade, segundo o autor austríaco, aquele que fica encarregado, mediante pagamento, de celebrar um negócio pertencente a outrem, e no seu lugar, conclui um *Bevollmächtigungsvertrag* [428]. Os direitos e obrigações resultantes do negócio realizado pelo detentor da procuração esses produzem-se na esfera jurídica do *dominus* como se fosse este que tivesse entrado directamente em relações jurídicas com o terceiro. Isto pela razão simples de no âmbito da execução do negócio que lhe foi incumbido o *Machthaber* (detentor do poder) ser um simples *Stellvertreter* (representante)[1429].

ZEILLER afirma, é certo, de forma bem acentuada, a ideia segundo a qual na eventualidade de o representante praticar um acto contido dentro dos poderes formalmente indicados na procuração, mas com desrespeito pelas instruções secretas que lhe foram transmitidas, o representado deve ficar vinculado sem necessidade de se indagar sequer qual o conteúdo das instruções. A distinção entre a procuração e as instruções secretas – ou se se preferir, e para empregar as palavras do próprio ZEILLER, entre uma *öffentliche Vollmacht* (procuração pública ou externa[1430]) e uma *geheimene Vollmacht* (procuração secreta ou oculta[1431]) – não significou, porém, a separação entre mandato e procuração como dois negócios jurídicos perfeitamente distintos e autónomos[1432]. Na verdade, ZEILLER continuava a não encontrar nenhuma linha de hipotética demarcação entre uma relação jurídica

---

[1427] Actualmente, o *Besorgungsvertrag*, figura prevista e regulada no § 675 do BGB.V., Ülrich Müller, *Die Entwicklung...*, p. 141.

[1428] Cfr., Zeiller, *Das natürliche...*, § 137, p. 167, onde o autor escreve: «*Wer die ihm (ausdrucklich oder stillschweigend) aufgetragenen Geschäfte eines anderen an dessen Stelle gegen Lohn zu besorgen übernimmt, schließt einem Bevollmächtigungsvertrag. Hierdurch erwirbt zuvördert der Machtgeber das Recht auf die von den dem Gewalthaber versprochenen Handlungen, welche die Besorgung des Geschäftes fordert, zugleich aber auch die Befugnis, die aus dem Auftrage entspringenden Rechte, ob sie sich gleich auf eine dritte Person beziehen, als die seinigen zu betrachten, so wie er sich der Pflicht unterzieht, eben daher rührende Verbindlichkeiten gegen einen Dritten zu erfüllen. Hat der Bevollmächtigte innerhalb aufgewiesenen Vollmacht Geschäfte mit anderen Personen geschlossenen, so werden diese Machtgeber hieraus berechtigt und verpflichtet, ohne Rücksicht auf die geheim Beschränkungen, die etwa zwischen dem Machtgeber und dem Gewalthaber bestehen mögen.*»

[1429] Cfr., Zeiller, *Commentar...*, III, I, § 1009, p. 281, nota (1), p. 283, nota (5), § 1017, p. 293, nota (2), onde o autor considera o representante ou detentor do poder como um mero órgão do constituinte. O recurso à noção de órgão permite-nos, duvidar da justeza da posição defendida por Ulrich Müller, *Die Entwicklung...*, pp. 141 e 142, segundo a qual também visão propugnada por Zeiller para o fenómeno representativo deixaria transparecer a ideia de ficção de unidade entre o representado e o terceiro.

[1430] Para um referência mais pormenorizada acerca do sentido da expressão *Vollmacht*, v. as várias indicações fornecidas ao longo do presente trabalho.

[1431] Zeiler, *Commentar...*, III, I, § 1017, p. 296, notas (4) e (5).

[1432] Na mesma direcção pode ver-se, Ulrich Müller, *Die Entwicklung...*, p. 144.

interna, de um lado, e relação jurídica externa, do outro. Para ele todas as relações e vínculos jurídicos que se estendiam a partir do acto de concessão da procuração e que iam do círculo constituído pelo *dominus* e seu auxiliar até alcançarem o terceiro não eram senão manifestações de um mesmo e único negócio jurídico[1433]. O motivo da irrelevância das instruções secretas encontrava-se, exclusivamente, na necessidade de tutela do tráfego, confiança e aparência e, se bem vimos, em última análise, não teria fundamento diferente daquele que acabaria, designadamente, por levar à consagração da teoria da impressão do destinatário em sede de interpretação do sentido da declaração negocial e à irrelevância da reserva mental[1434]. No fundo, e tal como em *GROTIUS*, PUFENDORF e WOLFF, é a ideia de unidade e identidade entre o principal e o representante, praticamente uma constante desde o tempo dos romanos, que continua a marcar a visão do fenómeno representativo por parte de ZEILLER[1435] – num fenómeno muitas vezes mal compreendido e, por isso, origem de múltiplos equívocos.

9. – O movimento da pré-codificação francesa

I – A sistemática nascida da síntese realizada pela ciência do direito a partir do cartesianismo, atingiria mediatamente a França através de PUFENDORF e outros jusnaturalistas alemães[1436]. Com a tarefa facilitada pelo humanismo, e essencialmente por *DONELLUS*, a sistemática racionalista haveria de afirmar-se nas obras fundamentais de DOMAT (1625-1695) e POTHIER (1699-1772), conduzindo à pré--história do *Code civil* francês[1437].

[1433] Zeiler, *Commentar*..., § 1002, III, I, p. 269, nota (2)).

[1434] São as seguintes as palavras de Zeiller, *Commentar*..., III, § 1017, nota (4), a este respeito: «*tal como nos negócios jurídicos em geral, nos quais apenas se é julgado de acordo com a declaração, não segundo as reservas internas, (...)*» (o autor utiliza a expressão «*geheimen Vorbehalt*». Como é sabido, em sentido técnico «*geheimer Vorbehalt*» significa reserva mental. Atendendo ao contexto acabámos por preferir a tradução «reservas internas», ao termo reserva mental, sendo certo que a primeira compreende, em si mesma, o segundo) «(...) *também o autor da procuração deve ficar vinculado em função do conteúdo da procuração tornada pública, mesmo se o procurador tiver ultrapassado os limites que lhe foram estabelecidos na procuração secreta*».

[1435] Cfr., Zeiller, *Commentar*..., III, I, § 1009, p. 281, notas (1) e (2) e p. 283, nota (5); § 1017, p. 293, nota (2), onde o autor considera, repise-se, o representante ou detentor do poder como um mero órgão do constituinte.

[1436] Menezes Cordeiro, *Da boa fé*..., I, p. 229.

[1437] Assim, cfr., Wiaecker, *História*..., p. 234; Menezes Cordeiro, *Da boa fé*..., I, p. 229.

II – A figura de DOMAT encontra-se ligada em França à viragem do *mos gallicus* para o jusracionalismo. O seu «*Sistema natural de leis*»[1438] pôs de pé uma construção do direito clara e transparente[1439].

Nomeado advogado do Rei no *présidial de Clermont*, DOMAT depara-se com as enormes dificuldades apresentadas pela incipiente sistematização do direito romano. Decidido a pôr termo ao estado de coisas vigentes, DOMAT lança mãos a uma tarefa tão longa quanto complicada e redige *Les lois civiles dans leur ordre naturel*. Suprimindo tudo quanto nas leis romanas era estranho aos costumes e usos da França, DOMAT acrescenta, às velhas, novas disposições provenientes das *ordonnances* reais e outras fontes de direito francês, as quais comenta com habilidade. O trabalho começou por surgir destinado apenas a si próprio e aos seus filhos. Os seus amigos haveriam, todavia, de convencê-lo a comunicar os seus trabalhos e projectos aos primeiros magistrados do reino. Luís XIV ordena-lhe que, no interesse da glória francesa, publicasse os respectivos trabalhos. Modesto, DOMAT, julgava não se encontrar à altura da tarefa e, à medida que escrevia, mostrava constantemente o resultado do seu esforço aos juristas mais hábeis de França.

D'AGUESSEAU (1668-1751), conselheiro de Estado, escrevia, a seu filho, em carta, a propósito de DOMAT: «*Ninguém aprofundou melhor o verdadeiro princípio da legislação. Ele desce às últimas consequências, ele desenvolve-as numa ordem quase geométrica; todas as diferentes espécies de leis aí são discriminadas e detalhadas com os caracteres que as distinguem. É o plano geral da sociedade civil melhor elaborado e mais acabado que já alguma vez apareceu, e eu olhei sempre para ele como uma obra preciosa que vi crescer e quase nascer entre as minhas mãos.*»[1440]

Ninguém ignora – dizia DOMAT – «*que se nas próprias coisas que constituem o objecto dos sentidos, a adequada reunião das partes que formam o todo é necessária para les mettre en vue, a ordem é bem mais necessária para fazer entrar no espírito o detalhe infinito das verdades que compõem uma ciência. Pois, é de sua natureza, que elas tenham relações e ligações, que fazem com que elas não entrem no espírito senão umas pelas outras; que algumas devam compreender-se por elas mesmas, e que são a fonte das outras, devem precedê-las; e que as outras, conforme dependem das primeiras, e que elas estão ligadas entre elas, e que o espírito se deve comunicar de umas às outras, deve vê-las em ordem; e é esta ordem que faz a ordenação das definições, dos princípios e do detalhe (...).*» O objectivo do autor francês era o de «*colocar as leis civis na sua ordem natural; de distinguir as matérias do direito, e de as juntar de acordo com o grau que ocupam no corpo que compõem naturalmente; dividir cada matéria segundo as suas partes, e ordenar em cada parte o detalhe das suas definições, dos seus princípios e das suas regras, não avançando nada que não seja claro por si mesmo, ou precedido de tudo quanto é necessário para o fazer entender*»[1441].

[1438] Cfr., Domat, *Traité des lois. Les lois civiles dans leur ordre naturel, le droit public, harangues et Legum delectus ex libris digestorum et codicis, ad usum scholae et fori*, in *Oeuvres complètes de J. Domat*, nova edição por J. Remy, com um prefácio histórico acerca da vida e obra de Domat, Paris, 1835, Vols. I, II, III e IV.

[1439] Assim, expressamente, Wieacker, *História...*, p. 387.

[1440] *Apud* J. Remy, *Notice historique* a Domat, *Traité des lois...*, in *Oeuvres...*, Vol. I, p. XIV.

[1441] Cfr., J. Remy, Prefácio a Domat, *Traité des lois...*, in *Oeuvres...*, Vol. I, p. VI.

Não obstante o enorme contributo que trouxe para a ciência do direito em geral, e em especial para a francesa, o tratamento dado por DOMAT à figura do mandato e da representação caracterizou-se por permanecer nos quadros gerais dos ensinamentos dos seus predecessores e por alguma superficialidade. Ele não terá contribuído, por isso, de forma significativa para as soluções que viriam a ser consagradas nos artigos 1984.° e seguintes do *Code civil* francês[1442].

DOMAT ocupa-se do mandato e da procuração fundamentalmente no Liv. I, Tít. XV, das suas *Lois civiles*[1443]. O autor começa por definir a procuração como «(...) *o acto pelo qual aquele que não pode tratar pessoalmente dos seus negócios dá poderes a um outro para o fazer por ele, como se ele próprio estivesse presente*»[1444]. Esta convenção em virtude da qual se constituem vínculos entre o *dominus* e o procurador estabelecia-se – no dizer de DOMAT – quando a procuração fosse aceite[1445] pelo mandatário[1446]. Dela se distinguia o contrato a favor de terceiro cuja admissibilidade DOMAT não fazia depender da existência de qualquer especial interesse por parte do promitente nem por parte do promissário[1447, 1448].

Contrariamente a quanto sucedeu com DOMAT, o ensinamento de POTHIER, a propósito do mandato e da representação jurídica

---

[1442] Neste sentido v., por exemplo, Ulrich Müller, *Die Entwicklung...*, p. 153.

[1443] V., Domat, *Lois civiles...*, in *Oeuvres...*, Vol. I, Liv. I, Tít. XV, pp. 353 e ss.. Cfr., igualmente, deste autor, *Ex libris digestorum...*, in *Idem*, Vol. IV, Liv. VII, pp. 235 e ss..

[1444] Domat, *Lois civiles...*, in *Oeuvres...*, Vol. I, Liv. I, Tít. XV, secção I, § 1, p. 355. Esta ideia de identidade entre o *dominus* e o procurador aflora também no primeiro parágrafo da parte introdutória do Tít. XV, do Liv. I, p. 353, onde o autor escreve: «*As ausências, as indisposições, e vários outros impedimentos, fazem frequentemente com que não se possa tratar pessoalmente dos seus negócios, e nesse caso aquele que não pode agir, escolhe uma pessoa a quem ele dá poder para fazer aquilo que faria ele próprio, se estivesse presente.*»

[1445] Domat, *Lois civiles...*, in *Oeuvres...*, Vol. I, Liv. I, Tít. XV, secção I, § 3, p. 355. Cfr., também, § 4, p. 356, secção II, § 1, p. 362.

[1446] Na construção de Domat, *Lois civiles...*, in *Oeuvres...*, Vol. I, Liv. I, Tít. XV, p. 354, mandato não é senão o nome romano para procuração, e que, ao tempo em que escrevia, significava também, de acordo com o jurista francês, uma maneira de dar a outrem uma ordem, como faz aquele que manda ao seu devedor dar ou pagar uma soma ou qualquer outra coisa a uma pessoa.

[1447] Cfr., Domat, *Lois civiles...*, in *Oeuvres...*, Vol. I, Liv. I, Tít. XV, secção I, § 11, onde, ainda assim, aparece misturada com a noção de contrato a favor de terceiro uma referência à procuração, mandato ou comissão.

[1448] Para uma análise da escassez do contributo de Domat para a temática do excesso e revogação de poderes pode ver-se, Valentina di Gregorio, *La rappresentanza apparente*, Verona, 1996, p. 6.

directa, afigurou-se determinante para a redacção e configuração dos artigos 1984.º e seguintes do *Code civil*.

O estudo da geometria inspirou em POTHIER o desejo pelo método exacto, e pela sujeição da ciência do direito às respectivas regras, com o consequente estabelecimento de distinções claras, o encadeamento de proposições que, colocando cada ideia no seu lugar, ligam um sistema inteiro e fazem das diversas parcelas um conjunto uniforme. Ao tratamento e análise do direito positivo, POTHIER juntou o da filosofia cristã e da moral, inspirando-se nas fontes mais puras: Santo Agostinho e os homens de Port-Royal, estóicos do cristianismo, mereciam a sua particular veneração.

Ao estudar o direito romano, POTHIER sentiu-se seduzido pela equidade das decisões que ele encerrava, e pelos traços da razão escrita nele contidos. Não obstante, e simultaneamente, o jurista francês revelou-se afligido com a ausência de uma ordem e classificação rigorosas, razão pela qual se mostrou impelido no sentido de remodelar e refazer o *Corpo de direito*. Para isso, aplicou um método geométrico através do qual se partia do conhecido para o desconhecido, introduzia definições destinadas a «*aliviar a atenção e a preparar a inteligência, facilitando a divisão e a classificação das ideias*», e em virtude do que as ideias naturalmente deduzidas umas das outras ofereceriam um encadeamento contínuo de proposições fortemente ligadas entre elas[1449]. A ele caberia, deste modo, terminar aquilo que autores como o alemão *VIGELIUS* ou DOMAT – com o *legum delectus* – haviam iniciado. Tal como este último tinha feito ao classificar as leis civis na sua ordem natural, POTHIER moveu-se determinado por fins exclusivamente pessoais e começou por redigir, apenas para si próprio, pequenos *abrégés* dos diversos títulos do Digesto. Em seguida fez um plano para restabelecer os referidos títulos numa ordem natural. Uma vez mais, à semelhança de quanto se havia passado com DOMAT[1450], POTHIER haveria de desenvolver e levar o seu esforço inicial às últimas consequências a pedido, e em estreita colaboração, com D'AGUESSEAU. O resultado final traduzir-se-ia na elaboração das *Pandectas* de POTHIER publicadas em 1748[1451].

A obra e contributo de POTHIER para o desenvolvimento da ciência jurídica iria, porém, bastante mais longe. Na verdade, o professor da Faculdade de Direito de Orléans haveria ainda, e beneficiando aqui igualmente do trabalho de DOMAT[1452] – agora bem mais desenvolvido e aprofundado do que aquele que, a propósito do direito romano, se encontrava no *legum delectus* –

[1449] Acerca de quanto se tem dito a propósito de Pothier v., na literatura jurídica de língua alemã, Ulrich Müller, *Die Entwicklung...*, pp. 153 e ss., e em especial, entre os autores franceses, M. Dupin, *Dissertation sur la vie et les ouvrages de Pothier*, in *Oeuvres de R.-J. Pothier contenant les traités du droit français*, nova ed. por Dupin Ainé, Bruxelas, 1831, Vol. I, pp. III e ss., maxime pp. V, VII, XXIII, XXIV.

[1450] Cfr., *supra* quanto se escreve a propósito da elaboração des *Lois civiles* de Domat.

[1451] Confrontámos Pothier, *Pandectes de Justinien mises dans un nouvel ordre*, edição bilingue latim-francês, com tradução de Bréard-Neuville, Paris, 1818, T. I, 1819, II e III.

[1452] Particularmente o levado a cabo na obra, *Les lois civiles dans leur ordre naturel*.

de dar à estampa os *Traités de droit français*. Em especial o *Traité des obligations* haveria de ser qualificado como «*o mais belo livro de direito jamais saído das mãos dos homens*»[1453]. Três quartos do *Code civil* foram literalmente extraídos dos *Traités* de POTHIER. Na verdade, os redactores do Código Civil francês, persuadidos, não só, da impossibilidade de alguma vez poderem imaginar uma ordem mais perfeita do que a desenvolvida por POTHIER como, também, da insusceptibilidade de encontrarem princípios mais seguros, basearam, em grande medida, o trabalho do qual se encontravam encarregados na análise dos estudos realizados pelo jurisconsulto gaulês.

Ao tratar as Pandectas de Justiniano, POTHIER, ainda, se limita a uma abordagem do direito romano e das diferentes formas do princípio do *alteri stipulari nemo potest*[1454], de uma forma desprovida de grandes elaborações[1455]. Em contrapartida, no *Traité des obligations*, POTHIER estuda e analisa pormenorizadamente quer a figura da representação directa quer a do contrato a favor de terceiro[1456], sem, todavia, abandonar completamente o princípio formal da proibição de estipulação para terceiro[1457]. Proibição cuja manutenção POTHIER defende a propósito do contrato a favor de terceiro e afasta quando se trata de admitir a estipulação em nome de outrem ao afirmar: «*aquilo que até agora dissemos, que não se pode estipular nada nem prometer senão para nós mesmos, e não para um outro, entende-se neste sentido, que nós não o podemos quando contratamos em nosso nome; mas nós podemos emprestar o nosso ministério a uma outra pessoa, com o fim de contratar por ela, de estipular e de prometer por ela; e, nesse caso, não somos propriamente nós que contratamos mas essa pessoa que contrata por nosso intermédio.*»[1458, 1459]

[1453] A afirmação é de M. Dupin, *Dissertation...*, in *Oeuvres de R.-J. Pothier...*, Vol. I, p. XLVIII.

[1454] V., Pothier, *Pandectes de Justinien...*, designadamente T. II, L. II, Tít. XIV, secção VI, § II e III, pp. 655 e 656 e ss., e 663 e 664 e ss., e T. III, Tít. III, art. II, IX, nota (1), pp. 58 e 59, e nota (1), pp. 60 e 61.

[1455] Assim, também, Ulrich Müller, *Die Entwicklung...*, p. 153.

[1456] Cfr., Pothier, *Traité des obligations*, in *Oeuvres de R.-J. Pothier...*, Vol. I, Parte I, Cap. I, secção I, art. V, § 1, n.º 54 e ss. e 74 e ss., pp. 23 e 24. V., também *Traité du contrat de mandat*, in *Oeuvres de R.-J. Pothier...*, Vol. III, cap. III, secção II, n.º 87 e ss., p. 137, e secção III, n.º 90 e ss., pp. 137 e ss.. Na doutrina alemã v., a propósito da forma, como Pothier procederia ao tratamento do fenómeno representativo, Ulrich Müller, *Die Entwicklung...*, pp. 152 e 153.

[1457] Assim, v., Pothier, *Traité...*, in *Oeuvres de R.-J. Pothier...*, Vol. I, Parte I, Cap. I, secção I, art. V, § 1, n.º 54.

[1458] *Idem*.

[1459] É a teoria da ficção, tal como viria a ser aceite pela doutrina tradicional francesa coeva ao *Code civil*, que se encontra aqui presente em toda a sua pujança. Quem contrata é, por força de uma ficção jurídica, o *dominus*. O representante esse não entra, em virtude do negócio representativo, em nenhum tipo de relações com o terceiro. Quanto à possibilidade, aventada por alguns, de

Na sua construção, POTHIER associa a representação voluntária à figura do mandato[1460, 1461]. O Professor de Orléans, não estabelece, assim, nenhum tipo de distinção entre a relação interna – suportada pelo mandato, e o poder de representação[1462]. Não obstante, não deixa de afirmar, expressamente, a tese segundo a qual, para que o *dominus* ou mandante fique vinculado, basta o mandatário ter agido dentro dos poderes aparentemente contidos na procuração, mesmo se contrários a instruções secretas ou se revogados[1463], sem sentir qualquer necessidade de, para o efeito, conceber uma qualquer forma de abstracção da procuração.

a teoria de Pothier poder corresponder já ao enunciado da *Repräsentationstheorie* v., Popesco--Ramniceano, *De la représentation...*, pp. 197 e ss., autor que escreve: «*Pothier teria já admitido a teoria moderna? Não podemos decidir-nos a acreditá-lo. Seria ter ido muito além não apenas dos seus contemporâneos, mas também de todos quantos o seguiram até estes últimos anos.*» Em sentido contrário, na defesa da tese segundo a qual, contra quanto acontecia com jusnaturalistas alemães, Pothier não necessitava de recorrer à ideia de ficção, fazendo antes assentar a representação, pura e simplesmente no mandato, v., Ulrich Müller, *Die Entwicklung...*, p. 154.

[1460] De acordo com Pothier, *Traité du contrat...*, in *Oeuvres...*, III, Cap. III, secção II, n.º 87, p. 137: «*Quando o mandatário, em execução do mandato, e circunscrevendo-se aos limites do mandato, fez alguns contratos com terceiros; se ele apenas interveio nesses contratos na qualidade de mandatário, ou de procurador ou de fondé de pouvoir, de um tal, nesse caso, é o mandante que é suposto contratar por seu intermédio, e que se obriga perante as pessoas, com as quais o seu mandatário contratou nessa qualidade. O mandatário, neste caso, não contrai nenhuma obrigação para com as pessoas, com as quais ele contrata nessa qualidade, porquanto não é ele que é suposto contratar; ele não interpõe senão o seu ministério, através do qual deve contratar.*» No sentido segundo o qual o contrato de mandato apresentava para Pothier ainda a mesma configuração do direito romano v., de forma implícita, Ulrich Müller, *Die Entwicklung...*, p. 154; e mais claramente, Valentina di Gregorio, *Rappresentanza...*, p. 8.

[1461] Isto apesar de Pothier, *Traité du contrat...*, in *Oeuvres...*, III, Cap. III, secção II, n.º 88, p. 137, admitir já, e expressamente, a figura do mandato sem representação.

[1462] Para Pothier a maneira através da qual se celebraria mais frequentemente um contrato de mandato seria através da procuração. Mediante a procuração o mandante declarava, no dizer do autor, dar poderes a este ou aquele.

[1463] V. Pothier, *Traité...*, in *Oeuvres de R.-J. Pothier...*, Vol. I, Parte I, Cap. I, secção I, art. V, § IV, n.os 79, 80 e 81, onde o autor escreve: «*Para que eu seja visto como tendo contratado por intermédio do meu procurador, e que o contrato, que ele fez em meu nome, me obrigue, é suficiente que o contrato não exceda o que está contido no poder que ele apresentou àquele com quem ele contratou, e serviria de nada apresentar um outro poder contendo instruções secretas que ele não tivesse seguido. Esse poder secreto dá-me uma acção por perdas e danos contra o meu procurador, por não ter seguido as instruções secretas que ele lhe tinha dado, mas não me pode desvincular perante aquele com quem contratou em meu nome, em conformidade com o poder aparente que ele lhe representou; de outra forma não haveria nenhuma segurança em contratar com ausentes. (...) Pela mesma razão, ainda que a procuração termine por revogação, se no entanto o meu procurador contrata em meu nome com alguém depois da revogação, mas antes que ela tenha sido conhecida daquele com quem contrata, eu serei visto como tendo contratado por seu intermédio, e esse contrato obrigar-me-á (...) da mesma forma, ainda que o mandato termine em virtude da morte daquele que o dá, e que pareça repugnar que eu possa ser considerado como tendo contratado por intermédio daquele que, depois da minha morte contratou em meu nome, no entanto se depois da minha morte ele contratou em meu nome, mas antes que ela pudesse ser conhecida no lugar onde o contrato foi feito, esse contrato obrigará a minha sucessão, como se eu tivesse efectivamente contratado por intermédio de esse procurador.*»; Id. *Traité du contrat...*, in *Oeuvres...*, cap. III, secção II, n.º 89, p. 137, e secção III, n.º 90 e ss.

10. – A representação na cultura jurídica portuguesa anterior ao Código de Seabra. FRANCISCO DE CALDAS PEREIRA E CASTRO, MELLO FREIRE, CORREIA TELLES, COELHO DA ROCHA E WALDECK

I – O modo como o fenómeno da representação jurídica voluntária era tratado na cultura jurídica portuguesa anterior ao Código de Seabra não diferia, e porventura com uma excepção ou outra de pequena monta, particularmente da forma como o referido instituto se encontrava na ciência jurídica dos demais países europeus em cada período do *ius commune*. Refiram-se, por significativos, como exemplo de quanto agora se afirma os testemunhos bem repartidos no tempo de FRANCISCO DE CALDAS PEREIRA E CASTRO, MELLO FREIRE, CORREIA TELLES, COELHO DA ROCHA e WALDECK.

II – De acordo com o testemunho de COELHO DA ROCHA os nossos praxistas não teriam estudado a figura do mandato extra-judicial. A afirmação carece contudo de rigor. Isto num fenómeno de resto evidenciado já por PESSOA JORGE [1464] ao referir e descrever o tratamento dado por FRANCISCO DE CALDAS PEREIRA E CASTRO ao mandato[1465, 1466]. Na verdade, o autor refere-se diversas

---

[1464] Pessoa Jorge, *O mandato...*, p. 77.

[1465] Francisco de Caldas Pereira e Castro, *Analyticus commentarius sive ad typum Instrumenti Emptionis et Venditionis Tractactus*, maxime Caps. VII, XV, XVI e XX (Opera Omnia, «Coloniae Allobrogum», 1745, pp. 38 e ss., 129 e ss., 189 e ss., 195). Outros nomes poderiam certamente ser citados. Na canonística, Álvaro Pais, *Estado e Pranto da Igreja (Status et planctus ecclesiae)*, estabelecimento do texto e tradução de Miguel Pinto Menezes, Lisboa, 1995, Vol. V, artigos XXXVII e ss. (pp. 355 e ss.), embora formado na escola jurídica de Bolonha, referindo-se aos vícios, pecados e excessos das diversas classes sociais do século XIV, mencionava já, e tratava de alguns aspectos relacionados com a sua actividade, os procuradores em juízo e fora dele. Outro nome susceptível de ser aqui mencionado é o de Azevedo, autor por nós já diversas vezes referenciado, atenta a existência de opiniões segundo as quais seria português. Aliás alguns dos nomes da segunda escolástica (à qual dedicámos um parágrafo específico) encontram-se certamente muito próximo – ou faziam mesmo dela parte – da cultura portuguesa de então. Isto para não mencionar a enorme permeabilidade e intercâmbio jurídico-cultural em todo o espaço europeu durante o alargado período do *ius commune*.

[1466] Francisco de Caldas Pereira e Castro era natural de Tuy, Reino da Galiza, estudou em Salamanca, onde tomou o grau de bacharel, com o qual se incorporou na Universidade de Coimbra, e fez formatura no ano de 1578. Tornou-se depois advogado em Lisboa e em Braga. Foi lente de Digesto Velho com posse em 14 de Fevereiro de 1597. Tomou o grau de Doutor em Junho do dito ano. Foi desembargador do Porto ou da Suplicação. Cfr. Francisco Leitão Ferreira, *Alphabeto dos lentes da insigne Universidade de Coimbra desde 1537 em diante*, Coimbra, 1937, p. 97.

vezes ao mandato extrajudicial. E fá-lo chamando, designadamente, a atenção para a circunstância de nas escrituras de venda se indicar com rigor a qualidade na qual intervêm os outorgantes para se saber se o negócio é feito em nome próprio, ou em nome alheio, ou como procurador[1467]. O procurador parece distinguir-se do núncio. Intervindo este último o *dominus* adquiria directamente as acções enquanto o *procurator* se via obrigado a cedê-las ao principal. «*Ratio est, quia per liberam personam nobis directo actiones quaeri non possunt*»[1468].

Exceptuava-se apenas, «*aequitate suggerente*», a possibilidade de o *dominus* se socorrer de uma acção útil na eventualidade de o *procurator* ter actuado dolosamente[1469].

Este cenário parece traduzir alguma incerteza quanto à admissibilidade geral da eficácia representativa, considerando-se impossível a transmissão directa das *actiones*[1470]. Todavia, noutro local, FRANCISCO DE CALDAS PEREIRA E CASTRO afirma o princípio da aquisição imediata da posse e dos frutos da coisa comprada em nome do mandante[1471], e declara pertencer-lhe a ele o domínio da coisa comprada[1472], ficando obrigado pelos actos realizados pelo procurador[1473]. Além disso FRANCISCO DE CALDAS PEREIRA E CASTRO discute a certa altura se o procurador ficava ou não pessoalmente obrigado. O critério indicado pelo autor é o da vontade do *procurator*. Se do contrato resulta que o procurador se quis obrigar a si só e não ao *dominus*, apenas ele fica vinculado. Se quis obrigar apenas o senhor, o que é a regra, então apenas este fica adstrito. Na verdade, «*si ex contractu constat, procuratorem se solum voluisse obligare, non dominum, ipse solus tenetur, veluti si proprio nomine contraheret, quod si solum dominum (quod regulare est) iste solus obligatur, quoniam ex pactionibus contractus legem accipiunt (...)*»[1474, 1475].

[1467] Francisco de Caldas Pereira e Castro, *Analyticus...*, Cap. VII (edição citada, n.° 3, p. 39).

[1468] *Idem, ibidem* (edição citada, n.° 3, p. 39).

[1469] *Idem, ibidem* (edição citada, n.° 3, p. 39).

[1470] Pessoa Jorge, *O mandato...*, p. 76.

[1471] Francisco de Caldas Pereira e Castro, *Analyticus...*, Cap. VII (edição citada, n.° 26, p. 46).

[1472] *Idem*, Caps. VII (edição citada, n.° 28, p. 46), XX (edição citada, n.° 17, p. 195).

[1473] *Idem*, Cap. XV (edição citada, n.° 52, p. 139).

[1474] *Idem*, Ibidem (edição citada, n.° 54, p. 139).

[1475] Para uma análise mais pormenorizada do pensamento de Francisco de Pereira Caldas e Castro, sobretudo na perspectiva do mandato sem representação, cfr. Pessoa Jorge, *O mandato...*, pp. 75 e ss..

III – A época do jusracionalismo trouxe, para Portugal, e em matéria de ciência e estudo do direito importantes consequências, com a consagração de novas correntes inspiradoras e de novas orientações[1476]. O seu principal executor e maior intérprete foi PASCOAL JOSÉ DE MELLO FREIRE DOS REIS[1477]. O autor trata do mandato essencialmente nos §§ X e XI, Tít. III, L. IV, das suas *Institutiones Juris Civilis Lusitani* [1478, 1479].

No primeiro dos dois passos, MELLO FREIRE começa por fornecer uma noção genérica de mandato. Em seguida, e no tocante ao mandato extrajudicial, limita-se a referir a circunstância de, quanto a semelhante figura, se aplicarem as soluções próprias do direito romano[1480]. Todas as restantes considerações reportam-se ao mandato judicial.

No segundo trecho, MELLO FREIRE trata dos procuradores e defensores. O autor inicia a respectiva exposição, uma vez mais, através de um definição genérica: os «(...) *procuradores* (...) *são judiciais, ou extrajudiciais, de todos os bens ou negócios, de uma só coisa, duma corporação, do Príncipe, ou de cada um* (...)» Na prática, porém, as suas observações acabam por se circunscrever, aqui também, quase só ao âmbito processual[1481].

IV – Já CORREIA TELLES refere-se ao mandato nos §§ 599 e seguintes, Tít. VII, L. III, do seu *Digesto portuguez*[1482]. A obra não cons-

---

[1476] A este respeito pode ver-se, Dias Marques, *História*..., 472 e ss.; Almeida Costa, *História do direito*..., pp. 354 e ss.; Nuno Espinosa Gomes da Silva, *História*..., pp. 214 e ss.

[1477] Cabral Moncada, *O século XVIII na legislação de Pombal*, in *Boletim da Faculdade de Direito da Universidade de Coimbra*, IX, 1925-1926, pp. 167 e ss., 181 e 185; Dias Marques, *História*..., pp. 472 e ss.; Almeida Costa, *História do direito*..., pp. 354 e ss.; Nuno Espinosa Gomes da Silva, *História*..., p. 231; Luís Menezes Leitão, *O enriquecimento*..., p. 279.

[1478] Confrontou-se a tradução portuguesa, *Instituições de Direito Civil Português, tanto público como particular*, in *Boletim do Ministério da Justiça*, 1967, n.º 168, pp. 59 e 60, por Miguel Pinto Menezes.

[1479] Cfr., ainda, § XXXI, Tít III, L. IV e § II, Tít. V, L. IV.

[1480] V., Mello Freire, *Instituições*..., in *Boletim*..., n.º 186, p. 59, para quem «(...) *chama-se mandato* (...) *ao contrato pelo qual uma pessoa comete a outra a administração graciosa dum negócio seu. Ora, nós não possuímos título nenhum especial acerca do mandato e dos mandatários, isto é dos procuradores extrajudiciais; todavia, recebemos em nossas leis e costumes quase todas as disposições que se acham estabelecidas no direito romano, pois foram tiradas do direito da gentes*».

[1481] Como exemplo da influência tida pelo jusracionalismo e da escola do direito natural na consolidação e sedimentação do instituto da representação e sua conexão com o contrato de mandato pode, referir-se, entre nós, Vicente Ferrer Neto Paiva, *Elementos de direito natural ou de philosophia de direito*, Coimbra, 1844, pp. 121 e 122. Para mais alguns pormenores cfr., Pessoa Jorge, *O mandato*..., pp. 79 e 80.

[1482] Cfr., Correia Telles, *Digesto portuguez ou tratado dos modos de adquirir a propriedade, de a gozar e administrar, e de a transferir por derradeira vontade; para servir de subsídio ao novo Código Civil*, 4.ª ed., Tomo III, Coimbra, 1853, pp. 98 e ss..

titui um repositório de direito vigente mas tão-só um projecto de Código Civil. Não obstante, ela interessa quer pelas referências bibliográficas que contém quer, ainda, pelo facto de revelar o estado da ciência jurídica à época[1483].

De acordo com CORREIA TELLES, «*chama-se mandato o contrato que intervém entre o constituinte e o procurador ou feitor, desde que este aceita a procuração, ou administração que lhe é confiada*». O mandatário ou procurador deve cumprir com fidelidade e diligência o negócio, que lhe foi encarregado, sem exceder a ordem do mandante[1484]. Por seu turno, o mandante «*fica obrigado pelos contratos, que o mandatário fez em seu nome, por virtude dos poderes da sua procuração*»[1485]. Tudo a evidenciar uma muito clara identificação entre mandato e procuração e, do mesmo passo, a unidade entre as chamadas relação interna e relação externa[1486].

V – Por seu turno, COELHO DA ROCHA, outro dos grandes vultos da sua época, considera como mandato «(...) *o contracto, pelo qual uma pessoa se encarrega de practicar em nome de outra certo acto, ou de administrar um ou mais negocios alheios* (...)»[1487]. Aquele que encarrega a realização do negócio chama-se *constituinte, ou mandante: e aquele que o aceita chama-se procurador ou madatario: e o título, que o mandante entrega para este effeito, chama-se procuração*»[1488]. Ao que COELHO DA ROCHA acrescenta de imediato: «*Nas nossas leis, á excepção do Cod. Comm., nada se encontra a respeito do mandato, nem nos tractados dos praxistas.*

Apenas em alguns logares das Ord., e em Mell. L. 4. tit. 3. §. 10. se tracta dos procuradores judiciaes.

Fácil é de entender, que ainda que a procuração seja passada pelo constituinte, não existe contracto, em quanto o procurador não aceita»[1489].

Noutros termos, também na pena deste autor se torna absolutamente cristalina a existência de uma unidade entre a relação que serve

---

[1483] Assim, também, e expressamente, Pessoa Jorge, *Do mandato...*, p. 79.

[1484] Correia Telles, *Digesto...*, L. III, Tít. VII, § 619, p. 101.

[1485] Correia Telles, *Digesto...*, L. III, Tít. VII, § 633, p. 103.

[1486] Refira-se, ainda, o facto de Correia Telles, *Digesto...*, L. III, Tít. VII, secção II, p. 106 e ss., dedicar uma secção à figura do procurador *in rem propriam*. A verdade, porém, é que, tal como configurado por Correia Telles, o procurador *in rem suam* não é senão um cessionário e não um autêntico *procurator* – como o evidenciam, de resto, as palavras de Correia Telles logo no § 651: «*Aquele, que é constituído procurador* in rem propriam, *subentende-se cessionário do direito e acção do constituinte. Se aquele lhe foi cedido liberalmente é doação; se por preço, é compra e venda.*»

[1487] Coelho da Rocha, *Instituições de direito civil...*, 2.ª ed., II, p. 619. Cfr., igualmente, 1.ª ed., II, p. 527; 4.ª ed., Coimbra, 1857, II, pp. 619 e 620; e 8.ª ed., Lisboa, sem data, II, p. 540.

[1488] *Idem*, pp. 619 e 620; 4 .ª ed., II, pp. 619 e 620; e 8.ª ed., II, p. 540.

[1489] *Idem, ibidem*.

de base ao mandato e aquela geradora dos poderes de representação[1490, 1491, 1492, 1493, 1494].

[1490] Isto não obstante a circunstância, por nós já assinalada (cfr., *supra*, I, Introdução, parágrafo 1, nota (6)), de Coelho da Rocha, *Instituições de direito civil...*, 1.ª ed., p. 520, e 2.ª ed., II, p. 619, referir as duas acepções da palavra mandato e procuração, num fenómeno, de resto, igualmente detectado por Pessoa Jorge, *O mandato...*, p. 73, nota (96), e pp., 383 e ss..

[1491] Também Coelho da Rocha, *Instituições de direito civil...*, 1.ª ed., II, p. 531; 2.ª ed., II, p. 625; 4.ª ed., p. 625; e 8.ª ed., pp. 544 e 545, admite a figura ao procurador *in rem propriam*. Porém, e tal como Correia Telles, o autor refere a cláusula inserta na procuração por força da qual o procurador administrará o negócio como coisa sua apenas para afirmar inverter semelhante disposição a natureza do contrato de procuração.

[1492] Esta unidade entre a relação-base e os poderes representativos não impedia o autor de, no caso de revogação do mandato, prever esquemas de protecção dos terceiros de boa fé que tratavam com o procurador. Cfr., Coelho da Rocha, *Instituições...*, 1.ª ed., II, p. 530; e 8.ª ed., p. 544.

[1493] Não obstante não serem jurisconsultos nacionais ou terem sequer um contacto pessoal com a cultura jurídica portuguesa deve ainda fazer-se aqui uma referência aos nomes de *Heineccius* (acerca das posições defendidas por este autor v., as várias referências feitas *supra*, Parte I, Cap. II, parágrafo 7) e *Johannes Waldeck*. Este último elaboraria, com o título *Institutiones Juris civilis Heineccianae* (Coimbra, 1829), uma refundição de uma das obras do primeiro (refundição cujo propósito era o corrigir o «método axiomático» de *Heineccius*) que viria a ser adoptada como compêndio escolar da cadeira de direito romano na Universidade de Coimbra a partir de 1805 (cfr. Paulo Merêa, *O ensino do direito*, in *Jurisconsultos portugueses do século XIX*, direcção de José Pinto Loureiro, Lisboa, 1947, pp. 165 e 166; Id., *Lance de olhos sobre o ensino do direito (cânones e leis) desde 1722 até 1804*, in *Boletim da Faculdade de Direito*, 1957 (1958), XXXIII, p. 203, nota (42); Pessoa Jorge, *O mandato...*, p. 80) e que, por isso, terá exercido uma influência sobre a geração que passou pelos bancos daquela Universidade na primeira metade do século XVIII, e na qual se encontrava o autor do primeiro Código Civil português (neste sentido v., Pessoa Jorge, *O mandato...*, p. 80). Tenha-se designadamente presente que o direito romano ensinado era o prescrito pela Lei da Boa Razão como fonte subsidiária de direito pátrio. E sendo este aparentemente omisso no tocante ao mandato extrajudicial e à representação o direito romano, e a interpretação que dele se fizesse, apresentava interesse decisivo (Pessoa Jorge, *O mandato...*, p. 80). No tocante à representação as *Institutiones* de Waldeck consideravam separadamente a aquisição de bens e os actos vinculativos. No Lib. II, Tit. IX (edição citada, pp. 219 e ss.) intitulado «*Per quas personas cuique adquiritur*» afirmava-se no § 342 (edição citada, pp. 219) a possibilidade de se adquirir imediatamente não apenas por nós mesmos mas também por terceiros e designadamente: «*1) per servos; 2) per liberos, in potestate nostra constitutos a); suo modo etiam 3) per extraneas personas*». Depois de se estudar o caso dos servos e dos *liberos nostros, quos in potestat habemus*, refere-se, no Lib., II, Tit. IX, § 354 (edição citada, p. 225), a propósito da aquisição *per extraneas personas*: «*Per extraneas personas jure quidem antiquo nobis non adquirebatur* (...) *At novo jure receptum est, ut per procuratorem nobis adquiri possit non solum possessio* (...) *verum etiam dominium* (...) *itemque jus pignoris* (...) *et jus servitutis* (...)» Também se afirma a admissibilidade de aquisição de bens por intermédio de outrem. Na verdade, de acordo com Waldeck, a aquisição em nome alheio era possível quer por nós mesmos quer através de quem estivesse em nosso poder (servos e filhos), além disso, Waldeck, *Institutiones...*, Lib. III, Tit., XXIX, *Per quas personas nobis obligatio adquiritur*, § 708 (edição citada, p. 465) afirma relativamente às pessoas estranhas «*quae nostro nomine contrahunt, veluti procuratorem regula stricti iuris: quemlibet sibi tantum posse contrahere* (...), *novo jure et interpretatione ita limitata est, ut actione apud procuratorem residente* (...), *is, cujus nomine contractum fuit, utili actione contra eum experiri possit, quocum procurator contraxit.*»

[1494] Relativamente ao mandato mercantil cfr., as considerações proferidas por Pessoa Jorge, *O mandato...*, pp. 82 e ss..

CAPÍTULO III

A REGULAMENTAÇÃO DA REPRESENTAÇÃO DIRECTA NA PRIMEIRA CODIFICAÇÃO

1. – O *Codex Maximilianeus Bavaricus Civilis*

I – As codificações jusnaturalistas[1495] afirmaram claramente a admissibilidade da representação directa. As posições assumidas caracterizavam-se, todavia, ainda pela ausência de uma construção completa e acabada.

O *Codex Maximilianeus Bavaricus Civilis*, de 1756, tratava da representação no Capítulo IX da Parte IV, sob o título «*Von der Vollmacht (mandato) und anderen änlichen Handlungen*», onde se reconhecia em termos muito amplos a admissibilidade do fenómeno da representação jurídica directa.

Na verdade, o § 7, do Capítulo IX, Parte IV, do *Bayerisches Landrecht*[1496] estabelecia, expressamente, que tudo quanto o mandatário fazia, não para si próprio, ou nas suas próprias coisas, mas em virtude de uma comissão, devia ser visto como se realizado pelo próprio principal nascendo por isso, relativamente a este último, uma *actio et obligatio* perante o terceiro que contratou com o mandatário, sem necessidade de qualquer *cessio*.

Do ponto de vista da responsabilidade do mandatário, o *Codex Maximilianeus* estabelecia a respectiva vinculação pelo negócio celebrado na qualidade de auxiliar ou intermediário, mas apenas pelo período da duração do seu encargo ou função[1497, 1498]. Além disso, o

---

[1495] Para uma visão de conjunto acerca destas codificações, qualificadas como actos de transformação revolucionária v., por todos, Wieacker, *História...*, pp. 367 e ss., e de forma mais sucinta, Coing, *Europäisches...*, II, pp. 7 e ss..

[1496] É esta a outra designação por que é conhecido o *Codex Maximilianeus Bavaricus Civilis*. Consultámos o volume *Codex Maximilianeus Bavaricus Civilis, Land=Recht*, edição melhorada e complementada, impresso por Johan Jacob Bötter, Munique, 1795.

[1497] V., *Codex Maximilianeus Bavaricus Civilis*, Cap. IX, Parte IV, § 7.

[1498] Esta limitação temporal da responsabilidade do *dominus* não valia se o mandatário tivesse ultrapassado os limites da procuração, se se tivesse apresentado como um falso representante

mandatário apenas respondia com o património do representado confiado à sua guarda e cuidado, não com os seus próprios bens. Ao mesmo tempo, o principal respondia solidariamente com o representante ou agente, criando-se, assim, uma relação semelhante à existente no âmbito das *actiones adiecticiae qualitatis*[1499].

Apesar da aparente clareza das disposições do *Codex Maximilianeus* a jurisprudência parecia extremamente insegura quando se tratava de determinar qual a posição do representante face ao negócio representativo. Em 1877 o *bayerische obersten Gerichtshofes* [1500] afirmava peremptoriamente a ideia segundo a qual é o representante quem ocupa a posição de contraente, afigurando-se a sua vontade e conhecimento decisivos. Enquanto se mantivesse dentro dos limites da procuração seria ele a ocupar a posição de sujeito de direito, no lugar e em vez daquele para quem contrata.

Apenas um ano mais tarde o mesmo *bayerische obersten Gerichtshofes*[1501] aderia, de forma igualmente categórica, à tese segundo a qual o *Stellvertreter* é um simples representante do *dominus*, este sim o verdadeiro contraente, juntamente com o terceiro.

Finalmente, em 1896 o *Gerichtshof* [1502] regressa à posição inicial, segundo a qual o representado não pode ser colocado ao lado do terceiro como agente do contrato, devendo, antes, imputar-se o negócio representativo à actuação do representante.

II – Em síntese, o *Codex Maximilianeus* faz depender a representação da existência de um mandato, dentro de cujas fronteiras o mandatário deve actuar, ou de uma posterior ratificação por parte do principal, tudo acompanhado do conhecimento, pelo terceiro contraente, do facto de o agente actuar na posição de mandatário, ou, se se preferir, de que este negoceia para outrem (§ 7 do Capítulo IX, da Parte IV). Na eventualidade de o mandatário actuar em nome próprio, ou de ultrapassar os limites do seu mandato, a sua actuação não produzia quaisquer efeitos jurídicos na esfera do mandante (§ 7 do Capítulo IX, da Parte IV). A ideia de separação entre uma relação jurídica interna e outra externa, suportada pela procuração como

---

ou cometido, no exercício das suas funções, um delito – caso em que devia responder perante o terceiro, plenamente com os seus próprios meios (*Codex Maximilianeus Bavaricus Civilis*, Cap. IX, Parte IV, § 7, *in fine*, e § 8). Como excesso de mandato o código considerava tanto a ultrapassagem do claro conteúdo da procuração ou, então, a circunstância de o representante não ligar, entre si, esse conteúdo e a natureza ou conexão do negócio.

[1499] Na mesma direcção v., Everding, *Die dogmengeschtliche...*, p. 28.

[1500] Cfr., *Entscheidung BoG 1877* (*Apud* Bauer, *Die Entwiclung...*, p. 68).

[1501] V., *Entscheidung BoG 1878* (*Apud* Bauer, *Die Entwiclung...*, p. 68).

[1502] V., *Entscheidung BoG 1896* (*Apud* Bauer, *Die Entwiclung...*, p. 68)..

figura autónoma, não encontrava neste código qualquer apoio. Não obstante, e sem qualquer tipo de contradição, consagrava-se claramente a precedência da procuração relativamente às instruções secretas ou internas, de forma que o dono do negócio ficava vinculado perante terceiros de boa fé pelos actos contrários a estas, mas contidos dentro dos limites da procuração (§ 9 do Capítulo IX, da Parte IV[1503]).

2. – O *Allgemeines Landrecht* prussiano (ALR)

I – As figuras do contrato a favor de terceiro e da representação, encontravam-se claramente consagradas – e delimitadas uma perante a outra – no *Allgemeines Landrecht* prussiano, de 1794[1504]. A representação era tratada, pelo *ALR*, no contexto do contrato de mandato[1505]. A *Vollmacht* e o *Auftrag* (mandato) estavam fundidos num só conceito: o de *Vollmachtsauftrag* (mandato com plenos poderes). A doutrina procurava esclarecer o respectivo sentido considerando o *Auftrag* como o contrato em virtude do qual se encarregava outrem de cuidar de um negócio e a *Vollmacht* como o documento escrito que continha a declaração de vontade na qual assentava o mandato[1506].

As disposições genéricas sobre a admissibilidade da representação jurídica directa encontravam-se, logo, nos preceitos iniciais do Capítulo XIII, parte primeira do *ALR*. A abrir, a própria epígrafe do *ALR*, I, XIII, tinha por título «*Da aquisição de propriedade das coisas ou direitos através de um terceiro*»[1507]. Por seu turno, o § 1, I, XIII, estatuía de forma inequívoca: «*Coisas e direitos podem também ser adquiridas através da actuação de um terceiro*»[1508]. Na 1.ª secção – epigrafada «*Von Vollmachtsaufträgen*» (dos mandatos com plenos poderes) – § 5, I, XIII, definia-se a *Vollmacht* ou o *Auftrag*[1509] como declaração de vontade

---

[1503] Era o seguinte o teor do preceito na parte que nos interessa: «*Não será concedido o excesso de mandato (...) se o mandatário ao lado de uma procuração pública também recebeu uma instrução interna e apenas excedeu esta última (...)*.» Isto excepto se se conseguir provar o conhecimento, por parte do terceiro, da referida instrução.

[1504] Cfr., *ALR*, I, XIII e I, V, §§ 74 e ss. (consultou-se o *Allgemeines Landrecht für die Preußischen Staaten von 1794 [textausgabe]*), com introdução de Hans Hattehauer e bibliografia por Günther Bernert, Francoforte do Meno, Berlim, 1970.

[1505] V., I, XIII, § 5. Isto muito embora a circunstância de o mandato tanto poder servir de alicerce à representação jurídica directa como à indirecta. Para mais detalhes v., por todos, Dniestrzanski, *Die Aufträge...*, I, p. 304.

[1506] Cfr., Everding, *Die dogmengeschichtliche...*, p. 30; e Hammen, *Die Bedeutung...*, pp. 134 e 135.

[1507] «*Von Erwerbung des Eigenthums der Sachen und Rechte durch einen Dritten.*»

[1508] «*Sachen und Rechte können auch durch Handlungen eines Dritten erworben werden.*»

[1509] Sobre o sentido da proximidade entre a expressão *Vollmacht* e *Auftrag* no *Landrecht* prussiano v. as interessantes considerações de Dniestrzanski, *Die Aufträge...*, I, pp. 302 e 303, o qual

mediante a qual é concedido a alguém o direito de executar um negócio para outrem. O § 18, I, XIII, consagrava a possibilidade de, em regra, todos os negócios jurídicos privados serem realizados com recurso à representação, enquanto os §§ 90 a 97 regulavam as questões emergentes da violação dos limites do contrato de mandato por parte do procurador [1510].

II – No esquema delineado pelo *ALR* não era, pois, possível falar de abstracção dos poderes de representação ou da sua independência relativamente à relação subjacente. Ambos constituíam uma só unidade, composta de vários elementos que se relacionavam entre si[1511]. Nestes termos, a constituição, conteúdo e extinção do mandato e da procuração coincidiam perfeitamente[1512]. Além disso, sublinhava--se, também, a ideia de unidade, ou talvez melhor, de identidade, entre o representante e o representado. O § 85, I, XIII do *ALR* era bem elucidativo a este respeito: aquilo que o procurador, na sequência do mandato que lhe foi conferido, negoceia com um terceiro vincula o autor pelos poderes, como se a negociação tivesse sido conduzida por ele próprio.

Apesar da forma clara como o *ALR* lidava com a temática da unidade da procuração e mandato a doutrina e jurisprudência encontravam-se já assaltadas por dúvidas quanto à posição do mandante e mandatário, quer um perante o outro, quer perante o negócio representativo[1513].

Alguns autores consideravam que o reconhecimento da representação acarretava como consequência a ideia segundo a qual o representante e o representado constituíam uma unidade de pessoas. Unidade essa em virtude da

---

procura enquadrar o sentido das disposições deste código na doutrina que defende para o conceito de mandato em geral como um contrato dirigido para o exterior. Para mais detalhes acerca da tese de Dniestrzanski cfr., *infra*, Parte I, Cap. V, parágrafo 3. 3.

[1510] A problemática da actuação contida dentro dos limites formais da procuração, mas, em violação de instruções secretas dadas pelo mandante era regulada pelo §§ 93 e ss., I, XIII. Para mais pormenores acerca do modo como esta situação tem vindo a ser encarada cfr., *infra*, Parte II, Cap. II, parágrafo 3.

[1511] Para uma apreciação mais detalhada acerca do modo como o *ALR* tratava este específico aspecto da relação entre mandato e representação cfr., Dernburg, *Lehrbuch des Preussischen Privatrechts und der Privatsrechtsnormen des Reichs*, Halle, 1897, II, pp. 503 e 504, autor que se esforçava por distinguir o poder de representação e o mandato. Mais modernamente pode ver-se, Müller-Freienfels, *Die Abstraktion...*, in *Stellvertretung in Einheit...*, pp. 65 e 66 e, ainda, do mesmo escritor, mas de forma mais sintética, *Zum heutigen Stand...*, in *Idem*, p. 8; Id., *Legal repla-tions...*, in *Idem...*, pp. 240 e 241.

[1512] Cfr., *ALR*, I, XIII, §§ 159 e ss. V., também, Everding, *Die dogmengeschichtliche...*, p. 30. Quanto se refere no texto não impediu que se estabelecesse a vinculação do *dominus* quando este procedesse à revogação do mandato e não informasse os terceiros disso mesmo, excepto quando fossem desconhecidos. V., *ALR*, I, XIII, §§ 167 a 171.

[1513] Cfr., Bauer, *Die Entwicklung...*, pp. 70 e ss..

qual se estabelecia uma relação directa entre o *dominus* e o terceiro, e, do mesmo passo, se descartava o procurador, simples meio utilizado para a contratação.

Em contrapartida, e por exemplo, FÖRSTER-ECCIUS sustentavam – contra quantos já ao tempo viam na representação uma forma de *Mitwirkung* (colaboração) jurídica entre representante e representado – não se poder falar de qualquer tipo de cooperação entre o *dominus* e o procurador porquanto apenas este último podia ser considerado como agente. Seria, tão-só, a vontade do mandatário a determinar a produção de consequências jurídicas, devendo, para o efeito, ter por sentido a produção de efeitos jurídicos em esfera jurídica alheia[1514].

Enquanto isso, a jurisprudência defendia a tese segundo a qual, quem aceita um mandato passa, enquanto a relação de representação subsistir, a ocupar a posição do mandante. Tudo quanto fizer, seja em nome próprio seja em nome de outrem, pertence ao principal. Seria uma contradição nos termos admitir que o mandatário se tivesse obrigado a desenvolver uma conduta para o *dominus* e, depois, se admitisse a possibilidade de ele actuar para si próprio[1515]. E na verdade, os §§ 62 e 63, I, XIII, do *ALR*, estabeleciam a pertença ao mandante de todas as vantagens resultantes da actuação do mandatário, não podendo o procurador fazê-las suas sem o consentimento do principal. Na sequência de semelhantes preceitos o *Obertribunal* não hesitou ao considerar, em sentença proferida no ano de 1842, que, uma vez concedido um mandato, os negócios celebrados pelo mandatário pertencem ao mandante independentemente de este ter actuado em nome próprio ou no do principal. A pessoa do procurador identifica-se com a do *dominus*, por conseguinte, tudo quanto adquire em execução do mandato, irá pertencer ao autor da procuração[1516].

A representação jurídica imediata era, assim, totalmente derivada ou deduzida a partir da figura do mandato e da sua existência. A invocação, por parte do mandatário, da legitimação que lhe era concedida era pura e simplesmente desconsiderada ou ignorada.

Mais tarde, porém, o *Obertribunal* viria a alterar a sua posição e a afirmar a ideia segundo a qual, no caso do mandatário ter actuado em nome próprio, o mandante apenas adquiria um direito à transmissão da propriedade através de uma cessão[1517].

Em virtude da unidade existente entre o mandato e a procuração qualquer violação ou ultrapassagem desta última representava, igualmente, uma afectação do contrato de mandato. Por seu turno, a lesão da relação jurídica interna importava, do mesmo passo, o

---

[1514] Förster-Eiccius, *Preußischen Privatrecht*, 7.ª ed., 1896, Berlim, vol. I, p. 205.

[1515] *Entscheidung Obertribunal 1884 (Apud Bauer, Die Entwicklung...*, p. 73).

[1516] *Entscheidung Obertribunal 1842 (Apud Bauer, Die Entwicklung...*, p. 74).

[1517] *Entscheidung Obertribunal 1873; Entscheidung Obertribunal 1855* (ambas *Apud Bauer, Die Entwicklung...*, pp. 74).

ferimento da relação externa[1518]. Apenas o desrespeito por uma instrução não incluída na procuração era insusceptível de ser oposta ao
terceiro que as desconhecesse[1519].

3. – O Código Civil francês

I – O *Code civil* francês é comummente apontado como a
primeira grande codificação moderna[1520, 1521]. Nele nota-se a ausência
de disposições gerais sobre a representação[1522] e constrói-se o mandato como um mandato com representação. Na verdade, o artigo
1984.° define o *mandat* ou *procuration* como o acto pelo qual uma
pessoa dá a outra o poder de fazer algo para o mandante e em seu
nome. Ou seja: o mandato é visto como um contrato por força do
qual o *dominus* dá ao mandatário poderes para realizar em nome do
principal e por sua conta um ou mais actos jurídicos[1523].

A doutrina francesa maioritária não deixou de criticar severamente a
noção de mandato apresentada pelo *Code civil*. Autores como AUBRY e RAU[1524],

---

[1518] *ALR*, I, XIII, § § 37 e ss., 49 e ss., 55 e ss.. Assim, também, Everding, *Die dogmengeschichtliche...*, p. 32. Mas v., novamente, quanto escrevia já depois do escrito de Laband e nas vésperas da entrada em vigor do *BGB*, Dernburg, *Lehrbuch...*, II, p. 503.

[1519] *ALR*, I, XIII, § 93.

[1520] O *Allgemeines Landrecht* tinha já alguns traços que pronunciavam a codificação, embora não fosse ainda um verdadeiro código no sentido actual. Cfr., Wieacker, *História...*, pp. 371 e ss.; e Menezes Cordeiro, *Teoria...*, I, p. 55 e nota (3); Id., *Tratado...*, 2.ª ed., I, I, p. 68, nota (88).

[1521] Acerca da formação e influências do *Code civil* francês v., de entre a interminável bibliografia sobre o tema, entre tantos outros por nós igualmente considerados, André-Jean Arnaud, *Les origines doctrinales du code civil français*, com prefácio de Michel Villey, Paris, 1969, *per totum*, o qual vai ao ponto de tentar proceder a um estudo da personalidade, cultura (compreendendo esta os estudos escolares e universitários), formação pessoal (negócios, viagens, bibliotecas etc.) dos artesãos do *Code civil*; Wieacker, *História...*, pp. 386 e ss.; Müller-Freienfels, *Zum Heutigen Stand...*, in *Stellvertretung in Einheit...*, p. 10; Menezes Cordeiro, *Da boa fé...*, I, pp. 226; Id., *Teoria...*, I, pp. 55 e ss.; Id., *Tratado...*, 2.ª ed., I, I, pp. 68 e ss.; Xavier Martin, *Aux sources thermidoriennes du Code Civil. Contribution à une histoire politique du droit privé*, in *Droits, Revue Française de Théorie juridique*, 6, 1987, pp. 107 e ss.; e Coing, *Europäisches...*, II, p. 12.

[1522] Ou se se preferir, e para empregar as palavras de Popesco-Ramniceano, *De la représentation...*, p. 193, a falta de uma teoria geral da representação.

[1523] Cfr., Patrizia Petrelli, *La rappresentanza nel diritto francese*, in *Rappresentanza e gestione*, a cargo de Giovanna Visentini, Pádua, 1992, p. 107.

[1524] Aubry e Rau, *Cours de droit civil français, d'après la méthode de Zachariae*, 4.ª ed. revista e completa, T. IV, Paris, 1871, pp. 636 e 652, sem, no entanto, deixarem de afirmar noutro local (v., *op. cit.* p. 512) a ideia segundo a qual aquilo que distinguiria o mandato da prestação de serviços seria a existência do poder de representação. Enquanto isso, na 5.ª edição do *Cours de droit civil français, d'après la méthode de Zachariae*, por Étienne Bartin, Paris, 1920, pp. 154 e 155, os autores

COLMET DE SANTERRE[1525], TROPLONG[1526], na fase de apogeu do método exegético, BAUDRY-LACANTINIERE e WHAL[1527], DEMOGUE[1528] – para apenas citar alguns nomes[1529] – no período de decadência e extinção da escola da exegese[1530], não se cansaram de chamar a atenção para o facto de o contrato de mandato poder surgir desacompanhado da concessão de poderes de representação.

Não faltaram, é certo, também, vozes no sentido segundo o qual a representação seria, na verdade, elemento essencial do contrato de mandato. Assim se pronunciou, por exemplo, LAURENT[1531] – um dos grandes nomes da época de maior vigor do movimento exegético – para quem a actuação de um agente por conta de outrem mas em nome próprio, ou integra um contrato exclusivamente comercial, ou é próprio do contrato de comissão, ou representa um contrato inominado. Por sua vez, a jurisprudência considerou, de forma constante, e desde finais do século XIX, a ideia segundo a qual não existe representação sem mandato. Na verdade, em sentença proferida em 14 de Abril de 1886, a *Cour de cassation* assentou claramente a tese da necessária ligação entre *mandatum* e representação – com o intuito de estabelecer a diferença entre o contrato de mandato e o contrato de locação de serviços[1532]

---

afirmam claramente a ideia segundo a qual o carácter próprio do mandato consiste, entre outros aspectos, no poder dado ao mandatário para representar o mandante nos actos jurídicos, de o obrigar perante terceiros.

[1525] Colmet de Santerre, *Cours analytique de Code Civil*, por A. M. Demante, Vol. VIII, Paris, 1884, pp. 193 e 194.

[1526] Troplong, *Commentaire...*, pp. 21 e 22, ns. 7 e 8.

[1527] Baudry-Lacantinière e Albert Wahl, *Traité théorique et pratique de droit civil*, Vol. XXIV, *Des contrats aléatoires, du mandat, du cautionnement, de la transaction*, 3.ª ed., Paris, 1907, pp. 173 e 174 (apesar de quase a seguir (p. 175) se estabelecer de facto um paralelismo entre mandato e representação) e p. 276.

[1528] Demogue, *Traité des obligations en général*, Paris, 1921, Vol. I, Tomo I, p. 185.

[1529] No mesmo sentido dos autores citados no texto, e para uma panorâmica mais alargada acerca das posições sustentadas na doutrina francesa, pode ainda ver-se, Planiol, *Traité élémentaire de droit civil*, tome, II – *Les preuves, théorie générale des obligations, les contrats, privilèges et hipothèques*, Paris, 1912, pp. 697 e 698; Henri Capitant, *Introduction à l'étude du droit. Notions générales*, 4.ª ed., Paris, 1925, p. 388; Popesco-Ramniceano, *De la représentation...*, pp. 193 e ss.; Gilbert Madray, *De la représentation en droit privé. Theorie et pratique*, com prefácio de Bonnecase, Paris, 1931, pp. 164 e ss.; Planiol e Ripert, *Traité pratique de droit civil français*, T. VI, *Obligations*, I Parte, 2.ª ed. por Paul Esmein, Paris, 1952, p. 62.

[1530] Para uma referência às diversas fases da escola da exegese v., por todos, Giovanni Tarello, *Scuola dell'esegesi*, in *Novissimo Digesto Italiano*, 1969, XVI, pp. 819 e ss.; Nuno Espinosa Gomes da Silva, *História...*, pp. 241 e ss. Cfr., igualmente, para uma referência ao sentido geral, postulados capitais, metodologia e juízo crítico desta orientação, Castanheira Neves, *Escola da Exegese*, in *Pólis, Enciclopédia Verbo da Sociedade e do Estado*, II, pp. 1031 e ss..

[1531] Laurent, *Principes de droit civil français*, 3.ª ed., Bruxelas, Paris, 1878, pp. 374 e ss.. Mais recentemente pode ver-se, entre muitos outros, Pétel, *Le contrat de mandat*, Paris, 1994, *passim*, maxime pp. 2, 12 e 16; e Jérôme Huet, *Traité de droit civil, Les principaux contrats spéciaux*, Paris, 1996, pp. 1020 e 1021.

[1532] *Cour de Cassation Civile 14-2-1886*, in *Dalloz périodique*, 1886, I, pp. 221 e ss. (feridas mortais causadas por uma pessoa presa, encontrando-se a vítima empregada na sequência de um contrato de prestação de serviços. Ausência de indemnização nos termos previstos para o mandatário por se considerar a representação como elemento essencial do contrato de mandato).

– ao afirmar como, em virtude do disposto no artigo 2000.º do *Code civil*, o mandatário tem direito à indemnização pelos prejuízos sofridos em consequência da sua missão, ao contrário de quanto sucede com o assalariado, e ao afirmar ser característica essencial do mandato o poder dado ao mandatário para representar o mandante. Desta forma estabelecia-se a destrinça entre duas categorias de pessoas que realizavam actos para outrem: o mandatário, colocado no topo da escadaria, dotado de uma protecção contratual enérgica, e, mais abaixo, o assalariado, sem semelhante benefício[1533].

Com a entrada em vigor da lei de 1898 sobre a indemnização por acidentes de trabalho reforçou-se o entendimento segundo o qual a diferença de protecção que a *Cour de cassation* havia criado entre *mandataire* e *assalarié* se mostrava artificial. Na prática, os dois contratos combinam-se frequentemente e o assalariado pode ser chamado a desempenhar funções de representação[1534]. Não obstante, continua-se a marcar a distinção entre o contrato de mandato e outras figuras de natureza contratual, de âmbito mais ou menos próximo, por referência à ideia de representação[1535]. Existe *mandat* quando alguém encarrega outrem de realizar actos jurídicos em seu nome, e não a execução de actos materiais[1536].

II – O mandatário que actue dentro dos limites fixados pelo mandante vincula imediatamente este último, em cujo património se produzem os efeitos do negócio representativo, sem jamais passarem pela esfera jurídica do agente[1537]. Na eventualidade de o mandatário actuar sem poderes ou ultrapassar os limites que lhe foram fixados, o legislador francês estabelece, expressamente, a regra segundo a qual o mandante apenas ficará vinculado se proceder à ratificação do comportamento levado a cabo pelo seu auxiliar[1538, 1539, 1540]. Ou seja, a

---

[1533] Jérôme Huet, *Traité de droit civil...*, p. 953.

[1534] *Idem.*

[1535] *Idem.*

[1536] Na jurisprudência mais recente pode ver-se, por exemplo, *Cour de Cassation 1ère Chambre Civ., 19-2-1968 (*Blin), in *Juris-Classeur périodique*, 1968, II (*jurisprudence*), 15489, col. 2, e 15490, col. 1 (Definição. Critério. Representação. Poder de escolha de um empreiteiro com vista à construção de um imóvel. Contrato de empreitada). Na literatura jurídica cfr., por todos, Storck, *Essai...*, pp. 236 e 237, com indicações; e Joanna Schmidt, *Négotiation et conclusion du contrat*, Paris, 1982, pp. 53 e ss., de forma implícita.

[1537] O *Code civil* apenas regula a representação passiva, enquanto a aquisição de direitos na sequência do fenómeno representativo é deduzida pela literatura jurídica a partir das disposições que prevêem a vinculação directa em consequência de acto da vontade do procurador.

[1538] V. artigo 1998.º do *Code civil*.

[1539] No caso de o mandatário ter dado, ao terceiro contraente, suficiente conhecimento da amplitude dos poderes de representação que lhe foram confiados também não ficará, de acordo com o artigo 1997.º do *Code civil*, pessoalmente responsável perante este pela violação da procuração, e consequente ineficácia do negócio representativo face ao *dominus*.

[1540] Isto não impede a inoponibilidade das limitações ou instruções secretas perante terceiros de boa fé. Cfr., a este respeito, e a título exemplificativo, Savatier, *Mandat*, in *Traité de droit civil*, por Planiol e Ripert, 2.ª ed., Tomo XI, *Contrats Civils*, pp. 955 e 956.

eficácia representativa, ou se se preferir a relação externa, surge claramente como uma consequência da relação jurídica interna entre o principal e o mandatário: o facto jurídico voluntário susceptível de criar o *poder de representação* é o mandato[1541, 1542].

Esta ligação entre o lado interno – constituído pelo mandato ou relação jurídica subjacente – e o lado externo do fenómeno representativo – a procuração ou poder de representação – em nada prejudicou, porém, a tutela de terceiros que contratam com o procurador de boa fé, e, destarte, no desconhecimento de eventuais vicissitudes susceptíveis de afectar ou dar uma especial configuração ao vínculo jurídico estabelecido entre o *dominus* e o seu auxiliar.

Na hipótese de o mandato ter sido revogado, e a revogação apenas notificada ao mandatário, com o consequente desconhecimento por parte dos terceiros, o legislador francês estabelece, sem prejuízo de um eventual direito de acção do principal contra o seu auxiliar, a inoponibilidade do acto de extinção do mandato a quem tenha contratado com o procurador[1543].

Se o mandante tiver morrido, ou se por qualquer outra causa – naturalmente distinta da revogação – o mandato cessar e, não obstante, o mandatário, com desconhecimento das causas que implicam a extinção do mandato, continuar a executar o encargo que lhe foi conferido, os actos por ele praticados ter-se-ão por válidos[1544].

A doutrina tem explicado as soluções previstas nos artigos 2005.º a 2009.º do *Code civil*, através do recurso à teoria da aparência[1545].

[1541] Alguns autores sem porem em causa a ideia expressa no texto, preferem dizer que o mandato realiza a representação perfeita. Neste sentido v., por exemplo, Carbonnier, *Droit civil*, IV, *Les obligations*, Paris, 2000, pp. 233 e ss.. Outros como Pétel, *Le contrat...*, *passim*, maxime pp. 2, 12 e 16, apesar de afirmarem a existência de mandato sem representação e de representação sem mandato acabam por reconduzir esta última aos casos de representação legal e por afirmar, sem peias, que o mandato é um instrumento de representação: a noção de mandato sem representação seria contestável e contestada. Cfr., entre nós, acerca de quanto se escreve no texto, Maria Helena Brito, *A representação...*, pp. 212, 215 e 216.

[1542] Utiliza-se a expressão *poder de representação* por uma simples razão de comodidade dialéctica e sem com isso se aceitar qualquer compromisso ao nível dogmático.

[1543] Artigo 2005.º do *Code civil*. Para uma análise acerca do labor preparatório deste preceito do *Code civil* v., por todos, Valentina di Gregorio, *La rappresentanza...*, p. 12.

[1544] Isto obviamente, repise-se, no pressuposto definido pelo artigo 2009.º do *Code civil* de os terceiros se encontrarem de boa fé.

[1545] Patrizia Petrelli, *La rappresentanza...*, in *Rappresentanza...*, p. 110. V., também, e sempre entre os autores italianos, Valentina di Gregorio, *La rappresentanza...*, pp. 26 e ss., 44 e ss., e 277 e ss.. V., ainda a bibliografia citada *infra* nas notas que se seguem.

Se o mandatário age quando o mandato já cessou, não pode mais existir uma actuação por conta e em nome do mandante. Onde não existe poder não há representação.

Nos casos de revogação do mandato, se, ainda assim, o mandatário actuar haverá, por norma, culpa da sua parte; culpa esta que permite ao mandante ressarcir-se, junto do auxiliar aparente dos danos sofridos.

Na hipótese prevista no artigo 2008.° do *Code civil*, e no âmbito das relações entre mandante e terceiro, o que conta é o conhecimento ou ignorância, por parte deste último, dos factos extintivos do mandato. Ignorância que, a verificar-se, autoriza a desconsiderar a realidade e a tomar como válido aquilo que foi levado a cabo na ausência de poderes de representação.

Para os casos não previstos directamente por lei, mas, nos quais se verificava, ainda assim, a necessidade de tutela de terceiros de boa fé que contratassem com o representante, a jurisprudência desenvolveu a chamada teoria do mandato aparente[1546]. A ideia foi a de permitir que uma pessoa que actue em nome de outrem com abuso ou ausência de poderes, e na falta de qualquer acto de ratificação por parte daquele por conta de quem o acto é realizado, possa, em determinadas circunstâncias, vincular o *dominus*[1547].

[1546] Para uma análise acerca dos antecedentes doutrinários, reportáveis aos escritores de Oitocentos, e por conseguinte à própria escola da exegese, da figura do mandato aparente pode ver-se, Valentina di Gregorio, *La rappresentanza...*, pp. 14 e ss., e pp. 26 e ss., estas últimas no tocante ao estado da jurisprudência francesa nesta matéria durante o século XIX, e ao virar de Oitocentos para Novecentos. Refira-se apenas como este desenvolvimento se fez com base numa rápida emancipação da doutrina do mandato aparente relativamente às disposições que se reportavam à extinção do mandato.

[1547] Para mais pormenores acerca do modo como o *mandat* aparente é encarado em França, cfr., *infra*, Parte, II, Cap. IV. Para já referência, apenas, e na literatura jurídica de língua portuguesa, para Hubertus Schwartz, *Sobre a evolução do mandato aparente...*, in *Revista...*, XIX, pp. 99 e ss.; Maria Helena Brito, *A representação sem poderes...*, in *Revista...*, 9/10, 1987, pp. 54 e 55; Id., *A representação...*, pp. 217 e ss.; Paulo Mota Pinto, *Aparência de poderes de representação...*, in *Boletim...*, Vol. LXIX, pp. 622 e 623; Júlio Manuel Vieira Gomes, *Gestão de negócios – um instituto jurídico numa encruzilhada*, in *Boletim da Faculdade de Direito de Coimbra*, suplemento XXXIX, 1994, pp. 526 e ss.; Rui Ataíde, *A responsabilidade...*, pp. 114 e ss.; e Helena Mota, *Do abuso de representação...*, pp. 115 e ss.. Na doutrina alemã pode ver-se, para um confronto entre o *mandat apparent* e a *Anscheinsvollmacht* germânica, Gotthardt, *Der Vertrauensschutz bei der Anscheinsvollmacht im deutschen und im französischen Recht*, Karlsruhe, 1970, *per totum*, maxime pp. 64 e ss., 138 e ss., 186 e ss., 198 e ss.; Reinhardt Schall, *Die Anscheinsvollmacht im deutschen und französischen Recht und die Lehre vom Berechtigung Irrtum*, Disser., Augsburgo, 1971, *per totum*, maxime, pp. 54 e ss., 100 e ss., 145 e ss., 212 e ss. Em França cfr., por ora, e para uma primeira aproximação, Jacques Léauté, *Le mandat apparent dans ses rapports avec la théorie générale de l'apparence*, in *Revue Trimestrielle de Droit Civil*, 1947, XLV, pp. 287 e ss., autor que sugere como fundamento da teoria do mandato aparente a responsabilidade delictual *pour autrui*; Savatier, *Mandat*, cit., in *Traité...*, Tomo XI, pp. 949 e ss.; Lescot, *Le mandat apparent*, in *Juris-Classeur périodique*, 1964, I, pp. 1826 e ss.; Huet, *Traité de droit civil...*, pp. 1031 e ss..

III – No tocante à explicação acerca do fundamento e modo de funcionamento da representação jurídica – nas palavras de muitos a tão propalada essência –, a evolução proporcionada pelo *Code civil* francês afigurou-se bem mais pacífica do que a proporcionada pela ciência jurídica tudesca, emergente da pandectística, e pelo direito alemão. Na verdade, a doutrina francesa clássica, influenciada pelo ensinamento de POTHIER, parte da ideia de acordo com a qual se considera ser o representado quem manifesta sempre a sua própria vontade por intermédio do representante, simples veículo da vontade do representado – *qui mandat ipse fecisse videtur*[1548, 1549, 1550]. Os posteriores ataques à ficção[1551] assim construída acabariam certamente por debilitá-la[1552]. Contudo, o panorama da evolução juscientífica francesa haveria de se caracterizar pela incapacidade de elaboração de uma qualquer via alternativa aceite pela *communis opinio* enquanto tal[1553].

[1548] Neste sentido pode ver-se, por exemplo, de entre os autores por nós considerados: Troplong, *Commentaire...*, p. 190, n.º 595; Baudry-Lacantinière e Albert Wahl, *Traité...*, XXIV, p. 175, onde expressamente se equipara o mandatário a um órgão do mandante; Josserand, *Cours de droit civil positif français*, II, *Théorie générale des obligations*, Paris, 1930, pp. 676; e mais recentemente Savatier, *Mandat, cit.*, in *Traité...*, Tomo XI, pp. 946 e ss.. A mesma ideia segundo a qual o fundamento da representação voluntária se encontra na vontade do representado aparece ainda em autores como Henri Mazeaud, Léon Mazeaud e Jean Mazeaud, *Leçons...*, II, 1, p. 139; e Carbonnier, *Droit civil...*, IV, p. 235. Pilon, *Essai d'une théorie générale de la représentation dans les obligations*, Dissertação, Caen, 1897 (*Apud* Popesco-Ramniceano, *De la représentation...*, p. 196), sustenta a posição segundo a qual os redactores do *Code civil* admitiram já a *Repräsentationstheorie*.

[1549] Acerca da importância deste modo de ver a representação na defesa e propagação dos ideais e ideologias individualistas v., Emmanuel Gaillard, *La représentation en droit français*, in *Droits, Revue Française de Théorie Juridique*, 6, 1985, pp. 93 e ss..

[1550] A jurisprudência da Cassação essa terá aderido, pura e simplesmente, à directiva da teoria da representação conforme expressa pelo § 166 do *BGB*. Cfr., Mário Júlio de Almeida Costa, *A vontade e a declaração...*, in *Boletim...*, 127, p. 151; Id., *Vontade e estados...*, p. 25.

[1551] Nesta construção a redução da estrutura do negócio representativo à vontade do representado surgia, na verdade, como resultado de uma ficção: a vontade relevante era a do principal porque tudo se passava como se este estivesse presente. Há pois uma diferença bem evidente entre as teses de origem francesa que reconduzem o negócio representativo à vontade do *dominus* e a construção nalguns pontos paralela de Savigny. É que, se o autor germânico considera, igualmente, ser a vontade do representado a dar vida ao negócio representativo, não necessita, para tanto, e contra quanto tem sido afirmado, de recorrer a qualquer ficção. A este respeito v. *infra*, Parte I, Cap. IV, parágrafo 1.

[1552] V., por exemplo, as críticas movidas à teoria da ficção movidas por Demogue, *Traité...*, I, pp. 240 e 241; Capitant, *Introduction...*, pp. 389 e 390, autor que fala a este respeito em monstruosidade jurídica; Madray, *De la représentation...*, pp. 105 e ss.; Planiol e Ripert, *Traité pratique...*, VI, pp. 62 e 63; Marty e Raynaud, *Droit civil...*, 1972, I, pp. 283 e 284. Cfr., igualmente, a literatura citada *infra* nas notas ao presente parágrafo.

[1553] Entre nós pode ver-se, para uma panorâmica da evolução apresentada pela literatura jurídica francesa, na tentativa de procurar explicar a figura da representação jurídica voluntária, José Tavares, *Os princípios fundamentais do direito civil*, 2.ª ed., Coimbra, 1928, pp. 436 e ss.; e de forma mais desenvolvida, Helena Brito, *A representação...*, pp. 203 e ss..

Fracassou desde logo – à semelhança, de resto, com quanto se passou na Alemanha com as construções paralelas protagonizadas por autores como MÜHLENBRUCH e PUCHTA[1554] – a tentativa de DUGUIT[1555] no sentido de demonstrar a indamissibilidade do fenómeno jurídico representativo. Contra ela depõem em termos decisivos as próprias palavras do chefe da escola realista francesa, ao considerar apenas ser de admitir como real, quer no mundo social quer no mundo físico, quanto é constatável através da observação directa, e tudo quanto se constata por esta forma deve admitir-se como real. Apenas o observável seria real e tudo quanto é observável é real. Tal é, na opinião de DUGUIT, o postulado indispensável de qualquer ciência. Mas então cabe responder. O direito é uma ciência. O funcionamento do mecanismo da representação jurídica é um facto facilmente observável. Logo...

Inviabilizado, quase à nascença, o esforço de DUGUIT para suprimir de vez a figura da representação jurídica, a doutrina francesa não tardaria em dar à luz uma nova construção explicativa do fenómeno representativo, baseada no princípio da autonomia da vontade[1556]. A representação analisar-se-ia juridicamente na substituição real e completa da personalidade do representado. Noutros termos, seria a vontade do representante, em substituição da vontade do representado, aquela que participaria directa e realmente na formação do contrato celebrado com o terceiro. Tudo num fenómeno possibilitado por uma nova análise do conceito de obrigação, a qual seria vista não como um vínculo entre pessoas mas antes como um nexo entre patrimónios susceptíveis de, em determinados termos, serem afectados por vontades diferentes das dos respectivos titulares. Afectação possibilitada por três vontades, a do *dominus*, a do representante e a do terceiro, todas elas imprescindíveis para formar a relação de representação. Isto apesar de o acto representativo ser posto pela vontade do representante.

As teses que procuraram situar a representação no âmbito da autonomia da vontade alcançaram significativo prestígio na doutrina francesa[1557] e terão sido, porventura, ao lado da teoria da ficção, as merecedoras de maior audiência. Não obstante, elas não se furtaram a severas críticas[1558], a maior parte infundadas, e entre as quais se conta a circunstância de não serem aparentemente capazes de explicar o fenómeno da representação jurídica de origem legal.

[1554] Cfr., Mühlenbruch, *Die Lehre...*, pp. 41 e ss.; e Puchta-Rodorff, *Pandekten, cit.*, p. 413; Id., *Vorlesung...*, I, p. 119, e II, p. 113.

[1555] Duguit, *Traité de droit constitutionnel*, 3.ª ed., Paris, 1927, T. I, pp. 474 e ss..

[1556] Cfr., Madray, *De la représentation...*, pp. 111 e ss..

[1557] Entre os autores que procuram explicar o fenómeno representativo através do recurso à noção de vontade – na circunstância fundamentalmente a do representante – e de autonomia da vontade pode ver-se, por exemplo, Pilon (*Apud* Popesco-Ramniceano, *De la représentation...*, pp. 22 e 23 e 202 e 203); e Capitant, *Introduction...*, pp. 390 e 391. V., também, Popesco-Ramniceano, *De la da représentation...*, pp. 22 e ss., e 204 e ss.; embora este autor ligue directamente a ideia de vontade à noção de acto jurídico em termos que o permitem incluir no grupo de defensores da tese sustentada por Lévy-Ullmann (a este respeito v. *infra* quanto se escreve sob o presente parágrafo).

[1558] V., Popesco-Ramniceano, *De la représentation...*, pp. 203 e 204; Madray, *De la représentation...*, pp. 114 e ss..

Num esforço para impor em França uma construção com algumas afinidades com a teoria da cooperação de vontades de origem tudesca[1559] – na qual se haveria de apoiar ainda, e em Itália, TARTUFARI, cujos ensinamentos influenciaram igualmente o autor francês – DEMOGUE[1560] defendeu a ideia segundo a qual a representação resultaria da actuação da vontade do representante – e também do terceiro, em todos os casos nos quais a sua colaboração no acto fosse indispensável, afigurando-se, todavia, como determinante, na representação convencional, a vontade do *dominus*. Numa análise sintética, a doutrina de DEMOGUE pode estruturar-se em três pontos capitais: a) em qualquer contrato ou acto jurídico deve considerar-se o fim a realizar-se na pessoa do representado; b) entre o *dominus* e o representante existe uma solidariedade social activa relativa à gestão a executar, embora não quanto aos proveitos. Em virtude dessa solidariedade o representante tem um poder sobre o património do representado, o qual fazia dele «(...) *um pouco o Senhorio juntamente com o Senhorio usual*» (por isso, ao contratar com um terceiro, o representante exerce o seu próprio direito e faculdades); c) em virtude da solidariedade apontada por DEMOGUE, o *dominus* tendo os proveitos da actuação do representado deve ter, também, as correlativas desvantagens. Enquanto isso, o representante não fica vinculado devido ao facto de apenas lhe interessar vincular um dos patrimónios. Nestes termos, a relevância dos vícios do consentimento, capacidade e boa fé, deveriam aferir-se relativamente ao representado. Porém, naquelas hipóteses e naqueles aspectos no tocante aos quais o *dominus* deu ordens e instruções precisas sobre o modo como se deveria celebrar o negócio representativo, o representante funcionava como simples mensageiro. Nesse caso, a ideia segundo a qual os estados subjectivos relevantes seriam os do representante, encontraria um limite, passando a assistir-se a uma relevância conjunta ou alternada da vontade do representante e do representado.

Apesar de sujeita a severas críticas[1561], a tese da cooperação de vontades ou seus momentos paralelos não morreu com o esforço levado a cabo por DEMOGUE. De facto, anos volvidos, ROUAST[1562] torna a ela dando-lhe nova configuração: os efeitos do acto praticado pelo mandatário produzem-se na esfera jurídica do *dominus* porque isso corresponde à vontade comum e conjunta do principal e do representado. Mas, se o impulso de DEMOGUE não permaneceu totalmente isolado na doutrina francesa, a verdade é que ele também não soube criar uma *communis opinio* capaz de se substituir à doutrina da ficção corporizada no aforismo *qui mandat ipse fecisse videtur* e oferecer uma via de saída definitiva[1563].

[1559] Na versão que lhe haveria de ser dada por Mitteis, *Die Lehre*..., pp. 110 e ss.. Cfr., *infra*, Parte I, Cap. V, parágrafo 2.2.

[1560] Demogue, *Traité*..., I, pp. 241 e ss..

[1561] Críticas que se fizeram igualmente sentir na literatura jurídica portuguesa. Cfr., Cunha Gonçalves, *Tratado de direito civil em comentário ao código civil português*, Coimbra, 1931, Vol. IV, comentário aos artigos 645.º e 646.º, pp. 192 e 193 e ss..

[1562] André Rouast, *La représentation dans les actes juridiques*, in *Travaux de l'Association Henri Capitant*, Paris, 1948, III, pp. 110 e ss., maxime p. 120 e 121.

[1563] Veremos, ainda assim, *infra*, Parte II, Cap. V, como a tese da cooperação de vontades é aquela que melhor corresponde à orientação consagrada pelo nosso legislador.

Não mereceu melhor sorte o ensaio esboçado por LÉVY-ULMANN[1564] no sentido de, através de um percurso autónomo, fundar a representação na análise do acto jurídico, ou, se se preferir, a tentativa de considerar a representação como uma *modalité* (elemento acidental) do acto jurídico. A ideia viria, é certo, a ser retomada, com maiores ou menores desenvolvimentos e clivagens, por vários outros autores, entre os quais se contam nomes como os de POPESCO-RAMNICEANO[1565], MADRAY[1566] e, depois, STORCK[1567]. Daí à formação de uma *communis opinio* que se impusesse em termos

---

[1564] Lévy-Ulmann, *La contribution essentielle du droit anglais à la théorie générale de la représentation dans les actes juridiques*, in *Mémoires de l'Académie Internationale de Droit Comparé*, Paris, 1928, p. 341 e ss.. Segundo este autor a representação seria, na verdade, uma modalidade do acto jurídico, um elemento acidental de que o *negotium* se poderia encontrar afectado quer em consequência de disposição da lei quer em virtude da vontade das partes. O termo e a condição corresponderiam aos elementos acidentais mais frequentemente citados, mas não seriam os únicos: a representação poderia ser incluída entre eles. Na verdade, a representação seria o elemento em virtude do qual os efeitos de um acto jurídico realizado por determinada pessoa – na circunstância o representante – em nome de outrem – o *dominus* – se produzem directamente na esfera jurídica do representado.

[1565] Popesco-Ramniceano, *De la représentation...*, *passim*, maxime pp. 218 e ss., autor para quem a *modalité* representação teria o condão de fazer com que o acto jurídico, normalmente respeitante apenas às partes contratantes, pudesse produzir efeitos diversos dos ordinários. Na representação voluntária a *modalité* explicar-se-ia através da vontade das partes. Na representação legal ela decorreria directamente na lei e repousaria no alvedrio presumido dos sujeitos. Partes que seriam, nem mais nem menos, as intervenientes no negócio celebrado em nome de um terceiro. Nessa medida a tese de Popesco-Ramniceano descura em grande medida o papel do representado, degradado, enquanto autor do poder de representação, a simples agente de uma das subcondições das quais depende a produção do efeito representativo.

[1566] Madray, *De la représentation...*, *per totum*, maxime pp. 133 e ss., 147 e ss., e 157 e ss.. Começando por rejeitar o apelo à ideia de *modalité*, o autor constrói a figura da representação sobre o acto jurídico. Fá-lo na base da consideração do fenómeno representativo como algo de assente na convergência de vontades entre mandatário e terceiro e susceptível de desencadear a aplicação de uma regra jurídica por força da qual se impõe a vinculação do principal aos efeitos da actuação do representante. A tese de Madray apresenta, todavia, algumas deficiências. Ao reconduzir a representação voluntária a um fenómeno que decorre do simples accionar de preposições de direito objectivo o autor não considera na sua plenitude o papel e o sentido justificante da vontade das partes, designadamente a do representado. A sua posição parece, assim, e afinal, reconduzir-se, em tudo quanto é essencial, aos pontos de «vista da teoria da representação»: os efeitos jurídicos do negócio representativo produzem-se na esfera jurídica do representado porquanto assim o quiseram, com a cobertura da lei o representante e terceiro.

[1567] Storck, *Essai...*, *per totum*, maxime pp. 92 e ss.. Storck divide o acto jurídico em três elementos: a) o direito exercido; b) o exercício do direito; c) e os efeitos jurídicos daí resultantes. Uma vez estabelecida a distinção o autor procura demonstrar como os referidos elementos podem dizer respeito a uma só pessoa ou reporta-se a uma pluralidade de sujeitos, consoante o modo de actuação do agente: em nome próprio ou em nome de outrem, por conta própria ou por conta de outrem. Nestes termos, a representação poderia ser entendida como uma técnica de realização do acto jurídico no qual estão envolvidos sujeitos ou pessoas distintas – o representante e o representado – por força da qual o representante actua por conta e em nome do representado, e cujo sentido ou significado é o de tornar presente o *dominus*, por esta via se justificando a vinculação deste ao acto do representante. Cfr., ainda, Helena Brito, *A representação...*, pp. 221 e 222.

inequívocos iria, porém, um enorme passo[1568]. E com razão. Utilizar o termo *«modalité»* para a aplicar à determinação das pessoas a serem consideradas como partes, autores e agentes de um acto, parece um abuso[1569]. Além disso fica por explicar o mecanismo dessa pretensa *modalité*. No fundo, apenas se desloca o problema[1570].

4. – A representação directa à luz do *ABGB (Das österreichische Allgemeine bürgerliche Gesetzbuch)*

I – O *ABGB*, codificação cujos primórdios remontam a 1753, mas apenas publicada em 1811, com o culminar dos esforços levados a cabo por FRANZ VON ZEILLER[1571], desconheceu totalmente qualquer forma de abstracção da procuração ou do poder de representação. Na verdade, mandato e *Vollmacht* não só não eram vistos separadamente como, ao contrário, eram considerados como duas manifestações de um negócio unitário designado *Bevollmächtigungsvertrag*.

Bevollmächtigungsvertrag que o § 1002 definia como o contrato por força do qual alguém se encarrega de realizar um negócio de cuja execução foi mandatado. Por seu turno, o § 1017 do *ABGB* associava a produção de efeitos jurídicos directos na esfera do *dominus* à circunstância de o mandatário actuar dentro dos limites que lhe foram fixados[1572].

[1568] Para uma crítica genérica a este tipo de construções, que procuram explicar a ideia de representação à luz do conceito de *modalité*, v., por todos, Hans Wolff, *Organschaft...*, II, *Theorie...*. pp. 150 e 151; Müller-Freienfels, *Die Vertretung...*, pp. 218 e ss., em termos susceptíveis de aplicação, também, às teses nascidas como seu corolário ou momentos epigonais – e ainda quando porventura pretendam traduzir-se em vias de superação da ideia de representação enquanto elemento acessório do negócio jurídico.

[1569] Rouast, *La représentation...*, in *Travaux...*, 1984, III, p. 119.

[1570] *Idem*.

[1571] Para uma análise do caminho percorrido desde que Marie Therese criou, em Brünn, uma comissão com um fim de instituir *«um direito mais certo e mais igual, e um processo judicial mais uniforme»*, através da elaboração, de acordo com o direito comum e o direito da razão, um código geral de direito privado, até à intervenção de Von Zeiller e à subsequente publicação em 1-6-1811 do *Algemeines Bürgerliches Gesetzbuch für die deutschen Erblande*, cfr., Wieacker, *História...*, pp. 381 e ss..

[1572] A questão que consistia em saber se o agente devia ou não invocar o nome do *dominus*, para se assistir à produção de efeitos imediatos na esfera deste, mostrava-se contravertida, designadamente ao nível da jurisprudência. Os tribunais austríacos admitiram, nomeadamente, a tese segundo a qual, o facto de o mandatário não indicar o nome do mandante, não impedia a produção do efeito representativo a não ser naqueles casos em que o terceiro contraente declarasse negociar *intuitus persona*. Para uma análise da polémica levantada, durante a vigência do *ABGB*, sobre esta questão, pode ver-se, de entre a literatura por nós considerada, Bauer, *Die Entwicklung...*, pp. 80 e ss..

É certa a circunstância, apontada por BAUER, de, na economia do *ABGB*, parecer poder considerar-se o representante – e não o representado – como o agente do contrato celebrado com o terceiro. O erro e má fé do representado afectavam claramente a posição do mandante. Não obstante, semelhante orientação resultava de uma posição que levava a considerar a má fé ou erro do auxiliar como estados subjectivos próprios do mandante[1573], e não envolvia, por conseguinte, qualquer aproximação de fundo à «*teoria da representação*».

II – O facto de, à semelhança do verificado nas restantes codificações jusnaturalistas, o *ABGB* estabelecer uma profunda ligação entre a relação jurídica interna mandante/mandatário – de um lado – e a relação jurídica externa mandatário/terceiro – do outro – não impediu o legislador austríaco de acautelar, num esforço completado pelo jurisprudência, a posição de quem, de boa fé, tivesse sido prejudicado pela aparência de poderes de representação por parte do agente, contrariando, destarte, todos quantos reservam semelhante desiderato para a construção labandiana do fenómeno representativo e seus momentos epigonais.

O legislador austríaco parte da premissa de que não é lícito a ninguém imiscuir-se nos negócios alheios. Por esta via combatia-se, com vigor, a figura do *falsus procurator*. Quem usurpasse o lugar ou posição de procurador ficava responsável por todos as consequências da sua actuação [1574].

Na eventualidade de o procurador (ou mandatário) ultrapassar os limites dos respectivos poderes, o *ABGB* definia o princípio de acordo com o qual o representado apenas ficava vinculado na hipótese de ratificar o negócio ou de fazer suas as vantagens dele emergentes [1575]. Não obstante o Código austríaco afirmava claramente a da não afectação dos direitos de terceiros em consequência de eventuais instruções internas[1576]. Além disso, o *ABGB* proclamava, solenemente, a eficácia dos negócios concluídos com terceiros de boa fé em momento posterior ao da extinção da *Vollmacht* (§ 1026).

[1573] Cfr., Bauer, *Die Entwicklung...*, p. 81, com indicações ao nível da jurisprudência.
[1574] *ABGB*, § 1035.
[1575] *ABGB*, §§ 1009 e 1016. Cfr., também, o § 1017.
[1576] *ABGB*, § 1017.

5. – O Código Civil português de 1867[1577]

I – O Código Civil português de 1867 assente na tradição romanística, trave basilar do direito comum das ordenações, correspondeu no plano juscultural à recepção do pensamento liberal napoleónico[1578]. Não surpreenderá, por isso, a circunstância de as soluções consagradas a propósito do fenómeno jurídico representativo se aproximarem, em grande medida, das vertidas pelo *Code civil* francês. Na verdade, e tal como o francês, o Código de Seabra não só não continha nenhuma regulamentação geral a propósito da figura da representação voluntária, a qual parecia deduzir-se exclusivamente do contrato de mandato[1579], como não admitia, por qualquer forma, a abstracção da procuração. Na verdade, o Código Civil considerava, no artigo 1318.°, dar-se «(...) *contracto de mandato ou procuradoria, quando alguma pessoa se encarrega de prestar, ou de fazer alguma cousa, por mandado e em nome de outrem»*. Quer dizer: na representação voluntária, era pelo mandato que se estabeleciam, não apenas, os direitos e deveres de

---

[1577] A análise da representação de direito comercial quer à luz do Código de Ferreira Borges quer debaixo do Código Veiga Beirão encontra-se feita por Menezes Cordeiro, *Manual...*, I, pp. 473 e ss.. Não entraremos, por isso, na análise do tema limitando-nos a remeter para quanto refere o Mestre.

[1578] Assim, expressamente, Menezes Cordeiro, *Da boa fé...*, I, p. 273; e Id. *Teoria...*, p. 103; *Tratado...*, 2.ª ed., I, I, p. 98. Para um estudo das vicissitudes da elaboração e aprovação do Código de Seabra pode, ainda, ver-se, José Dias Ferreira, *Codigo civil portuguez annotado*, 2.ª ed., Lisboa, 1894, I, V e ss.; Guilherme Moreira, *Instituições do direito civil português*, I, *parte geral*, Coimbra, 1907, pp. 22 e ss. (para uma referência ao contributo deste último autor na viragem da ciência jurídica nacional para a terceira sistemática cfr., Menezes Cordeiro, *Teoria...*, I, pp. 109 e 110; Id., *Teoria Geral do direito civil/Relatório*, Lisboa, 1987, pp. 240 e ss.; Id., *Tratado...*, I, I, pp. 69 e 70; Id., *Idem*, 2.ª ed., pp. 101 e 102; Id., *Da responsabilidade...*, pp. 451 e ss.. A este respeito cfr., igualmente, José Tavares, *Os princípios fundamentais...*, Vol. I (1929), pp. 325 e ss.); Cunha Gonçalves, *Tratado...*, I (1929), pp. 121 e ss.; Pinto Coelho, *Direito Civil. Noções fundamentais*, por Mendes de Almeida e Agostinho de Oliveira, Lisboa, 1936-37, pp. 129 e ss.; e Luís Cabral Moncada, *Lições de direito civil, parte geral*, 3.ª ed., Coimbra, 1959, pp. 128 e ss.; Ferreira de Almeida, *Texto...*, I, p. 22, nota (74); Pinto Monteiro, *La codification en Europe: le Code Civil Portugais*, in *Boletim da Faculdade de Direito*, Coimbra, 1992, LXVIII, p. 2 e ss.; Paulo Mota Pinto, *Declaração...*, pp. 10 e ss.; Nuno Espinosa Gomes da Silva, *História...*, pp. 262 e ss..

[1579] Note-se, todavia, e também à semelhança de quanto se verificava com o *Code civil* a existência de alguns preceitos, situados fora do contexto da regulamentação do contrato de mandato, com alguma importância na temática da contratação através de terceiros. Assim sucede, designadamente, com os artigos 644.° a 646.° do Código de Seabra. É, de resto, no comentário aos artigos 645 e 646.°, e não aquando da análise dos artigos 1318.° e ss., que Cunha Gonçalves aproveita para expor a sua teoria geral da representação. Cfr., Cunha Gonçalves, *Tratado...*, vol. IV, comentário aos artigos 645 e 646.°, pp. 187 e ss.. V., também, quanto escreve a respeito da assimilação do mandato à representação, no Código de Seabra, Pessoa Jorge, *O mandato...*, pp. 105 e ss., e 111 e ss..

natureza obrigacional entre *dominus* e mandatário, mas, também, que se determinavam os poderes conferidos a este último para realizar negócios com terceiros em nome do mandante. Assim, o mandatário era obrigado a cumprir o seu mandato nos termos e pelo prazo por que lhe foi outorgado, ficando responsável, quer perante o constituinte quer, ainda, perante qualquer terceiro com quem tivesse contratado, caso excedesse os respectivos poderes (artigo 1352.º). Além disso, os actos praticados pelo mandatário fora dos limites expressos do mandato, ou contra o fim deste, eram nulos relativamente ao mandante se não ratificados expressa ou tacitamente (artigo 1351.º)[1580].

II – Ao contrário de quanto sucede com o Código Civil vigente, o de 1867 não continha nenhuma regra acerca de quais os estados subjectivos relevantes em sede de validade/invalidade do negócio representativo: se os do representado se os do representante. Não obstante, a doutrina não deixou de debater ardentemente e de encarar, de face, a potente questão dogmática surgida em torno da determinação da vontade constitutiva do negócio representativo. É este um assunto ao qual voltaremos adiante[1581].

[1580] Mas v. quanto se escreve *infra* acerca da protecção dos terceiros de boa fé, nas páginas por nós dedicadas ao estudo da representação voluntária na ciência jurídica nacional anterior ao Código de 1966.

[1581] V., *infra*, Parte II, Cap. V.

CAPÍTULO IV

A FORMAÇÃO, NO ESPAÇO JUSCULTURAL TUDESCO, DAS BASES DOGMÁTICAS DA MODERNA *COMMUNIS OPINIO* RELATIVA AO FENÓMENO REPRESENTATIVO VOLUNTÁRIO. DA ESCOLA HISTÓRICA AO *BGB*

1. – **A superação de construções como a de MÜHLENBRUCH e o surgimento da *Geschäftsherrntheorie* (teoria do dono do negócio) de SAVIGNY (ponto de partida para a formação da moderna teoria geral do fenómeno representativo)**

I – Enquanto o reconhecimento da representação directa abria caminho por entre as legislações que proliferavam, e era, ao mesmo tempo, objecto de afirmação expressa por parte da jurisprudência europeia, começou a esboçar-se, na primeira metade do século XIX, uma forte tendência, na doutrina alemã, no sentido de se defender uma maior adesão aos esquemas proporcionados pelo direito romano.

O efémero domínio do jusracionalismo na legislação assistiu, um pouco por toda a parte, a uma quebra da ciência jurídica do direito comum, quer quanto à sua vivacidade interna, quer quanto ao seu impacto externo[1582]. No seu ocaso, o racionalismo iluminista atraiçoou o respectivo núcleo mais característico; sovacou frequentemente a consciência jurídica conformada pela tradição e a racionalidade do existente e bloqueou o desenvolvimento futuro do jusnaturalismo através de uma espécie de pretensão de monopólio estadual do direito natural. A sua anti-historicidade haveria de comprometê-lo, como haveria de comprometer também o futuro dos povos[1583].

O jusracionalismo teorético admitira sempre a sua rectificação através de novas experiências e de perspectivas mais correctas. Todavia, a partir do

---

[1582] Wieacker, *História...*, p. 297.
[1583] *Idem*, pp. 297 e ss..

momento em que a razão autoritária impôs aos povos esta teoria, através de decreto, a autocorrecção deixou de ser possível. A razão tornou-se em contra--senso e o benefício em punição. Os postulados da época do direito de *GROTIUS* e PUFENDORF enriqueciam-se e justificavam-se a si mesmos, na contínua e recíproca influência sobre uma ciência jurídica de carácter prático. Porém, uma vez cristalizados nas receitas e fórmulas de legislações de carácter autoritário – marcadas pela simpatia dos legisladores absolutistas por soluções capazes de restringir o desenvolvimento científico do direito e susceptíveis de vincularem a interpretação a comissões ministeriais (Prússia) ou legislativas (França) – as quais pretendiam ter encontrado, de uma vez por todas, o direito certo para um estado concreto, eles haveriam de se transformar em travões de uma justiça viva que reclamava, justamente, como norma perene, um direito positivo diferente para situações históricas diversas[1584].

A elite cultural nacional em gestação na Alemanha não se conformou com o estado de coisas vigente. A consciência política e cultural da nação emergente trazia consigo pretensões de uma participação pessoal nas tarefas do estado e na criação do direito. A estes factores juntar-se-ia, em termos nem sempre claros, na literatura, a influência de KANT, cuja participação contribuiria para o desacreditar do jusnaturalismo[1585] e o concomitante desenvolvimento da escola histórica do direito, cuja ciência jurídica positiva se define como histórica – ela propõe-se a exploração da dimensão histórica do direito.

II – A crise do jusnaturalismo, e o desejo de regresso ao direito romano, traria consigo duas formas bem diferentes de encarar o fenómeno da representação jurídica directa. Uma absolutamente contrária à sua admissibilidade. A outra, não apenas favorável à produção, por acto voluntário, de efeitos jurídicos imediatos em esfera jurídica alheia, mas, além disso, responsável por aquela que tem sido já qualificada como a primeira teoria geral da representação[1586].

[1584] *Idem, ibidem.*

[1585] A este respeito, e acerca da forma, nem sempre correcta, como o contributo de Kant neste domínio, tem sido avaliado v., por todos, Wieacker, *História...*, pp. 401 e ss.; e Menezes Cordeiro, *Da boa fé...*, I, pp. 286 e ss..

[1586] Referimo-nos, naturalmente, ao contributo operado por Savigny nesta matéria, e cuja importância tem feito dele objecto de uma interminável literatura jurídica de entre a qual se pode referir a título ilustrativo, e de entre os autores por nós considerados, Scheurl, *Stellvertretung...*, in *Kritische...*, I, pp. 322 e ss.; Hellmann, *Die Stellvertretung...*, pp. 21 e 78 e ss.; Mitteis, *Die Lehre...*, passim, maxime pp. 89 e ss. e 205 e ss.; Hupka, *Die Vollmacht...*, passim, maxime pp. 29 e ss., e 43 e ss.; Windscheid-Kipp, *Lehrbuch...*, I, pp. 352 e 535, nota (16b); Enneccerus-Nipperdey, *Allgemeiner Teil...*, I, II, p. 1115; Hans Wolff, *Organschaft...*, II, *Theorie...* pp. 148 e ss. e 199; Nattini, *La dottrina generale della procura. La rappresentanza*, Milão, 1910, pp. 35 e 36; Pugliatti, *L'atto di disposizione...*, in

A negação do fenómeno da representação imediata ou directa começou por surgir pela pena de MÜHLENBRUCH[1587], autor a quem se terá ficado a dever a primeira tentativa de, após o período do jusracionalismo, renovar o tratamento do fenómeno representativo de acordo com a pureza das fontes de direito romano, com a consequente negação da possibilidade de produção, por acto de vontade, de efeitos jurídicos directos em esfera jurídica alheia.

MÜHLENBRUCH parte da ideia segundo a qual uma relação jurídica apenas pode ter como causa uma actuação daquele em cuja esfera jurídica irá entrar. Nestes termos, os direitos e obrigações deveriam passar primeiro pelo património do representante e só depois poderiam ser transferidas para o do principal, mediante cessão. A diferença relativamente ao direito romano residia na circunstância de, segundo MÜHLENBRUCH, a cessão se considerar realizada em virtude de uma ficção e não em resultado de um acto material [1588].

No tocante à problemática dos vícios da vontade e estados subjectivos relevantes na formação do negócio representativo, a *Cessionstheorie* de MÜHLENBRUCH haveria de conduzir a resultados muito próximos de quantos seriam reivindicados pela *Repräsentationstheorie*: a única vontade constitutiva do negócio é a do intermediário[1589]. Destarte, apenas ela releva na determinação da validade ou invalidade do acto representativo [1590].

A doutrina de MÜHLENBRUCH suscitaria uma potente adesão. Defenderam-na, com diferentes variantes, autores como

---

Studi..., p. 21; Saggese, *La rappresentanza...*, pp. 38 e ss.; Everding, *Die dogmengeschichtliche...*, pp. 51 e ss.; Droin, *La représentation indirecte en droit suisse*, Genebra, 1956, pp. 21 e 22; Mosco, *La rappresentanza volontaria nel diritto privato*, Nápoles, 1961, pp. 115 e ss.; Müller-Freienfels, *Die Vertretung...*, p. 12; Id., *Die Abstraktion der Vollmachtserteilung...*, in *Stellvertretungsregelungen in Einheit...*, pp. 60 e ss., maxime 70 e ss.; Bauer, *Die Entwicklung...*, pp. 97 e ss.; Hammen, *Die Bedeutung...*, pp. 137 e ss.; Coing, *Europäisches...*, II, pp. 456 e 457; Flume, *Allgemeiner...*, II, *Das Rechtsgeschäft*, p. 752; Schilken, *Wissenszurechnung im Zivilrecht, Eine Untersuchung zum Anwendungsbereich des § 166 BGB innerhalb und außerhalb der Stellvertretung*, Bielefeld, 1983, pp. 9 e ss., 18 e ss.; Staudinger-Schilken, *Kommentar...*, I, comentário prévio ao § 164, pp. 7 e 8; Pawlowski, *Die gewillkürte...*, in *Juristen...*, 1996, Ano 51, 3, pp. 125 e ss.; Raúl Guichard, *O problema...*, p. 5 e ss.; Maria de Lurdes Marques Pereira, *Os estados subjectivos relevantes na representação voluntária...*, in *Revista...*, XXXIX, I, p. 137; Helena Mota, *Do abuso de representação...*, pp. 34 e ss..

[1587] Mühlenbruch, *Die Lehre...*, pp. 41 e ss., e por exemplo, p. 44, onde o autor refere não ser admissível a representação através de intermediários voluntários; Id., *Lehrbuch...*, I, pp. 243 e ss..

[1588] Continuou no essencial a apelar-se para as *actiones* de direito romano. O representado podia adquirir uma acção mediante uma cessão fictícia ou verdadeira, e podia ser demandado através de uma *actio quasi institoria*.

[1589] Ideia levada tão longe – mas em perfeita e necessária coerência com os pressupostos dos quais parte – que o representado não podia adquirir nenhum direito relativamente ao qual o representante carecesse de capacidade. Cfr., Mühlenbruch, *Die Lehre...*, p. 111.

[1590] Mühlenbruch, *Die Lehre...*, pp. 118 e ss..

VANGEROW[1591], PUCHTA[1592], BÄHR[1593], THIBAUT[1594] e THÖL[1595]. Não obstante, ela ver-se-ia completamente votada ao fracasso quer em consequência de fraquezas do próprio discurso[1596] quer em virtude da generalização do expresso reconhecimento legal da representação jurídica directa.

III – A primeira machadada séria na _Cessionstheorie_ haveria de ser dada por SAVIGNY[1597, 1598]. Para isso, o autor interpretaria a regra da proibição romana da aquisição de direitos e obrigações através de representante livre como circunscrita aos contratos formais. Semelhante exegese afrontava, declaradamente, a interpretação das fontes levada a cabo pela _communis opinio_, e em cujos pressupostos se baseavam MÜHLENBRUCH e seus prosélitos para negar a admissibilidade da representação jurídica directa.

As premissas e argumentos nos quais se baseava SAVIGNY não lograram, é certo, impor-se em termos inequívocos. Não obstante, as considerações proferidas pelo _Caput_ da escola histórica concederam ao fenómeno da representação jurídica directa os foros de inquestionável cidadania que, porventura, lhe faltavam ainda[1599].

A própria abordagem externa do fenómeno da representação, efectuada por SAVIGNY, coloca-se em confronto com quanto até aí tinha sucedido[1600]. Na verdade, a representação passa a encontrar lugar

---

[1591] Vangerow, _Lehrbuch..._, III, pp. 293 e 294.

[1592] Puchta-Rudorff, _Pandekten, op. cit._, p. 413.

[1593] Bähr, _Über Irrungen beim Contrahiren durch Mittelspersonen_, in _Jherings Jahrbücher für die Dogmatik des heutigen römischen und deutschen Privatrechts_, 1863, Vol. VI, pp. 286 e ss..

[1594] Thibaut, _System des Pandekten– Rechts_, 7.ª ed., Iena, 1823, Vol., II, pp. 293 e ss..

[1595] Cfr., Thöl, _Das Handelsrecht..._, 4.ª ed., I, pp. 127 e ss., maxime 143 e ss.. Depois da quarta edição Thöl haveria de mudar de opinião e sustentar uma orientação com características próprias (v., _infra_, Parte I, Cap. V, parágrafo 2.1).

[1596] Para uma crítica à _Cessionstheorie_, maxime do ponto de vista das respectivas contradições internas, v., designadamente, de entre a literatura por nós considerada, Savigny, _Obligationenrecht..._, II, pp. 70 e ss.; Laband, _Die Stellvertretung..._, in _Zeitschrift..._, X, pp. 184 e ss.; Mitteis, _Die Lehre..._, p. 88.; e Everding, _Die Dogmengeschtliche..._, pp. 46 e ss..

[1597] Savigny, _System..._, III, pp. 90 e ss.; Id., _Obligationenrecht..._, II, pp. 21 e ss..

[1598] No mesmo sentido do referido no texto cfr., Staudinger-Schilken, _Kommentar..._, I, comentário prévio ao § 164, p. 7, para quem Savigny cumpriu, no contexto da dogmática romanística, a transição ou passagem para o reconhecimento da representação.

[1599] V., ainda assim, as cruzadas levadas a cabo contra esta figura _iuris_ por Duguit e Schlossmann.

[1600] A este respeito v., Mitteis, _Die Lehre..._, p. 80, autor para quem o aparecimento do terceiro volume do _System_ de Savigny significou o começo do tratamento unitário da representação enquanto instituto _sui generis_; Everding, _Die dogmengeschichtliche..._, p. 51; Hammen, _Die Bedeutung..._, pp. 137 e ss.; e Müller-Freienfels, _Die Abstraktion..._, in _Stellvertretung in Einheit..._, p. 60.

no contexto de uma teoria geral e a ser orientada por princípios e preceitos gerais, com o consequente abandono do velho método de a tratar a propósito do mandato ou das acções adjectícias[1601]. O resultado final traduzir-se-ia numa ampla defesa de uma incontroversa admissibilidade da produção, por acto de vontade, e dentro dos limites consentidos pelo principal, de efeitos jurídicos em esfera jurídica alheia.

SAVIGNY parte da aceitação da tese segundo a qual na origem do direito romano se encontrava o princípio rigoroso, e altamente nocivo para as transacções, de que apenas se podia adquirir e ser-se representado por intermédio de pessoas colocadas na dependência do *pater*[1602]. Além disso, SAVIGNY reconhecia a impossibilidade inicial de se diminuir o património do chefe de família mediante o mecanismo da representação[1603]. Se o *filius* ou um escravo celebrassem uma estipulação, mancipassem algo pertencente ao pai, quem a recebia não se tornava proprietário. A própria vontade do pai não teria podido nada contra isto, não lhe sendo lícito tomar o filho como instrumento em semelhantes actos.

Um princípio tão estreito e rigoroso não podia, todavia, no entender de SAVIGNY, manter-se quando a civilização começou a multiplicar as transacções sociais[1604]. Surgiram, assim, e segundo ele, uma série de verdadeiras excepções ao princípio da não representação. Excepções sancionadas ora por acções pretórias criadas para o efeito, ora por acções ordinárias, que eram dadas ou concedidas pelo pretor apenas naqueles casos nos quais os antigos princípios houvessem conduzido a resultados opostos[1605].

Mas, para além das brechas, desvios e restrições ao rigor dos princípios, assistiu-se, igualmente, na visão do chefe da escola histórica, a uma modificação ou transformação desses mesmos princípios[1606]. De início, afirma, admitiu-se a representação livre em determinados casos particulares. Primeiro na aquisição da posse e nos outros meios de adquirir a propriedade fundados na posse[1607], tais como a tradição e a ocupação. Depois a representação foi naturalmente admitida para as alienações resultantes da tradição, e para as aquisições do mesmo tipo. De tal forma que, no tocante à transferência da propriedade, a

---

[1601] Repare-se como no *System...*, III, pp. 1 e ss., e 90 e ss., a representação é tratada a propósito do nascimento e extinção das relações jurídicas, mais especificamente enquanto forma de prolongamento das actuações livres dos sujeitos. Por sua vez, no *Obligationenrecht...*, II, pp. 7 e ss., e 21 e ss., a representação surge tratada a respeito dos contratos em geral, concretamente, na sequência do estudo das pessoas ou sujeitos dos contratos. Para mais pormenores cfr., Hammen, *Die Bedeutung...*, pp. 137 e ss., onde se refere, igualmente, o ensinamento sustentado, nas respectivas aulas teóricas, por Savigny acerca da representação.

[1602] Savigny, *System...*, III, p. 92; Id., *Obligationenrecht...*, II, pp. 23 e 24.

[1603] Savigny, *System...*, III, p. 93.

[1604] Savigny, *System...*, III, p. 94; Id., *Obligationenrecht...*, II, p. 23.

[1605] Savigny, *Obligationenrecht...*, II, pp. 23 e ss..

[1606] Savigny, *System...*, III, pp. 94 e ss.; Id., *Obligationenrecht...*, II, pp. 40 e ss..

[1607] Savigny, *Obligationenrecht...*, II, p. 94.

representação apenas teria sido excluída nas formas do antigo direito civil: ou seja, na mancipação e na *in jure cessio*[1608].

Com o tempo consagraram-se, no dizer de SAVIGNY, as mesmas facilidades a respeito das obrigações, embora as mudanças se efectuassem, neste domínio, com maior lentidão e hesitações do que a propósito da propriedade[1609]. Para os contratos como a venda e locação admitiu-se que os créditos e dívidas deles emergentes pudessem ser, respectivamente, adquiridos e contraídas por intermédio de um representante[1610]. Porém, os contratos submetidos às formas rigorosas do antigo direito civil, ou seja as estipulações, deviam ser realizadas pessoalmente; nunca com recurso a representantes livres, numa regra reconhecida, nas palavras do chefe da escola histórica, ainda pelo direito justinianeu[1611].

No fundo, haveria que distinguir entre actos formais e actos não formais[1612]. Para os primeiros vigorava a proibição do recurso à representação na celebração de negócios jurídicos. O mesmo não sucedia, porém, com os segundos, os quais podiam ser celebrados por terceiros livres. Tudo numa solução fruto de um longo e maduro progresso cujo resultado se encontra, no entender de SAVIGNY, sintetizado num texto de *Modestinus Libro XIV ad. Quintum Mucium* – D., 41, 1, 53: «*Ea quae civiliter adquiruntur, per eos qui in potestate nostra sunt adquirimus, veluti stipulationem: quod naturaliter adquiritur, sicuti est possessio, per quemlibet volentibus nobis possidere adquirimus.*»

A primeira parte do texto aplicar-se-ia segundo, o jurista germânico, às actuações de direito civil e submetia, ainda ao tempo de Justiniano, os actos formais ao princípio originário da proibição de recurso à representação. A segunda metade aplicar-se-ia a todos os actos não formais – os mais numerosos e importantes ao tempo de Justinano – tendo-se tornado na regra capital em matéria de representação, regra esta da qual decorria uma ampla admissibilidade do recurso a representantes livres[1613].

Alcançados estes resultados, e limitada a impossibilidade de representação mediante intermediários livres aos actos solenes, SAVIGNY não encontra grande dificuldade em afirmar a ilimitada admissibilidade do fenómeno repre-

---

[1608] Savigny, *System...*, III, pp. 94 e 95.

[1609] *Idem*, p. 95.

[1610] *Idem*, p. 95.

[1611] Mas mesmo a propósito das estipulações haveria, na perspectiva de Savigny, de se proceder a uma suavização. A representação não era permitida quando se tratava de um acto isolado. No entanto, na gestão de interesses confiada a um mandatário intervinham as estipulações como partes integrantes da administração a levar a cabo. As acções delas resultantes respeitavam apenas ao mandante, não ao mandatário. E o mesmo valia, de acordo com Savigny, para o *procurator ad litem* ou para o tutor. Cfr., Savigny, *System...*, III, p. 95.

[1612] Savigny, *System...*, III, pp. 96 e ss.; Id., *Obligationenrecht...*, II, pp. 49 e ss..

[1613] A ideia segundo a qual o trecho romano em referência contraporia a *possessio* a todas as outras formas de aquisição é claramente refutada por Savigny, *Obligationenrecht...*, II, pp. 42 e ss., autor de acordo com quem o fragmento em referência no texto se limitaria a distinguir duas classes diferentes de aquisição, sendo cada uma delas marcada por um exemplo. A referência à *possessio* surgiria, assim, como forma de ilustrar a regra de que os actos não formais se mostravam compatíveis com a representação livre.

sentativo ao tempo em que escreve, porquanto quer a *stipulatio* quer a escravatura tinham então desaparecido[1614].

IV – Mas o ponto capital da teoria construída por SAVIGNY reside na articulação entre as noções de *nuntius* e de representante. Na verdade, o autor nega a existência de uma qualquer distinção entre as duas figuras. Segundo ele, o único e verdadeiro sujeito, autor e agente do negócio representativo é o representado. A vontade constitutiva do acto realizado pelo representante é, na verdade, a do *dominus*[1615], não a do representante degradado à qualidade de simples mensageiro[1616]. Falar de influência da acção de uma pessoa sobre outra pessoa não tem para SAVIGNY qualquer sentido ou significado[1617]. Quando *Titius* dá a *Gaius* mandato para adquirir em seu nome uma casa pertencente a *Seius*, e quando o mandato é executado, as pessoas verdadeiramente em jogo no negócio são, para o jurista alemão, *Titius* e *Seius*. O característico deste caso não residiria na relevância do contrato para alguém que nele não participa. Ao contrário, tudo gira em torno do facto simples de *Titius* ter preferido, à expressão oral directa ou escrita da sua vontade, utilizar outra pessoa com o mesmo fim,

---

[1614] Savigny, *System...*, III, p. 98; Id., *Obligationenrecht...*, II, p. 51.

[1615] Com isto, Savigny, *Obligationenrecht...*, II, pp. 48 e ss. e 60 e ss., elimina pura e simplesmente a possibilidade de o terceiro contraente se dirigir contra a pessoa do intermediário e suprime ao mesmo tempo todo o espaço deixado, neste contexto, à representação indirecta, a qual passa a constituir uma figura completamente à parte. Não é, pois, porventura, um acaso (sobretudo depois de às posições de Savigny se terem vindo juntar as de Jhering, *Mitwirkung...*, in *Gesammelte...*, I, pp. 123 e ss., em particular 154 e ss.) a circunstância de a representação indirecta ter sido desenvolvida pela jurisprudência dos interesses, em particular, por Müller-Erzbach, *Die Grundsätze der mittelbaren Stellvertretung aus der Interessenlage Entwickelt*, Berlim, 1905, *per totum*, a partir de bases dogmáticas completamente novas. Este contributo de Müller-Erzbach daria origem a um estudo crítico de Neubecker, *Beiträge von der mittelbaren Stellvertretung. Zugleich eine Kritik der Grundsätze der mittelbaren Stellvertretung aus der Interessenlage Entwickelt von Rudolf Müller-Erzbach, Gerichtsassessor und Privatdozent in Bonn*, separata de *Grünhut Zeitschrift für das Privat– und Öffentliche Recht der Gegenwart,* Viena, 1909, *per totum*; ao qual se seguiria, de imediato, uma resposta de Müller-Erzbach, *Zur Lehre von der mittelbaren Stellvertretung*, in *Grünhut Zeitschrift für das Privat- und Öffentliche Recht der Gegenwart*, 1909, pp. 225 e ss.. Para uma referência ao reflexo que este debate teve na doutrina italiana, v., Gioachini Scaduto, *La «rappresentanza mediata» nell'acquisto dei diritti*, in *Rivista del Diritto Commerciale e del Diritto Generale delle Obbligazioni*, 1925, I, pp. 525 e ss..

[1616] Cfr., Savigny, *Obligationenrecht...*, II, pp. 19 e 54 e ss..

[1617] Conforme refere a propósito Müller-Freienfels, *Die Abstraktion...*, in *Stellvertretung in Einheit...*, p. 71, o dono do negócio e a sua vontade foram os pontos de apoio mais próximos encontrados por Savigny para manter a ligação com a sua posição fundamental segundo a qual o negócio jurídico e a *voluntas* negocial constituem o espaço de acção da personalidade autónoma. Savigny, *System...*, I, p. 7, como se sabe alicerça o direito subjectivo e a relação jurídica, aspectos fundamentais do respectivo sistema, na vontade humana.

como intermediário. *Gaius* apenas é, assim, um órgão de *Titius*[1618]. Ele não é afectado pelos efeitos do negócio representativo, porquanto, aquele que contrata com o mandatário nessa qualidade e recebe as suas propostas, aceita na realidade a declaração de vontade de antemão feita pelo principal. Noutros termos, a razão pela qual se estabelecem relações jurídicas entre o *Gaius* e o *dominus*, enquanto nada acontece entre o representante e quem com ele negoceia, reside na circunstância de a parte adversa apenas ter tido em vista, como contraente, o representado[1619]. Deste modo, e ao contrário de quanto é quase unanimemente sustentado, a redução da estrutura do negócio representativo à vontade do principal não surge, na construção de SAVIGNY, como consequência de qualquer ficção. Semelhante redução é, antes, fruto da ideia segundo a qual o representante transporta na realidade a vontade do *dominus*, a qual manifesta perante a outra parte[1620].

SAVIGNY procurou demonstrar as suas ideias acerca da relação entre o núncio e o representante através da assimilação de qualquer um deles a uma carta[1621]. Para tornar mais perceptível este seu ponto de vista o autor germânico recorreria a um exemplo – dividido depois em várias hipóteses – no qual se imaginava a compra de um cavalo[1622].

A carta é, escreve SAVIGNY, um instrumento privado de conhecimento e de vontade, como acontece também, inegavelmente, com o mensageiro. Se eu quiser comprar um cavalo, o vendedor me exigir 100, e eu não puder pagar o preço, separamo-nos sem ter contratado. Porém, se enviar mais tarde um mensageiro com uma declaração de que concordo com o pedido do vendedor, este intermediário será o portador da minha vontade sem, todavia, saber de quanto se trata. Ele surge como um simples instrumento privado de conhecimento e de vontade; exactamente como uma carta[1623].

Mas não há, na visão de SAVIGNY, nenhuma razão para parar aqui. Quando eu digo ao mensageiro qual o assunto a que se refere a mensagem ele já não é apenas portador da minha resposta afirmativa, mas do conjunto completo da minha vontade manifestada. Ele não é mais um instrumento privado de conhecimento, como uma epístola, mas permanece sem vontade. Neste caso ninguém duvidará, porém, do facto de o contrato celebrado com recurso ao intermediário valer em tudo como se tivesse sido concluído pelo principal ou com apelo a um documento escrito.

Se, entretanto, afirma o *Caput* da escola histórica, eu encarregar o intermediário de comprar se possível por um preço inferior a 90 mas se concordar,

---

[1618] *Obligationenrecht...*, p. 19.
[1619] Savigny, *Obligationenrecht...*, II, p. 61.
[1620] Em sentido idêntico ao nosso cfr., Bauer, *Die Entwicklung...*, p. 98.
[1621] Savigny, *Obligationenrecht...*, II, p. 57.
[1622] *Idem*, pp. 57 e ss..
[1623] *Idem*, p. 57.

em caso de necessidade, com um valor de 100 o intermediário já não se encontrará totalmente desprovido de vontade. Ele goza de alguma iniciativa. Não obstante, não haverá aqui, e segundo SAVIGNY, nenhum motivo para distinguir esta hipótese das duas precedentes [1624].

Finalmente, se eu vir, num comerciante, vários cavalos – todos eles com vantagens e inconvenientes – e mandatar alguém, com conhecimentos superiores aos meus, para adquirir, em meu nome, e ao preço julgado mais acertado, o animal mais conveniente, o campo de acção do representante será extremamente vasto. Contudo, SAVIGNY, continua a afirmar a inexistência de qualquer distinção entre este representante e os núncios das duas primeiras hipóteses: a minha vontade dirigida a uma pluralidade de soluções, cuja escolha é deixada ao representante não deixa de ser a minha vontade[1625].

Nestes termos, SAVIGNY considera que aos olhos da outra parte, e independentemente do grau de liberdade deixada ao seu dispor, o representante surge, sempre, como um mero portador da vontade do principal[1626]. A comparação dos diversos casos permitiria, na verdade, considerá-los como dotados todos da mesma natureza. Pouco importa que o representante transmita a minha única resolução, ou escolha uma de entre várias por mim tomadas. É impossível, escreve SAVIGNY, fixar um limite exacto entre as diversas hipóteses nas quais é deixada mais ou menos iniciativa ao intermediário. Não existe nenhum motivo sério para admitir a influência de semelhante limite. Em todas as circunstâncias será o *dominus*, através da sua vontade, a concluir o negócio[1627].

V – A tese de SAVIGNY concitaria a adesão de uma plêiade de juristas ilustres. RUHSTRAT[1628], DERNBURG[1629], SCHEURL[1630],

---

[1624] *Idem*, p. 58.

[1625] *Idem*, pp. 58 e 59.

[1626] *Idem*, p. 59.

[1627] *Idem*, p. 59.

[1628] Ruhstrat, *Über Stellvertretung ohne Vollmacht*, in *Jherings Jarhbücher für die Dogmatik des heutigen römischen und deutschen Privatsrechts*, X, 1871, pp. 208 e ss., designadamente p. 211, onde, para contestar a opinião de Laband (cfr., *Die Stellvertretung...*, in *Zeitschrift...*, X, p. 231) segundo o qual a situação do representante sem poderes poderia ser, quando condicionada à aprovação do representado, equiparada à do representante com poderes, Ruhstrat, considera existir nesta, e ao contrário de quanto acontece naquela, desde o início duas vontades: a do principal e a do terceiro; Id., *Inwiefern haftet heutzutage der Mandatar aus den Verträgen, die er als solcher geschlossen hat?* in *Archiv für die civilistiche Praxis*, 1847, XXX, 340 e ss., pp. 348 e ss. (não obstante a certa altura parecer subscrever a teoria da ficção quando afirma dever considerar-se, no momento da contratação, o representante como se fosse o próprio principal). Este autor, apesar de aderir à *Geschäftsherrntheorie*, rejeitava a tese de Savigny segundo a qual o direito romano conhecia já, de forma generalizada, a representação jurídica directa, instituto considerado por Ruhstrat como um triunfo do direito moderno. Ruhstrat, *Zur Lehre von der Stellvertretung*, in *Jherings Jarhbücher für die Dogmatik des heutigen römischen und deutschen Rechts*, 1887, XXVI, pp. 456 e ss., reconhece, sim, a existência, designadamente a partir de *Papinianus*, de casos a que chama de representação perfeita mas parece considerá-los ainda como excepcionais.

[1629] Laband, *Die Stellvertretung...*, in *Zeitschrift...*, X, p. 225, pretende, é certo, incluir Dernburg entre os adeptos da *Fiktionstheorie*. E de tal forma que Laband não hesita em afirmar ser

CANSTEIN[1631] e HELLMANN[1632] sufragariam a respectiva dogmática, à qual não deixaram, de resto, de emprestar novos desenvolvimentos. Levada às suas naturais consequências a orientação propugnada por SAVIGNY e seus sequazes conduziria a ver o negócio
representativo como exclusivamente dependente das circunstâncias
pessoais do representado, designadamente no tocante aos vícios da
vontade e aos estados subjectivos[1633]. Tudo com a consequente eliminação
do tecido contratual da vontade e conhecimento do representante.
Eliminação que haveria, justamente, de conduzir ao descrédito da orientação de raiz savignyana e ao seu progressivo abandono por parte
da doutrina posterior[1634].

Dernburg quem mais consequentemente conduziu a teoria da ficção às suas naturais consequências. Contudo, a posição do grande corifeu da *reine juristische Methode* não colhe. Na verdade, e tal
como Savigny, Dernburg não procede à redução da estrutura do negócio jurídico à vontade do
principal na sequência de uma qualquer ficção. Ao contrário, e como o próprio passo citado por
Laband o indica, Dernburg considera o representado como o verdadeiro autor do negócio representativo. Apenas após a entrada em vigor do *BGB*, e depois de se ter manifestado ainda como
adepto de Mitteis, é que Dernburg se viraria para os quadros da *Repräsentationstheorie* (cfr., Dernburg, *Das bürgerliche Recht des deutschen Reiches und Preußens*, 3.ª ed., Berlim, 1906, I, pp. 531 e ss.,
550 e ss.). V., também a respeito da evolução do pensamento de Dernburg quanto escreve Bauer,
Die Entwicklung..., pp. 107 e ss..

[1630] Scheurl, *Stellvertretung...*, in *Kritische...*, I, pp. 315 e ss., maxime pp. 334 e 335, onde o
autor afirma que o único erro da construção de Savigny reside num anacronismo. A representação
jurídica, ou a sua admissibilidade, não seria o fruto das construções jurídicas romanas mas antes da
moderna vida jurídica. No mais Scheurl manifesta a sua adesão a Savigny. Note-se, todavia, que
esta aproximação não seria longa. Na verdade Scheurl já fora um adepto da *Cessionstheorie* e não
tardaria em afastar-se também da teoria do dono do negócio proposta pelo chefe da escola
histórica do direito.

[1631] Canstein, *Vollmacht und Auftrag mit Stellvertretungsbefugnis unter besonderer auf das
Handelsgesetzbuches*, in *Grünhut's Zeitschrift für das Privat– und Öffentliche Recht der Gegenwart*, 1876,
III, pp. 670 e ss., 676 e ss..

[1632] Hellmann, *Die Stellvertretung...*, pp. 5 e ss., maxime pp. 19 e 20, onde o jurista tudesco
afirma que conceder uma procuração geral equivale a dizer: Tudo aquilo que o meu procurador
disser que eu quero, eu quero na verdade; ou eu quero todas as vezes que o meu representante
disser que eu quero.

[1633] Expressamente neste sentido pode ver-se, de entre os adeptos da teoria de Savigny por
nós recenseados, Canstein, *Über Stellvertretung...*, in *Busch's...*, XXI, pp. 286. Outros como, por
exemplo, Dernburg, e Hellmann, *Die Stellvertretung...*, pp. 155 e ss., limitam a falta de relevância
do erro do representante aos casos nos quais a falsa representação da realidade versa sobre pontos
já determinados pelo representado. Em todas as outras situações nas quais o conteúdo do negócio
representativo é fixado pelo representante o seu erro já relevaria. Com semelhante concessão é,
porém, e conforme refere a propósito, Hupka, *Die Vollmacht...*, p. 44, a própria *Geschäftsherrntheorie*
que parece negar-se a si própria, não obstante os esforços de Dernburg e Hellmann no sentido de
firmarem a ideia segundo a qual quando o representante erra é também o representado a errar.

[1634] Para uma crítica aguda da construção de Savigny cfr., Thöl, *Das Handelsrecht...*, 4.ª ed.,
I, pp. 143 e ss.; Mitteis, *Die Lehre...*, pp. 89 e ss.; Curtius, *Die Stellvertretung...*, in *Archiv...*, LVIII,
pp. 72 e ss.; e Hupka, *Die Vollmacht...*, pp. 30 e ss.. V., igualmente, Rosenberg, *Stellvertretung...*,

2. – As *Repräsentationstheorien*. A *Fiktionstheorie* e a *Separationstheorie*

I – A convicção segundo a qual o tráfego jurídico já não podia passar sem o reconhecimento da representação directa, por um lado, e a incapacidade da *Geschäftsherrntheorie*, por outro, para impor os respectivos pontos de vista, conduziriam, em conjunto, à progressiva formação de uma nova concepção do instituto da representação voluntária, a qual se pretendia totalmente desligada dos princípios gerais do *Corpus Iuris Civilis* [1635]: a *Repräsentationstheorie*.

A nova orientação apresentaria ramificações extremamente variadas, embora todas elas assentes num mesmo ponto de partida: na celebração, com o terceiro, do negócio representativo, o único agente, o único contraente, é o representante, não o representado[1636], com todas as consequências que isso acarreta, quer ao nível da determinação de qual a vontade juridicamente relevante no surgimento do acto representativo, quer, ainda, no plano dos estados subjectivos relevantes[1637]. Nisto residiria precisamente a especialidade da actuação do procurador. Ele actua, e só ele, em nome de outrem, em cuja esfera jurídica – não na própria – se pretende, de forma declarada, venham a produzir-se os efeitos do negócio jurídico. O representado, esse, não toma qualquer parte no nascimento do negócio representativo, não é seu agente nem autor, apesar de ser ele o tocado pelos respectivos efeitos jurídicos.

II – A primeira tentativa realizada pelos corifeus e sequazes da *Repräsentationstheorie* para fundar e fundamentar a produção directa de efeitos jurídicos directos na esfera do *dominus* haveria de ser levada a cabo com recurso à ideia de ficção: o negócio era, de facto, celebrado pelo representante mas tudo se passaria como se o negócio tivesse sido pessoalmente concluído pelo representado; num caminho percor-

---

pp. 111 e 112, autor segundo o qual a *Geschäftsherrntheorie* contraria a forma como a representação se processa na prática. Na doutrina italiana v., por todos, Mosco, *La rappresentanza...*, pp. 116 e 117. Entre nós cfr., também, Raúl Guichard, *O problema...*, p. 8; Helena Mota, *Do abuso de representação...*, pp. 34 e ss..V., ainda a bibliografia citada *supra*, designadamente ao longo deste parágrafo.

[1635] Assim, também, Bauer, *Die Entwicklung...*, p. 111.

[1636] Cfr., a este respeito, e no mesmo sentido, Bauer, *Die Entwicklung...*, p. 116.

[1637] Cfr., porém, quanto se escreve *infra* no presente parágrafo a propósito da construção de Unger.

rido, designadamente, e com algumas variantes, por WÄCHTER[1638], BUCHKA[1639], LABAND[1640], UNGER[1641], SCHLIEMANN[1642] e WINDSCHEID[1643], entre muitos outros.

De entre os vários adeptos da tese segundo a qual a figura da representação se basearia numa ficção, UNGER tem sido aquele acusado de maior radicalismo[1644]. O autor austríaco aceita como válido o brocardo *«qui facit per alium est perinde ac si faciat per se ipsum»* no qual se acoberta ao considerar que: *«no caso de representação o negócio celebrado pelo representante vale como se celebrado pelo próprio representado. (...) Tem com isto lugar uma ficção, a actuação jurídica do representante é considerada como a actuação do representado (...) aquele que realmente actua é visto, tendo em consideração os efeitos jurídicos do seu comportamento, como se não tivesse actuado; aquele que de facto não actuou por si próprio, é em cada relação tratado como se tivesse agido. A actuação de um vale como a actuação do outro.»*[1645]

Ao afirmar passar-se tudo como se o representado tivesse celebrado ele próprio o negócio parece, ao menos na visão de alguma doutrina, impor-se, como consequência lógica da construção de UNGER, a ideia segundo a qual a capacidade para fazer surgir o negócio representativo devia ser apreciada na pessoa do representado[1646]. Mais. Todos os requisitos do negócio e todas as suas circunstâncias tais como o erro ou o conhecimento ou o desconhecimento devem reportar-se ao *dominus*[1647]. Com isto UNGER parece aproximar-se, porém, e em termos decisivos, da construção de SAVIGNY. A fundamentação era diferente[1648], mas os resultados proporcionados absolutamente idênticos.

Seria, contudo, outro o ensinamento propugnado pela maioria dos defensores da *Fiktionstheorie*. Na verdade, para estes apenas a pessoa do representante deve ser considerada quando se trata de determinar quais as circunstâncias e quais os pressupostos do negócio representativo.

[1638] Wächter, *Pandekten*, I, *Allgemeiner Teil*, Lípsia, 1880, p. 408.

[1639] Buchka, *Die Lehre von der Stellvertretung...*, p. 206.

[1640] Laband, *Die Stellvertretung...*, in *Zeitschrift...*, X, *passim*, maxime pp. 208 e 226.

[1641] Unger, *System des österreichischen allgemeinen Privatrechts*, 4.ª ed., II, 1876, § 90, pp. 136 e 137 (v., também, 5.ª ed., II, Lípsia, 1892, pp. 129 e ss., à qual não tivemos, contudo acesso).

[1642] Schliemann, *Beiträge...*, in *Zeitschrift...*, XVI, p. 25, nota (21).

[1643] Windscheid e Kipp, *Lehrbuch...*, I, pp. 351 e 352, nota (16b).

[1644] Neste sentido pode ver-se, Everding, *Die Dogmengeschichtliche...*, p. 65. Em direcção oposta pronunciam-se, no entanto, autores como Schliemann, *Beiträge...*, in *Zeitschrift...*, XVI, p. 25, nota (21), para quem Unger estaria, neste ponto, exactamente no mesmo plano de Laband; e Bauer, *Die Entwicklung...*, p. 116, nota (9), autor que se insurge, expressamente, contra a interpretação proposta por Everding, a propósito das posições expressas por Unger, por considerar que as palavras de Unger não permitem afirmar ter ele ido mais longe do que qualquer outro defensor da teoria da ficção.

[1645] Unger, *System...*, II, p. 136.

[1646] Cfr., Unger, *System...*, II, p. 136, nota (28).

[1647] No sentido de que esta é uma consequência necessária da tese de Unger cfr., por exemplo, Everding, *Die Dogmengeschichtliche...*, p. 65.

[1648] V., porém, Unger, *System...*, II, pp. 129 e 130, onde até a fundamentação se parece aproximar do raciocínio de Savigny.

Assim, WÄCHTER, depois de sustentar a ideia segundo a qual na representação tudo se passa como se o representado tivesse celebrado ele próprio o negócio jurídico, considera que, no tocante à interpretação do negócio jurídico, ao dolo e ao erro, o decisivo é a pessoa do representante e a respectiva declaração[1649].

Da mesma forma, BUCHKA defende ser essência característica da representação através de procurador a circunstância de os efeitos do contrato se produzirem, por força de uma ficção, no património do primeiro, apesar de a actuação responsável pelo surgimento do contrato não ter sido por ele levada a cabo[1650]. Já a eficácia do negócio celebrado pelo procurador deveria, no entender de BUCHKA, ser aferida em função do representante. Se um erro seu causar uma situação de dissenso não surge qualquer contrato. Em contrapartida o conhecimento do principal relativamente a aspectos de um negócio no qual, de facto, não participou é irrelevante[1651]. Porém, se o principal tiver encarregado outrem da compra de um determinado objecto, cujos vícios conhece, então, de acordo com Buchka, ele teria confirmado a compra com os defeitos que lhe são inerentes. Destarte, se o *dominus* pretendesse prevalecer-se da deficiência da coisa o terceiro poderia opor-lhe uma *exceptio doli*.

E não é outra a doutrina de LABAND. O autor defende a ideia de que a vontade contratual se produz na pessoa do representante valendo, depois, como se fosse a do representado[1652]. Não obstante, o recurso à ficção[1653] – segundo a qual tudo se passa como se o representado tivesse celebrado ele próprio o negócio – apenas serve para explicar a produção de efeitos jurídicos na esfera jurídica de alguém que não participou na celebração do negócio do qual emergem. A vontade e a respectiva declaração continuam a apreciar-se na pessoa do procurador[1654]. Nestes termos, a capacidade volitiva, a liberdade e a autenticidade da vontade devem ser sempre aferidas em relação ao representante[1655, 1656]. Quando o procurador incorre num erro essencial, quando é sujeito a coacção física, quando se encontra em situação de incapacidade acidental, etc., o negócio representativo fica claramente viciado[1657]. Da mesma forma, na eventualidade de o representante conhecer o defeito da coisa comprada não pode o principal lançar mão da acção redibitória[1658]. Este ensinamento já não valeria, porém, para os casos nos quais o *dominus* tivesse dado

---

[1649] Wächter, *Pandekten*, I, *Allgemeiner...*, Apêndice I, n.º IV, p. 417, embora o autor pareça admitir aqui também a relevância do conhecimento do principal.

[1650] Buchka, *Die Lehre von der Stellvertretung...*, p. 206.

[1651] *Idem*, 207.

[1652] Laband, *Die Stellvertretung...*, in *Zeitschrift...*, X, pp. 187, 208 e 226.

[1653] V., no entanto, Hupka, *Die Vollmacht...*, p. 39, nota (2), autor segundo o qual Laband se deveria incluir entre os juristas favoráveis à *Separationstheorie* (teoria da separação) não à *Fiktionstheorie* (teoria da ficção).

[1654] Laband, *Die Stellvertretung...*, in *Zeitschrift...*, X, p. 226.

[1655] *Idem*.

[1656] A capacidade para adquirir os direitos e deveres emergentes do negócio representativo essa deve, segundo Laband, existir na pessoa do representado.

[1657] Laband, *Die Stellvertretung...*, in *Zeitschrift...*, X, p. 227.

[1658] *Idem*.

uma ordem ou instrução específica[1659]. Num caso como esse o conhecimento do procurador cederia perante o do representado[1660].

SCHLIEMANN, por seu turno, sustenta a tese de acordo com a qual o contrato celebrado entre o representante e o terceiro vale *de facto* como um contrato celebrado pelo *dominus*. A vontade, essa, é, porém, do representante. Com isto encontra-se, no dizer de SCHLIEMANN, o princípio para a resolução da controversa questão que consiste em saber até onde o negócio representativo deve ser apreciado em função do representado. As questões factuais acerca da existência da vontade e da declaração, assim como a concordância entre ambas têm, para SCHLIEMANN, de ser aferidas em função do representante. Contudo, os aspectos directamente ligados à eficácia, perante o *dominus*, dos efeitos do negócio representativo, devem ser apreciados em função do representado[1661].

Finalmente, para WINDSCHEID, quando alguém manifesta a sua vontade, juntamente com a declaração (tácita ou expressa) segundo a qual está a actuar em nome de outrem, e se comporta dentro dos limites da procuração concedida, a sua actuação não produz quaisquer efeitos jurídicos na respectiva esfera jurídica. Tudo se passa no património do representado tal como se ele tivesse agido pessoalmente[1662]. Assim, nos casos nos quais a declaração do representante não corresponde à sua vontade real não surge, no dizer de WINDSCHEID[1663], nenhum negócio para o representado. E o mesmo acontece com as outras circunstâncias condicionantes da validade e eficácia do acto representativo em todas aquelas hipóteses de existência de uma norma por força da qual se deve atender ao estado ou situação interna do gerador ou causador do negócio representativo. Contudo, nos casos em que o representante emite uma declaração negocial com a determinação de um conteúdo especial para o negócio representativo já valeriam regras especiais[1664]. Nessa conformidade, se a decla-

---

[1659] *Idem*, p. 226, nota (62).

[1660] *Idem*.

[1661] Cfr., Schliemann, *Beiträge...*, in *Zeitschrift...*, XVI, p. 25, nota (21).

[1662] Windscheid-Kipp, *Lehrbuch...*, I, pp. 350 a 352, e nota (16b). Nas primeiras edições da sua obra Windscheid limitou-se à afirmação segundo a qual a declaração do representante devia ser tratada como se fosse do representado. Posteriormente, e na sequência de ataques que lhe foram movidos por Karlowa, e cuja pertinência Windscheid reconhece expressamente, o autor modifica a respectiva opinião. A declaração de A, escreve, é sempre e necessariamente de A, não de B. Nem mesmo para fins exclusivamente jurídicos se poderá dizer que a manifestação do representante é pensada como sendo a do representado. Na verdade, as acções de A não podem, diz, ser pensadas como sendo de B pelo simples facto de elas serem de A. Nestes termos, continua Windscheid, quando alguém pensa na declaração de A, está tão-só a pensar nela, e em mais nenhuma outra. Aquilo que é, portanto, imaginado ou ficcionado, como declaração de vontade do principal, não é a concreta exteriorização do procurador. Trata-se, antes, de uma manifestação como a do representante. Mas não apenas de conteúdo idêntico. A similitude estende-se a todas as especialidades, tal como se formaram no foro íntimo do representante. Trata-se de um pedaço de vida espiritual com natureza igual àquela que se cumpriu na pessoa do procurador quando ele a exteriorizou.

[1663] Windscheid-Kipp, *Lehrbuch...*, I, p. 353.

[1664] *Idem*, p. 355.

ração do representante corresponder à sua própria vontade mas não já à do representado então o negócio não vincula este último[1665].

Mas nem todos os defensores da tese segundo a qual a estrutura do negócio representativo se devia reduzir exclusivamente à vontade e actuação do representante se deram por satisfeitos com o recurso à ideia de ficção. Na verdade, contra a utilização de uma *fictio*, como forma de descrever o fenómeno representativo, sustentou-se que semelhante procedimento apenas se justificava, como um meio auxiliar, naqueles casos nos quais não é possível encontrar outros modelos e enquanto eles não surgirem. Por isso, dada a deficiência explicativa da ficção[1666] – os esforços de uma parte significativa da doutrina centraram-se, precisamente, na busca de uma solução, para o problema da fundamentação das particularidades apresentadas pela representação, capaz de suprimir de vez a necessidade de se apelar para qualquer forma de ficção. Como consequência do trabalho levado a cabo neste sentido, surgiu uma nova concepção, apelidada de teoria da separação, a qual, apesar de conduzir a resultados práticos semelhantes aos proporcionados pela *Fiktionstheorie*, pretende prescindir completamente da *fictio*. O ponto de partida é, repise-se, sempre, e ainda, o da «teoria da representação»: o único agente do negócio representativo é o representante; quanto ao representado ele apenas é parte no negócio na medida em que os efeitos do acto tocam directamente a sua esfera jurídica[1667]. Porém, no lugar da ficção de BUCHKA, WINDSCHEID

[1665] *Idem, ibidem,* nota 21 (a).

[1666] A este respeito v., Karlowa, *Das Rechtsgeschäft und seine Wirkungen,* reimpressão da edição de Berlim, 1877, Aalen, 1877, p. 54; Mitteis, *Die Lehre...,* p. 101; Schlossmann, *Die Lehre von der Stellvertretung...,* I, pp. 211 e ss.; Dniestrzanski, *Die Aufträge...,* I, p. 33; Bülow, *Civilprozessualischen Fiktionen und Wahrheiten,* in *Archiv für die civilistiche Praxis,* 1879, 62, pp. 6 e ss., onde o autor defende a utilidade e sentido das ficções legais mas considera uma *contradictio in adjecto* a *fictio* científica; Heinrich Sieber, *Das Verwaltungsrecht an fremdem Vermögen im BGB* in *Jherings Jahrbücher für die Dogmatik des heutigen römischen und deutschen Privatrechts,* LXVII, p. 103; Josef Esser, *Wert und Bedeutung der Rechtsfiktionen. Kritisches zur Technik der Gesetzgebung und der bisherigen Dogmatik des Privatrechts,* 2.ª ed., Francoforte, 1969, *per totum,* o qual adopta uma posição de certo pragmatismo quanto à valia e necessidade das ficções; Hans Wolff, *Organschaft...,* II, *Theorie...* pp. 143 e ss.; Everding, *Die dogmengeschichtliche...,* p. 71; Klaus Böhm, *Auslegung und systematische Einordnung des § 392 Abs. 2 HGB. Zum Verhältnis von Analogie und Fiktion bei mittelbarer Stellvertretung,* Berlim, 1971, pp. 28 e ss.; Menezes Cordeiro, *Da boa fé...,* II, p. 807; e Paulo Mota Pinto, *Declaração...,* pp. 140 e ss..

[1667] Por conseguinte, de acordo com os moldes propostos pela «teoria da separação», e exactamente à semelhança de quanto se passa com a «teoria da ficção», será sempre a vontade do representante o ponto de referência para aferir da eventual existência de vícios da vontade na formação do negócio representativo ou do conhecimento ou desconhecimento de factos relevantes.

e LABAND, quanto se assegura existir é uma simples separação entre causa e efeito do negócio representativo[1668]. Separação assente na vontade expressa ou tácita dos declarantes e reconhecida pelo direito, numa tese cujo surgimento e fundamentação se ficou a dever, designadamente, a autores como BRINZ[1669], BARON[1670], JEHRING[1671], KELLER[1672], *CURTIUS*[1673], ZIMMERMANN[1674] e REGELSBERGER[1675].

Para mais detalhes v., por todos, Everding, *Die dogmengeschichtliche...*, p. 76; e Bauer, *Die Entwicklung...*, p. 121.

[1668] Na verdade, porém, a teoria da separação continuará a ser acusada, por um lado, de não colocar em causa a ficção à qual fazia apelo a *Repräsentationstheorie*, e por outro, de recorrer a fórmulas plásticas para alicerçar os respectivos resultados. Cfr., designadamente, Dniestrzanski, *Die Aufträge...*, I, p. 28; Müller-Freienfels, *Die Abstraktion der Vollmachtserteilung...*, in *Stellvertretungsregelungen in Einheit...*, p. 98, nota (166). Na literatura jurídica italiana v., a título ilustrativo, Nattini, *La dottrina...*, p. 39, o qual, depois de explicar o funcionamento da teoria da separação, escreve: «*A existência do negócio (Bestand) é, todavia, sempre um efeito secundário posterior à declaração de vontade que é o acto constitutivo, mas pergunta-se: porque deverá ele verificar-se numa pessoa diversa daquele a quem é devido o acto constitutivo?*», para lembrar, de seguida, como a resposta ainda se espera – e não sem antes ter afirmado como a teoria da ficção e a teoria da separação utilizam palavras diversas mas acabam por recorrer aos mesmos conceitos; e Saggese, *La rappresentanza...*, pp. 43 e 44.

[1669] Brinz, *Bresprechung...*, in *Kritische...*, II, pp. 1 e ss.; Id., *Lehrbuch...*, II, p. 1594. Brinz começaria por manifestar profundas divergências de opinião face à *Repräsentationstheorie* de Buchka, designadamente nas *Kritische Blätter*, e apenas se converteria mais tarde totalmente à *Repräsentationstheorie*. A circunstância de Brinz não ser, desde o primeiro momento, adepto da teoria da representação não o impediu, todavia, de afirmar, desde logo, a ideia de separação entre causa e efeito.

[1670] Baron, *Pandekten*, 6.ª ed., Lípsia, 1887, pp. 375 e 376.

[1671] Jhering, *Geist...*, III, 1, p. 176. Nos estudos posteriores dedicados ao tema da representação (cfr., *Mitwirkung...*, in *Gesammelte Aufsätze...*, I, pp. 122 e ss.; *Mitwirkung für fremde...*, in *Idem*, I, pp., 189 e ss.; *Zwei Urtheile...*, in *Vermischte...*, pp. 241 e ss.), Jhering não voltaria a abordar a questão da separação entre causa e efeito do negócio representativo. No entanto, o autor passaria a utilizar com frequência o termo *Mitwirkung* – o próprio título de dois dos seus escritos nos quais o autor aborda problemas conexos com o fenómeno representativo acabaria por conter a referida expressão – para se reportar a conceitos paralelos à representação e, por vezes, ao próprio fenómeno do representativo, parecendo, assim, fazer cedências à teoria da cooperação de vontades tanto mais quanto é certo que Jhering, *Mitwirkung...*, in *Gesammelte Aufsätze...*, I, pp. 122 e ss., e 137, sustenta, por um lado, só se poder falar de representação relativamente a actuações jurídicas, e por outro, apenas se assistir a uma participação jurídica em negócio alheio quando a actuação do participante se junta à do principal, de tal modo que, tomadas conjuntamente, ambas constituem um único negócio jurídico (embora ao falar em participação em negócio alheio o autor não tenha primordialmente em vista a representação jurídica directa). A doutrina posterior continuou, todavia, a ver em Jhering um defensor da *Repräsentationstheorie*, na modalidade da teoria da separação, como o comprovam, por exemplo, as posições assumidas por Everding, *Die dogmengeschichtliche...*, p. 72; e Bauer, *Die Entwicklung...*, p. 119. V., no entanto, os reparos movidos a Jhering por Laband, *Die Stellvertretung...*, in *Zeitschrift...*, X, pp. 193 e 194, autor que censura ao grande inspirador de Heck, justamente, a circunstância de conceber a representação como um caso de colaboração entre duas vontades: a do representante e a do representado. Segundo Laband,

De acordo com BRINZ a representação consistiria na realização de um negócio alheio em conformidade com a vontade do representante[1676]. Na representação, e quando considerada de um ponto de vista não jurídico, escreve BRINZ, parece que o interveniente no negócio toma, esclarecidamente, o lugar de outrem e executa, como simples interposta pessoa, um negócio para o principal ou contra este, com a consequente produção, na esfera do *dominus*, dos efeitos jurídicos do negócio representativo, tal e qual como se o principal tivesse actuado pessoalmente[1677]. Mas não no sentido da acção do representante ser imputada, mediante uma *fictio*, ao dono do negócio. Apenas os efeitos da acção representativa são atribuídos ao representado, à semelhança de quanto aconteceria se ele tivesse agido por si próprio. A referência ao *dominus* serve apenas para determinar a direcção das consequências jurídicas do acto posto pelo intermediário. A actuação é, e permanecerá sempre, do procurador em

---

a tese de Jhering pecaria, num reparo claramente marcado por uma posição dogmática de cariz positivista, pela circunstância de a colaboração num negócio jurídico não representar nenhum conceito jurídico abrangendo antes uma pluralidade de relações jurídicas.

[1672] Keller, *Pandekten*, Lípsia, 1861, p. 122.

[1673] Curtius, *Die Stellvertretung...*, in *Archiv...*, LVIII, *passim*, maxime, pp. 70, 75 e 87.

[1674] Zimmermann, *Die Lehre von der stellvertretenden Negotiorum Gestio*, Estrasburgo, 1876, pp. 40 e ss.

[1675] Regelsberger, *Pandekten*, 3.ª ed., Lípsia, 1893, I, p. 581; Id., *Kritische Vierteljahreswirtschaft für gesetzgebung und Rechtswissenschaft*, XI, pp. 368 e 369 (*Apud* Bauer, *Die Entwicklung...*, p. 120, nota (27)).

[1676] Brinz, *Die Lehre...*, in *Kritische...*, II, p. 4. De referir a circunstância de neste escrito Brinz defender, ainda, a ideia segundo a qual se poderia, também, falar em representação quando em causa estivessem simples prestações de natureza material. A essência da representação residiria, segundo ele, na realização de um negócio alheio não apenas nos efeitos mas também na vontade. Por isso, actos que não produzissem directamente efeitos jurídicos mas, tão-só, factuais, e correspondessem à execução de uma vontade alheia caberiam ainda no âmbito do conceito de representação (nestes termos, para Brinz a representação consistiria na realização de negócios alheios. A forma e configuração da representação dependeriam, assim, apenas de saber aquilo que é meu e aquilo que é *negotium alienum*. Entre representante e núncio não existe nenhuma distinção essencial. Ambos realizam negócios jurídicos alheios. Da mesma forma, não caberia estabelecer nenhuma distinção essencial entre representação jurídica directa e indirecta. Apesar das diferenças entre elas, ambas seriam manifestações de um amplo fenómeno representativo. Uma vez que o mandato também tem por conteúdo a realização de negócios jurídicos alheios, *mandatum* e *Stellvertretung* não se deveriam distinguir de forma total). Jhering, *Mitwirkung...*, in *Gesammelte...*, I, pp. 122 e ss.; Id., *Mitwirkung für fremde...*, in *Gesammelte...*, I, pp. 189, fixaria, justamente, a doutrina oposta, segundo a qual apenas se poderia falar em representação a propósito da execução de comportamentos com carácter jurídico – ou se se preferir a propósito dos *actus civilis* de que falavam já os escolásticos, por contraposição aos *actus naturales* (a este respeito v., *supra*, Parte I, Cap. II, parágrafo 1.1 e 3) – numa orientação que viria a concitar audiência e a suscitar novos desenvolvimentos por parte de autores como Scheurl, *Zur Verhandlung...*, in *Jahrbücher...*, II, pp. 1 e ss.; e Laband, *Die Stellvertretung...*, in *Zeitschrift...*, X, pp. 188 e ss., embora com críticas ao critério proposto por Jhering para distinguir o núncio do representante (críticas estas as quais seriam também encetadas, e por exemplo, por Bähr, *Über Irrungen beim Contrahiren...*, in *Jherings...*, 1863, VI, pp. 286 e ss.; Id., *Über Irrungen in Contrahiren*, in *Jherings Järbücher für die Dogmatik des heutigen römischen und deutschen Privatrecht*, 1875, XIV, pp. 394 e 420).

[1677] Brinz, *Lehrbuch...*, II, pp. 1594.

tudo quanto seja importante para a determinação de erro, conhecimento etc.. No tocante, porém, aos efeitos do negócio representativo o *procurator* permanece como um perfeito estranho. Noutros termos, e para empregar uma vez mais as palavras de BRINZ, a actuação do representante é vista como algo de inalienável; ela apenas pode ser a acção deste; é o procurador quem assume a posição de contraente, de parte. Contudo, e não obstante essa sua qualidade, os efeitos do acto realizado pelo *procurator* não lhe dirão, em princípio, respeito: o representante pode através de um comportamento seu tornar um terceiro credor ou devedor[1678]. Há uma separação do *Tat* (facto) e do *Tun* (fazer); entre um agente e alguém que não é agente; uma decomposição da causa e do efeito[1679].

As palavras de BRINZ são, depois, retomadas quase integralmente por diversos autores. Assim, e segundo BARON, «*o representante é de facto contraente, no entanto, ele não se torna nem credor nem devedor, porquanto ele assim o não quer, tudo se passa desde o início na esfera do representado*»[1680]. Noutros termos: na representação a causa é a vontade do representante, o efeito é a qualidade de credor ou de devedor na qual o representado fica investido.

Seria, porém, JEHRING quem daria à ideia a sua mais clara expressão ao afirmar: «*A verdadeira representação assenta numa divisão entre causa e efeito do negócio jurídico. A causa, a actuação, reporta-se à pessoa do representante; o efeito, o direito, à pessoa do representado; a representação encerra uma separação artificial daquilo que é uno na natural configuração de uma relação.*»[1681] Depois de JHERING a doutrina de separação entre causa e efeito da representação continuaria a ser afirmada, mas sem voltar a merecer expressão tão rigorosa e clara[1682].

KELLER limita-se a afirmar a ideia segundo a qual nos casos de actuação do representante, em nome do representado, e dentro dos limites da procuração, os efeitos jurídicos, activos e passivos, produzem-se apenas na pessoa do representado, enquanto o representante não é por eles tocado[1683].

CURTIUS, por seu turno, procura distinguir a figura do núncio daquela outra constituída pelo representante atendendo à circunstância de o segundo celebrar um contrato em nome de outrem, ao contrário do primeiro o qual apenas serve o *dominus*[1684]. Quem contrata como representante quer que o *dominus* fique vinculado e adquira direitos a partir do contrato representativo. Este efeito do negócio deve ser querido, e a correspondente vontade decla-

---

[1678] Brinz, *Die Lehre...*, in *Kritische...*, II, p. 41.

[1679] Brinz, *Lehrbuch...*, II, p. 1594.

[1680] Baron, *Pandekten...*, p. 375.

[1681] Jhering, *Geist...*, III, 1, p. 176.

[1682] Excepção feita àqueles casos nos quais os defensores da *Separationstheorie* remetiam de forma directa e expressa para o ensinamento do grande inspirador de Heck e da jurisprudência dos interesses. Cfr., no entanto, Karlowa, *Das Rechtsgeschäft...*, p. 55.

[1683] Keller, *Pandekten, cit.*, p. 122.

[1684] *Curtius, Die Stellvertretung...*, in *Archiv...*, LVIII, p. 70. Cfr., todavia, Hupka, *Die Vollmacht...*, p. 40, nota (2), autor que inclui *Curtius*, juntamente com Zimmermann e Karlowa, numa terceira categoria – dentro da teoria da *Repräsentationstheorie* e ao lado quer da doutrina da ficção quer da separação da causa e efeito – à qual dá o nome de tese da separação entre o acto constitutivo e os elementos do negócio.

rada[1685]. A ficção segundo a qual o *procurator* é contraente afigura-se, no dizer de *CURTIUS*, tão estranha ao direito do século XIX como o era em Roma[1686]. A característica da representação reside antes, e na opinião do autor germânico, na circunstância de o contraente e o sujeito das obrigações *ex contractu* serem pessoas distintas[1687].

ZIMMERMANN parte da formulação de JHERING[1688] e afirma: «*Somos da opinião que o representante, e apenas ele, fecha o negócio jurídico.* (...) *Aquilo que o representado encontra real e verdadeiramente, isso são apenas* (...) *os efeitos jurídicos negociais*»[1689]. Os desenvolvimentos dados, pelo autor, ao tema, ficariam, no entanto, praticamente por aqui.

Finalmente, REGELSBERGER considera como representante aquele que, através da actuação da respectiva vontade, propositadamente, celebra um negócio jurídico ou aceita uma proposta, para outrem ou no lugar de terceiro, de forma que efeitos jurídicos surjam directamente na esfera jurídica do representado[1690]. A representação é, em seu entender, o resultado de uma criação provocada. Na verdade, o fenómeno representativo seria uma consequência da «(...) *separação entre causa e efeito* (Jhering). *A centelha produzida pela actuação do representante salta para a pessoa do representado*»[1691].

Seja, porém, qual for a perspectiva ou ângulo de abordagem da teoria da representação os resultados práticos são os mesmos[1692]. Afirma-se a tese segundo a qual para a apreciação dos efeitos e consequências – do ponto de vista da falta ou vícios da vontade e estados subjectivos relevantes – do negócio representativo decisiva é a pessoa do representante. Porém, na eventualidade de serem dadas instruções, por parte do *dominus*, então, já serão de tomar, também, em consideração as falhas no processo de exteriorização ou de formação da vontade do representado bem como o seu conhecimento ou ignorância de certos aspectos do negócio representativo[1693].

III – Contra a teoria da representação tem sido alegada a circunstância de em qualquer das suas variantes ela surgir ligada ao dogma da vontade[1694]. A essência de representação é entendida como vontade;

[1685] *Idem*, p. 75.

[1686] *Idem*, p. 86.

[1687] *Idem*, p. 87.

[1688] Apesar da circunstância de Zimmermann citar em seu apoio Buchka, Laband, Jhering, Regelsberger, Gareis e *Curtius*.

[1689] Zimmermann, *Die Lehre von der stellvertretenden...*, pp. 41 e 42.

[1690] Regelsberger, *Pandekten, cit.*, I, p. 581.

[1691] Regeslberger, *Kritische...*, XI, pp. 368 e 369 (*Apud* Bauer, *Die Entwiclung...*, p. 120, nota (27)).

[1692] Bauer, *Die Entwicklung...*, p. 121.

[1693] *Idem*.

[1694] Assim, também, Valeria de Lorenzi, *La rappresentanza...*, in *Rappresentanza...*, pp. 72 e 73. Note-se, no entanto, o facto da circunstância de a «teoria da representação» surgir ligada ao dogma da vontade não fazer com que ela surja necessariamente, e na visão de todos, ligada à ideia de

e a sua explicação é, igualmente, oferecida com recurso à vontade[1695]. Mais concretamente três vontades: a do representante – pura e simplesmente degradada à qualidade de corpo estranho ou alheio ao acto representativo –, a do representado e a do terceiro contraente – estas sim geradoras do acto ou situação jurídica cujos efeitos se irão produzir na esfera do principal. De um modo geral, a representação é entendida como representação na conclusão de negócios jurídicos[1696] – sendo estes entendidos como vontade dirigida à produção de efeitos jurídicos[1697]. Uma vez que o *animus* gerador do negócio representativo

---

autonomia da vontade. Ao contrário e segundo Müller-Freienfels, *Die Abstraktion der Vollmachtserteilung...*, in *Stellvertretungsregelungen in Einheit...*, pp. 98 e ss., as *Repräsentationstheorien* pecariam mesmo por serem incompatíveis com a autonomia privada enquanto princípio informador do direito civil. A orientação dominante (de que pode referir-se a título exemplificativo Enneccerus/Nipperdey, *Allgemeiner Teil...*, I, II, pp. 1115 e 1116; Flume, *Rechtsgeschäfts und Privatautonomie in Hundert Jahre deutsches Rechtsleben. Festschrift zum 100 jährigen Bestehen des Deutschen Juristentages, 1860-1960*, Karlsruhe, I, 1960, pp. 163 e 164 [não sem destacar, no entanto, a circunstância de, tal como saída da pena dos autores oitocentistas, se revelar praticamente impossível a coexistência entre a doutrina da representação e a doutrina da vontade sem apelo à ideia de ficção. Seriam apenas, sublinha, as novas vias abertas pela compreensão do negócio jurídico como acto de auto-regulamentação a permitir adequar o fenómeno representativo ao princípio da autonomia privada]; Id., *Allgemeiner...*, II, *Das Rechtsgeschäft...*, pp. 753 e 754; Schilken, *Wissenszurechnung...*, pp. 23 e ss.; Soergel-Leptien, *Bürgerliches...*, I, comentário prévio ao § 164, p. 1255; Id., *Idem*, 13.ª ed., comentário prévio ao § 164, p. 534; Larenz, *Allgemeiner...*, 7.ª ed., p. 585 e nota (6); Staudinger-Schilken, *Kommentar...*, I, comentário prévio ao § 164, p. 13) pronuncia-se, todavia, no sentido segundo o qual a posição de Müller-Freienfels carece de fundamento.

[1695] Para uma referência mais pormenorizada ao axioma positivista segundo o qual apenas se pode ficar vinculado ou legitimado por um negócio jurídico quem tenha querido os respectivos efeitos ou manifestado uma correspondente vontade v., por todos, Hans Wolff, *Organschaft...*, II, *Theorie...*, pp. 135 e ss. e 148.

[1696] Cfr., Díez-Picazo, *La representación...*, pp. 32 e 33; e Valeria Lorenzi..., in *Rappresentanza...*, p. 75. Resta apenas saber se de acordo com esta visão da *Representationstheorie* o negócio representativo pode continuar a ser entendido um acto de autodeterminação ou de autonomia privada do *dominus*. Para mais pormenores v. *infra*.

[1697] Neste sentido pode ver-se, como exemplo paradigmático, Windscheid, *Wille und Willenserklärung*, in *Archiv für die civilistiche Praxis*, 1880, LXIII, pp. 72 e ss., especialmente p. 76; e Windscheid-Kipp, *Lehrbuch...*, I, pp. 310 e ss., com amplas indicações bibliográficas; e na esteira de Savigny, *System...*, III, pp. 5 e 6, e, também, p. 258, onde o autor escreve sem pudores que a vontade em si é a única coisa importante e eficaz, mas como é um fenómeno interior e invisível necessitamos de um sinal exterior capaz de a tornar reconhecível. Esse sinal através do qual a vontade se dá a conhecer é a declaração. Caberia, como é sabido, e após um primeira reacção moderada por parte de Jhering, *Culpa in Contrahendo oder Schadenersatz bei nichtigen oder nicht zur Perfection gelangten Verträgen (Vierter Band, 1860)*, in *Gesammelte Aufsätze aus den Jahrbüchern für die Dogmatik des heutigen römischen und deutschen Privatrechts*, I, pp. 327 e ss., onde contra os inconvenientes da teoria voluntarista o autor defendeu o dever de indemnizar o interesse negativo da parte lesada pela ineficácia do contrato (*culpa in contrahendo*); designadamente a Röver e Bähr, *Über Irrungen...*, in *Jherings...*, XIV, pp. 393 e ss., a iniciação do combate contra a doutrina do dogma da vontade, nele participando, ainda, autores como Liebe, Gneist, Girtanner, Regelsberger,

é o do representante, e os efeitos se produzem na esfera jurídica do representado, a vontade daquele deve, objectivamente, direccionar-se para a produção das consequências negociais na pessoa do *dominus*. É este, na verdade, um ponto absolutamente comum a ambas as modalidades da *Repräsentionstheorie – Fiktion –*, de um lado, e *Separationstheorie* do outro: o procurador ou representante deve, na realidade, invocar, expressa ou tacitamente, o nome do representado. A produção de efeitos representativos, repise-se, depende, sempre, da circunstância de a declaração negocial emitida pelo representante ter sido proferida com o propósito reconhecível de atribuição directa de direitos ou imputação imediata de situações jurídicas passivas (*contemplatio domini*)[1698].

Schlossmann, Kohler, Hartmann, Isay, Danz, Rudolf Leonhard, Binder, Jacobi, etc.. Não deixa de ser, de resto, interessante assinalar, num fenómeno, aliás já devidamente evidenciado pela nossa doutrina (v., Paulo Mota Pinto, *Aparência de poderes de representação...,*, in *Boletim...*, Vol. LXIX, p. 622, nota (59)), a circunstância de na discussão entre a teoria da vontade e a teoria da declaração aparecerem frequentemente invocados exemplos relativos à concessão de poderes representativos. Assim, e para além da já citada obra de Bähr nesta nota (em especial p. 402), cfr., por exemplo, Gustav Hartmann, *Wort und Wille im Rechtsverkehr*, in *Jherings Jahrbücher für die Dogmatik des heutigen römischen und deutschen Privatrechts*, 1881, XIX, pp. 57 a 60; Id., *Werk und Wille bei dem sogenannten stillschweigenden Konsens*, in *Archiv für die civilistiche Praxis*, LXXII, 1888, pp. 181 e ss., maxime 198 e ss., com indicações ao nível das fontes; Schlossmann, *Die Lehre von der Stellvertretung...*, I, pp. 97 e ss., especialmente 100 e ss. (deste autor v., igualmente, *Der Vertrag*, Lípsia, 1876, pp. 80 e ss., onde se defende a origem escolástica do dogma da vontade e se procede à respectiva crítica com bases objectivistas. Refira-se a circunstância de Schlossmann realizar nesta obra uma das mais radicais críticas movidas à figura do contrato. Logo a abrir, no prefácio [p. 5], o autor considera o conceito de contrato entre pessoas não presentes totalmente vazio e sem valor para a ciência do direito. No essencial, e para além da improcedência do dogma da vontade, Schlossmann sustenta, também, a inutilidade das noções de negócio jurídico e de declaração de vontade); Erich Danz, *Die Auslegung der Rechtsgeschäfte. Zugleich ein Beitrag zur Rechts– und Tatfrage*, 3.ª ed., Iena, 1911, pp. 53, 214 e ss., 217 e 218, 272 e ss. (existe tradução portuguesa, *Interpretação dos negócios jurídicos (contratos, testamentos, etc. Estudo sôbre a questão de direito e a questão de facto)*, Coimbra, 1942, que se confrontou igualmente); e entre nós, Ferreira de Almeida, *Texto...*, I, pp. 90 e 92. Das trincheiras voluntaristas, cfr. a obra, já referenciada nesta nota, de Windscheid, *Wille...*, in *Archiv...*, LXIII, pp. 88 e ss., 92 e 93; e Zittelmann, *Die juristische Willenserklärung*, in *Jherings Jahrbücher für die Dogmatik des heutigen römischen und deutschen Privatrechts*, 1878, XVI, pp. 357 e ss., maxime pp. 390 e ss.. Para uma referência detalhada às diversas concepções do negócio jurídico, e designadamente, à evolução histórica registada nesta matéria a partir de Savigny, v., por todos, a exposição de Paulo Mota Pinto, *Declaração...*, pp. 20 e ss..

[1698] Para uma panorâmica da posição assumida a este respeito pelos fautores da *Repräsentationstheorie* pode ver-se, designadamente, Jhering, *Mitwirkung...*, in *Gesammelte...*, I, passim, maxime pp. 160, 162 e ss. e 176; Laband, *Die Stellvertretung...*, in *Zeitschrift...*, X, passim, maxime, pp. 198 e 214 e ss., autor que, em coerência com as posições por ele assumidas acerca da configuração do fenómeno representativo, e apoiado no artigo 163.°, 3, do *ADHGB* de 1861, considera a *contemplatio domini* como necessária para excluir a produção de efeitos jurídicos na esfera jurídica do representante; Curtius, *Die Stellvertretung...*, in *Archiv...*, LVIII, p. 75; Windscheid-Kipp, *Lehrbuch...*, I, p. 350, (nota 15), e p. 356, onde se assiste a uma demarcação, expressa, relativamente a posições assumidas em anteriores edições das Pandectas de Windscheid, nas quais sustentava a

IV – Mas não é este, a nosso ver, o defeito capital da teoria da representação. Em nosso entender, e rejeitando desde já o dogma da vontade[1699], sempre diremos não poder prescindir o fenómeno representativo voluntário nem do recurso à vontade dos intervenientes nem da ideia de *contemplatio domini*. Quanto se afigura errado é o modo como a *Repräsentationtheorie* encara estas duas realidades. E isto por várias razões. Em primeiro lugar, com a desvalorização da vontade fundamental do *dominus* por ela operada. Em segundo lugar, com o total desligar da *contemplatio domini* do interesse do representado expresso na relação gestória. Num fenómeno amplamente referenciado pela doutrina[1700], a *Repräsentationstheorie* apenas surge em virtude do desenvolvimento da depauperante jurisprudência construtiva. Ela é a consequência dos esforços dos mentores e sequazes daquela escola de pensamento jurídico no sentido da redução de fenómenos historicamente condicionados, mas sobretudo vivos e maleáveis, autênticos organismos jurídicos[1701], susceptíveis de manifestações e configurações diversas consoante os casos e situações concretas, a simples normas gerais e abstractas, as quais teriam de ser, depois, ditadas como se de imperativos lógicos e racionais se tratasse[1702, 1703]. É esta preocupação, quase matemática, a ditar a conclusão ou regra segundo a qual a única entidade relevante para a apreciação do negócio representativo seria o representante. Surpreendente é o facto de o desejo de rigor geométrico, subjacente às correntes de pensamento que haveriam de estar na base do aparecimento da *Repräsentationstheorie*, não ter posto, desde logo, a descoberto a circunstância de a teoria da representação se des-

---

opinião – igualmente defendida por Lenel, *Stellvertretung...*, in *Jhering's...*, XXXVI, pp. 1 e ss. – segundo a qual, em determinados casos, a falta de exteriorização, expressa ou tácita, da vontade de actuar em nome do representante não impediria a produção de um efeito representativo.

[1699] A rejeição dos postulados do dogma da vontade é, de resto, tarefa por nós realizada, há muito. Cfr., Pedro de Albuquerque, *Autonomia da vontade e negócio jurídico em direito da família (Ensaio)*, separata de *Ciência e Técnica Fiscal*, Lisboa, 1986, *passim*.

[1700] V., a bibliografia citada *supra* na Introdução. Por ora limitamo-nos a remeter para Bauer, *Die Entwicklung...*, pp. 111 e 112.

[1701] A expressão «organismo» tem sido sobretudo utilizada para explicar a complexidade do vínculo obrigacional. Ele é também utilizado para se aludir às várias etapas pela qual pode passar o direito subjectivo sem, todavia, perder a sua identidade (cfr., Pedro de Albuquerque, *A aplicação...*, pp. 807 e ss.; Id., *Direito de preferência...*, pp. 406 e ss.). Não vislumbramos qualquer razão, antes pelo contrário, para não utilizar a expressão neste contexto.

[1702] Em sentido aproximado, mas mesmo assim com algumas diferenças, Bauer, *Die Entwicklung...*, p. 111e 112.

[1703] Com isto não se está, obviamente, a enfileirar todos os defensores da teoria da representação na jurisprudência dos conceitos. Está-se apenas a sublinhar e a explicitar o contexto histórico que permitiu o aparecimento da referida teoria.

truir a si mesma ao admitir, depois da afirmação segundo a qual o acto representativo seria de reconduzir, exclusivamente à *voluntas* do representante, a tomada em consideração da pessoa do representado, sua vontade e conhecimento, quando este tenha dado instruções relativas à celebração do negócio representativo. Mas se isso não fosse suficiente para evidenciar, de uma vez por todas, não existir nenhum imperativo, seja qual for a respectiva natureza, no sentido de ter de se aceitar – como se de uma suposta essência do fenómeno representativo se tratasse – a teoria da representação, então, bastaria, recordar o disposto no artigo 259.º do Código Civil para a comprometer, ao menos entre nós, de forma definitiva[1704].

3. – A doutrina de LABAND

3.1. – A autonomia integral da procuração, a irrelevância do mandato e o poder de representação como simples legitimação formal

I – A nova concepção postulada pelas *Repräsentationstheorien* – em qualquer das suas variantes – acerca da estrutura do negócio representativo, com o apelo à vontade do representante trouxe, consigo, um novo modo de encarar o acto de outorga do poder ou faculdades de representação. Na verdade, nas construções de MÜHLENBRUCH ou SAVIGNY e respectivos sequazes[1705] não havia necessidade de se encontrar qualquer particular explicação para a produção do efeito representativo nem de se fazer intervir o conceito de procuração. Não era certamente esta última a provocar a produção de efeitos jurídicos na esfera do *dominus*. De acordo com MÜHLENBRUCH e seus prosélitos, o representante celebrava, de facto, o negócio jurídico mas

---

[1704] Para uma análise pormenorizada do artigo 259.º do Código Civil e das consequências que este preceito tem para a compreensão do fenómeno representativo, v. *infra*, Parte II, Cap. V.

[1705] De acordo com Müller-Freienfels, *Die Abstraktion der Vollmachtserteilung...*, in *Stellvertretungsregelungen in Einheit...*, pp. 72 e 73, a teoria de Savigny, e atentos os postulados teóricos nos quais assentava, apenas se circunscrevia, na prática, à problemática das relações entre o poder do núncio e a relação fundamental a ele subjacente, em cujo contexto não surgiram até hoje desenvolvimentos comparáveis, mesmo de longe, com a complexidade apresentada pela ligação entre o poder de representação e a relação subjacente ou fundamental. Na verdade, a doutrina tem, como o ilustram designadamente Staudinger-Schilken, *Kommentar...*, I, comentário prévio ao § 164, p. 31, continuado a sustentar a tese segundo a qual a relação entre o núncio e o principal constitui um elemento fundamental do *Tatbestand* do mensageiro.

adquiria ele próprio os efeitos jurídicos daí emergentes para, depois, os transferir através de um outro acto supostamente autónomo[1706]. No entender de SAVIGNY e respectivos sequazes, o representante apenas declara uma vontade alheia, de tal forma que é o mandante quem conclui o negócio jurídico[1707]. O apelo à ideia de procuração torna-se assim desnecessário. Na medida, porém, da afirmação segundo a qual é o representante quem celebra o negócio jurídico mas os efeitos jurídicos do acto por ele realizado se produzem, de forma directa e imediata, na esfera do principal a *Repräsentationstheorie* sentiu a necessidade de encontrar uma fundamentação ou explicação própria para o fenómeno[1708]. Semelhante necessidade haveria de redundar, justamente, no desenvolvimento do conceito de procuração e na sua absoluta separação relativamente à figura do mandato – tudo com a consequente abstracção do poder ou faculdades de representação. A distinção entre *mandatum* e representação começou, é certo, por surgir em estado mais ou menos latente, na construção de vários autores insusceptíveis de serem incluídos entre os partidários da «teoria da representação»[1709]. Seriam, porém, os defensores da *Repräsentationstheorie* que se encarregariam do principal esforço de reconstrução e reformulação da relação entre mandato e *Vollmacht*, tal como esta emergia da doutrina do direito comum. O primeiro contributo significativo neste sentido ter-se-á ficado a dever a JHERING[1710, 1711].

[1706] Cfr., *supra*, Parte I, Cap. IV, parágrafo 1.

[1707] V., *supra*, Parte I, Cap. IV, parágrafo 1.

[1708] Assim, expressamente, Bauer, *Die Entwicklung...*, p. 122; e Müller-Freienfels, *Die Abstraktion der Vollmachtserteilung...*, in *Stellvertretungsregelungen in Einheit...*, p. 101, autor segundo o qual quem, em conformidade com as premissas da *Repräsentationstheorie*, é partidário da ideia de que é o representante, e apenas ele, a celebrar o negócio jurídico não pode continuar a atribuir relevo ao mandato emanado do principal. Na verdade, se a vontade do autor da procuração não tem qualquer valor constitutivo do negócio representativo, como poderia continuar a admitir-se a intervenção do principal na qualidade de mandante na realização do negócio concluído com o terceiro? Tanto a separação da concessão de poderes representativos do negócio representativo, como a divisão da procuração e relação subjacente, decorrem, de acordo com Müller-Freienfels, da exclusão do representado da produção dos efeitos representativos.

[1709] V., por exemplo, os autores referenciados *supra* e designadamente na Introdução, parágrafo 1, e as indicações bibliográficas aí fornecidas a propósito da questão da maior ou menor originalidade da distinção labandiana entre mandato e procuração. V., também, Hellmann, *Die Stellvertretung...*, pp. 109 e ss., maxime 111, o qual apesar de se manifestar como adepto da *Geschäftsherrntheorie* afirma claramente a ideia de autonomia da procuração, a qual qualifica, de resto – e ao contrário de Laband para quem a *procuratio* constitui um contrato (v., *infra*) – como um negócio jurídico unilateral.

[1710] Jhering, *Mitwirkung...*, in *Gesammelte...*, I, pp. 155 e ss..

[1711] Em sentido idêntico ao expresso no texto, e portanto considerando o contributo de

JHERING empenha-se, quase após a viragem da primeira metade do século XIX, em delimitar tão rigorosamente quanto possível, o especial campo de aplicação da figura da representação e em separá-la de outros institutos mais ou menos próximos[1712]. Para isso, JHERING procura, designadamente, demonstrar a existência de uma distinção entre o simples *Ersatzmann* (substituto[1713]) e o representante. Ambos actuam como intermediários do principal desenvolvendo a energia necessária à celebração do contrato. Ao contrário dos simples auxiliares ambos tomam o lugar do principal e actuam em exclusivo e no lugar deste[1714]. Porém, enquanto, o negócio celebrado pelo representante é concluído em nome do *dominus* – e a direcção dos respectivos efeitos constitui um momento objectivo exteriormente reconhecível – os laços entre o principal e o *Ersatzmann* traduzem-se num aspecto meramente subjectivo e interno da relação entre eles estabelecida[1715]. No caso da representação os efeitos produzem-se directamente na pessoa do dono do negócio; no da substituição as consequências do negócio imputam-se, de forma duradoura, ao *Ersatzmann*, o qual as deve, depois, transmitir para o *dominus* através de um negócio jurídico específico[1716].

A utilização por parte da doutrina e jurisprudência de então dos termos «representante» e «mandatário» como expressões equivalentes de um mesmo fenómeno, numa orientação à qual, de resto, a lei dava maior ou menor guarida[1717], não constituía, para JHERING, nada mais do que uma inexactidão. Inexactidão resultante, fundamentalmente, da confusão e imprecisão de dois conceitos para ele claramente demarcados. De facto, quando *mandatum* e representação coincidem eles designam dois aspectos completamente diferentes de uma mesma relação jurídica. Mandato e mandatário traduzem o lado interno da relação; representante e principal indicam, ao contrário, a respectiva qualidade face ao terceiro, o seu carácter absoluto, o lado externo da relação[1718].

JHERING continua a falar, é certo, e tal como grande parte dos seus predecessores e contemporâneos, de duas vertentes de uma só relação. Cada

---

Jhering como o primeiro a assumir um peso importante na caminhada até à doutrina da abstracção da *procuratio* pode ver-se, Hupka, *Die Vollmacht...*, pp. 11 e 12. Cfr., igualmente, Hans Dölle, *Juristische...*, in *Verhandlungen...*, II, pp. B 3 e ss.; e Hans-Martin Pawlowski, *Die gewillkürte...*, in *Juristen...*, 1996, Ano 51, 3, pp. 125 e ss.. Em defesa da ideia segundo a qual, apesar de algumas contribuições na direcção da separação entre o mandato e o poder de representação, a doutrina de Jhering se apresentava como dotada, ainda, de algumas indicações de sinal contraditório pode ver-se, Dniestrzanski, *Die Aufträge...*, I, pp. 87 e 88. Para mais detalhes acerca da importância e alcance do contributo de Jhering v., *supra* e designadamente a Introdução parágrafo 1, em nota.

[1712] Cfr., Jhering, *Mitwirkung...*, in *Gesammelte...*, I, pp. 121 e ss..

[1713] Jhering utiliza esta expressão para designar a realidade que ficaria conhecida por representação indirecta. Para um crítica à terminologia empregue por Jhering pode ver-se, Scheurl, *Zur Verhandlung...*, in *Jahrbücher...*, II, pp. 2 e ss. e 19 e ss., seguida de uma resposta por parte de Jhering, *Mitwirkung für fremde...*, in *Gesammelte...*, I, pp. 191 e ss..

[1714] Jhering, *Mitwirkung...*, in *Gesammelte...*, I, p. 155.

[1715] *Idem*, p. 156.

[1716] *Idem*, p. 156.

[1717] Cfr., *supra*, as referências fornecidas a este respeito na Parte I, Cap. III.

[1718] Jhering, *Mitwirkung...*, in *Gesammelte...*, I, pp. 156 e ss., onde o autor desenvolve um esforço notável para provar a admissibilidade do mandato sem representação.

uma destas duas faces da mesma moeda é, porém, no dizer de JHERING, perfeitamente independente e comporta-se uma perante a outra com total autonomia[1719]. Além disso, escreve JHERING, a coincidência de mandato e de faculdades de representação é simplesmente casual. Há mandatários sem poder de representação e representantes sem mandato[1720].

Com isto JHERING dava um passo importante no caminho que conduziria à concepção da procuração como um negócio autónomo. Ao indicar, porém, como exemplos de representante sem poderes de representação os casos do tutor ou da gestão de negócios[1721], JHERING demonstra como, para ele, a causa legitimadora da representação voluntária continua a ser o mandato[1722, 1723].

A postura de JHERING provoca, de imediato, um trabalho de SCHEURL[1724], no qual se começam a perfilar os pontos essenciais da arquitectura da moderna doutrina da representação[1725].

SCHEURL começa por aplaudir a distinção realizada por JHERING entre condutas de natureza simplesmente material e comportamentos de carácter jurídico, com a redução do campo de aplicação da representação exclusivamente aos últimos[1726]. Debate depois a questão, colocada por JHERING, e que consiste em saber se a *Zustimmung* (consentimento), dada pelo titular de um direito, a um não titular, com o fim de permitir, a este, o respectivo exercício, faz de quem consente parte no negócio celebrado ao abrigo da *Zustimmung*. A resposta é para SCHEURL negativa. Na sequência, SCHEURL

[1719] A referência a esta autonomia entre lado interno e externo da relação jurídica representativa tem sido já considerada como o principal contributo de Jhering para o desenvolvimento da doutrina da representação. Neste sentido pode ver-se, por exemplo, Ferrer Correia, *A procuração...*, in *Estudos...*, II, p. 5, o qual – em perfeita sintonia com Hupka, *Die Vollmacht...*, p. 12 – acusa, no entanto, Jhering de ter ficado a meio caminho e de, um pouco à maneira da escola tradicional, continuar a falar de uma só relação jurídica a propósito do fenómeno jurídico representativo.

[1720] *Idem*, p. 156.

[1721] *Idem*.

[1722] São disso bem elucidativas de quanto se afirma no texto as seguintes palavras de Jhering, *Mitwirkung...*, in *Gesammelte...*, I, pp. 164 e 165: «*Quem pretende actuar para um outro tem aberto um duplo caminho, uma vez o de substituto (...) em seguida o de representante (...). Assim pode portanto, o mandatário agir de um modo ou de outro, conforme aquilo que o seu mandato determinar. O mandato pode dizer: celebra em teu ou celebra em meu nome*» para continuar, em seguida: celebre ele como representante, aí onde no mandato se trata de simples substituto, ou, ao contrário, como substituto quando devia comportar-se como representante então não se assiste em nenhum dos casos a uma situação de representação. Tudo a aproximar, novamente, o poder de representação do mandato.

[1723] Assim, também, Hupka, *Die Haftung...*, p. 12; e Dniestrzanski, *Die Aufträge...*, I, p. 88.

[1724] Scheurl, *Zur Verhandlung...*, in *Jahrbücher...*, II, pp. 1 e ss.

[1725] No mesmo sentido v., Díez Picazo, *La representación...*, p. 31.

[1726] Para uma crítica das posições expressas a este propósito por Jhering, em particular da utilização que o autor faz da destrinça entre comportamentos jurídicos e comportamentos de facto para distinguir a figura do representante daquela outra constituída pelo núncio v., no entanto, Laband, *Die Stellvertretung...*, in *Zeitschrift...*, X, pp. 191 e 192. Cfr., igualmente, *infra*.

enceta um estudo de vários aspectos da construção de JHERING até chegar à noção de substituto e respectiva terminologia[1727]. A noção parece merecer concordância por parte de SCHEURL. O mesmo não sucede com a expressão substituto ou *Ersatzmann*[1728]. De acordo com o autor, a expressão romana apropriada para exprimir o conceito pretendido por JHERING seria *interposita persona* a traduzir para o alemão por *Zwischenperson* (interposta pessoa), podendo utilizar-se o termo *Mittelsperson* (intermediário) para designar o género, enquanto interposta pessoa e representante serviriam para caracterizar ou referir duas espécies distintas de intermediários[1729].

Feita esta precisão terminológica, SCHEURL afirmaria, logo de seguida, e a propósito da aquisição da posse e da propriedade[1730], ser-me possível conceder, a um intermediário, mandato para adquirir a posse para mim[1731]. O intermediário realiza a respectiva actuação com o propósito declarado de me tornar possuidor e é, por isso, representante[1732]. Mas também me é possível, continua SCHEURL, conceder a alguém mandato para adquirir a posse e propriedade para si mesmo com o subsequente dever de as transferir para mim[1733]. Na eventualidade de o intermediário executar este encargo – escreve SCHEURL – então através da respectiva posse ele apenas se tornou a si próprio possuidor e proprietário. Ele deverá, então, através de um acto posterior cedê-las a mim[1734].

Aqui, e nas palavras do autor alemão, o fim genérico da representação foi alcançado por via indirecta. O intermediário não é um representante mas uma simples *interposita persona*, ou para empregar o termo sugerido por JHERING, *Erstazmann*[1735].

Porém, a teoria que reconduzia o poder ou faculdade do representante voluntário ao mandato ainda se manteria sem contradição frontal durante algum tempo. Os esforços de UNGER[1736] ou WINDSCHEID[1737] não iriam mais longe, nem receberiam mais reconhecimento[1738], do que os encetados por JHERING ou SCHEURL.

[1727] V., Scheurl, *Zur Verhandlung...*, in *Jahrbücher...*, II, pp. 19 e ss..

[1728] De resto o próprio Jhering parecia não se mostrar muito satisfeito com o termo.

[1729] Scheurl, *Zur Verhandlung...*, in *Jahrbücher...*, II, pp. 19 e 20.

[1730] *Idem*, p. 20.

[1731] *Idem*.

[1732] *Idem*.

[1733] *Idem*, p. 21.

[1734] *Idem*.

[1735] *Idem*.

[1736] Unger, *System...*, II, p. 139.

[1737] Windscheid, *Lehrbuch...*, 1.ª ed., I, § 74, p. 160, e nota (1); e indscheid-Kipp, *Lehrbuch...*, I, p. 357 nota (1a).

[1738] Na verdade, os contributos realizados por Jhering, Unger ou Windscheid no tocante à questão da articulação entre mandato e representação não provocaram nenhuma reacção ou apreciação particular por parte da prática e doutrina de então, não obstante a circunstância de,

UNGER evidencia a possibilidade de um mandato sem poderes representativos mas, à semelhança de JHERING, considera a faculdade de representação fundada num mandato proveniente da vontade do representado[1739].

WINDSCHEID, por seu turno, afirma que o direito de celebrar um contrato em nome de outrem tanto pode ser fundada num cargo público – por exemplo na tutela – como na constituição de uma pessoa colectiva ou na concessão pelo dono do negócio de uma *Vollmacht*[1740]. Os romanos utilizavam, recorda, a expressão *mandatum* para referirem a *Vollmacht*. Porém – escreve – a terminologia jurídica alemã apresenta maior riqueza. Mandato designa aquilo que alguém está obrigado a fazer para outrem, enquanto a *Vollmacht* indica o facto de alguém ter o poder jurídico de fazer algo para um terceiro. O mandato faz surgir uma relação obrigatória entre o mandante e o mandatário, enquanto o poder de representação confere ao procurador uma determinada posição jurídica face ao exterior. No mandato para celebração de um negócio, afirma WINDSCHEID, pode residir uma *Vollmacht*. Isso não é, porém, sempre, e necessariamente, assim. O mandato é susceptível de ser conferido de modo a provocar uma actuação do *mandatarius* em nome próprio[1741].

A definitiva quebra da ligação, até então existente, e ditada pelo *ius commune*, entre *mandatum* e poderes de representação surgiria, apenas, após a entrada em vigor do *ADHGB* (Código de Comércio Geral alemão) em 1861.

O *ADHGB* consagrava a admissibilidade da representação jurídica directa no respectivo artigo 52.°[1742], sem pretender tomar partido a favor de nenhuma das doutrinas relativas à estrutura do negócio representativo[1743].

---

designadamente, os estudos de Jhering sobre a representação terem, no seu conjunto, sido considerados como significativamente inovadores e, enquanto tal, merecido a atenção de alguma doutrina, em particular de Scheurl, *Zur Verhandlung...*, in *Jahrbücher...*, II, pp. 1 e ss. (e de serem hoje objecto de constantes apreciações positivas). Para mais detalhes v., na literatura jurídica moderna, Müller-Freienfels, *Die Abstraktion der Vollmachtserteilung...*, in *Stellvertretungsregelungen in Einheit...*, pp. 76 e ss..

[1739] Unger, *System...*, II, pp. 138, 139 e nota (40). Mais concretamente o autor considera que para produzir efeitos jurídicos o representante tem de ter a faculdade ou autorização (no sentido de *Befugnis*) para actuar em nome do representado. No caso da representação voluntária essa *Befugnis* teria de resultar de um *Auftrag* (mandato) assente na vontade do representado. Para ilustrar as formas eventualmente assumidas pelo *Auftrag,* Unger refere o *Mandat* (a palavra alemã *Mandat* é neutra. Optámos, em português, por usar o masculino para nos referirmos a ela) e a *Vollmacht.*

[1740] Windscheid, *Lehrbuch...*, 1.ª ed., I, § 74, p. 160, nota (1); e Windscheid-Kipp, *Lehrbuch...*, I, p. 357 nota (1a).

[1741] *Idem, Ibidem.*

[1742] Cfr., igualmente, os artigos 230.°, 241.° e 502.° do *AHGB.*

[1743] Assim, também, Laband, *Die Stellvertretung...*, in *Zeitschrift...*, X, p. 187 e nota (9), onde se transcreve o texto do projecto prussiano, claramente favorável à teoria da ficção. V., ainda, para mais pormenores a respeito da posição de equidistância assumida pelos redactores do *AHGB* acerca da controvérsia existente na doutrina a propósito da estrutura do negócio representativo, Müller-Freienfels, *Die Abstraktion der Vollmachtserteilung...*, in *Stellvertretungsregelungen in Einheit...*, p. 84.

Nos artigos 42.º, 43.º (referentes ao *Prokurist*), 114.º e 116.º (concernentes aos sócio de sociedades em nome colectivo), 167.º e 196.º (respectivamente alusivos aos sócios comanditados nas sociedades em comandita simples e nas sociedades em comandita por acções), 227.º a 231.º (relativos ao órgão de administração das sociedades anónimas), o Código previa a figura dos *Generalvollmachten*, dotados de poderes gerais e definidos legalmente de forma ilimitada e ilimitável[1744, 1745].

De particular importância a figura do *Prokurist* correspondia a um sujeito proposto à frente de uma empresa comercial, ligado, do ponto de vista interno, ao empresário e principal por uma relação de natureza hierárquica[1746]. A respectiva nota distintiva consistia na *Prokura*[1747]: o *Prokurist* era aquele que se

---

[1744] Para uma panorâmica acerca da forma como o *ADHGB* de 1861 regulava a figura da representação v., a título ilustrativo, e para além de Laband, *Die Stellvertretung...*, in *Zeitschrift...*, X, pp. 201, 209 e ss., 214 e ss., 218 e ss.; Thöl, *Das Handelsrecht...*, 4.ª ed., I, pp. 198 e ss.; Endemann, *Das deutsche...*, 2.ª ed., pp. 130 e ss., maxime 134 e ss.; Id., *Idem*, 4.ª ed., pp. 94 e ss., maxime 97 e ss.; Id., *Handbuch des Deutschen Handels–, See– und Wechselrechts*, com a colaboração de Brunner, Cohn, Gareis, Grünhut, Klostermann, Koch, König, Kuntze, Lastig, Lewis, Primker, Reatz, Regelsberger, Schott, Schroeder, Völderndorff, Wendt, Westerkamp e Wolff, Lípsia, 1881, capítulo II, por Wendt, pp. 274 e ss., maxime 278 e ss.; Staub, *Kommentar zum Allgemeinen deutschen Handelsgesetzbuch*, 3.ª ed., com a colaboração de Bartsch, Bettehlem, Bondi, Demelius, Hamburger, Kretz, Lenhof, Löhl, Risiko, Boleck, Viena, Vol., I, Parte I, 1935, comentário aos artigos 1.º a 206.º, comentário aos artigos 41.º e ss., pp. 312 e ss., por Kretz (adiante citado *Kommentar...*, com indicação do autor ao comentário do artigo em referência na citação); Bettehlm, *Kommentar...*, Vol. I, Parte I, comentário aos artigos 114.º, 116.º 167.º, 680.º, pp. 488 e ss., 499 e ss., e 680 e ss.; Bondi, *Kommentar...*, Vol. I, Parte I, comentário ao artigo 197.º, pp. 724 e 725; Müller-Freienfels, *Die Abstraktion der Vollmachtserteilung...*, in *Stellvertretungsregelungen in Einheit...*, p. 87; Id., *Legal replations...*, in *Idem*, pp. 252 e ss.. Na literatura jurídica italiana cfr., para uma visão de conjunto acerca da regulamentação dada pelo *ADHGB* ao fenómeno representativo e seus momentos paralelos, Valeria de Lorenzi, *La rappresentanza...*, in *Rappresentanza...*, pp. 76 e ss..

[1745] O *ALR* continha também ele algumas disposições nas quais se fixava por determinação legal o âmbito dos poderes de representação. Esses poderes eram no entanto susceptíveis de limitação e o *dominus* podia prevalecer-se deles sempre que o terceiro os conhecesse ou devesse conhecer. Para uma referência ao caminho que conduziria do *ALR* às soluções consagradas pelo *ADHGB* v., Müller-Freienfels, *Die Abstraktion der Vollmachtserteilung...*, in *Stellvertretungsregelungen in Einheit...*, pp. 82 e ss. (com destaque para as referências ao projecto de Vurtemberga, de 1839/40; as exigências proferidas, na reunião de Nuremberga, em 4 de Fevereiro de 1857, pelos conselheiros do *Allgemeinen deutschen Handelsgesetzbuches* no sentido de se consagrar no direito comercial uma *Vollmacht* insusceptível de restrição; e a proposta formulada por Halle, juiz do *Handelsgericht* de Hamburgo, na mesma direcção; os projectos de Hamburgo e Bremer; as críticas de Mecklemburgo e Baden – protagonizadas respectivamente por Schliemann e Goldschmidt); Id., *Legal replations...*, in *Idem*, pp. 253 e ss.. V., também, para uma história do projecto que levaria ao *Allgemeinen deutschen Handelsgesetzbuches*, Heinrich Thöl, *Zur Geschichte des Entwurfes eines allgemeinen deutschen Handelsgesetzbuches*, Gotinga, 1861. Entre nós cfr., por último, para uma breve referência a alguns dos aspectos dos trabalhos preparatórios do *ADHGB*, Menezes Cordeiro, *Da responsabilidade...*, p. 351.

[1746] Assim v., designadamente, Valeria de Lorenzi, *La rappresentanza...*, in *Rappresentanza...*, p. 76. Cfr., igualmente, Laband, *Die Stellvertretung...*, in *Zeitschrift...*, X, pp. 198 e ss., maxime 201; Ballerstedt, *Zur Haftung...*, in *Archiv...*, 151, p. 515; e Hamza, *Bermerkungen...*, in *Zeitschrift...*, 26, p. 84.

[1747] A *Prokura* é hoje definida como uma especial procuração de direito comercial. Para mais pormenores a este respeito, na literatura jurídica relativa ao novo *HGB*, cfr., designadamente,

encontrava munido de uma *Prokura*; aquele encarregado de exercer o comércio em nome e por conta de outrem; de assinar por *Prokura*. Com a concessão da *Prokura* o *Prokurist* passava a deter poderes legais extremamente extensos, compreendendo todos os actos relativos ao exercício da empresa, exceptuados os de aquisição ou alienação de imóveis e de constituição de hipotecas[1748]. Estes poderes eram, no interesse da segurança do tráfego e da tutela dos terceiros contraentes, imodificáveis[1749].

Também os representantes das sociedades tinham poderes estabelecidos legalmente, ilimitados e ilimitáveis, na defesa da segurança do tráfego jurídico[1750]. Eles não recebiam os poderes representativos em resultado de um negócio jurídico mas em função de uma posição na sociedade, e deviam ser inscritos no registo comercial.

Ao lado destes *Generalvollmachten* dotados de poderes cujo conteúdo era, mais ou menos imperativamente, fixado por lei, o *ADHGB* previa, depois, outro conjunto de representantes cujos poderes eram determinados por lei, mas susceptíveis de restrição por parte do principal[1751]. Nestes casos valia a regra segundo a qual os terceiros podiam pressupor a existência dos poderes de representação com o âmbito legalmente fixados. As restrições só eram oponíveis ao terceiro na hipótese de o *dominus* provar que aquele tinha efectivo conhecimento das mesmas[1752].

Num terceiro grupo de *Generalvollmachten* a lei previa um conjunto de auxiliares, com destaque para os *Handlungsbevollmächtigten*, cujos poderes o *ADHGB* deixava à determinação das partes mas para os quais delimitava

---

Reimar Spitzbarth, *Vollmachten im modernen Management. Handlungsvollmacht – Prokura – Generalvollmacht*, Berlim, 1970, pp. 54 e ss. (cfr., também, *op. cit.*, pp. 30 e ss., onde o autor procura fixar os conceitos de *Handlungsvollmacht*, e pp. 98 e ss. relativas à *Generalvollmacht*); Cristoph Tietz, *Vertretungsmacht und der Vertretungsbefugnis im Recht der BGB-Vollmacht und der Prokura. Die Bedeutung der Vertretungsbefugnis für die Bestimmung der Vetretungsmacht*, Francoforte do Meno, Berna, Nova Iorque, Paris, 1990, p. 104; Joost, *Grosskomentar...*, 14, § 48, pp. 327 e ss..

[1748] Cfr., *ADHGB*, artigo 42.º. Para mais pormenores v., na literatura jurídica por nós considerada e a título exemplificativo, Laband, *Die Stellvertretung...*, in *Zeitschrift...*, X, pp. 218 e 219; Kretz, *Kommentar...*, Vol. I, Parte, I, comentário ao artigo 42.º, pp. 318 e ss., maxime p. 321, quanto à impossibilidade de praticar determinados tipos de actos relativos a imóveis. No âmbito da nova legislação v., Cristoph Tietz, *Vertretungsmacht...*, pp. 105 e 196, o qual recorda como os negócios que o *Prokurist* pode realizar não têm, necessariamente, de entrar no âmbito da esfera comercial do principal. Basta poderem integrar-se num giro comercial. Fora do âmbito da *Prokura* ficam os negócios privados do principal e pouco mais.

[1749] No âmbito do *ADHGB* de 1861 a *Prokura* era, sem qualquer tipo de excepções, absolutamente imodificável (cfr., Laband, *Die Stellvertretung...*, in *Zeitschrift...*, X, pp. 218 e 219; Kretz, *Kommentar...*, Vol. I, Parte, I, comentário ao artigo 43.º, pp. 322 e ss.). Actualmente é possível opor algumas limitações escassas à *Prokura*. Para mais detalhes v., por todos, Capelle e Canaris, *Handelsrecht*, 20.ª ed., Munique, 1985, pp. 121 e ss., maxime pp. 123 e 124; Cristoph Tietz, *Vertretungsmacht...*, pp. 106 e ss..

[1750] V., por todos, Laband, *Die Stellvertretung...*, in *Zeitschrift...*, X, pp. 218 e 219.

[1751] V., *ADHGB*, artigos 460.º, 497.º, 499.º. Na literatura jurídica cfr., a título exemplificativo, e uma vez mais, Laband, *Die Stellvertretung...*, in *Zeitschrift...*, X, pp. 220 e 221.

[1752] Cfr., *ADHGB*, artigos 462.º e 500.º.

presuntivamente um determinado âmbito[1753]. Se um terceiro celebrasse um contrato ou negócio com o representante dentro dos poderes admitidos por lei, mas fora daqueles efectivamente fixados pelo *dominus*, a divergência apenas lhe era oponível se ele soubesse, ou devesse saber, qual o real âmbito do poder de representação[1754].

Finalmente, o Código contemplava, ainda, a *Vollmacht* para a prática de actos singulares, relativamente à qual a lei não fixava, nem sequer presuntivamente, qualquer âmbito deixando a respectiva fixação à interpretação da vontade do *dominus*[1755].

II – Confrontado com esta disciplina do Código de Comércio o, então, jovem[1756] Professor de direito alemão da Universidade de Conisberga, LABAND[1757], procederia a uma radical separação entre mandato e poderes de representação.

Quando, em 1866, LABAND publicou o seu escrito acerca da representação no direito comercial verificava-se uma conjuntura altamente favorável à propagação de ideias em torno do fenómeno representativo[1758]. Nessa altura poucos institutos e figuras jurídicas se podiam gabar de, como escreveu ZIMMERMANN em 1876, terem recebido uma atenção e cuidado, por parte da doutrina, tão significativos como os dispensados à representação; *«como se o nosso instituto devesse ser compensado pela longa negligência e definhar»* a que até então tinha sido votado, ou ressarcido pelos preconceitos de origem romanística que marcavam os escassos estudos a ele dedicados. *«Nas últimas duas décadas»*, continua ZIMMERMANN, *«a doutrina esforçou-se por resolver os mais difíceis problemas (...) colocados»* pela representação *«com um cuidado e uma persistência totalmente especial»*[1759, 1760].

Este contexto explicará, talvez, e em grande medida, a circunstância de ser LABAND quem, na visão da *communis opinio*, colhe na totalidade, e exclusiva-

---

[1753] Cfr., *ADHGB*, artigos 47.º, 48.º, 49.º, 50.º, 234.º, 296.º.

[1754] Cfr., designadamente, artigo 296.º do *ADHGB*.

[1755] Laband, *Die Stellvertretung...*, in *Zeitschrift...*, X, pp. 221 e ss.. Para uma referência acerca do modo como o *ADHGB* e Laband resolviam o problema do desfasamento entre a procuração especial e as instruções internas dadas pelo mandante cfr., *infra*.

[1756] À data da publicação do seu estudo sobre representação Laband tinha apenas 28 anos. Posteriormente ele tornar-se-ia, como é sabido, num dos maiores publicistas alemães.

[1757] A respeito do modo como tem sido encarada a maior ou menor originalidade do contributo de Laband cfr., os autores referenciados *supra passim*, designadamente quanto se escreve em nota na Introdução, parágrafo 1. De um modo geral sobre o tema da abstracção da procuração no direito tudesco v., entre tantos outros, Giovanni di Rosa, *La «astratteza» della procura: alle origini di un dogma*, in *Contrato e impresa*, Pádua, 1994, X, I, p. 70 e ss..

[1758] Assim, também, Müller-Freienfels, *Die Abstraktion der Vollmachtserteilung...*, in *Stellvertretungsregelungen in Einheit...*, p. 80.

[1759] Zimmermann, *Die Lehre von der stellvertretenden...*, pp. 7 e 8.

[1760] Tudo ao ponto de se poder considerar com Dniestrzanski, *Die Aufträge...*, I, p. 26 e 27, valer aqui a afirmação de Jhering segundo a qual apenas existiriam juristas que se ocuparam do assunto e juristas que dele se não ocuparam.

mente, os louros por ter procedido à separação entre mandato e representação[1761]. Separação esta que haveria de ser festejada por CROME como um dos maiores triunfos proporcionados pelo moderno desenvolvimento jurídico alemão[1762], apontada por SCHOTT[1763] como o mais importante artigo ou peça de exportação do direito alemão, e celebrada por DÖLLE[1764] como uma das grandes descobertas da ciência do direito, ao lado da *culpa in contrahendo*[1765].

Ao fixar a distinção entre *Vollmacht* e *mandatum* ou relação jurídica subjacente LABAND move-se, porém, e conforme haverá oportunidade de acentuar[1766], exclusivamente nos quadros do positivismo, da jurisprudência dos conceitos e daquela que iria a ser sua *reine juristiche Staatslehre*. Caminhemos, porém, por partes. Competirá descrever primeiro as posições defendidas por LABAND e os argumentos nos quais se sustentam os respectivos pontos de vista.

III – LABAND começa por procurar afirmar a possibilidade lógica da representação jurídica directa[1767], num desiderato, desde logo, facilmente alcançado através do recurso aos exemplos proporcionados

---

[1761] No mesmo sentido, mas em termos bastante mais categóricos, Müller-Freienfels, *Die Abstraktion der Vollmachtserteilung...*, in *Stellvertretungsregelungen in Einheit...*, pp. 80 e 81.

[1762] Crome, *System des Deutschen Bürgerlichen Rechts*, Tubinga e Lípsia, 1900, I, p. 460, nota (6). Em sentido idêntico Hans-Martin Pawlowski, *Die Gewillkürte...*, in *Juristen...*, 51, 3, pp. 125 e ss., para quem a separação entre o mandato e a procuração com a subsequente abstracção da mesma constitui uma descoberta da ciência jurídica alemã.

[1763] Schott, *Der Mißbrauch der Vertretungsmacht*, in *Archiv für die civilistische Praxis*, 1971, 171, p. 385. V., igualmente o sugestivo título do já citado estudo de Pawlowski, *Die gewillkürte...*, in *Juristen...*, 51, 125 e ss..

[1764] Hans Dölle, *Juristische...*, in *Verhandlungen...*, II, pp. B 3 e ss..

[1765] Cfr., igualmente, e a título ilustrativo, Eckehard Gerke, *Vertretungsmacht und Vertretungsberechtigung. Eine civilistische Untersuchung*, Colónia, Berlim, Bona, Munique, 1981, p. 3, para quem a distinção de Laband se conta entre os assegurados ensinamentos da ciência do direito. Em Itália, no sentido segundo o qual, a separação da procuração relativamente à relação jurídica subjacente constitui um dos mais respeitáveis e elevados resultados da ciência jurídica moderna pode ver-se, Graziani, *Negozio di gestione e procura*, in *Studi di Diritto Commerciale in Onore di Cesare Vivante*, I, Roma, 1933 [= *Studi di Diritto Civile e Commerciale*, Nápoles, 1953, p. 61. Cita-se por este último local]; enquanto, entre nós, Ferrer Correia, *A procuração...*, in *Estudos...*, II, p. 27, consideraria a autonomia da procuração em relação ao mandato como «(...) *um dos pensamentos mais fecundos com que os escritores de fins do século passado vieram enriquecer a dogmática civilística* (...)». Numa perspectiva um pouco diversa pode ver-se, no sentido segundo o qual o abrir mão da liberdade proporcionada pela doutrina da abstracção da procuração – que tornou indiferente a questão de saber se o representante se devia encontrar socialmente subordinado, equiparado ou numa posição de superioridade relativamente ao representado – representaria um retrocesso dogmático, Ballerstedt, *Zur Haftung...*, in *Archiv...*, 151, p. 516.

[1766] Cfr., *infra*.

[1767] Laband, *Die Stellvertretung...*, in *Zeitschrift...*, X, pp. 185 e ss..

pelo direito das gentes e pelo direito público. Dado esse passo, LABAND esforça-se, a partir do início do seu escrito, por delimitar e fixar a representação enquanto conceito perfeitamente autónomo e independente[1768]. O escopo prosseguido pelo Professor de Conisberga é o da fixação dos fundamentos dogmáticos do fenómeno representativo, da estrutura interna e do verdadeiro conceito da representação[1769]. Verdadeiro conceito este gravemente atingido e prejudicado, na visão labandiana das coisas, pela junção da representação e mandato[1770]. Na verdade, segundo LABAND, *Vollmacht* e mandato não são o lado externo e interno de uma mesma relação jurídica. Eles constituem antes duas relações jurídicas bem distintas[1771]. Pode, desde logo, existir mandato sem representação, como o evidencia, no entender de LABAND, quer o tradicional *mandatum* de direito romano quer a figura de direito mercantil constituída pelo comissário. Mas mais. A *Vollmacht* não pode sequer ser vista como qualificação do mandato por forma a dever admitir-se a existência, dentro da categoria ampla constituída por este último contrato, de um *mandatum* com representação ao lado de outros sem representação[1772]. Tal como existe mandato sem representação há – afirma o autor germânico – poderes de representação sem mandato[1773].

A prova de semelhante asserção retira-a LABAND da figura do *Prokurist* e dos representantes das sociedades comerciais[1774]. A doutrina tradicional considerava existir nesses dois casos um mandato geral. Porém, para o futuro *jus* publicista, a explicação não colhe. Mesmo na eventualidade de o principal proibir ao *Prokurist* a realização de determinado acto ou de o mandatar para a prática de outro, o negócio celebrado pelo último em nome do primeiro vincula o *dominus* – e de acordo com o estabelecido no *ADHGB* – independentemente de terem ou não sido observadas as instruções dadas[1775]. O *Prokurist* e os responsáveis pelas sociedades comerciais vinculam os respectivos principais mesmo quando os terceiros sabiam que o representante estava a

---

[1768] Assim, também, Müller-Freienfels, *Die Abstraktion der Vollmachtserteilung...*, in *Stellvertretungsregelungen in Einheit...*, pp. 95 e ss..

[1769] Laband, *Die Stellvertretung...*, in *Zeitschrift...*, X, p. 203.

[1770] São as seguintes as palavras de Laband, *Die Stellvertretung...*, in *Zeitschrift...*, X, p. 203: *«Nada foi mais prejudicial para o verdadeiro conceito da representação e para o desenvolvimento jurídico do instituto do que a conjugação entre a representação e o mandato a que o direito romano deu lugar.»*

[1771] Laband, *Die Stellvertretung...*, in *Zeitschrift...*, X, pp. 204 e 205.

[1772] *Idem*, p. 205.

[1773] *Idem*.

[1774] *Idem*.

[1775] *Idem*.

agir contra o mandato que lhes foi dado[1776, 1777]. Nestes termos, considera LABAND, a *Vollmacht* concede ao representante a possibilidade de, através da celebração de um negócio em nome alheio, produzir efeitos jurídicos na esfera de outrem, independentemente de ter sido dado ao procurador um mandato nesse sentido ou de, através da procuração, se lhe deixar livre espaço de manobra[1778]. O mandato[1779] é, assim, deduz LABAND, perfeitamente irrelevante para a *Stellvertretungsbefugnis*[1780] (autorização representativa). Os poderes de representação podem ser concedidos de outras formas que não o mandato e devem ser, igualmente, retirados ou privados por outros modos[1781]. Da mesma forma que a concessão ou revogação de um mandato não exerce nenhuma influência sobre a concessão de poderes

---

[1776] *Idem*, p. 206.

[1777] Recorde-se a circunstância já referida de o conteúdo e amplitude dos poderes destes representantes serem fixados pelo *ADHGB* de forma imperativa e se afigurarem, nos termos da lei, insusceptíveis de restrição.

[1778] Laband, *Die Stellvertretung...*, in *Zeitschrift...*, X, p. 206.

[1779] No sentido segundo o qual ao referir a irrelevância do mandato para a representação Laband se estava, no fundo, a reportar a toda e qualquer relação fundamental, pode ver-se, a título ilustrativo, Eckehard Gerke, *Vertretungsmacht...*, 1981, p. 1.

[1780] Mandato que, ao contrário de quanto sucedia, quer segundo a doutrina de então (cfr., *supra*, *passim*. A título exemplificativo indicam-se, e para além dos muitos autores por nós já antes recenseados, neste momento, apenas Thibaut, *System...*, II, pp. 288 e ss., o qual refere como a partir do mandato surge uma relação jurídica dupla, parte entre os contraentes parte relativamente a terceiros; e Puchta-Rodorff, *Pandeckten...*, p. 482, para quem o efeito do mandato era, de um lado, o da constituição da relação jurídica representativa com as respectivas consequências – contexto este em que o mandato recebia o nome de *Vollmacht* – e, por outro, o de fazer surgir uma obrigação entre mandante e mandatário) quer a nível legal, até à entrada em vigor do *ADHGB*, era segundo Laband, *Die Stellvertretung...*, in *Zeitschrift...*, X, pp. 209 e ss., claramente separado pelo legislador de 1861 da *Vollmacht*. Isto numa distinção considerada pelo Professor de Conisberga, como de natureza técnica e congruentemente assumida (em sentido contrário v., porém, *Curtius*, *Die Stellvertretung...*, in *Archiv...*, LVIII, p. 80, para quem o *ADHGB* não distinguia em lugar nenhum poder de representação e mandato). Em dois preceitos Laband reconhece, é certo, que o *ADHGB* continuava a utilizar a expressão mandato em lugar da palavra *Vollmacht*. Um era o artigo 41.º, 1.º, para definir o *Prokurist*. Contudo, as disposições seguintes falavam sempre em *Vollmacht* ou autorização do *Prokurist*, demonstrando, no entender do jurista tudesco, tratar-se de uma simples incorrecção, porventura não detectada. O outro era o artigo 360.º, 3. O mandato referido neste preceito não era, porém, no entender de Laband, um qualquer mandato. Tratava-se de um *mandatum* ligado a uma *Vollmacht* para um estabelecimento comercial. O disposto no artigo 360.º compreender-se-ia atenta a circunstância de no caso especial aí referido a *Vollmacht* e o *Auftrag* coincidirem e se cobrirem mutuamente. Finalmente, em dois outros casos, o *Handelsgesetzbuch* reconhecia o princípio segundo o qual o mandato podia conter igualmente poderes de representação a favor do mandatário. Um encontrava-se previsto no artigo 58.º, 2 e o outro no artigo 269.º, 2. Para mais detalhes acerca do modo como o mandato, procuração e poderes de representação se articulavam no *ADHGB* v., *infra*.

[1781] *Idem*.

de representação, a exclusão ou modificação dos poderes de representação também não se repercute necessariamente sobre o mandato que o *Prokurist* recebeu[1782].

IV – A afirmação da existência de poderes de representação sem mandato, por um lado, e da autonomia integral da *Vollmacht* quanto ao respectivo conteúdo e fundamento, por outro, afigurava-se mais ou menos fácil, no caso do *Prokurist*[1783]. Este tinha, repise-se, poderes conferidos negocialmente através da *Prokura*, mas o respectivo alcance era fixado por lei e imodificável. As restrições ou o mandato internamente conferidos eram, assim, irrelevantes perante terceiros com quem o

---

[1782] É a ideia, tal como é hoje afirmada, da independência do poder de representação, face à relação subjacente, quer quanto à origem, quer quanto à extensão, quer, ainda, quanto à sorte (cfr., a este respeito, na nossa literatura, Ferrer Correia, *A procuração...*, in *Estudos...*, II, pp. 27 e ss.; e Januário Gomes, *Em tema...*, pp. 243. Na doutrina italiana v., por todos, Luigi Mosco, *La rappresentanza...*, pp. 68 e 69, 145 e 146. Entre os juristas germânicos podem ver-se, entre muitos outros, Biermann, *Zur Lehre von der Vertretung und Vollmacht*, separata de *Festgabe der Giessner Juristenfakultät für Heinrich Dernburg*, Berlin, 1900, p. 109; Hupka, *Die Vollmacht...*, p. 2, nota (1); Larenz, *Allgemeiner...*, 7.ª ed., pp. 614 e ss.; Flume, *Allgemeiner...*, II, *Das Rechtsgeschäft...*, p. 787, os quais distinguem no âmbito da relação representativa entre o *Können* (poder) e o *Dürfen* (dever) – para mais pormenores acerca desta distinção cfr., *infra* [para ulteriores referências bibliográficas no sentido da independência do poder de representação, perante o negócio gestório, quer quanto à origem, quer quanto à extensão, quer, ainda, quanto à sorte v. *infra*]. Para já refiram-se as observações críticas acerca da distinção proferidas por Müller-Freienfels, *Die Vertretung...*, pp. 74 e ss.; Id., *Die Abstraktion der Vollmachtserteilung...*, in *Stellvertretungsregelungen in Einheit...*, pp. 101; e, numa outra perspectiva, quer a obra de Eckehard Gerke, *Vertretungsmacht und Vertretungsberechtigung...*, per totum; quer o escrito de Cristoph Tietz, *Vertretungsmacht und Vertretungsbefugnis...*, per totum, estes dois últimos estudos dedicados precisamente à clarificação do relacionamento quer entre o *Können* e o *Dürfen* representativos quer entre o *Können* e *nicht Dürfen*, embora em termos, por nós não aceites) que é aqui afirmada por Laband, *Die Stellvertretung...*, in *Zeitschrift...*, X, p. 206. Refira-se, no entanto, a circunstância devidamente evidenciada por Müller-Freienfels, *Die Abstraktion der Vollmachtserteilung...*, in *Stellvertretungsregelungen in Einheit...*, pp. 96 e 109, e antes dele, de certo modo também, por Dniestrzanski, *Die Aufträge...*, I, pp. 35 e 36, de Laband não ter conseguido alcançar uma completa separação entre poder de representação e negócio subjacente. Na verdade, na construção do jurista de Conisberga, permanecia ainda um pequeno resquício da orientação tradicional a ligar a representação ao mandato ou negócio fundamental. Laband, *Die Stellvertretung...*, in *Zeitschrift...*, X, pp. 208 e 209, definia, ainda, a procuração como um contrato consensual (diverso do mandato) através do qual os contraentes se vinculam, reciprocamente, a considerar, do ponto de vista dos efeitos do negócio celebrado por um deles (o procurador) em nome do outro (o representado), como se tudo tivesse sido, na verdade, realizado pelo principal. Com semelhante construção, Laband via na procuração a fonte de dois vínculos jurídicos distintos. De um lado, a obrigação do representante, o qual devia considerar o negócio por ele celebrado como se executado pelo *dominus*. Do outro, o dever do representado, que se encontrava compelido a ver produzir-se na sua esfera o resultado da actuação do procurador. Com isto estávamos, porém, e nalguma medida, ainda próximos da ideia de mandato.

[1783] Assim, também, Valeria de Lorenzi, *La rappresentanza...*, in *Rappresentanza...*, p. 79.

Prokurist viesse a celebrar negócios jurídicos nessa sua qualidade; razão pela qual se mostrava possível afirmar a irrelevância do mandato para o conteúdo do poder de representação. Tratava-se, no fundo, da solução encontrada pelo *ADHGB* para resolver eventuais desfasamentos entre, por um lado, o poder de representação, tal como aparecia aos olhos de terceiros, e os encargos e directrizes dados pelo principal ao *Prokurist*, do outro, tendo em consideração as especiais necessidades do tráfego jurídico mercantil. Porém, uma vez isolado o conceito de independência da representação relativamente ao mandato, com base nas *Vollmachten* legais[1784], LABAND alarga-o, depois, às *Vollmachten* convencionais, e em primeiro lugar, à do *Handlungsbevollmächtigte*. Como se viu, o *Handlungsbevollmächtigte* tinha poderes negocialmente fixados pelas partes, mas cujo âmbito era presumido por lei. Na eventualidade deste representante actuar fora dos poderes que lhe foram efectivamente concedidos mas dentro das fronteiras legalmente presumidas o *ADHGB* não consagrava nenhuma solução idêntica à prevista para o *Prokurist*[1785]. No entanto, LABAND aplica dedutivamente[1786] ao *Handlungsbevollmächtigte* as conclusões que considera decorrerem da regulamentação fixada para o *Prokurist*.

Na verdade, depois de colocar a questão de saber se o regime fixado pelo *ADHGB* para as *Vollmachten* legais não corresponderia a uma excepção – fixada em benefício do tráfego jurídico – à regra segundo a qual todo o poder de representação deve assentar num mandato, LABAND responde pela negativa [1787]. A prova segundo a qual, mesmo na eventualidade de o conteúdo da *Vollmacht* assentar exclusivamente na vontade das partes, o poder de representação poderia ultrapassar o do mandato extrai-a LABAND, repise-se, do regime definido pelo *ADHGB* para o *Prokurist*. Quando a este é concedida autorização para alienar ou onerar bens imóveis o âmbito legal da *Prokura* é voluntariamente alargado. No entanto, e de acordo com o regime fixado pelo *ADHGB*, se o principal tiver dado instruções ao *Prokurist* para não alienar determinado terreno e este desrespeitar as directrizes impostas, o negócio celebrado dentro dos poderes conferidos

---

[1784] A expressão é empregue não com o propósito de indicar tratar-se de um caso de representação legal, mas antes, e como é óbvio, de ilustrar a circunstância de o âmbito dos poderes de representação ser, neste caso, fixado legalmente.

[1785] V., *supra* o referido a propósito da figura do *Prokurist*.

[1786] Assim, também, Valeria de Lorenzi, *La rappresentanza...*, in *Rappresentanza...*, p. 80. Entre nós pode ver-se, para uma análise do raciocínio do Professor de Conisberga na construção da ideia de autonomia da procuração, Helena Mota, *Do abuso de representação...*, pp. 40 e 41.

[1787] Laband, *Die Stellvertretung...*, in *Zeitschrift...*, X, pp. 206 e 207.

pela *Prokura*, mas contra as ordens internamente transmitidas, vincula o *dominus*[1788]. Mas se assim é quanto aos aspectos negociais da *Prokura* então, conclui LABAND, deve ser assim também para a *Handlungsbevollmächtigung*. Tal como o *Prokurist* não vê os seus poderes representativos cerceados pelo mandato, ou encargo eventualmente conferido, também o *Handlungsbevollmächtigte* não tem a respectiva autorização representativa circunstrita pelo *mandatum* a ele outorgado[1789]. Para que o *Handlungsbevollmächtigte* vincule o principal basta que a sua actuação caiba dentro do conteúdo da representação. Em todos os casos de concordância entre o comportamento do representante e o âmbito dos poderes de representação deve considerar-se a sua actuação autorizada. Tudo o mais são, tão-só, instruções cuja não observância apenas poderá responsabilizar o representante perante o representado. A representação só se deverá ter por não autorizada quando o procurador ultrapassar os poderes representativos que lhe foram conferidos, sem qualquer necessidade de se averiguar, para o efeito, qual o mandato concedido[1790].

Resolvido o problema do *Handlungsbevollmächtigte* restava a LABAND enfrentar o das procurações especiais. Relativamente a estas o *ADHGB* não continha quaisquer regras destinadas a resolver as questões resultantes do desfasamento entre a *Vollmacht* e o mandato. Não obstante, LABAND não deixa de defender, também aqui, soluções perfeitamente idênticas às preconizadas para o *Prokurist* e para o *Handlungsbevollmächtigte*. Fá-lo porém já numa base exclusivamente dedutiva[1791]. A concessão de um mandato – escreve LABAND – pode conter simultaneamente poderes de representação[1792]. Da mesma forma, a outorga de poderes de representação pode envolver um mandato[1793]. A *Vollmacht* que alguém concede a outrem para licitar num leilão determinado objecto a certo preço compreende simultaneamente, afirma LABAND, um *mandatum*. Porém, uma vez afirmada, com base na figura do *Prokurist*, a independência da *Vollmacht*, pela sua origem, conteúdo e sorte, relativamente ao mandato, LABAND não hesita em afirmar a possibilidade de alguém receber uma procuração com poderes especiais mas com indicação de apenas fazer dela uso em circuns-

---

[1788] *Idem*, p. 207.
[1789] *Idem*.
[1790] *Idem*. Cfr., igualmente, pp. 218 e ss., 223 e 224, 229 e ss..
[1791] Valeria de Lorenzi, *La rappresentanza...*, in *Rappresentanza...*, p. 80.
[1792] Laband, *Die Stellvertretung...*, in *Zeitschrift...*, X, pp. 207 e ss..
[1793] *Idem*, p. 208.

tâncias particulares, ou mesmo com a indicação de fazer dela uso apenas quando assim for dito. Há, pois, e também no contexto desta nova hipótese – escreve LABAND – não apenas *Vollmachten* com maior amplitude do que o mandato como *Vollmachten* sem *mandatum*[1794, 1795, 1796].

Tudo a levar o Professor de Conisberga a concluir em termos definitivos a favor da existência de mandatos sem poderes de representação, poderes de representação sem mandatos, e casos em que ambos coincidem acidentalmente. Consequentemente, considera LABAND, a rigorosa separação entre os dois conceitos[1797, 1798]. Trata-se,

---

[1794] *Idem.*

[1795] A prova de procurações convencionais especiais extrai-a Laband precisamente do exemplo da outorga de poderes de representação acompanhada de instruções para não se fazer uso deles senão após indicação nesse sentido. Ver-se-á adiante como este exemplo em nada abona a favor da construção de Laband até por lhe faltar, com toda a probabilidade, *in Geltung Setzung* (atribuição de validade) por parte do *dominus*.

[1796] Se procurarmos reduzir a argumentação de Laband à sua essência constata-se o seguinte: a) num primeiro momento, Laband demonstra a existência de casos de representação com poderes fixados por lei independentemente de mandato. Isto atendendo à circunstância de a lei determinar a irrelevância das restrições impostas pelo principal aos poderes normativamente conferidos a determinado tipo de representantes; b) num segundo momento, Laband interroga-se sobre a possibilidade de existirem também poderes de representação sem mandato naqueles casos em que a lei se limita a estabelecer, mediante presunção, poderes de representação os quais podem, todavia, ser objecto de limitação por parte do *dominus*. A resposta é no sentido da insignificância do mandato para a determinação do âmbito dos poderes de representação, numa conclusão alicerçada no regime definido por lei para o *Prokurist* (figura cujos poderes podem ser alargados mas nunca restringidos); c) finalmente, e num terceiro momento, Laband procura responder à questão que consiste em saber se as procurações voluntárias especiais são ou não independentes dos encargos impostos internamente pelo principal ao representante. A resposta vai no sentido da independência porquanto pode assistir-se à outorga de uma procuração acompanhada de instruções mais restritas para apenas fazer dela um determinado uso ou mesmo para não a utilizar até determinada indicação nesse sentido – o que envolveria uma procuração sem mandato. Quer dizer: a procuração é independente das directrizes internas pelo simples facto de existirem casos de procurações especiais com um conteúdo mais amplo do que aquele constituído pelas referidas directrizes. Ou seja, para saber se os poderes especiais de representação devem ou não considerar-se limitados pelo mandato interno, designadamente no caso de haver entre eles um desfasamento, responde-se, com base no regime definido para casos de *Generalvollmacht*: os poderes de representação não dependem do mandato porquanto a representação é independente do mandato pela sua origem, pelo seu conteúdo e fundamento; a representação é sem mandato. A geometria de semelhante raciocínio é, porém, demasiado evidente e excessiva. Em sentido mais ou menos próximo v., Valeria de Lorenzi, *La rappresentanza...*, in *Rappresentanza...*, p. 80.

[1797] Laband, *Die Stellvertretung...*, in *Zeitschrift...*, X, p. 208.

[1798] Imperativo jurídico este que, apesar de, então, apenas se poder louvar nalgumas poucas normas exclusivamente de direito mercantil haveria, em natural consonância com os pressupostos metodológicos professados por Laband, de ser aplicado também ao direito civil. A única concessão feita neste domínio pelo jurista alemão é a de que, neste novo domínio, se deve presumir, quando outra coisa não for expressamente prescrita pelas partes ou decorrer da natureza das coisas, que o mandato é representativo. Cfr., Laband, *Die Stellvertretung...*, in *Zeitschrift...*, X, p. 204.

defende, de dois negócios jurídicos distintos, com pressupostos, conteúdo e efeitos perfeitamente diversos[1799].

V – Afirmada a necessidade de diferenciar poderes de representação e mandato, LABAND, funda a *Vollmacht* no *Bevollmächtigungsvertrag* (contrato de procuração)[1800]. Trata-se, em seu entender, de um contrato consensual (diverso do mandato) através do qual os contraentes se vinculam, reciprocamente, e do ponto de vista dos efeitos do negócio celebrado por um deles (o procurador) em nome do outro (o representado), a considerar como se tudo tivesse, na verdade, sido realizado pelo principal. Com semelhante construção LABAND via na procuração, repise-se, a fonte de dois vínculos jurídicos distintos[1801]. De um lado, o dever do representante, o qual devia considerar o negócio por ele celebrado como se executado pelo *dominus*. Do outro, a situação na qual se encontrava investido o representado, compelido a ver produzir-se na sua esfera o resultado da actuação do procurador. Estes vínculos surgiam, ainda, como resquícios da tradicional ideia de mandato de direito comum enquanto fonte da representação. No entanto, a ideia de contrato de procuração como facto independente gerador da representação permitia não apenas alicerçar a tese da autonomia da *Vollmacht* – e da sua separação relativamente à relação jurídica subjacente – como conduziria, ainda, na sequência de particulares desenvolvimentos, à total separação entre o acto de concessão de poderes de representação e negócio representativo[1802].

Mais. Uma vez que a separação entre *Vollmacht* e mandato decorreria da essência da representação ou, se se preferir, do verdadeiro conceito de representação[1803], a distinção entre ambos deve, no entender de LABAND[1804], manter-se quando se trata de fixar o conceito de representação não autorizada[1805]. Se há mandato sem procuração e

---

[1799] *Idem.*

[1800] *Idem.*

[1801] Cfr., *supra*, quanto se escreve no presente parágrafo em nota.

[1802] V., Laband, *Die Stellvertretung...*, in *Zeitschrift...*, X, pp. 229. Cfr., também, Valeria de Lorenzi, *La rappresentanza...*, in *Rappresentanza...*, p. 81.

[1803] Laband, *Die Stellvertretung...*, in *Zeitschrift...*, X, p. 203.

[1804] *Idem*, p. 230.

[1805] Laband, *Die Stellvertretung...*, in *Zeitschrift...*, X, *passim*, maxime p. 230, utiliza a expressão *unbefugte Stellvertretung* (representação não autorizada) para designar a representação sem poderes; e *befugte Stellvertretung* (representação autorizada) quer para designar o acto praticado em estreita adesão a todas as directrizes emanadas do principal quer, ainda, para referir o comportamento do representante situado dentro dos limites formais da procuração, mas para além do

procuração sem mandato, então, no entender do *Caput* da *reine juristische Methode*, este é irrelevante para aquela e para o âmbito dos poderes de representação[1806]. Uma pessoa pode actuar dentro do âmbito da procuração que lhe é dada mas para além dos limites do mandato sem, todavia, se poder considerar o comportamento como não autorizado. Isto, mesmo no quadro da procuração com poderes especiais. Na verdade – afirma LABAND – quando A concede a B poderes para, em seu nome, comprar um cavalo a C, e, ao mesmo tempo, o mandata para apenas adquirir por 100 um animal branco, se, de facto, for negociado, pelo representante, um cavalo preto pelo preço de 200 o contrato é vinculativo para o *dominus*[1807]. Quer dizer: o representante munido de uma *Vollmacht* passa a ter um *Können* (*posse*), um poder autónomo – desvinculado da relação subjacente, do *Dürfen* (*licere*) e, mais ainda, do *Sollen* (dever), os quais se mostram, destarte, indiferentes e irrelevantes para a determinação do âmbito do *posse* – em virtude do qual o representado fica vinculado[1808]. Perante o terceiro, a representação afigura-se, deste modo, como autorizada quando o representante agiu em conformidade com a *Vollmacht*, na sua exclusiva configuração externa e independentemente de qualquer mandato. O valor da *Vollmacht* é, assim, em defesa dos interesses do tráfego jurídico e da circulação de bens, meramente formal. O seu papel é a defesa dos terceiros, incluindo os de má fé[1809, 1810]. Noutros termos, nas

---

âmbito das instruções transmitidas pelo *dominus*. Trata-se, refere Müller-Freienfels, *Legal replations...*, in *Stellvertretung in Einheit...*, p. 252, nota (69), de um truque conceptual para justificar a conclusão segundo a qual o acto do procurador é válido sem necessidade de se realizar qualquer averiguação acerca do conhecimento, ou não, por parte do terceiro da existência de instruções restritivas, transmitidas pelo *dominus* ao representante; e para alicerçar, ao mesmo tempo, a tese de que o *procurator* é competente desde que o acto por ele praticado seja válido – tudo numa argumentação *idem per idem*.

[1806] Uma vez mais o raciocínio é puramente dedutivo.

[1807] Laband, *Die Stellvertretung...*, in *Zeitschrift...*, X, pp. 230.

[1808] Conforme recorda a propósito, Müller-Freienfels, *Die Vertretung...*, p. 76; Id., *Die Abstraktion der Vollmachtserteilung...*, in *Stellvertretungsregelungen in Einheit...*, p. 102, Laband parece não se aperceber da circunstância de a palavra *Befugnis* que utiliza para, de facto, significar um *Können* (poder) – em cuja configuração não participa o *Dürfen* (*licere*) – exprimir na realidade a ideia de *Dürfen* (*licere*). *Befugnis* é, entre outros, sinónimo de *Recht* (direito), *Berechtigung* (habilitação, título, justificação, permissão, faculdade), e *Ermächtigung* (autorização). Nos dicionários alemães-portugueses refere-se a propósito de *Befugnis*: atribuição, autoridade, competência, direito, jurisdição, autorização.

[1809] Para uma crítica deste aspecto da doutrina de Laband – corolário da ideia segundo a qual o tráfego jurídico honesto é mais eficazmente protegido se a lei defender todos os actos de intercâmbio sem indagar a mente das partes envolvidas – insensível à circunstância de o terceiro contraente se afigurar de boa ou má fé, cfr., António Gordillo, *La representación...*, p. 297, em Espanha; Valeria de Lorenzi, *La rappresentanza...*, in *Rappresentanza...*, p. 81, em Itália; e, de forma

relações entre o principal e o representante as instruções e ordens são apenas vistas como um *nicht Dürfen* (*non licet*). Não como um *nicht Können* (não pode). Por isso, elas não acarretam uma limitação dos poderes de representação. Nas palavras do próprio LABAND «*através da separação entre mandato e poder de representação, entre poder de representa-ção*[1811] *e relação jurídica* in concreto *existente entre representante e representado, dá-se a possibilidade de uma autónoma legitimação do tráfego. O representante considera-se autorizado perante um terceiro a fazer valer direi-tos de um outro, independentemente da relação que com este mantém, inde-pendentemente de ele ser seu mandatário ou cessionário, independentemente de proteger os respectivos interesses ou de os lesar*»[1812, 1813].

Assiste-se, pois, através da construção de LABAND, e conforme ele mesmo afirma, à fundação de uma legitimação formal do tráfego jurídico a qual passa a ocupar o lugar da justificação material: «*an der Stelle der Berechtigung tritt die Legitimation*»[1814]. «*São estas as raízes a partir*

---

mais detalhada, Müller-Freienfels, *Die Abstraktion der Vollmachtserteilung...*, in *Stellvertretungsregelungen in Einheit...*, pp. 101 e 102; Id., *Legal replations...*, in *Idem*, pp. 252 e 253, na Alemanha. De modo um pouco mais sintético pode ainda ver-se, em crítica à tese do jurista de Conisberga, Gerke, *Vertretungsmacht...*, pp. 55 e 67. V., também, e já antes dos autores agora citados, Wellspacher, *Das Vertrauen...*, pp. 80 e ss., autor que – em reparo às posições de Laband – lembra, por um lado, como a protecção ao terceiro, proporcionada pela doutrina da abstracção da procuração, não se deve fazer sem se ponderar se a confiança depositada na existência de poderes de representação é, ou não, merecedora de protecção, e por outro, acentua, a circunstância, ainda mais grave, de a tese labandiana, conduzir à própria protecção de quantos se encontram de má fé. Outra vez no con-texto da doutrina espanhola, mas agora em crítica ao conceito geral de negócio abstracto pode ver-se, Federico de Castro y Bravo, *El negocio jurídico*, Madrid, 1967, pp. 295 e ss..

[1810] A ideia de que se devem proteger os terceiros de má fé, ou se se preferir aqueles conhecedores das limitações internamente impostas aos poderes do representante, aflora, não só, várias vezes no pensamento de Laband (como seu corolário) – num fenómeno, de resto, devida-mente evidenciado pela doutrina – como é, inclusivamente, afirmada, de forma expressa, pelo autor germânico. Cfr., Laband, *Die Stellvertretung...*, in *Zeitschrift...*, X, pp. 206, 223 e 224, onde o autor chega a admitir a possibilidade de o representado ficar vinculado na sequência de um acto intencionalmente praticado pelo representante com intuito de burlar ou defraudar o principal, e com conhecimento do desmando por parte do terceiro, desde que o acto caiba dentro dos pode-res formais contidos na procuração. Em sentido não muito distante de Laband, e como exemplo da *communis opinio*, pode ver-se, Biermann, *Zur Lehre...*, pp. 29 e 30, segundo o qual em caso de divergência entre a declaração de procuração, feita pelo *dominus* diante do representante, e o poder patente deve, em princípio, valer este último, mesmo na eventualidade de o terceiro conhecer as referidas divergências. Adiante, e quando se proceder ao estudo do abuso de representação pode-rão encontrar-se ulteriores referências bibliográficas em favor da protecção de terceiros de má fé.

[1811] A expressão usada por Laband é, na realidade, uma vez mais *Stellvertretungsbefugnis*.

[1812] Laband, *Die Stellvertretung...*, in *Zeitschrift...*, X, p. 240.

[1813] No entender de Laband, *Die Stellvertretung...*, in *Zeitschrift...*, X, p. 240, residiria precisa-mente aqui a distinção entre representação directa e representação indirecta ou simples actuação por conta de outrem. A representação indirecta não concede – escreve – nenhum poder formal de representação mas tão-só um poder material.

[1814] *Idem*, p. 241.

das quais o formal poder de representação do direito moderno cresceu tanto no que toca ao respectivo conceito, como à respectiva organização e configuração[1815].»

VI – Delineado o itinerário argumentativo percorrido por LABAND procuremos atentar, agora, no respectivo método.

Se bem repararmos no percurso trilhado pelo autor, verifica-se como o respectivo propósito, aliás expressamente afirmado pelo próprio, é «(...) *exclusivamente o de determinar os fundamentos dogmáticos da representação* (...)»[1816]. O objectivo prosseguido corresponde[1817], inteiramente, à concepção da época, segundo a qual a tarefa fundamental da ciência jurídica residia na clarificação formal das relações jurídicas com recurso ao sistema jurídico e competentes conceitos. Tudo por forma a estabelecer-se, por um lado, a genealogia das diversas proposições jurídicas desde cada uma delas até ao princípio comum, e, por outro, a poder descer-se do referido princípio até ao mais baixo dos escalões[1818].

Mas não é apenas o fim proposto por LABAND a corresponder às preocupações da jurisprudência dos conceitos. Os resultados alcançados são, também eles, obtidos em estreita adesão aos pressupostos metodológicos da referida corrente[1819]. Ao procurar fixar a estrutura

---

[1815] *Idem.*

[1816] *Idem,* p. 183.

[1817] Assim, também, Müller-Freienfels, *Die Abstraktion der Vollmachtserteilung...,* in *Stellvertretungsregelungen in Einheit...,* p. 96.

[1818] Acerca da característica desta forma de pensamento jurídico, que a partir de Puchta viria a marcar a pandectística, assim como para a respectiva crítica, cfr. – de entre a interminável literatura jurídica sobre o tema, e para além das considerações e referências bibliográficas contidas *supra* na Introdução –, a título meramente exemplificativo, Wieacker, *História...,* pp. 455 e ss., e 495 e ss.; Menezes Cordeiro, *Da boa fé...,* I, pp. 33, 360, II, p. 1252; Nuno Espinosa Gomes da Silva, *Jurisprudência...,* in *Pólis...,* III, cols. 850 e ss.; Id.; *História...,* pp. 252 e ss.; Larenz, *Metodologia da ciência do direito,* tradução de José Lamego da 6.ª ed. alemã, 3.ª ed., portuguesa, Lisboa, 1997, pp. 21 e ss.; Canaris, *Pensamento...,* pp. 28 e ss.; José Lamego, *Hermenêutica...,* pp. 41 e ss.. Acerca do pensamento de Laband e seu entroncar na restante doutrina da época limitamo-nos a remeter, uma vez mais, para a obra fundamental a este respeito de Wilhelm, *Zur juristischem Methodenlehre im 19. Jahrhundert...,* passim, e pp. 7 e ss., e 157 e ss.. V., também, *infra,* as páginas que se seguem de imediato.

[1819] Assim, Müller-Freienfels, *Die Vertretung...,* pp. 1 e ss., maxime p. 4 e, também, 74 e ss.; Id., *Zum heutigen Stand des Stellvertretungsrechts...,* in *Stellvertretungsregelegungen in Einheit...,* p. 8.; Id., *Die Abstrakion der Vollmachtserteilung...,* in *Ibidem,* pp. 60 e ss., maxime p. 91. V., também, Wellspacher, *Das Vertrauen..,* p. 85, o qual fala, a propósito de vários dos aspectos da construção propugnada pela doutrina dominante alemã acerca do fenómeno representativo, em *Beggriffshimmel* (paraíso conceptual), numa terminologia igualmente presente, por exemplo, em Dniestrzanski, *Die Aufträge...,* I, p. 112, quando este se refere aos desenvolvimentos propostos por Hupka para a

interna da verdadeira representação, LABAND serve-se apenas da regulamentação oferecida pelo *ADHGB*. É esse o único ponto de apoio no qual se alicerça para, de dedução em dedução, e com base na constatação preliminar segundo a qual existem casos de representação sem mandato e de mandato sem representação, chegar à tese da abstracção da procuração – com a concomitante irrelevância, para a fixação dos contornos desta, do *mandatum* – e da natureza meramente formal do poder representativo. O jovem Professor de Conisberga mostra, assim, claramente, um pensamento de cariz racionalista[1820], o qual procura construir e delimitar os conceitos a partir de normas jurídicas[1821] e, através da pura lógica[1822], defini-los de modo extremamente rigoroso e meramente formal[1823], para, depois – num processo que viria a ser ridicularizado por JHERING através da designação de «jurisprudência construtiva» e censurado pela jurisprudência dos interesses como «método de inversão»[1824] – a própria criação do direito

---

«teoria da representação». Na literatura jurídica italiana v., Valeria de Lorenzi, *La rappresentanza...*, in *Rappresentanza...*, p. 78; e Giovanni di Rosa, *La «astratteza» della procura...*, in *Contrato...*, X, I, pp. 81 e 82 e nota (23), segundo o qual a disputa em torno do fenómeno representativo entre a orientação propugnada por Laband e aquela outra defendida por Schlossmann (v., *infra*), mais do que um diferendo entre dois insignes juristas era uma divergência entre duas escolas de pensamento, cabendo a Laband a representação da jurisprudência dos conceitos. De um modo geral, no sentido segundo o qual as várias teses desenvolvidas, no século XIX, a propósito do fenómeno representativo se encontram praticamente todas elas marcadas pela jurisprudência dos conceitos, cfr., Coing, *Staudinger's Kommentar zum Bürgerlichen Gesetzbuch mit Einführungsgesetz und Nebengesetzen*, I, *Allgemeiner Teil*, 11.ª ed., Berlim, 1957, comentário prévio ao § 164, p. 942; Thiele, *Die Zustimmungen...*, p. 58. V., também, quanto escreve a este respeito, Coing, *Europäisches...*, II, pp. 457 e 458. Já no que toca especificamente às *Repräsentationstheorien* v., Bauer, *Die Entwicklung...*, pp. 111 e 112, autor segundo o qual o aparecimento e desenvolvimento destas teses apenas foi possível devido à jurisprudência dos conceitos. Cfr., ainda, quanto escrevemos *supra* no Capítulo II, rubrica I, parágrafo 2, n.º III.

[1820] Müller-Freienfels, *Die Abstraktion der Vollmachtserteilung...*, in *Stellvertretungsregelungen in Einheit...*, p. 90.

[1821] Normas cuja legitimidade se baseia exclusivamente na sua correcção sistemática, na sua verdade lógica e na sua racionalidade. Acerca desta característica do pensamento conceptualista para o qual a justeza lógica do ponto de vista conceptual e sistemático de uma qualquer frase fundamenta, também, a sua correcção material v., por todos, Wieacker, *História...*, p. 495; e Canaris, *Pensamento...*, pp. 27 e ss..

[1822] Contra a orientação dominante, e no sentido segundo o qual a lógica de Laband não era de modo algum abstracta ou de que a «*sua construção está longe de ser abstracta e universalmente lógica*» pode v., Roehrssen, *Apologia di Paul Laband...*, in *Materiali...*, VII, I, pp. 100, 110 e 111. Cfr., também, quanto escreve Cappellini, *Rappresentanza...*, in *Enciclopedia...*, XXXVIII, p. 461, para quem, embora de forma paradoxal, a construção de Laband representa uma ruptura com o rígido conceptualismo da primeira Pandectística e, aqui e ali, encontra-se mesmo marcada pelo reaparecer de argumentos de tipo jusnaturalístico-objectivo.

[1823] A este respeito cfr., Max Weber, *Rechtssoziologie*, 2.ª ed., 1967, pp. 261 e ss..

[1824] Cfr., a título ilustrativo, Wieacker, *História...*, p. 457.

vir a ser transformada num desenvolvimento a partir do conceito. Como se o ideal do sistema jurídico fosse atingido quando no respectivo topo se colocasse o conceito mais geral e menos extenso possível, no qual se subsumiriam, como espécies e subespécies, os outros conceitos, de modo a que de cada ponto da base se possa subir até ao vértice, através de uma variedade de termos médios, e sempre pelo caminho da generalização e da eliminação do particular[1825]. Desta forma, alcança-se, certamente, uma estabilidade de conteúdos e uma demonstração de contrastes orientada, a qual garante a panorâmica de uma série de realidades sociais multifacetadas e, muitas vezes, apenas apreensíveis de modo indirecto e codificado. Não obstante, abandona-se a relação, sublinhada por SAVIGNY[1826], das «regras jurídicas» com «o instituto jurídico» que lhes é subjacente, em favor de uma concepção conceptual abstracta[1827] dessas mesmas regras e do direito. No lugar de todos os outros métodos – e igualmente no de uma interpretação e desenvolvimento do direito orientados para o fim da lei, a materialidade subjacente, o nexo dos vários institutos jurídicos entre si e o valor ou momento axiológico do direito – coloca-se o processo lógico-dedutivo[1828]. Tudo a preparar o terreno e a dar lugar ao formalismo cujos tentáculos prevaleceriam durante mais de um século e que, como WIEACKER[1829] acentua – numa afirmação integralmente subscrita por LARENZ[1830] – trouxe consigo de forma «*inevitável o alheamento da ciência jurídica em relação às realidades sociais, políticas e morais do direito*»[1831].

[1825] Para uma análise mais detalhada acerca do método que deveria presidir à elaboração da pirâmide de conceitos ao serviço de cuja construção se encontrava a ciência jurídica posterior a Puchta, v. a literatura jurídica referida *supra* no presente parágrafo e número, e, em particular, Larenz, *Metodologia...*, pp. 21 e ss..

[1826] Savigny, *System...*, I, pp. 11 e 16.

[1827] Larenz, *Metodologia...*, p. 29. No sentido da existência, apesar de tudo, de alguma proximidade entre a ideia ou visão labandiana da criação dos institutos jurídicos e a posição de Savigny a este mesmo respeito cfr., Wilhelm, *Zur juristischen Methodenlehre im 19. Jarhundert...*, designadamente, p. 157.

[1828] Larenz, *Metodologia...*, p. 29. No tocante especificamente à metodologia de Laband v., uma vez mais, Wilhelm, *Zur juristischen Methodenlehre im 19. Jarhundert...*, pp. 7 e ss., e 157 e ss..

[1829] Wieacker, *História...*, p. 458.

[1830] Larenz, *Metodologia...*, p. 29.

[1831] Acerca da impossibilidade de o direito se alhear completamente das relações da vida, dos valores e de pontos de vista teleológicos para assentar em qualquer sistema de puros conceitos fundamentais, lógico-formal ou axiomático dedutivo cfr., por exemplo, Canaris, *Pensamento...*, pp. 27 e ss., 66 e ss., maxime, pp. 69 e 100 e ss., o qual escreve a propósito da pretensão de construir o sistema jurídico com um carácter estritamente lógico comparável à matemática: «*Esta concepção da essência e dos objectivos do direito pode hoje, sem reserva, considerar-se ultrapassada. De facto a tentativa de conceber o sistema de determinada ordem jurídica como lógico formal ou axiomático dedutivo está de antemão votada ao insucesso*», ou, ainda, «*(...) as dificuldades próprias do pensamento jurídico não se*

É, pois, neste cenário, apostrofado por MAX WEBER de «*violência da doutrina jurídica desencadeadora de necessidades puramente lógicas*»[1832], que a doutrina de LABAND e seus continuadores directos arranca os respectivos pressupostos e assenta alicerces[1833].

LABAND[1834] viria mesmo a afirmar, expressamente, corresponder a tarefa científica da dogmática de um determinado direito positivo, por um lado, à recondução de preceitos jurídicos individuais a conceitos gerais, e por outro, à derivação a partir dos referidos conceitos de consequências jurídicas[1835], numa tarefa para a qual o jurista alemão não encontra nenhum outro meio para além da lógica. Todas as considerações históricas, políticas e filosóficas, por mais valiosas que possam ser em si mesmas, não constituem senão substâncias sem qualquer interesse para a dogmática jurídica. Elas servem, apenas, e em seu entender, para esconder a falta de trabalho construtivo[1836, 1837].

A regulamentação legal da *Prokura*, fundamento substancial da tese da autonomia da procuração, é tomada por LABAND como se de substância intemporal se tratasse, como se se encontrasse colocada ao abrigo de qualquer discussão ou controvérsia[1838]. Com base nela, LABAND fundamenta uma doutrina da representação puramente lógico-formal[1839, 1840]. É, na verdade, a disciplina legal da *Prokura* contida

---

deixam transpor com os meios da lógica formal, adviria, daí, uma sentença de morte não só para a jurisprudência como Ciência, mas também, em geral, para cada tentativa de entender a aplicação do direito como um processo racionalmente conduzido».

[1832] Max Weber, *Rechtssoziologie, cit.*, p. 261.

[1833] Assim, também, Müller-Freienfels, *Die Abstraktion der Vollmachtserteilung...*, in *Stellvertretungsregelungen in Einheit...*, p. 91.

[1834] Laband, *Das Staatsrecht...*, 1.ª ed., I, pp. VI e VII; Id., *Le droit...*, I, tradução da 2.ª ed., pp. 9 e 10.

[1835] Laband, *Le droit...*, I, pp. 9 e 10.

[1836] Sobre tudo isto v., Wilhelm, *Zur juristischen Methodenlehre im 19. Jarhundert...*, pp. 7 e ss..

[1837] A crítica do positivismo formalisto-construtivista de inspiração labandiana foi levado a cabo, já se sublinhou mais de uma vez, pelos mais variados sectores da doutrina. Referem-se, agora e aqui, sobretudo os nomes de Kaufmann, Smend e Holstein.

[1838] Neste sentido, também, v., Müller-Freienfels, *Die Abstraktion der Vollmachtserteilung...*, in *Stellvertretungsregelungen in Einheit...*, p. 91. Para uma referência aos eventuais motivos ou fundamentos que levam Laband a considerar os conceitos jurídicos gerais como algo de preexistente e imutável como as regras da lógica e as cores da natureza cfr., Roehrssen, *Apologia di Paul Laband...*, in *Materiali...*, VII, I, pp. 110 e ss..

[1839] *Idem.*

[1840] A circunstância de as posições de Laband acerca da autonomia da procuração apenas terem, nos primeiros anos (haveria, de facto, que esperar, várias décadas, pela publicação do *BGB*, para surgirem as primeiras reacções fortes e significativas contra a ideia labandiana da autonomia da procuração, em particular pela mão de Schlossmann, Isay, Dniestrzansky, Seeler e Rosenberg), sofrido ataques mais ou menos circunscritos – de entre os quais cabe naturalmente referir os conduzidos por *Curtius, Die Stellvertretung...*, in *Archiv...*, LVIII, pp. 69 e ss., maxime 78 e ss.; e

no *ADHGB* que serve de critério para a perene separação entre mandato e procuração. A circunstância, de nos trabalhos preparatórios do *ADHGB*, ter sido afirmada, com vista à justificação e fundamentação da necessidade de autonomia da *Prokura*, a especialidade da configuração desta figura jurídico-comercial[1841] não atrapalhou LABAND. Na esteira do movimento de então, no sentido da comercialização do direito civil[1842], o autor procura forçar o desenvolvimento jurídico geral exaltando as prescrições de direito comercial como património comum ao direito civil[1843]. Através de um dogma ou conceito colhido por indução a partir de algumas normas ou soluções jurídicas fundamenta-se, sublinhe-se de novo, dedutivamente todas as outras[1844].

Para LABAND o primário era, repise-se, a existência de normas jurídicas[1845]. Por elas o jurista alemão procedia, através de uma fundamentação formal-sistemática, principalmente através da abstracção e isolamento, à configuração da sua teoria. Abstracção que percorria, precisamente, o caminho inverso da de SAVIGNY[1846]. Enquanto o *Caput* da escola histórica do direito procurava construir as normas jurídicas através de um processo de generalização ou derivação a partir dos institutos jurídicos e seus nexos orgânicos; LABAND toma as regras jurídicas como ponto de partida de um sistema obtido através de um pensamento abstracto-conceptual – permanecendo assim, e no dizer de

---

Canstein, *Vollmacht und Auftrag...*, in *Grünhut's...*, III, pp. 670 e ss., maxime p. 672 (a posição destes dois autores é apreciada e referida com mais detalhe *infra*) – explica-se, atendendo ao facto, sublinhado por Hans Dölle, *Juristische...*, in *Verhandlungen...*, II, p. B 5, de Laband ter dito quanto todos sentiam e haviam mais ou menos reconhecido mas ainda não tinha sido realçado da consciência geral de forma convincente.

[1841] Para mais detalhes a este respeito cfr., Müller-Freienfels, *Die Abstraktion der Vollmachtserteilung...*, in *Stellvertretungsregelungen in Einheit...*, p. 92.

[1842] Cfr., Ballerstedt, *Zur Haftung...*, in *Archiv...*, 151, p. 515; e Müller-Freienfels, *Die Abstraktion der Vollmachtserteilung...*, in *Stellvertretungsregelungen in Einheit...*, p. 92.

[1843] Müller-Freienfels, *Die Abstraktion der Vollmachtserteilung...*, in *Stellvertretungsregelungen in Einheit...*, p. 92.

[1844] Em termos gerais cfr., Mota Pinto, *Cessão...*, *passim*, pp. 38 e ss., o qual recorda como uma das formas do processo alienante manifestado no discurso jurídico se traduz, frequentemente, no automatismo e na lógica formal no proceder dos juristas com o consequente desvirtuamento científico positivista da função do intérprete. Na verdade – é reconhecido – fazem-se derivar soluções dum dogma ou conceito, que, colhido por indução a partir de algumas soluções, fundamenta dedutivamente todas as outras. Todo o caso concreto é susceptível de receber uma decisão deduzida, segundo os meios da lógica formal, de normas abstractas ou de conceitos, igualmente abstractos, construídos por indução racional, a partir de outras normas.

[1845] Müller-Freienfels, *Die Abstraktion der Vollmachtserteilung...*, in *Stellvertretungsregelungen in Einheit...*, p. 93.

[1846] V., Savigny, *System...*, I, p. 11, onde o autor escreve: «*nós chamamos fontes de direito às causas de surgimento do direito em geral, e também aos institutos jurídicos, enquanto a partir deles e através da abstracção se formam regras jurídicas individuais*», e p. 16. Para uma apreciação crítica deste modo de encarar o direito v., entre nós, por todos, Orlando de Carvalho, *A teoria...*, pp. 25 e ss..

MÜLLER-FREIENFELS[1847], os conceitos por ele obtidos certamente à superfície do direito[1848].

Contudo, a aguda distinção, efectuada por LABAND, entre poderes de representação, de um lado, e mandato, do outro, como forma de colocar a nu «*o verdadeiro conceito de representação*»[1849], encerra, em si, o perigo de não deixar transparecer com toda a nitidez a problemática própria da representação de direito civil[1850]. Ao aproveitar o regime da *Prokura* e da representação de direito comercial[1851] para fundar tam-

---

[1847] Müller-Freienfels, *Die Abstraktion der Vollmachtserteilung...*, in *Stellvertretungsregelungen in Einheit...*, p. 94.

[1848] Cfr., igualmente, Mitteis, *Die Lehre...*, p. 109, para quem, agora numa outra perspectiva que não ligada à da autonomia da procuração, um dos defeitos capitais da teoria da representação consistia justamente na abstracção de que se afigurava tributária.

[1849] Laband, *Die Stellvertretung...*, in *Zeitschrift...*, X, p. 203.

[1850] Müller-Freienfels, *Die Abstraktion der Vollmachtserteilung...*, in *Stellvertretungsregelungen in Einheit...*, pp. 96 e ss..

[1851] Aliás, mesmo no âmbito exclusivo do *ADHGB* a tese da autonomia da procuração de Laband não se encontra isenta de críticas. Demonstrou-o, designadamente, Dniestrzanski, *Die Aufträge...*, I, pp. 89 e ss.. Relativamente ao *Prokurist* este autor admite, na realidade, uma certa independência dos poderes de representação perante as instruções dadas pelo principal ao representante. Todavia, não deixa de afirmar a impossibilidade de tais poderes nascerem sem previamente ter sido celebrado um contrato com o *Prokurist*. É uma petição de princípio – escreve – circunscrever o mandato ou relação jurídica subjacente ao domínio da ligação jurídica interna entre principal e representante porquanto, com o reconhecimento geral da representação directa, o *mandatum* passou a ter como requisito o dirigir-se para o exterior. A lei pode ter configurado a relação externa, estabelecida com o terceiro, como independente das instruções dadas pelo *dominus* mas, nem por isso, deixa, aos olhos de Dniestrzanski, a produção de efeitos externos de estar indissociavelmente ligada à existência de um contrato entre o principal e o *Prokurist*. Esse contrato é, segundo Dniestrzanski, um mandato. Com ele nascem e morrem os poderes de representação. Se o *dominus* não tiver celebrado o acordo em virtude do qual o representante adquire a posição de *Prokurist*, ou se tal contrato se mostrar inválido, então, não se poderá falar de nenhum efeito externo da *Prokura*. O facto de em determinados casos uma *Prokura* produzir efeitos mesmo quando em rigor se encontra extinta ou não entrou em vigência não deve induzir em erro. Trata-se de uma simples manifestação da tutela da boa fé, igualmente presente noutros casos de relações jurídicas extintas ou inexistentes. E o mesmo vale, refere, Dniestrzanski, para a situação dos *Handlungsbevollmächtigten*. Na verdade, de acordo com o artigo 58.° do *ADHGB*, um auxiliar de comércio não se encontra autorizado a realizar negócios em nome do principal. No entanto se estiver mandatado pelo *dominus* para celebrar negócios na sua actividade comercial, então, aplicam-se as determinações relativas aos *Handlungsbevollmächtigten*. Ou seja, torna-se necessário a celebração de um acordo para o auxiliar poder celebrar actos com efeitos directos para o principal. Se o mandato não for conferido não há qualquer possibilidade de se assistir ao fenómeno representativo. Mas mais, no dizer de Dniestrzanski, mesmo no âmbito das relações jurídicas decorrentes do fenómeno societário não se deve separar o poder de representação da respectiva base material. Neste caso não será posssível falar, sem mais, de mandato. Assiste-se, sim, à celebração de um contrato de sociedade para a condução em comum de uma empresa. A semelhante acordo a lei associa a possibilidade de os sócios representarem externamente a sociedade. Laband pretende ver aqui uma situação de poderes representativos sem qualquer mandato. Todavia, por sociedade

bém a doutrina do fenómeno representativo civilístico[1852, 1853], o autor germânico não coloca nunca a questão genérica da relação entre as normas de direito mercantil e de direito civil. Da mesma forma, ele jamais procura apurar a eventual existência de características sistemáticas ou dogmáticas próprias da representação civil. A questão da eventual necessidade de uma coordenação entre o principal e o representante, atento o maior peso do princípio da autonomia privada no contexto do direito civil, e a menor pressão, neste ramo do direito, das necessidades do tráfego, permanecem completamente alheias ao espírito de LABAND. Preocupado em justificar um agravamento da posição do representado – obrigado a suportar, em resultado do princípio da autonomia da procuração, os riscos e consequências de uma utilização indevida ou abusiva dos poderes representativos – LABAND não considera nunca o facto de ser o *dominus* quem dá motivo e origem à representação e quem determina o âmbito da procuração[1854, 1855]. Para

comercial o *ADHGB* (artigos 85.º e 159.º) entendia uma sociedade dirigida ao estabelecimento de uma actividade comercial sob uma firma comum. Ou seja, continua Dniestrzanski, e no dizer do próprio legislador, a possibilidade de o contrato de sociedade produzir efeitos para o exterior não é um elemento distintivo do mesmo. E, no entanto, a lei admite um pouco por toda a parte a possibilidade de actuações em nome da sociedade com efeitos directos para esta. Isso explicar-se--ia, segundo Dniestrzanski, devido ao facto de associado a cada pacto social estar, também, um contrato de mandato. Dniestrzanski não terá razão quando considera que o acordo celebrado entre o *Prokurist* e o *dominus* consiste num mandato (pelo menos com o sentido que normalmente lhe é atribuído) ou, ainda, quando julga ver associado ao contrato de sociedade um *mandatum*. Não deixa, todavia, de ser verdade que sem o acordo em virtude do qual alguém se torna *Prokurist* ou sem o contrato de sociedade ou acto de designação dos gerentes ou administradores não há poder de representação capaz de nascer ou ter lugar e, nessa medida, será duvidoso poder falar-se de uma independência do poder de representação relativamente à relação jurídica subjacente à sua concessão. Para mais detalhes a este respeito cfr., *infra* quanto se escreve na parte institucional.

[1852] Recorde-se como a única diferença, entre direito civil e direito comercial, admitida, nesta matéria, por Laband, *Die Stellvertretung...*, in *Zeitschrift...*, X, p. 204, residia na circunstância de, em seu entender, o mandato de direito civil se presumir representativo. Em tudo o mais, o jurista tudesco considerava ser de aplicar ao domínio do *ius civile* a rígida distinção e separação entre procuração e relação subjacente. A ideia de irrelevância desta última para a primeira alargava-se, assim, aos dois ramos de direito.

[1853] Repare-se como, num fenómeno evidenciado designadamente por Ballerstedt, *Zur Haftung...*, in *Archiv...*, 151, p. 515, a relação existente entre o *Prokurist* e o principal não é, ao contrário de quanto sucede normalmente no direito civil, de igualdade mas antes uma relação de subordinação hierárquica.

[1854] Müller-Freienfels, *Die Abstraktion der Vollmachtserteilung...*, in *Stellvertretungsregelungen in Einheit...*, p. 97.

[1855] Esta primeira, e ainda ténue, se comparada com outras, eliminação da autonomia da vontade do fenómeno representativo, bem como da ideia segundo a qual é o representado quem dá origem ao fenómeno representativo, acabaria mesmo por ser defendida bastante mais tarde, e em Itália, com um afinco surpreendente. Vejam-se, na verdade, os resultados alcançados, no âmbito do fenómeno representativo, por Sotgia, *Apparenza giuridica e dichiarazione alla generalitá*, Roma,

LABAND o problema da representação não é, assim, tanto um problema de autodeterminação e configuração da esfera de liberdade individual como uma questão de tutela do tráfego e circulação de bens. Aos olhos de LABAND parecia suficiente afirmar que, na representação, alguém entrega à actuação alheia a realização dos respectivos fins de tal modo que na vontade do representante surge a vontade do representado[1856]. Ou, ainda, a tese segundo a qual a vontade contratual se produz exclusivamente na pessoa do representado, embora essa vontade valha juridicamente como a vontade do representado[1857, 1858]. É essa a «natureza da representação» – *o seu verdadeiro conceito* – valendo, por conseguinte, e sem necessidade de mais indagações, tanto para o direito comercial como para o direito privado. Também neste último sector da enciclopédia jurídica a estrutura do negócio representativo se deve reduzir à vontade do representado; também aqui a autonomia

---

1930, pp. 90 e ss., na sua tentativa de encontrar a solução para a explicação e sistematização da teoria da aparência jurídica através do recurso à ideia de declaração dirigida à generalidade. A tutela dos terceiros que confiaram na aparência dos poderes de representação levou alguma doutrina a explicar a procuração como uma declaração receptícia, discutindo-se quem seriam os seus destinatários. Para resolver a mesma preocupação Sotgia encetará uma abordagem completamente diferente destes problemas. Para ele a atenção deve centrar-se não sobre a recepção da declaração de vontade contida na procuração mas sim no modo de produção ou criação dos respectivos efeitos. Na declaração que dá ser e vida à procuração, entendida como uma realidade dotada das características abstracção e independência, assiste-se, segundo o autor italiano, a algo de distinto de um negócio jurídico. Concretamente quanto estaria em causa seria a substância genérica de um acto jurídico da espécie dos actos jurídicos em sentido estrito. Nestes termos, a procuração deveria qualificar-se como um comportamento humano ao qual é atribuído um determinado efeito jurídico que se autonomiza do conteúdo da vontade do constituinte: os efeitos da procuração e do fenómeno representativo produzem-se mesmo em caso de reserva mental, simulação, coacção ou dolo, permanecendo tais vícios desconhecidos do representante ou dos terceiros (*op. cit.*, p. 91 e ss., e pp. 295 e ss.). Nascerão, por conseguinte, mesmo quando falte a correspondente vontade por parte do autor da procuração; coisa, no dizer de Sotgia, insusceptível de acontecer se a força da procuração se devesse medir segundo as regras da declaração negocial de vontade (*op. cit.*, p. 93). Ou seja e tudo visto, como declaração dirigida à generalidade a procuração seria apenas um acto humano, o qual, por disposição legal, gera a confiança e efeitos de aparência em relação a terceiros (para uma breve recensão ao pensamento de Sotgia pode ver-se, Antonio Gordillo, *La representación...*, pp. 19 e ss.; Mosco, *La rappresentanza...*, pp. 201 e ss.; e Valentina di Gregorio, *Rappresentanza...*, pp. 70 e ss.. Cfr., também, quanto escreve em crítica aos pressupostos dos quais parte Sotgia, Angelo Falzea, *Apparenza*, in *Enciclopedia del Diritto*, 1958, II, p. 689). Na doutrina francesa pode ver-se, para uma tentativa de explicação do momento representativo à margem do princípio da autonomia da vontade, Madray, *De la représentation...*, pp. 118 e ss..

[1856] Laband, *Die Stellvertretung...*, in *Zeitschrift...*, X, p. 186.

[1857] *Idem*, pp. 187, 208 e 226.

[1858] Sobre tudo quanto se acaba de referir v., Müller-Freienfels, *Die Abstraktion der Vollmachtserteilung...*, in *Stellvertretungsregelungen in Einheit...*, pp. 96 e ss..

da representação relativamente à relação fundamental é «uma necessidade jurídica» (*sic*)[1859].

LABAND encontrava-se de facto convencido da justeza da ideia segundo
a qual o representante era, de acordo com a «verdadeira essência ou conceito
de representação», a figura central do fenómeno representativo[1860]. O autor da
procuração, esse, devia pura e simplesmente ser descartado ou afastado do
negócio representativo. E de tal modo, que o autor germânico distinguia a
figura do núncio daquela outra constituída pelo representante pelo facto de,
em seu entender, o mensageiro se limitar a transmitir a vontade do mandante,
enquanto o representante expressaria a sua própria vontade. O núncio não é,
escreve o Professor de Conisberga, um factor produtivo do negócio representativo, ele apenas serve a vontade alheia enquanto instrumento conceptualmente desprovido de vontade[1861]. O representante, pelo contrário, pode estar
totalmente vinculado pela vontade do principal, no entanto, do ponto de vista
jurídico-formal é ele quem quer. A declaração por ele transmitida é a
exteriorização de uma vontade realmente existente na sua alma. O respectivo
comportamento na realização do negócio jurídico é, por conseguinte, e na
opinião de LABAND, verdadeiramente constitutivo. Isto, quer na eventualidade de o representante apenas declarar aquilo que, de acordo com a vontade
do principal, deve pretender; quer na hipótese de se limitar a subscrever a
vontade do *dominus*[1862, 1863]. Noutros termos, a própria circunstância de –

[1859] Sob pena, aliás, de ao admitir-se outra solução, se ter de reconhecer relevância à
vontade do *dominus* enquanto elemento necessário à formação do negócio representativo.

[1860] Müller-Freienfels, *Die Abstraktion der Vollmachtserteilung...*, in *Stellvertretungsregelungen in
Einheit...*, p. 98.

[1861] Laband, *Die Stellvertretung...*, in *Zeitschrift...*, X, p. 191, move, ainda, nesta sua distinção
entre núncio e representante, uma crítica pesada às teses expressas por Jhering, *Mitwirkung...*, in
Gesammelte..., I, pp. 274 e ss., e 277 e ss., a este mesmo propósito. Segundo Jhering, o núncio
realizaria apenas comportamentos de carácter material enquanto os do representante teriam natureza jurídica. As actuações jurídicas seriam as que produzem efeitos jurídicos, sendo que no seio
destas se deveriam distinguir elementos especificamente jurídicos (ou seja aqueles juridicamente
necessários) dos puramente materiais. Laband considera a proposta de Jhering, no sentido de se
proceder à destrinça entre elementos jurídicos e elementos de facto de um negócio jurídico,
inaceitável. Elementos de facto alcançam, verificados determinados pressupostos, relevância jurídica,
enquanto, em certas circunstâncias, actuações normalmente com carácter jurídico podem ver-se
reduzidas ao nível de simples aspectos de facto. Não obstante estes e outros ataques a construção
de Jhering haveria de merecer o sufrágio da doutrina dominante.

[1862] Laband, *Die Stellvertretung...*, in *Zeitschrift...*, X, p. 192.

[1863] Teremos oportunidade de nos ocuparmos novamente com a questão relativa às relações
entre a figura do núncio e a do representante. Para já limitamo-nos a remeter, com vista a uma
visão crítica acerca da unilateralidade de posições subjacente, por um lado, à ideia segundo a qual
apenas se pode ser ou núncio ou representante, e por outro, à tese de cariz labandiano de que são
de imputar também à vontade do *representante* os aspectos rigorosamente fixados pelo *dominus*,
para Mitteis, *Die Lehre...*, pp. 110 e 111, e 128 e ss.; e Paolo Papanti-Pelletier, *Rappresentanza e
cooperazione...*, *passim*, maxime pp. 160 e ss.. Com base nos mesmos pressupostos mas com resultados bem diversos dos obtidos por Laband pode ver-se, sobre o assunto, Schliemann, *Beiträge...*, in
Zeitschrift..., XVI, pp. 15 e ss..

naqueles casos nos quais o representante apenas pode querer quanto foi minuciosamente predeterminado pelo *dominus* – existir, por parte do principal, um
acto de autonomia da vontade tendente à celebração do negócio representativo de tal forma impressivo que os contornos do acto a realizar pelo procurador se encontram totalmente determinados pelo representado é, para
LABAND, irrelevante. Mesmo nestas hipóteses o autor da procuração e sua
vontade continuam a não formar com o negócio celebrado pelo representante
um *Tatbestand* unitário[1864].

A própria afirmação, por parte de LABAND dos motivos que, em seu
entender, estariam na base da proibição do fenómeno da representação directa
por parte do direito romano[1865] encontra-se, também ela, em perfeita sintonia
com a ideia de degradação do representante a simples destinatário, ou porventura
melhor, a mero receptáculo de efeitos jurídicos para os quais não contribuiu[1866].
Para ele a inadmissibilidade do fenómeno representativo nos primórdios de
Roma residiria na ética romana; na apreciação ética da livre personalidade e
correspondente vontade. De acordo com a perspectiva de então, sustenta
LABAND, a vontade individual das pessoas independentes é, no domínio do
direito civil, absolutamente soberana. Ela não pode ver-se reduzida a ponto de
passagem de uma vontade alheia, de direitos alheios. A vontade de um não
podia valer como a vontade de outro[1867], porquanto a vontade de cada um faz
parte da sua essência interna, é uma prerrogativa inalienável da pessoa livre.

Ao fazer semelhante afirmação LABAND não estava a pensar na tutela da
livre personalidade do representado mas antes na do representante[1868]. Com
isso o autor demonstra uma vez mais como, na sua forma de pensar por
compartimentos[1869], ele não concebe a possibilidade, aparentemente decorrente
da compreensão do negócio jurídico como acto de autodeterminação, de o

---

[1864] Que a redução da estrutura do negócio representativo à vontade do representado
acarreta, como necessária consequência, a separação e quebra de unidade entre o acto de concessão da procuração e contrato celebrado com o terceiro é, não apenas uma consequência lógica de
toda a construção, como é, ainda, expressamente afirmado por Laband, *Die Stellvertretung...*, in
Zeitschrift..., X, pp. 229, ao escrever: «(...) *o contrato de procuração, celebrado entre o procurador e o autor
da procuração, e o contrato concluído, com um terceiro, pelo procurador, na sua qualidade de representante do
autor da procuração, devem separar-se rigorosamente um do outro.*»

[1865] Laband, *Die Stellvertretung...*, in *Zeitschrift...*, X, p. 186.

[1866] Müller-Freienfels, *Die Abstraktion der Vollmachtserteilung...*, in *Stellvertretungsregelungen in
Einheit...*, p. 99.

[1867] No sentido segundo o qual a vontade de A apenas pode – quer do ponto de vista
lógico quer, ainda, do ponto de vista jurídico, limitado que está neste domínio pelas possibilidades
do Ser – corresponder a A e não a B, cfr., Siebenhaar, *Vertreter...*, in *Archiv...*, 162, pp. 355 e ss., o
qual defende, todavia, repise-se, uma tese absolutamente contrária à de Laband. Para Siebenhaar a
vontade de negócio representativo é a do representado.

[1868] Assim, também, Müller-Freienfels, *Die Abstraktion der Vollmachtserteilung...*, in
Stellvertretungsregelungen in Einheit..., p. 100.

[1869] Müller-Freienfels, *Die Abstraktion der Vollmachtserteilung...*, in *Stellvertretungsregelungen in
Einheit...*, *passim* e p. 100, utiliza, como forma de ilustrar as características do raciocínio de Laband
a que se faz alusão no texto, a expressão «*Trennungsdenken*» cujo significado é extremamente
impressivo e de grande riqueza. Recorde-se aqui como a modalidade mais extrema da jurisprudência dos conceitos constituída pelo «método histórico-natural» se desenvolve com base na ideia,

representado e o representante participarem conjuntamente na realização do negócio jurídico[1870]. Ele não se apercebe como cada procurador acaba, de um modo ou de outro, por tocar nesse fundamental monopólio de autodeterminação pertencente ao representado enquanto sujeito de direito privado[1871]. Após a concessão dos poderes de representação nenhum principal é mais, em exclusivo, senhor da sua esfera de autonomia[1872]. Daí a necessidade, para a qual MÜLLER-FREIENFELS[1873] tem insistentemente chamado a atenção de, no domínio do direito civil, se conceber a representação em sintonia com o princípio da autonomia da vontade, mais do que com qualquer outro princípio.

VII – Na verdade, autonomia da procuração e redução da estrutura do negócio representativo à vontade do representante constituem, na construção de LABAND, apenas duas faces da mesma moeda: a imprescindível tutela do tráfego jurídico. As duas construções complementam-se na «essência da representação», por sua vez elevada a *Obersatz*[1874].

---

insusceptível de fundamentação ou prova, de que os direitos e as situações jurídicas seriam coisas reais, regidas pelas leis da experimentação física. Conforme escreve, a propósito, Wieacker, *História...*, p. 495, os direitos e as situações jurídicas são, designadamente, explicados através da noção de impermeabilidade (onde está A, não pode estar B), de condicionamento temporal e espacial (um direito não pode ao mesmo tempo existir em A e em B), mas apenas, ainda que seja somente durante um «segundo jurídico», ou em A ou em B; um direito anulado não pode voltar a existir), etc.. Com isto perde-se, todavia, de vista, como bem lembra a propósito Wieacker, o facto de todas as regras jurídicas e conceitos serem complexos de normas e não um ser objectivo.

[1870] Müller-Freienfels, *Die Abstraktion der Vollmachtserteilung...*, in *Stellvertretungsregelungen in Einheit...*, p. 100. Em sentido contrário veja-se, todavia, Siebenhaar, *Vertreter*, in *Archiv...*, 162, pp. 354 e ss., maxime p. 369 e ss., para quem a compreensão do negócio jurídico como uma forma de manifestação de autonomia da vontade leva precisamente à exclusão da possibilidade de se admitir uma qualquer forma de cooperação entre o representante e o representado na celebração do negócio jurídico. Para Siebenhaar apenas existe uma forma de vinculação: a autovinculação. A representação não foge, segundo o autor, a esta regra. No fenómeno representativo a vontade transmitida pelo representado traz a marca da vontade do representado sendo por ela, e exclusivamente através dela, que se alcança a vinculação do principal.

[1871] Para uma referência mais detalhada à posição do representado na pendência do poder de representação v., por todos, Müller-Freienfels, *Die Vertretung...*, pp. 104 e ss.. Em expressa oposição aos pontos de vista manifestados, a este respeito, por Müller-Freienfels, e no sentido segundo o qual, não obstante a concessão de poderes representativos, o representado permanece numa posição *Allein-Herr* ou senhor absoluto dos seus interesses v., Siebenhaar, *Vertreter...*, in *Archiv...*, 162, pp. 369 e ss., maxime, pp. 375 e 376, por continuar, na visão do autor, a ser exclusivamente a vontade do principal a colocar o negócio do representativo. Siebenhaar coloca-se, todavia, assim, nos antípodas da «teoria da representação».

[1872] Müller-Freienfels, *Die Vertretung...*, p. 104; Id., *Die Abstraktion der Vollmachtserteilung...*, in *Stellvertretungsregelungen in Einheit...*, p. 100.

[1873] Cfr., Müller-Freienfels, *Die Vertretung...*, *passim*; Id., *Die Abstraktion der Vollmachtserteilung...*, in *Stellvertretungsregelungen in Einheit...*, pp. 100 e ss..

[1874] Müller-Freienfels, *Die Abstraktion der Vollmachtserteilung...*, in *Stellvertretungsregelungen in Einheit...*, p. 101. Complementaridade que entre outros aspectos se traduzia no seguinte: se de

Obersatz esta obtida através sucessivos processos de isolamento e de abstracção, e a partir da qual a jurisprudência dos conceitos praticada por LABAND pôde chegar a resultados particulares, isentos de qualquer valoração, dotados de uma pretensão de validade geral[1875]. Entre eles encontra-se, sem dúvida, a autonomização – fruto da forma de pensamento compartimentada ou *Trennungsdenken* de LABAND – do *Können* proporcionado pela representação[1876]. A *Vollmacht* não era, repise-se, de acordo com o jovem Professor de Conisberga, atendendo à sua própria essência, influenciável pelas instruções internas dadas pelo principal[1877]. O poder jurídico[1878] por ela proporcionado, não poderia, por conseguinte, de um ponto de vista conceptual ser determinado com base na circunstância de o terceiro contraente conhecer, ou não, as respectivas instruções internas[1879]. Tudo, com a pura e simples desconsideração da boa ou má fé de quem contrata com o procurador. Conforme refere a propósito WOLFGANG THIELE, na visão labandiana da representação «*ao lado do "Können" o "Dürfen" não é nenhum elemento necessário da competência de direito privado*»[1880] ou, de forma ainda mais elucidativa, HUPKA «*de acordo com a sua essência jurídica a representação não é uma Befugnis* (autorização, atribuição*), quer dizer* um *Handeln-dürfen, mas sim um Dispositionsmacht* (poder de disposição) *ou seja* um Wirken-können (i.e. um poder – no sentido de *posse* – para actuar ou agir»[1881].

Com esta autonomização ou desarticulação entre o *Können* (*posse*) e o *Dürfen* (*licere*) LABAND desconsidera, todavia, totalmente a questão do «*Im-Rechte-Sein*» relacionado com o procurador[1882]. Isto ao

---

acordo com a *Räpresentationstheorie*, da qual Laband se fazia porta-voz, é o representante e apenas ele quem celebra o negócio jurídico, então, não se poderia, naturalmente, atribuir, para a fixação das consequências do negócio representativo, qualquer tipo de relevância ao mandato ou instruções dadas pelo principal. Na verdade, e conforme sublinhado por Müller-Freinfels, se a vontade do representado não desempenha qualquer papel constitutivo ao nível do negócio representativo, como poderia, então, o *dominus* na qualidade de mandatário colaborar com o representante? A tese de Laband acerca da estrutura do negócio representativo articula-se, assim, perfeitamente com a sua afirmação segundo a qual o mandato seria irrelevante para o poder de representação.

[1875] Assim, Müller-Freienfels, *Die Abstraktion der Vollmachtserteilung...*, in *Stellvertretungsregelungen in Einheit...*, p. 101.

[1876] *Idem*, pp. 101 e 102.

[1877] *Idem*, pp. 101 e 102.

[1878] No sentido de *Macht*.

[1879] Müller-Freienfels, *Die Abstraktion der Vollmachtserteilung...*, in *Stellvertretungsregelungen in Einheit...*, p. 102.

[1880] Cfr., também, Müller-Freienfels, *Die Abstraktion der Vollmachtserteilung...*, in *Stellvertretungsregelungen in Einheit...*, pp. 102 e 103.

[1881] Hupka, *Die Vollmacht...*, p. 2, nota (1).

ponto de admitir a possibilidade de o representado poder ficar vinculado na sequência de uma burla ou fraude intencionalmente praticada, em seu prejuízo, pelo representante e pelo terceiro contraente[1883] – conquanto a actuação de ambos se encontrasse dentro dos limites formais do poder de representação. Semelhante unilateralidade de visão encontrava-se, no dizer de MÜLLER-FREIENFELS[1884], dentro dos padrões da época cuja autoconsciência se articulava perfeitamente com a personificação do *Können* jurídico; e, de forma primorosa, com a ideia de acordo com a qual a vontade individual dos sujeitos de direito se devia ter por soberana no provocar das vinculações jurídicas, independentemente de quaisquer motivações éticas. A compreensão, por parte de LABAND, da situação do representante como um puro *Können*, uma simples força formal, ou uma mera capacidade em si mesma, de alteração da situação jurídica alheia, transportavam-no, destarte, para latitudes bem diversas das ocupadas por considerações de justiça material[1885]. O autor pretendia dispensar quer o terceiro

---

[1882] Müller-Freienfels, *Die Vertretung*..., pp. 77 e 78, o qual sublinha como quem só vê o *Können* ou *posse* do representante realça apenas, numa consideração genética, o momento da mudança ou alteração jurídica sem considerar o *Dürfen* ou *licere* axiológico subjacente ao momento valorativo e justificativo. Trata-se de satisfazer, através do *Können*, tão-só as necessidades causais e esquece-se completamente do *Im-Rechte-Sein* (e do *in Geltung setzen* [atribuir validade] acrescentamos nós) do procurador, tudo em consonância com a tendência de tornar a doutrina da representação meramente técnica.

[1883] Laband, *Die Stellvertretung*..., in *Zeitschrift*..., X, pp. 223 e 224. Veja-se ainda quanto escreve Crome, *System*..., I, p. 461, o qual, apesar de conceder que os preceitos destinados a proteger a boa fé de terceiros não devem ser interpretados de forma a transformarem não legitimados em legitimados, defende, de seguida, contudo, a tese de acordo com a qual o prolongar dos efeitos da procuração equivale à procuração em si mesma porquanto esta não seria senão simples legitimação para actuar em nome do representado; e, numa linha um pouco diferente, mas ainda assim bastante próxima da de Crome, Macris, *Die stillschweigende Vollmachtserteilung. Ein Beitrag zur Lehre von der Vollmachtserteilung*, Marburgo, 1941, p. 92, autor para quem à representação aparente não corresponde nenhuma natureza específica ou especial porquanto dela decorrem efeitos jurídicos insusceptíveis de se distinguirem dos resultantes da verdadeira ou autêntica representação. A tentativa de conciliar o inconciliável vai tão longe que não falta quem fale em exercício de legitimação aparente e equipare, quantos actuam ao abrigo de uma procuração extinta mas cobertos pelos §§ 168 e ss. do *BGB*, aos representantes munidos de procuração em vigor, considerando-os praticamente tão competentes como estes últimos (cfr., por exemplo Hans Cristoph Hirsch, *Übertragung der Rechtsausübung*, I, *Allgemeine Lehren. Die Herleitung des Pfandrechts aus seinen Mutterrechten*, Berlim, 1910, p. 56). Para uma crítica acerca deste modo de encarar o fenómeno representativo v., Müller-Freienfels, *Die Vertretung*..., pp. 78 e 79.

[1884] Müller-Freienfels, *Die Abstraktion der Vollmachtserteilung*..., in *Stellvertretungsregelungen in Einheit*..., p. 103.

[1885] Não ignoramos a circunstância de não haver uma rigorosa ou irredutível antinomia entre a justiça, por um lado, e a segurança e certeza, por outro. O direito é uma ordem de justiça cumprindo-lhe, por isso, garantir uma segurança justa e, do mesmo modo, uma justiça segura. O próprio Radubruch, cuja opinião marcou profundamente a polémica relativa à tensão *justiça-*

contraente quer o juiz daquilo que considerava o lastro ou encargo de averiguar quais as relações-base por detrás da concessão do poder de representação[1886]. Sem a consideração dos deveres do representante, da correcção do respectivo comportamento, do «*Im-Rechte-Sein*», não é possível distinguir a posição de quem tem legitimidade material para a prática de um acto daquela outra ocupada por quem carece de seme-lhante legitimidade[1887]. Ao deixar o *Dürfen* do *procurator* de fora da compreensão e construção do fenómeno representativo o Professor de Conisberga alarga de forma exponencial o resultado e fim proporcio-nado pelas disposições cujo objectivo é proteger a boa fé de terceiros. Com isso, e como afirmou HÖLDER[1888], numa caricatura porven-tura não muito distante da realidade, os verdadeiros beneficiados acabam, afinal, por ser quantos estão de má-fé. É que, LABAND encontrava-se fascinado pela preocupação de eliminar o «dever ser» do âmbito do fenómeno jurídico representativo[1889]. Para ele o importante era a cir-cunstância de a sua tese coincidir justamente com as preocupações da época. O autor evidencia-o claramente ao escrever, num trecho ao qual já antes fizemos referência[1890]: «*Através da separação entre mandato e poder de representação, entre poder de representação e relação jurídica* in con-creto *existente entre representante e representado, dá-se a possibilidade de uma autónoma legitimação do tráfego. O representante considera-se autorizado pe-*

-segurança, acabou por reconhecer a circunstância de a segurança ser, também, uma forma de justiça, devendo, assim, os conflitos entre os dois fins reconduzirem-se a conflitos da justiça consi-go própria. Ideia esta, de resto, bastante divulgada entre os sequazes do realismo jurídico de inspiração tomista, realçando-se como mesmo nos casos de aparente preterição da justiça pela certeza – como é o caso, por exemplo, da prescrição – se trata, tão-só, e afinal, de preferir a justiça legal à justiça particular. Cfr., Bigotte Chorão, *Segurança jurídica*, in *Pólis, Enciclopédia Luso-Brasileira de Cultura*, Lisboa/São Paulo, 1987, V, cols. 648 e ss.; e Pedro de Albuquerque, *A aplicação do prazo prescricional...*, p. 825, nota (95). Contudo, a segurança pretendida por Laband parece carecer de fundamento político-social aceitável. O autor procura a certeza *à outrance*, chegando em nome dela, e a nosso ver sem razões válidas, a admitir a possibilidade de o representante ser prejudicado por uma colusão intencional entre representante e terceiro contraente. Com isso Laband sobrepõe as preocupações com a segurança e certeza aos valores da honestidade e bons costumes, e retira--lhes, do mesmo passo, o fundamento no qual normalmente se apoiam para, em determinados casos, prevalecerem sobre a justiça material.

[1886] Müller-Freienfels, *Die Abstraktion der Vollmachtserteilung...*, in *Stellvertretungsregelungen in Einheit...*, p. 103.

[1887] Müller-Freienfels, *Die Abstraktion der Vollmachtserteilung...*, in *Stellvertretungsregelungen in Einheit...*, p. 103.

[1888] Hölder, *Zum allgemeinen Theile des Entwurfs eines bürgerlichen Gesetzbuches für das Deutsche Reich*, in *Archiv für die civilistische Praxis*, 1888, 73, pp. 118 e 119.

[1889] Assim, também, Müller-Freienfels, *Die Abstraktion der Vollmachtserteilung...*, in *Stellvertretungsregelungen in Einheit...*, pp. 103 e 104.

[1890] Cfr., *supra*, o presente parágrafo, sob o n.º III.

rante um terceiro a fazer valer direitos de um outro, independentemente da relação que com este mantém, independentemente de ele ser seu mandatário ou cessionário, independentemente de proteger os respectivos interesses ou de os lesar[1891].»

VIII – A compreensão da *Vollmacht* enquanto possibilidade de uma autónoma legitimação do tráfego articulava-se bem com um modo de apreciação do *Können* acentuadamente causal[1892], num século em que as ciências naturais e do espírito tentaram explicar mecanicamente a realidade[1893]. Paralelamente, a unificação dos sujeitos materialmente legitimados, de um lado, e não legitimados, do outro, numa única e *selbständigen Verkehrslegitimation* do poder de representação moldava-se, perfeitamente, à tendência da época – situada a meio caminho entre o individualismo e o colectivismo – de, no contexto da soberania das relações jurídicas patrimoniais, ver a protecção do tráfego jurídico enquanto valor ao qual tudo se deve subordinar[1894].

Contudo, as precupações, e percurso percorrido pelo Professor de Conisberga, assim como o apoio que LABAND pretende retirar, para a sua construção, da especial importância da legitimação formal no âmbito dos títulos de crédito e ao portador afigura-se, aos olhos do intérprete de hoje, de molde a suscitar reparos como o de MÜLLER-FREIENFELS ao afirmar-se, ironicamente, surpreendido

---

[1891] Laband, *Die Stellvertretung...*, in *Zeitschrift...*, X, p. 240. Cfr., igualmente, p. 241, onde Laband se refere expressamente às necessidades do tráfego, tal como configuradas pelas exigências da vida moderna, enquanto factor decisivo da sua construção.

[1892] Müller-Freienfels, *Die Abstraktion der Vollmachtserteilung...*, in *Stellvertretungsregelungen in Einheit...*, p. 104.

[1893] Wieacker, *História...*, p. 651.

[1894] Müller-Freienfels, *Die Abstraktion der Vollmachtserteilung...*, in *Stellvertretungsregelungen in Einheit...*, p. 104. Entre nós, para uma história da teoria da aparência com origens na *Gewere* (sobre esta figura germânica v., Menezes Cordeiro, *Da boa fé...*, I, p. 457, nota (150) e II, p. 1235, igualmente com amplas indicações sobre a doutrina da confiança e seu sentido. Cfr., também, a bibliografia citada *infra*), respectiva ligação, designadamente, à ideia de legitimação formal, e subsequente crítica v., por todos, Rita Amaral Cabral, *A teoria da aparência e a relação jurídica cambiária*, in *Revista da Ordem dos Advogados*, Lisboa, 1984, Ano 44, Dezembro, pp. 627 e ss., especialmente 634 e 635, onde a autora escreve em jeito de reparo às teses que procuram fundar a tutela da aparência na legitimação formal: «(...) *a boa fé do adquirente pode neutralizar a possível má fé do alienante, mas nunca conceder-lhe legitimidade. Ela pode, quando muito, fundamentar a legitimidade do terceiro para adquirir, mas não justificar a legitimação do alienante.*

Como admitir, pois, na ausência de preceito legal expresso nesse sentido a possibilidade de terceiro alienar, eventualmente de má fé, coisa alheia, pelo simples facto de estar numa titularidade aparente?» Para mais detalhes acerca da tutela da aparência e da confiança v. *infra* quanto se escreve a propósito.

por não ver referida a história das notas de banco como prova do primado da legitimação labandiana[1895, 1896].

E não parece merecer melhor sorte o amparo que LABAND pretende retirar do exemplo proporcionado pelo direito das coisas com vista a firmar a respectiva tese acerca do fenómeno representativo. A situação do procurador, tal como encarado e imaginado pelo jovem Professor de Conisberga, não se deixa comparar, à luz do direito alemão, com a do possuidor, porquanto este último apenas pode beneficiar terceiros de boa fé[1897]. O paralelo a estabelecer seria, tão-só, com o do proprietário o qual transfere uma coisa, apesar de se encontrar obrigacionalmente vinculado a não o fazer, a não ser em determinadas circunstâncias ou a determinada pessoa[1898]. Mas mesmo aqui os resultados não seriam necessária e forçosamente idênticos aos alcançados[1899] por LABAND quando proclama de forma apoteótica: «O

[1895] Müller-Freienfels, *Die Abstraktion der Vollmachtserteilung...*, in *Stellvertretungsregelungen in Einheit...*, p. 104.

[1896] Cfr., também, quanto escreve, a propósito da correntemente designada autonomia ou abstracção dos títulos de crédito, Canaris, *Die Vertrauenshaftung im deutschen Privatrecht*, Munique, 1971, p. 111, autor segundo o qual o que existe em matéria de títulos de crédito é uma exclusão da possibilidade de se invocar certas excepções.

[1897] Cfr., Gerke, *Vertretungsmacht...*, p. 3.

[1898] *Idem.*

[1899] Recorde-se toda a problemática da eficácia externa das obrigações (a este respeito v., na nossa literatura jurídica, Menezes Cordeiro, *Direito...*, I, pp. 251 e ss.). Recorde-se a figura do abuso de direito. Recorde-se, finalmente, o disposto no artigo 280.º, n.º 2, do Código Civil o qual não deixa certamente, e mesmo para os mais cépticos quanto à possibilidade de se impor o respeito de uma obrigação a terceiros, de cobrir aquelas hipóteses nas quais o proprietário e o adquirente actuam concertadamente por forma a, em violação de quanto se encontra disposto a nível obrigacional, causarem um prejuízo intencional ao titular do direito à não alienação. Neste mesmo sentido, pode ver-se, para o direito alemão, mas com referência expressa e exclusiva à problemática da representação, Schott, *Mißbrauch...*, in *Archiv...*, 171, p. 389, para quem uma actuação conjunta entre o representante e o terceiro em detrimento do *dominus* contraria o disposto no § 138 do *BGB* e cai, ainda, na alçada dos §§ 826, 853, e 242 do mesmo diploma. Ainda antes de Schott v., designadamente, von Tuhr, *Der allgemeine Teil des Deutschen Bürgerlichen Rechts*, II, II, reimpressão da edição de 1918, Berlim, 1957, p. 400; Eichler, *Die Rechtslehre von Vertrauen. Privatrechtliche Untersuchungen über den Schutz des Vertrauens*, Tubinga, 1950, p. 79; e Flume, *Allgemeiner...*, II, *Das Rechtsgeschäft...*, p. 788. Na jurisprudência alemã v., *Reichsgerichts, 16. September 1882*, in *Entscheidungen des Reichsgerichts in Zivilsachen*, 1883, 9, p. 148, aresto em que, perante um caso de abuso de poderes de representação (baseados numa *Prokura*), se admite claramente a inoponibilidade do negócio celebrado pelo representante com o intuito de, em conluio com o terceiro, prejudicar o principal. Cfr., igualmente, quanto escreve Larenz, *Allgemeiner Teil...*, p. 599, o qual refere como em todos os casos nos quais o terceiro sabe ultrapassar o representante os respectivos poderes, e mesmo perante a ignorância do próprio *procurator*, a protecção deve ser concedida exclusivamente ao *dominus*. Mas v., sobretudo, quanto se escreve *infra* na Parte II deste escrito, no parágrafo dedicado ao abuso de representação, principalmente quando se procede à análise dos primórdios desta figura.

comerciante que na sua actividade profissional vende mercadorias, encontra-se legitimado para proceder à transferência da propriedade das mesmas, seja ele verdadeiro proprietário das mesmas ou não; esteja ele, ou não, materialmente legitimado, por força de um direito de penhora (...), etc., perante o verdadeiro proprietário, para proceder à realização da venda. Para o tráfego tal como configurado pela hodierna vida económica, a prova da autorização material deve substituir-se por critérios formais (...). São estas as raízes a partir das quais cresceu o poder formal de representação, tanto no que diz respeito ao seu conceito como à sua organização e configuração individual»[1900], [1901].

IX – Em síntese, considerações de natureza ética ou de justiça material são pura e simplesmente abandonadas por LABAND em favor da protecção do moderno trânsito jurídico, o qual se impõe definitivamente sobre a protecção da propriedade[1902]. Quando referidos, porém, pelo próprio nome, os resultados da construção labandiana, verdadeiro eco do triunfo do espírito comercial, não representam, em

---

[1900] Laband, _Die Stellvertretung..._, in _Zeitschrift..._, X, p. 241.

[1901] Nesta frase vêm, na verdade, e como bem sublinha Müller-Freienfels, _Die Abstraktion der Vollmachtserteilung..._, in _Stellvertretungsregelungen in Einheit..._, pp. 105 e ss., ao de cima as razões mais profundas que se escondem por detrás da argumentação puramente dogmática de Laband. Com a sua teoria da representação na conclusão de negócios jurídicos o autor pretende – e tal como as cidades anseáticas sustentaram durante as discussões conducentes à regulamentação definitiva da _Prokura_ pelo _ADHGB_ – proteger o tráfego de bens patrimoniais sobre todas as outras coisas. Por isso, Laband debruça-se sobre a representação de direito comercial e, designadamente, também sobre a representação voluntária de direito civil. A representação na celebração de negócios não patrimoniais, ou, ainda, a representação de incapazes não mereceram a menor atenção por parte do autor. E compreende-se. Designadamente a representação legal, com as suas características não comerciais (cfr., para ulteriores referências a este respeito, Müller-Freienfels, _Die Vertretung..._, pp. 155 e ss. Na nossa literatura jurídica v., embora de forma bastante mais sucinta, Oliveira Ascensão, _Teoria..._, III, p. 308; Id., _Direito civil..._, II, pp. 225 e ss.), e enquanto mera forma de obviar aos inconvenientes da incapacidade de exercício não podia aproveitar aos pontos de vista de Laband. Aqui as preocupações do autor acerca da tutela do tráfego jurídico e da simples legitimação formal não colheriam (v., também, Stoll, _Der Mißbrauch der Vertretungsmacht_, in _Festschrift Heinrich Lehmann zum sechzigsten Geburtstag 20 Juli 1936_, Berlim, 1937, p. 129) apesar da afirmação do carácter geral da respectiva construção. A teoria labandiana da representação surge assim fundada numa verdadeira teoria da representação nos negócios patrimoniais, numa ampla e absoluta garantia de protecção do tráfego jurídico. Só que como refere a propósito Wellspacher, _Das Vertrauen..._, pp. 80 e ss., a construção de Laband ultrapassa em muito os propósitos que se propõe alcançar.

[1902] Tudo a justificar a ideia segundo a qual não é mais a propriedade a controlar o tráfego jurídico, mas este a orientar a propriedade; ou a tese segundo a qual se não vive já na estática economia da propriedade, estando a força não do lado de quem é proprietário mas daquele que, sobre todas as propriedades, dispõe de um modo mecânico. Cfr., a este respeito e para mais detalhes, Müller-Freienfels, _Die Abstraktion der Vollmachtserteilung..._, in _Stellvertretungsregelungen in Einheit..._, p. 106, nota (202), com indicações bibliográficas.

muitos casos, senão um verdadeiro confisco da propriedade privada em nome da segurança da circulação jurídica de bens[1903].

Além disso, e ao contrário de quanto sustenta LABAND[1904], a autonomia da procuração, mesmo se se mostrasse porventura correcta, nada tem a ver com a natureza da representação ou com o seu verdadeiro conceito. Trata-se, tão-só, de uma técnica, construída com os instrumentos da jurisprudência dos conceitos, para resolver hipóteses de anomalias no funcionamento da representação; de desconformidade entre o poder de representação e as instruções ou encargos transmitidos ao procurador; de deficiência de informação entre o representado e o terceiro contraente no tocante ao conteúdo dos poderes do *procurador*[1905]. A doutrina e a jurisprudência encarregaram-se de desenvolver muitas outras, algumas já presentes ao tempo de LABAND[1906], como a da representação aparente, da procuração tolerada, da *Anscheinvollmacht*, e da tutela da confiança[1907].

[1903] Assim, mas a propósito da tutela dispensada pelos §§ 877 e 879 do projecto do *BGB*, ao adquirente de boa fé no caso de o alienante não ser o proprietário, Menger, *Das Bürgerliche Recht und die Besitzlosen Volksklassen*, 5.ª ed., Tubinga, 1927, p. 127. Cfr., também, mas agora com referência expressa à construção labandiana, Müller-Freienfels, *Die Abstraktion der Vollmachtserteilung...*, in *Stellvertretungsregelungen in Einheit...*, p. 106.

[1904] V., Laband, *Die Stellvertretung...*, in *Zeitschrift...*, X, p. 203.

[1905] Assim, também, Valeria de Lorenzi, *La rappresentanza...*, in *Rappresentanza...*, pp. 83 e 84. Em Espanha cfr., sempre no mesmo sentido, Antonio Gordillo, *La representación aparente...*, p. 56, autor para quem a ideia de autonomia da representação, mais do que um dogma, constitui um simples expediente político e jurídico ditado por preocupações exteriores à noção de representação.

[1906] Como, por hipótese, aquela que proporcionava a distinção entre lado externo e interno do fenómeno representativo, e tutelava a boa fé do terceiro. Cfr., *supra*, Parte I, Cap. III, o exemplo oferecido pelas diversas legislações por nós analisadas. Todas elas, e apesar de não fornecerem qualquer ponto de apoio para a doutrina da autonomia da procuração, consagraram mecanismos adequados de tutela do tráfego jurídico e dos terceiros de boa fé. Veja-se, também, quanto se escreve *supra* e *infra* a propósito das soluções proporcionadas neste domínio pelo direito romano, também ele sensível à tutela das necessidades do tráfego apesar de ligar, de forma muito clara, o poder de representação ao mandato. Para mais pormenores pode ver-se na doutrina, Curtius, *Die Stellvertretung...*, in *Archiv...*, LVIII, pp. 82 e ss..

[1907] Neste mesmo sentido v., Valeria de Lorenzi, *La rappresentanza...*, in *Rappresentanza...*, pp. 84. Para mais pormenores acerca das figuras referidas no texto cfr., quanto se escreve *infra*, na Parte II, no parágrafo dedicado ao estudo da representação aparente. V., ainda, Antonio Gordillo, *La representación aparente...*, p. 56, autor que refere como a tese da autonomia da representação relativamente ao mandato se encontra muito próxima da razão subjacente à representação aparente, e surge, inclusivamente, como um sucedâneo desta última – os testemunhos neste sentido são de forma expressa ou implícita unânimes, mostrando-se, de resto, sintomática a circunstância de a construção labandiana lançar as respectivas raízes no direito mercantil. Cfr., por último, Hamza, *Bemerkungen...*, in *Zeitschrift...*, 26, pp. 81 e ss., maxime p. 85, o qual chama a atenção para os amplos problemas dogmáticos subjacentes à tese da separação entre poderes de representação e relação jurídica base. V., finalmente, e para uma primeira aproximação à problemática da protecção

Mais. É uma técnica que, insista-se, nos moldes formulados por LABAND, beneficia inclusivamente os terceiros de má fé. Ela destina--se, tão-só, a encontrar uma forma fácil de vincular negocialmente o representado perante terceiros e prescinde, quase totalmente, da respectiva vontade.

É, ainda, uma técnica insusceptível de proporcionar resultados satisfatórios nos casos de equivalência ou perfeita conformidade entre os poderes externos e os poderes internos[1908].

É, finalmente, uma técnica incapaz de resolver todos os problemas suscitados pela representação, como sucede, por exemplo, com o conflito de interesses entre representante e representado e o abuso de representação[1909].

Escogitada para o direito comercial, e depois alargada ao direito civil, deve perguntar-se agora se, uma vez ultrapassada a tendência de submeter este último aos princípios informadores do primeiro, é correcto aplicar-se à representação voluntária de direito civil uma solução decorrente de regras de natureza mercantil[1910]. Tanto mais quanto é certo o facto de a representação empresarial e societária ter seguido caminhos algo diversos dos propostos por LABAND[1911].

---

de terceiros perante a procuração à luz da ideia de boa fé, Menezes Cordeiro, *Da boa fé...*, II, p. 1244, nota (147).

[1908] Valeria de Lorenzi, *La rappresentanza...*, in *Rappresentanza...*, p. 84. Cfr., igualmente *infra*.

[1909] Sobre estes assuntos v., *infra*, Parte II, o parágrafo dedicado ao abuso de representação.

[1910] Em sentido negativo v., Müller-Freienfels, *Die Abstraktion der Vollmachtserteilung...*, in *Stellvertretungsregelungen in Einheit...*, pp. 92 e ss.; e Valeria de Lorenzi, *La rappresentanza...*, in *Rappresentanza...*, p. 85.

[1911] Na literatura jurídica nacional pode ver-se a este respeito, designadamente, e abordando diversificados aspectos da problemática posta pela representação de direito societário, José de Oliveira Ascensão e Manuel Carneiro da Frada, *Contrato celebrado por agente de pessoa colectiva. Representação...*, pp. 43 e ss.; Pedro de Albuquerque, *A vinculação das sociedades comerciais por garantia de dívidas de terceiro*, in *Revista da Ordem dos Advogados*, Ano 55, II, Lisboa, Dezembro de 1995, pp. 689 e ss.; Id., *Da prestação de garantias por sociedades comerciais a dívidas de outras entidades*, in *Revista da Ordem dos Advogados*, Ano 57, I, Lisboa, Janeiro de 1997, pp. 69 e ss.; Osório de Castro, *Da prestação de garantias por sociedades a dívidas de outras entidades,* in *Revista da Ordem dos Advogados*, Lisboa, 1996, Ano 56, II, pp. 566 e ss., onde, todavia, o autor sustenta, a nosso ver, posições inadmissíveis; Id., *De novo sobre a prestação de garantias por sociedades a dívidas de outras entidades: luzes e sombras*, in *Idem*, Lisboa, 1998, Ano 58, II, pp. 823 e ss., local onde Osório de Castro se limita praticamente a repetir, com nova roupa (mas argumentos velhos), quanto dissera já no seu anterior estudo, sem nada adiantar, calando ou esquecendo, designadamente, tudo quanto dissemos e escrevemos a propósito da tutela da confiança dos terceiros de boa fé que contratam com a sociedade; Menezes Cordeiro, *Da responsabilidade...*, p. 370; Luís Serpa de Oliveira, *Prestação de garantias por sociedades a dívidas de terceiros*, in *Revista da Ordem dos Advogados*, Lisboa, 1999, Ano 59, I, pp. 389 e ss.; João Espírito Santo, *Sociedade por quotas e anónimas. Vinculação: objecto social e representação plural*, Coimbra, 2000, *passim*. Cfr., também, agora no âmbito do contrato de agência, António Pinto Monteiro, *Contrato...*, in *Boletim...*, 360, pp. 65 e ss.; e 105; Carlos Barata, *Contrato de agência*.

O direito mercantil tem, como é consabido, fins especiais. A tutela do tráfego ocupa aí um particular relevo ao qual outros valores se encontram subordinados. O mesmo não sucede, porém, repise-se, no âmbito do direito civil, particularmente marcado pelo princípio da autonomia privada. Aliás, e de um modo geral, a ciência do direito deixou atrás de si o unilateral acentuar da tutela dos terceiros. O ideal liberal da segurança com as suas previsíveis consequências jurídicas tornou-se, na sequência da eticização do direito privado, mais flexível[1912]. No campo específico do fenómeno representativo, o esforço de aumento da vinculação do principal até nos casos nos quais, com negligência leve, ele dá origem a poderes de representação aparentes foi acompanhado de uma desresponsabilização do *dominus* naquelas hipóteses em que o terceiro conhecia ou devia conhecer o abuso de representação porventura existente[1913]. Ambas as soluções, à primeira

---

Anotação ao *Decreto-Lei n.º 178/86*, 2.ª ed. actualizada, Coimbra, 1993, comentário ao artigo 23.º, pp. 84 e ss.; Paulo Mota Pinto, *Aparência de poderes de representação...*, in *Boletim...*, vol. LXIX, pp. 479 e ss.. De entre os juristas de língua alemã, destacam-se, a título ilustrativo, Flume, *Allgemeiner...*, II, *Das Rechtsgeschäft...*, p. 790 e nota (33a); Schott, *Der Mißbrauch...*, in *Archiv...*, 171, pp. 385 e ss., maxime pp. 387 e 387; Müller-Freienfels, *Die Abstraktion der Vollmachtserteilung...*, in *Stellvertretungsregelungen in Einheit...*, p. 116; Canaris, *Die Vertrauenshaftung...*, pp. 189 e ss.. Ao nível da jurispudência, *Reichsgericht, VI. Zivilsenat, 30. Juni 1904*, in *Entscheidungen des Reichsgericht, Zivilsachen*, 1905, 58, pp. 356 e 357, na qual o tribunal libertou o sócio de uma sociedade *OHG* do vínculo resultante de uma fiança contraída pelos restantes sócios com o fim de, em conluio com o mutuante, garantir uma dívida pessoal daqueles; *Bundesgerichtshof, 15. Dezember, 1975*, in *Betriebs Berater*, 1976, 31, p. 852.

[1912] Cfr., Wieacker, *História...*, pp. 684 e ss., maxime p. 595; Id., *Zur rechtstheoretischen Präzisierung des § 242 BGB*, Tubinga, 1956, 27 e ss.; Müller-Freienfels, *Die Vertretung...*, p. 77, nota (52); Schott, *Der Mißbrauch...*, in *Archiv...*, 171, p. 387. Em termos gerais para uma referência à necessidade de o direito se ater nos seus momentos axiológicos e éticos pode ver-se, entre outros, e de entre os vários autores por nós tomados em consideração, Canaris, *Pensamento...*, *passim*, e pp. 31, 33, 41, 63, 66 e ss., 76 e ss.; Menezes Cordeiro, *Metodologia...*, pp. 19 e ss.. Com base em pressupostos nacional-socialistas, e portanto rejeitáveis, Siebert, *Vom Wesen des Rechtsmißbrauch. Über die konkrete Gestaltung der Recht*, 1935, p. 29, considera que a distinção entre poder de representação e dever de condução do negócio alheio deve ser de novo vencida, em nome de uma unidade entre direito e dever e da necessidade de se apartar definitivamente a chamada *Trennungsdenken*. Trata-se de uma orientação interessada em afirmar um alegado pensamento comunitário e em diminuir o nível significativo ideológico do jussubjectivismo. Ela acentua, por isso, alegados deveres dirigidos ao titular de um direito (cfr., Menezes Cordeiro, *Da boa fé...*, II, p. 863. A tese de Siebert será analisada, novamente, com mais pormenor, quando procedermos ao estudo do abuso de representação).

[1913] Para mais pormenores a este respeito v., *infra*, Parte II, Cap. VI, parágrafo 3.1, a propósito do abuso de representação e doutrina e jurisprudência aí mencionadas. Por ora, cfr., apenas quanto dispõe o artigo 269.º do Código Civil. V., igualmente para já, e para uma breve panorâmica da evolução jurisprudencial verificada na Alemanha no sentido de, em caso de abuso de representação, proteger o *dominus* perante a outra parte do negócio representativo, Theodor Kipp, *Zur Lehre von der Vertretung ohne Vertretungsmacht*, in *Die Reichsgerichtspraxis im deutschen Leben. Festgabe*

vista contraditórias[1914], surgem como manifestações de um mesmo princípio: quem actua negligentemente não deve poder prevalecer-se da aparência jurídica ou da tutela da confiança[1915, 1916]. Admitir o contrário, como pretende LABAND, em nome de uma pretensa legitimação formal do tráfego, significa, pura e simplesmente, retirar as preocupações com a certeza e a segurança do direito do âmbito da justiça na qual se devem ainda situar[1917]. A restrição do poder representativo a um puro *Können* (*posse*) corresponde a um pensamento tipicamente científico natural[1918]: numa consideração simplesmente genética centra-se apenas a atenção na possibilidade e momento de variação ou modificação jurídica. De lado fica o axiológico *Dürfen* (*licere*). Ou seja, rejeita-se a ponderação do momento justificante e valorativo[1919].

Mas mais. Por detrás da protecção *à outrance* da legitimação formal pretendida por LABAND esconde-se, num fenómeno devidamente evidenciado por HAMZA[1920], do ponto de vista dogmático, a

---

der juristischen Fakultäten zum 50 jährigen Bestehen des Reichsgerichts (I. Oktober 1929), Berlim-Lípsia, 1929, vol., II, p. 273 e ss..

[1914] Wieacker, *História...*, p. 595, fala a este respeito de tensão entre duas soluções resultantes da evolução do direito da representação.

[1915] Schott, *Der Mißbrauch...*, in *Archiv...*, 171, p. 387.

[1916] No campo da responsabilidade civil julgamos ser, também, esta maior eticização do direito que está por detrás de algumas das soluções que a moderna doutrina tem vindo a propor como forma de complementar o quadro tradicional em sede de ressarcimento e imputação de danos. Para uma referência às novas vias abertas a este respeito cfr., na nossa literatura, Sinde Monteiro, *Responsabilidade...*, pp. 180 e 181 e 535 e ss.; e Carneiro da Frada, *Uma «terceira via» no direito da responsabilidade civil? O problema da imputação de danos causados a terceiros por auditores de sociedades*, Coimbra, 1997, *per totum*; e já antes, do mesmo autor, *Contrato e deveres de protecção*, separata do Vol. XXXVIII do *Suplemento ao Boletim da Faculdade de Direito da Universidade de Coimbra*, Coimbra, 1994, *passim*.

[1917] Cfr., quanto se escreve a este respeito *supra* no presente parágrafo, em nota.

[1918] Assim, também, Müller-Freienfels, *Die Vertretung...*, p. 77.

[1919] Müller-Freienfels, *Die Vertretung...*, p. 77. Cfr., também, António Gordillo, *La representación...*, p. 297 e, em termos mais amplos, abarcando a figura os negócios abstractos em geral, Federico de Castro y Bravo, *El negocio...*, pp. 295 e ss.. A necessidade de recuperação de uma base axiológica para o direito, em contraste com as extrapolações cientistas, naturalistas, voluntaristas, materialistas do fenómeno jurídico, é, hoje, já o sublinhámos várias vezes, ainda quando, porventura, através de outras fórmulas, uma constante preocupação por parte dos mais autorizados cultores da filosofia do direito. Refira-se, agora, a título exemplificativo, e entre nós, os escritos do jurista ímpar que é Castanheira Neves, *A revolução...*, in *Digesta...*, I, pp. 51 e ss.; Id., *Justiça e direito*, in *Idem*, I, pp. 242 e ss.; Id., *O direito como alternativa...*, in *Idem*, I, pp. 285 e ss.; Id., *Imagem do homem*, in *Idem*, I, pp. 311 e ss.. Sublinhe-se, também, como, em grande medida, a clara separação entre o *Können* (*posse*) representativo e o respectivo *Dürfen* (*licere*) é potenciada pela aplicação prática da visão das construções conceptualistas ao próprio processo de realização do direito e de interpretação das normas – e dos negócios jurídicos – com a sua concepção da aplicação automática e subsuntiva destas.

[1920] Hamza, *Bermerkungen...*, in *Zeitschrift...*, 26, 84.

doutrina da *personarum identitas*. Doutrina, em nosso entender, baseada nalgum tipo de relação hierárquica ou de subordinação entre *dominus* e representante, e na qual se apoiou, durante milhares de anos[1921], em grande parte a doutrina do fenómeno representativo. Indicia-o desde logo a afirmação feita durante os trabalhos de preparação do *ADHGB*, iniciados no ano de 1857, segundo a qual era intenção dos autores evitar a adesão a qualquer das doutrinas sobre representação dominantes ao tempo[1922]. Confirma-o a análise do tipo de relação existente entre representante e representado no contexto do *ADHGB*; mas que é em diversos aspectos distinta daquela outra constituída no âmbito do direito civil[1923]. Na verdade, no âmbito deste último sector da enciclopédia jurídica, e como resultado de um processo milenar[1924], no qual a segunda escolástica, *GROTIUS* e a segunda sistemática haveriam de ocupar momentos importantes, abrindo novos espaços para a representação directa, o vínculo entre representante e representado surge como fruto da autonomia da vontade. Da mesma forma, a própria ligação entre o *dominus* e o terceiro assenta numa base subjectiva[1925], também ela consequência do moroso processo histórico verificado neste campo. No domínio de aplicação das regras do *ADHGB*, da *Prokura* e da *Handlungsvollmacht*, a relação interna entre representante e representado era fundamentalmente objectiva e de natureza hierárquica[1926]. É precisamente esta relação de carácter objectivo – com largos precedentes na história da figura da representação – a qual transparece de forma mais ou menos inequívoca para o mundo exterior a trazer consigo a ideia de uma identidade entre o representante e o representado[1927]. Identidade que permite deixar de alguma forma

---

[1921] V. *supra, passim*.

[1922] A respeito deste específico ponto v., Bauer, *Die Entwicklung...*, p. 113; e Hamza, *Bermerkungen...*, in *Zeitschrift...*, 26, 84. Para uma detalhada análise da história que conduziria à elaboração do *ADHG* cfr., conforme já referido, Heinrich Thöl, *Zur geschichte des Entwurfes...*, *per totum*; Müller-Freienfels, *Die Abstraktion der Vollmachtserteilung...*, in *Stellvertretungsregelungen in Einheit...*, pp. 81 e ss.. Entre nós v., por último, para uma breve referência a alguns dos aspectos dos trabalhos preparatórios do *ADHGB*, Menezes Cordeiro, *Da responsabilidade...*, p. 351.

[1923] Representação esta a que Hamza, *Bermerkungen...*, in *Zeitschrift...*, 26, p. 84, chama expressivamente representação livre, na sequência, de resto, de uma terminologia adoptada já por Ballerstedt, *Zur Haftung...*, in *Archiv...*, 151, p. 115.

[1924] Veja-se tudo quanto antes se escreveu acerca da evolução do fenómeno representativo e as alterações de enquadramento verificadas sobretudo a partir da segunda escolástica e de *Grotius*.

[1925] Cfr., Hamza, *Bermerkungen...*, in *Zeitschrift...*, 26, p. 83.

[1926] Assim v., Ballerstedt, *Zur Haftung...*, in *Archiv...*, 151, p. 115; Hamza, *Bermerkungen...*, in *Zeitschrift...*, 26, p. 84; e Valeria de Lorenzi, *La rappresentanza...*, in *Rappresentanza...*, p. 76.

[1927] Hamza, *Bermerkungen...*, in *Zeitschrift...*, 26, p. 84.

de lado o momento subjectivo e compreender a vinculação do principal mesmo quando o respectivo auxiliar transgrediu as instruções que lhe foram confiadas ou traiu a confiança nele depositadas[1928].

A transposição, operada por LABAND, e demais defensores do positivismo e da jurisprudência dos conceitos, das conclusões obtidas em sede de direito comercial para o quadro do direito civil não parece, por isso mesmo, de aceitar sem mais. Destinados a contemplar situações particulares, os preceitos do *ADHGB* não poderiam, de modo admissível, pelas razões apontadas, suportar construções por analogia ou qualquer outro tipo de generalização[1929]. Conforme refere o Professor MENEZES CORDEIRO[1930], a experiência ensina que a formulação de vectores extensivos só se torna produtiva quando assente num estudo pormenorizado e sério dos institutos singulares em que se manifestam[1931]. Diversa é, todavia, a atitude mental de, num círculo vicioso, pretender derivar a partir de disposições dispersas tais vectores. Não é possível, numa dogmática adequada e consequente, com recurso a induções simples, extrair de regras legais um princípio[1932]. Mais do que a dificuldade ou impossibilidade lógica pura[1933] de optar entre o tópico *a contrario* e o analógico depara-se a inconve-

---

[1928] *Idem*, pp. 81 e 84.

[1929] Contra a aplicação ou extracção, sem mais, das regras e particularidades próprias do direito comercial relativas ao fenómeno representativo, de soluções supostamente válidas também no contexto do direito civil manifesta-se, por exemplo, Canaris, *Vertrauenshaftung...*, *passim*, e, por exemplo, pp. 49 e ss..

[1930] Menezes Cordeiro, *Da boa fé...*, I, p. 543 e II, p. 1239.

[1931] Menezes Cordeiro, *Da boa fé...*, II, p. 1239.

[1932] *Idem*. Acerca da problemática que tem rodeado a formação dos princípios jurídicos v., entre nós, por último, os vários escritos de Menezes Cordeiro, e designadamente, *Princípios gerais de direito*, in *Pólis, Enciclopédia Luso-Brasileira de Cultura*, Lisboa/São Paulo, 1986, IV, cols. 1490 e ss.; Luís Menezes Leitão, *O enriquecimento...*, pp. 27 e ss., nota (1), com amplas indicações. Cfr., também, Fernando José Bronze, *Metodonomologia...*, pp. 445 e ss.; e Paulo Mota Pinto, *Declaração...*, p. 184, ambos chamando a atenção para a necessidade de ponderação da justificação material--valorativa de cada solução antes de se optar pela analogia ou pelo tópico *a contrario*. Não deve, de facto, nas palavras de José Bronze, tomar-se a nuvem por Juno: mesmo que do ponto de vista formal, se não descortinem razões para sublinhar *distinguos,* pode ser que eles se imponham por considerações de ordem material (as quais como se sabe o pai da *reine juristische Methode* pretendia manter à margem do direito). No sentido segundo o qual a possibilidade de recurso à representação surge como um princípio v., Canaris, *Pensamento...*, p. 89. Trata-se, porém, de um princípio em forma de norma sendo, destarte, condensado numa norma imediatamente aplicável.

[1933] Processos de conclusão jurídicos ou de argumentação como a analogia, a redução teleológica, o *argumentum a fortiori* e o *argumentum ad absurdum* foram apresentados recorrendo aos meios da lógica moderna. Conforme refere, porém, a propósito, Canaris, *Pensamento...*, p. 19, é duvidoso que, com isso, se tenha ganho algo de essencial para o trabalho jurídico. Na verdade, o elemento decisivo de todos estes processos não é de natureza lógica mas antes de natureza teleológica ou axiológica.

niência de generalizar traços específicos e a necessidade de prescindir, por vezes, de aspectos particular ou singularmente apurados[1934].

Neste contexto, compreende-se facilmente a afirmação de VALE-RIA DE LORENZI, para quem a autonomia da *Vollmacht* é hoje um dogma[1935] historicamente datado do qual, mesmo se, com dificuldade, é necessário libertarmo-nos[1936].

[1934] Menezes Cordeiro, *Da boa fé...*, II, 1239, a propósito do princípio da confiança.

[1935] Que a autonomia da procuração corresponda a um dogma é designadamente impugnado, entre os autores espanhóis, por António Gordillo, *La representación aparente...*, p. 56; e por Flume, *Allgemeiner...*, II, *Das Rechtsgeschäft...*, p. 844, na literatura jurídica tudesca. Ambos os autores referem como a ideia de autonomia da procuração apenas se deve entender como um postulado de *praticabilidade* do tráfego negocial e isso, tão-só, até ao limite em que essa *praticabilidade* jogue simultaneamente como fundamentadora e delimitadora daquela autonomia. Quer dizer: a procuração só deve funcionar de forma autónoma quando o exija a *praticabilidade* do tráfego e na medida dela. Donde dever concluir-se como a pretensa independência do poder de representação relativamente ao contrato-base constitui mero expediente político justificado por preocupações alheias à representação e não uma nota específica do poder *natura sua*.

[1936] Valeria de Lorenzi, *La rappresentanza...*, in *Rappresentanza...*, p. 86. V., também, e já antes da autora italiana, Pugliatti, *Il Rapporto...*, in *Studi...*, p. 158, autor que escreve a propósito da evolução do fenómeno da representação jurídica durante o século xix e princípios do século xx: «*Ao estudo deste instituto dedicaram a sua fervorosa actividade uma longa série de juristas estrangeiros e italianos, cujas doutrinas se rapidamente afirmadas e imediatamente difundidas, contribuíram – à parte as particulares diferenças de pontos de vista – para uma vasta elaboração dos conceitos a ele relativos; mas agora, acalmado um pouco o fervor, é altura de fazer uma pausa, para examinarmos a via percorrida e afrontar com maior calma e serenidade os múltiplos e difíceis problemas que a construção jurídica do problema apresenta, mesmo se, no fim de contas se deva eventualmente fazer marcha atrás, para se não correr o risco de se construir sobre a areia.*» Cfr., igualmente quanto escreve na literatura jurídica espanhola, Antonio Gordillo, *La representación...*, p. 57 e ss., autor segundo o qual a tese, noutros tempos, largamente difundida e quase indiscutivelmente aceite, de Laband, se encontra hoje submetida a dura crítica; ou Jose Manuel Ruiz-Rico, *La representación en el interés...*, p. 207 (para quem o carácter caduco da teoria da abstracção da procuração é de tal forma marcado e acentuado que ele chega a comprometer, por si só, certos desenvolvimentos jurídicos e orientações parcelares acerca do fenómeno representativo pelo simples facto de os defensores desses desenvolvimentos mais ou menos circunscritos serem ou poderem ser, também, defensores da visão labandiana do fenómeno representativo), ou p. 242 (onde se defende que a ideia da abstracção do poder de representação se encontra plenamente superada). Em termos mais amplos, cfr., ainda, Federico de Castro e Bravo, *El negocio...*, p. 293, para quem a figura do contrato abstracto mais do que a uma descoberta corresponde a uma invenção da doutrina alemã. São suas as seguintes palavras: «*A figura moderna do contrato abstracto tem origem bem conhecida. É uma das grandes "invenções" da doutrina alemã.*» Encarada «*(...) primeiro como preclara aportação da ciência do Direito; censurada depois como um vício característico da escola pandectística (...)*».

3.2.– **Da autonomia integral da procuração à** *procuratio* **como negócio unilateral**

I – O curto espaço de tempo que mediou entre o primeiro impulso dado por SAVIGNY[1937] e o aparecimento da obra de LABAND[1938] afigurou-se suficiente para trazer a figura da representação para aquele que seria considerado, com ou sem razão, o seu mais alto momento científico[1939]. O esforço e, supostamente, principal êxito desta caminhada, foi, em contraste com os anteriores desenvolvimentos históricos – designadamente a nível legislativo – o de fundar a representação numa base abstracta e autónoma[1940]. A corrente que, a partir de então, se iniciou cedo eliminou os poucos traços ou resíduos da tradicional construção de direito comum, ainda, visíveis na tese de LABAND. Na verdade, se, por um lado, a *communis opinio* aderiria à construção labandiana em praticamente tudo quanto importava a separação entre o poder de representação e relação jurídica subjacente ou mandato, por outro, esforçar-se-ia por desenvolver, ainda mais, a construção do Professor de Conisberga, por forma a quebrar definitivamente com os rudimentos de ligação ao *mandatum* que ainda lhe restavam[1941]. As tentativas efectuadas em sentido contrário haveriam todas elas de fracassar.

> *CURTIUS*, por exemplo, sustentou, contra a opinião dominante, a ideia segundo a qual a tese labandiana de um negócio autónomo fundador dos poderes de representação se afiguraria duplamente falsa. Na eventualidade de existir uma norma jurídica por força da qual a representação é admitida, então, e no entender do autor, seria perfeitamente supérfluo procurar fundar os efeitos representativos num contrato especial. No caso de semelhante regra não existir não seria a celebração de um contrato entre o principal e o representante a permitir o recurso à representação. Além disso, o contrato imaginado por LABAND não proporciona, e de acordo com a própria definição do Professor de Conisberga, nenhum direito ou vinculação a qualquer dos contraentes[1942]. Por conseguinte, e no entender de *CURTIUS*, o terceiro que tenha celebrado um contrato com o representante não pode apelar, quando pretenda vincular o *dominus*, para o contrato celebrado entre este e o representante.

[1937] Savigny, *System...*, Vol. III, pp. 90 e ss..

[1938] Laband, *Die Stellvertretung...*, in *Zeitschrift...*, X, pp. 183 e ss..

[1939] Assim v., por todos, Müller-Freienfels, *Die Abstraktion der Vollmachtserteilung...*, in *Stellvertretungsregelungen in Einheit...*, p. 109.

[1940] Dniestrzanski, *Die Aufträge...*, I, p. 33.

[1941] *Curtius, Die Stellvertretung...*, in *Archiv...*, LVIII, pp. 79 e ss. Refira-se, todavia, a circunstância de também *Curtius* falar em essência ou natureza da representação.

[1942] *Idem.*

Mas se, segundo o autor, é assim do ponto de vista teórico, as coisas não são mais favoráveis para a tese de LABAND quando se procede à respectiva consideração em função de razões de ordem prática. Na verdade, de acordo com *CURTIUS*, em vez de melhorar a posição do terceiro que celebra um contrato com um representante a construção de LABAND só a piora[1943]. De acordo com o direito romano e o *ius commune* o *dominus* ficava vinculado quando o contrato fosse celebrado em seu nome e tivesse sido para o efeito concedido um mandato. Caso se pretenda defender a necessidade teórica de concessão de uma procuração, então, o terceiro fica não apenas obrigado a provar que o principal encarregou alguém da celebração de um contrato não apenas por sua conta mas também em seu nome.

Tudo a levar *CURTIUS* à conclusão segundo a qual a procuração não é nenhum negócio específico e especial, mas tão-só uma expressão geral para designar a faculdade de representação[1944]. Do ponto de vista da respectiva extensão os poderes de representação só chegam, em princípio, onde chega o mandato[1945]. As fontes romanas documentavam-no amplamente. O *ADHGB* não veio, no dizer de *CURTIUS*, alterar em nada este panorama. Disso seriam, designadamente, prova os artigos 47.º, 137.º, 194.º e 234.º do referido diploma[1946].

Apenas em casos pontuais o direito romano admitia a regra segundo a qual o principal podia ficar vinculado para além dos limites do mandato. Isso acontecia quando o mandante tivesse dado ao terceiro motivos para acreditar nos poderes de representação do mandatário. Em determinadas situações tornava-se necessário publicitar a proibição para contratar imposta ao auxiliar. Quando isso não sucedesse a aparência de mandato tinha exactamente os mesmo efeitos que o verdadeiro mandato[1947]. Por conseguinte, as soluções consagradas pelo *ADHGB* não aportavam, para *CURTIUS*, nada de novo nem implicavam, por qualquer forma, a autonomia do poder de representação. A única diferença entre este diploma e as soluções a ele anteriores residia no facto de o direito romano admitir, sempre, a prova de que o terceiro contraente devia ter conhecido as restrições e os limites do mandato enquanto o *ADHGB*, em certos casos, apenas, admitia a prova do efectivo conhecimento das instruções internas, e noutros excluía mesmo a possibilidade de semelhante prova[1948]. Tudo a demonstrar como o *ADHGB* não teria criado nenhum instituto jurídico novo. Ele apenas se limitou a desenvolver a diferença entre efeitos relativos às partes de um mandato, por um lado, e efeitos para o terceiro contraente, do outro[1949, 1950].

[1943] *Idem*, p. 80.

[1944] *Idem*.

[1945] *Idem*, p. 82.

[1946] *Idem*, p. 83.

[1947] *Idem*, pp. 83 e 84.

[1948] *Idem*, pp. 84 e 85.

[1949] *Idem*, p. 85.

[1950] Para uma observação crítica aos pontos de vista de *Curtius*, e em particular ao paralelismo por este estabelecido entre a moderna figura da representação e o direito romano v., designadamente, Hellmann, *Die Stellvertretung...*, p. 110; e Hupka, *Die Vollmacht...*, pp. 13 e ss.. Hupka considera que o exemplo oferecido por Roma não é susceptível de proporcionar quais-

Enquanto isso, para CANSTEIN[1951], a diferença entre mandatário e procurador residiria no facto de o mandatário dever decidir, no máximo, o modo como o negócio mandatado se irá celebrar, nunca, porém, se ele se deve ou não realizar. O procurador, ao contrário, tem total poder de decisão, não apenas quanto ao modo de conclusão do negócio indicado na procuração, mas inclusivamente no tocante à possibilidade de o celebrar ou não. O mandato refere-se, ainda, e no entender de CANSTEIN a um único negócio, e a procuração reporta-se a uma pluralidade ou categoria[1952]. Finalmente, e de acordo com CANSTEIN, o mandatário pode estar autorizado para representar; o procurador esse, está necessariamente autorizado a celebrar negócios em nome do *dominus*. Ou seja, para CANSTEIN a diferença entre mandato e procuração é meramente quantitativa e formal ou externa, não qualitativa e material[1953].

Nenhum dos dois autores logrou, porém, impor os respectivos pontos de vista, e os seus contributos permaneceriam, por longos anos, totalmente isolados. Na verdade, eles teriam de esperar décadas até que, com a publicação do *BGB*, surgissem algumas vozes de peso na contestação à ideia labandiana da abstracção da procuração.

Logo no ano seguinte ao da publicação do estudo de LABAND surgiria, pela mão de LADENBURG, um novo e importante contributo no caminho que haveria de conduzir ao total rompimento entre poder de representação e relação subjacente[1954]. Logo na segunda frase do seu escrito LADENBURG afirma que o pensamento de LABAND se pode exprimir através da ideia segundo a qual a *Vollmacht* é independente da respectiva causa. Se a representação se adequa ao

_____

quer resultados úteis uma vez que por intermédio da responsabilidade adjectícia o pretor queria atribuir efeitos à relação interna de gestão, em razão da sua natureza económica, e para isso bastava recorrer ao *mandatum* enquanto tal. Já a representação jurídica moderna fundar-se-ia, não na circunstância de se situar dentro de uma determinada zona de eficácia para o principal, mas na vontade daquele em que determinado negócio seja celebrado em seu nome. Esquece-se Hupka do facto de o modelo que serviu para o desenvolvimento da moderna «teoria da representação» ter sido o *ADHGB*, com os seus poderes representativos legais ou presumidos e associados a relações de natureza hierárquica e objectiva entre o *dominus* e o principal. V., finalmente, Nattini, *La dottrina...*, pp. 16 e ss..

[1951] Canstein, *Vollmacht...*, in *Grünhut's...*, III, pp. 671 e ss..

[1952] *Idem*, p. 671.

[1953] Para uma análise do pensamento de Canstein, e respectiva crítica, pode ver-se a título ilustrativo, entre a literatura jurídica de raiz germânica, Hellmann, *Die Stellvertretung...*, pp. 35 e ss.; Dniestrzanski, *Die Aufträge...*, I, pp. 31, 32 e 94; e Hupka, *Die Vollmacht...*, pp. 17 e ss.. Em Itália refira-se Nattini, *La dottrina...*, pp. 11 e ss.. Um dos grandes erros de Canstein reside na circunstância de esta sua construção ser apresentada como um desenvolvimento ou interpretação da tese de Laband quando, na realidade, não só não apresenta grandes pontos de contacto com a construção labandiana, como, ao contrário, é, relativamente a ela, antagónica.

[1954] Ladenburg, *Die Vollmacht als Verkehrsmittel*, in *Zeitschrift für das gesamte Handelsrecht*, 1868, XI, pp. 72 e ss., num título que não poderia ser mais elucidativo.

tráfego jurídico é, afirma LADENBURG[1955], justamente, em razão desta sua característica de independência e, ainda, em consequência do facto de ser um acto estritamente unilateral, através do qual o tomador fica autorizado a praticar actos, sem com isso assumir qualquer vinculação[1956]. Com isto LADENBURG aproxima-se de forma muito significativa da teoria da abstracção da procuração ou da natureza abstracta dos poderes de representação[1957]. Ele fala ainda, é certo, a propósito da atribuição dos poderes de representação voluntária, em contrato (unilateral). No entanto, acentua de forma extremamente impressiva o carácter estritamente unilateral da procuração[1958].

Um outro adepto da construção labandiana da autonomia da procuração, REGELSBERGER, afirmaria, muito pouco tempo depois de LADENBURG, a ideia segundo a qual a *Vollmacht* apenas se baseia na vontade do representado. Não se deveria, destarte, falar num contrato de procuração. Aquilo a que se chama aceitação do poder de representação constitui, ora uma simples declaração sem qualquer significado jurídico, ora a aceitação da vinculação contida no mandato, e portanto, algo de, exclusivamente, relativo à relação jurídica interna entre procurador e representado − não à procuração[1959].

A partir daqui generalizou-se muito rapidamente, entre os adeptos de LABAND, a confrontação terminológica entre contrato de mandato causal e concessão unilateral de abstractos poderes de representação[1960]. Em finais do século XIX a expressão correspondia já a um dito imprescindível[1961]. Apesar da sua reputação como pensador abstracto, LABAND[1962] jamais afirmara a abstracção da procuração ou

---

[1955] *Idem*, pp. 74 e ss., e 77.

[1956] *Idem*, p. 97.

[1957] Neste mesmo sentido, Müller-Freienfels, *Die Abstraktion der Vollmachtserteilung...*, in *Stellvertretungsregelungen in Einheit...*, p. 110. Cfr., também, Dniestrzanski, *Die Aufträge...*, I, p. 31, para quem as contribuições de Ladenburg constituem os primeiros arrimos daquela que viria a ser, mais tarde, a teoria da abstracção da procuração.

[1958] Mais precisamente para Ladenburg, *Die Vollmacht...*, in *Zeitschrift...*, XI, pp. 74 e 75, a *Vollmacht* é um contrato unilateral porquanto apenas implicaria vinculações para uma das partes. O mandato, esse, aparece na construção de Ladenburg primeiro como um acto estritamente unilateral, para passar pouco depois, com a respectiva aceitação, a contrato bilateral. Tudo a levar Dniestrzanski, *Die Aufträge...*, I, p. 94, a afirmar não saber como será possível sair de tanta contradição.

[1959] Regelsberger, *Kritische...*, XI, p. 369 (*Apud* Müller-Freienfels, *Die Abstraktion der Vollmachtserteilung...*, in *Stellvertretungsregelungen in Einheit...*, p. 110).

[1960] Cfr., Müller-Freienfels, *Die Abstraktion der Vollmachtserteilung...*, in *Stellvertretungsregelungen in Einheit...*, p. 110.

[1961] *Idem*.

[1962] *Idem*.

dos poderes de representação[1963]. Quanto o autor fizera fora proclamar a irrelevância do mandato para a _procuratio_ e, ao mesmo tempo, a natureza simplesmente formal da legitimação representativa. No entanto, a tendência da época para o agrupamento dos conceitos em categorias contraditórias, e em especial a propensão dos juristas para a abstracção, reclamavam uma _Vollmacht_ abstracta[1964]. A formulação de alguns reparos, mais ou menos isolados, contra semelhante terminologia[1965], cairia em saco roto.

II – Curiosamente alguns dos ataques mais marcantes e significativos ao contrato de procuração, imaginado por LABAND, seriam provenientes de partidários de correntes de opinião muito distantes da _Repräsentationstheorie_. Assim sucedeu com a crítica ao _Bevollmächtigungsvertrag_ conduzida por HELLMANN[1966], sequaz de SAVIGNY. Assim sucedeu também com LENEL[1967], em muitos aspectos adepto da teoria da cooperação entre as vontades do representante e do representado tal como defendida MITTEIS[1968].

Ambos os autores aceitaram a ideia de procuração enquanto negócio destinado a provocar a vinculação do principal aos efeitos da actuação do representante. Porém, quer para HELLMANN quer para LENEL, semelhante negócio não podia deixar de ser unilateral.

HELLMANN apelaria para o ensinamento de KARLOWA – também ele um partidário da unilateralidade da procuração[1969] – e apoiar-se-ia, designadamente, no exemplo proporcionado pelas figuras romanas do _iussum_ – nas suas múltiplas configurações – da _praepositio_ e

---

[1963] Cfr., Laband, _Die Stellvertretung..._, in _Zeitschrift..._, X, pp. 183 e ss..

[1964] Müller-Freienfels, _Die Abstraktion der Vollmachtserteilung..._, in _Stellvertretungsregelungen in Einheit..._, p. 111.

[1965] Assim e, por exemplo, Ernst Zitelmann, _Das Recht des BGB. Allgemeiner Teil_, Lípsia, 1900, p. 121, considerava a expressão «abstracção» incorrecta e contrapunha-lhe a ideia de autonomia; enquanto Rosenberg, _Stellvertretung..._, p. 754, sustentava a ideia segundo a qual a referência ao carácter causal ou abstracto do poder de representação é indutora de erros. Para mais pormenores acerca da qualificação da procuração como negócio abstracto ou, simplesmente, como _negotium_ autónomo, cfr., _infra_, Parte II, Cap. I, em nota.

[1966] Hellmann, _Die Stellvertretung..._, pp. 109 e ss..

[1967] Lenel, _Stellvertretung..._, in _Jhering's..._, XXXVI, pp. 14 e ss.; Id., _Mandato y poder_, in _Revista de Derecho Privado_, 1924, XI, n.º 135, pp. 369 e ss..

[1968] V., Mitteis, _Die Lehre..._, pp. 109 e ss.. Cfr., igualmente, quanto se escreve _infra_.

[1969] V., Karlowa, _Das Rechtsgeschäft..._, pp. 58 e ss., embora, segundo este autor, a procuração se devesse considerar como uma manifestação de vontade – não dirigida à produção de efeitos jurídicos – através da qual é simplesmente emitida uma decisão, e pareça, por isso, não poder revestir natureza negocial.

da *concessio de peculio* do *filius* e do *servus*; todas, elas, de acordo com o autor, com carácter simplesmente unilateral.

LENEL, por seu turno, procuraria responder à questão, por ele próprio colocada, de determinar em que consistia uma procuração, através do confronto entre uma declaração proferida em nome de outrem e uma declaração emitida em nome de quem a profere[1970]. Nos negócios celebrados directamente pelo interessado os efeitos jurídicos deles decorrentes resultam, afirma LENEL, da circunstância de à outra parte ser comunicado, pelo próprio outorgante, uma determinada vontade de conteúdo negocial. Assim, também, a eficácia contratual da declaração manifestada, em nosso nome, pelo representante depende da circunstância de ela ser entendida como uma exteriorização perante o terceiro, senão da nossa vontade, pelo menos conforme com a nossa vontade[1971]. Aquilo que nas hipóteses normais constitui uma simples unidade divide-se, nos casos de representação, em duas declarações diferentes. A procuração, para uma oferta, uma aceitação etc., constitui, segundo LENEL, apenas um pedaço integrado das referidas declarações negociais e participa, por isso, da respectiva natureza. Nas suas concretas aplicações e manifestações a procuração tem precisamente a mesmo carácter das declarações com as quais se vai encontrar. Nestes termos, continua LENEL[1972], a procuração é necessariamente um acto unilateral, não um contrato. Precisamente na mesma medida em que a oferta, a aceitação, a rescisão ou a interpelação constituem manifestações unilaterais[1973].

Os resultados alcançados por HELLMANN e LENEL, e sugeridos já por alguns autores a eles anteriores, viriam a ser partilhados, depois, pela generalidade da doutrina: a procuração constitui um mero acto unilateral, não um contrato[1974]. Porém, enquanto, HELLMANN

[1970] Cfr., Lenel, *Stellvertretung...*, in *Jhering's...*, XXXVI, pp. 13 e 14.
[1971] *Idem*, p. 15.
[1972] *Idem*.
[1973] *Idem*.
[1974] O expoente máximo desta *communis opinio* viria a ser Hupka, *Die Vollmacht...*, pp. 84 e ss., o qual acabaria mesmo, e se bem entendemos, por reduzir a procuração a um simples acto (cfr., *infra*). Já no século XX, e, por conseguinte, depois da entrada em vigor do *BGB*, continuaria a sustentar a natureza contratual da procuração, por exemplo, Dniestrzanski, *Die Aufträge...*, I, pp. 95 e ss.; Seeler, *Vollmacht...*, in *Archiv...*, XXVIII, pp. 9 e ss. (sobre o exacto sentido da construção destes juristas v., *infra*); Ernst Holländer, *Die gewillkürte Stellvertretung*, Berlim e Lípsia, 1910, pp. 26 e ss., autor que não deixa, todavia, de propor algumas correcções importantes à construção labandiana da *procuratio*. Designadamente, Holländer concebe a procuração não como um contrato entre *dominus* e representante mas sim como um acordo entre principal, procurador e terceiro. O seu conteúdo não é o de autorizar o *procurator* a celebrar um negócio com efeitos jurídicos

e LENEL continuavam a sustentar a existência de algum tipo de ligação entre o negócio representativo e a vontade do representado[1975], a *communis opinio* considerava o representante como o único autor do negócio celebrado com o terceiro. Ao associar a semelhante forma de compreensão do fenómeno da representação voluntária directa uma *procuratio* com carácter, simplesmente, unilateral dava-se o último passo na caminhada iniciada por LABAND no sentido da autonomia integral ou abstracção da procuração relativamente ao negócio fundamental. Quebrava-se, na verdade, o último elo de ligação, ainda deixado pelo contrato de procuração labandiano, entre o acto posto pelo *procurator*, de um lado, e vontade do *dominus* e relação fundamental, do outro[1976]. Tudo num fenómeno directamente confortado pelos ensinamentos e dogmas do positivismo jurídico, designadamente o da causalidade. Na verdade, uma das pedras fundamentais do método positivo é o postulado da causalidade: causa e efeito são correlativos; onde está o segundo encontra-se igualmente a primeira, a efeitos iguais correspondem causas iguais, ou melhor, a mesma causa[1977]. Ora se, justamente, situações e relações jurídicas tão diversas como o mandato, a locação, os vínculos familiares, o contrato de trabalho, etc.,

---

directos para o representado mas, antes, o de permitir o alargamento dos referidos efeitos por forma a poderem entrar na esfera do representado. Enquanto isso, Müller-Freienfels, *Die Vertretung...*, pp. 243 e ss., considera que, sem prejuízo da natureza unilateral da procuração enquanto acto organizatório, este será um negócio jurídico unilateral ou bilateral consoante o negócio com base nela celebrado seja também ele unilateral ou bilateral.

[1975] Recorde-se a circunstância de Hellmann constituir um acérrimo defensor da construção de Savigny, segundo a qual a estrutura do negócio representativo seria de reconduzir à vontade exclusiva do *dominus*. Por sua vez, Lenel, *Stellvertretung...*, in *Jhering's...*, XXXVI, pp. 13 e 15, afirmaria de forma muito categórica, e de certo modo na esteira de Mitteis (v., *infra*), a ideia segundo a qual a procuração, para uma oferta, uma aceitação etc., constitui, apenas, um pedaço integrado das referidas declarações negociais e participa, por isso, da respectiva natureza. Ou, ainda: «*A declaração de vontade proferida em nome alheio chama a atenção para a necessidade de ser complementada através de uma declaração de vontade adicional; em si mesma ela não é para o terceiro outorgante, de início, mais do que um torso de um negócio jurídico.*» Em direcção equivalente, embora com alguns retoques que levam o autor a considerar a procuração como um verdadeiro contrato, pode, também, ver-se, pouco depois da entrada em vigor do *BGB*, Dniestrzanski, *Die Aufträge...*, I, pp. 83 e 84. Contra v., a título meramente ilustrativo, e de entre a multiplicidade de autores por nós consultados, Isay, *Geschäftsführung...*, pp. 211 e 212. V., ainda, as referências bibliográficas fornecidas *infra* em nota.

[1976] A doutrina discutiria a questão que consistia em saber se a declaração de concessão da procuração devia ser emitida frente ao procurador ou ao terceiro. O *BGB* viria a consagrar ambas as possibilidades (cfr., *infra*) distinguindo-se, assim, consoante os casos a procuração em interna e externa (§ 167).

[1977] Neste sentido, com apelo directo ao positivismo e ao raciocínio positivista, pode ver-se, expressamente, Nattini, *La dottrina...*, p. 30. Cfr., também, Saggese, *La rappresentanza...*, p. 77.

podem estar associados a fenómenos de representação não se veria como poderia o direito objectivo reconhecer em todas e cada uma delas aquele *quid* fundamento do poder de representação. A única explicação possível estaria justamente na existência em todos os casos de atribuição de poderes de representação de uma procuração enquanto negócio *a se* e independente da relação jurídica subjacente à respectiva concessão.

4. – Os trabalhos preparatórios do *BGB*

I – Por alturas do início dos trabalhos preparatórios do *BGB* a admissibilidade da representação directa correspondia já a uma evidente necessidade do tráfego jurídico e não levantava mais qualquer tipo de dificuldades[1978].

A tomada de uma posição acerca da construção jurídica e natureza da representação foi considerada desnecessária[1979]. A teoria da representação havia-se entretanto consolidado e os §§ 117 e 118 não deixavam, no entender da *communis opinio*, dúvidas quanto à adesão do projecto à *Separantionstheorie*[1980].

De acordo com os *Motive* ao projecto do Código Civil alemão o § 115 estabelecia a possibilidade de um negócio jurídico ser realizado por um representante, conquanto a natureza do negócio ou a lei a isso se não opusessem[1981]. Por seu turno, o § 117 determinava que o requisito de concordância

---

[1978] Cfr., *Motive zu dem Entwurfe eines Bürgerlichen Gesetzbuches für das Deutsche Reich*, I, *Allgemeiner Theil*, reimpressão de 1983 da edição de Berlim e Lípsia, 1888, § 115, p. 223.

[1979] *Motive...*, I, *Allgemeiner...*, § 116, p. 225.

[1980] *Idem*. Cfr., também, na doutrina, Everding, *Die dogmengeschichtliche...*, p. 86; Bauer, *Die Entwicklung...*, p. 150; e Soergel-Leptien, *Bürgerliches...*, I, comentário ao § 166, p. 1305, onde se recorda como no entender – expresso nos motivos ao primeiro projecto – dos autores do *BGB* uma solução como a que viria a constar do § 166 se impõe como uma consequência lógica da *Repräsentationstheorie*; Id., *Idem*, 13.ª ed., comentário ao § 166, p. 579. Cfr., no entanto, e designadamente, Medicus, *Allgemeiner Teil...*, p. 339, para quem a doutrina do projecto e, depois, do *BGB*, é conciliável com outras formas de entender a representação que não as proporcionadas pela *Repräsentationstheorie*. V., ainda, *infra* quanto ao se escreve a propósito da falta ou vícios da vontade e estados subjectivos relevantes quer a propósito do projecto do *BGB*, quer acerca do sentido a atribuir ao § 166 do Código Civil alemão, quer, ainda, a respeito do artigo 259.º do Código Civil português.

[1981] Segundo Hölder, *Zum Allgemeinen Theil des Entwurfes...*, p. 110, ao colocar o negócio jurídico como objecto do fenómeno representativo os redactores do § 115 do primeiro projecto do *BGB* teriam andado mal. Melhor seria se, em lugar da expressão *Rechtsgeschäft*, se tivesse referido «declaração de vontade», numa orientação que parece ter vindo a merecer algum tipo de acolhimento no § 164 do *BGB*. Entre outros aspectos, o autor parece manifestar-se contra o

entre a vontade real e a vontade declarada, assim como a relevância da coacção, o dolo, o erro, o conhecimento e a necessidade de conhecimento se deviam aferir na pessoa do representante. Finalmente, o § 118 considerava, uma vez concedidos poderes de representação para um determinado negócio jurídico, a falta de conhecimento do representante irrelevante quando o representado conhecesse ou devesse conhecer as circunstâncias ignoradas pelo *procurator*. Em contrapartida, se o representante actuar com base na autorização para a realização de um específico negócio jurídico, então, já se deveria atender aos estados subjectivos do representado. Isto porquanto, em hipóteses como esta, o *dominus* influencia a decisão de vontade e toma parte nela[1982].

O fenómeno representativo era reconduzido, no primeiro projecto do *BGB*[1983], à ideia de representação na vontade[1984]. Na eventualidade de alguém, na realização de um negócio, exteriorizar apenas, e tão-só, uma declaração alheia a hipótese deveria ser reconduzida à nunciatura[1985]. Caso fosse, porém, deixada ao intermediário a possibilidade de escolher entre várias alternativas possíveis, e apesar das dúvidas suscitadas quando à adequação de uma tomada de posição legislativa nesta matéria, considerava-se existir uma situação de repre-

---

excesso de partido assumido pelo projecto na querela que consiste em saber se o representante manifesta uma vontade própria ou se se limita a transmitir a vontade do *dominus*. A mais recente doutrina alemã, em particular, a favorável à *Repräsentationstheorie*, considera, todavia, preferível a fórmula constante dos *Motive*, e depois do próprio *BGB*, por considerar tratar-se de um progresso ao pôr termo à ficção, na qual se afundou, durante tanto tempo, parte da literatura jurídica favorável à «teoria da representação». O fenómeno representativo não seria senão a celebração de um negócio jurídico por intermédio de representante ou procurador, produzindo-se os efeitos deste *negotium* na esfera do *dominus*. Assim v., por exemplo, Enneccerus-Nipperdey, *Allgemeiner Teil...*, I, II, p. 115 e nota (1); e Flume, *Allgemeiner...*, II, *Das Rechtsgeschäft...*, pp. 754 e 755, embora, repise-se, em nosso entender, este último autor não se possa, sem mais, reconduzir aos quadros da teoria da representação. No sentido, todavia, segundo a qual a afirmação, que consiste em dizer que na representação o negócio é realizado pelo representante enquanto o regulamento ou efeitos deste se produzem na esfera jurídica do *dominus,* tem simples carácter formal v., Schramm, *Münchener Kommentar züm Bürgerlichen Gesetzbuch*, I, *Allgemeiner Teil*, 3.ª ed., Munique 1993, comentário prévio ao § 164, p. 1396. Em sentido crítico relativamente à ideia subjacente à *Separationstheorie* pronunciaram-se, por exemplo, Dniestrzanski, *Die Aufträge...*, I, p. 28; e Müller-Freienfels, *Die Abstraktion der Vollmachtserteilung...*, in *Stellvertretungsregelungen in Einheit...*, p. 98 nota (166).

[1982] *Motive...*, I, §§ 117 e 118, p. 227.

[1983] O projecto regulava a representação no título oitavo, §§ 115 a 126, sob a epígrafe *Vertretung und Vollmacht*. Contra semelhante designação insurgiu-se, desde logo, Hölder, *Zum allgemeinen Theil des Entwurfes...*, p. 110, o qual propunha, em alternativa, a expressão *Stellvertretung*. O *BGB* viria a conservar, neste aspecto, a proposta do primeiro projecto.

[1984] *Motive...*, I, *Allgemeiner...*, § 115, p. 223. Cfr., igualmente, na literatura jurídica alemã, Bauer, *Die Entwicklung...*, pp. 150 e 151, e de forma crítica, Flume, *Allgemeiner...*, II, *Das Rechtsgeschäft...*, pp. 755; Staudinger-Schilken, *Kommentar...*, I, comentário prévio ao § 164, p. 8.

[1985] *Motive...*, I, *Allgemeiner...*, § 115, p. 223.

sentação[1986]. Por responder ficava abertamente a questão que consistia em saber se a representação na declaração consistia ou não num meio-termo entre a verdadeira representação directa e a simples actuação para outrem[1987].

Os *Motive* ao projecto de *BGB* – à semelhança do que aconteceria, de resto, mais tarde com os *Protokolle*[1988] – continham poucas considerações acerca da nunciatura[1989]. Equiparava-se, apenas, a posição do núncio à situação resultante de uma transmissão telegráfica. A equiparação poderia ser teoricamente impugnável, afirma-se, mas ela surge no interesse das necessidades do tráfego. Quem através da interposição e intermediação de outrem transmite a um terceiro a sua vontade deve deixar valer a transmissão como se fosse a sua própria declaração – escreve-se[1990].

A representação indirecta essa é, pura e simplesmente, excluída do âmbito do fenómeno representativo, enquanto, ao mesmo tempo, se considerava a representação directa como referente essencialmente aos aspectos patrimoniais da vida jurídica[1991]. A necessidade de exteriorização, embora eventualmente tácita, de uma vontade de actuação em nome de outrem era tida por absolutamente imprescindível. Isto quer se tratasse de representação activa quer passiva, ambas abrangidas – a par com a representação em negócios com efeitos simultaneamente passivos e activos – numa muita ampla visão do fenómeno representativo[1992].

II – A *Vollmacht* é entendida nos *Motive* como um instituto jurídico autónomo e distinto do mandato[1993, 1994].

Por *Vollmacht* considera-se, de acordo com afirmação expressa contida nos *Motive* ao *BGB*, a concesssão negocial de uma autorização representativa.

[1986] *Idem.*

[1987] *Idem.*

[1988] *Protokolle der Kommission für die zweite Lesung des Entwurfes des Bürgerlichen Gesetzbuches*, (*Mugdan*), in *Die Gesamten Materielien zum Bürgerlichen Gesetzbuch für das Deutsche Reich*, Aalen, 1979, reimpressão da edição de Berlim, 1899, I, §§ 115 e ss., pp. 735 e ss., § 117, pp. 738 e ss..

[1989] *Motive...*, I, *Allgemeiner...*, p. 203.

[1990] *Idem*, §§ 117 e 118, p. 227. Sobre tudo isto v., Bauer, *Die Entwicklung...*, pp. 150 e 151 e nota (3).

[1991] *Idem*, § 115, pp. 223 e 224.

[1992] *Idem*, § 116, pp. 225 e 226. V., também Bauer, *Die Entwicklung...*, p. 151.

[1993] Assim, também, v., na doutrina, e a título meramente exemplificativo, Bauer, *Die Entwicklung...*, p. 152.

[1994] *Motive...*, I, *Allgemeiner...*, § 119, p. 228.

À declaração do representado deveria ser assim associado, pela ordem jurídica, o efeito de atribuir um poder (*Macht*) jurídico de actuar no lugar e em vez do *dominus*[1995].

A separação entre, por um lado, procuração e poderes de representação, e do outro, mandato, é claramente afirmada no primeiro projecto do *BGB*[1996]. A eventual coincidência entre um e outro é explicada não em função de uma qualquer unidade conceptual mas em função de uma relação semelhante à existente entre meio e fim[1997]: através da aceitação do mandato o mandatário fica obrigado a realizar negócios em nome do mandante e para poder cumprir o seu dever é-lhe conferido, ao mesmo tempo, através de um acto jurídico específico, o poder de actuar directamente para outrem.

Mais tarde, no entanto, e em contraste com a tendência que se desenhava de modo cada vez mais forte e impressivo, haveria de ser afirmado e reconhecido nos *Protokolle* ao *BGB*[1998] que a procuração não é nenhum negócio abstracto. Ao contrário, ela adere sempre a uma relação jurídica com a qual nasce e morre.

A visão veiculada pelos Protocolos não singraria, todavia – e no entender da *communis opinio* – num fenómeno de todos conhecido[1999]. É disso, designadamente, elucidativa a posição transmitida pelo *Reichsgericht*[2000] ao considerar correcta a tese segundo a qual, de acordo com o *BGB*, os poderes de representação devem separar-se da relação jurídica subjacente. Sucederia apenas, e mesmo quando o código vê na procuração um negócio autónomo e independente, que alguns dos seus efeitos não se conseguem dissociar totalmente da relação causal. Isso mesmo seria demonstrado pelo § 168, I, do *BGB*[2001].

[1995] *Idem.*

[1996] *Idem*, pp. 228 e 229.

[1997] Sublinhe-se, todavia, como esta adesão à ideia de cariz labandiano da separação entre mandato e poderes de representação se fazer sem, todavia, se aceitar a figura igualmente com origem em Laband, do contrato de procuração. Ao contrário, escreve-se expressamente nos *Motive...*, I, *Allgemeiner...*, § 119, pp. 229 e 230, como, para o surgimento da autorização representativa, não se afigura necessária a aceitação da mesma por parte do procurador. A concessão do poder de representação surge no primeiro projecto de *BGB* como um acto unilateral. Ele vincula o principal e concede imediatamente ao procurador o poder de querer e actuar em nome do *dominus*.

[1998] *Protokolle (Mugdan)...*, in *Die Gesamten...*, I, p. 742.

[1999] Para algumas referências bibliográficas v., *infra*. Para já remeta-se apenas para Bauer, *Die Entwicklung...*, pp. 153 e ss..

[2000] *Reichsgericht, V. Zivilsenat, 15. Februar 1911*, in *Entscheidungen des Reichsgericht, Zivilsachen*, 1911, 75, pp. 299 e ss., p. 301.

[2001] Acerca da evolução registada a este respeito durante os trabalhos preparatórios e até à versão definitiva do *BGB* e respectivo significado v., Frotz, *Verkehrschutz...*, p. 328, autor que, não obstante, considera não haver indícios segundo os quais a procuração interna se possa ver, nos seus

A distinção, contida em vários outros códigos anteriores, entre procuração especial e geral foi expressamente recusada pelo primeiro projecto de *BGB*[2002]. O mesmo sucedeu, também, à figura da procuração presumida ou às prescrições sobre concessão tácita de poderes de representação. Temeu-se entrar no domínio de uma casuística que dificilmente poderia ser tratada de maneira exaustiva[2003].

A possibilidade de o *dominus* renunciar ao direito à revogação é afastada. Isto atendendo à circunstância de a posição do procurador ser considerada como baseada na confiança, a qual não conduz a vantagens pessoais mas autoriza, tão-só, uma actuação jurídica em nome de outrem. Nestes termos, uma vez terminada a relação de confiança deve terminar, também, a representação[2004].

III – A protecção da boa fé do terceiro contraente em caso de revogação da procuração surge, nos trabalhos preparatórios do *BGB*, como uma excepção às regras gerais[2005]. Ela depende da existência de um fundamento capaz de em concreto a alicerçar. Semelhante fundamento deveria residir, de acordo com afirmação expressa, na circunstância de o próprio principal ter comunicado ao terceiro a existência dos poderes de representação. Defendia-se, assim, de forma adequada, a boa fé contra uma revogação da procuração realizada exclusivamente entre o *dominus* e o *procurador* e não publicitada[2006].

Quanto à possibilidade de uma actuação representativa na ausência de poderes de representação ela era apresentada como decorrente das necessidades do tráfego[2007]. A possibilidade de alguém se querer interessar por assuntos alheios, actuando em nome próprio não seria suficiente. Fosse essa a única possibilidade e a gestão de negócios alheios ficaria em muitos casos por realizar. Frequentemente, escreve-se[2008], o terceiro aceita participar em determinado acto jurídico tendo em vista as especiais capacidades ou atributos do dono do negócio,

---

efeitos, como, necessariamente, independente da relação subjacente e depois afirma pontos de vista semelhantes para a chamada *externe Vollmacht*.

[2002] Cfr., Bauer, *Die Entwicklung...*, p. 153; e *Motive...*, I, *Allgemeiner...*, § 119, pp. 230 e ss..

[2003] *Motive...*, I, *Allgemeiner...*, § 119, pp. 229 e 230.

[2004] *Idem*, p. 233.

[2005] *Idem*, pp. 234 e ss., e 236. Cfr., também, Bauer, *Die Entwicklung...*, p. 154.

[2006] Relativamente à procuração dada a conhecer através de comunicação dirigida ao público em geral v., *Motive...*, I, *Allgemeiner...*, §§ 120 e 121, pp. 237 e ss..

[2007] *Idem*, §§ 123-125, p. 240.

[2008] *Idem*, pp. 240 e 241.

mas não pretende estabelecer quaisquer relações jurídicas com o gestor. Destarte, deveria admitir-se que a apropriação de um negócio realizado em nome de outrem se possa dar não apenas em consequência da concessão – em momento anterior à realização do acto representativo – de poderes de representação mas também de uma posterior ratificação[2009, 2010].

IV – A figura do contrato consigo mesmo foi objecto de aproximações diversas por parte dos distintos projectos que antecederam o *BGB*.

O primeiro manifestava-se em favor da respectiva admissibilidade, não obstante a possibilidade de eventuais conflitos de interesses.

De acordo com a exposição de motivos ao primeiro projecto de *BGB* a resposta à questão que consistia em saber se se deveria ou não admitir a contratação consigo mesmo devia ser dada com recurso aos princípios gerais[2011]. Do ponto de vista conceptual não se vislumbraria nenhuma razão para proibir o contrato celebrado por uma só pessoa na dupla qualidade de representante e de parte. Da noção de contrato, a qual exige a exteriorização de duas vontades, segue-se apenas – escreveu-se – não bastar que o processo volitivo se desenvolva exclusivamente no foro interno ou na sequência de um simples monólogo[2012]. Todavia, uma vez tornada reconhecível para terceiros a formação da vontade – através de uma exteriorização perante testemunhas, apresentação de documentos, etc. – o surgimento de um contrato válido não deveria merecer qualquer discussão[2013].

[2009] *Idem*, p. 241. Na doutrina v., sobre tudo isto, Bauer, *Die Entwicklung...*, p. 153.

[2010] O tratamento proposto e as soluções defendidas para a resolução dos casos de actuação sem poderes de representação variavam consoante o representante comunicasse, ou não, ao terceiro contraente a ausência dos referidos poderes. Não iremos entrar no tratamento deste aspecto, limitando-nos, por isso, a remeter para os *Motive...*, I, *Allgemeiner...*, §§ 123-125, pp. 242 e 243, e para Everding, *Die dogmengeschichtliche...*, p. 88; e Bauer, *Die Entwicklung...*, p. 154 e ss..

[2011] *Motive...*, I, *Allgemeiner...*, § 115, p. 224.

[2012] *Idem*.

[2013] Para uma referência à evolução histórica verificada, ao longo dos séculos, em torno da figura do contrato consigo mesmo até quase às vésperas do *BGB* cfr., Max Rümelin, *Das Selbstcontrahiren...*, pp. 39 e ss.. Uma análise do estado da doutrina (aliás profusa como o atestam entre outros os estudos de Römer, *Rechtsgeschäfte des Stellvertreters mit sich selbst nach römischen und gemeinem deutschen Recht*, in *Zeitschrift für das gesamte Handelsrecht*, 1873, XIX, pp. 67 e ss.; E. Muskat, *Der Vertrag des Stellvertreters mit sich Selbst*, in *Goldschmidts Zeitschrift für das gesammte Handelsrecht*, XXXIII, 1887, pp. 507 e ss.; Siebert, *Kann nach gemeinem Recht der Stellvertreter mit sich selbst contrahiren?*, Francoforte do Óder, 1896) e jurisprudência tudescas, ao tempo em que se encetou a codificação alemã, pode ver-se em Bauer, *Die Entwicklung...*, pp. 156 e ss.. Cfr., igualmente em língua alemã e logo após o aparecimento do *BGB* mas com amplas referências ao direito romano e comum, assim como às codificações que antecederam o Código Civil alemão,

O segundo trouxe restrições à ilimitada possibilidade de contratar consigo mesmo prevista pelo anterior projecto. Isto por se considerar tratar-se de uma figura perigosa que, além disso, não corresponderia a qualquer interesse digno de consideração[2014].

5. – A representação voluntária no *BGB*

I – A representação voluntária é tratada no *Bürgerliches Gesetzbuch* nos §§ 164 a 181. Ela encontra-se regulada na parte geral do *BGB* e, destarte, em separado do contrato mandato, cuja disciplina consta, do livro das obrigações, §§ 662 e seguintes.

De forma esquemática, e seguindo a própria ordenação do Código, é possível descrever, assim, o regimento imposto pelo *BGB* ao fenómeno representativo voluntário:

a) o § 164 contém uma disposição genérica na qual se procede a uma indicação dos efeitos jurídicos da representação assim como de alguns dos respectivos pressupostos[2015];

b) o § 165 admite a eficácia de uma declaração de vontade emitida por ou frente a um representante limitado na respectiva capacidade negocial;

c) de acordo com o § 166, em todos aqueles casos nos quais os efeitos de uma declaração de vontade sejam afectados por vícios da vontade ou pelo conhecimento ou dever de conhecimento de determinadas circunstâncias, não se toma em consideração a pessoa do representado, mas sim a do representante.

Hupka, *Die Vollmacht...*, pp. 259 e ss., 289 e ss.. Na nossa literatura jurídica um estudo sobre as várias soluções propostas pelo direito comparado, em diversas épocas, a propósito do contrato consigo mesmo foi realizado por Vaz Serra, *Contrato consigo mesmo*, in *Revista de Legislação e Jurisprudência*, Ano 91, 1958-1959, pp. 179 e ss., designadamente, 195 e ss.; Id., *Contrato consigo mesmo e negociação de directores ou gerentes de sociedades anónimas ou por quotas com as respectivas sociedades*, in *Idem*, 100.°, 1967-1968, pp. 82 e ss., designadamente, 161 e ss.. V., ainda quanto se escreve *infra* a propósito do contrato consigo mesmo e as referências bibliográficas aí contidas.

[2014] Para mais pormenores v., Bauer, *Die Entwicklung...*, p. 161.

[2015] O § 164 do *BGB* estabelece que uma declaração de vontade emitida por alguém em nome do *dominus*, dentro do correspondente poder de representação, é imediatamente eficaz para e contra o representado. É indiferente que a declaração se faça expressamente em nome do representado ou que as circunstâncias demonstrem dever realizar-se em seu nome. Se a vontade de actuar em nome de outrem não for apreensível não é tomada em consideração a falta de vontade de actuar em nome próprio. Estas disposições também se aplicam se a declaração que se deve emitir frente a outro se realiza perante um representante.

Na eventualidade de o representante ter procedido de acordo com instruções do *dominus*, este não poderá alegar o desconhecimento do representante relativamente àquelas circunstâncias por ele mesmo conhecidas. O mesmo vale para aquelas circunstâncias que o principal devia conhecer, quando o dever de conhecimento se equipare àquele;

d) o § 167 admite a concessão da procuração, independentemente de forma, quer mediante declaração dirigida ao procurador quer mediante exteriorização endereçada ao terceiro frente ao qual deve ter lugar a actuação representativa;

e) os §§ 168 a 173 regulam importantes aspectos relativos à extinção do poder de representação.

No § 168 estabelece-se a regra segundo a qual a extinção do poder de representação se determina segundo a relação jurídica base. Ao mesmo tempo afirma-se a possibilidade de revogação da *Vollmacht*, mesmo continuando a subsistir relação subjacente, se desta outra coisa se não deduzir.

O § 169 determina que se, de acordo com o disposto nos §§ 674 e 729[2016], se dever continuar a considerar como existentes poderes já extintos, esses poderes não produzirão efeitos em favor de um terceiro conhecedor da extinção. O mesmo vale se o *tertius* a dever conhecer.

Por sua vez, o § 170 consagra a norma segundo a qual, se os poderes de representação tiverem sido conferidos através de declaração dirigida ao terceiro, eles permanecerão em vigor até à comunicação, pelo *dominus*, da extinção[2017].

Nos termos do § 171 se alguém indicou, por notificação especial, a um terceiro ou por anúncio público ter concedido uma procuração

---

[2016] Em conformidade com o § 674 se o mandato se extinguir por forma diversa da revogação valerá, no entanto, e em benefício do mandatário, como subsistente até que ele conheça ou deva conhecer a referida extinção. Por seu turno, o § 729 determina que se uma sociedade se dissolver por forma diferente da denúncia, a faculdade para a gestão concedida, pelo pacto social, a um sócio vale, todavia, em seu benefício, como subsistente até ter obtido, ou dever ter obtido, o conhecimento da dissolução.

[2017] Para uma crítica acerca da formulação deste preceito pode ver-se, Isay, *Geschäftsführung...*, p. 222, autor segundo o qual naqueles casos de concessão de uma procuração mediante declaração dirigida a terceiro o poder de representação apenas existe perante o referido terceiro. Por isso, afirmar que, neste caso, o poder permanece em vigor até que seja notificada a extinção é, no entender de Isay, algo de totalmente redundante ou supérfluo. O próprio termo notificação da extinção do poder de representação seria incorrecto. Na verdade, afigurar-se-ia impossível notificar algo que ainda não ocorreu pois, se o poder só existe perante o terceiro, só a efectiva comunicação a este da extinção produziria a cessação da vigência da procuração e respectivos efeitos.

a outra pessoa, esta estará, na sequência da referida notificação, autorizada a representar o *dominus* ora perante o terceiro ora perante qualquer pessoa. O poder de representação subsistirá até à sua revogação pelo mesmo meio por que foi conferido (§171, II).

À notificação especial equipara-se, de acordo com o § 172, o facto de o principal ter entregue ao representante um documento, contendo a indicação da concessão de poderes de representação, e o representante o apresentar a um terceiro. Neste caso (§ 172, II) os poderes de representação subsistirão até o documento ser retirado ao terceiro ou declarado como não estando mais em vigor.

As disposições dos §§ 170, 171, II e 172, II, não terão, conforme prescrito pelo § 173, aplicação, se o terceiro, ao celebrar o negócio jurídico, conhece ou devia conhecer a extinção dos poderes de representação;

f) nos §§ 177 a 180 definem-se as consequências de uma actuação representativa desprovida de poderes de representação: a conclusão de um contrato em nome de outrem por quem não se encontra para o efeito autorizado carece de eficácia para e contra o representado se não houver ratificação (§ 177). A ratificação deve ser dada no prazo máximo de quinze dias sob pena de se considerar recusada (§ 177, II).

Até à ratificação do contrato a outra parte encontra-se autorizada a revogar[2018] a respectiva declaração, excepto se, ao concluir o contrato, tivesse conhecimento da falta de poderes representativos do *procurator* (§ 178). Quem celebra um contrato na qualidade de representante de outrem fica obrigado para com o terceiro, e se este assim o entender, ao pagamento de uma indemnização pelos danos causados (§ 179). Contudo, se o representante não conhecia a falta dos respectivos poderes apenas ficará obrigado à indemnização do dano que a outra parte sofre pelo facto de confiar no poder de representação, não podendo, todavia, exceder o montante do interesse tido pelo terceiro na eficácia do contrato (§ 179, II).

O representante não responde se o outro contraente conhecia ou devia conhecer a falta do poder de representação (179, III).

Nos negócios jurídicos unilaterais a representação sem poderes é inadmissível (§ 180). Não obstante, se aquele perante quem se deve celebrar o negócio unilateral não contraria o poder de representação invocado pelo representante, ou se conformou com a actuação desprovida de poderes representativos, aplicam-se com adaptações as disposições relativas aos contratos;

[2018] Revogação que pode ser declarada frente ao representante.

g) no § 181 estabelece-se a disciplina para o contrato consigo mesmo. Um representante não pode, se outra coisa não estiver permitida, celebrar, em nome do representado, negócio consigo mesmo em nome próprio ou como representante de um terceiro, excepto se o negócio consistir exclusivamente no cumprimento de uma obrigação. Acabaria assim por se proceder à consagração expressa da orientação propugnada pelo segundo projecto *BGB* em detrimento da orientação proposta pelo primeiro.

II – No entender generalizado da doutrina[2019], a disciplina contida no *BGB* representa a consagração definitiva da *Repräsentationstheorie* e da tese da abstracção da procuração, consagrando, assim – num momento alto – legislativamente a concepção de JHERING, LABAND e respectivos sequazes e prosélitos[2020, 2021].

[2019] Assim, pode ver-se, designadamente, e de entre a inúmera literatura jurídica existente a este respeito, Enneccerus-Nipperdey, *Allgemeiner Teil...*, I, II, pp. 116 e ss.; Flume, *Allgemeiner...*, II, *Das Rechtsgeschäft...*, p. 752; Soergel-Leptien, *Bürgerliches...*, I, comentário prévio ao § 164, p. 1254; Id., *Idem*, 13.ª ed., comentário prévio ao § 164, p. 534; Schramm, *Münchener Kommentar...* I, *Allgemeiner...*, comentário prévio ao § 164, p. 1396; Id., *Idem*, 4.ª ed., comentário prévio ao § 164, p. 1635; Staudinger-Schilken, *Kommentar...*, I, comentário prévio ao § 164, p. 1635. Refira-se, todavia, que o facto de a *communis opinio* reconhecer, expressamente, e de forma esmagadora, ter o *BGB* procurado assentar as respectivas soluções na «teoria da representação» e na ideia labandiana da abstracção da procuração não impediu vários autores de, ainda assim, proporem uma leitura dos respectivos preceitos nem sempre coincidente com as referidas teorias. Para um quadro dos diversos opositores da *Repräsentationstheorie* – embora nem sempre com a mesma profundidade ou convicção, cfr., os autores alemães posteriores ao *BGB* citados *supra* na Introdução, nota (8). V., por último, quanto se escreve *infra* a respeito das construções defendidas por Schlossmann, Dniestrzanski, Isay, Rosenberg e Seeler, no tocante à autonomia da procuração e, relativamente à estrutura do negócio representativo, sobretudo as considerações feitas a propósito da tese de Mitteis. Da mesma forma, cfr., as considerações por nós proferidas *passim* na Parte II deste nosso estudo, e, em particular, no parágrafo dedicado à falta e vícios da vontade e estados subjectivos relevantes para o negócio representativo.

[2020] A própria sistematização do Código com a inserção da representação numa parte geral onde é regulada como um instituto unitário e independentemente do mandato ou qualquer outra relação subjacente, cuja regulamentação é remetida para o livro do direito das obrigações, ou eventualmente outros locais ainda, ao arrepio de toda uma tradição, é, porventura, sintomática das intenções e teses a que o legislador alemão pretendeu dar corpo nesta matéria. Assim, pode ver-se, designadamente, Dniestrzanski, *Die Aufträge...*, I, p. 333; e Martina Schwonke, *Verkehrsschutz...*, pp. 30, 31 e 118, para quem o *BGB* foi o primeiro código a descobrir juridicamente a representação. E fê-lo separando o fenómeno representativo do mandato. V., também, Paulo Mota Pinto, *Aparência de poderes de representação...*, in *Boletim...*, Vol. LXIX, p. 609, nota (35), autor segundo o qual «*foi o BGB quem primeiro extremou a Vollmacht (procuração) – §§ 164-181) e o Auftrag (contrato de mandato – 662 e ss.)*».

[2021] Do *BGB* a *Repräsentationstheorie* teria passado, segundo Müller-Freienfels, *Die Vertretung...*, pp. 2 e 3; Id., *Zum heutigen Stand...*, in *Stellvertretung in Einheit...*, p. 13, com maiores

De facto, a disciplina do *BGB* assentaria, no entender da opinião generalizada, numa pluralidade de princípios[2022] entre os quais se contaria, desde logo, e em primeiro lugar, o *Repräsentationsprinzip* cuja consagração surgiria como consequência do disposto nos §§ 164 e 166. Em função de semelhante princípio apenas os efeitos do negócio realizado pelo representante se reportariam ao representado, enquanto no tocante aos demais elementos – como por exemplo os vícios de vontade e os estados subjectivos relevantes – o intérprete deveria ater--se exclusivamente na pessoa do representante[2023].

Além disso, o *BGB* teria aderido, sempre segundo a *sententia communis*, ao *Abstraktionsprinzip* – supostamente consagrado já pelo *ADHGB*[2024] e formulado, no essencial, por LABAND [2025, 2026]. Princí-

---

ou menores atenuações, designadamente, para as leis e códigos do Japão, Suécia, Noruega, Finlândia, Polónia, China, Itália, Grécia. A estes haveria que juntar mais tarde, naturalmente, e no entender da *communis opinio* nacional, o Código Civil português.

[2022] Assim, pode ver-se, por exemplo, Alexander Lüderitz, *Prinzipien des Vertretungsrecht*, in *Juristische Schulung*, 1976, 16, pp. 765 e ss.; e Müller-Freienfels, *Zum heutigen Stand...*, in *Stellvertretung in Einheit...*, p. 13; e Staudinger-Schilken, *Kommentar...*, I, comentário prévio ao § 164, pp. 13 e ss..

[2023] Acerca do sentido e alcance do *Repräsentationsprinzip* v., para além de quanto escrevemos já *supra* aquando da exposição desta teoria e ainda das considerações proferidas *infra* na Parte II, Cap. V, Staudinger-Schilken, *Kommentar...*, I, comentário prévio ao § 164, p. 13.

[2024] V., *supra,* Parte I, Cap. IV, parágrafo 3.

[2025] Cfr., *supra*, Parte I, Cap. IV, parágrafo 3.

[2026] Cfr., em favor da tese segundo a qual o *BGB* consagraria a doutrina da abstração da procuração, e de entre a literatura jurídica por nós considerada, em especial, Hupka, *Die Vollmacht...*, *passim*, e designadamente, pp. 29 e 155 e ss. (v., igualmente as referências feitas *infra* à tese de Hupka); Crome, *System...*, I, pp. 459 e 460; Isay, *Geschäftsführung...*, pp. 212 e 213 e 223 e ss. (para os casos apelidados pelo autor de procuração independente) e p. 229 para as hipóteses de procuração dependente (para mais detalhes acerca da construção de Isay v., *infra*); Oertmann, *Kommentar zum Bürgerlichen Gesetzbuch und seinen Nebengesetzen. Bürgerliches Gesetzbuch Allgemeiner Teil*, 3.ª ed., I, Berlim, 1927, § 167, pp. 619 e ss.; Enneccerus-Nipperdey, *Allgemeiner Teil...*, I, II, p. 1136; *Das bürgerliche Gesetzbuch, mit besonderer Berücksichtigung der Rechtsprechung des Reichsgerichts und des Bundesgerichtshofes*, 12.ª ed., por Kurt Johannsen, Wihelm Kregel, Gerda Krüger-Nieland, Henning Piper, Erich Steffen, Berlin, Nova Iorque, 1982, Vol. I, §§ 1-240, comentário prévio ao § 164 por Steffen, pp. 31 e 32 (obra adiante mencionada através da referência ao autor do comentário ao parágrafo citado seguida da indicação *BGB – RGRK*); Soergel-Leptien, *Bürgerliches...*, I, comentário prévio ao § 164, p. 1257; Id., *Idem*, 13.ª ed., comentário prévio ao § 164, pp. 535 e 543 e 544; Larenz, *Allgemeiner...*, pp. 613 e 614; Schramm, *Münchener...*, I, comentário ao § 164, pp. 1417 e 1422 e ss.; Id., *Idem*, 4.ª ed., Munique, 2001, comentário ao § 164, pp. 1658, 1668 e 1659, comentário ao § 168, pp. 1724 e 1725; Staudinger-Schilken, *Kommentar...*, I, comentário prévio ao § 164, p. 1257. Na jurisprudência v., a título indicativo, *Reichsgericht, VI Zivilsenat, 14. Juni, 1909*, in *Entscheidungen des Reichsgericht, Zivilsachen*, 1909, 71, pp. 219 e ss., 222; *Reichsgerichts, Vereinigte Zivilsenat – 2. Juni 1913*, in *Entscheidungen des Reichsgerichts in Zivilsachen*, 1913, 82, pp. 85 e ss., 89. Na literatura jurídica italiana pode encontrar-se uma referência aos princípios básicos geralmente aceites como subjacentes ao *BGB* em sede de representação jurídica voluntária em Adriano Battistotti, *La rappresentanza nel diritto tudesco moderno*, in *Rappresentanza e gestione*, pp. 95 e ss..

pio esse do qual deriva não apenas a diferenciação conceptual entre poder representativo, de um lado, e relação jurídica interna entre representante e representado mas, de forma ainda mais importante, a irrelevância da última para o primeiro. Noutros termos, o *BGB* teria separado o vínculo jurídico que se estabelece entre o *dominus* e representante – e por força do qual este último pode e deve (*darf und soll*) actuar para outrem – do *Können* (*posse*) que se impõe para o exterior e permite a produção de efeitos jurídicos directos na esfera do dono do negócio. A relação jurídica interna e externa poderiam cobrir-se e coincidir mutuamente. Não se trata, todavia, e no entender da *communis opinio*, de uma necessidade absoluta. Aliás, a relação básica, delimitadora dos casos e hipóteses em que o representante pode actuar, seria susceptível de possuir a mais variada natureza[2027]. Em contrapartida, a procuração consistiria, sempre[2028], num negócio unilateral[2029, 2030] para cuja eficácia não se afiguraria necessária a concordância do *procurator*. Nestes termos, o negócio de concessão dos poderes ou legitimação representativa seria independente e abstracto[2031, 2032]. A sua eficácia não

---

[2027] Assim, pode ver-se, designadamente e para um quadro de quanto se escreve no texto, Rosenberg, *Stellvertretung...*, p. 148; Hans Wolff, *Organschaft...*, II, *Theorie...*, pp. 181 e 182.

[2028] Com a excepção referida no § 111 do *BGB* relativamente aos menores.

[2029] A identidade dos traços característicos da procuração, em contraste com quanto sucede com a relação subjacente a qual pode assumir configurações diversas, tem sido assinalada por importante sector da doutrina alemã de que se pode referir, a título simplesmente indicativo, Crome, *System...*, I, p. 459; e Ennecccerus-Nipperdey, *Allgemeiner Teil...*, I, II, p. 1136.

[2030] Mais concretamente tratar-se-ia de um negócio unilateral receptício. Para mais detalhes v., Rosenberg, *Stellvertretung...*, pp. 610 e 611, para quem a consideração da *procuratio* como um negócio unilateral e carecido de recepção surge quer como uma consequência da concepção da procuração como consentimento (*Zustimmung*) quer como o imediato resultado do disposto no § 167 do *BGB*; Hupka, *Die Vollmacht...*, pp. 84 e ss. (cfr., todavia, quanto escrevemos a respeito da construção de Hupka *infra*); Hans Wolff, *Organschaft...*, II, *Theorie...* p. 189; von Thur, *Der Allgemeine...*, II, II, pp. 379 e ss.; Oertmann, *Kommentar...*, I, comentário ao § 111, p. 360; Ennecccerus--Nipperdey, *Allgemeiner Teil...*, I, II, pp. 1129 e ss.; Würdinger, *Handelsgesetzbuch Grosskommentar*, 3.ª ed., por Brüggemann, Celle, Fischer, Ratz, Schilling, Würdinger, I Vol., comentários aos §§ 1-104, comentário prévio ao § 48; p. 505 (adiante citado *Grosskomentar*); Flume, *Allgemeiner...*, II, *Das Rechtsgeschäft...*, pp. 823 e ss. e 856 e ss.; Larenz, *Allgemeiner Teil...*, p. 615; Martina Schwonke, *Verkehrsschutz...*, p. 119. Consistindo a procuração num negócio abstracto e unilateral ela deixaria, também, intocada a esfera jurídica do terceiro e não entraria em qualquer tipo de contacto com o negócio representativo, numa orientação sufragada aqui também pela opinião dominante e de que se pode referir, a título ilustrativo, Hupka, *Die Vollmacht...*, *passim* e, designadamente, pp. 88 e 89 e 106; Rosenberg, *Stellvertretung...*, pp. 112 e 113; Isay, *Vollmacht und Verfügung*, in *Archiv für die civilistische Praxis*, 1924, 122, pp. 195 e ss.; Heinrich Lehmann-Heinz Hübner, *Allgemeiner Teil des Bürgerlichen Gesetzbuches*, 15.ª ed., Berlim, I, 1966, p. 317; Macris, *Die stillschweigende...*, p. 120; Ennecccerus-Nipperdey, *Allgemeiner Teil...*, I, II, p. 1130. Para ulteriores referências bibliográficas v., a doutrina tudesca citada *infra*, Parte II, no parágrafo relativo à origem da procuração.

[2031] Isto com algumas excepções apenas que não contrariariam a regra geral. Larenz, *Allgemeiner Teil...*, p. 614, chama a atenção para o disposto no § 714 do *BGB*, onde se estatui como nos casos em que, de acordo com o contrato de sociedade, corresponder a um sócio a faculdade de gestão de negócios, na dúvida, considera-se possuir também poderes para representar os outros sócios perante terceiros.

[2032] O caso mais frequentemente apontado como de desvio à regra ou princípio da abstracção da procuração é o constante do § 168, 1 (já o § 168, 2 e 3, consagraria no dizer, designadamente, de Crome, *System...*, I, p. 460, a doutrina da abstracção da procuração). E se não faltam, eventualmente, autores que procuram servir-se deste preceito do *BGB* para encontrar um argumento mais na tentativa de proceder à demonstração da ausência de fundamento da tese da abstracção da procuração (cfr., por exemplo, Planck, *Kommentar...*, 1.ª ed., I, comentário ao § 167, pp. 216 e 217, autor para quem é, todavia, e em certas circunstâncias excepcionais possível a outorga de uma procuração abstracta); Seeler, *Vollmacht...*, in *Archiv...*, 28, pp. 25 e 26; Wellspacher, *Das Vertrauen...*, pp. 81 e 82; Dniestrzanski, *Die Aufträge...*, I, pp. 108 e 109; Goldberger, *Der Schutz gutgläubiger Dritter...*, p. 27; Rosenberg, *Stellvertretung...*, pp. 760 e ss., embora com algumas *nuances*; Macris, *Die stillschweigende...*, pp. 105 e ss.; Joost, *Grosskomentar...*, comentário prévio ao § 48, p. 323. V., também, Frotz, *Verkehrsschutz...*, pp. 330 e ss. (mas v., *op. cit.*, pp. 335 e ss. relativamente à procuração externa) também não faltam juristas que desvalorizam, de forma quase completa, a relevância dos argumentos daí extraídos. Para mais detalhes cfr., a título exemplificativo, Isay, *Geschäftsführung...*, pp. 224 e 225 (embora apenas por referência àquelas procurações que o autor considera como independentes. Quanto às outras, no entender de Isay, não é sequer possível distinguir entre relação fundamental e procuração: o *Tatbestand* negócio gestório abrange igualmente o *Tatbestand Bevollmächtigung*. Nestes termos, ao contrário de quanto é, designadamente sustentado por Planck, na eventualidade de a relação-base ser inválida a procuração não cai por falta de causa: a própria procuração é, nesse caso, inválida); Hupka, *Die Vollmacht...*, pp. 161 e ss.; Biermann, *Zur Lehre...*, p. 36; Crome, *System...*, I, p. 460; Ernst Flatau, *Ist die Vollmacht abstrakt oder Kausal?* in *Beiträge für Erläuterung des deutschen Rechts, Gruchot*, 1908, Vol. 52, pp. 775 e ss., e 785; von Thur, *Der allgemeine...*, II, II, 385 e ss.; Oertmann, *Kommentar...*, I, comentário ao § 167, p. 620; Enneccerus-Nipperdey, *Allgemeneiner Teil...*, I, II, p. 1137; Soergel-Leptien, *Bürgerliches...*, I, comentário prévio ao § 164, p. 1266; Id., *Idem*, 13.ª ed., comentário prévio ao § 164, pp. 543 e 544; Joachim Knoche, *Die Vollmacht und ihr Verhältnis zu den Rechtsbeziehungen zwischen Vollmachtgeber und Vertreter*, in *Juristische Arbeitsblätter*, 1991, 23, pp. 281 e ss., e 286; Staudinger-Schilken, *Kommentar...*, I, comentário prévio ao § 164, p. 14; e sempre à luz do direito tudesco, Giovanni di Rosa, *La «astratteza» della procura...*, in *Contrato...*, 1994, X, I, p. 126 e ss.. Posição intermédia parece ser a defendida por E., Jung, *Erörterungen zum deutschen bürgerlichen Gesetzbuch und zu den Zivilgesetzenentwürfen Ungarns und Bulgariens*, II, *Anweisung und Vollmacht*, in *Jherings Jahrbuch für die Dogmatik des bürgerlichen Rechts*, 69, 1920, pp. 103 e ss., o qual admite que do § 168 do *BGB* se extrai algum tipo de interdependência entre a relação-base e o poder representativo, mas continua a defender a autonomia deste, considerando o preceito do Código Civil alemão aplicável apenas na dúvida; e, ainda, Eckner, *Der Mißbrauch der Stellvertretung*, Dissertação, Berlim, 1937, pp. 17 e ss., para quem o § 168 do *BGB* estaria em contradição com os demais preceitos desse diploma e teria natureza excepcional, insusceptível de infirmar a doutrina da abstracção da procuração. Não obstante, ele forneceria algum tipo de indícios no sentido de demonstrar como o reconhecimento da autonomia da procuração sofre algumas restrições. Com proximidades com este tipo de raciocínio v., Medicus, *Allgemeiner Teil...*, p. 358; Id., *Idem*, 7.ª ed., p. 364. Não muito distante, também, terá andado o *Reichsgericht*, *V. Zivilsenat, 15 Februar 1911*, in *Entscheidungen des Reichsgericht, Zivilsachen*, 1911, 75, pp. 299 e ss., maxime p. 301, ao afirmar que o poder de representação se deve separar da relação fundamental, e ao propugnar a irrelevância externa de uma actuação, por parte do procurador, contrária ao mandato por ele assumido, para, depois, acrescentar como, mesmo vendo-se nela um negócio abstracto, não é possível, tomar a *procuratio* como algo de totalmente desligado do negócio causal, designadamente, por força do disposto no § 168 do *BGB*

dependeria da relação de gestão: os vícios desta deixariam intacta a *procuratio*[2033] e as limitações e restrições ao mandato afigurar-se-iam irrelevantes para determinar o âmbito ou extensão da concessão de faculdades de representação[2034]. Isso mesmo seria, na opinião generalizada da doutrina, positivamente reconhecido, com meridiana clareza, pelo § 167, I, do *BGB*[2035]. Ficariam assim, no âmbito do fenómeno representativo, garantidas as necessidades de tutela do princípio da certeza do tráfego jurídico pressupostas pelo sistema[2036] uma vez que o

---

(para mais referências acerca deste aresto v., *infra*). Finalmente, a doutrina admite, ainda, a possibilidade de se estabelecer uma dependência entre a procuração e a relação subjacente através de declaração expressa nesse sentido. Nesta direcção pode ver-se, entre outros, Enneccerus-Nipperdey, *Allgemeneiner Teil...*, I, II, p. 1137; e Steffen, *BGB, RGRK, cit.*, I, comentário prévio ao § 164, p. 31. Veja-se ainda, e a propósito da ligação entre procuração e relação subjacente, Frotz, *Verkehrschutz...*, pp. 329 e ss., o qual considera eventualmente aplicável à procuração interna, e em caso de nulidade da relação jurídica subjacente o disposto no § 139 do *BGB* (esta orientação seria, designadamente, seguida por Joost, *Grosskomentar...*, comentário prévio ao § 48, p. 323, e era já defendida por Rosenberg, *Stellvertretung...*, pp. 763 e ss..). Em sentido contrário à possibilidade de aplicação do § 139 à procuração interna pode, todavia, ver-se, por todos, na doutrina, e como exemplo da *communis opinio*, Soergel-Leptien, *Bürgerliches...*, I, comentário prévio ao § 164, p. 1266; Id., *Idem*, 13.ª ed., comentário prévio ao § 164, p. 544; e Steffen, *BGB-RGRK, cit.*, I, comentário prévio ao § 164, anotação 5, p. 31; enquanto na jurisprudência se pode referir a, título exemplificativo, e sempre a propósito da aplicação do § 139 do *BGB* à procuração: *Reichsgericht, II. Zivilsenat, 29. September 1908*, in *Entscheidungen des Reichsgerichts in Zivilsachen*, 1909, 69, pp. 232 e ss., p. 234; *Reichsgericht, V. Zivilsenat, 13. November 1918*, in *Entscheidungen des Reichsgericht. Zivilsachen*, 1919, 94, pp. 147, 149; *Reichsgericht, V. Zivilsenat, 10. Dezember 1919*, in *Idem*, 1920, 97, pp. 273 e ss., 275. Autores há que fazem depender a aplicação do § 139 do *BGB* da circunstância de se estar perante uma procuração interna ou diante de uma *procuratio* externa. A respeito de tudo isto pode ver-se na literatura jurídica italiana, Giovanni di Rosa, *La «astratteza» della procura...*, in *Contrato...*, X, I, pp. 133 e ss..

[2033] Cfr., entre outros, Crome, *System...*, I, p. 460; Lehmann-Hübner, *Allgemeiner Teil...*, I, p. 321; Enneccerus-Nipperdey, *Allgemeiner Teil...*, I, p. 1136; Soergel-Leptien, *Bürgerliches...*, I, comentário prévio ao § 164, p. 1266; Id., *Idem*, 13.ª ed., comentário prévio ao § 164, p. 544. Na jurisprudência, cfr., *Entscheidung des Reichsgerichts, IV Zivilsenat, 13. April 1928*, in *Idem*, 121, pp. 31 e ss., 35. V., ainda a bibliografia citada *infra* na Parte II, *passim*, e designadamente o parágrafo dedicado à origem da procuração. V., também quanto se escreve em sentido contrário designadamente no parágrafo relativo à procuração aparente, também na Parte II.

[2034] Von Thur, *Der allgemeine Teil...*, II, II, p. 400;

[2035] Cfr., por exemplo, e para uma ilustração de quanto se refere, Crome, *System...*, I, p. 460, para quem, perante o teor do § 167 – ao qual se juntaria, também, e no entender do autor, o § 168, 2 e 3 – seria, aliás, indiscutível a tese de acordo com a qual o *BGB* teria aderido à doutrina da abstracção da procuração. Apoiando-se igualmente no § 167 para justificar a abstracção da procuração v., Isay, *Geschäftsführung...*, p. 225; Enneccerus-Nipperdey, *Allgemeiner Teil...*, I, II, pp. 1136 e 1137; Flume, *Allgemeiner...*, II, *Das Rechtsgeschäft...*, p. 825, mas apenas de forma indirecta; Soergel-Leptien, *Bürgerliches...*, I, comentário prévio ao § 164, p. 1266 e § 167, p. 1318; Id., *Idem*, 13.ª ed., comentário prévio ao § 164, p. 544, e comentário ao § 167, pp. 590 e 591. Mas v. quanto se escreve *infra*, Cap. VII, Parte I.

[2036] Nesse sentido pode ver-se, a título ilustrativo, e, mais ou menos, na esteira de Laband, *Die Stellvertretung...*, in *Zeitschrift...*, X, pp. 183 e ss.; na literatura mais recente Steffen, *BGB-*

terceiro se poderia dispensar de indagar qual o conteúdo e limites interiores da relação de gestão. Mais. O próprio representante e representado ficariam, através da abstracção da procuração, a coberto, no contexto das suas ligações internas, da intromissão de quaisquer terceiros[2037].

III – Um outro princípio expressamente acolhido no *BGB* é, no entender da *communis opinio*[2038], o princípio da publicidade

---

-*RGRK, cit.*, I, comentário prévio ao § 164, p. 31; Soergel-Leptien, *Bürgerliches...*, I, comentário prévio ao § 164, p. 1266; Id., *Idem*, 13.ª ed., comentário prévio ao § 164, p. 544; enquanto em direcção aproximada se pronunciavam já, entre os autores um pouco mais distantes, por exemplo, Crome, *System...*, I, p. 460; Hupka, *Die Vollmacht...*, pp. 157 e 158; e Ennecerus-Nipperdey, *Allgemeiner Teil...*, I, II, p. 1137. Em sentido crítico quanto à necessidade – e propriedade – de se tutelar o tráfego através da abstracção da procuração manifestam-se, todavia, várias vozes entre as quais se contam as de Wellspacher, *Das Vertrauen...*, pp. 80 e ss.; Schott, *Der Mißbrauch...*, in *Archiv...*, 171, pp. 383 e ss. e 387; e Frotz, *Verkehrschutz...*, pp. 328 e ss..

[2037] Assim, cfr., Lüderitz, *Prinzipien des Vertretungsrechts...*, in *Juristische...*, 1976, p. 767; Soergel-Leptien, *Bürgerliches...*, I, comentário prévio ao § 164, p. 1266; Id., *Idem*, 13.ª ed., comentário prévio ao § 164, p. 544; num ensinamento a que, se virmos bem, parece aderir, em Itália, Adriano Battistotti, *La rappresentanza nel diritto tudesco...*, in *Rappresentanza...*, p. 98.

[2038] O *Offenheitsprinzip* seria desenvolvido, sobretudo, por von Leonhard, *Vertretung beim Fahrniserwerb*, Lípsia, 1899, pp. 2 e ss.; e por Max Rümelin, *Das Handeln...*, in *Archiv...*, 1902, 93, pp. 145 e 158. Para mais detalhes pode ver-se, de entre a interminável bibliografia sobre o assunto, e de entre os autores por nós considerados, von Thur, *Der allgemeine Teil...*, II, II, pp. 341 e ss.; Karl Bettermann, *Vom stellvertretenden Handeln*, reimpressão da edição de 1937, Darmstadt, 1964, pp. 13 e ss., 19 e ss., 46 ss., 99 e ss.; Flume, *Allgemeiner...*, II, *Das Rechtsgeschäft...*, pp. 763 e ss.; Soergel--Leptien, *Bürgerliches...*, I, comentário prévio ao § 164, pp. 1258 e 1259, e comentário ao § 164, p. 1291; Id., *Idem*, 13.ª ed., comentário prévio ao § 164, pp. 536 e ss.; Steffen, *BGB-RGRK, cit.*, I, comentário prévio ao § 164, p. 30 e comentário ao § 164, pp. 51 e ss.; Schmidt, *Offene Stellvertretung...*, in *Juristische...*, 1987, p. 425; Dorothee Einsele, *Inhalt, Schranken und Bedeutung des Offenkundigkeitsprinzips. Unter besonderer Berücksichtigung des Geschäfts für den, den es angeht, der fiduziarischen Treuhand sowie der dinglich Surrogation*, in *Juristen Zeitung*, 1990, pp. 1005 e 1006; Martina Schwonke, *Verkehrsschutz...*, pp. 57 e ss., autora que refere a excepção ao *Offensheitsgrundsatz* constituída pelo *Geschäft für den, den es angeht*, figura esta aliás por ela aproximada ao contrato para pessoa a nomear dos países hispânicos da América Latina (a diferença entre as duas figuras estaria, segundo a autora na circunstância de o *Geschäft für den, den es angeht* possuir ainda natureza representativa, enquanto isso já não sucederia – ou não seria absolutamente indiscutível – com o contrato para pessoa a nomear). Entre nós encontra-se um paralelo muito forte com o *Geschäft fur den, den es angeht* no artigo 453.º, n.º 2, do Código Civil, quando o legislador admite a possibilidade de a nomeação do terceiro contraente se fazer através da apresentação de procuração anterior à celebração do contrato a favor de terceiro. A doutrina portuguesa maioritária tem-se recusado, todavia, a inserir, sem mais o contrato para pessoa a nomear no âmbito do fenómeno representativo por se assistir a uma situação na qual o contrato é celebrado em nome próprio e à possibilidade de o contrato se consolidar na titularidade do agente. Também no direito alemão se poderá assistir no *Geschäft fur den, den es angeht* a uma vinculação pessoal do representante, o qual age igualmente e por definição sem observância pelo *Offenkundigkeitsprinzip*. Só que perante o direito alemão a eventual obrigatoriedade de cumprimento do *Geschäft fur den,*

(*Offenheitsprinzip, Offenheitsgrundsatz, Offenkundigkeitsprinzip*) por força do qual o efeito representativo – ou se se preferir a produção de efeitos jurídicos em esfera jurídica alheia – depende da circunstância de o representante se dar a conhecer enquanto tal[2039]. Noutros termos, a actuação representativa dependeria da susceptibilidade de reconhecimento da existência de uma *contemplatio domini* por parte do representante, e por conseguinte, da indicação de que conclui o negócio em nome do representado. Isso mesmo resulta, no entender da opinião dominante do § 164, I e II, do *BGB* [2040].

A recondução do princípio da publicidade ao § 164 não tem levantado dificuldades particulares ao nível da doutrina[2041]. O mesmo já não sucede, contudo, com a justificação ou razão de ser que estaria na base de semelhante

---

den es angeht por parte do procurador surge por via do disposto no § 179 do *BGB*, preceito onde se define a responsabilidade do falso representante. Em qualquer caso e no sentido do enquadramento do contrato para pessoa a nomear no âmbito do fenómeno representativo pode ver-se, Pessoa Jorge, *O mandato...*, p. 248; e Staudinger-Schilken, *Kommentar...*, I, comentário prévio ao § 164, e comentário ao § 164, pp. 14 e 15; e comentário ao § 164, pp. 41 e ss.. Contra, cfr., Lenel, *Stellvertretung...*, in *Jhering's...*, XXXVI, pp. 1 e ss.. Cfr., todavia, *op. cit.*, pp. 20 e, do mesmo autor, *Mandato...*, in *Revista...*, XI, n. 135, p. 371.

[2039] Ao *Offenkundigkeitsprinzip* surgiria associada a limitação, por parte do *BGB* e na esteira de quanto resultava já dos trabalhos preparatórios, do fenómeno representativo à representação directa (cfr., Rosenberg, *Stellvertretung...*, pp. 12 e ss.; von Thur, *Der allgemeine Teil...*, II, II, p. 341; Karl Bettermann, *Vom stellvertretenden...*, pp. 19 e 49, onde o autor separa a representação directa da chamada representação de interesses; Enneccerus-Nipperdey, *Allgemeiner Teil...*, I, II, p. 1096; K. Schmidt, *Offene...*, in *Juristische...*, 1987, 27, p. 777; Soergel-Leptien, *Bürgerliches...*, I, p. 1256; Id., *Idem*, 13.ª ed., comentário prévio ao § 164, p. 534). Em sentido crítico v., todavia, Müller-Freienfels, *Zum heutigen Stand...*, in *Stellvertretung in Einheit...*, p. 14; e, por considerar que o princípio da publicidade comporta frequentes brechas, Staudinger-Schilken, *Kommentar...*, I, comentário prévio ao § 164, p. 14. A mais importante dessas excepções é, para empregar as palavras de K. Shmidt, *Offene Stellvertretung...*, in *Juristische...*, 1987, p. 428, a hipótese proporcionada pelo *Geschäft für den, des es angeht*. Outro caso seria, no dizer da *communis opinio*, o resultante do § 1357 do *BGB*. Para uma análise mais abrangente da problemática proporcionada pelos desvios ao princípio da publicidade ou exigência de *contemplatio domini*, cfr., Karl Bettermann, *Vom stellvertretenden...*, *passim*, pp. 21, 26 e ss., 51 e ss., autor que, na esteira de Hans Wolff, *Organschaft...*, II, *Theorie...* pp. 214 e ss., afirma ser possível sustentar a tese segundo a qual aí onde se actua em nome de outrem se assiste à produção de efeitos jurídicos directos já não se mostra, em contrapartida, admissível considerar-se o fenómeno representativo sempre associado à actuação em nome de outrem.

[2040] Cfr., no entanto, Oliveira Ascensão, *Direito Civil...*, II, p. 242, nota (283), o qual, considerando o fenómeno curioso, refere como os autores alemães não usam a expressão *contemplatio domini*. Porém, na sua obra de direito comparado, Martina Schwonke, *Verkehrsschutz...*, p. 57, coloca perfeitamente a par a expressão *contemplatio domini* dos autores latinos e o *Offenkundigkeitsprinzip*. Na verdade, depois de explicar como em todos os ordenamentos jurídicos por ela analisados a representação voluntária pressupõe a existência de uma *contemplatio domini* a autora acrescenta: «com isso vale no direito da representação o *Offenkundigkeitsprinzip.*»

[2041] Cfr., todavia, K. Schmidt, *Offene...*, in *Juristische...*, 1987, 27, pp. 426 e 427.

princípio. Na verdade, a doutrina parece afigurar-se absolutamente dividida a este respeito. Segundo autores como BETTERMANN[2042], HAGER[2043], MÜLLER[2044], MEDICUS[2045], BROX[2046], ou EINSELE[2047] seria, exclusivamente a necessidade de se tutelar o terceiro contraente a impor o *Offenkundigkeitsprinzip*. MÜLLER-FREINFELS[2048], ENNECCERUS--NIPPERDEY[2049], CANARIS[2050], FLUME[2051], SCHMIDT[2052], SOERGEL e LEPTIEN[2053], STAUDINGER e SCHILKEN[2054], entre outros, defendem a tese segundo a qual o princípio da publicidade se destinaria, igualmente, a tutelar o tráfego jurídico em geral[2055].

Para a observância das exigências impostas pelo *Offenkundigkeitsprinzip* não se afigura necessário que o representante indique expressamente a pessoa do representado ou sequer a sua intenção de actuar em nome de um terceiro[2056]. Quer a doutrina quer a jurisprudência admitem

---

[2042] Bettermann, *Vom stellvertretenden...*, p. 23.

[2043] Gunther Hager, *Die Prinzipien der mittelbaren Stellvertretung*, in *Archiv für die civilistische Praxis*, 1980, 180, p. 248.

[2044] Klaus Müller, *Das Geschäft...*, in *Juristenzeitung, cit.*, 1982, p. 779.

[2045] Medicus, *Allgemeiner Teil...*, p. 343; Id., *Idem*, 7.ª ed., p. 349.

[2046] Brox, *Allgemeiner Teil des BGB*, 24.ª ed., 2000, Colónia, Berlim, Roma, Munique, p. 234.

[2047] F. Einsele, *Inhalt...*, in *Juristen...*, 1990, pp. 1005 e 1006.

[2048] Müller-Freienfels, *Die Vertretung...*, p. 21, embora não deixe de afirmar que a actuação em nome de outrem se destina a proteger em primeira linha os interesses do terceiro contraente.

[2049] Enneccerus-Nipperdey, *Allgemeiner Teil...*, I, II, p. 1091.

[2050] Canaris, *Die Verdinglichung obligatorischer Rechte*, in *Festschrift für Werner zum 70. Geburtstag*, Colónia, 1978, I, pp. 371 e 407, ainda que de forma meramente implícita.

[2051] Flume, *Allgemeiner...*, II, *Das Rechtsgeschäft...*, p. 764.

[2052] Schmidt, *Offene Stellvertretung...*, in *Juristische...*, 1987, p. 426.

[2053] Soergel-Leptien, *Bürgerliches...*, I, comentário prévio ao § 164, p. 1259; Id., *Idem*, 13.ª ed., comentário prévio ao § 164, p. 537.

[2054] Staudinger-Schilken, *Kommentar...*, I, comentário prévio ao § 164, p. 14.

[2055] Refira-se a circunstância de a generalidade dos autores agora citados, num sentido ou noutro, não fornecerem praticamente qualquer explicação para a respectiva tomada de posição. Excepções dignas de nota são, todavia, as proporcionadas por Canaris e K. Schmidt.

[2056] Neste sentido pode ver-se, a título meramente ilustrativo, von Thur, *Der allgemeine Teil...*, II, II, pp. 342 e 346; Enneccerus-Nipperdey, *Allgemeiner Teil...*, I, II, p. 1091; Flume, *Allgemeiner...*, II, *Das Rechtsgeschäft...*, p. 764; Steffen, *BGB-RGRK, cit.*, I, comentário prévio ao § 164, p. 30; Schramm, *Münchener...*, I, comentário ao § 164, p. 1404; Id., *Idem*, 4.ª ed., comentário § 164, p. 1645; Medicus, *Allgemeiner Teil...*, p. 347; Id., *Idem*, 7.ª ed., p. 353; Staudinger-Schilken, *Kommentar...*, I, comentário prévio ao § 164, p. 14, e comentário ao § 164, p. 42. Ao nível da jurisprudência v., sempre a este respeito, e igualmente com carácter simplesmente indicativo, *Bundesgerichtshofs, 16. April 1957*, in *Zeitschrift für Wirtschaft und Bankrecht, Wertpapiermitteilungen*, 1957, p. 710; *Bundesgerichtshofs, 6. April 1978*, in *Idem*, 1978, p. 899 (um grupo de pessoas pretendia realizar uma viagem conjunta à Martinica pelo preço individual de 277 DM. Um dos participantes do grupo celebrou, com mandato de todos, um contrato com uma agência cujo fim era assegurar a realização da viagem e assinou «cliente». O grupo permaneceu devedor do preço e foi demandado com base em incumprimento. O *OLG* recusou o pedido da agência porquanto não

formas implícitas de *contemplatio domini*. O próprio § 164, I, do *BGB* afirma expressamente não ser necessário que a declaração de actuação para outrem se faça expressamente, bastando que as circunstâncias o demonstrem.

O teor do § 164, I, tem levantado alguma perplexidade na doutrina[2057]. O lugar próprio para a afirmação da admissibilidade de declarações tácitas ou comportamentos concludentes seria o relativo à declaração de vontade. Não existe em sede de representação qualquer necessidade para uma especial consideração a este respeito. A circunstância de, não obstante, o legislador alemão – impelido quer pelas longas discussões doutrinárias a propósito do fenómeno representativo quer pela controvérsia entre teorias subjectivistas e objectivistas do negócio jurídico – ter sentido a necessidade de consignar a possibilidade de a *contemplatio domini* surgir como mera consequência implícita na actuação do representante trairia os profundos conflitos ainda latentes a propósito da articulação entre a doutrina do negócio jurídico e a do fenómeno representativo[2058]. Isto numa conclusão que parece, no dizer de alguns, deixar transparecer, também, a, já apelidada de desafortunada, orientação jurídica subjacente ao § 164, II[2059].

---

seria o grupo o responsável mas sim o autor da assinatura. O *BGH* decidiu, justamente, em sentido contrário porquanto a experiência da vida seria contrária à conclusão segundo a qual uma só pessoa se tivesse, neste caso, querido obrigar por todos os demais); *OLG, Köln, 5. Mai 1993*, in *Monatschrift für Deutsches Recht*, 1993, p. 852.

[2057] Cfr., Müller-Freienfels, *Zum heutigen Stand...*, in *Stellvertretungsregelungen in Einheit...*, pp. 14 e ss..

[2058] De um modo geral a doutrina, mesmo a anterior ao *BGB* (cfr., por exemplo, Laband, *Die Stellvertretung...*, in *Zeitschrift...*, X, pp. 214 e ss.), tem visto na necessidade de se esclarecer que a actuação é levada a cabo em nome de outrem como um acentuar do momento declarativo relativamente ao volitivo. Magnigk, *Willenserklärung und Willensgeschäft. Ihr Begriff und Ihre Behandlung nach Bürgerlichem Gesetzbuch. Ein System der Juristischen Handlungen*, reimpressão da edição de Berlim de 1907, Aalen, 1970, pp. 168 e ss., apreciaria precisamente, e já no contexto do *BGB*, a questão de saber se a exigência de actuação em nome alheio representa, ou não, e na prospectiva do disposto no § 164, II, do *BGB*, um ponto de apoio da teoria da declaração no combate contra a doutrina da vontade, e se se traduz numa singular exigência do direito declaratório (*Erklärungsrecht*). Contra uma orientação deste último tipo manifestar-se-ia Müller-Freienfels, *Die Vertretung...*, pp. 20 e 21, autor que recorda como os princípios gerais segundo os quais os negócios jurídicos se encontram ao serviço da autonomia privada valem também para a representação na celebração de negócios jurídicos. Não há nenhuma razão para neste domínio se dever acentuar mais o lado externo e menos o lado interno. O problema da actuação em nome de terceiro deve, assim, articular-se com as restantes formas de enquadramento das diversas manifestações de comportamento negocial. Ao estabelecer uma regulamentação especial, neste ponto, e em sede de representação, o legislador alemão revela, tão-só, não estar muito seguro acerca do modo como o fenómeno representativo se deve articular com o negócio jurídico. De resto, e como o próprio Müller-Freienfels documenta, não faltam na literatura jurídica abordagens da exigência de actuação em nome de outrem na perspectiva exclusiva da teoria da vontade.

[2059] Cfr., Müller-Freienfels, *Zum heutigen Stand...*, in *Stellvertretungsregelungen in Einheit...*, pp. 14 e ss..

Discutível mostra-se, contudo, a questão de saber se, na eventualidade de alguém se dar a conhecer como representante de outrem, deve corresponder à actuação do *procurator* uma real vontade representativa. A jurisprudência mais antiga[2060] considerava semelhante vontade como imprescindível nos casos de representação activa, embora pareça não o fazer quanto à chamada representação passiva. Na doutrina a opinião dominante vai, decididamente, no sentido segundo o qual a vontade representativa é uma exigência de que se não deve prescindir[2061, 2062], admitindo a consequente impugnação do negócio representativo por erro. O *Bundesgerichtshofes*[2063], em adesão à doutrina propugnada por FIKENTSCHER[2064], defende, todavia, a tese segundo a qual seria suficiente que alguém se comportasse como representante de outrem sem necessidade de se averiguar qual a vontade interna.

IV – Um último princípio subjacente à regulamentação contida nos §§ 164 a 181 do *BGB* consiste, ainda, e no dizer de FROTZ ou SCHILKEN, na tutela da confiança[2065].

[2060] Veja-se, por exemplo, *Reichsgericht, III. Zivilsenat, 17. Juni 1904*, in *Entscheidungen des Reichsgerichts in Zivilsachen*, 1905, 58, pp. 273, 277; *Reichsgerichts, V Zivilsenat, 14. Juni 26*, in *Juristische Rundschau*, 1926, I, p. 1201, n.º 1601.

[2061] Excepção feita, naturalmente, para os casos de representação aparente.

[2062] Neste sentido pode ver-se, nomeadamente, von Thur, *Der allgemeiner Teil...*, II, II, autor que começa por afirmar a orientação segundo a qual o princípio da publicidade seria a manifestação da tese segundo a qual o que interessa, para a produção dos efeitos jurídico-representativos, seria não a vontade interna mas, antes, a exteriorização para acrescentar, depois, que a falta da vontade de representar permite o recurso ao regime do erro tal como definido pelo § 119 do *BGB*. A posição de von Tuhr seria, também, defendida, com maior ou menor proximidade, por Enneccerus-Nipperdey, *Allgemeiner Teil...*, I, II, p. 1092; Soergel-Leptien, *Bürgerliches...*, I, comentário ao § 164, p. 1291; Id., *Idem*, 13.ª ed., comentário ao § 164, p. 565; Schramm, *Münchener...*, I, comentário ao § 164, p. 1415; Id., *Idem*, 4.ª ed., comentário ao § 164, p. 1657; Staudinger-Schilken, *Kommentar...*, I, comentário prévio ao § 164, p. 15.

[2063] Cfr., *Bundesgerichtshof, VII. Zivilsenat, 5. Oktober, 1961*, in *Entscheidungen des bundesgerichtshofes in Zivilsachen*, 1962, 36, pp. 30 e ss., 33 e 34. A doutrina tem-se, todavia, dividido quanto ao real alcance desta sentença. No sentido segundo o qual não é possível extrair dela uma posição contrária à impossibilidade de se aplicar o § 119 do *BGB* aos casos de actuação em nome de outrem mas com falta de vontade real de celebrar um negócio com efeitos directos para terceiro pronunciam-se, Soergel-Leptien, *Bürgerliches...*, I, comentário ao § 164, p. 1291, nota (3); Id., *Idem*, 13.ª ed., comentário ao § 164, p. 564, nota (67). Em contrapartida, Staudinger-Schilken, *Kommentar...*, I, comentário prévio ao § 164, p. 15, consideram a sentença em referência como exemplificativa de que o *Bundesgerichtshofes* aderiu às posições e teses defendidas nesta matéria por Fikentscher.

[2064] Wolfgang Fikentscher, *Scheinvollmacht und Vertretungsbegriff*, in *Archiv für die civilistische Praxis*, 1955, 154, pp. 16 e ss., defensor de uma concepção unitária da representação aparente e da representação efectiva, na base da consideração segundo a qual os efeitos do fenómeno representativo apenas são fixados em função do comportamento externo do representante.

[2065] Assim, Frotz, *Verkehrsschutz...*, pp. 265 e ss.; e Staudinger-Schilken, *Kommentar...*, I, comentário prévio ao § 164, p. 15.

De acordo com FROTZ, a profiláctica protecção do tráfego que o *BGB* – em seu entender – consagrou deduzir-se-ia quer através da compreensão dos poderes de representação e da respectiva concessão como resultado de uma declaração a ser vista na perspectiva do tráfego jurídico; quer da sua interpretação – ou da interpretação da comunicação do poder representativo – na óptica dos seus destinatários. STAUDINGER e SCHILKEN[2066], por seu turno, num breve apontamento, referem, também, como manifestações concretas e expressas do *Vertrauensschutzprinzip* (princípio da protecção da confiança) os § 168, II, §§ 171 e seguintes, e §§ 177 e seguintes. Tudo sem, todavia, deixarem de realçar como o reconhecimento do *Prinzip des Vertrauensschutz* deve ser entendido de modo a não provocar um deslocar da problemática da representação cuja consequência fosse fazer depender os efeitos do fenómeno representativo da tutela da confiança em vez de os associar a comportamentos negociais[2067].

[2066] Staudinger-Schilken, *Kommentar...*, I, comentário prévio ao § 166, p. 15.

[2067] No sentido de que a restrição ou circunscrição ao domínio da representação de determinados princípios, em particular o *Offenheitsprinzip*, parte de uma visão demasiado estreita porquanto eles não se encontram apenas subjacentes à regulamentação contida no título *«Vertretung und Vollmacht»* e decorrente dos § 164 e seguintes, devendo antes considerar-se, desde logo, como corolários dos §§ 116 a 144 do BGB *(Willenserklärung* [declaração de vontade]), cfr., designadamente, Müller-Freienfels, *Zum heutigen Stand...*, in *Stellvertretung in Einheit...*, p. 13, nota (3); e, em sentido idêntico, K. Schmidt, *Offene...*, in *Juristische...*, 1987, 27, pp. 427 e 433, o qual afirma como o princípio da publicidade contido no § 164, I, 2, decorre já das regras gerais (§§ 133 e 157). De resto, o próprio título do artigo de Schmidt (*Offene Stellvertretung. Der «Offenkundigkeitsgrundsatz» als Teil der allgemeinen Rechtsgeschäftslehre*) indica já a direcção da posição do autor a este respeito.

A FORMAÇÃO DAS CORRENTES CONTRÁRIAS À DOGMÁTICA E À *COMMUNIS OPINIO* NASCIDA DA EVOLUÇÃO PANDECTÍSTICA INICIADA COM JHERING E (SUPOSTAMENTE) CONSAGRADA EM TERMOS DEFINITIVOS PELO *BGB*

1. – Introdução

I – Se foi no rico espaço juscultural tudesco que se haveriam de iniciar, desenvolver e firmar as bases dogmáticas e correntes dentro das quais se move, ainda hoje, a *communis opinio* relativa à representação voluntária, seria, também, aí, o local onde se assistiria ao surgir das primeiras reacções contra a concepção do fenómeno representativo nos moldes propostos por JHERING, LABAND e respectivos continuadores. Reacções que, também elas, haveriam de condicionar, ou pelo menos de fixar algumas bases para a moldura dos cenários possíveis dentro dos quais a doutrina e jurisprudência, contrárias à «teoria da representação» e à ideia de origem labandiana da abstracção da procuração, haveriam de se movimentar um pouco por toda a parte até à actualidade. A influência destas reacções não foi tão marcante, é certo, para a linha dissidente quanto a tese por elas combatida se haveria de revelar para a compreensão ortodoxa do fenómeno representativo[2068]. Mesmo assim a sua importância seria grande. E não apenas por terem sido algumas delas a fixar as linhas mestras a partir das quais evoluiriam, depois, as mais credíveis tentativas de superação da *Repräsentationstheorie* e da ideia de autonomia integral da *procuratio*.

[2068] Ainda hoje, sublinhe-se novamente, assente nas bases dogmáticas fixadas pela pandectística num condicionar absoluto, ou quase, da posição de quantos, modernos ou menos modernos, se mostram favoráveis à *Repräsentationstheorie* e à ideia da autonomia integral da procuração, porquanto se mostram incapazes de oferecer novos desenvolvimentos ou argumentos em favor da orientação partilhada pela *communis opinio*.

O sentimento de inconformismo e a resistência por elas manifestada contra a pressão sufocante exercida pela *communis opinio* ajudou, talvez, a manter viva a compreensão de que, porventura, a «teoria da representação» e a separação integral do poder de representação relativamente à relação subjacente se não configuravam como verdades absolutas, apodícticas ou dogmáticas; como teses insusceptíveis de contradição ou superação.

2. – A reacção contra as *Repräsentationstheorien*

2.1. – A construção do duplo contrato de THÖL

I – Nas primeiras quatro edições do seu *Handelsrecht*, HEINRICH THÖL manifestou-se, com pequenas alterações, sempre contra a admissibilidade do fenómeno da representação jurídica directa[2069], em mais ou menos estreita adesão à construção de MÜHLENBRUCH[2070]. O expresso reconhecimento por parte do *ADHGB* da possibilidade de produção, por acto voluntário, de efeitos jurídicos em esfera jurídica alheia levaria, porém, o autor a mudar de posição. Na verdade, THÖL passaria a afirmar expressamente a ideia segundo a qual o negócio representativo apenas produz efeitos entre o terceiro contraente e o representado[2071], sem necessidade, por conseguinte, de qualquer cessão por parte do representante. Efeitos que, no entender de THÖL, não seriam provenientes do contrato celebrado entre o *procurator* e o terceiro mas sim de um contrato derivado do próprio *dominus*[2072]. Quem contrata com um representante fecha um acordo – designado por THÖL como *Grundvertrag* (contrato-base) – com este, e, ao mesmo tempo, um pacto – *Hauptvertrag* (contrato principal) – com o representado. O *Grundvertrag* é celebrado, pelo

---

[2069] V., designadamente, Thöl, *Das Handelsrecht...*, 4.ª ed., I, pp. 143 e ss..

[2070] Para uma análise da evolução do pensamento de Thöl v., a título ilustrativo, e de entre a literatura jurídica alemã, Everding, *Die dogmengeschichtliche...*, pp. 41 e ss., 79 e 80; Bauer, *Die Entwicklung...*, pp. 94 e ss., e 141 e ss.. V., igualmente, e com algum detalhe, mas apenas relativamente às posições expressas por Thöl na 5.ª ed. do seu *Handelsrecht*, Hellmann, *Die Stellvertretung...*, pp. 29 e ss.. Na doutrina italiana pode ver-se, mas com carácter extremamente sintético, Luigi Mosco, *La rappresentanza...*, pp. 120 e 121, o qual se reporta exclusivamente a parte da última exposição de Thöl.

[2071] Thöl, *Das Handelsrecht...*, 5.ª ed., 1875, I, § 69 (*Apud* Everding, *Die Dogmengeschichtliche...*, p. 79).

[2072] *Idem*, § 70.

representante e terceiro, com referência quer à vontade quer à declaração de vontade do principal contida na procuração. O *Hauptvertrag*, por sua vez, resulta justamente do reenvio feito pelo procurador, aquando do *Grundvertrag*, à pessoa do representante. Quer dizer: a partir do contrato celebrado pelo *procurator* nasce, originariamente, um outro contrato o qual faz surgir na esfera jurídica do *dominus* os efeitos jurídicos para este queridos pelo procurador. O *Grundvertrag* gera, com o auxílio da procuração, o *Hauptvertrag* e este provoca, não de forma derivada mas sim imediata, o aparecimento de direitos e deveres na esfera jurídica do principal. Nestes termos, para THÖL, a declaração de vontade do representante constitui a base da declaração do representado. O procurador é o gerador da vontade do *dominus* não um simples intermediário ou veículo da mesma[2073, 2074].

II – Mais tarde, a construção de THÖL adensar-se-ia em dificuldade e complexidade[2075]. Na verdade, o autor passaria a falar, alternadamente, ora de um duplo contrato ora de contrato trilateral celebrado simultaneamente entre o representado, o representante e o terceiro[2076]. Usualmente – escreve THÖL – o procurador oferece o negócio em nome do principal assim o aceitando o outro contraente. Por conseguinte, os efeitos jurídicos do referido negócio, em virtude do qual o *dominus* passa a ficar titular de direitos e adstrito a obrigações, têm para si a vontade tripartida do procurador, do dono do negócio e do terceiro. A declaração de vontade do principal está contida na procuração e é transportada perante o terceiro pelo *procurator*, através da apresentação do respectivo documento ou da referência escrita ou oral à concessão de poderes de representação. Nestes termos, o negócio celebrado em nome do *dominus* liga-se a um triângulo de declarações de vontade, a um contrato trilateral[2077].

[2073] *Idem*, § 70, p. 231.

[2074] A aceitação da teoria da ficção é combatida por Thöl, desde as primeiras edições da sua obra (cfr., designadamente, *Das Handelsrecht*..., 4.ª ed., I, p. 146), como um absurdo através de um exemplo de grande aparato mas pouca consistência. De acordo com Thöl a aceitação da ideia segundo a qual na representação tudo se passaria como se fosse o representado quem tivesse na realidade celebrado o contrato executado pelo representado conduziria à conclusão de que «*Se o mandante é cristão e o mandatário um judeu, então o contraente é também um cristão*».

[2075] Cfr., Bauer, *Die Entwicklung*..., pp. 142 e ss..

[2076] V., *Das Handelsrecht*..., 6.ª ed., 1879, I, pp. 210 e 229 (*Apud* Bauer, *Die Entwicklung*..., pp. 141 e ss.).

[2077] *Idem*, p. 210.

Contudo, logo de seguida THÖL não se coibiria de voltar a afirmar, em estreita adesão aos seus anteriores ensinamentos, a ideia segundo a qual o fenómeno representativo se basearia num duplo contrato. Um celebrado entre o terceiro e o procurador; o outro entre o terceiro e o representado. O efeito do primeiro seria justamente o de fazer surgir o segundo.

III – Todo este itinerário argumentativo haveria, porém, de ser rejeitado pela *sententia communis* por demasiado complexo e inadequado[2078]. Entre outros aspectos ele foi acusado de não ultrapassar algumas das mais graves deficiências do pensamento de SAVIGNY. O contributo de THÖL permaneceria, assim, sem qualquer influência nos posteriores desenvolvimentos verificados nesta matéria[2079]. Não obstante, ele parece apresentar alguns aspectos a ponderar. Embora se não possa aceitar, nos termos formulados, um *Grundvertrag* e um *Hauptvertrag*, a afirmação segundo a qual para a celebração do negócio representativo contribuem três vontades afigura-se um dado a reter. É este um aspecto, contudo, sobre o qual apenas teremos material suficiente para emitir uma opinião definitiva no final do presente trabalho, e em especial, depois do estudo, a ser realizado na parte institucional desta obra, da falta ou vícios da vontade e estados subjectivos relevantes para o negócio representativo.

2.2 – A tese de MITTEIS: a divisão intensiva e extensiva da vontade

I – A tese de MITTEIS arranca da crítica por ele formulada quer à teoria da *Geschäftsherrntheorie* quer à *Repräsentationstheorie*, consideradas pelo autor como inaceitáveis quer nos respectivos pressupostos quer nos respectivos resultados[2080].

De particular destaque são as críticas movidas por MITTEIS ao tratamento dado pela *Repräsentationstheorie* às hipóteses de erro *in corpore* do representante carecidas de qualquer repercussão na situação querida pelo representado, em

---

[2078] Assim, cfr., a título ilustrativo, Hellmann, *Die Stellvertretung...*, pp. 30 e ss.; Hupka, *Die Vollmacht...*, pp. 33 e ss.; Everding, *Die dogmengeschichtliche...*, p. 83. Na literatura jurídica italiana pode ver-se, ainda em sentido crítico, Saggese, *La rappresentanza...*, pp. 44 e 45.

[2079] Na verdade, a construção de Thöl parece não ter suscitado sequer uma única adesão, ou mesmo ter servido, uma só vez que fosse, como base para o alicerçar de novas posições.

[2080] Cfr., Mitteis, *Die Lehre...*, pp. 89 e ss., 97 e ss. e 109 e ss..

virtude do facto de o resultado final corresponder, inteiramente, à vontade do *dominus*[2081]. Na medida em que a teoria da representação reduz a estrutura do negócio representativo à vontade do representante, os seus defensores sustentaram, durante largo tempo[2082], e em estreita coerência com os premissas nas quais assentava o seu raciocínio, a ideia segundo a qual o erro do procurador provocaria sempre – e conquanto preenchidos os requisitos gerais dos quais depende a sua relevância – a invalidade do negócio representativo[2083]. Imagine-se, por exemplo, a situação de um procurador com poderes para comprar o cavalo D mas, erradamente, convencido que o animal pretendido pelo principal era X. Tomando D por X o representante compra, em nome do representado, o equino. Apesar de o *procurator* ter comprado precisamente o cavalo pretendido pelo *dominus*, os defensores da *Repräsentationstheorie* não se coibiram de propugnar a invalidade deste negócio porquanto a vontade de quem é considerado autor do negócio se encontra viciada. MITTEIS rejeita decididamente a conclusão. Ela seria de rejeitar não só à luz das fontes de direito romano[2084], como, além disso, do ponto de vista lógico: a declaração corresponde ao pretendido por aquele em cuja esfera os respectivos efeitos se irão produzir, e em vista de quem ela foi produzida e emitida. O erro do representante deve assim, ter-se, por irrelevante[2085].

Igualmente dignas de menção se afiguram as objecções formuladas por MITTEIS ao modo como a *Repräsentationstheorie* encarava a ratificação do negócio celebrado na sequência de uma gestão representativa[2086]. Também aqui os mentores e sequazes da teoria da representação defendem a ideia segundo a qual o negócio representativo é realizado e celebrado na sua totalidade pelo representante. A ratificação serviria apenas para decidir se os efeitos intencionados se iriam de facto concretizar ou não. Quer dizer: o negócio do representante surgiria como absolutamente perfeito; a ratificação, essa, não corresponderia senão a um acto puramente unilateral, exterior ao referido negócio, e a qual apenas determinaria a realidade deste, não a sua qualidade[2087]. Com semelhante postura considera-se, no entanto, e no dizer de MITTEIS, como com-

---

[2081] *Idem*, p. 104 e *passim*, designadamente, pp. 118 e 125.

[2082] A partir de determinada altura deixaram de o fazer. Porém, nesse preciso instante abriram, ainda quando o não confessassem, mão da teoria da representação. A este respeito v. *infra* quanto se escreve na Parte II, no parágrafo dedicado à falta ou vícios da vontade e estados subjectivos relevantes.

[2083] Acerca da relevância atribuída pela «teoria da representação» aos vícios da vontade do representante, cfr., *supra*, Parte I, Cap. IV, parágrafo 2, e a literatura jurídica aí referida, e *infra*, Parte II, Cap. V.

[2084] V., *Ulpianus, Libro VII. Disputationum* – D., 41, 2, 34, § 1. Cfr., também, quanto se escreve *supra*, Parte I, Cap. I, I, parágrafo 10.

[2085] Em sentido equivalente mas nos quadros estritos da *Repräsentationstheorie* que neste ponto pretende reabilitar pode ver-se, Hupka, *Die Vollmacht...*, pp. 43 e ss.. Entre nós v., também, com expressa adesão aos pontos de vista expressos por Hupka, Almeida Costa, *A vontade e a declaração...*, in *Boletim...*, 127, p. 155 e 156.

[2086] Mitteis, *Die Lehre...*, pp. 106 e ss..

[2087] Assim v., entre outros, Zimmermann, *Die Lehre von der stellvertretenden...*, pp. 149 e ss. (com remissão para as páginas 40 e ss.); e Karlowa, *Das Rechtsgeschäft...*, pp. 59 e ss..

pleto um negócio cujos efeitos permanecem apenas no ar. Ao negócio realizado na sequência de um acto de gestão representativa falta, ainda, uma actuação concreta de uma das partes. Na eventualidade de essa actuação não surgir sob a forma de uma ratificação o negócio fica sem efeito. Nestes termos, afirma MITTEIS, e a menos que se pretenda retirar à noção de perfeição negocial qualquer conteúdo útil, não se deve designar como perfeito um negócio jurídico cujos efeitos dependem, na totalidade, da realização de um futuro comportamento de uma das partes. Perfeitos são apenas aqueles negócios nos quais ambas as partes já fizeram tudo quanto lhes era exigido para a eventual produção dos efeitos negociais[2088].

As teses segundo as quais a estrutura do negócio representativo seria de reconduzir exclusivamente à vontade do representado ou à do representante afiguram-se, aos olhos de MITTEIS, como demasiado abstractas e genéricas[2089]. Em seu entender o momento representativo mostrar-se-ia, na realidade, como o fruto da cooperação de vontades entre o *dominus* e o representante.

Segundo MITTEIS, tal como uma qualquer entidade física se pode dividir numa multiplicidade de partículas até um limite ainda não descoberto, também a vontade do negócio realizado em nome de outrem se pode repartir de variadas maneiras entre o representante e o representado[2090]. Os exemplos proporcionados por SAVIGNY para ilustrar a tese da *Geschäftsherrntheorie* seriam disso bem elucidativos[2091]. Quando o principal confere ao representante poderes para comprar um cavalo pode acontecer que: a) o *dominus* indique expressamente o animal e fixe quer o preço quer as circunstâncias da compra, de modo a apenas deixar ao representante a produção do acto decisório ou gerador da compra; b) o dono do negócio mencione o equino e o preço mas não fixe as circunstâncias e condições da compra; c) o principal determine o cavalo mas não refira o montante a pagar; d) seja deixada ao representante a possibilidade de escolher um exemplar de entre uma variedade ou manada, etc.[2092]. Quer dizer, e nas próprias palavras de MITTEIS, revela-se a possibilidade de uma multiplicidade de combinações em cujos extremos se encontram – de um lado – as situações nas quais o representado estabeleceu minuciosamente todas as condições do negócio a realizar de tal forma que quem celebra o negócio em seu nome se encontra, de facto, desprovido de vontade concreta – e do outro – todos aqueles casos nos quais tudo, ou praticamente tudo, é deixado ao cuidado do procurador verificando-se uma ausência de vontade concreta por parte do *dominus*[2093].

[2088] Mitteis, *Die Lehre...*, p. 108.

[2089] *Idem*, p. 109.

[2090] *Idem*, p. 112.

[2091] V., Savigny, *Obligationenrecht...*, II, pp. 57 e ss. cfr., também, *supra*, Parte I, Cap. IV, parágrafo 1.

[2092] Mitteis, *Die Lehre...*, p. 112.

[2093] *Idem*, pp. 112 e 113.

Mas se é assim do ponto de vista psicológico deverá perguntar-se se as coisas não se passam da mesma maneira numa perspectiva jurídica. A resposta vai, para MITTEIS, decididamente no sentido positivo: também a vontade jurídica pode ser dividida[2094]. Semelhante conclusão impõe-se, para o autor, como consequência necessária da improcedência do dogma, subjacente, de forma expressa ou implícita, à *Repräsentationstheorie*, segundo o qual, do ponto de vista jurídico, só pode ser tomada como decisão de vontade aquela manifestada e exteriorizada pelo sujeito em cuja esfera se desenvolveu o processo psicológico interno[2095]; ou, ainda, como resultado da falta de fundamento da pretensão de que só pode ser considerada como declaração de vontade aquela realmente correspondente à vontade interna de quem a emite. Na verdade, uma vez descartadas pelo autor semelhantes formas de encarar o negócio jurídico e seus diversos momentos e elementos componentes, MITTEIS não hesita em considerar ser possível afirmar com descontracção o princípio de acordo com o qual na celebração de negócios jurídicos nem o principal nem o representante podem ser vistos *eo ipso* como os agentes exclusivos do fenómeno representativo.

II − Para aferir da medida da colaboração entre o representante e o representando na celebração do negócio, e por conseguinte, para determinar a medida em razão da qual cada um deles se pode considerar agente do negócio representativo, MITTEIS considera fundamental apurar qual deles é o portador da vontade concreta geradora da declaração ou exteriorização enquanto motivo juridicamente determinante[2096]. Conforme essa vontade seja de um ou de outro, será ele o agente. O seu conhecimento e respectivos estados subjectivos relevantes constituirão, assim, e por conseguinte, a base a que se deverá ater o intérprete para apurar se o negócio representativo é válido ou inválido, eficaz ou ineficaz[2097].

MITTEIS procura ilustrar a sua opinião através de referências a situações concretas. Para isso, o autor começa por agrupar todas as hipóteses de representação em três grupos distintos.

No primeiro, MITTEIS inclui os casos de representação nos quais não é deixada, ao representante, nenhuma margem para determinação do conteúdo

---

[2094] *Idem*, p. 113.

[2095] De forma implícita pode ver-se, também na visão, aliás, do próprio Mitteis, *Die Lehre*..., pp. 113 e ss.; Laband, *Die Stellvertretung*..., in *Zeitschrift*..., X, pp. 190 e 277; Schliemann, *Beiträge*..., in *Zeitschrift*..., pp. 14 e ss., não obstante o exemplo referido pelo autor, na página 15, para justificar a sua tese acerca da diferença entre núncio e representante, se afigurar, em nosso entender, bem elucidativo de como entre representante e representado, há de facto, uma real colaboração de vontades (para mais detalhes a este respeito cfr., *infra*).

[2096] Mitteis, *Die Lehre*..., p. 119.

[2097] *Idem*.

negocial[2098]. Nessa situação a causa determinante da declaração do represen-tante é a vontade do *dominus*. Será pois esta a vontade em função da qual se deverá apreciar o negócio posto pelo representante[2099]. Do ponto de vista causal, é ela a provocar a declaração do procurador; é, pois, com ela que a referida declaração se deve sintonizar.

É possível nestes casos ter o *procurator* perfeita consciência do negócio a realizar. É essa consciência que, no dizer de MITTEIS, perante aqueles casos designados de representação em sentido estrito com mandato especialíssimo, leva a *Repräsentationstheorie* a considerar como vontade exclusivamente relevan-te a do procurador [2100]. Na verdade, porém, esta consciência afigura-se, aos olhos do autor como perfeitamente acessória e irrelevante. É, escreve, apenas um conhecimento não uma vontade de conteúdo negocial. O representante com mandato especial não determina ou decide a configuração do negócio. Ele não declara porque quer a declaração mas sim por se encontrar incumbido do dever de proferir a declaração[2101]. Isto, independentemente de o declarante se comportar externamente como representante em sentido técnico ou como núncio[2102].

Na segunda categoria, ou grupo, cabem as procurações generalíssimas nas quais não existe nenhum alvedrio negocial preciso e predeterminado. O prin-cipal limita-se a conceder poderes de representação deixando as decisões negociais concretas inteiramente ao critério do representante. Aqui, teríamos uma hipótese semelhante à do primeiro grupo mas agora de sentido inverso: apenas uma vontade relevaria, só que em vez de se dever considerar a do representado seria a do representante a merecer a atenção[2103]. Isto, porquanto apenas o querer do procurador se afigura, do ponto de vista causal, como determinante do conteúdo do acto representativo. A procuração concedida pelo principal essa não tem, no dizer de MITTEIS, nenhum conteúdo con-creto, e sem ele não é pensável nenhum negócio jurídico. Naqueles casos nos quais o intermediário se comporta externamente como um núncio, apesar de o poder de decisão lhe pertencer de forma exclusiva, a «teoria da representa-ção» pronunciar-se-ia a favor da qualificação do representante como simples núncio – e, por conseguinte, no sentido da irrelevância da sua vontade. Porém, a ser assim, refere MITTEIS, e como neste caso também o principal carece de uma vontade negocial concreta, teríamos uma situação de uma declaração de

---

[2098] *Idem*. Refira-se, a circunstância de, para Mitteis, e ao contrário de quanto é pretendido por alguma doutrina (cfr., Mosco, *La rappresentanza...*, p. 125) a delimitação do âmbito de liberda-de deixado ao representante poder surgir na sequência de instruções internas e não apenas em virtude de uma procuração especialíssima.

[2099] Mitteis, *Die Lehre...*, p. 119.

[2100] *Idem*, pp. 119 e 120.

[2101] *Idem*, p. 120.

[2102] Compreende-se a circunstância de Mitteis não estabelecer nenhuma distinção conso-ante o declarante se comporte, do ponto de vista externo, como simples intermediário ou como verdadeiro procurador uma vez que, como se verá adiante, Mitteis não aceita a tradicional distin-ção entre núncio e representante.

[2103] Mitteis, *Die Lehre...*, p. 120.

vontade juridicamente eficaz mas insusceptível de ser imputada a uma qualquer vontade particular, especificadora de um real teor do negócio jurídico[2104].

No terceiro tipo de situações MITTEIS refere as hipóteses nas quais quer o representante quer o representado têm um alvedrio contratual concreto, embora cada um deles o tenha apenas de forma parcial[2105].

Este grupo é, depois, dividido pelo jurista germânico em duas modalidades distintas: uma primeira configura aquilo a que, na esteira do próprio MITTEIS[2106], se pode chamar de divisão quantitativa ou extensiva da vontade; a segunda reporta-se aos casos considerados de partilha intensiva do querer convencional.

Assiste-se a uma repartição quantitativa quando principal e *procurator* decidem ou intervêm, cada um deles, na formação de uma quota incondicionada do alvedrio negocial. Assim sucede, por exemplo, quando o representado decide qual o objecto a comprar e o representante o preço a pagar.

Pode, todavia, acontecer que o *dominus* transmita ao *procurator* uma vontade totalmente formada e determinada mas, ainda, condicionada. A este último caberá, em função das circunstâncias, tornar a vontade do principal incondicionada. Estamos, então, no âmbito da segunda modalidade de divisão da vontade: a intensiva[2107]. A título de exemplo MITTEIS refere a hipótese de alguém indicar ao representante o objecto a adquirir e o preço a pagar, mas deixar a este último a decisão de emitir, ou não, a declaração correspondente àquela vontade; ou de o principal deixar ao procurador a possibilidade de escolher um de entre vários objectos por ele apontados.

O tratamento a dar a cada uma destas duas modalidades deve, na perspectiva do jurista germânico, ser diversa[2108].

Se o *dominus* indica com precisão e rigor o objecto do negócio deixando ao representante apenas a determinação do preço, então, este último não tem quanto ao referido objecto qualquer vontade contratual. Neste ponto relevará, apenas, o conhecimento do representado e respectiva vontade para saber se o acto representativo é válido ou inválido, eficaz ou ineficaz. Tão-só no tocante ao acordo do preço se deverá considerar o querer do procurador como decisivo[2109]. Relativamente ao objecto o *procurator* não tem qualquer vontade que não seja a de declarar o alvedrio do principal.

Nas hipóteses de divisão intensiva, uma vez que tanto o representante como o representado querem, de forma precisa, a totalidade do conteúdo do negócio – o primeiro de forma condicionada, o segundo de forma incondicionada – MITTEIS afirma a relevância para o inteiro complexo volitivo negocial quer do querer do representante quer do alvedrio do representado [2110, 2111].

[2104] *Idem.*

[2105] *Idem.*

[2106] *Idem*, pp. 120 a 123.

[2107] *Idem*, p. 121.

[2108] *Idem.*

[2109] *Idem.*

[2110] *Idem*, p. 122.

[2111] Mitteis, *Die Lehre...*, pp. 123 e ss., admite, ainda, a possibilidade de estes princípios e resultados alcançados em tese geral serem pontualmente corrigidos. Como é sabido o «representante» pode comportar-se, perante terceiros, ora como dotado de autonomia para decidir ele próprio ora como simples núncio. Contudo, é possível que o modo de actuação exterior não corresponda à situação real. A «teoria da representação» valora exclusivamente este último aspecto, assim considerando como relevante ora a vontade do *dominus* ora a do representante, consoante o modo como o intermediário se apresenta nas suas relações com o terceiro contraente. Mitteis aceita, igualmente, e em determinados casos, o carácter decisivo da atitude externa do declarante. Isto apenas, porém, em virtude do terceiro dever estar habilitado a confiar na existência de uma vontade tal como esta lhe é declarada. Nestes termos, e na exacta medida reclamada pela da protecção da confiança do terceiro − e tão-só nessa medida − se, por exemplo, o intermediário declarar ser dele a vontade de decisão, quando na verdade corresponde a um simples veículo de transmissão, o representado não poderá alegar a circunstância de, na verdade, a vontade de contratar ser a dele − tudo com a consequente irrelevância dos vícios e do conhecimento do *dominus*. Por isso, apenas naqueles casos nos quais a prevalência da situação real pudesse acarretar deveres para o terceiro os quais não surgiriam na sequência da aceitação do comportamento exterior deverá a primeira dar lugar à segunda. Por exemplo: a) o auxiliar comporta-se como dotado de autonomia para decidir. Contudo, recebeu um mandato extremamente preciso para celebrar um contrato de compra e venda do cavalo X. O auxiliar sabe padecer o animal de um vício grave. O *dominus* ignora-o. Com a aquisição do equino o principal sofre um dano, o qual, de acordo com os princípios estritos de relevância da vontade admitidos por Mitteis, o habilitaria a demandar o vendedor. O seu desejo era, na realidade, o de comprar um cavalo sem defeitos. De facto as coisas apresentam-se, contudo, e segundo o autor, de outra forma. O vendedor pode ter investido na circunstância de o representante conhecer o vício e, por isso mesmo, não ter expressamente chamado a atenção para a circunstância, como o faria noutras circunstâncias; b) o auxiliar ou intermediário desprovido de vontade conhece o vício de determinado cavalo. O dono do negócio ignora uma vez mais o defeito. Em princípio poderia ser deduzida contra o devedor a acção redibitória. Contudo, e dado o auxiliar ter exteriormente actuado como representante dotado de liberdade para decidir, ao vendedor será lícito sustentar, perante o conhecimento do declarante, não ser responsável pelo vício; c) o representante tem, de facto, autonomia para decidir determinados aspectos do negócio representativo mas declara tudo ter sido estipulado ou ordenado pelo principal. Nesse caso, um eventual erro do representante poderá não relevar. O terceiro contraente transportou a declaração para o espírito ou *animus* do dono do negócio, e apenas um possível erro deste será oponível. Se o procurador tiver poderes para comprar o cavalo X ou Y e toma um pelo outro a compra é, no entender de Mitteis, válida. Isto, mesmo sabendo-se que a vontade real do representante era por hipótese a de comprar realmente o cavalo Y do qual tinha muito boas referências e não o X. Se o procurador estivesse disposto a pagar 200 pelo X, embora não tivesse a mesma intenção se comprasse o cavalo Y, o único aspecto relevante é o de saber se o *procurador* tinha, ou não, poderes de representação para pagar os duzentos. O erro do representante é, pois, nestas circunstâncias irrelevante. Onde não intervém, porém, a necessidade de tutela da confiança do terceiro volta a valer, segundo Mitteis, o princípio da vontade real. Convém, contudo, referir, como, atendendo ao facto, referido *supra* no texto, de Mitteis ter admitido três hipóteses diferentes quanto à estrutura do negócio representativo − uma na qual tudo é determinado pelo representante, outra em que o alvedrio do representado é o único aspecto decisivo; e, por último, uma terceira de colaboração entre a vontade do dono do negócio e a do *procurador* − ser possível obter diversas combinações nas quais o problema do desvio do comportamento exterior do auxiliar relativamente à situação real se põe. Assim: a) o representante carece de vontade e actua como núncio. Neste caso não há desvio. Tudo se deve aferir exclusivamente em função da vontade do *dominus*; b) o representante não tem vontade própria mas actua como se lhe tivesse sido concedida autonomia. A vontade relevante é a do *dominus* em todos aqueles casos em que o terceiro não estiver justificado, por não ter nisso interesse digno a invocar a pessoa do declarante;

Em grande parte a construção de MITTEIS baseia-se na negação de uma categórica distinção entre as figuras do núncio e do representante, tal como pretendida pela «teoria da representação»[2112].

Segundo ele, em vez de se perguntar se, e em que medida, o *nuntius* e o representante são figuras aparentadas, a *Repräsentationstheorie* parte, imediata e aprioristicamente, da posição segundo a qual as figuras em referência seriam entre si antagónicas para, com base em semelhante conclusão, fixar o conceito de representação: representante é aquele que não é núncio. Consequentemente, o representante é definido como aquele que, no plano externo, aparece dotado de autonomia para tomar decisões em nome do principal[2113]. Isto, pelo

_____

c) o querer negocial encontra-se repartido entre *dominus* e *procurator*, este comporta-se, todavia, como simples núncio. Aqui o negócio é de considerar como resultado de duas vontades. Contudo, em determinadas circunstâncias o terceiro poderá opor-se, com sucesso, à pretensão de se fazer apelo ao alvedrio do representante; d) a vontade contratual encontra-se, novamente, repartida entre o principal e o procurador. O representante actua como se dotado de autonomia total. Mais uma vez o negócio é de ponderar em função dos dois momentos volitivos que se encontram na respectiva base. Porém, o terceiro deve, também em certos contextos, poder invocar o facto de ter confiado exclusivamente na vontade do representante; e) o *procurator* goza de total autonomia para celebrar o negócio representativo mas age como se de simples mensageiro se tratasse. A estrutura do acto por ele realizado reduz-se à sua vontade, única relevante para apurar da eficácia e validade da situação jurídica criada. A necessidade de protecção do terceiro poderá, no entanto, e uma vez mais, levar a considerar apenas a pessoa do *dominus*; f) o representante goza de autonomia para realizar o negócio representativo e declara isso mesmo. Neste caso, será sempre, e apenas, a pessoa do representante o ponto de referência para determinar a validade ou eficácia do acto. Finalmente, outra hipótese de correcção dos princípios gerais admitidos por Mitteis é, a já referida situação do duplo engano, por parte do representante dotado de autonomia, mas que não afecta em nada o interesse do principal. Conforme se verá *infra* na Parte II, no parágrafo dedicado ao estudo da relevância das instruções dadas à margem da procuração, não nos parece que estas correcções feitas por Mitteis à respectiva tese tenham qualquer tipo de fundamento. Quando muito em determinadas hipóteses nas quais o terceiro esteja convencido de que o representante tem uma margem de decisão mais ampla de quanto realmente possui poderá, se estiverem reunidos os respectivos pressupostos, considerar-se a existência de uma procuração aparente, mas apenas nessa medida (a respeito dos contornos e limites de admissibilidade da procuração aparente v., *infra*). Para uma crítica a este aspecto da construção de Mitteis v., *infra*, Parte II, Cap. VI.

[2112] Mitteis, *Die Lehre...*, pp. 128 e ss..

[2113] A aferição sobre se de um núncio se trata, ou ao invés de um representante, exclusivamente em função da forma como se comporta exteriormente o agente é, conforme salientado pelo próprio Mitteis, *Die Lehre...*, p. 130, um resultado perfeitamente coerente com as premissas nas quais assenta a *Repräsentationstheorie*. Senão vejamos. Para a «teoria de representação» os encargos e instruções internas, transmitidos pelo dono do negócio ao representante, são irrelevantes perante o terceiro. O que conta são apenas os poderes conferidos tal como surgem na sua aparência exterior. Ao colocar-se, porém, o peso não na autonomia interna ou real do representante, mas sim no seu autónomo procedimento exterior do procurador, ia apenas um consequente passo até se afirmar que o conceito de *nuntius* dependia, também ele, exclusivamente de procedimentos exteriores (assim se pronunciavam, por exemplo, Laband, *Die Stellvertretung...*, in *Zeitschrift...*, X, p. 190, o qual admite perfeitamente a possibilidade de alguém receber um encargo para celebrar um negócio absolutamente determinado até ao mais ínfimo detalhe e, ainda assim, continuar a ser considerado como representante; Schliemann, *Beiträge...*, in *Zeitschrift...*, XVI, pp. 15 e ss., em

simples facto de o *nuntius* romano não poder actuar exteriormente como dotado de um espaço de liberdade próprio – porquanto *alteri, emere, vendere pp. nemo potest* – devendo o seu moderno contraponto beneficiar precisamente desse espaço[2114]. Tudo, independentemente de o procurador ter sido incumbido da prática de actos em nome do *dominus* na sequência de um mandato especialíssimo ou de, ao invés, gozar de uma procuração geral. Na perspectiva da «teoria da representação», o núncio poderia ter influência na determinação do conteúdo do contrato, e mesmo na questão sobre se se iria ou não celebrar o negócio. Em contrapartida, o representante seria susceptível de se encontrar, totalmente, manietado, sem, por isso, perder essa sua qualidade, desde que externamente parecesse ser ele quem decide. O *Willensprinzip* (princípio da vontade) é, porém, assim, e segundo MITTEIS, pura e simplesmente deitado borda fora[2115], em nome de uma pretensa necessidade de coincidência entre a vontade e a declaração que a exterioriza – mesmo que semelhante coincidência se venha a revelar, afinal, meramente formal.

Bem vistas as coisas, no entender de MITTEIS, constata-se como o *nuntius* – com o sentido que lhe era dado pelas antigas doutrinas anteriores à *Repräsentationstheorie* – é na realidade uma espécie particular do género representante na celebração de negócios jurídicos[2116]. Ele situa-se precisamente ao mesmo nível das outras modalidades do género representação, com a simples diferença de que neste caso – o do núncio – o representante se encontra desprovido de uma vontade negocial *in concreto* e essa ausência volitiva se manifesta, por norma, exteriormente. As funções do representante aparecem, assim, suavizadas da forma mais ampla possível. O núncio configuraria, nesta visão, o ponto terminal de uma ampla série de representantes com protagonismo regressivo, mas faria ainda parte da série[2117]. A única diferença

---

especial p. 17, onde o autor afirma expressamente «*o conceito de núncio não é excluído pelo facto deste ter mandato para criar a vontade contratual do mandante, ou para dar à vontade contratual geral do mesmo a necessária precisão. (...) Quem em relação com um terceiro aparece como representante de outrem apenas em relação à vontade é um núncio*»). Relevante passa a ser não já a existência, ou inexistência, de um mandato especialíssimo mas apenas o modo como a declaração é proferida. Daí que se tenha começado a ver um núncio, com todas as consequências jurídicas daí advenientes, naqueles casos em que alguém estava legitimado, em função não de um encargo bem delimitado mas antes de um mandato geral, a declarar tudo quanto assim o entendesse como correspondente à vontade principal formada do principal.

[2114] *Idem*, pp. 129 e 130.

[2115] *Idem*, p. 130.

[2116] Mitteis, *Die Lehre...*, p. 131.

[2117] Mitteis, *Die Lehre...*, pp. 112, nota (122) e 131, sustenta, ainda a tese segundo a qual apesar de se encontrar despojado de uma vontade concreta de conteúdo negocial isso não significa que o núncio careça de toda e qualquer tipo de vontade. Mesmo quando não se ocupa do conteúdo do contrato o *nuntius* tem, no entanto, uma vontade e uma actuação: a saber, a vontade da declaração. Nessa medida o núncio é, conscientemente, co-criador do negócio jurídico. Ele

entre ele e o moderno representante reside, no dizer de MITTEIS, numa simples razão de carácter histórico: quanto faz do *nuntius* uma figura de tão grande destaque é a circunstância de ela ser, desde tempos bastante remotos, amplamente conhecida pelo direito romano. O núncio surge assim como o irmão mais velho do representante, em torno do qual tantas dúvidas se suscitaram na interpretação das fontes romanas[2118].

III – Atendendo à circunstância de, para ele, o negócio representativo surgir como o fruto da colaboração entre as vontades do representante e do representado, MITTEIS nega, naturalmente, a posição sustentada pela *Repräsentationstheorie* segundo a qual a procuração seria um negócio unilateral, completamente exterior ao negócio representativo, e cujo significado é, tão-só, o de permitir a vinculação do *dominus*[2119]. Ou se se preferir, a tese que vê na procuração e nos poderes de representação apenas instrumentos para determinar o «se» do negócio – realizado pelo *procurator* – mas não já o respectivo conteúdo.

Na verdade, para MITTEIS os poderes de representação queridos pelo representado são o fruto de um acto do principal, o qual está em estreito contacto com o negócio celebrado no uso da procuração. Na sua construção do fenómeno representativo, o negócio concluído pelo representante baseia-se em duas declarações de vontade. A saber:

---

quer transmitir o negócio jurídico através da sua declaração de vontade. Trata-se de um ponto de vista, aliás, completamente ignorado ou descartado pela doutrina que, directa ou indirectamente, tem analisado e criticado a construção de Mitteis. O que até parece poder compreender-se atenta, à primeira vista, a enorme fraqueza deste aspecto da tese do autor austríaco. A construção de Mitteis deixaria de fora aqueles casos nos quais o núncio se limita a transmitir uma mensagem escrita ou gravada da qual não tem qualquer consciência. No entanto, e face ao teor do disposto no artigo 250.º do Código Civil julgamos que a solução deve ser mais aprofundada. De acordo com este preceito «*a declaração negocial inexactamente transmitida por quem seja incumbido da transmissão pode ser anulada nos termos do artigo 247.º*». Nos casos nos quais a vontade negocial é transmitida por escrito ou por gravação, com recurso a um mensageiro, a incumbência conferida a este último não é, como refere o artigo 250.º do Código Civil, de transmitir uma declaração negocial mas, antes, de transportar um objecto – carta, telegrama, fita gravada, etc. – cujo significado ignorará na maioria das situações. A letra do artigo 250.º não parece consentir a sua aplicação a hipóteses deste último tipo, parecendo, assim, e à semelhança de quanto faz Mitteis, distinguir a nunciatura com, pelo menos, consciência e vontade de emitir uma declaração daquelas outras hipóteses em que a vontade e consciência – se de vontade e consciência se pode falar nesses casos – se reduzem ao facto de se ser portador de algo. A referência a esta vontade de declaração por parte do núncio pode, no entender de Mitteis, não ser despicienda.

[2118] Mitteis, *Die Lehre...*, p. 132.
[2119] Mitteis, *Die Lehre...*, p. 183.

uma do *procurator* e outra do representado[2120]. Esta declaração de vontade do principal é, de um lado, o factor que empresta à actuação do representante eficácia perante o *dominus*. É ela a *Vollmacht*. Do outro, porém, a declaração do dono do negócio influencia, também ela, directamente o tipo de efeitos que o negócio jurídico irá produzir. Quer dizer: na opinião de MITTEIS a vontade de representação sentida pelo principal manifesta-se e assume significado a dois níveis. Em primeiro, no tocante ao «se» da existência dos poderes de representação – se foram na verdade conferidos; se eles são ou não revogáveis, etc.. Em segundo lugar, no âmbito da questão da relevância do conteúdo de vontade da *Vollmacht* na apreciação do negócio representativo, tal como se tornará eficaz para o representado[2121, 2122]. Neste último contexto MITTEIS não tem dúvidas em colocar em crise a triunfal doutrina da abstracção da procuração e em afirmar: «*É claro que para nós, que consideramos a vontade do principal também para os efeitos do negócio jurídico, também tem significado se este concedeu para a celebração do negócio um mandato ou uma simples autorização, que, por conseguinte, podemos reconhecer o conceito de mandato como utilizável no domínio da representação.*»[2123]

IV – A doutrina de MITTEIS foi sujeita a severas críticas por parte dos mais diversos quadrantes[2124]. Entre elas conta-se o facto de

---

[2120] *Idem*, p. 182.

[2121] A tese de Mitteis apresenta, assim algumas afinidades com a construção de Thöl. Em ambas se admite a relevância do contributo quer do representante quer do representado na celebração do negócio representativo. Porém, enquanto Thöl considera existirem dois negócios distintos com o terceiro – sendo um deles concluído pelo principal – para Mitteis não existe senão um único negócio celebrado simultaneamente pelo representante e pelo representado perante o terceiro.

[2122] *Idem*, p. 183.

[2123] *Idem*, p. 184.

[2124] Na verdade, a doutrina de Mitteis não mereceria apenas reparos por parte dos defensores da *Repräsentationstheorie*. Schlossmann, *Die Lehre von der Stellvertretung...*, I, pp. 102 e 103, por exemplo, censurar-lhe-ia o facto de, quando confrontada com as restantes tentativas de explicação do fenómeno representativo, apenas se distinguir destas por repartir o negócio – celebrado com o terceiro – entre a vontade do representante e representado. Contudo, para Schlossmann, seria impossível imputar a produção dos efeitos representativos a qualquer vontade (cfr., *infra*). Tudo decorreria da lei. Dizer que para haver representação têm de existir poderes representativos conferidos pela vontade do *dominus* – com a qual actuação do representante e terceiro têm de se conformar sob pena de ineficácia do negócio – seria uma afirmação desprovida de todo e qualquer sentido. A ser assim como se resolveriam os casos de procuração com poderes gerais? Se no quadro de semelhante procuração o representante praticar actos, afinal, ruinosos para o *dominus* ainda se poderá dizer caberem eles dentro da vontade do principal ou terem sido por ele queridos? Querer significa desejar. Poder-se-á dizer ter o representado desejado ficar vinculado a um negócio desastroso? A resposta seria, para Schlossmann, obviamente negativa. Mas a verdade, porém, é que, para além de baseada num aparatoso jogo de palavras, a argumentação desenvolvida por Schlossmann prova em demasia. Se não se pudesse falar em vontade do representado a propósito de negócios prejudiciais ou desastrosos celebrados pelo *procurator*, a mesma impossibilidade existiria em se considerar uma vontade na celebração, pelo próprio, de todos os negócios ruinosos. Teria, assim, de se aceitar uma concepção puramente objectivista ou normativista do negócio jurídico (como pretende aliás Schlossmann [cfr., *infra*]; só que, neste passo do seu raciocínio, o Professor de Kiel havia já aberto mão da sua concepção antivoluntarista do negócio jurídico, como forma de provar a independência dos vários argumentos susceptíveis de serem aduzidos contra as teses para as quais o fenómeno representativo assentaria na vontade dos intervenientes). Apesar de não faltarem na nossa doutrina posições que, ultrapassando inclusivamente na regulamentação do negócio jurídico, a pretensão de atribuição de um valor máximo à confiança do declaratário – e de fazerem, desse modo, da declaração negocial um acto exterior, objectivado e social – parecem pretender assentar a autonomia privada em aspectos puramente funcionais (assim, Mota Pinto, *Cessão...*, pp. 259 e ss., nota (3), especialmente p. 261; numa orientação defendida na doutrina tudesca por Ludwig Raiser, *Vertragsfunktion und Vertragsfreiheit, in Hundert Jahre deutsches Rechtsleben. Festschrift zum Hundertjährigen Bestehen des deutschen Juristentages, 1860-1960*, I, Karlsruhe, 1960, pp. 101 e ss.); ou favoráveis a uma objectivação a declaração negocial em termos susceptíveis de comportar, ao menos em determinadas situações, a total ausência de correspondente interioridade (v., Manuel de Andrade, *Teoria...*, II, pp. 122 e ss.; e, se bem entendemos, Mota Pinto, *Teoria...*, pp. 416 e ss.. Cfr., ainda, quanto se escreve *infra* acerca da posição de Ferreira de Almeida, defensor de uma compreensão performativa para o negócio jurídico), a verdade reside na circunstância de uma visão funcional do negócio jurídico ou declarativista pura, que abdique da imputabilidade ao sujeito livre e consciente, da vontade dos efeitos jurídico-privados provocados, esbarrar com o artigo 246.º do Código Civil português ao exigir, de forma expressa e clara – numa disposição sem paralelo no *BGB* – para o desencadear de efeitos a consciência da declaração. Neste mesmo sentido v., Menezes Cordeiro, *Da boa fé...*, I, pp. 517 e ss., 643 e 645, onde o autor escreve: «*O legislador português cortou em frente de modo lapidar, assumindo a defesa completa da autonomia privada: o erro dá sempre lugar à anulação, desde que recaia sobre um elemento essencial constatável pela outra parte – artigo 247.º – e a consciência da declaração é exigida sob pena de não haver produção de quaisquer efeitos – artigo 246.º (...). Neste ponto como noutros, o recurso a contributos jusculturais estrangeiros deve ter em conta as especificidades do direito português*» (mas v., quanto o autor escreve no *Tratado...*, I, I, 2.ª ed., pp. 577 e 578) e II, p. 1085, local no qual – com adesão às posições expressas por Larenz, *Allgemeiner Teil...*, 5.ª ed., pp. 300 e ss., acusado por certa doutrina de algum objectivismo em excesso, mas sem por isso incorrer a nosso ver em qualquer tipo de contradição (v., a respeito da concepção negocial de Larenz e da respectiva *Geltungstheorie* [teoria da validade] – cuja origem remontaria a Bülow – Larenz, *Die Methode der Auslegung der Rechtsgeschäfte. Zugleich ein Beitrag zur Theorie der Willenserklärung*, Lípsia, 1930, pp. 34 e ss.; *Allgemeiner Teil...*, 7.ª ed., pp. 314 e ss.; 333 e ss.. A teoria da validade mereceria, designadamente, o sufrágio de Enneccerus-Nipperdey, *Allgemeiner Teil...*, I, II, p. 898; Soergel e Hefermehl, *Bürgerliches...*, I, comentário prévio ao § 116, pp. 675 e 674; Wieacker, *Die Methode der Auslegung des Rechtsgeschäfts, in Juristenzeitung,* 1967, pp. 387 e ss. – deste autor v., porém, e ainda *Willenserklärung und sozialtypisches Verhalten, in Göttinger Festschrift für das Oberlandesgericht Celle*, Gotinga, 1961, pp. 263 e ss., e designadamente, p. 279, obra na qual o autor procura associar o acto de compreensão da comunicação veiculado pelo negócio jurídico ao reconhecimento do pretendido e destarte desligar os efeitos jurídicos da vontade [para uma crítica desta tese v., Frotz, *Verkehrsschutz...*, pp. 412, nota (1008)]; e Canaris, *Die Vertrauenshaftung...*, p. 413. Entre nós, para uma recensão ou referência ao pensamento de Larenz nesta matéria pode ver-se, José Lamego, *Hermenêutica...*, pp. 69, 72 e 73; Carvalho Fernandes, *A conversão dos negócios jurídicos civis,* Lisboa,

1993, pp. 37 e ss.; e Paulo Mota Pinto, *Declaração...*, pp. 34 e ss., onde se põe em relevo a utilidade da *Geltungstheorie* para explicar o conteúdo ou sentido da declaração; o mecanismo dos efeitos produzidos. Trata-se de um modo de compreender a produção de efeitos – a relação entre o acto e os efeitos, ou se se preferir, o conteúdo normativo daquele. Ela responde, por isso, a um problema diverso do verdadeiramente posto pelo conflito teleológico pressuposto na polémica entre a teoria da vontade e a da declaração ou confiança. Se é possível sustentar que o dualismo vontade/ /declaração foi superado por uma construção a qual, considerando a declaração como um acto unitário, já não distingue a declaração de um elemento interno a exteriorizar, não deixa de ser certo continuar a poder distinguir-se no acto de validade assim encontrado um aspecto subjectivo e outro objectivo. O acto de pôr a valer tem o sentido pretendido pelo agente, ou aquele objectivamente retirado pelo destinatário? É na imputação da declaração operada por Larenz, *Die Methode der Auslegung...*, pp. 70 e ss.; Id., *Allgemeiner...*, 7.ª ed., pp. 354 e ss., onde a vertente objectivista aflora quando o jurista alemão prescinde para se poder falar de uma declaração de validade, de um elemento volitivo que alcance todo o conteúdo do acto) – Menezes Cordeiro afirma que «*a declaração negocial implica, por natureza, uma síntese entre a vontade e a comunicação* (...)»; Id., *Teoria...*, I, pp. 478 e ss., 486 e ss. e 574 e ss.; Id., *Tratado...*, I, I, pp. 243 e ss., 246 e ss., e 285; Id., *Idem*, 2.ª ed., pp. 297 e ss., 301 e ss. e 339. Nestas últimas obras, para além da história da recepção, entre nós, da figura do negócio jurídico (a questão da recepção do negócio jurídico no ordenamento jurídico português é, ainda, retomada, por Francisco Manuel Pereira Coelho, *Contrato – Evolução do conceito no direito português. Do «acordo entre duas ou mais pessoas em dar ou fazer uma cousa que lhes apraz (Melo Freire) ao actual negócio jurídico*, in *Boletim da Faculdade de Direito de Coimbra*, 1988, LXIV, pp. 233 e ss.; Carlos Ferreira de Almeida, *Texto...*, I, pp. 22 e ss., nota (74); Carvalho Fernandes, *A conversão...*, pp. 27 e ss.; e Paulo Mota Pinto, *Declaração...*, pp. 10 e ss., com profusão de dados. Acerca da origem dos termos *Rechtsgeschäft* (negócio jurídico) e *Willenserklärung* (declaração de vontade), v., por todos, na doutrina alemã, Flume, *Allgemeiner...*, II, *Das Rechtsgeschäft...*, pp. 28 e ss., enquanto entre nós se remete para Ferreira de Almeida, *Texto...*, I, pp. 15, nota (53), e p. 259, nota (1)) destaca-se como a partir dos estudos de Canaris, sobre a protecção da confiança (cfr., Canaris, *Die Vertrauenshaftung...*, *passim*, maxime pp. 412 e ss., 422, 440 e ss. e 451 e ss.. O autor separa e afasta do domínio jurídico negocial a protecção da confiança, como forma de defender a autonomia dogmática desta em relação à teoria do negócio jurídico, e considera que, no âmbito desta última, o valor básico é a actuação em autodeterminação, correspondente à autonomia privada. A vinculação em termos tais que fugissem à vontade do declarante, afigura-se, assim, como resultado da auto-responsabilidade do declarante como consequência dependente da autonomia – [cfr., também, Canaris, *Bewegliches System und Vertrauensschutz im rechtsgeschäftlichen Verkehr*, in *Das bewegliche System im geltenden und künftigen Recht*, publicado por Franz Bydlinski, Heinz Krejci, Bernd Schilcher, Victor Steiniger, Viena, Nova Iorque, 1986, pp. 102 e ss.]. V., igualmente, Flume, *Allgemeiner...*, II, *Das Rechtsgeschäft...*, pp. 59 e ss. e 113 e ss., autor, também ele, favorável à compreensão do negócio jurídico, e da declaração de vontade, como formas de autonomia, mostrando-se a auto-responsabilidade como *Korrelat* (correlato) da autodeterminação – cfr., do autor, igualmente no mesmo sentido, *Rechtsgeschäft...*, in *Hundert Jahre...*, I, pp. 159 e 160. Para um confronto entre a posição de Canaris e a de Flume v., Litterer, *Vertragsfolgen ohne Vertrag*, Berlim, 1979, pp. 16 e ss., maxime pp. 19 e 20. Cfr., também, pp. 151 e ss., páginas estas últimas onde Litterer manifesta as maiores reservas perante as tentativas de objectivação do conceito de negócio jurídico, designadamente, face a adulteração do princípio da autonomia privada por elas provocada) as orientações «objectivistas» no domínio das declarações da vontade não mais devem ser acolhidas: representariam um retrocesso científico (do Ilustre Mestre de Lisboa v., ainda, *Teoria...*, II (1987), p. 313; e Id., *Parecer [cisão/fusão/disposição de activos da universalidade a cindir e a posteriormente fundir]*, inédito, Lisboa, 2 de Agosto de 1999, pp. 20 e ss.,

não proporcionar uma visão unitária do fenómeno da representação voluntária e da representação legal[2125]. A ser verdadeira a crítica nada provaria, porquanto está por demonstrar a absoluta necessidade de se subsumir o momento representativo baseado na vontade no mesmo

onde se sublinha como a interpretação negocial prossegue um momento de realização do Direito: a dominante juspositiva, logo social, impõe-se, destarte, em todo o seu percurso. Trata-se, todavia, duma área deixada, intencionalmente, pelo Direito, à autonomia privada, ou seja, à vontade das pessoas. Jogando-se a autonomia privada o sentido da declaração terá de ser sempre o correspondente à vontade do declarante; de outro modo, tudo será um logro, nada restando da sua autodeterminação [em sentido aproximado v., também, Heinrich Ewald Hörster, *A parte...*, p. 509; Oliveira Ascensão, *Direito civil...*, II, p. 168]. Para evitar o arbítrio de outro modo susceptível de se instalar basta fazer intervir o princípio da tutela da confiança: «*"o negócio jurídico" que se mantenha sem vontade real não é já um um verdadeiro negócio mas, antes, uma manifestação de confiança tutelada; tal tutela exige, desde logo, toda uma série de dispositivos legais que a facultem e que se não confundem com a autonomia privada*»). Cfr., também, Castro Mendes, *Teoria...*, II, p. 180, para quem o artigo 236.º, n.º 2, do Código Civil mostra como a vontade real do declarante é, pelo menos, sempre que possível, a determinante dos efeitos jurídicos; e Oliveira Ascensão, *Teoria...*, III, pp. 3 e ss., 13 e ss., 43 e 81 e ss., segundo o qual as teses favoráveis à recondução da declaração negocial a simples pressuposto de uma norma jurídica correspondem a posições positivistas, para as quais as pessoas ou acções não têm nenhum significado para além do atribuído por um preceito normativo. O negócio jurídico deve pois conceber-se como uma acção, no qual se mantém, por isso o recurso à ideia de intenção; Id., *Direito civil...*, II, pp. 7 e ss., 14 e ss., 68 e ss., 96 e ss., 165 e ss. (onde se considera, designadamente, ter a lei adoptado, em sede de interpretação, uma posição mista, na qual o elemento subjectivo é preponderante). V., ainda, de forma favorável à essencialidade do consenso no contrato, Carneiro da Frada, *Contrato...*, pp. 22 e ss., e 60 e ss., especialmente pp. 66 e 68; Id., *Teoria da confiança e responsabilidade civil*, Lisboa, 2001, pp. 50 e ss.; Raúl Guichard, *O problema...*, pp. 59 e ss., nota (175); Joaquim de Sousa Ribeiro, *O problema do contrato. As cláusulas contratuais gerais e o princípio da liberdade contratual*, Coimbra, 1999, *passim*, e designadamente, pp. 13, 14 e 15, 45, 54, 71, autor este que, apesar de afirmar um corte epistemológico com a construção do contrato apenas segundo o «modelo do consenso» não prescinde, se bem vimos, desse mesmo modelo; Antunes Varela, *Das obrigações...*, I, pp. 216 e ss., sem, todavia, deixar de afirmar como para a moderna doutrina do contrato o mútuo consenso não se refere à vontade dos contraentes como fenómeno psicológico mas às declarações de vontade como actos jurídicos. Antes da entrada em vigor do actual Código Civil, pode ver-se na defesa segundo a qual a vontade corresponde à alma do negócio jurídico reconduzindo-se as limitações a esse princípio às ideias de responsabilidade e da confiança em atenção à tutela da boa fé do declaratário, Ferrer Correia, *Valor do acto realizado por dementes antes de instaurada a acção de interdição*, in *Revista dos Tribunais*, 1954, Ano 72.º, pp. 290 e ss., 291. No sentido segundo o qual a consensualidade da procuração corresponde a um princípio jurídico v., Canaris, *Pensamento...*, p. 89. De consenso fala também Baptista Machado, *A cláusula do razoável*, in *Obra Dispersa*, I, pp. 520 e ss.. Mesmo assim, e por exemplo em Itália, pode ver-se, a título exemplificativo, na direcção segundo a qual a aceitação não é parte essencial na estrutura de todo o negócio jurídico, Gino Gorla, *Il dogma del «consenso» o «accordo» e la formazione del contratto di mandato gratuito nel diritto continentale*, in *Rivista del Diritto Civile*, 1956, pp. 923 e ss.. Um amplo debate sobre a relevância da vontade no negócio jurídico foi, ultimamente, levado a cabo, entre nós, por Ferreira de Almeida, *Texto...*, I, II, e III, *per totum* (a propósito da posição deste autor cfr., quanto se escreve *infra* nota (2270)), e Paulo Mota Pinto, *Declaração...*, *passim*, maxime pp. 157 e ss., com extensas referências bibliográficas quer relativas à doutrina nacional quer a propósito da literatura jurídica estrangeira.

[2125] Assim, e a título simplesmente ilustrativo, Everding, *Die dogmengeschichtliche...*, p. 85.

quadro no qual se insere a *repraesentatio* de cariz não autónomo. Julgamos, porém, dever-se o reparo, exclusivamente, a uma deficiente leitura das posições expressas por MITTEIS[2126]. Na verdade, o autor procura, expressamente, salvaguardar uma compreensão da representação por forma a abranger simultaneamente a legal e a voluntária. Tal como a declaração do principal é considerada como um elemento do negócio representativo, também a determinação da lei, a concessão de determinada função, etc., são vistas por MITTEIS como aspectos do acto realizado pelo principal. Na representação legal não é possível descobrir nunca uma vontade concreta por parte do representado e, por conseguinte, a apreciação do negócio representativo deve fazer-se, no tocante à vontade, exclusivamente, na pessoa do representante. Isso não impedirá, porém, de ver em todo o processo que vai da lei à celebração do negócio por parte do *procurator* uma *fattispecie* unitária[2127].

Não merece, a nosso ver, melhor sorte a observação segundo a qual a teoria da divisão da vontade de MITTEIS traz consigo uma consequência em claro contraste com os princípios fundamentais da teoria do negócio jurídico. Princípios fundamentais os quais obstariam à admissibilidade de uma vontade negocial que determina o conteúdo mas não o declara, e de uma vontade que declara o conteúdo mas não o quer[2128]. Em nosso entender não existe, porém, nada na doutrina do negócio jurídico susceptível de impedir alguém de declarar uma vontade querida por outrem. Prova-o, desde logo a figura do núncio.

Mais pertinente parece a crítica segundo a qual a construção de MITTEIS apenas atribuiria relevo à vontade concretizadora dos vários aspectos do negócio jurídico – seja ela do representante ou represen-

---

[2126] Cfr., Mitteis, *Die Lehre*..., pp. 184 e 185.

[2127] Trata-se, aliás, de uma solução à qual as novas vertentes metodológicas e as novas formas de encarar a aplicação do direito e respectivo momento ontológico vieram, de resto, emprestar acrescida credibilidade.

[2128] Assim, expressamente, Mosco, *La rappresentanza*..., p. 127. Cfr., também, Nattini, *Dottrina*..., p. 41, o qual escreve com referência à tese de Mitteis da divisão da vontade *«no caso de procuração da qual apenas alguns elementos são especializados encontramo-nos diante de uma figura estranha: um negócio jurídico realizado nalgumas das suas partes pelo representante e em algumas outras pelo representado».* Na literatura jurídica tudesca cfr., a título exemplificativo, Schilken, *Wissenszurechnung*..., p. 21. Entre nós este tipo de críticas à teoria de Mitteis é feito, por exemplo, por Raúl Guichard, *O problema*..., p. 15; Helena Mota, *Do abuso de representação*..., p. 45. Numa linha completamente divergente afirmando precisamente a possibilidade de separação entre a vontade e a declaração v. Beuthien, *Zur Theorie der Stellvertretung*..., in *Festschrift*..., pp. 1 e ss., apesar de valorar a declaração do representante como sendo do representado (cuide-se, todavia, de esclarecer nada ter a posição de Beuthien nem que ver com a teoria da representação nem com qualquer forma de ficção).

tado – deixando completamente na sombra a *voluntas* que pretende e valida o conteúdo negocial mas não o determina. Embora não seja aduzido pela doutrina relativamente aos casos de procuração generalíssima na qual se não possa sequer falar de divisão extensiva da vontade[2129], julgamos colher o reparo, sobretudo, nestes casos: o autor

---

[2129] Na verdade a crítica é feita, sim, com referência àqueles casos de existência de uma procuração especialíssima na qual se esgotem todos os poderes do representante, para sublinhar como a posição de Mitteis levaria, neste caso, a equiparar o *procurator* a um simples núncio (cfr., por todos, Hupka, *Die Vollmacht...*, pp. 37 e 38). E é feita para impugnar a observação de Mitteis segundo a qual nos casos de poderes especialíssimos, com divisão intensiva da vontade entre procurador e principal, o representante tem pelo menos a vontade de proporcionar a declaração. A mesma vontade tem, por exemplo, o telegrafista ou o amanuense não sendo, no entanto, possível atribuir-lhes uma participação jurídica na declaração por eles formulada. Mas a objecção não colhe. Se se revelasse impossível dizer que, nos casos de divisão intensiva da vontade entre o *dominus* e o *procurator*, este último deseja tudo quanto o dono do negócio igualmente pretende e determinou, então, nesse caso, também não seria possível à «teoria da representação» afirmar, como faz, por exemplo, Laband, *Die Stellvertretung...*, in *Zeitschrift...*, X, pp. 190, a tese de acordo com a qual quando alguém recebe um encargo para celebrar um negócio absolutamente determinado até ao mais ínfimo detalhe pode, ainda assim, continuar a ser considerado como representante, conquanto pareça ser sua a decisão final. A questão está, pois, em saber se não é, ainda, possível atribuir ao núncio – ao menos em determinados casos – uma quota-parte da responsabilidade pelo negócio. Ou ainda, e eventualmente, estabelecer distinções dentro da categoria do núncio, consoante este tenha ou não consciência de estar a emitir uma declaração negocial, e não em negar a possibilidade da respectiva consciência, e sua relevância jurídica, pelo facto de o telegrafista também a poder ter. De resto, não há sequer motivo para o telegrafista, ou amanuense, não ser ele também, em determinadas situações, um representante. A questão não está nas funções exercidas, mas no grau de intervenção assumido no respectivo desempenho. O trabalho de um telegrafista pode ser mecânico, sem qualquer conhecimento ou possibilidade de conhecimento do facto de estar a transmitir uma declaração negocial, mesmo quando, eventualmente, conhecedor do conteúdo da mensagem. É, ao invés, possível haver a convicção de se ter sido incumbido da transmissão de uma declaração negocial mesmo quando se desconhece a totalidade do seu significado ou repercussões. Pode por último, e não obstante ter-lhe sido ditada a mensagem a transmitir, surgir com algum campo de autonomia, designadamente, quanto ao momento ou oportunidade do envio. Tomemos as seguintes hipóteses: a) um dactilógrafo passa à máquina de forma mecânica um manuscrito sem perceber, ou pretender entender, o respectivo conteúdo; b) uma secretária dactilografa um texto procurando perceber o sentido, corrigindo omissões e *lapsus*; c) um revisor profissional, pertencente aos quadros de determinada editora, revê o texto dado para impressão detectando gralhas, melhorando não apenas o grafismo mas também o estilo literário, assinalando deficiências, repetições, erros, etc.. Em todos estes casos o grau de intervenção material, de criatividade, e de responsabilidade, por parte dos auxiliares é, manifestamente, diverso. Não o poderá ser também do ponto de vista jurídico? O sentido da resposta tornar-se-á, porventura, mais claro se nos perguntarmos se, por exemplo, um carteiro, ao transportar envelopes fechados, se pode considerar como núncio nos termos e para efeitos do artigo 250.º do Código Civil. Parece que não. A sua incumbência não é a de transmitir uma declaração negocial, mas, antes, a de transportar uma epístola ou volume. E, não obstante, não comportarão muitas das cartas ou volumes verdadeiras declarações negociais? Não pressuporá, assim, a categoria do núncio não apenas o encargo de transmitir uma declaração negocial, mas, igualmente, que esse encargo seja dado com ligação ou referência a uma concreta declaração? Ou ao menos a possibilidade de se distinguir, dentro da nunciatura, hipóteses de transmissão de declaração sem consciência ou ligação a uma

de uma *procuratio* de características genéricas apenas fornece a base de justificação do negócio representativo mas não determina o respectivo conteúdo. Nessa medida, o dono do negócio é excluído, por MITTEIS, da *fattispecie* constituída pelo acto celebrado pelo *procurator*. Ora isso não nos parece aceitável. A ser assim, e pelo menos nas hipóteses particulares de procuração com poderes gerais, o progresso relativamente à teoria da representação não seria grande, para já não dizer nenhum. Quanto à observação, tantas vezes repetida, segundo a qual a construção de MITTEIS não poderia ser aceite por degradar o representante investido de procuração especialíssima a simples núncio, julgamos não ter qualquer razão de ser. E não tem razão de ser por vários motivos. Em primeiro lugar, por não corresponder exactamente a quanto, na opinião de MITTEIS, sucede nos casos de divisão intensiva da vontade[2130]. Em segundo lugar, porque naquelas situações nas quais o representante não goza de facto de autonomia negocial não parece, em nosso entender, sequer possível considerá-lo outra coisa para além de um simples núncio[2131].

Na verdade, e não obstante o peso esmagador da «teoria da representação» as teses de MITTEIS granjeariam, pela pertinência de muitos dos seus desenvolvimentos não apenas importantes adesões ao nível da doutrina[2132] como parecem ter exercido, também, uma influência

---

particular declaração, e situações nas quais a transmissão vai claramente aferida a uma declaração negocial?

[2130] Ou seja, naqueles casos de concessão de uma procuração com poderes especiais mas em que se deixa ao critério do representante o «se» do negócio representativo.

[2131] Assim, também, na literatura jurídica italiana, Natoli, *La rappresentanza, cit.*, p. 91; Papanti-Pelletier, *Rappresentanza...*, pp. 160 e ss.; Mirabelli, *Dei contratti...*, comentário aos artigos 1389-1391, p. 369; entre nós v., Castro Mendes, *Teoria...*, II, p. 277; e, segundo nos parece, Oliveira Ascensão, *Teoria...*, III, pp. 299 a 302. São as seguintes as palavras do Mestre: «(...) *na medida em que a representação estiver injuntivamente determinada, há que atender à vontade do representado. O que é lógico, porque o representante só é agente no espaço de autonomia que lhe for deixado». Para acrescentar depois: «Núncio é o mero transmissor de uma vontade. Ele deve apenas reproduzir uma vontade totalmente formada do autor do negócio. Nessa hipótese, o acto é do mandante. O exemplo mais claro surge-nos no impropriamente chamado "casamento por procuração" (arts. 1616, 1620 e 1621). Na realidade, não há casamento por procuração. O procurador é um simples núncio, que declara a vontade do nubente, mas não é autor do acto (...). Fora deste caso discute-se se pode haver núncios, observando-se que a procuração pode ser dada em termos vinculativos para o representante. De facto, enquanto houver um elemento de autonomia, há representação. Mas se a posição do agente for totalmente vinculada, a representação cessa. Em consequência, o acto não se lhe pode atribuir mais. Deixa de se aplicar o artigo 259 (...) pelo que os vícios são de procurar no outorgante e não no agente*»; e Id., *Direito civil...*, II, pp. 216 e 217.

[2132] Neste sentido, ou em direcções equivalentes ou aproximadas, pode ver-se, na Alemanha, Dernburg, *Pandekten, cit.*, I, pp. 273 e 274 e nota (11), (autor este, todavia, muitas vezes acusado de cair, pelas modificações operadas à construção de Mitteis, na *Geschäftsherrntheorie*; Lenel, *Stellvertretung...*, in *Jhering's...*, XXXVI, pp. 13 e ss. (não é obviamente verdadeira a afirmação

determinante nas codificações modernas e designadamente no *BGB*[2133], em particular no § 166, II.

---

proferida por Papanti-Pelletier, *Rappresentanza...*, p. 4, nota [7], segundo a qual teria sido Lenel, depois seguido por Mitteis, o primeiro a formular a teoria da cooperação de vontades entre representante e representado. A obra na qual Mitteis sustenta a tese da divisão de vontades entre o *procurator* e o *dominus* data de 1885. Enquanto isso, o escrito de Lenel é de 1896. *Ergo*.... A tese de Mitteis encontrava isso sim, e designadamente, um antepassado remoto em *Cuiacius, Ad Africanum..., *Tract. 8, *ad l. cum mancipium 51. de aedil. Edict.* (in *Opera...*, I, edição citada, cols. 1307 e 1308), cujo ensinamento, por nós já anteriormente transcrito, ia no sentido segundo o qual se o *mandatum* fosse especialíssimo quem contraía era o *dominus*, nos outros casos era o mandatário); Crome, *System...*, I, p. 456, nota (21), para quem o futuro pertence à construção de Mitteis; Rosenberg, *Stellvertretung...*, pp. 252 e ss.; e Holländer, *Die Gewillkürte...*, pp. 19 e 20. V., igualmente, Dniestrzanski, *Die Aufträge...*, I, p. 84, autor segundo o qual o intérprete não se deve nem colocar exclusivamente na perspectiva unilateral do representado, nem na do representante. Ambos influenciam em conjunto o negócio jurídico. A isto há ainda que juntar, no dizer do autor, a consideração da pessoa do terceiro. Por isso, de acordo com Dniestrzanski, de entre as várias teorias sobre a representação aquela que maior aprovação merece é a de Mitteis. Isto apesar de este último se colocar numa perspectiva a que se poderá chamar de individual, enquanto para Dniestrzanski – e na esteira de Kohler – o negócio se deveria caracterizar em função dos fins sociais e da ordem jurídica, não em razão de vontades individuais; e Müller-Freienfels, *Die Vertretung..., passim.* Em Itália cfr., no mesmo sentido, e entre outros, Saggese, *La rappresentanza...*, pp. 48 e ss.; Papanti-Pelletier, *Rappresentanza...*, pp. 160 e ss.. Cfr., ainda, a favor da ideia de cooperação de vontades na formação do negócio representativo, mas numa linha com particularidades próprias, Pugliatti, *L'atto disposizione e il transferimento...*, in *Studi...*, pp. 22 e ss.; Id., *Idee...*, in *Studi...*, pp. 221 e ss.; Graziani, *La reppresentanza senza...*, in *Studi...* pp. 24 e ss.. V., por último os autores citados *infra* Parte II, Cap. VI, parágrafo 5, os quais admitem, em grande parte, a possibilidade de no negócio representativo se assistir a uma divisão de vontades entre o representante e o representado. Alguns deles procuram, todavia, atenuar a relevância dessa divisão de vontades subordinando a sua eficácia perante terceiros à necessidade de tutela da confiança depositada pelo *tertius* na circunstância de ter sido o representado a formar a vontade de celebração do negócio representativo. Na literatura jurídica portuguesa v., em favor da teoria da cooperação de vontades, ainda durante a vigência do Código de Seabra, as citações contidas *infra* (Parte I, Cap. VI) e, enquanto no domínio do Código Civil actual se podem encontrar referências bibliográficas *infra* Parte II, Cap. VI, parágrafo 5.

[2133] Assim, também, Mosco, *La rappresentanza...*, p. 124, embora num fenómeno quase nunca reconhecido pela doutrina a qual continua a ver nas diversas legislações europeias manifestações da teoria da representação. Cfr., ainda, e todavia, Hupka, *Die Vollmacht...*, p. VI, autor que, apesar de favorável à *Repräsentationstheorie*, não poupa elogios à construção de Mitteis. A este último caberia, nas palavras de Hupka – e não obstante as profundas e marcadas divergências de opinião existentes entre os dois autores – o imperecível mérito de ter admitido a divisão da vontade constitutiva do negócio jurídico entre o principal e o terceiro, pondo, destarte, em evidência a unilateralidade de visão da doutrina dominante ao atribuir todo o peso à pessoa do representado. Mais. Hupka considera só ter sido possível chegar à infeliz solução do § 164 do *BGB* pela circunstância de os seus redactores não terem atentado devidamente na ideia básica subjacente ao ensinamento de Mitteis. Aliás, depois dos vivos agradecimentos que lhe havia manifestado na sua primeira obra sobre o fenómeno representativo (cfr., Hupka, *Die Vollmacht...*, p. VIII), Hupka viria mesmo a dedicar o seu segundo estudo sobre esta mesma matéria (*Die Haftung..., per totum*) a Mitteis, de quem se afirmava discípulo.

3. – As reacções contra a autonomia integral do poder de representação e contra o dogma da abstracção da procuração

3.1. – A construção de SCHLOSSMANN

I – Mais do que por qualquer outro, a natureza autónoma da procuração seria impugnada, no virar do século XIX para o século XX – e já no âmbito de vigência do *BGB* cujas soluções o autor considera e pondera expressamente, não obstante a enorme atenção também dispensada ao direito romano – por SIEGMUND SCHLOSSMANN, um dos mais contestatários – ou revolucionários, como preferem alguns – juristas do seu tempo. Além de outros escritos de menor envergadura relativos à representação[2134], SCHLOSSMANN escreveria uma monumental obra, em dois volumes[2135], destinada a negar toda a elaboração dogmática de que o fenómeno representativo tinha sido objecto por parte da pandectística. O primeiro volume do trabalho seria dedicado ao combate da doutrina dominante em matéria de representação. O segundo tem natureza reconstrutiva e procura fundamentar uma nova aproximação científica ao fenómeno da representação[2136].

A forma como SCHLOSSMANN conduz o seu raciocínio, assim como as ideias por ele individualmente apresentadas mostram-se inovadoras. O mesmo não sucede, porém, com o núcleo fundamental em que SCHLOSSMANN se escuda o qual, após uma consideração mais

---

[2134] Cfr., Schlossmann, *Der Besitzerwerb...*, *per totum*; Id., *Per liberam personam...*, *per totum*; Id., *Das Kontrahiren mit offener Vollmacht*, edição especial de *Festgabe der Kieler Juristenfakultät zu Rudolf Von Jherings Fünfzigjährigem Doktorjubiläum*, Kiel e Lípsia, sem data, pp. 217 e ss., onde o autor debate a questão que consiste em saber se a concessão de uma *actio institoria* ou *quasi institoria* contra o *dominus* apenas poderia ter lugar quando fosse dada a conhecer, na celebração do contrato com o terceiro, a existência de um mandato, ou, ao invés, semelhante concessão apenas dependeria da circunstância de o *institor* ou o *magister navis* actuarem dentro do círculo de negócios imposto pelo principal. A opinião do autor vai, decididamente, no sentido do segundo termo da alternativa. Para uma análise da posição de Schlossmann a este respeito pode ver-se, por exemplo, Lenel, *Stellvertretung...*, in *Jhering's...*, XXXVI, pp. 131 e ss..

[2135] Schlossmann, *Die Lehre von der Stellvertretung...*, I e II.

[2136] Refira-se a circunstância de o segundo volume da obra de Schlossmann servir também para refutar algumas das críticas que lhe foram movidas no período que mediou entre o seu aparecimento e a publicação do primeiro. Designadamente Schlossmann procura refutar as tentativas de solidificação da teoria da representação conduzidas por Hupka, *Die Vollmacht...*, *passim*, especialmente pp. 23 e ss., onde o autor impugna a construção do Professor de Kiel, pp. 106 ss., 119 e ss., 380, 390 e 391 e ss.. Cfr., Schlossmann, *Die Lehre von der Stellvertretung...*, II, especialmente pp. 417 e ss. e 508 e ss..

pormenorizada, permite encontrar ideias já expressas por outros autores[2137]. Semelhante fenómeno não retira, todavia, à obra de SCHLOSSMANN a característica de um trabalho altamente criativo. Nele o Professor de Kiel move uma autêntica guerra à doutrina dominante, e em todas as suas frentes: no domínio da teoria da vontade[2138]; da protecção da confiança[2139]; da separação ou autonomização da representação relativamente ao negócio fundamental[2140]; da separação entre representação directa e indirecta[2141]; da distinção entre núncio e representante[2142]; e, finalmente, no tocante à própria consistência do conceito de procuração pelo autor considerada como uma criação puramente arbitrária[2143, 2144].

     A generalidade da doutrina de então procurava fundar a produção de efeitos representativos directos na vontade dos vários intervenientes e, designadamente, na do representado[2145]. Na representação indirecta, os efeitos produziam-se primeiro na esfera jurídica do mandatário, porquanto a vontade dos sujeitos direccionava as consequências do acto para a esfera do auxiliar. Da mesma forma, na representação directa as consequências do negócio atingiam directa e imediatamente o *dominus*, sem tocar no representante, por assim ser pretendido pelas partes, com a concordância do representado. SCHLOSSMANN opõe-se, porém, decididamente a semelhante conclusão. Oposição justificada com recurso a uma profusão de argumentos, cada um dos quais considerados pelo autor como suficientes para, por si só, colocar em crise o apelo à vontade

---

[2137] Assim, também, Dniestrzanski, *Die Aufträge...*, I, p. 44.

[2138] Schlossmann, *Die Lehre von der Stellvertretung...*, I, pp. 95 e ss..

[2139] *Idem*, I, pp. 198 e ss..

[2140] *Idem*, I, pp. 262 e ss..

[2141] *Idem*, I, pp. 81 e ss., e II, 113 e ss..

[2142] *Idem*, I, pp. 304 e ss..

[2143] *Idem*, I, pp. 229 e ss., e II, pp. 417 e ss..

[2144] Para uma exposição resumida da posição de Schlossmann pode ver-se, designadamente, Isay, *Das Geschäftsführung...*, pp. 175 e ss.; Hupka, *Die Vollmacht...*, pp. 23 e ss., embora, ambos estes autores, apenas com referência aos pontos de vista expressos no primeiro volume; Max Rümelin, *Das Handeln...*, in *Archiv...*, 1902, 93, pp. 134 e ss.; Hellmann, *Siegmund Schlossmann, Die Lehre von der Stellvertretung, insbesondere bei obligatorischen Verträgen*, in *Zeitschrift für deutschen Civilprozess.*, 1903, XXXI, pp. 346 e ss.; Dniestrzanski, *Die Aufträge...*, I, pp. 44 e 45, 53 e ss., 76 e 77, 84 e ss. e 113 e ss.; Wellspacher, *Das Vertrauen...*, pp. 87 e 88; Julius Binder, *Schlossmann, Die Lehre von der Stellvertretung, insbesondere bei obligatorischen Verträgen*, in *Kritische Vierteljahreschrift für Gesetzgebung*, 1905, XLVI, pp. 347 e ss.; Rosenberg, *Stellvertretung...*, pp. 145 e ss.; Bauer, *Die Entwicklung...*, pp. 145 e 146; e Frotz, *Verkehrsschutz...*, pp. 20 e 21. De entre os autores de língua italiana v., Nattini, *La dottrina...*, pp. 17 e ss.; Alfredo de Marsico, *La rappresentanza nel diritto processuale penale*, Milão, 1915, pp. 34 e 35; Pugliatti, *Il conflitto...*, in *Studi...*, pp. 62 e 63, nota (22). Finalmente na nossa literatura pode ver-se, mas de forma extremamente sintética, Ferrer Correia, *A procuração...*, in *Estudos...*, II, pp. 8 e ss..

[2145] V., *infra*.

feito pela *communis opinio* como forma de explicar a representação jurídica directa[2146].

A primeira objecção levantada pelo autor move-se contra a própria pertinência do dogma da vontade[2147]. Na verdade, para SCHLOSSMANN a tese segundo a qual o negócio jurídico repousaria na vontade das partes seria perfeitamente inadmissível e encontrar-se-ia totalmente moribunda. Hoje em dia – escreve – certamente ninguém acreditará honestamente ficar o promitente obrigado por assim o desejar. Da mesma forma também ninguém aceitará que a ordem jurídica, a qual concede força obrigatória à promessa, seja apenas uma obediente condutora da vontade das partes[2148]. Segundo SCHLOSSMANN não é por eu me querer vincular que fico obrigado mas, sim, por ter despertado no receptor da promessa uma expectativa nesse sentido[2149].

Mas se a teoria da vontade já se afiguraria insustentável no campo dos simples negócios jurídicos, mais complicadas se tornariam, de acordo com SCHLOSSMANN, as coisas no âmbito da representação. No domínio da generalidade dos contratos considera-se as respectivas consequências como o resultado da união da vontade de ambos os contraentes; do *consensus*[2150]. Mas se assim é, a visão já de si pouco clara, do fenómeno negocial tornar-se-ia, em sede de representação, numa complicação infinita. Aqui são três as vontades a ligar-se entre si com vista à produção de efeitos jurídicos na esfera do *dominus*: a *voluntas* do representante, a do terceiro e a do representado, deveriam, todas elas, coincidir no sentido de direccionarem as consequências do acto para a esfera do principal. As duas primeiras teriam de exprimir semelhante desejo no contrato. A última deveria manifestar-se na «chamada» procuração, à qual se reportaria, ainda, necessariamente a intenção expressa pelo *procurator* e pelo terceiro.

A simples enunciação de todo este esquema seria suficiente – no entender de SCHLOSSMANN – pela sua complexidade e confusão, para deitar por terra qualquer tentativa de basear a representação jurídica directa na vontade das partes[2151]. Isto, mesmo quando, por comodidade, se aceitasse a teoria da vontade como forma adequada de explicar o fenómeno negocial[2152]. Bastaria pensar na possibilidade de, com base numa procuração geral, o *procurator* realizar uma série de actos ruinosos ou aventureiros para se verificar como eles não podem ter sido queridos – ainda quando se entendesse a vontade do principal ao jeito da *Repräsentationstheorie* como simples pressuposto da actuação representativa – por um *dominus* consciente. Seria equivalente a dizer a alguém seriamente prejudicado por uma intervenção cirúrgica: tu sabias que se um médico operar com mãos ou instrumentos sujos, ou prescrever medicamentos fora do prazo, pode causar lesões graves. Por isso, se te submeteste a

---

[2146] Schlossmann, *Die Lehre von der Stellvertretung...*, I, pp. 97 e ss..

[2147] *Idem.* Este combate, movido pelo Professor de Kiel ao dogma da vontade, vem já da sua obra, *Vertrag..., passim*, e, designadamente, pp. 80 e ss..

[2148] Schlossmann, *Die Lehre von der Stellvertretung...*, I, p. 99.

[2149] *Idem.*

[2150] *Idem*, pp. 100 e ss..

[2151] *Idem*, pp. 101 e ss.

[2152] *Idem*, p. 101.

uma operação e te aconteceu algo de infausto tu quiseste semelhante resultado[2153]. Ponderada a questão nestes termos a conclusão só poderia ser, para SCHLOSSMANN, uma: se o *dominus* fica vinculado ao resultado de uma actuação representativa desfavorável não é por o ter querido, mas sim, apesar de não o querer[2154]. A prova final da justeza de semelhante raciocínio extrai-se, segundo o autor, da representação legal. Aqui também se assiste à produção de efeitos jurídicos directos em esfera jurídica alheia. Não, porém, em virtude de qualquer acto de vontade do representado, porquanto incapaz de semelhante desiderato, mas simplesmente como resultado de uma disposição normativa[2155].

A tudo isto SCHLOSSMANN junta um argumento, hoje recorrente, na justificação do definitivo descrédito da teoria da vontade[2156]. Pressuposto necessário do dogma da vontade é a circunstância de as partes terem uma noção clara dos efeitos jurídicos das respectivas acções[2157]. Na verdade, para os contraentes poderem querer todos os efeitos jurídicos dos respectivos actos é necessário, primeiro, que os conheçam. Porém, como, nenhuma vontade, por mais esclarecida, pode ponderar e prever todos os efeitos jurídicos resultantes de uma manifestação negocial, o dogma da vontade fica definitivamente comprometido. Não são, no dizer de SCHLOSSMANN, os efeitos jurídicos os visados pelas partes. Estas limitam-se a pretender consequências económicas[2158]. E mesmo assim, nem sempre se verifica uma coincidência entre a sequência ligada pela ordem jurídica ao negócio jurídico e os propósitos empíricos das partes. Pode verificar-se uma correspondência entre estes e a correlativa sanção jurídica mas é, igualmente, possível, escreve SCHLOSSMANN, assistir-se a uma divergência entre uns e outra. Os efeitos jurídicos não seriam extraídos, tão-só, da consideração de quanto é pretendido alcançar por uma ou outra das partes, mas, antes, da tendência de tomar em consideração os interesses conflituantes dos intervenientes e de, no seu conjunto, os equilibrar[2159]. Repare-se, sublinha SCHLOSSMANN, como mesmo no domínio dos fins económicos nem sempre se assiste a uma clara delimitação dos mesmos pelas partes[2160]. Frequentemente o propósito das partes dirige-se, apenas, para um fim aproximado. E mesmo quando numa ponderação extremamente cuidadosa são, porventura, num domínio imputável à vontade, consideradas todas as consequências do negócio isso não pode, para SCHLOSSMANN, ser tomado como algo de relevante. Ao contrário trata-se de manifestação que permaneceria no limiar profundo da consciência[2161].

Tudo se tornaria, segundo o Professor de Kiel, ainda mais evidente no domínio da representação. Imagine-se, por exemplo, pretender o representado

---

[2153] *Idem*, p. 104.
[2154] *Idem*, p. 105.
[2155] *Idem*.
[2156] Cfr., na moderna literatura jurídica portuguesa, Menezes Cordeiro, *Teoria...*, I, pp. 487 e ss.; Oliveira Ascensão, *Teoria...*, III, p. 47; Id., *Direito civil...*, II, p. 71.
[2157] Schlossmann, *Die Lehre von der Stellvertretung...*, I, pp. 105 e ss..
[2158] *Idem*, I, p. 107.
[2159] *Idem*.
[2160] *Idem*, I, p. 108.
[2161] *Idem*.

adquirir um determinado objecto. O representante aceita realizar semelhante aquisição para o *dominus*. Ambos estão de acordo em que os custos da aquisição correrão por conta do principal. Porém, a questão de saber se o exercício de uma eventual pretensão jurídica ao cumprimento do negócio deve ser conduzido pelo representante ou pelo representado é, com certeza, e normalmente, uma circunstância não prevista em qualquer formulação imaginada pelas partes. Na verdade, a necessidade de se recorrer ao processo ou acção judicial para fazer valer determinados direitos é, segundo SCHLOSSMANN, algo que ou não se prevê de todo ou, apenas, existe como possibilidade muito distante.

Quanto ao terceiro, e no tocante ao destino da coisa comprada, é-lhe indiferente o facto de ela entrar para o património do mandante ou do mandatário. Já relativamente à pretensão de pagamento ela dirigir-se-á umas vezes contra o principal, outras contra o representante, outras ainda, contra ambos. Na normalidade dos casos o vendedor esperará, porém, um pagamento absolutamente normal[2162].

Nas hipóteses, eventuais, de uma precisa delimitação de todos os aspectos do negócio, mesmo assim ela não poderia ser tomada como factor produtivo dos efeitos negociais por se revelar meramente acidental.

Mais. O dogma da vontade, quando aplicado à representação, pressupõe não apenas três vontades mas, também, três declarações de vontade[2163]. Uma do representado, outra do terceiro e, finalmente, outra do representante na qual, através da procuração, se remetem os efeitos do negócio para a pessoa do principal. Esta última declaração deve, além disso, ser proferida perante o terceiro.

Não se contestará, escreve SCHLOSSMANN, que naqueles casos nos quais a vontade de uma pessoa desempenha um qualquer papel no domínio do direito ela tenha de ser exteriorizada. Já suscitará dúvidas, isso sim, a circunstância de essa vontade ter de ser, mediata ou imediatamente, comunicada à outra parte do negócio jurídico[2164]. Por que razão não chegaria, para a produção dos efeitos jurídicos directos na esfera do principal, a vontade, nesse sentido dirigida, por este e pelo seu representante, mesmo quando não transparecesse para fora? E se o terceiro vier a ter conhecimento da intenção de produção de efeitos na esfera do representado por outra forma diversa da declaração do principal, ou num momento diverso do da celebração do negócio representativo[2165]?

Finalmente, a prova segundo a qual não poderia ser a vontade do representado – ainda quando tomada como mero pressuposto da eficácia representativa – do representante e do terceiro a provocar o negócio representativo extrair-se-ia, no dizer de SCHLOSSMANN, da iniquidade das soluções proporcionadas nos casos de erro[2166]. Imagine-se, por exemplo, a hipótese na qual

---

[2162] *Idem.*

[2163] *Idem*, I, p. 110.

[2164] *Idem.* A afirmação de Schlossmann compreender-se-á facilmente no quadro da posição que o autor assume a propósito do negócio jurídico e é com ela congruente. Não é a vontade a fundar os efeitos contratuais, mas a expectativa da outra parte. Nestes termos não interessaria comunicar essa mesma vontade ao outro contraente.

[2165] *Idem*, I, p. 111.

V mandata *S* para comprar a *D* determinado objecto. *S* procede à referida compra aludindo, expressamente, à procuração passada por *V*. Contudo, *D* considera erradamente adquirir *S* em nome próprio. A compra seria inválida por falta de concordância entre as três vontades. O vendedor poderia, assim, e apesar de não ter nisso nenhum interesse, e lhe ser indiferente se o objecto entrou no património do representante ou do representado, reivindicar a coisa alienada. Da mesma forma, se o alienante pretendesse cumprir o negócio celebrado, representante e representado poderiam alegar a existência de um fundamento para não procederem ao pagamento[2167].

Mas SCHLOSSMANN não se fica pela impugnação do dogma da vontade. A ideia segundo a qual, na representação, o terceiro deposita a respectiva confiança não no representante, com quem contrata, mas sim no representado, em nome de quem se negocia, é, também, ela objecto de clara impugnação por parte do autor[2168].

Constata-se frequentemente a afirmação de que o terceiro contraente, ao realizar um negócio, age em consideração do representado e respectivo crédito. Na base de semelhante ideia encontra-se, diz SCHLOSSMANN, a convicção segundo a qual o representante não faz ele próprio uma qualquer promessa limitando-se a produzir uma declaração em nome do *dominus*. Noutros termos, a força vinculativa da promessa, através da qual se desencadeia a confiança por parte do destinatário, seria provocada pelo principal. Seria este o responsável pela *Vertrauen* (confiança)[2169] do terceiro, razão pela qual o representante deveria emitir a promessa em nome do dono do negócio.

Porém, para SCHLOSSMANN, a tese só seria verdadeira se se assistisse cumulativamente às seguintes condições: a) o terceiro deve confiar que, em todos os casos de produção directa de deveres para o *dominus*, o representado cumprirá quanto foi dito pelo representante; b) a confiança no principal deve ser suscitada – directa ou indirectamente – pelo próprio; c) a confiança depositada no representado deve ser merecedora de tutela. Caso falte algum destes pressupostos, então a justificação da representação na base da *Vertrauenstheorie* (teoria da confiança) claudicaria[2170].

A vida mostraria, porém, múltiplas situações nas quais as pessoas contratam com alguém sem depositar qualquer confiança no *dominus*. Assim sucederia, por exemplo, com quem entra numa loja para comprar um artigo, ou num hotel para reservar um quarto para passar a noite, sem saber qual a relação existente entre o seu interlocutor e a empresa ou sociedade prestadora de serviços. O pedido de legitimação representativa seria, aliás, normalmente mal acolhido. Tudo, a comprovar, como não se contrata com base na confiança depositada num *dominus incerta persona* mas, sim, apoiados na convicção da

---

[2166] *Idem*.

[2167] *Idem*.

[2168] *Idem*, I, pp. 198 e ss..

[2169] *Idem*, I, pp. 198 e 199.

[2170] *Idem*, I, p. 199. Em sentido equivalente ao de Schlossmann pode ver-se na literatura jurídica moderna Sticht, *Zur Haftung des Vertretenen und Vertreters aus Verschulden bei Vertragsschluss sowie des Erfüllungsgehilfen aus positiver Vertragsverletzung*, Munique, 1966, pp. 86 a 89.

regularidade do processo de contratação. Impossível, por isso, nestes casos, de deduzir uma pretensão contra o principal na base da confiança nele tida[2171].

Mas não é apenas este, e de acordo com SCHLOSSMANN, o motivo da insuficiência da tese segundo a qual a confiança que leva o terceiro a contratar seja sempre imputável ao representado[2172]. Na verdade, e salvo alguns casos, é o próprio representante, a sua palavra, o seu comportamento a criar a base para o confiante[2173]. Passa-se aqui exactamente o mesmo fenómeno que se verifica nas hipóteses de actuação sem «procuração»[2174, 2175]. Ou, ainda, quanto sucede na representação legal, ou na posterior ratificação, pelo dono do negócio, do acto praticado pelo gestor. Se em nenhum destes casos se pode falar em confiança do terceiro na pessoa do principal, também se não deve mencionar semelhante confiança nas hipóteses de suposta existência de uma _Vollmacht_[2176].

Finalmente existem inúmeras situações nas quais a suposta confiança não merece qualquer protecção. De entre as hipóteses aduzidas por SCHLOSSMANN, assume lugar cimeiro aquela verificada em todas as situações nas quais o terceiro não obtém informações sobre a pessoa do principal.

Tudo visto, SCHLOSSMANN aceita que, em certos casos, será a confiança no _dominus_ o motivo pelo qual o terceiro contrata. Todavia, não se pode encontrar, exclusivamente, nela o factor para se fundamentar a vinculação directa do principal[2177].

No tocante à autonomia entre a relação subjacente e o poder de representação, SCHLOSSMANN começa por criticar o facto de semelhante teoria procurar encontrar o seu alicerce a partir de situações excepcionais. A regra não é a da vinculação do principal a actos situados fora do âmbito do mandato mas sim a inversa[2178]. Todos os autores, LABAND incluído[2179], favoráveis à independência da procuração relativamente ao mandato, acabam, na verdade, e

---

[2171] Schlossmann, _Die Lehre von der Stellvertretung..._, I, pp. 200 e 201.

[2172] _Idem_, I, pp. 202 e ss..

[2173] _Idem_, I, p. 203.

[2174] As aspas são do próprio Schlossmann, o que bem se compreende atenta a posição deste perante o fenómeno representativo.

[2175] Schlossmann, _Die Lehre von der Stellvertretung..._, I, pp. 205, procura ilustrar a afirmação através de uma série de exemplos. Entre eles conta-se, designadamente, a hipótese de o terceiro não ter conhecimento detalhado da procuração, e, ainda assim, contratar. Ou ainda, a situação de alguém com conhecimento do conteúdo dos poderes de representação aceitar realizar um negócio que não tem a certeza se cabe no âmbito dos mesmos. Se se vier a revelar, mais tarde, cobrir a procuração, de facto, o contrato celebrado, será que se pode continuar a sustentar vincular o negócio em função de uma confiança depositada pelo terceiro no _dominus_ através da procuração? A resposta parece, para o Professor de Kiel, óbvia.

[2176] Schlossmann, _Die Lehre von der Stellvertretung..._, I, pp. 204 a 206.

[2177] _Idem_, I, pp. 207 e 208.

[2178] _Idem_, I.

[2179] Laband, _Die Stellvertretung..._, in _Zeitschrift..._, X, p. 204. Schlossmann exemplifica, ainda, esta sua afirmação transcrevendo, designadamente, afirmações de Dernburg, _Pandekten, cit._, I, p. 278, II, p. 318; Windscheid-Kipp, _Lehrbuch..._, I, p. 357, nota (1a), entre outros. Para Schlossmann o único autor que se manteria até ao fim congruente com a ideia de independência dos poderes de representação seria Enneccerus. Ao manter semelhante congruência Enneccerus perderia, todavia, no dizer do jurista de Kiel, o contacto com a realidade.

segundo SCHLOSSMANN, por admitir a possibilidade de esta surgir associada a um mandato ou outra relação jurídica fundamental[2180]. Tudo a levar à conclusão segundo a qual, no entender destes autores, se afigura impossível negar poder a procuração estar contida no mandato sem ter de se manifestar num acto externamente visível[2181]. Por outras palavras, onde na realidade ela não se encontra, é pensada ou fingida, o resultado das discussões encetadas pela doutrina favorável à independência dos poderes de representação é, para SCHLOSSMANN, o seguinte: quando alguém se encontra mandatado para a prática de um acto podem, também, e sem necessidade de qualquer outra figura jurídica paralela ao mandato, produzir-se efeitos jurídicos na esfera do *dominus*[2182]. O *Tatbestand* que funda os efeitos obrigacionais entre o principal e o mandatário provoca, assim, à luz do direito relações directas entre o dono do negócio e o terceiro[2183]. Basta ver, afirma SCHLOSSMANN, como a distinção entre *Vollmacht* e *mandatum* não encontra qualquer correspondência na realidade dos factos ou na consciência dos sujeitos de direito. Quem separa de forma rígida *Auftrag* e poderes de representação, por forma a fazer deles negócios independentes, deve ter semelhante distinção presente no momento em que os celebra. Quer dizer: quem outorga um *mandatum*, deve disso ter conhecimento e pretender celebrá-lo. E o mesmo sucederá com quem quisesse conceder uma procuração. Nestes termos, se alguém desejar conceder um mandato com representação deveria aperceber-se da circunstância de estar, simultaneamente, a celebrar um *mandatum* e a conceder uma procuração. Contudo, poder-se-ia afirmar, com toda a determinação, não terem os não juristas a mínima ideia da existência de uma oposição entre a procuração e o mandato. Pense-se, por exemplo, na dona de casa que encarrega a cozinheira de ir comprar pão à padaria[2184].

[2180] Cfr., Schlossmann, *Die Lehre von der Stellvertretung...*, I, pp. 264 e ss..

[2181] *Idem*, I, p. 270.

[2182] *Idem*.

[2183] *Idem*.

[2184] *Idem*, I, pp. 275 e ss.. Contra semelhante argumentação de Schlossmann seria, segundo ele próprio, infrutífero invocar a tese de acordo com a qual, para a produção dos efeitos negociais, não se afiguraria necessária a rigorosa determinação dos mesmos. Bastaria uma ideia aproximada. Isto pela simples razão de os efeitos visados pelas partes não serem sequer, no dizer de Schlossmann, jurídicos mas meramente empíricos. Ora, do ponto de vista empírico quanto as partes pretendem é, tão-só, que as vantagens e desvantagens de certo negócio se verifiquem directamente na esfera do *dominus*. Ora, isso é alcançado pelo direito através de diferentes formas desconhecidas dos leigos. Na verdade, não é possível sustentar a existência de um desejo de produção de efeitos directos em todos os casos nos quais eles se verificam. Nalguns casos falta qualquer intenção de vincular o dono do negócio assistindo-se, contudo, a uma eficácia directa; noutros existe semelhante alvedrio e, não obstante, não se dão quaisquer consequências imediatas para o *dominus*. Como se antes da criação da *actio quasi institoria* a vontade de efeitos empíricos, por parte dos romanos, fosse dirigida à vinculação do representante e, depois do aparecimento desta acção, passasse a direccionar-se por forma a atingir imediatamente o principal. Mas mais. A doutrina analisada exige a concessão de poderes de representação enquanto forma de criação de uma força fundadora a qual seria pressuposto necessário da produção de efeitos jurídicos directos em esfera jurídica alheia. A vontade de efeitos empíricos deveria, assim, dirigir-se, quando existisse, à comunicação e transmissão de semelhante força. Uma vontade que não poderia ter qualquer outro valor ou

Após os escritos de SAVIGNY[2185], e sobretudo de JHERING[2186], a doutrina dominante, assim como a jurisprudência por ela influenciada, passaram a estabelecer uma muito nítida e acentuada distinção entre representação directa, de um lado, e representação indirecta, do outro, de tal forma que apenas se considerava possível uma actuação representativa capaz de obedecer exclusivamente, e em alternativa, aos moldes de uma das duas figuras. SCHLOSSMANN impugna decididamente semelhante posição. E impugna atenta uma suposta impossibilidade de se ver, como desejava a *communis opinio*, na vontade quer do principal, quer do representante, quer, ainda, do terceiro, o critério decisivo susceptível de nos dizer quando deparamos um caso de representação indirecta ou directa[2187], o direito forneceria, segundo SCHLOSSMANN, múltiplos exemplos de situações nas quais se assistiria a um misto de efeitos directos e indirectos entre o terceiro e o principal, com a consequente crise das teses redutoras do fenómeno representativo aos quadros da estrita alternativa representação directa/indirecta[2188]. Pense-se, escreve o jurista de Kiel, por exemplo, na regulamentação proporcionada pelo direito romano para os actos praticados pelo *magister navis* ou pelo *institor*[2189], em que se assistia a uma vinculação directa do principal embora este só pudesse adquirir por intermédio do seu subordinado[2190]. Pense-se igualmente na solução dada pelo direito romano a diversos aspectos do mútuo celebrado por intermédio de procurador, hipótese na qual se assistia, e com referência a distintas vertentes do contrato, a um misto de efeitos directos e indirectos na esfera do principal. Pense-se, ainda, na indemnização resultante de incumprimento de um contrato celebrado por representante. De acordo com a doutrina dominante, afirma SCHLOSSMANN[2191], semelhante pretensão deveria ser aferida exclusivamente em função das repercussões sentidas na esfera do *dominus*. Contudo, o direito romano – numa situação depois retomada pelo direito alemão no caso da comissão – considerava como relevantes não os interesses do *procurator* mas antes os do principal. Pense-se, finalmente, e no dizer de SCHLOSSMANN apenas com vista a um quadro exemplificativo, nas hipóteses resultantes da celebração de um negócio jurídico através de comissário. Os direitos e deveres resultantes de actos que se consubstanciam na execução do contrato de comissão surgem para o comissário. Todavia, os créditos, mesmo antes de cedidos, e de acordo com o disposto no § 392 do *HGB*, pelo menos nas relações entre comitente e comissário ou respectivos credores, são considerados como pertença do comitente [2192].

---

efeito, um pouco à maneira dos desejos supersticiosos de, através de um simples olhar, causarem uma doença noutra pessoa, ou mediante mera conjura curar alguém. Mas se tudo isto não bastasse, seria suficiente, para afastar as possíveis críticas movidas contra Schlossmann, e no entendimento do próprio autor, a total improcedência do dogma da vontade para afastar as teses propostas pela doutrina dominante relativamente ao fenómeno representativo.

[2185] Savigny, *Obligationenrecht...*, II, pp. 60 e ss..

[2186] Jhering, *Mitwirkung...*, in *Gesammelte...*, I, pp. 155 e ss..

[2187] Assim, Schlossmann, *Die Lehre von der Stellvertretung...*, I, pp. 82 e ss., e 95 e ss..

[2188] *Idem*, I, pp. 89 e ss..

[2189] Para mais detalhes a este respeito cfr., quanto se escreveu *supra*, Parte, I, Cap I, *passim*.

[2190] Schlossmann, *Die Lehre von der Stellvertretung...*, I, pp. 91 e 92.

[2191] *Idem*, I, p. 94.

[2192] *Idem*.

Se casos há, na verdade, nos quais se assiste à produção de efeitos jurídicos directos na esfera do principal enquanto noutros semelhantes efeitos apenas se produzem de forma mediata isso não se deve, no dizer de SCHLOSSMANN, como sustenta a doutrina dominante, às inadmissíveis figuras do contrato em nome próprio, em nome alheio, ou à procuração[2193]. É o direito objectivo a associar às várias formas de relações representativas, e em função da sua própria natureza, ora consequências imediatas, ora mediatas, ora, ainda, mistas, na esfera do *dominus*[2194].

A polémica em torno da distinção entre núncio e representante, essa, e apesar de se arrastar desde os tempos dos glosadores, não seria, segundo SCHLOSSMANN, mais do que o resultado de uma abordagem pouco científica das matérias relacionadas com o fenómeno representativo[2195]. Uma técnica adequada apenas permitiria apontar figuras distintas quando a elas correspondessem efeitos igualmente distintos. Semelhante diversidade falta, todavia, no caso da confrontação entre núncio e representante[2196]. A afirmação segundo a qual o núncio carece de autonomia, limitando-se a exteriorizar uma vontade alheia, enquanto o representante goza precisamente de uma esfera de independência própria não levanta dificuldades naqueles casos em que se pode dizer *a priori* se determinado intermediário surge como núncio ou como representante[2197]. Como reconhecer, porém, nas demais situações se alguém se comporta como mero órgão de uma vontade alheia ou se exterioriza o seu próprio alvedrio? Como determinar se foi o *dominus* ou o auxiliar quem fixou o conteúdo negocial? Quem encarrega outrem de comprar uma tonelada de vinho instrui-o como se deve exteriorizar autonomamente uma vontade e como se deverá fazer o mesmo de forma não autónoma? Ou dependerá isso de uma inspiração? A resposta não pode, para SCHLOSSMANN, deixar de consistir na afirmação segundo a qual, a distinção entre núncio e representante, se traduz numa descolorida emanação de uma teoria que nada tem a ver com a vida real.

No fundo a forma como se procede à distinção entre *nuntius* e representante é, para SCHLOSSMANN, uma consequência perfeitamente característica da «infeliz teoria da vontade». Tal como a doutrina geral do «negócio jurídico»[2198] também o fenómeno representativo se encontraria envenenado, tornando extremamente difícil a obtenção de frutos saudáveis, aliás, ao ponto de, no dizer do Professor de Kiel, contagiar lamentavelmente o próprio *BGB*. A única razão que explicaria o estabelecimento de uma distinção nos moldes propostos pela teoria da vontade entre núncio e representante seria, segundo SCHLOSSMANN – e numa argumentação já presente em MITTEIS[2199] – a aceitação da tese segundo a qual o direito romano teria excluído a possibilidade de recurso à representação enquanto admitia, ao mesmo tempo, para uma pluralidade de

---

[2193] *Idem*, II, p. 114.
[2194] *Idem*, II, pp. 114 e 115.
[2195] *Idem*, I, pp. 304 e ss., especialmente p. 312.
[2196] *Idem*, e, designadamente, pp. 311 e 312.
[2197] *Idem*, I, p. 310.
[2198] As aspas são do próprio Schlossmann, *Die Lehre von der Stellvertretung...*, I, p. 312.
[2199] Cfr., *supra*, Parte I, Cap. V, parágrafo 2.2.

situações, a figura do *nuntius*[2200], cuja actuação tinha efeitos directos na esfera do *dominus*. Nestes termos o núncio deveria ter uma configuração distinta da proporcionada pelo representante. Na visão da teoria da vontade a diversidade residiria na circunstância de o *nuntius* expressar uma vontade alheia enquanto o representante manifestaria e formaria o seu próprio alvedrio[2201]. Uma vez defendida, à luz do direito romano, e em consequência das suas próprias especificidades, a existência de uma tal oposição entre as duas figuras – núncio, de um lado, e representante, do outro – a doutrina teria transposto, sem mais, a distinção para o direito hodierno apesar de já não valer hoje, nem sequer com carácter programático, o princípio do *alteri stipulari nemo potest*[2202]. Tudo como se de uma autêntica necessidade conceptual se tratasse. A verdade, porém, residiria na inexistência de qualquer confronto relevante, ao nível das fontes romanas, entre a figura do *nuntius* e aquelas outras constituídas pelo tutor, curador, administrador, etc.. A única razão que estava na base da produção dos efeitos directos provocados pela nunciatura, em contraste com quanto acontecia com outros casos de definição de interesses alheios, estaria na circunstância de o núncio ocupar uma posição extremamente baixa na hierarquia social e ser normalmente um subordinado do *dominus*[2203]. Esta *ratio* não poderia, todavia, continuar a ser tomada em consideração. E para o ilustrar o autor perguntava: será que, na eventualidade de nós encarregarmos, escreve SCHLOSSMANN, a nossa *Botenfrau* (mulher de recados, mensageira) de ir a uma farmácia – por nós não determinada – comprar, a conselho do farmacêutico e sem indicação do preço, um remédio contra a dor de cabeça, as coisas se passam de modo diferente de quanto sucederia se tivéssemos expressamente dado uma instrução para adquirir, num estabelecimento determinado, chá de sabugueiro por 20 *Pfennige*? A resposta é para SCHLOSSMANN negativa: em ambos os casos poderemos dizer, escreve, que o negócio foi concluído através de um núncio[2204]. À luz do direito romano a resposta à interrogação agora expressa variaria de acordo com a posição social do intermediário. Contudo, ao tempo dos escritos de SCHLOSSMANN, insista-se, o aspecto do qual depende a produção de efeitos directos na esfera do *dominus* era já diverso do tomado como referência pelos romanos. O lugar do núncio na escala hierárquica já não releva. Por isso, o núncio não é, para SCHLOSSMANN, outra coisa senão um representante: uma pessoa que cuida de negócios alheios por conta de outrem[2205]. A forma e natureza dos efeitos dos respectivos actos estão, destarte, subordinados aos princípios e regras gerais impostos pelo direito moderno para a representação[2206].

[2200] Schlossmann, *Die Lehre von der Stellvertretung...*, I, pp. 314 e 315.

[2201] *Idem*, I, pp. 315 e 316.

[2202] *Idem*, I, pp. 316 e 317.

[2203] *Idem*, pp. 304 e ss., *passim*, designadamente p. 325.

[2204] *Idem*, I, p. 331.

[2205] *Idem*, I, p. 332.

[2206] *Idem, ibidem.* A única questão capaz, no entender de Schlossmann, de tornar relevante a questão da distinção entre núncio e representante seria a da determinação do momento da perfeição do contrato. Deverá entender-se que o negócio conduzido pelo núncio se encontra concluído no momento da aceitação da oferta pelo terceiro, ou deverá antes entender-se que a celebração só

De todos os aspectos da moderna teoria da representação impugnados pelo Professor de Kiel seria, contudo, a figura da procuração e do poder de representação a merecer os reparos mais vivos. Para provar a total desnecessidade do conceito de *Vollmacht*, SCHLOSSMANN coloca três interrogações às quais procura dar resposta: a) em que consiste o poder de representação; b) como se funda ele; c) quais as razões de conveniência e de justiça que levam à atribuição de eficácia jurídica à procuração[2207]?

Uma vez analisada a posição de diversos autores, a este respeito – a saber a de WINDSCHEID, BRINZ, ZIMMERMANN, CANSTEIN, REGELSBERGER, assim como os próprios motivos ao projecto do *BGB* – SCHLOSSMANN chega à conclusão segundo a qual, no entender da *communis opinio*, a procuração conteria um poder jurídico[2208]. Como a noção de poder implicaria, para o Professor de Kiel, uma capacidade ou qualidade fundada na personalidade de uma pessoa, o poder de representação deveria consistir, igualmente, numa qualidade do procurador. A ser assim, porém, os representantes pareceriam possuir uma força de natureza mística que lhes permitiria atingir, através da respectiva actuação, de forma imediata uma esfera jurídica alheia. A qualidade mencionada a propósito do poder de representação apenas poderia ser jurídica, nunca física. As capacidades desta última categoria, também designadas de naturais, têm a sua localização e substrato no corpo de pessoas concretas e determinadas, podendo ser facilmente captadas. As chamadas qualidades jurídicas, em contrapartida, essas não podem ser objecto de qualquer percepção sensorial nem possuem qualquer existência objectiva[2209]. Quando se diz, por exemplo, sofrer uma pessoa de incapacidade negocial isso significaria apenas, escreve SCHLOSSMANN, que em virtude de determinadas circunstâncias, e de acordo com os preceitos de direito positivo, os negócios por ela celebrados carecem de efeitos jurídicos[2210]. Neste caso, e à semelhança do verificado com a figura romana da ausência de liberdade ou com a infâmia, do quanto se trata, ao falar de qualidade, é de um simples processo figurativo da realidade jurídica: verificados certos factos, e por consideração, a eles o direito positivo faz surgir na esfera de certa pessoa determinados efeitos[2211].

Assim, também, quando se proclama encontrar-se A dotado de poderes para representar N.N., apenas se está a afirmar verificar-se, em relação ao primeiro, um facto ao qual o direito positivo associa, como consequência, a repercussão directa na pessoa de N.N. dos efeitos do acto praticado por A em nome do *dominus*[2212].

---

acontece na precisa altura da informação do *dominus* da resposta dada pelo terceiro? A solução para esta interrogação não decorre, porém, e de acordo com o Professor de Kiel, nem do conceito de núncio nem do de representante, mas antes da consideração das diferentes configurações assumidas pelas relações da vida real, em função de quanto é justo e é exigido pelo respectivo fim.

[2207] Schlossmann, *Die Lehre von der Stellvertretung...*, I, pp. 231 e ss..
[2208] *Idem*, I, pp. 232 e ss..
[2209] *Idem*, I, p. 235.
[2210] *Idem, ibidem*.
[2211] *Idem*, I, pp. 235 e ss..
[2212] *Idem*, I, pp. 237 e ss..

Destarte, em vez de se sustentar ficar o representado vinculado aos negócios realizados pelo representante se este possuir poderes de representação, e que semelhantes poderes se constituem na sequência dos factos *a* ou *b* deveria dizer-se, simplesmente: o *dominus* fica adstrito uma vez verificado o facto *a*, *b* ou *c*[2213].

Nestes termos, o conceito de poderes de representação não seria senão uma perfeita tautologia; uma figura totalmente supérflua[2214]. Tudo numa conclusão, de acordo com o Professor de Kiel, reforçada quer pela circunstância de nem os romanos nem os códigos mais antigos terem conhecido a figura da representação, quer, ainda, pelo facto de por *Vollmacht* se entender umas vezes «poder de representação em geral»; outras, ainda, «poder de representação voluntário»; declaração de vontade que serve de base ao poder[2215]; documento onde o poder se contém[2216]; ou, finalmente, a ideia segundo a qual a intervenção realizada pelo procurador na esfera do principal foi autorizada e não é, por isso, ilícita[2217] – num fenómeno tomado por SCHLOSSMANN como uma evidente e pouco científica manifestação de vacilação terminológica[2218].

Demonstrado o equívoco no qual assenta a ideia do poder de representação torna-se, para SCHLOSSMANN, supérflua a resposta para aquela outra interrogação que consistia em saber como se fundaria semelhante poder[2219]. A afirmação segundo a qual para a produção de efeitos imediatos na esfera jurídica do *dominus* é necessária uma declaração deste nesse sentido não se deixará certamente discutir. Já se afigura, todavia, segundo o Professor de Kiel, totalmente errada a pretensão segundo a qual o conteúdo da declaração de vontade seria um «poder jurídico» porquanto semelhante poder se revelaria um autêntico fantasma. A isso acresce a circunstância de a determinação da natureza da declaração produtora do «poder» do representante se fazer, no dizer de SCHLOSSMANN, de forma exclusivamente formal. Segundo uns ela seria um contrato[2220]. De acordo com outros tratar-se-ia, antes, de um acto unilateral[2221]. Contudo, nem os defensores da primeira posição nem os prosélitos e sequazes da segunda aduziriam qualquer argumento para provar as respectivas posições. A única nota de excepção deu-a, afirma SCHLOSSMANN, LENEL ao procurar aduzir argumentos favoráveis à ideia segundo a qual a

---

[2213] *Idem*, I, p. 240.

[2214] *Idem*, I, p. 239.

[2215] *Idem*, I, pp. 244 e 245.

[2216] *Idem*, I, p. 245.

[2217] *Idem*, I, pp. 246 e 247.

[2218] *Idem*, I, pp. 247 e ss..

[2219] *Idem*, I, pp. 255 e ss., onde o autor sustenta a necessidade de se substituir a pergunta sobre o fundamento do poder de representação pela questão da determinação de quais os factos que se devem verificar em determinada pessoa para os negócios por ela celebrados produzirem imediatamente efeitos jurídicos em esfera jurídica alheia.

[2220] É essa, conforme se viu, a posição sustentada, entre outros, por Laband, *Die Stellvertretung...*, in *Zeitschrift...*, X, p. 208. Para mais detalhes v., *supra*, Parte I, Cap. IV, parágrafo 3.

[2221] Assim pode ver-se, a título meramente ilustrativo, designadamente, Hellmann, *Die Stellvertretung...*, pp. 109 e ss.; e Mitteis, *Die Lehre...*, pp. 185 e ss.. Cfr., para uma referência mais alargada ao elenco dos defensores desta corrente de opinião e ao modo como se formou *supra*, Parte I, Cap. IV, parágrafo 3.2.

procuração constituiria um acto unilateral[2222]. Fá-lo, no entanto – e no entender do Professor de Kiel – sem qualquer sucesso e de forma puramente escolástica[2223, 2224].

Quanto às razões de conveniência e de justiça subjacentes à ideia de poder de representação SCHLOSSMANN afirma, pura e simplesmente, a respectiva inexistência[2225]. Na verdade, seria impossível pedir contas a uma qualquer teoria que procura explicar as respectivas manifestações através do recurso à ideia de uma força. Quando muito, à questão de saber se e quando é criada a referida força pode responder-se apelando para a vontade do *dominus*. A interrogação acerca das razões mais profundas ou internas da eficácia do poder de representação essas ficariam, todavia, por responder.

Na parte reconstrutiva do respectivo trabalho SCHLOSSMANN defende a tese segundo a qual tanto na representação directa como na indirecta, e na sequência de normas positivas, os efeitos económicos do negócio representativo se produzem unicamente na esfera do património do representado. É esta eficácia jurídica geral (a transmissão dos efeitos económicos) a constituir, no dizer do Professor de Kiel, o efeito jurídico especial da representação[2226, 2227]. Representação a qual não é assim, senão, uma expressão geral para diversas e diferentes manifestações jurídicas cujo único factor comum é o possuírem por conteúdo «o trabalho ou lavor para outrem»[2228].

Como pressupostos do efeito específico do fenómeno representativo SCHLOSMANN elenca os seguintes:

1.º – A existência de uma relação representativa – expressão utilizada pelo autor para apelidar as efectivas relações susceptíveis de implicarem o dever de agir, dentro de certos limites, para terceiro[2229].

[2222] V., Lenel, *Stellvertretung...*, in *Jhering's...*, XXXVI, pp. 13 e ss..

[2223] Schlossmann, *Die Lehre von der Stellvertretung...*, I, pp. 257 e 258.

[2224] Depois de publicado o primeiro dos dois volumes nos quais Schlossmann procura proceder a uma reapreciação global do fenómeno representativo, Hupka, *Die Vollmacht...*, *passim*, e designadamente pp. 23 e ss., e 84 e ss., tentaria, numa obra aclamada por importante sector da crítica de então, consolidar de forma definitiva o conceito de procuração, contestando naturalmente as teses entretanto defendidas a este respeito pelo autor de Kiel. Schlossmann, *Die Lehre von der Stellvertretung...*, II, pp. 419 e ss., haveria, todavia, de ensaiar uma refutação dos argumentos desenvolvidos por Hupka.

[2225] *Idem*, I, pp. 260 e 261.

[2226] Para uma breve recensão acerca do esforço reconstrutivo desenvolvido por Schlossmann pode ver-se, Dniestrzanski, *Die Aufträge...*, I, pp. 76 e ss. e 113 e ss.; e Nattini, *La dottrina...*, pp. 18 e ss.; e, também, Marsico, *La rappresentanza...*, pp. 37 e ss..

[2227] No sentido segundo o qual esta posição de Schlossmann acarreta uma absolutamente injustificada substituição de conceitos pode ver-se, Nattini, *La dottrina...*, p. 19, o qual retomando uma argumentação já presente em Hellmann, recorda como quanto é apelidado por Schlossmann de efeito económico das duas formas de representação – a directa e a indirecta – é depois, sem o autor aduzir qualquer razão para isso, chamado efeito jurídico do fenómeno representativo. Não haverá, porém, ninguém, escreve Nattini, que não veja como, apesar de representação directa e indirecta possuírem efeitos económicos semelhantes, a primeira goza de uma eficácia jurídica bem diversa da associada à segunda.

[2228] Schlossmann, *Die Lehre von der Stellvertretung...*, II, pp. 12 e 13, 16 e ss..

[2229] *Idem*, II, pp. 53 e 54.

2.º – A concreta realização de uma acção, por parte do representante, como consequência do dever imposto pela relação representativa.

3.º – Concordância do comportamento do representante com os deveres emergentes das normas referentes à relação de representação[2230].

Estes pressupostos deveriam encontrar-se reunidos quer na representação directa quer na indirecta. A resposta à interrogação que consiste em saber quando teremos uma ou outra depende de razões de justiça e oportunidade normativa. Tudo com a consequente exclusão de quaisquer considerações de natureza individual e subjectiva.

Em síntese, SCHLOSSMANN concebe a representação como uma figura cujo conteúdo é a realização de negócios alheios – ou o trabalho para outros – e extrai daí as devidas consequências[2231]. A vontade desempenha, segundo o autor, ora um papel irrelevante, ora um papel meramente secundário na configuração do instituto. Tudo se baseia nas necessidades do tráfego jurídico. De acordo com SCHLOSSMANN, a representação abrangeria, assim, todo o vasto âmbito da actuação para outrem, do qual se deveria excluir apenas o contrato a favor de terceiro[2232]. Nesta construção a procuração não encontra, repise-se, qualquer lugar. Ela pode quando muito servir de conceito auxiliar de determinadas operações estritamente jurídicas. Não lhe corresponde, todavia, nenhum conteúdo concreto. É este, aliás, o aspecto central da construção de SCHLOSSMANN. Aqui e ali as teses defendidas pelo jurista de Kiel, na sua rica e ampla obra, comportam pequenas atenuações e desvios. Isso não sucede, porém, com a crítica à noção de *Vollmacht*. Em nenhum outro ponto se nota uma coerência de raciocínio tão grande como a este respeito, a indiciar a profunda convicção sentida pelo autor neste domínio[2233].

II – No cômputo geral, e não obstante se mostrarem dignos de realce em muitos dos seus aspectos, as teses e argumentos de SCHLOSSMANN não podem ser aceites. Se, por um lado, está hoje feita a crítica ao dogma da vontade[2234], o mesmo sucede quanto à

[2230] *Idem*, II, p. 51.

[2231] Assim, e para além de quanto se referiu já *supra* a propósito do modo como o Professor de Kiel concebe a nunciatura, v., Schlossmann, *Die Lehre von der Stellvertretung...*, I, pp. 34 e ss..

[2232] *Idem*, I, pp. 57 e ss..

[2233] Assim, também, Dniestrzanski, *Die Aufträge...*, I, pp. 44 e 45.

[2234] V., por todos, e para além da bibliografia já anteriormente referida a este respeito, Pedro de Albuquerque, *Autonomia da vontade e negócio jurídico... passim*, maxime pp. 31 e ss. e 131 e ss.; Eliseu Figueira, *Renovação do sistema de direito privado*, Lisboa, 1989, pp. 137 e ss., maxime, pp. 140 e ss.; Ferreira de Almeida, *Texto...*, I, pp. 69 e ss., 80 e ss.; e Paulo Mota Pinto, *Declaração...*, pp. 19 e ss., e 23 e ss.. Expressamente contra Schlossmann e em defesa da relevância da vontade

compreensão do negócio jurídico em bases exclusivamente declarativistas e objectivas. A afirmação proferida pelo autor, de acordo com a qual não é por eu me querer vincular que fico obrigado mas por ter despertado no receptor da promessa uma expectativa nesse sentido afigura-se, a nosso ver, insustentável[2235].

O reparo à ideia segundo a qual não pode ser a teoria da confiança na pessoa do *dominus* a fundar, por si só, a representação jurídica é de acolher. Mas não, por não ser, como quer SCHLOSSMANN, o representante a suscitá-la. A tese claudica pura e simplesmente por não ser possível reconduzir, sem mais, manifestações negociais a simples concretizações da confiança[2236], fenómenos normativos ou outros modelos nos quais se prescinda totalmente do consenso[2237].

---

no âmbito do fenómeno representativo v., Max Rümelin, *Das Handeln...*, in *Archiv...*, 1902, 93, pp. 135 e ss., e 139 e ss.; e de forma bem mais sintética Bettermann, *Vom Stellvertretenden...*, p. 21.

[2235] Cfr., por exemplo, Carneiro da Frada, *Teoria da confiança...*, pp. 50 e ss., e 601 e ss..

[2236] Cfr., a este respeito, para além, da bibliografia citada *supra* nota (2124) e quanto aí se referiu, Baptista Machado, *Tutela da confiança e «venire contra factum proprio»*, in *Obra Dispersa*, Braga, 1991, pp. 358, 359 e 377 e ss.; e Sinde Monteiro, *Responsabilidade...*, p. 484; autores estes que movem ambos críticas à moderna reapreciação levada a cabo por Köndgen, *Selbstbindung ohne Vertrag. Zur Haftung aus geschäftsbezogenem Handeln*, Tubinga, 1981, *passim*, e designadamente, pp. 1 e ss., e pp. 118 e ss., 156 e ss. – onde o autor refere a improcedência do consenso como elemento de vinculação – a propósito do contrato, e da sua pretensão de se despedir do modelo contratual clássico. Para além dos dois Mestres citados já nesta nota (Baptista Machado, *Tutela...*, in *Obra...*, I, pp. 353 e ss., *passim*; Sinde Monteiro, *Responsabilidade...*, pp. 478 e ss.) pode, ainda, ver-se na nossa literatura jurídica, a propósito da obra de Köndgen, Ferreira de Almeida, *Texto...*, I, pp. 33 a 35; Paulo Mota Pinto, *Declaração...*, pp. 66, 164 e 165; e Pedro Múrias, *A representação...*, pp. 13, 29 e ss.. Cfr., igualmente mas agora, tão-só, para algumas referências mais ou menos dispersas à posição de Köndgen, Carneiro da Frada, *Contrato...*, *passim*, e pp. 13 e ss., especialmente 20 e ss., onde se refere o reacender da discussão em torno da dogmática jurídica do contrato; Id., *Teoria da confiança...*, pp. 601 e ss. (mas com mais pormenor). Na literatura jurídica alemã encontram-se recensões ou referências à construção de Köndgen, por exemplo, em Ernst Kramer, *Johannes Köndgen, Selbstbindung ohne Vertrag. Zur Haftung aus geschäftsbezogenem Handeln*, in *Archiv für die civilistiche Praxis*, 1982, pp. 469 a 472; Schwenzer, *Köngden, Johannes, Selbstbindung ohne Vertrag. Zur Haftung aus geschäftsbezogenem Handeln*, in *Rabels Zeitschrift*, 1983, pp. 411 a 414; Friedrich Kübler, *Johannes Köngden, Selbstbindung ohne Vertrag. Zur Haftung aus geschäftsbezogenem Handeln*, in *Zeitschrift für das gesamte Handelsrecht und Wirtschaftsrecht*, 1983, 147, pp. 108 e ss.; Harald Herrmann, *Kaufrechtliche Grenzen der Händlerwerbung*, in *Archiv für die civilistiche Praxis*, 1983, pp. 183, 253 e ss.. V., também, Paulo Mota Pinto, *Declaração...*, p. 30, que fala de um ultrapassar da radical polémica entre as teorias da declaração e da vontade, na medida em que as duas posições se foram aproximando nas soluções que propunham para diversos problemas, acordando-se, quanto aos pontos da discórdia restantes, num «armistício», para através da adequada ponderação de interesses, encontrar a mais justa solução para cada problema. Ainda assim, Franz Bydlinski, *Privatautonomie und objektive Grundlagen des verpflichtenden Rechtsgeschäfts*, Viena, 1967, pp. 103 e ss., 122 e *passim*, erigiria como fundamento objectivo do negócio obrigacional o combinar recíproco de vários princípios ordenadores: a autodeterminação, a segurança do tráfico, a equivalência das prestações e a força ética à fidelidade do contrato, acabando por prescindir da consciência da declaração de vontade – cfr., *op. cit.*, pp. 162 e ss., 178 e 226 – e por procurar explicar aquilo a que se tem já chamado de

efeitos contratuais sem contrato (v., Litterer, *Vertragsfolgen...*, 1979, pp. 11 e ss.) ou, noutra terminologia, os tradicionais efeitos *ex lege*, como os resultantes, por exemplo, da procuração aparente ou
da responsabilidade do representante sem poderes, através da técnica negocial – *op. cit.*, p. 226.
Abertura a um sistema móvel no plano contratual revela também, Jan Schapp, *Grundfragen der
Rechtsgeschäftslehre*, Tubinga, 1986, pp. 64 e 65; entre nós, embora sem abdicarem da presença
necessária de elementos subjectivos, Carneiro da Frada, *Contrato...*, pp. 22 e nota (20), e 67 e 68,
nota (131); em certo sentido, também Paulo Mota Pinto, *Declaração...*, pp. 411 e ss., o qual considera dever a declaração negocial conter-se dentro dos princípios e valores da autonomia privada e
tutela da confiança ou da segurança do tráfego, (*op. cit.*, p. 43), mas com um limite: a aceitação
deste sistema móvel depara, entre nós, com a exigência de consciência da declaração nos termos
do disposto no artigo 246.° do Código Civil (não obstante esta pertinente observação relativamente à impossibilidade de uma plena aceitação, perante o nosso direito, e no âmbito dos negócios
jurídicos de um sistema móvel o autor afirma, todavia, não lhe caber, no quadro em que se
movimenta, tomar uma posição definitiva sobre a matéria); Joaquim de Sousa Ribeiro, *O problema
do contrato...*, pp. 68 e ss.. Cfr. por último Antunes Varela, *Das obrigações...*, I, pp. 225 e ss., ao considerar a doutrina legislativa dos contratos assente numa pluralidade de princípios. Contra a orientação propugnada por Bydlinski manifesta-se, sempre entre nós, Ferreira de Almeida, *Texto...*, I,
pp. 67 (cfr., também, mas na doutrina tudesca, e numa perspectiva de fundo completamente diferente da adoptada por Ferreira de Almeida, Canaris, *Vertrauenshaftung...*, pp. 413 e ss. e 431; e Litterer,
Vertragsfolgen..., pp. 18 e 19 e 152). Para uma interpretação do direito contratual num sistema
móvel, pode ver-se, Günther Hönn, *Verständnis und Interpretation des Vertragsrechts im Lichte eines beweglichen
System*, in *Das bewegliche..., cit.*, pp. 87 e ss.; enquanto na nossa literatura jurídica o cenário desta
orientação é traçado, com algum pormenor, por Paulo Mota Pinto, *Declaração...*, pp. 43 e ss..

        [2237] Entre nós foi recentemente proposta, por Ferreira de Almeida, uma compreensão do
negócio jurídico como acto performativo. Para esta orientação a declaração de vontade representa
uma exteriorização linguística, através da qual o agente faz algo – vende, compra etc.. Desta
forma, através da declaração não há uma exteriorização da vontade, mas sim a realização de
alguma coisa. O conceito de vontade poderia, assim, ser erradicado da compreensão da declaração
negocial. Na verdade, Ferreira de Almeida, *Texto...*, I, pp. 61 e ss., 114 e ss., 121 e ss., e 244 e ss.,
que vê na declaração negocial um acto de comunicação, atribui um papel decisivo e central à
noção de compreensão e socorre-se da categoria de acto performativo. A questão principal do
negócio jurídico seria actualmente a dos respectivos limites, o que passaria pela destrinça entre
comportamento juridicamente eficiente e um comportamento juridicamente irrelevante. Em causa
está toda a controvérsia sobre o domínio do contrato e sobre o alcance das relações entre contrato
e delito. Após censurar o apelo à ideia recorrente de vontade e de procurar demonstrar a respectiva
improcedência, Ferreira de Almeida refere as orientações objectivistas que recorrem à comunicação e à compreensão, sem apelar, todavia, para a confiança. A vontade deixa de ser o critério do
negócio jurídico, para dar lugar à compreensão, entendida de acordo com as aportações e
contributos das ciências da linguagem, e que passaria a constituir o fulcro da declaração negocial.
A erradicação da vontade da teoria do direito subjectivo – há muito verificada sem contestação –
deve ter, para o autor, o seu prolongamento na área jurídica vizinha constituída pela relação entre
a ordem jurídica e a autonomia privada. Para isso, Ferreira de Almeida afirma dispor de uma
fundamentação alternativa una: a noção de performatividade. Para uma referência à tese de
Ferreira de Almeida, em termos semelhantes, aos agora expostos, pode ver-se, Paulo Mota Pinto,
Declaração..., pp. 40 e ss., onde se acrescenta também uma breve apreciação crítica sobre a doutrina
dos actos performativos (cfr., igualmente, p. 416, nota (444)). A censura à construção de Ferreira
de Almeida encontra-se feita em termos que julgamos absolutamente convincentes e categóricos.
Assim, e para além de quanto escreve a este respeito Paulo Mota Pinto pode ver-se, Carvalho

A tentativa de pôr em crise a distinção entre representação directa e indirecta através da indicação de uma série de exemplos nos quais se assiste, simultaneamente, à produção de efeitos directos e indirectos é feita, fundamentalmente, com recurso a figuras proporcionadas pelo direito romano, e a nosso ver sem um devido trabalho de reflexão e adaptação a uma época diferente. Ela não pode, por isso, ser transposta, sem mais, para o actual contexto jurídico, e designadamente o português[2238].

Sem se aceitar todos os pressupostos no qual assentam, já se afiguram merecedoras de ponderação as objecções movidas por SCHLOSSMANN à categórica e tradicional distinção entre as figuras do núncio e do representante[2239].

Fernandes, *Teoria...*, II pp. 108 e 109; e, sobretudo, Oliveira Ascensão, *Direito...*, II, p. 100; e Carneiro da Frada, *Teoria da confiança...*, pp. 53 e ss, nota (51), e 622 e ss., nota (884). Não abordaremos por isso a questão. Sempre insistiremos, porém, na impossibilidade, na nossa opinião, e designadamente no direito português, em se prescindir do consenso ou vontade como forma de explicar o fenómeno negocial. De sabor objectivista é, também, a nosso ver, a tese ultimamente proposta entre nós por Paulo Mota Pinto, *Declaração...*, *passim*, especialmente pp. 411 e ss., embora o autor exija sempre um elemento subjectivo mínimo: a consciência de se estar a emitir uma declaração negocial. Apesar da afirmação segundo a qual depois dos estudos de Canaris sobre a protecção da confiança (cfr. *supra* nota (2124), e também, *Tratado...*, I, I, 2.ª ed., p. 339), as orientações «objectivistas» no domínio do das declarações de vontade não mais deverem ser aceites por representarem um retrocesso científico e de continuar a afirmar que nas hipóteses de erro inimpugnável, há protecção da confiança e não autonomia privada efectiva (*op.*, *cit.*, p. 577) – como nos parece de resto certo – Menezes Cordeiro tem vindo progressivamente a afastar-se da compreensão do negócio jurídico assente fundamentalmente na consciência e na vontade e, portanto, também dos pontos de vista expressos na *Boa fé...*, I, p. 521, nota (283). Na verdade, e não obstante, alguns elementos de tensão ou porventura mesmo atrito nas suas posições actuais e dos quais acabámos de dar eco na presente nota, o autor vem alargando os limites do negócio, contentando-se, parece, com a existência de uma declaração em termos de normalidade social. Nos termos do artigo 246.º, ainda quando se demonstrasse a ausência de uma consciência ou vontade do sujeito, não sendo ela visível, haveria eficácia negocial (mas v., *op. cit.* p. 577, onde Menezes Cordeiro apesar de se demarcar de posições assumidas na *Boa fé...*, I, p. 521, no sentido segundo o qual o artigo 246.º do Código Civil não consente a produção de quaisquer tipos de efeitos, nem sequer a título de confiança, ainda assim admite que se em certos casos de declarações não conscientes se produzem efeitos isso será em nome da tutela da aparência). Veja-se, ainda, a interpretação do artigo 236.º, n.º 1, o regime propugnado para as declarações não sérias e a reserva mental até a substituição da inexistência pela nulidade (cfr. *op. cit.*, pp. 553 e ss., 581 e ss., 649 e ss. e 578). A respeito das posições manifestadas ultimamente pelo Mestre v. Carneiro da Frada, *Teoria da confiança...*, pp. 52 e 53 nota (51).

[2238] Mas mesmo no âmbito do direito alemão as observações de Schlossmann no sentido de atacar a distinção entre representação directa merecem reparos. Assim v., Isay, *Geschäftsführung...*, pp. 177 e ss., onde se procede a uma censura quer, por um lado, do entendimento dado pelo Professor de Kiel à ideia de negócios em nome de um terceiro quer, por outro, à alegada dificuldade em se distinguir, no caso concreto, se o autor da declaração está a agir em nome próprio, mas no interesse de outrem, ou se está a actuar em nome e por conta do *dominus*.

[2239] Para mais detalhes v., *infra*.

Quanto à crítica aos reparos movidos por SCHLOSSMANN ao conceito de representação ela encontra-se feita pela doutrina. É certo que o fundamento da eficácia representativa não pode residir no poder de representação. Ela deverá residir, em última análise, no facto gerador de semelhante poder. Nada prova, todavia, não ser o referido facto uma declaração de vontade do *dominus*, dirigida à apropriação dos efeitos futuros dos negócios representativos. Quando se diz gozar A de poderes para representar B quanto se pretende normalmente exprimir é, justamente, a preexistência de uma tal declaração da parte de B. Logo, nem o conceito de poder representativo nem o de procuração têm de ser, necessariamente, como pretende SCHLOSSMANN, noções sem qualquer valor ou conteúdo[2240].

[2240] Cfr., neste sentido, Ferrer Correia, *A procuração...*, in *Estudos...*, II, p. 9. Na doutrina italiana pode, ainda, ver-se Nattini, *La dottrina...*, pp. 23 e 24; Marsico, *La rappresentanza...*, pp. 39 e ss.; enquanto na literatura jurídica de língua alemã é possível confrontar para um juízo crítico acerca deste aspecto da construção de Schlossmann, Hupka, *Die Vollmacht...*, *passim,* maxime pp. 23 e ss.; e Isay, *Geschäftsführung...*, pp. 179 e ss.; Dniestrzanski, *Die Aufträge...*, I, pp. 84 (onde o autor recorda como todos os efeitos jurídicos decorrem da ordem jurídica, de acordo com critérios de justiça e oportunidade, o que não impede de colocar a questão de saber quais os princípios subjacentes à representação e qual a *ratio* da associação ao fenómeno representativo da produção de efeitos jurídicos directos em esfera jurídica alheia. A questão da derivação *ex lege* ou *ex voluntate* dos efeitos negociais é, de resto, um problema por nós já analisado [cfr., a nossa *Autonomia da vontade...*, pp. 26 e ss., e as inúmeras referências bibliográficas aí feitas. Limitamo-nos agora a acrescentar, Menezes Cordeiro, *Da boa fé...*, I, pp. 539 e ss., o qual a propósito da fundamentação da *culpa in contrahendo* considera uma simples saída verbal o remetê-la para a lei, porquanto, em rigor, qualquer solução, preconizada como jurídica, deve apoiar-se na lei; Pedro Múrias, *Representação legal...*, p. 12, e nota (58). Ainda no contexto da *culpa in contraendo*, mas agora no âmbito da literatura jurídica alemã, Ballerstedt, *Zur Haftung...*, in *Archiv...*, 151, p. 505, para quem é puramente positivista a recondução de certos fenómenos – no caso os deveres pré-contratuais – à lei; enquanto Flume, *Rechtsgeschäfts...*, in *Hundert...*, I, 1960, p. 137, considera exigirem a autonomia privada e liberdade contratual, conceptualmente, a ordem jurídica como correlato e ao mesmo tempo recorda encontrar-se, de forma inseparável, o fundamento jurídico para a validade do acto realizado em autonomia privada tanto na configuração autónoma desse acto como na ordem jurídica; e Litterer, *Vertragsfolgen...*, pp. 13 e ss., o qual sublinha, com amplas indicações bibliográficas, a existência de uma cooperação entre a lei e a vontade no estabelecimento dos efeitos jurídico-contratuais. Canaris, *Die Vertrauenshaftung...*, pp. 428 e ss., continua a utilizar a alternativa *ex lege / ex voluntate* como forma de qualificar a responsabilidade pela confiança embora reconhecendo a sua insuficiência. V., ainda, Köngden, *Selbstbindung...*, pp. 103 e ss., e as observações tecidas por Baptista Machado, *Tutela da confiança...*, in *Obra...*, I, pp. 373 e ss., relativamente à contraposição entre responsabilidade *ex lege* e responsabilidade *ex contractu»*] tendo, então, e segundo julgamos, ficado já demonstrada a improcedência de uma qualquer tese que procure reconduzir efeitos jurídicos exclusivamente à acção da lei), e 113 e ss.; Rosenberg, *Stellvertretung...*, pp. 145 e ss., maxime pp. 172 e 173, nota (1); e Flatau, *Ist die Vollmacht...*, in *Beiträge...*, 52, p. 760 e ss.. No sentido segundo o qual o efeito representativo depende simultaneamente da lei e da vontade do representante – mas numa perspectiva em grande parte marcada pela *Repräsentationstheorie* – pode ver-se, Enneccerus-Nipperdey, *Allgemeiner Teil...*, I, II, p. 1115; e Flume, *Allgemeiner...*, II, *Das Rechtsgeschäft...*, p. 753. Tem sido referenciada, por alguma literatura jurídica, como próxima de

3.2. – A construção de ISAY

I – O ponto de partida da tese defendida por ISAY assenta, no essencial, na disciplina do fenómeno representativo, e seus momentos paralelos ou epigonais, oferecida pelo *BGB*. Não obstante, o autor não deixa de procurar uma base tão ampla quanto possível para os pontos de vista por ele expressos[2241]. Na verdade, ISAY procede a uma investigação e análise dos princípios gerais do fenómeno da *Geschäftsführung*[2242], tanto do ponto de vista dogmático como numa perspectiva histórica[2243]. O resultado é a recondução da *Geschäftsführung* a um instituto jurídico unitário, no qual a representação se incluiria como subespécie: a representação é a administração ou condução de negócios alheios através da emissão ou recepção de uma declaração negocial[2244].

Schlossmann, e reconduzindo implicitamente a produção dos efeitos representativos à lei, a posição de Coing, *Staudinger's...*, I, *Allgemeiner...*, comentário prévio ao § 164, p. 943. Não nos parece, todavia, afigurar-se uma tal aproximação correcta (cfr., por exemplo, quanto escreve Coing no comentário prévio ao § 164, p. 944, assim como no comentário ao § 167, do *BGB*, pp. 999 e 990). Em Itália têm sido apontados, nalguma medida, como favoráveis às posições do grande jurista de Kiel, Pachionni e Vivante (embora isso corresponda, porventura, e em vários aspectos, da algum exagero), enquanto Pugliatti não lhe pouparia, nos seus diversos escritos (cfr., em particular, *Idee...*, in *Studi...*, p. 216) significativos elogios (v., no entanto, deste autor, *op., cit.*, pp. 252 e ss., onde, em crítica à tentativa levada a cabo por alguma doutrina de desvalorizar a importância da actuação em nome de outrem e de dar prevalência à lei – à qual caberia a decisão definitiva sobre quem se virá a tornar o titular dos direitos e obrigações – enquanto elemento determinante do fenómeno representativo, se escreve: «*Na realidade todo o fenómeno jurídico é ligado a uma norma legal; mas não apenas a ela, porquanto a norma apenas entra em actuação quando existam os pressupostos de facto que constituam a sua base concreta.*»)

[2241] Para uma análise do pensamento de Isay pode ver-se, entre os seus contemporâneos, Dniestrzanski, *Die Aufträge...*, I, pp. 42 e ss., 68 e ss.

[2242] À letra o termo significará gestão de negócios. Todavia, a expressão tradicionalmente usada para referir o instituto da gestão de negócios é *Geschäftsführung onhe Auftrag*. Para evitar confusões com a nossa figura da gestão de negócios, atendendo ao carácter bastante mais amplo com que Isay utiliza o termo *Geschäftsführung*, e como forma de indicar isso mesmo, propõe-se como tradução «administração de negócios» ou, em alternativa, «condução de negócios» alheios. É que, segundo Isay, *Geschäftsführung...*, *passim*, e designadamente pp. 24, 48 e ss., 107, 132 e ss., o *Tatbestand Geschäftsführung* consiste na intervenção numa esfera de interesses alheia de modo que a prossecução de tais interesses se faz de acordo com uma decisão de vontade própria. O interesse do dono do negócio é o motivo e razão de ser da *Geschäftsführung* e a ele se encontra subordinada a intervenção do gestor. O próprio mandato seria, segundo Isay, de reconduzir à administração de negócios alheios (cfr., *op. cit.*, pp. 19 e ss.).

[2243] Cfr., por exemplo, Isay, *Geschäftsführung...*, *passim*, pp. 6 e ss., 171 e 172, onde o autor se reporta aos ensinamentos e soluções oferecidos nesta matéria pelo direito romano antigo e pretoriano, ou, p. 173, onde para além do *BGB*, Isay alude igualmente ao *ADHGB.* V., ainda, *op. cit.*, pp. 196 e ss., e 310 e ss., relativamente à posição do dono do negócio no direito romano.

[2244] Isay, *Geschäftsführung...*, pp. 166 e 167.

O *ius commune*, recorda ISAY, distinguia consoante os efeitos de um negócio se produziam directamente em esfera jurídica alheia ou necessitavam de um posterior acto de transmissão para o principal. No primeiro caso, assistia-se a uma hipótese de representação directa. No segundo, estava-se perante uma situação de representação indirecta[2245]. Com o decurso do tempo esta classificação haveria de se perder. A doutrina passou a considerar a existência de dois *Tatbestände* distintos em função da diversidade dos efeitos jurídicos de cada um deles. Do ponto de vista jurídico a actuação por conta de outrem mas em nome próprio passou a' ser vista como um fenómeno inteiramente distinto do fenómeno representativo [2246]. Todavia, considera ISAY, a antiga ideia subjacente à classificação da representação em directa e indirecta, segundo a qual ambas seriam manifestações de um mesmo conceito superior, não se afigura completamente desprovida de fundamento ou justificação, ao contrário de quanto pretendem fazer acreditar os autores dos *Motive* ao primeiro projecto do *BGB*[2247]. As duas *figurae iuris* não seriam, na verdade, e de acordo com ISAY, dois casos de *Stellvertretung*, mas sim duas formas de gestão de negócios alheios[2248]. A diferença entre ambas residiria na circunstância de, num caso, o gestor tornar conhecida a relação de gestão – integrando-a na respectiva declaração de vontade – enquanto, no outro, a referida relação não transparece ou decorre da declaração de vontade de quem a emite. Nestes termos, teríamos, numa situação, uma hipótese de *Geschäftsfürung* descoberta ou pública e, na outra, uma *Geschäftsfürung* encoberta[2249].

A diferença entre os dois casos de *Geschäftsfürung* estaria, assim, e no entender de ISAY, na circunstância de na condução ou administração de negócios encoberta o gestor não actuar para o exterior enquanto tal, mas sim em nome próprio; enquanto na gestão descoberta ou pública o comportamento do gestor é levado a cabo em nome do principal[2250].

No mais, a identificação entre representação e *Geschäftsfürung* aberta ou pública pressupõe a impossibilidade de se assistir a um caso no qual esteja presente a primeira mas não a segunda[2251]. Noutros termos, apenas se afigurará

[2245] *Idem*, p. 166.
[2246] V., quanto se referiu relativamente à atitude adoptada a este respeito quer no âmbito dos trabalhos preparatórios do *BGB* quer no próprio Código Civil alemão.
[2247] Cfr., *Motive...*, I, *Allgemeiner...*, § 115, p. 223.
[2248] Isay, *Geschäftsführung...*, p. 167.
[2249] *Idem*.
[2250] *Idem*, p. 168.
[2251] *Idem*.

lícito falar de representação perante situações de administração ou condução de negócios alheios. O *Tatbestand* representativo seria constituído pela administração ou condução de negócios de forma descoberta ou pública; pela emissão ou recepção de uma declaração de vontade em nome de outrem, enquanto *Geschäftsführer*[2252, 2253]. Representação não é, segundo ISAY, e em expressa adesão a alguns dos pontos de vista já manifestados por SCHLOSSMANN[2254], outra coisa senão *Geschäftsführung* na sua relação com terceiros[2255].

A questão sobre quais os efeitos jurídicos ou posição do administrador de negócios, essa, não poderia ser respondida em abstracto. Haveria que distinguir, de um lado, a relação interna entre dono do negócio e *Geschäftsführer* e, do outro, a relação externa com o terceiro[2256]. Trata-se, no dizer de ISAY, de uma distinção claramente demarcada pelo sistema jurídico alemão (*AHGB* e *BGB*).

II – No tocante à procuração ISAY distingue duas situações. A *procuratio* pode, escreve, encontrar-se contida num outro negócio jurídico – hipótese na qual teremos uma *unselbständige (inhärente) Bevollmächtigung* (procuração inerente ou dependente); ou, ao invés, constituir ela própria um negócio jurídico – dando, então, origem a uma *selbständige (spezielle) Bevollmächtigung* (procuração independente ou especial)[2257].

A declaração de vontade do *dominus* dirigir-se-ia, antes de mais, e no entender de ISAY, à autorização de gestão. Saber se dessa autorização resulta uma situação de representação directa ou, ao invés, indirecta[2258], depende, na visão do autor germânico, da análise do conteúdo volitivo veiculado pela referida declaração. O critério distintivo entre as duas formas de *Geschäftsfürung* seria dado pelo interesse do principal. Na verdade, a autorização gestória é, no entender de ISAY,

---

[2252] *Idem*, p. 171.

[2253] Numa tradução directa a expressão significará «gestor de negócios». Neste caso preferimos, contudo, o termo «administrador de negócios».

[2254] Cfr., *supra*, quanto se escreve no parágrafo que imediatamente antecede este.

[2255] Isay, *Geschäftsführung...*, pp. 175 e 176, nota (2). V., porém, os reparos igualmente feitos por Isay às opiniões expressas por Schlossmann.

[2256] Isay, *Geschäftsführung...*, p. 171.

[2257] *Idem*, p. 189. Em sentido algo aproximado, distinguindo dois tipos de procuração, uma abstracta, outra dependente da relação jurídica subjacente à respectiva concessão pode ver-se, Planck, *Kommentar...*, 1.ª ed., I, comentário ao § 167, p. 216; e Konrad Hellwig, *Die Verträge auf Leistung an Dritte. Nach deutschen Reichsrecht unter besonderer Berücksichtigung des Handelsgesetzbuchs. Mit einer Einleitung über das römische Recht und einem Anhang über die Erbverträge zu Gusten Dritter*, reimpressão da edição de Lípsia, 1899, Lípsia, 1980, p. 118, os quais mesmo assim – e em particular Planck ao admitir a existência de uma procuração causal – não escapam, todavia, a sérios reparos por parte de Isay, *Geschäftsfürung...*, pp. 223 e ss..

[2258] Ou eventualmente, ainda, a possibilidade de o *Geschäftsführer* optar por qualquer uma delas.

querida tal como corresponde ao interesse do dono do negócio. Por isso, quando a realização de tal interesse exige que o *Geschäftsführer* possa actuar de forma aberta ou descoberta – ou se se preferir em nome do principal – então a concessão de competência gestória deveria abranger, também, a autorização para uma *offenen Geschäftsführung* e, por conseguinte, o poder de representação[2259]. Em síntese, a procuração não autónoma seria obtida através da análise da declaração de vontade do *dominus* e constituiria, assim, uma parte da declaração de vontade constitutiva do negócio fundamental, da qual não se poderia separar[2260].

ISAY afirma reconhecer a circunstância de a terminologia dominante apelidar de tácita a declaração de vontade obtida através da análise de um conteúdo volitivo implicitamente subjacente a determinado comportamento. Nestes termos, a designada procuração não autónoma seria uma simples procuração tácita[2261]. Como se a *procuratio* fosse retirada do negócio-base, entendido como comportamento concludente, e passasse, a partir daí, a existir como entidade paralela mas totalmente independente. A ser verdadeiro semelhante entendimento, então, e no entender de ISAY, deveria mostrar-se perfeitamente irrelevante o facto de o negócio fundamental ser ou não válido: o negócio-base inválido não perderia a sua qualidade de actuação tácita ou concludente[2262]. Contudo – e abstraindo da circunstância de, também, a procuração independente poder ser o fruto de uma declaração tácita tornando, desde logo, e de acordo com o escritor germânico, falsa a tese que procura reconduzir a *procuratio* não autónoma a uma mera atribuição implícita de poderes representativos – a procuração dependente é, segundo ISAY, uma autêntica parte do negócio fundamental, insusceptível de gozar de vida própria. Se a declaração de vontade se afigurar inválida ou nula; se a vontade declarada no negócio subjacente ou fundamental não beneficiar de condições para subsistir, então, todo o seu conteúdo fica sem efeito – desaparece a possibilidade de através da análise de um conteúdo volitivo inválido se obter uma declaração de vontade válida[2263].

[2259] Isay, *Geschäftsführung...*, p. 189.

[2260] *Idem*, p. 190.

[2261] *Idem*, p. 189.

[2262] *Idem*, pp. 189 e 190.

[2263] *Idem*, pp. 190 e 228 e 229. Com esta construção Isay não pretende defender o carácter causal da procuração. Ao contrário o autor continua a afirmar que, mesmo nas hipóteses de procuração dependente do ponto de vista da respectiva essência se está perante um negócio abstracto. No dizer de Isay a procuração dependente não produz efeitos em virtude de a relação causal à qual estava associada desaparecer ou ser nula mas, antes, na medida em que por ser uma parte integrante de um negócio inválido não pode singrar. Noutros termos, na construção de Isay não existe nunca uma procuração a qual soçobra por falta de causa. Por ser nulo ou anulável o negócio no qual ela se integra não se pode sequer falar de procuração desprovida de base ou relação subjacente e, por conseguinte, inviável: para Isay não há, nestas hipóteses, sequer procuração. A explicação não será eventualmente cristalina mas reflecte o pensamento do autor.

Curiosa afigura-se a construção propugnada por ISAY para aqueles casos nos quais a lei presume a existência de poderes de representação, como se sabe a base ou alicerce no qual LABAND fundara a doutrina da independência integral da procuração e da irrelevância do negócio gestório para o poder de representação e para a *procuratio*[2264]. Vejamos.

No entender do autor a presunção jurídica de existência de um poder de representação do *Geschäftsführer*, consagrada por vezes pelo legislador, baseia-se na observância dos hábitos do tráfego jurídico e na consideração, pelo direito, daquilo que é mais frequente como manifestação de normalidade. Nestes termos, e na ausência de uma regulamentação expressa em sentido contrário, o ordenamento dota os casos individuais das características próprias das hipóteses mais usuais, oferecendo-lhes a respectiva protecção. Protecção concedida em todas as direcções: também o terceiro deve poder confiar no facto de os poderes vulgarmente concedidos o serem igualmente no caso concreto no qual intervém. Assim, se o dono do negócio se pretender desviar da regra (limitando-a ou excluindo-a) segundo a qual, em determinados casos, o *Geschäftsführer* se encontra dotado de poderes de representação deve fazê-lo de modo perceptível para terceiros[2265]. Em qualquer caso, o ponto de partida para apurar da existência ou não de efeitos representativos continua a ser o negócio de gestão e não qualquer pretensa abstracção da procuração. Isto inclusivamente naquelas hipóteses nas quais o ordenamento jurídico vê a actividade do administrador ou gestor, de forma imperativa, como uma *offenen Geschäftsführung*. Nestes casos o poder de representação é, no entender de ISAY, de tal forma considerado parte integrante da autorização gestória que o legislador não admite a possibilidade de se excluir o primeiro sem simultaneamente se suprimir a segunda[2266].

III – A recondução, por parte de ISAY, da representação à *Geschäftsführung* parece proporcionar uma base para o fenómeno representativo. Mas pouco mais[2267]. A ligação entre o poder de representação e o mandato ou relação subjacente essa parece ficar em grande parte por fazer[2268]. Em muitos aspectos ISAY não se conseguiu, na

---

[2264] V., *supra*, Parte I, Cap. IV, parágrafo 3.

[2265] Isay, *Geschäftsführung...*, p. 192.

[2266] *Idem*, p. 193, onde o autor refere como exemplo, e entre outros casos igualmente apontados por Isay, o dispositivo do § 715 do *BGB*.

[2267] Neste sentido v., Dniestrzanski, *Die Aufträge...*, I, p. 43.

[2268] Cfr., Isay, *Geschäftsführung...*, pp. 174 (onde o autor afirma que para saber se se está ou não na presença de um caso no qual existe poder de representação assumem significado decisivo as razões da aceitação da gestão. Deve, no entanto, acrescenta, ter-se presente a possibilidade de o gestor ou administrador de negócios dispor de faculdades gestórias sem poder de representação, ou de possuir poderes representativos sem faculdade de gestão. Ambos são, escreve Isay, conceptualmente distintos), p. 194 (local no qual Isay considera incorrecta a redacção § 168, I, do *BGB*, quando este estabelece a regra segundo a qual a extinção do poder de representação se determina segundo a relação jurídica subjacente à sua concessão. Se a relação básica se extinguir mas as faculdades gestórias permanecerem, então, permanece também, no dizer do autor, o poder

verdade, subtrair ao apelo e atracção das construções de matriz laban-diana. Aqui e ali notam-se importantes concessões a favor da concepção dominante da representação postulada pelo Professor de Conisberga e seus prosélitos. A figura da procuração não autónoma traduz, é certo, uma abordagem do fenómeno representativo oposta à propugnada por LABAND. Porém, o discurso subjacente à construção da procuração independente adapta-se, na perfeição, às teses de cariz labandiano, as quais, como se sabe, acabariam por redundar na ideia de abstracção da procuração e, do mesmo passo, do próprio poder representativo[2269, 2270].

3.3 – A tese de DNIESTRZANSKI

I – Depois de proceder a uma breve abordagem da evolução histórica da *Stellvertretung* (representação) ao longo dos séculos e, bem assim, de analisar e criticar as várias teorias desenhadas durante a se-gunda metade do século XIX[2271] a propósito do fenómeno da repre-sentação directa, DNIESTRZANSKI procura fundar a respectiva tese acerca da figura em análise partindo do ponto mais elementar e básico no qual se poderia eventualmente colocar: o autor começa por deba-ter a questão que consiste em saber se a *represaentatio* constitui um ins-tituto jurídico unitário e autónomo ou se, ao invés, não se afigurará uma simples subespécie de um outro conceito mais amplo[2272]. Em resposta a esta interrogação DNIESTRZANSKI pronuncia-se – contra

---

de representação. Por isso o legislador alemão teria sentido a necessidade de completar o dispositi-vo do § 168, I, com o preceituado, designadamente, nos §§ 169, 674, 729, 1424, 1682 e 1893), e pp. 196 e ss. (relativamente à procuração independente). V., ainda, quanto escreve Dniestrzanski, *Die Aufträge...*, I, p. 43, a propósito da construção de Isay.

[2269] Cfr., Isay, *Geschäftsführung...*, p. 212 (onde se afirma categoricamente que o *BGB* consi-dera a procuração um negócio jurídico independente, como, indubitavelmente, resulta, no dizer de Isay, dos §§ 167 e seguintes) e pp. 223 e ss..V., porém, e também, quanto escreve o autor acerca da duração da procuração independente dirigida ao procurador, cuja vigência, na dúvida, ficaria, tal como a procuração dependente, limitada ao tempo de vida da relação subjacente.

[2270] Assim, também, v., Dniestrzanski, *Die Aufträge...*, I, pp. 44 e 69 e ss., onde o autor procede a um amplo juízo crítico das posições expressas por Isay. Para uma referência um pouco mais detalhada a alguns dos reparos movidos por Dniestrzanski a Isay v. *infra*.

[2271] Cfr., Dniestrzanski, *Die Aufträge...*, I, pp. 9 e ss., e 26 e ss.. Para uma apreciação crítica da obra deste autor v., Theodor Kipp, *1. Joseph Hupka. Die Vollmacht. Eine civilistische Abhandlung mit besonderer Berücksichtigung des deutschen Bürgerlichen Gesetzbuchs. 2 Joseph Hupka. Die Haftung des Vertreters ohne Vertretungsmacht. 3. Stanislaus Dniestrzänsky. Die Aufträge zu Gunsten Dritter. Eine zivilistische Untersuchung mit besonderer Berücksichtigung des österreichischen und deutschen Bürgerlichen Gesetzbuch*, in *Zeitschrift für das gesamte Handelsrecht*, 1906, LVII, pp. 214 e ss..

[2272] Dniestrzanski, *Die Aufträge...*, I, pp. 63 e ss..

SCHLOSSMANN – a favor do primeiro termo da alternativa. A representação é, para ele, um instituto jurídico unitário, numa conclusão cuja prova se extrairia, justamente, da respectiva evolução histórica e modo de imposição.

A forma como lentamente o fenómeno representativo foi abrindo o seu caminho ao longo dos séculos demonstra, na verdade, e no dizer de DNIESTRZANSKI, como este novo conceito jurídico não corresponde a uma artificial abstracção jurídica. Ele traduz-se, antes, na expressão de uma real necessidade da vida jurídica de especial natureza, e na qual encontra a sua razão de ser e respectivo suporte [2273].

Dado este primeiro passo, DNIESTRZANSKI procura encontrar uma base ou fundamento no qual assentar o fenómeno representativo. Para isso, passa em revista a ideia de *Vollführung fremder Geschäft* (execução de negócios alheios) propugnada por BRINZ[2274], a *Geschäftsführung* de ISAY [2275], e a tese do «trabalho para outrem» defendida por SCHLOSSMANN[2276, 2277]. Em qualquer dos casos DNIESTRZANSKI considera infrutífero o trabalho dos mentores das referidas construções.

A BRINZ, DNIESTRZANSKI censuraria a circunstância de existirem casos de execução de negócios alheios insusceptíveis de serem considerados como hipóteses de representação. Além disso, a utilidade da construção de BRINZ afigurar-se-ia duvidosa atendendo à imprecisão reinante na doutrina acerca do conceito de *Vollführung fremder Geschäft*. O próprio BRINZ consideraria ser possível, em termos muito gerais, caracterizar como actuação de outrem aquela que lhe compete ou pertence (*zustehe*)[2278]. Ao que, justamente, DNIESTRZANSKI riposta considerando tal definição como uma manifestação de insegurança para, logo de seguida, perguntar pelo seu significado[2279].

[2273] *Idem*, p. 65.

[2274] Brinz, *Die Lehre...*, in *Kritishe...*, II, pp. 1 e ss.. Note-se que o escrito deste autor é anterior a Laband, e, destarte, a sua tese não se apresenta como uma reacção à construção do fenómeno representativo que se desenharia a partir do escrito do Professor de Conisberga acerca da representação e suas relações com o negócio de gestão.

[2275] Cfr., *supra*, o parágrafo precedente.

[2276] V., *supra*, Parte I, Cap. V, parágrafo 3.1.

[2277] Cfr., Dniestrzanski, *Die Aufträge...*, I, pp. 68 e ss., 76 e 77.

[2278] Brinz, *Die Lehre...*, in *Kritische...*, II, p. 3, para acrescentar depois: «(...) *delitos não competem a ninguém; não há representação nos delitos*.»

[2279] Mais concretamente, Dniestrzanski, *Die Aufträge...*, I, p. 68, nota (2), pergunta pelo significado jurídico da expressão *«Zuständige Handlungen»* (em linguagem jurídica nacional *Zuständig* significará normalmente «competente». Nos dicionários alemães-portugueses aparece também como tradução: próprio, legítimo responsável. No *Langenscheidts Großwörterbuch* indica-se

BRINZ acrescenta é certo que por «competentes actuações» se refere primordialmente às compreendidas na aquisição, conservação, aumento, alienação e consumo de um património. Mas nem estas subsequentes explicações de BRINZ merecem melhor acolhimento por parte de DNIESTRZANSKI. Na verdade, este último autor considera tratar-se de meros exemplos os quais já não corresponderiam às ideias vigentes ao tempo em que escrevia porquanto apenas têm em vista situações patrimoniais ignorando as demais. Por isso, afigurar-se-ia igualmente incorrecta a afirmação de BRINZ, segundo a qual o património de uma pessoa apareceria como algo a que determinados negócios pertencem. Quanto à estatuição de que tal como se diz pertencerem determinadas coisas a certas pessoas, também se pode dizer serem certas actuações negócios de uma certa pessoa (*alicujus negotia*) «*na medida, agora, que os negócios de uma certa pessoa são por outra executados trata-se também da realização de actuações alheias, de negócios* alteria negotia, aliena negotius»[2280], tratar-se-ia de uma bonita comparação mas não de uma qualquer explicação directa[2281].

A construção de ISAY colmataria, no entender de DNIESTRZANSKI, algumas das falhas imputáveis a BRINZ. Não obstante, também, ela sofreria de deficiências assinaláveis.

Em primeiro lugar, o conceito de *Geschäftsführung* afigurar-se-ia, por demasiado amplo, uma simples fórmula vazia na qual se agrupariam figuras cujos pontos de contacto seriam ora nulos ora extremamente escassos. Ele mostrar-se-ia, destarte, insusceptível de fornecer uma base unitária na qual pudesse repousar o instituto da representação voluntária[2282].

Em segundo lugar, ao considerar os efeitos gerais decorrentes de cada *Geschäftsführung* como pretensamente resultantes do princípio geral da execução ou condução de interesses alheios, a posição de ISAY apenas poderia ser aceite *cum grano salis*. Não necessita, por exemplo, no dizer de DNIESTRZANSKI, de qualquer prova ou demonstração particular a afirmação de acordo com a qual dever de responsabilidade e lealdade ou fidelidade não resulta do conceito de *Geschäftsführung* mas antes, e na realidade, dos princípios gerais da responsabilidade fundada em culpa[2283, 2284].

Mas os outros argumentos de ISAY careceriam igualmente de fundamento[2285]. É certo que, conforme refere este autor, o *mandatum* vincula, mesmo quando conduzido fora do quadro ou moldura nele fixada, conquanto

---

como sentido do verbo *zustehen*: ter o direito a algo, receber algo. Optámos por verter a expressão «*Zuständige Handlungen*» por «competentes actuações ou comportamentos» especificando, neste caso, a palavra competência ou competente a ideia de pertença).

[2280] Brinz, *Die Lehre...*, in *Kritishe...*, p. 3.

[2281] Dniestrzanski, *Die Aufträge...*, I, p. 68, nota (2).

[2282] *Idem*, pp. 69 e 70.

[2283] *Idem*, pp. 71 e ss., onde o autor reconduz sempre diversos dos supostos ou possíveis efeitos da *Geschäftsführung* a princípios ou figuras gerais de direito. Em particular a tentativa de Isay de reconduzir algumas das consequências do mandato, não ao contrato em si mesmo, mas à *Geschäftsführung* é objecto de censuras severas por parte de Dniestrzanski.

[2284] Alguns destes deveres são, hoje, como é sabido, parte da realidade integrada na noção de deveres acessórios.

[2285] Dniestrzanski, *Die Aufträge...*, I, pp. 73 e ss..

a actuação do mandatário se venha a revelar *utiliter*[2286]. Isso não significa, todavia, e no entender de DNIESTRZANSKI, não decorrerem os efeitos do mandato mas sim da *Geschäftsführung*. Ao contrário, eles encontrar-se-iam num estreito vínculo com o contrato de *mandatum*. A divergência relativamente ao pactuado apenas é consentida nos casos estipulados por lei e não consistiria senão na manifestação do princípio de diligência necessariamente subjacente a toda a actuação contratual ou negócio jurídico. Nestes termos, não se afigura em nada necessário recorrer a um conceito especial de *Geschäftsführung* para explicar o mecanismo do § 665 do *BGB*[2287].

Próxima da tese da *Geschäftsführung*, e igualmente infundada, afigura-se, segundo DNIESTRZANSKI, a construção de SCHLOSSMANN. Conforme houve já oportunidade de se demonstrar[2288], SCHLOSSMANN concebe a representação como uma simples expressão geral de diversas manifestações jurídicas cujo único denominador comum consiste no terem por conteúdo a realização de um trabalho para outrem. Nestes termos, SCHLOSSMANN renuncia à compreensão da representação como um instituto unitário e independente, cabendo à ordem jurídica configurar cada caso individual de acordo com critérios de oportunidade e justiça. Segundo o Professor de Kiel, a propriedade ou aptidão de alguém para produzir efeitos jurídicos em esfera jurídica alheia poderia depender ou estar ligada a relações factuais[2289]. Relações factuais, que no dizer de SCHLOSSMANN corresponderiam à posição do mandatário, do gestor de negócios, do tutor, do curador, do empregado, do assalariado, do agente comercial ou comissário, do associado, do funcionário público ou municipal, do órgão de uma corporação ou fundação, do parente, etc.[2290, 2291].

Pretendesse alguém – escreve DNIESTRZANSKI – desenvolver de forma coerente esta tese então chegaria, necessariamente, a uma teoria geral do negócio de trabalho ou lavor, a qual prescindiria de uma qualquer abordagem da figura da representação. Tudo numa consequência que levaria à completa negação do fenómeno representativo pois deixaria de se poder falar de *Vertretung* (representação) para se passar a tratar do *Arbeitsgeschäft* (negócio laboral, de trabalho ou lavor[2292]). Contudo, afirma DNIESTRZANSKI, nem todo o trabalho ou lavor para outrem se mostra adequado ao preenchimento do *Tatbestand* jurídico

---

[2286] Assim, v. § 665 do *BGB* e artigo 1162.º do Código Civil português. A respeito da interpretação a dar a este preceito v. quanto se escreve *infra*.

[2287] Dniestrzanski, *Die Aufträge...*, I, p. 73.

[2288] V., Parte I, Cap. V, parágrafo 3.1.

[2289] Schlossmann, *Die Lehre von der Stellvertretung...*, I, p. 41.

[2290] *Idem*, I, p. 42.

[2291] Não deixa de ser curiosa a circunstância, de resto devidamente assinalada pela doutrina alemã, de Schlossmann se referir às situações mencionadas no texto como relações de facto.

[2292] A expressão *Arbeitsgeschäft* poderia, à primeira vista, traduzir-se de forma mais adequada por negócio laboral. A verdade é que semelhante expressão tem uma conotação susceptível de conduzir à respectiva associação com pactos cujo objecto seja a prestação de trabalho subordinado. É, todavia, bem mais amplo o domínio do *Arbeitsgeschäft* subjacente à construção de Schlossmann. Ele abrange praticamente todo o tipo de trabalho ou desempenho de tarefas para outrem. Preferimos, por isso, a tradução negócio de «trabalho ou lavor».

da representação. A representação jurídica tem, quer do ponto de vista histórico quer numa perspectiva conceptual, as suas fronteiras dirigidas para fora. Uma actuação a qual não se encontra determinada a produzir efeitos exteriores poderia, eventualmente, ser considerada como representação em sentido popular, mas já não tomar-se como representação jurídica[2293].

II – Uma vez rejeitadas as teorias de BRINZ, ISAY e SCHLOSSMANN, DNIESTRZANSKI renega, igualmente, a *Repräsentationstheorie*[2294] – em particular na configuração a ela emprestada por ENNECCERUS e HUPKA[2295] e, por conseguinte, naquela que haveria de ser considerada como a sua máxima e mais perfeita expressão – e, bem assim, a ideia de abstracção da procuração a ela associada[2296]. Dados estes passos, DNIESTRZANSKI assenta a figura da representação voluntária no conceito do mandato. Com isto o autor encontra quanto considera ser uma base material para o fenómeno representativo. Não o faz, todavia, retornando, sem mais, à velha teoria da identidade entre o mandato e a representação[2297].

III – Antes de mais – e depois de uma rigorosa análise, quer de natureza histórica quer dogmática, na qual o *mandatum* é delimitado e confrontado com figuras próximas, especialmente o contrato de trabalho – DNIESTRZANSKI descobre no mandato uma característica específica própria deste tipo jurídico, e ausente de todos os outros pactos: a circunstância de ele ter por conteúdo o estabelecimento de relações jurídicas com terceiros[2298, 2299]. É que, se o *mandatum* se revela, designadamente, e desde Roma, uma forma de constituir um vínculo jurídico entre o mandante e o mandatário ele tem, igualmente, por objectivo o estabelecimento de ligações e contactos jurídicos com sujeitos exteriores ao contrato. Quer dizer, aos olhos de DNIESTRZANSKI, o mandato não constitui apenas um pacto inter-

---

[2293] Dniestrzanski, *Die Aufträge...*, I, pp. 76 e nota (4), e 77.

[2294] *Idem*, pp. 106 e ss..

[2295] Em particular acerca da construção de Hupka v., *infra*, Parte I, Cap. VI.

[2296] Dniestrzanski, *Die Aufträge...*, I, pp. 87 e ss., preocupar-se-ia, em especial, em demonstrar a improcedência da argumentação de Laband e de Lenel a este respeito.

[2297] Isso mesmo é, de resto, expressamente afirmado pelo próprio Dniestrzanski, *Die Aufträge...*, I, pp. 114 e 115.

[2298] Dniestrzanski, *Die Aufträge...*, I, pp. 285 e ss., designadamente, pp. 287, 289, 291, 293.

[2299] Ao mesmo tempo o autor contesta, de forma veemente, que o mandato tenha como característica a gratuitidade e não obstante quanto se dispõe no § 662 do *BGB*. Cfr., Dniestrzanski, *Die Aufträge...*, I, pp. 291 e ss., 333 e ss..

no entre contraentes mas, também, e preferencialmente, uma relação a considerar em função de uma perspectiva externa. KUNTZE – cujo ensinamento DNIESTRZANSKI subscreve[2300] – referiria a propósito da figura do contrato[2301] não estar na unificação de vontades o critério ou índice do contrato, mas antes no modo e efeito dessa unificação. No contrato, as vontades das partes não se limitam a coincidir num objectivo comum. Em homenagem ao fim a alcançar elas ligam-se, encadeiam-se e concatenam-se, mutuamente, formando, em conjunto, uma unidade viva, como se tivessem nascido uma com a outra, numa subordinação recíproca e insusceptível de separação ou dissolução. Apenas como vontade de vinculação tem esta união sentido, porquanto sem ela o fim ou objectivo pretendido não poderia ser alcançado.

No mandato de direito clássico não é, segundo DNIESTRZANSKI[2302], possível falar, ainda, de semelhante vontade de adstrição. Aí começa por existir, apenas, uma união de vontades. Contudo, com a aceitação dos deveres decorrentes do mandato teremos, tão-só, uma *res integra* incompleta. A ênfase ou energia plena da relação jurídica reside na ligação ao terceiro. Com a sua entrada manifesta-se, então, sim a vontade de vinculação. Era assim, no dizer de DNIESTRZANSKI, com o mandato real do direito antigo; era também assim, e principalmente, com a figura geral do mandato clássico na medida em que, em regra, este se dirigia à celebração de negócios com terceiros. Contudo, enquanto apenas se reconheciam, no essencial, formas de representação indirecta, a orientação das mesmas para o exterior permaneceu mais ou menos silenciosa[2303]. Com o reconhecimento genérico da representação directa semelhante orientação veio, todavia, plenamente à luz do dia[2304]. Na verdade, e para empregar as palavras de DNIESTRZANSKI, os obstáculos postos pelo direito romano à plena percepção da natureza do mandato caíram com a admissibilidade do fenómeno representativo imediato[2305]. Ver no moderno contrato de *mandatum* somente uma relação jurídica entre o mandante e o mandatário é, por isso, erróneo[2306]. A ciência jurídica

---

[2300] Dniestrzanski, *Die Aufträge...*, I, p. 290.
[2301] Johanes Emil Kuntze, *Der Gesammtakt, ein neuer Rechtsbegriff*, in *Festgabe der Lipsiaer Juristenfakultät für Otto Müller zum 14. Mai 1892*, Lípsia, 1892, p. 44.
[2302] Dniestrzanski, *Die Aufträge...*, p. 290.
[2303] *Idem*, p. 291.
[2304] *Idem*.
[2305] *Idem*.
[2306] *Idem*, pp. 293 e 294.

actual deveria antes acentuar a circunstância de os vínculos internos, resultantes do mandato, se dirigirem ao estabelecimento de uma ligação ou conexão com um terceiro e terem em vista a produção, na esfera do *dominus*, dos efeitos jurídicos do negócio celebrado pelo mandatário[2307].

Esta orientação para o exterior e a inclusão do terceiro numa relação jurídica na qual não tem, do ponto de vista factual, imediatamente perante si o outro contraente – e onde se depara, destarte, com uma situação jurídica heterogénea analisável em várias relações jurídicas sujeitas aos mesmos ou semelhantes princípios – foi explicada, pela doutrina dominante, através da exclusiva referência à ideia de representação. Na medida em que DNIESTRZANSKI coloca como base ou fundamento da representação a ligação a uma relação com um terceiro poder-se-ia considerar a tese do mandato propugnada por este autor como não muito distante da defendida pela *communis opinio*. A noção moderna de mandato é, porém, e nas próprias palavras de DNIESTRZANSKI, um conceito diferente da simples ideia de representação. A representação é, enquanto tal, para DNIESTRZANSKI, um instituto de efeitos jurídicos (*die Stellvertretung als solche ist ein Institut rechtlicher Wirkungen*); o mandato, em contrapartida, afigura-se um instituto de causas ou motivos jurídicos (*ein Institut rechtlicher Ursachen*)[2308]. A representação dirige-se primariamente a consequências jurídicas, todavia, é fundada através da orientação para um terceiro. Esta ligação com relações jurídicas nas quais participam terceiros constitui o objecto imediato do mandato de DNIESTRZANSKI, e a ele associam-se em segunda linha as consequências jurídicas para o contraente. A existência de uma zona de comunicação ou conexão entre mandato e representação parece, assim, nas próprias palavras de DNIESTRZANSKI, evidente. Todavia, quando se pretende tomar como ponto de partida a ligação a um terceiro não se deve operar com a noção de representação mas sim com a de mandato[2309].

IV – Clarificados ou explicados, de um ponto estritamente jurídico, o sentido e alcance da figura do contrato de mandato – fundamento do fenómeno da representação – como acordo dirigido ao estabelecimento de relações com terceiros, DNIESTRZANSKI passa

---

[2307] *Idem*, p. 294.
[2308] *Idem*, p. 295.
[2309] *Idem*.

a procurar encontrar uma base, mais profunda, de natureza social e económica, para a especial configuração deste contrato e para a sua redução a determinados pontos de vista. Base encontrada pelo autor nos negócios de organização económica de STEINBACH[2310, 2311]. De acordo com este último, nem todos os contratos têm por objecto a transferência ou o gozo de coisas a título oneroso ou gratuito, ou a prestação de trabalho ou serviços. No seu conjunto, as várias figuras negociais não se deixam apenas reconduzir às duas grandes categorias da permuta ou doação, à afectação gratuita ou onerosa de bens. Na vida económica existem contratos cujo fim é bem diverso. O seu conteúdo não é transmissão de bens, mas a formação e o complemento dos vários sujeitos[2312]. Por isso a sua designação: negócios de organização económica[2313].

[2310] Cfr., Steinbach, *Rechtsgeschäfte der wirtschaftlichen Organisation,*Viena, 1897, pp. 1 e ss.

[2311] Dniestrzanski, *Die Aufträge...*, I, p. 297.

[2312] A especificação de quanto se deve entender, de acordo com Dniestrznaski, por formação e complemento de um sujeito económico pode deduzir-se do conjunto de considerações tecidas pelo autor a propósito do fenómeno representativo em diversos locais do seu escrito (cfr., Dniestrzanski, *Die Aufträge...*, I, pp. 77 e ss., e 297 e ss.). Dniestrzanski contesta a radical separação operada por Jhering, *Mitwirkung...*, in *Gesammelte...*, I, pp. 122 e ss., entre representação fáctica e representação jurídica. Admite, no entanto, como fundada a ideia segundo a qual existe um conceito popular – ou se se preferir vulgar – não jurídico de representação. Esta representação em sentido comum vive à margem da ideia de negócio e retrata apenas um aspecto real da relação representativa. O reconhecimento da existência desta dita representação em sentido vulgar, em contraponto ao fenómeno representativo essencialmente jurídico, não permite, é certo, estabelecer uma separação entre aspectos fácticos e aspectos jurídicos porquanto os elementos da primeira também assumem significado para a segunda. Não deixa de ser, mesmo assim, verdadeiro, segundo Dniestrzanski, que entre os casos de representação de todos os dias existem dois tipos bem distintos. Um abrange os comportamentos materiais que assumem efeitos económicos ora no espaço do dono do negócio ora na esfera do sujeito actuante. O outro refere-se aos casos que ultrapassam este círculo económico restrito e se dirigem ao de terceiros. A diferença entre eles parece evidente. Os sujeitos económicos, atenta a organização da produção necessitam da cooperação e do trabalho de outros. Essa cooperação alcança-se, em primeiro lugar, através da utilização por parte do titular da esfera económica de outras pessoas que exercerão as respectivas funções no seio da referida esfera, afectando-a directamente, e dentro dela devendo permanecer de forma exclusiva. Neste sentido pode dizer-se que um sujeito económico de algum modo substitui ou representa o *dominus* de determinada economia. Estabelece-se, assim, simplesmente uma relação entre duas economias. Uma pessoa necessita de uma prestação, a outra realiza-a. É esta actividade para outrem a oferecer--nos a noção de representação em sentido económico. Pense-se, e entre muitos outros, no exemplo do pai que contrata um professor para, em sua substituição, ensinar o filho a ler. Pense-se, também, nas hipóteses nas quais alguém desenvolve uma actividade na sua própria esfera de trabalho, como acontece com a prestação realizada pelo artesão na sequência de uma encomenda alheia. Atendendo ao facto de estes «representantes» não entrarem em quaisquer relações com um terceiro apenas se pode falar em representação económica, não em representação jurídica. De representação jurídica poderá falar-se, tão-só, quando o *dominus* mandata outrem para estabelecer relações jurídicas com um *tertius*. A representação económica transforma-se, assim, em jurídica quando deixar de se encontrar dirigida para dentro, e passar a referir-se e a envolver terceiros.

[2313] Steinbach, *Rechtsgeschäfte...*, pp. 2 e ss..

Bem vistas as coisas, a organização económica deles resultante assume relevância jurídica especial quando se encontrarem dirigidos para o exterior[2314]. Uma análise cuidada mostra como os vários casos agrupados por DNIESTRZANSKI, na figura do mandato, em virtude da sua relação com um terceiro, cabem, de acordo com o autor, na noção de negócios de organização económica. Eles são no seu conjunto unificados através de um fim social e económico e fundidos numa categoria de grau mais elevado[2315]. A respectiva expressão jurídica seria o mandato, enquanto a sua forma, igualmente jurídica, consistiria numa união ou acordo de vontades com efeitos para terceiros[2316].

Uma vez que o mandato aparece como um negócio de organização económica encontrar-se-lhe-iam associados todos os efeitos característicos deste tipo de convenções[2317]: a proibição de obtenção de vantagens pessoais[2318]; a obrigação de ressarcimento de despesas e danos[2319]; a restrição da responsabilidade à culpa em concreto[2320].

De salientar e sublinhar é, segundo DNIESTRZANSKI, a circunstância de associado a este contrato de mandato se encontrar realmente uma vinculação[2321]. A circunstância de o mandato poder conter uma autorização ou permissão não é, no dizer do autor, disso impeditiva. Na generalidade dos contratos a permissão é insusceptível de se separar dos outros deveres igualmente emergentes do programa contratual. Naqueles casos em que, de facto, é conferida uma simples autorização, então, não existe nenhum *mandatum*. Neste o *Dürfen* e o *Sollen* fluem em conjunto. O facto de, porventura, se deixar mão livre ao juízo do mandatário não é disso impeditivo. Isto devido à circunstância de o livre alvedrio do *mandatarius* ser condicionado por determinados limites impostos ou reconhecidos por lei.

As fontes oferecem, aliás, e segundo DNIESTRZANSKI, exemplos bem instrutivos. Assim, e de acordo com *Ulpianus, Libro XXXI. ad Edictum* – D., 17, 1, 6, § 2: «*Si passus sim, aliquem pro me fideiubere, vel alias intervenire, mandati teneor et, nisi pro invito quis intercesserit, aut donandi animo aut negotium gerens, erit mandati actio*», ou *Libro X. Disputationum* – D., 50, 17, 60 «*Semper qui non prohibet pro se intervenire, mandare creditur*».

Em ambos os casos referidos por *ULPIANUS* o *pati* e o *non prohibere* valem como uma declaração tácita de mandato[2322]. Num dos casos o *mandatum* é cumprido imediatamente pelo mandatário razão pela qual se não põe a

---

[2314] Dniestrzanski, *Die Aufträge...*, I, p. 297.
[2315] *Idem.*
[2316] *Idem.*
[2317] *Idem.*
[2318] Steinbach, *Rechtsgeschäfte...*, pp. 4 e 5, 15 e ss..
[2319] *Idem*, pp. 43 e ss..
[2320] *Idem*, pp. 54 e ss..
[2321] Dniestrzanski, *Die Aufträge...*, I, pp. 298 e ss..
[2322] *Idem*, p. 299.

questão de saber se ele se encontra vinculado ou apenas legitimado a intervir por conta do mandante. Em qualquer caso o resultado definitivo seria o de nos casos de simples permissão o mandante poder reclamar a realização do negócio autorizado conquanto se mostre firme a susceptibilidade de a atitude do autor da permissão ser vista como uma declaração tácita para a aceitação de um mandato[2323].

V – Quando se comparam os contornos do poder de representação voluntária ou *Vollmacht* com o *mandatum* de DNIESTRZANSKI, com a sua ligação a um terceiro, surge, naturalmente, e como o próprio autor o consigna, a questão de saber se não se está simplesmente a substituir uma expressão por outra e se não se termina, de uma forma ou outra, precisamente na mesma situação ou perspectiva que a defendida pela *communis opinio*[2324]. A resposta para esta interrogação é, segundo o DNIESTRZANKI, negativa: no seu amplo sentido o *mandatum* abrange todos os negócios vocacionados para originar ou provocar uma relação jurídica com um terceiro. Não há assim nenhum motivo para, à luz da construção de DNIESTRZANSKI, se perguntar se o *dominus* fica directa ou indirectamente vinculado pelo acto realizado pelo mandatário. Além disso, na tese de DNIESTRZANSKI o *mandatum* abrange igualmente o contrato a favor de terceiro, algo, portanto, bem distinto do poder de representação. Finalmente, de acordo com a *communis opinio,* a *Vollmacht* – entendendo-se por tal a procuração ou poder de representação voluntária – é vista como uma realidade pairando sobre o negócio subjacente à concessão dos poderes de representação, sem, todavia, tomar parte na respectiva existência. Isso não sucede, porém, com a figura do mandato de DNIESTRZANSKI, o qual corresponde ao próprio negócio-base ou fundamental, com a sua constante orientação para os terceiros[2325]. Numa síntese, o *mandatum* surge como um verdadeiro contrato dirigido em duas direcções distintas. De um lado, para o estabelecimento de um vínculo jurídico meramente interno entre o mandante e o mandatário, do outro, para

---

[2323] *Idem*. Parece assim de impugnar a posição de Isay, *Geschäftsführung*..., pp. 199 e ss., especialmente pp. 201 e 202, segundo o qual, o direito romano teria conhecido casos de permissão de condução ou administração de negócios traduzidos numa simples permissão independente de qualquer vínculo jurídico ou dever. Isso mesmo havia já sido sustentado por Lenel, *Stellvertretung*..., in *Jhering's*..., XXXVI, p. 61, nota (2), o qual afirma como, nos casos em que o mandante deixa liberdade ao mandatário para realizar ou não o encargo, o contrato nasce precisamente com a realização, por parte do *mandatarius*, da incumbência que lhe foi atribuída.

[2324] Dniestrzanski, *Die Aufträge*..., I, p. 301.

[2325] *Idem*, pp. 301 e 302.

fora, para o exterior. Nele manifestam-se três partes – o *dominus* ou mandante[2326], o mandatário e o terceiro –, as quais se podem interlaçar ou ligar de diferentes modos:

a) o constituinte celebra um contrato com um terceiro. É o primeiro quem adquire directamente = representação directa;

b) o mandatário entra num negócio com um terceiro. É o mandatário quem adquire em primeiro lugar = representação indirecta;

c) o outorgante do poder participa num negócio com o detentor do referido poder. Quem adquire directamente é um terceiro = contrato a favor de terceiro[2327].

VI – A tese de DNIESTRZANSKI apresenta, a nosso ver, alguns aspectos meritórios. A concepção, na esteira de KUNTZE, do contrato como uma unidade viva é um dado a reter. Unidade viva a qual, por ser isso mesmo, poderá porventura dirigir-se, simultaneamente, em várias direcções distintas. A referência ao contrato de organização poderá, eventualmente, apresentar, também, algumas virtualidades. Mais nublosa parece a referência ao contrato de mandato. Este surge na terminologia e dogmática jurídicas como o fruto de uma tradição milenar dotado de características e configuração próprias[2328]. Contudo, o *mandatum* de DNIESTRZNASKI não corresponde nem ao do direito romano nem ao do direito alemão[2329], nem tão-pouco ao do direito francês. Ao propor, assim, como fundamento da representação uma noção designada através de um termo que tem na ciência jurídica um significado claro, límpido e preciso, DNIESTRZANSKI não pontifica pela clareza e oferece o flanco à crítica[2330]. Em particular a inclusão na noção do

---

[2326] A que Dniestrzanski chama também *Machtgeber* (autor do poder, constituinte), por confronto com o *Machthaber* que seria o mandatário.

[2327] Dniestrzanski, *Die Aufträge...*, I, p. 302.

[2328] Para uma alusão ao percurso histórico trilhado pelo contrato de *mandatum* ao longo dos séculos v., Pessoa Jorge, *O mandato...*, pp. 33 e ss.; Provera, *Mandato...*, in, *Enciclopédia...*, XXV, p. 311. Especificamente quanto ao mandato romano v., para além de quanto se refere nas obras agora acabadas de citar, e as várias outras por nós já citadas ao longo deste nosso estudo, Giannetto Longo, *Mandato (diritto romano)*, in *Novíssimo Digesto Italiano*, 1964, X, pp. 105 e ss..

[2329] Neste sentido, também, cfr., Seeler, *Vollmacht...*, in *Archiv...*, XXVIII, p. 10, nota (6). V., ainda quanto escreve, Theodor Kipp, *1. Joseph Hupka. Die Vollmacht...*, in *Zeitschrift...*, 1906, LVII, pp. 217 e ss..

[2330] Crítica directa que, de resto, refira-se, passa nalguns casos pela simples repetição dos argumentos de cariz positivista, utilizados como forma de provar a pertinência da *Repräsentationstheorie* e da doutrina da abstracção da procuração. Assim v., por exemplo, Nattini, *La dottrina...*, p. 30, o qual escreve categoricamente: *«Não é de hoje que se fala de positivismo jurídico; apliquemo-lo, portanto, um pouco! Pedra fundamental do método positivo é o dogma da causalidade; causa e efeito são correlativos, onde está o segundo está a primeira, a efeitos iguais correspondem causas iguais, ou melhor corresponde a mesma causa.*

Ora se em conjunto com relações tão diversas como o mandato, a sociedade, a locatio operarum*, as relações de família, se vêem fenómenos representativos por que razão se não deverá dizer que em todas estas relações se verificou aquele* quid *no qual o direito objectivo reconhece o fundamento do fenómeno representativo?*

Nem vale a pena responder que esse quid *é constituído pelas singulares relações de gestão a partir do momento em que todas têm a qualidade de constituir fundamento da representação; porque é demasiado fácil rebater que das duas uma: ou estas relações são em tudo iguais e então não se compreende por que razão o legislador as quer manter distintas repetindo-se inutilmente, ou estas relações têm de comum apenas a qualidade acima referida, mas no resto são diversas, e então não podemos limitar-nos a responder que são relações diversas com uma qualidade igual, porque é necessário, por imposição lógica, que essa qualidade que se repete em relações diferentes tenha a sua causa específica.*

Seria bem estranho que um químico o qual notando que substâncias diversas se comportam de forma igual sob a acção de um determinado reagente, e encontrando dificuldade em determinar o elemento comum dissesse, sem mais, ter encontrado substâncias diversas, mas que têm a propriedade de se comportar igualmente à prova de determinado ácido; e, no entanto, é esse o procedimento lógico dos mencionados doutores» (Nattini reporta-se a Seeler e a Dniestrzanski).

«Nem vale a pena dizer-se que a causa específica da representação consiste na circunstância de serem as várias relações fundamentais contratos de gestão, de terem em comum esse objecto: a gestão de negócios alheios, pois pode acontecer – e isso parece-me decisivo – que esses mesmos contratos de gestão existam sem representação (...). Portanto, o negócio de gestão embora permanecendo como tal pela sua qualificação económica e jurídica pode ter, ou não, a companhia da representação, mas com isso a relação de causalidade esfuma-se, perde o carácter de necessidade que é a nota fundamentalíssima da relação causal.

De tudo isto deriva que não é o negócio de gestão a base da representação, mas que esta é constituída por um quid *que se pode encontrar ou não no negócio de gestão.»* A argumentação de Nattini – aliás mais ou menos recorrente em todos os defensores da abstracção ou autonomia da procuração (entre os quais o próprio Laband, *Die Stellvertretung...*, in *Zeitschrift...*, X, p. 205, o qual começa justamente por assentar a sua construção na constatação da existência de casos de mandato desprovidos de representação [cfr., *supra*, Parte I, Cap. IV, parágrafo 3]. V., ainda e a título exemplificativo, Saggese, *La rappresentanza...*, p. 77), ao ponto de constituir um dos principais pontos de apoio a favor da ideia de autonomia da procuração – fala, todavia, por si. Ela é directa e expressamente tributária de uma visão positivista do direito. A rejeição desta orientação importará igualmente na negação da argumentação da posição do autor italiano. Aliás, são múltiplos os exemplos fornecidos pelo direito (como o reconhecem alguns dos partidários da ideia da autonomia e abstracção da procuração, de entre os quais se pode referir a título exemplificativo, Ferrer Correia, *A procuração...*, in *Estudos...*, II, p. 11) onde se assiste à produção de efeitos jurídicos idênticos através de figuras jurídicas bem distintas. Tudo sem necessidade de se encontrar um qualquer *quid* a elas exterior para explicar os referidos efeitos. Assim a aquisição ou transferência da propriedade pode resultar de compra e venda, do usucapião, da acessão de doação, de troca ou permuta, da ocupação, da venda judicial, etc. (cfr., Pedro de Albuquerque, *Autonomia...*, pp. 35 e ss.; e Menezes Cordeiro, *Da responsabilidade...*, p. 395 e nota (203)). As relações jurídicas familiares podem surgir como consequência do casamento, do parentesco, da adopção (v., igualmente, Pedro de Albuquerque, *Autonomia...*, pp. 35 e ss.; e Menezes Cordeiro, *Da responsabilidade...*, p. 395, e nota (203)). A situação de administração pode ter como fonte, também ela uma multiplicidade de factos constitutivos: imanência à qualidade de sócio, designação *inter partes* no contrato de sociedade, designação a favor de terceiro nesse mesmo contrato, designação pelos sócios ou por minorias de sócios (deliberação social), designação pelo estado, substituição automática, cooptação, designação pelo conselho fiscal ou designação judicial (cfr., Menezes Cordeiro, *Da responsabilidade...*, p. 394). E tal como

contrato a favor de terceiro torna a ideia de mandato proposta por DNIESTRZANSKI demasiado ampla e, destarte, pouco operativa. Mas mais: não conseguimos compreender qual é, na construção deste autor, o factor que faz determinado contrato – pelas suas característi-cas susceptível de assumir, consoante as circunstâncias, ora uma confi-guração meramente interna ora efeitos representativos – produzir, ou deixar de produzir, consequências jurídicas directas perante terceiros, ainda quando se dê de bandeja poder ser a referida característica um elemento do contrato de mandato tal como imaginado por DNIESTRZANSKI. O apelo à essência do *mandatum* (entendido com um sentido diverso do tradicional, e enquanto realidade capaz de tomar a posição da *Vollmacht* abstracta), feito pelo autor, mostra-se, ainda quando abstraindo de um aparente sabor conceptualista e posi-tivista (porventura até não presente neste caso concreto), insuficiente. Atendendo ao facto de o autor considerar corresponder esse mandato à própria relação subjacente teria de se encontrar um qualquer crité-rio (fosse ele a vontade das partes expressa no mandato, a lei, ou qualquer outro) para explicar o motivo pelo qual certo negócio jurí-dico base em determinados casos produz efeitos representativos e noutros não.

3.4. – A posição de SEELER

I – Ainda durante os primeiros anos de vigência do *BGB*, em que a *Repräsentationstheorie* e a doutrina da autonomia da procuração gozavam dos impressionantes louros resultantes da sua aparente consa-gração no Código Civil alemão, um outro autor – SEELER – have-ria de voltar, novamente, à carga contra a ideia de procuração como negócio jurídico unilateral e independente de qualquer relação jurídi-ca subjacente[2331].

O ponto de partida da construção de SEELER assenta na constatação segundo a qual o poder de representação voluntária repousa na vontade do

---

a relação de gestão é capaz de surgir desprovida de qualquer efeito representativo, também várias destas figuras podem não ter associados a elas os efeitos agora descritos. Para não ir mais longe: um sócio pode não ser administrador; o contrato de sociedade poderá não conter qualquer indi-cação a este respeito; uma decisão judicial pode ter um objecto bem diferente da nomeação de um titular para um dado conselho de administração, etc.. Para uma crítica directa à construção de Nattini, e designadamente ao argumento subjacente ao trecho transcrito *supra* nesta nota, pode ver-se, por todos, Marsico, *La rappresentanza...*, pp. 31 e ss..

[2331] V., Seeler, *Vollmacht...*, in *Archiv...*, XXVIII, pp. 1 e ss..

representado[2332]. Imagine-se, por exemplo, que alguém concede a outrem uma procuração geral mas, ao mesmo tempo, instrui o procurador para não fazer uso dos poderes de representação senão em determinado contexto. Fazendo tábua rasa de quanto lhe havia sido transmitido pelo *dominus*, o *procurator* celebra, com um terceiro, um contrato contido dentro dos poderes formais da *procuratio*, mas, para além das directrizes impostas pelo principal. Neste caso, o negócio celebrado pelo representante surge como algo de não querido pelo dono do negócio. Mais, surge como uma acção por ele expressamente proibida. Portanto, não pode caber dentro do poder de representação por ele conferido. Isto decorre, repise-se, da vontade do principal o qual vedou determinadas utilizações do mesmo. Por isso, se o representante não respeita quanto lhe é imposto o resultado não é o desejado pelo *dominus*. Entender o contrário seria admitir acontecimentos espirituais insusceptíveis de serem protagonizados por pessoas saudáveis[2333].

[2332] *Idem*, p. 5.

[2333] Seeler, *Vollmacht...*, in *Archiv...*, XXVIII, p. 5.V., igualmente, Schlossmann, *Die Lehre von der Stellvertretung...*, II, p. 489 (o qual, com refinada ironia, recorda como quem não tenha pormenorizadamente estudado a teoria da representação terá muita dificuldade em entender a possibilidade de existência de instruções internas insusceptíveis de limitarem os poderes do representante, sugerindo assim, de forma velada, tratar-se de uma simples bizantinice dos juristas bem pensantes). O argumento de Seeler seria, mais tarde, retomado, embora sem qualquer referência quer às posições de Seeler quer às de Schlossmann, por Tietz, *Vertretungsmacht...*, pp. 128 e ss., 132, 171, 172 e ss..V., também, Frotz, *Verkehrsschutz...*, pp. 264, 339 e 560, para quem sendo tarefa do legislador orientar-se pela realidade, ele não pode deixar de chegar à conclusão segundo a qual nenhum homem racional deseja conceder a outrem uma procuração para uma actuação contrária aos respectivos deveres internos, da mesma forma que nenhum declaratário pensante pode aceitar uma tal irracionalidade por parte do constituinte, mesmo quando a delimitação do poder de representação a uma actuação conforme com determinados deveres não encontra expressão alguma na declaração de concessão dos poderes de representação. Em Itália a mesma ideia está também presente em Nattini, *La rappresentanza...*, p. 240, ao criticar a distinção frequentemente feita entre limitações que restringem realmente a procuração e limitações meramente internas e insusceptíveis, por isso, de restringir os poderes de representação. Para o autor italiano estamos aqui perante simples acrobacia jurídica pois não é concebível que o conteúdo da declaração de procuração vá, de acordo com a vontade real do representado, para além do conteúdo da relação jurídica fundamental. Para mais detalhes v. *infra*. Uma crítica deste ponto da construção de Seeler pode, todavia, encontrar-se em Gerke, *Vertretungsmacht...*, pp. 59 e 60, para quem se a tese de Seeler se pode afigurar correcta do ponto de vista psicológico já não o será numa perspectiva estritamente jurídica pois, aí, a ideia de vontade assume contornos diferentes: a vontade dirigir-se-ia, apenas, à colocação em vigor de determinado regulamento. Não se pretende entrar agora no debate sobre o que se deva entender por vontade ou por negócio jurídico. Mesmo assim sempre se poderá, todavia, objectar, empregando uma formulação igualmente usada por Menezes Cordeiro, como numa área dominada pela autonomia privada apenas uma ligação estreita entre a eficácia e a fonte permite controlar, em termos sindicantes, a correlação entre as opções voluntárias das pessoas de cuja autodeterminação se trate e os efeitos desencadeados. Na jurisprudência tudesca pode ver-se, e ainda no âmbito do direito comum, a Sentença do *Reichsgericht, I, Zivilsenat, 22. November, 1884*, in *Entscheidungen des Reichsgerichts Zivilsachen*, 1886, 15, pp. 206 e ss., na qual diante de um caso em que o representante, capitão de um navio, celebrou um negócio formalmente dentro dos poderes de representação mas desrespeitou as instruções do representado, sendo isso do conhecimento do *tertius* em virtude de contactos havidos directamente com o *dominus*, o tribunal

II – Numa formulação sintética, SEELER[2334] considera a procuração e a *Vollmacht* como uma manifestação jurídica – uma qualificação para empregar as palavras de NATTINI[2335] – da relação jurídica de gestão existente entre o principal e o representante e, por conseguinte, defende a ideia segundo a qual só há poder de representação dentro dos limites fixados pelo *dominus* ao *procurator* no contexto dos vínculos e laços internos entre eles existentes[2336]. Noutros termos, e segundo SEELER, o fundamento da representação é o próprio negócio em virtude do qual alguém deve[2337] realizar um negócio em nome de outrem. Negócio considerado pelo autor germânico como um verdadeiro contrato entre o representante e o representado[2338]. Não se trata, pois, nas próprias palavras de SEELER, de um negócio abstracto independente daquele através do qual o segundo ficou vinculado perante o primeiro a uma *Geschätsführung*. Ao contrário, trata-se de um contrato cujo conteúdo é a celebração de um negócio jurídico em nome de outrem, entendido de forma unitária, o qual serve de fundamento quer a direitos e a deveres para ambos os contraentes quer, ainda, dos poderes de representação voluntária.

SEELER reconhece, é certo, a possibilidade de, em certas circunstâncias, o acto realizado pelo representante fora dos limites ou fronteiras internamente assinalados pelo *dominus* ao *procurator* poder, ainda assim, produzir efeitos vinculativos para o principal[2339]. Trata-se, todavia, e segundo o autor, não de casos de exercício de um poder de representação válido e eficaz mas de uma simples aparência, de uma *Scheinvollmacht* (procuração ou poder de representação aparente), de um *Tatbestand* meramente exterior capaz de fazer acreditar na existência de um acto de outorga de faculdades representativas[2340]. *Tatbestand* cuja origem radica, por um lado, num comportamento do *dominus*

---

afirmou saber o terceiro que o negócio representativo não correspondia à vontade do principal pelo que concedeu ao dono do negócio uma *exceptio* com o fim de o libertar do negócio representativo. A mesma doutrina seria reafirmada já na vigência do *BGB* pelo *Reichsgericht, I. Zivilsenat, 14. Oktober 1931,* in *Entscheidungen des Reichsgerichts, Zivilsachen,* 1932, 134, pp. 71 e 72. Para mais detalhes acerca deste aresto v. *infra.*

[2334] *Idem, per totum,* especialmente, pp. 1 a 9.

[2335] Nattini, *La dottrina...,* p. 27. Cfr., igualmente, Seeler, *Vollmacht...,* in *Archiv...,* XXVIII, pp. 24 e 25, o qual fala também em elemento para explicar a ligação do poder de representação voluntária – a que chama permissão – ao contrato de *Geschäftsführung.*

[2336] Seeler, *Vollmacht...,* in *Archiv...,* XXVIII, pp. 1 e ss., *passim,* designadamente, pp. 4 e 24.

[2337] Sublinhe-se o termo «dever».

[2338] Seeler, *Vollmacht...,* in *Archiv...,* XXVIII, pp. 10 e 24.

[2339] *Idem,* pp. 1 e ss., *passim,* designadamente, pp. 2 e ss..

[2340] *Idem, passim,* maxime, p. 2.

em consequência do qual o terceiro é induzido em erro quanto à real concessão de poderes de representação – e, destarte, confia na respectiva validade e consistência – e corresponde, por outro, quer a uma exigência de justiça na protecção da boa fé do terceiro quer às necessidades de tutela do tráfego jurídico[2341].

Com esta construção SEELER defende, uma vez mais, a necessidade de se encontrar uma base material para o fenómeno representativo. Isso não significa, porém, e também neste caso, o regresso à velha doutrina que vê a fonte dos poderes de representação no contrato de mandato. Na verdade, SEELER não sustenta a existência de um mandato tácito ou expresso em todo o caso de concessão de poderes de representação[2342]. O mandato – escreve – e procuração não se cobrem um ao outro. Existem mandatos desprovidos de poderes representativos assim como inúmeros outros contratos capazes de originar a produção de efeitos voluntários na esfera do *dominus*. A todos eles SEELER, numa terminologia de algum modo já presente em ISAY[2343], dá o nome genérico de *Geschäftsführungsverträge*. Trata-se, no dizer do autor, de uma categoria genérica susceptível de se dividir em três categorias: 1) na primeira o *Geschäftsführer* deve realizar o negócio do qual se encontra incumbido em nome próprio; 2) na segunda ele deve realizar o negócio em nome do outro contraente; 3) finalmente na terceira ele deve realizar o negócio em nome do outro contraente e esperar pela sua posterior ratificação por parte do principal. O contrato subjacente ao segundo caso ou hipótese é por SEELER designado como *Bevollmächtigungsvertrag*[2344].

III – A doutrina dominante não conseguiu compreender a ligação proposta pelo jurista tudesco entre a representação e o negócio gestório pelo simples facto de, segundo o autor, ter confundido a representação aparente com a verdadeira representação e, por conseguinte, incorrer na pretensão de unificar as duas situações jurídicas[2345].

[2341] *Idem*, pp. 2, 8 a 36 e ss..
[2342] *Idem*, p. 10.
[2343] Cfr., *supra*, Parte I, Cap. V, parágrafo 3.2.
[2344] Seeler, *Vollmacht...*, in *Archiv...*, XXVIII, p. 10. Esta terminologia encontrava-se já presente em Laband (cfr., *supra* Parte I, Cap. IV, parágrafo 3). Todavia a realidade à qual se refere Seeler nada tem a ver com aquela defendida pelo jurista de Conisberga. O *Bevollmächtigungsvertrag* labandiano é independente do contrato em virtude do qual nascem direitos e deveres entre o representante e o representado (cfr., *supra*). O *Bevollmächtigungsvertrag* de Seeler decorre e faz parte da própria relação interna entre principal e *procurator*.
[2345] Seeler, *Vollmacht...*, in *Archiv...*, XXVIII, p. 9.

A verdade é, porém, e segundo SEELER totalmente outra. Entre ambas as figuras existe, na opinião do autor[2346] um mundo de diferenças. Uma – a voluntária – assenta num comportamento intencional do representante. A outra – a representação aparente – numa mera atitude à qual o direito associa – em homenagem à boa fé de terceiros – determinados efeitos jurídicos. Isto porquanto, se vista do exterior, a aparência permite acreditar na existência de um poder de representação realmente querido pelo *dominus*[2347, 2348]. Veremos adiante, e avançando já alguns desenvolvimentos, como, ao reconduzir a situações de procuração aparente as hipóteses normalmente consideradas como de abstracção do poder de representação, a posição de SEELER anda muito próxima da realidade. Contudo, a ideia, por ele avançada, da existência de um *Bevollmächtigungsvertrag* do qual a procuração seria um mero elemento parece não só dispensável como deixa por explicar alguns dos aspectos do fenómeno representativo[2349].

3.5. – A posição de ROSENBERG

I – ROSENBERG começa por afirmar, em reparo às posições defendidas por SCHLOSSMANN a respeito do fenómeno representativo, a ideia segundo a qual a distinção conceptual entre poder de representação e a relação jurídica interna a ele subjacente corresponde a uma conquista da ciência do direito. O autor pareceria, assim, encaminhar-se para a aceitação da tese da autonomia e abstracção da procuração[2350]. Porém, logo cuida de esclarecer como, em seu entender, e não obstante a necessidade de se proceder à referida distinção entre *Vollmacht* (poder voluntário de representação) e relação jurídica

---

[2346] Que, ao menos neste ponto, não se vê como não aceitar.

[2347] Não muito diversa da posição de Seeler afigura-se a de Wellpascher, *Das Vertrauen...*, 80 e ss.. Também este autor aceita – agora como consequência daquilo que considera uma adequada interpretação do § 168 – que o poder de representação se encontra necessariamente ligado à relação subjacente à respectiva concessão. Da mesma forma Wellpascher reconduz a manifestações de tutela da boa fé de terceiros – os quais, por facto imputável ao *dominus*, confiam na existência dos aparentes poderes de representação – aqueles casos explicados pela doutrina dominante através da ideia de abstracção da procuração.

[2348] Para uma crítica à posição de Seeler, v., Frotz, *Verkehrsschutz...*, pp. 270 e ss., o qual considera que o maior erro do autor não foi o de não ter atingido o respectivo objectivo mas sim o de ultrapassá-lo.

[2349] Adiante, designadamente, na Parte II, no Cap. VI, parágrafo 5, explicitaremos qual a nossa proposta acerca da relação entre procuração e relação causal.

[2350] Rosenberg, *Stellvertretung...*, 149.

subjacente, não é concebível nenhum caso de existência ou concessão de poderes representativos sem simultaneamente se proceder à constituição de uma relação de gestão interna entre o representante e o representado[2351]. Ficam, pois, desfeitos quaisquer equívocos quanto ao sentido a imputar às teses defendidas por ROSENBERG. De facto, e para empregar as palavras de PUGLIATTI[2352], o autor germânico não aderiria ao poderoso movimento doutrinal segundo o qual se deveria proceder a uma completa e rigorosa separação entre a procuração e o poder de representação, de um lado, e a relação gestória, do outro. ROSENBERG não adoptaria, porém, semelhante posição de forma meramente acrítica e translatícia. Ele traria, na verdade, ao tema contributos e elaborações próprias.

II – Conforme refere ROSENBERG são inúmeras as vezes nas quais o cumprimento da obrigação de uma das partes (o gestor ou auxiliar) de determinada relação jurídica gestória não pode ocorrer sem paralelamente à celebração do negócio-base se conceder, também, uma procuração. Isso mesmo sucede em todas as hipóteses nas quais a obrigação tem por objecto a realização de uma actividade representativa[2353]. Nestes termos, para o jurista tudesco, o poder de representação enquanto *Einwilligung* (acordo, consentimento, autorização) para a actuação representativa manifesta-se, também, como *Einwilligung* no cumprimento do encargo ou dever que recai sobre o representante e configura-se, por isso, naturalmente, como uma parte constitutiva (*Bestandteil*[2354]) do contrato gerador do referido encargo[2355]. Isso não quer dizer, e sempre de acordo com ROSENBERG, que a procuração e a relação de gestão sejam inseparáveis uma da outra. Segundo ele, afigurar-se-ia mais exacto afirmar como, nestes casos, no mesmíssimo *Tatbestand* se encontram simultaneamente os elementos de ambos os institutos. Esta circunstância tem, escreve ROSENBERG, as suas naturais consequências e influencia na existência e extinção das faculdades de representação[2356]. É a vontade negocial do autor dos

---

[2351] *Idem*, p. 149.

[2352] Pugliatti, *Il conflitto...*, in *Studi...*, p. 64, nota (22).

[2353] Rosenberg, *Stellvertretung...*, p. 172.

[2354] *Bestandteil* poderia, ainda, traduzir-se por elemento, componente, parte componente//integrante.

[2355] *Idem*.

[2356] *Idem*, pp. 172 e 173. V., também, p. 769, onde o autor defende que estando a procuração e relação gestórias ligadas num só acto a invalidade da relação de gestão traz consigo a da

poderes de representação a criar e configurar quer os pressupostos da procuração quer os requisitos da relação gestória e fá-lo, frequente ou comummente, num único acto[2357]. Destarte, o *dominus* apenas deseja os poderes de representação em associação com a relação jurídica fundamental[2358]. Por isso, e segundo ROSENBERG, existe uma categoria de casos, nos quais a relação jurídica interna reclama, a uma das partes, uma actuação como representante e determina a sua actividade quer quanto ao respectivo objecto quer quanto ao respectivo âmbito, de tal forma que cada acto do representante encontra a respectiva justificação na relação gestória[2359]. Nestas situações pode afirmar-se residir a base da concessão do poder de representação no acordo de gestão[2360] e, portanto, depender a duração da procuração, necessariamente, da relação básica[2361]. Quando a procuração e o acordo de gestão se encontram reunidos num só acto a respectiva estabilidade é determinada pelo declarante e declaratário de forma concertada[2362].

III – Mas o contributo de ROSENBERG para a compreensão do fenómeno representativo não se ficaria por aqui. O autor procuraria, ainda, estudar a problemática dos estados subjectivos relevantes e dos vícios da vontade no âmbito da representação jurídica directa.

ROSENBERG rejeita qualquer interpretação apriorística do § 166 do *BGB* e, designadamente, à luz exclusiva da teoria da representação (tese esta, no dizer da *communis opinio*, na base do regime jurídico consagrado no mencionado § 166 do *BGB*). O autor procederia à análise de uma série de situações

---

procuração. Além disso a duração e extensão do vínculo interno determinam, igualmente, a duração e extensão do acto de concessão dos poderes representativos.

[2357] *Idem*, p. 174.V., ainda, p. 766, onde Rosenberg sustenta a tese segundo a qual, em regra, a unidade entre procuração e relação básica existe quando a primeira é comunicada ao próprio procurador. Em contrapartida quando é proferida frente ao terceiro a procuração já se afiguraria autónoma.

[2358] *Idem*, pp. 174. Cfr., ainda, pp. 563 e ss., 753 e ss..

[2359] *Idem*, pp. 757 e ss..

[2360] *Idem*, p. 759.

[2361] *Idem*, pp. 760 e ss..

[2362] *Idem*, p. 765. Quanto se acaba de referir no texto, já permite indiciar a circunstância de Rosenberg não se apresentar como um defensor, a toda a linha, das teorias causalistas do fenómeno representativo. Na verdade, o autor admite também a existência de casos nos quais a relação jurídica base, em seu entender sempre necessariamente existente, pode assentar, não tanto nessa relação propriamente dita, mas antes na confiança que por força dela o *dominus* deposita no *procurator*. A título de exemplo, Rosenberg refere a situação da mulher que confere ao seu marido uma procuração. Nesse caso, e de acordo com Rosenberg, a relação-base não teria qualquer influência sobre o poder de representação (cfr., *op. cit.*, pp. 758 e 759).

exemplares para verificar se a solução aparentemente consagrada de forma literal pelo § 166 tutela, ou não, de forma adequada, os interesses em jogo em cada uma delas. A resposta é para ele claramente negativa. Um simples exemplo serve para ilustrar algumas das conclusões às quais chega. Pense-se na hipótese de o *tertius*, contraparte no negócio representativo, mediante comportamento doloso, levar o *dominus* à concessão de um mandato acompanhado dos correspondentes poderes de representação para a prática de certo acto. Nenhum condicionamento é, porém, exercido sobre a vontade do representante. Fosse a teoria da representação válida, e o § 166 do *BGB*, interpretado à letra, então, o *dominus* ficaria, numa hipótese como esta, desprovido do direito de impugnar o negócio representativo[2363]. Para evitar este e outros resultados igualmente desadequados aos quais o § 166 do *BGB* parece conduzir, ROSENBERG, à semelhança depois de muitos outros autores a ele posteriores, proporia uma interpretação extensiva do § 166 do *BGB*[2364]. Em particular o autor defenderia a aplicação do § 166, II, não apenas aos casos de conhecimento ou ciência do representado mas também às hipóteses de vícios da vontade[2365]. Tudo para chegar à conclusão segundo a qual decisivo para o negócio representativo não é apenas o conhecimento ou vontade do representante ou do representado: nuns casos relevará a ciência e *voluntas* de um, noutros a do outro, e noutros, ainda, a de ambos[2366].

Em resultado da análise efectuada por ROSENBERG acerca do problema da falta e vícios da vontade e estados subjectivos relevantes no fenómeno representativo, este autor poderia defender a tese segundo a qual a tão propalada diferença conceptual entre núncio e representante não é afinal verdadeira nem existe nos termos normalmente defendidos[2367]. Mas mais, o autor ficaria ainda em condições para afirmar a impossibilidade de uma impugnação autónoma da *procuratio*. Na verdade, se, porventura, antes da celebração do negócio representativo o constituinte pretendesse libertar-se dos potenciais efeitos da representação bastar-lhe-ia proceder à respectiva revogação[2368]. Depois de

---

[2363] *Idem*, pp. 236 e ss., maxime, p. 243.

[2364] Alguns defensores mais radicais da teoria da representação limitar-se-iam a sustentar em casos como este ser possível alcançar a tutela do representado através da impugnação da procuração, ficando o negócio representativo sujeito, então, ao regime da representação sem poderes. Ver-se-á, todavia, quando estudarmos a questão dos vícios da vontade e dos estados subjectivos relevantes, como a impugnação autónoma da procuração não parece de admitir. Impugnável será, isso sim, e verificadas certas circunstâncias o próprio negócio representativo (v., *infra*, Parte II, Cap. V).

[2365] Rosenberg, *Stellvertretung...*, pp. 238 e 239. V., igualmente, *infra*, Parte II, Cap. V.

[2366] *Idem*, p. 242.

[2367] *Idem*, p. 252. Para mais detalhes v., *infra*, Parte II, Cap. V.

[2368] *Idem*, pp. 713 e ss.. O reconhecimento de casos de procuração irrevogável não levam o autor a mudar a sua opinião. Atenta a circunstância de a irrevogabilidade dos poderes de representação resultar não de qualquer característica a eles próprios inerente mas da relação jurídica base (v., *infra*, Parte II, Cap. V) tudo quanto o dono do negócio teria que fazer era impugnar ou suprimir essa mesma relação-base para poder, em caso de vício da vontade, revogar a procuração.

efectivamente exercidos os poderes de representação a impugnação deveria ter por objecto o negócio celebrado pelo representante e não já o acto de outorga dos poderes[2369].

Tal como a de SEELER, também a construção de ROSENBERG tocaria, de forma absolutamente acertada, em aspectos essenciais para a compreensão do fenómeno representativo. Isso mesmo será comprovado à medida do desenvolvimento do nosso estudo. Não nos parece, contudo, e ao contrário do defendido pelo autor tudesco, de aceitar a existência, mesmo se marginal, de casos nos quais a relação jurídica base seja meramente propiciadora de uma confiança a qual essa sim desencadearia a outorga de poderes de representação, destarte, insensíveis às vicissitudes do negócio-base. O mesmo se dirá da procuração autónoma comunicada exclusivamente ao procurador, para ROSENBERG, também ela insusceptível de ser afectada pelas deficiências ou limites da relação interna. A aceitação de qualquer destas duas proposições conduziria à admissibilidade de procurações isoladas, num dado claramente contrariado pelo nosso ordenamento jurídico[2370].

[2369] *Idem*, pp. 712 e ss.. Sobre esta questão v., quanto se escreve *infra*, Parte II, Cap. V.
[2370] V., *infra*, Parte II, Cap. I, parágrafo 2.

CAPÍTULO VI

A FORMULAÇÃO SUPOSTAMENTE MAIS ACABADA E APARENTEMENTE DEFINITIVA DOS DESENVOLVIMENTOS INICIADOS COM JHERING E LABAND: A CONSTRUÇÃO DE HUPKA

I – Não obstante o clamor provocado pelas vozes dissidentes[2371] e escritos contrários à *communis opinio* formada ao longo de século XIX no espaço juscultural tudesco, aquela que prevaleceria aos olhos da maioria como a mais correcta visão do fenómeno representativo seria a tese de HUPKA. Trata-se de um estudo sistemático sobre a representação voluntária, ao qual seria imputado o mérito de conter a expressão máxima, mais acabada e supostamente definitiva da «teoria da representação» e da autonomia da procuração relativamente ao negócio causal[2372]. A sua publicação coincidiria praticamente com a entrada em vigor do *BGB*[2373]. Esta circunstância permitiu ao autor

---

[2371] Clamor resultante não tanto do número de vozes que ousou opor-se à *Repräsentationstheorie* e à ideia de insensibilidade dos poderes de representação relativamente à relação gestória, mas da veemência e ardor dos protestos contra ambas levados a cabo.

[2372] Isto muito embora Pugliatti, *Il conflitto...*, in *Studi...*, pp. 66 e 67, nota (22), não deixe a certa altura de afirmar a modéstia dos resultados alcançados por Hupka no tocante à questão da autonomia e abstracção da procuração. Mas v., quanto o autor escreve mais tarde (*op. cit.*, p. 76, nota (39)) ao defender: «A propósito da chamada *procuração genérica* Hupka (...) extrai *consequências inaceitáveis*, (...) leva a tese da autonomia da procuração a *consequências extremas.*» Na doutrina de raiz tudesca pode ver-se, contra a ideia segundo a qual a tese de Hupka se apresentaria como a primeira a levar a *Repräsentationstheorie* às suas últimas consequências, Dniestrzanski, *Die Aufträge...*, I, p. 107. A favor da inclusão de Hupka entre os principais defensores da tese da natureza abstracta da procuração e dos poderes de representação pode ver-se, a título meramente exemplificativo, Windscheid-Kipp, *Lehrbuch...*, I, p. 363.

[2373] Referimo-nos, naturalmente, à monografia do autor intitulada *Die Vollmacht* (Lípsia, 1990) e por nós já diversas vezes citada. Para além deste estudo, Hupka daria ainda à estampa, três anos mais tarde, um outro escrito – igualmente já referido nestas páginas e entendido também pelo respectivo autor como um contributo para o estudo da doutrina da representação nos negócios jurídicos – acerca da responsabilidade do representante sem poderes, cfr., *Die Haftung...*, *per totum*. Para uma recensão mais do que crítica, porventura severa, à concepção de Hupka acerca do fenómeno representativo v., Hellwig, *Hupka. Die Vollmacht. Eine civilistische Untersuchung mit*

tomar já em consideração a doutrina do Código Civil alemão – sem
todavia, deixar de ponderar também as soluções decorrentes do
direito romano – e de, assim, comunicar aos respectivos pontos de
vista a autoridade decorrente da aparente consagração naquele diploma
da teoria da representação e da autonomia integral do poder de representação relativamente ao negócio causal.

II – O autor austríaco não perderia tempo na afirmação da
independência da procuração e do poder de representação relativamente à relação subjacente à respectiva concessão. Na verdade, logo
de entrada, no prefácio ao seu escrito HUPKA afirmaria[2374]: o poder
de representação não é nem um acessório nem uma acessão da relação
básica, mas sim uma situação jurídica absolutamente autónoma, não
subordinada de forma alguma à sua causa objectiva.

> Esta ideia não teria, porém, segundo HUPKA, sido ainda suficientemente
> aprofundada nem considerada. Haveria pois, no dizer do autor, que tentar
> construir, através de uma verdadeira teoria geral do poder de representação
> voluntária, um resumo ou apresentação de conjunto dos princípios que regem
> o nascimento, extensão e cessação da *Vollmacht*.

III – HUPKA não se contentaria em apresentar uma noção ou
compreensão genérica do poder de representação ou da procuração.
Ele procura, nos mais distintos lugares do seu escrito, analisar a natureza destas duas figuras a partir de pontos de vista e perspectivas
extremamente diversas[2375].

A procuração em sentido técnico corresponderia no dizer do
jurista austríaco «*à concessão de um poder para uma representação eficaz*»[2376];
«*o* Vertretungsmacht *(poder de representação) não constitui, por natureza,
nenhuma faculdade jurídica material, mas sim um poder formal de disposição
sobre uma esfera jurídica alheia*»[2377]; «*a* Vollmacht *não é como o mandato uma
relação obrigacional de que o procurador se possa desligar unilateralmente, nem
sequer um direito subjectivo renunciável do procurador; ela é antes uma*

---

besonderer Berücksichtigung des bürgerlichen Gesetzbuch, in Zeitschrift für deutschen Zivilprozess., 1901,
XXIX, pp. 520 e ss. a 535; e, também, Theodor Kipp, 1. Joseph Hupka..., in Zeitschrift..., 1906,
LVII, pp. 214 e ss.. Entre nós cfr., Raúl Guichard, O problema..., pp. 19 e ss..

[2374] Cfr., Hupka, Die Vollmacht..., p. VII. Cfr., igualmente passim e, designadamente, pp. 7 e
ss., 23, 88 e 89, 106, 376 e 390.

[2375] Cfr., neste mesmo sentido, Dniestrzanski, Die Aufträge..., I, p. 106.

[2376] Hupka, Die Vollmacht..., p. 22.

[2377] Idem, p. 380.

legitimação formal exterior apoiada exclusivamente na vontade do constituinte e apenas com ela pode cessar»[2378]; ela provoca «*um resultado que só a ordem jurídica pode proporcionar»*[2379]; «*a procuração enquanto tal não se destina a provocar nem provoca uma imediata relação prática de direito nem perante o procurador nem perante o terceiro, com o qual no futuro o procurador deverá lidar; ela não é nem vantagem nem ónus para o representante, nem uma promessa de garantia para o terceiro. A sua função jurídica é, muito antes, por assim dizer, puramente objectiva, a saber a corroboração de um negócio jurídico enquanto tal»*[2380], pelo que «*a representação não seria precisamente um conceito material, mas sim um conceito jurídico-formal, que compreende toda a forma de actuação em nome de outrem independentemente do fim e da titularidade do interesse em virtude do qual tem lugar»*[2381].

Quer dizer, a *Vollmacht* ou poder de representação voluntária parece consistir, para HUPKA, numa qualidade jurídica em si mesma da qual decorrem determinadas consequências jurídicas. Tudo quanto exceda isto mesmo já não pode ser considerado como *Vollmacht* [2382].

A existência de uma posição jurídica formal, sem qualquer coloração material,[2383] mostra-se, todavia, como algo susceptível de causar algumas dificuldades de compreensão. Trata-se, segundo SCHLOSSMANN, de um autêntico fantasma jurídico, ou, se se preferir, no dizer de DNIESTRZANSKI, da máxima «coisa em si» kantiana[2384]. As dificuldades de uma semelhante postura revelam-se logo na circunstância de HUPKA, apesar de se procurar manter, é certo, coerente com a sua concepção da procuração e do poder voluntário de representação em todos os aspectos da respectiva tese[2385], não deixar, ainda assim, de reclamar para a procuração uma real entidade, natureza ou essência. Segundo o discípulo de MITTEIS a procuração corresponderia a um acto jurídico unilateral[2386] cuja eficácia consistiria na produção de um resultado que só o ordenamento pode proporcionar[2387]. Isto porquanto o constituinte, ao conceder ao repre-

---

[2378] *Idem*, p. 390.

[2379] *Idem*, p. 86.

[2380] *Idem*, p. 106.

[2381] *Idem*, p. 3, nota (1)

[2382] Cfr., Dniestrzanski, *Die Aufträge...*, I, p. 107.

[2383] Hupka, *Die Vollmacht...*, p. 376

[2384] Dniestrzanski, *Die Aufträge...*, I, p. 107.

[2385] O que como veremos adiante (cfr., *infra*) coloca a construção de Hupka em sérias dificuldades e torna-a a nosso ver inaceitável.

[2386] Hupka, *Die Vollmacht...*, pp. 84 e ss..

[2387] *Idem*, pp. 84 e ss.. A referência ao acto jurídico unilateral com o seu efeito apenas susceptível de ser proporcionado pelo ordenamento jurídico deve ser enfatizada. Na verdade, a doutrina tem frequentemente imputado a Hupka a tese segundo a qual a procuração seria um negócio jurídico unilateral (cfr., por exemplo, Pugliatti, *Il conflito...*, in *Studi...*, p. 67, nota (22); Menezes Cordeiro, *Da responsabilidade...*, p. 337 e nota (338); e Helena Brito, *A representação...*, pp. 136 e 137, nota (101)). Não é, porém, essa, e na nossa perspectiva, a direcção seguida pelo autor tudesco o qual, repise-se, nos parece ver na procuração um simples acto (em sentido equivalente ao nosso cfr., Januário Gomes, *Em tema...*, p. 231. V., também, para uma referência às dificuldades de interpretação postas pela construção de Hupka, mas agora na doutrina italiana, Mosco, *La rappresentanza...*, pp. 137 e ss.. Contra quanto nos parece resultar das considerações proferidas por Hupka, e no sentido segundo o qual a qualificação da procuração como acto jurídico não surge, na obra do autor austríaco, com um sentido técnico, cfr., Antonio Gordillo, *La representación...*, p. 19, nota (2)). Acto este ao qual opõe o qualificativo de unilateral como forma de exprimir a tese, sustentada pelo autor austríaco, de que a única esfera afectada com a concessão dos poderes representativos seria a do dono do negócio, permanecendo a do procurador intocada. E não é apenas a circunstância de o autor utilizar constantemente a expressão *einseitig Rechtsakt* (acto jurídico unilateral) em detrimento do termo *einseitig Rechtsgeschäft* (negócio jurídico unilateral) a inculcá-lo. A forma metódica como o autor repete, ao longo de toda da obra, a mesma terminologia já nos pareceria um indício suficientemente importante acerca do sentido que pretende emprestar à respectiva visão da procuração. A referência ao facto de o resultado da procuração apenas poder surgir como uma consequência do ordenamento jurídico parece, esse sim, decisivo.

Se, porventura, com esta sua construção Hupka ainda consegue manter alguma distância em relação à tese de Schlossmann, por ele tão criticada (v., contudo, Dniestrzanski, *Die Aufträge...*, I, p. 107, segundo o qual ao reportar a procuração a um efeito apenas susceptível de ser emprestado pelo ordenamento jurídico, Hupka estaria não apenas a pôr em crise o conceito de procuração como contrato mas, igualmente, como acto privado unilateral), já nos parece entrar em sérias dificuldades para compatibilizar esta sua visão da procuração – enquanto acto unilateral do qual decorre um resultado que só o ordenamento pode proporcionar – com as soluções por ele propostas em sede de impugnação do negócio representativo com fundamento em vício da vontade do principal. Nesta sede sim, e contra quanto afirma noutros locais – designadamente quando estuda a natureza da *procuratio* – Hupka parece apontar – sem, todavia, o dizer expressamente – para a compreensão da procuração como um negócio jurídico unilateral (para mais detalhes acerca da argumentação e tese de Hupka a respeito desta última problemática dos vícios da vontade do *dominus* e respectiva repercussão sobre o negócio representativo v., *infra*). V., por exemplo, p. 5, onde Hupka afirma que, ao contrário da representação legal, a representação voluntária assenta na vontade do representado. Fica, todavia, por saber se essa vontade é uma vontade consubstanciadora de um acto ou de uma acção ou negócio jurídico. É certo defender o autor como, no caso do poder de representação voluntária, a vontade do representado exerce uma influência determinante nos efeitos do acto representativo. Isto não fornece, contudo, qualquer indício a favor do carácter negocial da procuração porquanto, no dizer de Hupka, e conforme referido já *supra*, no negócio representativo não se encontra a mais pequena parte da vontade do *dominus*: tudo se reconduz à actuação do representante. Quando Hupka considera, em contrapartida, a *Bevollmächtigung* (procuração) como a exteriorização da vontade de representação e, depois, determina a respectiva natureza reconduzindo os seus efeitos a meras consequências decorrentes da lei parece cair-se, de novo, no simples acto jurídico. De resto, ao referir-se à tese de Karlowa, *Das Rechtsgeschäft...*, pp. 58 e ss. – jurista este para quem a procuração seria uma declaração de vontade a qual não teria por objecto provocar qualquer efeito jurídico limitando-se, apenas, a propor uma decisão – Hupka, *Die Vollmacht...*, pp. 26, nota (1), afirma abertamente poder objectar-se que a concessão do poder de representação voluntária (*Vollmachtserteilung*) como tal não tem por objectivo nem produz

sentante o poder de dispor sobre a sua esfera jurídica e em seu nome, afecta unicamente o interesse do principal [2388]. A esfera do procurador não é, afirma HUPKA, minimamente tocada pelo poder de representação. Nela não nascem, em virtude da *Vollmacht*, nem deveres nem direitos, mas apenas a capacidade jurídica, de através da sua actuação provocar efeitos jurídicos directos numa outra pessoa.

IV – Com outra nota. Ao contrário do pretendido, designadamente por MITTEIS[2389] e LENEL[2390], a procuração manter-se-ia completamente desligada do negócio representativo concluído pelo representante: nela não se contém – nas palavras de HUPKA – a mais pequena parte de vontade determinante do negócio jurídico. Essa vontade existe sempre, em todos os aspectos, e sem a repartir com mais ninguém, no representante. O poder de representação esse é apenas a condição e o limite para a eficácia da vontade representativa [2391].

---

nenhuma variação de direito imediata e real, e é duvidoso, por conseguinte, se ela se deve incluir entre os negócios jurídicos em sentido próprio (embora depois forneça alguns indícios segundo os quais a procuração poderia consistir num negócio jurídico). Igualmente a favor da qualificação da procuração como um acto jurídico simples pode ver-se, em Itália, Sotgia, *Apparenza...*, pp. 90 e ss., para quem a procuração não declara nenhuma vontade de produção ou modificação de efeitos jurídicos; e, em França, Madray, *De la représentation...*, pp. 118 e ss.; e Storck, *Essai...*, *per totum*, maxime pp. 92 e ss.. Finalmente, entre os autores tudescos, cfr., Ernst Flatau, *Ist die Vollmacht...*, in *Beiträge...*, Vol. 52, p. 772, relativamente àquilo a que, em contraste com o *Vertretungsbefugnis* (competência ou autorização representativa), chama *Vertretungsmacht* (poder de representação). Para Flatau o *Vertretungsmacht* não entra em funcionamento como um efeito negocial da procuração mas sim como uma mera consequência *ex lege* a qual acontece verificados determinados pressupostos. A procuração apenas teria, assim, carácter negocial quando referida à *Vertretungsbefugnis*. Para uma pertinente crítica acerca das teses que vêem na representação um acto unilateral v., por todos, Antonio Gordillo, *La representación...*, pp. 19 e ss., maxime pp. 23 e ss..

[2388] Hupka, *Die Vollmacht...*, p. 88.

[2389] V., *supra*, Parte I, Cap. V, parágrafo 2.2.

[2390] V., *supra*, Parte I, Cap. V, parágrafo 2.2.

[2391] Hupka, *Die Haftung...*, p. 39 e nota (1), onde o autor rejeita igualmente a tese veiculada por Zimmermann, *Die Lehre von der stellvertretenden...*, p. 40, segundo o qual a procuração funcionaria «produtivamente» em relação à vontade alheia do representante. Noutros termos, e de acordo com Zimmermann ela estaria na origem do motivo de actuação do representante. Hupka defende, todavia, não ser a procuração a determinar o representante a celebrar o negócio representativo, mas sim a relação interna existente entre ele e o principal. Na verdade, o procurador não actua, de acordo com o discípulo de MITTEIS, em consequência ou resultado directo dessa sua qualidade mas antes para execução de um mandato, de um contrato de prestação de serviços, enquanto sócio do principal, etc.. O poder de representação esse exerce uma simples influência negativa ou proibitiva, na formação da vontade do representante na medida em que o temor das consequências de exceder a *Vollmacht* impede o *procurator* de uma vontade negocial distinta do conteúdo do referido poder de representação.

Mas se, de acordo com HUPKA, é verdade ser a relação jurídica de outorga dos poderes representativos, realmente independente quer dos negócios causais quer dos actos celebrados pelo representante, a *Repräsentationstheorie* não escaparia a muitas das críticas contra ela formuladas por MITTEIS, o mestre de HUPKA. Por isso haveria que se construir uma estrutura susceptível de ultrapassar os defeitos apontados à *Repräsentationstheorie* e de fazer a ponte entre ela e a tese de MITTEIS.

V – As considerações e teses defendidas por HUPKA acerca da impugnação do negócio jurídico representativo e a distinção de tratamento dado aos casos de erro ou invalidade da procuração, de um lado, e viciação do mandato, do outro, afiguram-se não apenas em estreita consonância com a ideia da abstracção da procuração[2392] como, também, com todos os demais pressupostos e momentos epigonais da *Repräsentationstheorie* que o autor procura desenvolver.

Depois de contestar a *Geschäftsherrntheorie* de SAVIGNY, o duplo contrato de THÖL, e a divisão da vontade de MITTEIS e LENEL, HUPKA manifesta, expressamente, a respectiva adesão à tese segundo a qual é apenas o representante quem conclui o negócio representativo. Os reparos movidos por MITTEIS [2393] contra semelhante forma de encarar o fenómeno representativo careceriam, sublinhe-se de novo, de fundamento. Não seria o princípio formulado pela *Repräsentationstheorie* – considera HUPKA – a revelar-se insuficiente, mas, sim, o modo como foi até então explicado[2394]. Isto seria sobretudo verdadeiro relativamente à questão de saber em que medida os efeitos do negócio representativo são influenciados por circunstâncias e estados do representado, e qual o modo como se repercute sobre eles a respectiva personalidade[2395]. Ao distinguir, de forma simplesmente abstracta, entre requisitos do acto e requisitos do efeito e ao reportar os primeiros, tão-só, ao procurador e os segundos, exclusivamente ao representado, a visão tradicional da *Repräsentationstheorie* chegaria, em determinados casos, a resultados verdadeiramente insatisfatórios[2396]. Contudo, se se analisar os pressupostos dos quais o ordenamento faz depender os efeitos de um negócio jurídico para, de acordo com a respectiva *ratio*, se verificar quantos se devem considerar como relativos à pessoa do agente e quantos se referem à parte, então, surgiria, no dizer de

---

[2392] Assim, Dniestrzanski, *Die Aufträge...*, I, p.
[2393] V., *supra*, Parte I, Cap. V, parágrafo 2.2
[2394] Hupka, *Die Vollmacht...*, p. 40.
[2395] *Idem.*
[2396] *Idem.*

HUPKA, de modo natural, a correspondente solução para todos os problemas[2397]. Com um pormenor mais. Para determinar a influência exercida pelo principal sobre os efeitos do negócio representativo não bastaria, como a «teoria da representação» faz, considerar, constantemente, o representado apenas na sua qualidade de parte do negócio jurídico principal. É necessário marcar, também, a sua posição como constituinte ou autor do poder de representação (*Vollmachtgeber*), circunstância esta em virtude da qual o seu poder e querer jurídicos (*rechtliches Können und Wollen*) assumem, indirectamente uma ampla influência sobre a eficácia do negócio jurídico representativo[2398].

Na sua pureza e rigor a doutrina tradicionalmente afecta aos quadros da *Repräsentationstheorie* apenas admitia a relevância do erro do representante como motivo de impugnação do negócio representativo. Ao mesmo tempo sustentava que esse erro tornava sempre anulável o negócio celebrado pelo *procurador*[2399]. Trata-se de uma consequência directa e linear da tese segundo a qual a única vontade constitutiva do negócio final celebrado com o terceiro seria exclusivamente, e sem a participação de mais ninguém, a do representante. Segundo HUPKA estas conclusões seriam, todavia, insustentáveis. O autor não contesta ser o representante, e só ele quem cria e declara a vontade determinante do negócio concluído em representação do principal. Porém, isso não resolveria, de modo nenhum, a questão relativa ao problema de saber se o erro do representante opera, em todas as situações, exactamente da mesma forma como opera o erro de quem age pessoalmente, nem a outra interrogação sobre se o erro do *dominus* em pontos importantes do negócio afecta ou não o acto representativo[2400].

Quando a «teoria da representação» reconduz toda esta problemática à exclusiva análise da vontade constitutiva do negócio jurídico – e por conseguinte à do representante – e nega, destarte, a possibilidade de um erro do *dominus* afectar o negócio representativo estaria a esquecer-se, segundo HUPKA, do facto de o representado não ser, apenas, parte no negócio mas, igualmente, constituinte. Nestes termos, se ao outorgar o poder de representação, o representado incorrer nalgum erro sobre um ponto essencial do negócio a celebrar pelo representante esse erro torna anulável a procuração, e através desta, afecta, também, o negócio representativo[2401]. Evidente seria, todavia, e de acordo com HUPKA, a circunstância de só se dever tomar em

---

[2397] *Idem*, pp. 40 e 41.

[2398] *Idem*, p. 41.

[2399] Cfr., designadamente, Buchka, *Die Lehre von der Stellvertretung*..., p. 207; Laband, *Die Stellvertretung*..., in *Zeitschrift*..., X, pp. 226 e 227; *Curtius, Die Stellvertretung*..., in *Archiv*..., LVIII, pp. 88 e 89; Karlowa, *Das Rechtsgeschäft*..., p. 56; Windscheid-Kipp, *Lehrbuch*..., I, p. 353, autores a cujo ensinamento também Hupka, *Die Vollmacht*..., p. 45, nota (1), se refere de forma directa (com excepção naturalmente de Kipp).

[2400] *Idem*, p. 45.

[2401] *Idem*.

consideração o erro do principal se o aspecto sobre o qual recai se encontrar determinado com toda a precisão. Da mesma forma, e no entender do autor, a «teoria da representação» engana-se quando atribui, independentemente das circunstâncias concretas de cada caso, à vontade viciada do representante força anuladora do negócio representativo, e inclusivamente na hipótese de a procuração conter toda a espécie de detalhes relativamente ao conteúdo do acto a celebrar, e o representante acertar, com a sua declaração errada, precisamente em quanto era desejado pelo principal[2402]. É certo ser, reafirma HUPKA, a vontade do representante a criadora do negócio representativo. Contudo, a importância jurídica do erro não é uma simples questão formal de vontade. Ela configura-se, também, e essencialmente, como um problema de protecção de interesses[2403]. Quanto se defende não é a vontade em si mas, antes, o interesse racional e lícito em que o sujeito em cuja esfera se produzem as consequências do negócio representativo não fique vinculado por um efeito não querido[2404]. Assim, o representante só poderia impugnar, em seu próprio nome, a declaração por ele feita quando a procuração fosse *in rem suam* ou *in rem communem*. Em todos os outros casos o direito de impugnação pertence ao principal. Contudo, esta acção encontra-se condicionada por um interesse digno de ser protegido. Ora, semelhante interesse não existe em todos aqueles casos nos quais a declaração errónea do representante corresponde totalmente à especificada vontade de representação (*specialisierten Vollmachtswillen*)[2405]. Quer isto dizer, para efeitos de impugnação da procuração, relevar o erro do representante no âmbito da esfera de indeterminação deixada pelo *dominus*. Desde o momento em que este abandona nas mãos do representante a especificação e individualização do conteúdo do negócio, confia-se-lhe a defesa dos respectivos interesses nesse ponto e deve, por conseguinte, considerar-se como vinculativa para ele a vontade do procurador[2406]. Se a decisão do *procurator* foi influenciada por erro concernente a um aspecto essencial tem de ser anulável quanto foi por ele estipulado. Não é sequer necessário, na eventualidade de o poder de representação se afigurar apenas parcialmente indeterminado, encontrar-se o ponto sobre o qual recai o erro do procurador dentro do âmbito de liberdade concedida pelo *dominus*. Ao contrário o erro do representante sobre um aspecto previamente definido pelo principal também seria importante[2407].

Este critério acerca da relevância do erro do principal na consecução dos poderes de representação e modo como afecta o negócio representativo seria, no dizer de HUPKA, igualmente válido para os casos de dolo e coacção[2408].

[2402] *Idem*, p. 46. Por exemplo, A encarregue de pedir numa livraria, para B e em seu nome, o *Sistema* de Savigny entende erradamente dever comprar o *Direito das Obrigações* daquele autor. Num lapso pede, em vez do *Direito das Obrigações*, o *Sistema*, ao qual a procuração se refere efectivamente.

[2403] Hupka, *Die Vollmacht...*, pp. 46 e 47.

[2404] *Idem*, p. 47.

[2405] *Idem*.

[2406] *Idem*, p. 48.

[2407] *Idem*, pp. 48 e 49.

[2408] *Idem*, pp. 52 e ss..

Também aqui deve colocar-se a questão prévia correspondente a saber se na eventualidade de existir uma coincidência entre a declaração provocada por dolo ou coacção e a concreta vontade do *dominus* esses vícios lesam algum interesse merecedor de tutela jurídica – e, por conseguinte gerador de invalidade [2409]. A resposta para esta interrogação seria, na generalidade dos casos, afirmativa: o dolo e a coacção exercidos sobre o *procurator* geram a invalidade do negócio representativo. Relativamente a estes vícios da vontade deve presumir-se a existência de um interesse, por parte do *dominus*, na liberdade volitiva do procurador. Corresponderá à parte que se opõe à declaração de anulação o demonstrar que o principal, em razão da sua concreta relação com o representante, não tem interesse nenhum em tal liberdade por parte do *procurator* [2410].

Quanto à problemática que consiste em saber qual a pessoa em que se deve verificar o conhecimento de determinadas circunstâncias a cuja ciência ou ignorância a lei associa determinadas consequências jurídicas, HUPKA considera necessário distinguir consoante as várias situações mostrando-se as soluções diversas de caso para caso.

Pressuposto básico do qual o intérprete deve partir, é em todas as hipóteses nas quais o problema se põe, a ideia segundo a qual só nos casos onde a *ignorantia* ensina dever considerar-se a pessoa que constitui a vontade se tomará como ponto de referência a pessoa do representante. Assim se deverá proceder, por exemplo, nas hipóteses de erro, dolo e coacção[2411]. Quando se trata, em contrapartida de estados de consciência os quais não envolvem nenhum vício da vontade falta a referência à pessoa do autor. Deverá, então, atender-se à *ratio* de cada preceito em particular e conferir se este se reporta ao autor, como tal, ou como parte em cuja esfera jurídica se irão produzir as consequências da *scientia* ou *ignorantia*. Assim, e relativamente à aquisição de direitos reais a *mala fides* do representado não afectaria nunca o principal. Em contrapartida a má fé do representado, quer no momento da concessão quer no momento da celebração do negócio, afectam o resultado aquisitivo mesmo na eventualidade de o representante ter actuado de boa fé[2412]. Num segundo grupo de situações, constituído por certas acções destinadas a tornar efectiva uma obrigação de ressarcimento incompatível com a circunstância de uma das partes conhecer no momento da acção a circunstância na qual essa mesma acção se alicerça[2413] o principal só poderia ser prejudicado pela sua própria *scientia*, a não ser em duas hipóteses. A primeira verificar-se-ia no caso de o terceiro ter dado conhecimento do vício da coisa ao representante e este

---

[2409] *Idem*, pp. 52 e ss..

[2410] *Idem*, p. 59.

[2411] *Idem*, pp. 56 e 57.

[2412] *Idem*, p. 58.

[2413] O caso mais importante seria o da acção destinada a proteger o comprador contra os vícios da coisa comprada.

mesmo assim ter celebrado o negócio; a outra de o *procurator* ter ignorado um vício notório. Nesta eventualidade a questão do conhecimento seria um problema de vontade e o negócio celebrado valeria contra o *dominus ignorans*. Já no caso do direito de impugnação pauliana as coisas passar-se-iam de modo distinto. Aqui e, para além da *scientia* do principal, a *fraus* ou consciência *fraudis* do procurador seria, também, relevante numa solução que, no dizer de Hupka, decorre da tendência própria das normas pelas quais se rege o direito de impugnação. Essa tendência seria, manifestamente, a de outorgar a maior protecção possível aos credores contra o prejuízo decorrente dos actos de disposição realizados sobre o património do devedor insolvente. Nesse sentido seria certamente mais justo ver-se o dono de um negócio celebrado por um representante fraudulento privado das vantagens do acto representativo do que serem os credores a arcar com o prejuízo: a *fraus* (ou *conscientia frausclis*) do representante deve prejudicar o *dominus* tal como a coacção ou o dolo do representante se mostram sempre nocivos para o principal.

VI – A construção de HUPKA apresenta alguns aspectos dignos de consideração. Em particular deve-se destacar a sua preocupação em afastar as consequências de uma interpretação drástica da «teoria da representação» – designadamente, nos casos de duplo erro – e de recolocar ou recentrar, ao menos em parte, a problemática da representação também no acto de concessão da procuração. Não obstante ela não pode ser aceite.

A compreensão da procuração como um simples acto jurídico do qual decorrem efeitos meramente legais, se porventura não impossibilita na sua totalidade, coloca, pelo menos, sérias dificuldades a toda a posterior construção acerca da importância dos vícios da vontade do *dominus* no acto de concessão dos poderes representativos. Além disso, a própria tentativa de fundamentação da *procuratio* como um acto unilateral afigura-se, a nosso ver, absolutamente improcedente. Segundo HUPKA «*apenas a teoria do acto unilateral se ajusta à natureza jurídica da procuração. Ao conceder ela ao representante a faculdade de dispor sobre a esfera jurídica do principal e em nome dele, afecta única e simplesmente o interesse do principal. A procuração não toca nunca a esfera do procurador enquanto tal, não derivam para este nem deveres nem direitos, mas antes uma capacidade jurídica para através da sua actuação fazer nascer numa outra pessoa direitos e obrigações*». Quer dizer: a procuração corresponde a um acto unilateral porquanto o seu efeito seria o de fazer surgir na esfera jurídica do procurador uma capacidade de praticar actos com efeitos para outrem. A verdade, porém, é que o chamado poder de representação não consiste, não pode consistir em nenhuma capacidade jurídica. Semelhante noção corresponde a uma categoria generalizadora a qual nos indica se o sujeito pode praticar actos de determinado tipo[2414]. Ora na representação quanto se debate não é se o representante pode ou não praticar actos de certa categoria ou natureza mas se os pode praticar com eficácia perante o *dominus*. Trata-se de um problema relacional transportando-nos, assim, para latitudes bem diversas das ocupadas pela noção de capacidade.

A tentativa de resolver a problemática do duplo erro em função de uma simples consideração dos interesses em jogo também não satisfaz – ao menos nos moldes propostos pelo autor austríaco. Segundo HUPKA, naqueles casos nos quais ao erro do *dominus* se segue um erro do representante, de tal forma que o resultado final corresponde precisamente ao pretendido pelo principal, o negócio representativo deverá manter-se por não existir, por parte do representado, um interesse digno de tutela. Isso só será assim, todavia, se a coincidência entre a vontade real do *dominus* e a vontade exteriorizada pelo representante puder ser aferida em razão da procuração. Como resolver, porém, as hipóteses de duplo erro nas quais apenas através das instruções internas ou da relação gestória subjacente é possível apurar a coincidência entre a vontade real do representado e o resultado final do acto representativo? A resposta parece evidente: como a procuração é, para HUPKA, abstracta e a relação interna entre constituinte e procurador irrelevante para o terceiro aqui já não se assistiria à impossibilidade de impugnar o acto representativo com fundamento em vício da vontade do representado, não obstante o resultado final ser precisamente o pretendido pelo *dominus*. Isto numa conclusão de resto, não apenas em expressa consonância com os

---

[2414] Acerca da noção de capacidade referência na doutrina italiana, com carácter ilustrativo, para Pietro Rescigno, *Capacità di agire*, in *Novissimo Digesto Italiano*, 1958, II, pp. 867 e ss.; Id., *Capacità giuridica (diritto civile)*, in *Idem*, pp. 873 e ss.; Angelo Falzea, *Capacità (teoria generale)*, in *Enciclopedia del Diritto*, 1960, pp. 8 e ss.; Mosco, *La rappresentanza...*, p. 56. Na literatura jurídica alemã v., a título igualmente indicativo, Müller-Freienfels, *Die Vertretung...*, pp. 37 e ss., o qual se manifesta de forma expressa contra a compreensão do poder de representação como uma capacidade e recorda, ainda, como esta última não pode ser fundada através de negócio jurídico ou acto jurídico privado; Larenz, *Allgemeiner Teil...*, pp. 88 e ss., 593 e 594; Antonio Gordillo, *La representación...*, p. 36, entre os autores de nacionalidade espanhola; e, na nossa doutrina, Helena Brito, *A representação...*, in *Revista...*, 1987, p. 27; Oliveira Ascensão, *Teoria...*, III, pp. 70 e 317, o qual escreve a propósito, de forma lapidar: «*A capacidade está subtraída à disponibilidade das partes*» (v., também deste autor *As actuais coordenadas do instituto da indignidade sucessória*, separata de *O direito*, Lisboa, 1970, pp. 14 e ss.; Id., *Teoria geral...*, I (1991), pp. 70 e 71, 235 e ss. (1996), 136 e ss.; Id., *Direito civil...*, II, p. 90). Em termos mais gerais alusão, ainda, para Mota Pinto, *Teoria...*, p. 213; Pedro Pais de Vasconcelos, *Teoria geral do direito civil*, I, Lisboa, 1999, pp. 57 e ss.; e Pedro de Albuquerque, *Da prestação...*, p. 90.

respectivos pontos de vista fundamentais acerca do fenómeno representativo, como, para além do mais, alargada pelo próprio HUPKA às hipóteses de procurações ou poderes de representação apenas parcialmente determinados: «*Só o que a vontade efectiva e livre do representante decidiu obriga* (...)» o representado. «*Se a resolução do procurador foi influenciada por um erro relativo a um ponto essencial tem de ser anulável quanto foi assim determinado. Não é necessário, porém, para isso, e se a procuração era só parcialmente indeterminada* (...) *que o aspecto sobre o qual recai o erro do representante se encontre dentro da esfera de liberdade que lhe foi concedida. Ao contrário o erro do representante sobre um ponto previamente determinado pelo principal também é importante.*»[2415] Quer dizer, e para empregar as palavras do próprio HUPKA, se o representado deixa nas mãos do representante a individualização e especificação do conteúdo do negócio mas, ao mesmo tempo, lhe fixa determinados limites, quanto conta para efeitos de impugnação do negócio é a vontade do representante. Isto mesmo na eventualidade de o erro do representante recair sobre um aspecto previamente fixado pelo *dominus* e, destarte, se reportar a uma questão na qual não é deixada liberdade ao procurador. Por isso, e por mais que o negócio representativo corresponda à vontade real do principal, para HUPKA haverá a possibilidade de se impugnar o negócio representativo, com fundamento em vício da vontade do *procurator*. A solução não é, obviamente, satisfatória. A ser verdadeira a afirmação do autor segundo a qual a acção de anulação, por parte do principal, do negócio representativo se encontra condicionada a um interesse digno de tutela onde se situa neste caso o interesse na invalidação digno de protecção? Não corresponde o resultado final ao pretendido pelo representado? Se sim porquê conceder-lhe o direito de deitar por terra o acto do seu procurador? A resposta dada por HUPKA a esta interrogação parece estar exclusivamente numa pretensão de coerência conceptual, sem qualquer correspondência ou base material.

Em síntese, e se bem entendemos, o afastamento, por parte de HUPKA, da impossibilidade de se colocarem em causa os efeitos do negócio representativo celebrado na sequência de um duplo erro, e no qual a vontade do representado acaba, afinal, por ser respeitada, parece circunscrever-se aos casos de procurações absolutamente determinadas. Nos outros releva sempre o vício da vontade do representante porquanto é a ele a quem cabe especificar, perante o

---

[2415] Hupka, *Die Vollmacht...*, p. 48.

terceiro, o conteúdo negocial. Escasso progresso este o da tese de HUPKA face às fragilidades e contradições por ele próprio apontadas à «teoria da representação». Isto a menos que se aceite a ideia segundo a qual, ao considerar o facto de frequentemente se afigurar importante para a interpretação da procuração também a natureza e as condições da relação jurídica interna entre representante e representado[2416], HUPKA estaria a admitir a possibilidade de a relação gestória ser chamada a depor igualmente para a resolução dos casos de duplo erro do *procurator*. Julgamos, todavia, não ser esse o sentido pretendido pelo autor austríaco porquanto em manifesta contradição com quanto é por ele expressamente afirmado noutro local a este respeito: o erro do representante sobre aspectos predeterminados pelo *dominus* continua a ser relevante[2417]. Em qualquer caso, e admitindo sem contestar, mas também sem conceder, a possibilidade de, para HUPKA, a relação gestória e instruções internas serem directamente chamadas para ajudar a resolver as dificuldades suscitadas pelas situações resultantes de duplo erro, então, é a própria ideia de autonomia da procuração por ele tão insistentemente afirmada que entra em séria crise[2418].

A tentativa de justificar o direito de o representado impugnar, sempre, o negócio representativo celebrado por procurador sujeito a dolo ou coacção com fundamento na circunstância de o representado ter um interesse em que o representante decida livremente parece sugestiva. Bem vistas as coisas, porém, não se vislumbra qual a diferença existente entre estes casos e os de erro do representante.

Mas se tudo quanto até aqui se disse não se mostrasse suficiente para colocar em causa a tese de HUPKA apenas duas considerações mais bastariam para a fazer ruir por completo e para lhe retirar, de imediato, o suposto carácter definitivo que lhe foi atribuído por alguns.

Voltando à questão da natureza formal do poder de representação, de acordo com HUPKA, esta impediria a relevância do abuso cometido pelo procurador no desempenho das respectivas funções[2419]. Contudo, semelhante figura não só é aceite hoje, de forma absoluta-

---

[2416] Hupka, *Die Vollmacht...*, p. 183.

[2417] *Idem*, p. 48.

[2418] E na verdade não faltam, conforme se referiu já *supra* autores para quem, não obstante toda a retórica e argumentação em favor da ideia de autonomia da procuração relativamente à relação gestória estabelecida entre o representante e o representado, os resultados alcançados por Hupka nesta matéria se afiguram extremamente escassos.

[2419] Hupka, *Die Vollmacht...*, p. 158.

mente pacífica, no âmbito de aplicação do *BGB*, como se encontra expressamente consagrada no artigo 269.º do Código Civil português. *Ergo*....

Quanto às correcções operadas por HUPKA «à teoria da representação», no sentido de a salvar, elas passam em grande medida, e como se viu, pela admissibilidade de impugnação da procuração naqueles casos nos quais, por ser a vontade do dono do negócio a mostrar-se viciada, a *Repräsentationstheorie* não podia, sem se destruir a si própria, admitir a possibilidade de impugnação do negócio representativo. Antecipando desenvolvimentos, dir-se-á, contudo, ser esta tentativa de melhorar «a teoria da representação» absolutamente infrutífera atendendo à circunstância de a procuração não ser pura e simplesmente impugnável[2420] uma vez exercida.

[2420] Cfr., *infra,* Parte II, Cap. V.

CAPÍTULO VII

A REPRESENTAÇÃO VOLUNTÁRIA NA CIÊNCIA E NO DISCURSO JURÍDICO DA CIVILÍSTICA PORTUGUESA ANTERIOR AO CÓDIGO CIVIL DE 1966

I – A doutrina tradicional não teve dificuldade em aceitar a ideia subjacente ao Código de Seabra[2421]. Mandato e representação voluntária eram vistas como realidades conexas, associadas entre si. Onde existia uma estava também a outra. A representação era, ao menos no direito civil, uma característica essencial do mandato.

Era essa a opinião, com maior ou menor intensidade e de forma mais ou menos fiel, de autores como DIAS FERREIRA[2422], GUILHERME MOREIRA[2423], BELEZA DOS SANTOS[2424], JOSÉ TAVARES[2425], CUNHA

[2421] A respeito da forma como o Código de Seabra tratava o mandato e a representação v., *supra*, Parte I, Cap. III, parágrafo 5.

[2422] Dias Ferreira, *Codigo...*, III, comentário ao artigo 1318.°, p. 6, segundo o qual «(...) *qualquer que seja o lado por que se encare, o mandato representa sempre a transmissão de poderes para se praticar algum facto ou contrahir alguma obrigação em nome de outrem* (...)».

[2423] Guilherme Moreira, *Instituições...*, I, p. 456, onde o autor afirma: «*Na representação voluntária sendo pelo mandato que se estabelecem não só as relações de carácter obrigatório entre o mandante e o mandatário, mas se determinam os poderes que este fica tendo, em relação a terceiros, para realizar negocios juridicos em nome do mandante, segue-se que é pelo próprio contracto de mandato que se ha de verificar qual a responsabilidade do representado quanto aos actos praticados pelo representante* (...)». Helena Brito, *A representação...*, p. 87, nota (13) (v. também Menezes Cordeiro, *Manual...*, I, p. 465) recorda, é certo, o facto de noutro local, Guilherme Moreira se referir, expressamente, ao mandato representativo – e parecer assim admitir já uma distinção imperfeita entre mandato e representação – (cfr., Guilherme Moreira, *Instituições...*, I, pp. 451 e 452) ao afirmar: «*A representação voluntária tem a sua principal origem no mandato ou procuração, que o nosso codigo define (art. 1318.°) como o contracto pelo qual uma pessoa se encarrega de prestar, ou fazer alguma cousa, por mandado ou em nome doutrem.*

Cumpre-nos notar, porém, que o mandato só constitue uma fonte de representação quando alguém se encarrega de, em nome doutrem, realizar qualquer negocio juridico, declarando a sua vontade em nome do mandante, e que pelo mandato póde alguem ser encarregado de realizar negocio juridico realizado não em nome do mandante, mas em nome próprio, sendo todavia o negocio realizado no interesse ou por conta do mandante. Neste caso, o mandatário contracta por si, em seu proprio nome, e não no do mandante, ficando assim o mandatário obrigado para com as pessoas com quem contracta, como se o negócio fosse seu, não tendo

GONÇALVES[2426], JAIME GOUVEIA[2427], CABRAL MONCADA[2428], PAULO CUNHA[2429], PIRES DE LIMA e ANTUNES VARELA[2430, 2431, 2432].

estas acção alguma contra o mandante, nem este contra ellas. (...) Não deve, pois, confundir-se o mandato com a representação voluntaria, até no caso em que tenha por fim a pratica de um acto jurídico. Neste caso, para que haja representação, é necessario que o mandatario seja incumbido de realizar o negocio juridico em nome de outrem». Parece-nos, todavia, e com o Professor Inocêncio Galvão Telles, *Mandato...,* in *Colectânea...,* 1983, VIII, t. III, p. 17, nota (3), que Guilherme Moreira apenas admitia o mandato não representativo no caso particular do contrato mercantil de comissão, regulado nos artigos 266.° e ss.. do Código Comercial. Na verdade, depois de referir a possibilidade de existir um mandato sem representação, Guilherme Moreira escreve: *«É o que se chama comissão, que o codigo commercial considera, e com razão, como sendo uma fórma de mandato, e definindo este o contracto por que uma pessoa se encarrega de praticar um ou mais actos de commercio por mandado doutrem (...)».* Por outro lado, Guilherme Moreira, *Instituições...,* Vol. II, sem data, mas possivelmente de 1902-1903, p. 433, escreveria ainda e expressamente: *«Pelo mandato forma-se a representação convencional, sendo que o mandatário, dentro dos poderes que lhe são conferidos, não procede em nome e interesse próprio, mas no do seu constituinte»,* para acrescentar depois (Vol. II, p. 448) *«O motivo por que o mandatario só obriga o mandante dentro dos limites do mandato, é porque só tem representação dentro desses limites (...)».* Aliás, o recurso à comissão para suprir as dificuldades causadas pela circunstância de, no sistema do Código de Seabra, o mandato ser entendido como representativo haveria de ser seguido pela *communis opinio* de então como o comprova, por exemplo, o ensinamento de Manuel de Andrade, *Teoria geral da relação jurídica,* Coimbra, 1960, II, p. 293, o qual considera, que em face do princípio da liberdade negocial, deve considerar-se permitida em direito civil a figura correspondente ao contrato de comissão. Mas o corte entre a representação e o mandato não era, ainda, e de forma alguma assumida, como o atesta a circunstância de Manuel de Andrade escrever: *«As disposições por que ela se regulará* [subentenda-se a figura civil similar à comissão] *serão as desse contrato, até onde não afiliadas em razões peculiares ao tráfego mercantil, e as do mandato civil – ou do comercial (arts. 231.° e ss. do respectivo Código) – até onde se não justifiquem pelo facto de o mandatário dever agir* alieno nomino *(todas estas por extensão analógica) bem como, por último, as disposições gerais dos contratos.»* Por isso, Menezes Cordeiro, *Manual...,* I, p. 465, considera que, neste ponto, Manuel de Andrade, já em plena preparação do Código Civil, pouco avançou. A finalizar esta nota refira-se, ainda, a circunstância de, segundo Menezes Cordeiro, *Manual...,* I, p. 465, caber a Guilherme Moreira o mérito de ter divulgado na nossa linguagem, o termo «representação», definindo os seus grandes parâmetros.

[2424] Beleza dos Santos, *A simulação em direito civil,* Coimbra, 1921, Vol. I, p. 296, o qual declara expressamente não ser admitido em direito civil o mandato em nome próprio.

[2425] José Tavares, *Principios...,* II, pp. 434 e 435, nota (1) (onde o jurisconsulto sustenta, por um lado, a ideia segundo a qual todo o mandatário procede em nome do mandante, afigurando-se, por conseguinte, seu representante e, por outro, defende a impossibilidade de se atribuir o qualificativo de mandato ao contrato de comissão previsto e regulado pelo Código Comercial), e p. 438.

[2426] Cunha Gonçalves, *Tratado...,* Vol. IV, comentário ao artigo 644.°, pp. 198 e ss., e Vol. VIII (1933), comentários aos artigos 1318.° e 1331.°, p. 387, onde o autor chega inclusivamente a propor a seguinte definição para o mandato: *«O mandato é um contracto pelo qual uma pessoa confere a outra o poder, que esta aceita, de a representar num ou em vários actos jurídicos, praticando estes em exclusivo nome e proveito daquela. A pessoa que transmite os poderes chama-se mandante e é o representado; e a pessoa que aceita e exerce os mesmos poderes diz-se mandatário.»* E continua: *«É a representação pois, o que distingue o mandato da preposição ou mera comissão»;* Id., *Dos contratos em especial,* Lisboa, 1953, pp. 49 e ss..

[2427] Jaime Gouveia, *Da responsabilidade contratual,* Lisboa, 1932, pp. 337 e ss.

[2428] Cabral Moncada, *Lições de direito Civil. Parte Geral,* Coimbra, 1932, II, p. 334, nota (1), e 336, nota (1); Id., *Lições...,* II, 3.ª ed., p. 335, nota (2), e 337, nota (1), onde se considera criar o mandato, nos termos da lei, obrigatoriamente, uma verdadeira relação ou vínculo de representação entre mandante e mandatário, visto o segundo receber o encargo de fazer alguma coisa não só no

A circunstância de os actos praticados pelo mandatário, fora dos limites do mandato, ou contra o fim deste, serem, de acordo com o estabelecido pelo Código de Seabra, irrelevantes para o *dominus* não impediu a doutrina de conceber e desenvolver fomas de protecção de terceiros de boa fé que contratassem com um falso procurador[2433].

interesse mas em nome do primeiro. Cfr., por último, *Lições...*, 4.ª ed., de 1995, mas na realidade preparada e prefaciada em 1962, pp. 654, nota (2), e 656, nota (1).

[2429] Paulo Cunha, *Direito Civil, II, Conclusão do estudo da teoria geral da relação jurídica,* apontamentos de Maria Luiza Coelho Bártholo e Joaquim Marques Martinho, Lisboa, 1936-37, pp. 89, 90 e p. 106 e ss., autor que sustentaria: «(...) *parece ser evidente que o Código admite apenas o contrato de mandato com representação* (...)», para, todavia, admitir, a propósito da comissão regulada no Código Comercial, se admitir uma forma de mandato sem representação, não obstante a circunstância de ser outra a norma em direito civil.

[2430] Pires de Lima e Antunes Varela, *Noções fundamentais de direito civil,* 3.ª ed., Coimbra, 1954, I, pp. 427 e ss..

[2431] V., também, Cavaleiro de Ferreira, *Depósito Bancário. Simulação. Falsificação. Burla,* in *Scientia Iuridica,* 1970, XIX, 103 e 104, pp. 269 e ss. – o qual, apesar de escrever já depois da entrada em vigor do actual Código Civil – se ocupa de um caso, ainda, regulado pelo Código de Seabra, parecendo o Ilustre Professor reconduzir, aí, a procuração ao mandato.

[2432] Na jurisprudência pode ver-se, por exemplo, o *Acórdão da Relação de Coimbra, 17-1- -1968* (Manuel José Fernandes Costa), in *Jurisprudência das Relações,* 1968, 14, t. I, pp. 156 e ss., onde se afirma expressamente «*o mandato representa sempre a transmissão de poderes para se praticar algum facto ou contrair alguma obrigação em nome de outrem*».

[2433] Assim v., designadamente, Guilherme Moreira, *Instituições...,* I, pp. 456 e 457; e Cunha Gonçalves, *Tratado...,* IV, comentário aos artigos 645.º e 646.º, pp. 202 e 203, autor que admite a existência de algumas situações nas quais a boa fé do terceiro devia ser protegida, tais como: a) quando o representado considerou válidos contratos anteriores celebrados pelo representante em idênticas condições, o que mesmo perante um excesso de poderes importaria numa ratificação antecipada; b) quando se tratasse de representantes permanentes como capitães de navios, os agen- tes das companhias de seguros, os gerentes das sociedades comerciais, e o simples facto de a nomeação fazer supor que o sujeito teria os poderes normais usualmente conferidos a pessoas com tais funções, ou a própria lei considera como conferido com amplos poderes o mandato não registado, tanto mais quanto é certa a circunstância de na vida prática não se poder exigir a tais entidades a apresentação dos seus poderes; c) quando os estatutos das sociedades ou as procurações dos gerentes não tivessem sido registados e houvesse razão para aplicar o artigo 249.º do Código Comercial. Quanto aos casos de extinção da legitimidade representativa o artigo 1369.º do Có- digo de Seabra (e já antes igualmente de acordo com os artigos 820.º e 824.º do Código Comer- cial de Ferreira Borges) estabelecia a regra segundo a qual o constituinte ficava obrigado pelos actos praticados depois da expiração do mandato, se o mandatário contratasse com pessoa certa e determinada que ignorasse que o mandato tinha cessado. Já perfeitamente imbuído dos ensinamentos quer da *Repräsentationstheorie* quer da ideia labandiana da abstracção da procuração, conceitos e orientações que procura justificar através da referência aos interesses em jogo, Ferrer Correia, *A procuração...,* in *Estudos...,* II, pp. 13 e ss., distinguia, com vista a assegurar a protecção de quem contratasse com um representante, a propósito das instruções dadas *a latere* da procuração, consoante elas se traduzissem em verdadeiras limitações aos poderes representativos ou em simples limites à actividade gestória do procurador. Na primeira hipótese, Ferrer Correia considera que as directrizes dadas pelo *dominus* só serão oponíveis ao terceiro se o interessado provar que este as conhecia ou não podia ignorar. Isto numa solução com consagração expressa nos artigos 49.º, n.º 4, 249.º e 242º do Código Comercial; preceitos estes dos quais resulta a não oponibilidade

II – A penetração do pensamento pandectista a propósito da representação foi, entre nós, relativamente lenta[2434]. Contra a orientação perfilhada pela doutrina clássica haveria de reagir, apenas em meados do século XX, pela primeira vez, e no âmbito da preparação do Código Civil actual, INOCÊNCIO GALVÃO TELLES[2435]. Na verdade, este autor afirmou categoricamente a tese segundo a qual a representação propriamente dita se deveria diferenciar da designada representação indirecta, mediata ou de interesses; simples forma de interposição real de pessoas. A procuração e mandato deveriam entender-se como realidades distintas.

A interposta pessoa – afirma GALVÃO TELLES – age para si; os efeitos jurídicos projectam-se no seu património: adquire direitos e torna-se devedor perante o outro contraente. Tudo em termos, perfeitamente delineados pelo Código Comercial e que a ausência de regulamentação por parte do Código de Seabra não impedia, no entender do Ilustre Mestre, de considerar como perfeitamente admissível no contexto do direito civil. A circunstância de o Código de 1867, nos artigos 1318.º e seguintes, reger o mandato e procuradoria como se o mandatário agisse sempre em nome alheio constituía, de acordo com GALVÃO TELLES, um simples defeito ao qual o intérprete se não achava adstrito: a realidade legal – afirma – prevalece sobre as definições imperfeitas formuladas pelo legislador. Mandato e representação, defende

pelo mandante aos terceiros de quaisquer instruções separadas e deles não conhecidas ou não publicadas através do registo. No segundo caso – cuja previsão ou admissibilidade foi já qualificada por alguma doutrina como de insuportável acrobacia jurídica – o Ilustre Professor de Coimbra parece seguir a opinião de Hupka – ele próprio inspirado no ensinamento de Laband – segundo a qual o representante fica vinculado pelos actos praticados pelo procurador mesmo que o terceiro tenha tido conhecimento das instruções secretas. Por seu turno, Rui de Alarcão, *Breve...*, in *Boletim...*, 138, artigos 9.º e 11.º, pp. 78 e 79, propunha, em sede de trabalhos preparatórios do actual Código Civil, como forma de protecção de terceiros, a necessidade de as modificações e revogação da procuração serem levadas ao conhecimento dos terceiros, por meios idóneos, sob cominação de lhes não serem oponíveis, salvo provando-se que tinham delas conhecimento; além disso, as outras causas de extinção da procuração não deveriam ser opostas a terceiros, que sem culpa, as tenham ignorado. O acto praticado com abuso de poderes de representação só seria ineficaz em relação ao representado se o terceiro conhecia ou devia conhecer esse abuso. Quanto à responsabilidade do *falsus procurator* em face de terceiros v., Ferrer Correia, *Sociedades fictícias e unipessoais*, Coimbra, 1948, pp. 67 e ss.; e na literatura jurídica recente v., a propósito de algumas formas de tutela do terceiro que contrata com o procurador, mas com referência ao Código de Seabra e respectiva doutrina, Paulo Mota Pinto, *Aparência de poderes de representação...*, in *Boletim...*, Vol. LXIX, p. 605, nota (25), e 593, nota (10), no tocante à responsabilidade, perante o terceiro, do representante sem poderes.

[2434] Menezes Cordeiro, *Manual...*, I, p. 465.

[2435] Inocêncio Galvão Telles, *Dos contratos...*, pp. 261 e ss.; Id., *Mandato...*, in *Boletim...*, 16, pp. 38 e ss., maxime 44 e ss.; Id., *Contratos civis...*, pp. 71 e ss.; Id., *Dos contratos...*, 2.ª ed., pp. 299 e ss.; Id., *Manual...*, pp. 301 e ss.; Id., *O mandato...*, in *Colectânea...*, Ano VII; Tomo III, 1983, pp. 7 e ss., maxime, pp. 9 e 10.

GALVÃO TELLES, podem coexistir, como tantas vezes sucede, mas também podem andar separados ao ponto de se poder afirmar possibilidade de existência de mandato sem representação e de representação sem mandato. E em termos tais que, segundo o autor, o mandato não deve ser nunca visto como a fonte da representação, nem mesmo quando esta o acompanha. Podendo a representação faltar no mandato e existir sem ele a conclusão só pode, para INOCÊNCIO GALVÃO TELLES, ser uma: o poder de representação tem necessariamente origem noutro acto jurídico – o qual se cumulará com o mandato mas dele se conservando sempre distinto – a procuração. Procuração que surge, de acordo com GALVÃO TELLES, como um acto unilateral, ao contrário do mandato cujo carácter contratual não sofre contestação. O segundo, afirma, impõe a obrigação de celebrar actos jurídicos por conta de outrem enquanto a primeira confere o poder de os celebrar em nome de outrem[2436].

O ensinamento de INOCÊNCIO GALVÃO TELLES, com a separação por ele preconizada entre mandato e procuração, representaria um contributo importante e do qual não se poderá, em muitos dos seus aspectos, porventura, prescindir mais. Ele acabaria, no entanto, por se traduzir, quase um século depois, na porta para a introdução, entre nós, da doutrina da abstracção da procuração de cariz labandiano.

Na verdade, a tese propugnada por GALVÃO TELLES seria, quase de imediato, retomada por MAGALHÃES COLLAÇO[2437] e, sobretudo, por FERRER CORREIA. Este último procuraria demonstrar como, para além de distinta do mandato, a procuração seria, além disso, insensível e integralmente independente, quer na origem, quer na extensão, quer na sorte, do negócio gestório a ela subjacente[2438]. Iniciava-se, pois, assim também, em Portugal, e em termos definitivos, a marcha triunfal da compreensão do fenómeno representativo nos moldes propostos, há já tantos anos, pelo jovem Pro-

---

[2436] Cfr., Inocêncio Galvão Telles, *Manual...*, pp. 312 e 323.

[2437] Isabel Maria de Magalhães Collaço, *Da legitimidade...*, pp. 209 e ss., e 225.

[2438] Ferrer Correia, *A procuração...*, in *Estudos...*, II, pp. 1 e ss., maxime pp. 28 e 31, onde o autor defende a *«abstracção integral»* da procuração ou alude à *«natureza abstracta integral da procuração»* (para uma recensão ao pensamento de Ferrer Correia v., Helena Mota, *Do abuso de representação...*, pp. 53 e ss., e *passim*. V., ainda, Vaz Serra, *Contrato consigo mesmo e negociação de directores ou gerentes...*, in *Revista...*, 100, pp. 178, nota (1) e ss.; Id., *Anotação ao acórdão do Supremo Tribunal de Justiça de 24 de Abril de 1960*, in *Idem*, 94, 1961-1962, n.º 3200 e ss., pp. 170 e ss., n.º 3201, p. 184, nota (1). Em termos algo mais moderados pode ver-se, Dias Marques, *Teoria geral do direito civil*, Coimbra, 1959, II, p. 321, o qual considera que o negócio atributivo de poderes de representação se encontra dotado de relativa autonomia diante do mandato ou relação subjacente. Deste autor pode, ainda ver-se, *Introdução ao estudo do direito*, Lições feitas aos cursos de 1961-62 e 1962-63 da Faculdade de Direito de Lisboa, Lisboa, 1963, I, pp. 295 e ss., e designadamente, p. 297; e Id., *Noções elementares de direito civil*, 2.ª ed., Lisboa, 1969, pp. 83 e 84.

fessor de Conisberga chamado LABAND[2439, 2440, 2441, 2442]. Marcha que levaria à capitulação de muitos dos autores favoráveis à ligação ou conexão entre relação jurídica interna e relação jurídica externa, deixando apenas alguns focos de resistência mais ou menos isolados.

_____

[2439] Associado à clara separação entre a figura do mandato de um lado, e a procuração, por outro, haveria ainda de ficar, entre nós, de forma indelével, o nome de Pessoa Jorge, *O mandato...*, *per totum*, conforme é de resto sublinhado, designadamente, por Menezes Cordeiro, *Da responsabilidade...*, p. 336. A escolha do tema da obra de Pessoa Jorge foi, aliás, e segundo indicação do próprio Inocêncio Galvão Telles, sugerida por este Mestre àquele seu discípulo. Cfr., Inocêncio Galvão Telles, *Mandato...*, in *Colectânea...*, 1983, VIII, 3, p. 17, nota (13).

[2440] Ainda assim alguns autores parecem ter conseguido resistir à afirmação de uma autonomia total entre o poder de representação, de um lado, e relação interna, do outro. Se não nos enganamos, é esse o caso de Dias Marques, *Teoria...*, II, pp. 321 e ss., o qual distinguindo embora dois tipos de mandato – um correspondente ao contrato de mandato e o outro, negócio unilateral, fonte de poderes de representação – e sem confundir a procuração com a relação-base, admitia a possibilidade de a relação externa de representação poder traduzir-se numa projecção exterior do negócio gestório (*op. cit.*, cfr., pp. 315 e ss.). Além disso, qualificava, expressamente, como um caso de representação aparente a actuação abusiva do representante. Actuação essa que na visão do autor mais não era do que representação sem poderes.

[2441] As posições de Galvão Telles e de Ferrer Correia teriam importante, directo, e prolongado papel, não apenas, na afirmação, mas, também, no perdurar, a nível jurisprudencial, da ideia de autonomia integral da procuração. No tocante à influência exercida pelo Mestre da escola de Coimbra pode referir-se, a título exemplificativo, e já bastante depois da entrada em vigor do actual Código Civil, o *Acórdão do Supremo Tribunal de Justiça de 8 de Fevereiro de 1979* (Octávio Dias Garcia), in *Revista de Legislação e Jurisprudência*, 112, 1980, n.º 3647, pp. 219 e ss. (= *Boletim do Ministério da Justiça*, 284, pp. 235), onde chamado a resolver uma questão na qual se colocava o problema de saber se a aplicação do artigo 262.º do Código Civil poderia levar a que a prova de certo mandato apenas se pudesse fazer documentalmente, o Supremo responderia transcrevendo, entre outras (de resto, e a nosso ver, nem sempre de forma a respeitar, na sua plenitude, o contexto em que foram proferidas pelo seu autor) as seguintes palavras de Ferrer Correia. *«Afirma-se a natureza abstracta da procuração para significar que ela não recebe em si o título que todavia materialmente a explica e justifica – a procuração constrói-se como se, para além dela, não estivesse o mandato»*; e, exactamente no mesmo sentido, *Acórdão da Relação de Évora de 27 de Fevereiro de 1992* (Mateus da Silva), in *Colectânea de Jurisprudência*, 1992, XVII, 1, pp. 284 e ss. (falta de poderes de representação – excesso – interpretação da procuração); *Acórdão do Supremo Tribunal de Justiça de 3-6-1997* (Lopes Pinto), in *Boletim do Ministério da Justiça*, 1997, 468, p. 367 (mandato-procuração – celebração de contrato prometido após a morte do mandante – caducidade, ou não, do mandato e da procuração). V., porém, o *Acórdão do Supremo Tribunal de Justiça de 19 de Junho de 1979* (Santos Vítor), in *Boletim do Ministério da Justiça*, 1979, 288, pp. 382 e ss. (forma do mandato – ratificação do mandato), onde, de modo surpreendente, se escreve: *«Como diz o Prof. Ferrer Correia em Estudos Jurídicos – Direito Civil e Comercial, Direito Comercial, Direito Criminal, vol. II, a págs. 7, o fundamento jurídico da representação voluntária não reside na chamada procuração, mas na relação constituída entre o representado e o representante, da qual advém para o segundo o encargo de gerir os negócios do primeiro.»* De forma incompreensível o tribunal não atentou na circunstância de o trecho de Ferrer Correia, transcrito no aresto, não corresponder à posição por ele sustentada, mas sim à por ele criticada. O ensinamento de Galvão Telles, em contrapartida, é recordado, por exemplo, no *Acórdão da Relação de Lisboa de 11 de Setembro de 1990* (Lopes Pinto), in *Colectânea de Jurisprudência*, 1990, IV, pp. 145 e ss. (interesse do representado, caducidade do mandato), com o objectivo de demonstrar e provar a insusceptibilidade de confusão entre representação e mandato.

[2442] Mais do que a abstracção da procuração ou do poder de representação relativamente à relação subjacente, Galvão Telles preconizaria a necessidade de se não confundir mandato com

III – Apesar da ausência – ou por causa dela – de uma norma de direito positivo na qual se estabelecesse a disciplina para a falta ou vícios da vontade e estados subjectivos relevantes para o negócio representativo, a doutrina não tardaria em envolver-se num outro debate, agora não já relativo ao tipo de ligações entre a *procuratio* e a relação a ela subjacente mas, antes, pertinente à estrutura do negócio representativo. Debate este que haveria de redundar, também ele, em grande medida, e afinal, no triunfo dos quadros impostos pela imensa e quase opressora *communis opinio* emergente da pandectística. Destarte, assistir-se-ia à afirmação dos pressupostos e da visão monista da *Repräsentationstheorie*: a autoria material do negócio representativo compete ao representante, não ao representado. Em consequência, apenas a vontade deste era tida como relevante em matéria de *scientia* ou *ignorantia* do circunstancialismo que rodeou a celebração do negócio jurídico; apenas os vícios da vontade do representante se mostrariam susceptíveis de afectar o negócio representativo.

Não faltaram, é certo, vozes favoráveis às teorias monistas da ficção – tal como propugnada pela doutrina francesa clássica e, na literatura tudesca, por juristas como BUCHKA e UNGER – ou sequer da *Geschäftsherrntheorie* conforme emergiu essencialmente da pena de SAVIGNY. A favor da primeira das duas concepções agora referidas inclinou-se, por exemplo, DIAS FERREIRA[2443], enquanto a segunda mereceria o sufrágio de JOSÉ TAVARES[2444, 2445]. Da mesma

---

procuratio e de entender as duas figuras enquanto noções distintas. Neste aspecto pareceria não ir tão longe como, por exemplo, Ferrer Correia. Não obstante esta aparência, a ideia de autonomia e de abstracção da procuração não deixaria de estar presente na construção de Galvão Telles. Atesta-o, não apenas, a expressa afirmação da autonomia da *procuratio* (*Manual...*, p. 312) relativamente à relação externa mas, mais do que isso, a afirmação (pp. 309, 313 e 314) da irrelevância externa das instruções comunicadas ao procurador *a latere* da procuração. Curiosamente, porém – e dizemos curiosamente porquanto mais ninguém parece ter seguido o mesmo caminho – essa ausência de importância das instruções internas – a implicar a abstracção da *procuratio* relativamente à relação--base – seria explicada não apenas como consequência directa da ideia de autonomia e insensibilidade da procuração relativamente ao negócio gestório (apesar de a implicar – cfr., *op. cit.*, pp. 313 e 314, onde Galvão Telles faz seu o ensinamento a este respeito de Von Thur), mas, também, em virtude da circunstância de o negócio representativo ser posto pela vontade do representante. Embora não possamos concordar com a posição do Ilustre Autor julgamos que a questão da relevância ou irrelevância das instruções à margem da procuração andará necessariamente ligado ao problema da determinação da importância que a vontade do representado e do representante têm, ou deixam e ter, para o negócio representativo.

[2443] Dias Ferreira, *Codigo...*, III, comentário ao artigo 1318.º, p. 6, autor para quem «(...) *valem os actos praticados por terceiros em virtude do mandato como se os tivesse praticado o próprio mandante* – quia mandat ipse fecisse videtur».

[2444] José Tavares, *Os princípios...*, II, pp. 430 e ss., maxime p. 439, onde se escreve: «*Vê-se, portanto, que nos actos de representação voluntária o que vale é a vontade do representado.*»

[2445] É também essa a posição defendida por Paulo Cunha, *Direito...*, II, *Conclusão*, pp. 81 e

forma, as concepções dualistas, segundo as quais o negócio representativo se ficava a dever à actuação conjunta das vontades do representante e do representado, não deixaram de ter, entre nós, adeptos de prestígio. CUNHA GON-ÇALVES esteve perto dela[2446]. CABRAL MONCADA[2447], ou PAULO CUNHA defenderam-na abertamente[2448, 2449].

Haveria, todavia, de se mostrar mais forte e vigoroso o peso de quantos defendiam a teoria da representação. PENHA GONÇALVES abraçou-a[2450]. FERRER CORREIA[2451] fez o mesmo, dando-lhe maior desenvolvimento e

---

85 e ss., para a representação legal. Na realidade o autor parece entender atribuir nesses casos ao representado a própria vontade do representante, o qual se substitui juridicamente àquele: «*O acto é realizado pela vontade do* (...) *Xavier, mas esta limita-se a substituir a vontade do* (...) *Gaio, é Gaio, portanto que em direito fica sendo o autor do acto.*» Em crítica pode ver-se, Pessoa Jorge, *O mandato...*, p. 22, nota (15).

[2446] Cunha Gonçalves, *Tratado...*, IV, comentário aos artigos 645.° e 646.°, pp. 190 e ss., começa por se insurgir quer contra a teoria da ficção de Pothier, quer contra a construção de Savigny, quer, ainda, contra o ensinamento de Jhering, para afirmar, depois, a maior razoabilidade da tese da colaboração de vontades de Mitteis. A concluir, Cunha Gonçalves acaba, no entanto, por sustentar uma construção híbrida – situada a meio caminho entre concepções monistas e dualistas tradicionais – a fazer, nalguns aspectos, mas sem que o autor pareça disso ter consciência, recordar as teses de Pufendorf. Pertencem a Cunha Gonçalves as seguintes palavras: «*A meu ver, na representação, não há que atender às vontades físicas mas unicamente às vontades jurídicas. São estas as vontades que o artigo 641.° designa por pessoas, como já atrás demonstrei. Ora, quer na representação legal, quer na convencional, há, no respectivo lado da convenção, uma só vontade jurídica, e essa é do representado. Sob este aspecto, tinha razão o sábio Pothier. O representante é, apenas, o instrumento legal dessa vontade; e por isso, não há que atribuir à ficção o facto de o seu acto aproveitar directamente ao representado. O representante, quer convencional quer legal, deliberando por si ou executando instruções, exprime sempre pela sua boca uma vontade jurídica alheia* (...). *Mas, essa vontade jurídica do representado sendo, em grande medida um fenómeno psíquico do representante, explicado fica que os vícios do consentimento do representante produzam efeito como se fossem idênticos vícios da vontade do representado.*» Quer dizer, segundo Cunha Gonçalves, a vontade constitutiva do negócio representativo é a do representante. Isso não se deve, todavia, a uma qualquer ficção, mas sim ao facto de a vontade do *dominus* ser transportada pelo representante, na qualidade de veículo mas também de intérprete da vontade do *dominus*, até junto do terceiro. Mais tarde, Cunha Gonçalves, *Tratado...*, VII, p. 388, acabaria mesmo por se aproximar definitivamente das teorias monistas acerca da estrutura do fenómeno representativo ao escrever: «*O mandatário é um órgão jurídico do mandante, fala e procede em nome e por conta deste, de tal sorte que o mandante é quem contrai as obrigações e adquire os direitos, como se pessoalmente houvesse figurado nos respectivos actos jurídicos.*»

[2447] Cabral Moncada, *Lições...*, II, p. 335 e nota (2), pp. 337 e 338, nota (1).

[2448] Paulo Cunha, *Direito...*, II, *Conclusão...*, pp. 85 e ss., mas apenas quando em causa estivesse a representação voluntária.

[2449] Manuel de Andrade, *Teoria...*, II, p. 286, parece inclinar-se a favor da construção de Jhering no sentido da cisão entre vontade e efeito. V., também, quanto escreve Galvão Telles, *Manual...*, pp. 309 e 310, o qual apesar de afirmar ser o negócio representativo fruto da eficácia da vontade do representante afirma logo depois como, na representação, se assiste a uma cisão entre efeitos e negócio jurídico ou entre causa e efeitos.

[2450] Penha Gonçalves, *Autoria...*, in *Gazeta...*, 1943 (Setembro), Ano XIII, n.° 9, pp. 129 e ss., 1944 (Maio), Ano XIV, n.° 5, pp. 65 e ss., maxime p. 67, para quem a doutrina que ensina ser o representante o único autor material do negócio representativo se impõe por exclusão de partes.

[2451] Ferrer Correia, *A procuração...*, in *Estudos...*, II, pp. 21 e ss., autor que se pronuncia a favor da relevância da falta ou vícios da vontade do representado apenas em sede de procuração

um melhor enquadramento dogmático. Enquadramento e desenvolvimento estes que haveriam de ditar uma viragem na forma como *communis opinio* nacional até então vigente encarava a estrutura do negócio representativo e fazer singrar, entre nós, orientações mais ou menos tributárias ou próximas da teoria de representação[2452, 2453, 2454].

---

mesmo quando incidam sobre pontos relevantes do conteúdo do próprio negócio representativo, pois, de outra forma, não poderiam assumir qualquer relevo jurídico «(...) *visto não ser a vontade do representado, mas tão-somente a do procurador, que se exterioriza e afirma no acto representativo*».

[2452] Ainda no período de vigência do Código de Seabra, Almeida Costa, *A vontade e a declaração...*, in *Boletim...*, 127, pp. 145 e ss., propugnaria a necessidade de não se adaptar qualquer posição rígida e preconcebida a propósito da temática da vontade e declaração na teoria do negócio representativo, e defenderia soluções que, a nosso ver, oscilavam entre a teoria da representação e a teoria da cooperação de vontades, consoante os interesses a proteger. Rui de Alarcão, *Breve...*, in *Boletim...*, 138, pp. 76 e 104 e ss., afirmaria: «*para determinar se o negócio jurídico concluído pelo representante deve ser nulo ou anulado por falta ou por vícios da vontade, ou para apreciar a influência que o conhecimento ou a ignorância de certos factos exerce sobre esse negócio, deve tomar-se em consideração a pessoa do representante, a não ser que se trate de elementos em que foi decisiva a vontade do representado. Ao representado de má fé não aproveita a boa fé do representante.*» Já Dias Marques, *Teoria...*, II, p. 331, sem tomar posição expressa na questão que consistia em saber qual a vontade constitutiva do negócio representativo, parece pronunciar-se em favor da *Repräsentationstheorie*, pois, ao tratar da questão do negócio consigo mesmo considera o autocontrato apenas formalmente como um contrato. Substancialmente já não o seria por lhe faltar o seu substrato característico: o acordo de vontades. Se no autocontrato falta o acordo de vontades isso só pode ser, se bem vimos, por se considerar como exclusivamente constitutiva do negócio representativo a vontade do representante.

[2453] Mesmo quando perante consequências pouco satisfatórias os nossos autores, à semelhança aliás de quanto se verificou, também noutros países, se viram forçados a atenuar o rigor dos princípios, com maior ou menos artificialidade, até as aproximarem, nos resultados concretos, de posições próximas da ideia de cooperação de vontades. Em termos gerais, e no contexto mais amplo das várias teorias surgidas a propósito do grande debate sobre este problema da representação v., Mário Júlio de Almeida Costa, *A vontade e a declaração...*, in *Boletim...*, 127, p. 146; Id., *Vontade e estados...*, pp. 18 e 19.

[2454] Talvez pudesse caber aqui, e agora, uma referência aos trabalhos preparatórios ao Código Civil. Parece-nos, todavia, preferível abdicar de uma análise *ad hoc* (a inserir na parte histórico-crítica) e mais ou menos abstracta, a esses trabalhos, e proceder ao respectivo estudo, na parte institucional, a propósito das várias questões que formos abordando, se e quando isso se justificar (cfr., *infra* Parte II, Cap. I, parágrafos 3 e 4, assim como quanto se escreve no capítulo onde são tratados os vícios e falta de vontade e estados subjectivos relevantes para o negócio representativo). Deste modo pensamos obter uma visão mais clara e mais directa acerca da forma como os trabalhos preparatórios, suas influências e contributos, acabariam por determinar ou condicionar as soluções efectivamente consagradas na versão final do Código. Procedimento idêntico será seguido a propósito do direito italiano e inglês.

II

PARTE INSTITUCIONAL

CAUSALIDADE OU INDEPENDÊNCIA DA ORIGEM DA PROCURAÇÃO E DO PODER DE REPRESENTAÇÃO

1. – Introdução – Primeiro reconhecimento da *fattispecie* geradora da relação representativa: a *differentia specifica*

I – O caminho por nós até aqui traçado permite verificar como a teoria geral do negócio jurídico talhou, para si, um capítulo dedicado a um instituto de raízes extremamente remotas mas de sistematização relativamente recente, cuja importância no contexto da moderna vida de relação se afigura crescente: a representação voluntária.

O Código Civil vigente reserva-lhe, aparentemente na linha da evolução pandectística iniciada por JHERING[1], o Livro I, Título II, Subtítulo III, Capítulo I, Secção I, Subsecção VI, artigos 258.º a 269.º, e oferece, assim – numa orientação francamente diversa da proporcionada pelo Código de Seabra – ao intérprete uma base textual, a qual apesar de dever ser integrada por vários outros preceitos mais ou menos específicos e dispersos pelo Código Civil[2], parece mostrar-se, em grande parte, aparentemente, auto-suficiente[3] – porquanto separada do mandato – e é análoga àquelas oferecidas, designadamente, pelo *BGB*, pelo Código das Obrigações suíço ou, ainda pelo Código Civil italiano. Parece, assim, e à primeira vista, assegurada a possibilidade de uma construção escorreita e linear do instituto da representação. A verdade, porém, é bem diversa. Uma vez abandonado o fácil terreno das descrições, mais ou menos necessárias para se proceder ao aprofundar dos vários momentos da problemática do fenómeno

---

[1] Cfr., Menezes Cordeiro, *Manual...*, I, p. 471.

[2] Cfr., *supra*, Introdução, parágrafo 3.

[3] Assim, também, mas para o direito italiano, Ugo Natoli, *La rappresentanza*, *cit.*, p. 1; Id., *Rappresentanza...*, in *Enciclopedia...*, XXXVIII, 1987, p. 463.

representativo, verifica-se como a nossa lei não teve mais sucesso de quanto foi, neste aspecto, alcançado pelo *BGB*. Tudo a fazer com que a construção de uma adequada doutrina da representação depare, de facto, com importantes dificuldades e escolhos.

II – O Código Civil não contém, numa opção correcta, qualquer definição de representação[4]. Ele limita-se a indicar a relevância jurídica, e respectivos termos, da actividade realizada pelo representante dentro dos limites dos poderes que lhe competem (artigo 258.º). Desta indicação é, quando conjugada com os demais preceitos com os quais se articula de forma imediata, possível retirar, todavia, um primeiro quadro da *fattispecie* ou *Tatbestand* que dá vida à relação representativa.

Tatbestand o qual parece, esquematicamente, articular-se com a presença de, ao menos – e em regra – três sujeitos[5]. O artigo 258.º do Código Civil refere dois: o representante e o representado. A estes haverá que juntar, na generalidade dos casos[6], a presença de uma terceira pessoa com a qual o representante celebra o negócio ou acto jurídico destinado a produzir efeitos na esfera do *dominus*[7].

_____

[4] No sentido segundo o qual ao legislador não é sequer possível fornecer semelhante definição cfr., Ugo Natoli, *La rappresentanza*, *cit.*, p. 2.

[5] Assim, em Itália, Natoli, *La rappresentanza*, *cit.*, p. 2; Id., *Rappresentanza...*, in *Enciclopedia...*, XXXVIII p. 464; enquanto na literatura jurídica tudesca se pode ver, Martina Schwonke, *Verkehrsschutz...*, pp. 45 e 46. Entre nós cfr., na mesma direcção, *Sentença do Corregedor de Leiria, 31 de Julho de 1976* (Manuel da Rosa Ferreira Dias), in *Colectânea de Jurisprudência*, 1979, IV, 1, p. 358 (abuso de representação – eficácia do negócio abusivo); e Helena Mota, *Do abuso de representação...*, p. 18.

[6] O artigo 261.º do Código Civil admite a celebração, por parte do representante, de um negócio consigo mesmo. Teremos oportunidade de nos determos mais adiante (v., *infra*, Parte II, Cap. II, parágrafo 4) sobre esta figura.

[7] A exigência desta terceira pessoa traduz a circunstância de a representação se não poder esgotar numa relação principal/cooperador insusceptível de se projectar para o exterior. Em todos aqueles casos nos quais o cooperador apenas ajuda materialmente o *dominus*, desenvolvendo em conjunto com ele, ou em seu lugar, uma actividade que o principal não pode ou não deseja levar a cabo por si, mas não importa na criação de relações jurídicas, não estamos na presença do fenómeno representativo (cfr., nesse mesmo sentido, para além de quanto se referiu *supra* designadamente a propósito das construções de Jhering e Scheurl, e a título meramente indicativo, de entre os autores por nós considerados – na doutrina tudesca – Laband, *Die Stellvertretung...*, in *Zeitschrift...*, X, pp. 188 e 189; e Müller-Freienfels, *Die Vertretung...*, pp. 57 e ss.; Natoli, *Rappresentanza...*, in *Enciclopedia...*, XXXVIII, p. 470 – na literatura jurídica italiana; e António Gordillo, *La representación aparente...*, p., 16 e nota (8) – entre os autores espanhóis). Nestes casos, a relação de gestão existente entre o principal e o seu auxiliar nada tem a ver com a representação por não ser concebível a actuação em nome de outrem, porquanto o cooperador não desenvolve nenhuma actividade frente a um terceiro. Ele limita-se a realizar um determinado comportamento que satisfaz imediatamente as necessidades ou fins do *dominus*. Ora, só se pode falar de representação

Além disso, para haver representação, a lei indica, de forma categórica (artigo 258.º), a necessidade de o representante agir em nome do representado. Finalmente, o representante deve possuir poderes de representação. Tais poderes podem resultar da lei ou negócio jurídico, mais concretamente, e neste último caso, de uma procuração (artigo 262.º, n.º 1, do Código Civil)[8, 9].

---

quando a actividade a desenvolver pelo auxiliar não corresponda a um fim em si mesma; não realize por si a utilidade objecto do facto de cooperação. Ela terá de constituir, antes, no meio escolhido pelo interessado para dar vida a relações e situações jurídicas nas quais participam terceiros. A representação é, pois, uma forma de celebração de actos jurídicos com recurso à intervenção de um terceiro: o representante (assim, também, v., Pugliatti, *Il rapporto...*, in *Studi...*, pp. 167 e 168). Para uma referência mais pormenorizada às diversas figuras que apresentam algumas afinidades com a representação mas constituem, todavia, institutos jurídicos dela distintos v., de entre a inúmera bibliografia existente a este respeito, e na literatura jurídica italiana, Betti, *Teoria geral do negócio jurídico*, tradução de Fernando de Miranda, Coimbra, 1970, III, pp. 176 e ss.; Mosco, *La rappresentanza...*, pp. 22 e ss., e 75 e ss.; e Natoli, *Rappresentanza...*, in *Enciclopedia...*, XXXVIII, pp. 470 e ss.. Entre os autores germânicos referência, a título ilustrativo, para Steffen, *BGB-RGRK*, *cit.*, I, comentário prévio ao § 164, pp. 29 e ss., *passim*, maxime pp. 42 e ss.; Soergel-Leptien, *Bürgerliches...*, I, comentário prévio ao § 164, pp. 1263 e ss.; Id., *Idem*, 13.ª ed., comentário prévio ao § 164, pp. 544 e ss.; Larenz, *Allgemeiner Teil...*, pp. 583 e ss.; Schramm, *Münchener...*, I, comentário prévio ao § 164, pp. 1384 e ss.; Id., *Idem*, 4.ª ed., comentário prévio ao § 164, pp. 1624 e ss.; Medicus, *Allgemeiner...*, pp. 331 e ss.; e Staudinger-Schilken, *Kommentar...*, I, comentário prévio ao § 164, pp. 17 e ss.. Na doutrina nacional v., Manuel de Andrade, *Teoria...*, II, pp. 291 e ss.; Oliveira Ascensão, *Teoria...*, III, pp. 301 e ss.; Id., *Direito civil...*, II, pp. 215 e ss.; Rui Pinto, *Falta...*, pp. 24 e ss.; Carvalho Fernandes, *Teoria...*, II, pp. 203 e ss.. No que especificamente diz respeito à figura do núncio cfr., ainda, quanto se escreve *supra* e *infra*. Quanto à chamada representação orgânica v., para um enquadramento da problemática da sua articulação com a figura genérica da representação, entre os autores italianos, Giannini, *Organi (teoria generale)*, in *Enciclopedia del Diritto*, XXXI, 1981, pp. 37 e ss.; Natoli, *Rappresentanza...*, in *Enciclopedia...*, XXXVIII, p. 471; Francesco Galgano e Giovanna Visintini, *Degli effetti del contratto, della rappresentanza del contratto per persona da nominare*, comentário aos artigos 1372-1286, por Franceso Galgano, e aos artigos 1387-1405, por Giovanna Visintini, Bolonha, Roma, 1993, comentário ao artigo 1387, pp. 198 e ss. (obra adiante indicada por referência ao autor directo do texto aludido na citação acompanhada de menção abreviada do título). Na doutrina germânica, sempre a respeito da representação orgânica, referência, designadamente e entre tantos outros, para Hans Wolff, *Organschaft...*, II, *Theorie...* passim, e, designadamente, pp. 1 e ss., e 224 e ss.; Steffen, *BGB-RGRK*, *cit.*, I, comentário prévio ao § 164, pp. 33 e 34; enquanto entre nós se pode cfr., por exemplo, Oliveira Ascensão, *Teoria...*, I, pp. 273 e ss., e III, pp. 309 e ss.; Id., *Direito civil...*, II, p. 229 e ss..

[8] A tese segundo a qual existe sempre representação quando se depara com uma actuação em nome do representado compreendida dentro de determinados poderes representativos é comungada pela maioria dos autores. Assim, pode ver-se, a título ilustrativo, e de entre autores partidários de correntes de opinião extremamente diversas – na Alemanha – Flume, *Allgemeiner...*, II, *Das Rechtsgeschäft...*, pp. 749 e ss.; Staudinger-Schilken, *Kommentar...*, I, comentário prévio ao § 164, pp. 9; – em Itália – Betti, *Teoria...*, III, pp. 204 e ss.; Cariota-Ferrara, *Il negozio giuridico nel diritto privatto italiano*, Nápoles, sem data, pp. 688 e ss.; Scognamiglio, *Contratti in generale*, in *Trattato di Diritto Civile*, a cargo de G. Grosso e F. Santoro Passarelli, Milão 1961, pp. 65 e ss.; Stolfi, *Teoria del negozio giuridico*, Pádua, 1961, pp. 187 e ss.; Messineo, *Il contratto in genere*, Milão, 1973, T. I, pp. 233 e ss.; Papanti-Pelletier, *Rappresentanza...*, pp. 6 e ss.; Sacco e De Nova, *Il contratto*, Turim, II,

1993, pp. 179 e ss.; – em Portugal – Castro Mendes, *Teoria*..., II, pp. 275 e ss.; e Oliveira Ascensão, *Teoria*..., III, pp. 295 e ss.; Id., *Direito civil*..., II, pp. 212 e ss.; e Helena Mota, *Do abuso de representação*..., p. 21. Na jurisprudência v. *Sentença do Corregedor de Leiria, 31 de Julho de 1976* (Manuel da Rosa Ferreira Dias), in *Colectânea de Jurisprudência*, 1979, IV, 1, p. 358 (abuso de representação – eficácia do negócio abusivo), *Acórdão da Relação do Porto, 30-3-1992* (Miranda Gusmão), in *Colectânea de Jurisprudência*, 1992, XVII, II, pp. 223 e ss. (mandato e representação – mandato com e sem representação). As questões e as disputas doutrinárias surgem quando se trata de saber se ainda é possível falar de representação fora do quadro agora descrito. Por exemplo, e na nossa literatura jurídica, Manuel de Andrade, *Teoria*..., II, pp. 310 e 302; considera que para haver representação basta ter o representado agido com *contemplatio domini* e, ao fazê-lo, tenha manifestado uma vontade própria: «*Cumpridos estes requisitos estamos perante um negócio representativo. A representação existirá*» – escreve. A presença de poderes de representação, essa, não seria necessária para o surgimento do fenómeno representativo mas, apenas, para a respectiva eficácia; numa orientação igualmente presente em Mota Pinto, *Teoria geral*..., p. 535 (na jurisprudência parece ser também essa, e por exemplo, a posição do *Acórdão da Relação do Porto, 13-4-1982* (Fernandes Fugas), in *Colectânea de Jurisprudência*, 1982, VII, 2, pp. 296 e ss. (contratos de ocupação temporária – títulos de férias – representação); e *Acórdão da Relação de Lisboa, 19-3-1985* (Calisto Pires), in *Colectânea de Jurisprudência*, 1985, X, 2, pp. 105 e ss. (cooperativas de habitação – permuta de posições sociais – poderes contidos numa procuração geral); ao admitirem a equivalência entre concessão de poderes de representação e ratificação). Na Alemanha defendem precisamente a mesma linha de raciocínio, designadamente, Scheurl, *Stellvertretung*..., in *Kritische*..., I, pp. 318 e ss.; Crome, *System*..., I, p. 456; Rosenberg, *Stellvertretung*..., pp. 9 e 10, 115 e 116; enquanto, na doutrina italiana, uma tese com algumas semelhanças – embora também com características muito próprias – é, nomeadamente, propugnada por Pugliatti, *Il conflitto*..., in *Studi*..., p. 58, para quem o poder de representação (identificado com a relação de gestão) influencia a entrada em vigor não a existência do fenómeno representativo. Em sentido contrário, e na defesa da orientação segundo a qual a existência de poderes de representação é um elemento essencial do fenómeno representativo, pode ver-se, na literatura jurídica alemã, Müller-Freienfels, *Die Vertretung*..., pp. 17 e 18; e Flume, *Allgemeiner*..., II, *Das Rechtsgeschäft*..., p. 749; Messineo, *Il contratto*..., II, pp. 236 e ss., 238, em Itália; e, entre nós, Inocêncio Galvão Telles, *Manual*..., p. 323; Oliveira Ascensão, *Teoria*..., III, pp. 297, 323 e 324; Id., *Direito civil*..., II, pp. 220 e ss.; Guichard Alves, *Notas*..., in *Revista*..., XXXVII, p. 5, nota (3); Rui Pinto, *Falta*..., p. 43 e nota (98), autor segundo o qual: «*a expressão tradicional de representação sem poderes, parece partir do pressuposto, de que sobrevém sempre ratificação, nos termos (....) do artigo 268.º, n.º 2, de modo que para todos os efeitos o agente passaria a representante. Ora tal não é verdade: pode a actuação nunca ser ratificada. Só por tradição terminológica utilizaremos eventualmente tal expressão.*»; Menezes Cordeiro, *Manual*..., I, p. 467. Teremos oportunidade de regressar *infra* (designadamente, Parte II, Cap. V, parágrafo 5) à questão que consiste em determinar qual o verdadeiro sentido e alcance jurídico da expressão «poder de representação» e qual o conceito jurídico escondido por trás dela. Para já apenas se sublinha a essencialidade do poder de representação. Existe quem, numa primeira orientação, apenas literalmente considere desnecessário tal poder. Trata-se da tese que equipara poder representativo e ratificação, considerada como uma procuração *a posteriori* ou se se preferir como uma representação *ex post*. Julgamos, todavia, tratar-se de uma orientação incorrecta. De acordo com António Gordillo, *La representación aparente*..., pp. 40 e 335 e ss., a representação *ex post* seria em si mesma impossível, porquanto a imediação entre a declaração ratificante do *dominus* e o negócio ratificado exclui a possibilidade de se atribuir à actuação do suposto representante a característica de dado fundamentante (mesmo se parcial como nos parece ser o caso inclusivamente na representação com poderes) do valor negocial da actividade ratificada ou porventura mesmo de agente desse valor. Esse valor resultaria directamente da declaração que, *proprio nomine* e *per relationem*, emite o *dominus*. A validade negocial de quanto é realizado pelo *falsus procurator* e ratificado pelo *dominus*, não exige nem permite, o recurso ao mecanismo da representação. Nestes termos, e como sublinha Gordillo, a admissão de uma representação sem poderes, salva ou repescada pela ratificação, é uma explicação simplificadora apenas compreensível como descrição não técnica dos resultados daqueles casos nos quais a ratificação realmente ocorre, mas não pode satisfazer como explicação suficiente do fenómeno. Não nos parece, contudo, para chegar a esta conclusão, necessário nem conveniente seguir o percurso trilhado pelo autor espanhol. Entre nós, a diversidade de regime entre a ratificação e a representação encontra-se consagrada no artigo 268.°, n.° 2, do Código Civil ao salvaguardar os direitos adquiridos por terceiros. Esta salvaguarda significa, como bem recorda Oliveira Ascensão, *Direito...*, II, p. 259, não se estar perante uma sanação pura e simples, que os sacrificaria. Por isso, a ratificação surge como um acto integrativo, tal como a confirmação. O acto celebrado está incompleto (v. também Raúl Guichard Alves, *O problema...*, p. 103, nota (223)). Os efeitos que surgirem resultam do acto complexo e não da representação. Para mais referências acerca da problemática posta pela figura da ratificação v., Helena Brito, *A representação...*, pp. 190 e ss., com indicações. Noutros casos a desnecessidade do poder de representação é sustentada com base na sua pretendida inconsistência. O poder brotaria não da procuração mas sim, e como pretende, por exemplo, Schlossmann (cfr., *supra*, Parte I, Cap. V, parágrafo 3.1) de uma fundamental relação gestória ou base. A verdade, porém, é que, mesmo na eventualidade de se reconduzir o poder de representação ao contrato-base – sendo o primeiro visto como uma consequência directa do segundo – ou se defender a existência de uma dependência directa e imediata entre a procuração e o negócio gestório, o referido poder, ao legitimar (o termo é empregue em sentido não técnico) o *procurator* para actuar, externamente em nome do *dominus*, não deixa de qualificar o fenómeno ou acto de cooperação, dando-lhe a sua especial configuração representativa. A forma, talvez, mais requintada de negar, ao menos em determinadas hipóteses, a necessidade do poder de representação consiste na atribuição de valor constitutivo à comunicação ao terceiro no sentido de ter sido já conferida uma procuração ou à apresentação de simples documentação. Mas não faltam também autores segundo os quais, sem encerrar ou esgotar a concessão de poderes de representação em tais declarações, consideram que a comunicação ao terceiro da prévia outorga de um poder de representação, longe de ter um simples valor declarativo, adquire relevância constitutiva autónoma e própria. Esta tese tem sido desenvolvida sobretudo na doutrina de raiz germânica a propósito dos §§ 171 e 172 do *BGB* (a este respeito v., entre outros, *Motive...*, I, *Allgemeiner...*, §§ 120, 121, p. 237; Windscheid-Kipp, *Lehrbuch...*, I, pp. 361 e ss.; Hupka, *Die Vollmacht...*, pp. 163 e ss.; Oertmann, *Grundsätzliches zur Lehre vom Rechtsschein*, in *Zeitschrift für das gesamte Handelsrecht*, 1930, vol. XCV, pp. 443 a 485, maxime pp. 465 e ss., e 470 e 472; Enneccerus-Nipperdey, *Allgemeiner Teil...*, I, II, pp. 1132 e ss.; Flatau, *Ist der Vollmacht...*, in *Beiträge...*, 52, pp. 794 e ss., e 798 e ss.; Flume, *Allgemeiner...*, II, *Das Rechtsgeschäft...*, pp. 824 e ss.. Em sentido crítico cfr., todavia, Seeler, *Vollmacht...*, in *Archiv...*, pp. 2 e ss., e 36 e ss.; Wellspacher, *Das Vertrauen...*, pp. 83 e ss.; Canaris, *Die Vertrauenshaftung...*, pp. 32 e ss.; Frotz, *Verkehrsschutz...*, pp. 305 e ss., com abundantes referências bibliográficas acerca das várias teses aqui em disputa e suas diversas especificidades e particularidades; Von Craushaar, *Die Bedeutung der Rechtsgeschäftslehre für die Problematik der Scheinvollmacht*, in *Archiv für die civilistische Praxis*, 1974, 174, p. 14), e consiste num bom exemplo de como normas de protecção da aparência e confiança levaram a uma inexacta compreensão do fenómeno representativo. A comunicação ou documentação da procuração não tem eficácia autónoma. Nas hipóteses nas quais o poder é comunicado ou documentado ao terceiro ou se produzem efeitos nascidos directamente da respectiva outorga ou, em atenção à confiança suscitada nos terceiros em razão da referida comunicação ou notificação, quando a esta não corresponde um fundamento real e consistente, assiste-se *ex lege* a efeitos semelhantes aos que derivariam da procuração real. Quanto não parece lícito é ligar efeitos negociais às consequências

Nestes termos, não parece merecer qualquer contestação a afirmação segundo a qual se reconduz ao instituto jurídico da representação voluntária a actuação de uma pessoa, em nome de outrem, realizada, no desempenho da sua vontade própria, dentro dos poderes que lhe competem em virtude da procuração concedida pelo representado, e cujos efeitos jurídicos se produzem directamente na esfera jurídica deste último[10]. Ou ainda a constatação de acordo com a qual o efeito típico da representação consiste em permitir a «invasão» ou intromissão do representado na relação aparentemente posta ou «intercorrente» entre representado e terceiro, por forma a que os efeitos da actuação destes últimos se produzam na esfera jurídica do primeiro[11]. A questão

---

jurídicas produzidas com a notificação ou comunicação de uma procuração inexistente, viciada ou entretanto extinta. Elas podem funcionar como um dos motivos em virtude dos quais a lei põe em movimento a sua força criadora de obrigações jurídicas, mas não podem é gerar por si mesmas, e como causa, tais obrigações. Finalmente não falta quem considere a desnecessidade do poder de representação por o reconduzir a uma mera capacidade ou poder genérico (detido por qualquer pessoa) de intervir nos negócios alheios a título de representante. A representação apenas pressuporia, assim, esse poder ou capacidade genérica, sendo já um problema de regime a análise da possível fonte do poder representativo. Trata-se contudo e como sublinhado a propósito por Oliveira Ascensão, *Direito...*, II, pp. 222 e 223, de uma visão deformada da realidade. O representante tem como todos um poder genérico de celebrar negócios jurídicos, mas a este deve acrescer um poder concreto de intervir na esfera jurídica alheia.

[9] Quanto antes se refere *supra* no texto não envolve, e por ora, qualquer tipo de antecipação ou qualquer tomada de posição sobre qual o exacto sentido e alcance da procuração assim como acerca da forma como esta se articula com o negócio-base.

[10] Cfr., por todos, Raúl Guichard, *O problema...*, p. 44; e Helena Mota, *Do abuso de representação...*, p. 21. Veja-se ainda assim quanto escrevem a este respeito, Ugo Natoli, *Rappresentanza...*, in *Enciclopedia...*, XXXVIII, p. 464; e Rui Pinto, *Falta...*, pp. 14 e 15, autores que não referem a produção de efeitos imediatos como elementos constitutivos da noção de representação, porquanto e, designadamente no dizer de Rui Pinto, a eficácia directa é uma consequência da acção estruturada para a cooperação substitutiva; para a prática de actos jurídicos em nome e no interesse de outrem, nos limites de poderes conferidos. Semelhante posição, mesmo a ser verdadeira, não afecta, em nosso entender, quanto se afirma no texto. Seja como for parece-nos ir sempre a referência aos efeitos directos necessariamente implícita na alusão à actuação em nome do representado. O próprio Rui Pinto acaba, aliás, por afirmar isso mesmo (v., *op. cit.*, p. 15), ao reconhecer como a actuação em nome alheio mostra não querer o agente os efeitos negociais para si, mas, sim, para o *dominus*. Referência a este propósito também para Carvalho Fernandes, *Teoria...*, II, p. 202, o qual não inclui a menção ao poder de representação na definição por ela dada de representação mas, logo de seguida, considera o referido poder como um dos elementos da representação. Em sentido mais próximo do nosso, e de entre a multidão de autores susceptíveis de se referir nesta direcção, pode ver-se, na literatura alemã, Laband, *Die Stellvertretung...*, in *Zeitschrift...*, X, p. 224, o qual afirma como na representação o negócio realizado pelo representante, dentro das suas faculdades representativas e em nome do representado, legitima e obriga este último frente ao terceiro; Larenz, *Allgemeiner Teil...*, pp. 583 e ss.; Madray, *De la représentation...*, p. 8, em França; e António Gordillo, *La representación aparente...*, pp. 15 e 16, e 35 e ss., em Espanha.

[11] Cfr., por todos, Ferrari, *Gestioni di affari...*, pp. 117 e ss. V., também, Enzo Roppo, *O contrato*, tradução de Januário Gomes e Ana Coimbra, Coimbra, 1988, p. 133, o qual escreve a

está, porém, em saber se basta para se poder falar de representação voluntária que o representante actue em nome do representado e dentro dos limites da procuração voluntariamente concedida pelo principal ou se, ao invés, não será de considerar que ela abrange uma realidade dotada de maior amplitude. A resposta não se afigura fácil. Ultrapassado o núcleo mínimo, acima referido, no qual ninguém duvida estarmos perante um fenómeno de representação voluntária não é mais possível encontrar consenso acerca dos contornos do fenómeno da representação. Discute-se a natureza da procuração e as respectivas características; a sua ligação originária ao negócio subjacente celebrado entre o representante e representado; a forma de se estabelecer a extensão dos poderes de representação; as consequências da extinção do negócio--base para a competência representativa; debate-se se o interesse do representado faz ou não parte do fenómeno representativo; se a actuação em nome do representado é verdadeiramente imprescindível; e, por último, qual a estrutura do negócio representativo: se surge como o fruto da actuação conjunta das vontades do *dominus* e do representante ou se apenas é susceptível de recondução a uma delas[12].

São estes aspectos que procuraremos dilucidar de seguida.

---

propósito da relação de representação: «*Esta relação tem funções e efeitos, por assim dizer, externos à simples relação bilateral entre representantes e representado, porque está destinada, pela sua natureza, a operar nas relações com terceiros, a atingir posições de terceiros: o seu objectivo e papel é, com efeito, exactamente o de determinar, através da actividade do representante, a produção de efeitos jurídicos directamente entre o representado e os terceiros com quem o primeiro contrata*»; e, entre nós, Januário Gomes, *Em tema de revogação...*, pp. 239 e 240, autor segundo o qual «(...) é da procuração que nasce o poder de representação, e é por ela que se estabelece a relação de representação. Sendo, embora, uma relação entre representado e o procurador, a mesma projecta-se para o exterior, uma vez que, como vimos, os poderes são atribuídos a este último para representar o primeiro, perante terceiro. Digamos, assim, que a relação de representação é uma relação externa*». Deve, todavia, com António Gordillo, *La representación...*, p. 43, rejeitar-se a tese segundo a qual a representação seria tão-só eficácia directa. É por não ter entendido esta realidade que Madray, *De la représentation...*, pp. 78 e ss., procura explicar os efeitos secundários da solidariedade passiva através da referência à representação. Cumpre ainda ressalvar aqui que a referêcia à produção de efeitos directos ou intromissão na esfera jurídica do *dominus* não envolve qualquer tomada de posição acerca da entidade que é imputada, por força da representação, ao principal. Trata-se de uma mera constatação das consequências finais do acto representativo sem qualquer valor ou sentido dogmático. Para mais referências a este respeito v., por ora, quanto se escreve na próxima nota.

[12] O debate em torno da figura da representação chega ao ponto de se discutir qual a «entidade» a imputar ao representado. Segundo a orientação dominante o ordenamento imputaria os efeitos directos do acto representativo (cfr., por exemplo, Salvatore Romano, *Vendita e contratto estimatório*, no *Trattato di diritto civile*, dirigido por Giuseppe Grosso e Francesco Santoro Passarelli, Milão, 1960, p. 41; Pessoa Jorge, *O mandato...*, p. 23, nota (16); Maria de Lurdes Pereira, *Os Estados...*, in *Revista...*, XXXIX, 1, p. 180 [mas v. a *op. cit, per totum*, pp. 135 e ss., onde a posição da autora vai sofrendo algumas adaptações consoante as diversas situações]; e se bem vimos, Reinhard Bork, *Allgemeiner Teil des bürgerlichen Gesetzbuchs*, Tubinga, 2001, p. 486); enquanto para outros se

2. – A outorga e origem dos poderes de representação e sua ligação à relação subjacente. A chamada procuração suspensa ou isolada

I – De acordo com o entendimento da doutrina dominante os poderes de representação fundam-se num acto jurídico específico que dá pelo nome de procuração. A própria lei estabelece, de forma categórica, no artigo 262.º, n.º 1, do Código Civil consistir a procuração no «(...) *acto pelo qual alguém atribui a outrem, voluntariamente, poderes de representação*». Trata-se, ainda, segundo a *communis opinio*, de um negócio jurídico unilateral[13], absolutamente independente da relação jurídica

trataria de imputação jurídica do acto (cfr., Ernesto Tilocca, *Il problema del mandato*, I, in *Rivista Trimestrale di Diritto e Procedura Civile*, 1969, II, pp. 872 e ss., pp. 905 e ss., com importantes indicações; e, aparentemente, Schlesinger, *Il pagamento al terzo*, Milão, 1961, pp. 56 e ss.); outros, ainda, falam de imputação do conteúdo perceptivo do negócio (Betti, *Teoria...*, III, p. 195); ou do regulamento de interesses; ou, finalmente, de imputação da acção ou comportamento (Oliveira Ascensão, *Direito civil...*, II, pp. 250 e ss.) ou da entrega ou recepção de declarações de vontade (Medicus, *Allgemeiner...*, p. 332). Símbolo de desorientação parece ser o exemplo proporcionado por Martina Schwonke, *Verkehrsschutz...*, pp. 35 e ss., a qual sob uma epígrafe intitulada «*representação enquanto imputação de declarações de vontade*», sustenta, primeiro, que as regras sobre representação consistem em normas de imputação, a determinada pessoa, de efeitos jurídicos provenientes da conduta de outrem, para, depois (*op. cit.*, pp. 43 e 57) afirmar como «*na representação se imputa a uma pessoa a declaração de vontade proferida por outra*», ou ainda «*Nesta investigação por representação entende-se a imputação de declarações de vontade*». A razão de ser de todo este debate seria, segundo Luminoso, *Mandato...*, p. 34, nota (60), o reflexo da falhada determinação (não obstante a multiplicidade de estudos sobre o assunto de que se pode referir a título indicativo, Falzea, *Il soggetto nel sistema dei fenomeni giuridice*, Milão, 1939, *per totum*; Vittorio Frosini, *Soggetto del diritto*, in *Novissimo Digesto Italiano*, XVII, 1970, pp. 813 e ss.) da posição do sujeito do negócio no plano da qualificação estrutural e funcional e, ainda, do deficiente estudo das relações entre a procuração e negócio representativo. Pela nossa parte, e justamente em razão da posição que tomaremos *infra*, Parte II, Cap. V., acerca da ligação entre a *procuratio* e o negócio final celebrado pelo *procurator*, julgamos que o representado se deve considerar como verdadeiro sujeito do acto representativo quer do ponto de vista estrutural quer do ponto de vista funcional. O representado é para nós e sempre o autor do acto, podendo comportar-se, também, como agente.

[13] Assim e na literatura jurídica de língua alemã, de entre o interminável número de vozes neste sentido, v., Helmmann, *Die Stellvertretung...*, pp. 109 e ss.; Mitteis, *Die Lehre...*, p. 186; Windscheid-Kipp, *Lehrbuch...*, 9.ª ed., p. 361; Rosenberg, *Stellvertretung...*, pp. 605, 610 e 611, para quem a consideração da *procuratio* como um negócio unilateral receptício surge quer como uma consequência da concepção da procuração como consentimento (*Zustimmung*) quer como o imediato resultado do disposto no § 167 do *BGB*; Hupka, *Die Vollmacht...*, pp. 84 e ss. (cfr., todavia, quanto escrevemos a respeito da construção de Hupka *supra*, Parte I, Cap. VI); Hans Wolff, *Organschaft...*, II, *Theorie...* p. 189; Von Thur, *Der Allgemeine...*, II, II, pp. 379 e ss. (embora admita também a possibilidade de nalguns casos a procuração assumir veste contratual); Oertmann, *Kommentar...*, I, comentário ao § 111, p. 360 (a), § 167, p. 617; Enneccerus-Nipperdey, *Allgemeiner Teil...*, I, II, pp. 1129 e ss.; Hans-Wolfgang Waldeyer, *Vertrauenshaftung kraft Anscheinsvollmacht bei anfechtbarer und nichtiger Bevollmächtigung*, Münster, 1969, p. 5; Gotthardt, *Der Vertrauensschutz...*, pp. 21 e 22; Frotz, *Verkehrsschutz...*, p. 259; Würdinger, *Grosskommentar*, *cit.*, I, comentário prévio ao

§ 48, p. 505 (sem, todavia, rejeitar a consideração, em situações específicas, da *procuratio* como um verdadeiro contrato); Flume, *Allgemeiner...*, II, *Das Rechtsgeschäft...*, pp. 823, e ss., e 856 e ss.; Steffen, *BGB-RGRK, cit.*, I, comentário ao § 168, p. 91; Larenz, *Allgemeiner Teil...*, p. 615 (estes três últimos autores admitem, todavia, e tal como Von Tuhr e Würdinger, a possibilidade de se atribuir natureza contratual à procuração); Martina Schwonke, *Verkehrsschutz...*, p. 118; Tietz, *Vertretungsmacht...*, p. 121; Schramm, *Münchener...*, I, comentário ao § 167, p. 1462; Id., *Idem*, 4.ª ed., comentário ao § 167, pp. 1695 e ss.; Brox, *Allgemeiner...*, p. 244; Erman-Palm, *Bürgerliches Gesetzbuch. Handkommentar*, 10.ª ed., 2000, I, comentário prévio ao § 164, p. 481, e comentário ao § 167, p. 495; Reinhard Bork, *Allgemeiner...*, pp. 528, 535 e 536. Nos trabalhos preparatórios ao *BGB* cfr., sempre na direcção segundo a qual a procuração seria um negócio de natureza unilateral, *Denkschrift (Mugdan)...*, in *Die gesamten...*, I, p. 838. Na literatura jurídica italiana refira-se a título exemplificativo, Nattini, *La dottrina...*, pp. 92 e ss., especialmente 97 e ss.; Saggese, *La rappresentanza...*, pp. 73 e ss.; Stolfi, *Teoria...*, p. 195; Betti, *Teoria...*, III, p. 211; D'Avanzo, *Rappresentanza (diritto civile)*, in *Novissimo Digesto Italiano*, 1968, XIV, pp. 805 e ss. (embora, acabe por afirmar como as partes da procuração são as mesmas que as do negócio-base: *dominus* e representante); Cariota-Ferrara, *Il negozio...*, p. 691; Mosco, *La rappresentanza...*, pp. 137 e 149 e ss. (apesar de noutro momento [*op. cit.*, pp. 136 e ss.] acabe por atribuir à procuração a natureza de um negócio de organização num fenómeno que leva o autor italiano a retirar a conclusão segundo a qual a própria relação externa entre representado e representante faria surgir, a cargo do segundo, a obrigação de não exceder os limites da procuração e de indemnizar em caso contrário); Santoro-Passarelli, *Teoria geral do direito civil*, tradução de Manuel de Alarcão, e prefácio de Rui de Alarcão, 1967, p. 238; Messineo, *Il contratto...*, II, p. 238 (todavia em termos tais que deveriam, justamente, levar à exclusão da compreensão da procuração como um negócio unilateral); Natoli, *Rappresentanza...*, pp. 51 e ss.; Id., *Rappresentanza...*, in *Enciclopedia...*, XXXVIII, p. 475, apesar do autor admitir, também, a possibilidade de a legitimação representativa resultar de uma mera cláusula específica inserida no contrato gestório, e portanto – parte integrante deste – ou ainda de facto do gestor (cfr., *op. cit.*, pp. 475 e ss.); Roppo, *O contrato, cit.*, pp. 112 e ss.; Mirabelli, *Dei contratti in generale*, 3.ª ed., Turim, 1980, comentário aos artigos 1321-1469, p. 374; Giovanna Visintini, *Degli effetti...*, comentário ao artigo 1387, p. 176; Alessandra Salomoni, *La rappresentanza volontaria*, Milão, 1997, pp. 35 e 36. Em Espanha cfr., por todos, António Gordillo, *La representación...*, pp. 25 e ss.; e Ana Murcia Calveria, *La representación voluntaria en el processo laboral*, Madrid, 1994, pp. 109 e ss.. Na doutrina brasileira veja-se, por exemplo, Orlando Gomes, *O poder de representação*, in *Estudios de Derecho Civil en Honor del Prof. Castan Tobeñas*, Pamplona, III, 1969, pp. 235, 237. Finalmente entre nós v., para um quadro da orientação dominante, Ferrer Correia, *A procuração...*, in *Estudos...*, II, pp. 18 e 29; Mota Pinto, *Teoria geral...*, p. 538; Helena Brito, *A representação...*, in *Revista...*, 1987, 9/10, p. 29; Id., *A representação...*, p. 136; Menezes Cordeiro, *Da pós-eficácia das obrigações*, in *Estudos de Direito Civil*, I, Coimbra, 1987, p. 175; Id., *Da responsabilidade...*, p. 338; Januário Gomes, *Em tema...*, p. 231; Ferreira de Almeida, *Texto...*, III, p. 778; Raúl Guichard, *O problema...*, pp. 77 e ss. e nota (194); Heinrich Ewald Hörster, *A parte...*, p. 484; Paulo Mota Pinto, *Aparência de poderes de representação...*, in *Boletim...*, Vol. LXIX, p. 608, nota (34); Rui Pinto, *Falta de poderes na representação...*, p. 7; Carvalho Fernandes, *Teoria...*, II, p. 213; Pedro Pais de Vasconcelos, *Contratos...*, p. 301. Finalmente na nossa jurisprudência pode ver-se *Acórdão da Relação do Porto, 4-11-1982* (Gama Prazeres), in *Colectânea de Jurisprudência*, 1982, VIII, 5, pp. 207 e ss., maxime p. 209 (distinção entre procuração e mandato – efeitos da inobservância de cláusulas não insertas na procuração); *Acórdão da Relação de Coimbra de 27-1-1987* (Vítor Manuel Ferreira da Rocha), in *Colectânea de Jurisprudência*, 1987, XII, 1, p. 40 (representação sem poderes – mandato aparente); *Acórdão da Relação de Lisboa de 11-11-1990* (Lopes Pinto), in *Colectânea de Jurisprudência*, 1990, XV, 4, p. 145 e ss. (mandato representativo – interesse do representado – caducidade do mandato); *Acórdão da Relação do Porto, 1-2-1993* (Azevedo Ramos), in *Colectânea de Jurisprudência*,

material ou gestória que possa estar na sua origem[14]. Independência
traduzida através da ideia de abstracção e autonomia da procuração[15],

---

1993, XVIII, 1, pp. 219 e ss. (mandato e procuração – revogação da procuração – pluralidade de
procurações – abuso de representação – doações a incapazes – aceitação); *Acórdão da Relação do
Porto de 5-12-1994* (Ribeiro de Almeida), in *Colectânea de Jurisprudência*, 1994, XIX, 5, p. 227
(chamamento à autoria – mandato de interesse comum – excesso ou abuso do mandato fazendo-
-se repercutir na esfera do mandante, negócio só querido pelo mandatário); *Acórdão do Supremo
Tribunal de Justiça de 13-4-1994* (Martins da Costa), in *Colectânea de Jurisprudência, Acórdãos do
Supremo Tribunal de Justiça*, 1994, II, 2, pp. 47 e ss. (incumprimento de contrato-promessa – abuso
de poderes de representação), embora considere ter a procuração, normalmente, como causa o
mandato, destinar-se a *procuratio* a possibilitar a prática pelo mandatário, em nome e por conta do
mandante, dos actos jurídicos que se vinculou a realizar; *Acórdão do Supremo Tribunal de Justiça,
13-2-1996* (Martins da Costa), in *Colectânea de Jurisprudência, Acórdãos do Supremo Tribunal de Justiça*,
IV, 1, 1996, p. 88 (cessão do direito e acção à herança – interesse de terceiro na procuração –
revogabilidade da procuração); *Acórdão do Supremo Tribunal de Justiça de 19-12-1996*, in *Diário da
República*, n.º 8, I Série-A, de 10-1-1997, pp. 92 e ss.; *Acórdão do Supremo Tribunal de Justiça de 3-6-
-1997* (Lopes Pinto), in *Boletim do Ministério da Justiça*, 1997, 468, p. 367 (mandato – procuração –
celebração de contrato prometido após morte do mandante [promitente vendedor] – interesse do
mandatário [promitente comprador] – não caducidade do mandato). Em sentido contrário, concebendo procuração e mandato como uma mesma realidade e, portanto, parecendo atribuir, ao
menos no caso em apreço no aresto, natureza contratual à primeira, v., *Sentença do Corregedor de
Leiria, 31-7-1976* (Manuel da Rosa Ferreira Dias), in *Colectânea de Jurisprudência*, 1979, IV, 1,
p. 358 (abuso de representação – eficácia do negócio abusivo); *Acórdão da Relação de Évora de 17-1-
-1991* (Matos Canas), in *Colectânea de Jurisprudência*, 1991, I, pp. 286 e ss. (revogação da procuração); e *Acórdão do Supremo Tribunal de Justiça de 19-6-1979* (Santos Vítor), in *Boletim do Ministério da
Justiça*, 1979, 288, pp. 382 e ss. (forma da procuração – ratificação do mandato), onde transcreven-
do-se palavras escritas pelo Professor Ferrer Correia – mas, o que com o devido respeito se
assinala, fora do respectivo contexto e com o consequente desvirtuar do ensinamento do Mestre
(contrário ao do aresto agora em referência) se afirma não residir o fundamento da representação
voluntária na chamada procuração, mas na relação constituída entre representado e representante,
da qual advém para o segundo o encargo de gerir o negócio. V., ainda, o *Acórdão do Supremo
Tribunal de Justiça, de 16-4-1996* (Matos Canas), in *Colectânea de Jurisprudência, Acórdãos do Supremo
Tribunal de Justiça*, 1996, IV, II, pp. 19 e ss., maxime p. 22 (mandato representativo – instruções *a
latere* da procuração – suspensão do mandato e dos poderes de representação) onde apesar de,
numa postura correcta, se distinguir mandato e procuração, se admite, de forma igualmente
correcta, não ser a procuração, por si só, a originar os poderes do mandatário: «*a procuração, no
sistema do Código Civil actual, mais não é que o meio adequado para exercer o mandato. (...) A procuração,
na terminologia do art. 262.º do Código Civil é "o acto pelo qual alguém atribui a outrem, voluntariamente,
poderes representativos". O poder negocial é conferido ao mandatário através do mandato; a procuração
apenas representa a exteriorização desses poderes. (...) Assim suspenso o mandato, suspensa a fonte de onde
advêm os poderes de representação, necessariamente suspensa tem de ficar a procuração.*»

[14] Afigurar-se-ia verdadeiramente fastidioso e necessariamente infrutífera qualquer tentativa
de fornecer uma visão, mesmo se vagamente aproximada, do interminável número de vozes nesse
sentido. Limitamo-nos a remeter, assim, para as várias indicações bibliográficas que um pouco por
todo o lado, e ao longo da presente obra, vimos fazendo e a referir, com simples carácter ilustrativo, quanto escreve a este respeito, Eckehard Geker, *Vertretungsmacht...*, pp. 6 e ss.. Na jurisprudência tudesca pode ver-se a título meramente exemplificativo da *communis opinio*, e igualmente de
entre as referências feitas neste nosso escrito, *Reichsgericht, II. Zivilsenat, 29. September, 1908*, in
Entscheidungen des Reichsgerichts, Zivilsachen, 1909, 69, pp. 232 e ss., maxime pp. 234 e 235,
Reichsgericht, VI. Zivilsenat, 14. Juni 1909, in *Entscheidungen des Reichsgerichts, Zivilsachen*, 1909, 71,
pp. 219 e ss., maxime pp. 221 e 222.

[15] Segundo Ferrer Correia, *A procuração...*, in *Estudos...*, II, pp. 27, a autonomia da procuração em relação ao mandato «(...) *que, nos casos em que a procuração e mandato coexistem se pode traduzir pela palavra abstracção* (...)» seria «(...) *um dos pensamentos mais fecundos com que os escritores de fins do século passado vieram enriquecer a dogmática civilística.*

Afirma-se a natureza abstracta da procuração, para significar que ela não recebe em si o título que todavia materialmente a explica e justifica – o negócio fundamental. A procuração constrói-se como se, para além dela, não estivesse o mandato, a locatio operarum*, a sociedade. Está: mas procedemos como se não estivesse, fazemos abstracção destoutro negócio jurídico*» (na jurisprudência v., também, *Acórdão do Supremo Tribunal de Justiça de 8-2-1979* [Octávio Dias Garcia], in *Revista de Legislação e Jurisprudência*, 112, 1980, n.° 3647, pp. 219 e ss.; e *Acórdão da Relação de Évora de 27-2-1992* [Mateus da Silva], in *Colectânea de Jurisprudência*, 1992, I, p. 284 [falta de poderes de representação]). Já segundo Orlando Gomes, a procuração considerar-se-ia «(...) *como um negócio abstracto por não possuir causa típica peculiar, no sentido de que é meio de actuação para o cumprimento de obrigações assumidas em contratos de causas distintas*». Por sua vez, Januário Gomes, *Em tema...*, p. 251, nota (699) – apoiado no ensinamento do Professor Galvão Telles (cfr., *Manual...*, p. 259; Id., *Garantia bancária autónoma*, separata de *O Direito*, Ano 120, 1988, III-IV, pp. 278 e 279, 287 e 288), acerca do sentido a atribuir quer à noção de autonomia quer à noção de abstracção – considera não se confundir o problema da independência ou autonomia das relações entre o representado e o seu auxiliar com a questão de saber se a procuração é um negócio causal ou abstracto (assim, também, na doutrina espanhola, Camara Alvarez, *La distinción entre mandato y poder*, in *Estudios de Derecho Civil*, Madrid, 1985, p. 46, para quem a procuração é um negócio independente mas causal). Ou seja, a afirmação da autonomia da procuração face ao mandato não levaria, em linha recta, à sua consideração como negócio abstracto. À autonomia contrapor-se-ia a acessoriedade. À abstracção opor-se-ia a causalidade. Nestes termos mostrar-se-ia, de acordo com Januário Gomes, incorrecta a opinião expressa por Ferrer Correia, segundo o qual a abstracção seria um superlativo da autonomia. Um negócio é, para Januário Gomes, abstracto quando o seu conteúdo específico não se encontra modelado ou plasmado por uma função económica e social constante. Julgamos, todavia, que de entre todos estes autores, a razão assistirá de facto a Ferrer Correia. O sentido da referência à ideia de abstracção é efectivamente quanto lhe imputa o Ilustre Mestre. Não nos parece, desde logo merecer acolhimento, a posição de Orlando Gomes, segundo a qual a procuração seria abstracta por não possuir causa típica peculiar, no sentido de que é meio de actuação para o cumprimento de obrigações assumidas em contratos de causas distintas. Orlando Gomes parece referir-se, aqui, a causa como função de certo negócio. Ora com esse significado não nos parece merecer contestação ser a procuração, de facto, um negócio causal pois, ao contrário do pretendido pelo ilustre jurista brasileiro, o seu conteúdo específico é plasmado por uma função económica social própria e constante: trata-se de permitir que terceiros actuem, perante outros, com eficácia directa para o representado (assim, também, Santoro-Passarelli, *Teoria...*, p. 238; Neppi, *La rappresentanza. Saggio di una ricostruzione critica*, Milão, 1961; Mirabelli, *Dei contratti...*, comentário aos artigos 1392-1393, p. 373; Galgano, *Diritto civile e commerciale*, II, *Le obbligazioni e i contratti*, t. I, *Obbligazioni in generale. Contratti in generale*, Pádua, 1990, p. 187; Alessandra Salomoni, *La rappresentanza...*, p. 43; e entre nós, o próprio Januário Gomes, *Em tema...*, p. 251, nota (699). Em sentido contrário v., todavia, na nossa literatura jurídica, Pedro Leitão Pais de Vasconcelos, *A procuração irrevogável*, Dissertação, Lisboa, 2000, 56 e ss., para quem a procuração não tem uma função económico-social típica. De um lado, e de acordo com o autor, não seria possível ver na constituição da relação de representação a causa da procuração. Isso equivaleria a confundir efeito com função. Por outra banda, deveria ter-se presente que a procuração se limitaria a produzir a outorga do poder representativo sem se poder considerar desempenhar ela uma determinada função económico-social. É que a procuração tanto pode servir para o *dominus* não ter de se deslocar, como para não ter de se encontrar com determinada pessoa [pelos mais variados motivos], como pode servir para qualquer outra razão para a qual seja útil o poder de representação. Os argumentos invocados por Pedro Leitão Pais de Vasconcelos, não logram, todavia, e com o respeito que se consagra, convencer-nos. Concordamos não poder a relação representativa corresponder à causa da procuração. Mas basta mudar o ângulo de perspectiva e dizer-se que a função da procuração é a de permitir, quando associada a uma relação-base, a produção de efeitos jurídicos para outrem para se passar a ter uma causa típica. E nem a alegação segundo a qual com a *procuratio* pode servir os mais diferentes propósitos pode alterar esta conclusão. Quanto Pedro Leitão Pais de Vasconcelos refere a propósito da procuração passa-se com qualquer outro negócio. Refira-se, apenas o exemplo, da compra e venda de um terreno. Com a sua celebração o comprador adquire a propriedade da coisa. Porém, pode pretender passear na terra comprada, plantar batatas, contemplar o horizonte, construir um prédio, uma quinta, uma fábrica etc.), com a apropriação pelo *dominus* dos efeitos resultantes da conduta do agente. Nesta óptica a procuração seria, certamente causal e não abstracta. Parece-nos, pois, e com a devida vénia, estar Orlando Gomes a confundir os planos e a misturar a causa-função, entendida como o para quê do negócio, com a problemática da causa enquanto porquê de certo acto. Só quando se refira a causa neste último sentido se pode falar em abstracção da *procuratio*. Quanto a Januário Gomes, julgamos não ter, também, razão nas críticas endereçadas ao Professor Ferrer Correia (embora não faltem defensores de posições idênticas às por ele sustentadas um pouco por toda a parte). É que, conforme escreve o Professor Oliveira Ascensão, *Teoria...*, III, pp. 335 e ss., e IV, pp. 169 e ss.; Id., *Direito civil...*, II, pp. 268 e ss. (e, no mesmo sentido, Menezes Cordeiro, *Teoria...*, I, p. 528, para quem fonte = causa; Id., *Tratado...*, I, I, pp. 262; Id., *Idem*, 2.ª ed., I, I, pp. 317 e ss.. Cfr., também, do mesmo autor, *Vícios ocultos nos bens privatizados: subsídios para a análise da privatização da sociedade financeira portuguesa – Banco de Investimento, S. A. e suas consequências. Parecer de direito*, in *A privatização da sociedade financeira portuguesa. Regras sobre reprivatizações, responsabilidade pelo prospecto*, culpa in contrahendo, *vícios ocultos das empresas reprivatizadas*, Lisboa, 1995, pp. 130 e ss., onde se considera ser a garantia autónoma causal por não se mostrar independente da sua fonte), depois de destacar como a doutrina tradicional, desde Aristóteles, tem vindo a trabalhar longamente o conceito de causa (com a sua distinção em causa eficiente, causa final, formal, material e exemplar): «*1) a causa está antes do negócio – é o seu porquê? 2) ou está depois ou para além do negócio – é o seu para quê?*» – para acrescentar, de seguida – «*(...) Se tomarmos as duas linhas fundamentais que se desenvolveram a partir da causa – a relação fundamental e a causa função – vemos que a primeira atende ao porquê e não ao para quê do negócio.*

A relação fundamental.

A problemática dos negócios abstractos respeita ao porquê e não ao para quê do negócio.

O que se pergunta é se um negócio pode produzir efeitos jurídicos que não dependam da relação fundamental que histórica e economicamente justifica esses efeitos jurídicos. Assim, uma letra de câmbio circula e vincula, quaisquer que sejam os vícios que atinjam o negócio que justificou a sua emissão. Ao portador da letra não podem ser opostas excepções fundadas sobre aqueles vícios.

O que está em foco é pois algo de prévio ao negócio, que está na origem do negócio. Neste sentido diremos que o negócio depende da sua causa, só nos casos estabelecidos na lei podendo abstrair desta. A causa seria um elemento eventual; não existe em todos os negócios.

Afigurando-nos melhor, diremos que o que está em jogo é mais um problema das situações jurídicas do que propriamente do negócio jurídico.

O que se pergunta é se as situações jurídicas têm de estar conexionadas, de maneira que cada situação tenha sempre como justificação uma situação antecedente, ou se podem ser dissociadas, o que permite a situação circular com abstracção da relação fundamental que lhe dá base. Toda a situação jurídica tem a sua causa num negócio jurídico. Também a tem, por exemplo o negócio cambiário. O problema não está aí, mas sim na possível desligação da situação resultante em relação à situação que a justifica, e que se designa justamente por relação fundamental.

A hipótese passa a ser de qualificação de situações jurídicas umas pelas outras».

«(...) *a causa do negócio jurídico, entendida como porquê desse negócio, poderia ser definida como relação fundamental* (...): *o que realmente se verificaria seria uma relação entre situações jurídicas, de maneira que uma situação é justificada por uma situação antecendente.*

Tecnicamente, deparar-se-nos-ia a chamada qualificação de situações jurídicas. Uma situação jurídica qualificaria outra. A "relação fundamental" é assim a situação qualificante de uma outra situação jurídica.

A problemática da relação fundamental nunca poderá ser dispensável, uma vez que há na ordem jurídica portuguesa negócios abstractos. Negócio abstracto é por definição o que abstrai da causa. (...) acto abstracto é aquele que vale independentemente da causa. A causa é a relação fundamental de que deriva aquela vinculação». Julgamos, pois, e com a devida vénia, que, conquanto se tenha presente a distinção entre a causa-função, entendida como *o para quê* do negócio, e problemática da causa eficiente enquanto *porquê* de certo acto (v., todavia, o escrito por Ferreira de Almeida, *Texto...*, II, pp. 544 e ss., autor segundo o qual a palavra causa significaria, pelo menos no direito português, e no contexto dos negócios jurídicos abstractos, simultaneamente causa eficiente da atribuição patrimonial, ou seja fundamento ou título jurídico, e causa final do negócio, ou seja função económico-social. Isto pelo simples facto de ambas não poderem ser encaradas sem um mínimo de ligação. Mesmo assim cfr., *op. cit.*, nota (235), onde Ferreira de Almeida sempre acaba por admitir serem a causa [eficiente] da atribuição e causa final [função] do acto noções diferentes mesmo se em seu entender não podem ser encaradas sem um mínimo de ligação. Em sentido totalmente oposto cfr., porém, Menezes Cordeiro, *Direito das obrigações*, Lisboa, I, 1988, pp. 511 e ss., onde o Mestre afirma nada ter a causa da atribuição patrimonial a ver com a causa dos negócios jurídicos; e Giovanni di Rosa, *La «astratteza» della procura...*, in *Contrato...*, 1994, X, I, p. 116, nota (93), embora o autor estabeleça uma distinção entre a causa de atribuição material dos negócios reais de direito alemão [os quais como se sabe devem ter na sua base um negócio obrigacional – a este respeito v. por todos, Menezes Cordeiro, *Direito das obrigações*, III, *Contratos em especial*, Lisboa, 1991, V.º *Contrato de Compra e Venda – Introdução, efeitos essenciais e modalidades*, por Pedro de Albuquerque, 2.ª ed. revista e ampliada, Lisboa, 1991, pp. 17 e ss.] e a causa, ou ausência dela, da procuração. Em termos gerais acerca do conceito de causa e sublinhando quer a multiplicidade de sentidos por esta assumida quer ainda a necessidade de se ligar o tema ao problema do fundamento ou em certo sentido *vestimentum* da nua manifestação de vontade, cfr., na literatura jurídica italiana, Michele Giorgianni, *Causa (diritto privatto)*, in *Enciclopedia del Diritto*, 1960, VI, pp. 547 e ss.. Entre nós, para uma referência, também genérica, ao problema da causa pode ver-se, ainda durante a vigência do Código de Seabra, Vasco Taborda Ferreira, *Do conceito de causa dos actos jurídicos*, Lisboa, 1946, *per totum*) não há qualquer óbice em utilizar a palavra abstracção como superlativo de autonomia. No primeiro sentido, e para todos quantos admitam como conceito útil a noção de causa-função, a procuração será certamente, já foi aqui por nós dito, causal (ainda assim, e apesar de considerarem a causa numa perspectiva subjectiva v., por exemplo, quanto escrevem R. Leonhard, *Der allgemeine Teil des Bürgerlichen Gesetzbuchs in seinem Einfluss auf die Fortentwicklung der Rechtswissenschaft*, Berlim, 1900, pp. 317 e ss., [para quem a procuração pode ser dependente ou independente mas não abstracta ou causal], e Schlossmann, *Die Lehre von der Stellvertretung...*, I, pp. 267 e ss., II, pp. 438 e ss., [o qual nega quer a possibilidade de se considerar a procuração como um negócio abstracto quer a tese que vê nelas um acto causal]). Porém, no último sentido do termo causa, enquanto *porquê* do negócio, não há dúvida que a abstracção da procuração não é senão a autonomia desta relativamente ao negócio fundamental. Foi esse o sentido com que a expressão foi utilizada pelos defensores da visão labandiana do fenómeno representativo: o de exprimir a independência do acto de concessão dos poderes de representação relativamente à respectiva causa, entendida não como causa-função mas como o porquê do negócio procuratório. Era, sem dúvida, essa a intenção de Ladenburg, *Die Vollmacht...*, in *Zeitschrift...*, XI, p. 72, quando, logo no ano seguinte à publicação do escrito de Laband acerca do fenómeno representativo, afirma, poder o pensamento do Professor de Conisberga exprimir-se através da ideia segundo qual a *Vollmacht* é independente da respectiva causa (para uma breve história acerca da evolução conducente à afirmação da noção de abstracção da procuração v., para além de quanto se escreveu já *supra*, Parte I, Cap. IV, por todos, Schlossmann, *Die Lehre von der Stellvertretung...*, II, pp. 436 e ss., autor segundo o qual se ficaram a dever a Hupka e Enneccerus, porventura também, em certo sentido a Oertmann, os decisivos contributos no assentar da ideia de abstracção da procuração, não sem antes referir como as noções de causa ou de abstracção utilizadas por esses mesmos autores corresponderem ao sentido que sempre e até então tinham tido na ciência jurídica; Wellspacher, *Das Vertrauen...*, p. 79, numa posição em tudo coincidente com a manifestada, mais tarde, entre nós, por Ferrer Correia, no sentido segundo o qual o agudizar da ideia de independência da procuração acabaria por conduzir à afirmação da respectiva abstracção; Flatau, *Ist die Vollmachtt...*, in *Beiträge...*, 52, pp. 752 e ss. [autor este muito crítico quanto à utilização de termos como abstracto e causal a propósito da procuração e, mais ainda quando utilizados com referência ao poder de representação]; Lüderitz, *Prizipien...*, in *Juristische...*, 16, p. 767, para quem o regime do § 167 conduziria à abstracção da procuração; Brox, *Allgemeiner...*, p. 245, o qual considera dever equiparar-se a relação poder de representação/negócio subjacente àquela outra negócio abstracto/negócio causal; e Bork, *Allgemeiner...*, pp. 543 e ss.; e entre os autores italianos, Nattini, *La dottrina...*, pp. 153 e ss., embora em termos que não podem ser aceites; Neppi, *La rappresentanza nel diritto privato moderno (saggio di una teoria generale)*, Pádua, 1930, pp. 266 e ss., autor para quem a procuração é limitadamente abstracta porquanto limitadamente – e sublinhe-se a expressão "limitadamente"– independente da relação-base; e Enrico Perego, *Spunti sul conflitto di interesse nella rappresentanza voluntaria*, in *Revista di Diritto e Procedura Civile*, XXXII, 1978, II, pp. 1434 e ss., 1346, nota (1), onde depois de abordar a questão sobre se, em função da visão e enquadramento defendidos pela *communis opinio* para o fenómeno representativo, a procuração pode, ou não, ser considerada como abstracta, escreve: «*Trata-se, na minha opinião, de nos entendermos acerca do significado da abstracção; a doutrina prevalente não nega que a procuração tenha uma sua própria função típica, mas retém como relevante para a sua qualificação como negócio abstracto a inoponibilidade a terceiros do negócio subjacente.*»). De resto, diga-se, em abono da verdade, o próprio Januário Gomes reconhece como as posições por ele expressas a este respeito se não mostram pacíficas. Para mais pormenores a respeito da ideia subjacente à afirmação da abstracção da *procuratio* cfr. a bibliografia alemã citada *supra* e quanto se escreve *infra*. Relativamente à noção de autonomia v., para além das referências já aqui feitas, por último, Januário Gomes, *Assunção fidejussória de dívida. Sobre o sentido e o âmbito da vinculação como fiador*, Lisboa, 1999, pp. 107 e ss.; e *Acórdão do Supremo Tribunal de Justiça, 3-5-2001* (Quirino Soares), in *Revista da Ordem dos Advogados*, Lisboa, 2001, Ano 61, Abril, pp. 1039 e ss., *maxime* pp. 1043 e 1044 (livrança em branco – pacto de preenchimento), utilizando agora o conceito de independência como sinónimo da ideia de abstracção. Na doutrina de raiz germânica, para uma referência crítica ao recurso à ideia de abstracção, por muitos vista como indutora de um falso enquadramento da situação real, v., Zitelmann, *Das Recht...*, p. 121, o qual considerava como incorrecta a ideia de abstracção da procuração e contrapunha, precisamente, a de acessoriedade ou ausência dela; Crome, *System...*, I, p. 460; Rosenberg, *Stellvertretung...*, pp. 753 e ss.; Oertmann, *Kommentar...*, I, comentário ao § 167, p. 619; Flume, *Allgemeiner...*, II, *Das Rechtsgeschäft...*, pp. e 840 e 841 (mas v., no sentido segundo o qual a autonomização ou desarticulação entre o poder de representação e a vinculação pelo dever é uma parte da chamada abstracção da procuração, quanto escreve Flume, cujo efeito específico seria a criação, na esfera jurídica do representante, de uma possibilidade jurídico-formal de actuação com efeitos directos para o representado; de um mero *Können* (*posse*) absolutamente desligado de qualquer *Dürfen* (*licere*) ou *Sollen* (dever)[16]. Tudo a fazer com que a procuração não dependa, supostamente, nem na sua origem e validade, nem na sua extensão, nem na sua sorte, senão de si mesma[17].

Allgemeiner..., II, *Das Rechtsgeschäft...*, p. 787); enquanto em Itália o destaque vai para Galgano, *Diritto civile...*, II, I, p. 187. Ainda, em Itália, mas em sentido diverso do autor anterior, v., Giovanni di Rosa, *La «astratteza» della procura...*, in *Contrato...*, 1994, X, I, pp. 113 e ss., o qual estabelece a ligação da problemática da abstracção da procuração com o princípio geral de direito alemão da abstracção dos negócios jurídicos, sendo essa abstracção entendida como independência ou autonomia relativamente ao título ou fonte causal. Seja como for o problema deve ser reduzido à sua real dimensão. Assente qual a realidade a exprimir – e essa é a de que a procuração seria independente na origem, extensão e sorte, da relação interna entre representante e representado – a questão passa a ser exclusivamente terminológica. Ora, atento o uso secular que a doutrina e jurisprudência têm, no domínio do fenómeno representativo, vindo a fazer, dos dois termos não vemos razões para não os empregar como sinónimos. Quanto se não pode é confundir ou procurar misturar o problema da causalidade/abstracção da procuração com o tema da causa função dos negócios jurídicos e portanto de uma causalidade/abstracção a essa luz. Em termos mais gerais pode, ainda, ver-se sobre a temática da abstracção negocial, mas agora novamente entre nós, Vaz Serra, *Negócios abstractos. Considerações gerais – promessa ou reconhecimento de dívida e outros actos*, in *Boletim do Ministério da Justiça*, 1959, 83, pp. 5 e ss., com indicações acerca da origem histórica dos negócios abstractos, e onde o autor escreve: *«Negócio abstracto não quer dizer negócio em absoluto independente de causa. Os negócios abstractos, como os outros, têm uma causa; mas o direito para facilitar a mobilidade da vida económica, aceita que sejam feitos valer sem alegação ou demonstração da sua causa e sem se sujeitar o autor a que lhe sejam opostas todas as excepções baseadas na causa. (...) O negócio é separado, abstraído do convénio causal: é um negócio abstracto»* (v., porém, quanto o autor escreve, *op. cit.*, pp. 10 e ss.. Especificamente quanto ao problema da abstracção dos títulos de crédito v., por todos, Pedro Pais de Vasconcelos, *Direito comercial, títulos de crédito*, reimpressão, Lisboa, 1997, pp. 29 e ss.. No tocante à procuração cfr., por último, na nossa doutrina, Raúl Guichard, *O problema...*, p. 17, e nota (52). Destaque também na doutrina tudesca para a extensa e aprofundada investigação levada a cabo ainda recentemente por Astrid Stadler, *Gestaltungsfreiheit und Verkhersschutz durch abstraktion, eine rechtsvergleichende Studie zur abstrakten und kausalen Gestaltung rechtsgeschäftlicher Zuwendungen anhand des deutschen, schweizerischen, österreichern, französischen und US-amerikanischen Rechts*, Tubinga, 1996, *passim*, e, designadamente, pp. 9 e ss., onde a autora procede a um estudo das noções de causa, abstracção, independência (ou ausência de acessoriedade), causalidade e acessoriedade, contrapondo e ordenando as várias noções entre si, para acabar considerando a procuração como um negócio abstracto – com a excepção verificada no direito francês (cfr. *op. cit.*, pp. 27 e ss., 33).

[16] V., quanto se escreveu a este respeito *supra* e, ainda, *infra*, *passim*.

[17] Assim pode ver-se, de entre a multidão de autores neste sentido, e apenas para uma visão ilustrativa, entre nós, Ferrer Correia, *A procuração...*, in *Estudos...*, II, p. 27; no Brasil, Orlando Gomes, *O poder...*, in *Estudios...*, pp. 239 e ss.; em Itália, Mosco, *La rappresentanza...*, pp. 146 e 147; Giovanni di Rosa, *La «astratteza» della procura...*, in *Contrato...*, 1994, X, I, p. 117; Alessandra Salomoni, *La rappresentanza...*, pp. 38 e ss.; na Alemanha, e entre outros muitos outros, Flatau, *Ist die Vollmacht....*, in *Beiträge...*, 52, p. 758; Oertmann, *Kommentar...*, I, comentário ao § 167, pp. 616 e 619 e ss.; Von Thur, *Der allgemeiner...*, II, II, pp. 385 e ss.; Hezel, *Der Mißbrauch...*, pp. 17 e ss.;

Mas se nos perguntarmos ou interrogarmos como surge a representação, «a que título» concedeu A a B poderes representativos, logo ressalta, ao menos na generalidade dos casos, a existência de uma relação – designada de interna – a unir o representante ao principal[18]. É esta relação de gestão ou gestória a fornecer a razão explicativa para a circunstância e termos nos quais B gere o património de A. É ela que, no dizer do próprio legislador, constitui *«a relação jurídica que determina a procuração»* (artigo 264.º, n.º 1, do Código Civil); *«a relação jurídica que serve de base à procuração»*[19]. Semelhante relação, é hoje pacífico, na sequência das aportações da pandectística alemã do século XIX, e em particular de LABAND, não se circunscreve naturalmente ao contrato

---

Enneccerus-Nipperdey, *Allgemeiner Teil...*, I, II, pp. 1136 e ss.; Gotthardt, *Der Vertrauensschutz...*, pp. 20 e ss.; Larenz, *Allgemeiner Teil...*, pp. 614 e ss.; Larenz-Wolf, *Allgemeiner Teil des Bürgerlichen Rechts*, Munique, 1997, pp. 894 e 895, 902 e 903; Erman-Palm, *Bürgerliches...*, I, comentário ao § 164, p. 487; Schramm, *Münchener...*, I, 4.ª ed., comentário ao § 164, pp. 1658, 1659 e 1663, comentário ao § 168, pp. 1724 e 1725; Bork, *Allgemeiner...*, pp. 544 e 545 (v., ainda, a bibliografia citada *supra* nas páginas dedicadas à explanação da doutrina formulada por Laband). Na doutrina alemã exprime-se a ideia da abstracção da procuração com recurso a termos algo diferentes. Assim em vez de se falar em origem, extensão e sorte preferem-se os termos *«Entstehung, Inhalt und Wirksamkeit»*. A primeira palavra tem alguma correspondência com a expressão portuguesa. As outras significam conteúdo e eficácia. Em sentido absolutamente contrário à ideia de independência integral da procuração pode ver-se, entre nós, naquela que, avançando desenvolvimentos, consideramos ser a abordagem correcta, Menezes Cordeiro, *Manual...*, I, p. 472, o qual escreve: *«(...) a extensão da procuração, as suas vicissitudes, a natureza geral ou especial dos poderes que ela implique e o modo por que eles devam ser exercidos dependerão (...) do contrato-base.»* Isto não sem antes ter chamado a atenção para a circunstância de, em função do disposto nos artigos 1178.º e 1179.º, as vicissitudes da procuração bulirem com o próprio mandato.

[18] Assim, por todos, na nossa literatura, Januário Gomes, *Em tema...*, p. 240. Entre os autores de língua alemã refira-se, igualmente com carácter indicativo, Hupka, *Die Vollmacht...*, pp. 9 e 28; Larenz, *Allgemeiner Teil...*, p. 614. Em Itália, Pugliatti, *Il conflitto...*, in *Studi...*, p. 39, sistematiza do seguinte modo as várias relações jurídicas susceptíveis de se estabelecerem entre os sujeitos da relação representativa em sentido amplo: «a) *Relações entre o principal o dominus negotii e o cooperador, ou relações internas, dependentes do negócio fundamental de gestão e cooperação, e que se concretizam no complexo de direitos e obrigações que derivam reciprocamente da relação para um e outro destes sujeitos; b) Relações entre o representante e o terceiro participante no negócio final, em consequência da posição que aquele assume no acto de conclusão do próprio negócio relativamente ao terceiro, concretizando-se no complexo de direitos que o terceiro pode (eventualmente) adquirir frente ao representante, em dependência do seu comportamento nos próprios contactos; c) Relações entre o representante e, por seu intermédio, o representado, de um lado, e o terceiro, do outro, em dependência do comportamento do representante mesmo como cooperador, relativamente ao principal, e simultaneamente como seu substituto, concretizando-se na eficácia directa a qual constitui o escopo do fenómeno representativo; d) Relações entre o representado e o terceiro, na dependência dos vínculos que surgem entre eles, em consequência da conclusão (através de representante) do negócio final, concretizando-se no complexo de direitos e obrigações recíprocos entre estes sujeitos, nascidos do próprio negócio; assim como daqueles que a um e outro se possam eventualmente ligar por causa da existência de determinadas circunstâncias objectivas, do comportamento do representante, das condições nas quais o próprio negócio foi concluído, etc.».*

[19] Januário Gomes, *Em tema...*, p. 240.

de mandato[20]. Na verdade, além do mandato, o vínculo de gestão ou gestório pode resultar, entre outros, de um contrato de trabalho subordinado, contrato de agência[21], contrato de prestação de serviços de advocacia ou mandato forense, da atribuição a outrem de uma posição à qual se encontra tipicamente ligada à concessão dos poderes representativos, de um vínculo familiar[22, 23], etc.. De todos estes con-

---

[20] V., *supra*, Parte I, Cap. II, parágrafo 3.

[21] Com referência apenas à nossa literatura jurídica, por todos, António Pinto Monteiro, *Contrato...*, 2.ª ed., comentário ao artigo 2.º, p. 42, e ao art. 23.º, pp. 84 e ss.; Id., *Idem*, 3.ª ed., comentário, ao artigo 2.º, pp. 44 e ss., e ao artigo 23.º, pp. 88 e ss.. Id., *Idem*, 4.ª ed., comentários art. 23.º, pp. 99 e ss.. V., também, e a propósito de vários aspectos do fenómeno representativo no contexto da agência, Paulo Mota Pinto, *Aparência de poderes de representação...*, in *Boletim...*, Vol. LXIX, pp. 587 e ss.. Outras referências ao regime deste contrato e suas implicações sobre o fenómeno representativo encontram-se *infra*, Parte II, Cap. IV, a propósito da aparência de poderes de representação.

[22] Segundo Canaris, *Die Vertrauenshaftung...*, pp. 46 e 47, quando a atribuição dos poderes de representação está ligada, segundo as concepções do tráfego, à concessão de determinada posição admite-se estar-se, em regra, na presença de uma comunicação concludente segundo a qual teria sido concedida uma procuração ao proposto. Por isso, em todos os casos nos quais isso não aconteceu de facto, e o proposto não goza de quaisquer poderes, depara-se com uma *Scheinvollmacht* [procuração aparente] (cfr., também, quanto escreve a este respeito Martina Schwonke, *Verkehrsschutz...*, p. 144, e bibliografia aí citada). Entre nós, em termos algo diferentes, admitindo de forma mais fácil a existência de uma ligação entre certa posição e a concessão de efectivos poderes representativos pode ver-se, Oliveira Ascensão, *Teoria...*, III, p. 297; Id., *Direito civil...*, II, pp. 234 e 238 e ss.; Oliveira Ascensão e Carneiro da Frada, *Contrato celebrado por agente...*, p. 48 e nota (7), os quais escrevem: «*No campo do direito das empresas, reconhece-se que se alguém foi legitimado para o desempenho de determinada função no âmbito de uma empresa, essa legitimação abrange poderes de representação para negócios e actos jurídicos próprios da função*», «*Cfr., o elucidativo § 54 do Handelsgesetzbuch (HGB) alemão segundo o qual, se alguém foi autorizado, sem procuração (expressa), a exercer uma actividade comercial, os poderes de representação abrangem os negócios usualmente conexionados com essa actividade comercial. Em Portugal, o art. 217.º do Código Civil e a noção que dá de declaração tácita permite apurar análogas conclusões, mesmo na falta de uma disposição específica para este tipo de situações*» (na condição obviamente – acrescentamos nós – de se respeitar o limite imposto pelo artigo 246.º do Código Civil quanto à consciência da declaração – e as exigências de forma constantes do artigo 262.º, n.º 2, do Código Civil e do artigo 116.º, n.º 2, do Código de Notariado não obstarem a isso. Em certas hipóteses poderá, pois, mostrar-se necessário percorrer o caminho de saber se se estará, na verdade, e como defende Canaris, não perante uma situação de procuração tácita, mas antes de um poder de representação aparente. Aliás, isso mesmo é reconhecido por Oliveira Ascensão e Carneiro da Frada, *op. cit.*, pp. 56 e ss., os quais, no campo do direito comercial e das empresas, consideram que a procuração aparente corresponde à necessidade de lançar sobre o detentor de uma entidade mercantil o risco da organização interna e da observância efectiva da divisão interior de funções por parte de pessoas e departamentos de acordo com as suas instruções). Nalguns casos, de resto, a própria lei indica claramente como o conferimento de poderes de representação está associado à celebração do negócio gestório. Assim sucede com o artigo 5.º, n.º 3 da L.C.T., assim sucede, também, com o mandato judicial (a este respeito v., por todos, João Lopes dos Reis, *Representação forense e arbitragem*, Coimbra, 2001, pp. 41 e ss., 56 e ss.. V., ainda, quanto refere na vigência do pretérito CMVM, Amadeu Ferreira, *Direito dos valores mobiliários*, Lisboa, 1997, pp. 322 e ss., a propósito dos contratos de colocação de ofertas públicas de venda a celebrar entre as entidades emitentes ou oferentes e os intermediários financeiros,

concluindo no sentido de tais contratos parecerem configurar-se como mandatos comerciais representativos). Questão discutida é a de saber, ainda, se nos casos nos quais a concessão dos poderes de representação está associada a uma determinada função ou posição típica isso resulta do facto de ao negócio gestório estar ligado, mesmo se implícita ou tacitamente, uma procuração ou se, ao invés, são esses mesmos negócios a produzir de forma directa, e independentemente de qualquer procuração, efeitos representativos. A polémica cola-se, em grande medida, ao cerne da questão que agora debatemos: a da necessária abstracção ou autonomia da procuração *versus* o respectivo carácter causal. Na doutrina italiana a *communis opinio* – na qual se integram autores como Nattini, *La dottrina...*, pp. 92 e ss., especialmente, 99 e ss.; Santoro-Passarelli, *Teoria...*, p. 237; Roppo, *O contrato, cit.*, p. 113; Luminoso, *Mandato...*, pp. 36 e ss.; e Papanti-Pelletier, *Rappresentanza...*, p. 110 e nota (148), (mas v., quanto este autor escreve *op. cit.*, p. 9, e nota (22) e pp. 111 e ss.) pronuncia-se a favor do primeiro sentido da alternativa: ou seja na direcção segundo a qual ao negócio de gestão terá de acrescer sempre uma procuração *ad hoc*, ainda quando prevista como simples cláusula do negócio interno. Na direcção oposta manifestam-se, designadamente, Trabucchi, *La rappresentanza*, in *Rivista di Diritto Civile*, 1978, I, pp. 576 e ss.; Pugliatti, *Conflitto...*, in *Studi...*, pp. 69 e ss., e 72; Id., *Programma...*, in *Idem*, pp. 526 e ss.; Ferrari, *Gestione...*, pp. 85 e 86; Natoli, *Rappresentanza...*, in *Enciclopedia...*, XXXVIII, pp. 476 e 477 (autor segundo o qual, no direito italiano, a prova de que a procuração pode ser inerente a um particular contrato resulta, em primeiro lugar, do artigo 1704.º do *Codice Civile*, relativo ao mandato com representação, onde se estabelece como no caso de ao mandatário terem sido igualmente concedidos poderes para agir em nome do mandante se aplicam, também, as normas do capítulo VI do título II [artigo 1387.º e ss.] relativas à representação. Não se verifica assim, e no dizer de Natoli, nenhuma referência à procuração. Afimar, por isso, como faz, de forma mais ou menos directa, a *communis sententia* italiana, ser a *procuratio*, mais do que uma pura e simples cláusula *ad hoc*, um negócio unilateral autónomo – mesmo se coligado com a relação-base – é para Natoli expressão de um inútil apriorismo insusceptível de justificação – sobretudo num sistema como o italiano no qual a representação pode encontrar a sua justificação num simples facto do gestor como sucede na gestão de negócios representativa. Nestes termos, e em seu entender, tudo parece levar a considerar como noutros casos, nos quais a relação de gestão tem base contratual, a conclusão não possa ser diversa da obtida a propósito do mandato [v., designadamente, os artigos 1745.º, 1756.º, 1761.º, 1903.º, 2266.º, 2295.º, 2298.º, 2372.º, 2384.º, etc., do *Codice Civile*]. E isto apesar de o legislador italiano adoptar repetidamente o termo procuração para indicar o conteúdo e vicissitudes da representação, como sucede por exemplo com a preposição *institoria*, onde os poderes do *institor* se consideram delimitados na procuração [artigo 2204.º *Codice Civile*] e se estabelece a necessidade da publicação da *procuratio* [artigo 2206.º do *Codice Civile*], ou da modificação ou revogação da mesma [artigo 2207.º do *Codice Civile*]); Lina Bigliazzi Geri, *Procura...*, in *Enciclopedia...*, XXXVI, p. 998; e finalmente, Rodolfo Sacco e Giorgio Nova, *Il contratto*, Turim, 1993, II, pp. 179 e ss., com ulteriores indicações. Relativamente à representação empresarial no sentido segundo o qual ela se encontra assente numa simples relação prepositória derivando, por conseguinte, o poder de representação do simples acto de investidura institucional mostrando-se como mera exteriorização da relação de gestão pode ver-se, por todos, e com amplas indicações bibliográficas, Valentina di Gregorio, *La rappresentanza...*, p. 232. Na literatura jurídica alemã, e para além das posições já recenseadas de Seeler, Schlossmann ou Dniestrzanski, autores contrários todos eles à autonomia da procuração, e favoráveis, por conseguinte, à compreensão da representação como uma consequência do negócio-base ou da lei, v., a este respeito, Hupka, *Die Vollmacht...*, p. 211, segundo o qual a simples concessão de um mandato para a realização de actos representativos contém já uma procuração com plena eficácia, num testemunho que assume particular significado por se tratar do responsável por um dos mais significativos desenvolvimentos da teoria da

tratos resulta que um dos sujeitos desenvolve uma actividade a favor de outro vinculando-se este às consequências e efeitos da actividade do primeiro.

O contrato donde nasce a relação gestória não se confunde[24] com aquele que o gestor representante vai realizar e o qual determina

representação e da doutrina da abstracção da *procuratio*. Entre nós e atenta a circunstância de os contratos susceptíveis de constituir relações gestórias não produzirem automaticamente poderes de representação, Januário Gomes, *Em tema...*, pp. 239 e 240, nota (676) (cfr., também, Menezes Cordeiro, *Direito...*, III, *Contratos...*,V.º *Mandato*, por Januário Gomes, pp. 295 e ss.; Raúl Guichard, *O problema...*, nota (194), p. 80), defende ser de concluir que, como princípio, quando estes existam, há procuração – mesmo se esta se esconder numa cláusula do contrato gestório. Seriam apenas de excepcionar as hipóteses nas quais o conferimento dos poderes representativos resulta do negócio gestório como elemento caracterizador ou como consequência resultante da lei (cfr. também, com alguma proximidade, Carvalho Fernandes, *Teoria...*, II, p. 212). Já antes de Januário Gomes, Pessoa Jorge, *O mandato...*, p. 22, nota (15), parecia defender a posição segundo a qual o Código Comercial fundava directamente a faculdade de representação dos gerentes, auxiliares, caixeiros, e em geral dos empregados de comércio com poderes para praticar actos em nome do *dominus*, no próprio contrato de prestação de serviços (artigos 248.º e 265.º). Actualmente o artigo 1179.º do Código Civil indicia como, no mandato com representação, o *mandatum* e a procuração formam uma unidade, ao ponto de parecer dever conceber-se a segunda como uma manifestação do próprio mandato e vice-versa, pelo que esta será algo de realmente associado ao contrato de mandato – e apesar de poder constituir uma cláusula específica do referido acordo. Parece assim – mesmo para quantos se recusam a ver na *procuratio* um acto sujeito à aceitação do procurador – não poder deixar de se considerar, nesta hipótese, e ao menos na generalidade dos casos, a procuração como um acto de natureza contratual. Para mais detalhes sobre o assunto v. quanto escreve ainda Castro Mendes, *Teoria...*, II, p. 278, segundo o qual a procuração costuma ser elemento de um contrato; e em sentido divergente, Helena Brito, *A representação...*, p. 121, para quem a *procuratio* não é parte integrante do negócio subjacente; e Raúl Guichard, *O problema...*, nota (194), p. 80, autor segundo o qual, sem pretender tomar uma posição definitiva, não existe necessidade, nem conveniência, em admitir uma mutação da natureza da procuração pelo simples facto de esta se mostrar coligada ou unida a um contrato. Quanto não parece suscitar dúvidas é a circunstância de a celebração ou constituição de um mandato ou relação subjacente cujo desempenho pressuponha a prática ou celebração de negócios representativos envolver consigo a outorga de uma procuração tácita. Assim, mas apenas em sentido aproximado, e defendendo sempre a ideia de abstracção da *procuratio*, Martina Schwonke, *Verkehrsschutz...*, p. 144.

[23] Para uma referência a estes e outros exemplos de hipóteses de relações gestórias v., a título ilustrativo, na doutrina italiana, Pugliatti, *Il rapporto...*, in *Studi...*, pp. 170 e ss.; Roppo, *O Contrato, cit.*, pp. 114 e 115; Luminoso, *Mandato...*, p. 36; Carresi, *Il contratto*, Milão, 1987; Valentina di Gregorio, *La rappresentanza...*, p. 90; e, entre nós, Januário Gomes, *Em tema...*, p. 241; Helena Mota, *Do abuso de representação...*, p. 54; Pedro Leitão Pais de Vasconcelos, *A procuração...*, pp. 66 e ss.. Cfr., igualmente na literatura jurídica de raiz ou matriz tudesca, e também para um simples panorama exemplificativo, Hupka, *Die Vollmacht...*, pp. 28 e 29; Flume, *Allgemeiner...*, II, *Das Rechtsgeschäft...*, p. 839; Eckehard Gerke, *Vertretungsmacht...*, p. 6; Tietz, *Vertretungsmacht...*, pp. 19 e 20, e 133 e ss. (local este último onde o autor procede a uma desenvolvida referência acerca da relevância de cada tipo de relação interna para a determinação e concretização dos vários deveres aos quais cada procurador fica sujeito em virtude dessa mesma relação); e Staudinger-Schilken, *Kommentar...*, I, comentário ao § 167, p. 70.

[24] A multiplicidade de relações gestórias que podem estar subjacentes ao poder de representação tem sido justamente um dos argumentos utilizados para demonstrar como a procuração

a forma da procuração (artigo 262.º, n.º 2, do Código Civil) e a capacidade do procurador (artigo 263.º do Código Civil)[25]. Mas interessa-nos, agora, principalmente, estabelecer a ligação e articulação entre a procuração – e destarte a representação – e o negócio gestório – ou seja a relação subjacente. A questão da estrutura do negócio representativo base depende da solução encontrada para a questão das relações entre a *procuratio* e a sua causa ou base, de um lado, e entre a procuração e o *negotium* realizado pelo representante, do outro.

II – Comecemos por analisar se tem de haver uma relação determinante da procuração[26], ou se ao contrário, é de admitir uma procuração «suspensa» ou «isolada».

Os corifeus e sequazes da doutrina da abstracção da procuração pronunciam-se, naturalmente, a favor do segundo termo da alternativa[27]. Entre os defensores da possibilidade de concessão de legitimação representativa através de uma simples procuração ou *procuratio*

---

seria um negócio autónomo e abstracto (cfr., autores citados *supra*, Parte I, Cap. IV, parágrafo 3). Contra este tipo de raciocínio pode, todavia, ver-se, Ferrari, *Gestione...*, pp. 124 e ss., o qual destaca como a circunstância de a representação se associar aos mais variados negócios de gestão nada tem a ver com a suposta autonomia daquela. Ela explica-se antes pela fungibilidade estrutural dos referidos negócios. O esquema funcional de todos eles integra-se no contexto de uma função teleológica comum. Cada um destes negócios apresenta uma elasticidade e fungibilidade suficiente para se afigurarem tendencialmente compatíveis com a representação.

[25] Assim, também, Januário Gomes, *Em tema...*, p. 241. Cfr., porém, quanto escreve a este respeito Müller-Freienfels, *Die Vertretung...*, *passim*, maxime pp. 202 e ss. V., igualmente quanto se sustenta a este propósito, *infra*.

[26] No dizer de Holländer, *Die gewillkürte...*, p. 42, a questão relativa às relações entre relação de gestão e a representação voluntária constitui um dos aspectos mais discutidos e atormentados da doutrina do fenómeno representativo; numa afirmação, mais tarde, totalmente subscrita por Pugliatti, *Il conflitto...*, in *Studi...*, p. 44.

[27] Autores há que, apesar de aderirem no essencial «à teoria da representação» – ou a múltiplos dos seus aspectos ou pressupostos, rejeitam a possibilidade de existência de uma procuração concedida com a intenção aberta de apenas vir a valer isoladamente. Assim v., por exemplo, Flume, *Allgemeiner...*, II, *Das Rechtsgeschäft...*, pp. 839 e 840. O autor admite a procuração isolada – isto é, sem concomitantemente existir também uma relação causal – quando o representado concede o poder de representação erradamente convencido da existência de um vínculo de gestão entre ele e o representante ou, ainda, na hipótese de o dono do negócio conceder a procuração antecipando ao procurador um instrumento do qual vai carecer no quadro de um contrato gestório a celebrar futuramente. Já não aceita, porém, a procuração isolada concedida para valer sempre como tal. Caso a *procuratio* seja conferida apenas para uma situação eventual – como sucederia especialmente com as procurações gerais – sem o autor da procuração e o *procurator* fazerem ideia do modo como os poderes de representação virão a ser empregues, Flume sustenta a ideia segundo a qual a procuração corresponde a um mandato eventual. Semelhante concessão traduz, todavia, um desvio relativamente à pureza da orientação subjacente à configuração hoje assumida pela «teoria da representação» e abstracção da procuração e um abastardamento da mesma.

suspensa ou isolada contam-se, designadamente, e entre muitos outros, autores como HUPKA[28], CROME[29], FLATAU[30], LEHMANN-
-HÜBNER[31], ENNECCERUS e NIPPERDEY[32], LÜDERITZ[33], GERKE[34], HÜBNER[35], SOERGEL e LEPTIEN[36], JAUERNIG[37], SCHRAMM[38], TIETZ[39], STAUDINGER e SCHILKEN[40], BROX e

---

[28] Hupka, *Die Vollmacht...*, pp. 155 e ss., embora em termos algo mais suaves de quanto é propugnado por outros autores. Na verdade, Hupka começa mesmo por afirmar a ideia segundo a qual a concessão de um poder de representação se faz sempre por referência a uma relação jurídica já existente, ou a estabelecer, entre o principal e o representante. É nestas relações jurídicas internas que se manifesta – escreve o autor – o fundamento material da concessão a determinada pessoa do poder de disposição sobre um património. Sem esse fundamento não se concebe, afirma o jurista austríaco, se se pensar de forma razoável, a concessão do poder de representação. Porém, quase logo de seguida Hupka acrescenta: «*Mas questão distinta é a de saber se o nascimento da* Vollmacht (poder voluntário de representação) *se encontra também condicionado pela constituição efectiva e válida da relação jurídica contida na causa, com outras palavras, se a validade da procuração se encontra dependente da existência jurídica do contrato de gestão que ela supõe*», para terminar com a afirmação segundo a qual o nascimento do poder de representação não depende de mais nenhum pressuposto para além do consentimento à representação dado pelo representado. Isto apesar de não deixar de afirmar um pouco mais tarde (*op. cit.*, p. 183) a tese segundo a qual para a interpretação do sentido da procuração e determinação do alcance do poder de representação se afigura também relevante a relação jurídica interna (para ulteriores referências bibliográficas e jurisprudenciais no sentido segundo o negócio causal poder interferir na fixação do conteúdo da competência representativa v., *infra*). V., finalmente, quanto escreve Hupka, *Die Vollmacht...*, pp. 375 e ss., onde o autor insiste, agora de forma mais veemente e categórica, na independência da origem da procuração relativamente à relação jurídica gestória.

[29] Crome, *System...*, I, pp. 459 e 460.

[30] Flatau, *Ist der Vollmacht...*, in *Beiträge...*, 52, pp. 758 e 759.

[31] Lehmann-Hübner, *Allgemeiner Teil...*, I, p. 321.

[32] Ennecceus-Nipperdey, *Allgemeiner Teil...*, I, II, pp. 1136 e ss..

[33] Lüderitz, *Prinzipien...*, in *Juristische...*, 16, p. 767.

[34] Eckehard Gerke, *Vertretungsmacht...*, p. 8.

[35] Heinz Hübner, *Allgemeiner teil des Bürgerlichen Gesetzbuches,* Berlim, Nova Iorque, 2.ª ed., 1996, p. 515.

[36] Soergel-Leptien, *Bürgerliches...*, I, comentário prévio ao § 164, p. 1266; Id., *Idem*, 13.ª ed., comentário prévio ao § 164, p. 543, comentário ao § 167, p. 591.

[37] Jauernig, Schlechtriem, Stürner, Teichmann, Vollkommer, *Bürgerliches Gesetzbuch,* 5.ª ed., Munique, 1990, § 167, pp. 113 e 114 (adiante citado apenas por referência ao primeiro autor).

[38] Schramm, *Münchener...*, I, comentário ao § 168, p. 1471; Id., *Idem*, 4.ª ed., Munique, 2001, comentário ao § 164, pp. 1658 e 1659, e comentário ao § 168, pp. 1724 e 1725.

[39] Tietz, *Vertretungsmacht...*, pp. 7 e ss.. A forma como o autor concebe, todavia, a *procuratio* isolada e defende a ideia segundo a qual, mesmo esta, se encontra ao serviço de fins que podem ter sido objecto de acordos, encontrando-se inclusivamente, e em certa medida, condicionada pelas instruções internamente dadas pelo *dominus* ao *procurator*, ao ponto de, em certas circunstâncias, se extinguir quando cessa nos termos determinados pelo § 168 do *BGB* a relação-
-base (a qual seria na procuração isolada, e de acordo com Tietz, uma gestão de negócios para mais detalhes acerca deste aspecto da construção do autor alemão v., *infra,* quanto se escreve ainda neste parágrafo), levanta a interrogação sobre se este autor, não obstante quanto afirma, se pode, na verdade, incluir, sem mais, no lote de quantos admitem uma procuração sem relação-base. Poderá questionar-se se a tal procuração isolada de que fala Tietz não é, afinal, um simples caso de

BORK[41]– perante o direito alemão[42] – GRAZIANI[43], MOSCO[44], TRABUCCHI[45], LUMINOSO[46] e VISINTINI[47] – em Itália – MA-

concessão de poderes de representação não apoiada numa relação interna de tipo contratual, mas, ainda assim, dependente de um qualquer acto interno. A resposta a esta interrogação parece dever ser afirmativa. Com uma pequena nota apenas. Dado Tietz admitir a possibilidade de a relação subjacente consistir numa simples gestão de negócios o autor concebe a existência de uma procuração sem se fazer depender expressamente a faculdade representativa de uma qualquer relação subjacente voluntária. Só que ela não poderia valer apenas como um simples e mero *Können* ou *posse* associando-se-lhe sempre, e ainda que por via exclusivamente legal, um *licere* ou *Dürfen*.

[40] Staudinger-Schilken, *Kommentar...*, I, comentário prévio ao § 164, p. 14, comentário ao § 167, p. 70, comentário ao § 168, p. 113.

[41] Cfr., Brox, *Allgemeiner...*, p. 245; e Bork, *Allgemeiner...*, pp. 543 e ss. Na jurisprudência tudesca v., como índice da *communis opinio*, e a favor da clara auto-suficiência da *procuratio, Reichsgericht, II. Zivilsenat, 29. September, 1908*, in *Entscheidungen des Reichsgerichts, Zivilsachen*, 1909, 69, pp. 232 e ss., maxime p. 234. Entre os autores favoráveis a posições insusceptíveis de se reconduzir à «teoria da representação» pode ver-se, ainda assim, no sentido segundo o qual o poder de representação é independente da relação gestória e pode ser concedido mesmo na ausência desta, Holländer, *Gewillkürte...*, pp. 42 e ss.. Conforme se referiu já, para Holländer, a procuração deve ser vista como um contrato entre o representado, o representante e o terceiro contraente. Isso não impediria, contudo, a possibilidade de subsistência de poderes de representação mesmo na eventualidade de não existir uma relação interna ou de esta ser inválida. Em primeiro lugar, seria possível conceder legitimação representativa sem se estabelecer qualquer dependência entre ela e um eventual negócio gestório interno. Em segundo lugar, e de acordo com o autor tudesco, naqueles casos nos quais o *dominus* estabelece uma ligação entre a relação interna e a externa tratar-se-ia, apenas, de eliminar o perigo de o representante não celebrar, com o terceiro, o acto pretendido pelo representado. Isso em nada obstaria, contudo, à independência nem da declaração do terceiro contraente nem da declaração do representante relativamente à relação-base. Isto porquanto relativamente à declaração da contraparte no negócio representativo ela seria insusceptível de penetrar no vínculo interno representado/representante. No tocante à declaração do *procurator*, o seu sentido seria apenas o de estabelecer a eficácia directa do negócio representativo na esfera do principal e, designadamente, de eliminar os riscos corridos pelo procurador na eventualidade de os efeitos de tais negócios o atingirem, a ele, em primeiro lugar. Quanto ao encargo imposto pela relação interna esse seria igualmente cumprido se o representante recorresse ao mecanismo da representação mediata e, depois, transferisse o resultado do negócio celebrado com o terceiro para a esfera do dono do negócio. Apenas a declaração de concessão dos poderes de representação ficaria, naqueles casos nos quais a vontade do representado assim o indicasse, dependente do acto subjacente à concessão da procuração. Mas mesmo aqui tal dependência apenas significaria agir o *dominus* no pressuposto da existência de uma relação interna. Não seria, porém, exigível que a convicção do representado correspondesse à realidade. Nomeadamente o negócio celebrado entre o principal e o procurador poderia ser impugnável, inválido ou nem sequer ter de facto ocorrido sem, por isso, os poderes de representação serem afectados. A relação interna seria o motivo da concessão da legitimação representativa mas não razão jurídica para o seu surgimento. A inconsistência da argumentação de Holländer parece, porém, evidente. Ela assenta antes de mais no pressuposto segundo o qual ao impor – no âmbito da relação interna ou gestória – ao procurador o encargo de celebrar um negócio em seu nome o representado não tem, nem pode ter, qualquer interesse na eficácia directa e imediata de tal negócio o que não é, obviamente, verdade (assim v., designadamente, Rosenberg, *Stellvertretung...*, p. 172, onde o autor afirma precisamente como o adimplemento do vínculo criado para uma das partes, através da relação jurídica fundamental, é frequentemente impossível sem a procuração – como sucede quando a obrigação tem por objecto o cumprimento de uma actividade representativa; e Bavetta, *Mandato...*, in *Enciclopedia...*, XXV,

p. 331, jurista o qual evidencia como a procuração é apenas a expressão formal e externa do encargo conferido ao mandatário. Entre nós cfr., o disposto no artigo 1178.°, n.° 2, do Código Civil onde, de forma muito clara, se estabelece como *«o mandatário a quem hajam sido conferidos poderes de representação tem o dever de agir não só por conta, mas em nome do mandante, a não ser que outra coisa tenha sido estipulada»*, tornando, assim, e do mesmo passo, bem claro, como entre o mandato e o fenómeno representativo existe, mais do que uma relação funcional porquanto obrigado o mandatário a cumprir em nome do mandante, aquele vincula-se por tal forma à maneira de levar a cabo a gestão que o único modo de a não incumprir é proceder à sua realização de acordo com o pactuado [isto mesmo era sublinhado há já mais de um século, na doutrina iltaliana, e em reacção à visão labandiana do fenómeno representativo, por Tartufari, *Della rappresentanza...,* in *Archivio...,* XLVI, pp. 116 e 117]. Tudo a fazer supor o desaparecimento de qualquer tipo de eventual faculdade ou situação jurídica meramente activa e a sua correspondente absorção pelo dever de prestação (a este respeito v., as considerações, *Acórdão do Supremo Tribunal de Justiça, de 16-4-1996* [Matos Canas], in *Colectânea de Jurisprudência, Acórdãos do Supremo Tribunal de Justiça,* 1996, IV, II; pp. 19 e ss., maxime p. 22 [mandato representativo – instruções *a latere* da procuração – suspensão do mandato e dos poderes de representação] onde se escreve: *«(...) não é a procuração que origina os poderes existentes no mandatário; a procuração no sistema do CC actual mais não é do que o meio adequado para exercer o mandato. (...) A procuração, na terminologia do art. 262.° do CC é "o acto pelo qual alguém atribui a outrem, voluntariamente poderes representativos". O poder negocial é conferido ao mandatário pelo mandante através do mandato; a procuração apenas representa a exteriorização desses poderes. Assim, suspensa a fonte de onde advêm os poderes do mandatário, necessariamente suspensa tem de ficar a procuração.»*; e por Blas Pérez González e José Aguiler nos *Estudios de comparación y adaptación a la legislación y jurisprudencia españolas,* 3.ª ed., por Hernandez Moreno e M.ª del Carmen Gete-Alonso, da tradução da 39.ª edição alemã de Enneccerus-Nipperdey, *Derecho Civil (parte general),* Barcelona, 1955, II, I, p. 544]. Na mesma linha da estabelecida pelo artigo 1178.° do nosso Código Civil, já Pugliatti, *Conflitto...,* in *Studi...,* p. 143, afirmava a ideia segundo a qual se o representante estiver obrigado a actuar em nome do *dominus* e o fizer pessoalmente verifica-se, não só, uma hipótese de incumprimento contratual como pode, ainda, assistir-se a uma situação de conflito de interesses [conforme se verá *infra* é sobre a figura do conflito de interesses que a doutrina italiana tem, em grande medida, construído a doutrina do abuso de representação] entre *procurator* e representado, se a actuação do primeiro – ao não exercer os poderes de representação – se destinava ou foi motivada com o fim de obter vantagens para si próprio). Tal interesse pode resultar de uma multiplicidade de circunstâncias: a celeridade pretendida; a vontade de se evitar os inconvenientes e perigos eventualmente decorrentes da passagem dos efeitos do acto representativo pela esfera do representante, etc.. De resto não faltam autores para os quais determinados actos apenas admitem o recurso à representação directa (cfr., na doutrina alemã, Hupka, *Die Vollmacht...,* p. 4, nota (1), onde se refere como as situações jurídicas exteriormente traduzidas no exercício de determinados direitos apenas poderem ser exercidas em nome do respectivo titular. É, entre outros, o caso da aceitação ou renúncia de herança ou legado, a rescisão, a exigência de pagamento, etc.. Em Itália pode ver-se, no mesmo sentido, Pugliatti, *Il conflitto...,* in *Studi...,* p. 45, e nota (6), escritor que, para além das hipóteses referidas por Hupka, alude, ainda, aos casos de negócios cujos efeitos se não esgotam num único momento prolongando-se no tempo e às hipóteses nas quais o próprio *dominus* manifesta, no negócio de gestão, a vontade de o negócio final ser celebrado em seu nome). Quanto ao facto de a relação interna não poder ser considerada como juridicamente relevante para o nascimento dos poderes de representação julgamos, também aqui, ser improcedente o raciocínio de Holländer. É, todavia, este um ponto ao qual dedicaremos todo o presente parágrafo deste nosso estudo.

[42] Não estranhará a inclusão de Hupka entre os autores alemães, não obstante a sua nacio-

GALHÃES COLLAÇO[48], FERRER CORREIA[49], JANUÁRIO GOMES[50], HEINRICH HÖRSTER[51] e RUI PINTO[52] – na doutrina nacional[53, 54].

Ponto de partida é, de forma expressa ou implícita, a ideia de raiz labandiana segundo a qual o poder de representação teria simples natureza formal[55, 56]. De tal modo que o representante se encontraria

---

nalidade austríaca. É que as teses e considerações deste autor desenvolvem-se todas quer por referência à tradição e doutrina germânicas do *ius commune* quer face ao próprio *BGB*.

[43] Graziani, *Negozio di gestione....*, in *Studi...*, pp. 68 e ss..

[44] Mosco, *La rappresentanza...*, pp. 139 e ss..

[45] Trabucchi, *La rappresentanza*, cit., in *Rivista...*, 1978, I, pp. 587 e 588.

[46] Luminoso, *Mandato...*, p. 38.

[47] Giovanna Visintini, *Degli effetti...*, comentário ao artigo 1392.°, p. 251.

[48] Isabel Magalhães Collaço, *Da legitimidade...*, p. 216.

[49] Ferrer Correia, *A procuração...*, in *Estudos...*, II, p. 27.

[50] Januário Gomes, *Em tema...*, pp. 241 e ss..

[51] Heinrich Hörster, *A parte...*, pp. 495 e 486.

[52] Rui Pinto, *Falta e abuso de poderes na representação...*, p. 20, embora com algumas dúvidas expressas na nota (43).

[53] Outros autores haverá ainda, na nossa doutrina, a favor da admissibilidade da procuração isolada. Parece ser designadamente esse o caso de Helena Brito, *A representação...* pp. 117 e ss. (ao pronunciar-se a favor da existência de uma procuração absolutamente independente da relação fundamental) e p. 180, embora noutro local (*A representação...*, in *Revista...*, 9/10, pp. 17 e ss.), pareça apontar justamente na direcção oposta: a da inadmissibilidade da *procuratio* suspensa. É também essa a posição defendida por Helena Mota, *Do abuso de representação...*, pp. 63, 91, 100, 101 e 156. A autora abre, todavia, mão da única justificação plausível para sustentar a admissibilidade da procuração isolada, e que de resto ela própria também chega a invocar – a necessidade de assegurar a certeza e segurança do tráfego, com a consequente garantia de protecção dos terceiros aos quais deve ser indiferente a existência ou não de uma relação-base – quando noutro local afirma (*op. cit.*, p. 155) ser a resolução ou cessação do contrato e consequente extinção da relação jurídica base na maior parte das vezes algo de público e notório. São suas as seguintes palavras: «*Se os sujeitos da relação jurídica interna deixaram de ter qualquer vínculo negocial, por resolução do contrato ou outra causa, dificilmente o terceiro ignorará o facto.*» Na jurisprudência pode ver-se, aparentemente, a favor da admissibilidade de uma procuração isolada o *Acórdão do Supremo Tribunal de Justiça de 3-6-1997* (Lopes Pinto), in *Boletim do Ministério da Justiça*, 1997, 468, p. 367 (mandato – procuração – celebração de contrato prometido após a morte do mandante – não caducidade do mandato e da procuração). Muitas dúvidas quanto à admissibilidade de uma procuração isolada, mas sem descartar expressamente, a sua possibilidade, manifesta Raúl Guichard, *O problema...*, p. 108, nota (231).

[54] A tese segundo a qual a procuração pode ser concedida independentemente de qualquer relação subjacente tem também, e naturalmente, defensores em Espanha. Assim e a título exemplificativo, pode ver-se Camara Alvarez, *La distinción...*, in *Estudios...*, pp. 46 e 47; Jose Ruiz--Rico, *La representación en el interés...*, pp. 300 e ss.

[55] Cfr., Laband, *Die Stellvertretung...*, in *Zeitschrift...*, X, *passim,* e, designadamente, p. 241; e Hupka, *Die Vollmacht...*, p. 158.V., igualmente, *supra*, Parte I, Cap. IV e VI.

[56] Designadamente Rui Pinto, *Falta e abuso de poderes na representação...*, *per totum*, parece aceitar a ideia segundo a qual a relação interna teria, pelo menos nos casos de abuso dos poderes de representação, alguma influência sobre a relação externa ou representativa. Nessa exacta medida,

legitimado para a prática de actos representativos mesmo na eventualidade de estar consciente e deliberadamente a violar a relação gestória ou as instruções internamente conferidas pelo representado[57]. Mais. O representado poderia vincular o principal inclusivamente na eventualidade de se conluiar com o terceiro, com o qual celebra efectivamente o negócio representativo, para, em prejuízo do principal, desrespeitar as directrizes e imposições transmitidas a nível interno pelo *dominus*[58]. Mesmo nesta hipótese, o negócio representativo não se afiguraria susceptível de impugnação por parte do representante porquanto contido dentro dos poderes formais do representado ou, se se preferir, do seu *Können* (*posse*)[59].

Nestes termos, de total irrelevância para o exterior das relações jurídicas entre o representado e o representante, a referência à relação subjacente ou determinante da concessão do poder de representação aparece como um simples lastro sem qualquer utilidade ou significado[60]. A procuração passa a ser vista como um acto conceptualmente suficiente, só por si, para conferir o poder de representação relativamente à contraparte não apenas independentemente de qual possa ser a relação interna existente entre o representante e o representado, mas mesmo em caso de inexistência, pura e simples, de semelhante relação. Isto ao ponto de se afirmar como «*a possibilidade de poderes que apenas sejam isso, sem corresponder a um negócio jurídico subjacente que obrigue o*

---

e tão-só, nessa exacta medida, rejeita, necessariamente, o carácter formal da *facultas representandi*. Já Jose Ruiz-Rico, *La representación en el interés...*, *passim*, e pp. 295 e ss., apesar de se manifestar claramente contra a ideia de abstracção da procuração, a qual considera, conforme se deu já nota, caduca e ultrapassada, defende, mesmo assim, a possibilidade de uma procuração suspensa ou isolada. Isto atenta a circunstância de a procuração poder dar ela própria origem a uma relação interna entre representante e representado. Não vimos, porém, como isso possa suceder sem se recorrer à ficção segundo a qual a celebração do negócio representativo daria lugar a um negócio-base em consequência de comportamento tácito ou concludente. Ainda se poderia fugir à *fictio* admitindo que a procuração seria concedida para a eventualidade de mais tarde vir a ser efectivamente criada uma relação causal. Porém nesse caso já se estaria a colocar em causa a admissibilidade de uma procuração isolada destinada a valer de *per se*. Cfr., também, Frotz, *Verkehrsschutz...*, p. 331, autor que não se pode incluir entre os entusiastas da visão labandiana do fenómeno representativo mas mesmo assim admite, em casos excepcionais, uma *procuratio* desligada de qualquer relação subjacente de natureza voluntária.

[57] Laband, *Die Stellvertretung...*, in *Zeitschrift...*, X, pp. 240 e 241.

[58] *Idem*, p. 223.

[59] *Idem*. No mesmo sentido mas apenas para as hipóteses nas quais o terceiro conhece, tão-só, e sem propriamente se conluiar com o representado, a ausência ou limites da relação fundamental, Hupka, *Die Vollmacht...*, pp. 158, 187 e ss., 190 e ss.. Se existir *consilium fraudis*, Hupka já admite a oposição da relação jurídica interna ao terceiro (cfr., *op. cit.*, p. 188).

[60] As opiniões neste sentido são de tal forma numerosas que se tornaria fastidioso proceder a uma referência mais ou menos exaustiva de autores a ela favoráveis.

procurador, é um facto que se pode constatar mediante simples observação da realidade quotidiana»[61].

III – A consagração definitiva, no âmbito do direito civil, do poder de representação como algo derivado directa, abstracta e mecanicamente a partir da procuração, com total independência relativamente à relação jurídica entre representante e representado, encontrar--se-ia – no entender dos defensores da visão labandiana do fenómeno representativo – contida no § 167, I, do *BGB*[62] – numa disposição

---

[61] Camara Alvarez, *La distinción...*, in *Estudios...*, pp. 47 e 48, o qual exemplifica com a hipótese de alguém dar poderes a outra pessoa sem que esta se comprometa ou obrigue a exercê-lo, por desconhecer se estará em condições de fazê-lo, mas à qual o dono do negócio outorga o poder *ad cautelam*; num ensinamento subscrito por Januário Gomes, *Em tema...*, p. 242, jurista que acrescenta, ainda, a possibilidade de alguém dar a outrem poderes por simples razões de amizade ou confiança, situação na qual não existe nenhuma relação tecnicamente qualificável como relação gestória. Este exemplo está, aliás, também presente na doutrina tudesca e italiana. Cfr., Giovanni di Rosa, *La «astratteza» della procura...*, in *Contrato...*, 1994, X, I, p. 138, nota 133. Parece-nos, todavia, estar-se nesses casos tipicamente perante situações nas quais falta claramente a *in Geltung Setzung* (atribuição de validade), condição de existência de um verdadeiro negócio jurídico de atribuição de poderes de representação. Por isso, em situações como as descritas, não se poderá aceitar senão a existência de um simples projecto negocial. A este respeito v., Canaris, *Vertrauenshaftung...*, passim, e pp. 34, 35, 55, 67 e 427.

[62] Assim v., a título exemplificativo, Crome, *System...*, I, p. 460; Isay, *Geschäftsführung...*, p. 225, a propósito daquilo a que chama procuração autónoma (cfr. *supra*, Parte I, Cap. V., parágrafo 3.3); Flatau, *Ist die Vollmacht...*, in *Beiträge...*, 52, p. 775; Hezel, *Der Mißbrauch...*, p. 19; Eckner, *Der Mißbrauch...*, p. 18; Enneccerus-Nipperdey, *Allgemeiner Teil...*, I, II, pp. 1136 e 1137; Tietz, *Vertretungsmacht...*, p. 272; Gotthardt, *Der Vertrauensschutz...*, pp. 21 e 22; Flume, *Allgemeiner...*, II, *Das Rechtsgeschäft...*, p. 825; Soergel-Leptien, *Bürgerliches...*, I, comentário prévio ao § 164, p. 1266, e comentário ao § 167, p. 1318; Id., *Idem*, 13.ª ed., comentário prévio ao § 164, p. 544; e Schramm, *Münchener...*, I, comentário ao § 164, p. 1422; Id., *Idem*, 4.ª ed., comentário ao § 164, pp. 1664. No mesmo sentido, segundo o qual o *BGB* caracterizou a procuração como um negócio jurídico distinto do contrato de gestão, independente no fundo e na forma, sem que nada dê a entender estar a eficácia de tal negócio condicionada ao negócio-base, v., Hupka, *Die Vollmacht...*, pp. 161 e 162, o qual sem, todavia, aludir de forma directa e expressa ao § 167, I, deixa transparecer como o teor deste preceito se encontra claramente implícito nas considerações tecidas pelo autor. Na jurisprudência v., por todos, *Reichsgericht, II. Zivilsenat, 29. September, 1908*, in *Entscheidungen des Reichsgerichts, Zivilsachen*, 1909, 69, pp. 232 e ss., maxime p. 234. Finalmente cfr., quanto se escreve a este respeito nos *Motive...*, I, *Allgemeiner...*, § 119, pp. 228 e ss.. Também em Itália, perante o artigo 1387.º do *Codice Civile*, cujo conteúdo perceptivo se aproxima, em certos aspectos, quer do § 167 do *BGB* quer do artigo 262.º, n.º 1, do nosso Código Civil, alguma doutrina tem visto nele a consagração da tese da abstracção da procuração. Nesta direcção, com carácter exemplificativo, v., por todos, Mosco, *La rappresentanza...*, p. 147. Refira-se, ainda, a circunstância de não faltar quem estabeleça algum tipo de relação entre a regulamentação dos vícios e falta de vontade e estados subjectivos relevantes contidos no § 166 do *BGB* e a doutrina da abstracção (cfr., Jan Wilhelm, *Kentniszurechnung kraft Kontovollmacht*, in *Archiv für die civilistische Praxis*, 1983, 183, p. 19). Veremos, porém, como a interpretação de dar a esse preceito do Código Civil alemão, e em particular ao artigo 259.º do nosso Código Civil, norma, com as devidas diferenças, paralela à da legislação alemã, não faz senão confirmar a tese da causalidade do poder de representação.

cujo equivalente é, entre nós, com algumas alterações, o artigo 262.º, n.º 1, do Código Civil[63]. Ao estabelecer-se aí (aparentemente) sem qualquer outra referência, dependência ou pressuposto, como a concessão da legitimidade representativa se obtém através da procuração[64], estaria firmada, de forma absolutamente indiscutível (*sic*), a ideia segundo qual nada mais se afiguraria necessário para garantir o nascimento da referida legitimidade ou poder: nem uma só sílaba dá – sustenta-se – a entender que a eficácia da procuração se encontra subordinada à existência e validade da relação jurídica interna[65]. Tratar-se-ia, no fundo, de dar expressão, ao nível de regime jurídico, quer às exigências pressupostas pela natureza da procuração[66, 67] quer àquelas outras resultantes da necessidade de se acautelarem as necessidades de tutela da certeza e segurança do tráfego jurídico[68].

---

[63] Assim, expressamente, e a título indicativo, Helena Brito, *A representação...*, in *Revista...*, 9/10, p. 29; e Pedro Leitão Pais de Vasconcelos, *A procuração...*, p. 63.

[64] O texto do § 167 é aparentemente ainda mais favorável à doutrina da abstracção da procuração do que o nosso artigo 262.º, n.º 1, do Código Civil, porquanto estabelece apenas como a concessão do poder se realiza mediante declaração frente ao procurador ou a terceiro perante o qual deve ter lugar a representação, sem parecer, na visão da *communis opinio* tudesca, exigir mais nada para além dessa mesma declaração. Já o preceito nacional afirma, tão-só, designar-se como procuração o acto pelo qual alguém atribui a outrem, voluntariamente, poderes de representação.

[65] Hupka, *Die Vollmacht...*, p. 162. No direito italiano pode ver-se exactamente no mesmo sentido, e apesar de, quanto a este ponto, se não fazer qualquer referência ao autor austríaco, Mosco, *La rappresentanza...*, p. 147, ou, ainda, Carraro, *Il mandato ad alienare,* Pádua, 1947, p. 152; enquanto entre nós se pode destacar, novamente, Helena Brito, *A representação...*, in *Revista...*, 9/10, p. 29; Pedro Leitão Pais de Vasconcelos, *A procuração...*, p. 63.

[66] Invocando a natureza da procuração para justificar a respectiva independência originária perante a relação gestória ou subjacente pode ver-se na literatura jurídica de influência germânica, e entre tantos outros, Hupka, *Die Vollmacht...*, pp. 159 e 376 e ss., o qual chega ao ponto de sustentar afigurarem-se as soluções consagradas pelo § 168, I, do *BGB*, equivocadas ou erradas por contrariarem a natureza do acto de concessão dos poderes de representação; enquanto, em Itália, se pode cfr., Mosco, *La rappresentanza...*, p. 146; e entre nós, Helena Mota, *Do abuso de representação...*, *passim.*

[67] Associada à argumentação que se baseia na pretensa natureza da representação como forma de justificar a autonomia e abstracção da procuração surge, repise-se, frequentemente, e com lugar de grande destaque, a referência à circunstância de serem inúmeros os contratos capazes, consoante os casos, de terem, ou não, eficácia representativa. Na verdade, a representação aparece associada às mais diversas relações gestórias: o mandato, a sociedade, o contrato de trabalho, etc.. A ser, porém, assim, argumenta-se, e por um elementar princípio de causa e efeito, se a consequência é sempre a mesma, não poderia variar a causa conforme as circunstâncias. Tal como o efeito, a causa deveria ser única e não poderia ser constituída por negócios diversos. Nestes termos não restaria outra alternativa senão fazer repousar a representação num negócio autónomo, desigadamente pela sua origem, de procuração. A crítica a este tipo de raciocínio, de cariz marcadamente positivista, encontra-se por nós feita. Não voltaremos, por isso, a ela.

[68] É, designadamente, essa a posição veiculada por Hupka, *Die Vollmacht...*, p. 158; Crome, *System...*, I, p. 460; Von Thur, *Der allgemeine...*, II, II, p. 386; Hezel, *Der Mißbrauch...*, p. 20; Eckner,

No tocante ao primeiro argumento, sublinha a *communis opinio* como a relação de representação, em razão da sua função externa, é de considerar como uma figura jurídica especial com requisitos próprios, pelo que não poderia haver qualquer dúvida acerca da circunstância de a procuração constituir um negócio abstracto[69]. A génese do poder voluntário de representação não dependeria senão da declaração do representado na qual este autoriza outrem a actuar em seu nome, independentemente de qualquer mandato ou relação interna entre o autor da procuração e o *procurator*[70]. A prova definitiva de que assim seria, e se tal necessário fosse, poder-se-ia extrair com toda a limpidez, segundo os sequazes e prosélitos de LABAND[71], da regra segundo a qual para a celebração do negócio representativo basta a capacidade de entender e querer exigida pelo negócio jurídico a efectuar (v. artigo 263.º do Código Civil[72]) enquanto para a celebração do negócio subjacente se exigiria capacidade plena.

Der Mißbrauch..., pp. 18 e 19; Enneccerus-Nipperdey, *Allgemeiner Teil...*, I, II, p. 1137; Lüderitz, *Prinzipien...*, in *Juristische...*, 16, p. 767; Steffen, *BGB-RGRK, cit.*, I, comentário prévio ao § 164, pp. 31 e 32; e Jürgen Prölss, *Vertretung ohne Vertretungsmacht*, in *Juristische Schulung*, 1985, 25, pp. 577 e 578; Larenz, *Allgemeiner Teil...*, p. 599; Soergel-Leptien, *Bürgerliches...*, I, comentário prévio ao § 164, p. 1266; Id., *Idem*, 13.ª ed., comentário prévio ao § 164, p. 544. V., também, nesse sentido, e sempre na doutrina tudesca, as amplas considerações de Tietz, *Vertretungsmacht...*, pp. 10 e ss., por referência à procuração externa do direito alemão (relativamente à procuração interna, v. quanto escreve o autor *op. cit.*, pp. 60 e ss.). Cfr., por último, ao nível da doutrina de língua alemã, o referido por Wellspacher, *Das Vertrauen...*, pp. 79 e 80. Na jurisprudência germânica v., no sentido segundo o qual a tutela da segurança jurídica imporia a autonomia da procuração, *Reichsgericht, II. Zivilsenat, 29. September, 1908*, in *Entscheidungen des Reichsgerichts, Zivilsachen*, 1909, 69, pp. 232 e ss., maxime pp. 234 e 235. Na literatura jurídica italiana v., por todos, Mosco, *La rappresentanza...*, p. 147. Entre nós destaque, a título ilustrativo, para Ferrer Correia, *A procuração...*, in *Estudos...*, II, p. 28; e Helena Mota, *Do abuso de representação...*, *passim*, e por exemplo, pp. 100, nota (186) e 106. Finalmente v., quanto se escreveu a este respeito *supra*, Parte I, Cap. V, parágrafo, 5.

[69] Hupka, *Die Vollmacht...*, p. 157.

[70] *Idem*.

[71] Mosco, *La rappresentanza...*, p. 147. V., também, e sempre na literatura jurídica italiana, Luminoso, *Mandato...*, p. 36, o qual invoca a favor da autonomia funcional da procuração a diversidade entre o regime da procuração e o do mandato no tocante a questões como a capacidade, a forma e as vicissitudes extintivas do mandato; e na sua esteira, Valentina di Gregorio, *La rappresentanza...*, pp. 90 e 97, nota (75). Entre nós este tipo de argumentação é também utilizado por Helena Mota, *Do abuso de representação...*, p. 92. Cumpre, todavia, assinalar, conforme se demonstrará adiante, como, precisamente, quer o regime jurídico da forma da procuração quer a regulamentação definida para a cessação dos poderes de representação e sua dependência relativamente ao mandato parecerem apontar para a existência de algum tipo de interferência entre estas duas figuras. Entre os autores tudescos pode ver-se, a título meramente exemplificativo, Hezel, *Der Mißbrauch...*, p. 20; e Eckner, *Der Mißbrauch...*, p. 18.

[72] Este preceito encontra um lugar paralelo no § 165 do *BGB* e no artigo 1389.º do *Codice Civile*.

Já relativamente ao segundo dos motivos invocados para justificar a total irrelevância da relação gestória para o nascimento da legitimação representativa, defende-se a tese de acordo com a qual se o terceiro, antes de celebrar o negócio com o representante, tivesse, não apenas, que examinar a procuração como, ainda, de indagar se entre procurador e principal se celebrou algum contrato, determinar a respectiva natureza, e, ainda, apurar se existem ou não vícios susceptíveis de afectarem a sua validade, as relações jurídicas com representantes se dificultariam de modo insuportável [73].

IV – Contrariamente, porém, a quanto é sustentado pela *communis opinio*, nem o § 167 do *BGB* nem o artigo 262.º do Código Civil, seu congénere, contêm qualquer indício capaz de fundamentar a ideia da total autonomia da origem da procuração relativamente à relação interna entre representante e representado[74], ao ponto de se poder admitir uma procuração destinada a valer isoladamente[75].

---

[73] Hupka, *Die Vollmacht...*, p. 157. Na literatura jurídica italiana v., na mesma direcção, Mosco, *La rappresentanza...*, p. 147 e, ainda, Valentina di Gregorio, *La rappresentanza...*, p. 90. V., também os autores citados *supra,* nota (66) deste parágrafo.

[74] Assim também, para o direito alemão, Frotz, *Verkehrsschutz...*, p. 329, embora com simples referência à chamada procuração interna (conforme se referiu logo de início cfr., *supra,* Introdução, em nota, a distinção entre procuração interna e uma procuração externa encontra a sua base legal – e apesar de o mesmo já não suceder quanto às consequências que da diferenciação se pretendem extrair – no § 167 do *BGB*. Neste preceito o legislador alemão admite a possibilidade de a procuração ser concedida ora mediante declaração emitida frente ao terceiro ora mediante declaração proferida frente ao próprio procurador. No primeiro caso a procuração diz-se externa, no segundo interna. Ambas as formas de procuração seriam, ou poderiam ser, abstractas [v. Flume, *Allgemeiner...,* II, *Das Rechtsgeschäft...*, pp. 841 e ss.]. Contudo, na procuração interna funcionariam, de modo geral, perante terceiros, as causas de invalidade e de impugnação da relação jurídica interna; o *Können* [posse] e o *Dürfen* [licere] do representante coincidiriam; de tal forma que as limitações ou instruções internas à procuração seriam sempre oponíveis a terceiros [v., Hupka, *Die Vollmacht...,* pp. 200 e 201] e assistir-se-ia à essencial unidade do negócio-base e do negócio de concessão dos poderes de representação para efeitos da disciplina e regime da nulidade ou invalidade parcial do § 139 do *BGB*. Em contrapartida, na procuração externa – no dizer de Flume a única considerada por Laband ao formular a sua teoria da representação – a conexão entre a procuração e a relação gestória é quebrada. A praticabilidade desta figura exige que nela o surgimento e âmbito ou conteúdo da representação se configure só em atenção a quanto resulta da relação externa. Esta doutrina afigura-se, todavia e a nosso ver, totalmente insatisfatória. Prescindindo do duvidoso da sua fidelidade face ao *BGB,* segundo importante sector da doutrina tudesca entre a qual se inclui, designadamente, Flume, *Allgemeiner...,* II, *Das Rechtsgeschäft...*, pp. 841 e 843, o § 168 referir-se-ia à procuração interna enquanto os §§ 170 e seguintes se refeririam à procuração externa consagrando a respectiva abstracção. Veja-se, contudo, Soergel-Leptien, *Bürgerliches...,* I, comentário ao § 170, p. 1356; Id., *Idem,* 13.ª ed., comentário ao § 170, p. 623, onde se considera o § 170 referente à procuração externa e os §§ 171 e 172 alusivos à procuração interna manifestada externamente. Todavia, nem parece existir base para a atribuição de semelhante

alcance ao disposto em termos gerais nos preceitos em referência, nem é certo, segundo a melhor doutrina – na verdade desde os trabalhos de Seeler, *Vollmacht...*, in *Archiv...*, 28, pp. 1 e ss. , e 36 e ss.; e Wellspacher, *Das Vertrauen...*, pp. 79 e ss., os §§ 171, I, e 172, I do *BGB* [e em menor grau também o § 170], têm sido maioritariamente vistos, não como formas ou modalidades especiais de procuração negocial [como pretende, por exemplo, Frotz, *Verkehrsschutz...*, pp. 276 e 277; e Flume, *Allgemeiner...*, II, *Das Rechtsgeschäft...*, pp. 841 e ss. V., também, quanto se escreve *infra*, Parte II, Cap. II, parágrafo 3, a propósito da tese defendida quer por Biermann quer por Hupka acerca da pluralidade de actos fundamentadores do poder de representação e da procuração] mas sim como umas das principais bases ou fundamentos da responsabilidade pela aparência no direito civil alemão. Assim v., a título ilustrativo, na jurisprudência germânica, *Reichsgericht, V. Zivilsenat, 10. Dezember 1919*, in *Entscheidungen des Reichsgerichts. Zivilsachen*, 1933, 138, pp. 265 [269, relativamente ao § 172]; *Bundesgerichtshof, 11. Juli 1963*, in *Entscheidungen des Bundesgerichtshofes. Zivilsachen*, 1964, 40, pp. 65 e ss., 67 e ss.; enquanto na doutrina se pode ver Enneccerus--Nipperdey, *Allgemeiner Teil...*, I, II, pp. 1132 e ss.; Canaris, *Die Vertrauenshaftung...*, pp. 32 e ss., e 111 e ss., 133 e ss.; Soergel-Leptien, *Bürgerliches...*, I, comentário aos §§ 170 e ss., pp. 1356 e ss.; Id., *Idem*, 13.ª ed., comentário aos §§ 170 e ss., pp. 626 e ss.; Larenz, *Allgemeiner Teil...*, pp. 635 e ss.; Staudinger-Schilken, *Kommentar...*, I, comentário ao § 170, pp. 122 e ss.; comentário ao § 171, p. 125; e Bork, *Allgemeiner...*, pp. 555, 556, 565 e 566. Cfr., também, Hupka, *Die Vollmacht...*, pp. 163 e 169; Goldberger, *Der Schutz gutgläubiger...*, p. 41 – que os §§ 170 a 172, se refiram a qualquer forma de procuração externa fundada negocialmente, deles constando apenas referências a comportamentos ou manifestações com valor meramente declarativo e destarte sem carácter constitutivo. Se do que se trata é de assegurar a protecção da boa fé dos terceiros porquê restringi--la à procuração externa? Não se pode assistir a casos de protecção da aparência na procuração interna? A resposta é obviamente positiva [cfr. Gordillo, *La representación...*, pp. 67 e 68]. Seja como for, e tal como sublinhado por Januário Gomes, *Em tema...*, p. 232; e Paulo Mota Pinto, *Aparência...*, in *Boletim...*, LXIX, p. 606, nota (32), a distinção entre uma procuração interna e uma procuração externa não parece de admitir face ao nosso ordenamento), e p. 333, onde o autor afirma não existir nenhum preceito que expressamente determine ser a procuração externa abstracta na sua origem relativamente à relação fundamental, e pp. 337 e ss., agora já por referência a ambas as formas de procuração. Na verdade, segundo este autor o poder voluntário de representação interna não se afigura necessariamente desligado, na sua eficácia, do negócio-base. O contrário não resulta nem da lei, nem dos trabalhos preparatórios, nem se revela materialmente adequado. Quanto, no entender de Frotz, o § 167, I, do *BGB* indica, e os *Motive* ao Código Civil alemão confirmam, é o facto de a legitimação representativa resultar de um especial negócio unilateral o qual não constitui uma unidade conceptual com a situação jurídica subjacente ou básica mas, em contrapartida, se encontra com ela numa relação de meio e fim. A separação entre representação e mandato ou relação gestória nada indicia, nestes termos, e na opinião do jurista tudesco, a favor da tese segundo a qual a procuração (interna) seria na sua origem forçosamente independente da válida celebração e subsistência de uma relação jurídica de gestão entre o principal e o representante. Aliás, num fenómeno pouco atendido pela doutrina, a segunda comissão encarregada da elaboração do *BGB* afirmaria expressamente o carácter não abstracto dos poderes de representação. V., *Protokolle (Mugdan)...*, in *Die gesamten...*, I, p. 742.

[75] E isto tanto mais quanto é certo não poder bastar a simples, e aparente, constatação segundo a qual o § 167, I, do *BGB* ou o artigo 262.º, n.º 1, do Código Civil estabelecem, sem qualquer outra referência, dependência ou pressuposto, como a concessão da legitimidade representativa se obtém através da procuração. Se não parecem existir dúvidas acerca da possibilidade de existência de negócios abstractos, o princípio é, como bem sublinha a nossa doutrina (cfr., a título exemplificativo, Menezes Cordeiro, *Teoria...*, I, pp. 528 e 529; Id., *Tratado...*, I, I, 2.ª ed.,

A circunstância de o artigo 263.º do Código Civil estabelecer que o procurador apenas necessita de ter a capacidade de entender e querer exigida para a celebração do negócio a efectuar em nada abona a favor da tese da total separação entre o acto de concessão dos poderes de representação e a relação interna a ele subjacente. O preceito em análise tem apenas o sentido de dispensar a intervenção do representante legal do incapaz na celebração do negócio representativo e é, por isso, perfeitamente compatível com a negação da abstracção da procuração[76, 77, 78].

---

pp. 317 e ss.; Ferreira de Almeida, *Texto...*, II, p. 545; e Oliveira Ascensão, *Teoria...*, IV, p. 171, o qual escreve: «*Onde a lei não excepciona, a relação subjacente da qual derive a vinculação de um sujeito, é juridicamente relevante e deve ser apreciada simultaneamente com a própria vinculação. Aquele contra quem a vinculação for invocada poderá defender-se alegando razões provindas da relação subjacente. (...) Isto quer dizer que a lei não conhece em princípio vinculações nuas, com a que se resumisse ao seguinte contrato: "Carlos pagará 1000 a Diogo". Juridicamente falta alguma coisa: falta a causa. E é possível a Carlos excepcionar invocando o defeito da causa, nomeadamente a falta desta*» o de que os negócios são tendencialmente causais, e não abstractos. Mas a ser assim, como é, então não basta a verificação segundo a qual o legislador português, no artigo 262.º, n.º 2, do Código Civil, não estabeleceu qualquer pressuposto para a concessão da legitimidade representativa, para além daquele constituído pela necessidade de concessão da procuração. Se outros motivos não existissem – e existem – para repudiar a conclusão à qual se pretende chegar bastaria notar como no silêncio da lei os negócios são de presumir como causais (a «causa» aqui aludida é naturalmente a correspondente ao *porquê* e não ao *para quê* de certo negócio. Noutros termos, trata-se da causa enquanto noção qualificante de determinado acto e não como eventual requisito do negócio jurídico) não como abstractos. Por isso, se fosse verdade ter-se o legislador limitado a fazer referência, como pressuposto ou requisito da legitimidade representativa, à procuração, sem nada mais acrescentar, então, deveria, no silêncio da lei, concluir-se em favor do carácter causal da *procuratio*, e não no sentido da respectiva abstracção – a qual, repise-se, tem natureza excepcional. A transferência dos ensinamentos alcançados pela doutrina alemã dominante a propósito do fenómeno representativo deve, pois, ser submetida a um apertado crivo sob pena de, num fenómeno de aculturação, se proceder a simples transposições directas de teses sem qualquer correspondência no nosso direito e que, por isso, não representam qualquer fenómeno de recepção cultural. E isto atenta a circunstância de no direito alemão valer, justamente, o princípio da abstracção negocial o qual informa o sistema do *BGB* e assume aí fundamental importância, destarte, em clara contradição com quanto acontece na nossa ordem jurídica. Sobre esta questão v. na literatura jurídica italiana, por todos, Giovanni di Rosa, *La «astratteza» della procura...*, in *Contrato...*, 1994, X, I, pp. 112 e ss..

[76] Em sentido mais ou menos próximo, perante o preceito paralelo do *BGB*, Frotz, *Verkehrsschutz...*, p. 330. Veja-se também quanto escreve a este respeito, Müller-Freienfels, *Die Vertretung...*, pp. 29 e ss., autor para quem a possibilidade de o procurador possuir capacidade restrita se explica pelo facto de o próprio representado ter consentido na realização do negócio final por parte de alguém não dotado de capacidade plena. A explicação dada pela *communis opinio* – de acordo com a qual a *ratio* da regra onde se consagra a possibilidade de o representante deter capacidade restrita se deveria à circunstância de o negócio representativo não produzir efeitos na sua esfera jurídica, num fenómeno sem paralelo ao nível da relação gestória e, insusceptível, por isso, de ser para ela transposto com a consequente separação entre o vínculo base e o poder de representação – é, decididamente, rejeitada por Müller-Freienfels. A ser verdadeira semelhante visão das coisas, afirma o jurista germânico, então não haveria razão para se exigir capacidade de exercício ao incapaz que outorgasse um contrato a favor de terceiro ou um qualquer outro

contrato capaz de apenas lhe proporcionar vantagens (no sentido segundo o qual o § 107 do *BGB* não autoriza o menor a emitir declarações para ele neutrais ou insusceptíveis de lhe trazerem desvantagens v., Rosenberg, *Stellvertretung...*, pp. 265 e 266). Já entre nós, Rui de Alarcão, *Breve...*, in *Boletim...*, 138, p. 104, afirma: «(...) *requerendo-se, na representação voluntária, como é óbvio, que o representado tenha capacidade legal necessária para o negócio representativo, seria demasiado exigir idêntica capacidade para o representante* (...)». Em Itália, mas no âmbito de vigência do anterior *Codice Civile*, cfr., na direcção segundo a qual as regras relativas à capacidade do procurador e do mandatário não são incompatíveis com a tese contrária à autonomia da procuração, Pugliatti, *Il conflitto...*, in *Studi...*, pp. 77 e ss.; e, recentemente, Giovanna Visintini, *Degli effetti...*, comentário ao artigo 1398.°, p. 231, a qual afirma muito claramente como a falta de necessidade por parte do representante de capacidade plena é consequência do princípio já reconhecido pelo direito romano de que o representado é livre de propor como *procurator* quem for merecedor de sua confiança sofrendo, depois, as consequências do seu acto (*«imputet sibi qui praeposuit»*). Deve, por isso, mostrar-se claro como a norma em questão é ditada para a validade do negócio representativo estipulado para o representante e não vale para a relação interna. Será, assim, no entender de Visintini, na prática muito pouco frequente ou mesmo rara (a autora admite, por exemplo, como possível, entre outros, os casos de procuração tácita aos filhos menores. V., também, *Rassegna di Giurisprudenzia sul Codice Civile*, nova edição revista e actualizada, dirigida por Rosario Nicolò e Mario Stella Richter, Livro IV, T. II, artigos 1321-1410, a cargo de Angelo Martini e Giovanni Ruopolo, Milão, p. 621, onde se destaca a circunstância de a jurisprudência italiana não ter tido muitas oportunidades de se ocupar de casos relativos ao artigo 1389.° do *Codice Civile*, cujo teor preceptivo não anda, na parte que nos interessa, muito distante do artigo 263.° do Código Civil) a hipótese de um representante legalmente incapaz de agir – ao menos em todas as situações nas quais a procuração surge associada a um mandato. O mandatário com poderes de representação deverá, segundo Visintini, em quanto ao mandato diz respeito, ter a capacidade legal de exercício exigida para qualquer outro contrato. Tudo, no fundo, a acabar por retirar grande parte do conteúdo útil à possibilidade de o *procurator* ser um incapaz. O efeito do artigo 263.° seria o de exigir a intervenção do representante do incapaz, apenas, na celebração da relação subjacente. Uma vez suprida a incapacidade do representante ao nível da relação causal já se torna dispensável a intervenção do representante desse mesmo incapaz na realização do negócio representativo. Uma outra possibilidade de entendimento consistiria em admitir, como parecem considerar alguns dos autores para quem a procuração se afigura como uma simples cláusula da relação de gestão celebrada entre o *dominus* e o auxiliar, a possibilidade de facto de o representante poder não dispor de capacidade plena o autorizar, também, a ser parte num contrato de mandato com representação (a este propósito v., Dominedò, *Mandato (diritto civile)*, in *Novissimo Digesto Italiano*, Turim, 1964, X, p. 118; Bavetta, *Mandato...*, in *Enciclopedia...*, XXV; Luminoso, *Mandato...*, p. 175, nota (66). Cfr., também, na jurisprudência italiana *Cassazione, 20-12-1966*, in *Rassegna di Giurisprudenzia sul Codice Civile*, Livro, IV, T. II, artigos 1321-1410, p. 621, onde se considera como, quer nas relações processuais quer nas substanciais, para a validade do mandato apenas é requerida a capacidade do mandante, enquanto para o mandatário é suficiente a capacidade de entender e querer). Nesse caso, porém, continuaria a não existir qualquer incompatibilidade entre a disciplina do artigo 263.° do Código Civil ou seus congéneres, de um lado, e o carácter não abstracto da procuração, do outro. Para uma compreensão, ao menos parcial, da regra da capacidade do procurador à luz da ideia de procuração aparente v., Seeler, *Vollmacht...*, in *Archiv...*, 28, pp. 34 e 35. Refira-se, ainda, e finalmente, a circunstância de não faltarem autores segundo os quais a norma que admite a possibilidade de os incapazes desempenharem funções de representantes assume papel primordial na determinação da estrutura do negócio representativo. Ela constituiria um poderoso dado contrário à *Repräsentationstheorie* e favorável à tese da cooperação de vontades entre o *procurator* e o representado.

Procurar justificar a total autonomia e independência da *procuratio* através da referência à respectiva natureza é tentativa votada ao fracasso. O simples apelo ao criptoargumento da natureza ou essência da *procuratio*, para dele retirar consequências extremamente precisas ao nível do respectivo regime jurídico contém, desde logo, um marcado e acentuado sabor positivista e conceptualista. Trata-se do simples perpetuar, em novas e repetidas tentativas de explicação da separação entre a relação jurídica base – de um lado – e a representação – do outro – do método da inversão metodológica que dominara já a construção de LABAND[79]. Nos termos e moldes em que é normalmente esgrimido[80] ele enferma de uma clara petição de princípio: invoca-se a natureza da procuração para justificar a respectiva abstracção quando a sua suposta natureza especial, a existir, resultaria justamente da circunstância de a *procuratio* se afigurar abstracta – num dado a carecer de demonstração.

De resto, e a existir algum tipo de natureza ou essência de representação ou da procuração ela iria, justamente, no sentido inverso do pretendido por LABAND e seus sequazes. Toda a milenar evolução conducente à definitiva consagração do fenómeno da representação directa mostra como este se desenvolveu em torno da relação gestória entre o representante e o representado. Na verdade, a representação impôs-se na dependência funcional do vínculo jurídico existente entre o *dominus* e o seu coadjutor. Ela concretizou-se como um modo de o cooperador exteriorizar essa sua condição; como uma forma de o auxiliar do principal assumir, na execução de um determinado encargo, e face a terceiros, a respectiva posição de colaborador. A representação surgiu, assim, e em última análise, como um modo de cumprimento do próprio encargo ou relação jurídica interna ou gestória[81]. Foi esta

---

[77] Em contrapartida, a regra acerca da capacidade do representante já parece ter algumas implicações a propósito da determinação da estrutura do negócio representativo. Cfr., quanto escreve a este respeito, Mitteis, *Die Lehre...*, pp. 266 e 267, e de forma bem mais explícita, Papanti-Pelletier, *Rappresentanza...*, pp. 170 e ss..

[78] Aliás já o direito romano (cfr., *Ulpianus, Libro XXVIII. ad Edictum* – D., 14, 3, 7, § 2; Id., *Idem* – D., 14, 1, 1, § 4) admitia como *magistri navis* e *institoris* – *figurae iuris* que como vimos precederam e prenunciaram a moderna representação – servos e livres de quaisquer idades. V., também, a este respeito, Saggese, *La rappresentanza...*, p. 106.

[79] V., *supra*, Parte I, Cap. IV, parágrafo 3.

[80] Cfr., como exemplo do referido no texto v. quanto escreve, Hupka, *Die Vollmacht...*, p. 157.

[81] Veja-se, ainda, quanto dispõe, na actualidade, a este respeito o artigo 1178.º, n.º 2, do Código Civil.

relação que justificou o enorme esforço no sentido da busca e adopção do modelo da representação jurídica directa[82] a qual se configurou por isso – até LABAND – de forma incontestada como o reflexo e a projecção, no âmbito e contexto das relações externas, do vínculo de gestão entre o representante e o representado[83, 84]. Apenas o profundo

[82] No dizer de Müller-Freienfels, *Die Vertretung...*, pp. 53, 65 e ss., a representação tem uma função organizatória e encontra-se ao serviço da repartição de tarefas no processo de surgimento e exercício do direito (acerca deste género negocial cuja função é de organização v., para além de quanto se escreveu já *supra*, Parte I, Cap. V, parágrafo 3.3., III, e das referências bibliográficas aí feitas, quanto escreve Alfred Magnik, *Die Privatautonomie im Aufbau der Rechtsquellen*, Berlim, 1935, pp. 61, 62 e 66, a propósito dos negócios jurídicos que não originam qualquer tipo de direito subjectivos ou deveres mas apenas se destinam, em autonomia privada, a fixar as bases jurídicas nas quais outros actos ou negócios irão assentar, e entre os quais o autor inclui a procuração). Ela consiste, pois, na resposta do ordenamento jurídico (na *Antwortfunktion* de Fritz von Hippel) ao problema social típico da cooperação na gestão, a qual se encontra especificada pelo seu especial conteúdo, consistente na actuação do cooperador perante terceiras pessoas para a instauração de relações jurídicas entre estas e o principal (assim cfr., também, António Gordillo, *La representación aparente...*, p. 16; e Díez-Picazo, *La representación...*, pp. 23 e ss.. Na doutrina italiana, igualmente, a favor de uma compreensão da representação como um negócio jurídico organizatório, Mosco, *La rappresentanza...*, pp. 136 e ss.).

[83] Na direcção segundo a qual é justamente esse o sentido do instituto da representação – o de servir de meio à realização de um encargo ou dever – cfr., entre nós, o já recenseado *Acórdão do Supremo Tribunal de Justiça, de 13-4-1994* (Martins da Costa), in *Colectânea de Jurisprudência, Acórdãos do Supremo Tribunal de Justiça*, 1994, II, pp. 47 e ss., maxime p. 49; e, de forma ainda mais expressiva, o igualmente já citado *Acórdão do Supremo Tribunal de Justiça, de 16-4-1996* (Matos Canas), in *Colectânea de Jurisprudência, Acórdãos do Supremo Tribunal de Justiça*, 1996, IV, II, pp. 19 e ss., maxime p. 22 (mandato representativo – instruções *a latere* da procuração – suspensão do mandato e dos poderes de representação); enquanto na doutrina italiana o destaque vai para Pugliatti, *Idee...*, in *Studi...*, p. 231, e Bavetta, *Mandato...*, in *Enciclopedia...*, XXV, pp. 330 e ss., para quem se deve sublinhar o facto, nem sempre devidamente ponderado, de, no mandato com representação, o legislador estabelecer que a este contrato se aplicam, também, as regras relativas ao fenómeno representativo (cfr., entre nós, o artigo 1178.º, n.º 1, do Código Civil). A lei não diz, sublinha o autor, não se aplicar ao mandato com representação a regulamentação ditada para esse tipo contratual. Quanto se afirma, isso sim, sublinhe-se novamente, é, tão-só, a necessidade de o *mandatum* representativo se sujeitar, igualmente, às regras contidas nos artigos 258.º e seguintes do Código Civil. Ou seja, relativamente ao mandato as normas contidas nos artigos 1157.º e seguintes do Código Civil constituem a fonte normativa primária, a qual é integrada com quanto é preceituado a propósito da representação (artigos 258.º e seguintes do Código Civil). Ora a afirmação segundo a qual a disciplina ditada para o mandato é aplicável também naqueles casos nos quais este goza de eficácia representativa não é, conforme refere a propósito Bavetta, algo de somenos. Na verdade, ela não serve apenas para demonstrar como no esquema da lei o contrato de mandato encontra uma disciplina de base substancialmente uniforme, independentemente da relevância externa concretamente assumida, mas serve também para demonstrar como a representação não é essencial ao mandato no sentido segundo o qual este pode subsistir sem a representação. Neste sentido esta última é algo que se junta ao mandato e influencia o modo de produção dos respectivos efeitos, mas não é algo susceptível de fazer parte da sua estrutura ou, de alguma maneira, exercer influência sobre ela. Em suma, o mandato como negócio possui uma estrutura e uma função típicas. A representação não modifica nem uma nem outra, limitando-se a aderir ao esquema negocial próprio do *mandatum*, estendendo os seus efeitos para além da simples esfera das

relações internas entre mandante e mandatário e tornando-o, por isso, oponível no confronto com terceiros. Neste sentido, continua Bavetta, com a representação o mandato enriquece-se porquanto passa a deter uma eficácia directa noutros termos inexistente. Os actos praticados pelo mandatário, dentro dos limites dos poderes conferidos, passam a referir-se directamente ao mandante. O mandato com representação tem, pois, isto de particular. O mandatário que se prevaleça dos poderes de representação não actua apenas por conta do mandante, mas, também, em seu nome. Tudo a significar, para o autor italiano, agir o mandatário com *contemplatio domini*, e revelar para o exterior o facto de agir como cooperador de outro sujeito. Para fazer surgir a representação torna-se necessária a procuração. É a ela que no âmbito das relações externas se deve fazer referência e é em função dela que o *mandatarius* e o terceiro celebram o negócio. Contudo, considera Bavetta, no âmbito das relações internas entre *dominus* e auxiliar a procuração não pode deixar de ser conforme com o conteúdo do mandato; não pode cessar de existir compenetração e correspondência entre aquela e este como o atesta, no dizer do jurista italiano, o facto de o mandatário dever actuar em nome do mandante e em conformidade com o encargo recebido (cfr., artigo 1178.º, n.º 2, do nosso Código Civil), do qual a procuração é simples expressão formal. Mas se assim é, conclui Bavetta, se a procuração é expressão específica do conteúdo do negócio gestório, ao ponto de ser por ele rigorosamente condicionada, não é possível distinguir um do outro, com a consequência de esse negócio, a par com a procuração, e juntamente com ela, acabar por gerar a representação. Isto significa como, relativamente ao mandato com representação, procuração e relação causal se encontram em posição equivalente: ambos concorrem para o surgimento da representação, com isto de particular e de diverso: enquanto a procuração opera a atribuição ao mandatário de legitimação para agir em nome do mandante, a relação de gestão opera num plano distinto – ela serve para justificar as específicas atribuições patrimoniais e, por conseguinte, para explicar como surgem, na esfera do mandante, os direitos e obrigações resultantes da actividade do mandatário. Nestes termos, e em síntese, de acordo com Bavetta, ao agir em nome de outrem o representante apresenta-se como cooperador do principal, e não já eventualmente, mas conjunta e necessariamente. O representante que actua, perante um terceiro, em nome do *dominus*, assume a posição de auxiliar deste assim reflectindo para o exterior a sua posição interna de cooperador. Cfr., também, Papanti-Pelletier, *Rappresentanza...*, pp. 108 e ss.. Em sentido equivalente, mas com resultados mais modestos, pode ver-se na literatura jurídica nacional, Januário Gomes, *Em tema...*, pp. 243 e ss., o qual refere como manifestação de ingerência da procuração no mandato o seguinte exemplo: «*Pode (...) acontecer que A e B celebrem contrato de mandato, conferindo, posteriormente o primeiro ao segundo poderes representativos; neste caso o mandato passa de mandato sem representação a mandato com representação a partir do momento em que a procuração é conhecida do mandatário. (....) A partir do momento em que o mandatário tem conhecimento da procuração, não deverá já agir em nome próprio, uma vez que o acto praticado é-o no interesse do* dominus, *interesse que domina a operação negocial. Através da procuração – conjugada com a preexistente relação gestória – o mandante dá uma instrução ao mandatário: que pratique o acto para que foi mandatado, em nome do principal (art. 1161.º, alínea a)). (...) Por esta via se conclui que a não necessária coincidência entre o momento constitutivo da procuração e o momento constitutivo do mandato pode preanunciar um caso de "ingerência daquela sobres este: um caso em que a apregoada autonomia das duas figuras é excepcionada".*» Pode, porém, e a nosso ver, ir-se mais longe: também no mandato configurado desde o início como um *mandatum* com representação se deve dizer que o procurador não pode agir *nomine proprio*. Por isso, através da procuração, conjugada com a relação gestória, o mandante dá uma instrução ao mandatário para praticar o acto em nome do principal (artigo 1161.º) (ressalva feita claro está aos casos previstos no n.º 2 do artigo 1178.º do Código Civil, nos quais o constituinte deixa ao critério do constituído se deve ou não invocar o seu nome; ou lhe impõe o respectivo uso em determinadas circunstâncias e lho veda noutras. Sobre isto cfr., Januário Gomes, *Em tema...*, p. 244, nota (690)). Tudo a levar à

espírito de abstracção, característico do raciocínio jurídico de LABAND e do positivismo jurídico, permitiu o apagar da ligação interna, entre o *procurator* e o constituinte, do âmbito do fenómeno representativo. Conforme refere a propósito BETTI[85], a relação subjacente de cooperação ou gestão constitui a justificação económico-social da representação. É ela a causa[86] e razão de ser justificativa do momento representativo[87]. Nestes termos, a legitimação representativa não pode deixar de ser vista como algo de instrumental, como dotada de uma simples *Hilfsfunktion*[88], relativamente à relação jurídica subjacente. É esta que enquadra a primeira, lhe confere sentido e delimita funcionalmente[89, 90]. Ou seja, e conforme refere a pro-

---

conclusão segundo a qual a ingerência da procuração no mandato não se verifica apenas, e de forma excepcional, nos casos de não coincidência entre os respectivos momentos constitutivos e antes se alarga às situações nas quais se assiste a tal coincidência. Parece ser, de resto, este último o ensinamento proposto na literatura jurídica tudesca por Tietz, *Vetretungsmacht...*, pp. 5 e 172, o qual, apesar de enfileirar entre quantos admitem a possibilidade de o âmbito da relação gestória não coincidir com o poder de representação, não deixa de afirmar como a configuração da relação fundamental, antes ainda da concessão da procuração, contém indicações sobre a competência para a gestão de negócios. Posteriormente, continua Tietz, com a concessão do poder de representação o negócio-base sofre, todavia, uma modificação de conteúdo, de modo que o encarregado de negócios passa a poder comportar-se como um representante. Com isso, não é, no dizer de Tietz, fundada nenhuma relação-base nova, é a já existente a sofrer um alargamento. Mesmo quando o âmbito da tarefa a realizar permanece inalterado passa, escreve Tietz, a ser possível celebrar um negócio jurídico em nome do principal, quando até então o auxiliar apenas se podia comportar em nome próprio. Tudo a significar, de acordo com o autor germânico, poder a competência ou autorização representativa ser compreendida como parte da competência ou autorização para a gestão do negócio («*Die Vertretungsbefugnis kann (...) als Teil der Geschäftsführungsbefugnis verstanden werden*»), a saber a legitimação para a celebração de um negócio em nome do representado. Isto para concluir, de forma genérica, como o âmbito da autorização ou justificação representativa se determina, por conseguinte, também, e fundamentalmente, de acordo com os direitos e deveres do procurador concretizados na relação interna. É claro que Tietz distingue, numa orientação, por nós não só não perfilhada, como, para além do mais, combatida, entre autorização ou competência representativa e poder de representação, o qual constituiria um puro *posse*. Ainda assim, o autor é bem claro ao admitir como a concessão de uma procuração interfere directamente no conteúdo da relação jurídica gestória, num fenómeno cuja contestação nos parece, senão impossível, pelo menos extremamente difícil e controversa.

[84] Acerca do conceito sociológico de representação cfr., Max Weber, *Wirtschaft und Gesellschaft. Grundriß der Verstehenden Soziologie*, 4.ª ed., cuidada por Johannes Wincklemann, Tubinga, 1956, I, pp. 25, 171 e ss..

[85] Betti, *Teoria...*, III, p. 211.

[86] Rui Pinto, *Falta...*, p. 21.

[87] Cfr., Helena Brito, *Representação...*, in *Revista...*, 1987, 9/10, p. 20.

[88] Larenz, *Allgemeiner Teil...*, p. 594. O autor reconhece também como o poder de representação não constitui um fim em si mesmo (*ist nicht Selbstzweck*).

[89] Assim, também, sublinhando a instrumentalidade do poder de representação relativamente à relação jurídica interna v., Plugliatti, *Abuso...*, in *Studi...*, p. 268; Mosco, *La rappresentanza...*, pp. 142 e ss.; Natoli, *La rappresentanza...*, p. 42; Id., *Rappresentanza...*, in *Enciclopedia...*, XXXVIII, p. 464,

pósito PUGLIATTI[91], a prioridade lógica relativamente a todos os outros momentos do fenómeno representativo pertence à relação jurídica entre principal e representante. Trata-se da plateia em torno da qual todo o restante edifício se eleva[92, 93]. Tudo ao ponto de o artigo

---

onde o autor, depois de referir o facto de na representação os efeitos do acto jurídico realizado pelo representante se produzirem na esfera do *dominus*, acrescenta como, nesta perspectiva, o primeiro parece assumir a simples função de trâmite, de algum modo, numa veste de ordem puramente instrumental; Roppo, *O contrato*, *cit.*, pp. 114 e 115, para quem «*a relação (o poder) de representação está* (....) *ligada à relação de gestão, é instrumental desta, e sem ela não se compreenderia a sua função: neste sentido, a representação não é autónoma relativamente à relação interna subjacente a ela*». Na Alemanha, Frotz, *Verkehrsschutz...*, p. 329, afirma expressamente a existência de uma relação meio e fim (*Zweck-Mittel-Relation*) entre o negócio fundamental e a procuração, muito embora não deixe de sublinhar quanto considera ser a falta de unidade conceptual entre as duas figuras; e, em sentido muito próximo, Tietz, *Vertretungsmacht...*, p. 20, o qual fala, também, de uma relação meio e fim (*Zweck-Mittel-Verhältniss*) entre negócio-base e poder de representação, e p. 23, onde o autor considera ter toda a procuração, mesmo a supostamente isolada, sempre subjacente um determinado interesse e fim; e Schramm, *Münchener...*, I, comentário ao § 164, p. 1422, o qual prefere falar em *Mittel-Zweck-Beziehung* (estas três expressões correspondem, porém, em todos os casos a fórmulas paralelas e sucedâneas. Do posto de vista semântico têm, não obstante as variações, sempre o mesmo sentido); Id., *Idem*, 4.ª ed., comentário ao § 164, p. 1644. Entre nós v., sempre na mesma direcção, Helena Brito, *Representação...*, in *Revista...*, 1987, 9/10, p. 20, a qual retoma *ipsis verbis* as palavras de Roppo, para depois afirmar como a relação de representação se insere, pois, na relação de gestão sem a qual se não compreenderia a função da primeira; Januário Gomes, *Em tema...*, pp. 240 e 241, autor que considera existir uma relação de instrumentalidade entre a procuração e negócio de gestão (embora com a ressalva, por nós não acompanhada, segundo a qual só será assim se existir de facto um mandato subjacente a uma procuração); Rui Pinto, *Falta...*, p. 21, o qual não obstante esta concessão não deixa, à semelhança de quanto faz Januário Gomes, de sustentar a existência de casos de procuração isolada; e Pedro Pais de Vasconcelos, *Contratos...*, p. 307. Em sentido contrário à existência de um nexo de instrumentalidade entre a *procuratio* e a relação interna cfr., todavia, Luminoso, *Mandato...*, pp. 22 e ss..

[90] Nestes termos uma procuração que fosse um fim em si mesma careceria de sentido. Quem conferisse uma procuração sem ter em vista um negócio de gestão não quereria seriamente a própria procuração. Compreende-se, pois, a afirmação segundo a qual a procuração é, na sua essência, um negócio em branco ou vazio (*leeres*), um negócio sem conteúdo prático, o qual apenas adquire significado em conexão com outros negócios (cfr., Victor Ehrenberg – Erich Brodmann, *Handbuch des gesamten Handelsrecht. Mit Einschluss des Wechles –, Scheck–, See– und Binnenschiffahrtsrechts, des Versicherungsrechts sowie des Post– und Telegraphsrechts*, IV, 2, Lípsia, 1918, p. 124, embora num contexto marcado pela aceitação da independência e insensibilidade da procuração relativamente ao negócio-base; e Mosco, *La rappresentanza...*, p. 143).

[91] Pugliatti, *Abuso...*, in *Studi...*, p. 267.

[92] *Idem*. Em sentido próximo v., também, Bavetta, *Mandato...* in *Enciclopedia...*, XXV, pp. 330 e ss. Para uma compreensão alargada do fenómeno representativo como um fenómeno de cooperação na celebração de negócios jurídicos alheios v., para além das diversas obras de Pugliatti por nós já referenciadas e múltiplas vezes citadas, designadamente, Ferrari, *Gestione...*, pp. 69 e ss., e, designadamente, p. 127; Messineo, *Il contratto...*, I, pp. 224 e ss.; Papanti-Pelletier, *Rappresentanza...*, pp. 77 e ss.; e em Espanha, António Gordillo, *La representación aparente...*, p. 16, e Díez-Picazo, *La representación...*, *passim*, e designadamente, p. 62.

[93] Note-se como o próprio Hupka, *Die Vollmacht...*, pp. 155 e 156, um dos expoentes máximos da corrente defensora da teoria da autonomia da procuração se vê forçado a reconhecer

1178.º, n.º 2, do Código Civil estabelecer de forma extremamente clara como o mandatário[94] – a quem tenham sido conferidos poderes de representação – tem o dever de agir não só por conta mas, também, em nome do mandante e esclarecer, do mesmo passo, como os poderes de representação não gozam de autonomia (no sentido de que não são independentes) relativamente à relação gestória[95]. Na verdade, e de acordo com quanto se estabelece no n.º 2 do artigo 1178.º do Código Civil, o próprio exercício ou actuação do poder de representação faz parte do dever conferido pelo mandante ao mandatário, de tal forma que o encargo resultante do mandato apenas se pode considerar cumprido se se tiver, na realidade, feito uso dos poderes representativos[96]. Mas mais. O nosso legislador leva de tal forma longe a dependência entre os poderes de representação e o mandato, que define como consequência necessária da revogação ou renúncia da procuração a concomitante revogação do *mandatum* (artigo 1179.º)[97]. Semelhante solução só pode, porém, ter uma explicação. É que, de acordo com o nosso Código Civil, a procuração não tem autonomia (por não ser independente ou, numa outra formulação, por não se mostrar insensível às vicissitudes da relação subjacente)[98, 99] relativa-

---

como «(...) *sem fundamento – causa em sentido subjectivo – não se concebe, pensando racionalmente, nenhum poder de representação voluntária*».

[94] Exceptuadas, naturalmente, aquelas situações nas quais outra coisa tenha sido estipulado, por se pretender que o mandatário possa ser ele a avaliar, perante a situação concreta, qual a melhor forma de prosseguir os interesses do mandatário: se através do mandato sem representação se através da utilização dos poderes representativos concedidos pelo mandante. Nesse caso é, pois, e também, a relação-base ou gestória a fixar os moldes de exercício dos poderes de representação os quais continuam na sua dependência, e nalgum tipo de relação de especialidade com o encargo (pois nesse caso do que se trata é da existência de um duplo encargo ou mandato) para actuar *nomine proprio*.

[95] Em sentido contrário v., Helena Brito, *A representação*..., p. 124, a qual afirma muito claramente assistir-se quer a uma autonomia funcional quer a uma autonomia estrutural da procuração relativamente ao negócio subjacente. Este ensinamento parece, todavia, colidir com a opinião anteriormente sustentada pela autora (cfr., *A representação*..., in *Revista*..., 9/10, p. 20) segundo a qual a procuração e os poderes de representação seriam instrumentais relativamente à relação de gestão levando, por isso, a relação de representação a inserir-se na gestória.

[96] Para uma referência à importância que a forma de conceber ou delimitar os deveres inerentes ao mandato representativo tem no relacionamento entre a relação subjacente e o fenómeno representativo v., Blas Pérez González e José Aguiler nos *Estudios de comparación*..., p. 544; e Bavetta, *Mandato*..., in *Enciclopedia*..., XXV, pp. 329 e ss..

[97] Isto numa construção a qual, conforme se verá mais detalhadamente, se fecha e completa com o disposto no artigo 265.º, n.º 1, onde se determina a extinção da procuração quando o procurador a ela renuncia, ou quando cessa a relação jurídica que lhe serve de base, excepto se for outra a vontade do representado.

[98] Com isto não se pretende voltar a insistir na velha tese da confusão entre o mandato e a procuração ou representação. Que ambas as realidades se não confundem parece claro. Pretende-se

mente ao encargo conferido pelo principal[100] nem este é susceptível de ser cumprido senão através do exercício da procuração[101]: noutros

---

apenas sublinhar-se como, se é certo poder existir mandato sem representação, já não parece, no entanto, possível existir representação sem mandato (fala-se aqui, naturalmente, de *mandatum* como relação-base típica). Noutros termos, se a representação se não reconduz nem conceptual nem realmente ao mandato, gozando de entidade própria resultante do acto de concessão de poderes, a verdade é que também não se trata de duas esferas completamente independentes. A faculdade ou poder de representação distinta do mandato ou relação de gestão liga-se necessariamente a esta última (assim, também, António Gordillo, *La representación aparente...*, pp. 58 e ss. e 79). É que como bem ensina o Professor Oliveira Ascensão, *Teoria...*, IV, p. 178, na nossa ordem jurídica «(...) *não basta estipular uma mera vicissitude de situações jurídicas; é necessário ainda indicar o tipo de relação de que essa vicissitude deriva.*

Seja a constituição de direitos de obrigação, de direitos reais ou outros; seja transmissão de alguns desses direitos; seja a extinção de qualquer destas situações, é sempre necessária uma causa. É sempre necessário saber porque acontece assim. E essa causa entende-se como a relação fundamental que liga as partes, e da qual emerge a vicissitude a que deram vida. A relação fundamental é assim a razão da vicissitude estipulada.

É a vicissitude jurídica que tem de ser justificada. A relação fundamental dá-nos esta justificação. Não pode haver vicissitudes "porque sim". Os meros efeitos jurídicos têm de ter causa bastante.

Mas como as vicissitudes em vista são negociais, diremos que a causa do negócio jurídico, gerador de uma vicissitude, se tem de encontrar na relação global entre as partes da qual aquela vicissitude emergiu». Cfr., também, noutra perspectiva, Menezes Cordeiro, *Manual...*, I, p. 471, para quem: «(...) *a lei pressupõe que, sob a procuração, exista uma relação entre o representante e o representado, em cujos termos os poderes devam ser exercidos (...). Teoricamente, poderíamos assistir a uma atribuição puramente abstracta de poderes de representação; todavia a tal "procuração pura" não daria, ao procurador, qualquer título para se imiscuir nos negócios do representado.*»

[99] Conforme refere a propósito o Professor Oliveira Ascensão, *Teoria...*, IV, pp. 178, 179 e 180, os negócios abstractos são aqueles em que a consideração da causa é irrelevante: «*sem dúvida que a ordem jurídica pressupõe que nesses casos houve também uma relação fundamental, mas prescinde dela. A causa não terá nenhuma relevância no regime legal, e portanto nunca se poderia dizer elemento estrutural do negócio».* (...) «*A busca da relação fundamental significa assim que a lei, fora dos negócios abstractos, pretende contemplar toda a auto-regulamentação de interesses, para devidamente a valorar, e não apenas os efeitos jurídicos pretendidos.*»

[100] Assim, também, e com referência expressa ao artigo 1179.° do nosso Código Civil, António Gordillo, *La representación...*, p. 72, nota (68), o qual pergunta claramente onde está, face a este preceito, a possibilidade de procuração isolada. Em direcção diversa, e entre nós, pode ver-se, Januário Gomes, *Em tema...*, pp. 249 e ss., para quem, se o teor do artigo 1179.° do Código Civil permite, à primeira vista, supor a existência de uma dependência do mandato em relação à procuração, na verdade seria necessária uma maior ponderação do assunto. Com efeito, para o Ilustre Autor, o preceito em análise, ao fim e ao cabo, não espelharia senão a convicção de que o representado não pretenderá, certamente, a manutenção da relação-base se retirar ao mandatário--procurador os poderes representativos. Da mesma forma, este último, ao renunciar à procuração, não está certamente a pensar manter-se vinculado à estrita relação gestória. Neste termos, o disposto no artigo 1179.° radicaria, assim, numa simples presunção segundo a qual, o autor da revogação ou renúncia aos poderes representativos conferidos para a prática de certo acto, preten-de desvincular-se também em relação ao mandato para a prática desse acto. Tratando-se de uma presunção, haveria, destarte, a possibilidade de a ilidir, tanto mais quanto, para Januário Gomes, a regra do artigo 1179.° seria meramente supletiva e poderia ser afastada pela vontade das partes. Não conseguimos, todavia, acompanhar o autor. Se o encargo conferido o é para a prática de certo acto em nome do representado (assim, expressamente, Papanti-Pelletier, *Rappresentanza...*,

p. 110, segundo o qual numa situação como esta o representante não «pode» invocar o nome do *dominus*. Ele deve fazê-lo) não se vê como se poderá continuar a sustentar a possibilidade de ele ser cumprido mesmo na eventualidade de os poderes de representação desaparecerem. É que, sem tais poderes o acto a realizar já não pode ser levado a cabo em nome do representante e, portanto, o mandato não mais se pode concretizar. E não nos parece possível objectar dizendo que, se o representado-mandante revogar a procuração ressalvando, porém, a manutenção do mandato, tal corresponderá a uma instrução ao mandatário para praticar o acto *nomine proprio*. Se o contrato de mandato foi conferido para a celebração de um negócio a realizar em nome do representado não se vê como pode o *dominus*, unilateralmente, instruir o mandatário no sentido de passar a actuar em nome próprio. Até porque o mandatário tinha aceite um encargo para a prática de um acto o qual o não vincularia pessoalmente atenta a existência dos poderes de representação. Com o desaparecimento de tais poderes a situação do mandatário altera-se, assim, de modo drástico, passando a verificar-se uma responsabilidade pessoal deste. Destarte, o *dominus* não lhe pode dar instruções para executar algo não acordado previamente. Sempre se poderá sustentar a possibilidade de, logo no momento inicial, as partes estipularem a obrigação de, em caso de revogação dos poderes de representação, o mandatário cumprir o objecto do mandato em seu nome e por conta do mandante. Nesse caso teremos, todavia, dois encargos distintos, encontrando-se o segundo subordinado ao primeiro. De resto, o próprio Januário Gomes acaba por afirmar como, no caso de ser o mandatário-procurador a renunciar aos poderes, a renúncia já implicará, forçosamente, a revogação do mandato por não ser de admitir a possibilidade de o mandatário impor ao mandante, titular do interesse, uma actuação em termos diversos do quanto foi por este delineado (em sentido contrário v., porém, Helena Brito, *A representação sem poderes...*, in *Revista...*, 9/10, p. 21, a qual admite que um trabalhador possa renunciar ao poder de representação sem por isso pôr em causa as relações de trabalho). Só nos escapa por que razão as coisas deveriam ser diferentes consoante a extinção do poder de representação proceda do mandante-representado ou do mandatário-representante. Em qualquer caso, e mesmo se se admitisse, com Januário Gomes, e não é esse o caso, conter a regra do artigo 1179.° uma mera presunção susceptível de ser afastada, sempre se deveria reconhecer como, nas hipóteses nas quais as partes a não afastam, se assiste a mais uma ingerência da procuração no mandato, a contrariar, claramente, a tão apregoada autonomia entre as duas figuras. A circunstância de a extinção do poder de representação interferir necessariamente sobre o vínculo interno entre o representante e o representado é designadamente defendida na doutrina alemã, e apesar de texto do § 168, II, ser bastante mais flexível do que o artigo 1179.° do Código Civil, por Seeler, *Vollmacht...*, in *Archiv...*, 28, pp. 26 e ss., o qual trata, ainda, e entre outras situações, a hipótese de ter sido concedido um mandato para a prática de uma pluralidade de actos, uns em nome do mandante, outros apenas por conta dele. Num caso como esse poder-se-ia ser levado a afirmar como a extinção do poder de representação não acarretaria a extinção da relação-base. Porém, Seeler, salienta a estreiteza deste raciocínio. Quanto se verifica é na realidade uma extinção de parte dos encargos conferidos e a manutenção de outros. O negócio subjacente não permanece, assim, inalterado, com a extinção do poder de representação: ele sofre, também, uma extinção embora apenas parcial.

[101] Sobre esta ligação circular ou, como por vezes se afirma, biunívoca entre procuração e poder de representação, de um lado, e relação gestória, do outro, cfr., ainda, quanto se escreve *infra* a propósito do *Acórdão do Supremo Tribunal de Justiça, 23-11-1954* (A. Bártolo), in *Boletim do Ministério da Justiça*, 1955, 46, pp. 481 e ss. (mandato comercial – rescisão). V., ainda, *Acórdão do Supremo Tribunal de Justiça, 16-5-1996* (Matos Canas), in *Colectânea de Jurisprudência, Acórdãos do Supremo Tribunal de Justiça*, 1996, IV, II, pp. 19 e ss., maxime p. 22 (mandato representativo – instruções *a latere* da procuração – suspensão do mandato e dos poderes de representação), onde, numa postura correcta, se distingue mandato e procuração, e se admite, de forma igualmente

termos, o encargo consiste no próprio exercício do poder de representação. Por isso, se se renuncia ou revoga a procuração o mandato deve igualmente ter-se por revogado (artigo 1179.º do Código Civil). Da mesma forma, se se revoga ou renuncia ao mandato, então, também o poder de representação se deve considerar revogado[102, 103]. Mas se assim é para os casos de revogação da procuração ou do mandato, as coisas não devem passar-se de modo diferente quando em causa está pura e simplesmente a ausência de concessão de um qualquer *mandatum* ou este sofre de um vício susceptível de afectar a respectiva validade. Não faz, na verdade, sentido sustentar a extinção do poder de representação quando o encargo ou dever em torno do qual ele gravita e ao serviço de cujo cumprimento se encontra deixou de subsistir e admitir, ao mesmo tempo, a possibilidade de o poder de representação ser eficazmente concedido quando o encargo não chegou sequer a nascer de forma válida e eficaz[104].

V – Igualmente votada ao fracasso parece a alegada necessidade de se justificar a total independência da origem da procuração relativamente à relação jurídica gestória com base na necessidade de, assim, se assegurarem as exigências de tutela da segurança, certeza e celeridade do tráfego jurídico[105]. Conforme se refere a propósito nos traba-

---

correcta (embora porventura apenas parcialmente), não ser a procuração a originar, por si só, os poderes do mandatário: «*a procuração, no sistema do Código Civil actual, mais não é que o meio adequado para exercer o mandato. (...) A procuração, na terminologia do art. 262 do Código Civil é "o acto pelo qual alguém atribui a outrem, voluntariamente, poderes representativos". O poder negocial é conferido ao mandatário através do mandato; a procuração apenas representa a exteriorização desses poderes. (...) Assim suspenso o mandato, suspensa a fonte de onde advêm os poderes de representação, necessariamente suspensa tem de ficar a procuração.*»

[102] Cfr., *infra* e artigo 265.º, n.º 1, do Código Civil.

[103] Não é, assim, verdadeira a afirmação de Rui Pinto, *Falta...*, p. 20, segundo a qual o período de vigência da procuração não depende da relação interna. No sentido que decorre claramente da lei pode ver-se, Helena Brito, *A representação...*, in *Revista...*, 9/10, pp. 20 e 21, onde a autora escreve: «*do carácter instrumental da procuração relativamente à relação de gestão resulta que a extinção desta implica a extinção do poder de representação.*»

[104] *Infra.*

[105] Contra o ponto de vista segundo o qual o princípio da abstracção seria o único capaz de servir adequadamente a segurança do tráfego jurídico e de assegurar a protecção do terceiro contraente – ou pelo menos não seria o melhor ou mais adequado meio para tal – não tendo nessa perspectiva qualquer justificação pode ver-se, designadamente, Wellspacher, *Das Vertrauen...*, pp. 80 e ss.; Schott, *Der Mißbrauch...*, in *Archiv...*, 171, p. 387; Frotz, *Verkehrsschutz...*, *passim* e pp. 328 e ss., e 334 e ss.; Müller-Freienfels, *Die Abstraktion der Vollmachtserteilung...*, in *Stellvertretungsregelungen in Einheit...*, pp. 101 e 102; Id., *Legal replations...*, in *Idem*, pp. 252 e 253; Joost, *Großkommentar...*, comentário prévio ao § 48, p. 323. Cfr., também, e ainda entre os autores germânicos, embora de

lhos preparatórios do *BGB*[106], de acordo com as regras gerais, quem
contrata com um procurador corre o risco de uma eventual inconsis-

---

forma menos categórica, Staudinger-Schilken, *Kommentar*..., I, comentário prévio ao § 164, p. 14,
o qual afirma a inexistência de uma imprescindível ligação entre as necessidades de tutela do
tráfego e o princípio da abstracção da procuração. Na literatura jurídica italiana v., no sentido
segundo o qual, se a doutrina da abstracção se destina a servir os interesses do tráfego, a verdade é
que ela acaba, afinal, por redundar em benefício de quantos se encontram de má fé ao contratar
com o representante, Valeria de Lorenzi, *La rappresentanza*..., in *Rappresentanza*..., p. 81. Entre os
autores espanhóis pode ver-se uma acertada crítica à ideia segundo a qual a visão labandiana do
fenómeno representativo seria aquela que melhor serviria os interesses do tráfego jurídico em
António Gordillo, *La representación*..., pp. 76 e ss.; Díez-Picazo, *La representación*..., pp. 139 e 140;
Jose Ruiz-Rico, *La representación en el interés*..., pp. 309 e ss., para quem a eventual irrelevância da
relação jurídica interna perante terceiros se explica em função da tutela da boa fé e não em
virtude da abstracção do poder de representação.

[106] *Denkschrift (Mugdan)*..., in *Die gesamten*..., I, p. 838. Cfr., igualmente, Isay,
Geschäftsführung..., p. 230 (o qual sublinha precisamente como quem confia na existência de poderes de representação o faz por sua própria conta e risco, não podendo, depois, ter a pretensão, e
ressalvados certos casos excepcionais em que as regras da boa fé ditem solução diversa, repercutir
as suas perdas na esfera jurídica de terceiros); Seeler, *Vollmacht*..., in *Archiv*..., 28, pp. 44 e 45;
Canaris, *Die Vertrauenshaftung*..., pp. 114 e 115 (cfr., porém, deste autor quanto escreve *op. cit.*, p. 30); e
Frotz, *Verkehrsschutz*..., pp. 265 e 266. Na literatura jurídica espanhola cfr., por todos, António
Gordillo, *La representación*..., p. 139.V., finalmente, e na nossa doutrina, Paulo Mota Pinto, *Aparência
de poderes de representação*..., in *Boletim*..., vol. LXIX, pp. 591 e ss., maxime p. 597 (depois de alinhar
os vários interesses em conflito no caso de celebração de um negócio representativo contra a
vontade do *dominus*, o autor pronuncia-se, e salvo algumas situações excepcionais, em favor da
prevalência do interesse do representado. Mais. Paulo Mota Pinto recorda mesmo como uma
protecção excessivamente alargada do interesse do terceiro e da tutela do tráfego acabaria por ter
precisamente os efeitos contrários ao pretendido. Além de pôr em causa o interesse individual do
representado ela iria de igual modo [ou mesmo de forma mais acentuada] prejudicar o interesse
geral do comércio jurídico pela falta de iniciativa que geraria, designadamente, devido ao receio
em recorrer à colaboração de terceiros na actividade negocial, para evitar vinculações contra a
vontade própria) e p. 599, nota (18) (onde Paulo Mota Pinto afirma categoricamente como o
princípio geral é o de que o risco de encontrar um falso procurador impende sobre o terceiro
contraente: «*qui cum alio contrahit, vel est, vel debet esse non ignarus conditionis euis cum qui contrahit*»,
conforme ensinava *Ulpianus, Libro XXIV. ad Sabinum* – D., 50, 17, 19); Raúl Guichard Alves,
Notas..., in *Revista*..., XXXVII, pp. 43 e ss.; Id., *O problema*..., pp. 64, nota (90) e 194; e Oliveira
Ascensão, *Direito*..., II, p. 257. Cfr., porém, Manuel Carneiro da Frada, *A responsabilidade objectiva por
facto de outrem face à distinção entre responsabilidade obrigacional e aquiliana*, separata de *Direito e Justiça*,
1987,Vol. XII, tomo I, p. 303, o qual escreve a propósito da responsabilidade do devedor por actos
dos seus auxiliares: «*(...) não pode esquecer-se que, se a utilização de auxiliares pelo devedor aumenta o seu
raio de acção, potenciando os seus lucros, é também de elementar justiça que sobre ele recaiam o riscos
correspondentes à sua actividade. É o devedor aliás quem os pode controlar melhor e, em qualquer caso,
absorvê-los com maior facilidade*»; Helena Mota, *Do abuso de representação*..., p. 106, autora que considera ser um princípio geral de direito dever arcar com os prejuízos quem beneficia ou retira
vantagens de uma actividade arriscada. Fosse este princípio verdadeiro, e todo quanto emitisse
uma declaração negocial, por definição geradora de riscos para terceiros, teria de responder por
ela, arcando designadamente com o risco de erro. Não é essa todavia a solução do nosso direito
(acerca do modo como se deve fazer a repartição do risco de uma actuação representativa não
querida pelo representado v., *infra*). Na doutrina italiana v., no sentido segundo o qual o interesse
do representado deve prevalecer sobre o do *tertius*, Nattini, *La dottrina*..., p. 88; Galgano, *Diritto*

privato, 8.ª ed., Pádua, 1994, p. 292, onde se afirma competir o risco de deparar com um falso representante ao terceiro; e Gianni Galli, *Rappresentanza senza potere*, in *Revista Trimestrale di Diritto e Procedura Civile*, 1968, pp. 1755 e ss., e 1797. Refira-se, de resto, como o próprio Hupka, *Die Vollmacht...*, pp. 200 e 201 – um dos grandes corifeus da teoria da abstracção e independência da procuração relativamente à relação jurídica causal ou subjacente, e um dos autores a procurar justificar dogmaticamente a visão labandiana do fenómeno representativo através da afirmação segundo a qual seria ela a única a acautelar as necessidades de tutela da certeza e segurança do tráfego jurídico – acabaria por se ver forçado a reconhecer como nos casos nos quais o representante se limitou a comunicar o poder de representação ao procurador, sem o transmitir a mais ninguém, quem se fia nas indicações do representante sobre a existência e extensão das faculdades representativas fá-lo por sua própria conta e risco. São suas as seguintes palavras: «(...) *o mandato dirigido a uma pessoa para que esta realize uma actuação representativa contém com certeza uma procuração verdadeira e típica. Ora quando numa procuração desta natureza se lhe adita uma limitação esta é indubita-velmente eficaz perante o terceiro. O principal pode opô-la sem mais ao terceiro que celebrou com o represen-tante um negócio em violação da limitação e a alegação do terceiro de que desconhecia a restrição a qual deve, por conseguinte, ser ineficaz em relação a ele, não pode ser atendida. Falta aqui o consentimento do represen-tado para este negócio e não deparamos uma situação de confiança na ilimitação do poder voluntário de representação merecedora de protecção jurídica, no pressuposto de que o principal não deu origem a essa confiança nem com palavras nem com actos. Quem se fia nas simples indicações do representante sobre a existência e extensão do poder voluntário de representação, fá-lo por seu próprio risco; proteger a sua boa fé na veracidade destas indicações frente ao principal seria uma grave injustiça para com este, que não quis o negócio, e que nada fez para justificar a crença do terceiro, que foi quem o quis. E com efeito, o desconheci-mento não culpável da limitação prejudica ao terceiro; se a sua confiança nas indicações do representante foi ou não justificada apenas é tomada em consideração para a questão de saber se se pode ou não accionar – por causa de ultrapassagem dos poderes voluntário de representação – o representante.*» Com isto, Hupka desfaz, todavia, por completo, a tese por ele defendida segundo a qual apenas uma concepção – em toda a linha – da procuração como um acto autónomo relativamente à relação de gestão seria susceptível de assegurar e preservar as necessidades de tutela e segurança do tráfego jurídico. Em sentido supostamente favorável à ideia segundo a qual o risco corre por conta do principal v., Lenel, *Stellvertretung...*, in *Jhering's...*, XXXVI, p. 18. Todavia, ao excluir a responsabilidade do *dominus* sempre que o desvio do representante fosse cognoscível pelo *tertius*, Lenel transfere uma parte importante do risco para o próprio terceiro (v., também, e ainda, Lenel, *op. cit.*, p. 33 a propósito do risco de contratação com um procurador cujos poderes tenham já sido revogados). Isto numa orientação rapidamente transformada em *communis opinio*. Assim, e por exemplo, Steffen, *BGB-RGRK, cit.*, I, comentário ao § 167, p. 86, começa por afirmar de modo muito claro, como o princípio é o de que o risco de uma utilização abusiva do poder de representação corre por conta do representado, para, logo depois, sustentar a necessidade de uma correcção desta ideia naqueles casos nos quais o *tertius* conhece ou deve conhecer a circunstância de o *procurator* não estar a respeitar instruções ou o interesse do principal. Na jurisprudência alemã v., no mesmo sentido, por exemplo, *Bundesgerichtshof, 28. Februar 1966*, in *Zeitschrift für Wirtschaft und Bankrecht, Wertpapier-Mitteilungen*, 1966, pp. 491 e ss., maxime p. 492 (abuso de representação); e *Bundesgerichtshof, 27. März 1968*, in *Idem*, 1968, pp. 841 e ss., maxime p. 842 (abuso de represen-tação) (cfr., para mais pormenores a respeito destes dois arestos, quanto se escreve *infra*, Cap. II, parágrafo 2). Em sentido não muito distante do de Lenel, pronuncia-se aliás, entre nós, Ferrer Correia, *A procuração...*, in *Estudos...*, II, pp. 16 e 17, o qual escreve como forma de justificar a ideia de autonomia da procuração relativamente ao mandato: «(...) *é sempre o representado quem, deliberadamente, vai suscitar a confiança do terceiro na correspondência à sua vontade da autorização represen-tativa, com os limites que lhe são comunicados. Por vezes é directamente que o faz – dirigindo-se ele próprio*

ao terceiro ou fazendo publicar a procuração. Outras vezes, recorre à acção de um intermediário – o representante. Mas é sempre um acto seu que põe em movimento o processo: – requerendo o procurador para contratar
com o terceiro em seu nome, o principal requere-o também, necessariamente, para transmitir a esse terceiro o
conteúdo da autorização representativa. Deve, pois, suportar os riscos de uma transmissão infiel – como
sempre sucede a quem, no comércio jurídico, recorre a outrem para a comunicação de uma declaração de
vontade.» Porém, logo a seguir, Ferrer Correia limita a oponibilidade do negócio representativo
celebrado contra a vontade ou instruções internas do dominus aos casos nos quais o terceiro não
tem culpa no respectivo desconhecimento. Donde, e não obstante a afirmação genérica segundo a
qual o risco de o procurador ultrapassar o âmbito dos poderes internamente conferidos compete
ao dominus, na verdade, com a referência à culpa, Ferrer Correia acaba – com excepção dos casos
merecedores da tutela dispensada a quem se encontra de boa fé – por, à semelhança de Lenel,
remeter, parte importante do risco inerente à contratação através de procurator para o terceiro.
Além disso, ao reduzir toda a questão ao problema de saber se o terceiro está ou não de boa fé, se
teve ou não culpa quando ignorava as limitações internamente impostas aos poderes de representação, Ferrer Correia está, com o devido respeito, e contra quanto afirma, a demonstrar claramente
como não se depara aqui com uma questão de abstracção ou autonomia da procuração mas, tão-
-só, de protecção da boa fé. Se a procuração fosse de facto abstracta pouco importaria saber, como
ensinava Laband (cfr., supra, Parte, I, Cap. III, parágrafo 3), se o terceiro se encontra ou não de boa
fé quando celebra com o procurador um negócio representativo. Não deixa, de resto, de ser
curioso notar como mesmo alguns dos autores de maior auctoritas (cfr., Mosco, La rappresentanza...,
p. 148, na doutrina italiana, e Oertmann, Kommentar..., I, comentário ao § 167, p. 620;
Enneccerus-Nipperdey, Allgemeiner Teil..., I, II, p. 1137; e Würdinger, Grosskommentar, cit., I, pp. 531,
na literatura jurídica tudesca) favoráveis à tese da autonomia e abstracção da procuração com base,
designadamente, na ideia segundo a qual seria essa a melhor forma de proteger o tráfego jurídico
e a circulação de bens, acabarem por reconhecer como naqueles casos nos quais a existência de
um nexo de dependência entre a procuração e a relação jurídica subjacente se encontra claramente expressa na primeira, a regra da respectiva independência cessa. Escasso progresso, porém, esse
para a defesa do trânsito jurídico. Ele fica paralisado e desaparece em todos aqueles casos nos quais
o dono do negócio manifesta ou refere, na procuratio, a existência de um negócio subjacente. Tanto
mais quanto a contemplatio domini, de uma forma ou de outra, já indicia sempre como a actuação
do representante se faz tendo em vista fins pertencentes a um dominus, e exterioriza, por isso,
como bem referem, na doutrina italiana, Pugliatti, Natoli, La rappresentanza..., p. 43; Papanti-
-Pelletier, Rappresentanza..., p. 108, e Bavetta (v., ainda na jurisprudência italiana Cassazione, 29-5-
-1976, in Giustizia Civile, 1976, I, 798 e ss. [mandato – com ou sem representação – contemplatio
domini – forma]. Numa outra perspectiva, mas sem impugnar ou contradizer quanto antes se
afirma, pode ver-se, no sentido segundo o qual a procuração, por si só, não exterioriza o mandato,
Tribunale di Roma, 8-10-1981, in Giurisprudenza Italiana, 1983, I, 2, c. 242 [=Programmi/Juris Data/
massime.htm, com indicação do sumário. Consultou-se apenas por este último local]), e, em
Espanha, Gordillo (cfr., também, na doutrina tudesca, quanto escreve Lenel, Stellvertretung..., in
Jhering's..., XXXVI, p. 13, ao considerar destinar-se a actuação em nome de outrem a exteriorizar
não apenas a pessoa em cuja esfera jurídica se produzem os efeitos do negócio representativo, mas,
também, o facto de tais efeitos necessitarem de estar compreendidos no âmbito da autorização
concedida pelo dominus. Ora, esta autorização não pode deixar de ser, conforme se procurará
demonstrar infra no presente parágrafo, a compreendida no negócio gestório) a existência de uma
relação interna entre o principal e o procurator, a qual a partir daí, e a aceitar-se quanto dizem
Oertmann, Enneccerus e Mosco, mais não pode ser ignorada. Veja-se, aliás, como as próprias
fontes romanas indiciavam, já, não ser, de acordo com o pensamento jurídico de então, a realização do interesse do dominus, perante os negócios celebrados pelo praepositus, exclusivamente assegurada através da actuação do seu substituto, antes se chamando o terceiro que contratasse com o

tência da procuração[107]. A pretensão do legislador de vincular o autor da procuração em favor do terceiro contraente apenas pode ter uma justificação limitada[108, 109]. A protecção da boa fé surge como um des-

---

exercitor a colaborar na realização de tal interesse (cfr., *supra*). E isto ao ponto de não faltar quem sustentasse (v., Hamza, *Aspetti della rappresentanza negoziale...*, in *Index...*, IX, p. 207) ser condição da concessão de uma *actio* contra o *dominus* uma ligação com o lado interno da *praepositio* com a consequente necessidade de intromissão do terceiro na relação entre preponente e proposto. E de tal maneira assim era que autores como Axel Claus, *Gewilkürte Stellvertretung...*, p. 84, chegam a afirmar assistir-se aqui a um desvio à *Vollmachtsidee* e a considerarem a *praepositio* como uma figura distinta da procuração porquanto esta seria independente relativamente à relação interna entre mandatário e mandante. A verdade, porém, reside na circunstância de, ao contrário de quanto é sustentado pela *communis opinio*, e conforme se demonstra ao longo deste estudo, a procuração não se mostrar uma figura jurídica abstracta e, por conseguinte, não apresentar, neste particular, qualquer diferença significativa com a *praepositio*. Em ambas vai pressuposta a ligação a um determinado fim ou interesse do *dominus* de que os terceiros não podem, pura e simplesmente, fazer tábua rasa. Modernamente, e na doutrina italiana, no sentido segundo o qual a diligência do terceiro não pode contentar-se com quanto consta da procuração mas deve certificar-se do carácter efectivo dos poderes exercidos pelo procurador, pode ver-se, Papanti-Pelletier, *Rappresentanza...*, p. 100, nota (116) e bibliografia aí citada. Na jurisprudência v., *Cassazione, 24-11--1979*, in *Giurisprudenza Italiana. Massimario*, 1979, p. 1243 (representação nos contratos – princípio da aparência – aplicabilidade – limites). Para mais pormenores acerca do grau de diligência devida pelo terceiro na determinação da existência e fronteiras da relação-base v., quanto se escreve *infra*, Parte II, Cap. II, parágrafo 2, acerca da atenção ou diligência devida pelo terceiro em caso do chamado abuso de representação.

[107] A situação é naturalmente diversa nos casos da chamada representação orgânica. Mesmo assim, o Código das Sociedades Comerciais adoptou um esquema de protecção dos terceiros contra os perigos eventuais resultantes de um divergência entre os poderes abstractamente conferidos por lei ao órgão de representação e aqueles que realmente, e em concreto ou estatutariamente, lhe pertencem o qual nada tem a ver com o esquema ou modelo subjacente à doutrina da abstracção da procuração. Na verdade o legislador limita-se a estabelecer, nos artigos 6.º, n.º 4, 260.º e 409.º, do Código das Sociedades Comerciais, um esquema de protecção da boa fé dos terceiros sem desligar os poderes de representação da relação subjacente. A este respeito v., Pedro de Albuquerque, *A vinculação...*, pp. 689 e ss.; Id., *Da prestação...*, pp. 69 e ss., e a bibliografia aí referida. Refira-se, ainda, como tem sido precisamente no âmbito do direito comercial e da distribuição do risco de organização da empresa que mais se tem difundido a ideia de representação aparente ou pela confiança.V., Oliveira Ascensão e Carneiro da Frada, *Contrato...*, pp. 57 e ss.. Cfr., ainda, *infra*, Parte II, Cap. IV.

[108] Assim, também, Gordillo, *La representación...*, pp. 77 e 78, para quem se o negócio abstracto se poderá, eventualmente, justificar no interesse do tráfego terá de o ser apenas na base do tráfego de boa fé e não, como pretendem os fautores da visão labandiana do fenómeno representativo, de qualquer tráfego; Berger, *Zur Frage...*, p. 37, o qual recorda como a não protecção do terceiro perante actuações abusivas do representante conhecidas do terceiro corresponde a um simples extremar de posições jurídicas de forma inadmissível em prol de uma pura e estática lógica jurídica; Frotz, *Verkehrsschutz...*, *passim* e p. 265; e Tietz, *Vertretungsmacht...*, pp. 10 e 11. Na jurisprudência tudesca v., a título ilustrativo, *Reichsgericht 15 Februar 1911*, in *Entscheidungen des Reichsgerichts, Zivilsachen*, 1911, 75, p. 301, onde perante abuso de funções por parte de um executor testamentário (cfr., *infra*, Parte II, Cap. II, parágrafo 2), considerado como um procurador, o tribunal afirma expressamente pretender a lei conceder protecção aos justos interesses do tráfego jurídico; porém, necessitados de tutela não são apenas os interesses dos terceiros mas, igualmente,

vio às regras gerais e explica-se, tão-só, quando se encontrem em jogo prementes razões de conveniência, oportunidade e justiça[110]. Não parece, por isso, legítimo invocar, sem mais, as necessidades do tráfego e dos terceiros[111] – incluindo daqueles que, na realidade, conhecem as

---

os do representado. Destarte, actuações abusivas por parte do *procurator* não devem vincular o principal. V., ainda, tudo quanto se escreve *infra*, Cap. II, a propósito do abuso de representação.

[109] Ora é precisamente, repise-se (cfr., quanto se escreveu já *supra*, Parte I, Cap. IV, parágrafo 3), essa justificação que parece faltar quando se pretende garantir os interesses do tráfego e da protecção de terceiros através da doutrina da abstracção da procuração, porquanto se acaba por proteger inclusivamente quantos se encontram de má fé ou conhecem as reais limitações dos poderes do representante.

[110] A doutrina nacional tem discutido quer a questão de saber se a tutela da aparência ou confiança corresponde, ou não, a um princípio geral, quer o problema de determinar se a protecção do terceiro de boa fé que contrata com o *procurator* pode ir mais além de quanto se refere nos artigos 258.º e seguintes do Código Civil. Teremos oportunidade de voltar a estas questões. Para já cumpre sublinhar apenas a existência, efectiva, de um princípio segundo o qual quem contrata não deve ignorar a condição da contraparte – a colocar às costas do terceiro o risco de deparar com um representante sem poderes.

[111] Tanto mais quanto é certo o facto de a evolução histórica da figura da representação demonstrar claramente como a protecção das necessidades do trafego e da boa fé dos terceiros sempre ter sido, ao longo dos séculos, desde o direito romano (para uma referência acerca da relevância das instruções internas no âmbito de uma *praepositio* comunicada externamente v., *infra*; cfr., também, quanto escreve Biermann, *Die Lehre...*, pp. 32 e 33), sem excepção, uma constante quer na doutrina quer nas várias legislações sem nunca se ter, todavia, e até meados do século XIX, sentido qualquer necessidade em se afirmar ou consagrar a doutrina da abstracção da procuração e de, até Laband, a eficácia representativa surgir, sem qualquer tipo de contestação, como uma consequência da relação jurídica entre o principal e o representante. Assim, e a título meramente exemplificativo, o *praefectus annonae* – assumindo uma decisão imperial – concedia já, a um terceiro que contratou com um escravo, uma *actio institoria contra dominum*, não obstante a circunstância de o escravo se encontrar fugido e não ter sido destinado para a prática dos actos celebrados com o terceiro (*non in eam rem praepositus fuisset*). Porém, e como as circunstâncias tornavam lícito supor substituir o escravo o seu *dominus* em vários negócios, entre os quais se incluíam os concretamente celebrados com o terceiro, os efeitos destes foram imputados ao principal, na base da aparência (*Nec videtur, hoc dominum mandasse, sed quia videbatur in omnibus eum suo nomine substituisse, sententiam conservavit Imperator*), (*Paulus, Libro I. Decretorum*, D., – 14, 5, 8. V., também, quanto refere *Ulpianus, Libro XXVII. ad Edictum*, D., 14, 1, 1, § 5, invocando a autoridade de *Iulianus*; Id., *Idem*, D., 14, 3, 11, §§ 2 – 6; *Paulus, Libro XXX. ad Edictum* – D., 14, 3, 17, § 4. Cfr., por último, Hezel, *Der Mißbrauch...*, p. 7, o qual refere, ainda, como exemplo de um caso de protecção do terceiro na confiança por ele depositada na existência de um poder, por parte do intermediário, para obrigar o *dominus*, mas na realidade inexistente, *Iulianus, Libro LIV. Digestorum* – D., 46, 3, 34, 3; e *Africanus, Libro VII. Quaestionum* – D., 46, 3, 38, 1). Pothier, associava a representação ao mandato mas considerava irrelevantes as instruções internas ou a revogação que não fosse levada ao conhecimento do *tertius* (cfr., *supra*, Parte I, Cap. II, parágrafo 9). Pufendorf, por sua vez, considerava que em caso de *duplicia mandata*, de tal modo que um dos mandatos, mais amplo, fosse apresentado ao terceiro contraente enquanto outro, mais restrito era apresentado ao representante, o mandante podia ficar vinculado pelo acto do mandatário contrário às instruções que internamente foram transmitidas (cfr., *supra*, Parte I, Cap. II, parágrafo 8, III). Zeiller defendia, de forma bem acentuada, a ideia segundo a qual na eventualidade de o representante praticar um acto formalmente contido dentro da procuração, mas contrário às instruções secretas transmitidas pelo constituinte ou à

contingências da relação subjacente à concessão dos poderes de representação[112] – para defender e fundamentar a abstracção da *procuratio*[113,]

---

procuração oculta, o representado ficava vinculado. Esta posição em nada punha, todavia, em crise a unidade para ele existente entre a relação jurídica interna ou gestória e o poder de representação. Coelho da Rocha admitia de forma clara a existência de uma unidade entre o contrato de mandato e a relação que origina os poderes de representação. Tal unidade não o impedia, porém, de prever vários esquemas de protecção de terceiros que contratavam com o procurador (v., *supra*, Parte I, Cap. II, parágrafo 10). O *Codex Maximilianus* fazia depender a representação do mandato mas, nem por isso, deixava de admitir a vinculação do *dominus*, perante terceiros de boa fé, por actos praticados pelo representante em violação das instruções internas (v., *supra*, Parte I, Cap. III, parágrafo 1). O *ALR* fundia a *Vollmacht* e o mandato numa só figura. Contudo, em caso de desrespeito das instruções internas, o representado ficava vinculado perante quem tivesse contratado com o representante (cfr., *supra*, Parte I, Cap. III, parágrafo 2). No *Code civil* construía-se o mandato como um *mandat* com representação. No entanto, os terceiros que contratavam com o *procurator*, no desconhecimento de eventuais vicissitudes susceptíveis de afectar ou dar uma especial configuração ao vínculo jurídico que se estabelece entre o *dominus* e o seu auxiliar, eram claramente protegidos pelo legislador francês através de um conjunto de disposições que tornavam inoponíveis, perante eles, as referidas vicissitudes (v., *supra*, Parte I, Cap. III, parágrafo 3) (para uma evolução, no contexto do fenómeno representativo, da tutela de terceiros de boa fé desde o direito romano até ao *Code civil*, mas em termos que nos parecem demasiado simplificadores, v., Valentina di Gregorio, *La rappresentanza...*, pp. 1 e ss.. V., também, a bibliografia citada *infra*, Parte II, Cap. II, a propósito da evolução histórica da figura do abuso de representação). Além disso, a ligação dos poderes de representação à relação interna entre o *dominus* e o procurador em nada impediu a jurisprudência e a doutrina francesas de desenvolverem a doutrina do mandato aparente (cfr., *infra*, Parte II, Cap. IV). O *ABGB* considerava o mandato e a *Vollmacht* como duas manifestações de um único contrato designado de *Bevollmächtigungsvertrag* sem nunca ter, com isso, prejudicado a posição de terceiros. Na verdade, o *ABGB* afirmava a regra segundo a qual a procuração interna ou secreta não afectava os direitos de terceiros de boa fé e proclamava a eficácia dos negócios concluídos em momento posterior à extinção da procuração perante quem ignorasse tal circunstância (*supra*, Parte I, Cap. III, parágrafo 4). Entre nós, o Código de Seabra aderiu ao figurino já antes consagrado pelo Código de Napoleão acerca das relações entre mandato e representação. Não obstante, admitia expressamente, e em certos casos, a possibilidade de o constituinte ficar vinculado por actos do representante já depois de extinta a legitimação representativa (v., *supra*, Parte I, Cap. III, parágrafo 5). Enquanto isso, o nosso Código Comercial estabelecia claramente, no artigo 242.º, que o mandatário não pode opor aos terceiros com quem contratar *«quaisquer instruções que houvesse recebido em separado do mandante, salvo provando que tinham conhecimento delas ao tempo do contrato».* Isto para não referir o disposto no artigo 23.º do Decreto-Lei 178/86, de 3 de Julho, relativo ao contrato de agência, no qual se contém uma ampla protecção – porventura a mais intensa entre nós consagrada – do terceiro que contrate com um agente a qual é assegurada através de mecanismos que nada têm a ver com a abstracção da procuração e que, a nosso ver, a dispensam completamente. Para mais detalhes v., António Pinto Monteiro, *Contrato...*, 2.ª ed., comentário ao artigo 23.º, pp. 84 e ss., 3.ª ed., 88 e ss.; Id. *Idem*, 4.ª ed., comentários ao artigo 23.º, pp. 90 e ss.. Paulo Mota Pinto, *Aparência de poderes de representação...*, in *Boletim...*, Vol. LXIX, pp. 587 e ss..

[112] Não deixa de ser curioso notar como alguns autores, de entre os quais se pode referir, na nossa literatura jurídica, Ferrer Correia, *A procuração...*, in *Estudos...*, II, pp. 1 e ss., procuram justificar e defender a ideia, de raiz labandiana, da autonomia da procuração exclusivamente através do recurso à tese segundo a qual é essa a melhor forma de proteger terceiros de boa fé, parecendo admitir, ou admitindo mesmo, a possibilidade de as vicissitudes da relação jurídica

[114, 115, 116]. Na verdade, e para empregar as palavras de FROTZ[117], o *Abstraktionsprinzip* afigura-se logicamente insustentável sem a prova se-

interna serem oponíveis a quem delas tinha conhecimento ou apenas as ignorava devido a culpa sua. A ser, porém, assim, e a circunscrever-se a inoponibilidade dos aspectos e circunstâncias derivadas do negócio gestório a quem, sem culpa, as ignorava, então, já se não está perante uma questão de abstracção da procuração mas tão-só diante de um cenário de defesa da confiança ou pelo menos da boa fé ou ignorância dos terceiros (cfr., *infra*, Cap. II, parágrafo 2, quanto se escreve acerca da construção de Ennecerus-Nipperdey sobre o abuso de representação). Todavia, se nos quisermos realmente manter nos quadros da doutrina da abstracção e autonomia da procuração deveríamos afirmar com Hupka, *Die Vollmacht...*, p. 210, que: «(...) *se as restrições comunicadas ao procurador são apenas restrições internas que não afectam senão a relação obrigacional que une o principal ao representante é absolutamente incompreensível a razão que possa haver para que prejudiquem o terceiro quando ele não se preocupa com tais instruções. Trabalhar aqui com o conceito de boa fé é um procedimento absolutamente errado. O conhecimento que o terceiro possa ter de que o procurador contraria meramente as suas obrigações para com o principal não exclui poder o de representação.*» Em sentido idêntico ao do autor austríaco pode ver-se, na literatura jurídica italiana, Mosco, *La rappresentanza...*, p. 240.

[113] Nesta mesma direcção pronuncia-se, igualmente, Pugliatti, *Il conflitto...*, in *Studi...*, pp. 56 e 57, autor que recorda como ao apresentar-se, nas relações com terceiro, como representante o *procurator* se revela, também, na sua qualidade e função de cooperador do principal. Por isso, a relação interna mostra-se ao exterior através da posição de procurador assumida pelo representante diante do terceiro. Este deve, assim, e, ainda segundo Pugliatti, pressupor necessariamente a existência de um vínculo ou situação jurídica gestória, e terá, por conseguinte, no seu próprio interesse, de se certificar sobre qual a extensão e limites da mesma. A certeza e a rapidez das relações sociais em nada é com isso afectada quer em razão do dever de diligência imposto ao terceiro, quer devido ao facto de o representante não pretender, normalmente, assumir responsabilidades próprias, quer, ainda, pela circunstância de a declaração de concessão de poderes representativos surgir, senão na maioria das vezes, pelo menos com grande frequência, fundida num só acto com a relação de gestão (assim também quanto a este último aspecto, e entre outros, Mitteis, *Die Lehre...*, p. 185; Rosenberg, *Stellvertretung...*, p. 174; Ferrari, *Gestione...*, pp. 85 e 86; Betti, *Teoria...*, III, p. 215. Veja-se, também, e entre os corifeus da ideia de autonomia da procuração, Hupka, *Die Vollmacht...*, p. 211, onde o autor afirma categoricamente como a concessão de um mandato para a prática de actos representativos contém já uma procuração com plena eficácia). Se a isto, e em homenagem ao princípio da *res inter alios acta* e da tutela da boa fé do terceiro, se juntarem alguns limites ao efectivo alcance da relação interna – considerando: a) como ineficazes em relação a quem contrata com um procurador as cláusulas da relação de gestão que pelas suas características e especificidades se afigurem como exclusivamente referentes a aspectos internos da vivência entre representado e representante (como acontece com as disposições relativas a eventuais pagamentos, etc.); b) afastando a relevância perante o terceiro de todos os preceitos contratuais relativamente aos quais não tinha conhecimento nem obrigação de conhecimento (cfr., no nosso ordenamento, designadamente, o disposto no artigo 266.°, n.ºs 1 e 2, do Código Civil e no 269.°) – então não existem, segundo Pugliatti, na realidade, nenhuns inconvenientes para o tráfego jurídico em razão da dependência da procuração relativamente ao negócio subjacente ou gestório.

[114] Aliás, a nossa lei coloca, como regra, a cargo do terceiro contraente o ónus material ou encargo (para uma distinção entre as noções de ónus material ou encargo, de um lado, e simples ónus, v., por todos, Menezes Cordeiro, *Da boa fé...*, II, p. 766, nota (448); Id., *Tratado...*, I, I, pp. 144 e 145; Id., *Idem*, 2.ª ed., pp. 188 e ss.; e em termos menos impressivos, Guichard Alves, *Da relevância...*, p. 40, nota (42), o qual considera o termo ónus frequente nas línguas latinas enquanto os autores alemães preferem falar em encargos ou incumbências, reservando a expressão ónus para o campo processual) de averiguar se o representante tem ou não os poderes por ele alegados. Na verdade, o artigo 260.° do Código Civil estabelece poder o terceiro exigir do representante,

dentro de prazo razoável, que faça prova dos poderes de representação. E se o legislador não estabelece aí nenhuma consequência para a hipótese de o *procurator* não fazer tal prova (também o artigo 242.º do Código Comercial fixa apenas a obrigação do mandatário de exibir o mandato escrito aos terceiros com quem contratar) o artigo 268.º, n.º 1, aponta claramente no sentido da averiguação dos poderes do representante corresponder, em geral, e na verdade, a um ónus do terceiro, ao colocar a cargo do terceiro o risco da falta de poderes. Não se pode naturalmente dizer que a ineficácia do negócio representativo se destine a provocar a verificação, por parte do terceiro, dos poderes do representante (mas v., Ana Prata, *Notas sobre a responsabilidade pré-contratual*, in *Revista da Banca*, Outubro-Dezembro, 1990, n.º 16, pp. 45 e ss., 1991, Janeiro-Março, 17, pp. 62 e 63). Quanto a contraparte no negócio representativo perde, isso sim, indiscutivelmente, e em certos casos, se não proceder à verificação dos poderes representativos, é a possibilidade de invocar a tutela da confiança por ele depositada nos poderes de representação (ora em sentido aproximado ora categoricamente na direcção expressa nesta nota v., por exemplo, Mosco, *La rappresentanza...*, pp. 159 e 160 e 197 e ss.; Sacco, *Culpa in contrahendo e culpa aquiliana, culpa in eligendo e apparenza*, in *Rivista del Diritto Commerciale e del Diritto Generale delle Obbligazioni*, 1951, I, pp. 82 e ss., e 90 [com indicação de decisões jurisprudenciais no mesmo sentido]; Torrente, *Anotação a Corte di Cassazione, 14-12-1957*, in *Il Foro Italiano*, 1958, I, col. 392; Enrico Zanelli, *Rappresentanza e gestione*, in *Studi Urbinati*, 1967-1968, p. 299 [mas v., quanto o autor escreve de forma aparentemente contraditória, *op. cit.*, p. 301]; Messineo, *Il contratto...*, I, p. 241; Giovanna Visintini, *Degli effetti...*, comentário ao artigo 1388.º, p. 227; Valentina di Gregorio, *La rappresentanza...*, p. 182, também com importantes indicações ao nível da jurisprudência; e Valeria de Lorenzi, *La rappresentanza diretta volontaria. Problemi e soluzioni alla luce dell'analise economica de diritto*, in *Contratto e Impresa. Dialoghi con la Giurisprudenza Civile e Commerciale*, 1997, 13, 2, pp. 615, 644 e 656 e ss., a qual analisa o chamado dever ou ónus de diligência média do terceiro na perspectiva de uma análise económica do direito [também na doutrina alemã é possível encontrar um tratamento do fenómeno representativo de acordo com o método da análise económica do direito. Assim v. *infra* a bibliografia aí citada. Para uma apreciação geral deste tipo de metodologia v., entre nós, Sinde Monteiro, *Análise económica do direito*, in *Boletim da Faculdade de Direito de Coimbra*, 1981, LVII, Coimbra, pp. 245 e ss.; e Menezes Cordeiro, *Tratado...*, I, I, p. 41 e ss.; Id., *Idem*, 2.ª ed., pp. 49 e ss.; Carneiro da Frada, *Teoria da confiança...*, p. 352 e nota (465)]. Cfr., também Hupka, *Die Vollmacht...*, pp. 416 e ss., o qual sublinha como já desde o direito romano quem se limita a confiar nos poderes simplesmente comunicados ou invocados pelo suposto representante não pode beneficiar das normas que asseguram a vinculação do pretenso representado; Waldeyer, *Vertrauenshaftung...*, p. 125; e Canaris, *Vertrauenshaftung...*, p. 497, para quem, nas hipóteses nas quais o terceiro se limita a confiar na afirmação do procurador acerca da existência e extensão dos respectivos poderes, existirá, quando muito uma pretensão, por *cic* contra este último, e pp. 507 e 509 e 510 e nota (29) [as duas últimas páginas com referência expressa ao fenómeno representativo, e, designadamente, à necessidade de se não prescindir da verificação do documento de concessão dos poderes de representação como forma de se beneficiar da tutela na aparência dos poderes de representação], onde se sublinha como perante uma hipótese de inicial desconhecimento de uma situação aparente não há qualquer motivo para a ordem jurídica intervir em defesa do confiante, pois, nesse caso, a confiança é apenas cega e o *Tatbestand* para a confiança meramente acidental do ponto de vista de quem a invoca. Finalmente, em termos muito próximos dos nossos, v., António Gordillo, *La representación...*, pp. 279 e ss., embora considere não ser necessária a comprovação dos poderes de representação, por parte do terceiro, quando a representação seja notória – isto por considerar acertada a afirmação de Von Craushaar, segundo a qual quanto maior for a força persuasiva dos factos constitutivos dos poderes aparentes tanto menor é a obrigação de autoprotecção imposta ao terceiro [em direcção não muito distante v., na doutrina tudesca, perante a pro-

---

curação interna Waldeyer, *Vertrauenshaftung...*, p. 125]. Valeria aqui o «*princípio notoria non egent probatione*». Julgamos, todavia, que, embora sem se encontrar desprovida de fundamento, na base de semelhante posição de Gordillo está uma compreensão demasiado fácil e ampla da teoria de aparência, a qual o autor pretende elevar a princípio geral. Estando a procuração documentada, não obstante a notoriedade da mesma, e salvo circunstâncias muito fortes em que não seja exigível a sua comprovação [é por exemplo o próprio representado quem comunica ao terceiro ter conferido poderes ao representante e qual a sua extensão, ou o terceiro tolera a utilização por parte do representante de símbolos e instrumentos apenas susceptíveis de serem utilizados por quem tem poderes de representação], o *tertius* pode verificar a respectiva consistência [na direcção de acordo com a qual existem realmente certas circunstâncias capazes de tornar não exigível por parte do terceiro a verificação dos poderes cfr., entre nós, Paulo Mota Pinto, *Aparência de poderes de representação...*, in *Boletim...*, Vol. LXIX, pp. 617 e 637, nota (641), e na literatura jurídica italiana Mosco, *La rappresentanza...*, pp. 197 e 198. Cfr., também, quanto escreve a este respeito Valentina di Gregorio, *La rappresentanza...*, pp. 182 e ss., e as várias decisões jurisprudenciais aí citadas sobre a matéria, assim como Valeria de Lorenzi, *La rappresentanza...*, in *Contratto...*, 13, II, p. 594 e ss., *passim*, e pp. 660 e 661, com indicações ao nível da jurisprudência]. Se não o faz, e omitiu essa cautela, «*imputet sibi*». Na nossa jurisprudência, o *Acórdão da Relação do Porto, 18-11-1993* (Carlos Matias), in separata de O *Direito*, 1994, III – IV, Ano 126.°, pp. 677 e ss., 682 e ss. – com anotação favorável de Menezes Cordeiro e Carneiro da Frada, *Da inadmissibilidade da recusa de ratificação por venire contra factum proprium*, in *idem*, pp. 700 e ss., maxime p. 704 – aponta igualmente, mas de forma implícita, e apesar de considerar que no caso concreto não era necessária uma indagação da competência representativa por esta não ter sido invocada, na direcção segundo a qual a falta de verificação dos poderes pode levar à não concessão de protecção ao terceiro de boa fé. De resto a inexistência de uma situação de negligência por parte do confiante é pacificamente aceite, entre nós, como um dos pressupostos ou requisitos da tutela da confiança [v. quanto se escreve *infra*, Parte II, Cap. IV, em nota]. Para já refira-se, apenas, e por aludir expressamente à tutela da confiança no âmbito do fenómeno representativo, Rui Ataíde, *A responsabilidade...*, pp. 8 e ss. [v., porém, quanto escreve o autor *op. cit.*, pp. 156 e ss.]. Ao nível da jurisprudência, cfr., por exemplo, *Acórdão do Supremo Tribunal de Justiça, 9-1-1997* [Sousa Inês], in *Colectânea de Jurisprudência, Acórdãos do Supremo Tribunal de Justiça*, 1997, V, I, pp. 35 e ss., maxime p. 37 [garantia de pagamento – causa do contrato – boa fé contratual], onde se considera não poder invocar a tutela da boa fé quem actua negligentemente sem as cautelas requeridas). Contra a existência de um qualquer forçoso nexo de ligação entre a tutela da aparência de representação e o pedido de justificação dos poderes de representação podem ver-se as várias decisões judiciais proferidas por tribunais italianos referidas na *Rassegna di Giurisprudenza sul Codice Civile*, Livro IV, T. II, p. 633; Giorgio Ghezzi, *Del contrato di agenzia – Commentario del Codice Civile* a cargo de A. *Scialoja e G. Branca*, artigos 1742-1753, Bolonha-Roma, 1970, pp. 237 e 238, nota (4). Ainda assim fazendo depender a tutela da confiança a dispensar ao terceiro, do cumprimento por este das regras de diligência pedindo ao procurador a justificação dos respectivos poderes as decisões mencionadas na *Rassegna...*, Livro, IV, T. II, p. 634. Não faltam mesmo decisões por parte de diversos tribunais italianos os quais, e apesar de partirem do princípio segundo o qual o pedido de justificação dos poderes do representante por parte do terceiro corresponde a uma simples faculdade, consideram actuar o *tertius* negligentemente quando em determinados contextos não se certifica da exacta extensão dos poderes invocados pelo *procurator*. Ora a ausência de culpa por parte do *tertius* ao acreditar na representação aparente tem sido uma exigência praticamente constante dos tribunais italianos com vista a vincularem o *dominus* por actos do representante aparente. A este respeito cfr., a título meramente indicativo, *Cassazione, 17-3-1975*, in *Il Foro Italiano*, 1975, II, cols. 2267 e ss., maxime., cols. 2272 e 2273, com anotação de L. Di Lalla; e ainda na doutrina Galgano, *Il negozio giuridico*, Milão, 1988,

p. 324; *Diritto civile...*, I, II, p. 336; e Valentina di Gregorio, *La rappresentanza...*, *passim*, com inúmeras indicações. V., também, *Cassazione, 19-10-1995*, in *Rivista di Diritto Commerciale e del Diritto Generale delle Obbligazione*, 1997, XCV, pp. 23 e ss., 29 e 30, aresto no qual se protegeu o terceiro confiante na existência de poderes de representação na realidade inexistentes, apesar de o *tertius* não ter realizado um conjunto de diligências bastante simples para verificar a consistência das faculdades representativas do pretenso representante, por se considerar que na hipótese em apreço a aparência criada assumia particular força e acuidade e impossibilitava a consideração do comportamento do *tertius* como negligente. Atentas as circunstâncias concretas foi julgado não haver razão nenhuma para a contraparte se certificar da existência dos poderes invocados. Sobre a relevância da aparência no fenómeno representativo v. *infra*, Parte II, Cap. IV – e designadamente a dispensada pelo artigo 269.° do Código a terceiros de boa fé – e provavelmente, também, a possibilidade de fazer prova dos poderes representativos realmente invocados pelo procurador ou da respectiva aparência quando suportada, por exemplo, por documentos (a este respeito v., quanto escreve, Lina Geri, *Procura*, cit., in *Enciclopedia...*, XXXVI, pp. 1000 e 1006). Cfr., na doutrina nacional, no sentido da existência aqui de um verdadeiro ónus, Pires de Lima e Antunes Varela, *Código Civil Anotado*, 4.ª ed., com a colaboração de Henrique Mesquita, Coimbra, 1987, I, comentário ao artigo 260.°, p. 242; Januário Gomes, *Em tema...*, pp. 235 e 236, para quem a possibilidade atribuída pelo artigo 260.° do Código Civil ao terceiro de exigir a prova dos poderes do representante é um ónus de diligência; Ana Prata, *Notas...*, in *Revista...*, 17, pp. 62 e 63; Paulo Mota Pinto, *Aparência de poderes de representação...*, in *Boletim...*, vol. LXIX, p. 617, nota (51); e Oliveira Ascensão, *Direito civil...*, II, p. 257. Na jurisprudência pode ver-se, embora sem tomar posição expressa e inequívoca, mas parecendo inclinar-se a favor da previsão, no artigo 260.°, de um ónus, o já citado *Acórdão da Relação do Porto de 18-11-1993*, separata de *O Direito*, 1994, Ano 126.°, III-IV, p. 682. Contra pronuncia-se, no entanto, Raúl Guichard, *Da relevância...*, p. 68, autor segundo o qual o artigo 260.° do Código Civil consagraria uma simples faculdade (v., também, deste último autor, mas agora a propósito da questão paralela de saber se existe um ónus do terceiro no sentido de determinar se se verifica, ou não, um eventual abuso de representação aquando da celebração do negócio representativo, *Notas sobre a falta e limites do poder de representação*, in *Revista de Direito e Estudos Sociais*, 1995, XXXVII, pp. 27, e nota (47) e 35 e ss., nota (64) [a propósito dos contornos do «dever de conhecimento do abuso de representação», v. *infra*, Parte II, Cap. II, parágrafo 2]); se bem vimos, José Varela, *O regime...*, p. 52; e Rui Ataíde, *A responsabilidade...*, pp. 157 e ss., o qual parece inclinar-se igualmente no sentido da qualificação da verificação dos poderes de representação como uma mera faculdade. Finalmente Menezes Cordeiro, *Manual...*, I, p. 470, considera ter o terceiro, nos termos, do artigo 260.°, n.° 1, do Código Civil, o direito de exigir que o representante faça prova dos seus poderes. Na doutrina italiana a questão tem sido amplamente debatida. A opinião maioritária (cfr., Pugliatti, *Il conflitto...*, in *Studi...*, p. 56; Torrente, *In tema...*, in *Il Foro...*, 1958, I, col. 392; Enrico Zanelli, *Rappresentanza...*, in *Studi...*, 1967-1968, p. 299 [mas v., quanto o autor escreve, *op. cit.*, p. 301]; Messineo, *Il contratto...*, I, p. 241; Mosco, *La rappresentanza...*, pp. 159 e 160; Natoli, *La rappresentanza...*, p. 55; Grazia Cecherini, *Il «principio» di apparenza secondo la giurisprudenza*, in *Rivista Trimestrale di Diritto e Procedura Civile*, 1977, pp. 876 e ss., e 910; Papanti--Pelletier, *Rappresentanza...*, pp. 133; Lina Geri, *Procura*, cit., in *Enciclopedia...*, XXXVI, p. 1000; Valeria de Lorenzi, *La rappresentanza...*, in *Contratto...*, 13, II, pp. 614 e 615, e 656 e 657. Vejam-se, ainda, as referências fornecidas por Gianni Galli, *Rappresentanza...*, in *Revista...*, 1968, pp. 1797 e 1978) parece ir no sentido segundo o qual a indagação, sobre se o representante tem, de facto, poderes, corresponde a um ónus (v., porém, Raúl Guichard, *Da relevância...*, p. 68, para quem a *communis opinio* italiana se inclinaria precisamente a favor da tese de acordo com a qual a exigência de justificação dos poderes do representante por parte do *tertius* seria uma simples faculdade. Essa parece ser de facto, se bem vimos, a posição da jurisprudência – cfr. a jurisprudência incluída na *Rassegna di giurisprudenza sul codice civile*, Livro, IV, T. II, artigos 1321 e 1410, p. 633 – e talvez de número importante de autores recentes, mas, provavelmente, não em número capaz de permitir falar já de uma posição maioritária nessa direcção). Não faltam, todavia, posições (cfr., Ernesto Simonetto, *Il contrato concluso dal falsus procurator con il terzo ignaro del difetto di procura*, in *Rivista del Diritto Commerciale e del Diritto Generale delle Obbligazioni*, 1958, II, pp. 381 e ss., e 386 [note-se, todavia, a circunstância de Simonetto, apesar de, expressamente, qualificar, como uma mera faculdade, a possibilidade de o terceiro verificar os poderes do *procurator*, parecer associar à falta de exame da efectiva existência de tais poderes consequências próprias de figuras bem diversas da simples faculdade]; Giorgio Ghezzi, *Del contrato...*, pp. 237 e 238, nota (4); Paolo D'Amico, *Rappresentanza (Diritto Civile)*, in *Enciclopedia Giuridica Treccani*, Roma 1991, XXV, p. 15; Rodolfo Sacco e Giorgio Nova, *Il contratto, cit.*, II, p. 191, embora os autores considerem que, em certos casos, a não verificação dos poderes representativos, pode redundar numa omissão culposa; Valentina di Gregorio, *La rappresentanza...*, pp. 183 e 184; Federica Rocco, *Apparenza del potere di rappresentanza: nouvi confini della tutela dell terzo*, in *Rivista del Diritto Commerciale e del Diritto Generale delle Obbligazioni*, 1997, XCV, pp. 32 e ss.; e G. Cian e A. Trabucchi, *Commentario Breve al Codice Civile*, 5.ª ed., Pádua, 1999, comentário ao artigo 1393.º, p. 1299. V., também, D'Avanzo, *Rappresentanza...*, in *Novissimo...*, XIV, p. 805; e Raffaele Moschella, *Contributo alla teoria dell'apparenza giuridica*, Milão, 1973, p. 185, segundo os quais o terceiro contraente tem o direito, mas não o ónus, de pedir, sempre, a justificação dos poderes) favoráveis à ideia segundo a qual se está aqui perante uma mera *facultas*. Também no espaço juscultural alemão e austríaco a questão não passou, desde muito cedo, sem análise. Mitteis, *Die Lehre...*, p. 194, por exemplo, depois de referir o ensinamento contido na glosa *(et in summa aliquam diligentiam creditorem debere praestare): ad hoc quod creditor efficaciter agat, quator considerare debet, sc. quod in refectionem mutuet ei quod sciat esse praepositum et non plus quam que sit refectioni necessarium et in eo loco ubi res sunt quae comparari debent ad refectionem* (D., 14, 3, 7, § 1), considera que a boa fé presente nas relações entre o representado e o terceiro implica, para este, o dever de se informar acerca da existência e âmbito do poder de representação. Logo a seguir, porém, restringe, de forma significativa, o real alcance de tal dever quando se está no quadro de uma procuração geral para, praticamente, apenas o manter no cenário da concessão e invocação de existência de uma *procuratio* especial; Thöl, *Das Handelsrecht...*, I, 4.ª ed., pp. 182 e ss., o qual afirma categoricamente estarmos aqui na presença de um dever; e Schlossmann, *Die Lehre von der Stellvertretung...*, II, 459, autor que, para além de aludir a este propósito a um dever, acrescenta como «*quod qui culpa sua damnum sentit, non intellegitur damnum sentire*». Em todos estes casos, parece legítimo concluir-se no sentido de que a referência ao dever de informação não significa senão um autêntico ónus para o *tertius*. V., porém, Hupka, *Die Vollmacht...*, pp. 227 e ss., que contesta, de modo decidido, a ideia segundo a qual possa haver qualquer ónus ou dever para o terceiro de se certificar da existência e extensão dos poderes de representação, e afirma estar-se, antes, diante de uma simples precaução a tomar por este. Também, Lenel, *Stellvertretung...*, in *Jhering's...*, XXXVI, p. 18, defende, expressamente, a inexistência de um qualquer dever da contraparte no negócio representativo de se informar ou investigar quais os contornos do poder de representação. No entanto, a posição de Lenel é manifestada a propósito daquela outra questão de saber se o principal fica ou não vinculado por actos do procurador contrários às instruções internamente transmitidas. Fica, assim, por saber se Lenel apenas considera não existir um dever, por parte do *tertius*, de se informar acerca de eventuais instruções não expressas no poder de representação tornado público ou se, ao invés, estende a solução para a própria determinação dos chamados contornos imediatamente externos da procuração. Mais recentemente v., por todos, Staudinger-Schilken, *Kommentar...*, I, comentário ao § 179, p. 160. Solução a nosso ver de descartar, em absoluto, é a de fazer corresponder a necessidade de verificação de existência dos poderes de representação a um encargo capaz de originar uma situação de culpa

gundo qual a disciplina jurídica da representação consagra expressamente semelhante princípio. Ora, tal prova não a conseguiu ninguém, e uma vez mais no dizer de FROTZ[118], até agora produzir. A começar, pelo

contra si próprio (pode ver-se, no sentido segundo o qual o «dever» que, em determinadas situações, e nos termos do artigo 269.º do Código Civil, o *tertius* tem de conhecer o abuso de representação, não corresponde a uma hipótese de culpa contra si próprio, Raúl Guichard Alves, *Notas...*, in *Revista...*, XXXVII, p. 38, nota (64), mas v., porém, quanto o autor escreve na *op. cit.*, p. 48, onde se alude a uma culpa do *tertius* em caso de ineficácia do negócio). Acerca da figura do encargo e da noção de culpa contra si próprio lançada por Zittelmann, v., Hans Josef Wieling, Venire contra factum proprio *und Verschulden gegen sich selbst*, in *Archiv für die civilistische Praxis*, 1976, 176, pp. 334, 345 e ss.; Canaris, *Vertrauenshaftung...*, p. 478; Rogério Soares, *Interesse público, legalidade e mérito*, Coimbra, 1955, p. 27 (v., também, as páginas seguintes onde o autor desenvolve amplas considerações sobre o conceito de ónus); Menezes Cordeiro, *Da boa fé...*, II, pp. 765 e ss., com destaque para as dificuldades colocadas por uma eventual aceitação da figura da culpa contra si próprio à luz do direito português, embora admitindo a teoria do encargo; e José Brandão Proença, *A conduta do lesado como pressuposto e critério de imputação de dano extracontratual*, Coimbra, 1997, pp. 501 e ss.. Casos haverá, apenas, nos quais o princípio de que quem contrata com um procurador não deve ignorar a condição da contraparte, assumindo sempre por sua conta o risco de deparar com um representante sem poderes, deve merecer correcções resultantes da ponderação dos interesses em jogo (cfr., Paulo Mota Pinto, *Aparência de poderes de representação...*, in *Boletim...*, vol. LXIX, p. 617, e notas (51) e (52)) podendo, aí sim, jogar uma espécie de culpa do representado contra si próprio (neste sentido v., Baptista Machado, *A tutela da confiança...*, in *Obra...*, I, p. 415, o qual escreve a propósito da questão pessoal da imputação da confiança na qual investiu um terceiro de boa fé «(...) *se não se exige culpa, no sentido de negligência censurável, nesse momento, porque não está em causa a violação de qualquer dever, já se tem de exigir uma espécie de "culpa do agente perante si próprio", no sentido de que conscientemente assim se quis conduzir, podendo e devendo prever, se usasse do cuidado usual, que tal conduta o poderia vincular de futuro segundo os ditames da boa fé*»).

[115] Deve, aliás, sublinhar-se a circunstância de a doutrina da abstracção da procuração e dos poderes de representação nem sequer resolver todos os problemas colocados, em sede de representação, pelas necessidades de tutela da certeza e segurança do tráfego, forçando os respectivos defensores a procurarem, frequentemente, explicar a protecção dos terceiros perante limitações à *procuratio* através do recurso à ideia de tutela da confiança. É este um ponto ao qual se tornará mais tarde. Por ora confira-se, apenas, quanto escreve Hupka, *Die Vollmacht...*, pp. 217 e ss..

[116] Tanto mais quanto é certa a circunstância referida por Staudinger-Schilken, *Kommentar...*, I, comentário ao § 167, p. 103, de a desarticulação ou quebra de unidade entre o poder de representação, de um lado, e a relação jurídica interna estabelecida entre o representante e o representado, do outro, trazer consigo o perigo de um abuso da procuração. Nestes termos, o argumento da necessidade de tutela e certeza do tráfego jurídico torna-se perfeitamente reversível. Num cenário de importante e significativo desequilíbrio entre a protecção concedida ao *dominus* e aquela outra dispensada aos terceiros poderia assistir-se a uma significativa retracção do recurso ao mecanismo da representação voluntária com consequentes prejuízos para o tráfego jurídico. Isso mesmo é de resto reconhecido por Hupka, *Die Vollmacht...*, p. 203, o qual invoca os perigos oferecidos pelo excesso de protecção do terceiro para o fenómeno representativo como forma de justificar a sua tese segundo a qual as limitações internamente estabelecidas pelo *dominus* a uma procuração comunicada exclusivamente ao representante se devem considerar oponíveis aos terceiros.

[117] Frotz, *Verkehrsschutz...*, p. 330, embora no contexto apenas do § 168 do *BGB* e da procuração interna. V., também, p. 337, onde o autor afirma expressamente como a *communis opinio*, correspondente à teoria labandiana, não encontra nos §§ 164 e seguintes qualquer apoio.

[118] *Idem*. O autor refere-se, repise-se, tão-só, no passo citado, às hipóteses de procuração interna. Além disso, pressupõe sempre que a vontade do autor da procuração vai no sentido de

próprio LABAND, porquanto, repise-se, as respectivas conclusões e a independência funcional e estrutural da procuração e do poder de representação por ele propugnada se basearam numa inversão metodológica marcada pelo conceptualismo e, por conseguinte, por uma visão do direito assente num sistema fechado e de tipo central, lógico-formal ou axiomático-dedutivo, inadmissível[119, 120].

---

ligar a *procuratio* à relação jurídica gestória. Nesses casos Frotz afirma a impossibilidade de se demonstrar a sobreposição do princípio da abstracção sobre quanto foi querido pelo *dominus*, por não existirem normas donde resulte a prevalência da autonomia da procuração à *voluntas* deste. Em nosso entender deve, porém, ir-se mais longe e afirmar-se a inexistência de uma qualquer regulamentação de conjunto, no nosso Código Civil, da qual se possa extrair, a ideia ou tese da abstracção do acto de concessão dos poderes de representação. Aliás parece ser isso mesmo que o autor acaba, afinal, por fazer (*op. cit.*, cfr., pp. 337, 339 e 340 e ss.) ao afirmar a improcedência da doutrina da abstracção da representação, mesmo a propósito da procuração externa, e ao sustentar como uma qualquer tentativa de se justificar, a propósito e no contexto desta forma de *procuratio*, a visão labandiana do fenómeno representativo através da invocação das necessidades de tutela e certeza do tráfego ultrapassa em larga medida o objectivo proposto. A prova segundo a qual a tutela do tráfego, em caso de actuação ilícita ou contrária ao direito por parte do procurador, não pode ligar-se à configuração do comportamento ou poderes do representante extrai-a Frotz com facilidade da seguinte consideração: de acordo com o sistema da lei a responsabilidade por actuações nocivas dos auxiliares é apenas indemnizatória. Por isso, o ponto de apoio para a adstrição do principal deve, antes, e no dizer de Frotz, residir no comportamento do constituinte. Do ponto de vista dogmático-jurídico apenas se abre deste modo, e segundo Frotz, para proteger a contraparte em caso de comportamento ilícito do *procurator*, um único caminho no sentido do reconhecimento e manutenção dos próprios efeitos representativos, o qual passa pela assunção de que a vinculação do principal surge como correlato das suas diferentes possibilidades de conformação. Trata-se de uma solução capaz de se impor com facilidade a todos quantos limitam o problema da protecção do poder de representação às situações de boa fé do terceiro e de ponderação dos interesses em jogo. Vistas as coisas assim, torna-se, conforme refere o autor, repentinamente clara a razão pela qual a lei não previu nenhuma regulamentação acabada, em matéria de representação, destinada a prevenir o perigo, para o terceiro, de uma actuação representativa levada a cabo pelo procurador em contradição com as suas obrigações. O problema da protecção do tráfego não passa pela especial questão da degradação do poder voluntário de representação a simples legitimação formal, mas, antes, pela indagação – a solucionar de acordo com as regras gerais – do alcance concreto de uma declaração negocialmente conformadora e da sua eficácia.

[119] A crítica a este modo de conceber o direito encontra-se feita. Não a encetaremos, por isso, aqui de novo. Recordaremos, apenas, como o conceito de sistema móvel introduzido na ciência do direito por Walter Wilburg, *Die Elemente des Schadensrechts*, Marburg a.d Lahn, 1941, pp. 26 e ss.; Id., *Entwicklung eines beweglichen Systems im bürgerlichen Recht*, Graz, Kienreich, 1950, *per totum*; Id., *Zusammenspiel der Kräfte im Aufbau des Shuldrechts*, in *Archiv für die civilistische Praxis*, 1963, 163, pp. 346 e ss., tem vindo a merecer crescente apoio na doutrina. Cfr., por exemplo, os desenvolvimentos de Canaris, *Pensamento...*, *per totum*, maxime pp. 127 e ss.; Id., *Die Vertrauenshaftung...*, pp. 301 e ss., 312, 373, 389, 411 e ss., 491 e ss., 525 e ss., e 529 e ss.; Id., *Bewegliches System...*, in *Bewegliche..., System...*, pp. 103 e ss. (v., ainda, os inúmeros outros estudos desta colectânea na qual, para além dos já por nós citados trabalhos de Günther Hönn [v., *supra*], Steininger e Canaris, se contêm igualmente contributos de Bydlinski [deste autor refira-se, também, a propósito, *Privatautonomie...*, pp. 103 e ss., 122 e *passim*], Erwin Deutsch, Helmut Koziol, Christian von Bar, Ingo Koller, Theo Mayer-Maly, Heinz Krecjci, Attila Fenyves, Axel Flessner,

Ao contrário de quanto é sustentado pela *communis opinio* uma adequada interpretação da lei revela, a nosso ver, claramente, como a procuração não é um negócio abstracto e não pode, por isso, surgir isoladamente. Ela supõe sempre uma relação fundamental que lhe dá causa[121]. Na verdade, a doutrina da abstracção da procuração – assim como a tese dela decorrente segundo a qual seria admissível a conces-

---

Rolf Sack, Rolf Ostheim, Karl Korinek, Willibald Posch, Gerhard Otte e Bernd Shilger); e de Larenz, *Metodologia...*, pp. 621 ess.. Entre nós cfr., principalmente, Menezes Cordeiro; *Da boa fé...*, II, *passim* e pp. 759, 785, e nota (516), 822, 1137, 1142, 1202, 1248 e 1262; Id., *Teoria geral...*, I, pp. 394; *Tratado...*, 2.ª ed., I, I, p. 237; Id., *Ciência...*, *passim*, pp. 42 e ss.. Aderiram a ele também, e designadamente, Carneiro da Frada, *O contrato...*, p. 22 e nota (20); e Luís Menezes Leitão, *O Enriquecimento...*, pp. 966. Destaque também na nossa literatura para a compreensão do direito como o resultado de uma actividade prudencial defendida por Ruy de Albuquerque e Martim de Albuquerque, *História...*, I, pp. 191e ss..

[120] V., *supra*, Parte I, Cap. IV, parágrafo 3.

[121] Assim, também, e expressamente, Oliveira Ascensão, *Teoria...*, III, p. 298; Id., *Direito civil...*, II, pp. 224, 225, 236 e 237. V., também, Menezes Cordeiro, *Manual...*, I, p. 472, o qual escreve: «*A efectiva concretização dos poderes implicados por uma procuração pressupõe, um negócio nos termos do qual eles sejam exercidos: o negócio-base.*» Na literatura de raiz tudesca pode igualmente consultar-se em sentido contrário à ideia de necessária autonomia da procuração – para além das posições, já recenseadas, de Schlossmann, Dniestrzanski, Seeler, Isay e Rosenberg – Wellspacher, *Das Vertrauen...*, pp. 79 e ss.; Müller-Freienfels, *Zum heutigen...*, in *Stellvertretungsregelungen in Einheit...*, p. 4; Id., *Die Abstraktion der Vollmachtserteilung...*, in *Idem*, pp. 60 e ss., maxime pp. 81 e ss.; Id., *Legal replations...*, in *Idem*, pp. 237 e ss.; e, ao menos para a chamada *Innenvollmacht* (procuração interna), Planck, *Kommentar...*, 1.ª ed., I, comentário ao § 167, pp. 217 e 218; Frotz, *Verkehrsschutz...*, *passim*, e por exemplo, p. 329, para a procuração interna; Joost, *Grosskommentar...*, comentário prévio ao § 48, p. 323. Na jurisprudência alemã v., ainda, *Reichsgericht, III. Zivilsenat, 3. Dezember 1912*, in *Enstcheidungen des Reichsgericht. Zivilzachen*, 193, 81, pp. 49, 51 e ss.; *Reichsgericht, V. Zivilsenat, 13. November 1918*, in *Enstcheidungen des Reichsgericht. Zivilzachen*, 1919, 94, pp. 147, 149; *Reichsgericht, V. Zivilsenat, 10. Dezember 1919*, in *Idem*, 1920, 97, pp. 273 e ss., e 275. Cfr., igualmente, Flume, *Allgemeiner...*, II, *Das Rechtsgeschäft...*, p. 841, o qual apesar de admitir a existência de uma certa desarticulação entre a procuração e a relação subjacente considera que, no domínio da *Innenvollmacht*, a falta de unidade existente entre as duas figuras não assume o significado defendido por Laband encontrando-se o acto de concessão da procuração em muitos aspectos ligado ao vínculo gestório. V., também, em sentido não muito distante do de Flume, Medicus, *Allgemeiner...*, p. 358; Id., *Idem*, 7.ª ed., p. 356. Por último, sempre contra o carácter abstracto da procuração *Protokolle (Mugdan)...*, in *Die gesamten...*, I, p. 742. Na doutrina italiana pode ver-se para uma crítica às posições expressas por Laband e seus prosélitos a propósito da autonomia e abstracção da procuração, e a título exemplificativo: Pugliatti, *Il conflitto d'interesse...*, in *Studi...*, pp. 37 e ss.; Id., *Il rapporto di gestione...*, in *Ibidem*, pp. 157 e ss.; Id., *Idee...*, in *Ibidem*, pp. 213 e ss.; *Abuso di rappresentanza...*, in *Ibidem*, pp. 263 e ss.; Id., *Contratto...*, in *Ibidem*, pp. 315 e ss.; Id., *Programma...*, in *Ibidem*, pp. 501 e ss.; Ferrari, *Gestione...*, *passim*, maxime pp. 69 e ss., 86, 119, 123 e ss.; Ugo Natoli, *La rappresentanza*, cit., *passim*, maxime pp. 39 e ss. e 51 e ss.; Id., *Rappresentanza...*, in *Enciclopedia...*, XXXVIII, pp. 463 e ss.; Donisi, *Il contrato...*, pp. 164 e ss. e 178 e ss.; Paolo Papanti-Pelletier, *Rappresentanza...*, *passim*; autores que elevam o interesse subjacente à relação representativa e o negócio gestório a verdadeira pedra angular do fenómeno da representação voluntária; Valeria de Lorenzi, *La rappresentanza...*, in *Rappresentanza...*, pp. 72 e ss.; Lina Bigliazzi Geri, *Procura...*, in *Enciclopedia...*, XXXVI, pp. 995 e ss..

são de poderes de representação para valer isoladamente mesmo na ausência de uma qualquer relação gestória ou fundamental mais do que sobre dados positivos, ausentes quer dos códigos antigos quer dos actuais[122] – encontra a sua base em construções propostas pela doutrina tudesca e supostamente acolhidas pelo *BGB*[123] do qual teria passado, depois, para outras legislações, entre as quais se contaria o Código Civil português. A disciplina constante do § 164 do *BGB*[124] e dos artigos 258.º e seguintes do Código Civil pode parecer, de facto, e à primeira vista, dotada de uma configuração acentuadamente formalista e desligada de qualquer vínculo jurídico material ou interno entre o representado e o representante. Uma análise mais atenta permite, no entanto, detectar uma série de dados em sentido precisamente contrário, a indiciarem a ligação entre o poder de representação e a *procuratio*, de um lado, e a relação jurídica gestória, do outro. No que especificamente respeita à problemática da origem da procuração, a prova de quanto afirmamos extrai-se, a nosso ver, com meridiana clareza do artigo 265.º, n.º 1, do Código Civil – cujo teor corresponde no essencial ao do § 168, I, do *BGB* – ao determinar como, entre outras causas, a procuração se extingue quando cessa a relação jurídica que lhe serve de base[125, 126]. Ou seja, o legislador estabelece, de forma

---

[122] Assim, também, expressamente, Lina Bigliazzi Geri, *Procura...*, in *Enciclopedia...*, XXXVI, pp. 995 e 996. Em sentido aproximado v., Frotz, *Verkehrsschutz...*, pp. 337 e ss..

[123] *Idem.* Refira-se como nenhuma norma do *BGB* qualifica expressamente a procuração como negócio abstracto sendo certo, em contrapartida, o facto de todos os preceitos que poderiam alicerçar a doutrina da abstracção da *procuratio* exigirem sempre boa fé do terceiro transportando-nos, assim, para latitudes muito distantes da visão labandiana do fenómeno representativo.

[124] Mesmo assim no sentido segundo o qual a doutrina da abstracção da procuração não encontra nenhum apoio nos §§ 164 e ss. do *BGB* pode ver-se, entre outros, Frotz, *Verkehrsschutz...*, pp. 337 e ss..

[125] Assim, também, e entre nós, Oliveira Ascensão, *Teoria...*, III, p. 298; Id., *Direito civil...*, II, pp. 237 e 238; Menezes Cordeiro, *Manual...*, I, pp. 471 e 473; Id., *Tratado...*, I, III, p. 180. Na doutrina de raiz tudesca pode ver-se, em sentido mais ou menos aproximado, Planck, *Kommentar...*, 1.ª ed., I, comentário ao § 167, pp. 216 e 217; Seeler, *Vollmacht...*, in *Archiv...*, 28, pp. 25 e 26; Wellspacher, *Das Vertrauen..*, pp. 81 e 82; Dniestrzanski, *Die Aufträge...*, I, pp. 108 e 109; Goldberger, *Der Schutz gutgläubiger...*, p. 27; Rosenberg, *Stellvertretung...*, pp. 760 e ss., com «nuances»; Macris, *Die stillschweigende...*, pp. 105 e ss.; Joost, *Grosskommentar...*, comentário prévio ao § 48, p. 323; Frotz, *Verkehrsschutz...*, p. 330 (mas v., *op. cit.*, pp. 335 e ss., a propósito da procuração externa). Em Espanha cfr. na mesma direcção, e precisamente com referência ao § 168 do *BGB* e ao artigo 1179.º do Código Civil português, António Gordillo, *La representación...*, p. 72, nota (68), o qual pergunta: «*Onde está, frente a estes preceitos, a possibilidade de representação «isolada» ou suspensa*»?

[126] Excepto se outra for a vontade do representado, acrescenta-se. Mas isso significa tão-só que a relação gestória pode ser substituída por outra. Os poderes mantêm-se ficando a aguardar o consubstanciar de outra situação-base capaz de dar sentido ao seu exercício. Assim, expressamente, Oliveira Ascensão, *Teoria...*, III, p. 298, e nota (1); Id., *Direito civil...*, II, p. 238, nota (276); Pedro

expressa e categórica, uma ligação entre a existência e permanência duma relação de gestão válida e eficaz – de um lado – e a existência de poderes de representação – do outro – os quais desaparecem se, e quando, a primeira deixar de subsistir[127, 128]. Nestes termos, não se vê como pode a legitimação representativa nascer quando, logo à partida, a relação subjacente pura e simplesmente não chegou sequer a ser configurada ou se encontrava, desde logo, viciada[129]. A situação verificada nos casos de concessão de uma procuração isolada ou associada a um negócio gestório viciado em nada difere da verificada na hipótese na qual foram outorgados poderes de representação associados a uma relação subjacente entretanto extinta[130]. Se no último caso,

---

Pais de Vasconcelos, *Contratos...*, pp. 303 e 308 e ss.; Menezes Cordeiro, *Manual...*, I, p. 473. O sentido desta ressalva contida no artigo 265.°, n.° 1, do Código Civil iluminar-se-á de forma mais categórica à medida do desenvolvimento do estudo e análise do regime dos restantes aspectos e problemas suscitados pela figura da procuração e do poder de representação, designadamente, da sua compatibilização com a noção de autonomia privada, do âmbito e extensão da *procuratio* e do poder de representação, do abuso e revogação das faculdades representativas. Em direcção contrária à proposta por Oliveira Ascensão, Pedro Pais de Vasconcelos e Menezes Cordeiro, e por nós inteiramente subscrita, parece, contudo, pronunciar-se, Januário Gomes, *Em tema...*, p. 250. Na doutrina alemã v., perante o claro teor do § 168 do *BGB* (tão, e tantas vezes, abusivamente interpretado), no sentido segundo o qual não é possível a manutenção do poder de representação uma vez desaparecida a relação jurídica interna, Seeler, *Vollmacht...*, in *Archiv...*, 28, p. 32.

[127] Ligação que se cuidou expressamente de sublinhar nos trabalhos preparatórios do *BGB* (cfr., *Protokolle (Mugdan)...*, in *Die gesamten...*, I, p. 742) através da inequívoca afirmação segundo a qual a procuração não é nenhum negócio abstracto, antes se encontra apoiada numa outra relação jurídica. A posição de Hupka, *Die Vollmacht...*, pp. 162, nota (1), no sentido segundo o qual, apesar de os membros da segunda comissão de elaboração do *BGB* conceberem a procuração como um negócio necessariamente causal – numa visão, de acordo com Hupka, reforçada pela redacção dada ao § 168 do *BGB* –, esta opinião não teria expressão alguma na lei, pelo que a ciência jurídica e jurisprudência alemãs não estariam obrigadas a seguir esta falsa dogmática do legislador, não pode deixar de surpreender pelas profundas contradições de que padece. Se o carácter causal da procuração corresponde à dogmática do legislador como se pode afirmar não ter correspondência na lei? Se o artigo § 168 do *BGB* sugere, como reconhece Hupka, a aceitação de uma tese contrária à doutrina da abstracção da procuração como sustentar, seriamente, não encontrar a orientação favorável à compreensão da procuração como um negócio causal qualquer expressão na lei?

[128] Cai pois assim, e a nosso ver, por terra a afirmação proferida, entre nós, por Ferrer Correia, *A procuração...*, in *Estudos...*, II, p. 28, segundo o qual a nulidade da relação interna se não comunica à procuração e, destarte, soçobra também a ideia de autonomia integral da procuração. Isto porquanto, como bem refere a propósito Ferrer Correia, a referida abstracção pressupõe – ou implica – não se estender a invalidade da relação interna à *procuratio*.

[129] Em sentido contrário v., porém, e a título meramente ilustrativo da opinião dominante, Medicus, *Allgemeiner...*, p. 358; Id., *Idem*, 7.ª ed., p. 364.

[130] Conforme refere a propósito, Ferrer Correia, *A procuração...*, in *Estudos...*, II, p. 28; ou na literatura jurídica alemã, Joost, *Grosskommentar...*, comentário prévio ao § 48, p. 323, a abstracção da procuração destinar-se-ia a assegurar a protecção do tráfego jurídico por forma a garantir que o terceiro contraente pudesse confiar na procuração e nos poderes de representação mesmo na

os referidos poderes cessam por, entretanto, faltar a relação causal, como admitir a possibilidade de eles nascerem no caso de nunca ter chegado a existir uma relação causal ou de ela se encontrar *ab initio* inquinada? Não faz, pois, sentido a tese defendida, a este propósito, pela *communis opinio*, e de acordo com a qual a regra que estabelece a impossibilidade de a legitimação representativa se manter sem uma relação-base ou de gestão apenas seria susceptível de aplicação a propósito da extinção da procuração[131], verificando-se, assim, (apenas) no

eventualidade de uma falha ao nível da relação jurídica interna entre representante e representado. Não se vê, porém, qual a razão capaz de explicar a necessidade de semelhante tutela para o nascimento da legitimação representativa e o carácter dispiciendo da mesma quando em causa está a continuação ou extinção da referida legitimação.

[131] Assim, Hupka, *Die Vollmacht...*, pp. 161 e 162; Biermann, *Zur Lehre...*, p. 36; Von Thur, *Der allgemeine...*, II, II, p. 386; Hezel, *Der Mißbrauch...*, pp. 19 e 20.V., também, E., Jung, *Erörterung...* III, *Anweisung...*, in *Jherings Jahrbuch...*, 69, pp. 103 e ss., o qual parece admitir decorrer do § 168 do *BGB* a consequência segundo a qual nem a subsistência nem a origem da procuração são independentes da relação-base. No entanto o autor acaba por considerar a *Zustimmung* (consentimento) para a realização de negócios alheios como uma figura na verdade abstracta pelo que o § 168 do *BGB* só se deveria aplicar na dúvida. Por sua vez, segundo Eckner, *Der Missbrauch...*, pp. 17 e ss., o § 168 envolveria algum tipo de restrição à doutrina da abstracção da procuração. Contudo ele não seria suficiente para a impugnar. Em contradição com os demais preceitos do *BGB*, ele apenas poderia ter natureza excepcional. Em sentido ainda mais restritivo v., Enneccerus--Nipperdey, *Allgemeiner Teil...*, I, II, pp. 1137, 1141 e ss., nota (2), para quem, se é verdade que o § 168 do *BGB* estabelece a extinção do poder de representação em consequência da cessação da relação básica, para se poder aplicar a referida regra isso pressupõe ter realmente existido tal relação a qual se fundaria, exclusivamente, na vontade presumida da vontade do constituinte no sentido de limitar o poder de representação ao tempo de vigência do negócio de gestão e, por conseguinte, de circunscrever temporalmente a legitimação representativa; depois seguido, designadamente, por Würdinger, *Grosskommentar, cit.*, I, p. 531 (para quem o § 168 do *BGB* só seria aplicável se a vontade do autor da procuração for no sentido de fazer depender os poderes de representação da relação subjacente. No caso de se tratar de uma procuração isolada ou abstracta o § 168 já não seria chamado a depor [esta orientação é igualmente defendida entre nós por Helena Brito, *A representação...*, pp. 123 e 124, na esteira de quanto afirmam, perante o direito suíço, Zäch e Kunkel. Acerca da questão de saber se o § 168 do *BGB* vale também para a procuração externa de direito alemão v., porém, na literatura jurídica de língua alemã, Frotz, *Verkehrsschutz...*, p. 334; Flume, *Allgemeiner...*, II, *Das Rechtsgeschäft...*, pp. 846 e 847; e Tietz, *Vertretungsmacht...*, pp. 19 e ss., o qual, pasme-se, chega a admitir a aplicação do § 168 a casos de procuração isolada]. O autor está, todavia, a dar por demonstrado justamente aquilo que se pretende demonstrar. Discute-se, face a quanto dispõe o *BGB* a propósito da extinção da *procuratio* em caso de cessação da relação-base, se é, ou não, de admitir a existência de uma procuração isolada ou abstracta. Würdinger responde a favor do primeiro termo da alternativa limitando-se a afirmar como quanto a tais procurações não vale a regra do § 168 porque, nesses casos, o constituinte não quis ligar os poderes de representação a uma relação-base. Mas quanto justamente se procura saber é se ao autor do acto de concessão da legitimação representativa é dado desligá-la do vínculo gestório ou se, ao invés, não se deve pressupor, sempre e necessariamente, algum tipo de comunicação entre ambos. Não basta, pois, afirmar, sem mais, a simples possibilidade da existência de procurações isoladas ou abstractas para afastar a aplicação do § 168); Soergel-Leptien, *Bürgerliches...*, I, comentário ao § 168, pp. 1344 e ss.; Id., *Idem*, 13.ª ed., comentário prévio ao § 164, p. 544, e comentário

tocante à cessação do poder de representação uma excepção ao princípio da automonia da *procuratio* – já quanto ao nascimento, origem e concessão da procuração continuaria a valer o princípio da abstracção da *procuratio* da legitimação representativa[132]. Por que razão, insista-se,

---

ao § 168, pp. 616 e ss.; e Staudinger-Schilken, *Kommentar...*, I, comentário ao § 168, pp. 108 e 113. Entre nós é a própria lei a estabelecer, no artigo 265.º, n.º 1, do Código Civil, como o poder de representação se não extingue quando cessa a relação-base se não for essa a vontade do representado. Porém, e para uma interpretação do sentido a dar a esta disposição da nossa lei v. quanto se escreve em *supra* e *infra passim*. Em todo o caso refira-se, entre nós, no mesmo sentido da doutrina tudesca agora referenciada, Januário Gomes, *Em tema...*, pp. 249 e ss., e 259 e ss.. O autor reconhece como a opção do legislador acerca da sorte da procuração contraria a orientação clássica da independência dos poderes representativos. Ao estabelecer que a procuração se extingue quando cessa a relação subjacente está-se, em seu entender, a inculcar a ideia de uma dependência da procuração relativamente ao mandato. Se B tem mandato e procuração de A, por exemplo para adquirir um prédio, é lógico, afirma Januário Gomes, implicar a revogação do mandato a extinção dos poderes de representação, mesmo se estes tiverem sido conferidos em documento autónomo ou em momentos temporais diversos. Isto a desmentir (em conjunto com quanto decorre do artigo 1179.º do Código Civil) que, no nosso direito, exista uma vincada autonomia entre procuração e mandato. Contudo, o autor não deixa, por isso, de continuar a sustentar a possibilidade de concessão de uma procuração isolada restringindo, destarte, o alcance do ensinamento a retirar do artigo 265.º, n.º 1, do Código Civil aos casos de extinção da procuração. Nestes termos, o facto de o legislador ter consagrado a extinção dos poderes de representação em consequência da cessação da relação jurídica base não poria, segundo o autor, em causa a ideia fundamental da abstracção da procuração. Refira-se, por último e a fechar esta nota, a circunstância de aqueles mesmos autores que recusam a possibilidade de se aplicar ao nascimento da procuração preceitos previstos para respectiva extinção, já defenderem e sustentarem, abertamente, a independência da sorte da *procuratio* relativamente ao negócio subjacente com base em preceitos e argumentos tirados da suposta abstracção ou independência da origem da competência representativa, numa clara contradição e manipulação de processos e raciocínios (cfr., *infra*, designadamente a posição sustentada por Hupka à qual se faz alusão na próxima nota, e ainda as referências contidas na nota 138 deste parágrafo).

[132] Assim, defendendo expressamente – embora com diferentes tonalidades – a tese segundo a qual a concessão e nascimento dos poderes de representação seria absolutamente independente da relação gestória apenas se podendo admitir, por força do disposto no § 168 do *BGB*, uma relativização do carácter abstracto da *procuratio* em sede de extinção da legitimação representativa, Hupka, *Die Vollmacht...*, pp. 161 e ss. (o qual alega três ordens de argumentos contra a tese que vê no § 168, I, um preceito contrário à ideia de abstracção não apenas da sorte mas igualmente da origem da procuração: a) as necessidades de tutela do interesse do comércio jurídico; b) a caracterização pelo *BGB* do negócio de procuração como simples declaração sem fazer referência expressa à relação de gestão; c) a contrariedade entre a natureza da procuração e a sua ligação à relação subjacente. Trata-se, todavia, de argumentos refutados, todos eles no texto); Von Thur, *Der allgemeine...*, II, II, pp. 385 e ss.; Ennecerus-Nipperdey, *Allgemeiner Teil...*, I, II, p. 1137; Soergel--Leptien, *Bürgerliches...*, I, comentário prévio ao § 164, p. 1266; Id., *Idem*, 13.ª ed., comentário prévio ao § 164, p. 544, onde se proclama claramente como o § 168, traduz um abrandamento ou afrouxamento da doutrina da abstracção da procuração; Larenz, *Allgemeiner Teil...*, p. 616; e Tietz, *Vertretungsmacht...*, pp. 25 e ss., para a procuração externa do direito alemão, e 61 e ss. para a interna; e Martina Schwonke, *Verkehrsschutz...*, pp. 118 e ss. e 154, autora segundo a qual o *BGB* seguiria quanto à origem da procuração o princípio da abstracção enquanto relativamente à extinção desta valeria o princípio do mandato (causalidade). Finalmente v., Gotthardt, *Der Vertrauensschutz...*, p. 23; e Staudinger-Schilken, *Kommentar...*, I, comentário ao § 168, p. 109, autores para quem a

regra contida no § 168, I, representa uma reminiscência da antiga ligação entre mandato e representação. Entre nós v., sempre em defesa da ideia segundo a qual a extinção da procuração devido à cessação da relação subjacente apenas comporta uma relativização – e não um absoluto desmentir – do carácter abstracto da procuração, Paulo Mota Pinto, *Aparência de poderes de representação...*, in *Boletim...*, vol. LXIX, p. 600, nota (20); e Helena Brito, *A representação...*, p. 124. Segundo a ilustre escritora a circunstância de regime da cessação da procuração não colocar em causa o carácter abstracto do poder de representação poderia explicar-se por dois motivos ou ordens de razões: a) a primeira residiria na circunstância de a abstracção não significar autonomia total em relação a uma causa, nem a abstracção ter de ser absoluta. Ao contrário, os negócios abstractos apresentam – conforme ensinado, aliás, entre nós por Ferreira de Almeida, *Texto...*, II, p. 546; e Januário Gomes, *Assunção...*, pp. 106 e ss., mas o autor, em coerência com a crítica que havia feito noutro local a determinadas utilizações da expressão abstracção fala apenas em autonomia – graus diversos de independência relativamente ao título ou à relação que lhes está subjacente; b) no caso da procuração, mesmo na situação referida, continuaria a falar-se de abstracção pois a cessação da relação-base não pode ser oposta a terceiro que sem culpa a tenha ignorado (artigo 266.°, n.° 2, do Código Civil). Não podemos, todavia, e com a devida vénia, subscrever a tese propugnada por Helena Brito. Antes de mais porquanto não vislumbramos nada no artigo 266.°, n.° 2, do Código Civil capaz de permitir falar em abstracção da procuração. Para isso suceder era preciso que o preceito em análise contivesse alguma manifestação de insensibilidade dos poderes de representação relativamente a certas vicissitudes da relação fundamental. Em lugar nenhum se estabelece, porém, tal insensibilidade. Tudo quanto se faz na norma em referência é consagrar a simples inoponibilidade (aliás não só é a própria Helena Brito, *A representação...*, in *Revista...*, 9/10, p. 53; Id., *A representação...*, p. 159, quem, a propósito do artigo 266.° do Código Civil, fala diversas vezes em oponibilidade e em inoponibilidade, como o mesmo é feito pela restante doutrina de que se pode referir: Rui de Alarcão, *Breve...*, in *Boletim...*, 138, p. 111; Januário Gomes, *Em tema...*, p. 251; Paulo Mota Pinto, *Aparência de poderes de representação...*, in *Boletim...*, Vol. LXIX, p. 618, o qual destaca, ainda, como o tipo de protecção conferido pelo artigo 266.° aos terceiros tem sido, lá fora, ponto de apoio, e sem poder esgotá-la, para a construção de uma tutela geral da aparência – embora o autor pareça preferir a ideia segundo a qual em causa no artigo 266.° está um simples problema de oponibilidade e não de protecção da aparência [entre nós v., porém, no sentido da aproximação do artigo 266.° à tutela da aparência e confiança nela depositada pelo *tertius*: Hubertus Schwartz, *Sobre a evolução do mandato...*, in *Revista...*, XIX, pp. 111 e ss.; Menezes Cordeiro, *Da boa fé...*, II, p. 1244 nota (147); Id., *Da pós-eficácia...*, in *Estudos...*, I, pp. 143 e ss., maxime, pp. 156 e ss.; Januário Gomes, *Em tema...*, p. 237; Pinto Monteiro, *Cláusula penal e indemnização*, Coimbra 1990, p. 79, nota (177); e Pedro Múrias, *Representação...*, p. 27. Por último, e não obstante rejeitar como princípio a relevância da aparência no nosso direito, pode ver-se no sentido segundo o qual o artigo 266.° consagra um fundamento de confiança na aparência de procuração, Oliveira Ascensão, *Direito civil...*, II, pp. 263 e ss. Já em sentido mais próximo do defendido por Paulo Mota Pinto, a favor da ideia de que o artigo 266.° do Código Civil consagra uma situação de inoponibilidade, e contra a aceitação da posição segundo a qual as hipóteses previstas em tal preceito configurariam casos de procuração aparente, v. Raúl Guichard, *Da relevância...*, p. 66, nota (90); na esteira de Raffaele Moschella, *Contributo alla teoria dell'apparenza...*, pp. 80 e ss. e 181 e ss., autor este que põe em causa qualquer tentativa de aproximação da figura da inoponibilidade à ideia de aparência por considerar que, na primeira, o terceiro é tutelado através da manutenção da *fattispecie* jurídica principal enquanto na segunda se assiste ao operar de uma *fattispecie* diversa, precisamente a aparência da situação jurídica principal. Dúvidas a este respeito parece manifestar Paulo Mota Pinto, *Aparência de poderes de representação...*, in *Boletim...*, Vol. LXIX, pp. 618 e notas

(53) e (54). O argumento, para além de não ser aplicável ao caso do artigo 266.° [v., para um sublinhar a diferença entre a *fattispecie* principal e a situação protegida pelo artigo 1396 do Codice Civile, preceito de conteúdo perceptivo equivalente ao 266.° do nosso Código Civil, Enrico Zanelli, *Rappresentanza...*, in *Studi...*, 1967-1968, p. 299, para quem *Tatbestand* principal cessou e só se assiste à produção de efeitos jurídicos a ele equivalentes se o terceiro confiou na sua persistência, num fenómeno típico da protecção da aparência] enferma a nosso ver de formalismo excessivo. Quanto interessa perguntar é pelo porquê da inoponibilidade sendo que a mera referência à não oponibilidade não nos diz nada acerca da razão de ser ou fundamento dogmático da eficácia do negócio representativo [cfr., em sentido próximo, Zanelli, *Rappresentanza...*, in *Studi...*, 1967-1968, p. 288]. Ora essa destina-se, com certeza, a tutelar a confiança dos terceiros na aparência da procuração. Sublinhe-se, a circunstância já referida nesta nota de, precisamente, os distintos preceitos normalmente referidos ou reportados à inoponibilidade da extinção da procuração estarem na base da construção pela doutrina e jurisprudência estrangeiras de uma doutrina geral da procuração aparente – sobre o alcance do artigo 266.° v., ainda, *infra*, Parte II, Cap. III, quanto se escreve a propósito da extinção dos poderes de representação e *infra*, Parte II, Cap. IV, as considerações proferidas acerca da tutela da aparência. Sempre no sentido da aproximação das normas paralelas ao artigo 266.° do nosso Código Civil à ideia de representação aparente ou pela confiança pode ver-se, em França, para além de quanto se escreve *infra passim*, e designadamente, Parte II, Cap. V, e bibliografia aí citada, Jacques Léauté, *Le mandat apparent...*, in *Revue...*, p. 290; em Itália, e entre muitos outros referidos ao longo desta obra, Bolaffi, *Le teorie sull'apparenza giuridica (Note critiche)*, in *Rivista del Diritto Commerciale e del Diritto Generale delle Obbligazioni*, 1934, I, pp. 131 e ss., e por exemplo, pp. 132 e 146; Betti, *Teoria...*, III, pp. 241 e 242; Enrico Zanelli, *Rappresentanza...*, in *Studi...*, 1967-1968, pp. 287 e 288 e 304 e ss.; Bonelli, *Studi in tema di rappresentanza e responsabilità dell'imprenditore*, Milão, 1968, pp. 69 e ss., e designadamente, 102 e ss.; Valeria di Gregorio, *La rappresentanza...*, *passim* e pp. 124 e ss., 201, e 206 e ss. – cfr. também na jurisprudência italiana um dos arestos fundamentais na elaboração da teoria transalpina da representação aparente ou pela confiança *Cassazione, 7-4-1962* [apenas com indicação do sumário mas onde se exige, como forma da tutela da procuração aparente a existência de uma situação de confiança, de boa fé, por parte do terceiro], in *Rivista di Diritto Civile*, 1967, II, p. 369, com anotação de Bessone; em Espanha, António Gordillo, *La representación...*, *passim*, e designadamente, pp. 126 e 127, e 179, com referência expressa ao artigo 266.° do Código Civil português; na Alemanha Canaris, *Die Vertrauenshaftung...*, pp. 32 e ss. e 133 e ss.; e Larenz, *Allgemeiner Teil...*, pp. 641 e ss.) da efectiva extinção dos poderes de representação perante terceiros de boa fé que sem culpa a tenham ignorado. O facto de os negócios abstractos poderem comportar graus diversos de autonomia em nada nos parece, assim, afastar a conclusão segundo a qual o regime da extinção da procuração põe, igualmente, em crise a ideia de independência da origem da *procuratio*. Admitir-se-ão, porventura, graduações. Quanto não pode admitir-se é que a graduação em questão corresponda ao seu último nível da escada e nos conduza directamente ao seu último patamar. Ora, na ausência – e contra quanto sustenta Helena Brito – da previsão, no artigo 266.°, n.° 2, do Código Civil, de qualquer mecanismo de consagração da ideia de abstracção do poder de representação, é isso mesmo quanto faz o artigo 265.°, n.° 1, do referido diploma. De resto, a própria autora havia já tentado, em anterior escrito seu (v., Helena Brito, *A representação...*, in *Revista...*, 9/10, pp. 17 e ss., maxime 61 e ss.), explicar o regime dos artigos 266.° e 269.° do Código Civil, e certas formas de representação sem poderes, através do recurso ao mecanismo do efeito reflexo das obrigações, numa orientação que necessariamente preclude a ideia segundo a qual o regime presente no artigo 266.° seria o da abstracção dos poderes de representação (cfr., *infra*). Para mais pormenores acerca do funcionamento do artigo 266.° cfr., também, *infra*.

penalizaria, porém, o legislador o terceiro quando a relação na qual se apoia a legitimação representativa se extinguiu e o protegeria na eventualidade de tal relação não ter nunca surgido – e, inclusivamente, como pretendem os defensores da abstracção da *procuratio* – quando a contraparte se encontra perfeitamente ao corrente de semelhante situação[133]? A resposta a esta interrogação apenas pode ir no sentido sugerido designadamente por WELLSPACHER[134], da eliminação e rejeição da contradição valorativa que seria criada através da defesa – por um lado – da tese da abstracção da procuração quando se trata da concessão dos poderes de representação e da admissão – e por outro e simultaneamente – de uma ligação entre a legitimação representativa e negócio gestório, chegado o momento de determinar quais os casos de extinção da *procuratio*[135]. Sustentar, como o fazem a generalidade dos sequazes e mentores da visão labandiana do fenómeno representativo, ser essa uma consequência directa do preceito no qual se afirma decorrer o poder de representação da declaração do representado[136] –

---

[133] Nestes mesmos termos v., Wellspacher, *Das Vertrauen...*, p. 82.; e Goldberger, *Der Schutz gutgläubiger...*, p. 27. V., ainda, quanto escreve a este repeito, Frotz, *Verkehrsschutz...*, pp. 335 e ss..

[134] Wellspacher, *Das Vertrauen...*, p. 82. Cfr., igualmente, Joost, *Grosskommentar...*, comentário prévio ao § 48, p. 323, autor que escreve muito claramente não se vislumbrar qual o motivo capaz de conduzir legislador a conceder, em homenagem ao tráfego jurídico, e com recurso à ideia de abstracção da procuração, determinado tipo de protecção a quantos procuram apurar se certo poder de representação efectivamente nasceu, mas, e simultaneamente, a recusar essa mesma protecção quando se trata de saber se a faculdade de representação realmente concedida perdura no tempo ou se extinguiu.

[135] Contradição que sempre pareceria mais clara no direito alemão porquanto o artigo 265.°, n.° 1, do Código Civil estabelece, ao contrário de quanto acontece com o § 168 do *BGB*, uma ressalva final segundo a qual a cessação da relação que serve de base à procuração não importará na extinção desta se outra for a vontade do representado. Deve, todavia, insistir-se como a nosso ver (cfr., *supra*), e à semelhança de quanto defende a este propósito Oliveira Ascensão, Pedro Pais de Vasconcelos e Menezes Cordeiro, isso não significa a possibilidade de a legitimação representativa existir sem uma relação-base. É o restante regime da representação voluntária, e conforme teremos oportunidade de demonstrar, a apontar nesse mesmo sentido. Em direcção contrária cfr., todavia, Januário Gomes, *Em tema...*, pp. 239 e ss., e 249 e ss., o qual afirma apenas uma dependência da sorte e extensão da procuração relativamente ao mandato, mas já não admite tal dependência quanto à origem; e Helena Brito, *A representação...*, pp. 123 e 124. Na doutrina italiana pode ver-se, para uma desvalorização, à luz do direito tudesco, da argumentação extraída do § 168 do *BGB* no sentido da causalidade da procuração, Giovanni di Rosa, *La «astratteza» della procura...*, in *Contrato...*, 1994, X, I, pp. 126 e ss. (v., também, os autores citados *supra*). Adiante, e conforme referido já, teremos oportunidade de explicitar o nosso entendimento acerca do alcance da ressalva final do artigo 265, n.° 1, do Código Civil.

[136] Cfr., entre outros, e para uma ilustração de quanto se afirma, Hupka, *Die Vollmacht...*, pp. 161 e 162; Crome, *System...*, I, p. 460; Isay, *Geschäftsführung...*, p. 225; Enneccerus-Nipperdey, *Allgemeiner Teil...*, I, II, pp. 1136 e 1137, onde se refere expressamente como «*De acordo com o § 167 o poder de representação voluntária concede-se mediante declaração dirigida à pessoa do procurador ou ao terceiro frente ao qual deve ter lugar a representação. Assim qualquer declaração cujo conteúdo seja o de dar*

como acontece com o § 167 do *BGB* – ou da procuração – como sucede com o artigo 262.º do Código Civil – afigura-se, em nosso entender, como fruto de uma visão apriorística do fenómeno representativo, claramente marcada por uma petição de princípio[137, 138, 139].

---

poder a A para a conclusão de certos negócios é uma procuração, e o § 167 não permite que se estabeleça como requisito ulterior para o conteúdo do negócio de concessão dos poderes de representação voluntária que em todos ou apenas nalguns casos, ainda, tenha de conter a relação básica entre o constituinte e o procurador»; Flume, *Allgemeiner...*, II, *Das Rechtsgeschäft...*, p. 825, embora apenas de forma indirecta; Soergel--Leptien, *Bürgerliches...*, I, comentário prévio ao § 164, p. 1266 e, comentário ao § 167, p. 1318; Id., *Idem*, 13.ª ed., comentário prévio ao § 164, p. 544, comentário ao § 167, pp. 590 e 591; Tietz, *Vertretungsmacht...*, *passim*, e maxime pp. 26 e 27.

[137] Contra semelhante forma de raciocínio v., porém, Frotz, *Verkehrsschutz...*, p. 337, o qual depois de sublinhar como a ideia da abstracção da procuração não encontra qualquer apoio nos §§ 164 e seguintes do *BGB*, refere quer a impossibilidade de a doutrina dominante negar a viabilidade de alguém declarar «conceder a *X* procuração para tomar todas as medidas de administração doméstica conformes aos deveres de actuação do *procurator*» quer ainda a evidência da necessidade de, na ausência de um preceito no qual se diga expressamente o contrário, se limitar e restringir o poder de representação voluntário aos casos de actuação lícita – no sentido de compreendida no *Dürfen* ou *licere* do representante.

[138] Exemplo claro de quanto afirmamos são as afirmações proferidas por Hupka, *Die Vollmacht...*, p. 378, o qual, repise-se, afirma como a solução que consiste em fazer depender o poder representativo do negócio gestório se mostra equivocada por contrariar a natureza da procuração e do poder de representação (veja-se, em sentido, mais ou menos aproximado, mas ainda assim, com algumas diferenças, Soergel-Leptien, *Bürgerliches...*, I, comentário ao § 168, p. 1345; Id., *Idem*, 13.ª ed., comentário ao § 168, p. 6161, onde se afirma ter o *BGB* configurado abstractamente a representação voluntária. O seu surgimento encontra-se desligado da relação jurídica base, destarte, a extinção da legitimação representativa deve em primeiro lugar determinar-se de acordo com o próprio conteúdo da procuração. Nessa medida, o § 168 colocaria um acento enganador na relação-base). Não é, porém, o regime jurídico de um qualquer instituto jurídico a ter de se adaptar a uma sua qualquer natureza prévia (de resto ela própria construída com base no regime jurídico para ela definido em tempos já longínquos pelo *ADHGB*) mas sim o inverso.

[139] Convém, ainda, referir como mesmo, se por comodidade, se admite-se – com a doutrina dominante – que o § 168, I, do *BGB* ou o artigo 265.º, n.º 1, do Código Civil apenas seriam susceptíveis de ser interpretados por forma a determinar-se se o poder de representação se encontraria, ou não, extinto, e não já para saber se ele foi realmente concedido, a diligência e cuidado postos por um terceiro contraente criterioso, ao outorgar com um representante, pouco se alterariam com semelhante concessão, e, do mesmo passo, a certeza e celeridade do tráfego jurídico pouco beneficiariam. É que, apesar da falta ou vícios da relação subjacente não lhe poderem ser, nesse caso, opostas, se essa oponibilidade resultasse exclusivamente do facto de, em sede de concessão dos poderes de representação, se verificar uma abstracção dos mesmos – a qual faltaria nas hipóteses de cessação da legitimação representativa – ele sempre teria de se certificar se, tendo sido validamente concedida uma procuração, não teria, entretanto, cessado a relação fundamental porventura a ela subjacente, designadamente nos termos do artigo 262.º, n.º 2 (ou, em última análise, certificar-se de que tal relação fundamental não existiu nunca). Isso mesmo é, de resto, reconhecido, com referência à *procuratio* externa do direito alemão, por Tietz, *Vertretungsmacht...*, pp. 18 e 19, autor que dedica longas páginas à tentativa de explicar a independência dos poderes de representação com base na necessidade de se assegurar uma adequada tutela do tráfego jurídico. Na verdade, o autor afirma expressamente como, se se pretender defender de forma consequente

Extrai-se de uma simples determinação genérica uma conclusão acerca do sentido a dar ao regime jurídico do fenómeno da representação voluntária quando se deveria proceder justamente de forma inversa: partir-se das normas onde se fixam soluções para os vários problemas concretos da representação baseada na vontade do constituinte para, depois, e à luz dos resultados obtidos, se procurar integrar e determinar o exacto alcance dos preceitos relativos ao sentido e natureza do acto de concessão da legitimação representativa. Tanto mais quanto é, a nosso ver, certa a circunstância de, por si só, o § 167 do *BGB* e, de forma mais marcada e evidente ainda, o artigo 262.º do Código Civil, se afigurarem perfeitamente compatíveis com qualquer das teses em debate: a da abstracção da procuração e a da sua vinculação à relação de gestão. Na verdade, o § 167 do *BGB* limita-se a estabelecer como

---

a ideia de que a procuração se encontra ao serviço da protecção do tráfego (*Verkehrsschutzkonzeption*), não chega deixar os efeitos representativos apenas associados ao poder de representação. É necessário que a própria duração do poder de representação, o *posse*, seja independente do *licere*. De outro modo, escreve, o terceiro conhecedor da procuração, apenas poderia estar seguro de, em determinado momento, ter, de facto, sido concedida uma *procuratio*. No entanto, temeria que, um segundo jurídico depois, e de forma para ele desconhecida, a procuração tivesse sido restringida ou mesmo eliminada através do desaparecimento da relação-base. Tudo a obrigar o *tertius* a certificar-se sobre os contornos da relação gestória – assim se deixando entrar pela janela quanto se não quis permitir passasse pela porta. Este «dever» de certificação é, entre nós, minorado porquanto, o artigo 266.º, n.ºs 1 e 2, contém uma regra de protecção de terceiros de boa fé a qual apenas admite a oponibilidade da cessação dos poderes de representação em determinadas circunstâncias. Conforme haverá oportunidade de se demonstrar mais detalhadamente adiante, quando se tratar das causas de modificação e extinção da procuração, tal regra nada tem a ver, porém, com o esquema da abstracção da procuração (em sentido contrário v., porém, Helena Brito, *A representação*..., p. 124). Na verdade, na visão labandiana do fenómeno representativo a relação jurídica interna é irrelevante para o poder de representação. As vicissitudes da primeira não interferem na segunda. Esta ideia não está, todavia, presente no esquema resultante dos artigos 265.º, n.º 1, e 266.º, n.ºs 1 e 2, do Código Civil. Imagine-se, por exemplo, o caso de um mandato com representação entretanto extinto. Nos termos dos preceitos agora referidos, se o procurador celebrar, já depois da cessação de vigência do referido mandato, primeiro um negócio representativo perante um terceiro conhecedor da cessação da relação-base e, depois, outro perante contraparte desconhecedora, sem culpa, de tal cessação, verifica-se como, num caso, o acto do representante não vincula o principal enquanto, no outro, o *dominus* fica adstrito à actuação de quem escolheu para procurador. Isso não significa, todavia, que, nesta última hipótese, a procuração não se considere extinta, como sucederia se valesse a regra de respectiva abstracção. Se, de facto, o poder de representação permanecesse realmente insensível às vicissitudes da relação gestória, então, o representado deveria responder pelos dois negócios outorgados pelo *procurator* e não apenas por um deles. O facto de o primeiro negócio não ser para ele eficaz mostra, realmente, como, ao contrário de quanto pretendem os defensores da construção labandiana da procuração, a relação interna produz efeitos fora do exclusivo âmbito dos laços entre representante e representado e se projecta para o exterior. É apenas um mecanismo de protecção da boa fé, e não qualquer ideia de abstracção do negócio de concessão de poderes de representação, a limitar, em determinadas circunstâncias, o quadro de tal projecção externa.

a concessão do poder de representação se realiza mediante declaração emitida frente ao procurador ou ao terceiro perante quem deve ter lugar a representação. Isso não impede, todavia, que outros requisitos possam, eventualmente, e por força de disposições legais adicionais, acrescer à declaração do constituinte para o *procurator* poder eficazmente vincular o principal – a saber a existência de uma relação interna validamente constituída[140]. E o mesmo sucede com o artigo 262.º do nosso Código Civil. De acordo com quanto se encontra aí estabelecido «*diz-se procuração o acto pelo qual alguém atribui a outrem, voluntariamente, poderes representativos*». Resta saber e determinar os precisos moldes aos quais a procuração deve obedecer e se ela não terá, necessariamente, para permitir a vinculação do *dominus* de se articular ou ligar a uma relação gestória entre o representado e o representante. São estas, todavia, interrogações para as quais, ao contrário de quanto tem sido pretendido, nem o § 167 do *BGB* nem o artigo 262.º, n.º 1,

---

[140] E a questão de saber se o poder de representação está ou não dependente de uma relação gestória pode inclusivamente pôr-se, contra quanto é sustentado pela *communis opinio* germânica, naqueles casos nos quais, de acordo com o disposto no § 167 do *BGB*, a declaração é emitida frente ao terceiro. Basta, para se considerar imprejudicada a necessidade de a *procuratio* depender, forçosamente, de uma relação de gestão, que se considerasse ir pressuposta na declaração do constituinte a referência a uma relação gestória ou se defenda, com Pugliatti, Natoli, Bavetta, Papenti-Pelletier e Gordillo, ser a *contemplatio domini* – sempre necessária mesmo nas hipóteses admitidas pelo direito alemão de procurações externas – uma forma de exteriorização do vínculo interno estabelecido entre o representante e o representado (cfr., Pugliatti, *Il conflitto...*, in *Studi...*, *passim*, designadamente, pp. 59 e 60, 107 – onde se escreve: «*A relação representativa stricto sensu não constitui um obstáculo a que o terceiro venha a ter conhecimento da relação de gestão. Ela não cria uma parede opaca e impenetrável, mas ao contrário é como um cristal transparente através do qual toda a relação interna se revela ao terceiro, pois quando da declaração do cooperador o terceiro é posto em condições de conhecer a relação representativa em toda a sua integridade, pelo facto de aquele poder denunciado assumir uma real consistência quando se torna manifesto o seu alcance, as suas condições e limites, os quais são reflectidos na relação de gestão.*» – p. 110 – na qual o autor italiano afirma categoricamente a, propósito do sentido da *contemplatio domini* «*(...) esta não deve ser entendida como uma actuação abstracta do cooperador em nome do principal, mas antes como um comportamento daquele frente ao terceiro destinado a tornar conhecido que o verdadeiro contraente é o representado e não o representante (...) e que, por conseguinte, o negócio deve ser concluído no interesse do representado*» – p. 116; Id., *Sulla rappresentanza...*, in *Idem*, pp. 401 e 402; Natoli, *La rappresentanza...*, pp. 41 e ss., com indicação de jurisprudência em igual sentido; Bavetta, *Mandato...*, in *Enciclopedia...*, XXV, pp. 332. Em Espanha v., sempre na mesma direcção Gordillo, *La representación...*, pp. 70 e 71, autor que escreve: «*(...) a representação não depende apenas geneticamente da relação gestória mas sim também teleologicamente. A sua operatividade (actuação representativa) supõe a manifestação para o exterior da condição de colaborador do representante (contemplatio domini) e esta, por sua vez, implica o aparecer do encargo recebido, em função do qual e como meio a seu serviço, se explica o poder de representação. Se a representação liga o dominus aos terceiros é porque previamente tornou patente diante destes a relação que une aquele ao representante*»). E nem quanto se dispõe nos §§ 170 e seguinte acerca da extinção da chamada procuração externa parece ser necessariamente impeditivo da necessidade de articulação da referida *procuratio* com uma relação de gestão. Cfr., Wellspacher, *Das Vertrauen...*, pp. 83 e ss..

do Código Civil dão qualquer resposta[141]. Em contrapartida, vários outros aspectos do regime jurídico do fenómeno representativo contido em ambas as legislações – e em muitos aspectos de forma ainda mais acentuada na legislação nacional – entre os quais o § 168, I, do *BGB* e o artigo 265.º, n.º 1, do Código Civil, apontam para a existência de uma ligação entre a procuração e a relação jurídica base, e, destarte, para a eficácia externa desta última[142].

VI – Alguma doutrina, à cabeça da qual se encontra ENNEC-CERUS[143, 144], pretende demonstrar, é certo, como a sujeição do nascimento ou origem do poder de representação ao regime de dependência e correlação entre o negócio gestório e *facultas representandi* contido no § 168 do *BGB*, e ao qual corresponde no essencial o artigo 265.º, n.º 1, conduziria a resultados de uma injustiça capaz de bradar aos céus. Fá-lo, porém, sem qualquer sucesso. Os exemplos por ele aduzidos para o efeito acabam mesmo por ter um efeito inverso do pretendido: não só não demonstram a procedência da tese da abstracção da procuração como, ao contrário, trazem à tona de água como toda a problemática se reduz a uma questão de protecção dos terceiros de boa fé, a qual nada tem a ver com a suposta autonomia da *procuratio*[145].

---

[141] Contra naturalmente a bibliografia citada *supra* em nota com particular destaque para Enneccerus-Nipperdey, mas em termos que nos parecem ora apodícticos ora sem justificação convincente.

[142] Compreendem-se por isso as palavras de Menezes Cordeiro, *Tratado...*, I, III, p. 180, o qual escreve: «(...) *o procurador terá de ter outorgado validamente no negócio-base: de outro modo, a invalidade deste implica a da procuração, por aplicação directa, ou analógica, do artigo 265.º/ 1.*»

[143] Enneccerus-Nipperdey, *Allgemeiner Teil...*, I, II, p. 1137, e nota (44), pp. 1141 e 1142, e nota (2).

[144] Cfr., também, e para além dos demais autores citados *infra*, quanto escreve a este respeito Hupka, *Die Vollmacht...*, pp. 158 e ss..

[145] De facto, e tal como referido a propósito por Frotz, *Verkehrsschutz...*, p. 273, a suposta independência do nascimento da procuração relativamente ao negócio gestório ou causal não é senão uma medida de protecção e, destarte, apenas é justificada quando o terceiro seja, de facto, merecedor de tutela. Da mesma forma, Tietz, *Vertretungsmacht...*, *passim*, p. 286, considera que a abstracção do poder de representação apenas aproveita a terceiros dignos de cobertura jurídica. Mas então, a ser assim, não deve falar-se em autonomia integral da procuração mas sim em defesa da boa fé. Refira-se, aliás, como parte da doutrina favorável à ideia de abstracção da procuração acaba por reconhecer e afirmar, expressamente, como nenhum dos defensores da ideia de autonomia da procuração conseguiu, alguma vez, dar um exemplo de uma *procuratio* totalmente desprovida de uma relação-base. O máximo a que eventualmente se teria chegado seria o apontar de situações nas quais se assistiria a negócios gestórios inválidos mas nunca a casos de negócios representativos assentes numa procuração pensada para valer sempre isoladamente e sem nunca ter tido na sua origem um acto jurídico base. Assim, Hezel, *Der Mißbrauch...*, p. 20.

Segundo ENNECCERUS, a validade do acto de concessão do poder de representação não depende da relação básica[146]. Isto, considerando quanto se dispõe no § 167 do *BGB*. Para chegar a semelhante conclusão bastaria, no dizer do autor tudesco, atentar em como, sob pena de se chegar a resultados perfeitamente intoleráveis, a concessão de faculdades representativas a um menor de idade se afigurar válida ainda que, por exemplo, o contrato de prestação de serviços em vista do qual tais faculdades foram conferidas se revele inválido por falta de consentimento do representante legal. Suponha-se, na convicção errónea que determinado incapaz beneficiava do consentimento do pai, tomar alguém ao seu serviço um administrador de bens, menor de idade, e conceder--lhe uma procuração para a venda de grão e de gado[147]. Na ausência do principal, o menor realiza uma série de actos de alienação compreendidos no âmbito dos poderes outorgados e desaparece com o dinheiro cobrado. Seria uma injustiça tremenda, afirma ENNECCERUS, admitir a possibilidade de o principal tratar como ineficazes todas as vendas efectuadas pelo seu adminis-trador, até porque, devido ao facto de não ter enriquecido, o *dominus* nem sequer teria de considerar pago o preço.

A semelhante argumentação poderia, todavia, responder-se muito simples-mente, com ISAY[148], como, quem, com base numa afirmação, declaração ou mesmo comunicação de um representante, contrata com um procurador pro-cede naturalmente por sua própria conta e risco. A confiança depositada no *procurator* pode vir a revelar-se infundada, porquanto a procuração apresentada é, na verdade, susceptível de se mostrar inconsistente ou inexistente. Trata-se, contudo, de uma circunstância que nada tem de injusto. Tal como se mostra impossível assegurar uma protecção total a quem concede crédito, também se não pode assegurar uma defesa absoluta a quem negoceia com um procurador. Mas mais. O exemplo proposto por ENNECCERUS é perfeitamente reversí-vel, criando uma situação de perfeita injustiça agora não em desfavor do ter-ceiro, mas do próprio representado. Imagine-se, por hipótese, contratar alguém um menor de idade como administrador dos seus bens na convicção, errónea, de ele ser maior, ou ter visto a sua incapacidade suprida pelo respectivo poder paternal. Esse menor, no exercício dos poderes de representação conferidos pelo *dominus*, celebra, com um terceiro conhecedor da respectiva incapacidade, vários contratos fugindo, depois, com as quantias entregues. Qual o resultado a que conduziria, nesta hipótese, a doutrina da abstracção da procuração?

---

[146] *Idem*, I, II, p.

[147] O exemplo do menor mandatário/procurador parece constituir verdadeiro emblema da tese que defende a independência da origem da *procuratio* relativamente à relação interna. Na verdade ele aparece em quase todas as exposições nas quais se pretende fazer vingar o ponto de vista da independência e autonomia da origem da procuração. A título meramente exemplificativo pode ver-se quanto escrevem a este respeito Frotz, *Verkehrsschutz...*, p. 263; e Larenz, *Allgemeiner Teil...*, p. 615.

[148] Isay, *Geschäftsführung...*, pp. 229 e 230. Cfr., igualmente, *Denschrift (Mugdan)...*, in *Die Gesamten...*, I, p. 838; e Frotz, *Verkehrsschutz...*, pp. 265 e 266. Entre nós v., Paulo Mota Pinto, *Aparência de poderes de representação...*,, in *Boletim...*, vol. LXIX, pp. 591 e ss., maxime p. 597. Na doutrina italiana v., sempre no mesmo sentido, Gianni Galli, *Rappresentanza...*, in *Revista...*, 1968, p. 1797; e Galgano, *Diritto...*, p. 292.

O representado responderia perante o terceiro pelas quantias recebidas pelo menor. E isto apesar de a procuração ter sido concedida, na dependência de um determinado encargo[149], como simples forma ou meio de desempenhar determinadas relações laborais ou de serviços as quais são, como bem o sabe o terceiro, inválidas. Será, então, razoável e justo vincular o representado perante o terceiro? A resposta não pode deixar de ser negativa[150]. Donde se dever concluir no sentido segundo o qual, ao contrário de quanto pretende ENNECCERUS, a doutrina da abstracção e independência da origem da procuração não conduzir necessariamente a resultados mais justos ou equitativos. Ela presta-se mesmo a abusos e à tutela de quantos se encontram de má fé, por saberem, designadamente, que entre a procuração e a relação-base não existe a correspondência pressuposta pelo *dominus* aquando da sua concessão – naquilo que constitui, de resto, uma das principais críticas movidas à visão labandiana do fenómeno representativo[151]. Verifica-se, pois, como ENNECCERUS pretende através de um exemplo com características absolutamente particulares e específicas, transformar um dos maiores defeitos da doutrina da abstracção da procuração numa virtude: a de conduzir a resultados mais adequados do ponto de vista dos interesses em jogo nos concretos casos de invalidade ou inexistência de uma relação gestória a acompanhar a procuração. A existir, porém, alguma qualidade na tese da autonomia do poder de representação relativamente ao negócio causal ela não estaria na maior justiça das soluções alcançadas mas sim numa maior certeza, segurança e celeridade do tráfego jurídico, as quais são levadas *à outrance* e acabam, justamente, por redundar num prejuízo para a justiça material. O próprio LABAND afirma de forma categórica como «*através da separação entre mandato e poder, entre poder de representação e relação jurídica* in concreto *existente entre representante e o representado, dá-se a possibilidade de uma autónoma legitimação do tráfego. O representante considera-se autorizado perante um terceiro a fazer valer direitos de um outro (...) independentemente de proteger os respectivos interesses ou de os lesar*»[152]. Ao contrário, pois, de quanto parece insinuar ENNECCERUS quanto a visão labandiana do fenómeno representativo pretende garantir nada tem, assim, a ver, com preocupações de justiça[153]. Ao invés foi desejo, expresso, de LABAND substituir

---

[149] Cfr., o artigo 1178.º, n.º 2, do Código Civil.

[150] Repare-se, por exemplo, como autores tais como Windscheid-Kipp, *Lehrbuch...*, I, p. 364, os quais apesar de, não só, manifestarem a sua adesão de princípio à interpretação proposta por Enneccerus para o § 168 do *BGB* como aceitarem, ainda, a pertinência do exemplo do menor esgrimido por este autor, não se coíbem de afirmar a ideia de que se não poderá excluir a aplicação da regra do § 173 do *BGB* (o legislador alemão estabelece aí como, no caso de o terceiro conhecer ou dever conhecer as causas de extinção do poder de representação, se não aplicam as regras destinadas a proteger o terceiro contraente e a vincular o *dominus*) a casos nos quais se debate a própria existência da faculdade de representação apesar de, nesse preceito, o legislador se referir tão-só a situações de extinção da representação, sob pena de se poder cair numa gritante injustiça (*schreiende Unbilligkeit*).

[151] Cfr., *supra*, Parte I, Cap. IV, parágrafo 3.

[152] Laband, *Die Stellvertretung...*, in *Zeitschrift...*, X, p. 240.

[153] Para uma apreciação detalhada da doutrina da abstracção da procuração tal como emergiu da pena do jovem Professor de Conisberga v., *supra*, Parte I, Cap. IV, parágrafo 3.

todos e quaisquer cuidados ou inquietações com a materialidade subjacente ao momento da representação por simples preocupações de legitimação formal: «*an der stelle der Berechtigung tritt die Legitimation*» – afirma o jovem Professor de Conisberga de forma desassombrada e sem margem para quaisquer equívocos[154]. Ou seja: as vantagens da tese da abstracção da procuração residiriam, tão-só, num acréscimo de certeza, segurança e celeridade do tráfego jurídico, obtidas, precisamente, à custa da tal justiça que ENNECCERUS pretende – erradamente – ver assegurada de forma mais adequada através da aceitação da visão de raiz labandiana do fenómeno representativo. E se o exemplo esgrimido pelo autor não deixa de poder, à primeira vista, impressionar, nem por isso as respectivas conclusões deixam de estar em flagrante conflito com as premissas e pressupostos dos quais arranca a construção da autonomia da *procuratio* – as quais passam, repise-se, justamente, por retirar do âmbito do fenómeno representativo os cuidados com a justiça material para apenas lá deixar as inquietações e preocupações com a garantia de uma fácil circulação do tráfego jurídico. Além disso, e se porventura em determinados casos concretos, subsumíveis[155], ou não, na hipótese proposta por ENNECCERUS, se afigurar verdadeiramente chocante considerar o negócio representativo como ineficaz, relativamente ao principal, em virtude de alguma vicissitude conexa com a relação subjacente não é pelo simples facto de se rejeitar a ideia de abstracção da procuração que fica necessária e impreterivelmente vedada a possibilidade de chamar o *dominus* a responder por actos do seu auxiliar. Pense-se nas diversas soluções desenvolvidas ao longo de séculos, pelos grandes pensadores e jurisconsultos, homens de leis, legisladores e tribunais para acautelar a posição do terceiro contraente, e às quais já várias vezes se fez alusão. Na verdade, naqueles casos nos quais o facto de a confiança depositada pelo *tertius* na consistência dos poderes de representação poder ser gravemente violentada em virtude de uma inconsistência da relação jurídica interna seriam chamadas a depor as várias regras previstas quer no *BGB* quer no Código Civil no sentido de assegurarem a tutela de quantos justificadamente e de boa fé acreditaram na existência das faculdades representativas[156], assim como se faria apelo aos diversos princí-

---

[154] Laband, *Die Stellvertretung...*, in *Zeitschrift...*, X, p. 241.

[155] V., designadamente, quanto escreve, a respeito do exemplo proposto por Enneccerus, Isay, *Geschäftsführung...*, pp. 230 e ss.. Pode verificar-se, na hipótese do menor, uma situação na qual, em virtude quer da existência de certos momentos objectivos a que o representado deu origem quer da boa fé do terceiro e da tutela da confiança por ele depositada nos referidos momentos objectivos, um caso de vinculação do principal apesar de não se estar na presença de uma procuração válida. Assim, e segundo Isay, na hipótese do administrador menor que desaparece com o produto dos actos por ele realizados, o representado fica vinculado não em consequência de uma qualquer abstracção da procuração mas sim em resultado de o menor ocupar a posição externa de administrador, à qual está em virtude do seu momento objectivo associado um poder de representação. Em sentido idêntico, admitindo a possibilidade de, numa situação como a referida por Enneccerus, o principal poder ficar vinculado, não em virtude do carácter abstracto da *procuratio*, mas por ter criado um *Tatbestand* exterior em função da qual o terceiro pode confiar na existência da procuração do empregado, Wellspacher, *Das Vertrauen...*, pp. 101 e 102; e Goldberger, *Der Schutz gutgläubiger Dritter...*, pp. 27 e 28, nota (14).

[156] Cfr., a este respeito quanto se escreve *infra* e, ainda, Planck, *Kommentar...*, 1.ª ed., I, comentário ao § 167, p. 216; Seeler, *Vollmacht...*, in *Archiv...*, p. 42; e Wellspacher, *Das Vertrauen...*, p. 82.

pios ou soluções desenvolvidos *praeter legem* por doutrina e jurisprudência a partir de tais regras.

Mas a prova final, segundo a qual o § 168 do *BGB* – paralelo ao nosso artigo 265.º, n.º 1 – colide realmente com a ideia de que a procuração seria na sua origem e nascimento abstracta e independente da relação de gestão, dá-a o próprio ENNECCERUS quando, precisamente, pretende demonstrar a possibilidade de se conciliar o preceito em referência com a visão labandiana do fenómeno representativo. Na verdade, o autor germânico afirma: «*O § 168, I, diz que a extinção do poder de representação voluntária se determina segundo a relação que tem por base. Isto não significa, todavia, que o termo da relação tenha necessariamente (ou por sua natureza) de trazer como consequência a extinção do poder de representação voluntária, mas, tão-só, que a duração da procuração (na falta de outra determinação do constituinte), deve apreciar-se de acordo com a duração daquela relação. Posso nomear o meu administrador por três meses e, não obstante, dar-lhe poderes de representação voluntária para um ano (...) ou, ao invés, limitar os poderes de representação voluntária a um prazo mais curto do que a relação de serviços. Contudo se nenhuma disposição se encontra sobre a duração do poder de representação voluntária então deve supor-se que eles apenas foram concedidos pelo tempo de duração da relação de serviços. E isto tem de dizer-se não apenas para o procurador como, também, para um terceiro que conclua negócios com ele. Por conseguinte, se o terceiro conclui negócios com o meu administrador despedido, sabendo que ele foi despedido, não pode invocar que na concessão dos poderes de representação voluntária não se falou na limitação temporal. Pelo contrário se o terceiro nada sabia acerca do despedimento do meu administrador, então, tem de se distinguir, se ele tinha alguma razão especial para supor a existência do poder de representação voluntária, ou seja se tal poder lhe foi declarado frente a ele ou se lhe foi notificado ou se foi publicamente declarado, ou se lhe foi apresentado documento com os poderes de representação voluntária. Nestes casos ele será protegido, enquanto pessoa de boa fé, dentro de certos limites. Todavia, se contratou com o administrador (despedido) sem ter uma das razões especiais referidas, fê-lo por seu próprio risco, e não funcionarão a seu favor as disposições de protecção do BGB.*» Mas a ser assim, como pretende ENNECCERUS, e nos parece também, então, não pode haver qualquer dúvida no sentido segundo o qual a procuração e os correspondentes poderes de representação não sofrem de qualquer autonomia relativamente à relação de gestão. Quando esta cessa, termina, também, a faculdade representativa. Em determinados casos, e dentro de certos limites circunscritos, pode, todavia, acontecer continuar o representado vinculado, não obstante, o desaparecimento do negócio gestório. Isso acontece não porque os poderes de representação se não tenham extinto com a relação a eles subjacente mas, antes, em homenagem à tutela da confiança a qual deve, em certas circunstâncias, ser preservada. Ou seja: a extinção da relação subjacente provoca realmente a extinção do poder de representação voluntária e, destarte, coloca em crise a tão propalada ideia de autonomia e de abstracção da procuração.

Qual a razão, porém, repise-se, por que as coisas seriam assim quando em causa está a extinção da procuração e não devam necessariamente processar-se da mesma forma aquando da concessão dos poderes de representação – de modo a não se admitir a existência de poderes de representação sem uma relação jurídica material subjacente – é algo insusceptível de se entender.

Quanto vale para a extinção da procuração deve valer igualmente para a respectiva concessão e outorga[157, 158].

Mas não são apenas os exemplos aduzidos por ENNECCERUS, para ilustrar a suposta pertinência da procuração isolada, a revelar a debilidade da tese da admissibilidade da representação suspensa. O mesmo acontece, também, com as hipóteses imaginadas pelos autores mais recentes.

Veja-se, entre outros, e como paradigma de quanto se afirma, o ensinamento de FLUME[159]. O autor tudesco defende expressamente como a con-

---

[157] Assim, também, Dniestrzanski, *Die Aufträge...*, I, p. 108.

[158] Isto numa conclusão reforçada entre nós pela, já referida, dependência funcional e estrutural (mas não conceptual) que a lei estabelece quer no artigo 1178.º, n.º 2, quer no artigo 1179.º do Código Civil – e se outros motivos igualmente ponderosos e já antes sublinhados não existissem também.

[159] Flume, *Allgemeiner...*, II, *Das Rechtsgeschäft...*, p. 840. Outro exemplo de inconsistência e incoerência dos defensores da possibilidade de existência de procuração isolada é, a nosso ver, e com a devida vénia, oferecido por Jose Ruiz-Rico, *La representación en el interés...*, pp. 301 e ss.. O autor mostra-se contrário à ideia de abstracção do poder de representação e da *procuratio*. Ainda assim (e depois de algumas considerações menos acertadas acerca das eventuais razões pelas quais a doutrina começou a utilizar a expressão causa ou ausência de causa para se referir à relação jurídica subjacente. Foi, conforme sublinhado já, Ladenburg quem sintetizou a ideia segundo a qual a doutrina de Laband se poderia resumir através da afirmação de que a representação era independente da respectiva causa, tendo depois a termo a expressão abstracção da procuração sido objecto de vivas críticas) manifesta-se partidário da tese de acordo com a qual pode existir uma procuração eficaz e susceptível de utilização independentemente de qualquer relação jurídica base. E por várias razões: a) em primeiro lugar porquanto o poder de representação produziria com a sua utilização a necessária relação de gestão entre representado e representante; b) em segundo lugar «(...) *a utilização, de facto, do poder de representação sem existir a relação prévia, não só provoca o nascimento da relação entre o representado e o terceiro na base da aparência criada com o poder e a protecção do terceiro de boa fé, como, além disso, se produzem uma série de efeitos, uma série de obrigações e direitos, em suma, uma relação jurídica entre representado e representante, não baseada já em motivos de aparência, mas sim de outra índole. (...) Mas sobretudo o que pretendemos utilizar a favor da não necessidade de relação subjacente são ARGUMENTOS DE FACTO, práticos, mais do que teóricos.*» O simples enunciado desta tese põe a nu a fragilidade de que padece. Não se vê desde logo, e aceite serem mandato e procuração conceitos distintos, como pode, sem ficções, o exercício da primeira conduzir ao necessário aparecimento de uma relação de gestão entre principal e representante (excepto se na própria procuração se prever e regular, como tantas vezes sucede, não apenas o poder de representação, mas a própria relação-base. Nesse caso não se estaria já, porém, diante de uma procuração isolada). Além disso, se pudesse existir de facto uma procuração isolada, a qual para mais teria o condão de, uma vez exercitada, fazer surgir verdadeiras relações, verdadeiros direitos e deveres entre o representante e o representado, para quê fazer apelo à noção de aparência? Só faz sentido recorrer à tutela da confiança depositada numa aparência de realidade quando o cenário no qual o terceiro investiu não exista de facto. Portanto se se recorre à aparência é por se considerar não ser, de facto, admissível a procuração isolada. De outra forma seria esta a invocada para explicar a ligação entre o representado e o terceiro. Este recurso à aparência é, ainda, agravado, pela afirmação segundo a qual a utilização da procuração daria origem a uma efectiva relação entre o representado e o representante. Deixando agora de lado a falta de fundamento desta consideração, cabe perguntar o seguinte: se é possível uma procuração isolada, e se o facto de o representante se prevalecer dela gera um vínculo entre o constituinte e o constituído qual é a diferença entre a *procuratio* isolada e a conferida no contexto de uma específica relação-base? Quanto aos chamados argumentos de facto, esgrimidos pelo autor espanhol, confessamos a

cessão de uma procuração destinada a valer isoladamente carece de qualquer sentido[160]. Não obstante, admite, como consequência da desarticulação entre procuração e relação subjacente, a possibilidade de existência de poderes representativos, independentemente de qualquer causa, na eventualidade de o *dominus* supor erradamente a existência do negócio gestório ou de a *procuratio* ter sido concedida na expectativa do surgimento de um futuro vínculo de gestão entre o representado e o representante[161]. A argumentação de FLUME não logra, todavia, convencer. Senão vejamos.

No primeiro caso imaginado pelo jurista germânico poderia pensar-se em reconhecer ao *dominus*, ao menos, a possibilidade de pedir a impugnação, da procuração outorgada, com base em erro[162, 163]. A verdade, porém, é que, conforme se terá oportunidade de demonstrar adiante não nos parece ter grande significado a impugnação autónoma da procuração. Apenas o negócio representativo realizado com base numa procuração viciada ou afectada por certa vicissitude é susceptível de ser atacado pelo principal. Seja como for, no domínio das relações externas estar-se-á, como se tem vindo a demonstrar e se continuará a fazer, perante uma procuração incompleta em princípio insusceptível de vincular o principal. E diz-se em princípio porquanto, tal como se explicará oportunamente, a oponibilidade da deficiência dependerá da boa ou má fé do terceiro – ou seja do conhecimento ou ignorância da relação jurídica

---

nossa incapacidade para compreender o respectivo valor probatório ou demonstrativo, ou sequer para nos apercebermos de quais são eles.

[160] Flume, *Allgemeiner...*, II, *Das Rechtsgeschäft...*, p. 840.

[161] Idêntica situação é admitida, por exemplo, por Tietz, *Vertretungsmacht...*, p. 7.

[162] Na verdade, e se se chegar – como parece correcto – à conclusão segundo a qual a lei exige, de facto, a existência de uma relação fundamental para a procuração poder subsistir, não se vê por que razão conceder menos protecção ao *dominus* que se engana acerca da existência ou validade de certo negócio gestório do que, por exemplo, quanta é concedida a quem entrega a outrem determinado bem, ou outorga certo contrato relativo a um específico objecto, na convicção errónea de estar obrigado a fazê-lo, ou de ser a outra parte quem é seu credor. E isto pela simples razão de os negócios causais não estarem completos enquanto a relação fundamental se não verificar. Tudo o que há antes dela é uma incompleição, um negócio incompleto. Se existe a simples estipulação de uma vicissitude, não estamos ainda diante de um negócio completo. Tem de se indicar a causa para se atingir o limite da relevância perante a ordem jurídica. A referência a uma simples vicissitude não é ainda a exteriorização de fins que a ordem jurídica exige (cfr., Oliveira Ascensão, *Teoria...*, IV, p. 181, não é ainda a *in Geltung Setztung* de que fala num contexto como este Canaris). Mesmo admitindo tratar-se de um erro sobre os motivos parece estar-se diante de uma hipótese contemplada no n.º 2 do artigo 252.º atenta a obrigatoriedade legal da existência de um negócio-base (no sentido da aplicação do regime jurídico deste preceito aos negócios unilaterais v., Oliveira Ascensão, *Direito civil...*, II, p. 130. Cfr., também, Menezes Cordeiro, *Tratado...*, I, I, p. 546, em defesa da posição segundo a qual o erro previsto e regulado no artigo 252.º, n.º 2, não tem de ser bilateral; Id., *Idem*, 2.ª ed., p. 622). O que pode acontecer é a inoponibilidade deste erro em consequência da responsabilidade do *dominus* pela confiança criada na aparência de poderes de representação. Sobre isto, porém, v. *infra*, Parte II, Caps. V e VI.

[163] Sendo certo que, conforme sublinha Canaris, *Vertrauenshaftung...*, p. 109, será, todavia, quase impensável uma situação, semelhante à descrita por Flume, na qual o constituinte concede a procuração no pressuposto erróneo de existir uma relação-base.

base e, destarte, da inconsistência do poder de representação[164, 165]. Quer isto dizer que toda a problemática se reduz a uma única questão: a protecção da boa fé do terceiro contraente, não à existência autónoma ou separada do poder de representação[166].

---

[164] Assim, também, expressamente António Gordillo, *La representación aparente...*, p. 66.

[165] Para já sublinha-se apenas o seguinte. Se o artigo 265.º leva, ou deve levar, como forma de evitar contradições à conclusão segundo a qual a procuração não pode subsistir, ao menos como negócio completo, nos casos nos quais a relação-base foi de facto prevista e estipulada mas sofre, logo de início, de alguma vicissitude que a afecta, então, o regime contido no artigo 266.º, n.º 2, deve igualmente, e em princípio, impedir a subsistência ou plena eficácia do poder de representação. Isto numa conclusão claramente reforçada pelo disposto no artigo 269.º o qual equipara o abuso de representação aos casos de falta de poderes. Sublinhe-se aliás a circunstância de na Alemanha largo sector da doutrina, entre a qual se inclui por exemplo Flume, admitir a aplicação analógica do § 173 do *BGB* (assim e para além dos autores agora mencionados e dos demais referidos *infra* v., por ora, a título meramente exemplificativo, e de entre a bibliografia por nós considerada, Seeler, *Vollmacht...*, in *Archiv...*, 28, pp. 42 e 43; Helmut Nitzsche, *Die Überschreitung des Vertretungsmacht des Bevollmächtigten und die Abgrenzung vom Mißbrauch der Vertretungsmacht*, Dissertação, Bona-Lípsia, 1939, pp. 33, 34 e 36 e ss., com amplas referências bibliográficas. Cfr., também, Waldeyer, *Vertrauenshaftung...*, p. 22, e menções aí contidas no sentido de defender a aplicação do § 173 do *BGB* aos casos nos quais é comunicado externamente ao *tertius* a existência de um poder de representação o qual, afinal, não chegou a surgir. Contra, Stoll, *Der Misbrauch...*, in *Festschrift...*, p. 130. V., também as referências à necessidade de limitar a aplicação directa do artigo 266.º, n.º 1, às instruções *a latere* da procuração que sejam a estas posteriores, v. *infra*, Parte II, Cap. II, parágrafo 3) a procurações em vigor como forma de resolver o problema do abuso de direito. Mas se de acordo com esses autores é possível fazer intervir, por analogia, o § 173, em vida da procuração, como forma de determinar a falta de poderes de representação quando o terceiro sabia ou devia conhecer o facto de o comportamento do representante ultrapassar a autorização gestória, não se vê porque motivo o mesmo preceito não poderia ser igualmente chamado a depor quando o negócio-base falte pura e simplesmente (aliás nessa direcção pronuncia-se expressamente Frotz, *Verkehrsschutz...*, pp. 335 e ss.. No sentido da aplicação analógica do § 173 às hipóteses nas quais se comunica ao terceiro um poder de representação o qual acaba por se não confirmar, e contra a sua aplicação exclusiva às hipóteses de extinção da procuração, se manifestara já, e conforme referido *supra*, Waldeyer, *Vertrauenshaftung...*, p. 22, considerando aliás ser essa a doutrina absolutamente dominante). Nesse caso a protecção do terceiro ficará, a nosso ver, dependente da precisa medida e alcance da tutela da confiança de terceiros de boa fé, e particularmente da admissibilidade, ou não, da figura da representação aparente ou pela confiança – no caso vertente em virtude de uma eventual aparência de causa dos poderes representativos. Parece-nos pois desprovida de fundamento a tese de Gotthardt, *Der Vertrauensschutz...*, pp. 27 e ss., segundo o qual, e devido à abstracção da procuração, a ausência ou invalidade da relação causal não afecta a *procuratio* ou o negócio representativo, mesmo na eventualidade de o terceiro se encontrar ciente da inexistência ou vício da autorização gestória, para, logo de seguida, vir admitir a possibilidade de ser de aplicar, apesar da falta do negócio interno, nalguns casos que qualifica de raros, a disciplina do abuso de representação. Pela nossa parte só não entendemos por que razão deverão ser raras as hipóteses nas quais é possível recorrer à figura do abuso de representação aos casos de procuração sem autorização-base. Na verdade, se o representante se encontra munido de poderes de representação e nunca lhe foi internamente atribuída competência para o exercer mas, mesmo assim, o procurador faz uso da respectiva *potestas* parece estar-se, ao menos à primeira vista, e em teoria, diante de uma situação susceptível de buscar ou tentar buscar enquadramento na figura do abuso de representação. Gotthardt não o aceita por assumir logo à partida a abstracção da origem da procuração. Ao fazê-lo incorre, porém, em petição de princípio. Justamente quanto

No segundo caso, é o próprio FLUME quem esclarece como se está perante um mandato eventual[167], o qual passa a específico e concreto uma vez

o autor deveria fazer, não era afirmar a existência da automonia da procuração para negar a possibilidade de se extraírem, a partir da disciplina do abuso de representação, dados que impõem a existência de uma autorização gestória *ab initio*, mas perguntar se o regime do abuso de representação – e também da respectiva revogação – não colide também com a abstracção da origem da *procuratio*. Não compreendemos, por isso, a posição de Oliveira Ascensão, *Direito...*, II, p. 239, segundo o qual se for passada uma procuração sem mais, essa *procuratio* estaria viciada por falta de causa. Assim deveria, no dizer do autor, ser declarado em acção em que eventualmente se discutisse a sua validade. Porém, isso seria uma coisa, e outra a celebração do negócio que se fizesse com base nessa procuração. O terceiro não estaria vinculado pela relação de cobertura, que lhe não respeitaria, mas apenas pela própria procuração, com a consequente impossibilidade de se atacar o negócio representativo. Quando muito haveria que se indagar se o terceiro, ciente dos vícios da *procuratio*, não incorre nas consequências da previsão da falta de poderes do representante, constante do artigo 268.º, n.º 4. A nós parece-nos, todavia, e com o devido respeito, encontrar-se a possibilidade de se recorrer ao 268.º, n.º 4, subordinada à prévia determinação da ineficácia do negócio representativo. Na verdade, só faz sentido a rejeição de um negócio antes da respectiva ratificação se esta for necessária. Ora isso apenas sucederá numa hipótese na qual o acto não produz, por si só, os efeitos desejados.

[166] António Gordillo, *La representación aparente...*, p. 66.

[167] A expressão é de Flume. No sentido segundo o qual em tais situações se poderá estar na presença de um mandato concludente cfr., Tietz, *Vertretungsmacht...*, p. 7. Parecem igualmente, senão pressupor, ao menos admitir, que a procuração isolada é dada para o procurador se poder servir dela para eventuais mandatos posteriores, Von Thur, *Die Unwiderrufliche Vollmacht*, separata de *Festschrift, Paul Laband gewidmet von der rechts– und staatswissenschaftlichen Fakultät der Kaiser – Wilhelms – Universität Straßburg*, Tubinga, 1908, p. 51, notas (1) e (2), onde o autor admite que uma procuração suspensa possa ser concedida quando, provisoriamente, ainda não existe relação jurídica causal, ou afirma, ainda, ser discutível saber em que casos – raros – se pode assistir a uma *procuratio* desligada da respectiva base sendo porventura exemplo de um deles a hipótese de outorga de poderes de representação antes de concedido o mandato ao serviço de cujo cumprimento a procuração se deve encontrar; Ennecerus-Nipperdey, *Allgemeiner Teil...*, I, II, p. 1145. Esta referência ao mandato eventual é importante. Januário Gomes, *Em tema...*, p. 242, admite a possibilidade de ser concedida uma procuração apenas por razões de confiança e amizade. Outros autores invocam com frequência a hipótese de alguém deixar, por ter de partir apressadamente, na caixa de correio do vizinho ou de um amigo uma procuração para a prática de determinados actos. Em todos estes casos não é verosímil nem normal que o constituinte, ao entregar a procuração não deixe ou transmita, igualmente, instruções e directrizes quanto ao seu uso. Nesse caso é desde logo possível sustentar-se existir pelo menos uma proposta de mandato ou de relação subjacente. Nalguns casos as instruções constarão da própria procuração, numa técnica algo incorrecta mas nem por isso menos divulgada. Também então haverá uma relação subjacente aos poderes de representação, mas vertida no próprio documento procuratório. Na hipótese anormal e pouco plausível de alguém deixar na caixa de correio de outrem, ou de lhe entregar por razões de confiança ou de amizade, uma procuração sem lhe dar (eventualmente também por via postal) nenhum tipo de instruções, directrizes, comando ou sequer enquadramento quanto ao uso a fazer do poder de representação não pode deixar de se entender que: a) ou pretende introduzir essas instruções, comandos ou enquadramento mais tarde; b) ou se reserva pelo menos o direito de o vir a fazer em qualquer altura. Quanto se não pode é admitir uma procuração na qual o *dominus* não tenha nem possa vir a ter uma palavra a dizer quanto ao exercício dos poderes de representação (repare-se como, mesmo na procuração irrevogável no interesse do representante ou do terceiro, e particularmente nelas, é necessária a existência, aceite de forma praticamente pacífica,

exercidos os poderes de representação contidos na procuração. Mas se assim é, então, onde está a eficácia específica e autónoma própria da procuração isolada[168, 169, 170]?

---

de uma relação-base ou causal). Por isso, e antecipando desenvolvimentos, uma procuração sem negócio-base ou causal não pode valer como um negócio completo. Isso mesmo é, conforme referido já, claramente sublinhado por Canaris, *Vertrauenshaftung...*, *passim*, e pp. 34 e 35, 55, 67 e 427, quer para o caso do preenchimento abusivo dos documentos em branco (a este respeito v., no nosso direito e a propósito da fiança, Januário Gomes, *Assunção...*, pp. 525 e ss.) quer para a hipótese de o *dominus* deixar, por exemplo, em caso de viagem, um documento para a celebração de determinado negócio mas o qual não deve ser utilizado sem serem dadas instruções específicas nesse sentido. A adstrição resultante de uma eventual actuação abusiva quer do documento em branco quer do documento no qual se contém a suposta proposta ou procuração, não pode, refere Canaris, ser explicada através dos mecanismos da vinculação negocial. Em ambos os casos está-se, afirma o eminente autor tudesco, apenas na presença de um projecto negocial, não de negócios completos. Falta a final configuração de uma relação jurídica em autodeterminação por ausência de uma decisão negocial com carácter definitivo. Noutras palavras, em casos como os descritos, ainda não ocorreu a validação negocial (a *in Geltung Setzung*) e, por isso, não será possível alcançar qualquer tipo de adstrição através dos meios e instrumentos negociais. O recurso terá assim de ficar, conforme sublinha Canaris, para as regras da protecção da confiança se, antes de serem dadas as necessárias instruções ou mandato, o titular do documento em branco, o núncio e também o procurador, pretenderem fazer uso do documento. Para mais detalhes v., ainda, Goldberger, *Der Schutz...*, pp. 56 e 57; Oertmann, *Kommentar...*, I, comentário ao § 172, p. 637; Macris, *Die stillschweigende...*, pp. 141 e 142.

[168] Tanto mais quanto é certa a circunstância de Flume escrever, noutro local da sua obra (cfr., Flume, *Allgemeiner...*, II, *Das Rechtsgeschäft...*, p. 787), e não obstante a sua proclamada adesão à tese da abstracção da procuração, não servir a mera autorização através do autor da *procuratio* para capacitar ou habilitar o representante a exercer o poder de representação segundo o seu próprio arbítrio. O *Vertretungsmacht* (poder representativo), afirma Flume, enquanto poder relacionado ou dirigido para outrem, apenas é tolerável quando o representante se encontra vinculado ao cumprimento de certos deveres. Conforme parece decorrer da exposição flumiana (cfr., Gerke, *Vertretungsmacht...*, pp. 10 e 11) esses deveres parecem não ser apenas as obrigações gerais, e independentes da procuração, de não lesar os direitos absolutos ou de não ter comportamentos susceptíveis de violarem a lei. Flume não profere, porém, uma só palavra acerca de quais sejam esses deveres. Na falta de uma relação interna de natureza contratual, e do ponto de vista dogmático, eles apenas se poderiam fundar no regime jurídico da gestão de negócios porquanto, na opinião do próprio Flume, o legislador tudesco não seguiu a via de incluir no poder de representação qualquer tipo de vinculações, antes o concebeu como mera legitimação com efeitos para terceiros. Mas a ser assim, e a admitir-se que as objecções referidas no texto não colheriam, ainda então, se deveria negar existência de qualquer poder de representação isolado ou suspenso de uma relação fundamental pois, em última análise, sempre haveria de se atender às regras e disposições próprias da gestão de negócios. No sentido, de resto, de que à procuração isolada está ao menos subjacente a figura da gestão de negócios pronunciam-se expressamente vários dos autores favoráveis à admissibilidade de tal figura. É o caso de Larenz, *Allgemeiner...*, p. 615; e Tietz, *Vertretungsmacht...*, pp. 7 e 8. Em particular este último, depois de afirmar a raridade de uma procuração isolada, atenta a possibilidade de quer a *procuratio* quer a relação subjacente surgirem como o resultado de um mero comportamento concludente, esclarece celebrar o procurador, através do exercício do poder de representação, negócios alheios imiscuindo-se na esfera da autonomia privada do representado pelo que necessitará, para o efeito, de uma justificação ou autorização (*Berechtigung*). Na ausência de uma regulamentação contratual ou negocial estabelecida pelo representante o *procurator* encontrar-se-ia na posição de um gestor de negócios. Nestes termos, ele apenas estaria

autorizado ou dotado de competência quando considerasse e respeitasse o interesse do *dominus* (§§ 677 e seguintes do *BGB* e 464.º e seguintes do Código Civil). Assim a competência ou autorização para a gestão, e com ela a competência ou autorização para a representação, resultaria dos preceitos sobre a competência ou autorização para a gestão de negócios. Neste contexto, afirma Tietz, são, pois, de considerar eventuais instruções ou acordos sobre a utilização da procuração. Num sentido não muito distante, e já antes de Tietz, se manifestava Frotz, *Verkehrschutz...*, p. 263. De acordo com este autor se se considerasse o problema de forma desprovida de preconceitos a autonomização da procuração não prejudicaria a solução do conflito entre a protecção do tráfego, de um lado, e a defesa do autor da procuração contra actuações contrárias ao direito, do outro. O contrário tem sido repetidamente afirmado mas na base de tal atitude estaria a radicalizada e desnecessária (por ir além de quanto se mostra razoável) tese de Laband da substituição da competência ou autorização material do representante por simples pressupostos formais de eficácia, ou da dissolução da relevância de semelhante competência num quadro no qual apenas a legitimação assume relevo. Porém, no dizer de Frotz, bem vistas as coisas estaríamos a lidar aqui com duas questões totalmente distintas. É que, sem qualquer necessidade de uma particular fundamentação, a autonomização do poder de representação não eliminaria nem impediria a subsistência de deveres por parte do representado. O seu conteúdo determinar-se-ia de acordo com a relação jurídica fundamental. Se esta for inválida, como sucede no exemplo de escola no qual se concede um mandato com representação a um incapaz, então decidir-se-ia se a actuação do *procurator* é, ou não, conforme ao direito em função dos critérios da gestão de negócios os quais, ao imporem a observância da vontade real ou presumível do *dominus*, garantiriam o respeito pelo seu interesse. Julgamos, todavia, não merecerem estas posições acolhimento. Se fosse a gestão de negócios a determinar a esfera de competência ou de autorização do representante onde estaria então a eficácia própria e autónoma do poder de representação? A resposta não pode ser senão a de que não existe tal eficácia independente: o poder de representação pressupõe sempre uma certa relação de gestão, num fenómeno, de acordo com Frotz, a dispensar qualquer fundamentação. A benefício de ulterior demonstração, e antecipando alguns desenvolvimentos, dir-se-á, desde já, como essa relação-base não pode encontrar-se na gestão de negócios (por ora e para ulteriores referências críticas à tentativa de substituir a relação jurídica interna ou negócio gestório pela figura da gestão de negócios v., Gerke, *Vertretungsmacht...*, pp. 11 e ss.). Mas se assim é, então, não poderá deixar de se reconhecer como, na eventualidade de o negócio causal não existir ou se mostrar inválido, os poderes de representação não têm condições para subsistirem enquanto tais. Sobretudo quando se pretende com isso ressalvar a eficácia de eventuais acordos ou instruções acerca da utilização da pretensa procuração isolada.

[169] Para uma análise de outras hipóteses nas quais a admissibilidade da procuração isolada seria a única solução viável cfr., Hupka, *Die Vollmacht...*, pp. 158 e ss. (segundo Hupka poderiam referir-se os seguintes exemplos: a) se uma pessoa concluir em meu nome um negócio, sem mandato, ignorando que eu lhe conferi poderes de representação, precisamente para esse negócio, mediante declaração feita directamente ao terceiro, eu ficaria indiscutivelmente obrigado pelo negócio, mesmo se entre o procurador e o representado não se tiver concluído qualquer contrato; b) se, na eventualidade de ser outorgado poder de representação – não sobre a base de um contrato de administração anteriormente existente ou celebrado ao tempo da concessão das faculdades representativas, mas sim com referência a mandatos especiais a conceder no futuro –, um terceiro contratar com o *procurator*, dentro dos limites da *procuratio* geral, não se lhe poderá opor a excepção segundo a qual o representante agiu sem esperar pelo correspondente mandato; c) *A* outorga a *B* poderes para receber importâncias, como forma de cumprimento de uma obrigação que, na verdade, não existe. Se o terceiro paga ao procurador fica indiscutivelmente liberto do vínculo para com *A*. De todos estes exemplos nenhum logra, todavia, convencer-nos acerca da

bondade da tese favorável à possibilidade de uma procuração isolada e independente de toda e qualquer relação básica. A primeira hipótese invocada por Hupka dificilmente corresponderá a situação real, parecendo mais uma simples situação académica [em sentido contrário v., porém, Lenel, *Stellvertretung...*, in *Jhering's...*, XXXVI, pp. 16 e 17, o qual refere conjunturas em que seria perfeitamente admissível e compreensível que o representante actuasse como tal com desconhecimento dos respectivos poderes. Se bem vimos, contudo, os exemplos referidos por Lenel não se resolvem com recurso simples à figura da representação]. Seria, na verdade, necessário, para ocorrer, uma actuação, por parte de alguém em nome de outrem, como *falsus procurator*, uma imensa coincidência. Teria de verificar-se uma total correspondência entre o comportamento do procurador, de um lado, e os poderes constantes da *procuratio*, mas mantidos em segredo ou escondidos do representante e apenas comunicados ao terceiro, do outro. Não parece realmente fácil. Contudo, mesmo dando de barato a possibilidade de uma pessoa, com desconhecimento dos poderes, de facto constantes de uma procuração, e da respectiva dimensão, praticar, em concreto, um acto em nome do autor da procuração sempre se deveria, mesmo assim, considerar, com Januário Gomes, *Em tema...*, p. 236, existir um caso de representação sem poderes [artigo 268.º do Código Civil]. Se o terceiro, conhecedor do poder o tiver, previamente, comunicado ao agente [representante] e este cumprido os requisitos da gestão de negócios, estar-se-á, ainda de acordo com Januário Gomes, diante, de uma gestão representativa [artigo 471.º do Código Civil], caso no qual seria de admitir a ausência de necessidade de uma ratificação – excepto se o agente tiver ultrapassado o limite do poder conferido – por aplicação analógica do artigo 453.º, n.º 2, na parte em que dispensa a ratificação se existir procuração com data anterior ao acto. Neste último ponto não podemos, todavia, acompanhar o ilustre autor. Na verdade, parece-nos, com Raúl Guichard, *O problema...*, p. 85, nota (194), não existir uma analogia entre as situações aludidas. Na hipótese mencionada na parte final do artigo 453.º está-se diante de um caso no qual quem celebrou o contrato se reserva o direito de nomear um terceiro, tendo-lhe já sido comunicados os poderes de representação para o efeito. O procurador limita-se a não os comunicar também ao terceiro e, portanto, a não fazer imediato uso deles. Noutros termos, o representante não age com *contemplatio domini*, pelo que os poderes acabam por não chegar à contraparte. Diversamente, no caso exemplar agora em análise, o representante actua em nome de outrem, como falso procurador. Porém, o *dominus* tinha comunicado ao terceiro a existência de uma procuração, a qual por não ser igualmente transmitida ao *procurator* não se pode ter por eficaz [para uma análise acerca de quem deve ser o destinatário da procuração v., *infra*, designadamente, Parte II, Cap. V, parágrafo 5]. A semelhança entre a situação prevista e regulada no artigo 453.º, n.º 2, e a solução proposta por Januário Gomes estará assim, e conforme sublinhado por Raúl Guichard, apenas no resultado a alcançar – a desnecessidade de ratificação por parte do principal – num dado, por si só insuficiente para fundar a aplicação analógica. Se se aceitar, como parece dever ser o caso, face ao direito positivo nacional [cfr., *infra* Parte II, Cap. V, parágrafo 5], ter a procuração para possuir eficácia de ser, também, comunicada ao representante, basta conceber as hipóteses em que isso não acontece como conjunturas nas quais, se o beneficiário dos poderes de representação vier realmente a desempenhar uma actuação enquanto falso procurador – e esses mesmos poderes tiverem sido transmitidos ao terceiro pelo *dominus* – se desencadeiam os mecanismos de protecção da confiança depositada pelo *tertius* na aparência criada pelo principal [v., também, a este respeito e sempre no sentido segundo o qual uma actuação em nome de outrem com desconhecimento da procuração – por não ter sido ela, apesar de outorgada, comunicada ao *procurator* – não corresponde a um comportamento representativo eficaz, Pugliatti, *Idee...*, in *Studi...*, pp. 240 e ss., e 247; Natoli, *La rappresentanza...*, p. 56; Lina Bigliazzi Geri, *Procura*, in *Enciclopedia...*, XXXVI, p. 1000, estes últimos admitindo porém que a existência da procuração possa valer como índice de utilidade de uma eventual gestão de negócios. Relativamente à problemática da tutela da aparência no âmbito do

fenómeno representativo v., sobretudo, quanto se escreve *infra,* Parte II, Cap. IV]. A segunda hipótese referida por Hupka corresponde em tudo à situação do mandato eventual ao qual alude
Flume. Finalmente, no terceiro caso, e conforme procuraremos demonstrar mais tarde, a verdade é
que ele já não tem a ver, apenas, com o fenómeno representativo e pressupõe, para o terceiro
poder fazer seu o produto recebido a título de representante, um acto ou acordo a acrescer à
concessão dos poderes de representação – e respectivo mandato ou encargo – capaz de lhe permitir ficar com a coisa entregue. De outro modo, e atendendo à circunstância de os actos realizados
pelo procurador produzirem efeitos exclusivamente na esfera do *dominus,* nada permitiria ao representante apropriar-se do resultado da sua actuação enquanto tal. Por isso, e se assistísse, como
refere Hupka, a uma situação na qual o representante tem a faculdade de compensar créditos seus
com os valores por ele cobrados enquanto *procurator,* e, afinal, se se viesse a verificar que os direitos
do agente ou não existem ou são inconsistentes, nem por isso o terceiro teria deixado de pagar
bem. Nesse caso o representante actuou no exercício dos poderes que lhe foram conferidos e no
cumprimento do mandato ou encargo inerente. Quanto ele não pode fazer é prevalecer-se do
acordo celebrado com o principal e donde decorre a legitimidade para fazer sua a quantia paga.
Destarte, o dinheiro irá para o representado); e, entre nós, Ferrer Correia, *A procuração...,* in *Estudos...,* II, p. 13, o qual procura demonstrar a tese da autonomia ou abstracção da procuração através
de um exemplo não muito distante da segunda das hipóteses apresentadas por Flume. Segundo
Ferrer Correia «(...) *a vinculação do representado ao negócio representativo não pressupõe forçosamente a
celebração prévia de um contrato de gestão entre principal e representante.*

    *Basta atentar na seguinte hipótese: A passa a B uma procuração genérica, na previsão de futuros
mandatos e com referência a eles (não expressa). Aqui há simplesmente outorga de uma procuração: ao procurador não é confiado o encargo eventual de tratar de quaisquer negócios do constituinte; entre A e B não se
concluiu nenhum contrato de gestão. E, todavia, se B, abusando da confiança do constituinte mas mantendo-se
nos limites formais da procuração, contratar com um terceiro de boa-fé em nome dele, A ficará vinculado.*

    *Tal é, pelo menos, a solução inegavelmente mais razoável do conflito de interesses, dada a boa-fé do
terceiro.*

    *Verificam-se, pois, na hipótese plenamente os efeitos da representação; e só a procuração, como acto
jurídico por si, os poderá justificar».* Cabe, porém, perguntar: na situação à qual se refere Ferrer
Correia não se faz depender a solução do dado subjectivo da boa fé de terceiro? A resposta parece
ser afirmativa. Esse dado não é, porém, algo de exterior ao fenómeno representativo em si mesmo?
É. Mas então como afirmar que só a procuração, como acto jurídico, por si, poderá fundamentar a
protecção do terceiro de boa fé? E se a procuração fosse, de facto, um acto jurídico em si mesmo
abstracto e autónomo não se deveria, também, admitir a produção dos respectivos efeitos, mesmo
na eventualidade de o terceiro não estar de boa fé? A resposta não pode deixar de ser, uma vez
mais, afirmativa (como pretendia de resto Laband – cfr., *supra,* Parte I, Cap. IV, parágrafo 3 – e
seus imediatos *prosélitos* de entre os quais se pode referir, a título exemplificativo, precisamente,
Hupka, *Die Vollmacht...,* pp. 158 e 215 e 216). Donde se apenas se deseja, como parece suceder
com Ferrer Correia, proteger a boa fé de terceiro, então, não se pode atribuir valor constitutivo
autónomo à procuração isolada. Tanto mais quanto é certo, no exemplo oferecido pelo Ilustre
Mestre, ser procuração conferida apenas na previsão de futuros mandatos e com referência a eles e
se assistir, nas palavras do próprio autor, a um abuso por parte do representante.

    Também não logra, com a devida vénia, convencer-nos a argumentação aduzida por
Januário Gomes, *Em tema...,* p. 242, para quem seria admissível uma procuração concedida por
simples razões de amizade ou confiança não sendo nesses casos «(...) *possível configurar uma relação
fundamental, em termos de a cessação desta determinar a extinção da procuração, argumento este utilizado por
OLIVEIRA ASCENSÃO para concluir que a procuração é um negócio incompleto. Claro que sempre se
poderia dizer que a relação fundamental é a amizade ou a confiança mas isso seria forçar demasiado a ideia*

ao subjacente aos conceitos presentes no n.º 1 do artigo 264.º e n.º 1 do artigo 265.º; a amizade ou a confiança, mais do que relações-base serão a occasio ou simples explicação da procuração, razão pela qual o fim da amizade ou da confiança não dispensarão uma revogação da procuração». Salvo o devido respeito, parece-nos, todavia, que Januário Gomes está a dar por demonstrado quanto pretende provar. Na verdade, o ilustre escritor parte da afirmação segundo a qual é possível a concessão de uma procuração alheada de qualquer relação jurídica fundamental e baseada na simples confiança ou amizade para concluir pela possibilidade de outorga de uma procuração suspensa ou isolada. Mas pergunta-se: a concessão de uma procuração baseada exclusivamente na amizade ou confiança, independentemente de qualquer vínculo gestório e até mesmo da sua previsão, não é uma procuração isolada? A resposta é decididamente afirmativa. Nestes termos, na nossa perspectiva, Januário Gomes limita-se a dizer ser possível a outorga de uma *procuratio* suspensa para provar a admissibilidade de poderes de representação também eles suspensos e, portanto, na sua génese abstractos. De forma ainda mais simples, e se não estamos em erro, de acordo com Januário Gomes, a procuração isolada é possível porque existem casos de procuração isolada sem previsão de qualquer relação jurídica interna. A questão deve, porém, e a nosso ver, ser colocada noutra perspectiva completamente diferente. Que uma *procuratio* surge, de facto, sempre associada a uma relação jurídica fundamental, ou pelo menos à sua previsão futura, não é sequer posto em causa pelos mais acérrimos defensores da visão labandiana do fenómeno representativo (cfr., por exemplo, Hupka, *Die Vollmacht...*, pp. 155 e ss., onde o autor afirma a ideia segundo a qual a concessão de um poder de representação se faz sempre por referência a uma relação jurídica já existente, ou a estabelecer, entre o principal e o representante. É nestas relações jurídicas internas que se manifesta – escreve Hupka – o fundamento material da concessão a determinada pessoa do poder de disposição sobre um património alheio implícito no referido poder. Sem esse fundamento não se concebe, defende o autor austríaco, e se se pensar de forma razoável, a concessão do poder de representação. V., igualmente, Flume, *Allgemeiner...*, II, *Das Rechtsgeschäft...*, p. 840, o qual, de forma muito clara, afirma não fazer sentido uma procuração outorgada com o propósito de valer sempre como procuração isolada. V., porém, Lehmann-Hübner, *Allgemeiner...*, I, p. 321. Na literatura jurídica italiana pode ver-se no sentido de Hupka e Flume, Mosco, *La rappresentanza...*, pp. 143 e ss., como se sabe um claro partidário da ideia de autonomia da procuração). Quanto se deve debater, e debate é, para empregar as palavras de Hupka, a questão distinta de saber se, não obstante a existência de uma relação jurídica base a explicar a procuração, «(...) *o nascimento da* Vollmacht (poder voluntário de representação) *se encontra também condicionado pela constituição efectiva e válida da relação jurídica contida na causa, com outras palavras, se a validade da procuração se encontra dependente da existência jurídica do contrato de gestão que ela supõe»?* Ora a resposta a esta interrogação depende exclusivamente da análise do regime jurídico da representação voluntária que, como vimos, e continuaremos a demonstrar, aponta decididamente na direcção da não admissibilidade de uma *procuratio* autónoma ou isolada da relação jurídica a ela subjacente.

[170] De acordo com Pugliatti, *Il conflitto...*, in *Studi...*, pp. 75 e 76, no poder genérico para encargos futuros o representante não tem nenhuma faculdade actual, porquanto, a procuração genérica confere um poder sem conteúdo, mas que se apurará, caso a caso, pelos encargos futuros. Apenas quando incumbências surgem, corresponderá, no entender do jurista italiano, a procuração determinada no seu âmbito, que será, assim, aquele fixado em cada uma delas. É estranho, considera pois Pugliatti, falar-se neste caso de autonomia da *procuratio*, a qual consistiria tão-só no facto de a declaração de procuração ter sido emitida (histórica e materialmente) de forma separada daquela outra manifestação de vontade com que se confere o encargo; sem se ter em conta o facto de o acto se mostrar incapaz de produzir efeitos jurídicos (principais – acrescentamos nós – correspondentes à possibilidade de se vincular imediatamente o principal) – e se a procuração foi declarada primeiro, mas não pode desenvolver a respectiva eficácia, porquanto lhe falta o conteúdo

São, de resto, algumas das considerações apresentadas por FLUME, quando sujeitas a uma ponderação cuidadosa, a fornecerem, e ao contrário de quanto é por ele pretendido, a prova final segundo a qual a procuração não pode ser autónoma e independente, na sua origem ou génese, do negócio-base ou gestório. De acordo com o autor germânico, que não faz, diga-se, neste ponto senão seguir o ensinamento propugnado pela *communis opinio*[171], dado o facto de a procuração[172] ser independente da relação-base, os vícios daquela não afectariam a validade da *procuratio* [173]. Assim o erro viciador do negócio-base não afectaria o acto de concessão dos poderes de representação. Da mesma forma o mandato, ou negócio causal, contrário à lei ou aos bons costumes não afectaria os poderes de representação. Mas cabe perguntar: se o principal conferir a outrem mandato com representação para a prática de um acto criminoso ou contrário à ordem pública ou aos bons costumes deverão ter-se por válidos os actos celebrados pelo representante pelo facto de a ilicitude apenas ser detectável quando considerado o porquê do negócio? A resposta não pode deixar de ser negativa[174]. Admitir a possibilidade de uma procuração concedida para a realização de um encargo ilícito ser válida, e destarte todos os negócios celebrados com base nela, em virtude da simples alegação segundo a qual a *procuratio* seria independente da relação gestória, é algo que fere a sensibilidade jurídica[175]. E fere a sensibilidade jurídica porquanto, conforme se viu já, num fenómeno pacífico, que não merece contestação nem sequer para os defensores da visão labandiana do fenómeno representativo[176], a procuração e os poderes de representação são meramente instrumentais relativamente a

---

para determinar o respectivo âmbito, fica, para a ordem jurídica, dependente do momento no qual se verificará a circunstância que lhe determine o conteúdo.

[171] De que se pode referir, a título meramente ilustrativo – e como forma de recordar algumas da vozes que vimos citando de modo repetido ao longo deste nosso estudo – na doutrina, Crome, *System...*, I, p. 460; Lehmann-Hübner, *Allgemeiner Teil...*, I, p. 321; Enneccerus-Nipperdey, *Allgemeiner Teil...*, I, II, 1136; Soergel-Leptien, *Bürgerliches...*, I, comentário ao § 164, p. 1266; Id., *Idem*, 13.ª ed., pp. 541 e 542. Na jurisprudência v., também, com carácter exemplificativo, *Reichsgerichts, II. Zivilsenat, 29. September 1908*, in *Entscheidungen des Reichsgerichts in Zivilsachen*, 1909, 69, p. 234; *Reichsgerichts, IV. Zivilsenat, 13. April 1928*, in *Idem*, 121, pp. 31 e ss., e p. 35.

[172] Ou certas procurações.

[173] Flume, *Allgemeiner...*, II, *Das Rechtsgeschäft...*, pp. 843 e ss..

[174] O próprio Hupka, *Die Vollmacht...*, p. 160, como se sabe um dos principais mentores da doutrina da abstracção, e talvez mesmo o seu mais destacado e acérrimo defensor logo a seguir ao *caput* Laband, acaba por reconhecer e ver-se forçado a admitir como a validade do negócio causal é requisito para a eficácia da procuração quando o poder se funde numa causa contrária à lei ou aos bons costumes – como por exemplo um jogo proibido ou um contrato usurário. Uma causa deste tipo, escreve o autor austríaco, se conhecida do terceiro afecta a própria validade do acto de concessão dos poderes de representação pois assim o exige a boa fé.

[175] Adiante se voltará, todavia, de forma mais pormenorizada à problemática da relevância dos vícios da procuração e do negócio representativo. Apenas se dirá por ora que se na verdade o negócio final celebrado pelo representado não for, de facto, ilícito não se vislumbra qualquer razão para não o considerarmos vinculativo (cfr. acerca destas questões *infra*, Parte II, Cap.V).

[176] Atesta-o, por exemplo, o testemunho de Larenz, *Allgemeiner Teil...*, p. 594, ao atribuir aos poderes de representação simples natureza auxiliar (*Hilfsfunktion*) ou, ainda, ao considerar que a procuração não é um fim em si mesmo (*ist nicht Selbstzweck*).

determinada relação básica, encontrando-se, destarte, ao serviço desta. Ora se a procuração e os poderes de representação se encontram ao serviço de um negócio gestório contrário à lei, à ordem pública ou aos bons costumes não se vê, sem incorrer em grave formalismo, como aceitar a ideia propugnada por FLUME, segundo a qual, mesmo assim, a *procuratio* e a legitimação representativa se mostrariam válidas e eficazes atenta a respectiva abstracção ou autonomia conceptual relativamente às relações internas entre o principal e o procurador[177].

Deve pois concluir-se em definitivo: a procuração surge, na sua génese, como necessariamente determinada por uma relação jurídica base e não pode subsistir sem ela[178]. Tudo a apontar – e sem se pretender avançar já demasiado relativamente aos aspectos ou questões atinentes à definitiva delimitação e reconstrução do acto de concessão de poderes voluntários de representação – decididamente na direcção, já preconizada, entre nós, por OLIVEIRA ASCENSÃO, segundo a qual a procuração surge como um negócio incompleto[179]. Tanto mais quanto é, a nosso ver, certa a circunstância de o representante ser sempre, em certa medida, de forma mais ou menos ampla, igualmente um núncio[180]. Ora, o dever de nunciatura não pode deixar de ter por

---

[177] Aliás, sublinhe-se, de novo, outra solução contrariaria claramente o dado positivo oferecido pelo direito português. Conforme refere Menezes Cordeiro, *Tratado...*, I, III, p. 180, cujas palavras a este respeito se transcrevem uma vez mais: «(...) *o procurador terá de ter outorgado validamente no negócio-base: de outro modo, a invalidade deste implica a da procuração, por aplicação directa, ou analógica, do artigo 265.º/ 1.*»

[178] Veja-se, aliás, quanto se dispõe no artigo 264.º, n.º 1, do Código Civil, onde o legislador, numa regra da maior importância, afirma, claramente, como a procuração é determinada por uma outra relação jurídica a qual é, por força do preceito agora em análise, e de modo inequívoco, chamada a desempenhar um importantíssimo papel no contexto das relações externas a estabelecer com o terceiro contraente. Para uma referência à questão que consiste em saber quais as possíveis configurações da sub-representação, e em particular, se é, ou não admissível, à luz do nosso direito, um representante do representante, v., Raúl Guichard, *O problema...*, pp. 95 e ss., e notas (202) e ss., com referência, também, ao problema relativo à distribuição (entre o representante e o sub-representante) da responsabilidade perante o *tertius*, na eventualidade de o procurador não possuir poderes suficientes para substabelecer ou proceder àquela específica sub-representação. Cfr., também, quanto escreve acerca da substituição do procurador, Menezes Cordeiro, *Tratado...*, I, III, p. 181.

[179] Oliveira Ascensão, *Teoria...*, III, p. 298; Id., *Direito civil...*, II, pp. 236 e ss. Cfr., igualmente, e na mesma direcção, Pedro Pais de Vasconcelos, *Contratos...*, pp. 301 e ss..

[180] Sobre quanto se refere no texto cfr. *infra*, Parte II, Cap. VI, parágrafo 5. Para já v., apenas, quanto escrevem a este propósito Rui de Alarcão, *Breve...*, in *Boletim...*, 138, pp. 103 e ss., autor segundo o qual naqueles casos em que estão em jogo elementos predeterminados pelo *dominus* o representante funciona como simples núncio; Castro Mendes, *Teoria...*, II, pp. 277, para quem na representação voluntária o comum é «(...) *que a pessoa actue em certa medida como núncio (na medida em que cumpre instruções do representante e se limita a ser – como o seria, por exemplo, um gravador de som – veículo da vontade deste)*»; e Oliveira Ascensão, *Teoria...*, III, pp. 299 e 300, onde se

detrás de si, e a sustentá-lo, um negócio interno. Logo, e se porventura, a relação jurídica interna não existir ou sofrer de alguma vicissitude capaz de a impedir de produzir validamente os seus efeitos é o próprio poder de representação a ver-se afectado em termos que não podem deixar de prejudicar o terceiro caso ele soubesse ou devesse saber, nos precisos termos estabelecidos no artigo 266.°, n.ᵒˢ 1 e 2, da inconsistência do vínculo jurídico interno[181].

VII – O direito não se pode limitar a definir possibilidades de actuação[182] tem de estabelecer o modo como se faz – e deve fazer –

---

afirma ser o representante autor apenas no espaço de autonomia deixado pelo *dominus*; Id., *Direito civil...*, II, pp. 250 e 251. Numa perspectiva diferente, mas ainda assim, vendo, em certos casos, no representante um núncio, Ferrer Correia, *A procuração...*, in *Estudos...*, II, p. 30.

[181] Na verdade, se o artigo 265.°, n.° 1, do Código Civil, conduz à conclusão segundo a qual não é viável a existência de poderes de representação sem a correspondente relação-base então, e como se disse já, não se vislumbra nenhuma razão, para se não proceder, também, a uma aplicação analógica do artigo 266.°/2 – e não obstante quanto se diz *infra*, Parte II, Cap. II, parágrafo 3, acerca da circunstância de quer o n.° 1 quer o n.° 2 da regra em referência se destinarem a disciplinar situações nas quais se assiste a modificações de poderes de representação posteriores a esses mesmos poderes – às situações nas quais logo no nascimento a procuração sofre alguma vicissitude relacionada com a relação jurídica subjacente. Até porque, ao fim e ao cabo, o artigo 266.°, n.° 2, acaba, quando articulado com o artigo 265.°, n.° 1, por consagrar uma intromissão da relação gestória no poder de representação em moldes muito semelhantes aos já decorrentes do artigo 269.° (v., *infra*, Cap. II, parágrafo 2). No sentido de que a inconsistência da relação interna apenas afecta quantos sabiam ou deviam conhecer tal inconsistência pode ver-se, de forma mais ou menos clara, Planck, *Kommentar...*, 1.ª ed., I, comentário ao § 167, p. 217; Seeler, *Vollmacht...*, in *Archiv...*, p. 42; e Wellspacher, *Das Vertrauen...*, p. 82. No sentido de acordo com o qual o § 173 do *BGB* – preceito onde se exige a boa fé do terceiro para as causas de extinção ou de modificação da procuração lhe não serem oponíveis – é também aplicável aos casos de falta ou deficiência originária da relação jurídica base pode ver-se, Frotz, *Verkehrsschutz...*, pp. 335 e ss.. V., também, e conforme referido já *supra*, Waldeyer, *Vertrauenshaftung...*, p. 22, numa manifestação contra a circunscrição da aplicação do § 173 do *BGB* exclusivamente aos casos de extinção da procuração.

[182] Assim também na doutrina germânica, Gerke, *Vertretungsmacht...*, p. 5. V., ainda, as amplas considerações de Müller-Freienfels, *Die Vertretung...*, pp. 74 e ss., onde o autor destaca como quem atribui exclusiva relevância ao *Können* ou *posse* do representante, desvalorizando no domínio das relações com os terceiros, o *licere* ou *Dürfen*, apenas está a considerar o comportamento de um sujeito do ponto de vista da produção de efeitos jurídicos mas não na perspectiva da sua conformidade com o direito. Ou seja, para os defensores da visão labandiana do fenómeno representativo de quanto se trata é, pura e simplesmente, considerar comportamentos realizados diante de terceiros em função, exclusiva, dos respectivos efeitos. Porém, a questão jurídica sobre se um sujeito pode (no sentido do *Können* ou *posse*) realizar, ou não, algo, não depende, exclusivamente, de saber se um *Tatbestand* é ou não susceptível de realização, pois não se trata aqui de um problema ou poder puramente físico, capaz de se apresentar como algo de não jurídico. Ao contrário, muito mais do que de capacidades naturais, cuida-se de saber se certa atitude, através da colocação de determinado *Tatbestand*, possibilita ou não a produção de um determinado efeito jurídico. Por isso, a noção de poder prende-se com a actividade de uma pessoa jurídica face a outro sujeito de

uso de tais possibilidades[183]. No nosso ordenamento jurídico, e como consequência do lugar central nele ocupado pela figura do direito subjectivo[184], a participação de alguém numa qualquer *fattispecie*, conducente quer ao aparecimento, quer à disposição ou extinção de determinada situação jurídica apenas é, em regra, consentida ao respectivo titular[185, 186]. Da mesma forma, da nossa ordem jurídica decorre, claramente, o princípio segundo o qual um sujeito de direito apenas se pode[187] vincular a si mesmo. Trata-se de uma consequência da ideia de autonomia privada[188, 189], a implicar a afirmação de que cada

---

direito. Nesta perspectiva, todos os comportamentos devem ser examinados à luz da sua licitude ou ilicitude, ou se se preferir, do respectivo *Dürfen* e não exclusivamente do *Können*.

[183] Gerke, *Vertretungsmacht...*, p. 5.

[184] No sentido de *licere* ou *Dürfen* e não no de *posse* ou *Können*.

[185] No mesmo sentido pode ver-se entre nós, Galvão Telles, *Manual...*, pp. 301 e 302; e Ferrer Correia, *A procuração...*, in *Estudos...*, II, p. 1, o qual escreve: «*É norma geral em todos os sistemas jurídicos que os actos alheios não nos vinculam enquanto lhes não prestarmos assentimento*»; e Pessoa Jorge, *O mandato...*, *passim*, pp. 370 e 371; Paulo Mota Pinto, *Aparência de poderes de representação...*, in *Boletim...*, Vol. LXIX, p. 591, o qual recorda o aforismo romano «*res inter alios acta tertio neque nocet neque prodest*»; Helena Mota, *Do abuso de representação...*, p. 18, nota (15); enquanto perante o direito alemão, e como simples expressão de um entendimento absolutamente comum se refere, por todos, Gerke, *Vertretungsmacht...*, p. 27. Já na doutrina italiana remete-se, igualmente a título exemplificativo, para Neppi, *La rappresentanza nel diritto privato...*, pp. 203 e ss..

[186] Relativamente à aquisição de situações jurídicas activas não se ignora a figura do contrato a favor de terceiro (a este respeito, e no contexto em que nos movemos, v., por todos, Gerke, *Vertretungsmacht...*, p. 25 e 26) e designadamente o disposto no artigo 444.º, n.º 1, do Código Civil. O facto não prejudica, todavia, quanto se refere no texto até por força do artigo 448.º do Código Civil.

[187] Com o significado de *licere* ou *Dürfen*. No entanto, parece que, em termos gerais, também se deverá afirmar a ideia segundo a qual um sujeito de direito só pode vincular-se a si mesmo se o termo «poder» for entendido como um *Können* ou *posse*. Sobre tudo isto v., Gerke, *Vertretungsmacht...*, pp. 31 e ss., maxime 37 e ss..

[188] Cfr., Demetrios Bailas, *Das Problem der Vertragsschliessung und der Vertragsbegründende Akt*, *Göttinger Rechtswissenschaftliche Studien*, Gotinga, 1962, 43, pp. 84 e ss.; e Johann-Georg Schubert, *Anscheinsvollmacht und Privatautonomie. Ein Beitrag zur Zurechnungslehre im Rechtsgeschäftlichen Bereich unter besonderer Berücksichtigung der Lehre von der Scheinvollmacht*, Berlim, 1970, p. 42, a sublinhar uma compreensão da autonomia privada – compreensão a qual parece vir a ser progressivamente descartada de forma indevida desde Savigny – com o sentido vivo originalmente postulado no século XVIII, pelos jusracionalistas, enquanto liberdade (no sentido de possibilidade de defesa, paralisação ou não aceitação) perante a imposição de efeitos resultantes de uma actividade de terceiros. Cfr., também, no que respeita a esta vertente do princípio da autonomia privada, como forma de defesa do interesse do representado em não lhe ser imposta uma vinculação pelo cumprimento contra a respectiva vontade, Paulo Mota Pinto, *Aparência de poderes de representação...*, in *Boletim...*, Vol. LXIX, p. 612. Na Alemanha tem sido discutida a possibilidade de se assistir à concessão de poderes representativos com a exclusão da possibilidade de actuação do *dominus*. Assim sucederia com a *verdrängende unwiderrufliche Vollmacht* (procuração ou poderes de representação irrevogáveis repressivos ou restritivos. Nos dicionários lê-se a propósito do verbo *verdrängen*: desalojar, deslocar, suplantar, reprimir, recalcar, desalojar. Enquanto isso, o substantivo *Verdrängung*, donde se retira o adjectivo *verdrängende*, é traduzido por: desalojamento, eliminação, expulsão,

um deve decidir por si só quais as vinculações a assumir[190, 191]. Noutros termos, quer isto dizer apenas se afigurar, por norma, lícito ao

---

deslocação, repressão, recalque, recalcamento). A respeito dessa figura cfr., por todos, Müller-
-Freienfels, *Die Vertretung...*, pp. 124 e ss.. V., também, Thiele, *Zustimmungen...*, pp. 57 e ss.. Entre
nós parece não haver espaço para um poder de representação por força do qual se exclua, verdadeiramente, a possibilidade de o *dominus* actuar, também, por si próprio. A exclusão negocial
mesmo se hipoteticamente admissível parece ter apenas o sentido de constituir o representado em
responsabilidade no caso de não cumprimento do dever de não agir. É essa, se bem vimos, a
solução imposta pela actuação conjunta dos artigos 67.º e 280, n.º 2, do Código Civil (assim Raúl
Guichard, *O problema...*, p. 43, nota (131). Cfr., também a respeito da admissibilidade ou
inadmissibilidade deste tipo de procurações, Pedro Leitão Pais de Vasconcelos, *A procuração...*,
passim, maxime, pp. 119 e ss., onde o autor, acertadamente, rejeita, ainda, a possibilidade de se
poder operar através da procuração uma transmissão indirecta da titularidade da posição jurídica
do *dominus*). Havendo incompatibilidade entre o comportamento do dono do negócio e o do seu
procurador aplicar-se-ão os critérios gerais destinados a solucionar a concorrência de vários negócios ou direitos. No caso de direitos pessoais de gozo aplica-se, destarte, o artigo 407.º do Código
Civil, enquanto tratando-se de direitos reais vale o artigo 408.º, igualmente do Código Civil,
juntamente com as competentes regras registrais. Na hipótese de negócios obrigacionais parece
que as várias actuações incompatíveis darão lugar a vinculações jurídicas igualmente válidas, estando,
então, a dificuldade no alcançar do respectivo cumprimento em conjunto. Nas situações excepcionais de negócios simultâneos parece ter de se considerarem inválidos os dois negócios se tiverem
por objecto um mesmo direito real sobre coisa fungível. Nos outros casos, e se realmente a
contradição entre a atitude do *procurator* e do *dominus* levar, por razões fácticas ou jurídicas, a uma
situação de fatal incumprimento (e isso nem sempre sucede) prevalece o direito do credor mais
expedito e, destarte, o que assegurou o cumprimento em primeiro lugar ou intentou antes do
outro a respectiva acção. Se o parceiro escolhido pelo procurador e o dono do negócio for uma
mesma e só pessoa parece não poder o *tertius* invocar o contrato de conclusão posterior,
porventura mais favorável, se na altura já tinha conhecimento do primeiro. No caso de eficácia
simultânea de duas propostas ou quando o destinatário tenha por outro meio conhecimento de
outra oferta, só poderá aceitar a mais favorável para o proponente. Sobre tudo isto v., ainda, Raúl
Guichard, *O problema...*, p. 44, nota (131). No direito alemão v., por todos, os desenvolvimentos
levados a cabo por Erwin Riezler, *Konkurrierendes und kollidierendes Handeln des Vertreters und des
Vertreten*, in *Archiv für die civilistische Praxis*, 1906, 98, pp. 372 e ss..

[189] No sentido segundo o qual direito subjectivo e negócio jurídico – entendido este
como instrumento ao serviço da autonomia privada e da liberdade conformadora individual –
constituem dois lados de uma mesma unidade, os quais se encontram numa relação necessária um
com ou outro, completando-se mutuamente, pode ver-se, designadamente, Thiele, *Die
Zustimmungen...*, p. 10. Em sentido algo diverso cfr., porém, entre nós, Joaquim de Sousa Ribeiro,
O problema do contrato..., pp. 49 e ss.. V., também, Carneiro da Frada, Teoria..., p. 617 e 618 e nota
(618), com indicações, para quem o direito subjectivo é uma das posições jurídicas activas onde se
manifesta a autonomia privada.

[190] V., na literatura jurídica tudesca, Jürgen Schmidt, *Aktionsberechtigung und
Vermögensberechtigung. Ein Beitrag zur Theorie des subjektiven Rechtes*, Colónia, Berlim, Bona, Munique, 1968, p. 230; Thiele, *Die Zustimmungen...*, pp. 2, 6 e 7 e 57; e Gerke, *Vertretungsmacht...*, p. 37.
No sentido segundo o qual o fundamento da representação se encontra precisamente na autonomia privada v., Horst-Heinrich Hitzemann, *Stellvertretung beim sozialtypischen Verhalten*, Berlim,
1966, p. 34; Thiele, *Zustimmungen...*, pp. 57 e ss.; Flume, *Allgemeiner...*, II, *Das Rechtsgeschäft...*,
p. 754; Schilken, *Wissenszurechnung...*, pp. 22 e ss.; Soergel-Leptien, *Bürgerliches...*, I, comentário
prévio ao § 164, p. 1255; Id., *Idem*, 13.ª ed., comentário prévio ao § 164, p. 534, mas em termos
menos impressivos do que os empregues na edição anterior; Larenz, *Allgemeiner Teil...*, p. 587;

Schramm, *Münchener...*, I, comentário prévio ao § 164, p. 1397; Id., *Idem*, 4.ª ed., comentário ao § 164, pp. 1635 e 1636. V., também, a obra fundamental, neste ponto, de Müller-Freienfels, *Die Vertretung...*, *per totum*, e, por exemplo, pp. 105 e ss., e 190 e ss., o qual procura mesmo proceder a uma reconstrução dogmática do fenómeno representativo em função da necessidade de se assegurar a manutenção da ligação entre representação e autonomia privada. Entre nós ligando a necessidade de assentimento por parte do interessado, enquanto condição de eficácia, na sua esfera jurídica, dos actos alheios, à autonomia privada, a qual constituiria o fundamento da representação, pode ver-se: Dias Marques, *Teoria...*, II, pp. 294 e ss.; Ferrer Correia, *A procuração...*, in *Estudos...*, II, pp. 1, 10 e 31; Manuel de Andrade, *Teoria...*, II, pp. 303 e 304, para quem o efeito representativo se explica por nele ter participado quer a vontade dos intervenientes no negócio representativo quer a vontade do representante expressa na procuração; Pessoa Jorge, *O mandato...*, p. 370; Mota Pinto, *Teoria...*, p. 536; Raúl Guichard, *O problema...*, pp. 32, 43 e 106 e ss.; Helena Brito, *A representação...*, pp. 145 e 146; Maria de Lurdes Pereira, *Os estados...*, in *Revista...*, XXXIX, I, p. 138; enquanto em sentido diverso, aparentemente mesmo de alguma forma contrário, e retomando o caminho já percorrido pelos autores tudescos aquando da querela entre objectivismo e subjectivismo do negócio jurídico (v., *supra*), cfr., Ferreira de Almeida, *Texto...*, I, p. 92, ao considerar o fenómeno representativo como um dos vários exemplos capazes de ilustrar a imprestabilidade ou inutilidade do conceito de vontade (psicológica) como forma de explicar o funcionamento e efeitos do negócio jurídico. Na doutrina italiana, v., sublinhando sempre o papel da autonomia privada no âmbito do fenómeno representativo e a ligação deste àquele princípio, Valeria de Lorenzi, *La rappresentanza...*, in *Contratto...*, 13, 2, pp. 594 e ss., e designadamente, p. 600. Para uma referência aos problemas da relação entre a representação e o princípio da autonomia privada, numa perspectiva de análise económica do direito (acerca deste método de tratamento do direito v. a bibliografia nacional referida *supra*) cfr., para além da agora mencionada obra de Valeria di Lorenzi; Claus Ott, *Alternativkommentar zum BGB*, I, *Allgemeiner Teil*, Darmstadt, 1987, comentário prévio ao § 164, p. 721, mas de forma meramente implícita; enquanto para uma apreciação político-filosófica da representação se pode cfr., Norbert Brieskorn, *Stellvertretung — zur Rolle einer Rechtsinstitution. Ein Beitrag zur Politischen Philosophie*, in *Archiv für Rechts— und Sozialphilosophie (ARSP)*, 1990, Estugarda, pp. 296 e ss., para quem a história da representação pode ler-se como uma história do poder e de liberdade. Acerca destes dois últimos autores v., ainda, os comentários tecidos por Helena Brito, *A representação...*, p. 145, nota (169). Sobre o alcance da regra «*res inter alios acta aliis nec nocere nec prodesse potest*» v., Cariota-Ferrara, *I negozi sul patrimonio altrui, com particulare riguardo alla vendita di cosa altrui*, Pádua, 1936, pp. 21 e ss.. Refira-se, ainda, como a consideração do fenómeno da representação voluntária à luz do princípio da autonomia privada coloca em crise qualquer tentativa de ver nela exclusivamente uma forma de actuação em nome de outrem ou com efeitos para outrem. Sobre isto v. *infra*, Parte II, Cap. V, parágrafo 5. Para já remete-se apenas para Müller-Freienfels, *Die Vertretung...*, pp. 15 e ss. e 23 e ss.; Thiele, *Die Zustimmungen...*, p. 56.

[191] Não é por acaso que Flume, *Rechtsgeschäft...*, in *Hundert...*, I, p. 142, de forma extremamente significativa, considera o contrato como instrumento de soberania da vontade em moldes muito próximos daqueles com que Savigny caracterizou o direito subjectivo (v., também, Litterer, *Vertragsfolgen...*, p. 13). Sobre isto cfr., igualmente, Joaquim de Sousa Ribeiro, *O problema do contrato...*, pp. 52, nota (83), e 53 e ss., o qual parece rejeitar a aproximação proposta por Flume mas não deixa de lhe reconhecer algum fundamento quando se trata de decisões que, bulindo apenas com interesses próprios, são realizáveis por actuação exclusiva do seu titular. Ora é nem mais nem menos isso que sucede, de acordo com a orientação tradicional de cariz labandiano, com a procuração. Nestes termos, a compreensão do fenómeno representativo como algo de absolutamente desligado da relação-base conduziria do mesmo passo ao reconhecimento da necessidade de abso-

próprio titular ou sujeito de certa situação jurídica desencadear um *Tatbestand* conducente à produção de efeitos jurídicos na sua própria esfera[192], num processo, destarte, vedado a todos os demais. Se, não obstante, um terceiro colocar em vigor ou tornar, como sucede na representação voluntária, para certo sujeito, imediatamente eficaz um tal *Tatbestand*, então, o valor do respectivo accionar não pode deixar de pertencer ao titular ou sujeito do direito ou situação jurídica atingida[193]. Cabe então perguntar pelos pressupostos de tal acto de atribuição de validade[194]. Que a justificação ou assentimento não pode estar, para os defensores da independência ou abstracção causal dos poderes de representação, por si só, na procuração[195] resulta, desde

---

luto respeito pela autonomia da vontade do representado o que, todavia, os defensores da ideia de abstracção da procuração não garantem. E não garantem porquanto admitem a possibilidade de efeitos representativos que todos sabem não corresponder à vontade do dono do negócio, desde que essa vontade se tivesse expresso apenas no contexto das relações entre o constituinte e seu mandatário (cfr., *infra*). Parece, pois, existir aqui uma séria contradição entre os diversos pontos de vista expressos pelos sequazes e prosélitos da ideia de autonomia da procuração relativamente à relação ou autorização gestória.

[192] Gerke, *Vertretungsmacht...*, p. 27. A nota de excepção é dada pelas situações de incapacidade.

[193] O grande mérito de ter definitivamente chamado a atenção para o facto de, por mais voltas que se desse, a origem da *fattispecie* representativa e do negócio celebrado pelo *procurator* teria de ser necessariamente imputada ao *dominus*; e de ter convocado para o centro da discussão e problemática acerca do fenómeno representativo precisamente a questão da articulação entre, de um lado, a circunstância de a actuação do representante produzir efeitos jurídicos na esfera jurídica do representado, e, do outro, a necessidade de se preservar o princípio fundamental da autonomia privada pertence a Müller-Freienfels, *Die Vertretung...*, *per totum* e, designadamente, pp. 8, 71 e ss., e 209 e ss. (pertinentemente, e num cenário de aparente adormecimento, o autor veio levantar a questão acerca do modo como a ideia de representação se deixa realizar. Trata-se de um modo de configuração de relações sociais através de outros, num sistema de direito privado que constitui o domínio da autodeterminação e auto-actuação). V., ainda, a propósito de quanto se refere no texto, Jürgen Schmidt, *Aktionsberechtigung...*, p. 41; Gerke, *Vertretungsmacht...*, p. 27.

[194] Assim, também, em sentido aproximado Gerke, *Vertretungsmacht...*, p. 40.

[195] Cfr., expressamente, nesse sentido, Frotz, *Verkehrsschutz...*, *passim* e pp. 258 e ss.; Gerke, *Vertretungsmacht...*, pp. 10, 40 e ss., para quem a aceitação da ideia de que a concessão do poder de representação conteria uma autorização (no sentido de *Einwilligung*) traduziria uma violação e violentação da vontade do *dominus*. Tanto mais quanto é certa a circunstância de frequentemente, e não obstante a procuração, o *procurator* dever esperar por indicações no sentido de poder fazer uso das respectivas faculdades representativas. Entre nós, a favor de uma demarcação entre a autorização e a representação pronunciam-se, designadamente, Manuel de Andrade, *Teoria...*, II, p. 296; Galvão Telles, *Manual...*, p. 306; Carlos Mota Pinto, *Teoria...*, p. 542; Rui Pinto, *Falta...*, p. 27; enquanto, numa orientação diversa, Oliveira Ascensão, *Direito...*, II, pp. 221 e 234, considera que o vínculo de representação se integra na categoria ampla de autorização, e a procuração consiste no acto pelo qual se confere a autorização ao representado (v., também, mas agora numa perspectiva diferente, a propósito da distinção entre autorização e representação, Raúl Guichard, *O problema...*, pp. 52 e 53, nota (164)). Convém, todavia, sublinhar a circunstância de este autor se pronunciar a favor da natureza causal e não abstracta da *procuratio*. Em Itália pode ver-se contra a qualificação do poder de representação ou procuração como uma autorização, designadamente, Sotgia,

Apparenza..., p. 90; D'Avanzo, *Rappresentanza...*, in *Novissimo...*, XIV, p. 818, o qual escreve: «*mas qualquer que possa ser a solução do problema, parece certo que a procuração não possa jamais considerar-se acto de autorização pelo facto, simples, que, enquanto objecto desta é o exercício de um direito determinado na sua natureza e nos seus limites, a procuração, diversamente, confere um poder de agir, ou seja de praticar actos que, apesar de juridicamente relevantes no confronto do representado, são, todavia, sempre deixados, no tocante ao an, no tocante ao quando, e no tocante ao modo, à vontade do representado*»; Mosco, *La rappresentanza...*, pp. 22 e ss., 34 e ss.; Natoli, *La rappresentanza...*, pp. 44 e ss.; Trabucchi, *La rappresentanza, cit.*, in *Rivista...*, I, pp. 584 e 585; Messineo, *Il contrato...*, p. 237; Mirabelli, *Dei contratti...*, comentário aos artigos 1387-1388, pp. 355 e ss., sublinhando, a nosso ver mal, como na representação a autorização só pode dizer respeito ao lado interno não ao lado externo; Papanti-Pelletier, *Rappresentanza...*, pp. 101 e ss. (cfr., porém, quanto escreve o autor, *op. cit.*, p. 113, e nota (161)); e Lina Bigliazzi Geri, *Procura*, in *Enciclopedia...*, XXXVI, pp. 1000 e ss.. V., igualmente, mas em termos que não julgamos de acolher, as amplas considerações proferidas por Mosco, *La rappresentanza...*, pp. 22 e ss.; e por último, Valentina di Gregorio, *La rappresentanza...*, pp. 115 e 116, nota (19), com referências bibliográficas. Cfr., por último, em Espanha, as observações de Jose Manuel Ruiz-Rico, *La representación en interés...*, pp. 93 e ss., e 464 e ss. Refira-se a circunstância de a figura da autorização apresentar também ela uma enorme complexidade – porventura não menor do que a da própria procuração e poder de representação – a qual chega a passar pela negação de semelhante figura ou conceito enquanto negócio jurídico *a se* atento o princípio da tipicidade dos negócios unilaterais (v., quanto se escreve *infra* a este respeito na presente nota). Não faltam, igualmente, autores para os quais a autorização seria um negócio unilateral, autónomo e abstracto (a favor da abstracção da noção de *Zustimmung* [consentimento] na qual se incluiria a *Einwilligung* [autorização] se anterior ao negócio jurídico e a *Genehmigung* [ratificação] se posterior [sobre o sentido destes termos germânicos pode ver-se, no nosso direito, Rui de Alarcão, *A confirmação dos negócios anuláveis*, Coimbra, 1971, I, p. 124, nota (204). Na doutrina alemã cfr., por todos, Staudinger-Schilken, *Kommentar...*, I, comentário prévio aos §§ 182 e seguintes, com ulteriores referências bibliográficas. Relativamente à ligação entre a noção de *Ermächtigung* e o conceito de *Einwilligung*, no qual a primeira se incluiria como uma subespécie com a particularidade, todavia de, para além de eliminar um obstáculo à eficácia de um acto de terceiro, conceder a este, também, uma competência para a prática do acto objecto da *Ermächtigung*, pode ver-se, Philipo Doris, *Die rechtsgeschäftliche Ermächtigung bei Vornahme von Verfügungs–, Verpflichtungs–, und Erwerbsgeschäften*, Munique, 1974, pp. 21 e ss.]) relativamente ao contrato de gestão ou relação-base (contra v., porém, as considerações proferidas por Schlossmann, *Die Lehre von der Stellvertretung...*, I, pp. 294 e ss., o qual destaca como mesmo o fenómeno ao qual chama autorização primária não surge nunca como um fim em si mesmo [*Selbstzeck*], pelo que não se revela nunca como uma manifestação isolada; Neppi, *La rappresentanza nel diritto privato...*, pp. 202 e ss., e 261 e ss., autor o qual, apesar de admitir a existência de uma limitada abstracção da procuração – cujas fronteiras seriam impostas pela boa fé do(s) terceiro(s) – considera dever subjazer à outorga voluntária de poderes de representação uma autorização genérica – destinada a garantir o indispensável nexo de correspondência entre a vontade do representado e a actuação do representante – figura insusceptível de ser concebida de modo desligado ou independente do complexo de relações integradoras da relação de gestão na qual, e por causa da qual, se manifesta; Natoli, *La rappresentanza...*, p. 46; e Papanti-Pelletier, *Rappresentanza...*, p. 106, autores que sublinham, perante o direito italiano, como na ausência de uma norma como o § 185 do *BGB*, e numa circunstância à qual a doutrina italiana parece não ter dado o devido valor, se não pode aceitar a existência de um negócio autorizativo carecido de causa. Além disso, Natoli refere, ainda, como a afirmação de um negócio unilateral e abstracto de autorização colide contra a afirmada tipicidade dos actos negociais unilaterais enquanto fonte de obrigações. O argumento poderá eventualmente apresentar algumas potencialidades mas não deve ser sobrevalorizado. Entre nós a suposta tipicidade dos negócios unilaterais, e não obstante o teor do artigo 457.º do Código Civil, ficou profundamente abalada na sequência das considerações tecidas a respeito deste preceito, pelo Professor Menezes Cordeiro, *Direito...*, I, pp. 560 e ss. [mas já antes o princípio do contrato em matéria de fontes das obrigações era visto por muitos como um anacronismo desprovido de justificação. Cfr., a este respeito, por exemplo, Vaz Serra, *Fontes das Obrigações. O contrato e o negócio jurídico unilateral como fontes das obrigações*, in *Boletim do Ministério da Justiça*, 1958, 77, pp. 193 e ss., maxime, pp. 197 e 198]. Parece-nos, no entanto que o Ilustre Mestre põe sobretudo o assento tónico, quando pretende pôr em crise a tipicidade dos negócios unilaterais, na existência de figuras indubitavelmente unilaterais cujo conteúdo é totalmente livre não sendo possível falar, por exemplo, na proposta como um tipo antes se devendo nesse caso falar de um número indeterminado de tipos [a proposta de compra e venda, de locação, de sociedade, etc.]. A isto juntar-se-ia, ainda, o testamento, a promessa pública e o concurso público, cujo conteúdo seria, também, ele totalmente livre. Mas v. Menezes Cordeiro, *Tratado...*, 2.ª ed. I, I, p. 309, nota (660). Parece-nos, todavia, que no artigo 457.º do Código Civil o legislador não teve tanto em vista o conteúdo dos vários negócios mas sim a forma de produção desses negócios. O paralelismo a estabelecer no tocante ao sentido desse preceito seria com a tipicidade do direito da família não com a dos direitos reais [a respeito do confronto entre estas duas formas de tipicidade v., por todos, Pedro de Albuquerque, *Autonomia...*, pp. 35 e ss.]. Ora parece indiscutível corresponder a proposta contratual, na multiplicidade da sua configuração, a uma figura expressamente prevista na lei, e portanto caber dentro da letra do artigo 457.º do Código Civil. Como aí cabem, igualmente de forma tranquila, o testamento, o concurso público e a promessa pública. O mesmo já não sucede, porém, com a autorização abstracta. Em lugar nenhum a nossa lei prevê ou atribui eficácia genérica a essa figura. É certo que de tal autorização abstracta resultaria, ao menos na maioria dos casos, um verdadeiro direito potestativo e não verdadeiros direitos de crédito. Porém, e como notou também o Professor Menezes Cordeiro as noções de crédito e direito potestativo não são incompatíveis [a favor da ideia segundo a qual o artigo 457.º consagraria efectivamente uma tipicidade dos negócios unilaterais mas enquanto fontes de obrigações v., Menezes Leitão, *Direito das Obrigações*, 2.ª ed., Vol. I, Coimbra, 2002, p. 262. Cfr., para outras tentativas de explicação do artigo 457.º do Código Civil, Ferreira de Almeida, *Texto...*, III, pp. 776 e ss.; Sousa Ribeiro, *O problema...*, p. 70; Pedro Pais de Vasconcelos, *Teoria...*, I, pp. 254 e ss., para quem o artigo 457.º se reportaria às promessas unilaterais [de prestações] abstractas; Carneiro da Frada, *Teoria...*, pp. 613 e ss., e nota (875)]) ou, mesmo, vozes segundo as quais a diferença entre a procuração e a autorização seria meramente quantitativa e não qualitativa (assim, Müller-Freienfels, *Die Vertretung...*, pp. 100 e ss., numa orientação que só merecerá o nosso reparo liminar se se entender não conter o poder de representação qualquer tipo de coloração material e se não encontrar ligado à relação-base). Não nos cabe encetar aqui uma análise sobre as noções de assentimento, consentimento ou autorização. Em qualquer caso sempre diremos que, assim como sustentamos a ligação entre procuração e negócio subjacente, também julgamos imperativo conferir algum tipo de coloração material à autorização e relacioná-la com o negócio gestório (em sentido porventura algo diverso mas mesmo assim considerando que a autorização é distinta da procuração e regula as chamadas relações internas entre os sujeitos do negócio v. Pedro Leitão Pais de Vasconcelos, *A procuração...*, pp. 73 e ss.). Não nos parece, designadamente, admissível que, declarado inválido o negócio fundamental, possa continuar a valer uma qualquer autorização. E nem se diga poder por esta via estar a penalizar-se o autorizado o qual, desconhecedor da invalidade da relação subjacente, viesse a praticar actos na esfera jurídica do autorizante. Em primeiro lugar, a pôr-se o problema, tanto seria pertinente relativamente à invalidade da relação subjacente como relativamente a vícios da própria autorização – sendo certo que nesta situação não existem as razões de tutela do tráfego e de terceiros tão frequentemente invocadas para explicar a abstracção dos poderes de representação. Por isso, e se se pretendesse negar a relevância da invalidade da relação gestória sobre a autorização com base na necessidade de se proteger o autorizado, então, haveria de se contestar a própria possibilidade de se invocar uma eventual deficiência da própria relação-base. Em segundo lugar, convém referir como nos casos de desconhecimento não negligente por parte do beneficiário da autorização, quer da invalidade desta, quer de eventuais vicissitudes da relação subjacente, falta o requisito da culpa sem o qual não é possível fazê-lo responder pelos danos por ele cometidos ao abrigo da autorização que ele julgava possuir. Repare-se, por último, com Gerke, *Vertretungsmacht...*, p. 9, como quanto na realidade está em causa quando se pretende garantir uma efectiva ligação entre o negócio representativo e a posição subjectiva do representado, em termos quer de respeito pelos respectivos direitos subjectivos quer de observância da sua autonomia privada, não é uma qualquer e simples autorização no sentido de garantir a eficácia de certo acto mas, antes, algo capaz de explicar a conformidade de certo comportamento ao direito (*Rechtsmässigkeit*). De outra forma estar-se-ia a deslocar o problema da ligação do negócio representativo à autonomia da vontade do *dominus*, mas deixando-o por resolver. Portanto, mais do que uma mera *Ermächtigung* (autorização, habilitação) abstracta o *procurator* deve possuir uma autorização material. Ora, essa só pode extrair-se do negócio gestório. Por isso, mesmo os autores favoráveis à possibilidade de uma autorização abstracta acabam, depois, por ter de reconhecer que a determinação sobre se o exercício da *Ermächtigung* é ou não justificado se faz de acordo com a relação jurídica subjacente. Acerca da figura geral da autorização no nosso direito privado v., Pessoa Jorge, *O mandato...*, pp. 387 e ss.; e Luís Menezes Leitão, *A responsabilidade do gestor de negócios perante o dono do negócio no direito civil português*, Cadernos de Ciência e Técnica Fiscal, Lisboa, 1991, p. 201; enquanto, em Itália, se pode ver Luigi Carraro, *Autorizzazione (diritto civile)*, in Novissimo Digesto Italiano, 1957, I, 2, pp. 1577 e ss.; Alberto Auricchio, *Autorizzazione (dir priv.)*, in Enciclopedia del Diritto, 1959, IV, pp. 503 e ss.. Em França destaca-se a monografia sobre o tema de Béatrice Thullier, *L'autorisation. Étude de droit privé*, Paris, 1996, *per totum*, e designadamente, p. 181. Perante o direito alemão, de onde a figura da autorização recebe, de resto, o seu mais importante influxo, com particular destaque para o pontapé de saída dado por Jhering, *Mitwirkung für fremde...*, in Gesammelte..., I, pp. 237 e ss., 246 e 247, o qual terá mesmo sido o primeiro a utilizar a expressão *Ermächtigung* como um *Tatbestand* jurídico específico contraposto a mandato e ao poder voluntário de representação (*Vollmacht*)) pode ver-se, entre tantos outros e apenas para um quadro ilustrativo, Raape, *Zustimmung und Verfügung*, in Archiv für die civilistische Praxis, 1923, 121, pp. 257 e ss., 260 e 274; Krückmann, *Ermächtigung*, in Idem, 1934, 139, pp. 26 e ss., autor para quem a autorização e a legitimação formal se situariam a um mesmo nível. Para ele a função da *Ermächtigung* seria apenas a de criar a aparência de um direito subjectivo, *de iure* não existente, numa orientação que parece confundir a problemática da autorização com a da aparência (contra Krümann pode ver-se, entre outros, Canaris, *Die Vertrauenshaftung...*, pp. 502 e 503; e Doris, *Die rechtsgeschäftliche Ermächtigung...*, p. 14); Thiele, *Die Zustimmungen...*, *per totum*, e em particular pp. 145 e ss., e 205 e ss., onde o autor procura evidenciar como *Vollmacht*, *Ermächtigung*, e *Geschäft für den, den es angeht* possuem o mesmo tipo de estrutura jurídica e se mostram como figuras ao serviço da satisfação das necessidades de divisão de tarefas pressupostas pelo tráfego jurídico; Frotz, *Verkehrsschutz...*, p. 260, o qual sublinha como a figura da *Ermächtigung* se reporta a determinado negócio ou comportamento, enquanto a procuração se refere também necessariamente a uma pessoa (o procurador); Flume, *Allgemeiner...*, II, Das Rechtsgeschäft..., pp. 885 e ss.; Philipo Doris, *Die rechtsgeschäftliche Ermächtigung...*, *per totum*, e designadamente, pp. 3 e ss. (onde o autor procede a um apanhado dos vários preceitos do *BGB* nos quais os termos *Ermächtigung* ou *ermächtigen* aparecem a par com uma análise do respectivo sentido), e pp. 12 e ss. (numa apreciação das teses que procuraram conceber a *Ermächtigung* como

logo, das próprias considerações tecidas por quantos propugnam a visão labandiana do fenómeno representativo e a admissibilidade da procuração isolada. Na verdade, para estes o poder de representação consistiria num mero *Können* (*posse*), numa legitimação textual – em detrimento de uma qualquer ideia de assentimento[196] – «*num simples* (...) *poder formal de disposição sobre uma esfera jurídica alheia*»[197]; ou, ainda, «*numa legitimação formal exterior*»[198]. A função jurídica da *procuratio* surgiria, assim, como puramente objectiva – a saber a corroboração de um negócio jurídico[199]. A representação não seria, pois, e como refere a

---

um conceito abrangente no qual caberia também o poder de representação a par de um estudo histórico acerca da evolução e sedimentação da noção de autorização [*Ermächtigung*]), e, finalmente, pp. 25 e ss. (para uma confrontação entre a estrutura jurídica da *Ermächtigung*, com a representação voluntária e o *Geschäft fur den, den es angeht*). Lenel, *Stellvertretung...*, in *Jhering's...*, XXXVI, p. 12, utiliza a expressão autorização, no contexto do fenómeno representativo, embora face à polissemia do termo *Ermächtigung* isso não signifique necessariamente que a procuração conteria uma autorização de actuar externamente com efeitos jurídicos para outrem. O próprio Hupka chamava a atenção para a circunstância de o termo *Ermächtigung* poder empregar-se a propósito da representação se com ele se pretender referir um poder em sentido técnico. Em termos gerais para uma referência ao modo como a doutrina tudesca do final de Oitocentos e princípios de Novecentos, de um modo geral favorável à teoria da representação e da abstracção da *procuratio*, encarava a relação entre procuração e autorização cfr., Hupka, *Die Vollmacht...*, pp. 19 e ss., e indicações aí feitas. Em Itália a ideia segundo a qual a procuração seria uma autorização externa ou diante de terceiros aparece, por exemplo, na jurisprudência através da *Cassazione, 7-1-1964*, in *Il Massimario Foro Italiano*, 1964, n.º 13, p. 3; *Tribunale di Roma, 8. 10. 1981*, in *Giurisprudenza Italiana*, 1983, I, 2, c. 242 (=*Programmi/Juris Data/massime.htrr*, com indicação do sumário. Consultou-se apenas por este último local); e na doutrina por Stolfi, *Teoria...*, pp. 193 e ss.; Betti, *Teoria...*, III, pp. 262, e ss., embora nos pareça que as considerações proferidas pelo jurista italiano devessem, justamente, levá--lo à conclusão contrária à posição por ele perfilhada. Aliás, o próprio Betti, depois de ter admitido que o poder de representação pode ser conferido quer na forma explícita da procuração, quer como simples autorização implícita noutro negócio (*op. cit.*, p. 216), acaba por afirmar como o conferimento da representação se não identifica, conceptualmente, com a autorização (*op. cit.*, p. 217); Santoro-Passarelli, *Dottrine...*, pp. 223 e ss., o qual considera a procuração como uma autorização em sentido amplo. Entre nós fala, também, de autorização em sentido amplo, Ferrer Correia, *A procuração...*, in *Estudos...*, II, pp. 16 e 17; Pessoa Jorge, *O mandato...*, p. 389; e Menezes Cordeiro, *Direito...*, II, p. 15. Possivelmente com excepção de Pessoa Jorge, parece-nos que o termo é empregue por estes autores numa acepção a qual não tem forçosamente a ver com a autorização em sentido rigorosamente técnico. Nós próprios utilizamos por vezes a expressão de forma descomprometida e para evitar o uso repetido da expressão «poderes de representação» sem com isso tomarmos qualquer posição no sentido de reconduzirmos a procuração a um negócio de autorização.

[196] Laband, *Die Stellvertretung...*, in *Zeitschrift...*, X, *passim*, e designadamente, p. 241.

[197] Hupka, *Die Vollmacht...*, p. 380.

[198] *Idem*, p. 390, numa orientação partilhada pela doutrina dominante. Cfr., por exemplo, Flume, *Allgemeiner...*, II, *Das Rechtsgeschäft...*, p. 784; e Pawlowsky, *Die Gewillkürte...*, in *Juristen...*, 51, p. 126, o qual considera, expressamente, determinar o poder de representação o que o representante pode (no sentido de *Kann*) fazer na esfera externa enquanto o lícito (*Darf*) se apura em função do acordo interno.

[199] Hupka, *Die Vollmacht...*, p. 106.

propósito HUPKA, precisamente um conceito material, mas sim um conceito jurídico perfeitamente neutro e incolor[200, 201]. Destarte, o *Vertretungsmacht* (poder de representação) mostrar-se-ia, por natureza, incapaz de constituir uma qualquer faculdade jurídica material. Mas a ser assim, então, torna-se absolutamente infrutífera qualquer tentativa de procurar uma explicação para a justificação da licitude da actuação do representante na procuração ou no poder de representação[202]. É, por conseguinte, necessário ir-se buscar a explicação para a legitimi-dade e mesmo eficácia da intervenção do representante a outro lado, a saber à relação jurídica interna ou gestória[203], sob pena de se preten-

---

[200] *Idem*, p. 3, nota (1). Em Itália, cfr., Papanti-Pelletier, *Rappresentanza...*, p. 94, onde o autor escreve: «*Nem se poderia sustentar com fundamento que do acto de procuração possa derivar alguma obrigação do representante no confronto com o representado, pois o seu efeito (...) querendo aderir à tese usualmente acolhida, se esgota* in parte qua *num simples conferimento de poderes, com o único escopo de legitimar a agir em nome de outrem.*» V., também, entre nós, Helena Brito, *A representação...*, p. 105, a qual defende que «(...) ao poder de representação não é inerente qualquer vinculação do representante». Cfr., porém, as considerações feitas acerca da concepção defendida pela autora sobre o abuso de representação, questão a propósito da qual Helena Brito afirma ser a legitimação representativa um poder vinculado.

[201] Não nos parece assim terem razão autores como Martina Schwonke, *Verkersschutz...*, p. 47, quando afirmam que o interesse do representado em evitar a celebração, por qualquer pessoa, de negócios jurídicos em seu nome, assim como a necessidade de autodeterminar, não obstante a outorga de poderes a um representante, a respectiva esfera jurídica – e, destarte, em não lhe serem impostos efeitos jurídicos por ele não queridos – se encontra assegurada pela exigência de outorga de um poder de representação (v., também, Gotthardt, *Der Vertrauenschutz...*, p. 7; e Medicus, *Allgemeiner...*, p. 349; Id., *Idem*, 7.ª ed., p. 356). A afirmação só será verdadeira se a competência representativa for entendida não apenas como um *posse* ou *Können* mas também como um *Dürfen* ou *licere*. Já Seeler, *Vollmacht...*, in *Archiv...*, 28, p. 32, ensinava como na ausência de direitos e deveres para a realização de um certo comportamento, ou prestação, a intervenção no património do *dominus* não se pode considerar lícita, e quem actua ilicitamente perante o *dominus* não está a agir no exercício de um poder de representação.

[202] É que se o poder de representação é algo de meramente formal e não contém qualquer tipo de legitimação material semelhante poder não conterá nunca o assentimento de que fala Ferrer Correia, *A procuração...*, in *Estudos...*, II, p. 1, imprescindível para o acto do representante passar a ser visto como uma manifestação da autonomia da vontade do *dominus*. Isto excepto se se pretender transformar a autonomia da vontade numa noção, também ela meramente formal e sem qualquer tipo de coloração material.

[203] Este fenómeno é, aliás, reconhecido, por exemplo, por Tietz, *Vertretungsmacht...*, pp. 9 e nota (11), 22 e 23, autor para quem pressuposto da procuração é, entre outros, a autorização, dada pelo principal ao *procurator*, para que este possa conduzir os negócios do *dominus*. Isto a fazer, segundo o autor, naturalmente com que toda e qualquer procuração, e inclusivamente a procura-ção isolada (!), tenha subjacente um certa relação jurídica base. No sentido segundo o qual a autorização necessária ao efectivo exercício do poder de representação se encontra e decorre do negócio gestório v., para além de Tietz, Seeler, *Vollmacht...*, in *Archiv...*, 28, pp. 24 e 25; e também, Flume, *Allgemeiner...*, II, *Das Rechtsgeschäft...*, p. 786. Cfr., por último, Schilken, *Wissenszurechnung...*, p. 24, o qual sublinha como a vinculação, por parte do representante, a uma actuação conforme aos seus deveres internos constitui um pressuposto fundamental para a concordância do instituto

der admitir o inadmissível: a existência de vinculações que não são senão isso mesmo, de deveres porque sim, ou, ainda, de efeitos de simples possibilidades de actuação conferidas pela ordem jurídica independentemente de qualquer auto-regulamentação e – numa zona pretensamente negocial – em claro confronto quer com o princípio da autonomia privada quer, ainda, com a ideia de direito subjectivo, os quais seriam, assim, seriamente violentados[204]. É que parece, na

───────────

da representação com o princípio da autonomia privada – embora chegando, com base em afirmações correctas, a resultados com os quais não concordamos; e Bork, *Allgemeiner...*, p. 525. Cfr., igualmente, na doutrina italiana, Alberto Aurecchio, *Autorizzazione...*, in *Enciclopedia...*, p. 506, para quem negócios como o mandato, a comissão, etc., trazem consigo uma legitimação para dispor; Papanti-Pelletier, *Rappresentanza...*, pp. 110 e ss., onde o autor destaca, ainda, a relevância externa do negócio gestório, enquanto este condiciona não só a actividade do procurador e serve de suporte causal à respectiva actuação, como pode, ainda, incidir sobre a própria eficácia do negócio representativo executado pelo procurador, como sucede quando este fizer mau uso da legitimação que lhe foi concedida e, assim, incorrer em abuso de representação (acerca desta figura v., quanto se escreve *infra*, Parte II, Cap. II, parágrafo 2) ou na violação das instruções que lhe foram transmitidas (cfr., a este respeito *infra*, Parte II, Cap. II, parágrafo 3). Torna-se pois evidente, conforme sublinha Papanti-Pelletier, como o negócio de gestão não se encontra exclusivamente direccionado para a regulamentação da relação jurídica interna. Ao contrário ele é idóneo para incidir sobre as próprias vicissitudes representativas. Nestes termos o efeito externo, resultante da execução do encargo, permanece condicionado pela validade da legitimação conferida ao procurador (enquanto situação intimamente conexa àquela outra situação de obrigação) e, destarte, da correcção da respectiva execução por parte deste sujeito. Finalmente, e sempre na doutrina italiana, v., Valeria de Lorenzi, *La rappresentanza...*, in *Contratto...*, 13, II, pp. 601 e ss., e nota (18). Entre nós, pode ver-se, Pessoa Jorge, *O mandato...*, p. 395, o qual refere como a autorização se integra em regra num contrato, ressalvando todavia os casos nos quais ao autorizado é concedida uma simples faculdade a título precário ou não é atribuído um direito perante o autorizante, e Menezes Cordeiro, *Tratado...*, I, I, p. 263, o qual escreve; Id., *Idem*, 2.ª ed., p. 318: «*Numa área dominada pela autonomia privada, apenas uma ligação estreita entre a eficácia e a sua fonte* (...)» – sendo que a fonte é entendida como a causa que dá lugar a certa situação jurídica – «(...) *permite controlar, em termos sindicantes, a correlação entre as opções voluntárias das pessoas de cuja autodeterminação se trate e os efeitos desencadeados*». Na jurisprudência cfr., *Acórdão do Supremo Tribunal de Justiça, 16-5--1996* (Matos Canas), in *Colectânea de Jurisprudência, Acórdãos do Supremo Tribunal de Justiça*, 1996, IV, II, pp. 19 e ss., maxime p. 22 (mandato representativo – instruções *a latere* da procuração – suspensão do mandato e dos poderes de representação).

[204] Isto mesmo que se admitisse a possibilidade de, contra quanto acontece com a *procuratio*, a autorização poder em certas circunstâncias constituir um negócio isolado de qualquer relação subjacente. É que, não sendo o negócio unilateral de concessão dos poderes de representação, por si só, um acto de concessão de qualquer autorização, atenta a sua suposta natureza de simples *Können* ou *posse* e não de *Dürfen* ou *licere*, ele mostra-se incapaz de produzir o efeito típico do negócio de autorização constitutiva: o de tornar lícita a intervenção de terceiro na nossa esfera jurídica. Ora não sendo possível para quem admite a tese da natureza meramente formal da procuração e seus efeitos, a não ser com recurso a eventuais ficções, encontrar nas situações de concessão de poderes representativos qualquer acto *a se* de concessão de uma autorização, então, o assentimento do representado não pode deixar de decorrer da própria relação-base. Além disso também não parece realista que, ao conceder a procuração, o representado confira a título gratuito ou de simples tolerância – hipótese na qual se põe a questão da autonomia da autorização – um

verdade, impossível conciliar a concepção da procuração e do poder de representação, entendidos como realidades absolutamente incolores e meramente formais, e, portanto, desligadas de qualquer preocupação de ordem material, com a manutenção, em sede do fenómeno representativo, do princípio da autonomia privada e da figura do direito subjectivo. E nem vale a pena dizer que o *Vertretungsmacht* (poder de representação) foi, apesar de tudo, posto pelo representado, razão pela qual a visão de cariz labandiano do fenómeno representativo em nada afrontaria a ideia de autonomia da vontade ou a figura do direito subjectivo[205]. E isto pelo motivo singelo de se não ver como um simples poder jurídico-formal, que não envolve qualquer justificação do comportamento do representante, ao ponto de não fazer sequer dele um acto lícito[206, 207], possa ser tomado como uma concretização

---

assentimento para o exercício de poderes de representação. Mesmo nas hipóteses normalmente referidas como de concessão, a amigos ou pessoas de confiança, de procurações isoladas na previsão de eventos futuros ainda desconhecidos não parece possível verificar-se uma autorização destinada a conceder a título gratuito, precário ou de tolerância, qualquer faculdade para o exercício dos poderes de representação. Mesmo nesses casos o representado não quererá certamente conferir ao procurador poderes susceptíveis de se traduzirem em simples faculdades do representante a tolerar pelo primeiro. Na verdade, o principal dá os poderes não porque pretenda conceder gratuitamente o que quer que seja ao *procurator* mas, antes, por desejar uma actuação representativa incapaz de o prejudicar. E não se alegue, contra quanto afirmamos, a existência de procurações também, no interesse do representado porquanto essas, por definição, não cabem nunca na hipótese de uma actuação gratuita, tolerada ou precária. Além disso, e como se verá, só é possível determinar se uma procuração é, ou não, igualmente concedida no interesse do representante, através da ponderação do negócio gestório. *Ergo...*

[205] Parece ser essa designadamente a intenção de Hupka, *Die Vollmacht...*, p. 97, quando o autor afirma que «*Poder voluntário de representação* ("Vollmacht") = *procuração* ("Bevollmächtigung"), *no sentido técnico já estabelecido, identifica-se com autorização* ("Ermächtigung") *para a representação*». Nada melhor, porém, do que a forma empregue por Hupka, para tentar equiparar o poder de representação e a procuração a uma autorização, para demonstrar como na verdade não se pode ver, aí, uma qualquer autorização, pois, apesar da outorga dos poderes, o representante pode estar de facto impedido, pelo *dominus*, de o representar. Acresce que esta afirmação está em clara contradição com os pressupostos e conclusões defendidos por Hupka acerca dos efeitos da representação. Hupka, *Die Vollmacht...*, p. 2, nota (1), p. 26, nota (1), e pp. 106 e 107, 376, afirma não se propor nem produzir a procuração qualquer efeito ou variação de direito imediata e real, ao ponto de se poder duvidar se ela constitui um negócio jurídico. Na verdade, no dizer de Hupka, o acto constitutivo dos poderes de representação não produziria nenhuma relação jurídica imediata nem perante o representante nem perante o *tertius*, ela não representaria nem vantagem nem desvantagem para o procurador nem garantia de cumprimento para o terceiro. Ou ainda: «*De acordo com a sua essência jurídica a representação não é uma* "Befugnis" *(autorização, atribuição), quer dizer um* "Handeln-dürfen", *mas sim um* "Dispositionsmacht" (poder de disposição) *ou seja um* "Wirken-können".» Ela teria, como se referiu há pouco no texto, uma função de simples corroboração dos efeitos de um negócio jurídico. Cfr., *supra*, Parte I, Cap. VI, quanto se escreveu a propósito da construção de Hupka.

[206] Na verdade, não oferece quaisquer dúvidas, para os defensores da visão labandiana do fenómeno representativo, a possibilidade de certo comportamento ser ilícito e não obstante se

da autonomia da vontade do _dominus_[208]. Se a procuração, em si mesma, não traz consigo qualquer elemento justificador da actividade ou

encontrar coberto por uma procuração ou poder de representação. Mas isso só se entende justamente na medida em que a actuação do representante não tenha sido consentida pelo representado e, por conseguinte, não possa ser imputada à respectiva autonomia da vontade. A tentativa de alguns autores de superarem a objecção, fazendo intervir a ideia de um poder vinculado nada resolve. Ao contrário, a introdução de uma ideia de vinculação no próprio «poder» de representação consiste numa pura e simples contradição com a ideia de poder formal e, destarte, com a tese da abstracção da procuração e da visão labandiana do fenómeno representativo. V., _infra_ Parte II, Cap. II, parágrafo 3. Além disso, se o poder de representação fosse vinculado uma actuação ilícita já não seria por ele coberta.

[207] A demonstração segundo a qual um _rechtliches Dürfen_ (_licere_ jurídico) pressupõe ou exige sempre um _rechtliches Können_ (_posse_ jurídico) embora, inversamente um _posse_ não tenha necessariamente de coincidir com _licere_ foi tentada, entre nós, por Rogério Soares, _Interesse..._, pp. 14 e ss.. Transcrevemos algumas das palavras do Mestre. «_É juridicamente impensável um_ licere _sem um correspondente_ posse, _para haver um_ rechtliches Dürfen _exige-se sempre um_ rechtliches Können (...). _Inversamente, porém, a um_ posse _a ordem jurídica pode não fazer coincidir um_ licere (...). _Se o_ posse _abstractamente considerado é pressuposto do_ licere, _se para haver pretensão é necessário ter capacidade, e se uma pretensão concreta se funda sempre em manifestações daquela, convém, todavia, pôr em luz que além desta ligação necessária de_ Können _e_ Dürfen, _se podem ainda estabelecer outras de diferente natureza e bem significativas; e exactamente o facto de não terem tomado na devida conta a distinção leva os autores a soluções nebulosas e inexactas. É que, uma vez estabelecida a situação jurídica, o exercício das pretensões em que se concretiza vai, no modo atrás exposto, sofrer os limites de proibido ou comandado, sem que esse exercício tenha necessariamente de conexionar-se com um poder em acto; e dessa maneira a pretensão ou o seu exercício podem vir a ser qualificados como lícitos ou ilícitos consoante acatem ou desrespeitem os limites impostos. Nestas circunstâncias, e abstraindo da aludida conexão primária com um_ posse, _o_ licere _move-se na esfera do sujeito independentemente deste, salvo o mero_ posse natural – _estabelecida, portanto, a possibilidade física da acção e realizada esta, os efeitos jurídicos são apenas avaliados em sede de ilícito. Mas pode, de diferente maneira, o comportamento, que encaramos em sede de licitude, querer assumir o relevo de uma manifestação de_ posse. _Sucede então que, se a actividade for ilícita, não poder ter pretensões a ser encarada como exercício de um poder. É agora neste sentido que Thon diz (...): "O_ Tatbestand _dum delito jamais coincidirá com o dum negócio jurídico – e nunca sucederá que uma antijuridicidade constitua um elemento necessário no acto do negócio jurídico". Repugnaria à ordem jurídica elevar a meio de produção de efeitos jurídicos diferentes da sanção o acto que a lesa, ou, ainda, mesmo, somente incluir nos elementos do acto jurídico um facto ilícito (...). Seria, por exemplo, incompreensível que uma ordem jurídica reconhecesse validade a uma figura de aquisição da propriedade que se manifestasse pelo assassínio do proprietário (...). Nestes casos, pode falar-se de uma relação de interferência activa do_ licere _sobre o_ posse. (...) _Sucede_ (...) _que a ordem jurídica em certas circunstâncias, não reconhece legitimidade ao exercício dos poderes concedidos, de maneira que os actos praticados são, em sede de_ posse, _não relevantes, isto é, inválidos, independentemente da qualificação que possam ter no domínio do_ licere. _São estas as hipóteses de indiferença do_ posse _em face do_ licere _e de que temos um exemplo nas chamadas_ leges perfectae, _sem dúvida a maioria no direito privado._ (...) _O relevo do_ posse _nas suas relações com o_ licere _pode, todavia, resultar duma diferente reacção da ordem jurídica que, ao conceder o poder, declara ilícito o seu exercício em determinados casos_ (...).» Também Thon, _Rechtsnorm und subjektives Recht, Untersuchung zu Allgemeinen Rechtslehre_, reimpressão da edição de Weimar, 1878, Aalen, 1964, pp. 344 e 345, e respectivas notas, de acordo com as suas premissas imperativistas, e em termos repudiados por Rogério Soares, falava em qualificação ilícita do exercício do _posse_ o qual produziria o efeito de tolher o próprio _posse_, para concluir no sentido segundo o qual o _posse_ (_Können_) jurídico seria independente, de um lado, do _non licere_ (_Nichtdürfen_) jurídico, e do outro, do dever (_Sollen_) jurídico.

[208] Frotz, _Verkehrsschutz..._, pp. 258 e ss., designadamente, pp. 264 e 615, onde o autor afirma

comportamento do representante, se não faz dela um comportamento lícito, como aferir da correcção ou não, da licitude ou não, dos actos praticados por um procurador a quem tenha sido conferida uma *procuratio* suspensa ou isolada[209]? Se o poder de representação é, como pretendem os defensores da visão labandiana do fenómeno representativo, mera possibilidade jurídico-formal de actuação como explicar o caso de o *procurator* se valer, de facto, de uma procuração isolada – e, por conseguinte, fazer exercício de poderes que não são senão isso mesmo e não contêm qualquer tipo de justificação material da sua conduta? Como continuar a apregoar que o negócio, decorrente de uma mera *Bevollmächtigung*, nasce e vive independentemente de qualquer relação fundamental? Não parece possível fazê-lo, sob pena de se pretender colocar exactamente ao mesmo nível a actuação de um sujeito legitimado[210] e a actuação de um não legitimado, conforme era, na verdade, o desejo claro e expresso de LABAND, sem com isso se quebrar definitivamente a ligação entre representação e autonomia privada.

Isso mesmo resulta claramente de um exemplo já antes por nós referido, mais de uma vez, e ao qual o Professor de Conisberga[211] faria apelo para explicar e ilustrar a respectiva visão do fenómeno representativo. Segundo LABAND, se *A* concede a *B* poderes para, em seu nome, comprar um cavalo a *C* e, ao mesmo tempo, o mandata para apenas adquirir por 100 um animal branco se, de facto, for negociado um equino preto por 200 o contrato seria vinculativo para o *dominus*, sem necessidade de se investigar mais nada que não fosse a correspondência, ou não, do negócio representativo ao poder tal como

---

expressamente como a concepção da procuração, defendida pela doutrina dominante, como um instrumento gerador de um simples poder ou legitimação formal se afigura inconciliável com o princípio fundamental da liberdade de configuração das próprias relações jurídicas; e Flume, *Allgemeiner...*, II, *Das Rechtsgeschäft...*, p. 786, o qual recorda como, tão compreensível é, de um lado, e de acordo com o princípio da autonomia privada, que cada sujeito de direito tenha poder (*sic*) sobre si próprio, como, por outro, se mostra, questionável ter alguém um poder (*sic*) sobre outrem. A concessão de faculdades representativas através do constituinte, continua o autor, não serve para justificar o exercício, sobre ele, de um poder de acordo com o arbítrio do representante: como poder dirigido para outrem o *Vertretungsmacht* apenas é tolerável, escreve Flume, quando está obrigado a fazer dele um exercício vinculado. Por isso, quando existe um poder de representação devem igualmente existir deveres do representante para com o representado. Cfr., ainda, Seeler, *Vollmacht...*, in *Archiv...*, 28, p. 2, autor para quem apenas existe poder de representação se a actuação do representado se mostrar lícita diante do representado.

[209] No sentido segundo o qual a existência de um *Können* representativo nada diz se o procurador está ou não habilitado ou autorizado para o exercer v., Müller-Freienfels, *Die Vertretung...*, p. 76.

[210] No sentido de ter ou desfrutar de uma possibilidade de actuação lícita.

[211] Cfr., *supra*, Parte I, Cap. IV, parágrafo 3.

aparece externamente[212]. Isso, inclusivamente, na eventualidade de o terceiro se conluiar com o representante para prejudicar o representado[213, 214].

São, porém, de forma expressa, as próprias regras relativas ao fenómeno representativo a não permitirem uma tal equiparação entre actuação representativa lícita e actuação representativa ilícita. Basta atentar-se no artigo 269.º do Código Civil, o qual impõe, claramente, a ineficácia do negócio representativo, se a outra parte conhecia ou devia conhecer a existência de um abuso de representação[215]. Com isto, o nosso legislador demonstra, de forma inequívoca, ser, para ele, diversa a situação daquele que actua no respeito do negócio gestório e a daquele outro que não observa os deveres de gestão sobre ele incidentes[216]. Também, de um lado, manifestamente em crise a argumentação dos defensores da possibilidade de uma procuração isolada[217], enquanto assegura e garante, do outro, e ao determinar a intromissão da

---

[212] Laband, *Die Stellvertretung...*, in *Zeitschrift...*, X, p. 230.

[213] *Idem*, pp. 206, 223 e 224.

[214] *Idem*, *passim*, e maxime pp. 240 e ss..

[215] Para uma análise pormenorizada dos contornos da figura do absuso de representação v., *infra* Parte II, Cap. II, parágrafo.

[216] No sentido segundo o qual a relevância do abuso de representação indica claramente como o problema do *posse* e do *licere* não podem ser vistos, no âmbito do fenómeno representativo, como duas realidades absolutamente distintas, devendo aproximar-se a legitimação do representante da licitude da sua actuação, de tal forma que o poder de representação só cobre actuações lícitas pode ver-se: Müller-Freienfels, *Die Vertretung...*, pp. 77 e ss.. Cfr., também, Frotz, *Verkehrsschutz...*, pp. 337 e ss., maxime p. 340.

[217] Na verdade, o que os defensores da viabilidade de uma procuração suspensa fazem é afirmar a tese segundo a qual a relação jurídica interna se mostra – quando exista – absolutamente indiferente para a questão de se saber se o negócio representativo vincula, ou não, o principal, para, depois, defenderem a existência de poderes representativos sem qualquer tipo de relação-base. E se, de facto, o negócio de gestão fosse, mesmo quando efectivamente celebrado, irrelevante para o poder de representação não haveria razão para se impedir a admissibilidade de uma procuração isolada, concedida sem referência a qualquer relação-base. O mesmo já não sucederá se se concluir no sentido segundo o qual o negócio causal interfere na eficácia do negócio representativo, designadamente, em caso de abuso de representação. Numa tal situação falhará a premissa na qual os defensores da viabilidade da procuração isolada fazem assentar o respectivo raciocínio. Por isso, autores como Laband e Hupka negavam, expressamente, a relevância do abuso de representação. E não apenas por desejarem afastar uma circunscrita relevância de tal figura, a qual poderia pôr, eventualmente, em causa a ideia de emancipação e abstracção integral da procuração, deixando, apenas, espaço, para uma mais reduzida autonomia do poder de representação, mas por existir um entrosamento circular entre a recusa da relevância do abuso de representação e toda a doutrina da independência da procuração relativamente à relação-base. Isto ao ponto de, quebrada, por via do reconhecimento da relevância do abuso de representação, a soberania e auto-suficiência das faculdades representativas relativamente ao acto ou contrato de gestão, ficar comprometida toda a ideia ou tese da abstracção da procuração. É que, o ponto cardeal e basilar no qual Laband acaba, consciente ou inconscientemente, por fazer assentar toda a sua construção é a

relação-base no poder de representação, a ligação entre o negócio representativo e a autonomia de vontade do *dominus* que os defensores do fenómeno representativo pareciam querer romper. Só concebendo, na verdade, a procuração como um negócio necessariamente instrumental relativamente à relação-base e aceitando-se, do mesmo passo, a tese segundo a qual os poderes de representação são concedidos para a realização de um fim jurídico, económico e social do representado, materializado e colorido pelo negócio subjacente, se justifica a admissão pelo direito de uma ingerência exterior na esfera do *dominus*. Só assim a representação aparecerá como uma forma de o representado exercer a respectiva autonomia privada e regular os seus próprios interesses, através de outro, é verdade, mas dentro dos limites de actuação lícita determinados pelo principal[218, 219].

VIII – Mas se não é viável defender a ideia de que o poder de representação pode sobreviver independentemente de uma qualquer relação jurídica fundamental ou base também não é, a nosso ver, de aceitar a tese propugnada designadamente por LARENZ[220], FROTZ[221] e TIETZ[222, 223], segundo a qual na ausência de um negócio-

---

da irrelevância da ilicitude do comportamento do representante contrário às vinculações para ele emergentes da relação-base. É aí onde, de uma forma ou de outra, toda a construção do Professor de Conisberga entronca e se apoia.

[218] Em sentido formalmente próximo pode ver-se, Mosco, *La rappresentanza...*, p. 317; e Rui Pinto, *Falta...*, p. 21.

[219] Parece pois ser este um aspecto não tomado na devida conta por quantos (assim v., por exemplo, e entre nós, Mota Pinto, *Teoria...*, p. 537, e Pedro Múrias, *Representação...*, p. 1; enquanto na doutrina alemã se destaca, entre outros, e com simples carácter ilustrativo, Larenz, *Allgemeiner Teil...*, p. 585 e nota (6)) sublinham haver uma perfeita sintonia entre o princípio da autonomia privada e a representação voluntária.

[220] Larenz, *Allgemeiner Teil...*, pp. 613 e ss., maxime p. 615.

[221] Frotz, *Verkehrsschutz...*, p. 263.

[222] Tietz, *Vertretunsmacht...*, *passim* e pp. 7 e 8. Para além destes autores pode ainda ver-se, no sentido segundo o qual as regras da gestão de negócios poderiam ser chamadas a depor como forma de determinação do âmbito de justificação do procurador na eventualidade de faltar a procuração, designadamente em virtude da respectiva invalidade, Hezel, *Der Mißbrauch...*, p. 31.

[223] Nalguns ordenamentos, como por exemplo o italiano (cfr. a próxima nota), admite-se mesmo a possibilidade de a gestão de negócios representativa poder produzir efeitos negociais directos na esfera do *dominus*. Não é esse, e não obstante as vozes mais ou menos isoladas de Fritz Baur, *Zur «dinglichen Seite» der Geschäftsführung ohne Auftrag*, in *Juristen Zeitung*, 1952, pp. 328 e 329; e Karl Bertzel, *Der Notsgeschäftsführer als Repräsentant des Geschäftsherrn*, in *Archiv für die civilistische Praxis*, pp. 158, 108 e ss., nem a posição do direito alemão nem a do nosso ordenamento jurídico (cfr., Júlio Gomes, *A Gestão...*, in *Boletim...*, XXXIX, pp. 513 e ss., maxime p. 521, autor o qual debate e analisa, de resto, a posição dos dois autores tudescos referidos nesta nota; e Menezes Cordeiro, *Direito...*, II, pp. 23 e 24). O regime do artigo 471.º não deixa quaisquer dúvidas a este respeito.

-base ou causal, os direitos e obrigações do *procurator*, ou se se preferir o seu *Dürfen* ou *licere*, seriam de estabelecer em função das regras próprias da gestão de negócios[224].

Em particular, segundo FROTZ[225], mostrar-se-ia – contra quanto vulgarmente se pretende – perfeitamente claro, e sem necessidade de qualquer particular fundamentação, como a autonomização da procuração não conduziria ao eliminar dos deveres e vinculações do representante[226]. O seu conteúdo determinar-se-ia segundo a relação jurídica fundamental[227]. Se ela fosse inválida, como sucede no caso do exemplo do incapaz mandatário/*procurator*, então, decidiriam acerca da conformidade, ou desconformidade, da actuação do representante ao direito os critérios vigentes para a gestão de negócios – com o consequente apelo ao interesse ou vontade real ou presumida[228] (artigo 465.º a)) do dono do negócio. Termos estes em que, de acordo com FROTZ, mesmo na ausência de uma relação jurídica fundamental se poderia determinar ou apreciar se o representante respeitou ou violou deveres de actuação[229].

---

[224] Na doutrina italiana pode ver-se, para uma referência acerca do modo como é encarada a problemática das relações entre gestão de negócios e representação, e de entre a inúmera bibliografia sobre o assunto, Pugliatti, *Il rapporto di gestione...*, in *Studi...*, pp. 208 e ss., autor que propugnaria a tese segundo a qual a representação tanto poderia ter na sua base um mandato como a figura da gestão de negócios; Ferrari, *Gestione di affari...*, *passim* e, designadamente, pp. 72 e 131 e ss.; Natoli, *La rappresentanza...*, pp. 73 e ss.; Papanti-Pelletier, *Rappresentanza...*, pp. 39 e ss.; Valentina di Gregorio, *La rappresentanza...*, pp. 143 e ss., com amplas referências bibliográficas. Deve, todavia, assinalar-se a existência, no *Codice Civile*, de uma regulamentação da gestão de negócios bem própria do ordenamento jurídico italiano e sem qualquer paralelo na nossa legislação. Na verdade, o artigo 2031.º do *Codice Civile* estabelece que, na eventualidade de a gestão ter sido utilmente iniciada, o interessado deve cumprir as obrigações que o gestor assumiu em seu nome, assim concebendo a possibilidade de uma gestão com verdadeiros efeitos representativos. Entre nós alguns autores têm admitido a aplicação, às relações representante/representado, das regras relativas à relação dono do negócio/gestor, mas, apenas, com vista à determinação da responsabilidade do *falsus procurator* (cfr., *infra*). Mesmo assim, Helena Brito, *A representação...*, p. 180, não nos parece totalmente clara quanto a saber se o regime da gestão de negócios se destina apenas a resolver os problemas postos pelo representante sem poderes ou se seria, também, susceptível de aplicação aos casos nos quais a procuração não tem qualquer relação-base. Mas parece-nos ir o entendimento da autora, até pela respectiva inserção sistemática, no primeiro sentido. Já Raúl Guichard, *O problema...*, pp. 108 e 109, nota (232), admite claramente, mas sem desenvolver o assunto, a possibilidade de as regras da gestão de negócios serem chamadas a intervir em substituição da relação subjacente inexistente.

[225] Para uma referência às posições expressas a este respeito por Tietz v., *supra*. Quanto a Larenz o autor limita-se a referir a aplicabilidade da gestão de negócios aos casos de falta de um negócio subjacente interno, sem se alongar sobre o assunto.

[226] Frotz, *Verkehrsschutz...*, p. 263.

[227] *Idem*, p. 263.

[228] *Idem*.

[229] *Idem*.

IX – Aceitamos a ideia de que a *procuratio*, considerada de forma meramente abstracta e desligada da relação causal, não se mostra capaz de valer como autorização e, destarte, não obstaria, por si só, à aplicação do regime jurídico da gestão de negócios[230]. Isto, repise-se, pela razão simples de, nessa perspectiva, a procuração valer não como uma permissão mas, sim, como um mero poder jurídico-formal. Noutros termos, na visão de raiz labandiana do fenómeno representativo, por força da qual se defende a autonomia originária da procuração relativamente ao negócio-base, a *procuratio* não contém nenhum *licere*, nenhum *Dürfen*, nenhuma permissão mas, antes e, tão-só, um *posse* ou *Können*. Tanto assim que, não obstante o comportamento do representante estar eventualmente compreendido dentro da procuração, ainda assim, ele pode originar responsabilidade civil e obrigação de indemnizar o *dominus* por não sido permitida ao *procurator* a conduta por ele levada a cabo.

Apesar disso, a aceitação de que se possa recorrer ao regime jurídico da gestão de negócios, em caso de falta inicial da relação-base ou

---

[230] Em sentido contrário v., todavia, na doutrina alemã, Flatau, *Ist die Vollmacht...*, in *Beiträge...*, 52, pp. 763 e ss.; e, entre nós, de forma implícita, Vaz Serra, *Gestão de Negócios*, in *Boletim do Ministério da Justiça*, 66, 1957, pp. 104 e 105, autor que refere como exemplo de um caso de falta de autorização a hipótese de o dono do negócio não ter conferido ao agente poderes de representação ou de estes serem nulos; e, agora de modo expresso, Armindo A. L. Ribeiro Mendes, *A gestão de negócios no direito português*, pol., Lisboa, 1971, p. 285; Menezes Cordeiro, *Direito...*, II, pp. 14 e 15, onde o autor considera que o «*gestor deve encontrar-se numa situação em que lhe não sejam dirigidas quaisquer normas permissivas ou de obrigação, que o habilitem a actuar. O código refere que a actividade não deve estar autorizada – artigo 464.°, in fine. O termo deve, porém, ser amplamente entendido. O gestor não deve (...) estar autorizado por acto unilateral, a dirigir o negócio – v. g., não deve haver procuração*» (mas sublinhe-se a circunstância de o autor não se encontrar entre os partidários da concepção da procuração como algo de desligado da relação jurídica base, pelo que nessa perspectiva pode fazer sentido considerar a *procuratio* como uma autorização para efeitos do regime da gestão de negócios). A aceitar-se este entendimento amplo de autorização, a extravasar o rigoroso domínio de concessão de um *posse* ou *Dürfen* (que aliás nem sequer prejudica quanto antes dissemos acerca da necessidade de se articular a representação com o princípio da autonomia privada e de a integrar e articular com a figura do direito subjectivo), então, mais, ainda, se deveria ter por inadequado o recurso à gestão de negócios para resolver os problemas da representação desprovida de representação. Para uma crítica à forma como o Ilustre Mestre concebe a falta de autorização na gestão de negócios pode ver-se, Luís Menezes Leitão, *A responsabilidade...*, pp. 201 e ss., o qual vê a autorização como um tipo específico de relação existente entre o gestor e o *dominus*, numa orientação que, todavia, e se bem vimos continuaria a impedir a aplicação da figura da gestão de negócios aos casos de *procuração*. E nem sequer seria possível, num cenário no qual a procuração valesse como autorização, justificar a aplicação ao representante do regime da gestão de negócios pois não se compreenderia semelhante procedimento numa hipótese de verificação de um pressuposto que, na valoração e dizer expresso do legislador, tem como consequência, justamente, o afastar da regulamentação da gestão de negócios.

seu posterior desaparecimento, suscita as maiores reservas e não tem, a nosso ver, qualquer tipo de viabilidade[231].

Em primeiro lugar, o expediente apenas seria susceptível de ser aplicado em situações nas quais a procuração fosse concedida no exclusivo interesse do *dominus*. Em todas as hipóteses nas quais ela é igualmente concedida no interesse do *procurator* o recurso à gestão de negócios encontra-se, senão definitivamente, pelo menos seriamente comprometido[232]. Tal como comprometido parece o apelo à gestão de negócios em todas as hipóteses nas quais o *procurator* actua sem estar preenchido o requisito da *absentia dominus*[233, 234]. Além disso, a aceitação da tese de LARENZ, FROTZ e TIETZ leva a fundamentar na disciplina da gestão de negócios o juízo acerca da ilicitude ou contrariedade ao Direito de certo comportamento posto em prática pelo procurador. Ora parece no mínimo duvidoso que tal regime tenha no sistema do nosso direito privado semelhante função[235]. A circunstância de uma norma do regime da gestão de negócios possuir a virtualidade de transformar em ilícita uma conduta de outra forma lícita corresponde, a nosso ver, a um autêntico desvio e deturpação[236, 237]. Aceita-se que um comportamento, em princípio contrário ao direito, possa tornar-se lícito em consequência da aplicação das regras próprias da gestão de negócios. O inverso já não é, porém, necessariamente verdadeiro[238]. Seja como for, quanto parece realmente inadequado e inoportuno é defender-se, como fazem LARENZ, FROTZ e

---

[231] Na mesma direcção pode ver-se, Gerke, *Vertretungsmacht...*, pp. 11 e ss..

[232] *Idem*.

[233] Entre nós manifestou-se contra a necessidade da *absentia domini,* Armindo Ribeiro Mendes, *A gestão...*, pp. 310 a 312. Veja-se também a posição de alguma flexibilidade de Júlio Vieira Gomes, *A gestão...*, in *Boletim...*, suplemento ao Vol. XXXIX, p. 365. Cfr., ainda, Luís Menezes Leitão, *A responsabilidade...*, p. 196.

[234] Para uma breve distinção entre a relação subjacente ao fenómeno representativo e a gestão de negócios pode ver-se na literatura italiana, Lina Bigliazzi Geri, *Abuso...*, in *Rappresentanza...*, p. 155.

[235] Assim perante o direito alemão, Tietz, *Vertretungsmacht...*, pp. 11 e ss.

[236] *Idem*, pp. 11 e 17.

[237] Sublinha-se esta inversão. É que na visão designadamente de Frotz e Tietz o apelo à gestão de negócios não surge com o fim de justificar determinado comportamento do representante. Ao contrário, o que se pretende é encontrar uma base para se não conceber a posição do *procurator* como um simples *Können* desvinculado de quaisquer deveres e vinculações que delimitariam a esfera do seu *licere*. Deveres e vinculações, na opinião dos autores, oferecidos justamente pela figura da gestão de negócios.

[238] Gerke, *Vertretungsmacht...*, pp. 14 e ss.. Veja-se, mesmo assim, o disposto no artigo 466.°, n.os 1 e 2, do Código Civil; e Luís Menezes Leitão, *A responsabilidade...*, pp. 209 e ss., 235, 245 e ss., 363 e ss..

TIETZ, a aplicação generalizada da gestão de negócios aos casos nos quais a relação jurídica causal ou subjacente ao poder de representação se mostra inválida[239]. É que não parece possível aplicar, ao menos de forma acrítica, o regime da gestão de negócios aos casos nos quais o agente julga estar a cumprir um dever contratual.

X – Uma parte substancial da doutrina considera, é certo, o requisito da falta de autorização para agir na gestão de negócios de forma meramente objectiva. Nestes termos, não teria dificuldade em admitir que a convicção errónea subjectiva do gestor de se encontrar obrigado a actuar ou agir não exclui a aplicação das regras da gestão de negócios[240]. O cumprimento de um contrato seria também uma actividade para outrem, ou, noutros moldes, um comportamento cujo resultado útil se procura, de certo modo, transferir para outrem. Nestes termos, o *animus* do gestor não seria prejudicado pela circunstância de ele julgar estar, tão-só, a cumprir um contrato válido[241].

Outros, porém, procuram distinguir entre aquelas situações nas quais o agente julgava estar autorizado a intervir, de um lado, e aquelas outras em que pensava ter o dever de agir. Nas primeiras poderia, mesmo assim, e segundo certa corrente de opinião, ser considerado

---

[239] Sobre o estado desta questão pode ver-se, por todos, e na nossa literatura, Júlio Manuel Vieira Gomes, *A gestão...*, in *Boletim...*, suplemento ao Vol. XXXIX, pp. 322 e ss., autor que sublinha a extrema profusão da doutrina existente a este respeito, bem como a delicadeza do problema, a qual só permite uma referência abreviada, num terreno extremamente movediço. Menos viável ainda do que a tentativa encetada por Larenz, Frotz e Tietz, nos parece, face ao disposto no artigo 471.º do Código Civil, qualquer ensaio de transposição para a ordem jurídica nacional de esforços como os encetados por Giommaria Dejana, *Gestione di affari altrui ed atti dispositivi*, in *Rivista del Diritto Commerciale e del Diritto Generale delle Obbligazioni*, 1948, I, pp. 225 e ss., e por exemplo, p. 260; Ferrari, *Gestione...*, pp. 128 e ss., de incluir a gestão de negócios representativa no esquema da representação directa (cfr., também, Papanti-Pelletier, *Rappresentanza...*, pp. 39 e ss., sobre a eficácia do *negotiorum gestio* no direito italiano).

[240] Cfr., entre os autores alemães, Theo Oberle, *Die Führung eines fremden Geschäfts in dem Glauben, hierzu verpflichtet bezw. berechtigt zu sein. Zugleich ein Beitrag zur Struktur des «fremden Geschäfts»*, Dissertação, Bühl-Colónia, 1935, maxime, pp. 26 e ss.; Louis Carrez, *La gestion d'affaires en droit civil français*, Lille, 1911, p. 64, na França; e, entre nós, Vaz Serra, *Gestão...*, in *Boletim...*, 66, pp. 104 e 105, o qual refere expressamente como exemplo de um caso de falta de autorização que daria lugar à gestão de negócios a hipótese de o dono não ter conferido poderes ao agente, mas, também, quando, tendo-os conferido, é nulo o acto de apoderamento (ou seja de concessão de poderes) – todos igualmente recenseados por Júlio Manuel Vieira Gomes, *A gestão...*, in *Boletim...*, suplemento ao Vol. XXXIX, pp. 322 e 323. Ao nível das fontes históricas, v., *Ulpianus, Libro X. ad Edictum* – D., 3, 5, 3, § 10; Id., *Idem* – D., 3, 5, 5.

[241] Cfr., sobre quanto se escreve, Júlio Manuel Vieira Gomes, *A gestão...*, in *Boletim...*, suplemento ao Vol. XXXIX, pp. 322 e 323.

gestor de negócios, mas não já nas últimas. Tudo, numa atitude considerada por JÚLIO GOMES como particularmente atenta à atitude psicológica do interventor e susceptível de ser defendida com outra argumentação[242]. Conforme refere a propósito o Ilustre Autor, mesmo escritores como ISENSEE[243], os quais vêem no requisito da falta de autorização um dado de natureza estritamente objectiva, defendem que, na eventualidade do agente considerar estar a cumprir o seu dever ou obrigação contratual, então ele encontra-se a gerir um negócio seu e não um negócio alheio. Isto, e tal como sublinhado uma vez mais por JÚLIO GOMES, numa linha de raciocínio igualmente presente em NEUFFER[244] – jurista a quem se ficou a dever um estudo particularmente cuidado sobre esta problemática – o qual, entre vários outros argumentos, lembra como se a situação julgada existir pelo agente fosse, na verdade, real, então, ele estaria a gerir um negócio próprio – caso no qual se estaria diante de uma situação clássica de erro quanto à alienidade do negócio[245]. Para NEUFFER a espontaneidade é parte integrante do *animus*, sendo que a tese contrária vê, de forma errónea, um género de consumpção entre as normas da gestão de negócio e as de cada espécie contratual, sendo aquelas consumidas por estas, mas reaparecendo quando elas não fossem de aplicar – por invalidade do acordo – o que não seria senão o resultado de uma deturpada abordagem do instituto como um *minus* relativamente ao pactuado, quando, na realidade, se trata de um *aliud*[246]. Mas mais.

Tal como recorda JÚLIO GOMES[247], apelando designadamente para o ensinamento de NEUFFER[248] e SCHUBERT, a gestão de

---

[242] *Idem*, p. 232.

[243] Otto Isensee, *Der Einfluss des Irrtums auf die Verbindlichkeiten aus der Geschäftsführung ohne Auftrag*, Dissertação, Gotinga, 1934, pp. 39 e ss., maxime 40 e 41. Sempre se deverá acrescentar, no entanto, como, ao contrário de quanto parece resultar da leitura da obra de Vieira Gomes, Isensee apenas considerar que a errada convicção de se estar a cumprir um dever ou obrigação contratual impede a aplicação das regras da gestão de negócios quando o gestor de negócios pense ter a necessidade de realizar *Aufwendungen* (benfeitorias), e não já quando julgue dever levar a cabo um simples comportamento. A distinção não nos parece todavia ter razão de ser. Para mais referências e indicações no sentido segundo o qual a convicção de se estar vinculado a agir impede a aplicação das regras da gestão de negócios v., ainda, Isensee páginas citadas nesta nota.

[244] Hans-Martin Neuffer, *Der pflichtgebundene Geschäftsführung ohne Auftrag*, Dissertação, Regensburg, 1969, pp. 66 e 67.

[245] Júlio Vieira Gomes, *A gestão...*, in *Boletim...*, suplemento ao Vol. XXXIX, p. 323.

[246] Neuffer, *Der pflichtgebundene...*, pp. 64 e 65; e Manuel Vieira Gomes, *A gestão...*, in *Boletim...*, suplemento ao Vol. XXXIX, pp. 323 e 324.

[247] Júlio Vieira Gomes, *A gestão...*, in *Boletim...*, suplemento ao Vol. XXXIX, pp. 327 e 328.

[248] Neuffer, *Der pflichtgebundene...*, pp. 69 e 70, o qual recorda como na eventualidade de a

negócios produz efeitos muito próximos dos do contrato. Ora, a nulidade ou a anulabilidade do negócio são consequências de um juízo de desaprovação da ordem jurídica relativamente a esse mesmo negócio. Sendo assim, quando resulta da lei não dever um negócio jurídico considerar-se válido e eficaz, não se pode introduzir uma quase-eficácia, nem total nem parcialmente, pela «porta da traseira» da gestão de negócios. E se é verdade que, tal como escreve JÚLIO GOMES, autores – entre os quais se pode referir MANFRED WOLF[249] – não faltam para quem o argumento, apesar de sério, não afasta, na totalidade, a possibilidade de aplicação das regras da gestão de negócios; havendo antes de se proceder à ponderação, caso a caso, do alcance da norma proibitiva (cujo desrespeito provocou a nulidade ou anulabilidade do negócio) para decidir se as consequências próprias da gestão de negócios deveriam ser afirmadas e quais as que não deveriam ser, nem por isso, a tentativa de procurar explicar, através deste instituto, o efeito de uma *procuratio* associada a uma relação gestória que, afinal, se veio a revelar inconsistente, se revela menos infrutífera. E por várias ordens de razões. Desde logo, porquanto, admitindo de barato – mas sem qualquer tipo de concessão – a possibilidade de, eventualmente, o recurso à gestão de negócios se poder revelar, em certas situações de invalidade negocial, adequada para resolver as relações entre as partes envolvidas, a verdade é que semelhante expediente não parece dilucidar satisfatoriamente inúmeros outros casos, os quais ficariam, assim, sem explicação. Designadamente, careceriam de qualquer tipo de cobertura as situações que mais têm preocupado a doutrina e servem de emblema para justificar a independência do poder de representação relativamente à relação-base ou causal[250]. A saber os casos do procurador mandatário incapaz. Isto pela razão simples de, por essa via, se estar a contornar as regras da celebração de negócios por sujeitos carecidos de capacidade plena[251], sendo, pois, justamente, esse um dos casos nos quais o alcance da norma de proibição impede a aplicação das normas

---

lei determinar a ineficácia de um negócio jurídico não se deve admitir, pela porta de trás, uma *«Quasi-wirksamkeit»* (quase-eficácia), nem sequer de forma parcial, através da aplicação das regras da gestão de negócios.

[249] V., também, Carrez, *La gestion...*, pp. 64 e 65.

[250] Assim, perante o direito alemão, manifestam-se, designadamente, contra a possibilidade de se aplicar a figura da gestão de negócios em caso de incapacidade por menoridade, Peter Röing, *Die Rechtsstellung des minderjährigen Geschäftsführers bei der Geschäftsführung ohne Auftrag*, Dissertação, Münster, 1969, pp. 92 e ss.; e Gerke, *Vertretungsmacht...*, p. 12.

[251] Júlio Vieira Gomes, *A gestão...*, in *Boletim...*, suplemento ao Vol. XXXIX, p. 328.

da gestão de negócios. Quer isto dizer, como, precisamente, naquelas hipóteses nas quais mais insistentemente se tem feito apelo à figura da gestão de negócios, para justificar o funcionamento da figura da representação em caso de invalidade da relação jurídica interna, a explicação falece. Tanto mais quanto é certa a circunstância de nem sequer se afigurar pacífica a discussão em torno da capacidade exigível ao gestor[252]. E se é verdade que a tese mais razoável parece ir no sentido segundo o qual ao gestor basta o discernimento dos seus actos, ou a inteligência para compreender quanto faz, isso não significará necessariamente, a admitir-se a perfeita separação[253] relação interna/poder de representação, e destarte os pressupostos com base nos quais a *communis opinio* tem vindo a tratar a questão da capacidade do representante, uma coincidência entre o discernimento exigível para a gestão de negócios e aquele outro necessário para a celebração do negócio representativo. Isto apesar de quanto dispõe o artigo 263.º do Código Civil. Este preceito diz respeito aos actos representativos, praticados com eficácia externa perante o *dominus*, enquanto a gestão de negócios, a ser aplicável, teria de se reportar ao lado interno do fenómeno representativo. Ora, pode ter determinada pessoa capacidade para entender e querer o acto representativo, mas carecer dela – mesmo

---

[252] Para uma referência às várias teses fundamentais em disputa v., por todos, Júlio Vieira Gomes, *A gestão...*, in *Boletim...*, suplemento ao Vol. XXXIX, pp. 382 e ss..

[253] O que se refere com simples propósitos dialécticos e sem qualquer tipo de concessão.

[254] A fechar a problemática da autonomia, ou não, da origem da procuração deixe-se apenas mais uma nota. Repare-se como a generalidade da doutrina, inclusivamente parte significativa dos autores favoráveis à visão labandiana do fenómeno representativo admite a possibilidade de a procuração ser concedida por forma tácita ou concludente, deduzida a partir, da relação jurídica base ou causal (assim pode ver-se, designadamente, e sem qualquer preocupação de exaustão, Hupka, *Die Vollmacht...*, pp. 119 e ss.; Steffen, *BGB, RGRK, cit.*, I, comentário ao § 167, pp. 78 e ss.; Larenz, *Allgemeiner Teil...*, pp. 614 e 615; Schramm, *Münchener...*, I, comentário ao § 167, pp. 1451 e 1452; Id., *Idem*, 4.ª ed., comentário ao § 167, pp. 1702 e ss.; Medicus, *Allgemeiner...*, p. 351; Id., *Idem*, 7.ª ed., p. 357; Staudinger-Schilken, *Kommentar...*, I, comentário ao § 167, p. 73; e Tietz, *Vertretungsmacht...*, p. 7. V., também quanto escreve Canaris, *Die Vertrauenshaftung...*, pp. 46 e 47, autor que, conforme referido já anteriormente, admite a possibilidade de a atribuição dos poderes de representação estar ligada, segundo as concepções do tráfego, à concessão de determinada posição estando-se, então, eventualmente, e em termos que nem sempre permitiriam um fácil distinção relativamente à verdadeira procuração, na presença de uma *Scheinvollmacht* [procuração aparente. V., também, quanto escrevia já a este respeito, Wellspacher, *Das Vertrauen...*, pp. 101 e 102]. Para uma primeira abordagem de eventuais proximidades entre procuração tácita e os fenómenos de protecção de terceiros v., Macris, *Die stillschweigende...*, *passim*; enquanto entre nós, se pode ver no sentido da existência de uma ligação entre certa posição e a concessão de efectivos poderes representativos, Oliveira Ascensão, *Teoria...*, III, p. 297; Oliveira

colocando a fasquia um pouco mais baixa de quanto se verifica no domínio dos contratos – para a prática dos actos de gestão necessários à preparação de tal negócio, por serem estes mais complexos do que aquele[254].

Ascensão e Carneiro da Frada, *Contrato celebrado por agente...*, p. 49 e nota (7)). Parece, no entanto, extremamente difícil afirmar-se a autonomia integral da procuração relativamente à relação-base jurídica, em particular no tocante à origem dos poderes de representação, e derivar, ao mesmo tempo, de forma tácita ou concludente, tais poderes do negócio gestório. Onde está, nesse caso a insensibilidade da *procuratio* relativamente à relação subjacente?

CAPÍTULO II

A RELEVÂNCIA OU IRRELEVÂNCIA DO NEGÓCIO-BASE PARA A DETERMINAÇÃO DA EXTENSÃO DA PROCURAÇÃO E DOS PODERES DE REPRESENTAÇÃO

1. – Introdução

I – Apurada a existência de um imprescindível nexo entre a procuração e a relação gestória, em termos tais que a primeira não pode nascer sem a segunda, importa agora indagar e determinar a extensão dos poderes de representação. A questão apresenta o maior interesse, quer teórico, quer prático[255]. Teórico, pois, também aqui, a concepção do poder de representação como algo de meramente abstracto e formal impôs marcas significativas, ao deixar transparecer soluções que não nos parecem compatíveis com quanto decorre da nossa lei ou com uma adequada dogmática jurídica. Prático, porquanto ultrapassados os limites do poder de representação, e atento o disposto no artigo 268.º, n.º 1, do Código Civil, em regra, não há já actuação eficaz em nome do representado.

II – O estudo desta questão afigura-se, além disso, de extrema importância na delimitação dos contornos da representação aparente[256]. As limitações ou restrições à procuração não são oponíveis ao terceiro delas desconhecedor, afirma-se hoje comummente. Mas cabe perguntar com GORDILLO[257]: qual a razão para esta solução? Será que a declaração modificadora não dirigida ao terceiro se não repercute na esfera do poder representativo permanecendo no estreito âmbito do

---

[255] Assim, também, António Gordillo, *La representación...*, p. 81.

[256] Nesta direcção pode ver-se também, e expressamente, António Gordillo, *La representación...*, p. 82.

[257] António Gordillo, *La representación...*, p. 82.

mandato? Será que, em virtude da sua propalada abstracção os poderes de representação podem ter alcance e extensão diversos do *mandatum*? Uma esmagadora *communis opinio* tem, de facto, e com pequenas variações, respondido em sentido positivo a estas duas interrogações. Julgamos, todavia, não lhe assistir neste domínio qualquer razão. Está-se, sim, aqui perante uma específica situação de tutela do terceiro confiante na aparência de representação [258]. Importa por isso estudar com algum pormenor as questões relativas à extensão da procuração e do poder de representação e sua ligação com a relação-base. Nesse esforço seremos levados a tratar de questões como o abuso de representação; a distinção, recorrente, entre instruções à margem da procuração com cariz limitativo do poder de representação, de um lado, e directrizes com suposto carácter meramente interno, do outro; e do negócio consigo mesmo.

2. – O abuso de representação

I – Estabelecida, sublinhe-se novamente, do ponto de vista genético, a dependência causal entre a *procuratio* e a relação jurídica gestória parece impor-se, como consequência necessária, a delimitação da extensão do poder de representação em função, designadamente, de quanto se determina no contrato ou negócio de gestão[259]. É, porém, outra a solução proposta por todos quantos se renderam à visão de cariz labandiano do fenómeno representativo[260]. Na verdade, de acordo com a *communis opinio* seria perfeitamente admissível a existência de poderes de representação que excedem ou extravasam para além dos limites da relação interna ou subjacente. Trata-se de uma consequência directa da ideia de abstracção da procuração, inicialmente

---

[258] *Idem*, pp. 82 e 258.

[259] *Idem*.

[260] V., para além do próprio Laband, *Die Stellvertretung...*, in *Zeitschrift...*, X, p., 230, e como meros exemplos da *communis opinio* nesta matéria, Lenel, *Stellvertretung...*, in *Jhering's...*, XXXVI, pp. 23 e 24; Hupka, *Die Vollmacht...*, pp. 158, 187 e ss., e 199 e ss.; Von Thur, *Der Allgemeiner...*, II, 2, p. 400; Flume, *Allgemeiner...*, II, *Das Rechtsgeschäft...*, p. 843, a propósito da procuração externa do direito alemão; e Eckehard Gerke, *Vertretungsmacht...*, pp. 6 e ss., e *passim*. Na literatura jurídica italiana cfr., por todos, Saggese, *La rappresentanza...*, pp. 173 e ss.; Nattini, *La dottrina...*, pp. 233 e ss.; e Mosco; *La rappresentanza...*, pp. 238 e ss.. Entre nós v., a este respeito, Ferrer Correia, *A procuração...*, in *Estudos...*, pp. 13 e ss.; Januário Gomes, *Em tema...*, pp. 245 e ss., embora com alguns desvios relativamente à orientação dominante. Adiante haverá oportunidade de referir em detalhe a opinião de alguns destes autores.

aceite no espaço cultural tudesco e que, depois, se alargou, de forma vertiginosa, a praticamente todo o seu vasto campo de influência. A *procuratio*, enquanto *figura iuris* distinta e diversa da relação jurídica de gestão estabelecida entre o representante e o representado, limitar--se-ia a legitimar formalmente o representante conferindo-lhe um *Können* (*posse*) puro e simples[261]. O vínculo obrigatório gerador e delimitador do *Dürfen* (*licere*) relevaria apenas no contexto das relações internas entre o representante e o representado. Nestes termos, nada impediria um *posse* mais amplo (na sua extensão) ou distinto do *licere*. E de tal forma assim seria que não falta quem inclusivamente chegue ao paroxismo[262] de, através de uma modificação da vulgar repartição de funções e conteúdo entre o negócio causal, gerador do *licere*, e o poder de representação, atribuir a este último um *posse* e *licere* próprios, distinto do procedente da relação jurídica fundamental[263].

---

[261] Cfr., quanto se escreve a este respeito *supra*, Parte I, Cap. IV, parágrafo 3 e ss., e Parte I, Cap. VI.

[262] A adjectivação é de António Gordillo, *La representación...*, p. 83.

[263] Assim, e na Alemanha, pode ver-se, Ernst Flatau, *Ist die Vollmacht abstrakt...*, in *Beiträge...*, vol. 52, pp. 763 e ss., autor segundo o qual se deve distinguir entre relação de gestão e a relação que origina os poderes de representação. Nesta última caberia, por seu turno, uma relação interna (*Vertretungsbefugnis* – competência ou autorização de representação, enquanto *Dürfen*, que seria precisamente o elemento caracterizador da relação representado/procurador) e outra externa (*Vertretungmacht* – poder de representação, no sentido de um *Können* dirigido, não ao principal, mas, sim, aos terceiros). *Vertretungsbefugnis* e *Vertretungsmacht* coincidiriam na maioria dos casos mas qualquer deles poderia existir sem o outro. Enquanto isso, em Itália, Mosco, *La rappresentanza...*, p. 68, sustenta constar o conteúdo do poder do representante, considerado abstractamente, de dois elementos estreitamente conexos mas facilmente destrinçáveis: um seria o *posse* em sentido técnico (*Können*) o outro um *licere* (*Dürfen*). Com isto Mosco parece realmente admitir a existência no seio do próprio *Können* representativo de um *posse* e um *licere*. E na verdade, julgamos ser essa a interpretação que da tese do autor italiano faz António Gordillo, *La representación...*, p. 83 nota (7). Não obstante, não só as citações feitas por Mosco, a este propósito como, igualmente, as posteriores considerações por ele tecidas permitem levantar a dúvida sobre se o autor italiano não perfilhará, também, a tradicional distinção labandiana entre o *posse* (*Können*) e o *licere* (*Dürfen*) do representante. Julgamos fazê-lo de facto. Realmente significativa do metadiscurso e do alheamento que a construção jurídica pode apresentar relativamente à realidade é, de novo no espaço jurídico alemão, a nosso ver, a posição de Gerke, *Vertretungsmacht...*, pp. 40 e ss., o qual, para além da separação conceptual entre relação jurídica subjacente, de um lado, e poder de representação do outro, considera, ainda, necessária, como forma de justificar a intromissão do procurador na esfera patrimonial do *dominus*, a existência de uma autorização (*Erlaubnis*) dada, pelo titular do direito atingido, ao representante. Esta autorização mostrar-se-ia, também ela, conceptualmente diferente quer do poder de representação quer da relação jurídica interna. A aceitar-se a construção do jurista tudesco, no fenómeno representativo, estar-se-ia, ao menos em regra, perante quatro (!) negócios ou figuras jurídicas, todos eles autónomos e independentes. A saber: o negócio de gestão, a procuração, a autorização e, finalmente, o negócio representativo. Tudo para explicar uma situação que, nos casos de intervenção directa do principal, é o resultado de um único acto ou contrato. Mas não contente com esta proliferação de conceitos, Gerke permite-se, ainda, distinguir entre

II – A preocupação de defesa do titular originário dos interesses materiais ou fins confiados à actuação de terceiro, perante desmandos deste, afigura-se, porém, uma constante ao longo da história do direito. Na verdade, a análise dos vários fenómenos ou manifestações mais ou menos aparentados ou próximos do moderno fenómeno representativo admitidos pelo direito romano permitiu, desde logo, detectar a existência, em vários desses casos, de distintos mecanismos destinados a evitar quer a prática de abusos por parte dos intermediários ou auxiliares que intervinham na gestão ou condução de negócios alheios quer, nalgumas situações, a própria vinculação do principal na sequência dos actos abusivos. Entre eles detaca-se a instrumentação jurídica desenvolvida em torno da tutela e da curatela[264]. Sublinhem-se, igualmente, os ensinamentos contidos nos já mencionados passos de *Ulpianus, Libro XXVIII. ad Edictum* – D., 14, 1, 1, § 9 e *Africanus, Libro VIII. Quaestiononum* – D., 14, 7, pr.[265]. Outros podem, todavia, ser apontados[266], como o comprova, aliás, a experiência do *ius commune* proporcionada pelos tribunais tudescos.

A título ilustrativo referem-se dois casos. Numa situação na qual um pai se reconhece devedor perante um terceiro de determinadas quantias supostamente resultantes da compra de terrenos efectuada pelo progenitor no exercício do respectivo poder paternal, mas na realidade atinentes apenas a dívidas provenientes dos negócios paternais, o *Reichesgericht* afirmaria a invalidade da agressão patrimonial verificada na esfera dos menores[267]. Para o efeito socorrer-se-ia

---

uma actuação com *Vertretungsberechtigung* (a expressão *Berechtigung* apresenta-se dotada de uma importante riqueza semântica. Nos dicionários aparece: direito, autorização, capacidade, faculdade, poder, qualidade, título, habilitação. Pode, assim traduzir-se o termo empregue por Gerke por autorização ou habilitação representativa) e um comportamento sem *Vertretungsberechtigung*. Esta distinção assumiria significado tanto no âmbito da relação jurídica interna como no domínio das relações externas entre o *dominus* e o terceiro (cfr., Gerke, *Vertretungsmacht...*, pp. 54 e 63). V., finalmente, quanto se escreve um pouco mais adiante, mas ainda neste parágrafo acerca das teses que, partindo da ideia de abstracção do poder de representação, pretendem ver nele um poder funcional.

[264] A este respeito e para além da literatura jurídica citada *supra*, Parte I, Cap. I, I, parágrafo 1, e quanto aí se escreveu, pode ver-se, Theodor Kipp, *Zur Lehre von der Vertretung...*, in *Die Reichsgerichtspraxis...*, II, pp. 274 e ss.; Albermann, *Der Mißbrauch...*, pp. 4 e ss.; Berger, *Zur Frage...*, p. 13 e 14.

[265] Cfr., *supra* Parte I, Cap. I, I.

[266] V., por exemplo, *supra*, Parte I, Cap. I, I, parágrafo 1, as várias limitações que foram sendo impostas à liberdade de actuação do tutor e devidamente sublinhadas também por Kipp, *Zur Lehre...*, in *Die Reichsgerichtpraxis...*, II, p. 275. V., ainda, *infra*, Parte II, Cap. II, parágrafo 3, quanto se escreve acerca da construção proposta por Hupka para o problema das intruções *a latere* da procuração.

[267] *Reichsgericht, III. Zivilsenat, 19. Januar, 1886*, in *Entscheidungen des Reichsgerichts, Zivilsachen*, 15, 1897, pp. 197 e ss., maxime, 202 e 203.

do ensinamento constante, designadamente, dos fragmentos de *JULIANUS, Libro XLIV. Digestorum* – D., 41, 4, 7, § 3; e *PAULUS, Libro XXXVIII. ad Edictum* – D., 26, 7, 12, § 1, e 27. Numa outra hipótese anterior[268], **A** demandara o capitão de um navio, **B**, enquanto representante do respectivo armador, em virtude do não cumprimento de um contrato de afretamento celebrado com um agente de navegação. A acção seria recusada em todas as instâncias, porquanto o comandante recebera do proprietário instruções no sentido de apenas celebrar contrato verificadas certas condições consideradas essenciais. **A** sabia não terem sido elas respeitadas. Nestes termos, seria concedida contra o autor uma *exceptio doli* fundada no passo de *Paulus, Libro XXIX. ad Edictum* – D., 14, 3, 17, § 4[269].

Durante o período de vigência do direito romano comum a actuação dolosa de um tutor em prejuízo do incapaz era vista como ineficaz perante este, mesmo na eventualidade de a contraparte se encontrar de boa fé. Da mesma forma, na eventualidade de um procurador ou representante voluntário abusar do seu poder em detrimento do representado o negócio celebrado seria ineficaz caso o terceiro tivesse conscientemente participado no prejuízo causado ao representante[270]. Na hipótese da tutela a questão de saber se o tutor agia ou não de forma visível contra a vontade do incapaz não podia colocar-se uma vez que esta se mostrava irrelevante. Em contrapartida na representação negocial o aspecto decisivo era, antes de mais, o de saber se o *procurator* actuava ou não contra a vontade reconhecível do constituinte, porquanto ela era para ele vinculativa [271]. Já ao tempo do direito comum, o mandatário podia afastar-se das instruções transmitidas pelo principal quando, na ausência deste, tivesse razões para julgar concordar o mandante com o comportamento entretanto assumido. Essa concordância poderia ser presumida quando o afastamento relati-

---

[268] V., *Reichsgericht, I. Zivilsenat, 22. November, 1884*, in *Entscheidungen des Reichsgerichts, Zivilsachen*, ano 1886, 15, pp. 206 e ss..

[269] Uma primeira referência a um dos possíveis sentidos deste fragmento pode ver-se *supra*, no texto do presente parágrafo. De um modo geral o apelo feito pelo tribunal a esta fonte com vista a solucionar o litígio submetido à respectiva apreciação haveria de ser criticado pela doutrina por considerar não quadrar ele com o caso concreto. Assim v., Kipp, *Zur Lehre...*, in *Die Reichsgerichtpraxis...*, II, pp. 277 e ss., o qual considera como uma melhor prova da protecção do *dominus* contra desmandos do representado o passo de *Julianus, Libro XLIV. Digestorum* – D., 41, 4, 7, § 6; e Hezel, *Der Mißbrauch...*, pp. 7 e ss..

[270] Cfr., Kipp, *Zur Lehre...*, in *Die Reichsgerichtpraxis...*, II, p. 280; e Albermann, *Der Mißbrauch...*, pp. 7 e 8.

[271] Assim expressamente pode ver-se a já citada sentença do *Reichsgericht, I Zivilsenat, 22. November de 1884*, in *Entscheidungen des Reichsgerichts, Zivilsachen*, 1886, p. 206 e ss., maxime p. 207. Cfr., igualmente, Kipp, *Zur Lehre...*, in *Die Reichsgerichtpraxis...*, II, p. 280; e Albermann, *Der Mißbrauch...*, p. 8. Cfr., no entanto, Hezel, *Der Mißbrauch...*, p. 9.

vamente à vontade declarada correspondesse aos interesses do *dominus* mas o mesmo já não sucedia quando os contraditasse. Nestes termos, uma actuação do procurador conscientemente levada a cabo contra os fins do *dominus* era ineficaz[272].

A manutenção, pelas primeiras codificações modernas, da equiparação entre mandato e representação[273] levaria a que, sem prejuízo de uma ampla protecção dos terceiros de boa fé crentes na existência do poder de representação, como regra, apenas fossem considerados vinculativos para o *dominus* os negócios representativos celebrados em conformidade com o *mandatum*[274], num fenómeno ao qual, e salvo algumas excepções, a jurisprudência parecia dar o necessário eco.

III – Este estado de coisas viria a ser naturalmente abalado com a categórica afirmação por parte de LABAND da total e absoluta independência da procuração relativamente ao negócio de gestão, e designadamente, da irrelevância do *mandatum* para a determinação da extensão e conteúdo da procuração[275].

O Professor de Conisberga conceberia, recorde-se, a *Vollmacht* (poder voluntário de representação) como um simples instrumento de legitimação formal do tráfego[276] e distinguia, claramente, entre poder representativo e relação jurídica interna[277]. Nestes termos, a procuração poderia ter um alcance bastante mais amplo de quanto resulta do negócio de gestão. A primeira concederia ao *procurator* um poder autónomo – desvinculado da relação subjacente, do *Dürfen* – em virtude do qual o procurador passa a poder vincular o principal. O segundo limitar-se-ia a regular as relações internas entre *dominus* e seu auxiliar e seria irrelevante no âmbito das relações externas[278]. Poderia, pois, uma pessoa actuar para além dos limites do mandato e mesmo assim vincular o dono do negócio. Para tanto bastar-lhe-ia que o comportamento não compreendido dentro dos limites do mandato estivesse, ainda assim, no âmbito da esfera delimitada pela procuração[279]. E isto mesmo na eventualidade de o terceiro conhecer as limitações internas ou até, inclusivamente de se conluiar com o representante para prejudicar o representado[280]. Se por hipótese, e retomando um exemplo mais de uma vez já antes referido e recordado[281], **A** concede a **B**

---

272 Kipp, *Zur Lehre...*, in *Die Reichsgerichtpraxis...*, II, p. 280.
273 Cfr., *supra*, Parte I, Cap. III.
274 V., por todos, Hezel, *Der Mißbrauch...*, p. 11.
275 Cfr., *supra*, Parte I, Cap. IV, parágrafo 3.
276 Laband, *Die Stellvertretung...*, in *Zeitschrift...*, X, pp. 183 e ss.., *passim*, e maxime pp. 240 e ss..
277 *Idem*, pp. 203 e ss.. Cfr., igualmente *supra*, Parte I, Cap. IV, parágrafo 3.
278 Laband, *Die Stellvertretung...*, in *Zeitschrift...*, X, *passim* e p. 206.
279 *Idem*, p. 230.
280 *Idem*, pp. 206, 223 e 224.
281 Cfr., *supra*, Parte I, Cap. IV, parágrafo 3.

poderes para, em seu nome, comprar um cavalo a **C** e, ao mesmo tempo o mandata para apenas adquirir por 100 um animal branco se, de facto, for negociado um equino preto por 200 o contrato seria, no dizer de LABAND vinculativo para o *dominus* sem necessidade de se investigar mais nada para além da correspondência, ou não, do negócio representativo com o poder tal como aparece externamente[282].

Uma vez esboçada a tese labandiana, a problemática da extensão dos poderes de representação, e em particular da sua articulação com a autorização ou *licere* do representante, passou a constituir uma constante na jurisprudência e na literatura jurídica directamente inserida no espaço ou contexto juscultural tudesco.

A nível jurisprudencial, e sob o influxo da codificação do *ADHGB* e do sucesso obtido pelo escrito de LABAND, assistir-se-ia a uma viragem progressiva, no tradicional e milenar modo de compreensão das relações entre o poder de representação e a relação jurídica a ele subjacente, com a progressiva defesa da independência do primeiro relativamente ao segundo; e, destarte, com a afirmação da vinculação do *dominus* mesmo naqueles casos nos quais o representante tivesse violado as respectivas instruções internas ou ofendido os interesses ou fins do principal[283].

Na verdade, a orientação do *Reichsoberhandelsgericht* ia, num caminho naturalmente nem sempre linear e desprovido de sobressaltos, no sentido de conceder uma ampla protecção ao tráfego jurídico em detrimento do representado, o qual apenas em situações extremas ficava desvinculado do negócio representativo[284].

E o mesmo acabaria, num primeiro momento, por suceder com o percurso trilhado pelo *Reichesgericht*. Na verdade, este tribunal começaria por, num claro acentuar da separação entre o poder de representação e a relação gestória[285], manifestar expressamente a sua adesão à

---

[282] Laband, *Die Stellvertretung...*, in *Zeitschrift...*, X, p. 230.

[283] Para uma referência à viragem jurisprudencial no sentido da afirmação da separação entre o negócio gestório e o poder do procurador e, ao mesmo tempo, a favor da defesa da irrelevância de situações de afrontamento das directrizes transmitidas pelo principal ou de atentado aos respectivos fins podem ver-se as amplas referências de Berger, *Zur Frage...*, pp. 18 e ss.; e também, Tietz, *Vertretungsmacht...*, pp. 208.

[284] V., por todos, Tietz, *Vertretungsmacht...*, pp. 208 e 209.

[285] Cfr., a título exemplificativo, Julia Schärfer, *Teilweiser Vertretungsmangel, Haftung des Vertreten und des Vertreters unter Einschluß der Mißbrauchsfälle*, Estugarda, 1997, p. 83. Refira-se, mesmo assim, o facto de a radical proposta de Laband, no sentido de se considerar a existência de um poder de representação mesmo nos casos de conluio entre o representante e o terceiro no sentido de prejudicar o *dominus*, não ter merecido acolhimento por parte dos tribunais tudescos.

doutrina do *Reichsoberhandelsgericht* e por afirmar não ser tarefa do *tertius* verificar se o negócio representativo cabe ou não nos limites do mandato ou relação subjacente.

Assim, em *Sentença 16 de Setembro de 1882*, o *Reichsgericht*[286] sustentaria categoricamente que, para a impugnação de um negócio representativo celebrado por um sócio, um procurador, ou pelo conselho de administração de uma sociedade, não basta ter o terceiro conhecimento da ultrapassagem por parte do representante dos limites estabelecidos para a respectiva procuração ou da violação das instruções a ela associadas e, designadamente, da utilização em proveito próprio das faculdades representativas. O principal só não ficaria, no dizer do tribunal, vinculado quando o representante tivesse dolosamente actuado com o fim de prejudicar o *dominus* e o terceiro colaborasse propositada e intencionalmente com a actuação do *procurator*[287]. Numa situação como essa caberia ao dono do negócio uma *exceptio doli*. Em todos os outros casos ele ficaria, porém, vinculado.

Uma adequada ponderação dos interesses em jogo acabaria, todavia, por levar o *Reichsgericht* à conclusão segundo a qual uma justa composição dos litígios e tensões entre o representado e o terceiro não podia passar por fazer recair sempre sobre o primeiro o risco de uma actuação abusiva por parte do representado. Destarte, aquele tribunal haveria de iniciar uma progressiva afirmação e defesa da neces-

---

[286] V., *Reichsgericht, I. Zivilsenat, 16 September, 1882*, in *Entscheidungen des Reichsgerichts, Zivilsachen*, 1883, 9, pp. 148 e 149.

[287] Esta proibição de actuação dolosa conjunta ou de conluio entre o representante e o terceiro manter-se-ia, depois, de forma praticamente pacífica ao longo de toda a jurisprudência do *Reichsgericht*, conforme é, aliás, sublinhado, designadamente, por Frotz, *Verkehrsschutz...*, p. 540, nota (1329). A doutrina alemã tem reservado para estes casos nos quais o terceiro de algum modo participa ou compartícipa na actuação ilícita do representante a expressão *Kollusion* (a resolver de acordo com o § 138 do *BGB*, respondendo, ainda, o representante e o terceiro perante o representado nos termos dos §§ 826 e 840) traduzida para o português pelo termo «colusão». Assim, pode ver-se, Raúl Guichard Alves, *Notas...*, in *Revista...*, XXXVII, p. 39; Heinrich Ewald Hörster, *A parte...*, p. 489, autor que considera não se estar perante uma situação de abuso de representação quando o procurador – agindo formalmente dentro dos seus poderes funcionais – e a outra parte colaboram conscientemente para prejudicar o representado; e Helena Brito, *A representação...*, pp. 147 e 162, nota (210), mas pronunciando-se justamente em sentido contrário ao de H. Hörster, porquanto em seu entender a colusão é, ainda, uma forma de abuso de representação (sobre a questão do enquadramento da *Kollusion* no ordenamento jurídico germânico cfr., por todos, Alfons Böcker, *Apparent authority und agency power. Vertretungsmacht ohne Vertretungsbefugnis im anglo-amerikanischen Recht*, Münster, 1963, p. 136, onde, a propósito do direito alemão, se usa a expressão «abuso sob a forma de colusão» [*Mißbrauch in Form der Kollusion*]. Nesse caso o que haveria seria um negócio ofensivo dos bons costumes ao qual se deveria aplicar, entre nós, o artigo 281.º, com a consequente sanção de nulidade. No direito alemão o preceito aplicável seria o § 138. Cfr., ainda e para além da obra de Böcker referida nesta nota, sempre a título exemplificativo, Julia Schärfer, *Teilweiser...*, p. 94).

sidade de correcção, em benefício do principal, das exigências de protecção do tráfego e confiança jurídicas alegadamente subjacentes ao princípio da abstracção da procuração. Nestes termos, o problema do tratamento jurídico a dar aos casos de descomedimento dos poderes representativos ou de violação, por parte do representante, dos deveres para ele emergentes a partir da relação jurídica interna haveria, contra as inflamadas e dogmáticas profissões de fé em simples verdades conceptuais, de se impor e desenvolver como um problema atinente à equilibrada valoração dos vários e concretos interesses entre si conflituantes e de delimitação, igualmente concreta, e materialmente adequada das distintas áreas de risco dos vários intervenientes num real negócio representativo[288]. Tudo isto não obstante o extremamente deficiente enquadramento dogmático assumido, caso a caso, como forma de legitimar cada uma das soluções encontradas, muitas vezes assente em simples tiradas conceptuais ou em instrumentação jurídica puramente central[289]. Esta viragem haveria de se fazer sobretudo a partir da entrada em vigor do *BGB* – apesar, quer do silêncio deste quanto à relevância de um eventual abuso de representação quer da categórica demarcação feita durante os respectivos trabalhos preparatórios, relativamente às soluções consagradas pelo *ius commune* no tocante aos casos de descomedimento de poderes por parte dos representantes legais dos incapazes[290].

A evolução no sentido da afirmação da relevância da figura do abuso de representação não se fez sem sobressaltos.

Logo em *Sentença do Reichsgericht de 22 de Novembro de 1884*[291] o tribunal tomaria – em medida bastante superior ao verificado nos anos seguintes à afirmação da tese da abstracção da procuração – em consideração a necessidade de protecção do representado ao conceder-lhe uma *exceptio doli* contra o terceiro, quando este tivesse celebrado com um representante um negócio jurídico o qual ele sabia contrariar a vontade do *dominus*. Ao tomar o acto do

---

[288] Robert Fischer, *Der Mißbrauch der Vertretungsmacht, auch unter Berücksichtigung der Handelsgesellschaften,* in *Gesellschaften und Unternehmensrecht, Festschrift für Wolfgang Schilling zum 65. Geburtstag am 5. Juni 1973,* Berlim, Nova Iorque, 1973, p. 11. Cfr., no entanto, quanto escreve o autor na p. 5, deste seu estudo; e quase *ipsis verbis* no mesmo sentido mas sem qualquer referência ou menção a Fischer, Julia Schärfer, *Teilweiser...,* p. 84.

[289] Cfr., *infra,* quanto se escreve no presente parágrafo.

[290] Na verdade nos *Motive* ao *BGB* afirmar-se-ia expressamente ser adequado deixar exclusivamente para o direito penal e para a responsabilidade pessoal do tutor a solução dos casos de infidelidade deste.

[291] *Reichsgericht, I Zivilsenat, 22. November 1884,* in *Entscheidungen des Reichsgerichts, Zivilsachen,* 1886, 15, pp. 206 e ss.. Para uma referência à factualidade subjacente a esta decisão v. quanto se escreveu *supra* no n.º II, do presente parágrafo.

representante como não vinculativo, o tribunal renuncia, assim, à exigência de uma concertação entre o *procurator* e o representado com o fim de prejudicar o representado ou com o propósito de gerar um enriquecimento para as partes conluiadas. A solução seria, todavia, formalmente encontrada dentro de quadros conceptuais destinados a preservar a doutrina da abstracção da procuração. Na verdade, o *Reichsgericht* parece continuar a reconhecer e afirmar, neste caso, por um lado, a existência de um poder de representação enquanto defende, e por outro, o carácter não vinculativo para o principal do acto do representante. É o simples conhecimento, por parte do terceiro, da circunstância de o *dominus* não pretender nem desejar o negócio representativo que permite a este invocar contra aquele uma *exceptio doli*, destinada a parar as reivindicações resultantes de um acordo situado, na verdade, dentro do âmbito das reais faculdades do representante.

Em *Sentença de 5 Dezembro 1887*[292] o *Reichsgericht* voltaria, porém, categoricamente, a propugnar a natureza de simples legitimação formal da procuração. Perante uma situação relativa ao embarque de mercadorias na qual o agente do armador havia aceite um documento de conhecimento de embarque contra as instruções do mandante considerou-se, com efeito, habilitar a *Vollmacht* à realização dos negócios dentro dela objectivamente compreendidos, sem necessidade de se averiguar se o procurador actuou de forma materialmente adequada ou se respeitou os interesses do principal.

Numa série de decisões posteriores a jurisprudência aceitaria a existência de um abuso relevante quando o terceiro tivesse conhecimento do intuito do representante de causar um prejuízo ao representado ou de obter para si ou para terceiro um enriquecimento ilícito[293].

Em decisão de *24 de Abril de 1888*[294] viria a ser exigida ao *tertius* a realização de uma ponderação económica destinada a reconhecer a existência de actuação contrária aos interesses do dono do negócio. Uma ciência efectiva não se afigurou necessária. Bastaria que a contrariedade se revelasse a partir das circunstâncias conhecidas do terceiro.

Mais tarde tornar-se-ia, no entanto, a exigir um conhecimento e colaboração da contraparte do negócio representativo no comportamento do representante. Em Sentença proferida em *1895* o *Reichsgericht*[295] mostraria como, apesar de tudo, não se colocavam grandes exigências ao nível do requisito da participação do terceiro no dolo do representante. A simples aceitação, por este último, de uma letra de câmbio não obstante o conhecimento do propósito do *procurator* de causar um prejuízo (ou em circunstâncias particulares especiais o simples dever de conhecimento) mostrava-se suficiente. Aliás, isso mesmo voltaria a ser afirmado, nas próprias vésperas da entrada em vigor do *BGB*, pelo *Reichsgericht* ao considerar que uma *exceptio* e ou *replicatio doli* requer o conhecimento ou

---

[292] Cfr., *Entscheidung des Reichsgericht, I. Zivilsenat, 5. Dezember 1887*, in *Entscheidungen des Reichsgerichts, Zivilsachen*, 1888, 1920, pp. 52 e ss., maxime p. 55.

[293] V., *Reichsgericht*, in *Bolze Praxis*, 4, n.º 442; 447; 544; 6, n.º 634; 10 n.º 297, *Apud Tietz, Vertretungsmacht...*, p. 210.

[294] *Reichsgericht*, in *Bolze Praxis*, 6, n.º 634, *Apud* Tietz, *Vertretungsmacht...*, p. 210.

[295] *Reichsgericht*, in *Bolze Praxis*, 21, n.º 552, *Apud* Tietz, *Vertretungsmacht...*, p. 210

dever de conhecimento por parte do terceiro da ausência de correspondência entre o negócio representativo e a vontade do representado[296].

Exceptuadas algumas remissões para o direito romano, a jurisprudência anterior ao *BGB* não procuraria uma fundamentação digna desse nome para a concessão ao *dominus* da *exceptio doli*, nem deixaria verdadeiramente a descoberto qual a valoração e ponderação efectivamente levada a cabo acerca dos interesses em jogo. Tudo a dar origem à suspeita levantada por BERGER – e escudado em HEDEMANN – de que o apelo à *exceptio doli* não era senão a expressão da falta de tempo, vontade e força para ponderar as questões jurídicas suscitadas pelo abuso de representação e para as abranger em toda a sua amplitude, tal como o sistema o impunha[297] – designadamente, de enfrentar frontalmente o problema de saber se o negócio abusivo não era já, em si mesmo, atacável, e se, destarte, a sua paralisação através de uma excepção não se tornava despicienda.

Com o surgimento do *BGB* a situação alterar-se-ia, ao menos, parcialmente. O *Reichsgericht* continuaria, no essencial, a recorrer à *exceptio doli*, como forma de defender o representado contra os perigos dos abusos cometidos pelo representante. Porém, procuraria encontrar uma fundamentação, quanto mais não fosse formal ou aparente, para semelhante solução. Logo em *Sentença de 30 Junho de 1904*[298] seria apreciada e julgada a questão de um representante de uma sociedade o qual tinha, com vista a garantir dívidas pessoais, apresentado, aos respectivos credores, fianças prestadas pela companhia de que era membro. Após a dissolução da empresa o titular da fiança demandaria um dos respectivos sócios. Este defender-se-ia invocando abuso de representação. O tribunal afirmaria expressamente a inexistência no *BGB* de preceitos gerais acerca da *exceptio doli* – podendo deixar-se em aberto a questão sobre se os §§ 138 e 242 não conduziriam ao mesmo efeito. Contudo, num caso como o julgado naquele aresto[299], entendeu poder certamente recorrer-se ao § 826 em articulação com o § 249 – e porventura também ao § 853. Isto devido ao facto de o terceiro ter colaborado na infidelidade do representante e, com ofensa dos bons costumes, participado numa conduta destinada a causar a outrem, dolosamente, danos. Tudo a fazer com que o beneficiário da fiança a não pudesse utilizar contra o demandado.

Idêntico recurso ao § 826 do *BGB* estaria presente na decisão do *Reichsgericht de 27 de Setembro de 1924*[300]. Os demandados eram membros da

---

[296] *Reichsgericht, VI. Zivilsenat 19. Januar 1899*, in *Entscheidungen des Reichsgerichts, Zivilsachen*, 1899, 43, pp. 164 e ss., p. 166.

[297] Berger, *Zur Frage...*, p. 21.

[298] *Reichsgericht, VI. Zivilsenat, 30. Juni 1904*, in *Entscheidungen des Reichsgerichts, Zivilsachen*, 1905, 58, pp. 356 e 357. Esta sentença tem sido considerada importante pela influência subsequente que exerceria. Cfr., Willy Brenner, *Die exceptio doli generalis in den Entscheidungen des Reichsgerichts (Ein Beitrag zur Kritik der Rechtsprechung)*, Francoforte do Meno, Dissertação, 1926, 6 e ss.; e já Eduard Silbermann, *Die exceptio doli generalis und das bürgerliche Gesetzbuch*, in *Zeitschrift für Rechtspflege in Bayern*, I, 1905, p. 37. Entre nós v., Menezes Cordeiro, *Da Boa fé...*, II, pp. 726 e 727.

[299] Tratava-se de uma situação na qual o terceiro conhecia o abuso de representação.

[300] *Reichsgericht, V. Zivilsenat, 27. September 1924*, in *Entscheidungen des Reichsgerichts, Zivilsachen*, 1924, 108, pp. 405 e ss., maxime pp. 407 e 408.

administração da autora e, nessa sua qualidade, concederam a **H**. uma procuração para a realização de contratos de compra. Posteriormente, celebrariam com esse mesmo **H**., na respectiva veste de procurador, um contrato de compra e venda de um bem imóvel. A demandante viria a pedir a declaração de invalidade do negócio. O tribunal considerou não ser de aplicar ao caso o § 181 do _BGB_ relativo ao negócio consigo mesmo. Nesses termos, e segundo o _Reichsgericht_, para negar a eficácia do negócio representativo perante o _dominus_ teria sido necessária uma actuação dos réus, em conjunto com o representante, contra os bons costumes no sentido de provocar danos na esfera da representada. Nesse caso dever-lhes-ia ser, quer de acordo com o princípio da boa fé quer de acordo com o § 826, negada a possibilidade de fazerem derivar efeitos do negócio celebrado entre eles e o procurador H.. A actuação conjunta não se viria, todavia, a provar.

Em _Sentença de 14 de Outubro de 1931_ o _Reichsgericht_[301] seria confrontado com uma situação na qual um agente munido de uma procuração tinha, de forma perceptível, contrariado o interesse do constituinte. O tribunal afirmaria aferir-se, em princípio, o carácter vinculativo do acto realizado pelo representante exclusivamente em função do poder de representação. Contudo, acrescenta, terão de exceptuar-se aquelas situações nas quais o _tertius_ agiu contra a boa fé, caso em que, ao dono do negócio, terá de ser concedida uma _exceptio doli_. Assim sucede, designadamente, quando a contraparte sabe (ou deve saber) envolver a celebração do negócio representativo uma conduta contrária aos interesses do constituinte e, destarte, não poder ter sido por este querida. A actuação contra a boa fé residiria na circunstância de, não obstante essa sua ciência ao tempo da conclusão do contrato com o procurador, o terceiro se pretender fazer valer do poder formal concedido pelo representado ao seu _procurator_. Ou seja: o _Reichsgericht_ recusa-se, perante a situação de abuso de representação, a afirmar a inexistência, em si mesma, de um poder de representação, mas acaba por garantir as necessidades de protecção do _dominus_ apelando para a boa fé e para a _exceptio doli_ por ela garantida. Esta doutrina seria reafirmada em dois outros arestos surgidos em 1932, um de _22 de Outubro_ e outro de _26 de Novembro_, ambos do _V. Zivilsenat do Reichsgericht_[302]. Em qualquer destas duas decisões o tribunal concederia ao representado, contra o _tertius_, uma _exceptio doli_, por considerar dever, este último, ter imposto a si mesmo interrogações acerca da fidelidade do procurador perante o _dominus_.

Em _Sentença de 5 de Novembro de 1934_[303], o _Reichsgericht_ seria chamado a apreciar a situação decorrente da celebração, pelo representante de uma pessoa colectiva, de um negócio visivelmente contrário ao respectivo fim. Uma vez mais partir-se-ia da ideia segundo a qual o administrador da demandada tinha actuado no exercício de reais e efectivos poderes de representação, não condu-

---

[301] _Reichsgericht, I. Zivilsenat. 14. Oktober 1931_, in _Entscheidungen des Reichsgerichts, Zivilsachen_, 1932, 134, pp. 67 e ss., maxime p. 71.

[302] _Reichsgericht, V. Zivilsenat, 22. Oktober, 1932_, in _Höchstrichterliche Rechtsprechung_, 1933, n.º 992; e _Entscheidung des Reichsgericht, V. Zivilsenat, 26. November, 1932_, in _Idem, ibidem_, n.º 277.

[303] _Reichsgericht. VI. Zivilsenat, 5. November 1934_, in _Entscheidungen des Reichsgerichts, Zivilsachen_, 1935, 145, pp. 311 e ss..

zindo o abuso à sua supressão ou eliminação. Contudo, afirmar-se-ia a impossibilidade de o *tertius* fazer derivar ou invocar qualquer tipo de efeitos a partir do negócio com ele concluído por ter havido abuso representativo. Nestes termos, devia ser concedida ao *dominus*, com base no § 826 do *BGB*, uma *exceptio doli praesentis* ou *generalis* [304].

A perspectiva de abordagem e resolução do problema do abuso de representação privilegiada pelo *Reichsgericht* seria, assim, a do recurso às soluções que, afinal, se viriam a revelar próprias do exercício inadmissível de situações jurídicas[305, 306]. Apenas nalguns casos, mais ou menos contados, se procuraria um outro enquadramento dogmático.

Isso mesmo haveria de ser, por exemplo, tentado logo após a entrada em vigor do Código Civil alemão, em *Sentença de 28 de Junho de 1902*[307]. Com vista a garantir vários adiantamentos, fianças e garantias prestadas, por **M.**, sogro de um de dois sócios, em favor de determinada sociedade, foi por esta e pelos respectivos membros concedida ao advogado de **M.**, **N.**, uma procuração geral, por força da qual o causídico poderia tratar quer de todos os assuntos pessoais de cada um deles quer dos negócios da firma. Na sequência de acontecimentos vários é proposto ao sócio **AA.** o abandono da companhia. Este recusa, circunstância plenamente conhecida do advogado de **M.** e do demandado. Não obstante, servindo-se da procuração geral em seu poder, e declarando não ser já **AA.** sócio da empresa, **N.** e o réu procedem ao registo da extinção da sociedade. **AA.** pede de imediato o cancelamento de tal registo. O *Reichsgericht* pronunciar-se-ia no sentido segundo o qual a procuração geral legitimava formalmente **N.** a praticar os actos por ele realizados. Contudo, afirmaria, ao mesmo tempo, decorrer do conceito e natureza do poder voluntário de repre-

---

[304] Como é que o tribunal pretendia fundar neste preceito, e no caso concreto, uma *exceptio doli* é algo de insuficientemente explicado, porquanto, nesta hipótese, o terceiro não sabia, de facto, do abuso de representação. Ele apenas devia ter conhecido o desmando se tivesse empregue a diligência necessária. Ora o § 826 refere-se expressamente a situações de comportamento doloso.

[305] O apelo à *exceptio doli* mereceria, aliás, num momento inicial, o apoio de importante sector da doutrina. Para uma recensão acerca dos autores que recorriam à *exceptio doli* como forma de solucionar e enquadrar os problemas postos pelo abuso de representação pode ver-se, Hezel, *Der Mißbrauch...*, pp. 53 e ss..

[306] Entre as *exceptiones doli generalis* e *doli specialis* existe uma diferença de base, reconduzindo-se, no dizer de Menezes Cordeiro, *Da boa fé...*, II, p. 731, a primeira a uma ilicitude comum, que se não liga à temática do exercício inadmissível de direitos (se bem vimos, porém, a ilicitude respeita, sim, à segunda das duas excepções e não à primeira). Porém, e tal como sublinhado por Brenner, *Die exceptio doli generalis...*, p. 7, verifica-se o desaparecimento, na jurisprudência do *Reichsgericht* da clivagem entre elas com a confusão das duas excepções. Exemplo disso mesmo parece ser o aresto daquele tribunal de *30 de Junho de 1904*. Na doutrina parece aproximar qualquer delas ao exercício inadmissível de posições jurídicas, e a título meramente ilustrativo, Rinck, *Pflichtwidrige Vertretung, Insichtgeschäfte und sonstiger Vollmachtmißbrauch nach Deutschem und Englischem Recht unter besonderer Berücksichtigung der Umgehungsfälle*, Dissertação, Berlim, 1936, p. 115, o qual considera categoricamente que a *exceptio doli generalis* corresponde a uma situação de actuação jurídica não autorizada.

[307] *Reichsgericht, I. Zivilsenat, 28. Juni 1902*, in *Entscheidungen des Reichsgerichts, Zivilsachen*,1903, 52, p. 96 e ss., maxime pp. 97 e 98.

sentação a impossibilidade de o procurador manifestar uma qualquer vontade contrária àquela que ele sabia ser a do representado e, por conseguinte, também a insusceptibilidade de fluir para o terceiro qualquer direito do negócio representativo quando este conhece, ou deve conhecer, o abuso. Ao contrário do verificado nas anteriores decisões do *Reichsgericht*, o tribunal negaria, assim, pura e simplesmente, a existência de um poder de representação capaz de cobrir o concreto acto realizado pelo *procurator*. Destarte, o apelo à *exceptio doli* deixou de se afigurar necessário. Esta via não abriria, porém, qualquer caminho na jurisprudência superior alemã. Na verdade, a referência ao conceito e natureza do poder de representação reapareceria numa *Sentença do Reichsgericht de 14 de Junho de 1909*, justamente, para rejeitar a possibilidade de se extrair dela qualquer conclusão útil para a problemática do abuso de representação[308]. O caso reporta-se a uma demanda emergente da concessão por parte da ré, a seu filho *B*, de uma procuração notarial geral. Com base nela, *B* celebra, em nome e por conta da progenitora, um contrato de fiança no qual esta assume a posição de fiadora. Os débitos garantidos pertenciam, na realidade, a *B* pelo que, interpelada para cumprir, a mãe recusar-se-ia a fazê-lo. O tribunal de apelação começaria por considerar tratar-se de uma situação de ultrapassagem dos poderes de representação por parte do filho e o negócio por este celebrado insusceptível de vincular a respectiva dona. Isto pela razão simples de que, de acordo com a concepção e conteúdo do poder de representação, a autorização concedida a *B* apenas lhe permitiria representar a mãe nos respectivos interesses e assuntos. O documento procuratório não continha qualquer indicação no sentido de permitir a conclusão segundo a qual o *procurator* estaria habilitado a, na defesa dos seus próprios negócios, vincular a progenitora ao cumprimento de uma fiança. A situação não seria, pois, neste caso, e no entender do juiz de apelação, diversa da verificada com o tutor, o qual não tem, evidentemente, legitimidade para outorgar fianças à custa do pupilo mas destinadas a cobrir dívidas pessoais. Contudo, após recurso, o *Reichsgericht* afastar-se-ia da orientação do tribunal de apelação e afirmaria não existir, no caso em apreço, qualquer tipo de abuso de representação[309]. Antes de mais o paralelismo ou analogia entre a situação do *procurator* e a do tutor revelar-se-ia, na opinião daquele juízo, errada. O conteúdo e alcance do poder de representação de incapazes encontra-se fixado e delimitado por lei. Destarte, a circunscrição da actividade do tutor à realização do interesse do pupilo decorreria, em si mesma, do próprio fim e natureza jurídica da função atribuída ao representante, a qual não pode ser alterada em razão da vontade das partes. Diversamente – afirma- -se – a medida da faculdade do procurador pode ser extremamente diversa e é consequência directa de cada concreta procuração, tal como moldada pela vontade individual de cada constituinte. Nestes termos, afigurar-se-ia impossível retirar qualquer conclusão para a problemática do abuso de representação a partir da consideração da natureza do poder de representação ou afirmar a respectiva limitação à prossecução dos interesses do principal. De facto, toda e

---

[308] *Entscheidung des Reichsgericht, VI Zivilsenat, 14. Juni, 1909*, in *Entscheidungen des Reichsgerichts, Zivilsachen*, 1909, 71, p. 219 e ss., e p. 221.

[309] *Idem*, pp. 221 e ss..

qualquer procuração, incluindo as procurações gerais, encontrar-se-iam conceptualmente orientadas para a realização dos assuntos ou negócios (*Angelegenheiten*) do respectivo autor. Porém, uma coisa seriam os assuntos, outra os interesses do *dominus*. A procuração pode ser, também, concedida no interesse do procurador ou de um terceiro. Por isso, a questão sobre se o negócio representativo corresponde ou não ao interesse do representado apenas relevaria no âmbito da relação jurídica interna[310] entre constituinte e mandatário. Ora, esta deveria, no entender do *Reichsgericht* separar-se categoricamente da situação jurídica externa relativa ao poder de representação. O procurador poderia actuar contra o mandato e mesmo assim situar-se dentro das fronteiras da *Vollmacht*[311]. O *tertius* não precisaria, em regra, de se preocupar senão com a conformidade entre o negócio representativo e a procuração. Na medida em que surjam dúvidas acerca do sentido ou alcance da *procuratio* deverá interpretar-se a vontade declarada pelo *dominus* de acordo com a regras gerais (§§ 133, 157 do *BGB*), e designadamente, em razão das circunstâncias do caso e da ponderação das exigências do tráfego. Caso o teor da procuração assim obtido cubra o negócio representativo, então, deverá, sem mais, proceder-se à afirmação do poder do *procurator*, ressalvadas, apenas, circunstâncias excepcionais[312] que justifiquem a atribuição ao *dominus* de uma *exceptio doli* ou a consideração segundo a qual o acto não é para ele vinculativo[313].

Um enquadramento inteiramente novo seria, ainda, ensaiado pelo *Reichsgericht* em *Sentença de 15 de Fevereiro de 1911*[314]. Tratava-se de uma hipótese na qual a demandada havia realizado sucessivos empréstimos a **L**, um de três executores testamentários. Como contrapartida dos capitais entregues pela ré os testamenteiros ceder-lhe-iam uma hipoteca que tinha sido constituída a favor de certa massa hereditária. Como justificação seria afirmado, no documento de cessão, ter sido realizado o pagamento do valor da hipoteca através de quantia de que foi beneficiária a empresa **R & L**, cujo único membro era **L**. Posteriormente, a ré deixaria a hipoteca extinguir-se. **L** entraria rapidamente em falência e os três testamenteiros seriam removidos, como consequência de graves violações, dos respectivos deveres, por eles cometidas. Coloca-se, então, a questão da legitimidade da cessão da hipoteca efectuada pelos executores do testamento. O *Reichsgericht* estabeleceria um paralelismo entre a situação do testamenteiro e a do procurador com vista a aplicar-lhe as regras próprias

---

[310] *Idem*, pp. 221 e 222.

[311] *Idem*, p. 222.

[312] Assim será, no dizer do tribunal, quando o negócio representativo tenha sido celebrado de forma evidente, e reconhecível para a outra parte, contra o interesse do constituinte ou com o propósito de causar um dano ao principal. A este respeito v., todavia, as considerações proferidas *infra* no presente parágrafo e os pormenores aí oferecidos.

[313] No fundo isto não significa outra coisa senão a negação da doutrina afirmada pelo *Reichsgericht, I. Zivilsenat, 28. Juni 1902*, in *Entscheidungen des Reichsgerichts, Zivilsachen*, 1903, 52, in *Entscheidungen des Reichsgerichts, Zivilsachen*, 52, pp. 96 e ss., maxime 99 e 100. Neste mesmo sentido v., também, Tietz, *Vertretungsmacht...*, p. 215.

[314] *Reichsgericht, V. Zivilsenat, 15 Februar 1911*, in *Entscheidungen des Reichsgerichts, Zivilsachen*, 1911, 75, pp. 299 e ss., maxime p. 301.

deste último[315]. Nestes termos, começaria por afirmar a necessidade de se proceder à separação entre a relação jurídica interna resultante do mandato ou negócio gestório, de um lado, e procuração, do outro[316]. Assim, e ainda de acordo com o tribunal, um comportamento do *procurator* contrário ao mandato deixaria intocado o vínculo jurídico que, por força do poder de representação, se estabeleceu entre o representante e o *tertius*. Contudo, e mesmo quando de acordo com o *BGB* nela se vê um negócio abstracto (*sic*), a procuração não poderia ser considerada como um negócio totalmente desligado da relação causal. A estreita ligação entre uma e outra seria nomeadamente evidenciada pelo § 168 do *BGB* ao determinar a extinção da *procuratio* com o desaparecimento ou supressão do acto que lhe serve de base[317]. Mas mais. No próprio contexto das relações entre o procurador e o terceiro a lei tomaria em ampla consideração as exigências de justiça (*sic*)[318]. Evidência disso mesmo seriam os §§ 169-172 por força dos quais a extinção da procuração não pode ser oposta ao terceiro que a não tenha conhecido nem devesse ter dela conhecimento. Ora, estar-se-ia diante de uma situação injustificada quando o representado não fosse autorizado a recusar a responsabilidade, para ele emergente da actuação do procurador, se o *tertius* devesse saber da existência de um abuso de representação. Nestes termos, não poderia restar outra alternativa senão afirmar a relevância externa do abuso de representação em todas as circunstâncias nas quais o terceiro tivesse a obrigação de estar dele ciente. Seriam pois os próprios preceitos relativos à representação voluntária, não a *exceptio doli*, a fundar a decisão. Porém, tal como a via encetada pelo *Reichsgericht* na respectiva *Sentença de 28 de Junho de 1902,* também a fundamentação assumida na decisão de *15 de Fevereiro de 1911* ficaria sem consistente reafirmação posterior[319].

---

[315] *Idem*, p. 302.

[316] *Idem*, p. 301.

[317] *Idem*.

[318] *Idem*.

[319] Alguma incerteza ou pelo menos vacilação na perspectiva de abordagem dogmática do desmando cometido pelo representante parece verificar-se na decisão do *Reichsgericht, V. Zivilsenat, 17 Januar 1934,* in *Entscheidungen des Reichsgerichts, Zivilsachen,* 1934, 143, pp. 196 e ss., maxime pp. 199 e 201. Em virtude de dificuldades económicas por ele sentidas, o autor e proprietário de um terreno celebra um acordo com o demandado por força do qual este assumiria certas dívidas do primeiro. Em contrapartida dessa assunção seria, designadamente, concedido sobre certa propriedade um usufruto com a duração de um ano a favor do pai do demandado. Ao mesmo tempo, era atribuída ao réu uma procuração para a realização de todos os actos que tivessem a ver com o imóvel. Este realizaria, então, na qualidade de representante, diligências várias no sentido de levar artificialmente a leilão coercivo a terra dada em usufruto ao seu progenitor. O dono do terreno invocaria a existência de abuso de representação. O *Reichsgericht* começaria por resolver o problema através da delimitação do âmbito da procuração de acordo com as regras gerais consignadas nos §§ 133 e 157 do *BGB*. Nestes termos, para a delimitação do sentido da *procuratio* deveriam ser tomadas em consideração todas as circunstâncias conhecidas da contraparte no negócio representativo, mesmo se situadas fora do documento de concessão do poder de representação. Atenta não apenas a estranheza de um leilão coercivo artificialmente provocado, como o facto de o *dominus* ter concedido ao pai do representante um usufruto pelo período de apenas um ano o tribunal considerou que o *tertius* devia ter concluído no sentido da inexistência, naquele caso concreto, de poderes de representação capazes de vincular o principal. Desta forma, o *Reichsgericht*

Curiosamente, no entanto, esta decisão desempenharia, a par com a disposição proferida pela *Sentença do Reichsgericht de 14 de Junho de 1909*, um papel de extrema importância no progressivo acentuar da relevância externa do abuso de representação e, destarte, da relação jurídica base ou causal mesmo diante do *tertius*[320].

Na verdade, a circunstância de, no entender do *Reichsgericht*, não se assistir, na hipótese julgada pelo seu aresto de *14 de Junho de 1909*, a um caso de relevância externa de abuso de representação, não o impediu de afirmar aí, a categórica inoponibilidade do negócio representativo sempre que a contraparte devesse conhecer o comportamento abusivo do representante; passando esta decisão a representar, por isso, um marco decisivo na posterior orientação do *Reichsgericht*. Não obstante a afirmação de adesão à separação dogmática entre negócio gestório, de um lado, e poder de representação do outro, o tribunal não se conseguiria manter dentro dos estritos limites da profissão de fé por ele feita[321] e acabaria por considerar não haver qualquer motivo para apenas conceder protecção ao *dominus* naqueles casos nos quais se assiste a uma cumplicidade ou participação do terceiro no comportamento do procurador[322]. Quer o negócio representativo tenha sido concluído com o propósito comum ao representante e à contraparte de causar um prejuízo ao representado quer se trate simplesmente de actuação abusiva manifesta e susceptível de ser conhecida pelo *tertius* deve, afirma-se, ser permitido ao representado desvincular-se do negócio representativo[323]. Mas mais. Na eventualidade de o negócio representativo assumir uma configuração tal ao ponto de o terceiro se dever dizer a si mesmo não poder o *dominus* alguma vez ter tido em vista semelhante actuação do *procurator* não é – considera-se – lícito à contraparte pretender a vinculação do principal. Ou seja, abuso neste sentido passa a ser a simples actuação negligente do procurador[324] desde que isso seja manifesto e evidente para o terceiro.

A impressionante formulação genérica adoptada pelo *Reichsgericht* na formulação destas considerações, supostamente relativas a um único caso concreto, parece sugerir a ideia de se estar com isso a pretender fixar à jurisprudência uma nova linha de desenvolvimento[325]. De facto, dois anos volvidos, e precisamente na *Sentença do Reichsgericht de 15 de Fevereiro de 1911*, esta mesma doutrina haveria de ser reafirmada, mas agora sem as reservas e timidez ainda

---

fazia intervir a ponderação do interesse e vontade do dono do negócio na própria determinação objectiva do poder de representação e sujeitava ao regime da representação sem poderes o acto realizado pelo *procurator*. Logo de seguida, porém, o tribunal procuraria dobrar esta sua conclusão acerca da ineficácia do negócio representativo apelando para figura do abuso de representação (entendida como um desmando de poderes efectivamente existentes) e para a *exceptio doli*.

[320] A importância e o carácter decisivo destas duas decisões do *Reichsgericht* não passou ao lado da doutrina. V., por todos, e a título meramente exemplificativo, Frotz, *Verkehrsschutz...*, pp. 540 e ss.; e Robert Fischer, *Der Mißbrauch...*, in *Gesellschaft...*, pp. 4 e 5.

[321] Em sentido aproximado v., Robert Fischer, *Der Mißbrauch...*, in *Gesellschaft...*, p. 4.

[322] Cfr., *Entscheidung des Reichsgericht, VI Zivilsenat, 14. Juni, 1909*, in *Entscheidungen des Reichsgerichts, Zivilsachen*, 1909, 71, p. 219 e ss., e p. 222.

[323] *Idem*, p. 222.

[324] Cfr., Tietz, *Vertretungsmacht...*, p. 216.

[325] Robert Fischer, *Der Mißbrauch...*, in *Gesellschaft...*, p. 4.

patentes na decisão de 1909[326]. Nela procede-se a uma clara equiparação entre o conhecimento e o simples dever de conhecimento do abuso de representação[327]. Não seria, pois, a efectiva ciência do terceiro a única a impedir a eficácia do negócio representativo. O mesmo efeito se verificaria em caso de culpa ou falta grave do terceiro[328]. Diante de semelhante expressão poder-se-ia, eventualmente, discutir sobre se não seria apenas a negligência grave ou grosseira do terceiro a permitir a desvinculação do *dominus*[329]. Contudo, o tribunal afirmaria, desde logo, a existência de falta grave quando o terceiro devesse ter conhecimento do abuso por parte do representante. É que, como bem sublinharia o *Reichsgericht* em *Sentença de 10 de Dezembro de 1913*[330] – com expressa alusão ao aresto de *15 de Fevereiro de 1911* – nos termos do § 122 do *BGB* o dever de conhecimento mais não é do que desconhecimento negligente. Torna-se, assim, lícito concluir no sentido segundo o qual a expressão culpa ou falta grave foi usada em sentido não técnico[331]. A partir de então a aproximação entre a efectiva ciência ou o simples dever de saber tornar-se-ia uma constante nas decisões do *Reichsgericht*[332].

---

[326] Reservas e timidez essas que, como bem nota Robert Fischer, *Der Mißbrauch...*, in *Gesellschaft...*, p. 4, se traduziam na exigência feita pelo tribunal – com o fim de, tanto quanto possível, dispensar o terceiro de mais ou menos complicadas indagações – de que o abuso de representação se mostrasse manifesto ou evidente.

[327] Cfr., *Reichsgericht de 15 de Fevereiro de 1911*, in *Entscheidungen des Reichsgerichts, Zivilsachen*, 1911, 75, p. 301.

[328] *Idem.*

[329] V., Tietz, *Vertretungsmacht...*, p. 217.

[330] *Entscheidung des Reichsgerichts, V. Zivilsenat 10. Dezember 1913*, in *Entscheidungen des Reichsgerichts, Zivilsachen*, 1914, 83, pp. 348 e ss., maxime p. 353 (na mesma direcção v., também, Tietz, *Vertretungsmacht...*, p. 217). Esta decisão – na qual se julgava um abuso cometido em proveito próprio por um executor testamentário que tinha delapidado bens imóveis pertencentes a uma herança com vista à obtenção de meios dotados de maior liquidez e destarte mais facilmente susceptíveis de serem desviados – ficaria ainda marcada pelas fortes exigências de verificação dos poderes do representante colocados pelo tribunal a cargo do *tertius*. Na verdade, o tribunal afirmaria categoricamente (v. a decisão citada, pp. 353 e 354), depois de ter sublinhado as pouco usuais circunstâncias do concreto comportamento do representante, não ser admissível uma confiança cega no terceiro, como se ao fazer-se perguntas se fosse ofendê-lo, antes se revelando necessária uma ponderação dos interesses dos participantes assim como a realização de uma cuidadosa investigação.

[331] *Entscheidung des Reichsgerichts, V. Zivilsenat 10. Dezember de 1913*, in *Entscheidungen des Reichsgerichts, Zivilsachen*, 1914, 83, pp. 348 e ss., maxime p. 353. Sublinhe-se, todavia, como o tribunal parece continuar, ainda, a exigir nesta sua decisão, como requisito da relevância externa do abuso, a existência de dolo por parte do representante. O mesmo não sucederia noutras decisões posteriores. V., *infra* quanto se escreve a este respeito em nota no presente parágrafo.

[332] Assim, e para além de outras sentenças já referidas neste nosso estudo, pode ver-se nessa direcção *Reichsgericht, VI. Zivilsenat, 20. Oktober 1930*, in *Entscheidungen des Reichsgerichts, Zivilsachen*, 1931, 130, pp. 131 e ss., maxime p. 134 (abuso cometido pelo executor testamentário [o *Reichsgericht* proclamaria, com expressa referência aos arestos de *15 de Fevereiro de 1909* e de *10 de Dezembro de 1913*, que um terceiro não poderia fazer valer qualquer direito a partir de um negócio abusivamente realizado por um executor testamentário quando devesse ter conhecido o abuso]); *Reichsgericht, I. Zivilsenat, 14. Oktober 1931*, in *Entscheidungen des Reichsgerichts, Zivilsachen*, 1932, 134, pp. 67 e ss., maxime 71 e 72 (numa sentença que assume particular importância

IV − O *Bundesgerichtshof* aderiria no essencial, e conforme declaração expressa e reiterada, à orientação propugnada pelo *Reichsgericht*. Destarte, também, ele, e não obstante o respectivo apoio e simpatia pela separação dogmática e conceptual entre procuração e negócio gestório, acabaria por reconhecer, verificados determinados pressupostos, a ineficácia ou invalidade do negócio representativo quando o representante abusou dos respectivos poderes, e inclusivamente em situações nas quais estavam em causa actuações de representantes legais ou entidades dotadas de uma *Prokura*[333].

Em *Sentença de 18 de Fevereiro de 1960* o *Bundesgerichtshof* seria confrontado com a questão da validade da cessão de um crédito realizado pelo representante de uma sociedade[334]. O tribunal não tomaria uma decisão definitiva sobre o caso em litígio tendo antes ordenado que ele baixasse de novo às instâncias. Contudo, não deixaria de afirmar categoricamente, e mesmo diante de uma situação de poderes legais de representação insusceptíveis de serem

---

porquanto diminui significativamente os pressupostos de relevância do desmando dos poderes de representação, ao deixar de exigir a existência de um abuso subjectivo e ao considerar suficiente uma não conformidade com os interesses do *dominus*. Ausência de conformidade essa capaz de demonstrar não ter o negócio sido pretendido pelo principal. A isto acrescenta-se a circunstância de o tribunal afirmar, de forma ainda mais expressiva de quanto já havia feito na sentença do *V. Zivilsenat do Reichsgericht de 10 de Dezembro de 1913*, como perante circunstâncias pouco usuais se torna necessária a realização de uma cuidadosa investigação por parte do *tertius* de modo permitir a realização de uma avaliação abrangente dos interesses do representado e a consequente decisão sobre se o constituinte concordaria ou recusaria o negócio); *Reichsgericht, V. Zivilsenat 22. Oktober 1932*, in *Höchtsrichterliche Rechtsprechung*, 1933, 9, n.º 992; *Reichsgericht, V. Zivilsenat 26. November 1932*, in *Idem, ibidem*, n.º 277; *Reichsgericht, V. Zivilsenat, 17 Januar 1934*, in *Entscheidungen des Reichsgerichts, Zivilsachen*, 1934, 143, pp. 196 e ss., maxime pp. 199 e ss.; *Reichsgericht. VI. Zivilsenat, 5. November 1934*, in *Entscheidungen des Reichsgerichts, Zivilsachen*, 1935, 145, pp. 311 e ss.. Para uma análise doutrinal acerca da evolução da jurisprudência do *Reichsgericht* a este respeito pode ver-se, com diferente profundidade, designadamente, Kipp, *Zur Lehre...*, in *Die Reichsgerichtpraxis...*, II, pp. 273 e ss.; Albermann, *Der Mißbrauch...*, pp. 8 e ss.; Berger, *Zur Frage...*, pp. 18 e ss., e 33 e ss.; Hezel, *Der Mißbrauch...*, pp. 39 e ss.; Eckner, *Der Mißbrauch...*, pp. 8 e ss.; Stoll, *Der Mißbrauch...*, in *Festschrift...*, pp. 115 e ss.; Nitzsche, *Die Überschreitung...*, pp. 17 e ss.; Günter Frieling, *Mißbrauch der Vertretungsmacht insbesondere im Gesellschaftsrecht*, Münster, 1961, pp. 5 e ss.; Schott, *Der Mißbrauch...*, in *Archiv...*, 171, pp. 390 e 391; Frotz, *Verkehrsschutz...*, pp. 540 e ss.; Fischer, *Der Mißbrauch...*, in *Gesellschaftsrecht...*, pp. 3 e ss.; Tietz, *Vertretungsmacht...*, pp. 209 e ss.; Julia Schärfer, *Teilweiser...*, pp. 82 e ss..

[333] O âmbito dos poderes de representação contidos na *Prokura* mostra-se, recorde-se, fixado por lei e foi designadamente sobre esta figura de direito comercial que Laband construiria a sua doutrina da autonomia da *procuratio* relativamente ao negócio-base ou mandato (v. *supra*, Parte I, Cap. IV, parágrafo 3).

[334] *Bundesgerichtshof, 18. Februar 1960*, in *Zeitschrift für Wirtschaft und Bankrecht, Wertpapier-Mitteilungen*, 1960, pp. 611 e ss., maxime p. 612. Em termos gerais para um estudo da jurisprudência do *Bundesgerichtshof* anterior a 1960, v., Heinz Pikart, *Die Rechtsprechung des Bundesgerichtshofs zur rechtsgeschäftlichen Stellvertretung*, in *Wertpapier-Mitteilung*, 1959, 338 e ss., apesar de o título do artigo prometer mais do que o respectivo conteúdo.

restringidos por vontade das partes, encontrar-se ultrapassada a posição segundo a qual para a relevância do abuso de representação se mostraria necessário o efectivo conhecimento do desmando cometido pelo *tertius*. Na verdade, um grau diminuto de culpa da contraparte seria suficiente para conceder ao *dominus* uma excepção de exercício inadmissível de direitos contra o terceiro e considerar, nos termos do § 242, como inconciliável com a boa fé a invocação dos poderes de representação no sentido de obrigar o *dominus* a cumprir o pactuado pelo seu representante[335]. A mesma doutrina seria, no essencial, reafirmada em *Sentença de 31 de Outubro de 1963*, num aresto no qual o tribunal consideraria como não verificados os pressupostos do abuso de representação[336]. Não obstante essa circunstância, nem por isso deixaria de sublinhar como, na eventualidade de o terceiro conhecer, ou dever conhecer o abuso de representação, o negócio representativo se mostraria ineficaz diante do representado.

Uma linha ligeiramente diferente seria, todavia, percorrida na decisão de *25 de Março de 1964*. O *Bundesgerichtshof* analisaria, aí, a situação decorrente da circunstância de uma mãe ter assumido, diante de uma fornecedora da respectiva empresa agrícola, compromissos em nome da filha[337]. O tribunal pronunciar-se-ia no sentido de sujeitar ao mesmo tipo de tratamento o abuso de representação legal e o descomedimento de poderes representativos voluntários. Em ambos os casos, pressuposto da concessão ao representado da excepção de exercício inadmissível de direitos ou *exceptio doli* e subsequente ineficácia do negócio celebrado pelo representante seria a ultrapassagem pelo representante das suas faculdades ou competências representativas (no sentido de *Vertretungsbefugnis*[338]) tal como resultantes da relação com o representado. Além disso, considerou não se mostrar necessário que o representante tivesse conscientemente actuado contra os interesses do dono do negócio. Toda a ultrapassagem das competências representativas representa um abuso de direito invocável diante do terceiro independentemente de se saber se o comportamento do representante foi propositado ou meramente negligente; ou se se mostrou contrária às instruções internas, ao fim visado pelo representado ou se por qualquer outra forma ofendeu os deveres internos[339]. Não bastaria, porém, ao terceiro não ter negligentemente detectado o abuso de representação. A questão sobre se o terceiro estaria ou não impedido, de acordo com as regras da boa fé de fazer apelo ao negócio abusivamente celebrado resolver-

---

[335] O tribunal nunca usaria *ipsis verbis* a expressão *exceptio doli*. Contudo a remissão por ele feita para as anteriores sentenças do *Reichsgericht* não parece deixar grandes dúvidas quanto à circunstância de ser esse o meio técnico tido em vista pelo tribunal para travar as pretensões dos terceiros em caso de abuso de representação.

[336] *Bundesgerichtshof, 31. Oktober 1963*, in *Zeitschrift für Wirtschaft und Bankrecht, Wertpapier-Mitteilungen*, 1964, p. 87 e ss., maxime p. 88.

[337] *Bundesgerichtshof, 25. März 1964*, in *Zeitschrift für Wirtschaft und Bankrecht, Wertpapier-Mitteilungen*, 1964, pp. 505 e ss.. Cfr., também, Tietz, *Vertretungsmacht...*, pp. 227 e ss., onde se encontra igualmente uma panorâmica geral acerca da evolução da jurisprudência do *Bundesgerichtshof*, a propósito do abuso de representação.

[338] Acerca do sentido desta expressão cfr. *supra*; Parte I, Caps. IV e ss., *passim*.

[339] Cfr. os elementos jurisprudenciais e bibliográficos indicados nas notas anteriores.

-se-ia através de uma apreciação – de acordo com as regras da boa fé – do conjunto das circunstâncias em jogo à luz da comparação dos vários interesses entre si conflituantes. Nestes termos, a eficácia externa do abuso de representação parece depender de uma decisão de equidade ou justiça[340]. Decisão esta que haveria de se manifestar a favor da filha[341]. Isto devido ao facto de o terceiro, em razão do conhecimento dele esperado e das concretas circunstâncias do negócio, dever ter tirado a conclusão segundo a qual o acto celebrado em nome da criança não era de facto realizado em seu favor e benefício, antes prosseguia exclusivamente o interesse da progenitora. Nestes termos, a contraparte tinha a obrigação de concluir não poder a mãe vincular, naquele caso, a filha[342]. Ao *tertius* era assim exigida, em primeiro lugar, a clarificação dos reais interesses em jogo e, em função disso, a verificação sobre se o acto posto pelo representante ultrapassava, ou não, a verdadeira competência ou autorização representativa (*Vertretungsbefugnis*).

Dois anos volvidos, em decisão de *28 de Fevereiro de 1966*, o *Bundesgerichtshof*, naquela que ficaria conhecida por primeira *Thyssensbankurteil*, concederia pela primeira vez uma *exceptio doli* contra um *tertius* numa situação de abuso de representação cometido por vários representantes dotados de *Prokura*, mesmo numa situação de simples cognoscibilidade do desmando cometido pelos *Prokuristen*[343]. O tribunal fora confrontado com uma situação na qual os representantes de uma sociedade, M e G, haviam emitido, em nome desta, declarações por força das quais se obrigavam, em nome da sociedade, a pagar à autora determinadas quantias. Essas declarações encontravam-se na realidade associadas a várias manobras fraudulentas cometidas por M e G. A demandante exigiu à entidade representada o cumprimento das obrigações assumidas por M e G na sua qualidade de representantes da ré. Esta invocou o abuso de representação o qual foi dado como provado. O tribunal de apelação considerou, todavia, e por se tratar de um caso de poderes insusceptíveis de limitação voluntária, apenas ser defensável a ineficácia do negócio representativo na eventualidade de o *tertius* ter tido um efectivo conhecimento do desmando cometido pelos representantes. O *Bundesgerichtshof* tomou este entendimento

---

[340] *Idem.*

[341] No mesmo sentido v., Tietz, *Vertretungsmacht...*, p. 228.

[342] *Bundesgerichtshof, 25. März 1964*, in *Zeitschrift für Wirtschaft und Bankrecht, Wertpapier-Mitteilungen*, 1964, p. 506.

[343] *Bundesgerichtshof, 28. Februar 1966*, in *Zeitschrift für Wirtschaft und Bankrecht, Wertpapier-Mitteilungen*, 1966, IV, pp. 491 e ss. (= *Neu Juristische Wochenschrift*, 1966, 19, 2, pp. 1911 e s., mas de forma resumida), numa decisão merecedora ainda de relevo, por várias outras razões, e, designadamente, por conter um apanhado ou resumo do estado da jurisprudência tudesca sobre o abuso de representação ao tempo em que foi proferida. O aresto abordaria ainda a questão presente, depois, em várias outras decisões jurisprudenciais, e amplamente debatida pela doutrina alemã, de saber se o representado não poderia ser responsabilizado pela circunstância de o representante não ter informado o *tertius* do facto de estar a actuar de forma, eventualmente, insusceptível de vincular o *dominus* atenta a situação de desmando. Pela nossa parte faremos apenas uma breve referência ao problema da *cic* do representado por actos cometidos pelo procurador com abuso de representação ou sem poderes num outro contexto: a propósito da procuração aparente.

como demasiado estreito. Em seu entender a simples cognoscibilidade do abuso seria suficiente para, de acordo com as regras da boa fé, impedir, com base no § 242 do *BGB*, o terceiro de invocar o negócio representativo e, destarte para permitir a concessão de uma *exceptio doli* ao representado[344]. Isto não obstante a circunstância de, na opinião do tribunal, ser o dono do negócio quem, em geral, deve suportar o risco de um abuso de representação e de sobre o terceiro não pender nenhum dever de indagação especial de verificar se, e em que medida, se encontra o representante internamente limitado a apenas fazer determinado uso de um poder representativo externamente ilimitável. É que, independentemente dos casos de colaboração dolosa entre procurador e *tertius*, o *dominus* deveria ser protegido quando o representante fizer, de forma visível, uma utilização suspeita dos respectivos poderes. Numa situação destas a contraparte deve colocar a si mesma fundadas interrogações sobre se o comportamento do *procurator* não representa uma infidelidade para com o principal. Essa necessidade de protecção do dono do negócio seria, no dizer do *Bundesgerichtshof*, em particular de assegurar quando perante as circunstâncias e dúvidas suscitadas pelo negócio representativo a outra parte se devesse ter imposto a si mesma, antes da respectiva conclusão, a realização de diligências junto do representado no sentido de apurar a eventual existência de condicionantes ou limites ao exercício dos poderes de representação.[345]

Em *Sentença de 25 de Março de 1968* o *Bundesgerichtshof* voltaria a ocupar-se, na segunda *Thyssensbankurteil*, com o problema do abuso de representação através de *Prokuristen*[346]. O autor pediu, em processo relativo a letras de câmbio, a condenação solidária de cinco entidades diversas ao pagamento de uma quantia titulada por vinte e duas letras. Uma das demandadas opôs-se ao pedido mediante a alegação de que o *Prokurist* e responsável da secção de crédito daquela empresa, **G**, assim como outros seus representantes, tinham, ao assinar as letras, abusado dos respectivos poderes de representação. O tribunal invocaria expressamente a decisão do *Bundesgerichtshof* de *28 de Fevereiro de 1966* e reafirmaria de forma categórica a doutrina aí propugnada no sentido segundo o qual o *tertius* não poderia invocar o poder de representação quando com negligência não se tivesse apercebido do abuso[347]. Perante negócios com carac-

---

[344] *Idem*, pp. 492 e 494.

[345] *Idem*, pp. 492 e 493.

[346] *Bundesgerichtshof, II. Zivilsenat, 25. März 1968*, in *Entscheidungen des Bundesgercihtshofes*, 1969, 50, pp. 112 e ss. (= mas de forma mais detalhada, *Neu Juristische Wochenschrift*, 1968, 21, pp. 1379 e ss.).

[347] Também neste aresto foi admitida a possibilidade de, não obstante a circunstância de o negócio abusivo não vincular em princípio o representado, o dono do negócio poder ser chamado a responder pelo facto de o representante ter actuado abusivamente. A fundamentação neste caso parece todavia resultar não da imputação da *cic* do *Prokurist* ao dono do negócio, mas sim da circunstância de neste caso o próprio *dominus* não ter cuidado devidamente dos seus próprios interesses e ter omitido a realização das necessárias medidas de controlo sobre o representante (v., igualmente, *Bundesgerichtshof, 26. April 1976*, in *Zeitschrift für Wirtschaft und Bankrecht, Wertpapier-Mitteilungen*, 1976, pp. 709 e ss., maxime pp. 712 e 713; e já antes *Reichsgericht, VI Zivilsenat, 5. November 1934*, in *Entscheidungen des Reichsgerichts, Zivilsachen*, 1935, 145, pp. 311 e ss., maxime p. 316, os quais todavia no casos concretos por eles apreciados não deram como demonstrada a falta

terísticas duvidosas, ou pouco usuais, o terceiro ou se abstém de outorgar o negócio representativo ou procede a indagações junto do principal. A mesma adesão, em termos de pressupostos de relevância externa do abuso de representação, à *Sentença de 28 de Fevereiro de 1966* seria proclamada dois dias mais tarde pelo *Bundesgerichtshof* em decisão de *27 de Março de 1968*. Nesse aresto o tribunal procedeu ao julgamento de um caso no qual um advogado, munido de procuração geral, prestou em nome de uma sua cliente várias garantias destinadas a assegurar o cumprimento de débitos pessoais do causídico perante a autora[348]. A cliente viria a ser demandada como garante do advogado. Invocou, então, a *exceptio doli* como forma de se eximir ao cumprimento das obrigações emergentes dos actos realizados pelo seu constituído. O tribunal de apelação recusou a concessão da excepção. Em seu entender não havia nenhuma razão para considerar não estar a ré ao corrente dos negócios celebrados pelo seu *procurator*. A prestação de garantias às dívidas do jurista podia perfeitamente ter ocorrido quer no interesse pessoal quer no interesse económico da demandada. Esta solução não seria, no entanto, aceite pelas instâncias superiores. O *Bundesgerichtshof* afirmaria ter sido fixada como jurisprudência perfeitamente assente daquele tribunal, em aresto de *28 de Fevereiro de 1968*, quais os pressupostos da concessão de uma *exceptio doli* ao representado em caso de abuso do representante: o risco do abuso corre, em princípio, por conta do principal. O terceiro não tem, em regra, deveres de especial indagação sobre se um poder concebido externamente sem limitações se encontra, ou não, internamente restringido. Contudo, quando o representante faz uma utilização manifestamente suspeita das suas faculdades representativas de tal forma que a contraparte deveria duvidar sobre se a respectiva actuação não representa uma infidelidade diante do representado, então, deve proteger-se este último.

Um caso de abuso por parte de um procurador-geral seria julgado pelo *Bundesgerichtshof* em *Sentença de 24 de Abril de 1972*[349]. Tratou-se da aquisição

---

de vigilância por parte do *dominus*). Desta forma, e de acordo com os §§ 242 e 252 do *BGB* (este último visto também ele como uma concretização do princípio da boa fé) os inconvenientes do negócio abusivo deveriam ser repartidos entre o representado e o *tertius*. Na base quer desta solução quer da orientação proposta pelo aresto de *28 de Fevereiro de 1966* terá certamente estado em grande parte a circunstância de em causa estar não um simples poder voluntário de representação mas antes um *Prokurist* dotado de faculdades consideradas por lei como insusceptíveis de limitação (v. *supra* Parte I, Cap. IV, parágrafo 3). Igualmente ligado ao facto de o tribunal estar a lidar com um *Prokurist* parece estar a afirmação – nesta sua decisão de *25 de Março de 1968* – segundo a qual a actuação dolosa por parte do representante era requisito da eficácia externa do abuso de representação. Na verdade, o *Bundesgerichtshof* não forneceria qualquer fundamentação directa para este desvio relativamente à orientação dominante propugnada pela jurisprudência tudesca. Todavia, as fontes por ele citadas são claros indícios de que, de facto, a sua posição está ligada ao desejo de manter algum tipo de protecção acrescida do tráfego jurídico num caso de abuso de poderes os quais não podem, por força da lei, ser internamente restringidos. Em sentido idêntico ao aqui expresso v., Tietz, *Vertretungsmacht...*, p. 232.

[348] *Bundesgerichtshof, 27. März 1968*, in *Zeitschrift für Wirtschaft und Bankrecht, Wertpapier-Mitteilungen*, 1972, pp. 841 e ss., maxime p. 842.

[349] *Bundesgerichtshof, 24. April 1972*, in *Zeitschrift für Wirtschaft und Bankrecht, Wertpapier-Mitteilungen*, 1972, pp. 1381 e ss..

de parte do capital de uma sociedade a qual, como era do conhecimento do representante, se encontrava numa situação crítica. Mais concretamente um grupo de irmãos vendeu a dois deles, à autora e a **H**, certa empresa. Nas negociações e na própria aquisição a demandante foi representada por **H**. Entretanto, a companhia viria a falir. Destarte a autora sofreria pesados danos, tendo inclusivamente o seu património sido executado. A demandante considerou que os vários irmãos tinham actuado em conjunto contra ela escondendo a real situação financeira da sociedade e pediu uma indemnização pelos danos sofridos. O pedido seria negado. Na verdade, o tribunal de apelação deu como provada a circunstância de a autora não saber qual o estado económico da empresa. Contudo, imputou-lhe directamente, por força do § 166[350] do *BGB*, o conhecimento do representante e julgou não haver, destarte, qualquer obrigação de informação directa por parte dos vendedores. Além disso considerou, também, não haver qualquer razão para, de acordo com as regras do abuso de representação, impedir a imputação do conhecimento do procurador ao dono do negócio. Isto por não se assistir a nenhum indício no sentido de permitir aos alienantes a conclusão segundo a qual a autora não tinha sido informada por **H** acerca da real situação da empresa por eles comprada. O *Bundesgerichtshof* rejeitaria, precisamente na base destas considerações proferidas pelo juízo de apelação, a possibilidade de, por aplicação do princípio da boa fé, se impedir os demandados de invocarem o poder de representação de **H**, como forma de demonstrarem a inexistência de qualquer dever de informar a autora sobre o estado financeiro da sociedade por ela adquirida. Não obstante, não deixaria – também em adesão a quanto antes fora sustentado pelo tribunal de apelação – de fazer importantes considerações acerca dos contornos de relevância externa do abuso de representação. Na verdade, o *Bundesgerichtshof* afirmaria como as regras sobre o abuso de representação são de aplicar não apenas quando em causa esteja um acordo que contraria os interesses do *dominus* mas, igualmente, quando em questão se encontra o conhecimento de circunstâncias as quais teriam levado o principal a abster-se de celebrar o negócio se delas estivesse ciente – conquanto simultaneamente se devesse admitir não ter o representado sido informado pelo procurador. Noutros termos, o tribunal consideraria como, desde que verificados os respectivos requisitos, as soluções próprias do abuso de representação se mostram susceptíveis de aplicação com vista a impedir a imputação do conhecimento do representante juridicamente atribuível ao representado. Além disso, voltaria a afirmar como a mera actuação contrária aos interesses do dono do negócio era suficiente para fundar a relevância externa do abuso de representação voluntária e afastou-se, assim, de novo da orientação propugnada pela *Sentença de 25 de Março de 1968* ao exigir a consciência, por parte do representante, do respectivo descomedimento[351].

---

[350] Preceito que corresponde no direito alemão ao lugar paralelo ao nosso artigo 259.º do Código Civil.

[351] Reforça-se, destarte, o entendimento segundo o qual esta exigência só foi feita pelo tribunal por em causa estar um *Prokurist*. Aliás quando confrontado novamente com uma situação de abuso de *Prokura* o *Bundesgerichtshof* em *Sentença de 17 de Outubro de 1973* voltaria a defender a posição segundo a qual requisito do abuso de representação era a existência de um desmando

A partir desta data as possíveis vias de orientação do *Bundesgerichtshof* ficaram no essencial fixadas e não sofreriam alterações significativas[352].

___

consciente por parte do representante. Esta exigência acrescida seria, no entanto, de algum modo temperada pela circunstância de o tribunal ter exigido a realização por parte do *tertius* de ponderação rigorosa sobre qual o interesse que o *dominus* pode ter na realização do negócio. Nessa avaliação devem também ser tomadas em consideração pela contraparte eventuais ligações ou recíprocas dependências pessoais ou económicas entre o representado e o representante (cfr., *Bundesgerichtshof, 17. Oktober 1973*, in *Zeitschrift für Wirtschaft und Bankrecht, Wertpapier-Mitteilungen*, 1973, pp. 1318 e ss.). A respeito da necessidade de consciência do abuso por parte do representante v., porém, a nota que se segue.

[352] As poucas oscilações verificadas gravitaram sobretudo em torno da questão de saber se naqueles casos nos quais em causa estava um poder de representação com contornos legalmente fixados a consciência do desmando representativo por parte do representante era, ou não, um requisito indispensável para a relevância externa do abuso de representação. Para um panorama ilustrativo geral das soluções propostas acerca da relevância do abuso de representação pode ver-se, por exemplo, a decisão, já mencionada na nota anterior, do *Bundesgerichtshof 17. Oktober de 1973*, in *Zeitschrift für Wirtschaft und Bankrecht, Wertpapier-Mitteilungen*, 1973, pp. 1318 (o tribunal seria aí confrontado com uma situação na qual H, gestor de uma determinada empresa, havia concedido garantias a débitos doutra sociedade na qual ele próprio detinha interesses pessoais e por cujo cumprimento ele respondia, também, pessoalmente. Contudo, e de acordo com as regras internas de distribuição de competências este tipo de actos apenas podia ser praticado por outro dos gestores da companhia. Perante isto, seria afirmado existir um abuso de representação externamente relevante quando o terceiro conhecia ou devia conhecer o desmando levado a cabo pelo representado – desmando o qual, neste caso, e no entender dos julgadores, tinha de ser consciente por estar em causa um poder de representação comercial insusceptível de restrição – e em particular, na eventualidade de este fazer uso do seu poder de representação de forma visivelmente suspeita de tal modo que a contraparte devesse ter tido fundadas dúvidas sobre se não se estaria diante de uma situação de abuso de representação); *Bundesgerichtshof, 23. März 1976*, in *Idem*, 1976, pp. 632 e ss., maxime p. 633; *Bundesgerichtshof, 15. Dezember*, in *Idem*, 1976, pp. 658 e ss., maxime p. 659; *Bundesgerichtshof, 26. April 1976*, in *Idem*, 1976, pp. 709 e ss., maxime pp. 710 e 711; *Bundesgerichtshof, 19. Mai 1980*, in *Idem*, 1980, pp. 953 e ss., maxime pp. 954 e 955; *Bundesgerichtshof, 10. Dezember 1980*, in *Idem*, 1981, pp., 66 e ss., maxime p. 67; *Bundesgerichtshof, 5. Dezember 1983*, in *Neue juristische Wochenschrift*, 1984, 37, pp. 1461 e 1462 (aresto no qual o tribunal é confrontado com uma situação de abuso de representação por parte de uma gestora de uma *GmbH*. O *Bundesgerichtshof* não consideraria provado que o representante tivesse tido consciência do facto de a sua actuação ser abusiva. No entanto, afirmaria expressamente ser possível considerar a existência de um abuso de representação externamente relevante quando, apesar de o negócio representativo não contrariar de forma comprovada os interesses do *dominus*, ainda assim, a contraparte sabe ou deve saber não divulgar o representante ao principal factos capazes de o levarem a não concordar com o negócio representativo); *Bundesgerichtshof, 1984*, in *Zeitschrift für Wirtschaft und Bankrecht, Wertpapier-Mitteilungen*, 1984, pp. 305 e ss., maxime p. 306; *Bundesgerichtshof, 18. Mai, 1988*, in *Neue Juristische Wochenschrift*, 1988, 41, pp. 3012 e 3013; *Bundesgerichtshof, 18. Mai 1988*, in *Idem*, 1989, 42, pp. 26 e 27; *Bundesgerichtshof, 3. September 1989*, in *Idem*, 1990, pp. 384 e ss.; *Bundesgerichtshof, 31. Januar 1991*, in *Idem*, 1991, pp. 1812 e ss.; e *Bundesgerichtshof, 25. Oktober 1994*, in *Entscheidungen des Bundesgerichtshofes. Zivilzachen*, 127, 239 e ss., maxime pp. 241 e 242 (com indicações). Na doutrina pode ainda ver-se acerca da orientação propugnada pelo *Bundesgerichtshof* – e para além dos vários comentários ao *BGB* – designadamente, e com diferente profundidade, Heckelmann, *Mitverschulden des Vertretenen bei Mißbrauch der Vertretungsmacht, Zugleich Besprechung von BGHZ 50, 112 e ff.*, in *Juristenzeitung*, 1970, pp. 62 e ss.; Schott, *Der Mißbrauch...*, in *Archiv...*, 171, pp. 392 e ss.; Frotz, *Verkehrsschutz...*, pp. 544 e ss.;

Uma análise mais cuidada da doutrina do *Bundesgerichtsof* revela é certo, como sob a aparência de uma total identidade de posições com o *Reichsgericht*, se verificou, todavia, alguma evolução e a abertura para posições relativamente diversas [353]. Em particular, assistir-se-ia a um mais claro acentuar do risco do dono do negócio[354, 355]. As diferenças

---

Fischer, *Der Mißbrauch...*, in *Gesellchaftsrecht...*, pp. 6 e ss.; Tietz, *Vertretungsmacht...*, pp. 266 e ss.; Julia Schärfer, *Teilweiser...*, pp. 84 e ss.; e Dieter Medicus, *Bürgerliches Rechts*, 18.ª ed., Colónia, Berlim, Bona, Munique, 1999, pp. 74 e ss..

[353] Neste mesmo sentido pode ver-se, por exemplo, Fischer, *Der Mißbrauch...*, in *Gesellchaftsrecht...*, pp. 6 e 7; e, nos mesmos e precisos termos, embora sem qualquer referência a Fischer, Julia Schärfer, *Teilweiser...*, pp. 84 e 85.

[354] Acentuar este traduzido, não só, no sublinhar da circunstância de ser pelo dono do negócio que deve correr o risco do abuso de representação mas, também, na circunstância de se considerar que ao *tertius* não assiste qualquer dever de indagação ou investigação apenas se colocando um caso de abuso de representação quando o representante fizer uso do seu poder de forma visivelmente suspeita.

[355] Além disso, e segundo Julia Schärfer, *Teilweiser...*, p. 94 (cfr., também, Staudinger-Schilken, *Kommentar...*, I, comentário ao § 167, p. 106), ter-se-ia assistido a uma tentativa de proceder à substituição das iniciais referências à *exceptio doli* por simples menções à excepção do exercício inadmissível de posições jurídicas, considerada mais conforme com o actual modo de compreensão do § 242 do *BGB*. A verdade é que as decisões referidas em apoio desta tese não permitem documentar a asserção feita. Dos três exemplos apontados pela autora a sentença do *Bundesgerichtshof, 28. Mai 1966*, in *Zeitschrift für Wirtschaft und Bankrecht, Wertpapier-Mitteilungen*, 1966, p. 492, refere-se expressamente, e por várias vezes, à *exceptio doli*. Por sua vez, o aresto do *Bundesgerichtshof, 30. September 1989*, in *Neue Juristische Wochenschrift*, 43, pp. 384 e ss., não faz senão afirmar como no caso de o *tertius* conhecer, ou dever conhecer, o abuso de representação o negócio representativo não é oponível ao dono do negócio. Como fundamentação para esta solução limita-se a remeter para outras decisões daquele tribunal sem sequer se referir ao § 242 do *BGB*. Apenas a decisão do *Bundesgerichtshof, 18. Februar 1960*, in *Zeitschrift für Wirtschaft und Bankrecht, Wertpapier-Mitteilungen*, 1960, p. 613, refere expressamente, e tão-só, o exercício inadmissível de posições jurídicas. Não parece, todavia, que daqui, ou de qualquer outra decisão onde apenas aparece referido o exercício inadmissível de posições jurídicas, se possa retirar qualquer conclusão quanto ao enquadramento dogmático dado pelo tribunal ao abuso de representação, em particular no sentido da rejeição da específica figura da *exceptio doli*. Aliás, repare-se como nesta decisão de *18 de Fevereiro de 1960* o *Bundesgerichtshof* remete designadamente para sentenças do *Reichsgericht* onde o problema do abuso de representação é resolvido com apelo à *exceptio doli*. Talvez por isso mesmo, Karsten Schmidt, *Liquidationszweck und Vertretungsmacht der Liquidatoren. Ein Beitrag zur Auslegung der §§ 49 BGB, 149 HGB, 70 GmbHG, 88 GenG und 269 Aktg*, in *Archiv für die civilistische Praxis*, 1974, 174, p. 59 e nota (13), aponte precisamente o aresto em análise como exemplo de uma sentença na qual o problema do abuso de representação foi resolvido com apelo à *exceptio doli*. No sentido segundo o qual, salvo excepções ocasionais, é sempre a *exceptio doli* a estar na base das decisões jurisprudenciais relativas ao abuso de representação pode ver-se Soergel-Leptien, *Bürgerliches...*, I, comentário ao § 177, p. 1374; Id., *Idem*, 13.ª ed., comentário ao § 177, p. 644; e Tietz, *Vertretungsmacht...*, p. 237. A questão não assume, porém, importância por aí além. Independentemente de se saber se a jurisprudência do *Bundesgerichtshof* se manteve nos quadros estritos da *exceptio doli* ou se preferiu, apenas, afirmar mais genericamente constituir o abuso de representação uma hipótese de exercício inadmissível de posições jurídicas o enquadramento base é semelhante. Em ambos os casos parte-se da ideia de abstracção da procuração e do poder de representação o qual, apesar de realmente existente, seria depois paralisado ou

no tratamento do problema ficariam, porém, por aqui. Continuar-se-
-ia a partir da ideia de abstracção do poder de representação e constatar, ao mesmo tempo, como em inúmeros casos, os resultados por ela
proporcionados se afiguravam, na perspectiva de uma decisão justa e
equitativa, incomportáveis por – contrariamente ao defendido por
LABAND – não ser admissível colocar sempre sobre o representado
as consequências de uma actuação abusiva do representante. Nesses
termos, o *Bundesgerichtshof* tentaria, sem nunca a desejar colocar em
causa, temperar a rigorosa – e na verdade insustentável – separação
entre relação interna ou causal – de um lado – e o poder do representante – do outro – através do recurso ao exercício inadmissível de
posições jurídicas[356].

V – Os desenvolvimentos operados pela jurisprudência tudesca
merecem em grande medida aplauso. Antes de mais, eles tornaram,
nos seus resultados, mera letra-morta as orientações e teses mais radicalmente favoráveis à ideia de abstracção da procuração. Posições
como as de LABAND, o qual recusava qualquer interferência da relação-

---

pela invocação da *exceptio doli* ou pela consideração de um genérico exercício inadmissível da
posição jurídica do terceiro contraente.

[356] Esta orientação concitaria alguns adeptos ao nível da doutrina germânica. Manifestam-
-se em favor dela, designadamente, Steffen, *BGB-RGRK*, cit., I, comentário ao § 167, p. 87;
Westermann, *Mißbrauch der Vertretungsmacht* in *Juristische Arbeitsblätter*, 1981, p. 525; e Julia Schärfer,
Teilweiser..., pp. 94 e 95. Na bibliografia nacional podem ver-se, no sentido da aproximação do
abuso de representação ao abuso de direito ou exercício inadmissível de posições jurídicas, os
autores referidos *infra* no presente parágrafo (embora parecendo percorrerem todos eles, neste
ponto específico da aproximação do comportamento abusivo do representante aos casos regulados
pelo artigo 334.º do Código Civil, um caminho perfeitamente autónomo e sem qualquer mediação da jurisprudência ou doutrina alemãs. Aliás, existe uma diferença de tomo entre a posição dos
autores portugueses e a expressa pela jurisprudência e doutrina germânicas favoráveis à resolução
do problema do abuso de representação através do apelo para as soluções próprias do exercício
inadmissível de posições jurídicas. É que a nossa doutrina parece ver a actuação intolerável no
comportamento do próprio representante. A jurisprudência e doutrina alemãs [com excepção de
Siebert – cfr., *infra*, quanto se escreve a este respeito no presente parágrafo] consideram, sim, ser a
contraparte do negócio representativo quem, ao invocar os direitos emergentes do negócio representativo ilicitamente celebrado pelo *procurator*, incorre numa actuação intolerável e contrária à boa
fé. Teremos oportunidade de voltar a este assunto. Avança-se já, contudo, como a haver algum
exercício de posição jurídica inaceitável, por contrário à boa fé, ele não pode deixar de ser, como
defendem os tribunais tudescos e na sua esteira alguma doutrina, o do *tertius* ao invocar direitos
emergentes de um negócio que ele sabe, ou devia saber, não ter sido celebrado dentro da esfera
de autorização ou *licere* do representante. Quanto à actuação abusiva do procurador ela é simplesmente ilícita, não fazendo qualquer sentido falar aqui em actuação intolerável e ofensiva da boa fé,
pois não é ele a pretender fazer valer o negócio representativo contra o principal nem contra o
terceiro).

-base ou interna no poder de representação, mesmo em caso de conhecimento por parte do *dominus* da contrariedade entre o negócio representativo e a vontade ou interesse do principal, caíram completamente por terra. A própria doutrina, apesar de tudo um pouco mais moderada, segundo a qual apenas seria de admitir a relevância externa do abuso de representação na eventualidade de o representado e o terceiro terem conscientemente colaborado com vista a causar um prejuízo ao representado ou com a finalidade de obterem um lucro à custa deste, acabaria por se ver completamente ultrapassada e suplantada[357]. Além disso, merece também aplauso particular a orientação e caminho percorridos no sentido de afastar ou deixar de considerar, enquanto requisito de relevância externa do descomedimento de poderes de voluntários de representação[358], a necessidade de consciência por parte do representado do facto de estar a actuar abusivamente[359].

---

[357] Era por exemplo essa a posição expressa por Hupka, *Die Vollmacht*..., pp. 187 e 188; para quem «*tal como o principal, por um lado, não responde por actuações do seu representante que se não encontrem compreendidas no poder voluntário de representação, tem, por outro lado que deixar valer contra si todas as actuações que aparecem cobertas pelo conteúdo da declaração de concessão do poder voluntário de representação. Em particular não pode opor ao terceiro, que contratou dentro das fronteiras da declaração de concessão do poder de representação, o facto de o representante ter abusado do respectivo poder de representação ao celebrar um negócio, em si compreendido dentro do poder de representação, mas em circunstâncias ou forma tal que violou o interesse do constituinte, em cuja defesa havia sido designado o representante. Semelhante objecção, decorrente da relação interna entre o principal e o procurador não é admissível mesmo se o terceiro conhecesse, ou devesse conhecer, o exercício abusivo do poder voluntário de representação. O terceiro apenas precisa de se preocupar com a correspondência do negócio ao poder de representação; se o procurador ao celebrar o negócio feriu os seus deveres do mandato é coisa que só lhe importa a ele e ao principal* (...). *Se o procurador não só feriu os deveres do mandato mas actuou precisamente com o propósito de causar ao principal com o negócio um prejuízo e a outra parte tinha conhecimento desse propósito* (...) *o principal pode, em consequência deste procedimento doloso, pedir através de acção ou excepção a rescisão do negócio*»; Oertmann, *Kommentar*..., I, comentário ao § 166, p. 615, e comentário ao § 167, p. 624; e Von Thur, *Allgemeiner*..., II, II, p. 400.

[358] Recorde-se como a discussão sobre se se devia ou não exigir dolo por parte do representante apenas permaneceu na jurisprudência alemã quando o conteúdo dos poderes de representação tivesse sido fixado não por vontade das partes mas sim por lei, como sucede com a *Prokura*.

[359] E merece aplauso porquanto conforme de algum modo refere Frotz, *Verkehrsschutz*..., pp. 544 e 623, a exigência de dolo ou consciência da actuação abusiva por parte do *procurator* apenas parece poder entender-se como uma reminiscência da hoje ultrapassada necessidade de actuação conjunta ou de colaboração entre o representante e o *tertius* (*Kollusion*) no sentido de prejudicarem o dono do negócio ou de obterem vantagens à custa deste. Abandonada a ideia segundo a qual apenas o conluio ou colusão, em detrimento do principal, permitiria a este invocar o abuso de representação perante o terceiro, e aceite a tese segundo a qual a simples cognoscibilidade do comportamento abusivo já libera o representado, deixa de existir qualquer razão para se continuar a insistir na necessidade de intenção ou consciência do abuso por parte do procurador. Decisivas para determinar se a actuação abusiva pode ou não ser oposta à contraparte no negócio representativo devem ser apenas as circunstâncias verificadas na própria pessoa do

terceiro. Na verdade, não se vislumbra qualquer razão – para além de meramente conceptual ou dedutiva – ou motivo válido para proteger o *tertius*, à custa do *dominus*, quando aquele se apercebeu ou devia ter apercebido da existência de um abuso de representação, o qual, todavia, não foi dolosamente cometido pelo representante. Nenhum interesse se mostra capaz de justificar uma tal solução. A questão da oponibilidade ou inoponibilidade do abuso de representação passa exclusivamente pela justificação da necessidade de protecção do representado e do terceiro. Não pelos planos, manhas ou representações subjectivas do representante. Se o terceiro se apercebeu, ou devia ter apercebido, da ilicitude da actuação do *procurator* ou da ausência de conformidade entre esta e a vontade do *dominus* deixa de merecer qualquer tipo de protecção, independentemente de se saber se o representante agiu, ou não, com consciência do respectivo descomedimento. Nestes termos, a questão sobre se o desrespeito pelos interesses ou relação jurídica interna foi, ou não, cometido dolosamente é algo de perfeitamente irrelevante para a resolução do problema do abuso de representação. Tanto mais quanto para a relevância externa da extinção interna do poder de representação o *BGB* não exige, nos §§ 169 a 173, qualquer tipo de dolo do representante que exerce os seus supostos poderes. Ora não existe qualquer motivo capaz de justificar uma diversidade de tratamento entre as situações de extinção do poder de representação e o respectivo abuso. Assim contra a exigência de dolo por parte do representante pode ver-se, e para além de Frotz, Ernst Hammel, *Wann Wirkt bei der Vertretungsmacht die bloße Überschreitung des zwischen Vertreter und Vertretenem bestehenden Innenverhältnisses auf das Außenverhältnis zwischen Vertretenem und Drittem ein?*, in *Juristische Wochenschrift*, 1933, p. 2876; Albermann, *Der Mißbrauch...*, pp. 19 e 36 e 37; Nitzsche, *Die Überschreitung...*, p. 42; Hezel, *Der Mißbrauch...*, p. 30; Tank, *Der Mißbrauch von Vertretungsmacht und Vertretungsbefugnis*, in *Neue Juristische Wochenschrift*, 1969, 22, pp. 9 e 11; Karsten Schmidt, *Liquidationszweck...*, in *Archiv...*, 174, p. 61; Flume, *Allgemeiner...*, II, *Das Rechtsgeschäft...*, p. 791; Larenz, *Allgemeiner Teil...*, p. 599 e nota (50); Joost, *Grosskommentar...*, comentário ao § 50, p. 393 (autor que sublinha como a exigência de consciência de uma actuação ilícita por parte do representante não encontra qualquer fundamento material, antes se explicando, apenas, por razões de ordem histórica. Isto devido à circunstância de o abuso de representação ter primeiro sido desenvolvido a propósito da colaboração dolosa entre o *tertius* e o auxiliar do principal); Schramm, *Münchener...*, I, comentário ao § 164, p. 1426; Id., *Idem*, 4.ª ed., comentário ao § 164, p. 1667, Medicus, *Allgemeiner...*, p. 364; Id., *Idem*, 7.ª ed., p. 370 e 371; Id., *Bürgerliches...*, p. 117; Staudinger--Schilken, *Kommentar...*, I, comentário ao § 167, p. 104; Larenz-Wolf, *Allgemeiner...*, p. 896; Julia Schärfer, *Teilweiser...*, pp. 91 e ss. (a qual, apesar de se manifestar a favor da desnecessidade de uma actuação dolosa por banda do procurador, começa por considerar ir a orientação da jurisprudência no sentido da afirmação de semelhante exigência para, logo de seguida, sublinhar afinal as hesitações verificadas a este respeito. A verdade, porém, é que as sentenças referidas pela autora na direcção segundo a qual para a relevância externa do abuso de representação seria necessário um comportamento consciente do representante se reportam a casos nos quais em causa está, não um procurador, mas sim um auxiliar com poderes legalmente fixados. Aliás, e ao contrário dos autores antes citados, Schärfer considera dever, neste último caso, realmente exigir-se uma actuação intencionalmente abusiva por parte do representante. Esse requisito só seria, assim, dispensado quando em causa estivesse um procurador munido de poderes determinados pelo representado. Qual a fundamentação capaz de justificar esta destrinça é algo, contudo, e como devidamente sublinhado pelos demais juristas agora recenseados, que não se descortina); Erman-Palm, *Bürgerliches...*, I, comentário ao § 167, p. 504; Brox, *Allgemeiner...*, p. 258. Mas não é apenas a exigência de dolo ou de intenção de prejudicar por parte do representante a dever ser dispensada. A própria negligência por parte do representante não deve ser tomada como requisito do abuso de direito. A simples desconformidade objectiva entre o negócio representativo, de um lado, e o poder de representação, do outro, basta em todos aqueles casos nos quais o terceiro conheça ou deva conhecer essa

Não obstante tudo isto, as soluções globais sufragadas pelos tribunais germânicos não podem ser aceites. E por várias razões.

Não é aceitável, desde logo, a tentativa ensaiada pelo *Reichsgericht*, na sua *Sentença de 28 de Junho de 1902*, no sentido de procurar resolver o problema do abuso de representação com apelo à natureza jurídica da procuração ou do poder de representação. Na verdade, trata-se de um mero cripto-argumento[360] do qual não decorre rigorosamente nada acerca do âmbito ou alcance dos poderes representativos. A sua utilização parece suscitar a ideia de existência de uma noção axiomática estável e esconde, na realidade, uma simples valoração. Posta a descoberto ela não significa outra coisa senão que, nas circunstâncias concretas a ela subjacentes, o interesse do constituinte deve prevalecer sobre o de terceiro[361].

Votada ao fracasso encontra-se igualmente a orientação proposta por aquele tribunal no seu aresto de *15 de Fevereiro de 1911*. Isto porquanto se afigura a nosso ver perfeitamente artificial o recurso aos §§ 168 e seguintes do *BGB* como forma de resolver o problema do abuso de representação. Semelhante procedimento só se torna necessário devido ao facto de o *Reichsgericht* conceber o poder de representação de forma demasiado ampla. Ele considera na fixação da extensão do poder de representação, apenas, o respectivo âmbito objectivo

---

desconformidade. As razões são as mesmas que levam a afastar a exigência de dolo do procurador. Entre os partidários da posição segundo a qual a actuação intencional, por parte do *procurador*, e em detrimento do dono do negócio, é requisito da relevância externa do abuso de representação podem, ainda assim, referir-se: Kipp, *Zur Lehre...*, in *Die Reichsgerichtpraxis...*, II, pp. 286 a 288; Berger, *Zur Frage...*, pp. 23 e ss., e 50; Enneccerus-Nipperdey, *Allgemeiner Teil...*, I, II, pp. 1125; Tempel, *Die Stellvertretung,* in *Grundlagen des Vertrags– und Schuldrechts*, por Emmerich, Gerhardt, Grunsky, Huhn, Schmidt, Tempel e Wolf, Munique, 1972, p. 237; Canaris, *Bankvertragsrecht*, 3.ªed., Berlim, Nova Iorque, 1988, I, pp. 118 e ss.; Steffen, *BGB-RGRK*, cit., I, comentário ao § 167, p. 87; e Soergel-Leptien, *Bürgerliches...*, I, comentário ao § 177, p. 1375; Id., *Idem*, 13.ª ed., comentário ao § 177, p. 644. A favor destes últimos autores parece aliás, numa abordagem mais superficial, falar a própria expressão «abuso de representação». A verdade, porém, é que, conforme demonstrado já por Stoll, *Der Mißbrauch...*, in *Festschrift...*, p. 126, a palavra abuso é compatível com qualquer actuação não lícita ou autorizada, nada dizendo sobre a razão da ilicitude. A tese favorável à necessidade de um comportamento abusivo intencional por parte do constituído só será aceitável naquelas hipóteses nas quais apenas em função do dolo do representante se pode constatar existir uma contrariedade entre a vontade ou interesse do representado e o negócio representativo. Assim sucede quando o representante celebra um contrato do ponto de vista do respectivo conteúdo aceitável mas com o fim de se apropriar da contraprestação.

[360] Acerca da noção de cripto-argumento v., Mota Pinto, *Da cessão...*, pp. 23 e ss., o qual sublinha como por detrás de discursos nos quais se faz este tipo de apelos se esconde um simples processo jurídico alienante.

[361] Também, Frotz, *Verkehrsschutz...*, p. 541, nota (1333).

ou formal e marginaliza as limitações normativas ou qualitativas. Trata-se, todavia, de um procedimento absolutamente inconsequente. Em primeiro lugar, não distingue, como o deveria ter feito, atento o disposto no § 167 do *BGB*, consoante o poder de representação tenha sido comunicado ao procurador ou ao terceiro[362]. Por outro lado, e com recurso às regras gerais de interpretação, afirma a existência, na esfera do representante, de um real poder capaz de vincular o *dominus* perante terceiros. Poder este o qual ultrapassaria as limitações ou condicionantes resultantes da relação jurídica interna, independentemente de se saber se o *tertius* as conhecia ou devia conhecer. Porém, se a contraparte do negócio representativo pretender invocar a faculdade ou *potestas* do procurador ficaria impedida de o fazer sempre que o acto do representante desrespeitasse as vinculações decorrentes da relação material estabelecida entre o dono do negócio, se disso soubesse, ou devesse saber. Isto por aplicação analógica das regras onde se exige a boa fé para a extinção da procuração não poder ser oposta a quem contrata com um representante[363].

Contra semelhante enquadramento deve, porém, invocar-se a circunstância de quer boa fé quer o princípio da materialidade subjacente, que a informa, serem manifestações comuns a todo o ordenamento jurídico. Nestes termos, o próprio processo de interpretação não pode deixar de se subordinar a estas duas realidades e os resultados alcançados terão fatalmente de reflectir isso mesmo. Não faz, assim, qualquer sentido a afirmação de existência de um poder de representação obtido através de um procedimento hermenêutico meramente formal e desligado de todas e quaisquer preocupações de materialidade para depois se sustentar a inadmissibilidade do respectivo exercí-

---

[362] Recorde-se, uma vez mais, como o direito alemão admite a possibilidade da chamada procuração interna na qual o poder de representação é comunicado ao representante e a designada *procuratio* externa fruto de comunicação directa ao *tertius*. Entre nós, e tal como se refere por diversas vezes ao longo do presente trabalho, esta distinção não é admissível devendo encontrar-se o destinatário da procuração sempre na mesma entidade. Não existe, na verdade, entre nós, uma única opinião favorável a esta tese do destinatário opcional, dividindo-se as vozes, ora, na direcção segundo o qual a procuração deverá ser comunicada ao terceiro, ora, no sentido de que ela terá de se dirigir fatalmente ao representante. Para mais pormenores acerca do destinatário da procuração v. *supra* e *infra*, passim, e designadamente Parte II, Cap. V, parágrafo 5.

[363] Este recurso à disciplina constante dos §§ 169 a 173 do *BGB* seria depois objecto de um melhor enquadramento por parte da *communis opinio* alemã e faria, aí, ampla carreira como forma de alicerçar as teses que procuraram equiparar o abuso de representação à actuação do representante sem poderes. Tudo a implicar a consequente sujeição do negócio abusivo ao § 177 e a determinar a respectiva ineficácia. A este respeito cfr. *infra*. Para já v., por todos, Tietz, *Vertretungsmacht...*, p. 288.

cio por contrário às regras da boa fé[364]. Não se vê, na verdade, como em caso de abuso de representação externamente relevante, e des-

---

[364] No direito alemão, aliás, é o próprio § 157 do *BGB* a afirmar expressamente como os contratos se devem interpretar de acordo com as regras da boa fé (no sentido de *Treu und Glauben* e, portanto, de boa fé objectiva) e em atenção aos usos do tráfego. Entre nós o artigo 236.º não contém qualquer remissão para este princípio. Contudo, nem por isso, a solução deverá ser outra. A primeira directriz consagrada pela lei portuguesa em matéria de interpretação apela para doutrina da impressão do destinatário ou declaratário. Por força dela a declaração vale «(...) *com o sentido que um declaratário normal, colocado na posição do real declaratário possa deduzir do comportamento do declarante* (...)» – artigo 236, n.º 1, do Código Civil português. Trata-se da via propugnada por Manuel de Andrade apesar de um pouco mais objectivada (os preparativos do Código Civil ficaram, neste domínio, a cargo de Rui de Alarcão, *Interpretação e integração dos negócios jurídicos*, in *Boletim do Ministério da Justiça*, 1959, 84, 329 e ss.). Na base dela a jurisprudência apela a uma *interpretação objectiva ou normativa* (*Relação do Porto, 25-9-1995* [Bessa Pacheco], in *Colectânea de Jurisprudência*, 1995, XX, 4, pp. 182 e ss., 184), compartilhada por todos, *Relação de Coimbra, 5-7--1994* (Eduardo Antunes), in *Idem*, 1994, XIX, 4, 21 e ss., 22; (acerca da natureza objectiva da fórmula legal mencione-se, ainda, *Relação de Coimbra de 20-12-1990* [Dias Simão], in *Idem*, 1990, XV, 5, pp. 100 a 102, maxime, p. 101 [contrato de seguro – interpretação]; *Supremo Tribunal de Justiça, 13-4-1994* [Martins da Costa], in *Colectânea de Jurisprudência. Acórdãos do Supremo Tribunal de Justiça*, 1994, II, 2, 32 e ss., maxime pp. 34 e 35 [cessão de exploração de estabelecimento comercial, interpretação do contrato, consequências jurídicas da qualificação]; e *Relação de Lisboa, 15-2--1996* [Almeida Valadas], in *Colectânea de Jurisprudência*, 1996, XXI, I, pp. 121 e ss., p. 123 [contrato--promessa – interpretação jurídica estabelecida – cláusulas insertas no contrato promessa], mas capaz de ter em conta as particularidades concretas). O artigo 236.º do Código Civil traz consigo o problema clássico da determinação da bitola de diligência. Como ressalta da proposta de Manuel de Andrade, perante uma declaração de vontade, o destinatário – que se julgue habilitado a aceitá-la – deve fazer um esforço para se inteirar do seu significado e alcance. Qual, porém, o *quantum* de esforço necessário e exigível? Um padrão subjectivo vem premiar os néscios e os cuidadosamente desinteressados. Um padrão fixo só estatisticamente se mostrará justo e adequado. Fica pois uma fasquia objectivamente variável: em cada circunstância se construirá normativamente a figura do destinatário normal. Por este modo podem recuperar-se entre nós regras não explícitas na nossa lei tais como a da interpretação de boa fé consagrada no § 157 do *BGB* ou no artigo 1366.º do *Codice Civile*; a necessidade de atender à globalidade do contrato, negócio ou esquema no qual ele se insere; a particularização de expressões gerais; e a primazia do fim do acto negocial. A interpretação é, hoje, dominada, pelo factor teleológico não apenas no domínio legal mas também no contratual. Nenhum negócio existe por si: todos eles são instrumentos usados pelas partes para prosseguir certos fins. Quando eles sejam cognoscíveis, e juridicamente imputáveis aos esquemas contratuais considerados, temos um importante factor de modelação do sentido da declaração a interpretar. Não se trata de introduzir qualquer factor externo novo de interpretação, mas apenas de exprimir, no campo específico da interpretação, o emergir da ciência do direito e do sistema por ela sustentado. Sobre tudo isto v., Menezes Cordeiro, *Parecer* (*Cisão...*), pp. 24 e ss., e 33 e 34, igualmente com referência às sentenças aqui recenseadas. Por isso, se o destinatário de uma determinada declaração de vontade souber que o seu sentido aparente não corresponde ao realmente pretendido pelo declarante, então, não pode deixar de ser o sentido real a prevalecer (artigo 236.º do Código Civil). Se a contraparte não conhecer a autêntica intenção do emitente então a declaração negocial vale com o sentido que um declaratário normal colocado na posição do real declaratário possa deduzir do comportamento do declarante, salvo se o declarante não puder razoavelmente contar com ele. Também aqui quanto se busca não pode deixar de ser um significado suportado pela boa fé. Isso mesmo resulta não só da referência ao padrão do destinatário normal como é, ainda, reforçado pela respectiva colocação na posição do real declaratário e pela

tarte numa situação na qual o terceiro conhece ou deve conhecer a actuação abusiva do representante, o processo interpretativo pode conduzir à afirmação da existência de um poder de representação, cuja invocação contra o *dominus* seria, depois, paralisada pela aplicação analógica de regra onde se consagra a boa fé como pressuposto dos direitos do terceiro. É que, a boa fé impediria, desde logo, e *ab initio*, a descoberta do poder de representação enquanto tal. Ao invocar a disciplina do § 169 do *BGB* o *Reichsgericht* deveria, na verdade, ter, pura e simplesmente, afirmado a dependência da procuração relativamente à autorização gestória.

VI – Não merece melhor sorte o apelo à *exceptio doli*[365] ou ao exercício inadmissível de situações jurídicas como forma de enquadramento e fundamentação do abuso de representação.

No tocante à primeira destas duas vias de solução depara-se-nos imediatamente um conjunto de dificuldades atinentes à própria figura da *exceptio doli*. Tal como demonstrado por BRENNER, sob a figura em questão esconde-se uma realidade que nada tem com ela a ver[366].

---

ressalva final do artigo 236.º, n.º 1 (para mais referências ao ónus de diligência devida pelo destinatário da declaração negocial na interpretação da mesma cfr. *infra* o presente parágrafo em nota). Aliás, e na perspectiva do nosso direito, atento o consagrado no artigo 269.º, numa disposição de que nos ocuparemos mais detalhadamente adiante, qualquer necessidade de aplicação analógica das regras relativas à extinção do poder de representação encontra-se, à partida, descartada. Centrado no confronto entre as soluções hermenêuticas dos sistemas alemão e português pode ver-se, na nossa literatura, Carlos Ferreira de Almeida, *Interpretação do contrato*, in *O Direito*, 1992, 124, IV, pp. 629 e ss., o qual retrata também a evolução histórica verificada até à redacção definitiva do artigo 236.º do actual Código Civil, com destaque quer para a importância assumida neste contexto pela polémica verificada na doutrina tudesca acerca do sentido da interpretação negocial – atenta a aparente disparidade entre os §§ 133 e 157 do *BGB* – quer para o relevo da análise levada a cabo entre nós por Ferrer Correia, *Erro e interpretação na teoria do negócio jurídico*, 3.ª tiragem, Coimbra, 1985, pp. 155 e ss., acerca dessa mesma doutrina (entre a qual se contariam os nomes de Danz, Manigk, Oertmann, Franz Leohnard e Larenz) e posterior síntese efectuada pelo Professor de Coimbra.

[365] Para uma crítica ao apelo, feito pela jurisprudência à *exceptio doli* como forma de resolver os problemas do abuso de representação pode ver-se por exemplo, Kipp, *Zur Lehre...*, in *Die Reichsgerichtpraxis...*, II, p. 288; Albermann, *Der Mißbrauch...*, pp. 24 e ss.; Berger, *Zur Frage...*, pp. 39 e ss.; Gerd Rinck, *Pflichtwidrige...*, pp. 114 e ss., e nota (532); Eckner, *Der Mißbrauch...*, pp. 11 e 12 e 15; Hezel, *Der Mißbrauch...*, pp. 53 e ss.; Nitzsche, *Die Überschreitung...*, pp. 24, 35 e 44 e ss., onde o autor considera como a afirmação segundo a qual em caso de cognoscibilidade do abuso de representação não podem ser deduzidos, contra o *dominus*, quaisquer direitos a partir do negócio representativo, na verdade, não esconde outra coisa que não seja a simples e autêntica ausência de poderes por parte do representante; Freiling, *Mißbrauch...*, pp. 9 e ss.; Flume, *Allgemeiner...*, II, *Das Rechtsgeschäft...*, p. 787.

[366] Nesse sentido pode ainda ver-se, Berger, *Zur Frage...*, p. 40; Rinck, *Pflichtwidrige...*, p. 116, nota (532); Freiling, *Mißbrauch...*, p. 11.

Na verdade, o autor germânico demonstrou como quanto a actividade judicial livre postula, debaixo do manto da *exceptio doli generalis*, não deve e não pode servir-se da *exceptio* como de um meio independente e com valor próprio[367]. Para o comprovar BRENNER reconduz as decisões judiciais, nas quais se recorre a esta excepção, ora à interpretação encapotada da lei, ora à interpretação encapotada de negócios jurídicos, ora, ainda, à criação de novo direito, de modo, igualmente encapotado[368]. A *exceptio doli generalis* não teria, destarte, qualquer unidade substancial nem validade material. Isso mesmo seria reforçado pelo aparente desaparecimento na jurisprudência do *Reichsgericht* do fosso entre *exceptiones doli generalis* e *doli specialis* de que, precisamente a *Sentença de 30 de Junho de 1904* seria bom exemplo. Esta incapacidade da *exceptio* em manter o seu próprio sistema denota a respectiva fragilidade dogmática[369].

A crítica de BRENNER à jurisprudência do *Reichesgericht*, baseada na *exceptio doli generalis*, teve o reconhecido mérito de documentar a diversidade de situações materiais a que a velha figura do processo formulário foi aplicada[370]. Ela não é porém conclusiva[371]. Além disso, e no especificamente tocante ao abuso de representação, o autor não faria qualquer tratamento abrangente da casuística existente.

Em qualquer caso, e abandonada a perspectiva de reconstrução histórica perfeita a qual limitaria a *exceptio doli* a um mero enunciado casuístico de hipóteses previsivas, a utilização do conceito conduz a uma metodologia dedutivista de tipo central[372]. O termo ganha relevância enquanto se lhe conceda uma acepção convencionada – em regra a contrariedade aos bons costumes ou à boa fé. Dada esta acepção – atenta a natureza figurativa em jogo – se revelar de elevado grau de abstracção geram-se os pressupostos metodológicos para uma sistemática do centro para a periferia com tudo quanto isso acarreta

---

[367] Brenner, *Die exceptio doli generalis...*, pp. 2, 6 e ss., 69 e ss., 73 e ss.. Cfr., também, a este respeito, Menezes Cordeiro, *Da boa fé...*, II, pp. 729 e ss..

[368] A hipótese mais frequente seria a da interpretação da lei escondida ou dissimulada sob a *exceptio*. Assim e por exemplo na *Sentença do Reichsgericht* de *30 de Junho de 1904* assistira-se a dolo inicial, ou, noutros termos, assistira-se à concretização de uma actuação ilícita no momento em que se estabeleceu a fiança e não com a propositura da acção. Tratar-se-ia pois aí de dar simplesmente corpo à restituição natural por comportamentos indevidos. Na nossa literatura v., a este respeito, Menezes Cordeiro, *Da boa fé...*, II, p. 730 e nota (317).

[369] Sobre tudo isto e para além de Brenner cfr., Menezes Cordeiro, *Da boa fé...*, II, p. 731.

[370] Assim, Menezes Cordeiro, *Da boa fé...*, II, p. 731.

[371] *Idem*.

[372] *Idem*, II, p. 733.

de empobrecimento cultural[373]. Os tribunais que recorreram com frequência à *exceptio doli generalis* não tentaram, no mínimo, deduzir dela os resultados alcançados: encontraram as soluções através da valoração dos problemas, operada à luz das referências gerais codificadas – como a boa fé e os bons costumes – e, depois, aludem como factor corroborativo, à *exceptio doli* [374].

O desfasamento metodológico é, conforme sublinhado a propósito por MENEZES CORDEIRO, patente: ao recorrer à *exceptio* utiliza-se um conceito central para cobrir soluções periféricas, sendo certo que do primeiro não se deduzem as segundas nem das segundas se induz o primeiro[375]. A síntese, apesar de possível, não se faria nunca[376].

Tudo isto é bem visível no domínio do abuso de representação. Na verdade – e descontando ainda algumas deficiências de fundamentação à luz do direito positivo alemão, patentes em várias dos arestos nos quais o *Reichsgericht* faria apelo à *exceptio doli*, num fenómeno, aliás, devidamente evidenciado pela doutrina tudesca[377] e em grande medida tributário das próprias dificuldades colocadas à figura no ordenamento jurídico alemão[378] – verifica-se como o concreto apelo à *exceptio doli* apenas esconde a verdadeira razão e fundamento presentes por detrás das soluções concretamente alcançadas para o abuso de representação[379].

A aplicação da *exceptio doli* ao negócio representativo abusivamente celebrado pelo representante tem como pressuposto a afirmação, tributária da visão labandiana do fenómeno representativo e da doutrina da abstracção da procuração, segundo a qual o desmando do procurador não impediria a plena validade e eficácia dos actos celebrados pelo representante; conforme o *Reichsgericht* faria, aliás, questão de sublinhar[380]. E não obstaria à eficácia do comportamento do *procurador* pela razão simples de que, justamente em virtude da autonomia

---

[373] *Idem.*

[374] *Idem.*

[375] *Idem.*

[376] *Idem.*

[377] Cfr., por exemplo, Berger, *Zur Frage...*, pp. 38 e 39, com ulteriores referências bibliográficas; Eckner, *Der Mißbrauch...*, pp. 10 a 12.

[378] Para uma panorâmica acerca da dificuldade, aliás reconhecida por alguma da jurisprudência por nós recenseada, em encontrar, no *BGB*, preceitos capazes de fundamentar devidamente a *exceptio doli* pode ver-se, de entre a bibliografia tomada em consideração, por todos, Menezes Cordeiro, *Da boa fé...*, II, pp. 723 e ss..

[379] Assim, também, expressamente, Gerd Rinck, *Pflichtwidrige...*, p. 116, nota (532); e Frieling, *Mißbrauch...*, p. 11.

[380] V., por todos, e a título exemplificativo, Rinck, *Pflichtwidrige...*, p. 114.

da *procuratio* relativamente à relação gestória, o interesse do *dominus* – ou o vínculo existente entre este e o representante – seria absolutamente irrelevante para o *tertius* o qual não tinha, destarte, que se preocupar com ele. Aceitar a intromissão do negócio de gestão ou da relação-base no âmbito do fenómeno representativo equivaleria a colocar em causa uma tese tida, pelos sequazes e prosélitos de LABAND, por uma das mais profícuas descobertas da ciência do direito: a saber, a separação total entre *mandatum* e poderes de representação. Ora isso seria, para o *Reichsgericht*, naturalmente inadmissível. Nestes termos, não se poderia duvidar da real eficácia do negócio abusivamente posto pelo *procurator*. Isto, mesmo na eventualidade de o terceiro conhecer ou dever conhecer o abuso. O máximo capaz de se admitir em tais casos seria a simples paralisação dos efectivos e reais efeitos do contrato celebrado pelo representante através da *exceptio doli*. Contudo, bem vistas as coisas, e ao contrário do pretendido, semelhante paralisação resulta, como não pode deixar de ser, da aceitação, assente numa clara valoração dos interesses em jogo ou num, não menos claro, juízo de justiça, de quanto se pretende precisamente negar: a relevância externa do abuso de representação e, destarte, do interesse do principal e do vínculo estabelecido entre este e o seu auxiliar. Fosse realmente a relação subjacente à atribuição dos poderes de representação simples realidade interna insusceptível de se imiscuir na ligação entre o representado e o terceiro, ou algo incapaz de a este dizer respeito, não poderia nunca o tribunal conceder ao dono do negócio qualquer *exceptio* destinada a congelar os efeitos do negócio abusivamente celebrado. Por simples prurido metodológico ou dogmático não se dispensaria, contudo, uma solução credenciada num conceito que se havia imposto de forma absolutamente esmagadora – ao ponto de os seus opositores serem apontados e insultados a dedo. O tribunal fiar-se-ia, pois, no temor reverencial inspirado pelo dogma da abstracção da procuração, com o seu efeito persuasivo que precede a consagração da solução jurídica[381]. Apresentaria, assim, uma tese apoiada em razões diferentes de quantas provocaram a sua formulação[382]. A forma como

---

[381] Em termos gerais v. acerca desta forma de raciocínio jurídico, Mota Pinto, *Cessão...*, pp. 21 e ss..

[382] Essas foram, sublinhe-se, novamente, de forma evidente o reconhecimento de que a consideração da relação subjacente ao poder de representação como uma realidade simplesmente interna era incompatível com os interesses e valores em jogo devendo, pois, em determinadas circunstâncias, ser chamada a intervir no próprio contexto das relações entre o representado e o terceiro.

foi proposta, como convicção emergente da respectiva base argumentativa, não reflectiria o movimento de pensamento que lhe deu origem[383]. A solução para o abuso de representação seria ditada por adesão a dados de justiça, ou outros valores jurídicos em termos emocionais e racionais integrados na experiência jurídica, mas, ao tratar de justificar estes *desiderata*[384], em face de outrem, recorre-se aos conceitos ou princípios recebidos aprioristicamente, como se tivessem sido eles o fio condutor da decisão. Tudo com o inconsciente fito de encontrar um caminho mais fácil para a fundamentação da relevância externa do abuso de representação. A reivindicação de uma solução jurídica tem, certamente, mais possibilidades de se impor se conseguir cobrir-se, ainda quando por autêntica usurpação, do manto de uma categoria consagrada do que se se apresentar a descoberto, com os traços, ainda não canonizados, característicos da respectiva originalidade[385]. Em vez de na justificação do abuso de representação se arrancar directamente das exigências do direito, ou seja dos interesses e valores juridicamente relevantes, com a consequente afirmação, pura e simples, da intromissão da relação-base no poder de representação, captam-se as exigências por refracção através da remissão para a *exceptio doli*[386]. Semelhante procedimento é, todavia, inaceitável e acaba, afinal, por se traduzir num simples processo alienante. A solução é, ao fim e ao cabo, deduzida de um mero dogma ou conceito o qual, colhido por indução a partir de algumas normas do *ADHGB*[387], alicerça, depois, todas as outras. Os casos concretos recebem, assim, uma decisão formalmente deduzida, segundo os meios da lógica formal, das regras positivas e abstractas ou de conceitos igualmente abstractos, construídos por inferência racional a partir da lei[388]. Na realidade, quanto está em jogo, mas se não reconhece e prefere esconder pela adopção de uma via conceptual-dedutivística, é, simplesmente, o efectivo reconhecimento segundo o qual a relação de gestão ou base estabelecida entre o repre-

---

[383] V., novamente em termos gerais, Mota Pinto, *Cessão...*, pp. 21 e 22.

[384] A expressão é de Mota Pinto.

[385] Mota Pinto, *Cessão...*, p. 22.

[386] Para uma referência acerca de como um raciocínio deste tipo tem igualmente sido por vezes utilizado para explicar a responsabilidade pré-contratual v., Mota Pinto, *Cessão...*, p. 25, sendo que aí as exigências do direito são captadas de forma refractária por remissão para a vontade dos interessados.

[387] Ou ainda do § 164 do *BGB*, ele próprio interpretado à luz das conclusões extraídas por Laband a partir do regime do *ADHGB*.

[388] Para uma crítica a este modo de proceder v., uma vez mais e em termos gerais, por todos, Mota Pinto, *Cessão...*, p. 39.

sentante e o representado interfere efectivamente no poder de representação, podendo afectá-lo directamente e moldar quer o seu surgimento quer a sua extensão. A consideração segundo a qual a *potestas* do procurador seria insensível ao negócio gestório ou aos interesses do principal, podendo, no entanto, ser congelada através de uma *exceptio doli* cujo fundamento acaba – quer se queira quer não – por estar na precisa relação causal cuja relevância diante do terceiro se pretende ser nula, não passa, pois, de mais um simples truque conceptual[389, 390].

Destes vícios padece igualmente a solução que, prescindindo do concreto apelo à figura da *exceptio doli*, prefere falar simplesmente em exercício intolerável de posições jurídicas. Também aqui o pressuposto lógico necessário do qual se parte é o da insensibilidade do poder de representação perante a relação gestória ou causal. O negócio abusivamente celebrado pelo representante mostrar-se-ia plenamente válido e eficaz, atenta a abstracção dos poderes de representação. Simplesmente, os direitos invocados pelo terceiro poderiam ser paralisados, pelo principal, através da invocação da inadmissibilidade do exercício da posição jurídica esgrimida pela contraparte no contrato ou acto representativo[391]. A verdade, porém, é que esta tese, possibilitada apenas

---

[389] Detecta-se, assim, como a imposição e reconhecimento do abuso de representação se fez a partir e sob pressão das exigências de justiça impostas pelas necessidades práticas do dia-a-dia e por uma vivência juscultural prévia mas com uma instrumentação central e conceptual em que os pressupostos assumidos resultam de simples análises de conceitos independentemente das respectivas aplicações.

[390] Na verdade, não passa de um verdadeiro truque conceptual, mas também dialéctico e verbal, a afirmação segundo a qual com a paralisação da eficácia do negócio representativo abusivamente celebrado não se está a afectar a ideia de independência integral da extensão da procuração relativamente à autorização gestória porquanto a razão da concessão da *exceptio* não seria o negócio-base mas sim o comportamento e a boa ou má fé do terceiro. A verdade, porém, é que a boa ou má fé não são simples entidades abstractas e reportam-se necessariamente ao conhecimento ou susceptibilidade de conhecimento da relação subjacente, com o seu conteúdo, os seus limites e condicionamentos. Por isso, e em última análise, é esta a chamada a resolver o problema do abuso de representação. Isto mesmo quando seja a boa fé a impor e a trazer para a ribalta o negócio causal (cfr., ainda, a este respeito, *infra*).

[391] Por isso mesmo, a doutrina germânica tem qualificado esta solução de exógena relativamente ao fenómeno representativo (cfr., por exemplo, Schott, *Der Mißbrauch...*, in *Archiv...*, 171, p. 390). Expressamente no sentido segundo o qual, em caso de abuso de representação, o negócio representativo se deve ter por eficaz embora a contraparte não possa fazer a ele apelo v., Tank, *Der Mißbrauch...*, in *Neue...*, 22, pp. 8 e 11; Fischer, *Der Mißbrauch...*, in *Gesellschaft...*, pp. 14 e ss.; Steffen, *BGB-RGRK*, cit., I, comentário ao § 167, p. 87; Soergel-Leptien, *Bürgerliches...*, I, comentário ao § 167, p. 1374; Id., *Idem*, 13.ª ed., comentário ao § 177, p. 644; e Julia Schärfer, *Teilweiser...*, p. 94, autora que refere como, apesar do abuso de representação, o negócio representativo se encontra coberto pelo poder do representante e é eficaz, devendo, no entanto, e por

pelo recurso a uma instrumentação e método jurídico perfeitamente inadequados, encerra em si mesma o gérmen da sua destruição. Admitir a possibilidade de a pretensão dirigida ao representado, pela contraparte no negócio representativo, ser paralisada, por inadmissível ou intolerável, quando o *tertius* conhecia, ou devia conhecer, não estar o

aplicação do § 242 do *BGB*, considerar-se um exercício intolerável de posições jurídicas qualquer pretensão no sentido de impor semelhante eficácia. Logo de seguida a autora vê-se, porém, e à semelhança aliás de quanto sucedeu com Soergel e Leptien, obrigada a confessar como, com este expediente, na prática, tudo se passa como se de facto não existisse nenhum poder de representação, porquanto, afinal, o negócio não é para o representado vinculativo. V., também, Heckelmann, *Mitverschulden...*, in *Juristenzeitung*, cit., 1970, p. 62, o qual, todavia, considera que em lugar nenhum foi alguma vez dito pelos tribunais tudescos, de forma clara, encontrar-se o negócio representativo, em caso de abuso, coberto pelo poder de representação embora isso pareça decorrer da argumentação por eles utilizada. Em termos um pouco mais aceitáveis, mas ainda assim, longe de quanto é postulado por uma adequada dogmática e metodologia jurídica, pode ver-se, Tempel, *Die Stellvertretung*, cit., in *Grundlagen...*, p. 236. Verdadeiramente incongruente parece a atitude de quantos como Westermann, *Mißbrauch...*, in *Juristische...*, 1981, pp. 525 e 526, defendem a abstracção do poder de representação e consideram a invocação pelo terceiro do negócio abusivamente celebrado pelo representante um caso de exercício intolerável de posições jurídicas, desde que este conhecesse ou devesse o abuso, para, depois, considerarem o acto representativo praticado nesses condições como inválido. A aproximação do abuso de representação ao abuso de direito seria ainda tentada por Siebert e Egger (sobre a posição destes autores v. *infra*, o presente parágrafo) os quais, apesar disso, consideram o negócio representativo abusivamente celebrado como um acto praticado por um representante sem poderes. Seja como for o ponto de partida assumido por estes autores não deixa de ser o da abstracção da procuração. Além disso, assentam em pressupostos completamente inaceitáveis. Entre nós, Rui Pinto, *A falta...*, pp. 50 e ss., 62 e ss., procura resolver o problema do abuso de representação, também ele, e conforme referido já anteriormente, na perspectiva do exercício inadmissível de posições jurídicas (cometido pelo representante!). Este resultado é alcançado através da aplicação do conceito de abuso de direito ao desmando dos poderes de representação. Tudo a permitir, na opinião do autor, concluir haver abuso de representação quando o representante exerce a sua posição jurídica em termos tais que contrariam os valores fundamentais do sistema, expressos na boa fé. Nestes termos, o abuso de representação não se confundiria com a falta de poderes de representação em geral. Ao contrário, suporia a existência de poderes representativos, ou seja de uma posição jurídica de representação na esfera do representante. Só assim existiria um exercício inadmissível de posição jurídica. O problema não resultaria do representante não ter poderes, mas do modo como os exerce, tendo-os. Em caso de abuso há afirma, Rui Pinto, relação de representação. E acrescenta: *«Ao nível formal, o efeito legitimador da representação produz-se. Porém, o poder de agir em nome alheio, como qualquer posição jurídica activa, tem de ser exercido em conformidade com a finalidade da sua concessão – o interesse do representado. O efeito dessa desconformidade ao interesse ou fim, terá de ser a perda dessa legitimidade.»* Quanto sejam poderes reais atributivos de um efeito legitimador formal mas amputados de real legitimidade é algo para nós, e neste caso, impossível de vislumbrar. Favoráveis a uma compreensão do abuso de representação numa perspectiva de aproximação ao abuso de direito podem ver-se, sempre entre nós, Pires de Lima e Antunes Varela, *Código...*, 4.ª ed., I, comentário ao artigo 269.º, pp. 249 e 250. A diferença entre estes autores e Rui Pinto está na circunstância de este autor procurar incorporar os ensinamentos e desenvolvimentos levados a cabo entre nós por Menezes Cordeiro, *Da boa fé...*, II, pp. 662 e ss., acerca do abuso de direito, situando-se, por isso, se bem vimos, e apesar de não fazer qualquer referência a ela, mais próximo da postura adoptada pela jurisprudência alemã para tentar resolver o problema do abuso de representação.

procurador, em função da relação jurídica gestória, autorizado a praticar o acto por ele efectivamente realizado, não significa outra coisa senão o reconhecimento expresso de quanto se pretende negar: a relevância ou intromissão do negócio gestório na esfera das relações entre o _dominus_ e a outra parte no acto representativo. Dito de outra maneira, quanto afinal a tese em análise acaba justamente por fazer é recusar o próprio dogma no qual fez assentar o seu próprio ponto de partida: a ideia de insensibilidade da procuração ao _licere_ do _procurator_, ou, se se preferir, e noutra perspectiva, a irrelevância da relação-base para o poder de representação. Nestes termos, em vez de se afirmar estar o negócio abusivamente celebrado pelo _procurator_ coberto pelo poder de representação e de se propugnar a concomitante eficácia do negócio representativo para, posteriormente, se vir a considerar inadmissível e intolerável a posição da contraparte; quanto se deve, realmente, fazer é afirmar, desde logo, a dependência do _Können_ (_posse_) representativo relativamente ao respectivo _Dürfen_ (_licere_)[392]. Não se vê, aqui também, como seria possível afirmar a existência de um poder de representação, obtido e fixado de acordo com as regras gerais de interpretação, o qual seria mais amplo de quanto uma contemplação ou consideração do _licere_ do representante permitiria apurar por não possuir relevância externa, para, depois, se vir a afirmar a inadmissibilidade de exercício do _posse_ ou _Können_ – por contrário à boa fé – justamente devido ao facto de o _tertius_ conhecer, ou ter a obrigação

---

[392] Com isto não se está, naturalmente, a preconizar que naqueles casos nos quais a boa ou má fé levam a tutelar determinadas posições de outro modo insusceptíveis de tutela se terá de reconhecer sempre a existência de uma situação jurídica real subjacente à protecção concedida. Como se verá adiante, pelo que nos toca, julgamos não ser sequer possível seguir uma via endógena para resolver questões como o abuso de direito. Quanto se pretende sublinhar no texto é a impossibilidade de se sustentar a total irrelevância da relação-base para os poderes de representação, com a consequente insusceptibilidade de interferência daquela na determinação da extensão deste e, depois, se afirmar como em caso de conhecimento, ou dever de conhecimento, por parte do terceiro, de uma violação pelo representante dos limites impostos pelo acto base ou causal o negócio representativo carece de eficácia. Se a relação subjacente é desprezível e insignificante como pode a ciência acerca dos seus efectivos contornos ou da atitude do procurador relativamente a ela assumir eficácia jurídica externa? Não pode. Até porque não se vislumbra aqui nenhuma situação susceptível de se reconduzir ao abuso de direito (cfr. _infra_, quanto se escreve no presente parágrafo) capaz de servir de alicerce a essa ineficácia. Por isso não pode ser a circunstância de se conhecer ou dever conhecer a explicar, por si só, a ausência de efeitos do comportamento levado a cabo pelo _procurator_. O conhecimento vai naturalmente referido a determinada realidade (o negócio de gestão e seus limites) e é ela a comunicar-lhe as consequências jurídicas próprias dos casos de abuso de representação com relevância externa.

de conhecer, o âmbito do *licere* ou autorização dada ao *procurador*[393, 394]. Conforme parece evidente[395], e é repetidamente sublinhado pelos mais diversos autores, a vontade reconhecível do autor da procuração não pode deixar de ser a de que o representante actue licitamente, e desse modo, dentro dos precisos limites do respectivo *Dürfen* ou *licere*. Desta forma, não se compreende como, na sequência de uma adequada hermenêutica jurídica, se pode obter um poder de representação o qual não coincide com os limites conhecidos ou cognoscíveis da autorização gestória[396]. Tanto mais quanto é certa a circunstância de os defensores da ideia de autonomia da procuração acabarem por se ver forçados a admitir a tese segundo a qual para a interpretação do conteúdo da *procuratio* se mostra decisiva a relação subjacente e, destarte, o próprio *licere* do representante[397]. Mas se assim é, então, a conclusão só

---

[393] Conforme refere a propósito, Frotz, *Verkehrsschutz...*, p. 545, parece ilógico afirmar um dever de esclarecimento do terceiro de acordo com as regras da boa fé (no caso vertente o § 242 do *BGB*) quando o sentido da existência de um poder de representação mais amplo que o vínculo jurídico interno seria, supostamente, o de assegurar a celeridade e segurança das transacções e garantir um tráfego ordenado, precisamente, ao libertá-lo da verificação da conformidade da actuação do representante com os deveres sobre ele pendentes.

[394] Compreende-se por isso a afirmação proferida por Würdinger, *Grosskommentar*, cit., I, comentário prévio ao § 48, p. 330, segundo a qual materialmente a orientação da jurisprudência tudesca, ao conceder uma *exceptio doli* ao representado em caso de abuso de representação, está na realidade a reconhecer a circunstância de o representante ter actuado com excesso ou violação dos respectivos poderes.

[395] Cfr. quanto se escreve *infra* acerca da grau de diligência imposto pelas regras de interpretação negocial ao destinatário que se considere apto a aceitar uma qualquer declaração.

[396] Assim, também, Tietz, *Vertretungsmacht...*, p. 284.

[397] É esta apenas uma das contradições mais de que padece a tese preconizada pelos defensores da ideia de abstracção ou autonomia da procuração ou *Können* (*posse*) diante do *Dürfen* (*licere*). Na verdade, apesar de proclamarem a ideia da insensibilidade dos poderes de representação relativamente ao negócio causal ou subjacente, a maior parte dos autores defende, ao mesmo tempo, a ideia de que o negócio gestório e as circunstâncias do caso são importantes para se proceder à interpretação e determinação do sentido da *procuratio*. Assim pode ver-se, por exemplo, na jurisprudência alemã *Bundesgerichtshof, 15. Februar*, in *Neue Juristische Wochenschrift*, 1960, p. 859 (âmbito do poder voluntário de representação), aresto este no qual, confrontado com a questão da extensão dos poderes de representação de um arquitecto que chefiava uma obra, os juízes apelariam, designadamente, para o conteúdo das cláusulas do contrato-tipo de prestação de serviços de arquitectura; *Bundesgerichtshof, 18. März, 1970*, in *Der Betrieb*, 70, 1126 (âmbito do poder voluntário de representação) onde, com referência a anteriores decisões, no mesmo sentido, daquele tribunal, se afirma expressamente como na determinação conteúdo e extensão do poder voluntário de representação se não deve ponderar exclusivamente o teor do documento procuratório. Antes, consideradas têm igualmente de ser as circunstâncias acessórias, o fim da procuração e a relação jurídica subjacente); enquanto na doutrina se pode referir, a título exemplificativo, Hupka, *Die Vollmacht...*, pp. 179 ss., e 183 e ss., o qual chega inclusivamente a referir como nos casos de procuração tácita são mesmo as circunstâncias acessórias a decidir se existe ou não poder de representação; Danz, *Auslegung...*, pp. 215 e ss., embora com a ressalva segundo a qual as circuns-

tâncias em torno da outorga dos poderes de representação apenas relevam perante o *tertius* delas ciente. Mais tarde, porém (cfr., *op. cit.*, p. 274), o autor admitiria não poder o fim de uma procuração deixar, à semelhança de quanto acontece com qualquer outra declaração negocial, de ser tomado em consideração para a respectiva interpretação, pois ele influencia o teor literal desta; Heinrich Lehmann, *Anmerkungen zu RG, 17. Januar 1843*, in *Juristische Wochenschrift*, 1934, I, pp. 683 e 684 (ao sublinhar como de acordo com as regras gerais de interpretação o destinatário da procuração deve deixar valer contra si o sentido que deveria dela ter deduzido se tivesse empregue a diligência necessária, sendo que o intérprete terá de considerar também, na medida da respectiva cognoscibilidade, a relação jurídica interna entre o representante e o representado. Nestes termos, caso resulte da causa dos poderes representativos encontrar-se determinado negócio representativo abrangido pelo teor literal da *procuratio* mas, ao mesmo tempo, em conflito com o interesse do representado, então ele não se encontra, na sequência de uma correcta determinação do âmbito do acto de constituição das faculdades de representação, coberto por estas. Entre as circunstâncias a ponderar na fixação do conteúdo da procuração encontra-se a autorização gestória e o fim da representação); Hezel, *Der Mißbrauch...*, pp. 24 e ss. (para quem mesmo assim, e sem se compreender o fundamento da afirmação, se deve sublinhar como a intervenção da relação de gestão na interpretação da procuração não torna esta última dependente da primeira porquanto isso apenas é imposto pelas regras gerais de interpretação); Stoll, *Der Mißbrauch...*, in *Festschrift...*, p. 129; Nitzsche, *Die Überschreitung...*, pp. 14 e 15; Enneccerus-Nipperdey, *Allgemeiner Teil...*, I, II, p. 1138; Gotthardt, *Der Vertrauensschutz...*, p. 22; Reimar Spitzbarth, *Vollmachten...*, pp. 19 e 103; Flume, *Allgemeiner...*, II, *Das Rechtsgeschäft...*, p. 839; Soergel-Leptien, *Bürgerliches...*, I, comentário ao § 167, p. 1334; Id., *Idem*, 13.ª ed., comentário ao § 167, p. 606; Gerke, *Vertretungsmacht...*, p. 6; Steffen, *BGB-RGRK*, cit., I, comentário ao § 167, p. 85; Larenz, *Allgemeiner Teil...*, p. 615; Tietz, *Vertretungsmacht...*, pp. 122, 127 e ss. e 174, não obstante quanto refere a páginas 123 e 124; Schramm, *Münchener Kommentar...*, I, comentário ao § 164, p. 1422, e comentário ao § 167, p. 1462; Id., *Idem*, 4.ª ed., comentário ao § 164, p. 1664, e comentário ao § 167, pp. 1713 e ss.; Staudinger--Schilken, *Kommentar...*, I, comentário ao § 167, p. 100 (com uma restrição, mais aparente do que real, à procuração interna tudesca e com a incompreensível e infundada afirmação, igualmente presente nalguma jurisprudência alemã [cfr., por exemplo, *Reichsgericht, V. Zivilsenat, 17 Januar 1934*, in *Entscheidungen des Reichsgerichts, Zivilsachen*, 1934, 143, pp. 196 e ss., p. 199] assim como em vários outros autores tudescos [v., entre outros, Steffen, *BGB-RGRK*, cit., I, comentário, ao § 167, p. 85] de que apenas as circunstâncias conhecidas do terceiro, e não já as meramente cognoscíveis, devem interferir na determinação do poder de representação. A justificação para semelhante posição estaria na tão proclamada abstracção da procuração). Por último, cfr., Pawlowski, *Die Gewilkürte...*, in *Juristen...*, 51, 3, pp. 125 e ss., e 130, o qual, apesar de defender a ideia de abstracção da *procuratio*, não deixa de afirmar, ao mesmo tempo, como para a interpretação do próprio negócio representativo não são apenas relevantes as declarações do representante e do terceiro, antes se mostrando igualmente importantes as declarações do representado, o seu conhecimento e representações; Larenz-Wolf, *Allgemeiner...*, p. 903; Erman-Palm, *Bürgerliches...*, I, comentário ao § 167, p. 501, os quais reconhecem a importância da relação gestória para a interpretação da procuração interna do direito alemão, e afirmam a necessidade de, na *procuratio* externa, se proceder à *interpretatio* do poder de representação na perspectiva do terceiro, não sem deixarem de sublinhar o significado do fim que aquele *tertius* descobrir no acto de outorga do poder, e por essa via, voltam a atribuir, ainda quando porventura inconscientemente, relevância ao negócio-base, na exacta medida do seu conhecimento, ou dever de conhecimento, por parte do outro contraente, do acto levado a cabo pelo representante; e Bork, *Allgemeiner...*, p. 578. V., ainda quanto escreve a este respeito, Wolgang Siebert, *Zur Lehre vom Mißbrauch der Vertretungsmacht*, in *Zeitschrift für die gesamte Staatswissenschaft*, 1935, 95, 4, p. 640 (autor que chama precisamente a atenção para a deficiência [por não envolver um tratamento unitário do poder de representação e

pode ser uma: não se vê como é possível a obtenção de um poder de representação mais amplo do que o *Dürfen* ou autorização do procurador, o qual cobriria, na realidade, os negócios representativos celebrados pelo procurador com ofensa dos deveres sobre ele pendentes, mas cujos efeitos poderiam ser paralisados se o *tertius* conhecesse, ou devesse conhecer, a amplitude do referido *Dürfen* ou autorização. É que, num caso como este, e perante a ciência ou cognoscibilidade do destinatário da procuração[398], as regras gerais de interpretação dos

---

do respectivo abuso] da tese segundo a qual a consideração da relação jurídica interna pode levar a tomar, através da aplicação das regras gerais da interpretação das declarações de vontade, determinado negócio como celebrado por um representante sem poderes enquanto perante os chamados casos de abuso de representação, nos quais se verifica precisamente a violação do vínculo-base ou das instruções internas, se assistiria a uma vinculação eficaz do *dominus* a qual poderia, todavia, ser paralisada por uma excepção) e pp. 646 e 647. Em Itália cfr., por todos, e sempre no sentido da relevância do negócio gestório para a fixação do alcance do poder de representação, Nattini, *La dottrina...*, pp. 222 e ss.. Porém, e para empregar as palavras de Hupka, *Die Vollmacht...*, p. 216, um dos grandes corifeus e apologistas da visão labandiana do fenómeno representativo, se o negócio gestório é querido como algo de meramente interno deve valer como tal em todas as direcções; nem o principal relativamente ao terceiro nem este relativamente ao *dominus* podem retirar da relação causal o que quer que seja. Por isso, admitir a possibilidade de o negócio existente entre o dono do negócio e o representante ser chamado a depor na determinação da extensão da procuração equivale, pura e simplesmente, a pôr em causa a ideia de autonomia e abstracção do negócio de concessão dos poderes representativos. Aliás, isso mesmo acaba por ser reconhecido por parte dos defensores da visão labandiana do fenómeno representativo de entre os quais se poder referir a título exemplificativo, Rinck, *Pflichtwidrige...*, pp. 111 e ss., autor que, depois de afirmar, à luz do direito alemão, a separação entre o *Können* e o *Dürfen*, acaba por reconhecer como a autonomia entre o poder voluntário de representação (*Vollmacht*) e o mandato (*Auftrag*) sofre um sério abalo porquanto, quer para a determinação do âmbito da procuração quer para a interpretação de um documento procuratório, se devem tomar em consideração todas as circunstâncias a partir das quais se revela o interesse do representado. A tentativa de conciliação entre a visão labandiana do fenómeno representativo, de um lado, e a admissão da interferência do negócio-base na fixação do poder de representação, do outro, opera-se, assim, através do afastamento da relevância das circunstâncias cognoscíveis mas não conhecidas de facto. Para esta posição falta, todavia, a mínima base legal. Também na doutrina e jurisprudência nacional se assiste, por parte dos defensores da autonomia do poder de representação, à aceitação da importância e relevância do negócio gestório, em sede de interpretação, para a determinação e fixação da extensão da procuração. Cfr. *infra*.

[398] A doutrina, e designadamente a nossa, tem discutido quem deve ser o destinatário da procuração. Coloca-se desde logo a questão de saber se a procuração é uma declaração recipienda, ou seja se tem ou não um declaratário (a favor do carácter não recipiendo da *procuratio* pode ver--se, por exemplo, entre nós, Carvalho Fernandes, *Teoria...*, II, p. 213, embora isso não exclua, no entender do autor, no plano prático a necessidade de materialmente o documento em que se consubstancia a *procuratio* ter de chegar ao poder do procurador, enquanto entre os autores italianos se pode referir, na mesma direcção Cesare Bianca, *Diritto civile*, III, *Il contratto*, Milão, 1984, p. 85). A regra é a de que as declarações destinadas a integrar um negócio jurídico contratual são recipiendas e as restantes não recipiendas (assim v., por todos, e a título meramente ilustrativo, Heinrich Hörster, *Sobre a formação do contrato segundo os arts. 217.º e 218.º, 224.º a 226.º e 228.º a 235.º do Código Civil*, in *Revista de Direito e Economia*, 1983, Ano IX, 1-2, p. 133; Januário Gomes,

Em tema..., p. 232; e Menezes Cordeiro, *Tratado...*, I, I, pp. 289 e 290; Id., *Idem*, 2.ª ed., p. 344). Deste modo, e segundo a concepção dominante que vê nele um mero negócio unilateral (cfr. *supra*, designadamente, Parte II, Cap. I) o qual se não integraria no negócio representativo (v. *supra*, maxime, Introdução e *infra*, em particular Cap. V), o acto de concessão dos poderes de representação poderia parecer não receptício, porquanto se bastaria a si próprio, sem constituir uma fase ou momento do processo de formação do contrato representativo. Sem pretender entrar, ainda, na questão que consiste em saber se a vontade do representado acaba, ou não por fazer parte do negócio representativo (sobre esta questão v., *infra*), sempre se dirá, com Januário Gomes, *Em tema...*, p. 232, parecer estranho ser a procuração fonte de sujeição para o representado pelo simples facto de a vontade deste se manifestar na forma adequada à qual se refere o artigo 224.°, n.° 1, do Código Civil. É na verdade, dificilmente compreensível que aquele a quem os poderes constantes da procuração se destinavam se possa considerar representante quando o representado se tenha abstido (designadamente por se arrepender ou desejar reservar a concessão da competência representativa para outra oportunidade ou momento), depois da formalização da procuração, de comunicar a *procuratio* quer ao seu auxiliar quer a terceiros. Não parece, pois, dever considerar--se a procuração como um negócio não receptício, independentemente de se saber se ela visa ou não integrar-se no negócio representativo. A procuração só faz na verdade sentido quando chega ao poder ou conhecimento de alguém. Ela tem, destarte, necessariamente um destinatário. A questão está na sua determinação e identificação. Na doutrina de língua alemã, e ainda durante o período do direito comum, Hellmann, *Die Stellvertretung...*, pp. 112 e 113, considerava, numa orientação correspondente à *communis opinio* de então, desnecessário o conhecimento do representante acerca da existência da procuração, antes se bastando com a sua existência objectiva e com a *contemplatio domini* ou actuação em nome de outrem por parte deste. Da mesma forma também a comunicação ao terceiro era considerada como eventualmente despicienda. Já Zimmermann, *Die Lehre von der stellvertretenden...*, p. 89, exigia o conhecimento do representante, pois, de outro modo, não se poderia considerar ou dizer actuar o representante *domino mandante*, e invocava em seu apoio diversos trechos do Digesto; num entendimento subscrito, quanto às conclusões mas não já na justificação, por Mitteis, *Die Lehre...*, pp. 187 e 188, autor o qual defendia a ideia de que o conhecimento pelo representante era requisito para a actuação do representante vincular directamente o representado dado isso depender de uma exteriorização de vontade nesse sentido por parte do agente. Ora, desconhecedor da procuração, o representante nunca poderia manifestar, ao menos sem vício, uma vontade de produção de efeitos jurídicos imediatos na esfera do *dominus*. A exigência de conhecimento por parte do representado é, pois, segundo Mitteis, pressuposto de eficácia da própria procuração. Enquanto isso, Lenel, *Die Stellvertretung...*, p. 15; Id., *Mandato...*, in *Revista...*, XI, n.° 135, pp. 371 e ss.; sustentava a tese de acordo com a qual, e atendendo ao facto de, em seu entender a procuração se integrar no negócio representativo, esta deveria ser comunicada ao terceiro contraente. O *BGB* viria resolver esta questão ao distinguir dois tipos de procuração (a interna e a externa) consoante se dirigissem ao representante ou a terceiros (cfr. *supra, passim*). Por isso, a doutrina – com Hupka, *Die Vollmacht...*, pp. 91 e ss., a assumir à cabeça o combate contra o ensinamento propugnado quer por Zimmernann quer por Mitteis, quer, ainda, por Lenel – passou a considerar não ter a *procuratio* um destinatário determinado (embora lhe reconhecesse carácter receptício. Cfr., a título simplesmente indicativo, Tietz, *Vertretungsmacht...*, p. 121, com ulteriores referências bibliográficas). Inexistindo, porém, entre nós, um dispositivo semelhante ao § 167 do *BGB*, parece não poder o destinatário da procuração ser encontrado alternativamente no procurador ou no terceiro (assim, também, Januário Gomes, *Em tema...*, p. 234. V., ainda, *supra*). Na base dos mesmos pressupostos, em Itália, defendem a ideia segundo a qual o destinatário da procuração se deve encontrar na pessoa do terceiro, Nattini, *La dottrina...*, pp. 85 e 113 e ss.; Minervini, *Eccesso di procura del rappresentante e responsabilitá del dominus*, in *Il*

Foro Italiano, 1947, I, cols. 380 e ss.; Graziani, *In tema di procura irrevocabilie*, in *Foro Italiano*, 1936, I, cols. 302 e ss. (= *Studi di Diritto Civile e Commerciale*, 1953, Nápoles, pp. 73 e ss., p. 75. Cita-se por este último local); Id., *Mandato e procura irrevocabile*, in *Giurisprudenza Completa di Diritto Civile*, (= *Studi di Diritto Civile e Commerciale*, 1953, Nápoles, pp. 83 e ss., p. 89. Continua a citar-se por este último local); Betti, *Teoria...*, III, p. 216; e D'Avanzo, *Rappresentanza...*, in *Novissimo...*, XIV, p. 807, para quem a circunstância de o terceiro não estar, muitas vezes, ao tempo da concessão da procuração, determinado não é impeditivo do facto de ser este o seu destinatário, pois, quando do seu uso essa determinação já ocorreu. Já a construção segundo a qual a procuração terá de se dirigir ao representante é, entre outros, defendida por Cariota Ferrara, *Il negozio...*, p. 691; Natoli, *La rappresentanza*, cit., p. 55 e 56; Id., *Rappresentanza...*, in *Enciclopedia...*, XXXVIII, p. 476; para quem, todavia, a investidura de legitimação representativa que surge com a assunção de uma precisa obrigação relativa à projectada gestão fica sujeita a uma fonte suspensiva traduzida numa decisão do representante; Lina Geri, *Procura*, cit., in *Enciclopedia...*, XXXVI, pp. 999 e ss., autora para quem a procuração é um negócio jurídico sujeito à *condictio iuris* de o representante assumir a gestão; Giovanna Visintini, *Degli Effetti...*, comentário ao artigo 1392.°, pp. 254 e 255. Finalmente para Mosco, *La rappresentanza...*, pp. 157 e ss., é condição de eficácia da procuração a comunicação quer ao *tertius* quer ao próprio representante. Entre nós, a favor da ideia segundo a qual a procuração se deve dirigir ao terceiro pode ver-se, a título meramente ilustrativo, Ferrer Correia, *A procuração...*, in *Estudos...*, pp. 1 e ss., designadamente p. 18; e Paulo Mota Pinto, *Aparência de poderes de representação...*, in *Boletim...*, Vol. LXIX, pp. 606 e ss., designadamente nota (34) (isto num entendimento sufragado pela nossa jurisprudência. V., a título meramente ilustrativo, *Acórdão da Relação do Porto, 4-11-1982* [Gama Prazeres], in *Colectânea de Jurisprudência*, 1982, VII, 5, pp. 207 e ss., p. 209 [distinção entre procuração e mandato – efeitos da inobservância de cláusulas não insertas na procuração]; *Acórdão da Relação de Lisboa, 19-3-1985* [Calixto Pires], in *Colectânea de Jurisprudência*, 1985, X, 2, pp. 105 e ss. [cooperativas de habitação – permuta de posições sociais – poderes contidos numa procuração geral]; *Acórdão da Relação de Lisboa, 11-11-1990* [Lopes Pinto], in *Colectânea de Jurisprudência*, 1990, XV, 4, p. 145 [mandato representativo – interesse do representado – caducidade do mandato]; *Acórdão do Supremo Tribunal de Justiça, 3-6-1997* [Lopes Pinto], in *Boletim do Ministério da Justiça*, 1997, 468, p. 367 [mandato – procuração – celebração de contrato prometido após a morte do mandante – não caducidade do mandato e da procuração]); enquanto em defesa da posição oposta se manifestam, se bem vimos, Dias Marques, *Teoria...*, II, p. 326, ao afirmar ficarem os poderes de representação a pertencer ao *procurator* como simples efeito do negócio de concessão dos poderes representativos levado ao seu conhecimento; Maria de Lurdes Pereira, *Os estados..*, in *Revista...*, XXXIX, 1, pp. 146 nota (37), 147 e 154 (autora segundo a qual basta tratar o terceiro como se ele constituísse um destinatário, sem se mostrar necessário lançar mão de um conceito de procuração que tem terceiros como destinatários); e mais categoricamente Januário Gomes, *Em tema...*, p. 234. Helena Brito, *A representação...*, in *Revista...*, 9/10, pp. 29 e ss., considera dever a procuração ser comunicada ao terceiro mas, também, ao representante. Para ulteriores referências a esta problemática v. *infra*, designadamente Cap. V, parágrafo 5. Avance-se, desde já, e por razões operativas, como em nosso entender o destinatário da procuração se deve encontrar simultaneamente no *tertius* e no procurador. No *tertius* porquanto é este a parte interessada na existência dos poderes de representação e é face a ele que, nos artigos 266.° e 269.°, se apura a existência dos requisitos dos quais a lei faz depender a eficácia do negócio representativo, devendo fixar-se em função das condições verificadas na sua pessoa o alcance e conteúdo do poder de representação. No *procurator* porquanto é ele quem celebra o negócio representativo e actua com *contemplatio domini*. Além disso, ele poderá, em caso de ultrapassagem dos respectivos poderes, ser responsabilizado quer perante o terceiro quer perante o próprio representado. Nesses termos, o acto de concessão da competência representativa não pode deixar de lhe ser comunicado.

negócios jurídicos imporiam, de imediato, um âmbito e conteúdo procuratório coincidentes com a área de actuação lícita concedida ao representante, com a consequente aproximação, ou coincidência, entre o *Können* ou *posse* e o *Dürfen* ou *licere*[399]. A zona de afirmação da

Dito isto, fácil se torna concluir como para certos efeitos – os da vinculação do *dominnus* – a procuração deverá ser interpretada na perspectiva do terceiro; enquanto, para outros, ela o terá de ser de acordo com o horizonte de recepção do representante (entre nós o artigo 236.º do Código Civil está claramente voltado para os negócios jurídicos bilaterais ou plurilaterais; ele faz, contudo, e tal como nota a propósito Carvalho Fernandes, *Teoria...*, II, p. 414, genericamente sentido para todos quantos tiverem um destinatário). Pode, pois, acontecer, em determinadas situações, uma falta de concordância entre os dois sentidos obtidos. Não vemos, porém, aí, nenhum obstáculo intransponível. A situação é equivalente à verificada com os negócios jurídicos com pluralidade de destinatários, sujeitos ou partes. Aliás, uma mesma procuração pode ser interpretada, por contrapartes diversas, de formas diferentes. O único aparente problema poderá prender-se com a circunstância de, no caso da representação, o representante ter de actuar com *contemplatio domini* perante o terceiro e, portanto, obrigar a encontrar um sentido único para a procuração. Não é, porém, assim. A questão é, na verdade, perfeitamente ultrapassável. Se, em virtude do sentido atribuído pelo representante à *procuratio*, a *contemplatio domini* não coincide – e portanto nela não cabe – com a interpretação dada pelo terceiro aos poderes representativos este terá de se abster de celebrar o negócio jurídico. Se a *contemplatio domini* ou actuação em nome do principal se apresenta com um alcance mais restrito do que o resultante da interpretação feita pelo *tertius* à procuração não lhe restará senão concluir no sentido segundo o qual o procurador não desejou fazer uso de todos os seus poderes.

[399] Convém explicitar as afirmações proferidas no texto. Não só não se ignora como, antes, se defende que o abuso de direito ou exercício inadmissível de posições jurídicas, entendido como uma disfuncionalidade perante o sistema, a colorir no caso concreto à luz da boa fé, não conduz à supressão da posição jurídica posta em prática de modo intolerável (sobre isso v. *infra*). Nessa medida, se o abuso de representação fosse de reconduzir ao abuso de direito ou ao exercício de posições jurídicas inadmissíveis, como pretende alguma doutrina e jurisprudência tudesca (mas também nacional, embora numa construção a qual apresenta algumas particularidades próprias), não haveria dúvidas no sentido segundo o qual, em caso de abuso de representação, o representante teria de facto poderes e o negócio representativo tenderia à produção dos efeitos intencionados pelo *procurator*, os quais, apenas, seriam paralisados devido à intervenção do princípio da boa fé. Porém, quanto se contesta é a possibilidade de se aplicar ao abuso de representação a figura do exercício inadmissível ou intolerável de posições jurídicas. E isto porquanto, nesta sede, e ainda antes de se chegar à questão de saber se a invocação que o terceiro faz de determinado direito supostamente emergente do negócio representativo é, ou não, abusiva ou intolerável, deve perguntar-se, primeiro, pela conformidade desse acto ou negócio com a vontade do constituinte. Se tal conformidade não existir não pode falar-se em exercício inadmissível de qualquer posição jurídica, pura e simplesmente, por ela faltar de todo em todo. Não há aqui também, qualquer aproximação – encapotada e em contradição com os pressupostos por nós assumidos quanto à construção da figura do abuso de direito – àquelas orientações para as quais o problema do abuso de direito seria de reconduzir a um mero problema de interpretação. Quanto se pretende, na verdade, explicitar, numa demonstração à qual voltaremos, é a diversidade de planos em que o abuso de representação e o abuso de direito se coloca. No primeiro está-se ainda num âmbito da autonomia da vontade. Deve, pois, verificar-se a compatibilidade de certo negócio representativo com a autonomia privada do representado. Em síntese, terá de se procurar apurar se o poder invocado pelo constituído foi, na verdade, aquele concedido pelo dono do negócio. Noutras palavras se a legitimidade representativa alegada pelo procurador existe realmente. No caso do abuso de direito

autonomia – não já integral – da extensão da procuração – ou de insensibilidade desta – relativamente ao negócio-base teria de se limitar, assim, aos casos nos quais o terceiro não conheceu de facto, nem tinha obrigação de conhecer, os limites da autorização gestória. A verdade, porém, é que, conforme se cuidará de explicitar mais tarde e se aludiu já noutras ocasiões, nessa eventualidade não se está perante nenhum fenómeno de abstracção mas sim diante de uma hipótese de protecção de terceiros de boa fé[400].

VII – Numa orientação apesar de tudo com algumas afinidades com a construção proposta pela jurisprudência tudesca, LEHMANN tentaria resolver o problema causado pelo abuso de representação com apelo à figura da *culpa in contrahendo*[401].

    Tal como os tribunais alemães, LEHMANN partiria do princípio da abstracção da procuração. A autonomia da *procuratio* não deveria, todavia, ser alargada ao ponto de conduzir à possibilidade de o terceiro poder fazer total tábua rasa da contrariedade entre o comportamento do representante e o mandato a este concedido pelo representado. Conforme parece claro, a lei pretende apenas, e no dizer de LEHMANN, através da abstracção dos poderes de representação, proteger os interesses do tráfego jurídico dignos de tutela, e não abrir mão da justa defesa do representado[402]. Logo na interpretação do poder voluntário de representação devem, de acordo com o autor germânico, ser tomadas em consideração todas as circunstâncias com ele conexas não apenas se sobre elas recair uma ciência efectiva da contraparte no negócio representativo, mas, também, se se mostrarem susceptíveis de conhecimento pelo *tertius*. Nestes termos, se uma determinada actuação representativa se encontrar coberta pelo teor literal da procuração, mas contrariar de forma manifesta os interesses do constituinte a adopção de um adequado procedimento interpretativo (nos termos dos §§ 133 e 157 do *BGB*) deveria conduzir à afirmação de falta dos necessários poderes de representação para a celebração do negócio abusivamente celebrado[403].

---

nada disto acontece. A posição jurídica tem incontestável realidade apurada já em consequência de certo processo interpretativo o qual conduziu precisamente a essa conclusão.

[400] V. *supra* e *infra*, *passim*.

[401] Heinrich Lehmann, *Anmerkungen...*, in *Juristische...*, 1934, I, pp. 683 e ss.. Cfr., também, Heckelmann, *Mitverschulden...*, in *Juristenzeitung...*, 1970, pp. 64 e ss.. Este autor propõe duas alternativas possíveis para resolver o problema do abuso de representação: a) ou se parte do § 177 do *BGB* (nos seus aspectos materialmente relevantes equivalentes ao nosso artigo 268.° do Código Civil) e se afirma a ineficácia do negócio celebrado com abuso de representação, com excepção dos casos em que haja *cic* do representado (nessa última hipótese o *dominus* ficaria vinculado); b) ou se aceita o carácter vinculativo do acto abusivo mas, em certas hipóteses, permite-se a desvinculação do representado por *cic* do *tertius*. Embora não exclua nenhuma das duas vias de solução Heckelmann manifesta preferência pela segunda.

[402] *Idem*, p. 683.

[403] *Idem*, p. 684.

Se pendente sobre o terceiro está um dever de indagação acerca da subsistência da *procuratio* não se vislumbra, escreve LEHMANN, qual o motivo capaz de justificar a sua protecção diante de uma situação em que podia ter detectado a existência de um desmando do representante no exercício do poder de representação. Pelo facto, porém, de a aceitação de um dever de indagação aumentar significativamente o risco pendente sobre o *tertius* mostrar-se-ia, neste ponto, necessário o estabelecimento de fronteiras rígidas. De outro modo seria o princípio da abstracção da procuração – supostamente[404] consagrado por lei – a ser colocado em causa. O terceiro não seria, destarte, obrigado a uma positiva investigação das fronteiras e limites de conformidade do negócio representativo com o mandato ou do fim da *procuratio*. Sobre ele incidiria apenas o dever de, face às circunstâncias para ele cognoscíveis, verificar se a declaração do representante se encontra numa manifesta relação de contradição com o fim da *procuratio* ou com os interesses do constituinte, de tal modo que racionalmente ele recusaria a respectiva concordância com o negócio representativo[405]. Nestes termos, o dever de investigação pendente sobre o terceiro restringir-se-ia à verificação dos poderes do *procurator* perante situações de cogoscível e fundada suspeita de um consciente abuso de representação. Tudo como consequência directa dos deveres de cuidado e indagação associados à relação jurídica legal na qual o *tertius* seria investido ao entrar em negociações contratuais com o procurador (doutrina da *culpa in contrahendo* [*sic*])[406]. Quem, confrontado com situações duvidosas, se deixa envolver com um representante sem, ao mesmo tempo, verificar a conformidade entre o negócio representativo e o poder voluntário de representação, actua por sua própria conta e risco. Por isso, não pode deduzir do comportamento do *procurator* qualquer direito quando se verifique a existência de um abuso. O poder de representação cobriria, segundo LEHMANN, de facto o negócio celebrado pelo *procurator* (isso só não sucederia nos casos de abuso perfeitamente evidente: numa hipótese desse tipo o negócio representativo não estaria sequer dentro do âmbito da abstracta *potestas* outorgada ao representante) mas o terceiro, em virtude da violação do seu dever de cuidado ou indagação, ficaria obrigado a indemnizar o dono do negócio pelo interesse negativo e a título de *culpa in contrahendo*. Ele deveria, pois, colocar o principal na situação na qual este se encontraria se se tivesse verificado uma actuação do procurador conforme com as respectivas limitações internas[407]. Ora isso conduziria, no dizer de LEHMANN, à conclusão segundo a qual o terceiro, que violou os respectivos deveres de cuidado estaria impossibilitado de deduzir contra o dono do negócio qualquer tipo de direitos[408]. Este poderia deduzir contra aquele uma *exceptio doli*[409].

---

[404] A observação é nossa.
[405] Heinrich Lehmann, *Anmerkungen....*, in *Juristische...*, 1934, I, p. 683.
[406] *Idem*, p. 684.
[407] *Idem*.
[408] *Idem*.
[409] *Idem*.

Independentemente da forma como LEHMANN encara a *cic* e suas consequências, ou até das dificuldades postas pelo apelo à *exceptio doli* – em termos que não se compreende como se articulam com a *culpa in contrahendo* –, a tese do autor não se afigura aceitável. O sentido da abstracção da procuração é precisamente o de dispensar o terceiro, que se envolve com um representante, de quaisquer deveres de cuidado na verificação dos limites e finalidade da autorização gestória[410]. Fazê-los intervir – por via exógena ou exterior ao próprio fenómeno representativo, é certo, e de forma restrita aos casos de evidente contradição entre o fim ou o interesse do representado, de um lado, e o comportamento do representante, do outro – não significa outra coisa senão negar – ao menos parcialmente – o pressuposto-base do qual parte a tese labandiana[411]. Em vez de se assistir a uma insensibilidade da extensão do *Können* ou *posse* do representante relativamente ao respectivo *Dürfen* ou *licere* quanto se verifica é, na verdade, uma dependência do primeiro relativamente ao segundo na precisa medida das imposições ditadas pela responsabilidade por *cic*. O recurso à *cic* traz consigo o reconhecimento do dever de o terceiro informar o representante de qualquer actuação do representado susceptível de ser considerada como ilícita ou, pelo menos, a obrigação de, perante situações menos claras, não se envolver no negócio representativo[412]. De acordo com a *communis opinio*, a responsabilidade pela *cic* assenta numa pretensão com base na confiança gerada[413]. Tudo com a conse-

---

[410] Assim, também, Bäumer, *Der Vollmachtmißbrauch und das Problem der abstrakten Vollmacht*, Dissertação, Colónia, 1933, pp. 20 e 21 (*Apud*, Frieling, *Mißbrauch...*, 28).

[411] Cfr. os autores citados na nota anterior.

[412] Heckelmann, *Mitverschulden...*, in *Juristenzeitung*, cit., 1970, p. 65; Tietz, *Vertretungsmacht...*, p. 310.

[413] Embora esta ideia não aflorasse, ainda, na construção de Jhering ela é hoje aceite e difundida por uma multidão de juristas. Assim, v., por todos, na doutrina tudesca, Hupka, *Die Haftung...*, pp. 193 e ss., a propósito da responsabilidade do falso procurador; Ballerstedt, *Zur Haftung...*, in *Archiv...*, 151, pp. 501 e ss., maxime pp. 506 e 507 (para uma recensão ao pensamento de Ballerstedt nesta matéria v., entre nós, Sinde Monteiro, *Responsabilidade...*, p. 488, nota [106], que sublinha os seguintes aspectos da construção do jurista germânico: «O autor caracteriza a [...] a *culpa in contrahendo* como *"violação de uma relação de confiança 'equivalente a um contrato'* [vertragsänliche]" *defendendo o alargamento do conceito de negócio jurídico de molde a abranger a obrigação através da concessão da confiança reclamada, entendendo por isso uma conduta que é apropriada a despertar confiança e, pelo outro lado, a concessão de confiança em justamente esse comportamento*», para sublinhar depois como estas fórmulas de Ballerstedt não são de modo algum inequívocas – recordando para o efeito o ensinamento de Gerhard Frotz, *Die Rechtsdogmatische Einordnung der Haftung für culpa in contrahendo, Privatrechtliche Beiträge. Gedenkanschrift Franz Gschnitzer*, Aalen, 1969, pp. 163 e ss., maxime pp. 168 e 169 [v., também, *op. cit.*, pp. 170 e ss.] –; e Pedro Múrias, *Representação...*, pp. 12 e ss., com justas críticas à extensão de negócio jurídico operada pelo autor tudesco, a qual suscitaria, também, vivos reparos na doutrina tudesca que manteve a *cic* nos quadros da responsabilidade

quência segundo a qual os deveres implícitos na *cic* apenas surgem em princípio quanto àqueles perigos provenientes da própria esfera de risco do obrigado[414]. O que naturalmente não parece conciliável com a ideia de abstracção da procuração. Aliás, uma interpretação do poder de representação e da *procuratio*, conforme com os cânones impostos por lei, já seria por si só, de molde a impedir a produção dos efeitos representativos naqueles casos nos quais LEHMANN pretende fazer apelo à *cic*, como forma de resolver o problema do abuso de representação. A tese do autor tudesco parece conduzir, assim, à notável conclusão segundo a qual, no processo de interpretação da procuração, a contraparte pode deixar de lado as vinculações internas, embora fique responsável diante do representado quando, na celebração do negócio

pela confiança); Canaris, *Vertrauenshaftung...*, pp. 442, 532 e 540 (nomeadamente com referência ao «*Bananenschalenfall*», situação perante a qual o autor continua a ver na *cic* aí gerada um fundamento de confiança); Tietz, *Vertretungsmacht...*, p. 310, com indicações bibliográficas; Julia Schärfer, *Teilweiser...*, p. 55. Na nossa literatura jurídica cfr., sempre no mesmo sentido, e apesar de algumas diferenças de aproximação entre os vários autores, Ruy de Albuquerque, *Da culpa in contrahendo no Direito luso-brasileiro*, pol., Lisboa, 1961; *passim*, e por exemplo, p. 71; Mota Pinto, *A responsabilidade pré-negocial pela não conclusão dos contratos*, Coimbra, 1963, separata, Vol. XIV do *suplemento ao Boletim da Faculdade de Direito de Coimbra*, Coimbra, 1963, *passim*, e designadamente 36 e 42.; Id., *Cessão...*, pp. 350 e 351; Almeida Costa, *Responsabilidade civil por ruptura das negociações preparatórias de um contrato*, separata da *Revista de Legislação e Jurisprudência*, 1984, reimpressão de 1994, pp. 53 e ss.; Id., *Direito das obrigações*, 9.ª edição, Coimbra, 2001, p. 271; Pinto Monteiro, *Cláusula penal...*, pp. 79 e ss., nota (177); Menezes Cordeiro, *Da boa fé...*, I, pp. 583 e 584, o qual escreve: «*A culpa in contrahendo funciona (...) quando a violação dos deveres de protecção, de informação e lealdade conduza à frustração da confiança criada na contraparte pela actividade anterior do violador ou quando essa mesma violação retire às negociações o seu sentido substancial profundo da busca de um consenso na formação de um contrato válido, apto a prosseguir o escopo que em termos de normalidade, as partes lhe atribuam.*» Para acrescentar, ainda, depois: «*A culpa in contrahendo portuguesa consagra um subsistema misto: não protege em exclusivo a confiança ou a materialidade subjacente, uma vez que, para se efectivar, exige sempre a culpa do responsável*» (v., ainda, do autor *Teoria...*, I, pp. 707 e 708; Id., *Tratado...*, I, I, 2.ª ed., pp. 399 e 400, e 408); Baptista Machado, *Tutela..., Obra...*, I, p. 364 (embora associando na *cic* a ideia de tutela da confiança à de culpa); Carneiro da Frada, *Contrato...*, p. 258, de forma implícita; Id., *Uma terceira via...*, pp. 98 e ss., maxime, pp. 102 e ss., onde se afirma «(...) *descortinar-se na* culpa in contrahendo *uma ideia de tutela da confiança*», Ferreira de Almeida, *Texto...*, III, p. 1006. Contra a ideia de apelo à confiança cfr., todavia, Oliveira Ascensão, *Direito civil...*, II, pp. 371 e ss., o qual se limita a remeter para a boa fé.

[414]Assim, pode ver-se, Ballerstedt, *Zur Haftung...*, in *Archiv...*, 151, p. 509 e ss.; Tietz, *Vertretungsmacht...*, p. 310. Cfr., também, Canaris, *Vertrauenshaftung...*, p. 442, para quem a *cic* se prende com os riscos que a realização de um negócio jurídico por si só acarreta. Isto ao ponto de não faltar quem veja nos deveres de protecção em *contraendo* um correlato da possibilidade de conformação jurídica em autonomia privada (a este respeito cfr., Canaris, *Vertrauenshaftung...*, p. 442, nota [16]). Esta ideia não é, nos seus aspectos fulcrais, e para o que nos interessa, contestada por quem negue a recondução da *cic* à confiança e prefira alicerçá-la na boa fé objectiva, enquanto regra de conduta. Nesse caso a *cic* traduzirá uma responsabilidade de certo sujeito pelos actos de autoconformação de outrem. Por isso, também, por esta via, a fundamentação do abuso de representação com base na *cic*, não se afigura compaginável com a ideia de abstracção da procuração.

final, não tivesse tomado em consideração a circunstância de o procurador não estar a respeitar os limites impostos pela autorização gestória[415]. A contradição, assente num terrível formalismo, seria só por si gritante e inaceitável. Mas se isso não bastasse, é o próprio LEHMANN a defender, expressamente, não existir qualquer razão para, na interpretação do poder de representação, se tomar apenas em consideração as circunstâncias efectivamente conhecidas pelo terceiro. Antes, e no entender do autor, cada sujeito deve deixar valer contra si a declaração da contraparte tal como esta, de acordo com as regras da boa fé, poderia supor vir a sua manifestação de vontade a ser interpretada se recebida por um declaratário cuidadoso. Nestes termos, as circunstâncias sobre as quais não recai uma ciência efectiva mas são, apesar de tudo, susceptíveis de conhecimento não podem ser descartadas ou tomadas por irrelevantes na determinação da extensão do poder de representação. Conforme afirma LEHMANN, se a ponderação da relação jurídica interna levar à conclusão segundo a qual, o negócio representativo se encontra coberto pelo teor literal da procuração mas em contradição com o visível interesse do constituinte, e isso for cognoscível para o terceiro, então, deve, na sequência de uma adequada determinação do âmbito do poder de representação, considerar-se o negócio representativo como não coberto pela *potestas* do representante. Mas se é assim, onde está o espaço para recurso à *culpa in contrahendo*[416]?

---

[415] Cfr., neste mesmo sentido, Tietz, *Vertretungsmacht...*, p. 311.

[416] A resposta poderia residir na distinção entre dois tipos de situações: uma na qual a contradição entre o negócio representativo e os fins do poder de representação susceptíveis de serem conhecidos pelo terceiro é de tal forma evidente que uma indagação junto do representado se torna supérflua (*offene Vollmachtsüberschreitung*); a outra na qual a suspeita do abuso de representação imporia a realização de diligências no sentido de se indagar a vontade do constituinte (haveria então a violação de um dever de cuidado ou esclarecimento que impediria o terceiro de fazer derivar qualquer direito do negócio representativo). A distinção não colhe. Se o excesso de poderes não é manifesto mas, ainda assim, se assiste a uma situação na qual o terceiro deveria ter duvidado da conformidade entre o poder de representação e a autorização gestória a própria boa fé, que os §§ 133 e 157 do *BGB* ordenam se tome em consideração no processo de interpretação dos negócios jurídicos, e se encontra igualmente presente, de uma forma ou de outra no artigo 236.° do Código Civil, impede a subsunção do comportamento do representante na declaração de vontade emitida pelo representado. A situação é aqui diversa da verificada em qualquer outro processo negocial. Na verdade, a *cic* visa evitar que o conteúdo do contrato possa ser afectado por inutilidades, desequilíbrios e injustiças presentes no processo pré-negocial e, destarte, de formação da vontade. De quanto se trata no abuso de representação não é, porém, verificar se uma vontade em formação foi ou não atingida pelas vicissitudes referidas. Trata-se sim, sublinhe-se de novo, de apurar a coincidência entre o poder de representação efectivamente outorgado e o negócio representativo. Se tal conformidade não existe, e o terceiro disso se devia ter apercebido ou pelo menos colocado a si mesmo fundadas dúvidas, assiste-se, sim, à falta de poderes de representação. Falta

Tudo visto, margem para se falar numa insensibilidade do poder de representação relativamente ao *licere* ou negócio gestório ficaria, pois, e tal como verificado a propósito da construção defendida pela jurisprudência alemã, circunscrita àqueles casos nos quais o terceiro não conhece o abuso nem o deveria conhecer. Nesse caso, porém, de quanto se trata, repise-se, não é de uma qualquer autonomia da *procuratio* mas, simplesmente, de uma protecção do terceiro de boa fé na consistência dos poderes de representação.

VIII – Tal como LEHMANN, também STOLL procuraria resolver o problema do abuso de representação através do recurso à *culpa in contrahendo*. Fá-lo-ia partindo, também, da ideia segundo a qual o poder de representação se mostraria totalmente independente da relação jurídica subjacente[417].

> De acordo com STOLL quanto se afiguraria decisivo para a resolução do problema do abuso de representação seria a apreciação e ponderação político--jurídicas dos interesses em jogo nas hipóteses de celebração de negócios jurídicos através de representantes[418]. O resultado de semelhante valoração consistiria no reconhecimento da primazia do interesse comunitário do tráfego jurídico e da confiança depositada pelo terceiro sobre os interesses do representado[419]. Primazia a qual, todavia, não significaria ou envolveria a desconsideração, pura e simples, da posição ou pretensões do constituinte [420]. Quem enceta relações com outrem fica, desde o início das negociações, investido num dever de protecção perante a contraparte em virtude de uma relação jurídica legal criada pelo começo dos contactos havidos[421]. Destarte, e no dizer de STOLL, no âmbito do fenómeno representativo, o *tertius* fica obrigado a ter na devida conta os interesses do dono do negócio. Aliás, no contexto da representação a doutrina da responsabilidade pré-contratual assumiria mesmo contornos mais pesados para os intervenientes do que na eventualidade de eles estarem a contratar directamente com o *dominus*. Com a intervenção do representante nascem para o representado perigos aos quais o outro contraente não pode ficar indiferente. Nestes termos, no negócio representativo deve recair, sobre o ter-

---

essa obtida via interpretação, não podendo o *tertius* invocar a seu favor quaisquer normas de protecção da confiança. O decisivo aqui não é, pois, a circunstância de o terceiro não ter procurado obter uma informação junto do *dominus* mas, antes, o facto de consideradas as incertezas existentes não dever nunca ter concluído o negócio representativo.

[417] Stoll, *Der Mißbrauch...*, in *Festschrift...*, p. 132, onde o autor afirma mesmo o carácter indiscutível da autonomia do poder de representação relativamente à relação causal.

[418] Stoll, *Der Mißbrauch...*, in *Festschrift...*, pp. 131 e 132.

[419] *Idem*, pp. 115, 128 e 131 e 132.

[420] *Idem*, p. 132.

[421] *Idem*, pp. 132 e 133.

ceiro, um dever de cuidado decorrente da própria natureza da representação. Tudo a transformar em ilícito o comportamento do *tertius* que se envolva com um representante cuja actuação fira o respectivo dever de fidelidade para com o seu constituinte[422]. Isto com uma limitação porém. Quem dá origem à aparência jurídica de um poder de representação não pode esperar nenhuma indagação especial acerca dos contornos e limites da *procuratio*[423]. A procuração, enquanto acto de notificação, teria como consequência e finalidade o tornar conhecidos de terceiros o surgimento dos poderes de representação concedidos pelo representado. Por conseguinte, a contraparte no negócio representativo deveria poder confiar na *procuratio*. Apesar do seu dever de protecção, o *tertius* não pode, pois, e no entender de STOLL, ser sobrecarregado com quaisquer ónus ou obrigações acerca da origem dos poderes representativos. Os deveres de cuidado do terceiro encontrariam as respectivas fronteiras a partir do momento em que a aparência jurídica criada pelo *dominus* permite à outra parte poupar esforços com esses mesmos deveres[424]. Apenas quando soubesse não poder a procuração visivelmente provir do representado se deveria afirmar a existência de um dever de investigação e de informação a cargo da outra parte no negócio.

Além de se destinar a transmitir o nascimento ou surgimento dos poderes concedidos ao representante, a procuração teria, ainda, por objectivo fornecer a indicação acerca da extensão das faculdades atribuídas ao procurador. É ela, de acordo com STOLL, a permitir ao *tertius* reconhecer a medida na qual se pode envolver com o *procurator*. Preceitos e instruções não resultantes directamente do documento ou negócio procuratório não diriam respeito à contraparte. Mais. Para a fixação do conteúdo do negócio de atribuição dos poderes de representação apenas deveriam ser tomadas em consideração as circunstâncias efectivamente conhecidas por quem contrata com o procurador e não já aqueles aspectos apenas susceptíveis de serem cognoscíveis. Isso mesmo seria uma consequência imprescindível da exigência de assegurar e preservar o sentido e significado da *procuratio* enquanto instrumento ao serviço do tráfego jurídico. Os deveres de indagação deveriam restringir-se aos casos de real necessidade de protecção do dono do negócio. Essa necessidade só se verificará, no entanto, e na opinião do autor tudesco, quando o terceiro não pudesse esperar ou pretender encontrar-se a limitação aos poderes conferidos pelo negócio de constituição do representante expressa nesse mesmo acto jurídico. A título de exemplo, STOLL refere a circunscrição da *potestas* do *procurator* a uma utilização conforme com os fins ou aos interesses do representado. A inserção na própria *procuratio* de uma restrição na qual se estabelecesse a limitação das faculdades do representante a uma actuação conforme com os objectivos e necessidades do *dominus* afigurar-se-ia, segundo o autor, não só despicienda como, ainda, perniciosa, atenta a desconfiança que faria recair sobre o *procurator*. Nestes termos, e segundo STOLL, teria de se proceder a uma distinção das diversas situações de violação dos deveres do representante, consoante elas

---

[422] *Idem*, p. 133.
[423] *Idem*, pp. 131, 132 e 133. Cfr., igualmente, *op. cit.*, p. 127 e 128.
[424] *Idem*, p. 131.

conduzissem a uma actuação contrária ao fim para o qual o poder foi conferido[425]; violassem as instruções ou deveres pactuados ou estabelecidos entre o constituinte e o representante[426]; configurassem uma ofensa à confiança depositada pelo constituinte no representante com vista à obtenção, para este ou para terceiro, de determinadas vantagens[427]. Na primeira hipótese a actuação representativa seria ineficaz se a actuação contrária ao fim e sentido da procuração fosse evidente. Na segunda o comportamento ilícito do representante vincularia o *dominus* mesmo na eventualidade de a contraparte conhecer as limitações internas[428]. Finalmente na terceira, o negócio representativo não seria nunca eficaz perante o representado[429].

---

[425] Para se poder afirmar a existência de uma actuação contrária ao fim para o qual a procuração foi concedida não bastaria, segundo Stoll, ser esta prejudicial para o dono do negócio. Mostrar-se-ia, antes, necessário configurar-se o comportamento do representado como uma atitude de tal modo anormal que contrariasse abertamente o sentido e fim da procuração – ao ponto de se dever considerar jamais ter o *dominus* podido contar com aquele resultado. Nestes termos, a contrariedade entre o fim da *procuratio* e o negócio representativo influenciaria a relação entre o representado e o *tertius* quando ela redundasse numa ultrapassagem dos poderes de representação concedidos ao procurador – questão esta, no dizer de Stoll, meramente interpretativa.

[426] São extremamente elucidativos os exemplos elencados por Stoll: a) – E concede a V, administrador de propriedades, procuração e mandato por escrito, enquanto, oralmente, lhe recomenda que não proceda à motorização de certa empresa. Não obstante, V adquire um motor para instalar na unidade fabril; b) – G concede a V procuração para este administrar e alienar certos títulos. Internamente vincula-o, todavia, a não proceder a qualquer acto de transmissão da propriedade sem a obtenção de uma autorização específica. V aliena os títulos sem obter a referida autorização; c) – A outorga a V poderes para a venda de um terreno, mas impõe-lhe, através de uma instrução, que não conclua nenhum contrato sem a obtenção de um sinal de 10 000. No entanto, e porque as restantes cláusulas do contrato se mostram muito favoráveis, V fecha negócio com um sinal de apenas 8000. Em todos estes casos o conhecimento por parte dos terceiros das limitações internas não prejudicaria o terceiro.

[427] A título ilustrativo Stoll refere designadamente a seguinte hipótese: V, procurador-geral de G, contrai em proveito próprio um empréstimo. Com vista a garantir o débito V oferece, na sua qualidade de representante, bens pertencentes a G.

[428] Stoll, *Der Mißbrauch...*, in *Festschrift...*, p. 135. Mais. O autor considera que, mesmo na eventualidade de as instruções dadas à margem da procuração configurarem autênticas limitações do poder de representação e a contraparte delas tivesse conhecimento, elas continuariam a não vincular o terceiro excepto se este soubesse não constituírem elas simples limitações internas antes representando uma autêntica delimitação da *potestas* do *procurator*. As excepções à irrelevância das declarações *a latere* da procuração apenas teriam lugar na hipótese de actuação concertada entre o terceiro e o representante; comportamento doloso do procurador com vista a prejudicar o *dominus* e conhecimento da real vontade do constituinte. Nestes casos o negócio representativo não vincularia o representado (*op. cit.*, cfr., p. 135).

[429] Stoll, *Der Mißbrauch...*, in *Festschrift...*, pp. 135 e 136 e 138 e ss. Aquilo a quanto se assistiria, no entender de Stoll, seria à intervenção da ideia de responsabilização do terceiro. O negócio abusivamente concluído pelo representante caberia dentro do poder de representação (excepto em caso de actuação concertada entre o representante e o *tertius*). Porém, e dado ter o *procurator* violado os respectivos deveres de cuidado ele deveria indemnizar e responder perante o dono do negócio, colocando o representado na posição em que se encontraria se tivessem sido cumpridas todas as obrigações pendentes sobre a contraparte. Num caso como esse, porém, ou não se teria sequer chegado à celebração de qualquer negócio jurídico ou apenas se teria concluí-

A tese ensaiada por STOLL carece de um mínimo de fundamento[430]. Na verdade, a distinção tripartida por ele proposta entre actuações representativas contrárias ao fim do poder, actuações ofensivas das instruções internas e, finalmente, comportamentos ofensivos da confiança depositada pelo principal no *procurator* não apresenta qualquer viabilidade[431]. Em primeiro lugar, na prática, é pouco menos do que inviável proceder à efectiva destrinça das várias situações. Em segundo, não se vê qual o motivo capaz de explicar a diversidade de consequências de cada uma delas. É perfeitamente inaceitável que, como pretende STOLL, uma regulamentação de competências vinculativa, expressamente manifestada, seja ineficaz perante terceiros, mesmo na eventualidade de a conhecerem, enquanto uma disciplina de igual conteúdo exclui o poder de representação se, em vez de expressa, se deixar deduzir do fim e sentido da procuração[432]. Além disso, ao considerar as meras instruções como inoponíveis a qualquer terceiro, mesmo se delas cientes, o autor tudesco acaba por impor ao *dominus* um sacrifício muito superior a quanto é imposto pelas necessidades de tutela do tráfego jurídico e, por conseguinte, profundamente injusto[433]. Isto para não mencionar já a clara contradição entre a tese da irrelevância externa das limitações internas e as regras relativas à interpretação do negócio jurídico efectivamente vigentes. Mas mais. Ao apelar para a ideia de aparência jurídica enquanto critério de delimitação dos deveres de protecção e cuidado pendentes sobre o terceiro STOLL entra em clara contradição com o princípio da abstracção da procuração[434]. Na verdade, a ideia de aparência – ou de responsabili-

---

do um contrato correspondente aos interesses do *dominus*. Nestes termos, o constituinte poderia exigir que o negócio representativo fosse considerado sem efeito ou conduzido na perspectiva dos respectivos interesses. As pretensões do terceiro poderiam ser assim paralisadas através do recurso a uma excepção.

[430] Assim, também, v., Tietz, *Vertretungsmacht...*, pp. 131 e ss..

[431] Neste mesmo sentido v., Flume, *Allgemeiner...*, II, *Das Rechtsgeschäft...*, p. 790; Frotz, *Verkehrsschutz...*, pp. 558 e ss.; Tietz, *Vertretungsmacht...*, p. 131; Schramm, *Münchener...*, I, comentário ao § 164, p. 1426; Id., *Idem*, 4.ª ed., comentário ao § 164, p. 1667; e Staudinger-Schilken, *Kommentar...*, I, comentário ao § 167, p. 104.

[432] Cfr. na mesma direcção, Tietz, *Vertretungsmacht...*, p. 132.

[433] V. ainda *infra* quanto se escreve a propósito da construção ensaida por Hupka no sentido de proceder à distinção entre declarações *a latere* da procuração conforme elas revestissem simples carácter interno ou se assumissem como autênticas limitações ao poder de representação.

[434] Assim também e Stümpfler, *Mißbrauch und Fehlgebrauch der Vollmacht*, Dissertação, Munique, 1952, pp. 103 e ss.; e Frieling, *Mißbrauch...*, pp. 26 e 27. Cfr., também, quanto escreve Canaris, *Vertrauenshaftung...*, pp. 1 e ss., a propósito da delimitação da noção de responsabilidade pela confiança.

dade pela aparência – apenas poderá assumir eventualmente algum tipo de relevância jurídica quando a contraparte não confia numa realidade jurídica mas, antes, numa simples aparência de direito ou situação jurídica – na verdade inexistente[435]. Se se aceitasse a doutrina da abstracção da procuração, uma vez comunicada a *procuratio* ao terceiro, o representante actuaria munido de poderes de representação, conquanto o seu comportamento se pudesse enquadrar dentro do chamado *Können* ou *posse*. O *licere* esse mostrar-se-ia irrelevante. Nestes termos, afigurar-se-ia completamente errado procurar garantir ou assegurar a protecção do *tertius* através do recurso à figura da aparência jurídica ou, ainda, delimitar os deveres de cuidado da contraparte no negócio representativo através desse mesmo expediente (a *Rechtscheingedanke*)[436]. A aceitação da existência de um dever *in contrahendo*, do terceiro para com o *dominus*, de indagação, protecção e cuidado, e cujos contornos seriam delimitados pela medida da aparência jurídica criada pelo representado envolve, assim, e justamente a negação da posição que se destinaria a provar e alicerçar[437, 438].

---

[435] Neste sentido cfr., por todos, Heinrich Stoll, *Haftung aus Bescheinigung*, in *Archiv für die civilistische Praxis*, 1932, 135, 89 e ss., pp. 110 e 111; Canaris, *Vertrauenshaftung*..., p. 9, e também pp. 502 e 503, relativamente à natureza jurídica do *Tatbestand* confiança; e António Gordillo, *La representación*..., pp. 260 e 261 e 353 e ss..

[436] Cfr., por todos Frieling, *Mißbrauch*..., pp. 26 e 27.

[437] V., Bäumer, *Der Vollmachtmißbrauch*..., pp. 20 e 21 (*Apud*, Frieling, *Mißbrauch*..., 28). Não parece, além disso, fácil compaginar as afirmações proferidas por Heinrich Stoll a propósito da aparência jurídica no contexto do abuso de representação, com aquelas outras proferidas pelo autor no seu estudo *Haftung*..., in *Archiv*..., 1932, 135, 89 e ss., maxime, 101, 103, 108 a 111, quando explana a construção por ele defendida acerca dos contornos gerais da relevância da aparência jurídica. Na verdade, o autor parece – e sublinhe-se a palavra «parece» porquanto, como o próprio título do artigo em questão indica, Stoll estuda apenas, aí, a responsabilidade resultante da apresentação de documentos. Mesmo assim julgamos poder extrair a conclusão a seguir expressa da circunstância de o jurista alemão considerar que o *Rechtsscheinwirkung* (efeito da aparência jurídica) previsto no § 172 do *BGB* se relaciona de forma evidente com situações nas quais é apresentado um documento – circunscrever, neste local, a importância da aparência a certos casos excepcionais nos quais é apresentado ao terceiro (beneficiado pela protecção da situação aparente) um documento. Nas hipóteses de o *tertius* ter confiado numa declaração oral ele não mereceria, no dizer de Stoll, qualquer tipo de protecção. Por isso, de acordo com o autor germânico uma procuração escrita não poderia ser impugnada por dolo ou erro, mas já seria admissível fazer-se valer estes vícios em caso de *procuratio* meramente verbal. Ora esta distinção entre, por um lado, um poder de representação baseado num documento e, por outro, o mesmo poder meramente oral não transparece, tanto quanto nos apercebemos, na construção da figura do abuso de representação levada a cabo pelo autor. E caso transparecesse ela acabaria provavelmente por redundar na negação do carácter abstracto à *procuratio* não escrita. Para uma recensão da construção defendida por Stoll acerca da tutela da aparência e sua posterior crítica, designadamente, em função das contradições valorativas às quais conduz quando aplicada ao fenómeno representativo pode ver-se, Canaris, *Vertrauenshaftung*..., pp. 14 e ss..

[438] Mesmo assim alguns autores continuariam a pronunciar-se a favor da resolução da

IX – As insuficiências dogmáticas da orientação propugnada pela jurisprudência tudesca e pelas demais construções preocupadas em encontrar soluções para o problema do abuso de representação através de vias exteriores ao próprio fenómeno representativo, e portanto exógenas, levariam a doutrina germânica[439] a procurar novos enquadramentos para a questão do abuso de representação sem, todavia, colocar em causa os resultados fundamentais alcançados pelos tribunais germânicos. Os esforços encetados iriam fundamentalmente no sentido de tentar resolver o problema do abuso de representação através de modelos cujo funcionamento se desenrolasse no âmbito do próprio fenómeno representativo. Não mediante a invocação de noções exteriores à representação como a *exceptio doli*, o exercício inadmissível de posições jurídicas ou a *cic.*

O mérito de pela primeira vez ter procurado ordenar o problema do abuso de representação no seio do direito da representação caberia a THEODOR KIPP[440]. O autor, após uma profunda análise da casuística existente, acabaria, no essencial, por louvar a jurisprudência do *Reichsgericht* e a valoração do problema por ele levada a cabo. Contudo manifestar-se-ia decididamente contra a respectiva abordagem dogmática. Na perspectiva de KIPP, a solução para o abuso de representação deveria ser obtida a partir da própria regulamentação do fenómeno representativo e, por conseguinte, através de quanto viria a ser apelidado de uma solução endógena. Em seu entender o negócio representativo abusivamente celebrado pelo representante, quando o *tertius* conhecia o abuso, ou devia dele ter conhecimento, pura e simplesmente, não se encontraria coberto pelo poder de representação. Ele deveria antes ser visto como um acto celebrado por um procurador sem poderes e, destarte, considerado ineficaz[441]. Apenas no caso de vir a ser ratificado poderia o negócio abusivo ser vinculativo para o principal[442].

---

problemática do abuso de representação através do recurso à *cic* (é o caso, por exemplo, de Frieling, *Mißbrauch...*, pp. 33 e ss.; Heckelmann, *Mitverschulden...*, in *Juristenzeitung*, cit., 1970, pp. 62 e ss., maxime p. 65; Wolf, *Allgemeiner Teil des bürgerlichen Rechts*, 3.ª ed., Colónia, Berlim, Bona, Munique, 1982, p. 572).

[439] Com excepção, todavia, dos comentaristas ao *BGB* os quais se manteriam em grande medida fiéis ao ensinamento jurisprudencial.

[440] Kipp, *Zur Lehre...*, in *Die Reichsgerichtpraxis...*, II, pp. 273 e ss..

[441] *Idem*, p. 287.

[442] Recorde-se a circunstância já antes assinalada (v., *supra*, no presente parágrafo) de no entender de Kipp a relevância externa do abuso de representação depender de dolo do representante. Para semelhante requisito o autor não fornece, todavia, qualquer tipo de justificação a não

Lamentavelmente KIPP não forneceria nenhuma verdadeira fundamentação para esta sua tese. A única pista deixada seria a afirmação segundo a qual não existiriam razões para submeter o abuso de representação a tratamento diverso do previsto pelo *BGB* para os casos de extinção da procuração[443]. Isto a parecer indiciar uma vontade de aplicação analógica dos preceitos que fazem depender a inoponibilidade da cessação do poder de representação à circunstância de o terceiro não a conhecer nem dever dela ter conhecimento.

Não obstante, esta deficiente formulação, o autor concitaria, contudo, significativas e imediatas adesões aos seus pontos de vista, os quais mereceriam, depois, desenvolvimentos vários por parte dos distintos autores[444]. As consequências deste movimento para a compreensão das ligações entre o poder de representação e a relação-base ou causal pareciam evidentes[445], com o quase necessário reconhecimento

---

ser, porventura, a afirmação segundo a qual o princípio fundamental nesta matéria é a de que o poder de representação não autoriza o representante a, com dolo, criar prejuízos ao representado. Isto a par da eventual apresentação de uma pouco profícua, para não dizer desnecessária, unidade de tratamento entre os casos de conluio ou participação do *tertius* na intenção do representante, de uma banda, e as hipóteses de simples cognoscibilidade do abuso, da outra. Nestes termos, a redução da protecção do tráfego jurídico operada por Kipp parte da aceitação da intromissão da relação jurídica interna no poder de representação, mas de forma limitada. As razões para semelhante limitação parecem puramente dogmáticas e conceptuais. Não o resultado de uma justificação ou necessidade de tutela do terceiro. Numa perspectiva diversa da aqui referida, Wolfgang Siebert, *Zur Lehre...*, in *Zeitschrift...*, 95, 4, pp. 642 e ss., considera, não ter Kipp pretendido limitar a protecção do terceiro aos casos de actuação dolosa por parte do representante. Também nas outras hipóteses poderia o representante libertar-se do negócio representativo. A razão para a libertação do *dominus* já não estaria, contudo, na circunstância de, numa hipótese de comportamento abusivo desprovido de dolo do *procurator*, o negócio não se encontrar coberto pelo poder de representação mas antes na possibilidade de concessão, ao representado, de uma *exceptio doli* pelo facto de o terceiro conhecer ou dever conhecer a violação da relação jurídica interna. A ser verdadeiro este entendimento da construção de Kipp, haveria para além de injustificável e incompreensível dualidade de tratamento de situações idênticas, que opor ao autor precisamente as objecções já feitas a propósito da utilização por parte do *Reichsgericht* da *exceptio doli* enquanto instrumento de resolução dos problemas causados pelo chamado abuso de representação.

[443] Kipp, *Zur Lehre...*, in *Die Reichsgerichtpraxis...*, II, p. 285.

[444] Foi designadamente, e com distintas variantes, o caso de Heinz Hildebrandt, *Erklärungshaftung, ein Beitrage zum System des bürgerlichen Rechtes*, Berlim e Lípsia, 1931, p. 200, nota (164); Hammel, *Wann Wirkt...*, in *Juristische...*, 1933, pp. 2875 e ss.; Albermann, *Der Mißbrauch...*, pp. 28 e ss. e 46; Rinck, *Pflichwidrige...*, p. 116; Nitzsche, *Die Überschreitung...*, pp. 34 e ss. e 42; Enneccerus-Nipperdey, *Allgemeiner Teil...*, I, II, p. 1125; Tempel, *Die Stellvertretung*, *cit.*, in *Grundlagen...*, 237; Karsten Schmidt, *Liquidationszweck und Vertretungsmacht...*, in *Archiv...*, 174, pp. 59 e ss.; Flume, *Allgemeiner...*, II, *Das Rechtsgeschäft...*, p. 787; Larenz, *Allgemeiner Teil...*, pp. 599 e 600; Tietz, *Vertretungsmacht...*, pp. 271 e ss. e 288; Medicus, *Allgemeiner...*, pp. 363 e 363; Id., *Idem*, 7.ª ed., p. 370; Id., *Bürgerliches...*, p. 74; Staudinger-Schilken, *Kommentar...*, I, comentário ao § 167, p. 106.

[445] Até como consequência do próprio vocabulário e terminologia empregues. Repare-se na circunstância, por nós já assinalada, de Kipp afirmar, expressamente, não estar o negócio

expresso do acentuar da dependência do primeiro relativamente à autorização gestória – também ela implícita, aliás, na jurisprudência do *Reichsgericht*[446] mas de forma decididamente encapotada. Isso não viria no entanto, nunca, a suceder na forma que se poderia ter esperado[447]

---

abusivamente celebrado coberto pelo poder de representação concedido ao *procurator*. Esta asserção seria, depois proferida por outros dos partidários da construção de Kipp, os quais, e por diversos motivos, se manteriam, todavia, e não obstante, nos quadros da visão labandiana do fenómeno representativo, sem admitir quaisquer brechas significativas ao princípio da abstracção da procuração. A título de exemplo pode referir-se Enneccerus-Nipperdey, *Allgemeiner Teil...*, I, II, p. 1125. Para mais pormenores v. *infra* nota (448). Parece, porém evidente, como o conhecimento ou dever de conhecimento, ou a boa ou má fé, podem levar a conceder ou recusar a um determinado sujeito uma particular tutela jurídica, mas não podem levar ao desaparecimento ou extinção, enquanto tal, de poderes efectivamente concedidos por lei até pelas dificuldades que isso causaria quando se estivesse diante de uma procuração genérica (assim, também, Oertmann, *Grundsätzliches...*, in *Zeitschrift...*, XCV, p. 471). No sentido da incompatibilidade entre a ideia de abstracção dos poderes de representação e da *procuratio*, de um lado, e as as teses que defendem a ideia de cariz kippiano – de resto claramente consagrada no artigo 269.º do nosso Código Civil – segundo a qual, em caso abuso de representação, o negócio representativo é ineficaz e não se encontra resguardado pelo poder de representação, pode ver-se, por exemplo, Soergel-Leptien, *Bürgerliches...*, I, 13.ª ed., comentário ao § 177, p. 644 (autores que, por isso, preferem conceder ao representado – em caso de abuso de representação, e como forma de salvaguardar a suposta independência da procuração relativamente ao negócio gestório em termos semelhantes aos propostos por Laband – uma *exceptio doli*. Esquecem-se, todavia, de sublinhar, como, na prática, a concessão de uma *exceptio doli* contra a contraparte no negócio representativo acaba, no fundo, por equivaler à posição que leva a considerar o negócio como não coberto pelo poder de representação. Afinal tudo não passa para os autores de um jogo de palavras ou expediente de supostos meios técnicos).

[446] Cfr., por exemplo, Berger, *Zur Frage...*, p. 42.V., também, Eckner, *Der Mißbrauch...*, pp. 12 e 16, o qual, numa clara manifestação de inversão metodológica, refere como para fazer abortar a construção de Kipp bastaria recordar a doutrina da abstracção da procuração; e, finalmente, Fischer, *Der Mißbrauch...*, in *Gesellschaft...*, p. 12, para quem a aceitação da tese segundo a qual o abuso por parte do representante conduz a uma situação de representação sem poderes traz consigo aquilo que o autor considera ser, sobretudo perante o poder de representação de direito comercial mas também perante a procuração geral, uma censurável mistura entre a relação jurídica interna, de um lado, e a externa, do outro.

[447] O próprio Kipp, *Zur Lehre...*, in *Die Reichsgerichtpraxis...*, II, p. 285, apenas parece ter parcialmente compreendido o alcance das suas posições quando afirmou não poder a procuração, mesmo se considerada como um negócio abstracto, ser considerada como um negócio totalmente desligado da relação-base. Aliás, Kipp não estava ainda a tentar quebrar o princípio da abstracção da procuração, pois, apenas admitia a relevância externa do abuso de representação quando houvesse dolo do representado. De quanto se tratava, para este autor era apenas verificar até onde alcançaria e se estenderia a noção de abstracção do poder de representação. O gérmen para o reconhecimento da relevância do negócio-base para a determinação da extensão dos poderes de representação estava, porém, lançado. Aliás, e como não poderia deixar de ser, alguns dos defensores do dogma da independência da procuração sentiram claramente como uma solução endógena, que leve a considerar a actuação abusiva do representante como a de um procurador sem poderes, afrontaria – ou poderia levar a tal – a ideia de abstracção da *procuratio*. Assim pode ver-se, por exemplo, quer para além dos autores referidos na nota anterior, quer para além da menção já feita à posição de Soergel-Leptien, *Bürgerliches...*, I, 13.ª ed., comentário ao § 177, p. 644; Gotthardt,

e as posteriores construções pareceriam impor. Exemplo paradigmático disso mesmo é o caso de HAMMEL[448, 449].

Confrontando-se a si mesmo com a questão de saber em que medida poderia ser oposto a quem contrata com um representante, dentro dos limites objectivos e formais do poder deste, o facto de, na sua actuação externa, o procurador ter violado os deveres internos sobre ele pendentes, HAMMEL procuraria encontrar para esta interrogação uma solução cujos pressupostos seriam os definidos por KIPP, emprestando-lhe, todavia, um outro desenvolvimento a par de enqua-

---

Der Vertrauensschutz..., p. 30. Também, Stoll, *Der Mißbrauch...*, in *Festschrift...*, pp. 121 e 122, censura a Kipp a insuficiente separação entre relação jurídica interna, de um lado, e externa, do outro. Com isso, e como refere a propósito Karsten Schmidt, *Liquidationszweck...*, in *Archiv...*, 174, p. 59, nota (16), Stoll apenas torna mais evidente a questão sobre a viabilidade (ou talvez melhor inviabilidade, escrevemos nós) de uma distinção entre poder de representação e relação subjacente.

[448] V., Hammel, *Wann wirkt...*, in *Juristische...*, 1933, pp. 2875 e ss..

[449] E o mesmo se poderia dizer, por exemplo de Enneccerus-Nipperdey. Nas primeiras edições da sua obra sobre a parte geral do direito civil Enneccerus manifestara-se, expressamente, a favor da resolução do problema do abuso de representação através do recurso à *exceptio doli*, conforme preconizado pelo *Reichsgericht*. Em 1931, e com o início da colaboração de Nipperdey, a tese proposta no *Allgemeiner Teil des bürgerlichen Rechts*, acerca do abuso de representação passa a ser a de Kipp: em caso de abuso de representação o negócio representativo não se encontra coberto pelo poder de representação. Isto numa orientação, que se manteria até à última edição da obra (cfr., Enneccerus-Nipperdey, *Allgemeiner Teil...*, I, II, pp. 1125 e nota 25). Na verdade, Enneccerus-Nipperdey afirmariam, com todas as palavras, assistir-se, na eventualidade de o terceiro conhecer ou dever conhecer o facto de o representante utilizar o poder de representação de forma contrária ao fim da procuração ou desrespeitando as instruções internas, a uma situação de representação sem poderes e, por conseguinte, sujeita ao disposto no § 177 do *BGB*. Não obstante, os autores continuariam a sublinhar e proclamar a tese da abstracção da procuração relativamente à relação-base. Circunstância esta que explicaria a necessidade de se não poder impor à outra parte do negócio representativo um dever geral de indagação para verificar se o representante realizou, ou não, o negócio de acordo com os limites da autorização gestória. De outra forma – escrevem – teria de se desistir do princípio da abstracção da *procuratio*. Tudo quanto se poderia, pois, fazer seria averiguar se o abuso era ou não cognoscível e, portanto, se o *tertius* tinha a obrigação de constatar a contrariedade entre a actuação do procurador e o interesse do constituinte por forma a chegar à conclusão segundo a qual aquela nunca teria merecido o consentimento do principal. Aparentemente a chave da resolução da relevância externa do abuso residiria, assim, não no alcance da relação gestória, mas, antes, no conhecimento que o terceiro tem desta. A mudança de posição assumida na obra de Enneccerus – na sequência do contributo de Nipperdey – acerca da consequência do abuso de representação deveria ter sido, por si só, suficiente para demonstrar como, na realidade, as coisas se não passam do modo descrito pelos autores e para ilustrar o papel e importância do negócio-base na determinação do poder de representação. Tudo com o consequente sublinhar da real intromissão do negócio ou relação de gestão no poder de representação. É que, se a *exceptio doli* se revela – tal como demonstrado por Brenner (v. *supra*, quanto se escreveu a este respeito no presente parágrafo) – como um simples expediente destinado a encapotar a verdadeira razão ou motivação escondida por detrás da solução supostamente alicerçada por esta excepção, ainda assim, ela transporta consigo algum tipo de coerência formal. Coerência esta a qual, nalguma medida, permite esconder a real interferência da relação gestória

no poder de representação. Torna-se, por isso, aparentemente possível, sem contradições gritantes ou imediatas, reconduzir as situações de relevância externa do comportamento abusivo do representante a simples hipóteses de actuações abrangidas pelo poder de representação, mas cuja invocação seria paralisada pela ciência do terceiro. Isso não é, todavia, viável, quando se procura enquadrar o desmando das faculdades conferidas ao representante numa hipótese de representação sem poderes. A doutrina da abstracção da procuração defende a separação e diferença de extensão entre o *Können* ou *posse* e o *Dürfen* ou *licere* representativos. Por isso, considera, em caso de abuso, agir o representante – e uma vez que a actuação abusiva é consequência da violação ou desrespeito pelo *Dürfen* ou autorização gestória – ainda dentro do *Können* mas fora do *licere*. Para os defensores da visão labandiana do fenómeno representativo o negócio posto pelo representante estaria, destarte, e não obstante o desmando levado a cabo pelo *procurator*, coberto pelo poder de representação ou pelo *Können*. Quando muito o principal poderia opor ao *tertius* uma excepção por violação da boa fé. Só nestes termos é que o problema do abuso de representação se poderia, como querem os sequazes de Laband, configurar – mesmo se só formalmente – como um problema posterior à determinação do poder de representação. Quando se defende a tese segundo a qual o comportamento abusivo do representante origina uma situação de representação sem poderes é este mesmo pressuposto a ficar em causa e a ser negado. Na verdade, o conhecimento ou cognoscibilidade, por parte do terceiro, do abuso praticado pelo *procurator* constituem realidades externas à *potestas* do *procurator* e não se vê como possam, mais do que conduzir a uma sua simples paralisação, eliminá-la ou fazê-la desaparecer. A extensão do poder de representação é determinada pela vontade do constituinte não pelo comportamento de terceiros (assim, também, Fischer, *Der Mißbrauch...*, in *Gesellschaft...*, pp. 12 e 13). O desaparecimento ou supressão do poder de representação, em caso de abuso, só pode ser operado pelo reconhecimento da importância da relação jurídica interna diante do terceiro. Importância subordinada, é certo, e por razões de tutela de confiança, ao conhecimento ou dever de conhecimento do *tertius*. Ainda assim verdadeira relevância directa, perante a contraparte, do vínculo jurídico interno. É a circunstância de esta ser desrespeitada pelo representante, e não conhecimento do terceiro, a gerar o abuso, pois, conforme refere Stoll, *Der Mißbrauch...*, in *Festschrift...*, p. 124; e na sua esteira Frieling, *Mißbrauch...*, p. 21, constitui uma contradição nos próprios termos fazer depender a existência de uma actuação abusiva da culpa de terceiros (cfr., também, Angelo Falzea, *Apparenza*, in *Enciclopedia del Diritto*, 1958, II, pp. 691 e 692, o qual escreve: «*A doutrina mais avisada demonstrou o vício lógico que se esconde na transformação verbal da titularidade inexistente numa titularidade real fazendo pois observar, no plano jurídico positivo, quanto é absurda a noção de um poder ou de uma faculdade cujo exercício é condicionado à exigência de um determinado estado subjectivo de outra pessoa – a boa fé do terceiro*»; e ainda, António Gordillo, *La representación...*, pp. 353 e 354). Um outro entendimento transporta-nos directamente para o modelo de resolução do problema proposto com o apelo à *exceptio doli*. A alternativa entre a solução endógena, sugerida por Kipp, e a suposta orientação exógena defendida pelos tribunais alemães seria, então, formal, material e logicamente, inexistente, com a consequente redução da mudança de posição assumida a este respeito por Enneccerus, Kipp e Nipperdey a um simples e frustrante jogo de palavras. Sublinhe-se aliás, novamente, como a realidade subjacente à própria *exceptio doli* traduz a necessidade de o terceiro se preocupar com a relação-base e não celebrar qualquer negócio representativo capaz de com ela colidir. O único espaço para a manutenção de alguma autonomia ou abstracção da procuração na tese de Enneccerus-Nipperdey circunscreve-se, assim, perante a ciência ou cognoscibilidade da relação jurídica interna, à exigência de dolo por parte do representante enquanto requisito da relevância externa do abuso de representação. Trata-se, todavia, de uma exigência despropositada a qual não encontra qualquer tipo de fundamento, legal ou racional, para ela (cfr. *supra* e *infra*). E não se alegue sequer – em favor da possibilidade de se fazer depender o conteúdo de determinadas situações jurídicas da posição ou ciência de pessoas

dramento legal mais sólido[450]. KIPP limitara-se a insinuar, quase de passagem, como possibilidade de apoio para a sua tese, a relevância externa e implicação no poder de representação da extinção da autorização gestória quando a contraparte do negócio representativo devesse estar ciente da cessação do negócio subjacente – conforme estipulado nos §§ 169 e seguintes do *BGB*. HAMMEL proclamaria, de forma absolutamente categórica e inequívoca, ser realmente a disciplina contida nos §§ 169 a 173 do *BGB* a fornecer o fundamento para a afirmação da relevância externa do abuso de representação, naqueles casos nos quais o terceiro se devia ter apercebido da circunstância de o representante estar a ultrapassar os limites para ele decorrentes da relação interna ou causal.

HAMMEL começaria, no essencial, por se socorrer do ensinamento proposto pelo *Reichsgerichtz* na sua *Sentença de 15 de Fevereiro de 1911*[451]. Ao fazê--lo o autor sublinharia, antes de mais, a impossibilidade de se entender o poder de representação como algo de totalmente desligado da relação jurídica subjacente atento o disposto no § 168 do *BGB*. Além disso, acrescenta – à semelhança de quanto fizera também o *Reichsgericht* –, se dos §§ 169 a 173 é possível extrair o resultado de que o tráfego jurídico legítimo merece protecção, também, parece decorrer deles a conclusão segundo a qual a tutela do representado se impõe muitas vezes como uma necessidade. Na verdade, de acordo com o regime estabelecido nestes preceitos, o terceiro pode em princípio

_____

diversas de quem lhes deu origem – como a própria extensão da generalidade dos negócios depende, via interpretação, do conhecimento ou cognoscibilidade que o terceiro tem da vontade do declarante. Em primeiro lugar, porque de quanto se trata ao procurar-se apurar o alcance de um negócio jurídico em função da posição do destinatário da declaração é de um simples expediente de protecção de terceiros o qual não elimina a vontade real do autor da declaração nem transforma o conteúdo assim indagado em negócio jurídico real (sobre isto v. *infra*, Parte II, Cap. IV). A prova está na circunstância de o declaratário poder abrir mão do sentido encontrado em função dele mesmo e deixar valer, contra si, o verdadeiro teor negocial pretendido pelo autor da declaração. Em segundo lugar, porque se o argumento tivesse algum tipo de cabimento seriam todos os negócios jurídicos a possuir a característica da abstracção relativamente às circunstâncias que os acompanham e não apenas a procuração numa conclusão manifestamente exagerada. E também não vale a pena alegar, como fazem – à semelhança, aliás, dos demais defensores da visão labandiana do fenómeno representativo – Enneccerus-Nipperdey, em defesa da abstracção do poder de representação, não existir a cargo do terceiro nenhuma obrigação de indagar se o procurador está, de facto, a actuar dentro dos limites impostos pelo negócio gestório, pois, não parece possível dispensar o destinatário de uma qualquer declaração negocial de um certo ónus de diligência no apuramento de qual a real vontade do declarante.

[450] Hammel trataria também o problema do abuso de representação cometido pelo representante legal. Não entraremos, porém, na análise deste aspecto da sua tese por não interessar ao nosso tema.

[451] *Reichsgericht, V. Zivilsenat, 15 Februar 1911*, in *Entscheidungen des Reichsgerichts, Zivilsachen*, 1911, 75, pp. 299 e ss., maxime p. 301. Cfr., além disso, *supra*.

confiar na subsistência dos poderes de representação, sem necessidade de averiguar se a relação jurídica a ele subjacente se mantém ou extinguiu ao tempo da celebração do poder de representação. Contudo a protecção da confiança (*sic*) concedida pelo *BGB* ao *tertius* falece, nos termos do § 173, quando este conhece ou devia conhecer a extinção interna do poder de representação[452]. Este mesmo ensinamento deveria também, e segundo HAMMEL, aplicar-se, por analogia, às hipóteses nas quais o representante ultrapassa ou desrespeita a relação jurídica interna (ou seja, o *licere* ou autorização representativa)[453]. A abstracção da procuração, escreve HAMMEL, protege o terceiro mas não lhe permite deixar totalmente de lado os interesses do representado, sobretudo quando ele sabe, ou devia saber, carecer o representante de real legitimação para a realização do negócio representativo. Estabelecer aqui uma diferença de tratamento entre a cessação do poder de representação provocado pela extinção da relação jurídica interna, de um lado, e o simples desrespeito pela relação jurídica interna ou autorização gestória, do outro, é, em seu entender, algo de absolutamente injustificado[454]. Tudo a fazer com que, nas hipóteses nas quais o terceiro estava, ou devia estar, ciente da circunstância de o representante ter ultrapassado os limites da relação jurídica interna, o negócio se torne inoponível diante do representado e deva ficar submetido ao regime do § 177 relativo à representação sem poderes[455].

Ao contrário de KIPP, o qual – conforme se sublinhou[456] – continuava a exigir, como requisito da relevância externa do abuso de representação, o dolo do representado, HAMMEL defendia claramente a ineficácia do negócio representativo independentemente do estado subjectivo do representante[457]. Isto pela razão de que, em seu entender, a protecção da boa fé dispensada ao *tertius* apenas deveria depender das circunstâncias verificadas na própria vontade deste[458]. Com isso, e apesar referência formal à *voluntas* do terceiro – necessariamente

---

[452] Esta expressão merece ser sublinhada. É que não obstante uma aparente aceitação de princípio da tese da abstracção da procuração Hammel fala em efeitos internos e em efeitos externos da procuração (destacando este preciso aspecto da construção de Hammel, apesar de ser para o criticar, pode ver-se, Albermann, *Der Mißbrauch...*, p. 29) e em extinção do poder voluntário de representação na relação jurídica externa e em extinção do poder de representação na relação jurídica interna – assim parecendo de facto ligar também a *procuratio* à autorização gestória.

[453] Hammel, *Wann wirkt...*, in *Juristische...*, 1933, p. 2876.

[454] *Idem*.

[455] *Idem*, pp. 2876 e 2877.

[456] V., *supra*, o referido a este respeito no presente parágrafo.

[457] Hammel, *Wann Wirkt...*, in *Juristische...*, p. 2876.

[458] Isto num entendimento, na perspectiva de Hammel, reforçado pelo facto de em lugar nenhum os §§ 169 a 173 do *BGB* tornarem a protecção do representado dependente da circunstância de o representante saber que o seu poder não está compreendido no âmbito da autorização gestória.

exterior à autorização gestória – o autor procede, de facto, a um acentuar do peso externo do negócio-base já antes presente em KIPP. Isto agravado, ainda, pelo facto de HAMMEL acabar – de um lado – por considerar aqueles casos de vinculação do *dominus*, não obstante a actuação abusiva do representado, como hipóteses de protecção da confiança e – do outro – falar expressamente em «extinção do poder de representação na relação externa» e «em extinção do poder de representação na relação interna»[459]. Tudo a dever levar o autor a concluir justamente em favor da tese inversa à por ele propugnada no tocante à relação procuração/negócio-base. Ou seja: a defender a ligação causal do poder de representação ao vínculo interno pendente sobre o representado e a descartar a tese da abstracção ou independência da extensão dos poderes de representação relativamente ao negócio causal[460].

X – As tentativas para expurgar as contradições das quais padecia o discurso de HAMMEL, e para, ao mesmo tempo, se voltar a acentuar a distinção entre poder de representação, de uma banda, e autorização gestória, da outra, sem, contudo, perder ou abandonar os pressupostos dos quais – na esteira de KIPP – aquele autor partiu, não se fizeram esperar. Encetaram-nas, designadamente, ALBERMANN[461] e NITZSCHE[462].

ALBERMANN procuraria desenvolver a doutrina de KIPP através de uma aprofundada reflexão acerca do sentido e fim dos §§ 169 a 173 do *BGB*. No essencial o autor sublinharia como, de acordo com os preceitos em análise, na eventualidade de o autor de uma procuração a exteriorizar e dar a conhecer a terceiro e de, posteriormente, a revogar internamente de forma parcial, então, o *Können* ou *posse* do procurador mostrar-se-ia mais amplo do que o seu *Dürfen* ou *licere*[463]. Este resultado seria, no dizer do autor, alcançado através da ficção legal de manutenção do poder de representação, não obstante a revogação do negócio gestório ou relação subjacente. Assim seria também com o abuso de representação. Porém, no § 173 do *BGB* estaria, no dizer de

---

[459] Cfr., Hammel, *Wann...*, in *Juristische...*, 1933, pp. 2876 e 2877.

[460] Este fenómeno não passou ao lado da doutrina. Assim v., por exemplo, Albermann, *Der Mißbrauch...*, p. 29; e Nitzsche, *Die Überschreitung...*, p. 47, o qual sublinha a impossibilidade de se falar em poder de representação na relação jurídica interna. Quando muito o negócio gestório poderá determinar a extinção do poder de representação. Mais nada.

[461] Albermann, *Der Mißbrauch...*, pp. 28 e ss.

[462] Nitzsche, *Die Überschreitung...*, p. 36.

[463] Albermann, *Der Mißbrauch...*, pp. 32 e 33.

ALBERMANN, igualmente presente a ideia segundo a qual apenas o legítimo e justificado interesse do *tertius* se mostra merecedor de tutela jurídica[464]. É que, relativamente à revogação parcial da procuração, o terceiro apenas é protegido quando a sua confiança na existência de um poder de representação se mostrar justificada (§§ 173 e 177 do *BGB*). Atendendo à equivalência dos interesses em jogo isto mesmo deveria, também, e igualmente, valer para o desmando de poderes representativos. Assim, quando seja visível para a contraparte no negócio representativo ter o representante actuado abusivamente ele não poderá, de acordo com o princípio fundamental contido nos §§ 169 a 173, invocar o poder formal de representação do *procurator* [465]. O negócio teria, destarte, de ser considerado como o resultado do comportamento de um representante desprovido de poderes. Isto pela razão simples de que, segundo ALBERMANN, a ficção (*sic*) de manutenção das faculdades representativas[466], constante dos §§ 169 e seguintes, e estabelecida em favor do terceiro de boa fé, não funcionaria naqueles casos nos quais o terceiro sabe ou deve saber ter existido uma ultrapassagem dos limites da autorização-base.

NITZSCHE percorreria caminhos semelhantes. O autor começaria por afirmar como, na falta ou ausência de certas condições especiais, o negócio representativo celebrado com desrespeito ou violação da competência gestória atribuída ao representante, e, destarte, com abuso de poder de representação, permaneceria absolutamente intocado e vinculativo. Seria esta, no dizer de NITZSCHE uma consequência da natureza do poder de representação[467]. Apenas na presença de certos requisitos específicos se poderia considerar repercutirem-se as limitações à competência interna do representante sobre a própria *potestas* representativa. Nesse caso já não se estaria, porém, diante de um simples desmando interno ou de um mero abuso de representação mas, sim, e na verdade, face a uma situação de excesso de poder de representação com a

---

[464] *Idem*, p. 32.

[465] Até porque, segundo Albermann, *Der Mißbrauch...*, pp. 32 e ss., a circunscrição ou limitação da procuração através da relação interna ou devido ao facto de a autorização gestória se mostrar mais restrita do que os poderes dados a conhecer ao terceiro mais não parece ser do que uma revogação parcial da relação jurídica interna a qual, nos termos do § 168 do *BGB*, determina a extinção dos poderes de representação. É, aliás, esta aproximação entre o abuso de representação e a cessação parcial do negócio gestório a traduzir grande parte do contributo próprio trazido por Allermann. A diferença entre um e outra estaria, para o autor, apenas no momento em que cada qual se verifica. Para uma referência ao modo como nós próprios encaramos a articulação entre as limitações internas e a temática da revogação da relação interna e da procuração cfr. *infra*.

[466] Na verdade, Albermann, *Der Mißbrauch...*, p. 31, começaria por afirmar entrar, de acordo com as regras contidas nos §§ 168 e seguintes do *BGB*, no lugar da procuração extinta ou uma procuração aparente ou uma *procuratio* ficcionada. Logo de seguida (*op. cit.*, p. 33) o autor parece inclinar-se a favor do segundo termo da alternativa ao escrever como, naqueles casos nos quais o terceiro conhece ou deve conhecer a extinção da procuração, não funciona a ficção de existência de um poder de representação. Quando trata porém de explicar os efeitos da revogação parcial da relação jurídica interna, figura na qual se integra conforme já sublinhado, o caso de a autorização gestória ser mais apertada do que o poder comunicado ao *tertius*, volta a falar de procuração aparente (*op. cit.*, p. 34).

[467] Nitzsche, *Die Überschreitung...*, p. 16.

consequente ineficácia do negócio posto pelo representante[468]. A questão passa assim, e no dizer do próprio NITZSCHE[469], por saber quais são, então, as tais circunstâncias capazes de transformar um mero abuso interno numa situação de ausência de poderes e quais as normas a que se encontram sujeitas. Na tentativa de encontrar uma resposta para esta interrogação o autor desenvolveria, com detalhe, a tese segundo a qual os §§ 171 a 173 do *BGB* permitiriam concluir no sentido de que – ao contrário de quanto uma interpretação meramente literal destes preceitos autorizaria a julgar – não seria apenas a inoponiblidade da extinção do poder de representação a depender da boa fé do terceiro. A própria ausência inicial ou limitação da competência representativa (no sentido de *Vertretungsbefugnis*) caberia na *ratio* destes preceitos. Nestes termos, se a competência gestória fosse desde o início mais restrita do que o poder de representação e o procurador apenas desrespeitasse a primeira estar--se-ia diante de uma actuação sem poderes de representação se o terceiro conhecesse a falta ou limites da autorização interna[470]. E o mesmo valeria, segundo NITZSCHE, por maioria de razão, para as hipóteses de o representante vir a restringir *a posteriori*, internamente, a *potestas* representativa[471]. Como o abuso de representação consistiria numa ausência meramente parcial de poderes de representação, a resolução da problemática por ele posta deveria fazer-se, igualmente, e *a maiori*, à luz do § 170 e em especial do § 173 do *BGB*[472]. Assim, as restrições à autorização-base não se repercutiriam sobre o poder de representação, e constituiriam um mero abuso de representação quando o *tertius* as não conhecesse nem devesse ter conhecido[473]. O simples comportamento abusivo do *procurator* não interferiria na eficácia do negócio representativo[474]. Neste caso, o poder de representação teria, na verdade, e segundo NITZSCHE, um alcance mais amplo do que a autorização gestória[475]. Mais concretamente: no âmbito ou zona de coincidência entre a competência interna do procurador e a procuração estaríamos na presença de um verdadeiro poder de representação; ultrapassada essa coincidência depararíamos com uma procuração aparente – e destarte, com um poder de representação, também ele, aparente.

Na eventualidade, porém, de o terceiro conhecer, ou dever conhecer, o abuso de representação estar-se-ia, então, diante de um verdadeiro ultrapassar dos poderes de representativos[476]. Neste caso, a *potestas* do procurador circuns-

---

[468] *Idem.*

[469] *Idem*, p. 17.

[470] *Idem*, p. 34.

[471] *Idem*. p. 38.

[472] *Idem* pp. 39 e 40.

[473] O autor salvaria, todavia, a hipótese da procuração interna de direito alemão comunicada exclusivamente ao representante.

[474] Nitzsche, *Die Überschreitung...*, p. 40.

[475] *Idem.*

[476] Nesse sentido se pronunciaria, também, e por exemplo, Heinz Hidelbrandt, *Erklärungshaftung...*, p. 200, anotação 164, o qual considera que se o terceiro conhecer ou dever conhecer o facto de o procurador actuar contra as instruções ou o patente interesse do constituinte, então, o representante carecerá de poder na precisa medida do abuso, mesmo se o negócio estiver coberto pelo teor literal da *procuratio*, em especial no caso de ela ser geral.

crever-se-ia ao âmbito do «verdadeiro poder voluntário de representação». A *procuratio* aparente surgiria e desapareceria, assim, com a boa fé do terceiro[477].

As construções destes dois autores não trouxeram, todavia, consigo qualquer dado capaz de atenuar a dependência entre o poder de representação, de um lado, e a relação subjacente, do outro, já presente – e não obstante as afirmações em sentido contrário – nas teses de KIPP e HAMMEL. Ao contrário as posições quer de ALBERMANN quer de NITZSCHE pareceriam pressupor necessariamente a existência de um necessário nexo de ligação entre a autorização gestória e a procuração. Assim o inculcam claramente, e desde logo, as referências feitas por ALBERMANN no sentido segundo o qual a disciplina contida nos §§ 169 e 173 do *BGB* – chamados, recorde-se, pelo autor à colação para resolver o problema do abuso de representação – corresponde a uma situação de protecção de confiança de terceiros de boa fé. Este sentimento de colisão entre a doutrina de ALBERMANN e a tese da abstracção da procuração reforça-se quando o autor afirma claramente como a autonomia da procuração não pode ser mantida quando o justificado interesse do terceiro assim exige[478]. As dúvidas, porventura, ainda existentes dissipam-se, no entanto, definitivamente, com recondução, operada pelo jurista germânico, da eficácia do negócio representativo imposta pelos §§ 169 a 173 a uma situação de representação aparente ou ficcionada[479]. Aparência ou ficção estas as quais deixam de ter razão de ser quando o terceiro conhece, ou deve conhecer, a circunstância de a autorização gestória ter sido revogada ou ser mais restrita do que o poder formal de representação[480]. Mas se assim é, então, e contrariamente a quanto pretende o autor não existe, deste ponto de vista, qualquer autonomia da procuração relativamente à relação a ela subjacente. O poder de representação coincide com a autorização-base. As eventuais manifestações de eficácia do negócio representativo contrário à competência internamente atribuída ao procurador, essas, apenas são o resultado de uma ficção ou aparência de poder de representação determinadas pela

---

[477] Esta referência à boa fé, não nos transporta, como o autor cuida de esclarecer, para o âmbito de soluções semelhantes às propugnadas pela jurisprudência tudesca, pois, de quanto se trata não é de paralisar um direito mas sim de suprimir o próprio fundamento da acção. Cfr., Nitzsche., *Die Überschreitung...*, p. 40.

[478] Albermann, *Der Mißbrauch...*, p. 33.

[479] *Idem*, p. 31.

[480] *Idem*, p. 33.

necessidade de tutela da boa fé. E não se alegue sequer, num raciocínio inverso ao por nós aqui seguido, que quanto conduz, para ALBERMANN, em caso de abuso de representação, à inoponibilidade do negócio representativo não é a relação jurídica interna – a qual seria, destarte, chamada a intervir sobre o próprio poder de representação – mas antes a ausência de boa fé por parte do *tertius* – com a consequente manutenção da insensibilidade da *procuratio* relativamente à competência gestória. Na verdade, uma semelhante argumentação traduz uma saída puramente verbal destinada a encobrir o cerne do problema. Quando se discute se o conhecimento ou cognoscibilidade do abuso de representação prejudica ou não o terceiro é óbvio que implicada vai necessariamente a própria autorização gestória em si mesma. É a competência interna do representante que é abusada e não a ciência do terceiro. Esta, por si só, não tem qualquer significado, valor ou mesmo entidade apenas ganhando-a quando reportada ao negócio interno. Ela apenas é ciência ou conhecimento na precisa medida da existência e configuração da relação causal.

Quanto a NITZSCHE, o autor não chega nunca a proclamar de forma clara a ideia de abstracção ou autonomia da procuração. Tudo quanto se limita a fazer é a afirmar como, não obstante a existência de um certo nexo de dependência entre poder de representação e autorização gestória, se verifica uma rigorosa distinção conceptual entre ambos[481]. Porém, o apelo feito por NITZSCHE à suposta natureza do poder de representação no sentido de encontrar elementos favoráveis à irrelevância externa do abuso de representação, excepto se o terceiro dele tivesse, ou devesse, ter conhecimento[482] evoca os procedimentos paralelos – embora com resultados diferentes – adoptados quer por LABAND[483] quer pelo *Reichsgericht*[484]. Da mesma forma, a recondução do problema do abuso de representação à questão de saber em que circunstâncias se deve ter por ineficaz o negócio representativo, de facto, em si coberto pelo poder de representação mas

---

[481] Nitzsche, *Die Überschreitung...*, p. 3. O autor usa as expressões *Vertretungsmacht* (*Vertretenkönnen*) e *Vertretungsbefugnis* (*Vertretendürfen*). A primeira reportar-se-ia ao *Können* ou *posse* representativo e regularia as relações entre o *dominus* e a outra parte no negócio representativo. A segunda seria relativa ao *Dürfen* ou *licere* do representante e disciplinaria as relações entre o principal e o representante.

[482] Cfr. quanto se escreveu *supra* a propósito da construção do autor; e Nitzsche, *Die Überschreitung...*, p. 16.

[483] V. *supra*, Parte I, Cap. IV, parágrafo 3.

[484] Cfr. *supra*, o presente parágrafo.

sem correspondência na autorização gestória[485], parece indiciar, sem margem para dúvidas, a adesão de NITZSCHE à perspectiva de abordagem do desmando dos poderes representativos própria dos defensores da ideia de abstracção da *procuratio*. E o mesmo resultará, ainda, porventura, das críticas por este dirigidas a HAMMEL. Na verdade, a acusação segundo a qual HAMMEL não teve na devida consideração a distinção entre autorização gestória, de um lado, e poder de representação do outro[486], parece apontar no sentido de uma afirmação da autonomia ou abstracção do poder de representação relativamente à relação subjacente. Os esclarecimentos e doutrina de NITZSCHE, acerca do abuso de representação, acabam por se mostrar, todavia, também eles, incompatíveis com qualquer tentativa de defesa da tese da abstracção da procuração e, por conseguinte, com as premissas previamente assumidas (ainda quando de forma mais ou menos implícita) pelo autor. Isso mesmo resulta da expressa assunção segundo a qual o carácter vinculativo do negócio abusivamente celebrado pelo procurador com terceiro de boa fé surge como uma consequência da existência, não de uma verdadeira *procuratio*, mas sim, de uma aparência de poderes representativos[487]. É que, a ser assim, não se assiste a nenhuma insensibilidade da procuração relativamente à relação-base mas, antes, a simples protecção da confiança a quem de facto nela legitimamente investiu. Faltando a confiança, a violação da relação interna gera a falta de poderes de representação.

XI – Esta contradição entre os pressupostos assumidos, e expressamente enunciados, de um lado, e os resultados alcançados, do outro, encontra-se, igualmente presente na construção proposta por SIEBERT[488], com vista à resolução e enquadramento do problema do abuso de representação. O autor mostrar-se-ia, também ele, um defensor de uma solução endógena para os casos de desmando dos poderes atribuídos pelo constituinte ao representante e, destarte, propugnaria a sujeição dos negócios abusivamente celebrados ao regime da representação sem poderes. Sujeição a qual, ao contrário do defendido pelos

---

[485] Nitzsche, *Die Überschreitung...*, p. 17.

[486] *Idem*, p. 47.

[487] Poderes estes aparentes que como Nitzsche, *Die Überschreitung...*, p. 40, refere desaparecem naturalmente quando o terceiro conhece ou deve conhecer o abuso.

[488] Wolgang Siebert, *Zur Lehre vom Mißbrauch...*, in *Zeitschrift...*, 95, 4, pp. 629 e ss..

autores anteriormente referidos, se faria não por via indirecta ou analogia mas sim directamente[489].

SIEBERT procuraria transpor para o domínio da representação e do desmando dos poderes representativos a respectiva tese acerca do abuso de direito[490]; numa orientação claramente marcada pela preocupação em afirmar um alegado pensamento comunitário e em diminuir o nível significativo ideológico do jussubjectivismo com o acentuar de supostos deveres dirigidos ao titular do direito[491]. De acordo com SIEBERT a doutrina do abuso de direito revelaria – a partir de uma multiplicidade de preceitos individuais[492], e em particular da essência e função da ordem jurídica – como o exercício de cada direito se encontraria vinculado pela sua função social e ético-jurídica[493]. As limitações legais conduziriam à própria configuração das várias situações jurídicas activas, através de restrições imanentes, as quais não consentiriam comportamentos contrários ao respectivo fim. Todo e qualquer abuso de direito representaria, assim, o seu próprio ultrapassar e consubstanciaria uma violação da ordem jurídica[494]. O titular teria apenas aparentemente actuado no âmbito da respectiva posição jurídica[495]. Na verdade, porém, assistir-se-ia a uma actuação desprovida de qualquer direito[496]. Direitos e deveres seriam, assim, reconduzidos a uma mesma unidade[497]. Isto valeria, de acordo com SIEBERT, igualmente para determinadas capacidades jurídicas entre as quais se incluiria, em primeira linha, e no entender do autor, o poder de representação[498]: quando o representante não se mantivesse dentro dos quadros da sua competência gestória então assistir-se-ia (sempre) a uma ultrapassagem ou violação do poder de representação[499]. O poder voluntário de representação mostrar-se-ia, no dizer de SIE-

---

[489] Cfr., Nitzsche, *Die Überschreitung...*, p. 28; e Freiling, *Mißbrauch...*, p. 17.

[490] Cfr., *Verwirkung und Unzulässigkeit der Rechtsausübung. Ein rechtsvergleichender Beitrag zur Lehre von den Schranken der privaten Rechte und der exceptio doli (§§ 226, 242, § 26 BGB), unter besonderer Berücksichtigung des gewerblichen Rechtsschutzes (§ 1 UWG)*, Marburgo, 1934, pp. 83 e ss.. Cfr., também, *Vom Wesen...*, em especial pp. 23 e ss., e 29; Siebert, *Zur Lehre vom Mißbrauch...*, in *Zeitschrift*, 95, 4, pp. 629 e ss., *passim*, maxime, pp. 631 e 643.

[491] Na nossa doutrina v., a este respeito, Menezes Cordeiro, *Da boa fé...*, II, p. 863. Cfr., ainda, e naturalmente, Siebert, *Zur Lehre vom Mißbrauch...*, in *Zeitschrift*, 95, 4, pp. 629 e 630.

[492] Em particular os §§ 226, 224 e 826 do *BGB.* V., por exemplo, Siebert, *Zur Lehre vom Mißbrauch...*, in *Zeitschrift*, 95, 4, p. 630.

[493] Soergel-Siebert, *Bürgerliches Gesetzbuch*, I, *Allgemeiner Teil*, 9.ª ed., Estugarda e Colónia, 1959, comentário prévio ao § 226, p. 755.

[494] Por isso mesmo, de acordo com Siebert, *Vom Wesen...*, p. 19, abuso de direito consistiria no exercício de um simples direito aparente. V., também Soergel-Siebert, *Bürgerliches...*, I, *Allgemeiner...*, comentário prévio ao § 226, pp. 755 e ss..

[495] Soergel-Siebert, *Bürgerliches...*, I, *Allgemeiner...*, comentário prévio ao § 226, pp. 756 e ss.. Cfr., também, Siebert, *Zur Lehre vom Mißbrauch...*, in *Zeitschrift*, 95, 4, p. 629.

[496] Soergel-Siebert, *Bürgerliches...*, I, *Allgemeiner...*, comentário prévio ao § 226, pp. 755 e 756.

[497] Cfr. Siebert, *Zur Lehre vom Mißbrauch...*, in *Zeitschrift*, 95, 4, p. 629. V., também, Frieling, *Mißbrauch...*, p. 18.

[498] Siebert, *Zur Lehre vom Mißbrauch...*, in *Zeitschrift*, 95, 4, pp. 629 e ss., 631, 642 e 643.

[499] *Idem*, p. 642.

BERT, e tal como qualquer outra situação jurídica activa, configurado e limitado no seu conteúdo pela ideia de dever e de comunidade[500]. Deste modo, ela não pode possuir um alcance maior ou mais amplo de quanto lhe é consentido por um exercício fiel às vinculações assumidas pelo procurador diante do representado. Também no poder de representação, e de acordo com a natureza ou essência do abuso de direito, se devem reconduzir situações passivas e activas a uma mesma unidade (ou dito de forma talvez mais correcta: de acordo com SIEBERT, direitos e deveres devem, também no contexto do poder de representação, ser reduzidos a uma mesma unidade, de tal forma que o âmbito do poder de representação se encontra delimitado e configurado pela situação dos deveres do representante)[501]. Nesta perspectiva o âmbito do poder de representação decorreria da relação jurídica interna ou se se preferir dos deveres pendentes sobre o representante[502]. Com isso estar-se-ia a abrir mão da abstracção do poder de representação[503]. Contudo, e no interesse do tráfego e da contraparte no negócio representativo, SIEBERT não aplica esta sua doutrina do abuso de direito a todos os casos nos quais o representante ultrapassa os respectivos deveres internos. A explicação dogmática para esta atitude dual residiria na circunstância de o exercício do poder de representação se desenvolver em duas frentes: uma perante o representado e o representante; a outra diante do procurador e do terceiro. Uma actuação abusiva apenas deveria ter, assim, lugar, e na opinião do autor, quando, de acordo com as regras da boa fé, o terceiro a devesse ter reconhecido como tal (caso em que se aplicaria, então, os regimes dos §§ 177 e ss. do *BGB*). Não fosse o desmando cognoscível para o *tertius*, então, o representante teria actuado dentro do poder de representação. A vinculação da *potestas* representativa aos deveres e fim das faculdades do *procurator* encontra-se, assim, limitada pelos legítimos interesses do tráfego jurídico[504].

Nestes termos, e tudo visto, SIEBERT apenas defende, na realidade, a aplicação do regime da representação sem poderes contido nos §§ 177 do *BGB*, com a consequente ineficácia do negócio representativo, verificado um duplo pressuposto[505]: de um lado, o representante deve ter violado os respectivos deveres perante o representado, enquanto, do outro, o terceiro não pode ignorar culposamente o desmando realmente verificado. Se a outra parte no negócio representativo se encontrava, pois, de boa fé[506], e não obstante a violação

---

[500] *Idem*, pp. 643, 654.

[501] *Idem*, pp. 629, 632, 633, 643, 644, 654. Este aspecto ou ideia corresponde mesmo ao núcleo essencial que o autor pretende sublinhar no seu escrito acerca do abuso de representação. Cfr., igualmente, *Vom Wesen...*, p. 29.

[502] Wolgang Siebert, *Zur Lehre vom Mißbrauch...*, in *Zeitschrift...*, 1935, 95, 4, p. 643. V., também, Freiling, *Der Mißbrauch...*, p. 18.

[503] V., Freiling, *Der Mißbrauch...*, p. 18. Cfr., também, em parte nesse sentido, Siebert, *Zur Lehre vom Mißbrauch...*, in *Zeitschrift...*, 95, 4, pp. 644 e 654.

[504] Siebert, *Zur Lehre vom Mißbrauch...*, in *Zeitschrift...*, 95, 4, p. 644; Id., *Zur Lehre...*, p. 654.

[505] Siebert, *Zur Lehre vom Mißbrauch...*, in *Zeitschrift...*, 95, 4, pp. 643 e 644, 648. V., também, e por todos, Freiling, *Der Mißbrauch...*, p. 18.

[506] Para um esclarecimento acerca do modo como o autor encara a noção de terceiro de boa fé v., Siebert, *Zur Lehre vom Mißbrauch...*, in *Zeitschrift...*, 95, 4, pp. 649 e ss..

cometida pelo representante, então, não haveria abuso de representação e o *procurator* não actuaria sem poderes de representação mas de facto munido deles. A aplicação ao fenómeno representativo da doutrina do abuso de direito propugnada por SIEBERT não é assim plenamente assumida pelo autor, porquanto não são, tão-só, os vínculos pendentes sobre o representante a determinar o âmbito da *potestas* representativa. Para isso contribui, na construção do jurista alemão, igualmente a boa fé do *tertius*[507]. Esta incongruência, ou inconsequência, fundamenta-a o escritor, refira-se de novo, nas especialidades próprias do poder de representação[508], a ser necessariamente apreciado a partir de dois pontos de vista inteiramente distintos[509]. Conjuntamente com a autorização gestória ele daria lugar a uma ligação jurídica entre o representante e o representado. Paralelamente produziria, também, e enquanto típica relação externa diante do terceiro, efeitos perante este. Assim os pressupostos do abuso de representação deveriam ser determinados a partir destes dois lados ou perspectivas. Tudo a fazer com que apenas se assista a um abuso relevante quando, e de acordo com a boa fé, o terceiro devesse ter tido conhecimento do desmando cometido pelo representante[510]. Com isto vencer-se-ia, no dizer de SIEBERT, a separação ou dualidade entre *Können* e *Dürfen* representativos porquanto, de acordo com a respectiva tese, não se assistiria nunca a uma situação na qual um comportamento abusivo se pudesse situar dentro do poder de representação e produzir efeitos diante do terceiro[511]. Na eventualidade de se tratar apenas de uma violação que se traduzisse numa ofensa da autorização gestória, mas não pudesse ser qualificada como abusiva, então, a diferença de âmbito entre poder de representação e autorização gestória conduziria a um negócio dentro do poder do primeiro apesar de corresponder a uma utilização não aprovada por uma contranorma (*gegennorm*)[512].

A prova da correcção da sua tese, segundo a qual não se deveria considerar inexistente o poder de representação perante uma qualquer actuação do representante contrária à respectiva competência gestória, tornar-se-ia ainda mais evidente, segundo SIEBERT, quando, para tutela de terceiros de boa fé, se considera a ideia de aparência jurídica[513]. As exigências de correcção a colocar ao terceiro deveriam ser apreciadas, caso a caso, de acordo com a ideia de lealdade e boa fé e, designadamente, à luz de vários pontos de apoio fornecidos por lei para a respectiva concretização, em particular nos §§ 173, 179, III do *BGB*[514]: desconhecimento negligente da ilicitude do comportamento do

---

[507] Siebert, *Zur Lehre vom Mißbrauch...*, in *Zeitschrift...*, 95, 4, pp. 643 e 644, 648.

[508] Siebert, *Zur Lehre vom Mißbrauch...*, in *Zeitschrift*, 95, 4, p. 654, ao considerar o referido poder de representação tipicamente dirigido ou direccionado para fora. V., ainda, as referências feitas na nota seguinte.

[509] *Idem*, pp. 631, 632 e 643.

[510] V., *Idem*, *passim*, designadamente as referências feitas nas notas anteriores e posteriores a esta e, por exemplo, quanto o autor escreve *op. cit.*, pp. 643 e 649.

[511] *Idem*, pp. 632 e 634. Isto sublinhe-se novamente, porquanto, para Siebert, só existiria abuso se o terceiro estivesse, ou devesse estar, dele consciente.

[512] *Idem*, pp. 632 e ss..

[513] *Idem*, pp. 644 e especialmente 649 e nota (I).

[514] *Idem*, pp. 649 e ss..

representante, ou da contrariedade ao mandato, conduz, em regra, à negação do poder de representação. Configuração do poder de representação a partir dos deveres internos e aparência jurídica complementar-se-iam, assim, mutuamente. SIEBERT não desenvolveria mais esta ideia. Ele limitar-se-ia, praticamente, a remeter entre outros, para autores como SEELER[515], WELLSPACHER[516], H. MEYER[517] e OTTO FISCHER[518, 519].

A expressa afirmação feita por SIEBERT no sentido da unidade entre direitos e deveres e a sua aplicação ao domínio do fenómeno representativo mostra-se absolutamente incompatível com o princípio da abstracção da procuração[520]. Na verdade, uma uniformidade entre o

---

[515] Seeler, *Vollmacht...*, in *Archiv...*, 28, pp. 1 e ss..

[516] Wellspacher, *Das Vertrauen...*, pp. 79 e ss.

[517] Herbert Meyer, *Das Publizitätsprinzip im deutschen Bürgerlichen Recht*, Munique, 1909, p. 95.

[518] Cfr., porém, Siebert, *Faktische Vertragsverhältnisse. Abwandlungen des Vertragsrechts in den Bereichen der Daseinvorsorge des Gesellschaftsrechts und des Arbeitsrechts*, Karlsruhe, 1958, pp. 27 e ss.; Soergel-Siebert, *Bürgerliches...*, I, *Allgemeiner...*, I, comentário ao § 157, pp. 557 e ss.. Como se sabe, Siebert partilharia pontos de vista idênticos aos subjacentes à doutrina de Coing acerca da responsabilidade pela confiança por força de comportamentos concludentes. Para uma recensão crítica sobre o pensamento deste autor e uma referência quanto às diferenças entre as posições de Coing e as de Siebert pode ver-se, Canaris, *Vertrauenshaftung...*, pp. 16 e ss., e nota (2).

[519] Siebert, *Zur Lehre vom Mißbrauch...*, in *Zeitschrift*, 95, 4, p. 649, e nota (I).

[520] Assim, também, Tietz, *Vertretungsmacht...*, pp. 300 e 301. De um modo geral a contradição entre os pressupostos assumidos por Siebert, de um lado, e os resultados alcançados, do outro, é assinalada pela totalidade dos autores que se debruçaram sobre a construção por aquele proposta para o abuso de representação. O facto de a maior parte deles se mostrar defensor da ideia de abstracção do poder de representação explica a circunstância de as críticas a Siebert sublinharem, sobretudo, a circunstância de a ideia de unidade entre o poder de representação e a autorização ser posta em causa quando Siebert defende a tese de que se deve considerar as faculdades representativas a partir de uma dupla perspectiva, simultaneamente interna e externa – de modo a apenas se considerar como abusivo o desmando cognoscível pelo terceiro. Pela nossa parte – e independentemente das censuras a endereçar à própria concepção de abuso de direito proposta pelo autor as quais nos levariam demasiado longe (o abuso de direito foi, aliás, entre nós, objecto de aprofundados estudos e contributos como o ilustram as obras de Tito Arantes, *Do abuso de direito e da sua repercussão em Portugal (ensaio jurídico)*, Lisboa, 1936, pp. 11 e ss.; Vaz Serra, *Abuso de direito (em matéria de responsabilidade civil)*, in *Boletim do Ministério da Justiça*, 1959, 85, 243 e ss.; Castanheira Neves, *Questão...*, I, pp. 513 e ss., e designadamente, pp. 522 e nota (38), p. 525 nota (42), p. 526 nota (47); Fernando Cunha de Sá, *Abuso de direito*, Lisboa, 1973, *per totum*, e pp. 435 e ss., maxime p. 441; Coutinho de Abreu, *Do abuso de direito*, reimpressão da edição de 1983, Coimbra, 1999, *per totum*; Menezes Cordeiro, *Da boa fé...*, II, pp. 662 e ss., maxime pp. 861 e ss., e 874 e ss.; e Sinde Monteiro, *Responsabilidade...*, pp. 535 e ss.. V. também quanto escrevemos *infra* em particular a propósito das teorias internas (*Innentheorien*) do abuso de direito nas quais se integra a construção de Siebert) – julgamos ser de chamar a atenção para o facto de os pressupostos assumidos pelo jurista alemão, no sentido de afirmar a unidade de direitos e deveres do representante, conduzirem fatalmente à negação da ideia de abstracção da procuração. Por isso mesmo Bäumer, *Vollmachtsmißbrauch...*, pp. 4 e ss. (*Apud*, Tietz, *Vertretungsmacht...*, p. 253), ao fazer suas as ideias de Siebert acerca da unidade entre deveres e direitos, e ao propor, também ele, a protecção do tráfego de boa fé através da tutela da confiança legítima na aparência jurídica haveria

poder de representação e o negócio gestório teria como consequência necessária a afirmação segundo a qual toda a violação desta consiste num abuso de representação. SIEBERT não aceita, porém, plenamente esta ideia, preocupado em evitar que o terceiro tenha de assumir sempre o risco do desmando realizado pelo representante. Para afastar um tão desajustado resultado, SIEBERT faz depender a harmonização entre *Können* (*posse*) e *Dürfen* (*licere*) da boa ou má fé do representado. Destarte, o autor assenta toda a sua construção acerca da extensão e âmbito do poder de representação num dado a ele absolutamente exterior[521]. Tudo em franca contradição com os pressupostos por ele assumidos. Não é por demais afirmar outra vez: sublinhem-se os limites imanentes e intrínsecos do poder de representação, decorrentes do dever de fidelidade perante o principal, então, todo e qualquer comportamento contrário a tais deveres não pode deixar de ser entendido como correspondente a uma actuação sem poderes[522]. É que, de acordo com a doutrina do abuso de direito de SIEBERT, as fronteiras de uma situação jurídica activa apenas podem ser influenciadas pela posição do seu titular, não através da atitude de um terceiro[523]. Tudo a levar STOLL a considerar a tese de SIEBERT como uma autêntica contradição nos seus termos[524].

Bastava, porém, para evitar a incoerência na qual SIEBERT caiu, a aceitação, até ao fim, da tese da causalidade da procuração[525]. A posterior distribuição do risco de um desmando por parte do representante far-se-ia através da luz da ideia segundo a qual os casos de vinculação do principal, não obstante o abuso verificado, se reconduzem a hipóteses de tutela da confiança de terceiro de boa fé. Não

---

de se pronunciar expressamente a favor do carácter causal da procuração. Siebert só o faria, porém, de forma meramente parcial (v., Siebert, *Zur Lehre vom Mißbrauch...*, in *Zeitschrift*, 95, 4, pp. 644 e 654). Para uma crítica das posições de Siebert acerca do abuso de representação pode ver-se, designadamente, e de entre a literatura jurídica por nós considerada – e para além da obra já citada de Berger, *Zur Frage...*, pp. 45; Nitzsche, *Die Überschreitung...*, pp. 27 e ss., e 48 e 49; Rinck, *Pflichtwidrige...*, p. 112, nota (508), e p. 113, nota (513); Stoll, *Der Mißbrauch...*, in *Festschrift...*, pp. 122 e ss., o qual considera ser Siebert uma vítima da sua própria apreciação ou análise; Frieling, *Mißbrauch...*, pp. 19 e ss.; Schott, *Der Mißbrauch...*, in *Archiv...*, 171, pp. 391 e ss.; Frotz, *Verkehrsschutz...*, pp. 547 e ss..

[521] Em sentido aproximado v., Freiling, *Mißbrauch...*, p. 20.

[522] *Idem.* cfr., também, no mesmo sentido Tietz, *Vertretungsmacht...*, p. 301.

[523] Freiling, *Mißbrauch...*, p. 20.

[524] Stoll, *Der Mißbrauch...*, in *Festschrift...*, p. 122.

[525] Causalidade que Siebert, *Zur Lehre vom Mißbrauch...*, in *Zeitschrift,* 95, 4, pp. 644 e ss., apenas admite no pressuposto de o terceiro não se encontrar de boa fé e ter podido reconhecer a ilicitude da actuação do representante.

obviamente nos moldes propostos por SIEBERT, quando este apela para a doutrina da aparência como forma de corroborar os resultados por ele alcançados a propósito do abuso de representação. Como refere a propósito FRIELING[526], a aparência protege, verificadas determinadas circunstâncias, a confiança investida pelo terceiro em certos *Tatbeständen* exteriores. Esta protecção não é concedida devido à circunstância de o titular aparente possuir um verdadeiro direito à sua disposição mas justamente por, de facto, não se encontrar investido em nenhuma posição jurídica real. Noutros termos, a ideia de protecção da confiança só pode aplicar-se quando apenas exista a aparência de um direito, não quando se lide com realidades autênticas. Aceite-se, com SIEBERT, a ideia de que o abuso representativo só se verifica na eventualidade de ele ser cognoscível para o terceiro, e a conclusão só pode ser uma: o comportamento abusivo do representante situa-se, na precisa medida da abstracção defendida, dentro de uma verdadeira posição jurídica – o poder de representação[527]. Quer isto dizer encontrar-se o terceiro, parte num negócio com o procurador, protegido por ter confiado em algo de real; não numa mera aparência. Neste caso, não é, porém, nem necessário nem possível fazer apelo à tutela da aparência ou da confiança[528].

XII – À sujeição à disciplina da representação sem poderes dos negócios abusivamente celebrados pelo *procurator*, e por conseguinte ao § 177 do *BGB*, chegam, igualmente, todos quantos propõem a aplicação analógica a estes casos do disposto no § 181 do *BGB*, destinado a obstar à celebração, por parte do representante, de um negócio consigo mesmo – excepto se com o consentimento do principal[529].

O ponto de partida desta construção é a tese segundo a qual a letra do § 181 do *BGB* se mostraria demasiado restrita. De acordo com a respectiva finalidade, este preceito deveria aplicar-se, não apenas aos casos aí expressamente contemplados, mas, também, em todos quantos os interesses do representante e do representado se encontrassem em conflito. A procuração concederia, em regra, um poder para a realização dos interesses do representado. Nestes termos, o

---

[526] Frieling, *Mißbrauch...*, p. 21.

[527] *Idem*.

[528] Para ulteriores referências a posições contrárias à utilização que Siebert faz da doutrina da confiança no contexto do abuso de representação pode ver-se, Frieling, *Mißbrauch...*, p. 22, nota (1).

[529] Assim pode ver-se, por exemplo, Egger, *Mißbrauch der Vertretungsmacht*, in *Beiträge zum Handelsrecht, Festgabe zum 70. Geburtstag von Carl Wieland*, Basileia, 1934, pp. 52 e ss. (*Apud*, Tietz, *Vertretungsmacht...*, p. 244).

exercício do poder de representação para outros fins que não os determinados pelo dono do negócio careceria do consentimento deste. Para os casos nos quais a concordância do principal com determinada actuação não foi dada (o negócio consigo mesmo), o § 181 do *BGB* resolve a favor do representado o conflito de interesses que possa surgir. Esta ideia fundamental seria de aplicar, igualmente, ao abuso de representação. Na utilização do poder de representação para a prossecução de objectivos ou finalidades distintas das definidas pelo representante residiria, por conseguinte, um abuso no sentido do § 181 do *BGB*. O § 181 deveria ser, assim, entendido como um preceito com alcance geral destinado a combater o abuso de representação. Uma aplicação analógica do § 181 teria, destarte, lugar não apenas quando o representante prosseguisse de forma ilícita os seus próprios interesses mas, ainda, quando visasse finalidades pertencentes exclusivamente a terceiros e alheias ao *dominus*. Em virtude, porém, quer das acrescidas possibilidades do principal em controlar os riscos associados ao negócio representativo, quer da necessidade de assegurar a protecção do tráfego jurídico e de quem investe de facto no teor da procuração, a aplicação analógica do § 181 deveria circunscrever-se aos casos nos quais a confiança depositada pelo *tertius* no poder de representação se não mostra digna de protecção.

A *communis opinio* tudesca[530] rejeitaria, contudo, a possibilidade de se chamar o § 181 do *BGB* a depor na resolução da problemática do abuso de representação. Esta norma contém uma previsão genérica destinada a prevenir em abstracto qualquer eventual possibilidade de conflito de interesses entre o representante e o representado[531, 532]. Na verdade, o legislador pretendeu evitar, aí, que o procurador favorecesse os seus próprios interesses em detrimento dos do principal através de uma proibição absoluta, e independentemente de qualquer perigo real e concreto, de celebração de negócios consigo mesmo. No caso do

---

[530] Cfr., de entre os autores por nós considerados, nomeadamente, Berger, *Zur Frage..*, pp. 40 e ss.; Freiling, *Mißbrauch...*, pp. 23 e ss.; Flume, *Allgemeiner...*, II, *Das Rechtsgeschäft...*, pp. 819 e ss.; e Steffen, *BGB – RGRK*, cit., I, comentário ao § 181, p. 132; Medicus, *Allgemeiner...*, p. 362; Id., *Idem*, 7.ª ed., p. 369. Na jurisprudência v., com simples carácter indicativo, *Reichsgericht, I. Zivilsenat. 14. Oktober 1931*, in *Entscheidungen des Reichsgerichts, Zivilsachen*, 1932, 134, pp. 67 e ss. (cfr. *supra*).

[531] À semelhança de quanto acontece aliás com o artigo 261.º do Código Civil.

[532] Para uma análise detalhada acerca do sentido e alcance do § 181 do *BGB* pode ver-se, de entre a inúmera literatura sobre o tema, e a título meramente exemplificativo: Ulrich Hübner, *Interessenkonflikt und Vertretungsmacht. Eine Untersuchung zur funktionalen Präzisierung des § 181 BGB*, Munique, 1977; Flume, *Allgemeiner...*, II, *Das Rechtsgeschäft...*, pp. 781 e ss.; Steffen, *BGB-RGRK*, cit., I, comentário ao § 181, pp. 127 e ss.; Soergel-Leptien, *Bürgerliches...*, I, comentário ao § 181, pp. 1395 e ss.; Id., *Idem*, 13.ª ed., comentário ao § 181, pp. 665 e ss.; Schramm, *Münchener...*, I, comentário ao § 181, pp. 1529 e ss., Id., *Idem*, 4.ª ed., comentário ao § 181, pp. 1792 e ss.; Staudinger-Schilken, *Kommentar...*, I, comentário ao § 181, pp. 171 e ss.. Cfr., igualmente, *Protokolle (Mugdan)...*, in *Die gesamten...*, I, p. 759.

abuso de representação não se trata de uma pura e simples proibição de uma hipotética e previsível disputa de interesses entre o constituinte e o seu *procurador* mas, sim, de um desentendimento, entre o dono do negócio e a contraparte, fundado num efectivo desvio cometido pelo procurador relativamente ao fim da procuração e deveres a ela associados. Falha, portanto, e conforme sublinhado pela doutrina dominante, o paralelismo capaz de justificar a analogia[533].

A ser reconhecida, porém, e realmente, a possibilidade de aplicação analógica do § 181 do *BGB* aos casos de abuso de representação de quanto, na verdade, se trataria era de transportar para a esfera externa – com sua consequente intromissão no âmbito e conteúdo da *potestas* do representante – a garantia de preservação dos limites da autorização gestória. Garantia, sublinhe-se novamente, concedida para toda uma categoria abstracta de negócios capazes de, eventualmente, colocar em questão o interesse do *dominus* independentemente de qualquer verdadeiro perigo. Nestes termos, a aplicação analógica do § 181 do *BGB* conduziria, de imediato, à ineficácia de qualquer actuação do representante capaz de, em tese, gerar a possibilidade de um abuso de representação, mesmo se na prática todos os deveres internos tivessem sido respeitados. Além disso, e se, de forma consequente, se pretendesse levar até ao fim a ideia subjacente ao § 181 do *BGB*, então, a actuação abusiva do representante seria sempre oponível ao *tertius,* independentemente de ser, ou não, para este cognoscível[534]. Com isto estar-se-ia, destarte, a negar de forma absolutamente radical, e sem precedentes, a ideia de autonomia e abstracção da *procuratio* e do poder de representação. Os deveres de cuidado colocados a cargo do representante seriam enormes: sobre ele penderia sempre não apenas o risco de abuso de representação. Mas, mais do que isso, o próprio perigo de um determinado comportamento se mostrar hipoteticamente susceptível de gerar um desmando pesaria, sem excepção, sobre o *tertius.* A intromissão da autorização gestória no poder de representação seria assim total, com o elevar da mera possibilidade de conflito de interesses a pedra angular de resolução do problema do abuso de representação, independentemente de o terceiro ser ou não merecedor de tutela jurídica.

---

[533] Sendo certo que a tentativa de transportar para o nosso direito qualquer construção deste tipo falharia sempre por existir norma expressa na qual se regula o abuso de representação.

[534] Assim, também, Frieling, *Mißbrauch...*, p. 24; e Tietz, *Vertretungsmacht...*, p. 295.

Os defensores da aplicação analógica do § 181 aos casos de abuso de representação procuram, é certo, evitar, ao menos parcialmente, estes resultados ao considerarem ser requisito da relevância externa do desmando (ou perigo de desmando) do representante o conhecimento ou desconhecimento negligente do terceiro. Contudo, semelhante ideia mostra-se absolutamente estranha ao § 181 do *BGB*[535], onde se não encontra nenhuma previsão de tutela da boa fé. Fazer depender a relevância do abuso de representação de pressupostos subjectivos verificados na esfera do terceiro significa, por isso, pura e simplesmente o ultrapassar das fronteiras consentidas pela aplicação analógica do § 181 do *BGB*[536]. Deve pois concluir-se em definitivo: à semelhança das demais tentativas de resolução do problema do abuso de representação através de uma via endógena, o recurso à disciplina do negócio consigo mesmo conduz à afirmação do carácter causal do negócio de concessão dos poderes de representação do ponto de vista da respectiva extensão.

XIII – Atentas as deficiências da tese favorável à aplicação analógica, aos casos de abuso de representação, da disciplina relativa ao negócio consigo mesmo, RINCK submetê-la-ia a várias modificações[537].

O ponto de partida assumido por RINCK é o de que, quer na perspectiva do *dominus* quer na da generalidade das pessoas, o procurador se encontra, de um lado, obrigado a não buscar o proveito próprio e, do outro, sujeito a deveres de correcção perante o dono do negócio.
O dever de fidelidade do representante, no sentido de não fazer uso do poder de representação em benefício pessoal, decorreria em primeira linha do princípio contido no § 181 do *BGB*[538]. A prática permitiu, na verdade, detectar uma multiplicidade de estratagemas destinados a contornar a aplicação deste preceito. Estratagemas entre os quais se contam designadamente a utilização de sub-representantes, homens de palha, etc. Todos estes casos seriam, segundo RINCK, de submeter directamente ao § 181.
Nas restantes hipóteses de violação dos deveres de fidelidade o autor defenderia a aplicação, *a contrario sensu*, das regras destinadas a proteger a boa fé[539]. O pressuposto-base para uma tal afirmação é a constatação segundo a qual o

---

[535] E o mesmo sucede relativamente ao artigo 261.º do Código Civil.
[536] Neste mesmo sentido, Frieling, *Mißbrauch...*, p. 25; e Tietz, *Vertretungsmacht...*, p. 295.
[537] Cfr., Rinck, *Pflichtwidrige...*, pp. 12 e ss..
[538] *Idem*, p. 89.
[539] *Idem*, pp. 111 e ss., maxime 115 e ss..

direito alemão teria afirmado sempre a dualidade entre o *Können* e o *Dürfen*[540].

Nestes termos, mostrar-se-ia inteiramente acertada a orientação da jurisprudência alemã ao negar a possibilidade de se restringir, de forma sistemática, a eficácia do negócio representativo aos comportamentos do representante que de facto servem e correspondem aos interesses dos representados[541].

Não obstante – afirma – na determinação do âmbito da procuração e na respectiva interpretação devem ser tomadas em consideração todas as circunstâncias conhecidas pela contraparte. Destarte, se esta conhecer o fim da procuração, então, deve deixar fazer valer contra si esse mesmo fim aquando da exegese da mesma e, designadamente, restrições eventualmente contrárias ao teor literal do negócio procuratório. Com isto, suprime-se, porém, e em grande medida as fronteiras entre a *procuratio* e negócio gestório[542]. Estas considerações não permitem, no dizer de RINCK, resolver, ainda, o problema do abuso de representação. Contudo, obrigam a proceder à determinação da questão que consiste em determinar a eficácia de um negócio celebrado pelo representante dentro do respectivo poder mas com ofensa do dever de fidelidade sobre ele pendente[543].

No caso de o procurador e o terceiro terem actuado conjuntamente em prejuízo do representado a protecção concedida a este último seria garantida pelo § 138 do *BGB*, ao determinar a nulidade de um negócio jurídico ofensivo dos bons costumes. Eventualmente o § 826 do *BGB* poderia ser, também, chamado a depor perante o dolo do terceiro[544].

Nos restantes casos assistir-se-ia a uma limitação do poder de representação a partir da sua própria essência, e através, repise-se, de uma aplicação *a contrario sensu* das regras destinadas a assegurar a protecção da boa fé[545]. Não se trataria de uma contranorma (*gegennorm*) no sentido proposto por SIEBERT, mas sim de uma limitação decorrente da própria natureza intrínseca do poder de representação[546]. Aparência jurídica e poder de representação não são susceptíveis de separação. O princípio jurídico tudesco da confiança determinaria que, na eventualidade de alguém criar um *Tatbestand* capaz de permitir concluir no sentido da existência de um poder de representação, então, a crença do terceiro nesse poder deve ser protegida[547]. Prova disso mesmo seriam, designadamente, os §§ 173 e 169 do *BGB*. Mas a ser assim está, no dizer do autor, autorizada a seguinte conclusão: perante um terceiro, o poder voluntário de representação obriga quando houver uma razão para se acreditar ter o *dominus* desejado ficar vinculado, então, *a contrario*, uma procuração concedida deve ser vista como se de facto o não tivesse sido se o terceiro sabia, ou devia saber, que o dono do negócio não desejava ficar preso à actuação do represen-

---

[540] *Idem*, pp. 111 e 112.
[541] *Idem*, p. 112.
[542] *Idem*.
[543] *Idem*.
[544] *Idem*, pp. 112 a 115.
[545] *Idem*, pp. 115 e 116.
[546] *Idem*, p. 116, nota (528).
[547] *Idem*, p. 116.

tante. Se a boa fé protege, a má fé deve retirar essa mesma protecção: o poder de representação é, nesse caso, tomado como não existente e o negócio representativo valorado como fruto da actuação de um falso procurador[548]. Sobre o terceiro pesa assim um dever de cuidado e de informação na celebração de um qualquer negócio representativo[549].

Tal como os restantes defensores de soluções endógenas para a questão do abuso de representação, RINCK pronuncia-se a favor da abstracção da procuração e da separação da extensão do *Dürfen* (*licere*), por um lado, e do *Können* (*posse*) representativo, por outro. Começa aí justamente a improcedência da teoria do autor.

Sublinhe-se, antes de mais, a referência à natureza da representação como forma de justificar o facto de apenas os terceiros de boa fé deverem ser protegidos em caso de abuso por parte do representante. Trata-se, conforme já foi por diversas vezes referido de um mero criptoargumento desprovido de qualquer valor ou sentido[550]. Ainda assim, quando ele devesse ter alguma utilidade, sempre se teria de atentar no facto de, precisamente, RINCK cuidar de explicar como a penalização do *tertius* de má fé, e a concomitante protecção de quem se encontra da boa fé, ser vista como algo de inerente ou intrínseco ao poder de representação. Não resultado de uma «*Gegennorm*». Aceite, porém, a tese postulada pela ideia de abstracção da procuração, de que o *Können* representativo possui um carácter meramente formal, não se vê como afirmar decorrer a sanção contra terceiro de má fé directamente do poder de representação sem, justamente, fazer intervir o *licere* sobre o *posse*[551]. Acresce ainda a circunstância de, ao partir da ideia de ideia de abstracção da procuração, RINCK estar precisamente a negar qualquer necessidade de protecção do representado através do recurso à tutela da aparência[552]. Apesar disso, e da sua proclamação de fé na ideia labandiana da separação integral entre negócio de gestão e poder de representação, o autor acaba por procurar assegurar a protecção do representado através de uma

---

[548] *Idem.*

[549] *Idem*, pp. 116 e 117.

[550] Asim, também, Frotz, *Verkehrsschutz...*, p. 554.

[551] A este respeito cfr., Stoll, *Der Mißbrauch...*, in *Festschrift...*, p. 125, o qual sublinha a inconsequência da tese de Rinck quando – num fenómeno, aliás, comum às demais soluções endógenas – ele pretende resolver os problemas resultantes do reconhecimento do princípio da abstracção e, por conseguinte, de um *Können* mais amplo do que o *Dürfen* justamente através da negação da existência, em caso de abuso de representação, de poderes representativos.

[552] Cfr., Frotz, *Verkehrsschutz...*, p. 554.

solução obtida, *a contrario sensu*, a partir de um princípio – supostamente consagrado nos §§ 169 e 173 do *BGB* – de tutela da confiança da boa fé, a qual, neste caso, teria de se reportar necessariamente ao representado[553] em vez de se ater apenas na desnecessidade de protecção do terceiro. Tudo isto é, ainda, agravado quando RINCK admite a possibilidade de na determinação, por via interpretativa, do âmbito da procuração se dever chamar a depor todas as circunstâncias conhecidas da contraparte no negócio representativo e, destarte, também o próprio negócio gestório. A ruptura com a visão labandiana do fenómeno representativo só não é, aqui, total devido ao facto de RINCK apenas permitir que, no processo de interpretação da procuração, sejam tomados em consideração os aspectos efectivamente conhecidos pelo representado. Nestes termos, se o terceiro não tivesse, com negligência sua, conhecimento dos limites da autorização interna, então, esta não interferiria no poder de representação[553a]. Todavia, e conforme já anteriormente referido[554], não existe qualquer base legal para semelhante tomada de posição. Não se vê, na verdade, qual o motivo capaz de explicar a sujeição do processo hermenêutico tendente a determinar o alcance dos poderes de representação a regras diferentes das gerais.

A favor da abstracção meramente parcial da procuração resta, assim, na construção de RINCK apenas, e eventualmente, um elemento muito ténue. De acordo com uma hipótese aventada por alguma doutrina[555], RINCK exigiria, como requisito da relevância externa do abuso de representação, a consciência por banda do representante de estar a agir abusivamente. A verdade, porém, é que não existe nenhum indício claro na construção do autor no sentido de ser esse o seu real pensamento. Mas mesmo quando o fosse, sempre se mostraria inaceitável

---

[553] Sobre isto, e em termos semelhantes, Frotz, *Verkehrsschutz...*, p. 554. Cfr., também, Tietz, *Vertretungsmacht...*, pp. 298 e 299, o qual parece apontar no sentido de que, ao fazer referência à boa fé e respectiva tutela e ao dizer que, perante o terceiro, o poder voluntário de representação vale como se concedido quando houver uma razão para se acreditar ter o *dominus* desejado ficar vinculado, Rinck está a admitir não existir nesse caso nenhuma *potestas* representativa real. Tudo se reconduziria à aparência ou a uma ficção com a consequente destruição da ideia de abstracção da *procuratio*.

[553a] Sendo certo que no âmbito do abuso de representação Rinck considera que a simples negligência leve já prejudica o terceiro.

[554] Cfr., *supra*, quanto se escreve neste parágrafo a propósito do ensinamento de Stoll. V., também, *infra* as considerações por nós proferidas em crítica à chamada teoria da evidência do abuso de representação.

[555] Cfr., Frotz, *Verkehrsschutz...*, p. 552, e nota (1378); e Tietz, *Vertretungsmacht...*, p. 246.

porquanto, conforme sublinhado já[556] não existe nem qualquer suporte legal para semelhante exigência nem qualquer interesse capaz de o justificar. Tudo a levar à conclusão segundo a qual a tese de RINCK conduz, também ela, necessariamente, à afirmação do carácter causal da *procuratio*. É que de pé ficariam apenas duas referências: a alusão ao § 181 com a necessidade de alargamento da proibição da celebração de negócios consigo mesmo a todos os casos nos quais se tivesse procurado contornar a respectiva previsão; e a necessária aceitação da intromissão da autorização gestória no poder de representação por via do processo de interpretação da procuração[557].

XIV – Mais recentemente, uma outra tentativa de resolução endógena do problema do desmando dos poderes representativos haveria de ser ensaiada pela doutrina tudesca sob a designação de teoria da evidência do abuso de representação. A preocupação desta orientação é, à semelhança das suas congéneres, a de proceder à delimitação dos casos de relevância externa da actuação representativa abusiva através da negação do poder de representação, assegurando, todavia, a manutenção da ideia de abstracção da extensão da *potestas* representativa relativamente à autorização gestória[558].

De acordo com esta corrente de opinião os casos de colaboração entre o representante e o terceiro no sentido de prejudicarem o dono do negócio afigurar-se-iam absolutamente pacíficos e deveriam ser resolvidos por aplicação do § 138, preceito no qual se estabelece a nulidade dos negócios contrários aos bons costumes[559]. Nas restantes hipóteses, o abuso de representação externamente relevante conduziria à aplicação analógica do § 177 do *BGB*. Destarte, o representante actuaria desprovido de poderes[560]. Mas em termos diferentes

---

[556] V. *supra*. Cfr., igualmente, *infra*.

[557] Com a correcção ditada pela necessidade de consideração de todas as circunstâncias susceptíveis de serem conhecidas pelo terceiro e não apenas daquelas efectivamente conhecidas.

[558] Entre os respectivos defensores contam-se, em especial, Schott, *Der Mißbrauch...*, in *Archiv...*, 171, pp. 396 e ss.; Flume, *Allgemeiner...*, II, *Das Rechtsgeschäft...*, pp. 788 e ss.; e Larenz, *Allgemeiner Teil...*, pp. 599 e 600. Cfr., também, Medicus, *Allgemeiner...*, pp. 363 e 364; Id., *Idem*, 7.ª ed., p. 370; e Id., *Bürgerliches...*, pp. 74 e 75.

[559] Eventualmente poder-se-ia, ainda, fazer apelo ao § 826 do *BGB*, para com base nele considerar o terceiro obrigado a indemnizar o *dominus* e deste modo quando aquele pretendesse fazer valer os direitos decorrentes do negócio representativo conceder ao principal uma *exceptio doli*. Assim cfr., por todos, Flume, *Allgemeiner...*, II, *Das Rechtsgeschäft...*, p. 788.

[560] Na realidade, a doutrina da evidência do abuso de representação propugna a aplicação, aos casos de abuso, da disciplina prevista para a actuação sem poderes, mas, apenas considera que o comportamento abusivo do representante elimina a legitimação representativa contida dentro do poder de representação. Não esse mesmo poder. A verdade, porém, é que a aceitação da visão

dos sustentados pelos demais. Com efeito, a generalidade da doutrina e jurisprudência afirma que o terceiro só deve deixar fazer valer contra si o abuso quando o conhece ou deveria conhecer. Contudo, o estabelecimento do dever de conhecimento, enquanto requisito externo do abuso de representação revelar-se-ia, na perspectiva dos defensores da teoria da evidência do desmando, altamente problemático[561]. É que, com tal dever se estaria a sobrecarregar demasiado o tráfego jurídico e a impor ao terceiro não apenas a necessidade de se informar acerca dos exactos contornos da relação jurídica interna como também dos verdadeiros interesses do dono do negócio[562]. Destarte – sustenta-se – a descoberta labandiana acerca da abstracção da procuração seria posta em causa com a perda das vantagens a ela associadas[563]. Isso já não sucederia, contudo, se em vez de se fazer apelo à ideia de dever de conhecimento se jogasse com a noção de evidência do abuso de representação[564]. Em vez de se perguntar se o terceiro foi, ou não, negligente quanto se deveria considerar decisivo seria apenas a questão sobre se o abuso foi para ele evidente ou, noutras palavras, manifesto[565]. Evidência a qual existiria se um «*reasonable man*» (*sic*) tivesse reconhecido o abuso ou considerado o negócio representativo de tal forma duvidoso que se não teria nele envolvido[566]. Em regra isso só sucederia, porém, quando o representante tivesse actuado em prejuízo do representado, mas não já na eventualidade de ter simplesmente contrariado as respectivas instruções internas[567]. Uma actuação contra estas poderia, é certo, originar uma situação de abuso de representação externamente relevante. Isso só sucederia, todavia,

---

labandiana do fenómeno representativo assenta precisamente na afirmação segundo a qual o poder de representação não é senão legitimação formal para a prática de actos cujos efeitos se irão produzir em esfera jurídica alheia. Isso mesmo seria claramente proclamado por Laband (cfr., *supra*, Parte I, Cap. IV, parágrafo 3). O próprio Flume, *Allgemeiner...*, II, *Das Rechtsgeschäft...*, pp. 784, 786 e 787, *caput scholae* da teoria da evidência do abuso de representação escreveria categoricamente: «*O poder de representação não é mais do que legitimação. O ter salientado o poder de representação enquanto simples legitimação com base no exemplo do poder representativo voluntário*» (*Vollmacht*) «*é o grande mérito de Laband. Ele chegou a isso através da separação do poder voluntário de representação do mandato e com razão afirmou: através da separação do poder voluntário de representação do mandato, da faculdade de representação da relação jurídica em concreto existente entre o representante e o representado, está dada a possibilidade de uma autónoma legitimação do tráfego jurídico.*» Mas se assim é não se vê onde está o espaço para uma eliminação da legitimação representativa a qual, todavia, não redunda numa supressão do poder de representação.

[561] Flume, *Allgemeiner...*, II, *Das Rechtsgeschäft...*, p. 789.

[562] Assim, Medicus, *Allgemeiner...*, pp. 363 e 364; Id., *Idem*, 7.ª ed., p. 370.

[563] Flume, *Allgemeiner...*, II, *Das Rechtsgeschäft...*, pp. 789 e 790.

[564] *Idem*.

[565] *Idem*, p. 790. V., também, Pawlowski, *Allgemeiner Teil...*, pp. 331 e 332, autor que defende a ideia de abstracção da procuração, e depois, num paradoxo do qual parece não se aperceber, defende uma restrição teleológica dessa mesma abstracção, quando o *tertius* pudesse ter reconhecido que o representante actuou contra os interesses do representado; Palandt-Heinrichs, *Bürgerliches Gesetzbuch*, 60.ª ed., trabalhada por Bassenge, Brudermüller, Diederichsen, Edenhopfer, Heinrichs, Heldrich, Putzo, Sprau, Thomas, Weidenkaff, Munique, 2001, comentário ao § 164, p. 165.

[566] Flume, *Allgemeiner...*, II, *Das Rechtsgeschäft...*, p. 790.

[567] *Idem*, p. 791.

quando o *tertius* estivesse de facto ciente da desconformidade entre o negócio representativo e a directriz interna [568].

Com semelhante procedimento conseguir-se-ia, no dizer dos respectivos defensores, preservar as supostas vantagens da descoberta labandiana (*sic*) da separação entre poder de representação e negócio gestório: ao reportar a evidência do abuso de representação ao *reasonable man* não se estaria, simultaneamente, a afirmar a abstracção do poder de representação, com a consequente defesa da insensibilidade da extensão dos poderes de representação relativamente ao *Dürfen* ou autorização gestória, para deixar entrar depois pela porta de trás (*sic*), como elemento decisivo do abuso de representação, a negligência ou diligência do terceiro na indagação dos limites da relação jurídica interna[569].

O contributo da teoria da evidência do abuso de representação para a salvaguarda da ideia de abstracção da procuração diante do inelutável reconhecimento do abuso de representação seria, porém, nulo[570]. Tudo quanto esta construção se limita a fazer é a introduzir, em sede de desmando dos poderes do representante, um critério objectivo semelhante ao subjacente à ideia de culpa em abstracto ou ao prosaico padrão do bom pai de família. Com isto é, todavia, imposto ao terceiro, precisamente, a adopção do grau de diligência em geral observável – e designadamente no cumprimento dos deveres gerais de cuidado[571, 572]. Desta forma fica, justamente, escancarada a porta que se julgava estar a fechar. Reaparece a referência à negligência e aos deveres de indagação dos limites do *Dürfen* ou autorização gestória[573]. Noutras palavras, ressurge aquele exacto pressuposto que, no dizer dos mentores e sequazes da teoria da evidência da representação, leva à intromissão da autorização interna na *potestas* do representante, com a consequente supressão das supostas vantagens da descoberta labandiana correspondente à separação entre o *Können* (*posse*) representativo, de um lado, e negócio interno, do outro. Intromissão a qual não é, repise-se, naturalmente compatível com a ideia de abstracção da extensão *procuratio* relativamente ao negócio-base. E nem sequer a sujeição da actuação abusiva ao requisito da existência de

---

[568] *Idem.*

[569] *Idem.*

[570] No sentido segundo o qual a tese da evidência do abuso de representação nada acrescenta a quanto havia já sido proposto por Kipp e seus demais seguidores directos pode ver-se, por exemplo, Frotz, *Verkehrsschutz*..., p. 565; Fischer, *Mißbrauch*..., in *Gesellschaftsrecht*..., p. 13; e Tietz, *Vertretungsmacht*..., pp. 290 e ss..

[571] Assim expressamente Fischer, *Der Mißbrauch*..., in *Gesellschaftsrecht*..., p. 13.

[572] Acerca deste tipo de deveres no nosso direito v., Menezes Cordeiro, *Direito*..., II, pp. 317 e 318.

[573] Em termos aproximados v., Tietz, *Vertretungsmacht*..., p. 293.

uma actuação do representante capaz de causar um prejuízo efectivo na esfera representante – sem o que apenas a efectiva ciência, por parte do *tertius*, do facto de o representante estar a actuar contra as instruções do principal tornaria o negócio ineficaz – altera a necessidade de indagação e investigação por parte do terceiro. Mesmo nesse caso a outra parte do negócio representativo teria de verificar se o comportamento do procurador é ou não apto a causar um prejuízo ao representado. Aliás, sempre se deverá sublinhar como a sujeição da relevância externa do abuso de representação à condição de este causar um dano ao principal se afigura absolutamente inadmissível e contraditória com os pressupostos assumidos pelos respectivos defensores. Conforme realçado pelo próprio FLUME[574], o poder de representação adquire o seu sentido e função através da relação jurídica a ela subjacente. Ela não pode, pois, deixar de intervir na fixação da extensão de tal poder. É que tal como posto em destaque também por FLUME, a competência (no sentido de *Macht* ou *Können*[575]) do procurador – a existir enquanto tal[576] – consiste na possibilidade de este, de acordo com a respectiva vontade, produzir efeitos na esfera jurídica do dono do negócio[577]. Se, de acordo com o princípio da autonomia privada, se mostra, de um lado, absolutamente pacífico e compreensível que cada um tenha o poder de estabelecer e regulamentar os seus próprios interesses, do outro, revela-se, de forma não menos clara, como altamente questionável a possibilidade de alguém deter um poder de actuação sobre a esfera jurídica alheia[578]. A própria autorização dada pelo constituinte não permite justificar a concessão ao representante de um poder de actuar de acordo com o seu livre-arbítrio[579]. O poder de representação – escreve FLUME – enquanto situação jurídica dirigida para outrem apenas se mostra tolerável enquanto este se mostrar vinculado a uma actuação lícita e conforme com a vontade do dono do negócio[580]. Só assim se consegue, não só, conciliar o princípio da autonomia privada com o reconhecimento da representação pelo ordenamento jurídico, mas, mais ainda, e como pretende o autor, ver no fenómeno representativo um desenvolvimento da ideia

---

[574] Flume, *Allgemeiner...*, II, *Das Rechtsgeschäft...*, p. 839.
[575] Flume apenas utiliza, nesta circunstância, a expressão *Macht*.
[576] A observação é nossa.
[577] Flume, *Allgemeiner...*, II, *Das Rechtsgeschäft...*, p. 786.
[578] *Idem.*
[579] *Idem.*
[580] *Idem.*

de autonomia da vontade[581]. Ora esse desenvolvimento só pode, na verdade, ser defendido se a vontade cognoscível do dono do negócio não for sujeita a limitações superiores a quanto é imposto no comum dos casos. De acordo com as regras gerais de interpretação do negócio jurídico devem ser tomadas, para a fixação do respectivo alcance, em consideração todas as circunstâncias, reveladoras da vontade do declarante, capazes de serem conhecidas pelo terceiro[582] e não apenas aquelas sobre as quais recai uma ciência efectiva por parte do declaratário. As instruções internas são indícios directos da vontade do representado. Se cognoscíveis elas devem, destarte, ser tomadas como relevantes na fixação dos contornos do poder de representação. A posição contrária envolve uma desvalorização da vontade detectável. Desvalorização a qual nada permite justificar. Do ponto de vista estritamente legal não existe nenhuma norma capaz de a fundamentar. Na perspectiva dos interesses em jogo, por seu lado, não se vê qual a razão para conceder ao autor de uma procuração uma tutela menor de quanto é oferecido a qualquer outro declarante. Se o *tertius* tinha condições para saber ter o representante violado as directrizes internamente fixadas pelo dono do negócio não existe motivo algum para se desconsiderar a *voluntas* do representado, a qual se deve ter antes como único elemento decisivo para saber se houve ou não abuso. A contraparte essa, se não tomou vontade do principal em consideração, só poderá queixar-se da sua própria negligência[583]. Aliás, os próprios partidários da teoria da evidência do abuso de representação não invocam qualquer argumento para justificar a tese segundo a qual o abuso apenas seria manifesto ou na hipótese de o comportamento do representante causar um prejuízo ao representado ou, então, na eventualidade de se verificar um efectivo conhecimento por parte do *tertius*

---

[581] *Idem*, p. 754, onde o autor defende a compatibilidade entre representação e autonomia da vontade em virtude da circunstância de, no uso da sua autodeterminação, o representado ter autorizado o representante a actuar em seu nome. Ora, no âmbito dessa autodeterminação encontram-se também as instruções internas. A sua desvalorização no processo de interpretação significa um claro desrespeito por essa mesma autonomia.

[582] Naturalmente em função de certos critérios de diligência.

[583] Isto é desde logo assim naqueles casos nos quais, como no direito português, o terceiro é destinatário da procuração (cfr. *supra* e *infra*, designadamente Parte II, Cap. V, parágrafo 5). No direito alemão a procuração pode dirigir-se também ao próprio procurador. Numa hipótese dessas a extensão do poder de representação dependerá sempre e necessariamente das relações internas pois estas são fatalmente conhecidas do declaratário pelo que também nesse caso a tentativa de limitar a relevância externa da autorização gestória ao efectivo conhecimento do terceiro das respectivas fronteiras se mostra absolutamente infrutífera. A interpretação e determinação da extensão do poder de representação, do próprio *Können*, é feita em função do procurador e não do terceiro.

acerca da contrariedade entre a actuação do procurador e a relação jurídica interna[584]. Tudo se resume, assim, a uma afirmação meramente apodíctica sem qualquer justificação.

XV – Muito próxima da tese da evidência do desmando representativo mostra-se a tentativa de redução teleológica do poder de representação ensaiada por PRÖLSS[585]. O resultado final desta construção passa igualmente por uma solução endógena para o problema do abuso de representação com sua consequente sujeição ao regime da representação sem poderes e, destarte, aos §§ 177 e seguintes do *BGB*.

PRÖLSS começa, à semelhança dos demais autores por nós já analisados, por afirmar o princípio segundo o qual o poder de representação se mostra independente da relação jurídica interna. No dizer do autor, porém, isto apenas em regra seria assim. É que a abstracção do poder de representação encontraria o respectivo limite na necessidade de tutela do tráfego e do terceiro. Necessidade, a qual não se verificaria se o *tertius* se encontrasse de má fé. Nesse caso, o problema da eficácia externa de uma actuação ilícita ou contrária aos deveres internos por parte do representante deveria resolver-se através de uma redução teleológica da independência do poder de representação relativamente à relação jurídica interna[586]. É que, se se abstrair da exigência de protecção do terceiro o poder de representação apenas cobre actuações conformes com a autorização gestória[587]. Por isso, na medida precisa – e apenas nessa medida – da desnecessidade de protecção da contraparte, o negócio representativo não se encontraria coberto pelo poder de representação: o representante agiria como *falsus procurator* e aplicar-se-iam ao negócio representativo os §§ 177 e seguintes[588]. Desnecessidade de protecção essa que se verificaria quando, em função das circunstâncias conhecidas pelo terceiro, este devesse ter concluído, com verosimilhança ou probabilidade, pela existência de um abuso de representação. Verosimilhança a qual coincidiria com a evidência do abuso de representação[589]. Uma investigação acerca de quais os contornos do negócio gestório não seria exigível. O *tertius* deveria limitar-se a retirar as devidas consequências a partir das circunstâncias por ele conhecidas. Imposições adicionais acerca do que se deve considerar a má fé da outra parte no negócio não seriam compatíveis com o princípio da abstracção da procuração. Nestes termos quando o abuso não fosse provável o negócio representativo deveria ter-se

---

[584] Flume, *Allgemeiner...*, II, *Das Rechtsgeschäft...*, p. 791.
[585] Prölss, *Vertretung...*, in *Juristische...*, 25, pp. 577 e ss..
[586] *Idem*, p. 577.
[587] *Idem*, p. 578.
[588] *Idem*.
[589] *Idem*.

por coberto pelo poder de representação, determinado de acordo com as regras gerais de interpretação[590].

A tese de PRÖLSS assenta, porém, em grande medida numa série de afirmações indemonstráveis e em outras tantas contradições. De um lado, afirma a ideia de abstracção da procuração naqueles casos nos quais o tráfego jurídico exigiria uma suposta imunidade do *posse* representativo, perante a autorização gestória. Do outro, proclama a causalidade do poder de representação, através de uma redução teleológica da ideia de autonomia da *procuratio* quando a manutenção do princípio da absoluta separação entre *Können* e *Dürfen* se não mostrasse adequada, atenta a má fé do terceiro. Má fé a qual, em princípio, se deveria aferir nos moldes propugnados pela doutrina da evidência do desmando representativo: o terceiro não seria protegido quando o comportamento abusivo do representante fosse manifesto ou – na terminologia proposta por PRÖLSS – provável. Com uma diferença apenas. Preocupado, certamente, em evitar a crítica dirigida a FLUME e seus prosélitos – no sentido de que, afinal, ao condicionar a ineficácia do negócio à evidência do abuso de representação se estava, contra quanto se pretendia, na verdade, a abrir a porta das traseiras à imposição ao *tertius* de deveres de cuidado e de indagação – PRÖLSS considera apenas serem de ponderar, para averiguar se o abuso é ou não verosímil ou provável, as circunstâncias efectivamente conhecidas pela contraparte no negócio representativo. As meramente cognoscíveis essas já não teriam de ser consideradas. Com isso, aparentemente, PRÖLSS salva em grande parte a ideia de abstracção da procuração. Na medida em que os limites do *Dürfen* (*licere*), susceptíveis de serem conhecidos pelo terceiro, mas sobre os quais ele não chega a ter uma ciência efectiva, não são externamente relevantes para efeitos de abuso de representação, parece dada a possibilidade de um *Können* (*posse*)

---

[590] *Idem*, p. 580. O autor estabelece, depois, e a este respeito, uma distinção consoante se trate de uma mera procuração interna, de um lado, ou de um poder de representação comunicado para o exterior ou concedido diante do terceiro, do outro. No primeiro caso a procuração deveria ter a extensão determinada pela compreensão da declaração alcançada pelo procurador em função de uma apreciação objectiva de todas as circunstâncias e da ponderação da boa fé. Na segunda hipótese o alcance do poder de representação determinar-se-ia de acordo com as possibilidades de compreensão da contraparte no negócio representativo.

[591] Isto mesmo abstraindo da circunstância de não existir um único preceito capaz de justificar a limitação proposta por Prölss no sentido de, para averiguar da probabilidade ou verosimilhança do abuso de representação, se atender apenas às circunstâncias conhecidas pelo terceiro.

capaz de ultrapassar o âmbito da autorização gestória. Não é, todavia, assim[591]. PRÖLSS afirma expressamente como o próprio *Können* representativo se determina, em sede de interpretação, em função de todas as circunstâncias conhecidas ou cognoscíveis para o terceiro[592]. Nestas incluem-se naturalmente as fronteiras e limites da competência interna. Nestes termos, a circunstância de apenas a efectiva ciência do *tertius* – e não já a possibilidade de conhecimento – acerca do âmbito do negócio gestório, poder originar, numa situação de desmando cometido pelo representante, a ineficácia do negócio representativo celebrado fora do *Dürfen* ou *licere* mas dentro do *Können* ou *posse*, perde quase todo o seu significado. E perde significado porquanto, a seguir-se a via proposta por PRÖLSS, a extensão do *Können* é logo à partida, e em sede interpretativa, influenciada pela relação interna em medida superior àquela que se deveria tomar em consideração para, de acordo com os quadros mentais próprios da visão labandiana do fenómeno representativo, se averiguar se existe ou não um abuso de representação manifesto[593]. Desta forma, aqueles casos para os quais o autor queria garantir, em benefício do tráfego jurídico, a irrelevância externa do desmando do procurador, através da limitação das circunstâncias atendíveis para determinar a probabilidade ou evidência do abuso, acabam por ser, em inúmeras hipóteses, autênticas situações de puro e simples excesso de poder de representação. Basta para o efeito que o âmbito do real alcance da relação interna fosse cognoscível para a contraparte do negócio representativo. Donde, em vez de assistir à regra do princípio da abstracção da procuração com quanto na verdade se depararia seria uma ampla causalidade da mesma. A margem para a ideia de autonomia da extensão do poder de representação relativamente à autorização gestória ficaria reduzida apenas àquelas hipóteses nas quais o terceiro não conhece nem devia conhecer o âmbito desta última. Todavia, conforme se afirmou já, e se procurará demonstrar novamente adiante, nessa eventualidade, não estamos frente a uma situação de abstracção da *procuratio* mas sim confrontados com uma simples situação de tutela da aparência de representação.

---

[592] No caso da procuração interna de direito alemão as circunstâncias a considerar serão naturalmente, e como o próprio autor cuida de afirmar, as conhecidas ou cognoscíveis pelo representado.

[593] Assim e no sentido segundo o qual a tese de Prölss mais não é do que uma tentativa errada de proceder à introdução *a posteriori* de deveres de indagação os quais devem estar, desde logo, presentes na interpretação da procuração e na verificação acerca da existência ou permanência em vigor da mesma pode ver-se, Tietz, *Vertretungsmacht...*, p. 300.

XVI – Uma última solução de fundo para a resolução do problema do abuso de representação dentro dos quadros da visão labandiana do fenómeno representativo haveria de ser ensaiada, na doutrina tudesca, por TIETZ[594].

De acordo com TIETZ, decisivo para a produção dos efeitos representativos seria apenas o poder de representação (*Vertretungsmacht*) e não já a autorização representativa (*Vertretungsbefugnis*)[595]. Tratar-se-ia, no dizer do autor, de uma consequência directa da disciplina contida nos §§ 164 I, 166 II 1, e 167 I do *BGB*. É que de acordo com estes preceitos do Código Civil alemão, o poder voluntário de representação seria concedido apenas através do negócio jurídico expressamente constitutivo desse mesmo poder (a *Bevollmächtigung*). Nada mais – incluindo a relação gestória – se mostraria, destarte, relevante, naquilo que seria, segundo o autor, uma clara demonstração da consagração pelo legislador tudesco do princípio da abstracção da *procuratio* e seus efeitos relativamente ao negócio subjacente. Mas se os preceitos contidos nos §§ 164 I, 166 II 1, e 167 I do *BGB* não bastassem para confirmar a tese da autonomia do poder de representação relativamente à relação-base ou causal, a abstracção da *procuratio* seria, ainda, confirmada pela disciplina contida nos preceitos relativos à extinção do poder de representação (§§ 168 e seguintes do *BGB*), ao preverem hipóteses de eficácia do negócio representativo não obstante a cessação da autorização causal. Finalmente, a reforçar a conclusão da total independência do acto de concessão do poder de representação, diante do negócio interno, estariam, ainda, e num âmbito mais geral e exterior ao próprio direito ou disciplina do fenómeno representativo, as regras relativas à interpretação dos negócios jurídicos as quais, no dizer de TIETZ, impõem que a interpretação da procuração e respectiva delimitação se façam na perspectiva do declaratário e do respectivo horizonte objectivo de recepção[596].

Tudo visto, o ponto de partida para a resolução do problema do abuso de representação não poderia deixar de ser o da abstracção do poder de representação. Semelhante abstracção conduziria directamente à conclusão segundo a qual, para protecção de terceiros de boa fé, o poder de representação cobriria actuações representativas situadas fora da autorização gestória conferida ao representante mas compreendidas dentro do respectivo *Können* (*posse*)[597]. Em

---

[594] Tietz, *Vertretungsmacht...*, *passim* e maxime pp. 272 e ss..

[595] *Idem*, pp. 13 e ss., 64 e ss., 70 e 71, 74 e 75, e 272.

[596] *Idem*, pp. 121 e ss., 183 e ss., e 271 e 272. Levar-nos-ia demasiado longe e extrapolaria do âmbito do presente trabalho proceder a uma verificação da veracidade da afirmação de Tietz acerca do sentido a atribuir às regras contidas no *BGB* relativas ao processo de interpretação negocial. Limitamo-nos, por isso, a sublinhar como a corrente de opinião segundo a qual a declaração negocial deve ser interpretada de acordo com o horizonte de recepção do destinatário (*Verständnishorizont*) corresponde à *communis opinio* tudesca; e a remeter a este respeito para as referências contidas na obra de Ferrer Correia, *Interpretação...*, pp. 155 e ss.; assim como para os estudos mais recentes de Ferreira de Almeida, *Interpretação...*, pp. 269 e ss.; e Paulo Mota Pinto, *Declaração...*, pp. 207 e ss..

[597] Tietz, *Vertretungsmacht...*, *passim*, e designadamente, p. 273.

concreto, haveria que distinguir, porém, consoante o desmando do representante tivesse sido cometido perante terceiros, os quais seriam destinatários da procuração (procuração externa) ou da correspondente notificação (procuração interna comunicada à contraparte pelo representado) ou diante de terceiros os quais não eram nem declaratários nem foram notificados directamente pelo representado acerca da existência da *procuratio* (procuração interna)[598, 599].

É que, de acordo com TIETZ, se a imediata e decisiva ligação da eficácia e carácter vinculativo do negócio representativo ao poder atribuído ao *procurator* se mostraria um princípio comum e extensivo a todo o fenómeno representativo[600], o mesmo já não sucederia com a protecção do tráfego jurídico proporcionada pelas regras de interpretação dos actos de vontade. Na verdade, segundo o autor, semelhante protecção apenas poderia ser concedida mediatamente à contraparte que não é nem destinatária de uma procuração externa nem da notificação pelo *dominus* de um negócio interno de constituição de um procurador. Abstraindo dos casos de *procuratio* aparente, falha nesses casos uma *fattispecie* de confiança criada pelo representado e na qual a outra parte pudesse ter assente o respectivo comportamento. Por isso mesmo não existe aqui nenhuma razão para proteger o *tertius* para além de quanto resulta das competências internamente atribuídas pelo principal ao seu auxiliar[601]. Nestes termos, aquele que não é nem destinatário da *procuratio* nem da notificação de concessão dos poderes representativos deve – afirma TIETZ – deixar valer contra si a situação real ou materialmente existente e por si desconhecida. A protecção assegurada pelas regras de interpretação dos negócios jurídicos apenas lhe aproveitaria, assim, e no dizer do autor, na medida em que o âmbito dos poderes por ela conferidos seja determinado de acordo com o horizonte de recepção do declaratário (o procurador), podendo, por conseguinte, vir a assumir um alcance superior ou mais alargado do que o realmente pretendido pelo constituinte[602]. Esta protecção seria, todavia, e nas palavras de TIETZ, extremamente diminuta até porque também em sede de extinção da procuração falta, em casos como estes, um outro elemento da abstracção do poder voluntário de representação. Na verdade, e de acordo com o § 168 e seguinte do *BGB*, a procuração interna extingue-se, independentemente da sua eventual boa fé, perante a contraparte do negócio representativo que não seja destinatária do poder de representação ou respectiva notificação, na sequência da cessação da relação-base.

Em síntese, tratando-se de uma procuração interna, os efeitos do negócio representativo não poderiam, salvo algumas excepções, deixar de coincidir com o âmbito da autorização gestória[603]. É, sem dúvida, esse o interesse do *dominus*, o qual não desejará certamente o estabelecimento de restrições à sua

---

[598] Para uma referência a estes diversos tipos de procurações existentes no direito alemão v. *supra, passim.*
[599] *Idem*, p. 273.
[600] *Idem*, p. 274.
[601] *Idem.*
[602] *Idem.*
[603] *Idem*, pp. 275 e 276.

autonomia privada[604]. Quanto ao terceiro, ele não pode opor-se à pretensão do principal porquanto falta um *Tatbestand* – no qual ele pudesse ter assente a respectiva confiança – susceptível de justificar o preterir da posição do representado. O investimento realizado pelo *tertius* assenta exclusivamente nas indicações do representante, que afirmou de forma expressa ou concludente a existência de um determinado poder de representação o qual, depois, veio a não coincidir com a extensão do negócio ou autorização gestória[605, 606].

As coisas já não se passariam, no entanto, assim quando em causa está uma procuração externa ou interna notificada pelo representado ao *tertius*. Nesse caso, não só o poder de representação seria a única realidade relevante para a produção do efeito representativo – com desconsideração da autorização ou competência interna – como, além disso, na própria determinação do âmbito do poder de representação se assistiria a uma especial protecção do terceiro ou contraparte[607]. Na interpretação da procuração haveria, é certo, que se ponderar as vinculações impostas ao *procurator*. Todavia, relevantes perante o *tertius* não seriam as efectivas limitações vigentes no âmbito da relação subjacente estabelecida entre principal e representante. Em virtude da adopção, como critério de interpretação dos negócios jurídicos, do horizonte de recepção objectivo do destinatário, apenas deveriam ser tomadas ou consideradas restrições ou condicionantes internas conhecidas ou cognoscíveis pela contraparte no negócio representativo. Isto a conduzir directamente à conclusão segundo a qual o poder de representação voluntária poderia cobrir comportamentos do representante inadmissíveis no plano da relações entre principal e auxiliar. Aliás, a relevância da posição do terceiro para a determinação do poder de representação e eficácia do negócio representativo seria confirmada pelos §§ 170 e 173 do *BGB*, ao definirem, ou estabelecerem, a protecção a ser concedida em caso de extinção de uma procuração externa ou comunicada pelo representante ao representado. Na verdade, de acordo com os aludidos preceitos, o poder de representação vigoraria, em princípio, até que a cessação da *procuratio* fosse conhecida, ou susceptível de ser conhecida pelo terceiro[608].

Nestes termos, e segundo TIETZ, através dos preceitos relativos à interpretação dos negócios jurídicos e à extinção do poder de representação o legislador teria pré-programado uma desarticulação do poder de representação relativamente à relação jurídica interna a favor dos terceiros de boa fé[609]. Por isso, se se pretendesse negar a eficácia vinculativa do acto posto pelo representante, com o fundamento de que ele não se mostraria em conformidade com a

---

[604] *Idem.*

[605] Para proteger os interesses do representado bastaria, então, a responsabilidade do representante.

[606] É na verdade, esta, a regra para Tietz. Nalguns casos excepcionais, mesmo perante hipóteses de a procuração não ter sido dada a conhecer ao terceiro, o autor admite todavia a existência de uma separação e autonomização entre o poder de representação e a competência ou autorização gestória. Cfr., Tietz, *Vertretungsmacht...*, p. 275.

[607] *Idem*, p. 277.

[608] *Idem*, pp. 277 e 278.

[609] *Idem*, p. 278.

autorização gestória, estar-se-ia a desconsiderar a orientação da lei, no sentido de fazer prevalecer os interesses dos destinatários de boa fé de uma procuração externa ou da notificação de concessão de poderes de representação realizada pelo representado sobre os interesses do constituinte.

Uma quebra do princípio da abstracção da procuração, continua o autor, apenas se deixaria, no entender da *communis opinio*, fundamentar naqueles casos nos quais a contraparte no negócio representativo não se mostra digna de protecção. A maior parte das soluções favoráveis a algum tipo de eficácia exterior do abuso de representação apoiam-se, de facto, no conhecimento, por parte do terceiro, do abuso – ou na respectiva cognoscibilidade ou evidência. Não é esta a perspectiva de abordagem de TIETZ. De acordo com ele – e, conforme se suspeitará por tudo quanto escrevemos já e desenvolveremos, ainda mais, adiante, numa afirmação para nós insusceptível de ser posta em causa – as exigências de correcção e boa fé de que a maior parte dos autores faz depender a relevância externa do desmando do representante encontram-se já presentes quando se procede à interpretação da procuração ou à determinação da sua vigência ou cessação[610]. Por isso – escreve TIETZ – se o destinatário de uma *procuratio* conhece, ou devia conhecer, a ilicitude do comportamento do representante isso conduziria à imediata negação da existência de qualquer *potestas* representativa, não à negação da autonomia e abstracção da procuração – traduzida na admissibilidade de uma eventual desconformidade entre a amplitude do poder de representação e a competência gestória – a qual se manteria naqueles casos nos quais o *tertius* não conhece, nem tem obrigação de conhecer, a ilegalidade do comportamento do representante. Nestes termos, através de uma aplicação abrangente dos preceitos nos quais se definem as regras de interpretação dos negócios jurídicos e se fixam os critérios para a determinação da cessação da eficácia e vigência da *procuratio*, ficaria assegurada, sem qualquer quebra, a ideia do princípio da abstracção do poder de representação[611]. Na verdade, a circunstância de o horizonte a tomar em consideração para a determinação e a fixação do âmbito da procuração ser o do respectivo destinatário levaria a considerar, de um lado, como casos de representação sem poderes as hipóteses nas quais o terceiro conhece, ou deve conhecer, a ausência de conformidade entre a procuração e o negócio-base, e a defender, do outro, a completa autonomia do negócio de concessão dos poderes de representação relativamente à relação interna ou base quando o *tertius* desconhecesse os limites internamente fixados pelo representado ao seu representante. Desta forma, quando, nos casos de abuso de representação externamente relevantes, se admite o facto de o negócio subjacente interferir na determinação do âmbito do próprio poder de representação – e na condição de ele ser conhecido ou cognoscível para o terceiro – não se estaria perante nenhuma hipótese de atenuação da autonomia de um poder de representação efectivamente existente. Numa eventualidade como essa, falta, isso sim, pura e simplesmente, um qualquer poder capaz de cobrir o negócio representativo abusivamente realizado. Mais do que falar-se, pois, em quebra do

---

[610] *Idem*, pp. 278 e 279.
[611] Aqui já não acompanhamos o autor conforme se esclarecerá de seguida.

princípio da abstracção perante situações de relevância externa do desmando do procurador quanto falta nesses casos é o próprio *Können* ou *posse* representativo[612].

O ensinamento de TIETZ apresenta alguns aspectos dignos de relevo os quais não podem ser ignorados ou desprezados. Na verdade, a referência feita pelo autor à circunstância de as regras de interpretação dos negócios jurídicos conduzirem à própria negação do poder de representação naqueles casos nos quais o terceiro conhecia ou devia conhecer a ilicitude do comportamento do procurador deve reter-se. Nós próprios já o afirmámos e sublinhámos repetidas vezes, em crítica a distintas propostas de resolução das questões colocadas pelo abuso de representação. Quanto falha na nossa perspectiva, é a falta de reconhecimento, por parte de TIETZ, da conclusão que a constatação por ele feita traz consigo: o reconhecimento, nesses casos, da dependência do poder de representação relativamente à autorização gestória e a consequente negação – também, ou pelo menos, nesses casos – de qualquer abstracção do *Können* (*posse*) representativo relativamente ao *Dürfen* (*licere*). Na verdade, mostra-se totalmente improcedente a tentativa de defender a tese segundo a qual as regras de interpretação da procuração conduziriam à abstracção da procuração perante o negócio gestório nos casos nos quais os limites por este impostos não fossem ou conhecidos do terceiro ou, no mínimo, susceptíveis de serem por ele apurados. Para se poder falar de autonomia da *procuratio* relativamente ao negócio causal seria necessário proceder à demonstração segundo a qual a eficácia do negócio representativo abusivamente celebrado – mas com desconhecimento, por parte do *tertius*, do desmando cometido – resultaria directamente do acto de concessão dos poderes de representação, tomado este como forma de autodeterminação juridicamente relevante. Autodeterminação esta a qual deveria, na perspectiva do legislador, ser vista e tomada *per se*, independentemente de qualquer outra realidade jurídica a ela associada ou conexa – concretamente no caso da representação a relação jurídica base ou causal. Já não será, porém, possível falar em abstracção da procuração se se constatar decorrerem os efeitos do negócio representativo abusivo, não do acto de autonomia privada que dá origem à *procuratio*, mas sim de uma tutela ou responsabilidade pela confiança gerada. Isto pelo simples facto de, então, ser o mecanismo da responsabilidade ou de protecção

---

[612] Tietz, *Vertretungsmacht...*, p. 279.

das expectativas geradas a explicar a circunstância de, em determinadas hipóteses, o desmando do representante poder vincular o representado. Não a procuração a originar essa mesma vinculação[613]. Ora, precisamente, quanto as regras de interpretação do negócio jurídico fazem, ao consagrarem o critério do horizonte de recepção do declaratário – que TIETZ professa e para o qual apela[614, 615], com vista a fundar a sua doutrina do abuso de representação e abstracção da procuração – é justamente proceder à aplicação do princípio da confiança no quadro de uma responsabilidade *ex lege*[616, 617]. Donde se deve concluir em

---

[613] Cfr. *infra*.

[614] V., por exemplo, Tietz, *Vertretungsmacht...*, pp. 122 e 273.

[615] Para um confronto entre os sistemas interpretativos alemão e português recorde-se, novamente, o trabalho de Ferreira de Almeida, *Interpretação...*, in *O Direito...*, 124, IV, pp. 630 e ss.. V., também, para uma referência às posições da doutrina tudesca acerca da perspectiva em função da qual se deve proceder à interpretação negocial as referências bibliográficas feitas por Paulo Mota Pinto, *Declaração...*, pp. 206 e 207, notas (78) e (79).

[616] Sobretudo quando, como sucede nos casos em que existem instruções *a latere* da procuração não conhecidas do terceiro, o sentido realmente intencionado pelo declarante não corresponde àquele perceptível pelo destinatário concreto ou normal. Perante o direito alemão cfr., sobre este tema, Johann–Georg Schubert, *Anscheinvollmacht und Privatautonomie...*, p. 14; Canaris, *Pensamento...*, p. 93; Id., *Bewegliches...*, in *Das Bewegliche...*, pp. 102 e ss.. Entre nós destaque para Baptista Machado, *Tutela da confiança...*, in *Obra...*, I, pp. 345 e ss., designadamente, pp. 362 e ss.; e, ainda, Paulo Mota Pinto, *Declaração...*, pp. 209, nota (81), 212 e nota (86) e 432; Sousa Ribeiro, *O problema...*, p. 414, nota (394). Cfr., porém, Menezes Cordeiro, *Tratado...*, I, I, p. 486; Id., *Idem*, 2.ª ed., p. 556, o qual considera: *«quando, em nome da vontade do declarante, se vá para além da declaração, ou se fique aquém dela – tal como a entenderia o destinatário normal, temos, em rigor, manifestações de tutela da confiança. A estas aplica-se, como foi referido, o regime dos negócios assentes na autonomia privada: pelo menos até onde a natureza das coisas o permita.»* Ou seja, e, salvo erro de análise da nossa parte, segundo parece resultar deste trecho, o preterir da teoria da impressão do destinatário deveria explicar-se em função da protecção da confiança. Quanto à autonomia privada ela apenas se faria sentir no âmbito da referida teoria da impressão do destinatário. É porém, o próprio autor a escrever também (*op. cit.*, v. p. 285; Id., *Idem*, 2.ª ed., pp. 339 e 340): *«o negócio jurídico apresenta-se como uma manifestação da autonomia privada; nessa medida ele deve corresponder à vontade autónoma das pessoas ou mais não será que um simulacro de autonomia: o Direito – sendo como é uma ciência – não pode assentar em equívocos ou em ficções (...) – o "negócio jurídico" que se mantenha sem vontade real não é já um verdadeiro negócio mas, antes, uma manifestação de confiança tutelada; tal tutela exige, desde logo, toda uma série de dispositivos legais que a facultem e que não se confundem com a autonomia privada; – apesar das analogias já referidas, o verdadeiro negócio jurídico e o "negócio" aparente provocam a aplicação de regras diferentes. (...) Esta diferenciação de regras, em conjunto com uma necessidade clara de limpidez científica, recomenda vivamente que a declaração negocial seja sempre entendida como acção – logo voluntária e enquanto tal. A autonomia tem limites mas esses limites restringem, também, o próprio negócio e a declaração negocial: não se confundem com eles.»* (v., também as considerações do autor *op. cit.*, p. 249; Id., *Idem*, 2.ª ed., pp. 304 e 305; Id., *Da boa fé...*, II, p. 1085). A compatibilização destas duas afirmações ou ideias parece pressupor que a referência à declaração surja com um significado subjectivo, entendida como declaração de vontade. Nesse caso poder-se-ia dizer: quando em nome da vontade do declarante se vá para além dessa mesma vontade ou se fique aquém dela temos em rigor manifestações de tutela da confiança. A tradução por nós operada esbarra contudo com a referência ao entendimento do destinatário normal e com a aparente aceitação, pelo autor, de uma imputação

definitivo, e contra TIETZ, no sentido de que, naqueles casos nos quais o terceiro desconhece a existência de abuso de representação, as normas relativas à exegese do negócio não impõem a aceitação da abstracção da procuração antes prevêem, a produção, a favor do *tertius* de efeitos de natureza não negocial[618] e, por conseguinte, insuscepti-

negocial mesmo em caso de falta de consciência da declaração por parte do declaratário (a este respeito cfr. quanto se escreve em nota, *infra* Capítulo V). Em defesa de uma tutela da confiança negocial pode ver-se, entre nós, todavia, Paulo Mota Pinto, *Declaração...*, pp. 212, nota (86) e 427. Também os defensores de teorias objectivistas puras não hesitarão em imputar ao negócio jurídico, e portanto também de algum modo à autonomia privada, as consequências decorrentes da teoria da impressão do destinatário – efeitos que, em nosso entender, decorrem apenas da tutela da confiança. Também os defensores de um sistema negocial móvel (v., *supra*, Parte I, Cap. V, parágrafo III), consideram que o assentar de certas decorrências jurídicas num elemento de confiança não prejudica a sua caracterização como negociais.

[617] Mas mesmo quando se aceite com Canaris, *Vertrauenshaftung...*, p. 423, que a interpretação de acordo com critérios objectivos não é de enquadrar na responsabilidade pela confiança – porquanto na medida em que a compreensão do declarante coincidir com o significado exterior da declaração o agente teria actuado em autodeterminação, e sem qualquer tipo de vício. Em contrapartida se não houver coincidência entre o sentido intencionado pelo autor e a sua significação objectiva estar-se-ia perante uma hipótese de erro a resolver de acordo com as regras gerais – a verdade é que nem assim se parece cair na ideia de abstracção da procuração. É que à ideia segundo a qual a falta de coincidência entre o sentido real e o sentido objectivo de determinada declaração permite a impugnação do negócio celebrado com base nela, leva à possibilidade de impugnação do negócio representativo (ou ao menos do acto de outorga de poderes) quando a procuração, em si mesma, não coincida com o alcance tido em vista pelo representado ao estabelecer o conjunto negócio interno/*procuratio*. Acerca da questão da impugnação da procuração e do negócio representativo e respectivas limitações v., todavia, quanto se escreve *infra*.

[618] Para empregar a terminologia de Baptista Machado, *Tutela...*, in *Obra...*, I, p. 367, trata-se de considerar relevante e juridicamente exigível o conteúdo significativo da «autovinculação extranegocial» que engendrou a confiança. Conforme se referiu já *supra*, Parte I, Cap. V, parágrafo 2. 2, e parágrafo 3, e é, entre nós devidamente sublinhado por Menezes Cordeiro, *Teoria...*, I, pp. e 574 e ss. (v., também, *Teoria...*, II (1987), p. 313; Id., *Tratado...*, 2.ª ed., I, I, p. 339) a partir dos estudos de Canaris sobre a protecção da confiança (v., Canaris, *Die Vertrauenshaftung...*, *passim*, maxime pp. 412 e ss., 440 e ss. e 451 e ss. [o autor separa e afasta, repise-se, do domínio jurídico negocial a protecção da confiança, como forma de defender a autonomia dogmática desta em relação à teoria do negócio jurídico, e considera que, no âmbito desta última, o valor básico é a actuação em autodeterminação, correspondente à autonomia privada. A vinculação em termos tais que fugissem à vontade do declarante, afigura-se, assim, como resultado da auto-responsabilidade do declarante como consequência dependente da autonomia]) as orientações «objectivistas» no domínio das declarações da vontade não mais devem ser acolhidas: representariam um retrocesso científico (cfr., no entanto, e ainda, Canaris, *Pensamento...*, p. 93, e o tratamento novamente dado ao tema por Canaris, *Bewegliches System...*, in *Das Bewegliche...*, pp. 102 e ss., p. 105, onde o eminente jurista alemão considera que a doutrina do negócio jurídico se não encontra apenas dominada pelo princípio da autodeterminação, antes, e simultaneamente, pela ideia de protecção da confiança. Isso mesmo realiza-se ou concretiza-se, no dizer do autor, em primeira linha através do princípio da interpretação objectiva ou normativa. De acordo com ela um negócio receptício vale em regra com o conteúdo que o destinatário da declaração razoavelmente lhe pode atribuir. Isso só se pode legitimar, segundo Canaris, através do princípio da protecção da confiança como o mostra, em especial, o facto de que de acordo com a regra da «*falsa demonstratio non nocet*» não se

veis de se imputarem a qualquer *procuratio* autónoma relativamente à relação jurídica subjacente[619]. Ao contrário tais regras levam, recta via, ao reconhecimento da natureza causal da procuração e seus efeitos.

Quanto se acaba de referir acerca da insusceptibilidade de as regras relativas à interpretação do negócio fundarem ou servirem de alicerce a qualquer doutrina da abstracção da procuração vale, igualmente, para as disposições relativas à cessação da procuração e do poder voluntário de representação. Também aqui, contra o pretendido por TIETZ, e conforme se cuidará de demonstrar mais tarde[620], do que se trata não é de consagrar qualquer autonomia, independência ou insensibilidade dos efeitos do negócio de concessão dos poderes representativos, relativamente ao negócio subjacente, mas sim de admitir,

---

afigurar decisivo o sentido objectivo mas sim o subjectivo quando a outra parte o entendeu correctamente, e destarte, não confiou no alcance objectivo. A decorrência ou imputação de certos efeitos do processo hermenêutico ao princípio da confiança e, destarte, a respectiva insusceptibilidade de atribuição à autonomia da vontade não apresenta, assim, no desenvolvimento das conclusões propostas por Canaris, quaisquer dificuldades. Conforme refere a propósito Menezes Cordeiro, *Parecer* [*Cisão...*], pp. 21 e ss., a autonomia privada deve ser combinada com a tutela da confiança: o direito atribui-lhe determinados efeitos na medida em que ela se combine com esta). Contra quanto pressupunham as construções conceptuais do direito, aceita-se hoje, que a confiança não se opõe à autonomia privada, delimitando-a. Ambos os princípios se articulam entre si para, mutuamente, se tornarem aplicáveis. A autonomia das pessoas torna-se eficaz porque visível e constatável, nas suas manifestações; a confiança, por seu lado, adstringe certas pessoas por lhe ser imputável e na medida em que o seja. Não, portanto, oposição, mas, sim, complementação inter-penetrada. Convém sublinhar como as manifestações da autonomia privada e da tutela da confiança têm o mesmo regime (mas mesmo assim v., ainda quando em tom dubitativo, Paulo Mota Pinto, *Declaração...*, pp. 212 e 213, nota (86), ao considerar que a posição de Menezes Cordeiro [expressa em *Teoria...*, I, pp. 574 e ss.] vai no sentido de afastar a protecção da confiança da teoria do negócio jurídico. Julgamos, todavia, que quanto o Mestre faz, isso sim, é recusar natureza negocial à tutela da confiança, mas isso não é o mesmo que afastá-la da teoria do negócio jurídico. Esta compreende-se, desenvolve-se e articula-se com a teoria da tutela da confiança). Recordem-se aqui as palavras de Canaris, *Pensamento...*, p. 95: «*o entendimento de um princípio é sempre, ao mesmo tempo o dos seus limites*», por isso: «*o princípio da autodeterminação (...) só se deixa apreciar plenamente quando se incluam, na ponderação, os princípios contrapostos e limitativos e o âmbito de aplicação que lhes seja destinado (...)*». Entre nós a distinção entre efeitos associados à protecção da confiança e puros efeitos jurídico-negociais é, ainda, e para além de Menezes Cordeiro, designadamente, levada a cabo, de forma clara, por Baptista Machado, *Tutela da confiança...*, in *Obra...*, I, pp. 358, 366 e 367, 369 e ss.. Finalmente a favor da defesa de que o sentido a procurar para o negócio jurídico à luz do disposto no artigo 236.º do Código Civil é o realmente pretendido pelas partes podem ver-se os autores citados *infra*. V., também, *infra*, quanto se escreve a propósito da recondução da teoria da impressão do destinatário à tutela da confiança.

[619] Aliás sempre se deverá sublinhar a circunstância de, em função precisamente das regras de interpretação invocadas por Tietz, bastar ao representado levar ao conhecimento do terceiro a relação jurídica interna para esta lhe ser imediatamente oponível. Logo, o problema não pode ser de abstracção.

[620] V., *infra*.

em certas circunstâncias, a produção de efeitos *ex lege*, em virtude da responsabilidade pela confiança. Não há, pois, espaço para falar em consequências jurídicas imediatamente resultantes do acto jurídico de constituição de um procurador enquanto acto de autodeterminação.

XVII – Mais lineares, do que as várias soluções propostas pela casuística e pela literatura jurídica tudescas para o problema da solução a dar às hipóteses de abuso de representação, apresentam-se as vias de solução avançadas pela doutrina e jurisprudência francesas. Na verdade, em virtude de a circunstância da disciplina jurídica da representação assentar na figura do mandato, uma violação ou ultrapassagem dos limites da relação jurídica interna configura-se, em França, de imediato, como uma hipótese de ultrapassagem dos poderes conferidos ao procurador. Nestes termos, se o *procurator* agir com abuso de representação estar-se-á diante de um caso de actuação sem poderes. A protecção do *tertius,* o qual confiou no aparente âmbito formal da *procuratio,* é apenas assegurada através da figura jurídica da procuração ou mandato aparente[621]. Assiste-se, pois, a um claro afirmar da causalidade do poder de representação.

XVIII – Em Itália a solução para o problema do abuso de faculdades representativas tem sido essencialmente construída com base na ideia de conflito de interesses[622], numa orientação que se procura

---

[621] Cfr., a título meramente ilustrativo, Huet, *Traité*..., pp. 1026 e ss.. Na literatura jurídica tudesca pode, ainda, ver-se a este respeito das soluções proporcionadas pelo direito francês para o problema do abuso de representação, Gotthardt, *Der Vertrauensschutz*..., p. 31. V., ainda quanto se escreveu *supra*, Parte I, Cap. III, parágrafo 3, e bibliografia aí referida. Por último, acerca da questão do mandato aparente no direito francês v. *infra*, Parte II, Cap. IV.

[622] A este respeito pode ver-se, de entre a bibliografia por nós consultada, e para um enquadramento da questão, designadamente – e para além dos estudos fundamentais de Pugliatti, *Il conflitto*..., in *Studi*..., pp. 37 e ss.; Id., *Abuso di rappresentanza*..., in *Idem*, pp. 263 e ss.; Id., *Contratto con se medesimo*..., in *Idem*, pp. 315 e ss. – Franco Carresi, *In tema di difetto e di abuso di rappresentanza*, in *Rivista del Diritto Commerciale e del Diritto Generale delle Obbligazioni*, 1951, II, pp. 209 e ss.; Cariota Ferrara, *Il negozio*..., pp. 693 e ss.; Mosco, *La rappresentanza*..., pp. 315 e ss.; Emilio Betti, *Teoria*..., III, pp. 210 e 256 e ss.; Santoro-Passarelli, *Teoria*..., pp. 244 e 245; D'Avanzo, *Rappresentanza*..., in *Novissimo*..., XIV, pp. 827 e ss.; Bonelli, *Studi*..., pp. 69 e ss.; Messineo, *Il contratto*..., I, I, pp. 247 e ss., e 259 e ss.; Natoli, *La rappresentanza*..., pp. 92 e ss., e 118 e ss.; Id., *Rappresentanza*..., in *Enciclopedia*..., XXXVIII, pp. 466 e ss.; Enrico Perego, *Spunti sul conflitto d'interessi*..., in *Revista*, 1978, II, XXXII, pp. 1434 e ss.; Mirabelli, *Dei contratti*..., pp. 380 e ss.; Papanti-Pelletier, *Rappresentanza*..., pp. 81 e ss.; Carresi, *Il contratto*, cit., p. 182; Paolo D'Amico, *Rappresentanza*..., in *Enciclopedia Giuridica*..., XXV, pp. 8 e ss.; Lina Geri, *Abuso*..., in *Rappresentanza*..., pp. 154 e ss.; Giovanna Visintini, *Degli effetti*..., comentário ao artigo 1394.º,

entroncar no artigo 1394.º do *Codice Civile*. Na verdade, em caso de actuação abusiva por parte do representante este actuaria dentro dos limites formalmente definidos pela procuração mas no aspecto externo em conflito de interesses com o representado[623]. Em vez de prosseguir o interesse do *dominus* o procurador guiar-se-ia pelo seu interesse próprio ou alheio. Por isso, e de acordo com o disposto no artigo 1394.º do *Codice Civile*, se o terceiro conhecia ou devia conhecer o conflito de interesses presente no abuso de representação o negócio é anulável[624].

---

pp. 265 e ss., e aos artigos 1398-1399.º, pp. 313 e ss.; Sacco e De Nova, *Il contratto*, cit., II, pp. 185, 194 e ss., e 410 e ss.; Alessandra Salomoni, *La rappresentanza...*, pp. 127 e ss.. Na jurisprudência v., ainda, com carácter meramente exemplificativo, *Cassazione, 11-10-1956*, in *Rassegna di Giurisprudenza...*, L. quarto, Tomo, II, (art. 1321-1410), p. 639; *Cassazione, 22-1-1957*, in *Rassegna di Giurisprudenza...*, L. quarto, Tomo, II, (art. 1321-1410), p. 639; *Cassazione, 30-11-1957*, in *Idem*, p. 638; *Cassazione, 29-5-1958*, in *Idem*; *Cassazione, 15-4-1959*, in *Idem*; *Cassazione, 9-3-1961*, in *Idem*; *Cassazione, 3-1-1962*, in *Idem*; *Cassazione, 16-2-1966*, in *Idem*, *App. de Milão, 30-11-1957*, in *Idem*. Na nossa literatura jurídica cfr., sempre a propósito das vias de solução percorridas pelo direito italiano com vista à resolução da problemática do abuso de representação: Rui Pinto, *Falta...*, pp. 55 e ss.; Helena Brito, *A representação...*, pp. 151 e 152; 161 e 162; e Helena Mota, *Do abuso de representação...*, pp. 137 e ss., autora que se ocupa mesmo com algum desenvolvimento acerca do modo como a doutrina italiana trata o abuso de representação.

[623] A expressão «abuso de representação» tem de facto sido entendida num duplo sentido. Em sentido amplo compreende-se nela tanto os casos de representação sem poderes como os casos de actuação do representante em conflito de interesses com o representado, como, ainda, a celebração de negócios representativos sem a devida forma habilitante na representação legal. Abuso de representação parece, assim, corresponder a um comportamento irregular do representante. Em sentido mais restrito ou próprio, por abuso de representação designa-se, no entanto, a situação de quem no respeito pelo teor literal da *procuratio* prossegue um interesse diverso do representado ou em colisão com ele. Cfr., Pugliatti, *Abuso...*, in *Studi...*, pp. 275 e 281; e Messineo, *Il conttrato...*, I, I, p. 259.

[624] Segundo alguns autores a consequência do conflito de interesses presente no abuso de representação seria a falta ou paralisação da legitimidade do representante o qual, ainda, assim se encontraria munido de poderes de representação. Assim se pronunciava, por exemplo, Pugliatti, *Abuso...*, in *Studi...*, pp. 272 e 273, 281. Atenta a ligação por ele preconizada entre poder de representação e relação gestória este autor deveria, todavia, ter ido bastante mais longe. Conforme refere a propósito António Gordillo, *La representación...*, p. 96, nota (37), ao considerar que o abuso de representação pressupõe o uso ilegítimo das faculdades por parte do representante das respectivas faculdades, Pugliatti não está a ser coerente com a linha fundamental que preconiza para o fenómeno representativo, o qual aparece assim coisificado ou objectivado à margem ou separado do mandato. Mais acertada parece, a nosso ver, a posição de D'Avanzo, *Rappresentanza...*, in *Novíssimo*, XIV, p. 827, o qual considera o abuso de representação como uma situação de excesso de poderes; e Gianni Galli, *Rappresentanza...*, in *Rivista...*, 1968, pp. 1758 e 1759, com incontáveis indicações e referências no mesmo sentido (cfr., porém, Papanti-Pelletier, *Rappresentanza...*, pp. 81 e ss.). Em idêntica direcção parece pronunciar-se, ainda, e por exemplo, Carresi, *In tema...*, in *Rivista...*, 1951, II, pp. 209 e ss., quando afirma que, se o representante se mantiver dentro dos limites formais da procuração mas não respeitar o interesse do representado, então, ele estará a ultrapassar os limites da procuração, senão na sua letra, pelo menos, no seu espírito. Todavia,

O caminho percorrido pela doutrina italiana apresenta, assim, e com vantagem, algumas afinidades com a tese proposta por alguns autores tudescos, e por nós já anteriormente analisada, segundo a qual o problema do abuso de representação se deveria resolver através do apelo ao § 181 do *BGB*[625]. Vantagem resultante, nomeadamente, da circunstância de, ao contrário de quanto sucede com o dispositivo presente no Código Civil alemão, o artigo 1394.º do *Codice Civile* fazer, expressamente, depender a possibilidade do principal se desvincular do negócio representativo abusivamente celebrado da circunstância do conflito de interesses ser conhecido ou cognoscível para o terceiro. Quanto não deixa, todavia, de causar surpresa é a circunstância de os próprios autores favoráveis à ideia de autonomia da procuração recorrerem à ideia de conflito de interesses como forma de solucionar as hipóteses de desmando por parte do procurador no exercício dos respectivos poderes[626]. É que, como bem refere a propósito PUGLIATTI[627], o reconhecimento da eficácia impeditiva do conflito de interesses traz consigo o risco de comprometer a construção da abstracção da *procuratio*[628]. E isto pela razão simples de que, de acordo com os defensores da ideia de autonomia da procuração ou do poder de representação, estas realidades se revelam como entidades neutras. Não consistem em conceitos jurídico-materiais mas sim, e tão-só, formais, a abarcarem toda a forma de actuação em nome de outrem independentemente do fim ou interesse capaz de ter levado à respectiva atribuição[629]. Torna-se, destarte, inútil, porquanto condenada ao

---

Franco Carresi, acaba por considerar, de forma expressa, enquadrar-se a actuação abusiva do representante num vício da vontade – mais precisamente numa anomalia a colocar, no plano dogmático, e portanto ao nível das deficiências do consentimento.

[625] V., *supra*, quanto se escreve no presente parágrafo.

[626] É o caso, por exemplo, de Betti, *Teoria*..., III, pp. 210, 211 e 256 e ss.; Santoro-Passarelli, *Teoria*..., pp. 244 e 245; ou de Messineo, *Il contratto*..., II, II, pp. 259 e ss., e designadamente, p. 261.

[627] Pugliatti, *Abuso*..., in *Studi*..., p. 263.

[628] Ou, ainda, noutra perspectiva, Lina Geri, *Abuso*..., in *Rappresentanza*..., p. 159, a qual escreve como o abuso, excesso ou desvio de poder outra coisa não é senão o incumprimento de uma obrigação assumida pelo representante (devedor) em função da satisfação do interesse do representado (credor). Cfr., também, Natoli, *La rappresentanza*..., in *Enciclopedia*..., XXXVIII, pp. 467 e 481. V., finalmente, Papanti-Pelletier, *Rappresentanza*..., pp. 81 e ss., maxime p. 94.

[629] Cfr., Hupka, *Die Vollmacht*..., pp. 3, nota (1), um dos principais responsáveis, repise-se, pela divulgação e desenvolvimento da visão de raiz labandiana do fenómeno representativo. V., igualmente, quanto se escreveu *supra*, Parte I, Cap. VI, acerca da construção do autor austríaco, discípulo de Mitteis. Na literatura jurídica italiana a propósito da possibilidade de a procuração ou representação se encontrar ao serviço de fins distintos, v., por todos, Betti, *Teoria*..., III, pp. 209 e 210. Entre nós, sublinhando a mera natureza jurídico-formal da representação pode ver-se, Helena Brito, *A representação*..., p. 94.

fracasso, a simultânea tentativa de se defender, por um lado, a ideia de abstracção do fenómeno representativo relativamente ao negócio-base e, por outro, o fingir uma violação do poder de representação distinta do mandato ou relação gestória[630].

Enquanto noção meramente formal o poder de representação não pode ser violado, nem, na realidade, abusado[631]. Na verdade, e tal como defendido por HUPKA, aceite a ideia de autonomia da procuração, o interesse do representante não pode assumir qualquer peso. Ao menos quando se demonstre que o representante agiu dentro dos limites da declaração de procuração[632], e o negócio representativo nela cabe[633], não é legítimo indagar se o interesse do representado foi ou não prejudicado[634]. Não importa sequer o conhecimento ou cognoscibilidade, por parte do *tertius*, de um eventual prejuízo causado pelo negócio representativo. A contraparte apenas se deveria preocupar com a conformidade do negócio representativo com a *procuratio*[635]. Tal conformidade não se encontra condicionada nem pode depender – como bem sublinha HUPKA, e se terá de aceitar, se se pretender manter a premissa básica da qual arranca toda a construção da visão labandiana da representação – da correspondência, ou falta dela, entre

---

[630] Neste mesmo sentido pode ver-se, por exemplo, na literatura jurídica espanhola António Gordillo, *La representación...*, p. 97. Em Itália, cfr., Papanti-Pelletier, *Rappresentanza...*, p. 94, onde o autor escreve: «*Nem se poderia sustentar com fundamento que do acto de procuração possa derivar alguma obrigação do representante no confronto com o representado, pois o seu efeito (...) querendo aderir à tese comummente acolhida, se esgota* in parte qua *num simples conferimento de poderes, com o único escopo de legitimar a agir em nome de outrem.*» V., também, entre nós, Helena Brito, *A representação...*, p. 105, a qual escreve «(...) *ao poder de representação não é inerente qualquer vinculação do representante*». Cfr., porém, as considerações feitas acerca da concepção defendida pela autora acerca do abuso de representação, questão a propósito da qual Helena Brito considera ser a legitimação representativa um poder vinculado.

[631] Assim pode ver-se na doutrina tudesca, Müller-Freienfels, *Die Vertretung...*, p. 45; e em Espanha, sempre na mesma direcção, António Gordillo, *La representación...*, p. 97. V., também, quanto escreve em Itália Pugliatti, *Il conflitto...*, in *Studi...*, p. 83 (autor que sublinha a circunstância de, segundo a doutrina favorável à compreensão da representação como um poder do representante, derivado de uma relação jurídica autónoma e fundado, exclusivamente, sobre o acto de constituição, só se dever tomar em consideração esse mesmo acto sem qualquer preocupação pela relação gestória. Por isso, segundo esta doutrina não se deveria falar nunca em conflito de interesses entre representante e representado relativamente ao terceiro, pois apenas se poderia considerar relevante o comportamento e poderes exteriores do procurador).

[632] Hupka, *Die Vollmacht...*, p. 187.

[633] *Idem.*

[634] Pugliatti, *Abuso...*, in *Studi...*, pp. 264 e 265. E por isso, como refere Hupka, *Die Vollmacht...*, p. 187, o representado não deve poder opor ao *tertius* a circunstância de o procurador ter abusado dos respectivos poderes.

[635] Hupka, *Die Vollmacht...*, p. 188.

o comportamento do *procurator* e o interesse do representado[636]. A questão sobre se o negócio serve o interesse do principal respeita à relação interna de gestão; externamente, para quem parta da compreensão do fenómeno representativo proposta por LABAND, apenas se devem – se se pretender manter coerência de pontos de vista e se não se quiser deixar admitir posições que acabam por conduzir à destruição das premissas de onde se arranca – considerar as fronteiras formais do poder de representação[637]. Ou seja: a valer o princípio da autonomia e abstracção da procuração o problema do conflito de interesses jamais poderia intrometer-se no âmbito das relações encetadas com o *tertius*[638]. Base e medida destas seria apenas a procuração, a considerar, tão-só, na perspectiva do perfil formal da sua extensão. Não a relação de gestão[639]. Por isso, uma teoria do conflito de interesses não é concebível senão na perspectiva da dependência da representação relativamente ao negócio gestório[640]. Logo, a aceitação dessa mesma teoria[641] não pode deixar de levar a uma conclusão favorável à causalidade do poder de representação e da procuração que se encontra na sua origem[642].

---

[636] No sentido da irrelevância de tal coincidência pode justamente ver-se, Hupka, *Die Vollmacht...*, p. 286.

[637] Hupka, *Die Vollmacht...*, p. 241.

[638] Assim, também, Pugliatti, *Abuso...*, in *Studi...*, p. 265. V., também, *Contratto...*, in *Studi...*, p. 319.

[639] Pugliatti, *Abuso...*, in *Studi...*, p. 265.

[640] *Idem*, p. 319, onde o autor sublinha que se se colocar «*como premissa que, sendo a representação instituto autónomo, a eficácia directa depende unicamente e imediatamente do agir do representante em nome do representado, e se se conceber abstractamente a* contemplatio domini, *a consequência necessária é a de que o conflito de interesses entre o principal e o representado é irrelevante para efeitos do negócio concluído com o terceiro. Se não se deve ter em conta o interesse do representado para a valoração da* contemplatio domini, *considerada como agir abstracto, em nome de outrem, não se pode ter em conta o conflito entre este e outro interesse. O conflito verifica-se a um nível inferior ao do agir em nome do representado de modo que, se o tomamos em consideração, vem a estabelecer-se uma comunicação em três planos: e destarte, entre a relação de gestão e a representação*».

[641] De resto expressamente vertida no artigo 1394.º do *Codice Civile*.

[642] De acordo com Pugliatti, *Abuso...*, in *Studi...*, p. 319, se o conflito de interesses paralisa a relação representativa não pode deixar de se aceitar necessariamente, e como resultado dessa premissa – aliás indiscutível para a doutrina italiana –, que a representação se encontra organicamente ligada ao negócio de gestão. Por algum motivo, e como bem nota a propósito Giovanna Visintini, *Degli effetti...*, comentário ao artigo 1394.º, pp. 269 e ss., as directrizes jurisprudenciais em Itália, num passo seguido pela autora, vão no sentido de não existir conflito de interesses se o negócio representativo está conforme com o conteúdo predeterminado pela vontade do representado. E nem se alegue que, como procuram fazer alguns dos defensores da ideia de autonomia da procuração, não se mostrar o conflito de interesses incompatível com a ideia de abstracção da procuração porquanto não seria a relação interna a ditar a colisão mas, sim, o próprio poder de representação, o qual, independentemente de qualquer negócio gestório, seria, em si mesmo, um poder vinculado. Fosse isso verdade e era a própria ideia de poder formal a ser posta, de uma só penada, em causa.

XIX – Em Portugal a doutrina coeva ao Código de Seabra, de influência francesa, assimilava o mandato à representação ao ponto de serem considerados sinónimos[643]. Os problemas de abuso de representação eram assim vistos como questões de excesso de *mandatum* e não mereciam atenção particular ou específica por parte dos autores nacionais de então.

DIAS FERREIRA sublinhava a nulidade, em relação ao constituinte, dos actos praticados pelo mandatário mas fora dos limites expressos do mandato sem acrescentar muito mais[643a].

GUILHERME MOREIRA[644] recordava a responsabilidade por perdas e danos do mandatário que excedesse o mandato conferido e a insusceptibilidade de o constituinte ficar vinculado por actos praticados fora do *mandatum*[645]. E acrescentava: «*Relativamente a terceiros, entende-se que estão nos limites do mandato os actos que estejam compreendidos nos termos do mesmo (art. 1351.º)*[646].» Quanto aos comportamentos da mesma natureza dos autorizados mas manifestamente contrários ao fim do mandato GUILHERME MOREIRA considerava-os, em directa aplicação do disposto no artigo 1353.º do Código de Seabra[647], como não autorizados. Para verificar se o acto estava ou não dentro dos limites do mandato – escrevia o Ilustre Mestre – devia ter-se em vista os poderes conferidos ao mandatário, mas atender-se, ainda, à natureza do próprio acto[648]. Assim – afirmava GUILHERME MOREIRA – tendo sido dados, numa procuração, poderes para hipotecar os bens do mandante, entende-se que essa *procuratio* foi passada no interesse do mandante, e que, portanto, só podem ser onerados activos para garantia das dívidas do principal, havendo excesso de mandato – com a consequente nulidade do acto praticado – se o mandatário agir com o propósito de garantir, à custa do património do *dominus*, obrigações próprias ou de terceiro. Ou seja, e de acordo com GUILHERME MOREIRA, quanto hoje seria muito claramente encarado como um caso de abuso de representação, não passa de uma simples situação de excesso de mandato. Excesso a determinar segundo as regras gerais de interpretação[649].

---

[643] Assim, e para além de quanto se referiu já *supra*, Parte I, Cap. II, parágrafo 3, e Parte I, Cap. VII, pode ver-se, por todos, Menezes Cordeiro, *Da responsabilidade...*, p. 336 nota (12).

[643a] Dias Ferreira, *Codigo...*, III, comentário aos artigos 1345.º e 1351.º, pp. 20 e p. 22.

[644] Guilherme Moreira, *Instituições...*, II, pp. 442 e 443, e 448 e 449.

[645] Cfr., Guilherme Moreira, *Instituições...*, II, p. 448, o qual cuidava, aliás, de explicitar que isso não era senão uma consequência da incindível ligação entre mandato e representação. São suas as seguintes palavras: «*O motivo por que o mandatario só obriga o mandante dentro dos limites do mandato, é porque só tem representação dentro desses limites, e é em virtude da representação que os actos praticados pelo mandatario se consideram realizados pelo proprio mandante.*»

[646] Guilherme Moreira, *Instituições...*, II, p. 449.

[647] Era o seguinte o teor do preceito em referência: «*São havidos por não auctorisados, embora sejam da mesma natureza dos auctorisados, os que forem evidentemente contrarios ao fim do mandato.*»

[648] *Idem*, II, pp. 448 e 450.

[649] Repise-se como para Guilherme Moreira, *Instituições...*, II, p. 449, «*Relativamente a terceiros, entende-se que estão nos limites do mandato os actos que estejam compreendidos nos termos do mesmo*

CUNHA GONÇALVES, por seu turno, acentuava a responsabilidade do mandatário pelo excesso de poderes ou mandato[630, 651], enquanto recordava, ao mesmo tempo, a nulidade dos actos praticados em nome do constituinte mas fora dos limites expressos do mandato (artigo 1351.º do Código de Seabra)[652]. Somente – afirma o tratadista – os actos praticados dentro dos *limites do mandato*[653], isto é, no exercício dos poderes nele conferidos, se reputam do próprio mandante. A expressão «*dentro dos limites do mandato*», que se lê no artigo 1345.º, contrapõe-se – no dizer de CUNHA GONÇALVES[654] – à frase «*fora dos limites expressos do mandato*» do artigo 1351.º, ou ao excesso de poderes aludidos nos artigos 1338.º e 1344.º. Contudo – nota – na procuração ou mandato não se põem limites, e ainda menos limites expressos. Pelo contrário, os mandantes dão poderes gerais ou especificados e, quase sempre terminam pelas frases tabeliónicas «*enfim para fazer tudo o mais que a bem dos interesses dele mandante seja necessário ou conveniente, o que tudo houver por bom, firme e válido*». Por isso, segundo CUNHA GONÇALVES, os limites do mandato abrangem todos os elementos necessários ou factores dos poderes gerais ou especificados, ou noutros termos, o *modus faciendi*, insusceptível de ser previsto ou regulado pelo mandante. São os poderes imprevistos, mas proveitosos, úteis, atinentes aos mesmos actos ou fins do mandante[655]. Só estes poderes se devem considerar, na opinião do autor, incluídos naquele «tudo o mais» da fórmula tabeliónica. Nunca os actos de diversa natureza, excepcionais, ilícitos, prejudiciais, ou contrários à intenção, ao fim manifesto do mandato (artigo 1353.º). E exemplifica: o mandatário que recebeu poderes para a cessão de um crédito, não pode responsabilizar o mandante pela solvência do devedor, sem autorização expressa; pois, tal responsabilidade, a que todos os cedentes fogem, deve supor-se contrária à intenção do mandante; não é elemento imprescindível da cessão feita, aliás, na quase totalidade dos casos sem ela[656]. Ou seja, e tal como GUILHERME MOREIRA, CUNHA GONÇALVES apresenta e trata, a propósito dos limites do mandato, um claro caso tido pela hodierna doutrina jurídica

---

(art. 1351.º)». Repare-se igualmente como Guilherme Moreira, *op. cit.*, vol. I, pp. 456 e 457, refere, indiferentemente, a propósito dos limites da representação, os casos regulados nos artigos 1351.º e 1353.º do Código de Seabra.

[650] Cunha Gonçalves, *Tratado*...,VII, pp. 450 e ss..

[651] Tal qual, por exemplo, Jaime Gouveia, *Da responsabilidade*..., pp. 343 e 344, para quem se devia colocar exactamente no mesmo plano a responsabilidade do mandatário quer este actuasse com excesso de poderes ou contra o fim do mandato. Actuações estas, se bem vimos, consideradas pelo autor como análogas. A este propósito Jaime Gouveia escreve referindo-se implicitamente ao mandatário: «*No caso de exceder os poderes que lhe são conferidos e, analogamente, no de haver praticado actos contrários ao fim do mandato, incorre em responsabilidade para com terceiros, porque desaparece o standard da representação.*» Esta menção ao desaparecimento do *standard* da representação quer em caso de excesso de poderes quer em caso de comportamento contraditório com a finalidade do mandato deve ser sublinhada.

[652] *Idem*, pp. 479 e 480.

[653] O itálico é do próprio autor.

[654] Cunha Gonçalves, *Tratado*...,VII, p. 477.

[655] *Idem*, p. 478.

[656] *Idem*.

como de abuso de representação[657]. Ou seja: também CUNHA GONÇAL-
VES não vislumbrava qualquer autonomia dogmática de quanto se apelida
hoje abuso de representação relativamente ao excesso de *mandatum*.

Quanto a CABRAL MONCADA, o autor dedicaria apenas algumas linhas
à representação sem poderes a qual, em sua opinião, poderia resultar quer da
circunstância de alguém se imiscuir nos negócios alheios sem procuração, quer
do facto de alguém erroneamente se julgar representante de outra pessoa –
representando-a de facto – quer, ainda, da eventualidade de o representante,
mesmo se habilitado por mandato, exceder os poderes que lhe pertenciam por
lei ou contrato. Isto para terminar a considerar os actos praticados sem poderes como o resultado de um comportamento de um *«representante intruso ou
abusivo»*[658].

Não muito distante de CABRAL MONCADA, andaria PAULO CUNHA[659].
Na verdade, o Mestre de Lisboa sublinharia, a propósito dos limites da representação, a circunstância de, no fenómeno representativo voluntário, ser pelo
mandato que se estabelecem, não só, as relações de carácter obrigatório entre
mandante e mandatário, mas se definem, também, os poderes conferidos a este
último em relação a terceiros com vista à realização de negócios jurídicos em
nome do mandante[660]. Donde se segue – afirma – como consequência ser
pelo contrato de mandato, interpretado de acordo com as regras relativas à
interpretação dos negócios jurídicos (artigo 684.º do Código de Seabra) que
se fixa a responsabilidade do representado quanto aos actos praticados pelo
representante[661]. Por isso, continua PAULO CUNHA, é assim que o mandatário é obrigado a cumprir o seu mandato (*«ficando responsável se exceder os seus
poderes tanto para o constituinte como para o terceiro»*[662]) e se mostram nulos em
relação ao *dominus* *«(...) todos os actos que o mandatário praticar fora dos limites
expressos do mandato (art. 1351), sendo havidos por não autorizados, embora sejam da
mesma natureza dos autorizados, os actos que forem evidentemente contrários ao fim do*

---

[657] Repare-se na epígrafe do número onde Cunha Gonçalves, *Tratado...*,VII, p. 477, inclui e
refere o exemplo mencionado no texto: *«Direitos e obrigações do mandante quanto aos actos do mandatário nos limites do mandato.»* Note-se, também, no exemplo usado por Cunha Gonçalves na rubrica
«Actos do mandatário feitos com excesso de poderes. Ratificação e seus efeitos» (*op. cit.*, vol.VII, pp. 479 e
480): *«(...) se o mandatário tiver poderes para contrair empréstimos até à quantia de 50.000$ esc. e obtiver
de duas pessoas diversas dois empréstimos da mesma quantia, será o mandante responsável pelos
100.000$00 esc.; pois, o segundo prestamista tinha, em face da procuração, razões para supor que o manda-
tário tinha poderes para o contrato.»* Cunha Gonçalves explica esta solução considerando tratar-se de
um caso de excesso de poderes o qual apenas assume relevância nas relações internas mas já se
não pode assumir enquanto tal nas relações externas. Tudo a transportar-nos, na terminologia de
hoje, para um simples caso de abuso de representação insusceptível de ser oposto ao *tertius* que o
ignorasse ou o não devesse conhecer. Cfr., ainda, quanto escreve o autor *op. cit.*, vol. IV (sob o
título *«Excesso de poderes e falta de mandato. A ratificação, seus caracteres, condições e efeitos)*, pp. 201 e ss..
[658] Cfr., Cabral Moncada, *Lições...*, 1.ª ed., pp. 337 e ss.; 3.ª ed., pp. 337 e ss.; 4.ª ed.,
pp. 656 e ss..
[659] V., Paulo Cunha, *Direito...*, II, *Conclusão...*, pp. 89 e 90.
[660] *Idem*, p. 89.
[661] *Idem*.
[662] *Idem*.

mandato (artigo 1353.º)»[663]. Ou seja. Referência ao abuso de representação não haveria, por parte de PAULO CUNHA, qualquer uma. Nem a propósito do disposto no artigo 1353.º. Faltaria também, e necessariamente, uma qualquer distinção entre o excesso de mandato ou de poderes e o respectivo abuso. Quer o artigo 1351.º do Código Civil quer o 1353.º implicavam, na visão do Distinto Professor, apenas um mesmo problema de determinação dos limites da representação, a fixar por interpretação do mandato[664].

Pequenos sinais de mudança notaram-se, apenas, nalguma doutrina posterior a GALVÃO TELLES e FERRER CORREIA, com a introdução, entre nós, da distinção por eles iniciada entre mandato, de um lado, e representação, do outro[665].

Uma das primeiras referências claras ao abuso de representação enquanto figura distinta do excesso de poderes seria levada a cabo por DIAS MARQUES[666]. Na verdade, o autor escreveria de forma inequívoca: «(...) *pode* (...) *acontecer que exerça os poderes de representação quem efectivamente os tem, por modo que formalmente se observem os seus limites, mas contrariando substancialmente o fim a que o exercício dos mesmos se destina. O representante emprega então os poderes representativos de que é titular mas em sentido oposto aos fins a que o mandato se destina (art.º 1353.º do código Civil). Fala-se, neste caso, de abuso de representação.»* Parece ser, sem tirar nem pôr, a expressão daquele que viria a ser o entendimento propugnado, mais tarde, pela *communis opinio* para a figura do abuso de representação[667]: o representante actuaria dentro dos poderes formais e autónomos (do *Können* ou *posse*) que lhe teriam sido conferidos pelo representante mas com desrespeito pelos interesses ou fins materiais (o *Dürfen* ou *licere*) subja-

---

[663] *Idem*, pp. 89 e 90.

[664] Mas v., quanto Paulo Cunha, *Direito*..., II, *Conclusão*..., pp. 90 e ss., escreve ao tratar da «*Distinção entre a questão da violação dos limites formais dos poderes (questão de representação) e a questão dos vícios na estrutura dos actos do representante (questão de validade)*» onde, sem ser claro, o autor se refere expressamente a uma categoria de actos que envolveriam apenas a violação dos limites formais dos poderes de representação. Não pode, todavia, esquecer-se a equiparação por ele imediatamente antes feita, aliás de acordo com directa imposição legal, entre este tipo de actuações (ofensiva dos limites formais do mandato) e os comportamentos contrários ao fim do mandato, considerando ambos como não autorizados. Pertencem-lhe, na verdade, repise-se, as seguintes palavras: são «(...) *havidos por não autorizados, embora sejam da mesma natureza dos autorizados, os actos que forem evidentemente contrários ao fim do mandato (artigo 1353.º)*».

[665] Mesmo assim, e por exemplo, Manuel de Andrade, *Teoria*..., II, pp., 285 e ss.; e o próprio Galvão Telles, *Manual*..., pp. 301 e ss. (e apesar de defender já claramente, na nossa doutrina, a tese de cariz hupkaiano segundo a qual as instruções internas comunicadas à margem da procuração se mostrariam irrelevantes diante de terceiros) não obstante tratarem com algum detalhe o fenómeno representativo, nada diriam, ou não trariam qualquer contributo significativo, a este respeito, ficando-se, as mais das vezes, por considerações que nada acrescentam a quanto dizia já Dias Ferreira.

[666] Dias Marques, *Teoria*..., II, pp. 374.

[667] Cfr. quanto se escreve *infra* no presente parágrafo.

centes à outorga da *potestas* representativa. Apenas a referência feita, por DIAS MARQUES, ao mandato parece introduzir um elemento de perturbação. Não é, porém, assim. Na verdade, e na sequência designadamente do contributo de INOCÊNCIO GALVÃO TELLES[668], DIAS MARQUES distinguia já entre mandato, enquanto contrato celebrado entre representante e representado (destinado a regular as relações internas que entre eles se estabelecem) – de um lado – e mandato como negócio unilateral destinado à outorga de poderes de representação – do outro[669].

DIAS MARQUES não via, todavia, no abuso de representação uma qualquer excepção ou mecanismo externo ao fenómeno representativo (fosse ele a *exceptio doli*, a *culpa in contrahendo* ou outro similar) o qual paralisava os efeitos de um *posse* ou *Können* representativo realmente existente. Na esteira de quanto até ali tinha sido defendido pelos autores nacionais, o Ilustre Mestre proporia uma solução endógena para o problema do abuso de representação. O caminho trilhado pelo autor mostra-se perfeitamente autónomo relativamente ao percorrido pela doutrina germânica mas, não obstante, com particulares afinidades substanciais relativamente a quanto havia sido proposto por KIPP[670]. Na verdade, DIAS MARQUES incluiria o abuso de representação na categoria mais vasta da representação aparente, ao lado da falta absoluta de poderes ou do respectivo excesso[671]. Em todos esses casos, escreveria, «*o aparente representante não tem os poderes que invoca*». É que, no dizer do autor, na representação aparente[672] «(...) *na realidade nenhuma representação existe e não há mais do que um pretenso representante*»[673]. E, em apoio destas suas afirmações, o escritor invocava não apenas o disposto no artigo 1353.º do Código de Seabra – o qual não viria a ter paralelo no *BGB* – como, também, as disposições constantes dos artigos 1351.º e 1369.º daquele diploma. Estava-se, pois – e não obstante, alguns indícios de uma separação ou autonomização da representação relativamente ao mandato (manifestados noutros aspectos da teoria do fenómeno representativo proposta por DIAS MARQUES) – claramente dentro dos parâmetros de uma construção endógena para o problema do abuso de representação, a apontar, destarte, para a existência de uma ligação causal entre *Können* e *Dürfen*, entre *posse* e *licere*[674].

No essencial, porém, e, porventura, com algumas excepções contadas, quanto constitui o hodierno problema do abuso de representação continuaria a ser visto como uma simples situação de excesso de

---

[668] V., *supra*, Parte I, Cap. VIII.

[669] Cfr., Dias Marques, *Teoria...*, II, pp. 321 e ss..

[670] V., *supra*, Parte II, Cap. II, parágrafo 2.

[671] Dias Marques, *Teoria...*, II, pp. 373 e 374.

[672] Entendendo-se por tal a representação abusiva.

[673] Dias Marques, *Teoria...*, II, p. 373.

[674] Acerca das razões pelas quais, a nosso ver, as soluções endógenas para o problema do abuso de representação não podem deixar de conduzir à aceitação do carácter causal do fenómeno representativo cfr. *supra*, quanto se escreveu já neste parágrafo a propósito das várias construções deste tipo ensaiadas pelos autores germânicos.

mandato – ela própria considerada como um caso de falta de poderes de representação por ausência de mandato – a resolver de acordo com o disposto nos artigos 1351.º e 1353.º do Código de Seabra[675]. A questão fundamental era pois interpretativa. Não se descortinava, a propósito do abuso de representação (mandato) – e não obstante algumas afirmações, proferidas em tese geral, favoráveis à separação entre as duas noções – nenhum *posse* distinto do *licere* do mandatário. Em caso de desmando ou litígio quanto importava saber era se o negócio representativo estava contido, ou não, dentro dos limites expressos do mandato ou se contrariava, ou não, os respectivos fins.

XX – Destarte, compreende-se que a jurisprudência coeva ao Código de Seabra praticamente não tenha sido confrontada com processos formalmente apresentados como casos de abuso de representação. Ela foi antes, e amiúde, chamada a pronunciar-se sobre questões de interpretação e determinação da extensão e alcance dos poderes do mandatário. Alguns dos litígios sobre os quais os tribunais seriam chamados a pronunciar-se eram, na realidade, e mesmo quando considerados à luz da moderna dogmática jurídica, puros e simples problemas de excesso ou falta de poderes. Outros, porém, traduziam hipóteses de desmando as quais, por aplicação dos critérios actuais, seriam susceptíveis de serem subsumidas na chamada figura do abuso de representação, sem que, naturalmente isso tenha, então, sido feito[676, 677].

---

[675] É disso bom exemplo a forma como Cavaleiro Ferreira, *Depósito...*, in *Scientia...*, XIX, pp. 272 e 273 – em parecer já escrito e publicado após a entrada em vigor do actual Código Civil, mas referente a factos ocorridos na vigência do Código de Seabra, e portanto sujeitos a este – qualificava, expressamente, como excesso de mandato, e não como abuso, os actos praticados pelo mandatário dentro dos respectivos poderes formais mas contra o respectivo fim. São suas as seguintes palavras: «*constituem* (...) *excesso do mandato os actos praticados pelo mandatário que, "embora da mesma natureza dos expressamente autorizados, forem evidentemente contrários ao fim do mandato" (Código Civil de 1867, art. 1353.º).*» Isto para logo de seguida parecer utilizar as expressões excesso ou abuso como sinónimos. De facto, o Ilustre Mestre escreveria ainda: «*Não parece duvidoso, na verdade, que o excesso ou abuso de mandato com relevância em relação a terceiros, isto é, que vicia a representação, respeita à prática de actos não autorizados, e então, tanto quando sejam de diversa natureza dos que constam da procuração, como quando sejam da mesma natureza (mas não autorizados); mas nesta última hipótese importa ainda que sejam evidentemente contrários ao fim do mandato (Código Civil, art. 1353.º).*» Tudo para concluir afirmando: «*Nem esta doutrina foi alterada pelo novo Código Civil. O excesso de mandato é tratado no Código Civil de 1967 como abuso de representação no seu artigo 269.º* (...).»

[676] O mesmo fenómeno se verificou, aliás, com as diversas consultas formuladas por leitores e assinantes das várias revistas e periódicos jurídicos então existentes como a *Revista de Legislação e Jurisprudência* ou *O Direito*, e nas quais o problema da interpretação da extensão dos poderes de representação surgia como tónica dominante. Cfr., por exemplo, *Revista de Legislação e Jurisprudência*, 1875 a 1876, VIII, pp. 483 e ss.; *O Direito*, 1878, IX, p. 290; *Idem*, 1886, XVIII, p. 3; *Revista*

de Legislação e Jurisprudência, 1880 a 1881, XIII, onde se debate uma questão emergente da circunstância de um mandatário ter, em nome do seu constituinte, vendido o mesmo prédio a dois indivíduos diferentes. O consulente referiria a resposta de um advogado que, tendo sido consultado sobre o assunto, considerou corresponder o segundo contrato de compra e venda a um caso de excesso de poderes «(...) *visto que se não pode admittir que alguém constuisse um procurador com poderes de vender uma cousa a individuous differentes, tendo sido já vendida a outros; pois que disto lhe podia advir responsabilidade, criminal inclusivamente* (...)». Ou seja o causídico resolveria quanto corresponde, hoje, a uma típica situação de abuso de direito, considerando haver excesso de poderes, os quais, por via interpretativa apenas contêm faculdades para a realização de uma venda. Os redactores da *Revista de Legislação e Jurisprudência*, esses apelariam, também eles, para o regime dos artigos 1338.º e 1351.º do Código de Seabra, relativos directamente a situações de excesso de poderes de representação ou mandato. Porém, recordando a possibilidade de os actos praticados com excessos de poderes serem ratificados pelo principal citariam a obra Garcia Goyena, «*Concordancias, motivos y comentarios del codigo civil español, ao artigo 1617, tomo 4.º, paginas 46*» para lembrarem como este autor espanhol, seguindo a doutrina do Código prussiano, considera a ratificação tácita se o mandante se aproveita das vantagens que resultam do abuso ou excesso de poderes conferidos na procuração. Depara-se, assim, não só, com uma das primeiras utilizações da expressão abuso de poderes, por nós encontrada, mas, além disso, com uma inequívoca aproximação entre a ideia de excesso e de abuso de mandato ou representação. Curiosamente, ainda, o caso submetido à apreciação dos redactores da *Revista de Legislação e Jurisprudência*, apresenta algumas similitudes com outros julgados bem recentemente. Cfr., designadamente, *Relação do Porto, de 5--12-1994* (Ribeiro de Almeida), in *Colectânea de Jurisprudência*, 1994, XIX, 5, pp. 226 e ss., maxime p. 227 (chamamento à autoria – mandato de interesse comum – excesso ou abuso do mandato fazendo-se repercutir na esfera do mandante negócio só querido pelo mandatário); *Acórdão do Supremo Tribunal de Justiça, 13-4-1994* (José Martins da Costa), in *Colectânea de Jurisprudência, Acórdãos do Supremo Tribunal de Justiça*, 1994, II, 2, pp. 47 e ss. (procurador do promitente vendedor – abuso de representação – responsável pela indemnização). Na situação julgada pela Relação fora outorgada uma procuração para a celebração definitiva de contrato-promessa de compra e venda para pessoa determinada, tendo o mandatário realizado a escritura com um terceiro que não o mencionado no documento de concessão dos poderes de representação. O tribunal considerou então que «*Outorgando a escritura de venda a um terceiro* (...) *o mandatário não só não cumpriu o mandato como exorbitou os poderes que lhe conferiram e as instruções dadas* (...). *É evidente que os mandantes têm o direito a ser indemnizados pela prática de tal acto, excessivo ou mesmo abusivo, por parte do mandatário*». A referência ao excesso de poderes, mais do que ao abuso de representação, compreende-se: a procuração havia sido dada para a celebração definitiva de contrato-promessa de compra e venda a pessoa determinada. Na hipótese julgada pelo Supremo os factos apresentavam--se com alguma diversidade: aí havia sido conferida procuração para a venda de um imóvel. O procurador celebrou, então, um contrato-promessa de compra e venda com uma pessoa e, depois, venderia a outra. O colectivo julgou existir uma situação de abuso de representação, embora ele não fosse, nem devesse ser, do conhecimento dos compradores. Cfr., ainda, *Revista de Legislação e Jurisprudência*, 1902 a 1903, ano XXXV, pp. 147 e 148, local no qual se analisa uma questão resultante da circunstância de **M** e sua mulher terem passada procuração a **J** na qual davam a este poderes para administrar, receber e pagar dívidas. No uso desses poderes **J** pagou uma letra aceite apenas por **M**. O assinante e consulente da revista desejava saber qual a responsabilidade da mulher de **M** relativamente ao mandatário. A resposta dependerá, segundo os redactores da *Revista de Legislação e Jurisprudência*, dos termos em que foi passada a procuração.

[677] A ligação da questão do excesso de mandato com as questões da interpretação dos actos jurídicos; da vontade do mandante e da do mandatário aparece aliás já na jurisprudência anterior ao Código de Seabra, como o atesta, por exemplo, o Acórdão do Supremo Tribunal de Justiça de

Existe, de facto, alguma casuística dos nossos tribunais, durante a vigência do Código Civil de 1867, sobre questões atinentes a actos praticados com excesso de poderes mas praticamente nenhuma na qual se coloque frontalmente uma questão de abuso de representação. Assim e de entre a jurisprudência por nós recenseada podem referir-se os seguintes acórdãos ou decisões.

Em *2 de Dezembro de 1879*, em autos de apelação comercial, o *Tribunal de Comércio de Lisboa*[678] pronunciar-se-ia sobre o caso de uma Baronesa que, no uso de uma procuração geral com poderes para administrar as propriedades do casal, passada pelo Barão seu marido, aceitara uma letra para levantar fundos para ocorrer a despesas do seu matrimónio. O tribunal consideraria que a procuração, concedida à ré para administrar as propriedades comuns, não compreendeu a faculdade de contrair dívidas, pois, sendo uma procuração geral devia entender-se como dizendo unicamente respeito a actos de simples administração (artigo 1325.º do Código Civil). Essa seria tanto mais a intenção do marido, quanto aquela procuração expressamente exceptua a hipoteca e a alienação de bens, e nesta última parte seria ilusória a restrição se à Baronesa fosse lícito contrair dívidas, pois isso importaria sujeitar os bens a uma eventual alienação forçada por meio das execuções a que tais dívidas poderiam dar lugar.

O caso seria reapreciado pela *Relação de Lisboa em Acórdão de 10 de Novembro de 1880*[679]. O colectivo resolveria uma vez mais o diferendo em via interpretativa e consideraria haver excesso de poderes por parte da Baronesa. Destarte, os seus actos não vinculariam o Barão. Por mais ampla que uma procuração

---

16 de Agosto de 1850. Cfr., *Acórdão do Supremo Tribunal de Justiça, 16-8-1850* (Ferrão), in *Accordãos do Supremo Tribunal de Justiça*, 2.ª série, 1871, 1847 a 1854, vol. I, pp. 332 e 333 (validade dos actos praticados por meio de procuração) num passo que vale a pena transcrever: «(...) *cumpre essencialmente que as partes interventoras tenham legitimidade, ou porque sejam as propias, ou porque demonstrem sufficientes procurações: que neste caso, os mandatários que ultrapassem os limites do mandato, não representam a vontade dos seus constituintes, mas a sua propria e vem assim a fazer cousa diversa da que lhe foi commetida, L.5 ff. mandat., princípio reconhecido entre outras das nossas leis, na Ordenação liv. 3º, tit. 20, § 20, § 10, exigindo que as procurações sejam bastantes para o caso: que por isso, as escripturas publicas, celebradas por virtude de procurações, não podem ter fé alguma, senão em quanto conformes com estas* (...).»* Na jurisprudência anterior ao pretérito Código Civil, destaque ainda, para duas interessantes e porventura curiosas decisões. A primeira é a do *Acórdão do Supremo Tribunal de Justiça de 22-10--1859* (Visconde de Fornos), in *Accordãos do Supremo Tribunal de Justiça*, 2.ª série, 1871, 1847 a 1862, vol. II, p. 362, na qual se debate a questão de saber se o mandante poderia ser responsável criminalmente pelo excesso do respectivo mandatário. A resposta iria, naturalmente, em sentido negativo, excepto, escreve-se, se o constituinte nessa sua qualidade tivesse podido prever o excesso. A segunda corresponde ao *Acórdão do Supremo Tribunal de Justiça, 2-7-1842* (Cardoso), in *Collecção dos Accordãos que contêm matéria legislativa proferidos pelo Supremo Tribunal de Justiça desde a época da sua instalação*, 1859, onde se declara a nulidade do, aparentemente surpreendente, aresto proferido pela Relação do Porto, no qual se julga legal o título de venda de uma propriedade quando essa venda fora celebrada por quem não tinha para esse efeito procuração e, portanto, nos termos da disposição da Ord. liv. 3.º tit. 63.º § 5, deve ser reputado como falso procurador.

[678] *Tribunal de Comércio de Lisboa, 2-12-1879* (Eduardo Serpa Pimentel), in *Revista de Legislação e Jurisprudência*, 1884 a 1885, XVII, pp. 153 e 154.

[679] *Acórdão da Relação de Lisboa, 10-11-1880* (Magalhães Mexia), in *Revista de Legislação e Jurisprudência*, 1884 a 1885, XVII, pp. 154 e 155.

geral para administrar bens fosse – escreve-se – nunca nela se subentendem os poderes para a prática de actos prejudiciais e extremamente perigosos como são os de contrair dívidas sem limitação, os quais teriam de ser expressamente mencionados conforme resultava das disposições do artigo 1325.º do Código Civil e do Código Comercial.

Em *Acórdão de 17 de Junho de 1881* o *Supremo Tribunal de Justiça* consideraria, confrontado com uma outra situação na qual os demandados alegavam excesso de poder por parte de um procurador o qual estipulara na escritura de constituição de determinada dívida que esta vencia juros, não haver semelhante excesso quando o *procurator* confessou uma dívida em nome do seu constituinte e estipulou juros se na procuração se reconheceu vencer o débito, no qual ela assentava, interesses[680].

Em *4 de Outubro de 1881*, o *Supremo Tribunal de Justiça* seria chamado a resolver uma questão emergente do facto de um procurador, munido de poderes especiais para fazer a venda de três prédios nas condições que tivesse por convenientes, deixou, em poder do comprador, o preço como pagamento de quantia de que este era credor «*ao casal do fallecido marido, pae e sogro dos autores*»[681]. O colectivo de juízes considerou existir excesso de poderes de representação por parte do procurador porquanto a procuração de que se tratava era especial para vender propriedades com as condições convenientes fixadas e era por isso para um certo e determinado negócio[682]. Ora tal negócio era a venda e o recebimento do preço. Não a compensação por dívida a qual o mandante até podia não reconhecer[683].

No seu *Acórdão de 18 de Dezembro de 1885* o *Supremo Tribunal de Justiça* seria confrontado com uma situação na qual os autores pediam «(...) *que se declarasse que as partilhas a que se procedera por fallecimento de seu pai e sogro, primeiro marido da ré* (...) *que fora meeira nos bens do casal, e a habilitação e registos de transmissão de propriedade immobiliaria que resultaram daquelas partilhas, não collidem com as escripturas publicas de fl.... a fl...., pelas quaes a mesma primeira ré, representada por seu primeiro marido, por virtude de procuração de fl.... doára pura e irrevogavelmente todos os seus bens presentes e futuros ao autor seu filho* (...) *e quando o contrário se intenda, que se julguem nullas as partilhas e a habilitação no todo ou pelo menos no que possa prejudicar o direito constituido para o autor pelas doações*»[684]. A acção fora julgada procedente e provada em primeira instância, declarando-se subsistentes as doações e insubsistentes as partilhas. Dessa sentença apelaram os réus e por Acórdão proferido pela *Relação de Lisboa* foi, entre outros aspectos, a mesma sentença «(...) *revogada na parte em que julgara improcedente a*

---

[680] *Acórdão do Supremo Tribunal de Justiça, 17-7-1881* (Novaes), in *Revista de Legislação e Jurisprudência*, 1888 a 1889, XXI, pp. 428 e ss..

[681] *Acórdão do Supremo Tribunal de Justiça, 4-10-1881* (Visconde de Ferreira Lima), in *O Direito*, 1885, XVII, pp. 277 e s., com anotação favorável de Alexandre de Seabra.

[682] Cfr., *Acórdão do Supremo Tribunal de Justiça, 4-10-1881*, in *O Direito*, 1885, XVII, pp. 277, e a anotação de Alexandre de Seabra, p. 278.

[683] *Idem*.

[684] V., *Acórdão do Supremo Tribunal de Justiça, 18-12-1885* (Brandão), in *Revista de Legislação e Jurisprudência*, 1896 a 1897, XIX, pp. 217 e s..

excepção de nullidade das doações fundada em não ter a procuração poderes bastantes para doar todos os bens e para entrega antecipada das futuras legitimas maternas, e em ter havido excesso ou abuso de poderes do mandato (...)» [685]. Trata-se de uma rara ocasião em que a expressão abuso de poderes aparece na jurisprudência oitocentista relativa ao Código de Seabra. A expressão encontra-se, todavia, reportada não a um qualquer conjunto abstracto de faculdades mas directamente ao mandato. Além disso, aparece claramente no mesmo plano e como sinónimo do excesso de poderes de *mandatum*. Logo, sem qualquer autonomia dogmática relativamente a esta última patologia do fenómeno representativo. Estava-se, pois, e uma vez mais, diante de uma simples questão a resolver no plano interpretativo. Destarte, o Supremo Tribunal de Justiça haveria de resolver o diferendo através da consideração segundo a qual «(...) *na mencionada procuração se contêm os mais amplos poderes e a especial auctorisação dada ao procurador para constituir dotes a seus filhos por occasião do casamento, ou quando julgasse oportuno doar-lhes quaisquer bens de raiz ou de outra especie, concluindo por se obrigar a mandante a cumprir todos e quaesquer contractos que o procurador fizer, quer de acquisição quer de alienação, mais ou menos plena; e que do conjuncto, sem limite ou restricção alguma resulta que o procurador não excedeu os poderes do seu mandato outorgando como o fez as mencionadas doações (....)»*[686].

No *Acórdão de 10 de Março de 1896* o *Supremo Tribunal de Justiça* considerou a procuração, na qual o constituinte confere ao procurador poderes especiais para no caso de morte de sua mãe tomar conta da herança que lhe pertencesse e promover partilhas, judiciais ou amigáveis, como suficiente para admitir o *procurator* a declarar e descrever os bens na posse do *dominus*. Trata-se pois de um mero problema de *interpretatio*[687].

Um ano volvido, no *Acórdão de 12 de Março de 1897*, o *Supremo Tribunal de Justiça*[688] seria chamado a resolver uma questão emergente do facto de um procurador ter assumido um compromisso arbitral sem, ao que alegava a demandada (por si como herdeira habilitada de sua irmã), possuísse poderes para o efeito. O tribunal decidiria em favor da ré por considerar designadamente não estar o *procurator* autorizado pela *procuratio* a representar a constituinte no referido compromisso, por não lhe conferir poderes especiais para este. Ora isso era indispensável, conforme os artigos 1325.º, 1332.º e 1333.º do Código de

---

[685] *Idem.*

[686] A mesmíssima questão faria ainda objecto, por motivos diversos, do *Acórdão do Supremo Tribunal de Justiça, 10-6-1887* (Brandão), in *Revista de Legislação e Jurisprudência*, 1896 a 1897, XIX, pp. 218 e s.. Seria então reafirmado que «*Considerando que a procuração de que se tracta, sem embargo do que se allega que foi julgado no accordão recorrido, contém poderes sufficientes porque além da outorga concedida ao mandatario para differentes actos e contractos, tambem lhe dá expressa auctorisação para constituir dotes aos filhos e, dando-lhes quaesquer bens do casal nos quaes sem duvida estão comprehendidos os bens doados*».

[687] *Acórdão do Supremo Tribunal de Justiça, 10-3-1896* (Rocha), in *Revista de Legislação e Jurisprudência*, 1902-1903, XXXV, p. 361 (procuração com poderes especiais para tomar conta de herança). Cfr., também, a resposta à consulta feita à *Revista de Legislação e Jurisprudência*, 1909, XLII, pp. 535 e 536.

[688] *Acórdão do Supremo Tribunal de Justiça, 12-3-1897* (Ferraz), in *Revista de Legislação e Jurisprudência*, 1904 a 1905, XXXVII, pp. 576 e ss..

Seabra e 244.º do Código Comercial. Nestes termos, e de acordo com o disposto nos artigos 10.º e 1351.º do Código Civil, os actos praticados pelo mandatário, embora em nome do *dominus*, situam-se, no dizer dos juízes, fora dos limites expressos do mandato, sofrendo, por conseguinte, de nulidade. A questão residiu, assim, e uma vez mais na simples determinação da extensão dos poderes do mandatário.

Por *Acórdão de 27 de Janeiro de 1903* o *Supremo Tribunal de Justiça* julgaria um litígio resultante da circunstância de um procurador, munido de uma procuração forense da qual constavam as expressões *«fazendo vendas e hypotecas»*, mas não identificava os activos a onerar, hipotecou bens do representado. O tribunal, considerando tratar-se de uma *procuratio* forense, julgou que as expressões *«fazendo vendas e hypotecas»* se referiam a uma administração geral e não autorizavam o procurador a fazer uma hipoteca de quaisquer bens do constituinte sem poderes especiais para o efeito[689].

Num outro *Acórdão de 3 de Abril de 1906* o *Supremo Tribunal de Justiça* seria chamado a resolver um litígio no qual, em procuração, dada por uma Viscondessa ao Visconde, seu primeiro marido, se estabelecia poder o procurador *«estipular e condicionar tudo o que julgasse preciso e em direito fosse exigido»*, para em nome da constituinte, assinar uma escritura de dívida e hipotecar bens em sua segurança. A Viscondessa viria entretanto a separar-se do Visconde e a contrair matrimónio com um juiz da Relação do Porto, passando a ter o seu domicílio naquela cidade. Posteriormente, ela viria a envolver-se num litígio processual com o primeiro cônjuge. O Visconde faria, então, uso da procuração em seu poder e renunciaria, em nome da ex-mulher, ao foro do respectivo domicílio. O Supremo Tribunal de Justiça consideraria que as palavras *«estipular e condicionar tudo o que julgasse preciso e em direito fosse exigido»*, destinadas a permitir que o procurador assinasse em nome da constituinte escritura de dívida, não se podiam considerar claramente significativas da concessão de poderes para, em representação da autora da *procuratio*, renunciar ao foro do seu domicílio[690, 691].

Ainda no mesmo ano, em *13 de Novembro de 1906* o *Supremo Tribunal de Justiça* voltaria a ser confrontado com uma outra situação na qual se colocava a questão da extensão dos poderes de representação concedidos ao procurador. No caso em apreço tinha sido passada uma procuração por uma constituinte, interessada em processo de inventário, para ser representada em juízo, e em especial para todos os termos do referido inventário. Colocou-se, então, a questão de saber se o procurador tinha ou não poderes para licitar no mencionado processo. O Supremo consideraria estar o *procurator* habilitado a licitar,

---

[689] *Acórdão do Supremo Tribunal de Justiça, 27-1-1903* (A. Rocha), in *Collecção Official dos Accordãos Doutrinais do Supremo Tribunal de Justiça*, ano judicial de 1902-1903, pp. 176 e 177.

[690] *Acórdão do Supremo Tribunal de Justiça, 3-4-1906* (José Pereira), in *Collecção Official dos Accordãos Doutrinais do Supremo Tribunal de Justiça*, ano judicial de 1905-1906, p. 259.

[691] Parece, pois, e face aos dados disponíveis que se estava diante de uma situação na qual literalmente a procuração concedia poderes para a prática do acto realizado pelo procurador. Não obstante, a razão de ser da *procuratio* ou mandato era apenas a celebração de uma escritura de dívida. O Supremo resolveria uma vez mais a questão considerando estar-se perante uma situação de falta ou excesso de poderes.

porquanto justamente a licitação era um dos termos do processo e para estes concedia o constituinte expressamente poderes, não sendo para o efeito necessários quaisquer poderes especiais[692].

A participação de procurador num inventário seria novamente presente ao *Supremo Tribunal de Justiça* e resolvida por este em *Acórdão de 23 de Março de 1909*[693]. O problema aí suscitado prendia-se, não só, com a questão da forma da *procuratio* mas, também, com o problema da extensão dos poderes conferidos ao *procurator* para proceder à prática de actos de execução com vista à entrega de bens aos respectivos mandantes. O tribunal consideraria a outorga dos poderes formalmente válida e afirmaria, além disso, compreender uma procuração para todos os termos do inventário, sem dúvida, os dos seus incidentes e actos deles emergentes. Ora um desses incidentes é a execução para entrega dos bens que pelas partilhas pertencem aos seus constituintes, aliás o fim da execução[694].

Em *Acórdão de 20 de Fevereiro de 1920*, o *Supremo Tribunal de Justiça* julgaria a suficiência de uma procuração para a constituição de hipotecas em nome do constituinte[695]. Tratava-se de um caso no qual uma mulher havia concedido ao seu marido todos os necessários poderes especiais para, em seu nome, fazer hipotecas, compras e vendas de bens de raiz e demais contratos, que bem lhe pareça, assinando as respectivas escrituras e, ainda, para sacar e endossar letras, licitar, arrematar e trocar. A constituinte viria a alegar não estar o cônjuge habilitado a realizar as hipotecas por ele concretamente efectuadas porquanto a *procuratio*, transcrita na escritura de hipoteca, não permitir ao *procurator* onerar os bens que foram efectivamente hipotecados e, ainda, menos autorizado a caucionar dívidas pessoais dele procurador. Na verdade, segundo a constituinte o débito garantido era da exclusiva responsabilidade do mandatário. Aliás, a procuração passada ao marido era de 2 de Setembro de 1911 enquanto a escritura de constituição da hipoteca datava de Dezembro de 1913, o que demonstraria não ter a habilitação sido feita com o fim de permitir a constituição daqueles concretos ónus sobre os bens da mandante.

A beneficiária da hipoteca contestaria através da alegação segundo a qual a *procuratio* dava ao procurador os necessários poderes para, em nome da ré, contrair dívidas e hipotecar todos os bens desta que, de facto, foram hipotecados e penhorados. Além disso, afirmou ter a escritura exequenda sido exigida ao marido como administrador dos bens do casal, quando assim foi entendido, para garantia dos seus créditos, tendo outorgado o marido por si e como

---

[692] *Acórdão do Supremo Tribunal de Justiça, 13-11-1906* (F. Azevedo), in *Collecção Official dos Accordãos Doutrinais do Supremo Tribunal de Justiça,* 1906-1907, pp. 23 e 24.

[693] *Acórdão do Supremo Tribunal de Justiça, 23-3-1909* (H. Pinto), in *Collecção Official dos Accordãos Doutrinais do Supremo Tribunal de Justiça*, 1908-1909, pp. 177 e 178.

[694] Cfr., também, e como exemplo de mais uma situação de anomalia cometida pelo representante, embora de tipo diverso daquelas que temos vindo a analisar até agora (a saber a falta, excesso ou abuso de poderes de representação) o *Acórdão do Supremo Tribunal de Justiça de 20-6- -1911* (Pinto Ribeiro), in *Collecção Official dos Accordãos Doutrinais do Supremo Tribunal de Justiça,* 1910-1911, pp. 187, onde se julga uma situação de abuso de confiança cometida por um procurador.

[695] *Acórdão do Supremo Tribunal de Justiça, 20-2-1920* (Abel Abreu), in *Collecção Official dos Accordãos Doutrinais do Supremo Tribunal de Justiça*, 1919-1920, pp. 40 e ss..

procurador da mulher, no exercício dos poderes gerais e especiais dos quais gozava. Finalmente, sustentou, não ser a dívida caucionada da exclusiva responsabilidade do marido porquanto, sendo este comerciante, o débito era no interesse comum do casal.

Perante isto e «*Atendendo a que pela procuração a recorrente conferiu ao marido poderes especiais para fazer hipotecas, compras e vendas de bens de raiz e os mais contratos que bem lhe pareça, assinando as respectivas escrituras e ainda para sacar e endossar letras, licitar, arrematar e trocar;*

Atendendo a que esta procuração, embora conceda poderes para actos de geral administração, autorisa também a hipoteca, que é um negocio certo e determinado, sendo assim tambem uma procuração especial nos termos da 2.ª parte do artigo 1324 do codigo civil;

Atendendo a que a lei não exige que na procuração se especifiquem os predios que o devedor vai hipotecar, bastando por isso que o procurador seja expressamente autorizado a dar esta caução, que é um acto ou negocio certo e determinado (...);

Atendendo a que se em certos casos especiais, expressamente indicados (...) é que a lei exige a procuração especial com designação expressa de pessoas ou actos, o que sendo excepção, confirma a regra geral em contrario;

Atendendo a que, sendo o marido da recorrente o legitimo administrador de todos os bens do casal (...) não se justificaria a referida procuração, que seria inteiramente inutil, se, como diz a recorrente, ela apenas conferisse poderes gerais de administração;

Atendendo a que, não só são geralmente feitas em termos identicos ou analogos aos da procuração, que se discute, as procurações especiais para quaisquer contratos, mas a propria recorrente tem passado outras procurações em termos semelhantes (....);

Atendendo a que nada importa que a procuração discutida fosse passada em 2 de setembro e 1911 e a escritura exequenda fosse celebrada em 19 de dezembro de 1913, pois não se mostra que tivesse expirado o respectivo mandato (...)», o tribunal considerou que os poderes conferidos ao marido seriam suficientes para a realização da hipoteca. Fê-lo, porém, sem nunca discutir a quem pertencia a dívida efectivamente garantida; aspecto o qual, à luz de um enquadramento dogmático que preconizasse a autonomização da figura do abuso de representação, pareceria essencial. Tudo se desenvolveria no simples plano da interpretação da *procuratio*. Não obstante o caminho percorrido e a fundamentação adoptada, o resultado alcançado pelo Supremo Tribunal de Justiça não andaria, porventura, muito distante da solução a que se chegaria se, por hipótese se tivesse reconhecido à noção de um desmando do representante – o qual como se sabe é insusceptível de ser oposto ao *tertius* de boa fé. Segundo o tribunal, a ré teria, de facto, tido intervenção no acto jurídico de constituição da hipoteca através da representação levada a cabo em nome dela pelo marido.

Mais significativo, ainda, parece o *Acórdão do Supremo Tribunal de Justiça de 3 de Abril de 1925*[696]. A Caixa Económica do Montepio Terceirense demandou **J** e **D**, respectivamente na qualidade de sacador e aceitante de uma letra, no valor de 700$00, que não foi paga no dia do seu vencimento, tendo, por isso, sido devidamente protestada. O primeiro réu foi logo condenado por falta de

---

[696] *Acórdão do Supremo Tribunal de Justiça de 3-4-1925* (Pimenta de Castro), in *Collecção Official dos Accordãos Doutrinais do Supremo Tribunal de Justiça*, 1925, pp. 71 e 72.

comparência. O segundo contestou dizendo ter a letra accionada a data de 6 de Abril de 1912 e sido aceite por **L** dizendo-se procurador de **D**. Todavia, **L** não teria quaisquer poderes para representar **D**, porquanto a procuração que se encontrava nos autos fora passada em 1905 para aceitação de uma letra de 1000$00 a favor de **J**. Não, pois, para aceitar a letra de que se tratava no julgamento, «*sendo assim falsa a procuração*» (*sic*).

A autora replicou para explicar corresponder a letra em seu poder à última de uma série de reformas do primitivo título de crédito de 1000$00 sacado por **J** em 19 e Julho de 1905, e nessa data endossada à autora.

O tribunal de primeira instância considerou apenas permitir a procuração apresentada aceitar por **L** como procurador de **D** de uma letra de 1000$00 insulanos, não tendo aquele poderes para, em reforma, aceitar pelo réu novas letras, por igual, maior, ou menor quantia. Desta forma, por não ser a letra, base da acção, aquela para cujo aceite foi passada a *procuratio*, dá-se falta de poderes[697] para aceitação do título accionado[698]. Esta decisão seria confirmada pela Relação de Lisboa.

O Supremo Tribunal de Justiça teria, porém, outro entendimento. De facto, apesar de reconhecer que a procuração fora outorgada para aceitar a dita letra de 1000$00, «(...) *e não quaisquer outras, que se lhe seguiram, designadamente a letra base da acção, certo é que uma vez que se provou ser esta letra a renovação do credito da primeira – a sua reforma, como vulgarmente se diz em comercio, ela e as outras letras anteriores constituem actos necessarios para a execução do mandato, nos termos do art. 232 do cod. comercial*[699], *visto se não ter realizado o pagamento no dia do vencimento (...) quando assim se não atenda, essas reformas de letra representam outras tantas rectificações do mandato – art. 1:351 do cod. Civil – pelo pagamento dos juros e despesas respeitantes às letras substituidas ou reformadas*»[700, 701].

---

[697] *Idem*, p. 71.

[698] Parece, pois, estar-se, e no entendimento do tribunal de primeira instância, diante de mais um caso no qual o negócio representativo cabia dentro dos poderes literais do procurador, mas contrariava o fim para que a procuração fora concedida. A solução para o problema seria, à semelhança de quanto se viu suceder nas outras hipóteses paralelas por nós relatadas, considerar não a existência de um abuso de representação, enquanto figura com identidade dogmática própria, mas sim afirmar a falta de poderes do representante.

[699] Não se compreende esta remissão para o artigo 232.º do Código Comercial uma vez que este preceito respeita à remuneração do mandatário e não parece possível aproveitar aqui a remissão aí feita para o art. 234.º.

[700] Também não conseguimos compreender a referência à ratificação do mandato que iria implícita na reforma da letra. Seja como for quanto nos parece de realçar é a circunstância de o Supremo fazer depender a extensão dos poderes do procurador e a contrariedade, ou não, entre o acto representativo por ele praticado e o o fim ou motivo para o qual a procuração teria sido concedida da circunstância de ele caber ou deixar de caber, dentro do âmbito do mandato.

[701] Clara hipótese de eventual abuso de representação é o caso apreciado, em processo crime, pelo *Acórdão do Supremo Tribunal de Justiça, 17-1-1930* (Alexandre de Aragão), in *Collecção Official dos Accordãos Doutrinais do Supremo Tribunal de Justiça*, 1930, p. 17, no qual o procurador vendeu a terceiro, com quem se encontrava concertado, bens da sua constituinte por um preço muito inferior ao valor real. O Supremo não abordaria, todavia, a questão civil que consistia em saber se este negócio era, ou não, vinculativo para a dona do negócio. Antes, limitou-se a considerar não estarem reunidos os elementos constitutivos do crime de burla.

No *Acórdão do Supremo Tribunal de Justiça de 22 de Fevereiro de 1935*[702] seria julgada uma questão resultante do facto de determinada inquilina ter sublocado vários quartos a hóspedes sem, alegadamente, dispor para o efeito do consentimento do proprietário. A ré defender-se-ia, todavia, invocando dispor da concordância do procurador do senhorio. Depois de julgados alguns incidentes acerca da veracidade da procuração junta pela ré ao processo, o autor acabaria por afirmar que, ainda quando ela fosse verdadeira, não teria valor por envolver um intolerável abuso do procurador, o qual nunca teve poderes senão para receber rendas. A Relação do Porto dera, todavia, como provado ter o proprietário do imóvel conferido poderes ao *procurator* para arrendar, pelo preço e condições tidas por mais convenientes. Nesses termos, o Supremo Tribunal de Justiça considerou não ser exacta a alegação segundo a qual o procurador só possuía poderes para cobrar rendas: «*tinha amplos poderes para contratar em nome do senhorio. A autorisação invocada pela ré (...) tem portanto toda validade para obrigar o senhorio.*»

Em *Acórdão de 14 de Dezembro de 1948* o *Supremo Tribunal de Justiça*[703, 704] foi confrontado com a situação decorrente do facto de o gerente e mandatário da sociedade **Z** ter prestado um saque e endosso de favor com vista a garantir um crédito da autora, resultante de dívidas contraídas perante ela por uma terceira empresa. A demandada **Z** alegou que para o seu gerente e mandatário poder assinar a letra em causa precisava de poderes especiais e esses não lhos conferia a procuração por ele possuída. O Supremo aceitou a argumentação da ré. Na verdade, e de acordo com este tribunal, pela procuração ao seu dispor o gerente de **Z** podia sacar, aceitar e endossar letras[705], mas, visto tratar-se de mandato comercial geral – e como da própria procuração se via com clareza – os poderes do mandatário limitavam-se à prática de actos respeitantes aos negócios da sociedade mandante, e que eram objecto do seu comércio. Nestes termos, considerou o Supremo Tribunal de Justiça que o mandatário e gerente da companhia **Z** carecia de autorização expressa do mandante para a prática do saque e posterior endosso da letra da qual era portadora a autora (§ único do artigo 231.º do Código Comercial). Logo, e sempre no dizer do tribunal, como essa autorização não lhe tinha sido dada, foi o mandatário, e não **Z**, quem se tornou responsável, para com a sociedade portadora do título, pela obrigação gerada pelo endosso[706]. Uma vez mais, e

---

[702] *Acórdão do Supremo Tribunal de Justiça, 22-2-1935* (J. Cipriano), in *Collecção Official dos Accordãos Doutrinais do Supremo Tribunal de Justiça*, 1935, pp. 53 e ss..

[703] Ainda antes em *Acórdão do Supremo Tribunal de Justiça de 23-7-1940*, in *Revista de Justiça*, 1941, ano, 26, p. 18, considerava-se como abuso de poderes a venda efectuada, simuladamente pelo procurador, com o fim de prejudicar terceiros. O sumário desse Acórdão não permite, todavia, uma análise mais cuidada do mesmo.

[704] *Supremo Tribunal de Justiça, 14-12-1948* (Pedro de Albuquerque), in *Boletim do Ministério da Justiça*, 1949, 10, pp. 347 e ss..

[705] De facto, e conforme parece resultar do texto do aresto agora em apreço, dizia-se na referida procuração que o mandatário podia praticar todos os actos objecto do comércio da sociedade mandante podendo fazer todas as operações para isso necessárias como seja, entre outros mais que se especificam, assinar correspondência, sacar, aceitar e endossar letras, depositar e levantar dinheiro, assinar cheques etc..

[706] *Idem*, pp. 349 e 350.

não obstante a similitude deste caso com precisamente alguma da casuística que tinha precisamente servido para a jurisprudência tudesca desenvolver e formar a doutrina do abuso de representação – por aplicação da *exceptio doli* contra o terceiro outorgante do negócio representativo – o problema seria centrado e tratado pelo nosso tribunal como uma simples questão de determinação da extensão dos poderes do representante, cujo sentido e alcance seria claramente, e entre outros aspectos, influenciado pela relação jurídica subjacente[707, 708].

No *Acórdão do Supremo Tribunal de Justiça de 26 de Maio de 1954*,[709] seria discutido um caso resultante da circunstância de uma sociedade ter prestado fiança destinada a garantir uma dívida de terceiro. A fiança em causa foi, no entanto, assumida exclusivamente por um dos dois sócios gerentes o qual em face dos estatutos não dispunha, por si só, de poderes para tanto. O Supremo afirmaria, então, ter havido «*um abuso de mandato, cujas consequências só podem ser as determinadas no artigo 1351.º do Código Civil, salvo se esta o ratificou, expressa ou tacitamente*»[710]. Esta referência ao abuso de mandato e a simultânea remissão para o disposto no artigo 1351.º afigura-se extremamente elucidativa: uma vez mais, e não obstante a terminologia empregue, tudo se desenvolve no plano da figura do excesso de mandato[711]. Destarte, a falta de autonomia dogmática do abuso relativamente ao excesso de *mandatum* fica outra vez posta a nu.

---

[707] O mandato comercial geral.

[708] A explicação para esta diversidade de tratamento dada a uma mesma hipótese ou situação pela jurisprudência alemã, de um lado, e pelos tribunais portugueses, do outro, não parece difícil de explicar. Na verdade, o direito alemão encontrava-se esmagado e dominado pelo princípio da abstracção do poder de representação. Por isso, era extremamente difícil ou mesmo impossível aos tribunais alemães negarem a existência de poderes de representação quando a relação--base era desrespeitada. Restava-lhes, destarte, e por não pretenderem afrontar abertamente uma doutrina que parecia irremovível, e seguir um comportamento capaz de valer insultos contra quem o adoptava, uma outra via: a consagração de uma solução a qual materialmente acabava por implicar uma quebra da rigorosa separação entre poder de representação e negócio gestório, mas formalmente a parecia manter. Isto, não obstante, todos os inconvenientes, fragilidades e desvios metodológicos trazidos pelo percurso assim trilhado e dos quais se deu já devida conta (entre eles, sublinhe-se agora apenas, encontra-se naturalmente o encapotar das razões e motivações realmente perfilhadas em cada decisão justificada com recurso à *exceptio doli*. Cfr. a este respeito quanto já se escreveu *supra* no presente parágrafo, quando se abordou o tratamento dado pela jurisprudência tudesca à questão do chamado abuso de poderes representativos). Em Portugal o poder de representação decorria linearmente do mandato. Os nossos tribunais não necessitavam, por isso, para guardar a face, do recurso a expedientes com vista a solucionar os casos nos quais o procurador parecia manter-se dentro do teor literal da *procuratio* mas desrespeitava, de facto, o fim da mesma e (ou) a relação subjacente.

[709] *Acórdão do Supremo Tribunal de Justiça, 26-5-1954* (Lopes Cardoso), in *Boletim do Ministério da Justiça*, 1955, 50, pp. 420 e ss..

[710] O tribunal não se pronunciaria no entanto a favor da invalidade do acto praticado pelo representante pois considerou ter existido ratificação por parte da sociedade. Desse modo «*Reconheceu, pois, de maneira expressa, a validade do acto abusivamente praticado pelo seu mandatário, acto que assim passou a valer para a mandante*» (cfr. o Acórdão citado, p. 423).

[711] Recorde-se que o teor do artigo 1351.º do Código de Seabra era o seguinte: «*Os actos que o mandatario pratica em nome do seu constituinte, mas fóra dos limites expressos do mandato, são nullos em relação ao mesmo constituinte se este não os ratificou expressamente.*»

Aliás, poucos anos passados o *Supremo Tribunal de Justiça* seria novamente confrontado, no seu *Acórdão de 10 de Dezembro de 1957*[712], com um outro caso no qual se discutia se determinado gerente tinha, ou não, poderes para obrigar, por si só, a sociedade na qual exercia funções[713], quando o pacto social estabelecia expressamente obrigar-se a empresa apenas pela assinatura de dois gerentes. O próprio gerente, autor do acto cuja validade se discutia, assumiria ser o único responsável – e portanto a título pessoal – da conduta assumida. Descontado, porém, este aspecto, o tribunal afirmaria por diversas vezes, e expressamente, a falta de poderes do gerente pelo qual se pretendia fazer responder a ré[714], sem nunca mencionar ou colocar o problema ao nível de um hipotético comportamento abusivo do representante.

Em *Acórdão de 7 de Abril de 1959*[715] o *Supremo Tribunal de Justiça* julgaria um caso no qual marido e mulher haviam concedido procuração ao respectivo irmão e cunhado para comprar e vender bens imóveis (ajustando preços, dando e recebendo quitações), outorgar e assinar escrituras e demais documentos. Isto sem condicionar os poderes representativos a quaisquer instruções ou sem os reportar a certa ou determinada venda. No uso das faculdades que lhe haviam sido conferidas, o procurador celebraria duas escrituras de venda – uma referente a vários prédios rústicos; a outra o direito e acção a 6.ª parte de herança indivisa. Os constituintes intentaram, então, um processo judicial no qual pediriam, entre outras coisas, a declaração de nulidade das vendas por excesso de mandato, nos termos do artigo 1351.° do Código Civil. Isto, atenta a circunstância de o procurador não ter dado aos mandantes conhecimento de tais vendas por eles não autorizadas. O mandato conferido não visava qualquer acto ou contrato em especial. Nesses termos, a procuração conferida não concedia quaisquer poderes para as vendas. Para elas se poderem efectuar tornar-se-ia necessário a presença de instruções complementares. Além disso, o mandatário vendeu direitos quando teria apenas poderes para vender bens imóveis.

A primeira instância julgaria a favor da existência de excesso de representação. A Relação de Coimbra pronunciou-se, todavia, a favor da inexistência

---

[712] *Acórdão do Supremo Tribunal de Justiça, 10-12-1957* (Mário Cardoso), in *Boletim do Ministério da Justiça*, 1958, 72, pp. 426 e ss..

[713] No caso em apreço tratava-se da suposta concessão por parte da autora à ré de determinado empréstimo. Isto porquanto «*Embora ela autora não fosse prestamista não quis deixar de ser agradável à ré, que se tinha tornado uma das melhores clientes da sua casa cumprindo sempre as obrigações contraídas em nome dela pelo seu (...) gerente (...)*».

[714] Assim e por exemplo afirmar-se-ia, no texto do Acórdão em análise que o: «*(...) antigo sócio e gerente da ré recorrida, não tinha poderes nem legitimidade para solicitar, em nome da mesma ré, o empréstimo de 170.000$00 à autora e em que se fundamenta o pedido nesta acção, porquanto, além de resultar dos autos (...) que ele assinou a recepção daquela quantia, emprestada, em seu nome pessoal certo é também pelo disposto no art.° 8.° e seus §§ dos Estatutos da ré, devidamente publicados, ela não ficaria obrigada sem a assinatura de dois dos seus gerentes (...)*» (cfr. o aresto citado, p. 429). Isto para se voltar a insistir mais tarde: «*Conclui-se, e bem, que a ré efectivamente, não se obrigara por tal empréstimo que não redundou em benefício seu e que, pelo contrário, reverteu unicamente em proveito particular do referido sócio gerente o qual, repita-se, procedeu sem poderes que o legitimassem como representante da ré (...)*» (cfr. aresto citado, p. 430).

[715] *Acórdão do Supremo Tribunal de Justiça, 7-4-1959* (Lencastre da Veiga), in *Boletim do Ministério da Justiça*, 1959, 86, pp. 388 e ss..

de excesso mandato. O Supremo seria da mesma opinião. Isto porquanto «*Não se provou que os poderes contidos na* (...) *procuração foram, por qualquer forma, condicionados às instruções e ordens que os* (...) *autores dessem ao procurador; e ficou provado que os autores não visavam qualquer venda ou outros contratos em especial. Nestas condições, tem de se reconhecer que* (...)» o procurador «(...) *no exercício do mandato não tinha restrições para a venda, nem tinha que aguardar quaisquer ordens ou instruções; não agiu, pois, fora dos limites expressos do mandato, a que se refere o art.º 1351.º do Código Civil*». Ou seja: Apesar de considerar não ter havido excesso de representação[716], quanto o Supremo Tribunal de Justiça debate, para saber se

---

[716] A nosso ver mal por faltar aqui a *in Geltung Setzung* (atribuição de validade) de que fala Canaris, *Vertrauenshaftung...*, *passim*, e pp. 34 e 35, 55, 67 e 427, e é condição de existência de qualquer negócio jurídico. Isto só não será assim se se considerar andar a atribuição de validade ligada ao mandato com o qual se ligava, ao tempo, e ao menos na visão mais próxima da letra da lei, necessariamente a procuração. V., porém, quanto se escreve na nota imediatamente a seguir a esta.

[717] Este Acórdão do Supremo Tribunal de Justiça merece, ainda, dois esclarecimentos adicionais. O primeiro prende-se com a circunstância, dada por provada, segundo a qual o mandato não havia sido conferido em vista de nenhum negócio concreto ou tido especificamente em vista. Atendendo a essa circunstância, os autores alegam, e bem, não poder o procurador fazer uso da *procuratio* sem instruções complementares. O tribunal desatendeu o argumento e considerou as referidas instruções desnecessárias. Pareceria, assim, estar a pronunciar-se, numa primeira leitura, justamente a favor da doutrina, por nós rejeitada já (*supra*, Parte II, Cap. I, parágrafo 2) segundo a qual não são admissíveis procurações isoladas ou desprovidas de um negócio gestório que lhes sirva de causa. Não é porém assim. Basta, para afastar quaisquer equívocos recordar como na doutrina do Código de Seabra a representação tinha sempre a suportá-la um mandato. Destarte, ao admitir a possibilidade de se fazer uso de poderes de representação os quais não foram dados em função de nenhum acto representativo especial, quanto o tribunal está a fazer não é a admitir uma procuração suspensa mas tão-só a admitir a possibilidade de ela ter por base um mandato especial genérico. Só que parece faltar, contra o pretendido pelo Supremo, a atribuição de validade a esse mandato, pelo que a decisão nos parece errada. O segundo esclarecimento resulta da circunstância de, já quase a fechar, se afirmar, no aresto agora em análise, responder o mandante «(...) *por todos os actos do mandatário que, embora feitos com excesso de poderes, nas relações internas entre este e aquele, não podem ter tal natureza em relação a terceiros*». Estas considerações seriam seguidas de remissão imediata para a obra de Cunha Gonçalves, *Tratado...*, VII, p. 480. Esta separação entre excesso interno de mandato e excesso externo parece, também ela, e à primeira vista, uma clara admissão da separação entre o *licere* ou *Dürfen* representativos, de um lado, e o *posse* ou *Können*, do outro. Não é, porém, esse o sentido da menção ao excesso interno e sua contraposição ao externo. Basta ver como se o significado pretendido fosse marcar uma clara separação entre o mandato, negócio gestório ou instruções de uma banda, e procuração ou poder de representação, da outra, se estaria a assistir a uma contradição entre as várias partes da decisão agora em apreço. Mas mais do que isso a remissão feita para Cunha Gonçalves é, a nosso ver, extremamente esclarecedora. É que, o autor não separa o poder de representação do mandato ou relação gestória. Ao contrário ele afirma a ligação entre as duas figuras (v., *supra*, Parte I, Cap. VII). Quanto Cunha Gonçalves se limita a esclarecer, no passo citado pelo tribunal, é o facto de o mandante responder pelos actos do mandatário se o terceiro tinha razões para supor ter este poderes para celebrar o contrato. E a título de, exemplo, refere: «*Não pode o mandante* (...) *furtar-se ao cumprimento do contrato celebrado sem as condições por ele impostas, se estas condições não constavam da procuração, nem a elas se fazia referência nesta, de sorte que os terceiros tinham motivos para a ignorar.*» Para continuar de seguida: «*Enfim não podem os terceiros ser inculpados de não terem verificado os poderes do mandatário, quando a procuração estando sujeita a registo, não foi registada* (...)». Quer dizer: Cunha Gonçalves não distingue entre *licere*

os pressupostos da referida figura se encontram, ou não, preenchidos, é a circunstância de se saber se houve, ou não, uma violação da relação ou negócio gestório. O excesso de representação é, pois, assim, e uma vez mais, directamente relacionado e colocado na dependência dos vínculos internamente estabelecidos entre o dono do negócio e respectivo *procurador*[717].

Em *Acórdão de 22 de Fevereiro de 1963*, o *Supremo Tribunal de Justiça* julgaria uma questão relativa a uma disputa de terrenos confinantes. Uma das partes em litígio viria a sustentar a invalidade do auto de acordo de demarcação das propriedades por insuficiência de mandato do militino que nela interviera. Contudo, o colectivo de juízes viria a entender, por aplicação das regras gerais de interpretação, que uma procuração na qual se conferem poderes para requerer títulos de propriedade e tudo mais julgado conveniente a bem dos interesses e direitos da mandante é título bastante para o efeito[718].

Apenas num caso pareceu, durante a vigência do Código de Seabra, ter o Supremo admitido algum tipo de separação, embora ténue, entre os poderes de representação, de um lado, e o mandato ou a sua violação, do outro. Na verdade, no seu *Acórdão de 21 de Junho de 1957* o *Supremo Tribunal de Justiça*[719] apreciaria uma situação na qual o autor, herdeiro universal da constituinte, alegava ter sido a mandante, dolosamente e de má fé, induzida a outorgar uma procuração à ré, pois apenas lhe queria conceder a esta poderes de mera administração, e não a possibilidade de alienar ou onerar bens. Além disso, o autor considerava ter a demandada feito uso abusivo da procuração em questão ao praticar actos que não estavam nela compreendidos. O tribunal julgou, todavia, eficazes os actos praticados pela procuradora, por ter decorrido já o prazo para a interposição de acção fundada em erro. Nestes termos, e uma vez que a *procuratio* era (ou tinha-se tornado) válida (*sic*), não se poderia falar em utilização abusiva da mesma, porquanto a ré agiu dentro dos limites expressos nela, dado terem-lhe sido conferidos os poderes suficientes para os fins constantes dessas escrituras. Se contudo – acrescenta-se – entende o autor que ela abusou no exercício desses poderes, praticando actos prejudiciais para a mandante, pode exigir-lhe em processo crime o seu castigo, e em processo cível, a respectiva indemnização nos termos dos artigos 1336.º e 1340.º do Código Civil[720].

---

e *posse*. Antes limita-se a lembrar como os poderes de representação aos quais não tenha sido dada a devida publicidade podem ser inoponíveis a terceiros. Será também esse o sentido do *Acórdão de 7 de Abril de 1959* do *Supremo Tribunal de Justiça*.

[718] *Acórdão do Supremo Tribunal de Justiça, 22-2-1963* (Bravo Serra), in *Boletim do Ministério da Justiça*, 124, pp. 637 e ss., maxime p. 641.

[719] *Acórdão do Supremo Tribunal de Justiça, 21-6-1957* (A. Gonçalves Pereira), in *Boletim do Ministério da Justiça*, 1957, 68, pp. 560 e ss..

[720] Outros casos, em que se debateu, durante a vigência do Código de Seabra, se houve ou não uma utilização indevida de uma procuração ou uma actuação com falta de poderes, foram ainda apreciados pelo Supremo Tribunal de Justiça, podendo referir-se a título exemplificativo: *Acórdão do Supremo Tribunal de Justiça, 12-3-1929* (B. Veiga), in *Collecção Official dos Accórdãos Doutrinais do Supremo Tribunal de Justiça*, 1929, pp. 93 e 94 (concessão de poderes a um procurador ou, caso este não fizesse uso dos mesmos, à mulher do constituinte – venda de bens imobiliários feita pela mulher); *Acórdão do Supremo Tribunal de Justiça, 7-5-1935* (J. Cipriano), in *Collecção Official dos Accórdãos Doutrinais do Supremo Tribunal de Justiça*, 1935, pp. 154 e ss. (poderes do empregado de

um banco para assinar em nome da instituição bancária, sem para tal possuir mandato expresso); *Supremo Tribunal de Justiça, 8-7-1941* (Mourisca), in *Boletim Oficial do Ministério da Justiça,* 1940--1941, pp. 350 e ss. (actuação do mandatário contra instruções do mandante conhecidas do terceiro); *Acórdão do Supremo Tribunal de Justiça, 5-5-1942* (Magalhães Barros), in *Boletim Oficial do Ministério da Justiça,* 1942, pp. 139 e ss. (utilização consciente de procuração revogada – aceitação sucessiva de duas procurações com o propósito manifesto de prejudicar um dos constituintes); *Acórdão da Relação de Lisboa, 10-3-1948* (Lencastre da Veiga), in *Boletim do Ministério da Justiça,* 1949, 10, pp. 351 e ss. (representação dos herdeiros de sócio falecido – representação, sem autorização judicial de sócio menor por sua mãe em assembleia geral); *Acórdão do Supremo Tribunal de Justiça, 28-10-1949* (Roberto Martins), in *Boletim do Ministério da Justiça,* 1949, 15, pp. 400 e ss. (cedência de estabelecimento comercial – mandato – actuação do cessionário em nome próprio ou em nome do cedente); *Acórdão do Supremo Tribunal de Justiça, 18-3-1949* (Jaime de Almeida Ribeiro), in *Boletim do Ministério da Justiça,* 1949, 12, pp. 374 (excesso de poderes de sócio, que sem gerentes nomeados, e sem consentimento do outro sócio, contratou com terceiros em nome da sociedade); *Acórdão do Supremo Tribunal de Justiça, 22-10-1957* (Agostinho Fontes), in *Boletim do Ministério da Justiça,* 1957, 70, pp. 469 e ss. (âmbito dos poderes contidos numa procuração – poderes do mandatário para substabelecer); *Acórdão do Supremo Tribunal de Justiça, 24-2-1960* (Lopes Cardoso), in *Revista de Legislação e Jurisprudência,* 1961-1962, pp. 325 e ss. (= *Boletim do Ministério da Justiça,* 1961, 104, pp. 436 e ss.), aresto no qual apesar de ter sido alegado um caso de excesso de poderes (na vertente de abuso de representação apesar de a figura não ser, uma vez mais, mencionada com autonomia relativamente ao excesso de mandato) o Supremo não entraria na análise da questão da suficiência ou falta de poderes do representante por ter considerado a existência de uma situação de prescrição aquisitiva a favor do terceiro, a qual prejudicaria a questão de fundo; *Acórdão do Supremo Tribunal de Justiça, 27-7-1962* (Lopes Cardoso), in *Boletim do Ministério da Justiça,* 1962, 119, pp. 556 (poderes do gerente – aval de letras – uso de firma [excesso]); *Acórdão do Supremo Tribunal de Justiça, 2-10-1964* (Torres Paulo), in *Boletim do Ministério da Justiça,* 140, 1964, pp. 477 e ss., (letras – aval – natureza e regime – poderes dos administradores de um banco para a prestação de avales – novação [conceito e requisitos] – recursos [competência do supremo]) aresto em que se julgou a situação decorrente da circunstância de dois administradores do Banco de Agricultura terem dado aval a uma letra na qual figuravam, com vários outros, como intervenientes devedores, ocultando o facto ao terceiro membro do conselho de administração. O tribunal decidiu que a instituição bancária «(...) *prestou o aval firmado na letra por intermédio de quem de direito, pelos seus antigos administradores, o que basta para vincular o Banco».* Além disso o acto enquadrava-se plenamente dentro dos fins lucrativos da actividade bancária e das funções de crédito. Mas «*ainda quando o aval prestado fosse tido como operação alheia à actividade bancária, que não é, não envolvia de nulidade a operação de aval»;* *Acórdão da Relação de Lisboa, 7-12-1967* (Hernâni Lencastre), in *Jurisprudência das Relações,* 1967, 13, V, pp. 864 e ss. (inventário – excesso de poderes – outorga de poderes para a realização de uma venda – celebração de contrato de promessa [foi proferido voto de vencido por parte Bruto da Costa, o qual contrariamente ao entendimento que faria vencimento no Acórdão, considerou que o mandato para a celebração de uma venda não confere poderes para a realização de promessa. Aliás, este problemática é ainda hoje tema polémico na jurisprudência dos nossos tribunais – cfr. *infra,* o presente parágrafo em nota; e Inocêncio Galvão Telles, *Garantia...,* *Parecer,* p. 595 e nota (10). Na doutrina coeva ao Código de Seabra pode ver-se, sempre sobre o assunto versado no aresto agora em referência e objecto do voto de vencido, Alberto dos Reis, *Processo de Execução,* Coimbra, 1954, II, p. 328 e 329]); *Acórdão do Supremo Tribunal de Justiça, 15-3-1968* (Orlando Carvalho), in *Boletim do Ministério da Justiça,* 1968, 175, pp. 290 e ss. (violação ou excesso de poderes no desempenho de um contrato de comissão – instruções); *Acórdão do Supremo Tribunal de Justiça, 3-2-1970* (Santos Carvalho), in *Boletim do Ministério da Justiça,* 1970, 194,

Quer dizer. Continua a equiparar-se o abuso e o excesso de representação, na medida em que se considera ou alega não ter havido utilização abusiva da *procuratio* devido à circunstância de a procuradora dispor de poderes necessários para a prática dos actos representativos. Contudo, admite-se, depois, a possibilidade de actos praticados pelo mandatário dentro dos poderes de representação poderem vir a prejudicar o mandante ao ponto de poder haver uma eventual responsabilidade criminal e contratual por incumprimento do mandato[721].

pp. 184 (pessoas colectivas – representação sem poderes) cujos factos datavam de 1961. Cfr., ainda, o *Acórdão do Supremo Tribunal de Justiça, 23-11-1954* (A. Bártolo), in *Boletim do Ministério da Justiça*, 1955, 46, pp. 477 e ss., onde se apreciaria um litígio no qual o gerente de uma sucursal de determinada sociedade fizera vendas a crédito a clientes relapsos e emprestara dinheiro do estabelecimento a amigos seus. Na sequência destes actos, a sociedade viria a despedir o gerente, com a alegação de justa causa. Este considerou a rescisão do contrato injustificada e intentou uma acção de indemnização contra a entidade por conta e em nome de quem trabalhara. O Supremo Tribunal de Justiça considerou, por um lado, ter o gerente liberdade de actuação e, por outro, não ser regra, antes excepção, o exercício do comércio exclusivamente a contado. O facto de as vendas terem sido feitas a clientes conhecidos como relapsos não foi havida como motivo suficiente para justificar a rescisão quando se confrontava o seu montante com o valor global em débito, e cuja cobrança, em boa parte, ainda era tida por possível. Este raciocínio já não podia no entanto ser seguido para a concessão de empréstimos por parte do gerente a amigos seus: «*A gerência permite apenas os actos pertinentes e necessários ao exercício do comércio para que é dada, pelo que não podia o dinheiro estabelecido ser desviado para outros fins.*» Para acrescentar de seguida: «*É, pois, indubitável que o acto (...) estava fora do âmbito das suas atribuições, e constituiu até um abuso grave, pelo que não pode deixar-se de considerar-se incumprimento do contrato.*» Este Acórdão apresenta algumas peculiaridades. Os dados constantes da sentença não nos permitem ajuizar com clareza suficiente se o gerente emprestara o dinheiro em nome próprio ou em nome do estabelecimento. Não se percebe se o que houve foi um crime de abuso de confiança ou um simples abuso de poderes de representação ou, mesmo até, um mero excesso na sua versão mais simples. Aliás o Supremo não abordaria nunca directamente a questão porquanto o autor era o despedido e tudo se passava ao nível do problema de saber se houve ou não rescisão com justa causa do acto de nomeação do gerente. Não obstante tudo isto, este acórdão vem evidenciar um aspecto da maior importância. É que não é apenas a relação subjacente a poder influenciar os poderes de representação. O modo como estes são exercidos pode também reflectir-se directamente sobre o negócio interno celebrado entre o representado e o representante. Repare-se como se, na verdade, o gerente tivesse emprestado o dinheiro aos seus amigos em nome da sociedade para quem trabalhava se assistiria a uma situação de excesso ou falta de poderes, porventura na chamada forma de abuso. Porém, é essa mesma actuação com falta, excesso, ou abuso de poderes a determinar o incumprimento por parte do gerente do negócio gestório. Noutros termos, fica a nu não apenas como a relação interna pode influenciar os poderes de representação mas também como estes e suas vicissitudes se repercutem directamente sobre o vínculo jurídico interior que liga o *dominus* e seu *procurator*. Sobre esta questão cfr. quanto se escreveu já *supra* na Parte II, Cap. I, parágrafo 1.

[721] É claro que nem todos os actos geradores de responsabilidade contratual por incumprimento do mandato seriam capazes de gerar um excesso de poderes ou abuso dos mesmos. Basta pensar-se na hipótese de, justamente, a violação do mandato se traduzir na não realização dos actos representativos que o mandatário devia celebrar com terceiros. Por isso, o reconhecimento do dever de indemnizar, previsto no artigo 1336.º do Código Civil, a cargo do mandatário, no caso de ele não colocar no desempenho das suas obrigações a diligência e cuidado de que é capaz não envolve, por si, nenhum reconhecimento de uma eventual separação entre poderes de representação, de um lado, e mandato do outro (um caso de claro incumprimento do

XXI – O cenário descrito começaria, todavia, a alterar-se com os trabalhos preparatórios conducentes à elaboração do actual Código Civil. No seu anteprojecto sobre o negócio jurídico[722], RUI DE ALARCÃO não autonomizaria, do ponto de vista sistemático, a figura do abuso de representação relativamente ao excesso de poderes[723]. Conceptual e dogmaticamente a distinção não era totalmente clara.

> Era a seguinte a redacção proposta por RUI DE ALARCÃO para o preceito, no qual, sob a epígrafe «*Representação sem poderes. Ratificação*», as duas figuras apareceriam disciplinadas de forma conjunta: «*O negócio jurídico que uma pessoa celebre em nome de outra, sem poderes de representação, é ineficaz em relação a esta, desde que ela não o ratifique. A mesma solução é aplicável ao caso de o representante ter abusado dos seus poderes, se o terceiro conhecia ou devia conhecer esse abuso.*»

Porém, na exposição de motivos referente à solução proposta para o preceito do anteprojecto, RUI DE ALARCÃO já se preocuparia em explicitar consistir o abuso de representação no exercício da actividade representativa, dentro dos limites formais dos poderes conferidos, mas de modo substancialmente contrário aos fins da representação[724], e, destarte, em estabelecer uma marcada distinção

---

mandato que nem sequer se reflecte no plano representativo é, por exemplo, o previsto e regulado no artigo 1339.º ou 1340.º do Código de Seabra). Como também não envolve nenhuma aceitação de tal separação ou autonomia a circunstância de se afirmar ficar, em caso de abuso ou de excesso de representação, o mandatário obrigado a indemnizar o mandante. O que, sim, já parece trazer consigo implícita uma certa diferenciação e fragmentação entre relação gestória, de uma banda, e procuração ou representação, da outra, é o reconhecimento – sem sequer debater se os terceiros com os quais o representante contratou se encontravam ou não de boa fé – de que certo acto posto pelo procurador é vinculativo para o dono do negócio, apesar de ser para ele prejudicial e poder envolver responsabilidade penal e contratual para o *procurator*. E nem se alegue ser esta responsabilidade penal de que se fala na sentença a resultante do facto de a *procuratio* poder ter eventualmente sido extraída com base em erro do constituinte dolosamente provocado pela mandatária, pois, nesse caso, não faria qualquer sentido falar-se, também, em responsabilidade contratual por incumprimento do mandato nos termos dos artigos 1336.º e 1340.º.

[722] Como é sabido seria atribuído a Rui de Alarcão, pelo então Ministro da Justiça, Professor Antunes Varela, o encargo de elaboração, com vista ao novo Código Civil, de um anteprojecto sobre a matéria do negócio jurídico em geral. No desempenho dessa tarefa, Rui de Alarcão publicaria vários articulados, sendo os relativos ao fenómeno representativo os constantes dos volumes do *Boletim do Ministério da Justiça* indicados na nota que se segue.

[723] Cfr., Rui de Alarcão, *Erro, dolo e coação – Representação – Objecto negocial – Negócios usurários – Condição (Anteprojectos para o novo Código Civil)*, in *Boletim do Ministério da Justiça*, 1961, 102, pp. 174, artigo 11.º, n.º 1; Id., *Do negócio jurídico (Anteprojecto para o novo Código Civil)*, in *Boletim do Ministério da Justiça*, 1961, 105, artigo 37.º, n.º 1; Id., *Breve motivação...*, in *Boletim...*, 138, p. 79, artigo 11.º, e pp. 111 e 112. Num apriorismo e conceptualismo consideráveis, Helena Mota, *Do abuso de representação...*, p. 89, consideraria chocante a promiscuidade a que o anteprojecto de Rui de Alarcão votava o abuso, de um lado, e a representação sem poderes, do outro.

[724] Rui de Alarcão, *Breve...*, in *Boletim...*, 138, p. 112.

conceptual e dogmática desta figura perante o excesso de poderes. Os efeitos da actuação abusiva esses é que seriam os mesmos da representação sem poderes, pois escreve: «*A equiparação do abuso de representação à falta de poderes representativos está de acordo com a doutrina mais qualificada.*» A sustentar esta afirmação o autor remeteria para o ensinamento de ENNECCERUS-NIPPERDEY.

Propugnava-se, pois, a recepção, a um duplo nível, de soluções desenvolvidas no espaço juscultural tudesco, e perfilhadas pela respectiva *communis opinio*, para problemas e aspectos importantes do fenómeno representativo mas que, entre si, se não afiguram de fácil conciliação. De um lado[725], RUI DE ALARCÃO parece manifestar-se de forma implícita a favor da ideia, de cariz labandiano, da separação integral entre o *Können* (*posse*), no qual se achava investido o representante, e o *Dürfen* (*licere*), imposto ao *procurator* no âmbito das suas relações internas com o *dominus*[726]. Do outro[727], propugnava a tese,

---

[725] Na exposição de motivos.

[726] Isso mesmo está implícito na definição por ele dada de abuso de representação enquanto «*exercício da actividade representativa dentro dos limites formais dos poderes conferidos mas de molde substancialmente contrário aos fins da representação*» (cfr., *Breve...*, in *Boletim...*, 138, p. 112.). Numa primeira análise poder-se-ia pensar em estabelecer um paralelo entre esta definição e o disposto no artigo 1353.º do Código de Seabra, preceito no qual, recorde-se, se estatuía serem havidos como não autorizados, embora fossem da mesma natureza dos autorizados, os actos evidentemente contrários ao fim do mandato. Não parece todavia que a proximidade entre a posição veiculada por Rui de Alarcão e o Código de Seabra se justifique. No Código de Seabra o artigo 1353.º representava um caso mais de excesso de poderes do mandatário, a determinar segundo as regras gerais de interpretação. Não se vislumbrava nenhuma separação entre poder de representação e mandato. Rui de Alarcão, porém, propunha o conceito de abuso de representação enquanto figura dotada de autonomia dogmática e conceptual e defendia para ela uma noção a qual, apesar de parecer apresentar alguma similitude com quanto dispunha o mencionado artigo 1353.º do Código Civil de 1867, se mostrava, na verdade, até do ponto de vista expositivo e de redacção, tributária das posições e orientações defendidas a este respeito pelos mentores e sequazes da visão labandiana do fenómeno representativo; com a sua separação entre o *Können* representativo, de uma banda, e o *Dürfen* (*licere*), da outra (cfr., por exemplo, Enneccerus-Nipperdey, *Allgemeiner Teil...*, I, II, p. 1125, para os quais Alarcão remete e que consideram haver abuso de representação quando o poder do representante não é ultrapassado mas apesar disso é conscientemente utilizado contra o respectivo fim ou em sentido diverso das instruções dadas pelo representante ao representado). É essa separação a permitir explicar o abuso de representação enquanto exercício da actividade representativa dentro de quanto seriam os poderes – formais, é certo, mas, ainda assim, poderes – de representação mas de modo contrário aos respectivos fins e apenas a considerar em certos casos, que se pretendem mais ou menos contados, não estar o negócio representativo coberto pelo poder de representação. Aliás, o próprio Rui de Alarcão cuidaria de deixar claro na sua exposição de motivos como a fonte de inspiração para solução por ele proposta para o problema do abuso de representação se encontrava na doutrina tudesca não em qualquer preceito do Código de Seabra (cfr., *Breve...*, in *Boletim...*, 138, pp. 112 e 113).

[727] No articulado do anteprojecto, mas igualmente na exposição de motivos.

com origem em KIPP[728], segundo a qual se deveria procurar para o problema do abuso de representação, não obstante o reconhecimento da respectiva autonomia dogmática e conceptual, uma solução nos quadros da própria figura e disciplina do fenómeno representativo. Tudo com sujeição do desmando cometido pelo *procurator* – com conhecimento, ou ao menos cognoscibilidade, por parte do *tertius* – ao regime da falta ou excesso de poderes. O artigo 11.° do anteprojecto era claro ao regular num mesmo e só preceito a representação sem poderes e o abuso de representação e ao estabelecer idêntica solução para ambas as hipóteses. Desta forma, RUI DE ALARCÃO importava definitivamente para o panorama jurídico nacional as contradições já presentes na esmagadora maioria da doutrina e jurisprudência alemãs. O abuso de representação corresponderia a uma figura insusceptível de se reconduzir, do ponto de vista conceptual, à falta ou excesso de poderes. Isto, porquanto, em caso de desmando por parte do representante no exercício dos respectivos poderes de representação, o procurador teria, em regra, e na verdade, poderes de representação, os quais seriam perfeitamente autónomos e insensíveis perante as limitações do negócio gestório. Porém, na hipótese de o terceiro conhecer, ou dever conhecer, o abuso os efeitos desta *figura iuris* seriam precisamente os mesmos dos provocados por uma actuação com falta ou excesso de poderes. Sucede, contudo, que atento o carácter de simples legitimação formal, atribuído pelos defensores da visão labandiana do fenómeno representativo, à *potestas* conferida ao procurador, o fim da representação – e destarte o abuso – apenas se poderia determinar em função da relação subjacente e na qual se defende serem exclusivos interessados e partes o constituinte e o constituído. Logo, perante uma situação de cognoscibilidade da actuação abusiva do representante, o negócio gestório passaria a interferir directamente no poder de representação, com a consequente negação – se não total como nos parece, ao menos parcial – do ponto de partida ou pressuposto que estivera

---

[728] Cfr. *supra* quanto se escreve neste mesmo parágrafo a propósito da evolução da figura do abuso de representação no espaço juscultural tudesco. Recorde-se como Enneccerus--Nipperdey, *Allgemeiner Teil...*, I, II, p. 1125, autores em cujo ensinamento Rui Alarcão se louvaria para propor a sujeição do abuso de representação, com eficácia perante terceiros, ao regime da falta de poderes, eram defensores da tese, desenvolvida por Kipp, segundo a qual se deveria procurar uma solução endógena – e portanto no contexto da própria disciplina da figura da representação – para os desmandos cometidos pelo procurador no exercício dos poderes formais de representação de que se encontraria investido. Solução a qual passaria por se considerar o negócio abusivamente celebrado como o de um representante sem poderes.

justamente na base da afirmação da autonomia conceptual e dogmática do abuso de representação relativamente ao excesso de poderes[729].

XXII – O Código Civil vigente consagraria, na substância, e apenas com algumas alterações de forma, o teor do articulado proposto por RUI DE ALARCÃO, no respectivo anteprojecto, com vista a solucionar as questões relacionadas com hipóteses do chamado abuso de representação. Na verdade, o n.º 1 do artigo 11.º do anteprojecto de ALARCÃO seria fraccionado, pelo legislador português, em dois preceitos distintos (os artigos 268.º, n.º 1, e 269.º do Código Civil). No primeiro regular-se-ia a representação sem poderes. No segundo, e em parte por remissão para o primeiro, o abuso de representação.

Aparentemente estas modificações não fizeram senão sublinhar mais ainda a pretensa autonomia do abuso de representação relativamente ao excesso de poderes, já subjacente à proposta de RUI DE ALARCÃO. Em letra de lei o que ficava, porém, era consagração de uma clara solução endógena para as hipóteses de actuação abusiva do representante, a qual era equiparada nos resultados à representação sem poderes, conquanto a outra parte no negócio representativo conhecesse ou devesse conhecer o abuso de representação. Não se exigiriam outros requisitos enquanto condição de relevância perante terceiros do desmando do procurador.

A doutrina e jurisprudência nacionais não parecem ter prestado a devida atenção a esta conjuntura. Na verdade, elas descurariam o facto de a relevância externa do comportamento abusivo, levado a cabo pelo representante, depender apenas da cognoscibilidade do desmando por parte do *tertius*[730]. Além disso, também, não ponderariam adequadamente a origem do artigo 269.º, nem o facto de aí se consagrar uma solução endógena para o problema do abuso de repre-

---

[729] Recorde-se uma vez mais como a figura do abuso de representação surgiria no espaço juscultural tudesco sobretudo como uma criação da jurisprudência, preocupada em conseguir a tarefa de, supostamente, sem contradição, manter o pressuposto da autonomia e abstracção do poder de representação relativamente ao negócio interno ou gestório celebrado entre o procurador e o representado, e, ao mesmo tempo, afastar as consequências desastrosas que semelhante tese poderia provocar quer para o dono do negócio quer para o próprio instituto da representação. Sobre isso v. *supra* quanto se escreveu já no presente parágrafo.

[730] Com a excepção de alguns autores, mais ou menos isolados, os quais têm de facto sublinhado não exigir a lei qualquer requisito, para além da cognoscibilidade do comportamento abusivo, enquanto condição de relevância externa do abuso de representação. Assim, Fernando Cunha de Sá, *Abuso...*, pp. 232 e ss.; e Raúl Guichard Alves, *Notas...*, in *Revista...*, XXXVII, pp. 46 e ss..

sentação[731]. Confrontada quer com a definição proposta por RUI DE ALARCÃO para o abuso de representação, quer com o crescente afirmar da ideia de autonomia da procuração, quer, ainda, com o teor aparente dos artigos 268.º e 269.º do Código Civil, a *communis opinio* não tardaria a separar completamente as noções de falta ou excesso de poderes – de uma banda – e actuação abusiva do representante – da outra[732, 733], embora, depois, os diversos autores nela integrados dis-

---

[731] Aliás, e conforme referido já anteriormente, os próprios construtores das teses endógenas do abuso de representação parecem não ter sabido retirar delas as necessárias consequências. Por tudo isto, e com o devido respeito, não concordamos com a posição expressa por Menezes Cordeiro, *Manual*..., I, p. 479, segundo a qual o artigo 269.º do Código Civil com quebra da lógica subjacente ao artigo 268.º, e em geral de todo o sistema português da representação voluntária, teria vindo aparentemente admitir que, em caso abuso de representação, não se seguiria imediatamente o regime da representação sem poderes, salvo se «(...) *a outra parte conhecia ou devia conhecer o abuso* (...)». Essa quebra só não existiria, no entender do Ilustre Mestre, porquanto o preceito em referência apenas faz correr contra o representado o risco de os termos da procuração transcenderem a função para que foi concedida. Em nosso entender a quebra não existe pelo facto de o artigo 269.º apenas ser uma concretização do artigo 268.º. A circunstância de na origem deste preceito estar o ensinamento de Enneccerus e Nipperdey (cfr., *supra*, o presente parágrafo), não é, ao contrário do defendido por Menezes Cordeiro, de molde a alterar as nossas conclusões. Estes autores, embora com recurso a uma dogmática inadequada, eram defensores de uma solução endógena para o problema do abuso de representação e afirmavam claramente não se encontrar o negócio abusivo coberto pelo poder representativo (cfr., *supra*, Parte II, Cap. II, parágrafo 2, designadamente nota (447)).

[732] Assim, pode ver-se na doutrina nacional, Durval Ferreira, *Do mandato*..., pp. 160 e ss.; Vaz Serra, *Contrato consigo*..., in *Revista*..., 100, pp. 178 e 179; Rui de Alarcão, *A confirmação dos negócios anuláveis*, Coimbra, 1971, I, pp. 118 e ss.; Fernando Cunha de Sá, *Abuso*..., p. 232.; Pires de Lima e Antunes Varela, *Código*..., I, 4.ª ed., comentário ao artigo 269.º, p. 250; Helena Brito, *A representação*..., in *Revista*..., 9/10, pp. 37 e ss., 45 e ss.; Id., *A representação*..., pp. 105, 154 e ss., e 158 e ss.; Ewald Hörster, *A parte geral*..., pp. 488 e 489; Paulo Mota Pinto, *Aparência de poderes de representação*..., in *Boletim*..., vol. LXIX, pp. 599 e nota (19), e 607, nota (34); Id., *Declaração*..., p. 668, nota (540); Carvalho Fernandes, *Teoria*..., II, pp. 216 e ss.; Id., *A conversão*..., pp. 865 e 866, o qual admite a possibilidade de conversão do negócio abusivo ineficaz mas já não considera possível idêntica conversão em caso de falta de poderes; Rui Pinto, *Falta*..., pp. 50 e ss., e 98 e ss.; Raúl Guichard Alves, *Notas*..., in *Revista*..., XXXVII, pp. 33 e ss.; Helena Mota, *Do abuso de representação*..., *passim* e por exemplo, pp. 119, nota (221), 135 e ss., e 161 e ss., para quem, à semelhança da maior parte dos autores, parece de circunscrever o excesso de poderes aos casos nos quais o representante desrespeitou o teor literal da procuração, numa perspectiva de interpretação meramente exegética e apegada à letra da lei; Oliveira Ascensão, *Direito civil*..., II, pp. 256 e ss., e 260 e ss.. (cfr., no entanto, Oliveira Ascensão, *Teoria*..., III, p. 325, onde parece aproximar-se e considerar-se o excesso de poderes como uma forma de abuso de representação. Transcrevem-se as palavras do autor: «À *falta de poderes se equipara o abuso dos poderes. É o que estabelece o art. 269.º*.

Efectivamente quem tem poderes limitados, e vai para além desses poderes, actua, quanto ao excesso sem poder de representação. Lógica é por isso a limitação legal, em benefício do representado.

O abuso consiste, não apenas na ultrapassagem formal dos poderes conferidos (se a procuração diz vender e ele doar, por exemplo) – caso em que seria reconhecível pela outra parte, nos casos mais graves – mas também na ultrapassagem substancial em relação a instruções acessórias do representado; e ainda na ultrapassagem funcional, em lesão do fim para que a representação foi conferida. A referência ao abuso facilita

cordassem quanto ao enquadramento dogmático a dar a esta última figura *iuris*.

---

estas ilações»; e de forma mais clara ainda, *Teoria...*, IV, *Relações e situações jurídicas*, Lisboa, 1993, p. 239, onde o autor afirma a propósito do abuso de representação: *«Aí o representante não tem realmente o poder que "exerce".»*).

[733] A partir da entrada em vigor do actual Código Civil a jurisprudência nacional produziu abundante número de decisões quer sobre o abuso de poderes de representação quer sobre a falta ou excesso dos mesmos. Em muitas delas – e descontados os casos nos quais o problema não se chegou a colocar e uma outra questão onde o comportamento abusivo do *procurator* é decisivamente encarado como um assunto a lidar e resolver na perspectiva e de acordo com as regras gerais de interpretação – é, formalmente assumida e defendida, ora de forma expressa ora meramente implícita, uma distinção ou separação dogmática entre abuso e excesso de representação, embora depois, se constate como o discurso assumido pelos nossos tribunais esconde, na realidade, o transportar da determinação do abuso de competência representativa para o campo da simples interpretação da procuração e dos negócios jurídicos (cfr. sobre quanto agora se refere os desenvolvimentos contidos *infra* neste parágrafo acerca do conteúdo das diversas sentenças onde o abuso de representação é discutido). Relativos ao abuso podem ver-se os seguintes arestos: *Sentença do Corregedor de Leiria, 31 de Julho de 1976* (Manuel da Rosa Ferreira Dias), in *Colectânea de Jurisprudência*, 1979, IV, 1, p. 356 (abuso de representação – eficácia do negócio abusivo); *Acórdão da Relação do Porto, 21-10-1980* (Brochado Brandão), in *Colectânea de Jurisprudência*, 1980, V, 4, pp. 224 e 225 (abuso de representação – mau uso da procuração – preço – validade do negócio) (= *Boletim do Ministério da Justiça*, 1980, 300, p. 446, mas apenas com sumário; *Acórdão da Relação de Coimbra, 10-3-1987* (Castanheira da Costa), in *Colectânea de Jurisprudência*, 1987, XII, 2, pp. 67 e ss. (desequilíbrio de prestações – abuso de representação – ineficácia do negócio representativo – reivindicação) (= *Boletim do Ministério da Justiça*, 1987, 365, p. 706, mas, tão-só com indicação do sumário); *Acórdão da Relação do Porto, 3-3-1988* (Simões Ventura), in *Colectânea de Jurisprudência*, 1988, XIII, 2, pp. 189 e ss. (embargos de executado – abuso de representação – ónus da prova); *Acórdão da Relação do Porto, 1-2-1993* (Azevedo Ramos), in *Colectânea de Jurisprudência*, 1993, XVIII, 1, pp. 219 e ss. (mandato e procuração – revogação da procuração – pluralidade de procurações – abuso de representação – doações a incapazes – aceitação); *Acórdão da Relação do Porto, 5-12-1994* (Ribeiro de Almeida), in *Colectânea de Jurisprudência*, 1994, XIX, 5, pp. 226 e ss. (chamamento à autoria, mandato de interesse comum, excesso ou abuso do mandato fazendo-se repercutir na esfera do mandante negócio só querido pelo mandatário); *Acórdão da Relação de Évora, 12-11-1996* (Fernando Fabião), in *www. dgsi. pt.* (procuração – abuso de representação – nulidade do contrato bons costumes) mas apenas com indicação do sumário; in *Acórdão da Relação de Coimbra, 24-6-97* (Pires da Rosa), in *Colectânea de Jurisprudência*, 1997, XXII, 3, pp. 39 e ss. (desequilíbrio das prestações – abuso de representação); *Acórdão da Relação de Coimbra, 18-11-1997* (Cardoso de Albuquerque), in *Colectânea de Jurisprudência*, 1997, XXII, 5, pp. 20 e ss. (abuso de representação – simulação do negócio representativo – legitimação para a acção de simulação) (= *Boletim do Ministério da Justiça*, 1997, 471, p. 472, mas apenas o sumário; *Acórdão da Relação de Lisboa, 28-03-2000* (Roque Nogueira), in *www. dgsi. pt* (declaração negocial – representação – abuso de representação), mas apenas com indicação do sumário; *Acórdão do Supremo Tribunal de Justiça, 3-10-1978* (Rui Corte-Real), in *Boletim do Ministério da Justiça*, 1978, 280, pp. 26 e ss. (abuso de representação – interpretação de negócio jurídico – procuração forense – matéria de direito); *Acórdão do Supremo Tribunal de Justiça, 5-3-1981* (Abel de Campos), in *Boletim do Ministério da Justiça*, 1981, 305, pp. 261 e ss. (simulação – abuso de representação) (= *www. dgsi. pt.*, mas apenas com indicação do sumário; *Acórdão do Supremo Tribunal de Justiça, 6-4-1983* (Pedro Lima Cluny), in *Boletim do Ministério da Justiça*, 1983, 326, pp. 430 e ss. (responsabilidade civil do estado – representação orgânica, abuso de representação – negócio usurário – responsabilidade do estado pela gestão das empresas intervencionadas) (= *www. dgsi. pt.*, mas apenas com indicação do sumário);

Acórdão do Supremo Tribunal de Justiça, 5-3-1985 (Magalhães Baião), in *www. dgsi. pt.* (abuso de representação), mas apenas com indicação do sumário; *Acórdão do Supremo Tribunal de Justiça, 20- -10-1988* (Rodrigues Gonçalves), in *www. dgsi. pt.* (representação sem poderes – abuso de representação), mas apenas com indicação do sumário; *Acórdão do Supremo Tribunal de Justiça, 13-4-1994* (José Martins da Costa), in *Colectânea de Jurisprudência, Acórdãos do Supremo Tribunal de Justiça*, 1994, II, 2, pp. 47 e ss. (procurador do promitente vendedor – abuso de representação – responsável pela indemnização); *Acórdão do Supremo Tribunal de Justiça, 16-11-1988* (Lima Cluny), in *Boletim do Ministério da Justiça*, 1988, 381, pp. 640 e ss. (desequilíbrio de prestações – abuso de representação); *Acórdão do Supremo Tribunal de Justiça, 13-7-1995* (Torres Paulo), in *www. dgsi. pt* (abuso de representação – mandato), mas apenas com indicação do sumário; *Acórdão da Relação do Porto, 7-11- -1985* (Alberto Sobrinho), in *www.dgsi.pt* (abuso de representação) mas apenas com indicação do sumário; *Acórdão da Relação do Porto, 29-9-1997* (Couto Pereira), in *www.dgsi.pt* (abuso de representação), mas apenas com indicação do sumário; *Supremo Tribunal de Justiça, 11-01-2000* (Ribeiro Coelho), in *www. dgsi. pt* (bolsa de valores – mandato comercial – mandato acto comercial – documento particular – valor probatório – responsabilidade contratual – *culpa in contrahendo* – abuso de representação – ordem de bolsa – ordem de compra – gestão de carteira de títulos), mas considerando não ter sido sequer provada, no caso em apreço, a existência de mandato. Já quanto ao excesso ou falta de poderes cfr.: *Acórdão da Relação do Porto, 30 de Outubro de 1970*, in *Boletim do Ministério da Justiça*, 1970, 200, p. 289 (mandato para venda – realização pelo procurador de promessa de venda); *Acórdão da Relação de Lisboa, 8-2-1974*, in *Boletim do Ministério da Justiça*, 1974, 234, p. 331 (procuração com poderes para serem utilizados em processos por acidente de viação – realização de transacção por parte do procurador); *Acórdão da Relação do Porto, 18-7-1978* (Costa e Sá), in *Colectânea de Jurisprudência*, III, IV, 1978, pp. 1209 e ss. (representação sem poderes – ineficácia do negócio representativo); *Acórdão da Relação de Lisboa, 8-1-1980* (Campos Costa), in *Colectânea de Jurisprudência*, 1980, V, 1, pp. 194 e 195 (falta de procuração – recurso de sentença homologatória – desistência do pedido); *Acórdão da Relação do Porto, 1-3-1983* (Joaquim Carvalho), in *Colectânea de Jurisprudência*, 1983, VIII, 2, pp. 214 e ss. (forma do processo – arrendamento feito por co-proprietário – assentimento dos restantes – prova da representação voluntária – representação sem poderes); *Acórdão da Relação de Lisboa, 19-3-1985* (Calixto Pires), in *Colectânea de Jurisprudência*, 1985, X, 2, pp. 105 e ss. (cooperativas de habitação – permuta de posições sociais – poderes contidos numa procuração geral); *Acórdão da Relação de Lisboa, 14-11-1985* (Ianquel Milhano), in *Colectânea de Jurisprudência*, 1985, X, 5, pp. 85 e ss. (letras de câmbio – procuração com poderes para assinar); *Acórdão da Relação de Coimbra, 27-1-1987* (Vítor Manuel Ferreira da Rocha), in *Colectânea de Jurisprudência*, 1987, XII, 1, pp. 40 e ss. (arrendamento – representação sem poderes – mandato aparente); *Acórdão da Relação de Coimbra, 11-4-1989* (Carlinho Mota e Costa), in *Colectânea de Jurisprudência*, 1989, XIV, 3, pp. 58 e 59 (procuração para vender – realização de contrato-promessa); *Acórdão da Relação de Lisboa, 28-2-1991* (Almeida Valadas), in *Colectânea de Jurisprudência*, XVI, 1, 1991, pp. 169 e ss. (reserva – sinal – mandato representativo para informar o preço e receber o preço e reserva para andares – contrato-promessa); *Acórdão da Relação do Porto, 16-5-1991* (Augusto Alves), in *Colectânea de Jurisprudência*, 1991, XVI, 3, pp. 231 e ss. (falta de poderes para vender – reserva mental – nulidade do contrato – *culpa in contrahendo* – interesse contratual negativo); *Acórdão da Relação de Évora, 27-2-1992* (Mateus da Silva), in *Colectânea de Jurisprudência*, 1992, XVII, 1, pp. 284 e ss. (falta de poderes de representação – excesso – interpretação da procuração); *Acórdão da Relação de Lisboa, 7-5-1992* (Joaquim Dias), in *Colectânea de Jurisprudência*, 1992, XVII, 3, pp. 175 e ss. (âmbito dos poderes de representação – interpretação da declaração negocial – outorga de poderes para celebrar contrato de compra e venda – celebração de contrato-promessa); *Acórdão da Relação de Lisboa, 12-11-1992* (Almeida e Sousa), in *Colectânea de Jurisprudência*, 1992, XVII, 5, pp. 121 e ss. (âmbito dos poderes de representação – interpretação da declaração negocial – outorga de poderes para celebrar contrato de compra e venda – cele-

XXIII – O primeiro autor a estudar a figura do abuso de representação no âmbito e à luz do actual Código Civil seria DURVAL FERREIRA[734]. De acordo com este autor, no abuso de representação, o representante teria os respectivos poderes, apenas o uso por ele feito

bração de contrato-promessa. Foi proferido voto de vencido por Almeida Mira); *Acórdão da Relação de Coimbra, 15-6-1994* (Sousa Lamas), in *Colectânea de Jurisprudência*, 1994, XIX, 3, p. 65 (contrato de trabalho celebrado por sócio sem poderes); *Acórdão da Relação do Porto, 4-7-1995* (Soares de Almeida), in *Boletim do Ministério da Justiça*, 1995, 449, p. 435 (representação sem poderes – ratificação); *Acórdão da Relação de Coimbra, 25-6-1996* (Nuno Cameira), in *Colectânea de Jurisprudência*, 1996, XXI, 3, pp. 32 e ss. (investidura na posse – actos materiais – aprovação tácita [silêncio] do excesso de mandato representativo. Foi proferido voto de vencido por Rua Dias, o qual considerou, designadamente, que a situação objecto do aresto se enquadrava na figura do abuso de direito); *Acórdão do Supremo Tribunal de Justiça, 3-2-1970* (Santos Carvalho), in *Boletim do Ministério da Justiça*, 1970, 194, pp. 184 e ss. (pessoas colectivas – representação sem poderes – ineficácia do negócio – carácter subsidiário da obrigação de restituir por enriquecimento sem causa); *Acórdão do Supremo Tribunal de Justiça, 22-1-1985* (Joaquim Figueiredo), in *www. dgsi. pt.* (representação sem poderes – abuso de representação) mas só com indicação do sumário; *Acórdão do Supremo Tribunal de Justiça, 14-1-1986* (Magalhães Baião), in *Boletim do Ministério da Justiça*, 1986, 353, pp. 363 e ss. (recursos – conhecimento do mérito da causa – agravo de despacho saneador – competência e poderes de representação de comissão administrativa de empresa privada destinada a financiamentos imobiliários e construções, sujeita à intervenção do Estado, para a celebração de negócios jurídicos tendo como objecto imóveis já construídos ou em construção); *Acórdão do Supremo Tribunal de Justiça, 10-2-1987* (Joaquim Figueiredo), in *Boletim do Ministério da Justiça*, 1987, 364, p. 861 (sujeição da outorga de poderes de representação entre cônjuges ao regime do artigo 1684.º do Código Civil [na redacção anterior a 1977]); *Acórdão do Supremo Tribunal de Justiça, 16--11-1988* (Pinheiro Farinha), in *Boletim do Ministério da Justiça*, 1988, 381, pp. 634 e ss. (representação sem poderes – revogação ou rejeição do negócio pela contraparte em caso de conhecimento da falta de poderes – liberdade contratual. Foi proferido voto de vencido por parte de Baltazar Coelho); *Acórdão do Supremo Tribunal de Justiça, 6-5-1993* (Araújo Ribeiro), in *Colectânea de Jurisprudência; Acórdãos do Supremo Tribunal de Justiça*, 1993, I, 2, pp. 93 e ss. (falta de menção na procuração outorgada a outro cônjuge do bem a vender); *Acórdão do Supremo Tribunal de Justiça, 16-4-1996* (Matos Canas), in *Colectânea de Jurisprudência; Acórdãos do Supremo Tribunal de Justiça*, 1996, IV, II, pp. 19 e ss., maxime p. 22 (mandato representativo – instruções *a latere* da procuração – suspensão do mandato e dos poderes de representação); *Acórdão do Supremo Tribunal de Justiça, 10-7-1997* (Almeida e Silva), in *Boletim do Ministério da Justiça*, 1997, 469, pp. 468 e ss. (representação sem poderes – ratificação – responsabilidade contratual de pessoa colectiva pública). Além destes arestos pode ainda ver-se acerca da problemática da falta ou excesso de poderes quer a jurisprudência citada *infra* a propósito do desrespeito por parte do procurador pelas instruções internas que lhe foram transmitidas pelo *dominus* quer, ainda, a referida *infra* no tocante à extinção da procuração.

[734] Discordamos da afirmação de Helena Mota, *Do abuso de representação...*, pp. 135 e ss., e nota (246), segundo a qual a escassa produção da doutrina nacional acerca do abuso de representação nos remeteria para os grandes manuais (subentende-se de teoria geral do direito) e para o *Código Civil Anotado* de Pires de Lima e Antunes Varela. Na verdade, são já, e como se verá através da exposição que se segue, algumas as obras, incluindo a de Helena Mota, onde o tema do abuso de representação é tratado com maior ou menor profundidade. A autora faz, todavia, escasso uso delas assim como faz ainda mais escasso uso da jurisprudência na matéria, em particular da do Supremo.

dos mesmos seria reprovável ao ponto de se considerar ilegítimo[735]. Nestes termos, no abuso não existiria falta de poderes mas, tão-só, um vício no seu uso, traduzido numa ameaça aos interesses do representado. Ameaça essa que se mostraria menos forte e controlável do que no caso da falta de poderes[736]. O autor não explicaria, porém, qual o vício em questão, nem identificaria os respectivos requisitos ou pressupostos. Da mesma forma deixaria por esclarecer quais os contornos da ameaça, por ele protagonizada, aos interesses do constituinte. O paralelismo com a figura do abuso de direito, tal como entendido pela doutrina dominante ao modo de uma *Innentheorie*[737], parece todavia evidente.

Caberia a PIRES DE LIMA e ANTUNES VARELA[738] o primeiro esforço – ainda relativamente tímido – no sentido de enquadrar dogmaticamente a deformidade sofrida pelo negócio representativo abusivamente celebrado pelo representante, através da respectiva aproximação à figura do abuso de direito[739]. Segundo eles, haveria abuso de representação quando o representante, actuando embora dentro dos limites dos poderes de representação, utilizasse conscientemente esses poderes em sentido contrário ao seu fim ou às indicações do representado[740, 741]. Nesse caso, só seria aplicável o regime da ineficácia previsto no artigo 268.º do Código Civil se a outra parte conhecesse, ou devesse conhecer, o abuso. Em qualquer outra hipótese o negócio considerar-se-ia válida e eficazmente celebrado em nome

---

[735] Durval Ferreira, *Do mandato...*, p. 160. Assiste-se aqui a um claro paralelismo com quanto é defendido a este respeito pela doutrina tudesca de inspiração labandiana, com as consequentes dificuldades que isso acarreta.

[736] *Idem.*

[737] Acerca do sentido a atribuir a esta expressão, v. quanto se escreve *infra* neste parágrafo sobre o abuso de direito, em particular acerca das apelidadas de teorias endógenas – precisamente aquelas a que se refere o termo germânico *Innentheorie*.

[738] Pires de Lima e Antunes Varela, *Código Civil Anotado*, I, Coimbra, 1967, comentário ao artigo 269.º, pp. 173 e 174; Id., Pires de Lima Antunes Varela, *Código...*, I, 4.ª ed., comentário ao artigo 269.º, p. 249.

[739] Se bem vimos, e embora isso não tenha sido nunca afirmado por Durval Ferreira, o entendimento deste autor não deveria andar muito longe de quanto viria a ser defendido por Pires de Lima e Antunes Varela.

[740] Trata-se, no fundo, e uma vez mais, sem tirar nem pôr, da definição proposta pela doutrina tudesca, favorável à separação entre o *Können* (*posse*) e o *Dürfen* (*licere*) representativos, para o abuso de representação.

[741] Assim, e no dizer de Pires de Lima e Antunes Varela, haveria abuso, por exemplo, se o representado encarregasse o procurador de lhe comprar uma casa para sua residência, e este munido da procuração que lhe confere, genericamente poderes para comprar, comprasse um prédio que não serve para aquele fim.

do representado, sem prejuízo da responsabilidade eventualmente pendente sobre o procurador[742].

Mas mais. De acordo com PIRES DE LIMA e ANTUNES VARELA *«tal como no abuso de direito (334.º) é requisito essencial que o direito exista e só o seu exercício seja abusivo, também no abuso de representação seria indispensável que houvesse representação e o representado tivesse conscientemente excedido os seus poderes»*[743, 744].

Não obstante subjacente às palavras de PIRES DE LIMA e ANTUNES VARELA, a qualificação do abuso de representação como um caso específico de abuso de direito não era, ainda, expressa e directamente assumida pelos autores[745]. Essa assunção não tardaria, contudo, a ser feita por CUNHA DE SÁ[746], HEINRICH HÖRSTER[747], RUI PINTO[748] e HELENA MOTA[749, 750, 751]. Em nosso entender ela deve todavia ser repensada. E por várias razões.

---

[742] Pires de Lima e Antunes Varela, *Código...*, I, 4.ª ed., comentário ao artigo 269.º, p. 249.

[743] *Idem*, pp. 249 e 250.

[744] A diferença entre o regime do abuso de representação – supostamente mais apertado para o constituinte – de um lado, e a disciplina da representação sem poderes, do outro, explicar--se-ia pela circunstância de, na primeira hipótese, as expectativas da outra parte, fundadas na existência dos poderes de representação, nascerem de uma base mais sólida, mais consistente, visto o representante actuar, formalmente, dentro dos poderes que lhe são outorgados. Cfr., Pires de Lima e Antunes Varela, *Código...*, I, 4.ª ed., comentário ao artigo 269.º, p. 250.

[745] Embora não pudessem ficar grandes dúvidas, face ao teor das afirmações dos autores, quanto ao facto de se pretender proceder, na verdade, a uma subsunção do abuso de representação na figura geral do abuso de direito.

[746] Cunha de Sá, *Abuso...*, pp. 230 e ss., autor segundo o qual o artigo 269.º do Código Civil corresponderia a uma disposição legal onde expressamente se refere o abuso de direito.

[747] Heinrich Ewald Hörster, *A parte geral...*, pp. 488 e 489, para quem nas situações de abuso de representação há um abuso de direito: um abuso do direito formalmente existente para representar outrem.

[748] Rui Pinto, *Falta...*, pp. 59 e ss., escritor de acordo com o qual o abuso de representação consistiria num exercício inadmissível da posição jurídica traduzido num conflito ou incompatibilidade de interesses.

[749] Cfr., Helena Mota, *Do abuso de representação...*, pp. 89, 142, e 145, nota (270) e (271) (ao escrever designadamente *«Tal como no abuso de direito (artigo 334.º) é requisito essencial que o direito exista e só o seu exercício seja abusivo, também no abuso de representação é indispensável que haja representação e que o representado tenha conscientemente excedido os seus poderes»*, e ao manifestar a respectiva adesão ao enquadramento proposto por Cunha de Sá para o abuso de representação. Ao que se segue uma referência, na nota (170), à opinião de Pires de Lima e Antunes Varela, Hörster e Rui Pinto, p. 142 (local em que a autora, depois, de ter afirmado corresponder a competência representativa a um poder vinculado [v. a este respeito quanto se escreve *infra* no presente parágrafo] defende, como forma de explicar o dever do *procurator* de se não afastar dos fins prosseguidos pelo representado, e, portanto, para tornar compreensível a proibição de abuso de representação não haver *«(...) nenhuma obrigação em sentido técnico, nenhum dever de prestar, mas (e basta) um dever de agir nos limites da boa fé e dentro do fim social e económico visado pelo direito concedido»*. Tudo seguido de uma remissão para o artigo 334.º do Código Civil); p. 129, nota (271) (onde a autora afirma não discordar do enquadramento dado por Cunha de Sá ao abuso de representação).

XXIV – A expressão abuso de direito deve-se ao autor belga LAURENT[752]. Foi criada para designar uma série de situações jurídicas, verificadas em França, nas quais o tribunal, apesar de reconhecer, na questão de fundo, o direito do réu, o veio a condenar, perante irregularidades no exercício desse mesmo direito[753]. Originalidade do espaço jurídico francês, o abuso de direito apresenta-se com natureza recente[754]. Não tem antecedentes históricos directos nem concita, para se fundamentar, o recurso a quadros tradicionais do romanismo[755]. Apenas, e para empregar as palavras de MENEZES CORDEIRO, o refinar contínuo do direito subjectivo, elevado à categoria fundamental do jusprivatismo, possibilita a ideia de abuso de direito[756]. As soluções por ele proporcionadas estão perfeitamente ao alcance de outros esquemas jurídicos. Em conjunturas orientadas e apoiadas no enlevo do jussubjectivismo impõe-se a ideia de firmar limitações às condutas dos sujeitos através dos direitos próprios de cada um[757]. O abuso de direito surgiria como uma figura de elevado grau de abstracção[758]. Está-lhe ligado o conceito de direito subjectivo ele mesmo extremamente abstracto[759]. Junte-se, no dizer de MENEZES CORDEIRO, o peso da tradição cartesiana, os hábitos mentais de uma codificação jusracionalista e a própria esquematização económico-social das socie-

---

[750] Na jurisprudência inclina-se também a favor do enquadramento do abuso de representação na figura do abuso de direito o *Acórdão do Supremo Tribunal de Justiça, 6-4-1983* (Pedro Cluny), in *Boletim do Ministério da Justiça*, 1983, 326, pp. 430 e ss., maxime p. 438 (responsabilidade civil do Estado – representação orgânica, abuso de representação – negócio usurário – responsabilidade do Estado pela gestão das empresas intervencionadas) onde se escreve: «(...) *não há dúvida de que uma das modalidades, ou pelo menos figura afim, do abuso de direito é o chamado abuso de poderes de representação a que se refere o artigo 269.º do Código Civil* (...)». Trata-se, todavia, de referência isolada, não voltando a reaparecer nas decisões dos nossos tribunais.

[751] Cfr., também, Raúl Guichard Alves, *Notas...*, in *Revista...*, XXXVII, p. 33, o qual, sem assumir expressamente a equiparação entre o abuso de representação e o abuso de direito, não deixa de notar uma analogia entre as duas figuras. Refira-se, todavia, a circunstância de Raúl Guichard Alves considerar, igualmente, ser o dever de conhecimento do abuso de representação, pendente sobre o terceiro, idêntico ao presente, por exemplo, no artigo 236.º, n.º 1, do Código Civil, característica que, segundo o autor, tende a aproximar o reconhecimento do abuso à interpretação das declarações negociais. Sobre este último aspecto cfr. os desenvolvimentos levados a cabo *infra* neste mesmo parágrafo.

[752] Menezes Cordeiro, *Da boa fé...*, II, p. 670.

[753] *Idem*.

[754] Assim, Menezes Cordeiro, *Da boa fé...*, II, pp. 661 e ss., maxime, pp. 677 e 683. Cfr., igualmente, Cunha de Sá, *Abuso...*, pp. 48 e ss..

[755] Menezes Cordeiro, *Da boa fé...*, II, p. 683.

[756] *Idem*.

[757] *Idem*.

[758] *Idem*, pp. 683, 684 e ss..

[759] *Idem*, p. 684.

dades liberais de Oitocentos: tudo se conjugou para a elaboração de um conceito central de abuso, ou seja, de um conceito construído em torno de princípios teóricos gerais, a partir do qual se geram, depois, distintas aplicações, por dedução. O abuso de direito é um produto do jussubjectivismo e da segunda sistemática[760].

O abuso de direito não surgiria como factor de ruptura dentro da continuidade jurídica implicada pela codificação napoleónica e pela doutrina a ela subjacente. Ao contrário esta figura visou, justamente, encarar conjunturas novas sem colocar em questão a harmonia do tecido românico, cujo espírito respeita. Impotente para gerar novas sínteses o jussubjectivismo origina, tão-só, um avanço tímido, por negação: o abuso do direito[761].

A proscrição de certos comportamentos, por abusivos, alicerça-se, assim, no espaço jurídico francês, em quebra com dados culturais romanísticos e em divórcio com as aplicações sectoriais, cujo tratamento forme um sistema periférico[762].

Enquanto categoria unitária o abuso de direito tem sido entendido de diversas formas. Numa terminologia divulgada por SIEBERT[763], e acolhida entre nós por CUNHA DE SÁ[764] e MENEZES CORDEIRO[765], são contrapostas teorias internas (*Innentheorien*) e externas (*Außentheorien*). Nas primeiras, e em rasgos largos, o abuso seria o retrato ou expressão do próprio conteúdo do direito subjectivo, entendido de modo unitário e de molde a, no caso concreto, impedir abusos[766]. As primeiras construções do abuso de direito, amarradas à ideia de emulação, acentuavam, como factor do comportamento abusivo, a intenção malévola de prejudicar ou de não prosseguir qualquer interesse próprio digno de relevo[767]. Trata-se de dados qualitativamente diversos das delimitações impostas do exterior por normas jurídicas. A interioridade exprime de forma eloquente a sua essência, no que tem de particular; o termo «abuso» evidencia estar em disputa um fenómeno que, não sendo permitido, também não corresponde à ilicitude comum por transcender os limites formais, e destarte, exter-

---

[760] *Idem.*
[761] *Idem.*
[762] *Idem.*
[763] Siebert, *Verwirkung...*, p. 86.
[764] Cunha de Sá, *Abuso...*, designadamente, p. 441.
[765] Menezes Cordeiro, *Da boa fé...*, II, p. 861.
[766] *Idem*, p. 862.
[767] *Idem*, pp. 862 e 678, notas (82 a 86).

nos dos direitos[768]. É, como bem sublinha MENEZES CORDEIRO, o abuso em sentido próprio[769].

Quando JOSSERAND tentou sistematizar os dados jurisprudenciais franceses através do apelo para a necessidade de, no exercício dos direitos se observar a função para que foram concedidos, deu, sem disso se aperceber, corpo definitivo às teorias internas do abuso de direito[770]. Conservando a imagem que preside a esta terminologia, verifica-se, na construção de JOSSERAND[771], deverem a hipótese e a concretização do abuso ser procuradas nas normas que constituam o próprio conteúdo do direito; no seu próprio interior[772]. O epílogo desta construção, a qual recebida por SIEBERT[773] constitui, conforme refere a propósito MENEZES CORDEIRO, um dos poucos exemplos de transferências doutrinárias francesas recentes para o espaço alemão, reside na afirmada relatividade dos direitos subjectivos: apenas caso a caso, tomando em consideração o resultado da incidência das normas constitutivas do direito sobre a realidade concreta em que ele é exercido, se torna possível determinar os limites do direito. Destarte, estes variam sem se tornar possível a sua determinação em abstracto[774, 775].

XXV – As teorias internas do abuso de direito, nas suas diversas variantes, compreendiam, em si mesmas, os germes da sua própria destruição como instituto autónomo[776]. A partir do instante em que, com base da simples observação do dispositivo no qual se institui o direito subjectivo, e através de considerações teleológicas ou semelhantes, se desprenda um limite interno a ter em conta, direito a

---

[768] *Idem,* p. 862.

[769] *Idem,* p. 863.

[770] *Idem.*

[771] Louis Josserand, *De l'esprit des droits et de leur relativité. Théorie dite de l'abus des droits,* 2.ª ed., Paris, 1939, pp. 311 e ss., maxime 364 e ss., e 388 e ss., 394 e ss., e por exemplo, pp. 400, 414 e 415.

[772] Menezes Cordeiro, *Da boa fé...,* II, p. 863.

[773] Siebert, *Verwirkung...,* p. 89.

[774] Menezes Cordeiro, *Da boa fé...,* II, p. 863.

[775] A partir deste dado histórico e doutrinário, e conforme nota Menezes Cordeiro, *Da boa fé...,* II, p. 863, várias derivações se mostram possíveis. A jurisprudência dos interesses preocupa-se com o âmbito efectivamente assegurado, em termos reais e teleológicos, pelo direito subjectivo; a doutrina do nacional-socialismo, interessada em afirmar um suposto pensamento comunitário e em diminuir o nível significativo-ideológico do jussubjectivismo, acentua, pelo contrário, alegados deveres dirigidos ao titular do direito. Cfr., Siebert, *Rechtsmißbrauch...,* pp. 22 e 23 e ss., maxime p. (27).

[776] Assim, também, Menezes Cordeiro, *Da boa fé...,* II, pp. 863 e 864.

direito e caso a caso, tudo se reconduz a um problema de interpretação, como, de resto, o tem admitido alguma da doutrina mais atenta[777, 778]. Perante um direito subjectivo, deve perguntar-se, tão-só, até onde alcança e vai a permissão normativa por ele pressuposta e se, em conexão com a permissibilidade fundamental da situação, não surgem alguns deveres[779].

Chegar-se-ia assim a um beco sem saída, perante o qual a doutrina do abuso de direito seria colocada. As teorias externas, entretanto formadas, implicam, de forma muito forte, e conforme refere a propósito MENEZES CORDEIRO[780], a possibilidade de, reduzindo o abuso a uma limitação jussubjectiva comum, negar-lhe qualquer autonomia dogmática[781]. Isto num caminho trilhado já pelas teorias internas. Incorreram, destarte, num dilema: ou se quedavam a meio do trajecto, descurando completamente a temática fundamental posta pela sua própria existência ou encaravam a respectiva reformulação[782]. A primeira posição prevalece, encontrando-se, aí, a razão de ser do autoproclamado domínio das terias internas[783]. A segunda mereceu, todavia, alguns esforços, dos quais cabe referir os encetados por CASTANHEIRA NEVES e, na sua esteira, CUNHA DE SÁ.

Segundo CASTANHEIRA NEVES o abuso de direito corresponderia ao «(...) *comportamento que tenha a aparência de licitude jurídica – por não contrariar a estrutura formal-definidora (legal ou conceitualmente) de um direito, à qual mesmo externamente corresponde – e, no entanto, viole ou não cumpra, no seu sentido concreto – materialmente realizado, a intenção normativa que materialmente fundamenta e constitui o direito invocado, ou de que o comportamento realizado se diz exercício* (...)»[784, 785].

---

[777] *Idem.*

[778] Entre nós pode ver-se, por exemplo, na direcção segundo a qual o abuso de direito não goza de autonomia dogmática relativamente ao processo de interpretação das normas jurídicas, Vaz Serra, *Abuso...*, in *Boletim...*, 85, pp. 253 e ss., maxime p. 255; Dias Marques, *Teoria...*, I, pp. 297 e 298; Manuel de Andrade, *Teoria geral das obrigações*, 3.ª ed., Coimbra, 1966, pp. 65 e 66. V., ainda, as referências bibliográficas fornecidas a este respeito por Cunha de Sá, *Abuso...*, p. 337, nota (391), e Menezes Cordeiro, *Da boa fé...*, II, p. 865.

[779] Menezes Cordeiro, *Da boa fé...*, II, p. 864.

[780] *Idem.*

[781] V. também, *infra*, quanto se escreve, ainda, a este respeito no presente parágrafo.

[782] Menezes Cordeiro, *Da boa fé...*, II, p. 866.

[783] *Idem.*

[784] Castanheira Neves, *Questão...*, I, p. 523 e 524.

[785] Acerca da inserção da definição proposta por Castanheira Neves no seu pensamento global sobre o abuso de direito e da sua utilização como forma de ilustrar o pensamento jurídico moderno pode ver-se, para além, naturalmente, do próprio Castanheira Neves, Menezes Cordeiro, *Da boa fé...*, II, p. 866 e ss..

Cada direito subjectivo implicaria uma «intenção axiológico-
-normativa»[786] dobrada pela sua estrutura formal[787]. Verifica-se, pois,
uma convolação para valores, da orientação funcional-teleológica de
JOSSERAND, germanizada por SIEBERT e inserida por MÜLLER-
-ERZBACH e RÜDY, nos esquemas da jurisprudência dos interesses,
onde era corrente, de resto, a menção a uma intenção da lei[788]. Quanto
seja «a intenção axiológico-normativa», subjacente a cada direito, é
todavia, algo que, como nota a propósito MENEZES CORDEIRO,
apenas pode ser determinado por interpretação. Interpretação distinta
da leitura tradicional, enquanto integrada no «moderno pensamento
jurídico», mas sempre interpretação[789].

As teorias internas, ao pretenderem dobrar a estrutura formal dos
direitos subjectivos com projecções determinadas em moldes tais que,
desrespeitadas estas e observada aquela, dariam a natureza do abuso,
são de rejeitar[790]. Todas elas têm de coincidente um desenvolvimento
teórico central, operado a partir da ideia de abuso, por forma a alcançar,
na prática, uma questão de interpretação das normas consagradoras do
direito subjectivo cujo abuso se debate[791].

Nas teorias externas do abuso de direito, entende-se o fenómeno
como produto de uma contraposição entre as normas onde se verte o
direito subjectivo e certos preceitos nos quais se estabelecem limites
ao respectivo exercício[792]: as condutas que, caindo no campo permitido pelas normas, violassem os segundos, seriam abusivas. Esta ideia
nuclear pode ser alcançada através de diversas vias descritas por
SIEBERT[793]. De acordo com autores como HIRSCH e OERTMANN,
as limitações externas fariam certamente parte do direito material mas
deixariam intacto o conteúdo dos direitos subjectivos, proibindo apenas aos respectivos titulares determinadas formas de exercício[794]. Outros defendem uma separação entre a lei e o direito[795]: o exercício

---

[786] Castanheira Neves, *Questão...*, I, p. 523.

[787] Menezes Cordeiro, *Da boa fé...*, II, p. 868.

[788] *Idem*.

[789] *Idem*.

[790] *Idem*, p. 873.

[791] *Idem*.

[792] *Idem*, p. 874. Cfr., também, Siebert, *Verwirkung...*, p. 85.

[793] Siebert, *Verwirkung...*, pp. 85 a 87. V., igualmente, Menezes Cordeiro, *Da boa fé...*, II, p. 875.

[794] Para ulteriores referências bibliográficas acerca de outros autores favoráveis a este tipo
de construção cfr., Siebert, *Verwirkung...*, p. 85, nota (6).

[795] Cfr., designadamente, Marschal von Bieberstein, *Vom Kampf des Rechts gegen die Gesetze*,
Estugarda, 1927, pp. 31 e ss., maxime p. 35, numa postura que, de resto, se encontra constantemente presente na literatura e ciência jurídica desde tempos imemoriais.

conforme com a lei mas contrário ao direito seria abusivo[796]. Finalmente, uma outra corrente de opinião entende o abuso como conformidade perante o direito subjectivo, mas violação do direito objectivo[797]. Tudo isto pode ser, contudo, e conforme demonstrado entre nós por MENEZES CORDEIRO, objecto de pronta redução dogmática[798]. O conteúdo de todo o direito subjectivo é o resultado da aplicação de normas jurídicas distribuídas, o mais das vezes, por vários preceitos, e inclusivamente fontes. Saber se elas têm natureza formal permissiva delimitada – no sentido de o titular apenas poder actuar até certo ponto – ou impositiva – através da proibição pendente sobre o titular de desenvolver determinado comportamento – não releva: a mesma realidade normativa pode ser transmitida e comunicada, de modo indistinto, através de ambos esses tipos formulativos, os quais surgem, desta forma, como intermutáveis[799].

Ou seja, as teorias externas redundam em primeira linha numa negação do abuso: estão em causa limites ao direito subjectivo os quais ultrapassados situam o titular exercente fora do âmbito permitido. Na falta de direito não deve falar-se em abuso[800].

Em aberto resta, assim, apenas a via de entender o abuso de direito de modo amplo e cientificamente mais apurado, como exercício inadmissível de posições jurídicas, traduzido numa disfuncionalidade de comportamentos jussubjectivos por, embora consentâneos com normas jurídicas, não confluírem no sistema que as integra[801].

Não é, contudo, e excepção feita a RUI PINTO, esse o caminho seguido por quantos aproximam, de forma mais ou menos directa, o abuso de representação ao abuso de direito. Na verdade, PIRES DE LIMA e ANTUNES VARELA[802], CUNHA DE SÁ[803] e, também,

---

[796] Oppenheimer (*Apud* Siebert, *Verwirkung*..., pp. 86 e 87), o qual considera apenas, poder abusar-se da lei não do direito. Destarte, deveria falar-se em abuso da lei e não em abuso de direito.

[797] E. Martin (*Apud* Siebert, *Verwirkung*..., p. 87).

[798] Menezes Cordeiro, *Da boa fé*..., II, p. 875.

[799] *Idem*.

[800] *Idem*.V., para mais reparos às teorias externas do abuso de direito e, em particular, às vias apontadas como possíveis para ultrapassar os óbices referidos quanto escreve, ainda, Menezes Cordeiro, *Da boa fé*..., II, pp. 875 a 878.

[801] Assim v., Menezes Cordeiro, *Da boa fé*..., II, pp. 717 e 718, 879 e ss., autor que ainda sublinha como esta disfuncionalidade a que se faz eco no texto deve ser completada com elementos materiais; Oliveira Ascensão, *Teoria*..., IV, pp. 237 e ss..

[802] Pires de Lima e Antunes Varela, *Código Civil*..., I, comentário ao artigo 334.º, pp. 299 e ss..

[803] Cunha de Sá, *Abuso*..., p. 456, interpreta e aceita a orientação de Castanheira Neves acerca do abuso de direito. Em seu entender «*Abusa-se de determinado direito, abusa-se da estrutura*

HEINRICH EWALD HÖRSTER[804], mostram-se partidários das designadas teorias internas do abuso de direito[805]. Nestes termos, a tentativa, expressa ou implícita, de enquadrar o abuso de representação na figura mais ampla do abuso de direito não faz senão transportar para o domínio da representação todas as dificuldades veiculadas pela visão que cada um desses autores tem do abuso de direito. O caminho deve, portanto, ser rejeitado.

Repare-se, aliás, como a recondução do abuso de representação à figura mais ampla do abuso de direito, visto na perspectiva das ditas teorias internas apresenta, ainda, o efeito perverso de conduzir à negação da própria premissa da qual essa atitude arrancou. Na verdade, a tentativa de enquadramento dos comportamentos abusivos do representante no âmbito do abuso do direito assenta no pressuposto segundo o qual estes apresentariam autonomia dogmática perante as situações de excesso de poderes. Porém, diante da inelutável negação da autonomia dogmática do abuso de direito que as teorias internas do abuso (e, também, de certo modo as externas), através da sua recondução a um simples problema de interpretação, implicam, chega-se, também, e fatalmente, à eliminação da independência, do abuso de representação relativamente ao excesso de poderes. Tudo não passará sempre de um problema de existência de poderes de representação a determinar numa perspectiva de interpretação[806, 807]. Saber se o representante agiu

---

formal desse direito, quando numa certa e determinada situação concreta se coloca essa estrutura ao serviço de um valor diverso ou oposto do fundamento axiológico que lhe está imanente ou que lhe é interno». O que significa serem os direitos subjectivos estruturas formais dobradas de valores. O abuso, esse, estaria no respeito das primeiras e na violação ou ofensa dos segundos. Também, agora, não se vê que outro procedimento possa proporcionar o «fundamento axiológico imanente» de cada direito para além da interpretação, ainda quando enriquecida no método até ao infinito. Assim v., expressamente, Menezes Cordeiro, *Da boa fé...*, II, p. 869.

[804] Heinrich Ewald Hörster, *A parte...*, p. 279 e ss., parece admitir simultaneamente a possibilidade de limites imanentes aos direitos subjectivos e de limites externos. O artigo 334.º do Código Civil teria em vista, tendencialmente, mas não só, as vinculações imanentes aos direitos subjectivos; o artigo 335.º visaria antes os limites externos, resultantes da necessidade de respeitar os direitos dos outros.

[805] *Idem*, pp. 280 e 291.

[806] São bem elucidativos disso mesmo os exemplos propostos, para documentação da figura do abuso de representação, pela doutrina favorável ao respectivo enquadramento no âmbito do abuso de direito. Cfr., Heinrich Hörster, *A parte...*, p. 489, o qual escreve: *«Sirva como exemplo o seguinte caso: o representado atribui procuração para vender um determinado objecto, indicando ao procurador o preço mínimo que deseja obter. O procurador, por seu lado, vende o objecto a um preço bastante inferior e o comprador, conhecedor dos preços correntes do mercado para objectos daquela espécie, pode imaginar perfeitamente que o representado nunca poderia ter aspirado a um preço tão baixo.»*; Pires de Lima e Antunes Varela, *Código...*, I, comentário ao artigo 269.º, p. 249, para quem *«Há abuso, por exemplo, se o representado encarregou o comprador de lhe comprar uma casa para sua residência, e este munido da procuração*

ou não abusivamente reconduz-se a um simples problema interpretativo de verificação da extensão dos poderes do representante[808]. Excesso e abuso representam afinal, e tão-só, uma mesma realidade[809]. Aliás, não deixa de ser significativa a circunstância de, por exemplo, PIRES DE LIMA e ANTUNES VARELA, ao procurarem explicitar a noção e contornos do abuso de representação, acabarem afinal a falar em excesso de poderes[810].

A tudo isto acresce, ainda, um último elemento ou factor o qual aconselha, decididamente, a rejeitar qualquer tentativa de equiparação do abuso de representação ao abuso de direito, entendido este nos moldes tradicionais – ou seja tal como perspectivado quer pelas teorias internas quer pelas externas.

É que, de acordo com os autores nacionais favoráveis ao enquadramento do abuso de representação no âmbito do artigo 334.º do Código Civil, o abuso de direito residiria no modo como o constituído exerceria os respectivos poderes[811]. O vício ou ilegitimidade

---

que lhe confere genericamente poderes para comprar, compra um prédio que não serve para aquele fim». V., também, Cunha de Sá, *Abuso...*, p. 231, o qual com referência a anterior edição da obra de Pires de Lima e Antunes Varela, cita a mesma hipótese de abuso de representação.

[807] Agora não já da lei mas sim da procuração.

[808] Sobre a questão de quem deve ser o destinatário da procuração e em cuja perspectiva ou horizonte de percepção se deve interpretar a procuração v. quanto se escreveu já *supra* no presente parágrafo e ainda os desenvolvimentos realizados *infra*, Parte II, Cap. V, parágrafo 5.

[809] Parece, então, ter razão Cavaleiro Ferreira, *Depósito...*, in *Scientia...*, XIX, pp. 272 e 273, quando escreve «*O excesso de mandato é tratado no Código Civil de 1967 como abuso de representação no seu artigo 269.º* (...)».

[810] São as seguintes as palavras, às quais fizemos, aliás, já alusão, de Pires de Lima e Antunes Varela, *Código Civil...*, I, comentário ao artigo 269.º, pp. 249 e 250: «*Tal como no caso do abuso do direito (art. 334.º) é requisito essencial que o direito exista e só o seu exercício seja abusivo, também no abuso de representação é indispensável que haja representação e que o representado tenha conscientemente excedido os seus poderes.*»

[811] Atente-se, por exemplo, na definição, já por nós antes referida, de abuso de representação oferecida por Pires de Lima e Antunes Varela, *Código Civil...*, I, comentário ao artigo 269.º, p. 249: «*Há abuso dos poderes de representação, o quando o representante, actuando embora dentro dos limites formais dos poderes que lhe foram outorgados, utiliza conscientemente esses poderes em sentido contrário ao seu fim ou às indicações do representado.*» Atente-se também nas seguintes palavras de Cunha de Sá, *Abuso...*, pp. 231 e 232: «*(...) nesta matéria da representação voluntária, encontramos a protecção da boa fé de terceiros no caso de conflito entre o representante e o representado, quer quando o negócio celebrado por alguém sem poderes de representação (...), quer quando o representante abuse dos seus poderes (caso em que o terceiro terá de sujeitar-se à ineficácia do negócio se conhecia ou devia conhecer o abuso de representação).*» Algo diferente é a posição de Heinrich Hörster. Para ele: «*Fala-se de abuso de representação quando o representante, tendo ficado dentro dos limites funcionais dos seus poderes representativos, abusou conscientemente e com o conhecimento ou dever de conhecimento, da outra parte dos poderes que lhe foram atribuídos pelo representado.*

Sirva como exemplo o seguinte caso: o representado atribui procuração para vender um determinado objecto, indicando ao procurador o preço mínimo que deseja obter. O procurador, por seu lado, vende o objecto

estaria, na verdade, na forma como o *posse* ou *Können* seria posto em prática pelo *procurator*, não na circunstância de o terceiro celebrar com ele um negócio representativo. Se bem vimos, porém, a haver algum abuso de direito, algum comportamento intolerável, ele não reside, nem pode residir, no comportamento do procurador mas, sim, na circunstância de o terceiro pretender exigir o cumprimento de um negócio representativo o qual ele sabia, ou devia saber, não poder corresponder à vontade do representado[812]. É esse, como se viu o entendimento propugnado, e excepção feita a SIEBERT[813], pela jurisprudência e doutrina tudescas favoráveis à qualificação do abuso de representação como uma hipótese de exercício inadmissível de posições jurídicas. Na verdade, os autores e tribunais alemães consideram, sem deixarem, é certo, de falar em actuação abusiva do representante, ser a contraparte do negócio representativo quem, ao invocar os direitos emergentes do negócio representativo ilicitamente celebrado pelo *procurator*, incorre numa actuação intolerável e contrária à boa fé. E não pode deixar de ser assim: a dar-se algum exercício de posição jurídica inaceitável, por contrário à boa fé, aos bons costumes ou ao respectivo fim económico e social[814], ele teria fatalmente de ser o do *tertius* o qual invoca direitos emergentes de um negócio que ele sabe, ou devia saber, não ter sido celebrado dentro da esfera de autorização ou do *licere* do representante. Quanto à actuação abusiva do procurador ela é simplesmente ilícita, não fazendo qualquer sentido falar aqui, e quando muito, em actuação intolerável – por ofensiva da boa fé, dos bons costumes ou do fim social e económico de posições jurídicas –

---

a um preço bastante inferior e o comprador, conhecedor dos preços correntes do mercado para objectos daquela espécie, pode imaginar perfeitamente que o representado nunca teria aspirado a um preço tão baixo.

Nas situações de abuso de representação há um abuso do direito: um abuso do direito de formalmente existente para representar outrem.» Quer dizer: Hörster parece, num primeiro momento, pretender incluir no conceito de abuso de representação o próprio conhecimento ou cognoscibilidade que o terceiro tenha do desmando do representante, em termos algo semelhantes a posições já ensaiadas sem grande sucesso pela doutrina tudesca. Em qualquer caso o autor não chega nunca a fazer residir o comportamento abusivo na actuação do *tertius* que pretenda exercer contra o representado direitos emergentes de um negócio, sabendo, ou devendo saber, não corresponder ele à vontade do constituinte. Para Hörster, o abuso residiria simplesmente na actuação do representante, com violação dos limites sobre ele pendentes, acompanhado do mero conhecimento da contraparte no negócio representativo. Por isso, para ele, o abuso de representação é, ainda, e nas suas próprias palavras, um abuso do direito formalmente existente para representar outrem.

[812] Cfr., *supra*, o presente parágrafo.

[813] V. *supra*, quanto se escreve neste parágrafo.

[814] Acerca das limitações e dificuldades subjacentes à fórmula dos bons costumes e do fim social e económico cfr., Menezes Cordeiro, *Da boa fé...*, II, pp. 1208 e ss. e 1230 e ss..

no exercício de um direito, pois, ele não pretende fazer valer nada de nada nem contra o principal nem contra o terceiro.

XXVI – RUI PINTO procura enquadrar o abuso de representação, na figura do abuso de direito, entendido este não ao modo tradicional, mas sim na perspectiva do exercício inadmissível de posições jurídicas[815]. Ele escapa assim a várias das críticas movidas aos restantes autores. Não obstante continua, tal como ANTUNES VARELA, CUNHA E SÁ, HEINRICH HÖRSTER e HELENA MOTA, a ver o comportamento abusivo não na conduta do terceiro que pretende fazer valer contra o representado um negócio jurídico o qual sabe, ou devia saber, não corresponder à respectiva vontade, mas, antes, na actuação do representante. Na verdade, depois de considerar dever preferir-se, à tradicional ideia de abuso de direito, a expressão «exercício inadmissível de posições jurídicas» encarando-a como uma manifestação do princípio da boa fé, na vertente objectiva[816, 817], RUI PINTO acaba por sustentar haver um «*exercício inadmissível da posição jurídica do representante ou abuso de representação sempre que se verifique um conflito de interesses entre a função justificativa da concessão de poderes e o fim efectivamente prosseguido pelo representante que não se traduz no negócio consigo mesmo, nos termos do artigo 261.º*». Nessa medida, a construção de RUI PINTO oferece o flanco precisamente à ultima das críticas por nós feita às correntes favoráveis à recondução do abuso de representação aos quadros do abuso de direito, entendido este ao jeito de uma *Innentheorie* – mas válida também se tomado ao modo de uma *Außentheorie*[818].

Não ficam, porém, e a nosso ver, por aqui as observações a fazer à construção de RUI PINTO.

Apesar de se esforçar por conceber a figura do abuso de direito como uma forma de exercício inadmissível de posições jurídicas nos

---

[815] Rui Pinto, *Falta...*, pp. 48 e 49, 52 e 53.

[816] *Idem*, pp. 48 e 53.

[817] A saber num exercício de posições permitidas em termos tais que são contrariados os valores fundamentais do sistema, expressos, por tradição, pela boa fé. O autor faz assim seu o ensinamento propugnado por Menezes Cordeiro, citando a obra, *Teoria...*, I, p. 376.

[818] Com uma ligeira diferença todavia. Quando se compreende o abuso de direito como uma forma de exercício inadmissível de posições jurídicas, à luz da boa fé objectiva, torna-se, a nosso ver, ainda mais evidente a circunstância de o comportamento abusivo não poder estar na atitude do *procurator* – a qual se deve reconduzir a uma ilicitude comum – antes residindo na circunstância de o terceiro pretender impor ao representado um negócio que ele sabia, ou devia saber, não corresponder à vontade deste.

moldes propostos pela moderna doutrina civilista[819] – com a respectiva
aproximação à boa fé – e de pretender aí enquadrar o abuso de representação, RUI PINTO acaba, se bem vimos, por configurar o desmando ou descomedimento do representante através de uma instrumentação própria das construções internas do abuso de direito. É disso
– na nossa perspectiva – bem elucidativo a noção proposta pelo autor
para o abuso de representação, com apelo ou referência à «função
justificativa da concessão dos poderes» e ao «fim» dos mesmos. Quais
sejam a «função» e o fim da representação é algo, apenas, susceptível
de se determinar em sede de interpretação[820], e que nada tem a ver
com o exercício inadmissível de posições jurídicas. As dúvidas,
porventura, existentes acerca de uma eventual incompatibilidade, entre
si, dos vários pontos de vista assumidos por RUI PINTO, nesta matéria, ficam totalmente desfeitas quando o autor procura explicar os
efeitos do abuso de representação. Na verdade, RUI PINTO começa
por admitir, desde logo, no abuso de representação, a existência de um
poder formal o qual seria efectivamente exercido pelo representante[821].
Ao nível formal – afirma – o efeito legitimador da representação
produz-se. Simplesmente, o poder de agir em nome alheio, como
qualquer posição jurídica, teria de ser exercido em conformidade com
a finalidade da sua concessão[822]. O efeito da desconformidade entre o
fim ou interesse prosseguido pelo poder de representação seria a perda de legitimidade, não podendo o representante (*sic*) ter a pretensão
de os actos assim praticados serem eficazes[823]. Se o forem isso será, no
dizer de RUI PINTO, o resultado de uma situação de legitimação
aparente, em que a causa respectiva já não será a vontade de quem a
vai sofrer na sua esfera jurídica, mas sim a lei, com base na boa fé de
terceiro. Aceitamos esta última asserção, de cuja correcção não duvidamos. Quanto já não compreendemos é a circunstância de o autor
aproximar, de um lado, o abuso de representação ao abuso de direito,
entendido este como uma forma de exercício inadmissível (por con-

---

819 Ou seja, nos moldes propostos designadamente por Menezes Cordeiro, *Da boa fé...*, II,
879 e ss.; Id., *Teoria...*, I, pp. 369 e ss.; Id., *Tratado...*, I, I, pp. 191 e ss.; Id., *Idem*, 2.ª ed., pp. 241 e
ss.; Oliveira Ascensão, *Teoria...*, IV, pp. 239 e ss..

820 V., *infra*, o presente parágrafo.

821 Rui Pinto, *Falta...*, p. 63. O paralelismo com a estrutura formal do direito subjectivo de
que se fala no contexto das *Innentheorien* do abuso de direito parece claro.

822 Estamos aqui, a nosso ver, diante de uma fórmula muito próxima da função social e
económica do direito subjectivo, considerada por Menezes Cordeiro, *Da boa fé...*, II, p. 1232, como
uma relíquia da ciência jurídica francesa.

823 Rui Pinto, *Falta...*, p. 63.

trário à boa fé) de posições jurídicas, e, do outro, considerar que, em caso de actuação abusiva, a relação representativa sofre uma paragem; fica paralisada em consequência da perda da real legitimidade representativa do procurador ou representante[824] – a ceder eventualmente e em certas circunstâncias o passo a uma legitimação aparente. Compreende-se defenderem autores como SIEBERT[825], CASTANHEIRA NEVES[826] ou COUTINHO DE ABREU[827], sem contradição, a tese segundo a qual o abuso de direito seria, na verdade, uma *«ultrapassagem do direito, uma actuação sem direito»*, mas coberta pela *«aparência do direito»*, não sendo, destarte, o exercício abusivo *«nenhum exercício mas um aparente exercício»*. Todavia, trata-se de defensores de construções internas do abuso de direito. Quando se perfilhe, como faz RUI PINTO, a tese, a nosso ver correcta, segundo a qual o abuso de direito não é senão uma forma de exercício inadmissível de posições jurídicas em termos que geram uma disfuncionalidade sistemática a colorir, ao nível fáctico, através da boa fé[828], não se pode considerar conduzir a actuação abusiva à perda da posição da qual se abusa[829]. Esta última corresponderá certamente a algo de bem real[830]. Apenas o seu exercí-

---

[824] O termo pode prestar-se a equívocos. Em sentido amplo se há abuso de direito faltará a quem actua abusivamente, legitimidade para impor as pretensões eventualmente decorrentes do respectivo comportamento. Não é, contudo, esse o sentido emprestado por Rui Pinto à expressão quando afirma faltar, em caso de abuso de representação, a legitimidade representativa. Quanto o autor pretende significar é não se assistir nesse caso ao pressuposto capaz de explicar e justificar a produção na esfera do *dominus* dos efeitos do negócio representativo: o poder de representação. É que, justamente, Rui Pinto, *Falta...*, pp. 7 e ss., concebe o poder de representação como uma hipótese de legitimação indirecta. Quando muito ficaria o tal poder formal de representação mas que, ao ser abusado, conduziria à supressão ou paralisação da legitimação representativa (ela própria poder de representação). O formalismo e improcedência deste raciocínio é, porém, por demais evidente.

[825] Siebert, *Vom Wesen...*, pp. 19 e 20.

[826] Castanheira Neves, *Questão...*, I, p. 526.

[827] Coutinho de Abreu, *Do abuso...*, pp. 22 e 23.

[828] Cfr., Menezes Cordeiro, *Da boa fé...*, II, pp. 879 e ss., e, designadamente, p. 899.

[829] Até porque se assim não fosse não haveria exercício inadmissível susceptível de se verificar porquanto faltaria a própria posição jurídica a exercer.

[830] O problema não resulta, destarte, e para quem enquadre o abuso de representação no abuso de direito e o entenda como uma disfuncionalidade sistemática a colorir de acordo com a boa fé, do facto de o representante não ter poderes, mas do modo como os exerce, tendo-os. Se o abuso de representação correspondesse a uma situação de exercício ilegítimo não seria, nessa perspectiva, possível sustentar com Rui Pinto conduzir ele à falta de legitimação representativa, *rectius* de poder de representação. Assiste-se, pois, a nosso ver, a uma contradição entre os pressupostos assumidos pelo autor e os resultados aos quais chega. Mas mesmo quando Rui Pinto não considerasse ser o resultado do abuso de representação a paralisação do poder de representação, ainda assim, continuaríamos a não concordar com a respectiva tentativa de enquadrar esta figura no abuso de representação enquanto forma de exercício inadmissível de posições jurídicas. E isto

cio ou invocação é, depois, paralisado por se mostrar contrário à boa fé. O abuso, entendido nesta última perspectiva, cientificamente mais apurada, como exercício inadmissível, pode dar origem, é verdade, à tutela da confiança depositada por terceiros numa determinada situação aparente inconciliável com certos direitos[831]. Contudo, não representa nem origina ele próprio uma situação de actuação aparente. Nestes termos, e se o abuso de representação correspondesse, de facto, a uma hipótese de abuso de direito, quem confiasse na actuação do representante não estaria a confiar numa situação aparente mas sim numa realidade. Apenas em certos casos ficaria impossibilitado, por se verificar uma disfuncionalidade com o sistema, em termos tais que afectam a boa fé, de exercer o direito dela emergente[832].

XXVII – Uma perspectiva de abordagem e explicação do abuso de representação totalmente diferente da acabada de referir seria tentada por HELENA BRITO[833]. A autora começa por se mostrar partidária da tese da abstracção da procuração[834]. Em conformidade, considera haver abuso de representação quando o representante actua formalmente dentro do âmbito do poder que lhe foi conferido, mas prosseguindo fins e interesses incompatíveis, no todo ou em parte, com os do representado[835]. Verificada uma situação de abuso colocar-se-ia de imediato o problema da eficácia do negócio abusivamente celebrado[836]. Nos casos de abuso de poder, por se tratar em geral de actuação contrária à finalidade pretendida ou aos interesses do repre-

---

pela razão simples de, a nosso ver, e conforme avançado já por diversas vezes não existir no desmando do representante nenhum exercício inadmissível mas sim, e em determinadas situações, um ilícito comum. É que no abuso representativo falta de facto o poder de representação e, desse modo, não se pode falar de qualquer exercício inadmissível.

[831] Neste caso a situação aparente será convicção de que o representante agiu dentro dos poderes efectivamente concedidos quando na realidade os ultrapassou.

[832] Tinha pois razão Oliveira Ascensão, *Teoria...*, IV, quando escrevia a propósito do abuso de direito: «*É diferente de situações também qualificadas como abuso, como a do abuso de representação (artigo 269.º).*»

[833] Helena Brito, *A representação...*, in *Revista...*, 9/10, pp. 57 e ss..

[834] *Idem*, pp. 20, 29; Id., *A representação...*, *passim*, pp. 83 e ss., maxime, pp. 94 e ss., 117 e ss., 121 e ss..

[835] Helena Brito, *A representação...*, in *Revista...*, 9/10, p. 45. Cfr., também, p. 37 onde a autora escreve: «*O abuso de poderes de representação pressupõe a existência formal de poder e a actuação do representante dentro dos limites formais da procuração. Implica, contudo, uma utilização do poder para uma finalidade distinta da prosseguida pelo representado e em função de interesses distintos dele.*» Por último, v., *A representação...*, pp. 187 e 154.

[836] Helena Brito, *A representação...*, in *Revista...*, 9/10, p. 49.

sentado cair-se-ia no âmbito do artigo 269.º do Código Civil[837]. Se estiver em causa o incumprimento de modificações ao conteúdo inicial da procuração, então a situação de abuso seria resolvida de acordo com o artigo 266.º, n.º 1[838]. A explicação para as hipóteses nas quais estes dois preceitos admitem a vinculação do representado, não obstante a situação de abuso de representação, deveria procurar-se à luz da ideia do efeito reflexo ou externo das obrigações[839]. Aliás, e se bem vimos, parcela importante do fenómeno representação deveria ser, de acordo com HELENA BRITO, entendido em função da ideia de eficácia externa das obrigações, pois, quanto justificaria a repercussão ou oponibilidade na esfera jurídica do representado – e consequentemente na relação *dominus*/terceiro – de grande parte dos efeitos resultantes de um negócio celebrado entre o representante e o *tertius* seria, justamente, um fenómeno de interferência mútua de diversas relações jurídicas – e designadamente a relação representante/representado[840] – às quais seriam estranhos os sujeitos afectados[841].

De acordo com o ensinamento de HELENA BRITO a eficácia externa ou efeito reflexo das obrigações verificar-se-ia quer através da projecção na relação entre o representado e o terceiro das obrigações assumidas pelo representante perante o *dominus*; quer mediante a projecção na relação entre o terceiro e o principal das obrigações assumidas, com falta de poderes, pelo representante perante o *tertius*[842].

Através do vínculo estabelecido entre ambos – escreve HELENA BRITO – o representante assume perante o representado determinadas obrigações, designadamente a de, na respectiva actuação, prosseguir os interesses do constituinte, e respeitar os limites dos poderes que lhe são conferidos[843]. Outros deveres, decorrem, ainda, e nas palavras da autora, para o procurador, em resul-

---

[837] Helena Brito, *A representação...*, in *Revista...*, 9/10, pp. 45, 50 69 e 70; Id., *A representação...*, pp. 156 e 161.

[838] Na verdade, Helena Brito considera que as hipóteses de desrespeito pela alteração do conteúdo inicial da procuração dão lugar a um caso de abuso de poderes a resolver de acordo com o artigo 266.º, n.º 1. Cfr. os locais indicados na nota anterior.

[839] *Idem*, pp. 57 e ss., 73 e ss..

[840] Segundo Helena Brito, *A representação...*, in *Revista...*, 9/10, p. 75, «*A relação representado--representante projecta-se (...) na relação representante outra parte, fixando mesmo no que diz respeito à outra parte («terceiro» quanto a ela), os limites dentro dos quais é eficaz a actuação do representante*».

[841] Helena Brito, *A representação...*, in *Revista...*, 9/10, pp. 65 e ss., e 73 e ss.. Aliás, o título completo do estudo de Helena Brito que vimos citando («*A representação sem poderes – um caso de efeito reflexo das obrigações*») não podia ser mais sugestivo acerca da forma como a autora encara o fenómeno representativo.

[842] Cfr., *idem*, pp. 67 e 68 e ss..

[843] *Idem*, pp. 67 e 73. Estes limites resultariam directamente do poder de representação, entendido enquanto poder funcional, mas, igualmente, da relação subjacente existente entre representante e o representado.

tado das modificações introduzidas pelo representante no poder de representação e das instruções a este transmitidas[844]. Todas estas obrigações, para além de um conteúdo positivo, teriam igualmente um negativo, porquanto fariam pender sobre o *procurator*, na sua actividade concreta, o dever de não agir em desconformidade com os poderes conferidos[845]. Apenas num caso, o vínculo jurídico passivo imposto ao representante seria nitidamente de prestação de facto negativo: trata-se da obrigação resultante para o constituído da revogação da procuração ou da ocorrência de um qualquer outro facto extintivo. A verificação de uma causa extintiva do poder de representação criaria para o representado a obrigação de não mais actuar em nome do representado[846]. Nesses termos, a oponibilidade a terceiros das causas extintivas ou modificativas da procuração seria apenas a projecção na relação representado/outra parte, das obrigações surgidas na relação representado/representante, sujeita, naturalmente, aos limites impostos nos artigos 266.º e 269.º do Código Civil[847]. Seria esta a primeira manifestação de efeito reflexo das obrigações no âmbito do fenómeno representativo. Mas haveria, conforme se referiu já, uma outra. Se se assistir a uma situação de falta de poderes de representação, e a ausência resultar da circunstância de a actividade do representante não ter, por nunca lhe haver sido conferida, legitimação representativa, ou de aquela possuída não ser suficiente para abranger o negócio celebrado, não poderá propriamente (*sic*) falar-se de projecção da relação representante/outra parte na esfera representado/terceiro, porquanto, esta última em rigor não chegou a existir: o negócio representativo é pura e simplesmente «*res inter alios acta*». Contudo, se a falta de poderes representativos resultar da circunstância de o representante exercer os respectivos poderes depois de eles terem cessado, as obrigações assumidas perante a outra parte poderiam, segundo HELENA BRITO, projectar-se na relação representado/terceiro[848]. O limite desta interferência estaria no conhecimento pela outra parte da falta de poderes, ou no cumprimento do dever específico pelo representado ou pelo representante – através da realização da comunicação ao *tertius*, por meios idóneos, do facto gerador da obrigação do representante (na hipótese a revogação da procuração) – ou no incumprimento de um dever genérico de diligência pela outra parte – a ignorância culposa dos factos de que resulta a obrigação do representante (a revogação da procuração e as outras causas extintivas – artigo 266.º)[849].

---

[844] *Idem*, p. 67.

[845] *Idem*.

[846] *Idem*.

[847] *Idem*, pp. 67 e 68. Esses limites são, pois, «*quanto às obrigações decorrentes para o representante das modificações da procuração e de uma das causas extintivas (a revogação), o incumprimento de um dever específico por parte do representante ou do representado (comunicação à outra parte, por meios idóneos dos factos que determinam a obrigação do representante – aqui as causas modificativas e a revogação da procuração) ou cumprimento de um dever geral de diligência pela outra parte, de que resultou a ignorância, sem culpa, daqueles factos. Quanto às obrigações resultantes das restantes causas extintivas, o limite está no cumprimento, pela outra parte de um dever geral de diligência, de que resultou a ignorância, sem culpa de tais factos – art. 266.º do Código Civil*».

[848] *Idem*, p. 69.

[849] *Idem*, pp. 68 e 69.

Tratando-se de abuso de representação assistir-se-ia, na relação represen-tado/*tertius*, precisamente à mesma eficácia externa do acto celebrado entre o procurador e o terceiro, do que a verificada a propósito das obrigações assumidas pelo constituído, em nome do constituinte, já depois de ter cessado o poder de representação. No contexto do abuso deveria, de acordo com HELENA BRITO, proceder-se, apenas, a uma distinção relativa aos limites dessa eficácia externa. E isto pela razão simples, já sublinhada[850], de, no dizer da autora, tanto se assistir a um abuso de representação quando, em termos genéricos, o representante actua formalmente dentro do âmbito do poder conferido pelo constituinte, mas prosseguindo fins e interesses incompatíveis, no todo ou em parte, com os do representado; como na eventualidade de o procurador não respeitar as alterações introduzidas pelo constituinte em mo-mento posterior ao da concessão dos poderes de representação[851]. Em ambas as hipóteses, perante uma situação de abuso de representação, a relação repre-sentante/outra parte projectar-se-ia na relação representado/terceiro. Só que, na eventualidade de o abuso de representação resultar do facto de o negócio ter sido celebrado dentro dos limites formais dos poderes conferidos, mas com consecução de interesses diferentes dos do dono do negócio, o limite da pro-jecção das obrigações assumidas pelo representante, perante a outra parte, esta-ria no conhecimento, pelo *tertius*, do comportamento abusivo ou no incum-primento do dever geral de diligência pela outra parte nos termos do artigo 269.º do Código Civil. Já na hipótese de o abuso resultar do desrespeito pelas modificações introduzidas pelo representado na procuração, a relação procura-dor/contraparte miscuir-se-ia sobre a relação representado/terceiro, com um limite resultante do conhecimento pelo último do abuso de poderes ou do cumprimento de um dever específico pelo *dominus* ou pelo procurador (comu-nicação à outra parte, por meios idóneos dos factos determinantes da obriga-ção do representante – as causas modificativas da procuração) ou do incum-primento de um dever geral de diligência pelo terceiro (ignorância culposa dos factos dos quais resulta a obrigação do representante – as causas de alte-ração da procuração – art. 266.º).

A tese de HELENA BRITO não pode, contudo, em nosso entender, ser sufragada. E por várias razões.

Pela nossa parte não temos qualquer dificuldade em aceitar a posição segundo a qual as obrigações surgidas na relação representante/ /representado se projectam na esfera relação representante/contra-parte[852]. A ser, porém, assim, a primeira conclusão a extrair é a de que

---

[850] V. *supra*, o referido no presente parágrafo.

[851] V. os locais citados *supra*, no presente parágrafo.

[852] Embora não nos pareça ser isso consequência de um qualquer fenómeno de eficácia externa das obrigações, mas sim resultado de uma autêntica dependência ou acessoriedade do poder de representação relativamente à relação gestória. Em função dessa dependência ou acessoriedade, mais do que a projecção de um vínculo ou direito de crédito, ou se se preferir de uma prestação, sobre um terceiro, aquilo a quanto se assiste é à contribuição do negócio de gestão

a procuração e o poder de representação não gozam da característica da abstracção. Ao contrário elas revelam-se dependentes da relação--base ou causal. Não é, todavia, esse o resultado ao qual chega HELENA BRITO. A autora, sublinhe-se uma vez mais, mostra-se partidária da visão labandiana do fenómeno representativo. Nessa medida, a tese por ela sufragada parece, a nosso ver, padecer de uma contradição insanável: afirma, de um lado, a autonomia da *procuratio* relativamente à relação subjacente, enquanto, do outro, defende a ideia segundo a qual a oponibilidade a terceiros das causas extintivas e modificativas do poder de representação são apenas a projecção, na relação representante/outra parte, das obrigações surgidas na relação representado//representante[853].

HELENA BRITO pretende, é certo, evitar, de algum modo, essa contradição ao propugnar a tese de que as obrigações do *procurator* para com o principal têm, para além de um conteúdo positivo – do qual decorre o dever do representante de prosseguir os interesses e fins estabelecidos pelo representado –, também, um negativo ou, nalguns casos exclusivamente negativo – como seria a obrigação nascida da revogação da procuração ou de qualquer outro facto extintivo de não mais actuar para o representado. Desta forma, ao menos parte das obrigações cuja eficácia externa acabaria por se reflectir sobre o poder de representação resultariam, não da relação subjacente ou gestória, mas sim de actos ou factos destinados a pôr termo ao poder de representação[854]. Porém, a revogação da procuração não é, ao contrário de quanto resulta, ou parece decorrer, da posição de HELENA BRITO, um acto cuja eficácia se desenvolva, ao menos predominantemente, na esfera interna das relações entre o representante e o representado. Trata-se de um comportamento destinado a interferir imediatamente sobre o poder de representação, e, destarte, a influenciar directamente eventuais relações a estabelecer com terceiros. A revogação do mandato provocada – de acordo com o artigo 1179.º do Código Civil – pela revogação ou renúncia da procuração, traduz-se, apenas, numa

---

para a interpretação e fixação dos contornos de um poder de representação. Poder esse que leva quem contratar com o representante a entrar em relações directas com o representado.

[853] Helena Brito, *A representação...*, in *Revista...*, 9/10, p. 67.

[854] A outra forma possível de salvar a construção de Helena Brito seria a de defender, tal como a autora viria a fazer a propósito de outra questão, e noutro contexto (cfr., Helena Brito, *A representação...*, p. 124), a ideia segundo a qual a noção de autonomia da procuração comporta gradações várias e não é incompatível com uma dependência limitada do poder de representação relativamente ao negócio gestório. A crítica a este argumento encontra-se, todavia, já feita (cfr., *supra*, Parte II, Cap. I, parágrafo 2) e não voltaremos, por isso, a ele.

consequência da extinção do poder de representação e é explicada pela relação de dependência entre ambos existente. Contudo, repise-se, a revogação da *procuratio* não é um acto destinado, primeiramente, a disciplinar a relação entre o representado e o representante, mas, sim, e antes de mais, um comportamento externo dirigido, nessa medida, aos terceiros[855]. Apenas tratando-se de uma hipótese de extinção do poder de representação em virtude da cessação da relação fundamental, nos termos previstos pelo artigo 265.º, n.º 1, se pode afirmar residir a causa da extinção do poder de representação no negócio gestório. Mas mesmo aí, ver na referida causa geradora do fim do poder de representação uma situação criadora de uma obrigação de *non facere*, a cargo do representante, a qual, depois, se projectaria para o âmbito das relações entre o principal e o terceiro, afigura-se-nos algo de extremamente forçado. Não se ignora, naturalmente, o fenómeno da pós-eficácia das obrigações[856]. Não existe, porém, e, a nosso ver, qualquer possibilidade de ir aí recolher elementos susceptíveis de aproveitarem à construção de HELENA BRITO[857]. Verificado algum

---

[855] Nestes termos, explicar a oponibilidade da revogação da procuração com base no efeito reflexo das obrigações tem, a nosso ver, e desde logo, tanta viabilidade como procurar justificar o poder de representação e o fenómeno representativo – e designadamente o carácter vinculativo, para o representado, do negócio representativo – em função do exclusivo efeito externo do negócio de gestão. Efeito externo esse o qual implicaria, não só, a aceitação do carácter não abstracto do poder de representação, mas, mais ainda, tornaria supérflua a própria noção de poder de representação e de procuração.

[856] A este respeito cfr., por todos, Menezes Cordeiro, *Da pós-eficácia...*, in *Estudos...*, I, pp. 143 e ss..

[857] A ideia de pós-eficácia tem sido, isso sim, aproveitada numa linha oposta à de Helena Brito. Perante a constatação segundo a qual, no âmbito do fenómeno representativo, determinadas disposições legais conferem, de facto, e expressamente, eficácia a certas situações extintas defende-se a pós-eficácia, não de quaisquer obrigações de *non facere* supostamente existentes na relação representado/representante, mas da própria procuração e já extinta enquanto tal (cfr., Paul Krückmann, *Etwas aus der Praxis und für die Praxis*, in *Juristische Wochenschrift*, 1917, p. 577; e Hermann Elger, *Nachwirkungen nach Ende des Rechtsverhältnisses im BGB*, Dissertação, Münster, 1936, pp. 10 e 11). A procuração extingue-se por renúncia do procurador; por extinção da relação-base ou por revogação – artigos 265.º, n.ºs 1 e 2. No último caso, todavia, a extinção da procuração não pode ser oposta a terceiro quando não se prove ter este dela conhecimento no momento da celebração do negócio (artigo 266.º, n.º 1); enquanto nos dois primeiros, a cessação é inoponível ao terceiro que, sem culpa, a ignore (artigo 266.º, n.º 2, do Código Civil). Afastadas as dúvidas quanto à eficácia extintiva dos factos indicados no artigo 265.º, n.ºs 1 e 2, restaria concluir haver, por lei, pós-eficácia da procuração. A verdade, porém, é que, como tem sido referido a propósito, a procuração pós-eficaz não representa senão um caso clássico de tutela da confiança, com base na aparência. Assim, Menezes Cordeiro, *Da pós-eficácia...*, in *Estudos...*, I, pp. 156 e ss., maxime, p. 158, autor o qual refere igualmente o ensinamento de Canaris, *Vertrauenshaftung...*, pp. 33 e ss., esclarece poderem outras tentativas de explicação do fenómeno, as quais, não obstante, nada têm a ver com a pós-eficácia, ser compulsadas em Frank Peters, *Zur Geltungsgrundlage der Anscheinsvollmacht*, in *Archiv für die civilistische Praxis*, 1979, 179, pp. 214-244.

dos eventos seriados no artigo 265.°, n.ᵒˢ 1 e 2, quanto sucede é a extinção do poder de representação, não o surgimento, na esfera da relação representado/representante, de um qualquer dever acessório o qual determinaria a obrigação do representante não actuar mais em nome do principal[858, 859]. A situação do procurador o qual viu extintos os respectivos poderes – e por isso os já não tem – não é, pois, diversa daquela na qual se encontra investida qualquer pessoa a quem não tenha sido nunca conferida uma *procuratio*[860]. Também neste último

---

[858] Aliás, não deixaria de ser estranho que, na vigência ou pendência do negócio subjacente ou da relação entre o representante e o representado, o poder de representação fosse abstracto, e portanto insensível – na precisa medida da força da referida abstracção – aos vínculos ou situações jurídicas existentes *entre* o *dominus* e o constituído, para, uma vez extinto este poder, se vir a assistir a uma pós-eficácia de deveres supostamente acessórios (a expressão «supostamente» é intencional, pois, na verdade, a obrigação de agir em nome do representado, sem ultrapassar os limites impostos pelo constituinte, corresponde, a nosso ver, precisamente ao dever principal) em moldes capazes de interferir na relação representado/terceiro. Se estes deveres são capazes de gozar de eficácia perante o *tertius* o mesmo deveria acontecer com o vínculo principal ainda durante a vigência do negócio gestório.

[859] Por isso se, designadamente, o poder de representação se extinguir devido ao facto de ter cessado a relação subjacente o que acontece é a cessação da legitimidade de representação por não ter ela viabilidade para subsistir sem causa. Não se assiste ao aparecimento de qualquer obrigação posterior ao negócio-base em virtude do qual o representante ficaria obrigado a não actuar em nome do representado. Tanto mais quanto é certa a circunstância de, no caso de o constituinte ter sido diligente ao ponto de publicitar em termos adequados o fim do poder representativo, o negócio porventura celebrado ser para ele ineficaz, mostrando-se, destarte, indiferente, do ponto de vista dos seus interesses pessoais, se o representado actuou ou não em seu nome.

[860] Não é esse naturalmente o entendimento de Helena Brito, autora a qual chega a distinguir a responsabilidade do *falsus procurator* consoante exista, ou tenha existido, entre o representado e o falso procurador uma relação-base ou o negócio gestório ou, ao invés, semelhante relação falte de todo em todo. Na verdade, quando procura explicar as consequências da representação sem poderes nas relações representado/representante, Helena Brito, *A representação...*, p. 180, afirma: «*Os direitos e obrigações emergentes para o representado e o representante da representação sem poderes regem-se pela relação jurídica base.*

Se como acontece no caso considerado paradigmático, entre representado e representante existe um contrato, o exercício anormal do poder de representação constitui incumprimento da relação interna e está sujeito às regras gerais sobre incumprimento contratual. Se entre eles não existe, nem existiu anteriormente uma relação contratual, através da qual o representado atribua ao representante poderes de gestão para agir por sua conta, a actuação do agente pode ser equiparada à actuação do gestor de negócios, sendo aplicáveis, as regras desse instituto relativas às relações entre o dono do negócio e o gestor.» A doutrina tem de facto admitido que a responsabilidade do falso procurador, perante o *dominus*, se funda nas regras da gestão de negócios. Assim, pode ver-se na literatura jurídica tudesca, Steffen, *BGB-RGRK*, cit., I, comentário, ao § 167, p. 80 (onde o autor admite a responsabilização, de acordo com as disposições da gestão de negócios naqueles casos nos quais o representado fica vinculado ao acto posto pelo falso procurador em virtude da aplicação das regras destinadas a assegurar a protecção da confiança depositada numa eventual aparência de representação), e comentário ao § 177, p. 109; Helmut Kiesel, *Stellvertretung ohne Vertretungsmacht im deutschen, schweizerischen und österreichischen Recht*, Dissertação, Estugarda, 1966, p. 18 (embora o autor admita também a possibilidade de, excepcionalmente, o falso procurador actuar no seu próprio interesse caso em que já se

caso, quem nunca se viu munido de poderes de representação, não deve actuar em nome de outrem. Daí a descobrir-se uma obrigação de *non facere*, a cargo de todos quantos nunca receberam, de determinada pessoa, uma procuração vai, todavia, um enorme passo[861].

_____

não aplicariam as regras da gestão de negócios); Michael Martinek, *Der Vertreter ohne Vertretungsmacht (falsus procurator) beim Vertragsschluß*, in *Juristische Schulung*, 1988 pp. 17 e ss.. Entre nós pode ver-se, sempre, a favor da possibilidade de se aplicar a gestão de negócios à relação interna entre representante e representado, mas sem referência expressa ao problema específico da responsabilidade do representante perante o representado, Cunha Gonçalves, *Tratado...*, IV, comentário aos artigos 645.° e 646.°, p. 204, embora de forma não totalmente clara ou inequívoca; e mais recentemente, Pires de Lima e Antunes Varela, *Código...*, I, comentário ao artigo 268.°, p. 248; José Varela, *O regime jurídico...*, pp. 37 e 38, pp. 48 e 49. Pela nossa parte o que não encontramos é motivo para distinguir consoante o *falsus procurator* tenha estado ou não investido numa relação jurídica ou celebrado um negócio-base com o *dominus* o qual entretanto cessou. Com o desaparecimento do negócio gestório extinguiu-se também o poder de representação. A responsabilidade do representante perante o dono do negócio pressupõe, naturalmente, a existência de danos e esses só existirão, em princípio, num cenário no qual o principal fica vinculado ao negócio representativo celebrado com falta de poderes, por aplicação das regras de protecção da confiança depositada na aparência. A existência de uma prévia relação, entretanto desaparecida, mostra-se, porém, irrelevante a nosso ver para efeitos de determinação da responsabilidade do representante. Com a cessação do poder representativo, o representante não passa sequer a ter o dever de não exercer o referido poder pela razão simples de que o já não tem sequer. A sua situação é, em tudo, sublinhe-se novamente, equivalente àquela de quem actua em nome do representante sem nunca ter sido investido numa relação gestória ou sem jamais se encontrar munido de poderes de representação. E nem sequer nos parece possível falar, aqui também, de uma pós-eficácia do negócio gestório ou do dever de não actuação, em nome do representado, para além do permitido, o qual interferiria no regime da responsabilidade do representante. Aliás, deve recordar-se a circunstância, já antes apontada, de o exercício do poder de representação dentro dos respectivos limites constituir, precisamente, o dever principal decorrente do negócio gestório. Ora, como nota a propósito Menezes Cordeiro, *Da pós-eficácia...*, in *Estudos...*, I, pp. 186 e ss., não existe pós-eficácia do dever principal. Relativamente à responsabilidade do gestor de negócios pode ver-se entre nós a obra de Luís Menezes Leitão, *A responsabilidade...*, *per totum* e pp. 159 e ss., 311 e ss., 357 e ss.. Para mais detalhes acerca da questão da responsabilidade do falso representante pode ver-se, na nossa literatura, Paulo Mota Pinto, *Aparência de poderes de representação...*, in *Boletim...*, Vol. LXIX, p. 593, nota (10). Cfr., ainda, a literatura citada *infra, passim*.

[861] Excepto se se pretendesse admitir a categoria de relação absoluta ou a ideia de obrigação passiva universal. Não pensamos que fosse todavia, esse, o caminho intencionado por Helena Brito, *A representação...*, in *Revista...*, 9/10, pp. 61 e ss., maxime pp. 67 a 69, a qual fala expressamente em projecção na relação representante/outra parte, das obrigações surgidas na relação representado/representante e afirma que «*Se a falta de poderes resulta de o representante não ter, por nunca ter tido, legitimação representativa, ou de a legitimação que possui não ser suficiente para abranger o negócio celebrado:*

    Neste caso, não pode propriamente falar-se de projecção da relação representante-outra parte na relação representado-outra parte, porque esta última, em rigor não chegou a existir: o representante actuou com total falta de poderes de representação e o negócio celebrado pelo representante é mesmo, para o representado, «res inter alios acta» (...)». Ou seja, Helena Brito parece, defender não existir, em caso de falta de poderes de representação, por não terem eles sido nunca concedidos, um qualquer tipo de relação entre o representado e o falso representante. Nem sequer uma relação absoluta ou uma obrigação passiva universal. Em qualquer caso, sempre se dirá como a nosso ver a noção de relação jurídica

Mas a tese de Helena BRITO complica-se, a nosso ver, ainda mais, quando, depois de procurar explicar a oponibilidade, ao *tertius*, da cessação da procuração através da ideia de eficácia externa das obrigações, tenta justificar a possível vinculação do *dominus* – prescrita em certas conjunturas por lei – à actuação de um representante cujos poderes terminaram em função da projecção, na relação representado/ /contraparte, das obrigações assumidas pelo *falsus procurator* perante a contraparte. Ou seja: no dizer de HELENA BRITO, a oponibilidade, ao terceiro, da extinção da *procuratio* seria o resultado da eficácia externa das obrigações surgidas entre o representante e o terceiro. Em contrapartida, em situações nas quais essa oponibilidade se não verifica, e, destarte o *dominus* fica vinculado, não obstante a falta de poderes de representação do procurador, o motivo estaria no efeito reflexo da obrigação resultante da relação representante/contraparte. São, com o devido respeito, obrigações a mais. Parece, também, e sempre com a vénia devida, eficácia externa ou reflexa em demasia. Se, de facto, com a extinção da procuração surgisse, a cargo do representante, uma obrigação de não actuar mais em nome do representado, bastaria, para justificar a possível inoponibilidade da cessação decretada em certos eventos pelo legislador, reconhecer não se assistir sempre à eficácia externa de tal obrigação[862, 863]. Com isso, a defesa – como forma de

---

absoluta se mostra inadmissível, conforme demonstrado entre nós por Oliveira Ascensão, *As relações jurídicas reais*, Lisboa, 1962, pp. 23 e ss.; Id., *Teoria...*, IV, pp. 12 e ss.. Cfr., também quanto escreve a propósito da inadmissibilidade de um dever geral de todos os homens respeitarem o direito subjectivo de determinada pessoa, Gomes da Silva, *O dever...*, I, pp. 87 e 88. Em sentido, contrário, e portanto favorável à ideia de relações absolutas, pode ver-se, por todos, Carvalho Fernandes, *Teoria...*, I, pp. 107 e ss.. Acrescente-se, ainda, a circunstância de, numa opção correcta, Helena Brito, *A representação...*, in *Revista...*, 9/10, pp. 17 e ss., não seguir a tese propugnada na nossa doutrina, nomeadamente, por Manuel de Andrade (cfr., *supra*, Parte I, Cap. I), segundo a qual para haver representação bastaria a actuação em nome de outrem sem necessidade de existência de um efectivo poder de representação. Esta orientação parece conceber em cada pessoa um poder genérico de intervir em negócios alheios como representante. A representação pressuporia apenas esse mesmo poder, sendo um simples problema de regime a análise da respectiva fonte. Trata-se, po-rém, e conforme sublinhado por Oliveira Ascensão, *Direito civil...*, II, p. 223, de uma visão deformadora da realidade, nomeadamente dos princípios da legitimidade. Ora isso basta para ser repudiada. O representante tem como todos um poder de celebrar negócios jurídicos, mas, a ele deve acrescer um poder concreto de interferir na esfera jurídica alheia.

[862] O que de resto Helena Brito, *A representação...*, in *Revista...*, 9/10, pp. 67 e 68, acaba por fazer.

[863] Quanto se refere no texto não envolve nenhuma concessão à ideia segundo a qual a oponibilidade, aos terceiros, da extinção do poder de representação se deve a um efeito reflexo de uma eventual obrigação de *non facere* a cargo do ex-representante. Apenas se pretende sublinhar como se, porventura, semelhante eficácia externa existisse se tornaria desnecessária a restante expli-cação fornecida por Helena Brito para justificar os casos nos quais, não obstante a extinção do poder de representação, o representado fica vinculado pela actuação do representante sem poderes.

explicar certas situações nas quais o *dominus* pode ficar vinculado não obstante a falta de poderes representativos do procurador – de uma eficácia externa das obrigações assumidas entre o falso representante e terceiro, tornava-se desnecessária e supérflua, logo inconveniente. Tanto mais quanto é certa a circunstância de, em rigor, e quando tomadas em si mesmas, essas obrigações, assumidas pelo *falsus procurator*, serem ineficazes[864], e nem sequer produzirem, enquanto tal, efeitos entre o constituído e o *tertius*. Ora, não se vê como uma obrigação, *per se*, ineficaz e, ainda por cima, insusceptível de gerar directamente vínculos jurídicos de natureza creditícia entre o procurador e o terceiro, se mostra capaz de se projectar reflexamente sobre pessoas a ela estranhas. Concordando-se, ou não, com a possibilidade de as obrigações possuírem eficácia externa, pressuposto desta é, sem dúvida, a existência de uma obrigação válida, eficaz e em pleno vigor, entre dois sujeitos, a qual é, depois, ou oposta e feita valer contra quem, apesar de a ela estranho[865], a pretenda violar, ou invocar, para dela retirar certas vantagens reflexas.

As observações até agora proferidas, acerca da forma como HELENA BRITO encara a representação sem poderes, permitem-nos enfrentar, igualmente, a tese da autora acerca do abuso de representação. Também a este propósito, sublinhe-se de novo, a autora defende reflectirem-se as obrigações abusivamente assumidas pelo representante perante o *tertius* na relação representado/outra parte[866]. Não se

---

[864] Esta afirmação não é prejudicada pela circunstância de nas hipóteses em apreço, nas quais a extinção do poder de representação não é oponível ao *tertius*, o *dominus* ficar vinculado pelo comportamento do representante. Do que se trata é de uma responsabilidade pela confiança depositada na aparência não de uma manifestação de vigor de uma obrigação a qual, por si só, nada pode, e destarte, se não vê como gozaria de eficácia externa. Apenas a boa fé do terceiro conduz à vinculação do representado a um comportamento de outro modo insusceptível de produzir efeitos, porquanto desprovido de eficácia. Mas mesmo quando assim não fosse, como pretendem alguns dos defensores da ideia de abstracção da procuração, e a obrigação assumida pelo representante não se mostrasse ineficaz naqueles casos nos quais o legislador considera o representado vinculado ao comportamento do falso procurador, nem por isso se tornaria, a nosso ver, necessário recorrer à ideia de eficácia externa ou reflexa do negócio representativo. Aquilo a quanto se assistiria seria, isso sim, a uma eficácia directa da obrigação entre os seus sujeitos. Isto, pelo facto de, na visão de importante sector da doutrina favorável à visão labandiana do fenómeno representativo, os poderes de representação se manterem até ser dada publicidade às condições das quais a lei faz depender a possibilidade de se invocar perante terceiros os factos que – se divulgados – determinariam a extinção da legitimação representativa.

[865] Também a eficácia do fenómeno representativo, naqueles casos nos quais o representante age dentro dos poderes conferidos, não pode ser concebida como uma hipótese de eficácia externa de obrigações, pois, nessas hipóteses, o representado não é estranho às obrigações assumidas pelo representante.

[866] Com o limite por nós há pouco assinalado.

compreende[867], todavia, repise-se, com a devida vénia, como podem essas obrigações assumir um efeito reflexo ou gozar de eficácia externa se, entre o representante e o terceiro elas não produzem efeitos[868] e relativamente ao representado são, em si mesmas, ineficazes[869]. Também aqui, de quanto se trata, nos casos de inoponibilidade do abuso de representação, não é da projecção reflexa de uma obrigação assumida por quem não é dela parte, mas sim de um mecanismo destinado a proteger a aparência do poder de representação[870]. Mais.

Conforme se assinalou já[871], de acordo com HELENA BRITO, se a falta de poderes de representação resulta de o representante não possuir, por nunca ter tido, legitimação representativa ou de esta não ser suficiente para abranger o negócio celebrado, nesse caso, não pode verdadeiramente falar-se de projecção na relação representado/outra parte da relação representante/*tertius* porquanto a primeira em rigor não chegou a existir[872]. Ora, o abuso de representação parece-nos claramente uma hipótese na qual o representante não possui, manifestamente, a legitimação representativa para abranger o negócio celebrado. Nestes termos, não se deveria falar em qualquer relação dono do negócio/*tertius*. Excepto, naturalmente, se se sustentar ser a legiti-

---

[867] Isto, mesmo independentemente da própria crítica a fazer à ideia de limites formais do poder de representação ou de poderes formais de representação. A este respeito v. quanto se escreve *infra* no presente parágrafo.

[868] Na verdade, em virtude de ter actuado com *contemplatio domini*, o representante é estranho aos efeitos do negócio representativo.

[869] E quando o não fosse, acentue-se de novo, então também não valeriam contra o dono do negócio de forma reflexa mas sim directa e imediata.

[870] Alguns autores encontram no artigo 269.º um mecanismo de tutela da confiança do terceiro. Assim, pode ver-se, entre outros, Cunha de Sá, *Abuso...*, pp. 231 e ss.; e Rui Pinto, *A falta...*, p. 100. Na literatura jurídica italiana cfr., na mesma direcção, Bonelli, *Studi...*, pp. 69 e ss., maxime, p. 82, relativamente ao artigo 1394.º do *Codice Civile*, preceito no qual a doutrina italiana tem fundado o regime do abuso de representação. De novo entre nós, Menezes Cordeiro, *Manual...*, I, p. 479 considera não se poder retirar do artigo 269.º do Código Civil qualquer hipótese autónoma de tutela da confiança. O preceito apenas faria correr pelo representado o risco de os termos da procuração transcenderem a função para que ela foi concedida. Com o devido respeito, julgamos não ter razão. A consideração segundo a qual o artigo 269.º disciplina a imputação do risco em caso de desmando do representante em nada obsta, a nosso ver, à recondução da norma a uma hipótese de tutela na confiança ou na aparência de certos poderes de representação. Não só é preciso saber qual a razão da distribuição do risco operada pelo artigo 269.º – e essa parece-nos estar necessariamente na tutela da confiança do terceiro – como se deve, ainda, ter presente a circunstância de a ideia de risco ser, precisamente, um dos critérios – em nossa opinião o mais eficaz – de imputação da responsabilidade pela confiança (a respeito deste último problema da forma de imputação do dever de responder em função da confiança gerada v. *infra* Cap. IV).

[871] V. o escrito *supra* no presente parágrafo.

[872] Helena Brito, *A representação...*, in *Revista...*, 9/10, pp. 68 e 69.

mação, da qual fala HELENA BRITO, não material mas sim meramente formal. Nesse caso, e se o conceito tivesse alguma viabilidade[873], quanto se refere sem alguma concessão e apenas por comodidade de raciocínio, poderia de facto falar-se de uma relação representado/terceiro. Contudo, do mesmo passo, o recurso à eficácia externa das obrigações assumidas pelo representante, como forma de justificar a vinculação do *dominus*, não obstante o abuso de representação, tornar-se-ia despicienda. Na verdade, seria a legitimação formal de cariz labandiano a explicar a circunstância de o representado ficar vinculado, não qualquer tipo de eficácia externa de uma obrigação desprovida de um dos seus sujeitos.

A tudo isto, soma-se, ainda, e a nosso ver, a enorme dificuldade em se entender o pretendido por HELENA BRITO, quando sustenta consistir num abuso de representação o desrespeito, por parte do *procurator*, das modificações introduzidas na procuração. Se quanto a autora faz é incluir na noção de abuso de representação as instruções dadas *a latere* da *procuratio* e, de acordo com uma classificação por ela própria levada a cabo, destinadas a valer no âmbito das relações internas representado/representante, a primeira observação que compete fazer-lhe prender-se-á, desde logo, com a circunstância de, segundo HELENA BRITO, tais directrizes não assumirem relevância externa perante o *tertius*[874]. Destarte assiste-se, então, a nosso ver, e com o devido respeito, a mais uma contradição na tese de HELENA BRITO[875, 876]. Se diversamente a autora pretende abranger no conceito de abuso de representação aquelas hipóteses nas quais, em seu entender, se verifica uma declaração *a latere* da procuração destinada a valer

---

[873] Para uma referência aos pressupostos filosóficos, metodológicos e jurídicos que se encontram na base da formulação por Laband da ideia de legitimação formal, à crítica dos mesmos pode ver-se *supra*, Parte I, Cap. IV, parágrafo 3. Cfr., também, *supra*, Parte II, Cap. V, quanto se refere a propósito da construção de Hupka.

[874] V., Helena Brito, *A representação...*, in *Revista...*, 9/10, pp. 46 e ss.. V. ainda e para mais detalhes quanto se escreve *infra* no próximo parágrafo a propósito deste tipo de instruções e, particularmente, da tese defendida por Helena Brito acerca da distinção das declarações à margem da procuração em directrizes com eficácia simplesmente interna e imposições com carácter externo.

[875] A referência a este tipo de instruções internas, e sua contraposição às declarações à margem da procuração e destinadas a valerem como limites aos poderes representativos, não equivale a qualquer reconhecimento da respectiva viabilidade. Está-se apenas a mencionar uma distinção perfilhada pela autora.

[876] Eventual contradição esta não apenas patente no facto de Helena Brito defender expressamente a irrelevância das chamadas instruções meramente internas numa asserção depois contrariada na visão por ela propugnada para o abuso de direito, mas também, porquanto se assistiria a mais uma quebra do princípio da abstracção da procuração afirmado pela autora.

externamente[877], então, é a suposta contraposição ou autonomia entre a falta de poderes de representação ou representação sem poderes, de um lado, e o abuso de representação, do outro, a desaparecer[878, 879, 880, 881].

---

[877] V. *infra* o próximo parágrafo.

[878] Voltaremos a abordar adiante, e de forma mais desenvolvida, quer os possíveis sentidos a atribuir, na construção de Helena Brito, a este particular aspecto do confronto entre o abuso de direito e outras formas de falta de poderes quer as consequências que cada uma das possíveis vias de interpretação da tese da autora pode acarretar.

[879] É certa a circunstância de Helena Brito não parecer apegar-se muito a essa autonomia entre as duas noções. Em primeiro lugar porquanto a autora inclui o abuso de representação na noção mais vasta da representação sem poderes na qual se incluiria também, como uma subespécie, a falta de poderes de representação (v., Helena Brito, *A representação...*, pp. 153 e ss.). Em segundo lugar, devido à circunstância de Helena Brito procurar reconduzir quer a representação sem poderes, do representante que viu cessar quantos lhe haviam concedido, quer o abuso de representação a uma mesma manifestação de efeito externo da relação representante/*tertius* sobre aquela outra representado/terceiro (embora, e em qualquer caso, sempre fique de fora deste fenómeno de eficácia externa a falta absoluta e originária de legitimação representativa). Em terceiro, porquanto a autora acaba por escrever: «*Tem-se discutido a distinção entre abuso e excesso de poder: no primeiro caso, existe um desvio do poder dos seus fins substâncias, um exercício da representação em desconformidade com o poder sobretudo em sentido qualitativo; no segundo caso verifica-se que o representante ultrapassa o poder, actua fora dos limites do poder, sobretudo em sentido quantitativo*» (cfr., Helena Brito, *A representação...*, in *Revista...*, 9/10, p. 38). Ou seja, e se bem interpretamos este trecho, haveria de facto uma zona de fronteira entre o abuso de representação, de um lado, e o excesso de poderes, do outro, mas nada de muito nítido ou rigoroso. Em qualquer caso, a autonomia dogmática do abuso de representação, frente à ausência, parcial ou total, de poderes de representação, não deixa de se encontrar pressuposta nas definições apresentadas pela autora para cada uma destas eventuais figuras, e, até, de ser, de algum modo, expressamente afirmada (v., *A representação...*, p. 189, nota (189)).

[880] E desaparece este confronto ou autonomia entre abuso de representação e excesso de poderes porquanto, conforme refere Menezes Cordeiro, *Da pós-eficácia...*, in *Estudos...*, I, p. 156, e é também reconhecido por Helena Brito ao tratar as hipóteses de vinculação do *dominus* previstas no artigo 266, n.º 1, do Código Civil como o resultado de situações nas quais os eventos que provocam a cessação da procuração não são oponíveis a terceiros não se pode duvidar da eficácia extintiva dos factos seriados nos n.ᵒˢ 1 e 2 do artigo 265.º do Código Civil. Ora, uma modificação da procuração, quando em sentido restritivo, é uma revogação da mesma, mesmo se manifestada *a latere* da *procuratio*. Destarte, aqueles casos que Helena Brito considera serem um abuso de representação devido ao facto de o representante não ter respeitado as modificações introduzidas pelo representado na procuração são também, e na verdade, casos de excesso de poderes.

[881] Com esta atenuação entre a ideia de excesso de poder e de abuso de representação (por ter sido desrespeitada uma modificação introduzida na procuração) surge, ainda, uma outra dificuldade na tese de Helena Brito. É que, segundo ela, e conforme se viu já, assistindo-se a uma extinção do poder de representação verificar-se-ia uma eficácia externa ou reflexa, no âmbito das relações representante/*tertius*, de uma eventual obrigação de *non facere* do procurador perante o *dominus*. Ora tratando-se de abuso de representação aquilo a que se assistiria, segundo a autora, seria a uma eficácia externa na relação representado/terceiro daquela outra relação assumida pelo representante perante a contraparte. E se em certas circunstâncias Helena Brito admite um jogo ou penetração mútua entre a eficácia externa de diversos tipos de relações ou obrigações, em lugar nenhum refere a existência de uma obrigação de *non facere* a cargo do representante o qual celebra um negócio representativo contra as instruções transmitidas pelo *dominus*. Seria, porém,

Aliás, e se bem virmos, apesar de em vários locais a autora procurar demarcar a noção de falta de poderes relativamente ao abuso de representação[882], a verdade é que os exemplos por ela proporcionados não conseguem documentar a real diversidade proposta entre ambos os conceitos. De facto, os casos ilustrativos de situações de abuso de representação apontados por HELENA BRITO apenas colocam, a nosso ver, simples questões de interpretação e de determinação da existência das faculdades representativas invocadas pelo falso representante[883].

aqui, mais do que a propósito de qualquer outra situação, a dever falar-se em eficácia externa das obrigações existentes entre o representante e o representado.

[882] V., Helena Brito, *A representação...*, in *Revista...*, 9/10, p. 37 (onde se considera haver (...) *«falta de poderes quando alguém leva a cabo uma actividade que externamente surge como representativa, sem que para tal, lhe tenha sido atribuído o necessário poder de representação. (...) Esta situação pode ocorrer: (...) – porque o representante não tem, nem nunca teve, qualquer legitimidade representativa; (...) – porque o representante teve já a necessária legitimação representativa, mas exerce a sua actividade depois de ela ter cessado. (...) Engloba-se ainda nesta designação o caso em que o representante, estando legitimado para agir em nome do representante, pratica um acto que excede os limites do poder. (...) O abuso de poderes de representação pressupõe a existência formal de poder e a actuação do representante dentro dos limites formais da procuração. Implica, contudo, uma utilização do poder para uma finalidade distinta da prosseguida pelo representado e em função de interesses distintos dos dele»*, p. 45; Id., *A representação...*, pp. 119, 186 e ss., 193 e ss. (local no qual se concebe, em termos gerais, o abuso de representação como actuação do representante dentro dos limites formais da procuração, mas de modo susbstancialmente contrário aos fins da representação).

[883] São as seguintes as hipóteses apontadas por Helena Brito, *A representação...*, in *Revista...*, 9/10, p. 37, para ilustrar situações de abuso de representação: *«A incumbe B de lhe comprar uma casa para sua habitação e este, munido de uma procuração com poderes genéricos para comprar, adquire um prédio que não serve para aquele fim; ou C, deficiente, que se movimenta num carro de rodas, encarrega D, de lhe comprar uma casa para habitação e este, com uma procuração idêntica, compra um quinto andar, num prédio sem elevador.»* Cfr., também, *A representação...*, pp. 187 e ss., onde para além dos exemplos já apontados surgem também os seguintes: *«o representado atribui poderes ao representante para vender "pelos preços e condições que tiver convenientes" um imóvel avaliado em determinado valor e o representante vende em nome do representado o mesmo imóvel por um preço consideravelmente inferior ao da avaliação (...) o representado atribui poderes ao representante para a venda de um bem, mais tarde altera a procuração, comunicando ao representado que afinal apenas pretende dá-lo em locação.»* É óbvio como em qualquer destas duas hipóteses de quanto se trata é, pura e simplesmente, de uma situação de falta de poderes de representação para a realização de um negócio representativo. Devidamente interpretada a procuração, nos termos do artigo 236.º do Código Civil, a contraparte podia imediatamente concluir que uma *procuratio* passada para a compra de uma casa de habitação, apesar de genérica, não permite a aquisição de um imóvel o qual não serve para aquele fim, por não ser essa a vontade do representado. Da mesma forma, um terceiro de boa fé deveria imediatamente concluir, em sede de interpretação do negócio de outorga dos poderes, e por força do disposto no artigo 236.º do Código Civil, que um inválido, apesar de ter passado uma procuração genérica para a compra, em seu nome, de uma casa, não terá querido abranger no âmbito de *procuratio* e dos poderes por ela concedidos a possibilidade de aquisição de um apartamento situado num quinto andar sem elevador. E o mesmo se passa com a hipótese da procuração passada para vender um imóvel pelas condições tidas por convenientes e que, depois, é vendido por valor muito inferior ao real. Trata-se, aliás, de uma situação-tipo objecto de decisões por parte dos nossos tribunais. Cfr., *Acórdão da Relação de Coimbra, 24-6-97* (Pires da Rosa), in *Colectânea de Jurisprudência*, 1997,

A própria noção de abuso de representação e de poder representativo, apresentados pela autora, acabam, a nosso ver, por confirmar como afinal a problemática do abuso de representação se limita a esconder uma questão de hermenêutica e de determinação do sentido da procuração e da vontade negocial. Na verdade, segundo HELENA BRITO, o poder de representação corresponderia a um poder funcional de exercício vinculado[884]. Funcional porquanto colocado ao serviço não do seu titular mas dos fins e interesses do representado[885]. Vinculado, na medida em que tem de se manter dentro dos limites fixados pelo *dominus negotii*[886]. Por sua vez, assistir-se-ia a um abuso de

---

XXII, 3, pp. 39 e ss. (desequilíbrio das prestações – abuso de representação); e *Acórdão do Supremo Tribunal de Justiça, 16-11-1988* (Pedro Lima Cluny), in *Boletim do Ministério da Justiça*, 1988, 381, pp. 640 e ss. (desequilíbrio de prestações – abuso de representação). Em ambos os casos foi considerado estar-se diante de uma situação de abuso de representação. A justificação utilizada nos dois arestos permite, todavia, concluir como, na verdade, se tratou de uma simples questão interpretativa (cfr. as considerações e desenvolvimentos tecidos a este respeito *infra* no presente parágrafo). Aliás, a própria Helena Brito, *A representação...*, pp. 154 e 155, nota (197), parece ter-se disso apercebido, quanto à *Sentença do Supremo Tribunal de Justiça de 16-11-1988* (a única das duas por ele citada. A outra coincide com a data da conclusão da dissertação de doutoramento da autora), ao escrever a propósito do exemplo agora em análise: «*Cfr. ac. STJ, 16.11. 1988, BMJ, 381 (1988), p. 640 e ss., confirmando o entendimento da Relação de Coimbra de que a expressão "pelos preços e condições que tiver por convenientes" deveria ser interpretada no sentido de "preços equilibrados e justos" e que a venda efectuada pelo representante foi no caso uma venda ao desbarato.*» Por detrás destas palavras está, na verdade, o reconhecimento de que, aqui, em causa se encontra um simples problema de interpretação e afinal o negócio representativo se não mostra coberto pelo poder de representação. Relativamente à hipótese na qual o constituinte atribui poderes para a venda de um imóvel e, depois, altera a procuração por forma a apenas permitir a locação, então, aí, não pode mesmo haver dúvidas nenhumas acerca do facto de em causa se achar um mero problema de fixação do sentido e extensão dos poderes de representação.

[884] Helena Brito, *A representação...*, in *Revista...*, 9/10, p. 28.

[885] *Idem*. A ideia segundo a qual o poder de representação corresponderia a um poder funcional tem tido significativo número de adeptos. Entre nós pode ver-se nesse sentido, por exemplo, Dias Marques, *Teoria...*, I, p. 316; Galvão Telles, *Manual...*, p. 302; Castro Mendes, *Teoria...*, II, p. 276, nota (276); na doutrina italiana v., por todos, Natoli, *La rappresentanza...*, p. 42; Id., *Rappresentanza...*, in *Enciclopedia...*, XXXVIII, pp. 469 e ss.; Lina Geri, *Abuso...*, in *Rappresentanza...*, pp. 157 e 158.

[886] Helena Brito, *A representação...*, in *Revista...*, 9/10, p. 28. Também Helena Mota, *Do abuso de representação...*, *passim*, p. 140, considera a actividade representativa, em si mesma, fonte de uma obrigação de comportamento a cargo do procurador, distinta das obrigações emergentes da relação gestória e de conteúdo, qualquer que seja a natureza de tais relações. Ou seja, igualmente para Helena Mota, a competência representativa parece corresponder a um poder abstracto mas vinculado. Existisse realmente a possibilidade de retirar da simples situação analítica de poder a existência de uma vinculação, então caberia perguntar, onde estava o tal poder formal de representação ao qual a autora tanto se apega. Ainda assim v. na literatura jurídica italiana, na defesa de um poder de representação simultaneamente abstracto e vinculado, por exemplo, Enrico Perego, *Spunti sul conflitto di interesse...*, in *Revista...*, XXXII, 1978, pp. 1434 e ss., e pp. 1445 e s.. V., também Mosco, *La rappresentanza...*, pp. 132 e ss..

representação quando se desse um caso de existência formal do poder e a actuação do representante se situasse dentro dos limites formais da procuração, mas se encontrasse ao serviço de uma finalidade distinta da prosseguida pelo representado e em função de interesses ou fins distintos dos dele[887]. Noutros termos, segundo Helena Brito, no abuso de representação o *procurator* exerceria um poder formal de representação, com respeito dos respectivos limites formais, mas com violação dos interesses e fins pressupostos na sua concessão. Pela nossa parte começamos logo, e com a devida vénia, por não compreender o que seja um poder formal[888]. Quando LABAND procurou introduzir a noção de legitimidade formal[889], fê-lo motivado pela preocupação de expurgar a noção de qualquer referência aos fins e aos interesses a ela subjacentes. Acontece, todavia, que a ideia de poderes – enquanto simples situação analítica – consiste precisamente na disponibilidade de meios para a obtenção de um ou mais fins[890]. Esses fins serão, fatalmente, na representação, os do representado. Fica pois posta em crise, desde logo, a noção labandiana do fenómeno representativo com a simples introdução da ideia de poder. Sempre se poderia, é certo, tentar afirmar traduzirem-se, neste caso, os fins, associados ao poder, na simples imputação directa, e independentemente dos interesses ou necessidades reais e concretas do representado[891], de certos efeitos na

---

[887] *Idem*, pp. 37 e 45. Dentro desta noção ampla de abuso de representação caberia, também, conforme sublinhámos já, e no dizer de Helena Brito, a actuação do representante que, abrangida no âmbito do poder inicialmente conferido, não respeite as alterações posteriores feitas pelo representado.

[888] V., a este respeito, quanto se escreve ainda *infra*. Refira-se, desde já, as considerações fundamentais tecidas por Gomes da Silva, *O dever...*, I, pp. 45 e 57 e 58, o qual numa definição que, no essencial, é aceite pela generalidade dos civilistas da Faculdade de Direito de Lisboa, considera consistir o poder na «*disponibilidade, para certa pessoa, de meios que a lei declara legítimos para alcançar determinado fim, ou a que atribui eficácia para tal, quando esse fim é um efeito da ordem jurídica*» para acrescentar (...) «*a noção de poder anda necessariamente ligada, como se verifica pela noção que demos à ideia de fim, e nela encontra, por isso simultaneamente a sua razão de ser e o seu limite; o poder é concedido para um fim e não pode ser desviado dele (...). Acrescentemos, ainda, que a ideia de poder não é de forma nenhuma incompatível com a obrigatoriedade dos fins para que se destinam os poderes.*» Parece, pois, que a noção de poder formal ou de poder abstracto é uma contradição nos termos pois ele nada diz quanto aos respectivos fins.

[889] Cfr., *supra*, Parte I, Cap. IV, parágrafo 3. V., também, *infra* em nota quanto escreve Helena Brito acerca da insusceptibilidade de se retirar, por inerência, do poder de representação qualquer tipo de vinculação.

[890] Cfr., Gomes da Silva, *O dever...*, I, pp. 40 e ss., e 45; Menezes Cordeiro, *Teoria...*, I, pp. 252 e ss.; Id., *Tratado...*, I, I, pp. 133 e ss.; Id., *Idem*, 2.ª ed., pp. 177 e 178; Oliveira Ascensão, *Teoria...*, IV, pp. 77 e ss..

[891] Acerca do conceito de necessidade e sua proximidade à noção de fim v., por todos, Pedro de Albuquerque, *O direito de preferência dos sócios em aumentos de capital nas sociedades anónimas*

esfera do *dominus negotii*. A abstracção e espírito de formalismo seriam enormes, mas a coerência interna da construção ficava salva. Tratando-se, porém, de um poder funcional e vinculado a incompatibilidade com a ideia labandiana da legitimidade representativa e com a mensagem veiculada pelo apelo à noção de poder formal ou de limites formais desse poder torna-se, a nosso ver, incontornável e insuperável. Na verdade, o próprio conceito de poder funcional integra no seu âmbito a existência de uma obrigação ou dever[892]. Destarte, no caso da representação, quer os fins e interesses do representado quer ainda os limites fixados pelo *dominus negotii* fariam parte do próprio poder funcional de representação. Uma actuação na qual o procurador ultrapassasse os primeiros seria assim, também, um comportamento em violação do segundo. O abuso de representação corresponderia, então, pura e simplesmente, a um caso de excesso ou falta de poderes por parte do representante. A intervenção da relação causal sobre a procuração ou negócio gestório tornar-se-ia, pois, realidade incontestável[893].

XXVIII – Seja em razão das dificuldades encontradas pelas tentativas de proceder à qualificação dogmática do abuso de representação no contexto de uma *figura iuris* de contornos mais amplos, seja devido ao facto de não considerar isso necessário, parte importante da doutrina portuguesa renuncia a um trabalho de construção ou enquadramento técnico rigoroso da figura do abuso de representação[894, 895].

---

e por quotas – Comentário ao Código das Sociedades Comerciais, por Raúl Ventura, Lisboa, 1993, pp. 310 e ss..

[892] Assim, cfr., por exemplo, Menezes Cordeiro, *Teoria...*, I, p. 263; Id., *Tratado...*, I, I, pp. 137 e 138; Id., *Idem*, 2.ª ed., p. 181, o qual define os poderes funcionais, (...) «*como obrigações específicas de aproveitamento de um bem.* (...) *Vê-se como têm natureza híbrida: há aproveitamento de um bem, no que surge como uma vantagem; esse aproveitamento não é, porém, permitido: o titular deve agir – e muitas vezes, dentro de certos limites*»; Oliveira Ascensão, *Teoria...*, IV, pp. 76 e 77; Rui Pinto, *A falta...*, p. 16; Natoli, *La rappresentanza...*, p. 42. No sentido da incompatibilidade entre a ideia de um poder de representação vinculado e a ideia de autonomia da procuração pode ver-se designadamente Papanti-Pelletier, *Rappresentanza...*, p. 94.

[893] Não deixa de ser sintomático nem é por acaso que, por exemplo, críticos da visão labandiana acerca do fenómeno representativo como Natoli ou Lina Geri aproximam, na verdade, a noção de poder de representação daquela outra de poder-dever. Cfr. *supra*, o presente parágrafo em nota e *infra* Parte II, Cap. V, parágrafo 2. Também não é por acaso afirmar a própria Helena Brito, *A representação...*, p. 105 (defensora da ideia de autonomia ou abstracção da procuração), que «(...) *ao poder de representação não é inerente qualquer vinculação do representante*». Donde a vinculação por ela afirmada noutro local, só poder resultar da própria relação jurídica interna.

[894] Vaz Serra, *Contrato consigo...*, in *Revista...*, 100, pp. 178 e 179; Rui de Alarcão, *A confirmação...*, I, pp. 118 e ss.; Carlos Mota Pinto, *Teoria...*, p. 545; Ana Prata, *Cláusulas de exclusão e de limitação da responsabilidade contratual*, Coimbra, 1985, p. 745; Paulo Mota Pinto, *Aparência de poderes*

O esforço encetado centra-se, então, no sublinhar da contraposição entre o abuso de representação, de um lado, e excesso de poderes, do outro, enquanto, ao mesmo tempo, se procura apresentar uma noção descritiva do primeiro conceito, em moldes muito próximos aos inicialmente avançados por RUI DE ALARCÃO[896]. Assim, e com algumas variações, considera-se simplesmente, e sem qualquer outro tipo de referências ou tentativa de qualificação, existir abuso de representação quando o representante age, formalmente, no âmbito dos poderes que lhe foram conferidos; mas os utiliza para um fim não ajustado àquele em função do qual eles se constituíram[897, 898, 899]. Quanto seja,

---

de representação..., in *Boletim...*, Vol. LXIX, pp. 599 e nota (19) e 607, nota (34); Id., *Declaração...*, p. 668, nota (540); Carvalho Fernandes, *Teoria...*, II, pp. 216 e ss.; Id., *A conversão...*, pp. 865 e 866; Oliveira Ascensão, *Direito civil...*, II, pp. 256 e ss., e 260 e ss. (cfr., no entanto Oliveira Ascensão, *Teoria...*, III, p. 325); João Espírito Santo, *Sociedades...*, pp. 448 e 449. V., também, Raúl Guichard Alves, *Notas...*, in *Revista...*, pp. 33 e ss., autor que, conforme notámos já, parece oscilar entre a qualificação do abuso de representação como uma hipótese de abuso de direito (segundo ele existiria uma analogia a ligar as duas figuras), de um lado, e a respectiva qualificação como um simples caso de interpretação das declarações negociais (pois o reconhecimento do abuso de representação pela contraparte aproximar-se-ia a essa mesma interpretação) mas sem nunca assumir plenamente qualquer destas duas hipóteses de enquadramento dogmático do abuso de representação. A oscilação entre estas possíveis vias de qualificação do abuso de representação reduzir-se-á, todavia, a uma unidade e, destarte, a uma construção harmónica, se Guichard Alves se incluir entre os autores favoráveis à tese segundo a qual o problema do abuso de direito se deve, afinal, reconduzir a um simples problema de interpretação. O autor não fornece, porém, elementos suficientes a respeito do entendimento por ele propugnado para o abuso de direito. O que fica, sim, é a referência final (*op. cit.*, p. 46) no sentido segundo o qual, apesar da analogia entre abuso de representação e abuso de direito, Guichard Alves não pretende serem as duas figuras assimiláveis uma à outra.

[895] É também esta a posição maioritariamente assumida pela nossa jurisprudência.

[896] Cfr. *supra* quanto se escreve, no presente parágrafo, acerca da posição deste autor.

[897] Expressamente pode ver-se, Carvalho Fernandes, *Teoria...*, II, p. 218 (curiosamente, o autor considera, numa posição acertada que o abuso de representação conduz a uma situação de excesso de representação a integrar num conceito amplo de representação sem poderes). Já de acordo com Vaz Serra, *Contrato consigo...*, in *Revista...*, 100, p. 178, haveria abuso de representação se o poder não for excedido mas utilizado conscientemente num sentido contrário ao seu fim ou às instruções do constituinte, e a outra parte conhecia ou teria de conhecer o abuso; Rui de Alarcão, *A confirmação...*, I, p. 118, mantém a definição por ele anteriormente proposta, e considera designar-se abuso de representação a hipótese de exercício da actividade representativa dentro dos limites formais dos poderes conferidos, mas de modo substancialmente contrário aos fins da representação; Paulo Mota Pinto, *Aparência de poderes de representação...*, in *Boletim...*, Vol. LXIX, p. 599, e nota (19), para quem no abuso de representação o representante age com poderes (dentro do seu *Können*) apenas actuando materialmente contra os fins da representação (fora dos limites do que lhe é, pois, lícito, para lá seu *Dürfen*); e Oliveira Ascensão, *Direito civil...*, II, pp. 260 e 261, o qual considera que no abuso de representação há poderes. O agente apenas exorbita desses mesmos poderes. Esta noção seria depois concretizada através da referência às instruções impostas pelo representado à margem da procuração. São as seguintes as suas palavras: «*Uma coisa são os poderes concedidos, outra as instruções complementares para o exercício daqueles.* (...) *Pode-se passar*

uma procuração com o fito de arrendar a banhistas, sem especificar nesta que se não pode arrendar a outras pessoas, para não cair no regime vinculístico do arrendamento. (...) Ainda se pode estabelecer a distinção entre: – as instruções respeitantes ao modo ou conteúdo do exercício dos poderes (...) – instruções respeitantes ao fim. (...)

Pode o abuso ser funcional. Há observância formal dos termos da procuração, mas é usada para fim que não estava, reconhecidamente, nos planos do representado. (...) E pode haver restrições complementares – não arrende a pessoas com animais, por exemplo. (...) Em qualquer dos casos a ultrapassagem destes limites representa o abuso dos poderes de representação. (...) Esta posição é confirmada pelo artigo 242.º do Código Comercial, que expressamente opõe ao conteúdo da procuração as instruções recebidas, salvo provando-se que os terceiros tinham conhecimento destas ao tempo do contrato.» Teremos oportunidade de nos deter desenvolvidamente *infra* no próximo parágrafo sobre a questão das instruções *a latere* da procuração. Sempre nos parece dever chamar-se a atenção, desde já, para a existência, pelo menos, de um núcleo de declarações *a latere* da procuração as quais se traduzem, conforme reconhecido, com alguma tranquilidade, pela generalidade da doutrina, e é confirmado pelo artigo 266.º do Código Civil, em verdadeiras modificações de quanto vem sendo apontado como «limites formais dos poderes de representação». São as chamadas modificações por contraposição às simples instruções (para uma crítica a esta distinção v. *infra* o próximo parágrafo). Também nos parece de referir, desde agora, e com a devida vénia, como, contrariamente ao sugerido pelo Professor Oliveira Ascensão, o artigo 242.º do Código Comercial não parece permitir quaisquer conclusões quanto ao relacionamento entre as instruções internas ou negócio gestório, de uma banda, e o conteúdo da procuração, da outra. Basta ver como ao tempo da promulgação desse diploma, e mesmo depois da respectiva entrada em vigor, a representação era vista como uma decorrência do mandato. Por outro lado, nada permite, a nosso ver, julgar existir, neste particular, qualquer paralelismo entre o direito mercantil e o direito civil. A diferença de teor entre o artigo 242.º do Código Comercial e o artigo 269.º do Código Civil parece apontar inclusivamente em sentido oposto. O mesmo sucede com a inexistência de um regime de registo no âmbito civil, semelhante ao do direito comercial. É, precisamente, o registo a explicar a especial solução estabelecida pelo artigo 242.º do Código Comercial. Por último v., João Espírito Santo, *Sociedades...*, p. 448, para quem o abuso de representação seria *«uma actuação do representante que se circunscreve aos limites formais dos poderes representativos, mas contrariando a própria teologia da representação, ou seja, a prossecução do interesse do representado (...)».*

[898] Esta definição do abuso de representação como uma ofensa do fim da representação é, aliás, e com variações muito ligeiras, recorrente em praticamente toda a jurisprudência e doutrina portuguesa, mesmo aquela que sem se ficar por uma delimitação do conceito de abuso de representação procura, igualmente, enquadrar dogmaticamente o abuso de representação. Nesse sentido pode, e num apanhado de obras já anteriormente recenseadas, ver-se, por exemplo, Cunha de Sá, *Abuso...*, p. 231; Helena Brito, *A representação...*, in *Revista...*, 9/10, p. 37; Id., *A representação...*, p. 161; Pires de Lima e Antunes Varela, *Código...*, I, comentário ao artigo 269.º, p. 249; Rui Pinto, *Falta...*, p. 60. V., também, Raúl Guichard Alves, *Notas...*, in *Revista...*, p. 33, autor este o qual, conforme se sublinhou já, não se inclui, todavia, entre quantos procuram situar ou qualificar dogmaticamente o abuso de representação numa outra figura jurídica de âmbito mais genérico ou amplo, antes oscilando entre o abuso de representação e a qualificação ou integração do reconhecimento do abuso de poderes no contexto da interpretação negocial.

[899] Convém recordar como de acordo com a doutrina da abstracção da *procuratio* o fim do poder de representação seria absolutamente irrelevante (assim, Hupka, *Die Vollmacht...*, p. 3, nota (1), onde o autor afirma expressamente cobrir o poder representativo toda a actuação em nome de outrem independentemente do fim ou interesse em virtude do qual tem lugar. Cfr., porém, quanto se escreve *infra* acerca da revogação do acto de outorga dos poderes do representante e as citações dos vários locais onde Hupka defende, a nosso ver ao arrepio das suas ideias básicas e dos

porém, actuação, dentro dos limites ou poderes formais de representação é algo que, sublinhe-se de novo, e com a devida vénia, não conseguimos compreender[900]. Ao nível da interpretação da lei a própria doutrina clássica há muito descobrira já que a interpretação das fontes deveria transcendê-las procurando determinar as suas consequências: trata-se do reconhecimento da relevância do elemento teleológico da interpretação[901]. As novas correntes metodológicas não têm senão vindo a sublinhar, e entre vários outros[902], este aspecto, num processo tendente ao transcender de formalismos. É certo que ao nível da interpretação negocial e contratual se tem vindo a acentuar um objectivismo o qual chega a prescindir da vontade concreta do autor da declaração. Independentemente da justeza dessas orientações[903] elas não poderão conduzir nunca à obtenção de simples saídas ou resultados formais[904]. A interpretação do negócio jurídico deve ser

---

postulados dos quais parte, a relevância do fim da representação). Por isso, a simples invocação e ponderação deste envolve já um desvio à ideia labandiana de independência integral da procuração relativamente ao negócio-base.

[900] E o mesmo mesmo vale para a ideia de poder formal ou limites formais ao poder de representação.

[901] A este respeito cfr., por todos, Menezes Cordeiro, *Da boa fé...*, I, p. 514; Id., *Tendências actuais da interpretação...*, in *Revista...*, 9/10, p. 15; Id., *Lei (aplicação da)*, in *Polis, Enciclopédia Verbo da Sociedade e do Estado*, III, cols. 1060 e 1061; Menezes Cordeiro, *Tratado...*, I, I, p. 82; Id., *Idem*, 2.ª ed., pp. 115 e 116. V., também, as várias obras de Castanheira Neves, referidas *supra*, I – Introdução, parágrafo 2, de que se pode destacar a título exemplificativo, *Interpretação...*, in *Polis...*, III, cols. 652 e ss., maxime, cols. 691, 694, 697 e ss., 702.

[902] Entre os quais se contam, por exemplo, a relevância do pré-entendimento, a dimensão constitutiva do caso concreto, o *continuum* da realização do direito e a sua aplicação integrada e sinéptica.

[903] A este respeito cfr. quanto se escreve *supra*, Parte I, Cap. V, *passim* e *infra*. Mas v., por exemplo, quanto escrevia já Danz, *Auslegung...*, p. 274, autor que não deixava de sublinhar como o fim da procuração não pode deixar de ser tomado em consideração na respectiva interpretação.

[904] Até porque se não deve esquecer que a interpretação se integra no todo mais vasto de realização do direito, quando operada em concretização de negócios jurídicos. A autonomização da interpretação negocial relativamente à legal torna-se necessária para efeitos de análise; ela funciona, porém, num conjunto incindível constituído pela própria interpretação-aplicação das normas legais envolvidas pela integração e pela «aplicação» do próprio negócio jurídico. Assim, Menezes Cordeiro, *Tratado...*, I, I, p. 476; Id., *Idem*, 2.ª ed., pp. 544 e 545. Cfr., também, Paulo Mota Pinto, *Declaração...*, p. 197, nota (64). Por isso tal como a interpretação da lei, onde a unidade do processo de realização do direito não pode mais ser posta em causa (v. a bibliografia citada *supra*, I, Introdução, parágrafo 2) e a autonomização de vários elementos interpretativos apenas se explica por necessidades de análise (assim e de entre os dados bibliográficos já mencionados ao longo desta obra, pode ver-se, Castanheira Neves, *Interpretação...*, in *Polis...*, III, cols. 652, 691, 697 e 698, onde se escreve designadamente: «*A I. J. é entendida como um acto unitário em que concorrem integradamente (...) vários elementos – pelo que não há uma interpretação gramatical, uma interpretação histórica, etc...*»; e Menezes Cordeiro, *Lei...*, in *Idem*, cols. 1046 e ss.), também em sede negocial se assiste a um *continuum* na realização do direito posto pelos particulares através da sua actividade negocial e não é possível individualizar um poder formal como categoria a *se stante* à

assumida como uma operação concreta, integrada em diversas coordenadas. Embora virada para declarações particulares, ela deve ter em conta o conjunto do negócio, a ambiência em que ele foi criado e vai ser executado, as regras supletivas por ele afastadas e o regime delas decorrente[905]. A fórmula consagrada pelo artigo 236.º, n.º 1, do Código Civil, com o respectivo apelo para a doutrina da impressão do destinatário mostra-se perfeitamente compatível com a fixação de uma fasquia objectivamente variável na determinação do grau de diligência a observar na indagação do sentido da declaração negocial[906]: em cada circunstância construir-se-á normativamente a figura do destinatário normal. Deste modo, e conforme já anteriormente sublinhado, podem recuperar-se entre nós regras não explícitas na nossa lei, tais como a de uma interpretação de boa fé (consagrada no § 157 do *BGB*[907] ou no artigo 1366.º do *Codice Civile*) ou como a necessidade de se atender à globalidade do contrato, negócio ou esquema no qual ele se insere, à particularização de expressões gerais, e à primazia do fim do acto negocial[908]. A interpretação é, hoje, dominada,

---

qual acresceria, como entidade igualmente autónoma, um fim desse mesmo poder formal ou literal. É a unidade de ambos a oferecer-nos, sem mais, o poder de representação e uma vez ultrapassado este há falta ou excesso de poderes.

[905] Assim, Menezes Cordeiro, *Tratado...*, I, I, p. 479; Id., *Idem*, 2.ª ed., p. 548.

[906] Cfr., Menezes Cordeiro, *Tratado...*, I, I, p. 483; Id., *Idem*, 2.ª ed., pp. 554 e 553; Id., *Parecer (Cisão...)*, p. 25.

[907] Recorde-se uma vez mais como a boa fé referida no § 157 do *BGB* surge no sentido de *Treu und Glauben* e, destarte, de boa fé objectiva.

[908] Assim também, e expressamente, Menezes Cordeiro, *Tratado...*, I, I, p. 488; Id., *Idem*, 2.ª ed., p. 557; Id., *Parecer (Cisão...)*, pp. 33 e 34. Já Manuel de Andrade referia, ao mencionar as circunstâncias atendíveis para a interpretação dos negócios jurídicos, os termos do negócio; os interesses que nele estão em jogo, assim como a consideração de qual seja o seu tratamento mais razoável; a finalidade prosseguida pelo declarante; as negociações prévias; as precedentes relações negociais entre as partes; os hábitos do declarante, etc.. Para ulteriores referências bibliográficas nacionais acerca do processo de interpretação dos negócios jurídicos v. *infra*. Para já limitamo-nos a sublinhar a este respeito, e a título simplesmente ilustrativo, quanto escrevem Mota Pinto, *Teoria...*, pp. 450 e 451; Santos Júnior, *Sobre a teoria da interpretação dos negócios jurídicos*, Lisboa, 1988, pp. 186 e ss.; e Carvalho Fernandes, *Teoria...*, II, pp. 413 e ss.. Recordamos, também, as seguintes palavras de Ferrer Correia, *Erro e interpretação...*, pp. 158 e 159: «*Seguramente o sentido jurídico da declaração de vontade não coincide, no direito moderno com o sentido verbal. Coincidia com ele, decerto, no direito romano, dominado por um formalismo intransigente, e também no primitivo direito germânico. O atender-se exclusivamente à palavra é, aliás, fenómeno que caracteriza e domina as primeiras fases de toda a evolução jurídica. Mas já no período mais adiantado do direito romano se apresenta ao lado da interpretação gramatical (válida para os actos de direito estrito), a interpretação lógica, que se preocupa com a verdadeira intenção dos contraentes. No direito moderno, toda a interpretação de negócios jurídicos é interpretação individual: ela não procura o significado genérico das expressões, mas o sentido que um certo facto concreto, considerado no ambiente em que se produziu, na sua origem e na sua destinação, pode libertar de si.*» Ora seria precisamente considerando este ensinamento do Ilustre Mestre, e mediante a ponderação dos

fins da procuração, que o *Acórdão da Relação de Lisboa, 7-5-1992* (Joaquim Dias), in *Colectânea de Jurisprudência*, 1992, XVII, 3, pp. 175 e ss. (âmbito dos poderes de representação – interpretação da declaração negocial – outorga de poderes para celebrar contrato de compra e venda – celebração de contrato-promessa) considerou incluída nos poderes de representação para a celebração de um contrato de compra e venda a competência para a realização de um contrato-promessa também de compra e venda. Cfr., igualmente, *Acórdão da Relação de Lisboa, 7-12-1967* (Hernâni Lencastre), in *Jurisprudência das Relações*, 1967, 13, V, pp. 864 e ss., p. 865 (inventário – excesso de poderes – outorga de poderes para a realização de uma venda – celebração de contrato de promessa), onde se escreve «*O curial é (...) reconhecer-se, com o Prof. J. A. dos Reis a que se acolhe a decisão recorrida (Processo de Execução, vol. II, p. 328), que quem recebe mandato para realizar uma venda fica implicitamente autorizado a praticar todos os actos conducentes ao fim para que o mandato foi conferido (...)*»; *Acórdão da Relação de Lisboa, 12-11-1992* (Almeida e Sousa), in *Colectânea de Jurisprudência*, 1992, XVII, 5, pp. 121 e ss. (âmbito dos poderes de representação – interpretação da declaração negocial – outorga de poderes para celebrar contrato de compra e venda – celebração de contrato-promessa); e *Acórdão do Supremo Tribunal de Justiça, 14-1-1986* (Magalhães Baião), in *Boletim do Ministério da Justiça*, 1986, 353, pp. 363 e ss., e 366 (recursos – conhecimento do mérito da causa – agravo de despacho saneador – competência e poderes de representação de comissão administrativa de empresa privada destinada a financiamentos imobiliários e construções, sujeita à intervenção do Estado, para a celebração de negócios jurídicos tendo como objecto imóveis já construídos ou em construção, arestos estes nos quais o critério do fim estaria presente – umas vezes de forma mais clara outras de forma meramente implícita – para a resolução de questões de eventual excesso de representação. Curiosamente, a polémica, tão presente e aguda na nossa jurisprudência acerca da questão que consiste em saber se a procuração para vender certos bens compreende também competência para prometer vender, nem sempre tem sido ligada à questão de saber se se está perante uma procuração especial ou geral (acerca desta distinção e da sua importância para a determinação dos actos nela compreendidos v., por todos, Castro Mendes, *Teoria...*, II, p. 279; Pires de Lima e Antunes Varela, *Código...*, II, comentário ao artigo 1159.º; Raúl Guichard, *O problema...*, p. 94 e nota (201); e Menezes Cordeiro, *Manual...*, I, p. 471). V., também, quanto dispunha o artigo 1353.º do Código de Seabra (onde se estabelecia serem havidos «(...) *por não auctorisados, os actos que forem evidentemente contrários ao fim do mandato*») e a doutrina e jurisprudência anterior à entrada em vigor do actual Código Civil, citada *supra* neste parágrafo. O que nos coloca perante a seguinte reflexão: – não deixaria de ser extremamente curioso que, num procedimento perfeitamente legítimo, e por referência à finalidade de uma *procuratio*, se considerasse, em sede de interpretação, compreendidos nela poderes, na verdade, não referidos no documento procuratório, e, depois, por aplicação do mesmíssimo critério do fim, se viesse a declarar existir um abuso de representação, porquanto na actuação de tais poderes o representante não respeitou, afinal, substancialmente o fim da representação. Imagine-se por exemplo, e para referirmos uma hipótese semelhante à tratada num dos acórdãos por nós referenciados, que se considerava incluída numa concreta procuração para compra e venda, a competência para celebrar um concreto contrato-promessa de compra e venda porquanto ainda dentro do fim genérico da outorga dos poderes de representação. Ao mesmo tempo, porém, afirmava-se ser aquele contrato-promessa de compra e venda abusivo, porquanto, em razão de uma sua qualquer particularidade se mostrava contrário ao fim da procuração. Não parece, que semelhante procedimento tivesse qualquer tipo de viabilidade. Se o fim leva a incluir determinados actos no âmbito dos poderes de representação concedidos também deve poder excluí-los. Por isso, e em vez de se estar a afirmar a competência do representante para a celebração do contrato de compra e venda e, ao mesmo tempo, a considerar a sua conduta abusiva, quanto se deveria fazer era declarar, de imediato, a falta de poderes do *procurator*

pelo factor teleológico não apenas no domínio legal mas também no contratual. Nenhum negócio existe por si: todos eles são instrumentos usados pelas partes para prosseguir certos fins. Quando eles sejam cognoscíveis e, juridicamente imputáveis aos esquemas contratuais considerados, temos um importante factor de modelação do sentido da declaração a interpretar[909]. Não se trata de introduzir, repise-se uma vez mais, qualquer novo factor externo de interpretação, mas apenas de exprimir, no campo específico da interpretação, o emergir da ciência do direito e do sistema por ela sustentado[910]. Por isso, se o destinatário de uma determinada declaração de vontade souber, ou tiver a obrigação de o saber, que o seu sentido aparente não corresponde ao fim ou interesse pretendido pelo declarante, então, não pode deixar de ser o sentido real a prevalecer (artigo 236.º do Código Civil)[911]. O problema da determinação do fim do poder de representação não é, assim, algo que se coloque, apenas, em momento posterior ao processo de interpretação da vontade negocial tendente à fixação da mera realidade formal desse mesmo poder. Isso só poderia ser alcançado num cenário de renúncia ao entendimento da interpretação dos negócios jurídicos como uma operação concreta e integrada, com a

---

para aquele específico acto. Na doutrina tudesca, cfr. já no sentido segundo o qual a *Vollmacht* (poderes de representação voluntária) do *magister navis* se devia entender enquanto meio para a realização dos fins prosseguidos pelo mandato, *Curtius, Die Stellvertretung...*, in *Archiv...*, LVIII, p. 82; e Hupka, *Die Vollmacht...*, pp. 184 e ss., e 229, ao afirmar como o fim da representação limita o poder de representação exteriorizado pelo representante quando o terceiro o conhece ou deve conhecer. V., também, quanto se escreveu *supra* neste parágrafo a propósito da construção de Lehmann acerca do abuso de representação.

[909] Cfr., sempre expressamente no sentido do texto, Menezes Cordeiro, *Tratado...*, I, I, p. 488; Id., *Idem*, 2.ª ed., p. 557; Id., *Parecer (Cisão...)*, p. 25.

[910] *Idem, Ibidem.*

[911] Menezes Cordeiro, *Tratado...*, 2.ª ed., I, I, p. 555, considera que o artigo 236.º n.º 2 do Código Civil, não deve ser entendido à letra. Uma pessoa pode conhecer a vontade real de outra e, no entanto, não pretender aceitá-la. Ao dar o seu assentimento a uma declaração que saiba não corresponder à vontade real de quem a emita, ela poderá abrir as portas ao regime do erro e do dolo: mas não dá o seu assentimento ao que tenha sido expresso. Independentemente da correcção, ou não, deste raciocínio, e da necessidade de se não esquecer o ónus de diligência do intérprete no apuramento da vontade do declarante ou o dever do destinatário de uma declaração de actuar de boa-fé ao qual se faz alusão ao longo deste nosso trabalho e que o próprio Menezes Cordeiro reconhece estar presente no artigo 236.º n.º 1, no caso da outorga do poder de representação não parece haver lugar para se falar em qualquer aceitação por parte de quem quer que seja. Aliás, neste contexto do abuso de representação, e na perspectiva em que nos colocamos não parece sequer possível recorrer ao disposto no artigo 238.º, pois conforme se verá adiante, parece-nos que uma das consequências ou efeitos do regime estabelecido no artigo 269.º do Código Civil é precisamente o de atribuir um sentido à vontade do representado para além de quanto uma simples aplicação do artigo 238.º do Código Civil poderia ditar.

consequente pretensão de a subordinar a um esquema perfeitamente mecânico, e no qual se faria, de forma totalmente artificial, abstracção do contexto e ambiente em que a declaração foi emitida e se destina a vigorar. Tudo isto acaba, fatalmente, por ter de se repercutir na compreensão moderna do abuso de direito, e também, necessariamente, do abuso de representação (independentemente de as duas figuras se encontrarem, ou não, relacionadas) com a sua sujeição à boa fé e ao princípio da materialidade subjacente, e subsequente superação da compreensão dos direitos e posições jurídicas como simples estruturas formais dobradas por limites e valores quando em causa estejam comportamentos decorrentes de negócios jurídicos. É que o processo de interpretação dos negócios jurídicos deve orientar-se, também ele, para a materialidade e efectividade das soluções e dos resultados interpretativos[912]. Conforme nota a propósito MENEZES CORDEIRO[913], na base do recurso à materialidade dos problemas está um papel primordial da boa fé, historicamente assumido, desde os seus inícios, no direito romano: o do combate ao formalismo, então entendido como sujeição rígida dos casos a decidir às proposições legais tidas por aplicáveis. Desinseridas de um ordenamento geral tais proposições poderiam ignorar quer os objectivos particulares prosseguidos, na ocasião pelo direito, quer as particularidades do caso concreto[914]. Na actualidade, embora não faltem desvios deste tipo, consequências naturais do conceptualismo, com o método da inversão metodológica a ele associada, o espectro do formalismo põe-se a outro nível: o dos desenvolvimentos e soluções linguísticas[915]. Arrancando de uma laboração sobre palavras e não sobre realidades que elas visem comunicar ou transmitir, pode atingir-se uma decisão que traduza não a realização do modelo pretendido pelo Direito, mas, apenas, uma qual-

---

[912] Refira-se a circunstância de, precisamente, o *Acórdão do Supremo Tribunal de Justiça, 16--11-1988* (Pedro Lima Cluny), in *Boletim do Ministério da Justiça*, 1988, 381, pp. 640 e ss. (desequilíbrio de prestações – abuso de representação), fazer apelo à boa fé para resolver, em sede de interpretação uma matéria, ao menos formalmente, tratada pela Relação como um problema de abuso de representação. Procedimento idêntico seria ainda adoptado pela *Relação de Coimbra* no seu *Acórdão de 24-6-97* (Pires da Rosa), in *Colectânea de Jurisprudência*, 1997, XXII, 3, pp. 39 e ss. (desequilíbrio das prestações – abuso de representação). Na verdade, uma questão aí considerada como abuso de poderes acabaria por ser resolvida, designadamente, com recurso à ideia de boa fé em termos que relevam do processo de interpretação da vontade negocial. Sobre o teor quer do *Acórdão da Relação* quer do *Acórdão do Supremo Tribunal de Justiça* cfr., com mais detalhe, *infra* quanto se escreve no presente parágrafo.

[913] Menezes Cordeiro, *Da boa fé...*, II, p. 1252.

[914] *Idem.*

[915] *Idem.*

quer conexão vocabular em que tal modelo se atinja em termos verbais[916]. Exemplo tradicional desse fenómeno é o cumprimento integrador da letra da prestação devida mas que, em substância, desampare o interesse do credor, assegurado pela obrigação e logo pelo direito o qual tem sido assim considerado como abusivo[917]. A boa fé enquanto veículo do princípio da materialidade intenta pôr cobro a tudo isto[918]. É, porém, e a nosso ver, possível ir-se ainda mais longe em vários casos. Quando o comportamento devido ou pretendido não corresponda sequer ao padrão determinado por uma interpretação do negócio jurídico, realizada à luz da boa fé, da primazia do fim ou do elemento teleológico, e da ponderação das circunstâncias e ambiência que rodeiam a declaração de vontade ou contrato, é o próprio comportamento exigido ou necessário à produção dos efeitos jurídicos pretendidos a faltar. Isso sucede, designadamente, e na nossa perspectiva, no caso da actuação do representante com observância da letra[919] ou forma do poder de representação mas com, simultânea, desconsideração do interesse do representado ou do fim por ele visado com a outorga dos poderes de representação[920].

---

[916] *Idem.*

[917] *Idem.* Cfr., também, Menezes Cordeiro, *Levantamento da personalidade colectiva*, Coimbra, 2000, p. 97 e 98.

[918] Para uma referência às diversas formas como esse desiderato pode ser alcançado v., Menezes Cordeiro, *Da boa fé...*, II, pp. 1253 e ss.. Cfr., também, *Tratado...*, I, I, pp. 189 e 190; Id., *Idem*, 2.ª ed., pp. 238 e 239.; Id., *Levantamento...*, p. 98, onde o autor aponta três grandes vias de realização do princípio em referência: a conformidade material das condutas; a idoneidade valorativa; o desequilíbrio no exercício das posições. A conformidade material exige que, na actuação de posições jurídicas, se realizem, com efectividade, os valores pretendidos pelo ordenamento; não apenas o ritualismo exterior. A idoneidade valorativa recorda a harmonia do sistema. Este não admitiria a utilização por alguém da própria situação jurídica que tenha violado para, em razão do seu ilícito, tirar partido contra outrem. O equilíbrio no exercício das posições jurídicas lembra a constante necessidade de sindicar, à luz da globalidade do sistema, as diversas condutas, mesmo quando permitidas.

[919] Na verdade, o chamado poder formal de representação mais não é ou, se se preferir e noutra formulação, pouco mais será do que aquele obtido através da simples consideração literal ou gramatical da procuração, de acordo com uma perspectiva meramente exegética, com desconsideração dos demais momentos que devem presidir ao processo de interpretação de uma declaração negocial.

[920] A hipótese académica normalmente referida para ilustrar a ideia-base à qual se alude no texto é a do devedor que, obrigado a colocar determinada quantidade de tijolos num prédio do credor, os entrega no fundo de um poço. Mesmo se o local da entrega ficasse ao critério do devedor, deve entender-se tratar-se de uma opção feita em termos danosamente inúteis. Assim, Menezes Cordeiro, *Tratado...*, I, I, p. 189; Id., *Idem*, 2.ª ed., p. 238. Concretamente no tocante ao abuso de representação no sentido de que no abuso de representação o representante «(...) não tem realmente o poder que "exerce"».», Oliveira Ascensão, *Teoria...*, IV, p. 239.

São, aliás, e desde logo, os defensores da visão labandiana do fenómeno representativo a admitir a intervenção, em sede de interpretação da procuração, das circunstâncias desta complementares e, designadamente, do negócio de gestão ou causal ele próprio determinante para o apurar do fim e interesses prosseguidos pelo representado com a outorga do poder de representação[921]. Com isso, o

---

[921] Já antes procedemos à indicação de importante bibliografia jurídica tudesca nesse sentido. Por isso limitamo-nos a destacar aqui, e a título meramente exemplificativo, Steffen, *BGB-RGRK*, cit., I, comentário ao § 167, p. 85 (o qual afirma de forma categórica como a extensão da vinculação proporcionada pela procuração depende da declaração de vontade do constituinte. Esta, tal como qualquer outra deve fazer-se de acordo com os critérios gerais de interpretação [no caso alemão segundo o disposto nos §§ 133 e 157]. O que determina, continua Steffen, a impossibilidade de o intérprete se ater tão-só ao teor literal ou textual do documento procuratório. As circunstâncias concomitantes à concessão do poder de representação, o fim do poder ou competência representativa e o negócio gestório devem ser, sublinha o autor, igualmente considerados. O autor procura limitar a relevância destes aspectos aos casos nos quais o terceiro tem deles conhecimento mas, conforme sublinhámos já, falta para isso a necessária base legal); e a já recenseada sentença do *Bundesgerichtshof, 18. März, 1970*, in *Der Betrieb*, 70, 1126 (âmbito do poder voluntário de representação), onde se afirmaria também o carácter determinante do fim da procuração para a interpretação da mesma. Na nossa literatura jurídica pode ver-se no sentido segundo o qual o vínculo interno entre o dono do negócio e o representante deve ser considerado na determinação do alcance da procuração na medida em que contribui para a fixação da vontade do constituinte, Ferrer Correia, *A procuração...*, in *Estudos...*, II, p. 18; Helena Brito, *A representação...*, in *Revista...*, 9/10, p. 35; embora de forma não muito clara; Id., *A representação...*, p. 110, onde a autora afirma que o sentido da declaração emitida pelo representante é o resultado da actividade interpretativa, a realizar segundo os cânones hermenêuticos adoptados em cada ordem jurídica; e Paulo Mota Pinto, *Aparência de poderes de representação...*, in *Boletim...*, Vol. LXIX, pp. 608 e 609, nota (34). Na jurisprudência v., por exemplo, *Acórdão da Relação de Évora, 27-2--1992* (Mateus da Silva), in *Colectânea de Jurisprudência*, 1992, XVII, 1, pp. 284 e ss., 286 e 287 (falta de poderes de representação – excesso – interpretação da procuração), na qual se escreve com reprodução do ensinamento de Ferrer Correia: «*A procuração configura-se, no sistema da nossa lei como um negócio jurídico abstracto. Afirma-se essa natureza abstracta da procuração para significar que ela não recebe em si o título que todavia materialmente a explica e justifica – o negócio jurídico fundamental. A procuração constrói-se como se para além dela, não estivesse o mandato, a locatio operarum, a sociedade. Está: mas procedemos como se não estivesse, fazemos abstracção desse outro negócio jurídico.*» Para pouco depois se afirmar: «*Já atrás se salientou que a procuração se configura como um facto materialmente independente do contrato fundamental (...). No entanto, isto não significa que a teoria normativa própria do contrato causal, não possa interferir para modular, aqui e ali, a própria procuração, mesmo quando esta surja desligada de qualquer relação fundamental prévia*»; *Acórdão do Supremo Tribunal de Justiça, 3-6-1997* (Lopes Pinto), in *Boletim do Ministério da Justiça*, 1997, 468, pp. 361 e ss., p. 368 e 369 (mandato – procuração – celebração de contrato prometido após morte do mandante [promitente vendedor] – interesse do mandatário [promitente comprador] – não caducidade do mandato), onde, apesar de se parecer admitir a existência de uma procuração isolada, depois, para se determinar se um concreto poder de representação era, ou não, irrevogável, se afirma não se poder considerar apenas a terminologia empregue na *procuratio*, devendo, antes, na tentativa de reconstrução da vontade do declarante ponderar-se sempre as circunstâncias individuais do caso conhecidas do declaratário ou para ele tornadas reconhecíveis – tudo a conduzir o tribunal a analisar e afirmar a relevância da relação jurídica interna na determinação da configuração da revogabilidade ou irrevogabilidade do próprio poder de representação. Na doutrina italiana pode ver-se, sempre na defesa da ideia de

problema do fim ou função da *procuratio* passa, porém, a ser, também, uma questão de interpretação do negócio de concessão do poder de representação e de delimitação da própria configuração e extensão deste[922]. A referência a um simples poder formal, desligado dos respectivos fins, perde assim qualquer sentido. A própria existência e alcance da legitimação representativa passa a depender imediatamente do fim ou função da representação[923].

Bem vistas as coisas, o apelo ou recurso à ideia de poder com os seus limites formais, o qual seria num momento posterior dobrado pelo fim da representação, e que, se desrespeitado, geraria uma situação de abuso de representação, coloca-nos perante um cenário equivalente ao proporcionado pelas teorias internas do abuso de direito[924]. À semelhança destas, também aquelas acabam, afinal, por gerar uma evolução a qual provoca uma área de refracção que, estando aparentemente coberta pela legitimação conferida ao representante — a aparência é proporcionada ou facilitada pela correspondência à compleição literal e gramatical do negócio de concessão do poder — se revela, a uma interpretação mais atenta, como não permitida[925, 926, 927]. Afinal,

---

abstracção da procuração, de um lado, e, do outro, a favor da interferência da relação gestória na interpretação do poder de representação, Natinni, *La dottrina...*, p. 224.

[922] Assim, também, ao menos em parte, mas com base em pressupostos muito distintos dos por nós assumidos, Siebert, *Zur Lehre vom Mißbrauch...*, in *Zeitschrift*, 95, 4, pp. 647 e 648.

[923] V., novamente, a apontar nesse sentido os exemplos proporcionados pela jurisprudência citada *supra* na penúltima nota. Na doutrina italiana a necessidade de se ponderar, em sede interpretativa, o fim da outorga dos poderes de representação para fixar o respectivo alcance e limites era já sublinhada, há mais de um século, e a título meramente ilustrativo, Tartufari, *Della rappresentanza...*, in *Archivio...*, XLIX, pp. 113 e 114.

[924] Assim pode ver-se, por exemplo, Rui Pinto, *A falta...*, p. 53, o qual escreve em observação à construção defendida por Oliveira Ascensão acerca do abuso de representação. «*A situação de ultrapassagem funcional (...) integra-se com facilidade no conceito legal de abuso. Na verdade, "a lesão do fim para que a representação foi conferida" aproxima-se do abuso decorrente do titular da posição jurídica exceder "manifestamente os limites impostos (...) pelo fim social ou económico desse direito" – art.º 334.º.*»

[925] Cfr., Menezes Cordeiro, *Da boa fé...*, II, p. 864.

[926] A diferença entre as duas situações estaria na circunstância de no abuso de direito se pretender extrair o limite ao exercício do direito dessa mesma posição jurídica. No caso do abuso de representação o fim poderia ser determinado em função de circunstâncias que se pretendem exteriores ao próprio poder de representação. Designadamente o negócio gestório. A diversidade é, porém, meramente aparente. Aceite a primazia da interpretação teleológica, também em sede de hermenêutica negocial, o fim não pode deixar de ser tomado em consideração para a fixação da própria vontade do declarante. Nesses termos, é aqui igualmente a partir da contemplação do dispositivo que institui o poder de representação, através de considerações teleológicas ou similares, que se depreende o limite a ter em consideração, caso a caso. Tudo com o redundar desta problemática numa simples questão de interpretação. Isso torna-se, a nosso ver, particularmente evidente quando alguns autores parecem admitir a possibilidade de o fim da representação decorrer da simples procuração, apesar de se não encontrar nela expresso. Parece-nos ser, por exemplo,

havendo abuso, é o próprio poder de representação que falta[928]. Trata-se de uma realidade tão evidente que logo após a entrada em vigor do actual Código Civil, CAVALEIRO DE FERREIRA não hesitava em escrever[929]: «*O excesso de mandato é tratado no Código Civil de 1967 como abuso de representação no seu artigo 269.º (...)*[930].»

XXIX – E na verdade, uma análise cuidada da jurisprudência nacional acerca do abuso de representação permite constatar como, sob o frequente apelo ou capa do abuso de representação, se escondem, afinal, realidades as quais nada têm a ver com ele e antes se situam no simples plano da interpretação negocial da procuração na perspectiva dos terceiros que contratam com o procurador.

Em *Sentença de 31 de Julho de 1976 do Corregedor de Leiria*[931] o tribunal seria chamado apreciar um caso no qual os procuradores mandaram rasurar a

---

esse o caso de Oliveira Ascensão, *Direito civil...*, II, p. 261, quando o Mestre admite haver abuso de representação na hipótese de a procuração ser utilizada para fins reconhecidamente fora dos planos do representado.

[927] Surpreende mesmo que a *communis opinio* nacional tenha tão docilmente aceitado a contraposição levada a cabo pela doutrina tudesca maioritária entre abuso de representação e excesso ou falta de poderes. E não apenas em razão das contradições internas das quais padecem as teses propugnadas pelos autores germânicos, designadamente as endógenas – com a defesa (baseada na afirmação segundo a qual o comportamento abusivo do representante se não encontra coberto pelo poder representativo), por um lado, da sujeição do abuso de representação ao § 177 do *BGB*; e a afirmação, por outro, da ideia de insensibilidade do fenómeno representativo relativamente aos fins e interesses do representado. As próprias diversidades linguísticas pareceriam, a nosso ver, suficientes para alertar os juristas nacionais para as dificuldades da construção do abuso de representação nos moldes propostos por aqueles autores alemães que, não podendo já conter a tese labandiana da representação dentro dos seus limites iniciais, ainda assim procuravam conceber o abuso de poderes em moldes, de algum modo, compatíveis com os pontos de vista expressos pelo Professor de Conisberga. É que, em alemão, é possível falar-se de um *Können* o qual seria perfeitamente independente e autónomo relativamente ao *Dürfen*, sem com isso suscitar (não obstante ela ter de facto surgido. Cfr. os estudos de Müller-Freienfells citados *supra*, Introdução, e Parte I, designadamente no Cap. IV, parágrafo 3) qualquer reacção imediata ao nível metodológico. Entre nós não parece, contudo, possível falar-se em comportamentos, actuações, poderes e limites formais sem, do mesmo passo, nos interrogarmos acerca da viabilidade de qualquer uma destas noções à luz das coordenadas juscientíficas actuais.

[928] Recorde-se que o artigo 269.º do Código Civil surgiria, logo a partir dos trabalhos preparatórios de Rui de Alarcão, ligado ao ensinamento de Enneccerus-Nipperdey e, destarte, às construções endógenas do abuso de representação. Ora de acordo com estas, sublinhe-se novamente, em caso de abuso de representação, o negócio representativo não se encontra coberto pelo poder de representação. Cfr. as referências feitas já *supra* neste parágrafo a este tipo de tentativas para explicar o abuso das faculdades representativas.

[929] Cavaleiro Ferreira, *Depósito...*, in *Scientia...*, XIX, pp. 272 e 273.

[930] Aliás já o § 8 do Cap. IX, Parte IV, do *Codex Maximilianeus Bavaricus Civilis* afirmava algo de semelhante.

[931] *Sentença do Corregedor de Leiria, 31 de Julho de 1976* (Manuel da Rosa Ferreira Dias), in

palavra gerir constante de determinada procuração e substituir por venda. Na sequência os representantes celebraram uma escritura pública de compra e venda de determinados bens pertencentes aos representados. A venda seria, naturalmente, impugnada pelos constituintes. Confrontado com este problema o tribunal ocupar-se-ia em saber se a hipótese seria de subsumir na figura da falta de poderes ou na do abuso de representação.

Na primeira eventualidade, afirma-se[932], pode a ausência de competência representativa resultar da circunstância de não existir qualquer título legítimo de representação (não há nenhum instrumento de procuração ou existe uma *procuratio* nula), ou de o representante ter excedido os seus poderes.

No caso de abuso de representação, o representante utilizaria, no dizer do tribunal, conscientemente os seus poderes em sentido contrário ao seu fim ou às indicações que lhe foram feitas pelo representado. Em bom rigor, porém, considera-se, expressamente, que quer no caso previsto pelo artigo 268.º quer no regulado pelo artigo 269.º do Código Civil, se pode verificar a existência de um excesso de poder[933]. O campo de aplicação de cada uma das normas em apreço haveria, então, e de acordo com o tribunal, de se determinar em função da existência ou inexistência da consciência com que o representante actuou quando se desviou dos respectivos poderes[934]. Perante isto considerou--se existir, na hipótese do litígio em referência, uma situação de abuso de poderes. Isto devido ao facto de a rasura da procuração resultar de um acto consciente dos procuradores, os quais, destarte, sabiam perfeitamente não estar legitimados para a prática do acto de compra e venda por eles levado a cabo[935].

A solução encontrada mostra-se, a nosso ver, e com a devida vénia, inaceitável a vários títulos. Não parece, na verdade, possível fazer depender a diferença entre os artigos 268.º e 269.º do Código Civil da circunstância de o agente ter actuado ou não conscientemente. Não só não é requisito da aplicação do primeiro dos dois preceitos a falta de consciência da ausência de legitimação representativa[936], como, também, não é pressuposto da aplicação do artigo 269.º a existência de dolo por parte do representante. Além disso, não deixaria de ser surpreendente, e contraditório, que o representado fosse fortemente tutelado quando o representante actua sem consciência da falta de

---

Colectânea de Jurisprudência, 1979, IV, 1, pp. 356 e ss. (abuso de representação – eficácia do negócio abusivo).

[932] *Idem*, p. 358.

[933] Esta afirmação seria ainda acompanhada da constatação segundo a qual no Código de Seabra não existia nenhuma dualidade de tratamento entre as hipóteses de abuso e de falta de poderes, tendo ela aparecido pela primeira vez no projecto do actual Código Civil, para o qual acabaria por transitar.

[934] *Sentença do Corregedor de Leiria, 31 de Julho de 1976* (Manuel da Rosa Ferreira Dias), in *Colectânea de Jurisprudência*, 1979, IV, 1, p. 359, onde se escreve: «*se o representante se desviou dos poderes que lhe foram conferidos, actuando conscientemente, estamos em face do abuso de representação e, consequentemente, caímos na alçada do artigo 269.º do Código Civil. (...) Se pelo contrário esse desvio teve lugar inconscientemente, a situação passará a ser regida pelo artigo 268.º do aludido diploma.*»

[935] *Idem.*

[936] Cfr. *supra* e *infra*.

poderes mas se diminuísse essa tutela quando o *procurator* soubesse não ter faculdades representativas. A fazer sentido algum tipo de distinção na intensidade da protecção concedida ao *dominus* seria precisamente a inversa da pretendida pelo tribunal. O dolo do representado deveria tornar mais fácil a obtenção da ineficácia do negócio representativo. Nestes termos, e atento o disposto no artigo 9.º, n.º 3, do Código Civil a solução proposta pelo Corregedor de Leiria não pode ser, por nós, sufragada. Constata-se, em qualquer caso, e não obstante os reparos por nós movidos ao aresto em análise, a aproximação entre a situação de falta de poderes de representação e o abuso.

Em *Acórdão da Relação do Porto de 21 de Outubro de 1980*[937] seria submetido à apreciação do tribunal um litígio assente nos factos a seguir descritos. No uso de poderes de representação, conferidos em procuração passada pela autora, em Janeiro de 1970, o réu outorgou uma escritura pela qual vendeu, a um terceiro, um prédio por 55 contos, com usufruto a favor da representada. Nessa escritura o procurador declarou ter recebido o preço de que deu quitação, quando se provou afinal não ter isso sucedido. A primeira instância considerou não se ter feito prova de qualquer simulação em prejuízo da autora. Ainda assim, esta manteve o pedido de declaração de nulidade do negócio por considerar ter faltado o preço. Mais alegou a ineficácia do negócio representativo por ter o *procurator* excedido os respectivos poderes – a sua obrigação era receber os 55 contos declarados – agindo assim sem poderes. A Relação considerou improcedentes os dois pedidos. O primeiro por não faltar a estipulação do preço mas apenas o respectivo pagamento. O segundo por julgar não ter existido abuso de representação mas apenas mau uso dos poderes efectivamente conferidos. Na verdade, o procurador teria vendido aquilo para que foi incumbido e nas condições todas da procuração. Donde não exorbitou dos seus poderes. Terá violado, sim, a relação jurídica interna jurídica mandante/ /mandatário, porquanto tornou perfeito o acto mas cometeu uma irregularidade: ter consentido na não entrega do preço. Mas isso seria distinto da falta de poderes (*sic*). No dizer do tribunal, o procurador tinha-os de facto. Tanto assim que os usou mal. Segundo a procuração o representante tinha poderes para receber o pagamento e dar quitação. Destarte, ao não receber o pagamento e ao dar quitança indevida teria usado dos poderes, realmente possuídos, embora tivesse deles feito mau uso. Isso seria, porém, um problema relativo à responsabilidade civil do mandatário pelo incumprimento das suas obrigações. Não, pois, atinente à questão do abuso a qual ocorre no dizer da Relação noutra esfera. Por exemplo, e no caso, preço diferente do determinado, ausência de usufruto, objecto diverso[938]. Então, sim, o representante ter-se-ia movimentado fora dos poderes conferidos ou sem eles, compreendendo-se aí a equiparação às situações de ausência absoluta prevista no artigo 268.º do Código Civil. Mas isso não teria sucedido, no entanto, na hipótese objecto do litígio porquanto o procurador se teria movimentado no inteiro exercício dos respectivos poderes. Embora usando-os mal.

---

[937] *Acórdão da Relação do Porto, 21-10-1980* (Brochado Brandão), in *Colectânea de Jurisprudência*, 1980, V, 4, pp. 224 e 225 (abuso de representação – mau uso da procuração – preço – validade do negócio) (= *Boletim do Ministério da Justiça*, 1980, 300, p. 446, mas apenas com sumário).
[938] *Idem*, p. 225.

De resto, e sempre no dizer da Relação, para que o artigo 269.º funcionasse e com ele a ineficácia da compra e venda, era preciso que o comprador conhecesse, ou devesse conhecer, o abuso de poderes. Ou seja: na ocasião da escritura seria necessário saber ou dever ele saber pretender o representado atitude diversa da tomada pelo mandatado. Isto é, que o representado recebesse o dinheiro.

Não podemos, com a devida vénia, acompanhar o aresto em análise. Antes de mais, deve começar-se por discutir se o tribunal não está a confundir poderes para a prática de simples actos materiais com poderes representativos. Na verdade, a faculdade concedida para o procurador receber o preço, apesar de constante da procuração, pode, ao menos em certa perspectiva, não envolver a outorga de quaisquer poderes representativos e ser antes entendida como um simples mandato ou delegação. Não se trata de celebrar um negócio jurídico em nome de outrem, nem de emitir ou aceitar uma declaração negocial, mas apenas de receber ou aceitar a seu cargo uma determinada quantia. Nestes termos, a circunstância de ao *procurador* não ter, na verdade, sido confiado o pagamento, não envolve um mau uso dos poderes de representação pela circunstância simples de nem sequer se poder falar, a este respeito, em semelhante tipo de poderes[939, 940].

----

[939] Não parece sequer poder falar-se – no caso decidido pelo aresto agora em referência – em representação passiva para a recepção das quantias a pagar. E isto pela razão simples de semelhante forma de representação pressupor que o representante receba uma declaração negocial a ele dirigida (assim, e a título meramente exemplificativo Müller-Freienfels, *Die Vertretung...*, p. 55; Reinhard Richardi, *Die Wissensvertretung*, in *Archiv für die civilistische Praxis*, 1969, 169, pp. 385 e ss., 398 e 399; Schilken, *Wissenszurechnung...*, p. 79; Schramm, *Münchener...*, I, comentário ao § 164, pp. 1429 e 1430; Id., *Idem*, 4.ª ed., comentário ao § 164, p. 1673; e Staudinger-Schilken, *Kommentar...*, I, comentário ao § 164, p. 48; e na doutrina nacional Raúl Guichard, *O problema...*, pp. 47 e ss., e 174). Mas também não faltam vozes que pretendem excluir a representação passiva do domínio do fenómeno representativo. Isto porquanto o representante não praticaria aí nenhum acto jurídico. Assim sucede, entre nós, com Oliveira Ascensão, *Direito civil...*, II, p. 220 (em Itália cfr., por exemplo, quanto escreve a propósito do debate acerca da admissibilidade da representação passiva, Mosco, *La rappresentanza...*, pp. 100 e ss.), para quem a chamada representação passiva cabe na categoria ampla de delegação. É certa a circunstância de o artigo 679.º do nosso Código Civil parecer apontar para a possibilidade de se incluir o pagamento de certa quantia no domínio do fenómeno representativo directo. Porém, conforme refere o Professor Oliveira Ascensão (*op. cit.*, v. p. 220, nota (250)), o artigo 679.º do Código Civil ao determinar que a prestação deve ser feita ao credor ou ao seu representante não exclui a possibilidade de se entender poder o pagamento ser feito a um delegado, inclusivamente sem ter sequer poderes para a representação activa. Aliás, foi abandonada há já muito a ideia segundo a qual o cumprimento poderia ser reconduzido a uma categoria contratual. Da mesma forma não parece de aceitar nem a sua recondução a um negócio unilateral nem a posição defendida, por exemplo, por Rosario Nicolò, *Adempimento (diritto civile)*, in *Enciclopedia del Diritto*, 1958, I, p. 558, autor segundo o qual o adimplemento seria um acto jurídico não negocial. Na verdade, e conforme sublinha Menezes Cordeiro, *Direito...*, II, p. 207, o cumprimento não é um negócio jurídico nem um acto jurídico *stricto sensu*, pela razão simples de faltar nele a voluntariedade. Dito de outra maneira, ele não é normativamente livre. Por isso, parece não restar outra alternativa senão vê-lo como um facto jurídico *stricto sensu* (a este respeito da natureza jurídica do cumprimento cfr., designadamente, Vittorino Pietrobon, *Errore, Volontà e affidamento nel negozio giuridico*, Pádua, 1990, pp. 164 e ss; e por último, e ainda, entre nós, Calvão da Silva, *Cumprimento e sanção pecuniária compulsória*, 2.ª ed., reimpressão, Coimbra, 1995,

Em contrapartida, constata-se como a declaração negocial (enunciado assertivo ou declaração de ciência) emitida pelo procurador, na escritura de compra e venda, se encontra viciada. Na verdade, o representante afirmou ter recebido o preço e na base disso prestou quitação, sem, todavia, lhe ter sido feito qualquer pagamento. Por não ter sido provada a simulação não é possível subsumir o caso em apreço nessa figura. Em qualquer evento sempre se deverá perguntar pela possibilidade de aplicação de uma das outras hipóteses geradoras de invalidade do negócio jurídico por elas, porventura, afectado. O caminho a percorrer não parece, todavia, fácil. Descontada a simulação – por falta de prova dos respectivos pressupostos – poderá eventualmente admitir-se, na situação analisada pelo tribunal, a existência de erro ou, porventura, e com as necessárias adaptações, reserva mental. É, além disso, possível discutir-se a existência, eventual, de um comportamento ofensivo dos bons costumes[941] ou de uma falsidade ideológica[942, 943]. Os factos relatados não são suficientes para per-

---

pp. 89 e ss.; Júlio Gomes, *O conceito de enriquecimento forçado e os vários paradigmas do enriquecimento sem causa*, Porto, 1998, pp. 527 e ss.; e Antunes Varela, *Das Obrigações...*, II, p. 19, nota (1), com indicações bibliográficas quer nacionais quer estrangeiras). Logo – e a menos que se adopte uma postura como a de Díez-Picazo, *La representación...*, p. 39, no sentido de admitir a inclusão na esfera do fenómeno representativo da realização de todo o tipo de actos incluindo os não voluntários – o que não parece de aceitar, designadamente, depois de quanto se viu acerca do modo como, historicamente, a representação directa abriu para si um espaço próprio em estreita ligação à figura do negócio jurídico – julgamos não se poder senão afastar o pagamento, ou a sua recepção, do âmbito do fenómeno representativo. As coisas seriam naturalmente diferentes se, por hipótese, a procuração fosse concebida de forma a apenas autorizar o procurador a celebrar o negócio jurídico após ter recebido o preço. Nessa eventualidade se o representante tivesse, de facto, celebrado um contrato de compra e venda sem que lhe fosse feito o pagamento assistir-se-ia, na verdade, a uma situação de falta de poderes de representação por não se verificar um pressuposto dos quais o representado fez depender a emergência das faculdades representativas.

[940] Aliás é o próprio tribunal a declarar como a obrigação de pagar o preço nem sequer contende com os pressupostos de validade – e também de eficácia acrescentamos nós – do negócio representativo. Apenas a sua não estipulação pode conduzir à nulidade do negócio de compra e venda.

[941] Certa é a circunstância referida no *Acórdão da Relação de Coimbra, 18-11-1997* (Cardoso Albuquerque), in *Colectânea de Jurisprudência*, 1997, XXII, 5, pp. 20 e ss. (abuso de representação – simulação do negócio representativo – legitimação para a acção de simulação) (= *Boletim do Ministério da Justiça*, 1997, 471, p. 472, mas apenas o sumário) «(...) *de que o "dominus negotii" ao conceder os poderes representativos tem em vista que o representante se determine com uma vontade incólume: só se apropria previamente dos efeitos do negócio jurídico que resultem de uma vontade efectiva e livre do seu representante*»; ou também no *Acórdão do Supremo Tribunal de Justiça, 5-3-1981* (Abel de Campos), in *Boletim do Ministério da Justiça*, 1981, 305, p. 263 (simulação – abuso de representação), de o artigo 259.º do Código Civil dispor, «(...) *Na verdade, que em regra, e a não ser que se trate de elementos em que fosse decisiva a vontade do representado, a falta ou vício de vontade, para efeitos de nulidade ou anulabilidade da declaração, deve verificar-se na pessoa do representante, o que quer dizer que "o dominus ao conceder os poderes representativos tem em vista que o representante se determine com uma vontade incólume: só se apropria previamente dos efeitos do negócio jurídico que resulte de uma vontade efectiva e livre do seu representante*".» Cfr., igualmente, Almeida Costa, *A vontade...*, in *Boletim...*, 127, p. 155, cujo ensinamento serve, de resto, de base aos dois trechos agora transcritos.

[942] Acerca dos contornos desta figura a qual tanto pode resultar de erro como de dolo pode ver-se, Castro Mendes, *Teoria...*, II, pp. 162 e ss.; e Oliveira Ascensão, *Direito civil...*, II, p. 198. V., também, antes da entrada em vigor do actual Código Civil, para uma distinção entre simulação e falsidade, Beleza dos Santos, *Simulação...*, I, pp. 87 e ss..

mitir um enquadramento seguro. Parece-nos, contudo, corresponder a melhor solução, de facto, a uma hipótese de falsidade ideológica assente em dolo ou erro.

Quanto não oferece dúvidas é o facto de a emissão de qualquer declaração em nome de outrem pressupor a concessão dos necessários poderes. Nestes termos, a declaração de recebimento do preço e a própria quitação – também ela incluída na escritura de compra e venda e, portanto, parte do negócio jurídico representativo – implicam inelutavelmente, para vincularem o *dominus*, a existência de um poder de representação capaz de as cobrir. Ora parece incontestável que, um declaratário normal, colocado na posição do real declaratário, não poderia concluir nunca no sentido segundo o qual uma procuração com poderes para celebrar um negócio jurídico e dar quitação compreende igualmente a faculdade de se proferir a declaração de que se recebeu o preço quando isso não corresponde à verdade[944, 945, 946]. Parece, pois, assistir-se, no caso em apreço, senão a um vício do negócio representativo, então, pelo menos, e inequivocamente, a uma hipótese de falta de poderes de representação, por terem os mesmos sido excedidos de forma não desejada pelo constituinte[947, 948].

---

[943] O intuito de enganar referir-se-ia, então, não ao declaratário mas ao representante.

[944] No sentido de que, por exemplo, a simulação afecta a própria eficácia do negócio representativo pode ver-se a jurisprudência citada na penúltima nota. Cfr., também, o sumário do *Acórdão do Supremo Tribunal de Justiça de 33-7-1940*, in *Revista de Justiça*, 1941, 26, p. 18, o qual sem o afirmar expressamente parece, todavia, apontar no mesmo sentido.

[945] Não haverá dúvidas quanto à circunstância de o terceiro comprador saber que a declaração emitida pelo representante não corresponde à verdade, pois, não tendo havido pagamento, não pode haver recebimento do preço.

[946] Parece, pois, e com a devida vénia, deslocada a afirmação segundo a qual para que o negócio fosse ineficaz teria de se demonstrar ter o terceiro conhecido o desejo do representado em receber o dinheiro. Bastaria ter ele conhecimento da falta de veracidade da declaração emitida pelo representante para compreender não poder ela corresponder à procuração conferida.

[947] Questão que se pode eventualmente colocar é a da admissibilidade de redução do negócio jurídico celebrado com excesso de poderes (sobre a possibilidade de aplicação dos artigos 292.º e 293.º aos casos de ineficácia v., a título exemplificativo, de entre uma multiplicidade de referências possíveis, Oliveira Ascensão, *Direito civil...*, II, p. 349; e, relativamente à conversão, Carvalho Fernandes, *A conversão...*, pp. 279 e ss., com indicações bibliográficas relevantes, designadamente as pertinentes aos estudos monográficos sobre a conversão anteriores ao actual Código Civil e elaborados por Anselmo Vaz, Raúl Ventura e Eduardo Correia. A posição de Oliveira Ascensão e Carvalho Fernandes não é, porém, inteiramente coincidente). À semelhança de quanto defende Carvalho Fernandes, *A conversão...*, p. 866, a propósito da eventual possibilidade de conversão de um negócio jurídico celebrado com excesso de poderes, consideramos não dever admitir-se a possibilidade de redução do negócio representativo enquanto ainda for possível uma ratificação do mesmo (em sentido contrário cfr., porém, Raúl Guichard Alves, *Notas...*, in *Revista...*, XXXVII, p. 7, nota (8), o qual parece considerar que a necessidade de se esperar pela ratificação apenas se coloca face à conversão, não já relativamente à redução). Contudo, excluída a possibilidade de redução em tal fase da vida do negócio, por desajustada aos interesses em jogo, não vemos motivo para inviabilizar o recurso a esse expediente, nos casos de excesso de poderes, quando a ratificação não seja concedida. Para tanto bastará que se respeite o disposto no artigo 292.º do Código Civil. Apenas nas hipóteses de total falta de poderes deverá esta hipótese ser liminarmente descartada pois, aí, o representante careceria de legitimidade para gerar todos e quaisquer efeitos do negócio representativo.

[948] Julgamos que neste caso concreto haverá mesmo, porventura, um cumular das duas situações.

Independentemente destes aspectos, os quais não merecem a nossa concordância, uma coisa se pode, não obstante, constatar: o facto de, para decidir se haveria ou não abuso de representação, a Relação remeter para a determinação da vontade do representado[949]. Transporta-se assim o tribunal, uma vez mais, para o campo da interpretação e aproxima, também, as noções de abuso de representação, de um lado, e falta de poderes – sob a forma de excesso –, do outro[950].

Por *Acórdão do Supremo Tribunal de Justiça de 5 de Março de 1981*[951], seria decidido um caso no qual um representante, com procuração datada de 1975, pela qual passava a encontrar-se dotado de largos poderes de venda, fingiu vender a uma sua amante, pelo preço de 250 000$00 uma moradia que, de acordo com as instruções da representada, não poderia ser alienada por preço inferior a 2 200 000$00. Perante esta matéria de facto, as instâncias entende-

---

[949] Transcrevem-se as palavras do próprio *Acórdão da Relação do Porto*: «(...) *para que o art. 269.º invocado funcionasse e com ele a ineficácia da compra e venda era preciso que o comprador conhecesse ou devesse conhecer o abuso de poderes (mau uso na nossa tese). Ou seja, que na ocasião da escritura ele soubesse ou devesse saber que o representado pretendia atitude diversa da tomada pelo mandatado. Isto é, que este recebesse o dinheiro.*»

[950] Esta aproximação entre abuso e falta de poderes transparece, ainda que de forma não categórica ou indiscutível, de vários outros trechos do Acórdão onde, a propósito da questão de saber se houve ou não abuso de representação no caso objecto do litígio, se utilizam expressões como falta ou excesso de poderes e referências ao facto de o representante não ter – na perspectiva do tribunal – exorbitado dos respectivos poderes de representação. Transcrevemos uma vez mais o passo do *Acórdão da Relação do Porto*: «*Manuel – o representante – agiu em nome da representada Júlia. E manteve-se nos limites dos poderes conferidos, como se diz, aliás, na al. B) da especificação. Logo, o acto produz os seus efeitos na esfera jurídica daquela (C. Civ., art. 258.º). (...) Só que, e uma vez mais, não recebeu o preço (contra o declarado na escritura). Mas isso não é falta de poderes ou abuso dos mesmos sequer (art. 269.º id.). (...) Na verdade ele vendeu aquilo de que estava incumbido e nas condições todas da procuração, não exorbitando os respectivos poderes. Terá violado, sim, mas é a relação interna (...). Mas isso é diferente da falta de poderes. Ele tinha-os. Tanto assim que pôde usá-los mal. Efectivamente, e ainda segundo a procuração, Manuel tinha poderes para receber o preço e dar quitação (...). Não o recebendo e dando quitação indevida, usou dos poderes que tinha embora deles tenha feito mau uso. Mas isso é outro problema que tem a ver com a responsabilidade civil do mandatário e em geral, com o cumprimento das suas obrigações (...). Não pois com a questão do «abuso» e que ocorre noutra esfera. Por exemplo, e no caso de preço diferente do determinado, ausência de usufruto, objecto diverso, etc.. (...) Então sim o representante movimentara-se fora dos poderes ou sem eles, compreendendo-se aí a equiparação às situações de ausência absoluta de poderes prevista no artigo 268.º.*» Deste trecho compete, designadamente, e para além das considerações já feitas a abrir a presente nota, sublinhar as três últimas frases das quais se extrai a seguinte conclusão: verificada uma hipótese de abuso de representação o representante movimenta-se fora dos poderes ou sem eles. Acentue-se, também, a circunstância de a palavra abuso aparecer entre aspas. Aspas estas as quais são, novamente, utilizadas quando o tribunal escreve, agora sem deixar margem para dúvidas quanto à circunstância de, em seu entender, o artigo 269.º do Código Civil dizer também ele, e à semelhança do 268.º, respeito à própria existência dos poderes de representação: «*Para efeitos dos artigos 268.º e 269.º do C. Civ., o "abuso de representação" diz respeito à existência de poderes funcionais (competência) não ao mau uso.*»

[951] *Acórdão do Supremo Tribunal de Justiça, 5-3-1981* (Abel de Campos), in *Boletim do Ministério da Justiça*, 1981, 305, pp. 261 e ss. (simulação – abuso de representação). *Acórdão da Relação de Coimbra, 18-11-1997* (Cardoso Albuquerque), in *Colectânea de Jurisprudência*, 1997, XXII, 5, pp. 20 e ss. (abuso de representação – simulação do negócio representativo – legitimação para a acção de simulação) (= *Boletim do Ministério da Justiça*, 1997, 471, p. 472, mas apenas o sumário).

ram ser o contrato de compra e venda realizado entre os réus, por duas ordens de razão, nulo: como negócio simulado, nos termos do artigo 240.º do Código Civil; como ofensivo dos bons costumes, de acordo com o n.º 2 do artigo 280.º do mesmo Código. Os recorrentes atacaram apenas o primeiro dos dois fundamentos[952], pelo que, mesmo se o respectivo recurso fosse de molde a afastá-lo, nem por isso a decisão poderia ser diversa da declaração de nulidade do negócio jurídico. Mas mesmo quanto àquele fundamento, o Supremo entendeu não lograr procedência porquanto, ao contrário do alegado pelos recorrentes, *«a mandante, em nome de quem, abusivamente e contra sua vontade, o réu disse contratar, fingindo de acordo com a outra contraente, um negócio com que a queria enganar e defraudar, deve considerar-se "terceiro" por força do princípio ínsito no artigo 259.º»* do Código Civil. É que, na opinião do tribunal, este preceito, ao estabelecer como regra – e excepto naqueles aspectos nos quais tenha sido decisiva a vontade do representado – dever verificar-se na pessoa do representante a falta ou vício da vontade para efeitos de nulidade ou anulabilidade da declaração pretende uma vontade incólume na formação da determinação do procurador. Nestes termos, e sempre de acordo com o aresto em análise, o representado só se apropria dos efeitos do negócio jurídico resultante de uma vontade efectiva e livre do seu representante. Se assim é – afirma-se – por maioria de razão há-de entender-se, relativamente aos negócios fictícios que o representante, conluiado com outrem, e para o enganar, diga celebrar em nome do representado, manifestando uma vontade que não tem.

Quando assim se proceda, defende o Supremo, embora formalmente, aparente agir como representante, o procurador extravasa realmente dos limites dos poderes que lhe competem, não podendo, portanto, tal negócio jurídico, nos termos, do artigo 258.º do dito Código, produzir os seus efeitos na esfera do mandante[953].

Constata-se, assim, como na resolução deste caso concreto o Supremo Tribunal de Justiça apelaria para duas ordens de argumentos, sem se limitar a considerar, apenas, a existência de um vício de vontade do representante, o qual afectaria a oponibilidade do negócio representativo, diante do representado. O Acórdão em análise recorreria, também, à ideia de abuso de representação como forma de reforçar a ineficácia, do contrato simulado, perante o principal [954]. Ficam algumas dúvidas sobre se, numa situação como a descrita, se pode realmente falar em ultrapassagem dos limites dos poderes representativos, porquanto a respectiva invocação é meramente simulada e fictícia[955]. Em

---

[952] E fizeram-no considerando que o representado não é terceiro relativamente ao negócio representativo pelo que não pode pedir a respectiva declaração de invalidade.

[953] *Acórdão do Supremo Tribunal de Justiça, 5-3-1981* (Abel de Campos), in *Boletim do Ministério da Justiça*, 1981, 305, p. 263.

[954] Na verdade, o Supremo Tribunal de Justiça não utilizaria nunca a nomenclatura abuso de representação. Todavia, não deixa quaisquer margem para dúvidas, no sentido de ser essa a realidade intencionada, ao escrever que o representado *«Quando assim procede, embora, formalmente, aparente agir como representante, extravasa realmente dos limites dos poderes que lhe competem, não podendo portanto tal negócio jurídico, nos termos do artigo 258.º (...) produzir os seus efeitos na esfera do mandante».*

[955] Aliás, e a certa altura, pareceria ser mesmo entendimento do Supremo Tribunal de Justiça não poder neste caso falar-se de ultrapassagem dos limites dos poderes representativos, ao

qualquer caso, convém, igualmente nesta hipótese, chamar a atenção para o entendimento que do abuso de representação manifesta o Supremo Tribunal de Justiça. Repare-se como apesar de continuar a fazer apelo à ideia de poder formal e a afirmar a existência de uma situação de ultrapassagem dos limites dos poderes atribuídos ao representante o tribunal não defende, em lugar algum, ter-se assistido a uma actuação do representante substancialmente contra os fins da procuração mas dentro ou de acordo com os poderes formais de representação. Na verdade, afirma-se claramente, e tão-só, no aresto, agora em análise, como formalmente o procurador aparenta agir enquanto representante[956]. As coisas não passam, contudo, senão disso mesmo: de mera aparência. Na realidade, quanto se verifica é uma situação na qual o representante extravasa das fronteiras dos poderes de representação, com a consequente aplicação do artigo 258.° do Código Civil [957, 958]. Uma vez mais, a figura do abuso de representação parece, pois, não apresentar a pretendida autonomia dogmática relativamente à falta de poderes, mais concretamente frente ao excesso de poderes.

No *Acórdão da Relação de Coimbra de 10 de Março de 1987*[959, 960] seria pedida a intervenção do tribunal para resolver um litígio resultante, entre outros factos, da circunstância de o procurador ter utilizado uma procuração na

---

afirmar que o negócio representativo é meramente fictício e o representante manifestou uma vontade a qual tem como simples intuito enganar o declaratário. Posteriormente, e conforme se pode constatar através da leitura do trecho transcrito *supra* na nota anterior acabaria, todavia, por defender existir, realmente, um caso de violação das fronteiras da competência representativa.

[956] Cfr. o passo citado *supra* na penúltima nota. Esta referência à aparência de poderes formais de representação, ou melhor à aparência de uma actuação formalmente representativa, a qual, na verdade, não existe, pode ter sido facilitada pela circunstância de em causa estar um negócio simulado, e portanto em certo sentido, e como refere o próprio tribunal, fictício. Não parece, contudo, e atenta a directa articulação que se faz entre a expressão aqui em causa, de um lado, e a referência ao ultrapassar dos limites que competem ao representado, do outro, ser a utilização do termo *«aparência»* tão inocente quanto isso. Antes, tudo sugere estar-se diante de uma redacção perfeitamente consciente das implicações, ao nível da compreensão do abuso de representação, da terminologia empregue.

[957] *Acórdão do Supremo Tribunal de Justiça, 5-3-1981* (Abel de Campos), in *Boletim do Ministério da Justiça*, 1981, 305, p. 263.

[958] O sentido e a argumentação do Acórdão agora em análise seria, depois, inteiramente subscrito pelo *Acórdão da Relação de Coimbra, 18-11-1997* (Cardoso Albuquerque), in *Colectânea de Jurisprudência*, 1997, XXII, 5, pp. 20 e ss. (abuso de representação – simulação do negócio representativo – legitimação para a acção de simulação) (= *Boletim do Ministério da Justiça*, 1997, 471, p. 472, mas apenas o sumário).

[959] Já depois do *Acórdão do Supremo Tribunal de Justiça de 5 de Março de 1981*, mas ainda antes do *Acórdão da Relação de Coimbra de 10-3-1987* o *Acórdão do Supremo Tribunal de Justiça de 6-4-1983* (Pedro Lima Cluny), in *Boletim do Ministério da Justiça*, 1983, 326, pp. 430 e ss. (responsabilidade civil do Estado – representação orgânica, abuso de representação – negócio usurário – responsabilidade do Estado pela gestão das empresas intervencionadas), ocupar-se-ia de um outro caso de abuso de representação, cometido pelo membro de uma comissão administrativa. O Supremo reconduziria, então, e conforme se deu já nota oportunamente, o abuso de competências representativas, ao abuso de direito numa solução que, julgamos ter já demonstrado não ter qualquer viabilidade.

[960] *Acórdão da Relação de Coimbra, 10-3-1987* (Castanheira da Costa), in *Colectânea de Jurisprudência*, 1987, XII, 2, pp. 67 e ss. (desequilíbrio de prestações – abuso de representação – ineficácia

qual lhe era conferida competência para vender, pelos preços e condições tidos por convenientes, quaisquer bens móveis ou imóveis sitos no concelho de Coimbra em moldes considerados inadequados pela representada. Na verdade, o representante faria uso da referida procuração para vender, pelo valor de 1 300 000$00, um prédio que valia 9 000 000$00. A Relação considerou que o *procurator* havia actuado dentro dos limites formais dos poderes conferidos. Contudo, não o teria feito por forma concordante com os fins da representação. Antes teria agido de modo substancialmente contrário a esses mesmos fins[961]. Isto, atenta a circunstância de não poder oferecer dúvidas a ninguém «(...) *que os fins da procuração consentiam em permitir, sem a intervenção pessoal da autora, a venda de bens mas com equilíbrio de prestações, ou seja por preços equilibrados e justos* (...). *Ora vender por 1 300 000$00 um bem que valia para cima de 9 000 000$00 não pode deixar de constituir um abuso de representação que existe sempre que o representante utiliza conscientemente os seus poderes em sentido contrário ao fim da representação ou às indicações do representado*». Face ao exposto – e não obstante o apelo à figura do abuso de representação entendido enquanto exercício dos poderes representativos dentro dos respectivos limites formais mas contra os fins da procuração – não fica qualquer dúvida quanto à circunstância de o tribunal se ter limitado a interpretar a procuração e, destarte, o sentido e alcance dos poderes de representação. Na verdade, tudo quanto a Relação fez foi interrogar-se acerca do sentido da expressão, contida na *procuratio*, por força da qual o constituído podia vender determinados bens pelos preços e condições tidos por convenientes. Obtida a conclusão de que a terminologia empregue pela constituinte apenas implicava a possibilidade de alienação com equilíbrio de prestações, ou seja por preços equilibrados e justos, parece evidente não estar coberto pela procuração, e destarte, pela competência representativa, um acto o qual não envolva semelhante equilíbrio. O problema é, assim, e uma vez mais, de simples interpretação. Quanto se pretende resolver, com invocação e sob a capa do abuso de representação, não é pois, senão, um simples caso de falta de poderes de representação para a prática de um acto insusceptível de se subsumir no teor da *procuratio* e da legitimação concedida ao representante[962].

---

do negócio representativo – reivindicação) (= *Boletim do Ministério da Justiça*, 1987, 365, p. 706, mas, tão-só com indicação do sumário).

[961] *Idem*, p. 69.

[962] Da sentença da Relação objecto da nossa análise seria interposto recurso para o Supremo decidido por *Acórdão do Supremo Tribunal de Justiça, 16-11-1988* (Pedro Lima Cluny), in *Boletim do Ministério da Justiça*, 1988, 381, pp. 640 e ss. (desequilíbrio de prestações – abuso de representação). O aresto no Supremo afirmaria de forma categórica, e em sentido que, ao fim e ao cabo, corrobora quanto afirmámos no texto: «(...) *no que respeita à interpretação dos fins da procuração* (...) *a Relação necessariamente fez* (...)» uso «(...) *do critério do n.º 1 do artigo 236.º do Código Civil* (...). *Assim como acontece que ao interpretar no sentido apontado a mencionada procuração, a Relação atribuiu à expressão "preços e condições que tiver por convenientes" o significado que lhe teria atribuído um declaratário normal, ou seja de preços equilibrados e justos, dado que ninguém de boa fé pode entender como "conveniente" uma venda ao desbarato.*» Em sentido equivalente, afirmando, haver abuso de representação quando o representante vende lotes, de terreno de sua filha, por 3000 contos, quando o seu valor de mercado era de 12 000 contos, tendo a compradora conhecimento desse abuso v., *Acórdão do*

A *Relação do Porto* voltaria a ser chamada a pronunciar-se sobre um caso que qualificaria de abuso de representação no seu *Acórdão de 3 de Março de 1988*[963]. No essencial tratava-se de uma situação na qual o procurador, com o fim de evitar que um seu credor lhe movesse um processo crime, outorgaria uma escritura de hipoteca na qual confessava pertencer à sua constituinte um débito na realidade seu e oferecia, em garantia da quantia a pagar, bens pertencentes à constituinte. Verificada uma situação de incumprimento da dívida, o beneficiário da garantia executá-la-ia. A representada deduziria, então, embargos contra o exequente afirmando a ineficácia do negócio relativamente a ela. Os embargos seriam considerados procedentes em primeira instância, porquanto a obrigação exequenda foi julgada ineficaz relativamente à embargada. O embargado recorreu para a Relação a qual atendeu ao seu pedido por considerar estar-se perante uma situação de abuso de representação que o terceiro não conhecia nem tinha o dever de conhecer. Avisadamente andou, porém, o juiz *a quo*, não sendo, uma vez mais, com a devida vénia, possível subscrever o entendimento da Relação. Vejamos.

Segundo a Relação do Porto[964] verificar-se-ia abuso de representação quando o representante actua dentro dos limites formais dos poderes conferidos, mas de modo substancialmente contrário aos fins da representação. «*Do mesmo modo, o negócio jurídico praticado pelo procurador em nome do representado, não é coberto pelo poder de representação nos casos em que a procuração é utilizada conscientemente num sentido contrário aos fins da representação ou às instruções do dador de poderes e desde que a outra parte (terceiro) conhecia ou teria de conhecer (se usasse do cuidado necessário) o abuso de poderes.*» Ora seria inequívoco – continua o texto do Acórdão – que o procurador, «*(...) ao outorgar na escritura de mútuo com hipoteca em análise, como procurador da embargante (...), socorreu-se ou prevaleceu-se de poderes que a procuração (...) dos autos lhe concedia, mercê do que formalmente agiu dentro dos limites dos poderes conferidos por aquele instrumento. Porém já não actuou, ao intervir na referida escritura de mútuo em sintonia com a vontade e intenção da embargante ao passar a dita procuração. É que conforme se infere do texto da procuração, esta foi outorgada pela embargante para o (...)*» procurador «*(...) em nome dela comprar quaisquer bens, móveis ou imóveis, hipotecários, pedir empréstimos a qualquer instituição de crédito dando em garantia a hipoteca de quaisquer bens*». Situação fáctica esta a qual, na perspectiva do tribunal, conduziria indubitavelmente a um caso de abuso de poderes por parte do constituído. Isso mesmo ressaltaria com nitidez *(sic)* «*(...) se tivermos em atenção que o (...)*» representante «*(...) confessou na escritura exequenda (...)*» a representada «*(....) como devedora de uma quantia de 51 750$00, quando ela o não era, e dando de hipoteca um imóvel dela em garantia de uma dívida que era só dele*». Todavia, não teria ficado demonstrado, que o exequente embargante conhecia ou devia conhecer o abuso, estando antes sobejamente demonstrada a sua boa fé. Isto porquanto apenas ficou provado

---

Supremo Tribunal de Justiça, 13-7-1995 (Torres Paulo), in *www. dgsi. pt* (abuso de representação – mandato), mas apenas com indicação do sumário.

[963] *Acórdão da Relação do Porto, 3-3-1988* (Simões Ventura), in *Colectânea de Jurisprudência*, 1988, XIII, 2, pp. 189 e ss. (embargos de executado – abuso de representação – ónus da prova).

[964] *Idem*, p. 190.

pertencer o prédio a hipotecar e hipotecado, à representada, e que esta havia concordado na concessão da hipoteca a favor do procurador para garantia da importância mutuada a cujo pagamento também ela se obrigara. Em tudo isto teria acreditado o terceiro não lhe sendo, pois, na perspectiva do tribunal, oponível o abuso de representação. Até porque o procurador «(...) *e o gestor do embargado combinaram fazer mencionar na escritura um empréstimo feito pelo embargado à embargante no único intuito de não vexar* (...)» o procurador «(...) *o que sucederia se se mencionasse a verdadeira causa da hipoteca*» – a saber travar um processo crime a mover pelo terceiro contra o procurador em consequência da emissão, por este, de cheques sem cobertura.

O primeiro aspecto a sublinhar reside numa circunstância que parece ter passado desapercebida à Relação do Porto. Ao afirmar a existência de um empréstimo, concedido pelo *tertius* à representada, quando isso não aconteceu nunca, o representante emitiu uma declaração a qual não correspondia à verdade. Fê-lo, aliás, em conluio com o agente do terceiro. Não sendo possível provar a simulação, por falta de um intuito de enganar o terceiro comum ao procurador e ao agente, ainda assim não deixa de haver aqui um vício da vontade do representante. O constituinte confessou um empréstimo o qual sabia perfeitamente não existir. E fê-lo, sublinhe-se de novo, com a colaboração do agente do terceiro. Nestes termos, e de acordo com o disposto no artigo 259.º, n.º 1, o negócio representativo deveria ter-se por inválido[965].

Mas quando assim não fosse nem por isso a representada se deveria ter por vinculada. Mesmo admitindo que o terceiro tinha razões para acreditar pretender a constituinte garantir a dívida do seu procurador, ficando depois os dois de fazer contas entre si, nada lhe permitiria concluir estar esta de acordo com a emissão de uma declaração na qual se afirma ter sido celebrado entre ela e o *tertius* um contrato de mútuo na realidade inexistente. Face ao anómalo da situação, e até porque o resultado pretendido pelo procurador – evitar a sua humilhação omitindo a afirmação de que a hipoteca se destinava a evitar a interposição contra si de um processo crime por emissão de cheques sem

---

[965] Conforme refere a propósito Almeida Costa, *A vontade...*, in *Boletim...*, 127, p. 155, o artigo 259.º, n.º 1, sublinhe-se novamente, ao prescrever na verdade, que em regra, e a não ser que se trate de elementos em que fosse decisiva a vontade do representado, a falta ou vício de vontade, para efeitos de nulidade ou anulabilidade da declaração, deve verificar-se na pessoa do representante, o que quer dizer que «*o dominus ao conceder os poderes representativos tem em vista que o representante se determine com uma vontade incólume: só se apropria previamente dos efeitos do negócio jurídico que resulte de uma vontade efectiva e livre do seu representante*» num ensinamento depois inteiramente subscrito pelo já citado *Acórdão da Relação de Coimbra, 18-11-1997* (Cardoso Albuquerque), in *Colectânea de Jurisprudência*, 1997, XXII, 5, pp. 20 e ss. (abuso de representação – simulação do negócio representativo – legitimação para a acção de simulação) (= *Boletim do Ministério da Justiça*, 1997, 471, p. 472, mas apenas o sumário); e pelo, também já recenseado, *Acórdão do Supremo Tribunal de Justiça, 5-3-1981* (Abel de Campos), in *Boletim do Ministério da Justiça*, 1981, 305, pp. 261 e ss., p. 263 (simulação – abuso de representação). Não nos deteremos agora acerca da questão que consiste em saber qual o vício que poderia estar aqui em causa e quais os respectivos requisitos. Sempre, se dirá, todavia, como, no mínimo, parece violado o artigo 280.º, n.º 2 do Código Civil, ao impor a necessidade de os negócios jurídicos respeitarem os bons costumes (a este respeito cfr. também a última sentença citada nesta nota, p. 262).

cobertura – podia ser perfeitamente alcançado por outras formas – nomeadamente a simples declaração de a hipoteca se destinar a garantir um débito do próprio procurador, o qual até podia ser constituído *ex novo* mediante novação; ou, noutros termos, a referência ao facto de o bem onerado se destinar a acautelar dívida de terceiro – uma pessoa com a diligência de um homem médio, ou de um bom pai de família, não deixaria de estranhar e de realizar diligências para apurar a real intenção da constituinte[966]. Nestes termos, o tribunal deveria ter considerado existir falta de poderes de representação. Isto, porquanto um declaratário normal, colocado na posição do real declaratário, certamente, não poderia concluir que uma procuração para contrair empréstimos e dar bens em garantia compreenderia a competência para celebrar uma escritura na qual o representante, na base da afirmação de um empréstimo inexistente[967], confessasse uma dívida, também, inexistente[968]. Tudo, com o fito de garantir uma dívida do procurador. Para isso bastaria, sublinhe-se novamente, e se os poderes para tanto fossem suficientes, a configuração da hipoteca como destinada a garantir dívida de terceiro. É, aliás, a própria Relação a afirmar, expressamente, num passo por nós já transcrito, como, conforme se infere do texto da procuração, esta foi outorgada para o constituído, em nome da representada, comprar quaisquer bens móveis ou imóveis, hipotecários, pedir empréstimos dando em garantia a hipoteca de quaisquer bens imóveis. Em lugar nenhum se concede a possibilidade de confessar créditos ou celebrar empréstimos que todos sabem não existir; ou mesmo legitimidade para garantir dívidas de terceiro. Compreende-se, por isso, e com a devida vénia, mal a afirmação do tribunal segundo a qual, ao outorgar a escritura de mútuo com hipoteca, o terceiro não conhecia nem tinha o dever de conhecer a desconformidade entre os poderes de representação (traduzida, no entender do tribunal, numa hipótese de abuso de representação) e o negócio representativo.

Em qualquer caso sempre se constata como as considerações proferidas pela Relação, relativamente ao abuso de representação, nos colocam, uma vez mais, perante uma simples hipótese de interpretação negocial. O poder formal dentro do qual o agente teria agido seria, de acordo com quanto afirma o tribunal – aliás, repise-se, de forma contraditória com o defendido noutros locais do aresto –, o conferido pela procuração. Procuração a qual, no entanto, seria objecto de uma simples interpretação literal ou gramatical, desligada da vontade e intenção do constituinte ao conferir os poderes representativos. Semelhante vontade e intenção apenas interviriam para determinar a existência, ou não, de uma hipótese de abuso de representação. Porém, o processo de determinação da vontade do autor de determinada declaração jurídica mais não é do que precisamente interpretação negocial. Interpretação, a qual forma, naturalmente, em si mesma, uma unidade indivisível. A compartimentação do processo de determinação do sentido da lei ou de um qualquer acto de auto-

---

[966] A estranheza e o receio deveriam, inclusivamente, manter-se mesmo que fosse o próprio titular do bem a outorgar pessoalmente a escritura e a declarar algo que, quer ele quer o credor beneficiário sabiam ser falso.

[967] Circunstância esta de todos conhecida.

[968] Facto este também de todos conhecido.

nomia privada obedece a quadros puramente conceptualistas os quais devem ser definitivamente abandonados, sob pena de se perpetuar o irrealismo metodológico[969]. Quando a Relação se refere à existência de competências formais de representação, está a fazê-lo na sequência de um processo de interpretação por ela levado a cabo – aliás a nosso ver, e com o devido respeito, mal; conforme se sublinhou já – considerando aspectos meramente literais e gramaticais. Quando se determina a vontade do representado está-se também a interpretar. A cisão dos dois momentos assenta em dados puramente artificiais e insustentáveis.

Finalmente, a conclusão segundo a qual não ficou demonstrado que o terceiro conhecia ou devia conhecer o abuso de poderes situa-se, também ela, ao nível do processo de interpretação. Na verdade, tudo quanto esta afirmação se limita a veicular – embora isso se esconda sob o manto do discurso assumido – é, pura e simplesmente, a valoração[970] segundo a qual não ficou provado, naquelas circunstâncias, que um declaratário normal, colocado na posição do real declaratário, seria capaz de descortinar qual a vontade real do autor da declaração.

E não é outro o sentido de idêntica afirmação – de acordo com a qual não teria ficado demonstrado o conhecimento, ou dever de conhecimento, da existência de abuso de representação – proferida pela Relação do Porto no seu Acórdão de 1 de Fevereiro de 1993 [971, 972]. Basta ver como nesse aresto – não obstante se começar por considerar, à maneira tradicional, haver abuso de representação quando o representante actuar dentro dos limites formais dos poderes outorgados, mas de modo substancialmente contrário aos fins da representação – se constata não haver uma correspondência entre a vontade do representado e o negócio representativo, tendo o constituído excedido conscientemente os seus poderes (sic). Ou seja, e apesar de todo o discurso assumido pelo tribunal no sentido de procurar enquadrar o abuso de representação num conceito ou dogmática específica e própria, afinal, o desmando do procurador mais não

---

[969] Sobre este desfasamento entre os discursos das várias construções jurídicas, com a simultânea assunção da crítica à jurisprudência dos conceitos, de um lado, e a manutenção, apesar de tudo, dos quadros formais legados pelo conceptualismo, e da dogmática jurídica assente na redução dos casos concretos, do outro, v., por todos, Menezes Cordeiro, Da boa fé..., I, pp. 34 e 400 e ss.; Id., Ciência do direito..., pp. 15 e ss.

[970] De resto, e como se tem vindo a acentuar, errada, pois, recorde-se uma vez mais, o tribunal declara, expressamente, extrair-se do texto da procuração um sentido insusceptível de cobrir o negócio representativo celebrado pelo procurador neste caso concreto.

[971] Acórdão da Relação do Porto, 1-2-1993 (Azevedo Ramos), in Colectânea de Jurisprudência, 1993, XVIII, 1, pp. 219 e ss. (mandato e procuração – revogação da procuração – pluralidade de procurações – abuso de representação – doações a incapazes – aceitação).

[972] Os factos em análise eram, entre outros, os seguintes: por procuração pública lavrada em 30/5/1977, o autor concedeu, a uma sua irmã, poderes de representação para designadamente «fazer e aceitar doações, com as cláusulas e condições que entender por convenientes». Em 1988, o autor e sua mulher concederiam novamente à ré, poderes para «fazer doações». Com base na primeira procuração, a procuradora faria doação, a favor de seus netos, de um conjunto de bens pertencentes ao constituinte. O constituinte pediria, então, a declaração de ineficácia do negócio representativo, alegando, entre outros aspectos, a existência de um abuso de representação.

seria do que uma situação de excesso de poderes, resultante da circunstância de o teor literal da procuração não corresponder à vontade da constituinte[973].

Nestes termos, não parece, realmente, poder duvidar-se, do facto de, sob o pretexto da referência ao abuso de representação, em jogo estar apenas uma simples hipótese de interpretação negocial. Destarte, a referência à falta de prova do conhecimento – ou do dever conhecer – da ausência de correspondência entre o teor literal da procuração, de um lado, e a vontade real do constituinte, do outro, envolve, apenas, na verdade, e de forma mais ou menos encapotada, a valoração segundo a qual, naquelas circunstâncias, não seria exigível a um declaratário médio que se inteirasse dos verdadeiros propósitos do autor da *procuratio*.

No seu *Acórdão de 13 de Abril de 1994* o *Supremo Tribunal de Justiça*[974] pronunciar-se-ia sobre uma questão resultante da circunstância de um procurador, munido de poderes irrevogáveis, ter celebrado, com os autores, um contrato-promessa de compra e venda de determinada imóvel o qual viria, depois, a vender efectivamente a terceiros. Os autores intentaram uma acção contra os donos do negócio e contra o procurador no sentido de obterem o pagamento de uma indemnização em virtude do incumprimento do contrato-promessa com eles celebrado. O Supremo entendeu que o procurador tinha feito uso abusivo dos poderes de representação por ele detidos[975]. Segundo o tribunal, a lei distinguiria entre excesso de competência representativa, equivalente à sua falta, e abuso dessa mesma competência. Ora, no caso presente, o procurador teria poderes para vender a fracção por ele alienada «a quem e pelo preço que entender». Quanto lhe faltaria, em face desses mesmos poderes, e da ausência de alegação de instruções dos representados em sentido contrário, seria seguramente a legitimidade para praticar o acto ilícito civil em que se traduziu o incumprimento do contrato-promessa e, assim, apesar de haver

---

[973] Na verdade, o tribunal considerou que o autor conferiu competência à procuradora para o representar em todos os actos e termos de qualquer inventário, para fazer partilhas judiciais ou extrajudiciais e vários outros poderes, entre os quais se contam o de *«fazer e aceitar doações com as cláusulas e condições que entender por convenientes»*. É esta uma conclusão extraída, segundo afirma a Relação, da mera leitura da procuração, e, portanto, do simples teor literal da mesma, mas, depois, desmentida por todos os outros factos dados por assentes, e os quais não podem deixar de ser tomados em consideração em qualquer processo de interpretação de um negócio jurídico. Com efeito, o tribunal começaria por constatar, como pela análise da procuração se vê constarem os poderes de simples formulário impresso no próprio documento procuratório, onde apenas é preenchido o cabeçalho com indicação da data e identificação e morada dos intervenientes. O aresto em análise reconhece, igualmente, ter sido a procuração outorgada à constituída, por solicitação desta, para assim poder efectuar a escritura de partilhas por óbito dos pais dela e do representado. Finalmente, afirma-se, expressamente, no texto da sentença não ter o principal jamais manifestado à representante a vontade ou desejo de fazer qualquer doação dos bens efectivamente doados aos netos da representante. Tudo para se concluir como perante este quadro, a procuradora agiu de modo substancialmente contrário aos fins da representação, *«excedendo conscientemente os seus poderes»*. O sublinhado é nosso.

[974] *Acórdão do Supremo Tribunal de Justiça, 13-4-1994* (José Martins da Costa), in *Colectânea de Jurisprudência, Acórdãos do Supremo Tribunal de Justiça*, 1994, II, 2, pp. 47 e ss. (procurador do promitente vendedor – abuso de representação – responsável pela indemnização).

[975] *Idem*, p. 49.

actuado dentro dos limites formais dos poderes conferidos, ele teria ultrapassado os seus fins em termos reprováveis e ilegítimos, ou seja, com abuso dos mesmos[976].

Uma análise mais profunda da argumentação do Supremo Tribunal de Justiça revela, a nosso ver, e com a devida vénia, assentar ela, exclusivamente, num simples jogo de palavras. Repare-se como o tribunal afirma a existência de poderes formais por parte do representante mas, depois, e ao mesmo tempo afirma como *«em face daqueles poderes»* o procurador não tinha legitimidade para praticar o acto ilícito civil[977], numa conclusão reforçada pela inexistência de instruções por parte dos representados no sentido de admitir a venda realizada em violação do contrato-promessa anteriormente celebrado[978] – ou seja a inexistência de dados que permitissem concluir no sentido segundo o qual era vontade dos donos do negócio que o acto fosse celebrado. Mas, se em face dos próprios poderes de representação, se deveria concluir no sentido da carência de legitimidade do representante para a prática do negócio de alienação gerador do incumprimento do contrato previamente outorgado é, porque, o representante, afinal, não tinha a competência, nem sequer formal, afirmada pelo Supremo. A referência feita, no aresto, à falta de legitimidade do procurador não faz senão confirmar isso mesmo. É que a ser verdadeira a doutrina da abstracção da procuração, e a confirmarem-se os poderes formais distintos da materialidade subjacente à representação, então, não pode deixar de se admitir, também, a existência, nos casos de abuso de representação não relevantes perante terceiros, de uma autêntica e verdadeira legitimidade por parte do constituído, não obstante o seu desmando. É claramente esse o ensinamento de LABAND[979, 980]. Quando muito essa real legitimidade poderia ser paralisada por uma excepção, mas não negada. Termos estes os quais permitem constatar como, afinal, também nesta hipótese, os tão propalados poderes formais não têm qualquer consistência e correspondem, no máximo, ao resultado de uma interpretação meramente literal ou gramatical da *procuratio*. Interpretação essa a qual seria dobrada, depois, por um outro processo realizado e assumido de

---

[976] A estas considerações do tribunal segue-se a afirmação, a nosso ver não muito facilmente compreensível, de que *«Tal abuso não era nem devia ser do conhecimento dos autores, desde logo porque isso não se alegou nem se mostra razoável supor que eles tivessem concordado com a venda da fracção a terceiros, pelo que os negócios realizados pelo (...)»* procurador *«(...) produziram os seus efeitos jurídicos na esfera jurídica dos demais réus, de harmonia com a regra geral consignada no artigo 258.º do Código Civil».* Em contrapartida, não se faria qualquer referência ao conhecimento, ou dever de conhecimento, por parte do *tertius* constante do artigo 269.º do Código Civil.

[977] *Acórdão do Supremo Tribunal de Justiça, 13-4-1994* (José Martins da Costa), in *Colectânea de Jurisprudência, Acórdãos do Supremo Tribunal de Justiça*, 1994, II, 2, p. 49.

[978] *Idem.*

[979] V., *supra*, Parte I, Cap. IV, parágrafo 3.

[980] Acerca das contradições de que padecem as teses que defendem provocar o abuso de representação uma falta de poderes ou legitimidade representativa e, ao mesmo tempo, sustentam a visão labandiana do fenómeno representativo com a respectiva independência do *posse* diante do *licere* cfr. quanto se escreve *supra* no presente parágrafo e designadamente as considerações a propósito da evolução verificada no pensamento de Enneccerus acerca do abuso da competência representativa.

forma totalmente separada e à parte dela, e marcado pela consideração das várias circunstâncias que rodearam a concessão dos poderes e a celebração do negócio representativo e que não é, também ele, mais do que simples *interpretatio*. Assumida a necessária unidade entre as duas fases ou momentos do trabalho hermenêutico, verifica-se como em causa está, pura e simplesmente, uma vez mais, uma prosaica questão de interpretação da vontade do representado e da conformidade do negócio representativo com ela. Tudo com a consequência já diversas vezes afirmada da ausência de autonomia dogmática entre o abuso de representação e a falta ou excesso de poderes. Afinal, o abuso configura-se, também neste caso, como uma mera hipótese de falta ou excesso de competência representativa[981].

No *Acórdão de 5 de Dezembro de 1994* a *Relação do Porto* interviria numa questão relacionada com o chamamento à autoria de um procurador o qual havia celebrado actos em violação do mandato e das instruções conferidas[982]. Os factos eram os seguintes: os autores celebraram com os réus um contrato-promessa de compra e venda de determinado prédio urbano. Mais tarde os réus outorgaram procuração através da qual conferiam competência a um advogado, a quem concediam poderes irrevogáveis e no interesse de um dos autores, para vender pelo preço e condições tidas por convenientes o referido imóvel. No uso da referida procuração o representante outorgaria escritura de compra e venda do prédio em questão com um terceiro. Os promitentes compradores intentaram, então, acção de declaração de nulidade do contrato titulado pela mencionada escritura por se tratar de um contrato simulado. Mais pediram que se marcasse dia e hora e cartório notarial para os réus aí comparecerem a fim de executarem o contrato prometido e reclamarem o pagamento, por parte dos réus, de uma indemnização por danos morais. Os réus chamariam à acção o procurador mas o seu pedido foi indeferido. Recorreram, por isso, para a Relação do Porto, da decisão de não chamamento. Esta entendeu que para

---

[981] O que o tribunal deveria, a nosso ver, e com a devida vénia, ter feito, era discutir se os compradores tinham, ou deviam ter, conhecimento do abuso de representação (ou da falta de poderes) nos termos do artigo 269.º do Código Civil. A ser levada a cabo essa tarefa ela não apresenta, a nosso ver, qualquer autonomia relativamente à verificação do cumprimento do ónus de diligência que vai pressuposto no artigo 236.º, n.º 1, do Código Civil (a este respeito cfr. *infra* quanto se escreve no final do presente parágrafo). Contudo, o tribunal não encetaria qualquer trabalho de verificação do estado de conhecimento dos terceiros adquirentes. Na verdade, e conforme se referiu já, o colectivo preferiu considerar, numa opção para nós difícil de se compreender, que o negócio representativo vinculava os representados, de acordo com a regra geral do artigo 258.º do Código Civil, porquanto o abuso não era nem devia ser do conhecimento dos autores da acção. Esta circunstância não impede, todavia, de ver em toda a argumentação tendente à fixação dos fins e termos do poder de representação um verdadeiro processo de interpretação. Verifica-se, apenas, e sempre com a devida vénia, na nossa perspectiva, uma incorrecção na forma como o tribunal justifica e apura se o sentido da declaração procuratória e da vontade do representado é ou não oponível ao terceiro contraente.

[982] *Acórdão da Relação do Porto, 5-12-1994* (Ribeiro de Almeida), in *Colectânea de Jurisprudência*, 1994, XIX, 5, pp. 226 e ss. (chamamento à autoria – mandato de interesse comum – excesso ou abuso do mandato fazendo-se repercutir na esfera do mandante negócio só querido pelo mandatário).

decidir a questão colocada se mostrava necessário apreciar o conteúdo da procuração, junta aos autos, através da qual os chamantes atribuíram poderes ao chamado de os representar na venda de um imóvel[983]. Essa apreciação permitiria concluir no sentido segundo o qual o procurador-mandatário não cumpriu o mandato e as instruções dadas e, destarte, praticou um acto *«excessivo ou mesmo abusivo»* ao fazer repercutir na esfera do mandante um negócio por eles não querido[984]. Uma vez mais se constata, assim, como não obstante todas as proclamações teóricas, na prática se verifica a ausência de uma clara distinção entre excesso de poderes ou abuso dos mesmos[985, 986].

Em *Acórdão de 24 de Junho de 1997* a *Relação de Coimbra*[987] seria confrontada com um litígio no qual os autores demandavam os réus no sentido de pedirem a execução específica de um contrato-promessa de um bem imóvel entre ambos celebrado. Os réus defenderam-se alegando que o contrato havia sido celebrado por procuração. Ora essa procuração tinha sido passada no convencimento obtido ardilosamente pelo *procurator*, o qual se ameaçava suicidar, de que os poderes se destinavam a servir apenas de garantia de um empréstimo a ser concedido ao próprio constituído. Mais foi dado como provado que os compradores visitaram o local a vender dissimulando a sua qualidade de potenciais compradores. Foi também provado possuir o imóvel a vender valor superior a 70 000 contos quando o preço de venda, estipulado no contrato-promessa,

---

[983] *Idem*, p. 227.

[984] Por isso, os réus teriam direito de regresso contra o chamado caso viessem a perder a acção principal, o que justificaria, no entender da Relação, plenamente, o chamamento.

[985] Neste caso, o abuso, que parece concebido como uma espécie de superlativo ou algo mais do que o simples excesso de poderes, resultaria, se bem vimos, e embora isso não seja dito claramente (ao contrário o tribunal chega, a certa altura, a afirmar a irrelevância externa das instruções, apesar de o não fazer quanto ao mandato) do desrespeito, precisamente, pelas instruções dadas pelo dono do negócio e pelo mandato.

[986] Face ao teor do Acórdão parece legítima a dúvida sobre se o tribunal, ao falar em comportamento excessivo ou abusivo, não está a situar-se exclusivamente no âmbito da esfera interna e a qualificar apenas o incumprimento do mandato. Julgamos, todavia, não ser esse o caso. Parece, desde logo, despropositado falar-se, como faz a Relação, em excesso de poderes (*«não só não cumpriu o mandato como exorbitou os poderes que lhe foram conferidos»* é uma das expressões empregues) quando em mente se tem apenas o mandato e não a competência representativa. Por outro lado, convém não esquecer como o incumprimento do *mandatum* não foi qualquer um. Ele traduziu-se, antes, e precisamente, no facto de o procurador ter feito determinado uso dos poderes representativos em moldes que levam (ou podem levar) a repercutir na esfera do mandante um negócio jurídico por eles não querido. Por último, e ainda na perspectiva do tribunal, a prova segundo a qual o acto é excessivo ou mesmo abusivo resulta da própria *procuratio*. São as seguintes as palavras da Relação: *«Outorgando a escritura de venda a um terceiro, e no dizer dos chamantes, o mandatário – chamado – não só não cumpriu o mandato como exorbitou os poderes que lhe conferiram e as instruções dadas, fazendo assim repercutir na esfera dos mandantes um negócio que por eles não foi querido. (...) É evidente que os mandantes têm o direito de ser indemnizados pela prática de tal acto, excessivo ou mesmo abusivo, por parte do mandatário. (...) A anulação e indemnização peticionadas foi causada pela atitude do mandatário chamado. (...) Não se compreenderia, de outro modo, que a procuração tivesse sido passada no interesse do José Luís, promitente comprador.»*

[987] *Acórdão da Relação de Coimbra, 24-6-97* (Pires da Rosa), in *Colectânea de Jurisprudência*, 1997, XXII, 3, pp. 39 e ss. (desequilíbrio das prestações – abuso de representação).

correspondia apenas a 35 000 contos. Perante isto, a Relação de Coimbra entendeu estar-se perante uma situação de abuso de representação. Isto porquanto embora «(...) *formalmente a procuração contivesse poderes para vender quaisquer bens sitos no concelho da Figueira da Foz, como era o caso, a verdade provada é que a procuração em causa apenas foi passada e entregue (...) com o fim de garantir um empréstimo a conceder (...)*» ao *procurator* e «*com o compromisso de devolução após a liquidação de tal empréstimo*». Noutros termos, «*actuando dentro dos limites formais dos poderes conferidos (...)*» o representante «(...) *actuou todavia de modo substancialmente contrário aos fins da representação (...)*».

A questão que se punha, portanto, era apenas a de saber se esta actuação contrária ao fim da representação e à vontade das constituintes se repercutia, ou não, sobre a esfera jurídica dos terceiros adquirentes com a consequente ineficácia do negócio representativo. Noutros termos, importava saber se era, ou devia ser, do conhecimento dos compradores a contrariedade entre o fim da competência representativa e o negócio celebrado pelo procurador. A resposta foi, de forma muito clara e decidida, em sentido positivo: os promitentes adquirentes deviam pelo menos estar cientes da referida contrariedade.

Trata-se, todavia, de uma conclusão claramente obtida pelo tribunal em sede de interpretação e com apelo aos padrões decorrentes do artigo 236.º, n.º 1, do Código Civil, com ponderação da ambiência existente ao tempo da concessão da procuração e do circunstancialismo verificado em torno da utilização da *procuratio*. Padrões esses os quais levariam, definitivamente, e na perspectiva do tribunal, um declaratário normal, colocado na posição do real declaratário, a não aceitar como bons, para aquele acto concreto, os poderes constantes da procuração por atentos os respectivos fins[988, 989].

---

[988] Ou se se preferir, e noutra perspectiva, padrões que deveriam levar um declaratário de boa fé a não considerar o negócio representativo como compreendido, ou ajustado aos poderes constantes da procuração; ou, ainda, a não tomar o negócio representativo como conforme com a vontade subjacente à concessão da procuração.

[989] O circunstancialismo descrito no Acórdão permite até colocar a hipótese de os promitentes adquirentes saberem não ser a vontade real do dono do negócio a de vender qualquer bem, termos estes em que, logo de acordo com os artigos 236.º, n.º 1, e 238.º, n.º 2, deveriam ter concluído pela insuficiência dos poderes representativos para a celebração do negócio representativo. Transcrevem-se para maior elucidação as palavras da Relação: «*Um comprador cauteloso e leal, um comprador adoptando uma conduta "honesta e leal, correcta própria de uma pessoa de bem" ou seja um comprador de boa fé (...) certamente ter-se-ia perguntado por que razão uma propriedade valendo 70 000 contos estava a ser vendida por metade do preço, por que razão pessoas como o Dr. (...) sua mulher e cunhada, bem conhecidas na Figueira da Foz, bem conhecidas dos AA., estavam a vender por metade do preço uma propriedade que é casa de habitação desse conhecido médico que a vem conservando com gosto próprio de quem a quer conservar, não tendo necessidade nem desejo de a vender, onde passa grande parte dos seus períodos de descanso, férias e lazer, onde habita todos os anos de Junho a Outubro com os seus nove filhos (...). Perguntar-se-iam a si próprios das razões e, seguramente, iriam perguntar delas a estas pessoas que bem conheciam e de quem iriam receber bens por um preço de metade do valor real. Pessoas que estavam na Figueira da Foz, que viviam naquilo que iam vender, que facilmente podiam ser contactadas e que estavam representadas por alguém que tem o trajecto que acaba por ser descrito no Acórdão criminal junto aos autos (e o comportamento de pessoas desse tipo são sempre do conhecimento público do meio onde se desenrolam). (...) Em vez de se perguntarem e de perguntarem os seus vendedores, que fizeram os AA? (...) Visitaram a Quinta (...) alegando que queriam ver a piscina porque estavam interessados na construção de*

Avisadamente andou, destarte, o *Supremo Tribunal de Justiça* no seu *Acórdão de 3 de Outubro de 1978*[990]. Nesse aresto o tribunal seria chamado a pronunciar-se sobre uma questão na qual as partes envolvidas em determinado litígio acabaram por colocar termo ao mesmo, na acta de discussão e julgamento, por transacção devidamente homologada. Todavia, a ré viria a interpor recurso da sentença homologatória por considerar, designadamente, que o mandato outorgado não continha poderes para aquele acto, pois era restrito a dispensá-la de comparecer na audiência preparatória, no caso de tal ser ordenado. Estaríamos assim – e se se utilizassem os quadros dados por assentes quer pela nossa jurisprudência quer pela nossa doutrina – de acordo com o alegado pela ré agravante, diante de um caso de abuso de representação, porquanto o procurador teria actuado no contexto da respectiva competência formal mas substancialmente contra os fins da representação. Perante o teor do Acórdão não parece, todavia, que a representada tenha alguma vez feito, no seu recurso apelo expresso a esta figura. Tal como o não faria, também, o Supremo. Na verdade, este tribunal não afirmaria nunca a existência de um qualquer poder formal de representação, nem procuraria determinar quais os fins de semelhante poder – e se eles tinham, ou não, sido observados e respeitados pelo representante. Tudo se desenrolaria num plano simplesmente interpretativo, assumido de forma global e unitária. Na verdade, por aplicação directa do artigo 236.º, n.º 1, do Código Civil, e com consideração de todo o circunstancialismo do caso concreto[991], sublinhar-se-ia, apenas, não ser possível, face

---

uma *análoga (...). Nunca os autores entraram em contacto com as rés no sentido de confirmarem os poderes (...). Os autores evitaram fazer a escritura na Figueira da Foz, combinando a sua feitura na Nazaré. (...) Prometeram comprar a um "rapaz" de 26 anos (passe o "preconceito" da expressão, todavia, aqui inteiramente justificado), que se apresenta a negociar em nome de sua mãe e de sua tia a Quinta onde ambas residem, em plena cidade da Figueira da Foz, por metade do seu valor real de 70 000 contos. (...) E não cuidaram de saber as razões do negócio. Ao contrário, deliberadamente escamotearam o conhecimento dele a uma das representadas vendedoras, e foram à Nazaré fazer a escritura do contrato-promessa para evitarem fazê-la na Figueira onde naturalmente tudo seria mais claro por mais conhecidas as pessoas contratantes. (...) É óbvio que deste comportamento anda arredio qualquer resquício de boa fé negocial.»*

[990] *Acórdão do Supremo Tribunal de Justiça, 3-10-1978* (Rui de Matos Corte-Real), in *Boletim do Ministério da Justiça*, 1978, 280 (abuso de representação – interpretação de negócio jurídico – matéria de direito).

[991] Em particular o Supremo afirmaria que «*(...) não tendo criado a lei processual qualquer tentativa de conciliação como acto autónomo, no processo declarativo ordinário, mas apenas subordinada a certos actos processuais – artigos 508.º e 509.º, n.º 1, e 300.º, n.º 4, do Código de Processo Civil – não pode concluir-se do passo em causa, da referida procuração, que a concessão de poderes especiais para transigir estivessem condicionados e restritos a qualquer desses actos processuais autónomos, mas apenas à tentativa de conciliação que o juiz levasse a efeito, em qualquer altura do processo e que a lei lho permitisse, ou mesmo da iniciativa das partes ou dos seus respectivos mandatários. (...) Se se quisesse restringir a concessão desses poderes à conciliação a tentar na audiência preparatória, quando esta se verifica, então, deveriam dizê-lo mais explicitamente, fazendo-lhe expressa referência. De facto, ou os réus estavam bem cientes da tramitação processual e, então, tinham de restringir esses poderes de forma mais clara e precisa; ou não estavam, e, nessa altura, temos como se decidiu no douto acórdão recorrido, que eles quisessem apenas conceder esses poderes para qualquer altura em que se tentasse a conciliação. (...) E não se diga que apenas se teve em vista evitar a ida da ré à audiência preparatória, pois o réu marido também concedeu tais poderes e não se alegou que também o fosse com igual finalidade. (...) Temos, pois que o Acórdão recorrido fez boa interpretação e*

ao trecho da procuração cuja extensão se discutia, concluir no sentido de que a concessão de poderes especiais para transigir respeitasse, tão-só, à tentativa de conciliação.

Igualmente num simples plano interpretativo de determinação da extensão dos poderes conferidos ao representante se desenrolaria o *Acordão da Relação de Évora de 27 de Fevereiro de 1992*[992]. Nesse aresto debateu-se uma questão resultante da utilização de uma procuração na qual eram, entre outros, concedidos ao representante poderes para avalizar letras. No uso dessa procuração o constituído viria a avalizar, efectivamente, uma letra que nada tinha a ver com os negócios da representada. Esta alegou existir, por isso, uma situação de falta de poderes, na modalidade de excesso de representação, porquanto a competência representativa se encontraria limitada à possibilidade de prática de actos representativos os quais tivessem que ver com os negócios do representante. Apesar de se estar perante uma situação tradicionalmente considerada como paradigmática de abuso de representação[993] o tribunal limitar-se-ia a considerar[994], por aplicação das regras gerais de interpretação, e depois de admitir a possibilidade de a relação subjacente poder intervir para modular a procuração, como no caso em apreço um declaratário normal colocado na posição do real declaratário se não aperceberia da limitação invocada pela representada.

Esta proximidade ou correspondência entre o abuso de representação, de um lado, e o excesso ou falta de poderes, do outro, que temos vindo a constatar – e à qual aludia já, nos primeiros tempos de vigência do Código Civil, CAVALEIRO DE FERREIRA num passo que revelava a fina sensibilidade e intuição do autor mas que permaneceria sem a divulgação e audiência devidas[995] – compreende-se facilmente quando se procura fixar ou delimitar o alcance do «dever de

---

aplicação da lei, não tendo violado (...) os artigos 236.º, n.º 1, e 238.º do Código Civil». Constata-se, pois, e conforme se sublinhou já, não ter o tribunal dado por assente a existência de determinados poderes formais a cargo do procurador, para depois ir, num segundo momento, indagar dos fins da representação; se eles tinham ou não sido violados; e se a existir desrespeito pelos fins o terceiro devia ter tido conhecimento da infracção cometida pelo representante. A solução final foi exclusivamente encontrada através da aplicação, de modo unitário, das regras relativas à interpretação do negócio jurídico.

[992] *Acórdão da Relação de Évora, 27-2-1992* (Mateus da Silva), in *Colectânea de Jurisprudência*, 1992, XVII, 1, pp. 284 e ss. (falta de poderes de representação – excesso – interpretação da procuração).

[993] Cfr., por exemplo, a jurisprudência tudesca citada *supra* neste parágrafo, onde situações como esta são consideradas como casos de abuso de representação.

[994] Embora invocasse para isso a circunstância de a representada não ter alegado nunca a existência de abuso de representação antes se limitando a referir a falta de poderes.

[995] Recorde-se uma vez mais a circunstância de Cavaleiro de Ferreira, *Depósito...*, in *Scientia...*, XIX, pp. 272 e 273, ter escrito «(...) O excesso de mandato é tratado no Código Civil de 1967 como abuso de representação no seu artigo 269.º (...)». Mesmo assim cfr. Oliveira Ascensão, *Teoria...*, III, p. 325, e IV, p. 239, numa orientação de que todavia parece, se bem vimos, afastar-se no seu *Direito...*, II, pp. 260 e 261.

conhecer o abuso»[996], pendente sobre a contraparte do negócio representativo por força do disposto no artigo 269.º do Código Civil.

---

[996] Conforme afirma a propósito Guichard Alves, *Notas...*, in *Revista...*, pp. 35 e ss., nota (64), a referência a este respeito a um dever corresponde a um simples modo expedito e cómodo (o qual se utiliza com alguma frequência) de dizer as coisas. Na situação por nós agora considerada, como em tantas outras nas quais a lei concede relevância ao conhecimento ou ao dever conhecer, não existe qualquer dever em sentido técnico (assim também e do mesmo autor, *Da relevância...*, p. 39). Basta verificar, tal como sublinhado por Guichard Alves, como a não aquisição da ciência devida ou a não realização de uma actividade de indagação a ela tendente não constituem, em regra, qualquer «acto ilícito». A actividade de indagação com vista a conhecer não é, na generalidade dos casos, imposta por lei, nem conduzida no interesse alheio, e tão-pouco a sua não observância originará uma sanção na verdadeira acepção da palavra. Assim é, na verdade, no caso específico do artigo 269.º do Código Civil, norma perante a qual não parece exacto falar de um comportamento ilícito ou da violação de um verdadeiro dever quando o terceiro desconhece o desmando cometido pelo representante. A questão que se pode pôr é, como lembra Guichard Alves, a de saber se não se poderá utilizar a este respeito a expressão colhida em Reimer Schmidt, *Die Obliegenheiten. Studien auf dem Gebiet des Rechtszwanges im Zivilrecht unter besonderer Berücksichtigung des Privatsversicherungsrechts*, Karlsruhe, 1953, *passim*, designadamente, pp. 102 e ss., e ainda pp. 123 e ss., a propósito da protecção aparente, maxime, da procuração tolerada, pp. 134 e 286 (autor que fala ainda em «violação de um encargo» ou *«analog rechtswidrigen Verhalten»*; expressões sugestivas mas as quais como lembra o autor português – v., também, Karl Larenz, *Lehrbuch des Schuldrechts*, 14.ª ed., Munique, 1987, I, p. 540, nota (2) – não são exactas), de «dever de menor intensidade», ou ainda de solicitação ou exigência de determinado comportamento no próprio interesse ou ónus material ou encargo (cfr., a este respeito, Hans Josef Wieling, *Venire...*, in *Archiv...*, 176, pp. 345 e ss.; Menezes Cordeiro, *Da boa fé...*, II, pp. 765 e ss.; e Guichard Alves, *Da relevância...*, pp. 40 e ss.; Id., *Notas...*, in *Revista...*, pp. 36 e 37, nota (64); José Carlos Brandão Proença, *A conduta...*, pp. 501 e ss.). Aceitamos a tese e a argumentação de Guichard Alves quando recorda como, ao falar-se, a propósito do conhecimento, em ónus ou encargos, se estaria a supor um comportamento e a sua correspondente imputação. Só que o conhecimento não constitui qualquer acção ou comportamento no sentido usual do conceito na linguagem jurídica. O conhecimento traduz-se, conforme sublinhado pelo autor, num «estado» (contra a qualificação do conhecimento ou dever de conhecimento como um comportamento v. na literatura jurídica alemã, designadamente, Rita Wetzel, *Die Zurechnung des Verhaltens Dritter bei Eigentümsstörungstatbeständen*, Tubinga, 1971, pp. 46 e 47; e Eberhard Schilken, *Wissenszurechnung...*, p. 55, cujo ensinamento estaria na base de grande parte das considerações e argumentos de Guichard Alves). E não se pode afastar sequer a qualificação referida, como pretendem diversos autores (v., Eberhard Schilken, *Wissenszurechnung...*, p. 55), atendendo, não ao conhecimento em si, mas ao processo a ele tendente. Essa perspectiva é descartada pela consideração segundo a qual quanto releva, em praticamente todas as situações, é o estado subjectivo existente no momento, ou seja, à altura da realização da *factie-species* legal, sendo irrelevante o modo como o sujeito em causa a ele chegou. Conforme refere a propósito Schilken, tudo isto parece mesmo particularmente claro. Onde poderia residir o ónus ou encargo depois de o conhecimento já existir? Quando muito, e conforme afirma de novo Schilken, poder-se-ia extrair, a partir do conhecimento existente, um ónus ou encargo de praticar ou omitir determinado comportamento. Nessa hipótese, porém, e tal como nota Guichard Alves, está-se já a pressupor o conhecimento prévio. Desse modo, o conhecimento ou a sua realização não podem ser objecto de qualquer encargo. As coisas passam-se, porém, diferentemente, quando se trata da obrigação de conhecimento. Na verdade, fala-se com frequência a este respeito de um dever de indagação ou investigação (*Nachforschungspflicht*) no sentido de um verdadeiro ónus ou encargo (entre nós v., por exemplo, Menezes Cordeiro, *Da boa fé...*, I, p. 524, para quem

pode considerar-se que as regras de conduta implicadas na boa fé subjectiva visam concretizar um dever de informação ou de concretização, face à realidade que rodeia o sujeito actuante no espaço jurídico. Tal dever de informação seria, ele próprio, instrumental em relação à regra material do não atingir as realidades básicas, perante as quais há que agir com esclarecimento: não é por preocupação intelectual – escreve Menezes Cordeiro – que o Direito recorre à técnica proporcionada pela boa fé subjectiva, mas por pretender salvaguardar a ordem global por ele prescrita. Cfr., também, Oliveira Ascensão, *Teoria...*, IV, p. 193, onde o autor considera a violação operada por agente de má fé sempre ilícita, provocando, nos termos gerais, a aplicação das regras da responsabilidade civil. Em sentido diverso v., porém, e para além de Guichard Alves, a título meramente indicativo, Reinhard Richardi, *Die Wissensvertretung*, cit. in *Archiv...*, 169, pp. 385 e ss., p. 390. Dúvidas parece manifestar Maria de Lurdes Pereira, *Os estados...*, in *Revista...*, XXXIX, 1, p. 162, nota (78)). E de facto temos algumas hesitações sobre se, ao menos no caso do abuso de representação, a recusa de equiparação defendida – para efeitos de qualificação ou determinação da respectiva natureza jurídica, e em termos de regra – designadamente por Schilken e Guichard Alves, entre ciência efectiva e dever de conhecimento é, ou não, procedente. Não nos parece suficiente, por si só, para resolver o problema, o argumento avançado pelo último dos dois autores, segundo o qual a concepção do «dever de conhecimento» como um ónus, ou encargo ou mesmo, em sentido próprio, como um autêntico *Nachforschungspflicht*, conduziria a diferenciar – encarando sob perspectivas diferentes – o conhecimento efectivo do «dever de conhecer», os quais deveriam ser valorados identicamente. Na verdade, o legislador pode perfeitamente submeter – e submete de facto – realidades diversas a juízos e apreciações coincidentes. Mais convincente nos parece a afirmação feita por Schilken e retomada por Guichard Alves, segundo a qual, ao menos em muitos casos de «dever de conhecimento», parece não se assistir àquele pressuposto do ónus ou encargo – ao qual Reimer Schmidt, *Die Obligenheiten...*, pp. 52 e ss. e 76 e ss., chamava de *teleologische Zwangswirkung* (efeito teleológico obrigatório ou necessário) – traduzido num nexo ou relação entre a possibilidade de alcançar certo resultado (a vantagem ou a não ocorrência da desvantagem), através da adopção de determinado comportamento, e esse mesmo comportamento que é em regra o desejado ou a lei pretende suscitar, apesar de não impor. É, de facto, e para retomar um exemplo proposto quer por Schilken quer por Guichard Alves, difícil conceber-se a possibilidade de aquisição a *non domino* como um estímulo para alguém empreender indagações ou investigações sobre a real titularidade de outrem acerca de determinados bens. Em contrapartida, e contra quanto defendem Schilken, *Wissenszurechnung...*, p. 56, e Raúl Guichard Alves, *Notas...*, in *Revista...*, p. 37, nota (64); Id., *Da relevância...*, p. 42; não temos dificuldade alguma em qualificar como um verdadeiro ónus material ou encargo o «dever», que o comprador o dono da obra têm, de denunciar, dentro de certo prazo, os vícios existentes (assim, também, Menezes Cordeiro, *Tratado...*, I, p. 145; Id., *Idem*, 2.ª ed., p. 189). E, pelo menos, controversa nos parece a qualificação do dever de conhecimento referido no artigo 269.º do Código Civil. Guichard Alves, *Notas...*, in *Revista...*, XXXVII, pp. 37 e 38, nota (35), afirma é certo, numa asserção indiscutível, não parecer apropriado que a lei, com a irrelevância do abuso de representação, quando ele não seja conhecido ou não exista um «dever» nesse sentido, tenha intencionado, em primeira linha, a realização pelo terceiro contraente de indagações ou investigações acerca do «correcto» exercício dos poderes por parte do representante. A resposta já não será, porém, necessariamente a mesma se a pergunta for outra. Na verdade, parece que, na qualificação jurídica do dever de conhecimento constante do artigo 269.º do Código Civil, a interrogação feita por Guichard Alves deve ser substituída pela seguinte questão: com a relevância externa do abuso de representação quando ele devesse ser conhecido o legislador não quis, também, sujeitar o *tertius* à necessidade de se inteirar da exacta extensão dos poderes representativos e seus limites? Desrespeitado o dever de conhecer não desaparece a possibilidade de o terceiro invocar a tutela da aparência que lhe era concedida pelo artigo 269.º?

Indiscutivelmente pouco rigorosa parece, isso sim, a expressão muito divulgada, e porventura por nós próprios já empregue, de «desconhecimento culposo ou negligente», ou culpa contra si próprio (a respeito desta noção v., *supra*, Parte II, Cap. I, parágrafo 2). Igualmente inaceitável nos parece a orientação para a qual propendem, designadamente, Hupka, *Die Vollmacht...*, pp. 60 e ss.; Rosenberg, *Stellvertretung...*, pp. 247 e ss.; e, de forma mais expressiva ainda, Reinhard Richardi, *Die Wissensvertretung*, cit., in *Archiv...*, 169, pp. 390 e 402, segundo a qual a *ratio* da relevância do conhecimento ou dever de conhecimento se poderia encontrar, afinal, na proibição do *venire contra factum proprio*. Com esta posição pretende-se sublinhar como aquele que, perante uma situação de conhecimento ou, ao menos de cognoscibilidade, de uma determinada situação de facto, ao invocar a sua situação de ignorância actua contraditoriamente. Trata-se, contudo, de uma perspectiva insusceptível de ser aceite (assim, também, Schilken, *Wissenszurechnung...*, pp. 56 e 57). Para que de «*venire*» se pudesse falar era necessário deparar-se com uma paralisação, por força das regras da boa fé, de efeitos jurídicos os quais de facto se produziram. Isso sucede quando o exercício de um direito ou situação jurídica realmente existente está em contradição com um comportamento prévio do respectivo titular e, assim, aparece como injusto (cfr., por todos, Menezes Cordeiro, *Da boa fé...*, II, pp. 742 e ss.; e Schilken, *Wissenszurechnung...*, p. 57). Não é isso que acontece, designadamente na hipótese do artigo 269.º. Aí a lei submete de forma extremamente expressiva e plástica o abuso de representação conhecido, ou ao menos cognoscível, do terceiro ao regime da representação sem poderes. Ou seja, o terceiro não chega sequer a ser titular de uma qualquer pretensão ou comportamento o qual seria depois paralisado pelo seu comportamento contraditório. Uma outra tentativa de explicação (cfr., Guichard Alves, *Da relevância...*, p. 43; Id., *Notas...*, in *Revista...*, XXXVII, p. 38, nota (64); e também, Eichler, *Die Rechtslehre vom Vertrauen, Privatrechliche Untesuchung des Schutz des Vertrauens*, Tubinga, 1950, pp, 92 e ss.; Rita Wetzel, *Die Zurechnung...*, p. 49) embora em termos que a aproximam muito da posição anterior, defende não significar o dever de conhecimento senão o conjunto de circunstâncias de que depende a consideração, segundo a valoração do legislador, como justo ou adequado o facto de alguém, desconhecedor de certas realidades, ser tratado como quem dispõe do conhecimento. Julgamos, todavia, preferível o ponto de vista expresso por Schilken, *Wissenszurechnung...*, p. 57, autor segundo o qual as consequências do conhecimento, ou do dever de conhecimento, se explicam em razão de o sujeito afectado ou atingido não carecer da protecção dispensada pela lei – a quem ignora determinadas circunstâncias – sob a forma de concessão de determinadas vantagens jurídicas, porquanto estava ele próprio – em razão do respectivo conhecimento ou da indagação que lhe competia fazer – em condições de garantir a sua protecção. Aliás, entre nós, o próprio Raúl Guichard, *Da relevância...*, p. 90, acaba, posteriormente, por concluir nesse mesmo sentido. Cfr., também, Hammel, *Wann wirkt...*, in *Juristische...*, 1933, p. 2876; Larenz, *Allgemeiner Teil...*, p. 599; Schramm, *Münchener...*, I, comentário ao § 164, p. 1426; Id., *Idem*, 4.ª ed., comentário ao § 164, pp. 1667 e ss.; Hübner, *Allgemeiner...*, p. 537. Na jurisprudência tudesca pode ver-se, no sentido segundo o qual, quem conhecia ou devia conhecer o abuso e, por ser negligente não retira daí as devidas consequências, não merece ser protegido na respectiva confiança, *Bundesgerichtshof, 28. Februar 1966*, in *Zeitschrift für Wirtschaft und Bankrecht, Wertpapier-Mitteilungen*, 1966, pp. 494 e ss.; *Bundesgerichtshof, 5. Dezember 1983*, in *Neue Juristische Wochenschrift*, 1984, 37, p. 1462; *Bundesgerichtshof, 18. Mai, 1988*, in *Idem*, 1988, 41, p. 3013. Contra a tese – que não está todavia aqui em causa por se procurar resolver apenas a questão do dever de conhecer no âmbito do abuso de representação – defendida por Guichard Alves, *Da relevância...*, pp. 90 e ss. (v., *op. cit.*, também pp. 24 e 25, e 46 e ss.), de ser possível encontrar um fundamento comum para todas as hipóteses normativas de relevância do conhecimento na ideia segundo a qual o sujeito que

Na Alemanha, e na ausência de uma qualquer norma na qual se contemple ou regule o abuso de representação, o debate acerca do ónus de diligência pendente sobre a outra parte no negócio representativo centra-se, fundamentalmente, em torno de quatro grandes teorias ou orientações[997], às quais fizemos, aliás, já alusões várias.

A primeira reclama, pelo menos, e para o negócio representativo se poder considerar ineficaz, *große Fahrlässigkeit* (negligência grosseira) por parte do terceiro no desempenho ou cumprimento do respectivo dever de conhecimento. A segunda fica-se pela *leichte Fahrlässigkeit* (negligência ou culpa leve). A terceira toma como critério a evidência ou notoriedade do abuso. Finalmente a quarta apenas atribui relevância à ciência efectiva do abuso de representação[998].

---

conhece não carece de protecção por se encontrar em condições de se proteger-se a si mesmo, pode ver-se, Maria de Lurdes Pereira, *Estados...*, in *Revista...*, XXXIX, 1, p. 188, nota (143).

[997] Assim, também, Raúl Guichard Alves, *Notas...*, in *Revista...*, pp. 39 e ss.

[998] A última destas teorias apoia-se fundamentalmente na ideia de abstracção ou autonomia integral da procuração relativamente ao negócio subjacente. Deste modo, o conhecimento efectivo do desmando cometido pelo *procurator* corresponderia, nos termos do § 853 do *BGB,* a uma simples excepção insusceptível de comprometer a regra geral. O risco do abuso deveria pender sobre o representado, não sobre o terceiro, e a simples negligência deste no desconhecimento do comportamento abusivo não se mostraria capaz de pôr em causa a legitimação – entendida em moldes labandianos – do representante. Há não obstante um conjunto de autores que põem em destaque como o interesse do *tertius,* em caso de desconhecimento negligente, não se mostra tão merecedor de tutela quanto o do representado. Além disso, sublinha-se a dificuldade de prova do conhecimento efectivo, enquanto simples estado interno (a respeito desta característica do conhecimento cfr., por todos, Guichard Alves, *Da relevância...*, pp. 10 e ss.) e, destarte, fora da percepção imediata e directa das outras pesssoas. As divergências fazem-se, então, sentir, e conforme se deu já nota, relativamente ao grau de diligência a exigir à contraparte. Uns, colocando também eles o acento tónico na necessidade de preservar o princípio da abstracção da procuração, insistem na necessidade de apenas se poder recusar eficácia ao negócio representativo quando em causa estiver uma situação de negligência grave ou grosseira (Enneccerus-Nipperdey, *Allgemeiner Teil...*, I, II, p. 1125, nota (25); Fischer, *Mißbrauch...*, in *Gesellschaftsrecht...*, pp. 15 e 17 [este autor procede, todavia a uma distinção: nos casos em que se verifica uma simples contrariedade entre o comportamento do representante e a vontade do representado apenas o efectivo conhecimento, por parte do terceiro, do abuso relevaria; – na eventualidade de haver dolo por parte do representante já bastaria a negligência grosseira]; Soergel-Leptien, *Bürgerliches...*, I, comentário ao § 177, pp. 1375 e 1376; Id., *Idem,* 13.ª ed., comentário ao § 177, pp. 645 e 646. V., também, quanto escreve Dittmar, *Mißbrauch...*, p. 38). Outros defendem a teoria flumiana da evidência do abuso (v. *supra* quanto se escreveu a este respeito no presente parágrafo). A diferença entre as duas orientações será, todavia, menos significativa de quanto poderia parecer, sendo que, para ambas, faltará, não apenas, a necessária base legal como, ainda, a imprescindível coerência interna – porquanto acabam por fatalmente implicar numa negação (em maior grau no caso de maior evidência do abuso de representação) do pressuposto da abstracção do poder de representação do qual partem. Quem propugna a tese segundo a qual a mera ignorância negligente gera a ineficácia do negócio representativo fá-lo motivado pela consideração segundo a qual, por se assistir a uma actuação censurável do terceiro, não há razão para sobrepor a respectiva tutela à do dono do negócio (Nitzsche, *Die Überschreitung...*, p. 41; Hammel, *Wann Wirkt...*, in *Juristische...*, 1933, p. 2876; Tank, *Der Mißbrauch...*, in *Neue...*,

Se no direito alemão a limitação da relevância externa do abuso de representação aos casos de negligência grosseira ou ao critério da «evidência dos limites», preconizada por FLUME, já se afigura problemática, à luz do nosso ordenamento, perante a letra do artigo 269.°, idênticas posturas parecem realmente mais complicadas, para não dizer condenadas[999].

Aceita-se, todavia, a afirmação segundo a qual a apreciação da culpa ou intensidade do ónus de diligência do *tertius* se deve fazer de maneira circunstanciada e tendo em consideração, designadamente, o facto de uma indagação rigorosa da relação jurídica interna se mostrar, frequentemente, incompatível com as exigências de segurança e celeridade do tráfego jurídico por não dispor o terceiro de meios

---

1969, 22, p. 10). A jurisprudência quer do *Reichsgericht* quer do *Bundesgerichtshof* manifestou-se, até certa altura, de forma estável, a favor da relevância externa do abuso de representação em caso de negligência leve do *tertius*. Com o decorrer do tempo os tribunais alemães acabaram, todavia, por invocar também a doutrina da evidência do abuso de representação embora, na prática, continuassem a exigir apenas negligência leve. Aliás, e como nota Raúl Guichard Alves, *Notas...*, in *Revista...*, p. 42, na esteira de uma referência a este respeito feita por Tank, *Der Mißbrauch...*, in *Neue...*, 1969, 22, p. 10, de certo modo mais importante do que determinar o grau de diligência devida pelo *tertius* é a fixação da intensidade do dever de conhecimento. Fixados os seus limites e demarcado o respectivo conteúdo seria questão relativamente secundária pretender ver-se na sua desatenção negligência grosseira ou, apenas, leve. Refira-se, de passagem como a distinção entre culpa ou negligência grave ou grosseira, de um lado, e leve, do outro, tem sido aceite pelos nossos civilistas sobretudo a propósito de saber se são ou não admissíveis as cláusulas de exclusão ou limitação da responsabilidade civil. Assim pode ver-se, por exemplo, Pinto Monteiro, *Cláusulas limitativas e de exclusão da responsabilidade civil, Suplemento ao Boletim da Faculdade de Direito*, Coimbra, 1985, XXVIII, *passim*, e pp. 57, 93 e 227 (com indicações) onde se aponta o renascer da noção de culpa grave; Id., *Cláusula penal...*, pp. 235 e ss.; Calvão da Silva, *Responsabilidade Civil do Produtor*, Coimbra, 1990, pp. 208 e 209, nota (3); e Pedro Romano Martinez, *Cumprimento defeituoso, em especial na compra e venda e no contrato de empreitada*, Coimbra, 1994, pp. 498 e ss. (cfr., também, a respeito das várias graduações da culpa, Rui de Alarcão, *Direito das Obrigações*, com a colaboração de Sousa Ribeiro, Sinde Monteiro, Alemeno de Sá, e Brandão Proença, Coimbra, 1983, pp. 266 e 267; Sinde Monteiro, *Responsabilidade...*, p. 567; Menezes Cordeiro, *Da responsabilidade...*, pp. 414 e 415, 418 e 433). No sentido de que o Código Civil pretendeu afastar em princípio, a distinção escolástica entre a culpa grave, culpa leve e a culpa levíssima, cfr., Antunes Varela, *Anotação ao Acórdão do Supremo Tribunal de Justiça, de 7 de Novembro de 1985*, in *Revista de Legislação e Jurisprudência*, 124, pp. 49 e ss., maxime p. 88 e ss., tida pelo autor como de nítido sabor conceptualista. A verdade, porém, é que a distinção acaba por estar claramente presente no artigo 18.°, als. c) e d) do D.L. n.° 446/85, relativo às cláusulas contratuais gerais. Para uma articulação deste preceito com o disposto no artigo 809.° do Código Civil cfr. a anotação de Antunes Varela agora mesmo citada.

[999] Em sentido aproximado pode também ver-se Raúl Guichard Alves, *Notas...*, in *Revista...*, p. 43. Cfr. igualmente quanto se escreveu *supra*, neste parágrafo, a propósito da tese defendida por Tietz acerca do abuso de representação, autor o qual chega todavia a resultados bem diversos dos nossos. V., também, e finalmente, Stoll, *Der Mißbrauch...*, in *Festschrift...*, p. 127, onde o jurista alemão afirma ser possível um cruzamento entre o problema do abuso de representação e o da interpretação dos poderes representativos ou, se se preferir, da fixação das respectivas fronteiras.

reais para controlar o âmbito da relação jurídica subjacente à procuração. Por isso, conforme salientam, designadamente, TANK[1000] e, entre nós, GUICHARD ALVES[1001], deve admitir-se um certo grau de confiança do terceiro nos poderes do representado tal como parecem resultar da procuração. Contudo, o *tertius* não deve fechar os olhos perante circunstâncias indiciadoras da existência de um comportamento do representante desconforme com a vontade ou limites impostos pelo representado[1002]. Face à existência de indícios nessa direcção haverá que envidar esforços para apurar a real situação[1003].

O grau de diligência exigível ao terceiro, quer na verificação e apreensão das circunstâncias relevantes, quer nas eventuais indagações posteriores, deve apurar-se assim, em abstracto, objectivamente[1004]. Interrogar-se-á, portanto, se uma contraparte normal e correcta – o que implica desde logo uma certa atenção pelos interesses e vontade do representado –, colocada naquelas circunstâncias, se aperceberia do «abuso dos poderes» do representante[1005]. A nossa lei recorre a um critério semelhante em várias outras ocasiões (cfr. artigo 487.°, n.° 2, e 799.°, n.° 2, do Código Civil)[1006]. Mas mais importante, trata-se precisamente da mesma directriz consagrada pelo nosso legislador em matéria de interpretação das declarações negociais (artigos 236.°, n.° 1, do Código Civil)[1007, 1008]. Deve, pois, concluir-se em definitivo no

---

[1000] Tank, *Der Mißbrauch...*, in *Neue...*, 1969, 22, p. 10.

[1001] Raúl Guichard Alves, *Notas...*, in *Revista...*, p. 43.

[1002] Em sentido não muito distante v., Raúl Guichard Alves, *Notas...*, in *Revista...*, p. 43.

[1003] *Idem.*

[1004] *Idem.*

[1005] *Idem.*

[1006] *Idem*, p. 44.

[1007] *Idem.* No mesmo sentido mas sem referir o ensinamento de Guichard Alves, Helena Mota, *Do abuso de representação...*, p. 168.

[1008] Também em sede de interpretação das declarações negociais se impõe, na verdade, um ónus ou encargo de investigação ou indagação por parte do declaratário no sentido de apurar qual a vontade do autor da declaração (assim, também, v., Ferrer Correia, *Erro e interpretação...*, pp. 186 e 190, onde se escreve (...) «*ao declaratário é imposto o dever de penetrar, tanto quanto possível, no pensamento real do autor da declaração*»; Carvalho Fernandes, *Conversão...*, pp. 44 e 45; e Paulo Mota Pinto, *Declaração...*, p. 208 e nota (80). Isso mesmo decorre da referência constante no artigo 236.°, n.° 1, ao declaratário normal. Há que ver aí uma pessoa com a razoabilidade, sagacidade, ciência e diligência medianas, considerando as circunstâncias que ela tinha conhecido e o modo como teria reagido e pensado perante elas, mas figurando-a na posição do real declaratário. Ou seja acrescentando as circunstâncias por este conhecidas (mesmo se o declaratário normal delas não estivesse ciente – designadamente devido à circunstância de o real declaratário ser portador de uma cultura superior à média) e a maneira como aquele concreto declaratário poderia a partir delas ter depreendido um sentido declarativo. O padrão do declaratário normal obsta, destarte, à invocabilidade pelo declaratório da compreensão real concreta do comportamento do declarante, o qual pode não resultar da observância e respeito de *standards* médios correspondentes àquele ónus de diligência. Trata-se, tudo, de aspectos devidamente sublinhados por Paulo Mota Pinto, *Declaração...*, p. 208, e nota (80), onde se destaca, ainda, como perante este cenário não se afigura exacto afirmar não se encontrar consagrado na lei portuguesa qualquer ónus ou dever de diligência para recolher elementos interpretativos como quer, por exemplo, Castro Mendes, *Teoria...*, II, p. 248, nota (617); como inexacto é sustentar não ter a lei ido ao ponto de exigir um esforço do destinatário no sentido de apurar a vontade real do declarante exigindo-se-lhe, tão-só, boa fé traduzida no efectivo desconhecimento da vontade real (mas v., Oliveira Ascensão, *Direito civil...*, II, p. 164). Aquele ónus de diligência e esta exigência de descoberta da real intenção do autor da declaração resultam, conforme refere a propósito Paulo Mota Pinto, precisamente do critério do declaratário normal (assim, também, Pires de Lima e Antunes Varela, *Código...*, I, comentário ao artigo 236.°, p. 223, os quais escrevem: «*A normalidade do declaratário, que a lei toma como padrão, exprime-se não só na capacidade para entender o texto ou conteúdo da declaração, mas também na diligência para recolher todos os elementos que, coadjuvando a declaração, auxiliem a descoberta da vontade real do declarante*»), que não pode deixar de se referir a um arquétipo normativo de diligência mediana, e constituem, além disso, tal como acentuado por Carvalho Fernandes, *A conversão...*, pp. 44 e 45, a contrapartida do ónus de expressão clara, pendente sobre o agente. E nem se alegue consagrar a nossa lei uma teoria objectivista quanto à interpretação dos negócios jurídicos, razão pela qual o ónus de diligência não teria por objectivo conduzir à vontade real do autor da declaração do dono do negócio, antes impondo, apenas, uma investigação do sentido objectivo que dela resulta, pois, mesmo quando assim fosse, a cognoscibilidade – ou o conhecimento acidental – daquela intenção do agente não pode deixar de afectar a impressão do destinatário juridicamente relevante (nesta mesma direcção Paulo Mota Pinto, *A declaração...*, p. 212, o qual – aliás já de acordo com o ensinamento de Vaz Serra, *Anotação ao Acórdão do Supremo de Justiça de 3-3-1970*, in *Revista de Legislação e Jurisprudência*, 1971-1972, 104, p. 113, nota (1); e *Acórdão da Relação do Porto, 8-1-1991* [Matos Fernandes], in *Colectânea de Jurisprudência*, 1991, XVI, 1, pp. 217 e ss. [interpretação da declaração negocial – negócios formais] – sublinha também que a doutrina do artigo 236.°, n.° 2, do Código Civil resultaria já, na maioria dos casos do artigo 236.° n.° 1. Logo a simples vontade real meramente cognoscível do declaratário será já relevante, embora o autor não deixe de favorecer uma compreensão objectivista do negócio jurídico em termos por nós não partilhados. Na defesa de que o sentido intencionado pelo n.° 1 do artigo 236.°do Código Civil é o pretendido pelo declarante v., Castro Mendes, *Teoria...*, II, p. 248; Heinrich Hörster, *A parte...*, pp. 509 e 510; Carvalho Fernandes, *Teoria...*, II, pp. 347 e ss.; e Pedro Pais de Vasconcelos, *Teoria...*, I, pp. 307 e ss.). V., ainda, as interessantes considerações tecidas por Angelo Falzea, *Manifestazione (teoria generale)*, in *Enciclopedia del Diritto*, 1975, XXV, pp. 469 e ss., onde o autor distingue entre declaração, de um lado, e manifestação, do outro, considerando que a primeira assume um carácter objectivo e a segunda conduz a um significado subjectivo. Atenta a circunstância de o artigo 236.°, n.° 1, remeter para o critério do declaratário normal colocado na posição do real declaratário, impondo, destarte, ao destinatário, certo ónus de esclarecimento, não parece despropositado considerar que o preceito em referência remete na verdade para a manifestação em sentido amplo (não se trata aqui de considerar as simples manifestações) – e não apenas para a declaração – que está por detrás de determinado negócio jurídico. Neste sentido, a interpretação seria feita objectivamente mas tendo em vista um fim subjectivo que passa pela determinação da vontade do declaratário (no nosso direito acerca da categoria da manifestação *stricto sensu* e sua eventual contraposição, ou não, à declaração de vontade v., Mota Pinto, *Declaração...*, pp. 450 e ss., e 519 e ss.). A utilização deste critério de indagação fixado no artigo 236.° acaba, afinal, por nos remeter para a culpa leve: a ineficácia do negócio abusivo é invocável perante quem, com negligência leve, desconheceu o desmando do representante. É que o tipo de diligência utilizado ou referido

sentido da aproximação do reconhecimento do abuso de representação ao processo de interpretação dos negócios jurídicos e da actuação abusiva a um comportamento com falta de poderes de representação aferido justamente em função do fim da representação e interesses do representado[1009] tal como resultantes do negócio gestório[1010, 1011, 1012, 1013].

---

naquele preceito é o do homem normal, de diligência mediana, e quem não a observa comete a chamada *culpa levis*. Assim, Vaz Serra, *Culpa do devedor ou do agente*, in *Boletim do Ministério da Justiça*, 1957, 68, p. 38, o qual escreve: «*O tipo médio e abstracto de diligência é o do* bonus pater familias, *isto é, do homem normal, de diligência média: aquele que não observa essa diligência comete a chamada culpa leve.* (...) *Se a negligência exceder o mínimo de diligência, que até os homens medianamente negligentes adaptam, assume ela um aspecto particularmente grave: trata-se então da chamada culpa lata ou grave ou grosseira.*» Não tem, pois, razão Helena Mota, *Do abuso de representação...*, pp. 166, nota (298) e 168, ao exigir uma negligência grosseira, por parte do *tertius*, no desconhecimento do abuso de representação para o *dominus* se poder desvincular, sobretudo atendendo ao facto de a autora acabar por fazer alusão ao artigo 236.º do Código Civil – o que só por isso já envolve uma contradição com a exigência de negligência grosseira – enquanto padrão de diligência devido pelo terceiro. Fica, assim, comprometida a posição de quantos, como Hübner, *Allgemeiner...*, pp. 537 e 538, numa última tentativa, para manter ainda um esboço da ideia de abstracção da procuração perante a figura do abuso de representação, consideram apenas relevar este em caso de negligência grosseira do *tertius* ou de uma evidência do abuso de representação.

[1009] Acerca de quanto se deva entender por interesses do representado v. *infra*, Parte II, Cap. IV.

[1010] Assim, também, Raúl Guichard Alves, *Notas...*, in *Revista...*, p. 44, embora de forma um pouco mais atenuada. Na doutrina alemã, e num fenómeno de resto nem sempre fácil de compreender atenta a divulgação da ideia de abstracção da procuração, encontra-se amplamente divulgada a ideia de que, na verdade, o abuso de representação mais não é do que uma hipótese de falta ou excesso de poderes. Nessa direcção pode referir-se a título exemplificativo Nitzsche, *Die Überschreitung...*, *passim*, maxime pp. 39 e ss., para além das várias referências feitas *supra* neste parágrafo ao estudarmos as tentativas de solução endógenas, propostas pelos autores tudescos para o problema do abuso de representação, com particular destaque para as respeitantes a Kipp e Tietz. Não deixa, ainda, de ser interessante notar, como, mesmo antes da consolidação da figura do abuso de representação no espaço juscultural germânico, o local próprio para se debater a admissibilidade ou inadmissibilidade da figura era, com frequência, o capítulo ou parágrafo dedicado à interpretação da procuração e, designadamente, a levada a cabo à luz do fim da representação. Assim pode ver-se por, exemplo, Hupka, *Die Vollmacht...*, pp. 175 e ss., maxime pp. 186 e ss.. O caso deste autor é tanto mais curioso quanto, conforme se referiu já antes, ele rejeita – num passo por nós, oportunamente, transcrito – a importância ou interesse do abuso de representação (entendido este como uma actuação do representante dentro do *Können* ou *posse* representativo mas com violação ou ofensa dos interesses do representado para cuja defesa havia sido designado o representante) e do fim subjacente à outorga dos poderes, para, depois, ao tratar a questão da relevância, ou irrelevância, do fim da procuração para a interpretação da mesma, acabar por admitir (*op. cit.*, cfr., pp. 190 e 191) como, em certas circunstâncias, o terceiro, actuando de boa fé, não pode deixar de ter presente e considerar a impossibilidade de o principal, ao outorgar o poder de representação, ter tido intenção de consentir em determinado negócio. Apesar de o poder se encontrar concebido de forma ilimitada existe aí, afirma, uma extralimitação que faz com que o principal não fique obrigado por certos negócios. A esfera de determinação do constituído não seria pois, assim, absolutamente livre, nem mesmo tratando-se de um poder outorgado sem limitações. Em Itália pode ver-se no sentido segundo o qual uma vez afirmada a causalidade do poder de representação não faz mais sentido distinguir-se entre abuso e excesso de poderes, Natoli, *La rappresentanza...*, pp. 118 e 119.

[1011] É, aliás, curioso, repise-se, notar as dificuldades sentidas pelos autores que defendem a separação entre o abuso de representação, de um lado, e a falta e excesso de poderes, do outro, em manterem uma linguagem capaz de exprimir com rigor essa separação. Na verdade, e conforme já devidamente sublinhado antes, com enorme frequência, depois de formuladas as definições de abuso de representação, em moldes susceptíveis de lhe conferir foros de figura dotada de autonomia dogmática própria, os autores acabam por utilizar, como forma de ilustrar o abuso de representação, uma terminologia, afinal, própria dos casos de falta ou excesso de competência representativa e, nessa medida, se traduz na negação verbal das enunciações teóricas e formulações conceptuais por eles assumidas. Cite-se, aqui e agora, apenas, o exemplo proporcionado por Cunha de Sá, *Abuso...*, pp. 332 e ss.; e por Carvalho Fernandes, *A conversão...*, p. 866, o qual apesar de definir o abuso de representação como um caso de actuação, por parte do representante, formalmente dentro do âmbito dos poderes que lhe foram conferidos, mas para um fim não ajustado àquele em função do qual eles se constituíram (*Teoria...*, II, p. 180), utiliza, entre outras, a seguinte expressão «se se tivesse mantido dentro do domínio dos seus poderes» para referir comportamentos qualificados como abusivos e, portanto, atenta a definição proposta pelo Ilustre Professor, sempre actos compreendidos formalmente dentro da competência representativa.

[1012] Esta conclusão traz consigo consequências importantes a vários níveis. Em primeiro lugar, entendido o problema do abuso de representação como uma questão de falta de correspondência entre o negócio representativo e a vontade do autor da procuração; e visto o processo de reconhecimento do comportamento abusivo como uma simples tarefa de verificação da existência de poderes representativos susceptíveis de cobrirem ou conferirem legitimidade a determinado comportamento do representado, desaparece o último argumento, com algum eventual cabimento, na defesa da tese – já antes debatida a propósito das soluções avançadas nesta matéria pelos tribunais alemães (cfr. quanto se escreveu a este respeito *supra* no presente parágrafo) – segundo o qual para o abuso de representação assumir eficácia externa se mostra necessário o dolo do representante. Esse argumento seria o de que, se se prescindisse da intenção ou consciência do representante, se acabaria por considerar abusivo todo e qualquer negócio susceptível de, depois de celebrado, se vir a revelar, em consequência do risco próprio da actividade negocial, como prejudicial para o representado. Ainda quando esta objecção colhesse perante a tradicional definição do abuso de representação – como uma actuação contida formalmente no âmbito dos poderes (formais) de representação, mas para um fim não ajustado àquele em função do qual eles se constituíram – (o que se não dá de barato) ela mostrar-se-ia totalmente deslocada uma vez compreendido o abuso como uma simples hipótese de falta de poderes e o seu reconhecimento como um procedimento de interpretação da vontade do *dominus*. Aliás, entre nós, já Cunha de Sá, *Abuso...*, p. 233, chamava a atenção para a circunstância de a exigência de consciência do abuso por parte do representante se reflectir, não numa protecção do representado, nem numa tutela do representante (o qual sendo o negócio válido será responsável para com o dono do negócio pelos prejuízos causados), mas apenas da outra parte, mesmo quando esta conhecesse ou devesse conhecer o excesso, e se aproveitasse da inconsciência do representante. Ora, e conforme sublinha Cunha de Sá, é a isto mesmo, precisamente, que o artigo 269.º do Código Civil vem obstar: não faria, na verdade, sentido com a *ratio* deste preceito que a protecção da parte com quem o representante abusivamente celebrou o negócio representativo fosse até ao ponto de impor a validade deste na hipótese de ela conhecer, ou dever conhecer, o abuso, apesar de o procurador não ter representado mentalmente que estava a ir contra o fim da procuração ou contra as instruções que lhe foram transmitidas acerca do exercício dos poderes de representação. Em sentido equivalente cfr., igualmente, Raúl Guichard Alves, *Notas...*, in *Revista...*, pp. 46 e 47. A tudo isto deve juntar-se, ainda, a circunstância de ser praticamente impossível ao representado provar se o representante tinha, ou não, consciência de estar a cometer um abuso sendo que os conceitos, num dado hermenêutico hoje reconhecido, dependem também do seu funcionamento (assim por todos, Menezes Cordeiro, *Da boa fé...*, I, p. 514, mas, também, *op. cit.*, pp. 36, 38, 1172; *Tendências...*, in *Revista...*, 1987, n.os 9 e 10, pp. 7 e ss.; Id., *Lei...*, in *Polis...*, 3, cols. 1046 e ss., maxime cols. 1060 e 1061; Id., *Tratado...*, I, I, pp. 82 e 83; Id., *Idem*, 2.ª ed., pp. 115 e 116; Castanheira Neves, *Interpretação...*, in *Polis...*, pp. 651 e ss., maxime pp. 699 e 702). Apesar de tudo, entre nós, pode ver-se a favor do requisito do dolo ou consciência do representante enquanto pressuposto da eficácia externa do abuso, Vaz Serra, *Contrato consigo...*, in *Revista...*, 100, p. 178; Pires de Lima e Antunes Varela, *Código...*, 4.ª ed., I, comentário ao artigo 269.º pp. 249 e 250; Rui Pinto, *Falta...*, p. 62; Helena Mota, *Do abuso de representação...*, pp. 143 e ss. (mas a autora parece, com o respeito que se consigna, estar a confundir um mau uso dos poderes de representação com uma situação de abuso [empregam-se expressões como o procurador prever que o negócio pode não agradar ao representado, habilidade, mau negócio, etc.]. Aliás, Helena Mota acaba por confessar [*op. cit.*, p. 129, nota (254)] como, afinal, os casos para os quais exige um conhecimento efectivo por parte do representante enquanto requisito de relevância do abuso são, afinal, hipóteses em que nem sequer há uma actuação abusiva do representante. O facto de o representado ficar desprotegido com esta exigência é algo que, segundo afirmação expressa da autora, a não impressiona. A isto cumpre, com a devida vénia, responder da seguinte forma: se não há actuação abusiva, então, nem mesmo perante a consciência ou realização do representante de poder estar a fazer um mau negócio é ao *dominus* permitido desvincular-se. Se nos pretendermos manter dentro dos quadros do abuso de representação sempre se deverá perguntar, com a devida vénia, e sob pena de se estar a dar um péssimo exemplo de jurisprudência dos conceitos, qual o factor ou interesse susceptível de, perante a má fé do terceiro, mesmo assim, assegurar a respectiva protecção. E não é o pressuposto – várias vezes repetido ao longo da tese de Helena Mota, mas a nosso ver sempre indemonstrado – segundo o qual é o representado quem deve correr o risco de um abuso de representação, a fornecer a resposta. Esse risco só pode naturalmente existir, e só faz sentido, perante terceiros de boa fé, pelo que se o argumento esgrimido for esse, ou se incorre em petição de princípio ou numa manifestação exemplar de jurisprudência conceptual. Por isso, insistimos, e face à materialidade dos interesses em jogo, diante do conhecimento ou dever de conhecimento, por parte do *tertius* – e, destarte, numa situação na qual não há boa fé – não se vê qual o motivo para exigir a consciência do abuso por parte do representante. Convém, por último, recordar como a fecharem-se as portas do abuso de representação naqueles casos nos quais o representante não tem consciência de estar a actuar abusivamente sempre se deveriam abrir as do erro pelo que, ao fim e ao cabo, a necessidade de consciência de pouco serviria. Mas mais. A exigência feita por Helena Mota, no sentido de o representante dever ter consciência do abuso de representação, não andará dissociada da tentativa encetada pela autora, mas conforme se viu, a nosso ver, insusceptível de ser levada a bom porto, de enquadrar o abuso de representação na figura mais ampla do abuso de direito, entendido este nos moldes das teorias internas [v. *infra*]. Na verdade, Helena Mota [*op. cit.*, p. 89] faz suas as seguintes palavras de Pires de Lima e Antunes Varela: «*tal como no abuso de direito (artigo 334.º) é requisito essencial que o direito exista e só o seu exercício seja abusivo, também no abuso de representação é indispensável que haja representação e que o representante tenha excedido os seus poderes.*» Demonstrada já a improcedência da tese segundo a qual o abuso de representação seria de reconduzir ao abuso de direito, cai pela base mais esta argumentação da autora, sendo todavia, sempre de sublinhar a circunstância de a ausência de conhecimento do desmando não ser exigida por todos quantos defendem a integração da actuação abusiva do representante no abuso de direito); Helena Brito, *A representação...*, p. 161; João Espírito Santo, *Sociedades...*, p. 448, nota (1211); enquanto, na jurisprudência, se podem referir: *Acórdão da Relação de Coimbra, 10-3-1987* (Castanheira da Costa), in *Colectânea de Jurisprudência*, 1987, XII, 2, pp. 67 e ss. (desequilíbrio de prestações – abuso de representação – ineficácia do negócio representativo – reivindicação) (= *Boletim do Ministério da Justiça*, 1987, 365, p. 706, mas, tão-só com indicação do sumário); *Acórdão da Relação do Porto, 3-3-1988* (Simões Ventura), in *Colectânea de Jurisprudência*, 1988, XIII, 2, pp. 189 e ss. (embargos de executado – abuso de representação – ónus da prova); *Acórdão da Relação de Lisboa, 12-11-1992* (Almeida e Sousa), in *Colectânea de Jurisprudência*, 1992, XVII, 5, pp. 121 e ss. (âmbito dos poderes de representação – interpretação da declaração negocial – outorga de poderes para celebrar contrato de compra e venda – celebração de contrato-promessa), numa exigência há largos anos abandonada pelos tribunais tudescos. A segunda consequência da equiparação do reconhecimento do abuso de representação à interpretação da declaração negocial reside na circunstância de sobre o representante existir, de facto, um ónus de diligência, nos termos previstos para a interpretação dos negócios jurídicos, de recolher elementos interpretativos capazes de, dentro de certos limites, verificar se a actuação do representante é, ou não, conforme com o fim e os limites impostos pelo representante. Outra implicação importante prende-se com a articulação entre os artigos 269.º e 238.º ambos do Código Civil. Sendo o problema do abuso de representação característico dos casos nos quais existe um documento procuratório, e, destarte, por regra, a procuração é suportada por um documento, poderá perguntar-se se a relevância do negócio gestório, das instruções ou fins da representação, para determinação do abuso de representação não deverá ficar condicionada ao disposto no artigo 238.º do Código Civil. A resposta é a nosso ver negativa. Ao consagrar, em sede de fenómeno representativo, e precisamente para resolver os problemas emergentes da eventual falta de articulação entre o teor formal ou literal da procuração e os fins da representação globalmente considerada (aí se incluindo o negócio gestório, as instruções e o fim do conjunto formado por estes e pela *procuratio*) um preceito cujo resultado útil não é senão aquele que se extrai já do artigo 236.º do Código Civil, o legislador parece não ter querido sujeitar o artigo 269.º às restrições constantes do artigo 238.º, n.º 1. Na verdade, quanto parece resultar da consagração, pelo artigo 269.º do Código Civil, da relevância do negócio gestório e fim global da representação é uma implícita afirmação segundo a qual em caso de representação a vontade real das partes pode sempre determinar a ineficácia do negócio representativo quando os terceiros conhecessem ou devessem conhecer a falta de poderes. Destarte, parece haver, assim, também uma implícita remissão do artigo 269.º para o 238.º, n.º 2. Mas mais do que isso, parece que a própria aplicação do critério fixado no n.º 1 do artigo 236.º do Código Civil não está condicionada pelas limitações do artigo 238.º, n.º 1. O artigo 1178.º, n.º 1, ao estabelecer a aplicação ao mandato com representação do disposto nos artigos 258.º e seguintes, acaba, é certo, por sujeitar a relação gestória à mesma forma da procuração e, dessa forma, retira parcial significado à nossa conclusão. No entanto, sempre parece não deverem as instruções às quais se referem os artigos 1161.º a) e 1162.º do Código Civil obedecer à forma da procuração. Ora quanto a estas, e atento o disposto no artigo 269.º do Código Civil, não se vê razão para não se lhes aplicar o disposto no artigo 236.º, mesmo perante situações de negócio gestório formal. Aliás que o artigo 238.º, n.ºs 1 e 2, não é de aplicar, sem mais, à procuração parece resultar claramente do disposto no artigo 266.º, n.ºs 1 e 2, do Código Civil o qual parece afastar, também, a aplicação simples e directa dos artigos 221.º e 364.º do Código Civil – desde que se observem determinados meios no sentido de dar publicidade à modificação ou cessação da procuração ou tenha havido culpa do terceiro no desconhecimento da respectiva extinção. A respeito da aplicação do n.º 2 do artigo 238.º do Código Civil a casos de representação, mas em sentidos, entre si, não imediatamente convergentes, consulte-se: *Acórdão do Supremo Tribunal de Justiça, 3-10-1978* (Rui de Matos Corte-Real), in *Boletim do Ministério da Justiça*, 1978, 280 (abuso de representação – interpretação de negócio jurídico – matéria de direito); *Acórdão da Relação de Lisboa, 19-3-1985* (Calixto Pires), in *Colectânea de Jurisprudência*, 1985, X, 2, pp. 105 e ss., e 107 (cooperativas de habitação – permuta de posições sociais – poderes contidos numa procuração geral); *Acórdão da Relação de Évora, 27-2-1992* (Mateus da Silva), in *Colectânea de Jurisprudência*, 1992, XVII, 1, pp. 284 e ss.; 286 e 287 (falta de poderes de representação – excesso – interpretação da procuração). Antes da entrada em vigor do actual

Código Civil manifestava-se no sentido de a eficácia de um documento autêntico poder ficar dependente de manifestação de vontade – no caso vertente das instruções dadas pelo representado – anteriores, contemporâneas ou posteriores ao próprio documento e não expressas por forma autêntica, a *Revista de Legislação e Jurisprudência*, 1925-1926, LVIII, pp. 201 e ss.. Por tudo isto que se disse acerca da articulação entre o artigo 238.º do Código Civil com o artigo 269.º, afinal o alcance do artigo 262.º, n.º 2, do Código Civil, já de si limitado pelas regras notariais na matéria, parece ser bastante mais circunscrito de quanto poderia à primeira vista aparentar (para mais referências a propósito da forma da procuração cfr., *infra*). Aproximado o abuso de representação da falta de poderes deixa, além disso, de existir qualquer razão para distinguir, como faz Carvalho Fernandes, *A conversão...*, p. 866, a propósito da conversão dos negócios jurídicos representativos, consoante se esteja perante uma hipótese de abuso ou de ausência de competência representativa. Concordamos com a ideia de que, durante o período no qual ainda pode ocorrer a ratificação do negócio representativo, não é de admitir uma conversão do mesmo (cfr. *supra* quanto se escreve acerca da redução dos negócios representativos), porquanto desajustada aos interesses em jogo. Aceitamos, também, o princípio segundo o qual, mesmo ultrapassada a possibilidade de ocorrência de ratificação, perante uma hipótese de total ausência de poderes não se pode assistir a nenhuma forma de conversão do negócio posto pelo representante. Já não vimos, porém, motivo algum para defender a mesma solução no caso de simples falta parcial ou excesso de poderes, ainda que na forma de um abuso de representação. Na verdade, se, conforme defende Carvalho Fernandes, em abstracto não se vê qualquer objecção séria para, em caso de abuso de representação, afastar liminarmente a possibilidade de conversão, de modo a atribuir ao negócio ineficaz por recusa de ratificação efeitos sucedâneos de quantos o representante poderia desencadear se se tivesse mantido dentro da competência representativa atribuída pela procuração – solução esta a qual, ao menos no tocante ao representado, cujos interesses estão primariamente em causa, não poderia deixar de ser considerada conforme com a sua vontade normal, manifestada precisamente na atribuição de legitimidade capaz de permitir ao *procurator* a prática de um acto susceptível de produzir esses efeitos sucedâneos – também parece não se vislumbrar qualquer motivo, em abstracto, que justifique a impossibilidade de conversão quando se esteja perante uma simples e normal hipótese de parcial excesso de poderes – de modo a passar o negócio convertido a estar compreendido dentro dos limites da competência representativa detida pelo representante (assim, também, Raúl Guichard Alves, *Notas...*, in *Revista...*, XXXVII, p. 7, nota (8)). Sempre em consequência do enquadramento do abuso do representação na falta de poderes, não nos parece de subscrever a afirmação feita por Paulo Mota Pinto, *Aparência de poderes de representação...*, in *Boletim...*, Vol. LXIX, p. 599, nota (19) segundo a qual o artigo 23.º do Decreto-Lei n.º 186/86, de 3 de Julho, não seria de aplicar aos casos de abuso de representação porquanto nessa eventualidade o representante age com poderes (dentro do seu *Können*) apenas agindo materialmente contra os fins da representação (fora do *Dürfen*). Em contrapartida, já aceitamos a asserção segundo a qual no abuso de representação, a boa fé do terceiro contraente está já protegida pelo regime do artigo 269.º: o negócio só é ineficaz no caso de a contraparte conhecer ou dever conhecer o abuso. Ora a cognoscibilidade exclui o merecimento da protecção do terceiro. Só que o mesmo sucede para o caso da falta parcial de poderes de representação. Também aí, o conhecimento ou a possibilidade de conhecimento, deve excluir a necessidade de tutela do *tertius* quer em geral, quer para o artigo 23.º do Decreto-Lei n.º 186/86, de 3 de Julho. Nesses casos, nos quais o *tertius* conhecia ou devia conhecer a falta dos poderes de representação (por ter a obrigação de conhecer a ausência de correspondência entre o sentido por ele atribuído à declaração procuratória e a vontade real do declarante) na medida em que um declaratário normal, colocado na posição do real declaratário, dela se teria apercebido, deverá, sem mais, proceder-se à aplicação do artigo 236.º, n.º 1, do Código Civil e negar-se a tutela conferida pelo artigo 23.º do Decreto-Lei n.º 186/86. É que, também, para a falta parcial de poderes existe, neste último preceito, um regime de protecção do terceiro de boa fé semelhante ao previsto no artigo 269.º Por isso, e das duas uma: ou se entende que verificado o dever de conhecimento da vontade real, e da parcial ausência dos poderes de representação, não é possível aplicar o regime do artigo 23.º do Decreto-Lei n.º 186/86, de 3 de Julho, quer se esteja perante uma situação de abuso de representação quer se depare com uma qualquer outra hipótese de falta parcial de poderes ou de má interpretação do sentido dos mesmos, valendo, então, exclusivamente o disposto nos artigos 236.º e 269.º do Código Civil; – ou se entende que, não obstante, não ter sido respeitado o padrão de diligência exigido pela lei civil, ainda assim, razões ponderosas objectivamente apreciadas, tendo em conta as circunstâncias do caso, justificativas da boa fé do terceiro (entendida em sentido subjectivo, mas em que, porventura, devido a circunstâncias de peso às quais se refere a lei e ao contributo do representado para elas, o dever de conhecimento é inferior ao normal) na legitimidade do agente (e conquanto o representante tenha igualmente contribuído para fundar o investimento do *tertius*) são capazes de levar a imputar ao *dominus* um negócio o qual um declaratário médio se teria apercebido não caber no âmbito dos poderes de representação aparentes. Neste contexto, e a valer esta última hipótese, o sentido do artigo 23.º do Decreto-Lei n.º 186/86, de 3 de Julho, acabaria, em certas circunstâncias especiais, por tutelar o terceiro não obstante este não ter cumprido ónus ou encargo de diligência previsto quer no artigo 236.º, n.º 1, quer no artigo 269.º ambos do Código Civil, e destarte, de certo modo atenuar o rigor desse mesmo ónus. Uma autonomia ou total diferença de planos entre o artigo 23.º do Decreto-Lei n.º 186/86, de 3 de Julho, de um lado, e o artigo 236.º do Código Civil, do outro, verificar-se-á apenas nos casos nos quais não foi concedido pelo dono do negócio nenhum tipo de poderes ao falso representante ou procurador aparente (cfr. a situação apreciada pelo *Acórdão da Relação do Porto, 6-10-1992* [Araújo Barros], in *Colectânea de Jurisprudência*, 1992, XVII, IV, pp. 245 e ss., maxime p. 250 [angariador-comissionista – teoria da aparência – boa fé]). Em qualquer das hipóteses o artigo 23.º não andará, para quem não pretenda esgotar a representação aparente na tolerada, a nosso ver, e sem se reconduzir a ela, muito longe da função delimitativa imposta pelo artigo 334.º, ao tornar ilegítimo o exercício de um direito quando o titular exceda os limites impostos pela boa fé (mas v. as importantes diferenças assinaladas *infra*, Parte II, Cap. IV). Parece-nos, finalmente, que o artigo 269.º desempenhará ainda uma outra função. Num fenómeno ao qual nos referimos já, e é amplamente reconhecido pela doutrina, o representante encarregado de comunicar ao terceiro o âmbito dos seus poderes de representação funcionará como um núncio (v. *supra* e *infra*). Nessa qualificação incorrerá também aquele procurador que deve apresentar ao terceiro um documento com os respectivos poderes. Se existir uma divergência entre o teor daquele e as instruções dadas ao representante, e o *procurator* silenciar perante o *tertius* essas mesmas instruções actuando apenas em conformidade com o documento, seria, em circunstâncias normais, aplicável o regime contido no artigo 250.º do Código Civil. Ao impor, todavia, como condição da relevância do abuso de representação o dever de conhecimento do comportamento excessivo do procurador o artigo 269.º parece ter, ainda, o alcance adicional, relativamente ao artigo 236.º do Código Civil, de circunscrever o âmbito de aplicação do artigo 250.º. Assim, também, perante o § 172 I do *BGB*, Canaris, *Vertrauenshaftung...*, p. 34. Esta conclusão vale também, e com força acrescida para o artigo 266.º do Código Civil. Também ele, aliás, bastante mais próximo, e não obstante as diferenças profundas entre ambos existentes, do § 172 do *BGB*, limita claramente o âmbito de aplicação do artigo 250.º do Código Civil. Perante tudo isto constata-se, claramente, e com o devido respeito, a improcedência da afirmação proferida por Helena Mota, *Do abuso de representação...*, p. 119, nota (221), segundo a qual os resultados a que se chega perante o abuso de representação são ditados pela teoria da abstracção.

[1013] Esta conclusão não é repelida pela circunstância de o legislador utilizar, no artigo 269.º do Código Civil, a expressão abuso. Na verdade, e em bom rigor, toda e qualquer actuação por parte do representante, fora dos respectivos limites pode ser considerada como abusiva. Aliás isso mesmo foi já posto em destaque por Stoll, *Der Mißbrauch...*, in *Festschrift...*, p. 126, o qual refere

Passa-se neste domínio, pois, algo de semelhante, ou não muito distante, do verificado com as chamadas deliberações sociais abusivas. Também aí, e não obstante a terminologia empregue, não há uma via de concretização de um qualquer abuso ou comportamento abusivo mas, tão-só, o apelo a uma interpretação mais cuidadosa das normas em jogo, sem esquecer a sua ponderação sinépica[1014]. Na verdade, no amortizar de quotas por balanços que lhes reduzam o valor, há violação de posições societárias atingidas e não um abuso em sentido próprio[1015]. De igual modo não há que recorrer ao artigo 334.º do Código Civil, subsidiário no direito comercial, para explicar não deverem as decisões maioritárias desrespeitar os sócios minoritários ou ser tomadas por razões em absoluto estranhas aos interesses da sociedade e dos respectivos membros[1016].

XXX – As conclusões agora obtidas valem naturalmente para o chamado caso de abuso de representação por desrespeito das instruções conferidas pelo representado ao representante[1017]. Também aqui

---

como «por abuso» de representação se pode intencionar ou referir toda e qualquer actuação representativa não consentida ou a qual se não deve aprovar. V., também, Oliveira, Ascensão, *Teoria...*, IV, p. 239.

[1014] Expressamente neste sentido pode ver-se, Menezes Cordeiro, *Da boa fé...*, II, p. 888.

[1015] *Idem.*

[1016] *Idem*, e nota (869) onde se escreve: «*A dimensão teleológica na interpretação-aplicação das normas basta, para reconduzir o tema a dimensões que nada têm a ver com o abuso: dos cuidados postos na regulação dos entes societários, resulta a margem de manobra que as decisões, tomadas no seu seio, possam revestir; deve, em especial, ponderar-se um conjunto de aspectos ligados aos institutos em jogo, e que só perderiam com remissões para os abstractos boa fé e bons costumes. O equívoco aqui presente, e que, com raízes na pré-história do abuso de direito, ainda hoje aflora na ch. função social e económica, prende-se com a capacidade revelada por institutos deste tipo para tragarem, para o Direito, áreas, no início a ele estranhas; uma vez dogmatizadas, elas resolvem-se em normas comuns, susceptíveis duma interpretação-aplicação habitual, dispensadora das operações mais complexas requeridas pela boa fé ou pelo abuso.*» Cfr., também, Oliveira Ascensão, *Teoria...*, IV, p. 239, o qual escreve a propósito do abuso de direito: «*Pressupõe-se assim que há direito, mas há também defeito no exercício. É diferente de situações também qualificadas como abuso, como a do abuso de representação (artigo 269.º). Aí, o representante não tem o poder que "exerce".*»

[1017] Na verdade, e conforme se pôde já verificar, importante sector da nossa doutrina e jurisprudência considera existir abuso de representação não apenas quando o negócio representativo não se adequa ao fim da representação, mas, também, na eventualidade de o procurador não observar as instruções transmitidas pelo representante. Assim, cfr., *Sentença do Corregedor de Leiria, 31 de Julho de 1976* (Manuel da Rosa Ferreira Dias), in *Colectânea de Jurisprudência*, 1979, IV, 1, pp. 356 e ss., e 358 (abuso de representação – eficácia do negócio abusivo); *Acórdão da Relação de Coimbra, 10-3-1987* (Castanheira da Costa), in *Colectânea de Jurisprudência*, 1987, XII, 2, pp. 67 e ss., e 69 (desequilíbrio de prestações – abuso de representação – ineficácia do negócio representativo – reivindicação) (= *Boletim do Ministério da Justiça*, 1987, 365, p. 706, mas, tão-só com indicação do sumário); *Acórdão da Relação do Porto, 3-3-1988* (Simões Ventura), in *Colectânea de*

Jurisprudência, 1988, XIII, 2, pp. 189 e ss. (embargos de executado – abuso de representação – ónus da prova); *Acórdão da Relação de Évora, 27-2-1992* (Mateus da Silva), in *Colectânea de Jurisprudência*, 1992, XVII, 1, pp. 284 e ss., e 285 (falta de poderes de representação – excesso – interpretação da procuração); *Acórdão da Relação do Porto, 1-2-1993* (Azevedo Ramos), in *Colectânea de Jurisprudência*, 1993, XVIII, 1, pp. 219 e ss., e 221 (mandato e procuração – revogação da procuração – pluralidade de procurações – abuso de representação – doações a incapazes – aceitação), onde, de resto, se acaba por incluir, numa atitude com alguma recorrência quer ao nível doutrinal quer no plano jurisprudencial, a actuação do representante contra as instruções do representado na noção mais ampla de comportamento contrário ao fim da representação; *Acórdão da Relação de Évora, 12--11-1996* (Fernando Fabião), in *www. dgsi. pt.* (procuração – abuso de representação – nulidade do contrato bons costumes); *Acórdão do Supremo Tribunal de Justiça, 20-10-1988* (Rodrigues Gonçalves), in *www. dgsi. pt.* (representação sem poderes – abuso de representação) mas apenas com indicação do sumário; *Acórdão do Supremo Tribunal de Justiça, 13-4-1994* (José Martins da Costa), in *Colectânea de Jurisprudência, Acórdãos do Supremo Tribunal de Justiça*, 1994, II, 2, pp. 47 e ss., e 49 (procurador do promitente vendedor – abuso de representação – responsável pela indemnização); e ainda, Vaz Serra, *Contrato consigo...*, in *Revista...*, 100, p. 178; Helena Brito, *A representação...*, pp. 155 e 156; Heinrich Hewald Hörster, *A parte...*, p. 489, mas de forma apenas implícita; Pires de Lima e Antunes Varela, *Código...*, I, comentário ao artigo 269.°, p. 249; Id., *Idem*, II, comentário ao artigo 1163.°, p. 719; Paulo Mota Pinto, *Aparência de poderes de representação...*, in *Boletim...*, Vol. LXIX, pp. 607 e 608, nota (34); Helena Mota, *Do abuso de representação...*, pp. 145 e 146 e ss.; e Oliveira Ascensão, *Direito civil...*, II, p. 261. Na doutrina alemã consideram, também, a violação das instruções, em certas circunstâncias, como geradora de abuso de representação designadamente Enneccerus-Nipperdey, *Allgemeiner Teil...*, I, II, p. 1125; Steffen, *BGB-RGRK*, cit., I, comentário ao § 167, pp 86 e 87. Pela nossa parte, não só não temos qualquer dificuldade em partilhar semelhante entendimento, como julgamos ser de sublinhar a circunstância de a problemática do desrespeito pelas declarações proferidas à margem da procuração, e dela coevas (as instruções e limitações posteriores à outorga dos poderes de representação essas serão, na nossa perspectiva, de resolver de acordo com o disposto no artigo 266.°, n.° 1, do Código Civil. Cfr. *infra* quanto se escreve no próximo parágrafo), traduzir, de facto, um caso de abuso de representação. Com uma nota porém. Convém não esquecer como, para nós, o abuso de poderes se traduz numa questão de falta (por excesso) de poderes. O artigo 269.° do Código Civil não é, na nossa perspectiva, senão uma norma destinada a sublinhar, e designadamente face às dúvidas que se levantaram noutros ordenamentos jurídicos, a necessidade de se fazer aplicação, no âmbito do fenómeno representativo, dos critérios gerais de interpretação vigentes para a generalidade dos negócios jurídicos e decorrentes, entre outros, do artigo 236.° do Código Civil. Em particular o artigo 269.° permite concluir no sentido segundo o qual, também em matéria de representação, o fim visado pelas partes ao estipularem determinado negócio jurídico constitui um elemento interpretativo essencial. Noutros termos, o artigo 269.° tem, entre outras, como finalidade tornar clara a circunstância de os limites do poder de representação não serem apenas os horizontes quantitativos fixados na procuração; antes compreendendo, também, as fronteiras funcionais ou qualitativas resultantes da relação jurídica interna (no sentido da aproximação do abuso de representação a um desmando qualitativo ou funcional, embora com base em pressupostos totalmente diversos dos nossos, Helena Brito, *A representação...*, in *Revista...*, 9/10, p. 38. São suas as seguintes palavras: *«Tem-se discutido a distinção entre abuso e excesso de poder (...): no primeiro caso, existe um desvio do poder dos seus fins substanciais, um exercício da representação em desconformidade com o poder, sobretudo em sentido qualitativo; no segundo caso, verifica-se que sobretudo o representante ultrapassa o poder, actua fora dos limites, sobretudo em sentido quantitativo.»* [v., também Cunha de Sá, *Abuso...*, pp. 232 e ss., para quem no abuso de representação, apesar de, em seu entender actuar dentro dos limites formais do poder de represen-

o reconhecimento do abuso de representação corresponderá a um simples processo de interpretação negocial e de determinação da vontade do constituinte. Na verdade, tais instruções aderem ou fazem parte do negócio gestório[1018, 1019], condicionando o fim da representação e, destarte, contêm importantes elementos interpretativos aos quais o declaratário médio deve atender para fixar e interpretar o negócio jurídico de outorga dos poderes representativos. Quando, num fenómeno do qual se deu já mais de uma vez conta, os próprios defensores da ideia labandiana do fenómeno representativo admitem a intervenção e importância da relação subjacente para a interpretação do acto de constituição do representante estão, também, naturalmente, a admitir a relevância das instruções declaradas à margem da procuração para a fixação dos contornos da procuração[1020]. Em qualquer caso, e atenta a complexidade e problemática própria colocada pelas chamadas instruções *a latere* da procuração, e sobretudo no tocante à respectiva distinção em simples directrizes internas, de um lado, e verdadeiras limitações do poder de representação, do outro, procederemos a um tratamento em separado desta matéria.

---

tação, o procurador não deixa de os exceder]; enquanto em Espanha se pode ver, agora numa perspectiva causalista, António Gordillo, *La representación...*, p. 96, autor que sublinha como os limites do poder de representação não são apenas os resultantes da procuração mas sim, e igualmente, os decorrentes da situação jurídica interna, por força da qual se fixa a dimensão qualitativa da representação, configurada esta em função das condições e modo de exercício do *quantum* do poder outorgado. Isto a fazer do abuso uma simples modalidade do excesso de poderes, ele próprio uma forma de falta de poderes). Além, disso, e conforme já referido antes ele permite clarificar qual o alcance, no âmbito da representação, de normas como o artigo 238.º do Código Civil.

[1018] Oliveira Ascensão e Carneiro da Frada, *Contrato celebrado por agente...*, pp. 52 e s.; e Pedro Leitão de Vasconcelos, *A procuração...*, p. 82 e ss., embora, e como se verá no próximo parágrafo, se não acompanhe a posição de qualquer destes autores a respeito do alcance das instruções.

[1019] E mesmo quando o não façam, por surgirem dele desligadas, elas não deixam de envolver um verdadeiro condicionar do fim e dos limites da procuração as quais, sempre que conhecidas, devem ser tomadas em consideração por parte do terceiro.

[1020] Isto com a natural consequência aqui por nós diversas vezes sublinhada de acabarem, assim, os referidos autores por procederem à negação do pressuposto do qual partem: a insensibilidade do poder de representação e da procuração face ao negócio gestório.

3. – **A relevância do negócio gestório e das declarações *a latere* da procuração para a determinação da extensão do poder representativo: as instruções à margem da procuração e a distinção entre limitações ao poder de representação e simples instruções internas inoponíveis ao terceiro**

I – A questão da relevância das instruções dadas à margem da procuração tem sido objecto de discussão alargada um pouco por toda a parte, quer por banda da doutrina quer por parte da juris-prudência. A nível doutrinal, e de entre os juristas de língua alemã, dedicaram-lhe contributos específicos[1021], entre outros – e para referir apenas alguns dos nomes mais significativos[1022] – BÄHR[1023], *CURTIUS*[1024], WINDSCHEID[1025], HELLMANN[1026], MITTEIS[1027], LENEL[1028], BIERMANN[1029], HUPKA[1030], SCHLOSSMANN[1031], DNIESTRZANSKI[1032, 1033], SEELER[1034], WELLSPACHER[1035], GOLDBERGER[1036], VON THUR[1037], STEFFEN[1038], TIETZ[1039], e

---

[1021] Não referimos por isso aqueles autores que como, por exemplo, Stoll, *Der Mißbruch...*, in *Festschrift...*, pp. 134 e ss.; Nitzsche, *Die Überschreitung...*, pp. 33 e ss.; e Enneccerus-Nipperdey, *Allgemeiner Teil...*, I, II, p. 1125, se dedicam ao problema enquanto aspecto diluído na figura ampla do abuso de direito. A posição destes autores foi por nós já referida e tratada precisamente no parágrafo precedente, a propósito da evolução, noção e conceito genérico de abuso de representação.

[1022] As citações circunscrevem-se aos autores próximos ou subsequentes a Laband. O problema da relevância das instruções internas é, todavia, um problema de sempre. Para uma referência às soluções que, ao longo dos séculos, têm vindo a ser propostas pelos juristas de diversos quadrantes cfr., *supra*, Parte I, *passim*.

[1023] Bähr, *Über Irrungen...*, in *Jherings...*, II, pp. 402 e ss..

[1024] *Curtius, Die Stellvertretung...*, in *Archiv...*, LVIII, pp. 82 e 83, ao afirmar que os poderes voluntários de representação alcançam até onde o mandato se estender.

[1025] Windscheid, *Wille...*, in *Archiv...*, XXX, pp. 92 e 93; e Windscheid-Kipp, *Lehrbuch...*, I, p. 360, nota (2d).

[1026] Hellmann, *Die Stellvertretung...*, p. 149.

[1027] Mitteis, *Die Lehre...*, pp. 194 e 195.

[1028] Lenel, *Stellvertretung...*, in *Jhering's...*, XXXVI, pp. 17 e ss., e 23 e ss.. Cfr., também, *Mandato...*, in *Revista...*, XI, n.º 135, pp. 369 e ss., mas agora enquadrando directamente o desres-peito das instruções dadas à margem da procuração no âmbito da figura do abuso de representação.

[1029] Biermann, *Zur Lehre von der Vertretung...*, pp. 25 e ss..

[1030] Hupka, *Die Vollmacht...*, pp. 199 e ss., e 228 e 229; Id., *Die Haftung...*, p. 146, nota (1).

[1031] Schlossmann, *Die Lehre von der Stellvertretung...*, I e II, *passim*, maxime, II, pp. 46 e ss., 458, 459, 488 e ss. Cfr., também, mas agora a propósito da figura da autorização, *op. cit.*, I, pp. 294 e ss..

[1032] Dniestrzanski era, como é sabido, Professor na Universidade Ucraniana de Praga. O seu ensinamento e escritos sobre o fenómeno representativo reportavam-se exclusivamente ao *ius commune* e ao direito alemão.

[1033] Dniestrzanski, *Die Aufträge...*, I, *passim*, e, designadamente, pp. 298 e ss..

[1034] Seeler, *Vollmacht...*, in *Archiv...*, 28, p. 5.

[1035] Wellspacher, *Das Vertrauen...*, pp. 80 e 81, e nota (5).

[1036] Goldberger, *Der Schutz gutgläubiger Dritter...*, p. 87, nota (7).

STAUDINGER e SCHILKEN[1040, 1041, 1042]. Autores como *CURTIUS*, WINDSCHEID[1043], SCHLOSSMANN, DNIESTRZANSKI, SEELER, WELLSPACHER, GOLDBERGER[1044], e TIETZ[1045], manifestam-se todos eles, com diversas variantes, a favor do princípio segundo o qual as limitações existentes no âmbito das relações internas entre o *dominus* e o representante afectam o próprio poder de representação[1046]. MITTEIS proporia uma solução híbrida. Os demais partilham, com diferentes fundamentações e perspectivas, a tese segundo a qual, em regra, as instruções internas não limitam nem cerceiam o âmbito da procuração e são, por isso, salvo algumas excepções mais ou menos acentuadas, inoponíveis aos terceiros[1047].

[1037] Von Thur, *Der allgemeine Teil...*, II, II, p. 400.

[1038] Steffen, *BGB – RGRK*, cit., I, comentário ao § 167, pp. 49 e 85 e ss..

[1039] Tietz, *Vertretungmacht...*, *passim*, pp. 121 e ss..

[1040] Staudinger-Schilken, *Kommentar...*, I, comentário ao § 167, p. 100.

[1041] V., também, quanto escreve a propósito da importância dos deveres internos para a configuração e delimitação do poder de representação, Siebert, *Zur Lehre vom Mißbrauch...*, in *Zeitschrift...*, 95, 4, pp. 629 e ss. (cfr. *supra* as considerações proferidas no parágrafo anterior acerca da posição deste autor), embora os pressupostos de que parte se encontrem ao serviço de concepções ideológicas inadmissíveis.

[1042] Na jurisprudência tudesca v., a este respeito, *Reichsgericht, I. Zivilsenat, 28. Juni 1902*, in *Entscheidungen des Reichsgerichts, Zivilsachen*, 1903, 52, pp. 96 e 98; *Reichsgericht, V. Zivilsenat, 15. Januar, 1908*, in *Beiträge zur Erlauterung des Deutschen Rechts. Gruchot*, 1908, 52, pp. 953 e ss., maxime p. 957; e *Reichsgericht, V. Zivilsenat, 15. Januar, 1908*, in *Beiträge zur Erlauterung des Deutschen Rechts. Gruchot*, 52, 953, 957.

[1043] Cfr., porém, Windscheid-Kipp, *Lehrbuch...*, I, p. 360, nota 2 (d), onde se manifesta expressamente uma opinião divergente da assumida em *Wille...*, in *Archiv...*, XXX, pp. 92 e 93, por se considerar esta insuficiente.

[1044] O ensinamento deste autor seria, a par com o de Wellspacher e o de Schlossmann, expressamente aplaudido por Nitzsche, *Die Überschreitung...*, pp. 40 e 41, nota (146).

[1045] Tietz, *Vertretungsmacht...*, pp. 121 e ss., maxime 128 e ss..

[1046] Isto apesar de não deixarem de ser admitidas algumas excepções a esse mesmo princípio. Assim, por exemplo, *Curtius, Die Stellvertretung...*, in *Archiv...*, LVIII, pp. 82 e 83, admite a possibilidade de vinculação do *dominus* em hipóteses de ausência de mandato ou de ultrapassagem deste, conforme documentado pelo direito romano ou, ainda, – naquilo que *Curtius* considera um simples desenvolvimento das fontes romanas – pelo direito comercial. Em qualquer caso o princípio-base e ponto de partida é a ideia de que os poderes de representação coincidem com o mandato.

[1047] As diferenças entre alguns dos representantes de cada uma destas duas correntes de opinião não são, na verdade, muitas vezes, e na prática, substanciais. É que, conforme se referiu na nota anterior, autores há os quais, apesar de favoráveis à ideia de princípio segundo a qual o representante não deve ficar vinculado contra a sua vontade, e destarte em caso de desrespeito, por parte do representante, do mandato ou das intruções internas, acabam por admitir, em certas circunstâncias, a possibilidade de o *dominus* ficar preso ao comportamento excessivo do procurador atentas as necessidades do tráfego ou de tutela dos terceiros de boa fé. Da mesma forma, também não falta quem, partindo da posição inicial inversa – ou seja a de que em princípio as limitações internas e o *mandatum* não impedem o constituinte de responder pelos actos realizados dentro

II – BÄHR e HELLMANN limitam-se praticamente, sem acrescentarem muito mais, a afirmar como quem concede a outrem uma procuração fica vinculado pelos actos do representante mesmo se fruto de um comportamento contrário às directrizes internamente transmitidas[1048]. O mesmo fazem VON THUR, STEFFEN, STAUDINGER e SCHILKEN[1049].

MITTEIS, por seu turno, introduziria uma distinção consoante a procuração tenha sido concedida para um fim específico ou genérico. Na segunda hipótese, o autor priva a instrução interna, que não seja cognoscível do terceiro, de qualquer possibilidade de se projectar no exterior[1050]. Na primeira, o *tertius* não se poderia limitar a confiar nas indicações do representante, antes devendo realizar algum tipo de indagações ou diligências. Não é, todavia, e no dizer de MITTEIS, possível exigir do terceiro a realização de uma vigilância rigorosa sobre o constituído. Por isso, deve ser possível confiar na procuração pois é, justamente, essa a sua finalidade. Apenas comportamentos evidentemente suspeitos exigiriam que o representante se abstivesse de realizar o negócio representativo. Em tudo o resto seria o representado a sofrer as consequências resultantes do facto de ter mantido secretas as instruções relativas a uma procuração geral.

Diferente é, porém, a atitude de LENEL[1051]. O autor começa por se mostrar partidário da ideia labandiana da separação entre procuração e mandato

---

dos limites externos da procuração – termine por aceitar desvios a essa regra atenta a má fé do terceiro.

[1048] Lembre-se, apenas, a circunstância de a referência, feita por Bähr, ao problema da relevância ou irrelevância das instruções internas, surgir, entre vários outros exemplos, como modo de ilustrar quanto o autor considerava ser o princípio segundo o qual quem, ao contratar, provoca, de forma que lhe seja imputável, a aparência exterior de uma vontade – de molde a levar o terceiro de boa fé a poder acreditar, e a acreditar de facto, ter, em função disso, adquirido determinados direitos – não será atendido se pretender invocar a real ausência dessa mesma vontade. O declarante ficaria, então, vinculado em virtude de uma ficção de vontade. Isso só não seria assim se o declaratário tivesse tido culpa ao não apreender o sentido real da declaração. Quanto a Hellmann, ele era um dos partidários da construção de Savigny acerca do entendimento e compreensão a dar ao fenómeno representativo e à estrutura do negócio celebrado com o *tertius*. Nesses termos, considerava o representante como mero portador da vontade do representado. A procuração, essa, teria inserta no seu conteúdo uma declaração segundo a qual o constituinte reconhece as actuações e comportamentos do representante como conformes à sua vontade até onde for a *procuratio*. Dessa forma, as instruções internas ou secretas, não teriam qualquer significado para o terceiro.

[1049] Os autores baseiam a solução directamente na abstracção do poder de representação.

[1050] Apenas colusão e a visível má fé do terceiro, traduzida num intencional ignorar do carácter duvidoso da situação, excluiriam a vinculação do *dominus*.

[1051] Nestas páginas procederemos à exposição, e posterior crítica, de algumas das tentativas de separação e autonomização das instruções *a latere* da procuração, encetadas no espaço juscultural tudesco, maxime das instruções internas, relativamente à procuração. O elencar das várias posições faz-se de acordo com um critério fundamentalmente temporal (com a excepção das referências a Von Thur, Steffen, Staudinger e Schilken, atento o facto de as considerações por eles tecidas não justificarem um tratamento tão prolongado quanto o dos restantes. As observações relativas a elas surgem, por isso, logo a abrir estas nossas considerações, e não por ordem cronológica de autores). Encarou-se a possibilidade de se proceder a um agrupamento das várias teses em função de critérios de proximidade substancial, enquadrando-as em grupos ou categorias. Acontece,

para assentar, depois, a afirmação, segundo a qual o destinatário da procuração seria fatalmente o terceiro. Nesses termos, e numa conclusão a nosso ver ao menos parcialmente correcta[1052], LENEL considera que, na eventualidade de ser o procurador a comunicar o seu poder de representação ao *tertius*, ele estará, nessa mesma medida, a actuar como um núncio ou um mensageiro. Por isso, e segundo o autor, aos casos nos quais o representante se afasta das instruções do representado deveriam aplicar-se as regras estipuladas para as situações nas quais o mensageiro desrespeita quanto lhe é dito pelo *dominus*[1053]. Tudo a levar LENEL à defesa da tese de que, caso o representante se tenha afastado consciente e deliberadamente de quanto lhe foi internamente indicado pelo principal, o *dominus* não ficaria vinculado pelo acto do seu auxiliar[1054]. Porém, na eventualidade de o desvio ser meramente acidental então o dono do negócio já ficaria vinculado em consequência da actuação do *procurator*[1055]. Isto excepto, naturalmente, se o terceiro conhecesse ou devesse conhecer a violação da instrução interna dada pelo principal, hipótese na qual o representado já não ficaria ligado ao acto realizado pelo representante[1056]. Mas mais. Ao ter por assente ser a procuração, por natureza e definição, um negócio jurídico dirigido ao *tertius* ou ao público em geral, LENEL tem, também, e necessariamente, por desadaptada e improcedente uma orientação ou posição favorável, em via de princípio, à possibilidade de uma instrução, transmitida apenas ao *procurator*, poder exercer algum tipo de influência sobre a relação de poder representativo[1057, 1058]. Tudo com uma única restrição: o princípio de que o *dominus* fica

---

no entanto, que, de um modo geral, as várias correntes por nós em seguida referidas apresentam, em maior ou menor medida, um núcleo comum a todas as outras, formando assim, e em certo sentido, a ordenação em função de um critério temporal quase como um padrão de exposição de diversas teorias que, já de si, possuem elementos de conexão. Destarte, uma eventual escolha de um outro critério no qual se considerassem apenas afinidades do ponto de vista da substância ou conteúdo das diversas posições não conduziria a resultados profundamente diversos daqueles aos quais conduz a repartição e exposição das várias orientações em função da respectiva antiguidade. Acresce que, sem prejuízo das zonas de interferência porventura detectadas, a orientação expressa por cada um dos autores mais detalhadamente referidos a seguir no texto apresenta sempre alguns aspectos originais cuja apreensão e exposição poderia eventualmente ficar prejudicada se se procedesse à sua referência por categorias. Preferiu-se, por isso, a qualquer outro, o critério da ordenação das várias teses de acordo com um critério simplesmente temporal, até por permitir mais facilmente verificar e retratar qual a evolução histórica da doutrina nesta matéria, com os respectivos avanços e recuos.

[1052] Assim, também, e ao menos em sentido aproximado, na nossa literatura, Rui de Alarcão, *Breve...*, in *Boletim...*, 138, pp. 103 e ss.; Castro Mendes, *Teoria...*, II, p. 277; e Oliveira Ascensão, *Teoria...*, III, pp. 299 e 300 (cfr., também, do autor, *Direito civil...*, II, p. 251).

[1053] Lenel, *Stellvertretung...*, in *Jhering's...*, XXXVI, pp. 17 e 18.

[1054] *Idem.*

[1055] *Idem*, p. 18.

[1056] *Idem.*

[1057] Assim e com expressa invocação do argumento da direcção da declaração de procuração, Lenel, *Stellvertretung...*, in *Jhering's...*, XXXVI, pp. 23 e ss., onde o autor refere como a verdadeira *procuratio* se encontra apenas na manifestação de vontade emitida perante o terceiro, termos estes em que se compreenderia como para os efeitos do negócio celebrado pelo representante apenas essa mesma manifestação poderia ter relevância.

[1058] Note-se o facto de, ao contrário de quanto viria a ser doutrina comum, Lenel não

vinculado pelos actos praticados pelo *procurator*, dentro dos limites do poder de representação tornado público, mas fora das fronteiras do *licere* fixado no âmbito das relações dono do negócio/auxiliar, não vale se o terceiro conhecia ou devia conhecer a limitação[1059]. Iria, afirma LENEL, contra a boa fé dominante no comércio que o terceiro pudesse invocar a seu favor um negócio o qual sabia, ou devia saber, ter sido celebrado com abuso de poder[1060, 1061].

III – Tal como LENEL, também BIERMANN procura dar uma explicação mais ou menos fundamentada para as soluções por ele propostas para resolver o problema colocado por eventuais divergências entre as instruções comunicadas exclusivamente ao representante, de um lado, e o poder patente, do outro[1062]. Ou se se preferir, e no caso de BIERMANN, talvez com mais propriedade, para a questão da disparidade entre o poder comunicado ao *procurator* e o poder transmitido ao *tertius*.

A construção do autor assentaria toda ela na interpretação a dar aos §§ 167 e 171 do *BGB*. De acordo com o primeiro dos dois preceitos, a concessão do poder realiza-se mediante declaração frente ao constituído ou ao terceiro diante do qual deve ter lugar a representação. Por força do segundo, se alguém indica, ou por notificação especial a um terceiro ou por anúncio público, ter concedido a outro poderes de representação, este, na base da indicação ou do anúncio, fica autorizado a realizar actos de representação[1063]. Quer isto dizer, na opinião de BIERMANN, que, face ao *BGB* a procuração pode ser concedida e fundada através de uma pluralidade de formas: umas vezes diante do representado, outras diante do terceiro. Donde seguir-se, de acordo com BIERMANN, como conclusão: 1) se os poderes voluntários de representação forem concedidos diante do procurador o decisivo para determinar o âmbito da procuração é a declaração emitida perante este; 2) se, ao invés, a *procuratio* tiver sido concedida perante o terceiro, decisiva deve ser a exteriorização levada ao seu conhecimento; 3) caso falte a concessão de uma procuração mas, mesmo assim, alguém tiver indicado, através de notificação especial feita a um terceiro

---

estabelecer nenhum tipo de distinção entre instruções que se traduziriam em simples limitações ao *licere* e restrições as quais constituiriam verdadeiras compressões do *posse*.

[1059] Lenel, *Stellvertretung...*, in *Jhering's...*, XXXVI, p. 24.

[1060] *Idem.*

[1061] Semelhante solução apenas valeria, no dizer de Lenel, *Stellvertretung...*, in *Jhering's...*, XXXVI, pp. 24 e 25, na eventualidade de o terceiro pretender fazer valer contra o representado direitos. O mesmo não aconteceria, porém, se se pretendesse invocar a instrução ou limitação interna em prejuízo do representado. Nesse caso, Lenel considera poder o *dominus* contrapor ao *tertius* tratar-se de algo apenas respeitante ao âmbito das relações internas entre ele e o seu auxiliar. Julgamos todavia não ser essa uma justificação convincente para o problema. O terceiro não poderá invocar a instrução interna em detrimento do representado, não por se tratar de um aspecto ou questão exclusivamente respeitante ao dono do negócio/auxiliar, mas pela mesma razão que o *tertius*, conhecedor da ausência de poderes de representação, não pode invocar o facto de o procurador ser um *falsus procurator* (cfr., na nossa lei, o artigo 268.°, n.° 4, do Código Civil).

[1062] Biermann, *Zur Lehre...*, pp. 25 e ss..

[1063] No caso da comunicação especial perante o terceiro a quem ela foi feita; na hipótese do anúncio diante de qualquer *tertius*.

ou mediante anúncio público, que concedeu a outrem poderes de representação, então, a determinação da extensão e conteúdo desses mesmos poderes deverá fazer-se de acordo com o referido anúncio ou notificação. Tudo isto seria mesmo, no dizer de BIERMANN, extremamente simples e claro. Dificuldades surgiriam atenta a circunstância de, em inúmeros casos, se assistir a uma pluralidade e concorrência de actos geradores do poder representativo[1064]. Numa tentativa de simplificação o autor sublinharia as seguintes combinações possíveis:

a) a procuração é concedida mediante declaração comunicada ao próprio procurador. Isso mesmo é, depois, transmitido ao terceiro perante quem deve celebrar-se o negócio representativo. No acto de transmissão refere-se, porém, um âmbito mais vasto de quanto possui a declaração proferida perante o representante. Por hipótese – escreve BIERMANN – o constituinte, ao conceder ao procurador poderes representativos para a compra de um terreno, estabelece não dever ou poder o representante ultrapassar o limite de 10 000 DM, mas, ao mesmo tempo, comunica ao *tertius* a existência de tal procuração omitindo a referência ao montante ou preço máximo admissível. Neste caso quanto valeria e vincularia o *dominus* seria esta última comunicação[1065]. Isto porquanto se, de acordo com o § 171 do *BGB*, uma pessoa indicar a um terceiro, sem que isso de facto haja sucedido, ter concedido a outro poderes de representação, este fica autorizado, exclusivamente com base na referida indicação, a praticar actos representativos perante quem recebeu a comunicação; então – e na perspectiva de BIERMANN, essa comunicação ou indicação também deve poder alargar o âmbito de uma procuração[1066, 1067]. Tudo, a tornar irrelevante perante a contraparte no negócio representativo as eventuais instruções dadas ao representante. Isto numa conclusão inteiramente válida para as hipóteses nas quais, em vez de ter ocorrido uma notificação especial, o representado fez um anúncio público em que se veiculava a indicação de terem sido concedidos poderes de representação mais amplos de quanto tinham sido efectivamente outorgados ao *procurator*[1068];

[1064] Concorrência que viria a ser defendida por muitos outros autores germânicos (v., na doutrina mais recente, Flume, *Allgemeiner...*, II, *Das Rechtsgeschäft...*, p. 823; Tietz, *Vertretungsmacht...*, p. 3; Medicus, *Allgemeiner...*, pp. 350 e 351; Id., *Idem*, 7.ª ed., p. 357; Staudinger-Schilken, *Kommentar...*, I, comentário ao § 167, p. 73). Biermann admite, com base no disposto nos §§ 167 e 171 do *BGB*, a possibilidade de o poder de representação ser comunicado ora ao representante, ora ao *tertius*, ora ao público em geral, numa distinção que se encontra na base da já referida separação entre *procuratio* interna e *procuratio* externa. Entre nós, repise-se, e na ausência de uma regulamentação expressa como a contida no *BGB*, não parece de aceitar a solução proposta por esta corrente de opinião na qual se insere Biermann. Assim, também, na nossa literatura, Januário Gomes, *Em tema...*, p. 234, embora sem referência à posição deste autor germânico.

[1065] Biermann, *Zur Lehre...*, p. 26.

[1066] *Idem*.

[1067] É que, segundo Biermann, se a notificação feita a um *tertius* tem força suficiente para emprestar, a uma pessoa até aí desprovida de poderes de representação, esses poderes, então, ela deve, também, e com certeza, possuir capacidade para alargar as faculdades de quem, porventura, já possuía, antes, uma *procuratio*.

[1068] Biermann, *Zur Lehre...*, p. 27.

b) a concessão das faculdades representativas ocorre na sequência de declaração proferida diante do representante. Ao mesmo tempo, porém, é-lhe dado um documento para apresentação ao terceiro cujo teor é diferente do da declaração de concessão dos poderes. No entender de BIERMANN, a solução para esta hipótese não poderia ser diversa da proposta para os casos analisados anteriormente[1069]. Só assim não será, e de acordo com o autor, se o terceiro souber não corresponder o documento ao conteúdo do poder voluntário de representação. Nesse caso poder-lhe-ia ser oposta uma excepção com base no disposto no § 242 do *BGB*[1070];

c) ao *tertius* é apresentado um documento, com indicação dos poderes de representação, recebido pelo representante das mãos do representado. Ao mesmo tempo chega ao conhecimento da contraparte no negócio representativo uma notificação ou comunicação na qual o *dominus* revela o teor da procuração, sem que documento e notificação coincidam. Numa hipótese destas haveria antes de mais a considerar, segundo BIERMANN, a circunstância de, uma vez concedida uma procuração, o *procurator* se encontrar autorizado a actuar dentro da esfera de negócios por ela abrangidos[1071]. Se não tiver, porém, sido conferida nenhuma procuração ou se o documento ultrapassar os limites da *procuratio* então seria a comunicação ao *tertius* a mostrar-se decisiva. E isto porque, no entender de BIERMANN, a comunicação mais tardia feita ao terceiro representaria a revogação da primeira[1072];

d) na eventualidade de o representado ter tolerado que o procurador ultrapassasse o seu poder de representação quanto valeria seria o acto de tolerância não a declaração de concessão da competência representativa. Isso, porquanto, ao tolerar o comportamento do constituído, o principal estaria a conceder tacitamente um alargamento dos poderes do representante[1073].

Os preceitos do *BGB* relativos à fundamentação do poder voluntário de representação não seriam, de modo algum, e de acordo com BIERMANN, normas destinadas a proteger a boa fé da contraparte no negócio representativo[1074]. Quando alguém, através de notificação especial feita ao terceiro, ou mediante anúncio público, afirma ter concedido a outrem poderes voluntários de representação a pessoa aí indicada como representante fica dotada de competência representativa, mesmo se o *tertius* souber, ou dever saber, que o suposto

---

[1069] Exceptuado o caso de o *procurator* se ter indevidamente apropriado do documento ou de o ter falsificado, caso em que o *dominus* não ficaria, no entender de Biermann, *Zur Lehre...*, p. 28, vinculado.

[1070] O autor admite também a possibilidade de em certas circunstâncias se aplicar, por analogia, o regime jurídico do erro ou de outro vício da vontade porventura ocorrido. Deve sublinhar-se, todavia, a circunstância de, perante o direito alemão, e atento o disposto no § 122 do *BGB*, quem pretender impugnar uma declaração com base em erro ficar obrigado a indemnizar os prejuízos causados, sem exceder, todavia, o interesse que a contraparte tenha na validade da declaração.

[1071] Biermann, *Zur Lehre...*, p. 29.

[1072] *Idem.*

[1073] *Idem.*

[1074] *Idem*, pp. 29, 30 e ss..

procurator não recebeu qualquer procuração[1075]. Por isso, quando o principal através de notificação especial a um terceiro, ou mediante anúncio público, afirma ter concedido procuração a alguém este fica, de acordo com BIER-MANN, autorizado a praticar actos representativos mesmo que semelhante *procuratio* não tenha na verdade sido nunca concedida[1076].

IV – HUPKA, por seu lado, distinguiria consoante a comunicação do poder de representação se mostre dirigida apenas ao procurador ou, ao invés, a vontade do *dominus* tenha sido directamente transmitida ao terceiro ou ao público[1077, 1078].

Na eventualidade de o principal não ter feito qualquer tipo de declaração, nem expressa nem tácita, ao público ou à contraparte, baseando-se a representação exclusivamente na declaração emitida frente ao representante, HUPKA considera que as limitações internas podem ser opostas, sem qualquer tipo de dificuldade ou obstáculo aos terceiros[1079]. Contra isso não seria sequer admissível, no dizer do autor austríaco, a alegação por parte do *tertius* do desconhecimento das instruções internas. E isto pela razão simples de nesse caso faltar, e quer a outra parte no negócio representativo conhecesse quer não conhecesse as limitações postas pelo principal diante do *procurator,* o consentimento do representado para o negócio[1080] e não se estar, além disso, perante um cenário no qual se possa fazer apelo à doutrina da confiança. Na verdade, no entender do discípulo de MITTEIS, é perfeitamente possível que num contexto de desrespeito pelas instruções transmitidas pelo representado ao *procurator* o principal não tenha dado, com as suas palavras ou actos, qualquer motivo para o terceiro confiar na existência de um poder de representação com determinada extensão, não se mostrando suficiente o facto de a comunicação feita, com a *procuratio,* ao representante ser mais ampla do que as instruções ou limitações internas a ele igualmente comunicadas[1081]. Segundo HUPKA, quem se fia nas meras indicações do procurador sobre a extensão dos respectivos poderes fá-lo por sua própria conta e risco[1082]. Proteger a boa fé do terceiro contra o principal constituiria, assim, grave injustiça para este último, o qual nem quis o negócio, nem fez, no dizer de HUPKA, nada capaz de justificar a crença da contraparte. Tudo, a levar à conclusão segundo a qual o terceiro fica prejudicado pelo seu próprio desconhecimento mesmo se não

---

[1075] *Idem.*

[1076] A exigência de boa fé constante do § 173 do *BGB* apenas se aplicaria, no dizer de Biermann, aos casos contemplados no § 172, II e 171, II.

[1077] Hupka, *Die Vollmacht...*, p. 200.

[1078] Só não se compreende qual a razão por que na eventualidade de a procuração ser mais restrita do que a comunicação ao *tertius* se assistiria a uma revogação da primeira pela segunda e o mesmo se não passaria já se a comunicação se mostrasse mais restrita do que a *procuratio.*

[1079] *Idem,* p. 201.

[1080] *Idem.*

[1081] O que pode acontecer quando a procuração conste, por exemplo, de documento escrito.

[1082] *Idem,* pp. 201 e 202.

for culpado pela ignorância na qual se encontra[1083]. Outra solução acabaria no dizer do autor – de resto de forma contraditória com posições expressas por HUPKA noutros locais[1084] – por colocar em causa o princípio da segurança jurídica (sendo certo que no domínio do direito civil este se imporia ao da facilidade e rapidez das relações jurídicas): em vez de facilitar a celebração de actos jurídicos através de representantes, nos casos agora em análise, a vinculação do *dominus* poria, no dizer do jurista austríaco, gravemente em risco a contratação através de intermediários. Todos quantos recorressem a um procurador para a celebração de um negócio jurídico correriam o perigo de ficar responsáveis por actos deste mesmo se contrários aos limites do poder de representação[1085].

Diferentemente se passariam, porém, as coisas naquelas hipóteses nas quais o principal deu, por qualquer forma, a conhecer para o exterior a sua vontade de conceder poderes de representação ao *procurator*[1086]. Nessas situações, o discípulo de MITTEIS admite como válida a posição de acordo com a qual se a instrução não fosse nem conhecida do terceiro nem cognoscível não poderia ser alegada contra ele. A fundamentação para semelhante solução vai o autor austríaco buscá-la não às fontes romanas, como o fazia a *communis opinio* de então, mas antes «*à natureza jurídica do moderno instituto da representação*»[1087].

Grande parte da doutrina de direito comum justificava, na verdade, a inoponibilidade a terceiros das instruções internas que não eram por ele conhecidas ou cognoscíveis com base nos preceitos romanos sobre a *praepositio institores*[1088]. A *praepositio* com o seu carácter objectivo dirigia-se – sublinhou-se já – a um círculo de pessoas, a um *Personenkreis*[1089] e, ao contrário de quanto acontecia inicialmente com o *mandatum*[1090], nela cabiam uma pluralidade de actos ou negócios jurídicos. Nestes termos, parte da doutrina não hesitou em concluir ter o principal, se quisesse introduzir limitações no âmbito em princípio autorizado ao *praepositus*, de dar a conhecer ao público essas mesmas restrições sob pena de responder de modo adjectício. Isso mesmo resultaria, segundo os defensores de semelhante tese, do passo de *ULPIANUS, Libro XXVIII. ad Edictum* – D., 14, 1, 1, § 5. O problema aí debatido era o de saber se o *praepositus* tinha faculdades para propor outra pessoa para o seu lugar; questão esta resolvida em sentido afirmativo pelo jurisconsulto romano para o

---

[1083] *Idem.*

[1084] Não deve, na verdade, esquecer-se a circunstância de Hupka ser um dos autores que procura justificar a doutrina da abstracção da procuração através, designadamente, do argumento segundo a qual a independência da origem da *procuratio* relativamente à relação fundamental corresponde a única forma de acautelar as necessidades do tráfego jurídico. Não se vê, porém, porque é que num caso a insensibilidade do acto de concessão da procuração relativamente ao negócio gestório serviria as necessidades de certeza do tráfego e comércio jurídicos e noutro essa mesma insensibilidade as contrariaria.

[1085] Hupka, *Die Vollmacht...*, p. 203.

[1086] *Idem*, pp. 204 e ss..

[1087] Hupka, *Die Vollmacht...*, pp. 209 e ss..

[1088] Assim mas já depois da entrada em vigor do *BGB*, Biermann, *Zur Lehre...*, pp. 32 e ss..

[1089] V., *supra*, Parte I, Cap. I.

[1090] Cfr. *supra*, Parte I, Cap. I.

caso do *magister navis*. E isso pela razão de que aquele a quem é confiada a direcção de um navio se deve considerar, relativamente a terceiros de boa fé, como se estivesse autorizado para a prática de toda a categoria de actos pertencentes à sua esfera de acção. Tudo numa solução estendida por *ULPIANUS* inclusivamente à hipótese de o *exercitor* ter proibido expressamente a substituição. Com o que se reconhece, afinal, como as instruções particulares dadas ao *magister navis* são inoponíveis ao terceiro delas não ciente ou conhecedor. HUPKA recusa-se, contudo, a aceitar esta solução como válida para todos os casos de intervenção de um auxiliar ou *praepositus*[1091]. Na verdade, segundo o autor austríaco os fundamentos da resolução de *ULPIANUS* revelariam claramente como neste caso nos encontraríamos perante uma disposição singular. O jurista romano apoia, sublinha HUPKA, a sua sentença não em qualquer tipo de considerações de natureza ou carácter geral, mas, antes, na *utilitas navigantium*. Destarte quanto se diz relativamente ao *magister navis* não se poderia considerar como igualmente aplicável, segundo o direito romano, ao *institor* ou qualquer outra forma de gestão de negócios. Isso mesmo seria, no dizer de HUPKA, confirmado pelas fontes relativas à *actio institoria*. De notificação do *dominus* ao público somente se trataria em dois casos[1092]:

– quando uma pessoa, empregue num certo local de negócios não se encontra autorizada para os concluir, a aparência de faculdade despertada pelo carácter patente da *praepositio* necessita de ser destruída por uma declaração do principal posta em evidência em sítio visível – o *palam proscribere* de *ULPIANUS, Libro XXVIII. ad Edictum* – D., 14, 3, 11, § 2– 4;

– na eventualidade de o encarregado da condução ou gestão dos negócios em geral não ter sido autorizado ou facultado para celebrar, com certa pessoa, negócios correspondentes à sua esfera de actividade, e se se pretende excluir a responsabilidade adjectícia do principal relativamente àqueles com os quais o auxiliar não deve entrar em relações, torna-se necessária uma advertência especial (*denuntiatio*): *ULPIANUS, Libro XXVIII. ad Edictum* – D., 14, 3, 11, § 5; *PAULUS, Libro XXX. ad Edictum* – D., 14, 3, 17, § 4.

Porém, prescindindo destes dois casos, HUPKA afirma não existir nenhum outro local onde se exija que o dono do negócio dê a conhecer ao público as reservas e limitações à *praepositio*[1093]. Em contrapartida, apresentar-se-ia, no dizer do autor, de modo absoluto como condição da responsabilidade adjectícia o facto de o *institor* não ter ultrapassado as fronteiras das suas faculdades, não se mostrando suficiente a circunstância de o auxiliar se manter dentro dos limites gerais resultantes da natureza da sua esfera de negócios ou actuação. Ao contrário, o *institor* teria também, e de acordo com HUPKA, de observar as instruções especiais do *dominus* relativamente às modalidades da gestão, pois, em caso contrário este não ficaria obrigado pelo comportamento externo do auxiliar[1094]. Isso mesmo resultaria, de modo claro de *ULPIANUS, Libro XXVIII. ad Edictum* – D., 14, 3, 11, § 5. Mas mais elucidativos ainda seriam os passos,

---

[1091] Hupka, *Die Vollmacht...*, p. 206.
[1092] *Idem*, pp. 207 e ss..
[1093] *Idem*, 208.
[1094] *Idem*.

ULPIANUS, Libro XXVIII. ad Edictum, contidos no D., 14, 3, 5, §§ 13 e 15, para HUPKA, indicadores claros de como a mera proibição do poder declarada diante do próprio *institor* teria efeitos restritivos do poder, sem nada permitir supor a necessidade de anunciar tal proibição[1095]. Tudo a demonstrar, na opinião do autor, como para os romanos a sentença de *ULPIANUS, Libro XXVIII. ad Edictum* – D., 14, 1, 1, § 5, não era susceptível de aplicação a outras situações para além daquelas às quais se referia directamente[1096, 1097].

Nestes termos, de acordo com o discípulo de MITTEIS, a resposta para o problema a dar à questão da relevância ou irrelevância das instruções manifestadas *a latere* da procuração apenas poderia ser encontrada no instituto moderno do poder voluntário de representação (*Vollmacht*). Mais concretamente na natureza jurídica do referido instituto.

Afastar, pura e simplesmente, a relevância externa das instruções internas afigura-se, para HUPKA, algo de demasiado injusto. Na verdade, em seu entender, repugnaria às mais básicas e elementares regras de correcção que um terceiro pudesse contratar eficazmente com o representante sabendo ir o negócio representativo contra a vontade expressa pelo principal[1098]. Esse desiderato só seria, todavia, alcançável, no dizer de HUPKA, se se abandonar a teoria segundo a qual as declarações dirigidas ao procurador apenas possuem significado interno e se se aceitar a tese da ausência de relevância da direcção da declaração de concessão dos poderes de representação para a essência da mesma[1099]. É que, de acordo com o autor, tal como a simples concessão de um mandato para a realização de actos representativos contém já uma procuração dotada de plena eficácia, também as instruções aclaratórias e restritivas seriam aptas em si mesmas para modificar o poder de representação. Esse efeito só não se produzirá, no dizer do discípulo de MITTEIS, se o terceiro ignorar, sem culpa[1100], a

---

[1095] A compreensão da relevância destes trechos para a questão em análise obriga à consideração e leitura dos §§ 12 e ss. do fragmento do digesto agora citado.

[1096] Hupka, *Die Vollmacht...*, p. 209.

[1097] Não nos interessa tomar partido em semelhante querela, nem seria este o local adequado, e por isso não a abordaremos quando procedermos à crítica do pensamento de Hupka acerca da questão das instruções *a latere* da procuração. Basta-nos, tão-só, constatar como, independentemente de se saber qual a regra e qual a excepção, os romanos previam e aceitavam quer a ideia de que as limitações internas delimitavam, de facto, o poder do auxiliar quer, ainda, o princípio de que, em determinadas situações, as quais pela sua configuração impunham acrescidas exigências de tutela do tráfego de boa fé, o *dominus* não podia opor a terceiros as instruções dadas ao *praepositus*. O próprio *Reichsgericht* haveria de abrir caminho – num contexto claramente marcado e dominado, ao ponto do quase esmagamento, pela ideia labandiana da abstracção da procuração – para a figura do abuso de representação apelando para o ensinamento do direito romano.

[1098] Hupka, *Die Vollmacht...*, p. 211.

[1099] *Idem.*

[1100] A alegação, perante o *tertius sciens*, do conhecimento da limitação não constitui, conforme refere a propósito Hupka, *Die Vollmacht...*, p. 221, e ao contrário de quanto é vulgarmente ensinado, uma *exceptio doli*, mas antes uma impugnação do fundamento do pedido. Isto porquanto com ela não é a má fé do terceiro que se pretende fazer valer mas sim a falta de fundamento do pedido. Não se trata de um caso de eficácia externa do mandato ou relação gestória mas da própria falta de poderes de representação.

limitação ou directriz, e, destarte, se reger pelo poder patente[1101]. Isto com uma diferença importante relativamente à teoria de LENEL. É que enquanto para este a inoponibilidade externa das limitações constitui o princípio geral, e a oponibilidade a excepção – de resto em conflito directo com os pressupostos dos quais o autor parte – na tese do jurista austríaco a eficácia perante terceiros das restrições internas é a regra e a ineficácia, ao contrário, uma quebra ou afrouxamento da norma a favor daquele que, sem ofender a diligência requerida pelas circunstâncias de cada caso, confiou na declaração patente feita ao principal. Com isto HUPKA parece estar a destruir, de uma só penada, a ideia de independência e autonomia da extensão da procuração relativamente ao negócio subjacente[1102]. Não é, porém, inteiramente assim. Na verdade, o autor procura salvar a ideia da abstracção da procuração através da introdução de uma distinção entre limitações ao poder de representação, de uma banda, e simples instruções internas da outra. Quando sustenta a tese de acordo com a qual as declarações proferidas pelo principal apenas diante do procurador são, em si, aptas para influenciar o próprio poder de representação, HUPKA fá-lo no pressuposto, por ele próprio expresso, de que tais declarações são emitidas com o desejo de limitar externamente as faculdades de representação[1103]. É, contudo possível, afirma, ter o principal o propósito de circunscrever ou reduzir, através das instruções dadas ao representante, não a extensão ou sentido do poder representativo, mas tão-só do seu mandato[1104]. Nestes termos, e quando se trata de determinar a extensão das instruções restritivas, deveria considerar-se, em primeiro lugar, o alcance e direcção da concreta vontade do dono do negócio. Se das circunstâncias do caso resultar ser propósito do *dominus* o de colocar ao *Dürfen* (*licere*) do representante fronteiras mais estreitas do que as gizadas para o seu *Können* (*licere*), e, por conseguinte, de dotar as instruções de um carácter meramente interno, então, elas não afectam nem tangem os contornos externos do poder de representação[1105]. Isto inclusivamente na eventualidade de o terceiro ter conhecimento de tais instruções[1106]. Mas mesmo nas hipóteses nas quais o autor da procuração pretendeu, de facto, limitar o poder de representação, o *posse* do *procurator*, e não apenas o seu *Dürfen*, HUPKA admite a possibilidade de a restrição ser

---

[1101] Hupka, *Die Vollmacht...*, p. 211.

[1102] É, por exemplo, esse o entendimento de Saggese, *La rappresentanza...*, p. 179, nota (1), autor segundo o qual, ao considerar que as instruções separadamente dirigidas pelo representado ao representante são perfeitamente válidas diante do terceiro, quer a procuração tenha sido declarada ao representante quer directamente ao *tertius* – com a admissão de que neste último caso as instruções possam ser, excepcionalmente, ineficazes quando o terceiro as tenha sem culpa ignorado –, Hupka está a comprometer toda a sua teoria acerca do fenómeno representativo.

[1103] Hupka, *Die Vollmacht...*, p. 215.

[1104] *Idem*. Conforme refere a propósito o Professor Ferrer Correia, *A procuração...*, in *Estudos...*, II, p. 15, tratar-se-ia de casos nos quais o mandante, fornecendo as instruções, não tenha querido propriamente restringir o alcance da procuração, mas, tão-só, colocar à actividade gestória do mandatário limites mais apertados do que os seus poderes representativos.

[1105] *Idem*, pp. 215 e 216.

[1106] *Idem*, p. 216.

inoponível a terceiros[1107]: a eficácia externa da circunscrição das faculdades representativas deve parar diante da consideração devida à contraparte. Ora, é o principal quem dá a conhecer, a esta, uma vontade de procuração mais ampla do que o negócio gestório e suscita, com isso, a confiança em determinada extensão e configuração dos poderes de representação. Esta confiança necessita, escreve o autor austríaco, de ser tutelada. Seria um grave atentado à boa fé e à facilidade das relações se o principal, contra a notificação de procuração por ele próprio feita, se pudesse prevalecer das restrições comunicadas ao *procurator* mas não transmitidas para o exterior[1108]. Nestes termos, segundo HUPKA, as instruções cujo objecto consiste em delimitar ou restringir um poder de representação tornado público, só produzem efeitos relativamente a terceiros na eventualidade de estes não terem investido na confiança provocada pela exteriorização do poder, ou de o terem feito de modo injustificado atenta a situação[1109].

V – Não obstante a autoridade de que se revestem as várias construções acabadas de mencionar, nenhuma delas logra convencer-nos.

As considerações proferidas por VON THUR, STEFFEN e STAUDINGER-SCHILKEN[1110], se não são, porventura, apodícticas, a verdade é que carecem de desenvolvimento adequado para poderem ser aceites: elas traduzem-se, no essencial, em simples afirmações não demonstradas pelos autores.

Já as posições de BÄHR prendem-se directamente com as respectivas opiniões acerca do negócio jurídico[1111]. Elas são, nessa medida, o fruto de uma tomada de posição mais geral[1112]. A rejeição dos pontos de vista expressos, nesse contexto, pelo autor – e, designadamente, o apelo por ele feito à ideia de uma ficção de vontade para explicar a vinculação do declarante em caso de divergência entre a vontade real

---

[1107] *Idem*, p. 217.

[1108] *Idem*.

[1109] Seria, no dizer de Hupka, *Die Vollmacht...*, pp. 219 e ss., designadamente injustificada a confiança se: a) o conhecimento que o terceiro tem do poder de representação lhe advém do próprio procurador; b) a própria procuração der a conhecer a existência de limites internos (como sucede quando se confere a um agente de seguros poderes para celebrar negócios de acordo com os estatutos, instruções e directrizes da companhia de seguros); c) o poder de representação ou a sua exteriorização se apresentam como incompletos; d) se as circunstâncias e, em especial, a conduta do representante inculcarem por si mesmas a suspeita de que o negócio não está de acordo com a vontade do principal, apesar da aparente generalidade do poder patente – caso no qual o *tertius* deverá, por força da boa fé, certificar-se da suspeita e verificar a idoneidade do negócio a realizar.

[1110] V. *supra* o presente parágrafo.

[1111] Cfr. *supra*.

[1112] Aliás, marcada pelas divergências com as posições expressas por Jhering, *Culpa in contrahendo oder Schadensersatz bei nichtigen oder nicht zur Perfection gelangten Verträgen*, in *Gesammelte Aufsätze*, pp. 327 e ss..

e o sentido aparente ou externo da declaração – põe, desde logo, em causa, senão os resultados, pelo menos, os alicerces sobre os quais assentaram as suas opiniões acerca de relevância, ou irrelevância, das instruções internamente transmitidas pelo representado ao representante.

E o mesmo se pode dizer a propósito da construção de HELLMANN. Também no caso deste autor, a suposta insignificância das directrizes secretas é justificada em razão, e como simples decorrência, de pressupostos assumidos no cenário de uma tese mais ampla – esta destinada a explicar os precisos contornos e estrutura do fenómeno representativo e, designadamente, do negócio celebrado com o *tertius*. Comprometida a referida tese pelos avanços entretanto verificados neste domínio fica, igualmente, prejudicada a fundamentação encontrada.

As afirmações de MITTEIS, por seu turno, à semelhança de quanto vimos suceder com VON THUR, STEFFEN e STAUDINGER-SCHILKEN carecem de desenvolvimento adequado para poderem ser aceites. Na verdade, não se compreende a razão da distinção, efectuada pelo autor, entre procuração especial, de uma banda, e, procuração geral, da outra[1113]. E o mesmo se dirá no tocante a STEFFEN, STAUDINGER e SCHILKEN.

Já o ensinamento de LENEL parte de algumas premissas parcialmente correctas mas chega a conclusões, a nosso ver, e em particular à luz do nosso direito, inaceitáveis. Vejamos.

Repare-se, desde logo, como, na perspectiva do nosso ordenamento jurídico, mesmo considerando, sem qualquer tipo de reservas, a ideia de que, nas hipóteses nas quais é o *procurator* a comunicar à contraparte os seus poderes representativos, este se comportaria como um núncio, nem por isso seria admissível sustentar-se apenas ficar o representante desvinculado se o procurador, ao desrespeitar ou transmitir poderes mais amplos dos que lhe haviam sido dados, tivesse agido com dolo. Na verdade, o artigo 250.º do Código Civil português[1114] estabelece claramente a possibilidade de a declaração negocial inexactamente transmitida por negligência por quem seja incumbido da transmissão ser anulada nos termos do artigo 247.º do referido Código[1115].

[1113] E nem as fontes romanas citadas pelo autor parecem suficientes para alicerçar a respectiva posição.

[1114] Para o direito alemão pode ver-se o disposto no § 120 do *BGB*.

[1115] V., ainda quanto se escreve no parágrafo precedente assim como no Cap. V, parágrafo 5, da Parte II, acerca da relação entre o artigo 250.º e o artigo 269.º.

Não é esta, porém, a principal dificuldade posta pela tese de LENEL. O maior erro do autor reside, antes, na circunstância de considerar como exclusivo destinatário da procuração o terceiro ou contraparte no negócio representativo. Na nossa perspectiva, não parece, porém, possível deixar de tomar como destinatários da procuração, simultaneamente[1116], o representante e o *tertius*. Nessa medida, passa a não ser possível procurar resolver os casos de desrespeito, por parte do *procurator*, pelas instruções internamente transmitidas, através do regime jurídico da nunciatura. Estas hipóteses às quais LENEL parece pretender aplicar as consequências próprias do conceito ou figura do núncio afiguram-se, na verdade – e a partir do momento em que se considera dever a *procuratio* ser comunicada igualmente ao representante para ser eficaz –, situações de representação sem poderes sujeitas, destarte – e mesmo para quem aceite a ideia de que o representante é, também, e em parte, um núncio –, ao regime jurídico do artigo 268.º do Código Civil, não ao do artigo 250.º[1117]. É que existe uma diferença entre a simples situação de um *nuntius* o qual se afasta do seu encargo e transmite incorrectamente uma declaração negocial – de um lado – e a de um representante/núncio com o mesmo comportamento – do outro. Quando um núncio veicula erradamente quanto lhe é confiado verifica-se uma simples situação de erro – ou de dolo – na declaração. Porém, se um representante/núncio comunica erradamente a extensão dos seus poderes ao terceiro, além de uma deficiência na transmissão da declaração, verifica-se não existir sequer aquela outra situação pressuposta da real existência das faculdades representativas: falta a efectiva celebração de um negócio de concessão de poderes de representação nos moldes sugeridos pelo representante. Não é, pois, a mera deficiência na transmissão a inquinar quanto é por ele dito, mas igualmente a ausência de correspondência entre a declaração do *procurator* e a realidade a ela exterior e da qual dependeria a possibilidade de o acto do representado ser eficaz para o *dominus*. Noutros termos, quanto se constata, numa hipótese na qual o procurador é incumbido de transmitir os seus poderes ao *tertius* é, para além do próprio vício da declaração do representante, a autêntica falta

---

[1116] Cfr., *supra*, Parte, II, Cap. II, parágrafo 2, pp. 398 e ss., nota (398) e *infra* Parte, II, Cap. V, parágrafo 5.

[1117] Não entraremos por ora, e por não contender com a solução a dar à relevância das instruções *a latere* perante terceiros, na análise do relacionamento que a aceitação da ideia segundo a qual o representante é igualmente um núncio pode eventualmente levar a estabelecer entre o artigo 250.º e o artigo 259.º do Código Civil.

dos poderes invocados pelo *procurador*[1118]. Na verdade, se **A** der poderes a **B**, para celebrar um certo negócio até ao montante de 100, incumbindo-o de transmitir ele próprio os seus poderes ao *tertius*, e **B** declarar a **C** ter-lhe **A** conferido poderes até 120, não é apenas a declaração a ser inexactamente transmitida. São os próprios poderes invocados por **B** a não terem sido nunca conferidos e, portanto, a declaração será ineficaz nos termos do artigo 268.°[1119, 1120].

Por tudo isto, a via consistente em recorrer ao regime jurídico dos vícios na transmissão da declaração por parte do núncio mostra-se inapropriada para resolver aqueles casos em que o representado objectiva e exterioriza uma vontade procuratória com determinado conteúdo e, ao mesmo tempo, transmite, em separado, ao *procurador* instruções para ele não ultrapassar, na sua actuação, uma esfera bem mais restrita de quanto consta da procuração dada a conhecer ao terceiro. Suponha-se ter o *dominus* dito ao seu *procurador* para declarar possuir poderes de representação capazes de permitir a compra de antiguidades até ao valor de 1000. Ao mesmo tempo, porém, emite instruções *a latere* da procuração para o representante não adquirir nenhum objecto superior a 100. Qual terá neste caso sido a nunciatura dada pelo *dominus* ao seu representante? Foi a de transmitir ao *tertius* que ele (*procurador*) tinha poderes para comprar antiguidades até ao valor de 1000. Por isso, se o procurador adquirisse efectivamente uma peça por 1000 ele não estaria a violar a sua função de *nuntius* e, no entanto, afrontava e desrespeitava claramente as instruções dadas pelo principal.

[1118] Que o encargo e a real existência dos poderes se não confundem pode ilustrar-se através do seguinte exemplo: Suponha-se que **A** encarregava **B** de transmitir, verbalmente, a **C** que o primeiro lhe tinha dado certos poderes de representação quando, na verdade, o não tinha feito, por faltar qualquer tipo de procuração – a qual no presente caso até deveria ter sido sujeita à forma escrita. Numa hipótese como esta **B** desempenha correctamente a sua missão de núncio e, no entanto, os poderes de representação não existem, pelo que o negócio representativo não produzirá efeitos relativamente ao *dominus*.

[1119] A situação não será muito diversa daquela outra na qual **A** confere a **B** o encargo de dizer a **C** que lhe vende pela quantia **Y** uma terrina de Companhia da Índias única em todo o mundo, na condição suspensiva de, antes, a conseguir comprar a **D**. **B**, por dolo ou simples erro, comunica a **C** que, dado ter **A** adquirido já a **D** a referida terrina de Companhia das Índias, lha vende imediatamente pelo preço de **Y**. Aqui mais do que uma simples anulabilidade por aplicação directa do regime do artigo 250.° haverá ou uma situação de simples ineficácia para **A** da declaração proferida por **B** – visto que A não tem de facto a propriedade da terrina – ou uma situação de nulidade por venda de bens alheios, razão pela qual o negócio nem sequer poderia produzir os efeitos característicos de um acto meramente anulável.

[1120] É aliás o próprio Lenel, *Mandato...*, in *Revista...*, XI, p. 372, a afirmar como na eventualidade de o representante ser destinatário da procuração os casos nos quais ele transmite inexactamente os respectivos poderes devem ser vistos como hipóteses de representação sem poderes.

Perante este cenário, compreende-se a circunstância de LENEL procurar um outro enquadramento para aqueles casos, como os agora descritos, nos quais o *dominus* pretende, de facto, comunicar aos terceiros um poder com extensão aparentemente diversa da do negócio gestório. Nessas hipóteses o autor considera que, atendendo ao facto de o destinatário da procuração ser necessariamente a contraparte no negócio representativo, qualquer instrução não dada a conhecer ao *tertius* seria irrelevante para circunscrever o poder de representação[1121]. Mas este caminho não parece ter, também ele, qualquer tipo de viabilidade. E por várias ordens de razões.

VI – Sublinhe-se, antes de mais, e de novo, como, a nosso ver, o destinatário da procuração não se pode encontrar exclusivamente na(s) pessoa(s) do(s) terceiro(s)[1122]. Independentemente dessa questão, cumpre, ainda, referir como quem partir do pressuposto de que a procuração é, por natureza, uma declaração dirigida ao terceiro ou contraparte no negócio representativo, e aceitar simultaneamente, como é o caso de LENEL, a ideia de autonomia da *procuratio*, deve ter, conforme refere a propósito HUPKA, logicamente, e *a priori*, por inadequada para limitar o conteúdo do poder de representação a instrução transmitida pelo representado exclusivamente ao representante. Uma directriz deste tipo pertence, de acordo com esta orientação, e em virtude das suas próprias condições, tão-só à relação interna entre o *dominus* e o seu cooperador[1123]. Nestes termos, produzirá um vínculo de natureza obrigacional entre o procurador e o principal, mas não uma restrição do poder de representação diante de terceiros[1124]. Ou seja, e na perspectiva na qual se encontra LENEL, o ponto capital residirá, por conseguinte, na afirmação segundo a qual uma limitação, ao poder patente, não revelada ao *tertius*, não pode ser alegada em detrimento deste, por não constituir nenhuma declaração de concessão de poderes representativos e, além disso, se assistir a uma insensibilidade do poder de representação relativamente ao negócio gestório[1125]. Apesar disso, LENEL[1126], numa orientação igualmente seguida pelos

---

[1121] Lenel, *Stellvertretung...*, in *Jhering's...*, XXXVI, p. 23.

[1122] V. *supra*, Parte, II, Cap. II, parágrafo 2, pp. 398 e ss., nota (398) e *infra* Parte, II, Cap. V, parágrafo 5.

[1123] Hupka, *Die Vollmacht...*, p. 209.

[1124] *Idem*, pp. 209 e 210.

[1125] *Idem*.

[1126] Lenel, *Stellvertretung...*, in *Jhering's...*, XXXVI, p. 23.

demais defensores da ideia de autonomia do poder de representação, vê-se obrigado a admitir que o terceiro, pelo seu lado, deve deixar valer contra si tais restrições quando as conhecia ou devia ter conhecido. Isto numa excepção justificada pela necessidade de se garantir a boa fé das relações[1127]. Conforme se referiu já, segundo LENEL, iria contra a boa fé dominante no comércio o facto de o terceiro ter legitimidade para invocar, a seu favor, um negócio o qual sabia, ou devia saber, haver sido celebrado com abuso de poder. Ou seja: a má fé ou culpa do terceiro proporcionaria à instrução interna uma eficácia jurídica a qual, pela sua própria configuração, ela seria incapaz de produzir[1128].

Contudo, ao estabelecer uma tal excepção a teoria leneliana entra em contradição consigo própria[1129]. Se as restrições comunicadas ao procurador fossem, na verdade, instruções internas apenas susceptíveis de afectar a relação jurídica obrigacional que une o principal e o representante e se, além disso, o poder de representação tivesse como característica indelével e fundamental a sua abstracção relativamente ao negócio subjacente à procuração, não se veria – num fenómeno posto a nu por HUPKA – qual a razão susceptível de ser invocada para prejudicar o terceiro quando tais instruções, não só lhe não seriam dirigidas, como se pretende, para, além disso, existir uma total insensibilidade das faculdades representativas perante as vicissitudes da relação interna. Operar num contexto destes, e tal como sublinhado igualmente por HUPKA, com o conceito de boa fé, revela-se como um procedimento perfeitamente erróneo – excepto se se pretender abrir mão da ideia de autonomia da procuração[1130].

Com a teoria de LENEL, se se aplica realmente e de forma coerente, chega-se inevitavelmente ao princípio de que o poder de representação dado a conhecer para o exterior – o qual constituiria a única declaração de concessão de faculdades representativas de acordo com esta orientação – não pode ser objecto em caso algum de uma limitação por declarações dirigidas ao representante e, por conseguinte, mesmo na eventualidade de o terceiro se encontrar de má fé[1131].

[1127] *Idem*, p. 24.

[1128] Neste mesmo sentido pode ver-se, Hupka, *Die Vollmacht...*, p. 210.

[1129] *Idem*.

[1130] V., Hupka, *Die Vollmacht...*, p. 210, o qual considera, no contexto no qual o autor se move, a via seguida por Lenel, de operar com o conceito de boa fé, errada e improdutiva. O decisivo seria isso sim a ideia de abstracção da procuração.

[1131] Nesta mesma direcção e a propósito dos pontos de vista expressos por Lenel v., de novo, Hupka, *Die Vollmacht...*, p. 211.

Porém, este resultado seria, naturalmente, inaceitável, por demasiado injusto. Conforme refere a propósito HUPKA, chocaria a mais elementar rectidão se o terceiro pudesse negociar eficazmente com o representante mesmo sabendo que ele ia contra a vontade expressa pelo representado[1132]. Contudo, se se quiser evitar esta conclusão deve abandonar-se a tese segundo a qual as declarações dirigidas ao representante têm apenas relevância interna e aceitar o ponto de vista contrário segundo o qual elas se projectam para o exterior e afirmar-se que, tal como o mandato com representação contém já uma procuração com plena eficácia, as instruções aclaratórias e restritivas do poder de representação são aptas para o modificar e só não produzem esse efeito se o terceiro tivesse actuado por referência ao poder patente e ignorado as declarações internas[1133].

VII – Quanto à tentativa de explicação encetada por BIERMANN, para resolver a questão da eficácia e alcance das instruções dadas diante do representado, e não comunicadas ao *tertius*, ela falece, desde logo, atenta a circunstância de não ser entre nós viável sustentar a tese da pluralidade e concorrência de actos geradores do poder de representação. Na verdade semelhante orientação vai buscar apoios – aliás de forma nada pacífica mesmo quando considerada exclusivamente à luz do direito alemão – ao teor do § 171 do *BGB* e à forma como este se articula com o § 167. Ora, entre nós, não existe nenhuma norma equivalente ao § 171 (ou mesmo ao § 167). Por isso, e na ausência de um mecanismo semelhante ou equivalente ao consagrado no *BGB*, a concessão de poderes de representação deverá fazer-se sempre da mesma forma e diante dos mesmos destinatários[1134]. Além disso, e mesmo que se admitisse como válida a possibilidade de múltipla fundamentação dos poderes de representação defendida por BIERMANN, a construção proposta pelo autor mostrar-se-ia incapaz de resolver os casos nos quais as instruções dadas ao representante – ou para usar a terminologia de BIERMANN, o poder declarado diante do procurador – coincidem temporalmente com a manifestação dirigida ao terceiro. Num caso como esse deparamos com duas declarações

---

[1132] *Idem.*

[1133] *Idem.*

[1134] Assim também mas reportando-se apenas à ausência entre nós de um preceito como o contido no § 167, e sem considerar idêntica falta de uma regra como a resultante do § 171 do *BGB*, v., Januário Gomes, *Em tema...*, p. 234.

entre si contraditórias, porquanto o representante não quis, ao fazer duas comunicações distintas, conceder, de facto, outras tantas procurações, mas, antes, uma só[1135]. Nestes termos, as diversas manifestações de concessão dos poderes de representação deveriam ser vistas unitariamente como constituindo uma única[1136]. Por isso, e se não se destruíssem mutuamente, o seu alcance teria de ser determinado de acordo com as regras gerais de interpretação dos negócios jurídicos[1137]. Tudo a levar à conclusão, rejeitada por BIERMANN[1138], de que o conhecimento (ou cognoscibilidade) por parte do terceiro se mostra realmente decisivo para apurar a relevância, ou irrelevância, dos poderes ou instruções transmitidas exclusivamente ao representante.

VIII – Tal como a de LENEL ou a de BIERMANN, também a posição de HUPKA se mostra insusceptível de merecer acolhimento à luz do nosso direito.

Deve, em primeiro lugar, rejeitar-se, conforme se sublinhou, aliás, já por diversas vezes, a distinção entre procurações declaradas exclusivamente ao *procurator*, de um lado, e poderes de representação comunicados à contraparte do negócio representativo ou ao público, do outro. As razões são exactamente as mesmas que presidiram à não aceitação da construção biermanniana da pluralidade de actos geradores do poder de representação. A separação corresponde à clivagem, característica do direito alemão, existente entre procurações internas e procurações externas. Ela é consequência directa do preceituado no § 167 do *BGB*[1139]. Entre nós, inexistindo um qualquer dispositivo semelhante ao do Código Civil alemão e, atentos os interesses em jogo, parece não poder, na verdade, admitir-se qualquer solução cuja linha condutora passe pela aceitação da possibilidade da declaração de concessão de poderes representativos se dirigir, consoante a vontade do principal, ora ao *procurator* ora à contraparte no negócio representativo.

[1135] Neste mesmo sentido pode ver-se, em crítica às teses de Biermann, Schlossmann, *Die Lehre von der Stellvertretung...*, II, p. 489.

[1136] *Idem.*

[1137] Segundo Schlossmann, *Die Lehre von der Stellvertretung...*, II, p. 489, num ensinamento depois seguido por Nattini, *La dottrina...*, p. 237, nota (2), deveria aplicar-se o disposto em *Ulpianus, Libro XLVIII. ad Sabinum* – D., 45, 1, 1, § 4, e, por conseguinte, considerar como decisiva a declaração de conteúdo mais restrito.

[1138] Biermann, *Zur Lehre...*, pp. 29 e 30.

[1139] Nesse preceito o legislador alemão considera, sublinhe-se uma vez mais, que a concessão dos poderes de representação se concretiza mediante declaração emitida frente ao procurador ou ao terceiro.

Mas mesmo se se concordasse com a hipotética viabilidade da distinção entre procuração interna e procuração externa nem por isso se deveria aceitar a construção de HUPKA. É que a crítica por este feita à construção leneliana, acerca da solução a dar à problemática das instruções não tornadas públicas[1140], colhe, em grande medida, contra a orientação propugnada pelo próprio jurista austríaco. Na verdade, não se compreende a tese por ele sugerida para a resolução dos casos de procuração externa a qual é limitada, na sua extensão, por um acto do representante comunicado exclusivamente ao procurador. Se esse tipo de procuração se funda ou torna eficaz na sequência de uma comunicação do representado ao *tertius* não se vê como, na eventualidade de ter sido efectivamente concedida uma *procuratio* externa, pode uma declaração dirigida exclusivamente ao representante levar a uma limitação dos poderes de representação. Aceitar, como defende HUPKA, a ideia segundo a qual a direcção da declaração de concessão de uma procuração seria indiferente para a essência da mesma nada resolve. Na verdade, ela só seria admissível num cenário equivalente, ou ao menos próximo, do de suposta pertinência da doutrina biermanniana da multiplicidade ou concorrência dos actos de concessão de poderes representativos[1141]. A lógica formal de uma semelhante perspectiva imporia, porém, a aceitação dos resultados propostos por BIERMANN: dado uma procuração poder fundar-se quer através de um acto dirigido ao representante quer, ainda, através de declaração comunicada ao terceiro, em caso de o principal utilizar simultaneamente mais de uma via quanto deve relevar perante o *tertius* é a comunicação que o teve como destinatário. Isto porquanto, o poder mais amplo por ela concedido seria suficiente para a outorga dos poderes com base nos quais o *dominus* fica vinculado. Nesses termos, a própria ciência da contraparte do negócio representativo da outra procuração, ou do outro acto gerador da procuração, seria irrelevante[1142]. Como essa lógica conduz a resultados materialmente insustentáveis, e assim se compromete a si mesma de forma definitiva, HUPKA afasta-se deles. Ao fazê-lo o autor austríaco sai, porém, dos quadros da única teoria capaz de explicar – num cenário como o perfilhado e defendido por HUPKA

[1140] V. *supra*, quanto se escreveu neste parágrafo em crítica à construção de Biermann.

[1141] Assim e entendendo que Hupka se coloca, do ponto de vista das premissas que subscreve, na esteira de Biermann, pode ver-se, por exemplo, Schlossmann, *Die Lehre von der Stellvertretung...*, II, p. 489.

[1142] Com a única restrição anteriormente referida.

de abstracção da procuração e do poder de representação[1143] – a ideia segundo a qual a direcção da declaração de concessão de uma procuração seria indiferente para a *procuratio*, podendo, então, uma declaração dirigida exclusivamente ao representante contender com um poder directamente concedido ao *tertius*. Tudo a envolver a orientação propugnada pelo emérito discípulo de MITTEIS em insanáveis contradições[1144].

As insuficiências da tese de HUPKA não ficam porém, e a nosso ver, por aqui. A distinção por ele proposta, entre declarações limitativas dos poderes de representação, de um lado, e simples instruções com relevância exclusivamente interna, do outro, afigura-se na verdade, não obstante o sucesso da carreira por ela aberta[1145], e tal como sublinhado NATTINI, verdadeira acrobacia jurídica[1146] – tributária de uma visão excessivamente geométrica e formalista do fenómeno representativo, e decorrente de uma imponderada aceitação da doutrina da abstracção causal da representação. Na verdade, e a nosso ver, quanto HUPKA e seus prosélitos fazem, é proceder, de forma infundada e apriorística, à afirmação da ideia da autonomia da procuração para, em consequência disso, defenderem a possibilidade e viabilidade de uma distinção prática e juridicamente relevante entre, de um lado, limitações ao poder de representação efectuadas à margem da *procuratio*, e do outro, simples instruções relativas ao exercício das faculdades e deveres gestórios. Porém, quanto se deveria perguntar, primeiro, é se faz algum sentido distinguir os possíveis tipos de instruções pro-

---

[1143] V. *supra*, Parte I, Cap. VII, pp. 673 e ss..

[1144] Não surpreenderá, talvez, por isso, a afirmação proferida por Schlossmann, *Die Lehre von der Stellvertretung...*, II, p. 489, segundo o qual quanto escreve Hupka sobre a articulação entre as relações internas e o poder de representação corresponde a 28 páginas cheias de discussões submersas na pior das confusões.

[1145] Aderiram a ela, e por exemplo, na Alemanha, Von Thur, *Der allgemeine Teil...*, II, II, pp. 399 e 400, em certo sentido também, Stoll, *Der Mißbrauch...*, in *Festschrift...*, pp. 134 e 135; em Itália, Mosco, *La rappresentanza...*, pp. 238 e ss.; D'Avanzo, *Rappresentanza*, in *Novissimo...*, XIV, p. 822; Messineo, *Il contrato...*, p. 237; Graziani, *In tema di procura*, in *Giurisprudenza Completa di Diritto Civile, IV, 1939* (= *Studi di diritto civile e commerciale*, 1953, Nápoles, pp. 80 a 82. Cita-se por este último local); e Visentini, *Effeti...*, comentário aos artigos 1396-1397.°, p. 305; e, entre nós, Ferrer Correia, *A procuração...*, in *Estudos...*, II, pp. 15 e ss.; Helena Brito, *A representação...*, in *Revista...*, 9/10, pp. 35 e 36, e 46 e ss.; Id., *A representação...*, pp. 188 e 197; Paulo Mota Pinto, *Aparência de poderes de representação...*, in *Boletim...*, Vol. LXIX, pp. 600, nota (20), 607 e 608, nota (34); e Rui Pinto, *Falta...*, pp. 40 e 41, 53, 61 e 62.

[1146] Nattini, *La dottrina...*, p. 240. Acrobacia jurídica que a posterior aceitação da figura do abuso de representação, rejeitada por Hupka e tantos outros defensores da ideia da autonomia integral do poder de representação mas, consagrada hoje de forma definitiva, tornaria ainda mais acentuada.

feridas *a latere* da procuração para, depois, aí sim, afirmar, neste particular aspecto, o carácter causal ou abstracto da representação.

Pelo que nos toca, toda e qualquer circunscrição interna das faculdades representativas do *procurator*, mesmo se reportada exclusivamente ao negócio gestório[1147], é, ou em última análise redunda, fatalmente, numa limitação do próprio poder de representação[1148], não havendo qualquer lugar, ou espaço, para a figura das declarações *a latere* da procuração capazes de vincular o procurador no exercício dos poderes conferidos mas insusceptíveis de os limitar. Conforme refere, uma vez mais, NATTINI, não é concebível que o conteúdo da declaração de procuração vá, na vontade do representado, além do conteúdo do negócio fundamental de gestão cujo sentido seja precisamente o de servir como instrumento de restrição à procuração dada ao representante: trata-se mesmo de uma impossibilidade material[1149]. O representado pode pretender uma declaração de procuração com um conteúdo mais amplo de quanto possui a relação causal ou interna, mas não pode desejar, pela contradição então gerada, um conteúdo de procuração maior daquele oferecido pelo negócio gestório[1150, 1151].

[1147] Assim, também, Tietz, *Vertretungsmacht*..., p. 172, o qual afirma mesmo como o facto de determinado dever do representante ser estabelecido como simples vínculo relativo ao negócio de gestão e ainda antes da concessão da procuração em nada alterar a necessidade de ele ser tomado em consideração na fixação do alcance do poder de representação.

[1148] É disso, a nosso ver, particularmente elucidativo o exemplo proposto pelo Professor Ferrer Correia, *A procuração*..., in *Estudos*..., II, p. 15, para ilustrar um caso de instrução interna a seu ver insusceptível de limitar o poder de representação: «*A, ao mesmo tempo que confere a B, por documento escrito, poderes ilimitados para a compra de um imóvel ordena-lhe que não feche o contrato para além de certo preço.*» Como pretender, sem grave formalismo, que esta directriz, apesar de proferida no contexto e a propósito da relação gestória, não é, também, limitativa dos próprios poderes de representação?

[1149] Assim, Frotz, *Verkehrsschutz*..., pp. 264, 339 e 560, o qual sublinha como toda a contraparte do negócio representativo sabe que nenhum representado pode ter querido conceder um poder de representação para a realização, por parte do representante, de uma actuação com efeitos ilícitos. Quanto ele pode não saber é se um concreto negócio se mostra conforme ou contrário aos deveres assumidos pelo *procurator*. Mas isso já é outra questão.

[1150] No mesmo sentido v., também, Frotz, *Verkehrsschutz*..., p. 264 e 272. V., ainda, *op. cit.*, p. 337. Aliás, a jurisprudência tudesca, em mais de uma ocasião, resolveria a questão de saber se um negócio se deve considerar, ou não, vinculativo para o principal em função da resolução da questão de facto que consistia em determinar se o *tertius* sabia – ou pelo menos devia saber – se o negócio representativo contrariava, ou não, a vontade do *dominus* e se, destarte, podia ou não ter sido por ele querido. Assim, v., designadamente, as já por nós anteriormente recenseadas decisões do *Reichsgericht, I Zivilsenat, 22. November 1884*, in *Entscheidungen des Reichsgerichts, Zivilsachen*, 1886, 15, pp. 206 e ss.; e *Reichsgericht, I. Zivilsenat, 14. Oktober 1931*, in *Entscheidungen des Reichsgerichts, Zivilsachen*, 1932, 134, pp. 71 e 72.

[1151] Talvez de forma mais correcta: o representado pode pretender uma declaração de procuração com um conteúdo mais amplo de quanto possui a relação causal. Ele não pode,

Para o comprovar basta atentar-se na noção de procuração e confrontá-la com a figura do mandato. A primeira corresponde, entre outros aspectos, a uma declaração de vontade que permite a alguém apropriar-se dos efeitos do negócio jurídico celebrado em seu nome[1152]. O segundo consiste num contrato, definidor de um dado ordenamento, do qual decorre a obrigação para o mandatário de realizar um determinado acto por conta de quem lhe confere o encargo. Como poderá, porém, o representado desejar apropriar-se de efeitos os quais não pretende sejam postos em prática ou criados pelo representante[1153]? Não é possível! Uma instrução vinculativa no sentido de apenas se fazer uso do poder de representação verificadas determinadas circunstâncias não significa outra coisa senão uma limitação do poder de representação (em si mesmo definido de forma mais ampla de quanto consta da relação jurídica interna)[1154]. Ao proibir, mesmo se apenas internamente, a realização de certo comportamento por parte do procurador o dono do negócio está, na verdade, expressamente, a manifestar uma vontade no sentido de apenas se celebrar determinado tipo de negócio representativo e, destarte, de apenas ser feito determinado uso da procuração. Consequentemente o representante só actuará dotado de poderes representativos se realmente respeitar os pressupostos dos quais o *dominus* fez depender a possibilidade de actuação em seu nome[1155, 1156].

---

porém, desejar, pela contradição então gerada, um negócio representativo com um conteúdo mais amplo do que o permitido pela relação gestória.

[1152] Ou noutra perspectiva: que permite a alguém vincular outrem pelos negócios que foram celebrados em seu nome.

[1153] Nattini, *La dottrina...*, p. 240.

[1154] Tietz, *Vertretungsmacht...*, p. 132.

[1155] Tietz, *Vertretungsmacht...*, p. 132.

[1156] As afirmações transcritas no texto talvez careçam, ainda, de algumas explicações adicionais. Parece, na verdade, impossível contestar-se a existência de indicações dadas pelo principal ao representante que nada têm a ver com o poder de representação. Assim, por exemplo, se o representado instruir o procurador para utilizar o carro de serviço **A** em vez do automóvel **B** quando se deslocar ao encontro do *tertius* isto em nada colide, numa situação normal, com o conteúdo do negócio representativo, nem envolve qualquer instrução – seja ela vista como simplesmente interna ou como modificação da procuração – relativa ao exercício do poder de representação. Nestes termos, se o *procurator* utilizar, de facto, o carro **B** não parece ser o negócio representativo, só por isso, ineficaz. Isto pela razão de que a utilização de um ou outro veículo nada tem a ver com o exercício do poder de representação e, por norma, não se projecta para o exterior. Nestes termos, o comando dado pelo principal não interferirá nem directa nem indirectamente com o poder de representação. Todavia, não é relativamente a este tipo de directrizes, concernentes ao exercício de simples prestações ou actos materiais, e as quais não importam no estabelecimento de relações jurídicas com terceiros, que se coloca o problema da distinção entre simples directrizes internas e

São as próprias regras de interpretação do negócio jurídico a colocarem em crise qualquer pretensão de se distinguir entre limitações relativas, tão-só, ao negócio gestório – e destarte irrelevantes para a eficácia do acto representativo – e directrizes ou declarações *a latere* da procuração mas, ainda assim, com directa incidência sobre o poder de representação. Repare-se como de acordo com o artigo 236.º, n.º 1, do Código Civil, a declaração negocial vale com o sentido que um declaratário normal, colocado na posição do real declaratário, possa deduzir do comportamento do declarante, excepto se este não puder razoavelmente contar com ele. Deve, assim, procurar-se para qualquer declaração de vontade um sentido compreensível para o declarante[1157]. Ora a vontade reconhecível do autor da procuração é a de

genuínas limitações ao poder de representação. A questão consiste em saber se, quando a instrução dada pelo constituinte interfere ou bule, de uma forma ou de outra, com o próprio conteúdo ou efeitos do negócio representativo, ainda assim, é possível distinguir entre simples instruções internas e autênticas limitações ao poder de representação. Noutros termos, pergunta-se se faz sentido continuar a afirmar a existência de um *Können* ou *posse* do procurador quando a sua actuação viola o *Dürfen* ou *licere* ao qual o próprio poder de representação se encontra sujeito. Hupka, *Die Vollmacht...*, pp. 216 e 217, seguido de uma profusão de autores tanto nacionais como estrangeiros pronuncia-se pela afirmativa, considerando, designadamente, poder a determinação de um preço limite, de uma quantidade mínima de mercadorias a adquirir, de um prazo a cumprir, ou de certa cláusula a inserir no negócio final, configurar simples limitações internas. Pela nossa parte, e pelas razões já referidas, julgamos não ser possível qualquer tipo de distinção. Toda a directriz que condicione e tenha implicações sobre o conteúdo do negócio celebrado pelo representante envolve limitações ao poder de representação. Formulado de outra maneira: quando a instrução, diga ela respeito à relação de gestão ou resulte imediatamente da procuração, seja relativa à própria actividade a desenvolver pelo representado em nome do *dominus*, ou interfira directamente com ela, não se mostra viável distinguir entre supostas limitações ao poder de representação e comandos meramente internos. Mas convém sublinhar como, mesmo, a circunstância de o incumprimento daquelas directrizes internas não respeitantes ao exercício dos poderes de representação poder acabar por se repercutir mediatamente sobre eles. Assim, e retornando ao exemplo indicado nesta nota, a circunstância de o auxiliar ter desrespeitado as ordens do *dominus* para se deslocar em determinado carro, em vez de utilizar outro, pode levar, nos termos gerais, à resolução ou rescisão do negócio subjacente. Destarte, mediatamente, o representante vê extintos, para futuros negócios (e mesmo para aqueles em curso se ainda não estiverem concluídos) os respectivos poderes nos termos dos artigos 265.º, n.º 2, e 266.º, n.º 2, do Código Civil (v., Helena Mota, *Do abuso de representação...*, p. 147. Acerca da posição desta autora a propósito da relevância das instruções *a latere* da *procuratio* v., quanto se escreve *infra* no presente parágrafo). Destarte, e por esta via, constata-se também uma dependência dos poderes de representação relativamente às instruções internas atinentes à simples fixação dos direitos e competências internas – e portanto não reportáveis às actividades a exercer com *contemplatio domini* – do *dominus* e seu auxiliar. O próprio cumprimento ou incumprimento de meras obrigações – as quais nem sequer se assumem como instruções – como o dever de prestar contas ou do pagamento da remuneração devida podem afectar o poder de representação por levarem, por exemplo, à resolução da relação gestória (v., novamente, Helena Mota, *Do abuso de representação...*, pp. 147 e 148, 152 e 153).

[1157] Assim, também, na jurisprudência tudesca, e a título simplesmente exemplificativo: *Bundesgerichtshof, 23. Februar*, in *Entscheidungen des Bundesgerichtshofes. Zivilzachen*, 1956, 20, pp. 109

que o representante actue licitamente e, destarte, de acordo com as instruções internas[1158]. De outro modo o *dominus* não as teria nunca introduzido no negócio gestório ou relação-base. Nestes termos o *tertius*, na nossa perspectiva um dos destinatários da procuração[1159], não pode deixar de assumir ter o representante concedido os poderes de representação, sempre, no pressuposto segundo o qual o representante actuará de acordo com as instruções a ele pessoalmente transmitidas e com respeito pelas vinculações sobre ele pendentes[1160]. Outro entendimento, favorável à irrelevância perante os terceiros de certas instruções dadas pelo principal, levaria fatalmente a aceitar pretender o *dominus* conceder poderes tendentes à celebração, em seu nome, de negócios prejudiciais ou contrários à sua *voluntas*[1161]. Semelhante interpretação desconsideraria, todavia, totalmente a vontade reconhecível do principal[1162] – por vezes mesmo conhecida[1163]. Mais.

Ao levar à conclusão segundo a qual, pela sua natureza exclusivamente interna, as simples instruções não seriam oponíveis aos próprios terceiros delas conhecedoras[1164], a tese da distinção entre, de um lado, instruções *a latere* limitativas do poder de representação, e restri-

---

e ss.; enquanto na literatura se pode referir, por exemplo, Tietz, *Vertretungsmacht...*, p. 128. Vejam-se também as amplas e extensas considerações proferidas por Frotz, *Verkehrsschutz...*, pp. 258 e ss., 338 e ss., 602 e ss..

[1158] Tietz, *Vertretungsmacht...*, pp. 128 e 174. Aliás, isso mesmo acaba por ser reconhecido por Stoll, *Der Mißbrauch...*, in *Festschrift...*, p. 135, para quem, apesar de favorável à ideia segundo a qual as instruções internas não prejudicariam o *tertius* mesmo se conhecedor da condicionante imposta pelo principal, o dono do negócio não pretende, numa situação destas, que o representante actue contra as suas instruções. Depois desta confissão, a única razão pela qual, mesmo assim, Stoll continua a defender a irrelevância externa das instruções internas deve-se ao facto de, segundo ele, ser errado, neste tipo de casos, realçar ou sobrevalorizar esta vontade do dono do negócio. Semelhante vontade deveria, de acordo com Stoll, ser, pura e simplesmente, desconsiderada. Decisivo deveria mostrar-se apenas a circunstância de saber se o representado quis, ou não, o conteúdo mais amplo da procuração. A proposta de Stoll não encontra, porém, qualquer apoio nas regras de interpretação do negócio jurídico.

[1159] Cfr. *supra*, Parte, II, Cap. II, parágrafo 2, pp. 398 e ss., nota (398) e *infra* Parte, II, Cap. V, parágrafo 5.

[1160] Frotz, *Verkehrsschutz...*, pp. 272 e 338; e Tietz, *Vertretungsmacht...*, pp. 128 e 129.

[1161] Tietz, *Vertretungsmacht...*, p. 129.

[1162] *Idem*, pp. 129 e 174.

[1163] Hipótese esta na qual será, então, e naturalmente de aplicar o disposto no n.º 2 do artigo 236.º do Código Civil.

[1164] Hupka, *Die Vollmacht...*, pp. 215 e 216, autor segundo o qual se, das circunstâncias do caso, resulta que a declaração mais restrita emitida diante do procurador tem somente, e de acordo com a intenção do principal, o sentido ou carácter de uma instrução interna, ou, noutros termos, ser desejo do *dominus* o de apenas colocar limites mais estreitos ao *licere* do representante de quanto foi imposto ao seu *posse*, a declaração do representado não limita a extensão do poder externo de representação mesmo se o terceiro conhecesse a instrução.

ções meramente internas, do outro, abriria, através da figura da representação, a possibilidade de se causar prejuízos ao constituinte muito para além de quanto é exigido pelas necessidades do tráfego jurídico ou de protecção do destinatário de qualquer declaração negocial[1165]. Na medida em que a vinculação interna é conhecida, ou susceptível de ser reconhecida, pelo terceiro não se vê qual o motivo capaz de impedir a intromissão da relação gestória no poder de representação[1166]. Decisiva deve, pois, na nossa perspectiva, ser apenas a circunstância de saber se as restrições são, ou não, susceptíveis de ser conhecidas pela contraparte ou se o *tertius* tem dessas mesmas restrições ciência efectiva[1167]. Não já se as instruções são ou não concebidas como directamente relativas à declaração de concessão de poderes representativos, entendida esta em sentido restrito, ou se, ao invés, foram concedidas sob a forma de meras instruções[1168].

[1165] Tietz, *Vertretungsmacht...*, p. 129.

[1166] Assim, Tietz, *Vertretungsmacht...*, p. 129.

[1167] Entender o contrário e recusar a interferência das instruções internas no conteúdo da procuração equivaleria a, contra as regras de interpretação, não nos atermos, na determinação da extensão e sentido do negócio de concessão dos poderes de representação, no objectivo horizonte de recepção do destinatário da declaração. De modo atípico atribuir-se-ia à procuração um significado que nem o representado quis nem o terceiro poderia pressupor ser o da *procuratio*. Não se vê, porém, qual a norma jurídica capaz de justificar uma tal solução e não é o princípio da abstracção do poder de representação a impô-la. Se não se pretender partir de dogmas não escritos, a ideia de autonomia do fenómeno representativo apenas se pode fundar e fundamentar na independência deste relativamente à competência ou autorização representativa (no sentido de *Vertretungsbefugnis*). Contudo quando as próprias regras de interpretação dos negócios jurídicos depõem no sentido da intromissão, no âmbito da procuração, da autorização dada ao procurador não é possível falar em qualquer independência da *procuratio* relativamente ao negócio subjacente. Sobre quanto agora se refere mas a propósito da intromissão de deveres gerais decorrentes da lei no conteúdo da procuração interna de direito alemão v., Tietz, *Vertretungsmacht...*, p. 142.

[1168] Para uma crítica a esta distinção entre instruções internas, de um lado, e limitações ao poder de representação, do outro, pode ver-se ainda, e para além dos autores referidos nas notas anteriores – ou seja Nattini, Frotz e Tietz – Schlossmann, *Die Stellvertetung...*, II, pp. 489 e ss.; Wellspacher, *Das Vertrauen...*, pp. 80 e 81, e nota (5); Seeler, *Vollmacht...*, in *Archiv...*, 28, p. 5; Goldberger, *Der Schutz...*, p. 87, nota (25); Nitzsche, *Die Überschreitung...*, pp. 40 e 41, nota (146); e Papanti-Pelletier, *Rappresentanza...*, pp. 96 e ss., o qual põe em destaque como a referida separação – igualmente presente nalguma doutrina italiana – para além das fraquezas por nós apontadas no texto, terá, em grande parte, a sua origem num acrítico transferir para o direito italiano de resultados alcançados pela doutrina tudesca com base num sistema normativo específico, inexistente em Itália – e também em Portugal. Segundo Papanti-Pelletier, na base do princípio da abstracção causal, supostamente informador do ordenamento jurídico tudesco, as instruções reportar-se-iam sempre à relação representativa e seriam qualificadas de externas ou internas consoante a procuração a elas adjacente fosse ela própria interna ou externa (acerca desta distinção v. *supra*, *passim*) seguindo depois a respectiva disciplina jurídica, em particular no tocante à sua relevância perante terceiros. Uma tal orientação ou distinção mostrar-se-ia, todavia, e perante o disposto no *Codice Civile*, verdadeiramente insustentável. De acordo com o estabelecido pelo legislador italiano toda e

E não se alegue, com GERKE[1169], que a crítica, já presente em SEELER[1170], a esta distinção entre declarações *a latere* limitativas do poder de representação, de um lado, e simples instruções, do outro, pode ser verdadeira do ponto de vista psicológico mas não o é considerado o problema da compreensão e relevância da *voluntas* na perspectiva da doutrina da declaração de vontade.

Em primeiro lugar, atente-se na circunstância de no seio dos opositores à tese, favorável à separação e distinção entre simples instruções, de uma banda, e autênticas restrições do poder de representação, da outra, ensaiada por HUPKA, se encontrar, entre outras, a voz de SCHLOSSMANN[1171], um dos mais exacerbados e acérrimos defensores de concepções objectivistas do negócio jurídico. Donde, ao contrário do sugerido por GERKE, o problema ou a inviabilidade de se proceder a uma contraposição directrizes internas/limitações externas, não se colocar apenas para quem conceba a vontade negocial em termos psicológicos.

---

qualquer instrução respeitaria sempre à relação jurídica interna, mesmo se porventura resultasse expressamente do acto de procuração. Além disso ela seria oponível aos terceiros com fundamento em abuso de representação. As conclusões finais de Papanti-Pelletier, com o apelo ao abuso de representação como forma de pôr em crise a distinção entre instruções internas, de um lado, e limitações externas, do outro, apresentam aspectos dignos de realce e ponderação. Quanto não nos parece de acolher são, por um lado, as afirmações por ele proferidas no sentido segundo o qual o princípio da abstracção causal informaria o ordenamento jurídico germânico, e do outro, a ligação entre a distinção instruções internas/instruções externas à contraposição procuração interna/externa. É na verdade, e em primeiro lugar, discutível – conforme o demonstram designadamente as construções propugnadas por Schlossmann, Dniestrzanski, Seeler entre outros, aos quais se poderiam ainda juntar as importantes – mas tão descuradas pela doutrina – indicações feitas nos trabalhos preparatórios do *BGB* à natureza causal da procuração – que a visão labandiana do fenómeno representativo tenha sido acolhida pela lei civil alemã. Em segundo lugar, mostra-se profundamente errada – a não ser talvez, e de forma não muito clara, numa das diferentes abordagens dadas por Von Thur ao problema – a aproximação da separação das instruções em internas/ /externas à clivagem *procuratio* interna/externa. Na verdade, e tal como imaginada por Hupka, seria precisamente a respeito da procuração externa, e só a respeito dela, a falar-se ou distinguir-se as directrizes dadas pelo *dominus* consoante se reportassem ao acto gestório ou, ao invés, pretendessem limitar os próprios poderes de representação. No contexto da procuração interna Hupka não atribui qualquer significado à distinção. Na doutrina espanhola, reconhecendo a possibilidade teórica da separação entre instruções internas e limitações externas mas afirmando a falta de operatividade da mesma e defendendo a relevância exterior das primeiras com base na noção de abuso de representação, pode ver-se António Gordillo, *La representación...*, pp. 85 e ss., e 96.

[1169] Gerke, *Vertretungsmacht...*, pp. 59 e 60.

[1170] Seeler, *Vollmacht...*, in *Archiv...*, 28, p. 5.

[1171] Schlossmann, *Die Lehre von der Stellvertretung...*, II, p. 489.

Em segundo lugar, note-se como as soluções agora referidas resultam directamente da aplicação do artigo 236.°, n.os 1 e 2[1172], seja qual for a solução dogmática que nele se pretenda ver consagrada[1173].

Aliás, o próprio HUPKA acaba por se ver forçado a admitir como, para a interpretação do conteúdo da procuração, se mostram importantes as circunstâncias acessórias à concessão da procuração e, designadamente, a natureza e as condições da relação jurídica interna entre o representante e o *procurator* [1174]. Mas, então, se assim é, não se vislumbram quaisquer razões para se sustentar a impossibilidade de as instruções meramente internas conhecidas pelo terceiro interferirem no poder de representação. É que das duas uma: ou a procuração é abstracta relativamente ao negócio gestório e este também não deve interferir na sua interpretação ou, então, se a relação-base condiciona o sentido da *procuratio* as instruções dadas pelo principal ao *procurator*, mesmo se internas, não podem deixar de influenciar a extensão do poder de representação. Parece, na verdade, encerrar uma profunda contradição a afirmação da tese segundo a qual as instruções internas declaradas exclusivamente ao *procurator* carecem de qualquer tipo de

---

[1172] Deve realçar-se em todo o caso o n.° 2 do artigo 236.° do Código Civil, preceito no qual se estabelece como «*sempre que o declaratário conheça a vontade real do declarante, é de acordo com ela que vale a declaração emitida*». Daqui se extrai, muito claramente, e contra quanto é pretendido por Hupka e seus seguidores, a conclusão segundo a qual as instruções internas conhecidas (para as meramente cognoscíveis vale o n.° 1) do terceiro são-lhe a ele oponíveis.

[1173] Sobre a problemática, na doutrina nacional, da interpretação do negócio jurídico e do sentido a procurar na declaração negocial pode ver-se, a título meramente ilustrativo, Guilherme Moreira, *Instituições...*, I, pp. 502 e ss.; Cabral Moncada, *Lições...*, II, pp. 340 e ss.; Beleza dos Santos, *A simulação...*, pp. 1 e ss.; Rui de Alarcão, *Interpretação e integração dos negócios jurídicos*, in *Boletim do Ministério da Justiça*, 1959, 84, pp. 329 e ss.; Manuel de Andrade, *Teoria...*, II, pp. 122 e ss. e 305 e ss.; Inocêncio Galvão Telles, *Manual...*, pp. 353 e ss.; Ferrer Correia, *Erro e interpretação...*, passim, pp. 155 e ss., maxime pp. 205 e ss.; Castanheira Neves, *Questão-de-facto...*, pp. 334 e ss., Mota Pinto, *Teoria...*, pp. 416 e ss.; 444 e ss.; Santos Júnior, *Sobre a teoria...*, per totum; José Lamego, *Hermenêutica...*, pp. 68 e ss.; Menezes Cordeiro, *Teoria...*, I, pp. 569 e ss., e II, pp. 305 e ss.; Id., *Tratado...*, I, I, pp. 467 e ss.; Id., *Idem*, 2.ª ed., pp. 535 e ss.; Id., *Parecer (cisão...)*, pp. 20 e ss.; Ferreira de Almeida, *Texto...*, passim, e designadamente, I, pp. 139 e ss., 177 e ss.; Id., *Interpretação...*, in *O Direito...*, 124, pp. 629 e ss.; Oliveira Ascensão, *Teoria...*, III, pp. 265 e ss.; Id., *Direito civil...*, II, pp. 153 e ss.; Heinrich Ewald Hörster, *A parte...*, pp. 508 e ss.; Carvalho Fernandes, *A conversão...*, pp. 31 e ss., maxime 43 e ss.; Id., *Teoria...*, II, pp. 183 e ss., 343 e ss.; Pedro Pais de Vasconcelos, *Contratos...*, pp. 375 e ss.; Id., *Teoria...*, I, pp. 302 e ss.; Paulo Mota Pinto, *Declaração tácita...*, passim, maxime pp. 188 e ss., 523 e ss.; Sousa Ribeiro, *O problema...*, passim, e pp. 243, 253 e ss..

[1174] Hupka, *Die Vollmacht...*, pp. 179 e ss., 183 e ss.. O autor admite, nomeadamente, compreender o poder do administrador de uma quinta, enquanto não se encontrar restringido em concreto, todos os actos jurídicos pressupostos pela exploração de uma herdade, ou estarem integrados na competência representativa do administrador de uma casa todos os actos relacionados com a conservação e uso do edifício.

eficácia[1175], ainda quando conhecidas do terceiro, e a simultânea afirmação segundo a qual o negócio gestório ou relação subjacente interferiria na interpretação da procuração e dos poderes de representação. Se a razão capaz de explicar a inaptidão das instruções internas para circunscreverem o poder de representação, mesmo perante um *tertius sciens*, é – como se deduz das palavras de HUPKA[1176] – o facto de a declaração feita ao procurador ter sido querida como algo de respeitante apenas ao negócio gestório – devendo, destarte, ter-se como tal para todos os efeitos: nem o principal relativamente ao *dominus*, nem este relativamente ao primeiro, podem dela retirar qualquer tipo de limitação quanto ao poder representativo – então, impor-se-ia, como consequência lógica forçosa a impossibilidade de a relação jurídica interna ser chamada a depor aquando da interpretação da procuração. Se, de um lado, a *procuratio* tem, por definição, natureza externa[1177], e, do outro, a relação jurídica gestória é concebida e configurada pelos respectivos intervenientes como um acto meramente interno e insusceptível de se projectar para além do círculo para o qual foi concebido, como poderia o negócio causal, do qual, supostamente, apenas são partes interessadas o representado e o representante, ser chamado a desempenhar funções externas em sede de interpretação?

Afinal está-se a deixar entrar pela janela aquilo quanto se não desejou passasse pela porta. Afirma-se a irrelevância, para a delimitação do poder de representação, das meras instruções *a latere* da procuração declaradas exclusivamente ao representado, devido ao facto de que tais instruções apenas respeitariam à relação jurídica interna ou gestória. Porém, admite-se claramente a possibilidade de a relação-base ser chamada a depor na interpretação da procuração e, assim, na fixação dos contornos e extensão do poder do representante. Como as instruções internas são um instrumento de realização e concretização do negócio de gestão elas acabam, afinal, por ser chamadas a intervir na interpretação da *procuratio*[1178] e, destarte, de forma directa e imediata, na

---

[1175] Assim, Hupka, *Die Vollmacht...*, pp. 210 e 211, 221 e 222, seguido em Itália, designadamente, por Mosco, *La rappresentanza...*, p. 240, o qual apenas excepciona os casos em que se assiste a uma efectiva colaboração, ou conluio, entre o representante e o terceiro, com o fim de prejudicar o *dominus*.

[1176] Hupka, *Die Vollmacht...*, p. 216.

[1177] A expressão é empregue para significar a circunstância de a procuração se destinar a permitir a vinculação do principal diante do terceiro e vice-versa.

[1178] Assim pode ver-se, expressamente, Steffen *BGB – RGRK*, cit., I, comentário ao § 167, p. 85, o qual defende a tese de que as instruções internas não fazem parte do poder de representação. Por conseguinte, e em seu entender, elas apenas seriam relevantes para a relação jurídica

fixação da extensão e contornos do poder representativo. A única forma de os defensores da irrelevância externa das apelidadas «simples instruções *a latere* da procuração»[1179] garantirem um mínimo de coerência nas respectivas posições passaria, assim, pela negação da interferência da própria relação jurídica subjacente no processo de interpretação da procuração[1180]. Semelhante posição só seria, todavia, possível num cenário de prevalência de um objectivismo absoluto na determinação do sentido da declaração negocial. Ora uma tal posição, para além de não ser defendida nem por HUPKA nem por qualquer dos partidários da distinção – entre, de um lado, declarações à margem da procuração susceptíveis de limitarem o poder de representação e instruções *a latere* com relevância meramente interna do outro – por ele introduzida, carece de qualquer viabilidade face ao exposto no artigo 236, n.ºs 1 e 2, do Código Civil[1181].

Nestes termos, grande parte dos reparos endereçados por HUPKA à construção de LENEL parecem igualmente susceptíveis de se reportar à tese elaborada pelo primeiro dos dois autores: ao propugnar a irrelevância das instruções internas para o poder de representação, e ao defender, ao mesmo tempo, a importância da relação de gestão para a interpretação da procuração, a teoria hupkaniana entra em contradição consigo própria. Se a razão da inoponibilidade das directrizes internas a terceiros reside na abstracção do poder de representação, traduzida numa total insensibilidade das faculdades representativas perante as vicissitudes da relação interna, não se vê como justificar a intromissão de tal relação em sede interpretativa, sem, com isso, se quebrar a suposta indiferença do *posse* representativo relativamente ao *licere*, e, destarte, a ideia de autonomia da *procuratio*. Mas mais.

HUPKA acusa a teoria de LENEL de conduzir a resultados injustos porquanto permitiria a um *tertius* negociar eficazmente com um

---

gestória ou causal, embora possam, e para empregar as suas próprias palavras, ser utilizadas como elementos de interpretação para a determinação do âmbito dos referidos poderes. Reconhecendo expressamente a intervenção das instruções no processo de determinação do âmbito e alcance do poder de representação, e em sede de interpretação, pode, ainda, ver-se, Tietz, *Vertretungsmacht...*, pp. 122 e 123.

[1179] Por contraposição com as limitações ao poder de representação manifestadas também à margem da *procuratio*.

[1180] Acompanhada, como pretende Hupka e demais corifeus da visão labandiana do fenómeno representativo, pela absoluta irrelevância da figura do abuso do fenómeno representativo.

[1181] Na verdade, sublinhe-se novamente, o n.º 2 do preceito referido no texto indica expressamente como sempre que o declaratário conheça a vontade real do declarante é de acordo com ela que vale a declaração emitida.

representante mesmo sabendo ir o negócio representativo contra a vontade declarada do representado. Ora, e se não acabasse por recuperar a sua relevância em sede de interpretação, ao pretender não serem as instruções meramente internas declaradas exclusivamente diante do *procurador* oponíveis aos próprios terceiros delas conhecedoras, HUPKA chega precisamente à mesma conclusão. Trata-se, porém, e como o próprio discípulo de MITTEIS cuidou de esclarecer, de uma tese inaceitável. Para empregar as próprias palavras do jurista austríaco, e descontando agora inclusivamente o disposto no artigo 236 n.ºs 1 e 2, do Código Civil, chocaria com a mais elementar rectidão se o terceiro pudesse negociar eficazmente com o representante mesmo sabendo agir ele em sentido contrário à vontade expressa pelo representado. Porém, se se quiser evitar esta conclusão deve abandonar-se a tese segundo a qual as instruções dirigidas ao representante têm apenas relevância interna e aceitar o ponto de vista contrário segundo o qual elas se projectam para o exterior[1182].

[1182] Na verdade compreende-se mal que o discípulo de Mitteis censure os pontos de vista expressos por Lenel, por considerar conduzir a tese deste – segundo a qual um poder transmitido ao exterior não pode sofrer limitações em caso algum, mesmo se o terceiro estiver ciente, através de declarações dirigidas ao procurador – a resultados extremamente injustos, e depois acabe a defender a inoponibilidade externa das apelidadas simples instruções. Se é inadmissível, por repugnar à mais elementar correcção e rectidão, poder o *tertius* contratar eficazmente com o representante mesmo com a consciência de o negócio ir contra a vontade expressa do *dominus*, então, as meras directrizes transmitidas ao representado devem ser respeitadas pela contraparte no negócio representativo por corporizarem e transportarem, também, uma certa intenção do principal. Estranha-se, pois, e é, em nosso entender, inadmissível, pretender Hupka alargar a eficácia externa de quanto qualifica de limitações ao poder de representação manifestadas *a latere* da procuração, fazendo apelo à ideia de justiça e de rectidão e não invocar, depois, os mesmos argumentos na hipótese de em causa estar uma suposta instrução interna. Qualquer uma das duas traduz um desejo de condicionamento do exercício do poder de representação. Numa retirando-o directamente, na outra vedando a sua utilização. Por isso, independentemente de a declaração à margem da procuração ser qualificada como interna ou externa, se dela for conhecedor, o terceiro pode sempre concluir ter sido vontade do representado que da *procuratio* apenas se faça um determinado uso. Assim, tanto repugnará admitir a não oponibilidade ao *tertius* duma limitação como chocará a afirmação segundo a qual a instrução não tem eficácia diante deste, mesmo se ele a conhecer. Nenhum interesse digno de tutela jurídica, nenhuma consideração dogmática, permite alicerçar semelhante conclusão. Nem mesmo a tão propalada mera eficácia *inter partes* dos direitos de crédito. Em primeiro lugar, por não nos parecer ela uma ideia frutífera (a este respeito pode ver--se, por todos, Menezes Cordeiro, *Direito...*, I, pp. 251 e ss.). Em segundo lugar, porquanto, independentemente da eventual validade da tese da simples oponibilidade relativa dos vínculos creditórios, não ser ela a explicar a intromissão do negócio subjacente, e das instruções, no poder de representação. Conforme se cuidou já de explicar, quando se afirma a dependência da competência representativa relativamente à relação-base, não se está a defender existir aqui a oponibilidade de um crédito ou prestação a um terceiro a ela estranho. Quanto se afirma isso sim é a importância do sentido veiculado pelo negócio subjacente à outorga dos poderes de represen-

IX – Mas se tudo isto não chegasse para demonstrar a improcedência da tese de HUPKA, com respectiva distinção entre declarações *a latere* da procuração objectivamente limitativas dos poderes de representação, de um lado, e simples instruções destinadas a uma vigência meramente interna, do outro, a verdade é que, mesmo na eventualidade de se aceitar, em tese, a separação proposta pelo autor austríaco, face à admissibilidade e, entre nós, expressa consagração da figura do abuso de representação[1183], sempre se deveria concluir pela inconsistência dos resultados propostos pelo discípulo de MITTEIS. Mesmo na eventualidade, por nós rejeitada[1184], de, em abstracto, ser possível autonomizar directrizes destinadas, exclusivamente, a impor limitações ao negócio de gestão, por confronto com aquelas outras cuja finalidade seria restringir o próprio poder de representação, ainda assim, se teria de concluir pela relevância de tais indicações ou limitações destinadas, tão-só, ao estabelecimento de uma regulamentação do negócio gestório. Isto atento o disposto no artigo 269.º do Código Civil. É que HUPKA defendia, recorde-se, a irrelevância do abuso de representação[1185] – atendendo à circunstância de ele vir bulir com o princípio da abstracção do poder ou competência representativa – criando assim um contexto no qual a insuficiência das suas posições era um pouco atenuada. Imposta, ao menos em determinadas circunstâncias, a eficácia externa dos comportamentos abusivos levados a cabo pelo procurador a improcedência da distinção torna-se absolutamente flagrante. Na verdade, quem se recuse a admitir a intervenção das instruções *a latere* da procuração no próprio alcance do poder de representação terá de reconhecer irem elas, por possuírem exclusiva natureza interna, aderir à

---

tação para ajudar a determinar a vontade manifestada pelo *dominus* no negócio de constituição do procurador. Aliás, e de forma profundamente contraditória com a ideia labandiana da autonomia integral da *procuratio* defendida por Hupka, é o próprio autor quem acaba por afirmar como a simples concessão de um mandato para realizar actos de representação contém já uma procuração com plena eficácia. Isto traduz-se, todavia, no expresso reconhecimento segundo o qual a relação jurídica gestória não é *res inter alia* para o terceiro ou contraparte. Nestes termos, e a ser como sustenta Hupka, a simples instrução interna relativa ao modo de exercício do poder de representação deveria delimitar também com plena eficácia diante do *tertius* para quem é cognoscível o referido poder e mostrar-se capaz, por isso, de modificar a procuração tornada pública.

[1183] Apesar de se não encontrar expressamente prevista no *BGB* qualquer disposição consagrando a figura do abuso de representação ninguém na doutrina ou jurisprudência a põe hoje em causa. Para um estudo alargado deste assunto do abuso de representação v. *supra* o parágrafo precedente.

[1184] E por nós rejeitada na medida em que justamente tais instruções são chamadas a depor no processo de interpretação da procuração, e por conseguinte, na fixação do próprio poder de representação.

[1185] Cfr. quanto se escreve a este respeito no parágrafo anterior.

relação jurídica subjacente. Ora, se se rejeitar a intromissão do negócio gestório no alcance e conteúdo do poder de representação por aplicação directa das normas e regras de interpretação, sempre se acabará por ter de considerar oponível ao terceiro o desrespeito pelos limites materiais impostos pela situação jurídica de gestão, quando este conhecer ou dever conhecer a violação, por se tratar então de abuso de representação por parte do *procurator* (artigo 269.º do Código Civil). Por isso, mesmo se em teoria fosse possível proceder a uma distinção entre modificações objectivas dos poderes de representação e directrizes internas, a distinção não teria qualquer conteúdo útil, mostrando-se absolutamente infrutífera a tentativa de impedir as últimas de interferência na relação com o terceiro[1186].

As conclusões obtidas acerca da improcedência da distinção operada por HUPKA – entre declarações *a latere* da procuração susceptíveis de redundarem numa limitação do poder de representação, de um lado, e meras instruções com simples eficácia externa, do outro – não se alteram se, no lugar de tais declarações à margem da *procuratio* serem emitidas no momento da concessão do poder de representação, como até aqui se pressupôs, o forem em altura posterior. Também nesse caso não faz qualquer sentido proceder à distinção ou separar as restrições efectivamente cerceadoras dos poderes do *procurator* das supostas ou eventuais instruções meramente internas. Na verdade, admitindo, uma vez mais, ser semelhante distinção, em tese, admissível, atentas as soluções consagradas nos artigos 265.º, n.º 1, e 266.º, n.ºs 1 e 2, do Código Civil, os resultados a ela associados – a saber a irrelevância diante de terceiros da directriz supostamente destinada a condicionar apenas o negócio gestório por contraposição à directa interferência na eficácia do negócio representativo das indicações à margem da procuração mas, mesmo assim, directamente incidentes sobre os poderes do *procurator* – seriam decididamente combatidos pelo nosso legislador[1187].

[1186] Quanto passa a ser, isso sim, possível é estabelecer uma distinção consoante a instrução interna fosse contemporânea ou posterior à declaração de outorga dos poderes de representação. Isto pela razão simples de que, admitida a interferência, via abuso de representação, da instrução interna na eficácia do negócio representativo passa a não existir qualquer tipo de razão para se lhes não aplicar, por analogia ou interpretação extensiva, o regime do artigo 266.º, n.º 1, do Código Civil, ou mesmo por aplicação directa quando, como nós, se considere a situação prevista no artigo 269.º do Código Civil como um simples caso de falta de poderes de representação.

[1187] Os dois últimos preceitos não são directamente chamados a depor na resolução dos problemas colocados pela existência de declarações *a latere* da procuração mas dela contemporâneas porquanto, a nosso ver, a primeira *ratio* do artigo 266.º do Código Civil está na preexistência de uma declaração procuratória, ou numa sua certa amplitude ou configuração, a qual é, depois, alterada ou extinta, como bem refere a propósito, Paulo Mota Pinto, *Aparência de poderes de representação...*, in *Boletim...*, Vol. LXIX, p. 607, nota (33) (o autor admite, todavia, numa visão por nós não partilhada, atento designadamente quanto antes se disse acerca do modo como devem ser interpretadas as instruções proferidas à margem da declaração de procuração, existir um certo paralelismo entre a situação referida no artigo 266.º do Código Civil e as instruções *a latere*). Ainda assim a solução consagrada no n.º 2 do artigo 266.º andará muito próxima da regra contida no artigo 269.º do Código Civil. Por isso, é relativamente ao n.º 1 do artigo 266.º que assume maior importância a restrição do seu campo de aplicação às situações de alteração da procuração em momento ulterior à respectiva concessão. Sempre, e se bem nos parece, na direcção segundo a qual o artigo 266.º é de aplicar a situações nas quais esteja em causa uma modificação ao conteúdo inicial da *procuratio*, Helena Brito, *A representação...*, pp. 156 e 161, e bibliografia citada *infra*, em nota no presente parágrafo. Esta afirmação, no sentido de circunscrever o campo de aplicação do artigo 266.º do Código Civil, aos casos de alteração de um negócio de concessão de poderes representativos já previamente existente, não envolve nenhuma contradição com o ponto de vista expresso ao longo destas páginas segundo o qual o n.º 2 do artigo 266.º do Código Civil se pode aplicar analogicamente às hipóteses nas quais se assiste a uma invalidade *ab initio* da relação jurídica subjacente (sobretudo se de uma mera anulabilidade se tratar. Nesse caso poderia inclusivamente defender-se a aplicação directa do preceito em referência, conjugado com o n.º 1 do artigo 265.º. Declarada a respectiva anulabilidade, cessaria a relação que serve de base à procuração, com a sua consequente extinção. Tratando-se de uma causa extintiva não prevista no n.º 1 do artigo 266.º, não restaria outra alternativa, para determinar os casos nos quais a destruição ou desaparecimento dos efeitos da *procuratio* é oponível, ou inoponível, a terceiros, senão recorrer ao n.º 2). Isto porque, admitida a existência de um nexo de dependência entre a procuração e o negócio gestório, e ao contrário de quanto sucede com as instruções *a latere* da procuração (cfr. quanto se escreve *infra* no presente parágrafo), não existe nenhuma outra norma capaz de se aplicar directamente às situações nas quais a relação-base sofre de uma invalidade. Isto sendo certo que do ponto de vista dos interesses em jogo se não vê diferença nenhuma entre a situação do terceiro colocado diante de uma hipótese de extinção da procuração como a prevista no n.º 2 do artigo 266.º do Código Civil, de um lado, e a daquele confrontado com a falta de validade da relação subjacente, do outro. Há pois, aqui, e diversamente de quanto acontece com as instruções *a latere* da procuração, uma situação jurídica a carecer de regulamentação jurídica a qual, todavia, se mostra directamente inexistente. Noutros termos, existe uma lacuna a colmatar. De quanto se poderá duvidar é da possibilidade do artigo 266, n.º 2, ser chamado a depor, como forma de assegurar a tutela de terceiros de boa fé, na eventualidade da relação-base não ser inválida mas, pura e simplesmente, ter faltado. Mas mesmo aí não vemos razão para não aplicar uma solução idêntica à prevista no artigo 266.º, n.º 2, do Código Civil. Em primeiro lugar, por não vislumbrarmos diferenças entre esta situação e a da relação-base vir a ser declarada inválida. Em segundo, atenta a circunstância de, ao fim e ao cabo, o n.º 2 do artigo 266.º não conter uma regra substancialmente diferente da prevista no artigo 269.º, do qual decorre um dever do terceiro se informar, dentro de determinados limites e condicionantes, acerca dos contornos do negócio gestório e interesse do representado. Também não há qualquer contradição entre a afirmação segundo a qual o artigo 265.º, n.º 1, do Código Civil conduz à conclusão de que não é possível a existência de uma procuração eficaz e completa sem uma relação-base e a defesa da tese de que, em primeira linha, o artigo 266.º vale apenas para as instruções *a latere* manifestadas depois de concedidos os poderes de representação. É que não se sustenta a aplicação do artigo 265.º, n.º 1, a casos de procurações desprovidas *ab initio* de relação subjacente. Quanto se diz é apenas o seguinte:

Repare-se como de acordo com o primeiro dos dois preceitos a procuração se extingue, ao menos em regra, quando cessa a relação jurídica base ou a ele subjacente. Por sua vez, o artigo 266.º, n.º 1, do Código Civil determina deverem as modificações e a revogação da procuração ser levadas ao conhecimento de terceiros por meios idóneos[1188], sob pena de carecerem de oponibilidade diante deles, excepto

se o poder de representação se extingue com a cessação do negócio-base, então, não faz sentido admitir-se o nascimento de uma *procuratio* desprovida de acto causal.

[1188] A lei não define o que se deve ter por meios idóneos. Sobre o assunto v., todavia, quanto escrevem a propósito, Rui de Alarcão, *Breve motivação...*, in *Boletim...*, 138, pp. 111 e 112; Hubertus Schwarz, *Sobre a evolução...*, in *Revista...*, XIX, p. 114; Paulo Mota Pinto, *Aparência de poderes de representação...*, in *Boletim...*, Vol. LXIX, p. 606, nota (29); Carvalho Fernandes, *Teoria...*, II, p. 180; Ana Prata, *Notas...*, in *Revista...*, 17, pp. 67 e 68, nota (318); Rui Ataíde, *A responsabilidade...*, pp. 15 e 27 e ss.; Helena Mota, *Do abuso de representação...*, p. 152, nota (277); Oliveira Ascensão, *Direito Civil...*, II, pp. 262 e 263, o qual considera dever, para a revogação, ser dada a mesma publicidade que a observada na constituição e outorga da procuração, não sem sublinhar, porém, a existência de problemas práticos graves neste domínio; Helena Brito, *A representação...*, p. 159, nota (204), onde na esteira de outros autores se aponta no sentido de se poder considerar idóneo o meio facultado pelo artigo 263.º do Código de Processo Civil, ou seja, a notificação para revogação de mandato ou procuração; e, em Itália, Mosco, *La rappresentanza...*, pp. 243 e ss., bem como as amplas considerações de Valentina di Gregorio, *La rappresentanza...*, pp. 126 e ss., com indicações literárias e jurisprudenciais. Questão que fica igualmente por resolver é a de saber quais os efeitos da notificação, por meios idóneos, das modificações ou revogação da procuração na eventualidade, por certo excepcional, de o terceiro, sem culpa, não chegar a ter delas conhecimento. De acordo com António Gordillo, *La representación...*, p. 178, por exemplo, perante o artigo 1396.º do *Codice Civile*, o ensinamento de Betti, *Teoria...*, III, pp. 203 e 204, iria no sentido segundo o qual a comunicação do dono do negócio não o desvincularia perante o terceiro de boa fé desconhecedor da notificação. Não vimos, porém, nada na posição de Betti capaz de justificar semelhante interpretação do pensamento do autor. António Gordillo, *La representación...*, pp. 177, 178 e ss., ele sim, e considerando expressamente quer o artigo 1396.º do *Codice Civile* quer o artigo 266.º, n.º 1, do Codigo Civil português, manifesta-se a favor da ideia segundo a qual, no caso de o *tertius*, de boa fé, ignorar a notificação feita pelo *dominus*, é a este que compete suportar as consequências da confiança depositada pela outra parte na consistência dos poderes de representação aparentemente ainda em vigor. Pela nossa inclinamo-nos com Canaris, *Vertrauenshaftung...*, pp. 137 e 138, no sentido de considerar suficiente, para libertar o representado das consequências da aparência de representação, a simples realização do *actus contrarius* àquele gerador dessa mesma aparência. O problema transporta, de algum modo, a questão da notificação da comunicação da modificação (ou revogação) da procuração para o da articulação do artigo 226, n.º 1, de uma banda, com o artigo 224.º, n.º 1, do Código Civil, da outra. Pires de Lima e Antunes Varela, *Código...*, I, 4.ª ed., comentário ao artigo 266.º, p. 247, consideram que: *«Ao exigir o conhecimento por parte de terceiros, o artigo afasta-se, em alguma medida da regra geral do artigo 224.º.»* Ana Prata, *Notas...*, in *Revista...*, 17, pp. 67 e 68, nota (318), manifesta-se contra a orientação de Pires de Lima e Antunes Varela. Na opinião da autora, a aceitar-se a posição sustentada no *Código Civil Anotado*, ir-se-ia, entre outros aspectos, tutelar o desconhecimento culposo posterior à recepção. Rui Ataíde, *A responsabilidade...*, pp. 28 e 29, afasta-se, igualmente, da tese defendida pelos autores do *Código Civil Anotado* mas rejeita, também, a posição apresentada por Ana Prata. Em seu entender nenhuma das orientações reflectiria, com exactidão, a ideia subjacente à expressão «meios idóneos» (se bem vimos, de acordo com Rui Ataíde, Ana Prata reconduzira, afinal, o artigo 266.º ao 224.º). De um lado, estaria para além de qualquer limite de razoabilidade impor ao constituin-te a obtenção do conhecimento por parte dos terceiros (exigência a qual parece estar subjacente à posição de Pires de Lima e Antunes Varela), circunstância, porventura, mesmo impossível de conse-guir em inúmeros casos. A simples recondução do artigo 226.º, n.º 1, ao regime do artigo 224.º do Código Civil também não seria, no dizer de Rui Ataíde, de aceitar, sob pena de o primeiro dos dois preceitos se tornar supérfluo. Analisado à luz dos critérios da «recepção» e do «conheci-mento», de cujo concurso a compreensão do preceito não poderia abdicar, e atento o próprio teor literal do preceito, o artigo 266.º, n.º 1, do Código Civil exprimiria ainda a «teoria da recepção» – a perfeição da notificação da alteração ou revogação da procuração obter-se-ia logo que a declaração chegue à esfera do poder do destinatário – mas mesclada por um elemento matizado pela teoria do conhecimento: ou seja, a norma em referência integraria a específica incumbência, por parte do constituinte, de escolher os meios de notificação que, no caso concreto, melhor promovam o seu efectivo conhecimento. Assim e, sempre, de acordo com Rui Ataíde, se **A**, apesar de saber encontrar-se **B** em Basileia, lhe dirige uma proposta de contrato para o seu domicílio profissional (artigo 83.º), sem fixar prazo de aceitação, a proposta mantém-se nos termos do artigo 228.º, n.º 1 al. c). **A** fica desvinculado com o decurso do prazo aí estipulado. A aceitação tardia não surtirá efeito ainda quando nenhuma culpa se possa assacar a **B**, por ter sofrido, *v.g.* um acidente em virtude do qual ficou impedido de ser contactado pelos seus auxiliares ou funcioná-rios. A proposta, enquanto declaração recipienda, produziu os seus efeitos no momento da sua chegada ao poder de **B**. Contudo, continua Rui Ataíde, se **A**, conhecedor de que **B**, pessoa com a qual o seu procurador **C** está incumbido de realizar certo negócio, se encontra em Basileia para ultimar um financiamento necessário à conclusão do negócio representativo, decide modificar ou revogar a procuração, a correspondente notificação, enviada para o domicílio profissional, não opera face a **B**, se, em concreto, se apurar estarem ao alcance de **A** os meios para notificar **B** na Suíça. O negócio representativo concluído logo após a modificação ou revogação da procuração vincularia, na opinião de Rui Ataíde, e nos termos do artigo 266.º, n.º 1, do Código Civil, apesar da notificação ter sido correctamente enviada para a esfera de poder do destinatário e estar apta a produzir, em princípio, os seus efeitos. *In casu*, aqueles não eram, porém, os meios idóneos para comunicar a alteração ou revogação. A vinculação de **A** não se deixaria, assim, explicar pelo carácter receptício da notificação da revogação ou alteração, não sendo aliás esta ineficaz por força do artigo 224.º, n.º 3, do Código Civil, por se considerar recebida em condições de ser conhecida pelo destinatário. Concordamos com Rui Ataíde, quando o autor alega não se explicar a vinculação do *dominus* imposta pelo artigo 266.º em função do carácter receptício da revogação ou modificação. Já não estamos, todavia, tão seguros como o autor ao considerar não haver, de facto, uma certa sobreposição entre o artigo 224.º, n.º 1, e o artigo 226.º, n.º 1, do Código Civil (mas também, algum âmbito de divergência. Sublinhe-se, aliás, por se afigurar necessária a correcção, a circunstância de, ao contrário de quanto parece ser sugerido por Rui Ataíde, Ana Prata não defender a recondução do regime do artigo 266, n.º 1, ao artigo 244.º do Código Civil. Na verdade, a autora escreve de forma a não deixar margens para dúvidas: «*o n.º 1 do artigo 266.º não se ocupa desse problema da eficácia da declaração de comunicação, antes trata da hipótese de apesar de ela não ter sido realizada, haver conhecimento pelo terceiro da modificação introduzida ou da revogação ocorrida*»). Esta eventual sobreposição em nada torna desnecessário o regime do artigo 266.º, n.º 1. Ao contrário, ela traduz, em termos de regra, a confirmação da sujeição da notificação da modifi-cação ou revogação da procuração ao regime contido no artigo 224.º, n.º 1. Parece-nos, na verdade, exagerado considerar, no exemplo proposto por Rui Ataíde, insuficiente, para libertar o *dominus* das consequências do negócio representativo indevidamente realizado pelo representado, a notificação da revogação no domicílio profissional atenta a simples possibilidade de o *dominus* estar em condições de a levar a cabo na Suíça. Ao contrário do sustentado pelo autor a lei não impõe

quando se mostre terem delas conhecimento no momento da conclusão do negócio. Quanto às restantes causas extintivas da procuração elas não podem ser opostas a terceiro o qual, sem culpa, as tivesse ignorado (artigo 266.º, n.º 2).

Imagine-se, agora, ter o principal concedido ao representante determinados poderes representativos expressamente associados à subsistência e manutenção de certa relação jurídica base[1189]. Entretanto, e já depois da outorga da procuração e da celebração da relação-base, o *dominus* confere ao procurador um conjunto de instruções meramente internas – seja porquanto o principal apenas pretende ver os comandos por ele dados reflectidos sobre o negócio causal – recomendando porventura inclusivamente sigilo ao *procurator* e, eventualmente, afirmando até, de viva voz, a independência do poder de representação relativamente às novas directrizes[1190] – seja porque pela sua natureza elas correspondem a algum dos tipos considerados por HUPKA como

---

em lugar nenhum ao representado a incumbência de escolher os melhores meios de notificação que, no caso concreto, promovam o efectivo conhecimento. O legislador limita-se a utilizar a expressão «meios idóneos». Ora parece não haver dúvidas, e ressalvadas certas situações excepcionais, ser a notificação para o domicílio profissional um meio idóneo para comunicar a modificação ou revogação da *procuratio*. Impor ao constituinte a obrigação de escolher os melhores meios para promover a notificação não só não encontra apoio na letra da lei como parece introduzir, neste processo, um perigoso factor de incerteza. Imagine-se, por hipótese, e para permanecermos no contexto do exemplo proposto por Rui Ataíde, ser a notificação enviada para Basileia, porquanto **A** sabia ser esse o local onde **B** se encontrava a realizar diligências no sentido de obter crédito para a realização do negócio representativo. Por qualquer circunstância inesperada ou golpe de fortuna, **A** deixa de necessitar de apoio bancário ou obtém melhores condições noutro local. Destarte, abandona mais cedo Basileia. Quando a notificação enviada por **A** chega ao local, já **B** tinha partido. Deve considerar-se cumprido o ónus de notificação imposto pelo artigo 266.º, n.º 1? Ou deverá antes **A** comunicar as alterações ou revogação da *procuratio* para todos os locais onde, em seu entender e de acordo com os dados e possibilidades ao seu alcance, **B** se encontra ou pode vir a encontrar. Em nosso entender a comunicação para o domicílio profissional será em regra suficiente, quer nos termos do artigo 224.º, n.º 1 quer nos termos do artigo 226.º, n.º 1, do Código Civil. Só não será assim, se **A**, para além de, em concreto, ter a possibilidade de notificar **B** em Basileia, simultaneamente, souber que, por motivos anormais, **B** não receberia a comunicação dirigida para o seu domicílio.

[1189] Caso em que, seja qual for a interpretação a fazer dela, não seria aplicável a excepção contida na parte final do n.º 1 do artigo 265.º do Código Civil.

[1190] Hipótese referida apenas por comodidade de raciocínio, pois, atento quanto antes se afirmou acerca da interpretação do poder de representação não parece verosímil poder o representado, sem contradição, pretender, simultaneamente, e de um lado quer o conteúdo de certa procuração quer o conteúdo de instruções as quais limitam, restringem e contradizem a referida *procuratio*, enquanto, do outro, a sua intenção iria no sentido de manter a primeira independente da outra. Isto pela simples razão de não ser possível conciliar o inconciliável. Se o representado introduziu as limitações foi por não ter querido que o representante celebrasse negócios em seu nome senão nas condições por ele estabelecidas. Noutros termos, foi por desejar cercear o exercício do poder de representação e, destarte, limitar e condicionar o próprio poder de representação.

limitações necessariamente internas[1191]. Se tivesse realmente cabimento falar em instruções com exclusiva eficácia ao nível da relação jurídica interna – por contraposição às autênticas restrições do poder de representação – a emissão, *a posteriori*, de declarações nas quais se circunscreve o modo como o representante deveria desempenhar o seu encargo constituiria uma modificação da relação-base. Porém, uma modificação do negócio gestório é, ao fim e ao cabo, uma revogação parcial desse mesmo negócio[1192], embora não possa, para os partidários da distinção proposta por HUPKA, ser vista como uma modificação ou revogação da própria procuração. Seria, por isso, impossível aplicar--lhe o disposto no artigo 266.º, n.º 1, do Código Civil. Teria o intérprete de se ater, exclusivamente, a quanto dispõe o artigo 265.º, n.º 1, e, posteriormente, proceder à respectiva articulação com o n.º 2 do artigo 266.º[1193]. Nesses termos, e por força da aplicação conjugada dos

---

[1191] Hupka, *Die Vollmacht...*, pp. 216 e 217. O autor considera que a determinação de qual o alcance de uma certa declaração de vontade não se afigura tarefa fácil, sobretudo se se tomar em consideração a circunstância de, quase nunca, se assistir a uma manifestação expressa por parte do principal sobre o significado visado com a instrução. Nesses termos deveriam, para resolver o problema, considerar-se as circunstâncias envolventes. Entre elas figurariam especialmente o conteúdo e o momento da instrução. Assim, as indicações, por exemplo, no sentido de se respeitar certas precauções ou cumprir particulares formalidades usuais no exercício da actividade negocial do principal, em regra não poderão ser vistas como restrições do poder de representação. A própria definição de um limite de preço, de uma quantidade mínima de mercadorias a adquirir, de estabelecimento de um prazo, ou de fixação de uma concreta cláusula contratual deveriam ter-se por instruções meramente internas quando nascessem simultaneamente com a procuração, mais extensa, e o *dominus* conheça a divergência, ou quando cuidou de recomendar silêncio quanto a elas.

[1192] Assim e no sentido segundo o qual uma modificação da procuração ou dos poderes de representação implicará uma revogação parcial da competência representativa pode ver-se em Itália, Nattini, *La dottrina...*, p. 237; Bianca, *Diritto...*, III, *Il Contratto*, cit., p. 103; Franco Carresi, *Il contratto...*, p. 185, o qual admitindo conter a modificação dos poderes representativos uma revogação parcial considera, ainda, poder a modificação concretizar-se na outorga de novos poderes representativos; e Valentina di Gregorio, *La rappresentanza...*, p. 123; enquanto em Espanha, se pode referir, por exemplo, António Gordillo, *La representación...*, p. 91, nota (25); e Díez-Picazo, *La representación...*, p. 292; no tocante aos autores tudescos ou de língua alemã devem destacar-se, para além do próprio Hupka, *Die Vollmacht...*, p. 227; as considerações proferidas por Lenel, *Stellvertretung...*, in *Jhering's...*, XXXVI, p. 31; Albermann, *Der Mißbrauch...*, pp. 29 e ss., maxime p. 34; Nitzsche, *Die Überschreitung...*, pp. 36 e ss., com indicações bibliográficas e jurisprudenciais; Tietz, *Vertretungsmacht...*, pp. 24 e 25 e 61. Finalmente entre nós, pode ver-se *Revista de Legislação e Jurisprudência*, 1925 a 1926, ano LVIII, pp. 202 e ss., onde, em resposta a uma consulta formulada por um assinante e relativa, justamente, a um problema de desrespeito, por parte do procurador, das instruções dadas pelo principal, os redactores daquela publicação estabeleceram um lugar paralelo entre a modificação e revogação dos poderes representativos. No sentido, segundo o qual as instruções específicas dadas pelo *dominus* ao representante não constituem qualquer revogação interna da procuração externa v., todavia, Gerke, *Vertretungsmacht...*, p. 41.

[1193] Isto porquanto não podendo – para quem adira à posição de Hupka – a alteração da relação subjacente configurar um caso de revogação da procuração não restaria outra alternativa, e

dois preceitos, a suposta instrução interna acabaria, não obstante a intenção do representado de a manter exclusivamente no âmbito das relações existentes entre ele e o seu mandatário, por ser oponível não apenas a todos os terceiros que dela efectivamente tivessem conhecimento como, ainda, a quem, com culpa, as ignorasse[1194]. Em contrapartida, e em virtude do disposto no artigo 266.º, n.º 1, do Código Civil, as declarações proferidas em momento posterior e *a latere* da procuração mas, efectivamente, cerceadoras do poder de representação teriam de ser levadas ao conhecimento de terceiros através de meios idóneos[1195], sob pena de só serem invocáveis perante quem delas tinha conhecimento no momento da procuração. Ou seja: seria precisamente naquelas hipóteses nas quais o representado teria pretendido introduzir limitações do poder de representação com eficácia externa que ele ficaria menos protegido[1196].

---

atento o disposto no n.º 1 do artigo 265.º, senão considerá-la como abrangida pela expressão «*restantes causas extintivas da procuração*» constantes do artigo 266.º, n.º 2, do Código Civil.

[1194] É possível, é certo, considerar-se insuficiente, para fazer funcionar o artigo 266.º, n.º 2, do Código Civil, o simples conhecimento da extinção ou cessação da relação-base. Seria necessário que o *tertius* tivesse conhecimento do facto segundo o qual a vicissitude da relação subjacente iria interferir na própria procuração por se estar perante um daqueles casos nos quais é essa a vontade do representado (artigo 265.º, n.º 1, do Código Civil). Este dado não parece, todavia, alterar as conclusões expressas no texto. Na verdade, e fosse a distinção levada a cabo por Hupka pertinente, continuaria a verificar-se como uma limitação do poder de representação apenas seria oponível perante quem dela tivesse conhecimento enquanto uma instrução interna poderia, se outra não fosse a vontade do representado, ser oposta a todos quantos sem culpa tivessem ignorado a circunstância de ela provocar, nos termos do artigo 265.º, n.º 1, do Código Civil, uma parcial extinção da procuração.

[1195] Só que muitas vezes o fim das instruções *a latere* é o de não serem exteriorizadas para além do contexto das relações entre o representante e o representado.

[1196] Pode perguntar-se como se passariam, na perspectiva dos defensores da ideia de abstracção da procuração, as coisas na eventualidade de o *dominus*, desde o início, ter declarado ser o poder de representação independente da relação jurídica base. Nesse caso, a modificação do negócio gestório através das instruções meramente internas não produziria a extinção do poder de representação por não ser, então, aplicável, o dispositivo conjunto dos artigos 265.º, n.º 1, e 266.º, n.º 2, do Código Civil. Numa eventualidade deste tipo valeria, tão-só, a ressalva final do primeiro dos dois preceitos, com o sentido que, naturalmente, lhe atribuem os defensores da visão labandiana do fenómeno representativo: a procuração não se extinguiria com a cessação da relação jurídica base, se fosse essa a vontade do representado. Só não se vê, todavia, como conciliar duas vontades tão distintas. Como pode o representado pretender apropriar-se dos efeitos de um determinado negócio jurídico o qual ele não quer que o representado ponha jamais em prática? Tal como não parece admissível em função das regras de interpretação dos negócios jurídicos estipuladas pelo nosso legislador poder o constituinte logo no momento de outorga da procuração, de facto, conceder poderes de representação de conteúdo mais amplo do resultante do mandato conferido ao procurador – devendo, antes, ver-se a *procuratio*, na qual eles se contêm, como formando uma unidade com o negócio gestório – também se não vê como uma eventual declaração proferida – mesmo aquando da outorga da *procuratio* – pelo representado no sentido da indepen-

Em contrapartida, se se negar a admissibilidade ou viabilidade de autonomização de instruções exclusivamente internas, e se se admitir a existência de uma necessária dependência do poder de representação relativamente à relação-base, por forma a que uma qualquer modificação ou revogação desta acabe por redundar também numa modificação ou revogação da procuração, ainda quando não imediata ou directa[1197], então, passaria a aplicar-se a todo o tipo de declarações *a latere* da procuração, e a ela posteriores, o disposto no artigo 266.º, n.º 1[1198]. Com isto alcança-se a necessária coerência lógica e valorativa entre as várias soluções a dar às situações nas quais o representado, à margem da procuração, estabeleceu através de declarações comunicadas exclusivamente ao representante, qualquer tipo de limitações ao exercício do poder de representação. Quando as limitações ou restrições, marginais à procuração, são contemporâneas da própria outorga

---

dência ou abstracção do poder de representação pode retirar à instrução interna aquele que é, numa adequada hermenêutica, o seu verdadeiro sentido. Hupka procura justificar, é certo, e conforme se referiu já, a ineficácia externa das meras instruções atendendo à circunstância de, em seu entender, elas não surgirem, pelo respectivo conteúdo ou pela respectiva forma de estipulação, como expressão de uma vontade de restringir os poderes representativos, mas sim como uma pura limitação do mandato. Cabe todavia perguntar por que razão teria, então, estipulado o principal a limitação? Se o *dominus* instruiu o mandatário em certo sentido é por desejar que os poderes apenas sejam exercidos de certa forma e, destarte, os pretende limitar, mesmo quando declare o contrário. Mostra-se, assim, a nosso ver, perfeitamente artificiosa qualquer tentativa de admitir um poder de representação absolutamente desligado da relação causal ou subjacente à procuração. Isso mesmo na eventualidade, inusual, de o representado declarar expressamente a independência da *procuratio* quer relativamente ao negócio-base ou gestório quer no tocante às instruções *a latere*, pois, é a própria lei, através das regras de interpretação do negócio jurídico (às quais se deve naturalmente juntar o disposto nos artigos 265.º, n.º 1, 266.º, n.ºˢ 1 e 2, e 269.º do Código Civil), a não consentir um semelhante desiderato.

[1197] Para uma análise final acerca da relação entre o negócio-base e a procuração v., infra, Parte II, Cap. V, parágrafo 5.

[1198] Quanto se escreve no texto permite compreender melhor a afirmação proferida pelo Professor Oliveira Ascensão, Pedro Pais de Vasconcelos e Menezes Cordeiro, e por nós integralmente subscrita (cfr., *supra*, Parte II, Cap. I, parágrafo 2), segundo a qual a excepção contida na parte final do artigo 265.º, n.º 1, do Código Civil tem apenas o alcance de permitir ao representado substituir uma relação-base por outra, e não já o de servir de alicerce às teses favoráveis à subsistência do poder de representação independentemente de um qualquer negócio gestório. É que se existir uma necessária ligação entre poder de representação e relação-base por forma a levar as modificações desta última a serem vistas sempre, e necessariamente, como uma revogação ou modificação da própria procuração não fica qualquer espaço para a possibilidade de manutenção de faculdades representativas em caso de extinção do negócio de gestão se se não proceder à substituição deste (apesar de, neste último caso, a modificação dos poderes de representação, porventura, operada com a nova relação subjacente apenas ser oponível a terceiros nos moldes previstos no artigo 266.º, n.º 1, do Código Civil). Nesta perspectiva confirma-se plenamente quanto antes se disse acerca da impossibilidade originária de poderes de representação desligados de uma relação causal (cfr., *supra*. Parte II, Cap. I, parágrafo 2).

dos poderes representativos elas valem não apenas contra os declaratários da *procuratio* que as conhecem efectivamente (artigos 236.º, n.º 2, e 269.º do Código Civil) como ainda contra quantos as deveriam conhecer (artigos 236.º, n.º 1, e 269.º). Na eventualidade de as directrizes ou restrições serem posteriores à *procuratio*, a responsabilidade do *dominus* agrava-se, e as limitações internas apenas passam a ser oponíveis a terceiros delas efectivamente cientes (artigo 266.º, n.º 1, do Código Civil)[1199], excepto se levadas ao conhecimento de terceiros por meios idóneos.

X – Em Itália um dos esforços mais significativos no sentido de explicar a relevância ou irrelevância das instruções internas e limitações ou declarações *a latere* da procuração haveria de ser conduzido por NATTINI[1200].

A premissa da qual parte o autor é, uma vez mais, a da autonomia da procuração, acompanhada da convicção segundo a qual o destinatário do negócio de concessão da competência representativa é o *tertius*. Não obstante, NATTINI não se coíbe em sustentar a possibilidade de as relações internas existentes entre o representante e o representado serem tomadas em consideração para fixação do conteúdo dos poderes de representação. Isto precisamente em função da direcção que a procuração deve assumir: ao interpretar uma qualquer procuração o juiz, seja ele qual for, deverá ter, no dizer de NATTINI, sempre

---

[1199] Compreende-se facilmente o facto de o legislador ter estabelecido no artigo 266.º, n.º 2, do Código Civil uma solução distinta da prevista no n.º 1 desse preceito. Na verdade, os casos de extinção previstos no n.º 1 resultam de uma vontade livre do representado de pôr termo aos poderes de representação. O mesmo não sucede nas hipóteses previstas no n.º 2, onde a cessação dos poderes do representante se deve a facto não imputável à vontade do *dominus*, pelo que a responsabilidade deste é menor. Para uma interpretação do dispositivo previsto no artigo 266.º, n.os 1 e 2, do Código Civil e sua articulação pode ver-se, na literatura jurídica espanhola, mas em termos a nosso ver não admissíveis, António Gordillo, *La representación...*, p. 180, porquanto o autor conclui no sentido segundo o qual se assistiria precisamente a uma maior protecção do *dominus* na hipótese prevista no n.º 1 do artigo 266.º.

[1200] Nattini, *La dottrina...*, pp. 223 e 224 e 233 e ss.. Para uma referência mais alargada à forma como a doutrina italiana tem encarado a temática das declarações *a latere* da procuração e muito particularmente o problema das instruções internas v., entre outros, Saggese, *La rappresentanza...*, pp. 173 e ss. (cfr. *infra*, o presente parágrafo); Mosco, *La rappresentanza...*, p. 23; D'Avanzo, *Rappresentanza*, in *Novissimo...*, XIV, p. 822, para quem se deveria distinguir entre instruções inoponíveis a terceiros e modificações da procuração; Messineo, *Il contrato...*, p. 237, autor de acordo com o qual as instruções internas carecem de eficácia diante do terceiro; Graziani, *In tema di procura*, cit., in *Studi...*, pp. 80 e ss., partidário, também ele, da distinção entre instruções simplesmente internas e externas; Papanti-Pelletier, *Rappresentanza...*, pp. 96 e ss., escritor que reduz toda a problemática das declarações *a latere* da procuração a um problema de abuso de representação; Visintini, *Effeti...*, comentário aos artigos 1396-1397.º, p. 305, jurista a qual se manifesta igualmente favorável à distinção entre instruções internas e modificações objectivas da procuração.

presente a circunstância de ser aquele, e não o representante, o destinatário da declaração de concessão dos poderes de representação. Destarte, o terceiro terá de entender a declaração a ele dirigida tal como aparece em si mesma e nas concomitantes circunstâncias por ele conhecidas ou susceptíveis de serem conhecidas. A simples convicção do representado acerca do facto da *procuratio* vir a ser interpretada pelo terceiro como é sua intenção, e com base em circunstâncias a ela extrínsecas, não assume qualquer relevância jurídica. Contudo, se o terceiro tiver culpa, por não ter desenvolvido a necessária diligência na apreciação da declaração de outorga dos poderes representativos, no desconhecimento das relações internas existentes entre o representante e o constituinte elas já relevaram para determinar do sentido do poder de representação.

Com isto não se assistiria, no dizer de NATTINI, a qualquer contradição com a tese da independência da *procuratio* porquanto a consideração da relação existente entre o representante e o representado surge, apenas, como se de uma qualquer outra circunstância extrínseca, a ponderar no processo de determinação da vontade do constituinte, se tratasse. Ou seja, não se olharia para o negócio gestório por ser ele a constituir a relação fundamental de gestão, mas por ser ele uma das circunstâncias de facto – entre tantas outras – capazes de colorir o negócio de concessão dos poderes representativos[1201]. Imagine-se, por exemplo, terem Tício e Caio, entre si, uma controvérsia jurídica extremamente complexa assim como um caso ou litígio menor. Este último prende-se com a necessidade de determinar a medida do dano provocado por um cavalo, pertença de Tício, no jardim de Caio. Um belo dia Tício escreve a Caio dizendo--lhe: mandar-te-ei o meu jardineiro Y para transigir em meu nome sobre a lide entre nós existente. Em rigor nada é dito acerca de qual seja a lide objecto de transacção. Contudo, e na opinião de NATTINI, nenhum julgador quererá interpretar a procuração como respeitante a uma transacção relativa ao caso mais complicado. O tipo de relação interferente entre o representante e o representado, e que é conhecido do terceiro, determinaria, assim, e na perspectiva do jurista italiano, a interpretação a fazer[1202].

Explicada deste modo a circunstância de o negócio gestório ser chamado a depor na fixação dos contornos do poder de representação, sem com isso – ao que pretende o autor – se colocar, todavia, em questão a tese da autonomia e abstracção do poder de representação relativamente à relação jurídica subjacente, NATTINI afirma, sem grandes hesitações, a irrelevância das restrições ou instruções dirigidas simplesmente ao representante, assim como de todas as instruções secretas, excepto na eventualidade, de o terceiro conhecer a existência de tais restrições ou instruções. Fá-lo, porém, fazendo apelo a uma fundamentação considerada pelo autor como inovadora[1203] e distinta de quanto

---

[1201] Nattini, *La dottrina...*, p. 224.

[1202] *Idem.*

[1203] A tese do autor italiano mostra-se, todavia, bem menos original de quanto o autor parece supor. Na verdade já Zeiller (v. *supra*, Parte I, Cap. II, parágrafo 8,V) e Windscheid, *Wille...*, in *Archiv...*, XIII, p. 93, consideravam estar-se perante uma situação de reserva mental quando o *dominus* concedesse uma procuração com determinado conteúdo e, ao mesmo tempo, estipulasse, através de instruções, condições diversas das constantes da declaração de concessão dos poderes de representação.

sustentavam autores como LENEL, BIERMANN e HUPKA. Na verdade, segundo o jurista italiano o único aspecto decisivo para a resolução da problemática em análise seria a constatação da circunstância segundo a qual a procuração se revela como um negócio jurídico unilateral a comunicar, necessariamente, ao *tertius*[1204]. Assente este aspecto, a questão da relação das instruções secretas com o poder de representação deveria passar a resolver-se de acordo com os princípios da reserva mental[1205]. Isto pela razão simples de, no dizer de NATTINI, as directrizes à margem da *procuratio* assumirem, no confronto com o negócio de procuração, o carácter revestido por esta forma de vício da vontade. A reserva mental — escreve — verifica-se naquelas hipóteses nas quais se quer uma declaração mas se não deseja o respectivo conteúdo. Se esta divergência entre a vontade declarada e a vontade real é ignorada do declaratário a declaração tem plena eficácia. Em contrapartida, a ser conhecida, ela afecta a validade do negócio jurídico. Ora, na representação voluntária acompanhada de instruções secretas quanto teríamos seria uma declaração de procuração cujo conteúdo se não pretende. Se alguém disser ao seu mandatário: «vai ao lojista Semprónio e entrega-lhe esta missiva (a qual, por hipótese, solicita a realização, com respectivo portador, de vendas até ao valor de 1000) mas trata de não comprar mais de 500»; como sustentar seriamente, pergunta NATTINI, não se encontrar a declaração de vontade contida na epístola afectada de reserva mental? Trata-se de uma interrogação para a qual não existe, no dizer do autor italiano, senão uma única resposta: no exemplo invocado verifica-se, de facto, como apesar de ter declarado, por razões várias, 1000, o autor da procuração não deseja tudo quanto afirmou. Por isso, temos uma situação efectiva de reserva mental. Através de semelhante via chegar-se-ia, na opinião de NATTINI, a resultados idênticos aos admitidos por todos mas, agora, através de uma fundamentação correcta[1206]: se as instruções secretas são ignoradas pelo *tertius* não terão qualquer tipo de relevância e a declaração de procuração produzirá todos os seus efeitos. Diversamente, se o terceiro conhecer as limitações, elas invalidarão a declaração na parte sobre a qual recaem. Isto sem qualquer necessidade de se proceder a qualquer tipo de distinção entre instruções secretas e limitações à procuração[1207].

XI — A tese de NATTINI haveria de ser aproveitada por SAGGESE — também ele um acérrimo defensor da ideia de autonomia absoluta ou integral da procuração relativamente ao negócio gestório[1208] — como ponto de partida para uma construção própria acerca da solução a dar ao problema da extensão da procuração e suas rela-

---

[1204] Nattini, *La dottrina*..., pp. 234 e ss..
[1205] *Idem*, p. 239.
[1206] *Idem*..., p. 240.
[1207] *Idem*.
[1208] *Idem*, pp. 73 e ss..

ções com as instruções transmitidas em separado pelo representado ao representante[1209].

Depois de analisar a tese da reserva mental proposta pelo seu conterrâneo, SAGGESE considera ter ela um mérito inequívoco[1210]: o de pretender resolver o problema das instruções *a latere* da *procuratio* em função da responsabilidade na qual incorreria o *dominus* por uma querida e desejada divergência entre, de um lado, a manifestação externa da vontade, tal como aparece diante dos terceiros, e a vontade real, do outro. O vício do raciocínio de NATTINI residiria, apenas, e no entender de SAGGESE, no recurso à ideia de reserva mental. É que, contrariamente ao pretendido pelo primeiro – para quem a procuração era um negócio jurídico unilateral dirigido ao *tertius* – para SAGGESE, a procuração configurava-se como um verdadeiro contrato entre o *dominus* e o representante[1211]. Por isso, e se o autor estava de acordo com o ponto de partida sugerido por NATTINI para o problema da resolução das questões emergentes do relacionamento *procuratio*/instruções internas, já não podia concordar com a fundamentação ou conclusão final. SAGGESE acabaria por substituir o apelo à figura da reserva mental pelo recurso à noção de simulação, essa sim, em seu entender, capaz de resolver, de uma vez por todas, a questão de saber qual a relevância a atribuir às directrizes declaradas à margem da procuração[1212].

Na verdade, se atentar na noção de simulação verifica-se, no dizer de SAGGESE, como esta não é senão o querer, conscientemente e com a concordância da outra parte (o procurador) a quem a declaração é dirigida, algo diverso de quanto é afirmado na declaração. Noutros termos, a característica da simulação, e nota distintiva relativamente à reserva mental, seria a circunstância de ela pressupor um acordo entre o declarante e o declaratário.

Considerados estes aspectos, afirma SAGGESE, quando o principal dá ao seu representante instruções secretas diversas de quanto resulta da simples procuração exteriorizada perante o terceiro, não se poderia deixar de estar diante de uma verdadeira simulação em sentido próprio. Entre as duas partes intervém um contrato de procuração no qual se estabelecem determinados limites à actividade do representante. Separadamente, no entanto, e de modo não perceptível para terceiros, ou não tão perceptível quanto o contrato de procuração, o principal dá ao mandatário instruções, distintas de quanto consta na *procuratio*, acerca do modo como deve desempenhar o seu encargo. Tudo a apontar, no dizer de SAGGESE, para a existência de uma simulação relativa, com a consequente impossibilidade de arguição da mesma perante terceiros de boa fé (v., entre nós, o disposto no artigo 243.º do Código Civil).

[1209] Saggese, *La rappresentanza*..., pp. 179 e ss..

[1210] *Idem*, p. 180.

[1211] *Idem*, pp. 90 e ss..

[1212] A construção de Saggese encontraria algum apoio em Itália através de Betti; enquanto em Espanha aproximar-se-ia, em certa medida, dela António Gordillo, *La representación*..., p. 90.

XII – As observações proferidas acerca das teses defendidas pelos autores tudescos e, em particular, as referentes à orientação de HUPKA, permitem-nos responder com facilidade a grande parte das considerações tecidas por NATTINI com vista à resolução das dificuldades causadas pelas declarações *a latere* da procuração.

Aceitamos o ponto de vista expresso pelo autor italiano segundo o qual a relação jurídica interna deve ser directamente chamada a depor na interpretação do sentido e alcance da procuração[1213]. Ao contrário, porém, de quanto pretende NATTINI[1214], e como decorre de quanto defendemos já por diversas vezes, e, designadamente, a propósito da tese de HUPKA, já não podemos partilhar da opinião, expressa pelo jurista italiano, segundo a qual a interferência do negócio-base ou subjacente no processo hermenêutico relativo à *procuratio*, seria insusceptível de colocar em risco, ou pelo menos atenuar, a noção de autonomia e independência da procuração. Tal como o próprio NATTINI[1215] reconhece, o problema da abstracção ou, como prefere o autor italiano, da autonomia da procuração, resume-se à questão de saber se o negócio de concessão dos poderes representativos é dependente ou não da relação jurídica fundamental[1216]. Interrogação à qual o jurista italiano responde de forma categórica: «*A procuração é independente da relação fundamental (...). Para que a procuração seja eficaz para produzir a transmissão dos efeitos do negócio representativo é necessário apenas que essa seja validamente constituída e que o representante actue em conformidade com ela, a relação interna de gestão em si e por si releva só no tocante à posição recíproca do representante e representado. Entre o representante e o terceiro não há senão procuração.*»[1217] Ou seja, e segundo as próprias palavras de NATTINI, para os defensores da visão labandiana do fenómeno representativo, a relação jurídica subjacente afigura-se como rigorosa *res inter alios* para o terceiro. Mas se assim é, repise-se uma

---

[1213] O que já não partilhamos é a afirmação segundo a qual o destinatário da procuração é apenas o terceiro. Conforme referimos já e teremos oportunidade de desenvolver mais adiante parece-nos dever comunicar-se a procuração, necessariamente, quer ao procurador quer ao *tertius*.

[1214] Nattini, *La dottrina...*, p. 224.

[1215] *Idem*, p. 157.

[1216] Era, sem dúvida, essa, e conforme se referiu já, a intenção de Ladenburg, *Die Vollmacht...*, in *Zeitschrift...*, XI, pp. 72, quando, logo no ano imediato à publicação do escrito de Laband acerca do fenómeno representativo, afirma, que o pensamento do jovem Professor de Conisberga se pode exprimir através da ideia segundo qual a *Vollmacht* é independente da respectiva causa. É também essa a forma como Flatau, *Ist die Vollmacht abstrakt...*, in *Beiträge...*, 52, pp. 758 e 759, ou Enneccerus colocam o problema.

[1217] Nattini, *La dottrina...*, pp. 157 e 158.

vez mais, como admitir poder interferir no processo de interpretação do negócio de concessão dos poderes de representação? Para mais quando, como defende o autor italiano, o destinatário do acto declaratório da *procuratio* é visto, precisamente, na pessoa do terceiro. Se a relação jurídica interna tivesse, como pretendem os defensores da independência ou autonomia integral da procuração, eficácia exclusivamente interna, a única consequência lógica seria afirmar não apenas a irrelevância de todas as instruções internas (inclusive das conhecidas do *tertius*)[1218, 1219], mas igualmente, e para todos os efeitos, incluindo os hermenêuticos[1220], da relação jurídica subjacente, em todo o seu conjunto, face à contraparte no negócio representativo. Uma vez que isso não é possível – atentos, não apenas, os iníquos resultados proporcionados por semelhante orientação como, também, as disposições existentes em matéria de interpretação dos negócios jurídicos, a obrigarem a, na fixação do conteúdo da procuração, proceder à efectiva ponderação quer das instruções internas quer da relação-base – não resta senão uma alternativa: negar a indiferença da relação-base para a *procuratio*; recusar a qualificação do negócio de gestão como rigorosa *res inter alios* para os terceiros.

Mas não é esta a única dificuldade colocada pela tese de NATTINI. Também o apelo à figura da reserva mental coloca obstáculos intransponíveis. Na verdade, relembre-se, assistir-se-á a um caso de reserva mental na eventualidade de ser emitida uma declaração de vontade contrária à real intenção do declarante, com o intuito de enganar o declaratário. Por isso, se num cenário de divergência entre a declaração procuratória e a instrução interna, se der uma situação de reserva mental, isso fica, necessariamente, a dever-se ao facto de a

---

[1218] Mosco, *La rappresentanza...*, p. 240.

[1219] Entre nós v., aparentemente no mesmo sentido, Ferrer Correia, *A procuração...*, in *Estudos...*, II, p. 16, embora fique a dúvida sobre qual a verdadeira opinião do Mestre.

[1220] Alguns defensores da ideia de autonomia da procuração poderão objectar, e objectam de facto, dizendo que a independência entre a *procuratio* e o negócio-base pode comportar vários níveis, sendo maior em determinadas questões e menor noutros. Desconsiderando o facto de os partidários da visão labandiana do fenómeno representativo, entre os quais se conta Nattini, defenderem, na verdade, na sua maioria, a existência de uma autonomia integral entre o acto de concessão dos poderes de representação e a relação subjacente, sempre caberia perguntar pelas concretas manifestações de autonomia susceptíveis de permitirem, ainda assim, falar de uma moderada autonomia da procuração. Isto porquanto não é apenas em sede de interpretação a verificar-se uma interferência do negócio gestório no sentido e alcance dos poderes de representação. O mesmo acontece, como temos vindo a verificar, em todos os aspectos da coexistência entre relação causal e procuração até aqui por nós analisados e estende-se, como veremos, aos outros domínios da vivência comum das duas figuras.

instrução interna configurar, ela própria, uma certa vontade de conteúdo procuratório diverso de quanto é comunicado ao *tertius*. Só nessa eventualidade se pode falar em reserva mental. Mas a ser assim, então, isso significa existir – ao contrário do defendido por NATTINI, partidário da ideia de autonomia da *procuratio* – uma ligação estreita entre a directriz declarada exclusivamente ao representado, e por conseguinte o próprio negócio gestório, de uma banda, e a procuração, da outra – porquanto a instrução demonstra, transporta e corporiza a real vontade procuratória do principal; enquanto a declaração comunicada ao terceiro não passa de uma exteriorização viciada. Quando muito, e em certas circunstâncias, pode desconsiderar-se esse vício. Isso não resulta, todavia, de qualquer abstracção do acto de outorga dos poderes mas, tão-só, do funcionamento de uma regra destinada a defender, em determinadas hipóteses, e em qualquer negócio jurídico (representativo ou não), os terceiros perante a reserva mental do autor da declaração negocial. Por isso, naqueles casos nos quais a reserva mental é susceptível de ser invocada perante o terceiro não restaria outra alternativa senão reconhecer a estreita ligação e relação de causalidade existente entre a instrução interna e a procuração. NATTINI procura furtar-se, é certo, a esta objecção ao afirmar como, nos casos de relevância da reserva mental, o representado não invoca, no confronto com o terceiro, as instruções secretas enquanto tais mas, antes, e tão-só a reserva mental[1221]. O argumento releva, porém, da mais pura jurisprudência dos conceitos e do mais exacerbado formalismo. Num cenário de declarações *a latere* da procuração, a reserva mental do *dominus*, a existir, só se daria devido à existência, e na sua exacta medida, da instrução interna. Noutros termos, a eventual reserva mental resulta directamente da imposição ou estipulação de limitações internas. *Ergo* ela resulta precisamente delas. Por isso, invocar a reserva mental não é senão apelar e chamar à colação a restrição comunicada exclusivamente e em separado ao *procurador*[1222]. Dir-se-á, em defesa da viabilidade da tese de NATTINI, tratar-se, todavia, de uma excepção de âmbito restrito, porquanto a reserva mental apenas poderá ser invocada pelo representado na eventualidade de o *tertius* dela ter conhecimento[1223]. Não se estaria, destarte, verda-

---

[1221] Nattini, *La dottrina...*, p. 240.

[1222] Não deixa de ser aliás curioso notar a circunstância de Zeiller, um claro defensor da tese da unidade entre o mandato e a procuração, sustentar uma tese com enormes semelhanças com as de Nattini.

[1223] Cfr. artigo 244.º, n.ºs 1 e 2, do Código Civil.

deiramente, perante a negação da ideia labandiana de autonomia integral da procuração mas, sim, diante de uma pequena circunscrição do seu campo de aplicação. A observação, porém, não colhe. E não colhe, designadamente, pelo simples facto de o próprio recurso à disciplina desta forma de vício da vontade se mostrar, as mais das vezes, improdutivo para resolver o problema da relevância, ou irrelevância, das instruções comunicadas ao representante *a latere* da *procuratio*. O erro de NATTINI é tomar como normal um caso anómalo, é esquecer o facto de, na maior parte das vezes, o constituinte, ao dar ao *procurator* instruções à margem da procuração não ter em vista enganar terceiros[1224, 1225]. Mais. Contrariamente a quanto foi defendido durante anos

---

[1224] Assim, também, e perante a figura paralela da simulação, à qual Saggese faz apelo com vista à resolução dos problemas resultantes das declarações proferidas pelo representado e marginais à procuração, Ferrer Correia, *A procuração...*, in *Estudos...*, II, p. 19. Acerca da relevância da reserva mental no contexto do fenómeno representativo, a saber na outorga da procuração, v., no contexto jurídico tudesco, e com simples carácter exemplificativo, *Bundesgerichtshof, 4. July 1966*, in *Neue Juristische Wochenschrift*, 1966, pp. 1915 e 1916; Müller-Freienfels, *Die Vertretung...*, p. 406; e Tietz, *Vertretungsmacht...*, pp. 175 e 176, embora com presença de considerações relativas a dados exclusivos do direito alemão. Nós próprios fazemos, noutro local deste nosso trabalho, recurso ao regime da reserva mental para desenvolver *praeter legem* o fenómeno da responsabilidade pela confiança depositada em determinada aparência criada no âmbito do fenómeno representativo. Contudo, não só não procedemos a um apelo exclusivo a esse regime como não pretendemos proceder à sua aplicação directa. Trata-se, tão-só de, mediante a consideração de outros dados – provenientes do sistema – de natureza valorativa e material, se atender à *ratio iuris* (não já à *ratio legis*) e de se extrair e desenvolver, repise-se, *praeter legem*, um princípio segundo o qual quem conscientemente criar uma situação de aparência deve por ela responder. Decisivamente no sentido segundo o qual as instruções *a latere* da procuração não podem ser consideradas como casos de reserva mental ou de divergência entre a vontade declarada e a vontade real, v., Graziani, *In tema di procura, cit.*, in *Studi...*, pp. 81.

[1225] Não haverá, por exemplo, reserva mental se o *dominus*, tencionando ausentar-se para o estrangeiro, e atentas as exigências de forma às quais se encontra sujeito o documento procuratório, conferir ao representante poderes com determinada amplitude, como modo de evitar que, a cada correcção ou necessidade de adequação da relação jurídica interna, tenha de retornar a casa para assinar novos documentos. Na altura da outorga da *procuratio* o *dominus* instrui, expressamente, o *procurator* no sentido de, até novas indicações, não fazer senão determinado uso da procuração, obviamente mais restrito de quanto consta do documento probatório. Também se não poderá falar de uma divergência consciente entre a declaração e a vontade, e portanto de reserva mental, no caso de, ao mesmo tempo que confere a procuração, o principal disser ao procurador, tácita ou expressamente, para não fazer uso da procuração. Num caso como este, e conforme referido por Canaris (v. *supra* e *infra, passim*) não chega a existir sequer negócio jurídico. Faltará, igualmente, qualquer tipo de reserva se o *dominus* encarregar o procurador de transmitir as instruções aos terceiros com quem contratar sem, todavia, se assistir ao cumprimento desse encargo por parte do mandatário. Também não haverá, e quase por definição, reserva mental na hipótese de as instruções serem posteriores à procuração. Imagine-se, por exemplo, conferir **A** poderes, aos quais dá a devida publicidade, a **B** para este celebrar o negócio **X**. Mais tarde, porém, restringe esses poderes mas não comunica a limitação a **C**, com quem **B** se encontrava já em contactos tendentes à celebração do negócio **X**. Fá-lo, tão-só, ao próprio **B**. Este esquece-se da limitação e

a fio, e ainda hoje é esgrimido por alguma doutrina desejosa de fazer vingar teses favoráveis a uma compreensão objectiva do negócio jurídico[1226], os casos de irrelevância da reserva mental não correspondem a hipóteses de vinculação negocial mas sim a um produto da doutrina da confiança[1227] e, portanto, o apelo à reserva mental mostra-se absolutamente inócuo e impotente para resolver a questão da eficácia, ou não, das instruções *a latere* da procuração, numa perspectiva marcada pela defesa da abstracção da procuração.

XIII – A orientação proposta por SAGGESE padece exactamente dos mesmos vícios dos quais vimos enfermar a tese de NATTINI. Desde logo, e mesmo quando a procuração consistisse num contrato[1228], na generalidade dos casos, a instrução transmitida ao *procurator* à margem da *procuratio* não corporizará ou transportará consigo qualquer intuito de enganar terceiros, requisito essencial para eventualmente se poder falar de simulação[1229]. Ao pretender recorrer à noção

---

celebra com **C** o negócio **X** com um conteúdo que cabe no âmbito da procuração inicialmente outorgada mas não dentro do âmbito do poder restringido pela introdução da instrução interna. Onde está, aqui, o intuito de enganar terceiros e, destarte, a reserva mental? À luz do nosso direito, este caso encontra-se directamente sujeito ao regime do artigo 266.°, n.° 1, do Código Civil.

[1226] V., entre nós, Ferrer Correia, *Erro...*, pp. 73 e ss.; Paulo Mota Pinto, *Declaração...*, pp. 262 e ss.. Mas contra esta tentativa das correntes objectivistas de verem na reserva mental um argumento a favor das respectivas posições cfr., Flume, *Allgemeiner...*, II, *Das Rechtsgeschäft...*, pp. 402 e 403. Aliás deve recordar-se a circunstância de já Savigny, *System...*, III, p. 258, explicar a irrelevância da reserva mental ignorada pela outra parte a partir dos pressupostos da teoria da vontade, apelando para a ideia de aparência de vontade e para a ideia de confiança (no sentido de *Zuverlässigkeit* e portanto, também, com o significado de certeza e segurança).

[1227] Assim, claramente, Menezes Cordeiro, *Da boa fé...*, I, p. 521, nota (283), o qual escreve: «(...) o *"erro consciente"* – portanto a ausência de erro, e não obstante, divergência entre a vontade real e a vontade declarada – ergue, ou consubstancia, o esquema da reserva mental do artigo 244.°: o negócio não pode ser impugnado, protegendo-se, em absoluto a confiança da outra parte. (...) na reserva mental, os efeitos normais do negócio são, em rigor, produto da doutrina da confiança e não da doutrina negocial.» Na doutrina tudesca v., de entre uma multidão de autores no mesmo sentido, e para uma simples panorâmica, Alfred Manigk, *Willenserklärung und Willensgeschäft. Ihr Begriff und ihre Behandlung nach Bürgerlichem Gesetzbuch. Ein System der juristischen Handlungen*, reimpressão da edição de Berlim, 1907, Aalen, 1970, p. 472; Id., *Das Rechtswirksame Verhalten. Systematischer Aufbau und Behandlung der Rechtsakte des Bürgerlichen und Handelsrechts*, Berlim, 1939, p. 164; Eichler, *Die Rechtslehre von Vertrauen...*, pp. 104 e 105; Enneccerus-Nipperdey, *Allgemeiner Teil...*, I, II, § 153, p. 949, nota (21); Bydlinsky, *Privatautonomie...*, p. 113; Von Craushaar, *Der Einfluss des Vertrauens auf die Privatrechtsbildung*, Munique, 1969, pp. 47 e 57. Contra manifesta-se, no entanto, Canaris, *Vertrauenshaftung...*, pp. 419 e 420, mas em termos que de modo algum podem, por nós, ser aceites.

[1228] Ou fosse sempre um contrato.

[1229] Assim expressamente pode ver-se, Ferrer Correia, *A procuração...*, in *Estudos...*, II, p. 19. V., também, Tietz, *Vertretungsmacht...*, p. 174, o qual destaca como a simulação pressupõe a existência

de simulação para resolver a problemática das instruções e limitações introduzidas *a latere* da procuração, o autor está, pois, a tomar como normal uma situação anómala[1230, 1231]. Além disso, também aqui, a aceitação da ideia segundo a qual as instruções internas podem interferir com a vontade expressa na procuração[1232], determinando a respectiva nulidade com base em simulação, acaba por provocar, claramente, a interferência da relação-base sobre o próprio negócio de concessão dos poderes de representação. Tudo contra o pressuposto assumido, com vigor, por SAGGESE, da ideia labandiana da autonomia absoluta da *procuratio* relativamente ao negócio gestório.

XIV – Entre nós uma das mais aprofundadas tentativas de resolução da problemática da extensão do poder de representação e seu relacionamento com as instruções separadamente transmitidas ao representante foi levada a cabo por FERRER CORREIA ainda antes da entrada em vigor do actual Código Civil[1233].

---

de um acordo entre o declarante e o declaratário. Nestes termos, a possibilidade de recurso a esta figura, como forma de explicar a relevância ou irrelevância das instruções *a latere* de procuração ficará definitivamente comprometida para todos quantos vejam no *tertius* o destinatário da declaração de outorga dos poderes representativos. O argumento só não colherá diante de quem, como o próprio Saggese, conceber a procuração como um contrato.

[1230] Assim, também, Ferrer Correia, *A procuração...*, in *Estudos...*, II, p. 19.

[1231] São, por exemplo, insusceptíveis de representarem hipóteses de simulação os casos relativamente aos quais vimos não haver reserva mental.

[1232] Ou, se se preferir, surgir como veículo ou índice da vontade procuratória.

[1233] Ferrer Correia, *A procuração...*, in *Estudos...*, II, pp. 13 e ss.. Antes, a questão da relevância das instruções à margem da procuração havia sido, designadamente, abordada pela *Revista de Legislação...*, 1925-1926, LVIII, pp. 201 e ss., onde se concluía no sentido segundo o qual as normas destinadas a proteger o terceiro contra a modificação da procuração eram preceitos destinados a tutelar a boa fé e, por isso, não eram invocáveis quando essa boa fé faltasse; Cunha Gonçalves, *Tratado...*, VII, comentário aos artigos 1350.° a 1353.°, p. 480, para quem o mandante não pode furtar-se ao cumprimento do contrato celebrado sem as condições por ele impostas, se estas condições não constavam da procuração, nem a elas se fazia referência na *procuratio* de modo que os terceiros tinham motivos para as ignorar; e Inocêncio Galvão Telles, *Manual...*, pp. 309, 313 e 314, autor que aderiria, através da mediação de Von Thur, à distinção levada a cabo por Hupka, entre declarações susceptíveis de traduzirem verdadeiras limitações ao poder de representação, de um lado, e instruções dadas pelo representado ao representante, relativamente ao uso a fazer da procuração. O desrespeito por estas últimas não permitiria ao *dominus* desvincular-se do negócio representativo. Devido ao facto de o referido negócio ser produto da vontade do procurador, as instruções secretas do interessado, tendentes a fazer cessar ou reduzir os poderes de representação, àquele externamente conferidos, não seriam, no dizer de Galvão Telles, oponíveis ao outro contraente e deixariam incólumes a validade e eficácia do contrato celebrado com desrespeito delas. Na jurisprudência anterior à entrada em vigor do actual Código Civil podem ver-se os seguintes Acórdãos, aliás, já antes recenseados noutros contextos: *Acórdão do Supremo Tribunal de Justiça, 8-7-1941* (Mourisca), in *Boletim Oficial do Ministério da Justiça*, 1940-1941, pp. 350 e ss.

O autor parte, como todos os demais até agora referenciados, da ideia de autonomia e abstracção integral da procuração e dos poderes representativos face à relação subjacente[1234]. Assente este pressuposto, FERRER CORREIA irá pronunciar-se, no essencial, a favor da irrelevância das instruções *a latere* da procuração[1235]. Vale, todavia, a pena percorrer o itinerário argumentativo por ele trilhado.

No entender do Mestre a questão da determinação dos limites da esfera de poderes do representante seria *quaestio voluntatis*: há, naturalmente, que interpretar o negócio jurídico de concessão da competência representativa[1236].

Ora, de acordo com a teoria da interpretação, o escopo da actividade hermenêutica é a descoberta do sentido juridicamente decisivo das declarações negociais. Tal sentido tende a coincidir com a vontade do declarante. Na tentativa de reconstrução de tal *voluntas*, além dos usos linguísticos, máximas de experiência, etc., devem sempre ponderar-se as circunstâncias individuais do caso concreto. Com uma limitação, porém, afirma FERRER CORREIA. De entre os vários aspectos os quais surgem a rodear uma específica declaração de vontade só podem tomar-se em consideração aqueles conhecidos do declaratário ou para ele tornados reconhecíveis[1237]. O conteúdo da declaração modela-se pela vontade do declarante, mas tal qual a contraparte a pode penetrar e reconstituir[1238].

Transportadas estas considerações para o caso da procuração encontrar-se-ia, facilmente, uma resposta para o problema de saber qual o relevo a dar, aí, à real intenção do constituinte. Os principais interessados na resolução do problema são, na perspectiva de FERRER CORREIA, o constituinte e o terceiro.

(actuação do mandante contra instruções do mandante conhecidas do terceiro), onde se afirma a doutrina segundo a qual as instruções conhecidas do terceiro lhe devem ser oponíveis; *Acórdão do Supremo Tribunal de Justiça, 7-4-1959* (Lencastre da Veiga), in *Boletim do Ministério da Justiça*, 1959, 86, pp. 388 e ss., local onde, apesar de se ter considerado como não provada a existência de instruções relativas ao exercício da procuração, não deixou de se considerar responder o mandante por todos os actos do mandatário os quais embora feitos com excesso de poderes nas relações internas entre aquele e este não podem ter tal natureza em relação a terceiros.

[1234] Ferrer Correia, *A procuração...*, in *Estudos...*, II, pp. 28 e 31.

[1235] A afirmação poderá causar alguma surpresa a um leitor menos atento do escrito do Professor Ferrer Correia. Na verdade, em certas circunstâncias o autor admite a relevância de algumas das limitações ao poder de representação proferidas à margem da procuração. Trata-se, todavia, de excepções. Para o Mestre a ideia fundamental é a da independência total da procuração relativamente ao negócio-base. Por isso, a eventual admissão de que as instruções internas são oponíveis a terceiros delas conhecedor (aliás perante quanto escreve Ferrer Correia fica a dúvida sobre se o autor considera tais instruções totalmente irrelevantes ou se apenas admite poderem ser invocadas perante terceiros que as conheçam) é já um desvio. Já não será porventura excepcional a aceitação segundo a qual as limitações *a latere* com carácter externo sejam oponíveis aos terceiros delas cientes ou obrigados a conhecê-las. Contudo, e prescindindo agora do duvidoso de semelhante distinção, nesses casos e segundo o Mestre, está-se já perante comportamentos os quais se devem configurar, não tanto como instruções internas, mas, como verdadeiras declarações relativas aos poderes de representação, apesar de exteriorizadas à margem da *procuratio*.

[1236] Ferrer Correia, *A procuração...*, in *Estudos...*, II, p. 13.

[1237] *Idem*, pp. 13 e 14.

[1238] *Idem*, p. 14.

Porém, o representado, querendo contratar com o *tertius* por intermédio de procurador, não pode deixar de querer comunicar ao primeiro a autorização[1239] representativa concedida ao *procurador*. Logo, deveria concluir-se ser o terceiro quem mormente carece das atenções dispensadas pela teoria geral da interpretação ao destinatário da declaração de vontade, ou se se preferir, à contraparte – e quem principalmente as merece. O constituinte deu origem à confiança do terceiro na legitimação do procurador para com ele realizar em seu nome determinado negócio e deveria, assim, responder por esse estado de confiança. Desta forma, o *dominus* deveria ter-se por vinculado a esse negócio jurídico, tal como se o tivesse querido – e mesmo se realmente o não quisera[1240].

Onde o problema da extensão dos poderes representativos assume um dos seus maiores significados, importância prática e repercussão é, no dizer de FERRER CORREIA, talvez, no caso das chamadas declarações restritivas da procuração comunicadas apenas ao representante. Saber em que termos e condições são tais restrições eficazes perante terceiros é, ainda, e no dizer de FERRER CORREIA, um problema de relacionamento entre declaração e vontade: acaso a vontade procuratória de conteúdo mais limitado, que elas reflectem, pode prevalecer sobre o alcance objectivo da procuração? Só em via de interpretação caberá responder.[1241]

XV – Nalguns casos, escreve FERRER CORREIA, a solução do problema não se mostraria duvidosa. Assim seria quando o mandante fornecendo as instruções, não tenha querido propriamente (*sic*) restringir o alcance da pro-

---

[1239] O termo «autorização» empregue por Ferrer Correia não pode deixar de causar alguma surpresa. O autor declara-se partidário de uma natureza abstracta integral da procuração (Ferrer Correia, *A procuração...*, in *Estudos...*, II, pp. 28 e 31) relativamente ao negócio-base pelo que, também ele, se mostrará partidário da separação entre o *Können* e o *Dürfen*, entre o *posse* e o *licere*. Nestes termos, e conforme referido *supra*, Parte II, Cap. I, parágrafo 1, o poder de representação não poderia conter nenhuma autorização, nenhum assentimento para a prática de actos alheios. Por isso, ou o Mestre emprega a expressão «autorização», de forma descomprometida e não técnica, como uma forma cómoda de designar o poder de representação ou, então, e salvo o devido respeito, não se apercebe de toda a extensão das consequências da tese por ele propugnada. Atendendo à circunstância de, logo a abrir o seu estudo sobre a procuração na teoria da representação voluntária, o insigne autor afirmar, expressamente, ser o assentimento do interessado condição para os actos de terceiro o poderem vincular admitimos, com a devida vénia, ser este último o caso. Na verdade, com a consideração que se consigna, não se vê como se pode defender ser pressuposto do carácter vinculativo dos actos de terceiros o assentimento do sujeito em cuja esfera jurídica se vão produzir os efeitos de tal acto e, depois, se reconduz a procuração a um negócio integralmente abstracto (*op. cit.*, v., p. 31) – assim como a representação a um poder absolutamente independente da relação existente entre o *dominus* e o seu cooperador. Onde está o assentimento se tudo redunda afinal num *Können* desligado de todo e qualquer *Dürfen*? Onde está o assentimento se afinal o negócio coberto pelo poder de representação, e portanto perfeitamente eficaz e válido, pode corresponder a uma acção não querida pelo *dominus* ou mesmo por ele proibida? Onde está o consentimento do *dominus* se o negócio representativo válido eficaz pode ser ilícito justamente por não corresponder à vontade do principal?

[1240] Ferrer Correia, *A procuração...*, in *Estudos...*, II, p. 14.
[1241] *Idem*, p. 15.

curação, mas, tão-só, pôr à actividade gestória do mandatário limites mais apertados do que aos seus poderes representativos: o principal apenas deseja ver o gestor fazer determinado uso da competência representativa; não pensa na eficácia real das suas declarações adjacentes. Inclusivamente pode tomar consciência do risco assumido e resignar-se. Por exemplo **A**, enquanto confere a **B**, por documento escrito, poderes ilimitados para a compra de um imóvel dá-lhe, ao mesmo tempo, ordens para não fechar contrato além de certo preço. Independentemente do modo como em geral se resolva o problema da extensão dos poderes de representativos, aqui a solução não poderia deixar de ser, segundo FERRER CORREIA, esta: o procurador ficaria obrigado a respeitar as instruções recebidas; mas se não lhes obedecesse, nem por isso os actos por ele praticados deixavam de vincular o principal, o qual só poderia demandar o representante por perdas e danos. Assim será, porventura, mesmo na eventualidade de o terceiro ter tido conhecimento das instruções secretas[1242].

Restaria, apenas, por resolver a hipótese de as declarações *a latere* se resolverem, pelo respectivo significado em genuínas limitações aos poderes do representante. Quanto a estas, o critério a seguir seria sempre o mesmo em todos os casos: as instruções limitativas dos poderes de representação, proferidas em separado, só serão oponíveis ao terceiro provando o interessado estar aquele delas ciente, ou as não poder legitimamente ignorar, ao tempo do contrato. E isto porquanto o problema do valor jurídico das instruções à margem da *procuratio* se colocar como uma questão de interpretação do negócio de outorga dos poderes. Surgiria aqui um conflito de interpretações a resolver de acordo com os princípios gerais formulados em atenção à legitimidade relativa dos principais interesses contrastantes[1243]. Neste caso tais interesses seriam fundamentalmente: o do representado – que não deseja sujeitar-se à vinculação – e o do terceiro – o qual naturalmente quer o contrário do pretendido pelo representado. Quanto ao representante esse não teria aqui um interesse independente no conflito. Perante este cenário seria o *tertius* a reunir as condições necessárias para sair vitorioso da dissensão ou desentendimento. Com efeito, escreve FERRER CORREIA, é sempre o representado quem vai, deliberadamente, suscitar a confiança do terceiro na correspondência entre a sua vontade e a autorização representativa, com os limites que lhe são comunicados. Deve, pois, no entender do Mestre, ser o constituinte a suportar os riscos de uma transmissão infiel, excepto em caso de má fé do *tertius*.

Restaria apenas explicar tecnicamente esta solução. Segundo FERRER CORREIA, bastaria reflectir um instante para logo acudir não haver melhor justificação nem mais cabal do que configurar a procuração como um negócio jurídico autónomo relativamente ao mandato[1244]. Mais precisamente como

---

[1242] *Idem*, p. 16.

[1243] *Idem*, pp. 16 e 17. Conflito de interpretação porquanto a alegação do principal só poderia ter por si um qualquer *fumum iuris*, se ele pudesse dizer: a minha vontade verdadeira não é, o que por erro, pensou a outra parte olhando à procuração ou atendendo-se ao ouvido do procurador.

[1244] *Idem*, p. 18.

uma declaração unilateral de vontade procedente do representado e dirigida ao terceiro. Revestindo a procuração tal natureza jurídica, teriam de ser irrelevantes, para a modelação do respectivo conteúdo, por simples aplicação dos princípios gerais da teoria da interpretação dos negócios jurídicos, aquelas circunstâncias ignoradas da contraparte (neste caso o terceiro) e para elas não tornadas reconhecíveis. As instruções comunicadas secretamente ao procurador só se poderiam impor ao terceiro a título de manifestações complementares da vontade real do constituinte[1245]. Ou se se preferir, como circunstâncias adjacentes; donde os limites da sua oponibilidade ao outro sujeito do negócio representativo teriam de ser os decorrentes ou do conhecimento ou da ignorância culposa[1246].

A esta posição de princípio FERRER CORREIA faria, apenas, ligeiras modificações com a entrada em vigor do actual Código Civil. Ao tempo do Código de Seabra, o autor procurava equilibrar a inexistência de normas na lei civil que acolhessem as propostas por ele formuladas com a alusão a idêntica inexistência de preceitos nos quais se repudiassem as respectivas propostas[1247]. Com o novo Código, FERRER CORREIA considera o problema resolvido pelo disposto no artigo 266.º, n.º 1. E resolvido no sentido da orientação por ele defendida. A *ratio* do preceito, na parte na qual dispõe que «*as modificações... da procuração devem ser levadas ao conhecimento de terceiros por meios idóneos, sob pena de lhes não serem oponíveis senão quando se mostre que delas tinham conhecimento no momento da conclusão do negócio*» valeria, igualmente, para as instruções à margem da procuração, dadas no momento da emissão da declaração de vontade[1248]. Nestes termos, e contrariamente ao anteriormente defendido, e tal como FERRER CORREIA cuidou de sublinhar[1249], passaria a ser necessário, de acordo com o estabelecido no artigo 266.º, n.º 1, do Código Civil, o conhecimento efectivo. A mera cognoscibilidade não tornaria, assim, oponíveis aos terceiros contraentes as limitações à procuração.

XVI – Anos volvidos, o tema da relevância das instruções secretamente comunicadas ao procurador viria a merecer a atenção de CAVALEIRO DE FERREIRA em termos que, em certa medida, andariam próximos dos propostos por FERRER CORREIA[1250].

[1245] *Idem.*

[1246] *Idem.*

[1247] O autor invocaria, ainda, em abono da sua posição o disposto nos artigos 49.º, n.º 4, 249.º e 242.º do Código Comercial donde se inferiria o princípio da não oponibilidade pelo mandante aos terceiros de quaisquer instruções separadas, por estes não conhecidas ou não publicadas através do registo. E se daí não se podia, em tudo e por tudo, retirar uma solução idêntica à proposta por Ferrer Correia, o autor não deixava de considerar esse princípio um considerável ponto de apoio para a sua tese, porquanto dele se extrairia uma preocupação de tutela de terceiros, igualmente, presente na construção do Mestre. Cfr., Ferrer Correia, *A procuração...*, in *Estudos...*, pp. 19 e 20.

[1248] *Idem*, pp. 15, nota (1), 16, nota (1) e 20, nota (1).

[1249] *Idem*, p. 16, nota (1).

[1250] Cavaleiro de Ferreira, *Depósito...*, in *Scientia...*, XIX, pp. 272 e ss..

O Ilustre Professor começaria por sublinhar, também ele, a circunstância de, na representação voluntária, a extensão e limites do poder representativo dependerem totalmente da vontade do representado[1251]. No entanto, e no dizer do autor, a lei estabelece algumas presunções quanto ao âmbito da competência concedida ao procurador. Na verdade, afirma CAVALEIRO DE FERREIRA, se é de reconhecer ser a vontade do procurador a determinante na fixação ou extensão da procuração, não poderia esquecer-se em razão da tutela de terceiros, quer a determinação por presunção legal do alcance da vontade do representado, quer a supremacia da declaração de vontade nos casos nos quais se exige o registo da procuração. Assim, o artigo 233.º do Código Comercial presume sempre amplo o mandato, na parte desprovida de instruções especiais para certas particularidades do negócio; enquanto o mandato só com poderes para um determinado negócio compreende todos os actos necessários à sua execução, ainda quando não expressamente indicados. Por sua vez, o mandato dos gerentes presume-se geral e compreensivo de todos os actos necessários ao exercício do comércio para o qual tiver sido dado (Código Comercial, artigo 249.º). Finalmente, e de acordo com o artigo 242.º do Código Comercial, todas as alterações ao mandato são inoperantes em relação a terceiros, se não forem conhecidas deste. Isto, segundo CAVALEIRO DE FERREIRA, a implicar que, constando de instruções secretas limites de procuração, nesta não expressos, seriam eles irrelevantes para com terceiros.

Isto numa solução a qual, segundo o Mestre, o novo Código Civil adoptaria no artigo 266.º [1252], pelo que o alcance da procuração seria sempre o resultante das suas fronteiras expressas[1253].

[1251] *Idem.*

[1252] Cavaleiro de Ferreira, *Depósito...*, in *Scientia...*, XIX, p. 272.

[1253] A partir daqui a posição de Cavaleiro de Ferreira complica-se. Não nos parece clara, designadamente, a forma como o Ilustre Autor articula o artigo 266.º com o artigo 269.º do Código Civil vigente. Aparentemente, o artigo 266.º caberia ainda dentro do artigo 269.º, contendo, destarte, ainda uma regulamentação para os casos de abuso de representação. Transcrevem-se, para maior clareza na ilustração do pensamento do Mestre, as palavras de Cavaleiro de Ferreira, *Depósito...*, in *Scientia...*, XIX, pp. 273: «*Todas as alterações ao mandato são inoperantes em relação a terceiros, se não forem conhecidas destes; assim o determina, quanto ao mandato comercial, o art. 242.º.*

O que quer dizer que, constando de instruções secretas limites de procuração nesta não expressos, são eles irrelevantes para com os terceiros; haverá abuso de mandato, tão-somente nas relações entre mandante e mandatário. (...)

O novo Código Civil adopta igual solução no artigo 266.º. Os limites da representação são pois: os limites expressos do mandato (Código Civil de 1867, artigo 1353.º).

Constituem, porém, excesso do mandato os actos praticados pelo mandatário que "embora sejam da mesma natureza dos expressamente autorizados, forem evidentemente contrários ao fim do mandato". (...).

XVII – Mais recentemente o problema da extensão da procuração no seu relacionamento e articulação com o mandato ou relação subjacente, e em particular com as declarações restritivas do poder de representação declaradas à margem da *procuratio*, haveria de ser retomado, na nossa literatura jurídica, com algum detalhe, por HELENA BRITO[1254], JANUÁRIO GOMES[1255], PAULO MOTA PINTO[1256], RUI PINTO[1257] e HELENA MOTA[1258, 1259, 1260]. Todos eles partem

Não parece duvidoso, na verdade, que o excesso ou abuso de mandato com relevância em relação a terceiros, isto é, que vicia a representação respeita à prática de actos não autorizados, e então, tanto quando seja de natureza diversa dos que constam da procuração, como quando sejam da mesma natureza (mas não autorizados); mas nesta última hipótese importa ainda que sejam evidentemente contrários ao fim do mandato (...).

Nem esta doutrina foi alterada pelo novo Código Civil. O excesso de mandato é tratado no Código Civil de 1967 como abuso de representação no seu artigo 269.°, o qual reza assim: "O disposto no artigo anterior (representação sem poderes ou negotiorum susceptio) é aplicável ao caso de o representante ter abusado dos seus poderes, se a outra parte conhecia ou devia conhecer o abuso."

Cabe nesta disposição a limitação da representação por alterações ulteriores (v. art. 266.°) e prática de actos que excedem, pela sua própria natureza o fim do mandato.» Uma leitura possível deste trecho poderia ir no sentido segundo o qual o artigo 269.° do Código Civil regularia as hipóteses normais de abuso de representação. O artigo 266.°, n.° 1, esse, disciplinaria situações nas quais o desmando do representante resulta do desrespeito de uma instrução posterior à concessão da procuração. A referência final, feita por Cavaleiro de Ferreira, à subsunção no artigo 266.° dos actos que, por sua própria natureza, excedem o fim do mandato parece, todavia, colocar em causa a tentativa de considerar dever, de acordo com o saudoso Mestre, aplicar-se o artigo 266.°, n.° 1, para resolver, apenas, as hipóteses de desrespeito por alterações introduzidas pelo representado ao teor inicial da procuração. Fica assim, a nosso ver, por compreender a forma como Cavaleiro de Ferreira pretende articular o artigo 266.°, n.° 1, com o 269.° do Código Civil.

[1254] Helena Brito, *A representação...*, in *Revista...*, 9/10, pp. 35 e 36, 46 e ss.; Id., *A representação...*, pp. 188, 190 e 197.

[1255] Januário Gomes, *Em tema...*, pp. 245 e ss..

[1256] Paulo Mota Pinto, *Aparência de poderes de representação...*, in *Boletim...*, vol. LXIX, p. 600 e nota (20), e pp. 606 e 607, notas (33) e (34).

[1257] Rui Pinto, *Falta...*, pp. 40 e 41, 53, 61 e 62.

[1258] Helena Mota, *Do abuso de representação...*, pp. 92 e ss., 146 e ss..

[1259] V., também, Menezes Cordeiro, *Da boa fé...*, II, pp. 1244 e 1245, nota (147), o qual considera aí como o artigo 266.° do Código Civil consagra um esquema de protecção de terceiros de boa fé perante a procuração e assim parece inculcar a ideia segundo a qual o problema da eventual irrelevância, frente ao *tertius*, das instruções manifestadas *a latere* da *procuratio* não é uma consequência de qualquer suposta abstracção do poder de representação mas sim um postulado da necessidade de tutela da confiança. Mais tarde, e noutra obra, porém (cfr., *Da responsabilidade...*, p. 338), o autor haveria de se referir directamente à distinção operada por Laband entre mandato e procuração para afirmar: *«A descoberta foi boa, tendo conhecido uma adesão quase imediata e generalizada.»* Esta afirmação não pode, todavia, desligar-se das posições expressas por Menezes Cordeiro, *Manual...*, I, pp. 471 e ss.; onde o autor se afasta das teses favoráveis à abstracção da procuração.

[1260] A estes autores haverá naturalmente que juntar quantos reconduzem o problema da relevância ou irrelevância das instruções *a latere* da procuração, sem mais, ao abuso de representação. Desses não nos ocuparemos agora. Não oferece, na verdade, dúvidas, postular o desrespeito pelas instruções internas um caso de abuso de representação. Mas a nós interessa-nos, neste parágrafo ou número, verificar em que termos isso acontece. Como se articula, perante uma instrução proferida

da ideia de abstracção da procuração[1261], apoiando-se, em grande medida, e neste particular aspecto da extensão dos poderes de representação, no ensinamento de FERRER CORREIA. São, porém, diversos os caminhos percorridos e as soluções propostas.

HELENA BRITO parece começar por colocar em causa a distinção entre limites e instruções. No plano teórico, afirma – depois de sublinhar a dificuldade prática e intelectual de proceder à separação – os limites fariam parte da relação jurídica externa ao passo que as instruções pertenceriam ao campo da relação interna entre representado e representante[1262]. Porém, este ponto de

---

à margem da *procuratio*, o artigo 269.º, com os artigos 266.º e 236.º do Código Civil? Permitem eles o estabelecimento de uma distinção entre simples instruções internas, insusceptíveis de bulirem com o poder de representação, de um lado, e declarações *a latere* da procuração, mas capazes de envolverem verdadeiras limitações ao poder de representação? São estas as questões sobre as quais temos vindo, e continuaremos, a reflectir.

[1261] Isto apesar de Januário Gomes reconhecer algumas brechas na visão labandiana do fenómeno representativo (cfr. *infra* o que no presente parágrafo escrevemos acerca da posição deste autor, e quer no tocante à referência à adesão de princípio por ele manifestada à visão labandiana do fenómeno representativo, quer no tocante às quebras apontadas ao rigor dessa orientação). Quanto a Paulo Mota Pinto, *Aparência de poderes de representação...*, in *Boletim...*, Vol. LXIX, pp. 587 e ss., maxime p. 599, nota (19), e p. 608, nota (33), a adesão à ideia de autonomia da procuração relativamente ao negócio gestório resulta, designadamente, da aceitação de uma separação entre o *Können* ou *posse*, de um lado, e *Dürfen* ou *licere* representativos, do outro. Mais complicado parece o enquadramento da posição de Paulo Mota Pinto quando este considera corresponder o problema da protecção do terceiro perante o representado, no fundo, àquela outra questão da tutela da confiança depositada na aparência jurídica. Em todos os casos teríamos uma relação externa, com um terceiro, a qual dependeria da existência e do conteúdo de uma outra relação interna. Em certos casos, escreve Paulo Mota Pinto (*op. cit.*, cfr., p. 602 nota (23)), o terceiro que confie legitimamente na existência e num certo conteúdo desta última relação interna pode ser digno de protecção estando a sua posição dependente dela. Dir-se-ia então não ser a relação representante--representado, rigorosamente *res inter alios*, em relação ao terceiro. É curioso notar como, numa perspectiva inusual, Paulo Mota Pinto faz depender a tutela do terceiro por investimentos na aparência não do facto de este ter confiado na existência de certa relação externa, a qual porventura não coincidia com o subjacente, mas, antes por ter acreditado num determinado teor e conteúdo do negócio gestório. Seria esta última circunstância, em seu entender, a gerar a necessidade de protecção. Quanto à exacta implicação desta posição na querela abstracção/causalidade do poder de representação e da procuração não estamos seguros dela. Julgamos, todavia, poder ela ser compaginável com qualquer uma das duas posições. Seria, por exemplo, possível, defender que a relação interna só relevaria quando o terceiro tivesse depositado, excepcionalmente, uma especial confiança numa sua determinada amplitude ou configuração. Nesse caso, estaríamos perante uma posição favorável à ideia labandiana do fenómeno representativo. Em contrapartida, também seria possível afirmar depender sempre o negócio representativo da amplitude e limites estabelecidos pelo negócio gestório. Só na eventualidade de o terceiro poder acreditar no facto de a relação causal ter uma configuração diversa da por ela possuída se faria, então, apelo à ideia de tutela da aparência e da confiança nela depositada. No tocante a Helena Brito e Rui Pinto os autores afirmam-se claramente partidários da ideia de abstracção da procuração, para além de isso mesmo ser demonstrado pelos vários desenvolvimentos por eles propostos para aspectos vários do fenómeno representativo.

[1262] Helena Brito, *A representação...*, in *Revista...*, 9/10, p. 35.

vista não seria, no entender da autora, absolutamente seguro, pois, se quanto se pretende é tornar as instruções irrelevantes para o terceiro, como resolver no caso de ele conhecer, de facto, tais instruções[1263]? Por outro lado, e sempre de acordo com HELENA BRITO, os limites do poder têm importantes repercussões na relação interna, porquanto configurariam o seu exacto alcance, assim como a responsabilidade que, em consequência dela, as partes assumem[1264].

Dito isto, a autora acaba por reconhecer, porém, expressamente, a distinção entre simples instruções de um lado, e limitações ao poder de representação, do outro[1265]. A diferença seria estabelecida segundo as circunstâncias concretas de cada caso, e consistiria num problema atinente à interpretação da vontade do constituinte[1266].

Na eventualidade de estarmos perante uma mera directriz ou limitação interna, e tal como defendido pelo discípulo de MITTEIS e, entre nós, se bem vimos, por FERRER CORREIA, também HELENA BRITO considera não ser «(...) *afectada a extensão do poder de representação, e isto mesmo que a outra parte tenha tido conhecimento de tais instruções. A declaração feita pelo representado foi querida como algo meramente interno e assim tem de ser entendida. Nem o representado em relação à outra parte nem esta em relação ao representado pode extrair de tal declaração uma limitação aos poderes do representante*»[1267].

Na hipótese de a declaração *a latere* da *procuratio* redundar numa verdadeira limitação desta, o desrespeito pelas directrizes internas configuraria uma hipótese de abuso de representação (*sic*) a resolver de acordo com o disposto no artigo 266.º, n.º 1, do Código Civil (242.º do Código Comercial, tratando-se de procuração para a prática de actos comerciais[1268]). Ela só relevaria, assim, se fosse conhecida pelo terceiro.

XVIII – JANUÁRIO GOMES, por seu turno, começa por considerar inegável a possibilidade de o poder de representação poder cobrir um âmbito mais amplo, ou mais restrito, do que a relação gestória[1269]. Daqui seguir-se-ia, como conclusão, e em regra, a independência da extensão da procuração relativamente ao mandato[1270].

[1263] *Idem.*

[1264] *Idem.*

[1265] *Idem*, pp. 36, 48 e 49. Cfr., porém, quanto escreve a autora na p. 38.

[1266] *Idem*, pp. 35 e 36 e 47. Sendo que, de acordo com Helena Brito, *A representação...*, p. 105, dentro dos limites da representação o representante pode (no sentido de *Können*) praticar actos com efeitos para o representado, mesmo sem para tal estar autorizado (no sentido de *Dürfen*) segundo o contrato fundamental.

[1267] Cfr., Helena Brito, *A representação...*, in *Revista...*, 9/10, p. 48. V., igualmente, *A representação...*, p. 155, nota (198).

[1268] *Idem*, pp. 48 e 49.

[1269] Januário Gomes, *Em tema...*, p. 245.

[1270] Independência esta a qual, apesar de neste local o autor a não afirmar expressamente, corresponderia ou seria uma das notas da abstracção da procuração de cariz labandiano. Recorde-se como o autor se afirma partidário da possibilidade de existência de uma procuração isolada e diz parecer-lhe «(...) *a formulação de raiz labandiana, exposta pelo Prof. Ferrer Correia* (...) *a mais correcta* (...)». V., Januário Gomes, *Em tema...*, p. 242.

E exemplifica: **A**, forçado a uma ausência inesperada, mandata **B**, pessoa da sua confiança, para adquirir e mandar instalar um alarme de alta segurança na sua casa; no entanto, à cautela, confere-lhe poderes gerais de administração de toda a propriedade. Inversamente, acrescenta, poderia suceder que o poder representativo fosse mais restrito do que o gestório: **A** pretende reequipar a sua fábrica e, para o efeito, encarrega o seu amigo **B** para comprar os equipamentos **X** a **C**, aquisição que, atentas as difíceis relações entre **A** e **C**, deverá ser feita em nome de **B**; no que respeita ao equipamento **Y**, **B** é mandatado para adquirir a **D**, mas, neste caso, consideradas as cordiais relações com ele mantidas, **A** confere a **B** poderes de representação[1271].

Não obstante tudo isto, JANUÁRIO GOMES considera não significar, a independência de extensão entre a procuração e o mandato, que as duas relações se afigurem, neste aspecto, totalmente estanques. Em seu entender o teor da procuração pode influir sobre a dimensão do mandato, assim como a dimensão do negócio gestório pode ter influência no mecanismo representativo.

Como paradigma da primeira hipótese JANUÁRIO GOMES refere a seguinte situação: **A** emigrante, mandata **B** para adquirir uma moradia ou na zona de Cascais ou na zona de Faro; posteriormente envia-lhe, sem mais indicações, uma procuração na qual confere poderes para comprar casa com as características **X** e dentro do preço **Y**, na zona de Faro. Pode **B** – pergunta o autor – cingindo-se estritamente ao contrato de mandato, comprar *nomine proprio* uma moradia para **A** em Cascais? A resposta é para o autor negativa. Outra solução mostrar-se-ia, em seu entender forçadamente formalista. Isto num exemplo que, segundo JANUÁRIO GOMES, além de pôr a nu as dificuldades de quantos concebem a procuração como um negócio dirigido aos terceiros, manifesta uma clara intrusão gestória da procuração no mandato[1272].

O segundo caso ou possibilidade – a da interferência da relação subjacente no âmbito do poder de representação – é ilustrado, também ele, com recurso a uma situação modelar ou paradigmática: **A** mandata **B** para lhe adquirir um apartamento no prédio **X** em Lisboa; a procuração é emitida, porém, por rotina tabeliónica, em termos mais amplos, dando a **B** poderes para adquirir bens imóveis. Se **B**, amparado no documento de procuração, adquire a **C**, conhecedor perfeito dos termos do mandato, um apartamento no prédio **Y**, deve entender-se, de acordo com JANUÁRIO GOMES, que a propriedade desta fracção não se radicou na esfera jurídica apesar dos indícios em sentido contrário: o documento que incorpora os poderes, a escritura, e porventura, o registo. **A** teria então o ónus de intentar uma acção declarativa (de simples apreciação) da não aquisição da propriedade da fracção do prédio **Y**, invocando o excesso de poderes[1273].

[1271] *Idem*, pp. 245 e 246.
[1272] *Idem*, p. 246.
[1273] *Idem*.

XIX – Já PAULO MOTA PINTO começa por notar como as expectativas do terceiro ruiriam se as instruções do representante *a latere* da procuração lhe pudessem ser opostas[1274]. O legislador não pode, porém, afirma, proteger de modo absoluto e sem quaisquer restrições o terceiro[1275]. Como resolver então o problema das instruções ou declarações emitidas à margem da procuração?

O autor debate o recurso a duas possíveis vias de resolução com vista a determinar qual a relevância das declarações emitidas *a latere* da *procuratio* mas destinadas a estabelecer verdadeiros limites ao poder de representação[1276].

A primeira das soluções encaradas por PAULO MOTA PINTO seria a do recurso ao artigo 266.º[1277]. A aplicação do artigo 266.º ao caso das limitações ao poder de representação comunicadas apenas ao representante poderia resultar da consideração segundo a qual a *ratio* do preceito, ao referir-se às modificações da *procuratio*, poderia, eventualmente, valer também para essas instruções à margem da procuração, dadas no momento da declaração de vontade, sendo elas como que modificações contemporâneas do acto de concessão dos poderes de representação[1278]. Poder-se-ia, então, escreve o autor, e talvez, proceder-se a uma interpretação extensiva do artigo 266.º, no sentido de abranger também estas últimas.

A outra traduzir-se-ia em lançar mão dos princípios gerais de interpretação da declaração negocial para, concebendo-se a procuração como um negócio unilateral dirigido à contraparte no negócio representativo, se protegerem os terceiros nos mesmos termos que qualquer declaratário[1279].

Ponderadas as duas alternativas, PAULO MOTA PINTO parece considerar a segunda preferível[1280] e, destarte, decidir-se a favor dela[1281]. É que a *ratio* do artigo 266.º do Código Civil aparenta, na verdade, e de acordo com o autor

---

[1274] Paulo Mota Pinto, *Aparência de poderes de representação...*, in *Boletim...*, Vol. LXIX, p. 600.

[1275] *Idem*, p. 604.

[1276] Paulo Mota Pinto utiliza genericamente a expressão instruções *a latere* da procuração para referir aquelas limitações supostamente destinadas a estabelecer verdadeiros limites ao poder de representação mas que apenas são comunicadas ao representante. Não significa isto rejeitar o autor a distinção proposta por Hupka e veiculada entre nós, designadamente, por Ferrer Correia. Ao contrário, Paulo Mota Pinto admite expressamente poder acontecer que o *dominus negotii*, ao dar determinada instrução, não tenha pretendido limitar o alcance da procuração mas apenas dar ordens sobre o modo de exercer os poderes representativos, pondo à actividade do procurador limites mais apertados do que os resultantes da *procuratio* (por exemplo, concedendo poderes para vender uma casa, mas fixando depois secretamente um preço ao procurador). Quanto a estas últimas, elas seriam relevantes nos precisos termos da relevância do abuso de representação. Cfr., Paulo Mota Pinto, *Aparência de poderes de representação...*, in *Boletim...*, Vol. LXIX, pp. 600, nota (20), 607 e 608, nota (34).

[1277] *Idem*, pp. 606 e 607.

[1278] *Idem*, p. 607.

[1279] *Idem*, pp. 606 e 607.

[1280] O autor utilizaria esse mesmo termo mas colocando-o em itálico.

[1281] *Idem*, p. 607, notas (33) e (34).

estar sobretudo na preexistência de poderes de representação – ou numa sua certa amplitude ou conformação – os quais são, entretanto, alterados[1282]. Além disso, a maior adequação das regras gerais de interpretação – relativamente ao artigo 266.º do Código Civil – para resolver o problema da eficácia das declarações emitidas à margem da *procuratio* e destinadas a impor limites ao poder de representação resultaria, ainda, da consideração de outro tipo de instruções, isto é, daquelas que não restringem ou circunscrevem os poderes do representante[1283]. Quanto a estas o seu desrespeito configura normalmente uma hipótese de abuso de representação, regulado pelo artigo 269.º do Código Civil[1284]. Porém, isso levanta um problema: se o *tertius* devia conhecer essas instruções (circunstância na qual o abuso releva), elas ser-lhe-ão oponíveis, originando a ineficácia do negócio. Em contrapartida, para as outras instruções *a latere*, as quais acarretariam verdadeiros limites da legitimidade representativa, a mera cognoscibilidade não prejudicará o terceiro, pois para o n.º 1 do artigo 266.º só o conhecimento desta releva[1285]. Isto é, e como sublinha o autor, precisamente quando o representado não quis objectivar as instruções (eventualmente por não lhe convir), mas mesmo assim teria desejado estabelecer fronteiras ao *posse* ou *Können* do *procurator*, é que este último mais facilmente o poderia vincular, porquanto a simples possibilidade de conhecimento não prejudica os terceiros. A coerência valorativa pareceria, no entender do Ilustre Autor, impor outra solução[1286]. Que o principal deva sofrer as consequências de ter comunicado a sua vontade em separado da procuração, compreende-se facilmente.

[1282] Paulo Mota Pinto, *Aparência de poderes de representação...*, in *Boletim...*,Vol. LXIX, p. 607, nota (33), não sem mesmo assim escrever entre parênteses: «*mas o paralelo com as instruções a latere pode manter-se: também aqui se contrariam os poderes que foram objectivamente revelados ao terceiro.*» Cfr., também, quanto se escreveu a este respeito *supra* neste parágrafo assim como a a bibliografia aí mencionada.

[1283] Paulo Mota Pinto, *Aparência de poderes de representação...*, in *Boletim...*,Vol. LXIX, p. 607, nota (34).

[1284] *Idem*, p. 608, nota (34).

[1285] *Idem.* Cfr., ainda, quanto se escreve *supra* e *infra*, *passim*.

[1286] Acerca das várias contradições ou incoerências possíveis das quais pode sofrer certo ordenamento jurídico pode ver-se, Engisch, *Introdução ao pensamento jurídico*, tradução e prefácio de Baptista Machado, Lisboa, 1965, pp. 253 e ss., o qual aponta as seguintes espécies: contradições técnicas; contradições normativas; contradições valorativas; contradições teleológicas; e contradições de princípios. As incoerências de valoração poderão ter de ser aceites pelo intérprete. Todavia, cada contradição valorativa imanente deve constituir um estímulo a uma cuidadosa verificação sobre se ela não poderá ser eliminada através da interpretação e assim alcançada a devida coerência valorativa. Já Horst Hagen, *Funktionale und dogmatische Zusammenhänge zwischen Schadens– und Bereicherungsrecht, Festschrift für Karl Larenz zum 70. Geburtstag*, Munique, 1973, p. 868, fala de uma regra de interpretação no sentido de uma suposição ou presunção de conformidade das valorações jurídicas para a solução dogmática de problemas que se correspondam entre si. Também Karl Larenz, *Metodologia...*, pp. 406 e ss., e 471 e 472, 534, 535 e 541, considera as contradições valorativas como não compagináveis com a ideia de justiça, no sentido de igual medida. Por isso, e embora nem sempre seja possível evitá-las, o esforço para a sua erradicação corresponde a uma exigência tanto para o intérprete como para o legislador. Entre nós, pode ver-se, a título meramente exemplificativo, no sentido de se dever promover à remoção das contradições de valoração, Baptista Machado, *Introdução...*, p. 171. Cfr., porém, quanto escreve Oliveira Ascensão, *O direito...*, p. 417.

Mas quanto já se estranha é ficar o constituinte mais facilmente vinculado nas hipóteses nas quais teria querido limitar os poderes do representante do que se, por hipótese, tivesse desejado dar ao representante apenas instruções sobre o modo de exercício dos seus poderes[1287]. Relativamente aos terceiros eles estariam em melhor situação no caso de o procurador ultrapassar os poderes – porquanto se aplicaria o n.º 1 do artigo 266.º, o qual se bastaria com o desconhecimento para a sua protecção – do que no caso de mero abuso – já que se recorreria ao artigo 269.º, onde se exige a não cognoscibilidade, ou seja a ignorância não culposa. Nestes termos, afirma PAULO MOTA PINTO, o melhor seria considerar a simples culpa da contraparte no negócio representativo já relevante, em termos de tornar oponíveis quaisquer instruções à margem da procuração, como, antes do Código Civil de 1966, tinha defendido FERRER CORREIA[1288]. Donde, talvez fosse preferível não aplicar aqui o artigo 266.º, n.º 1, e considerar as instruções manifestadas secretamente ao procurador, mas destinadas a estabelecer limites ao poder de representação, como manifestações complementares da vontade real do declarante (o constituinte), inoponíveis ao declaratário (o *tertius*), se dele forem ignoradas ou não tornadas reconhecíveis.

XX – Também RUI PINTO manifesta a respectiva adesão à distinção entre limitações ou modificações do poder de representação e simples instruções destinadas a valer, tão-só, internamente[1289].

De acordo com o autor as primeiras seriam oponíveis a terceiros nos termos do artigo 266.º, n.º 1, do Código Civil. As segundas, iniciais ou posteriores, não alterariam os poderes de representação, ainda que, no seu conteúdo, sejam contrárias a estes. Assim, mesmo na eventualidade de o terceiro vir a conhecer as instruções internas divergentes do conteúdo da procuração não necessitaria de as ter em conta[1290]. Isto com uma única ressalva. As instruções internas respeitariam apenas à relação interna *dominus*/agente. Contudo elas podem-nos servir como elementos indicadores do interesse do principal no negócio representativo[1291]. Destarte, as instruções relativas às negociações revelariam muito das vantagens que o representado pretende obter: a via concreta

---

[1287] Paulo Mota Pinto, *Aparência de poderes de representação...*, in *Boletim...*, Vol. LXIX, p. 607, nota (34).

[1288] *Idem.*

[1289] Cfr., Rui Pinto, *Falta...*, pp. 40 e 41.

[1290] *Idem*, pp. 40 e 41 e nota (92) (onde se escreve: «(...) *as modificações da procuração são oponíveis a terceiros que as conheça (artigo 266.º, n.º 1 do CC), já as instruções não o são pois têm apenas efeito ao nível da relação interna de que o terceiro não é, evidentemente, parte. Desta forma, o terceiro "ainda que venha a conhecer as instruções do conteúdo da procura não necessita de as ter em conta"»*). Isto apesar de o autor (*op. cit.*, pp. 53 e 54) parecer ver alguma possibilidade e vantagem em se aproximar o abuso de representação, designadamente, do desrespeito pelas simples instruções internas insusceptíveis de se configurarem como modificações.

[1291] *Idem*, pp. 61 e 62.

por ele desejada para satisfazer as respectivas necessidades. Violar essas instruções, com comportamentos dolosamente conduzidos para outros escopos, é, afinal, e de acordo com RUI PINTO, agir contra a materialidade subjacente à concessão dos poderes de representação o que, em seu entender, configuraria uma situação de abuso de representação. Mas, então, poder-se-ia chegar à conclusão, mais ampla, segundo a qual a relação interna (*v.g.* o mandato; contrato de prestação de serviços) seria, nos precisos termos da relevância do abuso de direito, susceptível de ter expressão sobre a eficácia do negócio representativo por via dela celebrado[1292, 1293].

XXI – Por sua vez, de acordo com HELENA MOTA, uma clara partidária da visão labandiana do fenómeno representativo, a demonstração da natureza autónoma dos poderes representativos poder-se-ia, precisamente, levar a cabo através da comprovação da diferente extensão da procuração relativamente ao negócio gestório[1294].

HELENA MOTA começa por chamar a atenção para a circunstância, por todos admitida, de o mandante poder conceder poderes muito gerais ao seu mandatário e representante, mas especificar, simultaneamente, as condições em que os negócios se devem realizar, com alteração e, por vezes, modificação desses poderes, através de instruções *a latere* da procuração[1295]. Coloca-se, então, e no dizer da autora, a questão de saber se as directrizes à margem da procuração representam meras instruções dirigidas ao mandatário, sem envolver limitações ao poder de representação, ou se, ao invés, se traduzem em verdadeiras limitações a esses poderes[1296]. A questão é encarada pela Ilustre Jurista, e à semelhança de quanto fazia já FERRER CORREIA, como, constituindo quase sempre, um problema de interpretação da procuração[1297]. Se concluído o

---

[1292] *Idem*, p. 62.

[1293] Também aqui, e tal como sucede com a construção proposta por Helena Brito, a conformidade entre a afirmação, de princípio, da irrelevância externa das instruções e a defesa da tese segundo a respectiva violação pode configurar um caso de abuso de direito é, nalguma medida, salvaguardada através da circunscrição da figura do abuso de direito a limites muito mais apertados de quanto parecem ser, na verdade, os seus.

[1294] Assim, Helena Mota, *Do abuso de representação...*, *passim*, e designadamente, pp. 92 e ss..

[1295] *Idem*, pp. 98 e 146 e ss..

[1296] *Idem*.

[1297] *Idem*, p. 94. Mas Helena Mota logo cuida de esclarecer (*op. cit.*, p. 94, nota (178), numa tese que, com a devida vénia, não vemos como aceitar, não se dever confundir a interpretação em ordem a determinar o limite dos poderes de representativos com o problema distinto da interpretação do conteúdo dos poderes de representação. Helena Mota parece, ao fazer semelhante asserção, estar a desconsiderar o *continuum* da realização do direito e a unidade do processo de interpretação, realidades estas postas a nu pelas novas coordenadas metodológicas e as quais não nos parece serem, hoje, sequer contestáveis. Sobre isto v., quanto se escreve *supra* na Introdução, e na Parte II, no parágrafo anterior a este, e *infra* assim como a bibliografia referida nesses locais. As dificuldades postas pela tese da autora não ficam, porém, por aqui, pois, noutro local, ela desdiz a afirmação segundo a qual, em princípio, a qualificação de uma declaração *a latere* da *procuratio*

processo hermenêutico, se chegasse à conclusão segundo a qual se está diante de uma hipótese na qual as declarações proferidas à margem da procuração restringem os poderes de representação deparariamos, nas palavras de HELENA MOTA, naturalmente, e se o representante não respeitar as directrizes transmitidas, uma hipótese de representação sem poderes, por se assistir a um desrespeitar dos termos da procuração por esta forma modificada[1298]. Diversamente, se a directriz proferida à margem da procuração corresponder a uma mera instrução interna, a qual não altera o conteúdo e alcance do poder de representação, a actuação representativa a elas contrária, poderá (ou não)[1299] constituir um abuso de representação e o negócio do representativo será ineficaz se se verificarem os requisitos do abuso de representação previsto no artigo 269.º[1300]. Mas seria necessário distinguir porquanto as instruções internas poderiam ser de três tipos[1301]:

A) Instruções quanto à execução ou condições do negócio a celebrar pelo representante, no exercício dos seus poderes representativos, sem intenção de modificar ou alterar o conteúdo da *procuratio*.

---

como instrução interna ou, ao invés, como modificação da procuração se deveria fazer por interpretação, para escrever (*op. cit.*, p. 133): «(...) *não é mais necessário recorrer ao mecanismo interpretativo para distinguir as meras instruções das verdadeiras modificações ao teor dos poderes representativos. A lei veio dirimir a questão em termos práticos, consagrando pelo artigo 266.º n.º 1 que as modificações têm que ser comunicadas ao terceiro por meios idóneos ou provar o conhecimento efectivo deste para efeitos da sua oponibilidade.*» Só não vimos, e uma vez manifestada pela autora a existência de uma efectiva distinção entre declarações a *latere* da *procuratio* consubstanciadoras de modificações da procuração, de um lado, e meras instruções internas do outro – cada qual, e de acordo com Helena Mota, sujeita ao seu regime próprio – como é que, prescindindo-se do apelo ao mecanismo interpretativo, a autora sabe se determinada directriz dada à margem da procuração se deve, ou não, sujeitar ao regime do artigo 266.º, n.º 1, do Código Civil. Parece-nos assim, com o devido respeito, e salvo erro de análise, encontrar-se a tese de Helena Mota ensarilhada numa série de contradições as quais, não só, a tornam absolutamente inviável, como, até, dificultam a tarefa de proceder à respectiva exposição. Tentaremos, todavia, fazê-lo da forma mais simples e linear possível.

[1298] *Idem*, pp. 96 e 97 e 146. A autora invoca em apoio desta posição o regime dos artigos 265.º e 266.º do Código Civil.

[1299] *Sic*.

[1300] Helena Mota, *Do abuso de representação...*, p. 146. Mas v., também, *op. cit.*, pp. 92 e ss., onde a Distinta Autora escreve, a propósito das instruções supostamente qualificáveis como meramente internas, algo de não facilmente conciliável com quanto agora acaba de se dar notícia: «*Se o mandante não quis restringir o alcance da procuração (nem a quantidade ou qualidade dos poderes representativos) mas apenas colocar limites mais apertados à actividade gestória, correrá o risco de o seu gestor não fazer o uso indicado dos poderes e permanecer vinculado aos actos que este celebrou. "Essas instruções" não respeitam aos poderes em si mesmos, mas aos actos jurídicos em que se fundam (mandato, contrato de trabalho, etc.) e obrigam o representante a agir em conformidade com as instruções recebidas. Assim uma pessoa pode dar a R poderes ilimitados para a compra de um imóvel e ordenar-lhe ao mesmo tempo a aquisição de imóvel de determinada natureza mas sem ultrapassar determinado preço. Essas instruções não restringem o poder jurídico do representante, mas impõem-lhe um dever. Um contrato celebrado dentro dos limites dos poderes referidos, mas com desprezo pelas instruções recebidas, vincula o representado; este pode contudo pedir perdas e danos ao representante que agiu contra o seu mandato.*»

[1301] Helena Mota, *Do abuso de representação...*, p. 146.

Por seu turno estas directrizes poder-se-iam classificar, consoante o efeito do seu não acatamento pelo *procurator*, em dois tipos[1302]:

a) aquelas que, com a respectiva violação, desvirtuam por completo os interesses e objectivos visados pelo representado com o negócio a realizar, hipótese na qual poderia existir um abuso de representação, nos termos do artigo 269.º;

b) as que sendo desrespeitadas não desvirtuam os objectivos e interesses do representado, mas constituem, em qualquer caso, incumprimento da relação gestória. Seriam, por exemplo, esses os casos de preterição de observância, imposta pelo representado nos termos da relação de base, de determinadas formalidades na celebração do negócio representativo[1303].

Num caso como este haverá – escreve – eventualmente direito à resolução do contrato subjacente, o que poderá implicar a cessação da procuração (artigos 265.º, n.º 2, e 266.º, n.º 2).

B) Instruções quanto a aspectos contratuais puramente internos entre o representante e o representado, as quais não dizem respeito nem contendem com o negócio a realizar pelo representante em nome do representado[1304].

Como exemplos HELENA MOTA refere a obrigação pendente sobre o mandatário de prestar contas ou o dever da entidade patronal de pagar aos seus trabalhadores. Aqui – afirma – não se poderá falar sequer, e em rigor, em instruções, pois, trata-se de cláusulas contratuais negociadas e aceites pelas partes em presença. Não obstante, a sua quebra, não deixaria de se traduzir em violações marginais (em relação ao negócio representativo) do contrato-base, as quais implicam sempre uma avaliação das consequências a produzir na relação representativa que lhe é coadjuvante (*sic*)[1305].

C) Por último, teríamos as instruções correspondentes a verdadeiras modificações ao conteúdo da procuração e aos poderes representativos anteriormente concedidos, situação, no dizer de HELENA MOTA, subsumível ao artigo 266.º, n.º 1. Este tipo de directrizes só seria, assim, oponível ao *tertius* se ele delas tivesse conhecimento no momento da conclusão do negócio ou se elas lhe tivessem sido comunicadas por meios normais[1306].

Apesar de a lei não o referir expressamente a autora entende dever o conhecimento exigido pelo artigo 266.º, n.º 1, do Código Civil assumir uma configuração objectiva[1307]. Ou seja: se o terceiro conhecer, de facto as instruções *a latere* da procuração mas as entender como meros condicionalismos na execução da relação gestória, sem implicarem modulação directa e limitação

[1302] *Idem.*
[1303] *Idem.*
[1304] Helena Mota, *Do abuso de representação...*, p. 147.
[1305] *Idem*, pp. 147 e 148. A autora cita a título ilustrativo de uma situação deste tipo a julgada pelo *Acórdão da Relação do Porto de 21-10-1980* (Brochado Brandão), in *Colectânea de Jurisprudência*, 1980, V, 4, pp. 224 e 225 (abuso de representação – mau uso da procuração – preço – validade do negócio) (= *Boletim do Ministério da Justiça*, 1980, 300, p. 446, mas apenas com sumário), e já, por nós, analisada com detalhe no parágrafo anterior a este.
[1306] *Idem*, p. 148.
[1307] *Idem*, p. 149.

dos poderes representativos externos, não se poderá dar como seguro o conhecimento do terceiro nos termos e para efeitos do artigo 266.º, n.º 1, do Código Civil.

E justifica-se: tal como ao *tertius* não poderá caber o ónus de interpretar a *procuratio* para saber se corresponde ou não à vontade do representado (*sic*), também não lhe cabe a tarefa de avaliar o sentido de determinadas instruções secretas e à margem dos poderes conferidos – apesar de saber terem sido dadas ao *procurator* no âmbito das relações internas por ele estabelecidas com o *dominus* (mas sem lhe terem sido comunicadas) – em ordem a descobrir se constituem ou não verdadeiras modificações à procuração tal como lhe é exibida.

O terceiro poderá, de facto, ter conhecimento da existência de tais instruções e, no entanto, confiar não abalarem elas os poderes representativos. Nestes termos, julgaria ter o procurador todos os poderes por ele alegados[1308].

Por exemplo: **A** passa procuração a **B** para este vender determinadas acções «ao melhor preço dadas as condições de mercado». Posteriormente, decide alterar o conteúdo da procuração, e comunica a **B** só ter este poderes para alienar os títulos acima de determinado preço. Todavia, não transmite a alteração a **C**, com quem **B** já tinha encetado negociações com vista à venda das acções e a quem havia já sido exibida a *procuratio* com os poderes originais. A transmissão acaba por se concluir por uma quantia inferior ao limite mínimo indicado por **A**[1309].

C, por sua vez, e antes da conclusão do negócio, vem a saber por intermédio de **D** (amigo de **A**) da existência das instruções dadas pelo *dominus* ao *procurator*, no sentido de não vender abaixo de um determinado preço, mas face à procuração exibida não sabe ter **A** retirado poderes a **B**, através de uma modificação ou restrição do alcance da procuração, não lhe permitindo que o representasse numa venda fora das condições estipuladas.

Quid iuris se o representado pretende reaver as acções, mediante a propositura de uma acção na qual alega a ineficácia dos poderes de representação, nos termos do artigo 268.º do Código Civil?

A prova ter, depois de conferidos os poderes a **B**, modificado a competência representativa do procurador, através de uma redução do conteúdo da procuração e demonstra, através do testemunho de **D**, como, apesar da ausência de uma comunicação por meios idóneos, **C** conhecia as alterações introduzidas à margem da procuração. Em contestação, **C** dirá ter confiado na procuração exibida por **B**, e, pese embora as informações recebidas de **D**, afirma sempre ter entendido tratar-se de meras instruções do mandante ao mandatário no sentido de este procurar um preço alto, acima de determinada quantia; instruções quanto à boa execução do mandato as quais não implicavam, destarte, nem a retirada de poderes representativos nem a modificação da procuração tal como ela se apresentava[1310]. Donde parecer-lhe o negócio perfeitamente compatível com a quantidade e qualidade dos poderes demonstrados pelo representante.

[1308] *Idem.*
[1309] *Idem*, p. 150.
[1310] *Idem*, p. 150.

O que se deveria, então discutir, é se a hipótese não nos poderia colocar perante uma situação de abuso de representação[1311].

XXII – A leitura das teses apresentadas pelos autores nacionais por nós recenseados, no sentido de resolver o problema da relevância das instruções *a latere* da procuração, permite constatar facilmente – e excepção feita a CAVALEIRO DE FERREIRA e JANUÁRIO GOMES – a existência de importantes afinidades entre eles, de um lado, e alguns dos pontos de vista defendidos por HUPKA, do outro.

Na verdade, conforme oportunamente sublinhado, tal como o autor austríaco, também FERRER CORREIA, HELENA BRITO, PAULO MOTA PINTO, RUI PINTO e HELENA MOTA, partem da concepção de autonomia ou abstracção da procuração e aceitam a ideia, da qual extraem importantes consequências práticas, da distinção entre, de uma banda, restrições ao poder de representação com alcance exclusivamente interno e, da outra, limitações com eficácia externa[1312]. Contudo, nenhum deles manifesta a sua adesão à ideia do destinatário alternativo da procuração de cariz biermanniano, ou sequer simpatia pela solução estabelecida a este respeito pelo *BGB* ou propugnada por HUPKA. FERRER CORREIA considera dever a *procuratio* dirigir-se sempre ao terceiro[1313], numa orientação partilhada por HELENA BRITO[1314] e PAULO MOTA PINTO[1315]; HELENA MOTA vê no representante o destinatário da outorga dos poderes[1316], enquanto RUI PINTO não toma qualquer posição sobre o assunto. Nenhum se afirma, assim, partidário da possibilidade de existência no nosso direito de uma

---

[1311] *Idem*, pp. 150 e 151.

[1312] Helena Brito e Paulo Mota Pinto parecem inspirar-se directamente no ensinamento expresso por Ferrer Correia a respeito da necessidade de se distinguir entre declarações *a latere* da procuração consoante elas representassem uma mera instrução interna ou, diversamente, uma autêntica limitação do poder de representação. Ferrer Correia, por seu turno, recebeu, neste aspecto, a influência de Hupka através da tradução espanhola da obra deste autor. Rui Pinto, *Falta...*, p. 41, nota (92), apela, nesta matéria, para o ensinamento de Mosco, *La rappresentanza...*, p. 240, autor este, também ele, claramente marcado pelo ensinamento do discípulo dilecto de Mitteis. É que apesar de Mosco fazer também referência ao ensinamento propugnado por Von Thur, a tese deste último escritor não representa senão uma simplificação de quanto era já defendido por Hupka.

[1313] *Idem*, pp. 18, 30 e 32.

[1314] Helena Brito, *A representação...*, in *Revista...*, 9/10, pp. 29 e ss. (local onde, todavia, se afirma que a procuração deve simultaneamente ser comunicada ao representante e ao representado); e Id., *A representação...*, pp. 118 e 119.

[1315] Paulo Mota Pinto, *Aparência de poderes de representação...*, in *Boletim...*, Vol. LXIX, pp. 607 e ss., e nota (34).

[1316] Helena Mota, *Do abuso de representação...*, passim.

procuração interna. Por conseguinte, todos parecem rejeitar a tese proposta pelo discípulo de MITTEIS, segundo a qual, sendo a procuração comunicada exclusivamente ao representante, toda e qualquer instrução _a latere_ – independentemente da sua forma ou configuração e mesmo se concebida para valer apenas internamente – seria sempre relevante perante a contraparte no negócio representativo. Quanto se mostraria importante para a resolução da temática das declarações _a latere_ seria, apenas, saber se a comunicação à margem da _procuratio_ feita pelo constituinte ao representante tem, na intenção do principal, apenas eficácia relativa ou se, em contrapartida, se destina a limitar externamente o poder de representação. Na primeira das duas hipóteses, e conforme se viu já, a instrução seria irrelevante, mesmo perante terceiros que dela tivessem efectivo conhecimento[1317]. Na segunda, tudo dependeria do conhecimento (ou, também, da cognoscibilidade como parece suceder com PAULO MOTA PINTO) por parte do _tertius_ da limitação declarada à margem da procuração. Demonstrada, porém, a improcedência da distinção levada a cabo por HUPKA, no sentido de separar as declarações _a latere_ da procuração em meras instruções e autênticas limitações ao poder do representante – por se mostrar tal

---

[1317] O Professor Ferrer Correia não toma, conforme resulta de quanto se disse já a propósito da tese do autor, uma posição absolutamente clara a este respeito. Na verdade, face ao teor de quanto expressamente afirma poderia também entender-se que a instrução interna seria oponível perante terceiros efectivamente conhecedores da limitação nela corporizada. Não obstante, a possibilidade de, literalmente, as afirmações do Mestre poderem, de facto, comportar esse entendimento não nos parece, todavia – e face à proclamação, pelo autor, de forma reiterada, quer da ideia de abstracção integral do poder de representação, quer, ainda, da clara distinção entre instruções internas e genuínas limitações do poder de representação manifestadas à margem da procuração – levar a tese por ele defendida à aceitação de um qualquer tipo de relevância, ainda que circunscrita, da instrução interna diante do terceiro. De outra forma, atendendo ao facto de, com a entrada em vigor do Código Civil, Ferrer Correia ter passado a remeter a resolução da relevância das limitações à competência representativa declaradas _a latere_ da _procuratio_ para o n.º 1 do artigo 266.º, o autor teria de rever a distinção por ele feita entre instruções internas, de um lado, e supostamente genuínas limitações ao poder de representação, do outro, porquanto, ambas passariam a ser oponíveis ao terceiro delas ciente. Ora, Ferrer Correia manter-se-ia fiel à distinção referida, não incluindo a sua superação nas alterações que o Código Civil vigente provocaria na respectiva tese acerca do fenómeno representativo. Já Helena Brito, _A representação..._, in _Revista..._, 9/10, p. 48, pronuncia-se expressamente a favor da irrelevância da instrução interna mesmo diante da contraparte dela ciente; e o mesmo faz Rui Pinto, _Falta..._, p. 41, nota (92). Convém, todavia, sublinhar como grande parte dos autores referidos no texto, e conforme se pode constatar pela exposição por nós feita acerca da posição de cada um deles, apesar de manifestarem, em tese, uma posição e princípio favoráveis à ausência de relevância das instruções por eles qualificadas como meramente internas acabam por se ver compelidos, de uma forma ou de outra, a fazer apelo à disciplina do abuso de representação como modo de resolver os problemas postos por tal tipo de directrizes.

tese incompatível com as regras de interpretação do negócio jurídico
– verifica-se como as posições defendidas por FERRER CORREIA,
HELENA BRITO, PAULO MOTA PINTO, RUI PINTO e HELENA
MOTA não podem, com o devido respeito, ser aceites[1318].

À parte, porém, desta inconsistência da distinção entre instruções
e limitações aos poderes de representação manifestadas *a latere* da procuração, comum a vários dos representantes da nossa doutrina, a verdade é que as posições de cada um dos juristas nacionais por nós
recenseados apresentam, ainda, de *per si*, aspectos vários os quais consideramos deverem igualmente ser rejeitados. Vejamos.

XXIII – No tocante à posição expressa por FERRER COR-
REIA cumpre sublinhar e aplaudir, em primeiro lugar, o inicial apelo
à regulamentação definida para a determinação do sentido e alcance
dos actos jurídicos voluntários ou negociais, enquanto instrumento de
resolução do problema do valor e relevância das declarações *a latere* da
procuratio[1319]. Na verdade, como resulta de quanto dissemos já a propósito da crítica à construção de HUPKA, o recurso às regras de interpretação dos negócios jurídicos, como instrumento para decidir da
oponibilidade ou inoponibilidade das directrizes e comandos comunicados ao representante pelo principal à margem da procuração, revela-se,
a nosso ver, extremamente produtivo e deve ser aproveitado. Quanto,
com o devido respeito, nos parece inaceitável é a circunscrição dos
resultados obtidos através da utilização de tais regras a determinado
tipo de declarações *a latere* do acto de outorga dos poderes representativos, com exclusão das demais – a saber, e neste último caso as
qualificadas por FERRER CORREIA como internas[1320]. A própria

---

[1318] Aliás, o modelo como o Professor Ferrer Correia, *A procuração...*, in *Estudos...*, II, p. 15,
procura ilustrar a distinção entre as duas formas de declaraçãos *a latere* é bem elucidativa das
dificuldades sentidas pelo Distinto Mestre mesta matéria. São as seguintes as palavras com que
Ferrer Correia exemplifica quanto se deve entender por simples instruções internas: «*Assim quando
o mandante, fornecendo as instruções, não tenha querido propriamente restringir o alcance da procuração, mas
simplesmente pôr à actividade gestória do mandatário limites mais apertados do que aos seus poderes representativos.*» O termo propriamente é, a nosso ver, sintomático. O *dominus* não terá querido, *propriamente*, restringir o alcance da procuração através da sua instrução. Não obstante, não deixou de o
fazer, ainda que "*impropriamente*", ou talvez melhor indirectamente. É essa a consequência forçosa
de uma adequada aplicação do disposto no artigo 236.º do Código Civil às situações em apreço.

[1319] Cfr., Ferrer Correia, *A procuração...*, in *Estudos...*, II, p. 18.

[1320] Não nos parece acertada a afirmação de Maria de Lurdes Pereira, *Os estados...*, in
Revista..., XXXIX, 1, p. 149, segundo a qual Ferrer Correia não retira qualquer tipo de
consequências da distinção entre genuínas modificações da procuração manifestadas *a latere* desta

qualificação de uma certa declaração, marginal à procuração, como interna ou externa, teria forçosamente de se revelar, num passo aliás reconhecido pelo próprio FERRER CORREIA, como o fruto de um processo hermenêutico a realizar, naturalmente, de acordo com as regras de interpretação dos negócios jurídicos[1321]. O ónus de diligência exigido ao terceiro no sentido de apurar a vontade do representado será, assim, o mesmo quer se esteja perante uma suposta instrução interna quer se depare com uma, alegada, limitação ao poder de representação comunicada à margem da procuração. Para se poder qualificar, num sentido ou noutro, uma directriz ou declaração transmitida pelo *dominus* exclusivamente ao principal torna-se, obviamente, necessário fixar previamente o respectivo conteúdo. Se em qualquer dos

---

(e que a autora considera serem modificações da procuração por natureza posteriores a esta. Não é, porém, esse o entendimento de Ferrer Correia o qual admite declarações à margem da procuração, dela contemporâneas, e consubstanciadoras de uma verdadeira limitação dos poderes de representação. O autor limita-se a considerar que o regime do artigo 266.º se aplica a todas as declarações à margem da *procuratio* nas quais se contêm verdadeiros limites ao poder de representação, sejam elas concomitantes ou posteriores à outorga dos poderes representativos) e simples instruções internas. Cfr., quanto se escreveu *supra* no presente parágrafo acerca da posição de Ferrer Correia. V., também, Ferrer Correia, *A procuração...*, in *Estudos...*, I, pp. 14 e ss..

[1321] Contra isto não se invoque o carácter não negocial das instruções internas. Em primeiro lugar porque nem todas as directrizes internas se poderão considerar como simples concretizações de um regulamento negocial ou acto de autonomia privada já previamente estabelecido. Em muitos casos serão elas mesmas a representar e constituir o mandato conferido pelo principal ao procurador, e não simples desenvolvimentos ou especificações do encargo constante do negócio gestório. Só relativamente àquelas instruções mencionadas no artigo 1161.º, al. a), do Código Civil, traduzidas na delimitação e concretização do acto de autonomia já corporizado no mandato se poderá pôr em causa a respectiva qualificação como acto negocial. Apenas no tocante a estas se poderá dizer que elas correspondem à especificação de uma ou mais modalidades do comportamento devido, transformando a obrigação do mandatário de genérica em específica (acerca da questão de saber se este tipo de instruções desempenham ou não uma função jurígena e criadora ou negocial v., por todos, Falzea, *Efficacia giuridica*, in *Enciclopedia del Diritto*, Milão, 1965, XIV, p. 497; Luminoso, *Mandato...*, pp. 129 e 130; e Papanti-Pelletier, *Rappresentanza...*, pp., 96 e ss., 148 e 151, nota (10)). Todavia, e ainda assim, não se vê razão para afastar a conclusão segundo a qual, mesmo diante de uma instrução deste tipo, se deverá continuar a fazer apelo ao artigo 236.º do Código Civil para determinar se o respectivo conhecimento por parte do terceiro faz, ou não, com que a circunscrição interna do poder de representação lhe seja oponível. É que, mesmo na eventualidade de o artigo 236.º, n.º 1, apenas se aplicar directamente à interpretação da procuração, ele continua a impor a ponderação das instruções concretizadoras do mandato, não obstante elas não poderem ser consideradas como actos de natureza negocial, para se poder fixar o sentido e alcance da declaração de concessão dos poderes e representação. Isto sem considerar sequer o disposto no artigo 295.º no qual se manda aplicar, na medida, em que a analogia das situações o justifique, aos simples actos jurídicos as disposições relativas aos comportamentos negociais. Como bem refere o Professor Menezes Cordeiro, *Teoria...*, II, p. 305, a interpretação do negócio jurídico é sempre necessária mesmo quando permita tão-só concluir pela existência ou inexistência de certo acto, como sucede nas declarações que se reduzam a actos jurídicos em sentido estrito.

casos, o *tertius* chegar, ou dever chegar, à conclusão segundo a qual o representado não pretendia a celebração ou ocorrência do negócio representativo não há qualquer razão para fazer recair sobre o *dominus* o risco da actuação abusiva ou excessiva do representante.

Também não nos parecem de subscrever as correcções feitas, pelo Mestre, à configuração inicial da respectiva tese, no sentido de tentar adequá-la à disciplina do actual Código Civil. FERRER CORREIA começara, recorde-se, por defender a orientação segundo a qual as limitações externas do poder de representação declaradas à margem da procuração seriam oponíveis à contraparte do negócio representativo se esta o conhecesse ou devesse conhecer[1322]. Mais tarde, contudo, pronunciando-se sobre a consagração no Código Civil da posição por ele antes defendida, haveria de observar exigir o artigo 266.º o conhecimento efectivo por parte do terceiro das modificações à procuração e propor uma interpretação extensiva do mesmo. Isto por forma a substituir a solução decorrente da aplicação, à problemática das limitações *a latere* da procuração, das normas relativas à interpretação de negócios jurídicos pela conclusão prevista naquele preceito. Tudo independentemente de a alteração ao poder de representação ser posterior ou anterior à emissão da declaração de vontade formalmente procuratória[1323]. De facto, de acordo com FERRER CORREIA: «*O art. 266.º, n.º 1, falando genericamente em modificações da procuração, parece adaptar-se (e, na verdade não se vê razões suficientes para estabelecer a distinção) tanto às modificações posteriores como às contemporâneas do negócio jurídico (...).*» Ou ainda: «*A ratio do preceito, na parte em que dispõe que "as modificações... da procuração devem ser levadas ao conhecimento de terceiros por meios idóneos, sob pena de lhes não serem oponíveis senão quando se mostre que delas tinham conhecimento no momento da conclusão do negócio", vale igualmente para as instruções à margem da procuração, dadas no momento da emissão da declaração de vontade.*»

Trata-se de opinião que, todavia, não podemos subscrever e a qual, a nosso ver, representa um retrocesso relativamente às posições inicialmente defendidas pelo Ilustre Mestre.

Na verdade, não vislumbramos qual a razão capaz de levar a subsumir no artigo 266.º, n.º 1, do Código Civil todo o tipo de declarações *a latere* da procuração independentemente de elas serem coevas ou posteriores à concessão dos poderes de representação.

[1322] Cfr. a exposição da tese do autor realizada *supra* no presente parágrafo.
[1323] Ferrer Correia, *A procuração...*, in *Estudos...*, II, pp. 15, nota (1), 16, nota (1) e 20 (1).

Ao contrário de quanto defende FERRER CORREIA, e tal como afirma PAULO MOTA PINTO[1324], numa orientação por nós já devidamente sublinhada[1325], não só nos parece que a *ratio* do preceito não aponta no sentido da respectiva aplicação às declarações a *latere* da procuração anteriores ou coevas ao poder de representação como, em contrapartida, e a nosso ver, ela reside justamente na preexistência de faculdades representativas – ou numa sua determinada amplitude e configuração.

Assim o indicia, antes de mais, a própria letra do artigo 266.º, n.º 1, do Código Civil. O legislador refere-se aí a modificações ou a revogação da procuração. Só faz, todavia, sentido modificar ou revogar algo já existente. Nos casos nos quais a declaração à margem da *procuratio* é desta contemporânea não se trata de modificar ou revogar absolutamente nada. Para isso suceder era necessário que o processo de determinação do sentido negocial expresso na procuração se configurasse de modo absolutamente formal e desligado de todas as circunstâncias concomitantes à emissão e exteriorização da declaração procuratória do principal. Numa situação como essa seria possível obter e extrair, em sede de interpretação do negócio jurídico, e através de

---

[1324] Paulo Mota Pinto, *Aparência de poderes de representação*..., in *Boletim*...,Vol. LXIX, p. 607, nota (33), autor que, apesar de não parecer seguir a via proposta por Ferrer Correia no sentido de sujeitar ao artigo 266.º, n.º 1, do Código Civil a declaração à margem da procuração, emitida em momento coincidente à outorga dos poderes de representação, no sentido da limitação dos poderes de representação, mesmo assim admite um certo paralelismo entre a revogação ou modificação do poder de representação, de um lado, e a situação decorrente da existência de uma declaração marginal à procuração e desta contemporânea, do outro. Em sentido próximo do por nós defendido pode ainda ver-se, Raúl Guichard, *Da relevância*..., p. 64, para quem as hipóteses contempladas no artigo 266.º do Código Civil dizem respeito a situações onde os poderes de representação efectivamente existiram e de cujo conteúdo foi dado conhecimento a terceiros, só estando em causa a sua extinção ou modificação num momento ulterior; Id., *O instituto da «procuração aparente» – Algumas reflexões à luz do direito alemão*, in *Juris et de Jure. Nos vinte anos da Faculdade de Direito da UCP – Porto*, Porto, 1998, pp. 223 e ss., e 233; e, se bem julgamos, Carneiro da Frada, *Teoria da confiança*..., p. 39, nota (41). Referência à parte, mas sempre na mesma direcção, merece Rui de Alarcão, *Breve*..., in *Boletim*..., 138, p. 111, quando ao comentar o artigo 9.º, III, do seu Anteprojecto sobre o negócio jurídico na parte relativa ao erro, dolo, coacção, representação, condição e objecto negocial – preceito este que estaria na base do actual artigo 266.º do Código Civil – escreveu: «O artigo 8.º (...) refere-se à extinção da procuração. Mas uma coisa é a extinção da procuração e outra a relevância disso em face de terceiros. Bem se compreende, com efeito, que a necesidade de protecção dos terceiros de boa fé exija, em certos termos, que lhes não seja oponível aquela extinção. É este o problema contemplado no art. 9.º, que reproduz, praticamente, o artigo 1396.º do Código italiano.» A propósito do sentido a atribuir ao artigo 1396.º do *Codice Civile* e sempre na direcção segundo a qual ele se deve aplicar aos casos nos quais se assiste a uma concessão de poderes representativos posteriormente modificados ou extintos cfr., Papanti-Pelletier, *Rappresentanza*..., pp. 130; Valeria di Lorenzi, *La rappresentanza*..., p. 211.

[1325] V. quanto se escreve *supra* a este respeito no presente parágrafo.

um rigoroso mecanismo de abstracção, um poder de representação com determinada configuração e extensão, o qual, depois, se consideraria contrariado pelas instruções emitidas pelo *dominus a latere* da *procuratio*. Semelhante procedimento não corresponde, todavia, a uma adequada hermenêutica dos actos jurídicos voluntários. Com efeito, em lugar de se procurar, através de um esquema artificial, um determinado alcance para o negócio de concessão dos poderes de representação, o qual seria restringido ou alargado por um conjunto de acontecimentos conexos à exteriorização de vontade por parte do principal, quanto se deve fazer é, pura e simplesmente, procurar, desde o início, um significado no qual se tenham já tomado em consideração todas as circunstâncias capazes de ajudar na determinação do sentido veiculado pela declaração cujo alcance se pretende apurar. Nestes termos, as instruções ou limitações não comunicadas a terceiros não são revogações ou modificações da procuração mas, antes, aspectos que qualquer declaratário normal deverá, quando delas esteja ciente, valorar devidamente para fixar o verdadeiro conteúdo da *procuratio*. Ou seja: as directrizes e limitações comunicadas ao procurador não são aspectos a considerar apenas quando terminada a interpretação do negócio jurídico, como algo a acrescer e adicionar ao processo hermenêutico, enquanto forma de confirmar ou alterar o sentido obtido quando se abstraiu ou quis ignorar tais directrizes. Elas fazem – não apenas por força do imperativo decorrente de uma adequada opção jurídico-metodológica mas, também, por imposição directa do artigo 236.º do Código Civil – parte de um processo interpretativo unitário e concorrem, *ab initio* (nos precisos termos da regras relativas à interpretação dos negócios jurídicos[1326]), para a fixação do sentido do poder de representação o qual é assim, e sempre, um só, sem se poder falar de qualquer tipo de modificação ou revogação[1327].

A conclusão proporcionada pela consideração da letra do artigo 266.º, n.º 1, do Código reforça-se se atentarmos como, quer a situação do representante quer a do terceiro, se mostra diversa consoante a declaração à margem da procuração seja contemporânea ou posterior à declaração de vontade procuratória. No primeiro caso, e conforme

---

[1326] Ou seja, as instruções ou limitações concorrerão para a fixação do conteúdo do poder de representação em todos aqueles casos nos quais o destinatário real da *procuratio* as conhecia ou devia ter delas conhecimento.

[1327] Isto já seria assim e conforme decorre de quanto se referiu antes se em causa estivesse, para quem admite a viabilidade da figura, uma simples instrução interna. Ferrer Correia não está, todavia, a referir-se aqui a este tipo de directrizes mas sim àquelas outras por ele qualificadas de declarações *a latere* da procuração que se resolvam, pelo respectivo significado, em genuínas limita-

se viu, não chega a constituir-se nunca, perante um destinatário normal, colocado na posição do real declaratário, e que pudesse ter acesso à directriz interna, um poder de representação distinto da própria instrução. Na verdade, esta última concorrerá, sublinhe-se novamente – e rejeitado qualquer processo hermenêutico puramente formal e abstracto –, para a fixação dos contornos do único poder representativo até então concedido ao *procurator*. Poder o qual, nessa medida, é também gerado e determinado pelo conteúdo das indicações dadas, no contexto da relação gestória, pelo principal ao representante. Em contrapartida, na eventualidade de as limitações serem posteriores, assiste-se realmente ao aparecimento de um determinado, e efectivo, poder de representação, com uma consistência e conteúdo próprios. Consistência e conteúdo esses que permanecem inalterados até ao surgimento da limitação comunicada exclusivamente ao procurador. O seu alcance foi já obtido através de um processo de interpretação no qual o destinatário da procuração teve o ónus de colocar toda a sua diligência e em cujo resultado final deve poder confiar. Nestes termos, se ocorrer uma alteração posterior compreende-se poder ser o grau de vigilância exigido ao terceiro menor. Numa hipótese como essa, insista-se, existe já um concreto *Tatbestand* ou *fattispecie* cujos limites foram verificados. O mesmo não sucede quando a limitação é contemporânea da procuração. Aí não existe, ainda, nenhuma situação jurídica prévia à limitação e na qual o *tertius* possa fazer fé de modo a justificar um abrandamento da atenção por ele devida quando pretende fazer derivar efeitos jurídicos de um qualquer negócio jurídico[1328].

ções dos poderes do representante (cfr., Ferrer Correia, *A procuração...*, in *Estudos...*, II, p. 16). Só estas se deveriam, segundo o Mestre, subsumir-se no artigo 266.°, n.° 1, do Código Civil, independentemente de serem posteriores ou anteriores à declaração de procuração.

[1328] Não se diga existir, apesar de tudo, a declaração procuratória a qual já justificaria a confiança do terceiro pois ela não parece, por si só, suficiente, e atentos os interesses em jogo para afastar o regime geral contido no artigo 236.°, n.°s 1 e 2, do Código Civil. Além disso, semelhante declaração procuratória existe também na situação na qual é emitida uma limitação em momento posterior à concessão dos poderes de representação, sendo certo, conforme se referiu no texto, como nesta última existe, ainda, um conjunto mais de circunstâncias que justificam a existência de um regime específico diverso daquele ao qual ficarão submetidas as primeiras. A tentação a que, realmente, se poderia assistir seria a de se proceder à utilização da argumentação referida no texto para afastar a aplicação analógica do n.° 2 do artigo 266.° do Código Civil aos casos nos quais existe, de facto, um negócio jurídico gestório associado à procuração mas é *ab initio* inválido. A verdade, porém é que, aí, e apesar de tudo, sempre se assiste à efectiva estipulação de uma relação jurídica base ou subjacente e, se não se deve, nos termos do artigo 266.°, n.° 2, sobrecarregar o *tertius* com as consequências de uma extinção não voluntária de tal relação, também parece não se dever penalizá-lo fazendo-o suportar os efeitos de um eventual vício que ele não conhecia nem tinha obrigação de conhecer.

Além disso, se bem virmos, o desejo de equiparar e sujeitar ao mesmo regime jurídico todo o tipo de limitações à procuração, independentemente de elas serem, ou não, coevas do acto de concessão dos poderes representativos, sobretudo quando associada à distinção entre restrições externas e simples instruções internas, traz, ainda, consigo uma série de outras consequências inaceitáveis as quais, no fundo, não representam senão um agravar de alguns dos inconvenientes já presentes na tese de HUPKA[1329]. Com efeito, se se considerar não produzir, a directriz emitida no simples contexto da relação gestória, efeitos directos, e em sede interpretativa – por não representar uma sua genuína limitação – sobre o poder de representação não restará outra alternativa senão deixar cair semelhante tipo de instruções na esfera do abuso de representação[1330], tal como tradicionalmente entendido[1331]. Nesse caso, porém, e como nota a propósito PAULO MOTA PINTO, o constituinte ficaria mais facilmente vinculado nas hipóteses nas quais ele teria querido limitar os poderes do representante do que se, por hipótese, tivesse desejado dar ao representante apenas instruções sobre o modo de exercer os seus poderes, numa solução a qual não pode deixar de causar estranheza[1332]. Relativamente aos terceiros,

---

[1329] V., *supra*, onde se destaca, no presente parágrafo, a circunstância de a aceitação dos pressupostos e teses defendidas pelo autor austríaco conduzirem à luz do nosso direito, e considerado o regime do abuso de representação, à atribuição: a) precisamente dos mesmos efeitos às instruções internas e às limitações qualificadas como de genuínas restrições ao poder do procurador se as declarações *a latere* da procuração que as corporizam tivessem sido contemporâneas da declaração de vontade procuratória; b) de uma maior eficácia externa das instruções relativamente a quanto sucede com as limitações se ambas forem posteriores ao poder de representação. Tal como se verá de seguida, a aceitação da tese de Ferrer Correia – nos moldes por ele formulada em vista do regime do actual Código Civil – irá conduzir sempre a uma maior oponibilidade externa das instruções internas.

[1330] É designadamente esse o entendimento proposto por Oliveira Ascensão, *Teoria...*, III, p. 325; Id., *Direito Civil...*, II, p. 261; Paulo Mota Pinto, *Aparência de poderes de representação...*, in *Boletim...*, Vol. LXIX, p. 608, nota (34); Rui Pinto, *A falta...*, p. 53; Helena Brito, *A representação...*, pp. 156 e 161, autora que apesar disso, e conforme se viu *supra*, considera que os casos de abuso de direito se deverão resolver de acordo com a regra do artigo 266.º, n.º 1, do Código Civil se estiver em causa o incumprimento de modificações ao conteúdo inicial da procuração. Com esta orientação Helena Brito pretenderá, certamente, fugir à pertinente objecção movida por Paulo Mota Pinto ao Professor Ferrer Correia. Não nos parece, todavia, e salvo o devido respeito, ter tido êxito por falta de fundamentação adequada. É este, contudo, um aspecto que analisaremos mais detalhadamente um pouco mais adiante.

[1331] Ou seja como uma figura chamada a depor apenas depois de afirmada a existência dos poderes de representação e não, como preconizamos, uma hipótese mais de falta de poderes de representação (na forma de excesso).

[1332] Paulo Mota Pinto, *Aparência de poderes de representação...*, in *Boletim...*, Vol. LXIX, p. 608, nota (34).

eles estariam em melhor situação no caso de o representante ultrapassar os poderes – porquanto se aplicaria o n.º 1 do artigo 266.º, o qual se bastaria com o desconhecimento para a sua protecção – do que no caso de mero abuso – pois, nesse caso, recorrer-se-ia ao artigo 269.º, onde se exige a não cognoscibilidade, ou seja a ignorância não culposa. Não parece, todavia, poder o hermeneuta aceitar ter sido esse o desejo do nosso legislador. Na verdade, o intérprete, deve, por força do imperativo expresso constante do artigo 9.º, n.º 1 e n.º 3, do Código Civil, presumir ter o legislador consagrado as soluções mais acertadas e ter sabido exprimir o seu pensamento em termos adequados, tendo designadamente em conta a unidade do sistema jurídico. Ora, a aceitação da tese segundo a qual o alcance externo das simples instruções internas seria mais amplo de que o das apelidadas de genuínas limitações ao poder de representação afigura-se pouco adequada e razoável não satisfazendo, por isso, as condições impostas pelo artigo 9.º do Código Civil. Parece, assim, de facto, melhor, e tal como propugnado por PAULO MOTA PINTO e, antes do Código Civil de 1966, pelo próprio FERRER CORREIA, considerar a simples culpa da contraparte no negócio representativo já relevante em termos de tornar oponíveis quaisquer instruções à margem da procuração[1333]. Nestes termos mostra-se realmente preferível não aplicar aqui o artigo 266.º, n.º 1 – a não ser em situações nas quais a declaração *a latere* é posterior ao poder de representação – e considerar as instruções manifestadas secretamente ao procurador, em momento paralelo ou simultâneo ao da declaração de vontade procuratória, como manifestações complementares da vontade real do declarante (o constituinte), inoponíveis ao declaratário, se dele forem ignoradas ou não tornadas reconhecíveis[1334, 1335].

[1333] *Idem.*

[1334] É claro que sempre se poderia continuar a sustentar como, a singrar a tese agora por nós proposta, ainda se colocará algum tipo de incompatibilidade entre a solução a dar à questão das simples instruções ao poder de representação, de um lado, e as genuínas limitações ao poder de representação, do outro, na eventualidade de ambas serem posteriores à outorga dos poderes de representação. Mesmo quando o artigo 266.º, n.º 1, apenas fosse aplicável às genuínas limitações ao poder de representação posteriores à declaração de vontade procuratória, e não também às dele coevas, a solução aí consagrada para esse tipo de hipóteses não deixaria de ser diversa da constante do artigo 269.º para as situações de abuso de representação decorrentes de uma qualquer modificação superveniente da relação gestória (ou mesmo do artigo 266.º, n.º 2). O argumento só parece válido, todavia, e como deixam antever as considerações por nós tecidas *supra* a propósito da construção de Hupka, perante quem defenda a ideia de autonomia – ainda que porventura moderada – da sorte da procuração relativamente ao negócio de gestão. Com efeito, quem partilhar da visão labandiana do fenómeno representativo terá muita dificuldade em defender, de

XXIV – Quanto à tese de CAVALEIRO DE FERREIRA[1336], não nos parece, antes de mais, adequado, o apelo à disciplina contida no Código Comercial. A crítica a uma derivação excessiva para o âmbito do direito civil de princípios e soluções a partir de normas e conceitos próprios do direito mercantil encontra-se já feita[1337]. A existência (v. artigos 10.º, als. a] e e] e 69.º, n.º 1, al. k] Código de Registo Comercial[1338]) de um regime de registo do mandato mercantil (assim como do contrato de agência ou representação comercial) e suas limitações, sem paralelo na legislação civil, impede a nosso ver qualquer tentativa de tomar as soluções consagradas pela legislação comercial como um afloramento de uma solução extensível a todo o

---

forma coerente, a aplicação do n.º 1 do artigo 266.º às hipóteses de abuso de representação decorrente do desrespeito por uma relação jurídica base cuja configuração foi alterada em momento posterior ao da outorga da *procuratio* (cfr., por exemplo, quanto se escreve *supra* e *infra* neste parágrafo a propósito da construção defendida por Helena Brito a este respeito). A aceitar-se a visão labandiana do fenómeno representativo, a alteração do negócio gestório não pode valer, imediatamente, como uma modificação da procuração. Isto porquanto se o negócio de gestão não interfere na procuração e os poderes de representação permanecem, ao menos em regra e descontadas certas situações excepcionais, insensíveis às vicissitudes da relação-base não se vê como uma alteração desta possa valer também como uma modificação ou revogação da própria *procuratio*. Por isso, uma situação de actuação ilícita do representante em consequência do desrespeito por um negócio subjacente cujos contornos tivessem sido alterados já depois de concedidos os poderes de representação teria de ser resolvida sempre de acordo com o artigo 269.º do Código Civil ou quando muito de acordo com o n.º 2 do artigo 266.º Em contrapartida quem puser em causa a distinção entre instruções e limitações ao poder de representação não terá dificuldade em considerar aplicável às primeiras o artigo 266.º, n.º 1, em todas as hipóteses nas quais elas são posteriores à procuração. Na realidade, quem negar a autonomia da procuração e não circunscrever o abuso de representação a casos de exercício inadmissível de situações jurídicas ou ao desempenho da actividade do procurador com dolo, e portanto o não condicionar a requisitos exteriores à própria mecânica do fenómeno representativo, e o reconduzir, antes, a uma mera hipótese de excesso de poderes, a detectar em sede de interpretação, pode perfeitamente aplicar o n.º 1 do artigo 266.º do Código Civil aos casos nos quais se assiste à violação de uma relação-base entretanto modificada (sem necessidade de distinguir entre instruções ou limitações).

[1335] Pelas razões expressas, e conforme se sublinhará já de seguida no texto, não nos parece realmente que a disciplina contida nos artigos 49.º, n.º 4, 249.º e 242.º do Código Comercial contenha um princípio geral de direito privado. Até por não existir no domínio do direito civil nenhuma obrigatoriedade de registo. É todavia esta obrigatoriedade, e a nosso ver, a explicar a restrição da oponibilidade, estabelecida pela legislação mercantil, das instruções internas apenas a quem delas tenha tido conhecimento.

[1336] Cfr., *supra*, quanto se escreveu a este respeito no presente parágrafo.

[1337] V. *supra*, Parte I, cap. IV, parágrafo 3.

[1338] Tratando-se de poder de representação sujeito ao registo comercial valem as regras próprias do registo, pelo que a eficácia da cessação da procuração relativamente a terceiros fica dependente da realização do correspondente registo, salvo conhecimento efectivo da alteração, e p. 493. Cfr., Ferreira de Almeida, *Publicidade e teoria dos registos*, Coimbra, 1966, pp. 274 e ss.; e Helena Brito, *A representação...*, p. 159, nota (206).

direito privado, até porque existem no domínio do direito civil regras capazes de resolver, de forma adequada, o problema das instruções à margem da procuração[1339].

Relativamente à referência feita pelo Mestre à disciplina constante do artigo 266.º e à forma como este se articularia com o artigo 269.º do Código Civil devemos confessar a nossa incapacidade para compreender exactamente o pretendido pelo autor[1340].

XXV – No tocante à construção de HELENA BRITO cumpre, em primeiro lugar, sublinhar como, perante o disposto no artigo 269.º do Código Civil – com a atracção, aí efectuada, da relação gestória para o âmbito das relações entre o representado e o terceiro – a afirmação segundo a qual as instruções meramente internas carecem de eficácia mesmo quando conhecidas do *tertius*, não tem qualquer viabilidade[1341]. Trata-se, a nosso ver, de uma acrítica transposição para o nosso ordenamento jurídico, das posições sustentadas a este respeito por HUPKA, autor o qual se movia num quadro jurídico-dogmático e sobretudo legal absolutamente diverso do vigente entre nós e procurava, a todo o custo, rejeitar a relevância externa da figura do abuso de representação[1342]. A autora terá, é certo, e porventura, sentido as dificuldades causadas à respectiva tese pela aceitação e reconhecimento do abuso de direito. É, talvez, essa a razão pela qual, segundo ela, o desrespeito pelas declarações cujo fim é o de (supostamente) estabelecer reais limites ao poder de representação consistiria, ainda, num abuso de representação (*sic*) a resolver de acordo com o disposto no artigo 266.º, n.º 1, do Código Civil[1343]. A subsunção

---

[1339] Ao contrário de quanto sucede, por exemplo, com a procuração aparente, onde parece realmente justificar-se alguma analogia com o regime definido a esse respeito para o contrato de agência.

[1340] V. *supra*, o presente parágrafo em nota.

[1341] V., *supra* e Helena Brito, *A representação...*, in *Revista...*, 9/10, p. 48; Id., *A representação...*, p. 155, nota (198).

[1342] V., *supra*, quanto se escreveu no presente parágrafo a propósito da posição deste autor.

[1343] Segundo Helena Brito, *A representação...*, in *Revista...*, 9/10, p. 45, «*é também considerada como abuso de poderes a actuação do representante que, abrangida no âmbito do poder em que inicialmente se encontra investido, não respeite as alterações posteriores feitas pelo representado. Esta situação é regulada pelo art. 266.º, n.º 1 do Código Civil: o negócio só será ineficaz em relação ao representado, se as alterações à procuração tiverem sido levadas ao conhecimento da outra parte por meios idóneos ou se a outra parte as conhecesse no momento da conclusão do negócio*»; Id., *A representação...*, pp. 156 e 161, onde a autora escreve: «*Os casos de abuso de poder representação serão de reconduzir ao artigo 269.º, se se tratar, em geral, de actuação contrária à finalidade pretendida pelo representado ou aos interesses do representado, ou ao artigo 266.º, n.º 1, se estiver em causa o incumprimento de modificações ao conteúdo inicial da procuração*», ou,

neste artigo da violação das declarações proferidas à margem da procuração mas, supostamente, orientadas para a estipulação de verdadeiros limites à *procuratio*[1344] nada resolve, porém. E por várias razões.

Pela nossa parte não vemos, desde logo, como, considerados os pressupostos e premissas das quais a autora parte, pode ser possível ver na ofensa por declarações cujo objectivo é, supostamente, o de introduzir verdadeiras limitações no poder de representação (e destarte no seu *Können* ou *posse*) uma forma de abuso de representação[1345]. Recorde-se como, para HELENA BRITO[1346], no abuso de representação se assiste a uma actuação formalmente dentro do âmbito dos poderes conferidos ao constituído (ou seja do respectivo *Können*), mas com prossecução de fins e interesses incompatíveis, no todo ou em parte, com os do representado[1347]. Ora as declarações proferidas *a latere* da *procuratio*, mas cujo propósito é o de fixar os limites desta, envolvem, certamente, uma alteração dos próprios limites formais do poder de representação. E isto pelo facto de este tipo de instruções serem concebidas, não para interferirem com a relação interna, mas sim para se projectarem sobre a externa. Sucede apenas, e conforme expressamente reconhecido por HELENA BRITO, que, verificadas certas circunstâncias, a alteração do poder de representação pode não ser oponível a terceiros[1348]. Não obstante, trata-se, sempre, de verdadeira

---

ainda, «*No direito português, se o abuso se traduzir na utilização consciente dos poderes constantes da procuração em sentido contrário ao da representação, o negócio apenas é ineficaz em relação ao pretenso representado se a contraparte conhecia ou devia conhecer o abuso (artigo 269.º) – o que exige o conhecimento pela contraparte da desconformidade entre o conteúdo do poder e o acto de exercício desse poder; se o abuso se traduzir na actuação do representado dentro do âmbito do poder em que inicialmente se encontrava investido, mas desrespeitando as modificações posteriormente feitas pelo representado, o negócio só será ineficaz em relação ao representado se tais modificações tiverem sido levadas ao conhecimento da contraparte por meios idóneos ou se a contraparte as conhecia no momento da celebração do negócio (artigo 266.º, n.º 1)*».

[1344] Por contraposição, naturalmente, àquelas consideradas simplesmente internas.

[1345] Sublinhe-se a circunstância de, ao falar em abuso de representação, a autora não estar a admitir a possibilidade de se conferir relevância externa às meras instruções internas nos moldes permitidos pelo artigo 266.º, n.º 1, do Código Civil. Caso o fizesse estaria a entrar em contradição com a afirmação anteriormente proferida segundo a qual essas instruções seriam irrelevantes mesmo quando conhecidas do terceiro. Além disso, Helena Brito, *A representação...*, in *Revista...*, 9/10, p. 49, cuida claramente de esclarecer como as declarações ou restrições emitidas à margem da procuração por ela submetidas ao regime do artigo 266.º, n.º 1, são aqueles destinadas a implicarem uma verdadeira limitação do poder de representação.

[1346] V., *supra*, quanto se escreveu no parágrafo anterior a este.

[1347] Helena Brito, *A representação...*, in *Revista...*, 9/10, p. 45.

[1348] Cfr., Helena Brito, *A representação...*, in *Revista...*, 9/10, pp. 41 e ss. (onde a autora fala a propósito de *fatti-species* compreendidas no artigo 266.º, n.º 1, do Código Civil, em cessação do poder de representação e em extinção da procuração) e p. 53, local em que se reconhece expressamente como o artigo 266.º nos coloca diante de uma situação de oponibilidade ou modificação do poder de representação. Donde, parece não restar espaço senão, e atenta a concepção preconizada pela autora para o abuso de representação[1349], para apenas se poder reconduzir ao abuso de representação aquelas instruções supostamente insusceptíveis de envolverem uma autêntica limitação do poder representativo mas, ainda, assim, portadoras ou definidoras do interesse ou fim intencionado pelo constituinte[1350]. Não é, pois, possível, proceder à afirmação segundo a qual o desrespeito pelas directrizes, emitidas *a latere* da *procuratio* mas destinadas a impor reais limites à competência representativa, se traduziria num abuso de representação a resolver de acordo com artigo 266, n.º 1.º[1351].

---

inoponibilidade de certas causas de extinção ou modificação da procuração); Id., *A representação...*, p. 159 («*Uma vez conhecida externamente a existência e a extensão do poder de representação, só poderá ser oposta a terceiros a cessação de tal poder ou o carácter abusivo da actuação do representante se eles conhecerem, ou se tiverem o dever de conhecer, a cessação ou o abuso.*

Daí o regime fixado no artigo 266.º do Código Civil português para a (...) situação (...) de falta de poderes representativos – a que consiste na actuação depois de o poder de representação do agente ter cessado. A norma estabelece os pressupostos de oponibilidade à contraparte no negócio representativo das causas extintivas da procuração (...)» – escreve aí a autora). V., também, Menezes Cordeiro, *Da pós-eficácia...*, in *Estudos...*, I, p. 156, o qual considera não estar em dúvida a eficácia extintiva dos eventos seriados no artigo 265.º, n.ᵒˢ 1 e 2, do Código Civil. Ora as modificações da procuração, mesmo quando proferidas à margem desta não são outra coisa senão revogações parciais. Nesse sentido cfr. quanto se escreve a este respeito ao longo deste parágrafo e bibliografia aqui citada.

[1349] Repise-se como de acordo com Helena Brito para existir uma hipótese de abuso de representação o procurador ou representante deve actuar dentro dos limites formais do poder de representação (ou *Können* representativo) e apenas violar o respectivo *Dürfen*. Ora as declarações *a latere*, e posteriores à procuração, mas destinadas a impor limites externos ao poder de representação, cerceiam, na realidade, o *Können* ou *posse* do representante podendo apenas, nalguns casos, padecer de inoponibilidade.

[1350] A outra alternativa ou via possível para entender a tese proposta por Helena Brito seria considerar que, realmente, para ela o abuso de representação apenas teria lugar na eventualidade de desrespeito por uma instrução interna – ou seja manifestada *a latere* da *procuratio* – cujo sentido era, na verdade, o de restringir o poder de representação. Se for essa a posição da autora assiste-se, contudo, a uma contradição entre essa posição e a noção de abuso de representação apresentada por Helena Brito. Este abuso passaria a dever ser entendido como um simples caso de excesso de poderes de representação, os quais não admitiriam sequer uma limitação em razão do fim ou interesse do representado.

[1351] E isto não devido ao facto de o artigo 266.º, n.º 1, se mostrar insusceptível de poder ser chamado a resolver aquelas hipóteses de abuso de representação nas quais o negócio gestório sofreu alterações à sua configuração inicial, mas, sim, por não ser possível, vistas as premissas das quais arranca Helena Brito, qualificar como abuso de representação a ofensa das declarações comunicadas exclusivamente ao representante e cujo fim é o de cercear, na verdade, o poder de representação. Repise-se, uma vez que o n.º 1 do artigo 266.º regula as modificações e revogação da procuração, os partidários da ideia de autonomia da procuração não podem ver nele nunca um caso de abuso de representação. No abuso, por definição, e aceites os pressupostos labandianos do fenómeno representativo, o agente actua ainda dentro dos limites da procuração mas com desrespeito pelo *licere* resultante do negócio gestório.

Mas mesmo quando, por mera hipótese, a ofensa das apelidadas verdadeiras limitações ao poder de representação pudesse, sem ruptura com os pressupostos assumidos pela autora, ser visto como uma hipótese de abuso de representação, isso não excluía a circunstância de, também, representarem casos de abuso de representação aquelas outras situações nas quais se assiste a uma violação daquelas instruções consideradas como meramente internas. Nesses termos, continuaria a carecer de fundamento a afirmação feita por HELENA BRITO no sentido segundo o qual as instruções simplesmente internas careceriam, em princípio, de eficácia perante o terceiro mesmo quando destes conhecidas. Atenta a forma como HELENA BRITO define o abuso de representação, também aquelas outras instruções destinadas a aderir simplesmente ao negócio gestório, mas feitas *a latere* da procuração no preciso momento da concessão do poder de representação teriam, afinal, de se repercutir externamente pois não pode, a nosso ver, existir qualquer dúvida no sentido segundo o qual elas interferem na definição dos fins e interesses do representado. Nesses termos – e se o abuso de representação se deve entender como uma actuação levada a cabo pelo representante dentro dos limites formais dos poderes concedidos pela procuração mas de modo substancialmente contrário aos fins ou interesses do representado – terá de se aceitar fatalmente que a violação das directrizes internas é oponível ao terceiro conquanto este estivesse delas ciente, ou devesse estar[1352].

[1352] Isto com uma dificuldade adicional ainda. A autora não é, a nosso ver, suficientemente clara sobre qual a solução a dar àquelas declarações proferidas à margem da procuração, mas em momento coincidente com a outorga desta, e destinadas a restringir o seu conteúdo: a) a certa altura Helena Brito, *A representação...*, in *Revista...*, 9/10, p. 49; Id., *A representação...*, p. 155, nota (198), parece aderir à posição expressa por Ferrer Correia – o qual cita – de que a relevância das instruções *a latere* traduzidas em limitações ao poder de representação seria de resolver sempre de acordo com o artigo 266.º, n.º 1, do Código Civil. A ser assim colocar-se-ia, porém, à tese de Helena Brito, precisamente o mesmo problema que Paulo Mota Pinto descobriu na construção de Ferrer Correia. As meras instruções, ao caberem na disciplina do artigo 269.º do Código Civil, porquanto condicionam o fim da representação cuja violação origina no entender da autora abuso de representação, teriam perante o terceiro eficácia superior à das verdadeiras limitações do poder de representação, com a consequente incoerência valorativa entre as duas soluções. É certo defender a autora a posição dever equiparar-se ao conhecimento efectivo, referido no n.º 1 do artigo 266.º, à mera cognoscibilidade, de forma a que o desconhecimento culposo já prejudicasse o terceiro (cfr., Helena Brito, *A representação...*, in *Revista...*, 9/10, p. 43; Id., *A representação...*, p. 159, nota (205)). Desta forma desapareceria, em certa medida, a incongruência entre a sujeição das meras instruções ao regime do artigo 269.º, n.º 1, de uma banda, e a subordinação das declarações proferidas à margem da procuração, mas destinadas a imporem verdadeiros limites ao poder de representação do outro ao artigo 266.º, n.º 1. Tivesse assim alguma verdade a posição de Helena Brito, no sentido de considerar a simples susceptibilidade de conhecimento já como factor capaz

XXVI – As posições expressas por JANUÁRIO GOMES parecem-nos em grande medida acertadas[1353].

De sublinhar apenas, e com a devida vénia, a circunstância de os exemplos por ele aduzidos, no sentido de ilustrar a ideia de independência da extensão da procuração relativamente ao negócio-base, nada provarem. Na verdade, JANUÁRIO GOMES limita-se a referir duas hipóteses nas quais o negócio gestório e as instruções transmitidas ao procurador pelo constituinte não coincidem com a declaração formalmente procuratória. Isso não significa, todavia, e só por si, que a *procuratio* seja autónoma ou independente, na sua extensão, relativamente ao acto jurídico subjacente. Quanto se deverá concluir em hipóteses como as descritas por JANUÁRIO GOMES, se porventura a procuração for, como parece de facto, um negócio não abstracto, é que – apesar desta aparente discrepância entre o poder de representação, de um lado, e o vínculo-base, do outro – não se pode determinar o conteúdo e alcance dos poderes do procurador exclusivamente em função da formal declaração de procuração. Antes terá de se articular

_____

de tornar a extinção ou modificação, não publicitada por meios idóneos, oponível ao *tertius*, então, ambas as formas de declarações *a latere* da procuração ficariam sujeitas praticamente ao mesmo regime (mas sublinhe-se a circunstância de a equiparação ainda assim não ser total apesar da diferença não ser porventura significativa. No caso do artigo 266.º, n.º 1, seriam oponíveis à contraparte no negócio representativo: 1) as modificações e revogações publicitadas por meios idóneos; 2) as modificações, as quais apesar de não divulgadas por formas adequadas, ainda assim eram conhecidas ou se mostravam susceptíveis de o ser. Na hipótese de aplicação do artigo 269.º seriam oponíveis: as declarações conhecidas ou susceptíveis de serem conhecidas. Não aparece qualquer referência aos meios de publicidade considerados idóneos. A ausência de significado, na hipótese que nos ocupa, da diversidade de regime resulta da circunstância de tratando-se de instruções ou limitações secretas comunicadas, apenas, ao *procurator* faltará, por definição, a publicidade por meios idóneos). Umas por aplicação do artigo 266.º, n.º 1. Outras em virtude do disposto no artigo 269.º. A utilidade da distinção seria assim nenhuma. Antecipando desenvolvimentos que serão explanados com mais pormenor noutro local, sempre se dirá, todavia, como o esforço da autora no sentido de considerar a simples possibilidade de conhecimento como motivo para tornar oponível ao terceiro as modificações ou extinções da competência representativa não oferece, a nosso ver, qualquer tipo de viabilidade. Cfr., também, quanto se escreve *infra* acerca das dificuldades colocadas pela interpretação defendida por Helena Brito para o n.º 1 do artigo 266.º às teses defendidas pela autora acerca do abuso de representação); b) noutros locais – por nós já citados e transcritos – a autora defende a ideia segundo a qual o artigo 266.º, n.º 1, apenas seria aplicável às hipóteses de abuso de representação decorrentes de alterações ao conteúdo inicial da procuração. Abstraindo das contradições internas geradas, na construção de Helena Brito, pela tentativa de ver neste preceito um caso de abuso de representação, ela parece apontar no sentido segundo o qual, se as limitações forem coevas à concessão da competência representativa, não seria de aplicar o n.º 1 do artigo 266.º. Nesse caso ficaria por explicar, porém, qual o regime vigente para esse tipo de declarações à margem da procuração.

[1353] Cfr., *supra*, quanto se escreveu já no presente parágrafo a propósito da posição deste autor.

o sentido aparente do documento ou comunicação de concessão das faculdades representativas com o sentido do mandato ou relação subjacente[1354].

Aliás, o próprio JANUÁRIO GOMES acaba, ele próprio, por trazer à colação dois outros exemplos nos quais, como refere, ressalta a interferência da relação-base na extensão da procuração e desta no negócio fundamental. Trata-se, a nosso ver, de dois indícios mais a apontarem na direcção da negação da independência da extensão do poder de representação e da *procuratio* relativamente ao negócio-base.

Além disso, segundo JANUÁRIO GOMES, o exclusivo destinatário da procuração seria o representante e não o representado[1355]. Nestes termos, o conteúdo da procuração deveria, em função das regras gerais de interpretação, ser determinado de acordo com o sentido que um declaratário normal, colocado na posição do *procurator*, possa deduzir do comportamento do declarante. Em todas aquelas hipóteses, porém, nas quais o declaratário conheça a vontade real do declarante é de acordo com ela que vale a declaração emitida (artigo 236.º, n.ºs 1 e 2 do Código Civil). Ora as instruções internas, assim como os contornos do negócio gestório, são sempre, e por definição, do conhecimento do *procurator*. Num cenário de existência de declarações à margem da procuração, ou de um negócio causal com um conteúdo mais restrito do que o constante da *procuratio*, o procurador conhece assim, e necessariamente, a vontade real do constituinte [1356]. Destarte, se os contornos do poder de representação se deverem fixar em função da pessoa do representante, não se poderia afirmar nunca – e a menos que se pretendesse proceder à respectiva subsunção no artigo 266.º do Código Civil, mesmo se contemporâneas do negócio de outorga dos poderes representativos – a independência das instruções internas ou da relação de gestão perante o poder de representação e a

---

[1354] Designadamente a procuração com poderes genéricos concedida à cautela, quando o *dominus* apenas pretende a instalação de um alarme não deverá ser entendida, na parte relativamente à qual lhe falta um suporte causal como um negócio completo. Falta aí a *in Geltung Setzung* (atribuição de validade) – de que fala Canaris, v., *supra*, designadamente, Parte II, Cap. I, parágrafo 2 – aos poderes constantes da procuração na parte em que excedem a relação-base. E o mesmo vale para a procuração concedida por rotina tabeliónica com determinado alcance, mas destinada a um fim específico. Sobre isto remete-se para as considerações já proferidas a respeito da inadmissibilidade de uma procuração suspensa.

[1355] Januário Gomes, *Em tema...*, pp. 234 e 235.

[1356] Ou a vontade tal como determinada em razão do disposto no n.º 1 do artigo 236.º do Código Civil, mas já como fruto da intervenção dos elementos interpretativos decorrentes do negócio causal ou de gestão.

contraparte no negócio representativo[1357]. Nestes termos, a nosso ver, e com a devida vénia, verifica-se como a posição expressa por JANUÁRIO GOMES padece de uma contradição insanável quando propugna, de um lado, a ideia segundo a qual o único destinatário da *procuratio* é o representante e, do outro, a regra da independência da extensão do poder de representação face ao negócio-base. Parece-nos, antes, que para quem considere o *procurator* como aquele a quem, em exclusivo, a procuração deve ir dirigida a norma deverá ser antes quanto JANUÁRIO GOMES admite como mera possibilidade: a ausência de compartimentos estanques entre a relação de representação e o negócio interno, com a consequente intrusão gestória da procuração no mandato e direccionamento representativo do mandato sobre a competência do representante[1358]. Assim, e se o esforço do autor no

---

[1357] No direito alemão é pacífica a afirmação segundo a qual na procuração interna – aquela em que os poderes são declarados diante do próprio procurador – as instruções secretas ou internas relevam sempre diante do *tertius*. Assim, e para além da posição expressa de Hupka já antes referida (cfr., *supra*, quanto se escreveu neste parágrafo acerca da construção do jurista austríaco) pode ver-se, ainda, e a título meramente ilustrativo do sentir geral, Frotz, *Verkehrsschutz...*, *passim* e pp. 260 e 261.

[1358] Na verdade, não se compreende, perante a posição do autor acerca de quem é o destinatário do acto de outorga dos poderes de representação, e, portanto, a respeito daquele a quem se deverá aplicar o disposto no artigo 236.º do Código Civil, a afirmação de Januário Gomes, *Em tema...*, p. 247, no sentido segundo o qual «(...) *no que respeita à chamada relação externa, o direccionamento representativo – isto é os actos para os quais o agente tem poderes de representação – é dado em princípio, apenas pela própria procuração; quando, porém, o teor do mandato seja conhecido do terceiro com quem o mandatário contrata, passará a existir uma coincidência entre direccionamento gestório e o representativo, ainda que exista uma diversidade na extensão entre o poder gestório veiculado pelo mandato e o poder representativo legitimado pela procuração. No que respeita a esta última solução, o mecanismo da boa fé, impõe assim, que nos casos em que o terceiro tem conhecimento dos termos do mandato subjacente à procuração, o direccionamento representativo não possa prescindir da relação gestória*». Pela nossa parte, aceitamos plenamente – e não temos quaisquer dúvidas acerca da sua pertinência – a afirmação segundo a qual naqueles casos nos quais o terceiro conhece o negócio gestório este interfere no direccionamento representativo. Parece-nos mesmo existir essa interferência perante situações de mera cognoscibilidade, por parte do *tertius*, do conteúdo da relação-base. Só não percebemos é a razão pela qual quem vê o destinatário da procuração, apenas, na pessoa do *procurator*, faz aqui apelo ao conhecimento do terceiro. O próprio Hupka, um dos expoentes e defensores máximos da ideia de abstracção da procuração admite que, na procuração interna, as instruções à margem da *procuratio* são sempre oponíveis ao terceiro. Se é, tão-só, ao representante que se comunica a procuração é face a ele a fixar-se o conteúdo da procuração. É aliás essa uma das razões pelas quais Ferrer Correia, *A procuração...*, in *Estudos...*, pp. 1 e ss., maxime p. 18, se recusa a ver no procurador a pessoa a quem se deve transmitir a outorga dos poderes de representação e prefere ver nela um negócio unilateral e abstracto (relativamente ao negócio causal) dirigido exclusivamente ao *tertius*. São suas as seguintes palavras: «(...) *se a procuração, sem embargo de se afirmar como negócio autónomo, for uma declaração do principal dirigida ao representante – ou assumir a natureza de um contrato entre procurador e constituinte (...) é ante o procurador que o principal exprime a sua vontade, e logo a procuração terá necessariamente os limites que ao mandatário forem assinalados.*» O mesmo é dizer que

sentido de demonstrar, ao menos nalguns casos, a existência de uma interferência mútua entre representação e mandato, se mostra meritório, a verdade é que, perante a posição segundo a qual o destinatário da procuração seria apenas o representante, ele fica muito aquém do postulado por esta posição de princípio acerca daquele a quem a *procuratio* deve ser comunicada.

XXVII – As propostas de PAULO DA MOTA PINTO contêm, e conforme resulta de quanto se disse designadamente em crítica à posição do Professor FERRER CORREIA, significativas virtualidades[1359]. Em particular – não é demais sublinhar – aplaude-se o facto de se voltar a colocar à luz das regras de interpretação dos negócios jurídicos a solução a dar ao problema do valor das limitações ao poder de representação deste coevas. Destaca-se, também, o acerto na aplicação do artigo 266.º, n.º 1, do Código Civil apenas aos casos de preexistência de determinada procuração, depois, alterada ou revogada e a sujeição das apelidadas directrizes meramente internas ao regime do artigo 269.º[1360]. São, porém, estes aspectos da tese de PAULO MOTA PINTO, a retirarem qualquer utilidade à distinção, à qual ele adere, entre simples instruções internas, de um lado, e declarações *a latere* da procuração, mas destinadas a impor-lhe limites externos, do outro. Na verdade, se a relevância perante terceiros das primeiras fica sujeita ao regime do artigo 236.º do Código Civil, enquanto a eficácia externa das segundas depende da verificação dos pressupostos consagrados no artigo 269.º, então, não há, do ponto de vista da sua oponibilidade à contraparte do negócio representativo, diferenças entre elas: ambas geram a ineficácia do negócio posto pelo representante quando o *tertius* tiver, ou dever ter, delas conhecimento. A distinção passa a não ter assim qualquer utilidade, logo torna-se inconveniente[1361].

---

ao contrário do sustentado por Januário Gomes o poder representativo não poderia cobrir um âmbito mais amplo do que a relação gestória, deixando de ser, como pretende o autor, inegável a independência pela extensão entre procuração e mandato.

[1359] V., *supra*, o escrito a esse propósito no presente parágrafo.

[1360] O qual não é a nosso ver, repita-se, mais do que uma simples especificação ou afloramento e concretização, destinada ao fenómeno representativo, do artigo 236.º do Código Civil.

[1361] Julgamos ainda, e com a devida vénia, claudicar a tese de Paulo Mota Pinto num outro ponto já colocado em evidência a propósito da construção de Hupka. É que se bem vimos, e embora isso nunca seja afirmado expressamente, parece decorrer da tese de Paulo Mota Pinto que apenas se deverão ter por manifestações da vontade real do procurador aquelas declarações *a latere* da procuração com carácter limitativo do poder de representação se forem contemporâneas da

XXVIII – No tocante à construção de RUI PINTO, chegados a este ponto, e bem vistas as coisas, constata-se como a posição do autor, nesta específica matéria das instruções ou declarações à margem da procuração, pouco acrescenta relativamente à orientação dos restantes escritores nacionais.

E o mesmo vale para a tese defendida por HELENA MOTA. Com uma agravante, porém. A construção da autora soçobra, a nosso ver, e com o devido respeito, numa ampla série de contradições e dificuldades inultrapassáveis. Em primeiro lugar, HELENA MOTA não oferece nenhum critério, por mais inadequado que ele pudesse ser, para distinguir as declarações à margem da procuração, consoante, representassem modificações da procuração ou, ao invés, simples limitações internas. E nem a circunstância de ela fazer recair sobre o representado o ónus da prova da comunicação das modificações ao teor da procuração (assim como a respectiva idoneidade) ou, em alternativa, a demonstrar o facto de o *tertius* possuir um conhecimento objectivo de tais limitações[1362] apresenta qualquer via de resolução. Uma vez que a Ilustre Jurista remete a solução do problema colocado pelas restrições ou modificações à procuração comunicadas à margem desta para o n.º 1 do artigo 266.º do Código Civil, deixando as simples instruções internas para o âmbito do artigo 269.º, o *dominus* preferirá sempre não provar serem as suas declarações «verdadeiras» modificações da procuração. Isto pelo simples facto de o regime do artigo

---

procuratio. As outras modificações posteriores, e não comunicadas directamente ao *tertius*, ficariam sujeitas ao regime do artigo 266.º, n.º 1. Na medida, porém, em que as simples instruções internas (e, portanto sem a suposta natureza limitativa) sejam oponíveis aos terceiros nos termos do artigo 269.º, elas continuam a ter uma eficácia externa superior à das limitações, sempre que se revelem posteriores à outorga da competência representativa. Isto com a reintrodução da incoerência valorativa – entre, de um lado, a solução a dar ao problema da eficácia das declarações *a latere* mas destinadas a impor um limite ao poder de representação, e, do outro, a disciplina a dar à questão da oponibilidade ou inoponibilidade das meras directivas internas – combatida por Paulo Mota Pinto (v. *supra* quanto se escreve neste parágrafo designadamente em crítica à tese de Hupka e Ferrer Correia). A única forma de ultrapassar esta dificuldade está, na nossa perspectiva, em considerar, no mesmo plano, toda a declaração à margem da *procuratio*, com a sua consequente subordinação ao artigo 266.º quando seja posterior ao negócio de constituição do procurador e ao artigo 236.º se a ele simultânea. Isso só será, porém, possível se se adoptar uma visão causalista do fenómeno representativo. De outra forma, revela-se impossível subsumir as simples instruções internas no artigo 266.º, n.º 1. Na verdade, este preceito refere-se apenas a alterações do poder de representação. Ora, e por definição, aceite a ideia de abstracção do fenómeno representativo relativamente ao negócio-base, e, além disso, tomada por boa a distinção instruções/limitações *a latere* da procuração, as instruções internas e as suas modificações são insusceptíveis de envolverem modificações ou uma revogação da competência representativa externa.

[1362] Helena Mota, *Do abuso de representação...*, p. 149.

269.º lhe ser claramente mais favorável. Ou seja: a tese defendida por HELENA MOTA, à semelhança, de resto, de quanto se viu acontecer com HUPKA e FERRER CORREIA, leva a atribuir menos eficácia externa precisamente àquelas instruções às quais o *dominus* teria pretendido atribuir maior valor externo. A autora apercebe-se, aliás, desta contradição entre o entendimento e aplicação por ela propostos para o regime do artigo 266.º, n.º 1, de um lado, e a interpretação, também defendida para o artigo 269.º, do outro, mas considera-a mais aparente do que real[1363]. Em seu entender o diferente tratamento legal dado às modificações e alterações à procuração, de uma banda, e ao abuso de representação, da outra, explicar-se-ia, facilmente se tivermos em atenção as expectativas de terceiros, as quais num caso de abuso de representação se apoiariam em bases mais sólidas do que nas demais hipóteses. Não vemos, porém, como justificar assentarem os interesses de terceiros em alicerces mais fundos se o procurador desrespeitar simples instruções internas, não transmitidas para o exterior, em vez de violar verdadeiras modificações, igualmente mantidas secretas, aos poderes representativos. Em ambos os casos deparamos com um documento procuratório com determinada extensão, depois contrariada por declarações, sejam elas de que natureza forem, comunicadas exclusivamente ao *procurator*[1364]. Igualmente inaceitável – para não

---

[1363] *Idem*, pp. 157 e ss..

[1364] Também não nos convence, com a devida vénia, o argumento invocado por Helena Mota, *Do abuso de representação...*, p. 159, segundo o qual a circunstância de o representado ver a sua prova «facilitada» e se encontrar mais perto de conseguir a desvinculação almejada quando as instruções secretas não pretendem senão orientar a actividade gestória a realizar pelo *procurator* do que na eventualidade de o principal pretender impor à margem da *procuratio* limites externos ao poder de representação se poderia explicar porquanto «(...) *os actos de modificação ou revogação da procuração são da iniciativa do representado, que voluntariamente, altera a quantidade e qualidade dos poderes anteriormente conferidos criando o risco de, não comunicando ao terceiro tais contingências, conduzi-lo a confiar em algo que não existe ou já não existe nos termos expostos.* (...) *Ao contrário, numa situação em que ocorre abuso de representação, o representado não configurava essa possibilidade, e por isso não se preocupou em introduzir qualquer alteração à procuração. É que no primeiro caso o representado altera as relações externas e neste o representado confia que a actividade gestória irá ser conforme aos seus interesses, não contando com um mau uso dos poderes».* É verdade serem os actos de modificação ou de revogação voluntários. Mas também o são as supostas instruções simplesmente internas, pelo que, por esse prisma não se vislumbra nenhuma justificação para a distinção de tratamento dada às duas questões. Se o representado não configurava a possibilidade de abuso tanto pior para ele: *sibe imputet*. Não parece realmente possível penalizar mais fortemente o terceiro quando o representado, supostamente, se limitou a «orientar» a actividade gestória do que quando modificou, na realidade, os poderes de representação devido ao facto de, na primeira hipótese, ter feito um juízo errado acerca do seu representante. A contradição valorativa mostrar-se-ia gritante. Aliás, sempre se aproveita para dizer como o recurso ao argumento segundo o qual a confiança do representado no cumprimento das instruções internas se deve ter por mais penalizadora, para o *tertius*, do que a

dizer surpreendente porquanto a autora vislumbra no terceiro o destinatário da procuração – nos parece, sempre com o devido respeito a
afirmação de acordo com a qual o *tertius* não teria o ónus de interpretar a *procuratio*[1365]. Que assim não é comprova-o, designadamente, o
artigo 269.º do Código Civil, ao estabelecer a ineficácia do negócio
se a outra parte conhecia, ou devia conhecer, o abuso de representação
e ao impor-lhe, destarte, um dever de diligência, considerado pela
própria autora, aliás acertadamente, como equivalente ao estabelecido
no artigo 236.º do Código Civil[1366]. Não parece, pois, de aceitar a
solução proposta por HELENA MOTA para o exemplo da venda das
acções por ela imaginado[1367, 1368]. De resto, julgamos mesmo tratar-se
de uma situação claramente demonstrativa da impossibilidade de se
estabelecer qualquer distinção entre instruções e alterações da procuração comunicadas à margem desta. Se o *dominus* concede procuração
para vender ao melhor preço de mercado, e depois mandata o seu
procurator, para nunca o fazer abaixo de determinado preço é por ser
vontade sua, claramente expressa na directriz, a realização de determinado encaixe financeiro. Se o terceiro vem a ter conhecimento efectivo da ordem dada ao mandatário/procurador fica, do mesmo passo,
e imediatamente, a par da real vontade do representado/mandante: ele
não quer vender abaixo de preço X. Trata-se de um dado ou realidade
incontornável. O terceiro não tem pois que se interrogar sequer sobre
se se está perante uma instrução interna ou uma revogação à procuração. Qualquer uma delas traduz, inequivocamente, um desejo de limitar a venda e apenas permitir a sua concretização em determinadas
condições. Ao impor ao mandatário um certo valor de alienação, o
mandante está claramente a dizer não pretender uma venda por outros
montantes. Qualquer terceiro medianamente esclarecido compreen-

---

confiança do *dominus* no cumprimento das modificações *a latere* mas, pretensamente, modifica-
doras ou revogadoras da procuração, só se pode explicar perante uma tese causal do fenómeno
representativo – porventura mesmo apenas perante uma tese causal extrema, redutora do
fenómeno representativo quase só à relação gestória e da procuração a um simples acto não
negocial com a consequente recusa da sua qualificação como fonte de quaisquer poderes – mesmo se porventura incompleta.

[1365] Helena Mota, *Do abuso de representação...*, p. 149.

[1366] *Idem*, p. 168.

[1367] Até pela circunstância já referida de, a aceitar-se a proposta de Helena Mota, ser
sempre mais vantajoso para o *dominus* – e a existir qualquer possibilidade de se destrinçar, de uma
banda, revogações da procuração à margem desta, e da outra, simples instruções proferidas também
ao lado da *procuratio* – não fazer qualquer tipo de prova no sentido de serem as suas declarações
verdadeiras alterações ao conteúdo da procuração.

[1368] V., *supra*, neste parágrafo a descrição da tese desta autora.

derá isso mesmo. O que um leigo já terá dificuldade em aceitar, e descartará como uma pura bizantinice de juristas bem-pensantes, é poder a ordem dada ao representante/mandatário, e por ele conhecida, não traduzir ou representar uma vontade do *dominus* quanto aos contornos a assumir pelo negócio representativo[1369].

[1369] Apenas duas notas mais acerca da construção de Helena Mota. Não vislumbramos na tese da autora qualquer indício capaz de nos ajudar a resolver o problema das declarações dadas à margem da *procuratio*, mas em simultâneo com a procuração, e susceptíveis, na sua perspectiva de se configurarem como verdadeiras limitações dos poderes de representação. A maior parte do discurso da Ilustre jurista (v., Helena Mota, *Do abuso...*, pp. 146 e ss.) parece apontar para casos nos quais a declaração *a latere* foi proferida depois de concedidos os poderes de representação. E de facto, conforme referimos já *supra* diversas vezes neste parágrafo, o artigo 266.º, n.º 1, do Código Civil apenas se aplica às hipóteses nas quais existe um poder de representação o qual é, posteriormente, alterado ou revogado. Não julgamos, destarte, poder esse preceito ser utilizado para resolver os problemas causados pelas, supostamente, verdadeiras limitações ao poder de representação dadas à margem da procuração e simultaneamente com esta. Em vários locais, todavia, Helena Mota (cfr., por exemplo, *op. cit.*, pp. 93 e 94) refere-se claramente à possibilidade de a declaração *a latere* ser dada ao mesmo tempo que a *procuratio*. São suas as seguintes palavras, citando Von Thur, *apud* Inocêncio Galvão Telles: «(...) *uma pessoa pode dar a R poderes ilimitados para a compra de um imóvel e ordenar-lhe ao mesmo tempo a aquisição de imóvel de determinada natureza mas sem ultrapassar determinado preço. Essas instruções não restringem o poder jurídico do representante, mas impõem-lhe um dever. Um contrato celebrado dentro dos limites dos poderes conferidos, mas com desprezo pelas instruções recebidas, vincula o representado; este pode contudo pedir perdas e danos ao representante que agiu contra o seu mandato.*» Para acrescentar, depois, pressupor esta solução a resolução de um problema adjacente: o de saber quando é que as declarações *a latere* são verdadeiras modificações à procuração ou ao conteúdo dos poderes representativos, ou, pelo contrário, quando são meros condicionalismos próprios das relações internas. Chegado o momento de estabelecer a distinção a autora acaba, afinal, por não contemplar estas hipóteses, as quais ficam, assim, sem solução. Mas parece evidente como o exemplo referido, e caso seja possível vislumbrar nele algum tipo de imediata *in Geltung Setzung* (atribuição de validade) negocial ao conteúdo mais amplo da procuração, não pode deixar, de acordo com as regras gerais de interpretação do negócio jurídico, de ser visto como um caso de verdadeira limitação dos poderes de representação. Nos termos do artigo 236.º do Código Civil a oponibilidade dessa limitação apenas dependerá do respectivo conhecimento, ou dever de conhecimento, por parte do *tertius*. Finalmente, e mesmo admitindo a possibilidade de existência de instruções simplesmente internas, o que se refere por simples comodidade de exposição, e sem conceder, não nos parece de aceitar a categoria ou figura das directrizes relativas à execução ou condições do negócio a celebrar pelo representante, no exercício dos poderes representativos, sem intenção de os modificar ou alterar (e cuja violação não desvirtuaria os objectivos e interesses do representado, embora constituíssem uma violação da relação gestória). Se o *dominus* estipulou condições para o exercício do poder de representação certamente não o fez por puro e simples arbítrio. Ele fê-lo, antes, por ter nisso um interesse digno de tutela. Destarte, a violação de quaisquer condições atinentes ao exercício do poder de representação, acaba sempre por bulir com o negócio representativo e com os objectivos e interesses do representado. Bom exemplo disso, é a hipótese julgada pelo *Acórdão da Relação do Porto de 21-10-1980* (Brochado Brandão), in *Colectânea de Jurisprudência*, 1980, V, 4, pp. 224 e 225 (abuso de representação – mau uso da procuração – preço – validade do negócio) (= *Boletim do Ministério da Justiça*, 1980, 300, p. 446, mas apenas com sumário), já por nós amplamente debatida *supra*, no parágrafo precedente e à qual Helena Mota, *Do abuso de representação...*, p. 148, nota (273), recorre para ilustrar esta suposta categoria de instruções internas.

XXIX – Chegados a esta altura não é muito difícil, e face a quanto se avançou já, compreender qual a nossa posição acerca da relevância das instruções e directrizes manifestadas à margem da procuração.

Qualquer tese cujo ponto de partida intelectual consista na absoluta separação ou desarticulação jurídica entre a extensão do poder de representação e a relação jurídica subjacente afigura-se, a nosso ver, inaceitável. A autonomização da eficácia da procuração relativamente ao negócio gestório não permite determinar qual o conteúdo e âmbito do poder de representação, excepto se se pretender, como fazia LABAND, que a *facultas representandi* legitima comportamentos ilícitos[1370]. A *communis opinio*, favorável à ideia de abstracção da procuração, não pode, porém, negar, e não nega, que a limitação da *procuratio* a actuações lícitas e conformes com as vinculações impostas ao *procurator* é eficaz em todos aqueles casos nos quais o constituinte formule a declaração de concessão de competência representativa de modo a o seu teor equivaler à seguinte fórmula: concedo a X poderes para a realização, na minha ausência, de todo o tipo de medidas de administração domésticas conformes com os vínculos jurídicos e deveres contratuais sobre ele pendentes[1371]. Em lugar algum proíbe, na verdade, a lei semelhante tipo de expressa limitação voluntária da *procuratio*[1372]. Mas mesmo sem qualquer tipo de cláusula específica disso indicativa, e tal como demonstrado por SEELER[1373] ao virar de Oitocentos para Novecentos, a limitação do poder voluntário de representação aos casos de actuação conforme com os deveres internos do

---

[1370] Em sentido mais ou menos aproximado v., Frotz, *Verkehrsschutz...*, p. 337.

[1371] Assim, também, Frotz, *Verkehrsschutz...*, p. 337. V., igualmente, Rosenberg, *Stellvertretung...*, pp. 764 e ss.; Planck, *Kommentar...*, 4.ª ed., comentário ao § 167, p. 444, autor para quem, numa altura em que se havia já rendido à ideia de autonomia da procuração, se afigura fora de qualquer possibilidade de discussão a circunstância de a lei não proibir a possibilidade de a vontade expressa dos participantes na relação jurídica subjacente ir no sentido de ligar a procuração ao negócio gestório; Enneccerus-Nipperdey, *Allgemeiner Teil...*, I, II, pp. 1137; Steffen, *BGB, RGRK*, cit., I, comentário prévio ao § 164, p. 31; e Tietz, *Vertretungsmacht...*, p. 128, o qual sublinha não colocar qualquer tipo de dificuldade o reconhecimento segundo o qual a vinculação aos deveres internos do representante faz parte do poder voluntário de representação quando o constituinte assim o estabelecer na própria declaração de procuração para sublinhar, depois, a ligeireza da posição de quantos pretendem negar, com base na exclusiva consideração da letra do negócio de concessão dos poderes representativos, a relevância externa do negócio gestório sempre que o representado não tenha estabelecido a ligação entre este e a *procuratio*.

[1372] Frotz, *Verkehrsschutz...*, p. 337.

[1373] V., Seeler, *Vollmacht...*, in *Archiv...*, 28, pp. 2 e ss., especialmente, p. 4. Cfr., igualmente, *supra* quanto se disse no presente parágrafo designadamente em crítica à tese de Hupka.

representante é, para todos os participantes no negócio representativo, evidente[1374]. Em vez de se perguntar, porém, como se deve proteger o terceiro contra o perigo da paralisação dos efeitos do negócio representativo em virtude de uma actuação ilícita por parte do *procurator*, a doutrina dominante preferiu ignorar a evidente limitação do *Können* ou *posse* pelo *Dürfen* ou *licere*[1375] e falar de uma pretensa legitimação formal do representante, enquanto, ao mesmo tempo, e afinal, se esforça com pertinácia, numa tentativa de conciliar o inconciliável, em defender a ideia segundo a qual, não obstante a emancipação do poder de representação relativamente aos vínculos obrigacionais, a relação gestória pertence ao âmbito do fenómeno representativo[1376, 1377] e é susceptível de gerar a ineficácia do negócio representativo por falta ou excesso de poderes resultantes do abuso de representação.

Tudo com o fito de, através da inverosímil abstracção do *Können* representativo relativamente ao *Dürfen*, e na suposta ausência de específicas normas de protecção do tráfego[1378], se pretender defender o comércio jurídico, e a contraparte do negócio representativo, contra os perigos de uma ligação não expressa na *procuratio* entre esta e a relação-base. Na verdade, repise-se [1379], a suposta abstracção do poder de representação justificar-se-ia como forma de evitar que o *tertius* pudesse ser prejudicado pelo conteúdo do negócio subjacente do qual a procuração dependesse, sem tal dependência ter sido expressamente afirmada, na precisa medida em que, justamente, a completa separação entre um e outra seria a única forma de conjurar as ameaças pendentes sobre a contraparte no negócio representativo. Todavia, semelhante conclusão não é forçosa[1380]. No caso do procurador munido de procuração expressamente dependente[1381] do negócio-base não se pode falar de qualquer tipo de legitimação formal, de separação entre o

---

[1374] Frotz, *Verkehrsschutz...*, pp. 338 e ss.; e Tietz, *Vertretungsmacht..., passim* e, designadamente, p. 129.

[1375] Evidente na medida em que, e conforme se colocou já em destaque, um adequado processo de interpretação da procuração não pode deixar de conduzir a esse resultado.

[1376] Assim, Flume, *Allgemeiner...*, II, *Das Rechtsgeschäft...*, p. 787.

[1377] Sobre tudo quanto se acaba de referir no texto v., Frotz, *Verkehrsschutz...*, p. 338.

[1378] Recorde-se, todavia, entre nós o artigo 266.º, n.ºs 1 e 2, do Código Civil. Recorde-se, também, o artigo 269.º, sem paralelo noutros ordenamentos como o tudesco ou o italiano. Sublinhe-se, por último, o disposto no artigo 236.º do Código Civil.

[1379] V., *supra* quanto se escreveu acerca das razões que levaram ao emergir histórico da tese da abstracção da procuração, e, ainda, Parte II, Cap. I, parágrafo 2. Cfr., também, quanto escreve a este respeito entre nós, Ferrer Correia, *A procuração...*, in *Estudos...*, pp. 1 e ss..

[1380] Assim, também, Frotz, *Verkehrsschutz...*, pp. 338 e 339.

[1381] Por existir uma categórica declaração do *dominus* nesse sentido.

Dürfen e o *Können*, de abstracção ou independência da extensão dos poderes de representação relativamente à relação de gestão. E, no entanto, as necessidades de tutela do terceiro não são diferentes das verificadas em todos os restantes casos, não se vislumbrando, neste domínio, qualquer tipo de diferenças entre as várias situações possíveis[1382]. A contraparte no negócio representativo sabe necessariamente, e por definição, não ser intenção do representado conceder poderes para a prática de actos contrários aos vínculos e deveres por este estatuídos[1383]. Ele só não sabe se o concreto negócio representativo se mostra ou não conforme com as obrigações assumidas pelo representante. Aqui reside, porém, a insegurança específica do fenómeno representativo[1384]. Além disso, o destinatário da declaração emitida pelo procurador não necessitará de proceder a uma minuciosa indagação da relação jurídica interna por forma a afastar os riscos sobre ele pendentes. Basta-lhe comportar-se, na interpretação da *procuratio*, como uma pessoa responsável e racional, como um declaratário normal[1385]. A interpretação da procuração segundo os cânones hermenêuticos gerais na perspectiva do *tertius*, e de acordo com as circunstâncias que são para ele cognoscíveis envolve já, e para empregar a expressão de FROTZ[1386], uma profiláctica protecção do tráfego jurídico — a nosso ver perfeitamente suficiente. Em contrapartida a teoria da completa separação entre o poder de representação, de um lado, e os deveres pendentes sobre o representado e decorrentes do negócio gestório, do outro, traz consigo, sem haver qualquer necessidade para isso, uma tutela do tráfego jurídico contrária aos diversos interesses em jogo. É bom sublinhar como — num fenómeno por nós já amplamente analisado — nos finais do século XIX princípios do século XX, a doutrina do abuso de representação, com a qual se procura hoje corrigir a tese da abstracção causal da procuração, não se encontrava ainda sedimentada. LABAND e seus demais prosélitos e seguidores directos rejeitaram-na expressamente[1387], enquanto em todo o conjunto dos trabalhos preparatórios do *BGB* se não encontra uma única palavra acerca

---

[1382] No mesmo sentido v., Frotz, *Verkehrsschutz...*, p. 339.

[1383] Nesta direcção, v., designadamente, e para além de outras vozes no mesmo sentido já por nós citadas ao longo desta obra, Frotz, *Verkehrsschutz...*, p. 339.

[1384] Frotz, *Verkehrsschutz...*, p. 339.

[1385] *Idem*, p. 336.

[1386] *Idem*, pp. 261, 341 e ss..

[1387] V., *supra*, quanto se escreve no parágrafo anterior a este.

do abuso de representação voluntária[1388]. O próprio Código Civil alemão viria a ser omisso a este respeito. Contudo, sem o reconhecimento da admissibilidade de semelhante figura, os resultados aos quais conduz a ideia de separação e independência da procuração tornaram-se pura e simplesmente intoleráveis. Com a sua aceitação são, porém, os próprios pressupostos da visão labandiana do fenómeno representativo os atingidos na base. E isto pela razão simples de que, através da paralisação dos efeitos do negócio representativo abusivamente celebrado pelo representado, num fenómeno amplamente reconhecido pela doutrina e por nós já antes sublinhado, a relação interna entre *dominus* e *procurator* é trazida para a esfera externa das ligações entre o representado e o terceiro. Da mesma forma que, repise-se, através de uma adequada interpretação do sentido e alcance da *procuratio*, na perspectiva do declaratário e de acordo com as circunstâncias por ele cognoscíveis, o negócio de gestão acaba por ser transportado para o contexto das relações encetadas entre o procurador e a contraparte do negócio representativo[1389]. Na verdade, por força do artigo 236.º do Código Civil, e sempre que ela se encontrar no seu possível horizonte de percepção e de informação, o destinatário da procuração, seja ele o representante ou o terceiro, não pode deixar de considerar a relação subjacente para determinar a extensão do poder de representação. Do negócio-base e das correspondentes instruções internas depende o sentido e fim da declaração de concessão dos poderes de representação[1390]. Não é demais referi-lo novamente; ao conceder a procuração o constituinte não pode deixar de pretender uma actuação, por parte do representante, dentro da esfera de licitude marcada pelo negócio causal[1391]. A vinculação do poder de representação ao negócio-base e às directrizes interiores ou internas impostas ao *procurator* não significa, pois, outra coisa senão o assegurar

---

[1388] Frotz, *Verkehrsschutz...*, p. 339.

[1389] Já antes procedemos à indicação de uma multiplicidade de autores favoráveis à ideia de abstracção da procuração que acabam por se ver forçados a reconhecer a circunstância de a relação subjacente e aspectos a ela pertinentes serem chamados a intervir no processo de interpretação da *procuratio*. Agora limitar-nos-emos a indicar, na direcção segundo a qual, contra um antigo dogma, a procuração deve ser interpretada de acordo com as regras gerais, e a título meramente exemplificativo do sentir geral, Steffen, *BGB, RGRK*, cit. I, comentário ao § 167, p. 85; Tietz, *Vertretungsmacht...*, *passim* e p. 130; e Schramm, *Münchener...*, I, comentário ao § 167, p. 1462; Id., *Idem*, 4.ª ed., comentário ao § 164, p. 1664; e comentário ao § 167, pp. 1713 e ss..

[1390] Assim e perante o direito alemão, Tietz, *Vertretungsmacht...*, p. 122.

[1391] As vozes neste sentido foram por nós já várias vezes referidas. Em qualquer caso pode mencionar-se, uma vez mais, e por todos, Tietz, *Vertretungsmacht...*, p. 127 e ss..

do cumprimento e respeito pelas representações do principal e respectivos interesses[1392]. Numa palavra, a interferência do negócio gestório no próprio alcance da procuração não é senão a forma de garantir a observância do princípio da autonomia privada e da liberdade de celebração do *dominus*. Nestes termos, a relação causal, sempre que ao alcance do destinatário da procuração, não pode deixar de ser por este expressamente considerada. Dito de outra maneira, na determinação da extensão dos poderes de representação – e destarte não apenas do *Dürfen* ou *Vertretungbefugnis* mas igualmente do próprio *Können* ou *posse* – o intérprete não pode deixar de tomar em consideração todos os deveres pendentes sobre o *procurator*, sejam eles obrigações genericamente associadas por lei à relação-base ou vinculações especificamente impostas no caso concreto ao representante pelo principal[1393].

XXX – Alguma doutrina tem procurado, é certo, desvalorizar a importância dos deveres genericamente associados por lei a certas situações ou negócios gestórios para a determinação da extensão dos poderes do *procurator*[1394]. A verdade, porém, é que, se se prescindisse da interferência, no conteúdo da procuração, dos deveres genérica e legalmente relacionados com o negócio-base, se estaria, contra as regras expressamente fixadas pelo legislador para a determinação do sentido dos negócios jurídicos, a abrir mão do horizonte de recepção abarcado pelo destinatário da declaração de concessão da *procuratio*. Em seu lugar atribuir-se-ia à declaração de vontade do constituinte um sentido que não foi nem o querido pelo representado[1395] nem aquele que o

---

[1392] Nesta mesma direcção, Tietz, *Vertretungsmacht...*, p. 127.

[1393] *Idem*, pp. 133 e ss..

[1394] *Idem*, pp. 140 e ss..

[1395] Na verdade, sublinhe-se uma vez mais, atendendo à relação de instrumentalidade por todos reconhecida, inclusivamente pelos defensores da ideia da abstracção dos poderes representativos o negócio-base ou de gestão este assume importante significado na determinação do fim e sentido da *procuratio*, logo dos seus próprios limites e conteúdo, conforme já devidamente evidenciado. Destarte, os deveres directamente associados por lei à relação jurídica escolhida pelo *dominus* para regular as relações entre ele e o seu procurador assumem um papel importante não só na determinação de qual a vontade e interesse prosseguido pelo primeiro quando decidiu conceder a outrem poderes de representação, mas também de quais os interesses legalmente acautelados por lei em cada situação concreta. Quem negar a relevância das vinculações internas (e portanto também das imposições legais a elas associadas) para a fixação do conteúdo do poder de representação está a considerar que, em todos aqueles casos nos quais o principal não tenha especificamente (embora eventualmente de forma tácita) regulado o exercício das faculdades do representante, o alcance da procuração iria tão longe quanto uma interpretação meramente formal da procuração o pudesse determinar. Com isto o poder de representação voluntária passaria, no entanto, a ser definido com apelo exclusivo a elementos descritivos. O sentido e fim da *procuratio* deixariam de

declaratário devia dela ter deduzido sem, todavia, se vislumbrar qualquer norma jurídica capaz de justificar semelhante procedimento[1396]. Nestes termos, parece não restar outra alternativa senão a de considerar como não cobertas pelo poder de representação aquelas actuações contrárias aos deveres directamente associados por lei ao negócio de gestão, pois este apenas permite a realização de comportamentos cobertos pelo *posse* ou *Dürfen* do representante, tal como delimitado em função das regras gerais de interpretação do negócio jurídico[1397].

Perante este forçoso reconhecimento da intromissão, em sede de interpretação da procuração, na extensão da *potestas* do *procurator* dos deveres gerais acoplados pelo legislador à relação jurídica base posta pelo *dominus* e seu auxiliar, TIETZ pretende reduzir semelhante interferência às hipóteses de comportamento culposo por parte do representante[1398, 1399]. Assim nem toda a violação dos vínculos impostos por

influenciar, excepto quando o *dominus* tivesse tido o cuidado de os indicar no próprio teor da procuração, o âmbito do poder de representação. A circunstância segundo a qual manifestamente qualquer constituinte, e mesmo sem uma declaração nesse sentido, pretender garantir uma correspondência entre o negócio representativo e os respectivos interesses acabaria desconsiderada. Tudo a levar a renunciar, sem qualquer necessidade, a um facilmente apreensível elemento normativo do poder voluntário de representação (cfr., Tietz, *Vertretungsmacht...*, pp. 139 e 140, embora exclusivamente a propósito da *interne Vollmacht* do direito alemão). E não se diga sequer, relativamente aos deveres internos determinados por lei, não serem eles, atenta a respectiva fonte, indícios credíveis acerca de qual a vontade do representado. Já aqui se fez uma referência crítica à distinção entre efeitos jurídicos *ex lege* e *ex voluntate*. Não voltaremos, por isso, a insistir nela. Recordaremos apenas como em nosso entender existirá autonomia privada conquanto se verifique um acto livre tendo por objecto constituir, modificar, extinguir ou determinar uma relação jurídica (v. a este respeito, Pedro de Albuquerque, *Autonomia...*, pp. 26 e ss., designadamente, p. 31. Veja-se, todavia, a chamada de atenção feita por Menezes Cordeiro, *Da boa fé...*, I, pp. 527 e ss., e, designadamente, p. 615, para a impossibilidade de se reconduzir à autonomia privada a manifestação dos deveres acessórios presentes quer *in contrahendo* quer na própria vigência do contrato. A situação referida afigura-se, no entanto, distinta). Temos também sérias dúvidas, e embora a interpretação da procuração da qual aqui falamos seja normativa, e portanto destinada a apurar o sentido imediato do negócio de outorga dos poderes de representação enquanto acto de autonomia, em aceitar a posição expressa por Baptista Machado, *A cláusula...*, in *Obra...*, I, pp. 482 e ss., segundo a qual a integração operada pela interpretação complementadora se colocaria exlusivamente no plano do direito objectivo, porquanto ela transitaria do campo da autonomia para o campo da heteronomia.

[1396] Assim também mas apenas quanto à procuração interna do direito alemão, Tietz, *Vertretungsmacht...*, p. 142. Relativamente à externa v., *op. cit.*, pp. 155 e ss..

[1397] Cfr., Frotz, *Verkehrsschutz...*, pp. 262 e ss. e 603 e ss.. V., também, Lehmann, *Anmerkungen...*, in *Juristische...*, 1934, I, p. 683, o qual, de forma contraditória com a defesa assumida da tese da abstracção da procuração considera que se um determinado comportamento se encontrar coberto pelo teor literal da *procuratio* mas afrontar de forma visível os interesses do constituinte então as regras de interpretação dos negócios jurídicos (§§ 133 e 157 do *BGB*) conduzem à conclusão segundo a qual falta o necessário poder de representação.

[1398] Tietz, *Vertretungsmacht...*, pp. 144 e ss. para a *interne Vollmacht* e 163 e ss. para a *externe Vollmacht*.

[1399] Outros autores há, e em grande número, que colocando o problema do abuso de

lei, em função da relação-base interna, nos colocaria diante de uma situação de representação sem poderes. Isso só sucederia quando em causa estivesse um comportamento doloso ou pelo menos negligente do *procurador*.

Em favor deste entendimento TIETZ invoca, antes de mais, a circunstância de, em princípio, apenas os comportamentos culposos serem susceptíveis de gerar responsabilidade. Desta forma, se toda a violação objectiva das obrigações genéricas do procurador pudesse originar uma situação de representação sem poderes, assistir-se-ia, na opinião do jurista tudesco, a uma contradição valorativa na medida em que o representado passaria a dispor, no âmbito da relação jurídica externa, de uma protecção da qual não beneficia no contexto interno. Com isso o principal seria liberto de uma parte importante do risco negocial inerente à respectiva actividade. Tivesse o representado actuado directamente, relevante e decisivo seria apenas a avaliação pessoal – efectuada antes da concretização do acto jurídico ou contrato – das vantagens e inconvenientes apresentadas pelo negócio. Em contrapartida, na eventualidade de se assistir à intervenção de um representante o dono do negócio reserva a respectiva opinião e juízo para momento posterior, beneficiando das circunstâncias entretanto tornadas conhecidas[1400]. Deste modo, poderia apreciar retrospectivamente a correcção do comportamento do representante, e considerar como errada uma decisão do procurador, a qual, face aos dados disponíveis, se mostrava adequada ao tempo da celebração do negócio representativo. Se uma simples contradição objectiva dos deveres associados por lei à relação jurídica interna levasse, assim, a considerar a actuação do representante como desprovida de poderes, o *dominus* teria a possibilidade de pensar, ainda, sobre se ratificaria ou não um negócio, desde o início, vinculativo se celebrado pelo próprio. Com isso, o constituinte ficaria, através da introdução no processo negocial de um representante, colocado em melhor posição de quanto sucederia se actuasse pessoalmente[1401], numa solução, para TIETZ, claramente reprovável.

representação num plano absolutamente diverso do relativo à determinação da existência e conteúdo do poder de representação e, portanto, reportando-o a um momento a este posterior – na medida em que só teria sentido falar em desmando das faculdades do *procurador* uma vez afirmada a existência formal das mesmas; numa orientação tipicamente marcada pela visão labandiana do fenómeno representativo e de cariz profundamente conceptual – debatem igualmente a questão de saber se em caso de abuso se deve ou não exigir o requisito da culpa como condição para o *dominus* se poder desvincular. Sobre isso nos pronunciámos já, v. *supra* no parágrafo precedente. Não voltaremos por isso à análise da questão.

[1400] *Idem*, pp. 144 e 145.
[1401] *Idem*. p. 145.

Por conseguinte, mostrar-se-ia, para o jurista tudesco, imprescindível a consideração do aspecto subjectivo da actuação do representante[1402]. Apenas dessa forma se conseguiria proceder a uma clara separação entre quanto constitui risco da actividade negocial e risco de uma actuação excessiva por parte do representante[1403]. O primeiro deveria competir exclusivamente ao representado, pois, seria, também, ele a suportá-lo na eventualidade de actuar pessoalmente. Na verdade, se agisse por si próprio, o dono do negócio não teria outra alternativa senão assumir as consequências das apreciações falhadas por si efectuadas. Por isso, não se veria nenhum motivo para libertar o principal do perigo inerente ao negócio representativo pelo simples facto de este se servir de um representante. Excluir a possibilidade de uma representação contrária aos deveres genericamente associados pelo legislador a certas relações significaria pura e simplesmente, para TIETZ, a concessão ao *dominus* de um seguro contra o risco do negócio[1404].

A questão terá certamente reduzida relevância prática[1405]. Na verdade, ela só se colocará naquelas hipóteses nas quais o representante desrespeita, sem culpa, os deveres sobre ele pendentes em virtude da sua situação de parte em dada relação jurídica gestória e, ao mesmo tempo, o terceiro ou destinatário da *procuratio* tinha ou devia ter conhecimento da violação não culposa ocorrida. Ora, não só parece diminuta a possibilidade de o representante violar sem culpa as obrigações genéricas que sobre ele recaiam como mais ainda o será a hipótese de em simultâneo o terceiro se aperceber dessa situação.

Seja como for, a posição do autor germânico não nos parece inteiramente de subscrever. Qualquer declaratário deve, repisa-se uma vez mais, e de acordo com os cânones hermenêuticos gerais, partir do princípio segundo o qual o *dominus* pretende que o *procurator* respeite a relação subjacente à outorga dos poderes representativos, mesmo na ausência de uma declaração expressa nesse sentido[1406]. Os interesses do destinatário da procuração ou do terceiro não são aqui diversos dos do destinatário de uma outra declaração negocial. Em qualquer dos

---

[1402] *Idem*, pp. 144 e 165.

[1403] *Idem*, pp. 144 e165.

[1404] Segundo Tietz, *Vertretungsmacht...*, pp. 166 e ss., qualquer caso de actuação dolosa por parte do representante seria sempre uma situação na qual se estaria para além do risco inerente à actividade negocial. Por isso o dolo na violação dos deveres internos seria sempre relevante.

[1405] Isso mesmo acaba aliás por ser reconhecido por Tietz, *Vertretungsmacht...*, p. 275, ao sublinhar como, por regra, a contradição objectiva entre os deveres aos quais o representado se encontra sujeito e a respectiva conduta envolverá no mínimo algum tipo de negligência.

[1406] Outra coisa bem diversa é saber o terceiro a configuração concreta de tal relação.

casos assistir-se-á sempre, em certo sentido, e por definição, a uma tensão entre o autor da declaração e a sua contraparte. O primeiro pretenderá, por norma, a sujeição da declaração de vontade por ele manifestada a uma investigação tão profunda quanto possível, no sentido de determinar a sua real *voluntas*. Diversamente, o destinatário terá interesse em extrair do acto de comunicação posto pelo autor o sentido mais facilmente apreensível. Tudo num conflito resolvido de forma lapidar pelo artigo 236.°, n.ºˢ 1 e 2 do Código Civil[1407].

Nestes termos, a concretização e intromissão dos vínculos gerais internos na extensão dos poderes de representação não é senão uma parte integrante do processo de interpretação da procuração. O decisivo é apenas a vontade conhecida, ou reconhecível, do dono do negócio, com as respectivas condicionantes. Se o destinatário da procuração estava dela ciente, ou devia estar, não se vislumbra qualquer motivo para impor uma solução que faça abstracção nem do pretendido pelo *dominus* nem do associado por lei à relação subjacente a que ele deu vida. Isso significa poder o receptor da declaração de vontade emitida pelo dono do negócio em princípio confiar na correcção e suficiência desta. No entanto, na determinação do alcance, sentido e conteúdo da procuração, a tarefa do declaratário consiste em ponderar e considerar, na medida das suas possibilidades, todos os vínculos internos, sejam eles gerais ou tenham sido especificamente impostos pelo principal. Consequentemente o receptor da *procuratio* deve introduzir e deixar fluir para o âmbito do poder de representação os deveres internos genericamente associados por lei ao negócio gestório. Uma restrição ou alteração dos princípios gerais de interpretação nesta matéria carece, a nosso ver, de qualquer fundamentação plausível. Por tudo isso, a determinação do conteúdo e extensão da procuração não depende, não deve depender, dos momentos ou estados subjectivos da pessoa do representante relativamente aos deveres sobre ele pendentes aquando da celebração do negócio representativo[1408, 1409]. A protecção

---

[1407] O próprio Tietz, *Vertretungsmacht...*, pp. 155 e ss., reconhece isso mesmo à luz do direito alemão e no tocante aos preceitos aí vigentes acerca da interpretação das declarações negociais.

[1408] Ou talvez melhor, não depende apenas de tais momentos.

[1409] V., a bibliografia e considerações feitas *supra* no parágrafo precedente a propósito da exigência de culpa ou de dolo no abuso de representação. Cfr., ainda, e em particular, Tank, *Der Mißbrauch...*, *Neue...*, 1969, p. 9; Flume, *Allgemeiner...*, II, *Das Rechtsgeschäft...*, p. 791, o qual afirma claramente como o abuso de representação impede a existência de um poder representativo não apenas em caso de actuação negligente ou dolosa por parte do representante mas também nos casos de contradição objectiva entre o fim da procuração e o comportamento do *procurator*, Frotz,

do destinatário da procuração e do tráfego jurídico apenas pode depender de quais as circunstâncias ou aspectos associados à declaração de vontade (e seus elementos) cognoscíveis ou conhecidos pelo declaratário[1410]. Nestes termos, se este conhecia, ou devia conhecer, os deveres internos, se foi capaz − ou teria de o ser − de proceder à respectiva concretização, e conhece, ou teve a obrigação de o conhecer, o facto de o comportamento do procurador envolver uma falha na apreciação e concretização dos vínculos sobre ele pendentes, então, não resta outra alternativa senão considerar o negócio celebrado por este como ineficaz relativamente ao representado. O paralelismo estabelecido por TIETZ, entre a situação de quem age pessoalmente e aquela na qual se assiste a uma actuação por intermédio de um representante não deixa, é certo, de ser impressionante. Não parece, todavia, mostrar-se ele suficiente para afastar a conclusão por nós alcançada. E por várias razões.

Carece, antes de mais, de fundamento a afirmação segundo a qual, ao conferir relevância a uma contradição objectiva entre o comportamento do representante e os seus deveres genéricos, se estaria a permitir ao dono do negócio fazer uma apreciação *a posteriori* da adequação e conformidade do negócio com os respectivos interesses, na qual interviriam, ou poderiam intervir, aspectos insusceptíveis de apreensão ao tempo da celebração do negócio representativo. A importância jurídica do conflito objectivo entre a conduta do procurador e os deveres sobre ele pendentes não pode deixar de ser julgada de acordo com o critério fixado no artigo 236.º do Código Civil. Nesses termos, ela só relevará se um declaratário normal, colocado na posição do real destinatário da *procuratio*, se tivesse dela apercebido ou, ainda, se se assistisse a um real conhecimento da configuração dos

---

Verkehrsschutz..., p. 623, autor para quem não existe nenhum motivo capaz de fazer depender a relevância do abuso de representação da burrice ou astúcia do representante. Perante uma situação na qual a contrariedade entre o comportamento do representante e os deveres aos quais se encontra sujeito o plano por ele gizado deve ter-se, para Frotz, por irrelevante (refira-se, todavia, a circunstância de na opinião deste autor a evidência de contrariedade parecer pressupor a aparência, na perspectiva da contraparte, de uma intenção, por parte do representante, de causar dano ao representado. A referência feita por Frotz ao facto de o *tertius* não ser merecedor de tutela quando, de facto, o negócio representativo é contrário às vinculações internas deixa, no entanto, uma ligeira dúvida acerca de qual a exacta posição deste escritor); Larenz, *Allgemeiner Teil...*, p. 599, e nota (50); Joost, *Grosskommentar...*, comentário ao § 50, p. 393; Schramm, *Münchener...*, I, comentário ao § 164, p. 1426; Id., *Idem*, 4.ª ed., comentário ao § 164, pp. 1667 e 1668; Medicus, *Allgemeiner...*, p. 364; Id., *Idem*, 7.ª ed., pp. 370 e 371.

[1410] Cfr. a bibliografia citada na nota anterior.

deveres genéricos internos e da tensão existente entre eles e o negócio representativo. Tudo naturalmente apreciado ao tempo da celebração deste último. Destarte, quaisquer circunstâncias ou conhecimento supervenientes de nada aproveitam ao dono do negócio.

Além disso, o facto de uma objectiva contradição entre os deveres internos gerais, de um lado, e o comportamento do representante, do outro, poder determinar a ineficácia do negócio representativo em nada determina uma inadmissível inversão do risco do negócio no sentido de ser o terceiro ou contraparte do negócio representativo a ter de suportar as contingências normalmente da responsabilidade do representado.

Em primeiro lugar, e conforme se sublinhou já, parece claro só puderem ser capazes de gerar a falta de poder de representação para a celebração do negócio representativo as hipóteses de contradição susceptíveis de serem detectadas por um declaratário normal colocado na posição do real declaratário. Em todos os outros casos o perigo do negócio continua a correr por conta do *dominus*. Ora pode haver boas razões para a realização de certo comportamento apesar de parecer existirem outras possibilidades de actuação aparentemente mais vantajosas. O desejo de poupar despesas adicionais que a adopção de outra conduta envolveria; aposta em certas qualidades especiais do objecto a adquirir; gosto pessoal; expectativa de conseguir retirar bons dividendos através do comportamento assumido, etc., etc.. Se um terceiro normal colocado na posição do real declaratário puder concluir existir por detrás da actuação do *procurator* alguma motivação deste tipo, e se, simultaneamente, se puder concluir no sentido de que a procuração compreende esta forma de comportamentos, tanto basta para o negócio representativo ser eficaz – ainda quando na realidade se tenha assistido a uma simples violação objectiva dos deveres impostos por lei ao representante.

Em segundo lugar, a verdade é que, mesmo nas hipóteses nas quais se assiste a uma actuação pessoal e directa, sem qualquer tipo de recurso a representantes, a contraparte é, parcialmente, chamada a participar no risco do próprio agente como o demonstra o regime jurídico do erro sobre os motivos determinantes da vontade relativa à pessoa do declaratário ou ao objecto do negócio (artigo 251.º do Código Civil) ou, ainda, a disciplina do erro incidente sobre a base do negócio (artigo 252.º, n.º 2).

Finalmente, e bem vistas as coisas, parece provar demasiado a afirmação segundo a qual se deveria considerar o representado vinculado pela actuação do seu representante, mesmo em caso de contradição objectiva entre a conduta do procurador e os deveres associados por lei ao negócio gestório, pois, se tivesse actuado pessoalmente, o dono do negócio não poderia furtar-se à respectiva responsabilidade. E prova demasiado por várias razões.

Quer se queira quer não, ao aceitar contratar com um representante a contraparte no negócio representativo está a assumir riscos inexistentes nas hipóteses nas quais outorga directamente com o dono do negócio. Neste último caso, os únicos perigos enfrentados pelo terceiro são ou o de uma deficiente compreensão da declaração de vontade de querer celebrar determinado negócio ou o da existência de um vício que afecte a validade da referida declaração. Na eventualidade de se assistir à intervenção de um *procurator*, além da determinação do sentido da vontade emitida pelo representante, o *tertius* tem de se assegurar ainda da existência dos poderes representativos[1411]. Caso estes não tenham sido de facto concedidos, ou não se mostrem juridicamente consistentes, o negócio será ineficaz relativamente ao principal, numa situação sem paralelo nos casos de intervenção pessoal do principal.

Além disso, se a tentativa, efectuada por TIETZ, de equiparar as diversas situações – independentemente de se verificar uma contratação por intermédio de representante ou de se constatar uma actuação pessoal por parte do interessado – fosse levada às suas consequências últimas, então, teria de se concluir a favor do carácter vinculativo da actuação executada pelo procurador com excesso de poderes[1412]. Senão veja-se. Em caso de contratação directa, a vontade expressa não pode deixar de ser, sempre, imputada ao interessado[1413]. Destarte, a defesa da tese segundo a qual a introdução de um representante, no processo negocial, não deveria nem gerar mais riscos para o terceiro nem mais vantagens para o principal do que as verificadas se ambas as partes interviessem pessoalmente ditaria, então, a vinculação do *dominus* aos actos celebrados pelo procurador com excesso de poderes. Uma tal solução é, porém, descartada de forma categórica pela nossa lei, atento designadamente o disposto no artigo 268.º do Código Civil.

[1411] Cfr., *supra*, Parte II, Cap. I, parágrafo 2, onde se considera existir, nos termos do artigo 260.º do Código Civil, um ónus do terceiro no sentido de proceder à verificação do poder de representação.

[1412] Isto é, da actuação que ultrapassa os poderes efectivamente concedidos.

[1413] Excepto, naturalmente, numa situação de incapacidade ou de vício da vontade susceptível de se verificar também em situações de contratação por intermédio de representante.

Assistindo-se à intromissão de um representante no processo negocial não basta verificar apenas se a vontade de celebração do negócio final foi, ou não, emitida por um autor capaz e esclarecido. É, ainda, necessário garantir a imputação do negócio representativo ao próprio representado. Ora, isso só é possível se este puder de algum modo ser reconduzido à respectiva autonomia privada. Para isso suceder é, porém, imprescindível que o negócio representativo não viole as limitações associadas por lei ao negócio gestório escolhido pelo principal[1414], ao abrigo da respectiva liberdade, para regular as relações internas entre ele e o representante. Este aspecto é da maior importância. Na contratação por parte do próprio interessado, repise-se, toda a declaração de vontade por ele emitida, respeite ou não os critérios de cuidado e diligência mínima, não pode deixar de ser imputada ao *dominus*[1415] e, destarte, à respectiva liberdade de actuação e conformação. O mesmo não sucede com o procurador. A exteriorização de vontade manifestada por este destina-se a produzir efeitos numa esfera jurídica diversa da sua, e não pode deixar, por isso, de respeitar as condicionantes e limites impostos para isso acontecer. Nestes termos, para além da interpretação da declaração de vontade de celebração do negócio representativo, emitida pelo procurador, o terceiro tem, também, de proceder à interpretação da procuração e à determinação dos respectivos limites. Só quando se possa concluir no sentido segundo o qual o comportamento do representante é subsumível no conteúdo e âmbito da *procuratio* se poderá considerar o principal vinculado. Esta prova ou necessidade de indagação acerca da adequação entre o negócio representativo e o de concessão dos poderes não se verifica na eventualidade de contratação directa, mas assume papel decisivo em caso de intervenção de um procurador. Donde, por mais voltas que se pretenda dar, não parece mesmo restar outra alternativa senão reconhecer a diversidade entre as duas hipóteses ou situações em apreço, com a assunção de um claro aumento da partilha do risco nas situações de contratação através de *procurator*. Se este não

---

[1414] A demonstração segundo a qual os efeitos associados por lei aos negócios jurídicos livremente celebrados pelas partes têm ainda natureza negocial foi por nós já encetada no nosso estudo, *Autonomia...*, *per totum*, e, designadamente, pp. 15 a 48. Não voltaremos, por isso, a ela novamente.

[1415] Até porque tais critérios de diligência e cuidado mínimo são, nesta perspectiva na qual o eventual afectado é apenas o próprio interessado, apenas isso mesmo. O mesmo não sucede, porém, com os deveres genericamente associados por lei à relação gestória. Aqui trata-se de autênticas vinculações jurídicas.

respeitar[1416] os deveres sobre ele pendentes são os próprios limites do negócio de outorga dos poderes de representação, aos quais o negócio representativo se deve adequar, a serem ultrapassados, e, destarte, o representado não se deve ter por vinculado.

Parece, pois, dever concluir-se em definitivo pela relevância daquelas contradições objectivas entre o comportamento do representante, de um lado, e os deveres genéricos aos quais se encontra sujeito o procurador pelo facto de ser parte em certo negócio gestório, do outro, desde que um declaratário normal, colocado na posição do real declaratário, se tivesse apercebido dela. Nestes termos, apenas ficarão de fora, e por conseguinte não obstarão ao poder de representação nem tornarão ineficaz o negócio representativo, aquelas situações nas quais a contradição objectiva entre a conduta do *procurator* e os deveres aos quais se encontra sujeito não é detectável, por um declaratário normal, colocado na posição do real destinatário da procuração[1417].

Liberta-se, assim, é certo, o dono do negócio de parte dos riscos associados a uma intervenção objectivamente contrária a certos deveres de cuidado e ponderação e, destarte, de algo considerado para alguns como risco do negócio. Não se vê, porém, corresponder a inversão desta forma operada a uma situação inadmissível ou injusta. Semelhante vantagem para o representado resulta da aplicação ao pro-

---

[1416] Sublinhe-se sempre como a determinação da concordância entre o comportamento do representante e a procuração se deve fazer atendendo ao critério do artigo 236.º do Código Civil, o qual deverá presidir quer à interpretação do negócio de concessão dos poderes de representação quer à do negócio representativo. Sendo este o padrão de determinação do alcance dos dois termos a comparar faz também todo o sentido que a própria adequação e compatibilidade entre eles se faça de acordo com a mesma regra.

[1417] Donde para quem sustente que o destinatário da procuração é o procurador, afinal Tietz parece ter razão. Verificando-se a reunião numa só pessoa simultaneamente da qualidade de sujeito passivo dos deveres internos e do declaratário da *procuratio* mostra-se como extremamente difícil que uma violação dos vínculos internos perceptível para um declaratário normal colocado na posição do real declaratário do negócio de concessão do poder de representação não se afigure pelo menos como negligente. Por isso, toda a violação não culposa dos deveres genericamente associados por lei à posição interna do procurador seria em princípio irrelevante. O único elemento de perturbação resulta do facto de não bastar proceder à interpretação da procuração para saber se o negócio representativo lá cabe ou não. É preciso também proceder à interpretação deste último, e igualmente de acordo com o critério fixado no artigo 236.º do Código Civil. Ora pode suceder que por esta via o negócio representativo, e por conseguinte a conduta do representante, possa vir a assumir, sem culpa sua, um sentido ligeiramente diverso de quanto o procurador lhe pretendia imprimir. Nessa hipótese a contradição objectiva entre o poder de representação, tal como resultante da configuração emprestada designadamente pelos deveres gerais internos associados à relação gestória, de um lado, e o sentido do negócio gestório, do outro, volta a assumir relevância jurídica e a determinar a ineficácia deste.

cesso representativo das regras gerais de interpretação. Por força delas, na fixação do sentido dos negócios jurídicos, deve atender-se ao objectivo horizonte de recepção do destinatário da declaração de vontade. Logo, o representado terá de suportar o perigo de a contradição entre os deveres internos genericamente associados por lei ao negócio gestório, de um lado, e o comportamento do representado, do outro, não ser detectada por um declaratário normal. Em contrapartida, se o terceiro conhece, ou devia conhecer, a real extensão da procuração[1418] e do negócio representativo, ele sabe, ou teria de saber, se aquele concreto acto do procurador cabe, ou não, dentro dos limites impostos pelo *dominus* e pela lei em função da vontade deste. Observe o representante tais limites, então, actua licitamente. Viole-os, ainda que sem culpa, e está a ultrapassar o poder de representação tal como determinado de acordo com o artigo 236.º do Código Civil. O negócio será então ineficaz[1419].

Dito isto deve porém ir-se, ainda, mais longe. As próprias violações culposas ou dolosas dos deveres internos não serão susceptíveis de provocar a ineficácia do negócio representativo se um declaratário normal colocado na situação do real declaratário as não tivesse detectado, por na sua perspectiva e tal como por ele apurado, o comportamento do representante se adequar ao teor da procuração.

XXXI – A fechar esta problemática acerca da relevância da relação jurídica interna para a determinação da extensão do poder de representação apenas uma palavra mais para a distinção, levada a cabo pela doutrina alemã, no âmbito dos deveres especificamente impostos ao

---

[1418] Esta referência ao conhecimento do terceiro ainda não envolve qualquer tomada de posição acerca de quem deve ser o destinatário da procuração. É que este dever de conhecimento tanto pode resultar por ser ele o declaratário como da circunstância de o sentido no qual ele devia confiar, aferido na perspectiva do procurador, permitir detectar o alcance da vontade expressa na procuração.

[1419] Caso o terceiro proceda a uma insuficiente interpretação do negócio representativo, atentas as circunstâncias por ele conhecidas, e destarte, a um deficiente enquadramento do âmbito da procuração, determinada também ela de acordo com o critério do artigo 236.º do Código Civil, então terá de assumir as suas próprias falhas. Na eventualidade de considerar esse risco demasiado elevado resta-lhe sempre a possibilidade de contactar directamente com o *dominus*. Sobre tudo isto, e neste mesmo sentido, mas apenas quando em causa esteja o perigo de ineficácia do negócio representativo em virtude de uma atitude negligente do representante ofensiva dos deveres genericamente associados por lei ao negócio gestório pode ver-se, Tietz, *Vertretungsmacht...*, pp. 168 e 169.

[1420] Para uma referência acerca do modo como esses deveres específicos podem ser impostos v., a propósito da *Prokura*, Reimar Spitzbarth, *Vollmachten...*, p. 61.

representante pelo representado[1420], entre os chamados *Mußvorschriften*, de um lado, e os *Sollvorschriften*, do outro. Por força dos primeiros o dono do negócio imporia – quer através dos próprios limites do negócio gestório quer mediante instruções – com carácter absolutamente obrigatório determinados deveres destinados a garantir que o representante apenas faça determinado uso do poder de representação conforme com as retrições impostas pelo primeiro[1421]. Através dos segundos, o principal apontaria – pelas mesmas formas pelas quais se assistiria à consagração dos *Mußvorschriften* – ao procurador determinadas regras de conduta deixando, no entanto, alguma margem de liberdade e de apreciação ao representante acerca do modo como irá exercer o respectivo poder de representação[1422, 1423].

Chegados a esta altura, e face a quanto se disse já, não nos parece existir – ao menos à primeira vista – qualquer tipo de dúvidas relativamente à circunstância de os *Mußvorschriften* envolverem uma limitação externa do poder de representação. Quanto antes se disse acerca da circunstância de, com a introdução de instruções internas ou celebração de um negócio gestório dotado de determinada configuração, o representante pretender justamente limitar o exercício do poder de representação e destarte restringir o respectivo conteúdo[1424] vale, em primeira linha, precisamente para este tipo de vinculações. O facto de o principal não os ter exteriorizado no próprio teor ou texto da procuração mostra-se, a nosso ver, absolutamente irrelevante. Na verdade, a simples constatação segundo a qual o *dominus* não transportou, claramente, para fora das suas relações com o representado, a existência de tais deveres não equivale a qualquer declaração no sentido de não pretender a vinculação do procurador ou indicação do desejo de eliminação, diante do terceiro, dos vínculos pendentes sobre o procurador[1425]. Mesmo quando o representado se encontra consciente de que, em virtude da amplitude formal da declaração procuratória o

---

[1421] V., Tietz, *Vertretungsmacht...*, p. 171.

[1422] *Idem*, p. 179. A título de exemplo: o representado impõe ao representante o dever de, se possível, antes de celebrar o negócio representativo o contactar para um definitivo acerto de posições.

[1423] Prescinde-se de qualquer tentativa de tradução imediata das expressões referidas no texto por não haver, face à riqueza de cada uma delas, forma de o fazer. Recorda-se apenas como *Vorschrift* significa, designadamente, preceito, prescrição, ordem, regulamento. Por sua vez, *Muß* traduz a noção de dever associada a uma necessidade absoluta, enquanto *Soll* exprime a mesma ideia de dever mas agora sem a conotação de premência ou imposição categórica.

[1424] Cfr. quanto se escreveu *supra* neste parágrafo a este respeito.

[1425] Assim, também, Tietz, *Vertretungsmacht...*, p. 173.

representante pode aparecer os olhos de outros como dotado de uma legitimação superior à real, isso não equivale a qualquer libertação do _procurator_ relativamente aos específicos _Mußvorschriften_[1426]. Numa situação destas, a única conclusão admissível é – no pressuposto segundo o qual o destinatário da procuração seria a contraparte no negócio representativo[1427] – a de ter o dono do negócio assumido, com conhecimento de causa, o risco de o _tertius_ não reconhecer os específicos deveres deles resultantes e, destarte (em conformidade com as regras gerais de interpretação) atribuir justificadamente à procuração um alcance diverso do pretendido pelo _dominus_[1428]. Noutros termos, o constituinte chama a si o risco, apesar de tudo controlado e delimitado pelo artigo 236.º do Código Civil, de se considerar existente um poder de representação para um negócio representativo para o qual, afinal, o procurador não tinha nenhum tipo de competências[1429].

Qualquer tentativa de se falar aqui da necessidade de culpa por parte do representante na violação dos específicos _Mußvorschriften_ afigura-se, a nosso ver, absolutamente infrutífera[1430]. Se porventura apenas se negasse a existência do poder de representação nos casos de violação culposa, então, estar-se-ia a ferir a autonomia privada do representado sem qualquer fundamento para o efeito[1431]. Na interpretação do negócio jurídico o terceiro não pode deixar de atentar na circunstância de o dono do negócio, através do estabelecimento de um _Mußvorschrift_, indicar, de forma inequívoca, apenas pretender, sem excepção, conceder poderes de representação destinados a cobrir actuações do procurador admitidas por tais preceitos[1432].

Com semelhante solução[1433] não se assiste a qualquer atentado a interesses do tráfego jurídico dignos de especial tutela. O destinatário da procuração e o comércio jurídico são já suficientemente protegidos através da determinação do âmbito e extensão do poder de representação em função de um horizonte de recepção objectivo. Nesta

---

[1426] _Idem._

[1427] Na verdade, se o destinatário da _procuratio_ for o próprio representado, de acordo com as regras gerais de interpretação, os _Mußvorschriften_ limitarão sempre o poder de representação mesmo que o terceiro não os conhecesse nem tivesse o dever de os conhecer porquanto relevante seria apenas a perspectiva ou horizonte de recepção do procurador.

[1428] Tietz, _Vertretungsmacht..._, p. 173.

[1429] _Idem._

[1430] _Idem_, p. 176.

[1431] _Idem_, p. 177.

[1432] _Idem._

perspectiva o risco de uma apreciação errada acerca da vontade do *dominus* afigura-se relativamente diminuto[1434].

XXXII – As coisas poderão passar-se, todavia, e sempre à primeira vista, de modo diferente com os *Sollvorschriften*. Diante destes o procurador goza de uma certa margem de apreciação, discricionariedade e manobra. Na medida em que o representante actue legitimamente no exercício das faculdades efectivamente concedidas pelo *dominus* parece não caber, em princípio, a ninguém a possibilidade de substituir, pelo seu juízo pessoal e subjectivo, o julgamento levado a cabo pelo *procurator*. Tudo quanto se deveria perguntar em sede de interpretação da procuração – a efectuar naturalmente de acordo com o artigo 236.º do Código Civil – é se o dono do negócio concedeu, ou não, ao procurador uma margem própria de apreciação, avaliação e decisão e se no gozo dessa margem o representante actuou licitamente. Se a resposta for positiva, então, o negócio representativo – seja ele de facto vantajoso ou desvantajoso – será sempre vinculativo para o constituinte, pois, de acordo com a própria vontade do principal, o decisivo é apenas a leitura do acto representativo feita pelo representado mesmo quando para outrem o negócio pudesse ser desvantajoso ou se devesse ter adoptado na respectiva celebração um comportamento diferente. Noutros termos: tudo quanto caberia em princípio fazer seria perguntar se na perspectiva de um declaratário normal, colocado na posição do real destinatário da procuração, o representado concedeu ou não uma margem de actuação e julgamento próprio ao representante.

A verdade, porém, é que a distinção entre *Mußvorschriften* e *Sollvorschriften*, embora perfeitamente compreensível do ponto de vista conceptual, acaba por parecer menos cavada de quanto à primeira vista se poderia supor, atento o disposto no artigo 1162.º do Código Civil. Na verdade, esse preceito permite[1435] ao mandatário deixar de

---

[1433] Ou seja, a dispensa do requisito da culpa e a imediata consideração da falta de poder de representação do procurador quando este não respeita os *Mußvorschriften*.

[1434] Ele será certamente mais reduzido do que o perigo de uma inadequada apreciação dos *Sollvorschriften* e, segundo Tietz, *Vertretungsmacht...*, p. 177, também dos deveres genéricos associados por lei a cada negócio gestório.

[1435] No entender da *communis opinio* trata-se mesmo de uma obrigação e não apenas de uma permissão. Cfr., Baptista Machado, *Cláusula...*, in *Obra...*, I, p. 532; Menezes Cordeiro, *Direito...*, III, V.º *Mandato, cit.*, por Januário Gomes, pp. 347 e ss..

executar o mandato ou afastar-se das instruções recebidas, quando seja razoável supor que o mandante aprovaria a sua conduta se conhecesse certas circunstâncias insusceptíveis de lhe serem comunicadas em tempo útil. Nestes termos, o carácter imperativo dos *Mußvorschriften* parece bem mais relativo e questionável do que déramos a entender[1436]. A diferença entre estes e os *Sollvorschriften* residiria apenas na circunstância de, quanto aos últimos, não ser necessário qualquer juízo de razoabilidade no sentido de se poder supor a aprovação pelo mandante da conduta do mandatário se conhecesse certas circunstâncias, por ele ignoradas, e as quais não foi possível comunicar-lhe em devido tempo. Mas mesmo esta diferença esbater-se-á, de modo extremamente significativo, se se entender não poder o terceiro sindicar ou sobrepor o seu juízo – acerca de qual a vontade hipotética do dono do negócio

---

[1436] Para uma análise acerca da questão de saber se o artigo 1163.º do Código Civil seria também aplicável à representação directa v., Paulo Mota Pinto, *Declaração tácita...*, pp. 666 e ss., nota (540), numa argumentação que poderia, igualmente, valer para o artigo 1162.º. Algumas especificidades próprias do artigo 1163.º são, todavia, capazes de levar a considerar não ter o artigo 1163.º repercussão externa ou aplicação num fenómeno sem paralelo no tocante ao artigo 1162.º. Mas v., porém, Pires de Lima e Antunes Varela, *Código...*, II, comentário ao artigo 1163.º, p. 719, onde se defende restringir o preceito contido no artigo 1163.º (no mandato com representação) o disposto no artigo 268.º, pois, deixa de ser necessário proceder-se à ratificação do negócio; Menezes Cordeiro, *Direito...*, III, V.º *Mandato*, por Januário Gomes, p. 351. Neste sentido parece manifestar-se, também, Durval Ferreira, *Do mandato...*, p. 166, nota (4). A favor da circunscrição do artigo 1163.º à esfera interna das relações entre mandante e mandatário pronuncia-se Carlos Barata, *Sobre o contrato de agência*, Coimbra, 1991, p. 53, nota (123). Atenta a hipótese de a falta de poderes de representação resultar, em certos casos, precisamente, da circunstância de terem sido ultrapassados os limites da relação jurídica interna, cobrindo a procuração em si mesma, aparentemente, a actuação do representante, deverá aceitar-se que o artigo 1162.º se repercuta, nessa eventualidade, directamente nas relações entre o representado e o terceiro, até por ele parecer pressupor a existência de um dever do mandatário no sentido de se afastar das instruções recebidas (v. os autores citados na nota anterior). Já quanto ao artigo 1163.º, inclinamo-nos, embora não sem dúvidas, com Paulo Mota Pinto, para o julgar não aplicável às relações externas do representado com o representante. O sentido da ineficácia do acto realizado com excesso ou abuso de poderes de representação é justamente o de dispensar o representado de tomar qualquer iniciativa para repelir actos para os quais não deu qualquer tipo de autorização. Parece, na verdade, excessivo vincular o representado a afastar e repelir da sua esfera esses actos por ele não consentidos. Seria um pesado sacrifício ou, pelo menos, compressão do princípio da autonomia privada. Manifestando a sua divergência relativamente às posições expressas por Paulo Mota Pinto, e defendendo, por conseguinte a aplicação do artigo 1163.º do Código Civil, mesmo no âmbito do fenómeno da representação directa, v. o *Acórdão da Relação de Coimbra, 25-6-1996* (Nuno Cameira), in *Colectânea de Jurisprudência*, 1996, XXI, III, pp. 33 e ss. (posse – aprovação tácita [silêncio] do excesso de mandato representativo), com voto de vencido de Ruas Dias, por considerar que o artigo 1163.º não se aplica no âmbito das relações externas do representado com o *tertius*, apenas implicando a caducidade do direito do mandante de reagir contra o cumprimento defeituoso ou incumprimento por parte do seu auxiliar.

– ao do mandatário. Até por ser este quem se encontra, em regra, em melhores condições para determinar se é, ou não, razoável admitir ou esperar uma aprovação da sua conduta por parte do mandante[1437].

Mais importante ainda do que o atenuar da diferença entre *Muß–* e *Sollvorschriften*, a dever afirmar-se a impossibilidade de o terceiro apreciar a valoração feita pelo mandatário acerca da plausibilidade da aprovação pelo mandante da inexecução do mandato ou instruções pertinentes à sua execução, teria de concluir-se no sentido da escassa relevância do contributo da relação gestória para a fixação dos contornos do poder de representação. Assistir-se-ia, então, ao esvaziamento de parte do peso dos argumentos por nós aduzidos no sentido de demonstrar como as regras de interpretação dos negócios jurídicos conduzem ao afirmar da causalidade da procuração e dos poderes de representação. Isto por não ser possível, a vingar uma tal aproximação ao problema agora em análise, atribuir grande significado ao resultado dessa mesma interpretação. No fundo, os artigos 236.°, n.ᵒˢ 1 e 2, e 269.° do Código Civil, apontariam no sentido da causalidade dos poderes de representação, ao acabarem por determinar uma repercussão da relação jurídica interna na esfera externa das relações entre o representante e o representado, conquanto esta fosse por ele conhecida ou cognoscível. Mais, destes preceitos extrair-se-ia mesmo um ónus de diligência no sentido de se apurar qual a vontade do representado[1438]. Porém, o artigo 1162.° do Código Civil deixaria escapar tudo isto pela janela, ao permitir ao mandatário afastar-se das instruções recebidas, quando seja razoável supor a aprovação, por parte do mandante, da sua conduta. E de tal forma que, mesmo naqueles casos nos quais o terceiro conhecesse o conteúdo e limites do negócio ou vínculo interno celebrado entre o representante e o representado, e constatasse haver uma incompatibilidade entre este e o negócio representativo, seria impossível considerar-se haver, só por isso, um abuso de representação externamente relevante, um caso de excesso de poderes[1439]. Bastaria, pois, para evitar a aplicação da disciplina decorrente dos artigos 236.° e 269.° do Código Civil, com o seu ónus de indagação da vontade do representado, a invocação pelo terceiro da superveniência de certas circunstâncias, desconhecidas do principal ao tempo da outorga do mandato e dos poderes representativos, para o

---

[1437] É esse o entendimento de Guichard Alves, *Notas...*, in *Revista...*, XXXVII, pp. 44 e 45.
[1438] Nos moldes e termos que vimos *supra* no parágrafo anterior.
[1439] Raúl Guichard Alves, *Notas...*, in *Revista...*, XXXVII, pp. 44 e 45.

negócio se tornar, sem mais, vinculativo. Por não caber ao terceiro sobrepor o seu juízo ao do mandatário, o abuso de representação tornar-se-ia numa figura afinal circunscrita àqueles casos nos quais o desvio, cometido pelo representante, relativamente à vontade do *dominus* expressa no negócio gestório, conduzisse de modo reconhecível a um prejuízo deste (ou fosse esse o propósito do procurador), ou àquelas hipóteses nas quais o terceiro tem conhecimento líquido da não aceitação pelo principal daquele negócio representativo[1440]. Além disso, abrangeria, porventura, também as hipóteses nas quais o negócio representativo, posto pelo *procurator*, o qual se afasta das respectivas competências, se revele corresponder a um negócio extravagante e extraordinário, gerador de riscos anormais e desproporcionados[1441]. A autonomia da vontade do representado ficaria assim seriamente debilitada. O problema do abuso de representação deixaria de poder ser visto, em todas as hipóteses nas quais o representado invocasse perante o terceiro, ou em juízo, a faculdade concedida pelo artigo 1162.º, como uma questão de interpretação do acto de outorga dos poderes de representação a realizar pelo destinatário da procuração, em função, designadamente, do fim visado pela mesma. Afinal o *procurator* poderia afastar-se ou desviar-se da vontade do *dominus*, sem do conhecimento dessa circunstância se poder inferir dever o *tertius* estar a par do abuso de representação, tendo ele realmente ocorrido. O terceiro não deveria sequer, e por princípio, ponderar a vontade hipotética ou presumível do *dominus* sobre o ponto em exame (perguntando se o representado aprovaria, ou não, a conduta do representante, se conhecesse as reais circunstâncias nas quais o negócio representativo é celebrado)[1442]. De uma questão interpretativa, no sentido de apurar se o representante tinha ou não, em função da vontade do principal, poderes para realizar o negócio representativo, conforme defendemos e resulta da análise da casuística por nós efectuada[1443], o abuso de representação converter-se-ia numa mera hipótese de preterição do interesse objectivo do representado[1444].

[1440] *Idem.*

[1441] *Idem.*

[1442] *Idem.*

[1443] V., *supra*, quanto se escreveu, no parágrafo anterior, acerca do modo como a nossa jurisprudência tem vindo a tratar o problema do abuso de representação.

[1444] Assim, em sentido aproximado, Raúl Guichard Alves, *Notas...*, in *Revista...*, XXXVII, p. 44, o qual escreve a propósito do abuso de representação: «*Acostando-nos à doutrina alemã, dir-se-á que o negócio em causa deve objectivamente pospor o interesse do representado.*» Relativamente à posição da doutrina alemã v., porém, quanto se escreveu *supra* no parágrafo precedente.

XXXIII – Uma tal contradição entre o resultado por nós extraído dos artigos 236.º e 269.º do Código Civil, de um lado, e o sentido agora apontado para o artigo 1162.º, não pode ser o resultado último dos preceitos em jogo. A sua consideração sistemática revelaria assimetrias normalmente estranhas ao espírito de uma codificação civil. Donde, ou dos artigos 236.º e 269.º não se retira afinal o resultado por nós, anteriormente, apurado, ou o artigo 1162.º não tem o alcance de isentar o terceiro da realização de algum tipo de ponderação sobre se é, ou não, razoável supor uma aprovação, por parte do principal, da inexecução do mandato conferido ao representado, se conhecesse as circunstâncias com as quais o mandatário se debate.

Pela nossa parte inclinamo-nos para a segunda solução. Parece--nos, antes de mais, duvidoso aplicar-se o artigo 1162.º a todos os tipos de relação eventualmente subjacentes ao poder de representação. Além disso, poder-se-ia, eventualmente, considerar só fazer sentido isentar o representante de um juízo sobre a razoabilidade do incumprimento do mandato se, ao mesmo tempo, não se reconhecesse aos tribunais a possibilidade de virem sindicar a adequação do comportamento do mandatário. Na verdade, pareceria à primeira vista servir de pouco ao *tertius* lavar as suas mãos e abster-se de verificar a adequação do comportamento do mandatário se, depois, os tribunais pudessem vir a considerar a atitude deste como não razoável. Ora, parece mais ou menos pacífico não existir a este respeito qualquer tipo de impossibilidade de sindicância judicial do comportamento do mandatário[1445]. O argumento não tem, todavia, força por aí além. Se porventura se demonstrasse a desnecessidade, por impossibilidade ou inconveniência[1446], de o terceiro sindicar a razoabilidade do comportamento do mandante, poder-se-ia, ainda assim, admitir uma apreciação judicial do comportamento do mandatário destinada a apurar apenas uma responsabilidade deste perante o representado, mas a qual seria insuscep-

---

[1445] Cfr., na nossa literatura jurídica, Pires de Lima e Antunes Varela, *Código Civil...*, II, comentário ao artigo 1162.º, p. 718. Em termos mais gerais, sobre a possibilidade de julgamento pelos tribunais do fundamento de razoabilidade com que se terá de justificar uma decisão contrária ao previsto – precisamente em virtude de, em função da necessidade de razoabilidade de certo comportamento, o contraente transitar do plano do arbítrio e subjectividade para o domínio da intersubjectividade – pode ver-se, Baptista Machado, *A cláusula...*, in *Obra...*, I, p. 469.

[1446] Raúl Guichard Alves, *Notas...*, in *Revista...*, XXXVII, p. 45, considera incorrecto, por constituir uma intromissão indevida, sobrepor o terceiro a apreciação dele à do mandatário por ser este último quem se encontra em condições de melhor ajuizar se é, ou não, razoável supor a aprovação, por parte do representado, da inexecução do mandato.

tível de comprometer a eficácia do negócio representativo. O que não parece, todavia, a nosso ver, conseguir demonstrar-se, sem embargo de opiniões em sentido contrário, é, na verdade, a impossibilidade ou inconveniência de o terceiro se substituir ao mandatário ou *procurator* na apreciação da razoabilidade do seu comportamento e da suposição segundo a qual o mandante o aprovaria. Parece-nos, antes de mais, altamente gravoso para o representado que, tendo este, aquando da outorga dos poderes, o cuidado, por exemplo, de levar ao conhecimento do *tertius* os limites internos à competência do representante, os seus interesses individuais possam ser postergados em nome de um outro interesse totalmente objectivo o qual não é senão uma abstracção completa[1447, 1448]. Não julgamos, por outro lado, na verdade, e com a correspondente vénia, existir uma qualquer intromissão indevida na esfera das relações entre o principal e o seu auxiliar se se exigisse, à contraparte no negócio representativo, uma apreciação da plausibilidade de o comportamento do representante corresponder à vontade do dono do negócio. Se é exigido ao gestor de negócios – também ele um terceiro relativamente ao *dominus*, um esforço no sentido de apreciar e determinar qual a vontade do dono do negócio[1449] – não

---

[1447] De acordo com Raúl Guichard Alves, *Notas...*, in *Revista...*, XXXVII, p. 45, os únicos casos nos quais o terceiro, que tivesse celebrado um negócio com um mandatário dotado de poderes representativos, mas actuando ao abrigo do artigo 1162.º, poderia vir a ser penalizado com a declaração de ineficácia do negócio representativo seriam: a) a condução, do desvio cometido pelo representante, de modo reconhecível, ao prejuízo do *dominus* (prejuízo o qual para os defensores da insindicabilidade da razoabilidade do comportamento do mandante, ao afastar-se do mandato, haveria de ser apreciado também em termos, abstractos e pura e rigorosamente objectivos, pois, de outro modo a preterição dos seus reais interesses concretos e individuais do representado envolverá sempre, e para ele, um prejuízo), numa hipótese à qual se deveria equipar aquela outra na qual, sem se ter, ainda, causado qualquer dano ao principal é essa a reconhecida intenção do representante; b) o conhecimento líquido por parte do *tertius* de que o dono não aceitaria nunca o negócio; c) e porventura, também, quando o negócio realizado pelo representante, ao afastar-se das suas competências, corresponda a algo de extraordinário ou extravagante. Descontados estes casos, nem mesmo o conhecimento efectivo da instrução ou exactos contornos da relação-base desrespeitada prejudicaria o terceiro.

[1448] Assim, também, em sentido equivalente ao nosso, mas perante a gestão de negócios, Luís Menezes Leitão, *A responsabilidade...*, p. 193.

[1449] O paralelismo com a gestão de negócios tem também sido estabelecido por quem defende a inconveniência ou impossibilidade de sindicância, pelo terceiro, do comportamento levado a cabo pelo mandatário ao abrigo do artigo 1162.º do Código Civil. Assim, v., Raúl Guichard Alves, *Notas...*, in *Revista...*, XXXVII, pp. 44 e 45, para quem: «(...) *não* (...) *parece que ao terceiro se deva exigir, por princípio que pondere a vontade hipotética ou presumível do* dominus *sobre o ponto em exame (perguntando se ele aprovaria ou não a conduta do representante, se conhecesse as reais circunstâncias). Esse juízo cabe primordialmente ao representante (cfr. art. 1163.º; ver a fórmula semelhante que a lei utiliza na gestão de negócio, al. a) do artigo 465.º* (...).» Não nos parece, todavia, se bem

se vê por que razão se não deve exigir o mesmo de quem negoceia com um procurador, na hipótese de o mandatário se afastar dos limites internos, conhecidos ou susceptíveis de serem apreendidos pelo terceiro. Além disso, sempre se dirá como esta busca, a encetar pelo terceiro o qual celebra um negócio com um representante ao abrigo do disposto no artigo 1162.º, no sentido de determinar qual a vontade do mandante, embora marcada pela necessidade de se descobrir a vontade do representado – tornando-se, nessa medida, e em certo sentido, uma indagação de cariz subjectivista[1450] – se deverá fazer de acordo com os critérios gerais de interpretação da vontade do dono do negócio. Nesta perspectiva a descoberta da vontade do mandante deve fazer-se no seu aspecto objectivo[1451, 1452, 1453]. E porquê? Antes de

vimos, e com a vénia que se consigna, ter razão. Em primeiro lugar o artigo 1163.º não é, a nosso ver, aplicável às hipóteses abrangidas pelo artigo 1162.º. Essas não carecem de qualquer aprovação tácita ou expressa por parte do mandante. Assim, também, Luminoso, *Mandato...*, pp. 395 e 396, e nota (35), onde o autor considera, perante as normas dos artigos 1171.º, II, e 1172.º, II, do *Codice Civile*, correspondentes no essencial aos nossos artigos 1162.º e 1163.º, fazer a regra ditada pelo primeiro destes preceitos com que o aparente desvio ao mandato assuma o carácter de um verdadeiro e próprio acto de execução do encargo recebido. A atitude do mandatário é, nesses termos, objecto de uma recondução automática ao novo objecto do contrato de mandato. Poder-se-á dizer com Baptista Machado, *A cláusula...*, in *Obra...*, I, p. 467 – embora as considerações do autor surjam num outro contexto no qual a exigência de razoabilidade decorre de compromissos negociais nesse sentido – que o critério do razoável adquire aqui uma função constitutiva. Apenas naqueles casos nos quais o comportamento do mandatário não seja susceptível de subsunção ao artigo 1162.º se deverá fazer aplicação do artigo 1163.º. Em segundo lugar porquanto o artigo 465.º, al. a), parece ter subjacente, precisamente, a necessidade de o terceiro fazer uma ponderação acerca da vontade do *dominus*. E em termos tais que, conforme se refere um pouco mais adiante nas notas que se seguem, não falta quem defenda ser o regime da gestão de negócios profundamente subjectivista.

[1450] Porquanto busca de uma vontade.

[1451] Nestes termos também Pires de Lima e Antunes Varela, *Código...*, I, comentário ao artigo 1162.º, escrevem: «*Esta razoabilidade é apreciada livremente pelo julgador no seu aspecto objectivo.*» E embora acrescentem, depois, «*mas o juiz não pode deixar de atender também à pessoa do mandante; procurando reconstruir a sua vontade, como manda a lei*», rematam logo de seguida: «*Este acento de subjectivismo não foi bem acolhido em Itália, e pode duvidar-se de que a solução se adapte correctamente aos princípios inspiradores no nosso Código no sentido que deve ter a declaração de vontade.*»

[1452] Mas ainda assim descoberta da vontade concreta e individual do mandante e não simples procura de um interesse puramente objectivo do representante. O que acontece é ficar ela marcada e circunscrita pela relevância dos elementos e circunstâncias conhecidas ou cognoscíveis pelo destinatário da declaração negocial.

[1453] E mesmo na eventualidade de o artigo 1162.º do Código Civil remeter para uma vontade subjectiva poder-se-á questionar se, face ao efectivo conhecimento das instruções ou do mandato, o terceiro não deve ser chamado a participar na distribuição do risco que resulta do incumprimento do *mandatum* ou das directrizes estabelecidas no seu âmbito. Repare-se como, por exemplo, na gestão de negócios o gestor é, de facto, chamado a fazer uma avaliação da utilidade da sua gestão assim como do interesse e vontade real do dono do negócio. Ora, se o gestor, o qual

mais atento o critério fixado no artigo 236.º do Código Civil. Para além disso, e a nosso ver, a possibilidade de o mandatário se afastar, nos termos do artigo 1162.º, da execução do mandato (tal como definido pelo mandante) por considerar razoável a aprovação da inexecução pelo principal, se conhecesse certos aspectos insusceptíveis de lhe serem comunicados em tempo útil, pressupõe a existência de uma lacuna negocial[1454, 1455]. Não basta a existência de circunstâncias

---

é na verdade um terceiro relativamente ao dono do negócio, deve fazer esse juízo não se vê qual a razão pela qual quem contrata com um representante, com conhecimento da existência de um mandato ou de instruções contrárias ao comportamento do representante, não tenha ou possa fazer o mesmo esforço. Sem entrarmos na análise desta problemática, sempre se sublinhará a circunstância de não faltar quem, perante o regime da gestão de negócios, considere, sob a capa de um aparente objectivismo, a posição do nosso legislador como altamente subjectivista, devendo o gestor atender em primeiro lugar à vontade do *dominus* e aos seus interesses subjectivos. Assim, Menezes Leitão, *A responsabilidade...*, pp. 193 e 219 e ss., maxime 222 e ss.. Sobre esta questão v., ainda entre nós, com indicação das várias posições acerca do entendimento a dar à utilidade da gestão, Júlio Gomes, *A gestão...*, in *Boletim...*, XXXIX, pp. 411 e ss..

[1454] No sentido precisamente segundo o qual o critério utilizado pelo artigo 239.º do Código Civil se deve entender como um critério de razoabilidade e de boa fé pode ver-se, Baptista Machado, *A cláusula...*, in *Obra...*, I, pp. 483 e 484. Este autor considera, no entanto, que naqueles casos nos quais o mandatário se deve afastar das instruções recebidas ou deve deixar de executar o mandato a obrigação não resulta do contrato em si mas de um dever de protecção decorrente da particular situação na qual se encontra o «curador» da «res» confiada ao seu cuidado; dever este o qual não é afectado pela validade ou nulidade do vínculo contratual (cfr., *op. cit.*, p. 532. V., também, em sentido não muito distante, mas num tempo bem mais remoto, e utilizando, por isso mesmo outra terminologia, Dniestrzanski, *Die Aufträge...*, I, pp. 73 e ss.). Levar-nos-ia demasiado longe a análise da questão dos deveres de protecção, os quais, de resto, têm merecido adequada atenção por parte da nossa doutrina. Limitamo-nos a referir, destarte, sobre o tema, e antes de mais, Manuel Carneiro da Frada, *Contrato...*, *per totum* maxime pp. 69 e ss., onde se mencionam as tentativas de fundar os deveres de protecção precisamente na interpretação complementadora, embora para considerar que elas falecem. Referência ainda, e entre outros, para Mota Pinto, *A cessão...*, pp. 334 e ss., 339 e ss., 402 e ss. (v., também a este respeito Jürgen Heiseke Wolfram e Karl Larenz, *Zur Schutzwirkung eines Schuldvertrage gegenüber dritten Personen*, in *Neue juristische Wochenschrift*, 1960, I, pp. 77 e ss.; Henckel, *Die Ergänzende Vertragsauslegung*, in *Archiv für die civilistische Praxis*, 1960, 159, pp. 106 e ss., maxime p. 123), autor para quem a sede legal dos deveres de protecção se encontra no artigo 239.º a par com o artigo 762.º do Código Civil; Menezes Cordeiro, *Da boa fé...*, I, pp. 604 e ss., 633 e ss.; Id., *Violação positiva do contrato*, in *Estudos*, cit., I, pp. 113 e ss., maxime, p. 128, Id., *Da pós-eficácia...*, in *Idem*, pp. 188 e ss.; Id., *Da responsabilidade...*, pp. 482 e ss., e 555; Baptista Machado, *A cláusula...*, in *Obra...*, I, pp. 457 e ss., passim; Jorge Sinde Monteiro, *Responsabilidade...*, pp. 396, 410, 492 e 493 e 509.

[1455] Não nos parece poderem as designadas situações de alterações das circunstâncias justificarem também a aplicação do artigo 1162.º. O regime do artigo 1162.º foi previsto para tutelar o próprio mandante contra os perigos de o mandato ser executado de acordo com as próprias instruções do mandante que não previu determinado tipo de acontecimentos ou contingências. Nas situações típicas de alteração das circunstâncias de quanto se trata é de proteger uma das partes contra os inconvenientes ou prejuízos verificados se ela se mantivesse vinculada a quanto é exigido pela outra parte. Por outro lado, o critério último para o mandatário se afastar das instruções transmitidas pelo mandante é o de saber se seria expectável que o mandante aprovasse o

ignotas ao dono do negócio para ser legítimo ao seu auxiliar afastar-se do *mandatum*. É necessária a descoberta de uma área a exigir – em resultado quer das circunstâncias entretanto verificadas quer, ainda, em função do concreto subsistema negocial adoptado – uma regulação contratual a qual, sem colocar em crise a subsistência do contrato, falte[1456]. Está-se pois diante de um problema de integração de lacunas

---

comportamento do seu auxiliar («*quando seja razoável supor que o mandante aprovaria a sua conduta*» [a do mandatário] são as palavras da lei). Ora, só faz sentido apelar para a alteração das circunstâncias quando o prolongamento da vontade ou do programa contratual – ou noutras palavras a determinação de quanto é expectável – (expresso no mandato ou nas instruções), mesmo com recurso à interpretação complementadora, se torne uma impossibilidade. Se perante as novas circunstâncias o mandatário não conseguir extrair qualquer tipo de conclusão quanto à possível atitude do mandante, então, não pode, ao abrigo do artigo 1162.º do Código Civil, afastar-se do mandato ou da instrução. Poderá eventualmente fazê-lo ao abrigo do regime da alteração das circunstâncias se todos os pressupostos para o efeito estiverem reunidos. Então, já não é, porém, o artigo 1162.º a aplicar-se, mas, antes, os artigos 437.º e ss. do Código Civil. Não há nisso qualquer especificidade ou divergência de monta relativamente ao regime previsto para a generalidade dos negócios jurídicos. Destarte, uma eventual aplicação do regime contemplado nesses artigos não vem colidir em nada com quanto se disse acerca dos contornos do abuso de representação. Para uma referência à relação entre a interpretação complementadora e a alteração das circunstâncias cfr., na literatura entre nós, Menezes Cordeiro, *Da alteração das circunstâncias. A concretização do artigo 437.º do Código Civil, à luz da jurisprudência posterior a 1974*, in separata dos *Estudos em Memória do Prof. Doutor Paulo Cunha*, Lisboa, 1987, pp. 33 e 34 (onde se escreve: «*A lacuna contratual (...) traduz uma falta de estipulação onde, pela lógica interna do próprio negócio considerado, deveria haver um clausulado. Na alteração das circunstâncias o problema é outro: há uma estipulação consentânea com a lógica do convénio em causa e com a agravante de tal estipulação ser legítima, válida e eficaz. Não se trata pois de integrar vácuos regulativos, mas de afastar normas válidas funcionais e aplicáveis, em nome de uma lógica que não mais se pode reclamar da vontade das partes.*» Antes disso o autor afirmaria, todavia: «*Ninguém duvida de que qualquer alteração das circunstâncias pode, a ser prevista, encontrar solução cómoda e válida no articulado contratual. Quando tal não tenha sucedido, houve como que uma omissão das partes, numa conjunção semelhante à lacuna contratual.*» Nesse sentido refere-se, por exemplo, Fritz Nicklich, *Ergänzende Vertragsauslegung und Geschäftsgrundlage – ein einheitliches Rechtsinstitut zur Lückenausfüllung*, in *Der Betriebsberater*, 1980, pp. 949 e ss., maxime p. 950); Id., *Da boa fé...*, II, pp. 1063 e ss.; Carneiro da Frada, *Contrato...*, p. 82, nota (159), com destaque também para a obra, igualmente recenseada por Menezes Cordeiro, de Dieter Medicus, *Vertragsauslegung und Geschäftsgrundlage*, in *Festschift für Flume zum 70. Geburtstag 12. September 1978*, Colónia, I, 1978, pp. 629 e ss., para quem grande parte das consequências das perturbações da base negocial podem ser resolvidas pela interpretação complementadora.

[1456] Cfr., Menezes Cordeiro, *Tratado...*, I, I, p. 492; Id., *Idem*, 2.ª ed., p. 562. Repare-se como, no caso do artigo 1162.º do Código Civil, não se está perante uma simples omissão de regulamentação a qual, porventura, nem sequer careceria de ser preenchida. Para o preenchimento da previsão do preceito em referência é necessário ter o mandante dado instruções sobre determinado aspecto ou questão da actividade do mandatário e que essas instruções, por razões não previstas, se mostrem como não adequadas. No caso do artigo 1162.º o mandante está condicionado a actuar de determinada forma (repare-se como de acordo com os dicionários de sinónimos instrução significa, designadamente, ordem, disciplina, ensinamento, esclarecimento, explicação, ilustração, informação, informações, lição, preceito, preparação. Instruir significa, por exemplo, amestrar, catequizar, disciplinar, documentar, doutrinar, elucidar, ensinar, industriar. A ideia de ordem, de ordenar,

negociais, a qual deve seguir bitolas objectivas, embora sem perder de vista o facto de ela dever obedecer à lógica do contrato lacunoso, procurando suprir os silêncios das partes e prolongando as suas declarações até ao seu destino normal[1457]. É esta a chave da integração negocial: ela é na verdade interpretação complementadora[1458]. Trata-se

subjacente ao uso do termo «instrução» é, de resto, claramente sublinhada na literatura jurídica tudesca, por Müller-Freienfels, *Die Abstraktion der Vollmachtserteilung...*, in *Stellvertretungsregelungen in Einheit...*, pp. 396 e 397), por vontade expressa do mandante, mas age de outro modo em função das novas circunstâncias. Por isso, mesmo considerando as ressalvas e limitações pertinentemente sublinhadas, designadamente, por Carneiro da Frada, *Contrato...*, pp. 76 e ss., acerca do conceito de lacuna, parece não poder deixar de se afirmar exactamente a existência dessa lacuna na hipótese agora em discussão. Isto será tanto mais assim quanto mais se aceite não terem as instruções às quais se refere o artigo 1162.° carácter jurígeno e representarem apenas o carecido desenvolvimento ou especificação do programa negocial já expresso no mandato (acerca da natureza jurídica das instruções v. a bibliografia citada *supra* no presente parágrafo em nota). Numa hipótese como essa não parece na verdade possível deixar de considerar pressupor o artigo 1162.° do Código Civil, de facto, uma lacuna. O representante só parece poder afastar-se da instrução quando esta, por razões várias, já não se mostre adequada ao programa contratual delineado pelo mandante e que carece de concretização ou desenvolvimento através da instrução. É verdade não se limitar o artigo 1162.° a referir a possibilidade de o mandatário se afastar das instruções. O preceito compreende igualmente, na sua letra, a possibilidade de o mandatário deixar de executar o mandato. Não estamos seguros de que, neste caso, a referência ao mandato signifique algo de distinto das instruções a ele associadas. Mas mesmo quando o seja parece-nos de manter tudo quanto antes se disse. Para «*o mandatário (...) deixar de executar o mandato*» mostra-se necessária a existência de uma vontade expressa por parte do mandante no sentido de ser adoptado determinado comportamento. Comportamento esse que é, depois, desrespeitado pelo mandatário atentas certas circunstâncias insusceptíveis de serem comunicadas ao mandante. Se o mandante regulou determinado ponto, e depois a regulamentação se não mostra adequada ou razoável, e descontadas as situações de alterações das circunstâncias ou casos de erro, isso provoca ou resulta da existência de uma incompleição do esquema negocial. Repise-se, também, como o critério definidor da conduta do mandatário continua sempre a ser, nos termos do artigo 1162.°, a figura do mandante e aquilo por ele tido por razoável. Tudo isto aproxima-nos da ideia de lacuna, de interpretação complementadora e afasta-nos, entre outros motivos, do âmbito do artigo 1162.° hipóteses como a alteração das circunstâncias. Na verdade, quando em causa esteja uma hipótese de alteração das circunstâncias, a qual não apresenta no âmbito do mandato ou do fenómeno representativo mais especificidades do que as pertinentes a qualquer outro instituto ou negócio jurídico, deporão as regras contidas nos artigos 437.° e ss. do Código Civil. Não o artigo 1162.°, aliás prévio às soluções impostas pelo regime da alteração das circunstâncias. Só quando o artigo 1162.° não proporcionar respostas se poderá eventualmente caminhar para os artigos 437.° e ss. do Código Civil. Da mesma forma, ao estabelecer que «*O mandatário pode deixar de executar o mandato ou afastar-se das instruções recebidas, quando seja razoável supor que o mandante aprovaria a sua conduta (...)*» o artigo 1162.° parece estar a pressupor a existência de um mandato válido e a transportar-nos, destarte, para latitudes que nada têm a ver com situações de erro.

[1457] Menezes Cordeiro, *Tratado...*, I, I, p. 493; Id., *Idem*, 2.ª ed., p. 563.

[1458] A este respeito cfr., na nossa literatura jurídica, Baptista Machado, *A cláusula...*, in *Obra...*, I, pp. 483 e ss.; Menezes Cordeiro, *Da boa fé...*, II, pp. 1066 e ss.; Id., *Tratado...*, I, I, pp. 493 e ss.; Id., *Idem*, 2.ª ed., pp. 563 e ss.; Carneiro da Frada, *Contrato...*, pp. 69 e ss.; Pedro Pais de Vasconcelos, *Contratos...*, pp. 382 e ss.; e na Alemanha, a título meramente exemplificativo, Wolfram Henckel, *Die Ergänzende...*, in *Archiv...* 1960, 159, pp. 106 e ss.; Larenz, *Ergänzende Vertragsauslegung*

de prolongar, através de regras que apelem ainda à interpretação das parcelas existentes, seja a declaração insuficiente, seja a própria vontade lacunosamente manifestada. Se bem se reparar na aparelhagem legal consagrada no artigo 239.º do Código Civil, o legislador, ao remeter para «(...) *a vontade que as partes teriam tido se houvessem previsto o ponto omisso, ou de acordo com os ditames da boa fé, quando outra seja a solução por eles imposta*» está, de facto, e tão-só, a remeter para a boa fé[1459]. Não há sequer uma remissão para a vontade das partes, subordinada a um controlo pela boa fé. Há uma utilização de dois critérios, com total predomínio do segundo[1460]. Donde, não surgir nunca a boa fé como supletiva. A solução *ex bona fide* deve ser sempre procurada[1461]. As boas regras de interpretação ordenam, porém, e tal como sublinhado por MENEZES CORDEIRO, o aproveitamento ao máximo do discurso do legislador[1462]. Não deve, pois, (...) *«por isso e pelas luzes da Ciência do Direito no domínio da interpretação e integração contratuais* (...) *escamotear-se a menção à vontade das partes, constante do artigo 239.º»*. Nestes termos, a conjugação entre a vontade das partes e a boa fé, mas com prevalência da segunda, conduz, à vontade hipotética objectiva, isto é a uma ponderação objectiva das situações existentes tendo em conta as declarações de base que as fundamentaram[1463]. É precisamente a esta luz a dever entender-se o artigo 1162.º do Código Civil[1464]. Tudo isto com uma explicitação, porém. Só poderá ser oposto

---

und dispositives Recht, in *Neue Juristische Wochenschrift*, 1963, pp. 737 e ss., maxime, p. 739, acerca da superação da dicotomia interpretação-integração; Id., *Allgemeiner Teil*..., pp. 546 e ss.; Flume, *Rechtsgeschäft*..., in *Hundert*..., I, pp., 194 e ss.; Id., *Allgemeiner*..., II, *Das Rechtsgeschäft*..., pp. 321 e ss..

[1459] Menezes Cordeiro, *Da Boa fé*..., II, p. 1070, nota (653); Id., *Tratado*..., I, I, p. 497; Id., *Idem*, 2.ª ed., p. 567.

[1460] *Idem, Ibidem.*

[1461] *Idem, Ibidem.* De acordo com Menezes Cordeiro a solução *ex bona fide* deveria inclusivamente ser procurada quando a vontade das partes fosse evidente. Não podemos, todavia, acompanhar o Mestre. Se a vontade das partes, quanto à regulamentação de certo ponto, é evidente, ainda quando não expressa, deverá, a nosso ver, ter-se por implícita e, consequentemente, negada a existência de uma lacuna. Nesse caso não haverá sequer recurso ao artigo 239.º e à interpretação complementadora.

[1462] Menezes Cordeiro, *Da Boa fé*..., II, p. 1070, nota (653); Id., *Tratado*..., I, I, p. 497; Id., *Idem*, 2.ª ed., p. 567.

[1463] *Idem, Ibidem.* Também Baptista Machado, *Cláusula*..., in *Obra*..., I, p. 484, chama a atenção para a circunstância de a adopção de um critério normativo ou de razoabilidade e boa fé, em sede de interpretação integrativa, não querer significar, porém, a desnecessidade de tal critério ser aplicado em articulação com o fim e o contexto de sentido do contrato concreto o qual, enquanto produto, agora de certa maneira objectivado, tem, não obstante, as particularidades nele imprimidas pelas marcas de origem.

[1464] Da mesma forma, Menezes Leitão, *A responsabilidade*..., p. 221 e ss., admite a possibilidade de aplicação analógica, à gestão de negócios, das disposições relativas ao negócio jurídico

ao *tertius* um sentido para ele apreensível em função das circunstâncias que conhecia ou devia conhecer. Parece encontrado, assim, um critério de ordenação do risco da actuação do representante o qual, com invocação das faculdades concedidas no artigo 1162.º do Código Civil, se afasta das instruções ou limites impostos pelo mandato.

De um lado, não se sacrifica desnecessariamente a posição do representado permitindo ao terceiro lavar as suas mãos da responsabilidade por consequências por ele controláveis – ao contrário de quanto sucederia se apenas se admitisse uma inoponibilidade do negócio representativo, relativamente ao dono do negócio, em caso de prejuízo ou afectação de um interesse objectivo traduzido numa pura abstracção

---

(artigos 236.º e 237.º) com vista à determinação da vontade do *dominus*, enquanto ao mesmo tempo sublinha a desnecessidade de a manifestação de vontade do dono do negócio ir dirigida ao gestor. Além disso, contesta que, na gestão de negócios, se possa aproximar, como o tem feito alguma doutrina, designadamente tudesca, a vontade presumível do dono do negócio – à qual se refere entre nós o artigo 465.º al. a) do Código Civil e ao qual, como vimos antes, Guichard Alves, de algum modo, aproxima o regime do mandato na questão agora em debate – ao interesse do *dominus* a partir do qual seria no fundo deduzida. Tal como nós propugnamos face ao artigo 1162.º do Código Civil, também Menezes Leitão, defende a ideia segundo a qual, na ausência de elementos concretos susceptíveis de permitirem a determinação da vontade real do *dominus* deverá recorrer-se a um processo de integração dessa vontade. São suas as seguintes palavras: «*Parece-nos (...) que a vontade presumível não deve ser identificada através do interesse objectivo do* dominus. *A aproximação efectua-se antes com a vontade real deste. A única diferença exige uma manifestação nesse sentido e pressupõe uma actividade interpretativa. A vontade presumível dispensa essa manifestação e pressupõe antes uma actividade integrativa. Em ambas está, porém, em causa o mesmo vector: o respeito pela representação subjectiva que o* dominus *faz dos seus interesses.*» Considerações estas dobradas por uma remissão, para o ensinamento, embora no dizer de Menezes Leitão, não inteiramente adaptável à solução por ele exposta, de Menezes Cordeiro, *Da boa fé...*, II, pp. 1068 e ss., nota (683), acerca do recurso à vontade hipotética como processo de integração de lacunas negociais. Mas mesmo quando se devesse negar pressupor o artigo 1162.º o recurso ao artigo 239.º do Código Civil e se duvide, como faz Carneiro da Frada, *Contrato...*, p. 83, nota (161), estar o funcionamento do primeiro dos dois preceitos ligados à existência de uma lacuna negocial (mais precisamente o autor duvida do facto de o artigo 1162.º vir preencher uma lacuna negocial. Note-se não ser essa a posição por nós expressa no texto. Quanto defendemos é remeter o artigo 1162.º, ao fim e ao cabo para o artigo 239.º do Código Civil) mesmo assim não vislumbramos qualquer motivo para alterar quanto dissemos no texto acerca da possibilidade e conveniência de o terceiro contraente sindicar a razoabilidade do comportamento do mandatário e a respectiva e efectiva conformidade com os interesses do mandante por forma a evitar a conversão do abuso de representação numa mera hipótese de preterição do interesse objectivo do representado. É que, em qualquer caso, e a não singrar o nosso ponto de vista, para o mandatário se poder afastar das instruções do mandante sempre seria necessário descobrir a existência de um dever de protecção «*parte de um tecido normativo que constitui uma espécie de estatuto objectivo a que se subordina a actuação do contrato e que se pauta por critérios de razoabilidade e justiça*» (a afirmação é de Carneiro da Frada, *Contrato...*, p. 83). A concreta e tópica ausência desse dever de protecção impediria o mandatário-representante de se afastar do mandato. A objectividade do estatuto normativo no qual se integra e os critérios de justiça e razoabilidade pelos quais se pauta permitem ao *tertius* a aferição da existência de um tal dever.

por não ser sequer ponderado à luz da boa fé e considerado em função das declarações-base.

Do outro, também se não sobrecarrega a contraparte do negócio representativo com a ineficácia do mesmo quando ela desconhecesse, sem culpa, determinadas circunstâncias as quais poderiam ter levado a interpretação complementadora a resultados diversos.

XXXIV – A par com a questão de saber qual o relevo a atribuir às declarações à margem da procuração cujo conteúdo é mais restrito do que o do documento procuratório ou poderes dados directamente a conhecer ao terceiro, a doutrina tem debatido ainda um outro problema: o da resolução a dar ao problema dos casos nos quais a competência ou autorização atribuída ao representante tem uma amplitude superior à declaração feita ao *tertius* pelo representado.

De acordo com LENEL, a maior extensão da autorização interna seria sempre insusceptível de ser invocada pelo terceiro[1465]. Na verdade, se a contraparte pretendesse invocar o conhecimento por ela adquirido acerca da existência de directrizes internas as quais superariam os poderes de representação, poderia o principal responder simplesmente através da afirmação segundo a qual se trata de simples problema interno entre ele e o representante, e, destarte, irrelevante para o terceiro. Outros, porém, como HUPKA[1466] e, entre nós, HELENA BRITO[1467] – a qual segue de muito perto o ensinamento do autor austríaco – preferem estabelecer distinções a este respeito sustentadas através da referência a casos modelares.

> Suponha-se o seguinte: a) um criador de cavalos **A** envia para uma feira certo número de animais e autoriza **B**, seu representante, a vender os equinos, indicando para cada um deles um valor mínimo. Entretanto **C** interroga **A** no sentido de saber se lhe vende, e em que condições, um específico cavalo. **A** indica a **C** um preço superior ao limite fixado para **B** e diz-lhe para, no tocante às demais condições do negócio, se entender com o representante presente na exposição. **C** dirige-se de facto a **B** mas sem o pôr ao corrente do contacto directo feito com **B**, o qual, do seu lado, também não foi informado por **A**. **B** vende o cavalo a **C** pelo preço que lhe indicara **A** mas abaixo de quanto tinha sido por este comunicado a **C**. Esta operação seria, segundo HUPKA e HELENA BRITO, indubitavelmente ineficaz perante **A**, com a

---

[1465] Lenel, *Stellvertretung...*, in *Jhering's...*, XXXVI, p. 24.
[1466] Hupka, *Die Vollmacht...*, pp. 213 e ss..
[1467] Helena Brito, *A representação...*, in *Revista...*, 9/10, pp. 47 e 48.

comunicação feita a **C**, o principal pretendeu limitar, em relação àquele negócio, a declaração mais ampla feita a **B**; b) **A** encomenda a **B** várias entregas de relógios com vista à China, aceitando a condição imposta por **B** segundo a qual se consideraria Hamburgo como o local de expedição e cumprimento. Mais tarde, porém, **A** estipula com o agente de **B** apenas se tomar o porto de Hamburgo como local de expedição e cumprimento no pressuposto de que as reclamações provenientes da China não seriam, sem mais, irrelevantes mas sim admissíveis quando se mostrassem justas. Numa situação como esta o contrato celebrado seria ineficaz relativamente ao *dominus* mesmo se o agente estivesse autorizado a celebrar negócios jurídicos com total independência, porquanto **B** tinha claramente indicado, aquando das negociações preliminares, ser para ele exigência fundamental aquela condição, não querendo submeter-se a reclamações provenientes da China. Mas os casos de maior amplitude da autorização dada ao representante relativamente à declaração feita ao terceiro poderiam ainda ser de outro tipo. Por exemplo, tendo encontrado uma habitação a qual suponho irá ser do meu agrado e, por isso desejo arrendar, dirijo-me por carta ao dono do imóvel interpelando-o no sentido de me dar a conhecer as condições do arrendamento. O dono responde ser o custo da habitação de 1000 e diz-me para, na eventualidade de estar de acordo com este montante, me dirigir, com vista à determinação e fixação das restantes condições, ao procurador **X** para fechar contrato. Depois de visitar a casa a quantia pedida parece-me, todavia, excessiva. Tomando em consideração as manifestações do dono do negócio não formulo qualquer proposta inferior ao administrador e renúncio pura e simplesmente à casa. O procurador diz-me então que o *dominus* o autorizou a celebrar contrato por um valor inferior e mostra-me uma carta na qual é dito dever ele pedir-me 1000 marcos mas em último caso poderá aceitar 900. Se eu celebro o contrato este será, segundo HUPKA, manifestamente válido. Estes exemplos serviriam para demonstrar, no dizer do discípulo de MITTEIS, como a questão de saber se o terceiro, apesar do conteúdo mais restrito do poder patente, se pode prevalecer ou não do maior alcance do mandato (*sic*) e se deve resolver de modo distinto segundo a situação de cada caso. Trata-se, afirma o autor, de simples questão de interpretação da vontade. Se as circunstâncias revelam ter sido desejo do principal, com a declaração dada a conhecer à contraparte, restringir o poder de representação (coisa que normalmente sucederá se a comunicação ao terceiro for posterior à relação gestória) o negócio celebrado contrariando a gestão não é válido. Se o *dominus* em contrapartida der a entender que quer dar validade a qualquer negócio susceptível de caber dentro da declaração mais ampla não existe razão para não considerar válido todo o inserido no quadro desta.

Pela nossa parte não temos dificuldades em aceitar a doutrina implícita na resolução dos exemplos agora apresentados. Cumpre, todavia, notar a existência de uma diferença de fundo entre estas situações e aquelas outras nas quais as instruções internas são mais restritas.

Nos dois primeiros exemplos não estamos perante casos de limitação da procuração. Ao contrário a *procuratio* é, em si mesma, deixada intocada pelo constituinte o qual nem sequer comunica ao representante quanto acordou com o terceiro. Noutros termos, nas situações em análise o representante, por si e em si, conserva todos os poderes conferidos pelo *dominus*. Quanto acontece é que, relativamente a determinados elementos do negócio jurídico o principal manifesta directamente a sua vontade ao terceiro. Se por interpretação da declaração manifestada pelo representado for possível afirmar traduzir ela uma vontade firme insusceptível de vir a ser modificada pelo representante no exercício dos poderes por ele realmente possuídos o negócio não produzirá efeitos por falta de consenso. A vontade do principal era, naquele ponto, decisiva para a formação do negócio representativo, tendo sido, expressa ou tacitamente, afirmado ao terceiro tratar-se de uma questão que se não queria deixar para resolução por parte do representante, apesar de este ter para o efeito poderes. Se, não obstante, o terceiro veio a negociar todos os pontos do negócio com o procurador, então, o que houve foi uma violação ou não aceitação, pela sua parte, das condições impostas pela outra para se poder formar o consenso negocial. Isso nada tem, porém, que ver com a extensão da procuração a qual, em todo este processo, não é, ao menos em regra, atingida. Sucede apenas ter o *dominus* decidido realizar aquele negócio, através de contactos directos com o terceiro e imposto como condição que certos aspectos haveriam de ser negociados por si mesmo[1468].

Na terceira hipótese está-se diante de um caso no qual, à semelhança dos anteriores, o dono do negócio formula, ele próprio, parte da proposta, incorporando nela imediatamente certas condições. Só que, do processo negocial no seu todo, é possível concluir-se no sentido segundo o qual o *dominus* admite a possibilidade de os termos por ele inicialmente sugeridos para o contrato virem a ser modificados pelo procurador.

Está-se, pois, nas três hipóteses perante situações nas quais tudo se resume a uma simples interpretação da extensão e alcance da proposta por ele formulada ao terceiro. Não perante um problema de interpretação da extensão dos poderes de representação concedidos ao procurador.

E nem se diga estarmos nós – ao considerarmos as instruções internas relevantes para as faculdades representativas, enquanto as decla-

---

[1468] Esta hipótese distingue-se claramente daquela outra mencionada na Parte II, Cap. I, parágrafo 2, VI, em que, por simples acaso e sem qualquer tipo de coincidência subjectiva o respeitante às outras partes no negócio jurídico, representante e representado adoptam comportamentos contraditórios.

rações proferidas ao terceiro já seriam indiferentes – a usar dois pesos e duas medidas para resolver problemas semelhantes. É que, na verdade, os problemas não são semelhantes. Num caso, o das instruções, o *dominus* está a proibir, ao procurador, determinada utilização das faculdades ou poderes de representação e, por isso, também a afirmar em termos absolutos não pretender assistir a certas actuações representativas por parte do *procurator*. Nos outros casos, não se proíbe absolutamente nada. Apenas se formula, directamente, à outra parte uma proposta contratual com determinados elementos já fixados deixando-se os demais para negociação com o representante. Os poderes deste permanecem, por isso, inalterados. Noutros contextos ou situações nos quais o *dominus* não tenha já, para um concreto negócio jurídico, fixado as fronteiras do consenso possível eles podem, pois, dar origem a negócios jurídicos plenamente válidos e eficazes.

Onde o problema de saber se se assiste, ou não, a uma eventual modificação da *procuratio*, tem realmente razão de ser é na eventualidade de o representado emitir diante do representado, à margem da procuração (ou talvez melhor do documento procuratório), instruções de conteúdo mais amplo do que os poderes conferidos[1469]. Se da declaração de vontade não transmitida ao terceiro for possível extrair, sempre por interpretação, uma intenção de alterar realmente os poderes de representação, alargando-os, e o terceiro, após conhecimento, obtido *aliunde*, confiar no teor da procuração, então, não se vê qualquer razão para não vincular o *dominus*. Trata-se no fundo de aplicar, com as necessárias adaptações, a mesma ideia que permite ao representado desvincular-se do negócio representativo, em caso de ciência ou cognoscibilidade por parte do *tertius*, perante as situações de limitação as faculdades representativas emitidas *a latere* da procuração.

[1469] E o mesmo se dirá da hipótese de o negócio subjacente ter um conteúdo mais amplo do que o títulado pelo documento procuratório.

3.1. – A influência das instruções *a latere* da procuração e do negócio-base para a falta ou vícios da vontade e estados subjectivos relevantes ao nível do negócio representativo. Remissão

I – O artigo 259.º do Código Civil, estabelece sob a epígrafe falta ou vícios da vontade e estados subjectivos relevantes, que:

«1. *À excepção dos elementos em que tenha sido decisiva a vontade do representado, é na pessoa do representante que deve verificar-se, para efeitos de nulidade ou anulabilidade da declaração, a falta ou vício da vontade, bem como o conhecimento ou ignorância dos factos que podem influir nos efeitos do negócio.*

2. Ao representado de má fé não aproveita a boa fé do representante.»

O regime deste preceito afigura-se da maior importância e, se devidamente analisado, fornece uma série de dados mais no sentido da demonstração da intromissão quer das instruções *a latere* da procuração quer da relação a ela subjacente sobre o próprio poder de representação e sua importância para o negócio celebrado pelo representante. Contudo o artigo 259.º releva, também, de forma decisiva, quando se procura fixar e determinar a chamada estrutura do negócio representativo e sua articulação quer com a *procuratio* quer com o negócio-base. Por isso mesmo, deixaremos o estudo desta norma para um outro capítulo no qual se discutirá e debaterá, precisamente, a configuração do negócio realizado pelo procurador. Deve, todavia, chamar-se, desde já, e neste local, a atenção para a circunstância de ser possível encontrar no mencionado capítulo uma série de dados mais a favor da clara ausência de abstracção ou autonomia integral da *procuratio* relativamente ao negócio gestório.

4. – O negócio consigo mesmo

I – Um outro limite à extensão do poder de representação parece resultar da proibição do negócio consigo mesmo[1470].

Conforme ressalta do teor do artigo 261.º do Código Civil, são duas as constelações de casos aqui possíveis: ou alguém representa em simultâneo ambas as partes de determinado negócio – é a chamada

---

[1470] Assim, também, Raúl Guichard Alves, *Notas...*, in *Revista...*, XXXVII, p. 49, mas em termos mais categóricos.

dupla representação – ou o representante actua nessa sua qualidade e, ao mesmo tempo, em nome próprio e, portanto, como parte – trata--se do autocontrato ou autonegócio[1471].

Não iremos estudar aqui, em todas as suas vertentes, a figura do negócio consigo mesmo[1472]. Deteremos, apenas, a nossa atenção na

---

[1471] *Idem.* Cfr., já antes, Vaz Serra, *Contrato consigo...*, in *Revista...*, 100, pp. 162 e 164, para quem o poder de representação não compreende o de contratar consigo mesmo. V., também, na doutrina de língua alemã, Dernburg, *Lehrbuch...*, II, pp. 507 e 508, nota (11), autor que parecia, já, considerar estarmos neste caso, perante uma hipótese de extensão do poder de representação (ou de determinação do seu alcance), tendo essse entendimento continuado a merecer sufrágios por parte da doutrina germânica. Entre nós, todavia, Mota Pinto, *Teoria...*, p. 219 e nota (1), prefere falar em incapacidade jurídica relativa.

[1472] A este respeito, e com diferente profundidade, pode ver-se, entre nós, *Parecer de 23 de Novembro de 1956 da Direcção-Geral dos Registos e Notariado* (Mariano Maia Mendes), in *Boletim do Ministério da Justiça*, 1957, 62, pp. 374 e ss.; Ferrer Correia, *Sociedades fictícias e unipessoais*, Coimbra, 1948, pp. 312 e ss.; Id., *A representação dos menores sujeitos ao pátrio poder na assembleia geral das comerciais*, in *Estudos Jurídicos*, II, *Direito Civil e Comercial e Direito Criminal*, p. 83, nota (1); Vaz Serra, *Contrato...*, in *Revista...*, 91, pp. 179 e ss.; Id., *Contrato consigo...*, in *Revista...*, 100, pp. 81 e ss.; Dias Marques, *Teoria...*, II, pp. 331 e ss.; Rui de Alarcão, *Breve...*, in *Boletim...*, n.º 138, pp. 108 e ss.; Galvão Telles, *Manual...*, pp. 316 e ss.; Mota Pinto, *Teoria...*, p. 546; Raúl Guichard, *O problema...*, pp. 98 e 99, nota (209). V., também, as diversas peças processuais, reunidas por Augusto de Leite Faria, *Anulabilidade do negócio consigo mesmo*, Porto, 1995; Carvalho Fernandes, *Teoria...*, II, pp. 174 e ss.; Oliveira Ascensão, *Direito civil...*, II, pp. 247 e ss.. Na doutrina tudesca destaque, a título meramente exemplificativo, para Römer, *Rechtsgeschäfte...*, in *Zeitschrift...*, 1873, XIX, pp. 67 e ss.; E. Muskat, *Der Vertrag des Stellvertreters...*, in *Zeistschrift...*, XXXIII, 1887, pp. 507 e ss.; Max Rümelin, *Das Selbstcontrahiren... per totum*; Siebert, *Kann nach gemeinem Recht..., per totum*; Crome, *System...*, pp. 457 e 458; Hupka, *Die Vollmacht...*, pp. 258 e ss.; Alfred Manigk, *Das System der juristischen Handlungen im neusten Schrifftum*, in *Jherings Jahrbücher für die Dogmatik des heutigen römischen und deutschen Privatrechts*, 1933, 83, pp. 1 e ss., 40 e 107, autor que procura enquadrar o negócio consigo mesmo na categoria, por ele elaborada, dos negócios de vontade ou *Willensgeschäft*, porquanto o representante não poderia emitir uma declaração de vontade a si próprio pelo que seria suficiente, para a realização do negócio consigo mesmo, a *voluntas*, não se podendo, destarte, falar, a este respeito, de negócio de declaração (para uma apreciação acerca dos contornos e prestabilidade daquele tipo de negócios cfr., Ferrer Correia, *Sociedades fictícias...*, pp. 82 e ss., e nota (1) da página 83; Id., *Erro e interpretação...*, pp. 59 e ss.; Dias Marques, *Teoria...*, II, pp. 59 e ss.; Manuel de Andrade, *Teoria...*, II, pp. 123 e ss.; Inocêncio Galvão Telles, *Manual...*, p. 110; Rui de Alarcão, *A confirmação...*, I, pp. 172 e ss.; Mota Pinto, *Teoria...*, p. 355, nota (1); Pedro de Albuquerque, *A autonomia da vontade...*, p. 138, nota (343); Henrique Mesquita, *Obrigações reais e ónus reais*, Coimbra, 1990, pp. 366 e ss.; Ferreira de Almeida, *Texto...*, I, pp. 263 e nota (16), 267 e ss., e III, p. 717; Paulo Mota Pinto, *Declaração tácita...*, pp. 529 e ss.; e Oliveira Ascensão, *Direito civil...*, II, pp. 33 e ss.. Em Itália e para além das referências já por nós feitas na nossa *Autonomia...*, pode, ainda, ver-se a título meramente ilustrativo Lorenzo Campagna, *I «negozi di attuazione» e la manifestazione dell'intento negoziale*, Milão, 1958; enquanto na doutrina tudesca se refere, sempre com carácter simplesmente ilustrativo, Flume, *Allgemeiner...*, II, *Das Rechtsgeschäft...*, pp. 76 e 77). Não obstante posições anteriormente expressas inclinamo-nos, agora, apesar de com algumas dúvidas, no sentido da admissibilidade dos negócios de vontade ou de actuação. Para um enquadramento geral do fenómeno da representação no âmbito dos *Willengeschfäten* ou negócios de vontade cfr., Manigk, *Willenserklärung und Willensgeschäft...*, pp. 568 e ss., 583 e ss.; Müller-

possibilidade de se extrair, ou não, do respectivo regime jurídico um argumento mais a favor da causalidade do poder de representação. Ao mesmo tempo, e por se tratar de um assunto ligado, também ele, à questão de saber se a *procuratio* é, ou não, causal, estudar-se-á a questão, à qual a doutrina tem dedicado atenção particular, da disparidade de regimes entre as consequências do negócio consigo mesmo, de um lado, e os efeitos do comportamento do representante que actua com excesso de poderes ou com abuso de representação, do outro[1473, 1474].

Importante sector da doutrina vê, na verdade, na celebração do negócio consigo mesmo – quando não especificadamente consentido[1475] ou quando não exclua por sua própria natureza a possibilidade

-Freienfels, *Die Vertretung...*, pp. 21, nota (37), 54, 96, 282 e ss., 358, 375, nota (9); Von Tuhr, *Der Allgemeine...*, II, II, pp. 360 e ss.; Enneccerus-Nipperdey, *Allgemeiner Teil...*, I, II, pp. 1107 e ss.; Flume, *Allgemeiner...*, II, *Das Rechtsgeschäft...*, pp. 809 e ss.; Ulrich Hübner, *Interessenkonflit...*, *per totum*; Flume, *Allgemeiner...*, II, *Das Rechtsgeschäft...*, pp. 781 e ss.; Steffen, *BGB-RGRK*, cit., I, comentário ao § 181, pp. 127 e ss.; Soergel-Leptien, *Bürgerliches...*, I, comentário ao § 181, pp. 1395 e ss.; Id., *Idem*, 13.ª ed., comentário ao § 181, pp. 665 e ss.; Larenz, *Allgemeiner Teil...*, pp. 595 e ss.; Schramm, *Münchener...*, I, comentário ao § 181, pp. 1529 e ss.; Id., *Idem*, 4.ª ed., comentário ao § 181, pp. 1792 e ss.; Staudinger-Schilken, *Kommentar...*, I, comentário ao § 181, pp. 171 e ss.; Heinz Hübner, *Allgemeiner...*, pp. 546 e ss.; Larenz-Wolf, *Allgemeiner...*, 887 e ss.; Brox, *Allgemeiner...*, pp. 258 e ss.. Cfr., igualmente, *Motive...*, I, *Allgemeiner...*, I, § 115, p. 224; *Protokolle (Mugdan)...*, in *Die gesamten...*, I, p. 759. Entre os autores italianos, e sempre com carácter ilustrativo, Pugliatti, *Contratto con se medesimo...*, in *Studi...*, pp. 313 e ss.; Mosco, *La rappresentanza...*, pp. 355 e ss.; Messineo, *Contrato con se stesso*, in *Enciclopedia del Diritto*, 1962, X, pp. 209 e ss.; Id., *Il contratto...*, I, pp. 279 e ss.; D'Avanzo, *Rappresentanza...*, in *Novissimo...*, XIV, pp. 825 e ss.; Franca Tessitore, *Sull'autocontratto*, *Appendice* a Natoli, *La rappresentanza...*, pp. 173 e ss.; Natoli, *Rappresentanza...*, in *Enciclopedia...*, XXXVIII, p. 472; Natoli, *Il contratto...*, *per totum*; Alessandra Salomoni, *La rappresentanza...*, pp. 165 e ss.. Finalmente em Espanha v., por todos, Díez-Picazo, *La representación...*, pp. 199 e ss.; Jose Manuel Ruiz-Rico, *La representación en el interés...*, pp. 274 e ss..

[1473] Acerca da aparente contradição entre o regime estabelecido pelo artigo 261.º do Código Civil, de uma banda, e a disciplina dos artigos 268.º e 269.º, da outra, pode ver-se, por exemplo, Ferrer Correia, *A representação...*, in *Estudos...*, II, p. 83; Vaz Serra, *Contrato consigo...*, in *Revista...*, 100, pp. 164 e ss.; Rui de Alarcão, *A confirmação...*, I, pp. 126 e 127, nota (206); Pinto Monteiro, *Cláusulas limitativas e de exclusão...*, p. 281, nota (691); Raúl Guichard, *O problema...*, pp. 98 e 99, nota (209); Id., *Notas...*, in *Revista...*, XXXVII, pp. 49 e ss.; Paulo Mota Pinto, *Aparência de poderes de representação...*, in *Boletim...*, Vol. LXIX, p. 592, nota (8). Na jurisprudência cfr., *Acórdão do Supremo Tribunal de Justiça, 3-3-1998* (Fernandes Magalhães), in *Boletim do Ministério da Justiça*, 1998, 475, pp. 610 e ss., maxime p. 614, onde se defende a solução da anulabilidade.

[1474] Acerca das particularidades que o negócio consigo mesmo coloca em sede de interpretação e de relevância dos vícios da vontade v., por todos, Mosco, *La rappresentanza...*, pp. 370 e ss..

[1475] Alguma jurisprudência italiana, seguida também por importante sector da doutrina, tem considerado, perante o artigo 1395.º do *Codice Civile*, cujo conteúdo perceptivo é em tudo idêntico ao do nosso artigo 261.º do Código Civil, não bastar o consentimento do representado para tornar o negócio consigo mesmo válido. Seria necessário, ainda, mostrar-se a própria autorização de tal modo especificada que levasse, ela própria, à exclusão do conflito de interesses. Uma simples autorização genérica seria, ainda, de molde a permitir o referido conflito, e, destarte, afectaria a validade do negócio consigo mesmo. Sobre esta questão cfr., Mosco, *La rappresentanza...*, p. 383; Franca Tessitore, *Sull...*, *Appendice...*, pp. 177 e 181 e ss.. A referência na nossa lei à anulabilidade do negócio consigo mesmo realizado pelo representante, excepto se o representante tiver especificadamente consentido na celebração, parece apontar, igualmente, no sentido da insuficiência da mera autorização genérica. A favor desta última solução fala, ainda, e aparentemente, a ilicitude da concessão de uma procuração irrevogável com poderes gerais e o lugar paralelo existente entre as duas situações (sobre esta questão da inviabilidade de uma procuração irrevogável com concessão de amplos poderes v. *infra*). E nem se diga estar-se, desta forma, a esgotar e reconduzir o requisito do consentimento à condição de o negócio excluir, por sua própria natureza, a possibilidade de conflito de interesses. Convém ter presente a circunstância de o artigo 261.º ter como antecedentes – um mais remoto outro mais imediato – o § 181 do *BGB* e o artigo 1395.º do *Codice Civile*. No primeiro não se faz qualquer referência a negócios os quais excluam por sua natureza o conflito de interesses. O mesmo já não sucede com o preceito do Código italiano. Aí considera-se válido o negócio consigo mesmo se o conteúdo do contrato estiver determinado de modo a excluir a possibilidade de um conflito. Ora esta referência, conforme nota Mosco, *La rappresentanza...*, p. 384, aparece com o propósito de disciplinar um conjunto de casos nos quais ao representante apenas cabe decidir se contrata ou não (outra hipótese na qual se pode discutir se o conflito de interesses não se encontra por natureza afastado é a de a procuração ter sido conferida no interesse do representado. Não nos parece, todavia, ser esse sem mais um caso de necessária exclusão da possibilidade do conflito de interesses. Basta ver como numa hipótese como essa sempre o representante poderia fazer uso da *procuratio* para fim diverso daquele que levou o representado a atribuir-lhe a procuração no seu próprio interesse. Isto será tanto mais assim para quem considere, como é o nosso caso, não ser possível a concessão de poderes de representação no exclusivo interesse do representante. Será sempre necessária a existência de um interesse, simultâneo ou paralelo, do representado). A finalidade do artigo 261.º é, tal como a do seu congénere italiano, a de evitar a possibilidade de a, maior ou menor, discricionariedade inerente ao poder de representação redundar num prejuízo ou perigo para o representado o qual não consentiu de forma ponderada na realização do negócio consigo mesmo. Nestes termos, ou a procuração na qual se deu a autorização contém poderes especiais e especificados – embora não seja de exigir uma especificação total ou máxima, designadamente, através da outorga de uma procuração especialíssima a qual apenas deixasse ao representante a decisão sobre se outorga ou não o negócio (uma delimitação da especificação e especialidade exigidas não parece sequer poder ser feita em abstracto. É, no entanto, possível a menção de algumas linhas mestras. Pelo menos os elementos essenciais do negócio devem estar determinados, ou ser determináveis; a duração da autorização ou da procuração encontrar-se definida, etc.. A este respeito, e para mais detalhes, v., Mosco, *La rappresentanza...*, pp. 386 e ss.) – ou, na eventualidade de conter poderes gerais, ou não especificados, a própria autorização para a celebração do negócio consigo mesmo deve determinar os moldes dentro dos quais semelhante tipo de acto haverá de considerar-se permitido pelo *dominus*. Não parece, assim, e com a devida vénia, acertada a decisão proferida pelo *Acórdão do Supremo Tribunal de Justiça, 15-2-1989* (Pinto Ferreira), in *Boletim do Ministério da Justiça*, 1989, 384, pp. 584 e ss., maxime pp. 590 e 591 (incapacidade acidental – documento autêntico – prova plena – contrato-promessa – negócio consigo mesmo), segundo a qual uma procuração em que expressamente se declara conceder-se poderes ao representante «*para ceder a quem e pelo preço e condições que entender por convenientes, a quota de que ele outorgante (...)*», contém uma autorização específica para a realização de um negócio consigo mesmo. Este é, a nosso ver, e em regra, um daqueles casos subsumíveis à proibição de celebração de um negócio consigo mesmo. Diferentes são já as considerações finais tecidas no aresto em referência, segundo as quais, «*Elucidativo e, de certo modo, explicativo do caracterizado consentimento especificado do representado (...) é o contexto negociatório que*

de conflito de interesses[1476, 1477] – entendido como um caso mais de abuso de representação ou, pelo menos de relevância externa do

---

precedeu a escritura da cessão (...). *Assim afigura-se líquido que o representado* (...) *previu o negócio do representante consigo mesmo* (...) *e quis realmente consentir nele».* Já se nos afigura mais acertada a posição do *Acordão da Relação do Porto, 30-5-1985* (Flávio Pinto Ferreira), publicado por Augusto Leite Faria, *Anulabilidade..,* pp. 35 e ss., maxime pp. 38 e 40, segundo o qual, embora podendo ser tácita a autorização deve, todavia, resultar de factos inequívocos, traduzindo-se a necessidade de consentimento especificado na necessidade de uma autorização clara, inequívoca, enunciada, particularizada. No sentido segundo o qual a confirmação do negócio consigo mesmo pode resultar de simples facto concludente e não carece de forma especial nem necessita de se dirigir a um destinatário, *Acórdão do Supremo Tribunal de Justiça, 3-3-1998* (Fernandes Magalhães), in *Boletim do Ministério da Justiça,* 475, pp. 610 e ss., maxime p. 614.

[1476] Tem-se, designadamente, considerado excluir um negócio, por sua natureza, a possibilidade de um conflito de interesses, quando o seu conteúdo tenha sido de tal modo predeterminado pelo representado que não possa surgir qualquer desentendimento, ou disputa, a seu respeito entre representante e representado. Sobre isto v., Franca Tessitore, *Sull..., Appendice...,* pp. 178 e 179, a qual todavia se demarca desta orientação ao admitir, também, a possibilidade de se afastar, por natureza, o conflito de interesses em hipóteses nas quais o representado não regulou exaustivamente os contornos do negócio representativo, conquanto, de facto, objectivamente não exista nenhum conflito de interesses. Neste sentido, as duas hipóteses, referidas por lei, de admissibilidade do negócio consigo mesmo teriam carácter meramente exemplificativo. Se esta orientação já se mostra discutível face ao artigo 1395.º do *Codice Civile,* mais controvertida, ainda, parece perante o artigo 261.º do Código Civil e sua articulação sistemática com os artigos 268.º e 269.º. Adiantando desenvolvimentos não julgamos, na verdade, estar-se, na hipótese prevista no artigo 261.º, perante um caso de falta de legitimidade representativa determinada por um real conflito de interesses, ou, diante de uma situação de abuso de representação. Trata-se, antes, de sancionar a ilicitude, de *per se,* do negócio consigo mesmo.

[1477] A referência ao conflito de interesses constante do artigo 261.º do Código Civil obriga a uma ponderação sobre o que entender por interesses. Nós próprios levámos já a cabo um, mais ou menos, extenso estudo sobre a noção de interesse (cfr., Pedro de Albuquerque, *Direito de preferência...,* pp. 310 e ss.) tendo, então, definido o interesse como a relação entre um sujeito e o bem apto a satisfazer tal necessidade, determinada na previsão ou valoração que dela faz o ordenamento jurídico. Desde então, o problema do interesse voltaria a ser apreciado e estudado por parte de importante sector da doutrina portuguesa. Assim, pode ver-se, José Bronze, *A Metodonomologia...,* pp. 43 e ss., em termos sublinhados por Castanheira Neves, *Arguição nas provas de Doutoramento de Fernando José Couto Pinto Bronze,* in *Boletim da Faculdade de Direito,* Coimbra, 1992, Vol. LXVIII, p. 339; e Menezes Cordeiro, *Da responsabilidade...,* pp. 517 e ss., segundo o qual a noção de interesse não é dogmaticamente aproveitável, no estado actual da ciência do direito (mas v., Pedro Leitão Pais de Vasconcelos, *A procuração...,* pp. 47 e ss.). Falta a instrumentação necessária para dele fazer um conceito actuante e útil. Nestes termos, a noção de interesse só terá algum relevo quando se defira, ao próprio sujeito, a função de definir quais os interesses e como os prosseguir. Doutra forma a lei mandaria *ad nutum,* adoptar certa actuação: seria mera norma de conduta. Assim, o interesse será quanto a vontade de determinado sujeito determinar. Transpondo esta posição de Menezes Cordeiro para o contexto do negócio consigo mesmo (relativamente à figura da chamada procuração no interesse do representante ou de terceiros v. *infra*) o conflito de interesses deve ser entendido, no fundo, como um conflito entre vontades ou fins predeterminados pela vontade do representado (determinada naturalmente em função da procuração e da relação-base ou causal) e os potencialmente visados pelo representado (no sentido de que o conflito de interesses entre o representante e o representado é, afinal, e na verdade, um conflito

conflito de interesses entre o representante e o representado[1478]. Daqui seguir-se-ia, como natural consequência, o facto de o artigo 261.º do

---

entre vontades pode ver-se, de forma mais ou menos clara, Pugliatti, *Il conflitto...*, in *Studi...*, p. 118; e Jose Ruiz-Rico, *La representación en el interés...*, pp. 351 e ss.). Isto não vale naturalmente para a representação orgânica nem para a representação legal. Não obstante, o artigo 261.º tem aplicação a muitas das situações verificadas nesse âmbito (com efeito na direcção segundo a qual os artigos 258.º e seguintes se aplicam analogicamente à representação orgânica pode ver-se: Ferrer Correia, *Sociedades fictícias...*, p. 312; Oliveira Ascensão, *Direito civil...*, II, pp. 232, nota (271), e 249. O *Acórdão do Supremo Tribunal de Justiça, 10-7-1997* (Almeida e Silva), in *Boletim do Ministério da Justiça*, 1997, 469, pp. 468 e ss. (representação sem poderes – ratificação – responsabilidade contratual de pessoa colectiva pública) aplica mesmo totalmente estes preceitos a uma situação de representação legal de um junta de freguesia. Cfr., também, *Acórdão do Supremo Tribunal de Justiça, 6-4-1983* (Pedro Lima Cluny), in *Boletim do Ministério da Justiça*, 1983, 326, pp. 430 e ss. (responsabilidade civil do Estado – representação orgânica – abuso de representação – negócio usurário – responsabilidade do Estado pela gestão das empresas intervencionadas). Quanto a estas a referência aos interesses deverá ser entendida como uma remissão, simplesmente, para normas e princípios. O representante deve usar de determinada diligência, acatando as normas e princípios relativos à respectiva função (cfr., Menezes Cordeiro, *Da responsabilidade...*, pp. 517 e ss., maxime 521 e 522). Relativamente ao problema de saber em que consiste a representação no interesse de terceiro ou do representante v. *infra*. Na doutrina espanhola, Jose Manuel Ruiz-Rico, *La representación en el interés...*, pp. 234 e ss., reduz, pura e simplesmente, o interesse do representado, que deve presidir a toda a manifestação de representação, à circunstância de os efeitos, sejam eles quais forem, do negócio representativo se produzirem na esfera jurídica ou património do principal, tal como se produziriam se ele tivesse actuado directamente. Desta forma, estaríamos perante o fenómeno representativo quando, para além dos demais requisitos, se tem um interesse na titularidade manifesta do negócio ou se pretende aparecer publicamente como seu sujeito. O interesse do representado, subjacente e inerente à representação, não parece ser, assim, coisa distinta da vontade de conservar – ou vir a adquirir – a titularidade sobre o assunto ou assuntos geridos pelo representante. Noutros termos, o interesse visado pelo representado através da instrumentação jurídica da representação é a produção total dos efeitos jurídicos do negócio representativo na sua esfera jurídica como consequência da gestão levada a cabo pelo representado. A formulação do autor espanhol é digna de relevo. Sempre se deverá, no entanto, sublinhar a insuficiência da simples recondução do interesse do representado à mera aquisição da titularidade dos efeitos do negócio representativo. Na sequência de quanto dissemos já nesta nota, facilmente se antecipa e compreende como o interesse do *dominus* é ver produzir-se na sua esfera jurídica os efeitos do negócio representativo mas nos moldes, e apenas nesses, definidos pela sua própria vontade – e designadamente tal como ela resulta do negócio causal ou subjacente – pois só nesse sentido se poderá falar de uma *voluntas* correspondente ao interesse do representado ou aos fins por ele realmente prosseguidos com o recurso à representação. Noutra perspectiva, e aceite a ideia segundo a qual a representação é gestão de assuntos alheios a realizar por determinada forma, o interesse do representado apenas seria a realização dessa mesma gestão com eficácia directa para o constituinte (cfr., novamente, Jose Manuel Ruiz-Rico, *La representación en el interés...*, pp. 259 e ss.). Aproximando a determinação do interesse a quanto é determinado pelo principal ou pela vontade das partes pode ver-se também, mas agora a propósito do mandato, Januário Gomes, *Em tema...*, p. 170.

[1478] A este respeito v., por exemplo, Ferrer Correia, *A representação...*, in *Estudos...*, I, p. 83, nota (1); Vaz Serra, *Contrato consigo...*, in *Revista...*, 100, p. 164; Rui de Alarcão, *A confirmação...*, I, p. 127, nota (206); Raúl Guichard Alves, *Notas...*, in *Revista...*, XXXVII, p. 51. Em Itália cfr., Mosco, *La rappresentanza...*, p. 378; Franca Tessitore, *Sull...*, *Appendice...*, pp. 173 e ss., maxime pp. 179 e 180, com indicações bibliográficas e jurisprudenciais. Recorde-se, ainda, como parte da

Código Civil consagrar uma manifestação mais de relevância da relação jurídica interna sobre o poder de representação. Além disso, poder-se--ia perguntar se a sanção estabelecida para o negócio consigo mesmo é, na verdade, como parece apontar a letra do n.º 1 do artigo 261.º, uma anulabilidade ou se, ao invés, não se deve ver aí um caso de ineficácia[1479]. É que, estabelecendo o artigo 269.º a ineficácia do negócio representativo abusivamente celebrado, e o 268.º igual resultado para o acto levado a cabo com excesso de poderes, idêntica conclusão se deveria aceitar − sob pena de contradição entre os vários preceitos legais − para as situações de negócio realizado pelo representante consigo mesmo. Quer no abuso de representação quer no negócio consigo mesmo quanto estaria em causa seria a eventual preterição dos interesses do representado, isto é, um desvio à funcionalização do poder de representação, com a consequente perda de legitimidade representativa por parte do representante[1480].

Poder-se-ia, assim, pensar que, não obstante a diversidade de expressões usadas nos artigos 261.º e 268.º, se deveria defender a ideia segundo a qual o negócio consigo mesmo não permitido geraria, não uma hipótese de anulabilidade, mas antes um caso de ineficácia[1481]. Isto porquanto, afinal, o negócio celebrado pelo representante consigo próprio seria um acto de representação sem poderes, porventura na forma de abuso de representação, porquanto na competência outorgada ao representante não estaria incluída a de contratar com ele próprio.

Haveria, destarte, uma contradição na lei se se interpretasse literalmente o artigo 261.º[1482]. Nestes termos, a palavra anulável quereria

---

doutrina germânica procura, justamente, e na ausência de uma norma específica a proibir o abuso de representação, encontrar um alicerce para a ineficácia dos actos abusivamente celebrados pelo representante no § 181 do *BGB*, preceito no qual se regula e disciplina o negócio consigo mesmo (cfr., quanto se escreveu *supra*, Parte II, Cap. II, parágrafo 2).

[1479] Também em Itália, e não obstante a circunstância de o artigo 1395.º do *Codice Civile* considerar o negócio consigo mesmo como anulável, se discute o valor a atribuir ao acto celebrado pelo representante consigo próprio, havendo quem fale a este respeito de nulidade. Sobre esta querela v., Franca Tessitore, *Sull...*, *Appendice...*, pp. 176 e 177.

[1480] Cfr., Raúl Guichard Alves, *Notas...*, in *Revista...*, XXXVII, p. 51.

[1481] Cfr., Vaz Serrra, *Contrato consigo...*, in *Revista...*, 100, p. 164.

[1482] Cfr., embora em sentidos divergentes, ora reconhecendo a contradição e aventando, sem se tomar uma posição definitiva, a hipótese de se corrigir o artigo 261.º, ora reconhecendo a contradição mas negando qualquer possibilidade de correcção por se estar perante um simples conflito de valoração (sobre este tipo de conflitos legais v. as considerações anteriormente proferidas a este respeito), ora negando mesmo a existência de qualquer contradição, a bibliografia citada *supra* nos parágrafos precedentes em nota.

dizer ineficaz[1483]. Para além disso, se o contrato fosse ineficaz teria o representante de propor a acção de anulação dentro de certo prazo, caso desejasse invalidá-lo. Isto a representar para ele um incómodo tão grave que poderia preferir abster-se da impugnação[1484].

Por tudo isto, o contrato consigo mesmo deveria considerar-se ineficaz para o representado enquanto não o ratificasse, sem necessidade de se intentar uma acção de anulação[1485].

II – Pela nossa parte não concordamos, porém, com a ideia de existência de uma qualquer contradição entre o artigo 261.° e os artigos 268.° e 269.° do Código Civil.

Tem razão RAÚL GUICHARD quando sublinha a circunstância de o artigo 269.° do Código Civil pressupor um efectivo desvio do representante relativamente à vontade do representado. Não uma mera situação de potencial dissídio entre a *voluntas* do *dominus* e a do seu auxiliar, como sucede com o artigo 261.° do Código Civil[1486]. Na verdade, neste último preceito quanto releva não é a efectiva preterição da vontade do representado mas sim a simples situação de potencial conflito de interesses ou de vontades entre o representante e o representado[1487]. De facto, nos termos do artigo 261.° o negócio consigo mesmo, não permitido, continua a não ser admissível mesmo quando se mostre ter o representante, naquele caso concreto, actuado com toda a diligência devida e até praticado um acto insusceptível de ferir os interesses ou vontade do representado[1488]. Nestes termos, o artigo 261.° não está a consagrar qualquer situação de falta, ausência ou limitação de poderes representativos – resultante de um concreto conflito de interesses ou vontades entre representante e representado. Está, antes, e simplesmente, a sancionar a própria ilicitude positiva da dupla representação enquanto tal.

Repare-se, além disso, como face à nossa lei, a não produção dos efeitos do negócio consigo mesmo não depende de qualquer conhecimento ou cognoscibilidade, por parte do representante (ou do outro

---

[1483] Vaz Serrra, *Contrato consigo...*, in *Revista...*, 100, p. 164.

[1484] *Idem.*

[1485] *Idem.*

[1486] Raúl Guichard Alves, *Notas...*, in *Revista...*, XXXVII, pp. 50 e ss..

[1487] Em sentido aproximado cfr., Pedro Leitão Pais de Vasconcelos, *A procuração...*, p. 195.

[1488] Vontade referida naturalmente ao conteúdo do negócio representativo o qual se não mostre, apesar de tudo, insusceptível de causar um conflito de interesses.

representado), da existência do conflito de interesses, ou vontades, ao contrário de quanto se passa no abuso de representação[1489]. Tão-pouco pode a outra parte, na situação contemplada no artigo 261.º, fazer uso da faculdade prevista no n.º 4 do artigo 268.º do Código Civil. Faculdade essa difícil de excluir se a lei tivesse estatuído como consequência do negócio consigo mesmo a respectiva ineficácia (equiparando o negócio consigo mesmo ao abuso de representação). Não foi, pois, de forma inocente, ou inadvertida, que o nosso legislador se afastou da solução de ineficácia, prevista no Anteprojecto de RUI DE ALARCÃO[1490] para o negócio consigo mesmo, e preferiu a anulabilidade[1491]. Existem, pois, razões de sobra para explicar a diversidade de regimes entre o artigo 261.º e os artigos 268.º e 269.º do Código Civil[1492].

III − Perante semelhante constatação deve concluir-se no sentido da inviabilidade ou insusceptibilidade de se encontrar na proibição do negócio consigo mesmo um argumento mais a favor da imediata causalidade ou dependência do poder de representação relativamente à relação-base ou causal. Na verdade, não se está, aí, a dar relevância a um concreto conflito de interesses ou vontades mas, apenas, a sancionar a ilicitude do negócio consigo mesmo não consentido. Essa ilicitude resulta da potencialidade de, em abstracto, este tipo de actos poder conduzir a conflitos entre o *dominus* e o representante; sem, todavia, pressupor qualquer indagação efectiva acerca de quais os interesses ou fins efectivamente visados pelo dono do negócio (designadamente em função da relação-base ou subjacente à outorga dos poderes de representação). Semelhante conflito até pode não existir mas − ainda assim, e atenta a ilicitude, *per se*, do negócio consigo mesmo que não tenha sido especificamente autorizado ou não exclua por sua própria natureza a eventualidade de uma situação de conflituosidade entre representante e representado − o acto continua a ser anulável[1493, 1494].

[1489] Raúl Guichard Alves, *Notas...*, in *Revista...*, XXXVII, p. 52.

[1490] Rui de Alarcão, *Breve...*, in *Boletim...*,138, pp. 77 e 108 e 109.

[1491] Raúl Guichard Alves, *Notas...*, in *Revista...*, XXXVII, pp. 52 e 53.

[1492] *Idem*, p. 53.

[1493] Sempre se dirá, porém, como sem permitir firmar em termos definitivos um argumento mais a favor da causalidade ou dependência do poder de representação relativamente ao concreto e efectivo negócio gestório que lhe está na base o artigo 261.º permite, ainda assim, refutar o entendimento que do fenómeno representativo fazem os defensores da visão labandiana do fenómeno representativo. Na verdade, se se partir da premissa segundo a qual o poder de representação seria uma figura absolutamente autónoma e formal e se se admitir a ideia de que a eficácia directa depende única e imediatamente da actuação em nome do representado e ao mesmo tempo se conceber a *contemplatio domini* como algo de puramente abstracto não se deveria sequer tomar em consideração a possibilidade ou potencialidade de um conflito de interesses entre o representante e o representado. Por isso, e sem irmos tão longe como vai perante o direito italiano Pugliatti, *Contrato...*, in *Studi...*, p. 319, e sem vermos no artigo 261.º uma manifestação concreta de relevância, em sede do poder de representação, do negócio gestório, sempre nos parece haver aí indícios claramente contrários à compreensão do poder de representação nos moldes propostos por Laband e Hupka. Na verdade, do artigo 261.º resulta claramente, e ao contrário do pretendido pelos defensores da visão labandiana do fenómeno representativo, como a situação dos interesses ou vontade do representado não se mostra, desde que o *procurator* actue de modo formalmente correcto, irrelevante para o legislador (no sentido segundo o qual subjacente ao artigo 261.º do Código Civil se encontra também uma certa ideia de funcionalização do poder de representação pode ver-se, Raúl Guichard, *O problema...*, p. 107, nota (209)). E tanto assim é, que em determinados casos, o legislador afastou a licitude de todo um conjunto de negócios, pelas suas características, particularmente aptos a gerarem conflitos de interesses ou de vontade entre o representante e o representado, independentemente deles, na prática, se materializarem, ou não, efectivamente.

[1494] Deverá, no entanto, chamar-se a atenção para a circunstância de, em sede de negócio consigo mesmo, se assistir, de algum modo, a uma intromissão ou repercussão da relação jurídica gestória, sobre o poder externo de representação quando for possível extrair do negócio-base ou causal elementos suficientes para se considerar prestado o consentimento especificado referido no artigo 261.º do Código Civil. Noutros termos, sempre que a autorização para a celebração do negócio consigo mesmo resultar, não da própria procuração, mas antes da relação jurídica interna entre o *dominus* e o seu auxiliar, não se vê como negar a existência de uma clara intromissão desta sobre a conformação da competência representativa. E o mesmo se dirá quando seja a relação-base a tornar o negócio representativo, por sua própria natureza, insusceptível de gerar um conflito de interesses entre o representante e o representado. Da mesma forma, muitos casos de consentimento para a realização de negócio consigo mesmo corresponderão a hipóteses nas quais se pode assistir a situações de verdadeira procuração dada no interesse do representante. Ora, a procuração no interesse do *procurator* é, tipicamente e por definição, uma situação de transposição para primeiro plano da relação jurídica interna a unir constituinte e constituído com a consequente interferência desta sobre a própria configuração externa do poder de representação. Cfr. *infra*.

CAPÍTULO III

A SORTE DA PROCURAÇÃO
E A RELAÇÃO JURÍDICA A ELA SUBJACENTE

1. – A extinção da procuração e do poder de representação – o termo de vigência da relação jurídica base e a revogação da *procuratio*

I – A extinção da procuração e do poder de representação encontra-se expressamente regulada nos artigos 265.º e 266.º do Código Civil[1495]. Nos termos destes preceitos, a *procuratio* cessa quando o procurador a ela renuncia[1496] ou quando termina a relação

---

[1495] Acerca da extinção da procuração v, para além de quanto se escreve neste parágrafo, *supra*, designadamente na Parte II, Cap. I, parágrafo 2.

[1496] A possibilidade de renúncia ao poder de representação parece, em certa perspectiva, um argumento a favor da abstracção do poder de representação. A lei dissipa, todavia, quaisquer dúvidas a este respeito ao estabelecer, no artigo 1179.º do Código Civil, implicar a renúncia da procuração a revogação do mandato. Pensamos dever aplicar-se a mesma regra por analogia às demais relações subjacentes. Nestes termos, não é de admitir uma renúncia à *procuratio* sempre que o representante não possa pôr termo, por acto seu, à relação jurídica gestória (no caso do mandato parece resultar da conjugação dos n.ºs 1 e 2 do artigo 1170.º a possibilidade de o mandatário revogar sempre – e quer o *mandatum* seja no interesse exclusivo do mandante, quer seja também no interesse do mandatário ou de terceiro – o contrato. A este respeito v., Januário Gomes, *Em tema...*, pp. 187 e ss., e as críticas aí feitas de *iure condendo* a esta solução). Perante isto, apenas se pode concluir, não só, no sentido da ausência de qualquer incompatibilidade entre a possibilidade de renúncia ao poder de representação e a causalidade dos mesmos, como se deve, mesmo, considerar reiterada a afirmação dessa ligação causal face ao disposto no artigo 1179.º do Código Civil (para mais pormenores acerca da importância do artigo 1179.º do Código Civil na compreensão do fenómeno representativo v. *supra*, Parte II, Cap. I, em nota *passim*). Aliás, deve sublinhar-se a circunstância de ser precisamente entre os defensores da ideia de abstracção da procuração que se encontram os maiores contestatários à possibilidade de se renunciar ao poder de representação. Assim, pode ver-se, por exemplo Hupka, *Die Vollmacht...*, pp. 390 e 391, o qual afirma como a doutrina do *ius commune* e os Códigos antigos e modernos indicam como causa de extinção da procuração a renúncia do procurador, ou seja, a respectiva declaração no sentido de não pretender continuar a ser representante. Isto traduzir-se-ia, todavia, de acordo com o jurista austríaco, num grave desconhecimento da natureza da procuração. Esta não seria, como o mandato, uma relação obrigacional, da qual o constituído se pudesse desligar unilateralmente, nem

jurídica que lhe serve de base, excepto se for outra a vontade do representado[1497, 1498]. Além disso, a competência representativa termina também com a verificação do termo ou prazo para o exercício dos poderes representativos[1499] – quando tenham sido estipulados –, com a verificação de certas condições às quais as faculdades de representação estejam subordinadas, com a realização do negócio representativo nas

---

sequer um direito subjectivo do representante por ele renunciável, mas sim uma simples legitimação formal exterior apoiada unicamente na vontade do autor da procuração e que só por virtude da vontade deste pode cessar. Donde, a renúncia do procurador ao poder de representação apenas poderia ter relevância para relação contratual interna – e conquanto esta seja susceptível de denúncia – mas a *procuratio* não se extinguiria até o constituinte ter aceite a renúncia – ou seja, e em termos jurídicos, segundo o autor, até ao momento da revogação da *procuratio* por parte do representado. Em termos equivalentes aos de Hupka, considerando repugnar a possibilidade de renúncia ao poder de representação à natureza da procuração – entendida esta ao jeito de Laband – pode ver-se, Nattini, *La dottrina...*, pp. 252 e 253. Confrontadas estas afirmações com o dispositivo, conjunto, dos artigos 265.º, n.º 1, e 1179.º, por aqui se vê, também neste particular aspecto, como as ideias fundamentais de Hupka, seus prosélitos e discípulos não mereceram qualquer tipo de acolhimento por parte do nosso Código Civil (v., no entanto, a solução proposta por Hupka face ao § 168, I, do *BGB*, a qual se mostra insusceptível de transposição para o direito português atenta a clara distinção levada a cabo pelo nosso legislador entre renúncia e extinção do poder em virtude da cessação da relação jurídica base). Entre nós, também, Helena Mota, *Do abuso de representação...*, p. 103, adepta – com a devida vénia e respeito, que se assinalam, não sem algumas contradições internas na argumentação e no raciocínio seguidos – da tese da abstracção da procuração, confrontada com o texto do artigo 265.º, n.º 1, e com a possibilidade de o poder de representação se extinguir por renúncia, em vez de retirar, daí, as devidas ilações prefere, num claro processo de inversão, afirmar: «*Esta solução é assaz criticável (...) porquanto o poder de representação outorgado pela procuração é um poder formal, uma forma de legitimação para actuar em nome de outrem, e que emana da vontade do representado; como tal, não tendo conteúdo obrigacional, nem sendo direito subjectivo, não é revogável, resolúvel ou renunciável, respectivamente. A renúncia só pode ter sentido no âmbito do mandato, embora aí a lei portuguesa estabeleça a revogação unilateral por qualquer das partes com o consequente dever indemnizatório.*» Afinal esta possibilidade de renúncia à procuração só vem, conforme sublinhado já, demonstrar a impossibilidade da procuração isolada, entendida como simples poder formal, tal como pretendido pelos partidários da visão labandiana do fenómeno representativo. Ela ajuda também a compreender a parte final do preceito artigo 265.º n.º 1 – com o sentido para ele proposto pelos Professores Oliveira Ascensão, Menezes Cordeiro e Pedro Pais de Vasconcelos. V., *supra*, Parte II, Cap. I, parágrafo 2, e *infra* no presente parágrafo.

[1497] O sentido desta excepção foi já debatido e analisado *supra*, Parte II, Cap. I, parágrafo 2. Remete-se pois para esse local.

[1498] O artigo 264.º, n.º 2, do Código Civil prevê, ainda, a possibilidade de, existindo declaração nesse sentido, a substituição de novo procurador poder envolver a exclusão do antigo. Enquanto isso, o artigo 1171.º também do Código Civil prevê a extinção do mandato se se assistir à designação de outra pessoa, por parte do mandante para a prática dos mesmos actos. Verificada a cessação do mandato por esse motivo verificar-se-á, também, a extinção do poder de representação de acordo com o estabelecido no artigo 265.º, n.º 1. Hupka, *Die Vollmacht...*, p. 415, chega mesmo a considerar a nomeação de um novo procurador como um caso típico de cessação tácita do poder de representação.

[1499] No artigo 267.º do Código Civil fala-se em caducidade da procuração. Julgamos que a expressão abrangerá, nomeadamente, as hipóteses nas quais a procuração é arrastada pela cessação da relação subjacente (cfr., se bem vimos, nesse sentido, Menezes Cordeiro, *Manual...*, I, p. 475).

hipóteses nas quais a competência para representar se esgote na celebração de um único acto[1500], e, ainda, com a revogação da mesma por
parte do representado. Esta possibilidade de livre revogação existe
mesmo no caso de se ter estabelecido convenção em contrário ou de
renúncia ao direito à revogação. Apenas na eventualidade de a procuração ter sido concedida também no interesse do procurador ou de
terceiro, não pode ela ser revogada sem acordo do interessado, salvo
ocorrendo justa causa. Além destas causas de extinção tem-se discutido, em particular na doutrina alemã, se outras situações como a
morte do representado[1501] ou representante[1502], a incapacidade super-

---

[1500] Brox, *Allgemeiner...*, p. 246.

[1501] Sobre isto cfr., por todos, e de entre a interminável bibliografia sobre o tema: Hupka,
Die Vollmacht..., pp. 382 e ss.; Karl Heldrich, *Die Geltung der Vollmacht nach dem Tode des
Vollmachtgebers*, in *Jherings Jahrbücher für die Dogmatik des Bürgerlichen Rechts*, 1928/1929, 43, pp. 315
e ss.; Müller-Freienfels, *Die Vertretung...*, pp. 309 e ss.; Flume, *Allgemeiner...*, II, *Das Rechtsgeschäft...*,
pp. 845 e ss.. Em Espanha v., também, António Gordillo, *La representación...*, pp. 105 e 106;
Carmen López Rendo, *Las causas particulares de extinción del mandato: de Roma al Derecho Moderno*,
Oviedo, 1999, pp. 229 e ss.. Enquanto isso pode ver-se, sempre sobre o mesmo assunto, na
literatura jurídica italiana, Nattini, *La dottrina...*, pp. 246 e ss.. Entre nós cfr., na jurisprudência, a
favor da revogação do mandato em caso de morte do mandante, *Acórdão do Supremo Tribunal de
Justiça, 14-5-1965* (Lopes Cardoso), in *Boletim do Ministério da Justiça*, 1965, 147, pp. 265 e ss.
(doação de coisa móvel através de mandatário – tradição – morte do mandante – termo do
mandato); *Acórdão do Supremo Tribunal de Justiça, 27-9-1994* (Costa Marques), in *Colectânea de
Jurisprudência, Acórdãos do Supremo Tribunal de Justiça*, 1994, Ano II, Tomo 3, pp. 66 e ss. (mandato
representativo – caducidade – correcção do pedido), por não considerar que, no caso em análise,
se assistisse a um interesse do procurador ou de terceiros nos poderes de representação; *Acórdão da
Relação de Coimbra, 13-10-1998* (Ferreira Barros), in *Colectânea de Jurisprudência*, 1998, XXIII, 4,
pp. 35 e ss., maxime 38 e ss., onde se considera que, por não existir uma relação subjacente a
apontar no sentido da irrevogabilidade dos poderes de representação, caduca por morte do
representado a procuração na qual se estabelece ser ela irrevogável e não caducar por morte, dado
ser passada no interesse do mandatário. Em sentido diverso, mas sem contradição com o disposto
no aresto antes citado, pode ver-se *Acórdão da Relação de Lisboa de 11-10-1990* (Lopes Pinto), in
Colectânea de Jurisprudência, 1990, 4, p. 145 (mandato representativo – interesse do representado –
caducidade do mandato), onde se afirma não produzir a morte do mandante a caducidade do
mandato representativo quando exista também um interesse do mandatário; *Acórdão do Supremo
Tribunal de Justiça, 9-3-1995* (Figueiredo de Sousa), in *Boletim do Ministério da Justiça*, 1995, 445,
pp. 458 e ss. (mandato – doação após morte do mandante – não caducidade do mandato –
aceitação da doação), o qual considerou como não extinto em resultado da morte do principal o
mandato para doação em virtude do interesse moral da procuradora e filha do representado em
fazer a vontade ao falecido pai; *Acórdão do Supremo Tribunal de Justiça, 3-6-1997* (Lopes Pinto), in
Boletim do Ministério da Justiça, 1997, 468 (mandato – procuração – celebração de contrato
prometido após morte do mandante [promitente vendedor] – interesse do mandatário [promitente
comprador] – não caducidade do mandato) por considerar que, sendo a procuração concedida no
interesse do mandatário, não caduca com a morte do mandante. A questão da caducidade ou não
do mandato por morte do mandante cruza-se ou liga-se de modo quase imediato àquele outro
problema acerca da revogabilidade ou irrevogabilidade da procuração – também aqui a resolução
da interrogação, que consiste em saber como e quando se extingue a *procuratio* em consequência

veniente de qualquer um deles[1503], e falência[1504] não importam também na extinção da competência representativa[1505, 1506]. Em particular tem-se debatido com afinco a admissibilidade da *Vollmacht auf den Todesfall*, isto é da procuração destinada a valer precisamente para o caso de morte do mandante. As dificuldades que se levantam a esta figura prendem-se, essencialmente, com aspectos do direito sucessório, e com a necessidade de se evitar a possibilidade de, através de uma simples procuração, o *de cujus* frustrar as disposições imperativas, quer no tocante à

---

de um acto de vontade do representado dirigido à extinção dos poderes de representação, depende da existência de um interesse do representante ou de terceiros na existência e outorga da competência representativa. Quanto for encontrado e dito a propósito da existência, ou não, por parte do mandatário ou do terceiro, de um interesse na autorização representativa valerá, igualmente, e por isso, para a caducidade do mandato por morte do mandante. Sempre se dirá, antecipando desenvolvimentos, constituir a caducidade, ou não, dos poderes de representação em caso de o mandante ou representado vir a falecer, uma consequência directa da configuração da relação causal ou subjacente à outorga dos poderes de representação. Para mais pormenores, ao nível da nossa doutrina v., sobre o assunto, Pedro Leitão Pais de Vasconcelos, *A procuração...*, pp. 215 e ss.. Para um interessante estudo acerca da questão de saber se a posição jurídica quer do constituinte quer do constituído pode ser transferida por sucessão v., Kaspar Frey, *Rechtsnachfolge in Vollmachtnehmer- und Vollmachtgeberstellungen*, Munique, 1997, onde se debate também a questão de saber se o poder voluntário de representação é ou não susceptível de ser transferido.

[1502] Hellwig, *Die Verträge...*, p. 119; Hupka, *Die Vollmacht...*, pp. 380 e ss.. Em Espanha v., a propósito do mandato, Carmen López Rendo, *Las causas...*, pp. 237 e ss.; enquanto em Itália se pode consultar, entre outros, Nattini, *La dottrina...*, pp. 246 e ss..

[1503] Hupka, *Die Vollmacht...*, pp. 383 e ss.; Müller-Freienfels, *Die Vertretung...*, pp. 297 e ss.; Flume, *Allgemeiner...*, II, *Das Rechtsgeschäft...*, pp. 852 e ss.; Nattini, *La dottrina...*, pp. 249.

[1504] Hupka, *Die Vollmacht...*, pp. 385 e ss.; Nattini, *La dottrina...*, p. 249.

[1505] Entre nós v. o disposto no artigo 1175.° do Código Civil.

[1506] Outra hipótese de extinção da procuração é segundo Hupka, *Die Vollmacht...*, p. 379, a consecução do fim para o qual foi concedida uma procuração especial ou uma procuração geral outorgada para determinadas finalidades transitórias. Não deixa de ser curiosa a circunstância de ser precisamente o discípulo de Mitteis a pretender sublinhar e destacar essa causa de extinção da procuração. Convém ter presente como, logo após Laband, o principal contributo para a divulgação da ideia de abstracção da procuração se ficará, talvez, a dever ao ensinamento do jovem autor austríaco. Perante isto, não pode deixar de se sublinhar a contradição patente entre a posição assumida por Hupka, a propósito das causas de extinção do poder de representação, de uma banda, e a orientação defendida acerca da irrelevância do fim da *procuratio* e do abuso de representação, da outra (v., *supra*, Parte II, Cap. II, parágrafo 2, ao recordar-se a circunstância de Hupka negar a relevância do abuso de representação) – sendo que estes aspectos da tese hupkaniana agora referidos (a saber a ausência de relevância do fim e do desmando cometido pelo representante) são duas marcas essenciais da defesa da ideia de independência integral entre representação, de um lado, e relação causal ou subjacente, do outro, sustentada pelo autor. Bem vistas as coisas, a afirmação segundo a qual a *procuratio* termina com a realização do respectivo fim é, e particularmente no caso da procuração geral, um reconhecimento do respectivo carácter causal. Causa tácita de extinção do poder de representação é, também, e ainda de acordo com Hupka, *Die Vollmacht...*, p. 415, a realização pelo principal de actos de disposição incompatíveis com a manutenção da competência representativa, ou, ainda a circunstância de o *dominus* se encarregar pessoalmente da realização do negócio representativo.

forma quer relativamente ao conteúdo das disposições testamentárias ou hereditárias. Ainda assim, dentro de determinados limites, e considerados certos fins, não falta quem admita a viabilidade deste tipo de procurações[1507]. Um exame mais detido das posições mantidas, a este respeito, pela doutrina e jurisprudência tudescas proporcionar--nos-ia um dado extremamente revelador[1508]: as mesmas situações jurídicas susceptíveis de, em determinadas ocasiões, provocarem a extinção do poder de representação, vão deixá-lo subsistente e intocado noutras[1509]. Ou seja: mais do que o concreto facto extintivo, será o respectivo significado para a vontade ou interesse do representado, subjacente à outorga dos poderes representação, a ditar a sorte dos referidos poderes[1510].

II – Não iremos deter-nos no estudo de cada uma das formas ou causas de extinção da procuração. Centrar-nos-emos, apenas, na análise de duas das mais importantes formas de cessação do poder de representação: o termo de vigência da relação jurídica base e a revogação da *procuratio*[1511].

[1507] Cfr., por todos, Pedro Leitão Pais de Vasconcelos, *A procuração...*, pp. 215 e ss., com referências.

[1508] Neste mesmo sentido v., António Gordillo, *La representación...*, p. 107.

[1509] Cfr. a bibliografia citada nas notas precedentes.

[1510] António Gordillo, *La representación...*, p. 107.

[1511] Até por ser em torno destes dois aspectos que se tem construído a doutrina da abstracção da procuração e do poder de representação. Em particular, nega-se, num fenómeno por nós já diversas vezes abordado e sublinhado (nomeadamente, *supra,* na Parte II, Cap. I, parágrafo 2), a possibilidade de se extrair da circunstância de a extinção da relação jurídica influir sobre a vigência do poder de representação, conforme prescrito pelo § 168 do *BGB* ou artigo 265.º, n.º 1, do Código Civil, qualquer conclusão no sentido da necessária causalidade da *procuratio*. Quanto à revogação da procuração ela seria, no dizer de Hupka, *Die Vollmacht...*, p. 378, a única forma ou motivo de extinção independente do poder de representação. Em todos os outros casos os preceitos do Código Civil alemão, em vez de disciplinarem as causas de cessação da relação de outorga de poderes exclusivamente em função de critérios derivados dessa mesma relação, submetem, em princípio, a procuração às causas de extinção da respectiva relação jurídica interna. Isto num cenário o qual, segundo Hupka, afrontaria claramente a natureza jurídica do fenómeno representativo. Este raciocínio é bem elucidativo da inversão metodológica subjacente ao ensinamento de Hupka e à afirmação e desenvolvimento da ideia de abstracção da procuração levada a cabo por ele e seus prosélitos (v., quanto se escreveu já a este respeito, *supra*). Em vez de se partir do regime para a afirmação da natureza do fenómeno representativo constrói-se e descobre-se, de forma mais ou menos apriorística, e com base apenas na regulamentação do fenómeno representativo de direito comercial, a chamada «verdadeira essência do poder de representação e da *procuratio*» para, depois, extrair importantes consequências ao nível da disciplina legal.

De acordo com a formulação clássica de raiz labandiana a sorte da procuração seria independente da sorte do mandato ou relação--base ou causal[1512] e vice-versa pelo que a extinção de um dos negócios não deveria provocar a extinção do outro[1513].

Sem embargo das posições contrárias manifestadas a este respeito, a opção quer do legislador alemão quer do legislador português parece ter sido, porém, diferente da perspectiva labandiana da independência da extinção da *procuratio* relativamente à cessação da relação jurídica subjacente[1514]. Na verdade, o § 168 do *BGB* estabeleceu de forma clara e inequívoca que a extinção da procuração se determina de acordo com a relação jurídica que lhe serve de base. Por sua vez, o n.º 1 do artigo 265.º[1515] veio estabelecer, de modo igualmente cate-

---

[1512] Para mais detalhes cfr. também quanto se escreve a este respeito *supra*, Parte II, Cap. I, parágrafo 2, e bibliografia aí citada.

[1513] Cfr., Januário Gomes, *Em tema...*, p. 249.

[1514] Januário Gomes, *Em tema...*, p. 249; Oliveira Ascensão, *Direito civil...*, II, p. 274; Menezes Cordeiro, *Manual...*, I, p. 472.

[1515] Cujo teor contava, aliás, no essencial já do n.º 1 do artigo 8.º do Anteprojecto (v. artigo 34.º, n.º 1, do Anteprojecto de conjunto para o Negócio Jurídico – *Boletim do Ministério da Justiça*, 1961, 105, p. 265) de Rui de Alarcão e por este justificado (cfr., Rui de Alarcão, *Breve...*, in *Boletim...*, 138, p. 110), do seguinte modo: «*Se a procuração, como é habitual, tem por base uma relação jurídica entre o representado e representante (procuração causal ou coligada), deve presumir-se que se limita à duração desta relação, extinguindo-se, consequentemente com a cessação dela, a não ser que o representado tenha disposto outra coisa (BGB, § 168.º, 1.ª parte)*» (*ENNECERUS-NIPPERDEY, ob. cit. § 168, II*). *É esta doutrina que se consagra no n.º 1 do artigo 8.º.*». A explicação não é elucidativa. Por um lado, invoca-se o ensinamento de Ennecerus-Nipperdey no sentido segundo o qual, por ser habitual que a *procuratio* assente numa relação-base, a primeira se deve extinguir com a segunda, excepto se outra for a vontade das partes. Por outro, pretende-se reconduzir a solução do artigo 8.º ao § 168 do *BGB*. A verdade, porém, é que em lugar nenhum do referido preceito do Código Civil alemão se encontra qualquer referência à vontade das partes. Ao contrário, o § 168 do *BGB* limita-se a estabelecer determinar-se a extinção do poder de representação de acordo com a relação jurídica existente como base da respectiva concessão. Aliás, a segunda comissão encarregada da elaboração do *BGB* explicaria, muito claramente, a razão de ser da solução que viria a constar do § 168 do *BGB* ao considerar (cfr., *Protokolle (Mugdan)...*, in *Die gesamten...*, I, p. 741) decorrer da cessação de vigência da relação jurídica base a extinção da *procuratio* pelo facto de a segunda não ser nenhum negócio abstracto e aderir sempre uma outra relação jurídica com a qual surge e cai. Mais acrescentaria como esta solução se mostra absolutamente adequada para eclipsar a separação entre procuração e mandato constante do primeiro projecto. Como entender então a referência feita por Rui de Alarcão a propósito da vontade do representado, ao § 168 do *BGB* e à interpretação, nada pacífica, que Ennecerus-Nipperdey (v. a edição que citamos de Ennecerus--Nipperdey *Allgemeiner Teil...*, I, II, p. 1137) fazem do referido §, na tentativa de conciliarem o inconciliável e de salvarem a ideia de abstracção do poder de representação? Poder-se-ia pensar: a) em ver no artigo 265.º a consagração pura e simples da doutrina já consagrada no § 168 do *BGB*, e interpretar a referência, da nossa lei, à vontade das partes de modo compatível com a doutrina da causalidade da procuração; b) em considerar que a ressalva ou remissão para a vontade das partes, constante do artigo 265.º, n.º 1, se destina, precisamente, a desfazer e afastar, entre nós,

górico, extinguir-se a procuração quando cessa a relação jurídica que lhe serve de base, excepto se for outra a vontade do representado. Da mesma forma, o artigo 1179.º do Código Civil estabelece a revogação do mandato como consequência da revogação e renúncia da procuração. Tudo a inculcar a ideia de uma dependência da procuração relativamente ao mandato e vice-versa[1516].

Mas detenhamo-nos no primeiro caso: nada dizendo o representado, a extinção do mandato[1517] ou da relação subjacente, por qualquer das suas causas, determina a extinção dos poderes de representação (artigo 265.º, n.º 1).

Que ilação retirar deste regime? A de que existe uma clara relação de dependência e instrumentalidade da procuração pois só assim se explica que a cessação da relação-base determine a extinção da relação gestória. A procuração parece configurar-se, e a benefício de ulteriores desenvolvimentos, assim como um negócio incompleto[1518], como um mero trecho de um negócio global. O seu sentido só se apreende uma vez realizada a respectiva integração no todo[1519].

Assiste-se, destarte, a uma situação semelhante àquela verificada no domínio da cessão. Esta corresponde a um esquema negocial susceptível de utilização nos mais variados contextos. Porém, o seu sentido e regime completos só se apreendem em função do negócio global. Nestes termos, se for passada uma procuração sem mais ela padeceria de falta de causa[1520]. Tudo a levar à conclusão definitiva segundo a qual a procuração não é um negócio abstracto[1521].

---

dúvidas semelhantes às verificadas no espaço jurídico tudesco e, destarte, a consagrar, de forma definitiva – na esteira de quanto ensinavam Ennecerus-Nipperdey – a possibilidade de uma procuração poder existir ou subsistir independentemente de qualquer relação jurídica gestória conquanto seja essa a vontade das partes. É esta uma questão à qual voltaremos *infra* neste parágrafo e sobre a qual tecemos já alguns comentários *supra*, Parte II, Cap. I, Parágrafo 2.

[1516] De acordo com Januário Gomes, *Em tema...*, pp. 249 e ss., o regime contido no artigo 1179.º do Código Civil seria supletivo. Já antes tivemos oportunidade de manifestar a nossa discordância relativamente a este ponto de vista, *supra*, na Parte II, Cap. I, parágrafo 2.

[1517] Relativamente às diversas formas de extinção do mandato pode ver-se, por todos, no nosso ordenamento jurídico, Januário Gomes, *Em tema...*, pp. 29 e ss..

[1518] Assim, Oliveira Ascensão, *Direito civil...*, II, pp. 236 e ss.. V., ainda, e entre tantos outros por nós já citados ao longo desta obra, e designadamente Pugliatti, *Il conflitto...*, in *Studi...*, pp. 73 e ss.; António Gordillo, *La representación..., passim*, e pp. 104 e ss..

[1519] Oliveira Ascensão, *Direito civil...*, II, pp. 236 e ss.. Cfr., também, Pedro Leitão Pais de Vasconcelos, *A procuração...*, p. 52, apesar de qualificar a procuração como um negócio abstracto, ou quase abstracto.

[1520] Oliveira Ascensão, *Direito civil...*, II, pp. 236 e ss., mas preferindo falar em procuração viciada por falta de causa. O autor admite desta forma que uma procuração isolada possa ser objecto de impugnação em acção na qual se discutisse a sua validade. Considera, porém, que o

III – O resultado por nós agora alcançado, tem sido, é certo, impugnado pela generalidade da doutrina, um pouco por toda a parte, quando confrontada com preceitos de conteúdo perceptivo semelhante ou equivalente ao do artigo 265.º n.º 1, do Código Civil. Curiosamente[1522], aliás, é na área de influência jurídica do *BGB* – cujo § 168 tão claramente determina a extinção da procuração com a cessação da relação-base – aí onde mais convictamente se afirma a possibilidade de subsistência da *procuratio*, após a extinção da respectiva causa ou relação-base[1523]. O ensinamento da *communis opinio* tudesca influenciou naturalmente a de outros países e, nomeadamente a nossa, a qual tem, por isso, proposto uma leitura para o artigo 265.º, n.º 1, do Código Civil compaginável com a doutrina da abstracção ou autonomia da procuração[1524]. Na verdade, considera-se, perante o

---

vício de falta de causa não seria susceptível de ser oposto a um terceiro dele desconhecedor. Sobre isto cfr. *infra*.

[1521] Oliveira Ascensão, *Direito civil...*, II, pp. 236 e ss.. V., também, Menezes Cordeiro, *Manual...*, I, p. 472, o qual afirma a propósito do regime dos artigos 1178.º e 1179.º do Código Civil: «*Normalmente, o negócio-base será um contrato de mandato. A procuração e o mandato ficarão nessa situação numa específica situação de união.*» Cfr., ainda, em Itália, Pugliatti, *Il conflitto...*, in *Studi...*, pp. 72 e ss.; D'Avanzo, *Rappresentanza...*, in *Novissimo...*, XIV, p. 829, o qual escreve: «*como se viu já a procuração não se pode qualificar como autónoma enquanto se une a uma relação subjacente constituída entre as duas partes: representado e representante. Ora bem, se a lei declara extinta aquela relação (que, por comodidade, suporemos de mandato) (...) não se vê como a representação, a qual se solta daquela relação, possa continuar a viver de forma autónoma. Na verdade, a procuração, fonte da representação não atribui nenhum poder, mas apenas qualifica a actividade que desenvolve o representante; essa, por isso, deve necessariamente ligar-se a uma precedente e substantiva relação que, se se extingue, faz cessar também a representação.*»

[1522] A admiração é sentida também, e entre outros, por António Gordillo, *La representación...*, p. 108.

[1523] Acerca da polémica surgida em torno do § 168 do *BGB* v. a bibliografia citada designadamente *supra* na Parte II, Cap. I, parágrafo 2. Destaca-se, agora, particularmente, o esclarecimento dado pela segunda comissão de elaboração do *BGB* nos *Protokolle (Mugdan)...*, in *Die gesamten...*, I, p. 741. Mesmo assim, e para além dos locais já citados pode, ainda, ver-se, mais centrados na tentativa de explicar como funcionaria o § 168 do *BGB* do que propriamente em debater se este conduz, ou não, à afirmação do carácter causal da procuração, Soergel-Leptien, *Bürgerliches...*, I, comentário ao § 168, pp. 1344 e ss.; Id., *Idem*, 13.ª ed., comentário ao § 168, pp. 616 e ss.; Steffen, *BGB-RGRK*, cit., I, comentário ao § 168, pp. 91 e ss.; Schramm, *Münchener...*, I, comentário ao § 168, pp. 1471 e ss.; Id., *Idem*, 4.ª ed., comentário ao § 168, p. 1725; Staudinger-Schilken, *Kommentar...*, I, comentário ao § 168. Todos eles dão, primeiro, por assente a ideia de que a procuração seria abstracta para afirmarem, depois, a necessidade de se proceder a uma interpretação mais ou menos restritiva do § 168 do *BGB*, em si mesmo contrário à visão labandiana do fenómeno representativo, à luz da ideia de autonomia integral ou abstracção do poder de representação.

[1524] Assim, pode ver-se, Ferrer Correia, *A procuração...*, in *Estudos...*, p. 27; Heinrich Hörster, *A parte...*, pp. 485 e 486; Paulo Mota Pinto, *Aparência de poderes de representação...*, in *Boletim...*, Vol. LXIX, p. 600, nota (20); Helena Brito, *A representação...*, pp. 116, 123, e 132. Cfr., também,

preceito em análise, ser perfeitamente possível a concessão de uma procuração isolada ou independente de qualquer relação jurídica base[1525], a qual naturalmente não dependeria, na sua duração, de qualquer relação jurídica causal. Mais.

Admite-se inclusivamente, e atento o disposto, na parte final do artigo 265.º, n.º 1, ao remeter para a vontade do representado, a possibilidade de um poder de representação, concedido na dependência de certa relação-base que o determinou, subsistir, por si só, e independentemente de qualquer outro negócio-base o qual venha substituir o entretanto desaparecido ou extinto. Isto com base em duas razões, as quais imporiam a necessidade de se defender, no essencial, a independência da sorte da procuração relativamente à relação jurídica que a determina: de um lado, invoca-se a natureza ou carácter puramente formal da procuração e do poder de representação, insusceptível de criar, por si, qualquer tipo de relação material entre o constituído e o constituinte (ao contrário de quanto sucede com a relação jurídica base); do outro, e como consequência da referida natureza ou essência da procuração, a função da competência representativa, dirigida exclusivamente para o exterior, a exigir, destarte, causas de extinção próprias e distintas das do negócio subjacente. Mas caminhemos por partes.

Num fenómeno já por diversas vezes por nós referenciado, para os prosélitos e sequazes de LABAND o poder de representação consistiria, apenas, numa posição formal do representante diante de terceiros e não produz qualquer tipo de efeito jurídico entre o principal e o procurador. Apenas a relação jurídica interna se mostraria susceptível de apresentar carácter material e estabelecer algum tipo de laços jurídicos entre o dono do negócio e o *procurador*[1526]. Por isso, a resposta à interrogação ou pergunta sobre se o poder de representação depende do negócio causal que concretamente o determina só poderia ser uma[1527]: atenta a natureza da competência representativa e a sua

---

Januário Gomes, *Em tema...*, pp. 249 e ss., o qual apesar de considerar decorrer do artigo 265.º, n.º 1, a existência de uma ligação de instrumentalidade e dependência entre o poder de representação, de um lado, e a relação subjacente, do outro, admite, conforme se viu (*supra*, Parte II, Cap. II, parágrafo 3), a procuração isolada, e defende a supletividade do preceito. Nesse mesmo sentido apontaria a referência final à vontade do *dominus*.

[1525] Cfr. a bibliografia citada *supra* designadamente na Parte II, Cap. I, parágrafo 2, e Cap. II, parágrafo 3.

[1526] Assim, Hupka, *Die Vollmacht...*, p. 376.

[1527] *Idem.*

relação com o negócio-base[1528], supostamente gerada independentemente do segundo, a *procuratio* deverá cessar ou extinguir-se independentemente do negócio causal[1529]. Por outras palavras: os requisitos da extinção da procuração determinam-se exactamente da mesma forma que os do seu nascimento[1530, 1531], segundo critérios independentes, deduzidos da natureza característica da relação de concessão dos poderes voluntários de representação[1532].

As razões apontadas não parecem, porém, decisivas ou demonstrativas do que quer que seja[1533]. Muito pelo contrário. O argumento tirado da natureza da procuração é manifestamente insuficiente e claramente tributário da jurisprudência dos conceitos. Em qualquer caso, e mesmo quando assim não fosse, sempre se deveria acrescentar, neste ponto e à semelhança de tantos outros, estarem os pressupostos assumidos pelos defensores da visão labandiana em contradição com as conclusões por eles alcançadas. Ao não conter o poder de representação, por si só, nenhuma coloração material ele não pode valer independentemente de uma relação jurídica na qual se integra. É esta a dar sentido ao poder de representação e a garantir a observância e respeito pela autonomia da vontade do principal[1534, 1535]. Nestes ter-

---

[1528] Atente-se na petição de princípio e inversão metodológica subjacente ao raciocínio descrito no texto. Pretende-se saber se a extinção do poder de representação se produz, ou não, com a cessação da relação-base – questão esta a qual irá naturalmente influenciar a resposta à interrogação que consiste em determinar qual o tipo de relações existente entre a procuração e o negócio gestório. A solução oferecida para resolução do problema faz-se, porém, depender de uma predeterminada natureza do poder de representação e da sua relação com a respectiva causa.

[1529] Hupka, *Die Vollmacht...*, pp. 376 e 377.

[1530] *Idem*.

[1531] Não deixa de ser curioso notar este aspecto ao qual se fez já referência. Quando se trata de justificar a abstracção da origem e nascimento do poder de representação as regras relativas à extinção da competência representativa seriam, no dizer dos defensores da visão labandiana do fenómeno representativo, insusceptíveis de aplicação ou de permitir tirar ilações aplicáveis a outros domínios que não aqueles para os quais foram directamente pensadas. Em contrapartida, as conclusões obtidas aquando do estudo das eventuais ligações genéticas entre o poder de representação, de um lado, e a relação-base, do outro – obtidas com plena abstracção da disciplina da extinção da procuração – já seriam susceptíveis de utilização para se conseguir compreender o regime da cessação da *procuratio*.

[1532] Hupka, *Die Vollmacht...*, p. 377.

[1533] Assim, também, António Gordillo, *La representación...*, p. 110.

[1534] No sentido segundo o qual, entendido exclusivamente na perspectiva da visão labandiana do fenómeno representativo, o poder de representação não assegura o respeito pela autonomia privada do representado, garantindo o terceiro muito para além das necessidades do tráfego jurídico, nem pode valer como a concordância ou assentimento necessários para o acto de um estranho poder produzir licitamente efeitos jurídicos na esfera do representado v., *supra*, Parte II, Cap. I, parágrafo 2.

[1535] Cfr., António Gordillo, *La representación...*, pp. 110, o qual escreve: «(...) *uma relação formal, uma relação deste tipo só é capaz de existência separada no campo do discurso da razão, explicativo*

mos, a referência final do artigo 265.º, n.º 1, do Código Civil, no sentido segundo o qual o poder de representação se não extingue se for outra a vontade do representado, não pode ser entendida como uma admissão da possibilidade de sobrevivência de uma procuração de forma isolada e independentemente da manutenção de qualquer outra relação-base. Atenta a necessidade de, sob pena de se pôr em crise o sentido do poder de representação e o respeito pela autonomia privada do representado, se encontrar um suporte ou base material, susceptível de explicar a eficácia directa, na esfera do *dominus*, do comportamento do representante, a ressalva final do artigo 265.º, n.º 1, do Código Civil não pode, conforme referem a propósito OLIVEIRA ASCENSÃO, MENEZES CORDEIRO e PEDRO PAIS DE VASCONCELOS, deixar de ser entendida no sentido de apenas conter ou prever a possibilidade de a competência representativa se manter, apesar da extinção da relação-base, quando esta última seja substituída por outra[1536]. Além disso, ainda que uma das notas caracte-

---

da situação jurídica total na qual se integra, a dita relação formal deverá ser sempre determinada no seu ser, na sua função, extensão e extinção pela relação causal que a justifica.»

[1536] Oliveira Ascensão, *Teoria...*, III, p. 298, e nota (1); Id., *Direito civil...*, II, p. 238, nota (276); Pedro Pais de Vasconcelos, *Contratos...*, pp. 303, 308 e ss.; Menezes Cordeiro, *Manual...*, I, p. 473. Esta mesma ideia é, se bem vimos, também defendida em Espanha por Jose Manuel Ruiz-Rico, *La representación en el interés...*, *passim*. Na doutrina tudesca manifesta-se contra a possibilidade avançada por alguns autores de, perante o § 168 do *BGB*, fazer depender a abstracção da procuração da vontade das partes, e, destarte, admitir a subsistência do poder de representação, de forma isolada, para além da cessação da relação-base, Wellspacher, *Das Vertrauen...*, p. 82, nota (9). É claro que, face ao confronto entre o texto da nossa lei, o teor do § 168 e a exposição de motivos de Rui de Alarcão para a solução por ele estabelecida no artigo 8.º do seu Anteprojecto na parte relativa à representação, com a adopção da interpretação proposta por Enneccerus-Nipperdey para o § 168 do *BGB*, claramente destinada a salvar a tese da abstracção da procuração, o sentido atribuído por Oliveira Ascensão, Pedro Pais de Vasconcelos e Menezes Cordeiro à ressalva final do artigo 265.º, n.º 1, do Código Civil parece ter contra si o elemento histórico. Contudo, este não pode ser, por si só, decisivo. Se uma interpretação mais chegada à gestação da lei faz entrar em conflito determinada solução com todo o restante regime do fenómeno representativo e com outros institutos e princípios presentes – designadamente o princípio da causalidade dos negócios jurídicos vigente no nosso ordenamento, o respeito pela autonomia privada e a necessidade de ser o titular de um direito a conceder a autorização material para dele se dispor (já Seeler, *Vollmacht...*, in *Archiv...*, 28, p. 32, sublinhava como sem deveres e direitos para a realização de determinado encargo, a intervenção no património do devedor deixa de se poder considerar lícita, e, actuações não lícitas não podem corresponder ao exercício de um real poder de representação. Cfr., também, Frotz, *Verkehrsschutz...*, p. 338. Sobre isto v., porém, desenvolvidamente *supra*, Parte II, Cap. I, parágrafo 2), a figura e o regime do abuso de representação (cfr., *supra* Parte II, Cap. II, parágrafo 2), as instruções *a latere* da procuração (v., *supra* Parte II, Cap. II, parágrafo), a possibilidade de renúncia à procuração (v., *supra* quanto se escreve no presente parágrafo), o negócio consigo mesmo (*supra*, Parte II, Cap. II, parágrafo 4, notas finais), a procuração irrevogável (*infra* a próxima subdivisão deste parágrafo), o regime da substituição do procurador consagrado no artigo 264.º, n.º 1, do Código Civil – no nosso

rísticas do poder de representação seja a sua projecção exterior relativamente a terceiros, isso não implica, contrariamente ao defendido pelos seguidores de LABAND, dever a sua cessação reger-se por causas distintas das da respectiva relação-base. Basta que se assegure a protecção do terceiro o qual, de boa fé, confiou na subsistência dos poderes de representação[1537]. Ora é precisamente esse o sentido do artigo 266.º do nosso Código Civil[1538].

IV – Alguns autores, favoráveis à ideia da abstracção da procuração, têm pretendido, é certo, e justamente, fazer finca-pé na defesa da diferença do regime de cessação da *procuratio* no confronto com o da relação jurídica base ou causal, através do recurso às normas reguladoras da inoponibilidade da extinção do poder de representação a quem a desconhece[1539, 1540]. O negócio subjacente afirma-se, na medida em que postula uma relação entre o dono do negócio e o seu auxiliar, extingue-se mediante a sua revogação e comunicação ao cooperador. A procuração, essa, para terminar necessitaria, ainda, de ser comunicada aos terceiros. Noutros termos seria a declaração externa de cessação da competência representativa, seja ela considerada, ou não, receptícia perante o *tertius*[1541], a possuir eficácia constitutiva, ou

---

ordenamento não há porque nos quedamos por uma sobrevalorização das escassas e indirectas indicações resultantes da criação ou origem histórica do artigo 265.º, n.º 1.

[1537] Neste sentido, também, António Gordillo, *La representación...*, p. 110.

[1538] Assim v. os autores citados *supra* Parte II, Cap. II, em nota, e *infra*, no presente parágrafo igualmente em nota.

[1539] Como simples índice desta corrente de opinião pode-se cfr., entre nós, Helena Brito, *A representação...*, pp. 124 e 140, mas sem admitir o carácter receptício da revogação (v., também, Paulo Mota Pinto, *Aparência de poderes de representação...*, in *Boletim...*, Vol. LXIX, p. 618, nota (618); enquanto em Itália o destaque vai para Rosario Nicolò, *La c.d. procura apparente*, in *Il Foro della Lombardia*, 1935, cols. 561 e ss. e 568 e ss.; e Francesco Benatti, *Contratto concluso «dal falsus procurato» e responsabilità del «dominus»*, in *Revista del Diritto Commerciale e del Diritto Generale delle Obbligazioni*, 1959, II, pp. 335 e ss., 338 e ss., autor para quem a modificação e revogação da procuração têm carácter receptício, excepto (!) se se provar que os terceiros tinham conhecimento daquelas vicissitudes no momento da conclusão do contrato). V., também, quanto escreve, a propósito dos §§ 171 e 172 do *BGB*, Flume, *Allgemeiner...*, II, *Das Rechtsgeschäft...*, pp. 825 e ss..

[1540] Para uma crítica a este modo de conceber as coisas pode ver-se na doutrina espanhola, António Gordillo, *La representación...*, pp. 121 e ss.; enquanto em Itália é possível destacar, entre outros, Bonelli, *Studi in tema...*, pp. 20, 21, 69 e ss.; Zanelli, *Rappresentanza...*, in *Studi Urbinati*, 1967-1968, pp. 301 e ss.. Na doutrina alemã cfr., por exemplo, Seeler, *Vollmacht...*, in *Archiv...*, 28, pp. 36 e ss., maxime 38 e 39; Wellspacher, *Das Vertrauen...*, pp. 79 e ss. maxime p. 87; Canaris, *Vertrauenshaftung...*, pp. 134 e ss.; e entre nós, Menezes Cordeiro, *Manual...*, I, pp. 476 e 477.

[1541] O carácter receptício da revogação da procuração foi sobretudo defendido por Lenel, *Stellvertretung...*, in *Jhering's...*, XXXVI, pp. 29 e ss., tendo tido alguns seguidores. Assim, pode ver-se, por exemplo, Enneccerus-Nipperdey, *Allgemeiner Teil...*, I, II, p. 1143. Em Itália pode ver-se a favor do carácter receptício da renúncia relativamente ao *dominus*, D'Avanzo, *Rappresentanza...*, in *Novis-*

pelo menos o seu conhecimento obtido *aliunde*[1542] – com a consequente manutenção da independência da sorte da representação relativamente à sorte da relação subjacente[1543].

simo..., XIV, p. 830, enquanto a propósito da revogação se manifestam favoráveis ao carácter receptício do acto de revogação mas perante o representante, Natoli, *La rappresentanza, cit.*, p. 60; Id., *Rappresentanza...*, in *Enciclopedia...*, XXXVIII, p. 482, nota (82); e, se bem vimos, Galgano, *Diritto...*, p. 293. Já no sentido segundo o qual a revogação deveria ser comunicada ao representante e aos terceiros pode ver-se, Lina Geri, *Procura...*, in *Enciclopedia...*, XXXVI, p. 1008, embora depois admita que a revogação não comunicada é, ainda assim, verdadeira revogação e portanto eficaz, apenas não podendo ser oposta ao *tertius*. Finalmente, no sentido segundo o qual a revogação deve ser comunicada aos terceiros e reveste carácter receptício v., Nattini, *La dottrina...*, pp. 253 e ss., 303 e ss.; e Moschella, *Contributo...*, pp. 182 e ss.. Já Sotgia, *Apparenza...*, pp. 116 e ss., considera necessária para a eficácia da revogação uma notificação, traduzida numa declaração à generalidade, desprovida de carácter imediatamente receptício. Entre nós manifestava-se a favor da natureza receptícia da revogação do mandato enquanto acto de concessão de poderes de representação, Dias Marques, *Teoria...*, II, pp. 359 e ss.. Contra o carácter receptício da revogação da procuração pronuncia-se, a nosso ver acertadamente, na nossa doutrina, Helena Brito, *A representação...*, p. 115, nota (91). São as seguintes as palavras da autora: «*Entendemos que a natural necessidade de conhecimento da revogação do poder de representação, por parte do representante (veja-se, na disciplina do mandato, a regra do artigo 1171.º do Código Civil português), e as exigências de comunicação a terceiros estabelecidas no artigo 266.º, n.º 1, do mesmo Código para que a revogação lhes seja oponível não implicam necessariamente, no nosso direito, a caracterização da revogação como negócio receptício. O código trata separadamente a extinção (artigo 265.º) e a oponibilidade das causas de extinção da procuração (artigo 266.º).*» Posição semelhante é seguida em Itália, designadamente, por Papanti-Pelletier, *Rappresentanza...*, p. 125, nota (10).

[1542] Parece ser esse o ensinamento de Helena Brito, *A representação...*, p. 140, ao afirmar: «*De qualquer modo quando a lei atribui à aparência de representação o valor de pressuposto de facto para o reconhecimento do efeito correspondente ao poder de representação real, pode considerar-se que, afinal, há poder de representação e, por isso, não se trata, de situações de representações sem poderes, nem é adequado dizer que constituem excepção ao disposto no artigo 268.º.*» «*Não seria um caso de aparência mas de realidade*», apesar de considerar a revogação como um negócio não receptício (cfr., *op. cit.*, p. 115, nota (91), assim como quanto escrevemos na nota anterior. Na doutrina de língua alemã pode ver-se, Lenel, *Stellvertretung...*, in *Jhering's...*, XXXVI, pp. 29 e ss. (o qual com apelo aos métodos característicos da época considera mostrar-se particularmente fecundo o reconhecimento da verdadeira essência da representação para a doutrina da sua revogação. A fundamentação do poder voluntário de representação resulta de uma declaração dirigida ao terceiro contraente, e não ao constituído. *Ergo* surge como consequência necessária que, também, para a revogação da procuração, o verdadeiro e próprio destinatário deva ser o terceiro contraente. Em qualquer caso Lenel vê-se forçado a reconhecer a eficácia relativa (*sic*) do conhecimento obtido pelo *tertius aliunde*, no sentido segundo o qual este não pode prevalecer-se dele perante o *dominus*, devendo, então, suportar as respectivas consequências); Hupka, *Die Vollmacht...*, p. 421, nota (2); Flume, *Allgemeiner...*, II, *Das Rechtsgeschäft...*, pp. 858 e 859, mas tão-só para a procuração externa; enquanto entre os autores italianos a referência vai, a título exemplificativo, mas com algumas diferenças de posição entre eles, para Nattini, *La dottrina...*, pp. 253 e ss., 303 e ss.; Sotgia, *Apparenza...*, pp. 116 e ss., para quem seria a declaração de revogação à generalidade a produzir a modificação ou extinção dos poderes de representação; e Moschella, *Contributo...*, pp. 182 e ss..

[1543] Isto porquanto apesar da cessação ou extinção, a *procuratio* e o poder de representação permaneceriam plenamente em vigor, e os seus efeitos continuariam a ter natureza negocial, até ao momento da verificação do conhecimento ou comunicação ao terceiro da ocorrência de uma causa susceptível de vir a determinar o termo dos poderes de representação.

Não parece ser, todavia, essa a interpretação exacta da norma contida no artigo 266.º, n.ᵒˢ 1 e 2, do Código Civil [1544]. Basta ver como nos casos previstos e regulados no artigo 266.º, n.º 2, a lei não prevê nenhum modo de ser para a comunicação da extinção da procuração. Mais. O legislador não prevê aí sequer a obrigatoriedade de conhecimento efectivo por parte do terceiro para a cessação lhe poder ser oponível. É suficiente a susceptibilidade de conhecimento ou a ignorância com culpa[1545].

Relativamente ao n.º 1 do artigo 265.º a solução consagrada para tutela dos terceiros de boa fé já parece ser, reconhece-se, diferente[1546]. Não faltam, verdade seja dita, propostas de leitura deste preceito por forma a tornar já relevante a simples cognoscibilidade do terceiro e, do mesmo passo, a assegurar a sua perfeita harmonização com o disposto no n.º 2 do artigo 266.º. Assim, e segundo HELENA BRITO[1547], não se veria razão para, relativamente à revogação, não valer a mesma regra que a consagrada no n.º 2 do artigo 266.º do Código Civil, no sentido de a cognoscibilidade equivaler ao conhecimento efectivo[1548].

[1544] Assim perante o direito espanhol, António Gordillo, *La representación...*, p. 122. Também face ao direito alemão se pode ver, para além, das referências bibliográficas que fizemos a propósito do sentido a atribuir aos §§ 170 e ss. do *BGB*, Bork, *Allgemeiner...*, pp. 555 e ss.

[1545] Parecem, pois, aplicáveis, aqui, as palavras proferidas por Meyer, *Das Publizitätsprinzip...*, pp. 84 e 85; e depois subscritas por António Gordillo, *La representación...*, p. 122, nota (57), a respeito do princípio da publicidade: no seu mais profundo sentido ele não se traduz num fim em si mesmo, mas, antes, num meio com vista à obtenção de uma justiça objectiva.

[1546] Já atrás referimos como, em nosso entender, a extinção do poder de representação em virtude da cessação da relação a ele subjacente tanto pode ficar sujeita ao n.º 1 como ao n.º 2 do artigo 266.º. Aplica-se o n.º 1 quando a extinção do negócio-base resultar de um acto voluntário do representado. É esta uma consequência da compreensão do fenómeno representativo como uma realidade jurídica complexa da qual faz parte a respectiva causa. Compreensão essa a levar ao entendimento segundo o qual os actos de modificação e revogação do negócio-base afectam também de modo directo o próprio poder de representação. Se a causa desaparecer por qualquer outro motivo que não a revogação, então, aplica-se o n.º 2 do artigo 266.º do Código Civil.

[1547] Helena Brito, *A representação...*, in *Revista...*, 9/10, pp. 42 e 43. Em sentido aproximado v., Helena Mota, *Do abuso de representação...*, pp. 151 e ss..

[1548] De modo não muito distante – mas mesmo assim suscitando-se dúvidas quanto ao alcance das respectivas afirmações atendendo ao seu contexto geral –, Heinrich Hörster, *A parte...*, p. 487, escreve: «*O artigo 266.º dá (...) expressão legal ao princípio geral e básico de que o conhecimento efectivo, como também o desconhecimento culposo, não são merecedores de "protecção" a qual é justamente devida a quem desconhece factos novos em contrário às aparências em que confia, com a consequência de tais factos não lhe serem oponíveis.*» Também, Oliveira Ascensão, *Direito civil...*, II, p. 263, considera, atenta a circunstância de o fundamento subjacente ao artigo 266.º ser a confiança, poder possivelmente considerar-se que o n.º 1 requer uma ignorância ética e não apenas psicológica do terceiro. Dito com mais generalidade: todo o preceito, e não apenas o n.º 2, requereria uma ignorância não culposa e não meramente psicológica. O autor fica-se, porém, pelo tom dubitativo e não toma uma posição categórica a este respeito. Da mesma forma, Menezes Cordeiro, *Da boa fé...*, II,

p. 1244 e nota (147), parece considerar estar presente, no artigo 266.° do Código Civil, uma remissão para a boa fé subjectiva, depois de, noutro local (v., *op. cit.*, I, pp. 511 e ss.), ter considerado ser a boa fé em sentido subjectivo sempre ética e não apenas psicológica, exigindo o cumprimento de deveres de cuidado em sentido objectivo. O autor afirma poder, perfeitamente, o direito avantajar as pessoas pela sua ignorância, independentemente de juízos de mérito. Só que, ao mesmo tempo, considera (*op. cit.*, I, p. 513) equivaler essa saída a fazer correr, contra outrem, o risco do desconhecimento próprio, ou, de modo mais preciso: implicaria na esfera de cada um, o risco de danos causados, por ignorância de terceiros (*op. cit.*, I, pp. 513 e 516, nota 283). Sendo possível esta solução não seria, segundo Menezes Cordeiro, a melhor. Se o risco é inerente às vantagens da titularidade, passa a estar distribuído de modo insatisfatório quando o desconhecimento do autor seja culposo. Este percalço, ligado à circunstância de se fazer correr o risco da confiança alheia sobre os titulares, com o avantajar do néscio ou do desmazelado, assacaria aos titulares o ónus, quando não o dever, de esclarecer os intervenientes no espaço jurídico das situações existentes. Além disso, não podendo a boa ou má fé ser apreendida pelos sentidos, o intérprete aplicador teria de emitir um juízo guiando-se, apenas, pelas situações típicas tidas por normais, e efectuar uma valoração sujeito-indícios; não uma declaração de ciência sobre a mente humana. Esta valoração implicaria, na prática, o recurso encapotado a uma boa fé ética. O juiz, afirma o Mestre, só pode promanar, como qualquer pessoa, juízos em termos de normalidade. Destarte, fora dos casos de conhecimento directo – *v.g.* confissão – os indícios existentes apenas permitem constatar que, nas condições por ele representadas, uma pessoa, com o perfil do agente, se encontrará numa perspectiva de generalidade, em situação de ciência ou ignorância. Mas sendo assim, o esquema real por detrás da boa fé psicológica passa a ser o seguinte: recolhidos os indícios, o julgador constata dever a pessoa em causa encontrar-se nas referidas situações de ciência ou ignorância, porquanto das duas uma: ou se encontra, na verdade, nelas, ou não se encontrando, devia encontrar-se, dados os factores que a rodeiam (no domínio específico do fenómeno representativo, Maria de Lurdes Pereira, *Os estados...*, in *Revista...*, XXXIX, 1, p. 164, afirma, também, como «*A prática demonstra que com pouca frequência poderá o juiz certificar-se de que a pessoa conhece ou de que efectivamente ignora; a decisão terá como base, o mais das vezes, um juízo de normalidade, aplicado às particularidades do caso concreto*»; no sentido segundo o qual no âmbito do direito societário só muito dificilmente se logra a prova do conhecimento efectivo, restando, então, apenas a prova do dever de conhecimento, v., João Espírito Santo, *Sociedades...*, p. 458). Noutros termos: o sujeito ou sabe ou deve saber, sendo certo que apenas o último dos termos é susceptível de apreciação e controlo. Convém, contudo, referir o seguinte. Relativamente ao primeiro argumento suscitado pelo Professor Menezes Cordeiro, e num fenómeno que não parece merecer qualquer tipo de contestação séria (o próprio Menezes Cordeiro, *Manual...*, I, p. 475, considera que o dever de comunicar a modificação ou extinção da procuração a terceiros, nos termos do artigo 266.°, n.° 1, corresponde a um encargo em sentido técnico), deve recordar-se, como na situação específica do artigo 266.°, a lei consagra, claramente, o dever ou ónus de o representado levar ao conhecimento de terceiros, por meios idóneos, as modificações e a revogação da procuração sob pena de elas não lhes serem oponíveis senão quando se mostre não terem delas conhecimento. Parece, pois, apontar-se para uma efectiva necessidade de esclarecimento. A isto deve, ainda, acrescer a circunstância de se estar, no caso regulado pelo artigo 266.°, n.° 1, perante uma situação de aparência resultante de um acto voluntário do representado e não diante de uma qualquer hipótese normal de titularidade. Não escandaliza, assim, dever realmente correr por conta do representado o ónus de pôr termo à situação aparente (a expressão ónus é utilizada a este respeito, por exemplo, por Moschella, *Contributo...*, p. 185), através do esclarecimento da outra parte. A doutrina que do tema se tem ocupado não hesita, pois, em afirmar que o artigo 266.° regula, precisamente, o risco conexo com o exercício da legitimação representativa devidamente

conferida mas entretanto desaparecida (assim cfr., Santoro-Passarelli, *Teoria*..., p. 241; Papanti-
-Pelletier, *Rappresentanza*..., p. 131). Aliás, se, no âmbito do artigo 266.º, n.º 1, se devesse equiparar
a simples cognoscibilidade ao conhecimento, a exigência de comunicação da extinção da
revogação ou modificação da procuração passaria a não servir praticamente para nada. Antes dela o
tertius seria prejudicado pela ignorância com culpa. Depois dela o terceiro continuaria a ser penalizado pela ignorância culposa. E nem a presunção de ignorância vislumbrada no artigo 266.º,
n.º 1 (entre nós pode ver-se no sentido segundo o qual o n.º 1 do artigo 266.º consagra uma
presunção de ignorância por parte dos terceiros, num fenómeno sem paralelo no n.º 2, [mas v.
infra quanto se diz acerca da presunção de boa fé do terceiro, na responsabilidade pela confiança
em certa aparência jurídica], Pires de Lima e Antunes Varela, *Comentário*..., I, comentário ao artigo
266.º, p. 247; num entendimento seguido também por Menezes Cordeiro, *Da boa fé*..., II, p. 1244,
nota (147); Id., *Manual*..., I, p. 476 [se bem interpretamos]; Paulo Mota Pinto, *Aparência de poderes
de representação*..., in *Boletim*..., Vol. LXIX, p. 606; José Varela, *O regime*..., pp. 55 e 56; Rui Ataíde, *A
responsabilidade*..., p. 5; e Helena Mota, *Do abuso de representação*..., p. 153 [relativamente ao n.º 2 do
artigo 266.º v., ainda *Acórdão do Supremo Tribunal de Justiça, 13-10-1998* (César Marques), in
Colectânea de Jurisprudência, 1995, III, 1, pp. 113 e ss., maxime 116]. A própria Helena Brito,
A representação..., in *Revista*..., 9/10, p. 43, aceita a existência no artigo 266, n.º 1, de uma presunção de desconhecimento [aliás também em Itália se tem chamado a atenção para a circunstância de a primeira parte do artigo 1396.º do *Codice Civile* implicar a necessidade de o representado fazer a prova do conhecimento por parte dos terceiros; enquanto por força da segunda
parte do referido artigo é o *tertius* quem tem de fazer a demonstração da sua boa fé. Assim cfr.,
Papanti–Pelletier, *Rappresentanza*..., pp. 126 e 127]), modificaria esse estado de coisas, pois, no
âmbito da responsabilidade pela confiança resultante da aparência gerada, de que o preceito em
análise é uma concretização, a boa fé (subjectiva e ética própria de pessoa, que sem desrespeitar
deveres de cuidado, desconheça estar a ofender posições alheias), em geral, presume-se (v., *infra,*
Cap. IV). Finalmente parece ter esta distinção efectiva – para efeitos do regime associado a um e
outro – entre conhecimento e desconhecimento um claro apoio na existência de casos de
responsabilidade civil e criminal dependentes da existência de dolo. Já no tocante ao segundo dos
argumentos invocados pelo Mestre, a favor de uma aproximação entre a boa fé psicológica e a
ética, parece-nos realmente possível a determinação do conhecimento directo do terceiro, e não
apenas por confissão. O mesmo resultado pode ter a prova testemunhal, por documentos, etc.. Por
exemplo, num julgamento, no qual tomámos parte, a prova do conhecimento de um determinada
limitação estatutária foi feita pelo facto de a parte que se pretendia prevalecer da inoponibilidade
externa de certa limitação estatutária (artigo 460.º, n.º 1, do CSC) ter, ela própria, citado e
transcrito, na contestação a disposição do contrato social que pretendia ser-lhe inoponível. Em
qualquer caso, e mesmo recorrendo, apenas, a simples indícios, sempre parece ser diferente
concluir, de uma banda, perante certas situações típicas tidas por normais, não poder o agente
deixar de ter tido conhecimento, do que, ajuizar, da outra, dever, perante um conjunto de
acontecimentos igualmente típicos e tidos por normais, o agente ter conhecido. Imaginem-se as
seguintes hipóteses: – A) é facto provado ter determinada pessoa passado todo o dia sentada diante
de um cartaz com informação relevante (na nossa hipótese, suponha-se, o cartaz não tinha sido
colocado pela pessoa prejudicada caso se demonstrasse a ausência de conhecimento). Perante este
cenário o julgador deverá concluir pela ciência, mesmo quando, na verdade, por descuido, ela não
se venha a verificar. – B) É igualmente facto provado ter alguém passado o dia perto de um cartaz
com esclarecimentos juridicamente importantes. Todavia, demonstra-se, através de testemunho
credível, ter o agente, por descuido ou negligência, passado o dia todo de costas para a referida
placa. Numa hipótese como esta o intérprete aplicador poderá afirmar um desconhecimento
culposo mas mais nada. – C) Pense-se agora numa terceira conjectura exemplar. Os aconte-

É, contudo, e justamente o cotejo, entre os dois números do artigo 266.º do Código Civil, a parecer demonstrar, muito claramente, não se poder considerar, em caso de revogação, a simples susceptibilidade de conhecimento como equivalente à ciência efectiva[1549]. Pretendesse o legislador consagrar uma única regra para todos os casos de oponibilidade da extinção da procuração, então, não teria dividido o artigo 266.º do Código Civil em dois números tão diversos entre si. Aliás, compreende-se e justifica-se perfeitamente a disparidade de regimes, e a sua *ratio*, atentos os interesses em jogo[1550]. No caso previsto e regu-

---

cimentos são em tudo idênticos aos da primeira alínea. Contudo ao final do dia, em conversa, alguém se apercebe de que, apesar de ter estado todo o dia diante do cartaz, certo terceiro continua em estado de ignorância. Perante a tipicidade da situação o juiz seria levado a afirmar o conhecimento. Porém, se o testemunho do interlocutor do agente for credível, o julgador concluirá pela ausência de ciência. E o mesmo resultado pode ser alcançado, mesmo perante um conjunto de circunstâncias indiciadoras do conhecimento, através do simples depoimento do terceiro se este for considerado pelo tribunal como suficientemente credível e convincente no sentido de demonstrar a ignorância. Não havendo, pois, dolo ou abuso, e exigindo a lei o efectivo conhecimento de certo estado de coisas, e protegendo quem desconhece com mera negligência, poderá o sujeito socorrer-se de todos os meios de prova admissíveis para demonstrar como, perante um conjunto de circunstâncias tipicamente indiciadoras do conhecimento, ele não chegou, afinal, a obtê-lo. Em termos gerais sobre a viabilidade ou inviabilidade de se aproximar o conhecimento ao dever de conhecimento v., Raúl Guichard, *Da relevância jurídica do conhecimento...*, pp. 31 e ss., e 50 e ss., autor que se pronuncia contra a equiparação genérica da cognoscibilidade à ciência, e, inclusivamente, nos casos nos quais a ignorância corresponde à boa fé subjectiva. Mas não nos parece que tenha razão. Apenas em circunstâncias excepcionais como as previstas, por exemplo no artigo 266.º, n.º 1, se deverá recusar a equiparação entre conhecimento e dever de conhecimento, nos exactos moldes propostos entre nós por Menezes Cordeiro, *Tratado...*, I, I, p. 230; e Oliveira Ascensão.

[1549] Isto ao ponto de poder haver a tentação no sentido de se considerar faltar para a tese de Helena Brito o mínimo de correspondência verbal com a letra da lei – no caso o artigo 266.º do Código Civil – exigida pelo artigo 9.º do Código Civil. Cfr., todavia, quanto escreve Castanheira Neves, *O princípio da legalidade criminal*, in *Digesta...*, I, pp. 428 e ss., acerca insuficiência da letra da lei enquanto factor hemenêutico predeterminante da interpretação jurídica e critério dos respectivos limites.

[1550] É por isso que, também, não nos convence a tese de Ana Prata, *Notas...*, in *Revista*, n.º 17, Janeiro-Março, p. 68, segundo a qual, não obstante, o n.º 2 do artigo 266.º do Código Civil não impor ao representado o dever de comunicar aos terceiros a causa de extinção da obrigação, essa obrigação decorreria do artigo 227, n.º 1, do Código Civil, e, destarte, a situação prevista nos dois números do artigo 266.º seria, substancialmente, a mesma. Não nos parece, todavia, atento, designadamente, quanto se disse no texto, que do artigo 227.º, n.º 1, do Código Civil se possa sempre, e sem mais, construir um dever de informar a cargo do representado. Sobretudo quando os terceiros sejam entidades as quais nunca tenham estado em contacto com o representado ou com um seu procurador realmente munido de poderes de representação. Mas mesmo quando se desse de barato, e não o fazemos, impor o artigo 227.º um dever de informação da extinção da procuração, nos casos previstos e regulados no artigo 266.º, n.º 2, sempre se poderia, na visão de alguns (v., por exemplo, José Varela, *O regime...*, pp. 55 e 56) continuar a descortinar-se uma diferença essencial entre este artigo e o n.º 1 do mesmo preceito. Isto se se aceitar decorrer, como parece, do artigo 266.º, n.º 1, uma presunção de ignorância, por parte do terceiro, da modificação

lado pelo n.º 1 do artigo 266.º em causa está um acto voluntário do principal destinado a pôr termo ao poder de representação ou a modificá-lo[1551]. Nas hipóteses previstas no n.º 2 do artigo 266.º, trata-se de causas de extinção da competência representativa não controladas pelo representado[1552]. Nestes termos, o risco do representado parece dever ser, claramente, maior no primeiro caso do que no segundo, se não utilizar meios idóneos para publicitar o fim do poder de representação[1553, 1554].

ou revogação da *procuratio*, excepto se comunicada por meios idóneos – idoneidade a ser demonstrada pelo representado, enquanto, semelhante presunção já não valeria – o que é mais duvidoso – no caso do artigo 266.º, n.º 2, o ónus da prova de que a contraparte ignorava sem culpa a extinção da procuração compete a esta e não ao representado.

[1551] Assim, também, Helena Mota, *Do abuso de representação...*, p. 159.

[1552] É claro que subjacente à aplicação do n.º 2 do artigo 266.º do Código Civil pode estar um acto de resolução da relação-base devido a incumprimento por parte do auxiliar, num fenómeno, apesar de tudo, desencadeado pelo *dominus*. Porém, mesmo nessa hipótese o principal está apenas a reagir e a defender-se, através do exercício de direitos concedidos por lei para o efeito, perante uma situação de ofensa dos seus legítimos interesses e direitos. Não se trata, pois, de um acto desencadeado por uma simples alteração da vontade do dono do negócio. Poder-se-á contrapor, então, ser o artigo 266, n.º 2, aplicável a situações de incumprimento da relação-base imputável ao *dominus*, como, por exemplo, o não pagamento do mandato oneroso. Num caso como esse, contudo, e apesar de o incumprimento da relação-base ser assacável ao dono do negócio terá de existir, ao menos em regra, um acto do mandatário destinado a pôr termo à relação-base. Continua, assim, a faltar um paralelismo absoluto entre as hipóteses reguladas no n.º 1 e no n.º 2 do artigo 266.º. Perante o direito italiano v., em sentido equivalente ao por nós defendido no texto relativamente ao diferente alcance dos dois números do artigo 266.º do Código Civil, quando confrontado com o regime do 1396.º do *Codice Civile*, de teor perceptivo não muito diferente da norma de direito português, Papanti-Pelletier, *Rappresentanza...*, pp. 124 e ss., maxime, p. 128.

[1553] A aceitação da tese de Helena Brito, de acordo com a qual se poderia extrair do artigo 266.º, n.º 1, a regra segundo a qual a mera cognoscibilidade da modificação ou extinção do poder de representação já prejudicaria o terceiro, levantaria ainda um outro problema de compreensão de alguns dos pontos de vista defendidos pela autora acerca do fenómeno representativo. Na verdade, conforme já sublinhado, segundo ela, os casos de abuso de representação seriam de reconduzir ora ao artigo 269.º do Código Civil ora ao 266.º, n.º 1 (v., *supra*, Parte II, Cap. II, parágrafo 2). Se nos termos do artigo 266.º, n.º 1, do Código Civil já relevasse a susceptibilidade de conhecimento mesmo antes da publicitação da revogação ou modificação qual seria a diferença entre os dois preceitos? Para quê estar a reconduzir umas hipóteses de abuso ao n.º 1 do artigo 266.º e outras ao 269.º do Código Civil?

[1554] Considerando que o artigo 266.º, n.º 1, exige o conhecimento efectivo, excepto claro está, e segundo nos parece, na eventualidade da revogação ou modificação da procuração ter sido publicitada através de meios idóneos, enquanto requisito de oponibilidade, a terceiros, da cessação do poder de representação pode ver-se, na jurisprudência, por exemplo, e se bem interpretamos, *Acórdão do Supremo Tribunal de Justiça, 7-3-1995* (César Marques), in *Colectânea de Jurisprudência, Acórdãos do Supremo Tribunal de Justiça*, 1995, III, I, pp. 114 e ss., e 116; e, na doutrina, Ferrer Correia, *A procuração...*, in *Estudos...*, p. 16, nota (1); Paulo Mota Pinto, *Aparência de poderes de representação...*, in *Boletim...*, Vol. LXIX, pp. 607, nota (33) e 607 e 608, nota (34); Menezes Cordeiro, *Manual...*, I, p. 476, o qual, por isso mesmo, mas em tom dubitativo, distingue o n.º 1 do

Não nos parece, contudo, conduzir a rejeição de uma aproximação de regimes entre o n.º 1 e o n.º 2 do artigo 266.º a qualquer tipo de aceitação da tese segundo a qual é o conhecimento da revogação ou da modificação a operar de facto, e com eficácia constitutiva a extinção ou modificação da *procuratio*[1555]. O que o legislador fez, ao

---

n.º 2 do artigo 266.º do Código Civil; Helena Mota, *Do abuso de representação*..., pp. 152 e ss.; e se bem vimos Pires de Lima e Antunes Varela, *Código*..., I, comentário ao artigo 266.º, p. 247. Perante o direito italiano v., neste ponto, as amplas considerações proferidas por Papanti-Pelletier, *Rappresentanza*..., pp. 124 e ss., maxime nota (13), e p. 128, o qual coloca em evidência a circunstância de a diversa configuração do elemento cognitivo no caso da revogação ou modificação da procuração, no confronto com as outras causas de extinção, se poder ainda explicar por uma outra razão, a acrescer ao facto de, num caso, se estar perante situações voluntárias de extinção do poder de representação, enquanto no outro, se depara com uma cessação involuntária da legitimação representativa. É que, no caso da revogação ou modificação, o conhecimento constitui um critério suplementar para a inoponibilidade aos terceiros daqueles factos extintivos. Nas demais situações o facto do conhecimento ou cognoscibilidade é concebido como única condição da oponibilidade do termo da competência representativa, independentemente de qualquer mecanismo de publicidade. Cfr., ainda, quanto escreve a este respeito, Natoli, *La rappresentanza*..., p. 113, o qual considera justificar-se a diferente exigência de configuração do elemento cognitivo pelo facto de numa hipótese o conhecimento *aliunde* do terceiro se colocar como circunstância impeditiva da eficácia representativa, ou se se preferir como razão de ser da oponibilidade da ineficácia; enquanto na outra o não conhecimento culposo funciona como elemento constitutivo da inoponibilidade da ineficácia.

[1555] Ao contrário o reconhecimento do facto de o n.º 1 ser mais exigente, para os terceiros, do que o n.º 2 do artigo 266.º do Código Civil, tem colocado alguma doutrina favorável à abstracção da procuração em sérias dificuldades. Isto, mesmo perante a constatação segundo a qual o primeiro dos dois preceitos se refere a casos nos quais a extinção ou modificação da procuração decorre de actos dependentes da exclusiva vontade do dono do negócio, e apenas por ele controladas, enquanto o segundo se reporta a hipóteses de extinção em consequência de vicissitudes não controladas pelo *dominus*. É o que se passa, designadamente, com Helena Mota, *Do abuso de representação*..., pp. 153 e ss., a qual lembra como na base da aplicação do n.º 2 pode estar a resolução do negócio subjacente por incumprimento do dever de prestar contas por parte do mandatário ou o não pagamento do mandato oneroso, e escreve: «*A formulação deste artigo 266.º n.º 2 é inversa do número anterior relativo aos casos de modificação e revogação da procuração* (...). *Este regime mais desfavorável para os terceiros, regularmente interessados na manutenção do negócio, não se compreende facilmente.* (...) *Não há razão para fazer penetrar vícios estranhos na relação representativa e torná-la permeável às vicissitudes dessa relação causal já que as violações das obrigações assumidas pelas partes (normalmente as que ocorrem por parte do representante) não interferem com o normal desenvolvimento das relações externas.* (...)*»* – e mais se dirá ser assim, escrevemos nós, no caso de o incumprimento ser proveniente do representado – «(...) *Estamos a pressupor que o interesse do representado não é desvirtuado na sua essência nem o negócio jurídico tal como foi celebrado o prejudica (sob pena de estarmos perante um caso de abuso de representação).* (...) *Claro que poderão sobejar razões para o representado se desvincular contratualmente do seu representante em função do ilícito negocial perpetrado por este, não cumprindo o acordado entre ambos. Mas o terceiro é totalmente alheio a esses factos, não tem que os conhecer e avaliar o seu peso e importância para as partes.* (...) *Se se defende, como fazemos, a autonomia da procuração face à relação gestória em situações bem mais sensíveis como sendo o desvio intencional às instruções dadas pelo representado para a boa execução do contrato (e que contendem com o objectivo negocial em vista) por apelo, quer à defesa de terceiros, quer à própria autonomia conceptual e funcional da procuração, mais razões haverá para a tornar impenetrável a anomalias do foro exclusivo das relações internas entre o representante e o seu* dominus *e que mantêm intocáveis a quantidade, qualidade e motivação dos poderes* *representativos.»* Apenas um dado seria capaz, na opinião da autora de justificar esta tão forte e intensa intromissão da relação gestória sobre a subsistência dos poderes de representação. É que, em seu entender, não é a violação dos deveres impostos às partes pela relação subjacente, entre ambos estabelecida, a implicar directamente a extinção da procuração e a oponibilidade desse facto aos terceiros (com a agravante de, segundo ela, não beneficiarem da presunção de ignorância que a lei concede em situações paralelas). De acordo com Helena Mota *«(...) Essa é a causa mediata e que encontra pelo meio uma outra, a verdadeira: a resolução do contrato e consequente cessação da relação jurídica base* (...) *E este facto será a mais das vezes público e notório, pois, revela-se e exterioriza-se mais facilmente do que em casos de modificações à procuração ou instruções mais ou menos secretas a latere da procuração, ou mesmo a revogação da procuração que não implica a desvinculação contratual entre mandatário e mandante ou a dissolução do contrato de sociedade. (...) Se os sujeitos da relação interna deixarem de ter qualquer vínculo negocial, por resolução do contrato ou outra causa, dificilmente o terceiro ignorará o facto».* Esta argumentação de Helena Mota não tem, com o devido respeito, qualquer viabilidade como logo se constata, relativamente ao mandato, através da simples leitura do artigo 1179.°. Quanto ao contrato de sociedade não conduzirá a revogação dos poderes de representação de um membro dos seus corpos sociais à dissolução do contrato de sociedade. Não parece, porém, dever duvidar-se da circunstância de, também, aí, a revogação dos poderes de representação levar à cessação da posição jurídica de administração ou direcção (acerca da natureza jurídica da situação jurídica de administração v., por todos, Menezes Cordeiro, *Da responsabilidade...*, pp. 384 e ss., enquanto acerca da respectiva cessação cfr., *op. cit.*, pp. 375 e ss.. Naqueles casos em que a situação de administração não puder cessar por acto unilateral da sociedade o mesmo sucederá com os poderes de representação). Mas mesmo quando o raciocínio utilizado por Helena Mota fosse, face ao direito positivo português, procedente (e não é atento o texto expresso da lei a este respeito) sempre se deveria sublinhar como, a ser verdadeiro, o argumento usado por Helena Mota, para justificar a diversidade de regimes entre o n.° 1 e o n.° 2 do artigo 266.° do Código Civil, destruiria de uma só penada todas as razões invocadas para justificar a autonomia da origem e sorte da procuração relativamente à relação-base. Na verdade se, por regra, esta é de tal modo evidente e notória ao ponto de, se os sujeitos da relação jurídica interna deixarem de ter qualquer vínculo contratual dificilmente o terceiro pode ignorar tal facto, então, este circunstancialismo, não só, não funciona a favor da autonomia da procuração como, ao invés, pareceria aconselhar não ser de aceitar a vinculação do *dominus* perante terceiros equivocados acerca da existência ou subsistência dos poderes de representação quando falte o negócio-base. Isto, porquanto a falta deste já envolveria publicidade e notoriedade suficiente para permitir a um terceiro diligente definir a sua linha de actuação. Aliás a própria Helena Mota parece não se sentir muito confortável com a explicação por ela encontrada para justificar a disparidade de soluções entre o n.° 1 e o n.° 2 do artigo 266.°. E por isso acrescenta: *«Mas se atendermos, como nos casos expostos às motivações primeiras da cessação da relação jurídica de base, deparamo-nos com dificuldades de coordenar logicamente e garantir alguma coerência conceptual às soluções do artigo 266.°, n.ºs 1 e 2. (...) Em situações em que o negócio representativo não foi posto em causa, destrói-se mais facilmente a vinculação operada, por apelo às consequências de desvios contratuais próprios exclusivos das relações internas e em última análise por força da lei ou de qualquer outra razão que levou à sua extinção. (...) Parece que o legislador foi sensível à tal exteriorização "natural" de uma situação de desvínculo contratual entre o representado e o representante, já apontada. (...) Mas parece mais: toma a relação jurídica de base como fundamento se não da representação como um todo, pelo menos do acto de outorga dos poderes de representativos: cessando a primeira não se justificará a segunda. E assim entra uma vez mais em contradição não só com o carácter autónomo que quis garantir à representação ao tratá-la separadamente do mandato, como com outras disposições: o artigo 265.° n.° 1 (...). Nos termos já expostos não consideramos a relação gestória como o fundamento e justificação a representação (...). (...) Seria mais coerente e materialmente mais justo que a defesa de terceiros se fizesse nos mesmos termos e em todos os casos de oponibilidade da extinção da procuração e independentemente da sua causa.»* A nós parece-nos,

prever o regime constante do artigo 266.°, n.° 1, do Código Civil, foi, simplesmente, estabelecer um mecanismo de protecção de terceiros de boa fé[1556], em hipóteses de efectiva extinção da procuração, mas não devidamente publicitada ou por ele desconhecida. Ele não instituiu qualquer meio destinado a tornar a revogação receptícia[1557] ou tornou sequer o mero conhecimento como requisito constitutivo dessa revogação ou modificação[1558]. Desde logo, porquanto, uma vez divulgada por meios idóneos[1559] a revogação passa a ser oponível independentemente de qualquer ciência efectiva desse facto por parte do terceiro[1560, 1561]. Além disso, o Código Civil trata, de forma que

todavia, que, em vez de aprioristicamente partir da ideia de autonomia da procuração, e, posteriormente, dirigir de forma sistemática (v., por exemplo, *supra* neste parágrafo, quanto a autora afirma acerca da possibilidade legal de o procurador ter a faculdade de renunciar ao seu poder) críticas a todas as soluções legais insusceptíveis de se enquadrarem na tese de onde arranca, Helena Mota teria andado melhor se procurasse extrair do regime por ela criticado as necessárias consequências e conclusões. Da mesma forma, no lugar de propor, após análises mais ou menos isoladas dos preceitos, determinado tipo de soluções para os mesmos, como sucede por exemplo com a leitura proposta pela Ilustre Autora para o n.° 1 do artigo 265.° e, de seguida, descobrir, no regime da representação voluntária, contradições valorativas umas atrás das outras, seria mais avisado procurar e defender para as várias normas entendimentos capazes de eliminar as referidas contradições valorativas (acerca da conveniência de se proceder de facto à eliminação deste tipo de aporias v. a bibliografia já citada *supra*, Cap., II, parágrafo 3, em nota).

[1556] Cfr., Oliveira Ascensão, *Direito civil...*, II, pp. 263 e ss.; e Menezes Cordeiro, *Manual...*, I, pp. 475 a 477, o qual afirma de forma categórica que a tese segundo a qual a procuração só se extingue quando a cessação da relação-base seja conhecida pelos terceiros, não tem nas fontes de direito português qualquer fundamento, pelo que apenas resta optar pela teoria da aparência. O artigo 266.° do Código Civil, nas condições aí previstas, dispensa aos terceiros uma certa protecção. Na doutrina italiana, perante o preceito paralelo ao nosso artigo 266.°, pode ver-se, no sentido segundo o qual quanto está em causa é simplesmente a tutela da aparência de existência de poderes de representação, Distaso, *Responsabilità extra-contrattuale del mandante e suoi effeti rispetto alla tutela del terzo. Apparenza del diritto: applicabilità e limiti di essa*, in *Giurisprudenza Completa della Corte Suprema della Cassazione Civile*, 1949, II, pp. 516 e ss., maxime p. 525.

[1557] Assim, também, Helena Brito, *A representação...*, p. 114, nota (91). Perante o direito espanhol pode ver-se, António Gordillo, *La representación...*, pp. 122 e ss..

[1558] Até porque uma inversão do ónus da prova não era de molde a consegui-lo.

[1559] Acerca do que se deve entender por meios idóneos v. *supra*, Parte II, Cap. II, parágrafo 3, nota (1188).

[1560] E não se diga que, então, nos termos do artigo 266, n.° 1, os factos constitutivos da extinção ou modificação da procuração são, não a modificação voluntária ou a revogação da relação jurídica base ou da própria procuração comunicada apenas ao representado, mas a publicitação ou o conhecimento por parte do terceiro. Se assim fosse o terceiro, de boa fé, que contratasse com um procurador a quem o representado tivesse notificado a revogação dos respectivos poderes poder-se-ia ver obrigado, pelo representado, e como pretendia, por exemplo, Lenel, *Stellvertretung...*, in *Jhering's...*, XXXVI, pp. 32 e ss., a cumprir o negócio posto pelo *procurator* não obstante a revogação ocorrida no plano interno – excepto se pudesse invocar uma situação de abuso de direito, designadamente na forma de *venire contra factum proprium*, o que pode nem sempre suceder ou ser de fácil demonstração, além de importar, nesse particular, e em certo sentido uma desnecessária inversão do beneficiário da tutela dispensada pelo artigo 266.°, n.° 1,

não pode deixar de ser considerada extremamente impressiva e significativa, a extinção da procuração (artigo 265.º) e a oponibilidade das causas de extinção da procuração (artigo 266.º), em dois preceitos absolutamente separados[1562]. Desta forma, inculca de modo particularmente forte, e insusceptível de deixar margens para dúvidas, como uma coisa é a extinção do poder de representação e outra a possibilidade de se invocar a extinção efectivamente ocorrida perante terceiros[1563]. Isto numa conclusão claramente reforçada pela letra do artigo 266.º, n.ᵒˢ 1 e 2, onde se fala, de modo inequívoco, em conhecimento, no momento da conclusão do negócio, da modificação e revogação da procuração ou em insusceptibilidade de oposição das causas extintivas da procuração ao terceiro que sem culpa as tenha ignorado[1564]. Perante isto não pode deixar de se afirmar, tal como fazem SEELER[1565] e WELLSPACHER[1566] no contexto do direito alemão, a existência de uma contradição crassa entre aqueles que defendem a manutenção de um verdadeiro poder de representação até o terceiro ter, ou dever ter, conhecimento do facto extintivo e o teor da lei[1567]. Como sustentar o conhecimento por parte do *tertius* da

---

do Código Civil (convém, no entanto referir, como mesmo essa possibilidade de se invocar algum tipo de excepção contra o dono do negócio o qual pretende obrigar o terceiro, desconhecedor da revogação, ao cumprimento do negócio representativo, parece ser negada quando se aceitam os pressupostos da doutrina da abstracção da procuração. Nesse sentido, por exemplo, Lenel (*op. cit.*, p. 33) afirmava claramente não poder o terceiro desconhecedor da revogação, ao tempo da celebração do negócio jurídico, vir alguma vez a invocá-la se dela viesse a ter mais tarde ciência). Acresce que mesmo não tendo havido qualquer comunicação a modificação ou revogação da procuração é oponível aos terceiros dela cientes. Portanto, também, por aqui, se verifica como a extinção ou cessação da *procuratio* não está dependente de qualquer comunicação ou manifestação a transmitir ou mesmo dirigir ao terceiro e, destarte, não é receptícia.

[1561] Cfr., *supra*, Parte II, Cap. II, parágrafo 3, em nota.

[1562] Este argumento é também utilizado por Helena Brito, *A representação...*, p. 115, nota (91), para excluir o carácter receptício da revogação da procuração.

[1563] Dito de outra forma. A circunstância de o Código Civil regular em dois preceitos bem distintos e claramente demarcados a extinção da procuração, de uma banda, e a sua oponibilidade, ou inoponibilidade, da outra, mostra bem como, mesmo na eventualidade de a cessação do poder de representação não ser invocável perante o terceiro nem por isso ele deve deixar de se ter por extinto de forma eficaz.

[1564] Outro preceito que pode reforçar o entendimento segundo o qual a extinção da relação subjacente atinge a procuração arrastando com isso a caducidade da procuração é o artigo 267.º, n. º 1, do Código Civil. Assim e segundo nos parece, mas de forma não muito clara, Menezes Cordeiro, *Manual...*, I, p. 475.

[1565] Seeler, *Vollmacht...*, in *Archiv...*, 28, pp. 38 e 39.

[1566] Wellspacher, *Das Vertrauen...*, p. 87.

[1567] No sentido segundo o qual a inoponibilidade da extinção não impede que, de facto, o poder de representação se tenha extinguido pode ver-se para, além de Seeler e Wellspacher, ainda, e por exemplo, Oertmann, *Bürgerliches...*, comentário ao § 168, p. 631, e comentário ao § 172,

extinção ou modificação da *procuratio* se esta ainda se mantivesse plenamente em vigor[1568]?

Deve pois concluir-se, em definitivo, no sentido segundo o qual a regulação da extinção do poder de representação, e em particular no tocante à relevância da cessação do negócio-base ou causal, embora inspirada no princípio da protecção do tráfego e da segurança e certeza jurídica, está longe de cristalizar o sistema ou dogma da abstracção da *procuratio*[1569]. Ele consagra sim a protecção da boa fé do terceiro que confiou na aparência ou preexistência do poder de representação[1570].

---

p. 639; Goldberger, *Der Schutz...*, pp. 30 e ss.; Enneccerus-Nipperdey, *Allgemeiner Teil...*, I, II, pp. 1149 e ss.; e Canaris, *Vertrauenshaftung...*, pp. 134 e 135. Em Itália, cfr., a título ilustrativo, na mesma direcção, Natoli, *La rappresentanza*, cit., pp. 60 e ss.; Bonelli, *Studi...*, pp. 20 e 21 e 69 e ss., *passim*; Zanelli, *Rappresentanza....*, in *Studi...*, 1967-1968, pp. 287 e 288 e 304 e ss., recordando a circunstância de não ser nomeadamente possível ao *dominus* vincular o terceiro, desconhecedor da cessação da relação-base, ao negócio representativo, como aconteceria se se estivesse perante um verdadeiro poder de representação. É certo que um comportamento desse tipo teria muito provavelmente o valor de uma ratificação (ressalvo contudo o disposto no n.º 2 do artigo 268.º do Código Civil), todavia até lá vale o disposto no artigo 268, n.ºs 3 e 4; e Lina Geri, *Procura...*, in *Enciclopedia...*, XXXVI, p. 1008, a qual afirma ser essa também a orientação concorde da jurisprudência. Já em Espanha o destaque vai para António Gordillo, *La representación...*, pp. 121 e ss.. Entre nós v. sempre no mesmo sentido Januário Gomes, *Em tema...*, p. 237; e Raúl Guichard, *O problema...*, p. 81, nota (194).

[1568] E como resolver, se os poderes de representação não se tivessem realmente extinto limitando-se o legislador a proteger apenas aqueles que confiaram na respectiva aparência, os casos nos quais se está perante uma procuração genérica cuja modificação foi conhecida por determinado terceiro mas não foi por outro?

[1569] Pois se o fizesse a questão subjacente ao artigo 266.º não seria nunca, e em todos os casos nos quais o problema resultasse da extinção da relação-base determinante da competência gestória, de oponibilidade ou inoponibilidade das modificações ou revogação da procuração, mas antes o da ausência de eficácia constitutiva da modificação e da revogação.

[1570] Assim, também, e expressamente, António Gordillo, *La representación...*, pp. 126 e 127, 171 e 179, com referência expressa ao artigo 266.º do Código Civil português. Cfr., ainda, e sempre na doutrina espanhola, Luis-Fernando Martinez Ruiz, *La aparencia en el derecho privado*, in *Revista de Derecho Privado*, 1961, II, pp. 923 e ss., maxime 935. Na literatura jurídica italiana cfr. sempre na mesma direcção, Pugliatti, *Il conflitto...*, in *Studi...*, pp. 72 e ss.; Distaso, *Responsabilità extra-contrattuale...*, in *Giurisprudenza...*, 1949, II, p. 525; Betti, *Teoria...*, III, pp. 241 e 242; Bonelli, *Studi...*, pp. 38 e 69 e ss.; Zanelli, *Rappresentanza....*, in *Studi...*, 1967-1968, pp. 287, 288 e 304 e ss.; Papanti-Pelletier, *Rappresentanza...*, pp. 124 e 128, nota (19); Giovanna Visintini, *Degli effetti...*, pp. 222 e ss. e 307; Valeria di Gregorio, *La rappresentanza...*, *passim* e pp. 124 e ss., 201, e 206 e ss.; e (cfr. também na jurisprudência italiana os arestos fundamentais na elaboração da teoria transalpina da representação aparente ou pela confiança, *Cassazione, 7-4-1967*, in *Rivista di Diritto Civile*, 1967, II, p. 369, com anotação de Bessone; *Cassazione, 15-3-1966*, in *Banca, Borsa e Titolo di Credito*, 1966, II, p. 515; *Cassazione, 17-4-1975*, in *Il Foro Italiano*, 1975, I, cols. 2267 e ss., com anotação de L. Di Lalla (= in *Giurisprudenza Italiana*, 1976, I, col. 797, com anotação de Stolfi. Consultou-se apenas pelo primeiro local). Entre os autores tudescos pode ver-se, no sentido segundo o qual os §§ 170, 171 II, 172 II, e 173 do *BGB* representam um caso de tutela da aparência, designadamente, Seeler, *Vollmacht...*, in *Archiv...*, 28, pp. 38 e ss.; Wellspacher, *Das vertrauen...*, pp. 87 e ss.; Canaris, *Die Vertrauenshaftung...*, pp. 32 e ss. e 133 e ss.; e Larenz,

Allgemeiner Teil..., pp. 635 e ss.; Larenz-Wolf, *Allgemeiner...*, pp. 920 e ss.. Cfr., também, e ainda, quanto escreve Bork, *Allgemeiner...*, p. 553 e ss., embora nem sempre de forma absolutamente clara. Em França, para além de quanto se escreveu anteriormente noutros locais deste escrito e da bibliografia já então citada em nota, v., Jacques Leauté, *Le mandat apparent...*, in *Revue...*, p. 290; Entre nós v., também, e no sentido da aproximação do artigo 266.º à ideia de tutela da confiança com base na aparência, Hubertus Schwartz, *Sobre a evolução do mandato...*, in *Revista...*, XIX, pp. 111 e ss.; Menezes Cordeiro, *Da boa fé...*, II, p. 1244, nota (147); Id., *Da pós-eficácia...*, in *Estudos...*, I, pp. 143 e ss., maxime, pp. 156 e ss.; Id., *Tratado...*, I, I, p. 185; Id., *Idem*, 2.ª ed., p. 234; Id., *Manual...*, I, pp. 475 e ss., ao afirmar: «*Temos, aqui, uma norma especial de tutela da confiança, na base da aparência jurídica* (...)» (v. também a nota de tradutor inserida pelo autor na obra: Canaris, *Pensamento...*, pp. 167 e 168); Januário Gomes, *Em tema...*, p. 237; Pinto Monteiro, *Cláusula penal...*, p. 79, nota (177); Rui Ataíde, *A responsabilidade...*, pp. 26 e ss., para quem o artigo 266.º, n.º 1, do Código Civil traduz uma tutela específica da boa fé subjectiva daqueles terceiros que confiando na manutenção dos poderes de representação desenvolveram uma actividade jurídica efectiva, e destarte, consagra um ónus de diligência agravado na comunicação a terceiros da revogação da procuração; Oliveira Ascensão, *Direito civil...*, II, pp. 263 e ss.; e Pedro Múrias, *A representação...*, p. 27. Cfr., também, Paulo Mota Pinto, *Aparência de poderes de representação...*, in *Boletim...*, Vol. LXIX, p. 618, o qual destaca, conforme se referiu já, como a protecção que o artigo 266.º confere, tem sido ponto de apoio, e sem poder esgotá-la, para a construção de uma tutela geral da aparência. O autor considera, todavia, que a ideia de aparência não chega para explicar o preceito em análise e, tal como Raúl Guichard, *Da relevância...*, p. 66, nota (90) (cfr. não obstante quanto escreve noutro local, Raúl Guichard, *O problema...*, p. 81, nota (194), ao afirmar consagrar o artigo 266.º, n.º 1, um mecanismo destinado a tutelar a boa fé de terceiros), e na esteira da distinção levada a cabo por Moschella, *Contributo...*, pp. 80 e ss., 181 e ss., parece aproximar mais o artigo 266.º da inoponibilidade do que da aparência (v., *supra*, Parte II, Cap. I, parágrafo 2). Na opinião de Moschella, na inoponibilidade mantém-se, face ao terceiro, a *fattispecie* da situação jurídica principal, através de limitações ao poder de afectar posições jurídicas alheias constituídas com base nessa situação. Diferentemente, na tutela da aparência o terceiro é protegido através de uma *fattispecie* diversa, a saber, a aparência da situação principal. No caso do artigo 1396.º do Código Civil italiano, ou do artigo 266.º do Código Civil português, não poderia estar em causa uma situação de aparência, mas, sim, de inoponibilidade, porquanto a invocação do nome do representado, antes da revogação ou de qualquer outro facto extintivo, não relevaria como factor gerador de confiança do terceiro acerca da existência do poder de representação. Ela teria antes um preciso valor formal da preexistência de um válido negócio de conferimento representativo. É já velha a afirmação segundo a qual (cfr., Nattini, *Dottrina...*, 85 e ss., e as indicações aí constantes) o representante não se encontra apenas encarregado de uma manifestação de vontade mas também, necessariamente, da comunicação, ao terceiro, da actuação em nome de outrem: se, por isso, existe um válido negócio de procuração, o início das negociações em nome alheio adquire o mesmo valor de uma comunicação da *procuratio* directamente ao interessado. O ónus de informar o terceiro da revogação da procuração da extinção dos poderes de representação encontraria, assim, a respectiva razão de ser na causa da imputabilidade ao representado, por efeito do negócio válido de procuração, da comunicação que, da sua existência fez o representante ao *tertius*. Destarte, a existência e validade do negócio de concessão dos poderes de representação, longe de ser um mero acidente de facto, relevante para fins secundários, viria a ser o elemento fundamental da *fattispecie* prevista no artigo 1396.º do *Codice Civile* – e igualmente do artigo 266.º do Código Civil português. Não nos parece, todavia, que semelhante raciocínio tenha razão de ser. Em primeiro lugar, e salvo erro de análise, Moschella parece ter em vista hipóteses nas quais a invocação do nome do representado é anterior à revogação ou extinção da procuração. De fora ficam,

O conjunto mandato (ou relação-base)/procuração esse não é, pois, independente um do outro[1571] no tocante à respectiva origem, extensão e sorte.

1.1. – A revogação da procuração e a *procuratio* irrevogável

I – De acordo com a opinião dominante, no período do *ius commune* o poder de representação afigurava-se sempre, e necessariamente, revogável[1572]. Na medida em que o mandato e representação se não distinguiam era essa uma consequência da revogabilidade do *mandatum*[1573]. Mas mesmo depois da separação labandiana entre a relação-base ou causal, de uma banda, e o poder representativo, da outra, permaneceu, na visão da *communis opinio*, o dogma da revogabilidade

---

pois, todas as outras nas quais o representado actua com *contemplatio domini* já depois de extinto o poder de representação. Além disso, e mesmo quando assim não fosse, o autor sempre estaria a dar de barato assentar o fenómeno representativo, de facto, na visão labandiana da abstracção ou independência da procuração, quando considera ser a *fattispeccie* subjacente ao artigo 1396.º do *Código Civile* – num raciocínio que Paulo Mota Pinto e Guichard Alves parece quererem transpor para o nosso artigo 266.º – a invocação do nome do representado acompanhada de uma procuração validamente atribuída. É que se na verdade, para além de uma procuração válida, para a produção, na esfera do representado, dos efeitos do negócio representativo se mostrar igualmente necessária a existência de um negócio-base, então, não parece haver dúvidas quanto à circunstância de, no caso do artigo 1396.º do *Codice Civile* e do artigo 266.º do Código Civil, em causa estar não uma *fattispecie* principal mas, sim, uma bem diversa destinada a proteger terceiros de boa fé. Ora quanto a isto convém recordar como, ao contrário do defendido por Moschella, a actuação em nome de outrem não se destina, tão-só, a comunicar a procuração mas também a tornar presente a relação jurídica gestória ou base (v., *supra*, Parte II, Cap. I, parágrafo 1). Se esta não está presente, por se ter extinto, então a inoponibilidade prescrita pelo legislador não pode deixar de ter o valor de tutela da aparência.

[1571] Nesta direcção v., também, António Gordillo, *La representación...*, p. 112 (cfr., porém, quanto se escreveu *supra*, Parte II, Cap. II, parágrafo 3, em nota acerca dos artigos 1162.º e 1163.º do Código Civil).

[1572] Assim, pode ver-se, Von Tuhr, *Die Unwiderruflich...*, p. 46; e Flume, *Allgemeiner...*, II, *Das Rechtsgeschäft...*, p. 876. Cfr., ainda, os autores citados *infra* em nota nota.

[1573] Flume, *Allgemeiner...*, II, *Das Rechtsgeschäft...*, p. 876. Para uma análise detalhada, ao jeito de uma *Dogmengeschichte*, das várias causas de extinção do mandato desde o direito romano até aos nossos dias, pode ver-se, Carmen López Rendo, *Las causas...*, *per totum*, com o estudo das soluções propostas nos vários períodos do direito romano, no direito da recepção – e designadamente, à luz do direito régio espanhol, das correntes humanistas e jusracionalistas (com referência para *Vinnius, Heinnecius, Grotius, Pufendorf* e *Domat*) no direito das pandectas (com alusão a Windscheid, Ferrini, Arndts, Dernburg, Voet, Van Wetter, Glück, Ortolan e Maynz – e portanto, também, a juristas anteriores aos métodos críticos no estudo do direito romano, mas cujos critérios dogmáticos já se encontravam próximos do pensamento jurídico dos pandectistas) e no direito espanhol actualmente em vigor.

da procuração[1574]. Neste contexto o primeiro projecto do *BGB* estabeleceria claramente a possibilidade de livre revogação da procuração e a impossibilidade de a ela se renunciar[1575].

Esta solução seria, no entanto, objecto de críticas severas[1576]. A segunda comissão consideraria, por um lado, dever manter-se o princípio da livre revogabilidade do poder de representação quando este tenha sido exclusivamente concedido no interesse do representado. Por outro, e ao mesmo tempo, deveria reconhecer-se, em casos com outro tipo de configuração, a necessidade de procurações irrevogáveis[1577]. Assim e quer no segundo projecto do *BGB* quer no próprio Código Civil alemão (§ 168) acabaria, realmente, por se consagrar a regra segundo a qual a procuração é, por princípio, susceptível de livre revogação, embora sem se excluir a possibilidade de nalgumas hipóteses ela dever ser considerada como irrevogável. Irrevogabilidade que se imporia quando ela resultasse da relação subjacente à outorga dos poderes de representação[1578, 1579]. Ou seja o *BGB* concebeu clara-

---

[1574] V., Mitteis, *Die Lehre...*, pp. 201 e ss.; Windscheid-Kipp, *Lehrbuch...*, I, p. 359 e nota (2 c), com indicações. O reconhecimento da possibilidade de o poder de representação se configurar como irrevogável foi levado a cabo por Jhering, *Mitwirkung für fremde...*, in *Gesammelte...*, pp. 247 e ss. (*Grotius* defendera já a tese da não revogabilidade do *mandatum*. Porém, de acordo com o jurista holandês, essa era a regra válida para todos os casos de concessão de um mandato a outrem. Jhering, em contrapartida, partia da livre revogabilidade da representação admitindo, em certos casos, e em certas circunstâncias, a sua irrevogabilidade). Cfr., ainda, Hupka, *Die Vollmacht...*, pp. 392 e ss.; e Von Tuhr, *Die Unwiderrufliche...*, pp. 46 e 47. Por último, e na doutrina menos distante, cfr., sobre esta assunto, Peter Vogt, *Die Unwiderrufliche Vollmacht*, Dissertação, Bona, 1961, pp. 16 e ss.; Flume, *Allgemeiner...*, II, *Das Rechtsgeschäft...*, p. 876.

[1575] *Motive...*, I, *Allgemeiner...*, I, § 119, p. 223.

[1576] Cfr. as indicações e citações de Hupka, *Die Vollmacht...*, pp. 409 e 410; Von Tuhr, *Die Unwiderrufliche...*, p. 47; e Flume, *Allgemeiner...*, II, *Das Rechtsgeschäft...*, p. 847.

[1577] *Protokolle (Mugdan)...*, in *Die gesamten...*, I, p. 742.

[1578] Ainda assim uma minoria de autores continuaria a recusar a admissibilidade ou possibilidade de se estabelecer ou concederem poderes irrevogáveis. Assim, Schlossmann, *Die Lehre von der Stellvertretung...*, II, pp. 585 e ss.; e E. Jung, *Erörterung... III, Anweisung...*, in *Jherings Jahrbuch...*, 69, pp. 100 e ss. Para mais referências bibliográficas pode ver-se, Müller-Freienfels, *Die Vertretung...*, pp. 110 e 111, nota (23) e ss.; e Flume, *Allgemeiner...*, II, *Das Rechtsgeschäft...*, p. 876, nota (5). Entre nós o problema encontra-se expressamente resolvido pelo artigo 265.º do Código Civil.

[1579] Sobre a problemática da revogação do poder de representação, e para além das já citadas obras de Von Tuhr e Vogt, cabe ainda destacar Müller-Freienfels, *Die Vertretung...*, pp. 109 e ss., em particular cabe sublinhar o tratamento dado pelo autor à questão de saber se a procuração irrevogável não leva, como já se pretendeu, a uma alienação da autonomia privada do representado, na medida em que, com ela, se renunciaria à exigência de contemporaneidade de concordância do constituinte (no sentido de *Mitwollen*) na celebração do negócio representativo. Isto porquanto, atenta precisamente a irrevogabilidade da *procuratio*, o principal já não poderia alterar a respectiva posição ou opinião a respeito da mesma. Müller-Freienfels estabelece, porém, um paralelismo simples entre esta hipótese e aquela na qual fica investido quem emite ou profere uma oferta ou proposta negocial.

mente a questão da admissibilidade, ou inadmissibilidade, da extinção da procuração mediante revogação como uma simples questão decorrente da relação interna ou subjacente à outorga dos poderes de representação[1580]: não declara revogável a *procuratio* por ela carecer em si de um fundamento material para a irrevogabilidade, mas por se basear, num mandato, num contrato de prestação de serviços, etc.[1581]. Da mesma forma a irrevogabilidade concreta do poder de representação, no sentido do *BGB*, não é consequência do acordo expresso ou tácito das partes, mas, antes, um efeito externo, produzido *ipso iure*, da relação jurídica interna[1582].

II – Na sua redacção original o artigo 1364.º do Código de Seabra[1583] permitia ao constituinte revogar, quando e como lhe aprouver, o mandato conferido, sem prejuízo de qualquer condição ou convenção em contrário.

Esta ressalva final fez, no dizer de GUILHERME MOREIRA, objecto de pelo menos três interpretações distintas[1584].

De acordo com uma primeira opinião, a expressão sem prejuízo equivaleria a sem detrimento ou quebra[1585]. Tomando-se a expressão nesse sentido a irrevogabilidade seria possível se as partes assim o convencionassem. O mandato passava, destarte, a não ficar pela sua revogação dependente da simples vontade do mandante.

[1580] Assim, expressamente, Hupka, *Die Vollmacht...*, p. 410, o qual, no entanto, em vez de retirar deste regime as necessárias e imprescindíveis consequências acerca da ligação entre poder de representação, de um lado, e relação-base, do outro, prefere afirmar – incorrendo, destarte, em mais um, entre tantos outros, claro caso de inversão metodológica e de petição de princípio – estar este tratamento do poder de representação como um elemento da relação interna causal teoricamente errado. São estas as bases e os argumentos a partir dos quais arranca e se vai construindo a teoria da abstracção da procuração relativamente à relação-base. Afirma-se primeiro uma natureza, uma essência para a *procuratio* e para o poder de representação, e descarta-se, depois, como teoricamente erradas todas as soluções legislativas não articuláveis com essa suposta natureza ou essência.

[1581] Hupka, *Die Vollmacht...*, p. 410.

[1582] *Idem.* Cfr., também, Larenz, *Allgemeiner Teil...*, p. 625, onde o autor afirma a existência de uma dependência, na procuração irrevogável, entre o poder de representação e a relação-base; e ainda, Hübner, *Allgemeiner...*, p. 528.

[1583] Acerca da revogabilidade do mandato e das convenções de irrevogabilidade no domínio do Código de Seabra pode ver-se na literatura jurídica actual, Januário Gomes, *Em tema...*, pp. 203 e ss..

[1584] Guilherme Moreira, *Instituições...*, II, pp. 451 e e 452.

[1585] Assim a resposta dada pela *Revista de Legislação e Jurisprudência*, 1884-1885, 17, pp. 516 e 517.

Segundo uma outra orientação[1586], as palavras sem prejuízo teriam o significado de «não obstante ou sem embargo». Em função desta interpretação a regra da revogabilidade do mandato por simples vontade do mandante seria absoluta.

Finalmente, de acordo com uma terceira posição[1587], entendia-se que a expressão em referência indicaria o facto de a faculdade detida pelo mandante de revogar o mandato não prejudicar ou inutilizar qualquer condição ou convenção contra a revogação. O seu sentido seria, pois, apenas o de consagrar a faculdade de as partes regularem as consequências da revogação do mandato quando se convenciona a irrevogabilidade. Quer dizer: o mandante não ficava impedido de revogar a *procuratio* por se ter acordado a irrevogabilidade do *mandatum*, mas deveria responder por perdas e danos se, contra a estipulação, revogasse de facto o encargo acordado.

A ressalva final do corpo do artigo 1364.º do Código de 1867 viria, entretanto, a sofrer uma modificação de redacção, pelo Decreto n.º 19 126, passando a rezar *«não obstante qualquer condição, convenção ou cláusula penal em contrário»*. A substituição da expressão «sem prejuízo» por «não obstante» foi entendida no sentido de tornar claro que a condição, convenção, ou cláusula penal em contrário não obstavam à revogação do mandato[1588]. O efeito da estipulação da irrevogabilidade do mandato apenas significava, assim, a sujeição do mandante a uma indemnização por perdas e danos quando ele exercesse o direito à revogação sem o consentimento e com o prejuízo do mandatário[1589].

[1586] Guilherme Moreira refere nesse sentido o *Acórdão da Relação do Porto, 19-10-1886,* in *Revista dos Tribunaes,* vol. 1, p. 268; e *Acórdão do Supremo Tribunal de Justiça, 5-12-1890,* in *Boletim dos Tribunaes,* vol. 6, p. 217. No sentido da nulidade da cláusula de irrevogabilidade manifestava-se, ainda, o *Acórdão do Supremo Tribunal de Justiça, 17-10-1913* (Sousa e Mello), in *Coleção Oficial dos Acórdãos Doutrinaes do Supremo Tribunal de Justiça,* 1913-1914, XIII, pp. 13 e ss. (nulidade da cláusula de irrevogabilidade do mandato conferido em escritura pública).

[1587] Dias Ferreira, *Código...,* III, comentário ao artigo 1363.º, p. 36; Guilherme Moreira, *Instituições...,* II, pp. 452 e ss..

[1588] Assim, Cunha Gonçalves, *Tratado...,* comentário aos artigos 1363.º a 1369.º, p. 518. Mas v., na literatura jurídica mais recente, contra esta posição, Januário Gomes, *Em tema...,* pp. 203 e 204.

[1589] Cunha Gonçalves, *Tratado...,* comentário aos artigos 1363.º a 1369.º, p. 519, e no mesmo sentido *Acórdão do Supremo Tribunal de Justiça, 18-4-1975* (Oliveira Carvalho), in *Revista de Legislação e Jurisprudência,* 1976-1977, 109, p. 124. Contra cfr., porém, Dias Marques, *Teoria...,* II, pp. 371 e ss., para quem, recordando a justificação do novo texto pela nota oficiosa (na qual se indicava destinar-se a alteração a evitar o tolher da liberdade de revogação com cláusulas penais) o legislador de 1930 não se limitou a assegurar ao mandante a liberdade de revogar os poderes concedidos ao mandatário. Ele veio assegurar essa liberdade de forma substancial, isto é, declarando irrelevantes quaisquer convenções subjacentes em sentido contrário e permitindo, desse modo, a própria eliminação, por acto unilateral do mandante, dos efeitos do contrato de mandato.

Porém, o regime do artigo 1364.° do Código Civil de 1867 apenas se considerava aplicável no caso do mandato conferido no interesse exclusivo do mandante. O *mandatum* já não poderia ser revogado *ad nutum* ou ao arbítrio do mandante quando fosse concedido no interesse comum de ambas as partes ou no interesse de terceiros[1590].

III – Esta doutrina acabaria por merecer consagração expressa para a procuração no artigo 265.°, n.ᵒˢ 2 e 3, do Código Civil[1591]. De acordo com o primeiro dos dois preceitos «*a procuração é livremente revogável pelo representado não obstante convenção em contrário ou renúncia ao direito de revogação*». Porém, no segundo, estabelece-se: «*mas se a procuração tiver sido conferida também no interesse do procurador ou de terceiro, não pode ser revogada sem o acordo do interessado, salvo ocorrendo justa causa*»[1592, 1593].

Perante semelhante regulamentação a doutrina e jurisprudência têm-se interrogado sobre qual a razão de ser ou fundamento da quebra da livre revogabilidade do poder de representação. As conclusões e respostas obtidas afiguram-se da maior importância e interesse quer prático quer teórico. Elas vêm confirmar como a competência representativa, em si mesma entendida de forma neutra e indeterminada, necessita de ser, sempre, completada através de uma causa ou relação que a determina e suporta[1594]. Senão vejamos.

No Anteprojecto do Código Civil determinava-se no artigo 8.°, n.° 2, que «*A procuração pode ser livremente revogada pelo representado, a não ser que o contrário resulte da relação em que se baseia, e em especial se*

[1590] Cfr., Cunha Gonçalves, *Tratado...*, comentário aos artigos 1363.° a 1369.°, p. 519. Cfr., também, Vaz Serra, *Anotação...*, in *Revista...*, 109, p. 125.

[1591] Relativamente ao problema da extinção e revogação do mandato ao abrigo do actual Código Civil podem ver-se os interessantes desenvolvimentos levados a cabo por Januário Gomes, *Em tema...*, pp. 204 e ss.; Menezes Cordeiro, *Direito...*, III, V.° *Mandato*, cit., por Januário Gomes, pp. 375 e ss.. Cfr., igualmente, quanto se escreve *infra* neste parágrafo.

[1592] Conforme refere a propósito Raúl Guichard, *O problema...*, p. 107, nota (230), o artigo 265.°, n.° 3, do Código Civil, longe de desmentir a relevância do interesse do representado confirma que ele está presente mesmo nos casos nos quais se descobre igualmente um interesse do representante na outorga dos poderes de representação.

[1593] Para uma referência a algumas das situações susceptíveis de integrar o conceito de justa causa v., *infra*, Cap. V. Em qualquer caso menção para Pedro Leitão Pais de Vasconcelos, *A procuração...*, pp. 242 e ss., o qual considera estar-se na verdade, no caso do artigo 265.°, n.° 3, não perante uma hipótese de revogação mas antes de resolução.

[1594] Assim, igualmente, António Gordillo, *La representación...*, p. 115. V., também, e entre nós, Menezes Cordeiro, *Manual...*, I, p. 474.

tiver sido conferida no interesse do representante ou de terceiro. Mesmo em tal caso, todavia, poderá ter lugar a revogação, se para isso houver justa causa». E explicava-se[1595]: *«O n.º 2 (...) estabelece na sua 1.ª parte, o princípio da livre revogabilidade da procuração. Mas estabelece seguindo o BGB § 168, 2.ª parte, a hipótese de o contrário resultar da relação jurídica em que a procuração se baseia.»*

Confrontada com o § 168 do *BGB*, mencionado na fundamentação do Anteprojecto de RUI de ALARCÃO, alguma doutrina germânica tem entendido que, para existir irrevogabilidade da procuração, esta deve desempenhar a função de permitir o cumprimento ou a execução da relação subjacente[1596]. Noutros termos, para a *procuratio* e o poder de representação serem insusceptíveis de revogação deve resultar para o *procurator* ou *tertius*, ou eventualmente ambos, uma pretensão cuja satisfação pressuponha o exercício do poder de representação como um instrumento ao serviço de uma posição própria destes[1597]. Numa hipótese como essa, descobre-se um interesse do próprio procurador ou do terceiro o qual precisamente, e no dizer da *communis opinio*, justifica e serve de fundamento à irrevogabilidade da outorga da competência representativa[1598]. Isto ao ponto de não faltar quem veja na procuração irrevogável uma acção ou negócio de cumprimento dotado de um cunho ou configuração especial[1599]. Trata-se, no fundo, de um modo de exprimir a ideia segundo a qual não basta um qualquer interesse do representante ou do terceiro como forma de justificar a irrevogabilidade da *procuratio*[1600]. É também essa a forma encontrada, por alguns autores, para garantir uma compatibilidade entre o princípio da autonomia privada – o qual apontaria para a livre revogabilidade da procuração concedida no exclusivo interesse do representado[1601] – e a irrevogabilidade dos poderes de representação[1602]. Esta só pode existir

---

[1595] Rui de Alarcão, *Breve...*, in *Boletim...*, 138, p. 110. Cfr., ainda, Vaz Serra, *Anotação...*, in *Revista....*, 109, p. 126.

[1596] Quer dizer que para a irrevogabilidade do poder de representação o decisivo é, pois, e tal como o § 168 do *BGB* muito claramente afirma, a relação subjacente. Assim, Hupka, *Die Vollmacht...*, p. 410; Rosenberg, *Stellvertretung...*, p. 717, nota (1), e pp. 886 e ss., maxime pp. 909 e ss.; Von Tuhr, *Die Unwiderrufliche...*, p. 51; Larenz, *Allgemeiner Teil...*, p. 625. Já antes podia ver-se, nesse sentido, por exemplo, Schlossmann, *Die Lehre von der Stellvertretung...*, II, pp. 439 e ss., embora duvidando que no caso de concessão de poderes *in rem suam* se esteja perante uma verdadeira outorga de poderes de representação.

[1597] Von Tuhr, *Die Unwiderrufliche...*, p. 52; Flume, *Allgemeiner...*, II, *Das Rechtsgeschäft...*, p. 877.

[1598] Von Tuhr, *Die Unwiderrufliche...*, pp. 50 e ss.; Flume, *Allgemeiner...*, II, *Das Rechtsgeschäft...*, p. 877.

[1599] Flume, *Allgemeiner...*, II, *Das Rechtsgeschäft...*, pp. 878 e ss..

[1600] Ao mesmo tempo afasta-se, com isso, a necessidade de se estar a estabelecer comparações como as levadas a cabo por Von Tuhr, *Die Unwiderrufliche...*, p. 52, entre o peso do interesse do representado, de uma banda, e o do representante, da outra.

[1601] V., a título meramente ilustrativo, mas entre nós, Guichard Alves, *O problema...*, p. 109, nota (236); Pedro Pais de Vasconcelos, *Contratos...*, p. 302; assim como o *Acórdão do Supremo Tribunal de Justiça, 24 de Janeiro de 1990* (Eliseu Figueira), in *Boletim do Ministério da Justiça*, 1990,

quando em virtude de um outro acto de autonomia da vontade o constituído possa, mesmo contra a vontade do constituinte, impor a satisfação ou cumprimento da sua pretensão. Noutros termos, a procuração irrevogável apenas é considerada admissível quando o representado se vinculou à celebração de um negócio representativo através do procurador.

Por isso, não se admite a impossibilidade de revogação da procuração quando a esta não subjaz uma relação-base válida[1603, 1604]. Por isso, também, a procuração isolada ou conferida na perspectiva de uma relação-base ainda a estabelecer não deve ser vista como irrevogável. Quando a *procuratio* não se encontra associada a nenhuma relação-base, o procurador não pode, naturalmente, ter qualquer tipo de pretensão à celebração do negócio representativo. Destarte, doutrina e jurisprudência rejeitam a irrevogabilidade da procuração a qual se encontra, afinal, à espera de negócio causal[1605].

Por outro lado, o poder de representação deixa de ser irrevogável quando a pretensão jurídica ou direito, decorrente da relação jurídica base, do representante à celebração do negócio por qualquer motivo decai [1606], cessa ou

---

393, pp. 591 e ss. (contrato a favor de terceiro – natureza das funções do IARN – mandato de interesse comum), onde se escreve expressamente que a função da livre revogabilidade do mandato é a da salvaguarda da autonomia da personalidade do mandante; *Acórdão do Supremo Tribunal de Justiça, 13-2-1996* (Martins da Costa), in *Colectânea de Jurisprudência, Acórdãos do Supremo Tribunal de Justiça*, IV, I, 1996, p. 88 (cessão do direito e acção à herança – interesse de terceiro na procuração – revogabilidade da procuração). Na doutrina tudesca, mas de forma meramente implícita, Flume, *Allgemeiner...*, II, *Das Rechtsgeschäft...*, p. 879; e Staudinger-Schilken, *Kommentar...*, I, comentário ao § 168, p. 111.

[1602] Flume, *Allgemeiner...*, II, *Das Rechtsgeschäft...*, p. 879.

[1603] Flume, *Allgemeiner...*, II, *Das Rechtsgeschäft...*, p. 881, o qual aponta em sentido contrário, e em favor da admissibilidade da irrevogabilidade de uma procuração isolada, as vozes mais ou menos isoladas, de Enneccerus-Nipperdey, *Allgemeiner Teil...*, I, II, p. 1144. Não nos parece no entanto ter Flume razão. Ennecerus-Nipperdey afirmam, expressamente, a invalidade de uma procuração suspensa irrevogável. Quanto os autores fazem, isso sim, é admitir que a irrevogabilidade da procuração possa resultar não apenas da relação-base mas também da vontade do representado, numa orientação a qual, todavia, não parece ter qualquer apoio no § 168 do *BGB*. A opinião dos autores agora citados apesar de minoritária é, ainda, seguida, se bem vimos, no essencial, por Staudinger-Schilken, *Kommentar...*, I, comentário ao § 168, pp. 110 e 111. Flume considera igualmente caricata a posição de Rosenberg, *Stellvertretung...*, pp. 909 e ss., para quem o simples acordo de irrevogabilidade poderia representar a relação-base de que fala o § 168 do *BGB*. Caricata, ou não, a posição de Rosenberg não é, todavia, a favor da admissibilidade de uma procuração isolada irrevogável. Rosenberg exige, expressamente, a existência de uma relação-base determinante da irrevogabilidade da *procuratio*. Quanto pode suceder é, no entender deste autor, esgotar-se o negócio subjacente na determinação da não revogabilidade da *procuratio*.

[1604] A *communis opinio* tudesca considera que a irrevogabilidade da procuração deve ser estipulada mediante contrato entre o representado e o representante ou o terceiro. Uma vez justificada a irrevogabilidade em função da relação-base não parece, todavia, existir qualquer tipo de necessidade para semelhante exigência. A irrevogabilidade da *procuratio* não carece, sequer, e conforme cuida de explicitar Flume, *Allgemeiner...*, II, *Das Rechtsgeschäft...*, p. 882, de ser expressamente declarada.

[1605] Flume, *Allgemeiner...*, II, *Das Rechtsgeschäft...*, p. 881.

[1606] Designadamente por ser possível ao representado invocar uma excepção contra a pretensão do procurador de ver celebrado o negócio representativo.

se extingue[1607]. E isto, segundo FLUME[1608], pela razão simples de a outorga da procuração irrevogável não traduzir, ainda, o próprio cumprimento, mas, apenas, um acto ou acção de cumprimento o qual confere ao constituído o poder (no sentido de *Macht*) de operar ou provocar ele próprio o cumprimento. Destarte, quando o representado tem o direito de recusar a prestação, então, ele deve igualmente ter a faculdade de revogar a *procuratio*[1609].

Finalmente admite-se, ainda, a possibilidade de se pôr termo a uma procuração irrevogável quando ocorram razões ponderosas disso justificativas[1610].

Caso a irrevogabilidade tenha sido convencionada sem ocorrerem os pressupostos que deveriam estar na sua base a *communis opinio* aceita, em regra, e com base no § 139 do *BGB*, a manutenção do poder de representação mas de forma susceptível de revogação. Outros, como FLUME, consideram, todavia, que na eventualidade de a irrevogabilidade se mostrar contrária aos bons costumes então a procuração se deve ter por inválida.

A doutrina e jurisprudência nacionais aderiram, e bem, ao ensinamento proporcionado pelo direito alemão[1611]. Confrontados com a necessidade de saber quando se poderia, nos termos e face ao artigo 265.º, n.º 3, do Código Civil, justificar a irrevogabilidade da competência representativa, os nossos autores responderam, de forma uniforme, no sentido segundo o qual não basta um qualquer interesse do procurador ou do terceiro para excluir a possibilidade de o constituinte retirar, ao constituído, os poderes concedidos de forma irrevogável[1612]. A irrevogabilidade da procuração apenas é admitida

---

[1607] A estas situações ou hipóteses de justa causa de revogação da procuração irrevogável junta-se, ainda, o abuso de representação como causa capaz de possibilitar a revogação de uma procuração irrevogável. Cfr., Larenz, *Allgemeiner Teil...*, p. 625.

[1608] Flume, *Allgemeiner...*, II, *Das Rechtsgeschäft...*, p. 881.

[1609] Flume, *Allgemeiner...*, II, *Das Rechtsgeschäft...*, p. 881.

[1610] Contra Flume, *Allgemeiner...*, II, *Das Rechtsgeschäft...* p. 881 e 882.

[1611] Para uma referência a alguns dos problemas colocados pela procuração irrrevogável, à luz do direito italiano, e ainda antes da entrada em vigor do actual *Codice Civile*, v., Graziani, *In tema di procura irrevocabile*, cit., in *Studi...*, pp. 74 e ss.; Id., *Mandato....*, in *Idem*, pp. 83 e ss.

[1612] Não deixa, aliás, de ser curioso constatar como perante uma norma na qual se faz assentar na relação-base a revogabilidade ou irrevogabilidade da procuração os autores alemães tenham apelado para a existência de interesse do representado ou de terceiro como forma de justificar a insusceptibilidade de revogação dos poderes de representação (reconduzindo-o, destarte, à existência de uma pretensão à celebração do negócio representativo); enquanto, entre nós, diante de um preceito no qual se afirma não ser revogável uma *procuratio* concedida no interesse do representante ou de terceiro se justifica justamente esse interesse com base numa relação causal determinante da outorga da competência representativa que permita ao representante, ou a um terceiro, exigir a conclusão do negócio representativo. Perante isto, e após quanto se afirmou já no texto, não parece difícil concluir no sentido segundo o qual o interesse do procurador, ou do *tertius*, referido no artigo 265.º, n.º 3, do Código Civil não é, senão, a pretensão ou direito à realização do negócio ou acto ao serviço de cuja realização a *procuratio* irrevogável se encontra. Torna-se, assim, despiciendo procurar ou indagar acerca da existência de quaisquer vantagens ou

naqueles casos nos quais a relação fundamental, justificativa da procuração, imponha como um seu trecho a manutenção do vínculo procuratório, pois, de outra maneira se violaria essa relação fundamental[1613]. E idêntico ensinamento é, no essencial, partilhado pelos nossos tribunais, apenas, aqui e ali, com pequenos desvios os quais não comprometem a ideia essencial[1614, 1615, 1616]. Por isso, e à seme-

proveitos, de natureza económica ou outra, a serem alcançados se os poderes concedidos fossem de facto exercitados.

[1613] Expressamente nessa direcção, Pedro Pais de Vasconcelos, *Contratos...*, p. 305; Oliveira Ascensão, *Direito civil...*, II, p. 245; e Pedro Leitão Pais de Vasconcelos, *A procuração...*, *passim*, e, por exemplo, pp. 52 e ss., 85 e ss. , 91 e ss., 95 e ss., 127. Em sentido aproximado, se bem vimos, Vaz Serra, *Anotação...*, in *Revista...*, 109, p. 126. Cfr., também, Pires de Lima e Antunes Varela, *Código...*, I, comentário ao artigo 265.º, pp. 246 e 247, os quais, embora sem afirmarem expressamente a opinião dos demais autores antes citados nesta nota, oferecem, todavia, exemplos bem elucidativos e onde ela está implícita. Por último v., a este respeito, Menezes Cordeiro, *Manual...*, I, p. 474, para quem o artigo 265.º, n.º 3, do Código Civil consiste num preceito que só faz sentido «(...) *por, segundo o legislador, existir subjacente à procuração um contrato-base ou situação a ele equiparável. Nos termos desse contrato-base, podem surgir poderes de representação concedidos a uma pessoa como parcela de um todo mais vasto*». A propósito da explicação da irrevogabilidade do mandato cfr., por todos, na nossa doutrina, Pires de Lima e Antunes Varela, *Código...*, comentário ao artigo 1170.º, pp. 730 e 731; Januário Gomes, *Em tema...*, pp. 146 e ss.; enquanto na jurisprudência se pode ver o elucidativo *Acórdão do Supremo Tribunal de Justiça, 24 de Janeiro de 1990* (Eliseu Figueira), in *Boletim do Ministério da Justiça*, 1990, 393, pp. 591 e ss. (contrato a favor de terceiro – natureza das funções do IARN – mandato de interesse comum), onde se escreve: «*Para que haja também um interesse relevante do mandatário ou de terceiro, por forma a tornar revogável o mandato, importa que, expressa ou tacitamente, se defina entre o mandante e o mandatário ou o terceiro uma relação que confira a estes o direito a uma prestação. Por isso se considera o mandato de interesse comum um negócio misto. (...) Para haver mandato de interesse comum não basta que o mandatário ou o terceiro tenham um interesse qualquer, é necessário que esse se integre numa relação jurídica vinculativa, isto é, que o mandante, tendo o mandatário, o poder de praticar actos cujos efeitos se produzem na esfera daquele queira vincular-se a uma prestação a que o mandatário ou o terceiro tenham direito.*»

[1614] Assim, *Acórdão da Relação de Évora, 17-1-91* (Matos Canas), in *Colectânea de Jurisprudência*, 1991, XVI, 1, pp. 288 e 289 (providência cautelar não especificada – direito de retenção – revogação da procuração), onde, depois de se elencar uma série de exemplos, nos quais, o interesse do representante ou de terceiro, resulta precisamente da circunstância de existir uma relação fundamental em função da qual o procurador ou o terceiro têm uma pretensão jurídica contra o representado e ao serviço de cuja satisfação a procuração se encontra, se escreve: «*De todos estes exemplos conclui-se que: para haver um mandato exercido no interesse do mandatário, é imprescindível que, pelo exercício dos poderes conferidos pelo mandante, aquele desempenhe actividade que por si mesma, se repercuta directamente na esfera patrimonial do mandatário.*» A afirmação não é rigorosa. Porém, e excepto no caso do negócio consigo mesmo, para a actividade do mandatário poder produzir efeitos na sua esfera é necessário que a relação causal lhe confira um direito nesse sentido, como de resto acontecia no caso deste aresto, pois, a procuração destinava-se a assegurar o cumprimento de um contrato-promessa no qual o representante figurava como promitente comprador); *Acórdão da Relação de Coimbra, 13-10-1998* (Ferreira Barros), in *Colectânea de Jurisprudência*, 1998, XXIII, 4, pp. 35 e ss., maxime 38 e ss. (onde se considera que, por não existir uma relação subjacente a apontar no sentido da irrevogabilidade dos poderes de representação, caduca por morte do representado a procuração na qual se estabelece ser ela irrevogável e não caducar por morte dado ser passada no interesse do mandatário); *Acórdão do Supremo Tribunal de Justiça, 27-9-1994* (Costa

Marques), in *Colectânea de Jurisprudência, Acórdãos do Supremo Tribunal de Justiça*, 1994, Ano II, 3, pp. 66 e ss. (mandato representativo – caducidade – correcção do pedido), considerou, perante uma hipótese de mandato para doação, que no caso em análise não se assistia a um interesse do procurador ou terceiros nos poderes de representação, porquanto faltava uma relação subjacente a conferir a quem quer que fosse o direito à doação. Entre outras considerações afirmou-se, designadamente: «*Para que haja também um interesse relevante do mandatário ou de terceiro, por forma a tornar revogável o mandato, importa que, expressa ou tacitamente, se defina entre o mandante e o mandatário ou o terceiro uma relação que confira a estes o direito a uma prestação. Por isso se considera o mandato de interesse comum um negócio misto*»); *Acórdão do Supremo Tribunal de Justiça, 13-2-1996* (Martins da Costa), in *Colectânea de Jurisprudência, Acórdãos do Supremo Tribunal de Justiça*, IV, I, 1996, p. 88 (cessão do direito e acção à herança – interesse de terceiro na procuração – revogabilidade da procuração – decisão na qual se afirma como, para se saber qual é o interesse do procurador ou de terceiro, se deve atender em regra à relação jurídica na qual a procuração se baseia, sendo caso típico daquele interesse o de qualquer deles ter contra o dador dos poderes uma pretensão à realização do negócio ou o direito a uma prestação. A par destas situações outras haveria, ainda, nas quais se poderia descobrir um interesse do *procurator* ou de terceiro. O problema deveria ser apreciado em função de cada caso concreto e com base na apontada razão da irrevogabilidade; *Acórdão do Supremo Tribunal de Justiça, 3-6-1997* (Lopes Pinto), in *Boletim do Ministério da Justiça*, 1997, 468, p. 367 (mandato – procuração – celebração de contrato prometido após morte do mandante [promitente – vendedor] – interesse do mandatário [promitente comprador] – não caducidade do mandato): onde se afirma: «*a irrevogabilidade tem de resultar da relação jurídica basilar (...). Para haver mandato de interesse comum não basta que o mandatário ou o terceiro tenham um interesse qualquer, é necessário que esse se integre numa relação jurídica vinculativa, isto é, que o mandante, tendo o mandatário, o poder de praticar actos cujos efeitos se produzem na esfera daquele queira vincular-se a uma prestação a que o mandatário ou o terceiro tenham direito.*» *Acórdão do Supremo Tribunal de Justiça, 23-11-1999* (Ribeiro Coelho), in *www.dgsi.pt* (representação – procuração – revogação. Processo 99A506 apenas com indicação do sumário), onde se considera que a representação como um instituto que actua no interesse do representado e não do representante, um interesse deste que sobreleve o daquele tem de fluir de uma relação fundamental de que a procuração, como negócio incompleto, emana. Noutras hipóteses não se define o quanto se entende por interesse do procurador ou do terceiro. É o caso do *Acórdão da Relação de Lisboa de 11-10-1990* (Lopes Pinto), in *Colectânea de Jurisprudência*, 1990, IV, p. 145 (mandato representativo – interesse do representado – caducidade do mandato). Não parece, porém, ou pelo menos não é evidente, envolver essa atitude qualquer desvio relativamente à posição dominante acerca de quanto se deve entender por interesse do representante ou terceiro. A única nota divergente parece ser dada pelo *Acórdão do Supremo Tribunal de Justiça, 9-3-1995* (Figueiredo de Sousa), in *Boletim do Ministério da Justiça*, 1995, 445, pp. 458 e ss. (mandato – doação após morte do mandante – não caducidade do mandato – aceitação da doação), o qual considerou como não extinto em virtude da morte do principal o mandato para doação em virtude do interesse moral da procuradora e filha do representado em fazer a vontade ao falecido pai.

[1615] Pela nossa parte não estaremos de acordo com os desvios dos quais se dá, aliás, indicação na nota imediatamente anterior. Não nos parece, por exemplo, poder considerar-se irrevogável uma procuração para realização de uma doação a favor do procurador ou de terceiro, pelo simples facto de este ter nisso um interesse económico ou jurídico se, ao mesmo tempo, o donatário não tiver de facto o direito de exigir o cumprimento da doação. A procuração não equivale ao negócio definitivo. Ver em hipóteses como esta um interesse do procurador ou do terceiro de molde a tornar a procuração irrevogável é um claro atentado à autonomia da vontade do representado. Este não deve ficar vinculado à realização de uma liberalidade pelo simples facto

lhança de quanto defende a doutrina tudesca nesta matéria, a consequência jurídica da revogação sem justa causa[1617], ou com invocação de uma causa julgada insubsistente, é a respectiva ineficácia[1618]. Na medida em que a irrevogabilidade resulta *ipso jure*[1619], e sem necessidade de ser declarada ou expressamente convencionada[1620], da relação jurídica base, sendo o poder de representação como que um atributo dela, ou da pretensão ou direito do representado ou terceiro à celebração do negócio representativo, não faz qualquer sentido admitir a eficácia da declaração de revogação de uma procuração irrevogável, enquanto o representado se mantiver vinculado à pretensão do representante ou do terceiro e, destarte, à realização ou conclusão do acto ou contrato representativo. Tudo numa clara manifestação da dependência dos poderes de representação relativamente à relação-base.

IV – Dependência esta que não nos parece posta em causa pela tese defendida pelo Professor PEDRO PAIS DE VASCONCELOS a

---

de outrem ter um mero interesse económico ou jurídico no resultado de uma procuração, mas a cujo cumprimento não tem qualquer direito.

[1616] E o mesmo ensinamento consta também da fundamentação ao artigo 23.º do *Avant-Projet d'une loi uniforme sur la représentation en matière de Droit Privé patrimonial dans les rapports internationaux et Rapport illustratif*, Roma, 1955, pp. 64 e 65, da Unidroit, Institut International (para uma explicação das características e funções da Unidroit v., por todos, Menezes Cordeiro, *Manual...*, I, p. 131), onde se afirma como no caso de uma habilitação concedida no interesse do representado a outorga dos poderes é feita com o propósito de lhe assegurar o exercício de um direito ou de uma garantia: «*pour lui assurer l'exercice d'un droit ou d'une garantie*» ou na versão inglesa «*with the purpose of securing him the power to exercice his own rights or a guarantee*». Na doutrina espanhola v., Camara Alvarez, *La revocación del mandato y del poder* in *Estudios de Derecho Civil*, pp. 139 e ss..

[1617] Também entre nós por justa causa se deve entender a extinção, termo ou invalidade da relação jurídica subjacente (mas v. *infra*, Cap. V, quanto se escreve acerca dos vícios da procuração como causa de revogação da procuração revogável). Constituirá, igualmente, causa de revogação da procuração a possibilidade de o representado invocar determinado tipo de excepções contra a pretensão do representante ou terceiro à celebração do negócio representativo assim como a existência ou prática de actos de desmando por parte do *procurator*. A este respeito cfr., Pedro Pais de Vasconcelos, *Contratos...*, p. 308.

[1618] Assim, pode ver-se, designadamente, Von Tuhr, *Die Unwiderrufliche...*, pp. 48 e ss.. Oposição a este entendimento encontra-se circunscrita a alguns autores. Refiram-se, por exemplo, Lenel, *Stellvertretung...*, in *Jhering's...*, XXXVI, pp. 37 e ss.; e Hellwig, *Die Verträge...*, p. 97, nota (205). Na doutrina nacional v., no sentido do texto, Pedro Leitão Pais de Vasconcelos, *A procuração...*, pp. 138 e ss.. Exceptuam-se naturalmente os casos de revogação da procuração irrevogável por mútuo acordo, justa causa e, porventura, também nas hipóteses de reserva de livre revogabilidade. A este respeito v., Pedro Leitão Pais de Vasconcelos, *A procuração...*, p. 231.

[1619] V., *supra* quanto se escreve neste parágrafo. Cfr., também, e entre nós, perante o mandato irrevogável, Januário Gomes, *Em tema...*, p. 171.

[1620] Perante o direito alemão v., a título meramente ilustrativo, Flume, *Allgemeiner...*, II, *Das Rechtsgeschäft...*, 882.

respeito dos efeitos da revogação da procuração irrevogável[1621]. O autor começa por afirmar, de forma acertada, estar o efeito jurídico da revogação, sem justa causa[1622], de uma procuração irrevogável dependente da relação jurídica base ou subjacente[1623] à outorga dos poderes de representação[1624]. Deste princípio PEDRO PAIS DE VASCONCELOS retira, num passo absolutamente lógico, e com o qual, face a quanto afirmámos já, não podemos deixar de manifestar a nossa concordância, a regra da ineficácia da revogação da procuração irrevogável[1625]. Logo de seguida, porém, acrescenta: se a relação subjacente for um mandato a revogação é eficaz mas constitui o mandante em responsabilidade civil conforme resultaria do artigo 1172.º, al. b), do Código Civil. A extinção do negócio-base à procuração irrevogável acarretaria, nesse caso, a extinção dos poderes de representação os quais teriam deixado de ter fundamento jurídico[1626]. Tudo quanto o procurador ou mandatário teria nesse caso seria, pois, e sempre de acordo com o artigo 1172.º, al. b), o direito a ser indemnizado pela revogação indevida. No entender do autor, seriam questões distintas a revogação dos poderes representativos, mantendo-se a relação subjacente, e a extinção da competência para a representação em consequência da revogação da relação subjacente[1627]. Se esta fosse um mandato aplicar-se-lhe-ia o disposto no artigo 1172.º, al. b), do Código Civil com a possibilidade de o representado revogar eficazmente a procuração irrevogável, através da eliminação do acto base ou causal, indemnizando depois o representante ou o terceiro[1628]. Concordássemos nós com a tese defendida pelo Professor PEDRO PAIS DE VASCONCELOS, sempre diríamos ser a extinção do poder de representação irrevogável, e a consequente necessidade de indemnização, uma directa repercussão sobre o destino do poder de representação da própria sorte da relação-base a suportar as competências representativas irrevogáveis.

[1621] *Contratos...*, pp. 308 e ss..

[1622] Ou com base numa justa causa julgada insubsistente.

[1623] Da qual sublinhe-se deve resultar, também, na opinião do autor, a existência de um direito ou pretensão à celebração do negócio representativo.

[1624] Pedro Pais de Vasconcelos, *Contratos...*, pp. 308 e ss..

[1625] Pertencem a Pedro Pais de Vasconcelos, *Contratos...*, p. 309, as seguintes palavras: «*A revogação sem justa causa, pelo representado, da procuração irrevogável é ineficaz se se mantiver a respectiva relação subjacente (...) e se a revogação com ela colidir.*»

[1626] Pedro Pais de Vasconcelos, *Contratos...*, pp. 308 e 309.

[1627] *Idem.*

Não podemos, contudo, e com a devida vénia e respeito, subscrever ou acompanhar o ensinamento do Distinto Professor. E isto pela singela razão de que, pura e simplesmente, na nossa opinião, o artigo 1172.º, al. b), do Código Civil se não aplica aos casos de mandato irrevogável. De outra maneira: o artigo 1172.º, al. b), não se aplica àquelas hipóteses nas quais o mandatário ou o terceiro têm um interesse no mandato[1629]. Na verdade, o preceito em referência não se destina a disciplinar os casos nos quais, e tal como referem quer a nossa jurisprudência quer sector importante da nossa doutrina[1630], o mandato se integra numa relação jurídica vinculativa, e o mandante, tendo o mandatário o poder de praticar actos cujos efeitos se produzem na esfera daquele, se tenha vinculado a uma prestação a que o mandatário ou o terceiro tenham direito. Ao contrário, e a nosso ver, o artigo 1172.º, al. b), regula precisamente, e apenas, aquelas hipóteses nas quais, faltando os pressupostos para a irrevogabilidade do mandato, ainda assim, ela foi convencionada ou houve renúncia ao direito de revogação. E fá-lo para determinar a ineficácia relativa dessa convenção ou renúncia[1631]. Portanto, este mandato, ao qual se aplica o artigo 1172.º, al. b), não poderia constituir nunca a base ou causa subjacente a uma procuração irrevogável. Na verdade, se uma procuração tiver por exclusiva relação causal um mandato no qual se convencionou a irrevogabilidade do mesmo ou se renunciou ao direito à revogação faltará aquele interesse exigido pelo n.º 3 do artigo 265.º do Código Civil para a *procuratio* se configurar como irrevogável. Noutras palavras, e para empregar a expressão utilizada por OLIVEIRA ASCENSÃO à qual PEDRO PAIS DE VASCONCELOS adere, a relação fundamental justificativa da procuração não imporá como um seu trecho a manutenção do vínculo procuratório, sob pena de se assistir à violação da relação global. Se de facto, a razão determinante do poder de representação irrevogável for um mandato igualmente irrevogável não pode, na realidade, em nosso entender, e

---

[1628] A ineficácia da revogação, sem justa causa, só se verificaria assim se a própria relação jurídica base irrevogável se mantivesse. Se esta, porém, fosse revogada o representado deveria apenas indemnizar o representante.

[1629] Cfr., Pires de Lima e Antunes Varela, *Código...*, II, comentário ao artigo 1170.º, p. 730.

[1630] V., *supra*.

[1631] Ou se se preferir a mera eficácia relativa da convenção de irrevogabilidade ou da renúncia ao direito de revogação. E eficácia relativa porquanto a convenção ou renúncia não produzem nem originam o efeito pretendido: a irrevogabilidade do mandato. A lei, apenas, estabelece como consequência da revogação, contrária à convenção ou renúncia, a obrigação de indemnização.

com a devida vénia, ao contrário do sugerido pelo Professor PEDRO PAIS DE VASCONCELOS, o representado revogar eficazmente esse *mandatum*, limitando-se, depois, a indemnizar os prejuízos causados. O mandato irrevogável assenta, sublinhe-se novamente, também ele, na existência de um interesse externo à relação de mandato a qual constituirá a respectiva relação-base, e não se afigura possível a revogação eficaz do primeiro enquanto se mantiver a segunda. A bem dizer, tudo se passa como se ambos formassem uma relação contratual única – constituída pela fusão entre a relação-base e o mandato[1632] – ou uma união de contratos que obriga a manter a *procuratio* enquanto subsistir o negócio por força do qual o mandante ou o terceiro podem exigir a subsistência do próprio *mandatum*.

Perante isto, a pergunta a fazer vai antes, e em nossa opinião, no sentido de saber se a convenção de irrevogabilidade ou renúncia ao direito à revogação apostas a uma procuração na qual faltem os requisitos exigíveis para a tornar não revogável – por não ser possível descobrir um interesse do procurador ou de terceiro no sentido de poderem exigir a celebração do negócio representativo – se devem ter por nulas – como quer a doutrina tudesca e também o próprio PEDRO PAIS DE VASCONCELOS[1633] – ou se ao invés se deve aplicar analogicamente o disposto no artigo 1172.º, n.º 2, al. b). Pela nossa parte não vimos nenhum inconveniente nem óbice em aceitar a segunda solução. Na verdade, admitindo o legislador essa possibilidade para o mandato, e designadamente para o mandato representativo, não vimos qualquer razão de monta para não julgar como válido idêntico desfecho para o caso de a relação gestória ou determinante do poder de representação ser de natureza diversa do mandato. Também não vimos nenhum inconveniente ou obstáculo a que o representado estipule na própria procuração a obrigação de indemnizar o procurador ou terceiro, caso pretenda revogar a *procuratio*.

Repare-se na absoluta identidade de redacção entre o n.º 1 do artigo 1170.º do Código Civil, de um lado, e n.º 2 do artigo 265.º, também do Código Civil, do outro. Se perante o teor do primeiro dos dois preceitos o legislador entendeu não se dever ter por absolutamente nula a renúncia ou convenção de irrevogabilidade do mandato,

---

[1632] Assim, Januário Gomes, *Em tema...*, p. 171. Expressamente no sentido segundo o qual no mandato com representação se assiste a uma união entre procuração e mandato v., Menezes Cordeiro, *Manual...*, I, p. 472.

[1633] *Contratos...*, pp. 306 e 307. V., também, Pedro Leitão Pais de Vasconcelos, *A procuração...*, pp. 208 e ss. e 211 e ss..

por faltar o pressuposto do interesse do mandatário ou do terceiro, e aceitou poderem ter elas uma eficácia relativa, no sentido de obrigarem o mandante a indemnizar em caso de revogação, por que razão não se pode admitir a mesma solução para a hipótese da procuração? Tanto mais como, conforme se demonstrou já, entre procuração e relação subjacente existe uma interdependência mútua[1634].

V – Chegados a esta altura facilmente se compreenderá como, para nós, a procuração irrevogável, concedida no interesse do representado, ou de terceiro, não envolve nenhuma desfuncionalização dos poderes de representação. Também não nos parece poderem subsistir dúvidas quanto à circunstância de, em nosso entender, não ser admissível a existência de procurações ou poderes de representação concedidos no exclusivo interesse do representado ou de terceiro[1635].

[1634] Contra a possibilidade de se aplicar à procuração solução idêntica à consagrada pelo artigo 1172.º do Código Civil pronunciou-se, recentemente, Pedro Leitão Pais de Vasconcelos, *A procuração...*, pp. 211 e ss.. Em favor dessa tese o autor invoca antes de mais o carácter excepcional do preceito em referência e a natureza abstracta da procuração. Mas importa não dar por demonstrado quanto se pretende justamente apurar. Não nos parece, antes de mais, e com o devido respeito, que o artigo 1172.º, ao regular as consequências do incumprimento de uma cláusula contratual, se possa ter por excepcional. Também não nos parece ser a procuração abstracta. Contudo, mesmo quando ambas as proposições fossem verdadeiras, nem por isso ficava prejudicada a possibilidade de se aplicar a solução do artigo 1172.º às hipóteses de procuração irrevogável por força de mera estipulação nela incluída. Ver-se-á *infra* no próximo capítulo como, ao contrário de tão frequentemente apregoado, não é possível afastar liminarmente a possibilidade de aplicação analógica das regras excepcionais. Por outro lado, mesmo quando se devesse reconhecer a abstracção da *procuratio* sempre se deveria aceitar, ao menos, a possibilidade, na prática frequentemente usada, de o *dominus* usar o acto de outorga dos poderes de representação para fixar, desde logo, alguns dos aspectos pelos quais se deve reger o negócio gestório ou relação subjacente. Ora, é o próprio Pedro Leitão Pais de Vasconcelos a admitir a possibilidade de as partes estipularem na relação subjacente que o *dominus* não irá revogar a procuração. Se o fizer, naturalmente isso envolverá um incumprimento, por parte do representado, das suas obrigações contratuais com a consequente obrigação de indemnizar. Mas se é assim, então, não vislumbramos razão para proibir a estipulação de uma cláusula de irrevogabilidade na procuração cujo efeito se encontra circunscrito à obrigação de indemnizar por parte do dono do negócio caso não a respeite. Admitir a convenção de irrevogabilidade ao nível da relação-base e não permitir a sua expressa estipulação na procuração parece-nos formalismo desnecessário. Sobretudo se se aceitar, como nos parece ser o caso, a causalidade da *procuratio* (causalidade, aliás, para cuja demonstração, e não obstante a formal afirmação da natureza abstracta, ou quase, Pedro Leitão Pais de Vasconcelos carreia não poucos argumentos).

[1635] Contra a admissibilidade à luz do Código Civil de 1867 da procuração *in rem propriam* pode ver-se o *Parecer de 23 de Novembro 1956 da Direcção-Geral dos Registos...*, in *Boletim...*, 1957, 62, p. 375. Na doutrina cfr., por exemplo, Coelho da Rocha, *Instituições...*, II, p. 625, para quem a cláusula inserta na procuração segundo a qual o procurador administrará o negócio como coisa sua, ou *in rem propriam*, inverte a natureza deste contrato e importa a cedência gratuita; Guilherme Moreira, *Instituições...*, II, p. 434. Favoravelmente v., Pessoa Jorge, *O mandato...*, pp. 182 e ss.. Mais

São estas duas consequências directas do modo como compreende-mos e definimos quer o interesse do representado quer o interesse do representante ou de terceiro na representação, procuração ou compe-tência representativa.

No sentido segundo o qual não se deve consentir a existência de poderes de representação no exclusivo interesse do representado aponta desde logo o artigo 265.º, n.º 3, do Código Civil, ao con-siderar como irrevogáveis as procurações concedidas «também» no interesse do procurador ou de terceiro. Em lugar algum a nossa lei menciona ou prevê a possibilidade de outorga de uma competência representativa, apenas, no interesse do representante. Uma correcta e ponderada consideração do mecanismo de funcionamento da repre-sentação e dos poderes representativos leva, claramente, ao reforço do entendimento extraído da letra do artigo 265.º, n.º 3. Não pode esquecer-se a circunstância de a procuração irrevogável para a reali-zação de um interesse do *procurator*, ou de terceiro, envolver, ainda e sempre, a outorga de poderes para a actuação em nome de outrem. Os efeitos da actuação representativa levada a cabo com base numa *procuratio* irrevogável não deixam de se repercutir directamente na esfera jurídica do representado[1636]. Isto significa, conforme se subli-

---

recentemente pode ver-se contra a admissibilidade de um mandato ou de uma procuração no interesse exclusivo do representante, ou de terceiro, Pires de Lima e Antunes Varela, *Código...*, I, comentário ao artigo 265.º, p. 247, e II, comentário ao artigo 1170.º, pp. 730 e 731. No sentido da inadmissibilidade de um mandato no interesse exclusivo do mandatário mas da possibilidade de concessão de poderes de representação apenas no interesse do representado pode ver-se, Pessoa Jorge, *O mandato...*, pp. 182 e ss.. Em Itália, na defesa segundo a qual na procuração ou mandato *in rem suam* deve estar presente, também, um interesse do representante pode ver-se, por exemplo, Pugliatti, *Il conflitto...*, in *Studi...*, pp. 113 e 114.

[1636] Convém registar também as considerações feitas no relatório ao *Avant-projet...*, pp. 64 e 65, *Unidroit*, ao artigo 23.º (preceito no qual se determina: «*Em caso de habilitação especial destinada a assegurar o exercício de uma faculdade que o representado concedeu ao representante no interesse deste ou de terceiro, a representação não se extingue pela morte, incapacidade ou falência do representado e toda a revogação ou restrição da habilitação não tem efeito perante o terceiro se este podia saber, de acordo com a própria habilitação, o fim em vista do qual ela tinha sido concedida ao representante*»), onde se escreve: «*O projecto editou uma regra especial para o caso de o fim da representação ser o de proteger o representante ou um terceiro. Pode-se constatar o recurso a uma procuratio in rem suam em várias legislações. O projecto teve em conta esta tendência, mas, em concordância com estas legislações, ele restringiu a possibilidade de uma tal habilitação irrevogável ao caso de uma habilitação especial cujo fim é o de assegurar ao representante o exercício de uma faculdade no seu interesse ou no interesse de um terceiro. O Comité estimou não haver contradição entre este caso especial de habilitação e a definição de representante, dada no artigo I. Com efeito, mesmo no caso de uma habilitação concedida no interesse do representante (a saber, para lhe assegurar o exercício de um direito ou de uma garantia), não se pode afirmar que o interesse do representado seja totalmente estranho a esta transacção. A habilitação é portanto concedida tanto no interesse do representante como no do representado, de modo que, nesta hipótese o representante age por conta e em nome da pessoa que lhe confere a habilitação.*»

nhou, aliás, anteriormente, dever distinguir-se, sempre, na representação no interesse do representante, ou de terceiro, uma pluralidade de actos jurídicos os quais geram uma situação jurídica complexa ou organismo[1637]. Num primeiro momento verificar-se-á, por um lado, a outorga dos poderes de representação, em virtude do qual o *procurator* passa a estar habilitado à prática de actos em nome do representado e, por outro, a constituição do vínculo jurídico causal determinante da irrevogabilidade da representação e por força do qual o procurador ou o terceiro passam a ter uma pretensão sobre o representado. Num segundo momento assiste-se, de uma banda, à celebração do negócio representativo, e da outra, à prática do acto destinado a dar cumprimento à relação jurídica causal justificativa da irrevogabilidade da representação – e a que explica a produção de efeitos jurídicos na esfera do representado ou do terceiro[1638]. É este último, e tão-só ele, a implicar a produção de efeitos jurídicos na esfera do representado ou do terceiro. Vejamos.

Um dos casos mais característicos de representação no interesse do representante ou de terceiro é o de *datio pro solvendo* ou da autorização ao credor para se pagar pelo resultado obtido na sequência de determinada alienação realizada através da utilização de uma procuração concedida com o fim de o credor proceder à venda dos bens do devedor[1639, 1640]. Num caso como esse, se há representação, o direito

---

[1637] A este respeito cfr., para além de quanto já se disse *supra* no texto acerca da razão de ser da irrevogabilidade da procuração, Pugliatti, *Il conflitto...*, in *Studi...*, p. 113; e Pessoa Jorge, *O mandato...*, pp. 182 e 183, para quem «*ao acto de concessão de poderes representativos, que é a procuração in rem suam, acresce um negócio jurídico – doação, venda, dação em pagamento ou, mais correntemente, datio pro solvendo – que constitui o título justificativo de o procurador fazer seu o resultado da cobrança (...)*».

[1638] Nalguns casos de procuração concedida no interesse do terceiro nos quais o negócio representativo deva ser celebrado directamente com este e também nas hipóteses nas quais a procuração irrevogável consinta, ainda, ao procurador a celebração de negócios consigo mesmo, estes dois actos poderão coincidir num só, pois, então, o negócio representativo é de molde, por si só, a proporcionar os efeitos a cuja realização o *tertius* ou o *procurator* tinham, em virtude da relação-base ou determinante da irrevogabilidade da *procuratio*, uma pretensão ou direito.

[1639] Aparece por vezes referida, e é frequentemente utilizada na prática a procuração irrevogável para fins de garantia de um crédito. Na medida, porém, em que, com essa finalidade, a *procuratio* deve ser outorgada ainda antes de verificada qualquer hipótese de vencimento do crédito e se destina normalmente a permitir ao credor obter a satisfação da prestação sem necessidade de passar pelo tribunal haverá que ter, todavia, em consideração a proibição de pacto comissório constante do artigo 694.º do Código Civil e aplicável a outras garantias que não apenas a hipoteca – designadamente, ao penhor e à fiança. Em particular deve ser evitada a confusão frequentemente verificada, na prática, de se entender que, no penhor, e atento o disposto na parte final do n.º 1 do artigo 675.º do Código Civil, a outorga de uma procuração irrevogável por parte do devedor, no momento da concessão do crédito, permitiria ao credor vender o bem objecto da garantia, em representação do devedor, e depois apropriar-se do produto da venda. Conforme

resultante da transferência do bem não surge nem na esfera jurídica do representante nem na do terceiro. O negócio realizado pelo procurador, em nome do *dominus*, vai repercutir-se, fatalmente, na esfera jurídica do representado. Destarte, terá de se assistir, necessariamente, a um outro acto ou negócio, a acrescer ao representativo, e destinado a criar o título que permite ao procurador guardar para si o produto da cobrança. Verifica-se, assim, como, neste exemplo, se está na presença de um esquema complexo destinado a satisfazer quer o interesse do principal quer o do representante ou terceiro[1641]. O dono do negócio tem um interesse na transferência do seu crédito, ou na venda de um seu bem, com vista à obtenção de fundos capazes de saldar a dívida para com o procurador ou terceiro. Por outras palavras, ele está interessado em ver produzir-se na sua esfera os efeitos do negócio representativo. O representante, ou terceiro, têm, nos precisos moldes defi-

---

notam a propósito Pires de Lima e Antunes Varela, a razão de ser da proibição do pacto comissório abrange também a interdição de o credor ficar, não com o próprio bem dado em penhor, mas de realizar a respectiva venda e permanecer com o seu produto (por isso, e a nosso ver constituem um pacto comissório os exemplos de procuração irrevogável mencionados por Pedro Leitão Pais de Vasconcelos, *A procuração...*, p. 258, nos quais o *dominus* confere ao credor uma procuração para ele se pagar, através do levantamento de quantias ou de venda de bens do património do representado, em caso de incumprimento de determinado negócio por parte do principal). Na verdade, quanto o artigo 675.º do Código Civil faz não é permitir que a venda possa ser efectuada directamente pelo credor ou por terceiros, o qual fica, depois, com o resultado da alienação, contra a vontade do devedor, que até pode considerar não ter havido qualquer incumprimento ou possuir uma excepção, sem previamente passar pelo tribunal. No nosso direito a venda executiva, seja judicial seja extrajudicial, é sempre ordenada pelo juiz. (Cfr., de entre uma multidão interminável de autores no mesmo sentido, Pedro Romano Martinez, *A venda executiva. Alguns aspectos das alterações legislativas introduzidas na nova versão do Código de Processo Civil*, sem data, nem local de publicação [mas da editora Lex], p. 325). Nestes termos, quanto o artigo 675.º, n.º 1, se limita a referir é a possibilidade de as partes convencionarem, antecipadamente, que, uma vez ordenada pelo tribunal, a venda dos bens dados em penhor esta deverá ser feita extrajudicialmente. Aliás, se o artigo 675.º, n.º 1, facultasse realmente a venda extrajudicial independentemente de determinação de um juiz, então, não seria precisa para nada uma procuração irrevogável com poderes para vender os bens dados em penhor – e portanto tornaria absolutamente desnecessária a exigência reiteradamente feita pelos credores no sentido de lhes ser outorgada semelhante procuração. É que, num caso como esse, a possibilidade de alienação directa pelo credor, dos bens dados em penhor faria, por força do artigo 675.º, parte do conteúdo legal do próprio direito real de penhor.

[1640] Cfr., Pessoa Jorge, *Mandato...*, pp. 182 e ss., maxime, o qual refere a hipótese de **A** credor de **B**, dar a **C**, poder para cobrar uma dívida, mas permitindo-lhe ficar com o resultado da cobrança (por espírito de liberalidade ou em pagamento de outra dívida), **C** realiza um acto jurídico alheio (o recebimento de um crédito que lhe não pertence), mas, ao fazê-lo, age no interesse próprio; Pires de Lima e Antunes Varela, *Código...*, I, comentário ao artigo 265.º, p. 246, e II, comentário ao artigo 1170.º, p. 731.

[1641] Pires de Lima e Antunes Varela, *Código...*, I, comentário ao artigo 1170.º, p. 731.

nidos pela relação determinante da irrevogabilidade da *procuratio*[1642], interesse na procuração, por ser ela um meio ao serviço da satisfação ou extinção da pretensão na qual se fundamenta a impossibilidade de revogação da procuração. Mas este interesse não é, como resulta de quanto antes se escreveu, exclusivo. O procurador será obrigado a prestar contas ao representado. Além disso, não tem liberdade para perdoar a dívida ou conceder moratórias ou mesmo para autorizar o pagamento parcial. Tudo isto atento o interesse do representante na obtenção dos meios para a realização do cumprimento[1643] ao qual se encontra obrigado[1644]. Apesar de no interesse do procurador, a apelidada *procuratio in rem suam* não exclui a existência de um interesse do representado [1645], até por ambos se situarem em planos diferentes. Ela também não põe de parte a hipótese de a respectiva utilização configurar uma hipótese de conflito de interesses ou de abuso de representação sempre que a vontade do representado na definição dos fins para os quais foi concedida não seja respeitada.

Outros casos são ainda mais característicos[1646]. Suponha-se dar **A** a **B** um mandato com representação para este, com dinheiro do próprio **A**, adquirir um violino para **B** guardar para si ou entregar a **C**[1647]. Imagine-se, ainda, que um pai, querendo ajudar o filho a estabelecer-se profissionalmente, o encarrega de comprar o equipamento necessário a certa actividade, para depois ser doado pelo progenitor àquele a quem gerou[1648]. Note-se não ser, neste caso, intenção do pai doar o dinheiro mas, sim, encarregar o seu descendente de comprar os bens para o estabelecimento, pois ele não pretende ver o dinheiro gasto noutra coisa. Há aqui a outorga de um mandato com representação[1649] ao qual acresce uma doação: o filho tem de prestar contas

---

[1642] Ou seja do mandato ou negócio gestório com ela conexos à procuração.

[1643] E atento também o próprio interesse na realização do cumprimento. Interesse que explica, designadamente, a necessidade de a remissão de dívidas se dever fazer por forma contratual.

[1644] Discorda-se, assim, do ensinamento de Pessoa Jorge, *O mandato...*, p. 185.

[1645] Basta ver como neste caso se faltasse a relação jurídica por força da qual o terceiro pode fazer seu o produto da venda dos bens (ou da cobrança dos créditos) se estaria na presença clara de uma procuração no exclusivo interesse do representado, o qual não desaparece quando o terceiro está interessado na realização do negócio representativo. O que acontece é a presença, em simultâneo, de interesses de pessoas distintas.

[1646] Pires de Lima e Antunes Varela, *Código...*, I, comentário ao artigo 1170.º, p. 731.

[1647] Pugliatti, *Il conflitto...*, in *Studi...*, p. 113.

[1648] Tendo já naturalmente assumido um compromisso juridicamente válido nesse sentido, pois, de outra forma, faltaria o fundamento para a irrevogabilidade dos poderes de representação.

[1649] Pessoa Jorge, *O mandato...*, p. 184, nota (49), refere o mesmo exemplo mas tendo em mente primordialmente a concessão de um mandato sem representação.

do dinheiro recebido; porém ficará investido na propriedade das coisas compradas não a título de representante mas sim como donatário. A procuração ou mandato representativo não é apenas no interesse do representante mas também no do representado[1650, 1651].

E as coisas não se passam de maneira diferente na hipótese típica de o promitente vendedor conceder poderes irrevogáveis de representação ao promitente comprador para este celebrar, porventura consigo mesmo ou, então, com quem indicar, o negócio definitivo de compra e venda. Basta ver como com o exercício destes poderes, e em virtude dele, se assiste à produção dos efeitos do negócio representativo na esfera do representado: ele passa a ter efectivamente na sua esfera jurídica todos os direitos emergentes desse negócio enquanto, ao mesmo tempo, se assiste à extinção da obrigação para ele resultante da celebração do contrato-promessa[1652, 1653].

[1650] Em sentido contrário, Pessoa Jorge, *O mandato...*, p. 184, nota (49), o qual considera o mandato no interesse exclusivo do mandante, mas apenas, e se bem vimos, por não pressupor a existência de um vínculo por força do qual o *procurator* ou mandatário já tinha o direito à prestação. Aliás, e perante o nosso direito, não é possível proceder à doação de coisas futuras. Será, todavia, eventualmente de admitir a possibilidade de celebração de um contrato-promessa de doação com o mesmo objecto.

[1651] A admissão de procurações no próprio interesse do procurador traduz-se, pois, noutra falha da doutrina da abstracção do poder de representação. Se a procuração é um poder exclusivamente jurídico-formal como entender a existência de procurações no interesse ora do representante ora do *dominus*? Como extrair de um simples conceito, sem base material, e puramente objectivo o sentido dos interesses que lhe subjazem? Isso só é possível se se ligar a procuração ao negócio subjacente. Se o efeito do negócio representativo se produz na esfera jurídica do *dominus* como admitir que um *procurator in rem suam* fique com um crédito por ele cobrado ou com um objecto adquirido? Não será certamente a procuração a consentir-lho. Essa apenas faculta a produção de efeitos na esfera do *dominus* e, por si só, não permite ao procurador fazer seu nada de nada. É antes um outro negócio ou acto material – eventualmente mas não necessariamente expresso na procuração – a permiti-lo: uma doação, uma cessão de créditos, etc.. Mas então das duas uma. Ou se considera a procuração abstracta e desligada do negócio-base e é impossível falar de procuração *in rem suam* ou se admite semelhante figura e, então, reconhece-se, do mesmo passo, a respectiva ligação ao negócio fundamental por ser este, e só este, a permitir ao *procurator* alcançar o resultado final pretendido pela concessão da procuração *in rem suam*. Repise-se. De acordo com a visão labandiana do fenómeno representativo a procuração, em si mesma, apenas faculta uma actuação cujos efeitos se produzem na esfera do *dominus*. Se ela se encontrar desligada de um suporte material – e mesmo que se afirme no texto da procuração poder o procurador, em última análise, apropriar-se dos efeitos do negócio representativo – é impossível saber qual o titular do interesse em jogo. Note-se como, mesmo na hipótese de ser a procuração a estabelecer a possibilidade de apropriação, quanto se está a fazer é, apenas, a exteriorizar a sua ligação à relação material e não a atribuir à procuração em si mesma efeitos dos quais é incapaz. Será sempre o negócio material, neste caso expressamente exteriorizado no acto de concessão da procuração, a permitir o efeito final.

[1652] Ao contrário do sustentado por Carraro, *Il mandato...*, p. 155, é normalmente com a realização da venda, efectuada pelo procurador dotado de poderes irrevogáveis para comprar, que

Deve, pois, concluir-se em definitivo no sentido segundo o qual a representação no interesse do representante, ou de terceiro, envolve também um interesse do representado e não provoca qualquer alteração de natureza dos poderes de representação nem sequer uma desfuncionalização dos mesmos. Tanto mais quanto é certa, a nosso ver, a circunstância de o representado, à luz do nosso direito, conservar sempre a disponibilidade para, pessoalmente, dispor dos objectos ou praticar ele próprio os actos aos quais se refere a procuração irrevogável. A única diferença entre uma procuração no interesse exclusivo do representado e outra, também, no interesse do procurador ou de terceiro reside na circunstância de a primeira ser livremente revogável enquanto a segunda é irrevogável se se mantiver a relação jurídica subjacente. Não se trata, porém, de uma alteração de natureza ou

---

o *dominus* recebe, senão a totalidade do preço, pelo menos o remanescente, e apenas com ela passa a ter definitivamente direito a fazer seu o preço pago. Nada disto resulta da procuração irrevogável. Com a simples outorga da *procuratio* o representante não adquire qualquer direito. Isso só sucederá com a efectivação do acto de alienação, pois é ele a determinar a obrigação, a cargo do comprador, de pagar o valor acordado – e do mesmo passo, repise-se, a fazer surgir o direito do constituinte a esse valor. Por tudo isto, mesmo na presença de uma procuração irrevogável com poderes para o representante vender a si mesmo determinado bem – objecto de um contrato-promessa onde figura como promitente comprador, e ao contrário do frequentemente defendido – parece impossível falar-se de uma *procuratio* no exclusivo interesse do representado. Com a celebração do contrato definitivo o constituinte promitente vendedor passa a ter um título jurídico que lhe permite fazer seu, de uma vez por todas, o dinheiro a pagar pelo objecto alienado. Também não nos parece ser no exclusivo interesse do procurador o exemplo várias vezes aduzido por Pedro Leitão Pais de Vasconcelos, *A procuração...*, *passim*, no qual o promitente vendedor e constituinte, recebeu a totalidade do preço e garantiu através de garantia bancária autónoma todas as suas responsabilidades. Ainda aqui o constituinte só verá surgir na sua esfera jurídica o título que lhe permite fazer seu definitivamente o dinheiro em caso de execução do contrato-promessa. Havendo por exemplo impossibilidade de cumprimento terá de restituir o preço. Ainda quando isso seja porventura feito pela entidade garante, e dando de barato que a garantia cobre esta situação, e o representado conserve as quantias recebidas, o título passa a ser outro. Acresce que as garantias pagam-se. E quem as paga são os respectivos beneficiários. *Ergo...* Além disso, o devedor tem sempre um interesse próprio na realização do cumprimento. Basta ver o facto de a remissão possuir natureza contratual.

[1653] Mas não é sequer importante, para os nossos propósitos (i. e. a demonstração da importância da relação subjacente para a configuração externa – e existência – de poderes de representação irrevogáveis) insistir na impossibilidade de uma procuração no exclusivo interesse do representante ou terceiro. Mesmo quando os aspectos sublinhados no texto não estivessem correctos, o que se refere sem conceder, a irrevogabilidade da procuração outorgada no interesse exclusivo do *tertius* ou *procurator* dependeria também ela da relação subjacente que a determinasse (cfr., Pedro Leitão Pais de Vasconcelos, *A procuração...*, *passim*). Donde, o simples reconhecimento da irrevogabilidade da procuração, independentemente de ela resultar do facto de existir um interesse comum do *dominus*, de um lado, e procurador ou terceiro, do outro, ou, em contrapartida, emergir da exclusiva circunstância de o representante ou o terceiro serem os únicos interessados nela, conduzirá sempre à afirmação do carácter causal da *procuratio* e do poder de representação.

configuração do poder de representação, o qual se limita sempre, e só, a proporcionar a produção de efeitos directos, na esfera do representado, ao negócio celebrado pelo *procurator*. Trata-se, sim, de uma consequência da causalidade e dependência da habilitação representativa relativamente à relação-base — essa, na verdade, com configuração diferente num caso e noutro porquanto, numa hipótese, não confere ao representante ou *tertius* qualquer interesse na realização do negócio representativo e, na outra, atribui-lhe de facto semelhante pretensão.

A VINCULAÇÃO DO REPRESENTADO EM CASO DE INVALIDADE OU FALTA DA RELAÇÃO-BASE OU, AINDA, DE AUSÊNCIA DE PODERES REPRESENTATIVOS. FUNDAMENTO. A PROCURAÇÃO APARENTE

I – Chegados a esta altura, e demonstrada a dependência da procuração relativamente ao negócio gestório, poderá perguntar-se, todavia, se não serão, ainda assim, de admitir algumas situações nas quais o representado possa ficar vinculado pela actuação do putativo representante apesar de faltar uma relação jurídica base, de esta ter sido ultrapassada, já não existir ou se mostrar inválida?

A resposta é, depois de quanto se viu já manifestamente, afirmativa: existem, de facto, situações nas quais, apesar de o negócio causal faltar ou sofrer de alguma vicissitude, o representado não pode invocar a ausência ou insuficiência da relação-base para se libertar do negócio levado a cabo por aquele a quem concedeu uma procuração. Basta pensar nas hipóteses reguladas nos artigos 266.º e 269.º do Código Civil, já amplamente analisadas. Isso não se deve, porém, a qualquer fenómeno de abstracção da procuração mas a meras formas de protecção da confiança dos terceiros.

Mas a interrogação deve, agora, ir mais longe, e suscitar a questão de saber se, para além das situações previstas e reguladas nos artigos 266.º e 269.º, não serão de admitir outros casos nos quais, não obstante a falta ou deficiência do negócio subjacente, se não deve admitir uma responsabilidade do *dominus* pelo cumprimento do negócio representativo? Se sim, qual a forma para fundar semelhante responsabilidade? Será necessário, contra tudo quanto até agora vimos, recorrer ao mecanismo da abstracção da *procuratio*? E não será inclusivamente legítimo questionar-se sobre se não é admissível uma vinculação do *dominus* em situações nas quais ele não concedeu, nem mesmo através de uma procuração isolada, qualquer tipo de poderes de representação[1654]? Pergunta a colocar-nos uma vez mais perante a necessidade de encontrar um alicerce para tal vinculação. Alicerce que, todavia, a existir, terá de ser procurado em latitudes bem diversas da tradicional ideia de independência integral da *procuratio*, pois, nas situações em referência ela não existe sequer.

II – A solução para a constelação de interrogações, dúvidas e questões, agora mesmo formuladas, parece à primeira vista dever incli-nar-se, claramente, no sentido de não ser sustentável qualquer tipo de responsabilização do representado quando o representante actuou sem poderes[1655]. Na verdade, o artigo 258.° estabelece, de modo aparente-mente límpido, como o negócio jurídico realizado pelo representante, em nome do representado, nos limites dos poderes que lhe compe-tem, produz os seus efeitos na esfera jurídica deste último. Isto a suge-rir imediatamente como na eventualidade de não existir procuração, ou de não serem respeitadas as fronteiras ou restrições do poder de representação, se não é possível vincular o representado[1656]. E de facto, o artigo 268.°, n.° 1, do Código determina literalmente que «*O negó-cio que uma pessoa, sem poderes de representação, celebre em nome de outrem é ineficaz em relação a este, se não for por ele ratificado*». A tudo isto junta--se a possibilidade, concedida pelo artigo 260.° do Código Civil, de o terceiro exigir do representante, dentro de prazo razoável, a prova dos seus poderes, sob pena de a declaração não produzir efeitos. Se o *ter-tius* não usa essa possibilidade o risco corre por sua conta[1657, 1658].

Perante semelhante cenário, e sobretudo atendendo ao pesado[1659] regime estabelecido pelo artigo 268.° do Código Civil para a repre-sentação sem poderes, o Código Civil parece apresentar-se nesta

---

[1654] Tal como Paulo Mota Pinto, *Aparência de poderes de representação...*, in *Boletim...*, Vol. LXIX, p. 603, nota (24), também nós não procederemos ao estudo do pagamento ao credor aparente. Para mais pormenores a este respeito limitamo-nos a remeter para as observações feitas pelo autor agora em referência e para as indicações bibliográficas por ele dadas.

[1655] E quer essa falta de poderes resulte de uma falha da relação-base quer resulte de um qualquer do problema ou ausência da própria procuração.

[1656] Perante o direito italiano cfr., Valentina di Gregorio, *La rappresentanza...*, pp. 121 e ss.. V., também, entre nós, Paulo Mota Pinto, *Aparência de poderes de representação...*, in *Boletim...*, Vol. LXIX, p. 613.

[1657] Cfr., Paulo Mota Pinto, *Aparência de poderes de representação...*, in *Boletim...*, Vol. LXIX, p. 613. V., ainda, quanto se escreveu *supra* Parte II, Cap. I, parágrafo 2, em nota, a respeito do artigo 260.° e seu alcance.

[1658] Acerca da qualificação jurídica a dar a «possibilidade» conferida ao terceiro de exigir a prova dos poderes de representação v., *supra*, Parte I, Cap. I, parágrafo 2.

[1659] O termo é também empregue por Menezes Cordeiro, *Da boa fé...*, II, p. 1244, nota (147).

matéria como uma *lex completa*[1660]. Tanto mais quanto é repetidamente apregoada a ausência no nosso direito de um instituto geral direccionado para a tutela da aparência enganosa e da confiança nela depositada[1661, 1662]. Além disso, para proteger a aparência há que sacri-

---

[1660] Parece ser designadamente esse o entendimento expresso por Raúl Guichard Alves, *Da relevância...*, p. 64, nota (90), a propósito do artigo 268.º do Código Civil; Id., *O instituto...*, in *Juris...*, p. 232.V., também, com interesse a este respeito, mas em sentido diverso do implicitamente proposto por Guichard Alves, Paulo Mota Pinto, *Aparência de poderes de representação...*, in *Boletim...*, Vol. LXIX, pp. 612, 614, 615.

[1661] Cfr., Paulo Mota Pinto, *Aparência de poderes de representação...*, in *Boletim...*, Vol. LXIX, p. 613. Sobre o estudo da aparência e da confiança e a sua maior ou menor generalidade pode ver-se, sempre entre nós, e ainda antes da entrada em vigor do actual Código Civil, Pessoa Jorge, *A protecção jurídica da aparência no direito civil português*, Lisboa, 1951-1952, *per totum*, e p. 117, onde o autor reconhece o carácter excepcional da protecção da aparência mas afirma, ao mesmo tempo, nada resultar daí em prejuízo da tentativa de explicação unitária dos vários casos de relevância legal de situações de facto; Ferrer Correia, *Valor...*, in *Revista...*, 1954, Ano 72.º, pp. 290 e ss., maxime pp. 291 e 292, escrito no qual se colocava em evidência a inexistência de um princípio geral de tutela da aparência (mas v., Cunha Gonçalves, *Tratado...*, IV, comentário aos artigos 645.º e 646.º, pp. 202 e 203, autor que, precisamente a propósito da representação, admitia já a existência de alguns casos nos quais a boa fé do terceiro devia ser protegida perante a ausência de poderes de representação, como, por exemplo, naquelas hipóteses nas quais quando o representado considerou eficazes contratos anteriores celebrados pelo representante em idênticas condições, o que, mesmo em caso de excesso de poderes, importaria, na opinião de Cunha Gonçalves, numa ratificação antecipada. Também, Dias Marques, *Teoria...*, II, p. 321, falava, a propósito do abuso de representação, em representação aparente, embora, porventura, possa haver alguma dúvida quanto ao alcance com o qual a expressão é utilizada pelo autor). Mais recentemente, v. o interessante estudo de Rita Amaral Cabral, *Teoria da aparência...*, in *Revista...*, Ano 44, pp. 625 e maxime p. 638, para quem a protecção da aparência tem carácter indubitavelmente excepcional; Helena Brito, *A representação...*, pp. 131 e 132; Sinde Monteiro, *Responsabilidade...*, pp. 489 e ss., 500 e ss., 640, a propósito da confiança; Menezes Cordeiro, *Da boa fé...*, II, pp. 1235 e ss., autor bem mais favorável à relevância jurídica do investimento de confiança admitindo uma generalização da aparência dentro dos limites do abuso de direito; e no mesmo sentido, Pedro de Albuquerque, *Da prestação de garantias...*, pp. 117 e ss.. Oliveira Ascensão tem vindo tradicionalmente a manifestar-se a favor do carácter excepcional da tutela da aparência. Porém (*Teoria...*, II, pp. 240 e ss.; Id., *Direito civil...*, pp. 241 e 263) depois de sublinhar precisamente a falta de aceitação geral da aparência no direito português acaba por admitir ficar aberto o recurso ao abuso de direito como forma de tutela de terceiros que contratam com um representante aparente e vai mesmo ao ponto de ver no artigo 266.º, um fundamento de confiança. Também, Paulo Mota Pinto, *Aparência de poderes de representação...*, in *Boletim...*, Vol. LXIX, pp. 615 e 640, defende a ausência de um princípio geral da tutela da aparência mas admite a sua protecção através do canal do abuso de direito. O mesmo sucede com Raúl Guichard Alves, *Da relevância...*, pp. 61 e ss., e nota (90), e 75 e 76, autor que, todavia, no seu esforço para negar relevância jurídica à aparência afirma que a proibição de invocação da falta de poderes do representado que deixou criar a aparência da existência de tais poderes de modo a constituir um *venire contra factum proprium*, e portanto abuso de direito, não deve ser admitida de forma indiscriminada de modo a chegar-se, por essa via, a um resultado idêntico ao do reconhecimento da representação aparente ou encontrando-lhe, porventura, um fundamento alternativo (cfr., ainda, do mesmo autor, *O instituto...*, in *Juris...*, pp. 235 e ss.).V., também, quanto escreve a este respeito Pinto Monteiro, *Contrato...*, 3.ª ed., p. 90; Id., *Idem*, 4.ª ed., pp. 92 e 93. Falando repetidamente de um princípio da tutela da confiança, ou afirmando tratar-se de um

ficar os interesses do representado[1663]. Destarte, a preferência dada à posição do terceiro não se pode justificar só com a respectiva boa fé, pois prejudicar-se-ia concomitantemente o interesse do representado[1664]. Parece, pois, e pelo menos à primeira vista, difícil não se ver na regulamentação desenhada pelo nosso legislador para a eficácia do negócio representativo e para as hipóteses de tutela dos terceiros que contratam com o procurador, também, uma tomada de posição face aos casos não previstos expressamente[1665].

Dir-se-ia, pois, ter o legislador regulado com certo pormenor a possibilidade de o terceiro exigir a justificação dos poderes do representante precisamente com o intuito de excluir outra tutela face à aparência de existência de procuração[1666]. A regulamentação do Código Civil tornaria, assim, visível uma opção no sentido de excluir quaisquer formas mais amplas de protecção da confiança do terceiro, mormente uma tutela complexiva que abrangesse outros casos[1667]. Tudo num fenómeno o qual apenas seria o natural reconhecimento

---

princípio ético-jurídico fundamentalíssimo, ao ponto de a ordem jurídica não poder deixar de tutelar a confiança legítima baseada na conduta de outrem pode ver-se, Baptista Machado, *A tutela da confiança...*, in *Obra...*, I, *passim*, e p. 352, o qual rejeita, ainda, a tese de Canaris segundo a qual a responsabilidade pela confiança desempenha uma função complementar ou de co-respectivo a qual viria colmatar as lacunas de protecção deixadas a descoberto pela teoria do negócio jurídico. No entender do Mestre português a função da tutela da confiança é básica e tanto ou mais «originária» que a tutela jurídico-negocial (*op. cit.*, p. 376). Também, Pinto Monteiro, *A cláusula...*, p. 79, nota (177), chama a atenção para o facto de a ciência jurídica destacar o relevo que deve atribuir-se à confiança. Por seu turno, Pedro Múrias, *A representação...*, p. 27, escreve: «(...) poderíamos ser tentados a concluir pela inexistência de um princípio operante de tutela da confiança no ordenamento. Esse passo, porém, parece excessivo. (...) Acolhe-se, afinal a vinculação pela confiança na aparência jurídica, no dizer de CANARIS. O facto de nem sempre a confiança ser protegida assenta, naturalmente, no facto de ela não ser elemento omnipotente.»* Cfr., por último, a este respeito, Carneiro da Frada, *Teoria da confiança...*, per totum.

[1662] Mas já não nos convence o argumento tantas vezes tirado contra o princípio da protecção da confiança (e também da aparência) da falta de rigor da ideia ou *Tatbestand* da confiança (e também da responsabilidade pela aparência) atenta a multiplicidade de situações por ela abrangidas e os feitos produzidos. Tudo isto a par com uma incapacidade de os princípios se mostrarem insusceptíveis de aplicação directa (invocando este último argumento pode ver-se, por exemplo, Guichard Alves, *O instituto...*, in *Juris...*, pp. 235 e 236). A verdade é que o próprio Canaris, *Vertrauenshaftung...*, pp. 3, 4 e 9, reconhece à ideia de protecção da confiança o valor de um simples *topoi*, para cuja concretização se deverá atender em primeira linha à valoração do direito positivo, designadamente para saber quando o investimento de confiança se mostra realmente merecedor de protecção, e não a um qualquer raciocínio apriorístico.

[1663] Paulo Mota Pinto, *Aparência de poderes de representação...*, in *Boletim...*, Vol. LXIX, p. 614.

[1664] *Idem.*

[1665] Sobre esta questão, Paulo Mota Pinto, *Aparência de poderes de representação...*, in *Boletim...*, Vol. LXIX, p. 612.

[1666] *Idem.*

[1667] *Idem.*

da prevalência absoluta, fora dos casos de protecção de terceiros expressamente previstos, do interesse fundamental do representado em não lhe serem impostas vinculações ou uma respondência de sabor negocial contrária à sua vontade, pensamento este ligado ao próprio núcleo de autonomia privada[1668].

Não obstante, não estamos certos de que não exista, no direito português, margem para a admissão de fórmulas mais amplas de protecção dos terceiros, perante a procuração[1669]. Na verdade, parece

---

[1668] *Idem.* V., também quanto se escreveu *supra*, Parte II, Cap. I, parágrafo 2, e as referências aí feitas às considerações proferidas, Johann-Georg Schubert, *Anscheinsvollmacht...*, p. 42, a propósito da autonomia privada.

[1669] Assim, também, e com maior ou menor amplitude, Hubertus Schwartz, *Sobre a evolução do mandato aparente...*, in *Revista...*, XIX, pp. 99 e ss., e 111 e ss.; Menezes Cordeiro, *Da boa fé...*, I, 529, nota (4), II, 1244 e 1245, nota (147) (apesar de inicialmente parecer adoptar uma posição de certa reserva quanto ao alcance do artigo 266.°, atento o disposto no artigo 268.° do mesmo diploma. Mas o autor acaba por considerar nada poder autorizar a tomar o normativo do artigo 266.° do Código Civil como mais excepcional do que as diversas consagrações da boa fé subjectiva. Quanto for encontrado relativamente à possibilidade de alargar estas últimas terá, pois, e no dizer de Menezes Cordeiro, cabimento também no domínio da procuração); Ana Prata, *Notas...*, in *Revista...*, pp. 45 e ss. (para quem, tendo sido o representado a criar culposamente a aparência de outorga de poderes, a sanção do seu ilícito pré-negocial deveria revestir a forma preventivo-reparadora em espécie. Ou seja, a eficácia do negócio relativamente a ele); Paulo Mota Pinto, *Aparência de poderes de representação...*, in *Boletim...*, Vol. LXIX, pp. 613 e ss.; e Carneiro da Frada e Oliveira Ascensão, *Contrato...*, p. 58 e nota (30) (ao considerarem existir espaço, embora circunscrito ao direito comercial, por forma a respeitar o disposto no artigo 246.° do Código Civil, para um desenvolvimento *praeter legem* do sistema jurídico face ao disposto no artigo 23.° do Decreto-Lei n.° 178/86; numa orientação defendida, também, por Pinto Monteiro, *Contrato...*, 3.ª ed., pp. 89 e 90; Id. *Idem*, 4.ª ed., pp. 92 e 93. O Ilustre Mestre não segue, todavia, o caminho de restringir a aplicação do artigo 23.° do Decreto-Lei n.° 178/86, de 3 de Julho, ao direito comercial, antes prefere considerar a aplicação da disciplina aí contida ajustada a todos os contratos de cooperação ou de colaboração, ou até aos contratos de gestão em geral. No sentido da aplicação analógica do preceito em referência a todos os contratos de cooperação nos parece inclinar-se também Carlos Barata, nas suas *Anotações ao novo regime do contrato de agência*, Lisboa, 1994, comentário ao artigo 23.°, p. 63. Semelhante é a posição de Helena Brito, *A representação...*, pp. 124 e ss., a qual admite, igualmente, a possibilidade de se estender o regime do artigo 23.° do Decreto-Lei n.° 178/86, de 3 de Julho, a situações diversas das aí previstas (embora depois acabe por afirmar: «(...) *nos casos nos quais a lei atribui à aparência de representação o valor de pressuposto de facto para o reconhecimento do efeito correspondente ao poder de representação real, pode considerar-se que, afinal, há poder de representação e, por isso, não se trata de situações de representação sem poderes, nem é adequado dizer-se que constituem excepção ao disposto no artigo 268.°*»). Destarte, o artigo aplicar-se-ia a todos os contratos de cooperação auxiliar (acerca desta noção de contrato e cooperação auxiliar v., Helena Brito, *O contrato de concessão comercial. Descrição, qualificação e regime jurídico de um contrato socialmente típico*, Coimbra, 1990, pp. 209 e 210) de que o contrato de agência constituiria, nesta matéria, paradigma. Numa outra perspectiva, Baptista Machado, *Tutela da confiança...*, in *Obra...*, I, pp. 389 e ss., admite com algumas dúvidas e reservas, é certo – que o levariam a considerar não se estar perante uma aplicação do princípio da confiança em estado puro, porquanto no caso seriam simultaneamente relevantes exigências de segurança do tráfego jurídico –, estar-se diante de uma procuração aparente, por *venire contra factum proprium*, se por hipótese o empresário **A** confiar, de facto, a sua empresa ao funcionário **B**, o qual, com o conhecimento de **A**, há longos anos vem negociando e assinando contratos como se tivesse poderes para tal, designadamente com a empresa **C**, sem nunca terem surgido problemas, e a certa altura **A** se recusar a cumprir um contrato firmado por **B** com **C**, com base na alegação de que o funcionário não tinha poderes de representação (recorde-se, aliás, a circunstância de já Cunha Gonçalves, *Tratado...*, IV, comentário aos artigos 645.º e 646.º, pp. 202 e 203, admitir a existência de alguns casos nos quais a boa fé do terceiro devia ser protegida contra a ausência de poderes e representação por parte do falso representante e designadamente quando o representado considerou válidos contratos anteriores celebrados pelo representante em idênticas condições, o que mesmo em caso de excesso de poderes importaria uma ratificação antecipada). De forma mais restritiva, Oliveira Ascensão, *Direito civil...*, II, pp. 240 e 241, autor que, depois de se manifestar, e conforme se referiu *supra* na nota anterior, a favor da ausência de um princípio geral de protecção da aparência no direito português, se pronuncia contra a possibilidade de aplicação analógica do artigo 23.º do Decreto--Lei n.º 178/86, de 3 de Julho, por considerar aquela norma excepcional e sujeita, por conseguinte, à regra da proibição de aplicação analógica (o mesmo entendimento é também, e ainda, defendido por Raúl Guichard Alves, *Da relevância...*, p. 66, nota (90); Id., *O instituto...*, in *Juris...*, pp. 236 e 237; Rui Ataíde, *A responsabilidade...*, p. 138). O espaço para uma doutrina da aparência no âmbito do fenómeno representativo ficaria reduzido ao âmbito do abuso de direito. Sem pretendermos avançar já desenvolvimentos, não nos parece, todavia, ser o argumento apresentado pelo Mestre por si só suficiente para afastar um desenvolvimento *praeter legem* do regime estipulado para o contrato de agência ou a sua aplicação analógica. Na verdade, é o próprio Oliveira Ascensão, *O direito...*, p. 438, a chamar a atenção para a circunstância de certos casos, embora não directamente subsumíveis na excepção, poderem apresentar maiores afinidades com ela do que com o preceito geral sendo princípio inerente a toda a lei, porque e na medida em que pretende ser «Direito», o tratamento igual daquilo que é igual. Ou seja nestes casos a analogia ou identidade de valoração funda-se, devido à sua semelhança, na exigência de justiça de tratar igualmente as situações iguais (cfr., a este respeito Larenz, *Metodologia...*, pp. 500 e ss., 531 e 541. Para uma análise pormenorizada acerca da noção de igualdade e designadamente a respeito da sua ligação ao conceito de justiça e à figura da analogia v., entre nós, Martim de Albuquerque, *Da igualdade, Introdução à jurisprudência*, com a colaboração de Eduardo Vera Cruz, Coimbra, 1993, *per totum*, maxime, pp. 332 e ss.. Veja-se, também, acerca do conceito de analogia, admissibilidade [ou não] de um dado juízo analógico e importância do princípio da igualdade no discorrer analógico, Fernando José Bronze, *A metodonomologia...*, designadamente, pp. 438 e ss., nota (1068), e 555 e ss.). Nessas hipóteses não só não se vê motivo para rejeitar a analogia como ao contrário ela impõe-se por via de um princípio ínsito na própria lei. Por isso mesmo já a doutrina anterior ao Código Civil em vigor (cfr., por exemplo, Cabral Moncada, *Lições...*, I, pp. 43 e 44, para quem: «(...) *definido o direito excepcional absurdo seria querer aplicar às suas disposições o princípio do artigo 11.º do Código Civil, que estabelece que as leis excepcionais não podem ser aplicadas por analogia a nenhuns casos que não estejam especificados nessas mesmas leis. A verdade é, pelo contrário, como ensina Coviello, que as próprias normas de direito excepcional quando formem um sistema orgânico são tão susceptíveis de aplicação por analogia como as de direito comum, uma vez que se apliquem a casos não contemplados nelas mas que entram na esfera de relações que esse direito excepcional regula que foram subtraídas ao direito comum.*») tentava demarcar uma esfera mais restrita dentro da qual a regra excepcional pudesse ser analogicamente aplicada. Com base nessas tentativas, e como nota a propósito o Professor Oliveira Ascensão (*op. cit.*, p. 441), o artigo 11.º do projecto do Código Civil, determinava que as normas excepcionais «*não comportam aplicação analógica se as normas gerais correlativas contiverem princípios essenciais de ordem pública*». Esta restrição haveria de ser suprimida da versão definitiva, com a justificação de se julgar não haver sido considerada alcançada uma fórmula satisfatória para o princípio a estabelecer. Com base na evolução verificada, Oliveira Ascensão considera ter ficado campo aberto para a doutrina resolver a questão. Nesses termos, seriam de excluir da aplicação analógica as regras contrárias a princípios fundamentais, informadores da ordem jurídica ou de um ramo de direito em particular. Parece-nos, todavia, e com o devido respeito, que as razões subjacentes à não consagração definitiva do teor do artigo 11.° do projecto de Código Civil impedem, também, qualquer tentativa para se estabelecer uma fórmula de amplitude genérica destinada a resolver o problema da aplicação analógica das normas excepcionais (para mais pormenores a propósito da aplicação analógica conferir o nosso estudo, *A aplicação do prazo...*, pp. 826 e ss., com indicações. V. também quanto escreve, justamente a propósito da possibilidade de interpretação analógica do artigo 23.° do diploma no qual se disciplina o contrato de agência, Carneiro da Frada, *Teoria da confiança...*, pp. 43 e 44, nota (41)). Qualquer princípio, por mais fundamental, aceita por natureza, sem contradição, restrições e compressões. Os princípios como vectores gerais não valem sem excepção (cfr., por exemplo, e a título meramente indicativo, Canaris, *Pensamento...*, pp. 76 e ss., 88 e ss., 100 e ss.. Entre nós, tem sido também esse o repetido e continuado ensinamento de Menezes Cordeiro em múltiplos e variados escritos (cfr., por exemplo, *Princípios...*, in *Polis...*, IV, cols. 1490 e ss.. V., também, Menezes Leitão, *O enriquecimento...*, pp. 29 e 30). Por isso, apenas se deverá aceitar como ponto de partida a ideia segundo a qual as regras excepcionais não comportarão aplicação analógica. Porém, quando for possível descobrir uma maior proximidade, efectiva e concreta, entre determinada situação a regular e a norma excepcional do que entre aquela e a norma geral, deverá deixar-se a porta aberta para uma eventual aplicação da norma excepcional. O problema da procuração aparente é, ainda, referido por Júlio Vieira Gomes, *A gestão...*, in *Boletim...*, XXXIX, pp. 525 e ss., autor que, embora sem tomar posição definitiva quanto a esta questão, considera poder a negligência do representado, quando muito, justificar uma sua obrigação de reparar danos (*culpa in contrahendo*) mas não já servir de base à directa vinculação ao negócio. Tanto mais quanto – escreve – no direito civil não existirão, em geral, aqueles riscos típicos próprios de organizações e estruturas empresariais que podem, porventura, explicar esta doutrina no plano do direito comercial. Reservas importantes relativamente à viabilidade ou necessidade de recurso à ideia de procuração aparente manifestam, ainda, Mota Pinto, *Teoria...*, p. 494, nota (2) (o qual julga poderem subsumir-se ao artigo 246.° do Código Civil alguns dos casos que, nas suas próprias palavras, Larenz e Canaris denominam de responsabilidade por uma aparência jurídica, como complemento de uma responsabilidade derivada do negócio jurídico. Assim, por exemplo, as hipóteses de procuração tolerada, de procuração aparente [nas quais só haverá culpa tratando-se de comerciante] de aparência de subsistência de poderes de representação [de acordo com Paulo Mota Pinto, *Declaração...*, p. 233, nota (129), orientação idêntica à de Carlos Mota Pinto era seguida, no seu ensino, por Orlando de Carvalho, como forma de chegar ao resultado de considerar a pessoa em nome de quem o negócio é celebrado não vinculada por este]); Hörster, *A parte...*, p. 484, nota (36) (referindo contra quer a procuração por aparência [acerca do sentido a atribuir a esta expressão v. as considerações tecidas *infra* no presente capítulo a propósito da *Anscheinsvollmacht*] quer contra a procuração tolerada o regime disposto no artigo 457.°. Com isto o autor parece, todavia, e com o devido respeito estar a confundir aparência com realidade. Além disso a circunstância de o artigo 457.° não consagrar realmente nenhum fenómeno de tipicidade real corresponde a um fenómeno, há muito, posto a nu por Menezes Cordeiro, *Direito...*, I, pp. 560 e ss.. Mesmo autores como Menezes Leitão, *Direito...*, I, p. 262, para quem o artigo 457.° consagra, realmente, uma tipicidade dos negócios unilaterais reportam-se a situações nas quais eles são fonte de obrigações. Ora isso não sucede com a procuração); e Raúl Guichard, *Da relevância...*, pp. 61 e ss., nota (90), o qual, todavia, se acaba por ver forçado a admitir uma representação aparente quer nas hipóteses do contrato de agência (por ele qualificado como direito especial e, portanto, segundo o autor insusceptível de ser aplicado analogicamente. Mas sobre isto v., quanto se escreveu já nesta nota e ainda *infra* o referido no presente capítulo) quer, ainda, em certos casos nos quais, em consequência do facto de o *dominus* ter deixado criar a aparência de poderes de representação, a invocação da falta de competência representativa do pseudoprocurador constitua um *venire contra factum proprium*, e, destarte um abuso de direito (isto apesar de Guichard Alves propor uma aplicação muito cautelosa desta figura por forma a não se chegar a resultado idêntico ou a um fundamento alternativo para a representação aparente. Segundo ele faltaria aqui, frequentemente, um requisito do *vcfp*: a irreversibilidade do investimento da confiança, ou seja a dificuldade de se proceder à remoção dos actos de disposição daquele que confiou [sobre tudo isto v., ainda, do mesmo autor, *O instituto...*, *Juris...*, pp. 223 e ss.]); e Helena Mota, *Do abuso de representação...*, p. 125, a qual considera conter, o artigo 23.º do Decreto-Lei n.º 178/86, de 3 de Julho, uma derrogação ao regime definido pelo Código Civil para os casos de actuação por parte de um *falsus procurator* – mas fica-se sem se saber se a autora admite uma aplicação analógica da norma dentro do âmbito do direito comercial, pois, a nosso ver, e com o devido respeito, a sua posição, nesta matéria, peca por falta de clareza. Cfr., também, Durval Ferreira, *Do mandato...*, p. 116, o qual escreve: «*Para protecção da boa fé de terceiros, por vezes, as Leis ficcionam uma manifestação de vontade tácita, em casos em que se criou ou se permitiu uma aparência de representação ou mandato, sujeitando o autor à existência dum mandato ou pelo menos a uma obrigação de indemnização.* (...) *Todavia, tais ficções só a lei as pode criar*» (mas cfr., também, *op. cit.*, p. 116, nota (3) [onde o autor refere o aforismo romano «*non reclamatio juncta cum scientia et patientia sat est ad inducendum mandatum*, a deixar a dúvida sobre se os casos de mandato aparente sempre são, afinal, apenas aqueles referidos por lei] e pp. 161 e 175). Por último, cfr., Carneiro da Frada, *Teoria da confiança...*, pp. 39 e ss., nota (41). O autor parece admitir a procuração aparente, apenas, ou preferencialmente, no domínio do direito comercial. Para fundamentar a sua posição recorda, por um lado, o regime do artigo 246.º do Código Civil – assim como o artigo 457.º do mesmo diploma – como forma de afastar a tutela da aparência de certos poderes de representação na verdade inexistentes, e, por outro, o risco de organização empresarial – em sua opinião mais frutífero do que o recurso ao abuso de direito – a par com o artigo 23.º do Decreto-Lei n.º 178//86, de 3 de Julho, – susceptível na opinião de Carneiro da Frada de comportar em determinadas situações uma aplicação analógica – enquanto fundamentos capazes de alicerçar a procuração aparente no âmbito do direito mercantil. Tudo sem deixar de afirmar que «(...) *onde uma situação de aparência se não possa* stricto sensu *afirmar, nem por isso fica prejudicada a intervenção do* venire*, dada a diversidade de requisitos.*» (v. também, quanto o autor escreve, *op. cit.*, p. 45 nota (41)). Na jurisprudência nacional pode ver-se, contra a admissibilidade da procuração aparente, o *Acórdão da Relação de Coimbra, 27-1-1987* (Vítor Rocha), in *Colectânea de Jurisprudência*, 1987, XII, 1, pp. 41 e ss., maxime, pp. 43 e 44 (arrendamento – representação sem poderes – representação aparente). V., também, *Acórdão da Relação do Porto, 16-5-1991* (Augusto Alves), in *Colectânea de Jurisprudência*, 1991, XVI, 3, pp. 231 e ss. (falta de poderes para vender – reserva mental – nulidade do contrato – *culpa in contrahendo* – interesse contratual negativo. Mais concretamente, na hipótese em apreço, o tribunal julgou haver responsabilidade pré-contratual por parte do pseudo-representante perante o terceiro, mas considerou apenas se dever colocar o lesado na posição na qual se encontraria caso não tivesse confiado na eficácia e validade do negócio representativo); *Acórdão da Relação de Lisboa, 28-2-1991* (Almeida Valadas), in *Colectânea de Jurisprudência*, XVI, 1, 1991, pp. 169 e ss. (reserva – sinal – mandato representativo para informar o preço e receber o preço e reserva para andares – contrato-promessa. Neste caso estava, entre outros aspectos em debate, a questão de saber se determinada recusa de proceder à ratificação de um negócio celebrado sem poderes por parte do representante consubstanciava, ou não, um *venire contra factum proprium*. O tribunal respondeu pela negativa por considerar não estarem provados os fundamentos do *vcfp*). Uma situação de legitimidade aparente do vendedor, com base em mandato dos demais co-proprietários, foi

pertinente encarar-se a eventualidade de o legislador, ao não prever outras formas de protecção do *tertius*, para além das expressamente previstas nos artigos 266.° e 269.°, ter querido simplesmente deixar a via aberta a um ulterior aperfeiçoamento do tráfego[1670]. É que os argumentos invocados a favor da posição segundo a qual o Código Civil consagraria uma *lex completa* em matéria de protecção de terceiros no contexto da negociação através de representantes não convencem completamente[1671].

afirmada no *Acórdão da Relação de Lisboa, 10-11-1976* (Costa Aroso), in *Boletim do Ministério da Justiça*, 1977, 263, p. 289 (contratos – interpretação dos contratos – contrato-promessa – prazos – mora – compra e venda – legitimidade aparente. Apenas se contém indicação de sumário. É, todavia, possível ler-se aí: «*A compra e venda de bens alheios, que, como tais são considerados por ambos os contraentes, pode ser válida se o comprador acredita de "boa fé" que os vendedores tinham legitimidade fundada em mandato dos restantes titulares da propriedade para validamente a efectuarem (artigo 892.° do Código Civil)*»). Mais recentemente, e arrancando do ensinamento de Vaz Serra, *Anotação ao Acórdão do Supremo Tribunal de Justiça, 8-2-1979* (Octávio Garcia), in *Revista de Legislação e Jurisprudência*, 1979-1980, 112, pp. 221 e ss., p. 374, onde o autor admite que a recusa de ratificação possa em certas circunstâncias ser considerada um *venire contra factum proprium*, devendo então o representado «(...) *deixar valer contra si a aparência de representação por ele criada, de ter ratificado*»), foi considerado pelo *Acórdão da Relação do Porto, 18-11-1993* (Carlos Matias), in separata de *O Direito*, 1994, III-IV, ano 126.°, pp. 683 e 684 (com anotação favorável de Menezes Cordeiro e Carneiro da Frada, *Da inadmissibilidade...*, pp. 700 e ss.), poder representar uma situação de *vcfp* a invocação da ineficácia de um negócio se, entre as partes, tiver sido criado um clima de confiança tal que levasse a concluir não vir nunca essa ineficácia a ser arguida. Já antes o *Acórdão da Relação do Porto, 6-10--1992* (Araújo de Barros), in *Colectânea de Jurisprudência*, 1992, XVII, 4, pp. 245 e ss., havia considerado como norma paradigmática, na disciplina dos contratos de cooperação, o disposto no artigo 23.°, n.° 1, do Decreto-Lei, n.° 178/86, e, destarte, susceptível de aplicação analógica a todos os contratos que revistam tal natureza cooperativa ou colaborante. Também o *Acórdão da Relação de Lisboa, 7-10-93* (Ferreira Girão), in *Colectânea de Jurisprudência*, 1993, XVII, IV, pp. 133 e ss., e 135 (prestação de serviços – contrato complexo inominado – indemnização), afirmaria: «*Actualmente o regime jurídico do contrato de agência regulado no já referenciado DL 178/86, de 3 de Julho (...) aplicável por analogia, aos contratos de gestão em geral, como o preâmbulo deste diploma admite expressamente em relação ao contrato de concessão (...).*»

[1670] Assim, Paulo Mota Pinto, *Aparência de poderes de representação...*, in *Boletim...*, Vol. LXIX, p. 612. V., também, Hubertus Schwartz, *Sobre a evolução do mandato...*, in *Revista...*, XIX, p. 121, para quem a disciplina do Código Civil nesta matéria não pode ser definitiva; e Menezes Cordeiro, *Da boa fé...*, II, pp. 1244 e 1245, nota (147), autor para quem se mostra necessária cautela antes de se concluir no sentido de que o artigo 268.° precludiria a admissão de formas mais amplas de protecção dos terceiros de boa fé do que as expressamente previstas. Por último, cfr., Rui Ataíde, *A responsabilidade...*, pp. 14 e ss.. Na direcção segundo a qual a disciplina contida no artigo 266.° teria carácter excepcional e seria, destarte, insusceptível de generalização pode ver--se, Guichard Alves, *O instituto...*, in *Juris...*, p. 233. As considerações por nós tecidas na nota anterior acerca da susceptibilidade de aplicação das normas excepcionais a casos por elas não previstos directamente já mostram a fraqueza do argumento, ainda, quando se devesse na realidade reconhecer ao preceito em referência carácter excepcional.

[1671] Paulo Mota Pinto, *Aparência de poderes de representação...*, in *Boletim...*, Vol. LXIX, p. 612. Também, Helena Mota, *Do abuso de representação...*, p. 124, revela algumas dúvidas quanto à circunstância de ser, ou não, intencional a omissão, por parte do legislador civil, de tutela dos

Antes de mais, o peso do elemento literal tem vindo a perder carácter persuasivo. Na verdade, é cada vez mais sublinhada a insuficiência da letra da lei enquanto factor hemenêutico predeterminante da interpretação jurídica e como critério dos respectivos limites, tendo sido ultrapassadas, em grande parte, as orientações interpretativas que amarravam o aplicador do direito à letra da lei – inclusivamente apenas ao limite negativo dos seus possíveis sentidos[1672]. Como nota a propósito PAULO MOTA PINTO, o que se pretende é, justamente, averiguar, se a consequência da ineficácia relativa, prevista no n.º 1 do artigo 268.º do Código Civil, se justifica em todos os casos nos quais o legislador não estabeleceu já solução diversa, ou se devemos admitir restrições a semelhante consequência[1673]. A natureza do conflito de interesses impõe certamente, e conforme sublinhado já pela doutrina nacional, cautela nesta matéria[1674]. Porém, e tal como igualmente evidenciado já entre nós, a simples formulação do artigo 268.º não permite excluir liminarmente formas de protecção do terceiro no âmbito da negociação através de representante diversas das resultantes dos artigos 266.º e 269.º[1675]. A um qualquer argumento *a contrario* ou *a silentio legis completae* a partir das formas de tutela consagradas no Código Civil pode muito naturalmente retorquir-se, com PAULO MOTA PINTO: *quod erat demonstrandum*. É que, precisamente, quanto se pretende saber é se se nos depara uma lacuna oculta ou se estamos perante um silêncio eloquente de um legislador, o qual emanou uma regulamentação plena do fenómeno representativo em matéria de protecção de terceiros[1676]. Parece, pois, mais ou menos óbvia, a petição

---

terceiros que contratam com um representante aparentemente dotado de poderes de representação, mas de facto desde sempre inexistentes ou com um limite mais apertado de quanto parecia suceder.

[1672] Cfr., Castanheira Neves, *O princípio da legalidade...*, in *Digesta...*, I, pp. 428 e ss.; e Paulo Mota Pinto, *Aparência de poderes de representação...*, in *Boletim...*, Vol. LXIX, p. 614. Cfr., também, Sinde Monteiro, *Responsabilidade...*, por exemplo, pp. 585 e ss., e 624, onde perante o artigo 485.º, n.os 1 e 2, do Código Civil, a constituírem nas palavras do autor os dois números aparentemente, e *prima facie* um silogismo perfeito, se coloca a dúvida sobre se, afinal, a responsabilidade por conselhos está mesmo, *de iure condito*, esgotantemente contemplada no artigo 485.º do Código Civil, numa interrogação tida por metodologicamente admissível, conhecida, de longa data, a insubsistência do brocardo *in claris non fit interpretatio*.

[1673] Menezes Cordeiro, *Da boa fé...*, II, pp. 1244 e 1245, nota (147); e Paulo Mota Pinto, *Aparência de poderes de representação...*, in *Boletim...*, Vol. LXIX, p. 614.

[1674] Paulo Mota Pinto, *Aparência de poderes de representação...*, in *Boletim...*, Vol. LXIX, p. 614.

[1675] Paulo Mota Pinto, *Aparência de poderes de representação...*, in *Boletim...*, Vol. LXIX, p. 614, embora sublinhando sobretudo o artigo 266.º e sem referência expressa ao artigo 269.º.

[1676] *Idem*, p. 615. Contra a utilização ou recurso, nesta matéria, à ideia de lacuna oculta v., porém, Rui Ataíde, *A responsabilidade...*, pp. 32 e ss..

de princípio de um argumento que se limitasse a invocar a plenitude da disciplina legal do fenómeno representativo[1677].

Por outro lado, mesmo admitindo, não se proteger, entre nós, a aparência jurídica em geral, nada obsta, sem uma análise mais profunda, à justificação, no tocante aos actos praticados pelo falso representante, e em certos casos especiais[1678], de uma excepção mais a essa regra da ausência de tutela geral da aparência[1679].

No tocante à compressão dos interesses do representado é certo tratar-se de um sacrifício excessivo se, para ele poder ser considerado vinculado, bastasse uma qualquer confiança do terceiro na aparência de existência ou consistência representativa[1680]. Já não será, porém, assim se se exigir a verificação de requisitos adicionais para a tutela da aparência e da confiança nela depositada e, designadamente, a imputação ao representado da situação aparente[1681]. A posição do dono do negócio poderá, então, ser menos merecedora de protecção do que a do *tertius* [1682].

Mais.

III – Não só não são absolutamente procedentes os argumentos contrários à consideração de uma tutela mais alargada dos terceiros que negoceiam com um procurador para além daquela resultante dos artigos 258.º, 260.º, 266.º e 269.º, como um conjunto de razões parecem militar, ainda, a favor da sua admissão em termos prudentes[1683].

[1677] Paulo Mota Pinto, *Aparência de poderes de representação...*, in *Boletim...*, Vol. LXIX, p. 615. Sendo certo, por outro lado, que perante normas de conteúdo material mais ou menos próximo das do Código Civil a jurisprudência e doutrina estrangeiras não se coibiram de encontrar, na verdade, formas bastante mais amplas de protecção dos terceiros, para além de quanto resultava já do expresso teor da lei. A este respeito cfr., *supra*, Parte II, Cap. I, parágrafo 2, em nota, e *infra*, quanto se escreve no presente Capítulo igualmente em nota.

[1678] A doutrina tem justamente vindo a referir como exemplo de tais casos especiais, designadamente, aqueles que apresentem similitudes com as hipóteses nas quais o artigo 23.º do Decreto-Lei n.º 178/86 tutela os terceiros. Assim, Paulo Mota Pinto, *Aparência de poderes de representação...*, in *Boletim...*, Vol. LXIX, p. 615; Carneiro da Frada e Oliveira Ascensão, *Contrato...*, p. 58 e nota (30); e Helena Brito, *A representação...*, p. 139.

[1679] Cfr., Paulo Mota Pinto, *Aparência de poderes de representação...*, in *Boletim...*, Vol. LXIX, p. 615. Ainda assim, e no sentido segundo o qual a aparência só poderia assumir relevância na eventualidade de isso resultar indiscutivelmente de um texto legal, Rita Cabral, *A teoria...*, in *Revista...*, 44, pp. 638 e 639.

[1680] Paulo Mota Pinto, *Aparência de poderes de representação...*, in *Boletim...*, Vol. LXIX, p. 615.

[1681] *Idem*.

[1682] *Idem*.

[1683] *Idem*, p. 616.

Sobretudo para quem, como nós se manifeste a favor do carácter causal da procuração.

Aliás, deve sublinhar-se a circunstância de várias das tentativas de, em sistemas jurídicos aparentados com o nosso, se construir ou desenvolver *praeter legem* ou um princípio geral de tutela da confiança depositada na aparência ou, pelo menos, um sistema mais alargado de protecção da confiança, terem por base, precisamente, o instituto jurídico da representação. Na verdade, procura-se descobrir, nos vários preceitos nos quais parcelarmente se protege a confiança do terceiro, a manifestação de princípios susceptíveis de aplicação fora do âmbito estreito das normas onde se encontram vertidos. Perante textos legais não mais explícitos do que os nossos, e por vezes menos ainda, experiências jurídicas como a alemã, italiana, francesa e espanhola, e mesmo na *common law*[1684], oferecem, na verdade, uma ampla protecção do terceiro face à confiança depositada pelo terceiro contraente na aparência dos poderes de representação. Protecção essa da qual se procura, depois, extrair ensinamentos válidos para outros institutos jurídicos ou com um alcance que ultrapassa largamente o âmbito do fenómeno representativo[1685].

Têm sido a doutrina e jurisprudência tudescas aquelas que mais amplamente se debruçaram sobre o fenómeno jurídico da protecção da confiança

---

[1684] Isso mesmo é, também, salientado por Paulo Mota Pinto, *Aparência de poderes de representação...*, in *Boletim...*, Vol. LXIX, p. 619. Para uma análise do tratamento dado a esta questão pelo direito inglês v., designadamente, Spencer Bower e Turner, *The law relating to estoppel by representation*, 2.ª ed., por Alexander Turner, Londres, 1966, pp. 159 e ss.; A. G. Guest, *Anson's Law of contract*, 26.ª ed., Londres 1984, pp. 529 e ss.; maxime, pp. 533 e ss., 549, 552 e 555; F. R. Davies, *Contract*, 5.ª ed., Londres, 1986, pp. 212 e ss., maxime, 214 e 215; B. S. Markesinis e R. J. C., Munday, *An outline of the law of agency*, 2.ª ed., Londres, 1986, pp. 29 e ss.; Paul Richards, *Law of contract*, Grã-Bretanha, 1992, pp. 314 e ss.; Francis Reynolds, *Agency*, in *Chitty on contracts*, por H. G. Beale, Londres, 1999, pp. 1 e ss., maxime, pp. 31 e ss.; Id., *Agency and representation*, in *English private law*, por Peter Birks, Oxford, 2000, II, pp. 166 e 177, e 184 e ss.. Cfr., também mas agora para uma análise de direito anglo-americano, Böcker, *Apparent authority...*, *per totum*. Já para um estudo de direito comparado acerca do modo como a questão da tutela da aparência de poderes de representação vem sendo encarada no direito anglo-americano v., entre nós, Helena Brito, *A representação...*, pp. 242 e ss.. Cfr., também, na literatura jurídica italiana, Vittorio Tedeschi, *Profilo dell'agency nel diritto nordamericano*, Milão, 1961, 78 e ss..

[1685] O direito comparado como elemento de apoio no estudo da representação aparente tem merecido particular atenção. Assim, cfr., Hubertus Schwartz, *Sobre a evolução do mandato aparente...*, in *Revista...*, XIX, pp. 99 e ss.; Paulo Mota Pinto, *Aparência de poderes de representação...*, in *Boletim...*, Vol. LXIX, pp. 691 e ss. (autor este que recorda ainda o «método jurídico comparatístico-sociológico» aplicado por Köngden, *Selbstbindung...*, pp. 9 e ss., à tutela da confiança); Helena Brito, *A representação...*, pp. 125 e ss.; e 216 e ss.; e Menezes Cordeiro, *Da boa fé...*, II, p. 1245, nota (147).

depositada por terceiros na aparência jurídica e em particular na representação aparente.

Antes do *BGB* a temática da aparência[1686] foi abordada e tratada principalmente pelos juristas dedicados ao estudo da *Gewere*. De entre estes o destaque vai para HUBER, apontado como o autor da obra fundamental e praticamente conclusiva sobre o instituto[1687]. A *Gewere* de HUBER seria, mais tarde, expressa em termos de aparência por GIERKE[1688]: esta seria considerada como *Rechtsschein* (aparência de direito), como modo de manifestação no tráfego jurídico – ou seja perante terceiros – de um poder conferido pelo direito sobre uma coisa[1689]; e como legitimação formal.

O trabalho de GIERKE seria, depois, o ponto de partida para futuras elaborações sobre a aparência jurídica. Elaborações que se desenvolveriam fundamentalmente nos dois sentidos subjacentes ao estudo deste autor tudesco[1690]: de um ponto de vista estrutural, no sentido de uma legitimação formal; de uma perspectiva funcional, no da publicidade e tutela da legítima expectativa criada pela aparência.

A possibilidade de, com base nalgumas fontes controversas, se estender a *Gewere*, levaria a uma generalização da ideia de legitimação formal[1691, 1692], a

---

[1686] Para uma genealogia da teorização do princípio da aparência no direito alemão pode ver-se, designadamente, e entre nós, Rita Cabral, *A teoria...*, in *Revista...*, 44, pp. 631 e ss.; Menezes Cordeiro, *Da boa fé...*, II, pp. 1236 e ss. (cfr., também, I, p. 475, sobre a *Gewere* I, p. 457, nota (150)); Paulo Mota Pinto, *Aparência de poderes de representação...*, in *Boletim...*, Vol. LXIX, p. 620, nota (56) (mas de forma sucinta); e em Itália, Finzi, *Il possesso dei diritti*, Roma, 1915, pp. 151 e ss.; Napolitano, «*Gewere*», in *Novíssimo Digesto Italiano*, VII, 1975, pp. 829 e 830; Moschella, *Contributo...*, pp. 10 e ss. (pormenorizadamente); e Valentina di Gregorio, *La rappresentanza...*, pp. 53 e ss.. Na doutrina germânica cfr., a título exemplificativo, Hubert Naendrup, *Die Gewere-Theorien*, Münster, 1910, pp. 1 e ss.. Para um resumo acerca do modo como era tratado na doutrina de Savigny, Stintzing e Burckhard, o terceiro de boa fé que acreditava na existência de poderes de representação v. Ogris, *Guter Glaube...*, pp. 54 e ss..

[1687] Nesse sentido, Moschella, *Contributo...*, p. 10. Para ulteriores referências a escritos acerca da *Gewere* e da aparência jurídica, realizados por autores mais ou menos contemporâneos de Huber, cfr., por todos, e a título exemplificativo, as indicações dadas por Valentina di Gregorio, *La rappresentanza...*, p. 53, nota (98).

[1688] V., Gierke, *Deutsches...*, I, pp. 130 e ss.. Cfr., ainda, Moschella, *Contributo...*, pp. 17 e 18; e Rita Cabral, *A teoria...*, in *Revista...*, ano 44, p. 633. No sentido de uma valorização do papel de Naendrup v., também, Valentina di Gregorio, *La rappresentanza...*, p. 53, nota (98).

[1689] Quer dizer como forma e publicidade de um direito subjectivo.

[1690] Cfr., Rita Cabral, *A teoria...*, in *Revista...*, ano 44, p. 633; Menezes Cordeiro, *Da boa fé...*, II, pp. 1235 e ss.; Moschella, *Contributo...*, pp. 18 e ss.; e Valentina di Gregorio, *La rappresentanza...*, pp. 54 e ss..

[1691] Apontados como principais responsáveis por este fenómeno surgem, designadamente, os nomes de Naendrup, *Die Gewere...*, *passim* e pp. 72 e ss., e 76; Paul Krückmann, *Nachlese zur Unmöglichkeitslehre. Erster Beitrag*, in *Jherings Jahrbücher für die Dogmatik des heutigen römischen und deutschen Privatrecht*, 1910, 57, pp. 1 e ss.; Id., *Einführung in das Recht*, Tubinga, 1912, nomeadamente pp. 55 e ss.. Cfr., Finzi, *Il possesso...*, pp. 151 e ss.; Moschella, *Contributo...*, pp. 18 e ss.; e 23 e ss..V., também, Oertmann, *Grundsätzliches...*, in *Zeitschrift...*, XCV, pp. 443 e ss..

[1692] Cfr., Menezes Cordeiro, *Da boa fé...*, II, p. 1235; Rita Cabral, *A teoria...*, in *Revista...*, ano 44, pp. 635 e ss.; Moschella, *Contributo...*, pp. 18 e ss.; e Valentina di Gregorio, *La rappresentanza...*, pp. 54 e ss..

qual, no dizer de MENEZES CORDEIRO[1693], FINZI romanizaria apelando para uma teoria da posse de direitos[1694].

O alargamento, apoiado em situações fácticas variadas, da protecção da aparência terá levado, no dizer de MEYER[1695], ao descrédito dessa teoria. Isto apesar de o próprio MEYER[1696], ter sido provavelmente o responsável pela formulação mais genérica do princípio da publicidade, identificado com o princípio da justiça relativa[1697], e de ter admitido uma tutela geral (naquilo a que chama tráfego humano) pelo ordenamento jurídico, da forma típica, enquanto manifestação externa, regular e cognoscível dos direitos. Isto não sem deixar de afirmar, ao mesmo tempo, o facto de só excepcionalmente e contra vontade entrar o Direito no coração íntimo dos fenómenos que se desviam da regra[1698].

As próprias tentativas através das quais se operava a convolução do tema para a confiança como por exemplo a ensaiada por WELLSPACHER[1699] ou a

---

[1693] Menezes Cordeiro, *Da boa fé...*, II, p. 1235 e nota (108). Para uma eficaz recensão à construção de Finzi pode ver-se, na doutrina italiana, designadamente, Moschella, *Contributo...*, pp. 31 e ss.; e Valentina di Gregorio, *La rappresentanza...*, pp. 63 e ss., maxime 65 e ss., com ulteriores indicações de autores responsáveis pela introdução, em Itália, das posições e teses germânicas acerca da aparência jurídica. Mas v., ainda, *infra* quanto se escreve no presente capítulo acerca do tratamento dado à aparência no âmbito do fenómeno representativo pela literatura jurídica italiana.

[1694] Enrico Finzi, *Il possesso..., passim*.

[1695] Herbert Meyer, *Vom Rechsstchein des Todes. Ein Beitrag zur Dogmatik der Todserklärung*, in *Festgabe der Breslauer Juristenfakultät für Siegfried Brie zum fünfzigjährigen Dotkorjubiläum am 13. Dezember 1911*, Lípsia, 1912, pp. 75 e ss.. Cfr., igualmente, Oertmann, *Grundszätzliches...*, *Zeitschfrits...*, 59, p. 443 e 444.

[1696] Herbert Meyer, *Das Publizitätsprinzip...*, p. 96.

[1697] Moschella, *Contributo...*, p. 37. Cfr., também, Schall, *Die Anscheinsvollmacht...*, p. 13, o qual acusa Meyer de argumentar *contra legem* na sua tentativa de demonstrar a tese segundo a qual todo o direito civil se encontraria dominado pelo princípio da aparência jurídica. V., finalmente, acerca do pensamento de Meyer, Canaris, *Vertrauenshaftung...*, pp. 10 e 11, autor que também acusa a construção de Meyer de ser demasiado ampla para se poder compaginar com o direito positivo.

[1698] Meyer, *Das Publizitätsprinzip...*, p. 96.

[1699] Wellspacher, *Das Vertrauen..., passim*, e principalmente, p. 115, autor segundo o qual quem actue negocialmente com confiança num facto exterior, o qual constituía, de acordo com a lei ou a concepção do tráfego, a forma de manifestação de certo direito, relação ou outro momento juridicamente relevante, é protegido nessa sua confiança, quando o facto em questão tenha tido origem naquele a quem a protecção da confiança prejudica. No sentido da necessária aproximação da confiança à boa fé pode ver-se, Goldberger, *Der Schutz gutgläubiger Dritter...*, pp. 2 e ss. e 86 e ss.; Curts Tengelmann, *Die Vertretungsmacht kraft Rechtsscheins*, Dissertação, Münster, 1935, pp. 5 e 13 e ss..V., também, a obra de Eichler, *Die Rechtslhere...*, pp. 8 e ss., devidamente recenseada por Menezes Cordeiro, *Da boa fé...*, II, p. 1240. Cfr., finalmente, para um papel da jurisprudência na exigência do requisito da boa fé enquanto condição da representação aparente (então ainda apenas entrevista como tal), Bader, *Duldungs- und Anscheinsvollmacht. Zur Entwicklung in der Rechtsprechung der Zivilgerichte und zur dogmatischen Einordnung*, Francoforte do Meno, Berna, Las Vegas, 1978, pp. 23 e ss.. Na literatura jurídica italiana cfr. as amplas referências e o debate retratado por Valentina di Gregorio, *La rappresentanza...*, pp. 172 e ss., acerca das relações entre aparência e a boa fé (entendida, no contexto da representação, predominantemente, em sentido subjectivo). Entre nós v., Pessoa Jorge, *A aparência...*, pp. 55 e ss., e 88 e ss., maxime pp. 95 e ss.

via restritiva encetada por OERTMANN[1700] são condenadas pela doutrina maioritária[1701]. Conforme notado, porém, e a propósito, por MENEZES CORDEIRO[1702,] as dificuldades sentidas pelas velhas formulações da doutrina da confiança, contra quanto possa emergir das formulações comuns, não derivam tanto dos enunciados por elas alcançados[1703], mas da metodologia que lhes subjaz. Sem uma recolha prévia de material juspositivo, a qual implicaria, no caso da confiança, uma análise prolongada por vários ramos do Direito, já então fora das práticas comuns, em especialização crescente, dos estudiosos da ciência jurídica, torna-se inviável efectuar a redução implicada pela formulação de um princípio actuante: as lucubrações relativas à confiança tornam-se especulações de tipo central, desamparadas perante a realidade do sistema[1704]. Aos poucos, a doutrina da confiança é votada a um esquecimento progressivo, o qual, numa orientação contrária às expectativas geradas pelo tema, perduraria até finais da década de sessenta do século passado. A confiança manter--se-ia acantonada nalguns dos institutos que, de modo mais evidente, parecem dar-lhe guarida, fazendo soçobrar, por falta de perspectiva, as tentativas de generalização encetadas nessa base[1705].

Precisamente um dos redutos de discussão da problemática da aparência e da confiança por ela gerada haveria de ser em grande parte o instituto da

---

(estudo este objecto também de uma breve recensão por parte de Menezes Cordeiro, *Da boa fé...*, II, pp. 1240 e ss. e onde se destaca como Pessoa Jorge, embora admitindo a relevância do papel da boa fé na protecção da aparência, conserva a noção a nível subjectivo); Menezes Cordeiro, *Da boa fé...*, II, pp. 1235 e ss., maxime pp. 1239 e ss.; Menezes Leitão, *A responsabilidade...*, maxime, p. 358; Pedro de Albuquerque, *Da prestação de garantias...*, p. 120. Cfr., também, Pedro Pais de Vasconcelos, *Contratos...*, pp. 110 e ss.. Em sentido divergente procurando demarcar a boa fé da responsabilidade pela confiança, Carneiro da Frada, *Teoria da confiança...*, maxime, pp. 337 e ss., e 703 e ss..

[1700] Oertmann, *Grundsätzliches...*, in *Zeitschrift...*, XCV, p. 461, autor segundo o qual a confiança apenas poderia cobrir falhas nos pressupostos de eficácia da situação e não nos seus fundamentos constitutivos. Para uma referência quer à tese de Wellspacher quer à posição de Oertmann v., a título exemplificativo, Macris, *Die stillschweigende...*, pp. 73 e ss. (onde se encontra uma menção às evidentes ligações entre a posição de Wellspacher e Seeler e, entre a tese deste, apesar de forma menos clara, e a de Isay); e particularmente, Canaris, *Vertrauenshaftung...*, pp. 9 e ss., entre as obras de direito alemão; Moschella, *Contributo...*, pp. 37 e ss., na doutrina italiana; e, entre nós, Menezes Cordeiro, *Da boa fé...*, II, pp. 1235 e 1236. Numa linha de orientação próxima em vários aspectos de Wellspacher e Oertmann pode ainda ver-se, a título ilustrativo, Fikentscher, *Scheinvollmacht...*, in *Archiv...*, 154, pp. 1 e ss.; e em Itália, Falzea, *Apparenza*, cit., in *Enciclopedia...*, II, pp. 682 e ss..

[1701] V., a título meramente exemplificativo, Rita Cabral, *A teoria...*, in *Revista...*, 44, p. 636.

[1702] Menezes Cordeiro, *Da boa fé...*, II, p. 1236.

[1703] Na verdade, e conforme é acertadamente referido a propósito por Menezes Cordeiro, *Da boa fé...*, II, p. 1236, nota (116), os pressupostos da protecção da confiança, tal como autonomizados por Wellspacher, Oertmann ou Stoll mantêm, no essencial, actualidade.

[1704] Menezes Cordeiro, *Da boa fé...*, II, pp. 1236 e 1237, o qual refere também, num passo que merece ser sublinhado, como as opções negativistas sobre a valia da confiança acabam por enfermar, com frequência do mesmo vício. Em vez de se interrogarem sobre a realidade dogmática subjacente ao debate, avançam numa discusssão de princípios, metodologicamente pobre e insusceptível de dar corpo à complexidade do real.

[1705] Menezes Cordeiro, *Da boa fé...*, II, pp. 1237 e 1238.

representação voluntária em direito civil. Seria em grande medida a partir daqui que se formariam, mais tarde, renovadas tentativas de justificação do carácter, mais ou menos geral, da protecção da confiança[1706].

[1706] Na verdade, o debate em torno da representação aparente parece ter permanecido uma referência obrigatória na maioria das obras de língua alemã que trataram da confiança e mesmo por vezes o negócio jurídico ou alguns dos seus aspectos. Da mesma forma a aparência e a confiança surgem como tema de estudo quase obrigatório em diversas obras sobre a representação, quer se trate de justificar a sua importância e significado quer se trate de os negar. Cfr., Seeler, *Vollmacht...*, in *Archiv...*, 28, pp. 1 e ss.; Wellspacher, *Das Vertrauen...*, pp. 79 e ss.; Goldberger, *Der Schutz gutgläubiger Dritter...*, *per totum*; H. H. Meyer, *Die Sheinvollmacht im System der Lehre von der Vertretungsmacht nach BGB*, Dissertação, Gotinga, 1925 (*Apud* Herbert Kothe, *Scheinvollmacht*, cit.); Ehlerding, *Haftung aus Scheinvollmacht*, Dissertação, Gotinga, 1929 (*Apud*, Schubert, *Anscheinsvollmacht...*, cit.); Albert Baer, *Haftung aus Scheinvollmacht*, in *Rechtsfragen der Praxis*, 1929, 23, pp. 5 e ss.; Vollmers, *Begriff, Voraussetzungen und Wirkung der Scheinvollmacht*, Dissertação, Gotinga, 193 (*Apud* Herbert Kothe, *Scheinvollmacht*, cit.); Meltz, *Die Vertretungsmacht kraft Rechtsscheins*, Dissertação, 1933 (*Apud* Curts Tengelmann, *Die Vertretungsmacht...*, cit.); Karsten Schmidt, *Falsus-Procurator-Haftung und Anscheinsvollmacht. Ein Versuch über Zivilrechtsdogmatik und Prozesstrategie*, in *Festschrift für Joachim Gernhuber zum 70. Geburtstag*, 1993, pp. 435 e ss.; Otto Ernst, *Haftung aus Scheinvollmacht*, Dissertação, Friburgo, 1934, pp. 1 e ss., com um desenvolvimento acerca das origens e genealogia da procuração aparente e designadamente as respectivas ligações à procuração tácita; Curts Tengelmann, *Die Vertretungsmacht...*, *per totum*; Georg Behn, *Rechtsschein im Stellvertretungsrecht des BGB. mit besonderer Berücksichtigung der Stellvertretung der Ehegatten untereinander* Dissertação, Lübeck, 1935, *per totum*; Alfred Kraus, *Der Schutz des Vertrauens auf den «Äußeren Tatbestand» im Stellvertretung der Bürgerlichen Gesetzbuches*, Dissertação, Düsseldorf, 1935, *per totum*; Herbert Kothe, *Scheinvollmacht*, cit., *per totum*; Macris, *Die stillschweigende...*, *passim*, e pp. 72 e ss.; Heinrich Demelius, *M. Wellspacher Vollmachtslehre...*, in *Archiv...*, 1954, 153, pp. 1 e ss.; Fikentscher, *Scheinvollmacht...*, in *Archiv...*, 154, pp. 1 e ss.; R. Capeller, *Zur Duldungs- und Anscheinsvollmacht offentlich-rechtlicher Korperschaften*, in *Monatsschrift für deutsches Recht*, 1956, 10, pp. 7 e ss.; Georg Voss, *Zur Frage der Haftung des Vertretenen kraft Rechtsscheins*, in *Versicherung, juristische Rundschau für die Individualversicherunng*, 1962, pp. 1121 e ss.; Böcker, *Apparent...*, pp. 67 e ss., 131 e ss.; Hitzemann, *Stellvertretung...*, pp. 78 e ss.; Barbara Tochtermann, *Die Anscheinsvollmacht im deutschen und amerikanischen Recht. Ein rechtsvergleichende Untersuchung*, Dissertação, Munique, 1969, maxime pp. 91 e ss.; Waldeyer, *Vertrauenshaftung kraft Anscheinsvollmacht...*, *per totum*; Frotz, *Verkehrsschutz...*, *per totum*, *passim*, em tom acentuadamente crítico quanto à valia ou necessidade de recurso à aparência e à confiança, e designadamente, pp. 261 e ss. e 305 e ss.; Gotthard, *Der Vertrauensschutz...*, *per totum*; Schubert, *Anscheinsvollmacht...*, *per totum*; Schall, *Die Anscheinsvollmacht...*, pp. 4 e ss., 113 e ss., 197 e ss., 211; Tempel, *Die Stellvertretung*, cit. in *Grundlagen...*, pp. 233 e 234, autor que propugna a equiparação da *Duldungsvollmacht* à *Anscheinsvollmacht*; Bienert, *Anscheinsvollmacht und Duldungsvollmacht; Kritik der Rechtsprechung und ihrer Grundlage*, in *Beiträge zum Arbeitsrecht*, vol. 11, Marburgo, 1975, Von Craushaar, *Die Bedeutung...*, in *Archiv...*, 174, pp. 2 e ss.; Lüderitz, *Prinzipien...*, in *Juristische...*, 16, pp. 769 e ss.; Bader, *Duldungs- und Anscheinsvollmacht...*, 1978, *per totum*, obra que se centra, em grande parte, no desenvolvimento da procuração aparente (no sentido de *Anscheinsvollmacht*) e da procuração tolerada na jurisprudência tudesca; Schilken, *Wissenzurechnung...*, p. 79; Frank Peters, *Zur Geltungsgrundlage...*, in *Archiv...*, 179, pp. 214 e ss., maxime pp. 215 e ss.; Manfred Lieb, *Aufgredrängedter Vertrauensschutz? Überlegung zur Möglichekeit des Verzichts auf der Rechtsscheinsschutz insbesondere bei der Anscheinsvollmacht*, in *Festschrift für Heinz Hübner zum 70. Geburtstag am 7. November 1984*, Berlim, Nova Iorque, 1984, pp. 575 e ss.; Georg Crezelius, *Zu den Rechtswirkungen der Anscheinsvollmacht*, in *ZIP, Zeitschrift für Wirtschaftsrecht*, 1984, 5, 2, pp. 791 e ss.; Rolf Stüsser, *Die Anfechtung der Vollmacht nach bürgerlichem Recht und Handelsrecht*, 1985, Berlim, 1986, pp. 133 e ss.; Tietz, *Vertretungsmacht...*, pp. 90 e ss. e 95 e ss.; Martina Schwonke, *Verkehrsschutz...*, *per totum*, embora uma parte substancial do trabalho seja de direito comparado; Hans Wieling, *Duldungs- und Anscheinsvollmacht*, in *Juristische Arbeitsblätter. Übungsblätter*, 1991, 23, pp. 222 e ss.; Hans-Martin Pawlowski, *Die gewillkürte Stellvertretung. Eine juristische Entedeckung...*, in *Juristen...*, ano 51, 3, pp. 127 e ss.; Julia Schärfer, *Teilweiser...*, p. 64; Dieterich v. Simon, *Duldungsvollmacht und Konkludenzirrtum*, in *Festschrift für Hans Gschnitzer*, Lever, 1998, pp. 133 e ss.. Eichler, *Die Rechtslehre...*, pp. 76 e ss., também trataria a temática da representação. Ele preocupar-se-ia, sobretudo, com o abuso de representação e a revogação da procuração centrando a respectiva abordagem principalmente no poder de representação, em sentido próprio, enquanto meio de estabelecimento de uma relação de confiança entre o representante e o representado. Cfr., também, as referências feitas por Karl-Heinz Lenz, *Das Vertrauensschutz-Prinzip. Zugleich eine notwendige Besinnung auf die Grundlagen unserer Rechtsordnung*, Berlim, 1968, pp. 19 e ss.. Fora do âmbito do tratamento específico do fenómeno representativo mas ocupando-se com a questão da representação aparente merecem referência, por exemplo, Stoll, *Haftung...*, in *Archiv...*, 1932, 135, pp. 103, 108 a 111; Krause, *Schweigen im Rechtsverkehr – Beiträge zur Lehre vom Bestätigungsschreiben von der Vollmacht und von der Verwirkung*, Marburgo no Hessen, 1933, pp. 22 e ss., e 138 e ss.; Canaris, *Vertrauenshaftung...*, *passim*, e designadamente, pp. 32 e ss. 66 e ss., 109 e ss., 133 e ss., 188 e ss., 248, 281, 312 e ss., autor que atribui um papel de extrema importância à disciplina da representação aparente na construção do seu sistema de responsabilidade pela confiança; Id., *Bewegliches...*, in *Das bewegliche...*, pp. 108 e 109; Litterer, *Vertragsfolgen...*, pp. 131 e ss.; Jan Schapp, *Grundfragen...*, pp. 36 e 37; Holger Altmeppen, *Disponibilität des Rechtsscheins. Struktur und Wirkungen des Redlichkeitsschutzes im Privatrecht*, Colónia, 1993, maxime 125 e ss.; Astrid Stadler, *Gestaltungsfreiheit und Verkehrschutz...*, pp. 255 e 737; e Thomas Lobinger, *Rechtsgeschäftliche Verpflichtung und autonome Bindung*, Tubinga, 1999, pp. 237 e ss.. Ao nível dos comentários e obras de carácter geral cfr., Oertmann, *Bürgerliches...*, comentário ao § 172, p. 639; Von Tuhr, *Der Allgemeine...*, II, II, pp. 382 e 383 e 393; Enneccerus-Nipperdey, *Allgemeiner Teil...*, I, II, pp. 1132 e ss.; Flume, *Allgemeiner...*, II, *Das Rechtsgeschäft...*, pp. 822 e ss.; Steffen, *BGB-RGRK*, cit., I, comentário ao § 167, pp. 72 e 74 e ss.; Soergel-Leptien, *Bürgerliches...*, I, comentário ao § 167, pp. 1323 e ss.; Id., *Idem*, 13.ª ed., comentário ao § 167, pp. 595 e ss.; Larenz, *Allgemeiner Teil...*, pp. 635 e ss.; Schramm, *Münchener...*, I, comentário ao § 167, pp. 1453 e ss.; Id., *Idem*, 4.ª ed., comentário ao § 167, pp. 1704 e ss.; Medicus, *Allgemeiner...*, pp. 352 e 364 e s.; Id., *Idem*, pp. 358, 371 e 372; Staudinger-Schilken, *Kommentar...*, I, comentário ao § 167, pp. 78 e ss., comentário ao § 177, p. 152; Larenz-Wolf, *Allgemeiner...*, pp. 915, 920 e ss.; Bork, *Allgemeiner...*, pp. 562 e ss.. Para uma referência mais alargada à literatura jurídica alemã de carácter geral um pouco mais antiga onde o problema da procuração aparente aparece referido cfr., por todos, as obras recenseadas por Krause, *Schweigen...*, pp. 22 e ss., maxime, pp. 34 e ss.; Macris, *Die stillschweigende...*, pp. 48 e ss.. V., também, e agora de entre as obras gerais e comentários ao *BGB* mais recentes, as citações feitas nas notas que se seguem *infra* no presente capítulo. V., também, mas agora novamente a propósito e no contexto do tratamento de uma matéria específica, Reimer Schmidt, *Die Obligenheiten...*, pp. 123 e ss.. Na nossa literatura jurídica cfr., Pessoa Jorge, *A aparência...*, pp. 87 e 88, além das obras citadas *supra* neste capítulo. Na doutrina espanhola o destaque vai para o esforço de António Gordillo, *La representación...*, *per totum*, de construir um princípio amplo e geral de tutela da aparência tomando como pretexto a figura da representação jurídica. Na literatura jurídica italiana, e de entre tantas outras obras citadas ao longo deste nosso estudo, refiram-se os esforços e as abordagens encetadas, em várias direcções, designadamente, por Tartufari, *Della rappresentanza...*, in *Archivio...*, LXIV, pp. 98 e ss., LXVI, p. 119, mas colocando-se, ainda, numa perspectiva na qual o problema não é ligado directamente à temática da protecção da aparência e da confiança dos terceiros mas, sim, relacionado com a questão da eventual existência de um mandato tácito sempre que – verificados certos requisitos – o representado conhece ou tolera a actividade do representante, ou do mandato

A jurisprudência tudesca teria um papel decisivo na formação da doutrina da representação aparente[1707]. O passo inicial caberia ao *Reichsoberhandelsgericht*. Este tribunal consideraria existir uma procuração tácita quando alguém, a quem não tivesse sido concedido expressamente um poder de representação, pudesse criar, perante terceiros, durante um determinado espaço de tempo, a convicção de actuar como um representante. O *Reichesgericht* seguiria, num primeiro momento, a orientação do *Reichsoberhandelsgericht*. Desenvolvimentos

---

presumido (figura esta sim já de algum modo decorrente da necessidade legal de se assegurar a protecção dos terceiros de boa fé); Sotgia, *Apparenza*..., pp. 91 e ss.; Francesco Benatti, *Contratto concluso*..., in *Revista*..., 1959, II, pp. 335 e ss.; Bolaffi, *Le teorie*..., in *Rivista di Diritto Commerciale*, 1934, I, pp. 131 e ss.; Nicolò, *La c. d. procura*..., in *Il Foro*.., 1935, I, cols. 559 e ss.; Gustavo Minervini, *Eccesso*..., in *Il Foro*..., 1947, I, pp. 380 e ss.; Luigi Mengoni, *Ancora in tema di pagamento al «falsus procurator»*, in *Revista del Diritto Commerciale e del Diritto Generale delle Obbligazioni*, 1953, 51, II, pp. 118 e ss.; Francesco Messineo, *La sorte del contratto stipulato dal rappresentante apparente («falsus procurator»)*, in *Rivista Trimestrale di diritto e Procedura Civile*, 1956, 394 e ss.; Torrente, *Anotação*..., in *Il Foro Italiano*, 1958, I, col. 392; Mosco, *La rappresentanza*..., pp. 192 e ss.; Betti, *Teoria*..., II, pp. 47 e ss., III, pp. 241 e 242; Bonelli, *Studi in tema di rappresentanza*..., per totum, maxime, pp. 1 e ss., 69 e ss. 102 e ss.; Galli, *Rappresentanza*..., in *Rivista Trimestrale*..., 1968, pp. 1797 e ss.; Roppo, *Apparenza di procura e imputazioni al «dominus» degli effetti del contratto stipulatto dal mandataire apparent*, in *Il Foro Italiano*, 1971, XCVI, IV, cols. 375 e ss., com destaque também para a experiência jurídica francesa e para o *mandat apparent*; Id., *O contrato*, cit., pp. 122 e 123; Moschella, *Contributo*..., pp. 182 e ss.; Grazia Cecherini, *Il «principio»*..., in *Rivista*, 1977, pp. 876 e ss., 908 e ss.; Giorgio Ghezzi, *Del contrato*..., pp. 237 e ss.; Salvatore Patti, *Profili della tolleranza nel diritto privatto*, Nápoles, 1978, pp. 143 e ss.; Galgano, *Il negozio*..., pp. 322 e ss.; Id., *Diritto Civile*..., pp. 335 e 336; Paolo D'Amico, *Rappresentanza*..., in *Enciclopedia Giuridica*..., XXV, pp. 14 e 15; Giovanna Visintini, *Degli effetti*..., passim, e, designadamente, comentário ao artigo 1388.º, pp. 222 e ss.; Alessio Zaccaria, *Rappresentanza*, in *Rivista di Diritto Civile*, 1990, II, pp. 486 e 487; Id., *Rappresentanza «tollerata» nella dottrina germanica*, in *Rappresentanza e gestione*, 1992, Pádua, 125 e ss.; Valentina di Gregorio, *La rappresentanza apparente*, in *Idem*, pp. 49 e ss.; Id., *A margine di una recente sentenza della cassazione sulla rappresentanza apparente*, in *Giurisprudenza Italiana*, 1995, 147, I, 2, cols. 2031 e ss.; Id., *La rappresentanza*..., per totum, onde se encontram também amplas referências ao problema da representação aparente no direito tudesco; Sacco e de Nova, *Il contratto*, cit., II, pp. 191 a 193; Federica Rocco, *Apparenza del potere di rapresentanza*..., in *Rivista*..., 1997, XCV, pp. 32 e ss.; Valeria de Lorenzi, *La rappresentanza*..., in *Contratto*..., 13, II, pp. 595 e ss., e implicitamente *passim*, enquanto de forma expressa pp. 658 e ss.; Alessandra Salomoni, *La rappresentanza*..., pp. 243 e ss..

[1707] Cfr., para uma referência doutrinal ao papel desempenhado pela jurisprudência alemã na formação e desenvolvimento do conceito de procuração aparente, Krause, *Schweigen*..., pp. 22 e ss. (com referências também ao direito comum), e designadamente, nota 76, p. 23; Fikentscher, *Scheinvollmacht*..., in *Archiv*..., 154, pp. 2 e ss.; Schall, *Die Anscheinsvollmacht*..., pp. 11 e ss.; Von Craushaar, *Die Bedeutung*..., in *Archiv*..., 174, pp. 3 e ss.; Bader, *Duldungs- und Anscheinsvollmacht*..., pp. 9 e ss.; Bienert, *Anscheinsvollmacht und Duldungsvollmacht*..., pp. 14 e ss. (*Apud* Staudinger-Schilken, *Kommentar*..., I, comentário ao § 167, p. 78); Flume, *Allgemeiner*..., II, *Das Rechtsgeschäft*..., pp. 829 e ss.; Staudinger-Schilken, *Kommentar*..., I, comentário ao § 167. Não espanta assim a afirmação de Schubert, *Anscheinsvollmacht*..., p. 1, a propósito da representação aparente, segundo a qual poucos são os institutos de direito privado que, de forma tão marcada, se apresentam como o resultado de uma tão soberana criação judicial ou jurisprudencial do direito. Entre nós v., a propósito da influência dos tribunais tudescos para o aparecimento da figura da representação aparente, Guichard Alves, *O instituto*..., in *Iuris*..., p. 225 e nota (2).

posteriores deixariam para trás quer a tendência para o apelo aos princípios gerais quer a atitude frequentemente adoptada de, pura e simplesmente, se não fundamentarem, dogmaticamente, as decisões tomadas. O recurso a preceitos como os §§ 170 e seguintes do *BGB* (por vezes conjugados com o § 242 do *BGB*) e o § 56 do *HGB* abriam novas possibilidades de arrimo[1708] e conduziram ao estabelecimento de uma série de distinções. Diferenciaram-se, na verdade, várias hipóteses consoante o representado tivesse, ou não, conhecimento da actuação daquele que se apresentava como representante. Estivesse de facto o *dominus* ciente da existência de actuação representativa por parte do *falsus procurator*, então, tornava-se necessário estabelecer — num passo nem sempre, porém, bem assumido e o qual não deixaria nunca de se apresentar como um verdadeiro cabo das tormentas para a dogmática jurídica — se o conhecimento do principal dava ou não origem a uma vontade, por parte do «representado», de conceder poderes negociais de representação[1709].

Caso o «representado» conheça de facto a actuação do «representante», a quem não concedeu poderes, mas nada faça para impedir ou pôr cobro à situação, antes a tolerando, de forma tal que suscita perante terceiros, e de acordo com a boa fé e os usos normais do tráfego, a impressão segundo a qual a actuação em seu nome se encontra suportada por um poder de representação a vinculação do principal resulta, no entender da jurisprudência, da consideração da existência de uma *Duldungsvollmacht* (procuração tolerada).

Na eventualidade de o representado conhecer a actuação do representante, e tolerar a actuação do representante ao ponto de se poder concluir, de acordo com a boa fé, pretender o representado conceder, na verdade, um poder de representação então estar-se-á perante uma procuração tácita.

Finalmente, se o *dominus* não conhecer a actuação do falso representante, mas se usando da diligência normal, pudesse conhecer e impedir a representação do «procurador», os tribunais alemães consideram dever o principal ficar vinculado perante terceiros de boa fé (em princípio a culpa leve já conduzirá à má fé) em virtude da existência de uma *Anscheinsvollmacht* (procuração aparente)[1710].

[1708] Cfr., a título exemplificativo, Krause, *Schweigen...*, pp. 155 e ss.; Von Craushaar, *Die Bedeutung...*, in *Archiv...*, 174, pp. 3 e ss.; Bader, *Duldungs- und Anscheinsvollmacht..*, *passim*; Litterer, *Vertragsfolgen...*, pp. 134 e ss.; Staudinger-Schilken, *Kommentar...*, I, comentário ao § 167, p. 82.

[1709] V., Staudinger-Schilken, *Kommentar...*, I, comentário ao § 167, p. 79. Para uma análise pormenorizada acerca da evolução jurisprudencial que levaria, de uma inicial equiparação, à distinção entre uma procuração tácita, de um lado, e uma procuração tolerada, do outro (enquanto manifestação de aparência jurídica), v., por todos, Bader, *Duldungs- und Anscheinsvollmacht...*, pp. 9 e ss., e 56 e ss.. Cfr., também, quanto se escreve *infra* neste capítulo a respeito da procuração tolerada e da procuração tácita e as obras aí citadas acerca do estabelecimento jurisprudencial da distinção. Na doutrina italiana pode consultar-se a este respeito, e a título meramente ilustrativo, Patti, *Profili della tolleranza...*, pp. 144 e ss..

[1710] O campo de aplicação por excelência da *Anscheinsvollmacht* é o direito comercial. A jurisprudência tem admitido, porém, também a aplicação desta figura a hipóteses de direito civil. Cfr., Bader, *Duldungs- und Anscheinsvollmacht...*, p. 58.V., também, *Bundesgerichtshof, 12. Februar, 1952*, in, *Entscheidungen des Bundesgerichtshofes. Zivilzachen*, 1952, 5, pp. 111 e ss., aresto que ocupa de resto um lugar de destaque na formação e desenvolvimento da *Anscheinsvollmacht*.

Os resultados alcançados pela jurisprudência provocariam reacções díspares no seio da doutrina.

Relativamente à procuração tolerada, a *communis opinio* mostra-se favorável à produção de efeitos equivalentes aos da representação em todas as hipóteses nas quais ela venha de facto a ocorrer[1711]. Diverge-se, todavia, quanto ao fundamento jurídico da eficácia representativa da *Duldungsvollmacht*: procuração com natureza negocial a enquadrar preferencialmente na figura da *procuratio* tácita, segundo uns[1712]; aparência (*Rechtsschein*)[1713] de acordo com outros[1714, 1715, 1716, 1717].

[1711] A generalizada aceitação da procuração tolerada por parte dos tribunais tudescos, a par com a concordância da doutrina, levaria a que ela fosse inclusivamente vista como direito consuetudinário jurisprudencial. Cfr., Canaris, *Vertrauenshaftung...*, pp. 31 e 42. Contra, porém, Lobinger, *Rechstgeschäftliche...*, pp. 258 e ss.

[1712] No sentido segundo o qual a procuração tolerada teria natureza negocial pode ver-se, Hupka, *Die Vollmacht...*, pp. 119 e ss., 180 e ss., o qual fala a propósito, precisamente, em procuração tácita; Planck, *Kommentar...*, I, 1913, comentário ao § 167, p. 449; e na mesma direcção Oertmann, *Bürgerliches...*, comentário ao § 167, p. 621; Böcker, *Apparent...*, pp. 70 e 71; Enneccerus-Nipperdey, *Allgemeiner Teil...*, I, II, pp. 1131 e ss., e 1135, embora em termos não muito claros, num fenómeno que de resto não tem deixado de ser assinalado por alguma doutrina tudesca; Waldeyer, *Vertrauenshaftung...*, pp. 78 e ss.; Litterer, *Vertragsfolgen...*, p. 131; Schall, *Die Anscheinsvollmacht...*, pp. 10 e ss.; Flume, *Allgemeiner...*, II, *Das Rechtsgeschäft...*, pp. 828 e ss.; Jauernig, *Bürgerliches...*, § 167, n.º 5; Crezelius, *Zu den Rechtswirkungen...*, in *ZIP...*, 5, 2, p. 791, embora em termos não totalmente claros; Hans Wieling, *Duldungs-...*, in *Juristische...*, 23, pp. 222 e ss., autor que considera desnecessária quer a *Duldungs-* quer a *Anscheinsvollmacht* por considerar possível a resolução dos problemas subjacentes ao aparecimento destas duas figuras através das regras gerais do negócio jurídico; Palandt-Heinrichs, *Bürgerliches...*, comentário ao § 173, p. 172. Para ulteriores referências bibliográficas no mesmo sentido cfr., a título exemplificativo, as referências feitas por Macris, *Die Stillschweigende...*, pp. 53 e ss.; e Waldeyer, *Vertrauenshaftung...*, pp. 78 e ss.; e na nossa doutrina, Rui Ataíde, *A responsabilidade...*, pp. 186 e ss.. No direito português, a equiparação entre mandato tolerado e mandato tácito é aceite, em certa medida, por Hubertus Scharwtz, *Sobre a evolução...*, in *Revista...*, XIX, pp. 117 e 118. Na verdade, o autor refere a circunstância de o mandato por tolerância gerar, segundo a opinião dominante, um mandato aparente. Contudo, de seguida afirma ser, por vezes, impossível distinguir-se as figuras do *mandatum* tolerado e do *mandatum* tácito. Mais categóricos parecem ser Durval Ferreira, *Do mandato...*, pp. 116, 161 e 175; e Mota Pinto, *Teoria...*, p. 545, segundo o qual em certos casos a procuração tolerada não seria aparência mas sim realidade. Igualmente favorável a um enquadramento negocial da procuração tolerada, e apesar de não ser possível dizê-lo de forma categórica, parece Pinto Monteiro, *Contrato...*, 3.ª ed., pp. 89 e 90; Id.; *Idem*, 4.ª ed., p. 91 (mas v., do autor, *Contrato...*, in *Boletim..*, 360, p. 67, onde a questão fica em aberto). O mesmo julgamos acontecer com Carlos Barata, *Sobre o contrato...*, p. 56; Id., *Anotações ao novo regime...*, comentário ao artigo 23.º, p. 63, designadamente quando escreve esbarrar a procuração tolerada com a exigência de forma escrita para o consentimento. Idêntica afirmação é feita por Helena Brito, *A representação...*, p. 137, ao considerar não se estar, no caso do artigo 23.º do regime do contrato de agência, perante uma procuração tolerada por ela não se compatibilizar com a exigência de forma escrita no acto de outorga de poderes estabelecida no artigo 2.º. Com isso a autora parece, também ela, apontar para uma compreensão da procuração tolerada enquanto manifestação tácita de concessão de poderes representativos. Numa outra abordagem a exigência de forma é um dos argumentos esgrimidos em termos genéricos contra a figura da representação aparente por Raúl Guichard Alves, *Da relevância...*, p. 65, nota (90), por considerar esbarrar ela, entre outros aspectos, com as formalidades exigidas pelo artigo 262.º para a outorga dos poderes de representação. Excluindo *in limine* a possibilidade de ser tutelada, para efeitos de prestação de fiança em contemplação de outrem, uma situação de aparência de poderes de representação, pelo facto de se exigir uma declaração expressa do representado no sentido de a garantia poder ser oferecida em seu nome (v. artigos 628.º, n.º 1, e 262.º, n.º 2, do Código Civil), pode ver-se, Januário Gomes, *Assunção...*, p. 509, nota (523) (v., porém, *op. cit.*, pp. 496 e ss., e 577 e ss., onde o autor já admite respectivamente, por um lado, que a solução a aplicar a um caso de exercício inadmissível da faculdade de invocar a invalidade formal consista na restauração do negócio, i. e, na consagração da sua validade, e por outro, a tutela pela confiança na validade de uma fiança prestada por uma sociedade, a favor de dívida de terceira entidade, na sequência da declaração expressa exigida pelo artigo 628.º, mas manifestada por parte de quem não tem capacidade para o efeito; e, destarte, num caso no qual, afinal, não há uma declaração válida). Pela nossa parte aceita-se naturalmente não permitir a exigência de forma a qualificação de certos casos nos quais o representado leva o terceiro a acreditar na existência de poderes de representação como hipóteses de procuração tácita. O mesmo já não acontece, fatalmente, e a nosso ver, se em causa estiver uma eventual *procuratio* tolerada. Quanto se discute em caso de *Duldungsvollmacht* é, se em determinadas circunstâncias, não se deve, precisamente, proteger o terceiro de boa fé perante a aparência de poderes na realidade inexistentes. Se a resposta for no sentido de, verificados certos requisitos se dever tutelar o terceiro, independentemente de não existir qualquer outorga de faculdades representativas, não é a exigência do artigo 628.º, n.º 1, do Código Civil a precludir a tutela do *tertius*. Trata-se, aliás, algo de fácil entendimento se se considerar o disposto, a propósito do contrato de agência, nos artigos 2.º e 23.º do Decreto-Lei n.º 178/86. O primeiro dos dois preceitos impõe a forma escrita para a outorga de poderes de representação ao agente, acompanhada depois pela necessidade de registo do contrato de agência [artigo 10.º al. e), do Código de Registo Comercial]. O segundo reconhece, não obstante esta exigência formal, a possibilidade de se tutelar a boa fé de terceiros crentes num poder de representação afinal infundado. Não são, pois, requisitos de forma ou de conteúdo da declaração de concessão de poderes de representação a impedir necessariamente o funcionamento da representação aparente. Ao contrário, perante a inobservância de tais condições formais, e mesmo diante da própria ausência de qualquer declaração, a aparência de representação pode ser chamada a depor, como bem o atesta o Decreto-Lei n.º 178/86. Não concordamos por isso, também, com Helena Brito, *A representação...*, p. 134, quando esta defende não ser de aplicar o regime de protecção da aparência no contrato de agência se houver registo. Existindo publicidade registral, sustenta a autora, a inoponibilidade ao *tertius* das alterações não registadas resultaria da própria aplicação dos princípios gerais do instituto do registo. A perspectiva de abordagem deve, porém, e a nosso ver, ser outra. A pergunta a fazer não é se as alterações não registadas são, ou não, inoponíveis ao terceiro mas se este não pode beneficiar dessas mesmas alterações vinculando o *dominus*. Neste outro cenário julgamos servir o artigo 23.º do Decreto-Lei n.º 178/86, em certas circunstâncias particulares, e não obstante o registo, para proteger o terceiro que acreditou em poderes de representação sem correspondência no registo. Aliás, a própria Helena Brito, *op. cit.* p. 137, acaba por sustentar que a aparência de poder de representação substitui o requisito da prática do acto formal de outorga das faculdades representativas, previsto no artigo 2.º do regime do contrato de agência. Refira-se também a circunstância de uma situação na qual a contraparte no negócio representativo podia verificar através dos mecanismos de publicidade existentes, e se os tivesse consultado, não ter o *falsus procurator* a competência representativa invocada ter sido já analisada pela jurisprudência italiana (cfr., *Cassazione, 19-10--1995*, in *Rivista di Diritto Commerciale e del Diritto Generale delle Obbligazione*, 1997, XCV, pp. 23 e ss., e 30. Em sentido contrário manifesta-se, porém, Valeria de Lorenzi, *La rappresentanza...*, in *Contratto...*, 13, II, p. 660, nota (175), com indicações, autora segundo a qual quando seja imposta determinada forma *ad substantiam* ou *ad probationem* em sentido estrito não há espaço para a tutela da aparência) tendo sido decidido, atenta a particular força e credibilidade da situação de aparência criada pelo *dominus* naquele caso, proteger-se o terceiro de boa fé. Já no sentido da possibilidade de aplicação do princípio da proibição de comportamentos contraditórios e consequente vinculação pela confiança (e não obstante as diferenças entre o *vcfp* e a tutela da confiança na aparência de um qualquer *Tatbestand*), num caso no qual se invocava a ausência de uma ratificação sujeita a forma especial nos termos do artigo 268, n.º 2 (o negócio principal dependia de escritura pública), v., por exemplo, o *Acórdão da Relação do Porto, 18-11-1993* (Carlos Matias), in separata de *O Direito*, 1994, III-IV, Ano 126.º, pp. 683 e 684 (o Supremo não tomaria decisão sobre a existência ou não de um *vcfp* por não existir matéria de facto suficiente para decisão desta questão pelo que mandou prosseguir com a elaboração da especificação e do questionário), com anotação favorável de Menezes Cordeiro e Carneiro da Frada, *Da inadmissibilidade...*, pp. 700 e ss.. V., também, quanto escreve a este respeito, Menezes Cordeiro, *Da boa fé...*, II, pp. 794 e ss. (recordem-se as dificuldades apontadas pelo autor acerca da possibilidade de se proceder, no nosso direito, a formas arrojadas de tutela da confiança, designadamente pelo interesse no cumprimento, atento o disposto no 289.º n.º 1, do Código Civil, em articulação com os artigos 220.º e 286.º, assim como outros entre os quais se conta o 875.º. Tudo a excluir a possibilidade de se operar neste domínio com reduções teleológicas e interpretações restritivas. Mas nem por isso Menezes Cordeiro veda completamente a tutela da confiança em caso de nulidade ou invalidade formal. Não nos parece, se bem lemos, fechar, aqui, o autor completamente a porta ao *venire contra factum proprium* [sendo certo que noutro local, Menezes Cordeiro, *Tratado...*, I, I, pp. 202 e 203, Id., *Idem*, 2.ª ed., pp. 253 e 254, refere como hipóteses de *venire contra factum proprium* situações nas quais é invocada determinada nulidade e, mais pormenorizadamente, a posição defendida nas pp. 379 e ss.]. Claramente aberta fica isso sim a porta para uma saída indemnizatória que, procurando reconstituir a situação à qual se teria chegado não fora a nulidade, corresponda materialmente ao cumprimento do contrato nulo. Só que, independentemente de se concordar ou não com este raciocínio do Ilustre Mestre – e inclinamo-nos com a devida vénia para não concordar –, tratando-se de um caso de inobservância da forma imposta para um acto de concessão de poderes de representação a consequência relativamente à outra parte interessada não é a nulidade, com o dever de se restituir tudo quanto tiver sido prestado, mas sim a ineficácia do negócio representativo. Logo parece permanecerem à disposição do intérprete, sem restrições adicionais, os vários meios de tutela da confiança, como o comprova, repise-se, desde logo o regime do contrato de agência); Id., *Tratado...*, I, I, pp. 202, e 205; Id., *Idem*, 2.ª ed., pp. 253 e 257, 379 e ss. e as amplas referências jurisprudenciais aí contidas; e Januário Gomes, *Da assunção...*, pp. 496 e ss.. Entre nós, cfr., sempre a respeito da tutela da confiança perante a invocabilidade do vício de forma, as considerações de Castro Mendes, *Teoria geral...*, II, pp. 68 e ss.; Mota Pinto, *Teoria...*, pp. 438 e ss.; Baptista Machado, *Tutela...*, in obra..., I, pp. 375 e 376, 386 e 389; Carvalho Fernandes, *Teoria...*, I, p. 246; e também Heinrich Hörster, *A parte geral...*, pp. 531 e 532; Carneiro da Frada, *Teoria da confiança...*, pp. 556 e ss., maxime, p. 575 e ss.. Sempre no tocante à problemática da articulação das exigências subjacentes à imposição de certa forma para a prática de um determinado acto jurídico, por um lado, com a tutela da confiança, por outro, v. o exemplo de *vcfp*, perante uma hipótese de representação sem poderes decorrente da circunstância de se não terem observado na concessão dos mesmos as formalidades exigidas por lei, relatado por Canaris, *Vertrauenshaftung...*, pp. 312 e ss.. Ainda no direito tudesco a procuração tolerada é admitida com relativa amplitude por Brox, *Allgemeiner...*, p. 249, em situações de inobservância das formalidades exigidas para a outorga dos poderes de representação, em consonância, aliás, com o ensinamento do *Bundesgerichtshof, 22. September 1996*, in *Neue Juristische Wochenschrift*, 1997, pp. 312 e ss., maxime p. 314 (com indicações). V., finalmente, a respeito do problema da tutela dos terceiros de boa fé em situações nas quais não foram observadas as exigências de forma impostas por lei os vários casos referidos *infra* neste capítulo a propósito da construção jurisprudencial do *mandat apparent*. O que na verdade pode acontecer é, dadas as exigências formais estabelecidas por lei, e a não verificação delas por parte de terceiro, ser este, em regra, menos merecedor de tutela por ter sido negligente. Mas nem isso se mostra sempre como uma consequência necessária e inelutável. Cfr., quanto se escreveu, *supra*, Parte II, Cap. I, parágrafo, 1. 1, a propósito do enquadramento dogmático da possibilidade, conferida pelo artigo 260.º do Código Civil, de o *tertius* exigir a justificação dos poderes do representante.

[1713] A generalidade dos autores engloba numa mesma categoria da aparência quer as construções que, de facto, defendem estar-se na presença de um fenómeno de aparência *stricto sensu*, quer ainda, aquelas outras designadas por *Theorie des Vertrauenschutzes* (teoria da protecção da confiança). Tengelmann, *Die Vertretungsmacht...*, pp. 1 e ss., no seu ensaio para explicar e fundamentar os efeitos jurídicos decorrentes dos §§ 170 e ss. do *BGB*, surge como um dos poucos juristas a tratar diferenciadamente as duas perspectivas de abordagem. Pela nossa parte, seguiremos na próxima nota a atitude adoptada pela *communis opinio* e prescindiremos do recurso a etiquetas rigorosas e, porventura, estultas ou mesmo impossíveis ou inviáveis. Destarte referiremos indistintamente os defensores de cada uma das duas posições. Deve-se isso, desde logo, à circunstância de não ser, por vezes, clara, ou sequer possível, a determinação de qual a tese efectivamente defendida por cada um dos escritores que do assunto se ocuparam. Além disso, os pontos de contacto entre as duas correntes de opinião, e sem descartar as diferenças realmente existentes, permitem englobá-las, tal como é geralmente feito, num conceito amplo de teoria de protecção da confiança atenta a circunstância de a *Rechtsscheinshaftung* (responsabilidade pela aparência) corresponder a uma das formas positivas de protecção da confiança (assim, Canaris, *Vertrauenshaftung...*, pp. 9, 526 e 528. V., também, Sacco, *Affidamento*, in *Enciclopedia del Diritto*, I, 1958, pp. 661 e ss., e 664; António Gordillo, *La representación...*, p. 133; e *Cassazione, 19-10-1995*, in *Rivista di Diritto Commerciale e del Diritto Generale delle Obbligazione*, 1997, XCV, pp. 23 e ss., 28. Cfr., ainda, Benatti, *Contratto concluso «dal falsus procurator»...*, in *Revista...*, 1959, II, pp. 335 e ss., e 343, o qual rejeita a distinção entre *Rechtsscheinshaftung* – responsabilidade pela aparência – e *Vertrauenshaftung* – responsabilidade pela confiança, por considerar tratar-se de uma distinção meramente terminológica. Na doutrina nacional cfr., no sentido da negação da autonomia dogmática à tutela da aparência e a favor da sua diluição na responsabilidade pela confiança, Menezes Cordeiro, *Da boa fé...*, designadamente, II, pp. 1234 e ss., por considerar que apenas interessa a aparência com repercussões humanas, enquanto, por outro lado, ela não é necessária para provocar a adesão a representações dignas de protecção jurídica. Em sentido diferente cfr., Carneiro da Frada, *Teoria da confiança...*, pp. 33 e ss., não sem deixar, todavia, de afirmar como «*O facto de as situações de protecção da aparência dependerem em princípio (...) de previsões legais específicas que manifestam uma vontade explícita do legislador – a traduzir uma relativa fixação dos* Tatbestände *envolvidos – não prejudica que a sua própria linha de fronteira em relação aos outros sectores da tutela da confiança, sobretudo positiva (...) se apresente por vezes esbatida*». Cfr., por último, *infra*, quanto se escreve a propósito da *Ansscheinsvollmacht*, e os comentários aí feitos à tentativa encetada, entre nós, por Helena Brito de, a propósito de procuração aparente, estabelecer uma verdadeira classificação dos autores tudescos consoante estes procurassem fundar a *Anscheinsvollmacht* na aparência *stricto sensu*; na confiança; num misto de aparência e de confiança; ou até em institutos ou manifestações específicas da aparência ou da confiança). Acrescentaremos, tão-só como na nossa perspectiva, a aparência, por si só, se afigura insusceptível de originar efeitos jurídicos. Apenas a confiança depositada pelo terceiro em determinada aparência jurídica se revelará capaz de desencadear a protecção desse mesmo terceiro por parte do ordenamento jurídico.

[1714] Goldberger, *Der Schutz...*, pp. 11 e ss. (se bem vimos, e apesar do autor falar em ficção de procuração tácita. Para uma autonomização da teoria de Goldberger pode ver-se, Tegelmann, *Die Vertretunsmacht...*, p. 8); Krause, *Schweigen...*, pp. 138 e ss., maxime, p. 144; Kraus, *Der Schutz...*, pp. 15 e ss.; Fikentscher, *Scheinvollmacht...*, in *Archiv...*, 154, pp. 9 e ss.; Tochtermann, *Die Anscheinsvollmacht...*, p. 120; Canaris, *Vertrauenshaftung...*, pp. 40 e ss.; Id., *Bewegliches...*, in *Das bewegliche...*, pp. 108 e 109; Tempel, *Stellvertretung...*, in *Grundlagen...*, pp. 233 e 234, embora criticando a figura por considerar não se dever distinguir da «procuração por aparência»; Steffen, *BGB – RGRK*, cit., I, comentário ao § 167, pp. 72 e 74 e ss., e comentário ao § 171, p. 97; Soergel-Leptien, *Bürgerliches...*, I, comentário ao § 167, pp. 1324 e ss.; Id., *Idem*, 13.ª ed., comentário ao § 167, pp. 596 e ss.; Larenz, *Allgemeiner Teil...*, pp. 638 e 639; Martina Schwonke, *Verkehrsschutz...*, pp. 145 e ss., 181; Schramm, *Münchener...*, I, comentário ao § 167, pp. 1453 e 1453 e ss.; Id., *Idem*, 4.ª ed., comentário ao § 167, p. 1705; Staudinger-Schilken, *Kommentar...*, I, comentário ao § 167, pp. 79 e ss.; Hübner, *Allgemeiner...*, pp. 531 e ss.; Larenz-Wolf, *Allgemeiner...*, pp. 915 e 925 e ss.; Dieterich v. Simon, *Duldungsvollmacht...*, in *Festschrift...*, pp. 133 e ss.; Erman-Palm, *Bürgerliches...*, I, comentário ao § 167, pp. 496 e 497; Bork, *Allgemeiner...*, pp. 567 e ss. Como se sabe, e apesar de ter cabido a Dernburg e Isay a responsabilidade de terem demonstrado como, em certos casos, o representado podia ficar vinculado em consequência de actos concluídos por alguém desprovido de poderes de representação (para uma breve recensão acerca das teorias desenvolvidas por estes dois autores pode ver-se, Goldberger, *Der Schutz...*, pp. 77 e ss.) a *Rechtsscheintheorie* foi fundada por Wellspacher, *Das Vertrauen...*, pp. 79 e ss., 95 e ss.; e Seeler, *Vollmacht...*, in *Archiv...*, 28, pp. 51 e ss., embora, ao tempo, ainda se não distinguisse uma *Duldungsvollmacht* de uma *Anscheinsvollmacht* com o sentido com que esses termos são actualmente utilizados. Por isso, Seeler, falava de uma *procuração tácita* – colocando a expressão entre aspas – por força da aparência jurídica, para designar hipóteses hoje enquadráveis na procuração tolerada.

[1715] Para esta corrente de opinião existiria assim uma noção ampla de *Scheinvollmacht* (procuração aparente em sentido lato) na qual se integraria a procuração tolerada e a *Anscheinsvollmacht* (procuração aparente em sentido restrito). A diferença entre a procuração tolerada e a *Anscheinsvollmacht* residiria na circunstância, já antes referida no texto, de na primeira o dono do negócio conhecer o comportamento do «representante» sem a ele se opor; enquanto na segunda o principal desconhece a actuação do «procurador» mas, caso tivesse actuado com a diligência devida, teria tido conhecimento de tal actuação.

[1716] Já se vê que esta polémica anda de braço dado com aquela outra consistente em saber como se deve distinguir a procuração tácita da procuração tolerada. Na verdade, para quem encontra na *procuratio* tolerada um fundamento negocial não há qualquer distinção entre procuração tolerada e procuração tácita. O problema da distinção entre as duas figuras só se põe, assim, para quem veja na *Duldungsvollmacht* uma hipótese de tutela da aparência destinada a salvaguardar a boa fé de terceiros. Pela nossa parte, julgamos corresponder a melhor doutrina precisamente àquela favorável ao enquadramento do poder representativo tolerado no âmbito da representação aparente; *ergo* como algo de bem distinto da procuração tácita na qual não se trata já de concluir, perante a atitude do *dominus*, ter este anteriormente, e por acto seu, atribuído poderes de representação ao «representado» – sem que isso tenha, no entanto acontecido – mas sim de descobrir na atitude do representado uma verdadeira outorga de poderes. Julgamos, por isso, pertinente a afirmação proferida por Canaris, *Bewegliches...*, in *Das bewegliche...*, pp. 108 e 109, quando escreve – num passo ao qual se bem vimos, Paulo Mota Pinto, *Declaração...*, pp. 114, 115 e nota (112) parece aderir também – que o entendimento segundo o qual a procuração tolerada corresponde a uma *procuratio* negocial constitui um lapso difícil de eliminar. Mesmo se se admitisse a total irrelevância de um erro sobre a concludência dos factos a partir dos quais se infere a vontade declarativa – posição a qual, e como refere Paulo Mota Pinto, *Aparência de poderes de representação...*, in *Boletim...*, Vol. LXIX, pp. 629 e 630, de forma alguma pode ser considerada liquída – é ainda possível, em muitos casos, não existir sequer consciência, por parte do pseudo--representado, de emitir uma declaração negocial. Ora esta é, consabidamente, para o nosso direito um requisito da própria existência da referida declaração, não sendo suficiente, como defende certa doutrina tudesca, a simples imputação ao declarante de um determinado comportamento. Além disso, frequentemente, a lei exige para a *procuratio* a observância de certa forma e, destarte, torna inviável o recurso à procuração tácita para explicar a aparência de poderes de representação. Para mais detalhes no sentido da aproximação ou distinção entre a outorga tácita de poderes representativos e a procuração tolerada pode ver-se, para além dos autores citados *supra* e *infra* ao longo do presente capítulo, Hermann Krause, *Schweigen...*, pp. 22 e ss., considerando-a como uma hipótese de aparência jurídica; Canaris, *Vertrauenshaftung...*, pp. 40 e ss., e 191 e ss.; Von Craushaar, *Die Bedeutung...*, in *Archiv...*, 174, p. 4; e Larenz-Wolf, *Allgemeiner...*, p. 926; Bork, *Allgemeiner...*, pp. 567 e ss. e, entre a doutrina italiana, com simples carácter indicativo, Patti, *Profili della tolleranza...*, pp. 144 e ss.. Entre nós, v. – para além das referências já feitas, na antepenúltima nota antes desta, a Durval Ferreira, Carlos Alberto Mota Pinto, Carlos Barata, Raúl Guichard, Alves Pinto Monteiro e Helena Brito – Menezes Cordeiro, *Da boa fé...*, II, p. 1245, Helena Brito, *O contrato de agência*, in *Novas Perspectivas do Direito Comercial*, Coimbra, 1988, pp. 128, mas procedendo apenas a um confronto entre a procuração tácita e a representação aparente; Paulo Mota Pinto, *Aparência de poderes de representação...*, in *Boletim...*, Vol. LXIX, pp. 629 e 630, onde se destaca a importância do artigo 246.º do Código Civil no sentido do afastamento da compreensão da procuração tolerada como uma *procuratio* tácita; Oliveira Ascensão e Carneiro da Frada, *Contrato...*, pp. 56 e 57; e Raúl Guichard Alves, *O instituto...*, in *Juris...*, pp. 225 e 226. A questão que se pode colocar é se há espaço no nosso direito para falar em procuração tolerada. Adiante ofereceremos uma resposta a esta interrogação.

[1717] Estas são de facto as duas correntes de opinião dominantes no tocante ao enquadramento dogmático da procuração tolerada. Outras teses existem, todavia, às quais merece a pena fazer referência. Schlossmann, *Die Lehre von der Stellvertretung...*, II, pp. 497 e ss., maxime p. 503, por exemplo, reprovava a noção de procuração tácita (com a qual ao tempo, e conforme se referiu, se confundia [mais do que hoje] a procuração tolerada e num fenómeno que contagiou o Professor de Kiel) porquanto ela seria um conceito confuso e pouco claro, insusceptível, em muitos dos seus aspectos, de se deixar determinar. Porém, o autor propugnaria, em certas circunstâncias, e atendendo aos interesses do tráfego jurídico, o desenvolvimento ou aumento da força probatória de certos factos de forma a excluir a possibilidade de contraprova face a terceiros de boa fé. Nestes termos, e afinal, a posição de Schlossmann acaba por redundar em algo de muito próximo de um reconhecimento efectivo da procuração tolerada (no sentido segundo o qual é, no fundo, esse o resultado prático da posição do Professor de Kiel pode ver-se, Krause, *Schweigen...*, p. 34, nota 117), e em moldes semelhantes aos propugnados pelos defensores da *Rechtsscheintheorie*. Apontada ora como recondutível às posições favoráveis ao carácter negocial da procuração tolerada (assim, se bem vimos, Menezes Cordeiro, *Da boa fé...*, II, p. 1245, nota (147); e Helena Brito, *A representação...*, p. 126, nota (121)), ora como muito próximo da *Rechtsscheintheorie* (cfr. Bader, *Duldungs- und Anscheinsvollmacht...*, p. 104, o qual afirma expressamente como o ponto de partida de Von Craushaar se aproxima das teses que reconduzem a procuração tolerada a uma manifestação de relevância jurídica da aparência. Bader acaba, contudo, por considerar a posição de Von Craushaar como insusceptível de ser enquadrada, de forma pura e simples, em qualquer das duas grandes correntes de opinião acerca da natureza da *Duldungsvollmacht*) julgamos merecer também alguma autonomia, ao menos parcial, a construção de Von Craushaar, *Die Bedeutung...*, in *Archiv...*, 174, pp. 1 e ss.. Segundo Von Craushaar a declaração de vontade configura-se, antes mais, como um instrumento de protecção da confiança. A consciência na declaração essa não se afiguraria requisito para a vinculação do declarante. Quando, e na medida em que na esfera de risco e poder do declarante, se assiste a um *Tatbestand* objectivo qual se configura para o receptor como uma segura base de confiança, imputa-se àquele por ela responsável o respectivo sentido declarativo objectivo. A base para essa imputação residiria, segundo Von Craushaar, na circunstância de, com a criação de um objectivo *Tatbestand* declarativo, a confiança no tráfego negocial ser colocada em perigo. O carácter vinculativo deste *Tatbestand* não implica, todavia, como consequência, ficar o declaratário sempre, e de forma definitiva, preso aos respectivos efeitos. Na verdade, e para o autor tudesco, assistir-se-ia primeiro a uma imputação provisória a qual poderia ser desfeita através de impugnação e que, no fundo, conduziria à obrigação de indemnizar o dano de confiança. Frente a esta verificar-se-ia, ainda, uma imputação definitiva, insusceptível de ser posta em crise. Ela seria de aceitar quando se estivesse diante de uma situação de confiança particularmente significativa, e, portanto, perante um caso de especial necessidade de tutela do confiante. Estes pontos de vista são, antes de mais, aplicados por Von Craushaar aos §§ 170 e seguintes, exigindo ele, em virtude da ideia de protecção da confiança, para os §§ 171 e 172, a boa fé do terceiro. Mas eles são também transpostos para o domínio da procuração tolerada. Por se tratar de uma aparência de procuração a confiança do terceiro só será protegida nos casos que a reclamem. A imputação da procuração ao *dominus* resultaria, não do conhecimento ou da culpa deste, mas do perigo causado à confiança. Perigo especialmente agravado quando o dono do negócio se serve, para seu proveito próprio, de auxiliares. Por isso em caso de procuração tolerada estar-se-ia perante uma hipótese de imputação definitiva (para uma crítica aos pressupostos gerais subjacentes às posições expressas por Von Craushaar e designadamente à recondução por ele operada da autonomia privada à protecção da confiança pode ver-se, Canaris, *Vertrauenshaftung...*, p. 415; Köngden, *Selbstbindung...*, pp. 99 e ss.; e entre nós, Pedro Múrias, *Representação...*, pp. 14 e 15). Uma outra corrente de opinião, a qual granjearia alguns defensores mas não lograria, todavia, impor-se (cfr., as críticas, a ela movidas, designadamente, por Krause, *Schweigen...*, pp. 37 e 38 e nota (136); Macris, *Die stillschweigende...*, pp. 49 e ss.; e Bader, *Duldungs- und Anscheinsvollmacht...*, pp. 90, onde o autor refere, precisamente, a incapacidade demonstrada por esta construção para se impor na doutrina e na jurisprudência) consiste em tentar fundar a procuração tolerada na *cic*. Numa perspectiva diversa, Schubert, *Anscheinsvollmacht...*, pp. 97 e 98 (cfr., porém, *op. cit.*, p. 159), parece ver na procuração tolerada – e como consequência da posição por ele adoptada acerca do conceito de automomia privada – uma hipótese de comportamento declarativo de natureza não negocial mas, ainda assim, assente na ideia de autonomia da vontade. Posição semelhante é a de Hans-Martin Pawlowski, *Die gewillkürte Stellvertretung. Eine juristische Entedeckung...*, in *Juristen...*, ano 51, 3, pp. 127 e ss.. Pawlowski vê na procuração negocial uma simples forma de legitimação, a qual constitui uma base de confiança a permitir o assentar do investimento do terceiro. Nestes termos, não faz, segundo ele, qualquer sentido distinguir entre procuração negocial e *Scheinvollmachten*. Até porque, de acordo com o jurista alemão, a autonomia da vontade não andaria necessariamente ligada à autodeterminação. Antes ela representaria a competência dos sujeitos de direito para, reciprocamente e de forma auto-responsável, configurarem as suas próprias relações. Seria, assim, possível conceber uma série de casos de declarações de vontade nos quais faltaria a consciência da declaração. Por isso, e na opinião de Pawlowski, apenas haveria uma procuração de natureza negocial e não três figuras distintas: *procuratio*, *Duldungsvollmacht* (a integrar na *Scheinvollmacht*) e *Anscheinsvollmacht*. Esta constatação não impede, todavia, Pawlowski de concluir no sentido segundo o qual, naqueles casos em que a produção dos efeitos representativos se explica pela necessidade de tutelar a confiança do *tertius*, a contraparte no negócio representativo pode renunciar à protecção da confiança que lhe é assegurada pelo legislador, ao contrário de quanto sucede normalmente nas hipóteses de vinculação negocial (sobre esta questão da possibilidade de renúncia à protecção da confiança v., *infra* quanto se escreve no presente capítulo). Por seu turno,

As diferenças de opinião acentuam-se ainda mais profundamente quando se passa para a *Anscheinsvollmacht* [1718]. Autores há os quais recusam a respectiva autonomia[1719]. Outros aceitam-na. Entre estes últimos discute-se veementemente quer o âmbito do respectivo reconhecimento[1720,] quer o fundamento

Bader, *Duldungs- und Anscheinsvollmacht...*, pp. 168 e ss., e 193, não obstante ser por vezes apontado como defensor da *Rechtsscheintheorie* (cfr. por exemplo Helena Brito, *A representação*..., p. 126, nota (122)) considera que a procuração tolerada assenta numa aplicação analógica dos §§ 171, I, 172, I, 173 do *BGB*, e § 54, III, do *HGB*, e se traduz numa forma de manifestação, autonomamente conformada e configurada por lei, de uma procuração através de notificação. A *Duldungsvollmacht* não seria, assim, nem *procuratio* de natureza negocial nem poder aparente.

[1718] A este respeito cfr., entre nós, a síntese levada a cabo por Helena Brito, *A representação*..., pp. 126 e 127. Alguns autores como por exemplo Menezes Cordeiro e Paulo Mota Pinto utilizam a expressão «procuração aparente» para se referirem à *Anscheinsvollmacht*. Porém, não encontramos razão para não utilizar igualmente aquela terminologia para referir as hipóteses de procuração tolerada, os casos de tutela de terceiros ao abrigo do artigo 266.º do Código Civil, ou de abuso de direito na invocação da ausência dos poderes de representação. Em todos eles haverá, senão sempre, pelo menos em regra uma procuração aparente a qual, juntamente com outros requisitos, pode dar lugar à protecção do *tertius* que acreditou nos poderes aparentes. Julgamos, por isso, preferível, depois de explicado em que consiste o conceito, utilizar pura e simplesmente o termo *Anscheinsvollmacht*. Em alternativa, poderá lançar-se mão de uma outra expressão usada, também, por Paulo Mota Pinto, para se referir à *Anscheinsvollmacht*, «procuração por aparência», a qual se distinguiria assim de procuração aparente ou representação aparente, estas últimas utilizadas com um alcance mais amplo do que o atribuído à *procuratio* por aparência.

[1719] É, por exemplo, esse o caso de Bader, *Duldungs- und Anscheinsvollmacht...*, pp. 199 e 200; e Flume, *Allgemeiner...*, II, *Das Rechtsgeschäft...*, pp. 808 e 809, e 832 e ss., autores para quem as questões subjacentes à *Anscheinsvollmacht* devem enquadrar-se na problemática da *culpa in contrahendo*. Cfr., também, Schubert, *Anscheinsvollmacht...*, pp. 101 e ss., e 162 e ss.; Bienert, *Anscheinsvollmacht...*, pp. 105 e ss. (*Apud* Martina Schwonke, *Verkehrsschutz...*, p. 191), segundo o qual o princípio da protecção da confiança não existe, ficando o «representado» que tenha criado a impressão de ter concedido um poder a um procurador responsável de acordo com o § 823 do *BGB* por violação do direito absoluto do terceiro à liberdade de decisão; e F. Peters, *Zur Geltungsgrundlage...*, in *Archiv...*, 179, pp. 214, 232 e ss.. Este autor recusa a ideia de *Anscheinsvollmacht*, entendida nos moldes tradicionais, por considerar que esta consiste numa simples procuração por negligência para a qual falta o necessário fundamento. De acordo com o escritor tudesco, nos casos tradicionalmente considerados como capazes de darem origem a uma *Anscheinsvollmacht*, o representante actua sem poderes e, destarte, o negócio é ineficaz. No entanto, e verificados determinados pressupostos – na prática idênticos aos exigidos pela jurisprudência para a *Anscheinsvollmacht* – o dono do negócio ficaria obrigado a ratificar o negócio. Este dever de ratificação surgiria por força do § 826 do *BGB*. Finalmente, contra a valia da figura da *Anscheinsvollmacht* v., Lobinger, *Rechstgeschäftliche...*, pp. 256 e ss..

[1720] No sentido segundo o qual a *Anscheinsvollmacht* teria a natureza de um instituto geral pode ver-se (ao nível da jurisprudência cfr., a título meramente exemplificativo, de entre as referências já anteriormente feitas, *Bundesgerichtshof, 10. März 1953*, in *Monatsschrift für deutsches Recht*, 1953, 7, pp. 345 e 346), por exemplo, Macris, *Die stillschweigende...*, pp. 200 e ss.; Fikentscher, *Scheinvollmacht...*, in *Archiv...*, 154, pp. 5 e 6.; Barbara Tochtermann, *Die Anscheinsvollmacht im deutschen...*, p. 141; Von Craushaar, *Die Bedeutung...*, in *Archiv...*, 174, p. 22; Enneccerus-Nipperdey, *Allgemeiner Teil...*, I, II, p. 1133; Horst-Heinrich Hitzemann, *Stellvertretung...*, pp. 80 e ss.; Tempel, *Stellvertretung...*, in *Grundlagen...*, pp. 233 e 234 (implicitamente); Steffen, *BGB-RGRK*, cit., I, comentário ao § 167, p. 80; se bem vimos, Soergel-Leptien, *Bürgerliches...*, I, comentário ao § 167, pp. 1325 e 1329 (mas v., *op. cit.* p. 1319); Id., *Idem*, 13.ª ed., comentário ao § 167, pp. 597 e 601

jurídico no qual se alicerçaria[1721], quer ainda, o critério de imputação dos efeitos do negócio representativo aparente ao *dominus*[1722], quer, finalmente, os

---

(mas v., p. 603); Martina Schwonke, *Verkehrsschutz...*, p. 192; Schramm, *Münchener...*, I, comentário ao § 167, 1461; Id., *Idem*, 4.ª ed., comentário ao § 167, p. 1712, onde o autor admite a aplicação da *Anscheinsvollmacht* a pessoas colectivas de direito público numa conclusão que atentas algumas das razões invocadas para a construção da *Anscheinsvollmacht* poderá não ser totalmente despropositada; Joost, *Grosskommentar...*, comentário prévio ao § 48, pp. 319 e 320; Staudinger-Schilken, *Kommentar...*, I, comentário ao § 167, p. 83 (cfr., porém, *op. cit.*, p. 81); Erman-Palm, *Bürgerliches...*, I, comentário ao § 167, p. 496; Palandt-Heinrichs, *Bürgerliches...*, comentário ao § 173, p. 172. Em direcção oposta, na defesa da posição de acordo com a qual a *Anscheinsvollmacht* não teria valia genérica circunscrevendo-se, quando muito, ao campo do direito comercial, pode ver-se, entre outros, Canaris, *Vertrauenshaftung...*, pp. 48 e ss. e 193, o qual, todavia, deixa a porta aberta para a aplicação da *Anscheinsvollmacht* ao direito civil em situações nas quais se depara, apesar de tudo, uma organização empresarial; Litterer, *Vertragsfolgen...*, p. 144; Larenz, *Allgemeiner Teil...*, pp. 639 e 640; Medicus, *Allgemeiner...*, pp. 365 e 366, para quem e, todavia, fora do contexto mercantil, o representado pode responder pelo interesse negativo; Id., *Idem*, 7.ª ed., p. 372; Id., *Bürgerliches...*, pp. 63 e ss..

[1721] Helena Brito, *A representação...*, p. 127, nota (126), procede a uma distinção entre as posições assumidas pelos diversos autores tudescos em função de várias categorias por ela referenciadas. Assim e e segundo a autora: a) para alguns, a *Anscheinsvollmacht* corresponderia a uma situação de responsabilidade pela aparência; b) de acordo com outros, tratar-se-ia de uma hipótese de responsabilidade pela confiança; c) em função de uma outra orientação este tipo de procuração teria um fundamento misto de aparência e confiança; d) não faltaria, também, quem se manifestasse a favor da ideia de que a *Anscheinsvollmacht* representaria uma hipótese de proibição de *venire contra factum proprium*, sendo esse o seu fundamento autónomo; e) quem considerasse tratar-se de uma responsabilidade pela violação de deveres de cuidado ou de vigilância; f) ou até de uma figura com fundamento negocial à qual se aplicaria por analogia o disposto nos §§ 171 e ss. do *BGB* e 56 do *HGB* (como é, por exemplo o caso de Von Craushaar). Não podemos, no entanto, e com o devido respeito, acompanhar a classificação estabelecida por Helena Brito. Não nos parece, designadamente, possível estabelecer, em particular nos específicos moldes em que é realizada, a rígida distinção encetada pela autora no sentido de se separar os juristas alemães consoante busquem para a *Anscheinsvollmacht* um fundamento de confiança; um fundamento na aparência ou um fundamento misto (ainda assim cfr., Von Craushaar, *Die Bedeutung...*, in *Archiv...*, 174, p. 4, nota 5. V., também, quanto escreve Carneiro da Frada, *Teoria da confiança...*, p. 39 nota (41)). Parece-nos, na verdade, e antes de mais, que alguns dos autores a terem de ser, realmente, enquadrados ou sujeitos a etiquetas assentes na distinção confiança/aparência/fundamento misto deveriam incluir-se em categorias distintas daquelas nas quais foram integrados pela distinta jurista (é o caso, designadamente, de Steffen, *BGB – RGRK*, cit., I, comentário, ao § 167, p. 76, onde o autor, depois de ter usado, de forma ampla, a expressão «procuração por força da aparência jurídica» acaba por escrever de modo claro consistir a *Anscheinsvollmacht*, à semelhança do verificado com a *Duldungsvollmacht*, num caso de responsabilidade pela confiança. Apenas no comentário ao § 171, p. 97, do *BGB*, e se se não tivesse presente quanto o autor escrevera já antes no local por nós citado, poderia haver alguma tentação para incluir Steffen entre uma hipotética corrente de opinião de acordo com a qual a *Anscheinsvollmacht* seria uma decorrência directa da simples aparência jurídica. Isto porquanto o jurista alemão afirma na anotação ao § 171 serem a *Duldung* e a *Anscheinsvollmacht* manifestações de uma responsabilidade pela aparência jurídica. Steffen usa assim indiscriminadamente as duas fórmulas para designar o fundamento da *Anscheinsvollmacht*. Mas outros exemplos de autores a merecerem, porventura, um enquadramento diverso do atribuído por Helena Brito poderiam, ainda, e a nosso ver, ser referidos. Veja-se, para se mencionar apenas mais uma vez, por exemplo, Schramm, *Münchener...*, I, comentário ao § 167, pp. 1457 e ss. [Id.,

Idem, 4.ª ed., comentário ao § 167, pp. 1708 e ss.] considerado pela autora em referência como um defensor da ideia de acordo com a qual o fundamento da *Anscheinsvollmacht* seria um misto de confiança e de aparência, mas, claramente inserido – a nosso ver de forma correcta, por Staudinger-Schilken, *Kommentar*..., I, comentário ao § 167, p. 82, entre quantos reconduzem esta forma de *procuratio* a uma manifestação da responsabilidade pela confiança). Parece-nos, entretanto, e tal como notado a propósito da procuração tolerada, não ser mesmo, e por vezes, claro, ou sequer possível, a determinação de qual a tese efectivamente defendida por cada um dos escritores ou juristas alemães apontados ora como defensores da teoria da aparência ora como adeptos da ideia de confiança, enquanto fundamento da *Anscheinsvollmacht*, por não fornecerem eles, com frequência, elementos suficientes para permitir o respectivo enquadramento numa qualquer tentativa de rigorosa catalogação. Além disso, os pontos de contacto entre as duas correntes de opinião – confiança e aparência – permitem englobá-las, também aqui, e tal como feito no âmbito da *Duldungsvollmacht* num conceito amplo de teoria da aparência jurídica. Neste contexto, parece-nos mesmo extremamente complicado o esforço levado a cabo por Helena Brito no sentido de autonomizar uma posição que procura fundar a procuração aparente num misto de aparência jurídica e confiança. Da mesma forma não nos parece que a fundamentação da *Anscheinsvollmacht* no *venire contra factum proprium* represente uma verdadeira alternativa à orientação segundo a qual essa figura assentaria na responsabilidade pela confiança (acerca do enquadramento dogmático a dar à figura do *vcfp* pode ver-se, por todos, Menezes Cordeiro, *Da boa fé*..., II, pp. 744 e ss., maxime pp. 752 e ss.; Baptista Machado, *Tutela*..., in *Obra*..., I, pp. 384 e ss.; Carneiro da Frada, *Teoria da confiança*..., pp. 41, nota (41), 314 e ss. [v., também, Oliveira Ascensão, *Teoria*..., IV, pp. 270 e 271 mas numa linha diversa] e na literatura jurídica alemã Canaris, *Vertrauenshaftung*..., pp. 287 e ss. [cfr., porém, quanto o autor escreve a pp. 528 e 529 e nota (17), onde apesar de se não negar a existência de um parentesco entre ambas as figuras, por radicarem as duas no princípio da confiança, se reconhece, alguma diferença entre a responsabilidade pela aparência e a proibição de *vcfp*]. V., também, Reihhardt Singer, *Das Verbot widersprüchlichen Verhaltens*, Munique, 1993, pp. 47 e 48; e Paulo Mota Pinto, *Aparência de poderes de representação*..., in *Boletim*...,Vol. LXIX, pp. 636 e 637, o qual, se bem vimos, parece proceder a uma aproximação entre a procuração aparente [na forma da procuração tolerada] e a proibição de *vcfp* sem, todavia, deixar de afirmar não desconhecer a existência de diferenças entre ambas as figuras. Sobre isto v., ainda *infra* em nota). Aliás, o próprio Gotthardt, *Der Vertrauensschutz bei der Anscheinsvollmacht*..., p. 123 (cfr., *op. cit.*, também, p. 176), recenseado por Helena Brito como defensor da tese de acordo com a qual a *Anscheinsvollmacht* corresponderia a uma hipótese de *vcfp*, aponta – como, de resto, se pode deduzir logo a partir do título da obra – para a inclusão do *venire* entre as hipóteses de protecção da confiança. Também não nos parece ser a classificação levada a cabo por Helena Brito exaustiva. Na verdade, a Ilustre Professora não refere aquelas posições para as quais a base da *Anscheinsvollmacht* seria de procurar, com algum outro fundamento concorrente, ou não, no âmbito de um direito consuetudinário de origem jurisprudencial. Do mesmo modo, não aparece nenhuma referência àqueles para quem a *Anscheinsvollmacht* seria, afinal, uma procuração legal decorrente, directa ou indirectamente, do regime estabelecido nos §§ 170 e ss. do *BGB* ou do § 56 do *HBG*. Finalmente, autores há que, embora possam ser integrados numa mesma corrente de opinião, em sentido amplo, acerca da natureza da procuração aparente, seguem caminhos frequentemente distintos, por vezes mesmo opostos, para alicerçar a referida natureza; assim como se encontram hipóteses de juristas os quais partilham os mesmos pontos de vista acerca da imediata fundamentação da *Anscheinsvollmacht* para, depois, chegarem a resultados diversos quando se trata de proceder à qualificação dogmática daquela figura. Parece, por isso, se não quase uma fatalidade, ao menos preferível, se – como nos parece correcto, não se quiser alargar, para além de determinado ponto, a exposição acerca de quais as particularíssimas e muito específicas vias seguidas e exploradas pelos autores tudescos no sentido de fundarem a *Anscheinsvollmacht* – a opção no sentido de se renunciar ao estabelecimento de uma classificação rigorosa das teses defendidas por cada um dos juristas alemães que se ocuparam com a tentativa de explicação do conceito ou figura agora em referência (recusando-se mesmo a entrar no debate acerca de qual a precisa fundamentação da *Anscheinsvollmacht* pode ver-se, no direito alemão, por exemplo, Martina Schwonke, *Verkehrsschutz...*, p. 190, a qual se limita a abordar as teses contrárias à admissibilidade ou autonomia da figura agora em referência). Ainda assim, e para uma análise tão próxima quanto possível dos vários enquadramentos propostos para a *Anscheinsvollmacht*, pode ver-se, de entre a bibliografia, por nós considerada – e, para além, quer das referências já feitas nesta nota a Gotthardt, Canaris, Steffen, Schramm e Staudinger-Schilken, quer, ainda, das menções a Bader, Flume, Bienert e F. Peters já anteriormente feitas – Wellspacher, *Das Vertrauen...*, pp. 100 e 101; Krause, *Schweigen...*, pp. 144 e ss., e 155; Macris, *Die stillschweigende...*, pp. 200 e ss.; Enneccerus-Nipperdey, *Allgemeiner Teil...*, I, II, pp. 1132 e ss.; Kiesel, *Stellvertretung...*, pp. 14 e 14 a; Hitzemann, *Stellvertretung...*, pp. 78 e ss.; Schubert, *Anscheinsvollmacht...*, pp. 101 e ss., 142 e ss., e 151 e ss.; Waldeyer, *Vertrauenshaftung...*, pp. 70 e ss.; Schall, *Die Anscheinsvollmacht...*, pp. 3 e 11 e ss.; Von Craushaar, *Die Bedeutung...*, in *Archiv...*, 174, pp. 3 e 17 e ss.; Lüderitz, *Prinzipien...*, in *Juristische...*, pp. 769 e ss.; Litterer, *Vertragsfolgen...*, pp. 141 e ss.; Georg Crezelius, *Zu den Rechtswirkungen...*, in *ZIP...*, 1984, 5, 2, pp. 791 e ss.; Larenz, *Allgemeiner Teil...*, pp. 639 e ss.; Soergel-Leptien, *Bürgerliches...*, I, comentário ao § 167, pp. 1325 e ss.; Id., *Idem*, 13.ª ed., comentário ao § 167, 596 e ss.; Hans Wieling, *Duldungs-...*, in *Juristische...*, 1991, 23, pp. 222 e ss.; Medicus, *Allgemeiner...*, pp. 364 e ss.; Id., *Idem*, pp. 371 e 372; Id., *Bürgerliches...*, pp. 63 e ss.; Pawlowski, *Die gewillkürte Stellvertretung...*, in *Juristen...*, 51, 3, 1996, pp. 127 e ss.; Hübner, *Allgemeiner...*, pp. 532 e ss.; Erman-Palm, *Bürgerliches...*, I comentário ao § 167, pp. 496 e ss.; Joachim Gernhuber e Barbara Grunewald, *Bürgerliches Recht*, 4.ª ed., Munique, 1998, pp. 33 e ss. 77 e ss.; Brox, *Allgemeiner...*, pp. 248, maxime, p. 250, Palandt-Heinrichs, *Bürgerliches...*, comentário ao § 173, pp. 172 e 173. Uma tentativa de classificação das várias teses que não apenas na Alemanha, mas um pouco por toda a parte, têm procurado oferecer um enquadramento dogmático para o fenómeno global da representação aparente é encetada, ainda entre nós, por Rui Ataíde, *A responsabilidade...*, pp. 106 e ss., 116 e ss., o qual distingue, a este propósito, entre teses circulares e teses institucionais. As teses circulares seriam as desenvolvidas basicamente em torno do próprio conceito de «aparência» com o aditamento de outros elementos como por exemplo o recurso à culpa ou à noção de mandato. As teses institucionais, alheando-se da ideia de aparência, enveredariam pela investigação dos diversos institutos jurídicos os quais, animados pela boa fé, poderiam dispensar uma protecção segura aos valores postos em causa pela factualidade subjacente à representação aparente.

    [1722] Em favor da ideia segundo a qual a imputação se faria com base num *Risikoprinzip* (princípio do risco) – embora, depois, possa não haver unanimidade quanto aos exactos contornos assumidos pelo referido princípio – pode ver-se, Von Craushaar, *Die Bedeutung...*, in *Archiv...*, 174, pp. 21 e ss., designadamente p. 24; Steffen, *BGB-RGRK*, cit., I, comentário ao § 167, p. 76; Canaris, *Vertrauenshaftung...*, pp. 476 e ss. e 479 e ss., autor que repudia, aliás, na parte geral da sua obra, e portanto com um alcance genérico a ultrapassar claramente o contexto específico da *Anscheinsvollmacht* (especificamente acerca do critério de imputação da *Anscheinsvollmacht*, v. na obra de Canaris, *Vertrauenshaftung...*, pp. 194 e ss.), a possibilidade de se encontrar no *Verschuldensprinzip* (princípio da culpa) ou no *Veranlassungsprinzip* (expressão traduzida quer por Guichard Alves, *O instituto...*, in *Juris...*, p. 228; quer por Helena Brito, *A representação...*, p. 127, nota (127), por princípio da causalidade. Julgamos todavia preferível, por uma questão de rigor terminológico, usar a expressão «princípio da causação» ou da causa – mas entendida como mero propiciar) uma resposta adequada para o problema da imputação da aparência jurídica e da responsabilidade pela

efeitos que lhe correspondem[1723] ou a possibilidade da respectiva impugnação devido à ocorrência de um vício na criação do facto confiável ou aparente[1724].

A par da procuração tolerada e da procuração por aparência (*Anscheinsvollmacht*) admite-se, ainda, a vinculação do principal pelos actos do falso representante quando a alegação da ineficácia do negócio representativo possa representar uma hipótese de *venire contra factum proprium*[1725]. Além disso, e num fenómeno por nós já diversas vezes assinalado, quando a atribuição dos poderes de representação está ligada, segundo as concepções do tráfego, à concessão de determinada posição admite-se estar-se, em regra, na presença de uma comunicação concludente segundo a qual teria sido concedida uma procuração ao proposto. Naqueles casos nos quais isso não aconteceu, de facto, e o proposto não goza de quaisquer poderes, depara-se com uma *Scheinvollmacht* (procuração aparente)[1726]. Finalmente não faltam autores para quem o regime do § 170, em particular os §§ 171, I, e o 172, I, e seguintes do *BGB* mais não são do que

---

confiança (cfr., ainda assim, quanto o autor escreve acerca da valia do *Verschuldensprinzip* no contexto da responsabilidade pela confiança por força de necessidade ético-jurídica). Muito próxima da ideia de risco, mas fazendo intervir, subsidiariamente, o critério da culpa, é a posição de Schramm, *Münchener...*, I, comentário ao § 167, p. 1458; Id., *Idem*, 4.ª ed., comentário ao parágrafo 167, pp. 1709 e ss., para quem o critério da imputação da aparência de representação reside, essencialmente, na respondência por falhas ou defeitos de organização por parte do representado aparente (não nos parece correcto o enquadramento, realizado por Helena Brito, *A representação...*, p. 127, nota (127), deste jurista entre os adeptos do *Verschuldensprinnzip*). Por seu turno, Bork, *Allgemeiner...*, pp. 563, 568, 571 e 572, aceita o *Veranlassungsprinzip* enquanto suporte para a imputação dos efeitos aparentes decorrentes dos §§ 170 e seguintes do *BGB* e da procuração tolerada mas assenta as consequências da *Anscheinsvollmacht* na ideia de esferas de risco. Em defesa do *Veranlassungsprinzip* pode ver-se, Enneccerus-Nipperdey, *Allgemeiner Teil...*, I, II, pp. 11333 e 1134; Hitzemann, *Stellvertretung...*, pp. 81 e 82 (v., todavia, quanto escreve o autor, *op. cit.*, na nota (17), p. 82). Finalmente, a favor do *Verschuldensprinzip* v., sempre a título exemplificativo, Soergel-Leptien, *Bürgerliches...*, I, comentário ao § 167, p. 1328; Id., *Idem*, 13.ª ed., comentário ao § 167, p. 599; Staudinger-Schilken, *Kommentar...*, I, comentário ao § 167, pp. 84 e 85, com indicações. Esta última orientação parece gozar também do favor da jurisprudência. Assim cfr., com carácter meramente indicativo, o chamado caso Toto resolvido pelo *Bundesgerichtshof, I Zivilsenat, 12. Februar 1952*, in *Entscheidungen des Bundesgerichtshofes, Zivilsachen*, 1952, 5, pp. 113 e ss. e 116; e a decisão do *Bundesgerichtshof, 27. September 1956*, in *Lindenmaier-Möhring, Nachsschlagewerk des Bundesgerichtshofes*, § 167, n.º 9.

[1723] No sentido segundo o qual o efeito de uma procuração aparente é equivalente ao de uma verdadeira procuração e, destarte, na defesa da ideia de que o representado fica vinculado ao efeito do negócio representativo posto pelo representante aparente pode ver-se, Steffen, *BGB-RGRK*, cit., I, comentário § 167, p. 80.

[1724] Para um quadro acerca da controvérsia existente a este respeito pode ver-se, entre outros, Schubert, *Anscheinsvollmacht...*, pp. 119 e ss.; Canaris, *Vertrauenshaftung...*, pp. 35 e ss., 43, e 109 e ss.; Steffen, *BGB-RGRK*, cit., I, comentário ao § 167, pp. 80 e 81, e 89; Flume, *Allgemeiner...*, II, *Das Rechtsgeschäft...*, p. 826; Stüsser, *Die Anfechtung der Vollmacht...*, pp. 133 e ss. e 204; Soergel-Leptien, *Bürgerliches...*, I, comentário ao § 167, p. 1328; Id., *Idem*, 13.ª ed., comentário ao § 167, pp. 599 e 600; Staudinger-Schilken, *Kommentar...*, I, comentário ao § 167, p. 86.

[1725] Cfr., por todos, Canaris, *Vertrauenshaftung...*, pp. 311 e ss..

[1726] Assim, Canaris, *Die Vertrauenshaftung...*, pp. 46 e 47. Cfr., também, quanto escreve a este respeito Martina Schwonke, *Verkehrsschutz...*, pp. 144, e bibliografia aí citada.

hipóteses legalmente consagradas de forma clara de relevância da representação aparente[1727].

Em França o recurso à noção de mandato aparente foi admitido, a partir de muito cedo, naquelas hipóteses em que tinha sido uma *faute*[1728] do representado a criar a aparência[1729]. Na verdade, considerou-se que se o mandante, por negligência, não permitisse o conhecimento exacto dos limites dos poderes conferidos ao seu auxiliar ou consentisse que alguém se apresentasse, perante outrem, como seu mandatário, estaria a praticar um acto ilícito capaz de o tornar responsável pelos danos e perdas daí resultantes para o terceiro de boa fé ou mesmo susceptível de o obrigar ao cumprimento dos compromissos assumidos pelo falso representante.

A melhor forma de reparar os prejuízos sofridos pelo terceiro seria a vinculação do *dominus* aos efeitos do acto celebrado pelo mandatário aparente. Em particular no caso de excesso de poderes a jurisprudência considerou, com base no artigo 1382.º do *Code civil* (preceito no qual o legislador francês consagra a *responsabilité du fait personnel*), que o mandante cometia uma *faute* ao esconder a terceiros os limites impostos aos poderes do mandatário[1730]. Nas hipóteses para as quais o artigo 1382.º do *Code civil* não dava cobertura, apesar de as exigências do tráfego continuarem a impor a tutela de terceiros de boa fé, a jurisprudência recorria ao artigo 1385.º (*responsabilité par le fait des personnes dont on doit répondre*). O mandante deixava, então, de ser responsável por facto próprio para passar a ficar vinculado por facto do seu mandatário. A vantagem, relativamente à solução proporcionada pelo artigo 1382.º, estava na circunstância de não ser necessária a culpa do *dominus*, muitas vezes de prova duvidosa. Numa outra perspectiva mas sempre motivada pela necessidade de se prescindir da culpa do *dominus* os tribunais franceses fariam apelo

---

[1727] V., designadamente, os autores citados *supra*, Parte II, Cap. I, parágrafo 2, III. Por ora cfr. apenas, Wellspacher, *Das Vertrauen...*, pp. 79 e ss.; Seeler, *Vollmacht...*, in *Archiv...*, 28, pp. 1 e ss., e 37 e ss.; e Canaris, *Vertrauenshaftung...*, pp. 32 e ss., e 48. Outras situações frequentemente explicadas com recurso à noção de poder aparente de representação são os casos por nós já tratados (v., *supra*, Parte II, Cap. III) nos quais o terceiro confia na subsistência de poderes de representação entretanto extintos.

[1728] Acerca da noção de *faute* v., Menezes Cordeiro, *Da responsabilidade...*, pp. 428 e ss.. Cfr., também, do mesmo autor, *Privatização da sociedade financeira e vícios ocultos: das pretensões de reparação*, in *A privatização da sociedade financeira portuguesa. Regras sobre reprivatizações, responsabilidade pelo prospecto*, culpa in contrahendo, *vícios ocultos das empresas reprivatizadas*, Lisboa, 1995, pp. 152 e 153.

[1729] Cfr., a título meramente exemplificativo, *Cour de Cassation Civile, 30-12-1935*, in *Recueil Sirey*, 1936, 1, p. 145, com anotação na qual se indicam ulteriores decisões jurisprudenciais no mesmo sentido. V., também, as observações e considerações tecidas pour Jean Hémard, *Ventes Transports et autres contrats commerciaux*, in *Revue Trimestrielle de Droit Commercial*, 1954, pp. 128 e ss., e 135, em torno da decisão da *Chambre Commerciale, 3-3-1953*, num caso cujos contornos correspondem precisamente àqueles que costumam ser apresentados pelos exemplos de escola acerca da procuração aparente.

[1730] Exigia-se, além disso, que o erro no qual o terceiro caiu ao acreditar na aparência, em detrimento da realidade, fosse invencível. Para uma crítica à tentativa de resolver o problema do mandato aparente com base nos artigos 1382.º e 1383.º do *Code civil*, pode ver-se, entre tantos outros, Léauté, *Le mandat apparent...*, in *Revue...*, XLV, pp. 300 e ss..

ao artigo 1384.°, al. 5, do *Code civil* vendo, destarte, o mandato aparente como um caso de responsabilidade por facto de outrem. Exemplo disso é a decisão de Maio de 1940[1731], na qual a *Cour de Cassation* considerou uma sociedade responsável por acto realizado com excesso de poderes do representante, não obstante as limitações se encontrarem publicadas, e, por conseguinte, não lhe poder ser assacada nenhuma *faute*.

A via que consistia em explorar o artigo 1385.°, não obstante os ganhos que parecia trazer consigo, acabou, no entanto, por merecer a crítica da doutrina. Além disso, e na medida em que a responsabilidade derivada do artigo 1385.° do *Code civil* era apenas uma *responsabilité par le fait des personnes dont on doit répondre*, ou se se quiser uma responsabilidade por acto do cooperante, ela pressupunha a efectiva existência de um mandato e apenas se mostrava susceptível de aplicação aos casos de excesso ou abuso de poderes.

E quanto se disse relativamente ao artigo 1385.° valeu igualmente para a tentativa de fundar o mandato aparente no artigo 1384.° do *Code civil*. Também este preceito pressupunha a existência no mandatário aparente de uma dupla qualidade. A de *falsus procurator* e a de proposto. Ora isso nem sempre sucedia[1732].

A partir de 1962 a noção de mandato aparente torna-se completamente autónoma e independente do conceito de *faute*, fosse ela do representante ou do representado. Na verdade, nesse ano, a *Cour de Cassation*, afirmou, numa decisão fundamental para o desenvolvimento no direito francês da noção de mandato aparente, que uma pessoa pode ficar vinculada na base de um *mandat apparent* conquanto a crença do confiante na existência dos poderes do mandante seja legítima[1733]: o *PDG* (Presidente Director-Geral) de um banco havia subscrito em nome da sociedade de que era órgão uma fiança, acto aparentemente situado no âmbito das respectivas competências, mas, no caso concreto, efectivamente fora das atribuições daquele banqueiro. A instituição financeira recusou-se a honrar o compromisso, alegando a necessidade de o acto ser assinado por dois administradores. Para justificar a vinculação do banco, a *Cassation* fundou-se na noção de mandato aparente. O beneficiário da garantia, enganado, pela aparência de poderes de representação por parte do mandatário, julgou, de boa fé, ter-se tornado titular da mesma. Perante semelhante cenário, o tribunal francês considerou que: «*O mandante pode ficar vinculado na base de um mandato aparente, mesmo na ausência duma* faute *susceptível de lhe ser censurada, se a crença do terceiro na extensão dos poderes do mandatário é*

[1731] *Cour de Cassation de 8-5-1940*, in *Juris-Classeur périodique*, 1941, II, 1910 (com anotação discordante de D. Bastian). Na doutrina, Léauté, *Le mandat apparent...*, in *Revue...*, XLV, pp. 303 e ss., proporia para fundamento do mandato aparente primeiro um recurso à responsabilidade do comitente nos termos do artigo 1384.°, § 5, para depois acabar mesmo por prescindir da relação de comissão e admitir uma responsabilidade por outrem *lato senso*. Para mais detalhes acerca da via que consistia em fazer apelo ao regime do artigo 1384.°, cfr., entre outros, Lescot, *Le mandat...*, in *Juris-Classeur...*, 1964, 1826.

[1732] Assim, cfr., designadamente, Lescot, *Le mandat...*, in *Juris-Classeur...*, 1964, p. 1826.

[1733] Abandona-se, portanto, a ideia de invencibilidade do erro.

legítima, este carácter supondo que as circunstâncias autorizavam o terceiro a não verificar os limites exactos desse poder.»[1734, 1735]

A teoria do mandato aparente, enquanto figura dotada de autonomia dogmática, tal como haveria de singrar na doutrina e, fundamentalmente, na jurisprudência francesa, sua principal obreira, encontra, assim, a respectiva origem na necessidade de proteger terceiros nas suas relações com representantes de sociedades. Este desiderato seria, mais tarde, perseguido através do recurso a disposições especiais tomadas aquando das reformas operadas em 1966, no tocante às sociedades comerciais, e 1978 para as sociedades civis[1736, 1737]. Não obstante, o recurso à ideia de mandato aparente, tal como emergiu em 1962 pela mão dos tribunais franceses, não deixa de continuar a ser utilizada regularmente, como expediente ao qual fazem apelo os terceiros que tenham caído em situações nas quais julgavam poder celebrar com um representante um contrato válido e eficaz. O seu interesse continua a ser o de funcionar inclusivamente na ausência de uma *faute*, mesmo se permanecem, de alguma forma, presentes laços ou ligações com a ideia de uma eventual culpa do responsável na criação da situação de aparência.

Em termos gerais, haverá um mandato aparente em todos os casos nos quais se possa dizer que a crença do confiante corresponde ao fruto de um erro legítimo por parte deste último. Para isso suceder é necessária a verificação de três elementos: a existência de uma realidade oculta, uma aparência contrária a essa realidade e o erro cometido de boa fé por parte do terceiro.

No caso objecto da sentença proferida pela *Cassation* em 1962, a realidade oculta era constituída pelas limitações estatutárias, as quais exigiam a assinatura de dois administradores[1738]. A aparência contrária residia na circunstância de o acto realizado pelo presidente do banco caber dentro dos poderes normais da função. Cada mandatário tem uma certa margem de poderes susceptível de ser reduzida pelo contrato ou relação jurídica subjacente – no caso vertente o pacto social – mas sobre a qual os terceiros devem ter a possibilidade de confiar. Quanto aos contornos do erro cometido pelo confiante de boa fé o tribunal não indicou quais devessem ser eles. Na verdade, a *Cassation* limitou-se

---

[1734] *Cour de Cassation, 13-12-1962, Assemblée plénaire,* in *Recueil Dalloz,* 1963, p. 199.

[1735] Para uma breve apreciação da decisão da *Cassation* citada no texto v., por todos, *Recueil Sirey,* 1963, II, p. 199, anotação não assinada; e George Cornu, *Contrats spéciaux,* in *Revue Trimestrielle de Droit Civil,* 1963, pp. 572 e ss..

[1736] Cfr., a este respeito, entre outros, Huet, *Traité de droit civil...,* p. 1033.

[1737] Estes diplomas estabelecem os poderes legais dos titulares dos órgãos sociais enquanto excluem, ao mesmo tempo, a oponibilidade a terceiros das limitações operadas por disposições estatutárias. A respeito da problemática da relevância, perante terceiros, e entre nós, dos actos *ultra vires* v., Pedro de Albuquerque, *A vinculação...,* in *Revista,* 1995, ano 55, pp. 689 e ss.. V., também, João Espírito Santo, *Sociedades..., passim.*

[1738] É certo que os estatutos se encontravam publicados. Não obstante esta publicidade dada às limitações aos poderes de representação a *Cour de Cassation* considerou que a realidade permanece oculta quando as circunstâncias autorizam os terceiros a não verificar os limites dos poderes. Circunstâncias estas que dependerão, obviamente, e entre outros aspectos da praxe quotidiana. Ora, no caso submetido à apreciação do tribunal, a praxe bancária impedia aos terceiros de solicitarem ao *PDG* a justificação escrita dos respectivos poderes.

a afirmar a tese, correcta, segundo a qual a valoração a levar a cabo a este respeito dependeria das circunstâncias de cada caso.

Em 1965 a jurisprudência francesa afasta-se ligeiramente da orientação definida três anos antes[1739]. O caso era este: o habitual notário do proprietário de um terreno rural celebrou um contrato de compra e venda com os respectivos arrendatários sem ter recebido qualquer mandato para o efeito. A *Cassation* recorreu então à noção de erro comum – sustentada na máxima *error communis facit ius* – para considerar que, não obstante a circunstância de o mandatário aparente ser notário do dono do terreno isso não seria uma circunstância capaz de levar a vinculação do pseudo-representado: o erro cometido pelo terceiro não era desculpável nem verosímil. Destarte, o tribunal preferiu a realidade sobre a aparência, numa orientação causadora de alguma perplexidade devido ao facto de a noção de erro comum parecer não se encontrar aí suficientemente definida[1740].

Posteriormente a jurisprudência regressaria à ideia de erro legítimo e avançaria com a tese segundo a qual no fundo o *error communis* não diverge da noção de lapso legítimo. Dado este passo, a atenção dos juízes foi-se basicamente concentrando no exame das circunstâncias susceptíveis de dispensar uma verificação dos poderes do pseudomandatário[1741].

Uma série de sentenças, proferidas em 1969, trouxeram consigo algumas especificações importantes. Elas mostraram, nomeadamente, como a teoria do mandato aparente cobre quer os casos de ausência total de procuração quer as simples situações de abuso de poderes[1742]. Uma leitura atenta da jurisprudência revela, ainda, a natureza extremamente casuística e tópica da aplicação da teoria do mandato aparente[1743]. Na verdade, factores dos mais variados intervêm para excluir ou determinar a existência de um *mandat apparent*: o facto de o terceiro ser profano ou profissional pode afigurar-se determinante[1744]; e o mesmo sucederá com a impressão causada pela qualidade do interlocutor com o qual lidou o terceiro prejudicado – designadamente o carácter mais ou menos oficial da função exercida.

[1739] *Cour de Cassation, 1ère Chambre Civile, 30-11-1965*, in *Recueil Dalloz*, 1966, p. 449.

[1740] Calais-Auloy, *Note Cour de Cassation, 1ère Chambre Civile, 30-11-1965*, in *Recueil Dalloz*, 1966, pp. 449 e 450.

[1741] Cfr., a título exemplificativo, Huet, *Traité de droit civil...*, p. 1033.

[1742] Não nos parece assim, e com a devida vénia, ter razão Helena Mota, *Do abuso de representação...*, pp. 117 e 118, quando considera, perante o direito francês, mais onerosa a posição do *tertius* perante hipóteses de aparência do que diante de casos de abuso de representação, designadamente, no tocante ao requisito da boa fé o qual deveria ser objecto de prova por parte do interessado neste último caso. Chamando a atenção para a circunstância de o ónus da prova ser, em caso de mandato aparente, e no tocante ao requisito da boa fé, exactamente igual à das demais situações de aparência v. Léauté, *Le mandat...*, in *Revue...*, XLV, p. 295, presumindo-se, destarte, o *tertius* de boa fé, o qual apesar de tudo considera que nalgumas sentenças relevantes para a formação do mandato aparente acaba implicitamente por estar presente a distinção entre excesso de poderes e de mandato.

[1743] Cfr., *Cour de Cassation, 1ère Chambre Civile, 29-4-1969, 1re espèce*, in *Recueil Dalloz*, 1970, p. 23, com anotação de Calais-Auloy; *1ère Chambre Civile, 29-4-1969, 2e espèce*, in *Idem*, p. 23, igualmente anotada por Calais-Auloy.

[1744] Cfr., as sentenças citada *supra* na nota anterior.

Outras circunstâncias particulares, quer de natureza subjectiva quer objectivas, explicam ainda a crença do terceiro, e especialmente a sua boa fé. De entre os factores subjectivos encontram-se, por exemplo, características da pessoa das quais resulta um impedimento – psicológico, fisiológico ou outro – de verificar a autenticidade do mandato: o parentesco, a familiaridade, a idade, são dados tomados em consideração pela jurisprudência. No âmbito dos aspectos objectivos encontra-se toda a espécie de obstáculos materiais à realização das verificações: urgência, força maior, etc.[1745].

No direito italiano a atitude de maior favor quanto à valia e eficácia da representação aparente encontra-se na jurisprudência[1746] a qual socorre nesta

---

[1745] Para uma panorâmica global acerca de quanto se acaba de escreve v., de entre a bibliografia por nós consultada, por exemplo, Huet, *Traité de droit civil...*, pp. 1033 e 1034. Cfr., ainda, Joanna Schmidt, *Négotiation...*, pp. 54 e 55; Henri Mazeaud, Léon Mazeaud e Jean Mazeaud, *Leçons de droit civil français*, 8.ª ed., por François Chabas, Paris, 1991, II, 1, p. 137, autores que consideram que a doutrina do mandato aparente se pode fundar alternadamente ou nos princípios da responsabilidade civil ou no erro do terceiro com quem o mandatário contrata.

[1746] Mas parece-nos, com o devido respeito, exagerada a afirmação de Helena Brito, *A representação...*, pp. 129 e 130, segundo a qual a doutrina italiana teria atribuído ao tema da representação aparente reduzida importância. Na verdade, dedicaram-lhe contributos importantes vários autores, muitos por nós já diversas vezes recenseados (v., designadamente, *supra* sob o presente capítulo e, ainda, *infra* igualmente no presente capítulo), alguns sobre a forma de artigos (sobretudo em inúmeras e variadas anotações à abundante produção jurisprudencial sobre esta matéria. Por vezes a apreciação crítica de um mesmo aresto judicial é inclusivamente realizada por múltiplos autores), outros em obras gerais sobre a representação, outros, ainda, em estudos dedicados à aparência ou confiança, não faltando mesmo obras monográficas de maior fôlego sobre a representação aparente (tudo ao ponto de, porventura, quase tornar estulta, ou ao menos pretensiosa e difícil, uma tentativa para referir ou abraçar toda a doutrina italiana acerca da representação aparente) como é exemplo o, ainda recente, estudo de Valentina di Gregorio, *La rappresentanza...*, *per totum*, com amplas indicações, designadamente, pp. 19 e ss. (onde se destaca como durante a vigência do *Codice Civile* italiano de 1865 e do *Codice di Commercio* de 1882, apenas se admitia a ratificação como forma de conceder eficácia a um negócio representativo sem poderes e se limitava a tutela dos terceiros de boa fé aos casos previstos no artigo 1759.°, relativo à revogação do mandato, preceito interpretado por forma a defender os *tertius* contra certos cenários de extinção do *mandatum*. Mesmo assim, já se admitia uma responsabilidade – embora não se concretizasse qual a sua real conotação nem se fornecessem especificações sobre as consequências dela derivadas, teoricamente susceptíveis de irem desde a validade do contrato ao ressarcimento do dano causado ao terceiro – do mandante resultante da sua própria negligência ou de quem o representava por não ter cumprido o dever de impedir que terceiros, sem culpa própria, e por facto do mandante, fossem enganados, conquanto se mostrasse possível jurídica e razoavelmente impor ao mandante uma obrigação de controlo da actividade do mandatário. No domínio do direito comercial estabeleceram-se ligações à tutela da aparência no caso do abuso de representação; admitiu-se um mandato tácito associado à outorga do cargo de *institore*; e defendeu-se a vinculação do principal quando o negócio representativo pertence, aparentemente, ao exercício do comércio para o qual o *institore* foi proposto. Menção, também, para a circunstância de no início de Novecentos se ter assistido, no campo da representação e do mandato civil, a uma tomada de posição no sentido de se efectuar uma análise mais profunda sobre a situação ou estado subjectivo das partes – como, por exemplo, a boa fé ou o erro do terceiro; a culpa do mandante ou representado – com o consequente lançamento das bases a partir das quais se assistiria à gestação da teoria da aparência na representação), pp. 28 e ss. (com destaque para a circunstância de a nível da jurisprudência dos finais do século XIX, se assistir a uma tendência no sentido de se considerarem como *res inter alia acta* os negócios celebrados pelo representante com violação das instruções contidas no mandato. Referência igualmente para as primeiras decisões, algumas tomadas ainda no século XIX, outras já no século XX – cfr., entre outras, e a título simplesmente indicativo, *Cassazione, 19-12-1933*, in *Rivista del Diritto Commerciale e del Diritto Civile*, 1935, II, pp. 249 e ss. [com anotação de Mossa, *Abuso di procura*] – no sentido de admitir já algum tipo de protecção do terceiro de boa fé, designadamente, com base em responsabilidade civil do representado ou mesmo numa vinculação deste quando em causa estivesse a proposição de um *institore*, mas nas quais se recusa, ainda, a relevância a um princípio da aparência no contexto do fenómeno representativo, sobretudo, nos casos nos quais não foi conferido, por parte do *dominus*, nenhum tipo de poder de representação), pp. 59 e ss. (com o sublinhar da influência exercida sobre a doutrina italiana, no período que antecederia à elaboração do *Codice Civile* de 1942, quer pela dogmática, método e experiência jurídica tudesca – em particular aquela conducente à consagração, na Alemanha, das várias formas de procuração aparente – quer pela prática francesa em matéria de mandato representativo – os civilistas parecem ter seguido, no que à representação toca, preferencialmente o exemplo francês, enquanto os comercialistas preferiram ir beber a sua inspiração aos ensinamentos oriundos da Alemanha [mesmo assim entre os primeiros a recolher elementos da experiência jurídica alemã a propósito da aparência contam-se nomes de civilistas como Venezian, *La tutela dell'asppettativa*, Bolonha, 1900, = in *Opere Giuridiche*, II, Roma, 1920, pp. 161 e ss.. Cita-se por este último local e Finzi]. Autores como Mariano D'Amelio, *Apparenza*, in *Nuovo Digesto Italiano*, I, 1937, pp. 550 e ss., num estudo republicado com actualizações mais tarde [cfr., *Apparenza del Diritto*, in *Novissimo Digesto Italiano*, 1957, I, pp. 714 e ss.] – jurista que, como é sabido, ocupou o lugar de primeiro presidente da *Corte de Cassazione del Regno*, lugar a partir do qual, e durante dezoito anos, D'Amelio exerceu uma influência permanente, também sobre a jurisprudência, no sentido do reconhecimento da relevância da aparência. Afirmando terem os juristas alemães sintetizado o conceito de aparência jurídica através do termo *Rechtsschein* mas de modo algum procedido à respectiva descoberta, D'Amelio inspirar-se-ia, preferencialmente, no pensamento de Josserand sobre a matéria – apoiar-se-iam, a partir da década de trinta do século passado, em defesa da ideia segundo a qual a aparência teria a natureza de um princípio geral, no artigo 933.º do *Codice Civile* [outros nomes favoráveis à valia da aparência são, nesta fase, para além de D'Amelio ou Finzi, Dominedò, Mossa, *Volontà e dichiarazione nella creazione della cambiale*, in *Rivista del Diritto Commerciale e del Diritto Civile*, 1930, I, pp. 6 e ss.; Id., *La dicchiarazione cambiaria*, in *Idem*, 1930, I, pp. 305 e ss.; Leonardo Coviello, *La rappresentanza dei non concepiti e la buona fede dei terzi*, in *Il Foro Italiano*, 1932, I, cols. 1316 e ss.; Sotgia, *Apparenza giuridica...*, designadamente, pp. 96 e ss., e 295 e ss.; Id., *Ancora in tema d'apparenza del diritto*, in *Rivista di Diritto Privatto*, 1936, p. 137; Bolaffi, *Le teorie sull'apparenza...*, in *Rivista...*, 1934, I, pp. 131 e ss., mas com restrições e manifestando-se contra excessivas generalizações]. O quadro da doutrina antecedente ao *Codice Civile* em vigor fica completo com a alusão à corrente contrária à admissibilidade da relevância genérica do princípio da aparência marcada por nomes como os de Stolfi, *L'apparenza del diritto (prolusione al corso di diritto civile nella R. Università di Modena letta il 23 novembre 1933 – XII)*, Modena, 1934, *passim*, e pp. 6 e 7, 43 e 44; Id., *Sul pagamento al falsus procurator*, in *Banca, Borsa, Titoli di Credito*, 1959, II, pp. 64 e ss.; Id., *In tema di apparenza del diritto*, in *Rivista di Diritto Civile*, 1974, II, pp. 107 e ss., maxime p. 114, com a aceitação da tutela da aparência apenas em hipóteses bem determinadas; locais onde o autor confirma os pontos de vista expressos em obra publicada na primeira metade da década de trinta do século XX, mas à qual não tivemos acesso; Nicolò, *La c.d. procura...*, in *Il Foro...*, 1935, I, 559 e ss [autor que sem entrar na controvérsia acerca da existência, ou não, de um princípio geral de tutela da aparência, recusa liminarmente qualquer tipo de importância da referida tutela no âmbito do fenómeno representativo]; Cariota Ferrara, *I negozi sul patrimonio...*, pp. 106 e ss.; e Angelo Verga, *Osserzione in tema di apparenza*, in *Rivista di Diritto Privato*, 1940, I, pp. 193 e ss.. Para uma apreciação da evolução verificada no direito italiano pode ver-se também Sacco, *Affidamento...*, in *Enciclopedia...*, I, p. 662), pp. 159 e ss. (onde se destaca como no período posterior à entrada em vigor do *Codice Civile* o tema da aparência e da confiança é objecto de estudo por parte da doutrina italiana dividida em dois filões de sentido oposto: a] um que considera a aparência como um princípio indiscutível do ordenamento jurídico italiano, e destarte, susceptível de uma vasta utilização; b] o outro hostil à respectiva admissibilidade e relevância, negando a possibilidade de aplicação analógica de normas susceptíveis de serem entendidas como expressões de um reconhecimento legislativo da aparência, como, por exemplo, as normas pertinentes ao herdeiro aparente. Valentina di Gregorio procede, ainda, nestas páginas à analise detalhada das teses expressas na matéria por Sacco, *Culpa in contrahendo...*, in *Rivista...*, 1951, II, pp. 82 e ss., especialmente, pp. 84 e 85; Id., *Affidamento...*, in *Enciclopedia...*, I, p. 663; Id., *Apparenza*, in *Digesto. Discipline Privatistiche, sezione civile*, reimpressão da 4.ª ed., de 1987, I, Turim, 1994, pp. 353 e ss., contrário quer a quanto julga serem os exageros dos teóricos da aparência quer à actuação da jurisprudência nesta matéria por considerar recorrer esta a pretensos cânones gerais no domínio da aparência, e que, além disso, denuncia a natureza translactícia do princípio da aparência *iuris* no sentido de se dever proceder a quanto considera a uma interpretação conforme com a letra da lei e de se abandonar as vistosas enunciações de regras gerais *praeter* legais orientadas para uma protecção da boa fé e da confiança em termos gerais; e Falzea, *Apparenza*, cit., in *Enciclopedia...*, II, pp. 682 e ss., para quem se deve inquestionavelmente reconhecer um princípio da aparência mas evitar o seu emprego exagerado ou menos adequado), pp. 168 e ss., e 171 e ss. (páginas estas dedicadas a algumas referências críticas às opções legislativas em sede de representação sem poderes – opções traduzidas numa ausência de normas especificamente destinadas a resolver os problemas abordados e enfrentados pela doutrina e jurisprudência anteriores ao *Codice Civile* de 1942, a obrigar autores e juízes posteriores à mencionada codificação, a socorrerem-se quer de normas como o artigo 1396.º [relativo à modificação e extinção da procuração] ou o artigo 1189.º [concernente ao credor aparente] quer do próprio conceito de aparência para fundarem a procuração aparente – e à verificação do efectivo alcance das regras criadas pela jurisprudência através do recurso à representação aparente, com a abordagem de questões como: a] a problemática suscitada pela justificação do carácter vinculativo do contrato celebrado pelo pseudo-representante através do sistema ressarcitório ou da responsabilidade civil delitual [acerca desta perspectiva de abordagem do tema cfr., por exemplo, *Cassazione, 25-2-1953*, n. 457, in *Rivista del Diritto Commerciale e del Diritto Generale delle Obbligazioni*, 1953, 51, II, pp. 118 e ss., onde, num caso de pagamento a um *falsus procurator* se recorre ao artigo 2043.º do *Codice Civile*; Bessone, *Apparenza del potere di rappresentanza e responsabilità verso i terzi*, in *Rivista di Diritto Civile*, 1967, II, pp. 369 e ss., e 375 e ss.; Checcherini *Il principio...*, in *Rivista...*, 1977, pp. 911]; b] o desejo de resolver as dificuldades conexas com a representação aparente através da configuração de hipóteses de manifestações tácitas da vontade. Para uma destrinça entre as duas figuras no direito italiano v., entre outros, Moschella, *Contributo...*, pp. 185 e ss., maxime p. 188.; c] a análise dos requisitos a revestir pelo comportamento do pseudo-representado – com destaque para o problema da possível culpa [nem sempre coincidente com a negligência ou imprudência, ou necessariamente ligada à violação de obrigações imposta por lei] do principal, ou para a atitude comissiva, omissiva ou tolerante do *dominus* – por forma a originar a respectiva vinculação ao negócio representativo celebrado pelo *falsus procurator*; d] o ensaio de justificação da procuração aparente com base nos esquemas da responsabilidade contratual [numa via seguida, por exemplo, por Mengoni, *Ancora in tema...*, in *Rivista...*, 51, II, pp. 118 e ss., no caso do pagamento ao credor aparente; e Bonelli, *Studi...*, pp. 69 e ss., 72 e ss., 89 e ss.. V., também, Zanelli, *Rappresentanza...*, in *Studi...*, 1967-1968, pp. 234 e ss.; maxime, pp. 265, nota (45), e 274 e ss., 287 e 297 e ss.. Na

matéria a princípios como os da aparência jurídica, da confiança e da culpa[1747, 1748].
A doutrina essa oscila, entre a recusa em reconhecer eficácia vinculativa à

jurisprudência cfr., *Cassazione, 15-3-1966*, in *Banca Borsa e Titolo di Credito*, 1966, II, p. 515; *Cassazione, 7-4-1964*, in *Rivista di Diritto Civile*, 1967, II, p. 369 [mas apenas com indicação do sumário], com antoção de Bessone, na aplicação analógica do artigo 1396.º do *Codice Civile* e no apelo à auto-responsabilidade; e] a tentativa de ver a base dogmática da *procuratio* aparente na figura da *cic*; f] o esboço para encontrar um alicerce para determinadas hipóteses de aparência de representação em normas como os artigos 1835, n.º 2, e 1189.º do *Codice Civile*; g] ou, ainda, a tese que se esforça por alicerçar, nomeadamente com base no artigo 2049.º do Código Civil italiano, a aparência de poderes de representação no regime da responsabilidade civil do comissário ou de quem detém um poder sobre trabalhadores subordinados, cuja aplicação tem sido estendida também aos casos de mandato [a este respeito v., por exemplo, *Cassazione, 30-7--1947*, in *Rivista del Diritto Commerciale e del Diritto Civile*, 1948, II, pp. 1 e ss., com anotação de Sacco, *Responsabilità del committente per* culpa in contrahendo *del commesso*; Zanelli, *Rappresentanza...*, in *Studi...*, 1967-1968, pp. 262 e ss. e 274; Bonelli, *Studi...*, pp. 48 e ss.; e ainda, Roberto Baldi, *Il contratto di agenzia*, 5.ª ed., Milão, 1992, p. 215).

[1747] A este respeito pode ver-se na nossa literatura, Helena Brito, *A representação...*, pp. 128 e 129.

[1748] A jurisprudência italiana concebe, de forma maioritária, a aparência como um princípio geral (cfr. as amplas indicações fornecidas por Gianni Galli, *Rappresentanza...*, in *Revista...*, 1968, p. 1766; Valentina di Gregorio, *La rappresentanza...*, *passim* pp. 156, nota (122), e 156, notas (123) e (124), 214 e ss.; mas também, e ainda, por Cecherini, *Il principio di apparenza...*, in *Rivista Trimestrale...*, 1977, pp. 876 e ss., 908 e ss.; Paolo D'Amico, *Rappresentanza...*, in *Enciclopedia...*, XXV, pp. 14 e 15; assim como as indicações de Valeria de Lorenzi, *La rappresentanza...*, in *Contratto...*, 13, II, pp. 659 e ss.. V., também, *Cassazione, 19-10-1995*, in *Rivista di Diritto Commerciale e del Diritto Generale delle Obbligazione*, 1997, XCV, pp. 23 e ss., e 28, onde se escreve «O princípio da *aparência de direito — que se reconduz àquele mais geral da tutela da confiança desculpável do terceiro — é de ampla aplicação»*. Ainda, assim, pode ver-se contra a aceitação de um princípio geral da aparência, e entre outras, a decisão da *Cassazione, 1-3-1995*, in *Giurisprudenza Italiana*, 1995, I, 2, ano, 147, cols. 2032 e ss., maxime col. 2036. Cfr., também, Galgano, *Il negozio...*, pp. 322 e ss.; Id., *Diritto Civile...*, pp. 335 e 336. No domínio específico do fenómeno representativo, v. no sentido da relevância jurídica da aparência, e a título exemplificativo, *Corte di Appelo di Milano, 13-10-1983*, in *Giurisprudenza Italiana*, 1984, I, 2, 768 e ss. (=*Programmi/Juris Data/massime.htm*, com indicação de sumário. Consultou-se apenas por este último local); *Cassazione, 28-6-1948*, in *Il Foro Italiano*, 1947, I, cols. 379 e ss., maxime, col. 383; *Cassazione, 10-6-1949*, in *Giurisprudenza Completa della Corte Suprema della Cassazione Civile*, 1949, II, p. 516 (com anotação de Distaso), *Responsabilità extra-contrattuale...*, in *Idem*, pp. 516 e ss., 521 e ss.; *Cassazione, 5-3-1958*, in *Revista del Diritto Commerciale e del Diritto Generale delle Obbligazioni*, 1959, II, pp. 335 e ss. (com anotação de Benatti, *Contratto concluso «dal falsus procurator»...*, in *Idem*, pp. 335 e ss.); *Cassazione, 7-4-1964*, in *Rivista di Diritto Civile*, 1967, II, p. 369 (mas apenas com indicação do sumário e com anotação de Bessone); *Cassazione, 15-3-1966*, in *Il Foro Italiano*, 1966, I, 1917; *Cassazione, 1-3-1975*, in *Il Foro Italiano*, 1975, II, col. 2267 (com anotação de Di Lalla), aresto no qual, apesar de se reconhecer um papel à representação aparente em termos que deixariam marcas, se nega a relevância da aparência enquanto instituto geral com relevância autónoma, para se defender a sua natureza de simples conceito operativo e se rejeita a relevância, ao menos no contexto do fenómeno representativo voluntário, da chamada aparência pura (a expressão é de Falzea, *Apparenza*, cit. in *Enciclopedia...*, II, p. 698), para se afirmar a ideia de aparência culposa enquanto única forma de se conseguir a vinculação do *dominus* (nalguns casos, porém, nos quais das circunstâncias concretas resulta uma evidente necessidade de protecção do terceiro que confiou na validade do contrato celebrado pelo pseudo-representante, os juízes, após uma valoração da *fattispecie* em apreço, declaram operante quanto definem de forma expressa corresponder ao princípio da aparência, procurando

representação aparente, e a aceitação de semelhante eficácia conquanto verificados e respeitados determinados pressupostos[1749].

---

simplesmente descobrir um nexo de imputação entre o comportamento do representante e a
situação aparente). Ocasionalmente, no âmbito do direito comercial, a jurisprudência tem admitido a relevância de uma aparência de representação com base no risco, ou se se preferir, em
consequência de uma situação objectiva a qual faz o *tertius* presumir estar a lidar com um representante, independentemente de qualquer culpa do *dominus* na vigilância das pessoas integradas na
sua organização empresarial ou na criação da aparência. A este respeito v., Giovanna Visintini, *Degli
effetti...*, p. 225. Em qualquer caso, no âmbito mercantil, o número de sentenças nas quais se exige
a culpa do *dominus* para fundar a aparência de poderes de representação parece ser menor (para
mais pormenores e indicações cfr., Valentina di Gregorio, *La rappresentanza..., passim* e, designadamente, p. 274). Convém, também, referir a circunstância de, inicialmente, a postura dos tribunais
italianos corresponder a uma atitude de prudência e reserva relativamente à valia da aparência ou
da confiança, tendo sido sobretudo em virtude da influência exercida por aquela doutrina mais
favorável ao acolhimento do princípio, particularmente por parte de D'Amelio, que se gene-
ralizaria o entendimento favorável ao acolhimento à relevância da aparência e da confiança nela
depositada. Finalmente não se deve esquecer a circunstância de mesmo já depois da entrada em
vigor do actual *Codice Civile* se assistir ainda a uma certa sobreposição conceptual entre a teoria da
aparência e a responsabilidade civil extracontratual do representado (explicitamente no sentido
segundo o qual o comportamento culposo do *dominus* determina uma responsabilidade por factos
ilícitos para com o terceiro de boa fé pode-se ver, a título simplesmente ilustrativo, *Cassazione,
25-2-1953*, n.º 457, in *Rivista del Diritto Commerciale e del Diritto Generale delle Obligazioni*, 1953,
51, II, pp. 118 e ss.. Para uma visão mais pormenorizada destas várias perspectivas de abordagem
v., sempre, e a ainda a título indicativo, Valentina di Gregorio, *La rappresentanza...*, pp. 189 e ss., e
214 e ss.. Para ulteriores referências a estas e outras argumentações no direito italiano v., ainda,
Gustavo Minervini, *Eccesso...*, in *Il Foro...*, 1947, I, pp. 380 e ss., maxime col. 383, o qual aborda
ainda a questão do erro na transmissão da declaração; Gianni Galli, *Rappresentanza...*, in *Rivista...*,
1968, XII, pp. 1803 e ss.; Roppo, *Apparenza...*, in *Il Foro...*, 1971, XCVI, IV, cols. 385 e ss.; Patti,
Profili della tolleranza..., pp. 151 e ss.; Zaccaria, *Rappresentanza*, cit.., *Rivista...*, 1990, II, pp. 486
e 487; e Paulo Mota Pinto, *Aparência de poderes de representação...*, in *Boletim...*, Vol. LXIX, p. 625,
nota (67)).

[1749] Contra a ideia de uma tutela da aparência no âmbito do fenómeno representativo
invoca-se com frequência o regime decorrente dos artigos 1393.º, 1398.º e 1399.º, os quais
obstariam à vinculação do representado aparente. Cfr., *Cassazione del 17-3-1975*, in *Il Foro Italiano*,
1975, II, cols. 2267 e ss., maxime col. (com anotação de L. Di Lalla). Na doutrina v. sempre contra
a relevância da aparência de poderes de representação, por exemplo, Nicolò, *La procura...* in *Il
Foro....*, 1935, I, pp. 559 e ss. e, designadamente, 561 e 574, embora o autor admita a responsabilização extracontratual do dono do negócio por danos causados ao *tertius*; Francesco Santoro-
-Passarelli, *Responsabilità del fatto altrui, mandato, contratto di lavoro gestorio*, in *Il Foro Italiano*, 1937, IV,
cols. 329 e ss., maxime, col. 335; Distaso, *Responsabilità...*, in *Giurisprudenza Completa della Corte
Suprema della Cassazione Civile*, 1949, II, pp. 521 e ss., maxime, p. 525; Torrente, *Anotação...*, in *Il
Foro Italiano*, 1958, I, col. 392; Benatti, *Contratto concluso «dal falsus procurator»...*, in *Rivista...*, 1959,
II, pp. 335 e ss., 343 e s., o qual apenas admite uma responsabilidade do *dominus* por *cic* (cfr.
também quanto o autor escreve a propósito do regime do erro na transmissão da declaração);
Mosco, *La rappresentanza...*, pp. 202 e 208 e ss., autor para quem, todavia, seria de admitir a
existência de uma procuração por factos concludentes em termos que não se distinguem facilmente da tradicional procuração aparente, designadamente, da *procuratio* tolerada. O mesmo sucede
com Cariota-Ferrara, *Il negozio...*, pp. 700 e 701, embora, depois, o autor acabe por admitir a
vinculação do principal na presença de um comportamento susceptível de ser considerado como

uma procuração (tácita), bastando para isso uma inacção, precisamente a tolerância e o silêncio de quem tem consciência do facto de outrem celebrar negócios em seu nome. Valeriam aqui os princípios da responsabilidade e da confiança: para além do silêncio e da boa fé do terceiro, se se assistisse, sem culpa, a um investimento de confiança do *tertius* na existência de poderes de representação o negócio representativo seria vinculativo. V., também, em sentido contrário a uma tutela generalizada da aparência de poderes de representação Roppo, *O contrato*, cit., pp. 122 e 123. Curiosa é a atitude de Falzea, *Apparenza*, cit., in *Enciclopedia...*, II, p. 701, o qual, conforme anteriormente referido afirma não se poder contestar a legitimidade do princípio da aparência mas considera temerária a aplicação dele feita pela jurisprudência no âmbito do fenómeno representativo. Também, Sacco, *Culpa in contrahendo...*, in *Rivista...*, 1951, II, pp. 82 e ss., 86 e ss., 88, se recusa a ver na procuração por força da aparência um caso de legitimação aparente e defende a tese segundo a qual aquele que, erradamente, considera estar a lidar com um procurador pode agir contra este ou contra o *dominus* conforme exista um comportamento culposo de um ou outro e seja possível imputar a essa culpa a circunstância de o *tertius* ter caído em erro. Numa postura completamente diversa, Moschella, *Contributo...*, pp. 97 e ss., e 189 e ss., julga inexistente um princípio geral da aparência, mas admite a interpretação analógica das regras que a consagram e manifesta-se a favor do carácter vinculativo, para o pseudo-representado, do exercício de um poder de representação aparente naquelas hipóteses nas quais o representante seria, no contexto de um caso de substituição necessária, o único legitimado à realização do acto, e ainda, nos casos da *praepositio* aparente na gestão de uma empresa, devido à particular orientação para o público da actividade empresarial (neste âmbito deveriam considerar-se vinculativos para além dos actos de pagamento, todos os actos de exercício ou de autonomia do tipo dos mencionados no artigo 534.°, n.° 2, do *Codice Civile*, relativo ao herdeiro aparente). Patti, *Profili della tolleranza...*, p. 142, recusa a ideia de representação aparente (no sentido de *Anscheinsvollmacht*) mas admite a procuração tolerada, fundada no princípio da boa fé. Giovanna Visintini, *Degli effetti...*, comentário ao artigo 1388.°, pp. 222 e ss., parece admitir uma representação aparente assente no princípio do risco, e independentemente de culpa do representado na criação da aparência (aparência pura), mas acaba por considerar que os casos normalmente identificados, no âmbito do direito comercial, como de representação aparente são, na verdade, hipóteses de procuração tácita. Já no âmbito do direito civil haveria lugar para uma representação aparente, a reconduzir a um terreno análogo ao da simulação, mas tratar-se-ia de uma situação excepcional. É também essa a posição de Galgano, *Il negozio...*, p. 324; Id., *Il diritto civile...*, II, I, pp. 335 e ss., para quem, depois de negar a existência de um princípio geral da aparência, considera que as hipóteses nas quais se tem vindo a reconhecer a vinculação do principal, afinal, apenas são situações em que o representado assume um comportamento concludente do qual se extrai uma vontade tácita de conceder uma procuração, mas a qualificar, de acordo com o autor, como uma procuração tácita simulada, a qual seria, nos termos dos artigos 1415.° e 1416.° do *Codice Civile*, inoponível a terceiros de boa fé, numa solução qualificada de excepcional. Posição de alguma abertura relativamente à tutela da procuração aparente é a de Franco Bonelli, *Studi...*, pp. 57-59, 69 e ss., 89 e ss., 102 e ss., 110 e ss., autor segundo o qual se deveria admitir uma aplicação dos artigos 1394.° e 1396.°, dos quais resulta uma responsabilidade contratual do representado, perante terceiros de boa fé, que tenham confiado na aparência dos poderes representativos, a hipóteses não cobertas directamente pela sua letra nomeadamente nos casos nos quais a *procuratio* é inválida *ab initio*, desconhecendo os terceiros a referida invalidade, ou nas quais a procuração não chega sequer a existir. Em sentido aproximado v. Zanelli, *Rappresentanza...*, in *Studi...*, 1967-1968, pp. 304 e ss.. Admitindo a procuração aparente dogmaticamente fundada em exclusivo no princípio da tutela da aparência pode ver-se, Bianca, *Diritto...*, III, *Il contratto*, cit, p. 121. Favorável à valia da procuração aparente mostra-se também

Valentina di Gregorio, *La rappresentanza...*, *passim* e, designadamente, pp. 214 e ss., 272 e ss., e 299 e ss., autora que apesar de negar a relevância ao princípio da aparência – agora entendida em sentido absolutamente rigoroso, e como algo de distinto do princípio da confiança – ainda, assim, parece admitir uma tutela do *tertius* mais estritamente ligada à protecção da confiança e uma imputação ao representado putativo de efeitos contratuais na qual se prescinde do critério da culpa e se caminha no sentido de uma aproximação a uma responsabilidade objectiva (a menção à culpa do representado, constante da jurisprudência deveria, no entender da autora, entender-se não num sentido técnico, mas enquanto critério de imputação da situação aparente ao pretenso *dominus* e como forma de contrabalançar ou evitar uma indiscriminada vinculação a efeitos contratuais de sujeitos a quem nada pode ser censurado. Em substância uma pessoa que cria em seu favor uma determinada aparência não poderia opor o verdadeiro estado de direito a quem confiou na situação aparente. Perde valor a efectiva vontade do titular do direito em benefício da tutela da confiança baseada sobre elementos exteriores. Só se chegaria à negação da eficácia do negócio representativo não desejado pelo representado quando não for possível fazer qualquer tipo de censura ao representado pelo surgimento da aparência. Ou seja, quando o representado putativo não tiver nem minimamente participado, de um ponto de vista causal, na formação e desenvolvimento do negócio representativo, nem permanecido inerte diante de sinais idóneos a gerar a convicção, em terceiros, da existência de poderes representativos na «titularidade» do *falsus* representante). A aparência não surgiria, destarte, como um princípio geral, mas assumiria relevo objectivo, caracterizando as circunstâncias de facto paralelas à conclusão do contrato. De resto, e de acordo com Valentina di Gregorio, uma análise casuística da jurisprudência revelaria como, sob a capa de declarações gerais acerca do princípio geral da aparência, os juízes aplicam regras destinadas a conceder prevalência a uma situação aparente sobre uma real, mas sempre na presença dos pressupostos da boa fé e de circunstâncias de facto idóneas a enganar o terceiro. Em favor desta relevância da confiança do terceiro Valeria di Gregorio invoca, entre outros, os artigos 1394.º (ao manter em vigor o contrato celebrado em conflito de interesses se ele não for conhecido nem susceptível de conhecimento pela outra parte), 1396.º, 1729.º e 2208.º, todos do *Codice Civile*. No âmbito da representação comercial a autora invoca e socorre-se dos artigos 2207.º e 2384.º, também do Código Civil italiano, para fundar as respectivas posições. V., igualmente, Federica Rocco, *Apparenza...*, in *Rivista...*, 1997, XCV, pp. 32 e ss. e 34, segundo a qual, e apesar de não tomar posição na querela sobre se a aparência corresponde, ou não, a um princípio geral, o pretexto normativo, em sede representativa, para a vinculação do *dominus*, não obstante a falta de poderes do representante aparente, se encontra nos artigos 1394.º e 1396.º do *Codice Civile*, cuja *ratio* consentiria justificar a conservação da eficácia do negócio representativo através da imputação dos seus efeitos ao suposto representado: nestas hipóteses – escreve – o representante pode vincular o principal, mesmo na ausência de uma vontade dirigida à constituição da relação, perante terceiros confiantes na aparência da situação jurídica na realidade inexistente. Interessante é a atitude de Valeria de Lorenzi, *La rappresentanza...*, in *Contratto...*, 13, II, pp. 594 e ss., *passim*, e pp. 645 e 657 e ss., a qual com base numa análise económica do direito pretende reconstruir todo o fenómeno representativo, e designadamente demonstrar o infundado e arbitrário da ideia de abstracção da procuração – qualificada como o fruto da jurisprudência dos conceitos –, com base num entendimento específico e próprio da tutela da aparência de representação. Tutela admitida, por Valeria de Lorenzi, com uma amplitude relativamente grande. A autora parte da ideia segundo a qual a fonte da legitimidade representativa se encontra na relação subjacente. A procuração essa seria um negócio, proveniente do representado, e destinado ao representado, mesmo se comunicada por intermédio do representante, que surge acompanhada de um mandato, e na qual se contêm informações iniciais acerca da legitimação representativa presente no *mandatum*. Informações essas autenticadas por um dever de correcção existente entre as partes. A partir desta notificação surgiria um problema económico, com custos para todos os envolvidos no fenómeno representativo. Custos resultantes da circunstância de existir uma assimetria informativa entre representante, representado e terceiro, acerca dos poderes de representação, da legitimação representativa e dos respectivos limites. A parte com vantagem informativa teria interesse em transmiti-la aos demais. Só que essas informações podem ser falsas gerando encargos para todos os envolvidos. Como forma de evitar tais encargos, e tornar a contratação através de representante num mecanismo susceptível de funcionar, quer o mercado quer o direito geraram um conjunto de respostas para a questão da vinculação do *dominus* em consequência dos actos do falso procurador. A nós interessa-nos, tão-só, sublinhar as soluções jurídicas. Elas assentariam, essencialmente, no dever de correcção imposto pelo artigo 1337.º do *Codice Civile*. A partir deste preceito a autora configura um dever pré-contratual de informação. Em seu entender, na presença de assimetrias informativas entre as partes o dever de correcção (artigo 1337.º do *Codice Civile*) controla a circulação de informação, melhora a sua qualidade (verdade substancial), previne e corrige as consequências da falsidade ou inexactidão (a escolha errada da contraparte), reduz as incertezas e desempenha funções de certificação ao proibir a prestação de informações enganosas (artigos 1337.º, 1439.º e 1440.º do *Codice Civile*) e impõe à parte com a vantagem informativa o dever de prestar esclarecimentos verdadeiros. No domínio específico da representação, atendendo à presença de disparidades informativas sobre os poderes do representante, e com vista a reduzir as diferenças existentes nesse domínio, os custos da informação, a falsidade das mesmas e os encargos subsequentes, a lei poria a cargo das partes com vantagem informativa, representado e representante, um dever de correcção a favor da contraparte. Surgiria assim um dever para ambos de dar informação sobre todas as circunstâncias objecto da assimetria de informação disponível que não fossem de fácil constatação e verificação e relevantes para a escolha pelo *tertius* sobre se contrata ou não com o *procurator*. Dever este particularmente incidente não tanto sobre a existência dos poderes de representação mas sobre a sua falta ou limites (assim e entre outros preceitos a autora refere o disposto nos artigos 1337.º, 1338.º, 1392.º, 1393.º, 1396.º, 1398.º todos do *Codice Civile*). No caso de as informações dadas pelo representante ou representado serem verdadeiras a escolha da contraparte revela-se acertada e o negócio representativo forma-se com base na vontade das partes. Na eventualidade de as informações serem falsas ou incorrectas, e o terceiro acabar por assentar nelas a sua decisão de contratar, a lei impõe uma responsabilidade do representante ou representado pelas consequências danosas do seu comportamento, com o limite da normal diligência imposta ao *tertius*. Se a prestação de dados não verdadeiros provém do representado as informações falsas são consideradas verdadeiras e a escolha errada do terceiro reputada como acertada. O negócio representativo é tido por eficaz e o *dominus* vinculado a título de responsabilidade (artigos 1337.º, 1338.º, 1392.º, 1393.º e 1396.º do *Codice*). Se as informações são provenientes do *procurator* este deve, segundo De Lorenzi, responder pelo interesse negativo. Se o *tertius* não usar da diligência normal na obtenção e controlo das informações recebidas será ele a suportar as consequências da escolha errada. Ao distribuir desta forma os riscos entre as várias partes a lei incentiva, no dizer da autora, os três sujeitos a tomarem as precauções devidas. A procuração é acompanhada de um negócio gestório, contém informações sobre o negócio subjacente, mas normalmente tem um conteúdo mais restrito do que o da relação-base. Com a *procuratio* o *dominus* pode comunicar dados sobre o *mandatum* por ele desejadas: o principal pode comunicar ao *tertius* a relação subjacente e as instruções internas mas não é obrigado a fazê-lo. A autonomia da procuração relativamente ao mandato significaria apenas ser a procuração um negócio distinto do mandato com um conteúdo informativo mais restrito. A prevenção e correcção das anomalias porventura geradas ao nível da contratação por esse menor conteúdo informativo é assegurada por deveres (custos) de informação e indagação impostos aos três intervenientes no negócio representativo em consequência do dever de correcção na contratação. Nestes termos e

IV – Só que não basta, para se poder defender a relevância, no ordenamento jurídico português, de formas de protecção do terceiro de boa fé para além das já previstas nos artigos 266.º e 269.º do Código Civil, constatar a reacção verificada neste domínio em sistemas jurídicos mais ou menos aparentados com o nosso[1750]. É necessário

---

após uma revisita ao fenómeno representativo à luz de uma análise económica do direito, Lorenzi considera: a) a regra da aparência culposa em tema de representação susceptível de se reescrever da seguinte forma – quem como representado dê informações falsas ou incorrectas, acerca da existência de poderes de representação, acompanhadas de elementos objectivos capazes de fazerem o destinatário acreditar na respectiva autenticidade, e, destarte, idóneas a induzir em erro um terceiro normalmente diligente, é responsável, em consequência da regra da correcção pré--contratual (artigo 1337.º do *Codice*), pela errada escolha da contraparte. A responsabilidade traduz-se em considerar as informações falsas como verdadeiras, a escolha desacertada do *tertius* como acertada, o contrato vinculativo para o representado, e o ressarcimento do dano pelo interesse contratual positivo; b) a afirmação da autonomia da procuração e do poder de representação, construída e desenvolvida com os instrumentos próprios da jurisprudência dos conceitos, é feita para superar as assimetrias de informação entre os vários intervenientes no fenómeno representativo e para resolver o problema da possibilidade de prestação de indicações falsas ou incorrectas sobretudo por parte do representado. A aplicação dedutiva do conceito de autonomia leva os defensores da visão labandiana do fenómeno representativo a considerar o *dominus* vinculado a título negocial mesmo quando os poderes externamente indicados pela procuração não coincidem com o mandato; c) deve, porém, distinguir-se uma vinculação negocial e uma vinculação a título de responsabilidade; d) a teoria da autonomia da procuração mais não faz do que esconder de facto um problema de responsabilidade do representado por informações incorrectas. Entre nós, Sinde Monteiro, *Responsabilidade...*, pp. 355 e ss., 626 e ss., após, cuidado e aturado estudo sobre responsabilidade por conselhos, recomendações ou informações conclui no sentido de se dever excluir do campo de aplicação do artigo 485.º a responsabilidade pré-contratual, cuja sede sistemática reside no artigo 227.º (o autor aborda sobretudo a possibilidade de desvinculação na sequência de informações erradas). Também entre nós se poderia tentar uma construção semelhante à de Lorenzi. Todavia, que o problema da representação aparente e da tutela de terceiros de boa fé se possa resolver somente através de uma responsabilidade por informações é algo de contrariado pelo regime jurídico do contrato de agência. Na verdade existem aí importantes deveres de informação a cargo do agente assim como deveres de sujeitar o contrato, suas alterações e modificações a registo e, não obstante, foi sentida a necessidade de se regular com pormenor a representação aparente. A via percorrida por De Lorenzi, embora interessante, depara, pois, com vários obstáculos. De facto, mesmo descontando as dificuldades em vincular o *dominus* a efeitos jurídicos idênticos aos decorrentes do negócio celebrado pelo putativo representante através do regime da cic (a este respeito v. quanto se escreve *infra* no presente Capítulo. Cfr., também, para uma crítica da tentativa ensaiada por Canaris no sentido de fundar os casos problemáticos da responsabilidade por informações com base na generalização da tese defendida por Ballerstedt, e aceite pela jurisprudência tudesca, acerca da responsabilidade própria do representante por *culpa in contrahendo*, quando utiliza uma especial confiança em si depositada v., Sinde Monteiro, *Responsabilidade...*, pp. 503 e ss., 638 e 639. Com interesse em sede de responsabilidade por informações v., também, Carneiro da Frada, *Uma «terceira via»...*, *passim*, e, por exemplo, p. 9) não parece possível considerar a procuração negocial, a procuração tolerada e a procuração por força de aparência jurídica como recondutíveis à noção de informação (a respeito do sentido desta última figura v., Sinde Monteiro, *Responsabilidade...*, pp. 14 e ss.).

[1750] Assim, também, Paulo Mota Pinto, *Aparência de poderes de representação...*, in *Boletim...*, Vol. LXIX, p. 626.

referir e comprovar quais os fundamentos para a vinculação do *dominus* aos negócios «representativos» celebrados pelo pseudo-representante[1751]. As possibilidades de arrimo não são, todavia, muitas e fáceis[1752].

A via que consiste em assegurar a tutela do *tertius* de boa fé através das regras da interpretação dos negócios jurídicos ela foi já por nós longamente percorrida e trilhada quer no tocante à problemática das instruções *a latere* da procuração quer no que respeita ao abuso de representação. Não nos parece, contudo, que ela apresente virtualidades para além das então aí referidas[1753].

Quanto à tentativa de se procurar socorro no regime jurídico do erro na transmissão da declaração (artigo 250.º do Código Civil) ela também não parece proporcionar grandes resultados. Vimos como em nosso entender, e atentas as conclusões a que chegámos acerca do abuso de representação, o regime desta figura, a qual implica quer uma efectiva outorga de poderes quer a celebração da respectiva relação-base, se sobrepõe ao estabelecido para o erro na transmissão. Porém, agora, procuramos apenas um fundamento para as hipóteses de tutela da contraparte de boa fé nos casos não cobertos pelo regime dos artigos 266.º e 269.º. Ora se o problema da vinculação do *dominus* não encontra, nos casos neste momento em análise, resposta nem em função do disposto no artigo 266.º nem à luz das regras de interpretação (como sucede nas tradicionais hipóteses de excesso de poderes) ou do artigo 269.º do Código Civil parece grande, para não dizer mais, a probabilidade de faltar de todo em todo uma declaração. Nesse

---

[1751] *Idem.*

[1752] A incapacidade dos ensaios ou tentativas no sentido de resolver, à luz do nosso direito, e à semelhança do tentado já noutros ordenamentos, o problema da protecção dos terceiros de boa fé apenas através das regras da interpretação dos negócios jurídicos; do regime do erro na transmissão da declaração; da compreensão da procuração tolerada como uma outorga tácita de poderes; das regras sobre a responsabilidade aquiliana; da responsabilidade objectiva dos comitentes; da *culpa in contrahendo*, ou das regras da gestão de negócios, entre outras vias, encontra-se já cabal e convincentemente demonstrada por Paulo Mota Pinto, *Aparência de poderes de representação...*, in *Boletim...*, Vol. LXIX, pp. 628 e ss.. Para uma referência crítica a alguns dos possíveis caminhos, alternativos à representação aparente, e destinados a resolver, à luz do direito espanhol, o problema da protecção dos terceiros de boa fé que contratam com um representante sem poderes v., António Gordillo, *La representación...*, pp. 349 e ss.. Cfr., também, a bibliografia citada *supra* no presente Capítulo a propósito do modo como tem sido encarado o problema da representação aparente no direito italiano.

[1753] Para uma referência à protecção do tráfego através das regras de interpretação v., Frotz, *Verkehrsschutz...*, *passim* e, designadamente, pp. 265 e ss., 341 e ss., mas em termos que nem sempre merecem concordância. Cfr., também, no nosso direito, Ferrer Correia, *A procuração...*, in *Estudos...*, pp. 1 e ss., e, por último, as várias referências feitas por Paulo Mota Pinto, *Aparência de poderes de representação...*, in *Boletim...*, Vol. LXIX, *passim*.

caso, e conforme sublinhado, aliás, por PAULO MOTA PINTO[1754], o recurso ao artigo 250.º do Código Civil de pouco valerá.

As dificuldades que se põem à aceitação, tantas vezes defendida, de uma outorga de poderes tácita são aquelas que precisamente nos levaram a inclinarmo-nos a favor da qualificação da procuração tolerada como uma hipótese de responsabilidade pela confiança[1755]. Não só não é líquido dever admitir-se a irrelevância de um erro sobre a concludência dos factos a partir dos quais se infere a vontade declarativa[1756], como, além disso, em muitos casos, nos quais se pretende assegurar a tutela do *tertius* de boa fé, faltará a consciência da declaração por parte do *dominus*. Conforme se viu já, o artigo 246.º do Código Civil, e ao contrário de quanto acontece noutros direitos, exige a referida consciência para se poderem produzir efeitos negociais. Tudo isto agravado pela circunstância de, por vezes, ainda ser necessário observar determinada forma para a outorga dos poderes representativos[1757, 1758].

[1754] Paulo Mota Pinto, *Aparência de poderes de representação...*, in *Boletim...*, Vol. LXIX, p. 628.

[1755] Acerca da inviabilidade de se qualificar, à luz do nosso direito, a procuração tolerada como uma *procuratio* dotada de natureza negocial v., para além da bibliografia referida *supra* neste Capítulo, Rui Ataíde, *A responsabilidade...*, pp. 186 e ss.. Relativamente à inviabilidade de se fundar a *Anscheinsvollmacht* em bases negociais v., quanto se refere neste Capítulo acerca da necessidade de consciência da declaração negocial e, ainda, Frank Peters, *Zur Geltungsgrundlage...*, in *Archiv...*, 179, pp. 227 e ss..

[1756] Cfr., Paulo Mota Pinto, *Aparência de poderes de representação...*, in *Boletim...*, Vol. LXIX, p. 629, e Id., *declaração...*, pp. 839 e ss., maxime pp. 852 e ss., 862 e ss..

[1757] De acordo com o n.º 2 do artigo 262.º a procuração está sujeita à forma exigida para o negócio que o procurador deva realizar. V., porém, o disposto no artigo 116.º do Código do Notariado (relativamente à forma da procuração irrevogável v., Pedro Leitão Pais de Vasconcelos, *A procuração...*, pp. 259 e ss., embora não possamos concordar com as considerações tecidas pelo autor a respeito da forma da procuração outorgada no exclusivo interesse do representante ou terceiro. Pedro Leitão Pais de Vasconcelos defende a aplicação, a semelhante tipo de procuração, do regime constante no artigo 116.º, n° 3, do Código do Notariado, previsto para os actos de outorga de poderes também no interesse do *procurator* ou *tertius*. Conforme referimos já, *supra* Parte II, Cap. III, parágrafo 2, a nosso ver, não é, todavia, de admitir a figura da *procuratio* na qual não exista um interesse do representado. Por isso não há que alargar o âmbito de aplicação do artigo 116.º, n.º 3, do Código do Notariado por forma a abranger a procuração no exclusivo interesse do representante ou de terceiro). A questão da forma do negócio de procuração e problemas a ela conexos têm dado mesmo origem a alguns litígios e desentendimentos sujeitos à apreciação dos nossos tribunais. Assim v., por exemplo, *Acórdão do Supremo Tribunal de Justiça, 8-2--1979* (Octávio Garcia), in *Revista de Legislação e Jurisprudência*, 1979-1980, 112, pp. 219 e ss.; *Acórdão do Supremo Tribunal de Justiça de 19 de Junho de 1979* (Santos Vítor), in *Boletim do Ministério da Justiça*, 1979, 288, pp. 382 e ss. (forma da procuração, ratificação do mandato); *Acórdão da Relação de Lisboa, 28-2-1991* (Almeida Valadas), in *Colectânea de Jurisprudência*, XVI, 1, 1991, pp. 169 e ss., maxime p. 171 (reserva – sinal – mandato representativo para informar o preço e receber o preço e reserva para andares – contrato-promessa); *Acórdão da Relação do Porto, 30-3-1992* (Miranda Gusmão), in *Colectânea de Jurisprudência*, 1992, XVII, II, pp. 223 e ss., maxime p. 225 (mandato e

O recurso à via aquiliana poderia levar a saídas indemnizatórias mas só com dificuldade pode traduzir-se na vinculação do *dominus*. O apelo à ideia de execução específica tem sido reconhecido como forçado[1759]. Uma cláusula geral de responsabilidade civil por factos

representação – mandato com e sem representação). V., também, Vaz Serra, *Anotação...*, in *Revista...*, 112, pp. 226 e ss.. Acerca dos fundamentos e razão de ser subjacente à solução consagrada no artigo 262.º, n.º 2, do Código Civil, pode ver-se, na doutrina, Vaz Serra, *Anotação ao Acórdão do Supremo Tribunal de Justiça, 24-5-1960* (Vaz Pereira), in *Revista de Legislação e Jurisprudência*, 1961--1962, ano 94, p. 184, nota (1); e Rui de Alarcão, *Breve...*, in *Boletim...*, p. 106. Cfr., também, acerca da forma da procuração, Raúl Guichard, *O problema...*, pp. 87 e 88; Helena Brito, *A representação...*, pp. 107 e ss.; Oliveira Ascensão, *Direito civil...*, II, pp. 234 e s.; e Januário Gomes, *Assunção...*, pp. 507 e ss., a propósito da *procuratio* para prestar fiança. No direito alemão o princípio é o da liberdade de forma da procuração. Isto tem sido justificado por parte de alguma doutrina alemã justamente em função da ideia de abstracção da procuração (mas v., por exemplo, Flume, *Allgemeiner...*, II, *Das Rechtsgeschäft...*, p. 861). No nosso direito o artigo 1178.º manda aplicar ao mandato com representação o disposto nos artigos 258.º e seguintes. Isto quer dizer que, pelo menos quanto ao mandato, quando existam poderes de representação, se aplica também o disposto no artigo 262.º, n.º 2. Ou seja: negócio-base e procuração seguem a mesma forma (perante o direito italiano pode ver-se no mesmo sentido, Dominedò, *Mandato...*, in *Novissimo...*, X, p. 122, a propósito do mandato com representação; Giovanni di Rosa, *La «astratteza» della procura...*, in *Contrato...*, 1994, X, I, p. 140. Contra, Luminoso, *Mandato...*, pp. 369 e 370). Destarte, verifica-se uma vez mais uma unidade de regime entre as duas figuras e uma simetria formal (simetria a observar, também, no caso de as partes terem estipulado uma forma especial para o negócio a celebrar [artigo 223.º do Código Civil]. Em termos aproximados v., Mirabelli, *Dei Contratti...*, p. 377; e Raúl Guichard, *O problema...*, p. 88, nota (196)), a qual só reforça quanto se disse acerca da ligação entre o acto de outorga dos poderes de representação e o negócio gestório. Em qualquer caso sempre se dirá como essa simetria formal e a exigência de forma para a procuração acaba afinal por se encontrar condicionada, no seu alcance, pela relevância do abuso de representação (v., *supra*, Parte II, Cap. II, parágrafo 2) e pela importância, dentro de certos limites, das instruções *a latere* da *procuratio* (v. *supra*, Parte II, Cap. II, parágrafo 3); ambas manifestações, elas próprias do impacto do negócio causal na determinação do âmbito do negócio de outorga de poderes representativos.

[1758] Mas v., quanto se escreve, em diversos locais, sob o presente Capítulo, a respeito da possibilidade de se recorrer aos mecanismos de protecção da confiança em situações nas quais devia ser observada certa formalidade e ela não foi cumprida, a demonstrar como, por si só, a exigência de forma não preclude em definitivo a tutela dos terceiros.

[1759] Assim, v., Paulo Mota Pinto, *Aparência de poderes de representação...*, in *Boletim...*, Vol. LXIX, p. 193. Cfr., ainda, e sempre entre nós, acerca dos limites das soluções delituais para fundar a responsabilidade do representado pela actuação do representante sem poderes, Rui Ataíde, *A responsabilidade...*, pp. 150 e ss.. V., também, mas agora na literatura jurídica italiana, e para além dos já mencionados *supra*, no presente Capítulo, Bonelli, *Studi...*, pp. 43 e ss.; Valentina di Gregorio, *Rappresentanza...*, p. 193, com indicações. Curiosa é a via seguida por Januário Gomes, *Assunção...*, pp. 566 e ss., maxime, pp. 577 e 578, para resolver o problema da tutela da confiança depositada na validade de uma fiança dada por sociedade a dívida de terceira entidade. O autor, depois de discordar de vários pontos de vista por nós expressos a propósito da vinculação das sociedades por prestação de garantias a débitos de terceiros, acaba, afinal, a propósito da fiança, e sem parecer aperceber-se disso, por aceitar a tese por nós defendida em termos gerais para todas as garantias dadas pelo ente societário em favor de um *tertius* (v., Pedro de Albuquerque, *Da prestação de garantias por sociedades...*, pp. 117 e ss.. Para uma adesão aos nossos pontos de vista e posições pode ver-se, entre vários outros, Luís Serpa Oliveira, *Prestação de garantias por sociedades a dívidas de terceiros*, in *Revista da Ordem dos Advogados*, Ano 59, I, Lisboa, Janeiro de 1999, pp. 389 e ss.), segundo a qual a pretensão de uma sociedade de se desvincular de uma garantia por ela prestada pode envolver uma responsabilidade pela confiança ou pelo facto confiável. Com uma diferença apenas. Apesar de aceitar o recurso às regras de tutela da confiança, Januário Gomes recusa, atento o facto de a fiança dever ser prestada por declaração expressa, a preservação da garantia propriamente dita preferindo proteger o *tertius* através das regras da responsabilidade civil (mas v., quanto escreve o autor, *op. cit.* p. 496 e ss., onde, em situações próximas daquela em que uma sociedade protesta indevidamente a existência de um interesse social na prestação de uma determinada garantia, a manutenção de um negócio inválido parece ser defendida pelo autor fora do âmbito da reparação de danos [referindo-se ao pensamento de Januário Gomes em sentido idêntico ao nosso v., Carneiro da Frada, *Teoria da confiança...*, p. 577, nota (808)]). Através do princípio da restauração específica chegar-se-ia, em seu entender, a soluções paralelas às resultantes da vinculação do ente societário à fiança sem violar as exigências formais impostas por lei. Porém, na perspectiva em que nos colocamos a afirmação do carácter vinculativo da fiança dada por uma sociedade a dívida de terceiro não significou nunca manutenção da própria fiança – ou de outra maneira a atribuição de efeitos negociais à adstrição. De outra forma estar-se-ia a confundir responsabilidade pela confiança com realidade. Que uma formalidade do tipo exigido para a fiança não é de molde a impedir o funcionamento da responsabilidade pela confiança na vertente de uma vinculação pela aparência foi já demonstrado *supra* neste Capítulo. Consistindo, como parece ser o caso, o comportamento da sociedade, que ofereceu determinada garantia, justificando a existência de um interesse social para o efeito, e depois se pretende libertar das obrigações assumidas alegando a respectiva falta de capacidade para a prática deste tipo de actos, num *venire contra factum proprium*, o funcionamento do instituto só faz sentido ultrapassado o estádio do dever de prestar e concebendo-se a existência de deveres legais similares à fiança ou garantia malograda (cfr., a este respeito, e a título meramente exemplificativo, Canaris, *Vertrauenshaftung...*, pp. 511 e 512; e Menezes Cordeiro, *Da boa fé...*, II, pp. 787 e 794 e ss., e 1250). Ora, e para ir ao fundo da questão, o problema debatido por Januário Gomes era, precisamente, o de saber se uma sociedade a qual prestou uma fiança a terceiro, na base do protesto de um interesse próprio na prestação da garantia, se poderia, ou não, desvincular do acto quando se viesse, afinal, a verificar ser infundado o interesse social invocado e se constatasse, portanto, uma violação do artigo 4.º, n.º 3, do Código das Sociedades Comerciais. A isto Januário Gomes responde considerando dever permitir-se à sociedade a desvinculação devido, designadamente, à circunstância de se estar, por um lado, perante uma situação de incapacidade, e, por outro, ao interesse dos credores sociais e sócios. No tocante ao segundo dos argumentos invocados não se vê, na verdade, como a obrigação de indemnizar, através de restauração específica, proposta por Januário Gomes, se mostra mais apta a proteger o colégio de credores do que a vinculação a efeitos semelhantes aos da própria garantia. Não vislumbramos sequer, a este respeito, qualquer diferença entre a tese proposta pelo autor e a nossa. Considerado exclusivamente, e de forma estática, o interesse do colégio dos credores seria toda – e sublinhe-se a expressão «toda» – a responsabilização da sociedade por actos ilegais dos seus representantes a ficar em crise (pois estes quanto pretenderão, no imediato, é não serem as sociedades suas devedoras obrigadas a responder e indemnizar os actos causados pela incompetência, leviandade ou dolo dos seus representantes), e não apenas nos casos de indevida prestação de garantias. Todavia com uma tal irresponsabilização seria a própria credibilidade do ente colectivo a ficar em causa. Com isso, aqueles credores supostamente beneficiados acabariam, afinal, por sofrer também um prejuízo (é, pois, nomeadamente, e com o devido respeito, desajustada a crítica que nos move Januário Gomes, *Assunção...*, p. 573, nota (811), apenas explicada em função de uma menor compreensão de quanto foi por nós escrito na nossa *Da prestação de garantias por sociedades...*, pp. 129 e 131). A diferença de opinião entre nós e Januário Gomes está apenas na consideração, pelo Ilustre Professor, do artigo 6.º do Código das Sociedades como um preceito do qual decorre a fixação do âmbito de incapacidade das sociedades comerciais. Porém, e em resposta já ao primeiro dos argumentos invocados por Januário Gomes para fundar a sua tése, o problema subjacente ao artigo 6.º não é, conforme por nós já sublinhado noutro local na esteira do ensinamento dos Professores Oliveira Ascensão e Pedro Pais de Vasconcelos, e agora, também por Luís Serpa, *Prestação de garantias...*, in *Revista...*, 1999, Ano 59, pp. 389 e ss., e após estudo aprofundado do tema da capacidade das sociedades comerciais e com abundância de dados bibliográficos, por João Espírito Santo, *Sociedades...*, *passim*, e designadamente, pp. 166 e 167, nota (431) e p. 468, uma questão de capacidade, devendo antes entender-se regular o artigo 6.º a legitimidade, ou não, das sociedades para a prática de determinados actos. Não voltaremos aqui a insistir nesse ponto. Limitamo-nos, com o devido respeito, a acrescentar como, apenas, um apego a uma Proscuta (suposta) letra da lei – mas que afinal nem chega a ser texto de coisa alguma (cfr., também, acerca da insuficiência da letra da lei enquanto factor hemenêutico predeterminante da interpretação jurídica e como critério dos respectivos limites a obra de Castanheira Neves, *Metodologia jurídica. Poderes fundamentais*, Coimbra, 1993, passim, maxime, pp. 83 e ss., Id., *O princípio...*, in *Digesta...*, I, pp. 428 e ss.) –, uma menor precupação com o princípio da interpretação conforme do direito interno face às directivas comunitárias (a este respeito v., José Maria de Albuquerque Calheiros, *Algumas breves considerações sobre princípio da interpretação conforme do direito interno face às directivas comunitárias*, in *Revista de Documentação e de Direito Comparado*, 1991, n.ᵒˢ 45 e 46, pp. 7 e ss.) e o peso da doutrina tradicional portuguesa na matéria (mas recorde-se, pegando nas palavras de Canaris, *Vertrauenshaftung...*, p. 474, não poder a tradição jurídica substituir a justiça e adequação do conteúdo de uma solução), permitem alcançar conclusões diversas das nossas face aos desenvolvimentos que, um pouco por todo o lado, e desde há largas décadas, quer o conceito de capacidade quer a noção de legitimidade têm vindo a sofrer. Seja como for e mesmo admitindo de barato estar subjacente ao artigo 6.º do CSC um problema de capacidade das sociedades comerciais, não parece comprovada a existência de uma responsabilidade pela confiança por parte do ente societário que queira desvincular-se da garantia prestada em favor de terceiro, ser essa falta de capacidade suficiente para impedir a vinculação da sociedade a efeitos legais semelhantes aos da fiança oferecida pela sociedade. Ao contrário, é eventual falta de capacidade, associada ao facto de o ente colectivo ter criado no terceiro a convicção de ser capaz, a justificar a manutenção da garantia. Veja-se, por exemplo, o disposto no artigo 126.º do Código Civil. E se é certo não consistir a incapacidade supostamente prevista e regulada no artigo 6.º, n.º 1, do CSC uma incapacidade de exercício, como sucede no caso do artigo 126.º, também é verdade não ser a sociedade um menor. Além disso, e em contraponto, parece ser bem mais difícil a verificação por parte do terceiro da suposta incapacidade do ente colectivo do que a constatação da incapacidade de quem não tem ainda dezoito anos (daí a exigência de dolo por parte do menor enquanto requisito da protecção do terceiro). Aliás, não estamos sequer preocupados em demonstrar a existência de uma analogia – a qual nem nos dedicámos a saber se existe – entre a situação regulada no artigo 128.º do Código Civil, de um lado, e a prestação de fiança por sociedade supostamente incapaz para o efeito, mas protestando, perante o terceiro, ter um justificado interesse social na prestação da garantia, do outro. A nós interessa-nos apenas demonstrar como uma situação de incapacidade, não é, na valoração expressa do legislador, incompatível com esquemas de responsabilização pelo cumprimento em virtude da confiança gerada. E nem o argumento resultante do facto de num caso supostamente se estar perante uma hipótese de nulidade enquanto no outro se depararia com uma anulabilidade retira ao argumento tirado do artigo 128.º o seu peso. Basta pensar na circunstância evidenciada por Cardoso Guedes, *A limitação dos poderes dos administradores das sociedades anónimas*, in *Revista de Direito e de Economia*, 1987, XIII,

ilícitos (artigo 483.º, n.º 1) por culpa do pseudo-representado – *culpa in eligendo* ou *in vigilando* – pressuporia um dever geral de não criar aparências enganosas. Ora isso afigura-se extremamente difícil de fundamentar – para utilizar apenas um eufemismo[1760].

---

pp. 149 e ss., dê a suposta nulidade do artigo 6.º, n.ºs 1, 2 e 3, do CSC ser perfeitamente gratuita. E nem se invoque dever conceder-se à sociedade a possibilidade de invocar o vício da prestação da garantia pela circunstância de o acto da sociedade não ser passível de ratificação ou sanação. Pela nossa parte não temos quaisquer dúvidas quanto ao facto de o acto não ser passível de ratificação. Mas nunca afirmámos, ao contrário de quanto nos parece ser imputado, estar a sociedade impedida de invocar a invalidade (ou ineficácia como nos parece correcto). Quanto dissemos, isso sim, é estar ao alcance do credor beneficiário da garantia a possibilidade de paralisar, se assim o entender, a pretensão da sociedade através da invocação da sua boa fé e da confiança depositada no protesto por parte do ente colectivo de existência de um interesse social em caucionar a dívida de um terceiro. Confiança essa a qual acarretará consigo, e num fenómeno pacífico entre nós, mas defendido, igualmente, na doutrina tudesca, importantes consequências ao nível do ónus da prova (v. *infra* em nota quanto se escreve no presente Capítulo a propósito do ónus probatório em sede de tutela da confiança). Consequências essas a provocarem, com o devido respeito, o completo estatelar das teses expressas nesta matéria, por exemplo, por Osório de Castro, *De novo sobre a prestação de garantias por sociedades a dívidas de terceiras entidades: luzes e sombras*, in *Revista da Ordem dos Advogados*, Ano 58, I, Lisboa, Julho, 1988, pp. 823 e ss., maxime p. 845, onde o autor, com o propósito de rebater a posição que expressamos na nossa *Da prestação...*, in, *Revista...*, ano 57, I, pp. 69 e ss., acerca da vinculação da prestação por sociedades de garantias a dívidas de um *tertius*, repete, sob roupagem aparentemente nova, argumentos e teses por nós já rebatidas, e sem nunca dedicar uma só palavra ao problema por nós suscitado sobre a necessidade de se fazer intervir neste âmbito a responsabilidade pela confiança – numa orientação agora também aceite por Januário Gomes mas com base em pressupostos diversos dos nossos, conforme se viu – como forma de se conseguir assegurar a tutela de terceiros de boa fé crentes na existência de um interesse social na prestação da garantia oferecida pelo ente colectivo. E não se alegue entre esta tutela da confiança a circunstância de ela não ser devida uma vez que seria a lei a proibir a prestação de garantias por parte dos entes societários. É que esse argumento não é verdadeiro. O artigo 6.º do Código das Sociedades Comerciais não proíbe sem mais as sociedades de garantirem dívidas de terceiros. A proibição só existe se não se verificarem certas condições ou factos. Condições e factos esses que a sociedade garante, com frequência, a terceiro terem sido reunidos, sem este poder fiscalizar se quanto lhe é protestado corresponde ou não à realidade. Por isso, se ele tinha razões para acreditar em quanto lhe é dito pelos órgãos sociais a sua confiança deve de facto ser protegida. Nada na lei o impede, contra quanto tem sido já defendido.

[1760] Benatti, *Contratto concluso «dal falsus procurator»...*, in *Rivista...*, 1959, II, p. 341; Canaris, *Vertrauenshaftung...*, p. 477; Patti, *Profili della tolleranza...*, p. 151; Paulo Mota Pinto, *Aparência de poderes de representação...*, in *Boletim...*, Vol. LXIX, p. 631; Rui Ataíde, *A responsabilidade...*, pp. 150 e ss.; e v., também, Carneiro da Frada, *Teoria da confiança...*, p. 39, nota (41), o qual recorda como a construção de semelhante dever esbarraria, entre nós, com o preceituado no artigo 246.º do Código Civil, ao exigir a consciência da declaração. Cfr., todavia, na jurisprudência tudesca *Bundesgerichtsthof, II. Zivilsenat, 25. März 1968*, in *Entscheidungen des Bundesgercihtshofes*, 1969, 50, pp. 112 e ss. (e, ainda, mas de modo mais pormenorizado, *Neue Juristische Wochenschrift*, 1968, 21, pp. 1379 e ss.); *Bundesgerichtshof, 26. April 1976*, in *Zeitschrift für Wirtschaft und Bankrecht, Wertpapier-Mitteilungen*, 1976, pp. 709 e ss., maxime pp. 712 e 713 e já antes *Reichsgericht, VI Zivilsenat, 5. November 1934*, in *Entscheidungen des Reichsgerichts, Zivilsachen*, 1935, 145, pp. 311 e ss., maxime p. 316. Todavia nos dois últimas sentenças não ficou demonstrada a falta de vigilância por parte do *dominus*.

Atenta precisamente esta circunstância não faltou quem tratasse de deslocar o problema para domínio da responsabilidade objectiva dos comitentes[1761]. Mas o caminho depara com escolhos sérios, alguns dos quais já postos a nu pela nossa doutrina[1762]. Desde logo na eventualidade de não ter existido nunca uma qualquer relação negocial entre o pretenso representante e o suposto representado a solução não teria qualquer préstimo[1763]. Além disso, e quando se assista, de facto, a um vínculo jurídico interno entre *dominus* e *falsus procurator* poderá o primeiro não se encontrar munido do poder de direcção do comitente com a consequente frustração da possibilidade de aplicação do artigo 500.º do Código Civil[1764]. Também se não devem esquecer os limites decorrentes dos próprios requisitos da responsabilidade dos comitentes, os quais não responderão se o comissário não estava no exercício da respectiva função[1765]. Por outro lado, nos termos do artigo 500.º do Código Civil o facto gerador da responsabilidade civil do comitente é um acto do comissário. A preocupação de tutela do terceiro de boa fé em caso de ausência de poderes de representação é, todavia, e sobretudo, marcada pela necessidade de defesa do *tertius* perante os próprios comportamentos do *dominus*[1766].

[1761] V. quanto se escreveu já no presente Capítulo a propósito do direito francês e italiano. Entre nós, cfr. as considerações tecidas por Almeida Costa, *Responsabilidade civil por ruptura...*, pp. 95 e ss., o qual admite a possibilidade de se fundar no artigo 500.º do Código Civil a responsabilidade pré-contratual do *dominus* por actos de pessoas por ele utilizadas para ajudar a conclusão do negócio; Ana Prata, *Notas...*, in *Revista...*, pp. 64 e 65, no caso de faltar a prática de um ilícito próprio do representante capaz de originar a sua vinculação directa; Raúl Guichard Alves, *Da relevância...*, pp. 72 e 73, nota (90); Id., *O instituto...*, in *Juris...*, pp. 47 e 248. V., também, Paulo Mota Pinto, *Aparência de poderes de representação...*, in *Boletim...*, Vol. LXIX, p. 632.

[1762] Paulo Mota Pinto, *Aparência de poderes de representação...*, in *Boletim...*, Vol. LXIX, p. 632. Cfr., também, Raúl Guichard, *O problema...*, p. 149; e já antes Vaz Serra, *Culpa...*, in *Boletim...*, 68, p. 136, mas limitando-se a descartar, sem propriamente fundamentar, a aplicação, à responsabilidade dos negociadores por actos dos seus auxiliares, do regime da responsabilidade do comitente. Além disso, a situação referida por Vaz Serra não é exactamente a correspondente a uma situação de *cic* de um falso representado por actos do seu pretenso representante. Antes parece tratar-se de uma responsabilidade de um agente, aparentemente envolvido de forma directa em negociações, por actos dos seus auxiliares também intervenientes. V., por último, as observações feitas adiante, designadamente nas notas (126) e seguintes, sob o presente Capítulo, a propósito da tentativa de responsabilizar o representado perante terceiro de boa fé através da aplicação do artigo 800.º do Código Civil.

[1763] Paulo Mota Pinto, *Aparência de poderes de representação...*, in *Boletim...*, Vol. LXIX, p. 632.

[1764] *Idem.* Cfr., também, Rui Ataíde, *A responsabilidade...*, pp. 144 e 145.

[1765] Paulo Mota Pinto, *Aparência de poderes de representação...*, in *Boletim...*, Vol. LXIX, p. 632.

[1766] No sentido de que só existe *Rechtsscheinshaftung* ou responsabilidade positiva ou pelo cumprimento em resultado da confiança depositada em certos comportamentos do prejudicado pelo dever de respondência v., Canaris, *Vertrauenshaftung...*, p. 497. Cfr., também, António Gordillo, *La representación...*, pp. 135 e ss., e entre nós, a propósito da procuração tolerada Rui Ataíde, *A responsabilidade...*, pp. 13 e ss..

Sempre no domínio da responsabilidade civil poder-se-ia, ainda, pensar em recorrer, como tem sido feito por alguma doutrina, à responsabilidade pré-contratual, nos moldes consagrados na parte final do artigo 246.° do Código Civil[1767], ou ao regime da *culpa in contrahendo* do representado por actos do representante[1768, 1769]. Estas saídas têm

---

[1767] Cfr. as referências anteriormente feitas à posição de Carlos Alberto da Mota Pinto assim quanto se escreve na próxima nota, a propósito da posição de Ana Prata. V., por último, as observações de Paulo Mota Pinto, *Aparência de poderes de representação...*, in *Boletim...*, Vol. LXIX, pp. 632 e 639, nota (100), a este respeito.

[1768] Entre nós é também essa a solução encarada por Raúl Guichard Alves, *Da relevância...*, pp. 66 e ss., nota (90); Id. *O instituto...*, in *Juris...*, pp. 237 e ss., mas justamente por e para negar relevância à procuração aparente; e Rui Ataíde, *A responsabilidade...*, pp. 138 e ss., o qual se manifesta claramente contra a possibilidade de o regime da *culpa in contrahendo* fundamentar a responsabilidade pelo *dominus* na *Duldungsvollmacht*, e em termos extensíveis às diversas formas de procuração aparente em particular quando se pretenda descobrir uma responsabilidade pré-negocial do representado fundada em facto próprio deste. Numa linha diversa, Ana Prata, *Notas...*, in *Revista...*, n.° 17, Janeiro-Março, pp. 62 e ss., considera poder a tutela *in contrahendo* do terceiro consistir na eficácia do negócio relativamente ao suposto *dominus*. Na doutrina alemã contra a possibilidade de se fundar a *Anscheinsvollmacht* na *culpa in contrahendo* v., a título exemplificativo, Frank Peters, *Zur Geltungsgrundlage...*, in *Archiv...*, 179, pp. 238 e 244, por considerar não existir uma relação de confiança pré-negocial entre o terceiro e o representado. Em Itália, e para além das referências bibliográficas a este respeito já mencionadas ao longo do presente Capítulo, refira-se, a título meramente ilustrativo, quanto escreve, Bonelli, *Studi...*, pp. 53 e ss..

[1769] A problemática geral da responsabilidade por *cic* do representado por actos do procurador, e do representante, por comportamentos desenvolvidos no exercício da respectiva função, é um tema a carecer de tratamento aprofundado na nossa doutrina. Para além de algumas referências ao problema (assim cfr., por exemplo, Mota Pinto, *A responsabilidade pré-negocial...*, p. 111; Id., *Cessão...*, p. 352 e nota (1); Id., *Teoria...*, p. 544, nota (2) e 545; Almeida Costa, *Responsabilidade...*, pp. 71 e 95 e ss.; Menezes Cordeiro, *Da boa fé...*, I, pp. 633 e 634, 639; Sinde Monteiro, *Responsabilidade...*, pp. 52 e ss., 474, nota (51), 488 e 490, 495, 549, nota (330), 589 e 590, 596; Ana Prata, *Notas...*, in *Revista...*, n.° 17, Janeiro-Março, pp. 62 e ss.; Raúl Guichard Alves, *O problema...*, pp. 96, nota (202), 104 e ss., e notas (226) (227); Id. *Notas...*, in *Revista...*, XXXVII, p. 47; Id., *Da relevância...*, pp. 61 e ss.; nota (90); Paulo Mota Pinto, *Aparência de poderes de representação...*, in *Boletim...*, Vol. LXIX, pp. 639 e 640, nota (100); Carneiro da Frada, *Contrato...*, pp. 104 e 105; Id., *Uma «terceira via»...*, pp. 98 e ss., e nota (80); Id., *Teoria da confiança...*, pp. 502 e 503, nota (692); João Calvão da Silva, *Parecer de Direito*, in *A privatização da sociedade financeira portuguesa. Regras sobre reprivatizações, responsabilidade pelo prospecto, culpa in contrahendo, vícios ocultos das empresas reprivatizadas*, Lisboa, 1995, p. 221; Oliveira Ascensão, *Direito civil...*, II, p. 252) merecem destaque, pela maior extensão dos desenvolvimentos oferecidos na matéria, os estudos de Pedro Múrias, *A representação legal...*, *per totum*, mas mesmo assim sem cobrir a representação voluntária; e de Rui Ataíde, *A responsabilidade...*, pp. 142 e ss., *passim* maxime pp. 160 e ss., e 178 e ss., e a análise de direito comparado, com referências também ao direito português, levado a cabo por Helena Brito, *A representação...*, pp. 165 a 170, centrado, todavia, somente na *cic* do representante e do representado por negócios celebrados pelo primeiro sem poderes de representação. Uma análise aprofundada da temática seria neste contexto deslocada por não se enquadrar nem servir os objectivos do presente trabalho, sobretudo, se, como parece metodologicamente correcto, não se procurar a solução para a responsabilidade por *cic* no âmbito do fenómeno representativo através de uma via conceptual dedutivística assente na determinação da titularidade formal e teórica dos deveres pré-contratuais, e se se limitar o estudo à discussão sobre se o ordenamento jurídico, tendo em conta os interesses em jogo, pretendeu atribuir ao representante ou ao representado o peso dos deveres pré-contratuais (vituperando com razão a opção que agora se descarta e optando pela segunda via de tratamento da *cic* na representação v., Pedro Múrias, *A representação...*, p. 10. Em sentido diverso, admitindo, a nosso ver sem razão, alguma ligação, ainda quando porventura eventual, entre a *cic* no âmbito do fenómeno representativo e as várias teorias cujo fim é o de explicar dogmaticamente a representação v., Rui Ataíde, *A responsabilidade...*, pp. 142 e ss., maxime 178). A solução a dar ao problema da responsabilidade pré-contratual do representante ou representado perante terceiro mostra-se, pois, independente, do problema da ligação ou independência da procuração em relação ao negócio-base e mesmo à estrutura do negócio representativo (a inexistência de uma ligação entre o § 166 do *BGB*, atinente à relevância dos vícios da vontade e estados subjectivos relevantes no direito alemão, e a solução a dar à questão da responsabilidade pré-contratual no âmbito do fenómeno representativo é, precisamente, sublinhada por Ballerstedt, *Zur Haftung...*, in *Archiv...*, 151, pp. 511 e 512. Na decisão daquela outra questão que consiste em apurar se uma procuração viciada é autonomamente impugnável ou, se ao invés, as deficiências da *procuratio* não devem antes conduzir à declaração de invalidade do negócio representativo como um todo e apenas quando ele se tenha realmente repercutido (sobre este assunto v., *infra*, Parte II, Capítulo VI, parágrafo 3) já se usa, por vezes, na doutrina tudesca, a favor da segunda das soluções, e *en passant*, argumentos atinentes à responsabilidade pré-contratual do *dominus* por vícios do negócio representativo bem como considerações relativas à *cic* do falso representante em caso de representação sem poderes. As referências são, todavia, frequentemente superficiais e não obrigam a grandes considerações. Em todo o caso sempre se deve sublinhar, desde já, como a atenção dada ao problema da *cic* pela doutrina alemã, quando procura resolver as questões atinentes à impugnabilidade, ou não, da *procuratio*, se prende com aspectos e particularidades específicas de direito alemão relativamente à responsabilidade do representante desprovido de poderes de representação. Aspectos esses sem paralelo no direito português porquanto à responsabilidade do representante sem poderes se aplicam as regras gerais da *culpa in contrahendo*. Cfr., sobre o assunto, Rui de Alarcão, *Breve...*, in *Boletim...*, 138, p. 114; e, ainda, Maria de Lurdes Pereira, *Os estados...*, in *Revista...*, XXXIX, 1, pp. 148, nota (46), e 158, a qual sublinha a menor acuidade ou importância em Portugal – e no confronto com o direito alemão – do problema da *cic* no plano da representação para o debate da questão da impugnação do acto de outorga de poderes de representação. A autora refere, também, como os ditames da boa fé, enquanto parâmetros de comportamento devido pelas partes na fase pré-contratual (artigo 227.º do Código Civil), podem, reunidos os demais condicionalismos exigidos, afectar a posição jurídica daquele que possui determinados conhecimentos. Se se transportar esse tipo de ocorrências para o domínio da representação verificamos que quer o representante quer o representado podem possuir conhecimentos os quais, de acordo com a norma, determinam o surgimento de um dever de informar. Não se trata, contudo, de situações às quais se aplique o artigo 259.º (preceito donde se podem, a nosso ver, extrair importantes conclusões acerca da estrutura do negócio representativo), pois aí apenas se refere o conhecimento enquanto elemento conformador dos efeitos do negócio. Na *cic*, lembra acertadamente Maria de Lurdes Pereira, a consequência da titularidade do conhecimento é o nascimento de um dever acessório. Não a conformação de qualquer efeito do negócio representativo. A violação – escreve – do referido dever é sancionada através da imposição de uma obrigação de indemnizar os danos culposamente causados, sem quaisquer repercussões ao nível dos efeitos do negócio. Isto a permitir uma ulterior precisão. Na *cic* o decisivo para a produção dos efeitos indemnizatórios é, não tanto o conhecimento, mas antes, o acto ilícito. Não tem sequer de ser celebrado o negócio representativo para se verificar a omissão não permitida. Além disso, acrescenta, a situação nem sequer se apresenta diversa quando em causa esteja, não a violação de um dever de informação, mas sim o desrespeito por um dever de lealdade na fase pré-negocial.

todavia encontrado oposição generalizada por parte da *communis opinio*, por considerar tratar-se de soluções que se bastam, ou pelo menos se encontram para aí primordialmente viradas, com saídas indemnizatórias, para mais, e em princípio, pelo interesse contratual negativo[1770].

Nesse caso, o ilícito já não colhe sequer a sua justificação num hipotético dever de informação existente na pessoa do representante ou do representado. Por tudo isto, a autora considera, a nosso ver bem, não caber no âmbito do seu estudo − no qual se analisam os estados subjectivos relevantes, a falta e vícios da vontade e a estrutura do negócio representativo − o tratamento das questões pertinentes à *cic* do representante ou do representado. Do âmbito do artigo 259.º estão, sustenta Maria de Lurdes Pereira, excluídos os deveres pré-negociais. Por último, v., Oliveira Ascensão, *Direito civil...*, II, p. 252, o qual escreve: «*Diferente da vinculação do principal é a responsabilidade do mesmo por actos do representante.* (...) *Aí aplicam-se os princípios gerais, constantes dos arts. 500.º e 800.º, consoante a responsabilidade for obrigacional ou extra-obrigacional.* (...) *A conjugação destes preceitos é difícil, mas nela não vamos entrar, porque não põem propriamente em causa os princípios da representação.*» Repare-se, de resto, como em aparente sintonia com quanto decorre das palavras de Ballerstedt, de Maria de Lurdes Pereira e de Oliveira Ascensão, as obras monográficas de referência, nas quais se procura proceder a um reenquadramento ou reconstrução dogmática do fenómeno representativo, por norma, ou não dedicam grande importância ao problema da *cic* na representação, ou não lhe atribuem sequer, e na maioria dos casos, qualquer relevância. Assim, pode referir-se a título exemplificativo, em Espanha, António Gordillo, *La representación...*, per *totum*; na doutrina italiana Neppi, *La rappresentanza...*, per *totum*; Mosco, *La rappresentanza...*, per *totum*; Natoli, *Rappresentanza...*, per *totum*; Papanti-Pelletier, *Rappresentanza...*, per *totum*; enquanto entre os autores tudescos o destaque vai para Hupka, *Die Vollmacht...*, per *totum*; e Müller--Freienfels, *Die Vertretung...*, per *totum*. Destarte, limitamo-nos a remeter a este respeito, e para uma análise e enquadramento mais aprofundado do tema da responsabilidade pré-contratual na conclusão de negócios através de representante, para a obra fundamental sobre o tema, de Ballerstedt, *Zur Haftung...*, in *Archiv...*, 151, pp. 501 e ss.; e ainda, a título meramente ilustrativo, e de entre os muitos autores por nós considerados, para os estudos mais específicos de Thilo Sticht, *Zur Haftung des Vertrenen und des Vertretes aus Verschulden bei Vertragsschluss sowie des Erfüllungsgehilfen aus positivers Vertragsverletzung*, Munique, 1966, *passim*; Ulrich Müller, *Die Haftung des Stellvertreters bei culpa in contrahendo und positiver Forderungsverletzung*, in *Neue Juristische Wochenschrift*, 1969, pp. 2169 e ss.; Henckelmann, *Mitverschulden...*, in *Juristenzeitung*, 1970, pp. 64 e ss.; Frotz, *Verkehrsschutz...*, *passim*, e designadamente, pp. 50 e ss. (uma das poucas monografias de fundo sobre a representação onde o problema da *cic* acaba por ser abordado com algum detalhe); Id., *Die Rechtsdogmatik...*, in *Privatlicher Beiträge. Gedenkschrift...*, pp. 168 e 169; Canaris, *Vertrauenshaftung...*, pp. 534 e 535, 457 e 458; Egger Peters, *Überschreitung der Vertretungsmacht und Haftung des Vertretenen für culpa in contrahendo*, in *Festschrift für Rudolf Reinhardt zum 70. Geburtstag, 7. Juni 1972*, 1972, Colónia--Marienburg, pp. 127 e ss.; Tempel, *Die Stellvertretung...*, in *Grundlagen...*, pp. 248 e ss.; Flume, *Allgemeiner...*, II, *Das Rechtsgeschäft...*, pp. 796 e 797; Canaris, *Schadenersatz − und Bereicherungshaftung des Vertretenen bei Vertretung ohne Vertretungsmacht − BGH, NJW, 1980*, in *Juristische Schulung*, 1980, 115, pp. 332 e ss.; Köndgen, *Selbstbindung...*, pp. 403 e ss.; Prölss, *Haftung bei der Vertretung ohne Vertretungsmacht*, in *Juristische Schulung*, 1986, 26, pp. 172 e ss.; e Julia Schärfer, *Teilweiser...*, pp. 55 e ss.. Ao nível dos comentários ao *BGB* e obras gerais de direito civil v., Steffen, *BGB-RGRK*, cit., I, comentário ao § 177, pp. 113 e 115; Larenz, *Allgemeiner Teil...*, pp. 612 e 633; Schramm, *Münchener...*, I, comentário ao § 164, p. 1402, e ao § 177, pp. 1510 e ss.; Id., *Idem*, 4.ª ed., comentário ao § 164, pp. 1641 e ss., comentário ao § 177, pp. 1772 e ss.; Staudinger-Schilken, *Kommentar...*, I, comentário ao § 177, pp. 151 e ss.; Larenz-Wolf, *Allgemeiner...*, pp. 899 e ss..

[1770] Acrescente-se, ainda, a circunstância de a responsabilidade pré-contratual obrigar as partes a agirem de boa fé durante a fase que precede a conclusão de um negócio, mas não

No entanto, quanto interessará fundamentalmente ao terceiro é a manutenção do negócio representativo[1771]. A importância da diferença vai ao ponto de levar CANARIS[1772] a sublinhar o carácter constitutivo da *Zweispurigkeit der Vertrauenshaftung* (bidimensionalidade da responsabilidade pela confiança). Na verdade, o jurista alemão distingue muito claramente, consoante a tutela consista na atribuição de quanto a outra parte esperava, através da atribuição do interesse positivo – nas palavras do autor, mediante uma vinculação ao cumprimento – ou, em contrapartida, esteja em causa uma simples indemnização pelos danos sofridos se não se tivesse confiado, e destarte, uma simples protecção negativa da confiança[1773, 1774]. Indemnização esta a qual nem

---

adstringir um sujeito a intervir nas negociações indevidamente realizadas por terceiros. Assim, também, Patti, *Profili della tolleranza...*, p. 151.

[1771] Paulo Mota Pinto, *Aparência de poderes de representação...*, in *Boletim...*, Vol. LXIX, p. 632.

[1772] Canaris, *Vertrauenshaftung...*, p. 5.

[1773] Este aspecto da tese de Canaris tem sido devidamente sublinhado pela doutrina nacional. Cfr., Paulo Mota Pinto, *Aparência de poderes de representação...*, in *Boletim...*, Vol. LXIX, p. 632; e Pedro Múrias, *A representação...*, p. 16. A inexistência de qualquer motivo para limitar a responsabilidade por *culpa in contrahendo* ao interesse negativo tem sido, todavia, sublinhada por parte de alguma doutrina portuguesa com início em Ruy de Albuquerque, *Da culpa in contrahendo...*, pp. 82 e ss.; e posteriormente defendida, entre muitos outros, por Vaz Serra, *Anotação ao Acórdão do Supremo Tribunal de Justiça de 7-10-1976*, in *Revista de Legislação e Jurisprudência*, 1977-1978, ano 90, pp. 275 e ss.; Menezes Cordeiro, *Da boa fé...*, I, pp. 521 e 585, o qual refere como nos termos do artigo 227.°, n.° 1, do Código Civil o prevaricador responde por todos os danos causados, nos termos gerais; *Teoria...*, I, p. 723; *Tratado...*, I, I, pp. 407, 608 e 609, com indicações e sublinhando a circunstância de tanto a jurisprudência alemã como a portuguesa vir a abandonar a limitação da *culpa in contrahendo* ao chamado interesse negativo; Pires de Lima e Antunes Varela, *Código...*, I, comentário ao artigo 227.°, pp. 215 e ss.; Jorge Ribeiro Faria, *Direito das Obrigações*, Coimbra, 1990, I, p. 130, nota (2); Heinrich Hörster, *A parte geral...*, p. 474; Gomes da Silva e Rita Cabral, *Parecer*, in *A privatização da sociedade financeira portuguesa. Regras sobre reprivatizações, responsabilidade pelo prospecto*, culpa in contrahendo, *vícios ocultos das empresas reprivatizadas*, Lisboa, 1995, pp. 316 e ss.; Rita Cabral, *A responsabilidade por prospecto e a responsabilidade pré-contratual. Anotação ao Acórdão do Tribunal Arbitral, de 31 de Março de 1993 (Acção proposta pelo Banco Mello contra o Banco Pinto e Sotto Mayor)*, in *Revista da Ordem dos Advogados*, 1995, Ano 55, pp. 220 e ss., com amplas referências nacionais (inclusive ao nível da jurisprudência) e estrangeiras no mesmo sentido; Sousa Ribeiro, *O problema...*, p. 246, nota (606); Rui Ataíde, *A responsabilidade...*, p. 149, conquanto verificados determinados limites. Tudo ao ponto de se poder considerar que a *sententia juris* mais recente sustenta a aplicação do regime geral da obrigação de indemnizar ao dever nascido da responsabilidade pré-contratual. A orientação de cariz tradicional essa ora apenas admite algumas excepções à ideia de que a responsabilidade por *culpa in contrahendo* se deve circunscrever ao interesse negativo ora admite tão-só, de forma genérica, esta última possibilidade. Cfr., nesse sentido, por exemplo, Castro Mendes, *Teoria...*, II, pp. 173 e 174, nota (418); Baptista Machado, *Tutela...*, in *Obra...*, I, p. 409; Inocêncio Galvão Telles, *Parecer de direito*, in *A privatização da sociedade financeira portuguesa. Regras sobre reprivatizações, responsabilidade pelo prospecto, culpa in contrahendo, vícios ocultos das empresas reprivatizadas*, Lisboa, 1995, p. 193, embora sublinhe expressamente que a indemnização pelo interesse negativo pode compreender lucros cessantes; Marcelo Rebelo de Sousa, *Parecer de direito*, in *Idem*, pp. 243 e 244, e nota (31), apesar de o autor não adoptar uma

sequer existirá se faltar a culpa do pseudo-representado, num fenómeno decorrente da regras gerais e dobrado, entre nós, pelo regime
do artigo 246.° do Código Civil no tocante aos casos de ausência de
consciência da declaração[1775, 1776, 1777].

---

posição clara a este respeito e deixar, destarte, uma legítima dúvida quanto à sua posição; Guichard
Alves, *O instituto...*, in *Juris...*, pp. 242 e ss.; Oliveira Ascensão, *Direito...*, II, p. 374; Carneiro da
Frada, *Teoria da confiança...*, pp. 388 e ss., nota (527), com indicações. Pela nossa parte, tendemos a
inclinar-nos a favor da insusceptibilidade de limitação da responsabilidade por *culpa in contrahendo*
ao interesse negativo. Apenas se deixa uma nota mais. A diferença de posições entre os defensores
de uma e outra posição não é porventura, hoje, tão cavada na nossa doutrina como pode talvez
parecer, atentas as excepções admitidas ou limites impostos à regra geral. Sintoma disso será possivelmente a circunstância de, com frequência, mais de um autor ser ora qualificado como favorável
à limitação da obrigação de indemnizar na *culpa in contrahendo* ao interesse contratual positivo ora
indicado como defensor da possibilidade de a obrigação de reparar se estender ao dano positivo.

[1774] A ilustração desta diferença constitutiva entre as duas formas de responsabilidade pela
confiança é, aliás, desenvolvida de forma exemplar por Canaris, *Vertrauenshaftung...*, p. 5, através da
referência aos vários entendimentos propostos na doutrina para a procuração por aparência ou
Anscheinsvollmacht.

[1775] Assim mas em termos gerais para os vários casos possíveis de *cic* por parte do representado, Paulo Mota Pinto, *Aparência de poderes de representação...*, in *Boletim...*, Vol. LXIX, p. 632.

[1776] Pela nossa parte, sublinhe-se outra vez, não estamos seguros de que a responsabilidade
pré-negocial se deva cingir a uma compensação pelo interesse contratual negativo. Do que já
duvidamos, isso sim, é poder a concreta ressalva final do artigo 246.°, ao responsabilizar por *cic* o
agente que, com culpa, não teve consciência da declaração ou da situação de aparência por ele
criada, conduzir a uma indemnização pelo interesse positivo – mas refira-se circunscreverem-se as
dúvidas agora sublinhadas à hipótese contemplada no artigo 246.° do Código Civil, pois, aí, a lei
afirma não se produzir qualquer efeito em virtude da falta de consciência da declaração. Com isso
parece afastar-se ou pretender precludir-se a produção de todos e quaisquer efeitos jurídicos
mesmo aqueles normalmente associados à nulidade ou invalidade de certo comportamento ou
outros efeitos ligados à confiança (assim v., Menezes Cordeiro, *Da boa fé...*, I, p. 521, nota (283).
Cfr., porém, em sentido diverso, quanto escreve Menezes Cordeiro, *Manual...*, I, 2.ª ed., pp. 577 e
578. À semelhança de Carneiro da Frada, *Teoria da confiança...*, p. 53, nota (51), não temos, no
entanto, nada por líquida a pretensão de substituir a exigência de declaração presente no artigo
246.° pela de uma imputação baseada na aparência dessa consciência, e menos ainda de que tal
corresponda a uma interpretação «restritiva» do preceito. À observação segundo a qual recupe-
rando a consciência o declarante pode pretender salvar o negócio poderá perguntar-se se o terceiro apercebendo-se, *a posteriori*, da falta de consciência não se deverá poder considerar sem mais
livre desse negócio). Além disso, se no caso do artigo 246.° se admitisse, perante uma situação de
simples culpa, uma responsabilidade pelo interesse positivo o qual, associado ao princípio da
restauração natural e à execução específica, pudesse levar o agente a ficar vinculado a efeitos
paralelos aos decorrentes da declaração, estar-se-ia, nem mais nem menos, a cilindrar a primeira
parte do preceito em questão (cfr., Raúl Guichard Alves, *Da relevância...*, p. 69). Por outro lado,
mas também por força de quanto se disse já, deverá levantar-se igualmente o problema, suscitado
por alguma doutrina a propósito da força da regra contida no artigo 800.°, n.° 1, do Código Civil
(v. *infra*, quanto se escreve sob o presente Capítulo, designadamente em nota), para afastar o
regime decorrente dos artigos 268.° e 269.° do Código Civil. Finalmente caberá perguntar se o
mero critério da culpa (e portanto também os simples comportamentos negligentes de cujas consequências o agente não está ciente) nos permite uma vinculação do *dominus* em caso de criação
de uma aparência de representação. Parece na verdade, que a utilização da culpa, como padrão ou

Este último requisito da culpa do pseudo-representado não será, todavia, necessário, é certo, para quem pretenda fundar a responsabilidade por *culpa in contrahendo* do representante em consequência dos actos praticados pelo *falsus procurator* ou representante sem poderes no regime da responsabilidade do devedor por actos dos seus auxiliares[1778]. Abstraindo, todavia, das dúvidas que uma tal solução possa

---

critério de imputação da responsabilidade do *dominus* pela confiança na aparência de faculdades representativas, colidiria novamente com preclusão legal de efeitos jurídicos naqueles casos nos quais o agente não tem consciência da declaração. Para melhor compreensão de quanto se afirma agora v. o escrito *infra* em nota sob o presente Capítulo. Refira-se, apenas, e ainda, como a doutrina entre nós mais amplamente favorável à indemnização do interesse contratual positivo em caso de *cic* pressupõe ter o lesado perdido uma oportunidade de negócio por via da confiança suscitada (assim, e designadamente, Menezes Cordeiro, *Tratado...*, I, I, p. 346; Id., *Idem*, 2.ª ed., p. 407). Ora isso pode não ter acontecido em casos nos quais a boa fé do terceiro e o investimento por ele feito na aparência de poderes de representação se mostre justificada.

[1777] No caso de o representante actuar por iniciativa do representado, Ana Prata, *Notas...*, in *Revista...*, p. 132, considera estar-se perante uma situação culposamente criada pelo representado. Destarte, a conduta do representado constituiria um ilícito pré-contratual, cuja sanção deveria configurar, com base no artigo 227.º do Código Civil, a forma preventivo-reparadora em espécie, traduzida na eficácia dos actos praticados em relação ao *dominus*. Pela nossa parte, não temos dificuldade em aceitar, face a quanto se disse já *supra* nas notas anteriores a esta, que a responsabilidade pré-negocial possa conduzir à indemnização pelo interesse positivo. Tudo dependerá do dano efectivamente sofrido. Mas já temos alguma relutância em admitir que a *culpa in contrahendo*, instituto subordinado à boa fé objectiva, possa proporcionar soluções fora do âmbito do relacionamento específico entre sujeitos (assim, também, Frank Peters, *Zur Geltungsgrunlage...*, in *Archiv...*, 179, pp. 238 e 244. V., também, quanto escreve, embora numa linha diversa, Patti, *Profili della tolleranza...*, p. 151). Ora este relacionamento faltará na maior parte dos casos nos quais se discute a questão da procuração aparente. Quando assim não seja aplicar-se-ão as regras gerais da *cic*, por violação culposa do dever de informação a cargo do principal. Porém, e conforme se sublinhou já na nota anterior, nem sempre se poderá considerar, em caso de actuação autorizada pelo pseudo--representado, que a frustração da confiança verificada deva necessariamente conduzir à manutenção do negócio supostamente celebrado pelo pseudo-representante e a uma indemnização pelo interesse no cumprimento. Tudo dependerá das particularidades de cada caso.

[1778] Entre nós o recurso ao artigo 800.º do Código Civil é utilizado, como forma de responsabilizar o suposto representado por actos praticados abusivamente pelo representante voluntário, designadamente, por Ana Prata, *Cláusulas...*, pp. 706, 707 e 745, mas parecendo referir--se aos casos em que o representante é utilizado para realizar actos de cumprimento de uma obrigação já existente; Id., *Notas...*, in *Revista...*, n.º 17, Janeiro-Março, pp. 17, p. 65 (agora parecendo alargar o âmbito de aplicação do artigo 800.º que conforme se referiu já a autora admite poder concorrer com o artigo 500.º do Código Civil na responsabilização do representado, consoante se verifiquem os requisitos de um ou do outro dos dois preceitos). V., também, Carneiro da Frada, *Contrato...*, pp. 104 e 105 e nota (202). Segundo ele, o representado poderá ser chamado a responder pela culpa dos auxiliares utilizados na preparação do contrato e no cumprimento dos específicos deveres para ele decorrentes da relação pré-contratual, «*ex vi do artigo 800 do Código Civil, como decorre do modelo contratual da responsabilidade*». Este preceito define, conforme sublinhado por Carneiro da Frada, os termos da responsabilidade do devedor pelos representantes legais ou auxiliares utilizados para o cumprimento da obrigação. No período de negociações não existem naturalmente deveres de prestar a cargo das partes e apenas recaem sobre elas deveres de comportamento. Não obstante, e como se trata de vinculações específicas a transcenderem os

apresentar[1779] a aceitação de uma responsabilidade do suposto representado, em consequência da celebração, em seu nome, de um acto

deveres genéricos do *neminem laedere* delitual, Carneiro da Frada defende a imputação do dano ao representado por aplicação analógica do artigo 800.°, e não através do artigo 500.°. No sentido segundo o qual se mostra desnecessária qualquer *Sonderverbindung* para fazer funcionar o artigo 800.°, podendo este dar azo a uma imputação de responsabilidade perante situações de violação objectiva do *neminem laedere* v., Pedro Múrias, *A responsabilidade por actos de auxiliares e o entendimento dualista da responsabilidade civil*, separata da *Revista da Faculdade de Direito da Universidade de Lisboa*, Ano XXXVIII, n.° 1, 1996, pp. 207. Contra a posição sustentada por Pedro Múrias pode, todavia, ver-se, Rui Ataíde, *A responsabilidade...*, pp. 143 e ss., nota (346) e ainda nota (350). Não parece contudo que Carneiro da Frada tenha em mente as hipóteses nas quais o representante agiu com falta, excesso ou abuso de poderes. Cfr., ainda, Paulo Mota Pinto, *Aparência de poderes de representação...*, in *Boletim...*, vol. LXIX, p. 638, nota (99); Raúl Guichard Alves, *Da relevância...*, p. 72, nota (90), mas referindo-se claramente à *cic* do representado por actos praticados por um representante com poderes; Id., *O instituto...*, in *Juris...*, pp. 247 e 248; e Helena Brito, *A representação...*, p. 166. Também, Vaz Serra, *Culpa...*, in *Boletim...*, 68, p. 136, se refere a uma responsabilização do negociador por actos dos seus auxiliares por força da aplicação das regras da responsabilidade do devedor por actos desses mesmos auxiliares. Mas parece estar a aludir, conforme se deu já nota, a situações nas quais o responsável intervém efectivamente, por si, na preparação do negócio, tendo apenas ajudas de outros. Na jurisprudência nacional por nós referida *supra*, Parte II, Cap. II, parágrafo 2, aparece também, e ocasionalmente, alguma referência à responsabilidade do *dominus* por actos dos respectivos auxiliares como forma de responsabilizar o representado por actos cometidos pelo representante com abuso, excesso ou falta de poderes de representação. Também o *Acórdão da Relação do Porto, 6-10-1992* (Araújo Barros), in *Colectânea de Jurisprudência*, 1992, XVII, 4, pp. 245 e ss., acabou por fundar a responsabilidade da dona de um «stand» pela aparência de poderes para receber pagamentos por parte de um simples angariador designadamente nos artigos 500.°, n.° 2, e 800.° do Código Civil. A confusão em que assim incorreu o tribunal entre protecção específica da confiança e via indemnizatória tem já sido assinalada pela doutrina (cfr., por exemplo, Paulo Mota Pinto, *Aparência de poderes de representação...*, in *Boletim...*, Vol. LXIX, p. 644, nota (103)). Convém todavia sublinhar como no caso em apreço naquele aresto o solicitado ao tribunal consistia na restituição do sinal em dobro, razão pela qual, conforme igualmente notado já entre nós, a solução indemnizatória e a vinculação do representado poderia não ser diversa.

[1779] Designadamente no tocante à compaginação entre o regime do artigo 800.°, de um lado, e o disposto nos artigos 268.°, n.° 1, e 269.° do Código Civil, do outro. A este respeito, e dando prevalência à norma na qual se estabelece a ineficácia do negócio celebrado pelo representante sem poderes sobre o preceito relativo à responsabilidade do devedor por actos dos seus auxiliares pode ver-se, entre nós, Raúl Guichard, *O problema...*, p. 106, nota (227); Id., *O instituto...*, in *Juris...*, pp. 247 e 248 (onde o autor considera que uma eventual indemnização imposta pelo artigo 800.° – e também 500.° – do Código Civil não pode levar senão a uma compensação pelo interesse contratual negativo) e 149; Eggert Peters, *Überschreitung der Vertretungsmacht und Haftung des Vertretenen...*, in *Festschrift...*, pp. 131 e ss.; Prölss, *Haftung bei der Vertretung...*, in *Juristische...*, 1986, 26, p. 173; Schramm, *Münchener...*, I, comentário ao § 177, p. 1511; Id., *Idem*, 4.ª ed., comentário ao § 177, p. 1773, o qual admite uma responsabilidade do *dominus* por *cic* em consequência de actos do falso representante quando este, embora sem poderes de representação ou com excesso mas, ainda, em ligação com a função atribuída pelo principal, provoque a ofensa de bens jurídicos já pertencentes ao *tertius*, em resultado da violação de deveres de protecção, ou quando forneça informações erradas. Já não será, todavia, assim nas hipóteses nas quais os danos resultam directamente da falta de poder de representação. Então e segundo Schramm não há qualquer possibilidade de se proceder à aplicação do § 278 do *BGB* (artigo 800.° do Código

ou negócio ineficaz, por falta de poderes do *falsus procurator* pressuporia a verificação de uma série de requisitos os quais nem sempre se verificam. Antes de mais o falso representante deve, na verdade, possuir algum tipo de ligação com o suposto representado[1780]. Além disso, tem sido defendida também a necessidade de o dono do negócio ter outorgado a um seu colaborador competência para proceder à negociação com o terceiro, ou, ao menos, a existência e efectivação de um contacto pré-negocial entre o *dominus* e o *tertius*[1781, 1782]. O auxiliar deve possuir faculdades para poder interagir com o terceiro, mesmo se desprovido de poderes de representação, ou encontrar-se autorizado para a realização de negociações. Verificados estes requisitos tem-se admitido a responsabilidade do representado, por *cic*, perante actos realizados por um *falsus procurator*, com fundamento no regime da responsabilidade do credor por actos dos seus auxiliares[1783]. A falta deles prejudica, porém, de forma definitiva o terceiro de boa fé, o qual em todo o caso, e na melhor das hipóteses, se deverá con-

Civil) [mas v. do autor, em sentido já não totalmente coincidente, *Münchener...*, 4.ª ed., I, p. 1773]. O mesmo entendimento tem sido atribuído a Steffen, *BGB-RGRK*, cit., I, comentário ao § 177, pp. 113 e ss., embora o jurista tudesco não se mostre absolutamente claro. Em sentido contrário, por considerarem que a atribuição de uma indemnização não é incompatível com o regime da ineficácia do negócio manifestam-se, designadamente, Frotz, *Verkehrsschutz...*, pp. 100 e ss.; Flume, *Allgemeiner...*, II, *Das Rechtsgeschäft...*, pp. 808 e 809; Staudinger-Schilken, *Kommentar...*, I, comentário prévio ao § 164, p. 16, e comentário ao § 177, p. 151; Julia Schärfer, *Teilweiser...*, pp. 68 e ss.. Na jurisprudência alemã pode ver-se a este respeito, e sempre a título meramente exemplificativo, *Reichsgericht, VI. Zivilsenat, 6. Februar, 1928*, in *Entscheidungen des Reichsgerichts, Zivilsachen*, 1928, 120, pp. 127 e 130; *Reichsgericht, VIII. Zivilsenat, 2 Februar, 1931*, in *Entscheidungen des Reichsgerichts, Zivilsachen*, 1931, pp. 239 e ss. e 246; *Bundesgerichtshof, 28. Februar 1966*, in *Zeitschrift für Wirtschaft und Bankrecht, Wertpapier-Mitteilungen*, 1966, IV, pp. 491 e ss. e 494. Na doutrina italiana v., para uma referência às teses que procuram resolver, com apelo às regras sobre a responsabilidade contratual, o problema da tutela dos terceiros de boa fé que contratam com um *falsus procurator*, por todos, Valentina di Gregorio, *La rappresentanza...*, pp. 206 e ss..

[1780] A doutrina alemã refere a propósito, de forma sugestiva, que o falso representante deve pertencer «à gente ou pessoas» do representado. Cfr., Flume, *Allgemeiner...*, II, *Das Rechtsgeschäft...*; Julia Schärfer, *Teilweiser...*, p. 68. Entre nós v., a este respeito, Paulo Mota Pinto, *Aparência de poderes de representação...*, in *Boletim...*, vol. LXIX, p. 639, nota (99); Rui Ataíde, *A responsabilidade...*, p. 143; e Helena Brito, *A representação...*, p. 166.

[1781] Assim, por todos, Julia Schärfer, *Teilweiser...*, p. 68. Na nossa doutrina v., Rui Ataíde, *A responsabilidade...*, p. 139.

[1782] Esse parece ser também o entendimento de Helena Brito, *A representação...*, p. 166, quando afirma que a *cic* do pretenso representado, por via do artigo 800.º do Código Civil, só pode surgir se o pretenso representante iniciar negociações, com conhecimento do dono do negócio, com a outra parte em execução (e sublinhe-se o termo execução) de uma relação interna entre o representante e o representado.

[1783] V., por todos, Julia Schärfer, *Teilweiser...*, p. 68.

tentar com uma saída ressarcitória[1784, 1785]. Mais. Tal como apontado já a propósito da via que procura resolver a tutela de terceiros de boa fé perante actos praticados por representantes sem poderes com base na responsabilidade do comitente por actos do comissário, o recurso ao artigo 800.º do Código Civil protege apenas o *tertius* perante faltas e actos do auxiliar. Na representação aparente quanto se procura é, porém, uma tutela perante situações geradas pelo próprio *dominus*[1786].

Também não se mostra, a nosso ver, possível resolver a questão da protecção do terceiro de boa fé o qual contrata com um *falsus procurator* através do apelo a um qualquer princípio geral de protecção da confiança ou da aparência[1787], embora nos pareça possuir a teoria da tutela da confiança um campo mais vasto de quanto é muitas vezes afirmado entre nós[1788, 1789].

[1784] Para mais, e no entender da *communis opinio*, pelo interesse contratual negativo.

[1785] Para uma referência à via que consiste em procurar na gestão de negócios representativa uma saída para a tutela de terceiros de boa fé perante hipóteses de negócios celebrados por representantes sem poderes cfr., Paulo Mota Pinto, *Aparência de poderes de representação...*, in *Boletim...*, Vol. LXIX, p. 633.

[1786] Ou seja uma responsabilidade por actos próprios. Cfr., Rui Ataíde, *A responsabilidade...*, p. 13.

[1787] Cfr. a bibliografia já antes referida no presente capítulo a este respeito. Agora destaque--se apenas, no mesmo sentido, na doutrina tudesca, onde a protecção da confiança tem merecido maior amplitude do que no nosso ordenamento jurídico, Frank Peters, *Zur Geltungsgrunlage...*, in *Archiv...*, 179, p. 231.

[1788] Julgamos, designadamente, que muitas das soluções vigentes em sede de negócio jurídico só podem ser explicadas com recurso à ideia de confiança (a este respeito v., designadamente, as várias concretizações do princípio apontadas por Menezes Cordeiro, *Da boa fé...*, I, pp. 517 e ss., maxime pp. 520 e ss., nota (283); Pedro Múrias, *Representação...*, p. 27; Canaris, *Vertrauenshaftung...*, pp. 428 e ss., onde, o jurista tudesco, num ensinamento perfilhado entre nós designadamente por Menezes Cordeiro, demonstra como na ausência de um nexo voluntário os efeitos produzidos pelo Direito atribuem-se à protecção da aparência e não à negocialidade; Carneiro da Frada, *Teoria da confiança...*, p. 53 nota (51)). Isso acontece com o artigo 243.º, n.º 1, com o artigo 244.º, com o artigo 254.º *a contrario*. O própria vinculação em caso de erro cuja essencialidade foi ignorada, sem violação de deveres de cuidado pelo declaratário, explica-se pela relevância da confiança (em sentido contrário v., porém, Canaris, *Vertrauenshaftung...*, pp. 412 e ss., maxime pp. 422 e 423, para quem a declaração errónea ou viciada seria, ainda, manifestação da autonomia porquanto o agente se autodeterminaria nela. Entre nós, Carneiro da Frada, *Contrato...*, p. 67, com indicações bibliográficas relevantes na matéria, manifesta-se contra a posição expressa por aquele e outros autores alemães, por considerar que, no caso de erro, a vinculação do declarante não se deixa harmonizar com a vontade. E, tem razão. Conforme sublinhado por Bydlinski, *Privatautonomie...*, p. 163, entre aquele que negocialmente nada quer e aquele que negocialmente quer algo de diferente, não existe, no ponto decisivo, nenhuma diferença. Num e noutro caso os efeitos jurídicos não foram queridos, num ou noutro caso o declaratário não estava deles consciente [daqui não se segue, porém, como é por vezes pretendido que se possa prescindir da consciência da declaração negocial. Segue-se, sim, não dever imputar-se uma eventual vinculação resultante de uma declaração emitida com consciência, mas sujeita a erro, à automomia privada]. Por isso também, Menezes Cordeiro, *Manual...*, I, 2.ª ed., p. 577, considera que nos casos de erro inimpugnável há protecção da confiança e não autonomia privada efectiva). Parece–nos poder descobrir–se, inclusivamente, no artigo 236.º do Código Civil, com o apelo ao sentido do declaratário normal, e com a remissão que vimos já estar aí implícita para a boa fé, uma referência a um sentido da declaração insusceptível de ser atribuível à autonomia da vontade (cfr. Canaris, *Pensamento...*, p. 93, e o tratamento novamente dado ao tema pelo autor no seu, *Bewegliches System...*, in *Das bewegliche...*, pp. 102 e ss., p. 105, onde, conforme sublinhado já noutro local [V. *supra*, Parte I, Cap. II, parágrafo 2, em nota] o eminente jurista alemão considera que o domínio da doutrina do negócio jurídico se não encontra apenas dominado pelo princípio da autodeterminação, antes, e simultaneamente, pela ideia de protecção da confiança. Isso mesmo realiza-se ou concretiza-se, no dizer do autor, em primeira linha através do princípio da interpretação objectiva ou normativa. De acordo com ela um negócio receptício vale em regra com o conteúdo que o destinatário da declaração razoavelmente lhe pode atribuir. Isso só se pode legitimar, segundo Canaris, através do princípio da protecção da confiança como o mostra, em especial, o facto de que de acordo com a regra da *«falsa demonstratio non nocet»* não se afigurar decisivo o sentido objectivo mas sim o subjectivo quando a outra parte o entendeu correctamente, e portanto, não confiou no alcance objectivo. A decorrência ou imputação de certos efeitos do processo hermenêutico ao princípio da confiança e, destarte, a respectiva insusceptibilidade de atribuição à autonomia da vontade não apresenta, assim, no desenvolvimento das conclusões propostas por Canaris, quaisquer dificuldades. V. também Antunes Varela, *Das obrigações...*, I, p. 227, embora não seja para nós clara a exacta extensão da remissão feita pelo autor de soluções como as consagradas no artigo 236.º, para o princípio da confiança) e, portanto, sem se desconhecer a circunstância de o fundamento do carácter vinculativo do negócio jurídico não poder estar exclusivamente na autonomia privada, incapaz de mostrar sequer carácter negocial (no sentido segundo o qual o primeiro critério de interpretação é o da vontade subjectiva de acordo com o disposto no n.º 2 do artigo 236.º v., Pedro Pais de Vasconcelos, *Teoria...*, I, pp. 308 e 309. Ao abrigo do anterior Código Civil veja-se, também, quanto escrevia Ferrer Correia, *Valor...*, in *Revista...*, 1954, Ano 72.º, pp. 291, autor a quem pertencem as seguintes palavras. *«Seria ocioso – e deslocado – empreender aqui a demonstração de que o nosso direito consagra o princípio da vontade; de que a vontade da parte é que constitui, à face da nossa legislação, a alma e a matriz do negócio jurídico. Bastaria, de resto, a invocação do art. 643.º, 2, junta à nulidade dos contratos por algum vício do consentimento, para cortar cerce todas as dúvidas. (...) É verdade que esse princípio não opera entre nós de modo absoluto, mas limitado por ideias de responsabilidade e de confiança, em atenção à tutela da boa fé do declaratário e da segurança da contratação (haja em vista o regime legal do erro; a não oponibilidade da simulação a terceiros de boa-fé; etc.)»*). Na verdade, estamos em crer que o regime do artigo 236.º do Código Civil mais não é, em vários dos seus aspectos, do que uma forma de tutela da confiança ou da aparência de determinado sentido da declaração negocial (esta ideia tem sido aceite, com maior ou menor amplitude, por certa doutrina portuguesa [v., por todos, Ferrer Correia, *Erro...*, *passim*; Manuel de Andrade, *Teoria...*, II, pp. 160 e ss.; Mota Pinto, *Teoria...*, pp. 469 e 468, Cfr., também, quanto escreve a este respeito Sousa Ribeiro, *O problema...*, p. 414, nota (314), e referências aí feitas] mas não com o sentido por nós dado [ainda assim quem porventura se situará mais próximo dos nossos pontos de vista será, possivelmente, Carneiro da Frada, *Teoria...*, pp. 51 e ss.]. A nossa posição andará, eventualmente, e sem a elas se reconduzir, algures perto de teorias como a da responsabilidade ou auto-responsabilidade [também ela defendida na nossa literatura jurídica por uma plêiade de insignes juristas, e designadamente por Guilherme Moreira, Beleza dos Santos, Paulo Cunha, Inocêncio Galvão Telles, Castro Mendes e Carvalho Fernandes] moderada pelo merecimento da confiança depositada pelo terceiro, sendo que a consequência da falta de confiança não será, sempre, na nossa perspectiva, e ao contrário do tantas vezes sustentado, a invalidade do negócio jurídico podendo perfeitamente traduzir-se na subsistência da vontade real – vontade que como se verá *infra* nesta nota pode inclusivamente valer, em certos casos, em cenários de justificada confiança do declaratário na aparência criada pela declaração), a qual prevalecerá, em determinadas circunstâncias, sobre a autonomia privada do declarante, sendo que, todavia, não vemos como prescindir da ligação do negócio ao poder conformador da vontade (cfr., quanto se escreveu já a este respeito *supra*, Parte I, Cap. V, parágrafo 2.2, IV, e parágafo 3.1). A justificação destas nossas asserções, ao arrepio de muito de quanto se tem dito a este respeito ou pelo menos numa orientação com peculiaridades mais ou menos próprias (mesmo assim, e para além de Carneiro da Frada, *Teoria da confiança...*, p. 52 e 53, nota (51), cfr. Menezes Cordeiro, *Da boa fé...*, II, pp. 521 nota (283), e bem mais recentemente *Parecer (cisão/fusão/disposição de activos da universalidade a cindir...*, pp. 20 e ss., onde se afirma: «*o negócio jurídico" que se mantenha sem vontade real não é já um verdadeiro negócio mas, antes, uma manifestação de confiança tutelada; tal tutela exige, desde logo, toda uma série de dispositivos legais que a facultem e que se não confundem com a autonomia privada.*» [mas v. quanto o autor escreve, afastando-se de posições anteriores, embora de forma a nosso ver, e com o devido respeito, não totalmente isenta ou expurgada de alguns pontos de atrito, no *Tratado...*, I, I, 2.ª ed., p. 578, onde, parece, aceitar-se uma imputação negocial em caso de simples aparência exterior de negócio, e se circunscreve, em regra, a relevância da falta de consciência da declaração ao desencadear do regime do erro. Erro que, todavia, conforme se referiu já nesta nota, a não ser impugnável dá de acordo com Menezes Cordeiro, *Tratado...*, I, I, 2.ª ed., p. 577, lugar «(...) *à protecção da confiança e não autonomia privada efectiva*». Cfr. também *op. cit.*, pp. 339 e 340, local no qual o autor escreve: «*o negócio jurídico apresenta-se como uma manifestação da autonomia privada; nessa medida ele deve corresponder à vontade autónoma das pessoas ou mais não será que um simulacro de autonomia: o Direito — sendo como é uma ciência — não pode assentar em equívocos ou em ficções (...) — o "negócio jurídico" que se mantenha sem vontade real não é já um verdadeiro negócio mas, antes, uma manifestação de confiança tutelada; tal tutela exige, desde logo, toda uma série de dispositivos legais que a facultem e que não se confundem com a autonomia privada; — apesar das analogias já referidas, o verdadeiro negócio jurídico e o "negócio" aparente provocam a aplicação de regras diferentes. (...) Esta diferenciação de regras, em conjunto com uma necessidade clara de limpidez científica, recomenda vivamente que a declaração negocial seja sempre entendida como acção — logo voluntária e enquanto tal. A autonomia tem limites mas esses limites restringem, também, o próprio negócio e a declaração negocial: não se confundem com eles.*»]. V., também as pistas, mas só isso, lançadas por Eichler, *Die Rechtslehre...*, pp. 103 e ss.; e também; Larenz-Wolf, *Allgemeiner...*, p. 925, embora estes dois últimos autores estejam depois muito próximos de prescindir da consciência da declaração por parte do declaratário. Em sentido claramente contrário aos dados por nós avançados, e na defesa da tese de que a interpretação segundo o padrão do destinatário normal, ou se se preferir a interpretação de acordo com um critério objectivo, não é de arrumar na doutrina da responsabilidade pela confiança ou aparência, antes provoca vinculações negociais pode ver-se, por exemplo, Canaris, *Vertrauenshaftung...*, p. 423. Cfr., igualmente entre nós, Raúl Guichard, *O problema...*, p. 61, nota (175)) obrigaria a um tratamento e estudo alargado acerca da noção e conceito do negócio jurídico (até porque a ideia de que partimos no sentido de se dever reconhecer relevância jurídica à vontade subjectiva na formação do negócio jurídico nada tem a ver com as tradicionais posturas positivistas que procuram degradar a vontade a simples elemento de facto ao qual o direito associaria depois determinados efeitos jurídicos. Sobre esta questão cfr., por todos, Castanheira Neves, *Questão-de-facto...*, pp. 334 e ss.. V., também quanto escrevemos no nosso *Autonomia...*, pp. 20 e ss., a propósito da derivação *ex lege* ou *ex voluntate* dos efeitos do negócio jurídico, e pp. 124 e ss., bem como quanto se escreve a este respeito *supra*, Parte I, Cap. V, parágrafo 3.1) assim como a uma pormenorizada abordagem da temática da tutela da confiança e da aparência, naturalmente, incomportável neste contexto e a qual deixamos, por isso, para próxima oportunidade. Não podemos, destarte, ir aqui muito para além da simples afirmação da suspeita por nós agora enunciada (em qualquer caso, e embora já não nos revejamos em todas as posições aí expressas parte da compreensão do negócio jurídico por nós propugnada encontra-se já explanada no nosso, *Autonomia...*, *passim*). Suspeita essa já presente (v. *supra*, Parte II, Cap. II, parágrafo 2), quando se considerou o artigo 269.º do Código Civil, de um lado, um afloramento do já estabelecido no artigo 236.º, e do outro, uma manifestação de tutela da confiança. Para já teremos de nos contentar em chamar a atenção para a circunstância de o sentido da nossa posição não ser, como fazem alguns autores, o de proceder a qualquer objectivação do negócio jurídico ou de o reconduzir a simples manifestações de tutela da confiança. Já tivemos oportunidade, ao longo deste trabalho, de nos manifestarmos contra semelhante tipo de orientações. Também não pretendemos qualquer aproximação à teoria da responsabilidade da confiança por comportamentos concludentes formulada por Coing. Quanto nos parece é que o sentido do declaratário normal não é, afinal, um efeito negocial, decorrendo de uma preocupação legal de tutela da confiança (embora sujeita à aplicação de regras relativas ao negócio jurídico). Por isso mesmo, o beneficiário da protecção dispensada pelo legislador com a referência ao sentido do declaratário normal, pode abrir mão dela e deixar valer o sentido realmente imputável à autonomia da vontade do declarante (no sentido segundo o qual a protecção da confiança se deve ter por facultativa para o respectivo beneficiário v., Canaris, *Vertrauenshaftung...*, p. 519 e ss.; Manfred Lieb, *Aufedrängeter Vertrauensschutz?...*, in *Festschrift...*, pp. 575 e ss.; Holger Altmeppen, *Disponibilität des Rechtscheins...*, maxime pp. 125 e ss., no tocante à *Anscheinsvollmacht* e à *Duldungsvollmacht*. Também Pawlowski, *Allgemeiner Teil...*, p. 333, defende a ideia de que a contraparte de um negócio representativo pode prescindir da protecção da confiança concedida pela doutrina da abstracção da procuração quando, depois da concretização do referido negócio se vem a aperceber de que ele foi realizado pelo procurador com violação dos seus deveres. O autor parece, não constatar a circunstância de semelhante afirmação, em si correcta, conduzir à negação da ideia-base da qual parte; ou seja da noção de abstracção da procuração. Se o *tertius* confiante na existência de um poder de representação, com certa configuração e extensão, se pode libertar do negócio por vir a descobrir, em momento posterior, ter havido, por parte do representante, uma actuação contrária às suas obrigações isso apenas se pode ficar a dever ao facto de, afinal, em causa estar não um negócio jurídico abstracto, insensível às vicissitudes e contornos da relação-base, e destarte perfeitamente válido, eficaz e vinculativo, não obstante eventuais vicissitudes da relação subjacente, mas, sim, uma mera forma de protecção da confiança da qual, naturalmente, o beneficiário pode abrir mão. Fosse a procuração abstracta, sublinhe-se, o terceiro estaria pura e simplesmente vinculado ao negócio representativo. Entre nós, v., sempre no sentido da disponibilidade da tutela da aparência, Carneiro da Frada, *Teoria da Confiança...*, p. 38, nota (40)). Isso não será naturalmente possível (conforme está, aliás, já subjacente, a quanto se acabou de escrever a propósito da compreensão da procuração defendida por Pawlowski e da possibilidade de o terceiro se libertar do negócio representativo pelo facto de vir a saber ter havido uma actuação contrária ao *licere* ou *Dürfen* do representante) se se considerar estar o artigo 236.º do Código Civil, com a alusão ao destinatário-padrão, a procurar oferecer um critério para proceder à determinação de efeitos com natureza negocial e, destarte, atribuíveis à autonomia da vontade. Fosse esse o caso, declarante e declaratário ficariam ambos vinculados ao sentido apurado através da utilização do critério do receptor normal. Apenas por acordo seria possível prescindir dele. Não assim se se vir na referência ao declaratário comum uma forma de protecção da confiança. Nesse caso o beneficiário poderá certamente abrir mão da protecção legal e deixar prevalecer o sentido real, mesmo quando não tivesse tido conhecimento ao tempo da emissão da declaração cujo alcance importa fixar. Da mesma forma, se se descobrir na referência ao destinatário normal um modo de tutela da confiança, não poderá valer o sentido por este em princípio apurado se o real destinatário, só por culpa sua, se não se apercebeu do sentido real. Numa hipótese como essa o declaratário não poderá prevalecer-se da divergência entre o sentido objectivo e a vontade real. Este será, portanto, um daqueles casos nos quais, ao contrário

V – Qual o caminho a percorrer então?

Uma das vias possíveis consiste em considerar a aplicação analógica do regime estabelecido no artigo 23.º do Decreto-Lei n.º 178/86 a todos os casos de contratos de cooperação ou de gestão tal como admitido por parte da doutrina e jurisprudência nacionais[1790].

Não nos parece, antes de mais, e com o devido respeito, fundada a tese segundo a qual o artigo 23.º não se mostra susceptível de aplicação analógica por constituir uma norma excepcional[1791]. Dando de barato a circunstância de o artigo 23.º corresponder de facto a um preceito excepcional – e não estamos seguros de assim ser[1792] – deverá recordar-se a circunstância já antes sublinhada de, em nosso entender, a proibição de aplicação analógica de normas excepcionais, contida

---

do verificado a propósito do artigo 266.º, n.º 1 (v. *supra*, Parte II, Cap. III, parágrafo 1, IV), a cognoscibilidade já é de equiparar ao conhecimento referido no n.º 2 do artigo 236.º. Até por força do ónus de diligência que vimos (cfr. *supra*, Parte II, Cap. II, parágrafo 2) estar consagrado no n.º 1 do artigo 236.º do Código Civil.

[1789] E isto até pela razão reconhecida pelo próprio Canaris, *Vertrauenshaftung...*, pp. 3, 4 e 9, e já antes referida, de a ideia de protecção da confiança possuir o valor de um simples *topoi*, para cuja concretização se deverá atender em primeira linha à valoração do direito positivo, designadamente para saber quando o investimento de confiança se mostra realmente merecedor de protecção, e não a um qualquer raciocínio apriorístico. V., também, Sinde Monteiro, *Responsabilidade...*, p. 505, o qual refere como juridicamente a confiança só pode ser relevante quando se apresentar merecedora de protecção ou se afigurar legítima (ora saber quando é esse o caso não se pode tirar do pensamento da confiança); depois seguido por Carneiro da Frada, *Contrato...*, pp. 253 e 254. V., igualmente, Raúl Guichard Alves, *Da relevância...*, p. 65, nota (90), ao recordar a circunstância de os princípios não serem em geral susceptíveis de aplicação directa a um caso concreto, carecendo da mediação através do recurso a lugares paralelos existentes na lei e de um conveniente enquadramento e conciliação com os institutos gerais legalmente consagrados. Cada princípio necessita de ser complementado e articulado com os demais princípios válidos no sistema. Sobre isto e para além da bibliografia já por diversas vezes citada ao longo desta obra, v., e uma vez mais, Menezes Cordeiro, *Princípios...*, *Polis...*, IV, col. 1491.

[1790] V. quanto se escreve *supra* neste Capítulo em nota e *infra*, sempre sob o presente Capítulo, designadamente igualmente em nota.

[1791] Assim, e conforme assinalado já *supra* no presente Capítulo em nota, no sentido segundo o qual o artigo 23.º, n.º 1, do regime do contrato de agência não admite aplicação analógica, v., Oliveira Ascensão, *Direito civil...*, II, p. 241. Cfr., também, Raúl Guichard Alves, *Da relevância...*, p. 66, nota (90); Id., *O instituto...*, in *Juris...*, pp. 236 e 237; e Rui Ataíde, *A responsabilidade...*, p. 138.

[1792] Conforme demonstrado por Moschella, *Contributo...*, p. 97, para se poder alegar a excepcionalidade das normas sobre a aparência jurídica e protecção da confiança seria não apenas necessário demonstrar a inexistência de um princípio de tutela da confiança mas, mais ainda, provar a existência de um princípio da irrelevância da referida aparência e confiança (recorde-se como de acordo com o ensinamento de Oliveira Ascensão, *Direito civil...*, p. 453, as regras excepcionais insusceptíveis de aplicação analógica são as contrárias a princípios fundamentais, informadores da ordem jurídica ou dum ramo de direito em particular), o que o autor italiano considera não ser possível.

no artigo 11.º do Código Civil, não deve ser entendida à letra[1793]. Aliás, no âmbito do fenómeno representativo, um pouco por toda a parte, normas semelhantes ou equivalentes ao nosso artigo 266.º do Código Civil, também elas vistas frequentemente como excepcionais, têm, sem grandes dificuldades, sido tomadas como ponto de arrimo e de partida para o desenvolvimento *praeter legem* de uma responsabilidade do *dominus* em caso de procuração aparente. Tudo estará em saber se é possível ou não encontrar casos concretos capazes de apresentarem maiores afinidades com a *ratio legis* do artigo 23.º do Decreto-Lei n.º 178/86 do que com o regime definido no artigo 268.º do Código Civil. Qualquer alargamento do âmbito de aplicação do artigo 23.º terá naturalmente de se mostrar prudente[1794]: ele deve obediência a pressupostos e cânones metodológicos, no quadro das valorações paralelas ou análogas por forma a respeitar os postulados da coerência do sistema[1795]. A este propósito convém começar por notar, com HELENA BRITO[1796], como o problema da tutela dos terceiros de boa fé perante o *falsus procurator* e, destarte da representação aparente, não é de modo algum específico do contrato de agência[1797]. Antes trata-se de uma questão extensível a todo o fenómeno da representação jurídica voluntária. Noutros termos, a *ratio* da disposição relativa ao contrato de agência não assenta tanto em particularidades atinentes ao referido contrato mas antes num pensamento de ordem mais geral, susceptível de aplicação mais vasta[1798]. Por isso, o artigo 23.º relativo ao contrato de agência parece proporcionar mais do que

---

[1793] V., *supra* quanto se escreveu em nota no presente Capítulo a respeito da possibilidade de aplicação analógica das normas excepcionais. Cite-se, aqui, a este respeito apenas, Carneiro da Frada, *Teoria da confiança...*, pp. 43 e 44, nota (41).

[1794] Assim, também, Carneiro da Frada, *Teoria da confiança...*, p. 43, nota (41).

[1795] *Idem.*

[1796] Helena Brito, *A representação...*, p. 137.

[1797] V., também, no mesmo sentido, Pinto Monteiro, *Contrato...*, in *Boletim...*, 360, pp. 65 e 66, embora sublinhando a acuidade do problema no domínio do contrato de agência. A mesma referência é feita por Helena Mota, *Do abuso de representação...*, p. 125, embora, depois, acabe por acrescentar encontrar a protecção dos terceiros, perante um falso representante, no caso específico da agência, alicerces mais fortes do quem em casos análogos, especialmente de foro exclusivamente civil.

[1798] Carneiro da Frada, *Teoria da confiança...*, p. 43, nota (41). No sentido porém segundo o qual o regime contido no artigo 23.º do diploma relativo ao contrato de agência representa na verdade um abandonar de todo o sistema do direito português para, num caso singular, se admitir a representação mesmo na ausência de poderes de representação, e conquanto verificados certos requisitos, entre os quais o suscitar a confiança de um terceiro de boa fé, v., Oliveira Ascensão, *Direito civil...*, II, p. 241.

uma simples analogia *legis*[1799]. Dela parece poder retirar-se um critério jurídico mais amplo por um procedimento de carácter indutivo[1800]. Atribuir-lhe a importância de um princípio geral, num procedimento deste tipo, requer particular justificação e comprovação[1801]. A contemplação de preceitos legais, num círculo vicioso próprio da jurisprudência dos conceitos não permite, por si só, optar entre a analogia e o argumento *a contrario*: tanto podem representar manifestações pontuais de um princípio subjacente como regimes verdadeiramente excepcionais, contrários a um vector geral de sinal contrário[1802]. Tal círculo rompe-se pela intervenção de factores externos, com uma origem diferente dos preceitos em dúvida[1803]. Mas este raciocínio não deve ser levado tão longe que induza o intérprete ao não estudo, puro e simples, de disposições específicas[1804]. Em síntese, quer no caso do artigo 23.°, quer noutras hipóteses, é necessário averiguar até que ponto ele lança as suas raízes na ideia de Direito; a forma pela qual foi acolhido pelo direito positivo, em particular se foi sacrificado, ou não, no confronto com outros princípios para determinar o grau de importância a ser-lhe atribuído no contexto do direito vigente; se existem disposições legais impeditivas da sua afirmação como princípio geral, etc.[1805]. Tudo no contexto do desenvolvimento *praeter legem* do direito[1806] a pressupor a existência de uma lacuna a colmatar[1807]. A descoberta de uma incompleição do sistema mostra-se, pois, necessária para a aceitação da alargamento do âmbito de aplicação do artigo 23.° e da procuração aparente[1808]. Para isso afigura-se imprescindível um procedimento complexo capaz de em geral implicar ponderações que incidem tanto sobre disposições ou valorações avulsas da lei como sobre opções fundamentais do direito positivado ou mesmo critérios suprapositivos, apesar de não extrajurídicos[1809]. No caso da protecção aparente, a existência de uma previsão legal a consagrar numa situação particular permite, através do princípio da igualdade, justificar de modo

---

[1799] Carneiro da Frada, *Teoria da confiança*..., p. 43, nota (41).
[1800] *Idem.*
[1801] *Idem.*
[1802] Menezes Cordeiro, *Da boa fé*..., I, pp. 543 e 544.
[1803] *Idem*, p. 544.
[1804] *Idem.*
[1805] Carneiro da Frada, *Teoria da confiança*..., p. 43, nota (41).
[1806] *Idem.*
[1807] *Idem.*
[1808] *Idem.*
[1809] *Idem*, p. 44.

particularmente nítido a aceitação de uma lacuna nas situações que por força desse princípio devam ser resolvidas de modo similar[1810]. A força expansiva subjacente ao princípio da igualdade permite, na verdade, se bem vimos, conferir um impacto significativo ao alargamento da protecção da aparência directamente conferido pelo artigo 23.º ou outras formas mais simples de protecção da confiança[1811]. Repare-se como a solução consagrada no Decreto-Lei n.º 178/86 deseja ser, como aliás se afirma no preâmbulo do diploma, uma solução prudente e equilibrada entre os interesses conflituantes do *tertius* e do falso representado. Solução essa a qual apenas faz prevalecer os interesses da outra parte quando a pretensão do representado não se afirma como merecedora da protecção do direito[1812]. O regime previsto no artigo 23.º do diploma legal relativo ao contrato de agência explica-se pela circunstância de entre principal e agente se estabelecer uma relação, ao mesmo tempo, de confiança e de dependência económica entre ambos[1813]. Relação essa acompanhada de uma actuação do agente por conta do principal e de uma integração económica do primeiro na rede de distribuição da empresa do segundo. Esta situação é susceptível de criar junto da contraparte a convicção de acordo com a qual o agente, além de agir por conta de outrem, actua também em nome alheio ou com *contemplatio domini*[1814]. Mas este risco ou perigo não é exclusivo do contrato de agência. Em muitos outros casos assiste-se a idêntica relação de integração económica, actuação por conta de outrem, confiança e dependência. E não se vislumbra qualquer motivo para alterar a consequência ou efeito da actuação do falso procurador se, em vez de um contrato de agência, nos depararmos com uma situação merecedora de qualificação diversa mas igualmente susceptível de criar no espírito do terceiro uma convicção acerca da existência de poderes de representação na titularidade do

---

[1810] *Idem*. Cfr., igualmente, em termos, gerais, apelando para o princípio de igual tratamento daquilo que é igual a impor a exigência, fundada na ideia de justiça, de tratar de modo análogo situações semelhantes, Larenz, *Metodologia...*, pp. 500 e ss., 531, 541. Entre nós, destaque, uma vez mais, no sentido da aproximação da igualdade ao conceito de analogia; Martim de Albuquerque, *Da igualdade...*, maxime, pp. 332 e ss. e Castanheira Neves, *Metodologia...*, pp. 253 a 276.

[1811] Em termos extremamente próximos, mas apesar de tudo não totalmente coincidentes atentos alguns aspectos relativos ao modo como encara as relações entre a protecção da aparência e protecção da confiança, Carneiro da Frada, *Teoria da confiança...*, p. 44, nota (41).

[1812] Helena Brito, *A representação...*, p. 137.

[1813] *Idem*. Dependência económica todavia própria de um colaborador autónomo como é o agente e não de um membro da empresa ou trabalhador subordinado. Cfr. Pinto Monteiro, *Contrato...*, in *Boletim..*, 360, pp. 49 e 50; e Carneiro da Frada, *Teoria da confiança...*, p. 44, nota (41).

[1814] Helena Brito, *A representação...*, p. 137.

auxiliar do falso representado. A natureza ou qualificação jurídica do contrato entre o *dominus* e o suposto representante, por si, em nada altera a situação, os perigos existentes, os danos sofridos ou o equilíbrio de interesses a procurar. Parece, pois, dever concluir-se, em definitivo, com parte significativa da nossa doutrina, e também com a melhor jurisprudência a este respeito, no sentido segundo o qual o regime estabelecido no artigo 23.º do Decreto-Lei n.º 178/86 será de alargar igualmente a todos os contratos de cooperação, ou mesmo de gestão – conforme refere a propósito PINTO MONTEIRO[1815, 1816].

[1815] Pinto Monteiro, *Contrato...*, 3.ª ed., p. 90, Id.; *Idem*, 4.ª ed., pp. 92 e 93.

[1816] Quer isto dizer que na presença de um contrato de cooperação ou de gestão o terceiro pode ser protegido na confiança por ele depositada na aparência de poderes de representação quando se verifiquem os requisitos previstos no artigo 23.º e, destarte, exista: a) uma situação de confiança; b) um investimento de confiança por parte do *tertius*; c) uma justificação para essa confiança traduzida na presença de elementos objectivos capazes de provocarem uma crença plausível; d) uma contribuição do principal para o investimento de confiança (na nossa doutrina para uma referência aos requisitos da tutela da aparência ao abrigo do artigo 23.º do Decreto-Lei n.º 176/86 pode ver-se, Januário Gomes, *Apontamentos sobre o contrato de agência*, in *Tribuna da Justiça*, n.º 3, 1990, pp. 9 e ss., p. 24; Helena Brito, *O contrato...*, in *Novas...*, pp. 127 e 128; Id., *A representação...*, pp. 134 e ss.; Carlos Barata, *Sobre o contrato...*, p. 55; Id., *Anotação...*, comentário ao artigo 23.º, pp. 89 e ss.; Paulo Mota Pinto, *Aparência de poderes de representação...*, in *Boletim...*, Vol. LXIX, p. 641 nota (102); Helena Mota, *Do abuso de representação...*, p. 126). Mas não basta dizer isto. É preciso ir mais longe e concretizar o alcance e significado destes requisitos. A situação de confiança deverá traduzir-se na boa fé subjectiva própria de uma pessoa a qual, sem violar deveres de cuidado e de indagação que ao caso caibam, ignore estar a violar posições alheias (a boa fé parece dever presumir-se. Assim, Léauté, *Le mandat apparent...*, in *Revue...*, XLV, p. 293; Canaris, *Vertrauenshaftung...*, pp. 505 e ss., maxime 507 e 514; António Gordillo, *La representación...*, pp. 285 e ss.; Paulo Mota Pinto, *Aparência de poderes de representação...*, in *Boletim...*, Vol. LXIX, p. 637, nota (98) e 643, nota (102); e Carneiro da Frada, *A terceira via...*, p. 104). A concretização do grau de diligência a exigir ao *tertius* dependerá de uma densificação casuística. Em certas hipóteses a intensidade assumida pela aparência pode mesmo levar a um atenuar importante de tais deveres (v. aliás quanto se diz acerca da forma como os requisitos do abuso de direito se articulam num sistema móvel. V., também, o escrito *supra*, Parte, II, Cap. II, parágrafo, 2, acerca do ónus de diligência devido pelo terceiro que contrata com um representante e ainda quanto se escreve a este respeito no presente Capítulo. Na doutrina estrangeira cfr., também, e para além de outros autores já referidos neste Capítulo, António Gordillo, *La representación...*, pp. 285 e ss.). O investimento de confiança traduzir-se-á na efectiva celebração do negócio representativo com o agente desprovido de poderes, como é característico dos casos de *Rechtsscheinshaftung* (responsabilidade pela aparência) e mesmo se o negócio ainda não se encontra executado cfr., Canaris, *Vertrauenshaftung...*, p. 511. V., também, Bork, *Allgemeiner...*, p. 564, sob pena de se pretender transformar a *Rechtsscheinshaftung* numa mera responsabilidade por danos – nomeadamente com as limitações impostas pela importância e significado destes – com a consequente eliminação de todas as vantagens proporcionadas por aquele tipo de vinculação. O problema prender-se-á, então, com a demonstração da existência de um nexo causal entre a situação de confiança e a subsequente actuação do confiante. A demonstração da eficácia causal de um facto do foro interno é de extrema dificuldade e tem de ser facilitada, sob pena de inutilização prática das formas de tutela da confiança. Deverá, por isso, proceder-se a um juízo tipificador, orientado por aquilo que ocorre na generalidade dos casos equivalentes ou semelhantes ou, se se preferir, em situações do género

O que importa cuidar é, para empregar as palavras de CARNEIRO DA FRADA, não se dar por sabido quanto importa indagar[1817]: fechará, neste caso, a ordem jurídica portuguesa o espaço à existência de uma lacuna? Depois de tudo quanto dissemos a resposta a esta interrogação está dada: não nos parece, de facto, estar tapada a possibilidade ou existência de uma lacuna, pois, não existem razões para confinar a *ratio* do artigo 23.º ao contrato de agência[1818]. A simples invocação do disposto no artigo 11.º do Código Civil parece insuficiente para justificar outro resultado[1819].

(assim, Carneiro da Frada, *A terceira via...*, p. 105, e na doutrina tudesca, na mesma direcção, Canaris, *Vertrauenshaftung...*, pp. 514 e ss.) não sendo, porventura, de excluir uma presunção de causalidade (nesse sentido, Canaris, *Vertrauenshaftung...*, p. 516; e Carneiro da Frada, *A terceira via...*, p. 105; em sentido dubitativo, v., porém, Paulo Mota Pinto, *Aparência de poderes de representação...*, in *Boletim...*, Vol. LXIX, p. 643, nota (102)). Quanto à justificação para a confiança, ela residirá na aparência dos poderes de representação criada pelo representado. Tal como se menciona no artigo 23.º, n.º 1, deverão ter-se em conta as circunstâncias do caso concreto. Por isso, e conforme refere a propósito Paulo Mota Pinto, trata-se aqui de uma cláusula geral a carecer, também ela, de densificação casuística (na doutrina italiana, no mesmo sentido, e com indicações ao nível jurisprudencial, Paolo D'Amico, *Rappresentanza...*, in *Enciclopedia...*, XXV, p. 15). Não se vê razão para, com Helena Brito, *A representação...*, p. 136, se exigir, enquanto condição da justificação da situação de confiança, aliada à aparência do poder de representação, uma conduta contraditória do representado. Do ponto de vista do enquadramento dogmático a dar à vinculação do principal nos termos do artigo agora em referência parece estar-se, de facto, perante uma concretização da responsabilidade pela confiança (v. a este respeito Helena Brito, *O contrato...*, in *Novas...*, pp. 127 e 128; Id., *A representação...*, pp. 134 e ss., maxime pp. 136 a 138, mas a autora encontra o fundamento do artigo 23.º na proibição de *vcfp* e, depois, considera os casos regulados no referido preceito como aproximados à *Rechtsscheinsvollmacht* do direito alemão o que envolve, com o devido respeito, uma contradição. Na verdade, a *Rechtsscheinsvollmacht* corresponde a um caso de *Rechtsscheinshaftung* [responsabilidade pela aparência, ou se preferirmos pela confiança depositada na aparência]. Já o *vcfp* traduz-se numa responsabilidade pela confiança por necessidade ético-jurídica. Entre as duas existem diferenças não despiciendas. Cfr., também, Carlos Barata, *Sobre o contrato...*, p. 55; Paulo Mota Pinto, *Aparência de poderes de representação...*, in *Boletim...*, Vol. LXIX, p. 643, nota (102)). Mas trata-se de uma vinculação pelo cumprimento logo de um modo de protecção positiva da confiança na forma de uma *Rechtsscheinshaftung* (responsabilidade pela aparência). Não julgamos, assim, possível considerar, como faz Helena Brito, estar o fundamento do regime da representação aparente numa responsabilidade pela confiança concretizada na proibição de *venire contra factum proprium* (para uma destrinça entre a *Rechtsscheinshaftung* e o *venire contra factum proprium* v., Canaris, *Vertrauenshaftung...*, pp. 314, 528 e 529 e nota (17); e Paulo Mota Pinto, *Aparência de poderes de representação...*, in *Boletim...*, Vol. LXIX, p. 637). Relativamente ao critério de imputação ao putativo representado da criação da aparência de poderes de representação v., quanto se escreve *infra* sob o presente Capítulo.

[1817] Carneiro da Frada, *Teoria da confiança...*, p. 44, nota (41).

[1818] V., também, Carneiro da Frada, *Teoria da confiança...*, p. 44, nota (41).

[1819] Cfr., quanto agora mesmo se escreveu assim como *supra*, as referências feitas a respeito da aplicação analógica das normas excepcionais no presente Capítulo em nota. V., também, e por último, Carneiro da Frada, *Teoria da confiança...*, p. 44, nota (41) o qual afirma a propósito: «*Mas importa cuidar que não se dê por sabido aquilo que importa indagar: o que urge é perguntar se a ordem*

Entretanto, não julgamos ser o artigo 246.º do Código Civil um óbice ao alargamento, dentro de certos limites, do regime da representação aparente, nos moldes consagrados no artigo 23.º do Decreto--Lei n.º 178/86, para além do âmbito do direito comercial[1820]. Para afastar o argumento, tirado do artigo 246.º do Código Civil, contra a aplicação do regime do artigo 23.º do contrato de agência ao direito civil, parece-nos, em teoria possível, seguir uma de duas vias.

A primeira consiste em perguntar, precisamente, se, em determinados casos, o regime daquele preceito do Código Civil não pode ser afastado e dar lugar a uma vinculação pela aparência mesmo na ausência de consciência da declaração por parte do representado. Para responder à interrogação não basta naturalmente recordar o estabelecido no artigo 246.º. Tratar-se-ia, para quem o fizesse, de uma clara petição de princípio. O artigo do 23.º do Decreto-Lei n.º 178/86 representa, precisamente, um afastar, no âmbito comercial, da regra contida no artigo 246.º do Código Civil e a concretização da ideia de risco de organização empresarial aí vigente[1821]. Já vimos como em todos os casos nos quais em causa estejam contratos susceptíveis de se integrar na categoria de contratos de cooperação, de que a agência representa o paradigma, ou mesmo negócios de gestão, existe o

_____

jurídica portuguesa fecha efectivamente o espaço à lacuna, ou a qualquer lacuna. Não o cremos, pois não existem razões para confinar a ratio *do art. 23 ao contrato de agência: Se assim for, a submissão ao art. 11 pode redundar em conformismo com uma concepção que reduz o Direito ao império e à manipulação do legislador, numa atitude que o artigo 11.º, em rigor, não nos parece reclamar.»*

[1820] Mas cfr., se bem vimos, em sentido algo diverso, Oliveira Ascensão e Carneiro da Frada, *Contrato...*, p. 58 e nota (30). V., também, Guichard Alves, *O instituto...*, in *Juris...*, pp. 223 e ss.; e Carneiro da Frada, *Teoria da confiança...*, pp. 39 e ss., nota (41).

[1821] A respeito deste risco de organização mercantil v., Canaris, *Vertrauenshaftung...*, pp. 51, 52 e 193; e, em termos muito próximos, Oliveira Ascensão e Carneiro da Frada, *Contrato...*, pp. 57 e 58, os quais reconhecem expressamente como no domínio do direito comercial pode o representado ficar vinculado independentemente da consciência de ter emitido uma verdadeira declaração negocial. São suas designadamente as seguintes palavras: «*A divisão de funções e de poderes dentro de uma empresa de estrutura complexa não é, para o terceiro que contrata com ela, normalmente transparente, pelo que o detentor da empresa tem de ficar vinculado à imagem externa (perante terceiros) que a empresa dá de si própria, independentemente da consciência que tenha dessa imagem.*» Na doutrina italiana cfr., a este respeito, Valentina di Gregorio, *La rappresentanza...*, passim e, designadamente, p. 274. V., ainda, em termos semelhantes, ao menos em parte, aos referidos no texto, ultimamente, Carneiro da Frada, *Teoria da confiança...*, p. 42, nota (41), o qual recorda, ainda, como a valoração segundo a qual a culpa do declarante na falta de consciência na declaração apenas gera a obrigação de indemnizar o declaratário não é seguida pelo diploma regulador do contrato de agência: o artigo 22.º, n.º 2, considera o negócio celebrado pelo agente sem poderes de representação ratificado pelo principal se este não manifestar ao terceiro de boa fé, no prazo de cinco dias a contar do conhecimento da sua celebração e conteúdo essencial, a sua oposição ao negócio.

perigo de o *tertius* ser levado a acreditar na concessão de poderes de representação ao agente[1822]. Os factores capazes de levarem o *tertius* a ser naturalmente inclinado para associar à existência de tais contratos a presença de um poder de representação não variam consoante se esteja no âmbito do direito civil ou num contexto mercantil. A celeridade das relações será, isso sim, maior neste último caso e impedem com mais facilidade um exacto controle dos poderes do representante quer por parte do putativo representado quer por banda do *tertius*. Por outro lado a opacidade própria de muitos entes comerciais só vem reforçar a dificuldade de controle dos poderes de representação por parte de quem contrata com agentes supostamente dotados de tais poderes. Não julgamos, contudo, que, face aos requisitos estabelecidos pelo artigo 23.º do Decreto-Lei n.º 178/86, estes factores não possam ser naturalmente atendidos tornando, porventura, e conforme as circunstâncias concretas de cada caso, um pouco mais difícil o surgimento da representação aparente no âmbito do *ius civile*[1823]. Já não

---

[1822] Cfr., Pinto Monteiro, *Contrato...*, p. 90; Id., *Idem*, 4.ª ed., pp. 92 e 93. V., igualmente, as considerações tecidas a este respeito por Helena Brito, *A representação...*, pp. 135 e ss.; e ainda, *Acórdão da Relação do Porto, 6-10-1992* (Araújo Barros), in *Colectânea de Jurisprudência*, 1992, XVII, IV, pp. 245 e ss.; e *Acórdão da Relação de Lisboa, 7-10-93* (Ferreira Girão), in *Colectânea de Jurisprudência*, 1993, XVII, 4, pp. 133 e ss. e 135 (prestação de serviços − contrato complexo inominado − indemnização).

[1823] E designadamente por esta via fazer intervir novamente, quando necessário, as exigências implícitas no artigo 246.º no sentido de se dever exigir a consciência na criação da situação aparente por parte do preterido pela tutela da confiança. Com isto afastar-se-ia, em princípio, a possibilidade de se construir, ao abrigo do artigo 23.º do Decreto-Lei n.º 178/86, uma *Anscheinsvollmacht* ou uma vinculação do *dominus* nos casos nos quais este não se apercebe do facto de estar a criar uma situação de aparência de poderes de representação, mas ficaria aberta a porta a outras formas de representação aparente nas quais o representado está ciente da aparência por ele criada. Na verdade, na medida em que o artigo 246.º não admite a produção de efeitos jurídicos quando o declarante não se apercebe da declaração por ele emitida parecem excluídas todas as consequências de tal declaração mesmo pela via da confiança (assim, Menezes Cordeiro, *Da boa fé...*, I, p. 521. Deve naturalmente ressalvar-se quanto dispõe a parte final do artigo). Aqui nem sequer se mostra necessário o recurso à aplicação analógica, possível, em certa medida, em sede de confiança, das regras do negócio jurídico (cfr., Canaris, *Vertrauenshaftung...*, pp. 451 e ss.; Id., Menezes Cordeiro, *Tratado...*, I, I, p. 285; Id., *Idem*, 2.ª ed., p. 339). A aplicação é directa porquanto se está a lidar, ainda com uma declaração, mas da qual o agente não se apercebe. No caso de nem sequer existir declaração mas, tão-só, uma aparência dela, e o responsável não tiver disso conhecimento, a solução não pode ser diversa. De outra forma, ficaria em melhor situação o declarante do que quem apenas desse origem a uma aparência de declaração na realidade inexistente. A contradição valorativa seria gritante e inadmissível (cfr., também, a este respeito, Canaris, *Vertrauenshaftung...*, p. 50). Por isso, e para empregar as palavras de Canaris, a *Rechtsscheinshaftung* (responsabilidade pela aparência) deverá estar associada a uma *Einstandspflicht für die wissentliche Schaffung eines Scheintatbestandes* (dever de respondência pela consciente criação de um *Tatbestand* aparente). A favor deste princípio funciona, desde logo, o valor ético-jurídico correspondente e a significativa força persuasiva que lhe é inerente. Na verdade, quem consciente ou deliberadamente gera a aparência de uma situação jurídica não real sabe, não apenas, quanto está a fazer como não ignora, também, poder o confiante vir a adaptar e a acomodar o seu comportamento a essa aparência. Destarte, e para empregar, com Canaris, um *topos* comum, ele não se poderá queixar se for tomado à letra. A tudo isto acresce o facto de ser possível apresentar, ainda, uma segunda razão para a força de convicção deste princípio: ele encontra-se directamente ligado à ideia de vinculação à palavra dada e especialmente à ideia fundamental subjacente ao artigo 244, n.º 2, do Código Civil (ou ainda ao artigo 254, n.º 1, *a contrario*: a pessoa que erra está a enganar a outra parte, dizendo-lhe pretender algo por si realmente não querido e provocando, destarte, uma contradeclaração, por engano – o negócio é então anulável; todavia, se o desacerto é consciente, mesmo se através de silêncio, há dolo – artigo 253.º, n.º 1, do Código Civil – não podendo o dolo ser alegado pelo responsável quando nele não tenha participado, também, o destinatário. Quer dizer, pois, que se o erro em questão não foi propositado mas meramente culposo já a solução seria a oposta. Cfr., Menezes Cordeiro, *Da boa fé...*, I, p. 521, nota (283)), assim como à proibição de *venire contra factum proprium*. Quem conscientemente simula ou finge a existência de determinado *Tatbestand*, e depois se pretende fazer prevalecer da sua inexistência, actua com torpeza idêntica à de quem quebra a sua própria palavra. Destarte, coloca-se de forma crassa em contradição com o seu próprio comportamento. Por outro lado, o confiante parece merecedor de particular tutela porquanto no tráfego jurídico honesto e de boa fé cada um deve poder confiar na honestidade e boa fé da outra parte. Donde, não dever contar com a possibilidade de alguém, de forma consciente, criar um *Tatbestand* meramente aparente e depois pretender desvincular-se dele. Em contrapartida, na eventualidade de o agente se limitar a ocasionar ou causar de forma negligente e inconsciente uma situação jurídica aparente já parece merecedor de uma maior protecção e o confiante não pode, atento o disposto no artigo 246.º do Código Civil, partir do pressuposto segundo o qual a outra parte não cometerá um tal erro (sobre tudo isto cfr., Canaris, *Vertrauenshaftung...*, pp. 28 e 29). Assente dever a responsabilidade pela aparência, no sentido de *Rechtsschein*, e destarte, geradora de uma vinculação pelo cumprimento, basear-se, em princípio, e no âmbito do direito civil, na consciente criação da aparência eliminam-se hipotéticas contradições valorativas entre a vinculação pela confiança gerada em determinada *fattispecie* aparente, de um lado, e, do outro, o regime do erro e da irrelevância da declaração em caso de falta de consciência. E o mesmo acontece relativamente a uma eventual antinomia axiológica entre a *Rechtsscheinshaftung* e a indemnização prevista na parte final do artigo 246.º, limitada pela *communis opinio* ao interesse contratual negativo (a este respeito v., Raúl Guichard Alves, *Da relevância...*, pp. 61 e ss., nota (90)). Os artigos 898.º e 908.º não parecem, por si só, excluir a possibilidade de se aventar a hipótese de a *cic* conduzir a saídas indemnizatórias pelo interesse contratual positivo. E de facto, no sentido da possibilidade da *cic* dar origem a uma indemnização pelo interesse contratual positivo pronunciam-se, como vimos, e entre outros, por exemplo, Ruy de Albuquerque, *Da culpa...*, pp. 82 e ss.; e Menezes Cordeiro, *Da boa fé...*, I, pp. 521 e 585, o qual refere como nos termos do artigo 227.º, n.º 1, do Código Civil o prevaricador responde por todos os danos causados, nos termos gerais; Id., *Tratado...*, I, I, p. 346; Id., *Idem*, 2.ª ed., p. 406, mas, também, Vaz Serra, *Anotação...*, in *Revista...*, 1977-1978, Ano 90, pp. 275 e ss.; e Pires de Lima e Antunes Varela, *Código...*, I, comentário ao artigo 227, pp. 215 e ss. – extraindo um argumento do artigo 275.º, n.º 2, do Código Civil – admitem poder a responsabilidade por *cic* tender para a cobertura positiva naqueles casos nos quais a conduta culposa possa consistir num dever de conclusão do contrato derivado da relação de negociações. Ora nas hipóteses de representação aparente parece que a relação de negociações conduz, na verdade, a um dever de conclusão de um contrato (mas note-se serem essas relações conduzidas pelo representado, num fenómeno o qual pode porventura apresentar consequências relevantes a este nível, atento o problema do cruzamento da responsabilidade do representante por falta de poderes de representação com uma eventual responsabilidade do *dominus* pela confiança depositada na aparência desses mesmos poderes). No caso específico do artigo 246.º não parece, todavia, possível traduzir a responsabilidade por *cic* aí prevista numa indemnização pelo interesse positivo, considerada quer à contradição, então, gerada (obtinha-se pela via indemnizatória um resultado prático equivalente àquele negado por lei, conforme notado por Raúl Guichard Alves, *Da relevância...*, p. 69, nota (90)) quer, ainda, e precisamente por causa da contradição acabada de sublinhar, a insuficiência da referência à culpa para vincular o *dominus* – o qual poderia, justamente, através da aplicação de tal critério, ser chamado a responder por comportamentos dos quais não estivesse consciente. Ao exigir-se o conhecimento por parte do respondente na criação da situação aparente sai-se, porém, do campo de aplicação do artigo 246.º. O paralelismo ou analogia passa a ser, conforme referido já, com o disposto a propósito da irrelevância da reserva mental ou do erro causado com dolo. Deve, todavia, prevenir-se qualquer tentativa de ver na exigência de um comportamento consciente, enquanto requisito da responsabilidade positiva pela confiança gerada, uma sanção. O apelo à culpa nesta área mostra-se, na verdade, repise-se, totalmente improdutivo. Quem, por exemplo, por razões perfeitamente razoáveis entrega a outrem uma procuração com poderes gerais ou um documento em branco acompanhado de instruções para apenas fazer deles uso após indicações precisas ou para apenas o utilizar em função de certas directrizes, dadas no momento da entrega dos documentos, não está a violar nenhum dever perante terceiro nem a desrespeitar um encargo perante si próprio e, destarte, não actua com culpa (uma vez mais sobre tudo isto v., Canaris, *Vertrauenshaftung...*, pp. 29 e ss. e 478). Acresce não se vislumbrar no artigo 23.º qualquer apelo ou menção ao requisito da culpa. Aliás a culpa do pseudo-representado perante o terceiro é algo de inexistente por não existir qualquer contacto negocial nem ser possível descobrir perante ele qualquer dever geral de comportamento. A utilização da noção de culpa como requisito de imputação, ao agente, da responsabilidade pela confiança na aparência, mostra-se assim contrária ao sistema (contudo defendendo estar subjacente ao artigo 23.º a ideia de imputação com base na culpa pode ver-se, Helena Mota, *Do abuso de representação...*, p. 126. Não compreendemos, porém, como pode a autora chegar a uma tal conclusão, sobretudo quando recorda, a este propósito, o regime do Código Civil em matéria de protecção de terceiros perante modificações ou revogação da procuração. É que aí falha qualquer ideia de imputação de uma responsabilidade do *dominus* com base em culpa). Também não parece possível o recurso ao *Veranlassungsprinzip* ou princípio da causa como forma de imputar a aparência de representação ao representado. Logo, de um ponto de vista linguístico, é impossível, como bem nota a propósito Canaris, não se estabelecer um paralelismo entre *Veranlassung* (causação ou causa no sentido de propiciar) e *Verursachung* (causante). E parece mesmo ser esse o sentido com o qual o *Veranlassungsprinzip* vem sendo empregue. Mas então, e afinal, não estamos aqui perante coisa diversa do princípio da responsabilidade causal pura, sob um nome diverso. Como existe hoje um entendimento no sentido segundo o qual por esta via não se obtém qualquer critério de imputação, o recurso ao *Veranlassungsprinzip* redunda afinal numa renúncia a qualquer exigência de implicação do respondente na criação da aparência. Entre outros aspectos, mostra-se evidente a incapacidade do princípio da causação para resolver os problemas resultantes de omissão ou por exemplo as hipóteses de publicidade registral originadas em erros da conservatória (a este respeito v., Canaris, *Vertrauenshaftung...*, pp. 477 e ss.). A moderna dogmática encontrou, todavia, na ideia de repartição de riscos um outro modo ou forma de imputação. Precisamente essa ideia tem revelado particulares frutos em sede de responsabilidade pela confiança na aparência de poderes de representação. Além disso, verifica-se como a utilização dada pela hodierna doutrina ao *Veranlassungsprinzip* – enquanto causa entendida como simples propiciar de um acontecimento – esconde na verdade, com certeza inconscientemente, uma ideia de distribuição de riscos, em especial a da imputação de uma falha ou falta a uma determinada esfera. Perante isto não pode duvidar-se de que o risco desempenha um papel essencial da concretização da responsabilidade pela confiança (cfr., Canaris, *Vertrauenshaftung...*, p. 480, e bibliografia aí referida). Quanto se afirma não nos diz, todavia, ainda, nada, e como bem adverte Canaris (*op. cit.* pp. 481 e 482) acerca do significado realmente assumido pelo princípio do risco em cada situação concreta. A simples ideia segundo a qual quem, no tráfego jurídico, declara algo está, com isso, a gerar perigos para outros parece insuficiente para, só por isso, ter de suportar todos os escolhos ou inconvenientes ligados à declaração. Contra esta ideia poderia perfeitamente objectar-se ter-se a outra parte, ao confiar na declaração, submetido voluntariamente às consequências da declaração e não merecer, destarte, qualquer tipo de protecção (v., porém, quanto se escreve *infra* nesta nota a respeito da distinção entre a utilização da ideia de risco na responsabilidade pela confiança, de uma banda, e responsabilidade pelo risco, da outra). Mas se a simples emissão de uma declaração não pode servir de ponto de apoio para a distribuição do risco já parece possível perguntar se aquele contra quem corre a responsabilidade pela confiança criou um perigo acrescido àquele já inerente a toda a declaração, ou, se não o domina melhor do que a outra parte. Isto acontece em particular naquelas hipóteses nas quais alguém conhece a incorrecção ou deficiência da respectiva declaração. Em casos como esse parece adequado e justo, porquanto se assiste a uma situação em que o declarante criou, conscientemente, um perigo superior ao normalmente associado ao tráfego jurídico negocial, imputar ao emissor da declaração, a título de risco, uma responsabilidade pela confiança eventualmente depositada por terceiros na aparência criada. E o mesmo se dirá no caso de situações de abuso de utilização de documentos sem correspondência com a situação por eles documentada (mas já não parece ser assim no caso de roubo ou extravio pois aí falta o próprio acto de colocação do título no tráfego jurídico negocial). As coisas devem, porém, passar-se de modo diferente quando se trata de proceder a uma distribuição do risco em hipóteses de ausência de consciência por parte do agente na criação de um *Tatbestand* aparente. Já se viu, *supra* nesta nota, como num caso desses o artigo 246.º impede a produção de todos os efeitos normalmente associados à declaração, incluindo pela via da confiança (cfr., também, Menezes Cordeiro, *Da boa fé...*, I, p. 521). No âmbito do direito comercial tem-se atribuído menor importância às exigências decorrentes do artigo 246.º atenta a responsabilidade do empresário pelo risco de organização interna da empresa, assim como pela observância efectiva da divisão interna de funções, as quais numa estrutura complexa, não são para os terceiros, normalmente transparentes (cfr. de novo, Canaris, *Vertrauenshaftung...*, pp. 133 e ss., e Oliveira Ascensão e Carneiro da Frada, *Contrato...*, pp. 57 e 58, em termos próximos dos defendidos por Canaris; e Carneiro da Frada, *Teoria da confiança...*, pp. 39 e ss., nota (41). De risco ou culpa de organização empresarial fala também Pinto Monteiro, *Cláusulas limitativas...*, pp. 223 e 249, quer no seu esforço de fundar uma interpretação para o artigo 809.º do Código Civil compatível com as cláusulas de exclusão e de limitação da responsabilidade por actos do devedor causados com culpa leve, quer, ainda, na fundamentação da interpretação restritiva do artigo 800.º, n.º 2, do mesmo Código. Em nosso entender esta ideia de responsabilidade por falhas de organização, presente no direito mercantil, tornará mais fácil uma interpretação do artigo 800.º, n.º 2, do Código Civil, de modo a afastar a possibilidade de se excluir ou limitar a responsabilidade do devedor por actos de auxiliares que sejam agentes integrados na referida organização, em todos aqueles casos nos quais se esteja a lidar com uma pessoa colectiva de direito mercantil, conforme defendido pelo Ilustre Mestre. O mesmo já não sucede, todavia, relativamente à interpretação proposta pelo Professor Pinto Monteiro para o artigo 809.º do Código Civil. Às dificuldades já existentes no âmbito do direito civil, para fazer singrar uma interpretação do preceito em questão compatível com uma exclusão ou limitação da responsabilidade do devedor por actos causados com *culpa levis*, soma-se, no contexto do direito comercial, a ideia de «culpa» por falhas de organização, presente de forma mais acentuada neste ramo de direito. Por último v. sempre com interesse neste domínio, Carneiro da Frada, *Contrato...*, pp. 278 e ss., o qual recorre, a propósito dos deveres de protecção, à noção de risco de quem intervém no tráfego negocial de forma organizada ou ao risco da empresa como forma de admitir uma responsabilidade objectiva estrita por facto de terceiros ligados às partes, bem como uma inversão do ónus da prova da culpa). Tudo visto, no âmbito das relações de direito mercantil, parece admissível vincular-se pelo risco, e ao abrigo do artigo 23.º do Decreto-Lei n.º 178/86, o agente por uma procuração por força de aparência jurídica ou *Anscheinsvollmacht* e, destarte, quando o *dominus* nem sequer tem consciência da situação aparente. Mas é preciso ter presente que a ausência de transparência das organizações empresariais de direito mercantil, a qual se tem encontrado na base da aceitação da *Anscheinsvollmacht*, pode, embora com menos frequência e menor intensidade, estar também presente no domínio do direito civil, não sendo, então, de afastar *in limine*, a existência aqui, também, de uma responsabilidade por culpa na organização ou risco da empresa. Por isso mesmo, o próprio Canaris, *Vertrauenshaftung...*, pp. 193 e 194 – claro defensor da necessidade de consciência na criação da aparência por parte do sujeito a ser por ela penalizado e, também, um dos mais acérrimos lutadores no sentido de se circunscrever a *Anscheinsvollmacht* ou procuração por força da aparência ao âmbito do direito comercial – não descarta, aliás na esteira de alguma jurisprudência do *Reichsgericht*, a possibilidade de se afastar, no âmbito do direito civil, a exigência de consciência da criação da aparência – consciência entre nós, como se viu, implícita no artigo 246.º, preceito que veria, assim, e a aceitar-se alguma forma de vinculação com base no risco de organização mesmo no âmbito do direito civil, o seu âmbito de aplicação parcialmente limitado – quando se esteja na presença de uma organização de direito civil de tipo empresarial. Descontadas estas eventuais hipóteses, apesar de tudo de duvidosa admissibilidade, nas quais deparamos com organizações empresariais de tipo ou natureza civil, o mais que a aplicação analógica do artigo 23.º do regime do contrato de agência nos pode proporcionar é uma vinculação do *dominus* por procuração tolerada – a imputar de acordo com o critério do risco, e nos termos expostos (no sentido segundo o qual o artigo 23.º do Decreto-Lei n.º 178/86 tem realmente subjacente um requisito de imputação pelo risco pode ver-se, Helena Brito, *A representação...*, p. 136 e nota (146) [mas quando se trata de proceder à aplicação analógica do artigo 23.º a outras situações para além do contrato de agência a autora renuncia, de forma a nosso ver não muito clara ou esclarecedora, à utilização da exigência de imputação de acordo com o risco, assim parecendo abandonar ou esquecer, nesses casos, quaisquer condições de imputação da responsabilidade pela confiança na aparência], mas, com o devido respeito, de forma algo contraditória, pois, reconduz o fundamento do preceito em questão à proibição de *venire contra factum proprium* [v., Helena Brito, *A representação...*, pp. 136 e 138]. Ora, é sabido como, perante situações de responsabilidade pela confiança assentes na proibição de comportamentos contraditórios, o critério da imputação pelo risco apenas desempenha um papel subsidiário [v. *infra* quanto se escreve no presente Capítulo a este respeito]. Helena Brito parece ter-se deixado influenciar pela circunstância de Baptista Machado, *A Tutela...*, in *Obra...*, I, pp. 414 e 415 – o qual a Distinta Professora, com a devida vénia, cita, de forma incorrecta, quando pretende estabelecer o critério de imputação da responsabilidade do agente pela criação da aparência – ao definir os pressupostos da atribuição de responsabilidade pela confiança com base num *vcfp* escrever «(...) *todo aquele que cria uma particular situação de risco para os interesses de terceiros deve em princípio "responder" por esse risco*». Só que uma coisa é dever-se responder pelos riscos ou perigos criados. Outra o critério da respectiva imputação. Por isso, e por estar a lidar com uma hipótese de *vcfp* – e não com uma situação de responsabilidade baseada numa situação de aparência jurídica como sucede no caso do artigo 23.º do diploma regulador do contrato de agência – Baptista Machado exige logo de seguida «*uma culpa do agente* [no sentido de respondente] *perante si próprio*» para ele ficar responsável pelos riscos criados. Em defesa da ideia segundo a qual, no âmbito do direito mercantil, a imputação da procuração aparente se deve fazer de acordo com um critério do risco pode ver-se, Oliveira Ascensão e Carneiro da Frada, *Contrato...*, pp. 57 e 58. Cfr., porém, Carneiro da Frada, *Teoria da confiança...*, p. 44, nota (71), onde o autor levanta algumas dúvidas sobre se, de facto, subjacente ao artigo 23.º está realmente o critério do risco. E fá-lo atendendo a circunstância de a lei tornar a aplicação do artigo em referência dependente da existência de razões ponderosas que justifiquem a confiança do terceiro e da exigência de uma contribuição do principal para fundar a confiança do terceiro. Por isso não seria, em si, o risco inerente à simples relação de agência, com a respectiva diferenciação de funções e o perigo indistinto de que o agente actue como *falsus procurator*, suficiente para justificar a tutela dos terceiros. Isto sem, todavia, se mostrar necessário requerer a contribuição do principal na criação da situação de confiança uma conduta *apertis verbis* censurável, bastando que lhe seja imputável a criação de um risco ampliado de surgirem situações enganosas para terceiros. Pela nossa parte o risco ao qual aludimos como forma de fundar a imputação de uma procuração aparente nos termos do artigo 23.º é precisamente um perigo acrescido de proporcionar enganos, resultante da consciente criação de um *Tatbestand* aparente ou situação de confiança, e não aquele decorrente da simples divisão de trabalho). Isto, repise-se, por força das imposições decorrentes das exigências contidas no artigo 246.º do Código Civil, a obrigarem à existência de um comportamento voluntário e consciente por parte do preterido pela tutela da confiança, na criação do *Tatbestand* aparente (sobre tudo quanto se disse nesta nota, em termos gerais, acerca dos critérios de imputação da responsabilidade pela aparência v., Canaris, *Vertrauenshaftung...*, pp. 473 e ss., maxime, 479 e ss., cujos ensinamentos se seguiram de perto). Mas é necessário ter, ainda, presente a circunstância de o próprio regime específico de direito civil relativo à representação voluntária, poder levar por vezes ao afastamento deste requisito da consciência na criação da situação aparente. Isso mesmo sucede nos casos nos quais o representado cria de facto uma aparência de poderes de representação susceptíveis de serem usados (embora na realidade não suportados por uma relação-base) mas na convicção de eles serem reais (em sentido aproximado também, Canaris, *Vertrauenshaftung...*, pp. 107 e ss.), por aplicação analógica do artigo 266.º, n.º 2, do Código Civil (cfr. quanto se escreve *infra*, no presente Capítulo), e, ainda, nas hipóteses nas quais surge um dever de respondência pela aparência de continuidade de uma situação jurídica anteriormente criada (caso este igualmente regulado pelo artigo 266.º do Código Civil. Em ambas as situações assiste-se a uma ampliação do âmbito da responsabilidade pela confiança conforme proposto, aliás, também, e no direito alemão, perante hipóteses similares ou paralelas, por Canaris, *Vertrauenshaftung...*, pp. 133 e ss. Cfr., igualmente, quanto se escreveu já *supra*, Parte II, Cap. III, onde se reconduz determinadas hipóteses de extinção dos poderes de representação a situações de tutela da confiança na aparência de poderes de representação). O critério de imputação da responsabilidade pela confiança depositada na aparência continua, nestes casos de vinculação do *dominus* ao abrigo do artigo 266.º, a ser o do risco. Assim, perante o direito alemão, Canaris, *Vertrauenshaftung...*, pp. 482 e 483 (para as hipóteses de consciente declaração de existência de poderes de facto não concedidos. O autor destaca como na eventualidade de o declarante não estar ciente da incorrecção ou deficiência da declaração por ele voluntariamente emitida, mesmo assim, pode vir a responder pela confiança. Para isso suceder é, todavia, necessária a concorrência de especiais circunstâncias capazes de justificarem uma imputação pelo risco. Isso verifica-se, por exemplo, com a aparência jurídica criada por uma notificação, dirigida a terceiros, de certa relação jurídica, ou melhor, quando alguém procede à afirmação de um negócio jurídico ou outra situação jurídica que, pelo seu fim e direcção, se encontra destinada a servir de fundamento a negócios jurídicos com terceiros, como acontece com a procuração. Ao proferir uma comunicação dirigida a um *tertius* o declarante está de forma consciente a criar um risco acrescido, pois, a possibilidade de incorrecção da declaração vai bulir com interesses de terceiros. Dada a circunstância de o declarante se encontrar em melhores condições do que o *tertius*, o qual nem

nos parece, porém, e com a devida vénia, acertado afastar pura e simplesmente a possibilidade de aplicação analógica do artigo 23.º do Decreto-Lei n.º 178/86 aos contratos de direito civil.

A segunda, afinal não muito diversa da primeira, consiste em considerar não haver sequer qualquer necessidade de se ponderar um eventual afastamento de quanto decorre implicitamente, e em termos de responsabilidade pela aparência, do artigo 246.º do Código Civil. Afinal, ao mandar atender às circunstâncias do caso o artigo 23.º do Decreto-Lei n.º 178/86 já está a afastar a possibilidade de, por força da sua aplicação analógica ao direito civil, se poder responsabilizar o putativo representado por actos do *falsus procurator* realizados sem disso haver consciência por parte do *dominus*[1824], e, destarte, cortar cerce qualquer via para se construir com base neste preceito um caso de *Anscheinsvollmacht* aplicável ao *ius civile*[1825, 1826].

---

sequer é parte na relação jurídica controvertida, de evitar ou de reconhecer, em tempo útil, as deficiências ou falhas da respectiva declaração parece mais adequado fazer recair sobre o emissor da comunicação o risco de um erro acerca da verdadeira situação jurídica), pp. 484 a 486 (relativamente aos casos nos quais o respondente está convencido da realidade da situação, afinal meramente aparente), pp. 488 a 490 (no que concerne à responsabilidade pela confiança gerada com a omissão de destruir a aparência jurídica de permanência ou subsistência de uma situação jurídica real entretanto desaparecida). Dito tudo isto deve, todavia, sublinhar-se, sempre com Canaris, *Vertrauenshaftung...*, p. 481, nota (36), a distinção entre a responsabilidade pelo risco, de um lado, e a imputação da responsabilidade pela confiança em função da ideia de risco, do outro (mas v., no sentido segundo o qual a responsabilidade pela confiança se deve conceber fundamental-mente como objectiva, Carneiro da Frada, *Teoria da confiança...*, p. 334). Na realização de contactos negociais, e designadamente na sua celebração, assiste-se a uma voluntária exposição dos interesses de cada uma das partes. Verifica-se, assim, uma acentuada diferença, do ponto de vista dogmático, entre responsabilidade pela confiança e a responsabilidade pelo risco. Na responsabilidade pela confiança é a entrada na relação específica e a necessária exposição de interesses a ele subsequente a razão de ser do dever de respondência da outra parte. Na responsabilidade pelo risco não é isso a passar-se. Ao contrário, nesta, a existência de uma relação específica e a voluntária exposição ao perigo exclui, em regra, a responsabilidade. Constata-se, assim, como a ligação da vinculação pela confiança à ideia de risco não a converte numa responsabilidade por esse mesmo risco. Ao con-trário, verifica-se a importância da diferença entre, de um lado, os pressupostos da responsabilidade civil e os critérios da respectiva imputação, do outro. A responsabilidade pelo risco traduz um pressuposto de responsabilização assim como a responsabilidade pela confiança. A ideia de risco mencionada por Canaris, e aqui também referida, situa-se noutro plano pertencente ao critério de imputação. Basta ver para se compreender a diferença como na responsabilidade pela confiança (apesar de nos levar a lidar com a noção de risco) o agente só fica vinculado se tiver consciência da sua actuação e da aparência criada. Nada disto acontece quando se lide com a responsabilidade pelo risco. Esta gera deveres de indemnizar com a simples ocorrência de danos.

[1824] Mas pode discutir-se se não é preferível a primeira via por força de quanto se disse *supra*, na nota anterior, acerca do risco inerente à divisão de tarefas nas organizações de tipo empresarial de direito civil.

[1825] Conforme refere a propósito, Litterer, *Vertragsfolgen...*, p. 150, só poderá ser evitada uma contradição valorativa entre a admissibilidade, de uma banda, de uma *Anscheinsvollmacht* ou uma

VI – O reconhecimento, em termos gerais, de uma representação aparente nos moldes e com os requisitos estabelecidos no artigo 23.º do Decreto-Lei n.º 178/86, se ajuda a resolver alguns casos nos quais a protecção de terceiros de boa fé, em consequência da actuação de um *falsus procurator*, se mostra absolutamente necessária do ponto de vista dos interesses e valorações em jogo, não resolve, contudo, todos os casos nos quais semelhante tutela se pode mostrar conveniente. Basta pensar naquelas situações nas quais não existe nenhum contrato a ligar o pretenso representante ao representado, ou tendo ele sido realmente estipulado por algum motivo já cessou, ou foi declarado sem efeito, ou corre o risco de o vir a ser, e o *tertius* acreditou na completude do negócio procuratório e na plena legitimidade do procurador.

Pode, por exemplo, acontecer ter o representado outorgado realmente uma procuração ao representante e não ter nunca chegado a celebrar um qualquer negócio subjacente com o procurador ou ser este nulo ou anulado. Na perspectiva causalista que nos guia não nos parece não poder falar-se realmente em poderes de representação em hipóteses como as agora referidas. Mas mesmo assim não se deverá proteger o terceiro de boa fé, o qual confiando na consistência da procuração, celebra um negócio com o representante? A resposta parece ir claramente em sentido afirmativo. Quanto se deve perguntar, então,

---

procuração por força da aparência jurídica e, da outra, a exigência de consciência da declaração para esta poder produzir efeitos se se encontrarem profundas razões para se prescindir, no âmbito da *Anscheinsvollmacht*, da necessidade de o declarante estar ciente do seu comportamento. Por seu turno Canaris, *Vertrauenshaftung...*, p. 418, sublinha o facto de uma regulamentação no sentido de afastar uma genérica responsabilidade pela aparência criada sem a respectiva consciência corresponder, apenas, a uma decisão jurídico-positiva, a qual é em princípio vinculativa, mas admite desvios em casos de *Tatbestände* especiais. Para se afastarem as contradições valorativas entre os casos «anormais» e as situações-regra, o intérprete deverá perguntar-se a si mesmo se as hipóteses a serem por ele apreciadas não se afastam de forma essencial, e num conjunto de pontos, dos casos-tipo de falta de consciência da declaração.

[1826] Poder-se-ia pensar-se que tudo isto se tornaria mais seguro e fácil se se aceitasse a forma como ultimamente Menezes Cordeiro, *Tratado...*, I, 2.ª ed., pp. 577 e 578, tem vindo a interpretar o artigo 246.º do Código Civil. Contudo, e conforme referido já *supra* neste Capítulo não sufragamos, com o devido respeito, a posição do autor nesta matéria. Acresce que, a bem ver, nem sequer nos parece que a posição do Mestre, neste ponto, tenha implicações directas na questão que agora nos ocupa. Se porventura se estivesse perante uma situação de uma declaração de outorga de poderes negociais, da qual o *dominus* não tem consciência, parece que na interpretação dada recentemente por Menezes Cordeiro ao artigo 246.º teríamos, nos casos normais, uma procuração negocial impugnável na conjuntura do erro. Não uma procuração aparente nem um qualquer fenómeno a reconduzir, mesmo se por analogia ao artigo 23.º do Decreto-Lei n.º 178/86.

é se isso não implica, afinal, uma autêntica renúncia ao princípio da causalidade do poder de representação por nós defendido e o reconhecimento, ao fim a ao cabo, da respectiva abstracção. Não nos parece. Julgamos, na verdade, poder justificar-se plenamente a solução por nós proposta para as hipóteses nas quais o principal celebra um negócio procuratório sem ter ao mesmo tempo dado vida a uma relação interna válida e eficaz, entre ele e o seu auxiliar, através do princípio da confiança e da procuração aparente. Resta saber qual o alicerce legal para se sustentar uma tal construção. Julgamos poder encontrá-lo no artigo 266.º, n.ᵒˢ 1 e 2. Caso o *dominus* conceda ao seu auxiliar um procuração, sem ao mesmo tempo a suportar numa relação gestória, ele será responsável pelos actos representativos realizados pelo *falsus procurator*, excepto se a ausência do negócio-base tiver sido levada ao conhecimento de terceiros por meios idóneos, ou ainda, quando se mostre terem estes conhecimento da respectiva falta[1827].

[1827] Em sentido não muito distante cfr., Menezes Cordeiro, *Tratado...*, I, III, p. 180, o qual escreve: «(...) *o procurador terá de ter outorgado validamente no negócio-base: de outro modo, a invalidade deste implica a da procuração, por aplicação directa, ou analógica, do artigo 265.º/ 1.*» No direito alemão, e perante o disposto nos §§ 171, I, e 172, I do *BGB*, Canaris, *Vertrauenshaftung...*, pp. 34, 35 e ss., para quem através destes preceitos a *Rechtsscheintheorie* (teoria da aparência jurídica) consegue extrair o princípio segundo o qual quem entrega a outrem um documento procuratório ou declara para o exterior ter concedido uma procuração sem isso ter sucedido no plano das relações internas entre o pretenso representado e representante está conscientemente a criar um *Tatbestand* aparente e deve, destarte, suportar o risco (o critério de vinculação do *dominus* passa, pois, por uma imputação pelo risco. Quem entrega, por um motivo razoável ou justificável, um documento em branco, ou uma procuração isolada ou mais ampla do que o negócio-base, a uma pessoa de confiança não viola nem um dever jurídico nem um encargo ou ónus material [no sentido de *Obligenheit* – acerca destas noções v., quanto se escreveu *supra*, Parte, II, Cap. I, parágrafo 2, IV, em nota] nem comete culpa contra si próprio) associado à criação da situação aparente. Admite-se, todavia, com Canaris a aplicação, a estes casos, e como forma de desvincular o *dominus*, das normas relativas aos vícios do negócio jurídico. O vício deverá, todavia, reportar-se à criação da própria situação aparente e não naturalmente ao negócio causal ou à situação real (mas v. o que se escreve *infra* em nota no presente Capítulo e ainda *infra*, sob o próximo Capítulo as considerações a propósito dos vícios da vontade na procuração e no negócio representativo e estados subjectivos relevantes). De outro modo seria a própria responsabilidade pela confiança na aparência criada em caso de nulidade ou anulabilidade da relação gestória a ficar definitivamente comprometida. Aliás, deve explicar-se como entre nós, e numa hipótese como a descrita, os vícios presentes no facto gerador da confiança serem afinal vícios da própria procuração não coberta por uma relação jurídica base. Pode pois o *dominus* eximir-se da vinculação pela confiança criada se a outorga da procuração sem relação causal foi concedida na sequência de coacção moral ou física, dolo, erro na declaração, erro sobre o objecto ou conteúdo, ou mesmo reserva mental se a outra parte a conhecia (caso em que já não haverá sequer situação de confiança). Da mesma forma não parece poder responsabilizar-se positivamente ou pela vinculação ao negócio representativo o *dominus* em caso de roubo do documento de outorga dos poderes de representação não suportados por uma correspondente relação gestória e respectiva *in Geltung Setztung* (concessão de validade) negocial. Canaris, *Vertrauenshaftung...*, p. 39, admite quando muito, nestas circunstâncias, uma responsabilidade por *cic.*

O mesmo princípio deverá valer quando se mostre ter o *dominus*, ao tempo da concessão da *procuratio*, deliberadamente causado ou conhecido um qualquer vício gerador de uma nulidade ou anulabilidade da relação-base (artigo 266.º, n.º 1, do Código Civil)[1828, 1829]. Para o caso de o negócio causal se encontrar afectado por vicissitudes desconhecidas do suposto representado ao tempo da outorga da procuração, o negócio celebrado pelo *falsus procurator* será vinculativo se o terceiro as ignorar sem culpa (artigos 266.º, n.º 2, e 269.º do Código Civil)[1830, 1831].

[1828] O artigo 266.º, n.º 1, refere-se directamente a modificações e revogação da procuração. Tem, pois, subjacente como pressuposto a circunstância de o *dominus* controlar, através da sua vontade, de algum modo as circunstâncias que afectam os poderes de representação. Por isso parece dever enquadrar-se também aqui a hipótese de o principal propositadamente ter gerado a invalidade do negócio gestório. Aliás, em casos deste tipo, no qual a invalidade ou ineficácia de um negócio jurídico é imputável a um acto censurável de uma das partes, já seriam aplicáveis as regras da *culpa in contrahendo*, as quais neste caso parece, no entanto, devem ceder, perante o artigo 266.º, n.º 1.

[1829] O critério de imputação de vinculação do *dominus* deverá ser aqui também, claramente o do risco. V., Canaris, *Vertrauenshaftung*..., pp. 482 a 484.

[1830] Está-se naturalmente a supor que a vicissitude de que padece a relação-base se traduz tão-só no desaparecimento dela própria e, portanto, apenas tem reflexos sobre a existência dos poderes de representação. Se assim for o vício que a inquina parece apenas poder ser invocado no caso de o terceiro se não encontrar de boa fé. Nessas hipóteses mesmo se a vontade do representado na formação da relação causal se encontrar viciada não parece possível invocar, perante o *tertius*, os vícios dos quais padece. Isto porquanto em geral os vínculos jurídicos internos, e as suas repercussões sobre os poderes de representação, só são oponíveis à outra parte se forem por esta conhecidos ou cognoscíveis (artigos 236.º, n.º 1, e 269.º do Código Civil). E o mesmo vale para as declarações *a latere* da procuração e respectivas modificações ou extinção dos poderes de representação em consequência do desaparecimento da relação jurídica base as quais só são invocáveis perante sujeitos que não se encontrem de boa fé (artigo 266.º do Código Civil). Por isso, se não há oponibilidade, por razões de tutela da confiança depositada pelo *tertius* na aparência criada pelo *dominus*, destes conteúdos queridos pelo representado e, destarte, da falta superveniente ou reflexa dos poderes de representação por eles provocada, parece não fazer igualmente sentido que os vícios do negócio gestório possam ser opostos ao terceiro (assim no resultado mas não nos fundamentos a explicação de Maria de Lurdes Pereira, *Os estados*..., in *Revista*..., XXXIX, 1, p. 151, a qual escreve: «*De facto, a mera anulação ou declaração de nulidade das instruções* (...) *não tem qualquer eficácia sobre o negócio representativo, na medida em que as instruções e as declarações modificativas da procuração, por serem inoponíveis, não limitam os poderes de representação. Assim, ao contrário do que sucede com a anulação da procuração (que faz cair o negócio representativo) a anulação ou declaração de nulidade das instruções deixa incólume o negócio representativo.*» Nós, em vez de dizermos – como faz Maria de Lurdes Pereira – não limitarem as instruções [entendidas aqui em sentido amplo, cobrindo, portanto, o próprio negócio gestório. No sentido segundo o qual as instruções *stricto sensu* não são autonomamente impugnáveis por não terem natureza negocial v., Papanti--Pelletier, *Rappresentanza*..., p. 151. O argumento não nos parece decisivo. Mesmo admitindo a natureza não negocial das instruções, sempre haveria, entre nós, de se tomar em consideração o disposto no artigo 295.º do Código Civil. O problema da respectiva impugnação, ou não, e da repercussão que eventuais vícios na sua emissão podem ter sobre o negócio representativo merece assim ser ponderado com mais detalhe um pouco adiante] os poderes de representação, julgamos constituírem elas autêntico cercear das faculdades representativas mas, apesar disso, o efeito

E nem se objecte que as várias tentativas de fundar uma teoria da representação aparente em normas de conteúdo perceptivo idêntico ao do nosso artigo 266.º do Código Civil[1832], têm esbarrado com

---

cerceador será inoponível perante terceiros de boa fé. A favor da causalidade do poder de representação mas no sentido segundo o qual os vícios da relação subjacente não afectam os terceiros v., Oliveira Ascensão, *Direito civil...*, II, p. 237. Mas v. quanto se escreve *infra*, no próximo Capítulo acerca da insusceptibilidade de o artigo 266.º do Código Civil ser chamado a resolver a problemática relativa à possibilidade, ou impossibilidade, de impugnação autónoma da *procuratio*). Mas já é necessária cautela quando a relação-base viciada contém indicações quanto ao modo de celebração e conteúdo do negócio representativo e, além disso, o representante actua em conformidade com as instruções ou ordens. Em situações como estas já haverá oportunidade para colocar a questão dos vícios da relação jurídica interna em sede da própria validade do negócio representativo, mesmo admitindo a tese da inoponibilidade da falta de poderes representativos em consequência da invalidade do negócio gestório ou das instruções. Quanto se debate já não é saber se o representado actuou, ou não, dotado de poderes representativos, mas apenas se houve ou não um vício na formação do negócio jurídico realizado de forma vinculativa para o *dominus*. De um caso de existência ou ausência de poderes de representação, e sua oponibilidade, passamos para uma hipótese de vício na formação do conteúdo do negócio (sobre isto v. *infra* quanto se escreve a este respeito no Capítulo que se segue a este. Para já cfr., Papanti-Pelletier, *Rappresentanza...*, pp. 148 e ss.; Maria de Lurdes Pereira, *Os estados...*, in *Revista...*, XXXIX, 1, pp. 149 e 150 e *passim*). Também se mostra necessário algum cuidado nas hipóteses nas quais já não se trata de um vício do negócio-base, mas sim da presença de um erro, por parte do constituinte, acerca da existência, em si mesma, de uma relação jurídica interna. Mesmo admitindo não conter essa imaginada relação jurídica interna instruções ou ordens susceptíveis de interferirem directamente com o conteúdo o negócio representativo parece, conforme assinalado já, estar-se perante uma situação de erro sobre a base do negócio jurídico, e portanto de um vício da própria procuração. Não obstante esse vício do próprio negócio procuratório resulta de uma falha interna. Falhas essas as quais normalmente determinam a irrelevância da falta dos poderes de representação perante terceiros de boa fé. A doutrina sempre tem, todavia, distinguido as hipóteses nas quais se colocam deficiências ao nível do negócio gestório e aquelas outras nas quais é a própria *procuratio* a ser afectada de modo directo. Voltaremos a esta questão *infra* na Capítulo seguinte. Seja como for a hipótese de ser emitida uma declaração de concessão de poderes de representação, no pressuposto erróneo, por parte do declarante ou dono do negócio, de existência de uma relação interna entre *dominus* e representado, sem o negócio em questão alguma vez ter sido celebrado, e conforme refere a propósito de uma hipótese paralela, Canaris, *Vertrauenshaftung...*, p. 109, mostra-se quase impensável. Com uma nota mais. Para além dos argumentos agora invocados, no sentido de assegurar a vinculação do *dominus* em casos nos quais falte a relação-base ou esta se encontra viciada pode ainda referir-se, antecipando desenvolvimentos, a circunstância de, em nosso entender, a própria procuração viciada, uma vez utilizada, não poder ser impugnada enquanto tal, apenas sendo possível obter a declaração de invalidade do negócio representativo se, e na medida, da repercussão do vício ou falta de vontade procuratória sobre o referido negócio.

[1831] Também aqui a vinculação aparente poderia ser desfeita através da demonstração da existência de vícios a afectarem o próprio facto gerador, afinal de forma inconsciente, da situação de aparência de poderes de representação (assim perante o direito alemão, Canaris, *Vertrauenshaftung...*, p. 115). Sublinhe-se uma vez mais como entre nós tais vícios apenas são deficiências da procuração não assente num negócio gestório.

[1832] A este respeito cfr., para além de quanto se escreveu já *supra*, Parte, I, Cap. I, parágrafo 2, em nota, *supra*, Parte II, Cap. IV, e *supra*, o referido sob o presente Capítulo acerca das tentativas da doutrina alemã de fundar, ao menos certas formas, de procuração aparente nos §§ 171 e ss. do

profundas objecções. Objecções essas relativas à ausência de analogia entre as hipóteses reguladas em normas como o artigo 266.º e as demais formas de representação aparente[1833]. O reparo feito prende-se com a circunstância de o artigo 266.º e seus congéneres estrangeiros

---

BGB ou da literatura jurídica italiana de fazer o mesmo com apelo ao artigo 1396.º do *Codice Civile* de 1942. V., ainda, entre nós, a este respeito, Hubertus Schwartz, *Sobre a evolução do mandato...*, in *Revista...*, XIX, pp. 199 e ss., maxime pp. 110 e 115 e ss.; Menezes Cordeiro, *Da boa fé...*, II, p. 1244, nota (147); Paulo Mota Pinto, *Aparência de poderes de representação...*, in *Boletim...*, Vol. LXIX, p. 618; Pinto Monteiro, *Cláusula...*, p. 79, nota (177). Particular destaque merece aqui a tese da *Einwendungausschluß* (exclusão de excepção) desenvolvida por Canaris, *Vertrauenshaftung...*, pp. 107 e ss., para as situações de divulgação por meios externos da concessão de uma *procuratio* interna na realidade inexistente ou viciada. O autor parte da constatação segundo a qual um sujeito de direito cria, por vezes, de forma consciente através de um comportamento voluntário um *Tatbestand* aparente, mas sem se aperceber ou estar consciente do facto de a *fattispecie* em questão corresponder a uma situação de simples aparência. Em hipóteses como essas os §§ 171, I, e 172, II, do *BGB* seriam aplicáveis determinando a vinculação do emissor da declaração por força de uma *Rechtsscheinshaftung* (reponsabilidade pela aparência). Na verdade, e segundo o autor, os preceitos em referência valeriam não apenas para as hipóteses nas quais é comunicada, pelo representado, para o exterior, a concessão de uma procuração sem ela ter qualquer suporte na relação com o representante, mas teriam, ainda, aplicação na eventualidade de o vínculo ou situação jurídica interna sofrer de algum vício e o representado ter procedido à comunicação externa no pressuposto da respectiva validade. Por força dos §§ 171, I, e 172, I, do *BGB* os terceiros ficam, pois, protegidos, no dizer de Canaris, contra tais vícios ou defeitos, o que quer precisamente dizer estar precludida a possibilidade de invocação da correspondente excepção de invalidade por força da responsabilidade por aparência jurídica. O raciocínio a suportar esta tese, embora assente em particularidades próprias do direito alemão sem correspondência no direito nacional, não andará muito longe daquele por nós exposto para justificar a irrelevância, perante terceiros de boa fé, dos vícios da relação jurídica interna cujo desaparecimento se traduza numa simples supressão ou impedimento do poder de representação sem, todavia, se repercutir directa e imediatamente sobre o conteúdo do negócio representativo.

[1833] Assim pode ver-se, a título meramente exemplificativo, na doutrina italiana, Valentina di Gregorio, *La rappresentanza...*, p. 211; e, entre nós, Paulo Mota Pinto, *Aparência de poderes de representação...*, in *Boletim...*, Vol. LXIX, p. 618; Raúl Guichard Alves, *Da relevância...*, p. 66, nota (90); Id., *O instituto...*, in *Juris...*, p. 233; Rui Ataíde, *A responsabilidade...*, *passim*, e, por exemplo, pp. 113, 114 e 138 onde o autor se baseia no carácter excepcional do artigo 266.º para obstar à respectiva aplicação por analogia. A verdade, porém, é que, contra quanto é afirmado de forma acrítica e translatícia, a eventual excepcionalidade de uma norma, se dificulta, não veda, sem apelo nem agravo, a possibilidade de se proceder à respectiva aplicação analógica (para mais pormenores a este respeito v. *supra* o referido no presente Capítulo em nota e *infra* quanto se escreve a este respeito igualmente sob o presente capítulo). V., também, Carneiro da Frada, *Teoria da confiança...*, p. 39, nota (41), ao considerar, designadamente, que «(...) *a tutela de terceiros consagrada no artigo 266 intervém numa situação em que o representado mantém um* Tatbestand *de aparência potencialmente enganadora para terceiros após ter havido uma efectiva atribuição de poderes* (...)». Claramente a favor da possibilidade de aplicação analógica do artigo 265.º v., entre nós, Menezes Cordeiro, *Tratado...*, I, III, p. 180 (e, igualmente, *Manual...*, I, p. 479), embora recusando o seu alargamento a hipóteses nas quais falte, pura e simplesmente, a procuração. Na literatura germânica cfr., para uma crítica aos esforços para alicerçar uma procuração por força de aparência jurídica nos §§ 171 e ss., justamente por falta de um paralelismo capaz de justificar a aplicação analógica destas normas, Litterer, *Vertragsfolgen...*, pp. 143 e ss..

pressuporem a efectiva celebração e outorga originária de uma procuração[1834] e não poderem, por isso, servir de alicerce, por carência de
um mínimo paralelismo, para fundar casos de representação aparente
nas quais falta de todo em todo qualquer acto orientado para uma
concessão de poderes representativos[1835]. Contudo, pelo nosso lado,
não pretendemos fundar qualquer teoria genérica ou geral da
representação aparente no artigo 266.º do Código Civil. Apenas nos
limitamos a aplicar quanto aí se preceitua às hipóteses nas quais houve
realmente a prática de um acto que confere uma aparência de legitimação representativa – a procuração – mas o qual, por lhe faltar a
relação-base, não se encontra apto a produzir os efeitos pretendidos.
Ora num caso como esse, e se a ela fosse necessário recorrer, a analogia das situações parece evidente[1836]. Sobretudo se se tiver em

---

[1834] Assim e relativamente ao artigo 266.º do Código Civil, Menezes Cordeiro, *Manual...,*
I, p. 479.

[1835] V. as referências feitas na penúltima e última notas.

[1836] Também não nos parece, com a devida vénia, pertinente um argumento tirado da
circunstância de o artigo 266.º não consagrar, ao menos na sua plenitude, uma hipótese de tutela
da aparência ou da confiança (assim v., Paulo Mota Pinto, *Aparência de poderes de representação...,* in
Boletim..., Vol. LXIX, p. 618; Raúl Guichard Alves, *Da relevância...,* p. 66, nota (90) [mas cfr. quanto
o autor escreve no estudo *O instituto...,* in *Juris...,* p. 235, nota (32), ao mencionar o artigo 266.º
do Código Civil como um exemplo de uma das normas nas quais parece intervir, no nosso
ordenamento, a ideia de tutela da aparência tomada na sua acepção mais lata]) mas sim casos de
inoponibilidade explicados, designadamente, pelo carácter receptício da revogação ou das causas de
extinção (cfr., também, a este propósito, Nicolò, *La c. d. procura...,* in *Il Foro...,* 1935, I, cols. 561 e
ss., 568; e Benatti, *Contratto concluso «dal falsus procurator»...,* in *Rivista...,* 1959, II, pp. 335 e ss.,
maxime, p. 338). Que a oponibilidade da extinção dos poderes de representação não está
dependente do carácter receptício das modificações ou factos extintivos da mesma é algo de
indiciado desde logo pela letra do preceito em referência. Se as modificações e extinções da
procuração estivessem dependentes de serem levadas ao conhecimento de terceiros para
produzirem efeitos jurídicos como poderia a lei referir-se a modificações e revogação da
procuração ainda antes de esta ser levada ao conhecimento dos terceiros. Além disso, e este
argumento já tem mais peso, convém atentar no facto de as referidas modificações ou revogação
da procuração nem sequer carecerem de ser comunicadas a quem as conhece já. Com uma outra
nota. Tratando-se das causas extintivas da procuração mencionadas no artigo 266.º, n.º 2, do
Código Civil, elas são oponíveis a todos quantos as tenham ignorado sem culpa. Parece, pois,
dever concluir-se em definitivo no sentido segundo o qual, em jogo aqui não está uma
inoponibilidade resultante do carácter receptício das formas de extinção da procuração mas sim, e
conforme sublinha a propósito, Menezes Cordeiro, *Da boa fé...,* II, p. 1244, e nota (147); Id.,
Tratado..., I, I, p. 185; Id., *Idem,* 2.ª ed., p. 234; I, III, pp. 182 e ss.; Id., *Manual...,* pp. 475 e ss., um
caso de protecção da boa fé, e, portanto, uma previsão de confiança em determinada aparência
objecto de disposição específica que vai, inclusivamente, mais longe do que o permitido em geral
pelo direito português (v. ainda quanto se escreveu *supra,* designadamente, Parte II, Cap. III, e
bibliografia aí citada). O próprio Oliveira Ascensão, tão contrário à valia, no nosso ordenamento,
do princípio da tutela da confiança escreve categoricamente: «*Encontrámos no art. 266 um fundamento na confiança*» (v. *Direito...,* II, p. 263). De resto, mesmo quando se admita estar por detrás do

consideração o disposto no artigo 265.º, n.º 1, do Código Civil. É este um ponto, aliás, sobre o qual nos debruçámos já anteriormente. Não voltaremos por isso a insistir a este respeito[1837]. Sempre sublinharemos, todavia, como face ao seu teor o n.º 2 do artigo 266.º, articulado com o artigo 265.º, n.º 1, do Código Civil permite abranger, por aplicação directa, todos os casos nos quais a relação subjacente é anulável ou sofre supervenientemente de nulidade, tornando a invalidade oponível a todos quantos a conheciam ou deviam conhecer. O recurso à analogia só se torna necessário, para a aplicação do n.º 1 do artigo 266.º, por um lado, aos casos de procuração isolada, e por outro, se se pretender fazer, como parece acertado, uma interpretação restritiva do n.º 2, do preceito em análise, por forma a não se abranger nele aquelas hipóteses nas quais a invalidade do negócio era conhecida pelo *dominus* ao tempo da outorga da procuração, e, destarte, aumentar a protecção concedida ao terceiro[1838]. Recusada a analogia

---

artigo 266.º uma situação de inoponibilidade isso nada nos diz quanto à *ratio* e fundamenteo da eficácia do negócio representativo (em sentido aproximado Zanelli, *Rappresentanza...*, in *Studi...*, 1967-1968, p. 288).

[1837] Cfr. quanto se escreveu *supra*, Parte II, *passim* e, designadamente, no Cap. I, parágrafo II e Capítulo III.V., também, a bibliografia citada por diversas vezes ao longo desta obra, a propósito da importância do § 168 do *BGB*, norma em muitos aspectos semelhante ao artigo 265.º do Código Civil, na compreensão do poder de representação como uma realidade jurídica causal.

[1838] E nem se alegue a existência de algum tipo de contradição entre, de um lado, quanto aqui sustentamos acerca da possibilidade de se recorrer ao artigo 266.º como forma de fundar a vinculação do representado em consequência de aparência de representação por ele criada com a outorga de uma *procuratio* não sustentada por uma relação-base, e do outro, a posição por nós adoptada (v. *supra*, Parte II, Cap. II, parágrafo 3) no sentido de, devido ao facto de o artigo 266.º do Código Civil parecer pressupor a preexistência de certos poderes de representação, não ser o preceito de aplicar àqueles casos nos quais são dadas, em momento simultâneo à outorga da *procuratio*, instruções à margem desta. É que neste segundo caso existe uma norma capaz de ser aplicada directamente e de resolver satisfatoriamente o problema: o artigo 236.º do Código Civil (v. *supra*, Parte II, Cap. II, parágrafo 3). Falta por isso a lacuna capaz de justificar o recurso à analogia. Mais. Nem sequer se verificam os pressupostos de uma interpretação extensiva. Além disso, uma aplicação do artigo 266.º, n.º 1, às instruções *a latere* criaria, como oportunamente se sublinhou, uma contradição valorativa com o regime do abuso de representação. Já nos casos de concessão de uma procuração isolada não existe nenhum preceito capaz de resolver directamente o problema de saber quais os casos em que ela pode vincular o *dominus* sendo manifesto, tal como sublinhado em devido tempo, que se uma procuração não pode sobreviver, extinguindo-se, se entretanto cessar a relação jurídica base, então, também não parece poder valer se não é, *ab initio*, acompanhada de um negócio gestório. Parece estar-se, pois, e se não se admitir a possibilidade referida por Menezes Cordeiro (*Tratado...*, I, III, p. 180) de uma aplicação directa do artigo a situações como as agora descritas, diante de uma incompleição do sistema a carecer de preenchimento e, destarte, face a uma lacuna. Perante o paralelismo das situações reguladas no artigo 266.º, n.º 1 (e 2 para o caso de o *dominus* ignorar sem culpa a existência da relação-base) e a da procuração isolada afigura-se totalmente justificada a aplicação do preceito sempre que o negócio

entre as situações agora referidas e aquelas reguladas no n.º 1 do artigo 266.º a solução só poderá ser uma: a aplicação do artigo 266.º, n.º 2, com a consequente imposição aos terceiros dos vícios da relação subjacente em todas as hipóteses nas quais eles tinham pelo menos o dever de conhecer o vício de que ela padecia, mesmo se o *dominus* estivesse dele ciente.

VII – Nas restantes hipóteses nas quais falta quer um negócio-base ao qual se possa aplicar, analogicamente, o regime definido para o contrato de agência, quer, ainda, um acto de outorga de uma procuração, a porta aberta para assegurar a protecção de terceiros de boa fé crentes na existência de poderes de representação parece ser a via do abuso de direito numa orientação merecedora de relativo consenso entre nós[1839]. Quer isso dizer que para se impedir o representado de invocar a falta de poderes de representação se mostrará necessária uma situação de confiança conforme com o sistema e traduzida na boa fé subjectiva e ética, própria da pessoa que sem ofender deveres de cuidado e de indagação pertinentes ao caso, ignore estar a lesar posições alheias; uma justificação para essa confiança traduzida na presença de elementos objectivos susceptíveis de, em abstracto, originarem uma crença plausível; um investimento de confiança traduzido num assentar efectivo, por parte do sujeito protegido, de actividades jurídicas sobre

---

subjacente falte. Acerca da não aplicabilidade do artigo 266.º, n.º 2, às hipóteses de falta ou vícios da vontade da *procuratio* v. *infra*, Cap. VI, parágrafo 3.

[1839] Menezes Cordeiro, *Da boa fé...*, II, pp. 1244 e 1245, nota (147); Id., *Manual...*, I, p. 148; Baptista Machado, *Tutela...*, in *Obra...*, I, pp. 389 e ss., onde, com dúvidas, quer quanto à representatividade do modelo quer quanto à solução figurada se refere, apesar de tudo, um caso de *procuratio* aparente como exemplo da concretização da proibição de *vcfp*; Paulo Mota Pinto, *Aparência de poderes de representação...*, in *Boletim...*, Vol. LXIX, pp. 635 e ss.; Rui Ataíde, *A responsabilidade...*, pp. 204 e ss.; Pinto Monteiro, *Contrato...*, 3.ª ed., p. 90; Id., *Idem*, 4.ª ed., pp. 92 e 93; Helena Brito, *A representação...*, p. 139, nota (154); Oliveira Ascensão, *Direito civil...*, I, p. 214. Carneiro da Frada, *Teoria da Confiança...*, p. 40, nota (41). As maiores reticências à utilização da figura do abuso de direito como forma de vincular o putativo representado aos negócios celebrados pelo falso representante são expressas por Raúl Guichard Alves, *Da relevância...*, pp. 73 e 74, nota (90), pelas razões já expostas *supra* neste Capítulo e ainda por julgar, provavelmente perante as dúvidas levantadas a este respeito por Baptista Machado, faltar, nos casos da representação aparente, o pressuposto da irreversibilidade do investimento de confiança (mesmo assim – sublinhe-se – o autor não fecha totalmente a porta ao funcionamento do abuso de direito como forma de tornar um negócio realizado por representante sem poderes eficaz para o *dominus*). Não nos parece, todavia, ser necessariamente diferente, neste aspecto, a procuração aparente das demais hipóteses de proibição de *vcfp* acolhidas entre nós. Na verdade, poderá revelar-se tão injusto, como em qualquer outro caso de proibição de *vcfp*, desfazer o negócio posto pelo falso representante.

a crença, em termos que desaconselhem ou tornem injusto o seu preterir; e uma imputação da confiança à pessoa atingida[1840]. Tal como PAULO MOTA PINTO[1841], julgamos ser claramente abusiva a invocação da falta de poderes se o putativo representado conhecia a actuação do representante, mas não reagiu[1842]. A vinculação do suposto

---

[1840] Assim, cfr., Menezes Cordeiro, *Da boa fé...*, II, pp. 759, 1248 e 1249; Id., *Da alteração...*, pp. 52 e ss.; Id., *Tratado...*, I, I, pp. 186 e ss., Id., *Idem*, 2.ª ed., pp. 235 e ss., com indicações ao nível da jurisprudência. Encontram-se, de resto, entre nós assentes os pressupostos genéricos da protecção da confiança, numa orientação que merece inclusivamente unanimidade por parte dos nossos autores. Cfr., Baptista Machado, *Tutela...*, in *Obra...*, I, pp. 416 e ss.; Paulo Mota Pinto, *Aparência de poderes de representação...*, in *Boletim...*, Vol. LXIX, p. 636, nota (95); Menezes Cordeiro e Carneiro da Frada, *Da inadmissibilidade...*, pp. 701 e 702; Carneiro da Frada, *Uma «terceira via»...*, pp. 103 e 104; Rui Ataíde, *A responsabilidade...*, pp. 59 e ss.; Januário Gomes, *Assunção...*, pp. 577 e 578. Entre os autores alemães pode ver-se, entre outros, Canaris, *Vertrauenshaftung...*, *passim*, por exemplo, pp. 294 e ss., 338 e 339, 491 e ss., 510 e ss., 525 e ss.; e Bork, *Allgemeiner...*, pp. 562 e ss., e 568 e ss.. Na literatura jurídica italiana destaque para Valentina di Gregorio, *La rappresentanza...*, *passim*. Refira-se apenas como os requisitos acima descritos se articulam entre si num sistema móvel. Não há entre eles qualquer hierarquia rígida. A falta de algum deles é suprível pela intensidade especial assumida pelos demais. Cfr., Menezes Cordeiro, *Da boa fé...*, II, pp. 759, 1248 e 1249; Id., *Da alteração...*, p. 55; Id., *Tratado...*, I, I, pp. 187 e 188; Id., *Idem*, 2.ª ed., pp. 236 e 237; Menezes Cordeiro e Carneiro da Frada, *Da inadmissibilidade...*, pp. 702; Januário Gomes, *Assunção...*, p. 577, nota (828); Canaris, *Vertrauenshaftung...*, pp. 302 e ss. e 529 e ss..

[1841] Paulo Mota Pinto, *Aparência de poderes de representação...*, in *Boletim...*, Vol. LXIX, p. 636.

[1842] Poderá não parecer evidente a destrinça da tutela do terceiro proporcionada pelo regime do contrato de agência, de um lado, e pela figura do abuso de direito do outro. A existência de um certo paralelismo entre as duas figuras é, por exemplo, referida por Paulo Mota Pinto, *Aparência de poderes de representação...*, in *Boletim...*, Vol. LXIX, p. 636, nota (95). Helena Brito, *A representação...*, pp. 136 e 138 e ss., encontra mesmo o fundamento dogmático da tutela de terceiros decorrente do artigo 23.º do Decreto-Lei n.º 178/86 no princípio da confiança, concretizado na proibição de *vcfp*, que aliás alarga a outros casos de aparência de poder de representação (v., *op. cit.*, nota (154)). Não nos parece que tenha razão. Em particular julgamos não poder o critério de imputação da situação de confiança ao sujeito preterido pela tutela dispensada ao *tertius* ser o mesmo no caso de *vcfp* e no caso do regime do contrato de agência. Assim e apesar de ter algumas dúvidas quanto à possibilidade de o critério de vinculação do *dominus*, ao abrigo do regime do contrato de agência, poder assentar no critério do risco, Paulo Mota Pinto, *Aparência de poderes de representação...*, in *Boletim...*, Vol. LXIX, pp. 638 e 642, nota (102), não deixa de sublinhar a maior dificuldade em se fazer intervir, através da bitola do abuso de direito, tal princípio de imputação (o autor destaca igualmente a circunstância de no *venire contra factum proprium* poder faltar de todo uma situação de aparência); num fenómeno igualmente posto a nu por Carneiro da Frada, *Teoria da confiança...*, pp. 40 e ss. 45, nota (41), com desenvolvimentos, nomeadamente o sublinhar da possibilidade de faltar no *vcfp* uma situação aparente, e p. 335, onde o autor afirma não ser possível subsumir a responsabilidade pela aparência ao *venire contra factum proprium*. Aliás, já Canaris, *Vertrauenshaftung...*, *passim* e pp. 296 e ss., 476 e ss., 479 e ss., maxime pp. 481, 485 e 528 e ss., um claro defensor da imputação da confiança com base na ideia de risco, considerava que, no âmbito da proibição de *venire contra factum proprium*, por ele integrada na responsabilidade pela confiança por força de necessidade ético-jurídica, na qual em jogo está primordialmente não o princípio da tutela do tráfego jurídico mas antes a ideia de *bona fides*, a imputação pelo risco deve desempenhar um papel diminuto. No âmbito da proibição de *vcfp* deveria proceder-se à utilização do critério da culpa e também da causação. A imputação pelo *dominus* não parece desrazoável, porquanto ele deu conscientemente origem a uma situação de aparência[1843]. É, pois, justo ser ele a suportar as consequências do seu comportamento e do conhecimento da actividade do falso representante[1844], em termos algo semelhantes ao da procuração tolerada admitida pelo direito alemão[1845]. Outra solução colocar-nos-ia na presença de um inadmissível abuso de direito seja na modalidade do *venire contra factum proprium* seja na da *surrectio*[1846, 1847, 1848].

---

risco passa a meramente alternativa ou subsidiária (entre nós apelando também para um critério de imputação pela culpa no âmbito do *vcfp* pode ver-se, Menezes Cordeiro e Carneiro da Frada, *Da inadmissibilidade...*, p. 705. Importante também a referência a Baptista Machado, *A tutela...*, in *Obra...*, I, p. 415, o qual considera só se poder imputar a situação de confiança ao agente, em caso de *vcfp*, numa hipótese de «*culpa contra si próprio*»). Por outro lado, também nos parece ser, provavelmente diverso o critério utilizado para determinar se se mostra, ou não, desaconselhável o preterir da situação de confiança consoante se esteja perante uma hipótese de respondência de acordo com o artigo 23.º ou um caso de *vcfp*. Donde, poderá afigurar-se diferente o grau de exigência que permitirá fundar a conclusão no sentido da existência de uma situação de injustiça na preservação da situação real e, destarte, de um investimento de confiança capaz de levar à vinculação do *dominus*. Em particular, para se considerar fundada uma pretensão de *vcfp* é precisa uma avaliação do tipo de investimento da confiança, quais as medidas efectivamente tomadas com base nela e a demonstração da impossibilidade ou injustiça, à luz da boa fé, de se compensarem os prejuízos através do funcionamento das normais regras indemnizatórias. Tudo isto parece, ao menos em tese, pressupor estar já o negócio representativo celebrado pelo falso procurador ou em execução. Só então poderá o *vcfp* entrar em acção (assim, e perante uma hipótese real, Menezes Cordeiro e Carneiro da Frada, *Da inadmissibilidade...*, p. 705, consideraram assistir-se a um caso de *venire contra factum proprium* numa situação de execução e desenvolvimento de uma série de actividades – execução e desenvolvimentos esses assentes na confiança criada de que não seria jamais invocada a ineficácia do contrato celebrado entre as partes. V., também, quanto escreve a este respeito, Baptista Machado, *A tutela...*, in *Obra...*, I, pp. 417 e 418). Não é assim no caso do artigo 23.º, porquanto tratando-se de uma normal situação de *Rechtsscheinshaftung* não se mostra necessária mais do que a celebração do negócio representativo acompanhada da verificação dos normais pressupostos desta forma de protecção de terceiros (cfr., Canaris, *Vertrauenshaftung...*, pp. 511 e 512), nos termos expressos no artigo 23.º do Decreto-Lei n.º 178/86. Já o critério para determinar o nexo de causalidade entre a confiança e o investimento feito pelo confiante parece não dever ser diverso em ambos os casos (cfr., Canaris, *Vertrauenshaftung...*, pp. 514 e 515).

[1843] Paulo Mota Pinto, *Aparência de poderes de representação...*, in *Boletim...*, Vol. LXIX, p. 636.

[1844] *Idem.*

[1845] Por isso, parece-nos, também aqui, e tal como propugnado por Canaris, *Vertrauenshaftung...*, pp. 43 e ss., para a *Duldungsvollmacht*, ser de excluir a vinculação do *dominus* quando este, apesar de conhecer e tolerar o comportamento do representado, se encontre em erro acerca da concludência do comportamento. Ou seja, quando o dono do negócio não conte, de facto, com a possibilidade de o terceiro tomar o seu comportamento como indicativo de uma anterior concessão de poderes de representação. Isto já não vale, porém, se o representado souber quais as possíveis conclusões a extrair pelo *tertius* da sua atitude mas confiar não ter de responder por ela. Nesse caso e, nas palavras de Canaris, não se está perante um erro relevante.

[1846] Paulo Mota Pinto, *Aparência de poderes de representação...*, in *Boletim...*, Vol. LXIX, p. 636. A favor da protecção do terceiro, que tenha sido colocado numa posição de acreditar justificadamente na existência de uma *procuratio*, através de uma procuração tolerada a construir segundo o autor sempre que a não ratificação constitua um abuso de direito, seja na modalidade de *supressio*,

Porém, quando o dono do negócio não soube estar outrem a agir em seu nome, a sua vinculação poderia chocar frontalmente com os princípios vigentes nesta matéria. Por isso, mesmo existindo culpa da sua parte ao ignorar a situação criadora da aparência, ela será em princípio irrelevante e não proporcionará uma protecção positiva da confiança, a qual não poderá ser alcançada através da figura do abuso de direito[1849].

Na eventualidade de alguém ser colocado numa empresa ou, em geral, investido em um lugar que acarreta necessariamente a necessidade de prática de actos jurídicos, há a atribuição expressa da obrigação de os realizar, à qual se somará em regra a atribuição tácita de

---

seja na de *surrectio*, seja na de *venire contra factum proprium*, manifesta-se, se bem vimos, Rui Ataíde, *A responsabilidade...*, pp. 204 e ss. (trata-se, no fundo de uma posição na qual se descobrem grandes afinidades com a tese de Frank Peters, *Zur Geltungsgrundlage...*, in *Archiv...*, 179, pp. 214 e ss., maxime pp. 237 e ss.). Já Menezes Cordeiro, *Manual...*, I, p. 479, recusa a admissibilidade à luz do direito português da procuração tolerada, mas aceita a protecção do terceiro quando a invocação da falta de procuração constitua um abuso de direito, na modalidade de *surrectio* ou de *venire contra factum proprium*. Embora dotada de características e especificidades próprias, os requisitos da *surrectio* articulam-se, também eles num sistema móvel, e não diferem substancialmente dos do *vcfp*. Em particular o critério de imputação parece dever ser o mesmo. Cfr., Menezes Cordeiro, *Da boa fé...*, II, pp. 820, 822, 824, 830. Na doutrina tudesca v., por todos Canaris, *Vertrauenshaftung...*, pp. 372 e 373. Admitindo o recurso ao *vcfp* e porventura também à *surrectio* mas de forma extremamente limitada e excepcional v., Guichard Alves, *O instituto...*, in *Juris...*, p. 246.

[1847] Mas refira-se novamente (v. *supra* sob o presente Capítulo, em nota) a existência de diferenças entre a vinculação do *dominus* em consequência de uma responsabilidade pela confiança em virtude da proibição de *venire contra factum proprium* e a representação aparente nos moldes da *Rechtsscheinshaftung* (responsabilidade pela aparência) à qual é normalmente reconduzida a procuração tolerada. Diferenças essas claramente assinaladas por Canaris, *Vertrauenshaftung...*, pp. 314 e 529, nota (17), e também referidas de passagem por Paulo Mota Pinto, *Aparência de poderes de representação...*, in *Boletim...*, Vol. LXIX, pp. 636 e 637, e que podem começar logo pela ausência do *Tatbestand* aparente em caso de *venire contra factum proprium*. Quanto aqui se diz não invalida naturalmente a recondução das duas formas de vinculação do *dominus* à responsabilidade pela confiança, conforme sublinhado já. Rejeitamos, também, se não for submetida a alguns limites e restrições, a afirmação proferida por Rui Ataíde, *A responsabilidade...*, p. 30, segundo a qual o fundamento da cominação legal da vinculação do representado por ter dado causa à confiança do terceiro de boa fé na subsistência dos poderes representativos por ele, entretanto, modificados ou revogados sem observar a diligência exigível no tráfego (artigo 266.°, n.° 1, do Código Civil), é equiparável ao que subjaz na procuração tolerada. Basta ver como esta pressupõe a consciência do *dominus* acerca da procuração tolerada enquanto no caso do artigo 266.° a vinculação do principal não está dependente de qualquer tipo de consciência do principal na existência de uma situação aparente.

[1848] Não obstante a objectivação da previsão de proibição de *venire contra factum proprium* (Menezes Cordeiro, *Da boa fé...*, II, p. 761) parece também aqui de admitir a aplicação por analogia das regras acerca do negócio jurídico e, portanto, a possibilidade de se impugnar o *venire* com base nalgum tipo de vício que tenha estado na sua origem. Cfr., Canaris, *Vertrauenshaftung...*, pp. 451e ss..

[1849] Paulo Mota Pinto, *Aparência de poderes de representação...*, in *Boletim...*, Vol. LXIX, p. 637.

poderes representativos[1850]. Quando isso excepcionalmente não aconteça ficará aberto o recurso à representação aparente conquanto os necessários requisitos estejam presentes[1851, 1852].

VIII – O caminho por nós agora acabado de trilhar apresenta-se da maior importância para a questão que nos tem vindo a ocupar desde o início do nosso trabalho. Afinal, constata-se como a ideia de abstracção da *procuratio* se afigura, não apenas, desnecessária para assegurar a defesa dos terceiros de boa fé que contratam com um procurador sem poderes de representação como, além disso, se mostra insuficiente para o efeito. A tutela da confiança na aparência de poderes de representação oferece uma base dogmaticamente mais correcta para alcançar esse resultado. Além disso, ela garante, ainda, ao *tertius* uma protecção bem mais ampla do que a possibilitada através do apelo à ideia de autonomia integral do negócio de outorga dos poderes de representação. Tudo a tornar lícito concluir como, afinal, a necessidade de se acautelar as exigências de certeza e de segurança de quem contrata com um representante mais do que permitir dispensar a tese da abstracção da procuração reclama outros mecanismos e remédios jurídicos para se poder alcançar, convenientemente, e em toda sua plenitude, semelhante desiderato.

[1850] Oliveira Ascensão, *Direito civil...*, II, pp. 234 e 239.

[1851] Cfr., tudo quanto se escreveu *supra* a este respeito no presente Capítulo e também *supra*, Parte, I, Cap. I, parágrafo 2.

[1852] A este respeito cfr., na nossa literatura jurídica, Oliveira Ascensão e Carneiro da Frada, *Contrato...*, pp. 49 e ss. e 56 e ss.; Carneiro da Frada, *Teoria da Confiança...*, pp. 44 e 45, nota (41), onde se admite, no âmbito das organizações empresariais, a possibilidade de uma extensão da protecção de terceiros a partir do artigo 23.°, n.° 1, do Decreto-Lei n.° 178/86 com base numa imputação pelo risco no caso em que o *falsus procurator* pertence à própria organização a vincular. Tudo a levar, neste âmbito específico, a transcender os meros contratos de cooperação auxiliar.

CAPÍTULO V
A ESTRUTURA DO NEGÓCIO REPRESENTATIVO

1. – Introdução

I – Estudadas as questões relativas à origem, extensão e revogação dos poderes de representação; posto de lado o recurso à ideia de autonomia integral da procuração, e explicada a tutela dos terceiros que contratam com um *procurator* com base na figura da procuração aparente – a qual como se demonstrou se mostra, perfeitamente, apta para explicar, não só, os chamados casos de abstracção da *procuratio*, como, ainda, para responder às necessidades de tutela de terceiros em moldes inclusivamente mais amplos de quanto é proporcionado pelos defensores da visão labandiana do fenómeno representativo – importa agora procurar explicar qual o modo como se estrutura, de acordo com o regime jurídico consagrado nos artigos 258.º e seguintes do Código Civil, o fenómeno da representação voluntária em direito civil. Em particular interessará proceder a uma análise do artigo 259.º do Código Civil. Ela proporcionar-nos-á, não apenas importantes elementos acerca das ligações entre a procuração e negócio representativo mas, para além disso, indicar-nos-á, também, a existência de insuspeitas relações entre o negócio-base ou causal, de um lado, e a *procuratio*, do outro. Ligações essas a acrescerem às já anteriormente detectadas, e a demonstrarem, igualmente, a existência de um nexo ou conexão entre a relação subjacente e a própria relação representativa estabelecida com o terceiro. Um exacto enquadramento destes assuntos que nos propomos agora abordar aconselha a debruçarmo-nos, previamente, sobre as origens e antecedentes do preceito contido no artigo 259.º do Código Civil[1853].

[1853] Não nos propomos proceder a uma análise *ad hoc* e pormenorizada acerca da questão da falta e vícios da vontade do representante e seus estados subjectivos relevantes. Não, é na verdade, nosso propósito realizar um estudo, mais ou menos exaustivo, sobre toda a problemática

2. – O artigo 259.º do Código Civil. Seus antecedentes e fontes

I – De acordo com o disposto no artigo 259.º, n.º 1, do Código Civil, à excepção dos elementos em que tenha sido decisiva a vontade do representado, é na pessoa do representatante que deve verificar-se, para efeitos de nulidade ou anulabilidade da declaração, a falta ou vício da vontade, bem como o conhecimento ou a ignorância dos factos que podem influir nos efeitos do negócio. Por sua vez, o número dois do preceito em referência estabelece não aproveitar ao representado de má fé a boa fé do representante.

Perante semelhante normativo, a doutrina nacional tem entendido de forma maioritária encontrar-se legislativamente consagrada, entre nós, no tocante à estrutura do negócio representativo, a teoria da representação[1854], com a consequente atribuição do negócio representativo à vontade do representante. Pela nossa parte julgamos não ser, todavia, essa a orientação mais conforme com o regime do artigo 259.º do Código Civil. Além disso, num outro plano, e conforme referimos já, parece-nos fornecer, ainda, este preceito elementos favoráveis ao entendimento causal do fenómeno representativo por nós proposto no capítulo anterior[1855].

---

relacionada com a falta ou vícios da vontade e estados subjectivos relevantes no âmbito do fenómeno representativo. A nós interessa-nos, tão-só, centrar a atenção naquelas realidades capazes de permitir a obtenção de juízos ou conclusões acerca das relações entre o negócio gestório e a procuração e, também, acerca da estrutura do negócio representativo e suas ligações com a procuração e relação jurídica subjacente. Neste contexto, compreender-se-á a circunstância de apenas serem feitas algumas alusões – as tidas por necessárias – à falta e vícios da vontade do representante, e não um estudo integral da problemática a elas associada.

[1854] Cfr., *supra*, na Introdução a esta nossa obra, as referências aí feitas a este respeito. Aqui refira-se a título meramente exemplificativo, Helena Brito, *A representação...*, in *Revista...*, 9/10, p. 26, a qual referindo-se à teoria da representação escreve: «*Esta teoria foi acolhida pela lei portuguesa.* (...) *Assim, o artigo 259.º do Código Civil determina que é na pessoa do representante que deve verificar-se, para efeitos de nulidade ou anulabilidade da declaração, a falta ou vício da vontade, bem como o conhecimento ou a ignorância dos factos que podem influir nos efeitos do negócio.* (...) *Este preceito reconhece que é o representante, e apenas ele, quem cria e declara a vontade determinante do negócio representativo* (...).» Na mesma direcção, e sempre com carácter ilustrativo, v., Maria de Lurdes Pereira, *Os estados...*, in *Revista...*, XXXIX, 1, pp. 140 e 142; e Rui Ataíde, *A responsabilidade...*, p. 154. Em sentido contrário v., porém, acertadamente (apesar de discordarmos quer da interpretação dada pelo autor ao artigo 259.º quer de muitas das soluções por ele extraídas do preceito em referência) Raúl Guichard, *O problema...*, p. 162; Oliveira Ascensão, *Direito civil...*, II, p. 251; Menezes Cordeiro, *Manual...*, I, p. 470, para quem o artigo 259.º teria dado corpo a uma combinação da teoria da representação e da teoria do dono do negócio.

[1855] A questão consistente em saber se se deve atender ao conhecimento ou desconhecimento do representante ou, ao invés, do representado, assim como aos vícios de vontade de um ou outro, ou eventualmente de ambos, para a determinação dos efeitos do negócio representativo

Mas importa não dar por adquirido quanto se pretende demonstrar. Uma posição definitiva a respeito de qual é a teoria adoptada pela nossa lei acerca da relação existente entre o negócio de outorga dos poderes de representação, de uma banda, e o negócio representativo, da outra, só é possível depois de uma análise a propósito do artigo 259.º e suas implicações nesta sede[1856, 1857]. Comecemos, pois, por analisar os seus antecedentes e origens.

---

tem sido considerada pela doutrina como o banco de prova prática das várias teorias acerca da estrutura do negócio representativo. V., na literatura jurídica tudesca, por exemplo, Müller-Freienfels, *Die Vertretung...*, p. 389; enquanto em Itália se pode cfr., sempre na mesma direcção, Mosco, *La rappresentanza...*, pp. 135, 309 e 312; e Papanti-Pelletier, *Rappresentanza...*, p. 122; e, finalmente, entre nós Almeida Costa, *A vontade...*, in *Boletim...*, 127, p. 146. Contra a opinião geral v., porém, entre nós, Maria de Lurdes Pereira, *Os estados...*, in *Revista...*, XXXIX, 1, pp. 151 e ss. e 171 e ss..

[1856] É que não parece possível afirmar sem mais, como fazem Egger, *Mißrauch...*, in *Beiträge zum Handelsrecht, Festgabe...*, p. 48 (*Apud* Müller-Freienfels, *Die Vertretung...*, p. 392); Soergel-Leptien, *Bürgerliches...*, I, 13.ª ed., comentário prévio ao § 164, pp., 533 e 534, 544, e comentário ao § 166, p. 578; ou Giovanna Visintini, *Degli effetti...*, comentário aos artigos 1390-1391, p. 239; que a lógica ou coerência do direito representativo levam à necessidade de se considerar os vícios da vontade e a boa fé na pessoa do representante. O problema não é de pura lógica ou coerência com dados de resto obtidos dogmaticamente, de forma apriorística e insusceptível de demonstração. Trata-se antes de proceder à análise das soluções concretas e de adequação das mesmas. Se, e em que extensão, se deve considerar a vontade ou conhecimento de uma pessoa, a qual participou na realização de um negócio representativo com um terceiro, não se pode retirar *a priori* de tomadas de posição sobre questões sistemáticas, nem deduzir, em subsunção lógica, de outras premissas maiores ou teorias. Antes tem de ser decidido através da ponderação das várias situações e interesses em jogo à luz das soluções legislativamente consagradas. Assim, também, Müller-Freienfels, *Die Vertretung...*, p. 392; Almeida Costa, *A vontade...*, in *Boletim...*, 127, p. 145; e Raúl Guichard, *O problema...*, p. 11 (mas de forma parcelar), e p. 33 (apesar de na página 145, o autor parecer partir de um pressuposto, indemonstrado, e o qual, se não é tributário da teoria da ficção, pelo menos, a traz ao espírito, quando afirma: «*Considerar o conhecimento do representante significa o mesmo que "imputá-lo" ao representado, pois é neste que se repercutem os efeitos do negócio para o qual, ou no contexto do qual, relevará tal conhecimento.*» Porém, na perspectiva em que nos colocamos, julgamos só ser possível afirmar existir uma imputação do conhecimento do representante ao representado, em alternativa a uma simples imputação dos efeitos do conhecimento, ou do próprio comportamento do primeiro após uma análise do regime jurídico dos vícios da vontade e estados subjectivos relevantes no contexto do fenómeno representativo [na defesa da tese segundo a qual não é o conhecimento do representante o objecto da imputação, mas sim o negócio jurídico por ele realizado, pode ver-se, Jan Wilhelm, *Kentniszurechnung...*, in *Archiv...*, 1983, 183, pp. 19, 18; v., também, Maria de Lurdes Pereira, *Os estados...*, in *Revista...*, XXXIX, 1, pp. 168, 181 e 182, onde a autora, rejeita a ideia de contaminação do saber e defende a tese segundo a qual, de acordo com o artigo 259.º, n.º 1, do Código Civil, na parte em que se determina a relevância dos conhecimentos, imputado não é o conhecimento mas o comportamento do representante. Cfr., sobre tudo isto, *infra*]. Raúl Guichard só não cai no total conceptualismo ao utilizar entre aspas a expressão *imputação do conhecimento*. Noutros locais, porém o autor aponta claramente para a ideia segundo a qual subjacente ao artigo 259.º do Código Civil estaria subjacente um problema de imputação do conhecimento).

[1857] Para um estudo das várias teses que têm sido propostas e se debatem a respeito da estrutura do negócio representativo v., Parte I, Caps. IV e ss., grande parte delas marcadas por uma

II – Depois de nos trabalhos preparatórios se ter colocado em dúvida a conveniência de se regular legislativamente a questão dos vícios da vontade e dos estados subjectivos relevantes na celebração do negócio representativo[1858], o legislador português optaria por incluir no Livro I, Título II, Subtítulo I, Capítulo I, Secção I, Subsecção VI (Representação), Divisão I (Princípios gerais) do Código Civil, um preceito especificamente destinado a resolver a referida questão (artigo 259.º). O teor final da norma acabaria por corresponder, no essencial, ao artigo 29.º do Anteprojecto de Rui de Alarcão, o qual referia expressamente o § 166 do BGB, os artigos 1390.º e 1391.º e

---

abordagem conceptual do problema. Primeiro fixa-se, com base em raciocínios de lógica mais ou menos formal, a relação entre a vontade do *dominus* e o acto celebrado pelo representante; depois, extraem-se, em consonância com as conclusões obtidas, as consequências que os vícios da vontade do representante e do representado, assim como o conhecimento por eles detido acerca de certas circunstâncias conexas com o negócio representativo, podem ou devem ter sobre este. É designadamente essa, na generalidade dos casos, a postura adoptada pelos defensores da *Representationstheorie*, cujos alicerces assentam, por norma, em argumentos apoiados nos quadros mentais próprios da jurisprudência dos conceitos. Uma ilustração deste modo de proceder é oferecido, por exemplo, e entre tantos outros possíveis, ao ponto de se tornar fastidioso enumerá-los a todos, pelos *Motive...*, I, *Allgemeiner...*, §§ 117 e 118, p. 226, ao projecto do *BGB*, quando se afirma, aí, residir na natureza do fenómeno representativo a resposta para a interrogação que consiste em saber qual a medida da dependência do negócio celebrado em nome do representado relativamente à vontade do representante. Isto para se sublinhar, imediatamente depois, ser diverso o resultado alcançado conforme se parta do princípio segundo o qual é o representante quem dá vida ao negócio representativo ou, ao invés, se defenda ser o representado o agente do negócio e o representante um mero intermediário com a simples função de transmitir a vontade do *dominus*. Tudo seguido da afirmação segundo a qual o projecto ao *BGB* segue a primeira das duas teses em confronto: «*O negócio é um negócio do representante, mas é imputado ao representado, como se tivesse sido por ele realizado.*» Na doutrina de língua francesa pode encontrar-se um exemplo do mesmo tipo de inversão em Popesco-Ramniceano, *De la représentation...*, pp. 193 e ss., 241 e ss., 695 e 696. Entre nós, Maria de Lurdes Pereira, *Os estados...*, in *Revista...*, XXXIX, 1, pp. 139 e ss., maxime pp. 140 e 142 e 143, afirma repetidamente constituir a teoria da representação uma fiel reprodução da realidade e defende a inadequação ou, se se preferir, inadaptação do regime comum construído para os negócios jurídicos quando em causa está o tratamento da vontade do representante manifestada no negócio jurídico. Isto mesmo antes de proceder à análise de regime jurídico da falta ou vícios da vontade e estados subjectivos relevantes no negócio representativo (e na procuração). A autora tenta, é certo, fugir a um eventual conceptualismo através da afirmação segundo a qual o papel da vontade do representante e do representado na celebração do negócio representativo constituem dados pré-legais os quais não devem sofrer alterações quando se tente o esclarecimento jurídico dos fenómenos. Julgamos, todavia, que a ser a afirmação verdadeira ela não se mostra em nada favorável à teoria da representação. Referências mais ou menos abertas ao carácter de dogma da teoria da representação são também frequentes um pouco por toda a parte. Cfr., como mera forma de ilustração, Rosenberg, *Stellvertretung...*, pp. 112 e 113. Para mais indicações bibliográficas a este respeito v., Müller-Freienfels, *Die Vertretung...*, pp. 389 e ss..

[1858] Almeida Costa, *A vontade...*, in *Boletim...*, 127, pp. 165 e ss., e 171; Rui de Alarcão, *Breve...*, in *Boletim...*, 138, p. 105. V., igualmente, as referências e considerações tecidas a este propósito por Raúl Guichard, *O problema...*, pp. 152 e 153.

o artigo 12.º do Anteprojecto UNIDROIT, como exemplo de legislações e projectos onde o assunto dos vícios da vontade e estados subjectivos relevantes mereceu um tratamento específico[1859, 1860].

III – O § 166 do *BGB* seria a norma que condicionaria, em termos extremamente marcantes, aliás, todo o debate científico moderno acerca da falta ou vícios da vontade e estados subjectivos relevantes no contexto do fenómeno representativo.

Conforme confissão expressa, os trabalhos preparatórios do *BGB* arrancaram, na proposta de resolução do problema da validade e eficácia do negócio representativo, da teoria da representação[1861]: o negócio representativo seria fruto exclusivo da vontade do representante. Em conformidade os pressupostos e requisitos de validade e eficácia do negócio celebrado com o *tertius* deveriam ser exclusivamente aferidos na pessoa do *procurator*[1862]. O mesmo valia para o conhecimento e dever de conhecimento juridicamente relevantes: também estes deveriam, em princípio, ser avaliados em função do representante[1863]. Porém, isso não significava a total irrelevância do conhecimento do representado. Ele deveria ser atendido quando a autorização negocial concedida pelo constituinte ao seu auxiliar fosse referente a um determinado negócio jurídico[1864].

Nos *Protokolle* ao *BGB* constata-se a existência de seis propostas de redacção para aquele que viria a ser o § 166 do actual Código Civil alemão[1865]. O autor da última das seis propostas sustentaria constituir a procuração, juntamente com a declaração do representante, uma parte do negócio representativo celebrado com o *tertius*[1866]. No fundo estar-se-ia, no âmbito do fenómeno representativo voluntário, perante uma pluralidade de declarações de vontade ligadas por laços semelhantes aos existentes entre uma proposta e a sua aceitação[1867]. Destarte, os vícios na emissão da procuração deveriam acabar por se repercutir no próprio negócio representativo. Por isso, o autor em questão proporia uma solução na qual isso mesmo fosse reflectido[1868]. A maioria dos

---

[1859] Veremos, depois, em que medida a nossa lei reteve as soluções consagradas nestas fontes, ou, pelo contrário se afastou delas. Cfr. também, a este respeito, Raúl Guichard, *O problema...*, pp. 153 e ss..

[1860] Rui de Alarcão, *Breve...*, in *Boletim...*, 138, pp. 104 e 105.

[1861] *Motive...*, I, *Allgemeiner...*, §§ 117 e 118, p. 226.

[1862] *Idem.*

[1863] *Idem*, p. 227.

[1864] *Idem.* A explicação para a necessidade de se atender, neste caso, ao conhecimento do representado é a surpreendente afirmação, se se considerar ser ela feita por defensores da teoria da representação, segundo a qual se está diante de uma hipótese em que o representado influenciou a decisão de vontade e, destarte, tomou parte nela.

[1865] *Protokolle (Mugdan)...*, in *Die Gesamten...*, I, §§ 117, 118, p. 738.

[1866] *Idem*, p. 739.

[1867] *Idem.*

[1868] *Idem*, p. 738.

membros da comissão rejeitaria, no entanto, esta abordagem. Contra ela alegou-se a circunstância de, designadamente, em função da sua novidade, a aceitação da existência de uma ligação entre o acto de outorga de poderes de representação, de um lado, e o negócio representativo, do outro, se não adaptar ou adequar a um reconhecimento legislativo[1869]. Na verdade, semelhante ligação não teria, no entender da comissão, qualquer tipo de justificação porquanto os vícios da procuração não tocariam no negócio celebrado com base nela. Além disso, deveria manter-se a possibilidade de impugnação [1870] autónoma da *procuratio*, em particular para as hipóteses de procuração geral. O § 166 do *BGB* acabaria, assim, por determinar, naquilo que é tido por uma reprodução tão fiel quanto possível do ensinamento de WINDSCHEID[1871] e da teoria da representação por ele propugnada [1872]: «*Sempre que os efeitos jurídicos de uma declaração de vontade sejam influenciados por vícios da vontade ou pelo conhecimento ou dever de conhecimento de certas circunstâncias, não se toma em consideração a pessoa do representado, mas antes a do representante*[1873].

[1869] *Idem.*

[1870] Utilizaremos ao longo das páginas que se seguem a expressão «impugnação» e impugnabilidade não em sentido técnico (para uma referência a esse sentido técnico v., por exemplo, Castro Mendes, *Teoria*..., II, p. 306; Carvalho Fernandes, *Teoria*..., II, p. 426) mas antes como fórmula abreviada e simples para referir indistintamente outras locuções como anulação, declaração de nulidade, ou ambas ao mesmo tempo.

[1871] A ligação do § 166 do BGB ao ensinamento de Windscheid é, designadamente, estabelecida por Fritz Schulz, *Scientia, dolus und Error*..., in *Zeitschrift*..., XXXIII, pp. 37 e; Müller-Freienfels, *Die Vertretung*..., p. 390, nota (9). V, também, entre nós, Almeida Costa, *A vontade*..., in *Boletim*...., 127, p. 148.

[1872] A respeito da aproximação do § 166 à teoria da representação v., por exemplo, Müller-Freienfels, *Die Vertretung*..., p. 390, nota (9); Jan Wilhelm, *Kentniszurechnung*..., in *Archiv*..., 1983, 183, p. 18; Schilken, *Wissenszurechnung*..., pp. 10 e ss.; Thiele, *Münchener Kommentar zum bürgerlichen Gesetzbuch*, I, *Allgemeiner Teil*, 2.ª ed., Munique, 1984, § 166, p. 1290; Medicus, *Allgemeiner*..., p. 339; Schramm, *Münchener*..., I, comentário ao § 166, p. 1435; Id., *Idem*, 4.ª ed., comentário ao § 166, p. 1679; Hübner, *Allgemeiner*..., p. 510; Larenz-Wolf, *Allgemeiner*..., pp. 884, 887; Frank Bayreuther, *§ 166 I BGB als zivilrechtliche Einstandspflicht für fremdes Handeln*, in *Juristische Arbeitsblätter (Ubungsblätter)*, 1998, 6, p. 460. Na jurisprudência cfr., por exemplo, *Bundesarbeitsgericht, 3. August 1961*, in *Neue Juristische Wochenschrift*, 1961, p. 2085. Na nossa doutrina cfr., sempre no mesmo sentido, Almeida Costa, *A vontade*..., in *Boletim*...., 127, p. 148. Para ulteriores referências bibliográficas no sentido da aproximação do § 166 do *BGB* à teoria da representação v. *supra*, Parte I, Cap. IV, parágrafo 5. Em sentido divergente e afirmando a pluralidade de sentidos possíveis do § 166 do *BGB* v., Beuthien, *Zur Theorie der Stellvertretung*..., in *Festschrift*..., pp. 1 e ss.

[1873] Almeida Costa, *A vontade*..., in *Boletim*...., 127, p. 147, em vez da tradução «*mas antes a do representante*» prefere «*mas apenas a do representante*». A palavra alemã que é objecto da divergência é «*sondern*». Embora não nos pareça estarmos perante um problema de monta julgamos claramente preferível traduzir *sondern* por «*mas antes*» do que por «*apenas*».

[1874] Também relativamente ao § 166 II do *BGB* se verificam divergências entre a nossa tradução e a proposta por Almeida Costa, *A vontade*..., in *Boletim*...., 127, p. 147. Almeida Costa traduz «*Hat im Falle einer durch Rechtsgeschäft erteilten Vertretungsmacht (Vollmacht)* (...)» por «*Tratando-se de um poder de representação outorgado por negócio jurídico (procuração)* (...)». A fórmula é porventura mais escorreita e bonita do que a nossa. Parece-nos, porém, encontrar-se a nossa proposta mais perto do texto original. Acresce que se a palavra *Vollmacht* é por vezes tomada com o sentido de procuração – nós próprios já o fizemos repetidas vezes – o seu verdadeiro sentido é o de poderes

Em caso de um poder de representação concedido através de negócio jurídico (Vollmacht) o representante tiver agido de acordo com instruções determinadas do constituinte, não pode este alegar o desconhecimento do representante relativamente àquelas circunstâncias conhecidas por ele próprio. O mesmo vale para as circunstâncias que o constituinte devia conhecer, enquanto o dever de conhecimento for equiparado ao conhecimento.»[1874]

IV – As enormes dificuldades, assim como a inadequação prática aos interesses efectivamente em presença, apresentadas por um preceito estabelecido, não tanto pela ponderação das necessidades ditadas pela realidade quotidiana, mas antes e fundamentalmente por razões dogmáticas de adesão à teoria da representação[1875], levaram a doutrina e jurisprudência tudescas a encetar, de imediato, e numa tarefa que se prolonga até aos nossos dias, um esforço de correcção das soluções literalmente ditadas pelo § 166 do *BGB*[1876]. Vejamos.

A primeira consequência do § 166 do *BGB* – ou pelo menos do entendimento dominante do preceito – reside na circunstância de, na apreciação dos efeitos jurídicos do negócio representativo, se dever antender, não à vontade do representado, mas sim à do representante. Destarte, na eventualidade de se assistir a um vício ou falta de von-

---

voluntários de representação. Na tradução de um texto legislativo deve, a nosso ver, ponderar-se este aspecto. As outras divergências entre o texto proposto por Almeida Costa e aquele por nós sugerido já nos parecem menores e mais ou menos de pormenor.

[1875] Mas v., Jan Wilhelm, *Kentniszurechnung...*, in *Archiv...*, 183, p. 18, o qual, com apoio nalgumas das considerações feitas pela maioria da comissão para rejeitar a sexta proposta de redacção daquele que viria a ser o § 166 do *BGB*, considera estar na base da consagração da redacção dada à versão final do *BGB* em causa não, apenas, uma decisão dogmática mas, também, uma valoração dos interesses práticos em jogo. Aproveite-se a ocasião para referir ainda a chamada teoria teleológica da representação desenvolvida por Gamal Boursi Badr, *Agency: unification of material laws and of conflict of rules*, in *Recueil des Cours*, 1984, I, pp. 19 e ss., maxime 38 e ss. (à qual faz entre nós eco, Helena Mota, *Do abuso de representação...*, pp. 41 e ss.) e que se propõe explicar a estrutura do negócio representativo a partir da consideração segundo a qual o autor do referido negócio seria apenas o *procurator*. A justificação para esta asserção nada teria a ver com a teoria da representação. No essencial ela alicerçar-se-ia na afirmação de que, correspondendo a declaração de vontade a um meio para um fim, ela poderia encontrar-se quer ao serviço dos propósitos do seu autor quer de outrem. Esta tese não pode ser aceite por múltiplas razões. O fundamento da eficácia representativa, e independentemente da forma como se conceba a estrutura do negócio representativo, terá de estar sempre na vontade do representado. Mas ainda mais importante, conforme se verá adiante, e antecipando já alguns desenvolvimentos, a ideia segundo a qual o exclusivo autor, ou mesmo agente, do negócio representativo é o representante não mereceu acolhimento por parte do artigo 259.° do Código Civil. Por isso qualquer teoria cuja base seja fazer assentar o negócio celebrado com o terceiro apenas na vontade do representante será liminarmente de rejeitar.

[1876] A título meramente exemplificativo pode ver-se, na nossa doutrina, um retrato parcial desse esforço, com referência a algumas das críticas e correcções feitas ao ententimento do § 166 do *BGB*, em Almeida Costa, *A vontade...*, in *Boletim...*, 127, p. 148.

tade do representado o negócio representativo não poderia ser impugnado nem invalidado. Com vista a evitar esta consequência, absolutamente iníqua e desajustada, a doutrina tradicional, sobretudo a mais acérrima defensora da teoria da representação, seria levada a aligeirar o excessivo rigor da norma legal através da tentativa de contornar o obstáculo por ela colocado à relevância dos vícios e falta de vontade do representado[1877]. Isso seria feito com recurso a um expediente[1878] segundo o qual as deficiências verificadas no processo volitivo ou declarativo do *dominus* poderiam ser atendidas, em sede de impugnação da procuração, considerada esta como um negócio autónomo e independente daquele outro celebrado pelo representante[1879, 1880].

[1877] No sentido segundo o qual o § 166 do *BGB* deixa por resolver a questão da impugnabilidade da procuração v., Stüsser, *Die Anfechtung der Vollmacht...*, p. 88.

[1878] Cfr., Rosenberg, *Stellvertretung...*, pp. 739 e 740, para quem a inadequação da concepção segundo a qual, apenas, a vontade do representado releva no contexto do negócio representativo levaria a que fosse atribuída relevância à vontade do representado através da admissão, pela porta das traseiras, da possibilidade de impugnação autónoma da procuração. A possibilidade de declaração da invalidade da *procuratio* surge assim, no dizer do autor, visivelmente, como uma solução de recurso ou emergência contra os efeitos desfavoráveis do § 166.

[1879] A favor da susceptibilidade de impugnação da procuração enquanto negócio autónomo pode ver-se, como simples manifestações ou indicações da *communis opinio* tudesca, e de entre tantos outros que se tornaria fastidiosa e infrutífera qualquer tentativa de enumeração mais ou menos completa, Hupka, *Die Vollmacht...*, pp. 45, 129 e ss. (para uma análise detalhada da tese defendida por este autor v. *supra*, Parte I, Cap. VI); Planck, *Kommentar...*, 4.ª ed., I, comentário ao § 167, pp. 445 e ss.; Von Thur, *Der Allgemeine...*, II, II, pp. 388 e ss.; Waldeyer, *Vertrauenshaftung...*, pp. 9 e ss.; Tempel, *Die Stellvertretung*, cit. in *Grundlagen...*, pp. 239 e 240; Schilken, *Wissenszurechnung...*, pp. 25 e ss.; Steffen, *BGB – RGRK*, cit., I, comentário ao § 167, pp. 88 e ss.; Stüsser, *Die Anfechtung der Vollmacht...*, *passim*, e designadamente, pp. 33 e ss., 97 e ss., 204; Larenz, *Allgemeiner Teil...*, p. 608; Soergel-Leptien, *Bürgerliches...*, I, comentário ao § 166, pp. 1311 e ss.; Id., *Idem*, 13.ª ed., comentário ao § 166, pp. 585 e ss.; Schramm, *Münchener...*, I, comentário ao § 167, pp. 1467 e ss.; Id., *Idem*, 4.ª ed., comentário ao § 167, p. 1721; Staudinger-Schilken, *Kommentar...*, I, comentário ao § 167, pp. 96 e ss.; Joachim Gernhuber e Barbara Grunewald, *Bürgerliches...*, p. 35. Contra a possibilidade de se intentar uma acção destinada a obter, autonomamente, a declaração de nulidade ou a anulação da concessão do poder de representação pode ver-se, ainda assim, Rosenberg, *Stellvertretung...*, pp. 712 e ss., com indicações; Müller-Freienfels, *Die Vertretung...*, pp. 402 e ss.; Siebenhaar, *Vertreter...*, in *Archiv...*, 162, pp. 355 e ss., maxime pp. 365, 372 e 374 e ss. (este autor não toma posição expressa sobre a problemática da impugnação da procuração. Contudo, da tese por ele adoptada acerca do fenómeno representativo, e designadamente a propósito da natureza da procuração, cujo carácter negocial o autor recusa, decorre, de forma lógica e consequente, a impossibilidade de impugnação da procuração e a necessidade de direccionar a referida impugnação contra o negócio realizado em representação de outrem. Para uma breve recensão ao pensamento de Siebenhaar v., Stüsser, *Die Anfechtung der Vollmacht...*, pp. 35 e 36. Sublinhe-se o facto de Stüsser chegar a conclusões semelhantes às aqui expressas acerca das consequências da posição adoptada por Siebenhaar). Sempre em sentido desfavorável à possibilidade de invalidação ou privação autónoma dos efeitos da *procuratio* uma vez utilizada esta cfr., Heiko Eujen e Rainer Frank, *Anfechtung der Bevollmächtigung nach Abschluß der Vertretergeschäft*, in *Juristenzeitung*, 1973, pp. 232 e ss; maxime pp. 235 e ss.; Brox, *Die Anfechtung bei der Stellvertretung*, in *Juristische*

Eliminados os efeitos desta o negócio representativo passaria a ser visto como o negócio de um representante sem poderes, *ergo* ineficaz relativamente ao representado[1881, 1882].

Logo se constatou, porém, como a impugnação da procuração, enquanto forma de tornar relevante os vícios da vontade do representante, não proporcionava resultados adequados em várias situações. Assim sucedia, por exemplo, nos casos de duplo erro ou outros nos quais, não obstante a invalidade da procuração, o negócio representativo corresponde, afinal, à vontade do representante[1883]. Verificou-se, igualmente, como, nas situações de *procuratio* interna emitida na sequência de dolo da contraparte sobre o representado, mas sem que o representante disso se apercebesse, a impugnação da procuração não era viável[1884, 1885]. Finalmente, a doutrina e jurisprudência verificaram

---

Arbeitsblätter, 1980, 12, pp. 450 e ss., com indicações; Id., *Allgemeiner...*, pp. 250 e ss.; Erman-Palm, *Bürgerliches...*, I, comentário ao § 167, p. 501. Na nossa doutrina cfr., se bem vimos, no sentido segundo o qual os vícios do representado surgem na relação com o terceiro como vícios da outra parte no negócio e, destarte, na direcção de que só os vícios da *procuratio* que atinjam o negócio representativo assumem relevância, Oliveira Ascensão, *Direito...*, II, pp. 252 e 253.

[1880] O problema da susceptibilidade de impugnação autónoma da procuração centrou-se, no essencial, naqueles casos nos quais o *procurator* já tinha feito uso da procuração. Nas situações nas quais isso não tivesse sucedido verificou-se um amplo consenso no sentido de o problema nem sequer se colocar, porquanto bastaria, então, uma simples revogação da *procuratio*. Assim, Rosenberg, *Stellvertretung...*, pp. 717, nota (1), 737 e nota (1); Planck, *Kommentar...*, 4.ª ed., I, comentário ao § 167, pp. 445 e 447; Von Thur, *Der Allgemeine...*, II, II, p. 389; Tempel, *Die Stellvertretung*, cit. in *Grundlagen...*, p. 239; Flume, *Allgemeiner...*, II, *Das Rechtsgeschäft...*, 867, e nota (24). Alguns autores sublinham, todavia, voltar a colocar-se a questão da impugnação da procuração, ainda antes de feito uso dela, nas hipóteses de procuração irrevogável. Abordaremos com mais detalhe esta questão adiante *infra*, no presente Capítulo.

[1881] O principal responsável por esta solução seria Hupka, *Die Vollmacht...*, *passim*, pp. 129 e ss.. Cfr., para mais pormenores *supra*, Parte I, Cap. V, e *infra* quanto se escreve no presente Capítulo sob o próximo parágrafo.

[1882] A situação resultante da impugnação ou anulação da procuração encontraria, depois, um instrumento de reequilíbrio no ressarcimento de eventuais danos sofridos pelo terceiro, por ter contratado com um *falsus procurator*. Esse ressarcimento teria por título a *cic*, mas em termos vivamente debatidos pela doutrina germânica quer quanto a quem seria o obrigado ao pagamento da indemnização, quer acerca de quem deveria ser, em rigor, o titular do direito à compensação, quer, ainda, quanto à adequação do mecanismo para corrigir as consequências menos aceitáveis que a admissibilidade da anulação ou declaração de nulidade da procuração, de *per se*, enquanto negócio jurídico autónomo e independente, provocaria. A este respeito v., por exemplo, Rosenberg, *Stellvertretung...*, pp. 726 e ss..

[1883] V. desde logo quanto escrevia a este respeito, Mitteis (cfr., *supra*, Parte I, Cap. V, 2.2) e, ainda, com carácter simplesmente indicativo, Hupka, *Die Vollmacht...*, pp. 43 e ss.; e Stüsser, *Die Anfechtung der Vollmacht...*, *passim*, pp. 54 e ss., 83 e ss..

[1884] Nestas hipóteses os pressupostos da anulação não se verificariam na pessoa do representado mas na do representante. Recorde-se, ainda, a circunstância, já por diversas vezes sublinhada, de no ordenamento jurídico tudesco, e de acordo com o § 167 do *BGB*, a procuração poder ser concedida quer diante do representante quer diante do *tertius*.

as enormes dificuldades postas pela admissibilidade da impugnação autónoma da *procuratio* nas hipóteses de outorga de uma procuração geral. Impugnado o acto de concessão do poder de representação ficariam sem efeito todos os negócios celebrados pelo representante[1886], e não apenas aqueles de que o *dominus* se pretendesse efectivamente desambaraçar. Por todas estas razões cedo se afirmou ter a impugnação da procuração, afinal, e uma vez exercidos os poderes de representação por parte do representante, em vista libertar o constituinte dos efeitos do negócio representativo [1887]. Por isso, deveria sempre perguntar-se qual a real repercussão da deficiência ou vício da procuração sobre o negócio realizado pelo representante. Caso a falha da procuração se não repercutisse realmente sobre o negócio representativo, então, qualquer acção destinada a privar a procuração dos respectivos efeitos deveria ter-se por excluída[1888]. O mesmo tipo de considerações levaria ainda a doutrina a efectuar correcções várias à solução consagrada pelo § 166, I, do *BGB*, no sentido de não admitir uma impugnação do negócio representativo em todos os casos nos quais a vontade ou declaração do representante se encontre, por qualquer motivo, afectada ou inquinada. As deficiências da declaração do *procurator* só deveriam conduzir à declaração de invalidade ou nulidade do negócio representativo quando afectassem a correspondência entre este e a vontade do representado expressa na *procuratio*[1889].

[1885] Hupka, *Die Vollmacht...*, p. 150; Rosenberg, *Stellvertretung...*, pp. 241 e ss., 730 e ss.. Na doutrina italiana, para uma referência a este problema colocado pelo direito alemão pode ver-se, Papanti-Pelletier, *Rappresentanza...*, pp. 140 e ss..

[1886] Assim pode ver-se a título meramente exemplificativo, Von Thur, *Der Allgemeine...*, II, II, p. 390, nota (80); e Stüsser, *Die Anfechtung der Vollmacht...*, pp. 91 e ss., e 97, o qual numa orientação que nos parece sintomática da artificialidade dos resultados proporcionados pela teoria da representação considera ineficazes todos os negócios celebrados com base numa procuração impugnada. Porém, se o vício ou deficiência da procuração se não se repercutiu sobre nenhum dos negócios celebrados pelo representante, então, o representado ficaria impedido de intentar qualquer acção destinada a declarar a ausência de efeitos da *procuratio*. De outra forma incorreria em abuso de direito. Na eventualidade de as falhas do negócio de outorga dos poderes de representação se repercutirem apenas sobre alguns dos negócios realizados pelo representante ficaria o representado obrigado a ratificar todos os actos intocados pelas irregularidades da procuração.

[1887] Assim, por todos, Rosenberg, *Stellvertretung...*, pp. 737 e 738; Planck, *Kommentar...*, 4.ª ed., I, comentário ao § 167, p. 446; Flume, *Allgemeiner...*, II, *Das Rechtsgeschäft...*, 860; Larenz, *Allgemeiner Teil...*, p. 621.

[1888] Hupka, *Die Vollmacht...*, pp. 45 e ss., 129 e ss.; Rosenberg, *Stellvertretung...*, pp. 715 e ss., 743; Waldeyer, *Vetrauenshaftung...*, pp. 11 e 12; Frotz, *Verkehrsschutz...*, p. 320, nota (783); Flume, *Allgemeiner...*, II, *Das Rechtsgeschäft...*, pp. 860 e 868; Prölss, *Vertretung...*, in *Juristische...*, pp. 582 e ss.; Stüsser, *Die Anfechtung der Vollmacht...*, *passim*, pp. 85 e ss.; Larenz, *Allgemeiner Teil...*, pp. 621 e 622.

[1889] Cfr., a título exemplificativo, e por todos, Hupka, *Die Vollmacht...*, pp. 45 e ss..

As tentativas para alcançar esse desiderato assumiram configurações diversas, ao ponto de se chegar a defender a redução teleológica do § 166 I do *BGB*[1890]. Um sector muito significativo caminharia, porém, no sentido de afirmar a existência, no preceito em referência, de uma lacuna oculta[1891], a ser colmatada através da aplicação analógica, aos casos de vícios ou deficiências da vontade do representante ou representado, do disposto no § 166, II do *BGB*[1892]. Nestes termos, sempre que um aspecto do negócio representativo se encontrasse já determinado pela vontade do representante nomeadamente através de instruções seria esta a relevante para uma eventual impugnação do negócio representativo[1893]. Para trás ficariam assim, e em rigor, os pressupostos dogmáticos da teoria da representação[1894]. Com uma outra nota.

A própria inadequação parcial do § 166, II, do *BGB*, para resolver todas as hipóteses em que o conhecimento ou ciência, por parte do representado, de certas circunstâncias às quais a lei atribui relevância jurídica foi, também, e praticamente desde o princípio, sentida pela doutrina e pela jurisprudência tudescas. Por isso, num esforço comum a ambas, procurou-se estender o preceito, muito para além de quanto a respectiva letra pareceria apontar, a hipóteses de conhecimento, ou má fé, do representado por via de uma interpre-

---

[1890] Assim, por exemplo, Prölss, *Vertretung...*, in *Juristische...*, p. 583.

[1891] De lacuna imprópria fala, por exemplo, Müller-Freienfels, *Die Vertretung...*, p. 399.

[1892] Neste sentido v., entre outros, Crome, *System...*, p. 468 e notas (7) e (8); Rosenberg, *Stellvertretung...*, pp. 238 e ss.; Müller-Freienfels, *Die Vertretung...*, pp. 402 e ss.; Brox, *Die Anfechtung...*, in *Juristische...*, 12, pp. 451 e 452; Id., *Allgemeiner...*, p. 253; e Larenz, *Allgemeiner Teil...*, p. 609. Contra pronunciam-se, por exemplo, Soergel-Leptien, *Bürgerliches...*, I, comentário ao § 166, p. 1316; Id., *Idem*, 13.ª ed., comentário ao § 166, p. 589 (mas de forma apenas parcial. Soergel--Leptien admitem algumas hipóteses excepcionais nas quais se deve considerar a possibilidade de impugnação do negócio representativo por vícios da vontade do representado na emissão de instruções relativas ao exercício do poder de representação); Larenz-Wolf, *Allgemeiner...*, p. 887; Palandt-Heinrichs, *Bürgerliches...*, comentário ao § 166, p. 168. Na jurisprudência v., no sentido da aplicação do § 166, II, a uma situação de vício da vontade do *dominus* em caso de predeterminação por parte deste do conteúdo do negócio representativo, *Bundesgerichtshof, II. Zivilsenat 24. Oktober 1968*, in *Entscheidungen des Bundesgerichtshof*, 1969, 51, pp. 141 e ss., maxime pp. 146 a 148, onde se afirma como, numa situação deste tipo, o negócio representativo e as instruções devem ser vistas unitariamente na perspectiva do conjunto do negócio. Contra pode ver-se, designadamente, Schilken, *Wissenszurechnung...*, pp. 44 e ss.; Staudinger-Schilken, *Kommentar...*, I, comentário ao § 166, p. 62; e Marcus Baum, *Die Wissenszurechnung*, Berlim, 1999, p. 44.

[1893] Nesse sentido v., por exemplo, Prölss, *Vertretung...*, in *Juristische...*, p. 583.

[1894] Assim, também, mas referindo-se às extensões do § 166, II, do *BGB*, operadas pela doutrina e jurisprudência tudescas no sentido de procederem à aplicação do preceito a hipóteses nas quais a exclusiva consideração da sua letra não levaria a atribuir relevância ao conhecimento do representado, Raúl Guichard, *O problema...*, p. 154.

tação extensiva ou mesmo analógica[1895]. No fundo, este expediente, encontrado pelos autores e tribunais alemães para alargarem o âmbito e importância do conhecimento do representado, ao arrepio do teor literal § 166, II, do *BGB*, e, assim, impedirem o *dominus* de má fé de se prevalecer da boa fé do representante mesmo na eventualidade de o primeiro não ter dado instruções ao segundo, não representaria senão – e não obstante todos os impotentes e protestos em contrário feitos sentir no espaço juscultural alemão, inclusive pelos defensores da aplicação do § 166, II, a hipóteses não previstas na respectiva letra – mais outra machadada[1896], na teoria da representação. Muitos outras seriam, ainda, dadas, até pela insuficiência e incapacidade do § 166 II para resolver, afinal, os problemas para os quais se pretendia desse resposta.

Não obstante, a teoria da representação continua, ainda hoje, a ser proclamada de forma triunfante, por uma esmagadora *communis opinio* num fenómeno explicável provavelmente apenas pela força da tradição[1897], e pela aceitação mais ou memos acrítica e translactícia de autor para autor dos vários raciocínios e teses que vêm sendo expostos neste domínio. De um modo geral coloca-se primeiro o conceito ou dogma e só depois se busca a solução, num fenómeno bem característico da inversão metodológica. A disparidade entre as afirmações dogmáticas e também metodológicas e as saídas concretas colocam-nos perante um cenário claro de irrealismo metodológico.

V – Outra fonte importante do nosso legislador foi, conforme mencionado já, o *Codice Civile* de 1942[1898]. Trata-se de uma codificação a qual, apesar de beber a influência do *BGB*, recebe já a experiência e evolução subsequentes[1899]. Procura-se nela obviar às insuficiências presentes na disciplina do *BGB* e responder às críticas e reparos por ele gerados. Ao mesmo tempo assiste-se à libertação do

---

[1895] Cfr., por todos, Müller-Freienfels, *Die Vertretung...*, p. 396. Entre nós v., a título ilustrativo, Raúl Guichard, *O problema...*, p. 154.

[1896] A primeira traduziu-se, conforme sublinhado já, na aplicação do § 166, II, do *BGB* a hipóteses de vícios da vontade do representado aquando da outorga dos poderes de representação.

[1897] Mas v. quanto se disse já a respeito do valor e peso da tradição no âmbito do direito.

[1898] V., também, no mesmo sentido, Raúl Guichard, *O problema...*, p. 155. Cfr., ainda, Almeida Costa, *A vontade...*, in *Boletim...*, 127, p. 153; Rui de Alarcão, *Breve...*, in *Boletim...*, 138, p.

[1899] Raúl Guichard, *O problema...*, pp. 14, nota (42), 155. V., igualmente, entre os autores italianos, e por todos, Papanti-Pelletier, *Rappresentanza...*, p. 159.

legislador italiano da filiação directa à teoria da representação[1900]. O confronto entre o artigo 1390.° do *Codice Civile* e o Código Civil alemão logo mostra como, ao contrário do § 166 I do *BGB* – onde para apurar os vícios da vontade do negócio representantivo apenas se atende, de acordo com a letra da lei, à pessoa do representado – o legislador italiano prevê a possibilidade de o negócio representativo ser impugnado em consequência de vícios ou falta de vontade do representado, conquanto as deficiências do processo de formação negocial respeitem a elementos predeterminados pelo *dominus*.

É o seguinte o teor do artigo 1390.° do *Codice Civile* (com a epígrafe «*Vícios da Vontade*»): «– *O contrato é anulável se a vontade do representante se encontra viciada. Quando, no entanto, o vício respeita a elementos predeterminados pelo representado, o contrato é anulável só se a vontade deste se encontrar viciada.*»

A solução encontrada para determinar qual a relevância dos vícios ou falta de vontade do representante ou representado sobre o negócio representativo seria igualmente adoptada, no artigo 1391.° do Código Civil italiano, para apurar as consequências que o conhecimento ou ignorância de certos factos pode ter sobre o negócio representativo. Também aqui se atenderá à pessoa do representado ou do representante consoante aquele tenha predeterminado, ou não, determinados elementos. Em nenhum caso, todavia, o representado de má fé pode prevalecer-se do estado de ignorância ou de boa fé do representante.

O legislador italiano estabeleceu no artigo 1391.° do *Codice Civile* (sob a epígrafe «*Estados subjectivos relevantes*»): «– *Nos casos em que é relevante o estado de boa ou de má fé, de ciência ou de ignorância de determinadas circunstâncias, considera-se a pessoa do representante, salvo se se tratar de elementos predeterminados pelo representante.*

Em nenhum caso o representado que está de má fé pode aproveitar-se do estado de ignorância ou de boa fé do representante.»

[1900] Raúl Guichard, *O problema...*, pp. 14 e nota (42), e 155. Na verdade, os artigos 1390.° e 3191.° do *Codice Civile* têm mesmo sido vistos como o fruto da teoria da cooperação. Cfr., Papanti-Pelletier, *Rappresentanza...*, pp. 135 e 148; e Id., *Cooperazione e rappresentanza*, in *Rappresentanza e Gestione*, a cargo de Giovanna Visintini, Pádua, 1992, p. 24. Para uma referência a autores italianos favoráveis à cooperação de vontades entre o representante e o representado na celebração do negócio representativo, mas ainda antes da entrada em vigor do *Codice Civile* de 1942, v., *supra*, Parte II, Cap. V, parágrafo 2. 2, IV, *in fine*. Cfr., igualmente as referências feitas *infra* no presente Capítulo.

No essencial a *communis opinio* italiana não repararia na especificidade própria dos artigos 1390.º e 1391.º. Num fenómeno meramente translactício e isento de um adequado juízo crítico ou de recepção, ela proporia, para os preceitos em referência, um entendimento tão próximo quanto possível das posições defendidas na Alemanha pelos prosélitos e sequazes da teoria da representação[1901, 1902]. Em particular, continuaria a admitir-se a possibilidade de impugnação autónoma da procuração com a consequente qualificação dos negócios representativos celebrados com base nela como actos de representação sem poderes [1903]. Não faltaram, porém, ensaios no sentido de se proceder a uma chamada de atenção acerca do real conteúdo dos artigos 1390.º e 1391.º e de se sublinhar a sua proximidade com a teoria da cooperação de vontades entre o representante e o representado[1904].

[1901] No sentido segundo o qual a doutrina italiana ao definir as questões subjacentes à aplicação dos artigos 1390.º e 1391.º do *Codice Civile* de 1942 se encontra amplamente influenciada pela opinião dos autores tudescos que comentaram o § 166 do *BGB* cujas regras não coincidem com as consagradas pela lei italiana v., Giovanna Visintini, *Degli effetti...*, comentário aos artigos 1390.º e 1391.º, pp. 239 e 240 e nota (3).

[1902] A solução de impugnar a procuração, em consequência de vícios da vontade do representado, tratando, depois, o negócio representativo como um acto de representação sem poderes encontrava, de resto, e sempre por influência dos autores de língua alemã, em particular, Hupka, naturalmente, defensores na doutrina italiana muito antes da entrada em vigor do Código de 1942 (assim pode ver-se, por exemplo, Nattini, *La Dottrina...*, pp. 42 e 43, 193 e ss.). Com a entrada em vigor desse Código os novos escritos continuariam muitas vezes a repetir os velhos ensinamentos, sem se atentar devidamente na particular redacção dos artigos 1390.º e 1391.º. A este respeito v., para um quadro das diferentes posições, Mosco, *La rappresentanza...*, pp. 248 e ss., e 308 e ss.; Santoro-Passarelli, *Teoria...*, pp. 242 e 243; *D'Avanzo...*, in *Novissimo...*, pp. 810 e ss.; Natoli, *La rappresentanza*, cit., pp. 90 e ss.; Id., *Rappresentanza...*, in *Enciclopedia...*, XXXVIII, p. 479; Mirabelli, *Dei contratti...*, pp. 369 e ss.; Giovanna Visintini, *Degli effetti...*, comentário aos artigos 1390.º e 1391.º, pp. 238 e ss.; D'Amico, *Rappresentanza...*, in *Enciclopedia Giuridica...*, XXV, pp. 7 e 8. Cfr., também, Galgano, *Il negozio...*, pp. 352 e 353; Id., *Diritto civile...*, II, I, pp. 362 e 363; Id., *Diritto...*, pp. 295 e 296, este último, porém, muito próximo da teoria da cooperação. Outros autores há, de entre os citados nesta nota, que, admitindo a possibilidade de existência de uma divisão de vontades entre o representante e o representado, se afastam, todavia, nalguma medida, da teoria da cooperação, pelo menos no seu estado puro, porquanto, seguem a tese proposta por Mirabelli (v., *infra* o escrito a este respeito no presente Capítulo) segundo a qual a relevância da *voluntas* do *dominus* e respectivos vícios ou estados de ciência ou ignorância se encontra subordinada à necessidade de proteger a confiança do *tertius* pelo facto de ter sido o procurador a formar, em toda a sua extensão, a decisão de contratar.

[1903] O remédio para compensar os prejuízos sofridos pelo *tertius* seria também, na opinião de alguns, fazer recair sobre o «falso» representante uma obrigação de indemnizar os danos sofridos pelo terceiro.

[1904] O destaque vai naturalmente para Papanti-Pelletier, *Rappresentanza...*, *per totum*, maxime, pp. 121 e ss.; Id., *Cooperazione...*, in *Rappresentanza...*, pp. 20 e ss.. Cfr., também, e por exemplo, Mirabelli, *Dei contratti...*, p. 370, o qual, partindo embora da ideia segundo a qual o

VI – O Relatório explicativo do Anteprojecto UNIDROIT, da autoria de EDUARD MEIJERS, começaria por reconhecer a circunstância de vários ordenamentos jurídicos tomarem em consideração a pessoa do representado para efeitos de consentimento e vícios do negócio representativo[1905]. É igualmente, sublinha-se no dito Relatório, a pessoa do representado a ser frequentemente tomada em consideração quando o conhecimento ou circunstâncias de certos factos exercem uma influência sobre a validade ou efeitos do acto[1906]. Logo se adverte, porém, existirem situações nas quais é a vontade do representado, o seu conhecimento ou ignorância, a influenciarem a validade ou efeitos do negócio representativo[1907]. Uma primeira hipótese na qual isso pode suceder vai a UNIDROIT buscá-la ao exemplo proporcionado pelo Códigos Civis da Alemanha e Itália: trata-se dos casos nos quais o representante agiu de acordo com as instruções precisas do representado[1908]. Uma segunda possibilidade é de âmbito mais alargado: aqui procura-se averiguar e apreciar os factos que o representado conhecia ou devia conhecer, e cujo conhecimento ou

---

sujeito do negócio representativo é o representante, naqueles casos em que o conteúdo do negócio representativo é parcialmente determinado pelo representado a paternidade do acto não é do representante, o qual, neste ponto, se deve considerar como um simples núncio. No representante podem assim fundir-se, segundo Mirabelli, e para a realização do mesmo acto, as posições de procurador e de mero *nuncius*. Destarte a consideração ou valoração do momento subjectivo pode variar consoante os elementos individualmente considerados tenham sido determinados pelo representante enquanto tal, ou, ao invés, pelo representado. No último caso o *procurator* funcionará, parcialmente, como simples meio de manifestação. Mirabelli sujeita, todavia, e à semelhança de outros autores, inclusivamente já do *ius commune*, a relevância dos vícios da vontade do representado à necessidade de se não ofender a confiança do *tertius* (na literatura jurídica italiana moderna aderem à posição expressa por Mirabelli, neste ponto, por exemplo, Natoli e D'Amico). Veremos adiante, e ainda no presente Capítulo, como semelhante exigência não tem qualquer razão de ser. Acrescente-se, ainda, a circunstância de Mirabelli, *Dei contratti...*, p. 371, considerar que os artigos 1390.º e 1391.º têm natureza interpretativa e se aplicam aos casos anteriores ao *Codice Civile* de 1942. De sublinhar é também a posição de Giovanna Visintini, *Degli effetti...*, comentário aos artigos 1390.º e 1391.º, p. 249, a qual, referindo-se ao contributo operado nesta matéria por Papanti-Pelletier, escreve a propósito do artigo 1391.º, 2, do *Codice Civile*: «(...) Na óptica do artigo 1391 2.º parágrafo, tal como pôs correctamente em relevo um autor que conduziu uma aprimorada análise comparativa das disposições comentadas, assume relevância o estado subjectivo de má fé do representado mesmo se se reporta a elementos por este não predeterminados (...).»
Segundo este autor a norma parece cunhada, com mais evidência relativamente ao artigo 1390.º, à teoria segundo a qual «*a validade e eficácia do negócio representativo se medem em função da vontade do representante e do representado de acordo com a influência respectivamente tida na determinação do conteúdo negocial (teria dita da cooperação)*».

[1905] *Avant-projet...*, pp. 48 e 50.
[1906] *Avant-projet...*, pp. 48 e 50.
[1907] *Avant-projet...*, p. 50.
[1908] *Idem*.

ignorância exerce uma influência sobre a validade ou sobre os efeitos do negócio representativo.

O Anteprojecto englobaria, conforme menção expressa, as diferentes hipóteses numa regra única capaz «(...) *de tomar em consideração seja a pessoa do representante, seja a pessoa do representado, seja as duas pessoas ao mesmo tempo consoante a influência que cada uma delas ou as duas exerceram sobre a realização do acto*»[1909].

> Sob a epígrafe acanhada [1910] de *Vices de la Volonté* (vícios da vontade) o artigo 12.º do Anteprojecto fixaria a seguinte regra:
>
> *«Para determinar se um acto realizado pelo representante deve ser anulado por falta ou vício do consentimento, ou para apreciar a influência que exerceram sobre esse acto o conhecimento ou a ignorância de certos factos, é necessário tomar em consideração ora a pessoa do representante, ora a pessoa do representado, ora as duas pessoas ao mesmo tempo conforme a influência que cada uma delas ou ambas tenham exercido sobre a realização do acto.»*

Particularmente relevante na solução proposta pelo artigo 12.º do Anteprojecto UNIDROIT – e apesar (ou talvez por causa disso) das referências feitas por MEIJERS à legislação alemã[1911] – é o abandono da referência, consagrada no § 166, II, do *BGB*, à necessidade de o representante actuar de acordo com *«determinadas instruções»* do representado enquanto critério de relevância, no contexto do negócio representativo, da vontade ou ciência do *dominus*. A própria fórmula *«elementos predeterminados pelo representado»* presente nos artigos 1390.º e 1391.º do *Codice Civile* de 1942 – preceitos estes, de acordo com o testemunho de MEIJERS[1912], também eles relevantes para as soluções adoptadas pelo artigo 12.º do Anteprojecto UNIDROIT – enquanto requisito da importância da vontade ou ciência do representado para a validade ou efeitos do negócio representativo, é posta de lado. Em vez de se fazer alusão a quaisquer instruções ou mesmo a elementos predeterminandos pelo constituinte[1913] o Anteprojecto UNIDROIT estipularia, simplesmente, dever determinar-se a validade ou efeitos do negócio representativo de acordo com a influência que o representado ou o representante tenham exercido sobre ele. A aproximação à teoria da cooperação, já presente quer nas soluções práticas encon-

---

[1909] *Idem.*
[1910] A expressão é de Almeida Costa, *A vontade...*, in *Boletim....*, 127, p. 152.
[1911] *Avant-projet...*, p. 50.
[1912] *Avant-projet...*, p. 50.
[1913] Como sucede com o *Codice Civile*.

tradas pela doutrina e jurisprudência tudescas para suprir as insuficiências do § 166 do *BGB*, quer, ainda, no texto expresso dos artigos 1390.º e 1391.º do *Codice Civile*, parece acentuar-se assim, ainda mais, e de forma significativa, não apenas na explicação apresentada por MEIJERS para o artigo 12.º do Anteprojecto UNIDROIT, mas, também, *et por cause*, na sua própria redacção e formulação[1914].

[1914] Para uma referência à evolução histórica que conduziria do artigo 12.º do Anteprojecto à Convenção de Genebra de 15 de Fevereiro de 1983 v. Papanti-Pelletier, *Rappresentanza...*, pp. 160, nota (35). O autor refere uma posterior reformulação do Anteprojecto, datada de 1957, na qual seria introduzido um projecto Unidroit com um artigo 14.º cujo teor seria o seguinte: «*Não é a pessoa do representado mas a do representante que é tomada em consideração quando se trata de apreciar a vontade relativa à realização do acto ou os vícios dessa vontade.*

É igualmente a pessoa do representante que é tomada em consideração quando o conhecimento ou ignorância de certos factos exerce uma influência sobre a validade ou efeitos do acto.

No entanto não é apenas a pessoa do representante mas também a do representado que é tomada em consideração quando se trata de apreciar quer aquilo que constitui a aplicação de uma instrução precisa do representado, quer factos que o representado conhecia ou devia conhecer e cujo conhecimento ou ignorância exerce uma influência sobre a validade ou os efeitos desse acto.» Sempre conforme o sublinhado por Papanti-Pelletier, se é um facto que esta nova redacção, partindo de uma disciplina, aqui sim, claramente inspirada pelo § 166 do *BGB* e pela teoria da representação, a verdade é chegar ela a uma solução que, através de uma devida valorização do contributo psíquico e volitivo do representado, surge como uma feliz aplicação dos princípios inspiradores da teoria da cooperação de vontades. Estranha-se ter este projecto Unidroit sido completamente ignorado durante os trabalhos preparatórios do Código Civil português. Nem Rui de Alarcão nem Almeida Costa fazem a ele qualquer tipo de alusão. A verdade, porém, é que após solicitação nossa ao secretariado da Unidroit, no sentido de nos ser facultado o acesso ao projecto ao qual Papanti-Pelletier alude, recebemos uma carta, daquele secretariado, datada de Roma, de 16 de Março de 2001, na qual é afirmado não existir nenhum trabalho publicado pelo instituto, no ano de 1957, relativamente à representação. O secetariado da Unidroit fez-nos, ainda, o favor de enviar um texto contendo um Projecto de Convenção e relatórios explicativos, datado de Abril de 1961 (cfr., *Project de Convention portant loi uniforme sur la représentation en matière de droit privé dans les rapports internationaux avec rapports explicatifs*, Roma, Abril, de 1961, p. 14); o único, segundo aquele secretarido, a ser publicado depois de 1957 (inclusive). Nele inclui-se um artigo 14.º em tudo igual ao texto do Anteprojecto Unidroit publicado em 1955 no *Avant-project...*, p. 14. A influência do *BGB* estava ainda presente, com impacto, na redacção adoptada na sessão de Estocolmo de 27 a 29 de Outubro de 1937 (Papanti-Pelletier, *Rappresentanza...*, p. 159 nota (35), reporta o texto saído destas jornadas escandinavas como correspondendo ao ano de 1944. Nessa altura vivia-se, porém, a segunda guerra mundial e de acordo com informação prestada pelo secretariado da Unidroit não foram realizados quaisquer estudos pelo instituto sobre o fenómeno representativo) pelo Comité nomeado pela Unidroit para a unificação do direito relativo aos contratos concluídos por intermédio de representação (v. *Institut International pour l'unification du droit privé, Contrats conclus par représentation, Conclusions provisoires – Deuxième redaction, d'après les délibérations adoptées par le comité pendant sa session de Stockholm, les 27-29 Octobre 1937*, Rome, Novembre, 1944) cujo teor era o seguinte: «*No tocante aos vícios da vontade é a pessoa do representante que é tomada em consideração.*

É a mesma pessoa do representante que é tomada em consideração para o conhecimento ou ignorância com culpa dos factos exercendo qualquer influência sobre os efeitos jurídicos do acto passado.

Todavia, o representado não poderá prevalecer-se da ignorância do representante relativamente aos factos que ele mesmo conhecia ou deveria ter conhecido.» O texto definitivo da Convenção de Genebra, de 15 de Fevereiro de 1983, eliminou, entre outros, qualquer preceito relativo aos vícios da

VII – O legislador nacional seguiu de perto, como se viu, e desde o princípio, os artigos 1390.º e 1391.º do _Codice Civile_, posto que reuniu num único a disciplina consagrada nessas duas normas[1915]. A proposta de Rui de Alarcão formalmente baseia-se, ainda, em parte, no artigo 12.º do Anteprojecto UNIDROIT[1916, 1917].

No Anteprojecto de Rui de Alarcão o problema da falta ou vícios da vontade e estados subjectivos relevantes era regulado pelo artigo 3.º[1918] do articulado referente ao fenómeno representativo e cujo teor era o seguinte:

«_1. Para determinar se o negócio jurídico concluído pelo representante deve ser nulo ou anulado por falta ou vícios da vontade, ou para apreciar a influência que o conhecimento ou a ignorância de certos factos exerce sobre esse negócio, deve tomar-se em consideração a pessoa do representante, a não ser que se trate de elementos em que foi decisiva a vontade do representado._

2. Ao representado de má fé não aproveita a boa fé do representante.»

O texto do projecto de Código Civil, resultante da primeira revisão ministerial[1919], corresponderia na substância, apenas com pequenas divergências formais, ao Anteprojecto de Rui de Alarcão[1920]. O seu artigo 229.º anunciava[1921], sob a epígrafe «_Falta ou vícios da vontade e estados subjectivos relevantes_»:

«_1. É na pessoa do representante, salvo quando se trate de elementos em que tenha sido decisiva a vontade do representado, que devem verificar-se a falta ou os vícios da_

---

vontade e estados subjectivos relevantes. Para uma referência ao início dos trabalhos do projecto Unidroit cfr., _Avant-projet..._, p. 28, onde se procede, designadamente à indicação do nome de todos os juristas que integraram os vários comités encarregados de conduzir os trabalhos tendentes à elaboração de uma lei uniforme sobre a representação em matéria de direito privado patrimonial nas relações internacionais. V., também, para mais pormenores acerca da tentativa de uniformização do direito relativo ao fenómeno representativo, Silvia Ferreri, _Rappresentanza, diritto comparatto..._, in _Enciclopedia Giuridica..._, XXV, p. 4, com indicações bibliográficas.

[1915] Almeida Costa, _A vontade..._, in _Boletim...._, 127, pp. 153 e 154; Rui de Alarcão, _Breve..._, in _Boletim..._, 138, p. 105; Raúl Guichard, _O problema..._, p. 155.

[1916] Rui de Alarcão, _Breve..._, in _Boletim..._, 138, p. 105.

[1917] A designação Anteprojecto Unidroit corresponde à comummente utilizada entre nós (cfr., Almeida Costa, _A vontade..._, in _Boletim...._, 127, p. 152; Rui de Alarcão, _Breve..._, in _Boletim..._, 138, p. 105; Raúl Guichard, _O problema..._, p. 157) para designar o _Avant-projet d'une loi uniforme sur la représentation en matière de Droit privé patrimonial dans les rapports internationaux_, elaborado pelo _Institut International pour l'unification du droit Privé_. Este _Avant-Projet d'une loi uniforme sur la représentation en matière de droit privé patrimonial dans les rapports internationaux_ seria publicado, juntamente com um _Rapport illustratif_ da autoria de Eduard Maurits Meijers, pelas edições «Unidroit», Roma, 1955, num pequeno volume por nós já anteriormente citado.

[1918] Artigo 29.º do Anteprojecto sobre o negócio jurídico publicado por Rui de Alarcão, _Do negócio jurídico. Anteprojecto para o novo Código Civil_, in _Boletim do Ministério da Justiça_, 1961, 105, p. 264.

[1919] Cfr., _Boletim do Ministério da Justiça_, 1961, 107, pp. 5 e ss., p. 99; e Almeida Costa, _A vontade..._, in _Boletim...._, 127, p. 153 e nota (18).

[1920] Almeida Costa, _A vontade..._, in _Boletim...._, 127, p. 153, nota (18).

[1921] _Idem_, p. 153.

vontade, o conhecimento ou ignorância de certos factos susceptíveis de afectarem a validade do negócio.
2. Ao representado de má fé não aproveita a boa fé do representante.»

O legislador nacional aproveitou, pois, e desde os trabalhos preparatórios, os progressos alcançados em consequência das críticas formuladas à lei alemã[1922]. As melhorias, relativamente ao teor do projecto de Código Civil, introduzidas no texto final do artigo 259.° do Código Civil consolidariam, de forma eficaz, os avanços verificados, nesta matéria, desde a publicação do *BGB*. Parece, destarte, num fenómeno não devidamente valorado pela nossa doutrina que sobre o tema se ocupou, arrancar o nosso legislador de um ponto de partida claramente adverso e distinto daquele no qual se alicerça o Código Civil alemão[1923]. Certamente inspirado pelo artigo 12.° do Anteprojecto UNIDROIT, o artigo 259.° do Código Civil não faria depender a importância da vontade do representado sobre a validade ou consequências do negócio representativo da existência de quaisquer instruções por parte do *dominus*, ou, mesmo, de elementos por ele predeterminados, como pretende o legislador italiano. A vontade e conhecimento do *dominus* repercutir-se-ão, de acordo com o teor expresso do artigo 259.° do Código Civil, no negócio representativo sempre que existam elementos sobre os quais tenha sido decisiva a vontade do representado (seja qual for a forma pela qual a influência da vontade do *dominus* se fez, ou deixou de se fazer, sentir)[1924].

[1922] *Idem*, p. 154.

[1923] Em inúmeros outros países, entre os quais se contam ou contavam, a Suíça, Áustria, Dinamarca, Noruega e Suécia, falta uma regulamentação legal sobre o problema. Em todos estes Estados parece partir-se, também, a nível da construção científica de teses adversas às subscritas pelo *BGB*. Aceita-se o princípio-base de que o conhecimento e o dever de conhecimento de certas circunstâncias se devem considerar tanto em relação ao representante como em relação ao representado. Trata-se de uma atitude ligada conceitualmente à ideia segundo a qual a *procuratio* é uma componente do negócio concluído com o terceiro. Reconhece-se a cooperação entre o representado e o representante. Cfr., Almeida Costa, *A vontade...*, in *Boletim...*, 127, p. 152. V., igualmente, Müller-Freienfels, *Die Vertretung...*, pp. 408 e ss..

[1924] Uma vez que o artigo 259.°, n.° 1, do Código Civil tanto liga a expressão «vontade» à nulidade ou anulabilidade da declaração como ao conhecimento ou ignorância dos factos que podem influir nos efeitos do negócio parece ter a expressão um duplo significado. Quando referida à declaração negocial ela equivalerá à *voluntas*, tal como ela deva ser juridicamente compreendida. Ao invés quando reportado à ciência ou ignorância o termo vontade poderá querer dizer, também, comportamento ou atitude (mas a expressão não se esgotará certamente nisto. V. quanto se escreve ainda *infra*, no presente Capítulo sob o parágrafo 5 acerca do sentido a atribuir à expressão *«elementos em que tenha sido decisiva a vontade do representado»*). Isso mesmo parece surgir como uma decorrência natural do regime imposto pelo artigo 9.° do Código Civil. Não parece, por isso, necessário perder demasiado tempo a debater a questão que consiste em saber se, apesar

VIII – Relativamente ao confronto com texto do Código Civil italiano – e para além da já mencionada reunião pelo legislador português num só preceito quer da regulamentação do problema da falta ou vícios da vontade quer da disciplina dos estados subjectivos relevantes, assim como da também já assinalada preterição da referência aos elementos predeterminados pelo representado em favor de uma formulação mais perfeita[1925] – verifica-se como o primeiro parágrafo do artigo 1391.º do *Codice Civile* se refere a um estado de boa ou má fé e de ciência ou ignorância e o segundo parágrafo do mesmo preceito utiliza a expressão má fé do representado e ignorância ou boa fé do representante[1926]. No artigo 259.º, n.º 1, do Código Civil o legislador menciona apenas o conhecimento ou a ignorância e no n.º 2 a boa ou má fé[1927].

_____

das diferenças existentes do ponto de vista ôntico, entre conhecimento e vontade, não se assiste a uma certa indistinção normativa entre as duas figuras, atenta a circunstância de as normas referentes ao conhecimento/ignorância terem, ao fim e ao cabo, subjacente, o esclarecimento – ou ausência dele – por parte de quem actua. No âmbito do fenómeno representativo o artigo 259.º, n.º 1, do Código Civil fornece uma resposta clara e expressa para a questão. E fá-lo através de uma ligação directa da vontade ao conhecimento ou à ignorância e vice-versa. Se a vontade e o conhecimento são realidades psicológicas diversas elas já não são opostas mas, sim, complementares: o conhecimento origina e configura a vontade. Por isso, parece um passo lógico normal o tratamento da vontade do representante e do representado nos moldes do regime previsto para o respectivo conhecimento. Assim, Crome, *System...*, I, p. 468 e, designadamente, notas (7) e (8) de forma implícita; Rosenberg, *Stellvertretung...*, pp. 239 e ss.; com indicações; Nattini, *La dottrina...*, pp. 65 e ss.; Mosco, *La rappresentanza...*, pp. 257 e 258; Raimund Waltermann, *Zur Wissenszurechnung – am Beispiel der juristischen Personen des Privaten und des öffentlichen Rechts*, in *Archiv für die civilistische Praxis*, 1992, 192, pp. 187 e 188. Cfr., também, Savigny, *System...*, III, p. 111, e Menezes Cordeiro, *Tratado...*, I, I, p. 597, nota (1437), autores para os quais, de um ponto de vista jurídico, não se distingue o erro da ignorância (*error* e *ignorantia*. V., igualmente e a este respeito Norbert Ogris, *Guter Glaube...*, pp. 54 e 55). Contra esta posição e a favor da necessidade de diferenciar, mesmo para efeitos normativos, e não já apenas ônticos, entre conhecimento e vontade, pode ver-se, na nossa doutrina, Maria de Lurdes Pereira, *Os estados...*, in *Revista...*, XXXIX, 1, pp. 169 e ss..

[1925] Na verdade, em vez de estabelecer que, se «(...) *o vício respeita a elementos predeterminados pelo representado, o contrato é anulável só se a vontade deste se encontrar viciada*», o legislador português determinada a invalidade do acto posto pelo representante sempre que a vontade do *dominus* se encontre deficientemente formulada ou viciada e tenha sido decisiva para determinados elementos do negócio jurídico. Esta fundamental diferença entre o texto do Código Civil português e o do seu congénere italiano parece ter passado totalmente ao lado da doutrina nacional que se tem ocupado da questão da falta ou vícios da vontade e estados subjectivos relevantes no âmbito do fenómeno representativo. A nota de excepção parece ser dada, designadamente, por Oliveira Ascensão, *Direito...*, II, p. 253, o qual utilizando precisamente a terminologia empregue pelo nosso legislador escreve: «*Mas se se trata de elemento em que foi decisiva a vontade do representado a própria lei nos diz que é à vontade do representado que se deve atender.*» Ou ainda: «*Diríamos de que a afirmação do artigo 259.º/1 de que a falta ou vício da vontade deve ser apurada na pessoa do representante não pode deixar de ser restringida.*»

[1926] Sublinhando este mesmo aspecto, Raúl Guichard, *O problema...*, p. 155.

[1927] *Idem.*

O possível sentido a atribuir à circunstância de o segundo parágrafo do *Codice Civile* se reportar, tão-só, à má fé do representado e não ao seu simples conhecimento, enquanto, para o representante se alude tanto ao desconhecimento como à boa fé parece estar, designadamente, no facto de não ser relevante a mera ciência do *dominus* se ele já não puder informar o *procurator* ou suster a sua actuação[1928]. Perante uma tal hipótese não se poderá afirmar a existência de má fé por parte do constituinte, apesar de ele conhecer[1929].

A diferença de redacção já antes assinalada, entre o n.º 1 e n.º 2 do artigo 259.º do Código Civil, com a utilização de expressões como conhecimento e ignorância, no primeiro, e boa e má fé no segundo, parece permitir extrair uma conclusão semelhante à que vimos ser defensável para o direito italiano[1930].

IX – Uma última distinção entre o texto da lei portuguesa e o da italiana prende-se com a fórmula introdutória do segundo parágrafo do artigo 1391.º do *Codice Civile*: «*Em nenhum caso*». Contrariamente a quanto pareceu resultar da análise da diversidade terminológica presente no primeiro e segundo parágrafos do artigo 1391.º, há agora, e de acordo com algumas opiniões, como que um indício no sentido segundo o qual o conhecimento do *dominus* teria sempre relevância mesmo onde falta a possibilidade material de obstar à actuação do representante[1931]. A *communis opinio* italiana considera, contudo, a solução inconveniente[1932], por contrária ao princípio da responsabilidade.

Um rápido cotejo entre a legislação italiana e a portuguesa logo evidencia como a expressão «em nenhum caso» constante da primeira foi suprimida entre nós[1933] parecendo, assim, mais apta a acolher a

---

[1928] *Idem*, p. 156.

[1929] *Idem*.

[1930] Assim, parcialmente, Raúl Guichard, *O problema...*, p. 156. Para mais pormenores a este respeito v. quanto se escreve *infra* sob o presente Capítulo.

[1931] A respeito desta particularidade da lei italiana v., na literatura jurídica portuguesa, Raúl Guichard, *O problema...*, p. 157.

[1932] Sempre na doutrina portuguesa para uma referência ao modo como os autores italianos têm tratado este e outros problemas pode ver-se, Raúl Guichard, *O problema...*, p. 157. Na literatura jurídica italiana destacamos a título exemplificativo: Mosco, *La rappresentanza...*, p. 120; Natoli, *La rappresentanza...*, p. 92; Mirabelli, *Dei contratti...*, p. 371; Carresi, *Il Contratto...*, p. 172; D'Amico, *Rappresentanza...*, in *Enciclopedia Giuridica...*, XXXV, p. 7; Giovanna Visintini, *Degli effetti...*, comentário aos artigos 1390.º e 1391.º, p. 247, a qual, todavia, sublinha o facto de o problema não ter praticamente impacto prático ao nível da jurisprudência.

[1933] Este aspecto tem sido sublinhado pela nossa doutrina. Assim e durante os trabalhos preparatórios v., Almeida Costa, *A vontade...*, in *Boletim...*, 127, pp. 168 e 169, considerando

ideia da imprescindibilidade de algum tipo de nexo causal entre o conhecimento do representado e a realização do negócio[1934].

3. – A falta ou vícios da vontade da procuração e sua repercussão sobre o negócio representativo[1935]. A impossibilidade de impugnação[1936] autónoma do acto de outorga dos poderes de representação

I – A primeira norma a tomar em consideração quando se trata de apurar quais as consequências de uma eventual anulação da procuração parecerá, porventura, para alguns, ser a constante do artigo 266.°, n.° 2, do Código Civil[1937]. Num entendimento possível poder-se-ia considerar que, uma vez declarada a *procuratio* inválida, a cessação da legitimação representativa daí decorrente ficaria sujeita ao regime estabelecido para as causas extintivas da procuração distintas da revogação[1938]. A vingar semelhante tese, a oposição, a terceiros, das causas de invalidade da procuração ficaria, naturalmente, sujeita aos limites estabelecidos no artigo 266.°, n.° 2, do Código Civil.

Mas uma solução deste tipo postularia, naturalmente, e em primeiro lugar, uma resposta positiva a uma interrogação que, um pouco por toda a parte, tem sido objecto de disputa[1939]. Trata-se de saber se a procuração, enquanto negócio jurídico pode ser autonomamente impugnada, ou se, sendo essa uma via juridicamente viável,

---

preferível e mais feliz a redacção do texto do projecto português. Já depois da entrada em vigor do Código Civil cfr., Raúl Guichard, *O problema...*, p. 157.

[1934] Em sentido apenas parcialmente coincidente, Raúl Guichard, *O problema...*, p. 157. Voltaremos a esta questão um pouco mais adiante.

[1935] A nós interessa-nos sobretudo tratar aqui os vícios da procuração e a sua repercussão sobre o negócio representativo. O mesmo já não acontece relativamente aos vícios da vontade do representante na celebração do referido *negotium* pois o problema que nos ocupa é apenas o de demonstrar o modo como se procede, ou não, a uma repartição de vontades, entre o representante e o representado, na celebração do negócio representativo. Para um estudo das várias consequências que podem estar associadas aos vícios da vontade do representante v., Almeida Costa, *A vontade...*, in *Boletim....*, 127, pp. 154 e ss..

[1936] Recorde-se a circunstância já antes assinalada de o termo impugnação não ser, aqui, por nós utilizado com o seu significado técnico, mas como mera forma cómoda e abreviada de designar ou referir uma eventual acção ou processo tendente à obtenção da anulação ou declaração de nulidade de determinada situação jurídica.

[1937] Suscitando essa mesma possibilidade, e perante o preceito do Código Civil italiano de teor perceptivo idêntico ao nosso artigo 266.°, n.° 2, v., Papanti-Pelletier, *Rappresentanza...*, p. 123.

[1938] Esta mesma possibilidade é, também, levantada por Papanti-Pelletier, *Rappresentanza...*, p. 123.

[1939] Sublinhando este mesmo aspecto v., sempre, Papanti-Pelletier, *Rappresentanza...*, p. 123.

na prática a referida impugnação apresenta algum conteúdo útil[1940].
É essa, todavia, uma problemática cuja análise deixaremos para mais
tarde[1941]. Por ora, limitar-nos-emos a sublinhar, com PAPANTI-PEL-
LETIER[1942] como – se se vier a admitir a possibilidade de impugnação autónoma da *procuratio* – a solução de sujeitar a invocação das
causas de invalidade do acto de concessão dos poderes de representação ao regime e limites estabelecidos no artigo 266.°, n.° 2, apresenta a seu favor a circunstância de alguma doutrina propor, para a
impugnação da *procuratio*, com base na necessidade de respeitar o princípio da aparência jurídica ou da confiança, uma disciplina análoga à
consagrada nesse preceito[1943].

II – Existem contudo, e deixando agora de lado a questão de
saber se a *procuratio* é, ou não, susceptível de ser autonomamente
impugnável, outras razões que contêm indícios no sentido de se não
poder solucionar o problema da declaração de invalidade da procuração através do artigo 266.°, n.° 2, do Código Civil. E isto quer se
entenda que, para o vício da procuração poder ser oponível a
terceiros, o conhecimento mencionado no referido preceito deve
incidir sobre a própria sentença de impugnação quer, numa postura
diversa, se defenda a necessidade de a ciência do *tertius* recair sobre
os motivos ou razões da invalidade do acto de outorga dos poderes.
A doutrina aponta usualmente como «*restantes causas extintivas da procuração*» aquelas atinentes à cessação da relação jurídica base[1944]. Não

---

[1940] Com uma nota mais. O problema de saber se a procuração é, ou não, um negócio
autonomamente impugnável é uma questão controvertida quer o *procurator* ainda não tenha feito
uso dos poderes que o constituinte pretende ver declarados inválidos, quer semelhante uso já tenha
ocorrido. A admitir-se a possibilidade de a *procuratio* ser impugnável, *per se*, o artigo 266.°, n.° 2, só
dará pistas para a solução a encontrar se for chamado a depor apenas no segundo caso. Nomeadamente se houver uma impugnação e posteriormente vier a ser usada.

[1941] V. *infra*.

[1942] Papanti-Pelletier, *Rappresentanza...*, p. 124.

[1943] V., assim e por exemplo, Sotgia, *Apparenza...*, pp. 96 e ss.. Na doutrina alemã uma
ampla análise acerca da possibilidade de, em caso de impugnação da procuração, se responsabilizar
o *dominus* com base numa procuração por força da aparência jurídica (*Anscheinvollmacht*) é levada a
cabo por Waldeyer, *Vertrauenshaftung kraft Anscheinvollmacht bei Anfechtbarer...*, *per totum*, maxime,
pp. 133 e ss., 139 e ss., 156 e ss., 162 e ss.. V., também, admitindo a possibilidade de em certos
casos de impugnação da procuração inválida o *dominus* poder, ainda assim, permanecer vinculado,
em consequência de uma procuração por força da aparência jurídica, Steffen, *BGB – RGRK*, cit.,
I, comentário ao § 167, p. 89.

[1944] V., *supra*, Parte II, Cap. IV. Recorde-se a circunstância de, em nosso entender, as
hipóteses de cessação de vigência da relação subjacente consequência de acto voluntário do
dominus deverem subordinar-se ao n.° 1 do artigo 266.° do Código Civil.

obstante, se poder pretender ser a fórmula utilizada pelo legislador dotada de alguma latitude[1945] o significado técnico do termo «extinção», indica a «cessação» da vigência, para o futuro, de certos efeitos, e não a eliminação com eficácia retroactiva de uma situação jurídica. Por outro lado a relação existente entre o n.º 1, de um lado, e o n.º 2 do artigo 266.º do Código Civil, do outro, não nos pode fazer duvidar da circunstância de o segundo se dever interpretar em estreita conexão com o primeiro. Ora, no n.º 1 do artigo 266.º do Código Civil o legislador trata de regular a revogação e as modificações sucessivas à procuração[1946]. Nestes termos, não parece possível colocar em causa o facto de o n.º 2 do artigo em referência se referir, também ele, a hipóteses ou situações equivalentes às previstas no n.º 1[1947]. Ou seja, as hipóteses nas quais a ausência de legitimação representativa é algo de superveniente à outorga dos poderes de representação, ou quando muito uma ausência de vigência ou eficácia reflexa resultante de uma deficiência da relação-base, e nas quais é duvidosa a possibilidade – sem incongruência, e sem se demonstrar primeiro a existência de uma lacuna a carecer de ser preenchida por analogia, nos termos do artigo 266.º, n.º 2[1948] – de incluir situações nas quais a procuração sofre, ela mesma[1949], de um vício originário[1950].

[1945] Assim por exemplo, e perante preceito de conteúdo idêntico ao do n.º 2 do artigo 266.º (no sentido da proximidade entre o artigo 266.º do Código Civil e o 1396.º do *Codice Civile* v., Rui de Alarcão, *Breve...*, in *Boletim...*, 138, p. 111, o qual ao comentar o artigo 9.º do seu Anteprojecto que estaria na base do actual artigo 266.º do Código Civil escreveu: «*O artigo 8.º* (...) *refere--se à extinção da procuração. Mas uma coisa é a extinção da procuração e outra a relevância disso em face de terceiros. Bem se compreende, com efeito, que a necessidade de protecção dos terceiros de boa fé exija, em certos termos, que lhes não seja oponível aquela extinção. É este o problema contemplado no art. 9.º, que reproduz, praticamente, o artigo 1396.º do Código italiano*»), Papanti-Pelletier, *Rappresentanza...*, p. 130.

[1946] Na literatura italiana v., nesta direcção, Papanti-Pelletier, *Rappresentanza...*, p. 130; e Valeria di Lorenzi, *La rappresentanza...*, p. 211. Entre nós cfr., Paulo Mota Pinto, *Aparência de poderes de representação...*, in *Boletim...*, Vol. LXIX, p. 607, nota (33); Raúl Guichard, *Da relevância...*, p. 64, para quem as hipóteses contempladas no artigo 266.º do Código Civil dizem respeito a situações onde os poderes de representação efectivamente existiram e de cujo conteúdo foi dado conhecimento a terceiros, só estando em causa a sua extinção ou modificação num momento ulterior; Helena Brito, *A representação...*, pp. 156 e 161. V., quanto se escreveu a este respeito ao longo da Parte II, designadamente no Cap. II, parágrafo 3.

[1947] Assim, também, perante o artigo 1396.º do *Codice Civile*, Papanti-Pelletier, *Rappresentanza...*, p. 130.

[1948] O que nos parece estar por fazer não obstante os esforços dos autores antes citados em favor da possibilidade de aplicação do regime da procuração aparente, ou da *procuratio* por força da aparência jurídica (*Anscheinvollmacht*) aos casos de procurações inválidas.

[1949] Defendemos *supra*, na Parte II, Cap. IV, é certo, a possibilidade de aplicação do artigo 266.º, n.os 1 e 2, as hipóteses de invalidade da relação jurídica base ou mesmo ausência do negócio-base. Mas, aí, já não se trata da destruição directa e imediata da procuração mas, tão-só, de

III – Atendendo à circunstância de o artigo 266.º do Código Civil não oferecer uma resposta para o problema da impugnação autónoma da procuração poderia interrogar-se se o artigo 259.º, n.º 1, do Código Civil não consente, ele próprio, a possibilidade de se atacar, de forma independente do negócio representativo, os efeitos de

uma indirecta eliminação da legitimação representativa aparentemente atribuída pela procuração devido a deficiências da relação jurídica. Conforme sublinhado já, o artigo 266.º regula o risco inerente a situações de criação de aparência de uma legitimação representativa ou confiança não culposa na referida aparência (v., Santoro-Passarelli, *Teoria...*, p. 241; Papanti-Pelletier, *Rappresentanza...*, p. 131; e, entre nós, reportando o artigo 266.º à tutela da confiança ou aparência, Oliveira Ascensão, *Direito...*, II, p. 263; e Menezes Cordeiro, *Manual...*, I, pp. 475 e ss.). Nessa medida, parece que a relativa latitude do termo «extinção da procuração» – sobretudo atento o disposto no artigo 265.º, n.º 1, do Código Civil – permite a aplicação do artigo 266.º aos casos nos quais é apenas o negócio subjacente à procuração a sofrer de algum tipo de vicissitude. Na situação agora em apreço quanto se encontra em discussão é a validade da procuração por circunstâncias que a afectam, em si mesma, de forma directa. Nestes casos, não se vê motivo para estabelecer distinções entre a impugnação da procuração – caso se venha a concluir pela respectiva admissibilidade –, tornando-a dependente do conhecimento, por parte do terceiro, do vício subjacente ao acto de outorga dos poderes, e a declaração de invalidade dos demais negócios. Nenhuma particularidade do fenómeno representativo o justifica. Ao contrário – se se vier a admitir a possibilidade de se intentar autonomamente uma acção de invalidade do negócio de concesão de poderes – quando é a própria procuração a mostrar-se afectada por um vício directo, a tutela do *tertius* encontra-se, no aspecto que agora nos interessa (noutros domínios que já nada têm a ver, porém, com a confiança depositada na regularidade de determinado acto [neste caso a procuração] o regime geral da invalidade dos negócios jurídicos pode mostrar-se, e mostra-se totalmente desadequado [v., quanto se escreveu *supra* no presente Capítulo e se sublinha uma vez mais já a seguir no texto]. Pense-se, por exemplo, nas já referidas hipóteses de duplo erro do representado e do representante, nas quais o negócio representativo vem afinal a corresponder à vontade do *dominus*. A pura aplicação, sem correcções, das soluções ditadas para o comum dos negócios jurídicos conduziria a resultados inaceitáveis), já suficientemente assegurada pelo regime geral da falta e vícios da vontade. Isto atenta a circunstância de a confiança dos terceiros ser um valor tido em conta no regime dos vícios da vontade (assim, Papanti-Pelletier, *Rappresentanza...*, p. 154; e Maria de Lurdes Pereira, *Os estados...*, in *Revista...*, XXXIX, 1, p. 150). Não se mostra, destarte, necessário alargar ou estender o sentido das expressões «*as modificações e revogação da procuração*» ou «*restantes causas extintivas da procuração*», num esforço dificultado por não nos podermos socorrer já do disposto no n.º 1 do artigo 265.º do Código Civil, para sujeitar a impugnação da *procuratio* – a ser admissível – ao regime do artigo 266.º. Se se chegar à conclusão segundo a qual a procuração não é – como nos parece correcto – autonomamente impugnável, sobretudo depois de feito dela uso (e os argumentos no sentido da demonstração da insusceptibilidade de impugnação autónoma da *procuratio* cujos poderes já foram exercidos são outras tantas razões para não se sujeitar a declaração de invalidade do acto de outorga dos poderes de representação ao artigo 266.º, n.º 2, do Código Civil [insista-se na circunstância de só fazer sentido perguntar pela possibilidade de aplicação do regime do artigo 266.º aos casos de procurações inválidas quando o *procurator* tiver realmente actuado. De outro modo, não há sequer um terceiro contraente capaz de justificar o apelo ao artigo 266.º] também não se mostra necessário proceder a qualquer aplicação analógica do artigo 266.º. Uma vez mais faltará a lacuna capaz de justificar a aplicação do preceito ou mesmo a sua aplicação extensiva).

[1950] Papanti-Pelletier, *Rappresentanza...*, p. 130.

uma procuração viciada ou directamente afectada por certas vicissitudes. Em particular, cabe perguntar se nesse preceito, e muito concretamente, na referência aos elementos em que tenha sido decisiva a vontade do representado, não estão compreendidos os vícios da procuração, em termos capazes de justificar a sua declaração de nulidade ou anulabilidade *per se?*

Não julgamos, porém, existir grande margem para uma resposta positiva a esta questão[1951]. Para se poder, coerentemente, sustentar estarem compreendidas no artigo 259.° do Código Civil, enquanto tais, e não na medida da respectiva repercussão sobre o negócio representativo, as hipóteses de vícios da procuração seria necessário admitir a equivalência ou equiparação entre os elementos nos quais foi decisiva a vontade do representado e o próprio conteúdo da *procuratio*[1952]. Admitisse alguém esse passo, então, passaria, de imediato, a ter de considerar estar consagrada no artigo 259.° do Código Civil a teoria do dono do negócio, numa clara afronta às regras de interpretação jurídica. Julgamos não merecer, nem poder merecer, qualquer contestação a circunstância de o artigo 259.° regular apenas os vícios do próprio negócio representativo. Ao aludir aos elementos em que tenha sido decisiva a vontade do representado, o legislador está apenas a estipular o regime ao qual se encontra sujeito o acto realizado pelo procurador mas influenciando, no seu conteúdo, efeitos ou configuração pela vontade do dono do negócio. Deve pois concluir-se, em definitivo: o artigo 259.° não contém nenhum dado favorável à possibilidade de se impugnar de forma autónoma a procuração inválida. Ao contrário, e conforme se verá, adiante o artigo 259.° indicia claramente não ser admissível atacar, em si mesmo, o acto de outorga dos poderes de representação.

IV – Afastada a possibilidade de se resolver o problema da impugnação autónoma da procuração através da aplicação do artigo 266.° ou mesmo do artigo 259.°, n.° 1, do Código Civil, poder-se-ia pensar em tentar aplicar à procuração as regras gerais previstas para a

---

[1951] Contra a possibilidade de se encontrar um apoio para a tese da impugnação autónoma da procuração no artigo 1390.° do *Codice Civile*, preceito de conteúdo perceptivo muito semelhante ao nosso artigo 259.° v., Papanti-Pelletier, *Rappresentanza...*, pp. 135 e ss..

[1952] Em sentido equivalente, e apenas com as diferenças ditadas pela diversidade de teor literal do artigo 1390.° do *Codice Civile* italiano relativamente ao artigo 259.° do Código Civil, v., Papanti-Pelletier, *Rappresentanza...*, p. 136.

invalidade do comum dos negócios jurídicos. No fundo, na trilha de quanto é propugnado quer na Alemanha quer em Itália pelos defensores da *Repräsentationstheorie*, impugnar-se-ia, autonomamente, a procuração fazendo, no essencial, apelo ao normal regime da nulidade ou anulabilidade dos negócios jurídicos[1953]. Suprimidos os efeitos do negócio de outorga dos poderes de representação o negócio representativo deixaria de vincular o *dominus* atenta a respectiva ineficácia[1954]. Não julgamos, contudo, ser esse o caminho a seguir. Num fenómeno posto implicitamente a nu por HUPKA[1955], e aceite entre nós por ALMEIDA COSTA[1956], e, ultimamente, num estudo aturado, por MARIA DE LURDES PEREIRA[1957] – apesar de ela própria se

---

[1953] Wellspacher, *Das Vertrauen...*, p. 89, afirma mesmo, e apesar de ele próprio aspirar a uma outra solução (cfr., *op. cit.*, pp. 91 e ss., maxime p. 93), que a possibilidade de impugnação da procuração se fazer de acordo com as regras gerais não é susceptível de discussão. Cfr. ainda as observações à posição de Wellspacher tecidas por Rosenberg, *Stellvertretung...*, p. 714, nota (1).

[1954] É designadamente essa a posição defendida por Ferrer Correia, *A procuração...*, in *Estudos...*, pp. 20 e ss.; e Maria de Lurdes Pereira, *Os estados...*, in *Revista...*, XXXIX, 1, pp. 143 e ss.. Na doutrina alemã v., a título exemplificativo, e por todos, Larenz-Wolf, *Allgemeiner...*, p. 909; e Bork, *Allgemeiner...*, p. 539.

[1955] Hupka, *Die Vollmacht...*, pp. 43 e ss..

[1956] Ainda que sem o dizer expressamente; Almeida Costa, *A vontade...*, in *Boletim....*, 127, p. 154 e ss..

[1957] Maria de Lurdes Pereira, *Os estados...*, in *Revista...*, XXXIX, 1, p. 143. A autora faz suas as afirmações proferidas na literatura jurídica tudesca, por vários autores partidários da teoria da representação, como, por exemplo, Flume, *Allgemeiner...*, II, *Das Rechtsgeschäft...*, pp. 860, 867 e 868 (estas últimas páginas referentes à necessidade de modelação do regime dos vícios da vontade de concessão de uma procuração); e Larenz, *Allgemeiner Teil...*, p. 621, autor que se vê obrigado a concordar com Müller-Freienfels quando este sublinha como a ligação entre procuração e negócio representativo impõe a consideração do nexo existente entre os dois negócios na eventualidade a procuração se encontra viciada e o representante ter feito uso da *procuratio*. V., também, a este respeito as considerações formuladas por Heiko Eujen e Rainer Frank, *Anfechtung der Bevollmächtigung...*, in *Juristenzeitung*, cit., 1973, pp. 232 e ss., maxime p. 235, os quais consideram conduzir a ilimitada admissão da impugnação da *procuratio* ao resultado paradoxal de se permitir ao constituinte prevalecer-se dos vícios que afectam o negócio representativo, mas, também, daqueles sem qualquer repercussão sobre o acto final. Tudo a consentir-lhe, neste último caso, manter aqueles negócios cujo resultado é para ele favorável e impugnar quantos se venham afinal a revelar menos vantajosos para si apesar de a deficiência da procuração não se ter feito sentir sobre eles. Estes autores vão ao ponto de, com base numa ideia de distribuição de riscos, de identidade para o exterior entre representante e representado, não admitirem sequer a impugnação do negócio representativo quando o vício da procuração se tornou relevante se se repercutiu sobre este (a título complementar Eujen e Frank socorrem-se, ainda para fundamentar os respectivos pontos de vista, designadamente, da ideia de procuração por força da aparência jurídica [*Anscheinvollmacht*]. Se o representante fica vinculado, dizem, na hipótese de nem sequer existir procuração – conquanto verificados certos requisitos – então, havendo uma procuração impugnável o principal também deveria ter de cumprir o negócio representativo. O argumento tem escassa valia face ao direito civil português, onde, como se viu, a procuração por força da aparência jurídica não pode ser admitida [v. *supra*, Parte II, Cap. IV]. Contudo, a invocação da

manifestar a favor da possibilidade da impugnação autónoma da procuração – as normas gerais sobre o negócio jurídico, designadamente as que têm por objecto os vícios da vontade ou da declaração, não estão pensadas para a especial ligação existente entre a *procuratio* e o negócio representativo. A inadequação do regime comum construído para os negócios jurídicos em nome próprio constata-se, imediatamente, no domínio do tratamento da vontade do representante manifestada no negócio representativo[1958]. Depois, revela-se no âmbito da regulação da vontade do representado corporizada na *procuratio*[1959]. Não pode, na verdade, esquecer-se que o negócio de outorga de poderes representativos, embora dotado de um propósito próprio, só adquire o seu sentido e realização mediante a celebração do negócio representativo[1960]. Destarte, colocar em causa a

---

invalidade da *procuratio* pode, na verdade, deparar, em alguns casos, com obstáculos decorrentes da admissibilidade da concessão de uma tutela da confiança depositada por terceiros na aparência da válida concessão de poderes de representação. Para isso, será necessário que o negócio representativo corresponda à vontade do *dominus* [caso no qual como se verá parece possível extrair-se, por aplicação extensiva ou analógica, do artigo 259.º, um princípio de aproveitamento dos actos jurídicos] e a invocação da falta de regularidade da *procuratio* corresponda a um abuso de direito, naqueles moldes capazes de fundar uma procuração aparente [v. *supra*, Parte II, Cap. IV]). A única excepção estaria, segundo Eujen e Frank, nos casos nos quais o *procurator* celebra um negócio com base numa procuração acompanhada de instruções precisas (o chamado, na doutrina tudesca, representante com «*gebundener Marschroute*») as quais por seu turno se mostram viciadas.

[1958] Cfr., Maria de Lurdes Pereira, *Os estados...*, in *Revista...*, XXXIX, 1, p. 143. Quanto se diz no texto não vale apenas para os problemas dos vícios ou falta da vontade. Também para a interpretação do próprio negócio representativo parece não se poder proceder sem mais a uma aplicação das normais regras de interpretação que não tome em consideração o disposto no artigo 259.º do Código Civil, e portanto, leve a atender, também, à vontade do representado (no sentido de que a vontade do representado deve ser considerada na interpretação do negócio celebrado pelo *procurator* pode ver-se, por exemplo, Thiele, *Die Zustimmungen...*, p. 64; Flume, *Allgemeiner...*, II, *Das Rechtsgeschäft...*, p. 795. Na defesa, perante o direito alemão [e numa perspectiva tributária da *Repräsentationstheorie*] da ideia segundo a qual o § 166 do *BGB*, embora sem o referir expressamente, também é chamado a resolver os problemas que consistem em saber qual – ou quais – a vontade relevante para a determinação do sentido do negócio representativo v., Soergel-Leptien, *Bürgerliches...*, I, comentário ao § 166, p. 1305; Id., *Idem*, 13.ª ed., comentário ao § 166, p. 578, mas mesmo assim admitindo a relevância da vontade do representado em todos aqueles casos nos quais se deve, de acordo com a doutrina alemã, proceder à aplicação do § 166, II; e Staudinger-Schilken, *Kommentar...*, I, comentário ao § 166, p. 57, ambos com indicações). Mas aqui já se está, obviamente, perante um cenário distinto daquele que estamos a analisar. Na verdade, até agora considerámos situações nas quais se não tinha feito ainda uso dos poderes de representação. Quando se trata de interpretar o negócio representantivo, obviamente, tais poderes já estão a ser usados, embora porventura essa utilização ainda se não tenha consumado de forma definitiva através da efectiva conclusão de um negócio representativo.

[1959] Maria de Lurdes Pereira, *Os estados...*, in *Revista...*, XXXIX, 1, p. 143.

[1960] *Idem*. V., igualmente, tudo quanto se escreveu já no presente Capítulo a propósito da necessidade sentida pela ciência jurídica alemã no sentido de proceder à correcção das soluções que pareciam decorrer de forma imediata de uma interpretação literal do § 166 do *BGB*.

validade da procuração, com efeitos retroactivos, visa, na realidade, afectar o negócio ou negócios com base nela concluídos[1961]. Numa visão mais abrangente, verifica-se como a descoordenação entre o regime geral do negócio jurídico e as particularidades do fenómeno representativo se manifesta, não só, no domínio do regime aplicável à vontade do representado expressa na procuração e à vontade do representante formada e declarada aquando da celebração do negócio representativo, como, igualmente, no campo do tratamento da *voluntas* do *dominus* produzida a propósito da situação de representação mas manifestada à margem do negócio de outorga dos poderes de representação[1962]. Não consideramos, por tudo isto, possível procurar uma resposta para a questão da validade e efeitos da procuração no regime geral previsto para o comum dos negócios jurídicos[1963]. Na hipótese de a *procuratio* não ter, ainda, sido usada pelo procurador, o recurso a uma acção destinada a obter a declaração de nulidade ou a anulabilidade da procuração parece não ter, aliás, sentido. Na verdade, em vez de discutir se o negócio de concessão dos poderes de representação se encontra, ou não, afectado por uma divergência entre a vontade real ou declarada, por algum tipo de erro, dolo, coacção, ou qualquer outra causa de invalidade, o representado tem ao seu dispor um meio muito mais cómodo para travar quaisquer tentativas de utilização da procuração por parte do representante: a revogação. Não surpreende, por isso, a afirmação de PAPANTI-PELLETIER[1964], segundo a qual uma impugnação autónoma da procuração, antes de se ter assistido à respectiva utilização se mostra «*priva di causa*». Na verdade, a generalidade dos autores tem sublinhado a circunstância de, em regra, a revogação da *procuratio* produzir, com vantagem, os efeitos que o *dominus* pretenderia alcançar se intentasse uma acção de impugnação do negócio de outorga dos poderes de representação

---

[1961] Maria de Lurdes Pereira, *Os estados...*, in *Revista...*, XXXIX, 1, p. 143.

[1962] *Idem.*

[1963] Diferentemente, no entanto, Maria de Lurdes Pereira, *Os estados...*, in *Revista...*, XXXIX, 1, pp. 143 e ss., a qual pensa poder fazer-se uma reponderação desse regime como forma de manter a pocuração autonomamente impugnável.

[1964] Papanti-Pelletier, *Rappresentanza...*, pp. 129, nota (22), 137 e ss. Contra a viabilidade ou utilidade de um ataque autónomo à procuração viciada mas não utilizada pode ainda ver-se, por exemplo, na doutrina tudesca, expressa ou implicitamente, Rosenberg, *Stellvertretung...*, pp. 712 e ss., maxime 716 e 717, 737 e 738, com indicações; Müller-Freienfels, *Die Vertretung...*, pp. 402 e ss.; Siebenhaar, *Vertreter...*, in *Archiv...*, 162, pp. 355 e ss., maxime pp. 365, 372 e 374 e ss.; Hübner, *Allgemeiner...*, p. 518. V., também, Von Thur, *Der Allgemeiner...*, II, II, p. 389, e nota p. 389, onde o autor defende inclusivamente que uma eventual impugnação da procuração não utilizada deve ser entendida como uma revogação da mesma.

quando estes não foram, ainda, utilizados. O próprio HUPKA, quando confrontado com as críticas movidas por SCHLOSSMANN[1965] à teoria da impugnação autónoma da procuração por ele desenvolvida[1966], acaba por reconhecer isso mesmo[1967]. O autor considera, no entanto, que as observações dos seus oponentes, segundo as quais a declaração de nulidade ou anulação da procuração se mostra desnecessária, supérflua e indutura em erro[1968], não colhe quando em jogo esteja uma procuração irrevogável[1969]. Apenas perante situações de poderes representativos revogáveis não se faria, nas próprias palavras do discípulo de MITTEIS, sentir a oportunidade ou necessidade de revogação da procuração – num fenómeno, aliás, segundo o próprio HUPKA, por ele jamais posto em causa. Toda a sua teoria acerca da possibilidade de o representado atacar, *per se*, a procuração teria sido desenvolvida para os casos nos quais a revogação não é possível[1970]. Mas a defesa ensaiada por HUPKA e, depois seguida pela generalidade dos autores, não colhe[1971]. Contra ela lembrava já ROSENBERG a

---

[1965] Schlossmann, *Die Lehre von der Stellvertretung...*, *passim*, e pp. 483 e ss., move, à teoria hupkaniana da impugnação autónoma da procuração, um ataque caracterizado por uma violência e severidade de tal modo invulgar que já se torna digno de registo por esse simples facto.

[1966] V., Hupka, *Die Vollmacht...*, *passim* e maxime pp. 129 e ss..

[1967] Hupka, *Die Haftung...*, p. 141, nota (2).

[1968] A adjectivação pertence a Rosenberg, *Stellvertretung...*, p. 717, nota (1).

[1969] Hupka, *Die Haftung...*, p. 141, nota (2). No mesmo sentido v., também, e com simples carácter ilustrativo, de entre uma multidão de vozes no mesmo sentido, Larenz-Wolf, *Allgemeiner...*, p. 909; e Bork, *Allgemeiner...*, p. 538.

[1970] Hupka, *Die Haftung...*, p. 141, nota (2). V., também, e a título exemplificativo, Brox, *Allgemeiner...*, pp. 251 e 252, mas em sentido apenas parcialmente coincidente com o de Hupka, porquanto, Brox não admite a possibilidade de impugnação autónoma da *procuratio* depois de feito uso desta.

[1971] Na nossa doutrina sublinhando ser mais natural, antes da utilização de uma procuração revogável viciada, proceder o *dominus* à respectiva revogação em vez de a impugnar, pode ver-se, Maria de Lurdes Pereira, *Os estados...*, in *Revista...*, XXXIX, 1, p. 146. A autora logo recorda, porém, na mesma página, nota (38), as hipóteses de procuração irrevogável, por força do artigo 265.º, n.º 3, do Código Civil, como forma de demonstrar a utilidade da impugnação autónoma da procuração. Por isso, e entre outras considerações, Maria de Lurdes Pereira conclui pela não exclusão da possibilidade de o representado requerer a declaração de nulidade ou anulação da procuração, mesmo se os poderes forem revogáveis. Na mesma direcção admitindo ser a revogação o meio mais natural para pôr termo aos efeitos ou aparência criada por uma procuração inválida, mas sustentando a genérica e ampla possibilidade de impugnação autónoma da *procuratio*, atenta a existência de poderes irrevogáveis, pode ver-se, entre os autores tudescos, a título meramente exemplificativo, e para além das referências já feitas acerca da posição sustentada por Hupka, Flume, *Allgemeiner...*, II, *Das Rechtsgeschäft...*, p. 867, nota (24); Larenz, *Allgemeiner Teil...*, p. 622; Staudinger-Schilken, *Kommentar...*, I, comentário ao § 167, p. 96; Brox, *Die Anfechtung...*, in *Juristische...*, 12, p. 450; Id., *Allgemeiner...*, pp. 250, 251 e 252, embora o autor também admita poderem certas causas de impugnação da procuração irrevogável representarem, por si só, um

impropriedade de se construir uma teoria geral da impugnação da procuração com base na *procuratio* irrevogável[1972]. Além disso, e num argumento que sem ser plenamente verdadeiro, não deixa de ter alguma razão de ser, acrescentava como, atenta a circunstância de a irrevogabilidade dos poderes de representação resultar da relação jurídica base[1973], em caso de procuração irrevogável, a impugnação deveria dirigir-se contra o negócio gestório, não contra a outorga dos poderes[1974].

Sendo a irrevogabilidade das faculdades representativas apenas admitida naqueles casos nos quais a relação fundamental, justificativa da procuração impõe como um seu trecho a manutenção do vínculo procuratório[1975], parece evidente que, se a *procuratio* for nula pelo facto de o seu objecto ser física ou legalmente impossível, contrário à lei, à ordem pública, aos bons costumes ou, ainda, indeterminável (artigo 280.°), isso resulta necessariamente do negócio-base o qual será ele próprio nulo. Nesses termos, e conforme defendido por ROSENBERG, a acção de declaração de nulidade deve dirigir-se contra a relação causal, não contra o acto de concessão dos poderes de representação. Desaparecendo aquela cessa a *procuratio* ou pelo menos a sua irrevogabibilidade (artigo 265.°, n.° 1, do Código Civil). À cautela, e em qualquer momento (ou seja, independentemente da acção destinada a obter a declaração de nulidade da relação-base), o *dominus* poderá também, atenta a invalidade do negócio subjacente determinante da irrevogabilidade dos poderes de representação, revogar a procuração.

Mas há casos nos quais a invalidade da procuração é o resultado de uma deficiência que a inquina, tão-só, a ela. Isso sucederá, por exemplo, na hipótese de uma divergência entre a vontade real e a vontade declarada ou de uma qualquer situação de vício na formação da vontade do constituinte ocorrida apenas no acto de outorga dos poderes de representação, mas não já no contrato-base ou situação a ele equiparável. Nesse caso, não é viável lançar-se mão do meio proposto por ROSENBERG e impugnar o negócio causal em vez da

---

motivo válido para a revogação da mesma, e recuse a possibilidade de impugnação da *procuratio* depois de utilizada pelo *procurator*; e Larenz-Wolf, *Allgemeiner...*, p. 909.

[1972] Rosenberg, *Stellvertretung...*, p. 717, nota (1).

[1973] Cfr. quanto se escreveu *supra*, Parte II, Cap. IV, parágrafo 1. 1, acerca da irrevogabilidade da procuração.

[1974] Rosenberg, *Stellvertretung...*, p. 717, nota (1).

[1975] V., *supra*, Parte II, Cap. IV, parágrafo 1. 1, e bibliografia aí citada.

procuração[1976]. Julgamos, porém, com PAPANTI-PELLETIER[1977], que, a existir um vício da procuração, parece dever aceitar-se ser ele

---

[1976] A propósito da situação paralela à da procuração irrevogável constituída pelo mandato irrevogável, Januário Gomes, *Em tema...*, pp. 170 e 171, refere que tudo se passa como se entre o mandante e o mandatário, ou o mandante e o terceiro, existisse uma relação contratual única – constituída pela fusão entre o mandato e a relação-base – através da qual o mandatário e o terceiro (na singular relação de mandato) moldam os seus interesses em ordem à sua satisfação. Uma transposição, tomada ao pé da letra, destas palavras para o âmbito da procuração irrevogável, e se se considerasse repercutir-se a fusão entre a *procuratio* e o negócio-base nos dois sentidos (negócio causal/poder – poder/negócio causal), poderia justificar a aplicação mesmo aos casos referidos no texto do caminho proposto por Rosenberg. Parece, todavia, uma solução demasiado forçada. A ideia de organismo ou de relação jurídica complexa usadas para explicar o funcionamento da procuração no interesse do procurador ou de terceiro também não se nos afiguram capazes de viabilizar a impugnação do negócio gestório em consequência de alguma deficiência da procuração do tipo referido no texto. O referido organismo ou relação jurídica complexa, presente na *procuratio* irrevogável, apenas estabelece uma dependência do poder de representação relativamente à relação-base, em termos capazes de impedir a revogação daquele por acto de vontade do representado. Já não parece estabelecerem uma dependência do acto causal relativamente à procuração, em termos tais que uma invalidade desta pudesse ditar, também, a invalidade do negócio-base.

[1977] Papanti-Pelletier, *Rappresentanza...*, p. 139, nota (42). Sustentando, numa hipótese com alguma similitude com quanto se refere no texto, poder existir uma justa causa de revogação da procuração irrevogável se, depois de outorgados os poderes de representação, o *dominus* vem a ter conhecimento de alguma circunstância ou facto que, perante poderes irrevogáveis, deveria determinar a sua intervenção no sentido de impedir o procurador de celebrar o negócio representativo v., entre nós, Raúl Guichard, *O problema...*, p. 152, nota (357). Cfr., também, agora na doutrina tudesca, Brox, *Die Anfechtung...*, in *Juristische...*, 12, p. 450; Id., *Allgemeiner...*, p. 251, para quem, se é admissível a impugnação de uma procuração irrevogável não utilizada, com frequência, os vícios da vontade do representado na outorga da procuração constituem causa de revogação da mesma. Antes de Brox, e conforme se deu oportunamente notícia, já Von Thur, *Der Allgemeine...*, II, II, p. 389, nota (77), sustentava poder ver-se na impugnação de uma procuração não utilizada uma revogação da mesma. Contra a possibilidade de se considerar a invalidade do mandato como um fundamento de revogação do mesmo com justa causa pode ver-se, porém, entre nós, Maria Raquel Rei, *A justa causa para a revogação do mandato*, policopiado, Lisboa, 1993-1994, p. 15. Mas não parece que tenha razão. O conceito de justa causa é naturalmente indeterminado (cfr., Larenz, *Metodologia...*, p. 406). Conforme referido por Pedro Leitão Pais de Vasconcelos, *A procuração...*, pp. 243 e ss., para haver justa causa não é necessária a culpa. Pode pois haver justa causa mesmo se ela resultar de acto imputável ao procurador ou a terceiro. A revogação por justa causa não se destina a responsabilizar ou sancionar quem quer que seja. O seu fim é, antes, o de permitir ao *dominus* extinguir a *procuratio* para proteger os respectivos interesses. Havendo justa causa para a revogação da procuração irrevogável, a ordem jurídica procede a uma análise relativa entre, por um lado, os interesses do procurador ou do terceiro na manutenção da *procuratio* e, por outro, o interesse do *dominus* em fazer cessar a procuração. Nos casos de justa causa a revogação do acto de outorga dos poderes representativos é útil para atingir determinado fim. Esse fim é valorado como superior aos integrados no interesse do *procurator* ou do terceiro, de tal modo que a ordem jurídica os faz prevalecer sobre estes. A justa causa é, no fundo, uma inexigibilidade de manutenção do vínculo jurídico (assim, quanto ao mandato, Januário Gomes, *Em tema...*, p. 220; e Pedro Leitão Pais de Vasconcelos, *A procuração...*, pp. 247 e ss., para a procuração, e em termos gerais, Larenz, *Metodologia...*, p. 406). Sendo que, conforme recorda Larenz, a pauta da «exigibilidade» é adoptada também noutros contextos, como na falta da base do negócio, e nos casos de falta de inadimple-

justa causa de revogação dos poderes de representação[1978, 1979, 1980].
Contra esta solução não pode sequer alegar-se a necessidade de pro-

---

mento não imputáveis ao devedor; perturbações no esquema contratual, quebras da base de confiança, dificuldades imprevistas e situações semelhantes. Por tudo isto não se vê razão para não admitir o enquadramento no conceito indeterminado de justa causa daquelas hipóteses nas quais o negócio de outorga da procuração, ainda não usada, sofre de algum tipo de vício na vontade ou declaração. Em casos como esses está-se realmente perante uma situação de inexigibilidade de manutenção da situação jurídica de sujeição na qual se encontra o representado. *Ergo*, está-se perante um caso de justa causa. E nem se alegue não fazer sentido revogar um negócio por si só insusceptível de produzir efeitos. A afirmação não é desde logo correcta se o vício conduzir a uma mera anulabilidade. Mas também não é no caso da nulidade (mas v. quanto se escreve na próxima nota a respeito da procuração irrevogável nula). Os negócios nulos não produzem, *ab initio*, o efeito para que se destinavam mas geram, mesmo se indirectamente, outros efeitos marginais ou laterais fazendo, por isso, sentido continuar a falar-se, a respeito deles, de revogação. Mas mesmo quando assim não fosse parece mais ou menos inequívoco que o termo revogação empregue pelo artigo 265.º do Código Civil não é utilizado com o sentido técnico rigoroso a ele correspondente pois quanto está aí em causa não é uma forma de cessação de efeitos de um determinado acto ou *negotium* por simples vontade das partes (no sentido de que a revogação é livre, discricionária e não retroactiva, v., Menezes Cordeiro, *Direito...*, II, pp. 162 e ss. Cfr., também, Pedro Leitão Pais de Vasconcelos, *A procuração...*, pp. 242 e ss., para quem a o artigo 265.º nos colocaria perante uma hipótese de resolução). No fundo a revogação de que fala o artigo 265.º do Código Civil mais não é do que um acto destinado a pôr termo a todo e qualquer efeito decorrente da procuração irrevogável incluindo, por exemplo, a aparência por ela gerada em caso de nulidade, e a permitir ao *dominus* proceder a uma nova valoração dos interesses em jogo. Noutros termos, estamos na presença de um mecanismo jurídico destinado a pôr cobro e sanar todas as perturbações não apenas na evolução mas, também, na configuração do negócio de outorga dos poderes de representação.

[1978] Repare-se, aliás, como na maioria dos casos nos quais apenas a procuração se encontra afectada, sem que o mesmo suceda com a relação-base, se está perante casos de mera anulabilidade, pelo que o recurso à revogação faz todo o sentido para pôr termo aos reais efeitos jurídicos ainda não anulados. Isso não sucederá, porém, no caso de simulação da procuração (a possibilidade de ocorrer uma simulação na outorga dos poderes de representação é comummente aceite. A circunstância de se estar perante um negócio unilateral não seria óbice a que isso sucedesse atenta a natureza receptícia do mesmo. Entre nós manifestou-se, porém, contra a possibilidade de se considerar simulado um negócio unilateral, mesmo se receptício, Beleza dos Santos, *Simulação...*, I, pp. 68 e ss., com argumentos não desprezíveis. Daremos, porém, de barato a possibilidade de se assistir a uma simulação na procuração) ou da reserva mental, para os quais a consequência é a nulidade. Mas atente-se no seguinte. No tocante à procuração, se o representante ou terceiro, a que se refere o artigo 265.º, n.º 3, do Código Civil, conhecem ou participam na simulação eles sabem não existir nenhum vínculo real entre esta e o negócio gestório. Donde, estão cientes da inexistência daquela ligação entre o poder de representação e a relação-base capaz de tornar a procuração irrevogável. Ou seja, sabem não existir qualquer irrevogabilidade. O *dominus* pode, assim, colocar termo à aparência de procuração criada através do negócio simulado mediante um acto de revogação sem necessidade de impugnar autonomamente a procuração. Se mesmo assim o procurador encontrar um terceiro disposto a celebrar o negócio representativo, por se encontrar este convencido da insusceptibilidade da revogação para pôr termo à *procuratio*, parecerá bem mais fácil ao *dominus* defender-se através da prova da revogação da procuração aparente (porquanto simulada) e do facto de ter dado publicidade ao acto, do que ultrapassar as exigências de tutela dos terceiros de boa fé impostas pelo artigo 243.º do Código Civil e intentar uma impugnação da procuração – ou mesmo do negócio representativo com base no artigo 259.º do Código Civil. Se

tecção dos interesses de terceiros. Enquanto o representante não fizer uso da procuração estes não carecem de qualquer tipo de tutela[1981, 1981a].

o interessado na manutenção dos poderes de representação ignorava a simulação, então, num fenómeno já sublinhado pelo próprio Hupka, *Die Vollmacht...*, p. 131, deve considerar-se excluída a possibilidade de impugnação da procuração. A fundamentação para esta solução pode fazer-se de diversas formas e a vários níveis. Hupka considera a possibilidade de se atacar a procuração irrevogável, com base numa simulação desconhecida pelo interessado na manutenção dos poderes de representação, contrária ao princípio da boa fé. Outro caminho possível consiste em considerar que, na medida da integração da procuração irrevogável num todo mais vasto que justifica a sua manutenção como um simples trecho desse todo, a procuração corresponde a um acto devido, e portanto, não obstante o disposto no artigo 295.° do Código Civil, não se justifica a sua impugnação quando o acto viciador corresponde a uma conduta voluntária e consciente do *dominus* – nesta fase o único interessado em impugnar a *procuratio*, pois, insista-se, estamos sempre a referir-nos a hipóteses nas quais ainda não foi feito uso dos poderes de representação. Os titulares das vantagens asseguradas pela procuração não terão qualquer interesse em impugnar a procuração se ela corresponder ao negócio subjacente. Se essa correspondência se não verificar, então, faltará o pressuposto justificativo da irrevogabilidade da procuração, pois é, exclusivamente, o negócio causal a poder ditar a irrevogabilidade da procuração. Faltará a ligação de instrumentalidade entre ambos capaz de permitir a manutenção dos poderes representativos, mesmo contra a vontade do *dominus*. A procuração irrevogável não tem, pois, sequer condições para subsistir enquanto tal. Finalmente, pode considerar-se que, independentemente de se saber se o procurador é ou não o destinatário da procuração, na presença de uma simulação por ele ignorada, e sendo os poderes irrevogáveis, deverá sempre conceder-se-lhe a tutela dispensada pelo artigo 243.° do Código Civil aos terceiros de boa fé. Por outras palavras: num cenário como o descrito o procurador interessado na manutenção dos poderes de representação seria sempre um terceiro de boa fé. Como terceiro de boa fé será sempre o *tertius* ao qual se refere o artigo 265.°, n.° 3, do Código Civil, em todas as hipóteses nas quais desconheça a simulação. Estas considerações valem, com as necessárias adaptações para as situações de reserva mental. Tratando-se de hipóteses de falta de consciência da declaração de concessão de poderes de representação ou de coacção física na obtenção dos mesmos não haverá sequer procuração (artigo 246.°) muito menos uma *procuratio* irrevogável.

[1979] Papanti-Pelletier, *Rappresentanza...*, pp. 131 e ss., levanta ainda uma série de objecções, por ele qualificadas de metodológicas, à tese segundo a qual os casos de vícios da procuração se deveriam reconduzir a hipóteses de falta originária do poder de representação (atendendo à impugnação da procuração e em consequência dela) com a co-respectiva qualificação do procurador como um *falsus procurator* cujos actos seriam considerados ineficazes. Julgamos, porém, não terem os argumentos esgrimidos pelo autor uma força persuasiva por aí além.

[1980] Não deixa de ser sintomática a circunstância de a investigação por nós levada a cabo ao nível da jurisprudência nacional, apesar de alguns arestos nos quais se debate a validade ou invalidade do negócio representativo, não deixar documentar uma única sentença na qual tenha sido, sequer, discutida a impugnação autónoma de uma procuração não utilizada. É também digna de relevo a circunstância de os comentários ao *BGB*, sempre tão pródigos na indicação de jurisprudência sobre os temas e assuntos comentados, não conterem quando tratam, a propósito do § 167 do *BGB*, a impugnação autónoma da procuração, indicações jurisprudenciais relevantes nesta matéria. Apenas quando procedem ao tratamento do § 166 do *BGB* relativo aos vícios e estados subjectivos relevantes são abundantemente referidas decisões jurisprudenciais proferidas por tribunais alemães. A aplicação do § 166 do Código Civil alemão pressupõe, contudo, o prévio exercício dos poderes de representação concedidos pelo *dominus*.

[1981] Brox, *Allgemeiner...*, p. 251, assim, também, mas referindo-se e admitindo a possibilidade, em certos casos, de impugnação autónoma da procuração irrevogável.

[1981a] Margem para uma impugnação autónoma da procuração não exercida fica apenas,

V – Exercidas pelo *procurator* as competências representativas, destarte, celebrado por aquele um negócio com um terceiro, deixa de fazer qualquer sentido o recurso a uma revogação – com simples efeitos *ex nunc* – para pôr termo aos problemas decorrentes dos vícios da procuração[1982]. Apenas o recurso à impugnação poderá ter utilidade. Impugnação a qual não parece, todavia, dever ou sequer poder dirigir-se contra a procuração enquanto tal mas ter, antes, de ser interposta contra o negócio representativo celebrado pelo representante – e apenas na medida em que o vício ou vicissitude verificada ao nível da *procuratio* se fizer sentir sobre tal negócio[1983, 1984, 1985].

---

assim, restrita àquelas hipóteses em que seja reconhecida a um terceiro legitimidade para atacar a *procuratio* mas não para a revogar.

[1982] De entre um interminável número de vozes nesse sentido, pode ver-se, e como simples índice da opinião dominante, Brox, *Allgemeiner...*, p. 251.

[1983] Contra a possibilidade de impugnação autónoma da procuração, uma vez feito uso desta, pode ver-se, entre os autores italianos, Papanti-Pelletier, *Rappresentanza...*, pp. 137 e ss (v., também, Sotgia, *Apparenza...*, pp. 92 e ss., 295 e ss., mas por considerar não ser aquela figura *iuris* um negócio jurídico porquanto não produziria qualquer tipo de efeito jurídico; e em termos talvez pouco categóricos e nem sempre claros, Mosco, *La rappresentanza...*, p. 311, o qual parece sustentar não ser a procuração autonomamente impugnável relativamente a aspectos do conteúdo do negócio representativo, porquanto essa vontade do dono do negócio passa a fazer parte da vontade do representante [é também essa a interpretação de Maria de Lurdes Pereira, *Os estados...*, in *Revista...*, XXXIX, 1, p. 140, nota (12), acerca da tese de Mosco]; enquanto na doutrina tudesca se pode cfr. contra a possibilidade de, uma vez usados os poderes representativos, por parte do *procurator*, se intentar uma acção destinada a obter, autonomamente, a declaração de nulidade ou a anulação da concessão do poder de representação, Rosenberg, *Stellvertretung...*, pp. 712 e ss., com indicações; Müller-Freienfels, *Die Vertretung...*, pp. 402 e ss.; Siebenhaar, *Vertreter...*, in *Archiv...*, 162, pp. 355 e ss., maxime pp. 365, 372 e 374 e ss. (conforme referido *supra* neste Capítulo, Siebenhaar não toma posição expressa sobre a problemática da impugnação da procuração. Contudo, da tese por ele adoptada acerca do fenómeno representativo, designadamente a propósito da natureza da procuração, cujo carácter negocial o autor recusa, decorre, de forma lógica e consequente, a impossibilidade de impugnação da procuração e a necessidade de direccionar a referida impugnação contra o negócio realizado em representação de outrem); Heiko Eujen e Rainer Frank, *Anfechtung der Bevollmächtigung...*, in *Juristenzeitung*, cit., 1973, pp. 234 e ss.; Brox, *Die Anfechtung...*, in *Juristische...*, 12, pp. 450 e ss., com indicações; Id., *Allgemeiner...*, pp. 252 e ss.. Entre nós já sustentava a nulidade do negócio representativo em caso de nulidade da procuração, Galvão Telles, *Manual...*, p. 309. O autor preocupar-se-ia, todavia, em esclarecer referindo-se à procuração: «(...) *se tal negócio jurídico for nulo, – nulo será o do representante, por lhe faltar um necessário requisito de validade: a legitimidade do agente. A nulidade do acto do representado, por falta ou defeito do elemento volitivo, ou por outra razão, tem este reflexo no contrato em que o representante intervém; mas os dois negócios jurídicos são distintos, e não se pode pretender, como se já tem pretendido, que o segundo deles seja afectado* directamente *pelos vícios que ocorrem na vontade do representado*.» Parece, pois, que a nulidade à qual se refere o Professor Galvão Telles, apenas resultaria da falta de legitimidade do representante e mais nada. Melhor nos parece a posição defendida por Oliveira Ascensão, *Direito...*, II, pp. 252 e 253, o qual, apesar de afirmar deixar de fora do seu âmbito de preocupações a questão relativa aos vícios da procuração, escreve: «(...) *Como negócio a procuração pode ser impugnada. Teríamos então que, por força da invalidade sequencial, o negócio celebrado pelo representante ficaria invalidado também. (...) Pensamos porém que, uma vez celebrado o negócio, a arguição só tem interesse, praticamente, para atingir esse mesmo negócio. (...) Por isso, os vícios da procuração, que atinjam o conteúdo do negócio, deveriam ter a sua relevância restringida aos casos em que pudessem valer como vícios do negócio. (...) Justamente por o representado ser o autor do acto, os vícios em que incorrer surgem na relação com o terceiro como vícios da outra parte no negócio.»* Não deixa de ser também aqui importante notar, e à semelhança de quanto referíramos já suceder a propósito da discussão em torno da possibilidade de se impugnar, ou não, uma procuração não utilizada, como, não obstante os discursos teórico--doutrinários em favor da possibilidade de impugnação autónoma da procuração já utilizada a escassez de decisões jurisprudenciais quer na panorâmica jurídico-nacional quer no domínio jus-cultural alemão de decisões nas quais o problema seja debatido. Na verdade, a pesquisa sistemática por nós levada a cabo nas várias revistas nacionais que procedem à publicação de decisões dos nossos tribunais não nos conduziu à descoberta de uma só sentença na qual se debatesse a impug-nação de autónoma da procuração apesar de em vários casos se ter discutido a existência de vícios da vontade na sua outorga. Assim, e por exemplo, no *Acórdão da Relação de Coimbra, 24-6-1997* (Pires da Rosa), in *Colectânea de Jurisprudência*, Ano XXI, Tomo III, 1996, p. 40 (desequilíbrio das prestações – abuso de representação), onde por referência às considerações de uma das partes se esclarece ter sido elaborado um despacho saneador no qual, além do mais, se conheceu e se julgaram improcedentes as alegadas excepções da nulidade, por coacção da vontade, ou por dolo, da ré, da procuração e do mandato nela consubstanciado, e a consequente excepção de nulidade dos contratos-promessa celebrados com base na procuração. Ou seja: neste caso, e apesar de se não ter considerado a existência de deficiências do processo de formação da vontade do processo de outorga da procuração, o problema que se debatia não era o de saber se o negócio representativo era ineficaz por falta de poderes mas se o vício da procuração se comunicava a ele tornando-o nulo. Também no *Acórdão do Supremo Tribunal de Justiça, 15-2-1989* (Pinto Ferreira), in *Boletim do Supremo Tribunal de Justiça*, 1989, 384, p. 585 (incapacidade acidental – documento autêntico – prova plena – contrato-promessa – negócio consigo mesmo), onde se alega o uso de dolo e coacção psíquica (tidos depois por não provados) na obtenção da procuração o`que determinaria, entre outras causas, a invalidade da escritura celebrada com base na dita *procuratio* por efeitos dos vícios que afectam a outorga da procuração. Ainda antes da entrada em vigor do Código Civil v. *Acórdão do Supremo Tribunal de Justiça, 21-7-1957* (Gonçalves Pereira), in *Boletim do Supremo Tribunal de Justiça*, 1967, 68, pp. 560 e 562 (uso abusivo da procuração – erro – mandato – responsabilidade civil), debateu-se uma situação na qual se alegava a existência de certos vícios na outorga da procuração e por isso a vontade do *dominus* não correspondia à vontade manifestada na escritura. O tribunal resolveria a questão considerando ultrapassado o prazo para fazer valer o vício alegado pois já tinha decorrido mais de um ano sobre a data do conhecimento do erro acerca da exacta extensão dos poderes de representação. Uma análise dos vários arestos publicados (ou sumariados) na internet pela Direcção-Geral dos Serviços de Informática do Ministério da Justiça em relação ao instituto da procuração não proporcionou melhores resultados. Impressio-nante é, também, a omissão de referências jurisprudenciais a este respeito por parte dos autores alemães, em particular por banda dos comentadores ao *BGB* sempre tão pródigos na alusão às decisões dos tribunais tudescos com relevância a propósito das matérias comentadas, favoráveis à possibilidade de impugnação autónoma da procuração depois de utilizada esta. Cfr., por exemplo, Steffen, *BGB-RCRK*, cit., I, comentário ao § 167, pp. 88 e ss., obra onde, apesar de especialmente dedicada ao estudo da jurisprudência do Reichsgericht e do Bundesgerichtshofes, não se indica uma única sentença a favor da impugnabilidade autónoma da *procuratio* sendo as fontes nesse sentido meramente doutrinárias; Staudinger-Schilken, *Kommentar...*, I, comentário ao § 167, pp. 96 e ss.; Erman-Palm, *Bürgerliches...*, I, comentário ao § 167, p. 501. V., também, Larenz–Wolf, *Allgemeiner...*, pp. 909 e 910; Bork, *Allgemeiner Teil...*, pp. 1470 e ss..

[1984] A situação não parece muito diversa daquela outra verificada quando alguém emite uma proposta contratual, a qual vem, depois, a unir-se a uma aceitação. Tudo com a consequente

Esta solução tem sido justificada no direito alemão através das mais diversas e variadas formas, designadamente com recurso a argumentos de carácter lógico, atentas as insuficiências oferecidas pelo § 166 do *BGB*. Entre nós, ela decorre, directamente, de forma mais ou menos linear e lapidar, do artigo 259.º, n.º 1, do Código Civil. Na verdade parece-nos ter este preceito claramente subjacente a ideia segundo a qual, uma vez exercidos os poderes de representação, quanto se deve impugnar não é o acto de outorga da competência representativa mas, sim, o próprio negócio representativo, se e na medida em que a deficiência do acto de outorga dos poderes de representação se venha a repercutir sobre aquele negócio[1986]. Imagine-se, por hipótese, uma situação de erro na declaração, traduzido na circunstância de, por lapso, o *dominus* não ter inserido na procuração uma determinada limitação essencial ao poder de representação. Parece insusceptível de disputa ou contradita a afirmação segundo a qual, no plano dos vários negócios realizados pelo representante, um vício desta natureza se pode projectar das mais variadas formas. Não obstante o eventual conhecimento ou dever de conhecimento, pela outra parte do negócio representativo, da essencialidade do elemento sobre que incidiu o erro, é possível que este se limite à procuração e não venha a ter qualquer repercussão sobre o negócio representativo. Basta, para o efeito, que o representante, apesar da divergência entre a vontade real e a vontade declarada pelo dono do negócio, se tenha, por qualquer motivo, mantido dentro dos limites da primeira[1987].

Os exemplos dados pela doutrina para ilustrar esta situação são inúmeros e seculares. Pense-se, entre outras, na eventualidade de o representado pretender

---

formação de um contrato. Se porventura a oferta se encontrar afectada por algum vício ou deficiência na expressão ou formação da vontade o declarante não irá impugnar a oferta mas, sim, o contrato resultante da fusão dessa oferta com a aceitação da outra parte.

[1985] Mesmo autores como Almeida Costa, *A vontade...*, in *Boletim....*, 127, pp. 157 e 158, defensores de posições e teses muito diversas das aqui sustentadas afirmam, perante situações de erro do representado e do representante, não poder o negócio representativo ser impugnado quando corresponda, não obstante os vícios, à vontade do representado.

[1986] No fundo está-se perante uma situação muito semelhante à exigência da essencialidade do erro enquanto causa de invalidade dos actos jurídicos. Na verdade, o erro só determina a invalidade de um negócio quando tenha sido dele causa (acerca do requisito da essencialidade do erro v., por todos, e a título ilustrativo da *communis opinio* nacional, Oliveira Ascensão, *Direito civil...*, II, pp. 123 e ss.). Já nos termos do artigo 259.º, n.º 1, do Código Civil os vícios ou falta de vontade da procuração só permitirão ao representado desvincular-se do negócio representativo se a deficiência na formação ou exteriorização da vontade procuratória se repercutir sobre o acto realizado pelo representante em termos tais que deixe de corresponder à vontade do representado.

[1987] Cfr. a respeito de quanto se vem dizendo no texto, Papanti-Pelletier, *Rappresentanza...*, pp. 139 e 140. V., também, entre os autores tudescos, Rosenberg, *Stellvertretung...*, pp. 714 e 715.

encarregar o seu *procurator* de comprar a *Enciclopédia Portuguesa*, mas por engano, confere procuração para a compra da *Enciclopédia Britânica*. Inadvertidamente, o procurador pede ao livreiro a *Enciclopédia Portuguesa*[1988]. Autorizar a impugnação autónoma da procuração numa situação destas afigura-se perfeitamente descabido. Mais, o próprio negócio representativo deve ter-se por inatacável. O erro obstáculo do representante não releva, enquanto se obteve o resultado final pretendido pelo *dominus*[1989]. A hipótese cabe perfeitamente na primeira parte do artigo 259.º, n.º 1, do Código Civil[1990].

Imagine-se, agora, a seguinte situação: o representado pretende encarregar o seu *procurator* de comprar todas as colecções da *Enciclopédia Portuguesa* que este encontrar, mas por engano, confere procuração para a compra da todas as colecções da *Enciclopédia Britânica* que o representante descobrir. Por descuido, o procurador pede a um concreto livreiro a *Enciclopédia Portuguesa*, enquanto, nas demais livrarias, em conformidade com quanto se encontra expresso na procuração, solicita a *Enciclopédia Britânica*. Parece manifesto não ser, também, neste caso possível ou conveniente impugnar autonomamente a procuração. Se isso sucedesse, todos os negócios celebrados pelo representante passariam a ser vistos como negócios realizados sem poderes, apesar de um deles coincidir perfeitamente com quanto era pretendido pelo representado[1991]. Não deve, por isso, conceder-se a este a possibilidade de se desvincular de tal negócio. Uma vez mais a questão deverá ser solucionada de acordo com o disposto no artigo 259.º, n.º 1, do Código Civil. A aquisição da *Enciclopédia Portuguesa* deve ter-se por inatacável: a procuração é insusceptível de ser autonomamente impugnada; enquanto o erro obstáculo do *procurator* não releva por ter sido obtido o resultado final desejado pelo *dominus*. Já quanto aos negócios de aquisição das colecções da *Enciclopédia Britânica* esses devem ter-se, todos eles, por atacáveis[1992]. Mas não em função de qualquer acção destinada a afectar os efeitos da *procuratio*. O único meio ao dispor do representado é a impugnação dos vários negócios representativos celebrados pelo procurador, mas sem corresponderem à vontade real do *dominus*. Tudo sempre em conformidade com o disposto no n.º 1, primeira parte, do artigo 259.º do Código Civil[1993]. Para a compra da

---

[1988] O exemplo corresponde à adaptação de uma hipótese sugerida por Almeida Costa, *A vontade...*, in *Boletim....*, 127, pp. 155 e 160, ela própria, aliás, muito próxima de um caso imaginado por Hupka, *Die Vollmacht...*, p. 46.

[1989] Almeida Costa, *A vontade...*, in *Boletim....*, 127, p. 156.

[1990] Assim, também, perante o artigo 229.º do projecto de Código Civil, Almeida Costa, *A vontade...*, in *Boletim....*, 127, pp. 155 e 156.

[1991] O exemplo tornar-se-á, ainda, mais impressivo se, em vez de apenas um dos negócios corresponder à vontade do representado, se imaginar coincidirem com tal vontade uma multiplicidade de actos realizados pelo *procurator* ou mesmo a totalidade de tais actos com a simples excepção de um.

[1992] A favor da tese segundo a qual quanto se deve impugnar em caso de vício ou falta de vontade na representação é a procuração – não os negócios representativos – conduzindo a referida impugnação indistintamente à ineficácia de todos os negócios celebrados pelo procurador, Von Thur, *Der Allgemeiner...*, II, II, p. 390, nota (80).

[1993] E nem se diga que assim se está a prejudicar o interesse do representado obrigando-o a interpor uma série de acções de impugnação dos distintos negócios representativos quando, se se

Enciclopédia Britânica foi decisiva a vontade do representado, expressa na procuração, a qual, por se encontrar viciada, acaba por afectar, nos termos do artigo 259.°, n.° 1, primeira parte do Código Civil, a própria validade dos negócios representativos.

E nem se alegue que estas situações haviam já sido estudadas e satisfatoriamente respondidas por HUPKA na perspectiva da teoria da representação – portanto numa linha favorável à impugnação autónoma da *procuratio* – quando o autor austríaco procura colocar em evidência a circunstância de o problema da eficácia do erro se não reconduzir a um mero problema formal de vontades; antes correspondendo a um problema de protecção de interesses: quanto se tutelaria não seria a vontade em si mesma, mas o interesse racional e lícito, da pessoa atingida pelos efeitos do negócio representativo, em que se não produza uma consequência ou vinculação por ela não desejada[1994]. Os desenvolvimentos encetados por HUPKA acerca da relevância do interesse do representado para a impugnação do negócio representativo referem-se a situações diversas das por nós agora consideradas. Na verdade, o discípulo de MITTEIS, ao defender a compatibilidade entre a teoria da representação e a insusceptibilidade de se impugnarem certos negócios representativos, por faltar um interesse relevante do *dominus* em se libertar dos efeitos resultantes da actuação do procurador, não tinha em vista casos nos quais a procuração era ela própria inválida[1995]. Na verdade, o autor austríaco limitou-se a

admitisse a possibilidade de ele atacar autonomamente os efeitos da procuração, lhe bastaria um só processo. Repare-se como, em qualquer caso, e ainda sem discutir quem deve ser destinatário da procuração o representado sempre deveria fazer prova, relativamente a cada um dos terceiros que contratou com o representante, do conhecimento ou dever de conhecimento da essencialidade do elemento sobre que incidiu o erro do *dominus* ao outogar a procuração (artigo 247.° do Código Civil).

[1994] Cfr., Hupka, *Die Vollmacht...*, pp. 43 e ss.. V., também, Almeida Costa, *A vontade...*, in *Boletim...*, 127, p. 156; e Maria de Lurdes Pereira, *Os estados...*, in *Revista...*, XXXIX, 1, pp. 139 e ss., maxime, p. 144, e ss., *passim*.

[1995] A tentativa de salvar a teoria da representação – e com ela a ideia de impugnabilidade autónoma da procuração – em caso de existência de um erro que não se viria a repercutir sobre o negócio representativo seria, é certo, realizada por Hupka mas com recurso à figura da redução dos negócios jurídicos. Se, por exemplo, o dono do negócio declarasse pretender conceder uma procuração para o representante proceder à compra de determinado objecto pelo preço de 200 quando desejava apenas pagar 100, e o negócio representativo se concretizasse de facto por 100, Hupka, *Die Vollmacht...*, pp. 138 e ss., considera dever ficar o *dominus* vinculado porquanto a procuração não seria impugnável no seu todo, devendo, antes ser objecto de redução. Ela valeria, assim, enquanto acto de outorga de poderes para a compra de certo artigo pelo valor de 100. Contra a tese de Hupka lembrava, porém, já Rosenberg, *Stellvertretung...*, pp. 715 e 716, a circunstância de, num caso como este, se estar perante uma única declaração, incindível, não sendo possível falar em nulidade ou anulação parcial nem em parte viciada – precisamente por não haver aqui qualquer parte. Independentemente da correcção do argumento de Rosenberg, o qual parece representar uma aproximação da figura da redução ao princípio *utile per inutile non vitiatur* (para uma análise dos vários modos de encarar a redução, quer no sentido da sua autonomização e distinção relativamente ao princípio *utile per inutile non vitiatur* ou à ideia de invalidade parcial – numa orientação em cuja defesa se destacam entre nós nomes como os dos Professores Raúl Ventura e José Dias Marques – quer em favor da sua limitação ao princípio *utile per inutile non vitiatur* pode ver-se, Carvalho Fernandes, *A conversão...*, pp. 531 e ss., maxime p. 551. Sempre teremos de acrescentar, porém, parecer-nos acertada a posição defendida pelo *Acordão da Relação do Porto, 31-1-1994* [Abílio Vasconcelos], in *Colectânea de Jurisprudência*, XIX, I, pp. 220 e 221 [fiança – redução], aresto no qual se discutia a questão de uma fiança por débitos futuros, nula por indeterminabilidade do objecto. Tentou-se a redução à parte determinada. A *Relação do Porto* julgou, todavia, não ser a garantia divisível nesses termos por considerar que: «(...) *importa ter presente, como se diz na Rev. Leg. Jur. ano 108.°, que aquele preceito* [o artigo 292.° do Código Civil] *pressupõe a possibilidade de o negócio jurídico ser dividido em partes, de modo a poderem uma ou várias destas, manter-se sem a outra ou as outras. (...) Porém, não é esta a situação que se passa com o presente termo de fiança, o qual se configura como uma unidade, como um todo sem quebras ou fracturas na sua integridade e sem segmentos que possam ser atomizados.*» Em aplauso desta decisão v., ainda, Menezes Cordeiro, *Tratado...*, I, I, 2.ª ed., p. 662, nota (1692), o qual sublinha o princípio da integralidade do cumprimento consagrado no artigo 763.° do Código Civil, e rejeita a ideia de divisibilidade dos negócios jurídicos. A favor da admissibilidade da chamada redução quantitativa ou qualitativa pode ver-se, sempre a título exemplificativo, Carvalho Fernandes, *A conversão...*, pp. 267), parece--nos não merecer discussão a circunstância de a redução da procuração não ser em inúmeros e incontáveis casos viável para garantir a vinculação do representado (relativamente à possibilidade de redução do negócio representativo – e não já da *procuratio* em si mesma – realizado com excesso de poderes ou abuso de representação tivemos ocasião de nos ocuparmos *supra*, Parte II, Cap. II, parágrafo 2, *in fine*). A título, de exemplo, e entre tantas outras situações possíveis, imagine--se que o *dominus* pretende conceder poderes de representação para a venda de determinados objectos, mas emite, por lapso, uma declaração na qual se dá ao procurador legitimidade para comprar. Neste caso, não faz qualquer sentido falar em redução. Como não faz sentido recorrer à redução da *procuratio* na eventualidade de o dono do negócio desejar conceder poderes para vender por 200 e declarar na procuração poder a venda, efectivamente executada pelo representante, realizar-se por 100. Igualmente insusceptível de ser resolvida através da redução é a hipótese de o principal pretender outorgar uma procuração geral e apenas outorgar, por erro, poderes especiais. Nestes como em inúmeros outros casos a possibilidade de redução parece limi-narmente afastada. A própria figura da conversão da procuração afigura-se-nos não oferecer uma via de solução razoável ou adequada para o problema da vinculação do *dominus* perante certas situações de outorga inválida de poderes de representação (assim, também, Rosenberg, *Stellvertretung...*, p. 716). Na verdade, e para recorrer a um dos exemplos já referidos nesta nota, não parece, designadamente, e de acordo com o disposto no artigo 293.° do Código Civil, admissível converter uma procuração para comprar numa *procuratio* para vender. A isto acresce ainda a circunstância de existirem vários vícios negociais incompatíveis com a figura da conversão (cfr., Carvalho Fernandes, *A conversão...*, pp. 241 e ss., 253 e ss. Isto para não entrar sequer na discusssão sobre se a conversão deve assentar, ou não, na vontade conjuntural das partes [a respeito das várias teorias destinadas a explicar dogmaticamente o funcionamento do mecanismo da conversão e sua relação com a vontade dos sujeitos negociais v., novamente, Carvalho Fernandes, *A conversão...*, *passim*, maxime, pp. 313 e ss., 431 e ss., 489 e ss., 503 e ss., 515 e ss., 890 e ss.], sendo certo que a manutenção do negócio representativo, assente numa procuração cujo vício não se repercutiu

considerar não existir um interesse prático na eliminação judicial dos efeitos do acto posto pelo *procurator* quando este, perante uma procuração válida, tivesse entendido erradamente o seu conteúdo, e depois, proferido uma declaração conforme com a vontade do dono do negócio. Dir-se-á, é certo, ter a doutrina posterior a HUPKA, desenvolvido os argumentos do autor muito para além de quanto este tinha inicialmente feito. Dessa forma, defendeu-se, de facto, os pressupostos da teoria da representação – com a consequente tese da admissibilidade da impugnação da procuração mesmo depois de utilizada pelo procurador – e preconizou-se, ao mesmo tempo, a inviabilidade de se afastar ou eliminar a vinculação do *dominus*[1996] sempre que, por qualquer motivo, se pudesse afirmar não existir um interesse para tanto[1997]. Mas o apelo ou a referência à ausência do interesse do representado como forma de justificar a impossibilidade de se colocar em causa a procuração e, destarte, impedir a supressão dos efeitos do negócio representativo, afigura-se-nos fruto de uma visão deslocada da realidade, de um simples jogo de palavras. Não basta afirmar a ausência de um interesse do *dominus* na impugnação da procuração. É preciso perguntar qual a razão da falência do referido interesse, em todos os casos nos quais ela é invocada. Ora, essa razão só se pode ir buscar à própria vontade do representado e à relevância por ela assumida no contexto do próprio negócio representativo. Só uma ponderação aturada do impacto da vontade e da posição do representado sobre o negócio representativo permitirá concluir pela presença, ou ausência, de um interesse deste em se

_____

sobre ele, se baseia – independentemente de qual for o sentido a dar à expressão – claramente na vontade do principal. Por outro lado a conversão implica ter o negócio a converter, e em caso de anulabilidade, em rigor, sido anulado [v., Carvalho Fernandes, *A conversão...*, pp. 249 e ss.], possibilidade que relativamente à procuração justamente contestamos). Em contrapartida, a solução de não admitir a anulação ou declaração de nulidade da procuração enquanto tal, e apenas consentir a impugnação do negócio representativo, oferece, conforme se procura colocar em evidência nestas páginas, um meio adequado para resolver todas aquelas situações nas quais o vício da *procuratio* se não repercute sobre o negócio representativo.

[1996] Ou mesmo defender a impossibilidade de se reconhecer a sua não vinculação, o que naturalmente é algo de diferente de quanto se refere no texto.

[1997] Um bom exemplo da utilização generalizada do argumento da ausência do interesse na impugnação da procuração, como forma de prevenir a impugnação do acto de outorga dos poderes de representação em casos nos quais isso se mostraria verdadeiramente inadequado – para não dizer iníquo – e preservar uma tese a ela associada, segundo a qual a *procuratio* seria autonomamente impugnável, mesmo depois de usada pelo representante, é proporcionado, entre nós, por Maria de Lurdes Pereira, *Os estados...*, in *Revista...*, XXXIX, 1, pp. 143 e ss., maxime, pp. 145 e ss..

libertar dos efeitos do acto realizado pelo representante. Quer isto dizer, ao contrário de quanto é sustentado pela teoria da representação, não ser a *voluntas* do *dominus* afinal algo de meramente marginal, ou simples condição de eficácia do acto posto pelo procurador. A referência à ausência de interesse do representado na impugnação da procuração não se mostra apta, por si só, para explicar o que quer que seja e, em particular, o regime do n.º 1 do artigo 259.º do Código Civil. Deste decorre não apenas a atribuição de relevância, no âmbito do próprio negócio representativo, à vontade do representado, como, também – relativamente aos elementos em que tenha sido decisiva a vontade do dono do negócio – uma desconsideração da vontade do representante. Parece, pois, que o apelo à ausência, ou à presença de um interesse do *dominus* em se libertar dos efeitos do negócio representativo, como forma de tentar preservar, em termos gerais, a possibilidade de impugnação da procuração, mas de, ao mesmo tempo, a excluir nas múltiplas e incontáveis situações nas quais essa solução se mostra inadequada e improdutiva, constitui um mero eufemismo ou fórmula destinada a encapotar o real motivo por trás das frequentes recusas e desvios ao suposto princípio geral da livre impugnabilidade autónoma da procuração[1998]. Motivo que afinal apenas é, conforme decorre do artigo 259.º, n.º1, do Código Civil, a relevância jurídica directa da vontade do representado sobre o próprio negócio representativo. E isto não apenas enquanto condição de eficácia mas enquanto requisito de validade dos actos realizados pelo representante[1999].

A defesa da tese segundo a qual a procuração seria autonomamente impugnável, mesmo depois de utilizada, excepto quando o representado não tivesse nisso qualquer interesse, parece-nos, assim, não só o resultado de pressupostos lógicos insustentáveis como, ainda, tributária de um determinado dado e contexto legislativo completamente diverso do nosso. Na verdade, no espaço jurídico alemão, onde se desenvolveram e mais abundantemente frutificaram (mesmo assim

---

[1998] De acordo com Maria de Lurdes Pereira, *Os estados...*, in *Revista...*, XXXIX, 1, p. 144, no âmbito do fenómeno representativo, atenta a circunstância de o agente e a parte não coincidirem, o objecto da tutela do interesse da pessoa em cuja esfera se irá produzir a eficácia do negócio jurídico não poderia ser a vontade do representado. Parece-nos, com o devido respeito, subjacente às considerações da autora a existência de alguma petição de princípio. Independentemente disso, não vimos como explicar o regime do artigo 259.º, n.º 1, do Código Civil senão em função de uma real tutela da vontade do *dominus*.

[1999] Conforme refere Oliveira Ascensão, *Direito...*, II, p. 253, o representado é autor do próprio acto representativo. É por isso que os vícios em que incorrer surgem na relação com o terceiro como vícios da outra parte no negócio. V., também, Papanti-Pelletier, *Rappresentanza...*, p. 149.

não sem forte polémica e oposição), as correntes favoráveis à impugnação autónoma da procuração, não existe nenhuma norma como o artigo 259.º, n.º 1, do Código Civil. O § 164 do *BGB* é bem diferente e mais imperfeito do que o n.º 1 do artigo 259.º[2000, 2001]. É essa imperfeição do § 164 do *BGB*, em nosso entender, a explicar, em grande medida, as tentativas de defesa da possibilidade de, em caso de falta ou deficiência da vontade do representado, o *dominus* impugnar directamente a *procuratio*. Entre nós, o artigo 259.º, n.º 1, do Código Civil permite atacar directamente o negócio representativo em caso de falta ou vício da vontade do principal em todas as hipóteses nas quais este venha a ver repercutida no negócio representativo a deficiência verificada no seu processo volitivo[2002]. Uma acção destinada a obter a declaração de validade ou invalidade da procuração parece não oferecer, destarte, grande utilidade[2003]. É que das duas uma. Se a vontade inquinada do representante não influenciou negativamente nenhum dos elementos do negócio jurídico, a procuração não é impugnável, nem sequer de acordo com a teoria da representação, por faltar, por parte do dono do negócio, um qualquer interesse digno de relevância jurídica. Se, ao invés, a *voluntas* do *dominus* foi decisiva para a configuração de certos elementos do negócio jurídico, então, decorre do artigo 259.º, n.º 1, em termos inequívocos e insusceptíveis de deixarem margens para dúvidas, a própria invalidade do negócio representativo, sem qualquer necessidade[2004] de se impugnar a *procuratio*[2005].

[2000] Mesmo assim, e de entre os autores referidos *supra* a favor da impossibilidade de impugnação autónoma da procuração, pode ver-se, no sentido segundo o qual essa impossibilidade decorre do § 166 I do *BGB*, Brox, *Allgemeiner...*, p. 252.

[2001] Maria de Lurdes Pereira, *Os estados...*, in *Revista...*, XXXIX, 1, p. 152, nota (52), considera o artigo 1390.º do *Codice Civile* como uma disposição análoga ao artigo 259.º, n.º 1, do Código Civil. E, em certa medida, existirá, na verdade uma analogia entre os dois preceitos. Verifica-se, porém, uma diferença fundamental entre ambos os textos, conforme por nós já devidamente assinalado (v., *supra* quanto se escreveu neste Capítulo, parágrafo 2). O *Codice Civile* apenas determina a invalidade do negócio representativo, por falta ou vícios da vontade do representado quando este tenha predeterminado certos elementos daquele negócio. No artigo 259.º, n.º 1, do Código Civil, em vez da referência a elementos predeterminados, preferiu-se a expressão «elementos em que tenha sido decisiva a vontade do representado», como forma de indicar os casos nos quais vícios ou uma eventual ausência de *voluntas* do *dominus* (e também o conhecimento ou desconhecimento de certas circunstâncias) podem determinar uma deficiência do negócio representativo.

[2002] Assim também, perante o direito alemão, a título exemplificativo, e de entre os autores por nós já citados v., Müller-Freienfels, *Die Vertretung...*, p. 404.

[2003] Em sentido idêntico v., Oliveira Ascensão, *Direito...*, II, p. 252 e 253.

[2004] Ou mesmo possibilidade, conforme parece implícito no artigo 259.º, n.º 1, do Código Civil. Contra cfr., porém, Maria de Lurdes Pereira, *Os estados...*, in *Revista...*, XXXIX, 1, p. 153, nota (57). De acordo com a autora o sentido do artigo 259.º, n.º 1, seria, literalmente, o de apenas permitir atender aos vícios da vontade do representado que afectem a declaração (ou parte dela) – maxime a procuração – onde se fixe um conteúdo ao negócio a celebrar. Já não existiria, no entanto, e de acordo com Maria de Lurdes Pereira, qualquer razão para restringir a invocabilidade dos vícios quando se trate de impugnar autonomamente a procuração. E a autora exemplifica: *A* outorga uma procuração genérica a *B* para este o representar num leilão atendendo ao facto de pensar que aí será vendido determinado espólio. Nessa procuração é deixada integralmente ao arbítrio do representante a decisão de aquisição de quaisquer bens. Contudo, o espólio não era o tido em mente pelo representado. À concessão da procuração, escreve Maria de Lurdes Pereira, estará subjacente um erro sobre os motivos e ela poderá ser anulável se o terceiro tiver reconhecido a essencialidade do motivo. Numa situação destas a *procuratio* não se reportava a qualquer aspecto do conteúdo do negócio, nem tão-pouco à questão da mera conclusão, e, todavia, verificados os requisitos de relevância do erro, ela deveria poder ser anulada. Tudo com o resultado de se eliminar retroactivamente o poder de representação e de passar a considerar-se o negócio como celebrado com um representante sem poderes. A possibilidade de ocorrência real de uma situação como a descrita, sem o *dominus* ter dado ao representante uma instrução para ir adquirir aquele concreto espólio determinante da concessão da procuração genérica será, porventura, pouco mais do que académica. Seria uma coincidência extraordinária o facto de o *procurator* ir adquirir precisamente os bens tidos em vista pelo representado e relativamente aos quais este tinha celebrado com um vendedor um acordo relativamente à essencialidade do motivo que o poderia levar a adquiri-los. Ora, numa situação viciada ou marcada por uma deficiência no processo volitivo, Maria de Lurdes Pereira (v. *op. cit.*, *passim* e p. 154, nota (57)) admite, sem qualquer hesitação, numa conclusão cuja correcção não se vê como questionar, a impugnação do negócio representativo (a respeito da relevância da falta ou vícios da vontade ao nível das instruções sobre o negócio representativo v. *infra* o referido sob o presente Capítulo). Mas mesmo admitindo a inverosímil possibilidade de o procurador vir a comprar certo espólio, com base numa procuração genérica, sem ter recebido qualquer instrução para o efeito, existindo, para além do mais, um acordo entre o representado e o terceiro acerca da essencialidade da origem dos bens, nem por isso nos parece necessário admitir a impugnação autónoma da *procuratio* para se alcançar uma justa composição dos interesses em presença. Maria de Lurdes Pereira, ao defender a solução contrária, parece pressupor, sempre, que a impugnação do negócio representativo depende da existência de uma predeterminação, pelo *dominus*, e à semelhança de quanto acontece no direito italiano, do respectivo conteúdo. Não é, todavia, isso quanto se estipula no artigo 259.º, n.º 1, do Código Civil. Aí o legislador apenas se refere aos elementos em que tenha sido decisiva a vontade do representado. No exemplo apresentado por Maria de Lurdes Pereira, não pode haver dúvidas da circunstância de o erro do dono do negócio ter sido decisivo para a conclusão do negócio. Não houve determinação do conteúdo do negócio representativo. Todavia a procuração, apesar de genérica, foi concedida expressamente com vista à conclusão daquele concreto negócio. A essencialidade do motivo determinante da vontade foi reconhecida por acordo entre as partes; *ergo*, o terceiro conhecia perfeitamente a importância do elemento sobre o qual incidiu o erro do representado e que levou, recta via, à celebração do negócio representativo. Nestes termos, não pode deixar de se considerar aplicável o artigo 259.º, n.º 1, primeira parte e, destarte, considerar-se o negócio representativo, em si mesmo, impugnável, sem necessidade de se colocar em causa a procuração. A adequação desta solução salta aos olhos se, em vez de imaginarmos um leilão, supusermos a existência de dois: *A* outorga a *B* uma pocuração por pretender que este o represente em leilões distintos. Em ambos supõe ir-se proceder à venda de determinados conjuntos de bens nos quais está interessado. Na *procuratio* é deixada integralmente ao arbítrio do representante a decisão de aquisição de quaisquer objectos. Num dos casos o espólio era precisamente aquele que o representado desejava. Isso não sucede, contudo, com o outro. Em ambas as hipóteses, os

VI – Poder-se-ia, ainda, sentir a tentação de se alegar que a tese segundo a qual a procuração não é autonomamente impugnável enquanto tal – apenas o sendo o negócio representativo, se, e na medida, da repercussão[2006] do vício ou deficiência do acto procuratório nos negócios realizados pelo procurador – fracassa perante as situações de procuração geral. Aí a vontade do *dominus* nunca predetermina ou condiciona o conteúdo do negócio representativo. Por isso, em todos aqueles casos nos quais o representante era incapaz, foi vítima de dolo ou de coacção, incorreu em erro-vício ou erro-obstáculo, reserva mental etc., não haveria outra possibilidade senão impugnar a pro-

---

vendedores reconheceram por acordo a essencialidade da proveniência dos bens. Pergunta-se: poderá neste caso o representado impugnar a procuração? A resposta parece evidente. Não pode, sob pena de comprometer também a subsistência do negócio relativamente ao qual se não verificou qualquer erro (em sentido contrário defendendo que, na eventualidade de o representante ter realizado mais do que um negócio jurídico, a impugnação da procuração deve conduzir à ineficácia de todos eles, pode ver-se, por exemplo, Von Thur, *Der Allgemeiner...*, II, II, p. 390, nota (80)). O meio ao seu dispor é o facultado pelo artigo 259.º, n.º 1, com a consequente impugnação do acto de aquisição do espólio não desejado. E a mesma solução deverá valer se, porventura, o dono do negócio tivesse concedido ao representante uma procuração para participar em todos os leilões a decorrer em Lisboa durante certo mês por estar convencido existirem, em todos eles, bens pertencentes a certa colecção. Se apenas nalgumas das hastas estivessem contidos, de facto, objectos pertencentes ao conjunto tido em mente pelo representado deverão impugnar-se os negócios representativos relativos à aquisição dos objectos não desejados – conquanto obviamente estejam preenchidos os requisitos de relevância do erro – mas não a procuração. Compreende-se, por isso, a afirmação de Oliveira Ascensão, *Direito...*, II, p. 253, segundo a qual a afirmação do artigo 259, n.º 1, de que a falta ou vício da vontade deve ser apurada na pessoa do representante não pode deixar de ser restringida. Na interpretação por nós defendida do artigo 259.º isso será mesmo uma consequência natural e inelutável do alcance da expressão contida nesse preceito «elementos em que tenha sido decisiva a vontade do representado».

[2005] No sentido segundo o qual o artigo 259, n.º 1, do Código Civil deixaria imprejudicada a questão da impugnação da procuração pode ver-se, entre nós, e em certa medida na esteira de quanto escreve Papanti-Pelletier, *Rappresentanza...*, pp. 121 e ss., maxime pp. 136 e 137 (mas v. p. 149, onde Papanti-Pelletier, numa referência implícita ao artigo 1390.º do *Codice Civile* – como se viu o correspondente, em parte, do artigo 259.º do Código Civil – considera que a lei toma expressamente em consideração as hipóteses de vício da procuração, numa norma, que, afastando-se consideravelmente dos princípios da teoria da representação prevê a impugnabilidade, por parte do representado do negócio representativo), a propósito do artigo 1390.º do *Codice Civile*, Maria de Lurdes Pereira, *Os estados...*, in *Revista...*, XXXIX, 1, pp. 152 e nota (52), e 153 e seguinte. A verdade, porém, é que a autora não parece atribuir, repise-se, com toda a consideração, e se bem vimos, a necessária relevância à diferença de redacção entre os preceitos dos dois diplomas. Na verdade, Maria de Lurdes Pereira, alude várias vezes, a propósito do artigo 259.º do Código Civil, à expressão «*elementos predeterminados pelo* dominus» transpondo para o direito português uma fórmula com origem no Código Civil italiano, mas ausente do nosso ordenamento. A isto acresce a circunstância de, ao contrário de Maria de Lurdes Pereira, Papanti-Pelletier se manifestar claramente contra a possibilidade de impugnação autónoma da *procuratio*.

[2006] Ou noutros termos se, e na medida, em que o vício for essencial ou causal para a celebração do negócio representativo.

curação. Parece-nos, contudo, não ter o argumento cabimento[2007]. Ao contrário do alegado, em regra, os casos nos quais se revela de forma mais flagrante a inadequação da tese da impugnação autónoma da procuração são precisamente aqueles nos quais o procurador age no uso de poderes conferidos por uma *procuratio* geral. Isto devido ao facto de tais procurações permitirem a realização de uma multiplicidade de negócios jurídicos. Pense-se, por exemplo, na hipótese de o constituinte carecer de capacidade para a outorga de certa procuração geral. Se algum, ou alguns dos negócios realizados pelo representante, não obstante a incapacidade do representado para a outorga dos poderes gerais de representação couber, ainda assim, dentro do âmbito da capacidade restrita do representado não parece existir nenhum motivo para a sua impugnação[2008]. E o mesmo se dirá, com as necessárias adaptações, no caso de a procuração geral ter sido obtida em consequência de dolo[2009] ou coacção[2010], padecer de reserva mental ou outro vício da vontade. Se, não obstante a presença destes ou outros vícios da vontade na concessão dos poderes de representação, for possível demonstrar corresponderem, alguns dos negócios realizados, à vontade real do representado ou a circunstância de tais negócios virem, em qualquer caso, e independentemente do dolo, coacção etc., a ser realizados pelo representado eles devem vincular o *dominus*. A única forma, porém, de garantir esse resultado é, precisamente, o de não permitir a impugnação da procuração, *per se*, com a consequente ineficácia de todos os actos realizados pelo *procurator* porventura ao longo de períodos dilatados. O representado deverá, apenas, obter a declaração de invalidade de cada um dos negócios representativos

---

[2007] No sentido segundo o qual em caso de outorga de uma procuração genérica continua sempre a dever impugnar-se o negócio representativo e não a procuração pode ver-se, Müller-Freienfels, *Die Vertretung...*, p. 404. O autor parece no entanto considerar que em caso de procuração genérica o único erro possível é acerca da pessoa do procurador. Não nos parece ser, todavia, assim.

[2008] Imagine-se por exemplo o caso de um menor, com mais de dezasseis anos, que concede a outrem poderes gerais para administrar todo o seu património. O procurador limita-se, contudo, a realizar actos de administração relativos a bens adquiridos pelo menor com o respectivo trabalho ou pertinentes à sua vida corrente e ao alcance da sua capacidade natural implicando despesas de pequena importância (artigo 127.º, n.º 1, al. a] e b], do Código Civil). Apesar da falta de capacidade do menor para a outorga da procuração, não parece existir nenhum motivo válido para a impugnar e, destarte, privar de eficácia os negócios agora referidos. Quanto o incapaz ou seu representante legal devem fazer é limitar-se a reagir contra aqueles outros actos realizados pelo procurador de facto não cobertos pelo âmbito da capacidade restrita do menor.

[2009] A este respeito v., Brox, *Die Anfechtung...*, in *Juristische...*, 12, pp. 452 e 453.

[2010] *Idem*, p. 453.

efectivamente atingidos pela vicissitude que afectou a sua vontade. Perguntar-se-á pela base ou alicerce para uma semelhante solução? Um primeiro arrimo poder-se-á encontrar na regra *falsa demonstratio non nocet*, e nos regimes dos artigos 236.º, n.º 2, e 238.º, n.º 2, do Código Civil. Um segundo ponto de apoio resulta da cicunstância de, não apenas o erro, mas, também, o dolo e a coacção só poderem ser invocados – mesmo fora do contexto do fenómeno representativo – se se verificar o requisito da respectiva essencialidade e causalidade para a emissão da declaração de vontade cujas consequências se pretende destruir [2011]. Ora, se não é possível obter a invalidade de um negócio jurídico, quando actuando directamente, o dolo ou coacção a que determinado sujeito de direito foi submetido não se mostra nem essencial nem causa da exteriorização da respectiva *voluntas*, parece, igualmente, não ser de admitir a impugnação do negócio jurídico representativo se este, não obstante as deficiências da procuração, acaba, afinal, por corresponder à vontade do *dominus*. Um terceiro alicerce para a solução por nós proposta parece decorrer do próprio artigo 259.º, n.º 1, do Código Civil. A referência aí contida aos elementos em que tenha sido decisiva a vontade do representado[2012], afigura-se suficientemente ampla para cobrir[2013], por interpretação extensiva ou analógica[2014], aquelas hipóteses nas quais, apesar de a *procuratio* se encontrar afectada por alguma vicissitude ao nível do

---

[2011] Cfr., Oliveira Ascensão, *Direito..*, II, pp. 141 e 148. V., também quanto escrevem perante o direito austríaco, a propósito do erro cometido pelo representante, mas em circunstâncias tais que o negócio representativo corresponde à vontade do representado, Klang – Gschnitzer – Stanzl, *Kommentar...*, IV, I, comentário aos §§ 871 a 873, p. 121, autores segundo os quais numa hipótese como a descrita a deficiente vontade do representante não funciona como *error causam*.

[2012] Sobretudo quando conjugada com os dois outros argumentos referidos no texto no sentido de justificar o caminho por nós sugerido.

[2013] A expressão é sem dúvida mais ampla do que a constante do § 166, II, do *BGB* «*bestimmte Weisung*» (instruções determinadas) (sobretudo se se atentar na circunstância, igualmente referida *infra*, de, no contexto em que é empregue, e atento o disposto no artigo 9.º do Código Civil, o termo «*elementos*» usado pelo nosso legislador no artigo 259.º, n.º 1, do Código Civil não poder ser entendida em sentido técnico-jurídico rigoroso. A alusão a elementos destina-se tão-só, e sob pena de o preceito não fazer sentido, a aludir às consequências ou aspectos para os quais tenha sido decisiva a vontade do representante ou do representado). E no entanto, doutrina e jurisprudência tudescas têm, constantemente, chamado a atenção para a necessidade de interpretar a fórmula «instruções determinadas» de modo a cobrir todas as hipóteses nas quais o representado, de algum modo, deu origem à realização pelo representante do negócio jurídico representativo, mas sem se reportar a um particular ou concreto contrato ou *negotium*. V., por todos, Schramm, *Münchener...*, I, 4.ª ed., comentário ao § 166, p. 1693, com indicações.

[2014] Ou mesmo até, porventura, directa. Repare-se como do ponto de vista semântico a expressão «vontade» é designadamente sinónimo de beneplácito ou gosto.

processo de formação ou declaração da vontade do constituinte[2015], mesmo assim, os actos – ou alguns deles – realizados pelo *procurator* correspondem à vontade do *dominus*. Tudo isto amparado, ou – se se preferir – dobrado pelo princípio da boa fé e da materialidade subjacente. Repugnaria, a nosso ver, ao sistema poder alguém, em prejuízo de outra parte, impugnar um negócio jurídico em tudo correspondente à respectiva vontade pelo simples facto de ter feito intervir um terceiro, ao qual concedeu poderes inválidos, na conclusão do negócio. É preciso ter presente o facto de a intervenção do representante ter sido desencadeada pelo próprio *dominus* para seu benefício. Se a actuação do *procurator* conduziu à realização de um negócio jurídico em tudo semelhante àquele celebrado pelo representado se tivesse actuado directamente, então, não se vê qual o motivo ou razão para prejudicar a outra parte no negócio representativo[2016]. Pretender o contrário, consubstanciaria, além do mais, e em princípio, um inadmissível abuso de direito[2017, 2018].

[2015] Mas julgamos que a orientação proposta no texto se deve estender a outras causas de invalidade. Se a procuração for concedida em termos tais que carecia de certa forma, não observada na respectiva outorga, mas os negócios efectivamente realizados pelo procurador corresponderem todos eles a actos para os quais não era necessária a concessão dessa mesma forma, e além disso, corresponderem à vontade do *dominus* não nos parece existir razão para a impugnação nem da procuração, nem dos negócios representativos. Apenas na eventualidade de um, ou algum deles, corresponder a um comportamento para o qual era necessária a observância, na concessão dos poderes de representação, de certa formalidade ou não traduzir a *voluntas* do principal, nos parece poderem ser os negócios realizados pelo procurador individualmente impugnáveis. Independentemente do amplo consenso verificado na doutrina e na jurisprudência no sentido da flexibilização das regras que impõem a observância de certa forma, parece-nos depor neste sentido o regime dos artigos 266.º e 269.º do Código Civil.

[2016] Com alguma similitude de raciocínio v., Heiko Eujen e Rainer Frank, *Anfechtung der Bevollmächtigung...*, in *Juristenzeitung*, cit., 1973, p. 235 (com referências bibliográficas); e Brox, *Allgemeiner...*, pp. 252 e ss..

[2017] Recorde-se a circunstância de alguma doutrina tudesca recorrer precisamente ao conceito de procuração por força da aparência jurídica (*Anscheinvollmacht*) para reforçar os argumentos a favor da impossibilidade de impugnação autónoma da procuração uma vez feito uso desta (assim, Heiko Eujen e Rainer Frank, *Anfechtung der Bevollmächtigung...*, in *Juristenzeitung*, cit., 1973, pp. 236 e ss.; e Brox, *Allgemeiner...*, p. 252). No direito civil português, conforme por nós referido já várias vezes, não há lugar para admissão de uma procuração por força da aparência jurídica (*Anscheinvollmacht*). Não obstante, e tal como se escreve no texto, parece dever reconhecer-se a impossibilidade de impugnação autónoma da procuração nos limites da aceitação da protecção dos terceiros em consequência da tutela da confiança por eles depositada na aparência de validade da procuração quando a acção destinada a destruir os efeitos do negócio representativo se configure como um abuso de direito, por corresponder o referido negócio – não obstante os vícios da outorga dos poderes de representação – à vontade do *dominus*. Recorde-se, uma vez mais, a mobilidade dos pressupostos da protecção da confiança, a qual pode, neste domínio, ajudar a alicerçar as soluções mais justas.

[2018] O que em qualquer caso deve ser sublinhado é a circunstância de a limitação da possibilidade de se impugnar uma procuração já utilizada não se mostrar de modo algum como

Parte destes argumentos é aliás recordado já, com outras vestes, por alguma doutrina tudesca, no sentido de, por um lado, fundamentar a tese da não impugnabilidade da procuração, uma vez feito uso pelo procurador dos poderes nela contidos, e, por outro, apenas admitir a supressão ou destruição dos efeitos dos negócios representativos (individualmente considerados) sobre os quais as falhas da procuração acabaram por ter real e decisiva repercussão.

BROX[2019], por exemplo, recorda não só os casos de vinculação do *dominus* às situações de procuração por força da aparência jurídica, mas mais do que isso, sustenta, não dever o principal ser beneficiado pelo facto de actuar por intermédio de um procurador. Se os negócios celebrados por este vinculassem o representado em caso de actuação directa, então, também, o deveriam fazer nas hipóteses nas quais se faz uso de poderes de representação. Desta forma, continua BROX, quanto se deve considerar impugnável não é a procuração em si mesma, mas apenas os negócios representativos individualmente considerados, se, e na medida da repercussão do vício da *procuratio* sobre cada um deles. Quando a deficiência desta não se reflectir no negócio final este mostrar-se-á inatacável[2020]. Admitir, então, a possibilidade de se impugnar a procuração envolveria, exclusivamente, a atribuição de um injustificado benefício a todos aqueles que, em vez de actuarem directa e pessoalmente, recorrem a um procurador[2021].

---

um corpo estranho aos princípios informadores do nosso ordenamento jurídico. Pense-se, por exemplo, no regime estabelecido pelo artigo 42.º do Código das Sociedades Comerciais para a nulidade do contrato de sociedade por quotas, anónima ou em comandita por acções, registado. Em sentido não muito distante de quanto se escreve nesta nota v., perante o direito alemão, Brox, *Die Anfechtung...*, in *Juristische...*, 12, p. 451.

[2019] Brox, *Die Anfechtung...*, in *Juristische...*, 12, p. 451.

[2020] Era esta, aliás, a solução proposta, em termos até porventura mais amplos dos aqui referidos, por Almeida Costa, *A vontade...*, in *Boletim....*, 127, pp. 154 e ss., para os vícios do representante. Na verdade, o autor chegou a defender (*op. cit.*, p. 161) dever consagrar-se legislativamente, em acrescento ao artigo 229.º, n.º 1 (hoje artigo 259.º do Código Civil), um número dois com a seguinte redacção: «*Se o consentimento do representante for obtido por dolo ou coacção, o negócio será sempre anulável nos termos gerais, desde que resulte prejuízo ao representado da circunstância do representado não ter cumprido em virtude do vício os seus deveres de diligência impostos por lei, convenção ou práticas usuais.*»

[2021] Os casos susceptíveis de apresentarem maiores dificuldades são aqueles nos quais se assiste não a situação de invalidade da procuração mas sim a uma verdadeira nulidade desta. Dir-se-á faltar aí, *ab initio*, qualquer tipo de legitimidade ou poder capaz de vincular o principal ao negócio representativo, mesmo se a razão de ser da nulidade acabar por não ter qualquer influência no acto levado a cabo pelo representante (veja-se, por exemplo, Almeida Costa, *A vontade...*, in *Boletim....*, 127, p. 162, onde o autor considera ser «(...) *na pessoa do representante que devem verificar-se a falta ou vícios da vontade, salvo quando o negócio resulte apenas anulável e corresponda ao conteúdo individualizado dos poderes representativos*» [esta expressão seria no dizer do autor

Veremos, porém, adiante, quando estudarmos os estados subjectivos relevantes, como esta última consideração carece, todavia, e por si só, de força probatória.

VII – Chegados a este ponto depara-se-nos, todavia, uma dificuldade aparentemente de peso. Vimos já[2022] como a invalidade da relação subjacente afecta, de acordo com as regras dos artigos 265.º, n.º 1, e 266.º do Código Civil, a própria procuração[2023] e, destarte, o

---

equivalente àquela outra «*e seja conseguido o efeito que o representante teve em vista ao conferir os poderes representativos*»]. Mas se bem atentarmos no problema a questão por nós referida e a mencionada por Almeida Costa colocam-se a níveis diferentes. Nós falamos de procuração nula; Almeida Costa refere-se ao negócio representativo anulável): a procuração sofre, por exemplo, de falta de forma, mas o *procurator* realiza alguns negócios para os quais não era necessária qualquer formalidade ao nível da procuração. Parece-nos poder extrair-se – do artigo 259.º do Código Civil, seja por interpretação extensiva seja até, e porventura, por analogia, um princípio de aproveitamento dos actos realizados por um procurador dotado de uma procuração inválida, seja qual for o motivo dessa invalidade, quando a causa da deficiência da procuração não se repercutir sobre o conteúdo do negócio representativo e este corresponder à vontade do dono do negócio. Princípio o qual é, depois, complementado e amparado, pela figura do abuso de direito: o *dominus* que cria a aparência de ter concedido uma procuração não deve de facto, na generalidade dos casos, e sob pena de abuso de direito, desfazer um negócio inteiramente coincidente com a sua vontade, pelo simples facto de ter sido celebrado com base numa procuração viciada, mas cujo vício, acabou, afinal, por não ter consequências reais sobre o negócio representativo. A boa fé e o princípio da materialidade subjacente parecem opor-se a uma saída desse tipo. É claro que, ao dizermos isto, nos aproximamos, de algum modo, do regime da redução dos negócios jurídicos, por nós já considerado como insusceptível de se aplicar à procuração em si mesma, de forma autónoma. Mas aproximamo-nos da redução com algumas diferenças. Diferenças resultantes da circunstância de o centro de gravidade deixar de ser a *procuratio* (a qual no exemplo da falta de forma nem sequer padeceria de uma invalidade parcial mas sim de uma nulidade total) – como sucede na redução – para passar a ser o negócio representativo em si mesmo o cerne de toda a questão. Isto significa, poder, em certos casos, considerar-se o acto levado a cabo pelo representante ineficaz e noutros eficaz dependendo da circunstância de para o referido acto ser necessária, ou não, a formalidade à qual a *procuratio* não foi, mas deveria quando considerada isoladamente e em si mesma, sujeita. Tudo dependerá da circunstância de o negócio representativo corresponder, ou não, à vontade do dono do negócio. Ao contrário do previsto no artigo 292.º do Código Civil, parece caber ao terceiro interessado na manutenção do negócio representativo a demonstração da existência de uma *voluntas* do representado na manutenção do negócio representativo. Apenas uma construção do acto ou contrato final de acordo com a teoria da cooperação de vontades, entre o *dominus* e o representante, e, destarte, através da integração da procuração no próprio *negotium* representativo, permitiria, porventura, falar de uma redução deste – mas não já do acto de outorga dos poderes de representação (quanto à impossibilidade de se utilizar o mecanismo da conversão para resolver todos os casos nos quais a *procuratio* se mostra nula – e não obstante a nulidade ser o campo de aplicação por excelência da conversão – v. quanto se escreveu *supra* acerca da circunstância de a conversão não operar perante múltiplos vícios ou alguns tipos de negócios, como por exemplo, os incompletos. Sobre isto refira-se, uma vez mais, e por todos, Carvalho Fernandes, *A conversão....*, pp. 237 e ss.).

[2022] Cfr. *supra*, Parte, II, Cap. IV.

[2023] Assim, e para além de quanto se escreve já no local assinalado na nota anterior, Menezes Cordeiro, *Tratado...*, I, III, p. 180.

próprio negócio representativo. Tratando-se de um vício a inquinar directamente a procuração a tese por nós julgada correcta apenas admite a supressão dos efeitos do negócio representativo efectivamente celebrado quando as falhas na outorga dos poderes se repercutirem de facto sobre o negócio representativo. Parece existir, assim, uma contradição e incoerência valorativa nas posições defendidas. As vicissitudes da relação subjacente acabariam afinal por ter mais relevância na sorte do acto realizado pelo procurador do que a própria *procuratio*. Não existe, todavia, e apesar das aparências, qualquer tipo de contradição nas posições por nós sustentadas. Cumpre antes de mais chamar a atenção para a circunstância, decorrente de quanto se disse já ao longo destas páginas[2024] de ser o negócio-base, não a procuração *per se*, a conferir a autorização e legitimidade para o representante se imiscuir na esfera do representado. Uma procuração pura ou isolada não dá ao constituído qualquer título para se envolver nos negócios do principal[2025]. Por isso, a *procuratio*, em si mesma, apenas se poderá configurar como um negócio incompleto, como um mero negócio de organização, ou, quando muito, servir de base a uma vinculação do *dominus* com base na confiança depositada na aparência jurídica por ela criada. Mas não vale, ao menos por si só, como título justificativo da legitimidade do representante. Com uma outra nota.

As vicissitudes da relação subjacente só conduzem à supressão da vinculação do *dominus* quando o terceiro as conhecia ou, pelo menos, as devia conhecer (artigos 265.º, n.º 1, e 266.º, n.ºˢ 1 e 2, do Código Civil). Elas pressupõem, pois, para se repercutirem para o exterior a ausência de boa fé do terceiro. Não é, destarte, qualquer vício do negócio-base a permitir ao principal libertar-se do acto realizado pelo representante.

3.1. – Os vícios das instruções e modificações proferidas à margem da *procuratio*[2026]

I – Resolvida a questão dos vícios e falta de vontade da procuração importa agora analisar a questão da repercussão das eventuais

---

[2024] V., por exemplo, *supra*, Parte II, Cap. I, parágrafo 2.

[2025] Assim, uma vez mais, *supra*, Parte II, Cap. I, parágrafo 2. Cfr., também, no mesmo sentido, Menezes Cordeiro, *Manual...*, I, p. 471.

[2026] Com a utilização da expressão instruções e modificações da procuração também empregue por Maria de Lurdes Pereira, *Os estados...*, in *Revista...*, XXXIX, 1, pp. 149 e ss., e nota

deficiências ou vícios das instruções, proferidas à margem da *procuratio*, ou de alguma cláusula do negócio causal sobre os actos realizados pelo *procurator* em nome do *dominus*.

A primeira chamada de atenção a fazer prende-se com a circunstância de, aqui também, a questão da nulidade ou anulabilidade das instruções proferidas à margem da procuração só se colocar no pressuposto de o representante ter, de facto, realizado uma actividade representativa[2027]. Caso assim não seja, o representado tem, naturalmente, à sua disposição o mecanismo da revogação[2028, 2029]. Uma vez descoberto o vício ou deficiência da instrução, o dono do negócio poderia pura e simplesmente fazer cessar *ex tunc* a própria legitimidade representativa e, destarte, impedir a realização de qualquer negócio representativo, porventura, não conforme com a sua vontade[2030, 2031].

_____

(47), pretendemos, agora, designar toda e qualquer declaração do representado dirigida ao representante e referente ao conteúdo ou modo de exercício dos poderes de representação.

[2027] Papanti-Pelletier, *Rappresentanza...*, pp. 150.

[2028] *Idem.*

[2029] Acerca da revogação da procuração inválida v. *supra*, quanto se escreveu no parágrafo precedente.

[2030] Papanti-Pelletier, *Rappresentanza...*, pp. 150.

[2031] Tratando-se de uma instrução em sentido técnico, antes de efectivamente executada pelo representante qualquer actividade em nome do *dominus*, este poderá igualmente, se assim o entender, alterar pura e simplesmente a instrução dada. Mais complicada pode, à primeira vista, afigurar-se a situação, se, em vez de uma instrução, assistirmos a uma causa de anulabilidade ou nulidade da relação subjacente. Num caso como esse, se o procurador não tiver feito uso da procuração, o principal poderá, obviamente, revogar a procuração. Poder-se-ia julgar, no entanto, continuar a ser necessária a anulação do negócio-base por poder compreender este obrigações às quais o representado continuaria vinculado se não obtivesse a anulabilidade. A própria declaração de nulidade da relação causal poderia ser necessária, ou conveniente, como forma de poupar futuras disputas entre as partes e evitar situações nas quais o *dominus* viesse a ser confrontado, pela outra parte, com a exigência do cumprimento dos deveres previstos no negócio-base. Se estivermos, porém, diante de um mandato representativo, nos termos do artigo 1179.º do Código Civil, a revogação e a renúncia da procuração implicam a revogação do mandato. Pode, pois, o representado, em caso de invalidade ou nulidade do mandato, limitar-se a revogar o poder de representação, como forma de evitar vinculações não pretendidas, assim como os inconvenientes ou perturbações associados à indefinição acerca da validade ou invalidade de determinada situação jurídica. Na medida da susceptibilidade de aplicação analógica deste preceito a outros negócios causais, a impugnação desses negócios parece, igualmente, supérflua. Ao dono do negócio continuará, então, a bastar a revogação do poder concedido ao procurador. Outra possibilidade, ao dispor do mandante, para pôr termo aos inconvenientes resultantes da circunstância de o *mandatum* se afigurar inválido, sem sequer discutir essa validade ou invalidade, é, em regra, a própria revogação do contrato de mandato, atento o disposto no artigo 1170.º, n.º 1, do Código Civil. A revogação da procuração ou do poder de representação parece, porém, um mecanismo mais simples e seguro face ao regime de protecção de terceiros consagrado no artigo 266.º, n.º 1, e à sua articulação com o artigo 265.º, n.º 1. Se, porventura, o negócio gestório viciado não apresentar analogias suficientes com o contrato de mandato, ao ponto de permitir a aplicação do regime contido no artigo 1179.º, então, parece não restar ao principal outra alternativa, para se

Mas pergunta-se: se, depois de exercidos pelo procurador os poderes por ele detidos, e destarte, celebrado um ou mais negócios representativos, a vontade que esteve na base da formação das instruções *a latere* da procuração ou sua modificação não foi correctamente formada ou foi deficientemente manifestada poderá aquele invocar a nulidade ou anulabilidade dessas instruções com repercussão no negócio ou negócios celebrados pelo representante[2032]?

Uma análise mais superficial ou precipitada do problema poderia conduzir a uma resposta, ao menos parcialmente, negativa. Se apenas existe uma oponibilidade limitada daqueles conteúdos queridos pelo representado, não faria sentido produzirem os respectivos vícios alguma eficácia perante terceiros, a não ser quando verificados os requisitos da sua oponibilidade[2033].

II – O equívoco desta orientação seria, porém, manifesto[2034]. Conforme referido a propósito por MARIA DE LURDES PEREIRA, nesta sede haverá um interesse na alegação de uma qualquer causa de nulidade ou anulação se, de facto, o procurador tiver cumprido as ordens ou observado os limites impostos pela instrução à margem da *procuratio*[2035]. Deste modo, constata-se a existência de um claro espaço e margem de manobra para suscitar o problema dos vícios das instruções e declarações proferidas *a latere* da procuração, quando a questão da sua oponibilidade e relevância nem chegue a ser encarada, devido à circunstância de o representante ter actuado em conformidade com as orientações impostas[2036]. Quando, ao invés, a

---

desvincular dos deveres porventura nele consagrados, outra solução para além da impugnação desse mesmo negócio. No plano do fenómeno representativo, em sentido rigoroso, continuará, todavia, a ser suficiente, numa circunstância dessas, a revogação dos poderes concedidos ao representante, como forma de evitar uma futura utilização de tais poderes e, destarte, uma vinculação não desejada.

[2032] Sobre esta questão v., na nossa literatura jurídica, Maria de Lurdes Pereira, *Os estados...*, in *Revista...*, XXXIX, 1, pp. 148 e ss.. Entre os autores tudescos cfr., Rosenberg, *Stellvertretung...*, pp. 742 e 743; Heiko Eujen e Rainer Frank, *Anfechtung der Bevollmächtigung...*, in *Juristenzeitung*, cit., 1973, p. 235, os quais argumentam todos eles a favor da impugnação do negócio representativo com base nos vícios das instruções, pois, numa hipótese desse tipo, se o representante tivesse actuado pessoalmente, o negócio por ele realizado seria igualmente impugnável.

[2033] Em termos semelhantes, mas partindo de uma visão do fenómeno representativo marcada pela construção labandiana do poder de representação e suas relações com as instruções por nós aqui combatida, v., Maria de Lurdes Pereira, *Os estados...*, in *Revista...*, XXXIX, 1, p. 149.

[2034] Assim, Maria de Lurdes Pereira, *Os estados...*, in *Revista...*, XXXIX, 1, p. 149.

[2035] *Idem.*

[2036] *Idem*, pp. 149 e 150.

questão seja a do incumprimento do representante, o problema dos vícios ou deficiências das instruções não se chega sequer a pôr, enquanto assunto diverso da oponibilidade da própria relação-base ou directrizes internas[2037], precisamente, devido à circunstância de, ao serem violadas ou desrespeitadas, as manifestações de vontade proferidas à margem da procuração não terem influenciado a celebração do negócio representativo[2038]. Donde, a hipótese por nós agora analisada pressupor, precisamente, o cumprimento por parte do *procurator* das instruções transmitidas pelo *dominus*[2039]. Além disso, ela leva, ainda, implícita a circunstância de a instrução viciada ter assumido um carácter decisivo para a celebração do negócio representativo com repercussões sobre o respectivo conteúdo[2040].

III – Posta a questão nestes termos perguntar-se-á qual a razão para não se admitir, sobretudo quando como nós se vê nas instruções uma autêntica forma de modelar e atribuir sentido ao conteúdo da procuração, uma impugnação autónoma das instruções? A resposta já vai de algum modo implícita em quanto dissemos para situar o problema. É que o vício da instrução só deverá ser atendido se for causal e essencial para a celebração do negócio representativo. E isso só poderá ser aferido em função do todo, tal como sucede, aliás, com os próprios vícios e falhas da procuração. E nem se alegue dever reconhecer-se um valor autónomo ou superior à posição dos terceiros que contratam com um terceiro, quando em causa está, não a questão da oponibilidade das deficiências da procuração, mas sim das instruções ou declarações modificativas[2041]. E por dois motivos.

Em primeiro lugar, porquanto, a nosso ver as instruções *a latere* da procuração constituem um verdadeiro cercear dos poderes representativos[2042]. Em segundo, devido à circunstância de a confiança dos terceiros já se afigurar como um valor tomado em consideração pelo regime da invalidade dos negócios jurídicos[2043]. Aliás, conforme

---

[2037] Cfr. a este respeito, uma vez mais quanto se escreve, *supra*, no Cap. IV, a propósito da procuração aparente, em nota.

[2038] Assim, v., Maria de Lurdes Pereira, *Os estados...*, in *Revista...*, XXXIX, 1, p. 150.

[2039] Papanti-Pelletier, *Rappresentanza...*, p. 150.

[2040] *Idem.*

[2041] No mesmo sentido, mas com base em pressupostos e argumentos diferentes, Maria de Lurdes Pereira, *Os estados...*, in *Revista...*, XXXIX, 1, p. 150.

[2042] V. *supra*, Parte II, Cap. II, parágrafo 3.

[2043] Em termos semelhantes Papanti-Pelletier, *Rappresentanza...*, p. 154; e Maria de Lurdes Pereira, *Os estados...*, in *Revista...*, XXXIX, 1, p. 150.

notam a propósito EUJEN e FRANK, no caso de o *dominus* ter dado ao representante instruções as quais sofrem de algum tipo de vício, o negócio que porventura ele tivesse realizado directa e pessoalmente seria claramente impugnável[2044]. Por isso, não parece de reconhecer qualquer validade a uma argumentação da qual se pretendesse fazer decorrer uma eventual superioridade, em termos de tutela a ser dispensada, à posição dos terceiros parte num contrato celebrado com um representante quando em causa esteja a questão da oponibilidade, não dos vícios da procuração, mas sim dos vícios das instruções e declarações modificativas[2045]. Por isso se uma instrução viciada se repercutir sobre o conteúdo do negócio representativo ou assumir uma relevância directa e imediata para a respectiva celebração parece não poder deixar de se aceitar a possibilidade de o *dominus* impugnar o negócio representativo. Para proteger a contraparte basta tratá-la como um comum declaratário[2046]. A tese, defendida por alguns autores, segundo a qual os vícios e deficiências da vontade do *dominus* só relevariam quando for cognoscível para a contraparte a predeterminação[2047] não tem, por isso, qualquer razão de ser. A necessidade de conhecimento ou cognoscibilidade pode valer para os casos nos quais se assiste a uma mera supressão ou alteração do negócio subjacente (porventura em virtude de um vício da vontade ou outra causa de invalidade) com repercussão sobre os poderes de representação (artigos 265.º, n.º 1, e 266.º do Código Civil) mas sem influência no conteúdo do negócio representativo ou respectiva celebração – negócio o

---

[2044] Heiko Eujen e Rainer Frank, *Anfechtung der Bevollmächtigung...*, in *Juristenzeitung*, cit., 1973, p. 235. Cfr., também, Papanti-Pelletier, *Rappresentanza...*, pp. 154 e ss.; e Maria de Lurdes Pereira, *Os estados...*, in *Revista...*, XXXIX, 1, p. 150.

[2045] Papanti-Pelletier, *Rappresentanza...*, p. 154; e Maria de Lurdes Pereira, *Os estados...*, in *Revista...*, XXXIX, 1, p. 150.

[2046] Cfr., Maria de Lurdes Pereira, *Os estados...*, in *Revista...*, XXXIX, 1, p. 150.V., também, Papanti-Pelletier, *Rappresentanza...*, p. 168.

[2047] É designadamente essa a posição sustentada por Natoli, *Rappresentanza...*, p. 91; e Mirabelli, *Dei contratti...*, p. 370. Antes deles, e tratando-se de apurar qual o conhecimento relevante para efeitos do negócio representativo, Mitteis, *Die Lehre...*, pp. 123 e ss., e 285, considerava já que, perante situações de mandato especial incondicional, se porventura o representante aparecer diante do *tertius* como se fosse ele a decidir apenas a sua ciência relevará. Entre nós, sempre a propósito do conhecimento relevante em sede de negócio representativo, Raúl Guichard Alves, *Da relevância...*, pp. 164 e 166, defende – em moldes com algumas afinidades com a tese proposta pelo Mestre de Hupka – a necessidade de a predeterminação de certos elementos por parte do *dominus* dever prevalecer para o exterior e ser reconhecível pela contraparte sob pena de apenas se poder atender ao conhecimento ou cognoscibilidade do representante. Contra a tese defendida por Mitteis pode ver-se, Rosenberg, *Stellvertretung...*, pp. 245 e ss. (cfr., também, Müller-Freienfels, *Die Vertretung...*, p. 410; Papanti-Pelletier, *Rappresentanza...*, pp. 163).

qual acaba, assim, e afinal, por coincidir com a *voluntas* do *dominus*. Mas já não se justifica para aquelas hipóteses nas quais a instrução influencia o contrato ou *negotium* realizado pelo *procurator*[2048]. Para comprovar a falta de fundamento da pretensão de se proceder à limitação da relevância dos vícios da vontade ou da invalidade das instruções com repercussão sobre o negócio representativo, basta pensar nas situações nas quais os vícios sejam imputáveis ao comportamento da outra parte no negócio representativo – como sucede, designadamente – nas hipóteses de erro-dolo ou coacção do representado[2049]. Num caso como esse não parece possível vislumbrar qualquer apoio para se proceder à tutela do *tertius*, mesmo, se porventura o terceiro desconhecia a existência das instruções. Mas mesmo fora destas situações extremas e bem impressivas falta, como muito bem nota a propósito PAPANTI-PELLETIER[2050], qualquer tipo de apoio normativo para se limitar a relevância dos vícios ou invalidade das instruções às situações nas quais a sua existência transparece para o exterior. Ao contrário o artigo 259.º, n.º 1, do Código Civil é taxativo ao determinar dever apurar-se a nulidade ou anulabilidade da declaração que dá vida ao negócio representativo em função da pessoa do *dominus* em todos os casos nos quais a sua vontade tenha sido decisiva na conformação de certos elementos[2051, 2052].

[2048] Papanti-Pelletier, *Rappresentanza...*, p. 163; Maria de Lurdes Pereira, *Os estados...*, in *Revista...*, XXXIX, 1, p. 150.

[2049] Maria de Lurdes Pereira, *Os estados...*, in *Revista...*, XXXIX, 1, p. 150, mas com um enquadramento geral bem diverso do aqui sustentado, propondo, conforme se deu nota, designadamente, uma maior latitude para a impugnação da procuração a qual, na visão da autora, se mostraria susceptível de ser atacada autonomamente pelo representado.

[2050] Papanti-Pelletier, *Rappresentanza...*, p. 163.

[2051] Figure-se o seguinte exemplo sugerido por Maria de Lurdes Pereira, *Os estados...*, in *Revista...*, XXXIX, 1, pp. 150 e 151: «(...) *A, representado, ordena ao seu representante com procuração genérica, a compra de determinado imóvel por determinado preço. Ao fazê-lo, porém, A estava em erro acerca das qualidades do imóvel por essas lhe terem sido asseguradas pelo proprietário do mesmo. O representante, pelo contrário, ao adquirir o imóvel em conformidade com a indicação de A, estava completamente esclarecido relativamente às características do bem. Num caso de dolo imputável à contraparte do negócio representativo não há razão para recusar a invocabilidade do vício da instrução (ou da declaração restritiva da procuração) e, consequentemente para sustentar a subsistência do negócio representativo. Permitir que esse se mantenha seria conceder à outra parte um privilégio injustificado e de que esta nunca poderia beneficiar se fosse o principal a agir em nome próprio. A protecção da confiança achar-se-á completa desde que para efeitos do preenchimento dos requisitos de relevância dos vícios, se lhe conceda o mesmo regime como se de um destinatário das instruções ou das declarações modificativas se tratasse. Se a contraparte agiu com dolo perante o representado e este instruiu conformemente o representante, a subsistência do negócio é necessariamente afectada.*» É preciso, todavia, ir mais longe e dar o passo imposto pelo artigo 259.º do Código Civil. Não são apenas os casos de vício causado pela outra parte no negócio representativo a afectar os respectivos efeitos. Sempre que a vontade do representado tenha sido decisiva para a conformação de

Isto sem estabelecer qualquer distinção conforme a *voluntas* do *dominus* se expresse formalmente na procuração ou, ao invés, através de instruções, e, neste último caso, se elas transpareceram, ou não, para o exterior. Quer isto dizer: os vícios que inquinem as instruções e se repercutam sobre o negócio representativo celebrado na respectiva execução afectam a validade do referido negócio[2053]. Em causa está, ainda, a tutela de um processo livre e esclarecido de formação da vontade do representado[2054]. Tudo a demonstrar como também por esta via as instruções e a relação subjacente influenciam directamente a vinculação do *dominus* ao acto posto pelo representante. Ou seja. Também por aqui se constata como o poder do *procurator* de celebrar negócios em nome do representante não é abstracto ou absolutamente independente relativamente ao negócio causal e às directrizes conferidas pelo representado. Ao contrário, a sorte do poder de representação e do negócio representativo está, nas hipóteses agora em análise, directamente dependente das referidas instruções assim como da relação-base[2055]. Mais uma vez a abstracção da procuração, com o sentido e alcance que lhe pretendem atribuir os defensores da visão labandiana do fenómeno representativo, não se deixa provar ou demonstrar.

4. – O conhecimento ou ignorância dos factos que podem influir sobre os efeitos do negócio jurídico

I – O artigo 259.°, n.° 1, do Código Civil considera ainda relevante o conhecimento do representante ou representado con-

---

determinados elementos do negócio jurídico, e essa vontade se encontre afectada, o negócio será inválido, conquanto reunidos os normais requisitos de relevância do referido vício os quais, conforme parece decorrer com meridiana clareza do artigo 259.° do Código Civil, deverão ser aferidos em função da pessoa do *tertius*.

[2052] A isto pode ainda juntar-se um argumento de natureza histórica. Durante os trabalhos preparatórios do Código Civil, Almeida Costa, *A vontade...*, in *Boletim...*, 127, pp. 170 e 171, admitia, a propósito dos estados subjectivos relevantes, a relevância do conhecimento do representante quando o exigisse um interesse legítimo de um terceiro. Sem pretender entrar por ora na discussão da relação entre o conhecimento e a vontade, sempre se dirá não parecer admissível sustentar, a propósito dos vícios e deficiências do processo volitivo, uma solução aventada, durante a preparação do Código Civil, para a questão, ao menos próxima, dos estados subjectivos relevantes no negócio representativo, mas claramente rejeitada pelo artigo 259.°, n.° 1.

[2053] Maria de Lurdes Pereira, *Os estados...*, in *Revista...*, XXXIX, 1, p. 151.

[2054] *Idem.*

[2055] Já Mitteis, *Die Lehre...*, p. 184, lembrava como a consideração da relevância da vontade do principal para efeitos do negócio jurídico representativo leva a considerar o conceito de mandato ou relação jurídica subjacente como utilizável no domínio da representação.

forme esse conhecimento ou ignorância respeite a elementos para os quais tenha sido decisiva a vontade do representante ou representado[2056, 2057].

O n.º 2 do artigo 259.º determina não aproveitar ao representado de má fé a boa fé do representante. A lei refere-se agora à dicotomia boa fé/má fé e não já à distinção ciência/ignorância[2058].

A leitura dos preceitos em referência parece conduzir, à primeira vista, a soluções claras e isentas de dificuldades. Não é, todavia, assim. Quer a doutrina tudesca quer a italiana, quando confrontadas com os preceitos das respectivas legislações correspondentes ao artigo 259.º, n.os 1 e 2, têm levantado vários problemas cuja discussão – não obstante algumas diferenças de fundo entre o § 166 do *BGB* e o artigo 1391.º do *Codice Civile*, de uma banda, e o artigo 259.º do Código Civil da outra – se pode colocar igualmente no ordenamento jurídico português. Além disso, e talvez como prova de quanto acaba de se afirmar, bem recentemente, na esteira do ensinamento de alguma doutrina alemã, entre nós, MARIA DE LURDES PEREIRA[2059], veio propor, em sede de relevância dos estados subjectivos presentes no momento de celebração do negócio representativo, uma leitura do artigo 259.º, n.os 1 e 2, do Código Civil assente no pressuposto essencial de que o representado não deve ficar colocado em melhor posição por ter feito intervir o representante do que aquela da qual se encontraria se tivesse actuado pessoalmente[2060]. Destarte, apesar da letra da lei, a regra seria praticamente sempre a da relevância do conhecimento do representado, numa orientação a qual a ser verdadeira, atento

---

[2056] A este respeito v., por todos, entre nós, Maria de Lurdes Pereira, *Os estados...*, in *Revista...*, XXXIX, 1, pp. 154 e ss.. Cfr., igualmente, Raúl Guichard Alves, *Da relevância...*, *per totum*, maxime, pp. 143 e ss..

[2057] A lei refere o conhecimento, ou ignorância, dos factos que podem influir nos efeitos do negócio. Maria de Lurdes Pereira, *Os estados...*, in *Revista...*, XXXIX, 1, p. 154, afirma tratar-se de uma fórmula equívoca. Não nos parece.

[2058] Maria de Lurdes Pereira, *Os estados...*, in *Revista...*, XXXIX, 1, p. 155, onde se procede igualmente a um levantamento de normas nas quais a lei concede relevância ao conhecimento ou desconhecimento de certas circunstâncias, em conexão com a celebração dos negócios jurídicos. Relativamente ao direito anterior v., Almeida Costa, *A vontade...*, in *Boletim....*, 127, p. 162, nota (30). Para um apanhado geral das disposições nas quais o actual Código Civil menciona a boa fé v., Menezes Cordeiro, *Da boa fé...*, I, pp. 19 e ss..

[2059] Maria de Lurdes Pereira, *Os estados...*, in *Revista...*, XXXIX, 1, pp. 154 e ss..

[2060] Quanto agora se afirma corresponde apenas a um esboço da posição da autora. Deter-nos-emos com mais pormenor nas propostas formuladas por Maria de Lurdes Pereira um pouco mais adiante.

o teor do artigo 259.º, carece de prova e exame. As próximas páginas serão pois dedicadas ao estudo dos problemas subjacentes ao preceito em referência na perspectiva do conhecimento ou dever do conhecimento do representante e representado para o destino do negócio concretizado pelo *procurator*. Ao mesmo tempo pensamos poder voltar a colocar em evidência, agora a propósito dos estados subjectivos relevantes, a relevância externa da relação-base ou das instruções proferidas à margem da procuração e sua interferência directa sobre a sorte do negócio representativo.

II – Mas centremos, em primeiro lugar, a nossa atenção na tese proposta por MARIA DE LURDES PEREIRA, para a interpretação a dar ao artigo 259.º do Código Civil, na resolução da problemática dos estados subjectivos relevantes.

A autora começa por delimitar, com pertinência, a problemática subjacente ao artigo 259.º de outras situações nas quais ao conhecimento de certos factos, por parte dos sujeitos do negócio jurídico, andam atribuídas funções diversas das contempladas no preceito agora em análise[2061].

> É o caso da imposição àquele que conhece do dever de informar ou esclarecer a outra parte, quer nos preliminares quer no momento da formação do negócio[2062]. Os ditames e exigências da boa fé (objectiva), enquanto padrões de comportamento devidos pelos sujeitos contratuais na fase pré--negocial (artigo 227.º do Código Civil), podem, se reunidos os demais condicionalismos exigidos, influenciar a posição jurídica do detentor ou possuidor dos conhecimentos[2063].
> Uma transposição deste tipo de situações para o plano do fenómeno representativo permite a constatação segundo a qual quer o representado quer o representante podem possuir os conhecimentos susceptíveis de darem origem a um dever de informar[2064].
> Todavia, e como nota a propósito MARIA DE LURDES PEREIRA, não se trata de casos aos quais se aplique o artigo 259.ºdo Código Civil, preceito onde apenas se refere o conhecimento enquanto elemento conformador dos efeitos do negócio jurídico[2065]. Aqui, ao contrário, a consequência da titularidade da ciência – porventura conjugada com outros elementos – é o nasci-

---

[2061] Maria de Lurdes Pereira, *Os estados...*, in *Revista...*, XXXIX, 1, pp. 158 e 159.
[2062] *Idem*, p. 158.
[2063] *Idem*.
[2064] *Idem*.
[2065] *Idem*.

mento de um dever acessório, não a conformação de qualquer efeito do negócio a ser celebrado[2066]. Além disso, à violação do referido dever surge associada a obrigação de indemnizar os danos causados à outra parte, sem provocar, todavia, qualquer repercussão no plano dos efeitos do negócio[2067].

Tudo isto a permitir uma precisão adicional: afinal, determinante para a saída indemnizatória é, neste caso, não o conhecimento, mas o acto ilícito[2068]. Não tem sequer de chegar a ser celebrado o negócio para a omissão ilícita se verificar[2069].

A questão pertence, pois, ao domínio mais amplo da responsabilidade do representado e/ou representante por *culpa in contrahendo* cuja análise transcende o âmbito do nosso estudo[2070].

Já não nos parece, porém, acertada a reconstrução operada por MARIA DE LURDES PEREIRA, a propósito da leitura a dar ao artigo 259.º do Código Civil, com vista a proporcionar quanto a autora designa por solução materialmente adequada para os problemas da relevância dos estados subjectivos do representante e representado[2071]. Solução esta encontrada por MARIA DE LURDES PEREIRA, não na aceitação da conclusão segundo a qual o artigo 259.º conduziria a uma repartição entre conhecimentos do representante e do representado, com base na medida da participação de cada um deles no negócio, mas na ideia de que, afinal, quanto estaria em causa seria um problema de repartição de riscos[2072]. A esta última luz, seria o representado a criar voluntariamente a relação de representação e a beneficiar das utilidades proporcionadas através da ampliação da sua esfera de actuação negocial – i.e., através da divisão do trabalho[2073]. A isto deveria acrescentar que, se se aceitasse não prejudicarem o representado os conhecimentos obtidos pelo representante e se se permitisse a possibilidade de lhe aproveitar o regime de favor associado por lei à ignorância, isso implicaria a obtenção de uma vantagem por intermédio da interposição de alguém no tráfego[2074]. Se actuasse

---

[2066] *Idem.*

[2067] *Idem*, pp. 158 e 159.

[2068] *Idem*, p. 159.

[2069] *Idem.* A questão não se altera como refere a autora se, em vez de um dever de informação, em causa estiver um dever de lealdade.

[2070] E o mesmo vale para o de Maria de Lurdes Pereira, *Os estados...*, in *Revista...*, XXXIX, 1, p. 159.

[2071] *Idem*, p. 160.

[2072] *Idem*, pp. 154 e ss. e, designadamente, pp. 173 e 774.

[2073] *Idem*, pp. 173 e 174.

[2074] *Idem*, p. 174.

por si próprio o representado não poderia beneficiar de semelhante regime[2075].

Mas mais importante ainda: essa vantagem comportaria sempre o prejuízo de outrem – trate-se da doutra parte, trate-se de um terceiro. Tudo a levar à conclusão segundo a qual o fundamento da relevância do conhecimento do representante é única e exclusivamente o princípio de que não podem ser transferidos para terceiros os riscos criados através da divisão de tarefas, quando essa diversificação de competências seja operada por acto voluntário do titular, simultaneamente beneficiário das eventuais vantagens daí decorrentes[2076].

A este princípio não deveria ser feita qualquer limitação decorrente da ponderação das situações nas quais se assistiu a uma fixação prévia ou predeterminação, por parte do representado, relativamente a determinados aspectos do negócio jurídico[2077]. Mesmo

---

[2075] *Idem.*

[2076] A inspiração para esta solução vai Maria de Lurdes Pereira, *Os estados...*, in *Revista...*, XXXIX, 1, p. 174, bebê-la à doutrina alemã e, em particular, e segundo indicação expressa, sua, a Richardi, *Die Wissensvertretung*, cit., in *Archiv...*, 169, pp. 385 e ss., e 397 (onde o autor afirma estar subjacente ao § 166 um princípio geral de imputação para além do simples domínio da representação, e defende a tese segundo a qual se a *Repräsentationstheorie* sustenta a ideia da necessária relevância da pessoa do representado relativamente às consequências do negócio representativo isso deve-se ao conceito normativo de que na eventualidade de alguém confiar a outrem um poder de decisão, por forma a, através desse outrem, participar no comércio jurídico, então, terá de deixar valer contra si os respectivos vícios da vontade e conhecimentos), e pp. 402 e 403; Raimund Waltermann, *Zur Wissenszurechnung...*, in *Archiv...*, 192, pp. 194 e ss.; Michael Schultz, *Zur Vertretun in Wissen* in *Neue juristische Wochenschrift*, 1990, pp. 477 e ss., p. 479; Hübner, *Allgemeiner...*, p. 511 (embora nos pareça difícil encontrar no ensinamento deste autor apoio para a conclusão de Maria de Lurdes Pereira. Isto quer na edição de 1985, citada pela autora, quer na de 1996. O mesmo já não sucede com quanto defende Rita Wetzel, *Die Zurechnung...*, p. 40, apesar de esta última não ser referida pela jurista nacional em seu apoio), embora depois a autora não aceite todos os pressupostos que segundo vários destes autores decorrem da ideia expressa no texto. Maria de Lurdes Pereira refere ainda, mais distante do ponto de vista por ela expresso mas mesmo assim com ele conforme, o ensinamento de Staudinger-Dilcher, *Kommentar...*, I, comentário ao § 166, p. 652. Não vimos, todavia, nada, no trecho citado, a favor da posição da autora portuguesa. Mais próxima, porventura, das ideias defendidas por Maria de Lurdes Pereira, mas mesmo assim, sem haver completa coincidência, andará a posição de Staudinger-Schilken, *Kommentar zum Bürgerlichen Gesetzbuch mit Enführungszesetz und Nebengesetzen*, 12.ª ed. I, *Allgemeiner Teil*, pp. 90-240, Berlim, 1980, comentário ao § 166, p. 55, à qual, todavia, a jurista portuguesa não alude. A propósito das ideias de risco e divisão de tarefas enquanto formas de fundamentar a relevância do conhecimento do representante ou auxiliar v., ainda, Canaris, *Bankvertragsrecht*, cit., I, p. 77. Cfr., também, e por último, Baum, *Die Wissenszurechnung*, cit., pp. 246 e ss., pp. 267 e ss., 302 e ss. Entre nós, pronuncia-se, de forma decidida, contra a viabilidade e valia da ideia de risco enquanto conceito destinado a fundamentar e explicar a relevância do conhecimento do representante, Raúl Guichard, *O problema...*, pp. 149 e 150. Na doutrina tudesca cfr., Schilken, *Wissenszurechnung...*, pp. 49 e 50.

[2077] Maria de Lurdes Pereira, *Os estados...*, in *Revista...*, XXXIX, 1, p. 174.

então, existiria, claramente, uma indubitável deslocação das possibilidades de obtenção de conhecimentos, de outra forma adquiridos pelo representado. Por isso, e salvo raras excepções ditadas pela própria força ou razão de ser da regra, seria sempre o conhecimento do representado a relevar[2078, 2079].

A verdade, porém, é que, com a consideração aqui expressamente consignada, não encontramos qualquer apoio legal para a proposta de MARIA DE LURDES PEREIRA no sentido de considerar sempre

---

[2078] *Idem*, pp. 154 e ss., *passim*, e pp. 174 e ss., *passim*. Essas excepções seriam designadamente constituídas: a) pelo saber privado do representante que não afectaria o representado; b) pela consideração segundo a qual a ideia de risco se adequa apenas àquelas normas onde se associa à ciência um regime de desvantagem (e ao desconhecimento um regime de favor). Nas situações nas quais se protege quem conhece continuaria a repercutir-se, sempre, o conhecimento do representante sobre o representado – com a ressalva, porém, de o resultado não se basear em qualquer princípio de risco, mas antes na ideia de protecção do *dominus*, quando dessa protecção não resulte uma situação diferente de quanto aconteceria se o principal tivesse actuado directa e pessoalmente (a autora sempre recorda, todavia, na senda de Richardi, *Die Wissensvertretung*, cit., in *Archiv...*, 169, p. 389; e Waltermann, *Zur Wissenszurechnung...*, in *Archiv...*, 192, p. 186, a existência de normas onde se consagram exigências subjectivas das quais decorre a impossibilidade de consideração do conhecimento de outrem. É o caso daqueles dispositivos legais cujo objectivo é o de garantir a possibilidade de uma tomada de decisão pessoal e assegurar uma tutela altamente personalizada. A este respeito cfr., também, Raúl Guichard, *O problema...*, p. 159. Sublinhe-se, todavia, como em geral a relevância do saber não coincidirá ou estará associada à *ratio* da consideração do saber. Assim: Richardi, *Die Wissensvertretung*, cit. in *Archiv...*, 169, p. 389; Raúl Guichard, *O problema...*, p. 159; Maria de Lurdes Pereira, *Os estados...*, in *Revista...*, XXXIX, 1, pp. 171 e ss.. Em sentido – ao menos parcialmente – diverso cfr., Hupka, *Die Vollmacht...*, pp. 55 e ss.; Müller-Freienfels, *Die Vertretung...*, pp. 399 e ss., 413 e ss.; Almeida Costa, *A vontade...*, in *Boletim....*, 127, pp. 163 e ss.); d) pela inaplicabilidade do regime da necessária consideração do saber do representante aos casos de erro na declaração negocial.

[2079] No fundo Maria de Lurdes Pereira, *Os estados...*, in *Revista...*, XXXIX, 1, pp. 180 e 182, considera – com as ressalavas referidas na nota anterior à qual junta também o n.º 2 do artigo 259.º – «(...) *adequada uma interpretação restritiva* (...) *do dispositivo legal* [entenda-se o artigo 259.º, n.º 1], *no sentido de a ressalva de atendibilidade da pessoa do representado vigorar apenas para o problema dos vícios da vontade, ou para os casos, certamente excepcionais, em que determinada norma referindo-se embora à ciência de certos factos, tenha no fundo em vista a regulação de um problema de vontade negocial. Nas restantes hipóteses, decisiva será sempre e só a pessoa do representante* (...). *Em suma, na base dos conhecimentos juridicamente relevantes do representado está a regra de que a criação de uma situação de representação não deve introduzir qualquer modificação do regime negocial que se aplicaria no caso de nenhuma representação existir. É que se o dominus actuasse sem recurso a um representante seria ele mesmo a adquirir esses conhecimentos.* (...) *Se ao conhecimento do representante estiver ligada a produção de efeitos negociais desfavoráveis, exclui-se a correlativa criação de prejuízos para terceiros que a consideração da ignorância do representado implicaria. É, de facto, o representado que cria as condições para deixar de adquirir conhecimentos ao servir-se de um representante para a conclusão dos negócios jurídicos e devem-lhe ser, por isso, imputáveis as respectivas consequências. A regra constitui, neste aspecto, o aforamento de um princípio mais geral de justa distribuição de riscos.»*

relevante o conhecimento do representante. Nada na letra ou no espírito da lei oferece guarida à sua ideia de distribuição de riscos[2080, 2081].

Com outra nota. Nenhuma exigência de ordem material reclama, a nosso ver, o esforço empreendido pela autora com vista a tentar fundamentar a tese da necessária relevância da ciência do *procurator* ou da ideia de risco por ela defendida. Senão veja-se.

III – Não julgamos, em primeiro lugar, correcta a posição da Ilustre jurista relativamente àquelas normas associadas a um determinado comportamento, o qual não corresponde a uma declaração negocial, mas de onde podem derivar consequências ao nível dos efeitos jurídicos do negócio jurídico celebrado[2082]. Nestas hipóteses, e de acordo com a autora, uma exegese conforme com o normal e tradicional entendimento do artigo 259.º, conduziria a soluções inadmissíveis e insustentáveis, porquanto inadequadas.

O primeiro exemplo da necessidade de se proceder a uma correcção daquela que pareceria a interpretação natural do artigo 259.º do Código Civil estaria, segundo MARIA DE LURDES PEREIRA[2083], na inadequação da aplicação, pura e simples, do artigo 259.º aos comportamentos pressupostos pelo artigo 253.º – isto é, a situações nas quais o erro da outra parte no negócio jurídico é causado pelo representante ou pelo representado.

IV – Contudo e como a própria autora nota, contra a aplicação do artigo 259.º do Código Civil aos casos de dolo do representante ou do representado não joga nem é decisiva a circunstância de, no dolo, para além do conhecimento do erro do outro sujeito negocial, ser exigido um elemento voluntário adicional (senão a intenção directa, ao menos a conformação com o resultado, *ergo* com o erro da contraparte)[2084]. A lei refere-se à ciência e ignorância. Tanto basta, pois, para se poder aplicar o artigo 259.º do Código Civil aos casos de dolo (onde por definição existe, por parte do autor da sugestão ou artifício, conhecimento do erro do declarante). E nem sequer

---

[2080] Cfr. *infra*, quanto se escreve sob o presente parágrafo.
[2081] Raúl Guichard, *O problema...*, p. 149.
[2082] Maria de Lurdes Pereira, *Os estados...*, in *Revista...*, XXXIX, 1, pp. 159 e ss..
[2083] *Idem.*
[2084] *Idem*, p. 159.

julgamos necessário, para o efeito, recorrer à via analógica[2085]. O artigo 259.º aplicar-se-á directamente às situações de dolo do representante e do representado[2086].

Também não nos parece possuir qualquer força persuasiva o argumento – aventado por MARIA DE LURDES PEREIRA[2087] no sentido de demonstrar a eventual inaplicabilidade do artigo 259.º à hipótese agora em análise – segundo o qual a razão de ser do regime instituído pelo artigo 253.º teria como fundamento ou justificação a prática de um acto ilícito[2088]: nos termos do artigo 253.º, para haver dolo não bastaria o estado subjectivo do agente. Seria, antes, necessária a violação de um dever[2089]. Valeriam, por isso, para excluir o dolo do contexto do artigo 259.º do Código Civil as razões já apontadas para não submeter ao preceito em referência as hipóteses de *culpa in contrahendo* e a violação de deveres pré-negociais[2090]: a questão deveria, assim, ser incluída na problemática mais genérica da responsabilidade do representado e ou representante por *cic*[2091].

Não julgamos, todavia, e antes de mais, líquido encontrar-se o motivo determinante do regime contido no artigo 253.º do Código Civil, não na perturbação da vontade do declarante, mas sim na ilicitude do artifício, sugestão ou dissimulação. Fosse isso verdade, então, o regime mais adequado para o dolo seria, não o da anulabilidade, mas sim o da nulidade[2092]. Mas mesmo dando de barato a existência de

---

[2085] É essa uma possibilidade aventada por Maria de Lurdes Pereira, *Os estados...*, in *Revista...*, XXXIX, 1, pp. 159 e ss..

[2086] Assim, Steffen, *BGB – RGRK*, cit., I, comentário § 166, pp. 63 e 64; Larenz, *Allgemeiner Teil...*, p. 610, para quem o § 166, I (preceito que no ordenamento jurídico tudesco desempenha as funções atribuídas pelo nosso legislador ao artigo 259.º, n.º 1) é aplicável a todas as situações nas quais os efeitos de uma declaração negocial sejam influenciados por um determinado comportamento e o negócio tenha sido concluído mediante representação; Staudinger-Schilken, *Kommentar...*, I, comentário ao § 166, pp. 58 e 62, os quais referem como o conhecimento também pode ser parte dos elementos de outros *Tatbeständen* e, destarte, conduzir à aplicação do § 166. A título de exemplo os autores referem precisamente o dolo.

[2087] Maria de Lurdes Pereira, *Os estados...*, in *Revista...*, XXXIX, 1, p. 159.

[2088] É essa a posição defendida, conforme igualmente recenseado por Maria de Lurdes Pereira, *Os estados...*, in *Revista...*, XXXIX, 1, p. 159, nota (67), por Carlos Ferreira de Almeida, *Texto...*, I, pp. 102 e 111, nota (416).

[2089] Maria de Lurdes Pereira, *Os estados...*, in *Revista...*, XXXIX, 1, pp. 158 a 160.

[2090] *Idem.*

[2091] *Idem.* Na doutrina tudesca era já essa a solução preconizada por Enneccerus-Nipperdey, *Allgemeiner Teil...*, I, II, p. 1117, nota (12), o qual pretendia circunscrever a responsabilidade do representado em caso de dolo do representante à *cic*. Para uma apreciação crítica acerca desta posição v., Staudinger-Schilken, *Kommentar...*, I, comentário ao § 166, p. 62.

[2092] Como é, de resto, admitido em abstracto por Ferreira de Almeida, *Texto...*, I, p. 102.

uma componente de ilicitude nos casos de dolo não se nos afigura apresentar qualquer problema proceder à divisão de funções entre o regime da *cic* e o do artigo 259.° do Código Civil. À violação de deveres pré-contratuais encontra-se associado um dever de indemnizar. À acção ou omissão referidas no artigo 253.° estão, em primeira linha, relacionadas consequências negociais. Contudo pode encontrar--se-lhes igualmente ligada uma obrigação de indemnizar. A fonte directa dessa obrigação não residirá, porém, directamente nos artigos 253.° e 254.° do Código Civil, mas em preceitos como o artigo 227.°. O que os artigos 253.° e 254.° do Código Civil acarretam são consequências negociais para o negócio celebrado sob a influência de dolo[2093]: a concessão ao errante de um direito à anulação do negócio, em termos mais permissivos do que os resultantes do erro espontâneo[2094]. Tudo com a correspondente sujeição da contraparte à possibilidade de o negócio vir a ser destruído[2095].

Por isso, deve afirmar-se com STEFFEN, HÜBNER, LARENZ e STAUDINGER-DILCHER[2096], perante problema paralelo colocado pelo ordenamento jurídico tudesco, como, no respeitante às consequências negociais do dolo, vale o disposto no artigo 259.° do Código Civil[2097, 2098]. É esta a estrutura legal mais apropriada para concluir encontrar-se, entre os efeitos do negócio produzidos directamente na esfera do representado, a sujeição à anulação do negócio jurídico nos termos do artigo 254.°[2099].

V – Estando-se na presença de dolo do representado a solução por nós preconizada não parece suscitar particulares dificuldades[2100]. À má fé do representado não aproveita a boa fé do representante.

[2093] Hübner, *Allgemeiner...*, pp. 511 e 512; e Maria de Lurdes Pereira, *Os estados...*, in *Revista...*, XXXIX, 1, p. 160.

[2094] Maria de Lurdes Pereira, *Os estados...*, in *Revista...*, XXXIX, 1, p. 160.

[2095] *Idem.*

[2096] Steffen, *BGB – RGRK*, cit., I, comentário § 166, pp. 63 e 64; Hübner, *Allgemeiner...*, pp. 510 e 511; Larenz, *Allgemeiner Teil...*, p. 610; Staudinger-Dilcher, *Kommentar...*, I, comentário ao § 166, pp. 58 e 62.

[2097] Aliás, Maria de Lurdes Pereira, *Os estados...*, in *Revista...*, XXXIX, 1, p. 160, considera igualmente, e ao menos em parte, o raciocínio por nós exposto, mas para o descartar.

[2098] Os autores alemães referidos no texto reportam-se, naturalmente, ao § 166 do *BGB*.

[2099] Levantando a hipótese mas refutando-a claramente, Maria de Lurdes Pereira, *Os estados...*, in *Revista...*, XXXIX, 1, p. 160.

[2100] Isso mesmo é aliás afirmado também por Maria de Lurdes Pereira, *Os estados...*, in *Revista...*, XXXIX, 1, p. 160.

Tudo numa conclusão igualmente reforçada[2101] pela constatação da inexistência de um outro preceito no nosso ordenamento jurídico a determinar tal resultado.

Tratando-se, todavia, de dolo do representante, as dificuldades, essas, já se fariam sentir, segundo MARIA DE LURDES PEREIRA, com acuidade[2102]. Em primeiro lugar por se estar numa zona de aparente sobreposição com o âmbito de aplicação de normas como os artigos 500.º e 800.º do Código Civil[2103]. Em segundo lugar − alega-se − a aplicação do artigo 259.º, às situações de *dolus*, implicaria considerar poder o artigo 259.º do Código Civil valer para as hipóteses nas quais, ao lado da relevância dos vícios ou deficiências da vontade e estados subjectivos relevantes, estão casos de actos ilícitos dos intervenientes na situação representativa[2104, 2105]. Finalmente, num argumento tido por decisivo, contra a aplicação do artigo 259.º, n.º 1, ao dolo do representante jogaria a circunstância de o respectivo regime não conduzir aos resultados mais adequados[2106]. A aplicação da norma em questão ao *dolus* implicaria a recusa do direito à anulação, nos termos do artigo 254.º, «ao enganado» no negócio representativo, quando o erro incidisse sobre aspectos já fixados pelo representado[2107]. *Ergo*, deveria concluir-se no sentido da insusceptibilidade de uma aplicação, pura e simples, desprovida de correcções, do artigo 259.º, n.º 1, do Código Civil aos casos de dolo do representante[2108].

Mas as razões invocadas não nos parecem conclusivas.

No tocante à primeira cumpre lembrar como a divisão de funções que vimos existir entre o regime dos artigos 253.º e 259.º do Código Civil, de um lado − a remeter para a invalidade do negócio jurídico −, e o regime da *cic*, do outro − a transportar-nos para a responsabilidade civil, vale igualmente, perante situações de *dolus* do *procurator*[2109], para os artigos 500.º e 800.º do Código Civil, de uma banda, e os artigos 253.º e 259.º, da outra: uma coisa são as conse-

---

[2101] No mesmo sentido mas em termos meramente hipotéticos ou dialécticos, Maria de Lurdes Pereira, *Os estados...*, in *Revista...*, XXXIX, 1, p. 160.

[2102] Assim, Maria de Lurdes Pereira, *Os estados...*, in *Revista...*, XXXIX, 1, p. 160.

[2103] *Idem*.

[2104] *Idem*.

[2105] Isso mesmo acaba aliás por ser reconhecido por Maria de Lurdes Pereira, *Os estados...*, in *Revista...*, XXXIX, 1, p. 160.

[2106] *Idem*, p. 160.

[2107] *Idem*, pp. 160 e 161.

[2108] *Idem*, p. 161.

[2109] Cfr., Hübner, *Allgemeiner...*, p. 511.

quências negociais do dolo do *procurator* outra as respectivas implicações ao nível da responsabilidade civil[2110].

O segundo dos motivos ou fundamentos chamados para excluir as hipóteses de dolo do âmbito de aplicação do artigo 259.º do Código Civil não é novo. Ao contrário, trata-se da simples repetição da posição por nós já combatida quando procurámos demonstrar a irrelevância, para o problema da determinação das situações cobertas pelo artigo 259.º, do facto de a eventual razão de ser do regime do dolo poder assentar, não tanto na perturbação do processo de formação da vontade, mas na ilicitude do acto de dissimulação, sugestão ou artifício empregue pelo autor do dolo. Não nos parece por isso necessário acrescentar mais nada para descartar a respectiva pertinência.

Quanto à suposta necessidade de se excluir a aplicação do artigo 259.º, n.º 1, aos casos de actuação dolosa do representante, sob pena de a seguir-se outro caminho se dever concluir pela exclusão da possibilidade de se impugnar o negócio se o erro incidisse sobre aspectos já fixados pelo representante, julgamos assentar semelhante posição num duplo engano.

Em primeiro lugar parece-nos, com o devido respeito, que a razão de ser para semelhante alegação resulta da circunstância de MARIA DE LURDES PEREIRA estar mais influenciada pelos regimes do § 166, II, do *BGB*, e do artigo 1391.º do *Codice Civile* do que pelo artigo 259.º, n.º 1, do Código Civil português.

Na verdade, o § 166, II, estabelece a prevalência da vontade do representado sobre a vontade do representante quando o primeiro tenha dado instruções ao segundo. Viu-se já como a doutrina tudesca tem feito uma interpretação extremamente generosa deste preceito: ela admite a sobreposição da vontade do *dominus* à do representado sempre que, na terminologia empregue pela *communis opinio* alemã, se tenha assistido pelo principal a uma predeterminação de certos elementos do negócio[2111].

[2110] V., por exemplo, Oliveira Ascensão, *Direito...*, II, p. 252, o qual escreve: «*Diferente da vinculação do principal é a responsabilidade do mesmo pelos actos do representante. (...) Aí aplicam-se os princípios gerais, constantes dos arts. 500 e 800, consoante a responsabilidade for obrigacional ou extra-obrigacional. (...) A conjugação destes preceitos é difícil, mas nela não vamos entrar, porque não põem propriamente em causa os princípios da representação.*»

[2111] Mas, v., Baum, *Die Wissenszurechnung*, cit., pp. 43 e 44, para quem se estaria não diante de uma hipótese de sobreposição do conhecimento do representado sobre o do representante mas sim perante uma mera adição.

Já o artigo 1391.º do *Codice Civile* estabelece expressamente, conforme se viu, como nos casos em que é relevante o estado de boa ou de má fé, de ciência ou de ignorância de determinadas circunstâncias, se considera a pessoa do representante, salvo se se tratar de elementos predeterminados pelo representante.

Ao contrário dos seus congéneres alemão e italiano, o Código Civil português não contém qualquer referência a instruções ou a elementos predeterminados pelo *dominus*. A regra que se extrai da nossa lei limita-se a estabelecer simplesmente: quando o conhecimento ou ignorância de certos factos pode influir sobre os efeitos do negócio representativo atender-se-á à pessoa do representante ou do representado consoante a influência que cada um tenha tido sobre o acto de conhecimento ou a ignorância de certos factos. Ao referir-se a elementos do negócio jurídico, o legislador português, não está, não pode estar, no artigo 259.º, n.º 1, do Código Civil, a utilizar a expressão em sentido técnico-jurídico rigoroso. No contexto no qual surge, ela apenas é um modo alternativo para referir os aspectos ou consequências do negócio jurídico influenciados pela vontade ou conhecimento do representante ou representado[2112]. No fundo, apesar da fórmula ser bastante menos feliz, o teor da nossa legislação está muito mais próximo do texto do Projecto UNIDROIT do que do § 166 do *BGB* ou do artigo 1391.º do *Codice Civile*[2113]. Ora nas situações de dolo do representante, mesmo quando o erro incide sobre aspectos já fixados pelo representado, não é nem a vontade, nem o conhecimento nem a pessoa do representado a assumirem um papel decisivo para a consequência negocial associada ao dolo o representante. Decisivo

---

[2112] A própria Maria de Lurdes Pereira, *Os estados...*, in *Revista...*, XXXIX, 1, *passim*, maxime, pp. 161 e 167 admite que a interpretação mais corrente para o artigo 259.º é a de se considerar estar aí consagrada uma divisão ou repartição de conhecimentos.

[2113] Recorde-se uma vez mais o texto do Anteprojecto Unidroit tomado em consideração pelo nosso legislador «*Para determinar se um acto realizado pelo representante deve ser anulado por falta ou vício do consentimento, ou para apreciar a influência que exerceram sobre esse acto o conhecimento ou a ignorância de certos factos, é necessário tomar em consideração ora a pessoa do representante, ora a pessoa do representado, ora as duas pessoas ao mesmo tempo conforme a influência que cada uma delas ou ambas tenham exercido sobre a realização do acto*». O próprio Rui de Alarcão escreveria, durante os trabalhos preparatórios: «*É assaz questionável se deve regular-se legislativamente o ponto em causa. Inclinamo-nos, todavia, a responder que sim. Nesta orientação se sugere uma norma – o artigo 3.º – que segue de perto, no plano substancial, os citados do Código italiano, e formalmente se baseia, em parte, no referido artigo 12.º do Anteprojecto Unidroit.*» O artigo 259.º seria, ainda, objecto de algumas alterações formais relativamente ao texto do artigo 3.º proposto por Rui de Alarcão. Mas a marca do Projecto Unidroit ficaria lá. E de modo bastante mais significativo de quanto aventava Rui de Alarcão. A modificação da forma acabaria por possibilitar desenvolvimentos ao nível da própria substância.

para a anulabilidade do negócio jurídico, nos moldes previstos e regulados nos artigos 253.° e 254.°, foi apenas a pessoa do *procurador* – pois foi ele quem usou de dolo – não o *dominus*.

A questão que se pode colocar não é se a aplicação do artigo 259.° ao dolo do representante levaria a uma recusa pura e dura da anulação do negócio representativo – com fundamento no *dolus* – quando o erro da outra parte incidisse sobre aspectos já fixados pelo representado, mas antes, se numa circunstância dessas, o procurador – e autor do dolo – não está, em parte, a actuar como um simples núncio, e, destarte, como um mero terceiro. Termos estes, nos quais, se deveria, porventura, recusar a aplicação à hipótese em análise do artigo 259.°, passando apenas a admitir-se a invalidação do negócio nos termos do artigo 254.°, n.° 2, primeira parte, do Código Civil: «*Quando o dolo provier de terceiro o negócio só é anulável se o destinatário tinha ou devia ter conhecimento dele (...).*»

Não faltam na nossa jurisprudência arestos nos quais, perante desmandos ou comportamentos abusivos do representante, o *dominus* tem sido considerado terceiro relativamente ao negócio representativo[2114]. E compreende-se a solução atento o disposto nos artigos 268.° e 269.° do Código Civil. Já na hipótese de dolo do representante perante a outra parte, parece, com BROX[2115] e FLUME[2116] – para referir apenas alguns nomes –, não dever considerar-se este último como um mero *tertius*, mesmo na eventualidade de o erro ter incidido sobre aspectos já fixados pelo *dominus*. Ao comportar-se de forma dolosa o núncio-representante agiu, quanto a esse particular aspecto do negócio, no âmbito da sua determinação pessoal e dotado de poderes de representação. Donde, no desenvolvimento de um comportamento que nada tinha a ver com as eventuais directrizes ou condicionamentos do principal, e destarte, com os aspectos por este antecipadamente fixados. A actuação do representante deve, pois, por

---

[2114] Assim, *Acórdão do Supremo Tribunal de Justiça, 5-3-1981* (Abel Campos), in *Boletim do Ministério da Justiça*, 1981, 305, p. 263 (abuso de representação – simulação); *Acórdão da Relação do Porto, 18-11 -1997* (Cardoso de Albuquerque), in *Boletim do Ministério da Justiça*, 1997, 471, p. 472 (simulação – negócio celebrado pelo representante – legitimidade para a acção de simulação [apenas com indicação do sumário]). Mas v., perante o direito alemão, e no tocante à questão do dolo, Staudinger-Schilken, *Kommentar...*, I, comentário ao § 166, p. 59, com indicações, p. 62; e Schramm, *Münchener...*, I, 4.ª ed., comentário ao § 166, p. 1680.

[2115] Brox, *Die Anfechtung..., Juristische...*, 12, p. 449.

[2116] Flume, *Allgemeiner...*, II, *Das Rechtsgeschäft...*, p. 871. V., também, Coing, *Staudinger's...*, I, *Allgemeiner...*, comentário ao § 123, pp. 686 e 689.

esta perspectiva, ser valorada e considerada como a de um agente[2117, 2118, 2119].

Mas mesmo quando se devesse aceitar ser, em termos genéricos, o representante, autor de dolo relativamente a aspectos já fixados pelo representado, um mero núncio/terceiro nem por isso nos parece conduzir a resultados menos adequados a não aceitação ou recusa da tese e pressupostos defendidos por MARIA DE LURDES

[2117] Quanto nos parece verdadeiramente fora de propósito seria qualquer tentativa de chamar aqui à colação o disposto no artigo 250.º do Código Civil. Do que se trata não é de transmitir inexactamente a declaração negocial mas de induzir ou manter em erro a outra parte.

[2118] Aliás, já Müller-Freienfels, *Die Vertretung...*, p. 410, afirmava parecer, à primeira vista, absolutamente congruente não considerar a má fé do representante que se limita a seguir as ordens do principal relativamente a determinados pontos do negócio jurídico – i. e. quando actua de acordo com as instruções determinadas do *dominus* de tal modo que o negócio apenas é recondutível à vontade do dono do negócio. Contudo, acrescenta o autor logo de seguida, num caso como este o representante não está a seguir as instruções do principal (e na verdade ao induzir o terceiro em erro ele está a agir por sua própria iniciativa). *Ergo*, o representado não teria outra alternativa senão deixar valer contra si a má fé do representante, não obstante ter fixado antecipadamente alguns aspectos do negócio.

[2119] Não compreendemos a posição de Maria de Lurdes Pereira, *Os estados...*, in *Revista...*, XXXIX, 1, p. 161, nota (70), segundo a qual a não consideração do representante como um terceiro conduziria à aplicação directa do regime do dolo (com exclusão do disposto no artigo 254.º, n.º 2, primeira parte), sem necessidade de se passar pelo crivo do artigo 259, n.º 1, do Código Civil. Isto a fazer com que, segundo a autora, a recusa de qualificação do representante como um *tertius*, para efeitos do artigo 254.º, n.º 2, acabasse, afinal, por se traduzir numa solução alternativa à aplicação do artigo 259.º, n.º 1, ao dolo do representante. A contraparte enganada pelo procurador poderia requerer livremente a anulação do negócio perante o representado porque não se trataria de dolo de terceiro. Contudo, uma correcta aplicação do artigo 259.º, n.º 1, do Código Civil ao dolo do representante conduz, recta via, e para os nossos propósitos, à sua não qualificação como um *tertius*. O artigo 259, n.º 1, contém em si mesmo um critério de conformação (sobre isto v., Giovanna Visintini, *Degli effetti...*, comentário aos artigos 1390-1391, p. 246; e, ainda, mas em termos que não se subscrevem, Maria de Lurdes Pereira, *Os estados...*, in *Revista...*, XXXIX, 1, p. 182, para quem «*No que respeita à caracterização da norma contida no artigo 259.º, n.º 1, na parte em que ela determina a relevância de conhecimentos do representante, não deverá considerar-se uma norma de imputação, por ser desnecessária uma tal construção e, além disso, não se adequar ao seu teor literal. Os conhecimentos do representante funcionarão como elementos de conformação dos efeitos do negócio e só estes são atribuídos ao representado. (...) Na parte em que, diferentemente, o preceito postula que as consequências negociais do incumprimento de um dever ou ónus de conhecer por parte do representante se produzam na esfera do representado pode ser correspondentemente qualificado como uma norma de imputação, que terá por objecto o comportamento do representante*») do próprio negócio ora em função da pessoa do representado ora da pessoa do representante. Em caso algum pode, porém, o representante ser visto como um terceiro. Ele é o agente do acto (Castro Mendes, *Teoria...*, II, pp. 273 e 274; e Oliveira Ascensão, *Direito...*, II, pp. 250 e 251), mas não como um terceiro (no sentido segundo o qual nem o agente nem o representante são terceiros pode ver-se, Castro Mendes, *Teoria...*, II, pp. 273 e 274. Para mais pormenores acerca da noção de terceiro v., na nossa literatura jurídica, mas em termos que nem sempre são de seguir, Gonçalves Salvador, *Terceiro e os efeitos dos actos ou contratos. A boa fé nos contratos*, Lisboa, 1962).

PEREIRA a respeito do artigo 259.° do Código Civil. Antes de mais, e sem desejar entrar neste momento na querela relativa à possibilidade de o artigo 259.° do Código Civil se poder aplicar a outras entidades para além dos representantes, sempre nos parece dever sublinhar-se que, a ser o representante autor de dolo considerado um terceiro, esse teria claramente de corresponder a um dos casos nos quais o artigo 259.° do Código Civil se aplicaria por analogia. *Ergo*, as consequências do dolo do representante aplicar-se-iam, por esta via, directamente ao representado em função do artigo 259.° – apesar da determinação prévia dos aspectos do negócio o conhecimento com consequências para a validade/invalidade do negócio jurídico pertence ao represen-tado – a prevalecer sobre o regime contido no n.° 2, primeira parte, do artigo 254.° do Código Civil.

Finalmente, mesmo se se rejeitasse a aplicação analógica ou extensiva do artigo 259.°, n.° 1, do Código Civil aos casos de dolo do *procurator* relativamente a aspectos previamente determinados ou fixados pelo representante, por se sustentar ou julgar, estar o repre-sentante – ainda quando relativamente a apenas algumas matérias sobre as quais incidirá o negócio representativo[2120] – inteiramente reduzido à qualidade de núncio[2121], e destarte lhe faltar o mínimo de autonomia necessária para se poder considerar o seu conhecimento como relevante nos termos do preceito em análise, nem por isso se deveria considerar o terceiro como necessariamente vinculado ao negócio que foi induzido a celebrar. Mesmo se na questão do dolo o representante fosse considerado como um mero *nuntius*, nesse caso teria de se aceitar a possibilidade de o terceiro se desvincular do negócio representativo através da invocação de excesso de poderes na forma de abuso de representação[2122]. E nem se alegue depender a ineficácia do negócio celebrado abusivamente do conhecimento ou susceptibilidade de a outra parte conhecer esse abuso. Esta exigência foi claramente imposta pelo legislador como forma de proteger o

---

[2120] Aquelas referentes aos elementos do *negotium* sobre o qual recai o dolo.

[2121] Ou pelo menos à de um representante internamente condicionado pela vontade do *dominus*.

[2122] Na verdade se se considera que, perante uma hipótese de dolo do representante, sobre aspectos do negócio já fixados pelo *dominus*, o primeiro carece de autonomia ao ponto de não se poder considerar, para efeitos do artigo 259.° do Código Civil, o respectivo conhecimento rele-vante, a realização de um comportamento diferente de quanto foi imposto pelo principal impli-cará uma situação de excesso de poderes na forma de abuso de representação ou porventura mesmo um caso de ineficácia sujeita directamente, e não já por remissão do artigo 269.°, ao artigo 268.° do Código Civil.

terceiro perante situações de confiança na aparência de poderes de representação às quais o artigo 269.º dá cobertura. Protecção da qual a nosso ver, e conforme foi já referido, o terceiro – como qualquer outro beneficiário da tutela da confiança em determinada aparência jurídica – pode naturalmente abrir mão[2123, 2124].

VI – Também não nos parece de aceitar a posição segundo a qual se verificaria um desajustamento do artigo 259.º, n.º 1, às normas que se referem, não ao binómio conhecimento/ignorância, mas, antes, à boa e má fé subjectiva[2125]. Tudo com a necessidade de se reponderar, também a esta luz, o artigo 259.º. E reponderar sempre por forma a excluir qualquer conclusão no sentido segundo o qual o preceito em análise consagraria uma repartição dos conhecimentos relevantes entre o representante e o representado, consoante a participação de cada um deles no negócio representativo.

Contra esta alegação parece depor desde logo o n.º 2 do artigo 259.º ao referir-se à má fé do representado, numa clara demonstração de como a lei pretendeu abranger indistintamente os dois tipos de normas[2126]: i. e. quer aquelas relativas ao conhecimento/desconhecimento como as pertinentes à boa fé/má fé.

E nem se alegue fracassar este nosso raciocínio perante uma eventual diversidade dos regimes consagrados nos dois números do artigo 259.º: o n.º 1 seria apropriado para as normas relativas ao conhecimento ou ignorância de certos factos, tendo em vista a determinação dos efeitos do negócio[2127], enquanto, ao contrário, o n.º 2

[2123] Refira-se apenas neste sentido, novamente, Canaris, *Vertrauenshaftung...*, p. 519. Ulteriores referências bibliográficas no mesmo sentido encontram-se no Capítulo anterior.

[2124] De resto se ele conhecesse ou devesse conhecer o abuso conhecia ou devia conhecer também o dolo. Para quem exija o requisito da desculpabilidade enquanto condição de relevância do dolo de terceiro (cfr., Oliveira Ascensão, *Direito civil...*, II, p. 141) isso acabaria por levar à impossibilidade de invalidação do negócio mesmo por aplicação do artigo 259.º e pela consideração de que, num caso destes, e apesar de o *dominus* ter fixado os aspectos do negócio sobre os quais incidiu o dolo do representante, é a pessoa do *procurator*, e o seu conhecimento sobre os factos que podem influir sobre os efeitos do acto, a assumir relevância. Repare-se, por último, na circunstância de o n.º 4 do artigo 268.º do Código Civil estabelecer a impossibilidade de o terceiro rejeitar ou revogar o negócio representativo celebrado sem poderes, mas pendente de ratificação, se este conhecia a falta de poderes do representante.

[2125] É outra a posição de Maria de Lurdes Pereira, *Os estados...*, in *Revista...*, XXXIX, 1, pp. 161 e ss..

[2126] Em sentido contrário v., Maria de Lurdes Pereira, *Os estados...*, in *Revista...*, XXXIX, 1, p. 161.

[2127] Assim, Maria de Lurdes Pereira, *Os estados...*, in *Revista...*, XXXIX, 1, p. 161.

estabeleceria a regulação apropriada para os casos nos quais a norma tem como ponto de referência a boa ou má fé subjectiva dos intervenientes[2128]. Um exame das normas da nossa lei que se referem ou definem a boa ou má fé subjectiva demonstra não ser assim: a boa fé aparece aí referida à ignorância ou ao desconhecimento sem culpa e a má fé ao conhecimento[2129].

MARIA DE LURDES PEREIRA[2130] recorda é certo, na senda de MENEZES CORDEIRO[2131], como *«ao admitir-se uma concepção ética da boa fé (...) sobrepõe-se ao critério da ignorância-ciência, uma bitola de actuação correcta-incorrecta, que consome o primeiro. Não interessa saber se o sujeito ignora, releva antes se agiu com o cuidado necessário»*[2132]. Mas se isto é assim em termos genéricos também o é para o caso do artigo 259.° do Código Civil. Não nos parece, destarte, poder ser assacado qualquer significado ao facto de o artigo 259.°, n.° 1, do Código Civil referir apenas a dicotomia ciência/desconhecimento e não também a boa fé/má fé. Ao contrário de quanto sustenta MARIA DE LURDES PEREIRA, o preceito em análise parece perfeitamente adequado e ajustado às normas por força das quais a boa ou má fé subjectivas têm a consequência ou virtualidade de modificar os efeitos do negócio jurídico.

Isso mesmo nos parece claramente confirmado por um argumento de índole histórica – ao qual MARIA DE LURDES PEREIRA não deixa, aliás, de aludir, mas sem parecer atribuir-lhe um significado particular[2133] – extraído dos trabalhos preparatórios do Código Civil. Na verdade, RUI DE ALARCÃO sublinha expressamente o facto de – apesar das alterações de forma por ele introduzidas no preceito que antecederia a versão definitiva do artigo 259.° – ter seguido no plano substancial os artigos 1390.° e 1391.° do Código Civil italiano. Ora, no artigo 1391.° do *Codice Civile* referem-se expressamente as normas nas quais se concede relevância à má fé ou boa fé, a par com aquelas outras donde resulta a relevância do conhecimento ou ignorância. Vimos já como as alterações de forma introduzidas no artigo 259.°

[2128] *Idem.*

[2129] Isso mesmo é aliás afirmado e reconhecido por Maria de Lurdes Pereira, *Os estados...,* in *Revista...,* XXXIX, 1, pp. 161 e 162.

[2130] Maria de Lurdes Pereira, *Os estados...,* in *Revista...,* XXXIX, 1, p. 162.

[2131] Menezes Cordeiro, *Da boa fé...,* I, p. 512.

[2132] Menezes Cordeiro, *Da boa fé...,* I, p. 512, recorda ainda a circunstância de quando o direito penaliza a má fé existir uma efectiva tensão no sentido da concepção ética.

[2133] V., Maria de Lurdes Pereira, *Os estados...,* in *Revista...,* XXXIX, 1, p. 162, nota (75).

relativamente aos artigos 1390.º e 1391.º do Código Civil acabaram, afinal, e num aspecto particular, por facilitar importantes saídas substantivas[2134]. Mas no tocante ao problema por nós agora analisado, não só não se quis introduzir qualquer modificação de carácter material como, de facto, isso não sucedeu, atento o cuidado posto pelo nosso legislador em referir, apenas, o conhecimento ou ignorância dos factos «*que podem influir nos efeitos do negócio*». Aliás, a prova final segundo a qual, ao contrário do sustentado por MARIA DE LURDES PEREIRA, o teor do artigo 259.º, n.º 1, com a respectiva referência ao conhecimento ou ignorância, se mostra perfeitamente apto para cobrir as hipóteses de boa ou má fé, resulta claramente da circunstância de RUI DE ALARCÃO, ao introduzir exemplos destinados a ilustrar o sentido e dúvidas subjacentes ao artigo 3.º do seu Anteprojecto, base do artigo 259.º, n.º 1, do Código Civil, e à influência exercida sobre o negócio representativo pelo conhecimento ou desconhecimento de certos factos se referir precisamente a situações nas quais em causa está a má fé[2135]. A epígrafe do artigo 259.º, ao referir-se em termos amplos aos estados subjectivos relevantes, dará, se necessário fosse ainda, a nota final no sentido de confirmar como em causa no preceito não estão apenas as situações de ciência/ignorância mas, também, as de boa fé/má fé.

VII – Também não julgamos, tal como aludimos anteriormente, que a violação de deveres, ou pelo menos, o incumprimento de ónus de indagação imputáveis ao representante coloque quaisquer problemas de definição de fronteiras entre o artigo 259.º, de um lado, e as normas reguladoras da imputação a determinado sujeito a responsabilidade civil por facto de outrem, do outro lado (artigos 500.º e 800.º do Código Civil)[2136]. Sublinhe-se novamente o facto de, a nosso

---

[2134] V., *infra* quanto se escreveu a propósito do dolo do representante.

[2135] Rui de Alarcão, *Breve*..., in *Boletim*..., 138, p. 104, onde o autor escreve: «*Levanta graves dificuldades o problema de saber em que condições é que o negócio representativo pode ser declarado nulo ou anulado com fundamento na falta ou vícios da vontade (...) bem como a questão da influência que exerce sobre esse negócio o conhecimento ou ignorância de certos factos (assim a má fé relevante para a usucapião ou para a acção pauliana. (...). É assaz questionável se deve regular-se legislativamente o ponto em causa. Inclinamo-nos, todavia, a responder que sim. Nesta orientação se sugere uma norma – o artigo 3.º – que segue de perto no plano substancial, os citados preceitos do Código italiano [os artigos 1390.º e 1391.º], e formalmente se baseia, em parte, no referido artigo 12.º do Anteprojecto Unidroit.*»

[2136] É outro o entendimento de Maria de Lurdes Pereira, *Os estados*..., in *Revista*..., XXXIX, 1, pp. 162 e 163.

ver, uma divisão de funções entre estes dois tipos de preceitos não se afigurar minimamente complicada. Uma coisa são, já o afirmámos, as consequências negociais da violação do «dever de conhecimento», outras as hipotéticas e eventuais decorrências do incumprimento desse dever ao nível da responsabilidade civil. Quando seja o representante quem actua sem o cuidado devido e, destarte, sem examinar com a atenção exigível a realidade, as regras do artigo 800.º ou, eventualmente, do artigo 500.º, não seriam satisfatórias por funcionarem como mecanismos de atribuição da responsabilidade[2137]. Dos efeitos indemnizatórios associados à responsabilidade, devem distinguir-se, repise-se, as consequências negociais do comportamento para as quais está claramente orientado o artigo 259.º[2138].

E não se alegue não serem, sob o prisma das soluções materiais assim obtidas, satisfatórios os resultados oferecidos pelo artigo 259.º do Código Civil. Ao contrário do pretendido, ao mandar atender à vontade do representado na fixação deste ou daquele elemento do negócio, o artigo 259.º não conduz ao incompreensível resultado de desonerar o representante de quaisquer deveres de indagação da realidade, de alguma forma, relacionados com os aspectos predeterminados pelo *dominus*[2139].

A inadequação dos resultados proporcionados pelo artigo 259.º do Código Civil, quando considerado como uma norma destinada a operar uma repartição do conhecimento relevante entre o representado e o representante consoante a participação de cada um no negócio representativo, ganharia particular clareza quando se considerasse o seguinte exemplo[2140]: Suponha-se que *A* outorga procuração a *B*, para este vender certas mercadorias suas a *C*, enquanto estiver no estrangeiro. Ao tempo da concessão dos poderes as mercadorias encontravam-se em bom estado de conservação. Tempos depois, *B* vende os bens sem no entanto verificar se as qualidades destes se mantinham. Contudo, ao tempo da venda os bens já sofriam de vícios que os desvalorizavam.

Num caso como este, não poderia duvidar-se do facto de o representado ter cumprido todos os deveres de exame que lhe competiam, quer devido ao facto de os bens ainda não serem defeituosos ao tempo da concessão da *procuratio*, quer por ter provado que usou de todo o cuidado exigível nas instruções, na escolha e na vigilância do seu representante. Pelo contrário, o conhecimento dos efeitos era particularmente acessível ao representante, que só por falta de cuidado não o obteve. Ainda assim, a aplicação da regra do

---

[2137] Maria de Lurdes Pereira, *Os estados...*, in *Revista...*, XXXIX, 1, p. 163.

[2138] *Idem*, mas em termos meramente retóricos.

[2139] É essa a posição de Maria de Lurdes Pereira, *Os estados...*, in *Revista...*, XXXIX, 1, p. 163.

[2140] Maria de Lurdes Pereira, *Os estados...*, in *Revista...*, XXXIX, 1, p. 163.

artigo 259.º ao caso negaria ao comprador a pretensão à reparação ou à substituição da coisa vendida (artigo 914.º do Código Civil), porquanto na determinação do objecto do contrato de compra e venda havia sido decisiva a vontade do representado.

Mas o exemplo não convence. Se as mercadorias em questão não eram, por sua própria natureza ou por determinados circunstancialismos relacionados com as condições de armazenagem ou cumprimento do contrato, susceptíveis de degradação num espaço de tempo mais ou menos curto, e os vícios causadores da sua desvalorização se ficaram a dever a um facto fortuito – cuja prova atento o disposto no artigo 799.º do Código Civil caberá ao devedor – é o próprio artigo 914.º a excluir o direito de o comprador exigir do vendedor a reparação da coisa ou a sua substituição. Se, ao invés, se tratava de bens, por razões diversas, sujeitos a uma possibilidade efectiva e real de se deteriorarem num determinado período de tempo, então, perante a real perda das qualidades dos objectos vendidos, das duas uma: a) ou o representado não alertou devidamente o representante para essa característica da mercadoria a vender, caso em que o decisivo para a consequência ou aspecto do negócio foi o comportamento do principal; b) ou o *dominus* deu todas as instruções devidas e chamou a atenção do *procurator* para a necessidade de cuidar e verificar a qualidade das mercadorias. Se estas, mesmo assim, se degradaram, e isso se não deve a acto de terceiro ou facto fortuito, é porque o procurador não cumpriu as instruções do representado. Decisivo para o desenlace negocial já não foi, porém, o comportamento ou vontade do dono do negócio, mas sim a atitude e falta de cuidado do representante. Ao contrário, pois, de quanto é pretendido por MARIA DE LURDES PEREIRA, no exemplo por ela proposto de violação do desrespeito pelo dever de cuidado e de conhecimento, o artigo 259.º, n.º 1, faz, em conjugação com o artigo 914.º do Código Civil, surgir na esfera do representado o dever de reparar ou substituir a mercadoria desvalorizada. Recorde-se uma vez mais como a nossa lei, diversamente da italiana, não condiciona a relevância ou irrelevância do conhecimento do representado à existência de elementos predeterminados pelo dono do negócio. A fórmula empregue pelo nosso legislador é muito mais vaga e ampla: «*À excepção dos elementos em que tenha sido decisiva a vontade do representado, é na pessoa do representante que deve verificar-se, para efeitos de nulidade ou anulabilidade da declaração, a falta ou vício da vontade, bem como o conhecimento ou ignorância dos factos que podem influir nos efeitos do negócio*[2141].» Perante isto, na hipótese a), antes referida, o dever de reparação ou substituição é imposto ao representado pela referência aos elementos em que tenha sido decisiva a sua vontade. Na hipótese b) essa mesma obrigação resulta da determinação segundo a qual, quando a vontade ou comportamento do representado não tenha sido decisivo para o desenlace negocial, é a pessoa do representado e respectivo comportamento a assumir relevância jurídica[2142].

VIII – Verificada a conformidade material do artigo 259.º, n.º 1, com as várias situações exemplares com as quais o confrontámos, resta chamar a atenção, agora em termos mais categóricos e pormenorizados, para um aspecto já antes referido *en passant:* a ausência de qualquer cobertura legal para a tese segundo a qual o conhecimento do representante relevaria sempre e para o carácter absolutamente infundado[2143] – e isto por si só já nos parece suficiente para comprometer

---

[2141] Por elementos do negócio deve entender-se, recorde-se, aspectos ou consequências do mesmo. A expressão vontade, por seu turno, sublinhe-se, também, outra vez, parece perfeitamente compatível, quando referida ao conhecimento/ignorância, com os termos como comportamento ou atitude. Trata-se, conforme se afirmou já, de conclusões ou consequências naturais do regime contido no artigo 9.º do Código Civil. Recorde-se igualmente a circunstância de Oliveira Ascensão, *Direito...,* II, p. 253, sublinhar o facto de a segunda parte do n.º 1 do artigo 259.º, ao referir-se à pessoa do representado, não poder deixar de ser restringida.

[2142] Não deixa de causar alguma perplexidade o confronto entre o exemplo referido no texto e a conclusão que dele retira Maria de Lurdes Pereira – de uma banda – e um outro, igualmente sugerido por Maria de Lurdes Pereira, *Os estados...,* in *Revista...,* XXXIX, 1, p. 167, a partir de um caso real apreciado pelos tribunais italianos, e relatado por Giovanna Visintini, *Degli effetti...,* comentário aos artigos 1390.º e 1391.º, pp. 242 e 243 – da outra. É a seguinte a hipótese proposta por Maria de Lurdes Pereira: «*Um agente de seguros, com poderes de representação conferidos pela respectiva companhia seguradora, celebra um contrato de seguro com uma pessoa, conhecendo o seu real estado de saúde. A companhia de seguros (representada), não pode alegar a sua ignorância relativamente ao estado de saúde do tomador do seguro, ainda que como é corrente todo o conteúdo do contrato de seguro conste de uma apólice elaborada pelo segurador. Com efeito, se a contraparte do contrato ainda não está escolhida, o conhecimento de quaisquer circunstâncias que respeitem à pessoa do tomador afere-se na pessoa do representante, porque quanto à fixação desse elemento específico é apenas a sua vontade a decidir.*» Concordamos com a solução deste caso. Só não vemos qual a diferença entre ele e o exemplo apreciado no texto. Também aí é ao representante que compete a celebração do negócio representativo, ainda quando o objecto do negócio tenha sido previamente fixado pelo dono do negócio. Se a decisão de celebrar o negócio pertence ao procurador, a não observância de um dever de conhecimento na celebração do mesmo tem, necessariamente, de ser aferida na pessoa do representante.

[2143] Na verdade, atentos o teor, a evolução e a letra do artigo 259.º, n.º 1, considerar sempre como relevante o saber do representado, e não obstante o meritório esforço desenvolvido para fundar semelhante posição, parece-nos, com a devida vénia, uma clara e ostensiva forma de queimar debaixo das barbas do legislador o regime estabelecido no artigo 9.º do Código Civil.

a posição de MARIA DE LURDES PEREIRA – da ideia de distribuição de riscos em que a referida tese assenta e se alicerça. Na verdade, não vislumbramos, nem de perto nem de longe, a existência de uma suposta regra segundo a qual quem contrata por intermédio de um representante deve ser tratado precisamente como se actuasse por si, pessoal e directamente, como forma de se assegurar uma justa e equitativa distribuição dos riscos envolvidos na contratação através de procuradores[2144]. Ao contrário. A posição de CANARIS[2145] acerca da improficuidade da simples referência ao princípio ou conceito de risco da declaração contratual para fundar a imputação da responsabilidade pela confiança, é igualmente válida quando pensada neste outro domínio do contacto negocial através de representante e no contexto da repercussão dos conhecimentos obtidos pelo procurador.

Tem razão o autor tudesco, quando afirma não bastar, como critério de imputação da responsablidade pela confiança, a simples ideia segundo a qual se alguém declara algo no tráfego jurídico está, com isso, a colocar terceiros em perigo devendo, destarte, suportar as consequências e perigos associados à respectiva declaração. A propósito da emissão de uma declaração é possível, de forma pertinente, e sem parecer romper consensos estabelecidos, ter-se a outra parte, ao confiar na manifestação do declarante, submetido voluntariamente aos riscos associados a essa manifestação, não carecendo, portanto, de qualquer protecção especial[2146]. A colocação de uma declaração negocial no tráfego jurídico é algo de imprescindível e necessário. A circunstância de alguém depositar nela determinado tipo de confiança encontra-se indissociavelmente ligado à existência desse mesmo tráfego[2147]. Donde parecer legítimo ser cada um dos participantes no comércio jurídico a suportar por si próprio este risco geral associado a todo o processo declarativo[2148].

[2144] Trata-se na verdade de uma ideia com inúmeros defensores quer na doutrina tudesca (v., por exemplo, quanto se escreveu *supra* acerca do modo como Brox procura fundamentar a impossibilidade de impugnação autónoma da procuração) quer na doutrina nacional (cfr. *supra* onde se refere como, por exemplo, Helena Mota chega a afirmar estarmos aqui perante um princípio geral de direito). Ela não parece, porém, de aceitar com âmbito genérico ou mesmo sequer no contexto do artigo 259.º, n.º 1, do Código Civil. Assim, também, Raúl Guichard, *O problema...*, p. 149.

[2145] Canaris, *Vertrauenshaftung...*, pp. 481 e 482.

[2146] *Idem.*

[2147] *Idem.*

[2148] *Idem.*

Mas se é assim para a emissão de uma declaração, o mesmo tipo de raciocínio vale para as hipóteses de representação. Por um lado, no estádio actual de desenvolvimento económico e jurídico, a intervenção de representantes é tão intrínseca ao tráfego jurídico como o é a emissão de declaração pelo próprio. Por outro, e ainda quando possa eventualmente parecer paradoxal[2149], só celebra contratos com um *procurator* quem assim o deseja. Donde, também a propósito do contacto negocial por intermédio de um procurador, se poder falar de uma livre e consciente sujeição ao risco criado pela interposição de um procurador[2150]. Sujeição a qual faz desaparecer qualquer necessidade de se encontrar um critério de repartição do conhecimento na celebração do negócio representativo diverso daquele imediatamente resultante do artigo 259.º, n.º 1, e, destarte, cessar a obrigação ou impulso no sentido de alargar a tutela concedida ao terceiro perante o conhecimento obtido pelo representante[2151].

É preciso, na verdade, algo mais para além da mera alusão à ideia de um risco, afinal, inerente ao próprio trânsito legal para imputar, sempre, ao representado a ciência do representante[2152]. Todavia – conforme acaba de ser demonstrado –, no contacto negocial mediante

---

[2149] Mas o paroxismo a que se faz referência no texto a existir no âmbito do contacto negocial através de representantes verificar-se-ia, também, no contexto da emissão pessoal e directa de uma declaração negocial.

[2150] Neste sentido, implicitamente, Raúl Guichard, *O problema...*, p. 161, nota 391. V., também, quanto se escreve *supra*, Parte II, Cap. I, parágrafo 2, no sentido de que o risco de quem contrata com um procurador deve ser suportado pela contraparte no negócio representativo, assim como a bibliografia aí referida. Limitamo-nos a sublinhar aqui, uma vez mais na direcção agora expressa, Oliveira Ascensão, *Direito...*, II, p. 257.

[2151] Ao contrário, lembre-se outra vez, conforme referido por Oliveira Ascensão, *Direito...*, II, p. 253, o que se deve fazer é restringir o alcance da referência contida na segunda parte do artigo 259.º, n.º 1, do Código Civil à pessoa do representante.

[2152] Não se contesta, em si mesma, a valia da ideia de uma justa e equilibrada distribuição de determinados riscos como critério válido para resolver inúmeros problemas com os quais os juristas se defrontam quotidianamente. Quanto se afirma no texto é não poder bastar o mero apelo ao conceito ou ideia de um simples risco para se resolver o que quer que seja. Esse risco é em si mesmo inerente à vida e ao comércio jurídico. Por si só ele não oferece nada de útil. É preciso adicionar-lhe outros ingredientes para poder passar a funcionar como critério operativo na resolução de problemas concretos. Noutros termos, para a ideia de risco poder funcionar como factor capaz de tornar o conhecimento do representante relevante, sempre e em todos os casos, seria necessário demonstrar a existência no contacto negocial através de representante de um risco significativamente acrescido relativamente àquele já existente no comércio jurídico de todos os dias (é esta uma questão aprofundada noutro local, a propósito dos critérios de imputação da responsabilidade pela confiança na aparência de uma procuração. Cfr. *supra*, Parte II, Cap. IV). Seria, ainda, necessário demonstrar que o controlo do risco existente é melhor realizado pelo representado e excluir a existência de uma exposição voluntária, da outra parte, a esse risco.

representante, esse *plus*, a acrescer à ideia de risco, não se vislumbra em nenhuma latitude[2153]. E nem se refira a ideia segundo a qual é o representado quem beneficia das utilidades proporcionadas através da ampliação da sua esfera de actuação negocial – proporcionada pela divisão do trabalho – não podendo, por isso, transferir para terceiros os riscos criados pela repartição de tarefas por ele decidida[2154]. Se bem virmos, o argumento é perfeitamente reversível: a introdução de um procurador alarga, substancialmente, as possibilidades, ao alcance dos terceiros, de realizarem contratos ou negócios com o principal. Donde, as potencialidades de obtenção de benefícios e vantagens, de outro modo para eles inalcançáveis – por não terem acesso directo ao representante –, acabam por ser objecto de um considerável alargamento. No fundo, e, afinal, o contacto negocial por intermédio de representante beneficia, não apenas o representado, mas, também, os terceiros e o próprio tráfego jurídico em geral. Pelo que, igualmente, por esta perspectiva se revela impossível acrescentar algo à ideia de risco, no sentido de a dotar de um carácter operativo na resolução das questões e problemas atinentes ao saber do representante[2155].

IX – Alega-se, é certo, poder a rejeição do critério do risco – enquanto forma de determinar a relevância do conhecimento do *procurator* – levar a um favorecimento daquele que, em vez de actuar directa e pessoalmente, utiliza um representante[2156]. Mas uma vez mais

---

[2153] Para uma alusão à teoria das esferas de risco v., num outro plano, entre nós, e por todos, Manuel Carneiro da Frada, *Contrato...*, pp. 197 e ss., o qual considera que por si só a esfera de risco não é um tópico de fundamentação autónomo, antes depende de valorações diversas operadas noutras latitudes e elas sim materialmente decisivas.

[2154] É essa, todavia, uma das ideias ou argumentos nos quais Maria de Lurdes Pereira, *Os estados...*, in *Revista...*, XXXIX, 1, pp. 173 e 174, se apoia para alicerçar a sua tese de que o conhecimento do representante deve relevar sempre, ressalvadas as excepções às quais fizemos referência.

[2155] Sendo certo que se é o representado quem, por acto seu, procede a uma distribuição de competências ao decidir, voluntariamente, introduzir um representante, também é verdade, sublinhe-se de novo, estar o *tertius* consciente do facto de se encontrar a contratar com um procurador ou representante, e só fechar com ele um negócio se voluntariamente assim o entender. Dito de outra forma. A divisão de tarefas depende de um acto voluntário do representante. Mas só existirá negócio representativo se a esse acto se juntar um outro acto voluntário do terceiro no sentido de decidir contratar.

[2156] É este outro dos argumentos invocados por Maria de Lurdes Pereira, *Os estados...*, in *Revista...*, XXXIX, 1, p. 174 (na esteira de alguma doutrina tudesca), para impor a sua construção da necessária e quase constante relevância do saber do representante, contra o claro teor do artigo 259.º. Pertencem à autora as seguintes palavras: «*Acresce que, concluir-se que ao representado não prejudicariam os conhecimentos obtidos pelo representante, permitindo-lhe o aproveitamento do regime de*

o raciocínio não nos convence da necessidade ou bondade da adopção da ideia de risco ou da relevância, em qualquer situação[2157], do saber do procurador. Contra semelhante argumentação deve, desde logo, contrapor-se a circunstância de o principal, se actuasse por si próprio, poder, eventualmente, abster-se de contratar, num fenómeno tornado para ele incontrolável quando se assiste à intervenção de um procurador[2158]. Trata-se, aliás, de uma consequência que acompanha a própria decisão do legislador de admitir a faculdade de alguém se fazer representar[2159]. Além disso, a suposta vantagem ou favorecimento do representado, apenas constitui o reverso da «imputação» do conhecimento do representante ao representado[2160]. Com uma outra nota mais. São inúmeras as situações donde decorre, para quem se socorre de um representante, um regime mais severo de quanto se lhe aplicaria se agisse directamente[2161], pelo que não chocaria se em certas hipóteses pudesse ser ele, e não o terceiro, o beneficiado.

X – Descartada a possibilidade de se resolverem as questões subjacentes ao artigo 259.º, n.º 1, com base numa ideia de distribuição de riscos, afinal correntes, deve, igualmente, afastar-se, por inadequada, qualquer tentativa de interpretar o n.º 2 do artigo em questão à luz e com base nessa mesma ideia de risco[2162]. Também

---

favor que a lei associa à ignorância, implicaria, por um lado, a obtenção de uma vantagem por intermédio da interposição de alguém no tráfego jurídico. De facto, se actuasse ele mesmo o representado nunca poderia beneficiar de semelhante regime.» Mas veja-se quanto Maria de Lurdes Pereira escreve *op. cit.*, pp. 187 e ss., onde, afinal, e a propósito da determinação do alcance a atribuir ao n.º 2 do artigo 259.º do Código Civil, acaba por admitir uma solução para o problema da relevância do conhecimento do representado diversa de quanto resultaria se este actuasse directamente.

[2157] E descontadas algumas poucas excepções.

[2158] Raúl Guichard, *O problema...*, p. 161.

[2159] *Idem.*

[2160] *Idem.*

[2161] Cfr., por exemplo, Almeida Costa, *A vontade...*, in *Boletim....*, 127, pp. 170 e 171.

[2162] É, no entanto, essa ideia de risco a utilizada por Maria de Lurdes Pereira, *Os estados...*, in *Revista...*, XXXIX, 1, pp. 183 e ss., para resolver parte das questões nas quais se assiste apenas a um conhecimento parcial, por parte do representado, de factos aos quais o legislador confere eficácia jurídico-negocial – premiando a boa fé ou ignorância. Quando se trate, porém, de normas nas quais em causa já não esteja o avantajar da boa fé ou da ignorância mas, sim, a penalização da má fé ou o conhecimento o recurso ao conceito de risco já não funcionaria. A ideia segundo a qual se deveria evitar que o representado, através da interposição de um terceiro, obtivesse um tratamento mais favorável, teria de ser posta de parte (cfr. pp. 188 e ss.). Mas esta diversidade de critérios subjacente à tese de Maria de Lurdes Pereira é um argumento mais a favor da sua não aceitação. Na verdade, parece clara, do ponto de vista do âmbito de aplicação material do artigo 259.º, a circunstância de o nosso legislador ter pretendido encontrar um critério geral para todos

aqui, pelas razões já aduzidas, falta aquele *plus* ou *quid* a acrescer à noção de risco, capaz de lhe conferir operatividade para resolver as questões associadas à boa ou má fé do representante.

XI – Mas se não se pode aceitar a ideia de risco como forma de resolver os problemas associados ao saber ou à ignorância de certos factos susceptíveis de influir nos efeitos do negócio como encarar e interpretar o artigo 259.º do Código Civil?

Aparentemente seria possível decompor o regime consagrado pelo artigo 259.º em várias disposições[2163]. Numa primeira e mais desprevenida análise do preceito, seria pensável consistir a regra básica na matéria a constante no n.º 1, segunda parte, do artigo 259.º: *é na pesssoa do representante que deve verificar-se (...) o conhecimento ou a ignorância dos factos que podem influir nos efeitos do negócio.*[2164, 2165] Isto num princípio (positivo) na qual estaria implícito um outro (princípio negativo[2166]): o de que se não atenderá à pessoa do representado[2167]. Nestes termos, a nossa lei mandaria, na segunda parte do n.º 1 do artigo 259.º atender apenas à *scientia* do representante[2168, 2169].

A estes princípios o legislador abriria, ainda, no n.º 1 do artigo 259.º, uma excepção: *tomar-se-á em consideração a pessoa do representado se se tratar de elemento em que foi decisiva a sua vontade.*[2170] Isto a significar neste caso, como reverso, a irrelevância do conhecimento do representante[2171, 2172].

---

os casos de relevância do saber conexos com o contacto negocial por intermédio de representante. Assim, v., Raúl Guichard, _O problema..._, p. 158, numa conclusão reforçada pela circunstância de Almeida Costa, _A vontade..._, in _Boletim...._, 127, pp. 162 e ss., depois de equacionar algumas teses no sentido de a relevância do conhecimento ou ignorância no contexto do fenómeno representativo, e de deixar no ar a sua preferência por algum tipo de solução desta natureza, escrever: «_Mas fixemo-nos na outra atitude possível, a adoptada pelo projecto português: que o legislador, num propósito de certeza e segurança (...) elabore uma directriz orientadora em todas as situações._»

[2163] Raúl Guichard, _O problema..._, p. 159.

[2164] _Idem._

[2165] Tudo quanto aqui se diz valeria, naturalmente, com as necessárias adaptações, para as hipóteses de falta ou vícios da vontade. Decisiva, seria, como regra a vontade do representante.

[2166] Trata-se da terminologia proposta entre nós por Raúl Guichard, _O problema..._, p. 159; na senda de Schilken, _Wissenszurechnung..._, p. 60.

[2167] É essa a posição defendida, entre nós, por Raúl Guichard, _O problema..._, p. 159.

[2168] _Idem_, p. 160.

[2169] E também à sua vontade.

[2170] Raúl Guichard, _O problema..._, p. 160.

[2171] _Idem._

[2172] Uma vez mais estas considerações poderiam ser transpostas, com as necessárias adaptações, para a questão da relevância da vontade no contexto do fenómeno representativo.

Portanto, tratando-se de um ponto predeterminado pelo representado só à sua pessoa se atenderia[2173]. Daí o dizer-se estarmos perante uma excepção a ambos os princípios atrás mencionados[2174].

Discutir-se-ia se, de um ponto de vista estritamente lógico, não seria compatível com o teor da primeira parte do n.º 1 do artigo 259.º a consideração cumulativa do conhecimento do representante e do representado[2175]. A solução seria descartada por corresponder a uma solução pouco natural, tortuosa mesmo, dos dizeres da lei e faria supor que o legislador se exprimiu de modo particularmente intricado[2176]. A isto juntar-se-ia, ainda, a circunstância de, em Itália, face a uma norma substancialmente inspiradora do regime consagrado no artigo 259.º, sempre ter sido entendimento unânime tomar a lei como decisivo apenas o estado subjectivo do representado[2177, 2178].

[2173] Raúl Guichard, *O problema...*, p. 160.

[2174] *Idem.*

[2175] *Idem.*

[2176] *Idem.*

[2177] *Idem.* Mas Raúl Guichard parece entrar em alguma contradição, um pouco mais adiante (*op. cit.*, p. 162), ao recusar-se a ver no artigo 259.º, n.º 1, uma manifestação da teoria da representação e ao escrever: «(...) *as excepções introduzidas pela lei ao princípio referido* [da relevância do conhecimento do representado], *quer no n.º 1 quer no n.º 2 do artigo 259.º, têm uma latitude e uma formulação pouco condizentes com a teoria da representação. Particularmente, ao admitir-se no n.º 1 uma repartição segundo a contribuição das vontades do representante e do representado, o legislador parece ter deixado trair a influência da teoria concursal.*» (O sublinhado é nosso.)

[2178] Mas esta afirmação carece de algum rigor. Quer antes quer depois da entrada em vigor do actual Código Civil várias têm sido as propostas no sentido de defender a teoria da cooperação de vontades, entre representante e representado, na celebração do negócio representativo. A título exemplificativo refiram-se: Graziani, *La rappresentanza senza...*, in *Studi...* pp. 24 e ss.; Pugliatti, *L'atto...*, in *Studi...*, p. 23; Papanti-Pelletier, *Rappresentanza...*, pp. 121 e ss., e maxime, p. 160. Cfr., também, Mosco, *La rappresentanza...*, pp. 255 e 256, onde se escreve a propósito do artigo 1391.º do Código Civil italiano: «*O conteúdo de tal norma, demonstra claramente que o legislador quis dar relevância aos estados subjectivos daquele que determinou o conteúdo da vontade.*» Mas a posição deste autor mostra-se, aparentemente, um pouco equívoca, porquanto, mais adiante (*op. cit.*, p. 259) Mosco escreve: «*A segunda parte do n.º 1 dispõe implicitamente a referência à pessoa do representado quando se trata de elementos predeterminados por ele. Esta norma é precisamente coerente com a nossa concepção acerca da relação entre as duas vontades (do representante e do representado); não o é, diversamente, com aquela da teoria da representação.*» Ora, Mosco, sem negar a relevância da vontade do representado na celebração do negócio representativo considera que (*op. cit.*, p. 134) «*Os elementos predeterminados da vontade daquele que confere o poder entram a fazer parte do conteúdo da vontade do sujeito, que exercitando o poder emana o acto para o qual estava autorizado, e que querendo o acto o pretende com aquele conteúdo predisposto*». Se ligarmos agora os vários trechos escritos por Mosco verifica-se como este, apesar de considerar o representante como o único autor do negócio representativo, o faz porquanto, em seu entender, o conteúdo predisposto pelo representado entra a fazer parte da vontade do procurador. Não obstante esse conteúdo continua, como transparece claramente, das palavras de Mosco, a ser predisposto e determinado pelo representante. Num sentido bastante mais próximo de quanto se refere no texto v., Natoli, *La rappresentanza*, cit., pp. 90 e 91.

Uma outra excepção ao princípio negativo contido no n.º 1, segunda parte do artigo 259.º, segundo o qual se atenderá somente à pessoa do representante, estaria consagrada no n.º 2 do mesmo artigo[2179]. Preceitua-se aí não aproveitar ao representado de má fé a boa fé do representante.

Aparentemente o n.º 2 mandaria atender sempre ao conhecimento do representado, constituindo, destarte, não uma excepção, mas antes uma verdadeira inversão do princípio negativo do n.º 1 (afinal desprovido de valor). Ou seja, e de outro modo, seria necessário que o representante e o representado desconhecessem os factos cujo conhecimento é relevante para se produzirem os efeitos associados por lei à respectiva ignorância[2180].

Em termos gerais, e como resultado da conjugação do n.º 2 com o n.º 1 do artigo 259.º, tomar-se-ia sempre em consideração o conhecimento do principal e, cumulativamente, no caso de não se tratar de elementos nos quais a sua vontade tenha sido decisiva, o conhecimento do representante[2181, 2182]. Mas a solução não seria a mais adequada[2183].

Na verdade a justificação para a regra contida no n.º 2 do artigo 259.º do Código Civil, estaria apenas num fundamento de razoabilidade e na necessidade de impedir que o representado se sirva de um terceiro de boa fé para iludir o regime desfavorável estabelecido por lei[2184].

[2179] Raúl Guichard, *O problema...*, p. 160.

[2180] *Idem.*

[2181] *Idem.*

[2182] Tudo quanto se escreve no texto, não é por demais sublinhar, é susceptível de ser transposto para o domínio da *voluntas* e da questão da relevância da vontade do representado e representante na celebração do negócio representativo, atento o teor do artigo 259.º do nosso Código Civil. Em todo o caso, acerca das relações entre a vontade e o conhecimento podem ver-se os seguintes autores, por nós aliás, já anteriormente recenseados: Crome, *System...*, I, p. 468 e, designadamente, notas (7) e (8) de forma implícita; Rosenberg, *Stellvertretung...*, pp. 239 e ss., com indicações; Nattini, *La dottrina...*, pp. 65 e ss.; Mosco, *La rappresentanza...*, pp. 257 e 258; Waltermann, *Zur Wissenszurechnung...*, in *Archiv...*, 192, pp. 187 e 188. A favor da necessidade de distinguir, mesmo para efeitos normativos, e não já meramente ônticos, entre conhecimento e vontade, pode ver-se, na nossa doutrina, Maria de Lurdes Pereira, *Os estados...*, in *Revista...*, XXXIX, 1, pp. 169 e ss.. Para mais pormenores v. quanto se esceve *supra* no presente Capítulo, parágrafo 2, em nota e bibliografia aí mencionada.

[2183] Raúl Guichard, *O problema...*, p. 160.

[2184] Cfr., entre outros, e na nossa doutrina, Almeida Costa, *A vontade...*, in *Boletim...*, 127, p. 167; Rui de Alarcão, *Breve...*, in *Boletim...*, 138, pp. 105 e 106; Hörster, *A parte...*, p. 481; Raúl Guichard, *O problema...*, p. 161; Maria de Lurdes Pereira, *Os estados...*, in *Revista...*, XXXIX, 1, p. 183; enquanto em Itália se pode ver, ainda antes da entrada em vigor do actual Código Civil,

A argumentação agora acabada de explanar acerca do alcance do artigo 259.º do Código Civil não logra, contudo, e uma vez mais, convencer-nos.

XII – Da hipótese na qual a vontade do representado assume carácter decisivo quanto a quase todos os elementos do negócio, designadamente, por instruir pormenorizadamente o representante, e determinar quase inteiramente a sua declaração, àquela outra em que o representante age com base numa procuração o mais genérica possível, vão uma multiplicidade de situações e hipóteses merecedoras de tratamento diferenciado.

Se o representante dá indicações ou instruções determinadas e pormenorizadas para a actuação do procurador o seu conhecimento há-de necessariamente valer face ao disposto no n.º 2 do artigo 259.º[2185]. Na verdade, e atenta a regra aí contemplada o *dominus* não pode pretender legitimamente separar o negócio representativo da outorga de poderes e, destarte, sustentar a irrelevância do respectivo conhecimento mediante a invocação da ignorância do representante. Dito de outra maneira: aquela relevância directa e imediata das instruções sobre os efeitos do negócio representativo que vimos existir a propósito dos vícios das declarações proferidas *a latere* da procuração mas com repercussão sobre o conteúdo do negócio representativo constata-se novamente a propósito dos estados subjectivos relevantes. Sempre que o representado dá instruções, mandata ou encarrega – através do negócio gestório ou instruções a ele conexas mas porventura constantes da própria procuração[2186] – o representante para realizar determinado negócio, conhecendo factos capazes de influir nos efeitos do mesmo, verifica-se como essas instruções, mandato ou

---

Vivante, *Tratato*..., I, p. 269; e posteriormente a ela, Natoli, *La rappresentanza*, cit., p. 91; e Giovanna Visintini, *Degli effetti*..., comentário aos artigos 1390.º-1391.º, p. 246.

[2185] O mesmo é afirmado quer perante § 166, II, do *BGB* (cfr., designadamente, e como simples índice de uma opinião absolutamente incontroversa, Von Thur, *Der Allgemeine*..., II, II; p. 356; Schilken, *Wissenszurechnung*..., pp. 60; Waltermann, *Zur Wissenszurechnung*..., in *Archiv*..., 192, p. 187) quer perante o artigo 1391.º do Código Civil italiano.

[2186] Repare-se como a própria doutrina tudesca considera que as instruções às quais alude o § 166, II, do *BGB* tanto podem constar de uma procuração especial, como de declarações proferidas à margem da procuração, simultânea ou posteriormente a ela. Assim, por exemplo, Schilken, *Wissenszurechnung*..., pp. 48 e 61; Staudinger-Schilken, *Kommentar*..., I, comentário ao § 166, p. 64; Schramm, *Münchener*..., I, 4.ª ed. comentário ao § 166, p. 1693, num entendimento sufragado pela jurisprudência alemã.

encargo, considerados pela *communis opinio* como meramente internos e irrelevantes no confronto com o terceiro condicionam, com eficácia externa a sorte do acto posto pelo procurador[2187]. No fundo, e atento o disposto no artigo 259.°, n.° 2, a divisão de trabalho apenas diz respeito à representação enquanto forma de vinculação de outrem, e não já à própria conduta do representado[2188, 2189].

XIII – Idêntico tratamento merecem as situações semelhantes, em que se assista a uma instrumentalização do representante – ainda quando de forma não directa e imediata[2190]. Se o representado, com omissão embora de quaisquer indicações específicas, quis conduzir o representado à celebração de determinado negócio deve negar-se-lhe o resultado ou efeito dessa forma pretendido[2191, 2192].

Os exemplos usados para ilustrar esta situação são de há muito conhecidos. Refere-se, por exemplo, o caso de um marido para quem se afigura muito oneroso o luxo da sua mulher, e, por isso, participa ao respectivo fornecedor não se responsabilizar por dívidas por ela futuramente contraídas na compra

---

[2187] Neste caso beneficiando a contraparte no negócio representativo, a qual, todavia, se sustenta ser alheia e indiferente às instruções, mandato ou encargo – em síntese ao negócio gestório.

[2188] Em termos não muito distantes pode ver-se, Schilken, *Wissenszurechnung...*, pp. 60 e 61; e, na sua senda, mas mesmo assim com algumas diferenças relativamente ao autor tudesco, Raúl Guichard, *O problema...*, p. 166.

[2189] O mesmo vale para as circunstâncias que o representado devia conhecer quando o dever de conhecimento seja equiparado ao conhecimento. Se antes de dar as instruções ou celebrar o negócio gestório o *dominus* já tinha razões para supor estarem verificadas as circunstâncias relevantes às quais o comportamento se reporta, então, ele podia ter actuado ou fazer o representante actuar correctamente, através da proibição de celebração do negócio representativo. Cfr., Raúl Guichard, *O problema...*, p. 166. Contra Larenz, *Allgemeiner Teil...*, p. 610, nota (88).

[2190] Assim pode ver-se na doutrina germânica, numa posição seguida também pela jurisprudência, Hupka, *Die Vollmacht...*, pp. 67 e 68; Von Thur, *Der Allgemeine...*, II, II, p. 356; Müller-Freienfels, *Die Vertretung...*, pp. 397 e ss.; Flume, *Allgemeiner...*, II, *Das Rechtsgeschäft...*, 875; Steffen, *BGB – RGRK*, cit., I, comentário § 166, p. 67; Schilken, *Wissenszurechnung...*, pp. 60 e ss.; Soergel-Leptien, *Bürgerliches...*, I, comentário ao § 166, p. 1314; Id., *Idem*, 13.ª ed., comentário ao § 166, p. 558; Larenz, *Allgemeiner Teil...*, pp. 609 e 610; Waltermann, *Zur Wissenszurechnung...*, p. 187, nota (18); Staudinger-Schilken, *Kommentar...*, I, comentário ao § 166, pp. 64 e 65; Baum, *Die Wissenszurechnung*, cit., pp. 127 e ss.; Schramm, *Münchener...*, 4.ª ed., I, comentário ao § 166, p. 1693; e, entre nós, Almeida Costa, *A vontade...*, in *Boletim....*, 127, p. 167; Raúl Guichard, *O problema...*, p. 167; Maria de Lurdes Pereira, *Os estados...*, in *Revista...*, XXXIX, 1, p. 183.

[2191] Cfr. os autores citados na nota anterior.

[2192] Mas poderá e deverá ainda ir-se mais longe e afirmar a conveniência de se atender ao conhecimento quando o representado apenas por negligência não tenha transmitido o seu conhecimento ao representante. Cfr., Almeida Costa, *A vontade...*, in *Boletim....*, 127, p. 167; Raúl Guichard, *O problema...*, p. 168.

de vestidos. O dono do estabelecimento, porém, de caso pensado ou até por mero engano ou descuido deixa de instruir a sua empregada para não vender mais roupa àquela cliente[2193]. Menciona-se, ainda, a hipótese na qual alguém recebe uma oferta de venda muito vantajosa de uma pessoa que sabe não legitimada. De seguida, entrega-a, sem nada dizer, ao seu representante na esperança de este a aceitar[2194]. Uma vez mais não parece justo prescindir aqui do conhecimento do principal[2195].

E nem sequer se afigura necessário tentar descobrir aqui, como fazem a doutrina e a jurisprudência germânicas, qualquer, tipo de lacuna oculta ou imprópria para justificar a solução[2196]. A evolução verificada entre a publicação do *BGB* e a do Código Civil permitiu ao legislador português adoptar um preceito que resolve directamente a questão: o artigo 259.º, n.º 2. E resolve, uma vez mais, no sentido de em casos nos quais se encontram em equação problemas seme-lhantes aos subjacentes aos exemplos enunciados não se consentir ao *dominus* a possibilidade de legitimamente separar o negócio represen-tativo da outorga de poderes e relação subjacente e, destarte, sustentar a irrelevância do respectivo conhecimento mediante a invocação da ignorância do representante[2197]. A verdade é que num caso como estes o representado tinha a possibilidade de, através de uma declaração *a latere* da *procuratio*, impedir o negócio ou pelo menos de transmitir o seu conhecimento ao representante. Ao não emitir nenhuma indi-cação para o seu procurador o representado passa a encontrar-se de má fé. Nos termos do disposto no artigo 259.º, n.º 2, do Código Civil, a relação interna entre *dominus* e o representante, e o próprio modo como se desenvolve, projecta-se para o exterior com claros efeitos sobre o negócio representativo.

Sujeitos ao regime do artigo 259.º, n.º 2, do Código Civil estão também aqueles casos nos quais o representado, embora sem agir com deliberação prévia, sabe da intenção do representante de celebrar

---

[2193] O exemplo tem origem em Dölle e é sucessivamente retomado por Müller-Freienfels, *Die Vertretung...*, p. 397; Almeida Costa, *A vontade...*, in *Boletim....*, 127, p. 167; e Raúl Guichard, *O problema...*, p. 168.

[2194] Desta vez a hipótese foi concebida por Müller-Freienfels, *Die Vertretung...*, p. 398; e posteriormente usada, a título ilustrativo, por Almeida Costa, *A vontade...*, in *Boletim....*, 127, p. 167; e Raúl Guichard, *O problema...*, p. 168 e ss..

[2195] Cfr. os autores citados na nota anterior.

[2196] V., por todos, quanto escreve a este respeito, Müller-Freienfels, *Die Vertretung...*, pp. 398 e 399, e os arestos por ele citados.

[2197] Raúl Guichard, *O problema...*, p. 166.

determinado negócio, possui ou deve possuir o conhecimento relevante, mas não interfere na sua celebração apesar de ter a possibilidade de o fazer[2198]. Como exemplo de escola refere-se a hipótese de o representante concluir determinado negócio na presença do representado e este não interferir[2199]. Outras situações são concebíveis como, por exemplo, aquelas em que o representado vem a ter um conhecimento fortuito da intenção do procurador de celebrar o negócio relativamente ao qual ele possui os conhecimentos relevantes. Num caso destes, o *dominus* deverá dar ao *procurator* uma instrução ou comando no sentido de lhe ordenar a não celebração do negócio representativo ou, pura e simplesmente, transmitir-lhe os conhecimentos em seu poder – circunstância a tornar já relevante os próprios conhecimentos do representante nos termos do artigo 259.º, n.º 1. Se o não fizer, cairá claramente no âmbito da previsão do n.º 2 do artigo 259.º. Tudo a ligar claramente, também nesta hipótese, a pessoa do

---

[2198] Discute-se na Alemanha se nestas hipóteses ainda se pode aplicar o § 166, II, do *BGB*. No sentido da sujeição das situações referidas no texto ao preceito em referência e, portanto, ainda a favor da consideração do saber do principal, v. o essencial da doutrina indicada *supra* no presente parágrafo a propósito dos casos nos quais o representado não dá, deliberadamente, quaisquer instruções ao representante. V. também as referências bibliográficas fornecidas por Schilken, *Wissenszurechnung...*, p. 62, nota (199), o qual (*op. cit.*, pp. 66 e ss.), discute o assunto em profundidade, e considera a solução proposta pela *communis opinio* germânica, a este respeito, marcada por sérias dificuldades. Na doutrina italiana também se debate em que medida o *dominus* pode ser responsabilizado num caso destes. Mas em moldes quase opostos aos verificados na Alemanha. Na verdade, em Itália, já não se trata de saber se a lei permite a consideração da relevância do saber do representado que, conhecedor de certos factos, se não opõe à realização do negócio representativo. Quanto se procura apurar é se o *dominus*, numa situação desse tipo, deve ser considerado sempre responsável ou, ao invés, apenas pode ser penalizado na eventualidade de se encontrar em condições de influenciar ou impedir a realização do negócio representativo. A este respeito e para uma enunciação dos dados do problema v., entre outros, Mosco, *La rappresentanza...*, pp. 120, 260 e 261; Mirabelli, *Il Contratto...*, p. 371; Carresi, *Il contratto*, cit, p. 172; Giovanna Visintini, *Degli effetti...*, comentário aos artigos 1390.º e 1391.º, pp. 246 e 247. Entre nós, e ao contrário de quanto sucede com o § 166, II, do *BGB*, e com o artigo 1391.º do Código italiano, o artigo 259.º, n.º 2, do Código Civil não deixa quaisquer margens para dúvidas na matéria. Apenas perante hipóteses nas quais o representado está em condições de informar o representante ou de suster a respectiva actuação pode o conhecimento do primeiro relevar nos termos do artigo 259.º, n.º 2. No sentido por nós defendido v., Raúl Guichard, *O problema...*, p. 168; e Maria de Lurdes Pereira, *Os estados...*, in *Revista...*, XXXIX, 1, p. 183.

[2199] Cfr. os autores para os quais se remete na nota anterior. Entre nós, v., Raúl Guichard, *O problema...*, pp. 168 e 169, o qual enuncia a título ilustrativo a seguinte situação: «O dominus, depois de conceder os poderes representativos, e sabendo que o representado está a ultimar uma determinada compra, ou reportando-se os poderes à conclusão dessa compra, tem conhecimento da existência de uma simulação que está na base da situação do alienante e abstém-se de agir, não avisando, por exemplo, o representante. Obviamente, o seu conhecimento da simulação não deixará de relevar.»

representado ao negócio representativo, e a impedir o *dominus* de legitimamente se desligar de tal negócio representativo alegando a ignorância do representante. Ou seja: também aqui se assiste a uma clara projecção externa do desenvolvimento – ou ausência dele – da relação interna entre representado/representante e a uma evidente sustentação da sorte e efeitos do negócio representativo na pessoa do representante – cuja vontade e saber parecem constituir, mais do que simples requisito de eficácia, verdadeira base de sustentação, justificação e validade do negócio representativo[2200].

XIV – Mesmo depois da concessão de poderes, o *dominus* continua a poder influenciar o representante e o exercício dos respectivos poderes, nomeadamente, através de revogação da procuração ou sua modificação ou alteração ou através de instruções ou declarações *a latere* da *procuratio*[2201]. Limite, temporal, para a relevância do conhecimento do representado é, naturalmente, a declaração do representante perante o terceiro – i. e. a conclusão do negócio representativo[2202]. E para alicerçar semelhante solução não parece necessário apelar para qualquer fundamento comum da relevância do saber[2203], ou para a necessidade de se não contrariar o princípio da responsabilidade[2204]. A letra do n.º 2 do artigo 259.º do Código Civil é abso-

---

[2200] A propósito da relevância da pessoa do *dominus* no negócio representativo, Oliveira Ascensão, *Direito...*, II, pp. 86 e 250 e ss., em especial pp. 251 e 252.

[2201] Raúl Guichard, *O problema...*, p. 168.

[2202] *Idem*, pp. 151 e 152, nota (357), 168 e 170 (autor que sublinha, a nosso ver acertadamente, como quanto mais não seja, e mesmo perante situações de procuração irrevogável o *dominus* pode sempre comunicar o seu saber ao representante. Por outro lado, acentua-se, também, de forma igualmente adequada, como muitas das situações nas quais o *dominus* possui determinado conhecimento se reconduzem a situações nas quais ocorreria uma justa causa de revogação da procuração. Destarte o representado pode revogá-la mesmo na eventualidade de ter sido também concedida no interesse do representante ou de terceiro). V., também, Almeida Costa, *A vontade...*, in *Boletim....*, 127, pp. 168 e 169.

[2203] Como faz, por exemplo, Raúl Guichard, *O problema...*, p. 169.

[2204] No sentido segundo o qual atribuir relevância ao conhecimento do representado, quando este não está já em condições de impedir a realização do negócio representativo, seria contra o princípio da responsabilidade o qual não permite atribuir ou imputar a um sujeito um acto impossível de ser por ele provocado ou impedido pode ver-se, Mirabelli, *Dei contratti...*, p. 471. Cfr., também, Almeida Costa, *A vontade...*, in *Boletim....*, 127, p. 169; e Raúl Guichard, *O problema...*, p. 169. Contra a operatividade e valia do princípio da responsabilidade para resolver esta questão pode ver-se, Maria de Lurdes Pereira, *Os estados...*, in *Revista...*, XXXIX, 1, p. 185, mas em termos que não merecem a nossa inteira concordância.

lutamente clara[2205]. Menciona-se aí a má fé do representado. Ora se não existir nenhum nexo de causalidade entre o conhecimento do representado, por não estar este já em condições de impedir a actuação do representante quando adquire os conhecimentos relevantes, e a realização do negócio representativo não pode falar-se em má fé[2206].

A lei resolve, assim, de forma directa no n.º 2 do artigo 259.º, os problemas causados pelas situações nas quais o representado tem conhecimento de certos factos, mas não sabe que o seu representante pretende celebrar o negócio representativo nem está em condições de o impedir de o fazer. E resolve em moldes que correspondem já inteiramente à solução ditada pelo n.º 1 do artigo 259.º. Na medida em que a pessoa do representado ou o seu conhecimento não assumiram qualquer relevância causal, nem se encontram ligados à realização do negócio representativo, a boa fé do representante aproveita ao dono do negócio. A lei permite, então, ao *dominus*, e atenta a falta de causalidade ou nexo entre a sua ciência e a celebração do negócio representativo a separação entre aquele negócio e a vontade e saber do representado, de outro modo impossível. É que, numa situação destas, e de acordo com o artigo 259.º do Código Civil, a *voluntas* e conhecimento do dono do negócio não foram, nem podiam ser, relevantes para nenhum dos elementos dos quais depende a validade do mesmo nem incidiram sobre nenhum dos factos susceptíveis de poderem influir sobre os efeitos do negócio.

XV – Situações haverá, todavia, nas quais o representado detém, ou deve ter, o conhecimento de certos factos aos quais a lei atribui eficácia jurídico-negocial, mas não sabe nem pode contar razoavelmente com a celebração, por parte do representante, daquele negócio representativo[2207].

[2205] Para um confronto entre o texto do nosso preceito e aquele outro do artigo 1391.º, v. a doutrina italiana citada *supra* neste Capítulo. Entre nós cfr., Almeida Costa, *A vontade...*, in *Boletim....*, 127, pp. 153, 154 e 168.

[2206] Assim, Almeida Costa, *A vontade...*, in *Boletim....*, 127, p. 168; e Raúl Guichard, *O problema...*, p. 170, os quais referem ainda, em abono da construção o confronto entre o teor do texto do artigo 259.º e o artigo 1391.º do Código Civil italiano. Neste estabelece-se que o representado de má fé não pode, em caso algum, prevalecer-se da boa fé do representante. No preceito do nosso Código suprimiu-se a expressão «em caso algum».

[2207] Para um enquadramento desta questão de acordo com perspectivas diversas v., Almeida Costa, *A vontade...*, in *Boletim....*, 127, pp. 168 e ss.; Raúl Guichard, *O problema...*, pp. 171 e ss.; e Maria de Lurdes Pereira, *Os estados...*, in *Revista...*, XXXIX, 1, pp. 184 e ss..

ALMEIDA COSTA contemplava já esta hipótese, em sede de trabalhos preparatórios do Código Civil, e considerava não haver aqui uma situação de má fé do representado susceptível de tornar relevante o seu conhecimento[2208].

O autor ilustrava o seu pensamento através do seguinte exemplo[2209]: «*Se D sabe que a coisa X não pertence a T, mas não faz nenhuma ideia, não pode lealmente prever que o seu representante geral tenciona adquirir essa coisa X, se o representante a compra de boa fé, decerto que este estado subjectivo aproveitará ao dominus.*»

Mais recentemente o problema seria reapreciado por GUI-CHARD ALVES, de forma um pouco mais desenvolvida, mas com conclusões no essencial idênticas às alcançadas por ALMEIDA COSTA.

Na verdade, de acordo com GUICHARD ALVES, em hipóteses como as agora descritas, o conhecimento parcial detido pelo principal não justifica a negação da protecção concedida por lei a quem ignore determinados factos[2210]. A solução alicerça-a o autor na ausência de um nexo de causalidade entre a ciência e a actuação do *procurator* a par com o texto expresso do artigo 259.º, n.º 2, do Código Civil – o qual de forma elucidativa, requer a má fé do representado e não apenas o mero conhecimento[2211]. Por tudo isto RAÚL GUICHARD conclui, em moldes muitos semelhantes a ALMEIDA COSTA, no sentido segundo o qual a «scientia *do representado releva sempre que ele conhecendo ou devendo conhecer a intenção do representante de concluir certo negócio o podia e devia evitar*».

Numa atitude completamente diversa, MARIA DE LURDES PEREIRA defende a ideia segundo a qual, tal como o n.º 1 do preceito, o n.º 2 do artigo 259.º deve ser interpretado à luz da ideia de distribuição dos riscos – aquele que utiliza o representante não pode ficar nunca colocado em situação privilegiada relativamente a quanto se lhe aplicaria se actuasse directamente – excepto quando a lei penalize a má fé ou o conhecimento[2212]. Neste último caso, a regra

---

[2208] Almeida Costa, *A vontade...*, in *Boletim....*, 127, p. 168 (isto por não poder, em hipóteses como as agora em análise, o representado, e segundo o autor, lealmente prever o comportamento do representante). Mas v. quanto o autor escreve nas pp. 169 e 170, quando esta boa fé do representado coincidir com a má fé do representante.

[2209] Almeida Costa, *A vontade...*, in *Boletim....*, 127, p. 168.

[2210] Raúl Guichard, *O problema...*, p. 171.

[2211] *Idem*, pp. 171 e 172.

[2212] Maria de Lurdes Pereira, *Os estados...*, in *Revista...*, XXXIX, 1, pp. 183 e ss., designadamente, pp. 187 e ss..

de justa repartição de prejuízos, concebida por MARIA DE LUR-
DES PEREIRA, seria inoperante e não bastaria o conhecimento do
representado acerca de certo facto – desacompanhado do conhecimento e vontade do negócio – para fundamentar a aplicação do regime
negocial associado à má fé ou ao conhecimento. A existência de um
representado de má fé, pressuposta pelo n.º 2 do artigo 259.º deveria
ser correspondentemente interpretada[2213]. Em todas as outras situações
o princípio de atribuição ao representado do risco da representação
seria suficientemente forte para prescindir da verificação integral da
exigência subjectiva que integra a *fattispecies* normativa[2214].

> Tal como acabado de sublinhar ao procurar determinar o sentido do n.º 2
> do artigo 259.º do Código Civil, MARIA DE LURDES PEREIRA começa
> por se interrogar – uma vez mais e tal como já fizera a propósito do n.º 1 –
> sobre se é permitido ao representado, por intermédio da livre criação de uma
> relação de representação – e, destarte, independentemente da criação de
> qualquer ilícito –, colocar terceiros numa posição desfavorecida relativamente
> àquela na qual seriam investidos se negociassem com o próprio represen-
> tante[2215]. Como resposta a autora recorda as razões já aduzidas a propósito da
> relevância do conhecimento do representante[2216].

A tese de MARIA DE LURDES PEREIRA, acerca do alcance
do n.º 2 artigo 259.º, não parece de aceitar. Em parte pelas razões já
aduzidas contra a posição defendida pela autora a propósito da relevância do conhecimento do representante[2217]. Mas outros motivos
depõem, ainda, contra ela. Na verdade, não se nos afigura pertinente a
distinção efectuada, acerca da relevância do conhecimento parcial,
consoante se esteja perante normas nas quais se premeia a boa fé ou
ignorância ou, ao invés, diante de preceitos penalizadores do conhecimento ou má fé. Contra esta distinção poderia referir-se, com RAÚL
GUICHARD[2218], como em causa estão, numa e noutra situação, simples técnicas legislativas diferentes. É, contudo, possível ir-se ainda
mais longe. Lembre-se como, durante os trabalhos preparatórios do

---

[2213] *Idem*, pp. 188, 189 e 191.

[2214] *Idem*, pp. 187 e ss..

[2215] *Idem*, p. 187.

[2216] *Idem*.

[2217] Viu-se, então, como *per si*, o recurso à ideia de perigo ou risco se mostra desprovido de
valia para a resolução das questões associadas à determinação da relevância do conhecimento/
/ignorância no âmbito do fenómeno representativo.

[2218] Raúl Guichard Alves, *Da relevância...*, pp. 24 e 25.

Código Civil, ALMEIDA COSTA[2219] referira já a solução, defendida por HUPKA[2220] e MÜLLER-FREIENFELS[2221], no sentido segundo o qual a resolução da problemática dos estados subjectivos relevantes não dever depender de um critério jurídico uniforme, mas, antes, resolver-se em função da *ratio* dos diversos preceitos envolvidos e da ponderação feita, caso a caso, acerca do motivo concreto da relevância do conhecimento ou desconhecimento de certo facto. Ora nem a posição de HUPKA nem a de MÜLLER-FREIENFELS tiveram, neste aspecto, qualquer tipo de eco no artigo 259.º do Código Civil. Nele contêm-se de facto regras uniformes, rigídas e bem claras acerca de quais os estados subjectivos relevantes. No n.º 2 do artigo 259.º do Código Civil, o legislador português exige, com absoluta clareza, sem quaisquer desvios ou excepções, a má fé do representado como forma de impedir que a boa fé do representante lhe aproveite. Um conhecimento meramente parcial de certos factos, sem qualquer tipo de nexo de causalidade ou incidência possível sobre a conduta do representado não pode configurar nunca uma situação de má fé. A solução ensaiada por MARIA DE LURDES PEREIRA envolve, assim, a nosso ver, e com a consideração que se consigna, uma clara violação do disposto no artigo 9.º do Código Civil[2222].

Deve, pois, e atento o teor do artigo 259.º, n.º 2, concluir-se com ALMEIDA COSTA e RAÚL GUICHARD no sentido segundo o qual a «*scientia do representado* (...)» apenas releva quando «(...) *ele conhecendo ou devendo conhecer a intenção do representante de concluir certo negócio o podia e devia evitar*»[2223]. Trata-se não só da solução decorrente da necessidade de assegurar o cumprimento e garantia das exigências de justiça, mas, também, e claramente, do resultado imposto por lei. Resultado o qual deixa transparecer para o exterior a ideia da indispensabilidade e inevitabilidade de controlo da actividade do representante por parte do representado. Tudo a demonstrar como, afinal, e ao contrário de quanto é apregoado pela *communis opinio*, quer o comportamento do procurador quer a própria sorte do negócio representativo não se afiguram como realidades independentes

---

[2219] Almeida Costa, *A vontade...*, in *Boletim....*, 127, pp. 163 a 166.

[2220] Hupka, *Die Haftung...*, pp. 54 e ss..

[2221] Müller-Freienfels, *Die Vertretung...*, pp. 399 e ss., 413 e ss..

[2222] Sem existirem sequer razões materiais capazes de a justificar. Veja-se, por exemplo, quanto escreve Raúl Guichard, *O problema...*, p. 168, nota (414).

[2223] Almeida Costa, *A vontade...*, in *Boletim....*, 127, pp. 167 a 169; e Raúl Guichard, *O problema...*, p. 172.

nem da vontade nem das instruções dadas pelo dono do negócio nem sequer da relação jurídica subjacente à outorga dos poderes. Dito de outra maneira, em consequência do disposto no n.º 2 do artigo 259.º do Código Civil, a vontade e conhecimento do *dominus* têm, independentemente da forma por que se manifestam, uma influência decisiva sobre o negócio realizado pelo representante, excepto quando o representado não esteja legitimamente em condições de interverir na actuação representativa.

Em consequência, e ao contrário de quanto se tem dito, a regra do n.º 2 do artigo 259.º não envolve qualquer tipo de excepção ao disposto no n.º 1, segunda parte do mesmo preceito. Ela prevalece sobre o referido n.º 1, segunda parte[2224]. Na verdade, o alcance do artigo 259.º parece dever ser encarado da seguinte forma. Em primeiro lugar, e antes de mais, releva o estado de conhecimento do representado, sempre que ele, directa ou indirectamente, se tenha erigido como elemento de determinação da actuação do representante (artigo 259.º, n.º 2, do Código Civil)[2225]. Só na ausência desse conhecimento se atenderá à pessoa do procurador[2226]. Tratando-se de circunstâncias ou elementos relativamente aos quais a vontade e ciência do dono do negócio tenham sido decisivas, o estado de conhecimento ou de má fé do representante não assume qualquer importância para a sorte do negócio representativo (artigo 259.º, n.º 1, primeira parte)[2227]. Apenas quando a vontade e conhecimento do *dominus* não tenham sido decisivos – e na precisa medida em que não tenham sido – ou assumido um carácter determinante ou causal – ainda quando de forma indirecta – para aquela concreta configuração do negócio representativo se atenderá à vontade do representante.

Esta leitura do artigo 259.º do Código Civil desmente categoricamente a orientação tradicional[2228], que também, neste tema específico, através de fórmulas mais ou menos translactícias, continua a

---

[2224] Assim, também, perante o direito italiano, Papanti-Pelletier, *Rappresentanza...*, p. 165.

[2225] Em termos semelhantes, Papanti-Pelletier, *Rappresentanza...*, p. 165.

[2226] *Idem.*

[2227] *Idem.* Cfr., igualmente, Sacco e De Nova, *Il contratto*, cit., II, pp. 194. Na doutrina tudesca cfr. no sentido segundo o qual, perante o disposto no § 166, II, do *BGB*, o conhecimento do representante se deve ter por irrelevante se o representado influenciou de forma activa o conteúdo concreto do negócio representativo, designadamente, Michael Schultz, *Zur Vertretung...*, in *Neue...*, 1990, 43, pp. 477 e ss., maxime p. 480. Em sentido contrário v., porém, Baum, *Die Wissenszurechung*, cit., p. 43, nota (20).

[2228] V. *supra* quanto se escreveu neste parágrafo acerca daquelas que seriam as regras e as excepções contidas no artigo 259.º.

tomar como prevalecente, ainda quando como simples linha de princípio, o estado subjectivo do representante[2229]. De facto, tudo visto fica demonstrado, de forma inequívoca, como o nosso legislador consagrou, no artigo 259.º do Código Civil, a teoria da cooperação entre o representante e o representado na realização do negócio representativo[2230, 2231]. Fê-lo ainda em moldes que, se dúvidas subsistissem, trazem o negócio gestório e as chamadas instruções internas para o âmbito das relações que se estabelecem com o próprio terceiro.

XVI – E nem se alegue, no sentido de tentar diminuir a relevância da *sciencia* do *dominus* (e do mesmo passo a eficácia externa da relação-base e das directrizes proferidas à margem da procuração), e com vista a assegurar quanto se afirma ser «a necessária» protecção da confiança do *tertius*, apenas se mostrar possível atender à pessoa do

---

[2229] V., no mesmo sentido, Papanti-Pelletier, *Rappresentanza...*, p. 165.

[2230] Não nos parece, com a devida vénia, pertinente o argumento aduzido por Maria de Lurdes Pereira, *Os estados...*, in *Revista...*, XXXIX, 1, pp. 184 e 185, segundo o qual o recurso à ideia de responsabilização do dono do negócio, com a consequente atribuição da relevância ao seu conhecimento e à sua actuação em autodeterminação – ou ausência dela –, quando ele se encontrava em condições de sustar a celebração do negócio representativo dando instruções ao representante ou pelo menos transmitindo-lhe o seu próprio conhecimento levaria a deslocar o problema dos estados subjectivos do plano das consequências negociais para o da responsabilização do representado, nos termos gerais, pelo incumprimento de um dever de instrução ou fiscalização. O argumento poderia ter cabimento se o artigo 259.º do Código Civil não existisse. Na presença deste preceito não pode haver dúvidas quanto à existência de uma imposição legislativa no sentido de o representado colaborar com o representante e de o acompanhar na celebração do negócio representativo – impendendo sobre o principal um grau de diligência que nas mesmas circunstâncias teria um participante leal e honesto no tráfico jurídico (cfr. neste sentido, Raúl Guichard, *O problema...*, p. 173. V., também, Almeida Costa, *A vontade...*, in *Boletim....*, 127, p. 167). Imposição à qual o legislador, no exercício das suas legítimas competências, associou claramente, não uma qualquer responsabilidade por incumprimento de um dever, mas antes efeitos de natureza negocial. Tudo com a consequência de tornar relevante, para a apreciação dos efeitos do negócio representativo, a vontade e comportamento (nomeadamente quando expressas através do negócio gestório ou de instruções proferidas *a latere* da procuração) do representado muito para além de quanto é apregoado pelos defensores da teoria da representação.

[2231] Não é por isso de aceitar, repise-se, à luz do nosso direito – e sem necessidade, sequer, de abordar as suas deficiências explicativas e dogmáticas – a teoria teleológica da representação de Gamal Boursi Badr, *Agency...*, in *Recueil...*, 1984, I, pp. 38 e ss. (à qual faz entre nós eco Helena Mota, *Do abuso de representação...*, pp. 41 e ss.), que se propõe também ela, e à semelhança da *Repräsentationstheorie* mas com base em pressupostos próprios, explicar a estrutura do negócio representativo a partir da consideração segundo a qual o autor do referido negócio seria apenas o *procurator*. No essencial, a referida teoria teleológica alicerçar-se-ia na afirmação de que, correspondendo a declaração de vontade a um meio para um fim, ela poderia encontrar-se quer ao serviço dos propósitos do seu autor quer de outrem (o representado). Tudo a permitir ao representante realizar negócios jurídicos que estariam ao serviço de fins e interesses do *dominus*.

representado quando aquele saiba, ou seja para ele evidente, ter o principal predeterminado certo elemento do negócio[2232]. À semelhança do referido já a propósito das tentativas ensaiadas com o propósito de limitar a importância da vontade do representado na determinação do destino e efeitos do negócio representativo[2233], uma semelhante orientação não só carece de qualquer tipo de alicerce como contraria, além disso, frontalmente o disposto no artigo 259.º. Neste preceito não se faz nenhuma distinção entre as hipóteses nas quais o terceiro reconheceu, ou devia ter reconhecido, a existência de um conteúdo condicionado pelo principal e aquelas outras nas quais esse reconhecimento não se verificou. Na verdade, mais importante do que a forma exterior do comportamento do representante ou do núncio[2234] é a real extensão dos poderes conferidos e a possibilidade de o dono do negócio circunscrever ou condicionar a actividade do representante[2235]. Se é a vontade do dono do negócio a influenciar e determinar certos elementos do negócio, então, de acordo com o artigo 259.º do Código Civil, será essa *voluntas* a relevante para determinar a extensão e sorte do negócio representativo. Se o principal

---

[2232] É designadamente essa a posição sustentada entre nós por Raúl Guichard, *O problema...*, p. 164, o qual escreve: «*Mesmo face ao normativo legal (artigo 259.º, n.º 1, 1.ª parte) sugerimos que o conhecimento do representante deverá ainda relevar quando a contraparte desconheça que o principal predeterminou o conteúdo do negócio. Nas hipóteses em que o terceiro sabe, ou é evidente, que o dominus determinou certo elemento do negócio representativo, já não se atenderá ao conhecimento do representante. Necessário é, contudo, que o terceiro disponha efectivamente de um tal conhecimento, pois, caso contrário, ele encarará, normal e legitimamente, o representante como dotado de "competência" de decisão autónoma e não procederá a qualquer averiguação. A solução desenhada parece ser a única que estará em conformidade com os critérios do sistema.*» Quais sejam, porém, esses critérios é algo deixado por esclarecer pelo autor e que, na verdade, não se vislumbram em lado algum (de resto à semelhança de quanto faz Mirabelli, *Dei contratti...*, p. 370, autor em cujo ensinamento Raúl Guichard se inspira para afirmar a conformidade da solução por ele proposta com os supostos critérios do sistema). Sublinhe-se ainda a circunstância de, no espaço cultural tudesco a já longínqua tentativa não apenas da «teoria da representação» mas também de Mitteis, *Die Lehre...*, pp. 123 e ss. e 285 (cfr. *supra*, Parte I, Cap. III, 2.2.) no sentido de considerar que, perante situações de mandato especial incondicional, se porventura o representante aparecer diante do *tertius* como se fosse ele a decidir apenas a sua ciência relevará devido ao facto de se dever proteger a confiança da contraparte, ter encontrado oposição expressa, entre outros, por parte de Rosenberg, *Stellvertretung...*, pp. 245 e ss.. Cfr., também, mas em termos diversos dos por nós sustentados, Müller-Freienfels, *Die Vertretung...*, p. 410.

[2233] V. quanto se escreveu já *supra* a este respeito no presente Capítulo, parágrafo 3.1.

[2234] Em ambos os casos o auxiliar do *dominus* actua com o propósito de o vincular e de produzir efeitos directos na respectiva esfera jurídica.

[2235] Até porque a consideração do saber do dono do negócio mais do que beneficiá-lo é de molde a prejudicá-lo (cfr. Baum, *Die Wissenszurechnung*, cit., p. 44). Por isso mesmo não faz aqui sentido circunscrever a sua relevância como forma de proteger o terceiro.

possui conhecimentos acerca de factos juridicamente relevantes e se, estando em condições de influenciar o comportamento do representante com poderes para decidir quanto ao aspecto sobre o qual recai a sua ciência, nada faz é, também, a sua pessoa a dever ser tomada em consideração, independentemente da forma como o *procurator* se possa ter comportado exteriormente (artigo 259.º, n.º 2, do Código Civil)[2236]. O mesmo princípio da irrelevância do comportamento externo do auxiliar vale para as situações nas quais o *procurator*, apesar de limitado nos seus poderes se comporta como se dispusesse de autonomia. Nesse caso não se deve atender ao conhecimento do representante mas sim ao do representado. Outro entendimento levaria, pura e simplesmente, a desconsiderar a realidade dos poderes representativos efectivamente concedidos, em benefício de uma tutela de uma suposta confiança do terceiro na forma externa do comportamento do *procurador* a qual não se vê como justificar. A confiança dos terceiros é bem digna de protecção mas dentro de limites que não podem ser ultrapassados. Em hipóteses como aquelas agora em análise não bastará certamente ao representado ficar-se pelas aparências. Compete-lhe determinar e interpretar a extensão dos poderes de representação. Se estes se encontrarem limitados pelo dono do negócio será, nos precisos termos das instruções dadas e das restrições por ele impostas – designadamente através do negócio gestório –, o seu conhecimento ou ignorância a prevalecer. Não o do representante. Só assim não será se se assistir a uma inobservância, por parte do representante, do âmbito das competências internas que lhe foram concedidas. Mas isso já nos colocará ou perante uma hipótese de abuso de representação ou perante um caso regulado pelo artigo 266.º do Código Civil.

[2236] Está-se, naturalmente, a discutir apenas a hipótese de o representante, com poderes de representação mais ou menos amplos, se comportar como se dispusesse ou deixasse de dispor de autonomia para decidir determinado aspecto do negócio. Não nos referimos já àquelas hipóteses nas quais o procurador apesar de possuir poderes de representação actua como um mero mandatário sem legitimação representativa por pretender deixar para o principal a última palavra acerca da celebração do negócio a realizar com a outra parte. Em hipóteses como a agora referida o *procurator* não faz uso das competências ao seu alcance e, destarte, não vincula directamente o *dominus*. Na verdade, ele não age sequer como procurador.

5. – O negócio jurídico representativo enquanto *Tatbestand* complexo de formação sucessiva e para o qual relevam quer a vontade do *dominus* expressa na relação subjacente e na procuração quer a vontade do representante. A procuração enquanto negócio incompleto. O poder de representação

I – A importância do artigo 259.º do Código Civil não se circunscreve ao problema da falta ou vícios da vontade ou estados subjectivos relevantes. Na verdade, existe na doutrina tudesca, e apesar do aparente silêncio da lei, unanimidade no sentido segundo o qual o § 166 do *BGB* vale igualmente para a interpretação do negócio representativo[2237].

> Nestes termos, para a determinação do negócio representativo deveria atender-se fundamentalmente à declaração de vontade do representante. Porém, nas hipóteses nas quais o representado tivesse igualmente contribuído para o efectiva configuração do negócio representativo teria de se ponderar, em sede interpretativa, a actuação de ambos[2238]. Valeria então o disposto no § 166, II, do *BGB* [2239]. Isto numa solução considerada igualmente válida para as hipóteses de representação passiva[2240].

Entre nós, o problema de saber se o princípio consagrado no artigo 259.º do Código Civil para as hipóteses de falta ou vícios de vontade e estados subjectivos relevantes, segundo o qual a sorte e efeitos do negócio representativo serão determinados em função da pessoa do representante ou do representado consoante a influência que tenham tido sobre o negócio representativo, vale igualmente para a interpretação do negócio representativo foi apenas abordado, de forma passageira, e a propósito da representação passiva por RAÚL

[2237] Assim v., designadamente, Flume, *Allgemeiner...*, II, *Das Rechtsgeschäft...*, p. 795; Schilken, *Wissenszurechnung...*, pp. 89 e 90; Soergel-Leptien, *Bürgerliches...*, I, comentário ao § 166, p. 1305; Id., *Idem*, 13.ª ed., comentário ao § 166, p. 579; Staudinger-Schilken, *Kommentar...*, I, comentário ao § 166, p. 57; Larenz-Wolf, *Allgemeiner...*, p. 885.V., ainda, a este respeito quanto se escreve *supra* neste Capítulo em nota.

[2238] Expressamente nesse sentido, Flume, *Allgemeiner...*, II, *Das Rechtsgeschäft...*, p. 795.

[2239] Cfr., Soergel-Leptien, *Bürgerliches...*, I, comentário ao § 166, p. 1305; Id., *Idem*, 13.ª ed., comentário ao § 166, p. 579.

[2240] V., a título meramente exemplificativo, Schilken, *Wissenszurechnung...*, pp. 89 e 90; Soergel-Leptien, *Bürgerliches...*, I, comentário ao § 166, p. 1305; Id., *Idem*, 13.ª ed., comentário ao § 166, p. 579.

GUICHARD[2241]. Apesar das dúvidas por ele expressas, o autor concluiria no sentido segundo o qual *«não se poderá deixar de atender à posição do representante e aos factos dele conhecidos ou por ele susceptíveis de serem conhecidos para definir o "horizonte interpretativo" das declarações que ele receba; se o representante conhece a verdadeira vontade da contraparte, então será de acordo com ela que valerá a declaração.»* Isto para acrescentar de seguida: *«À pessoa do representado deverá também atender-se na medida em que ele tenha participado nas negociações ou preliminares do negócio representativo.»* O autor parece assim aceitar, a propósito da interpretação da declaração de vontade comunicada ao representante, a ideia de cooperação de vontades entre o representante e o representado expressa no artigo 259.º do Código Civil. Pela nossa parte não vemos como mover qualquer tipo de objecção a esta construção. Só não encontramos razões para circunscrever como faz GUICHARD ALVES o princípio segundo o qual para se atender à pessoa do representado se mostra necessário ter este tomado parte nas negociações ou preliminares do negócio representativo. Não é isso que decorre do artigo 259.º do Código Civil.

II – Este preceito faz depender a validade e efeitos do negócio representativo da vontade do representado ou do representante (ou respectivo conhecimento), conforme aquela que tenha sido decisiva para a configuração do acto, então, é porque qualquer delas, ao contrário do pretendido pelos sequazes e prosélitos da teoria da representação[2242], constitui muito mais do que simples condição de eficácia desse mesmo acto e faz parte do próprio negócio representativo. Os vícios de uma condição de eficácia não determinam a invalidade

---

[2241] Para mais numa perspectiva de abordagem inteiramente diversa da aqui encetada e com referência aos critérios susceptíveis de valerem para uma declaração de vontade recebida pelo representante. Cfr., Raúl Guichard, *O problema...*, p. 175.

[2242] A recondução da procuração e do poder de representação a uma simples condição de eficácia tem sido um dos expedientes preferidos por todos quantos pretendem recusar a existência de uma efectiva ligação ou síntese entre esta e o negócio representativo. Nesta perspectiva a *procuratio* não teria nenhuma força produtiva própria dentro do *Tatbestand* negocial. Ela decidiria apenas acerca do se e não sobre o porquê ou o quê da sequência representativa. Entre nós a favor da qualificação do poder de representação como uma simples condição de eficácia, v., por todos, Helena Brito, *A representação...*, pp. 104 e 105; enquanto entre os autores de língua alemã se pode ver a título meramente indicativo, Hupka, *Die Vollmacht...*, p. 39; Soergel-Leptien, *Bürgerliches...*, I, 13.ª ed., comentário prévio ao § 164, p. 535; e Schramm, *Münchener...*, 4.ª ed., I, comentário ao § 164, pp. 1640 e 1657. Para uma ampla crítica acerca deste modo de conceber o poder de representação cfr., Müller-Freienfels, *Die Vertretung...*, pp. 212 e ss..

de um negócio jurídico. Quer isto dizer que, de acordo com o artigo 259.º o representado tem uma efectiva participação na formação do negócio jurídico representativo[2243]. Parece, destarte, perfeitamente claro que nos termos deste preceito o negócio representativo se não aperfeiçoa sem a participação do representado[2244]. Não há, pois, no âmbito representativo, uma qualquer cisão entre a pessoa do representado e a sua vontade, supostamente expressa apenas na procuração, e o negócio realizado com o terceiro na sequência da intervenção de um procurador, e cujos efeitos seriam imputados ao *dominus*. Não é sequer possível falar-se em imputação ao principal do negócio celebrado com a ajuda do *procurator*[2245]. O que se imputa é, na realidade, a acção ou comportamento[2246]. São estes que são juridicamente havidos do

---

[2243] Assim, também, Oliveira Ascensão, *Direito*..., II, p. 251. Perante o direito alemão v., no mesmo sentido, designadamente, Müller-Freienfels, *Die Vertretung*..., pp. 191 e ss., maxime 212; e Thiele, *Die Zustimmungen*..., pp. 56 e ss..

[2244] Na verdade, e tal como salientado por Oliveira Ascensão, *Direito*..., II, p. 251, para o negócio representativo se poder considerar completo com a actuação do representante seria necessário que dessa actuação resultassem efeitos jurídicos a ser imputados ao representado. Contudo para isso suceder seria necessário que o representado não tivesse nenhuma participação do acto. Que isso pode não ser assim, é porém, e desde logo, demonstrado pelo artigo 259.º quando estabelece que: «*À excepção dos elementos em que tenha sido decisiva a vontade do representado* (...).» Ora, e tal como escreve Oliveira Ascensão, *Direito*..., II, p. 251, «*Basta isto para se ter de concluir que o negócio não se forma sem se atender ao representado. O mesmo haveria que dizer a partir do n.º 2*». A ideia segundo a qual se afigura incorrecto ou pouco rigoroso falar-se de um negócio (completo) realizado pelo representante é aliás já sublinhada, na literatura jurídica alemã de há longa data, como o atestam por exemplo os testemunhos de Mitteis, *Die Lehre*..., p. 108; Lenel, *Stellvertretung*..., in *Jhering's*..., XXXVI, p. 13, para quem a declaração de vontade emitida pelo procurador chama por si só a atenção do terceiro para a necessidade de se completar com a vontade do representado: em si mesma, e para o terceiro, a primeira apenas constitui um torso de um negócio jurídico; Müller-Freienfels, *Die Vertretung*..., pp. 191 e ss., maxime p. 216, porquanto segundo este autor o procurador se limita a emitir uma oferta ou a manifestar uma aceitação. Ora nem a oferta nem a aceitação nos colocam perante um negócio jurídico completo. Apenas com a sua conexão ou ligação à procuração (concedida pelo representado) é que elas constituem o *Tatbestand* completo da autodeterminação na qual o negócio assenta.

[2245] Isto pela razão simples de para isso suceder se mostrar necessária a existência de um *negotium* já formado e completo sem a participação do *dominus* o que, como vimos, é contrariado pelo artigo 259.º.

[2246] Assim entre nós expressamente nesse sentido, Oliveira Ascensão, *Direito*..., II, p. 251; e já antes, na doutrina tudesca, numa direcção muito próxima, Müller-Freienfels, *Die Vertretung*..., p. 216. Cfr., também, embora numa linha diferente, Beuthien, *Zur Theorie der Stellvertretung*..., in *Festschrift*..., pp. 1 e ss., autor que na sequência da síntese operada pela doutrina de ponta entre declaração e vontade procura também proceder a uma síntese entre as ideias, durante muito tempo conflituantes, de representação na vontade, de um lado, e de representação na declaração, do outro, para defender a tese segundo a qual não há que falar, na representação, em imputação de efeitos, tal como pretendido pela teoria da representação, mas sim em afectação da própria declaração de vontade do representante ao representado.

representado para dele se tirarem as consequências ao nível dos efeitos[2247]. E é na esfera do representado que a acção ou comportamento do representante é conjugada com os elementos relevantes[2248], por parte do representado, daí derivando de modo definitivo e perfeito o negócio e a sua valia jurídica[2249]. Por isso se deverá dizer que o autor do acto é, juridicamente, o representado[2250]. É a ele que pertence o acto[2251]. O representante esse será apenas o respectivo agente[2252]. Donde dever reconhecer-se a existência de uma síntese entre a procuração[2253] e o negócio representativo, num fenómeno claramente decorrente do artigo 259.° do Código Civil.

III – Note-se que o representante continuará a ser mero agente mesmo naqueles casos nos quais o representado não tenha emitido quaisquer instruções ou predeterminado certos elementos do negócio[2254].

Na sua verdadeira determinação o negócio jurídico é «uma declaração ou comportamento de validade»[2255] só desta forma se

---

[2247] Oliveira Ascensão, *Direito...*, II, p. 251.

[2248] Entendidos com o sentido amplo que temos vindo a referir e de que se dará ainda nota com um pouco mais de pormenor neste mesmo parágrafo.

[2249] Oliveira Ascensão, *Direito...*, II, pp. 251 e 252.

[2250] *Idem*, p. 252. V., também, Müller-Freienfels, *Die Vertretung...*, p. 209; e Thiele, *Die Zustimmungen...*, p. 61. Em sentido algo diverso considerando existir, na representação, uma dissociação subjectiva entre o autor material do acto e a pessoa em cuja esfera jurídica os efeitos se vão repercutir cfr., Carvalho Fernandes, *Teoria...*, II, p. 207. Quando acima se fala de autor não se está, todavia, a referir o material mas sim o jurídico.

[2251] Isso mesmo parece ser ainda confirmado pelo regime estabelecido pelo legislador acerca da capacidade do representado, de um lado, e do representante do outro. Na verdade, nos termos do artigo 263.° do Código Civil o procurador só necessita de possuir a capacidade de entender e querer exigida pela natureza do negócio que haja de efectuar. Em contrapartida o dono do negócio deve ter capacidade plena. Se se pretendesse operar neste domínio uma escolha coerente com a teoria da representação, considerando o principal como mero destinatário dos efeitos do negócio jurídico, a lei teria exigido a capacidade plena do *procurador*. Acerca das implicações da capacidade do procurador sobre a estrutura do negócio representativo v. Mitteis, *Die Lehre...*, pp. 266 e 267; Papanti-Pelletier, *Rappresentanza...*, pp. 170 e ss..

[2252] Oliveira Ascensão, *Direito...*, II, p. 252. Sublinhe-se, contudo, a circunstância de o procurador só ser agente no espaço de autonomia que lhe for deixado pelo representado (assim, também, Oliveira Ascensão, *Teoria...*, III, pp. 299 e 300). Na medida em que o representado tiver injuntivamente fixado certos aspectos do negócio representativo será à sua vontade que se deve atender (artigo 259.° do Código Civil).

[2253] Mas recorde-se o carácter, ao qual fizemos já diversas vezes alusão, e sobre o qual nos debruçaremos de novo adiante, de negócio incompleto da procuração. Ela só se concretiza efectivamente com o respectivo negócio-base.

[2254] Em sentido aproximado, Müller-Freienfels, *Die Vertretung...*, pp. 1190 e ss., maxime p. 209.

[2255] Esta ideia estava já de algum modo presente na canonística do *ius commune*, nomeada-

conseguindo compreender o problema da autonomia privada e o seu sentido ordenador[2256]. Ele possui natureza constitutiva. É o de acto de valor[2257]. Não tem pretensão de verdade mas sim de validade (*Geltungsanspruche*). A declaração de vontade corresponde a um acto de pôr a valer consequências jurídicas (*in-Geltung-Setzen*), correspondendo, destarte, a uma declaração de vigência ou de validade. O sentido da promessa é o de assumir uma determinada vinculação, o de conferir vigência a certas consequências jurídicas[2258].

Tal como qualquer outro, o negócio representativo também tem uma pretensão de validade (e pretensão de validade diante do representado não do representante, traduzida, designadamente, numa *in--Beziehung-Setzung*). Parece, porém, evidente que semelhante pretensão não lhe pode ser conferida pelo representante sob pena de se subverter o princípio da autonomia privada[2259, 2260] e a própria noção de acto de pôr a valer como realidade cujo sentido se encontra em si

---

mente nos teólogos peninsulares (v. *supra*, Parte I, Cap. II, parágrafo 5), e era particularmente evidente para os jusracionalistas para quem o negócio jurídico era a expressão de uma vontade autonomamente vinculante. No princípio do século XX ela viria a ser retomada por alguns juristas, e em particular, ao fechar da década de vinte, por Karl Larenz, *Die methode...*, pp. 34 e ss., maxime pp. 42 e ss., e 68 e ss.; concitando uma poderosa adesão ao ponto de não faltar quem considere corresponder ela à *communis opinio* alemã na qual se incluiriam juristas como Enneccerus--Nipperdey, *Allgemeiner Teil...*, I, II, p. 898; Soergel e Hefermehl, *Bürgerliches...*, I, comentário prévio ao § 116, pp. 675 e 674; Wieacker, *Die Methode...*, in *Juristenzeitung*, 1967, pp. 387 e ss. – deste autor v., porém, e ainda *Willenserklärung...*, in *Göttinger...*, 1961, pp. 263 e ss., e designadamente, p. 279; Thiele, *Die Zustimmungen...*, p. 243; e Canaris, *Die Vertrauenshaftung...*, *passim*, e designadamente, p. 413. Entre nós v., Castanheira Neves, *Questão-de-facto...*, pp. 341 e 342, nota (32); e José Lamego, *Hermenêutica...*, pp. 69, 72 e 73. Cfr., também mas agora em sentido acentuadamente crítico, Carvalho Fernandes, *A conversão...*, pp. 37 e ss., embora não nos pareça que as objecções por ele movidas às posições de Larenz atinjam quanto referimos no texto (nós próprios não aderimos a todos os postulados da *Geltungstheorie* parecendo-nos deixar ela em aberto muitos dos aspectos para os quais pretendia ser resposta); e Paulo Mota Pinto, *Declaração....*, pp. 34 e ss..

[2256] José Lamego, *Hermenêutica...*, p. 69.

[2257] Pedro Pais de Vasconcelos, *Teoria...*, I, p. 164.

[2258] Larenz, *Die Methode...*, designadamente, pp. 42 e 43.

[2259] Cfr., novamente, Demetrios Bailas, *Das Problem der Vertragsschliessung und der Vertragsbegründende...*, 43, pp. 84 e ss.; e Johann-Georg Schubert, *Anscheinsvollmacht und Privatautonomie...*, p. 42, a sublinhar uma compreensão da autonomia privada – compreensão a qual parece vir a ser progressivamente descartada de forma indevida desde Savigny – com o sentido vivo originalmente postulado no século XVIII, pelos jusracionalistas, enquanto liberdade (no sentido de possibilidade de defesa, paralisação ou não aceitação) perante a imposição de efeitos resultantes de uma actividade de terceiros. V. também, quanto a esta vertente do princípio da autonomia privada, enquanto forma de defesa do interesse do representado em não lhe ser imposta uma vinculação pelo cumprimento contra a respectiva vontade, Paulo Mota Pinto, *Aparência de poderes de representação...*, in *Boletim...*, Vol. LXIX, p. 612.

mesmo dirigido para a vinculação ou para a ideia de conferir validade a um conjunto de consequências jurídicas que vão precisamente impor-se perante o representado[2261, 2262]: em caso de incumprimento é ele e não o procurador quem quer a promessa, quem se desliga da vinculação ou acto quem rompe o acto, de pôr a valer[2263].

[2260]A prova de que o acto de pôr a valer ou a *ratio* da validade (*Geltungsgrund*) do negócio representativo deve assentar na autonomia privada do representado forneceu-a, de resto, há muito, Thiele, *Die Zustimmungen...*, pp. 60 e ss., ao pôr em evidência, na esteira de Müller-Freienfels, *Die Vertretung...*, pp. 48 e ss., como a posição do representado não é autónoma ou independente mas sim meramente derivada da do *dominus*. Cfr., ainda, Thiele, *op. cit.*, p. 243, onde o autor liga o acto de pôr a valer um negócio jurídico ao reconhecimento por parte da ordem jurídica do poder de conformação jurídica dos privados, embora nos parece ir demasiado longe nas consequências que daí retira.

[2261] É que o acto de pôr a valer remete para a ideia de promessa e de vinculação definitiva. Sendo certo que a lógica da ciência do direito não é, não pode ser, uma lógica puramente formal, que se serve de noções matemáticas, causais ou puramente mecânicas. O direito deve ser entendido como uma unidade de sentido, teleológica e portadora de valores. A imputação do acto de pôr a valer não pode, pois, ser vista como puramente formal, pensada enquanto relação puramente lógica. Ela tem de ser também teleológica. A este respeito mas apenas de forma parcialmente coincidente com quanto aqui se afirma v., Larenz, *Die Methode...*, p. V.

[2262] Cfr., Thiele, *Die Zustimmungen...*, p. 257. Note-se como esta abordagem permite resolver o problema da ligação entre a procuração e o negócio representativo sem necessidade de, para se solucionar o problema da articulação, em caso de recurso a um procurador, entre a vontade (neste caso do *dominus*) ou negócio jurídico e seus efeitos, se cair na tentação de aderir a construções mais ou menos duvidosas como a de Müller-Freienfels, *Die Vertretung...*, pp. 206 e ss., segundo o qual a unidade entre a procuração e o negócio representativo poderia ser garantida, nas hipóteses de *procuratio* geral e aberta, através do recuso à noção de «representações impróprias» de Edmund Husserl. Diremos mesmo que na perspectiva em que nos colocamos a síntese entre o negócio representativo e a procuração geral se encontra assegurada qualquer que seja a postura acerca do modo como deve ser entendida a declaração de vontade (de modo mais subjectivo ou, ao invés, de forma mais objectiva. E isto pela razão de a ideia de pôr a valer tanto ser compatível com as teses subjectivistas como as objectivistas do negócio jurídico [neste sentido também e a propósito da *Geltunstheorie*, Paulo Mota Pinto, *Declaração...*, pp. 36 e ss.]). Conforme referido a propósito por Graziani, *La rappresentanza...*, in *Studi..*, pp. 24 e 25, o sujeito que dá vida a um negócio jurídico desenvolve a sua acção numa dupla direcção. De um lado tendo em vista o conteúdo do negócio e a produção dos efeitos relativos (não assume agora relevância a questão de saber se a vontade deve ser dirigida à produção de efeitos jurídicos [neste mesmo sentido v., Graziani, *op. cit.*, p. 24. Em qualquer caso cfr. a respeito do chamado problema da vontade funcional o nosso *Autonomia...*, pp. 130 e ss., em termos que quadram perfeitamente aos desenvolvimentos por nós expressos a propósito do negócio representativo]), do outro tornar-se titular do negócio. Esta segunda vertente da vontade não é menos essencial que a primeira. Por isso, segundo Graziani, no caso de um negócio celebrado com recurso a uma procuração a vontade de se tornar sujeito, de ficar vinculado, pertence ao representado. A acção conformadora do conteúdo essa é do representante. Em sentido aproximado, Pugliatti, *L'atto...*, in *Studi...*, p. 23, considera que o representado emite o acto de decisão, e destarte, a sua manifestação constitui o elemento formal do negócio, enquanto o representante oferece a vontade do conteúdo. Pela nossa parte, sem aderirmos totalmente às posições expressas pelos dois autores italianos agora citados, por considerarmos que a acção do representado pode contribuir também para a concretização do

Conforme sublinhado já noutro local, no nosso ordenamento jurídico prevalece o princípio segundo o qual cada um apenas se pode vincular a si mesmo. Trata-se de uma consequência do mencionado princípio da autonomia privada a implicar a afirmação de que cada sujeito deve decidir por si as vinculações que pretende assumir.

Se, não obstante, um terceiro colocar, como sucede na representação jurídica voluntária em vigor ou tornar, para certo sujeito, eficaz uma determinada vinculação então, o valor do respectivo accionar não pode deixar de pertencer ao titular do direito ou situação jurídica atingida. Noutros termos, a atribuição de validade, a *in-Geltung--Setzung* do negócio representativo não pode deixar de ser directamente assacada ou de depender do representado[2264, 2265]. De outra forma, repita-se, seria a própria ideia de autonomia privada a ser posta em causa[2266].

E não se alegue, contra quanto agora se disse, bastar a procuração entendida como um simples pressuposto ou condição de eficácia do *negotium* representativo apenas querido e realizado pelo representante para se garantir o respeito pela autonomia privada do representado. Se a intervenção do representado fosse entendida como mera condição e eficácia do negócio representativo reduzido à vontade do representante não se veria onde ir buscar o fundamento de validade que todo o negócio possui[2267] (não se vislumbraria nenhuma *in-*

---

negócio representativo, tal como decorre do artigo 259.º do Código Civil, quando tenha emitido instruções ou conferido uma procuração que não seja completamente aberta, diremos que a perspectiva por eles oferecida quadra particularmente bem àquelas situações nas quais o representado se tenha limitado a conceder uma procuração geral.

[2263] V., aproximadamente, Larenz, *Die Methode...*, p. 43.

[2264] Assim, Müller-Freienfels, *Die Vertretung...*, p. 71, o qual considera o contributo do representado como um momento constitutivo (*Begründungsmoment*) da sequência representativa; e Thiele, *Die Zustimmungen..*, pp. 60 e ss., para quem a colaboração do representado é a razão ou causa da validade (*Geltungsgrund*) do surgimento de uma nova ordenação jurídica na sua esfera: e de acordo com o princípio da autonomia privada é em função dele que essa nova ordem se mostra ou não susceptível de valer na sua esfera. É, em síntese, ao representado que compete emitir a declaração de validade (*Geltungserklärung*) que vai desencadear uma nova situação ou relação jurídica.

[2265] Que assim se torna autor do acto representativo.

[2266] Lembre-se aqui a interrogação lançada em jeito de desafio por Beuthien, *Zur Theorie der Stellvertretung...*, in *Festschrift...*, p. 4, ao perguntar se não é apenas através da autonomia privada que o negócio actuado pelo representante fica legitimado, de tal forma que o representado é o princípio e o fim da actuação representativa voluntária?

[2267] Defendendo que a redução do poder de representação a uma simples condição de eficácia acaba por negar o especial *Tatbestand* negocial constitutivo do poder de representação v., Müller-Freienfels, *Die Vertretung...*, p. 37.

-*Beziehung-Setzung* própria do fenómeno representativo). Nesta perspectiva a procuração, para mais entendida como uma realidade abstracta, incolor e apenas capaz de gerar uma mera legitimação formal, seria algo de marginal ao negócio representativo não podendo, destarte, servir para lhe atribuir a pretensão de validade ou vigência na esfera jurídica do *dominus*[2268]. É este um aspecto sobre o qual nos debruçámos já[2269]. Não vale a pena perdermos por isso demasiado tempo com a questão. Recorde-se apenas como vista como mero pressuposto ou condição de eficácia do negócio representativo, do qual se mantém inteiramente distinta, e compreendida como dotada de uma independência integral relativamente ao negócio subjacente, a *procuratio* não está sequer em condições de garantir a licitude do negócio representativo. Como poderá, então, garantir ela, assim considerada, o respeito e ligação do negócio representativo à autonomia privada do *dominus*.

IV – É pois forçoso ir buscar-se à pessoa do representado a atribuição de validade, ou o valor, do negócio representativo. O que quer dizer ser ele sempre o seu autor mesmo nas hipóteses de outorga de uma procuração genérica ou ausência de instruções acerca do modo de realização do negócio representativo[2270]. É que, nesta perspectiva, as consequências jurídicas do negócio repesentativo ser-lhe-ão sempre assacáveis. Mas não por existir uma procuração que seria, como quer a teoria da representação, mera condição ou pressuposto da imputação dos efeitos jurídicos do negócio realizado pelo representante. Quanto sucede no negócio representativo é antes a sua subordinação na totalidade ao acto de autodeterminação do representado mediante o qual se atribui validade ao negócio represen-

---

[2268] Por isso, sustentar-se que através da procuração, abstracta e desprovida de qualquer coloração material, entendida como mero pressuposto de eficácia da produção, em determinada esfera jurídica, de certos efeitos inteiramente desencadeados pela pessoa do representado, se garante a autonomia privada do representado é esquecer que o negócio jurídico envolve um comportamento de validade e que é designadamente nessa atribuição de validade que se manifesta e está presente a autonomia privada negocial. Se se degradar a procuração a mera condição de eficácia de um negócio representativo desaparece a base de validade do referido negócio para o representante. Só as concepções que prescindem deste acto de pôr a valer o negócio jurídico e degradam a declaração negocial a simples facto, ou pressuposto de facto, de certos efeitos jurídicos poderão, então, continuar a falar de negócio jurídico.

[2269] Cfr. *supra*, Parte II, Cap. I, parágrafo 2.

[2270] Próximo v., Müller-Freienfels, *Die Vertretung...*, pp. 190 e ss., maxime p. 209. Cfr., também, Lenel, *Stellvertretung...*, in *Jhering's...*, XXXVI, p. 15.

tativo[2271]. Até porque enquanto declaração de vontade, enquanto negócio jurídico, a procuração será também ela um acto de pôr a valer ou de validade de determinadas consequências jurídicas: a saber, a vinculação do *dominus* que lhe é assim directamente imputável. Mas isso só sucederá, porém, num fenómeno que procurámos evidenciar e expor ao longo de toda a segunda parte deste nosso trabalho e ao qual voltaremos ainda um pouco mais adiante, quando a *procuratio* se conjugar com a relação jurídica a ela subjacente e na qual se manifesta também a autonomia da vontade do principal[2272]. Uma procuração pura não dá ao procurador qualquer título para se imiscuir nos negócios do representado[2273]. Torna-se pois necessária a sua ligação a um negócio-base do qual o representado é parte. Tudo a tornar decisiva para o negócio representativo enquanto tal, e para o acto de o pôr a valer, a pessoa do representado. Ele torna-se assim autor do negócio representativo mesmo nos casos de outorga de simples procuração genérica[2274]. Será sempre ao *dominus* a quem se deverá o título que confere ao representado a faculdade, legitimidade ou poder para interferir na sua esfera jurídica. Ou seja, mesmo nestas situações assistir-se-á, na realização do acto, a uma cooperação entre o *dominus* e o representante, este último na sua qualidade de agente[2275]. Dito de

---

[2271] Müller-Freienfels, *Die Vertretung...*, pp. 215 e ss..

[2272] V., *supra*, Parte II, Cap. I, parágrafo 2.

[2273] Menezes Cordeiro, *Manual...*, I, p. 471.

[2274] V. aproximadamente na mesma direcção embora com uma perspectiva de abordagem formal diversa, Lenel, *Stellvertretung...*, in *Jhering's...*, XXXVI, p. 15.

[2275] Em sentido não muito distante, Lenel, *Stellvertretung...*, in *Jhering's...*, XXXVI, p. 15. E não vale sequer a pena objectar que numa circunstância como esta a procuração não configura o concreto conteúdo do negócio representativo. No sentido segundo o qual os factores constitutivos de um negócio jurídico e aqueles outros determinantes da especial configuração concreta assumida pelos efeitos desse negócio não têm de coincidir, lembrava já Müller-Freienfels, *Die Vertretung...*, pp. 214 e 215, a aceitação pura de uma proposta contratual. Num caso como este é o oferente quem conforma o negócio e a aceitação, traduzida num mero sim, conclui o contrato. De um ponto de vista jurídico ambas são valoradas identicamente e representam cada uma delas «meio contrato». De resto, a figura da aceitação havia já obrigado a doutrina tradicional, com Oertmann à cabeça, a rever a posição de que um elemento insusceptível de moldar o conteúdo de um negócio apenas poderia constituir um pressuposto de eficácia e a admitir excepções à regra antes tida por inquestionável. Para fugir ao perigo que semelhante posição representava para a doutrina da representação não faltou quem afirmasse ser a aceitação de uma proposta contratual, de facto, configuradora dos específicos efeitos negociais. Porém, e tal como sublinhado a propósito por Müller-Freienfels, *op. cit.*, p. 215, esta tese contraria de forma tão clara a realidade dos factos que é evidente não poder ser aceite. A simples recordação da existência de efeitos negociais impostos por lei é suficiente para demonstrar como a questão de saber se um acto é ou não constitutivo de um certo *Tatbestand* negocial se não deve resolver em função do seu significado conformador. A este respeito, e para além de Müller-Freienfels, v., Thiele, *Die Zustimmungen...*, pp. 246 e ss., maxime, pp. 248 e 249; e o nosso, *Autonomia...*, *per totum*.

outra maneira também neste caso se verifica, de um ponto de vista jurídico, uma síntese entre a procuração e o negócio representativo[2276].

V – Quanto se acaba de referir é ainda e, a nosso ver, confirmado pelo artigo 259.º, n.ºˢ 1 e 2, do Código Civil. Na verdade este preceito não faz depender a atribuição, ao representado, da qualidade de autor do negócio representativo da existência de quaisquer instruções (concretizadas na procuração ou proferidas à sua margem) ou de qualquer predeterminação de certos elementos desse mesmo negócio. Insista-se na circunstância, já sublinhada, de a referência, no contexto do artigo 259.º, a instruções ou à predeterminação de elementos do negócio por parte do principal não encontrar qualquer correspondência na letra do preceito. Trata-se de noções importadas para este domínio, de forma espúria, pela nossa doutrina a partir do direito alemão e do italiano dos quais o nosso legislador conscientemente se afastou. O termo usado pelo nosso legislador é «(...) *elementos em que tenha sido decisiva a vontade do representado* (...)». Ao referir-se à vontade do representado, como quer que ela seja entendida, torna-se patente a circunstância de o legislador se estar a reportar a uma realidade anterior ao conteúdo do negócio jurídico. Por outro lado os elementos referidos no artigo 259.º do Código Civil não são, não podem ser, aqui apenas uma parte específica do conteúdo negocial sob pena de a referência aos efeitos do negócio constante da parte final do n.º 1 daquele preceito não fazer qualquer sentido e se ter de aceitar aquilo que o artigo 9.º, n.º 3, do Código Civil proscreve. A expressão *«elementos em que tenha sido decisiva a vontade do representado»* parece cobrir, assim, bastante mais do que um entendimento dogmático demasiado rigoroso da mesma poderia deixar antever, num dado confirmado pelo n.º 2 do artigo 259.º do Código Civil. Na verdade, ela parece compreender no seu seio, antes ainda dos efeitos, e entre outros aspectos, o próprio fundamento do negócio representativo enquanto acto de pôr a valer ou de atribuição de validade[2277, 2278].

[2276] Se se preferir também neste caso a procuração irá formar uma unidade com o negócio representativo.

[2277] Assim também se bem vimos, Oliveira Ascensão, *Direito...*, II, p. 251, ao afirmar que basta a expressão *«À excepção dos elementos em que tenha sido decisiva a vontade do representado (...)»* para «(...) *se ter de concluir que o negócio não se forma sem atender ao representado»*, e ao acrescentar que a valia do negócio representativo surge da esfera jurídica do representado.

[2278] Ou se se preferir o fundamento que em dada circunstância ou conjunto de circunstâncias concretas pode não regular mas é sempre constitutivo.

Nela se subsume claramente o título, de que fala designadamente MENEZES CORDEIRO, corporizado na relação subjacente, e que permite ao representante imiscuir-se nos negócios do representado [2279]. Desta forma a atribuição da autoria do negócio representativo ao representado não depende exclusivamente da circunstância de ter existido, na sua base, uma procuração especial ou acompanhada de instruções nela vertidas ou proferidas à sua margem. Ao contrário o *negotium* celebrado por intermédio de procurador pertencerá sempre, enquanto autor, ao representado, pois só a ele pode ser atribuído o valor das vinculações que o afectam[2280]. O que se imputa será sempre o comportamento do procurador não o negócio ou os seus efeitos[2281].

VI – Chegados a esta altura estamos finalmente em condições de compreender a razão por que defendemos já a posição segundo a qual a procuração se deve comunicar simultaneamente ao representado e ao representante[2282]. Ao longo deste nosso estudo verificou-se como a procuração por si só não permitia ao representante imiscuir-se nos negócios do representado. A sua origem, a sua extensão e sorte dependem da relação jurídica base. Numa palavra, a efectiva concretização dos poderes implicados por uma procuração pressupõe um negócio nos termos do qual eles sejam exercidos: o negócio-base[2283]. Isto quer dizer, noutra formulação, que a procuração se encontra sempre integrada num negócio global, não operando, relativamente à relação jurídica causal, de um modo independente. Ao contrário a *procuratio* funciona em conjunto com tal relação. É da relação subjacente que se discernirão quais os fins que se pretende atingir com a procuração, quais as necessidades que se pretende ver satisfeitas[2284], e, também, o próprio regime do negócio representativo. Noutras palavras o sentido e fim da *procuratio*, assim como as condições do seu

---

[2279] Menezes Cordeiro, *Manual...*, I, p. 471.

[2280] Para utilizar uma formulação de algum modo já presente em Lenel, *Stellvertretung...*, in *Jhering's...*, XXXVI, p. 15, embora a declaração de vontade exteriorizada em nome de outrem pelo procurador não possa ser vista enquanto vontade do representado ela é, todavia, emitida com a vontade do *dominus*.

[2281] Julgamos ser essa também a posição defendida por Oliveira Ascensão, *Direito...*, II, pp. 251 e 252, que lembra igualmente o disposto no n.º 2 do artigo 259.º.

[2282] Cfr. *supra* Parte II, Cap. II, parágrafo 2 e 3, *passim*.

[2283] Menezes Cordeiro, *Manual...*, I, p. 472.

[2284] Pedro Leitão de Vasconcelos, *A procuração...*, pp. 52 e 53, e nota (216). V., também, Oliveira Ascensão, *Direito...*, II, p. 237.

exercício, só se apreendem, realizada a sua integração no negócio global[2285]. Quer isto dizer que a procuração mais não é do que um negócio incompleto[2286], cujo *Tatbestand* apenas ficará preenchido com a respectiva ligação à relação-base[2287]. Este simples fenómeno já indicia a necessidade de se proceder à respectiva comunicação ao representante e sujeito na relação jurídica gestória que acaba por concretizar o poder de representação. Mas é possível acrescentar algo mais para justificar essa conclusão. Se a procuração é um negócio incompleto relativamente ao negócio-base ela tem, paralelamente, uma função organizatória[2288], que, entre outros aspectos, a leva a conservar a respectiva autonomia e a não confundir-se com a relação-base[2289, 2290].

[2285] Oliveira Ascensão, *Direito...*, II, pp. 236 e 237. O próprio alcance da repercussão do negócio representativo sobre o principal depende em vários aspectos da relação-base, e, portanto, da sua integração no negócio global.

[2286] A qualificação da procuração como um negócio incompleto é expressamente defendida e sufragada designadamente por Pedro Pais de Vasconcelos, *Contratos...*, pp. 302 e 302; e Oliveira Ascensão, *Direito...*, II, pp. 236 e 237. Na jurisprudência pode ver-se nesse mesmo sentido o *Acórdão do Supremo Tribunal de Justiça, 23-11-1999* (Ribeiro Coelho), in *www.dgsi.pt* (representação – procuração – revogação. Processo 99A506, mas apenas com indicação do sumário); e *Acórdão do Supremo Tribunal de Justiça, 16-4-1996* (Matos Canas), in *Colectânea de Jurisprudência, Acórdãos do Supremo Tribunal de Justiça*, 1996, IV, 2, pp. 19 e ss., maxime p. 22 (mandato representativo – instruções *a latere* da procuração – suspensão do mandato e dos poderes de representação) mas já numa postura um pouco diferente e de forma meramente implícita. Julgamos que esta posição está também, de algum modo, implícita na afirmação proferida por Menezes Cordeiro, *Manual...*, I, p. 472, segundo a qual «*A efectiva concretização dos poderes implicados por uma procuração pressupõe, um negócio nos termos nos quais eles sejam exercidos: o negócio-base*». V., também, Müller-Freienfels, *Die Sonderanknüpfung der Volmmacht*, in *Rabels Zeitschrift*, 24, 1959, pp. 326 e ss. (=*Stellvertretungsregelungen in Einheit und Vielfalt...*, pp. 339 e ss.).

[2287] Seria deslocado proceder aqui a uma abordagem mais ou menos aprofundada acerca do conceito de negócio incompleto. Tomamos a noção por adquirida. Em qualquer caso e para uma breve referência a este respeito pode ver-se, e de entre tantos outros, Flume, *Allgemeiner...*, II, *Das Rechtsgeschäft...*, p. 550. V., também, embora numa perspectiva diversa quanto escrevem Müller-Freienfels, *Die Vertretung...*, pp. 191 e ss., maxime 212 e ss.; e Thiele, *Die Zustimmungen...*, pp. 78 e ss..

[2288] A natureza organizatória do negócio de procuração tem sido reconhecida pela doutrina pertencente aos mais diversos quadrantes dogmáticos. Assim pode confrontar-se, designadamente, Alfred Magnik, *Die Privatautonomie im Aufbau der Rechtsquellen*, Berlim, 1935, pp. 61, 62 e 66; e, na doutrina italiana, Mosco, *La rappresentanza...*, pp. 136 e ss.. V., igualmente quanto escreve a este respeito, Müller-Freienfels, *Die Vertretung...*, pp. 53, 65 e ss., 194 e ss., 196 e ss., e 204; e, ainda, Thiele, *Die Zustimmungen...*, pp. 255 e ss., embora com base em pressupostos para nós inaceitáveis na medida em que reconhece à *procuratio* o efeito de criar um *Können* ou *posse* jurídicos.

[2289] Automonia conceptual que, de resto, resulta expressamente do artigo 262.º, n.º 1. O facto de a nossa lei definir aí a procuração como um acto não impede a respectiva qualificação como negócio (incompleto). Repare-se como o legislador coloca o assento tónico na vontade do representado e se refere à atribuição voluntária de poderes de representação.

[2290] Autonomia conceptual que como é bom de ver, depois de tudo quanto se afirmou ao longo destas páginas, não significa porém independência ou abstracção. Manifestando-se igualmente a favor da autonomia do conceito de procuração mas pondo em causa a sua abstracção

Na verdade, a *procuratio* fixa as bases jurídicas nas quais outros actos ou negócios irão assentar com vista à concretização ou materialização, em autonomia privada, do poder de representação. Por si só, ainda não está nela presente e consubstanciado o referido poder. Contudo ele já vai implicado na *procuratio*[2291]. Sem ela o negócio-base será impotente para permitir a realização de um negócio representativo eficaz. Noutros termos, a procuração contém, em si, já parte do substrato jurídico sobre o qual se irá fundar posteriormente o poder de representação e o negócio representativo[2292, 2293]. Ela é, pois, e tal como sublinhado anteriormente, uma fracção ou instrumento da resposta do ordenamento jurídico (da *Antwortfunktion*) ao problema social típico

relativamente ao negócio-base v., Oliveira Ascensão, *Direito...*, II, pp. 236 e ss.; e, em sentido não muito distante, na doutrina italiana, Donisi, *Il contratto...*, pp. 162 e ss., para quem se pode reconhecer autonomia à relação jurídica representativa externa isso não significa, porém, independência da mesma relativamente à relação-base. Em seu entender não faz sentido falar de uma qualquer insustentável (o termo é do autor) cisão entre a *procuratio* e o negócio de gestão – quase como se entre uma e outro se devesse interpor um rígido diafragma, verosimilmente para salvaguarda da referida independência – devendo antes sublinhar-se as diferenças funcionais entre ambos. Só nesta perspectiva, e de acordo com o autor, merece cidadania a noção de autonomia da procuração. Porém, por este ângulo, sublinha Donisi, não existe nenhuma incompatibilidade entre autonomia da procuração e acessoriedade (sublinhe-se, contudo, e a nosso ver, a impropriedade do recurso, neste domínio, à noção de acessoriedade, apesar de à primeira vista poder parecer uma forma de explicação do fenómeno representativo satisfatória para quem recuse aceitar a compreensão labandiana da representação. Na nossa perspectiva a procuração não representa um negócio acessório relativamente ao negócio-base, mas sim, e conforme mencionado já por diversas vezes, um negócio incompleto. Acerca da noção de acessoriedade reportada aos direitos de crédito ou obrigações, v., por todos, e com carácter meramente ilustrativo, Januário Gomes, *Assunção...*, pp. 107 e ss., com indicações bibliográficas. Cfr., também, no tocante à noção de acessoriedade da fiança relativamente à obrigação garantida, Calvão da Silva, *Garantias acessórias e garantias autónomas*, Coimbra, 1996, pp. 332 e ss.) da mesma perante o negócio gestório sendo ambos chamados a dar vida a uma única operação jurídica, cujo fim é o de realizar o complexo fenómeno de cooperação programado pelo *dominus*.

[2291] Cfr., se bem vimos, nesse sentido, igualmente, Menezes Cordeiro, *Manual...*, I, p. 472.

[2292] Em sentido contrário v., porém, Sotgia, *Apparenza...*, p. 92, para quem o substrato a que se faz alusão no texto seria meramente material numa posição consequente com a negação por parte do autor do carácter negocial da procuração.

[2293] Também aqui se poderá dizer, agora numa perspectiva diversa, que a procuração não regula nem concretiza mas possui características constitutivas pois só a sua associação à substância jurídica reguladora permite o surgimento do poder de representação. Poder-se-ia, não fora a diversidade de pressupostos de que partimos, aproveitar aqui as palavras de Ferrer Correia, *A procuração...*, in *Estudos...*, p. 29: «Conferida a procuração, a esfera jurídica do constituinte fica em estado de receptividade para os efeitos do negócio, que em nome deste, vier a realizar o procurador; ao passo que sem ela, seria em absoluto insensível a tais efeitos. É certo que os direitos e obrigações emergentes dos negócios representativos não vêm implantar-se no património do representado graças ao só conferimento da procuração. Todavia, já lá encontramos, a partir desse momento, o molde que os receba, já os encontramos lá não em ser mas em potência.»

da cooperação na gestão, que se encontra especificada pelo seu especial conteúdo, consistente na actuação do cooperador perante terceiras pessoas para a instauração de relações jurídicas directas entre estas e o principal[2294]. Esta função organizatória, enquanto resposta ao problema social típico da cooperação na gestão, parece, também ela, pressupor a necessidade de comunicação da outorga da procuração ao procurador. Numa fórmula simplificada, e numa argumentação já presente por exemplo em ZIMMERMANN[2295], dir-se-á que o representante só se encontrará em condições de poder legitimamente invocar o nome do representado, e destarte agir em sua contemplação[2296], quando receber a procuração ou tiver conhecimento dela e dos poderes nela implicados[2297]. Do estrito ponto de vista da procuração, ou se se preferir numa perspectiva estática, não se afiguraria necessária qualquer comunicação a terceiros. Ela completa-se com o negócio subjacente e está em condições de ser exercida ou utilizada perante terceiros uma vez comunicada ao representante[2298].

Mas é precisamente a circunstância de a *procuratio* se destinar a ser utilizada perante um *tertius* que torna necessária a sua comunicação a esse mesmo terceiro e, do mesmo, insuficiente a mera transmissão ao procurador[2299]. Na verdade, a invocação do nome do representado, que se pretende habilitar o representante a fazer com a comunicação da procuração, tem de ser feita perante um terceiro. Viu-se como no fenómeno representativo não são nem os efeitos nem o negócio representativo o objecto da imputação. O que se imputa é apenas o comportamento do representante. É pois na esfera do representado que o negócio se forma operando-se uma síntese entre a procuração, concretizada através do negócio-base, e o dito negócio representativo. Nestes termos a procuração não pode deixar de ser comunicada aos

---

[2294] Cfr. quanto escrevem a este respeito, António Gordillo, *La representación aparente...*, p. 16; e Díez-Picazo, *La representación...*, pp. 23 e ss..

[2295] Zimmermann, *Die Lehre...*, p. 89 (v., porém, quanto escreve o autor na nota (107a)).

[2296] Ou se se preferir com *contemplatio domini*.

[2297] Assim, também, e para além de Zimmermann, Mitteis, *Die Lehre...*, pp. 187 e 188; Díez-Picazo, *La representación...*, pp. 136 e 137; Januário Gomes, *Em tema...*, p. 235; e Guichard Alves, *O problema...*, pp. 80 e ss., nota (194).

[2298] O que só confirma também nesta perspectiva quanto referimos *supra*, Parte II, Cap. II, no sentido segundo o qual, na verdade, em caso de abuso de representação ou de desrespeito pelas instruções proferidas à margem da procuração não há já poderes representativos.

[2299] Este simples facto de a procuração se destinar à prática de actos com terceiros já influencia o respectivo regime jurídico. Cfr., Oliveira Ascensão, *Direito...*, II, p. 224 e, *infra*, quanto se escreve no presente parágrafo.

terceiros[2300,][2301]. Simplesmente essa necessidade de comunicação coloca-se num momento subsequente e numa dimensão diversos daquele em que se faz sentir a imposição de transmissão da *procuratio* ao representante[2302,][2303,][2304]. Agora trata-se de considerar a procuração e o poder de representação numa perspectiva dinâmica ou do respectivo exercício.

A comunicação da procuração ao terceiro será na maior parte das vezes feita pelo próprio procurador, o qual nessa medida funcionará como um núncio[2305], e irá implicada na *contemplatio domini* ou se se preferir na actuação em nome de outrem[2306,][2307].

[2300] Dito de outra forma: a procuração, uma vez exercida, integra-se no negócio representativo. Por isso, ela não pode deixar de ser comunicada ao terceiro e o poder de representação considerado também na perspectiva deste.

[2301] Era em grande medida esta síntese entre o negócio representativo e a procuração que levava Lenel, *Stellvertretung*..., in *Jhering's*..., XXXVI, p. 15, a ver nos terceiros os destinatários da procuração. Numa outra perspectiva, Ferrer Correia, *A procuração*..., in *Estudos*..., pp. 1 e ss., justificava a necessidade de comunicação da procuração aos terceiros por serem estes os mais interessados no conhecimento dos poderes de representação e por, em seu entender, ser essa a forma mais fácil e correcta para a resolução de uma série de problemas colocados pelo fenómeno representativo no tocante à tutela desses terceiros.

[2302] A respeito destas últimas considerações v., em termos aproximados, Januário Gomes, *Em tema*..., p. 235.

[2303] O que não quer dizer não assumir relevo para a resolução de questões como as de saber quando fica o *dominus* vinculado em caso de abuso de representação e de instruções proferidas à margem da procuração (sobre isto v., *supra*, Parte II, Cap. II) ou para o regime do poder de representação conforme se deu já conta *supra* neste parágrafo em nota e se desenvolve um pouco mais adiante. Na verdade, o entendimento final da procuração, do poder de representação e do negócio representativo será o resultado de uma tensão entre estas realidades que se influenciam e condicionam recíproca e mutuamente e às quais se junta ainda, enquanto factor igualmente tensor, a relação jurídica subjacente.

[2304] Plano diverso que apesar de diverso não deixa de ser essencial e constitutivo para o negócio representativo.

[2305] A qualificação do representante que comunica a procuração ou os poderes de representação, e na medida em que o faça, como um mero núncio tem sido sublinhada por importante sector da doutrina. Nesse sentido pode ver-se, por exemplo, Lenel, *Stellvertretung*..., in *Jhering's*..., XXXVI, pp. 17 e 18, para quem isso pode suceder de forma tácita bastando que o representante se comporte como tal diante do terceiro (v. também quanto se escreve *supra* na Parte I a propósito da construção de Schlossmann [Cap. V, parágrafo 3.1], e Rosenberg [Cap. V., parágrafo 3.5]); Ferrer Correia, *A procuração*..., in *Estudos*..., p. 30; Rui de Alarcão, *Breve motivação*..., in *Boletim*, 1964, 138, p. 105; Castro Mendes, *Teoria*..., II, p. 275; Carvalho Fernandes, *Teoria*..., II, p. 206. V., também, Oliveira Ascensão, *Teoria*..., III, pp. 299 e 300, ao afirmar que o representante só é agente do acto no espaço de autonomia a ele reservado. Cfr., igualmente, quanto escrevem em Itália, a respeito da articulação da figura do núncio com a do representante, Natoli, *La rappresentanza*, cit., p. 91; Papanti-Pelletier, *Rappresentanza*..., pp. 136 e 160 e ss.; Mirabelli, *Dei contratti*..., comentário aos artigos 1389-1391, p. 369. Veja-se ainda a reconstrução da ligação entre *nuntius* e procurador operada por Mitteis, *Die Lehre*..., pp. 128 e ss., à qual se fez referência *supra*, Parte I, Cap, parágrafo 2. 2, e que com os reparos entretanto por nós feitos parece em grande medida de aceitar. Em concreto não nos parece descabida a afirmação segundo a qual não existe uma contraposição ou descontinuidade entre o representante e o núncio (nesse sentido, designadamente, Papanti-Pelletier, *Rappresentanza...*, pp. 161). Excessivamente rígida e formalista parece-nos a contraposição entre *nuntius* e *procurator* proposta por Raúl Guichard, *Sobre a distinção entre núncio e representante...*, in *Scientia...*, XLIV, 1995, pp. 317 e ss., para quem as duas figuras se deveriam separar em função do critério externo de actuação do intermediário ou auxiliar do dono do negócio e não em resultado do encargo recebido ou poderes efectivamente detidos. Para alicerçar a sua posição o autor utiliza, nomeadamente, uma metodologia de cariz positivista próxima da jurisprudência dos conceitos, com apelo a noções, presentes já em Laband, como a natureza da representação e a essência do negócio jurídico. Além disso, e se bem vimos, a construção de Raúl Guichard Alves parece ter claramente subjacente (v., por exemplo o escrito pelo autor, *op. cit.*, pp. 318 e 319) a tese segundo a qual o autor do negócio representativo é o auxiliar declarante encontrando-se o referido negócio concluído com a simples declaração deste devendo depois imputar-se os efeitos ao representado. Trata-se, todavia, conforme sublinhado no presente parágrafo, de uma posição desmentida pelo artigo 259.º do Código Civil. Também não parece pertinente o argumento de que se deveria atender ao comportamento externo do auxiliar do dono do negócio, e não à relação jurídica interna, por poder esta faltar. A impossibilidade de existir uma procuração pura ou poderes de representação isolados foi por nós já amplamente impugnada (cfr., *supra*, Parte II, Cap. I, parágrafo 2). Aliás as razões invocadas *supra*, Parte II, Cap. V, parágrafo 3.1, contra a tentativa encetada por Guichard Alves de limitar a relevância externa, em sede de aplicação do artigo 259.º do Código Civil, das instruções internas dadas pelo representado ao representante valem também para a distinção por ele proposta acerca do núncio e do representante em função de meros critérios externos.

[2306] Conforme refere a propósito, Menezes Cordeiro, *Manual...*, I, p. 470, numa situação de representação, o representante age de modo expresso e assumido em nome do representado: dá a conhecer o facto da representação. Numa linha não muito distante, Lenel, *Stellvertretung...*, in *Jhering's...*, XXXVI, p. 13, recordava já como a declaração de vontade emitida em nome de outrem não se traduz apenas numa disposição sobre uma esfera jurídica alheia. Ela dá-se a conhecer enquanto tal ao terceiro diante do qual é manifestada e revela, destarte, a necessidade de se complementar com a vontade do *dominus*.

[2307] A *contemplatio domini* ou actuação em nome de outrem é, conforme se referiu já *supra*, Parte II, Cap. I, parágrafo 1, um dos requisitos do fenómeno da representação jurídica directa ou imediata (veja-se ainda, no mesmo sentido, e de entre o interminável número de vozes a este respeito coincidentes, Guichard Alves, *O problema...*, pp. 52 e ss.; Oliveira Ascensão, *Direito...*, II, p. 213; Menezes Cordeiro, *Manual...*, I, p. 467). Ela é imposta de forma categórica pelo artigo 258.º do Código Civil, e não parece minimamente afectada pela chamada figura do «*Geschäft für den, den es angeht*» (mesmo assim v., contra o «*Geschäft für den, den es angeht*, Guichard Alves, *O problema...*, p. 67, por valer entre nós o princípio de que a condição representativa deve transparecer para o terceiro). A expressão, à qual se fez já, de resto, várias vezes alusão ao longo deste nosso estudo, é utilizada no direito alemão para designar uma série de casos com características diversas nos quais se não identifica a pessoa para quem se actua sendo esta indiferente para o terceiro. A este respeito cumpre, antes de mais, sublinhar a enorme contestação que a admissibilidade do «*Geschäft für den, den es angeht*», qualificado em termos manifestamente cépticos como um mito para o qual o direito não deixaria qualquer espaço, tem vindo a suscitar junto da própria doutrina tudesca (cfr., por exemplo, Tempel, *Die Stellvertretung*, cit., in *Grundlagen...*, pp. 225 e ss.; Flume, *Allgemeiner...*, II, *Das Rechtsgeschäft...*, pp. 765 e ss.; Larenz, *Allgemeiner Teil...*, pp. 603 e ss.; Staudinger-Schilken, *Kommentar...*, I, comentário prévio ao § 164, pp. 20 e ss.; Larenz-Wolf, *Allgemeiner Teil...*, pp. 879 e ss.; e na nossa doutrina Guichard Alves, *O problema...*,

p. 67). Adoptando uma terminologia com alguma divulgação (v., K. Schmidt, *Offene...*, in *Juristische...*, 27, 1987, pp. 428 e ss.; por exemplo Larenz-Wolf, *Allgemeiner Teil...*, pp. 879 e ss.; Staudinger- -Schilken, *Kommentar...*, I, p. 21; e Soergel-Leptien, *Bürgerliches...*, I, comentário prévio ao § 164, pp. 538 e ss.) seria possível distinguir situações de *Geschäft für den, den es angeht* impróprio ou declarado daquelas outras de *Geschäft für den, den es angeht* próprio ou oculto. Na primeira hipótese o agente não identificaria a pessoa para quem actua mas deixaria claro não estar a agir para si mas antes para um terceiro. Caberiam aqui os casos em que o dono do negócio não se encontra nomeado permanecendo, por isso, desconhecido mas em que é possível determiná-lo, como sucede por vezes nos leilões (actividade onde se chega ao ponto de a identidade do representado ser ignorada pelo próprio representante, tendo, todavia, este a possibilidade de o vir a identificar tal como, de resto, o próprio leiloeiro). Nesta categoria de *Geschäft für den, den es angeht* se incluiria também o contrato para pessoa a nomear. Parece, porém, claro perante este género de negócio estar-se diante de um comportamento realizado em contemplação de outrem (assim, também, Larenz-Wolf, *Allgemeiner Teil...*, pp. 879 e ss.; Soergel-Leptien, *Bürgerliches...*, I, comentário prévio ao § 164, pp. 538 e ss.; Erman-Palm, *Bürgerliches...*, I, comentário prévio ao § 164, p. 480, e comentário ao § 164, p. 487; Schramm, *Münchener...*, 4.ª ed., I, comentário ao § 164, pp. 1644 e 1653. Contra a inserção deste tipo de negócios no âmbito do fenómeno representativo e a favor do seu enquadramento no contexto do *Geschäft für den, den es angeht* v., K. Schmidt, *Offene...*, in *Juristische...*, 27, 1987, pp. 429 e 430. Mesmo a ser verdadeira esta postura não nos parece colocar em causa o facto de existir aqui uma actuação em contemplação de outrem ainda quando eventual e a favor de sujeito ainda indeterminado). Na verdade o representante afirma aqui estar, ou poder estar, a actuar não para si próprio mas em contemplação de outrem não identificado. Repare-se, aliás, como no caso específico do contrato para pessoa a nomear, nos termos do artigo 453.º, n.º 2, do Código Civil, a declaração de nomeação dever ser acompanhada de instrumento de ratificação ou de procuração anterior à celebração deste. Se a nomeação for feita através de ratificação já não estaremos mais no âmbito do fenómeno representativo (no sentido da apro- ximação do contrato para pessoa a nomear ao fenómeno da representação pode ver-se a biblio- grafia citada *supra*, Parte, I, Cap. IV, parágrafo 5, III, em nota. Contra v., porém, na nossa literatura jurídica, e nomeadamente, Menezes Cordeiro, *Manual...*, I, p. 469. Quanto ao afastamento da figura da ratificação do contexto da representação jurídica v., quanto se escreve *supra*, Parte II, Cap. I, parágrafo 1, em nota). Se for utilizada uma procuração, a actuação, a indicação ou nomeação do contraente até então oculto não pode deixar de ser feita com *contemplatio domini*. No tocante ao *Geschäft für den, den es angeht* próprio ou oculto o agente não revela a circunstância de estar a agir para outrem sendo o verdadeiro dono do negócio indiferente para a contraparte. Este tipo de negócios encontra-se na prática reduzido àqueles que se inserem na aquisição de direitos reais da vida diária mediante pagamento imediato (Staudinger-Schilken, *Kommentar...*, I, comentário prévio ao § 64, p. 22; Larenz-Wolf, *Allgemeiner Teil...*, p. 880); embora num caso ou noutro de pagamento imediato em dinheiro também possa ser indiferente para a contraparte quem seja o contraente (Staudinger-Schilken, *Kommentar...*, I, comentário prévio ao § 64, p. 22). Parte importante da doutrina tem-se recusado a aplicar aqui a técnica do *Geschäft für den, den es angeht* considerando-a perfeitamente desnecessária para resolver os problemas postos por este género de contratos ou actuação negocial. Mas mesmo quando se admita existir aqui algum tipo de especialidade a carecer de tratamento específico (o que também não é nada pacífico. Cfr., a título exemplificativo, Larenz-Wolf, *Allgemeiner Teil...*, p. 880, com indicações) a verdade é que de acordo com a doutrina que vem ganhando adeptos e impondo-se progressivamente como prevalente na Alemanha a pessoa do dono do negócio deve, nestes casos, ser objectivamente determinável. A vontade interna, não exteriorizada, do representado de actuar para outrem não chega. Quem quiser admitir a figura do *Geschäft für den, den es angeht* tem de aceitar como decisivos os momentos objectivos

VII – Com este passo mais, e verificada quer a existência de uma síntese entre a procuração e o negócio representativo quer o carácter de negócio incompleto da *procuratio*, estamos finalmente na posse da totalidade dos ingredientes necessários para poder compreender todo o esquema de funcionamento do fenómeno da representação directa voluntária em direito civil e em particular a relevância externa da relação jurídica subjacente à outorga da procuração. Uma vez que a *procuratio* não é independente do negócio-base e forma uma síntese com o negócio representativo então deve concluir-se no sentido segundo o qual o próprio negócio gestório adquire relevância externa, assumindo-se, ao menos parcialmente, em modo representativo, e transformando-se também ele em objecto de uma síntese – ainda quando não totalmente perfeita pois alguns dos aspectos da relação--base apenas interessarão ao representado e ao representante – com o negócio representativo. Esta recuperação da relação subjacente para o âmbito do fenómeno representativo operada pela síntese entre a procuração e o negócio representativo – bem patente no artigo 259.º do Código Civil ao transformar os vícios em que incorrer o *dominus*

(assim, Bettermann, *Von Stellvertretenden...*, pp. 60 e ss.; embora em termos que nos parecem demasiado flexíveis; Joost, *Großkommentar...*, comentário prévio ao § 48, p. 317; Larenz-Wolf, *Allgemeiner Teil...*, p. 880). É necessário em primeiro lugar que ao agente tenha sido confiada de facto a gestão de um determinado assunto, lhe tenha sido outorgado um poder de representação, e o negócio caiba dentro do âmbito dos assuntos sujeitos à gestão do representante de forma a poder associar-se objectivamente à pessoa do *dominus*. Além disso, da declaração e do negócio deve poder retirar-se que as partes são determináveis e qual o modo da sua determinação (Larenz-Wolf, *Allgemeiner Teil...*, p. 880; e Schramm, *Münchener...*, I, comentário ao § 164, p. 1653). Noutros termos, a vontade de actuar para outrem tem de ser reconhecível a partir das circunstâncias do caso e a sua identidade determinável de forma objectiva (K. Schmidt, *Offene...*, in *Juristische...*, 27, 1987, p. 429; Einsele, *Inhalt...*, in *Juristen...*, 1990, p. 1009). Apenas a identidade do dono do negócio é indiferente para a contraparte nesse mesmo negócio. A ser, porém, assim, a verdadeira especialidade do *Geschäft für den, den es angeht* está nesta indiferença e não, ao contrário de quanto tem sido pretendido frequentemente pela doutrina, numa quebra da necessidade de se agir em contemplação de outrem. Existisse, na verdade, essa quebra tudo ficaria remetido para o simples domínio de uma mera vontade subjectiva não exteriorizada e incapaz de ser tomada como ponto de arrimo para a produção de efeitos jurídicos (Erman-Palm, *Bürgerliches...*, I, comentário ao parágrafo 164, p. 485). Parece, pois, que o único possível desvio à regra segundo a qual o representante deve declarar expressa ou tacitamente estar a agir em nome de outrem se verifica na eventualidade, muito pouco provável, de ele ter poderes representativos, não os exteriorizar, mas sabendo a outra parte que o agente actuava como representante. Nessa invulgar situação aplicar-se-ia, directamente ou não, o artigo 236.º, n.º 2, do Código Civil (Oliveira Ascensão, *Direito...*, II, p. 243), pelo que para haver um negócio representativo teria sempre a outra parte de ter conhecimento da vontade do representado expressa no acto de concessão dos poderes de representação. Acerca da figura do *Geschäft für den, den es angeht* v., ainda, as referências em nota *supra*, Parte I, Cap. I, parágrafo 3; e Parte I, Cap. IV, parágrafo 5, em nota.

em vícios da outra parte do negócio na relação com o terceiro[2308] – tinha aliás sido já intuída por MITTEIS ao escrever: «*É claro que para nós, que consideramos a vontade do principal também para os efeitos do negócio jurídico, também tem significado se este concedeu para a celebração do negócio um mandato ou uma simples autorização, que, por conseguinte, podemos reconhecer o conceito de mandato como utilizável no domínio da representação*[2309].» Com isto se explica e compreende igualmente, num processo afinal circular, a relevância, em sede interpretativa, da relação-base e das instruções proferidas à margem da procuração para o poder de representação. Se o terceiro as conhece ou deve conhecer elas não podem deixar de valer perante ele, conforme já anteriormente demonstrado de forma alongada.

Com esta recuperação da relação-base para o domínio da representação consegue-se finalmente entender as características do chamado poder de representação. Não se trata de outorga de legitimidade porque juridicamente o autor do acto é o próprio representado[2310]. Também se não trata de um direito subjectivo uma vez que ele não confere nenhuma vantagem ou permissão normativa específica de aproveitamento de um bem[2311, 2312]. Trata-se de um poder potestativo

---

[2308] Oliveira Ascensão, *Direito...*, II, p. 253. V., também, Papanti-Pelletier, *Rappresentanza...*, p. 148.

[2309] Mitteis, *Die Lehre...*, p. 184.

[2310] Oliveira Ascensão, *Direito...*, II, p. 93. Era porém outra e como se demonstrou a posição defendida pela visão labandiana do fenómeno representativo. Não insistiremos mais neste ponto. A título de exemplo cita-se aqui e agora a favor da consideração do poder de representação como uma simples hipótese de legitimação, Flume, *Allgemeiner...*, II, *Das Rechtsgeschäft...*, pp. 784 e 785.

[2311] Contra a qualificação do poder de representação como um direito subjectivo pode ver-se, designadamente, e de entre a bibliografia por nós considerada, em termos que julgamos decisivos, na doutrina de língua alemã, Müller-Freienfels, *Die Vertretung...*, pp. 41 e ss.; Thiele, *Die Zustimmungen...*, p. 255; Frotz, *Verkehrsschutz...*, p. 31, nota (78); Flume, *Allgemeiner...*, II, *Das Rechtsgeschäft...*, pp. 748 e 749; Larenz-Wolf, *Allgemeiner...*, p. 874; Soergel-Leptien, *Bürgerliches...*, I, 13.ª ed., comentário prévio ao § 164, p. 535; Schramm, *Münchener...*, 4.ª ed., I, comentário ao § 164, p. 1658, sublinhando que o recurso à figura do direito subjectivo não quadra sequer naquelas hipóteses nas quais o poder de representação é irrevogável; Bork, *Allgemeiner...*, pp. 1426 e 1427; enquanto na literatura jurídica italiana se pode referir, designadamente, Natoli, *La rappresentanza...*, p. 42; Id., *Rappresentanza...*, in *Enciclopedia...*, XXXVIII, pp. 469 e ss.; Mosco, *La rappresentanza...*, p. 56. Finalmente entre nós v. Guichard Alves, *O problema...*, pp. 69 e ss., nota (184). Em sentido diverso e, destarte, a favor da qualificação do poder de representação como um direito subjectivo cfr., Enneccerus-Nipperdey, *Allgemeiner Teil...*, I, II, p. 1129, para quem se estaria diante de um direito potestativo; Philipp Doris, *Die Rechtsgeschäftliche...*, pp. 175 e ss.; Steffen, *BGB – RGRK*, cit., I, comentário ao § 167 p. 68. Cfr., também, Crome, *System...*, I, p. 459.

[2312] Como também se não deve falar a este respeito de capacidade ou poder genérico de intervir em negócios alheios. Não obstante a enorme quantidade de sufrágios que tem merecido, a referência a uma mera capacidade ou poder genérico colocar-nos-ia de novo perante o erro

de pôr em prática acções ou comportamentos jurídicos que são automaticamente imputados na esfera jurídica do representado[2313]. Corresponde-lhe, pois, uma situação de sujeição por parte do *dominus*[2314]. Mas não como quer a visão labandiana do fenómeno representativo de um qualquer poder abstracto, formal e auto-suficiente[2315]. Tal como o entendemos o poder de representação não se explica a si mesmo. Ele está na dependência de uma relação jurídica que o justifica[2316] e concretiza. Por isso é um poder funcional[2317, 2318, 2319] e vinculado, colocado ao serviço dos fins definidos pelo negócio-base.

decisivo de ignorar ou negar o especial *Tatbestand* negocial constitutivo do poder ou fenómeno da representação jurídica voluntária. Ela mostra-se completamente inconciliável com o regime do artigo 259.º do Código Civil. Tem pois razão Oliveira Ascensão, *Direito...*, II, p. 223, quando considera tratar-se de uma visão deformadora da realidade. Contra semelhante forma de compreender o problema do poder de representação. V., também, Guichard Alves, *O problema...*, p. 69 e ss., nota (184), e se bem interpretamos, Menezes Cordeiro, *Manual...*, I, p. 470, de forma implícita. Na doutrina alemã pode confrontar-se em sentido igualmente contrário à compreensão do poder de representação como uma capacidade, e entre tantos outros, Müller-Freienfels, *Die Vertretung...*, pp. 34; Larenz-Wolf, *Allgemeiner...*, p. 874; Soergel-Leptien, *Bürgerliches...*, I, 13.ª ed., comentário prévio ao § 164, p. 535; Schramm, *Münchener...*, 4.ª ed., I, comentário ao § 164, p. 1658; enquanto na literatura jurídica italiana se destaca, por exemplo, Mosco, *La rappresentanza...*, p. 56. Para mais referências a este respeito cfr. designadamente, *supra*, I, Cap. VII.

[2313] Oliveira Ascensão, *Direito...*, II, pp. 221 e 224.

[2314] Não parece na verdade possível negar-se a natureza potestativa deste poder (v., entre nós e a título meramente exemplificativo, Oliveira Ascensão, *Direito...*, II, pp. 221 e 224). Mas isto não significará o reconhecer-se ao poder de representação a natureza de um direito subjectivo. Para mais pormenores v. quanto se escreve *infra* em nota.

[2315] No sentido do texto v., Oliveira Ascensão, *Direito...*, II, p. 224. Cfr., também, Menezes Cordeiro, *Manual...*, I, pp. 471 e 472.

[2316] Oliveira Ascensão, *Direito...*, II, p. 224.

[2317] Entre nós pode ver-se nesse sentido, por exemplo, Dias Marques, *Teoria...*, I, p. 316; Galvão Telles, *Manual...*, p. 302 (embora fale também em legitimação); Castro Mendes, *Teoria...*, II, p. 276, nota (276); Helena Brito, *A representação...*, in *Revista...*, 9/10, p. 28; Helena Mota, *Do abuso de representação...*, *passim*, p. 140; Carvalho Fernandes, *Teoria...*, II, p. 204; enquanto na doutrina italiana se pode ver, por todos, Mosco, *La rappresentanza...*, pp. 48 e ss., e 132 e ss.; Enrico Perego, *Spunti sul conflitto di interesse...*, in *Revista...*, XXXII, 1978, pp. 1434 e ss., e 1445 e ss.. Só que alguns destes autores consideram a actividade representativa, em si mesma, fonte de uma obrigação de comportamento a cargo do procurador, distinta das obrigações emergentes da relação gestória e de conteúdo, qualquer que seja a natureza de tais relações. Ou seja, a competência representativa corresponderia a um poder abstracto mas vinculado. Existisse realmente a possibilidade de retirar da simples situação analítica de poder a existência de uma vinculação, então, caberia perguntar onde estava o tal poder formal de representação ao qual a visão labandiana do fenómeno representativo tanto se apega. Pela nossa parte só conseguimos conceber a existência de um poder representativo funcional justamente por não o considerarmos abstracto ou auto-suficiente e considerarmos antes que a sua materialização e sentido depende da relação jurídica base.

[2318] E nem se diga que por esta via se está de novo a reconhecer ao poder de representação a natureza de um direito subjectivo. O poder aqui em questão não decorre, na nossa opinião, de qualquer procuração abstracta. Ele é antes o fruto de uma síntese entre esta (entendida

Mas não é apenas o negócio-base a afectar o poder de representação. Conforme sublinhado a propósito por OLIVEIRA ASCENSÃO[2320], o referido poder encontra-se entre duas relações, ambas a condicioná-lo: a relação subjacente que está na sua origem e a relação de execução, que constitui o respectivo destino.

Por isso se é certo ir-se, em grande medida, buscar a raiz e os contornos do poder de representação ao negócio-base[2321] não pode esquecer-se a circunstância de ele se destinar à prática de actos jurídicos com terceiros os quais acabam também por influenciar o regime do nexo de representação[2322]. É esta tensão entre a ligação do poder de representação, de um lado, à relação-base, e, do outro, a relação de execução que explica a circunstância de a procuração e o poder por ela conferido deverem ser comunicados simultaneamente ao representado e ao representante enquanto para a respectiva modificação ou extinção basta, nos termos dos artigos 265.º e 266.º do Código Civil,

---

como negócio incompleto) e o negócio-base. Trata-se portanto de um poder específico por força do qual a representação se torna possível (esta natureza peculiar do poder de representação e a sua distinção perante situações de direito subjectivo, tem sido sublinhada pela doutrina, em especial a tudesca. Assim v., Müller-Freienfels, *Die Vertretung...*, pp. 48 e ss., para quem o poder de representação é na realidade uma competência derivada ou secundária; Frotz, *Verkehrsschutz...*, p. 31, nota (78); Staudinger-Schilken, *Kommentar...*, I, comentário prévio ao § 164, p. 9, onde depois de se falar de legitimação acaba por se considerar, e tal como propugnado por Müller-Freienfels, o poder de representação como uma competência; Larenz-Wolf, *Allgemeiner...*, p. 874; Soergel-Leptien, *Bürgerliches...*, I, 13.ª ed., comentário prévio ao § 164, p. 535; Schramm, *Münchener...*, 4.ª ed., I, comentário prévio ao § 164, p. 1658; Bork, *Allgemeiner...*, p. 1427, embora alguns destes autores [em particular Larenz-Wolf e Soergel-Leptien] concebam este característico poder ao modo de Laband como um simples *Können* numa visão por nós naturalmente rejeitada. Sublinhe-se ainda, e uma vez mais, a circunstância de, entre nós, mercê dos estudos de Gomes da Silva, *O dever...*, I, pp. 40 e ss., maxime pp. 45, 76, 76, se ter alcançado uma definição de poder, enquanto disponibilidade de meios declarados legítimos para atingir determinado fim, utilizada pela generalidade dos civilistas da Faculdade de Direito de Lisboa, capaz de pôr termo à quase insanável e persistente confusão entre poder e direito subjectivo. Cfr., também, Menezes Cordeiro, *Tratado...*, 2.ª ed. I, I, pp. 177 e 178).

[2319] Numa outra perspectiva, e seguindo-se a via proposta por Menezes Cordeiro, *Tratado...*, 2.ª ed. I, I, p. 178, para o enquadramento dos poderes, é possível classificar o poder de representação da seguinte forma: a) trata-se de um poder jurídico com eficácia constitutiva (esta ideia não nos parece incompatível com a afirmação da natureza constitutiva do próprio acto de pôr a valer do representado. Conforme se sublinha adiante o fenómeno representativo envolve uma cooperação entre representante e representado); b) tem natureza potestativa; c) consiste num poder integrado; d) tem carácter instrumental.

[2320] Oliveira Ascensão, *Direito...*, II, p. 224.

[2321] V. nesse sentido a demonstração realizada ao longo de toda a segunda parte deste trabalho. Agora refira-se, apenas, com carácter ilustrativo, Oliveira Ascensão, *Direito...*, II, p. 224. Cfr., igualmente, Menezes Cordeiro, *Manual...*, I, p. 472.

[2322] Oliveira Ascensão, *Direito...*, II, p. 224.

o mero desaparecimento ou alteração do negócio-base mesmo na ausência de qualquer conhecimento das partes e sujeitos envolvidos no processo representativo. Conforme se referiu já de um ponto de vista estático, no qual se considere apenas o conceito de procuração e de poder de representação basta para a *procuratio* se tornar completa e eficaz a sua integração no negócio global formado por ela e pela relação subjacente acompanhada da sua comunicação ao representante. Mas porque a procuração se destina a dar vida a uma relação de execução, da qual emergirão um ou mais negócios, cuja autoria jurídica caberá ao representado, ela não pode ser vista de modo exclusivamente estático. Ao contrário, a *procuratio* tem uma dimensão fundamentalmente dinâmica, essencial e constitutiva para o negócio representativo, sem a qual não faz sentido nem pode ser compreendida, o que leva à necessidade de comunicar o poder de representação à contraparte no referido negócio[2323]. Esta necessidade de transmissão da *procuratio* para além do círculo constituído pelo representante e representado coloca-se, pois, sublinhe-se, num plano completamente diverso (embora, recorde-se, essencial e constitutivo para a *fattispecie* complexa formada pelo negócio representativo) daquele em que se manifesta a exigência de comunicação da procuração ao *procurator* e sua articulação com o negócio-base. Dada essa comunicação e articulação a procuração já existe, numa perspectiva meramente estática, enquanto negócio completo cujo fim é a outorga dos poderes de representação. Porém, e porque a *procuratio* se tem de integrar no negócio global do qual é um trecho ou vicissitude, basta que a relação-base se modifique ou desapareça para quer ela quer o poder de representação se modificarem ou desparecerem também, mesmo perante uma eventual ausência de conhecimento desse facto por parte de todos os sujeitos envolvidos.

VIII – O percurso até agora trilhado permite-nos tirar a conclusão final acerca do sentido e função do fenómeno representativo. Atendendo ao facto de o nosso legislador ter concebido o representado como o autor do acto[2324] e o representante como um mero agente,

---

[2323] Esta dimensão simultaneamente estática e dinâmica da procuração vale também, e naturalmente, para o poder de representação, sendo que nas relações com os terceiros, no exercício do poder de representação esta última assume carácter decisivo. É por isso que o problema do abuso de representação e das instruções *a latere* da *procuratio* puderam ser tratados como hipóteses de interpretação do poder de representação por parte desses mesmos terceiros.

[2324] E em certas circunstâncias como agente também.

a representação não corresponde a uma pura forma ou modo de actuação em nome de outrem[2325] nem a uma actuação com efeitos para outrem[2326]. Ela consiste sim num fenómeno de cooperação entre sujeitos. Cooperação que não se verifica apenas nos casos em que existam instruções ou uma procuração com poderes mais ou menos específicos. Não se trata apenas de reconhecer a existência de uma simples actuação conjunta, entendida em sentido quantitativamente diferente, como pretendia MITTEIS[2327], na determinação do conteúdo do negócio. Também não se procura evidenciar, tão-só, a existência de um concurso de vontades entre o *dominus* e o representante verificada agora num plano, função e qualidade diversas, no sentido de que o representado emitiria o acto de decisão ou de pôr a valer perante si próprio o negócio representativo e o representante emitiria a declaração determinante do conteúdo negocial[2328]. Em nosso entender a cooperação entre o representante e o representado poderá verificar-se quer do ponto de vista quantitativo e qualitativo quer apenas a este último nível. A síntese entre a outorga dos poderes de representação e o negócio representativo existirá em qualquer das circunstâncias[2329].

Numa visão mais global, o fenómeno representativo afigura-se como o resultado de uma tensão entre a relação jurídica subjacente, a procuração, o poder de representação e o próprio negócio represen-

---

[2325] Assim, também, Müller-Freienfels, *Die Vertretung...*, pp. 15 e ss..

[2326] *Idem*, pp. 23 e ss..

[2327] Recorde-se que o autor falava de uma divisão intensiva e extensiva da vontade entre *dominus* e representado. Cfr. *supra*, Parte I, Cap. V, parágrafo 2.2.

[2328] É como se viu *supra* no presente parágrafo em nota, em maior ou menor medida, esta última a posição defendida quer por Pugliatti, *L'atto...*, in *Studi...*, p. 23; e Graziani, *La rappresentanza...*, in *Studi..*, pp. 24 e 25.

[2329] Propugna-se, assim, no tocante à compreensão de quanto tem sido designado de estrutura do negócio representativo, uma orientação com características próprias, apesar de inserida na linha de quanto é defendido na literatura de língua alemã, por Mitteis, *Die Lehre...*, pp. 79 e ss.; Lenel, *Stellvertretung...*, in *Jhering's...*, XXXVI, pp. 1 e ss., maxime, 13 e ss.; Müller-Freienfels, *Die Vertretung...*, pp. 190 e ss., e por exemplo, pp. 121 e 216; Thiele, *Die Zustimmungen...*, pp. 243 e ss.. Em Itália a ideia de cooperação de vontades é, entre outros, sustentada por, Pugliatti, *L'atto...*, in *Studi...*, p. 23; Graziani, *La rappresentanza...*, in *Studi..*, pp. 24 e 25; e Papanti-Pelletier, *Rappresentanza...*, pp. 5 e 6, 121 e ss., 148 e ss., 160 e ss.; numa posição que teve também nalguma medida defensores em França através de Demogue e Rouast (cfr. *supra* Parte I, Cap. III, parágrafo 3). Entre nós, antes da entrada em vigor do actual Código Civil, encontravam-se mais ou menos próximos desta corrente de opinião Cunha Gonçalves, Cabral Moncada e Paulo Cunha (v. *supra* Parte I, Cap. VII, parágrafo 5). À luz do direito vigente cfr., quanto escreve acerca da estrutura do negócio representativo, Oliveira Ascensão, *Direito...*, II, pp. 224 e 250 a 254.

tativo[2330]. Tudo a levar, num círculo de certo modo imperfeito, estas várias realidades a condicionarem-se umas às outras na sua extensão e razão de ser e a operarem sucessivas sínteses entre si: primeiro da relação-base com a procuração, depois, da procuração e do poder de representação – vistas estas duas figuras não apenas da perspectiva oferecida pela relação representado/representante mas também em função do ângulo visual obtido pela contraparte do negócio representativo e da relação de execução – com o negócio representativo que assim acaba por se ligar também, na medida da primeira síntese, à própria relação-base.

[2330] Com recurso a uma terminologia própria da relação de fiança (cfr., Januário Gomes, *Assunção...*, pp. 360 e ss..) poder-se-ia dizer que o fenómeno representativo apresenta uma arquitectura triangular (v., também nesse sentido, Oliveira Ascensão, *Direito...*, II, p. 225, para quem *«avulta (...) a estrutura triangular da relação global de represesentação»* e refere, com carácter ilustrativo, a este propósito um esquema triádico composto pelo principal, o representante e o terceiro), com uma relação de valuta, uma relação de cobertura e uma relação externa. Não basta, porém, sublinhar a referida arquitectura triangular. É necessário pôr em evidência a tensão que os vários pólos do triângulo exercem sobre os demais, num desenho, que afinal parece dever descrever-se, também, como circular.

CONCLUSÕES

§ 1.º

1. A representação e demais figuras com ela conexas não terão sofrido, no direito romano, um desenvolvimento uniforme e linear. Ao contrário, a representação assumiu, ao longo do tempo, uma configuração de carácter compósito ou fragmentário, resultado de um moroso e complexo desenvolvimento histórico, que os próprios textos do direito justinianeu evidenciam, e cuja pista ou traça não se deixa reconstituir com facilidade. A acriticamente apregoada afirmação segundo a qual o direito romano desconheceu a representação merece atenta reflexão. Os problemas práticos que se encontram na medula do fenómeno representativo não foram certamente ignorados pelos romanos. A própria insusceptibilidade de produção de efeitos jurídicos directos entre um *dominus negotii* e um terceiro, com quem um gestor tenha contratado, deve ser questionada se entendida em termos categóricos ou absolutos.

2. A análise das fontes relativas aos primórdios da história de Roma indicia a inexistência de uma verdadeira ou significativa necessidade de alguém se fazer ajudar ou suprir, por outrem, na administração dos seus bens ou na conclusão de negócios jurídicos.

3. Este estado de coisas estaria na origem do desenvolvimento de uma abundante e delicada casuística contrária à admissibilidade da representação directa no direito romano. Casuística que se pode resumir nas fórmulas *«per extraneam personam nobis adquiri non posse»*; *«conditio nostra per alterum deterior fieri non potest»*; e *«per liberam personam adquiri nobis nihil potest»*.

4. Apesar de continuar a existir e de ser objecto de aparentes reafirmações, o princípio de direito romano que vedava a aquisição de direitos ou imputação de obrigações através de um intermediário livre é na, verdade, por diversas vezes desmentido ao longo dos séculos. A evolução verificada não foi objecto de uma reforma radical. Tratou-se antes de um processo extremamente lento, gradual, de

conversão e adaptação às novas realidades sociais de esquemas compatíveis com os novos desenvolvimentos. Não obstante a consagração formal, pelos compiladores de Justiniano, como regra geral, da ideia expressa através do aforismo *per extraneam* (ou *liberam*) *persona adquiri non potest* coexiste numa relação difícil, porventura mesmo contraditória, com outros dados culturais, aos quais o próprio Justinano não deixa de dar expressão.

5. Diversas manifestações e modelos assumidos pelo fenómeno representativo romano começaram por se apoiar na ideia de identidade pessoal ou relação hierárquica entre o agente e o sujeito a quem se imputavam os efeitos jurídicos. Neste contexto a *praepositio* e o *iussum* desempenharam um papel fundamental, sendo certo que esta base objectiva não impediu o desenvolvimento de fórmulas adicionais destinadas a tutelar a confiança dos terceiros contraentes. A pouco e pouco, e como consequência das alterações verificadas no estatuto socioeconómico do *procurator*, vai-se admitindo a possibilidade de, para além de um liberto, também um *extraneus* ocupar o lugar de procurador. A relação de fidúcia – nos termos até então concebidos – entre *patronus* e *libertinus*, entre *dominus* e *procurator* começa a quebrar-se. O *obsequim* no qual se fundava a *procuratio omnium bonorum* deixa de poder servir de alicerce para a *procuratio*. Afectado nos respectivos poderes, quebrado o vínculo que ligava o procurador à família do *dominus*, o procurador vê desaparecer a base que lhe permitia actuar. A concessão de um mandato ao procurador torna-se necessária.

6. O mandato no qual passou a estar submersa a *procuratio* traduzia, desde logo o encargo que recaía sobre o procurador. Mas mais. Ele implicava igualmente a autorização unilateralmente concedida ao *procurator* para actuar. O *mandatum* tinha assim um valor extremamente próximo do da *praepositio*. Todavia, enquanto esta pela sua própria natureza e configuração servia de suporte à actividade negocial do substituto ou auxiliar na base de relações internas particulares, o mandato podia não apenas autenticar, no confronto com terceiros, uma relação interna de preposição/subordinação, como aplicar-se entre partes livres. O *procurator*, que operava na base do *iussum* do principal, passa a ser considerado também como um mandatário, tal como o era o procurador livre. A estrutura da relação interna é indiferente: o *mandatum*, instrumento válido para a constituição do *procurator libertus*, e dotado de alguns elementos da *praepositio*, permite que a *actio institoria*, ou mais correctamente a *actio quasi institoria* (*actio* ad exemplum *institoriae actionis*) pudesse ser intentada contra o *dominus* quando o *procurator*

fosse um cidadão livre. Nestes termos, e no contexto da evolução verificada na sociedade imperial, a capacidade de produção de efeitos jurídicos directos em esfera jurídica alheia, reconhecida o *procurator libertus*, é gradualmente adaptada à actividade de pessoas livres e estranhas. O carácter objectivo da *praepositio*, base da responsabilidade do *dominus* diminui. O peso da relação interna fundada sobre o mandato acentua-se do mesmo passo, com o consequente afundamento da relação hierárquica existente entre *dominus* e auxiliar.

7. O processo de transformação, operado tanto através do esforço da jurisprudência romana como mediante intervenções imperiais, que conduziu, de uma situação de proibição da representação directa, a um cenário mais ou menos amplo de admissibilidade da referida figura é acolhido, codificado e desenvolvido na compilação justinianeia.

§ 2.º

A ligação do fenómeno representativo ao mandato manteve-se desde o direito romano até ao século XIX.

§ 3.º

Os glosadores e comentadores continuaram a afirmar o princípio da proibição da representação directa ou produção de efeitos jurídicos directos, em consequência de acto voluntário, em esfera jurídica alheia. Não obstante, recorriam frequentemente a artifícios de dialéctica e a construções caracterizadas por pequenas subtilezas, as quais permitiam garantir a harmonia com o *Corpus Iuris* e abriam a possibilidade a comportamentos contrários à referida proibição. Entre tais subtilezas encontra-se o catálogo das excepções à regra do *alteri stipulari nemo potest* constante da Glosa de *ACCURSIUS, Nihil agit,* I, § *Si qui alii,* Rub. *De inutilibus stipulationibus.* Outros exemplos são dados pelas diversas formas de estipulação e pelos contratos celebrados por juízes, notários e outras pessoas públicas.

§ 4.º

Os denodos no sentido de se alargar a campo de actuação livre com efeitos para outrem, sem contudo se conseguir ultrapassar definitivamente o princípio do *alteri stipulari nemo potest*, mantiveram-se ao longo do período do *ius commune* até ao racionalismo.

§ 5.º

Aproveitando o caminho preparado pela segunda escolástica os jusracionalistas, com destaque para *GROTIUS*, abandonariam definitivamente o princípio do *alteri stipulari nemo potest*, aceitando a possibilidade de representação jurídica directa e voluntária, numa orientação que influenciaria as codificações jusnaturalistas dos vários países.

§ 6.º

Seria necessário esperar por SAVIGNY para a representação passar a encontrar lugar no contexto de uma teoria geral e ser orientada por princípios e preceitos gerais.

§ 7.º

A ligação verificada, ao longo do período do *ius commune,* entre representação e mandato não impediu o desenvolvimento e consagração de diversas formas de protecção da confiança depositada por terceiro na consistência e amplitude dos poderes do procurador.

§ 8.º

O corte operado por LABAND entre procuração e mandato foi fruto do positivismo, da jurisprudência dos conceitos e do método jurídico puro. Por detrás da doutrina da abstracção da procuração encontra-se, não uma preocupação de articular e situar o fenómeno representativo no âmbito da autonomia privada do *dominus*, mas antes o desejo exacerbado de protecção do comércio jurídico incluindo o de má fé. É esse propósito a explicar a irrelevância atribuída, num primeiro momento, pelos respectivos defensores e sequazes ao abuso de representação.

§ 9.º

A ideia de autonomia ou abstracção da procuração levaria à sua concepção como um acto ou negócio unilateral.

§ 10.º

A concepção da procuração como um negócio jurídico abstracto corresponde a um dogma historicamente datado.

§ 11 .º

A força com que esta construção se mantém nos nossos dias é, entre outros factores, explicável pela permanência – contra quanto é assumido e prognosticado a nível metodológico –, na doutrina e jurisprudência, dos quadros mentais próprios do positivismo e da jurisprudência dos conceitos.

§ 12.º

A teoria da representação encontra-se também ela marcada pelas correntes de pensamento vigentes ao tempo da sua formulação e, tal como a doutrina da abstracção da procuração, a sua permanência actual deve-se, em grande medida, ao perpetuar – não obstante os discursos contrários ao positivismo, dedutivismo e logicismo legalista e normativista – de mal assumidos ou inconscientes resquícios de formas de pensamento próprias de outras épocas.

§ 13.º

À luz do direito português vigente a procuração surge, na sua génese, como necessariamente determinada por uma relação jurídica base e não pode subsistir sem ela. Não é, pois, admissível a procuração isolada, suspensa ou pura. Os efeitos que esta produzir explicam-se através da tutela da confiança, não em resultado da abstracção da procuração.

§ 14.º

A extensão da procuração e do poder de representação não é independente da relação-base.

§ 15.º

A irrelevância do abuso de representação defendida por LABAND e seus sequazes cedo se demonstrou intolerável.

§ 16.º

A jurisprudência tudesca, primeiro, e a doutrina depois, sem pretenderem negar os pressupostos em que assentava a visão labandiana do fenómeno representativo, viram-se forçadas a conceder relevância ao referido abuso.

§ 17.º

Contudo, a atribuição de relevância à figura do abuso de representação mostrou-se sempre incompatível com a doutrina da abstracção ou autonomia integral da *procuratio*, num fenómeno que os prosélitos do Professor de Conisberga não conseguiram nunca ultrapassar.

§ 18.º

A circunstância de o artigo 269.º do nosso Código Civil fazer depender a eficácia externa do abuso de representação do conhecimento ou dever de conhecimento por parte do terceiro do desmando cometido pelo procurador não conduz à consagração de qualquer tipo de abstracção da *procuratio*.

§ 19.º

O encargo de diligência que recai sobre o *tertius* corresponde exactamente ao imposto pelo nosso legislador em matéria de interpretação das declarações negociais ao declaratário.

§ 20.º

Deve, pois, afirmar-se em definitivo a necessária recondução: a) do reconhecimento do abuso de representação ao processo de interpretação dos negócios jurídicos; b) da actuação abusiva a um comportamento com falta de poderes de representação aferido, justamente, em função do fim da representação e interesses do representado tal como resultantes do negócio gestório.

§ 21.°

Conclusão anterior a significar a ausência de autonomia do abuso de representação relativamente à falta de poderes de representação, mais concretamente à figura do excesso de poderes representativos.

§ 22.°

Subjacente à irrelevância externa de determinadas hipóteses de abuso de representação, nos termos previstos no artigo 269.° do Código Civil, não está qualquer forma de insensibilidade da procuração face à relação-base, mas apenas um mecanismo de protecção da boa fé e confiança coincidente com o previsto no artigo 236.° do Código Civil.

§ 23.°

A afirmação de que existiria abuso de representação quando o representante age, formalmente, no âmbito dos poderes que lhe foram conferidos; mas os utiliza para um fim ou função não ajustado àquele em razão do qual eles se constituíram não tem qualquer viabilidade. Ela apenas poderá fazer sentido à luz de coordenadas metodológicas ultrapassadas e historicamente datadas.

§ 24.°

A interpretação do negócio jurídico deve ser assumida como uma operação concreta, integrada em diversas coordenadas. Embora virada para declarações particulares, ela deve ter em conta o conjunto do negócio, a ambiência em que ele foi criado e vai ser executado, as regras supletivas por ele afastadas e o regime delas decorrente.

§ 25.°

A interpretação é, hoje, dominada, pelo factor teleológico não apenas no domínio legal mas também no negocial. Os negócios não existem por si. Correspondem todos a instrumentos usados pelas partes para prosseguir certos fins. Quando eles sejam cognoscíveis e, juridicamente imputáveis aos esquemas negociais considerados, deparamos com um factor de modelação do sentido da declaração a interpretar. Se o destinatário souber, ou tiver a obrigação de o saber, que o seu sentido aparente não corresponde ao fim ou interesse pretendido pelo declarante, então, não pode deixar de ser o sentido real a prevalecer.

§ 26.º

Quais sejam a «função» e o fim da representação é algo, apenas, susceptível de se determinar em sede de interpretação e não é, assim, algo que se coloque, apenas, em momento posterior ao processo de interpretação da vontade negocial tendente à fixação da mera realidade formal desse mesmo poder.

§ 27.º

A vontade reconhecível do autor da procuração não pode deixar de ser a de que o representante actue licitamente, e desse modo, dentro dos precisos limites do respectivo *Dürfen* ou *licere*.

§ 28.º

Na sequência de uma adequada hermenêutica jurídica não se vê como obter um poder de representação que não coincidiria com os limites conhecidos ou cognoscíveis da autorização gestória. Os próprios defensores da ideia de autonomia da procuração acabaram por se ver forçados a admitir a tese segundo a qual para a interpretação do conteúdo da *procuratio* se mostra decisiva a relação subjacente e, destarte, o próprio *licere* do representante.

§ 29.º

Enquanto noção meramente formal o poder de representação não pode ser violado, nem, na realidade, abusado.

§ 30.º

Não é admissível a distinção entre, de um lado, declarações *a latere* da procuração destinadas a cercear o poder de representação, e do outro instruções internas que não limitariam o referido poder.

§ 31.º

Toda a limitação da competência interna do procurador envolve uma restrição dos respectivos poderes. Apenas a oponibilidade externa de tal limitação deverá ser aferida em sede de interpretação negocial, da procuração na perspectiva do terceiro.

§ 32.º

O regime definido pelo artigo 269.º do Código Civil sobre-põe-se ao instituído pelos artigos 238.º e 250.º daquele diploma.

§ 33.º

Embora não de forma imediata, a figura do negócio consigo mesmo aponta no sentido da causalidade do poder de representação.

§ 34.º

Claramente indicadores da causalidade da procuração afiguram-se os esquemas de substituição do procurador, de revogação dos poderes de representação e da procuração irrevogável.

§ 35.º

No mesmo sentido, parece, depor a possibilidade de renúncia à procuração.

§ 36.º

O artigo 266.º do Código Civil não consagra a doutrina da abs-tracção da procuração. Ele limita-se a tutelar a confiança de quantos acreditaram numa determinada configuração dos poderes de representação. Este aspecto tem importantes e variadas consequências ao nível das saídas substantivas. O beneficiário da tutela da confiança poderá, por exemplo, abrir mão da protecção que lhe é concedida por lei, num fenómeno sem paralelo caso estivéssemos perante um fenómeno de autonomia integral ou abstracção. Os termos do conjunto relação-base/procuração não são, também do ponto de vista da respectiva sorte, independentes.

§ 37.º

A extinção do poder de representação em virtude da cessação da relação a ele subjacente tanto pode ficar sujeita ao n.º 1 como ao n.º 2 do artigo 266.º. Aplica-se o n.º 1 quando a extinção do negócio-base resultar de um acto voluntário do representado. Se a causa desaparecer por qualquer outro motivo que não a revogação, então, aplica-se o n.º 2 do artigo 266.º do Código Civil.

§ 38.º

A circunstância de a procuração não ser independente relativamente ao negócio gestório não impede a existência de algumas situações nas quais o representado possa ficar vinculado pela actuação do putativo representante apesar de faltar uma relação-base, de esta ter sido ultrapassada, já não existir ou se mostrar inválida, mesmo fora do âmbito de aplicação imediata dos artigos 266.º e 269.º do Código Civil.

§ 39.º

Parece de admitir a aplicação analógica aos contratos de cooperação, ou mesmo de gestão, de uma representação aparente nos moldes e com os requisitos estabelecidos no artigo 23.º do Decreto-Lei n.º 178/86 para o contrato de agência.

§ 40.º

A tais requisitos deverá, todavia, juntar-se a necessidade de a criação da situação aparente se mostrar consciente, como forma de se manter a necessária harmonia valorativa, no contexto do direito civil, com a exigência de consciência da declaração constante do artigo 246.º do Código Civil.

§ 41.º

Naquelas situações nas quais não existe nenhum contrato a ligar o pretenso representante ao representado, ou tendo ele sido realmente estipulado por algum motivo já cessou ou foi declarado sem efeito ou corre o risco de o vir a ser, e o *tertius* acreditou na completude do negócio procuratório e na plena legitimidade do procurador não pode falar-se realmente em poderes de representação. Contudo, nas hipóteses nas quais o principal celebra um negócio procuratório sem ter ao mesmo tempo dado vida a uma relação interna válida e eficaz, entre ele e o seu auxiliar, poderá ficar vinculado através do princípio da confiança e da procuração aparente. O alicerce legal para se susten-tar uma tal construção encontra-se no artigo 266.º, n.ºs 1 e 2. Caso o *dominus* conceda ao seu auxiliar um procuração, sem ao mesmo tem-po a suportar numa relação gestória, ele será responsável pelos actos representativos realizados pelo *falsus procurator*, excepto se a ausência do negócio-base tiver sido levada ao conhecimento de terceiros por meios idóneos, ou ainda, quando se mostre terem estes conhecimento da respectiva falta.

§ 42.º

O mesmo princípio deverá valer quando se mostre ter o *dominus*, ao tempo da concessão da *procuratio*, deliberadamente causado ou conhe-cido um qualquer vício gerador de uma nulidade ou anulabilidade da relação-base (artigo 266.º, n.º 1, do Código Civil).

§ 43.º

Para o caso de o negócio causal se encontrar afectado por vicissitudes desconhecidas do suposto representado ao tempo da outorga da procuração, o negócio celebrado pelo *falsus procurator* será vinculativo se o terceiro as ignorar sem culpa (artigos 266.º, n.º 2, e 269.º do Código Civil).

§ 44.º

Com isto não se está a abrir mão da causalidade da *procuratio*. O fundamento das soluções propostas não está na abstracção da procuração mas na tutela da boa fé e na protecção da confiança de quem for dela efectivamente merecedor.

§ 45.º

Além disso, as soluções propostas valem apenas no pressuposto de que a vicissitude a afectar a relação-base ou instrução se traduz tão-só no desaparecimento dela própria e, portanto, apenas tem reflexos sobre a existência dos poderes de representação. Quando a relação gestória viciada contém indicações quanto ao modo de celebração e conteúdo do negócio representativo haverá que se colocar o problema em sede da validade do negócio representativo, mesmo admitindo a inoponibilidade da falta dos poderes de representação.

§ 46.º

Na eventualidade de não existir quer um negócio-base quer ainda uma procuração a única via aberta para assegurar a protecção de terceiros de boa fé crentes na existência de poderes de representação parece ser a do abuso de direito, numa orientação merecedora de relativo consenso, seja na forma de *venire contra factum proprium* seja na de *surrectio*.

§ 47.º

A tutela da confiança na aparência de poderes de representação oferece uma base, dogmaticamente mais correcta do que a doutrina da abstracção, para alcançar a protecção do terceiro de boa fé que contrata com um putativo representante. Além disso, ela garante ao *tertius* uma protecção bem mais ampla do que a possibilitada através do apelo à ideia de autonomia integral do negócio de outorga dos poderes de representação. Tudo a tornar lícito afirmar como, afinal, a necessidade de se acautelar as exigências de certeza e de segurança de quem contrata com um representante, mais do que permitir dispensar a tese da abstracção da procuração, reclama outros mecanismos e remédios jurídicos.

§ 48.º

Mas não parece haver margem no direito civil português nem para uma procuração por força da aparência jurídica *(Anscheinsvollmacht)* nem para a procuração tolerada tal qual.

§ 49.º

Embora seja conceptualmente admissível e possa ser útil quando intentada por terceiros com legitimidade para o efeito não parece existir um interesse real no recurso a acção destinada a obter, por parte do representado, a declaração de nulidade ou de anulabilidade da *procuratio*. O dono do negócio alcançará o mesmo efeito através de um mecanismo muito mais simples e menos contingente: a revogação da procuração.

§ 50.º

Exercidas as competências representativas a impugnação deve dirigir-se não à procuração mas ao negócio representativo.

§ 51.º

A defesa da posição favorável à impugnação autónoma da procuração é não apenas resultado de pressupostos lógicos inadmissíveis, normalmente filiados no positivismo e na jurisprudência dos conceitos, mas para além disso tributária de um específico dado e contexto legislativo que nada tem a ver com o português.

§ 52.º

A limitação da possibilidade de se impugnar autonomamente uma *procuratio* já utilizada não se mostra um corpo estranho ou mesmo raro no nosso ordenamento jurídico. Comprova-o, para além do artigo 259.º do Código Civil, o regime estabelecido pelo artigo 42.º do Código das Sociedades Comerciais ou a inviabilidade de se atacar de forma autónoma a proposta contratual depois de esta se ter fundido com o contrato.

§ 53.º

Os vícios ou invalidade da relação-base ou das instruções proferidas à margem da procuração que se repercutam sobre o conteúdo do negócio representativo provocam a invalidade deste.

§ 54.º

Para a invalidade da relação-subjacente ou instrução afectar a validade do negócio representativo não é necessária a cognoscibilidade, por parte do *tertius*, da predeterminação do conteúdo do referido negócio pelo representante.

§ 55.º

Também em sede de repercussão da validade ou invalidade da relação-base sobre a validade ou invalidade do negócio representativo se confirma a causalidade do poder da procuração e do poder de representação.

§ 56.º

No tocante à influência do conhecimento ou ignorância dos factos que podem influir sobre os efeitos do negócio representativo, a regra básica é a contida no n.º 2 do artigo 259.º, a prevalecer sobre o n.º 1 segunda parte do preceito em referência. Em primeiro lugar, e antes de mais, releva o estado de conhecimento do representado, sempre que ele, directa ou indirectamente, se tenha erigido como elemento de determinação da actuação do representante. Só na ausência desse conhecimento se atenderá à pessoa do procurador.

§ 57.º

O nosso legislador consagrou, pois, no artigo 259.º do Código Civil, a teoria da cooperação entre o representante e o representado na realização do negócio representativo. Fê-lo em moldes que, igualmente por esta via, trazem o negócio gestório e as chamadas instruções internas para o âmbito das relações que se estabelecem com o próprio terceiro.

§ 58.º

À semelhança do referido já a propósito das tentativas ensaiadas com o fim de limitar a importância da vontade do representado na determinação do destino e efeitos do negócio representativo, a repercussão do estado subjectivo do representado sobre o negócio representativo não depende da circunstância de o terceiro conhecer ou dever conhecer o facto de o representado ter predeterminado certo aspecto do conteúdo do acto posto pelo representante.

§ 59.º

O critério definidor da cooperação de vontades entre o representante e o representado definido no artigo 259.º do Código Civil vale para a interpretação do negócio representativo.

§ 60.º

No âmbito do negócio representativo não existe qualquer cisão entre a pessoa do representado e a sua vontade expressa na procuração, de um lado, e o negócio representativo cujos efeitos seriam imputados ao *dominus,* do outro. Não é sequer possível falar-se em imputação ao principal do negócio celebrado com a ajuda do procurador. O que se imputa é a acção ou comportamento do representante. É na esfera do representado que o negócio se torna definitivo, perfeito e válido. Destarte o autor do acto será juridicamente sempre o dono do negócio. O procurador não passa de um mero agente, e mesmo assim, apenas na esfera que for deixada à sua decisão.

§ 61.º

O negócio jurídico corresponde a um acto de pôr a valer. A atribuição de validade ao negócio representativo só pode ser concedida pelo representado, não pelo procurador, pelo que o *dominus* será sempre autor, mesmo na eventualidade de não existir uma procuração especial ou acompanhada de instruções nela vertidas ou proferidas à sua margem.

§ 62.°

A procuração é um negócio incompleto a pressupor um negócio-base, apenas se apreendendo o sentido respectivo após a integração da *procuratio* no negócio global.

§ 63.°

A procuração é ainda um negócio de organização, facto que entre outros aspectos, assegura a sua não confusão com a relação-base.

§ 64.°

A *procuratio* fixa as bases jurídicas nas quais outros actos ou negócios irão assentar, com vista à concretização ou materialização, em autonomia privada, do poder de representação. Por si só, ainda não está nela presente e consubstanciado o referido poder. Contudo ele já vai implicado na *procuratio*. Sem ela o negócio-base será impotente para permitir a realização de um negócio representativo eficaz. Noutros termos, a procuração contém, em si, já parte do substrato jurídico sobre o qual se irá fundar posteriormente o poder de representação e o negócio representativo.

§ 65.°

Na esfera do representado a procuração e a relação-base, que legitima o procurador a agir, formam entre si uma síntese.

§ 66.°

A procuração deve ser simultaneamente comunicada ao representante e ao terceiro.

§ 67.°

Frequentemente esta comunicação ao terceiro será feita pelo próprio representante – o qual funcionará, assim, como um mero núncio – e irá implicada na *contemplatio domini*.

§ 68.°

O poder de representação corresponde a um poder potestativo, dependente de uma relação jurídica base que o justifica e concretiza. Trata-se, pois, de um poder funcional e vinculado, colocado ao serviço dos fins definidos pelo negócio-base.

§ 69.°

A representação corresponde a um fenómeno de cooperação entre sujeitos.

§ 70.°

Numa visão global, o fenómeno representativo afigura-se como o resultado de uma tensão entre a relação jurídica subjacente, a procuração, o poder de representação e o próprio negócio representativo. Tudo a levar, num círculo de certo modo imperfeito, estas várias realidades a condicionarem-se umas às outras na sua extensão e razão de ser e a operarem sucessivas sínteses entre si: primeiro da relação-base com a procuração, depois, da procuração e do poder de representação – vistas estas duas figuras não apenas a partir da perspectiva oferecida pela relação representado/representante mas também em função do ângulo visual obtido pela contraparte do negócio representativo e da relação de execução – com o negócio representativo que, destarte, acaba por se ligar também, na medida da primeira síntese, à própria relação-base.

ÍNDICE DE JURISPRUDÊNCIA

1. JURISPRUDÊNCIA PORTUGUESA

SUPREMO TRIBUNAL DE JUSTIÇA

Collecção Official dos Accordãos Doutrinais do Supremo Tribunal de Justiça, ano judicial de 1902-1903.

— *Acórdão do Supremo Tribunal de Justiça, 3-4-1906* (José Pereira), in *Collecção Official dos Accordãos Doutrinais do Supremo Tribunal de Justiça*, ano judicial de 1905-1906.

— *Acórdão do Supremo Tribunal de Justiça, 13-11-1906* (F. Azevedo), in *Collecção Official dos Accordãos Doutrinais do Supremo Tribunal de Justiça*, 1906-1907.

— *Acórdão do Supremo Tribunal de Justiça, 23-3-1909* (H. Pinto), in *Collecção Official dos Accordãos Doutrinais do Supremo Tribunal de Justiça*, 1908-1909.

— *Acórdão do Supremo Tribunal de Justiça, 20-6-1911* (Pinto Ribeiro), in *Collecção Official dos Accordãos Doutrinais do Supremo Tribunal de Justiça*, 1910-1911 (abuso de confiança cometido por procurador).

— *Acórdão do Supremo Tribunal de Justiça, 17-10-1913* (Sousa e Mello), in *Collecção Official dos Acórdãos Doutrinais do Supremo Tribunal de Justiça*, 1913-1914, XIII (nulidade da cláusula de irrevogabilidade do mandato conferido em escritura pública).

— *Acórdão do Supremo Tribunal de Justiça, 20-2-1920* (Abel Abreu), in *Collecção Official dos Accordãos Doutrinais do Supremo Tribunal de Justiça*, 1919-1920.

— *Acórdão do Supremo Tribunal de Justiça, 3-4-1925* (Pimenta de Castro), in *Collecção Official dos Accordãos Doutrinais do Supremo Tribunal de Justiça*, 1925.

— *Acórdão do Supremo Tribunal de Justiça, 12-3-1929* (B. Veiga), in *Collecção Official dos Accordãos Doutrinais do Supremo Tribunal de Justiça*, 1929 (concessão de poderes a um procurador ou, caso este não fizesse uso dos mesmos, à mulher do constituinte – venda de bens imobiliários feita pela mulher).

— *Acórdão do Supremo Tribunal de Justiça, 17-1-1930* (Alexandre de Aragão), in *Collecção Official dos Accordãos Doutrinais do Supremo Tribunal de Justiça*, 1930 (no qual o procurador vendeu a terceiro, com quem se encontrava concertado, bens da sua constituinte por um preço muito inferior ao valor real).

— *Acórdão do Supremo Tribunal de Justiça, 22-2-1935* (J. Cipriano), in *Collecção Official dos Accordãos Doutrinais do Supremo Tribunal de Justiça*, 1935.

— *Acórdão do Supremo Tribunal de Justiça, 7-5-1935* (J. Cipriano), in *Collecção Official dos Accordãos Doutrinais do Supremo Tribunal de Justiça*, 1935 (poderes do empregado de um Banco para assinar em nome da instituição bancária, sem para tal possuir mandato expresso).

— *Acórdão do Supremo Tribunal de Justiça, 23-7-1940*, in *Revista de Justiça*, 1941, ano 26 (considerou-se como abuso de poderes a venda efectuada, simuladamente pelo procurador, com o fim de prejudicar terceiros).

— *Supremo Tribunal de Justiça, 8-7-1941* (Mourisca), in *Boletim Oficial do Ministério da Justiça*, 1940-1941 (actuação do mandatário contra instruções do mandante conhecidas do terceiro).

— *Acórdão do Supremo Tribunal de Justiça, 5-5-1942* (Magalhães Barros), in *Boletim Oficial do Ministério da Justiça*, 1942 (utilização consciente de procuração revogada – aceitação sucessiva de duas procurações com o propósito manifesto de prejudicar um dos constituintes).

— *Acórdão do Supremo Tribunal de Justiça, 14-12-1948* (Pedro de Albuquerque), in *Boletim do Ministério da Justiça*, 1949, 10 (endosso de favor).

— *Acórdão do Supremo Tribunal de Justiça, 18-3-1949* (Jaime de Almeida Ribeiro), in *Boletim do Ministério da Justiça*, 1949, 12 (excesso de poderes de sócio, que sem gerentes nomeados, e sem consentimento do outro sócio, contratou com terceiros em nome da sociedade).

— *Acórdão do Supremo Tribunal de Justiça, 28-10-1949* (Roberto Martins), in *Boletim do Ministério da Justiça*, 1949, 15 (cedência de estabelecimento comercial – mandato – actuação do cessionário em nome próprio ou em nome do cedente).

— *Acórdão do Supremo Tribunal de Justiça, 26-5-1954* (Lopes Cardoso), in *Boletim do Ministério da Justiça*, 1955, 50 (fiança destinada a garantir dívida de terceiro).

— *Acórdão do Supremo Tribunal de Justiça, 23-11-1954* (A. Bártolo), in *Boletim do Ministério da Justiça*, 1955, 46 (mandato comercial – rescisão).

— *Acórdão do Supremo Tribunal de Justiça, 21-6-1957* (A. Gonçalves Pereira), in *Boletim do Ministério da Justiça*, 1957, 68 (uso abusivo da procuração – erro – mandato – responsabilidade civil).

— *Acórdão do Supremo Tribunal de Justiça, 22-10-1957* (Agostinho Fontes), in *Boletim do Ministério da Justiça*, 1957, 70 (âmbito dos poderes contidos numa procuração – poderes do mandatário para substabelecer).

— *Acórdão do Supremo Tribunal de Justiça, 10-12-1957* (Mário Cardoso), in *Boletim do Ministério da Justiça*, 1958, 72 (poderes do gerente para obrigar a sociedade).

— *Acórdão do Supremo Tribunal de Justiça, 7-4-1959* (Lencastre da Veiga), in *Boletim do Ministério da Justiça*, 1959, 86 (excesso de mandato).

— *Acórdão do Supremo Tribunal de Justiça, 24-2-1960* (Lopes Cardoso), in *Revista de Legislação e Jurisprudência*, 1961-1962 (= *Boletim do Ministério da Justiça*, 1961, 104) (excesso de poderes na vertente de abuso de representação).

— *Acórdão do Supremo Tribunal de Justiça, 27-7-1962* (Lopes Cardoso), in *Boletim do Ministério da Justiça*, 1962, 119 (poderes do gerente – aval de letras – uso de firma (excesso).

— *Acórdão do Supremo Tribunal de Justiça, 27-7-1962* (Torres Paulo), in *Boletim do Ministério da Justiça*, 1964, 140 (letras – aval – natureza e regime – poderes dos administradores de um Banco para a prestação de avales – novação [conceito e requisitos] – recursos [competência do Supremo]).

— *Acórdão do Supremo Tribunal de Justiça, 22-2-1963* (Bravo Serra), in *Boletim do Ministério da Justiça*, 1963, 124 (excesso de poderes).

— *Acórdão do Supremo Tribunal de Justiça, 14-5-1965* (Lopes Cardoso), in *Boletim do Ministério da Justiça*, 1965, 147 (doação de coisa móvel através de mandatário – tradição – morte do mandante – termo do mandato).

— *Acórdão do Supremo Tribunal de Justiça, 15-3-1968* (Orlando Carvalho), in *Boletim do Ministério da Justiça*, 1968, 175 (violação ou excesso de poderes no desempenho de um contrato de comissão – instruções).

— *Acórdão do Supremo Tribunal de Justiça, 3-2-1970* (Santos Carvalho), in *Boletim do Ministério da Justiça*, 1970, 194 (pessoas colectivas – representação sem poderes – ineficácia do negócio – carácter subsidiário da obrigação de restituir por enriquecimento sem causa).

— *Acórdão do Supremo Tribunal de Justiça, 18-4-1975* (Oliveira Carvalho), in *Revista de Legislação e Jurisprudência*, 1976-1977, 109 (efeito da estipulação da irrevogabilidade do mandato).

— *Acórdão do Supremo Tribunal de Justiça, 3-10-1978* (Rui Corte-Real), in *Boletim do Ministério da Justiça*, 1978, 280 (abuso de representação – interpretação de negócio jurídico – procuração forense – matéria de direito).

— *Acórdão do Supremo Tribunal de Justiça, 8-2-1979* (Octávio Dias Garcia), in *Revista de Legislação e Jurisprudência*, 1980, 112.

— *Acórdão do Supremo Tribunal de Justiça, 19-6-1979* (Santos Vítor), in *Boletim do Ministério da Justiça*, 1979, 288 (forma do mandato – ratificação do mandato).

— *Acórdão do Supremo Tribunal de Justiça, 8-2-1979* (Octávio Dias Garcia), in *Revista de Legislação e Jurisprudência*, 1980, 112 (= *Boletim do Ministério da Justiça*, 1979, 284) (aval por procuração).

— *Acórdão do Supremo Tribunal de Justiça, 5-3-1981* (Abel de Campos), in *Boletim do Ministério da Justiça*, 1981, 305 (= *www. dgsi.pt*, mas apenas com indicação do sumário) (simulação – abuso de representação).

— *Acórdão do Supremo Tribunal de Justiça, 6-4-1983* (Pedro Lima Cluny), in *Boletim do Ministério da Justiça*, 1983, 326 (= *www. dgsi.pt*, mas apenas com indicação do sumário) (responsabilidade civil do estado – representação orgânica abuso de representação – negócio usurário – responsabilidade do estado pela gestão das empresas intervencionadas).

— *Acórdão do Supremo Tribunal de Justiça, 2-2-1985* (Joaquim Figueiredo), in *www.dgsi.pt* (representação sem poderes – abuso de representação).

— *Acórdão do Supremo Tribunal de Justiça, 14-1-1986* (Magalhães Baião), in *Boletim do Ministério da Justiça*, 1986, 353 (recursos – conhecimento do mérito da causa – agravo de despacho saneador – competência e poderes de representação de comissão administrativa de empresa privada destinada a financiamentos imobiliários e construções, sujeita à intervenção do estado, para a celebração de negócios jurídicos tendo como objecto imóveis já construídos ou em construção).

— *Acórdão do Supremo Tribunal de Justiça, 10-2-1987* (Joaquim Figueiredo), in *Boletim do Ministério da Justiça*, 1987, 364 (sujeição da outorga de poderes de representação entre cônjuges ao regime do artigo 1684.º do Código Civil [na redacção anterior a 1977]).

— *Acórdão do Supremo Tribunal de Justiça, 20-10-1988* (Rodrigues Gonçalves), in *www.dgsi.pt* (representação sem poderes, abuso da representação).

— *Acórdão do Supremo Tribunal de Justiça, 16-11-1988* (Lima Cluny), in *Boletim do Ministério da Justiça*, 1988, 381 (desequilíbrio de prestações – abuso de representação).

— *Acórdão do Supremo Tribunal de Justiça, 16-11-1988* (Pinheiro Farinha), in *Boletim do Ministério da Justiça*, 1988, 381 (representação sem poderes – revogação ou rejeição do negócio pela contraparte em caso de conhecimento da falta de poderes – liberdade contratual. Foi proferido voto de vencido por parte de Baltazar Coelho).

— *Acórdão do Supremo Tribunal de Justiça, 15-2-1989* (Pinto Ferreira), in *Boletim do Ministério da Justiça*, 1989, 384 (incapacidade acidental – documento autêntico – prova plena – contrato-promessa – negócio consigo mesmo).

— *Acórdão do Supremo Tribunal de Justiça, 24-1-1990* (Eliseu Figueira), in *Boletim do Ministério da Justiça*, 1990, 393 (contrato a favor de terceiro – natureza das funções do IARN – mandato de interesse comum).

— *Acórdão do Supremo Tribunal de Justiça, 6-5-1993* (Araújo Ribeiro), in *Colectânea de Jurisprudência, Acórdãos do Supremo Tribunal de Justiça*, 1993, I, 2 (falta de menção na procuração outorgada a outro cônjuge do bem a vender).

— *Acórdão do Supremo Tribunal de Justiça, 13-4-1994* (José Martins da Costa), in *Colectânea de Jurisprudência, Acórdãos do supremo Tribunal de Justiça*, 1994, II, 2 (procurador do promitente vendedor – abuso de representação – responsável pela indemnização).

— *Acórdão do Supremo Tribunal de Justiça, 27-9-1994* (Costa Marques), in *Colectânea de Jurisprudência, Acórdãos do Supremo Tribunal de Justiça*, 1994, II, III (mandato representativo – caducidade – correcção do pedido).

— *Acórdão do Supremo Tribunal de Justiça, 7-3-1995* (César Marques), in *Colectânea de Jurisprudência, Acórdãos do Supremo Tribunal de Justiça*, 1995, III, I (prova da ignorância sem culpa da extinção da procuração).

— *Acórdão do Supremo Tribunal de Justiça, 9-3-1995* (Figueiredo de Sousa), in *Boletim do Ministério da Justiça*, 1995, 445 (mandato – doação após morte do mandante – não caducidade do mandato – aceitação da doação).

— *Acórdão do Supremo Tribunal de Justiça, 13-7-1995* (Torres Paulo), in *www.dgsi.pt* (abuso de representação – mandato, apenas com indicação do sumário).

— *Acórdão do Supremo Tribunal de Justiça, 13-2-1996* (Martins da Costa), in *Colectânea de Jurisprudência, Acórdãos do Supremo Tribunal de Justiça*, 1996, IV, I (cessão do direito e acção à herança – interesse de terceiro na procuração – revogabilidade da procuração).

— *Acórdão do Supremo Tribunal de Justiça, 16-4-1996* (Matos Canas), in *Colectânea de Jurisprudência, Acórdãos do Supremo Tribunal de Justiça*, 1996, IV, II (mandato representativo – instruções *a latere* da procuração – suspensão do mandato e dos poderes de representação).

— *Acórdão do Supremo Tribunal de Justiça de 19-12-1996*, in *Diário da República*, n.º 8, I Série-A, de 10-1-1997.

— *Acórdão do Supremo Tribunal de Justiça, 9-1-1997* (Sousa Inês), in *Colectânea de Jurisprudência, Acórdãos do Supremo Tribunal de Justiça,* 1997, V, I (garantia de pagamento – causa do contrato – boa fé contratual).

— *Acórdão do Supremo Tribunal de Justiça, 3-6-1997* (Lopes Pinto), in *Boletim do Ministério da Justiça,* 1997, 468 (mandato – procuração – celebração de contrato prometido após morte do mandante [promitente-vendedor] – interesse do mandatário [promitente--comprador] – não caducidade do mandato).

— *Acórdão do Supremo Tribunal de Justiça, 10-7-1997* (Almeida e Silva), in *Boletim do Ministério da Justiça,* 1997, 469 (representação sem poderes – ratificação – responsabilidade contratual de pessoa colectiva pública).

— *Acórdão do Supremo Tribunal de Justiça, 3-3-1998* (Fernandes Maga-lhães), in *Boletim do Ministério da Justiça,* 1998, 475 (incapacidade acidental – documento autêntico – prova plena – contrato-pro-messa – negócio consigo mesmo).

— *Acórdão do Supremo Tribunal de Justiça, 23-11-1999* (Ribeiro Coe-lho), in *www.dgsi.pt* (representação – procuração – revogação. Pro-cesso 99A506 apenas com indicação do sumário).

— *Acórdão do Supremo Tribunal de Justiça, 11-1-2000* (Ribeiro Coelho), in *www.dgsi.pt* (bolsa de valores – mandato comercial – documen-to particular – valor probatório – responsabilidade contratual – *culpa in contrahendo* – abuso de representação – ordem de bolsa – ordem de compra – gestão de carteira de títulos).

— *Acórdão do Supremo Tribunal de Justiça, 3-5-2001* (Quirino Soares), in *Revista da Ordem dos Advogados,* Lisboa, 2001, Ano 61, II.

RELAÇÃO DE ÉVORA

— *Acórdão da Relação de Évora, 17-1-1991* (Matos Canas), in *Colectâ-nea de Jurisprudência,* 1991, XVI, I (providência cautelar não especi-ficada – direito de retenção – revogação da procuração).

— *Acórdão da Relação de Évora, 27-2-1992* (Mateus da Silva), in *Colectânea de Jurisprudência,* 1992, XVII, 1 (falta de poderes de repre-sentação – excesso – interpretação da procuração).

— *Acórdão da Relação de Évora, 12-11-1996* (Fernando Fabião), in *www. dgsi. pt* (procuração – abuso de representação – nulidade do contrato – bons costumes. Apenas com indicação do sumário).

RELAÇÃO DE COIMBRA

— *Acórdão da Relação de Coimbra, 17-1-1968* (Manuel José Fernandes Costa), in *Jurisprudência das Relações*, 1968, XIV, I (mandato e representação).

— *Acórdão da Relação de Coimbra, 27-1-1987* (Vítor Manuel Ferreira da Rocha), in *Colectânea de Jurisprudência*, 1987, XII, 1 (arrendamento – representação sem poderes – mandato aparente).

— *Acórdão da Relação de Coimbra, 10-3-1987* (Castanheira da Costa), in *Colectânea de Jurisprudência*, 1987, XII, 2 (desequilíbrio de prestações – abuso de representação – ineficácia do negócio representativo – reivindicação) (= *Boletim do Ministério da Justiça*, 1987, 365, mas, tão-só, com indicação do sumário).

— *Acórdão da Relação de Coimbra, 11-4-1989* (Carlinho Mota e Costa), in *Colectânea de Jurisprudência*, 1989, XIV, 3 (procuração para vender – realização de contrato-promessa).

— *Acórdão da Relação de Coimbra, 15-6-1994* (Sousa Lamas), in *Colectânea de Jurisprudência*, 1994, XIX, 3 (contrato de trabalho celebrado por sócio sem poderes).

— *Acórdão da Relação de Coimbra, 25-6-1996* (Nuno Cameira), in *Colectânea de Jurisprudência*, 1996, XXI (investidura na posse – actos materiais – aprovação tácita [silêncio] do excesso de mandato representativo).

— *Acórdão da Relação de Coimbra, 24-6-1997* (Pires da Rosa), in *Colectânea de Jurisprudência*, 1997, XXII, 3 (desequilíbrio das prestações – abuso de representação).

— *Acórdão da Relação de Coimbra, 18-11-1997* (Cardoso Albuquerque), in *Colectânea de Jurisprudência*, 1997, XXII, 5 (abuso de representação – simulação do negócio representativo – legitimação para a acção de simulação) (= *Boletim do Ministério da Justiça*, 1997, 471, mas apenas com indicação do sumário).

— *Acórdão da Relação de Coimbra, 13-10-1998* (Ferreira Barros), in *Colectânea de Jurisprudência*, 1998, XXIII, 4 (onde se considera que, por não existir uma relação subjacente a apontar no sentido da irrevogabilidade dos poderes de representação, caduca por morte do representado a procuração na qual se estabelece ser ela irrevogável e não caducar por morte dado ser passada no interesse do mandatário).

RELAÇÃO DE LISBOA

— *Acórdão da Relação de Lisboa, 10-11-1880* (Magalhães Mexia), in *Revista de Legislação e Jurisprudência*, 1884 a 1885, XVII.
— *Acórdão da Relação de Lisboa, 10-3-1948* (Lencastre da Veiga), in *Boletim do Ministério da Justiça*, 1949, 10 (representação dos herdeiros de sócio falecido – representação, sem autorização judicial de sócio menor por sua mãe em assembleia geral).
— *Acórdão da Relação de Lisboa, 7-12-1967* (Hernâni Lencastre), in *Jurisprudência das Relações*, 1967, 13, 5 (inventário – excesso de poderes – outorga de poderes para a realização de uma venda – celebração de contrato de promessa).
— *Acórdão da Relação de Lisboa, 8-2-1974*, in *Boletim do Ministério da Justiça*, 1977, 263 (procuração com poderes para serem utilizados em processo por acidente de viação – realização de transacção por parte do procurador).
— *Acórdão da Relação de Lisboa, 10-11-1976* (Costa Aroso), in *Boletim do Ministério da Justiça*, 1977, 263 (contratos – interpretação dos contratos – contrato-promessa – prazos – mora – compra e venda – legitimidade aparente. Apenas se contém indicação de sumário).
— *Acórdão da Relação de Lisboa, 8-1-1980* (Campos Costa), in *Colectânea de Jurisprudência*, 1980, V, 1 (falta de procuração – recurso de sentença homologatória – desistência do pedido).
— *Acórdão da Relação de Lisboa, 19-3-1985* (Calisto Pires), in *Colectânea de Jurisprudência*, 1985, X, 2 (cooperativas de habitação – permuta de posições sociais – poderes contidos numa procuração geral).
— *Acórdão da Relação de Lisboa, 14-11-1985* (Ianquel Milhano), in *Colectânea de Jurisprudência*, 1985, X, 5 (letras de câmbio – procuração com poderes para assinar).
— *Acórdão da Relação de Lisboa, 11-10-1990* (Lopes Pinto), in *Colectânea de Jurisprudência*, 1990, XV, 4 (mandato representativo – interesse do representado – caducidade do mandato).
— *Acórdão da Relação de Lisboa, 28-2-1991* (Almeida Valadas), in *Colectânea de Jurisprudência*, 1991, XVI, 1 (reserva – sinal – mandato representativo para informar o preço e receber o preço e reserva para andares – contrato-promessa).
— *Acórdão da Relação de Lisboa, 7-5-1992* (Joaquim Dias), in *Colectânea de Jurisprudência*, 1992, XVII, 3 (âmbito dos poderes de representação – interpretação da declaração negocial – outorga de

poderes para celebrar contrato de compra e venda – celebração de contrato-promessa).

— _Acórdão da Relação de Lisboa, 12-11-1992_ (Almeida e Sousa), in _Colectânea de Jurisprudência,_ 1992, XVII, 5 (âmbito dos poderes de representação – interpretação da declaração negocial – outorga de poderes para celebrar contrato de compra e venda – celebração de contrato-promessa).

— _Acórdão da Relação de Lisboa, 7-10-93_ (Ferreira Girão), in _Colectânea de Jurisprudência,_ 1993, XVII, 4 (prestação de serviços – contrato complexo inominado – indemnização).

— _Acórdão da Relação de Lisboa, 28-03-2000_ (Roque Nogueira), in _www. dgsi. pt_ (declaração negocial – representação – abuso de representação. Apenas com indicação do sumário).

RELAÇÃO DO PORTO

— _Acórdão da Relação do Porto, 19-10-1886,_ in _Revista dos Tribunaes,_ vol. 1.

— _Acórdão da Relação do Porto, 30 de Outubro de 1970,_ in _Boletim do Ministério da Justiça,_ 1970, 200 (mandato para venda – realização pelo procurador de promessa de venda. Só com indicação do sumário).

— _Acórdão da Relação do Porto, 8-2-1974,_ in _Boletim do Ministério da Justiça,_ 1974, 234 (procuração com poderes para serem utilizados em processos por acidente de viação – realização de transacção por parte do procurador. Só com indicação do sumário).

— _Acórdão da Relação do Porto, 18-7-1978_ (Costa e Sá), in _Colectânea de Jurisprudência,_ 1978, III, 4 (representação sem poderes – ineficácia do negócio representativo).

— _Acórdão da Relação do Porto, 21-10-1980_ (Brochado Brandão), in _Colectânea de Jurisprudência,_ 1980, V, 4 (abuso de representação – mau uso da procuração – preço – validade do negócio) (= _Boletim do Ministério da Justiça,_ 1980, 300, mas apenas com indicação do sumário).

— _Acórdão da Relação do Porto, 13-4-1982_ (Fernandes Fugas), in _Colectânea de Jurisprudência,_ 1982, VII, 2 (contratos de ocupação temporária – títulos de férias – representação).

— _Acórdão da Relação do Porto, 4-11-1982_ (Gama Prazeres), in _Colectânea de Jurisprudência,_ 1982, VII, 5 (distinção entre procuração e mandato – efeitos da inobservância de cláusulas não insertas na procuração).

— *Acórdão da Relação do Porto, 1-3-1983* (Joaquim Carvalho), in *Colectânea de Jurisprudência*, 1983, VIII, 2 (forma do processo – arrendamento feito por co-proprietário – assentimento dos restantes – prova da representação voluntária – representação sem poderes).

— *Acórdão da Relação do Porto, 30-5-1985* (Flávio Pinto Ferreira), publicado por Augusto Leite Faria, *Anulabilidade do negócio consigo mesmo*, Porto, 1995.

— *Acórdão da Relação do Porto, 3-3-1988* (Simões Ventura), in *Colectânea de Jurisprudência*, 1988, XIII, 2 (embargos de executado – abuso de representação – ónus da prova).

— *Acórdão da Relação do Porto, 8-1-1991* (Matos Fernandes), in *Colectânea de Jurisprudência*, 1991, XVI, 1 (interpretação da declaração negocial – negócios formais).

— *Acórdão da Relação do Porto, 16-5-1991* (Augusto Alves), in *Colectânea de Jurisprudência*, 1991, XVI, 3 (falta de poderes para vender – reserva mental – nulidade do contrato – *culpa in contrahendo* – interesse contratual negativo).

— *Acórdão da Relação do Porto, 30-3-1992* (Miranda Gusmão), in *Colectânea de Jurisprudência*, 1992, XVII, 2 (mandato e representação – mandato com e sem representação).

— *Acórdão da Relação do Porto, 6-10-1992* (Araújo Barros), in *Colectânea de Jurisprudência*, 1992, XVII, 4 (angariador-comissionista – teoria da aparência – boa fé).

— *Acórdão da Relação do Porto, 6-10-1992* (Araújo Barros), in *Colectânea de Jurisprudência*, 1992, XVII, 4 (considera-se norma paradigmática, na disciplina dos contratos de cooperação, o disposto no artigo 23.º, n.º 1 do Decreto-Lei, n.º 178/86, e, destarte, susceptível de aplicação analógica a todos os contratos que revistam tal natureza cooperativa ou colaborante).

— *Acórdão da Relação do Porto, 1-2-1993* (Azevedo Ramos), in *Colectânea de Jurisprudência*, 1993, XVIII, 1 (mandato e procuração – revogação da procuração – pluralidade de procurações – abuso de representação – doações a incapazes – aceitação).

— *Acórdão da Relação do Porto, 18-11-1993* (Carlos Matias), in separata de *O Direito*, 1994, III-IV, Ano 126.º – com anotação de Menezes Cordeiro e Carneiro da Frada.

— *Acórdão da Relação do Porto, 31-1-1994* (Abílio Vasconcelos), in *Colectânea de Jurisprudência*, XIX, I (fiança – redução).

— *Acórdão da Relação do Porto, 5-12-1994* (Ribeiro de Almeida), in *Colectânea de Jurisprudência*, 1994, XIX, 5 (chamamento à autoria – mandato de interesse comum – excesso ou abuso do mandato fazendo-se repercutir na esfera do mandante negócio só querido pelo mandatário).

— *Acórdão da Relação do Porto, 4-7-1995* (Soares de Almeida), in *Boletim do Ministério da Justiça*, 1995, 449 (representação sem poderes – ratificação).

— *Acórdão da Relação do Porto, 7-11-1995* (Alberto Sobrinho), in *www.dgsi.pt* (abuso de representação, mas apenas com a indicação do sumário).

— *Acórdão da Relação do Porto, 29-9-1997* (Couto Pereira), in *www.dgsi.pt* (abuso de representação, mas apenas com a indicação do sumário).

OUTROS TRIBUNAIS

— *Tribunal de Comércio de Lisboa, 2-12-1879* (Eduardo Serpa Pimentel), in *Revista de Legislação e Jurisprudência*, 1884 a 1885, XVII.

— *Sentença do Corregedor de Leiria, 31 de Julho de 1976* (Manuel da Rosa Ferreira Dias), in *Colectânea de Jurisprudência*, 1979, IV (abuso de representação – eficácia do negócio abusivo).

2. JURISPRUDÊNCIA ALEMÃ

REICHSGERICHT

— *Reichsgericht, 16. September 1882*, in *Entscheidungen des Reichsgerichts, Zivilsachen*, 1883, 9.

— *Reichsgericht, I. Zivilsenat, 22. November 1884*, in *Entscheidungen des Reichsgerichts, Zivilsachen*, 1886, 15.

— *Reichsgericht, III. Zivilsenat, 19. Januar 1886*, in *Entscheidungen des Reichsgerichts, Zivilsachen*, 1897.

— *Reichsgericht, I. Zivilsenat, 5. Dezember 1887*, in *Entscheidungen des Reichsgerichts, Zivilsachen*, 1888, 1920.

— *Reichsgericht, VI. Zivilsenat 19. Januar 1899*, in *Entscheidungen des Reichsgerichts, Zivilsachen*, 1899, 43.

— *Reichsgericht, I. Zivilsenat, 28. Juni 1902*, in *Entscheidungen des Reichsgerichts, Zivilsachen*, 1903, 52.

BUNDESGERICHTSHOF

— *Bundesgerichtshof, 12. Februar, 1952*, in *Entscheidungen des Bundesgerichtshofes. Zivilzachen*, 1952, 5.

— *Bundesgerichtshof, 13. März 1952*, in *Entscheidungen des Bundesgerichtshofes*, 1952, 5.

— *Bundesgerichtshof, 10. März 1953*, in *Monatsschrift für deutsches Recht*, 1953, 7.

— *Bundesgerichtsof, 23. Februar*, in *Entscheidungen des Bundesgerichtshofes. Zivilzachen*, 1956, 20.

— *Bundesgerichtshof, 27. September 1956*, in *Lindenmaier-Möhring, Nachsschlagewerk des Bundesgerichtshof*, § 167, n.º 9.

— *Bundesgerichtshof, 16. April 1957*, in *Zeitschrift für Wirtschaft und Bankrecht, Wertpapiermitteilungen*, 1957.

— *Bundesgerichtshof, 18. Februar 1960*, in *Zeitschrift für Wirtschaft und Bankrecht, Wertpapier-Mitteilungen*, 1960.

— *Bundesgerichtshof, VII. Zivilsenat, 5. Oktober, 1961*, in *Entscheidungen des Bundesgerichtshofes in Zivilsachen*, 1962, 36.

— *Bundesgerichtshof, 11. Juli 1963*, in *Entscheidungen des Bundesgerichtshofes. Zivilzachen*, 1964, 40.

— *Bundesgerichtshof, 31. Oktober 1963*, in *Zeitschrift für Wirtschaft und Bankrecht, Wertpapier-Mitteilungen*, 1964.

— *Bundesgerichtshof, 25. März 1964*, in *Zeitschrift für Wirtschaft und Bankrecht, Wertpapier-Mitteilungen*, 1964.

— *Bundesgerichtshof, 28. Februar 1966*, in *Zeitschrift für Wirtschaft und Bankrecht, Wertpapier-Mitteilungen*, 1966 (= *Neu Juristische Wochenschrift*, 1966, 19, 2).

— *Bundesgerichtshof, 28. Mai 1966*, in *Zeitschrift für Wirtschaft und Bankrecht, Wertpapier-Mitteilungen*, 1966.

— *Bundesgerichtshof, 4. July 1966*, in *Neue Juristische Wochenschrift*, 1966, 43, 1.

— *Bundesgerichsthof, II. Zivilsenat, 25. März 1968*, in *Entscheidungen des Bundesgercihtshofes*, 1969, 50 (=*Neu Juristische Wochenschrift,*1968, 21, 2, mas de modo mais pormenorizado).

— *Bundesgerichtshof, 27. März 1968*, in *Zeitschrift für Wirtschaft und Bankrecht, Wertpapier-Mitteilungen*, 1968.

— *Bundesgerichtshof, II. Zivilsenat 24. Oktober 1968*, in *Entscheidungen des Bundesgerichtshof*, 1969, 51.

— *Bundesgerichtshof, 18. März, 1970*, in *Der Betrieb*, 70.

— *Bundesgerichtshof, 24. April 1972*, in *Zeitschrift für Wirtschaft und Bankrecht, Wertpapier-Mitteilungen*, 1972.

— *Bundesgerichtshof, 17. Oktober 1973*, in *Zeitschrift für Wirtschaft und Bankrecht, Wertpapier-Mitteilungen*, 1973.

— *Bundesgerichtshof, 15. Dezember 1975*, in *Betriebs Berater*, 1976, 31.

— *Bundesgerichtshof, 23. März 1976*, in *Zeitschrift für Wirtschaft und Bankrecht, Wertpapier-Mitteilungen*, 1976.

— *Bundesgerichtshof, 26. April 1976*, in *Zeitschrift für Wirtschaft und Bankrecht, Wertpapier-Mitteilungen*, 1976.

— *Bundesgerichtshof, 15. Dezember, 1976, Zeitschrift für Wirtschaft und Bankrecht, Wertpapier-Mitteilungen*, 1976.

— *Bundesgerichtshof, 6. April 1978*, in *Zeitschrift für Wirtschaft und Bankrecht, Wertpapier-Mitteilungen*, 1978.

— *Bundesgerichtshof, 19. Mai 1980*, in *Zeitschrift für Wirtschaft und Bankrecht, Wertpapier-Mitteilungen*, 1980.

— *Bundesgerichtshof, 10. Dezember 1980*, in *Zeitschrift für Wirtschaft und Bankrecht, Wertpapier-Mitteilungen*, 1981.

— *Bundesgerichtshof, 5. Dezember 1983*, in *Neue Juristische Wochenschrift*, 1984, 37.

— *Bundesgerichtshof, 1984*, in *Zeitschrift für Wirtschaft und Bankrecht, Wertpapier-Mitteilungen*, 1984.

— *Bundesgerichtshof, 18. Mai 1988*, in *Neue Juristische Wochenschrift*, 1988, 41.

— *Bundesgerichtshof, 3. September 1989*, in *Zeitschrift für Wirtschaft und Bankrecht, Wertpapier-Mitteilungen*, 1990.

— *Bundesgerichtshof, 30. September 1989*, in *Neue Juristische Wochenschrift*, 1990, 43.

— *Bundesgerichtshof, 31. Januar 1991*, in *Zeitschrift für Wirtschaft und Bankrecht, Wertpapier-Mitteilungen*, 1991.

— *Bundesgerichtshof, 25. Oktober 1994*, in *Entscheidungen des Bundesgerichtshofes. Zivilzachen*, 1995, 127.

— *Bundesgerichtshof, 22. September 1996*, in *Neue Juristische Wochenschrift*, 1997.

BUNDESARBEITSGERICHT

— *Bundesarbeitsgericht, 3. August 1961*, in *Neue Juristische Wochenschrift*, 1961.

OLG

— *OLG, Köln, 5. Mai 1993*, in *Monatschrift für Deutsches Recht*, 1993.

3. JURISPRUDÊNCIA ITALIANA

CASSAZIONE

— *Cassazione, 19-12-1933*, in *Rivista del Diritto Commerciale e del Diritto Civile*, 1935, II.
— *Cassazione, 19-12-1933*, in *Rivista del Diritto Commerciale e del Diritto Civile*, 1935, II.
— *Cassazione, 30-7-1947*, in *Rivista del Diritto Commerciale e del Diritto Civile*, 1948, II (com anotação de Sacco, *Responsabilità del committente per* culpa in contrahendo *del commesso*).
— *Cassazione, 28-6-1948*, in *Il Foro Italiano*, 1947, I.
— *Cassazione, 10-6-1949*, in *Giurisprudenza Completa della Corte Suprema della Cassazione Civile*, 1949, II.
— *Cassazione, 25-2-1953*, n. 457, in *Rivista del Diritto Commerciale e del Diritto Generale delle Obbligazioni*, 1953, 51, II.
— *Cassazione, 5-3-1958*, in *Revista del Diritto Commerciale e del Diritto Generale delle Obbligazioni*, 1959, II.
— *Cassazione, 7-1-1964*, in *Il Manimario Foro Italiano*, 1964, n.º 13 (com anotação de Benatti).
— *Cassazione, 7-4-1964*, in *Rivista di Diritto Civile*, 1967, II.
— *Cassazione, 20-12-1966*, in *Rassegna di Giurisprudenzia sul Codice Civile*, Livro, IV, T. II, artigos 1321–1410.
— *Cassazione, 15-3-1966*, in *Banca, Borsa e Titolo di Credito*, 1966, II.
— *Cassazione, 15-3-1966*, in *Il Foro Italiano*, 1966, I, 1917.
— *Cassazione, 15-3-1966*, in *Banca Borsa e Titolo di Credito*, 1966, II.
— *Cassazione, 7-4-1967*, in *Rivista di Diritto Civile*, 1967, II, com anotação de Bessone.
— *Cassazione, 17-3-1975*, in *Il Foro Italiano*, 1975, II, com anotação de L. Di Lalla.
— *Cassazione, 17-3-1975*, in *Il Foro Italiano*, 1975, II.
— *Cassazione, 1-4-1975*, in *II Foro Italiano*, 1975, I.
— *Cassazione, 17-4-1975*, in *Il Foro Italiano*, 1975, I, com anotação de L. Di Lalla.
— *Cassazione del 17-4-1975*, in *II Foro Italiano*, 1975, I.

— *Cassazione, 29-5-1976,* in *Giustizia Civile,* 1976, I.
— *Cassazione, 24-11-1979,* in *Giurisprudenza Italiana. Massimario,* 1979.
— *Cassazione, 1-3-1995,* in *Giurisprudenza Italiana,* 1995, 147, I, 2.
— *Cassazione, 19-10-1995,* in *Rivista di Diritto Commerciale e del Diritto Generale delle Obbligazione,* 1997, XCV.

OUTROS TRIBUNAIS

— *Sentença de 7 de Janeiro de 1964,* in *II Massimario Foro Italiano,* 1964, n.º 13.
— *Tribunale di Roma, 8-10-1981,* in *Giurisprudenza Italiana,* 1983, I (= *Programmi/ juris/ Data/ massime. htrr,* com indicação de sumário. Consultou-se por este último local).
— *Corte di Appelo di Milano, 13-10-1983,* in *Giurisprudenza Italiana,* 1984, I, 2 (= *Programmi/juris/Data/massime.htrr,* com indicação de sumário. Consultou-se por este último local).

4. JURISPRUDÊNCIA FRANCESA

CASSATION

— *Cour de Cassation Civile, 14-2-1886,* in *Dalloz périodique,* 1886, I.
— *Cours de Cassation Civile, 30-12-1935,* in *Recueil Sirey,* 1936, I.
— *Cour de Cassation, 8-5-1940,* in *Juris-Classeur périodique,* 1941, II (com anotação discordante de D. Bastian).
— *Cour de Cassation, 13-12-1962, Assemblée plénaire,* in *Recueil Dalloz,* 1963.
— *Cour de Cassation, 1ère Chambre Civile, 30-11-1965,* in *Recueil Dalloz,* 1966.
— *Cour de Cassation 1ère Chambre Civ., 19-2-1968* (Blin), in *Juris-Classeur périodique,* 1968, II (*jurisprudence*).
— *Cour de Cassation, 1ère Chambre Civile, 29-4-1969 1ère espèce,* in *Recueil Dalloz,* 1970, com anotação de Calais-Auloy.
— *Cour de Cassation 1ère Chambre Civile, 29-4-1969 2e espèce,* in *Recueil Dalloz,* 1970, com anotação de Calais-Auloy.

BIBLIOGRAFIA

ABREU (Coutinho de),
—— *Do abuso de direito*, reimpressão da ed. 1983, Coimbra, 1999.

AGUILER v. GONZÁLEZ.

ALARCÃO (Rui de),
—— *Interpretação e integração dos negócios jurídicos*, in Boletim do Ministério da Justiça, 1959.
—— *Erro, dolo e coacção – Representação – Objecto negocial – Negócios usurários – Condição (Anteprojectos para o novo Código Civil)*, in Boletim do Ministério da Justiça, 1961.
—— *Do negócio jurídico. (Anteprojecto para o novo Código Civil)*, in Boletim do Ministério da Justiça, 1961.
—— *Breve motivação do anteprojecto sobre o negócio jurídico na parte relativa ao erro, dolo, coacção, representação, condição e objecto negocial*, in Boletim do Ministério da Justiça, 1964.
—— *A confirmação dos negócios anuláveis*, Coimbra, 1971, I.
—— *Direito das Obrigações*, com a colaboração de Sousa Ribeiro, Sinde Monteiro, Alemeno de Sá, e Brandão Proença, Coimbra, 1983.

ALBERMANN,
—— *Der Mißbrauch der Vertretungsmacht*, Dissertação, Colónia, 1935.

ALBERTARIO,
—— *Procurator unius rei*, in Studi di Diritto Romano, Milão, III, 1936.
—— *Responsabilità del pupillo fino al suo arricchimento per il dolo del tutor*, in Studi di diritto romano, Milão, 1946, IV.
—— *Responsabilità dell pupillo derivante dal sua arricchimento per gli atti compiuti senza l' «auctorictas tutoris»*, in Studi di diritto romano, Milão, 1946, IV.

ALBUQUERQUE (Martim de),

—— *Bártolo e Bartolismo na história do direito português,* separata do *Boletim do Ministério da Justiça* n.º 304, 1981.

—— *Da igualdade, Introdução à jurisprudência,* com a colaboração de Eduardo Vera Cruz, Coimbra, 1993.

v. ALBUQUERQUE (Ruy de).

ALBUQUERQUE (Pedro de),

—— *Autonomia da vontade e negócio jurídico em direito da família (Ensaio),* separata de *Ciência e Técnica Fiscal,* Lisboa, 1986.

—— *A aplicação do prazo prescricional do n.º 1 do Artigo 498.º do Código Civil à responsabilidade contratual,* separata da *Revista da Ordem dos Advogados,* Ano 49, III, Lisboa, 1989.

—— *Direito de preferência dos sócios em aumentos de capital nas sociedades anónimas e por quotas – Comentário ao Código das Sociedades Comerciais,* por Raúl Ventura, Lisboa, 1993.

—— *A vinculação das sociedades comerciais por garantia de dívidas de terceiro,* in *Revista da Ordem dos Advogados,* Ano 55, II, Lisboa, Dezembro de 1995.

—— *Da prestação de garantias por sociedades comerciais a dívidas de outras entidades,* in *Revista da Ordem dos Advogados,* Ano 57, I, Lisboa, Janeiro de 1997.

v. CORDEIRO (Menezes).

ALBUQUERQUE (Ruy de),

—— *Da culpa in contrahendo no Direito luso-brasileiro,* pol., Lisboa, 1961.

—— *As represálias. Estudo de história do direito português (sécs. XV e XVI),* Lisboa, 1972, vol. I.

ALBUQUERQUE (Ruy de) e ALBUQUERQUE (Martim de),

—— *História do Direito Português,* Lisboa, 8.ª ed., 1993, I.; 10.ª ed., Lisboa, 1999, I.

ALCIATUS (Andreas),

—— *In Pandectarum, seu Digestorum Iuris Civilis septimae partis aliquot commentaria continens* (in *Opera omnia,* Basileia, 1582, Tom. II).

—— *In Digestum seu Pandectas* (in *Opera omnia,* Basileia, 1582, Tom. I).

ALMEIDA (Carlos Ferreira de),
—— *Texto e enunciado na teoria do negócio jurídico*, Lisboa, 1990.
—— *Interpretação do contrato*, in *O Direito*, 1992, IV.
—— *Publicidade e teoria dos registos*, Coimbra, 1966.

ALOIS (Wilhelm BARON v. LEDERSTEGER-FALKENEGG),
—— *Die Entwicklung der Stellvertretung im römischen Recht nach den lateinischen Quellen*, Erlagen, 1902.

ALTHUSIUS,
—— *Dicaeologica* (Francoforte, 1649).
—— *Politica Metodicamente concebida e ilustrada con ejemplos sagrados e profanos*, Tradução do latim introdução e notas por Primitivo Mariño, apresentação de Truyol y Serra, Madrid, 1990.

ALTMEPPEN (Holger),
—— *Disponibilität des Rechtscheins. Struktur und Wirkungen des Redlichkeitsschutzes im Privatrecht*, Colónia, 1993.

ALVAREZ (Camara),
—— *La distinción entre mandato y poder*, in *Estudios de Derecho Civil*, Madrid, 1985.
—— *La revocación del mandato y del poder* in *Estudios de Derecho Civil*, Madrid, 1985.

AMBROSETTI (Giovanni),
—— *Diritto privato ed economia nella Seconda Scolastica*, in *La Seconda Scolastica nella Formazione del Diritto Privato Moderno, Incontro di studio*, Florença, 16-19 de Outubro de 1972, a cargo de Paolo Grossi, Milão, 1973.

AMIRANTE (Luigi),
—— *Giuramento (diritto intermedio)*, in *Novissimo Digesto Italiano*, 1961, VII.
—— *Locazione (in generale) (diritto romano)*, in *Novissimo Digesto Italiano*, 1963, IX.

ANDRADE (Manuel de),
—— *Teoria geral da relação jurídica*, Coimbra, 1960, II.
—— *Teoria geral das obrigações*, 3.ª ed., Coimbra, 1966.

Angelini,

—— *Il «procurator»*, Milão, 1971.

Ankum,

—— *Une nouvelle hypothèse sur l'origine de la règle alteri stipulari nemo potest*, in *Études Offertes à J. Macqueron*, Aix-en-Provence, 1970.

Arangio-ruiz (Vicenzo),

—— *Pubblicazioni della Società Italiana per la Ricerca dei Papiri Greci e Latini in Egipto*, Florença, 1935, XI.

—— *Istituzioni di diritto romano*, 9.ª ed., revista, Nápoles, 1947.

—— *Il mandato in diritto romano*, Nápoles, 1949.

—— *La società in diritto romano*, Nápoles, 1950.

—— *Les noveaux fragments des Institutes de Caius,* in *Scritti di Diritto Romano*, III, 1977.

—— *«Societas re contracta» e «comunio incidens»*, in *Scritti di Diritto Romano*, III, 1977.

Arantes (Tito),

—— *Do abuso de direito e da sua repercussão em Portugal (ensaio jurídico)*, Lisboa, 1936.

Araujo (D. Manuel do M. Rodrigues de),

—— *Elementos de direito eclesiástico público e particular em relação à disciplina geral da Igreja*, Rio de Janeiro, 1856.

Archi (Gian Gualberto),

—— *Curatela (dir. rom.),* in *Enciclopedia del Diritto*, 1962, XI.

Arcos (Luisa),

—— *El mandato de crédito*, Pamplona, 1996.

Aristóteles,

—— *Ética Eudimiana*, VIII, in *Obras,* tradução para o espanhol de Francisco Samaranch, Madrid, 1967.

—— *Tópicos, Tratados de lógica (Órganon)*, tradução para o espanhol de Miguel Sanmartin, Madrid, 1982, I.

—— *Ética a Nicómaco*, tradução de Julián Marias, Madrid, 1985.

—— *Retórica*, tradução e notas de Manuel Alexandre Júnior, Paulo Farmhouse Alberto, Abel de Nascimento Pena, introdução de Manuel Alexandre Júnior, Lisboa, 1998.

ARNAUD (André-Jean),
—— *Les origines doctrinales du code civil français*, com prefácio de Michel Villey, Paris, 1969.

ARNÒ (Carlo),
—— *Il contratto di società*, lições recolhidas por Palier e Berto, Turim, 1938.

ASCENSÃO (Oliveira),
—— *As relações jurídicas reais*, Lisboa, 1962.
—— *As actuais coordenadas do instituto da indignidade sucessória*, separata de *O Direito*, Lisboa 1970.
—— *Teoria geral do direito civil*, I, 1991, III, *Acções e factos jurídicos*, Lisboa, 1992, IV, *Relações e situações jurídicas*, Lisboa, 1993.
—— *Direito Civil. Teoria geral*, Coimbra, 1999, II.
—— *O direito. Introdução e teoria geral*, 11.ª ed., revista, Coimbra, 2001.

ASCENSÃO (Oliveira) e FRADA (Carneiro da),
—— *Contrato celebrado por agente de pessoa colectiva. Representação, responsabilidade e enriquecimento sem causa*, separata da *Revista de Direito e Economia*, 1990 a 1993, 16 a 19.

ASTUTI (Guido),
—— *Consuetudine (diritto intermedio)*, in Novissimo Digesto Italiano, IV, 1959.
—— *Contratto (dir. interm.)*, in *Enciclopedia del Diritto*, IX, 1961.

ASUA (Luís Jimenez de),
—— *El pensamiento jurídico español y su influencia en Europa*, Madrid, 1958.

ATAÍDE (Rui),
—— *Mandato. Mandato com representação*, pol., Lisboa, 1993-1994.
—— *A responsabilidade do «representado» na representação tolerada*, pol., Lisboa, 1998.

AUBERT (Jean-Jacques),
—— *Business managers in ancient Rome (200 B.C. – A.D. 250)*, Columbia, 1991.

AUBRY e RAU,
—— *Cours de droit civil français, d'après la méthode de Zachariae*, 4.ª ed. revista e completa, T. IV, Paris, 1871; 5.ª ed, por Étienne Bartin, Paris, 1920.

AURICCHIO (Alberto),
—— *Autorizzazione (dir priv.)*, in *Enciclopedia del Diritto*, 1959, IV.

AZEVEDO,
—— *Commentarium Iuris Civilis in Hispaniae regias constitutiones tomi 6*, («Duaci», 1612, III).

AZO,
—— *Lectura super codicem*, (Paris, 1577, = a ed. anastática de Turim, Bottega de Erasmo, 1956).

BAER,
—— *Haftung aus Scheinvollmacht*, in *Rechstfragen der Praxis*, 1929.

BADER,
—— *Duldungs- und Anscheinsvollmacht. Zur Entwicklung in der Rechtsprechung der Zivilgerichte und zur dogmatischen Einordnung*, Francoforte do Meno, Berna, Las Vegas, 1978.

BADR (Gamal Boursi),
—— *Agency: unification of material laws and of conflict of rules*, in *Recueil des Cours*, 1984, I.

BÄHR,
—— *Über Irrungen beim Contrahiren durch Mittelspersonen*, in *Jherings Jahrbücher für die Dogmatik des heutigen römischen und deutschen Privatrechts*, 1863, Vol. VI.
—— *Über Irrungen in Contrahiren*, in *Jherings Järbücher für die Dogmatik des heutigen römischen und deutschen Privatrecht*, 1875, XIV.

BAILAS (Demetrios),
—— *Das Problem der Vertragsschliessung und der Vertragsbegründende Akt*, *Göttinger Rechtsswissenschaftliche Studien*, Gotinga, 1962.

BALDUS,
—— *In Digestum Novum comment* (Lião, 1562).

—— *In Instituta comment* (Lião, 1562).

—— *Commentaria in Digestum Vetus* (Lião, 1562).

—— *Commentaria in primam Digesti Veteris partem* («Auguste Tuarinorum», 1576).

BALLERSTEDT,

—— *Zur Haftung für culpa in contrahendo bei Geschäftsabschluß durch Stellvertreter*, in *Archiv für die civilistische Praxis*, 1951, 151.

BARATA (Carlos),

—— *Sobre o contrato de agência*, Coimbra, 1991.

—— *Anotações ao novo regime do contrato de agência*, Lisboa, 1994.

BARON (J.),

—— *Pandekten*, 6.ª ed., Lípsia, 1887.

BARTOLUS,

—— *Consilia* (Lião, 1546).

—— *In Digestum Vetus* (Lião, 1544).

—— *In secundam Digesti Novi partem praelectiones* (Lião, 1546).

BATTISTOTTI (Adriano),

—— *La rappresentanza nel diritto tudesco moderno*, in *Rappresentanza e gestione*, a cargo de Giovanna Visintini, Pádua, 1992.

BAUDRY-LACANTINIÈRE e WAHL (Albert),

—— *Traité théorique et pratique de droit civil*, vol. XXIV, *Des contrats aléatoires, du mandat, du cautionnement, de la transaction*, 3.ª ed., Paris, 1907.

BAUER,

—— *Die Entwicklung des Rechtsinstituts der freien gewillkürten Stellvertretung seit dem Abschluß der Rezeption in Deutschland bis zur Kodifikation des BGB*, Dissertação, Erlangen, 1963.

BAUM (Marcus),

—— *Die Wissenszurechnung*, Berlim, 1999.

BAUR (Fritz),

—— *Zur «dinglichen Seite» der Geschäftsführung ohne Auftrag*, in *Juristen Zeitung*, 1952.

BAVETTA,
—— *Mandato (diritto privatto)*, in *Enciclopedia del Diritto*, 1975, XXV.

BAYREUTHER (Frank),
—— *BGB als zivilrechtliche Einstandspflicht für fremdes Handeln*, in *Juristische Arbeitsblätter (Ubungsblätter)*, 1998.

BEHN (Georg),
—— *Rechtsschein im Stellvertretungsrecht des BGB. mit besonderer Berücksichtigung der Stellvertetung der Ehegatten untereinander*, Dissertação, Lübeck, 1935.

BEHRENDS,
—— *Die Prokurator des klassischen römischen Zivilrechts*, in *Zeitschrift der Savigny-Stiftung für Rechtsgeschichte, romanistische Abteilung*, LXXXVIII, 1971.

BELLOMO (Manlio),
—— *Negozio giuridico (dir intermedio)*, in *Enciclopedia del Diritto*, 1977, XXVII.

BENATTI (Francesco),
—— *Contratto concluso «dal falsus procurator» e responsabilità del «dominus»* in *Revista del Diritto Commerciale e del Diritto Generale delle Obbligazioni*, 1959, II.

BENDIX,
—— *Der Kreditauftrag nach dem bürgerlichen Gesetzbuche*, in *Archiv für bürgerliches Recht*, Berlin, 1902, XX.

BERGER (Adolf),
—— *Zur Lehre vom Tutor suspectus*, in *Zeitschrift der Savigny-Stiftung für Rechtgeschite, romanistische Abteilung*, XXXV, 1914.
—— V.°, *Vicarius*, in *Encyclopedic Dictionary of Roman Law*, Filadélfia, 1953.
—— V.° *Vicarius in urbe*, in *Encyclopedic Dictionary of Roman Law*, Filadélfia, 1953.
—— V.° *Vicarius Italiae*, in *Encyclopedic Dictionary of Roman Law*, Filadélfia, 1953.
—— V.°, *Vicarius Iudex*, in *Encyclopedic Dictionary of Roman Law*, Filadélfia, 1953.

—— *Vicarius praefecti praetorio*, in *Encyclopedic Dictionary of Roman Law*, Filadélfia, 1953.

—— V.°, *Sponsio (in international relations)*, in *Encyclopedic Dictionary of Roman Law*, Filadélfia, 1953.

BERGER (Hans),
—— *Zur Frage der Missbrauch der Vertretungsmacht*, Dissertação, 1936.

BERTZEL (Karl),
—— *Der Notsgeschäftsführer als Repräsentant des Geschäftsherrn*, in *Archiv für die civilistische Praxis*.

BESSONE,
—— *Apparenza del potere di rappresentanza e responsabilità verso i terzi*, in *Rivista di Diritto Civile*, 1967, II.

BESTA,
—— *L'Opera d'Irnerio*, vol. I, *La vita, gli scritti, il metodo*, II, *Glose inedite d'Irnerio al digestum Vetus*, reimpressão da ed. de Turim de 1896, 1980.
—— *Le obbligazioni nella storia del diritto italiano*, Pádua, 1937.
—— *Fonti del diritto Italiano, dalla scaduta dell'Impero Romano fino ai tempi nostri*, Milão, 1944.

BETTERMANN (Karl),
—— *Vom stellvertretenden Handeln*, reimpressão da ed. de 1937, Darmstadt, 1964.

BETTI,
—— *Instituzioni di diritto romano*, Pádua, 1960.
—— *Teoria geral do negócio jurídico*, tradução de Fernando de Miranda, Coimbra, 1970.

BEUTHIEN (Volker),
—— *Zur Theorie der Stellvertretung im Bürgerlichen Recht*, in *Festschrift für Medicus zum 70. Geburtstag*, Colónia, 1999.

BIANCA (Cesare),
—— *Diritto civile*, III, *Il contratto*, Milão, 1984.

BIEBERSTEIN (Marschal von),
—— *Vom Kampf des Rechts gegen die Gesetze*, Estugarda, 1927.

BIERMANN,
—— *Zur Lehre von der Vertretung und Vollmacht*, separata de *Festgabe der Gießener Juristenfakultät für Heinrich Dernburg*, Berlim, 1900.

BINDER (Julius),
—— *Schlossmann, Die Lehre von der Stellvertretung, insbesondere bei obligatorischen Verträgen*, in *Kritische Vierteljahreschrift für Gesetzgebung*, 1905, XLVI.

BOBBIO (Norberto),
—— *Consuetudine (teoria gen.)*, in *Enciclopedia del Diritto*, IX, 1961.

BÖCKER (Alfons),
—— *Apparent authority und agency power. Vertretungsmacht ohne Vertretungsbefugnis im anglo-amerikanischen Recht*, Münster, 1963.

BODIN (Jean),
—— *Les six livres de la république*, reimpressão da ed. de Paris 1583, Aalen, 1961.

BÖHM (Klaus),
—— *Auslegung und systematische Einordnung des § 392 Abs. 2 HGB. Zum Verhältnis von Analogie und Fiktion bei mittelbarer Stellvertretung*, Berlim, 1971.

BÖHMER,
—— *Exercitationes ad pandectas* (Hanôver – Gotinga, 1738).

BOILEUX,
—— *Commentaire sur le Code Civil, contenant l'explication de chaque article séparément. L' énonciation, au bas du commentaire, des questions qu'il a fait naître. Les Principales raisons de décider pour et contre. L'indication des passages des divers ouvrages où les questions sont agitées et le renvoi aux arrêts*, 4.ª ed. aumentada, revista, *Precedée d'un précis de l'histoire du droit civil*, por M.F.F. Poncelet, Paris, 1839, III.

BOLAFFI,
—— *Le teorie sull'apparenza giuridica (Note critiche)*, in *Rivista del Diritto Commerciale e del Diritto Generale delle Obbligazioni*, 1934, I.

BONELLI,
—— *Studi in tema di rappresentanza e responsabilità dell' imprenditore*, Milão, 1968.

BONFANTE,
—— *Un contratto a favore dei terzi nell' êra clássica*, in *Scritti Giuridici Varii*, reimpressão, Turim, 1926, III.
—— *Facoltà e decadenza del procuratore romano*, in *Scritti Giuridici Varii*, Turim, 1926, III.
—— *Storia del diritto romano*, reimpressão da 4.ª ed. revista pelo autor, a cargo de Giuliano Bonfante e Giuliano Grifò, Milão, I, 1959.
—— *Corso di diritto di diritto Romano*, I, *Diritto di famiglia*, reimpressão corrigida da 1.ª ed. a cargo de Giuliano Bonfante e Giuliano Grifò, Milão, 1963; IV, *Le obbligazioni*, Milão, 1979.
—— *Istituzioni di diritto romano*, reimpressão de 10.ª ed., Turim, 1966.

BORK (Reinhard),
—— *Allgemeiner Teil des bürgerlichen Gesetzbuchs*, Tubinga, 2001.

BORTOLLUCI,
—— *Il mandato di credito*, in *Bulletino dell' Istituto di Diritto Romano*, 27, 1914.

BOSSOWSKI (Franz von),
—— *Die Abgrenzung des* mandatum *und der* negotiurum gestio *im klassischen und justinianischen Recht, (Ein Beitrag zur Lehre von der Konkurrenz der Klagen)*, sep. *Archivum Towarzistwa Naukowego We Lowie*, II, T. III, 2, 1937.

BRAS (G. Le), LEFEBVRE (Ch)., RAMBAUD (J.),
—— *Sources et théorie du droit. L'âge classique*, in *Histoire du droit et des institutions de l'église en Occident*, Paris, 1956, V.

BRASIELO (Ugo),
—— *Obbligazione (diritto romano)*, in *Novissimo Digesto Italiano*, 1965, XI.

BRENNER (Willy),
—— *Die exceptio doli generalis in den Entscheidungen des Reichsgericht (Ein Beitrag zur Kritik der Rechtsprechung)*, Francoforte do Meno, Dissertação, 1926.

BRETONE,
—— Adquisitio per procuratorem, in *Labeo. Rassegna di Diritto Romano*, 1955, I.

BRIESKORN (Norbert),
—— *Stellvertretung – zur Rolle einer Rechtsinstitution. Ein Beitrag zur Politischen Philosophie*, in *Archiv für Rechts- und Sozialphilosophie (ARSP)*, 1990.

BRINZ,
—— *Die Lehre von der Stellvertretung bei Eingehung von Verträgen*, in *Kritische Blätter civilistischen Inhalts*, II, Erlangen, 1852.
—— *Lehrbuch der Pandekten*, Erlangen, II, 1860.
—— *Der Begriff obligatio*, in *Grünhut's Zeitschriften für das Privat- und öffentlich Recht der Gegenwart*, Viena, 1884.

BRITO (Helena),
—— *A representação sem poderes – um caso de efeito reflexo das obrigações*, in *Revista Jurídica*, 1987.
—— *O contrato de agência*, in *Novas Perspectivas do Direito Comercial*, Coimbra, 1988.
—— *O contrato de concessão comercial. Descrição, qualificação e regime jurídico de um contrato socialmente típico*, Coimbra, 1990.
—— *A representação nos contratos internacionais. Um contributo para o estudo do princípio da coerência em direito internacional privado*, Lisboa, 1999.

BRONZE (Fernando José),
—— *Breves Considerações sobre o estado actual da questão metodonomológica*, separata do *Boletim da Faculdade de Direito*, Coimbra, 1993.
—— *A metodonomologia entre a semelhança e a diferença (reflexão problematizante dos pólos da radical matriz analógica do discurso jurídico)*, Coimbra, 1994.

BROX,
—— *Die Anfechtung bei der Stellvertretung*, in *Juristische Arbeitsblätter*, 1980.
—— *Allgemeiner Teil des BGB*, 24.ª ed., Colónia, Berlim, Bona, Munique, 2000.

BRUNNEMANN (Johann),
—— *Commentarius in quinquaginta libros Pandectarum* («Colonia Allabrogum», 1752, Tom. II).

BUCHKA,
—— *Die Lehre von der Stellvertretung bei Eingehung von Veträgen (historisch und dogmatisch dargestellt)*, Rostock e Schwerin, 1852.

BÜLOW,
—— *Civilprozessualischen Fiktionen und Wahrheiten*, in *Archiv für die civilistiche Praxis*, 1879.

BÜLOW e Larenz,
—— *Die Methode der Auslegung der Rechtsgeschäfte. Zugleich ein Beitrag zur Theorie der Willenserklärung*, Lípsia, 1930.

BURDESE (Alberto),
—— *Autorizzazione ad alienare in dir. rom.*, Turim, 1950.
—— *Magistrato (diritto romano)*, in *Enciclopedia del Diritto*, 1975, XXV.
—— *Mandatum mea aliena tua gratia*, in *Studi in Onore di Vicenzo Arangio-Ruiz nel LXV Anno del suo Insegnamento*, Nápoles, 1953, I.
—— *Fiducia (diritto romano)*, in *Novissimo Digesto Italiano*, VII, 1961.
—— *Patto (diritto romano)*, in *Novissimo Digesto Italiano*, XII, 1965.

BUSSI,
—— *La rappresentanza negli atti «inter vivos» dei nascituri non concepiti e delle persone assente secondo il diritto comune*, in *Rivista di Diritto Privato*, 1933, III, II.
—— *La rappresentanza notarile del diritto intermedio*, in *Rivista di Diritto Privato*, 1933, III, II.
—— *La formazione dei dogmi di diritto privato nel diritto comune*, Pádua, 1937.

BYDLINSKI (Franz),
—— *Privatautonomie und objektive Grundlagen des verpflichtenden Rechtsgeschäfts*, Viena, 1967.

CABRAL (Rita Amaral),
—— *A teoria da aparência e a relação jurídica cambiária*, in Revista da Ordem dos Advogados, Lisboa, 1984, Ano 44, Dezembro.
—— *A responsabilidade por prospecto e a responsabilidade pré-contratual. Anotação ao Acórdão do Tribunal Arbitral, de 31 de Março de 1993 (Acção proposta pelo Banco Mello contra o Banco Pinto e Sotto Mayor)*, in Revista da Ordem dos Advogados, 1995, Ano 55.
v. SILVA (Gomes da).

CAESAR,
—— *The Civil wars*, ed. bilingue, com tradução para o inglês, por A. G. Peskett, reimpressão da ed. de 1914, Londres, Cambridge, Massachusetts, 1961.

CALAIS-AULOY
—— *Note Cour de Cassation, 1ère Chambre Civile, 30-11-1965*, in Recueil Dalloz, 1966.

CALASSO,
—— *Introduzioni al diritto comune*, Milão, 1951.
—— *Equità (Storia)*, in Enciclopedia del Diritto, 1966, XV.
—— *Il negozio giuridico. Lezioni di storia del diritto italiano*, 2.ª ed. reimpressão, Milão, 1967.

CALDAS PEREIRA E CASTRO (Francisco de),
Analyticus commentarius sive ad typum Instrumenti Emptionis et Venditionis Tractatus (Opera Omnia, «Coloniae Allobrogum, 1745).

CALDERINI (Luca),
—— *La «politica» di Althusius tra rappresentanza e diritto di resistenza*, Milão, 1995.

CALHEIROS (José Maria de Albuquerque),
—— *Algumas breves considerações sobre princípio da interpretação conforme do direito interno face às directivas comunitárias*, in Revista de Documentação e de Direito Comparado, 1991, n.ᵒˢ 45 e 46.

CALVERIA (Ana Murcia),
—— *La representación voluntaria en el processo laboral*, Madrid, 1994.

CAMPAGNA (Lorenzo),
—— *I «negozi di attuazione» e la manifestazione dell'intento negoziale*, Milão, 1958.

CANARIS,
—— *Die Vertrauenshaftung im deutschen Privatrecht*, Munique, 1971.
—— *Die Verdinglichung obligatorischer Rechte*, in *Festschrift für Werner Flume zum 70. Geburtstag*, Colónia, 1978.
—— *Schadenersatz- und Bereicherungshaftung des Vertretenen bei Vertretung ohne Vertretungsmacht – BGH, NJW, 1980*, in *Juristische Schulung*, 1980, 115.
—— *Bewegliches System und Vertrauensschutz im rechtsgeschäftlichen Verkehr*, in *Das bewegliche System im geltenden und künftigen Recht*, publicado por Franz Bydlinski, Heinz Krejci, Bernd Schilcher, Victor Steiniger, Viena, Nova Iorque, 1986.
—— *Bankvertragsrecht*, 3.ª ed., Berlim, Nova Iorque, 1988, I.
—— *Pensamento sistemático e conceito de sistema na ciência do direito*, trad. e introdução de Menezes Cordeiro, Lisboa, 1989.
v. CAPELLE.

CANCELLI (Fillippo),
—— *Ufficio (dir. rom.)*, in *Enciclopedia del Diritto*, 1992, XLV.

CANSTEIN,
—— *Vollmacht und Auftrag mit Stellvertretungsbefugnis unter besonderer auf das Handelsgesetzbuches*, in *Grünhut's Zeitschrift für das Privat- und Öffentliche Recht der Gegenwart*, 1876, III.

CAPELLE e CANARIS,
—— *Handelsrecht*, 20.ª ed., Munique, 1985.

CAPELLER (R.),
—— *Zur Duldungs- und Anscheinsvollmacht öffentlich-rechtlicher Körperschaften*, in *Monatsschrift für deutsches Recht*, 1956.

CAPITANT (Henri),
—— *Introduction à l'étude du droit. Notions générales*, 4.ª ed., Paris, 1925.

CAPPELLINI (Paolo),

—— *Rappresentanza (diritto intermedio)*, in *Enciclopedia del Diritto*, XXXVIII.

—— *Sulla formazione del moderno concetto di «dottrina generale del diritto» (A proposito di Martin Lipp, Die Bedeutung des Naturrechts für die Ausbildung der Allgemeinen Lehren des deutschen Privatrechts, Schriften zur Rechtstheorie, Heft 88, Berlim Duncker und Humbolt)*, in *Quaderni Fiorentini per la Storia del Pensiero Giuridico Moderno*, 1981, X.

CAQUERAY (Gaston François Marie de),

—— *Explication des passages de droit privé contenus dans les oeuvres de Cicéron*, reimpressão da edição de Paris, 1857, Aalen, 1969.

CARBONNIER,

—— *Droit Civil*, IV, *Les obligations*, Paris, 2000.

CARIDI (Settimio Carmignani),

—— *Rappresentanza (dir. can.)*, in *Enciclopedia del Diritto*, 1987, XXXVIII.

CARLYLE (J.) e CARYLILE (R. W.),

—— *Mediaeval political theory in the west*, Edimburgo, 1903.

CARON (Pier G.),

—— *«Aequitas» romana, «misericordia» patristica e «Epicheia» arsitotelica nella dottrina della «aequitas» canonica (dalle origine al Rinascimento)*, Milão, 1971.

CARIOTA-FERRARA,

—— *Il negozio giuridico nel diritto privatto italiano*, Nápoles, sem data.

—— *I negozi sul patrimonio altrui, com particulare riguardo alla vendita di cosa altrui*, Pádua, 1936.

CAROLSFELD (Schnorr von),

—— *Repraesentatio und Institutio. Zwei Untersuchungen über den Gebrauch dieser Ausdrücke in den römischen Literatur*, in *Festschrift für Koschaker*, Weimar, 1933, 1.

CARPZOVIUS,

—— *Definitiones forenses ad constitutiones electorales saxonicas* (Francoforte e Lípsia, 1658).

CARRARO (Luigi),
—— *Il mandato ad alienare*, Pádua, 1947.
—— *Autorizzazione (diritto civile)*, in *Novissimo Digesto Italiano*, 1957, I.

CARRESI,
—— *In tema di difetto e di abuso di rappresentanza*, in *Rivista del Diritto Commerciale e del Diritto Generale delle Obbligazioni*, 1951, II.
—— *Il contratto*, Milão, 1987.

CARREZ (Louis),
—— *La gestion d'affaires en droit civil français*, Lille, 1911.

CARVALHO (Orlando de),
—— *A Teoria geral da relação jurídica. Seu sentido e limites*, Coimbra, 1970.

CASTRO (Osório de),
—— *Da prestação de garantias por sociedades a dívidas de outras entidades*, in *Revista da Ordem dos Advogados*, Lisboa, 1996, Ano 56, II.
—— *De novo sobre a prestação de garantias por sociedades a dívidas de outras entidades: luzes e sombras*, in *Revista da Ordem dos Advogados*, Lisboa, 1998, Ano 58, II.

CASTRO (Federico y Bravo),
—— *El negocio jurídico*, Madrid, 1967.

CASTRO (Paulus de),
—— *Consilia* (Francoforte, 1582, vol. II).
—— *In Primam Digesti Veteris partem Commentaria* (Veneza, 1582).

CECHERINI (Grazia),
—— *Il «principio» di apparenza secondo la giurisprudenza*, in *Rivista Trimestrale di Diritto e Procedura Civile*, 1977.

CHODOROW (Stanley),
—— *Christian political theory and church politics in the Mid-Twelfth century. The eccleosiology of Gratian Decretum*, Berkeley, Los Angeles, Londres, 1972.

CHORÃO (Mário Bigotte),
—— *Prólogo*, in *Temas Fundamentais de Direito*, Coimbra 1986.

—— *Direito*, in *Temas Fundamentais de Direito*, Coimbra 1986.

—— *Natureza das coisas*, in *Temas Fundamentais de Direito*, Coimbra 1986.

—— *Positivismo jurídico*, in *Temas Fundamentais de Direito*, Coimbra 1986.

—— *Lei*, in *Temas Fundamentais de Direito*, Coimbra 1986.

—— *Segurança jurídica*, in *Polis, Enciclopédia Luso-Brasileira de Cultura*, Lisboa-São Paulo, 1987, V.

CIAN (G.) e TRABUCCHI (A.),
—— *Commentario Breve al Codice Civile*, 5.ª ed., Pádua, 1999.

CIAURRO,
—— v. NOCILLA.

CÍCERO,
—— *Pro A. Caecinia Oratio*, 20, 57, in *Defensa de Aulo Cecina*, texto latino, com introdução e comentários de Alvaro D'Ors.

—— *Dos deveres (De Officiis)*, tradução de Carlos Humberto Gomes, Lisboa, 2001.

CLAUS (Axel),
—— *Gewillkürte Stellvertretung im Römischen Privatrecht*, Berlim, 1973.

COCCEJI (Samuel),
—— *Juris Civilis Controversiae* (Francoforte e Lípsia, 1740, Tom. II).

COELHO (Francisco Manuel Pereira),
—— *Contrato – Evolução do conceito no direito português. Do acordo entre duas ou mais pessoas em dar ou fazer uma cousa que lhes apraz (Melo Freire) ao actual negócio jurídico*, in *Boletim da Faculdade de Direito de Coimbra*, 1988, LXIV.

COELHO (Pinto),
—— *Direito Civil. Noções fundamentais*, por Mendes de Almeida e Agostinho de Oliveira, Lisboa, 1936-37.

COING (Helmut),
—— *Geschichte und Bedeutung des Systemsgedanks in der Rechtswissenschaft*, Francoforte do Meno, 1956.

—— *Staudinger's Kommentar zum Bürgerlichen Gesetzbuch mit Einführungsgestz und Nebengestz*, I, Allgemeiner Teil, 11.ª ed., Berlim, 1957.

—— *Europäisches Privatrecht*, I, *Älteres Gemeines Recht (1500 bis 1800)*, Munique, 1985; II, *19. Jahrhundert. Überblick über die Entwicklung des Privatrechts in den ehemals gemeinrechtlichen Ländern*, Munique, 1989.

—— *Zum Einfluß der Philosophie des Aristoteles auf die Entwicklung des Römischen Rechts*, in *Zeitschrift der Savigny-Stiftung für Rechtsgeschichte, romanistische Abteilung*, LXIX.

COLI (Ugo),
—— *Interregnum*, in *Novissimo Digesto Italiano*, 1962, vol. VIII.

COLLAÇO (Isabel Maria de Magalhães),
—— *Da legitimidade no acto jurídico*, Lisboa, 1947-1948.

COLOGNESI (Luigi Capogrossi),
—— *Patria potestà (dir. rom.)*, in *Enciclopedia del Diritto*, XXXII, 1982.

CORDEIRO (Menezes),
—— *Da Boa fé no direito civil*, Lisboa, 1984.

—— *Lei (Aplicação da)*, in *Polis, Enciclopédia Verbo da Sociedade e do Estado*, Lisboa-São Paulo, III, 1985.

—— *Princípios gerais de direito*, in *Polis, Enciclopédia Luso-Brasileira de Cultura*, Lisboa-São Paulo, 1986, IV.

—— *Tendências actuais da interpretação da lei/ Do juiz autómato aos modelos de decisão jurídica*, in *Revista jurídica*, 1987, n.ᵒˢ 9 e 10.

—— *Da pós-eficácia das obrigações*, in *Estudos de Direito Civil*, I, Coimbra, 1987.

—— *Violação positiva do contrato*, in *Estudos de Direito Civil*, I, Coimbra, 1987.

—— *Da alteração das circunstâncias. A concretização do artigo 437.º do Código Civil, à luz da jurisprudência posterior a 1974*, in separata dos *Estudos em Memória do Prof. Doutor Paulo Cunha*, Lisboa, 1987.

—— *Teoria geral do direito civil. Relatório*, Lisboa, 1987.

—— *Direito das obrigações*, reimpressão, 1988, Lisboa.

—— *Ciência do direito e metodologia jurídica nos finais do século XX*, separata da *Revista da Ordem dos Advogados*, Lisboa, 1989.

—— *Teoria geral do direito civil*, 2.ª ed. revista e actualizada, I, Lisboa, 1989.

—— *Direito das obrigações*, III, *Contratos em especial*, 2.ª ed. revista e ampliada, Lisboa, 1991, V.º *Contrato de Compra e Venda – Introdução, efeitos essenciais e modalidades*, por Pedro de Albuquerque; e V.º *Mandato*, por Januário Gomes.

—— *Privatização da sociedade financeira e vícios ocultos: das pretensões de reparação*, in *A privatização da sociedade financeira portuguesa. Regras sobre reprivatizações, responsabilidade pelo prospecto*, culpa in contrahendo, *vícios ocultos das empresas reprivatizadas*, Lisboa, 1995.

—— *Vícios ocultos nos bens privatizados: subsídios para a análise da privatização da sociedade financeira portuguesa – Banco de Investimento, S. A. e suas consequências. Parecer de direito*, in *A privatização da sociedade financeira portuguesa. Regras sobre reprivatizações, responsabilidade pelo prospecto*, culpa in contrahendo, *vícios ocultos das empresas reprivatizadas*, Lisboa, 1995.

—— *Da responsabilidade civil dos administradores das sociedades comerciais*, Lisboa, 1996.

—— *Parecer (cisão/fusão/disposição de activos da universalidade a cindir e a posteriormente fundir)*, inédito, Lisboa, 2 de Agosto de 1999.

—— *Tratado de direito civil português*, I, *Parte geral*, Tomo I, Coimbra, 1999, Tomo III, Coimbra, 2001; I, *Parte Geral*, Tomo I, 2.ª ed., Coimbra, 2000.

—— *Levantamento da personalidade colectiva no direito civil e comercial*, Coimbra, 2000.

—— *Manual de direito comercial*, Coimbra, 2001, I.

CORDEIRO (Menezes) e FRADA (Manuel Carneiro),
—— *Da inadmissibilidade da recusa de ratificação por* venire contra factum proprium, separata de *O Direito*, 1994, III – IV, Ano 126.º.

CORNIL (Georges),
—— *Explication historique de la règle «Ateri stipulari nemo potest»*, in *Studi in Onore di Salvatore Riccobono nel XL del suo Insegnamento*, Palermo, 1936, IV.

CORNIOLEY (Pierre),
—— *Contractus*, in *Labeo. Rassegna di Diritto Romano*, 1967.

CORNU (George),
—— *Contrats spéciaux*, in *Revue Trimestrielle de Droit Civil*, 1963.

CORREIA (Ferrer),
—— *Sociedades fictícias e unipessoais*, Coimbra, 1948.
—— *Valor do acto realizado por dementes antes de instaurada a acção de interdição*, in *Revista dos Tribunais*, 1954, Ano 72.º.
—— *A procuração na teoria da representação voluntária*, in *Boletim da Faculdade de Direito de Coimbra*, 1948, XXIV (= in *Estudos Jurídicos*, II, *Direito Civil e Comercial. Direito Comercial*, Coimbra, 1969).
—— *Erro e interpretação na teoria do negócio jurídico*, 3.ª tiragem, Coimbra, 1985.
—— *A representação dos menores sujeitos ao pátrio poder na assembleia geral das comerciais*, in *Estudos Jurídicos*, II, *Direito Civil e Comercial e Direito Criminal*.

COSTA (Almeida),
—— *A vontade e a declaração na teoria do negócio jurídico representativo*, in *Boletim do Ministério da Justiça*, 1963.
—— *Vontade e estados subjectivos relevantes na representação jurídica*, Rio de Janeiro, 1976.
—— *Apontamentos de história do direito*, Lisboa, 1979.
—— *História do direito português*, Coimbra, 1989.
—— *Responsabilidade civil por ruptura das negociações preparatórias de um contrato*, separata da *Revista de Legislação e Jurisprudência*, 1984, reimpressão de 1994.
—— *Direito das Obrigações*, 9.ª ed., Coimbra, 2001.

COVARRUVIAS (Diego),
—— *Relectio de pactis* (in *Opera omnia*, Antuérpia, 1610).
v. FRAGA IRIBARNE.

COVIELLO (Leonardo),
—— *La rappresentanza dei non concepiti e la buona fede dei terzi*, in *Il Foro Italiano*, 1932, I.

CRAMER (Ulrich von),
—— *Anfangs-Gründe des Bürgerlichen Rechts* (Ulm, Francoforte, 1766).

CRAUSHAAR (Von),
—— Der Einfluss des Vertrauens auf die Privatrechtsbildung, Munique, 1969.
—— Die Bedeutung der Rechtsgeschäftslehre für die Problematik der Scheinvollmacht, in Archiv für die civilistische Praxis, 1974.

CREZELIUS (Georg),
—— Zu den Rechtswirkungen der Anscheinsvollmacht, in ZIP, Zeitschrift für Wirtschaftsrecht, 1984.

CROME,
—— System des Deutschen Bürgerlichen Rechts, Tubinga e Lípsia, 1900, I.

CRUZ (Sebastião),
—— Direito Romano (Ius Romano), I, Introdução. Fontes, 4.ª ed. revista e actualizada, Coimbra, 1984.

CUIACIUS (Iacobus),
—— Commentarius ad titulos Digestorum (in Opera Omnia, Veneza, 1758).
—— Commentaria in responsorum Aemil. Papinia., Lib. XII, Ad § Species (in Opera Omnia, Veneza, 1758).
—— Recitationes Solemnes, Ad Libros XC. Digestorum Salvii Juliani (in Opera Omnia, Veneza, 1758).
—— Recitationes Solemnes, in librum II. Codicis, in Opera Omnia (Veneza, 1758).
—— Ad Africanum tractatus IX, Tract VIII, ad l. 51 de aedil. edict. (in Opera Omnia, Veneza, 1758).

CUNHA (Paulo),
—— Direito Civil, II, Conclusão do estudo da teoria geral da relação jurídica, apontamentos de Maria Luiza Coelho Bártholo e Joaquim Marques Martinho, Lisboa, 1936-37.

CUNHA (Paulo Ferreira da),
—— Princípios de direito, introdução à filosofia e metodologia jurídicas, Porto, sem data, mas de 1993.

CURA (António Alberto Vieira),
—— Fiducia cum creditore (aspectos gerais), separata do vol. XXXIV do

Suplemento ao Boletim da Faculdade de Direito da Universidade de Coimbra, Coimbra, 1990.

CURTIUS,
—— *Die Stellvertretung bei eingehung von Verträgen*, in *Archiv für die civilistiche Praxis*, 1875, LVIII.

CZYHLARZ,
—— *Der Besitzerwerb durch Dritte nach römischen und heutigen Rechte. Ein Beitrag zu Lehre von der Stellvertretung. Von Dr. Sigmund Schlossmann, a ö. Professor der Rechte an der Universität Bonn. Lípsia, Druck und Verlag von Breitkopf und Härtel 1881. VII und 175 Seiten*, in *Grünhut Zeitschrift für das Privat- und Öffentliche Recht der Gegenwart*, Viena, 1883, X.

D'AMICO (Paolo),
—— *Rappresentanza (Diritto Civile)*, in *Enciclopedia Giuridica Treccani*, Roma, 1991, XXV.

D'AMELIO (Mariano),
—— *Apparenza*, in *Nouvo Digesto Italiano*, I, 1937.
—— *Apparenza del Diritto*, in *Novissimo Digesto Italiano*, 1957, I.

Das bürgerliche besetzbuch, mit besonderer Berücksichtigung der Dachtsprechung des Reichsgerichts und das Bundesgerichtshofes, 12.ª ed., por Hunt Zohamasen, Wilher Kregel, Gesab Krüger-Nirland, Hernning Piper, Erich Fen, Berlim, Nova Iorque, 1982, Vol. I.

D'AVANZO,
—— *Rappresentanza (diritto civile)*, in *Novissimo Digesto Italiano*, 1968, XIV.

DANZ (Erich),
—— *Die Auslegung der Rechtsgeschäfte. zugleich ein Beitrag zur Rechts- und Tatfrage*, 3.ª ed., Iena, 1911.
—— *Interpretação dos negócios jurídicos/contratos, testamentos, etc. Estudo sôbre a questão de direito e a questão de facto*, Coimbra 1942.

DAVIES (F. R.),
—— *Contract*, 5.ª ed., Londres, 1986.

DEBRAY,
—— *Contribution à l'étude de la loi Plaetoria*, in *Mélanges Girard. Études de Droit Romain Dédiés à Mr. P. F. Girard à l'occasion du 60e anniversaire de sa naissance (26 de Octobre 1912)*, Paris, 1912, I.

DEJANA (Giommaria),
—— *Gestione di affari altrui ed atti dispositivi*, in *Rivista del Diritto Commerciale e del Diritto Generale delle Obbligazioni*, 1948, I.

DELHAY (Francis),
—— *La nature juridique de l'indivision. Contribution à l'étude des rapports de la notion d'indivision avec les notions de société civile et de personalité morale*, Paris, 1968.

DEMELIUS (Heinrich),
—— *M. Wellspacher Vollmachtslehre. Zur 30. Wiederkehr seines Todestages (21. 2. 1923)*, in *Archiv für die civilistische Praxis*, 1954.

DEMOGUE,
—— *Traité des obligations en général*, Paris, 1921.

DERNBURG,
—— *Lehrbuch des Preußischen Privatrechts und der Privatsrechtsnormen des Reichs*, Halle, 1897.
—— *Pandekten*, 7.ª ed., com a colaboração de Johanes Biermann, Berlim, 1902, I.
—— *Das bürgerliche Recht des deutschen Reiches und Preußens*, 3.ª ed., Berlim, 1906, I.

DESANTI (Lucetta),
—— *De Confirmando tutore vel curatore*, Milão, 1995.
Die gesamten Materialien zum Bürgerlichen Gestzbuch für das Deutsche Reich (Mugdan), reimpressão da edição de Berlim 1899, Aalen, 1979.

DIEDERICHSEN (Uwe),
—— *Topisches und systematisches Denken in der Jurisprudenz*, in *Neue Juristische Wochenschrift*, Ano 19, 1966.

DIESSELHORST,
—— *Die Lehre des Hugo Grotius vom Versprechen*, Colónia-Graz, 1959.

DILCHER,

—— *Der Typenzwang im mittelalterlichen Vertragsrecht*, in *Zeitschrift der Savigny-Stiftung für Rechtsgeschichte, romanistische Abteilung*, LXXVII, 1960.

DISTASO,

—— *Responsabilità extra-contrattuale del mandante e suoi effeti rispetto alla tutela del terzo. Apparenza del diritto: applicabilitá e limiti di essa*, in *Giurisprudenza Completa della Corte Suprema della Cassazione Civile*, 1949, II.

DITTMAR (Erich),

—— *Mißbrauch der Vollmacht (Kollusion und Quasikollusion)*, Dissertação, Gotinga, 1931.

DNIESTRZANSKI,

—— *Die Aufträge zugunsten Dritter*, Lípsia, 1904, I.
—— *Zur Grundlegung des modernen Privatrechts*, in *Jherings Jahrbücher für die Dogmatik des heutigen römischen und deutschen Privatrechts*, LXXIX.

DÖLLE (Hans),

—— *Neutrales Handeln im Privatrecht. Ein Beitrag zur Lehre von der Stellvertretung*, in *Festschrift Fritz Schulz*, Weimar, 1951.
—— *Juristische Entdeckungen*, in *Verhandlungen des zweiundvierzigsten deutschen Juristentages*. Düsseldorf, 1957, Tubinga, 1959, II.

DOMAT,

—— *Traité des lois, Les lois civiles dans leur ordre naturel, le droit public, harangues et Legum delectus ex libris digestorum et codicis, ad usum scholae et fori*, in *Oeuvres complètes de J. Domat*, nova edição por J. Remy, com um prefácio histórico acerca da vida e obra de Domat, Paris, 1835.

DOMINEDÒ (Francesco),

—— *Mandato (diritto civile)*, in *Novissimo Digesto Italiano*, Turim, 1964, X.

DOMINICIS (Antonio de),

—— *Magistrati (diritto romano)*, in *Novissimo Digesto Italiano*, 1964, X.

DONATUTI,

—— *Contributi alla teoria del mandato in diritto romano*, I, *L'actio mandati dell' adpromissor*, Perugia 1927, II.

—— *La volontà del mandante*, Perugia 1929.

DONELLUS (Hugus),

—— *Commentarius ad Titulum Digestorum Verborum Obligationibus*, in *Comentarii Ad II. III. IV. VI et VIII libros Codicis Justinianei, Tit. V. Lib. XIX Dig. De prescript. Verbis, et Tit. l., Lib. XLV. Did de Verb. Obligat.*, Francoforte, 1622.

—— *Commentarius de Iure Civilis* (in *Opera omnia*, «Luca», 1673).

DONISI (Carmine),

—— *Il contratto com se stesso*, 1.ª reimpressão, Nápoles, 1992.

DORIS (Philipo),

—— *Die rechtsgeschäftliche Ermächtigung bei Vornahme von Verfügungs-, Verpflichtungs-, und Erwerbsgeschäften*, Munique, 1974.

DROIN,

—— *La représentation indirecte en droit suisse*, Genebra, 1956.

DUGUIT,

—— *Traité de droit constitutionnel*, 3.ª ed., Paris, 1927.

DÜLL (Rudollf),

—— *Über Ansätze direkter Stellvertretung im frührepublikanischen Recht*, in *Zeitschhrifft der Savigny-Stiftungs für Rechtsgeschichte, romanistische Abteilung*, 1950, LXVII.

—— *Stellvertretung im Bereich von Stipulationen?*, in *Studi in Onore di Vicenzo Arangio-Ruiz nel XLV del suo Insegnamento*, Nápoles, 1953, I.

DUPIN (M.),

—— *Dissertation sur la vie et les ouvrages de Pothier*, in *Oeuvres de R.-J. Pothier contenant les traités du droit français*, nova ed. por Dupin Ainé, Bruxelas, 1831, vol. I.

DUQUESNE,

—— *L'action de la loi Plaetoria*, in *Mélanges de Droit Romain Dédiés à Georges Cornil*, Gand-Paris, 1926, I.

DURANTIS (Gulielmus),
—— *Speculum iuris* (Veneza, 1627, Pars I).

ECK,
—— *S. Schlossmann, Der Bestitzerwerb durch Dritte nach römischem und heutigen Rechts. Ein Beitrage zum Lehre von der Stellvertretung*, in *Zeitschrift für das gesammte Handelsrecht*, 1884, XXX.

ECKNER,
—— *Der Mißbrauch der Stellvertretung*, Dissertação, Berlim, 1937.

EHRENBERG (Victor) e BRODMANN (Erich),
—— *Handbuch des gesamten Handelsrecht. Mit Einschluss des Wechles-, Scheck-, See- und Binnenschiffahrtsrechts, des Versicherungsrechts sowie des Post- und Telegraphsrechts*, IV, 2, Lípsia, 1918.

EICHLER,
—— *Die Rechtslehre von Vertrauen. Privatrechtliche Untersuchungen über den Schutz des Vertrauens*, Tubinga, 1950.

EINSELE (Dorothee),
—— *Inhalt, Schranken und Bedeutung des Offenkundigskeitprinzips. Unter besonderer Berücksichtigung des Geschäfts für den, den es angeht, der fiduziarischen Treuhand sowie der dinglich Surrogation*, in *Juristen Zeitung*, 1990.

EISELE,
—— *Cognitur und Prokurator, Untersuchung zur Geschichte der processualen Stellvertretung*, Friburgo, Tubinga, 1881.

ELGER (Hermann Elger),
—— *Nachwirkungen nach Ende des Rechtsverhältnisses im BGB*, Dissertação, Münster, 1936.

ENDEMANN,
—— *Das deutsche Handelsrecht*, 2.ª ed., Heidelberga, 1868, 4.ª ed., Lípsia, 1887.
—— *Handbuch des Deutschen Handelsrecht, See- und Wechelsrechts,* com a colaboração de Brunner, Cohen, Basin, Grünlrunt, Klotermann, Koch, Köning, Kuntze, Lastig, Lewis, Primker, Reatz, Rezels-

berger, Schoff, Schroeder, Völderndsff, Weudt, Westerkamp e Wolff, Lípsia, 1881.

ENGELMANN,
—— *Wiedergeburt der Rechtskultur in Italien durch die wissenschaftlichen Lehre*, Lípsia, 1933.

ENGISCH,
—— *Introdução ao pensamento jurídico*, tradução e prefácio de Baptista Machado, Lisboa, 1965.

ENNECCERUS e NIPPERDEY,
—— *Allgemeiner Teil des Bürgerlichen Rechts. Ein Lehrbuch*, 15.ª ed., 1960, I, II.

ERBE,
—— *Die Fiducia im römischen Recht*, Weimar, 1940.

ERMAN,
—— *Bürgerliches Gesetzbuch. Handkommentar*, 10.ª ed., 2000, I (citado Erman-Palm, *Bürgerliches Gesetzbuch. Handkommentar*, 10.ª ed., 2000, I).

ERNST (Otto),
—— *Haftung aus Scheinvollmacht*, Dissertação, Friburgo, 1934.

ESSER (Josef),
—— *Wert und Bedeutung der Rechtsfiktionen. Kritisches zur Technik der Gesetzgebung und der bisherigen Dogmatik des Privatrechts*, 2.ª ed., Francoforte, 1969.

Essai sur l'histoire du droit naturel (obra anónima), Londres, 1758.

EUJEN (Heiko) e FRANK (Rainer),
—— *Anfechtung der Bevollmächtigung nach Abschluß der Vertretergeschäft*, in *Juristenzeitung*, 1973.

EVERDING,
—— *Die dogmengeschichtliche Entwicklung der Stellvertretung im 19. Jahrhundert*, Dissertação, 1951, Erlangen.

FABER (Antonius),
—— *Codex Fabrianus, Definitionum forensium*, (Lião, ?).
—— *In Institutiones Iustinianeas commentarii* (Lião, 1565).
—— *Rationalia in Tertiam partem Pandectarum «Aurelianae»*, 1626)

FACHINEUS (Andreas),
—— *Controversiarum Iuris tomi tres* (Lião, 1605, Tom. I).

FADDA,
—— *Recensione, Der Besitzerwerb durch Dritte nach röm. und heut. Rechte. Ein Beitrag zur Lehre der Stellvertretung von D. Siegmund Schlossmann a. o. Prof. an der Uni. Bonn. Lípsia, Beitkopf & Hartel, 1881. X* in, *Archivio Giuridico*, Pisa, 1881, XXVII.

FALZEA,
—— *Il soggetto nel sistema dei fenomeni giuridice*, Milão, 1939.
—— *Apparenza*, in *Enciclopedia del Diritto*, 1958, II.
—— *Capacità (teoria generale)*, in *Enciclopedia del Diritto*, 1960.
—— *Efficacia giuridica*, in *Enciclopedia del Diritto*, Milão, 1965, XIV.
—— *Manifestazione (teoria generale)*, in *Enciclopedia del Diritto*, 1975, XXV.

FARIA (Augusto de Leite),
—— *Anulabilidade do negócio consigo mesmo*, Porto, 1995.

FARIA (Jorge Ribeiro),
—— *Direito das Obrigações*, Coimbra, 1990.

FEDELE (Pio),
—— *Giuramento (dir. can.)*, in *Enciclopedia del Diritto*, 1970, XIX.

FEENSTRA (Robert),
—— *L'influence de la Scolastique espagnole sur Grotius em droit privé: quelques expériences dans les questions de fond et de forme, concernant notamment les doctrines de l'erreur et de l'enrichissement sans cause*, in *La Seconda Scolastica nella Formazione del Diritto Privato Moderno. Incontro di Studio*, Florença, 16-19 de Outubro de 1972, a cargo de Paolo Grossi, Milão, 1973.

FEINE (Hans Erich),
—— *Kirchliche Rechtsgeschichte die Katholische Kirche*, 4.ª ed., Colónia, Graz, 1964.

FERNANDES (Carvalho),
—— *A conversão dos negócios jurídicos civis*, Lisboa, 1993.
—— *Teoria geral do negócio jurídico*, 3.ª ed., Lisboa, 2001.

FERRARI,
—— *Gestione di affari altrui e rappresentanza*, Milão, 1962.

FERREIRA (Amadeu),
—— *Direito dos valores mobiliários*, Lisboa, 1997.

FERREIRA (Cavaleiro de),
—— *Depósito Bancário. Simulação. Falsificação. Burla*, in *Scientia Iuridica*, 1970, XIX.

FERREIRA (Durval),
—— *Do mandato civil e comercial. O gerente de sociedades. Na lei (novo Código Civil). Na jurisprudência. No direito comparado*, Vila Nova de Famalicão, 1967.

FERREIRA (Francisco Leitão),
—— *Alphabeto dos lentes da insigne Universidade de Coimbra desde 1537 em diante*, Coimbra, 1937.

FERREIRA (José Dias),
—— *Codigo civil portuguez annotado*, 2.ª ed., Lisboa, 1894.

FERREIRA (Vasco Taborda),
—— *Do conceito de causa dos actos jurídicos*, Lisboa, 1946.

FERRINI (Contardo),
—— *Manuale di Pandette*, 4.ª ed., cuidada e integrada por Giuseppe Grosso, Milão, 1953 (mas cuja 1.ª ed. data de 1900).

FIGUEIRA (Eliseu),
—— *Renovação do sistema de direito privado*, Lisboa, 1989.

FIKENTSCHER (Wolfgang),
—— *Scheinvollmacht und Vertretungsbegriff*, in *Archiv für die civilistische Praxis*, 1955.

FINZI,
—— *Il possesso dei diritti*, Roma, 1915.

FISCHER (Robert),
—— *Der Mißbrauch der Vertretungsmacht, auch unter Berücksichtigung der Handelsgesellschaften*, in *Gesellschaften und Unternehmensrecht, Festschrift für Wolfgang Schilling zum 65. Geburtstag am 5. Juni 1973*, Berlim, Nova Iorque, 1973.

FLATAU (Ernst),
—— *Ist die Vollmacht abstrakt oder Kausal?*, in *Beiträge für Erläuterung des deutschen Rechts*, Gruchot, 1908, Vol. 52.

FLUME,
—— *Rechtsgeschäfts und Privatautonomie*, in *Hundert Jahre deutsches Rechtsleben. Festschrift zum 100 jährigen Bestehen des Deutschen Juristentages, 1860-1960*, Karlsruhe, I, 1960.
—— *Allgemeiner Teil des Bürgerlichen Rechts*, II, *Das Rechtsgeschäft*, 3.ª ed., Berlim, Heidelberga, Nova Iorque.

FOLGADO (Avelino),
—— *Evolución del concepto del derecho subjectivo. Estudio especial en los teologos-juristas españoles del siglo XVI*, I, Madrid, 1960.

FÖRSTER e EICCIUS,
—— *Preußischen Privatrecht*, 7.ª ed., 1896, Berlim.

FRADA (Carneiro da),
—— *A responsabilidade objectiva por facto de outrem face à distinção entre responsabilidade obrigacional e aquiliana*, separata de *Direito e Justiça*, 1987, vol. XII, tomo I.
—— *Contrato e deveres de protecção*, separata do volume XXXVIII do *Suplemento ao Boletim da Faculdade de Direito da Universidade de Coimbra*, Coimbra, 1994.
—— *Uma «terceira via» no direito da responsabilidade civil? O problema da imputação de danos causados a terceiros por auditores de sociedades*, Coimbra, 1997.

—— *Teoria da confiança e responsabilidade civil*, Lisboa, 2001.

v. Ascensão (Oliveira).

v. Cordeiro (Menezes).

Fraga Iribarne,

—— *Prólogo* a Diego de Covarruvias y Leiva, *Textos juridico-politicos*, traduzidos por Atilano Rico Seco, Madrid, 1957.

Fränkel (Richard),

—— *Die Grundsätze der Stellvertretung bei den Scholastikern*, separata de *Zeitschrift für vergleichende Rechtswissenschaft*, XXVII, 3, Estugarda, sem data.

Freire (Mello),

—— *Instituições de direito civil português, tanto público como particular*, tradução de Miguel Pinto Menezes, in *Boletim do Ministério da Justiça*, 1967, 168, pp. 59 e 60.

Freitas (Teixeira de),

—— *Código Civil. Esboço*, Rio de Janeiro, 1864.

Frese,

—— *Prokurator und negotiorum gestio im Römischen Recht*, in *Mélanges de Droit Romain Dédiés à Georges Cornil*, Gand-Paris, 1926.

Freundt,

—— *Wertpapier im Antiken und frühmittelalterlichen Rechte*, Lípsia, 1910.

Frey (Kaspar),

—— *Rechtsnachfolge in Vollmachtnehmer- und Vollmachtgeberstellungen*, Munique, 1997.

Frieling (Günter),

—— *Mißbrauch der Vertretungsmacht insbesondere im Gesellschaftsrecht*, Münster, 1961.

Frosini (Vittorio),

—— *Sogetto del diritto*, in *Novissimo Digesto Italiano*, XVII, 1970.

Frotz (Gerhard),

—— *Die Rechtsdogmatische Einordnung der Haftung für culpa in*

contrahendo, *Privatrechtliche Beiträge*. *Gedankenschrift Franz Gschnitzer*, Aalen, 1969.
—— *Verkehrsschutz im Vertretungsrecht*, Francoforte, 1972.

FRUNDECK (Joachim Mysinger von),
—— *Responsorum Iuris sive Consiliorum decades decem, sive centuria integra* (Basileia, MDLXXVI, edição de Basileia, MDLXXX).

GAILLARD (Emmanuel),
—— *La représentation en droit français*, in *Droits, Revue Française de Théorie Juridique*, 6, 1985.

GALGANO,
—— *Il negozio giuridico*, Milão, 1988.
—— *Diritto civile e commerciale*, II, *Le obbligazioni e i contratti*, t. I, *Obbligazioni in generale. Contratti in generale*, Pádua, 1990.
—— *Diritto privato*, 8.ª ed., Pádua, 1994.

GALGANO (Francesco) e VISINTINI (Giovanna),
—— *Degli effetti del contratto, della rappresentanza del contratto per persona da nominare*, comentário aos artigos 1372-1286, por Francesco Galgano, e aos artigos 1387-1405, por Giovanna Visintini, Bolonha, Roma, 1993.

GALLI (Gianni),
—— *Rappresentanza senza potere*, in *Revista Trimestrale di Diritto e Procedura Civile*, 1968.

GARCIA (del Corral),
—— *Cuerpo del Derecho Civil Romano*, Barcelona, 1889.

GAUDEMET (Jean),
—— *Tentatives de sistématisation du droit à Rome*, in *Archives de Philosophie du Droit*, Tom. 31, *Le système juridique*, 1986.

GAZZANIGA (Jean-Louis),
—— *Mandat et représentation dans l'ancien droit*, in *Droits. Revue Française de Théorie Juridique*, 6, *La Représentation*, Paris, 1987.

GEIB,
—— *Zur Dogmatik des römischen Bürgschaftsrechts*, Tubinga, 1894.

GERI (Lina Bigliazzi),

—— *Procura (diritto privato)*, in *Enciclopedia del Diritto*, 1987, XXXVI.

—— *Abuso dei poteri di rappresentanza e conflitto di interessi*, in *Rappresentanza e gestione*, Pádua, 1992.

GERKE (Eckehard),

—— *Vertretungsmacht und Vertretungsberechtigung. Eine civilistische Untersuchung*, Colónia, Berlim, Bona, Munique, 1981.

GERNHUBER (Joachim) e GRUNEWALD (Barbara),

—— *Bürgerliches Recht*, 4.ª ed., Munique, 1998.

GHEZZI (Giorgio),

—— *Del contrato di agenzia* – *Commentario del Codice Civile*, a cargo de *A. Scialoja e G. Branca*, artigos 1742-1753, Bolonha-Roma, 1970.

GIBERT (Rafael),

—— *Historia general del derecho español*, Madrid, 1958.

GIANNINI,

—— *Organi (teoria generale)*, in *Enciclopedia del Diritto*, 1981, XXXI.

GIERKE,

—— *Das Deutsche Genossenschaftsrecht*, II, *Geschichte des deutschen Köperschaftsbegriff*, reimpressão fotográfica, Graz, 1954, III. *Die Staats- und Korporationslehre des Alterthums und des Mittelalters und ihre Aufnahme in Deutschland*, reimpressão da ed. de Berlim 1881, Graz, 1954.

—— *Deutsches Privatrecht*, reimpressão da ed. de Lípsia, I, Munique, Lípsia, 1936, baseada na 1.ª ed. de 1895, pp. 296 e ss., III, Munique, Lípsia, 1917.

—— *Giovanni Althusius e lo sviluppo storico delle politiche giusnaturalistiche*, a cargo de Antonio Giolitti, reimpressão da ed. de 1943, Turim, 1974.

GIMENEZ-CANDELA (Teresa),

—— *Mandatum und Burgenregress*, in *Mandatum und Verwandtes. Beiträge zum römischen und modernen Recht*, Berlim, Heidelberga, Nova Iorque, Londres, Paris, Tóquio, Hong Kong, Barcelona, Budapeste.

GIORGIANNI (Michele),
—— *Causa (diritto privatto)*, in *Enciclopedia del Diritto*, 1960,VI.

GIRTANNER,
—— *Die Bürgschaft nach gemeinen civilrecht, historische-dogmatisch dargestellt*, Iena, 1850.

GOLDBERGER,
—— *Der Schutz gutgläubiger Dritter im Verkehre mit nicht Bevollmächtigten nach BGB*, Dissertação, Berlim, 1908.

GOMES (Januário),
—— *Em tema de revogação do mandato civil*, Coimbra, 1989.
—— *Assunção fidejussória de dívida. Sobre o sentido e o âmbito da vinculação como fiador*, Lisboa, 1999.
—— *Apontamentos sobre o contrato de agência*, in *Tribuna da Justiça*, n.º 3, 1990.
v. CORDEIRO (Menezes).

GOMES (Júlio Manuel Vieira),
—— *Gestão de negócios um instituto jurídico numa encruzilhada*, in *Boletim da Faculdade de Direito de Coimbra*, suplemento XXXIX, 1994.
—— *O conceito de enriquecimento forçado e os vários paradigmas do enriquecimento sem causa*, Porto, 1998.

GOMES (Orlando),
—— *O poder de representação*, in *Estudios de Derecho Civil en Honor del Prof. Castan Tobeñas*, Pamplona, III, 1969.

GOMEZ,
—— *Variae resolutiones iuris civilis, communis et regii* (Genebra, 1681).

GONÇALVES (Cunha),
—— *Tratado de direito civil em comentário ao código civil português*, Coimbra, I, 1929, IV, 1931,VIII, 1933.
—— *Dos contratos em especial*, Lisboa, 1953.

GONÇALVES (Penha),
—— *Autoria material do negócio representativo*, in *Gazeta dos Advogados*

da Relação de Luanda, 1943 (Setembro), Ano XIII, n.º 9, 1944 (Maio), Ano XIV, n.º 5.

GONZÁLEZ (Blas Pérez) e AGUILER (José),
—— *Estudios de comparación y adaptación a la legislación y jurisprudencia españolas*, 3.ª ed., por Hernandez Moreno e M.ª del Carmen Gete-Alonso, da tradução da 39.ª ed. alemã de Enneccerus--Nipperdey, *Derecho Civil (parte general)*, Barcelona, 1955.

GORDILLO (António),
—— *La representación aparente. Una aplicación del principio general de protección de la aparencia jurídica*, Sevilha, 1978.

GORLA (Gino),
—— *Il dogma del «consenso» o «accordo» e la formazione del contratto di mandato gratuito nel diritto continentale*, in *Rivista del Diritto Civile*, 1956.

GOTHOFREDUS (Dionysius),
—— *Corpus Iuris Civilis Romani «com notis integris»* («Colonia Munatianae» 1781).

GOTTHARDT (Peter Jürgen),
—— *Der Vertrauensschutz bei der Anscheinsvollmacht im deutschen und im französischen Recht*, Karlsruhe, 1970.

GOUVEIA (Jaime),
—— *Da responsabilidade contratual*, Lisboa, 1932.

GRADENWITZ,
—— *Interpolationen in den Pandekten*, in *Zeitschrift der Savigny-Stiftung für Rechtsgeschichte, romanistische Abteilung*, 1886, VII.

GRAZIANI,
—— *La rappresentanza sensa procura*, in *Annali dell'Istituto Guiridico dell'Università di Perugia*, 1927 (= *Studi di Diritto civile e commerciale*, Nápoles, 1953).
—— *Negozio di gestione e procura*, in *Studi di Diritto Commerciale in Onore di Cesare Vivante*, I, Roma, 1933 (= *Studi di Diritto civile e commerciale*, Nápoles, 1953).

—— *In tema di procura irrevocabilie*, in *Il Foro Italiano*, 1936, I (= *Studi di Diritto civile e commerciale*, Nápoles, 1953).

—— *Mandato e procura irrevocabile*, in *Giurisprudenza Completa di Diritto Civile* (= *Studi di Diritto civile e commerciale*, 1953, Nápoles).

—— *In tema di procura*, in *Giurisprudenza Completa di Diritto Civile, IV, 1939* (= *Studi di Diritto civile e commerciale*, 1953, Nápoles).

GREGORIO (Valentina di),
—— *A margine di una recente sentenza della cassazione sulla rappresentanza apparente*, in *Giurisprudenza Italiana*, 1995, 147, I.

—— *La rappresentanza apparente*, Verona, 1996.

GROSSI (Paolo),
—— *L'ordine giuridico medievale*, 2.ª ed., Bari, 1996.

—— *La proprietà nel sistema privatistico della Seconda Scolastica*, in *La Seconda Scolastica nella Formazione del Diritto Privato Moderno. Incontro di Studio*, Florença, 16-19 de Outubro de 1972, a cargo de Paolo Grossi, Milão, 1973.

GROSSO (Giuseppe),
—— *Il sistema romano dei contratti*, 2.ª ed., Turim, 1949.

—— *Fiducia (dir. rom.)*, in *Enciclopedia del Diritto*, 1968, XVII.

—— *Problemi generali del diritto attraverso il diritto romano*, 2.ª ed., Turim, 1967.

GROTIUS,
—— *De iure Belli ac Pacis* (Amesterdão, 1632).

GRUNEWALD (Barbara) v. GERNHUBER (Joachim).

GUARINO (Antonio),
—— *Actiones adiecticiae qualitatis*, in *Novissimo Digesto Italiano*, 1957, I, 1.

—— *Equità (diritto romano)*, in *Novissimo Digesto Italiano*, 1960, VI.

—— *Diritto privato romano*, 9.ª ed., 1992, Nápoles.

GUEDES (Cardoso),
—— *A limitação dos poderes dos administradores das sociedades anónimas*, in *Revista de Direito e de Economia*, 1987, XIII.

GUEST (A. G.),

—— *Anson's Law of contract*, 26.ª ed., Londres 1984.

GUICHARD ALVES (Raúl),

—— *O problema dos estados subjectivos relevantes no contexto da representação. Uma análise do artigo 259.º do Código Civil*, pol., Coimbra, 1991.

—— *Sobre a distinção entre núncio e representante*, in Scientia Iuridica, 1995, XLIV.

—— *Notas sobre a falta e limites do poder de representação*, in Revista de Direito e Estudos Sociais, 1995, XXXVII.

—— *Da relevância jurídica do conhecimento no direito civil*, Porto, 1996.

—— *O instituto da «procuração aparente» – Algumas reflexões à luz do direito alemão*, in Jures et de Jure. Nos vinte anos da Faculdade de Direito da UCP – Porto, Porto, 1998.

HAESERT,

—— *Théorie générale du droit*, Bruxelas, 1948.

HAGEN (Horst),

—— *Funktionale und dogmatische Zusammenhänge zwischen Schadens- und Bereicherungsrecht*, Festschrift für Karl Larenz zum 70. Geburtstag, Munique, 1973.

HAGER (Gunther),

—— *Die Prinzipien der mittelbaren Stellvertretung*, in Archiv für die civilistische Praxis, 1980, 148.

HAHN,

—— *Observata Theorico-Practica, Digestorum Pars* VII, Lib. XLV, Tit. I, *De Verborum Obligationibus, Observata* IV («Coloniae Aggrippinae», 1675).

HAMMEL (Ernst),

—— *Wann Wirkt bei der Vertretungsmacht die bloße Überschreitung des zwischen Vertreter und Vertretenem bestehenden Innenverhältnisses auf das Außenverhältnis zwischen Vertretenem und Drittem ein?*, in Juristische Wochenschrift, 1933.

HAMMEN (Horst),
—— *Die Bedeutung Friedrich Carl v. Savignys für die allgemeinen dogmatischen Grundlagen des Deutschen Bürgerlichen Gesetzbuches*, Berlim, 1983.

HAMZA (Gábor),
—— *Aspetti della rappresentanza negoziale in diritto romano*, in *Index. Quaderni Camerti di Sudi Romanistici. International Survey of Roman Law*, 1981, IX.
—— *Die gewillkürte Vertretung, Theoretische und dogmatische Untersuchungen von den antiken Rechten bis zu den Modernen Rechten*, Budapeste, 1982.
—— *Bemerkungen zu den verschiedenen konstruktionsmodellen der gewillkürten Stellvertretung auf historische-rechtsvergleichender Grundlagen*, in *Zeitschrift für Rechtsvergleichung*, 1985.

HARTMANN (Gustav),
—— *Wort und Wille im Rechtsverkehr*, in *Jherings Jahrbücher für die Dogmatik des heutigen römischen und deutschen Privatrechts*, 1881, XIX.
—— *Werk und Wille bei dem sogenannten stillschweigenden Konsens*, in *Archiv für die civilistische Praxis*, LXXII, 1888.

HAUSER (Lorenz),
—— *Stellvertretung in Besitze*, Lípsia, 1870.

HECK,
—— *Die Fiducia cum amico contrata, ein Pfandgeschist mit Salmann*, in *Zeitschrift der Savigny-Stiftung für Rechtsgeschichte, romanistische Abteilung*, X, 1889.

HECKELMANN,
—— *Mitverschulden des Vertretenen bei Mißbrauch der Vertretungsmacht, Zugleich Besprechung von BGHZ 50, 112 e ff.*, in *Juristenzeitung*, 1970.

HEFELE (Bispo de Rottenborg),
—— *Histoire des Conciles*, tradução da 2.ª ed. alemã, Paris, 1907, I, I.

HEINECCIUS (Ioannes),

—— *Academische Reden über desselben elementa iuris civilis secundum ordinem Institutionem* (4.ª ed., Francoforte do Meno, 1774).

—— *Antiquitatum Romanarum jurisprudentiam illustratium Syntagma secundum ordinem Institutionum Justiniani digestum* (Veneza, 1782).

—— *Elementa Iuris naturae et gentium* («Halae», 1738, e Veneza, 1791).

—— *Recitationes in elementa juris civilis secundum ordinem Institutionum* (Coimbra, 1791).

—— *Institutiones juris civilis*, edição refundida por João Pedro Waldeck, como compêndio escolar da cadeira de direito romano na Universidade de Coimbra a partir de 1805.

HELDRICH (Karl),

—— *Die Geltung der Vollmacht nach dem Tode des Vollmachtgebers*, in *Jherings Jahrbücher für die Dogmatik des Bürgerlichen Rechts*, 1928-
-1929, 43.

HELLMANN,

—— *Die Stellvertretung im Rechtsgeschäft*, Munique, 1882.

—— *Siegmund Schlossmann, Die Lehre von der Stellvertretung, insbesondere bei obligatorischen Verträgen*, in *Zeitschrift für deutschen Civilprozess.*, 1903, XXXI.

HELLWIG (Konrad),

—— *Die Verträge auf Leistung an Dritte. Nach deutschen Reichsrecht unter besonderer Berücksichtigung des Handelsgesetzbuchs. Mit einer Einleitung über das römische Recht und einem Anhang über die Erbverträge zu Gunsten Dritter*, reimpressão da ed. de Lípsia 1899, Lípsia, 1980.

—— *Hupka. Die Vollmacht. Eine civislistische Untersuchung mit besonderer Berücksichtigung des bürgerlichen Gesetzbuch*, in *Zeitschrift für deutschen Zivilprozess.*, 1901, XXIX.

HÉMARD (Hean),

—— *Ventes Transports et autres contrats commerciaux*, in *Revue Trimestrielle de Droit Commercial*, 1954.

HENCKEL,

—— *Die Ergänzende Vertragsauslegung*, in *Archiv für die civilistische Praxis*, 1960, 159.

HENGSTBERGER (Georg),
—— *Stellvertretung und Treuhand im bürgerlichen Gesetzbuch, vorzüglich mit Rücksicht auf den § 1189 BGB*, Estugarda, 1912.

HEINRICHS V. PALANDT.

HERGENROETHER,
—— *Histoire de l'Église*, tradução francesa de Bélet, Paris, Bruxelas, Genebra, 1886.

HERRMANN (Harald),
—— *Kaufrechtliche Grenzen der Händlerwerbung*, in *Archiv für die civilistiche Praxis*, 1983.

HEUSLER (Andreas),
—— *Institutionen des deutschen Privatrechts*, Lípsia, 1885, I.

HEZEL (Friederich),
—— *Der Mißbrauch der Vertretungsmacht*, Dissertação, Urach, 1937.

HILDEBRANDT (Heinz),
—— *Erklärungshaftung, ein Beitrage zum System des Bürgerlichen Rechtes*, Berlim e Lípsia, 1931.

HIRSCH (Hans Cristoph),
—— *Übertragung der Rechtsausübung*, I, *Allgemeine Lehren. Die Herleitung des Pfandrechts aus seinen Mutterrechten*, Berlim, 1910.

HOFMANN (Hasso),
—— *Repräsentation. Studien zur Wort– und Begriffsgeschichte von der Antike bis ins 19. Jahrhundert*, reimpressão da 2.ª ed. de 1974, Berlim, 1990.

HOFSTETTER (Josef),
—— *Direkte Wirkungen indirekter Stellvertretung*, in *Mélanges Felix Wubbe*, Friburgo, 1993.

HÖLDER,
—— *Zum allgemeinen Theile des Entwurfs eines bürgerlichen Gesetzbuches für das Deutsche Reich*, in *Archiv für die civilistische Praxis*, 1888.

HOLLÄNDER (Ernst),
—— *Die gewillkürte Stellvertretung*, Berlim e Lípsia, 1910.

HOLTZENDORFF e KOHLER,
—— *Encyclopädie der Rechtswissenchaft*, 6.ª ed., Lípsia, Berlim, 1904.

HONSELL, MAYER-MALY, SELB,
—— *Römisches Recht*, 4.ª ed. do trabalho de Jörs, Kunkel e Wenger, Berlim, Heidelberga, Nova Iorque, Tóquio, 1987.

HÖNN,
—— *Verständniss und Interpretation des Vertragsrechts im Lichte eines beweglichen System*, in *Des bewegliche System im geltunchen und künftigen Recht.*, por Franz Bydlinskd, Krejci, Schilcer, Steinger, Viena, Nova Iorque, 1986.

HÖPFNER,
—— *Commentar über die Heineccishen Institutionen nach deren nuesten Ausgabe*, 7.ª ed., com anotações de Dieterich Weber, Francoforte do Meno, 1803.

HORST e HITZEMANN (Heinrich),
—— *Stellvertretung beim sozialtypischen Verhalten*, Berlim, 1966.

HÖRSTER (Heinrich Ewald),
—— *Sobre a formação do contrato segundo os arts. 217.º e 218.º, 224.º a 226.º e 228.º a 235.º do Código Civil*, in *Revista de Direito e Economia*, 1983, Ano IX.
—— *A parte geral do Código Civil português. Teoria geral do direito civil*, Coimbra, 1992.

HOTOMANUS,
—— *Observationes et Emendationes in Ius civile Libri XIII* («Excudebandt» 1599).

HÜBNER (Heinz),
—— *Interessenkonflit und Vertretungsmacht. Eine Untersuchung zur funktionalen Präzisierung des § 181 BGB*, Munique, 1977.

—— *Allgemeiner Teil des Bürgerlichen Gesetzbuches*, Berlim, Nova Iorque, 2.ª ed., 1996.
v. LEHMANN.

HUET (Jérôme),
—— *Traité de droit civil. Les principaux contrats spéciaux*, Paris, 1996.

HUPKA,
—— *Die Vollmacht, eine civilistische Untersuchung mit Besonderer Berücksichtigung des deutschen Bürgerlichen Gesetzbuchs*, Lípsia 1900.
—— *Die Haftung des Vertreters ohne Vertretungsmacht. Ein Beitrag zur Lehre von der Vertretung in Rechtsgeschäften*, Lípsia, 1903.

HUVELIN (Paul),
—— *Études d'histoire du droit commercial romain (histoire externe – droit maritime)*, Paris, 1929.

IGLESIAS (Juan),
—— *Derecho romano. Institutiones de derecho privado*, 6.ª ed., Barcelona, 1972.

ISAY,
—— *Geschäftsführung nach dem BGB*, Iena, 1900.
—— *Vollmacht und Verfügung*, in *Archiv für die civilistische Praxis*, 1924, 122.

ISENSEE (Otto),
—— *Der Einfluss des Irrtums auf die Verbindlichkeiten aus der Geschäftsführung ohne Auftrag*, Dissertação, Gotinga, 1934.

JAKOBS (Horst Heinrich),
—— *Delegation und Durchgangserwerb*, in *Zeitschrift der Savigny-Stiftung für Rechtsgeschichte, romanistische Abteilung*, 1974, XCI.

JAUERNIG, SCHLECHTRIEM, STÜRNER, TEICHMANN, VOLLKOMMER,
—— *Bürgerliches Gesetzbuch*, 5.ª ed., Munique, 1990.

JELLINEK,
—— *Algemeine Staatslehre*, 3.ª ed., 7.ª reimpressão, Darmstadt, 1960.

JHERING,

—— _Culpa in Contrahendo oder Schadenersatz bei nichtigen oder nicht zur Perfection gelangten Verträgen (Vierter Band, 1860)_, in _Gesammelte Aufsätze aus den Jahrbüchern für die Dogmatik des heutigen römischen und deutschen Privatrechts_, reimpressão da ed. de 1881, Estugarda, 1969, I.

—— _Geist des römischen Rechts auf den verschiedenen Stufen seiner Entwicklung_, I, 6.ª ed., Lípsia, 1907, IV, 5.ª ed., Lípsia, 1906.

—— _Mitwirkung für fremde Rechtgechäfte (Erster Band, 1857)_, in _Gesammelte Aufsätze aus den Jahrbücher für die Dogmatik des heutigen römischen und deutschen Privatrechts_, reimpressão da ed. de 1881, Estugarda, 1969, I.

—— _Mitwirkung für fremde Rechtgechäfte (Fortsetzung) (Zweiter Band 1858)_, _Gesammelte Aufsätze aus den Jahrbücher für die Dogmatik des heutigen römischen und deutschen Privatrechts_, reimpressão da ed. de 1881, Estugarda, 1969, I.

—— _Zwei Urtheile mit Entscheidungsgründen. Der Lucca-Bisstoja-Actienstreit. Ein Beitrag zu mehreren Fragen des Obligationenrechts, insbesondere der Theorie des Dolus un der Lehre von der Stellvertretung_, in _Vermischte Schriften. Juristichen Inhalts_, reimpressão da ed. de Lípsia, 1879, Aalen, 1968.

JOHANNSEN (Kurt), KREGEL (Wilhelm), KRÜGER-NIELAND (Gerda), PIPER (Henning), STEFFEN (Erich),

—— _Das bürgerliche Gesetzbuch, mit besonderer Berücksichtigung der Rechtsprechung des Reichsgerichts und des Bundesgerichtshofes_, 12.ª ed., Berlim, Nova Iorque, 1982, vol. I (citado Steffen, _BGB – RGRK_, cit. I).

JOOST,

—— _HGB, Staub Großkommentar_, 4.ª ed., Berlim, Nova Iorque, 1991.

JORGE (Pessoa),

—— _A protecção jurídica da aparência no direito civil português_, Lisboa, pol., 1951-1952.

—— _O mandato sem representação_, Lisboa, 1961.

JÖRS, KUNKEL e WENGER,

—— _Römisches Recht_, 3.ª ed., Berlim, Gotinga, Heidelberga, 1949.

v. HONSELL.

JOSSERAND,

—— *Cours de droit civil positif français*, II, *Théorie générale des obligations*, Paris, 1930.

—— *De l'esprit des droits et de leur relativité. Théorie dite de l'abus des droits*, 2.ª ed., Paris, 1939.

JUNG (E.),

—— *Erörterungen zum deutschen bürgerlichen Gesetzbuch und zu den Zivilgesetzenentwürfen Ungarns und Bulgariens*, II, *Anweisung und Vollmacht*, in *Jherings Jahrbuch für die Dogmatik des Bürgerlichen Rechts*, 69, 1920.

JÚNIOR (Santos),

—— *Sobre a teoria da interpretação dos negócios jurídicos*, Lisboa, 1988.

—— *Acordos intermédios: entre o início e o termo das negociações para a celebração de um contrato*, in *Revista da Ordem dos Advogados*, Ano 57, Abril de 1997.

JUSTO (António dos Santos),

—— *A situação jurídica dos escravos em Roma*, in *Boletim da Faculdade de Direito da Universidade de Coimbra*, 1983, LIX.

—— *A «fictio iuris» no direito romano («Actio ficticia»), Época clássica*, I, *Etimologia, natureza, tipologia, factores determinantes e figuras afins (nos expedientes do pretor, no comércio jurídico e na jurisprudência)*, separata do vol. XXXII do *Suplemento ao Boletim da Faculdade de Direito da Universidade de Coimbra*, Coimbra, 1988.

—— *As acções do pretor (actiones Praetoriae)*, separata do vol. LXV (1989) do *Boletim da Faculdade de Direito da Universidade de Coimbra*, Coimbra, 1989.

—— *A execução: pessoal e patrimonial (direito romano)*, separata da revista *O Direito*, Ano 125, 1993, III-IV.

—— *Direito privado romano*, I, *Parte geral, Introdução. Relação jurídica. Defesa dos direitos*, Coimbra, 2000.

KADEN (Henrich-Hans),

—— *Recensão a Laprat, René, Le crimem suspecti tutoris, Nancy, Imprimerie M. Colin, 1929*, in *Zeitschrift der Savigny-Stiftung für Rechtgeschite, romanistische Abteilung*, LXVIII.

KANTOROWICZ,
—— *Studies in the Glossators of the roman law, newly discovered writings of the twelfth century*, com a colaboração de Buckland, reimpressão da ed. de Cambridge 1938, com adenda e corrigenda de Peter Weimar, Aalen, 1969.

KARLOWA,
—— *Das Rechtsgeschäft und seine Wirkungen*, reimpressão da ed. de Berlim, 1877, Aalen, 1877.

KARSTEN (C.),
—— *Die Lehre von Vertrage bei den italienischen Juristen des Mittelalters. Ein Beitrag zur inneren Geschichte der Rezeption des römischen Rechtes in Deutschland*, Rostock, 1882.

KASER (Max),
—— *Stellvertretung und «Notwendige Entgeltlichkeit»*, in *Zeitschrift der Savigny-Stiftung für Rechtsgeschichte, romanistische Abteilung*, 1974, XCI.
—— *Durchgangserwerb*, in *Labeo. Rassegna di Diritto Romano*, 1980, XXVI.
—— *Das römische Privatrecht*, Munique, 1955, I e 13.ª ed., Munique, 1983.

KAUFMANN,
—— *Die altrömische Miete. Ihre zusammenhänge mit Gesellschaft, Wirtschaft und staatlicher Vermögensverwaltung*, Colónia-Graz, 1964.

KAUFMANN (Arthur),
—— *Vorüberlegung zu einer juristischen Logik und Ontologie der Relationen. Grundlegend einer personalen Rechtstheorie*, in *Rechtstheorie. Zeitschrift für Logik, Methodenlehre Kybernetik und Soziologie des Rechts*, Berlim, 1986.

KELLER,
—— *Pandekten*, Lípsia, 1861.

KIESEL (Helmut),
—— *Stellvertretung ohne Vertretungsmacht im deutschen, schweizerischen und österreichischen Recht*, Dissertação, Estugarda, 1966.

KIPP (Theodor),

—— *Joseph Hupka. Die Vollmacht. Eine civilistische Abhandlung mit besonderer Berücksichtigung des deutschen Bürgerlichen Gesetzbuchs. 2 Joseph Hupka. Die Haftung des Vertreters ohne Vertretungsmacht. 3. Stanislaus Dniestrzänsky. Die Aufträge zu gunsten Dritter. Eine zivilistische Untersuchung mit besonderer Berücksichtigung des österreichischen und deutschen Bürgerlichen Gesetzbuch,* in *Zeitschrift für das gesamte Handelsrecht,* 1906, LVII.

—— *Zur Lehre von der Vertretung ohne Vertretungsmacht,* in *Die Reichsgerichtspraxis im deutschen Leben. Festgabe der juristischen Fakultäten zum 50 jährigen Bestehen des Reichsgerichts (I. Oktober 1929),* Berlim-Lípsia, 1929.

v. WINDSCHEID.

KLANG, GSCHNITZER e STANZL,

—— *Kommentar zum Allgemeinen Bürgerlichen Gesetzbuch,* 2.ª ed., IV, I.

KNOCHE (Joachim),

—— *Die Vollmacht und ihr Verhältnis zu den Rechtsbeziehungen zwischen Vollmachtgeber und Vertreter,* in *Juristische Arbeitsblätter,* 1991, 23.

KOENIGER,

—— *Buchard von Forms,* Munique, 1905.

KÖNDGEN (Johannes),

—— *Selbstbindung ohne Vertrag. Zur Haftung aus geschäftsbezogenem Handeln,* Tubinga, 1981.

KOSCHAKER,

—— Translatio iudicii, *Eine Studie zum römischen Zivilprosess,* Graz, 1905.

—— *Europa und das Römische Recht,* 4.ª ed., Munique Berlim, 1966.

KOTHE (Herbert),

—— *Scheinvollmaiht,* 1937.

KRADEPOHL,

—— *Stellvertretung und Kanonishes Eherecht,* reimpressão da edição de Bona de 1939, Amesterdão, 1964.

KRAMER (Ernst),
—— *Johanes Köndgen, Selbstbindung ohne Vertrag. Zur Haftung aus geschäftsbezogenem Handeln*, in *Archiv für die civilistische Praxis*, 1982.

KRAUS (Alfred),
—— *Der Schutz des Vertrauens auf den «Äuseren Tatbestand» im Stellvertretung des Bürgerlichen Gesetzbuches*, Dissertação, Düsseldorf, 1935.

KRAUSE,
—— *Schweigen im Rechtsverkehr – Beiträge zur Lehre vom Bestätigungsschreiben von der Vollmacht und von der Verwirkung*, Marburgo no Hessen, 1933.

KRELLER (Hans),
—— *Formula ad exemplum institoriae actionis*, in *Festschrift für Leopold Wenger zu seinem Geburtstag dargebracht von Freunden, Fachgenossen und Schülern*, Munique, 1945, II.
—— *Das Rechtsinstitut der Stellvertretung. Historische und theoretische Gedanken*, in *Juristische Blätter*, 1948, 70.

KRESTSCHMANN (Griziotti),
—— *Gosia Martino*, in *Novissimo Digesto Italiano*, VII.

KRÜCKMANN,
—— *Nachlese zur Unmöglichkeitslehre. Erster Beitrag*, in *Jherings Jahrbücher für die Dogmatik des heutigen römischen und deutschen Privatrecht*, 1910, 57.
—— *Einführung in das Recht*, Tubinga, 1912.
—— *Etwas aus der Praxis und für die Praxis*, in *Juristische Wochenschrift*, 1917.
—— *Ermächtigung*, in *Archiv für die civilistische Praxis*, 1934, 139.

KRÜGER,
—— *Schlossmann, der Besitzerweb durch Dritte nach römischen und heutigen Rechte*, Lípsia 1881, in *Archiv für die civilistische Praxis*, 1883, 66.

KÜBLER,

—— *Die vormundschafliche Gewalt im römischen Recht*, in *Studi di storia e Dirito in Onore di Enrico Besta per il XL Anno del suo Insegnamento*, I, Milão, 1939.

—— *Johannes Köngden, Selbstbindung ohne Vertrag. Zur Haftung aus geschäftsbezogenem Handeln*, in *Zeitschrift für das gesamte Handelsrecht und Wirtschaftsrecht*, 1983.

KUNKEL,

—— *An introduction to roman legal and constitutional history*, tradução de J. M. Kelly, Oxford, 1966.

v. HONSELL.

v. JÖRS.

KUNTZE (Johanes Emil),

—— *Der Gesammtakt, ein neuer Rechtsbegriff*, in *Festgabe der Lipsiaer Juristenfakultät für Otto Müller zum 14. Mai 1892*, Lípsia, 1892.

LABAND,

—— *Die Stellvertretung bei dem Abschluß von Rechtsgeschäft nach dem allegem. Deutsch. Handelsgesetzbuch*, in *Zeitschrift für das gesamte Handelsrecht*, 1866, X.

—— *Das Staatsrecht des Deutschen Reiches*, Tubinga, 1876,

—— *Le droit publique de l'empire allemand*, tradução de C. Gandilhon, com prefácio de M. F. Larnaude, Paris, 1900.

LADENBURG,

—— *Die Vollmacht als Verkehrsmittel*, in *Zeitschrift für das gesamte Handelsrecht*, 1868, XI.

LALINDE (Jesus Abadia),

—— *Anotaciones historicistas al jusprivativismo de la seconda escolastica*, in *La Seconda Scolastica nella Formazione del Diritto Privato Moderno. Incontro di Studio*, Florença, 16-19 de Outubro de 1972, a cargo de Paolo Grossi, Milão, 1973.

—— *Iniciación historica al derecho español*, Barcelona, 1970.

LAMEGO (José),

—— *Hermenêutica e jurisprudência*, Viseu, 1990.

LANDSBERG (Ernst),
—— *Die Glosse des Accursius und ihre Lehre vom Eigentum. Rechts- und dogmengeschichtliche Untersuchung*, Lípsia, 1883.
—— v. STINTZING.

LANFRANCHI (Fabio),
—— *Il diritto nei retori romani. Contributo alla storia dello sviluppo del diritto romano*, Milão, 1938.

LANGE,
—— *Ius aequum und ius strictum bei den Glossatoren*, in *Zeitschrift der Savigny-Stiftung für Rechtsgeschichte, romanistische Abteilung*, 1954, LXXI.
—— *«Alteri stipulari nemo potest» bei Legisten und Kanonisten*, in *Zeitschrift der Savigny-Stiftung für Rechtsgeschichte, romanistische Abteilung*, 1956, LXXIII.

LAPRAT (René),
—— *Le crimen suspecti tutoris*, Nancy, 1926.

LARENZ,
—— *Zur Schutzwirkung eines Schuldvertrage gengenüber dritten Personen*, in *Neue juristischen Wochenschrift*, 1960, I.
—— *Ergänzende Vertragsauslegung und dispositives Recht*, in *Neue Juristische Wochenschrift*, 1963.
—— *Lehrbuch des Schuldrechts*, 14.ª ed., Munique, 1987, I.
—— *Allgemeiner Teil des deutschen Bürgerlichen Rechts. Ein Lehrbuch*, 7.ª ed., Munique, 1989.
—— *Metodologia da ciência do direito*, tradução de José Lamego da 6.ª ed. alemã, 3.ª ed., portuguesa, Lisboa, 1997.
v. BÜLOW.

LARENZ e WOLF,
—— *Allgemeiner Teil des Bürgerlichen Rechts*, Munique, 1997.

LAURENT,
—— *Principes de droit civil français*, 3.ª ed., Bruxelas, Paris, 1878.

LAUTERBACH,
—— *Collegium theoretico-praticum* (Tubinga, 1763, Tom. I).

LÉAUTÉ,
—— *Le mandat apparent dans ses rapports avec la théorie générale de l'apparence*, in *Revue Trimestrielle de Droit Civil*, 1947, XLV.

LECLERCQ (Jean),
—— *L'idée de la Royauté du Christ au Moyen Age*, Paris, 1959.

LEEUWEN (Simon von),
—— *Censura forensis theorico-practica* («Lugd. Batav.», 1678).

LEFEBVRE (Ch). v. BRAS.

LEHMANN (Heinrich),
—— *Anmerkungen zu RG., 17. Januar 1843*, in *Juristische Wochenschrift*, 1934, I.

LEHMANN (Heinrich) e HÜBNER (Heinz),
—— *Allgemeiner Teil des Bürgerlichen Gesetzbuches*, 15.ª ed., Berlim, I, 1966.

LEITÃO (Luís Menezes),
—— *A responsabilidade do gestor de negócios perante o dono do negócio no direito civil português*, *Cadernos de Ciência e Técnica Fiscal*, Lisboa, 1991.
—— *O enriquecimento sem causa no direito civil*, *Cadernos de Ciência e Técnica Fiscal*, Lisboa, 1996.
—— *Direito das Obrigações*, 2.ª ed., Coimbra, 2002, I.

LENEL (Otto),
—— *Stellvertretung und Vollmacht*, in *Jherings Jahrbücher für die Dogmatik des heutigen römischen und deutschen Privatrechts*, XXIV, 1896.
—— *Zur sog.* actio de in rem verso utilis, in *Gesammelte Schriften*, II (1892-1902), Nápoles, 1990.
—— *Handeln in fremdem namen und die* actiones adiecticiae qualitatis, in *Gesammelte Schriften*, II (1892-1902), Nápoles, 1994.
—— *Bespr., Schlossmann, Dr. Siegm., Prof., der Besitzerwerb durch Dritte nach römischen u. heutigen Rechte. Ein Beitrag zur Lehre der Stellvertretung, Leipzig, 1881. Beitkopf & Hartel. (X, 175, S. Lex. − 8)*, in *Gesammelte Schriften*, Nápoles, 1990, V (mas o artigo é de 1882).

—— *Die cura minorum die Klassischen Zeit*, in *Zeitschrift der Savigny-Stiftung für Rechtsgeschite*, XXXV.

—— *Mandato y poder*, in *Revista de Derecho Privado*, 1924, XI.

—— *Das Edictum perpetuum*, reimpressão da 3.ª ed., 1927, Aalen, 1956.

LENZ (Karl-Heinz),

—— *Das Vertrauenslchutz-Prinzip. Zugleich eine notwendige Besinnung auf die Grundlagen unserer Rechtsordnung*, Berlim, 1968.

LEONHARD,

—— *Vertretung beim Fahrniserwerb*, Lípsia, 1899.

—— *Der allgemeine Teil des Bürgerlichen Gesetzbuchs in seinem Einfluss auf die Fortentwicklung der Rechtswissenchaft*, Berlim, 1900.

LESCOT,

—— *Le mandat apparent*, in *Juris-Classeur périodique*, 1964, I.

LÉVY-BRUHL,

—— *Recherches sur les actions de la loi*, Paris, 1962.

LÉVY-ULMANN,

—— *La contribution essentielle du droit anglais à la théorie générale de la représentation dans les actes juridiques*, in *Mémoires de l'Académie Internationale de Droit Comparé*, Paris, 1928.

LEZIROLI (Giuseppe),

—— *Relazione fra Chiesa cattolica e potere politico. Cenni storici sulla religione como limite del potere*, Turim, 1992.

LIEB (Manfred),

—— *Aufgredrängedter Vertrauensschutz? Überlegung zur Möglichekeit des Verzichts auf der Rechtsscheinsschutz insbesondere bei der Anscheinsvollmacht*, in *Festschrift für Heinz Hübner zum 70. Geburtstag am 7. November 1984*, Berlim, Nova Iorque, 1984.

LIMA (Otto de Souza),

—— *Negócio fiduciário*, São Paulo, 1962.

LIMA (Pires de) e VARELA (Antunes),

—— *Noções fundamentais de direito civil*, 3.ª ed., Coimbra, 1954, I.

—— *Código Civil Anotado*, Coimbra, 1967, I; 3.ª ed., II, Coimbra, 1986; e 4.ª ed., com a colaboração de Henrique Mesquita, Coimbra, 1987, I.

LIPMANN,
—— *Der Kreditauftrag des Bürgerlichen Gesetzbuchs*, in *Jhering's Jahrbücher für die Dogmatik des Bürgerlichen Rechts*, 1904, XLVIII.

LIPP (Martin),
—— *Die Bedeutung des Naturrechts für die Ausbildung der Allgemeinen Lehren des deutschen Privatrechts*, Berlim, 1980.

LITTERER,
—— *Vertragsfolgen ohne Vertrag*, Berlim, 1979.

LOBINGER (Thomas),
—— *Rechtsgeschäftliche Verpflichtung und autonome Bindung*, Tubinga, 1999.

LONGO (Giannetto),
—— *«Lex Plaetoria» (o «Laetoria»)*, in *Novissimo Digesto Italiano*, 1963, IX.
—— *Mandato (diritto romano)*, in *Novissimo Digesto Italiano*, 1964, X.
—— *Nuncius (diritto romano)*, in *Novissimo Digesto Italiano*, 1965, XI.

LORENZI (Valeria de),
—— *La rappresentanza nel diritto tedesco. Excursus storico sulla dottrina*, in *Rappresentanza e Gestione*, Pádua, 1992.
—— *La rappresentanza diretta volontaria. Problemi e soluzioni alla luce dell'analise economica de diritto*, in *Contratto e Impresa. Dialoghi con la Giurisprudenza Civile e Commerciale*, 1997, 13, II.

LOUSSE (Emille),
—— *Organização e representação corporativa*, tradução portuguesa sem indicação de autor, Lisboa, sem data.

LÜDERITZ (Alexander),
—— *Prinzipien des Vertretungsrecht*, in *Juristische Schulung*, 1976.

LUZZATTO (Giuseppe Ignazio),
—— *Sponsio*, in *Novissimo Digesto Italiano*, 1971, XVIII.

MACHADO (Baptista),
—— *Prefácio a Engisch – Introdução ao pensamento jurídico*, 1964.
—— *Introdução ao direito e ao discurso legitimador*, Coimbra, 1983.
—— *A cláusula do razoável*, in *Obra Dispersa*, Braga, 1991.
—— *Tutela da confiança* e venire contra factum proprio, in *Obra Dispersa*, Braga, 1991.

MACHADO (Miguel),
—— *Circunstâncias das infracções e sistema do direito penal português*, separata do *Boletim do Ministério da Justiça*, 1989.

MACRIS,
—— *Die stillschweigende Vollmachtserteilung. Ein Beitrag zur Lehre von der Vollmachtserteilung*, Marburgo, 1941.

MADRAY (Gilbert),
—— *De la représentation en droit privé. Théorie et pratique*, com prefácio de Bonnecase, Paris, 1931.

MAFFEI (Domenico),
—— *Gli inizi dell'umanismo giuridico*, reimpressão inalterada da edição original de 1956, Milão, 1972.

MAGNIGK,
—— *Willenserklärung und Willensgeschäft. Ihr Begriff und Ihre Behandlung nach Bürgerlichem Gesetzbuch. Ein System der Juristischen Handlungen*, reimpressão da ed. de Berlim de 1907, Aalen, 1970.
—— *Das System der juristischen Handlungen im neusten Schrifftum*, in *Jherings Jahrbücher für die Dogmatik des heutigen römischen und deutschen Privatrechts*, 1933, 83
—— *Die Privatautonomie im Aufbau der Rechtsquellen*, Berlim, 1935.
—— *Das Rechtswirksame Verhalten. Systematischer Aufbau und Behandlung der Rechtsakte des Bürgerlichen und Handelsrechts*, Berlim, 1939.

MAIER (G. H.),
—— *Praetorische Bereiche ungsklagen*, 1932.

MALAFOSSE v. OURLIAC.

MANCALEONI,

—— *Mandatum tua gratia e consilium*, in *Rivista Italiana per le Scienze Giuridiche*, 1899, 27.

MARKESINIS (B. S.) e MUNDAY (R. J. C.),

—— *An outline of the law of agency*, 2.ª ed., Londres, 1986.

MARKUS (Andrea),

—— *Tutela impuberis, Einfluss des Volkrechts auf das klassische römische Vormundschaftsrecht unter besonder Berücksichtigung der gräko-ägyptischen Papyri*, Marburgo, 1989.

MARQUES (Dias),

—— *História do direito português*, Apontamentos das Lições ao 1.º Ano Jurídico, 1955/56, Lisboa, 1955.

—— *Teoria geral do direito civil*, Coimbra, 1959, II.

—— *Introdução ao estudo do direito*, Lições feitas aos cursos de 1961-62 e 1962-63, Lisboa, 1963.

—— *Noções elementares de direito civil*, 2.ª ed., Lisboa, 1969.

MARSICO (Alfredo de),

—— *La rappresentanza nel diritto processuale penale*, Milão, 1915.

MARTIN (Xavier),

—— *Aux sources thermidoriennes du Code Civil. Contribution à une histoire politique du droit privé*, in *Droits. Revue Française de Théorie Juridique*, 6, 1987.

MARTINEK (Michael),

—— *Der Vertreter ohne Vertretungsmacht (falsus procurator) beim Vertragsschluß*, in *Juristische Schulung*, 1988.

MARTINEZ (Pedro Romano),

—— *Cumprimento defeituoso, em especial na compra e venda e no contrato de empreitada*, Coimbra, 1994.

—— *A venda executiva. Alguns aspectos das alterações legislativas introduzidas na nova versão do Código de Processo Civil*, sem data, nem local de publicação (mas da editora Lex).

MARTINEZ (Pedro Soares),

—— *Filosofia do direito*, Coimbra, 1991.

MARTINEZ RUIZ (Luis-Fernando),
—— *La aparencia en el derecho privado*, in *Revista de Derecho Privado*, 1961, II.

MARTINO (Francesco de),
—— *Ancora sull'«actio exercitoria»*, in *Labeo. Rassegna di Diritto Romano*, 1958, IV.
—— *Fideiussione (diritto romano)*, in *Novissimo Digesto Italiano*, VII, 1961.

MARTY e RAYNAUD,
—— *Droit civil. Introduction générale à l'étude du droit*, 2.ª ed., Paris, 1972, I.

MASI (António),
—— *Locazione (storia)*, in *Enciclopedia del Diritto*, 1974, XXIV.

MAYER-MALY v. HONSELL.

MAZEAUD (Henri), MAZEAUD (Léon) e MAZEAUD (Jean),
—— *Leçons de droit civil français*, 8.ª ed., por François Chabas, Paris, 1991, II.

MEDICUS (Dieter),
—— *Vertragsauslegung und Geschäftsgrundlage*, in *Festschift für Flume zum 70. Geburtstag 12. September 1978*, Colónia, I, 1978.
—— *Allgemeiner Teil des BGB. Ein Lehrbuch*, 6.ª ed., Heidelberga, 1994, 7.ª ed. Heidelberga, 1997.
—— *Bürgerliches Rechts*, 18.ª ed., Colónia, Berlim, Bona, Munique, 1999.
—— *Vertragsauslegung und Geschäftsgrundlage*, in *Festschift für Flume zum 70. Geburtstag 12. September 1978*, Colónia, I, 1978.

MEIJERS,
—— *Le conflit entre l'équité et la loi chez les premiers glossateurs*, in *Etudes d'Histoire du Droit*, IV, *Le droit romain*, II pt., Leiden, 1966.

MENDES (Armindo A. L. Ribeiro),
—— *A gestão de negócios no direito português*, pol., Lisboa, 1971.

MENDES (Castro),
—— *História do direito romano*, Lisboa, 1965, I.
—— *Teoria geral do direito civil*, Lisboa, 1979 (mas revista em 1985), II.

MENDES (Mariano Maia),
—— *Parecer de 23 de Novembro de 1956 da Direcção-Geral dos Registos e Notariado*, in *Boletim do Ministério da Justiça*, 1957, 62.

MENGER,
—— *Das Bürgerliche Recht und die Besitzlosen Volksklassen*, 5.ª ed., Tubinga, 1927.

MENGONI (Luigi),
—— *Ancora in tema di pagamento al «falsus procurator»*, in *Revista del Diritto Commerciale e del Diritto Generale delle Obbligazioni*, 1953, 51, II.

MENOCHIUS (Iacobus),
—— *De Praesumptionibus, Coniecturis, Signis et Indiciis Commentaria* («Colonia Agrippinae», ?).

MERÊA (Paulo),
—— *Escolástica e jusnaturalismo. O problema do poder civil em Suárez e em Pufendorf*, in *Boletim da Faculdade de Direito da Universidade de Coimbra*, vol. XIX.
—— *Colecção de Textos de Direito Peninsular e Português. Textos de Direito Visigótico*, Coimbra, 1923.
—— *Lance de olhos sobre o ensino do direito (leis e cânones)*, in *Boletim da Faculdade de Direito da Universidade de Coimbra*, XXXIII, 1957.
—— *O ensino do direito*, in *Jurisconsultos portugueses do século XIX*, direcção de José Pinto Loureiro, Lisboa, 1947.

MESQUITA (Henrique),
—— *Obrigações reais e ónus reais*, Coimbra, 1990.

MESSINEO,
—— *La sorte del contratto stipulato dal rappresentante apparente («falsus procurator»)*, in *Rivista Trimestrale di diritto e Procedura Civile*, 1956.
—— *Contrato con se stesso*, in *Enciclopedia del Diritto*, 1962, X.
—— *Il contratto in genere*, Milão, 1973.

MEVIUS,

—— *Decisiones super casibus praecipuis ad praedictum tribunal regium*, (Francoforte do Meno, 1740).

—— *Commentarius in Jus Lubecense Libri Quinqui* (Francoforte e Lípsia, 1744).

MEYER (Herbert),

—— *Das Publizitätsprinzip im deutschen Bürgerlichen Recht*, Munique, 1909.

—— *Vom Rechsstchein des Todes. Ein Beitrag zur Dogmatik der Todserklärung*, in *Festgabe der Breslauer Juristenfakultät für Siegfried Brie zum fünfzigjährigen Dotkorjubiläum am 13. Dezember 1911*, Lípsia, 1912.

MICHAUD-QUANTIN (Pierre),

—— *Universitas. Expressions du mouvement communautaire dans le Moyen-Age latin*, Paris, 1970.

MINERVINI,

—— *Eccesso di procura del rappresentante e responsabilitá del dominus*, in *Il Foro Italiano*, 1947, I.

MIRABELLI,

—— *Dei contratti in generale*, 3.ª ed., Turim, 1980.

MITTEIS (Heinrich),

—— *Lehnrecht und Staatsgewalt. Untersuchungen zur mittelalterlichen Verfassungsgeschichte*, Weimar, 1933.

MITTEIS (Heinrich) e LIEBERICH (Heinz),

—— *Deutsches Privatrecht*, 9.ª ed., Munique, 1981.

MITTEIS (Ludwig),

—— *Die Lehre von der Stellvertretung nach römischem Recht mit Berücksichtigung des österreichischen Rechts*, reimpressão da ed. de 1885, 1962;

—— *Römisches Privatrecht bis auf die Zeit Diokletians*, Lípsia, I, *Grundbegriffe und Lehre von den juristischen Personen*, 1908.

MOLINA (Luís de),

—— *De justitia et jure* (in *Opera Omnia*, «Coloniae Allobrogum», 1733, Tom. II).

—— *Los seis libros de la justicia y del derecho* (traducción, estudio preliminar y notas de Manuel Fraga Iribarne, e prólogo de Esteban de Bilbao, Madrid, 1943, Tomo II, vol. I).

MOMMSEN,

—— *Römisches Staatsrecht*, 3.ª ed., Lípsia, I.

—— *Die Römischen Anfänge von Kauf und Miethe*, in *Zeitschrift der Savigny-Stiftung für Rechtgeschichte, romanistische Abteilung*, 1885, VI.

MONCADA (Cabral),

—— *Elementos de História do Direito de direito romano*, I, *Fontes e instituições*, Coimbra, 1923, II, *Parte geral. Teoria da relação jurídica*, Coimbra, 1924.

—— *O século XVIII na legislação de Pombal*, in *Boletim da Faculdade de Direito da Universidade de Coimbra*, IX, 1925-1926.

—— *Lições de direito civil. Parte geral*, Coimbra, 1932, II.

—— *Filosofia do direito e do estado*, 2.ª ed., revista e acrescentada, Coimbra, 1955.

—— *Lições de direito civil, parte geral*, 3.ª ed., Coimbra, 1959; 4.ª ed., 1995, preparada e prefaciada em 1962.

MONIER (Raymond),

—— V.º *Vicarius praefectorum praetorio*, in *Vocabulaire de Droit Romain*, Montchrestien, 1949.

MONTEIRO (António Pinto),

—— *Cláusulas limitativas e de exclusão da responsabilidade civil*, suplemento *ao Boletim da Faculdade de Direito*, Coimbra, 1985, XXVIII.

—— *Contrato de agência (Anteprojecto)*, in *Boletim do Ministério da Justiça*, 360, 1986.

—— *Cláusulas limitativas e de exclusão da responsabilidade civil*, in *Boletim da Faculdade de Direito de Coimbra*, suplemento, XXVIII, Coimbra, 1987.

—— *Cláusula penal e indemnização*, Coimbra 1990.

——— *La codification en Europe: le Code Civil Portugais*, in *Boletim da Faculdade de Direito*, Coimbra, 1992, LXVIII.

——— *Contrato de agência. Anotação ao Decreto-Lei n.º 178/86*, 2.ª ed. actualizada, Coimbra, 3.ª ed. actualizada, Coimbra, 1998.

MONTEIRO (Jorge Sinde),
——— *Responsabilidade por conselhos recomendações e informações*, Coimbra, 189.
——— *Análise económica do direito*, in *Boletim da Faculdade de Direito de Coimbra*, 1981, LVII, Coimbra.

MONTENEGRO (Arthur),
——— *O antigo direito de Roma*, Coimbra, 1898, I.

MOREIRA (Guilherme),
——— *Instituições do direito civil português*, I, *parte geral*, Coimbra, 1907.

MORTARI (Piano),
——— *Glossatori*, in *Enciclopedia del Diritto*, 1970, XIX.

MOSCHELLA (Raffaele),
——— *Contributo alla teoria dell'apparenza giuridica*, Milão, 1973.

MOSCO,
——— *La rappresentanza volontaria nel diritto privato*, Nápoles, 1961.

MOSSA,
——— *Volontà e dichiarazione nella creazione della cambiale*, in *Rivista del Diritto Commerciale e del Diritto Civile*, 1930, I.
——— *La dicchiarazione cambiaria*, in *Rivista del Diritto Commerciale e del Diritto Civile*, 1930, I.

MOTA (Helena),
——— *Do abuso de representação. Uma análise da problemática subjacente ao artigo 269.º do Código Civil de 1966*, Coimbra, 2001.

Motive zu dem Entwurfe eines Bürgerlichen Gesetzbuches für das Deutsche Reich, I *Allegemeiner Teil*, reimpressão de 1983 da edição de Berlim e Lípsia, 1988.

MÜHLENBRUCH,

—— *Die Lehre von der Session der Forderung Rechts nach den Grundsätzen des römischen Recht*, 3.ª ed., Greifswald, 1836.

—— *Lehrbuch des Pandekten nach der Doctrina Pandectarum*, 3.ª ed., Halle, 1839, I.

MÜLLER-ERZBACH,

—— *Die Grundsätze der mittelbaren Stellvertretung aus der Interessenlage Entwickelt*, Berlin, 1905.

—— *Zur Lehre von der mittelbaren Stellvertretung*, in *Grünhut Zeitschrift für das Privat- und Öffentliche Recht der Gegenwart*, 1909.

MÜLLER-FREIENFELS,

—— *Die Vertretung beim Rechtsgeschäft*, Tubinga, 1955.

—— *Die Abstraktion der Vollmachtserteilung im 19. Jahrhundert*, in *Wissenschaft und Kodifikation des Privatrechts im 19. Jahrhundert, II, Die rechtliche Verselbständigung der Austauschverhältnisse vor dem Hintergrund der wirtschaftlichen Entwicklung und Doktrin*, 1977 (=*Einheit und Vielfalt rechtsvergleichende Studien zur Stellvertretung*), Francoforte do Meno, 1982.

—— *Legal replations in the law of agency: power of agency and commercial certainty*, in *Einheit und Vielfalt (rechtsvergleichende Studien zur Stellvertretung)*, Francoforte do Meno, 1982.

—— *Zum heutigen Stand des Stellvertretungsrechts*, in *Stellvertretungsregelungen* in *Einheit und Vielfalt (rechtsvergleichende Studien zur Stellvertretung)*, Francoforte do Meno, 1982.

—— *Die Sonderanknüpfung der Volmmacht*, in *Rabels Zeitschrift*, 24, 1959.

MÜLLER (Klaus),

—— *Das Geschäft für den, den es angeht*, in *Juristen Zeitung*, 1982.

MÜLLER (Ulrich),

—— *Die Entwicklung der direkten Stellvertretung und des Vertrages zugunsten Dritter. Ein dogmengeschichtlicher Beitrag zur Lehre von der unmittelbaren Drittberechtigung und Drittverpflichtung*, Estugarda, Berlim, Colónia, Mainz, 1969.

—— *Die Haftung des Stellvertreters bei culpa in contrahendo und positiver Forderungsverletzung*, in *Neue Juristische Wochenschrift*, 1969.

MUNDAY (R. J. C.) v. MARKESINIS (B. S.).

MÚRIAS (Pedro Ferreira),
—— *Representação legal e* culpa in contrahendo, pol., 1995/96.
—— *A responsabilidade por actos de auxiliares e o entendimento dualista da responsabilidade civil*, separata da *Revista da Faculdade de Direito da Universidade de Lisboa*, Ano XXXVIII, n.º 1, 1996.

MUSKAT (E.),
—— *Der Vertrag des Stellvertreters mit sich Selbst*, in *Goldschmidts Zeitschrift für das gesamt Handelsrecht*, XXXIII, 1887.

NAENDRUP (Hubert),
—— *Die Gewere-Theorien*, Münster, 1910.

NAPOLITANO,
—— «*Gewere*», in *Novissimo Digesto Italiano*, VII, 1975.

NATOLI (Ugo),
—— *La rappresentanza*, Milão, 1977.
—— *Rappresentanza (diritto privatto)*, in *Enciclopedia del Diritto*, XXXVIII, 1987.

NATTINI,
—— *La dottrina generale della procura. La rappresentanza*, Milão, 1910.

NEPPI,
—— *La rappresentanza nel diritto privato moderno (saggio di una teoria generale)*, Pádua, 1930.
—— *La rappresentanza. Saggio di una ricostruzione critica*, Milão, 1961.

NEUBECKER,
—— *Beiträge von der Mittelbaren Stellvertretung. Zugleich eine Kritik der Grundsätze der mittelbaren Stellvertretung aus der Interessenlage Entwickelt von Rudolf Müller-Erzbach, Gerichtsassessor und Privatdozent in Bonn*, separata de *Grünhut Zeitschrift für das Privat- und Öffentliche Recht der Gegenwart*, Viena, 1909.

NEUFFER (Hans-Martin),
—— *Der pflichtgebundene Geschäftsführung ohne Auftrag*, Dissertação, Regensburg, 1969.

Neves (Castanheira),

—— *Questão-de-facto* – *Questão-de-direito ou o problema metodológico da juridicidade (Ensaio de uma reposição crítica)*, I, *A crise*, Coimbra, 1967.

—— *Escola da Exegese*, in *Polis, Enciclopédia Verbo da Sociedade e do Estado*, II.

—— *O instituto dos «assentos» e a função jurídica dos supremos tribunais*, Coimbra 1983.

—— *Escola histórica do direito*, in *Enciclopédia Polis*, II, 1984.

—— *Arguição nas provas de Doutoramento de Fernando José Couto Pinto Bronze*, in *Boletim da Faculdade de Direito*, Coimbra, 1992, Vol. LXVIII.

—— *A revolução e o direito*, in *Digesta. Escritos acerca do Direito, do Pensamento Jurídico, da sua Metodologia e outros*, Coimbra 1995, I.

—— *Escola histórica do direito*, in *Digesta. Escritos acerca do Direito, do Pensamento Jurídico, da sua Metodologia e outros*, Coimbra 1995, II.

—— *Interpretação jurídica*, in *Digesta. Escritos acerca do Direito, do Pensamento Jurídico, da sua Metodologia e outros*, Coimbra 1995, I.

—— *Imagem do homem no universo prático*, in *Digesta. Escritos acerca do Direito, do Pensamento Jurídico, da sua Metodologia e outros*, Coimbra 1995, I.

—— *Jurisprudência dos interesses*, in *Digesta. Escritos acerca do Direito, do Pensamento Jurídico, da sua Metodologia e outros*, Coimbra 1995, II.

—— *Justiça e direito*, in *Digesta. Escritos acerca do Direito, do Pensamento Jurídico, da sua Metodologia e outros*, Coimbra 1995, I.

—— *Método jurídico*, in *Digesta. Escritos acerca do Direito, do Pensamento Jurídico, da sua Metodologia e outros*, Coimbra 1995, I.

—— *O actual problema metodológico da realização*, in *Digesta. Escritos acerca do Direito, do Pensamento Jurídico, da sua Metodologia e outros*, Coimbra 1995, II.

—— *O direito como alternativa humana*, in *Digesta. Escritos acerca do Direito, do Pensamento Jurídico, da sua Metodologia e outros*, Coimbra 1995, I.

—— *O papel do jurista no nosso tempo*, in *Digesta. Escritos acerca do Direito, do Pensamento Jurídico, da sua Metodologia e outros*, Coimbra 1995, I.

—— *O princípio da legalidade criminal*, in *Digesta. Escritos acerca do Direito, do Pensamento Jurídico, da sua Metodologia e outros*, Coimbra 1995, I.

—— *Unidade do sistema jurídico: o seu problema e o seu sentido (Diálogo com Kelsen)*, in *Digesta. Escritos acerca do Direito, do Pensamento Jurídico, da sua Metodologia e outros*, Coimbra 1995, II.

NICOLÒ (Rosario),
—— *La c. d. procura apparente*, in *Il Foro della Lombardia*, 1935.
—— *Adempimento (diritto civile)*, in *Enciclopedia del Diritto*, 1958, I.

NICOLÒ (Rosario) e RICHTER (Mario Stella),
—— *Rassegna di giurisprudenzia sul codice civile*, nova edição revista e actualizada, dirigida por Rosario Nicolò e Mario Stella Richter, Livro IV, t. II, a cargo de Angelo Martini e Giovanni Ruopolo.

NICOSIA,
—— *Gestione di affari altrui (premesse storica)*, in *Enciclopedia del Diritto*, 1969, XVIII.

NIEMEYER,
—— *Zur fiducia cum amico und depositum*, in *Zeitschrift der Savigny-Stiftung für Rechtsgeschichte, romanistische Abteilung*, XII, 1892.

NITTI (Roccangelo),
—— *Negozio fiduciario*, in *Novissimo Digesto Italiano*, XI, 1965.

NIPPERDEY v. ENNECCERUS.

NITZSCHE,
—— *Die Überschreitung des Vertretungsmacht des Bevollmächtigten und die Abgrenzung vom Mißbrauch der Vertretungsmacht*, Dissertação, Bona-Lípsia, 1939.

NOCILLA (Damiano) e CIAURRO (Luigi),
—— *Rappresentanza politica*, in *Enciclopedia del Diritto*, XXXVIII, 1987.

NOGUEIRA (José Artur Duarte),
—— *Sociedade e direito em Portugal na Idade Média. Dos primórdios ao século da universidade (contribuição para o seu estudo)*, Lisboa, 1994.

Noodt (Gerard),

—— *Ad aedictum praetoris de pactis et transactionibus, liber singularis* (in *Opera Omnia*, edição de Vander Linden, «Lugduni Batavorum», 1713, e, também, in *Opera Omnia*, edição de Theodorus Haak, «Lugduni Batavorum», 1767).

Nörrund (Dieter),

—— *Mandatum, fides, amicitia*, in *Mandatum und Verwandtes. Beiträgen zum römischen und modernen Recht*, Berlim, Heidelberga, Nova Iorque, Londres, Paris, Tóquio, Hong Kong, Barcelona, Budapeste, 1993.

Oberle (Theo),

—— *Die Führung eines fremden Geschäfts in dem Glauben, hierzu verpflichtet bezw. berechtigt zu sein. Zugleich ein Beitrag zur Struktur des «fremden Geschäfts»*, Dissertação, Bühl-Colónia, 1935.

Oertmann (P.),

—— *Die fiducia in römischen Privatrecht*, Berlim, 1890.

—— *Kommentar zum Bürgerlichen Gesetzbuch und seinen Nebengesetzen, Allgemeiner Teil*, 3.ª ed., I, Berlim, 1927.

—— *Grundsätzliches zur Lehre vom Rechtsschein*, in *Zeitschrift für das gesamte Handelsrecht*, 1930, vol. XCV.

Ogris (Norbert),

—— *Guter Glaube an die Vertretungsmacht – eine dogmengeschichtliche Untersuchung, 1 HGB*, Bochum, 1987.

Oldendorp,

—— *Was billig und Recht ist, eine kurze erklärung, allen Ständen dienstlich*, publicado em alto-alemão por Erik Wolf, *Quellenbuch zur Geschichte der Deutschen Rechtswissenschaft*, Francoforte, 1949, e correspondente ao título original em baixo-alemão *Wat byllich unn recht ys*, 1529.

Oliveira (Luís Serpa de),

—— *Prestação de garantias por sociedades a dívidas de terceiros*, in, *Revista da Ordem dos Advogados*, Lisboa, 1999, Ano 59, I.

ORESTANO (Riccardo),

—— *Rappresentanza (diritto romano)*, in *Novissimo Digesto Italiano*, 1968, XIV.

—— *Papiniano Emilio (Aemilius Papinianus)*, in *Novissimo Digesto Italiano*, 1965, XII.

OSTI (Giuseppe),

—— *Contratto*, in *Novissimo Digesto Italiano*, 1959, IV.

OTERO (Paulo),

—— *O poder de substituição em direito administrativo. Enquadramento Dogmático-Constitucional*, Lisboa, 1995.

OTT (Claus),

—— *Alternativkommentar zum BGB*, I, *Allgemeiner Teil*, Darmstadt, 1987.

OURLIAC e MALAFOSSE

—— *Droit ancien et ancien droit*, I, *Les obligations*, Paris, 1957.

PACCHIONI,

—— *I contratti a favore di terzi, Studio di diritto romano, civile e commerciale*, Milão, sem data (mas de 1898).

—— *Per extraneam personam nobis adquiri non potest» Kritischen Beiträgen*, in *Grünhut's Zeitschrift für das Privat- und Öffentliche Recht der Gegenwart*, XXX, Viena, 1903 e XXXI, 1904.

PAIS (Álvaro),

—— *Estado e Pranto da Igreja (Status et planctus ecclesiae)*, estabelecimento do texto e tradução de Miguel Pinto Menezes, Lisboa, 1995.

PAIVA (Vicente Ferrer Neto),

—— *Elementos de direito natural ou de philosophia de direito*, Coimbra, 1844.

PALANDT e HEINRICHS,

—— *Bürgerliches Gesetzbuch*, 60.ª ed., trabalhada por Bassenge, Brudermüller, Diederichsen, Edenhopfer, Heinrichs, Heldrich, Putzo, Sprau, Thomas, Weidenkaff, Munique, 2001.

PALM (Heinz), v. ERMAN.

PANIZO ORALLO (Santiago),
—— *Persona jurídica y ficción*, Pamplona, 1975

PAPANTI e PELLETIER (Paolo),
—— *Rappresentanza e cooperazione rappresentativa*, Milão, 1984.

PASSARELLI (Santoro),
—— *Teoria geral do direito civil*, tradução de Manuel de Alarcão, e prefácio de Rui de Alarcão, 1967.

PATTI (Salvatore),
—— *Profili della tolleranza nel diritto privatto*, Nápoles, 1978.

PAWLOWSKI (Hans-Martin),
—— *Die gewillkürte Stellvertretung. Eine juristische Entdeckung der deutschen Rechtswissenschaft*, in *Juristen Zeitung*, 51, 3, 1996.

PEREGO (Enrico),
—— *Spunti sul conflitto di interesse nella rappresentanza voluntaria*, in *Revista di Diritto e Procedura Civile*, XXXII, 1978, II.

PEREIRA (Maria de Lurdes Marques),
—— *Os estados subjectivos na representação voluntária. Em especial o conhecimento ou desconhecimento juridicamente relevante*, in *Revista da Faculdade de Direito da Universidade de Lisboa*, 1998, XXXIX.

PERELMAN,
—— *Logique juridique. Nouvelle réthorique*, Paris, 1976.

PEREZ (José Prendes),
—— *Los princípios fundamentales del derecho de sucession «mortis causa» en la tardia escolastica española. Incontro di Studio*, Florença, 16-19 de Outubro de 1972, a cargo de Paolo Grossi, Milão, 1973.

PERNICE,
—— *Labeo, Römisches Privatrecht im ersten Jahrhundert der Kaiserzeit*, Halle, 1873, I.

PEROZZI,

—— *Il tutore impubere,* in *Scritti Giuridici,* a cargo de Ugo Braseilo, vol., III, Milão, 1948.

—— *Sull'abdicatio tutela,* in *Scritti Giuridici,* a cargo de Ugo Braseilo, vol., III, Milão, 1948.

PERTILE,

—— *Storia del diritto italiano,* 1893, Roma, Nápoles, Milão, IV.

PÉTEL,

—— *Le contrat de mandat,* Paris, 1994.

PETERS (Egger),

—— *Überschreitung der Vertretungsmacht und Haftung des Vertretenen für culpa in contrahendo,* in *Festschrift für Rudolf Reinhardt zum 70. Geburtstag, 7. Juni 1972,* 1972, Colónia–Mariemburgo.

PETERS (Frank),

—— *Zur Geltungsgrundlage der Anscheinsvollmacht,* in *Archiv für die civilistische Praxis,* 1979, 179.

PETRELLI (Patrizia),

—— *La rappresentanza nel diritto francese,* in *Rappresentanza e gestione,* a cargo de Giovanna Visintini, Pádua, 1992.

PFAFF (Ivo),

—— *Zur Geschichte der Prodigalitätserklärung,* Viena, 1911.

PICAZO (Díez),

—— *La representación en el derecho privado,* Madrid, 1979.

PIETROBON (Vittorino),

—— *Errore, Volontà e affidamento nel negozio giuridico,* Pádua, 1990.

PIKART (Heinz),

—— *Die Rechtsprechung des Bundesgerichtshofs zur rechtsgeschäftslichen Stellvertretung,* in *Wertpapier-Mitteilung,* 1959.

PINTO (Carlos Mota),

—— *A responsabilidade pré-negocial pela não conclusão dos contratos*, Coimbra, 1963, separata volume XIV do suplemento ao *Boletim da Faculdade de Direito de Coimbra*, Coimbra, 1963.

—— *Da cessão da posição contratual*, Coimbra, 1970.

—— *Teoria geral do direito civil*, 3.ª ed. actualizada, Coimbra, 1995.

PINTO (Paulo Mota),

—— *Aparência de poderes de representação e tutela de terceiros, reflexão a propósito do artigo 23.º do Decreto-Lei n.º 178/86, de 3 de Julho*, in *Boletim da Faculdade de Direito*, Coimbra, 1993, vol. LXIX.

—— *Declaração tácita e comportamento concludente*, Coimbra, 1995.

PINTO (Rui),

—— *Falta e abuso de poderes na representação voluntária*, Lisboa, 1994.

PIRA (Giorgio la),

—— *La sostituzione pupillare, Riconstruzione Storico dogmatica*, in *Studi in Onore di Pietro Bonfante*, Milão, 1930, III.

—— *Il tutore impubere*, in *Scritti Giuridici*, a cargo de Ugo Braseilo, vol., III, Milão, 1948.

PLANCK,

—— *Kommentar zum Bürgerlichen Gesetzbuch nebst Einführungsgesetz*, com a colaboração de A. Achilles, F. André, M Greiss, F. Ritgen, K. Unzner, 1.ª ed., Berlim, 1897, 4.ª ed., por Strohal, F. André, E. Brodmann, F. Flad, M. Greiss, P. Knoke, Mendelssohn Bartholdy, H. Siber, O. Streker, K. Anzer, Berlim, 1913, I.

PLANIOL,

—— *Traité élémentaire de droit civil*, tomo II – *Les preuves, théorie générale des obligations, les contrats, privilèges et hipothèques*, Paris, 1912.

PLANIOL e RIPERT,

—— *Traité pratique de droit civil français*, t. VI, *Obligations*, primeira parte, 2.ª ed. por Paul Esmein, Paris, 1952.

PLANITZ,

—— *Principios de derecho privado germanico*, tradução de Carlos Melon Infante, Barcelona, 1957.

PLATÃO,

—— *A república*, tradução de Maria Helena Percios, Lisboa, 1972.

PLAUTO,

—— *O gorgulho*, tradução de Walter de Medeiros, Lisboa.

PLESCIA (Joseph),

—— *The development of agency in roman law*, in *Labeo. Rassegna di Diritto Romano*, 1984, XXX.

POPESCO-RAMMICEANO,

—— *De la représentation dans les actes juridiques en droit comparé*, Paris, 1927

POTHIER,

—— *Pandectes de Justinien mises dans un nouvel ordre*, ed. bilingue latim-francês, com tradução de Bréard-Neuville, Paris, 1818.

—— *Traité du contrat de mandat*, in *Oeuvres de R.-J. Pothier contenant les traités du droit français*, nova ed. por Dupin Ainé, Bruxelas, 1831, vol. III.

—— *Traité des obligations*, in *Oeuvres de R.-J. Pothier contenant les traités du droit français*, nova ed. por Dupin Ainé, Bruxelas, 1831, vol. I.

PRATA (Ana),

—— *Cláusulas de exclusão e de limitação da responsabilidade contratual*, Coimbra, 1985.

—— *Notas sobre a responsabilidade pré-contratual*, in *Revista da Banca*, 16, Outubro-Dezembro, 1990; n.º 17, Janeiro-Março, 1991.

PRINGSHEIM,

—— *Id quod actum est*, in *Zeitschrift der Savigny-Stiftung für Rechtsgeschichte, romanistische Abteilung*, 1961, LXXVIII,

—— *Ius aequum und ius strictum*, in *Zeitschrift der Savigny-Stiftung für Rechtsgeschichte, romanistische Abteilung*, XLII.

PROENÇA (José Brandão),

—— *A conduta do lesado como pressuposto e critério de imputação de dano extracontratual*, Coimbra, 1997.

PRÖLSS (Jürgen),

—— *Vertretung ohne Vertretungsmacht*, in *Juristische Schulung*, 1985.

—— *Haftung bei der Vertretung ohne Vertretungsmacht*, in *Juristische Schulung*, 1986, 26.

PROVERA (Giuseppe),
—— *Mandato (storia)*, in *Enciclopedia del Diritto*, XXV, 1975.

PUCHTA,
—— *Pandekten*, com a colaboração de Rudorff, 8.ª ed., Lípsia, 1856.
—— *Vorlesung über das heutige römische Recht*, com a colaboração de Rudorff, 5.ª ed., I.

PUFENDORF (Samuel),
—— *De Iure Naturae et Gentium. Libri Octo*, vol. I, reprodução fotográfica da ed. de 1688, com introdução de Walter Simons, Londres, 1934.
—— *Elementorum Jurisprudentiae Universalis. Libri Duo* («Cantabrigiae», 1672, vol. II).

PUGLIATTI,
—— *La vendita forzata*, in *Esecuzione Forzata e Diritto Sostanziale*, Milão, 1935.
—— *Animus*, in *Enciclopedia del Diritto*, 1958, II.
—— *L'atto disposizione e il transferimento dei diritti*, in *Studi sulla Rappresentanza*, Milão, 1965.
—— *Il conflitto d'interessi fra principale e rappresentante* in *Studi sulla Rappresentanza*, Milão, 1965.
—— *Il rapporto di gestione sottostante alla rappresentanza*, in *Studi sulla Rappresentanza*, Milão, 1965.
—— *Idee e spunti sulla rappresentanza*, in *Studi sulla Rappresentanza*, Milão, 1965.
—— *Abuso di rappresentanza e conflitto di interessi*, in *Studi sulla Rappresentanza*, Milão, 1965.
—— *Contratto con se medesimo rappresentanza e conflitto di interessi*, in *Studi sulla Rappresentanza*, Milão, 1965.
—— *Vendita forzata e rappresentanza legale*, in *Studi sulla Rappresentanza*, Milão, 1965.
—— *Ancora sulla rappresentanza nella vendita forzata*, in *Studi sulla Rappresentanza*, Milão, 1965.
—— *Sulla rappresentanza indirecta*, in *Studi sulla Rappresentanza*, Milão, 1965.

——— *Rilevanza del rapporto interno nella rappresentanza indiretta,* in *Studi sulla Rappresentanza,* Milão, 1965.

——— *Programma introduttivo di un corso sulla rappresentanza in diritto privato* in *Studi sulla Rappresentanza,* Milão, 1965.

——— *In tema di «actio exercitoria»,* in *Labeo. Rassegna di Diritto Romano,* 1957, III.

QUADRATO (Renato),

——— *D., 3, 3 I pr. e la definizione di procurator,* in *Labeo. Rassegna di Diritto Romano,* 1974.

——— *Rappresentanza (dir. rom.),* in *Enciclopedia del Diritto,* 1987, XXXVIII.

QUILLET (Jeanine),

——— *Universitas populi et représentation au XIV.ᵉ siècle,* in *Der Begriff der repraesentatio im Mittelalter, Stellvertretung, Symbol, Zeichen, Bild,* Berlim, Nova Iorque, 1971.

RAAPE,

——— *Zustimmung und Verfügung,* in *Archiv für die civilistische Praxis,* 1923.

RABEL (Ernst),

——— *Ein Ruhmesblatt Papinians (Die sogenannte Actio quasi institoria,* in *Festschrift für Ernst Zitelmann,* Munique, 1913.

——— *Negotium alienum und animus,* in *Studi in Onore di Pietro Bonfante,* Milão, 1930, IV.

——— *Die Stellvertretung in den Hellenistichen Rechten und in Rom,* in *Atti del Congresso International di Diritto Romano (Bologna e Roma XVII – XVIII Aprile MCMXXXIII),* Roma, Pavia, 1934, I.

——— *Grundzüge des römischen Privatrechts,* 2.ª ed., Basileia, 1955.

RAISER (Ludwig),

——— *Vertragsfunktion und Vertragsfreiheit,* in *Hundert Jahre deutsches Rechtsleben. Festschrift zum Hundertjährigen Bestehen des deutschen Juristentages, 1860-1960,* I, Karlsruhe, 1960.

RAMADIER (Paul),

——— *La représentation judiciaire des cités,* in *Études d'Histoire juridique Offertes à Paul Frédéric Girard,* Paris, 1912, I.

RAMBAUD (J.) v. BRAS

REBELO (Maria Alexandra),
—— *O negócio consigo mesmo na representação legal e voluntária*, pol., Lisboa, 1996.

REGELSBERGER,
—— *Pandekten*, 3.ª ed., Lípsia, 1893, I.

REI (Maria Raquel),
—— *A justa causa para a revogação do mandato*, pol., Lisboa, 1993--1994.

REINACH (Julien),
—— *Introduction, Gaius Institutes*, Paris, 1950.

REIS (Alberto dos),
—— *Processo de Execução*, Coimbra, 1954, II.

REIS (João Lopes dos),
—— *Representação forense e arbitragem*, Coimbra, 2001.

RENDO (Carmen López),
—— *Las causas particulares de extinción del mandato: de Roma al Derecho Moderno*, Oviedo, 1999.

RESCIGNO (Pietro),
—— *Capacità di agire*, in *Novissimo Digesto Italiano*, 1958, II.
—— *Capacità giuridica (diritto civile)*, in *Novissimo Digesto Italiano*, 1958, II.

RETES (Ferdinandez de),
—— *Repetita Praelectio ad Titulum Dig. de Verborum Obligationibus* (in *Novus Thesaurus Iuris Civilis et Canonici*, edição por Meermann, «Hagae – Comitum», 1753, T.VII).

Revista de Legislação e Jurisprudência, 1875 a 1876, 8.
Revista de Legislação e Jurisprudência, 1880 a 1881, 13.
Revista de Legislação e Jurisprudência, 1902 a 1903, 35.

REYNOLDS (Francis),
—— *Agency*, in *Chitty on contracts*, por H. G. Beale, Londres, 1999.

—— *Agency and representation*, in *English private law*, por Peter Birks, Oxford, 2000, II.

RIBEIRO (Joaquim de Sousa),
—— *O problema do contrato. As cláusulas contratuais gerais e o princípio da liberdade contratual*, Coimbra, 1999.

RICCOBONO,
—— *Liniamenti della dottrina della rappresentanza diretta in diritto romano*, in *Annali del Seminario Giuridico della Real Università di Palermo*, 1930.
—— *Corso di diritto romano. Formazione e sviluppo del diritto romano dalle XII tavole a Giustiniano*, Milão, II, 1933-34.
—— *Prefazione* a Scialoja, *Dei negozi Giuridici*, 3.ª reimpressão, Roma, 1933.
—— *Animus aliena negotia gerendi*, in *Scritti di Diritto Romano*, II, *Dal Diritto Romano Classico al Diritto Moderno. A proposito di D. 10, 3, 14 [Paul. ad Plautium]*, Palermo, 1964.

RICHARDI (Reinhard),
—— *Die Wissensvertretung*, in *Archiv für die civilistische Praxis*, 1969, 169.

RICHARDS (Paul),
—— *Law of contract*, Grã-Bretanha, 1992.

RIEZLER (Erwin),
—— *Konkurrierendes und kollidierendes Handeln des Vertreters und des Vertreten*, in *Archiv für die civilistische Praxis*, 1906.

RINCK (Gerd),
—— *Pflichtwidrige Vertretung, Insichtgeschäfte und sonstiger Vollmacht-mißbrauch nach Deutschem und Englischem Recht unter besonderer Berücksichtigung der Umgehungsfälle*, Dissertação, Berlim, 1936.

RIPERT v. PLANIOL.

ROBERTI (Merlchiorre),
—— *Il corpus mysticum nella storia della persona giuridica*, in *Studi di Storia e Diritto in Onore di Enrico Besta per il XL Anno del suo Insegnamento*, Milão, 1939, IV.

ROBERTIS (De),

——— *La responsabilità del tutores nel diritto romano*, Bari, 1960.

——— *Tutor e actio furti*, in *Scritti Vari di Diritto Romano*, III, *Diritto Penale*, Bari, 1987.

ROCCA (Alfonso Nasali),

——— *Il mandato. Studio di diritto romano*, reimpressão da ed. de Campobasso, 1902, Roma, 1972.

ROCCO (Federica),

——— *Apparenza del potere di rappresentanza: nouvi confini della tutela dell terzo*, in *Rivista del Diritto Commerciale e del Diritto Generale delle Obbligazioni*, 1997, XCV.

ROCHA (Coelho da),

——— *Instituições de direito civil portuguez*, 1.ª ed., Coimbra, 1844, II, 2.ª ed., reformada e muito aumentada, Coimbra, 1848, I (citam-se também a quarta e oitava edições)

ROEHRSSEN (Carlo),

——— *Apologia di Paul Laband nel sessantesimo anniversario della morte: le origine e il significato del metodo «giuridico» nella scienza del diritto pubblico*, in *Materiali per una Storia della Cultura Juridica*, VII, 1978.

RÖING (Peter),

——— *Die Rechtsstellung des minderjährigen Geschäftsführers bei der Geschäftsführung ohne Auftrag*, Dissertação, Münster, 1969.

ROMANO (Salvatore),

——— *Vendita e contratto estimatório*, no *Trattato di diritto civile*, dirigido por Giuseppe Grosso e Francesco Santoro Passarelli, Milão, 1960.

RÖMER,

——— *Rechtsgeschäfte des Stellvertreters mit sich selbst nach römischen und gemeinem deutschen Recht*, in *Zeitschrift für das gesamt Handelsrecht*, 1873, XIX.

ROPPO (Enzo),

——— *O contrato*, tradução de Januário Gomes e Ana Coimbra, Coimbra, 1988.

—— *Apparenza di procura e imputazioni al «dominus» degli effetti del contratto stipulatto dal mandataire apparent*, in *Il Foro Italiano*, 1971, XCVI, IV.

Rosa (Giovanni di),
—— *La «astratteza» della procura: alle origini di un dogma*, in *Contrato e impresa*, Pádua, 1994, X, I.

Rosenberg,
—— *Stellvertretung im Prozess. Auf der Grundlage und eingehender, vergleichender Darstellung der Stellvertretung des bürgerlichen Rechts nebst einer Geschichte der prozessualischen Stellvertretung*, Berlim, 1908.

Rosshirt (Fr.),
—— *Canonisches Recht*, Schaffhausen, 1857.

Rossi (Guido),
—— *Glossatori*, in *Novissimo Digesto Italiano*, 1961, VII, 1963.

Rotondi,
—— *«Tutore e curator» da testi extragiuridici e la controversia sulla pubertà*, in *Scritti Giuridici*, III, 1922.

Rouast,
—— *Rapport sur la représentation dans les actes juridiques*, in *Travaux de l'Association Henri Capitant*, Paris, 1948, III.

Rudorff,
—— *Der Recht des Vormundschaft*, 1832/3/4, vols. 1, 2 e 3.

Ruhstrat,
—— *Inwiefern haftet heutzutage der Mandatar aus den Verträgen, die er als solcher geschlossenen hat?*, in *Archiv für die civilistiche Praxis*, 1847, XXX.
—— *Über Stellvertretung ohne Vollmacht*, in *Jherings Jahrbücher für die Dogmatik des heutigen römischen und deutschen Privatsrechts*, 1871, X.
—— *Zur Lehre von der Stellvertretung*, in *Jherings Jahrbücher für die Dogmatik des heutigen römischen und deutschen Rechts*, 1887, XXVI.

RUIZ-RICO (Jose Manuel),
—— *La representación en el interés del representante*, Santander, 1985.

RÜMELIN (Max),
—— *Das Selbstcontrahiren des Stellvertreters nach gemeinem Recht*, Friburgo, 1888.
—— *Das Handeln in fremden Namen im Bürgerlichen Gesetzbuch*, in *Archiv für das civilistiche Praxis*, 1902.

SÁ (Fernando Cunha de),
—— *Abuso de direito*, Lisboa, 1973.

SACCO,
—— *Culpa in contrahendo e culpa aquiliana, culpa in eligendo e apparenza*, in *Rivista del Diritto Commerciale e del Diritto Generale delle Obbligazioni*, 1951, I.
—— *Affidamento*, in *Enciclopedia del Diritto*, I, 1958.
—— *Apparenza*, in *Digesto. Discipline Privatistiche, sezione. civile*, reimpressão da 4.ª ed., de 1987, I, Turim, 1994.

SACCO e DE NOVA,
—— *Il contratto*, Turim, 1993.

SAGGESE,
—— *La rappresentanza nella teoria e nella pratica del diritto privato italiano*, Nápoles, 1933.

SALOMONI (Alessandra),
—— *La rappresentanza volontaria*, Milão, 1997.

SALVADOR (Gonçalves),
—— *Terceiro e os efeitos dos actos ou contratos. A boa fé nos contratos*, Lisboa, 1962.

SANTERRE (Colmet de),
—— *Cours analytique de Code civil*, por A.M. Demante, vol. VIII, Paris, 1884.

SANTO (João Espírito),
—— *Sociedade por quotas e anónimas. Vinculação: objecto social e representação plural*, Coimbra, 2000.

SANTORO-PASSARELLI,

—— *Responsabilità del fatto altrui, mandato, contratto di lavoro gestorio*, in *Il Foro Italiano*, 1937, IV.

—— *Teoria geral do direito civil*, tradução de Manuel de Alarcão, e prefácio de Rui de Alarcão, 1967.

SANTOS (Beleza dos),

—— *A simulação em direito civil*, Coimbra, 1921, vol. I.

SANTOS (Elsa),

—— *A representação aparente*, pol. Lisboa, 1996.

SAVATIER,

—— *Mandat*, in *Traité de droit civil*, por Planiol e Ripert, 2.ª ed., tomo XI, *Contrats Civils*.

SAVIGNY,

—— *System des heutigen römischen Recht*, 2.ª reimpressão da ed. de 1840, Aalen, 1981.

—— *Ueber Das altrömische Schuldrecht*, in *Vermischte Schriften*, II, Berlim, 1850.

—— *Storia del diritto romano nel medio evo*, por Emmanuele Bollati, reimpressão da ed. de Turim 1854-1857, Roma, 1972.

—— *Das Recht des Besits*, 7.ª ed., com o contributo de Friedrich Rudorff, 1865.

—— *Obligationenrecht als Teil des heutigen römischen Rechts*, 1853, Aalen, 1973.

SCADUTO (Gioachini),

—— *La «rappresentanza mediata» nell'acquisto dei diritti*, in *Rivista del Diritto Commerciale e del Diritto Generale delle Obbligazioni*, 1925, I.

SCHALL (Reinhardt),

—— *Die Anscheinsvollmacht im deutschen und französischen Recht und die Lehre vom Berechtigung Irrtum*, Dissertação, Augsburgo, 1971.

SCHAPP (Jan),

—— *Grundfragen der Rechtsgeschäftslehre*, Tubinga, 1986.

SCHÄRFER (Julia),
—— *Teilweiser Vertretungsmangel, Haftung des Vertreten und des Vertreters unter Einschluß der Mißbrauchfälle*, Estugarda, 1997.

SCHERILLO (Gaetano),
—— *Consuetudine (diritto romano)*, in *Novissimo Digesto Italiano*, IV, 1959.

SCHEURL,
—— *Stellvertretung, insbesondere bei Begründung von Obligationen*, in *Kritische Überschau der deutschen Gesetzgebung und Rechtswissenschaft*, 1853, I.
—— *Zur Verhandlung über die Mitwirkung für fremde Rechtsgeschäfte*, in *Jahrbücher für die Dogmatik des heutigen römischen und deutschen Privatrechts*, Iena, 1858, II.

SCHILKEN,
—— *Wissenszurechnung im Zivilrecht, Eine Untersuchung zum Anwendungsbereich des § 166 BGB innerhalb und außerhalb der Stellvertretung*, Bielefeld, 1983.

SCHILTER (Johann),
—— *Praxis iuris Romani in foro germanico juxta ordinem Edicti perpetui et Pandectarum Justiniani* (4.ª ed., Francoforte do Meno, 1713, Tomo I).

SCHLESINGER,
—— *Il pagamento al terzo*, Milão, 1961.

SCHLIEMANN,
—— *Beiträge zur Lehre von der Stellvertretung beim Abschluß obligatorischer Verträge*, in *Zeitschrift für das gesammte Handelsrecht*, 1871, XVI.

SCHLOSSMANN,
—— *Das Kontrahiren mit offener Vollmacht*, edição especial de *Festgabe der Kieler Juristenfakultät zu Rudolf Von Jherings Fünfzigjährigem Doktorjubiläum*, Kiel e Lípsia, sem data.
—— *Der Vertrag*, Lípsia, 1876.
—— *Der Besitzerwerb durch Dritte nach römischen und heutigen Rechte. Ein Beitrag zur Lehre von der Stellvertretung*, Lípsia, 1881.

—— *Der Bestitzerwerb durch Dritte nach römischem und heutigen Rechts. Ein Beitrage zum Lehre von der Stellvertretung*, in *Zeitschrift für das gesammte Handelsrecht*, 1884, XXX.

—— *Die Lehre von der Stellvertretung insbesondere bei obligatorischen Verträgen. Kritik und wissenschaftliche Grundlegung*, I, *Kritik der herrschenden Lehren*, Lípsia, 1900, e II, *Versuch einer wissenschaftlichen Grundlegung*, Lípsia, 1902.

—— *Nexum. Nachträglihes zum Altrömisches Schuldrecht*, Lípsia, 1904.

—— *Per liberam personam adquiri nobis nihil potest (Kritische Bemerkungen zum (V) Kritischen Beiträgen)*, separata de *Hofrath Grünhut's herausgegebenen Zeitschrift für das Privat- und öffentlich Recht der Gegenwart*, XXX, Viena, 1903.

SCHMIDT (Joanna),
—— *Négotiation et conclusion du contrat*, Paris, 1982.

SCHMIDT (Jürgen),
—— *Aktionsberechtigung und Vermögensberechtigung. Ein Beitrag zur Theorie des subjecktiven Rechtes*, Colónia, Berlim, Bona, Munique, 1968.

SCHMIDT (Karsten),
—— *Liquidationszweck und Vertretungsmacht der Liquidatoren. Ein Beitrag zur Auslegung der §§ 49 BGB, 149 HGB, 70 GmbHG, 88 GenG und 269 Aktg*, in *Archiv für die civilistische Praxis*, 1974.

—— *Offene Stellvertretung – Der «Offekundigkeitsgrundsatz» als Teil der allgemeiner rechtsgeschäftslehre*, in *Juristische Schulung*, 1987.

—— *Falsus-procurator-Haftung und Anscheinsvollmacht. Ein Versuch über Zivilrechtsdogmatik und Prozesstrategie*, in *Festschrift für Joachim Gernhuber zum 70. Gebutrstag*, 1993.

SCHMIDT (Reimer),
—— *Die Obliegenheiten. Studien auf dem Gebiet des Rechtszwanges im Zivilrecht unter besonderer Berücksichtigung des Privatsversicherungsrechts*, Karlsruhe, 1953.

SCHMUTZ (Richard A.),
—— *Medieval Papal representatives: Legates, nuncios, and judges-delegate*, in *Studia Gratiana. Post Octava decreti Saecularia*, Roma, 1972, XV.

SCHOTT,
—— *Der Mißbrauch der Vertretungsmacht*, in *Archiv für die civilistische Praxis*, 1971, 171.

SCHRAMM,
—— *Münchener Kommentar züm Bürgerlichen Gesetzbuch*, I, *Allgemeiner Teil*, 3.ª ed., Munique 1993; 4.ª ed, Munique, 2001.

SCHUBERT (Johann-Georg),
—— *Anscheinsvollmacht und Privatautonomie. Ein Beitrag zur Zurechnungslehre im Rechtsgeschäftlichen Bereich unter besonderer Berücksichtigung der Lehre von der Scheinvollmacht*, Berlim, 1970.

SCHULTE,
—— *Geschichte der Quellen und Literatur des Kanonischen Rechts*, reimpressão da edição de Estugarda de 1877, Graz, 1956, I, *Vom Gratian bis auf Papst Gregor IX*; II, *Von Papst Gregor IX. bis zum Concil von Trient*.

SCHULTZ (Michael),
—— *Zur Vertretung im Wissen*, in *Neue juristische Wochenschrift*, 1990, 43.

SCHULZ (Fritz),
—— *Scientia, dolus und Error bei Stellvertretung nach klassischen Recht*, in *Zeitschrift der Savigny-Stiftung für Rechtsgeschichte, romanistische Abteilung*, XXXIII, 1912.
—— *Roman legal science*, Oxford, 1953.
—— *Classical roman law*, reimpressão da ed. de 1951, Oxford, 954.

SCHUPFER (Francesco),
—— *Il diritto privatto dei popoli germanici*, I, *Le persone. La rappresentanza. I titoli all'ordine e al portatore*, Città di Castello, Roma, 1913.

SCHWAB (Dieter),
—— *Ehe und Familie nach den Lehren der Spätscholastik*, in *La Seconda Scolastica nella Formazione del Diritto Privato Moderno. Incontro di Studio*, Florença, 16-19 de Outubro de 1972, a cargo de Paolo Grossi, Milão, 1973.

SCHWARTZ,
—— *Sobre o mandato aparente nos direitos romanísticos. Seu significado para o direito português*, tradução de Alberto Pimenta, in *Revista de Direito e Estudos Sociais*, 1972, XIX.

SCHWENZER,
—— *Köngden, Johannes, Selbstbindung ohne Vertrag, Zur Haftung aus geschäftsbezogenem Handeln*, in *Rabels Zeitschrift*, 1983.

SCHWONKE (Martina),
—— *Verkehrsschutz bei der Stellvertretung im deutschen Recht und in den lateinamerikanischen rechten. Unter besonderer Berücksichtigung des positiven Vertrauensschutzes*, Baden–Baden, 1990.

SCIALOJA,
—— *L'aquisto del possesso per mezzo dei terzi secondo il diritto romano e l'attuale (Di S. sclossmann)*, in *Studi Giuridici (Diritto Romano)*, Roma, 1933, I.

SCOGNAMIGLIO,
—— *Contratti in generale*, in *Trattato di Diritto Civile*, a cargo de G. Grosso e F. Santoro Passarelli, Milão 1961.

SEELER,
—— *Vollmacht und Scheinvollmacht*, in *Archiv für bürgerliches Recht*, 1906.

SEGRÈ (Gino),
—— *Studi sul concetto del negozio giuridico secondo il diritto romano e il nouvo diritto germanico*, in *Rivista Italiana per le Scienze Giuridiche*, XXVIII, 1, 1899.

SEIDL,
—— *Besprechung Gandolfi. Sulla interpretazione degli atti negoziale nel diritto romano*, in *Labeo. Rassegna di Diritto Romano*, 1967.

SELB v. HONSELL.

SERRA (Vaz),
—— *Gestão de Negócios*, in *Boletim do Ministério da Justiça*, 66, 1957.

—— *Culpa do devedor ou do agente*, in *Boletim do Ministério da Justiça*, 1957, 68.

—— *Fontes das Obrigações. O contrato e o negócio jurídico unilateral como fontes das obrigações*, in *Boletim do Ministério da Justiça*, 1958, 77.

—— *Contrato consigo mesmo*, in *Revista de Legislação e Jurisprudência*, 91, 1958-1959.

—— *Negócios abstractos. Considerações gerais – promessa ou reconhecimento de dívida e outros actos*, in *Boletim do Ministério da Justiça*, 1959, 83.

—— *Abuso de direito (em matéria de responsabilidade civil)*, in *Boletim do Ministério da Justiça*, 1959.

—— *Anotação ao Acórdão do Supremo Tribunal de Justiça de 24-4-1960*, in *Revista de Legislação e Jurisprudência*, 94, 1961-1962.

—— *Anotação ao Acórdão do Supremo de Justiça de 3-3-1970*, in *Revista de Legislação e Jurisprudência*, 1971-1972, 104.

—— *Anotação ao Acórdão do Supremo Tribunal de Justiça de 7-10-1976*, in *Revista de Legislação e Jurisprudência*, 1977-1978, 90.

—— *Anotação ao Acórdão do Supremo Tribunal de Justiça, 8-2-1979*, in *Revista de Legislação e Jurisprudência*, 1979-1980, 112.

—— *Contrato consigo mesmo e negociação de directores ou gerentes de sociedades anónimas ou por quotas com as respectivas sociedades*, in *Revista de Legislação e Jurisprudência*, 1967-1968, 100.

SERRAO (Feliciano),
—— *Il Procurator*, Milão, 1947.
—— *Institore (storia)*, in *Enciclopedia del Diritto*, 1971, XXI.

SIBER (H.),
—— *Römisches Privatrecht*, in *Grundzügen für die Vorlesung*, II, *Römisches Privatrecht*, 1928.
—— *Das angebliche rescriptum divi Pii über Bereicherungsklagen gegen Mündel*, in *Zeitschrift der Savigny-Stiftung für Rechtsgeschichte, germanistische Abteilung*, LIII, 1933.
—— *Das Verwaltungsrecht an fremdem Vermögen im BGB*, in *Jherings Jahrbücher für die Dogmatik des heutigen römischen und deutschen Privatrechts*, LXVII.

SIEBENHAAR (Hermann),
—— *Vertreter des Vertreters?*, in *Archiv für die civilistische Praxis*, 1963.

Siebert

—— *Kann nach gemeinem Recht der Stellvertreter mit sich selbst contrahiren?*, Francoforte do Óder, 1896.

Siebert (Wolfgang),

—— *Verwirkung und Unzulässigkeit der Rechtsausübung. Ein rechtsvergleichender Beitrag zur Lehre von den Schranken der privaten Rechte und der exceptio doli (§§ 226, 242, § 26 BGB), unter besonderer Berücksichtigung des gewerblichen Rechtsschutzes (§ 1 UWG)*, Marburgo, 1934.

—— *Vom Wesen des Rechtsmißbrauch. Über die konkrete Gestaltung der Recht*, 1935.

—— *Zur Lehre vom Mißbrauch der Vertretungsmacht*, in *Zeitschrift für die gesamte Staatswissenschaft*, 1935.

—— *Faktische Vertragsverhältnisse. Abwandlungen des Vertragsrechts in den Bereichen der Daseinvorsorge des Gesellschaftsrechts und des Arbeitsrechts*, Karlsruhe, 1958.

Silbermann (Eduard),

—— *Die exceptio doli generalis und das bürgerliche Gesetzbuch*, in *Zeitschrift für Rechtspflege in Bayern*, I, 1905.

Silva (Calvão da),

—— *Responsabilidade Civil do Produtor*, Coimbra, 1990.

—— *Cumprimento e sanção pecuniária compulsória*, 2.ª ed. reimpressão, Coimbra, 1995.

—— *Parecer de Direito*, in *A privatização da sociedade financeira portuguesa. Regras sobre reprivatizações, responsabilidade pelo prospecto*, culpa in contrahendo, *vícios ocultos das empresas reprivatizadas*, Lisboa, 1995.

—— *Garantias acessórias e garantias autónomas*, in *Estudos de Direito Comercial (Pareceres)*, Coimbra, 1996.

Silva (Gomes da),

—— *Conceito e estrutura da obrigação*, Lisboa, 1943.

—— *O dever de prestar e o dever de indemnizar*, Lisboa, 1944, I.

—— *Esboço de uma concepção personalista do direito. Reflexões em torno da utilização do cadáver humano para fins terapêuticos e científicos*, separata da *Revista da Faculdade de Direito da Universidade de Lisboa*, Lisboa, 1965.

S<small>ILVA</small> (Gomes da) e C<small>ABRAL</small> (Rita),
—— *Parecer*, in *A privatização da sociedade financeira portuguesa. Regras sobre reprivatizações, responsabilidade pelo prospecto*, culpa in contrahendo, *vícios ocultos das empresas reprivatizadas*, Lisboa, 1995.

S<small>ILVA</small> (Manuel Botelho da),
—— *Negócio consigo mesmo na actuação orgânica*, pol. Lisboa, 1996.

S<small>ILVA</small> (Nuno Espinosa Gomes),
—— *Humanismo e direito em Portugal no século XVI*, 1964.
—— *Jurisprudência dos conceitos*, in *Polis. Enciclopédia Verbo da Sociedade e do Estado*, III, 1985.
—— *História do pensamento jurídico*, Lisboa, 1996/1997.

S<small>IMON</small> (Dieterich v.),
—— *Duldungsvollmacht und Konkludenzirrtum*, in *Festschrift für Hans Gschnitzer*, Lever, 1998.

S<small>IMONE</small> (Enrico de),
—— *Rappresentanza in giudizio (diritto romano)*, in *Novissimo Digesto Italiano*, 1968, XIV.

S<small>IMONETTO</small> (Ernesto),
—— *Il contrato concluso dal falsus procurator con il terzo ignaro del difetto di procura*, in *Rivista del Diritto Commerciale e del Diritto Generale delle Obbligazioni*, 1958, II.

S<small>INGER</small> (Reihhardt),
—— *Das Verbot widersprüchlichen Verhaltens*, Munique, 1993.

S<small>INTENIS</small>,
—— *Das praktische gemeine Civilrecht*, II, *Das Obligationenrecht*, 2.ª ed., Lípsia, 1861.

S<small>OARES</small> (Rogério),
—— *Interesse público, legalidade e mérito*, Coimbra, 1955.

S<small>OERGEL</small>,
—— *Bürgerliches Gesetzbuch mit Einführungsgesetz und Nebengesetzen, Kommentar*, I, *Allgemeiner Teil*, 12.ª ed., I, com a colaboração

de Leptien, 1987; 13.ª ed., I, igualmente com a colaboração de Leptien, Berlim, Colónia, Meno, 1999.

SOERGEL e SIEBERT,
—— *Bürgerliches Gesetzbuch*, I, *Allgemeiner Teil*, 9.ª ed., Estugarda e Colónia, 1959.

SOLAZZI,
—— Solazzi, *Le azioni dell pupillo e contro il pupillo per il negozi conclusi dal tutore, Contributo alla storia della rappresentanza nel diritto romano*, separata do *Bulletino dell' Isttituto di Diritto Romano*, Roma, 1910,
—— *La minore età nel diritto romano, Appendici*, I, Roma, 1912.
—— *Istituti tutelari*, Nápoles, 1929.
—— *Curator impuberis*, Roma, 1917.
—— *La «Lex Atilia» nel Digesto*, in *Studi sulla Tutela*, Módena, 1925.
—— *La prestazione dell' «auctoritas» e la pluralità dei tutori*, sep. de *Atti dell' Academia di scienze Morali e Politiche della Società Reale di Napoli*, vol. LVII, Nápoles, 1935.
—— *«Condictio» e azioni adiettizie*, in *Scritti di diritto romano*, Nápoles, 1955, I.
—— *Errore e rappresentanza*, in *Scritti di Diritto Romano*, I (1899–1913), Nápoles, 1955.
—— *La definizione del procuratore*, in *Scritti di Diritto Romano*, Nápoles, 1957, II.
—— *Diritto officiale e diritto popolare nella rappresentanza dei pupilli*, in *Scritti di Diritto Romano*, Nápoles, 1957, II.
—— *L'età dell' «actio exercitoria»*, in *Scritti di diritto Romano*, 1960, Nápoles, IV.
—— *Di alcuni punti controversi nella dottrina dell'acquisto del possesso per mezzo di rappresentanti*, in *Scritti di Diritto Romano*, I. *L' Età dell «infans»*, in *Scritti di Diritto Romano*, Nápoles, 1963, IV.

SOLAZZI e SITZIA (Francesco),
—— *Tutela e Curatela (diritto romano)*, com a colaboração de Daniela Piatelli, in *Novissimo Digesto Italiano*, 1973, XIX.

SOTGIA,
—— *Apparenza giuridica e dichiarazione alla generalità*, Roma, 1930.
—— *Ancora in tema d'apparenza del diritto*, in *Rivista di Diritto Privatto*, 1936.

SOUSA (Miguel Teixeira de),
—— *Da crítica da dogmática à dogmática crítica*, separata de *O Direito*, 1989.

SPENCER BOWER e TURNER,
—— *The law relating to estoppel by representation*, 2.ª ed., por Alexander Turner, Londres, 1966

SPITZBARTH (Reimar),
—— *Vollmachten im modernen Management. Handlungsvollmacht – Prokura – Generalvollmacht*, Berlim, 1970.

STADLER (Astrid),
—— *Gestaltungsfreiheit und Verkehrsschutz durch Abstraktion, eine rechtsvergleichende Studie zur Abstrakten und Kausalen Gestaltung rechtsgeschäftlicher Zuwendungen anhand des deutschen, schweizerischen, österreichen, französischen und US-amerikanischen Rechts*, Tubinga, 1996.

STAMMLER,
—— *Der Garantievertrag. Eine civilistische Abhandlung*, in *Archiv für die civilistiche Praxis*, 1886, XIX.

STAUB,
—— *Kommentar zum Allgemeinen deutschen Handelsgesetzbuch*, 3.ª ed., com a colaboração de Bartsch, Bettehlem, Bondi, Demelius, Hamburger, Kretz, Lenhof, Löhl, Risiko, Boleck, Viena, vol., I, parte I, 1935.

STAUDINGER,
—— *Kommentar zum Bürgerlichen Gesetzbuch mit Einführungsgesetz und Nebengesetzen*, I, *Allgemeiner Teil*, 12.ª ed., por Hermann Dilcher, Helmut Coing e Norbert Habermann, e 13.ª ed. por Gurski, Peters, Schilken e Werner, Berlim, 1995.
v. COING.

STEINBACH,
—— *Rechtsgeschäfte der wirtschaftlichen Organisation*, Viena, 1897.

STICHT,
—— *Zur Haftung des Vertretenen und Vertreters aus Verschulden bei*

Vertragsschluss sowie des Erfüllungsgehilfen aus positiver Vertrags-verletzung, Munique, 1966.

STINTZING,
—— *Geschichte der deutschen Rechtswissenschaft*, Munique, Lípsia, I, 1880, II, Munique, Lípsia.

STINTZING e LANDSBERG,
—— *Geschichte der deutschen Rechtswissenschaft*, I, Munique e Lípsia, 1898, e Munique e Berlim, 1910, II.

STOLFI,
—— *L'apparenza del diritto (prolusione al corso di diritto civile nella R. Università di Modena letta il 23 novembre 1933 – XII)*, Módena, 1934.
—— *Sul pagamento al falsus procurator*, in *Banca, Borsa, Titoli di Credito*, 1959, II.
—— *Teoria del negozio giuridico*, Pádua, 1961.
—— *In tema di apparenza del diritto*, in *Rivista di Diritto Civile*, 1974, II.

STOLL,
—— *Haftung aus Bescheinigung*, in *Archiv für die civilistische Praxis*, 1932.
—— *Der Mißbrauch der Vertretungsmacht*, in *Festschrift Heinrich Lehmann zum sechzigsten Geburtstag 20 Juli 1936*, Berlim.

STORCK (Michel),
—— *Essai sur le mécanisme de la représentation dans les actes juridiques*, Paris, 1982.

STRUVIUS,
—— *Syntagma Iurisprudentiae secundum ordinem pandectarum*, (3.ª ed., Francoforte e Lípsia, 1738).

STRYKIUS (Samuel),
—— *Specimen usus moderni pandectarum* («Halae Magdeburgicae», 1780).

STÜMPFLER,
—— *Mißbrauch und Fehlgebrauch der Vollmacht*, Dissertação, Munique, 1952.

STÜRNER v. JAUERNIG.

STÜSSER (Rolf),
—— *Die Anfechtung der Vollmacht nach bürgerlichem Recht und Handelsrecht*, 1985, Berlim, 1986.

TALAMANCA (Mario),
—— *Fideiussione (storia)*, in *Enciclopedia del Diritto*, 1968, XVII.
—— *Obbligazioni (diritto romano)*, in *Enciclopedia del Diritto*, 1979, XXIX.
—— *Società (dir. rom)*, in *Enciclopedia del Diritto*, 1990, LXV.

TANK,
—— *Der Mißbrauch von Vertretungsmacht und Vertretungsbefugnis*, in *Neue Juristische Wochenschrift*, 1969, 22.

TARELLO (Giovanni),
—— *Scuola dell'esegesi*, in *Novissimo Digesto Italiano*, 1969, XVI.

TARTUFARI (Luigui),
—— *Dei contratti a favori dei terzi*, Verona, 1889.
—— *Della rappresentanza nella conclusione dei contrati*, in *Archivio Giuridico*, 1889, XLIII, 1890, XLIV, 1890, XLV, 1890, XLVI.

TAUBENSCHLAG (R.),
—— *Vormunschaftsrechtliche Studien. Beiträge zur Geschichte des römischen und griechischen Vormundschaftsrecht*, Lípsia-Berlim, 1913.

TAVARES (José),
—— *Os princípios fundamentais do direito civil*, 2.ª ed., Coimbra, 1928.

TEICHMANN v. JAUERNIG.

TEDESCHI (Vittorio),
—— *Profilo dell'agency nel diritto nordamericano*, Milão, 1961.

TELLES (Correia),
—— *Digesto portuguez ou tratado dos modos de adquirir a propriedade, de a gozar e administrar, e de a transferir por derradeira vontade; para servir de subsídio ao novo Código Civil*, 4.ª ed., Tomo III, Coimbra, 1853.

Telles (Inocêncio Galvão),

—— *Direito de representação, substituição vulgar e direito de acrescer*, Lisboa, 1943.

—— *Dos Contratos em geral*, Coimbra, 1947.

—— *Mandato (Anteprojecto de um capítulo do futuro Código Civil Português)*, in *Boletim do Ministério da Justiça*, 1950.

—— *Contratos Civis (Projecto completo de um título do futuro Código Civil Português e respectiva Exposição de Motivos)*, separata da *Revista da Faculdade de Direito da Universidade de Lisboa*, Lisboa, 1953, IX e X, 1954, separata do *Boletim do Ministério da Justiça*, 1959, 83.

—— *Dos contratos em geral*, Lisboa, 1962, 2.ª ed. revista, actualizada e aumentada, Lisboa, 1962.

—— *Manual dos contratos em geral*, 3.ª ed. *Dos contratos em geral*, Lisboa, 1965.

—— *O mandato sem representação*, in *Colectânea de Jurisprudência*, Ano VII, Tomo III, 1983.

—— *Garantia bancária autónoma*, separata de *O Direito*, Ano 120, 1988, III-IV.

—— *Parecer de direito*, in *A privatização da sociedade financeira portuguesa. Regras sobre reprivatizações, responsabilidade pelo prospecto*, culpa in contrahendo, *vícios ocultos das empresas reprivatizadas*, Lisboa, 1995.

Tempel,

—— *Die Stellvertretung,* in *Grundlagen des Vertrags- und Schuldrechts*, por Emmerich, Gerhardt, Grunsky, Huhn, Schmidt, Tempel e Wolf, Munique, 1972.

Tengelmann (Curts),

—— *Die Vertretungsmacht kraft Rechtsscheins*, Dissertação, Münster, 1935.

Tessitore (Franca),

—— *Sull'autocontratto,* in *Appendice a Ugo Natoli, La rappresentanza,* Milão, 1977.

Thibaut,

—— *Versuche über einzelne Theile der Theorie des Rechts*, 10.ª ed., Iena, 1817, I.

—— *System des Pandekten Rechts*, Iena, 1846, 7.ª ed., Iena, 1823, Vol. II.

THIELE,

—— *Die Zustimmungen in der Lehre vom Rechtsgeschäft*, Colónia, Berlim, Bona e Munique, 1966.

—— *Münchener Kommentar zum Bürgerlichen Gesetzbuch*, I, *Allgemeiner Teil*, 2.ª ed., Munique, 1984.

THIEME (Hans),

—— *Qu'est ce-que nous, les juristes devons à la Seconde Scolastique espagnole*, in *La Seconda Scolastica nella Formazione del Diritto Privato Moderno, Incontro di studio*, Florença, 16-19 de Outubro de 1972, a cargo de Paolo Grossi, Milão, 1973.

THÖL,

—— *Zur Geschichte des Entwurfes eines allgemeinen deutschen Handelsgesetzbuches*, Gotinga, 1861.

—— *Das Handelsrecht in Verbindung mit dem allgemeinen deutschen Handelsgesetzbuch*, 4.ª ed., Gotinga, 1862, I.

THON,

—— *Rechtsnorm und subjektives Recht, Untersuchung zu Allgemeinen Rechtslehre*, reimpressão da ed. de Weimar, 1878, Aalen, 1964.

THULLIER (Béatrice),

—— *L'autorisation. Étude de droit privé*, Paris, 1996.

TIETZ (Cristoph),

—— *Vertretungsmacht und der Vertretungsbefugnis im Recht der BGB-Vollmacht und der Prokura. Die Bedeutung der Vertretungsbefugnis für die Bestimmung der Vertretungsmacht*, Francoforte do Meno, Berna, Nova Iorque, Paris, 1990.

TILOCCA (Ernesto),

—— *Il problema del mandato*, I, in *Rivista Trimestrale di Diritto e Procedura Civile*, 1969, II.

TOCHTERMANN (Barbara),

—— *Die Anscheinsvollmacht im deutschen und amerikanischen Recht. Ein rechtsvergleichende Untersuchung*, Dissertação, Munique, 1969.

TORRENTE (Armando),

—— *Derecho publico romano y sistemas de fuentes*, Oviedo, 1982.

—— Anotação a Corte di Cassazione, 14-12-1957, in Il Foro Italiano, 1958, I.

TRABUCCHI,
—— La rappresentanza, in Rivista di Diritto Civile, 1978, I.

TROPLONG,
—— Commentaire du mandat, ed. aumentada na Bélgica com a verificação das obras de MM. Duranton, Toullier, Merlin, Rolland, Zacharie, Demante, Deleurie, Favard, Dalloz, Leclerq, Delvincourt, Malleville, etc., por A. Delebeque, Bruxelas, Livorno, Lípsia, 1847.

TUHR (Andreas von),
—— Die Unwiderrufliche Vollmacht, separata de Festschrift, Paul Laband gewidmet von der rechts- und staatswissenchaftlichen Fakultät der Kaiser – Wilhelms – Universität Straßburg, Tubinga, 1908.
—— Der allgemeine Teil des Deutschen Bürgerlichen Rechts, II, II, reimpressão da ed. de 1918, Berlim, 1957.

UNGER,
—— Die Verträge zugunsten Dritter, in Jherings Jahrbücher für die Dogmatik des heutigen römischen und deutschen Privatrechts, Iena, 1871.
—— System des österreichischen allgemeinen Privatrechts, 4.ª ed., II, 1876.

VALIÑO,
—— Las «actiones adiecticiae qualitatis» y sus relaciones básicas en derecho romano, in Anuario de Historia del Drecho Español, 1967.

VANGEROW,
—— Lehrbuch der Pandekten, 7.ª ed., Marburgo e Lípsia, 1869, III.

VARELA (Antunes),
—— Anotação ao Acórdão do Supremo Tribunal de Justiça, de 7-10-1985, in Revista de Legislação e Jurisprudência, 124.
—— Das obrigações em geral, 10.ª ed., Coimbra, 2000, I; reimpressão da 7.ª ed. de 1997, Coimbra, 2001, II.
v. LIMA (Pires de)

VARELA (José),
——— *O regime jurídico da representação sem poderes no âmbito da representação voluntária*, pol., Lisboa, 1996.

VASCONCELOS (Pedro Leitão Pais de),
——— *A procuração irrevogável*, pol., Lisboa, 2000.

VASCONCELOS (Pedro Pais de),
——— *Contratos atípicos*, Lisboa, 1994.
——— *Direito comercial, títulos de crédito*, reimpressão, Lisboa, 1997.
——— *Teoria geral do direito civil*, Lisboa, 1999, I.

VÀZNÝ (Jan),
——— *Appunti alla dottrina classica dei contratti a favore di terzi*, in *Studi in Onore di Salvatore Riccobono nel XL del suo Insegnamento*, Palermo, 1936, IV.

VELOZO (Francisco José),
——— *A superação do positivismo no direito*, separata da *Revista Rumo*, Março, 1961.

VENEZIAN,
——— *La tutela dell'asppettativa*, Bolonha, 1900 (= in *Opere Giuridiche*, II, Roma, 1920)

VENTURA (Raúl),
——— *História do direito romano*, parte II, *Doutrinas gerais do direito privado*, 1949-1950.
v. ALBUQUERQUE (Pedro de)

VERGA (Angelo),
——— *Osserzione in tema di apparenza*, in *Rivista di Diritto Privato*, 1940, I.

VIEHWEG,
——— *Topik und Jurisprudenz / Ein Beitrag zur rechtswissenschaftlichen Grundlagenforschung*, 5.ª ed., Munique, 1974.

VILLEY (Michel),
——— *La formation de la pensée juridique moderne. Cours d'histoire de la philosophie du droit*, Paris, 1961-1962.

—— *La promotion de la loi et du droit subjectif dans la seconde scolastique*, in *La Seconda Scolastica nella Formazione del Diritto Privato Moderno*, Florença, 16-19 de Outubro de 1972, a cargo de Paolo Grossi, Milão, 1973.

VINNIUS,
—— *In Quator Libros Institutionum Commentarius* («Someren», 1692).
—— *Jurisprudentiae Contractae Sive Partitionum Juris Civilis* (Lião, 1748).

VISINTINI (Giovanna),
—— *Cooperazione e rappresentanza*, in *Rappresentanza e Gestione*, Pádua, 1992.
v. GALGANO.

VIVANTE,
—— *Trattato di Diritto Commerciale*, 5.ª ed., Milão, 1922.

VOCI (Pasquale),
—— *La dottrina romana del contratto*, Milão, 1946.

VOET,
—— *Commentarius ad Pandectas* («Hagae-Commitum», 1736).

VOGEL (Werner),
—— *Franz Hotmann und die Privatrechtswissenchat seiner Zeit*, Münster, 1960.

VOGT (Peter),
—— *Die Unwiderrufliche Vollmacht*, Dissertação, Bona, 1961.

VOLLKOMMER v. JAUERNIG.

VOLTERRA (Edoardo),
—— *Istituzioni di diritto privato romano*, Roma, 1961.

VOSS (Georg),
—— *Zur Frage der Haftung des Vertretenen kraft Rechtsscheins*, in *Versicherung, juristische Rundschau für die Individualversicherunng*, 1962.

VULTEJUS,
—— *Jurisprudentia Romana a Justiniano Compositae, Libri II* («Marpurgi», 1630).

WÄCHTER,
—— *Pandekten*, I, *Allgemeiner Teil*, Lípsia, 1880.

WALDECK v. HEINECCIUS.

WALDEYER (Hans-Wolfgang),
—— *Vertrauenshaftung kraft Anscheinsvollmacht bei anfechtbarer und nichtiger Bevollmächtigung*, Münster, 1969.

WALTERMANN (Raimund),
—— *Zur Wissenszurechnung – am Beispiel der juristischen Personen des Privaten und des öffentlichen Rechts*, in *Archiv für die civilistische Praxis*, 1992.

WATSON (Alan),
—— *Contract of mandate in roman law*, Oxford, 1961.

WEBER (Max),
—— *Wirtschaft und Gesellschaft. Grundriß der Verstehenden Soziologie*, 4.ª ed., cuidada por Johannes Wincklemann, Tubinga, 1956, I.
—— *Rechtssoziologie*, 2.ª, ed. 1967.

WEIDEMANN,
—— *Der Kreditauftrag*, in *Zeitschrift für das gesammte Handelsrecht*, 1903.

WELLSPACHER,
—— *Das Vertrauen auf äussere Tatbestände im bürgerlichen Rechte*, Viena, 1906.

WENDT,
—— *Handbuch des Deutschen Handels-, See- und Wechselrechts*, com a colaboração de Brunner, Cohn, Gareis, Grünhut, Klostermann, Koch, König, Kuntze, Lastig, Lewis, Primker, Reatz, Regelsberger, Schott, Schroeder, Völderndorff, Wendt, Westerkamp e Wolff, Lípsia, 1881, capítulo II.

WENGER,
—— *Die Stellvertretung im Recht der Papyri*, Lípsia, 1906.
v. JÖRS.
v. HONSELL.

WESENBERG,
—— *Verträge zugunsten Dritter*, Weimar, 1949.
—— *Zur Behandlung des Satzes Alteri stipulari nemo potest durch die Glossatoren*, in *Festschrift Fritz Schulz*, Weimar, 1951, II.

WESENBERG – WESENER,
—— *Neuere deutsche Privatrechtsgeschicht*, Viena, Colónia, Graz, 1985.

WESTERMANN,
—— *Mißbrauch der Vertretungsmacht* in *Juristische Arbeitsblätter*, 1981.

WETZEL (Rita),
—— *Die Zurechnung des Verhaltens Dritter bei Eigentümsstörungstatbeständen*, Tubinga, 1971.

WIEACKER (Franz),
—— *Zur rechtstheoretischen Präzisierung des § 242 BGB*, Tubinga, 1956.
—— *Willenserklärung und sozialtypisches Verhalten*, in *Göttinger Festschrift für das Oberlandesgericht Celle*, Gotinga, 1961.
—— *Die Methode der Auslegung des Rechtsgeschäfts*, in *Juristenzeitung*, 1967.
—— *Contractus und Obligatio im Naturrecht zwischen Spätscolastik und Aufklärung*, in *La Seconda Scolastica nella Formazione del Diritto Privato Moderno Incontro di Studio*, Florença, 16–19 de Outubro de 1972, a cargo de Paolo Grossi, Milão, 1973.
—— *História do direito privado moderno*, tradução de A. M. Hespanha da 2.ª ed. de 1967, Lisboa, 1980.

WIELING (Hans),
—— *Venire contra factum proprio und Verschunden gegen sich selbst*, in *Archiv für die civilistische Praxis*, 1976, 176.
—— *Duldungs- und Anscheinsvollmacht*, in *Juristische Arbeitsblätter. Übungsblätter*, 1991.

WILBURG (Walter),
—— *Die Elemente des Schadensrechts*, Marburgo a.d Lahn, 1941.

—— *Entwicklung eines beweglichen Systems im bürgerlichen Recht*, Graz, Kienreich, 1950.
—— *Zusammenspiel der Kräfte im Aufbau des Shuldrechts*, in *Archiv für die civilistische Praxis*, 1963.

WILHELM (Jan),
—— *Kentniszurechnung kraft Kontovollmacht*, in *Archiv für die civilistische Praxis*, 1983.

WILHELM (W.),
—— *Zur juristischen Methodenlehre im 19. Jahrhundert. Die Herkunft der Methode Paul Labands aus der Privatrechtswissenschaft*, Francoforte do Meno, 1958.

WINDSCHEID,
—— *Lehrbuch des Pandektenrechts*, 1.ª ed., Düsseldorf, 1874, I.; 7.ª ed.; I. 9.ª ed. por Theodor Kipp, 2.ª reimpressão da edição de Francoforte do Meno de 1906, Aalen, 1984, I.
—— *Wille und Willenserlärung*, in *Archiv für die civilistiche Praxis*, 1880, LXIII.

WINKEL (Laurens),
—— *Mandatum im römischen öffentlichen Recht*, in *Mandatum und Verwandtes. Beiträge zum römischen und modernen Recht*, Berlin, Heidelberga, Nova Iorque, Londres, Paris, Tóquio, Hong Kong, Barcelona, Budapeste, 1993.

WISSENBACH (Johann Jacob),
—— *Exercitationum Ad L Libros Pandectarum Partes Duae, editio secunda* («Frankerae», 1661).

WOLF,
—— *Allgemeiner Teil des bürgerlichen Rechts*, 3.ª ed., Colónia, Berlin, Bona, Munique, 1982.

WOLF e LARENZ
—— *Allgemeiner Teil des Bürgerlichen Rechts*, Munique, 1997.

WOLF (Erik),
—— *Grosse Rechtsdenker der deutschen Geistesgeschichte*, 4.ª ed., Tubinga, 1963.

WOLFF (Christian),

—— *Grundsätze des Natur- und Völckerrechts, worrin alle Verbindlichkeiten und alle Rechte aus der Natur des Menschen in einem bestandigen zusammenhange hergeleitet werden*, reprodução fotográfica de edição de 1754, com prefácio de Marcel Thomann, Hildesheim, Nova Iorque, 1980.

WOLFF (Hans J.),

—— *Organschaft und juristische Person*, II, *Theorie der Vertretung, Stellvertretung, Organschaft und Repräsentation als soziale und juristische Vertretungsformen*, reimpressão da ed. de Berlim, 1934, Aalen, 1968.

—— *Die Praxisklausel in Pyrusverträgen*, in *Beiträge zur Rechtsgeschichte Altgriechlands und des Hellenistisch-Römischen Ägypten*, Colónia, Graz, 1961.

—— *Zur Geschichte des Gaiustextes*, in *Studi in Onore di Vicenzo Arangio-Ruiz nel XLV del suo Insegnamento*, Nápoles, 1953, IV.

WUNNER (Erik),

—— *Contractus. Sein Wortgebrauch und Willensgehalt im klassischen römischen Rechts,* Colónia, Graz, 1964.

WÜRDINGER,

—— *Handelsgesetzbuch. Grosskommentar*, fundado por Staubs, 3.ª ed., por Brüggemann, Celle, Fischer, Ratz, Schilling, Würdinger, Berlim, 1967, I.

ZACCARIA (Alessio),

—— *Rappresentanza*, in *Rivista di Diritto Civile*, 1990, II.

—— *Rappresentanza «tollerata» nella dottrina germanica*, in *Rappresentanza e gestione*, 1992, Pádua.

ZANELLI (Eurico),

—— *Rappresentanza e gestione*, in *Studi urbinati*, 1967–1968.

ZANNINI (Pierluigi),

—— *Tutela (dir. rom.)*, in *Enciclopedia del Diritto*, 1992, XLV.

ZASIUS (Joannes Udalricus),

—— *Enarrationes* (Lião, 1548).

ZEILLER (Franz Edlen von),
—— *Commentar über das allgemeine bürgerliche Gesetzbuch für die gesammten Deutschen Erbländer der Oesterreichischen Monarchie*, Viena e Trieste, 1812, III, I.
—— *Das natürliche Privatrecht*, Viena, 1819.

ZIMMERMANN,
—— *Die Lehre von der stellvertretenden Negotiorum Gestio*, Estrasburgo, 1876.

ZIMMERMANN (Reinhard),
—— *The law of obligations. Roman foundations of the civilian tradition*, reimpressão da ed. de 1990, Cidade do Cabo, 1992.

ZITTELMANN,
—— *Die juristische Willenserklärung*, in *Jherings Jahrbücher für die Dogmatik des heutigen römischen und deutschen Privatrechts*, 1878, XVI.
—— *Das Recht des BGB. Allgemeiner Teil*, Lípsia, 1900.

ZOESIUS (Jacubus),
—— *Commentarius ad Digestorum seu Pandectarum Iuris Civilis, Libros L* (Veneza, 1757).

ZULETTA (Francis de),
—— *The Institutes of Gaius*, II, *Commentary*, Oxford, 1967.

* Ao longo do trabalho indicam-se ainda múltiplas fontes, nomeadamente históricas, de que se refere por exemplo o as *Institutas de Gaius*, o *Corpus Iuris Civilis* e a *Magna Glosa*, além de Codificações e Códigos vários, assim como Anteprojectos e Projectos, designadamente, os produzidos pela UNIDROIT relativamente à representação jurídica.

ÍNDICE DE MATÉRIAS[1]

---

[1] Este índice tem carácter indicativo e exemplificativo.

ÍNDICE GERAL

I

PARTE HISTÓRICO-CRÍTICA

CAPÍTULO I

O FENÓMENO REPRESENTATIVO À LUZ DO DIREITO ROMANO. A GESTÃO DE INTERESSES ALHEIOS OU POR CONTA DE OUTREM, MANDATO, REPRESENTAÇÃO E *PROCURATIO*, FORMAS DE SUBSTITUIÇÃO E COLABORAÇÃO

CAPÍTULO II

DA GLOSA À PRIMEIRA CODIFICAÇÃO

CAPÍTULO III

A REGULAMENTAÇÃO DA REPRESENTAÇÃO DIRECTA NA PRIMEIRA CODIFICAÇÃO

CAPÍTULO IV

A FORMAÇÃO, NO ESPAÇO JUSCULTURAL TUDESCO, DAS BASES DOGMÁTICAS DA MODERNA *COMMUNIS OPINIO* RELATIVA AO FENÓMENO REPRESENTATIVO VOLUNTÁRIO. DA ESCOLA HISTÓRICA AO *BGB*

CAPÍTULO V

**A FORMAÇÃO DAS CORRENTES CONTRÁRIAS À DOGMÁTICA
E À *COMMUNIS OPINIO* NASCIDA DA EVOLUÇÃO PANDECTÍSTICA
INICIADA COM JHERING E (SUPOSTAMENTE) CONSAGRADA
EM TERMOS DEFINITIVOS PELO BGB**

CAPÍTULO VI

**A FORMULAÇÃO SUPOSTAMENTE MAIS ACABADA E APARENTEMENTE
DEFINITIVA DOS DESENVOLVIMENTOS INICIADOS COM JHERING
E LABAND: A CONSTRUÇÃO DE HUPKA** 471

CAPÍTULO VII

**A REPRESENTAÇÃO VOLUNTÁRIA NA CIÊNCIA
E NO DISCURSO JURÍDICO DA CIVILÍSTICA PORTUGUESA ANTERIOR
AO CÓDIGO CIVIL DE 1966** 485

II

PARTE INSTITUCIONAL

CAPÍTULO I

**CAUSALIDADE OU INDEPENDÊNCIA DA ORIGEM DA PROCURAÇÃO
E DO PODER DE REPRESENTAÇÃO**

CAPÍTULO II

A RELEVÂNCIA OU IRRELEVÂNCIA DO NEGÓCIO- BASE PARA A DETERMINAÇÃO DA EXTENSÃO DA PROCURAÇÃO E DOS PODERES DE REPRESENTAÇÃO

CAPÍTULO III

A SORTE DA PROCURAÇÃO E A RELAÇÃO JURÍDICA A ELA SUBJACENTES

CAPÍTULO IV

A VINCULAÇÃO DO REPRESENTADO EM CASO DE INVALIDADE OU FALTA DA RELAÇÃO-BASE, OU, AINDA, DE AUSÊNCIA DE PODERES REPRESENTATIVOS. FUNDAMENTO. A PROCURAÇÃO APARENTE

CAPÍTULO V

A ESTRUTURA DO NEGÓCIO REPRESENTATIVO